PREVIDÊNCIA SOCIAL

Custeio e benefícios

1ª edição — 2005
2ª edição — 2008
3ª edição — 2014

CLÁUDIA SALLES VILELA VIANNA

Advogada, Mestra pela PUC/PR, Conferencista e Consultora Jurídica Empresarial nas Áreas de Direito do Trabalho e Direito Previdenciário, Coordenadora dos cursos de pós-graduação da EMATRA/PR e PUC/PR; Professora de cursos de pós-graduação em todo o país, nas áreas de direito material do trabalho e direito previdenciário; Associada do Instituto dos Advogados do Paraná — IAP — e Associada Benemérita do Instituto Brasileiro de Direito Previdenciário — IBDP.

PREVIDÊNCIA SOCIAL

Custeio e benefícios

3ª edição

EDITORA LTDA.

© Todos os direitos reservados

Rua Jaguaribe, 571
CEP 01224-001
São Paulo, SP — Brasil
Fone (11) 2167-1101
www.ltr.com.br

Produção Gráfica e Editoração Eletrônica: RLUX
Projeto de capa: FÁBIO GIGLIO
Impressão: HR GRÁFICA E EDITORA

LTr 4958.3
Fevereiro, 2014

Dados Internacionais de Catalogação na Publicação (CIP)
(Câmara Brasileira do Livro, SP, Brasil)

Vianna, Cláudia Salles Vilela
   Previdência social : custeio e benefícios /
Cláudia Salles Vilela Vianna. — 3. ed. —
São Paulo : LTr, 2014.

   Bibliografia.
   ISBN 978-85-361-2818-4

   1. Previdência social — Brasil 2. Previdência
social — Leis e legislação — Brasil I. Título.

13-13665
CDU-34:368.4

Índice para catálogo sistemático:

1. Previdência social : Direito previdenciário   34:368.4

Dedicatória

*Para Cecília Vilela Vianna da Costa,
grande alegria de minha vida.
Com amor.*

Agradecimento

*Maria, mãe de Jesus,
a quem, por tão grande intercessão,
devo eterno agradecimento.*

Índice

PARTE I
NOÇÕES INTRODUTÓRIAS

CAPÍTULO I — SEGURIDADE SOCIAL — HISTÓRICO, CONCEITUAÇÃO E PRINCÍPIOS APLICÁVEIS 37
1 — Origem e Evolução Histórica 37
    1.1. Evolução Histórica no Brasil 38
2 — Conceituação e Abrangência 49
    2.1. Saúde 49
        2.1.1. Princípios e diretrizes 49
    2.2. Assistência Social 50
        2.2.1. Benefício assistencial ou Benefício de prestação continuada 50
            2.2.1.1. Pessoa com deficiência 52
            2.2.1.2. Idoso 55
            2.2.1.3. Ausência de condições de prover o próprio sustento ou tê-lo provido por sua família 56
            2.2.1.4. Documentação necessária 60
            2.2.1.5. Concessão e manutenção do pagamento 61
            2.2.1.6. Monitoramento e avaliação 62
            2.2.1.7. Suspensão e cessação do benefício 63
        2.2.2. Diretrizes 65
    2.3. Previdência Social 65
        2.3.1. Finalidade, princípios e diretrizes 65
        2.3.2. Regimes Previdenciários 66
            2.3.2.1. Regime Geral de Previdência Social 66
            2.3.2.2. Regime Próprio de Previdência Social dos servidores públicos civis e militares .. 68
            2.3.2.3. Regime de previdência complementar 70
3 — Princípios Constitucionais 71
    3.1. Princípios gerais 71
        3.1.1. Igualdade ou isonomia de tratamento 71
        3.1.2. Vedação ao retrocesso social 72
        3.1.3. Legalidade 72
        3.1.4. Proteção ao hipossuficiente 73
        3.1.5. Direito adquirido 74
    3.2. Princípios próprios da Seguridade Social — CF/88, art. 194 74
        3.2.1. Universalidade da cobertura e do atendimento 74

3.2.2. Uniformidade e equivalência dos benefícios e serviços às populações urbanas e rurais	75
3.2.3. Seletividade e distributividade na prestação dos benefícios e serviços	75
3.2.4. Irredutibilidade do valor dos benefícios	75
3.2.5. Equidade na forma de participação no custeio	80
3.2.6. Diversidade da base de financiamento	81
3.2.7. Caráter democrático e descentralizado da administração	81
3.3. Princípios aplicados ao custeio previdenciário — CF/88, art. 195	81
3.3.1. Solidariedade	81
3.3.2. Orçamento diferenciado	81
3.3.3. Precedência da fonte de custeio	82
3.3.4. *Vacatio legis* nonagesimal	82
3.4. Princípios previdenciários	82
CAPÍTULO II — FONTES FORMAIS DO DIREITO PREVIDENCIÁRIO	**83**
CAPÍTULO III — NORMAS DE DIREITO PREVIDENCIÁRIO — EFICÁCIA NO TEMPO E NO ESPAÇO	**84**
1 — Eficácia das Normas Previdenciárias no Tempo	**84**
2 — Eficácia das Normas Previdenciárias no Espaço	**84**
2.1. Atividade Profissional Exercida no Exterior	85
2.2. Acordos Internacionais de Previdência Social	86
CAPÍTULO IV — ORGANIZAÇÃO DA SEGURIDADE SOCIAL	**89**
1 — Ministério da Previdência Social	**89**
1.1. Competência	89
1.2. Estrutura Organizacional	89
1.3. Competência dos Órgãos	90
1.3.1. Órgãos de Assistência Direta e Imediata ao Ministro de Estado	90
1.3.2. Órgãos Específicos Singulares	93
1.3.3. Órgãos Colegiados	96
2 — Instituto Nacional do Seguro Social — INSS	**99**
2.1. Estrutura Organizacional	100
2.1.1. Direção e Nomeação	100
2.1.2. Competência dos Órgãos	101

PARTE II
CONTRIBUINTES E BENEFICIÁRIOS

CAPÍTULO V — CONTRIBUINTES OBRIGATÓRIOS E FACULTATIVOS — FILIAÇÃO E INSCRIÇÃO	**105**
1 — Contribuintes Obrigatórios	**105**
1.1. Pessoas Físicas	105
1.1.1. Empregados	105
1.1.2. Empregados Domésticos	111

1.1.3. Contribuintes Individuais ... 112
1.1.4. Trabalhadores Avulsos ... 116
1.1.5. Segurados Especiais ... 119
1.1.6. Observações Gerais ... 124
1.2. Empresa e Empregador Doméstico ... 125
2 — Contribuintes Facultativos ... 126
3 — Filiação e Inscrição ... 128
3.1. Filiação ... 128
3.1.1. Idade mínima para filiação dos segurados obrigatórios ... 129
3.1.2. Idade mínima para filiação dos segurados facultativos ... 129
3.1.3. Formas de comprovação da filiação ... 130
3.1.4. Cadastro Nacional de Informações Sociais — CNIS ... 130
3.1.4.1. Retificação de dados ... 130
3.1.4.2. Informações extemporâneas ... 135
3.1.4.3. Reconhecimento das contribuições existentes até fevereiro/94 ... 135
3.1.4.4. Formulário e procedimentos necessários ... 136
3.2. Inscrição ... 137
3.2.1. Inscrição de Pessoas Físicas ... 137
3.2.1.1. Orientações gerais ... 138
3.2.1.2. Inscrição *post mortem* ... 139
3.2.1.3. Exercício de mais de uma atividade remunerada ... 140
3.2.1.4. Baixa da Inscrição ... 140
3.2.2. Inscrição de Pessoas Jurídicas e Equiparadas — Matrícula ... 140
3.2.3. Inscrição de pessoa não filiada ao sistema ... 142
4 — Reconhecimento do tempo de filiação ... 143
4.1. Conceito ... 143
4.2. Retroação da data do início das contribuições ... 144
4.3. Solicitação administrativa — INSS ... 144
4.4. Pagamento das contribuições ou indenização — cálculo ... 144
4.5. Parcelamento ... 146
4.6. Tempo de serviço prestado pelo trabalhador rural anteriormente a novembro/91 ... 146
4.7. Desistência do reconhecimento de filiação ao RGPS ... 146

CAPÍTULO VI — BENEFICIÁRIOS DO RGPS — SEGURADOS E DEPENDENTES ... 147
1 — Segurados Obrigatórios e Facultativos ... 147
2 — Dependentes ... 147
2.1. Cônjuges ... 148
2.1.1. Ex-cônjuges ... 148
2.2. Companheiros em união estável ... 150
2.2.1. União Homoafetiva ... 153
2.2.2. Documentação comprobatória ... 154

2.3. Filhos 155
2.3.1. Emancipação 156
2.3.2. Filhos equiparados e menores sob guarda 157
2.3.3. Filhos inválidos ou deficientes 160
2.3.4. Filhos estudantes, maiores de 21 anos 161
2.4. Pais 162
2.5. Irmãos 162
2.6. Dependente civilmente incapaz 163
2.7. Dependente designado 163
2.8. Perda da Qualidade de Dependente 164

CAPÍTULO VII — MANUTENÇÃO E PERDA DA QUALIDADE DE SEGURADO 165

1 — Períodos de Graça 165
1.1. Segurados em gozo de benefício 165
1.2. Trabalhadores que deixam de exercer atividade remunerada 166
1.2.1. Pagamento de mais de 120 contribuições — acréscimo de 12 meses 167
1.2.2. Desemprego — acréscimo de 12 meses 168
1.2.3. CLT, art. 476-A — suspensão contratual 169
1.2.4. Servidores públicos 170
1.3. Segregação compulsória 170
1.4. Segurado retido ou recluso 170
1.5. Segurado incorporado às Forças Armadas 171
1.6. Segurado facultativo 171
1.7. Segurado especial 172
1.8. Percepção de benefício de incapacidade durante o período de graça 172
1.9. Segurado que passa a contribuir como facultativo durante o período de graça, com nova interrupção das contribuições 173
1.10. Informações do CNIS 174

2 — Perda da Qualidade de Segurado 174
2.1. Benefícios Previdenciários em que a Perda da Qualidade de Segurado não Será Considerada 176
2.2. Contribuinte Individual (CI) — recolhimento em atraso 176

PARTE III
CUSTEIO DA SEGURIDADE SOCIAL

CAPÍTULO VIII — SISTEMA DE FINANCIAMENTO 181

CAPÍTULO IX — PARTICIPAÇÃO DA UNIÃO E DEMAIS ENTES DA FEDERAÇÃO 183

CAPÍTULO X — CONTRIBUIÇÕES SOCIAIS 185
1 — Contribuição dos Segurados Empregados, Empregados Domésticos e Trabalhadores Avulsos ... 186
1.1. Tabela de Salário de Contribuição e Procedimentos 186

1.2. Fato Gerador e Base de Cálculo 187

    1.2.1. Salário de Contribuição 188

        1.2.1.1. Salário-Maternidade 192

        1.2.1.2. Décimo Terceiro Salário 195

        1.2.1.3. Aviso-prévio indenizado 197

        1.2.1.4. Primeiros quinze dias de atestado médico 198

        1.2.1.5. Adicional de 1/3 de férias 198

        1.2.1.6. Férias usufruídas 199

        1.2.1.7. Empregada gestante — indenização do período de estabilidade 200

    1.3. Existência de Múltiplos Vínculos Empregatícios 201

2 — **Contribuição dos Contribuintes Individuais (Autônomo e Empresário)** 202

    2.1. Alíquota / Percentual de Contribuição e Fato Gerador 202

    2.2. Dedução Permitida — Contribuição Reduzida para Prestadores de Serviços a Pessoas Jurídicas que contribuem para a Previdência Social 203

        2.2.1. Responsabilidade pelo Recolhimento — Retenção pelo Tomador dos Serviços 205

            2.2.1.1. Cooperativas de Trabalho 207

            2.2.1.2. Observância do Limite Máximo de Contribuição 207

            2.2.1.3. Obrigações 208

            2.2.1.4. Observações Gerais 209

    2.3. Contribuição Previdenciária do Transportador Autônomo 210

        2.3.1. Contribuição para o SEST e o SENAT 211

    2.4. Ministros de Confissão Religiosa e Assemelhados 211

    2.5. Procedimento de Contribuição Adotado entre 29.11.1999 e 31.3.2003 211

        2.5.1. Inscrição a partir de 29.11.1999 211

        2.5.2. Inscrição até 28.11.1999 — Tabela de Salário-Base 212

    2.6. Exercício de atividades simultâneas 213

    2.7. Contribuinte individual que opta pela exclusão do direito à Aposentadoria por Tempo de Contribuição 213

    2.8. Prestação de Serviços Eventuais a Órgãos da Administração Pública e Fundações — Comprovação do Recolhimento como Contribuinte Individual 214

    2.9. Microempreendedor Individual — MEI 215

3 — **Contribuição dos Segurados Facultativos** 216

    3.1. Atividade doméstica, na própria residência 216

4 — **Contribuição de Empregadores ou Empregados Aposentados** 216

5 — **Contribuição dos Empregadores Domésticos** 217

6 — **Contribuição das Empresas** 217

    6.1. Contribuições Incidentes sobre a remuneração dos segurados empregados 218

        6.1.1. Contribuição Destinada à Seguridade Social 218

        6.1.2. Contribuição Destinada ao Financiamento da Aposentadoria Especial e de Benefícios por Incapacidade — Seguro de Acidente do Trabalho (SAT) 218

            6.1.2.1. Breve Histórico 218

            6.1.2.2. Percentuais Básicos 227

6.1.2.3. Flexibilização em razão dos acidentes de trabalho — Fator Acidentário de Prevenção (FAP) 230

    6.1.2.3.1 — Cálculo do FAP 234

    6.1.2.3.2 — Recurso administrativo 237

6.1.2.4. Acréscimo para Empresas cuja Atividade Permita a Concessão de Aposentadoria Especial 238

    6.1.2.4.1. Cooperativas de Produção e Empresas Contratantes de Serviços de Cooperativas de Trabalho 239

6.1.2.5. Reenquadramento das alíquotas básicas 241

6.1.2.6. Revisão individual — Decreto n. 3.048/99, art. 203 243

6.1.3. Contribuição para Terceiros 244

    6.1.3.1. Enquadramento e Contribuição 244

    6.1.3.2. Instituições desobrigadas da contribuição a terceiros 246

    6.1.3.3. Contribuição Adicional ao SENAI 247

6.2. Contribuição sobre os Pagamentos Efetuados a Contribuintes Individuais (Autônomos e Empresários) 247

    6.2.1. Histórico 247

    6.2.2. Alíquota e Base de Cálculo 248

    6.2.3. Contratação de Serviços de Transporte — Peculiaridade 249

    6.2.4. Observações Importantes 251

    6.2.5. Responsabilidade quanto ao Recolhimento Devido pelos Contribuintes Individuais Prestadores de Serviço 253

6.3. Contribuição sobre Serviços Prestados por Cooperativas 253

    6.3.1. Cooperativa de Serviços Médicos 253

    6.3.2. Cooperativa de Serviços Odontológicos 255

    6.3.3. Cooperativa de Serviços na Atividade de Transporte 255

    6.3.4. Sujeição a Agentes Nocivos no Desenvolver do Trabalho Contratado — Acréscimo na Contribuição Previdenciária — Vigência desde 1º.04.2003 256

6.4. Contratação de Trabalhadores Avulsos — Contribuição Previdenciária 256

    6.4.1. Trabalho Avulso Portuário 256

        6.4.1.1. Obrigações do Órgão Gestor de Mão de Obra — OGMO 256

        6.4.1.2. Obrigações do Operador Portuário 258

        6.4.1.3. Contribuições Previdenciárias 258

    6.4.2. Contratação de Trabalhador Avulso Não Portuário 259

6.5. Sucessão de Empresas 260

6.6. RIO 2016 — Isenção 260

7 — Contribuição das Sociedades Cooperativas 260

7.1. Cooperativa de Trabalho — Responsabilidade no Pagamento da Contribuição Devida por seus Cooperados — Retenção 261

7.2. Exercício de Atividade que Autoriza a Concessão de Aposentadoria Especial — Acréscimo nas Contribuições Previdenciárias 262

8 — Associação Desportiva — Equipe de Futebol Profissional — Contribuição Previdenciária 263
9 — Contribuição dos Produtores Rurais 266
    9.1. Definições e Conceitos 266
    9.2. Contribuição sobre a comercialização da produção rural 269
        9.2.1. Fato Gerador 271
        9.2.2. Exportação de produtos 272
        9.2.3. Base de cálculo 272
        9.2.4. Percentuais, responsabilidade e prazo para o recolhimento 273
            9.2.4.1. Produtor rural pessoa jurídica 273
            9.2.4.2. Produtor rural pessoa física, equiparado à autônomo (contribuinte individual) 274
            9.2.4.3. Produtor rural pessoa física, segurado especial 275
    9.3. Recurso Extraordinário 363.852/MG — Inconstitucionalidade das contribuições 278
    9.4. Contribuição sobre a Folha de Pagamento 280
    9.5. Contribuição sobre os Pagamentos Efetuados a Contribuintes Individuais 281
    9.6. Recolhimento como Contribuinte Individual 282
    9.7. Consórcio de Produtores Rurais 283
        9.7.1. Constituição — Documentação Necessária 283
        9.7.2. Registro dos Empregados — Procedimentos — Responsabilidade Solidária 284
        9.7.3. Contribuição Previdenciária 284
    9.8. Cooperativa de Produção Rural — Contratação de Pessoal para Colheita 284
10 — Contribuição das Agroindústrias 286
    10.1. Procedimentos adotados no Período de 08/94 a 10/2001 286
    10.2. Procedimentos adotados no período de 11/2001 a 08/2003 — Lei n. 10.256/2001 288
    10.3. Procedimentos adotados a contar de 09/2003 — Lei n. 10.684/2003 288
    10.4. Responsabilidade e prazo para o recolhimento 289
    10.5. Agroindústrias não Abrangidas pela Lei n. 10.256/2001 289
    10.6. Prestação de Serviços a Terceiros 289
11 — Contribuições devidas pelas empresas de TI, TIC e outras especificadas — Programa de desoneração da folha de pagamento 289
    11.1. Período de 1º.9.2009 a 30.11.2011 — Redução na contribuição previdenciária — Lei n. 11.774/2008 289
    11.2. MP 540/2011 e Lei n. 12.546/2011 — Desoneração da folha de pagamento 291
11.2.1. Período de 1º.11.2011 a 31.7.2012 — MP 540/2011 292
11.2.2. Período de 1º.8.2012 a 31.12.2012 — MP 563/2012 294
11.2.3. Período de 1º.1.2013 a 31.12.2014 — Leis ns. 12.715/2012 e 12.794/2013 295
11.3. Obrigatoriedade de aplicação 298

CAPÍTULO XI — CONTRIBUIÇÕES DECORRENTES DE RECLAMATÓRIA TRABALHISTA E ACORDOS EXTRAJUDICIAIS 299
1 — Acordos e Sentenças Trabalhistas 299
    1.1. Considerações Iniciais sobre o Processo do Trabalho 299
    1.2. Contribuição Previdenciária 299

  1.2.1. Procedimento 299
  1.2.2. Incidência / Fato Gerador 301
  1.2.3. Determinação do Salário de Contribuição 304
  1.2.4. Contribuição a Cargo do Reclamante 305
  1.2.5. Ausência de Vínculo Empregatício 306
  1.2.6. Recolhimento das contribuições — Procedimento 306
  1.2.7. Contribuição destinada a outras entidades ou fundos — Terceiros 307
  1.2.8. Percentuais aplicáveis 308
2 — Contribuição Incidente sobre o Acordo Firmado nas Comissões de Conciliação Prévia 308
 2.1. Comissão de Conciliação Prévia — Conceito e Finalidade 308
 2.2. Constituição — Empresa ou Sindicato 308
 2.3. Funcionamento das Comissões 309
 2.4. Contribuições Previdenciárias 309

CAPÍTULO XII — OUTRAS RECEITAS DA SEGURIDADE SOCIAL 311

CAPÍTULO XIII — ISENÇÃO DE CONTRIBUIÇÕES PREVIDENCIÁRIAS — ENTIDADES BENEFICENTES DE ASSISTÊNCIA SOCIAL 312

1 — Direito 312
2 — Requisitos para a Certificação 312
 2.1. Protocolo e análise 313
 2.2. Validade 314
3 — Certificação das entidades de saúde 314
 3.1. Comprovação do atendimento mínimo de 60% pelo SUS 315
4 — Certificação das entidades de educação 317
 4.1. Bolsas de estudo 318
 4.2. Renovação da certificação 319
5 — Certificação das entidades de assistência social 319
 5.1. Vínculo com a rede socioassistencial privada no âmbito do SUAS 321
6. Entidade com atuação em mais de uma área 321
7. Recursos administrativos 322
8. Representação 322
9. Cancelamento da certificação 323
10. Isenção das contribuições previdenciárias 323
 10.1. Requisitos 323
 10.2. Reconhecimento, suspensão e cancelamento do direito à isenção 325

CAPÍTULO XIV — RETENÇÃO DE 11% SOBRE O VALOR DA PRESTAÇÃO DOS SERVIÇOS — CESSÃO DE MÃO DE OBRA E/OU EMPREITADA 326

1 — Obrigatoriedade 326
2 — Atividades Sujeitas à Retenção 326
 2.1. Atividades Sujeitas à Retenção Previdenciária 326
  2.1.1 — Serviços contratados por cessão de mão de obra ou empreitada 327
  2.1.2 — Serviços contratados por cessão de mão de obra 328

3 — Retenção e Recolhimento pela Contratante dos Serviços ... 329
    3.1. Retenção ... 329
    3.2. Destaque e Compensação da Retenção pela Empresa Contratada ... 329
        3.2.1. Subcontratação ... 330
    3.3. Recolhimento do Valor Retido ... 330
4 — Dispensa da Retenção ... 331
5 — Empresa Optante pelo Simples ... 332
6 — Apuração da Base de Cálculo da Retenção — Deduções Permitidas ... 336
    6.1. Materiais e Equipamentos Utilizados ... 336
    6.2. Valores de Vale-Transporte e Vale-Refeição ... 337
    6.3. Taxa de Administração ou Agenciamento ... 337
7 — Construção Civil ... 337
    7.1. Retenção ... 337
    7.2. Serviços Isentos da Retenção Previdenciária ... 338
    7.3. Obra executada por empresas em consórcio ... 339
8 — Cooperativas de Trabalho ... 339
9 — Obrigações da Empresa Contratada ... 340
10 — Obrigações da Empresa Contratante ... 341
11 — Acréscimo no Percentual de Retenção quando da Exposição dos Trabalhadores a Agentes Nocivos ... 341
12 — Serviços em que não se Aplica o Instituto da Retenção ... 342
    12.1. Isenção Decorrente de Decisão Judicial ... 343
    12.2. Isenção para o *Comité International Olympique* — CIO e empresas a ele vinculadas — Lei n. 12.780/2013 ... 343
13 — Irregularidades e Inconstitucionalidades Existentes ... 343

CAPÍTULO XV — RESPONSABILIDADE SOLIDÁRIA ... 345
1 — Disposições Gerais ... 345
2 — Contribuições Excluídas ... 345
3 — Responsáveis Solidários ... 345
    3.1. Construção Civil ... 346
    3.2. Cessão de Mão de Obra ... 347
    3.3. Grupo Econômico ... 348
    3.4. Operador Portuário e Órgão Gestor de Mão de Obra ... 348
    3.5. Administradores de Autarquias e Fundações Públicas, Empresas Públicas e Sociedades de Economia Mista ... 349
    3.6. Titulares de Firma Individual, Sócios de Empresa Ltda. e Acionistas ... 349
    3.7. Contratante ou Oficial que Lavra o Instrumento sem CND ... 349

CAPÍTULO XVI — ARRECADAÇÃO E RECOLHIMENTO DAS CONTRIBUIÇÕES ... 350
1 — Empresas ... 350
    1.1. Histórico da data de vencimento ... 351
2 — Contribuintes Individuais e Segurados Facultativos ... 351
    2.1. Recolhimento trimestral ... 352

3 — **Empregador Doméstico** 353
    3.1. Recolhimento trimestral 353
4 — **Produtores Rurais**... 353
    4.1. Contribuição decorrente da comercialização da produção rural............................ 353
    4.2. Contribuição decorrente de outras receitas... 354
    4.3. Contribuição decorrente da folha de pagamento 355
    4.4. Segurado especial que contratar empregados (Lei n. 8.212/91, art. 12, § 8º)........... 355
5 — **Dirigente Sindical — Contribuição Previdenciária — Responsabilidade pelo Recolhimento**.... 356
6 — **Gratificação Natalina — 13º Salário** 356
7 — **Correção Salarial Resultante de Documento Coletivo**... 356
8 — **Documento de Arrecadação** 357
    8.1. Valor Mínimo para Recolhimento... 358
9 — **Recolhimento em Atraso**.. 358
    9.1. Atualização Monetária.. 359
    9.2. Juros de Mora 360
    9.3. Multa 361
        9.3.1. Procedimento aplicado até 3.12.2008 361
        9.3.2. Procedimento aplicado a contar de 4.12.2008 362

CAPÍTULO XVII — PARCELAMENTO DE CONTRIBUIÇÕES PREVIDENCIÁRIAS 364
1 — **Procedimentos vigentes até 3.12.2008** 364
    1.1. Admissão e Restrições ao Parcelamento 364
    1.2. Órgãos Públicos... 365
    1.3. Contribuinte Individual 366
    1.4. Formulação do Pedido, Instrução do Processo e Indeferimento 366
    1.5. Consolidação do Parcelamento 366
        1.5.1. Empresa e Contribuinte Individual a partir de Abril/95................................ 366
        1.5.2. Acréscimos Legais 367
        1.5.3. Prestações.. 367
    1.6. Vencimento e Forma de Pagamento das Prestações... 369
    1.7. Reparcelamento... 369
    1.8. Rescisão do Parcelamento ou do Reparcelamento.. 369
2 — **Procedimentos vigentes a contar de 4.12.2008** 369
    2.1. Competência... 370
    2.2. Parcelamento Ordinário 370
        2.2.1. Débitos objeto de parcelamento 370
        2.2.2. Requerimento 370
        2.2.3. Formalização e Deferimento.. 372
        2.2.4. Indeferimento.. 372
        2.2.5. Consolidação da dívida 372
        2.2.6. Valor das parcelas e pagamento 373
        2.2.7. Pagamento das prestações devidas por Estados, DF e Municípios 373
        2.2.8. Reparcelamento.. 374
        2.2.9. Vedação e rescisão do parcelamento.. 374
    2.3. Parcelamento simplificado... 374
3 — **Parcelamento especial — Lei n. 12.810/2013** 375
4 — **Parcelamento especial —REFIS — Lei n. 12.865/2013**.. 375
5 — **Moratória — Lei n. 12.873/2013 — Entidades de saúde sem fins lucrativos**.............. 376

CAPÍTULO XVIII — EMPRESAS OPTANTES PELO SIMPLES 377
1 — Sistema Integrado de Pagamento de Impostos e Contribuições das Microempresas e das Empresas de Pequeno Porte — Simples 377

CAPÍTULO XIX — EMPRESAS EM DÉBITO — PROIBIÇÕES 378

CAPÍTULO XX — COMPENSAÇÃO, RESTITUIÇÃO E REEMBOLSO 379
1 — Compensação e Restituição de Valores Pagos Indevidamente 379
    1.1. Compensação 379
        1.1.1. Compensação de valores referentes à retenção de contribuições previdenciárias na cessão de mão de obra e na empreitada 381
    1.2. Restituição 382
        1.2.1. Restituição de valores referentes à retenção de contribuições na cessão de mão de obra ou empreitada 382
        1.2.2. Penalidades no ressarcimento indeferido 383
2 — Reembolso 384
3 — Valoração dos Créditos 384
4 — Prazo de Decadência 385
5 — Compensação de ofício, pela Receita Federal 385

CAPÍTULO XXI — OBRIGAÇÕES ACESSÓRIAS 386
1 — Obrigações Acessórias Devidas pelas Empresas e Entidades a ela Equiparadas 386
2 — Obrigações Específicas 389
    2.1. Órgão Gestor de Mão de Obra — OGMO 389
    2.2. Municípios 389
    2.3. Instituições Financeiras 389
    2.4. Cartórios de Registro Civil e Pessoas Naturais 390
    2.5. Apresentação de Dados em Meio Digital ou Assemelhado 390
    2.6. Cooperativas de Trabalho e de Produção 390
    2.7. Órgãos Públicos 391

CAPÍTULO XXII — ARRECADAÇÃO, FISCALIZAÇÃO E COBRANÇA DAS CONTRIBUIÇÕES 392
1 — Competência para Arrecadar, Fiscalizar e Cobrar as Contribuições — Secretaria da Receita Federal do Brasil 392
2 — Exame da Contabilidade 393
3 — Constituição dos Créditos 393
    3.1. Formas de Constituição do Crédito 393
    3.2. Documentos de Constituição do Crédito 394
        3.2.1. Guia de Recolhimento do Fundo de Garantia do Tempo de Serviço e Informações à Previdência Social — GFIP — Confissão de Dívida — Emissão de DCG 395
            3.2.1.1. Alteração de informações prestadas em GFIP referentes a competências incluídas no DCG 395
        3.2.2. Lançamento de Débito Confessado — LDC 396
        3.2.3. Auto de Infração ou Notificação de Lançamento pelo descumprimento de obrigação principal ou acessória 396

4 — Multas 397

    4.1. Circunstâncias Agravantes da Infração e Gradação das Multas 401

    4.2. Fixação da Multa 402

5 — **Decadência e Prescrição** 403

    5.1. Decadência 403

    5.2. Prescrição 404

6 — **Prova de Inexistência de Débito** 404

    6.1. Certidão Negativa de Débito — CND 404

        6.1.1. Atos que Independem de Apresentação de CND 406

        6.1.2. Expedição do Certificado 407

    6.2. Certidão Positiva de Débito com Efeitos de Negativa — CPD-EN 409

    6.3. Certidão Positiva de Débito — CPD 410

    6.4. Declaração de Regularidade de Situação do Contribuinte Individual — DRS-CI ... 410

    6.5. Certificado de Regularidade Previdenciária — CRP — Administração Pública 411

CAPÍTULO XXIII — RECURSOS CABÍVEIS DAS DECISÕES ADMINISTRATIVAS 413

1 — **Início do contencioso administrativo fiscal** 413

2 — **Impugnação** 413

3 — **Julgamento da impugnação** 415

4 — **Recurso Voluntário** 415

5 — **Eficácia das decisões** 416

6 — **Considerações gerais** 416

    6.1. Nulidades 416

    6.2. Intimações 417

    6.3. Contagem dos prazos 418

    6.4. Restituição de documentos e vistas do processo 418

    6.5. Ingresso de ação judicial 418

CAPÍTULO XXIV — DÍVIDA ATIVA — INSCRIÇÃO E EXECUÇÃO JUDICIAL 419

1 — **Inscrição** 419

2 — **Execução Judicial** 419

CAPÍTULO XXV — CRIMES PREVIDENCIÁRIOS 420

1 — **Lei n. 9.983/2000 — Alteração do Código Penal Brasileiro** 420

    1.1. Apropriação Indébita Previdenciária 420

    1.2. Sonegação de Contribuição Previdenciária 420

    1.3. Falsificação de Documento Público 421

2 — **Responsabilidade** 421

3 — **Extinção da Punibilidade** 422

4 — **Faculdade do Juiz em não Aplicar a Pena** 422

PARTE IV
RISCOS OCUPACIONAIS E ACIDENTE DO TRABALHO

CAPÍTULO XXVI — RISCOS OCUPACIONAIS NO AMBIENTE DE TRABALHO 425

1 — Conceito 425

2 — Cobrança da Alíquota de Acréscimo na Contribuição Destinada ao Financiamento da Aposentadoria Especial e Benefícios por Incapacidade 425

3 — Demonstração do Gerenciamento do Ambiente de Trabalho 426

    3.1. Terceirização de serviços 427

4 — Representações e Ação Regressiva 427

    4.1. Fundamentos equivocados e pressupostos necessários para a propositura da ação 429

    4.2. Objetivos 429

    4.3. Inconstitucionalidades 430

    4.4. Possibilidade de acordo 432

    4.5. Observações gerais 433

CAPÍTULO XXVII — PERFIL PROFISSIOGRÁFICO PREVIDENCIÁRIO — PPP 434

1 — Instituição 434

2 — Conceito e Finalidade 435

3 — Empresas Obrigadas ao Preenchimento — Responsável pela Emissão 435

4 — Atualização e Manutenção do PPP 436

5 — Fornecimento ao Trabalhador e Prazo de Guarda da Documentação 437

6 — Descumprimento da Legislação — Penalidade 437

CAPÍTULO XXVIII — EVIDÊNCIAS TÉCNICAS DAS CONDIÇÕES AMBIENTAIS DO TRABALHO — LTCAT E PROGRAMAS DE PREVENÇÃO 438

1 — LTCAT — Laudo Técnico de Condições Ambientais do Trabalho 438

    1.1. Comprovação de Atividade Especial — Apresentação do LTCAT até 31.12.2003 439

2 — Documentos não Contemporâneos ao Exercício da Atividade pelo Trabalhador 440

3 — Cooperativas de trabalho e empresas de locação de mão de obra 441

CAPÍTULO XXIX — ACIDENTE DO TRABALHO 442

1 — Conceito 442

    1.1. Acidentes por equiparação 442

2 — Caracterização 443

    2.1. Procedimento adotado até 31.3.2007 — Doença Ocupacional — Caracterização — Necessidade da Existência de Nexo Causal e do Reconhecimento do Nexo Técnico pelo INSS 444

    2.2. Procedimento a contar de 1º.4.2007 — Caracterização de Acidente do Trabalho — Nexo Técnico Epidemiológico — Lei n. 11.430/2006 e Decreto n. 6.042/2007 448

        2.2.1. Tipos de nexos acidentários 451

3 — CAT — Comunicação de Acidente do Trabalho 452

    3.1. CAT de Reabertura de Acidente do Trabalho 454

    3.2. Trabalhadores Aposentados 454

    3.3. Prazo para emissão e envio 454

4 — Estabilidade Provisória do Acidentado 455

5 — Litígios e Ações Relativos aos Acidentes de Trabalho 455

PARTE V
BENEFÍCIOS PREVIDENCIÁRIOS

CAPÍTULO XXX — ESPÉCIES DE PRESTAÇÕES 459

CAPÍTULO XXXI — CARÊNCIA 460

1 — Conceito 460

2 — Início e Períodos Computáveis 461

    2.1. Tempo de Serviço Público 462

    2.2. Atividade Desenvolvida como Trabalhador Rural 464

    2.3. Período de Licença-Maternidade 464

    2.4. Auxiliares Locais Brasileiros — Atividade no Exterior 464

    2.5. Serviço Militar e Períodos de Incapacidade 465

    2.6. Comprovação das Contribuições Junto ao INSS 466

        2.6.1. Empregados Domésticos 466

        2.6.2. Contribuintes individuais, facultativos e domésticos — período de 04/1973 a 02/1994 467

3 — Perda da Qualidade de Segurado — Requisitos para a Contagem como Carência do Tempo Anteriormente Recolhido 467

4 — Prestações / Benefícios que Independem de Carência 468

    4.1. Doenças graves 469

    4.2. Atividade rural e urbana — períodos intercalados 470

5 — Prestações / Benefícios que Dependem de Carência 471

CAPÍTULO XXXII — SALÁRIO DE BENEFÍCIO 474

1 — Conceito 474

2 — Cálculo 474

    2.1. Segurados Inscritos a Contar de 29.11.1999 474

        2.1.1. Falhas Contributivas no Período Básico de Cálculo 479

        2.1.2. Benefícios por incapacidade — concessão entre 30.11.1999 e 29.10.2009 479

            2.1.2.1. Concessão no período de 17.4.2002 a 29.10.2009 — revisão administrativa automática 480

    2.2. Segurados Inscritos até 28.11.1999 481

        2.2.1. Falhas Contributivas no Período de Julho/94 até o Mês Anterior ao Requerimento do Benefício — Procedimento de Cálculo 482

    2.3. Recebimento de Benefícios por Incapacidade Durante o Período Básico de Cálculo 488

    2.4. Direito Adquirido 490

        2.4.1. Direito adquirido ao benefício anteriormente a 28.11.1999 490

        2.4.2. Benefícios de incapacidade, decorrentes de acidente do trabalho ocorrido até 28.4.1995 493

    2.5. Benefícios de Aposentadoria (exceto Invalidez) — Perda da Qualidade de Segurado — Inexistência de Contribuições a Contar de Julho/94 493

    2.6. Segurados que Recebem o Benefício de Auxílio-Acidente — Integração do Valor no Cálculo do Salário de Benefício 493

        2.6.1. Falecimento de Segurado que Percebe Auxílio-Acidente — Incorporação do Valor ao Benefício de Pensão por Morte 494

2.7. Utilização das Informações Constantes do CNIS 495
2.8. Limite de Valores 495
2.9. Acordos Internacionais 496
2.10. Segurado Especial 496
2.11. Benefícios Concedidos a Contar de Março de 1994 — IRSM 497
2.12 Benefícios Concedidos entre 5.10.1988 e 5.4.1991 — Lei n. 8.213/91, art. 144 497
2.13 Benefícios Concedidos entre 5.4.1991 e 25.7.1991 — Lei n. 8.213/91, art. 145 499

3 — Fator Previdenciário 499
   3.1. Idade 500
   3.2. Tempo de Contribuição 501
   3.3. Implantação Gradual até Dezembro/2004 501
   3.4. Inconstitucionalidade 502

4 — Valores Considerados para Apuração do Salário de Benefício 505

5 — Segurados com Atividades Concomitantes 506

CAPÍTULO XXXIII — RENDA MENSAL DO BENEFÍCIO 509

1 — Conceito e Percentuais 509
   1.1. Pensão por Morte Decorrente de Acidente do Trabalho 510
   1.2. Salário-Maternidade 510
      1.2.1. Empregos Concomitantes ou Exercício de Atividades Simultâneas 511
      1.2.2. Filiação como Facultativa ou Contribuinte Individual Após Extinção de Vínculo Empregatício 512
      1.2.3. Alteração Salarial — Revisão do Benefício 512
      1.2.4. Segurada em Gozo de Auxílio-Doença 513
      1.2.5. Abono anual 513
1.3. Segurados Especiais 513

2 — Limitação de Valores 514

3 — Arredondamento dos Valores 514

CAPÍTULO XXXIV — DESCONTOS PERMITIDOS NA RENDA MENSAL DOS BENEFÍCIOS 515

1 — Descontos — Permissão Legal ou Autorização Judicial 515

2 — Pagamento de Empréstimos, Financiamentos e Operações de Arrendamento Mercantil 517
   2.1. Benefícios que não Podem Sofrer o Desconto 518
   2.2 Alteração de Instituição Financeira — Proibição 518
   2.3. Responsabilidade do INSS 519

3 — Desconto em Folha de Pagamento — Segurados Empregados 519

4 — Valores recebidos em ações judiciais, decorrentes de antecipação de tutela ou liminar 519

CAPÍTULO XXXV — REQUERIMENTO E PAGAMENTO DO BENEFÍCIO — PROCESSO ADMINISTRATIVO 522

1 — Processo Administrativo 522
   1.1. Interessados 523
   1.2. Impedimentos e Suspeição 523
   1.3. Comunicação dos atos 524

2 — Requerimento do benefício 525
    2.1. Agendamento prévio 527
    2.2. Formalização do processo 527
        2.2.1. Documentos obrigatórios 527
        2.2.2. Documentos originais ou cópias autenticadas 528
        2.2.3. Documentos públicos 528
        2.2.4. Documentos em idioma estrangeiro 528
        2.2.5. Documentos microfilmados 529
        2.2.6. Documentos digitalizados 529
    2.3. Comunicação ao terceiro interessado 529
3 — Fase Instrutória 529
    3.1. Carta de exigências 529
    3.2. Instrução do processo administrativo 530
        3.2.1. Dúvidas quanto ao conteúdo da CTPS ou outros documentos 530
        3.2.2. Requerimento de novo benefício pelo mesmo segurado 530
4 — Justificação Administrativa 531
    4.1. Conceito 531
    4.2. Oportunização 531
    4.3. Início de prova documental 531
        4.3.1. Prova de exercício de atividade e tempo de contribuição 533
        4.3.2. Exame documentoscópico com parecer grafotécnico 533
        4.3.3. Comprovação da exposição a agentes nocivos, para obtenção de tempo especial 534
    4.4. Processamento — Testemunhas 534
        4.4.1. Pessoas não admitidas como testemunhas 535
        4.4.2. Comprovação de tempo de serviço 535
        4.4.3. Testemunha com residência em local diverso 535
        4.4.4. Termo de Assentada 535
        4.4.5. Homologação — Não cabimento de recurso administrativo 536
        4.4.6. Homologação Judicial com Base em Prova Exclusivamente Testemunhal 536
    4.5. Termo Aditivo 536
5 — Pesquisa Externa 537
6 — Decisão Administrativa 538
    6.1. Análise e concessão do melhor benefício 538
    6.2. Reafirmação da DER 538
    6.3. Decisão 538
    6.4. Comunicação ao Empregador/Empresa 539
    6.5. Aviso de Concessão e Memória de Cálculo 539
7 — Pagamento do benefício 539
    7.1. Pagamento mediante depósito em conta corrente 541
    7.2. Pagamento a terceiros — Possibilidade 541

   7.2.1. Impedimentos 542
   7.2.2. Segurados ou Dependentes Civilmente Incapazes 542
   7.2.3. Valores não Recebidos em Vida pelo Segurado 543
   7.2.4. Procuração 543
      7.2.4.1. Substabelecimento 544
      7.2.4.2. Procuração Firmada no Exterior ou em Idioma Estrangeiro 545
      7.2.4.3. Renovação 545
      7.2.4.4. Perda de validade ou de eficácia 545
  7.3. Transferência do pagamento para outro órgão mantenedor 545
  7.4. Antecipação de pagamento — impossibilidade 546
  7.5. Liberação de valores em atraso — Atualização Monetária 546
8 — Vistas e retirada de processos 547
  8.1. Interposição de recurso ou oferecimento de contrarrazões 548
  8.2. Processo encerrado ou arquivado 548
  8.3. Retirada não permitida 549
9 — Desistência ou cancelamento de um benefício requerido 549

CAPÍTULO XXXVI — RECURSOS ADMINISTRATIVOS 551
1 — Conselho de Recursos da Previdência Social — CRPS 551
2 — Interposição de Recurso 552
  2.1. Prazos 553
  2.2. Intimações 554
  2.3. Reconhecimento do direito pelo INSS 554
  2.4. Processamento do recurso 555
      2.4.1. Conciliação 557
  2.5. Julgamento 558
  2.6. Decisões / Acórdãos 560
  2.7. Cumprimento dos acórdãos 561
  2.8. Reclamação 562
  2.9. Incidentes processuais 563
  2.10. Concessão de outro benefício durante o trâmite do recurso 563
  2.11. Conclusão do processo administrativo 563
3 — Procedimentos aplicáveis aos órgãos julgadores do CRPS 564
  3.1. Embargos de declaração 564
  3.2. Erro material 564
  3.3. Revisão de ofício 565
  3.4. Conflito de competência 565
4 — Procedimentos aplicáveis ao Conselho Pleno 565
  4.1. Uniformização em tese da jurisprudência 565
  4.2. Pedido de uniformização da jurisprudência 566
  4.3. Reclamação 567
  4.4. Reuniões do Conselho 567

5 — Disposições Gerais	568
5.1. Anulação do julgamento anterior	568
5.2. Pareceres da Consultoria Jurídica do MPS	568
5.3. Tratado internacional ou legislação em vigor	568
6 — Valores recebidos indevidamente — Cobrança administrativa	569
7 — Desistência do processo	569
7.1. Ingresso de ação judicial com idêntico objeto	569

CAPÍTULO XXXVII — REAJUSTE ... 570

1 — Reajustamento — Critérios	570
2 — Cálculo do Salário de Benefício — Média Superior ao Limite Máximo do Salário de Contribuição	572

CAPÍTULO XXXVIII — PRESTAÇÕES PREVIDENCIÁRIAS ... 573

1 — Benefícios e Serviços	573
2 — Aposentadoria por Invalidez	573
2.1. Requisitos Necessários à Obtenção do Benefício	573
2.2. Carência	574
2.3. Renda Mensal do Benefício — Início do Pagamento	575
2.3.1. Acréscimo de 25%	576
2.4. Avaliações / Exames Médico-Periciais	576
2.5. Recuperação da Capacidade de Trabalho — Percepção de Mensalidade de Recuperação e Cessação do Benefício	577
3 — Aposentadoria por Idade	578
3.1. Requisitos Necessários à Obtenção do Benefício	578
3.1.1. Comprovação da Idade	579
3.1.2. Aposentadoria Compulsória	579
3.2. Carência	580
3.2.1. Perda da Qualidade de Segurado	582
3.3. Renda Mensal do Benefício	582
3.4. Data de Início do Benefício — DIB	583
3.5. Transformação do Benefício	583
3.6. Trabalhadores Rurais	584
3.6.1. Direitos existentes anteriormente à Lei n. 8.213/91	584
3.6.2. Da publicação das Leis n. 8.212 e 8.213, de 1991	585
3.6.3. Das alterações trazidas pela Medida Provisória n. 598/94, posteriormente convertida na Lei n. 9.063/95	587
3.6.4. Das alterações trazidas pela Medida Provisória n. 312/2006, posteriormente convertida na Lei n. 11.368/2006	588
3.6.5. Das alterações trazidas pela Medida Provisória n. 410/2007, posteriormente convertida na Lei n. 11.718/2008	589
3.6.6. Prova do tempo de serviço	591
4 — Aposentadoria por Tempo de Contribuição	592
4.1. Considerações Gerais	592
4.2. Aposentadoria Integral	593

4.2.1. Requisitos Necessários à Obtenção do Benefício — Tempo de Serviço e Carência 593
    4.2.1.1. Professores 594
4.2.2. Renda Mensal 596
4.3. Aposentadoria Proporcional 596
    4.3.1. Requisitos Necessários à Obtenção do Benefício — Tempo de Serviço e Carência 596
        4.3.1.1. Direito Adquirido ao Benefício até 15.12.1998 597
    4.3.2. Renda Mensal 598
        4.3.2.1. Direito Adquirido ao Benefício 598
4.4. Início de Pagamento do Benefício 598
4.5. Contagem do Tempo de Serviço 598
4.6. Tempo de Serviço e Tempo de Contribuição — Períodos Considerados 599
    4.6.1. Trabalhador Rural — Segurado especial 603
        4.6.1.1. Filhos casados 606
        4.6.1.2. Declaração de atividade rural emitida pelo sindicato 606
        4.6.1.3. Condôminos, parceiros e arrendatários 607
        4.6.1.4. Óbito do proprietário rural — herdeiros 607
    4.6.2. Professores 607
    4.6.3. Aluno Aprendiz 607
    4.6.4. Trabalhadores avulsos 609
    4.6.5. Auxiliar local 609
    4.6.6. Servidores públicos 610
    4.6.7. Magistrados 610
    4.6.8. Marítimos 611
    4.6.9. Garimpeiros 612
    4.6.10. Averbação de Tempo de Serviço 612
    4.6.11. Tempo de Serviço / Contribuição Decorrente de Ação Trabalhista 612
    4.6.12. Aviso-Prévio Indenizado 613
4.7. Documentação Comprobatória do Tempo de Contribuição 614

5 — Aposentadoria Especial 616
5.1. Requisitos Necessários à Obtenção do Benefício 616
    5.1.1. Segurado Associado à Cooperativa de Produção ou Cooperativa de Trabalho (Cooperado) .. 616
    5.1.2. Trabalho em Condições Especiais 616
        5.1.2.1. Períodos de descanso ou em benefício por incapacidade 620
        5.1.2.2. Vínculos empregatícios simultâneos 620
        5.1.2.3. Funções de chefia ou de auxiliar 620
        5.1.2.4. Licença para cargo de administração ou representação sindical 621
    5.1.3. Condições Especiais que Possibilitam a Aposentadoria Especial — Agentes Nocivos 621
        5.1.3.1. Procedimentos técnicos de levantamento ambiental 622
        5.1.3.2. Ruído 623
        5.1.3.3. Temperatura anormal 629

5.1.3.4. Radiação ionizante 629
5.1.3.5. Vibração 629
5.1.3.6. Agentes químicos e poeiras minerais 630
5.1.3.7. Agentes biológicos 630
5.1.3.8. Pressão atmosférica anormal 630
5.1.3.9. Agentes periculosos 631
5.1.4. Contribuintes Individuais — Autônomos 632
5.1.5. Posicionamento Inicial do INSS Quando da Publicação da Lei n. 9.032/95 633
5.1.6. Processo administrativo 634
5.1.6.1. Informações constantes do CNIS 636
5.1.6.2. Formulários 637
5.2. Carência 637
5.3. Renda Mensal e Data de Início do Benefício 638
5.4. Conversão do Tempo de Serviço 638
5.4.1. Atividades Especiais Diferentes 638
5.4.2. Conversão de Tempo Especial em Tempo Comum 639
5.4.2.1. Posicionamento Inicial do INSS Quando da Publicação da Lei n. 9.032/95 e Posicionamento Atual do Poder Judiciário 640
5.4.3. Conversão de Tempo Comum em Tempo Especial — Possibilidade após 28.4.1995 643
5.5. Obtenção do Benefício — Proibição de Permanência na Atividade Nociva — Inconstitucionalidade 645

6 — Aposentadoria de segurados portadores de deficiência 648
6.1. Portadores de deficiência — conceito 648
6.2. Aposentadoria por tempo de contribuição 650
6.3. Aposentadoria por idade 652
6.4. Disposições gerais 653

7 — Auxílio-Doença 653
7.1. Requisitos Necessários à Obtenção do Benefício 653
7.1.1. Qualidade de segurado 654
7.1.2. Incapacidade 654
7.1.2.1. Incapacidade preexistente 655
7.1.3. Carência 656
7.2. Auxílio-Doença Acidentário 657
7.3. Início do Benefício — Pagamento dos Primeiros Quinze Dias de Afastamento pelo Empregador 657
7.4. Renda Mensal Inicial 658
7.5. Exercício de Atividades Concomitantes 658
7.6. Exames Médicos Obrigatórios e Processo de Reabilitação Profissional 659
7.7. Concessão automática do benefício — Atestado Médico Eletrônico 659
7.7.1. Vigência 662
7.7.2. Condições necessárias e procedimento adotado 663
7.7.3. Segurados empregados 665
7.7.4. Benefícios decorrentes de acidente de trabalho 665

7.8. Análise médico-pericial e alta programada 665

    7.8.1. Nova enfermidade antes do término do benefício 667

    7.8.2. Indeferimento do benefício na perícia inicial 668

7.9. Segurada gestante 668

7.10. Cessação do Benefício 669

    7.10.1. Novo requerimento de benefício por incapacidade 669

8 — Auxílio-Acidente 669

8.1. Requisitos Necessários à Obtenção do Benefício 669

8.2. Início do Benefício 670

8.3. Renda Mensal 670

8.4. Suspensão do Benefício 671

8.5. Cessação do Benefício 671

9 — Salário-Família 672

9.1. Beneficiários e Requisitos Necessários à Obtenção do Benefício 672

    9.1.1. Documentação Necessária 673

    9.1.2. Menor Sob Guarda 674

9.2. Valor da Quota e Forma de Pagamento 674

    9.2.1. Pai e Mãe Segurados Empregados ou Avulsos 675

    9.2.2. Vínculos Simultâneos 675

    9.2.3. Segurada em Gozo de Salário-Maternidade 676

    9.2.4. Segurados em Gozo de Auxílio-Doença 676

    9.2.5. Divórcio, Separação Judicial ou de Fato e Abandono 676

9.3. Custeio e Reembolso pelo Contratante 676

9.4. Cessação do Benefício 677

10 — Salário-Maternidade 677

10.1. Conceito e Requisitos para Obtenção do Direito 677

10.2. Duração — Início Determinado por Atestado Médico 678

    10.2.1. Aborto Não Criminoso 679

    10.2.2. Parto Antecipado — Natimorto 679

    10.2.3. Prorrogação 679

10.3. Adoção ou Guarda Provisória 679

10.4. Responsabilidade e Procedimento para Pagamento 683

    10.4.1. Seguradas desempregadas — período de graça 683

    10.4.2. Permanência das Contribuições Previdenciárias 685

    10.4.3. Dedução do Valor Pago pela Empresa ou Entidade Equiparada 686

10.5. Renda Mensal 687

10.6. Acumulação de Benefícios Previdenciários — Proibição 687

10.7. Prescrição e Decadência 687

11 — Pensão por Morte 687

11.1. Beneficiários e Requisitos Necessários à Obtenção do Benefício 687

    11.1.1. Condição de Segurada da Pessoa Falecida — Comprovação 688

    11.1.2. Dependentes 691

11.2. Morte Presumida.. 691

11.3. Início do Benefício 692

11.4. Renda Mensal.. 692

    11.4.1. Pensão por Morte Concedida Anteriormente à Lei n. 9.032/95 — Elevação do Coeficiente de Cálculo — Direito.. 693

11.5. Cessação do Benefício 694

12 — Auxílio-reclusão... 694

12.1. Beneficiários e Requisitos Necessários à Obtenção do Benefício............................... 694

    12.1.1. Pena privativa de liberdade... 697

    12.1.2. Dependentes... 697

    12.1.3. Perda da qualidade de segurado 697

12.2. Requerimento — Formalização... 698

12.3. Aplicação Subsidiária das Normas Aplicáveis à Pensão por Morte............................ 698

12.4. Data de Início do Benefício.. 698

12.5. Duração e Manutenção dos Pagamentos 698

    12.5.1. Suspensão do Benefício.. 698

12.6. Renda Mensal.. 699

12.7. Encerramento do Benefício 699

13 — Abono Anual... 699

13.1. Direito e Valor Mensal.. 699

13.2. Data de Pagamento... 700

14 — Habilitação e Reabilitação Profissional 700

14.1. Objetivo.. 700

14.2. Encaminhamento — Prioridade... 700

14.3. Desenvolvimento do Processo — Funções Básicas 701

    14.3.1. Exames e Tratamento em Localidade Diversa do Domicílio — Pagamento de Diária pelo INSS... 702

    14.3.2. Fornecimento de Próteses e Órteses e Pagamento de demais Despesas 702

14.4. Programação Profissional... 703

    14.4.1. Beneficiários Empregados em Empresas — Possibilidade de Convênio.......... 704

    14.4.2. Acidente Sofrido pelo Beneficiário 704

14.5. Conclusão do Processo... 704

14.6. Responsabilidade das Empresas — Contratação Obrigatória de Beneficiários Reabilitados ou Pessoas Portadoras de Deficiência 705

    14.6.1. Órgãos Públicos — Inaplicabilidade 706

    14.6.2. Rescisão Contratual... 707

    14.6.3. Fiscalização pelo Ministério da Previdência Social.. 707

    14.6.4. Fiscalização pelo Ministério do Trabalho e Emprego... 707

15 — Serviço Social 711

15.1. Conceito e Objetivos.. 711

15.2. Desenvolvimento dos Trabalhos 711

CAPÍTULO XXXIX — PRESTAÇÕES EXTINTAS 713
1 — Pecúlio 713
    1.1. Conceito 713
    1.2. Valor 714
    1.3. Falecimento do Segurado 715
    1.4. Prescrição para Requerimento 715
    1.5. Invalidez ou Morte Decorrente de Acidente do Trabalho 716
2 — Abono de Permanência em Serviço 716
3 — Renda Mensal Vitalícia 716
4 — Auxílio-Natalidade 717
5 — Auxílio-Funeral 717
CAPÍTULO XL — BENEFÍCIOS DE LEGISLAÇÃO ESPECIAL 718
1 — Jornalista Profissional 718
    1.1. Fundamentação Legal e Extinção 718
    1.2. Direito 718
2 — Atleta Profissional de Futebol 720
    2.1. Fundamentação Legal e Extinção 720
    2.2. Direito 720
3 — Aeronauta 721
    3.1. Fundamentação Legal e Extinção 721
    3.2. Direito 721
    3.3. Períodos Não Computáveis como Tempo de Serviço 721
    3.4. Renda Mensal do Benefício 722
    3.5. Perda do Direito 722
4 — Anistiado 722
5 — Ferroviários Servidores Públicos e Autárquicos Cedidos pela União à Rede Ferroviária Federal S.A. — Situação Especial 724
    5.1. Ferroviários Optantes — direito à complementação da aposentadoria 724
    5.2. Ferroviários Não Optantes 725
    5.3. Dupla Aposentadoria 726
    5.4. Ferroviários que Deixaram de Exercer o Direito de Opção pela CLT 726
    5.5. Salário-família 727
6 — Ex-Combatente 727
    6.1. Conceito 727
    6.2. Aposentadoria Especial 728
    6.3. Cálculo dos benefícios — interpretação do art. 53, V, do ADCT 728
    6.4. Benefícios Concedidos com Base na Legislação Anterior — Reajuste 728
7 — Pensão Especial aos Deficientes Físicos Portadores da Síndrome da Talidomida 729
    7.1. Direito 729
        7.1.1. Adicional de 25% 730
        7.1.2. Acumulação com Outro Rendimento ou Indenização — Impossibilidade 730
    7.2. Procedimento administrativo 730

8 — Pensão Mensal Vitalícia do Seringueiro e seus Dependentes	731
8.1. Requisitos Necessários à Obtenção da Pensão Mensal Vitalícia	731
8.2. Data de Início e Valor Mensal	732
8.3. Falecimento do Beneficiário	732
9 — Pensão mensal vitalícia das vítimas de hemodiálise de Caruaru/PE	732
9.1. Direito	732
9.2. Pagamento do benefício	733
10 — Pensão Especial às Vítimas de Hanseníase	733
11 — Auxílio especial para jogadores de futebol da seleção brasileira nas copas mundiais da FIFA nos anos de 1958, 1962 e 1970	735
11.1. Beneficiários e valor mensal	736
11.2. Data de início do pagamento	738
11.3. Descontos permitidos	738
11.4. Abono anual — 13º salário	738
11.5. Acumulação com outros benefícios de caráter assistencial	738
11.6. Inconstitucionalidade	739
CAPÍTULO XLI — ACUMULAÇÃO DE BENEFÍCIOS	**740**
1 — Proibições	**740**
1.1. Benefício Previdenciário e Seguro-Desemprego	742
1.2. Benefício Previdenciário e Pensão Especial aos Deficientes Físicos Portadores da Síndrome da Talidomida	742
1.3. Auxílio-Reclusão — Acumulação com Auxílio-Doença, Aposentadoria ou Salário-maternidade	742
1.4. Acumulação indevida — procedimento adotado pelo INSS	743
2 — Segurados Aposentados — Acumulação de Benefícios	**743**
CAPÍTULO XLII — TROCA DE BENEFÍCIOS (DESAPOSENTAÇÃO)	**744**
1 — Direito à renúncia ao benefício atualmente percebido	**745**
2 — Cumprimento dos requisitos necessários à obtenção do novo benefício	**748**
3 — Concessão do benefício adequado à necessidade do segurado — princípio constitucional	**750**
4 — Necessidade de prévio requerimento administrativo	**751**
5 — Decadência	**751**
CAPÍTULO XLIII — CONTAGEM RECÍPROCA DE TEMPO DE CONTRIBUIÇÃO — COMPENSAÇÃO ENTRE O REGIME PRÓPRIO E O REGIME GERAL DE PREVIDÊNCIA SOCIAL	**755**
1 — Contagem Recíproca de Tempo de Contribuição	**755**
1.1. Da Contagem do Tempo de Contribuição	756
1.2. Consideração do Tempo de Atividade Rural Anterior a Novembro/91 para Contagem no Regime Próprio de Previdência Social — Indenização	756
1.3. Tempo Superior àquele Necessário para Aposentadoria em Decorrência da Contagem Recíproca — Desconsideração	757
1.4. Serviço Exercido no Exterior — Consideração	757
1.5. Atividades Sujeitas a Condições Especiais e Tempos Fictícios	758

1.6. Tempo de Contribuição ao RGPS após a Concessão de Aposentadoria 761

1.7. Contagem de Tempo Anterior ou Posterior à Filiação Obrigatória à Previdência Social 761

1.8. Contagem do Tempo de Serviço Exercido com Vinculação ao Regime Próprio para Fins da Aposentadoria por Idade 762

1.9. Tempo de Contribuição ao RGPS Não Utilizado 762

1.10. Período contribuído com opção de não se aposentar por tempo de contribuição 762

2 — Concessão dos Benefícios — Regime Competente 762

3 — Documento Necessário — Certidão de Tempo de Contribuição 763

3.1. Expedição pelo INSS — Tempo de Serviço Vinculado ao RGPS 763

3.1.1. Emissão da CTC, pelo INSS, para período de serviço público 763

3.2. Expedição pelo Setor Competente da Administração Federal Estadual, do Distrito Federal ou Municipal — Tempo de Serviço Vinculado a Regime Próprio 764

3.3. Conteúdo 764

3.3.1. Relação dos valores das remunerações 765

3.4. Segurado em Gozo do Benefício de Auxílio-Acidente 765

3.5. Revisão 766

4 — Procedimentos Operacionais após a Concessão do Benefício 766

5 — Compensação Financeira entre os Regimes Previdenciários 767

CAPÍTULO XLIV — CONVÊNIOS, CONTRATOS, CREDENCIAMENTOS E ACORDOS 768

1 — Possibilidade — Proponentes 768

1.1. Empresas com 4.000 ou mais Empregados 769

2 — Abrangência e Encargos 769

2.1. Quotas de Salário-Família — afastamento por incapacidade 770

2.2. Concessão e manutenção de benefícios pagos a beneficiários residentes no exterior 770

2.3. Pedido de CTC para fins de contagem recíproca 770

3 — Validade 771

4 — Ausência de Vínculo Empregatício 771

CAPÍTULO XLV — DECADÊNCIA E PRESCRIÇÃO 772

1 — Decadência — *caput* do art. 103 da Lei n. 8.213/91 772

1.1. Histórico 772

1.2. Natureza jurídica do prazo fixado no *caput* do art. 103 da Lei n. 8.213/91 — Prazo de prescrição, e não prazo de decadência 773

1.2.1. Prescrição de fundo de direito e prescrição de trato sucessivo 776

1.2.2. Aplicação da lei no tempo — Vigência da nova redação do *caput* do art. 103 780

1.2.3. Conclusões 786

1.3 — Revisão da CTC 788

2 — Revisão por parte da Previdência Social — art. 103-A da Lei n. 8.213/91 789

2.1. Irregularidades 791

2.1.1. Monitoramento Operacional de Benefícios pelo INSS 792

3 — Prescrição — Suspensão e interrupção do prazo 794

PARTE VI
DISPOSIÇÕES GERAIS

CAPÍTULO XLVI — DISPOSIÇÕES GERAIS SOBRE OS BENEFÍCIOS PREVIDENCIÁRIOS 799
1 — Exames Médicos para Concessão e Manutenção de Benefícios 799
2 — Controle de Óbitos 800
3 — Realização de Pesquisas Externas pelo INSS 800
4 — Recadastramento de segurados ou beneficiários 801
5 — Ações Judiciais — Reajuste ou Concessão de Benefícios 801
    5.1. Execução 801
        5.1.1. Valores de Execução Não Superiores a R$ 43.440,00 — Pagamento em 60 Dias 801
        5.1.2. Valores de Execução Superiores a R$ 43.440,00 — Pagamento por Precatório 802
        5.1.3. Renúncia pela Parte do Montante Excedente a R$ 43.440,00 802
        5.1.4. Prazo para Oposição de Embargos pelo INSS e Preferência dos créditos previdenciários 802
        5.1.5. Precatórios — Inclusão Obrigatória no Orçamento das Entidades de Direito Público 803
    5.2. Desistência de Ações e/ou Recursos pelo INSS — Possibilidade 803
    5.3. INSS — Prerrogativas e Privilégios 804
6 — Infração à Lei n. 8.213/91 — Multa 804
7 — Documentos digitalizados 805

CAPÍTULO XLVII — DISPOSIÇÕES GERAIS SOBRE CUSTEIO 806
1 — Depósitos Judiciais e Extrajudiciais Arrecadados pelo INSS 806
    1.1. Procedimentos Devidos pela Caixa Econômica Federal (CEF) 806
    1.2. Manutenção de Controle Permanente 807
2 — Contribuições Devidas por Segurado Falecido — Pagamento 807
3 — Atualização dos Valores Constantes da Lei n. 8.212/91 807
4 — Documentos digitalizados 807

CAPÍTULO XLVIII — OBRIGAÇÕES DO INSS 808

PARTE VII
TABELAS AUXILIARES

1 — Relação de Atividades Preponderantes e Correspondentes Graus de Risco para Fins de Acidente do Trabalho (Anexo V do Decreto n. 3.048/99) 811
2 — Tabela de Enquadramento no Código FPAS 847
3 — Tabela de Alíquotas para Terceiros 900
4 — Códigos de Pagamentos — Preenchimento da GPS — Guia da Previdência Social 904
5 — Contribuição devida pelo Produtor Rural a partir de 1º.11.1991, incidente sobre a comercialização da produção rural 906
6 — Contribuição devida pela agroindústria, produtores rurais (pessoa física e jurídica), consórcio de produtores, garimpeiros e empresas de captura de pescado 907

7 — Classificação dos Agentes Nocivos — Direito à Aposentadoria Especial 909

    7.1. Quadro Anexo ao Decreto n. 53.831/64 909

    7.2. Anexos I e II do Decreto n. 83.080/79 914

    7.3. Anexo IV do Decreto n. 2.172/97 919

    7.4. Anexo IV do Decreto n. 3.048/99 924

8 — Relação das Situações que Possibilitam a Concessão do Benefício de Auxílio-acidente Anexo III do Decreto n. 3.048/99) 930

9 — Tabelas de Salário de Contribuição — Histórico 933

10 — Tabelas de Salário Base — Histórico 939

11 — Tabelas de Reajustes dos Benefícios 942

12 — Tábuas de Mortalidade (para cálculo do Fator Previdenciário) 949

    12.2. Tábua de Mortalidade 2012 949

    12.2. Tábua de Mortalidade 2011 951

    12.3. Tábua de Mortalidade 2010 954

    12.4. Tábua de Mortalidade 2009 956

    12.5. Tábua de Mortalidade 2008 958

    12.6. Tábua de Mortalidade 2007 960

    12.7. Tábua de Mortalidade 2006 962

    12.8. Tábua de Mortalidade 2005 964

    12.9. Tábua de Mortalidade 2004 966

13 — Empresas contempladas com o programa de desoneração da folha de pagamento 968

    13.1. Período de 01.12.2011 a 31.07.2012 968

    13.2. Período de 01.08.2012 a 17.09.2012 982

    13.3. Período de 01.01.2013 a 31.5.2013 987

    13.4. Período de 01.06.2013 a 31.12.2014 1006

INDICE ALFABÉTICO REMISSIVO 1027

PARTE I
NOÇÕES INTRODUTÓRIAS

Capítulo I

Seguridade Social — Histórico, Conceituação e Princípios Aplicáveis

1. ORIGEM E EVOLUÇÃO HISTÓRICA

Até o século XVII, nenhuma forma de prestação do Estado havia se concretizado no sentido de instituir um sistema de proteção social, com parte do salário dos trabalhadores, não obstante a existência de preocupações por parte da Igreja Católica neste sentido, registradas, por exemplo, por pronunciamento do Papa Leão XIII, na Carta Encíclica *Rerum Novarum*, sobre a condição dos operários:

"(...)

Causas do conflito

2. Em todo o caso, estamos persuadidos, e todos concordam nisto, de que é necessário, com medidas prontas e eficazes, vir em auxílio dos homens das classes inferiores, atendendo a que eles estão, pela maior parte, numa situação de infortúnio e de miséria imerecida. O século passado destruiu, sem as substituir por coisa alguma, as corporações antigas, que eram para eles uma protecção; os princípios e o sentimento religioso desapareceram das leis e das instituições públicas, e assim, pouco a pouco, os trabalhadores, isolados e sem defesa, têm-se visto, com o decorrer do tempo, entregues à mercê de senhores desumanos e à cobiça duma concorrência desenfreada.

(...)

Benefício das corporações

29. Em último lugar, diremos que os próprios patrões e operários podem singularmente auxiliar a solução, por meio de todas as obras capazes de aliviar eficazmente a indigência e de operar uma aproximação entre as duas classes. Pertencem a este número as associações de socorros mútuos; as diversas instituições, devidas à iniciativa particular, que têm por fim socorrer os operários, bem como as suas viúvas e órfãos, em caso de morte, de acidentes ou de enfermidades; os patronatos que exercem uma protecção benéfica para com as crianças dos dois sexos, os adolescentes e os homens feitos.

(...)"

A primeira concretização de proteção social de que se tem registro ocorreu, pois, em 1601, na Inglaterra, com a edição da lei *Poor Relief Act* (Ato de Alívio/Auxílio aos Pobres), de cunho assistencial e que instituía contribuição obrigatória para fins sociais. O Estado limitava-se, regra geral, a prestar benefícios assistenciais, oferecendo pensões pecuniárias e locais de moradia à população carente.

A noção de Seguridade Social como uma forma de proteção social assegurada a todos os cidadãos se registrou apenas no século XVIII, especificamente no ano de 1789, na Declaração dos Direitos do Homem e do Cidadão.

Os países europeus, motivados pela iniciativa inglesa, criaram, gradativamente, sistemas protecionistas que garantiam, mediante contribuição, o direito ao indivíduo vítima de algum infortúnio (incapacidade laborativa decorrente de doença, invalidez ou velhice, bem como pensão por morte, devida aos dependentes do contribuinte) a percepção de renda. Observe-se, contudo, que a prestação social existia somente para os contribuintes do sistema, não existindo, até então, nenhuma forma de proteção garantida pelo Estado a todos os indivíduos, objetivo da verdadeira Seguridade Social.

Em 1883 a Alemanha, por *Otto Von Bismarck*, introduziu uma série de seguros sociais, como, por exemplo, o seguro contra acidentes do trabalho (totalmente custeado pelos empregadores e independente da comprovação de culpa) e seguro-doença (com custeio a cargo do trabalhador, empregador e Estado). Em 1889 editou-se uma lei que criou o seguro-invalidez e velhice, igualmente custeado pelos trabalhadores, empregadores e Estado.

No início do século XX, novamente a Inglaterra inovou em termos previdenciários, promulgando em 1907 uma lei de reparação de acidentes do trabalho e, em 1911, da cobertura às situações de invalidez, doença, aposentadoria e desemprego. Em seguida, a Constituição Mexicana (México, 1917) e a Constituição de Weimar (Alemanha, 1919) foram as primeiras a inserir normas sobre previdência social.

Em 1917 surge, com o Tratado de Versailles, a Organização Internacional do Trabalho (OIT), que evidenciava a necessidade de um programa sobre previdência social. Em 1927 foi criada, com sede em Bruxelas (Bélgica), a Associação Internacional de Seguridade Social.

No entanto, todo esse ordenamento legal e seus planos previdenciários, via de regra, exigiam contribuição dos trabalhadores, através de uma poupança individual de cunho obrigatório (sistema de capitalização), apesar de serem geridos pelo Estado. Inexistia, na verdade, a proteção social mantida pelo Estado, garantida a todos os indivíduos independente de contribuição. Faltava a noção de solidariedade social, princípio fundamental da Seguridade Social.

Esta noção surgiu somente a partir das políticas dos Estados Unidos, após a crise de 1929. Àquela época, o então Presidente *Franklin Roosevelt*, preocupado com o desemprego que crescia a largos passos, adotou o *New Deal* (Novo Negócio), política que inspirou a Europa a uma doutrina do Estado de Bem-Estar Social (*Welfare State*).

O *Welfare State* surgiu nos países europeus e decorre da expansão do capitalismo após a Revolução Industrial. Essa nova política e a doutrina do *Welfare State* objetivavam dar ao trabalhador, dentre outros direitos, novos postos de trabalho e uma rede de previdência e saúde públicas.

Em 1940, na Grã-Bretanha (onde se inclui a Inglaterra), foram alterados os planos previdenciários existentes pelo *Plano Beveridge*, transformando a previdência num sistema universal, abrangendo todas as classes societárias e de participação compulsória de toda a população. Criada estava, portanto, a Seguridade Social, com o objetivo precípuo de proteção através da solidariedade social. Surge, então, e por conseqüência, o regime de repartição, onde toda a sociedade contribui para a criação de um fundo único previdenciário, do qual se retiram as prestações para os indivíduos que dele necessitarem. Este é o modelo previdenciário existente atualmente na maioria dos países.

1.1. Evolução Histórica no Brasil

1888 — Primeiro registro de Previdência Social no Brasil, o Decreto n. 9.912-A, de 26.3.1888, criou e regulou o direito à aposentadoria dos empregados dos Correios, fixando como requisitos à sua concessão 30 anos de serviço efetivo e idade mínima de 60 anos. Em 24.11.1888, copiando o modelo adotado pelos Correios, surge a Lei n. 3.397, criando a Caixa de Socorros em cada uma das Estradas de Ferro do Império.

1889 — Publicado o Decreto n. 10.269, de 20.7.1889, criando o Fundo de Pensões do Pessoal das Oficinas da Imprensa Nacional.

1890 — O Decreto n. 221, de 26.2.1980, institui a aposentadoria para os empregados da Estrada de Ferro Central do Brasil, posteriormente ampliada para todos os ferroviários (Decreto n. 565, de 12.7.1890). Em 31.10.1890, o Decreto n. 942-A criou o Montepio Obrigatório dos Empregados do Ministério da Fazenda.

1891 — *Constituição Federal de 1891* — Primeira Constituição Brasileira a conter a expressão "aposentadoria", concedida somente aos funcionários públicos em caso de invalidez decorrente de serviços prestados à Nação. Não havia fonte de contribuição.

1892 — Publicada a Lei n. 217, de 29.11.1982, instituindo a aposentadoria por invalidez e pensão por morte para os Operários do Arsenal de Marinha do Rio de Janeiro.

1894 — O projeto de lei apresentado pelo Deputado Medeiros e Albuquerque visava a instituir um seguro de acidente do trabalho. No mesmo sentido foram os projetos dos Deputados Gracho Cardoso e Latino Arantes (1908), Adolfo Gordo (1915) e Prudente de Moraes Filho.

1911 — Publicado o Decreto n. 9.284, de 30.12.1911, criando a Caixa de Pensões dos Operários da Casa da Moeda.

1912 — Publicado o Decreto n. 9.517, de 17.04.1912, criando uma Caixa de Pensões e Empréstimos para o pessoal das Capatazias da Alfândega do Rio de Janeiro.

1919 — A Lei n. 3.724, de 15.1.1919, torna obrigatório o seguro contra acidentes do trabalho em determinadas atividades.

1923 — *Lei Eloy Chaves* — Publicado o Decreto n. 4.682, de 24.1.1923, conhecido como Lei Eloy Chaves (nome do autor do projeto respectivo), determinando a criação de uma Caixa de Aposentadoria e Pensões para os empregados de cada empresa ferroviária. É considerada o marco inicial da Previdência Social brasileira. Os beneficiários eram os empregados e os diaristas que executassem serviços de forma permanente. A primeira a ser criada foi a da empresa Great Western do Brasil, em 20.3.1923.

Ainda no ano de 1923 foi publicado o Decreto n. 16.037, de 30.4.1923, criando o Conselho Nacional do Trabalho, com atribuição, inclusive, de decidir sobre questões relativas à Previdência Social.

1926 — A Lei n. 5109, de 20.12.1926 estende o regime da Lei Eloy Chaves aos portuários e marítimos.

1928 — A Lei n. 5.485, de 30.6.1928 estende o regime da Lei Eloy Chaves aos trabalhadores dos serviços telegráficos e radiotelegráficos.

1930 — Época da Revolução — O sistema previdenciário deixa de ser estruturado por empresa, passando a abranger categorias profissionais.

O Decreto n. 19.433, de 26.11.1930, cria o Ministério do Trabalho, Indústria e Comércio, tendo como uma das atribuições orientar e supervisionar a Previdência Social, inclusive como órgão de recursos das decisões das Caixas de Aposentadorias e Pensões.

No mesmo ano, o Decreto n. 19.497 (de 17 de dezembro) determinou a criação de Caixas de Aposentadorias e Pensões para os empregados nos serviços de força, luz e bondes.

1931 — O Decreto n. 20.465, de 1º.10.1931, estende o regime da Lei Eloy Chaves aos empregados dos demais serviços públicos concedidos ou explorados pelo Poder Público, e consolida a legislação referente às Caixas de Aposentadorias e Pensões.

1932 — Inclusão dos trabalhadores de mineração no Regime da Lei Eloy Chaves.

1933 — O Decreto n. 22.872, de 29.6.1933, cria o Instituto de Aposentadoria e Pensões dos Marítimos — IAPM —, considerado como a primeira instituição brasileira de Previdência Social de âmbito nacional, estruturado por categoria profissional, e não por empresa. O IAPM tinha por associados todos os empregados das empresas de navegação marítima e fluvial, bem como também os prestadores de serviços subordinados a empresas a elas vinculadas. Em 1941 (Decreto-Lei n. 3.832) os armadores de pesca, os pescadores e os indivíduos empregados em profissões conexas com a indústria da pesca passaram a pertencer também ao IAPM.

1934 — Constituição Federal de 1934 — Esta Carta Constitucional determinou ser competência da União a fixação das regras de assistência social e competência do Poder Legislativo (Congresso) a instituição de normas sobre aposentadorias. Tratou da assistência médica ao trabalhador e à gestante, da licença-maternidade, da instituição de previdência a favor da velhice, invalidez, maternidade, acidentes do trabalho e morte. Institui também a forma tríplice de custeio (ente público, empregador e empregado), de contribuição obrigatória. Utilizou, pela primeira vez na legislação brasileira, a expressão "previdência".

Ainda em 1934 diversos institutos legais trataram de matéria previdenciária. 1) A Portaria n. 32, de 19.05.1934, do Conselho Nacional do Trabalho, criou a Caixa de Aposentadoria e Pensões dos Aeroviários. 2) Os trabalhadores nas empresas de transportes aéreo foram incluídos no Regime da Lei Eloy Chaves. 3) O Decreto n. 24.272, de 21.5.1934, criou o Instituto de Aposentadoria e Pensões dos Comerciários. 4) O Decreto n. 24.274, de 21.5.1934, criou a Caixa de Aposentadoria e Pensões dos Trabalhadores em Trapiches e Armazéns. 5) O Decreto n. 24.275, de 21.5.1934, criou a Caixa de Aposentadoria e Pensões dos Operários Estivadores. 6) O Decreto n. 24.615, de 9.7.1934, criou o Instituto de Aposentadoria e Pensões dos Bancários. 7) O Decreto n. 24.637, de 10.7.1934, modificou a legislação de acidentes do trabalho.

1936 — A Lei n. 367, de 31.12.1936, cria o Instituto de Aposentadorias e Pensões dos Industriários.

1937 — Constituição Federal de 1937 — Esta Carta Constitucional não trouxe qualquer progresso em matéria previdenciária. Foi utilizada, pela primeira vez, a expressão "seguro social".

1938 — O Decreto-Lei n. 288, de 23.2.1938, criou o Instituto de Previdência e Assistência dos Servidores do Estado.

No mesmo ano, o Decreto-Lei n. 651, de 26.8.1938, criou o Instituto de Aposentadorias e Pensões dos Empregados em Transportes e Cargas, mediante a transformação da Caixa de Aposentadoria e Pensões dos Trabalhadores em Trapiches e Armazéns (ver em 1934). Este Decreto-Lei traz a conceituação do trabalhador autônomo e autoriza seu ingresso no sistema previdenciário.

1939 — O Decreto-Lei n. 1.142, de 9.3.1939, estabeleceu exceção ao princípio da vinculação pela categoria profissional, com base na atividade genérica da empresa, e filiou os condutores de veículos ao Instituto de Aposentadoria e Pensões dos Empregados em Transportes e Cargas.

Ainda neste ano foi reorganizado o Conselho Nacional do Trabalho, criando-se a Câmara e o Departamento de Previdência Social, e foram publicados dois novos institutos legais sobre matéria previdenciária: 1) O Decreto-Lei n. 1.355, de 19.6.1939, criou o Instituto de Aposentadoria e Pensões dos Operários Estivadores; e 2) O Decreto-Lei n. 1.469, de 1º.8.1939, criou o Serviço Central de Alimentação do Instituto de Aposentadoria e Pensões dos Industriários.

1940 — O Decreto-Lei n. 2.122, de 9.4.1940, estabeleceu para os comerciantes um regime misto de filiação ao sistema previdenciário. Até 30 contos de réis de capital o titular de firma individual, o interessado e o sócio-quotista eram segurados obrigatórios; acima desse limite a filiação era facultativa.

O Decreto-Lei n. 2.478, de 5.8.1940, criou o Serviço de Alimentação da Previdência Social, que absorveu o Serviço Central de Alimentação do IAPI.

1943 — CLT — O Decreto-Lei n. 5.452, de 1º.4.1943, aprovou a Consolidação das Leis do Trabalho, elaborada pelo Ministério do Trabalho, Indústria e Comércio e que elaborou também o primeiro projeto de Consolidação das Leis de Previdência Social.

1944 — A Portaria n. 58, de 22.9.1944, criou o Serviço de Assistência Domiciliar e de Urgência, como comunidade de serviços da Previdência Social. E o Decreto-Lei n. 7.036, de 10.11.1944, reformou a legislação sobre o seguro de acidentes do trabalho.

1945 — 1) O Decreto n. 7.526, de 7.5.1945, dispôs sobre a criação do Instituto de Serviços Sociais do Brasil. 2) O Decreto-Lei n. 7.720, de 9.7.1945, incorporou ao Instituto dos Empregados em Transportes e Cargas o da Estiva. 3) O Decreto-Lei n. 7.835, de 6.8.1945, estabeleceu que as aposentadorias e pensões não poderiam ser inferiores a 70% e 35% do salário mínimo.

1946 — Constituição Federal de 1946 — Sistematização constitucional da matéria previdenciária (art. 157). Surge a expressão "Previdência Social". Manteve a forma tríplice de custeio (União, empregador e empregado). Consagrou a Previdência Social em favor da maternidade e contra as conseqüências da doença, velhice, invalidez e morte.

Ainda neste ano: 1) O Decreto-Lei n. 8.738, de 19.1.1946, criou o Conselho Superior da Previdência Social. 2) O Decreto-Lei n. 8.742, de 19.1.1946, criou o Departamento Nacional de Previdência Social. 3) O Decreto-Lei n. 8.769, de 21.1.1946, expediu normas destinadas a facilitar ao Instituto de Aposentadoria e Pensões dos Industriários e melhor consecução de seus fins.

1949 — O Decreto n. 26.778, de 14.6.1949, regulamentou a Lei n. 593/1948, referente à aposentadoria ordinária (por tempo de serviço) e disciplinou a aplicação da legislação em vigor sobre Caixas de Aposentadorias e Pensões.

1950 — O Decreto n. 35.448, de 1º.5.1950, expediu o Regulamento Geral dos Institutos de Aposentadoria e Pensões.

1953 — O Decreto n. 32.667, de 1º.5.1953, aprovou o novo Regulamento do Instituto de Aposentadoria e Pensões dos Comerciários e facultou a filiação dos profissionais liberais como autônomos.

O Decreto n. 34.586, de 1211.1953, criou a Caixa de Aposentadoria e Pensões dos Ferroviários e Empregados em Serviços Públicos, que ficou sendo a Caixa Única.

1960 — Lei Orgânica da Previdência Social — A Lei n. 3.807, de 26.8.1960, criou a LOPS — Lei Orgânica de Previdência Social, que unificou a legislação referente aos institutos de aposentadorias e pensões. O Decreto n. 48.959-A, de 10.9.1960, aprovou o Regulamento Geral da Previdência Social.

A Lei n. 3.841, de 15.12.1960, dispôs sobre a contagem recíproca, para efeito de aposentadoria, do tempo de serviço prestado à União, autarquias e sociedades de economia mista.

1963 — A Lei n. 4.214, de 2.3.1963, criou o Fundo de Assistência ao Trabalhador Rural — FUNRURAL. A Resolução n. 1.500, de 27.12.1963, do Departamento Nacional de Previdência Social, aprovou o Regimento Único dos Institutos de Aposentadoria e Pensões.

1964 — O Decreto n. 54.067, de 29.7.1964, instituiu a comissão interministerial com representação classista para propor a reformulação do sistema geral de previdência social.

1965 — Emenda Constitucional n. 11 — Esta EC acrescentou um parágrafo ao art. 157 da CF de 1946, determinando que *"nenhuma prestação de caráter assistencial ou de benefício compreendido na previdência social poderá ser criada, majorada ou estendida sem a correspondente fonte de custeio total"*. Definia-se, então, o princípio da precedência da fonte de custeio.

1966 — 1) O Decreto-Lei n. 66, de 21.11.1966, modificou os dispositivos da Lei Orgânica da Previdência Social, relativos às prestações e ao custeio. 2) A Lei n. 5.107, de 13.9.1966, instituiu o Fundo de Garantia por Tempo de Serviço — FGTS. 3) O Decreto-Lei n. 72, de 21.11.1966, reuniu os seis Institutos de Aposentadorias e Pensões no Instituto Nacional de Previdência Social — INPS.

1967 — Constituição Federal de 1967 — Praticamente nenhuma inovação previdenciária. Destaque apenas para o art. 158, XVI, que tratava do benefício do seguro-desemprego. Este benefício havia sido regulamentado em 1965 pela Lei n. 4.923, com o nome de auxílio-desemprego.

Ainda em 1967, a Lei n. 5.316, de 14.9, integrou o seguro de acidentes do trabalho na Previdência Social e o Decreto n. 61.784, de 28.11.1967, aprovou o novo Regulamento do Seguro de Acidentes do Trabalho.

1968 — O Decreto-Lei n. 367, de 19.12.1968, dispôs sobre a contagem de tempo de serviço dos funcionários públicos civis da União e das autarquias.

1969 — 1) O Decreto-Lei n. 564, de 1º.5.1969, estendeu a Previdência Social ao trabalhador rural, especialmente aos empregados do setor agrário da agroindústria canavieira, mediante um plano básico. 2) O Decreto-Lei n. 704, de 24.7.1969, ampliou o plano básico de Previdência Social Rural. 3) O Decreto-Lei n. 710, de 28.7.1969 e o Decreto-Lei n. 795, de 27.8.1969, alteraram a Lei Orgânica da Previdência Social. 4) O Decreto n. 65.106, de 6.9.1969, aprovou o Regulamento da Previdência Social Rural.

1970 — A Lei Complementar n. 7, de 7.9.1970, criou o Programa de Integração Social-PIS e a Lei Complementar n. 8, de 3.12.1970, instituiu o Programa de Formação do Patrimônio do Servidor Público — PASEP.

1971 — 1) A Lei Complementar n. 11, de 25.5.1971, institui o Programa de Assistência ao Trabalhador Rural — PRO-RURAL, em substituição ao plano básico de Previdência Social Rural. 2) O Decreto n. 69.014, de 4.8.1971, estruturou o Ministério do Trabalho e Previdência Social — MTPS.

1972 — O Decreto n. 69.919, de 11.1.1972, regulamentou o Programa de Assistência ao Trabalhador Rural — PRO-RURAL e a Lei n. 5.859, de 11.12.1972, que inclui os empregados domésticos obrigatoriamente na Previdência Social.

1973 — 1) A Lei n. 5.890, de 8.6.1973, alterou a Lei Orgânica da Previdência Social. 2) O Decreto n. 72.771, de 6.9.1973, aprovou o Regulamento do Regime de Previdência Social, em substituição ao Regulamento Geral da Previdência Social. 3) A Lei n. 5.939, de 19.11.1973, instituiu o salário de benefício do jogador de futebol profissional.

1974 — 1) A Lei n. 6.036, de 1º.5.1974, criou o Ministério da Previdência e Assistência Social, desmembrado do Ministério do Trabalho e Previdência Social. 2) Em 2.5.1974, Arnaldo da Costa Prieto foi nomeado Ministro da Previdência e Assistência Social (cumulativamente), sendo exonerado em 4.7.1974, mesma data em que foi publicado o Decreto n. 74.254, estabelecendo a estrutura básica do Ministério da Previdência e Assistência Social e nomeando como Ministro Luiz Gonzaga do Nascimento e Silva. 3) A Lei n. 6.118, de 9.10.1974, instituiu o Conselho de Desenvolvimento Social, como órgão de assessoramento do Presidente da República. 4) A Lei n. 6.125, de 4.11.1974, autorizou o Poder Executivo a constituir a Empresa de Processamento de Dados da Previdência Social. 5) A Lei n. 6.168, de 9.12.1974, criou o Fundo de Apoio ao Desenvolvimento Social. 6) A Lei n. 6.179, de 11.12.1974, instituiu o amparo previdenciário para os maiores de 70 anos ou inválidos, também conhecido como renda mensal vitalícia. 7) A Lei n. 6.195, de 19.12.1974, estendeu a cobertura especial dos acidentes do trabalho ao trabalhador rural.

1975 — 1) O Decreto n. 75.208, de 10.1.1975, estendeu os benefícios do PRO-RURAL aos garimpeiros. 2) O Decreto n. 75.508, de 18.3.1975, aprovou o regulamento do Fundo de Apoio ao Desenvolvimento Social destinado a dar apoio financeiro a programas e projetos de caráter social que se enquadrem nas diretrizes e prioridades da estratégia de desenvolvimento social dos Planos Nacionais de Desenvolvimento. 3) A Lei n. 6.226, de 14.7.1975, dispôs sobre a contagem recíproca, para efeito de aposentadoria, do tempo de serviço público federal e de atividade privada. 4) A Lei Complementar n. 26, de 11.9.1975, unificou o Programa de Integração Social e o Programa de Formação do Patrimônio do Servidor Público e criou o Fundo de Participação — PIS/PASEP. 5) A Lei

n. 6.243, de 24.9.1975, determinou, entre outros pontos, a elaboração da Consolidação das Leis da Previdência Social. 6) A Lei n. 6.260, de 6.11.1975, instituiu para os empregadores rurais e dependentes benefícios e serviços previdenciários. 7) A Lei n. 6.269, de 24.11.1975, instituiu um sistema de assistência complementar do jogador de futebol. 8) O Decreto n. 76.719, de 3.12.1975, aprovou nova estrutura básica do Ministério da Previdência e Assistência Social.

1976 — O Decreto n. 77.077, de 24.1.1976, expediu a CLPS — Consolidação das Leis da Previdência Social. Nova publicação desta Consolidação ocorreu pelo Decreto n. 89.312, de 23.1.1984. Possuía força de decreto, e não de lei, de forma que, em casos de dúvida, deveria ser consultada a LOPS.

Ainda neste ano: 1) O Decreto n. 77.514, de 29.4.1976, regulamentou a lei que instituiu benefícios e serviços previdenciários para os empregadores rurais e seus dependentes. 2) A Lei n. 6.367, de 19.10.1976, ampliou a cobertura previdenciária de acidente do trabalho. 3) O Decreto n. 79.037, de 24.12.1976, aprovou o novo Regulamento do Seguro de Acidentes do Trabalho.

1977 — 1) A Lei n. 6.430, de 7.7.1977, extinguiu o Serviço de Assistência e Seguro Social dos Economiários; 2) A Lei n. 6.435, de 15.7.1977, dispôs sobre previdência, privada aberta e fechada (complementar). 3) A Lei n. 6.439, de 1º.9.1977, instituiu o SINPAS — Sistema Nacional de Previdência e Assistência Social, cujo objetivo era reorganizar a Previdência Social. Foram criados o INAMPS e o IAPAS (autarquias vinculadas ao MPAS). Entidades que integraram o SINPAS: INPS, INAMPS, LBA, FUNABEM, DATAPREV, IAPAS e CEME.

1978 — O Decreto n. 81.240, de 15.1.1978, regulamentou a Lei n. 6.435/77, na parte referente à Secretaria de Previdência Complementar.

1979 — 1) O Decreto n. 83.080, de 24.1.1979, aprovou o Regulamento de Benefícios da Previdência Social e o Decreto n. 83.081, de mesma data, aprovou o Regulamento de Custeio da Previdência Social. 2) O Decreto n. 83.266, de 12.3.1979, aprovou o Regulamento de Gestão Administrativa, Financeira e Patrimonial da Previdência Social.

1980 — 1) O Decreto n. 84.406, de 21.1.1980, criou a coordenadoria de assuntos parlamentares (CAP) e a coordenadoria de assuntos internacionais (CINTER). 2) A Lei n. 6.887, de 10.12.1980, alterou a legislação de Previdência Social.

1981 — 1) O Decreto n. 86.329, de 2.9.1981, criou, no Ministério da Previdência e Assistência, o Conselho Consultivo da Administração de Saúde Previdenciária-CONASP. 2) O Decreto-Lei n. 1.910, de 29.12.1981, dispôs sobre contribuições para o custeio da Previdência Social.

1982 — O Decreto n. 87.374, de 8.7.1982, alterou o Regulamento de Benefícios da Previdência Social.

1984 — O Decreto n. 89.312, de 23.1.1984, aprovou nova Consolidação das Leis da Previdência Social.

1985 — 1) O Decreto n. 90.817, de 17.1.1985, alterou o Regulamento de Custeio da Previdência Social. 2) O Decreto n. 91.439, de 16.7.1985, transferiu a Central de Medicamentos (CEME) do MPAS para o MS.

1986 — 1) O Decreto-Lei n. 2.283, de 27.2.1986, instituiu o seguro-desemprego e o Decreto-Lei n. 2.284, de 10.3.1986, o manteve. 2) O Decreto n. 92.701, de 21.5.1986, instituiu o Conselho Comunitário da Previdência Social, associação constituída por "contribuintes e usuários dos serviços previdenciários ou por entidades sindicais, profissionais ou comunitárias com representatividade no meio social". 3) O Decreto n. 92.702, de 21.5.1986, criou o Conselho Superior de Previdência Social como órgão coletivo de caráter consultivo.

1988 — *Constituição Federal de 1988* — Possui capítulo próprio sobre a Seguridade Social (anteriormente tratado juntamente com o Direito do Trabalho), que compreende ações e benefícios nas áreas de Assistência Social, Saúde e Previdência Social — art. 194 a 204. Esta Carta Constitucional concedeu, portanto, autonomia ao Direito Previdenciário.

1990 — Restabelecimento do MTPS e Criação do INSS — A Lei n. 8.029, de 12.4.1990, extinguiu o Ministério da Previdência e Assistência Social e restabeleceu o Ministério do Trabalho e da Previdência Social e o Decreto n. 99.350, de 27.6.1990, criou o INSS, mediante a fusão do IAPAS com INPS.

1991 — Leis n. 8.212 e 8.213, de 24.07.1991 — Lei de Custeio e Lei de Benefícios, respectivamente. O Decreto n. 357, de 7.12.1991, aprovou o Regulamento dos Benefícios da Previdência Social.

A Lei Complementar n. 70, de 30.12.1991, instituiu contribuição para o financiamento da Seguridade Social, elevando a alíquota da contribuição social sobre o lucro das instituições financeiras, dentre outras providências.

1992 — 1) O Decreto n. 611, de 21.7.1992, deu nova redação ao Regulamento dos Benefícios da Previdência Social. O Decreto n. 612, de mesma data, deu nova redação ao Regulamento da Organização e Custeio da Seguridade Social. 2) A Lei n. 8.490, de 19.11.1992, dispôs sobre a organização da Presidência da República e dos Ministérios, oportunidade em que extinguiu o Ministério do Trabalho e da Previdência Social e restabeleceu o Ministério da Previdência Social (MPS). 3) A Lei n. 8.540, de 22.12.1992, dispôs sobre a contribuição do empregador rural para a Seguridade Social.

1993 — Ano de grandes mudanças na legislação previdenciária, destaca-se a extinção do INAMPS e a criação do SEST e do SENAT. Confira-se:

1) O Decreto n. 752, de 16.2.1993, dispôs sobre a concessão do Certificado de Entidades Filantrópicas. 2) O Decreto n. 757, de 19.2.1993, dispôs sobre a arrecadação das diretorias e dos conselhos de administração fiscal e curador das entidades estatais. 3) A Lei n. 8.641, de 31.3.1993, estabeleceu normas sobre a contribuição dos clubes de futebol e o parcelamento de débitos. 4) A Lei n. 8.647, de 13.4.1993, dispôs sobre a vinculação do servidor público civil, ocupante de cargo em comissão ao Regime Geral de Previdência Social. 5) O Decreto n. 801, de 20.4.1993, dispôs sobre a vinculação das entidades integrantes da administração pública federal indireta ao Ministério da Previdência Social (MPAS). 6) A Lei n. 8.650, de 22.4.1993, dispôs sobre as relações de trabalho do treinador profissional de futebol. 7) O Decreto n. 832, de 7.6.1993, dispôs sobre a contribuição empresarial devida ao clube de futebol profissional e o parcelamento de débitos (de acordo com a Lei n. 8.641/93). 8) A Lei n. 8.672, de 6.7.1993, instituiu normas gerais sobre desportos. 9) A Lei n. 8.688, de 21.7.1993, dispôs sobre as alíquotas de contribuição para o Plano de Seguridade do Servidor Público Civil dos Poderes da União, das autarquias e das fundações públicas, e deu outras providências. 10) A Lei n. 8.689, de 27.7.1993, dispôs sobre a extinção do INAMPS. 11) O Decreto n. 894, de 16.8.1993, dispôs sobre a dedução de recursos do Fundo de Participação dos Municípios para amortização das dívidas para com a Seguridade Social e ao FGTS. 12) A Lei n. 8.706, de 14.9.1993, dispôs sobre a criação do Serviço Social do Transporte SEST e do Serviço Nacional de Aprendizagem do Transporte — SENAT. 13) O Decreto n. 982, de 12.11.1993, dispôs sobre a comunicação, ao Ministério Público Federal, de crimes de natureza tributária e conexos, relacionados com as atividades de fiscalização e lançamento de tributos e contribuições. 14) O Decreto n. 994, de 25.11.1993, dispôs sobre a arrecadação e distribuição do salário-educação. 15) A Lei n. 8.742, de 7.12.1993, dispôs sobre a Organização da Assistência Social. 16) O Decreto n. 1.007, de 13.12.1993, dispôs sobre as contribuições ao SEST e ao SENAT.

1994 — Ano igualmente de alterações na legislação previdenciária. Destaque para a Lei n. 8.870, de 15.4.1994, que, dentre outras disposições, isenta o aposentado que permanece ou retorna ao exercício de atividade profissional de contribuir para o sistema previdenciário, extinguindo o benefício do pecúlio.

Confiram-se outras alterações: 1) O Decreto n. 1.097, de 23.3.1994, dispôs sobre providências relativas às entidades de fins filantrópicos. 2) A Lei n. 8.861, de 25.3.1994, dispôs sobre a licença por maternidade. 3) A Lei n. 8.864, de 28.3.1994, estabeleceu tratamento diferenciado e simplificado para as microempresas e empresas de pequeno porte. 4) A Lei n. 8.900, de 30.6.1994, dispôs sobre o seguro-desemprego. 5) A Lei n. 8.935, de 18.11.1994, vinculou os notários, oficiais de registro, escreventes e auxiliares à Previdência Social, de âmbito federal, assegurando a contagem recíproca de tempo de serviço e sistemas diversos. 6) O Decreto n. 1.317, de 29.11.1994, estabeleceu que a fiscalização das entidades fechadas de previdência privada seja exercida pelos Fiscais de Contribuições Previdenciárias do INSS. 7) O Decreto n. 1.330, de 8.12.1994, regulamentou a concessão do benefício de prestação continuada, previsto no art. 20 da Lei n. 8.742/93.

1995 — Novas mudanças previdenciárias, com destaque para a publicação da Lei n. 9.032, de 28.4.1995, trazendo novo regramento à concessão da aposentadoria especial e retornando com a contribuição previdenciária dos aposentados que permanecem ou retornam ao exercício de atividade remunerada.

Ainda em 1995: 1) A Medida Provisória n. 813, de 1º.1.1995, dispôs sobre a organização da Presidência da República e dos Ministérios, oportunidade em que transformou o Ministério da Previdência Social em Ministério da Previdência e Assistência Social — MPAS. 2) A Lei n. 8.981, de 20.1.1995, institui o Real. 3) O Decreto n. 1.457, de 17.4.1995, promulgou o Acordo de Seguridade Social entre Brasil e Portugal. 4) O Decreto n. 1.514, de 5.6.1995, alterou o Regulamento da Organização e do Custeio da Seguridade Social. 5) O Decreto n. 1.644, de 25.9.1995, aprovou estrutura regimental do Ministério da Previdência e Assistência Social (MPAS), revogando o Decreto n. 503, de 23.4.1992. 6) O Decreto n. 1.689, de 7.11.1995, promulgou o Convênio de Seguridade Social entre o Brasil e a Espanha. 7) O Decreto n. 1.744, de 18.12.1995, regulamentou a concessão de benefício de prestação continuada à pessoa portadora de deficiência ou idosa e extinguiu o auxílio-natalidade, o auxílio-funeral e a renda mensal vitalícia.

1996 — A Medida Provisória 1.526, de 5.11.1996, dispôs sobre o regime tributário das microempresas e empresas de pequeno porte, instituindo o Sistema Integrado de Pagamento de Impostos e Contribuições das Microempresas e Empresas de Pequeno Porte — SIMPLES, dentre outras providências.

Ainda em 1996: 1) O Decreto n. 1.823, de 29.2.1996, transfere ao Ministério da Previdência e Assistência Social competência para análise e aprovação das prestações de contas de processos oriundos da extinta Fundação Legião Brasileira de Assistência e dá outras providências. 2) A Lei Complementar n. 85, de 15.2.1996, alterou o art. 7º da Lei Complementar n. 70, de 30.12.1991, que estabeleceu a Contribuição para Financiamento da Seguridade Social — COFINS. 3) O Decreto n. 1.875, de 25.4.1996, promulgou o acordo de previdência social, entre o governo da República Federativa do Brasil e o governo da República do Chile, de 16.10.1993. 4) A Medida Provisória n. 1.415, de 29.4.1996, dispõe sobre o reajuste do salário mínimo e dos benefícios da previdência social, alterou alíquotas de contribuição para a seguridade social e instituiu contribuições para os servidores inativos da união.

1997 — Publicada a Lei n. 9.528, de 10.12.1997, trazendo diversas alterações às Leis n. 8.212 e 8.213/91.

E ainda em 1997: 1) O Decreto n. 2.115 de 8.1.1997, aprovou o estatuto social da Empresa de Processamento de Dados da Previdência e Assistência Social — DATAPREV, e deu outras providências. 2) O Decreto n. 2.172, de 5.3.1997, aprovou o regulamento dos benefícios da Previdência Social e o Decreto n. 2.173, de mesma data, aprovou o regulamento da organização e do custeio da seguridade social. 3) A Lei n. 9.477, de 24.7.1997, instituiu o Fundo de Aposentadoria Programada Individual — FAPI e o plano de incentivo a aposentadoria programada individual, dentre outras providências. 4) A Lei n. 9.506, de 30.10.1997, dentre outras providências, extinguiu o Instituto de Previdência dos Congressistas — IPC.

1998 — Publicadas as Leis ns. 9.711, de 20.11.1998, e 9.732, de 11.12.1998, trazendo diversas alterações às Leis ns. 8.212 e 8.213/91. Publicada a Emenda Constitucional n. 20, de 15.12.1998, alterando de forma bastante significativa o sistema de previdência social, principalmente quanto à concessão de aposentadorias.

Ainda em 1998: 1) Publicada, em 23.4.1998, a Lei n. 9.630, dispondo sobre as alíquotas de contribuição para o Plano de Seguridade Social do Servidor Público Civil ativo e inativo dos poderes da União, das autarquias e das fundações públicas, dentre outras providências. 2) A Lei n. 9.717, publicada no DOU de 28.11.1998, dispõe sobre regras gerais para a organização e o funcionamento dos regimes próprios de previdência social dos servidores públicos da União, dos Estados, do Distrito Federal e dos Municípios, dos militares.

1999 — Publicado o Decreto n. 3.048, de 6.5.1999, novo Regulamento da Previdência Social, e a Lei n. 9.876, de 26.11.1999, trazendo diversas alterações às Leis ns. 8.212 e 8.213/91 (alterando o critério de cálculo do Salário de Benefício através da criação do fator previdenciário e da utilização de média dos salários de contribuição a contar de julho/94).

Ainda em 1999: 1) A Lei n. 9.783 dispôs sobre a contribuição para o custeio da Previdência Social dos servidores públicos, ativos e inativos e dos pensionistas dos três Poderes da União. 2) A Emenda Constitucional n. 21 prorrogou, alterando a alíquota, a Contribuição Provisória sobre Movimentação ou Transmissão de Valores e Créditos e Direitos de Natureza Financeira — CPMF. 3) O Decreto n. 3.039 alterou os art. 30 a 33 do Regulamento da Organização e do Custeio da Seguridade Social, aprovado pelo Decreto n. 2.173, de 5.3.97. 4) O Decreto n. 3.142 regulamentou a contribuição social do salário-educação, prevista no art. 212, § 5º, da Constituição, no art. 15 da Lei n. 9.424, de 24.12.1996 e na Lei n. 9.766, de 18.12.1998. 5) O Decreto n. 3.265 alterou o Regulamento da Previdência Social, aprovado pelo Decreto n. 3.048, de 6.5.1999.

2000 — Publicada a Lei n. 9.983, de 14.7.2000, alterando o Código Penal Brasileiro para inserção dos Crimes Previdenciários.

Ainda em 2000: 1) Publicado o Decreto n. 3.452, de 9.5.2000, alterando o Regulamento da Previdência Social, aprovado pelo Decreto n. 3.048/99. 2) Publicado o Decreto n. 3.504, de 13.6.2000, alterando dispositivos do Decreto n. 2.536/98, que dispõe sobre a concessão do Certificado de Entidade de Fins Filantrópicos. 3) Publicada a Lei n. 10.034, de 24.10.2000, alterando a Lei n. 9.317/96, que instituiu o SIMPLES. 4) Publicada a Lei n. 10.035, de 25.10.2000, alterando a CLT para estabelecer os procedimentos, no âmbito da Justiça do Trabalho, de execução das contribuições devidas à Previdência Social. 5) Publicada a Lei n. 10.099, de 19.12.2000, alterando a Lei n. 8.213/91, regulamentando o disposto no § 3º do art. 100 da CF/88, definindo obrigações de pequeno valor para a Previdência Social. 6) Publicada a Lei n. 10.170, de 29.12.2000, acrescentando parágrafos ao art. 22 da Lei n. 8.212/91, dispensando as instituições religiosas do recolhimento de contribuições previdenciárias incidente sobre o valor pago aos ministros de confissão religiosa, membros de vida consagrada, de congregação ou de ordem religiosa.

2001 — 1) Em 11.4.2001, o Decreto n. 3.788 institui, no âmbito da administração pública federal, o Certificado de Regularidade Previdenciária — CRP. 2) Em 29.5.2001, a Lei n.109 dispõe sobre o regime de Previdência Complementar e dá outras providências. 3) Em 12.7.2001, a Lei n. 10.259 dispõe sobre a instituição dos Juizados Especiais Cíveis e criminais no âmbito da Justiça Federal. 4) Em 26.11.2001, o Decreto n. 4.032 altera dispositivos do regulamento da Previdência Social, aprovado pelo Decreto n. 3.048/99. 5) Em 26.12.2001, a Lei n. 10.355 dispõe sobre a estruturação da carreira previdenciária na âmbito do Instituto Nacional do Seguro Social — INSS, e dá outras providências.

2002 — 1) Em 9.1.2002, o Decreto n. 4.079 altera dispositivos do regulamento da Previdência Social, aprovado pelo Decreto n. 3.048/99. 2) Em 15.4.2002, a Lei n. 10.421 estende à mãe adotiva o direito à licença-maternidade e ao salário-maternidade. 3) Em 5.9.2002, o Decreto n. 4.360 altera o art. 36 do Decreto n. 1.744/95, que regulamenta o benefício de prestação continuada devido a pessoa portadora de deficiência e a idoso, de que trata a Lei n. 8.742/1993

2003 — 1) Publicada a Lei n. 10.666, de 8.5.2003, dispondo sobre a concessão da aposentadoria especial ao cooperado de cooperativa de trabalho ou de produção, dentre outras importantes alterações na legislação previdenciária, inclusive a criação do Fator Acidentário de Prevenção — FAP. 2) Publicado o Decreto n. 4.712, de 29.5.2003, alterando o Decreto n. 1.744/95, que regulamenta o benefício de prestação continuada devida a pessoa portadora de deficiência e ao idoso, de que trata a Lei n. 8.742/93. 3) Publicada a Lei n. 10.684, de 30.5.2003, alterando a legislação tributária e criando modalidade especial de parcelamento de débitos previdenciários (PAES). 4) Publicado o Decreto n. 4.729, de 9.6.2003, alterando dispositivos do Regulamento da Previdência Social, aprovado pelo Decreto n. 3.048/99; 5) Publicada a Lei n. 10.710, de 5.8.2003, restabelecendo o pagamento, pela empresa, do salário-maternidade devido à segurada empregada gestante. 6) Publicado o Decreto n. 4.818, de 26.8.2003, aprovando a estrutura regimental do Ministério da Previdência Social, dentre outras providências. 7) Publicado o Decreto n. 4.827, de 3.9.2003, alterando o art. 70 do Decreto n. 3.048/99 sobre a conversão de tempo de atividade sob condições especiais em tempo de atividade comum. 8) Publicado o Decreto n. 4.845, de 24.9.2003, alterando o art. 9º do Decreto n. 3.048/99 sobre a caracterização do segurado especial. 9) Publicada a Lei n. 10.741, de 1º.10.2003, criando o Estatuto do Idoso. 10) Publicado o Decreto n. 4.862, de 21.10.2003, alterando dispositivos do Decreto n. 3.048/99, em especial a data de pagamento dos benefícios previdenciários. 11) Publicado o Decreto n. 4.874, de 11.11.2003, acrescentando o art. 296-A ao Decreto n. 3.048/99, que cria os Conselhos de Previdência Social, unidades descentralizadas do Conselho Nacional de Previdência Social. 12) Publicado o Decreto n. 4.882, de 18.11.2003, alterando dispositivos do Decreto n. 3.048/99 sobre a aposentadoria especial. 13) Publicada a Lei n. 10.820, de 17.12.2003, autorizando o desconto de prestações no pagamento dos benefícios previdenciários, referentes ao pagamento de empréstimos, financiamentos e operações de arrendamento mercantil. 14) Publicada a Emenda Constitucional n. 41, de 19.12.2003, alterando as regras para concessão de aposentadoria dos servidores públicos (Reforma Previdenciária dos Servidores) e aumentando o teto dos benefícios previdenciários do RGPS.

2004 — 1) Publicada a Lei n. 10.839, de 5.2.2004 (conversão da MP 138, de 19.11.2003), alterando para dez anos o prazo de decadência para os direitos de ação pelo segurado ou beneficiário para a revisão do ato de concessão de benefício, dentre outras alterações. 2) Publicada a Lei n. 10.689, de 13.5.2004 (conversão da MP 163, de 23.1.2004), alterando a denominação do Ministério da Assistência Social para Ministério do Desenvolvimento Social e Combate à Fome. 3) Publicada a Lei n. 10.876, de 2.6.2004, criando a carreira de Perícia Médica da Previdência Social, dentre outras providências. 4) Publicada a Lei n. 10.877, de 4.6.2004, alterando a Lei n. 7.070/82 que dispõe sobre pensão especial para os deficientes físicos portadores da "Síndrome da Talidomida". 5) Publicada a Lei n. 10.887, de 18.6.2004, dispondo sobre a aplicação das disposições da Emenda Constitucional n. 41/2003 e alterando dispositivos das Leis n. 9.717/98 e 8.213/91. 6) Publicada a Lei n. 10.953, de 27.9.2004, alterando a Lei n. 10.820/2003 sobre a autorização para desconto de prestações provenientes de operações financeiras sobre os benefícios previdenciários. 7) Publicado o Decreto n. 5.254, de 27.10.2004, alterando o art. 303 do Decreto n. 3.048/99 sobre a composição do Conselho de Recursos da Previdência Social. 8) Publicado o Decreto n. 5.256, de 27.10.2004, alterando a estrutura regimental do Ministério da Previdência Social, dentre outras providências. 9) Publicado o Decreto n. 5.257, de 27.10.2004, alterando a estrutura regimental do INSS, dentre outras providências.

2005 — 1) Destaque para a Lei n. 11.098, de 13.1.2005, que autoriza a criação da Secretaria da Receita Previdenciária. O INSS passa a cuidar apenas da parte de benefícios e esta nova secretaria, da parte de custeio. 2) Alterações no Regulamento da Previdência Social pelos Decreto n. 5.399, de 24.3.2005; Decreto n. 5.545, de 22.9.2005 e Decreto n. 5.586, de 19.11.2005. 3) Publicada a Lei n. 11.186, de 19.10.2005, que dispõe sobre a instituição de concurso de prognóstico destinado ao desenvolvimento da prática desportiva, a participação de entidades desportivas da modalidade futebol nesse concurso e o parcelamento de débitos tributários e para com o Fundo de Garantia do Tempo de Serviço — FGTS. (Conversão da MP n. 254/2005 em Lei). 4) Publicado o Decreto n. 5.644, de 28.12.2005, que dispõe sobre a atuação integrada e o intercâmbio de informações entre a Secretaria da Receita Federal e a Secretaria da Receita Previdenciária e dá outras providências.

2006 — 1) Publicada a Lei n. 11.258, de 30.12.2005, que altera a Lei n. 8.742/93, que dispõe sobre a organização da Assistência Social, para acrescentar o serviço de atendimento a pessoas que vivem em situação de rua. 2) Destaque para a Lei n. 11.301, de 10.05.2006, que define as funções de magistério para fins de aposentadoria diferenciada e para a Lei n. 11.345, de 14.09.2006, que dispõe sobre a instituição de concurso de prognóstico destinado ao desenvolvimento da prática desportiva; 3) Alterações nas Leis n. 8.212/91 e 8.213/91 pela Lei n. 11.324, de 19.7.2006; 4) Alterações no Regulamento da Previdência Social pelo Decreto n. 5.699, de 13.2.2006 e pelo Decreto n. 5.844, de 13.7.2006. 5) Publicado o Decreto n. 5.895, de 18.09.2006, que dá nova redação ao art. 3º do Decreto n. 2.536/98, que dispõe sobre a concessão do Certificado de Entidade Beneficente de Assistência Social a que se refere o inciso IV do art. 18 da Lei n. 8.742/93. 6) Publicada a Lei Complementar n. 123, de 14.12.2006, que institui o Estatuto Nacional da Microempresa e da Empresa de Pequeno Porte; altera dispositivos das Leis n.s 8.212 e 8.213, ambas de 24 de julho de 1991, dentre outras disposições.

2007 — 1) Publicados os Decretos n. 6.032 e 6.042, que alteram o Regulamento da Previdência Social (Dec. 3048/99), disciplinando a aplicação, acompanhamento e avaliação do Fator Acidentário de Prevenção — FAP e do Nexo Técnico Epidemiológico. 2) Publicada a Lei n. 11.457, de 16.3.2007 (Super-Receita), que dispõe sobre a Administração Tributária Federal e altera a Lei n. 8.212/91. 3) Alterado o Decreto n. 3.048/99 pelos Decretos n. 6.122/2007 (salário-maternidade) e 6.208 (desistência da aposentadoria). 4) Publicada a Lei n. 11.488, alterando dispositivos da Lei n. 8.212/91 e da Lei n. 10.666/2003. 5) Publicada a Lei n. 11.501, de 11.7.2007, que altera a Lei n. 8.212/91 dentre outras providências. 6) Publicado o Decreto n. 6.187, de 14.8.2007, que regulamenta a Lei n. 11.345/2006, a qual instituiu o concurso de prognóstico denominado Timemania, estabelecendo os critérios de participação e adesão das entidades de prática desportiva da modalidade de futebol profissional, dentre outras providências. 7) Publicada a Lei Complementar n. 127, alterando disposições da LC 123/2006 sobre o SIMPLES. 8) Publicado o Decreto n. 6.214, de 26.9.2007, que regulamenta o benefício de prestação continuada da assistência social devido à pessoa com deficiência e ao idoso, de que trata a Lei n. 8.742/93 e acresce parágrafo ao art. 162 do Decreto n. 3.048/99, dentre outras providências. 9) Publicada a Lei n. 11.520, dispondo sobre a concessão de pensão especial às pessoas atingidas pela hanseníase que foram submetidos a isolamento e internação compulsórios.

2008 — 1) Publicada a Lei Complementar n. 128, alterando disposições da LC 123/2006 sobre o SIMPLES bem como também as Leis n. 8.212/91 e 8.213/91. 2) Publicada a Lei n. 11.718, alterando as Leis n. 8.212/91 e 8.213/91, principalmente quanto ao trabalhador rural. 3) Publicado o Decreto n. 6.722, alterando vários artigos do Decreto n. 3.048/99.

2009 — 1) Publicadas as Leis n. 11.933 e 11.941, alterando disposições da Lei n. 8.212/91. 2) Publicada a Lei n. 12.101 dispondo sobre o certificado das entidades beneficentes da assistência social e suas isenções, bem como alterando a Lei n. 8.212/91. 3) Publicado o Decreto n. 6.939, alterando diversos artigos do Decreto n. 3.048/99.

2011 — 1) Publicada a Lei Complementar n. 139, alterando disposições da LC 123/2006 sobre o SIMPLES e a situação do MEI — Microempreendedor Individual. 2) Publicada a Lei n. 12.470, alterando as Leis n. 8.212/91 e 8.213/91. 3) Publicada a Lei n. 12.546, alterando as regras de incidência da contribuição previdenciária para diversas empresas, com desoneração da folha de pagamento.

2012 — 1) Publicada a Emenda Constitucional n. 70, acrescentando o art. 6º-A à EC 41/2003, para estabelecer critérios para o cálculo e correção dos proventos de aposentadoria por invalidez dos servidores públicos que ingressaram no serviço público até a publicação daquela EC. 2) Publicada a Lei n. 12.663, criando um auxílio especial para jogadores de futebol das copas mundiais de 1958, 1062 e 1970.

2013 — 1) Publicada a Lei Complementar n. 139, alterando a LC 123//2006. 2) Publicada a Lei Complementar n. 142, criando regras diferenciadas de aposentadoria para os segurados do RGPS que forem deficientes.

2. CONCEITUAÇÃO E ABRANGÊNCIA

A Seguridade Social é um sistema de proteção social voltado ao indivíduo, constituída por um conjunto de ações e benefícios destinados a assegurar direitos relacionados à saúde, à previdência e à assistência social, de responsabilidade dos poderes públicos e da sociedade e com previsão constitucional no art. 194 e seguintes da Carta Magna de 1988.

Ao Estado compete a organização e administração da Seguridade Social, através de ministérios, entidades e instituições que se encarregam da árdua tarefa de mantê-la em funcionamento, cabendo-nos citar o Ministério da Saúde, o Ministério da Previdência Social e o Ministério do Desenvolvimento Social e Combate à Fome (antigo Ministério da Assistência Social) — Lei n. 10.683/2003, art. 25.

Fundamentação: CF/88, art. 194; Lei n. 8.212/91, art. 1º, *caput*; Decreto n. 3.048/99, art. 1º, *caput*.

2.1. Saúde

Disposto nos arts. 196 a 200 da Constituição Federal, o direito à saúde se traduz em uma política socioeconômica concentrada na erradicação e prevenção de doenças, tratamento e recuperação das pessoas já debilitadas e, principalmente, na manutenção do estado saudável da população através de alimentação adequada e boa condição de higiene.

A saúde é direito de todos os cidadãos, independente de filiação ou contribuição ao sistema, cabendo ao poder público dispor sobre sua regulamentação, fiscalização e controle.

Os serviços são organizados em sistema único (SUS — Sistema Único de Saúde), mas poderão ser oferecidos diretamente pelo poder público ou por pessoa física ou jurídica de direito privado, neste último caso por meio de contrato público ou convênio.

O sistema é financiado com recursos do orçamento da Seguridade Social, contando também com recursos da União, dos Estados, do Distrito Federal e dos Municípios, além de outras fontes.

Fundamentação: CF/88, art. 196 a 200.

2.1.1. Princípios e diretrizes

O art. 2º da Lei n. 8.212/91, copiado literalmente pelo art. 2º do Decreto n. 3.048/99, resume em seis alíneas os princípios e diretrizes que devem ser observados na organização das atividades de Saúde, sendo eles os seguintes:

a) acesso universal e igualitário;

b) provimento das ações e serviços através de rede regionalizada e hierarquizada, integrados em sistema único;

c) descentralização, com direção única em cada esfera de governo;

d) atendimento integral, com prioridade para as atividades preventivas;

e) participação da comunidade na gestão, fiscalização e acompanhamento das ações e serviços de saúde;

f) participação da iniciativa privada na assistência à saúde, obedecidos os preceitos constitucionais.

Fundamentação: Lei n. 8.212/91, art. 2º; Decreto n. 3.048/99, art. 2º.

2.2. Assistência Social

A assistência social encontra previsão constitucional nos arts. 203 e 204 e atende a população, independentemente de contribuição para a Seguridade Social, mediante os seguintes objetivos:

a) proteção à família, à maternidade, à adolescência e à velhice;

b) amparo às crianças e adolescentes carentes;

c) promoção da integração ao mercado de trabalho;

d) habilitação e reabilitação das pessoas portadoras de deficiência e a promoção de sua integração à vida comunitária;

e) a garantia de um salário mínimo de benefício mensal à pessoa portadora de deficiência e ao idoso que comprovem não possuir meios de prover a própria manutenção ou de tê-la provida por sua família, nos termos das Leis ns. 8.742/93 e 12.435/2011.

Referidos objetivos constam expressamente do art. 203 da CF/88, mas a Lei n. 12.435/2011 acrescenta outros dois, sendo eles os seguintes:

• a vigilância socioassistencial, que visa a analisar territorialmente a capacidade protetiva das famílias e nela a ocorrência de vulnerabilidades, de ameaças, de vitimizações e danos; e

• a defesa de direitos, que visa a garantir o pleno acesso aos direitos no conjunto das provisões socioassistenciais.

Suas ações são realizadas com recursos do orçamento da Seguridade Social, além de outras fontes. O benefício de maior destaque é o benefício assistencial ao idoso e ao deficiente, no valor de um salário mínimo, regulamentado pelos arts. 20 a 21-A da Lei n. 8.742/93 (com redação dada pela Lei n. 12.435/2011.

Fundamentação: CF/88, art. 203 e 204.

2.2.1. Benefício assistencial ou Benefício de prestação continuada

Conforme mencionado anteriormente, referido benefício encontra previsão legal nos arts. 20 a 21-A da Lei n. 8.742/93 e constitui-se no pagamento mensal de um salário mínimo àquele que possui deficiência ou ao idoso com 65 (sessenta e cinco) anos completos, desde que comprovem não possuir meios de prover o próprio sustento ou de tê-los provido por sua família e desde que residentes e domiciliados no Brasil.

Regulamenta a concessão deste benefício o Decreto n. 6.214/2007 que, em seu art. 1º, § 2º, traz claramente seus objetivos. Confira-se:

"Art. 1º O Benefício de Prestação Continuada previsto no art. 20 da Lei n. 8.742, de 7 de dezembro de 1993, é a garantia de um salário mínimo mensal à pessoa com deficiência e ao idoso, com idade de sessenta e cinco anos ou mais, que comprovem não possuir meios para prover a própria manutenção e nem de tê-la provida por sua família.

§ 1º O Benefício de Prestação Continuada integra a proteção social básica no âmbito do Sistema Único de Assistência Social — SUAS, instituído pelo Ministério do Desenvolvimento Social e Combate à Fome, em consonância com o estabelecido pela Política Nacional de Assistência Social — PNAS.

§ 2º O Benefício de Prestação Continuada é constitutivo da PNAS e integrado às demais políticas setoriais, e visa ao enfrentamento da pobreza, à garantia da proteção social, ao provimento de condições para atender contingências sociais e à universalização dos direitos sociais, nos moldes definidos no parágrafo único do art. 2º da Lei n. 8.742, de 1993.

§ 3º A plena atenção à pessoa com deficiência e ao idoso beneficiário do Benefício de Prestação Continuada exige que os gestores da assistência social mantenham ação integrada às demais ações das políticas setoriais nacional, estaduais, municipais e do Distrito Federal, principalmente no campo da saúde, segurança alimentar, habitação e educação."

A regulação, o financiamento, o monitoramento e a avaliação da prestação do benefício cabem ao Ministério do Desenvolvimento Social e Combate à Fome, o que faz por intermédio da Secretaria Nacional de Assistência Social. A operacionalização para a concessão e a manutenção do pagamento competem, contudo, ao Instituto Nacional do Seguro Social — INSS.

É, pois, em uma Agência da Previdência Social — APS — que o interessado deve comparecer para solicitar a concessão do benefício assistencial, sendo atribuição do INSS a verificação dos requisitos exigidos na legislação, a concessão e a manutenção do pagamento mensal àquele de direito. Nestes termos, dispõe o art. 39 do Decreto n. 6.214/2007:

"Art. 39. Compete ao INSS, na operacionalização do Benefício de Prestação Continuada:

I — receber os requerimentos, conceder, manter, revisar, suspender ou fazer cessar o benefício, atuar nas contestações, desenvolver ações necessárias ao ressarcimento do benefício e participar de seu monitoramento e avaliação;

II — verificar o registro de benefícios previdenciários e de emprego e renda em nome do requerente ou beneficiário e dos integrantes do grupo familiar, em consonância com a definição estabelecida no inciso VI do art. 4º;

III — realizar a avaliação médica e social da pessoa com deficiência, de acordo com as normas a serem disciplinadas em atos específicos;

IV — realizar o pagamento de transporte e diária do requerente ou beneficiários e seu acompanhante, com recursos oriundos do FNAS, nos casos previstos no art. 17.

V — realizar comunicações sobre marcação de perícia médica, concessão, indeferimento, suspensão, cessação, ressarcimento e revisão do benefício;

VI — analisar defesas, receber recursos pelo indeferimento e suspensão do benefício, instruir e encaminhar os processos à Junta de Recursos;

VII — efetuar o repasse de recursos para pagamento do benefício junto à rede bancária autorizada ou entidade conveniada;

VIII — participar juntamente com o Ministério do Desenvolvimento Social e Combate à Fome da instituição de sistema de informação e alimentação de bancos de dados sobre a concessão, indeferimento, manutenção, suspensão, cessação, ressarcimento e revisão do Benefício de Prestação Continuada, gerando relatórios gerenciais e subsidiando a atuação dos demais órgãos no acompanhamento do beneficiário e na defesa de seus direitos;

IX — submeter à apreciação prévia do Ministério do Desenvolvimento Social e Combate à Fome quaisquer atos em matéria de regulação e procedimentos técnicos e administrativos que repercutam no reconhecimento do direito ao acesso, manutenção e pagamento do Benefício de Prestação Continuada;

X — instituir, em conjunto com o Ministério do Desenvolvimento Social e Combate à Fome, formulários e modelos de documentos necessários à operacionalização do Benefício de Prestação Continuada; e

XI — apresentar ao Ministério do Desenvolvimento Social e Combate à Fome relatórios periódicos das atividades desenvolvidas na operacionalização do Benefício de Prestação Continuada e na execução orçamentária e financeira dos recursos descentralizados."

Na mesma esteira dispõe a Súmula 6 da Turma Regional de Uniformização (TRU) da 3ª Região. Confira-se:

"Súmula 6 — Nas ações envolvendo o benefício assistencial previsto no art. 20 da Lei n. 8.742/73, o INSS detém a legitimidade passiva exclusiva." (Origem Enunciado 06 do JEFSP)

E também a Súmula 4 da Turma Regional de Uniformização (TRU) da 4ª Região, aprovada em 2004:

"Súmula 4 — A União é parte ilegítima para figurar no polo passivo nas ações em que seja postulado o benefício assistencial previsto no art. 20 da Lei n. 8.742/93."

Como tal prestação é concedida àqueles com deficiência e aos idosos, desde que comprovem não ter condições de prover o próprio sustento, faz-se necessário trabalharmos estes três conceitos, conforme subitens seguintes.

Fundamentação: CF/88, art. 203 e 204; Lei n, 8.742/93, art. 20 a 21-A; Decreto n. 6.214/2007.

2.2.1.1. Pessoa com deficiência

O § 2º do art. 20, cuja redação atualmente em vigor foi dada pela Lei n. 12.470/2011, cuidou de conceituar como pessoa portadora de deficiência aquele que tem impedimentos de longo prazo, decorrentes de problemas físicos, mentais, intelectuais ou sensoriais quando estes, em interação com diversas barreiras, impedem sua participação plena e efetiva na sociedade, em igualdade com as demais pessoas.[1] O § 10 do mesmo dispositivo determina que impedimento de longo prazo é aquele que produz efeitos pelo prazo mínimo de 2 (dois) anos, o que não significa, contudo, que tal incapacidade exista há 2 anos.

O objetivo da assistência social é justamente evitar o estado de miserabilidade da população, garantindo aos cidadãos as condições mínimas de subsistência. Não há qualquer justificativa, portanto, em pretender a concessão do benefício somente àqueles que estejam, há 2 anos, na condição de deficiência.

Tal interpretação não somente seria elastecida, como em evidente contradição às normas de proteção garantidas constitucionalmente. O que pretendeu o legislador, ao estipular o prazo mínimo de 2 dois anos, foi nada mais do que evitar o pagamento do benefício de prestação continuada a incapacidades temporárias, como fraturas ou enfermidades passageiras. Havendo diagnóstico da incapacidade e não havendo probabilidade de cura pelo período mínimo de 2 anos, conforme medicina atual, estará preenchido o requisito da deficiência, habilitando o cidadão à percepção do benefício assistencial.

Também sobre o tema, vale conferir a redação da Súmula 48 da TNU[2] (DOU de 18.4.2012):

"**Súmula 48** — A incapacidade não precisa ser permanente para fins de concessão do benefício assistencial de prestação continuada."

Outro ponto de destaque refere-se à incapacidade em si que, numa interpretação restrita e equivocada do texto legal, poderia induzir ao entendimento de que esta somente pode ser comprovada clinicamente, em perícia médica, já que faz referência a impedimentos físicos, mentais, intelectuais ou sensoriais. No entanto, também a incapacidade social deve ser levada em consideração. Isto porque nem sempre a enfermidade acarreta propriamente uma incapacidade do ponto de vista médico, mas analisando-a conjuntamente com outros aspectos de vida do cidadão, acaba gerando uma incapacidade social, que não permite sua integração na sociedade como ocorre com as outras pessoas.

Tome-se por exemplo um cidadão com idade de 62 anos, analfabeto, residente em um carro velho, estacionado nas ruas e sem qualquer condição básica de moradia, higiene ou cultura. Referido senhor é ainda portador de doença pulmonar, AIDS e varizes. Possui piolhos e sarna. Não possui dentes e exala mal cheiro, além de não possuir vestimentas limpas ou adequadas ao convívio social. Do ponto de vista clínico/médico, não há incapacidade para a atividade de "catador de lixo", já que as enfermidades estão sob controle, mas há, indubitavelmente, uma total incapacidade social, que afasta totalmente a condição de igualdade desse sujeito com qualquer outro cidadão.

A condição de vida, a idade, o grau de ensino e os demais contextos em que estão inseridos os cidadãos precisam ser analisados conjuntamente, no intuito de se identificar qualquer probabilidade

---

(1) **TNU, Súmula 29:** Para os efeitos do art. 20, § 2º, da Lei n. 8.742, de 1993, incapacidade para a vida independente não é só aquela que impede as atividades mais elementares da pessoa, mas também a impossibilita de prover ao próprio sustento (DJ de 13.2.2006).
(2) Turma Nacional de Uniformização da Jurisprudência dos Juizados Especiais Federais, criada pela Lei n. 10.259/2001, que funciona junto ao Conselho da Justiça Federal. Tem competência para apreciar os incidentes de uniformização de interpretação de lei federal, em questões de direito material, fundado em divergência entre decisões de turmas recursais de diferentes regiões ou em contrariedade à súmula ou jurisprudência dominante do Superior Tribunal de Justiça. O objetivo primordial é uniformizar a jurisprudência no âmbito dos Juizados Especiais Federais.

de sustento próprio, sem que o mesmo incorra em situação de miserabilidade. Este é o entendimento, inclusive, da mais prestigiosa jurisprudência pátria, conforme ilustram os seguintes julgados:

"PREVIDENCIÁRIO. AUXÍLIO-DOENÇA. CIRCUNSTÂNCIAS SOCIOECONÔMICAS. RECONHECIMENTO. ANÁLISE DE ATESTADOS MÉDICOS. POSSIBILIDADE. ACÓRDÃO RECORRIDO SINTONIZADO COM ATUAL POSICIONAMENTO DESTA CORTE E DO EG. STJ. INCIDENTE NÃO CONHECIDO. 1. Pretende o INSS a modificação de acórdão que reformou a sentença, concedendo o restabelecimento do benefício de auxílio-doença à autora. Argumenta a autarquia, em essência, que o julgado recorrido contraria jurisprudência dominante do Superior Tribunal de Justiça no sentido de que a incapacidade laborativa deve ser avaliada estritamente, com observância do aspecto físico-funcional, através da perícia judicial, sendo irrelevantes os aspectos socioeconômicos do segurado e de seu meio. 2. Afasto os acórdãos originados de Tribunais Regionais Federais que não possuem aptidão para a caracterização da divergência exigida pela legislação de regência (art. 14, § 2º da Lei n. 10.259/01). 3. Com relação aos paradigmas prolatados pelo eg. Superior Tribunal de Justiça, (EREsp — 198.189; REsp 226.094; AgRg no REsp 674.036; AgRg no REsp 501.859; REsp 963.810; REsp 249.056; REsp 358.983) observam que retratam posicionamento já ultrapassado, conforme se pode aferir da leitura de julgados mais recentes (AgREsp 1.055.886, 5ª Turma, Rel. Min. Napoleão Nunes Maia Filho, DJ 09.11.2009). 4. Esta TNU possui entendimento afinado com o atualmente pacificado no eg. STJ, reconhecendo que a incapacidade para o desempenho de uma atividade profissional deve ser avaliada sob os pontos de vista médico e social, mediante análise das condições socioeconômicas do segurado (PEDILEF 200832007037725, Juiz Federal José Eduardo do Nascimento, 25/02/2010; PEDILEF 200583005060902, Juíza Federal Maria Divina Vitória, 17.3.2008; PEDILEF 200636009062435, Juiz Federal José Antônio Savaris, 1º.3.2010). 5. Não merece seguimento Pedido de Uniformização que busca reforma de decisão de Turma Recursal em consonância com firme jurisprudência da TNU. Incidência da Questão de Ordem n.13 da TNU: "Não cabe Pedido de Uniformização, quando a jurisprudência da Turma Nacional de Uniformização de Jurisprudência dos Juizados Especiais Federais se firmou no mesmo sentido do acórdão recorrido".6. Incidente não conhecido." (TNU — Pedido n. 00079933820094013000 — Relatora Juíza Federal Simone dos Santos Lemos Fernandes — Decisão de 25.4.2012 — DOU de 25.5.2012)

"PEDIDO DE UNIFORMIZAÇÃO NACIONAL. PREVIDENCIÁRIO. APOSENTADORIA POR INVALIDEZ. CIRCUNSTÂNCIAS SOCIOECONÔMICAS. RECONHECIMENTO. POSSIBILIDADE. INEXISTÊNCIA DE JURISPRUDÊNCIA DOMINANTE DO STJ EM SENTIDO CONTRÁRIO AO ACÓRDÃO IMPUGNADO. NÃO CONHECIMENTO. 1. Não merece seguimento Pedido de Uniformização que alega contrariedade à jurisprudência do STJ quando inexiste entendimento dominante daquele Tribunal Superior contrário à tese do acórdão recorrido. 2. Esta TNU tem reiteradamente reconhecido que a incapacidade para o desempenho de uma atividade profissional deve ser avaliada sob os pontos de vista médico e social, mediante análise das condições socioeconômicas do segurado. 3. A análise da incapacidade para o trabalho deve levar em conta não apenas a limitação de saúde da pessoa, mas igualmente a limitação imposta pela sua história de vida e pelo seu universo social. 4. Precedentes do STJ no mesmo sentido do acórdão recorrido (v. g.: AgREsp 1.055.886 e REsp 965.597). 5. Pedido de Uniformização não conhecido." (TNU — Pedido n. 200838007232672 — Relator Juiz Federal José Antônio Savaris — Decisão em 8.4.2010 — DJ de 11.6.2010)

Note-se, inclusive, que o próprio § 6º do art. 20 da Lei n. 8.742/93 determina que a comprovação da incapacidade deve ser efetuada não somente por avaliação médica, mas também por assistentes sociais do INSS. Confira-se:

"**Art. 20.** O benefício de prestação continuada é a garantia de um salário mínimo mensal à pessoa com deficiência e ao idoso com 65 (sessenta e cinco) anos ou mais que comprovem não possuir meios de prover a própria manutenção nem de tê-la provida por sua família.

(...)

§ 6º A concessão do benefício ficará sujeita à avaliação da deficiência e do grau de impedimento de que trata o § 2º, composta por avaliação médica e avaliação social realizadas por médicos peritos **e por assistentes sociais** do Instituto Nacional de Seguro Social — INSS.

§ 7º na hipótese de não existirem serviços no município de residência do beneficiário, fica assegurado, na forma prevista em regulamento, o seu encaminhamento ao município mais próximo que contar com tal estrutura.

(...)"

Também o Decreto n. 6.214/2007 assim faz referência em seu art. 16, conforme segue:

"**Art. 16.** A concessão do benefício à pessoa com deficiência ficará sujeita à avaliação da deficiência e do grau de impedimento, com base nos princípios da Classificação Internacional de Funcionalidades, Incapacidade e Saúde — CIF, estabelecida pela Resolução da Organização Mundial da Saúde n. 54.21, aprovada pela 54ª Assembleia Mundial da Saúde, em 22 de maio de 2001.

§ 1º A avaliação da deficiência e do grau de impedimento será realizada por meio de avaliação social e avaliação médica.

§ 2º A avaliação social considerará os fatores ambientais, sociais e pessoais, a avaliação médica considerará as deficiências nas funções e nas estruturas do corpo, e ambas considerarão a limitação do desempenho de atividades e a restrição da participação social, segundo suas especificidades.

§ 3º As avaliações de que trata o § 1º serão realizadas, respectivamente, pelo serviço social e pela perícia médica do INSS, por meio de instrumentos desenvolvidos especificamente para este fim, instituídos por ato conjunto do Ministério do Desenvolvimento Social e Combate à Fome e do INSS.

§ 4º O Ministério do Desenvolvimento Social e Combate à Fome e o INSS garantirão as condições necessárias para a realização da avaliação social e da avaliação médica para fins de acesso ao Benefício de Prestação Continuada.

§ 5º A avaliação da deficiência e do grau de impedimento tem por objetivo:

I — comprovar a existência de impedimentos de longo prazo de natureza física, mental, intelectual ou sensorial; e

II — aferir o grau de restrição para a participação plena e efetiva da pessoa com deficiência na sociedade, decorrente da interação dos impedimentos a que se refere o inciso I com barreiras diversas.

§ 6º O benefício poderá ser concedido nos casos em que não seja possível prever a duração dos impedimentos a que se refere o inciso I do § 5º, mas exista a possibilidade de que se estendam por longo prazo.

§ 7º Na hipótese prevista no § 6º, os beneficiários deverão ser prioritariamente submetidos a novas avaliações social e médica, a cada dois anos."

Por deficiência devemos entender, portanto, qualquer tipo de incapacidade clínica ou social que impeça o cidadão de garantir o próprio sustento e de se inserir plenamente na sociedade e cuja duração estimada seja de, no mínimo, dois anos. Esta a proteção visualizada pelo legislador constitucional, preconizada no art. 203 da Constituição Federal de 1988.[3]

Na hipótese de não existirem serviços pertinentes para avaliação da deficiência e do grau de impedimento no município de residência do requerente ou beneficiário, fica assegurado o seu encaminhamento ao município mais próximo que contar com tal estrutura, devendo o INSS realizar o pagamento das despesas de transporte e diárias com recursos oriundos do Fundo Nacional de Assistência Social. Caso o requerente ou beneficiário necessite de acompanhante, a viagem deste deverá ser autorizada pelo INSS. O valor da diária paga ao requerente ou beneficiário e seu acompanhante será igual ao valor da diária concedida aos beneficiários do Regime Geral de Previdência Social — Decreto n. 6.214/2007, art. 17.

Caso o requerente ou beneficiário esteja impossibilitado de se apresentar no local de realização da avaliação da deficiência e do grau de impedimento, os profissionais deverão deslocar-se até o interessado — Decreto n. 6.214/2007, art. 17, § 3º.

Note-se, ainda, que a concessão do benefício não depende da existência de interdição judicial, conforme previsão expressa, inclusive, no art. 18 do Decreto n. 6.214/2007.

Também merece destaque o fato de não existir limite mínimo de idade, quando se trata da concessão do benefício a deficientes. Quando se tratar de menores de 16 anos (idade em que se permite o trabalho remunerado em qualquer categoria, conforme art. 7º da CF/88), obviamente que a incapacidade não será analisada tendo em vista o trabalho, mas sim à inserção social e desempenho de atividades normais compatíveis com a idade. Assim, dispõe, inclusive, o art. 4º, § 1º, do Decreto n. 6.214/2007:

"**Art. 4º** Para os fins do reconhecimento do direito ao benefício, considera-se:

(...)

§ 1º Para fins de reconhecimento do direito ao benefício de prestação continuada às crianças e adolescentes menores de dezesseis anos de idade, deve ser avaliada a existência da deficiência e o seu impacto na limitação do desempenho de atividade e restrição da participação social, compatível com a idade.

(...)"

---

(3) Enunciado AGU n. 30, de 9.6.2008: A incapacidade para prover a própria subsistência por meio do trabalho é suficiente para a caracterização da incapacidade para a vida independente, conforme estabelecido no art. 203, V, da Constituição Federal, e art. 20, II, da Lei n. 8.742, de 7 de dezembro de 1993.

Outro ponto importante refere-se à condição de acolhimento do cidadão em instituições de longa permanência (asilo, hospital, abrigo etc.), fato que não constitui óbice à obtenção do benefício. Também não caracteriza impedimento a sua percepção a remuneração na condição de aprendiz, neste caso por até 2 anos. Assim, um deficiente poderá trabalhar como aprendiz, com regular registro e vínculo empregatício, acumulando sua remuneração mensal com o benefício de prestação continuada por até 2 (dois) anos, quando então será cessado o pagamento do benefício.

De igual importância é a redação do art. 21 da Lei n. 8.742/93, que determina a interrupção do pagamento quando do exercício de atividade remunerada, mas com possibilidade de reabertura do benefício, sem necessidade de nova perícia médica. Confira-se:

"**Art. 21-A.** O benefício de prestação continuada será suspenso pelo órgão concedente quando a pessoa com deficiência exercer atividade remunerada, inclusive na condição de microempreendedor individual.

§ 1º Extinta a relação trabalhista ou a atividade empreendedora de que trata o *caput* deste artigo e, quando for o caso, encerrado o prazo de pagamento do seguro-desemprego e não tendo o beneficiário adquirido direito a qualquer benefício previdenciário, poderá ser requerida a continuidade do pagamento do benefício suspenso, sem necessidade de realização de perícia médica ou reavaliação da deficiência e do grau de incapacidade para esse fim, respeitado o período de revisão previsto no *caput* do art. 21.

(...)"

Cessa igualmente o benefício a verificação de que foram superadas as condições de deficiência ou a morte do beneficiário. Registre-se, contudo, que por expressa disposição legal (art. 21, § 3º, Lei n. 8.742/93), "*o desenvolvimento das capacidades cognitivas, motoras ou educacionais e a realização de atividades não remuneradas de habilitação e reabilitação, entre outras, não constituem motivo de suspensão ou cessação do benefício da pessoa com deficiência.*"

Por fim, importa destacar que o órgão responsável por verificar a condição de deficiência e administrar o pagamento do benefício é o INSS — Instituto Nacional do Seguro Social, que pode, a cada 2 (dois) anos, rever as condições que deram origem ao pagamento do benefício, certificando-se da regularidade de seu pagamento.

Fundamentação: CF/88, art. 203 e 204; Lei n, 8.742/93, art. 20 a 21-A; Decreto n. 6.214/2007.

2.2.1.2. Idoso

Fixa o legislador a idade de 65 anos completos para a aquisição do benefício de prestação continuada, seja para pessoas do sexo masculino ou feminino, não constituindo impedimento o acolhimento em instituições de longa permanência, como os asilos.

Inicialmente, a idade mínima necessária à percepção do benefício era de 70 (setenta) anos, conforme regra disposta no art. 38 da Lei n. 8.742/93. Com a publicação da Lei n. 9.720/98, a contar de janeiro/98 a idade foi reduzida para 67 (sessenta e sete) anos e nova modificação ocorreu a partir de janeiro/2004, com a vigência do Estatuto do Idoso (Lei n. 10.741/2003, art. 34), quando a idade mínima passou a 65 (sessenta e cinco) anos, assim permanecendo até a presente data.

No entanto, como o art. 203 da Constituição não fixa essa idade mínima e como garante o benefício ao idoso, é possível defendermos que esta idade é a de 60 (sessenta) anos, sendo esta a idade considerada neste conceito, conforme art. 1º da Lei n. 10.741/2003 e sendo inconstitucional a fixação de idade superior. Confira-se:

"**Art. 1º** É instituído o estatuto do idoso, destinado a regular os direitos assegurados às pessoas com idade igual ou superior a 60 (sessenta) anos."

Referida tese, contudo, ainda é incipiente em nossos Tribunais Federais, não tendo sido formada jurisprudência a respeito.

Fundamentação: CF/88, art. 203 e 204; Lei n, 8.742/93, art. 20 a 21-A; Decreto n. 6.214/2007.

2.2.1.3. Ausência de condições de prover o próprio sustento ou tê-lo provido por sua família

Desde sua edição, a Lei n. 8.742/93 determina que incapaz de manter o próprio sustento é aquele cuja família perceba renda mensal *per capita* inferior a ¼ (um quarto) do salário mínimo. Referido limite, contudo, já se encontra flexibilizado em nossos Tribunais, sendo pacífico o entendimento de que é possível a percepção do benefício para aqueles cuja renda *per capita* familiar ultrapasse tal limite, mas desde que comprovado o estado de necessidade.

Conforme as decisões judiciais, não se trata de interpretar como inconstitucional a existência de um limite fixado na Lei n. 8.742/93, porque a matéria já foi apreciada na ADI 1232-1, tendo o Supremo Tribunal Federal, naquela ocasião (1998), concluído por sua constitucionalidade. Trata-se, ao contrário, de validar tal limite como parâmetro objetivo para configurar o estado de necessidade, interpretando-o de forma sistemática aos outros requisitos necessários à obtenção do benefício, sem prejuízo de situações que, mesmo não observando tal limite, comprovem a condição de hipossuficiência.

Nesse sentido, ilustram os seguintes julgados:

"PROCESSUAL CIVIL. PREVIDENCIÁRIO. AGRAVO REGIMENTAL EM RECURSO ESPECIAL. BENEFÍCIO ASSISTENCIAL. AFERIÇÃO DO ESTADO DE MISERABILIDADE POR OUTROS MEIOS QUE NÃO A RENDA FAMILIAR *PER CAPITA* INFERIOR A 1/4 DO SALÁRIO MÍNIMO. DIREITO AO BENEFÍCIO ENTENDIMENTO DO TRIBUNAL DE ORIGEM EM CONSONÂNCIA COM A JURISPRUDÊNCIA DESTA CORTE. ENUNCIADO 83/STJ. RECURSO INADMISSÍVEL, A ENSEJAR A APLICAÇÃO DA MULTA PREVISTA NO ART. 557, § 2º, DO CPC. 1. A Terceira Seção do Superior Tribunal de Justiça, no regime do Art. 543-C CPC, uniformizou o entendimento de que a exclusão do direito ao benefício assistencial, unicamente, pelo não preenchimento do requisito da renda familiar *per capita* ser superior ao limite legal, não tem efeito quando o beneficiário comprova por outros meios seu estado de miserabilidade. 2. O entendimento adotado pelo e. Tribunal de origem encontra-se em consonância com a jurisprudência firmada nesta Corte Superior de Justiça. 3. A interposição de agravo manifestamente inadmissível enseja aplicação da multa prevista no art. 557 § 2º do Código de Processo Civil. 4. Agravo regimental a que se nega provimento." (STJ — Processo 201001481556 — AGRESP 1205915 — 5ª Turma — Relator Desembargador Convocado Adilson Vieira Macabu — DJ de 21.2.2011)

"PROCESSUAL CIVIL. PREVIDENCIÁRIO. AGRAVO REGIMENTAL EM AGRAVO DE INSTRUMENTO. BENEFÍCIO ASSISTENCIAL. AFERIÇÃO DO ESTADO DE MISERABILIDADE POR OUTROS MEIOS QUE NÃO A RENDA FAMILIAR *PER CAPITA* INFERIOR A 1/4 DO SALÁRIO MÍNIMO. MATÉRIA DECIDIDA PELO RITO DOS RECURSOS REPETITIVOS. RECURSO INADMISSÍVEL, A ENSEJAR A APLICAÇÃO DA MULTA PREVISTA NO ART. 557, § 2º, DO CPC. 1. A Terceira Seção do Superior Tribunal de Justiça, no regime do Art. 543-C CPC, uniformizou o entendimento de que possível a aferição da condição de hipossuficiência econômica do idoso ou do portador de deficiência, por outros meios que não apenas a comprovação da renda familiar mensal *per capita* inferior a 1/4 do salário mínimo. 2. O entendimento adotado pelo e. Tribunal de origem encontra-se em consonância com a jurisprudência firmada nesta Corte Superior de Justiça. 3. A interposição de agravo manifestamente inadmissível enseja aplicação da multa prevista no art. 557 § 2º do Código de Processo Civil. 4. Agravo regimental a que se nega provimento." (STJ — Processo 200900474583 — AGA 1164852 — 5ª Turma — Relator Desembargador convocado Honildo Amaral de Mello Castro — DJ de 16.11.2010)

Assim, os Tribunais Regionais Federais e também a TNU compreendem que, não obstante a renda *per capita* seja superior a ¼ do salário mínimo, é possível a concessão do benefício assistencial se comprovada a situação de necessidade. Nesse sentido, inclusive, a Súmula 5 da Turma Regional de Uniformização (TRU) da 3ª Região:

"**Súmula 5** — A renda mensal «per capita» correspondente a 1/4 (um quarto) do salário mínimo não constitui critério absoluto de aferição da miserabilidade para fins de concessão de benefício assistencial." (Origem Enunciado 01 do JEFSP)

Para corroborar tal entendimento, o Supremo Tribunal Federal decidiu, em 18.4.2013, no julgamento da Reclamação (RCL) n. 4374 ajuizada pelo INSS, que este limite encontra-se defasado para caracterizar a miserabilidade. Exercendo um novo juízo sobre a ADI 1232-1, decidiu, pois, pela **inconstitucionalidade do § 3º do art. 20 da Lei n. 8.742/93,** entendendo que tal parâmetro deve ser elevado para ½ salário mínimo. Até o presente momento o acórdão ainda não foi publicado, mas consta da página eletrônica do Tribunal Superior a seguinte notícia (<http://www.stf.jus.br/portal/cms/verNoticiaDetalhe.asp?idConteudo=236354>):

"Quinta-feira, 18 de abril de 2013

STF declara inconstitucional critério para concessão de benefício assistencial a idoso

Por maioria de votos, o plenário do supremo tribunal federal (STF) confirmou nesta quinta-feira (18) a inconstitucionalidade do § 3º do art. 20 da Lei Orgânica da Assistência Social (Lei n. 8.742/1993) que prevê como critério para a concessão de benefício a idosos ou deficientes a renda familiar mensal *per capita* inferior a um quarto do salário mínimo, por considerar que esse critério está defasado para caracterizar a situação de miserabilidade. Foi declarada também a inconstitucionalidade do parágrafo único do art. 34 da Lei n. 10.471/2003 (Estatuto do Idoso).

Recursos extraordinários

A decisão de hoje ocorreu na reclamação (RCL) 4374, no mesmo sentido do entendimento já firmado pelo plenário na sessão de ontem, quando a corte julgou inconstitucionais os dois dispositivos ao analisar os recursos extraordinários (REs) 567985 e 580963, ambos com repercussão geral. Porém, o plenário não pronunciou a nulidade das regras. O Ministro Gilmar MENDes propôs a fixação de prazo para que o congresso nacional elaborasse nova regulamentação sobre a matéria, mantendo-se a validade das regras atuais até o dia 31 de dezembro de 2015, mas essa proposta não alcançou a adesão de dois terços dos ministros (*quorum* para modulação). Apenas cinco ministros se posicionaram pela modulação dos efeitos da decisão (Gilmar Mendes, Rosa Weber, Luiz Fux, Cármen Lúcia e Celso de Mello).

O ministro Teori Zavascki fez uma retificação em seu voto para dar provimento ao RE 580963 e negar provimento ao RE 567985. Segundo ele, a retificação foi necessária porque na sessão de ontem ele deu um "tratamento uniforme" aos casos e isso poderia gerar confusão na interpretação da decisão. O voto do ministro foi diferente em cada um dos REs porque ele analisou a situação concreta de cada processo.

Reclamação

A reclamação 4374 foi ajuizada pelo Instituto Nacional do Seguro Social (INSS) com o objetivo de suspender o pagamento de um salário mínimo mensal a um trabalhador rural de Pernambuco. O benefício foi concedido pela Turma Recursal dos Juizados Especiais Federais de Pernambuco e mantido no julgamento desta quinta-feira pelo STF.

Na reclamação, o INSS alegava afronta da decisão judicial ao entendimento da suprema corte na ação direta de inconstitucionalidade (ADI) 1232. No julgamento da ADI, em 1998, os integrantes da corte consideraram constitucionais os critérios estabelecidos no § 3º do art. 20 da LOAS para o pagamento do benefício, em especial, o que exige uma renda mensal *per capita* inferior a um quarto do salário mínimo.

Voto

Em seu voto, o relator da reclamação, Ministro Gilmar Mendes, defendeu a possibilidade de o tribunal "exercer um novo juízo" sobre aquela ADI, considerando que nos dias atuais o STF não tomaria a mesma decisão. O Ministro observou que ao longo dos últimos anos houve uma "proliferação de leis que estabeleceram critérios mais elásticos para a concessão de outros benefícios assistenciais". Nesse sentido, ele citou diversas normas, como a Lei n. 10.836/2004, que criou o bolsa família; a Lei n. 10.689/2003, que instituiu o programa nacional de acesso à alimentação; e a Lei n. 10.219/2001, que criou o bolsa escola.

Conforme destacou o relator, essas leis abriram portas para a concessão do benefício assistencial fora dos parâmetros objetivos fixados pelo art. 20 da LOAS, e juízes e tribunais passaram a estabelecer o valor de meio salário mínimo como referência para aferição da renda familiar *per capita*.

"É fácil perceber que a economia brasileira mudou completamente nos últimos 20 anos. Desde a promulgação da Constituição, foram realizadas significativas reformas constitucionais e administrativas com repercussão no âmbito econômico e financeiro. A inflação galopante foi controlada, o que tem permitido uma significativa melhoria na distribuição de renda", afirmou o ministro ao destacar que esse contexto proporcionou que fossem modificados também os critérios para a concessão de benefícios previdenciários e assistenciais se tornando "mais generosos" e apontando para meio salário mínimo o valor padrão de renda familiar *per capita*.

"Portanto, os programas de assistência social no Brasil utilizam atualmente o valor de meio salário mínimo como referencial econômico para a concessão dos respectivos benefícios", sustentou o ministro. Ele ressaltou que este é um indicador bastante razoável de que o critério de um quarto do salário mínimo utilizado pela LOAS está completamente defasado e inadequado para aferir a miserabilidade das famílias, que, de acordo com o art. 203, § 5º, da Constituição, possuem o direito ao benefício assistencial.

Conforme asseverou o Ministro, ao longo dos vários anos desde a sua promulgação, a norma passou por um "processo de inconstitucionalização decorrente de notórias mudanças fáticas, políticas, econômicas, sociais e jurídicas". Com esses argumentos, o Ministro votou pela improcedência da reclamação, consequentemente declarando a inconstitucionalidade incidental do art. 20, § 3º, da LOAS, sem determinar, no entanto, a nulidade da norma.

Ao final, por maioria, o plenário julgou improcedente a reclamação, vencido o ministro Teori Zavascki, que a julgava procedente. Os ministros Dias Toffoli, Ricardo Lewandowski e Joaquim Barbosa votaram pelo não conhecimento da ação."

Assim, se antes do referido julgamento já era possível obter judicialmente a concessão do benefício para renda *per capita* superior a ¼ do salário mínimo, com a recente decisão do STF elevando o limite para ½ salário mínimo essas ações judiciais tendem a ser mais rápidas, já que os juízes tendem a acompanhar as decisões do Supremo Tribunal, ainda que não se trate de súmula vinculante.[4]

Repito, ainda, pela importância do fato, que o trabalho do deficiente na condição de aprendiz, por um período de até 2 (dois) anos, não será fator impeditivo à percepção do benefício, não se aplicando, nesse caso, o limite da renda *per capita* familiar. Confiram-se, expressamente, o § 9º do art. 20 e o § 2º do art. 21, ambos da Lei n. 8.742/93, com redação dada pela Lei n. 12.470/2011:

> "**Art. 20.** O benefício de prestação continuada é a garantia de um salário mínimo mensal à pessoa com deficiência e ao idoso com 65 (sessenta e cinco) anos ou mais que comprovem não possuir meios de prover a própria manutenção nem de tê-la provida por sua família.
>
> (...)
>
> § 9º A remuneração da pessoa com deficiência na condição de aprendiz não será considerada para fins do cálculo a que se refere o § 3º deste artigo."
>
> "**Art. 21-A.** O benefício de prestação continuada será suspenso pelo órgão concedente quando a pessoa com deficiência exercer atividade remunerada, inclusive na condição de microempreendedor individual.
>
> (...)
>
> § 2º A contratação de pessoa com deficiência como aprendiz não acarreta a suspensão do benefício de prestação continuada, limitado a 2 (dois) anos o recebimento concomitante da remuneração e do benefício."

A renda familiar será declarada pelo próprio requerente ou seu representante legal e o INSS poderá, a cada 2 (dois) anos, rever as condições que deram origem à percepção do benefício e, comprovando-se a ausência de necessidade, cancelará o pagamento da prestação continuada. É importante destacarmos que o INSS considera a renda familiar bruta e que, muito provavelmente, permanecerá aplicando o critério de ¼ do salário mínimo, não obstante a recente decisão do STF em 18.4.2013. Determina o art. 4º, inciso VI, do decreto n. 6.214/2007, que no conceito deve ser considerada a soma dos "rendimentos brutos auferidos mensalmente pelos membros da família composta por salários, proventos, pensões, pensões alimentícias, benefícios de previdência pública ou privada, seguro-desemprego, comissões, *pro-labore*, outros rendimentos do trabalho não assalariado, rendimentos do mercado informal ou autônomo, rendimentos auferidos do patrimônio, Renda Mensal Vitalícia e Benefício de Prestação Continuada", ressalvado apenas o disposto no parágrafo único do art. 19 (benefício assistencial concedido ao idoso da mesma família).

Confiram-se, ainda, do mesmo Decreto n. 6.214/2007:

> "**Art. 4º** Para os fins do reconhecimento do direito ao benefício, considera-se:
>
> § 2º Para fins do disposto no inciso VI do *caput*, não serão computados como renda mensal bruta familiar:
>
> I — benefícios e auxílios assistenciais de natureza eventual e temporária;
>
> II — valores oriundos de programas sociais de transferência de renda;
>
> III — bolsas de estagio curricular;
>
> IV — pensão especial de natureza indenizatória e benefícios de assistência médica, conforme disposto no art. 5º;

---

(4) Em sentido semelhante chegou a dispor a Súmula 06 da Turma Regional de Uniformização (TRU) da 4ª Região. Confira-se: "O critério de verificação objetiva da miserabilidade correspondente a ¼ (um quarto) do salário mínimo, previsto no art. 20, § 3º, da Lei n. 8.742/93, restou modificado para ½ (meio) salário mínimo, a teor do disposto no art. 5º, I, da Lei n. 9.533/97, que autorizava o Poder Executivo a conceder apoio financeiro aos Municípios que instituíssem programas de garantia de renda mínima associados a ações socioeducativas, e art. 2º, § 2º, da Lei n. 10.689/2003, que instituiu o Programa Nacional de Acesso à Alimentação – PNAA." Esta Súmula, contudo, foi cancelada na sessão de 7.7.2006 (IUJEF n. 2004.70.95.000790-7).

V — rendas de natureza eventual ou sazonal, a serem regulamentadas em ato conjunto do Ministério do Desenvolvimento Social e Combate à Fome e do INSS; e

VI — remuneração da pessoa com deficiência na condição de aprendiz."

"**Art. 5º** O beneficiário não pode acumular o Benefício de Prestação Continuada com qualquer outro benefício no âmbito da Seguridade Social ou de outro regime, inclusive o seguro-desemprego, ressalvados o de assistência médica e a pensão especial de natureza indenizatória, bem como a remuneração advinda de contrato de aprendizagem no caso da pessoa com deficiência, observado o disposto no inciso VI do *caput* e no § 2º do art. 4º.

Parágrafo único. A acumulação do benefício com a remuneração advinda do contrato de aprendizagem pela pessoa com deficiência está limitada ao prazo máximo de dois anos."

"**Art. 19.** O Benefício de Prestação Continuada será devido a mais de um membro da mesma família enquanto atendidos os requisitos exigidos neste Regulamento.

Parágrafo único. O valor do Benefício de Prestação Continuada concedido a idoso não será computado no cálculo da renda mensal bruta familiar a que se refere o inciso VI do art. 4º, para fins de concessão do Benefício de Prestação Continuada a outro idoso da mesma família."

Note-se que o parágrafo único do art. 19 repete as disposições do parágrafo único do art. 34 da Lei n. 10.741/2003 (Estatuto do Idoso), que também foi declarado inconstitucional na RCL 4374, julgada pelo STF em 18.4.2013. Confira-se:

"**Art. 34.** Aos idosos, a partir de 65 (sessenta e cinco) anos, que não possuam meios para prover sua subsistência, nem de tê-la provida por sua família, é assegurado o benefício mensal de 1 (um) salário-mínimo, nos termos da Lei Orgânica da Assistência Social — LOAS.

Parágrafo único. O benefício já concedido a qualquer membro da família nos termos do *caput* não será computado para os fins do cálculo da renda familiar *per capita* a que se refere a LOAS."

Como ainda não foi disponibilizado o acórdão, não há como identificarmos a extensão da inconstitucionalidade em comento, mas acredito que o benefício concedido ao idoso deverá, a partir de então, ser considerado para fins de composição da renda familiar que, agora, passa a ter o limite mínimo de ½ salário mínimo *per capita*. Por enquanto, contudo, tal rendimento não deve ser computado, conforme dispõe, inclusive, a redação da Súmula 30 da Turma Regional de Uniformização (TRU) da 3ª Região:

"**Súmula 30** — O valor do benefício equivalente a um salário mínimo, concedido a idoso, a partir de 65 anos, também não é computado para fins do cálculo da renda familiar a que se refere o art. 20, § 3º, da Lei n. 8.742/93." (Origem: Súmula 12, do JEFMS)

Também importa trabalharmos o conceito de família, já que a renda familiar do grupo é que será considerada para análise da situação de necessidade.

Inicialmente, a Lei n. 8.742/93, em seu art. 20, § 1º, remetia o conceito de família ao art. 16 da Lei n. 8.213/91, desde que conviventes no mesmo teto. Pertencia ao grupo familiar, portanto, o cônjuge, o(a) companheiro(a) e os filhos até 21 anos ou inválidos. Pais e irmãos (até 21 anos, ou inválidos) somente poderiam compor o grupo se comprovada a dependência econômica.

Desde 7.7.2011, contudo, com a publicação e vigência da Lei n. 12.435, o conceito de família passou a ser mais abrangente, mais adequado à realidade das famílias brasileiras carentes. Confira-se:

"**Art. 20.** O benefício de prestação continuada é a garantia de um salário mínimo mensal à pessoa com deficiência e ao idoso com 65 (sessenta e cinco) anos ou mais que comprovem não possuir meios de prover a própria manutenção nem de tê-la provida por sua família.

§ 1º Para os efeitos do disposto no *caput*, a família é composta pelo requerente, o cônjuge ou companheiro, os pais e, na ausência de um deles, a madrasta ou o padrasto, os irmãos solteiros, os filhos e enteados solteiros e os menores tutelados, desde que vivam sob o mesmo teto.

(...)"

Os pais e os irmãos solteiros (de qualquer idade) passaram a integrar o conceito do grupo familiar independentemente de comprovação de dependência econômica, assim como também os filhos solteiros, ainda que maiores de 21 anos, desde que vivam sob o mesmo teto que o idoso ou o deficiente.

Fundamentação: CF/88, art. 203, V; Lei n. 8.742/93, art. 20 a 21-A; Lei n. 10.741/2003 (Estatuto do Idoso); Decreto n. 6.214/2007.

2.2.1.4. Documentação necessária

Para solicitação do benefício faz-se necessária a apresentação de algum documento comprobatório da idade, sendo possível fazê-lo pelo RG, pela certidão de nascimento ou casamento, pelo certificado de reservista ou ainda pela carteira de trabalho.

Em se tratando de brasileiro naturalizado, faz-se ainda obrigatória a apresentação do título declaratório de nacionalidade brasileira e da carteira de trabalho.

O CPF será necessário para a concessão do benefício, mas não para o requerimento e análise do processo administrativo. Assim, o INSS não pode se recusar a protocolar o requerimento ou mesmo dar andamento ao processo administrativo em razão da ausência de CPF. No entanto, sendo deferido o pagamento, a inscrição do beneficiário no referido cadastro será exigida para a liberação dos valores.

Além dos documentos pessoais, a habilitação ao benefício dependerá da apresentação de requerimento, preferencialmente pelo requerente, o qual deve ser feito em formulário próprio, devidamente assinado (pelo requerente, procurador, tutor ou curador). Na hipótese de não ser o requerente alfabetizado ou de estar impossibilitado para assinar o pedido, será admitida a aposição da impressão digital na presença de funcionário do órgão recebedor do requerimento.

Não obstante a existência de um formulário próprio, que pode ser encontrado na página eletrônica do Ministério da Previdência Social (<http://www.mps.gov.br/conteudoDinamico.php?id=898>), o requerimento poderá ser feito por qualquer outra forma expressa, desde que nela constem os dados imprescindíveis ao seu processamento.

Também importa destacar que a apresentação de documentação incompleta não constitui motivo de recusa liminar do requerimento do benefício.

Para fins de averiguação da renda familiar *per capita*, o requerente deverá preencher e apresentar ao INSS a Declaração da Composição e Renda Familiar, em formulário instituído para este fim, assinada pelo requerente ou seu representante legal, a qual será confrontada com os documentos pertinentes, ficando o declarante sujeito às penas previstas em lei no caso de omissão de informação ou declaração falsa. Os rendimentos dos componentes da família do requerente deverão ser comprovados mediante a apresentação de um dos seguintes documentos (Decreto n. 6.214/2007, art.13):

I — carteira de trabalho e previdência social com as devidas atualizações;

II — contracheque de pagamento ou documento expedido pelo empregador;

III — guia da Previdência Social — GPS, no caso de Contribuinte Individual; ou

IV — extrato de pagamento de benefício ou declaração fornecida por outro regime de previdência social público ou previdência social privada.

Cumpre, ainda, observar as seguintes disposições (Decreto n. 6.214/2007, art. 13):

"**Art. 13.** A comprovação da renda familiar mensal *per capita* será feita mediante Declaração da Composição e Renda Familiar, em formulário instituído para este fim, assinada pelo requerente ou seu representante legal, confrontada com os documentos pertinentes, ficando o declarante sujeito às penas previstas em lei no caso de omissão de informação ou declaração falsa.

(...)

§ 2º O membro da família sem atividade remunerada ou que esteja impossibilitado de comprovar sua renda terá sua situação de rendimento informada na Declaração da Composição e Renda Familiar.

§ 3º O INSS verificará, mediante consulta a cadastro específico, a existência de registro de benefício previdenciário, de emprego e renda do requerente ou beneficiário e dos integrantes da família.

§ 4º Compete ao INSS e aos órgãos autorizados pelo Ministério do Desenvolvimento Social e Combate à Fome, quando necessário, verificar junto a outras instituições, inclusive de previdência, a existência de benefício ou de renda em nome do requerente ou beneficiário e dos integrantes da família.

§ 5º Havendo dúvida fundada quanto à veracidade das informações prestadas, o INSS ou órgãos responsáveis pelo recebimento do requerimento do benefício deverão elucidá-la, adotando as providências pertinentes.

§ 6º Quando o requerente for pessoa em situação de rua deve ser adotado, como referência, o endereço do serviço da rede socioassistencial pela qual esteja sendo acompanhado, ou, na falta deste, de pessoas com as quais mantém relação de proximidade.

§ 7º Será considerado família do requerente em situação de rua as pessoas elencadas no inciso V do art. 4º, desde que convivam com o requerente na mesma situação, devendo, neste caso, ser relacionadas na Declaração da Composição e Renda Familiar.

§ 8º Entende-se por relação de proximidade, para fins do disposto no § 6º, aquela que se estabelece entre o requerente em situação de rua e as pessoas indicadas pelo próprio requerente como pertencentes ao seu ciclo de convívio que podem facilmente localizá-lo.

Fundamentação: Decreto n. 6.214/2007, art. 10 a 15.

2.2.1.5. Concessão e manutenção do pagamento

Atendidos os requisitos necessários à sua percepção, o benefício assistencial deverá ser pago em até 45 (quarenta e cinco) dias. Não sendo possível o cumprimento desse prazo pelo INSS, os valores pagos em atraso deverão ser atualizados, sendo aplicados os mesmos critérios adotados pela legislação previdenciária — Decreto n. 6.214/2007, art. 20.

Confira-se, ainda, a redação da Súmula 22 da TNU:

"**Súmula 22** — Se a prova pericial realizada em juízo dá conta de que a incapacidade já existia na data do requerimento administrativo, esta é o termo inicial do benefício assistencial."

O INSS se obriga, ainda, a enviar ao requerente o aviso de concessão ou de indeferimento, sendo que nesta última hipótese deverá indicar expressamente o motivo. Da decisão de indeferimento cabe recurso à Junta de Recursos do Conselho de Recursos da Previdência Social (CRPS) no prazo de 30 dias, a contar do recebimento da comunicação — Decreto n. 6.214/2007, art. 21 e 36.

Concedido o benefício, o requerente receberá mensalmente o valor do salário mínimo nacional, não estando esta prestação sujeita a qualquer desconto. Não há pagamento do abono anual (13º salário) e o falecimento do requerente não gera direito à percepção do benefício de pensão por morte aos dependentes. O valor do resíduo não recebido em vida pelo beneficiário será pago aos seus herdeiros ou sucessores, na forma da lei civil.

Excepcionalmente, o pagamento do benefício poderá ser antecipado em casos de calamidade pública decorrente de desastres naturais, reconhecidos pelo Governo Federal. Nesta hipótese, o valor antecipado deverá ser ressarcido de forma parcelada, mediante desconto mensal na renda das próximas parcelas do benefício.

O benefício será pago pela rede bancária autorizada e, nas localidades onde não houver estabelecimento bancário, o pagamento será efetuado por órgãos autorizados pelo INSS. O pagamento pode ser feito diretamente ao beneficiário ou ao seu procurador, tutor ou curador.

O instrumento de procuração poderá ser outorgado em formulário próprio do INSS, mediante comprovação do motivo da ausência do beneficiário, e sua validade deverá ser renovada a cada doze meses. O procurador, tutor ou curador do beneficiário deverá firmar, perante o INSS ou outros órgãos autorizados pelo Ministério do Desenvolvimento Social e Combate à Fome, também um termo de responsabilidade mediante o qual se comprometa a comunicar qualquer evento que possa anular a procuração, tutela ou curatela, principalmente o óbito do outorgante, sob pena de incorrer nas sanções criminais e civis cabíveis. Referido termo já consta do mesmo documento de procuração adotado como modelo pelo INSS.

Havendo indícios de inidoneidade acerca do instrumento de procuração apresentado para o recebimento do Benefício de Prestação Continuada ou do procurador, tanto o INSS como qualquer um dos órgãos autorizados pelo Ministério do Desenvolvimento Social e Combate à Fome poderão recusá-los, sem prejuízo das providências que se fizerem necessárias para a apuração da responsabilidade e aplicação das sanções criminais e civis cabíveis — Decreto n. 3.214/2007, art. 29.

Para fins de recebimento do Benefício de Prestação Continuada, é aceita a constituição de procurador com mais de um instrumento de procuração, nos casos de beneficiários representados por parentes de primeiro grau e nos casos de beneficiários representados por dirigentes de instituições nas quais se encontrem acolhidos, sendo admitido também, neste último caso, o instrumento de procuração coletiva — Decreto n. 3.214/2007, art. 30.

Não poderão ser procuradores (Decreto n. 3.214/2007, art. 31):

a) o servidor público civil e o militar em atividade, salvo se parentes do beneficiário até o segundo grau; e

b) o incapaz para os atos da vida civil, ressalvado o disposto no art. 666 do Código Civil.

Sobre recebimento por procuração, observem-se ainda as seguintes disposições do decreto n. 6.214/2007:

"**Art. 32**. No caso de transferência do beneficiário de uma localidade para outra, o procurador fica obrigado a apresentar novo instrumento de mandato na localidade de destino.

Art. 33. A procuração perderá a validade ou eficácia nos seguintes casos:

I — quando o outorgante passar a receber pessoalmente o benefício, declarando, por escrito que cancela a procuração existente;

II — quando for constituído novo procurador;

III — pela expiração do prazo fixado ou pelo cumprimento ou extinção da finalidade outorgada;

IV — por morte do outorgante ou do procurador;

V — por interdição de uma das partes; ou

VI — por renúncia do procurador, desde que por escrito.

Art. 34. Não podem outorgar procuração o menor de dezoito anos, exceto se assistido ou emancipado após os dezesseis anos, e o incapaz para os atos da vida civil que deverá ser representado por seu representante legal, tutor ou curador."

O benefício devido ao beneficiário incapaz será pago ao cônjuge, pai, mãe, tutor ou curador, admitindo-se, na sua falta, e por período não superior a seis meses, o pagamento a herdeiro necessário, mediante termo de compromisso firmado no ato do recebimento. Referido período (6 meses) poderá ser prorrogado por iguais períodos, desde que comprovado o andamento do processo legal de tutela ou curatela. O tutor ou curador poderá outorgar procuração a terceiro com poderes para receber o benefício e, nesta hipótese, obrigatoriamente, a procuração será outorgada mediante instrumento público. A procuração não isenta o tutor ou curador da condição original de mandatário titular da tutela ou curatela — Decreto n. 6.214/2007, art. 35.

Fundamentação: Decreto n. 3.048/99, art. 169; Decreto n. 6.214/2007, art. 21 a 36.

2.2.1.6. Monitoramento e avaliação

O Decreto n. 6.214/2007 traz, ainda, em seus arts. 41 e 42, as regras pertinentes ao Programa Nacional de Monitoramento e Avaliação do benefício de Prestação Continuada da Assistência Social que serve não somente para verificar a regularidade dos pagamentos, mediante constatação de permanência dos requisitos que ensejaram sua concessão, como também para formação de dados estatísticos com vistas à implementação de outros programas sociais.

Confiram-se:

"**Art. 41**. Fica instituído o Programa Nacional de Monitoramento e Avaliação do Benefício de Prestação Continuada da Assistência Social, que será mantido e coordenado pelo Ministério do Desenvolvimento Social e Combate à

Fome, por intermédio da Secretaria Nacional de Assistência Social, em parceria com o Instituto Nacional do Seguro Social, Estados, Distrito Federal e Municípios, como parte da dinâmica do SUAS.

§ 1º O Programa Nacional de Monitoramento e Avaliação do Benefício de Prestação Continuada, baseado em um conjunto de indicadores e de seus respectivos índices, compreende:

I — o monitoramento da incidência dos beneficiários e dos requerentes por município brasileiro e no Distrito Federal;

II — o tratamento do conjunto dos beneficiários como uma população com graus de risco e vulnerabilidade social variados, estratificada a partir das características do ciclo de vida do requerente, sua família e da região onde vive;

III — o desenvolvimento de estudos intersetoriais que caracterizem comportamentos da população beneficiária por análises geodemográficas, índices de mortalidade, morbidade, entre outros, nos quais se inclui a tipologia das famílias dos beneficiários e das instituições em que eventualmente viva ou conviva;

IV — a instituição e manutenção de banco de dados sobre os processos desenvolvidos pelos gestores dos estados, do Distrito Federal e dos municípios para inclusão do beneficiário ao SUAS e demais políticas setoriais;

V — a promoção de estudos e pesquisas sobre os critérios de acesso, implementação do Benefício de Prestação Continuada e impacto do benefício na redução da pobreza e das desigualdades sociais;

VI — a organização e manutenção de um sistema de informações sobre o Benefício de Prestação Continuada, com vistas ao planejamento, desenvolvimento e avaliação das ações; e

VII — a realização de estudos longitudinais dos beneficiários do Benefício de Prestação Continuada.

§ 2º As despesas decorrentes da implementação do Programa a que se refere o *caput* correrão à conta das dotações orçamentárias consignadas anualmente ao Ministério do Desenvolvimento Social e Combate à Fome.

Art. 42. O Benefício de Prestação Continuada deverá ser revisto a cada dois anos, para avaliação da continuidade das condições que lhe deram origem, conforme dispõe o art. 21 da Lei n. 8.742, de 1993, passando o processo de reavaliação a integrar o Programa Nacional de Monitoramento e Avaliação do Benefício de Prestação Continuada.

Parágrafo único. A reavaliação do benefício de que trata o *caput* será feita na forma disciplinada em ato conjunto específico do Ministério do Desenvolvimento Social e Combate à Fome e do Ministério da Previdência Social, ouvido o INSS."

2.2.1.7. Suspensão e cessação do benefício

Caso seja identificada qualquer irregularidade em sua concessão ou manutenção, o benefício assistencial, de prestação continuada, será suspenso. Também ocorrerá a suspensão se o INSS constatar que não há continuidade das condições que deram origem ao benefício. Nessas hipóteses, o INSS deverá notificar o beneficiário pelo correio para que em 10 (dez) dias ofereça defesa, prova ou documento que justifique a permanência do pagamento.

Obs.: Na impossibilidade de notificação do beneficiário por via postal com aviso de recebimento, deverá ser efetuada notificação por edital e concedido o prazo de quinze dias, contado a partir do primeiro dia útil seguinte ao dia da publicação, para apresentação de defesa, provas ou documentos pelo interessado. Referido edital deve ser publicado em jornal de grande circulação na localidade ou domicílio do beneficiário.

Esgotado o prazo de 10 dias sem manifestação do interessado ou na hipótese da defesa não ser acolhida pelo INSS, será suspenso o pagamento do benefício, com abertura do prazo de 30 (trinta) dias para interposição de recurso à Junta de Recursos do Conselho de Recursos da Previdência Social. Decorrido o prazo concedido para interposição de recurso sem manifestação do beneficiário, ou caso não seja o recurso provido, o benefício será cessado, comunicando-se a decisão ao interessado.

Importa registrar, no entanto, que o desenvolvimento das capacidades cognitivas, motoras ou educacionais e a realização de atividades não remuneradas de habilitação e reabilitação, dentre outras, não constituem motivo de suspensão ou cessação do benefício da pessoa com deficiência — Decreto n. 6.214/2007, art. 24.

Caso o beneficiário consiga exercer alguma atividade remunerada (como empregado ou como microempreendedor individual), o benefício será suspenso em caráter especial, disciplinando sobre o tema o art. 47-A do Decreto n. 6.214/2007. Confira-se:

"**Art. 47-A.** O Benefício de Prestação Continuada será suspenso em caráter especial quando a pessoa com deficiência exercer atividade remunerada, inclusive na condição de microempreendedor individual, mediante comprovação da relação trabalhista ou da atividade empreendedora.

§ 1º O pagamento do benefício suspenso na forma do *caput* será restabelecido mediante requerimento do interessado que comprove a extinção da relação trabalhista ou da atividade empreendedora, e, quando for o caso, o encerramento do prazo de pagamento do seguro-desemprego, sem que tenha o beneficiário adquirido direito a qualquer benefício no âmbito da Previdência Social.

§ 2º O benefício será restabelecido:

I — a partir do dia imediatamente posterior, conforme o caso, da cessação do contrato de trabalho, da última competência de contribuição previdenciária recolhida como contribuinte individual ou do encerramento do prazo de pagamento do seguro-desemprego; ou

II — a partir da data do protocolo do requerimento, quando requerido após noventa dias, conforme o caso, da cessação do contrato de trabalho, da última competência de contribuição previdenciária recolhida como contribuinte individual ou do encerramento do prazo de pagamento do seguro-desemprego.

§ 3º Na hipótese prevista no *caput*, o prazo para a reavaliação bienal do benefício prevista no art. 42 será suspenso, voltando a correr, se for o caso, a partir do restabelecimento do pagamento do benefício.

§ 4º O restabelecimento do pagamento do benefício prescinde de nova avaliação da deficiência e do grau de impedimento, respeitado o prazo para a reavaliação bienal.

§ 5º A pessoa com deficiência contratada na condição de aprendiz terá seu benefício suspenso somente após o período de dois anos de recebimento concomitante da remuneração e do benefício, nos termos do § 2º do art. 21-A da Lei n. 8.742, de 7 de dezembro de 1993."

A cessação do benefício ocorrerá nas seguintes hipóteses (Decreto n. 6.214/2007, art. 48):

I — no momento em que forem superadas as condições que lhe deram origem;

II — em caso de morte do beneficiário;

III — em caso de morte presumida ou de ausência do beneficiário, declarada em juízo; ou

IV — em caso de constatação de irregularidade na sua concessão ou manutenção.

Nestes casos, o próprio beneficiário ou seus familiares são obrigados a informar ao INSS a ocorrência da situação, solicitando o cancelamento do pagamento do benefício. Cabe ao INSS, sem prejuízo da aplicação de outras medidas legais, adotar as providências necessárias para obter a restituição do valor do benefício pago indevidamente, em caso de falta dessa informação, ou em caso de prática pelo beneficiário ou terceiros, de ato com dolo, fraude ou má-fé.

O montante indevidamente pago será corrigido pelo mesmo índice utilizado para a atualização mensal dos salários de contribuição utilizados para apuração dos benefícios do Regime Geral de Previdência Social, e deverá ser restituído, sob pena de inscrição em Dívida Ativa e cobrança judicial. Na hipótese de o beneficiário permanecer com direito ao recebimento do Benefício de Prestação Continuada ou estar em usufruto de outro benefício previdenciário regularmente concedido pelo INSS, poderá devolver o valor indevido de forma parcelada, atualizado, em tantas parcelas quantas forem necessárias à liquidação do débito, de valor equivalente a trinta por cento do valor do benefício em manutenção.

A restituição do valor devido deverá ser feita em única parcela, no prazo de sessenta dias contados da data da notificação, ou mediante acordo de parcelamento, em até sessenta meses, na forma do art. 244 do Regulamento da Previdência Social, aprovado pelo Decreto n. 3.048, de 1999, ressalvado o pagamento em consignação previsto no § 2º do mesmo regulamento.

Por fim, cumpre ressaltar que a cessação do Benefício de Prestação Continuada concedido à pessoa com deficiência, inclusive em razão do seu ingresso no mercado de trabalho, não impede nova concessão do benefício desde que atendidos os requisitos exigidos neste Decreto.

Fundamentação: Decreto n. 6.214/2007, arts. 24 e 47 a 49.

2.2.2. Diretrizes

As diretrizes a serem observadas na organização da Assistência Social constam do art. 4º da Lei n. 8.212/91, repetidas literalmente também no art. 3º do Decreto n. 3.048/99. São elas:

a) descentralização político-administrativa; e

b) participação da população na formulação e controle das ações em todos os níveis.

Fundamentação: Lei n. 8.212/91, art. 4º; Decreto n. 3.048/99, art. 3º.

2.3. Previdência Social

A Previdência Social, terceiro e último braço de proteção do sistema de Seguridade Social, garante ao segurado a cobertura de situações impeditivas ao trabalho e à percepção de rendimentos, tais como maternidade, idade avançada, doença e invalidez, mediante filiação e contribuição ao sistema previdenciário.

Aos dependentes do segurado são também garantidos determinados benefícios com o objetivo de assegurar-lhes meios de subsistência, como nas hipóteses de falecimento (benefício de pensão por morte) ou reclusão (benefício de auxílio-reclusão) do indivíduo associado.

Note-se, portanto, que das três esferas de atuação da Seguridade Social — saúde, assistência social e previdência social — somente esta última possui caráter contributivo, sendo as demais de natureza gratuita e, assim, independentes de contribuições para o sistema.

Por exigir contribuição, a Previdência Social abrange somente uma parcela da sociedade, deixando à margem de seus benefícios aqueles que não exercem atividade remunerada (contribuintes obrigatórios) ou que manifestamente não expressam seu desejo associativo (contribuintes facultativos). A população mais carente e, portanto, não contribuinte, usufrui somente das ações da Saúde e das ações e benefícios mantidos pela Assistência Social.

Fundamentação: CF/88, art. 201.

2.3.1. Finalidade, princípios e diretrizes

Nos termos da Constituição Federal (art. 201), é organizada sob forma de regime geral, de filiação obrigatória por todos aqueles que exercem atividade remunerada, devendo observar critérios que observem seu equilíbrio financeiro e atuarial, atendendo às seguintes contingências:

a) cobertura dos eventos de doença, invalidez, morte e idade avançada;

b) proteção à maternidade, especialmente à gestante;

c) proteção ao trabalhador em situação de desemprego involuntário;

d) salário-família e auxílio-reclusão para os dependentes do segurado de baixa renda;

e) pensão por morte para cônjuge, companheiro(a) ou dependentes;

Vale observar, portanto, que a finalidade maior dos benefícios previdenciários (com exceção apenas do salário-família) é proporcionar ao segurado (contribuinte, regra geral) o recebimento de quantia suficiente à sua subsistência e de sua família, em momentos (contingências) nos quais não lhe é possível garantir tais valores por conta própria, tais como doença, idade avançada, reclusão, maternidade, dentre outros.

Justamente em razão dessa finalidade é que determinou a Carta Magna, em seu art. 201, § 2º, que nenhum benefício previdenciário que venha a substituir o salário de contribuição ou o rendimento do trabalho poderá ter valor mensal inferior ao salário mínimo.

Os princípios e diretrizes que devem nortear a organização da Previdência Social constam dos arts. 194 e 201 da Constituição Federal e, repetidamente, também do art. 3º da Lei n. 8.212/91 e do art. 2º da Lei n. 8.213/91. São eles os seguintes:

• Universalidade de participação nos planos previdenciários, mediante contribuição;

• Uniformidade e equivalência do benefícios e serviços às populações urbanas e rurais;

• Seletividade e distributividade na prestação dos benefícios;

• Cálculo dos benefícios considerando-se os salários de contribuição corrigidos monetariamente;

• Irredutibilidade do valor dos benefícios de forma a preservar-lhes o poder aquisitivo (valor real);

• Valor da renda mensal dos benefícios, substitutos do salário de contribuição ou do rendimento do trabalho do segurado, não inferior ao do salário mínimo;

• Caráter democrático e descentralizado da gestão administrativa, com a participação do governo e da comunidade, em especial de trabalhadores em atividade, empregadores e aposentados.

A legislação ordinária (8.212 e 8.213) traziam ainda a garantia de previdência complementar facultativa como diretriz da Previdência Social pública (Regime Geral de Previdência Social) mas referido dispositivo tornou-se sem efeito com a nova redação dada aos arts. 201 e 202 da Constituição Federal, onde a previdência complementar deve ser organizado de forma autônoma ao RGPS.

Fundamentação: CF/88, art. 194 e 201; Lei n. 8.212/91, art. 3º; Lei n. 8.213/91, art. 2º; Decreto n. 3.048/99, art. 4º e 5º.

2.3.2. Regimes Previdenciários

A Previdência Social, apesar da existência expressa na Constituição Federal do princípio da uniformidade e equivalência dos benefícios e serviços às populações urbanas e rurais (art. 194, II), compreende três regimes distintos, abrangendo, cada um deles, determinada classe de indivíduos, agrupados em razão da relação de trabalho ou categoria profissional a que se vinculam.

O art. 9º da Lei n.. 8.213/91 e o art. 6º do Decreto n. 3.048/99 (Regulamento da Previdência Social) determinam compreender a Previdência Social os seguintes regimes:

2.3.2.1. Regime Geral de Previdência Social

Principal regime previdenciário por abranger maior percentual da população brasileira (todo o setor privado e servidores municipais de 3.291 municípios, conforme dados do Ministério da Previdência Social de 2011 — Anuário Estatístico), sua administração é atribuída ao Ministério da Previdência Social, sendo exercida através do Instituto Nacional de Seguridade Social — INSS, autarquia federal responsável, até a publicação da Medida Provisória n. 222/2004, não só pela concessão dos benefícios previdenciários (do Regime Geral), como também por toda a arrecadação de contribuições sociais para a Seguridade Social.

A contar da publicação da referida Medida Provisória, criou o Poder Executivo a Secretaria da Receita Previdenciária, assumindo esta a responsabilidade de arrecadação, cobrança e fiscalização das receitas (sobre o tema, ver nesta Parte I o Capítulo V, item 2).

Conforme dados fornecidos pelo Ministério da Previdência Social em 2011, o Regime Geral de Previdência Social (RGPS) contava com 64.292.255 milhões contribuintes ativos pessoa física e 28.909.419 milhões de benefícios ativos (sem contar os benefícios assistenciais, conforme Anuário Estatístico da Previdência Social — 2011). Por divisão simples, temos, aproximadamente, 2,27 contribuinte para cada beneficiário do sistema, sem contar a contribuição de pessoas jurídicas e outras fontes de receita do sistema.

O número não é alto, nem satisfatório, considerando-se que nosso modelo previdenciário adota o sistema de repartição simples, onde as contribuições em geral custeiam o pagamento dos benefícios em geral. Este desequilíbrio entre contribuintes e beneficiários encontra diversas causas, dentre elas a redução da taxa de natalidade (menor número de pessoas na idade contributiva), aumento da expectativa de sobrevida (maior número de beneficiários e por maior tempo) e, principalmente, o mercado informal de trabalho e a sonegação de contribuições.

Para não haver um *deficit* entre a receita e a despesa, o legislador ordinário foi, ao longo dos anos, aumentando gradativamente o percentual das contribuições previdenciárias que, infelizmente, chegou a patamares impossíveis. Um autônomo que presta serviços a pessoas físicas, por exemplo, deve contribuir com alíquota de 20%, incidente sobre seus proventos brutos. Considere uma remuneração bruta de R$ 3.500,00 e a contribuição previdenciária será de R$ 700,00, sem falar do imposto de renda (aproximadamente R$ 84,97) e outros tributos e impostos devidos.

A contribuição devida pelas empresas, como incide sobre toda e qualquer parcela de natureza remuneratória paga ao trabalhador, chega a aumentar em mais de 80% o custo dos direitos trabalhistas, encarecendo, logicamente, o custo da mão de obra brasileira.

Ainda assim, o Governo Federal insiste em apontar *deficit* considerável, chegando a 35,5 bilhões de reais conforme o Anuário Estatístico de 2011. A conta apresenta, contudo, apenas parte da receita da Seguridade Social e toda a despesa com os benefícios previdenciários e assistenciais.

Já a Associação Nacional dos Auditores Fiscais da Receita Federal — ANFIP, na obra "Análise da Seguridade Social em 2011" (Disponível em: <http://www.anfip.org.br/publicacoes/20120726205332_Anlise-da-Seguridade-Social-2011_01-12-2011_analise2011.pdf>), informa arrecadação total do sistema (Seguridade Social) em R$ 528,2 bilhões, com despesas totais na ordem de R$ 451,0 bilhões, gerando um superávit de R$ 77,2 bilhões.

A conta certa, conforme regras dispostas no art. 195 da Constituição Federal, é aquela apresentada pela ANFIP, já que orçamento da Seguridade Social (receitas e despesas) deve ser único e separado do orçamento da União. Se apresentados os cálculos orçamentários nos exatos termos constitucionais (receitas e despesas gerais da Seguridade Social, compreendendo a Saúde, a Assistência Social e a Previdência Social) temos consideráveis e crescentes superávits há longos anos, conforme demonstram as análises publicadas pela ANFIP (Análise 2012) e de onde se extraem os seguintes números, referentes aos últimos 5 anos:

Ano	Receita	Despesa	Superávit
2012	R$ 590,5 bilhões	R$ 512,4 bilhões	R$ 78,1 bilhões
2011	R$ 528,1 bilhões	R$ 451,0 bilhões	R$ 77,2 bilhões
2010	R$ 458,2 bilhões	R$ 401,6 bilhões	R$ 56,6 bilhões
2009	R$ 392,0 bilhões	R$ 359,2 bilhões	R$ 32,8 bilhões
2008	R$ 375,4 bilhões	R$ 310,7 bilhões	R$ 64,7 bilhões

Referidos cálculos, como já mencionado, consideram as receitas e as despesas da Seguridade Social, dentro dos preceitos constitucionais, como eles deveriam ser. Eis importante trecho obtido da obra Análise da Seguridade Social em 2007", igualmente de autoria da ANFIP (Disponível em: <http://www.anfip.org.br/publicacoes/livros/includes/livros/arqs-swfs/seguri-social2007.swf>):

> "Na parte das receitas, são desconsiderados os efeitos da DRU, sobre as contribuições sociais, bem como todo e qualquer outro desvio de recursos da Seguridade. Pelo lado das despesas, somente são ponderadas as que se enquadram nos conceitos constitucionais, ou seja, a saúde, a previdência e a assistência social, vinculadas respectivamente ao SUS (Sistema Único de Saúde), ao RGPS (Regime Geral de Previdência Social) e ao conceito de necessidade para a garantia de direitos e de condições dignas de vida.

As receitas de contribuições sociais crescem desde o acordo com o FMI, realizado em 1998, não porque se pretendessem melhorar a prestação desses serviços públicos, mas porque a política econômica, vigente desde então, utiliza dessa arrecadação para fazer o ajuste fiscal. Ao mesmo tempo em que cresceram as receitas, foram adotadas diversas medidas para desviar esses recursos e para conter direitos, impedindo que as despesas evoluíssem na mesma proporção do aumento das receitas (além dos direitos e ações da Seguridade, perdem outros gastos sociais, tal como a educação)."

A "maquiagem" de uma conta falsa, a facilidade de cobrança e o forte apelo da matéria fez com que se aumentasse cada vez mais as contribuições previdenciárias, cabendo-nos transcrever apenas mais um trecho da obra em comento (Análise da Seguridade Social em 2007, ANFIP), por sua extrema relevância:

"A demanda por mais recursos era direcionada ao pagamento de juros. Mesmo assim, o governo preferiu aumentar as receitas em contribuições sociais e não as dos impostos, devido a fatores como:

i) exclusividade na apropriação dos recursos, pois a receita de contribuições sociais não é repartida com outras unidades da Federação (Estados, Distrito Federal e Municípios) como o é a arrecadação dos impostos, prejudicando e desrespeitando o pacto federativo;

ii) facilidade de arrecadação por meio de fatos geradores como faturamento e movimentação financeira;

iii) legitimidade que a utilização dos recursos em saúde, fundo de pobreza ou Seguridade Social permite evocar, facilitando a aprovação da cobrança (ou mesmo do aumento das contribuições) perante o Congresso e a sociedade.

Desde então, a Seguridade Social passou a aumentar, ainda mais, seu superávit, o que não impediu um artificioso discurso de *deficit* para justificar reformas na Previdência Social, diminuir ao máximo a entrega de recursos para a Saúde e estabelecer uma cobertura para a Assistência Social aquém do mínimo necessário."

Toda a matéria previdenciária (receitas e despesas) será abordada nos capítulos seguintes, mas cumpre-nos registrar, aqui, que dentre inúmeras outras leis ordinárias, decretos e outros instrumentos normativos, as principais normas que tratam atualmente do Regime Geral de Previdência Social são as seguintes:

• Lei n. 8.212/91, que trata das contribuições devidas ao sistema;

• Lei n. 8.213/91, que trata dos benefícios pagos pelo sistema;

• Decreto n. 3.048/99, regulamento da lei de custeio e da lei de benefício;

Igualmente destacamos:

• Instrução Normativa RFB n. 971/2009, que trata da arrecadação previdenciária; e

• Instrução Normativa INSS/PRES n. 45/2010, que trata dos benefícios previdenciários.

2.3.2.2. Regime próprio de previdência social dos servidores públicos civis e militares

Os servidores titulares de cargos efetivos da União, dos Estados, do Distrito Federal e dos Municípios, incluídas suas autarquias e fundações, possuem tratamento diferenciado quanto ao sistema previdenciário, conferido pela própria Constituição Federal, art. 40, *caput* (redação dada pela Emenda Constitucional n. 41/2003), que lhes assegura a existência de regime próprio.

As Forças Armadas, constituídas pela Marinha, Exército e Aeronáutica, são instituições nacionais permanentes e regulares, organizadas com base na hierarquia e na disciplina, sob a autoridade suprema do Presidente da República. A finalidade destas instituições se constitui na defesa da Pátria, na garantia dos poderes constitucionais e, por iniciativa de qualquer destes, da lei e da ordem. Os membros das Forças Armadas são denominados militares, e a Constituição Federal, em seu art. 142, § 3º, inciso X, combinado com o § 20 do art. 40, confere à lei ordinária a competência para a instituição de sistema próprio previdenciário.

O Plano de Seguridade Social os regimes específicos dos servidores públicos civis e militares possuem normas próprias de filiação, arrecadação e concessão de benefícios, reguladas em estatuto, cabendo sempre a observação de critérios que preservem o equilíbrio financeiro e atuarial dos sistemas. As regras gerais a serem observadas constam do próprio art. 40 da CF/88, cujo § 12 determina, inclusive, que sejam observados, no que couber, os requisitos e critérios fixados para o RGPS — Regime Geral de Previdência Social.

Embora anterior à Constituição Federal de 1988, foi após sua promulgação que a Previdência Social dos servidores públicos apresentou considerável crescimento, principalmente em razão da adoção do regime jurídico único pelos entes federados. Consideráveis alterações foram promovidas pelas Emendas Constitucionais n. 20/1998, 41/2003 e 47/2005.

Os entes federados não são obrigados a manter regimes próprios de previdência, podendo optar por sua constituição e gerenciamento ou por se vincular ao Regime Geral de Previdência Social. É igualmente possível a alteração de regimes (regime geral para regime próprio e vice-versa), por nosso ordenamento legal vigente.

Segundo dados divulgados nos Anuários Estatísticos da Previdência Social de 2010 e de 2011, temos nos anos de 2008 a 2010 os seguintes números:

Unidades da Federação	Ano	Total	Tipo de regime		
			RGPS	RPPS	RPPS em Extinção
	2008	5.590	3.342	1.906	342
BRASIL	2009	5.590	3.331	1.913	346
	2010	5.590	3.312	1.936	342
	2011	5.590	3.291	1.959	340

Note-se, portanto, que a maioria dos municípios brasileiros optou por não constituir um regime próprio de previdência social (em 2011, número de 3.291 municípios, do total de 5.590 existentes), vinculando-se ao Regime Geral de Previdência Social.

Sua abrangência é bem menor que a do Regime Geral, protegendo cerca de 9,79 milhões de servidores públicos em 2011, conforme demonstra a tabela obtida dos Anuários Estatísticos de 2010 e de 2011:

Unidades da Federação	Ano	QUANTIDADE DE SERVIDORES DO RPPS			
		Total	Tipo de servidor		
			Ativos	Inativos	Pensionistas
	2008	7.191.605	4.978.730	1.588.245	624.630
TOTAL	2009	7.228.695	5.015.525	1.591.154	622.016
	2010	7.633.254	5.220.645	1.767.207	645.402
	2011	7.718.484	5.248.851	1.806.790	622.843

Conforme dados do Anuário Estatístico 2011, 68% das pessoas vinculadas ao RPPS são servidores ativos, ou seja, contribuintes do sistema, e 32% figuram como beneficiários (aposentados e pensionistas). Por divisão simples temos, portanto, 2,12 contribuintes para cada beneficiário.

Dentre o ordenamento legal que disciplina sobre o tema, destacamos a Lei n. 9.717/98 e a Portaria MPS n. 402/2008, que trazem os parâmetros e as diretrizes gerais para a organização e funcionamento dos regimes próprios de previdência social, sendo os principais os seguintes (Lei n. 9.717/98, art. 1º):

• Organização baseada em normas gerais de contabilidade e atuária, de modo a garantir o seu equilíbrio financeiro e atuarial;

• Realização de avaliação atuarial inicial e em cada balanço utilizando-se parâmetros gerais, para a organização e revisão do plano de custeio e benefícios;

• Financiamento mediante recursos provenientes da União, dos Estados, do Distrito Federal e dos Municípios e das contribuições do pessoal civil e militar, ativo, inativo e dos pensionistas, para os seus respectivos regimes;

• Utilização das contribuições e os recursos somente para pagamento de benefícios previdenciários dos respectivos regimes, ressalvadas as despesas administrativas estabelecidas em lei, observado os limites de gastos estabelecidos em parâmetros gerais;

• Cobertura de um número mínimo de segurados, de modo que os regimes possam garantir diretamente a totalidade dos riscos cobertos no plano de benefícios, preservando o equilíbrio atuarial sem necessidade de resseguro, conforme parâmetros gerais;

• Cobertura exclusiva a servidores públicos titulares de cargos efetivos, e a seus respectivos dependentes, de cada ente estatal, vedado o pagamento de benefícios, mediante convênios ou consórcios entre estados, entre estados e municípios e entre municípios;

• Pleno acesso dos segurados às informações relativas à gestão do regime e participação de representantes dos servidores públicos e dos militares, ativos e inativos, nos colegiados e instâncias de decisão em que os seus interesses sejam objeto de discussão e deliberação;

• Registro contábil individualizado das contribuições de cada servidor e dos entes estatais, conforme diretrizes gerais;

• Identificação e consolidação em demonstrativos financeiros e orçamentários de todas as despesas fixas e variáveis com pessoal inativo civil, militar e pensionistas, bem como dos encargos incidentes sobre os proventos e pensões pagos;

• Sujeição às inspeções e auditorias de natureza atuarial, contábil, financeira, orçamentária e patrimonial dos órgãos de controle interno e externo.

• Vedação de inclusão nos benefícios, para efeito de percepção destes, de parcelas remuneratórias pagas em decorrência de local de trabalho, de função de confiança ou de cargo em comissão, exceto quando tais parcelas integrarem a remuneração de contribuição do servidor que se aposentar com fundamento no art. 40 da constituição federal, respeitado, em qualquer hipótese, o limite previsto no § 2º do citado artigo;

• Vedação de inclusão nos benefícios, para efeito de percepção destes, do abono de permanência de que tratam o § 19 do art. 40 da constituição federal, o § 5º do art. 2º e o § 1º do art. 3º da emenda constitucional n. 41, de 19 de dezembro de 2003.

Cabe-nos, ainda, destacar a Lei n. 6.880/80 (Estatuto dos Militares), com as alterações da Lei n. 10.416/2002 e Medida Provisória n. 2.215/2001, cuja vigência encontra-se garantida pela Emenda Constitucional n. 32/2001.

Destaque, finalmente, para a Lei n. 10.887/2004, que além de conferir aplicabilidade à EC 41/2003, alterando artigos da Lei n. 9.717/1998, dispõe sobre a forma de cálculo dos benefícios previdenciários.

2.3.2.3. Regime de previdência complementar

Constante do art. 202 da Constituição Federal de 1988, o regime de previdência privado tem caráter complementar e deve ser organizado de forma autônoma em relação ao Regime Geral de Previdência Social (RGPS).

Sua filiação não é obrigatória e o sistema deve ser baseado na constituição de reservas que garantam o benefício contratado, sempre regulado por lei complementar. A pessoa escolhe, portanto, se quer ou não manter um plano de previdência complementar, com objetivo de ter, além da previdência pública, outra fonte de renda futura. Trata-se de uma forma de "poupança" a longo prazo, com benefícios fiscais para que o interessado constitua a maior reserva de capital possível. No entanto, como a previdência pública (regime geral ou regimes próprios) é obrigatória para todo trabalhador, este deverá ter dinheiro suficiente para contribuir para os dois sistemas, caso opte por possuir, também, um plano complementar.

Inicialmente, a previdência complementar foi instituída pela Lei n. 6.435/1977 e, posteriormente, regulamentada pelo Decreto n. 81.240/1978. Importante marco legislativo ocorreu com a Emenda Constitucional n. 18/1998, que inseriu a previdência privada no título da Ordem Social (dentro da Constituição), colocando-a como pilar do sistema previdenciário, conjuntamente com o RGPS e os regimes próprios dos servidores.

Atualmente, disciplinam sobre o tema as Leis Complementares n. 108/2001 e 109/2001, estando as entidades classificadas em dois grupos distintos:

• Entidades fechadas de previdência complementar — EFPC; e

• Entidades abertas de previdência privada — EAPP

Basicamente, as entidades fechadas não possuem finalidade lucrativa e são constituídos com objetivo de administrar e executar planos de benefícios de natureza previdenciária, complementando os valores pagos pela previdência pública (RGPS ou regimes próprios). São denominadas "fechadas" justamente porque não permitem a filiação de qualquer cidadão, sendo acessíveis apenas aos trabalhadores vinculados à empresa patrocinadora ou à entidade classista instituídora do referido plano.

Já os planos abertos são administrados por entidades igualmente abertas e estão acessíveis a qualquer interessado.

3. PRINCÍPIOS CONSTITUCIONAIS

A Constituição Federal, em seu art. 194, enumerou em sete incisos os princípios constitucionais que regem o gênero Seguridade Social e, consequentemente, as espécies "saúde", "assistência social" e "previdência social". Além destes, temos ainda princípios gerais, aplicados não somente ao direito previdenciário como também a outros ramos do direito, e princípios relacionados ao custeio do sistema.

São, portanto, os alicerces do direito previdenciário brasileiro, as bases sobre as quais foram (ou deveriam ser) construídas as leis que regem os benefícios e as contribuições. Refletem o ideal de proteção da Seguridade Social, constituindo-se na estrutura do próprio direito.

3.1. Princípios gerais

3.1.1. Igualdade ou isonomia de tratamento

Nos termos do art. 5º, inciso I, da Constituição Federal de 1988, todos são iguais perante a lei, sendo vedado tratamento diferenciado àqueles que se encontrarem em igualdade de condições.

"**Art. 5º** Todos são iguais perante a lei, sem distinção de qualquer natureza, garantindo-se aos brasileiros e aos estrangeiros residentes no País a inviolabilidade do direito à vida, à liberdade, à igualdade, à segurança e à propriedade, nos termos seguintes:

I — homens e mulheres são iguais em direitos e obrigações, nos termos desta Constituição;

(...)"

Note-se, contudo, que não se trata do direito de igualdade em seu sentido formal onde se proíbe todo e qualquer tratamento diferenciado, a qualquer cidadão, independentemente de suas condições. Se assim fosse, não seriam permitidas alíquotas diferenciadas de contribuição e nem tampouco regras diferenciadas na concessão dos benefícios.

A isonomia aplicável ao direito previdenciário possui sentido material, onde os iguais devem sem tratados com igualdade, e os desiguais, com desigualdade, de forma a ter validade e eficácia social.

3.1.2. Vedação do retrocesso social

A Carta Constitucional de 1988, implicitamente, veda o retrocesso social, ou seja, impede a supressão ou a redução de direitos fundamentais já conquistados e garantidos, protegendo-os dos interesses políticos e econômicos.

É o que podemos depreender do § 2º do art. 5º e também do *caput* do art. 7º da CF/88

"**Art. 5º** Todos são iguais perante a lei, sem distinção de qualquer natureza, garantindo-se aos brasileiros e aos estrangeiros residentes no País a inviolabilidade do direito à vida, à liberdade, à igualdade, à segurança e à propriedade, nos termos seguintes:

(...)

§ 2º Os direitos e garantias expressos nesta Constituição **não excluem outros** decorrentes do regime e dos princípios por ela adotados, ou dos tratados internacionais em que a República Federativa do Brasil seja parte.

(...)"

"**Art. 7º** São direitos dos trabalhadores urbanos e rurais, **além de outros** que visem à melhoria de sua condição social:

(...)"

Referido princípio é de extrema importância no direito previdenciário, onde os direitos são alcançados, em regra, com uma demanda muito grande de tempo e um esforço imensurável, principalmente em razão da falsa notícia do *déficit* e da preocupação com o equilíbrio financeiro e atuarial.

3.1.3. Legalidade

Aplicada normalmente a todos os ramos do direito público, a legalidade influencia, também, o direito previdenciário, já que todo e qualquer novo benefício ou obrigação devem advir de lei ordinária, assim como toda e qualquer nova contribuição, de lei complementar.

Confiram-se os dispositivos constitucionais pertinentes:

"**Art. 5º** Todos são iguais perante a lei, sem distinção de qualquer natureza, garantindo-se aos brasileiros e aos estrangeiros residentes no País a inviolabilidade do direito à vida, à liberdade, à igualdade, à segurança e à propriedade, nos termos seguintes:

(...)

II — ninguém será obrigado a fazer ou deixar de fazer alguma coisa senão em virtude de lei;

(...)"

"**Art. 195.** A seguridade social será financiada por toda a sociedade, de forma direta e indireta, nos termos da lei, mediante recursos provenientes dos orçamentos da União, dos Estados, do Distrito Federal e dos Municípios, e das seguintes contribuições sociais:

(...)

§ 4º A lei poderá instituir outras fontes destinadas a garantir a manutenção ou expansão da seguridade social, obedecido o disposto no art. 154, I.

(...)"

"Art. 154. A União poderá instituir:

I — mediante lei complementar, impostos não previstos no artigo anterior, desde que sejam não-cumulativos e não tenham fato gerador ou base de cálculo próprios dos discriminados nesta Constituição;

(...)"

A autonomia de vontade não encontra muita aplicação no direito previdenciário, estando também o INSS — Instituto Nacional do Seguro Social, autarquia federal, adstrito ao princípio da legalidade em todos os seus atos e procedimentos. Esta a redação não somente do art. 37 da Carta Constitucional, como também do artigo da Lei n. 9.784/99, que regula o processo administrativo no âmbito da administração pública federal. Confiram-se:

Constituição Federal / 1988

"Art. 37. A administração pública direta e indireta de qualquer dos Poderes da União, dos Estados, do Distrito Federal e dos Municípios obedecerá aos princípios de legalidade, impessoalidade, moralidade, publicidade e eficiência e, também, ao seguinte:

(...)"

Lei n. 9.784/99

"Art. 2º A Administração Pública obedecerá, dentre outros, aos princípios da legalidade, finalidade, motivação, razoabilidade, proporcionalidade, moralidade, ampla defesa, contraditório, segurança jurídica, interesse público e eficiência.

(...)"

Além das leis ordinárias e das leis complementares, são igualmente admitidas as medidas provisórias (CF, art. 59, V e 62) e as leis delegadas (CF, art. 59, IV e 68), dentro dos limites constitucionais que lhes são aplicáveis.

3.1.4. Proteção ao hipossuficiente

Trata-se de garantir a preocupação com o trabalhador na aplicação das normas contidas no sistema de proteção social. É a preocupação maior com o menos favorecido, seja ele beneficiário ou contribuinte.

Referido princípio encontra equivalente no direito do trabalho, onde já se aplica o princípio *in dubio pro misero*.

No direito previdenciário, maior razão há de se encontrar em sua aplicação. Aqui, temos um sistema de proteção social, denominado Seguridade Social, criado justamente para oferecer proteção ao cidadão, nas esferas de saúde, assistência e previdência social. O objetivo maior de todo esse arcabouço legislativo é, e sempre foi, a proteção ao segurado, e não ao Estado ou sua reserva financeira.

É o que podemos depreender do *caput* do art. 194, senão vejamos:

"Art. 194. A seguridade social compreende um conjunto integrado de ações de iniciativa dos Poderes Públicos e da sociedade, **destinadas a assegurar os direitos** relativos à saúde, à previdência e à assistência social.

(...)"

Fundamentam, ainda, o referido princípio, as preocupações com a dignidade, a justiça e o bem estar, consubstanciados nos arts. 1º e 3º da Carta Magna de 1988, conforme segue:

"**Art. 1º** A República Federativa do Brasil, formada pela união indissolúvel dos Estados e Municípios e do Distrito Federal, constitui-se em Estado Democrático de Direito e tem como fundamentos:

(...)

III — a dignidade da pessoa humana;

(...)"

"**Art. 3º** Constituem objetivos fundamentais da República Federativa do Brasil:

I — construir uma sociedade livre, justa e solidária;

(...)

IV — promover o bem de todos, sem preconceitos de origem, raça, sexo, cor, idade e quaisquer outras formas de discriminação."

Cabe ao intérprete da norma, portanto, buscar entre as várias interpretações que lhe forem possíveis, aquela que possa melhor garantir o direito almejado, tendo-se em mente que o sistema visa a proteção do segurado, sua dignidade e bem estar.

3.1.5. Direito adquirido

Consubstanciado no art. 5º, inciso XXXVI, da Constituição Federal, o direito adquirido é de extrema relevância no direito previdenciário, objetivando proteger direitos que já integraram o patrimônio jurídico do cidadão.

Será considerado adquirido, no entanto, somente o direito para o qual já se completaram todos os requisitos necessários, sendo possível de ser exercido a qualquer tempo. Para uma aposentadoria por idade, por exemplo, é necessário que o segurado tenha implementado os dois requisitos necessários à sua percepção, quais sejam: idade e número mínimo de contribuições mensais (carência).

Uma vez adquirido o direito, não pode o Estado promover sua exclusão, nem tampouco alterar-lhe as regras de percepção, criando ou impondo obstáculos antes não existentes.

No entanto, quando não implementadas todas as condições necessárias à sua percepção, teremos apenas a "expectativa de direito", que não guarda proteção em nosso ordenamento jurídico vigente. É comum, atualmente, haver alteração nos requisitos necessários à percepção dos benefícios, sem qualquer preocupação com aqueles que se encontravam nas vésperas de sua obtenção, como o que ocorreu com a aposentadoria proporcional, quando da publicação da Emenda Constitucional n. 20/98. No dia 15.12.1998 uma mulher poderia se aposentar comprovando 25 anos de serviço; no dia 16.12.1998 seria necessário, além dos 25 anos de serviço, um tempo adicional e uma idade mínima de 48 anos, sem qualquer preocupação com aqueles que estavam há um dia da aquisição do direito.

3.2. Princípios próprios da Seguridade Social — CF/88, art. 194

Os princípios próprios da Seguridade Social (saúde, assistência e previdência social) encontram-se dispostos no art. 194 da Constituição Federal, bem como também do art. 1º da Lei n. 8.212/91 e do art. 1º do Decreto n. 3.048/99, e que abordamos nos subitens seguintes.

3.2.1. Universalidade da cobertura e do atendimento

O princípio da universalidade da cobertura garante a disponibilização das ações e benefícios abrangidos pela Seguridade Social (saúde, assistência social e previdência social) em todas as contingências a que estejam sujeitos os indivíduos. A Seguridade Social estará presente, portanto, em todas as situações (emergentes ou não) que implicarem sua proteção social, tendo-se por objetivo proteger o maior número de contingências possível.

Por universalidade do atendimento entenda-se que as ações e os benefícios de que se constituem a saúde, a assistência social e a previdência social (este último de caráter contributivo, repita-se) se encontrarão disponíveis e serão oferecidos a todos os indivíduos que deles necessitarem, sem qualquer possibilidade de discriminação.

3.2.2. Uniformidade e equivalência dos benefícios e serviços às populações urbanas e rurais

A proteção social oferecida pela Seguridade Social deverá ser disponibilizada de maneira uniforme e equivalente, tanto aos indivíduos da área urbana, quanto àqueles da área rural. Não poderá haver distinção entre as modalidades de benefícios e serviços oferecidos, devendo, ao contrário, existir forma única ou semelhança (uniformidade).

Todos os eventos cobertos pela Seguridade Social à população urbana deverão também existir à população rural, sem qualquer distinção em qualidade e pronta disponibilização.

Também a igualdade de valor se fará presente. As ações e benefícios de que se constitui a Seguridade Social deverão ser equivalentes (do latim *aequivalere*: ter o mesmo valor). Os benefícios de assistência social e os serviços na área de saúde, por exemplo, serão oferecidos em valores iguais, indiferentemente a urbanos ou rurais. Atenção especial, entretanto, deverá ser dada aos benefícios de Previdência Social, dado seu caráter associativo e contributivo. Somente na hipótese de segurados com igual contribuição (rurais ou urbanos) é que os benefícios serão equivalentes.

3.2.3. Seletividade e distributividade na prestação dos benefícios e serviços

Os benefícios e serviços serão oferecidos aos indivíduos que deles necessitarem através de uma escolha fundamentada e criteriosa. Não existirá somente único benefício ou serviço, mas sim diversas modalidades aptas a atender exatamente a necessidade do beneficiado. O benefício de assistência social, por exemplo, somente será concedido a indivíduos sem qualquer condição própria de subsistência (pessoas carentes). O salário-família somente àqueles que possuírem baixa renda e filhos menores de 14 anos. E assim por diante.

A distributividade implica na distribuição de renda e proteção social. Os serviços e benefícios serão concedidos com equidade e justiça, o que não significa que um contribuinte da Previdência Social, por exemplo, receberá integralmente tudo o que contribuiu aos cofres do sistema. Todas as contribuições são convertidas em um caixa único (e não individualizado), e o Estado trabalha distribuindo com retidão estes valores aos serviços e benefícios nas áreas de saúde, assistência e previdência social. Existe uma distribuição de renda (benefícios de assistência social, aposentadorias etc.) e uma distribuição da proteção social (serviços de saúde, auxílio-doença etc.).

Lamentavelmente o sistema de Seguridade Social tem sido constantemente alvo de escândalos. O que vemos, em vez de distribuição equitativa de renda e bem-estar social, são desvios de contribuições, fraudes ao sistema previdenciário por meio de segurados-fantasmas e uma corrupção infinita por parte de ministros de Estado e servidores públicos.

3.2.4. Irredutibilidade do valor dos benefícios

O princípio da irredutibilidade visa garantir ao indivíduo que o benefício assistencial ou previdenciário que lhe for concedido não sofrerá qualquer redução de valor e não poderá ser objeto de desconto (salvo determinação legal ou judicial), arresto, sequestro ou penhora.

O art. 201, § 4º, da Constituição Federal, dentro deste mesmo princípio de irredutibilidade, assegurou o reajustamento dos benefícios previdenciários para preservar-lhes, em caráter permanente, o valor real. Entretanto, remete o critério a ser utilizado para o reajustamento à lei ordinária. A Lei n. 8.213/91 (Lei de Benefícios), por sua vez, garante o reajuste anual *pro rata* (conforme data de início ou último reajustamento), na mesma data do reajuste do salário mínimo, com base no Índice Nacional de Preços ao Consumidor — INPC —, apurado pela Fundação Instituto Brasileiro de Geografia e Estatística — IBGE (art. 41-A).

Não obstante a garantia constitucional da irredutibilidade, os beneficiários do Regime Geral de Previdência Social vêm, há longos anos, sofrendo verdadeiro "achatamento" na renda mensal percebida, seja em comparação com o salário mínimo ou com o próprio teto de benefícios divulgado pelo Ministério da Previdência Social, problema que se tem buscado corrigir através de ações judiciais, mas sem êxito até o presente momento.

Comparação com o teto máximo dos benefícios:

Por mais incrível que possa parecer, um trabalhador que se aposentou em 1994 pelo teto máximo permitido pelo sistema (na época, R$ 582,86) hoje percebe apenas 70,20% do teto atualmente praticado (teto de R$ 4.390,24[5], benefício máximo recebido pelo aposentado de R$ 2.919,53), conforme comprova a tabela evolutiva abaixo:

Competência	Valor teto (R$)	Valor benefício (R$)	Reajuste concedido ao benefício (%)	Valor do benefício atualizado (R$)	% do teto
jul/94	582,86				
mai/95	832,66	582,86	42,8572%	832,66	100,00
mai/96	957,56	832,66	15,0000%	957,56	100,00
jun/97	1.031,87	957,56	7,7600%	1.031,86	100,00
jun/98	1.081,50	1.031,86	4,8100%	1.081,50	100,00
dez/98	1.200,00	1.081,50	0,0000%	1.081,50	90,13
jun/99	1.255,32	1.081,50	4,6100%	1.131,35	90,12
jun/00	1.328,25	1.131,35	5,8100%	1.197,08	90,12
jun/01	1.430,00	1.197,08	7,6600%	1.288,78	90,12
jun/02	1.561,56	1.288,78	9,2000%	1.407,35	90,12
jun/03	1.869,34	1.407,35	19,7100%	1.684,74	90,12
jan/04	2.400,00	1.684,74	0,0000%	1.684,74	70,20
mai/04	2.508,72	1.684,74	4,5300%	1.761,05	70,20
mai/05	2.668,15	1.761,05	6,3550%	1.872,97	70,20
abr/06	2.801,56	1.872,97	5,0000%	1.966,62	70,20
ago/06	2.801,82	1.966,62	0,0100%	1.966,81	70,20
abr/07	2.894,28	1.966,81	3,3000%	2.031,72	70,20
mar/08	3.038,99	2.031,72	5,0000%	2.133,31	70,20
fev/09	3.218,90	2.133,31	5,9200%	2.259,60	70,20
jan/10	3.467,40	2.259,60	7,7200%	2.434,04	70,20
jan/11	3.691,74	2.434,04	6,4700%	2.591,52	70,20
jan/12	3.916,20	2.591,52	6,0800%	2.749,09	70,20
Jan/13	4.159,00	2.749,09	6,2000%	2.919,53	70,20
Jan/14	4.390,20	2.919,53	5,5600%	**3.081,25**	**70,20**

(5) Valor divulgado pela Portaria Interministerial MPS/MF n. 19 (DOU de 13.01.2014).

E isto em evidente desobediência não somente ao inciso IV da Constituição Federal, mas também, e principalmente, às próprias determinações das Emendas Constitucionais n. 20/98 e 41/2003, que claramente determinam que o valor do teto deve ser atualizado para manter seu valor real, assim como o art. 201 da CF/88 determina que ocorra com o valor dos benefícios.

A redação das Emendas Constitucionais menciona, ainda, que o teto deve ser atualizado no mesmo índice e na mesma época que os benefícios, mas tal dispositivo foi largamente ignorado pelo Ministério da Previdência Social, que atualizou em percentual maior o teto, sem repasse para os benefícios em manutenção.

Confiram-se os dispositivos citados:

Constituição Federal / 1988

"**Art. 201.** A previdência social será organizada sob a forma de regime geral, de caráter contributivo e de filiação obrigatória, observados critérios que preservem o equilíbrio financeiro e atuarial, e atenderá, nos termos da lei, a:

(...)

§ 4º É assegurado o reajustamento dos benefícios para preservar-lhes, em caráter permanente, o valor real, conforme critérios definidos em lei.

Emenda Constitucional 20/98

"**Art. 14.** O limite máximo para o valor dos benefícios do regime geral de previdência social de que trata o art. 201 da Constituição Federal é fixado em R$ 1.200,00 (um mil e duzentos reais), devendo, a partir da data da publicação desta Emenda, ser reajustado de forma a preservar, em caráter permanente, seu valor real, atualizado pelos mesmos índices aplicados aos benefícios do regime geral de previdência social."

Emenda Constitucional 41/03

"**Art. 5º** O limite máximo para o valor dos benefícios do regime geral de previdência social de que trata o art. 201 da Constituição Federal é fixado em R$ 2.400,00 (dois mil e quatrocentos reais), devendo, a partir da data da publicação desta Emenda, ser reajustado de forma a preservar, em caráter permanente, seu valor real, atualizado pelos mesmos índices aplicados aos benefícios do regime geral de previdência social."

Note-se que também o art. 134 da Lei n. 8.213/91 dispõe no mesmo sentido, conforme segue:

"**Art. 134.** Os valores expressos em moeda corrente nesta Lei serão reajustados nas mesmas épocas e com os mesmo índices utilizados para o reajustamento dos valores dos benefícios."

Compreendo que, pelo teor dos dispositivos constitucionais e legais acima transcritos, o mesmo reajuste concedido ao teto máximo deveria ter sido concedido aos benefícios em manutenção, o que não ocorreu na prática. Nos anos de 1999 e 2004 o Ministério da Previdência Social concedeu reajustes bem superiores ao teto máximo, procedimento que gerou a diferença visualizada na tabela acima. Para o Ministério da Previdência Social, portanto, foi necessário um reajuste maior para manter o valor real do teto máximo (que, "por coincidência", é também o teto para fins de arrecadação) e um reajuste menor para manter o valor real dos benefícios, com o que não podemos, de forma alguma, concordar.

Nas ações judiciais ajuizadas, no entanto, acontece de tudo um pouco:

I — Decisões totalmente alheias aos pedidos da inicial;

II — Decisões no sentido de que a Constituição não determina a igualdade de reajustes. Que o que dizem os textos transcritos é que quando o benefício for reajustado, o deve ser também o teto máximo (no mesmo percentual), mas que a recíproca não ocorre, podendo o teto ser atualizado sem que o sejam os benefícios em manutenção, em decorrência do poder político e discricionário do Ministro da Previdência Social;

III — Decisões no sentido de que há, de fato, um erro, mas que este reside no aumento a maior do teto (e não no aumento menor dos benefícios) e que, assim, os beneficiários não possuem interesse de agir. As ações deveriam partir dos contribuintes, para devolução do montante pago a maior (incidente sobre o teto).

Confira-se, a exemplo, a decisão proferida em 05/2012 pelo TRF da 4ª Região, no processo de n. 5003037-64.2011.404.7000:

> "PREVIDENCIÁRIO. REVISÃO. EMENDAS CONSTITUCIONAIS NS. 20/1998 E 41/2003. PORTARIAS NS. 5.188/1999 E 479/2004 DO MINISTÉRIO DA PREVIDÊNCIA SOCIAL. REAJUSTE DO LIMITE MÁXIMO DO VALOR DOS BENEFÍCIOS E REAJUSTE DO VALOR DOS BENEFÍCIOS EM MANUTENÇÃO. 1. Os arts. 14 da Emenda Constitucional n. 20/1998 e 5 da Emenda Constitucional n. 41/2003 previram, objetivamente, que o limite máximo do valor dos benefícios da Previdência Social seria reajustado pelos mesmos índices aplicados aos benefícios do regime geral, ou seja, deveria observar, para seu reajuste, os mesmos índices aplicados para o reajuste das rendas mensais dos benefícios mantidos pela mesma Previdência Social. Inversamente, não houve atrelamento do reajuste dos benefícios em manutenção ao reajuste do limite máximo do valor dos benefícios. 2. Não houve, também, qualquer referência nos textos dos arts. 14 da EC n. 20/1998 e 5 da EC n. 41/2003 a que o primeiro reajuste dos respectivos novos 'tetos' devesse se dar de forma proporcional. 3. As Portarias ns. 5.188/1999 e 479/2004 do Ministério da Previdência Social, não são ilegais ou mesmo inconstitucionais, visto que deram cumprimento exato às previsões contidas nos textos daquelas Emendas Constitucionais e da Lei (veja-se o que foi previsto na Medida Provisória n. 1.824/1999 e na MP n. 2.187-13/2001). Não houve extrapolação de poder regulamentar pela autoridade competente na elaboração das citadas Portarias do MPS."

O TRF da 4ª Região chegou a fundamentar com base em edição de Súmula própria (Súmula 40), que foi aprovada em 1996, contudo, antes da publicação da Emenda Constitucional n. 20/98. Confira-se:

> "**Súmula 40** — Por falta de previsão legal, é incabível a equivalência entre o salário de contribuição e o salário de benefício para o cálculo da renda mensal dos benefícios previdenciários." DJ (Seção 2) de 28.10.96, p. 81959.

É importante registrarmos que mesmo antes da vigência da EC n. 20/98 havia, sim, equiparação entre o salário de contribuição (que tem o mesmo teto dos salários-de-benefício) e os benefícios em manutenção, com redação expressa na Lei n. 8.212/91, art. 20, 28 e 102. Confiram-se:

> "Art. 20. A contribuição do empregado, inclusive o doméstico, e a do trabalhador avulso é calculada mediante a aplicação da correspondente alíquota sobre o seu salário de contribuição mensal, de forma não cumulativa, observado o disposto no art. 28, de acordo com a seguinte tabela:
>
> ...
>
> § 1º — **Os valores do salário de contribuição serão reajustados**, a partir da data de entrada em vigor desta Lei, **na mesma época e com os mesmos índices que os do reajustamento dos benefícios de prestação continuada** da Previdência Social.
>
> ..." *(Grifo nosso)*

> "Art. 28. Entende-se por salário de contribuição:
>
> ...
>
> § 5º — O limite máximo do salário de contribuição é de Cr$ 170.000,00 (cento e setenta mil cruzeiros), **reajustado** a partir da data da entrada em vigor desta Lei, **na mesma época e com os mesmos índices que os do reajustamento dos benefícios de prestação continuada da Previdência Social.**" *(Grifo nosso)*

> "Art. 102. Os valores expressos em moeda corrente nesta Lei serão reajustados nas mesmas épocas e com os mesmos índices utilizados para o reajustamento dos benefícios de prestação continuada da Previdência Social.
>
> ..." *(Grifo nosso)*

Assim, compreendo que a Súmula editada pelo TRF da 4ª Região padece de fundamento, contrariando expressamente os dispositivos da Lei de custeio. Não há nenhuma outra lei em vigor que autorize o aumento do salário de contribuição, senão a de número 8.212/91, nos artigos supratranscritos. E estes artigos, conforme visto, vinculam o aumento do salário de contribuição ao aumento equitativo dos benefícios em manutenção.

No Supremo Tribunal Federal não há maior facilidade. Mesmo o fundamento das ações residindo, exclusivamente, na Constituição e suas duas Emendas (20/98 e 41/2003) o STF tem decidido que a matéria não é constitucional, recusando-se a julgar a referida tese. Dos agravos, decide que não há alteração quanto ao entendimento anterior e nos impõe multa a pagar, pelo excesso de recursos!

Ilustrativamente, segue decisão publicada em 19.6.2012:

"AGRAVO DE INSTRUMENTO 659.422 (494) ORIGEM: PROC — 200570500190410 — TURMA REC. JUIZADOS ESPECIAIS FEDERAIS — PROCED: PARANÁ — RELATOR: MIN. MARCO AURÉLIO — DECISÃO PREVIDENCIÁRIO — REAJUSTE — PRESERVAÇÃO DO VALOR REAL DO BENEFÍCIO — INDEXADOR — CRITÉRIO LEGAL — AGRAVO DESPROVIDO. 1. O Plenário do Supremo, no julgamento do Recurso Extraordinário n. 376.846-8/SC, com acórdão publicado no Diário da Justiça de 2 de abril de 2004, assentou que a presunção de constitucionalidade da lei a que se refere o § 4º do art. 201 da Constituição Federal somente poderia ser elidida mediante demonstração da impropriedade do percentual adotado. A matéria, portanto, estaria afeta a legislação ordinária. O Tribunal consignou, ainda, que a declaração de inconstitucionalidade do indexador econômico eventualmente aplicado para a correção do benefício previdenciário não serviria à pretensão da recorrente, em virtude da inexistência de norma residual de caráter geral que assegure a observação permanente ou ilimitada de certo indexador padrão, para os fins estabelecidos no preceito constitucional. 2. Esse o quadro, ressalvando o entendimento pessoal sobre o tema, conheço deste agravo e o desprovejo. 3. Publiquem. Brasília, 11 de junho de 2012."

Continuo com as sustentações orais nos Tribunais Regionais, com os recursos e com os agravos, mas infelizmente as expectativas não são boas, considerando as recentes decisões obtidas, com recusa do STF em analisar a matéria.

Entendo que há, sim, o descumprimento da Constituição Federal por parte do Ministério da Previdência Social, mas que, por alguma razão, o Poder Judiciário se recusa a enfrentar o mérito da ação, lamentavelmente. Enquanto isso, os segurados beneficiários que se aposentaram pelo teto máximo seguem com um prejuízo mensal de quase 30% em sua renda mensal.

Comparação com o salário mínimo:

Em comparação com o salário mínimo, a defasagem é ainda mais assustadora. Com a explicação de que o salário mínimo vem ganhando aumentos reais a cada ano (além da inflação do período), seus reajustes são muito superiores àqueles concedidos aos benefícios previdenciários em manutenção, conforme podemos observar na seguinte tabela:

Competência	Valor teto dos benefícios (R$)	Reajuste concedido aos benefícios (%)	Valor atualizado dos benefícios (R$)	Valor do salário mínimo	Reajuste concedido ao salário mínimo (%)	Benefício em n. de salários mínimos
jul/94	582,86			70,00		8,33
mai/95	832,66	42,8572%	832,66	100,00	42,8572%	8,33
mai/96	957,56	15,0000%	957,56	112,00	12,0000%	8,55
jun/97	1.031,87	7,7600%	1.031,86	120,00	7,1429%	8,60
jun/98	1.081,50	4,8100%	1.081,50	130,00	8,3333%	8,32
dez/98	1.200,00	0,0000%	1.081,50	130,00	0,0000%	8,32
jun/99	1.255,32	4,6100%	1.131,35	136,00	4,6154%	8,32
jun/00	1.328,25	5,8100%	1.197,08	151,00	11,0294%	7,93
jun/01	1.430,00	7,6600%	1.288,78	180,00	19,2053%	7,16
jun/02	1.561,56	9,2000%	1.407,35	200,00	11,1111%	7,04
jun/03	1.869,34	19,7100%	1.684,74	240,00	20,0000%	7,02
jan/04	2.400,00	0,0000%	1.684,74	240,00	0,0000%	7,02
mai/04	2.508,72	4,5300%	1.761,05	260,00	8,3333%	6,77
mai/05	2.668,15	6,3550%	1.872,97	300,00	15,3846%	6,24
abr/06	2.801,56	5,0000%	1.966,62	350,00	16,6667%	5,62
ago/06	2.801,82	0,0100%	1.966,81	350,00	0,0000%	5,62

Competência	Valor teto dos benefícios (R$)	Reajuste concedido aos benefícios (%)	Valor atualizado dos benefícios (R$)	Valor do salário mínimo	Reajuste concedido ao salário mínimo (%)	Benefício em n. de salários mínimos
abr/07	2.894,28	3,3000%	2.031,72	380,00	8,5714%	5,35
mar/08	3.038,99	5,0000%	2.133,31	415,00	9,2105%	5,14
fev/09	3.218,90	5,9200%	2.259,60	465,00	12,0482%	4,86
jan/10	3.467,40	7,7200%	2.434,04	510,00	9,6774%	4,77
jan/11	3.691,74	6,4700%	2.591,52	545,00	6,8627%	4,76
jan/12	3.916,20	6,0800%	2.749,09	622,00	14,1284%	4,42
Jan/13	4.159,00	6,2000%	2.919,53	678,00	9,0032%	4,31
Jan/14	4.390,24	5,5600%	3.081,85	724,00	6,7846%	4,25

Podemos observar que o segurado que se aposentou pelo teto máximo em 07/1994 recebia o equivalente a 8,33 salários mínimos. Atualmente, recebe apenas 4,25 salários mínimos e, como já observado anteriormente, apenas 70,20% do teto máximo.

De uma análise simples é possível concluir que os reajustes concedidos ao salário mínimo chegam ao dobro ou ao triplo daqueles concedidos aos benefícios previdenciários, estando aí a explicação para a redução verificada. No entanto, é fato que a Constituição Federal proíbe a vinculação em salários mínimos (CF/88, art. 7º, IV) e não há qualquer proibição legal ou constitucional para que se aumente o valor real deste patamar.

Os benefícios previdenciários precisam ser reajustados para manter o valor real (CF, art. 201) e o salário mínimo tem ganhado reajuste não apenas para manter, mas também para aumentar seu valor real (inflação + percentual extra).

Por tal razão, não vejo a princípio qualquer inconstitucionalidade ou ilegalidade no reajuste a maior concedido ao salário mínimo, mas não posso concordar com o procedimento porque, não obstante a proibição constitucional da vinculação, é igualmente fato que diversos produtos de consumo e outras despesas sobem conforme o reajuste do mínimo, ocasionando perda no valor real do benefício previdenciário.

3.2.5. Equidade na forma de participação no custeio

O princípio da equidade na forma de participação no custeio tem por objetivo distribuir com justiça e retidão o percentual de contribuição cabível à sociedade na manutenção do sistema de Seguridade Social.

Toda a sociedade contribui para a manutenção do sistema, mas garante-se por este princípio a progressividade da contribuição conforme a capacidade contributiva de cada um. As empresas, por exemplo, sofrem maior desconto em seu rendimento bruto para a manutenção do sistema de Seguridade em razão de sua maior capacidade contributiva (o valor é geralmente repassado ao custo final do produto ou serviço oferecido ao consumidor). Os empregados contribuem conforme tabela progressiva, sempre condizente com o salário percebido. Os empresários têm percentual de contribuição equivalente (11%), mas base de cálculo passível de diferenciação em razão da remuneração mensalmente percebida. Trata-se, pois, nada mais do que o velho ditado popular: "quem ganha mais, paga mais; quem ganha menos, paga menos".

Cabe ao legislador ordinário, ao redigir as normas de custeio para a Seguridade Social, observar o princípio constitucional de equidade garantido pela Constituição Federal.

3.2.6. Diversidade da base de financiamento

O financiamento da Seguridade Social é constituído por diversas fontes de receita. Determina o art. 195 da Constituição Federal que a Seguridade Social será financiada por toda a sociedade, de forma direta e indireta, nos termos da lei, mediante recursos provenientes dos orçamentos da União, dos Estados, do Distrito Federal e dos Municípios, e de contribuições sociais obrigatórias a empresas e trabalhadores.

Nada impede, entretanto, que sejam criadas outras fontes de receita desde que tais fontes sejam instituídas mediante lei complementar, não sejam cumulativas e não tenham fato gerador ou base de cálculo próprias dos discriminados na Constituição Federal — CF/88, art. 195, § 4º c/c art. 154, I.

3.2.7. Caráter democrático e descentralizado da administração

Os trabalhadores, os empresários, os aposentados e o Governo participam da gestão administrativa da Seguridade Social, que deverá possuir caráter democrático e descentralizado. Assim, podemos dizer que a gestão dos serviços e benefícios de que se constitui a Seguridade Social (nas áreas de saúde, assistência e previdência social) tem a participação ativa da sociedade.

Esta participação é exercida através dos órgãos colegiados de deliberação, quais sejam: Conselho Nacional de Saúde (Lei n. 8.080/90), Conselho Nacional de Assistência Social (Lei n. 8.742/93, art. 17) e Conselho Nacional de Previdência Social (Lei n. 8.213/91, art. 3º), que têm composição paritária integrada por representantes do Governo Federal, representantes dos aposentados, representantes dos trabalhadores em atividade e representantes dos empregadores.

3.3. Princípios aplicados ao custeio previdenciário

No art. 195 da Constituição Federal podemos extrair alguns princípios atinentes ao custeio previdenciário, os quais abordamos nos subitens que seguem.

3.3.1. Solidariedade

Dispõe o art. 195 da Constituição Federal que a Seguridade Social deverá ser financiada não somente pela União e demais entes federativos, mas também por toda a sociedade, mediante contribuições sociais compulsórias.

Trata-se do sistema de repartição simples, onde a população ativa (trabalhadores) contribuem para financiar o benefício dos demais segurados (em regra, população inativa). Não há reserva individual e o dinheiro pago não pertence ao contribuinte, diferentemente do que ocorre no sistema de capitalização, como FGTS ou planos de previdência complementar.

Há, pois, um pacto intergeracional, com uma solidariedade compulsória.

3.3.2. Orçamento diferenciado

Os §§ 1º e 2º do art. 195, assim como o § 5º do art. 165, todos da Constituição Federal, determinam expressamente que a receita destinada a Seguridade Social deve constar de orçamento próprio, distinto do orçamento da União.

Tal cuidado reflete a preocupação do legislador constitucional em garantir que os recursos arrecadados fossem destinados especificamente às ações e benefícios nas áreas da saúde, assistência social e previdência social, evitando sangria de recursos para despesas públicas que não pertencem a sua área de atuação.

3.3.3. Precedência da fonte de custeio

Nos termos do § 5º do art. 195 da Constituição Federal, nenhum benefício ou serviço da Seguridade Social pode ser criado, majorado ou estendido sem a correspondente fonte de custeio total. Assim também determina o art. 125 da Lei n. 8.213/91 e o art. 152 do Decreto n. 3.048/99.

O dinheiro, portanto, deve vir primeiro, sendo este o princípio de todo orçamento, inclusive o familiar. Se alguém pretende financiar um automóvel, precisa primeiro garantir uma receita mensal correspondente ao valor da futura prestação. Não é diferente com o orçamento da Seguridade Social.

As contribuições atualmente existentes financiam os benefícios atualmente existentes. Se determinado projeto de lei pretende criar uma nova prestação ou aumentar o gasto de algo já praticado, é preciso que crie, primeiro, a respectiva fonte de receita, devendo o custeio preceder à despesa.

3.3.4. *Vacatio Legis nonagesimal*

As contribuições destinadas ao custeio da Seguridade Social (saúde, assistência social e previdência social) não necessitam observar o princípio da anterioridade do exercício financeiro, disposto no art. 150, III, *b*, da Carta Constitucional de 1988.

Nos termos do § 6º do art. 195 da CF/88, as contribuições da Seguridade podem ser exigidas após decorridos 90 (noventa) dias da data da publicação da lei que as houver instituído ou modificado, ainda que no mesmo exercício financeiro.

3.4. Princípios previdenciários

Por fim, existem princípios próprios da Previdência Social, não aplicáveis às demais áreas de atuação da Seguridade Social e que constam, expressamente, do art. 201 da Constituição Federal.

São eles:

• Caráter contributivo do sistema, de filiação obrigatória;

• Preocupação com o equilíbrio financeiro e atuarial;

• Garantia do valor do salário mínimo para benefícios que substituam o rendimento do trabalho;

• Reajustamento dos benefícios, para preservação permanente de seu valor real;

• Incorporação dos ganhos habituais para fins de contribuição, com consequente repercussão nos benefícios.

Capítulo II

Fontes Formais do Direito Previdenciário

Formas de manifestação do direito, as fontes formais do Direito Previdenciário são essencialmente emanadas do Estado, posto que sua composição se fundamenta em normas de Direito Público.

A fonte de maior hierarquia é, sem dúvida, a Constituição Federal. Seguem-se a ela no âmbito legislativo: Emendas Constitucionais, Leis Complementares, Leis Ordinárias, Leis Delegadas, Medidas Provisórias e Decretos Legislativos.

Na esfera administrativa, são consideradas fontes formais do Direito da Seguridade Social:

• Decretos;

• Portarias (objetivam trazer instruções para a execução das leis, decretos e/ou regulamentos);

• Resoluções (fundamentadas nas portarias, objetivam complementá-las);

• Instruções Normativas (fundamentadas nas portarias, objetivam trazer esclarecimentos adicionais sobre a matéria tratada);

• Ordens de Serviço (fundamentadas em fontes de maior hierarquia objetivam, geralmente, melhor elucidar as questões tratadas pelas Portarias);

• Orientações Normativas (fontes de mesma hierarquia e objetivo que as ordens de serviço);

• Circulares (fonte formal de menor valor hierárquico. Objetivam transmitir regras internas a serem seguidas pelos servidores e nem sempre publicadas no Diário Oficial da União); e

• Pareceres (trabalho técnico, emitido pela Consultoria Jurídica do Ministério pertinente, traz esclarecimentos e posições adotadas sobre matéria de dúvida).

Os costumes, a jurisprudência, a doutrina, o direito comparado e a equidade não são considerados fontes formais do Direito Previdenciário, mas sim critérios de integração da ordem jurídica, adotados pelo Juízo quando da existência de lacunas no direito positivado.

Capítulo III

Normas de Direito Previdenciário — Eficácia no Tempo e no Espaço

1. EFICÁCIA DAS NORMAS PREVIDENCIÁRIAS NO TEMPO

Determina expressamente o § 6º do art. 195 da Constituição Federal de 1988 que as contribuições sociais somente poderão ser exigidas *"após decorridos noventa dias da data da publicação da lei que as houver instituído ou modificado, não se lhes aplicando o disposto no art. 150, III, 'b'."*

Depreende-se, portanto, que todas as normas referentes ao custeio do sistema de Seguridade Social (aí compreendida a Previdência Social), que venham a instituir novas contribuições ou mesmo alterar alíquotas ou bases de cálculo já existentes, somente poderão ser exigidas depois de decorridos noventa dias de sua publicação. O princípio da anterioridade do exercício financeiro, em que os novos tributos somente são exigidos no exercício posterior ao de sua publicação, previsto no art. 150, III, "b", da Carta Magna, não se aplica às normas previdenciárias, por disposição expressa do mesmo texto constitucional, art. 195, § 6º.

Note-se, portanto, que, caso seja publicada em 10.1.2014 uma determinada norma alterando, por exemplo, a alíquota de contribuição previdenciária devida pelas empresas (de 20% para 25%), o novo percentual entrará em vigor não em 1º.1.2015 (princípio da anterioridade do exercício financeiro — CF/88, art. 150, III, "b"), mas sim em 9.4.2014 (após 90 dias de sua publicação — CF/88, art. 195, § 6º).

Observe-se que a contagem deste prazo (noventa dias) deverá ser efetuada com a inclusão da data da publicação e do último dia do prazo, entrando em vigor no dia subsequente à sua consumação integral (Lei Complementar n. 107/2001, que acrescenta o § 1º ao art. 8º da Lei Complementar n. 95/1998). Confira-se:

"**Art. 8º** A vigência da lei será indicada de forma expressa e de modo a contemplar prazo razoável para que dela se tenha amplo conhecimento, reservada a cláusula "entra em vigor na data de sua publicação" para as leis de pequena repercussão.

§ 1º a contagem do prazo para entrada em vigor das leis que estabeleçam período de vacância far-se-á com a inclusão da data da publicação e do último dia do prazo, entrando em vigor no dia subsequente à sua consumação integral.

§ 2º as leis que estabeleçam período de vacância deverão utilizar a cláusula 'esta lei entra em vigor após decorridos (o número de) dias de sua publicação oficial'."

As demais normas de custeio, que não instituem novas fontes de financiamento da Seguridade Social e que não modificam contribuições já existentes (data de arrecadação das contribuições ou modelo de guia a ser utilizado, por exemplo), bem como também as normas referentes aos benefícios previdenciários, observam por eficácia a data existente na própria norma legal determinando sua entrada em vigor, quando então será esta aplicada obrigatoriamente a todos os eventos por ela convencionados. Inexistente a fixação de data na norma previdenciária, aplicar-se-á a Lei de Introdução ao Código Civil, art. 1º, que determina prazo de quarenta e cinco dias após sua publicação.

2. EFICÁCIA DAS NORMAS PREVIDENCIÁRIAS NO ESPAÇO

Adota-se no direito previdenciário o princípio da territorialidade, sendo as normas legais aplicadas, portanto, em todo o território nacional. Sendo a regra direcionada ao indivíduo, por certo há hipóteses de aplicação extraterritorial, sendo tais situações tratadas expressamente na legislação previdenciária, dado o caráter de exceção que as acompanha.

Regra geral, portanto, a legislação será aplicada a brasileiros e estrangeiros residentes no Brasil. Não poderão ser ignorados, contudo, os acordos ou tratados internacionais celebrados, que poderão prever tanto a não aplicação da legislação previdenciária em território brasileiro quanto sua aplicação no exterior.

2.1. Atividade Profissional Exercida no Exterior

Quando de atividade exercida no exterior, prevê a legislação previdenciária a aplicação obrigatória de suas normas aos seguintes profissionais:

I — brasileiro ou estrangeiro domiciliado e contratado no Brasil para trabalhar como empregado no exterior, em sucursal ou agência de empresa constituída sob as leis brasileiras e que tenha sede e administração no País;

II — brasileiro ou estrangeiro domiciliado e contratado no Brasil para trabalhar como empregado em empresa domiciliada no exterior com maioria do capital votante pertencente à empresa constituída sob as leis brasileiras, que tenha sede e administração no país e cujo controle efetivo esteja em caráter permanente sob a titularidade direta ou indireta de pessoas físicas domiciliadas e residentes no país ou de entidade de direito público interno;

III — brasileiro civil que trabalha para a União no exterior, em organismos oficiais internacionais dos quais o Brasil seja membro efetivo, ainda que lá domiciliado e contratado, salvo se amparado por regime próprio de previdência social;

IV — brasileiro civil que presta serviços à União no exterior, em repartições governamentais brasileiras, lá domiciliado e contratado, inclusive o auxiliar local de que trata a Lei n. 8.745, de 9.12.93, este desde que, em razão de proibição legal, não possa filiar-se ao sistema previdenciário local;

V — o brasileiro civil que trabalha no exterior para organismo oficial internacional do qual o Brasil é membro efetivo, ainda que lá domiciliado e contratado, salvo quando coberto por regime próprio de previdência social.

Não obstante às hipóteses trazidas pela legislação previdenciária (I a V, *supra*), compreendo que, por analogia à Lei n. 11.962/2009 e em razão do cancelamento da Súmula 207 do TST, qualquer trabalhador, residente no exterior, que preste serviços a empresa brasileira e que receba remuneração por estes serviços (por depósito, entrega, remessa etc.), será considerado contribuinte obrigatório do Regime Geral de Previdência Social. Explico.

A Lei n. 7.064/82, que dispõe sobre a situação de trabalhadores contratados ou transferidos para prestar serviços no exterior, determinava em seu art. 1º sua aplicação apenas para empresas de engenharia. Em 6.7.2009, contudo, foi publicada a Lei n. 11.962 alterando a redação desse dispositivo e determinando a aplicação da Lei n. 7.064 indeterminadamente, a todas as empresas. E os arts. 3º e 11 deste diploma determinam adoção da legislação previdenciária brasileira, com exceção apenas das contribuições destinadas a Terceiros (Salário-Educação, SESI, SENAI, SESC, SENAC e INCRA). Confira-se:

"**Art. 3º** A empresa responsável pelo contrato de trabalho do empregado transferido assegurar-lhe-á, independentemente da observância da legislação do local da execução dos serviços:

(...)

Parágrafo único. Respeitadas as disposições especiais desta Lei, aplicar-se-á a legislação brasileira sobre Previdência Social, Fundo de Garantia por Tempo de Serviço — FGTS e Programa de Integração Social — PIS/PASEP."

"**Art. 11**. Durante a prestação de serviços no exterior não serão devidas, em relação aos empregados transferidos, as contribuições referentes a: Salário-Educação, Serviço Social da Indústria, Serviço Social do Comércio, Serviço Nacional de Aprendizagem Comercial, Serviço Nacional de Aprendizagem Industrial e Instituto Nacional de Colonização e de Reforma Agrária."

Com essa alteração, a Súmula TST n. 207 acabou sendo cancelada (pela Resolução 181/2012) e sua redação assim determinava:

"**CONFLITOS DE LEIS TRABALHISTAS NO ESPAÇO. PRINCÍPIO DA *LEX LOCI EXECUTIONIS*.** A relação jurídica trabalhista é regida pelas leis vigentes no país da prestação de serviço e não por aquelas do local da contratação."

Podemos compreender, portanto, que os dispositivos da Lei n. 7.064/82 são agora aplicáveis a todos os trabalhadores que prestam serviços no exterior, a empresas brasileiras, inclusive seu art. 3º, que determina expressamente a adoção da legislação previdenciária. São, portanto, segurados obrigatórios e, nesta modalidade, contribuintes do sistema, seja na condição de empregados ou contribuintes individuais.

Fundamentação: Lei n. 8.212/91, art. 12; Lei n. 8.213/91, art. 11; Decreto n. 3.048/99, art. 9º e outros citados no texto.

2.2. Acordos Internacionais de Previdência Social

Tratados internacionais, ou acordos internacionais, são ajustes bilaterais ou multilaterais celebrados entre dois ou mais países (Brasil e outro(s)) que, inseridos no contexto da política externa brasileira conduzida pelo Ministério das Relações Exteriores, têm por objetivo principal a garantia dos direitos de Seguridade Social, previstos nas legislações dos países acordantes, aos trabalhadores e dependentes legais residentes ou em trânsito.

No Brasil, os Acordos Internacionais são aprovados pelo Congresso Nacional e promulgados e assinados pelo Presidente da República, por meio de Decreto.

Existente o acordo internacional, cada País deverá analisar os pedidos de benefícios apresentados pelos cidadãos, decidindo quanto ao direito e às condições aplicáveis, conforme legislação própria e as especificidades de cada acordo.

Mantém o Brasil Acordo de Previdência Social com os seguintes países:

Acordos Multilaterais

• *Acordo Ibero-americano (Bolívia, Brasil, Chile, Equador, Espanha, Paraguai e Uruguai)* — convênio de cooperação promulgado pelo Decreto n. 86.013, de 19.5.1981 (DOU de 20.5.1981). Acordo de aplicação assinado em 19.5.2011, data em que entrou em vigor.

• *MERCOSUL (Argentina, Uruguai e Paraguai)* — acordo assinado em 15.12.1997, aprovado pelo Decreto Legislativo n. 451, de 14.11.2001. Vigência em 1º.5.2005.

Acordos Bilaterais

• *Argentina* — acordo assinado em 20.08.1980, aprovado pelo Decreto Legislativo n. 95, de 5.10.1982. Promulgação pelo Decreto n. 87.918, de 07.12.1982 (vigência em 18.12.1982). Ajuste administrativo assinado em 06.07.1990. Esse acordo foi derrogado em 31.5.2005, dia anterior à entrada em vigor do Acordo Multilateral de Seguridade Social do Mercado Comum do Sul (Mercosul).

• *Cabo Verde* — acordo assinado em 7.2.1979 (DOU de 1º.3.1979) e vigência a contar de 7.2.1979.

• *Canadá* — acordo assinado em 8.8.2011, aprovado pelo Decreto n. 421, de 28.11.2013. A tramitação no Brasil foi concluída e o Departamento dos Negócios Estrangeiros, Comércio e Desenvolvimento do Canadá (DFATD) informou que nos próximos dias prestará esclarecimentos à parte brasileira para que o Acordo entre em vigor.

• *Chile* — acordo assinado em 16.10.1993, aprovado pelo Decreto Legislativo n. 75, de 4.5.1995. Promulgação pelo Decreto n. 1.875, de 25.4.1996 (vigência em 1º.03.1996). Novo acordo firmado em 2007 (Decreto n. 7.281, de 1º.9.2010 — DOU de 2.9.2010) e ajuste complementar firmado em 2009.

• *Espanha* — acordo assinado em 16.05.1991, aprovado pelo Decreto Legislativo n. 123, de 2.10.1995. Promulgação pelo Decreto n. 1.689, de 7.11.1995 (vigência em 1º.12.1995).

• *Grécia* — acordo assinado em 12.9.1984, aprovado pelo Decreto Legislativo n. 03, de 23.10.1987. Promulgação pelo Decreto n. 99.088, de 9.3.1990 (vigência em 1º.7.1990). Ajuste administrativo assinado em 16.7.1992.

• *Itália* — acordo assinado em 30.1.1974, aprovado pelo Decreto n. 80.138, de 11.8.1977. Vigência em 5.8.1977.

• *Japão* — acordo firmado em 29.7.2010, aprovado pelo Decreto Legislativo n. 298, de 30.9.2011. Decreto de promulgação n. 7.702, de 15.3.2012 (DOU de 16.3.2012). Vigência em 1º.3.2012.

• *Luxemburgo* — acordo assinado em 16.9.1965, aprovado pelo Decreto Legislativo n. 52/66. Promulgação pelo Decreto n. 60.968, de 7.7.1967 (vigência em 1º.8.1967).

• *Portugal* — acordo assinado em 7.5.1991, aprovado pelo Decreto Legislativo n. 95, de 23.12.1992. Promulgação pelo Decreto n. 1.457, de 17.4.1995 (vigência em 25.3.1995). Ajuste administrativo assinado em 7.5.1991.

• *Uruguai* — acordo assinado em 27.1.1977, aprovado pelo Decreto Legislativo n. 67, de 5.10.1978. Promulgação pelo Decreto n. 85.248, de 13.10.1980 (vigência em 1º.10.1980). Ajuste administrativo assinado em 22.9.1980. Esse acordo foi derrogado em 31.5.2005, dia anterior à entrada em vigor do Acordo Multilateral de Seguridade Social do Mercado Comum do Sul (Mercosul).

O Brasil também assinou acordos com a Alemanha e com a Bélgica, os quais necessitam, ainda, de ratificação por parte do Congresso Nacional.

Para facilitar a aplicação dos acordos internacionais, a Resolução INSS/PRES n. 181/2012 atribui competências a algumas agências da Previdência Social para funcionarem como organismos de ligação entre os países acordantes, sendo suas atribuições (art. 3º):

"I — autorizar dispensa de contribuição à Previdência Social brasileira de estrangeiros em regime de deslocamento temporário no Brasil;

II — solicitar dispensa de contribuição à Previdência Social relativa aos países acordantes para brasileiro que temporariamente preste serviço naqueles países;

III — emitir os formulários de Ligação, Certificados de Deslocamento Temporário e respectivas prorrogações;

IV — informar aos países acordantes as decisões proferidas resultantes da análise das solicitações referentes aos processos de benefícios no âmbito dos Acordos Internacionais; e

V — encaminhar aos países acordantes as informações sobre a situação do segurado junto à Previdência Social brasileira, quando requeridas, bem como prestar atendimento às demais solicitações apresentadas pelos países signatários dos Acordos Internacionais."

São as agências que funcionam como esses organismos de ligação as seguintes (anexo da Resolução INSS/PRES n. 181/2012):

PAÍS (ES)	ACORDOS	GERÊNCIA — EXECUTIVA	APS	
			CÓDIGO	NOME
Portugal Cabo Verde Japão	Bilateral/Ibero--americano Bilateral Bilateral	SP — Sul	21.004.12.0	APS Atendimento Acordos Internacionais São Paulo	APSAISP
Espanha	Bilateral/Ibero--americano	RJ — Centro	17.001.22.0	APS Atendimento Acordos Internacionais Rio de Janeiro	APSAIRJ

PAÍS (ES)	ACORDOS	GERÊNCIA — EXECUTIVA	APS	
			CÓDIGO	NOME
Itália	Bilateral	Belo Horizonte	11.001.14.0	APS Atendimento Acordos Internacionais Belo Horizonte	APSAIBH
Argentina, Paraguai e Uruguai (MERCOSUL)	Bilateral/ Multilateral MERCOSUL Ibero-americano	Florianópolis	20.001.13.0	APS Atendimento Acordos Internacionais Florianópolis	APSAIFL
Bolívia, Colômbia, Costa Rica, Cuba, Equador, El Salvador, Guatemala, Honduras, México, Nicarágua, Panamá, Peru, República Dominicana, Venezuela e Andorra	Multilateral Ibero-americano	Recife	14.001.03.0	APS Atendimento Acordos Internacionais Curitiba	APSAICT
Chile	Bilateral/Ibero--americano	Recife	15.001.12.0	APS Atendimento Acordos Internacionais Recife	APSAIRE
Grécia Luxemburgo	Bilateral	Brasília	23.001.14.0	APS Atendimento Acordos Internacionais Brasília	APSAIBR

A Instrução Normativa INSS/PRES n. 45/2010 (DOU de 11.8.2010) traz detalhamentos operacionais e regras de cálculo dos benefícios nos arts. 467 a 486.

CAPÍTULO V

ORGANIZAÇÃO DA SEGURIDADE SOCIAL

As ações nas áreas de Saúde, Previdência Social e Assistência Social, como já observado no Capítulo I desta obra (item 1), se encontram organizadas em Sistema Nacional de Seguridade Social composto por uma estrutura administrativa que lhe garante executar as políticas necessárias ao cumprimento de seu objetivo maior, qual seja: a proteção social.

Tal estrutura, atualmente, é constituída por três Ministérios: Ministério da Previdência Social — MPS, Ministério do Desenvolvimento Social e Combate à Fome (antigo Ministério da Assistência Social, que no governo Fernando Henrique Cardoso era unificado ao Ministério da Previdência Social, compondo o MPAS — Ministério da Previdência e Assistência Social) e Ministério da Saúde — Lei n. 10.683/2003, art. 25.

Destacamos, nesta obra, o Ministério da Previdência Social e o INSS, autarquia federal a ele vinculada.

1. MINISTÉRIO DA PREVIDÊNCIA SOCIAL

1.1. Competência

Órgão da administração direta, o Ministério da Previdência Social tem por área de competência os assuntos relacionados à previdência social e à previdência complementar. Integram sua estrutura básica o Conselho Nacional de Previdência Social (CNPS), o Conselho de Recursos da Previdência Social (CRPS), o Conselho Nacional de Previdência Complementar, a Câmara de Recursos da Previdência Complementar e até duas secretarias — Lei n. 10.683/2003, art. 27, XVIII, c/c art. 29, inciso XVIII, este último com redação dada pela Lei n. 12.154/2009.

1.2. Estrutura Organizacional

Compõem a estrutura organizacional do Ministério da Previdência Social — MPS (Decreto n. 7.078/2010):

I. Órgãos de assistência direta e imediata ao Ministro de Estado:

a) Gabinete;

b) Secretaria-Executiva:

    b.1) Subsecretaria de Orçamento e Administração

c) Consultoria Jurídica.

II. Órgãos específicos singulares:

a) Secretaria de Políticas de Previdência Social;

    a.1) Departamento do Regime Geral de Previdência Social;

a.2) Departamento dos Regimes de Previdência no Serviço Público; e

a.3) Departamento de Políticas de Saúde e Segurança Ocupacional

b) Secretaria de Previdência Complementar:

b.1) Departamento de Políticas e Diretrizes de Previdência Complementar

III. Órgãos Colegiados

a) Conselho Nacional de Previdência Social;

b) Conselho de Recursos da Previdência Social;

c) Conselho Nacional da Previdência Complementar; e

d) Câmara de Recursos da Previdência Complementar.

IV. Entidades vinculadas:

a) Autarquias

a.1) Instituto Nacional do Seguro Social — INSS; e

a.2) Superintendência Nacional de Previdência Complementar — PREVIC;

b) Empresa Pública: Empresa de Tecnologia e Informações da Previdência Social — DATAPREV.

Fundamentação: Decreto n. 7.078, de 26.1.2010 — DOU de 27.1.2010; Decreto n. 3.048/99, art. 7º.

1.3. Competência dos Órgãos

Conforme observado, a estrutura organizacional do Ministério da Previdência Social — MPS envolve órgãos de assistência direta e indireta, cada qual com suas atribuições específicas, detalhadas no Decreto n. 7.078/2010. Confira-se:

1.3.1. Órgãos de Assistência Direta e Imediata ao Ministro de Estado

a) Gabinete do Ministro

• Assistir o Ministro de Estado em sua representação política e social, ocupar-se das relações públicas e do preparo e despacho do seu expediente pessoal;

• Acompanhar o andamento dos projetos de interesse do Ministério, em tramitação no Congresso Nacional;

• Providenciar o atendimento às consultas e aos requerimentos formulados pelo Congresso Nacional;

• Providenciar a publicação oficial e a divulgação das matérias relacionadas com a área de atuação do Ministério;

• Planejar, coordenar, supervisionar e desenvolver as atividades de comunicação social do Ministério;

• Coordenar, supervisionar e executar as atividades relativas ao cerimonial do Ministério;

• Planejar, coordenar, supervisionar e desenvolver as atividades de ouvidoria da previdência social; e

• Exercer outras atribuições que lhe forem cometidas pelo Ministro de Estado.

b) Secretaria Executiva

• Assistir o Ministro de Estado na supervisão e coordenação das atividades das Secretarias integrantes da estrutura do Ministério e das entidades a ele vinculadas;

• Supervisionar e coordenar as atividades de organização e modernização administrativa, bem como as relacionadas com os sistemas federais de planejamento e de orçamento, de administração financeira, de contabilidade, de administração de recursos de informação e informática, de recursos humanos e de serviços gerais, no âmbito do Ministério;

• Planejar, coordenar e supervisionar a execução das atividades relativas aos cadastros corporativos da previdência social;

• Definir políticas, metodologias, controles e normas de segurança e coordenar esforços para o gerenciamento de riscos de fraudes;

• Supervisionar e coordenar os programas e atividades de combate à fraude ou quaisquer atos lesivos à previdência social, mediante ações e procedimentos técnicos de inteligência;

• Aprovar a política, planos e programas estratégicos de tecnologia e informação, bem como estabelecer normas e diretrizes gerais para a adoção de novos recursos tecnológicos em informática e telecomunicação no âmbito da previdência social;

• Aprovar a política, planos e programas estratégicos de educação continuada dos servidores e empregados do sistema previdenciário, bem como executar projetos e atividades que visem a favorecer o desenvolvimento de competências necessárias ao cumprimento da missão institucional do Ministério;

• Acompanhar e avaliar a gestão de programas e o gerenciamento de projetos de natureza estratégica da previdência social;

• Auxiliar o ministro de estado na definição das diretrizes e na implementação das ações da área de competência do ministério;

• Analisar e acompanhar as negociações com governos e entidades internacionais;

• Gerenciar o relacionamento e a afiliação do ministério junto aos organismos internacionais; e

• Exercer o papel de órgão setorial dos Sistemas de Pessoal Civil da Administração Federal — SIPEC, de Administração dos Recursos de Informação e Informática — SISP, de Planejamento e de Orçamento Federal, de Administração Financeira Federal, de Contabilidade Federal, e Organização e Inovação Institucional do Governo Federal — SIORG, de Gestão de Documentos de Arquivo — SIGA e de Serviços Gerais — SISG.

Obs.: A Secretaria-Executiva exerce, ainda, o papel de órgão setorial dos Sistemas de Pessoal Civil da Administração Federal — SIPEC, de Administração dos Recursos de Informação e Informática — SISP, de Serviços Gerais — SISG, de Planejamento e de Orçamento Federal, de Administração Financeira Federal, de Contabilidade Federal e de Organização e Inovação Institucional do Governo Federal — SIORG, por intermédio da Subsecretaria de Planejamento, Orçamento e Administração a ela subordinada.

b.1) Subsecretaria de Orçamento e Administração

• Planejar, coordenar e supervisionar a execução das atividades relacionadas com os sistemas federais de recursos humanos, de administração dos recursos de informação e informática, de orçamento, de contabilidade, de administração financeira e de serviços gerais, no âmbito do Ministério;

• Promover a articulação com os órgãos centrais dos sistemas federais referidos no inciso I e informar e orientar os órgãos do Ministério quanto ao cumprimento das normas administrativas estabelecidas;

• Planejar, coordenar, supervisionar e executar as atividades relacionadas com recursos materiais e patrimoniais, convênios, licitações, contratos, serviços gerais, documentação e arquivos;

• Coordenar a elaboração e a consolidação da gestão orçamentária do Ministério e submetê-las à decisão superior;

• Acompanhar e promover a avaliação de projetos e atividades, no âmbito de sua competência;

• Promover as atividades de execução orçamentária, financeira e contábil, no âmbito do Ministério;

• Planejar, coordenar, supervisionar e executar as atividades de administração dos recursos de informação e informática;

• Planejar, coordenar, supervisionar e executar as atividades de administração e desenvolvimento de pessoal, no âmbito do Ministério;

• Realizar tomadas de contas dos ordenadores de despesas e demais responsáveis por bens e valores públicos e de todo aquele que der causa a perda, extravio ou irregularidade que resulte em dano ao Erário;

• Promover o registro, o tratamento e o controle das operações relativas à administração orçamentária, financeira e patrimonial do Ministério, com vistas à elaboração de demonstrações contábeis das atividades do Sistema de Contabilidade Federal; e

• Subsidiar a supervisão e a coordenação das atividades dos órgãos do Ministério e das entidades a ele vinculadas.

• Subsidiar o acompanhamento e a avaliação de programas e o gerenciamento de projetos de natureza estratégica da previdência social.

c) Consultoria Jurídica

Órgão setorial da Advocacia-Geral da União, a Consultoria Jurídica tem por atribuições as seguintes:

• Assessorar o Ministro de Estado em assuntos de natureza jurídica;

• Exercer a coordenação das atividades jurídicas do Ministério;

• Exercer a supervisão das atividades jurídicas das entidades vinculadas;

• Fixar a interpretação da Constituição, das leis, dos tratados e dos demais atos normativos a serem uniformemente seguidos em sua área de atuação e coordenação, quando não houver orientação normativa do Advogado-Geral da União;

• Elaborar estudos e preparar informações, por solicitação do Ministro de Estado;

• Assistir o Ministro de Estado no controle interno da legalidade administrativa dos atos a serem por ele praticados ou já efetivados e daqueles oriundos de órgão ou entidade sob sua coordenação jurídica;

• Examinar, prévia e conclusivamente, no âmbito do Ministério, os textos de edital de licitação, assim como os dos respectivos contratos ou instrumentos congêneres, a serem publicados e celebrados, bem como os atos pelos quais se vão reconhecer os casos de dispensa e as situações de inexigibilidade; e

• Cumprir e fazer cumprir a orientação normativa emanada da Advocacia-Geral da União, nos termos da lei.

1.3.2. Órgãos Específicos Singulares

a) Secretaria de Políticas de Previdência Social

• Assistir o Ministro de Estado na formulação, acompanhamento e coordenação das políticas de previdência social e na supervisão dos programas e atividades das entidades vinculadas;

• Assistir o Ministro de Estado na proposição de normas gerais para a organização e manutenção dos regimes próprios de previdência social dos servidores públicos e dos militares da União, dos Estados, do Distrito Federal e dos Municípios;

• Elaborar e promover, em articulação com os demais órgãos envolvidos, o aperfeiçoamento da legislação e a atualização e a revisão dos planos de custeio e de benefícios da previdência social;

• Orientar, acompanhar, normatizar e supervisionar as ações da previdência social na área de benefícios e, em coordenação com a Secretaria da Receita Federal do Brasil do Ministério da Fazenda, as ações de arrecadação;

• Exercer as funções de Secretaria-Executiva do Conselho Nacional de Previdência Social;

• Realizar estudos e subsidiar a formulação de políticas, diretrizes e parâmetros gerais do sistema de previdência social;

• Acompanhar e avaliar as ações estratégicas da previdência social;

• Promover ações de desregulamentação voltadas para a racionalização e a simplificação do ordenamento normativo e institucional da previdência social;

• Orientar, acompanhar, avaliar e supervisionar as ações da previdência social, no âmbito do Regime Geral de Previdência Social;

• Orientar, acompanhar e supervisionar os regimes próprios de previdência social dos servidores públicos e dos militares da União, dos Estados, do Distrito Federal e dos Municípios;

• Articular-se com entidades governamentais e organismos nacionais, com atuação no campo econômico-previdenciário, para realização de estudos, conferências técnicas, congressos e

• Avaliar as propostas de alteração da legislação previdenciária e seus impactos sobre os regimes de previdência;

• Acompanhar a política externa do Governo Federal, no que se refere à previdência social;

• Promover o desenvolvimento harmônico e integrado dos regimes próprios de previdência e a permanente articulação entre o Ministério e os órgãos ou entidades gestoras desses regimes, fomentando o intercâmbio de experiências nacionais e internacionais;

• Coordenar e promover a disseminação das políticas de previdência social no âmbito do Regime Geral, dos regimes próprios de previdência social e de saúde e segurança ocupacional; e

• Definir diretrizes relativas à ampliação da cobertura previdenciária mediante programas de educação previdenciária.

a.1) Departamento do Regime Geral de Previdência Social

• Coordenar, acompanhar, avaliar e supervisionar as ações do Regime Geral de Previdência Social nas áreas de benefícios e custeio;

• Coordenar, acompanhar e supervisionar a atualização e a revisão dos planos de custeio e de benefícios do Regime Geral de Previdência Social;

• Desenvolver projetos de racionalização e simplificação do ordenamento normativo e institucional da previdência social;

- Elaborar projeções e simulações das receitas e despesas do Regime Geral de Previdência Social;

- Coletar e sistematizar informações previdenciárias, acidentárias, socioeconômicas e demográficas; e

- Realizar estudos visando ao aprimoramento do Regime Geral de Previdência Social.

a.2) Departamento dos Regimes de Previdência no Serviço Público

- Coordenar, acompanhar, supervisionar e auditar os regimes próprios de previdência social dos servidores públicos e dos militares da União, dos Estados, do Distrito Federal e dos Municípios;

- Realizar estudos técnicos necessários ao aprimoramento dos regimes de previdência no serviço público;

- Elaborar e assessorar a confecção de projeções e simulações das receitas e despesas dos Regimes Próprios de Previdência Social dos servidores públicos e dos militares da União, dos Estados, do Distrito Federal e dos Municípios;

- Prestar assistência técnica com vistas ao aprimoramento das bases de dados previdenciárias, à realização de diagnósticos e à elaboração de propostas de reformas dos sistemas previdenciários no serviço público;

- Emitir pareceres para acompanhamento dos resultados apresentados pela União, Estados, Distrito Federal e Municípios na organização dos seus regimes de previdência;

- Administrar o Certificado de Regularidade Previdenciária — CRP, bem como o Processo Administrativo Previdenciário — PAP;

- Normatizar, em articulação com os demais órgãos envolvidos, o Sistema Integrado de Dados e Remunerações, Proventos e Pensões dos Servidores Públicos da União, dos Estados, do Distrito Federal e dos Municípios;

- Fomentar a articulação institucional entre as esferas de governo em matéria de sua competência;

- Coletar e sistematizar informações dos regimes de previdência social dos servidores públicos e dos militares da União, dos Estados, do Distrito Federal e dos Municípios; e

- Fiscalizar as entidades e fundos dos regimes próprios de previdência social e suas operações, com vistas ao cumprimento da legislação, assim como lavrar os respectivos autos de infração.

a.3) Departamento de Políticas de Saúde e Segurança Ocupacional

- Subsidiar a formulação e a proposição de diretrizes e normas relativas à interseção entre as ações de segurança e saúde no trabalho e as ações de fiscalização e reconhecimento dos benefícios previdenciários decorrentes dos riscos ambientais do trabalho;

- Coordenar, acompanhar, avaliar e supervisionar as ações do Regime Geral de Previdência Social, bem como a política direcionada aos Regimes Próprios de Previdência Social, nas áreas que guardem inter-relação com a segurança e saúde dos trabalhadores;

- Coordenar, acompanhar e supervisionar a atualização e a revisão dos Planos de Custeio e de Benefícios, em conjunto com o Departamento do Regime Geral de Previdência Social, relativamente a temas de sua área de competência;

- Desenvolver projetos de racionalização e simplificação do ordenamento normativo e institucional do Regime Geral de Previdência Social, nas áreas de sua competência;

- Realizar estudos, pesquisas e propor ações formativas visando ao aprimoramento da legislação e das ações do Regime Geral de Previdência Social e dos Regimes Próprios de Previdência Social, no âmbito de sua competência;

- Propor, no âmbito da previdência social e em articulação com os demais órgãos envolvidos, políticas voltadas para a saúde e segurança dos trabalhadores, com ênfase na

- Assessorar a Secretaria de Políticas de Previdência Social nos assuntos relativos à área de sua competência.

b) Secretaria de Previdência Complementar

- Assistir o ministro de estado na formulação e no acompanhamento das políticas e diretrizes do regime de previdência complementar operado pelas entidades fechadas de previdência complementar;

- Assistir o ministro de estado na supervisão das atividades da superintendência nacional de previdência complementar — PREVIC, inclusive quanto ao acompanhamento das metas de gestão e desempenho da autarquia;

- Subsidiar o ministro de estado na celebração de acordo de metas de gestão e desempenho com a diretoria colegiada da PREVIC;

- Propor ao conselho nacional de previdência complementar a edição de normas relativas ao regime de previdência complementar;

- Avaliar as propostas de alteração da legislação e seus possíveis impactos sobre o regime de previdência complementar e sobre as atividades das entidades fechadas de previdência complementar;

- Promover o desenvolvimento harmônico do regime de previdência complementar operado pelas entidades fechadas, fomentando o intercâmbio de experiências nacionais e internacionais;

- Exercer as funções de secretaria-executiva do conselho nacional de previdência complementar e da câmara de recursos da previdência complementar; e

- Coordenar, em articulação com os demais órgãos envolvidos, o processo de negociação e estabelecimento de metas de gestão e desempenho para a PREVIC.

b.1) Departamento de Políticas e Diretrizes de Previdência Complementar

- Realizar estudos técnicos e preparar os subsídios necessários ao estabelecimento das políticas e diretrizes para o regime de previdência complementar operado pelas entidades fechadas de previdência complementar;

- Elaborar projetos de racionalização e simplificação do ordenamento normativo da previdência complementar fechada;

- Organizar e sistematizar dados e informações gerais sobre o regime de previdência complementar e as atividades e operações das entidades fechadas de previdência complementar;

- Realizar estudos e subsidiar a atividade de regulação e normatização da previdência complementar fechada;

- Assistir o secretário de políticas de previdência complementar na análise das propostas de alteração da legislação e seus possíveis impactos sobre o regime de previdência complementar e sobre as atividades das entidades fechadas de previdência complementar;

- Realizar estudos técnicos e preparar os documentos necessários à celebração do acordo de metas de gestão e desempenho entre o ministério e a diretoria colegiada da PREVIC;

- Coordenar a elaboração dos atos necessários à supervisão e ao acompanhamento da atuação institucional da PREVIC; e

- Prestar apoio administrativo ao conselho nacional de previdência complementar e à câmara de recursos da previdência complementar.

1.3.3. Órgãos Colegiados

a) Conselho Nacional de Previdência Social

Órgão superior de deliberação colegiada, criado pela Lei n. 8.213/91, o Conselho Nacional de Previdência Social possui a seguinte composição:

a) seis representantes do Governo Federal;

b) nove representantes da sociedade civil (3 representantes dos aposentados e pensionistas; 3 representantes dos trabalhadores em atividade e 3 representantes dos empregadores).

Os membros do Conselho e seus respectivos suplentes são nomeados pelo Presidente da República, tendo os representantes, titulares da sociedade civil, mandato de dois anos e podendo ser reconduzidos, de imediato, uma única vez. Os representantes dos trabalhadores em atividade, dos aposentados, dos empregadores e seus respectivos suplentes serão indicados pelas centrais sindicais e confederações nacionais.

As reuniões ordinárias do Conselho Nacional de Previdência Social são realizadas uma vez por mês, por convocação de seu Presidente, podendo ser adiada a reunião se houver requerimento nesse sentido da maioria dos conselheiros, mas não por período posterior a 15 (quinze) dias. Poderá ser convocada reunião extraordinária por seu Presidente ou a requerimento de um terço de seus membros, conforme dispuser seu regimento interno.

As reuniões somente serão iniciadas com a presença da maioria absoluta de seus membros, sendo exigida para deliberação a maioria simples dos votos.

Aos membros do CNPS, enquanto representantes dos trabalhadores em atividade, titulares e suplentes, é assegurada a estabilidade no emprego, da nomeação até um ano após o término do mandato de representação, somente podendo ser demitidos por motivo de falta grave, regularmente comprovada através de processo judicial. As ausências ao trabalho decorrentes das atividades do Conselho serão abonadas, computando-se como jornada efetivamente trabalhada para todos os fins e efeitos legais.

Ao Conselho Nacional de Previdência Social compete:

• Estabelecer diretrizes gerais e apreciar as decisões de políticas aplicáveis à Previdência Social;

• Participar, acompanhar e avaliar sistematicamente a gestão previdenciária;

• Apreciar e aprovar os planos e programas da Previdência Social;

• Apreciar e aprovar as propostas orçamentárias da Previdência Social, antes de sua consolidação na proposta orçamentária da Seguridade Social;

• Acompanhar e apreciar, através de relatórios gerenciais por ele definidos, a execução dos planos, programas e orçamentos no âmbito da Previdência Social;

• Acompanhar a aplicação da legislação pertinente à Previdência Social;

• Apreciar a prestação de contas anual a ser remetida ao Tribunal de Contas da União, podendo, se for necessário, contratar auditoria externa;

• Estabelecer os valores mínimos em litígio, acima dos quais será exigida a anuência prévia do Procurador-Geral ou do Presidente do INSS para formalização de desistência ou transigência judiciais, conforme o disposto no art. 132 da Lei n. 8.213/91; e

• Elaborar e aprovar seu regimento interno;

• Aprovar os critérios de arrecadação e de pagamento dos benefícios por intermédio da rede bancária ou por outras formas; e

• Acompanhar e avaliar os trabalhos de implantação e manutenção do Cadastro Nacional de Informações Sociais — CNIS.

Obs.: As decisões proferidas pelo CNPS deverão ser publicadas no Diário Oficial da União.

O Conselho Nacional de Previdência Social — CNPS contava, até a extinção provocada pela Medida Provisória n. 1799-5, de 13.5.1999 (atualmente MP 2.216-37, de 31.8.2001), com o auxílio dos Conselhos Estaduais e dos Conselhos Municipais de Previdência Social, respectivamente CEPS e CMPS, órgãos de deliberação colegiada e subordinados ao CNPS.

Obs.: Conforme art. 2º da Emenda Constitucional n. 32/2001, a Medida Provisória n. 2.216-37/2001 não necessita ser reeditada, mantendo-se em vigor até que medida provisória ulterior a revogue explicitamente ou até deliberação definitiva do Congresso Nacional.

a.1) Conselhos de Previdência Social — CPS

Instituídos como unidades descentralizadas do Conselho Nacional de Previdência Social — CNPS, os Conselhos de Previdência Social — CPS funcionam junto às Gerências-Executivas do INSS. Nas cidades onde houver mais de uma Gerência-Executiva, o Conselho será instalado naquela indicada pelo Gerente Regional do INSS cujas atribuições abranjam a referida cidade.

Os CPS são compostos por dez conselheiros e respectivos suplentes, designados pelo titular da Gerência Executiva na qual for instalado, da seguinte forma:

a) quatro representantes do Governo Federal; e

b) seis representantes da sociedade (dois empregadores; dois empregados; e dois aposentados e pensionistas).

Também nos CPS os representantes dos trabalhadores, aposentados e empregadores deverão ser indicados pelas respectivas entidades sindicais ou associações representativas.

Os CPS possuem caráter consultivo e de assessoramento e as funções dos conselheiros não serão remuneradas, sendo, no entanto, seu exercício considerado como serviço público relevante.

Fundamentação: Decreto n. 7.078/2010, art. 13; Lei n. 8.213/91, art. 3º, 4º, 7º e 8º; Decreto n. 3.048/99, art. 295 a 302.

b) Conselho de Recursos da Previdência Social

O Conselho de Recursos da Previdência Social é órgão de controle jurisdicional das decisões do INSS, nos processos de interesse dos beneficiários do Regime Geral de Previdência Social, nos processos referentes aos benefícios assistenciais de prestação continuada e nos processos de interesse dos contribuintes do Regime Geral de Previdência Social. A ele compete, portanto, a jurisdição administrativa e o controle das decisões do INSS.

Regulamentado pelo Decreto n. 3.048/99 (art. 303 e 304) e com Regimento Interno constante da Portaria MPS n. 548, de 13.9.2011 (DOU de 14.9.2011), o Conselho de Recursos compreende os seguintes órgãos:

I — 29 Juntas de Recursos, com a competência de julgar, em *primeira instância*, os recursos interpostos contra as decisões prolatadas pelos órgãos regionais do INSS em matéria de interesse de seus beneficiários e contribuintes do RGPS e também nos processos referentes aos benefícios assistenciais de prestação continuada. Constituem alçada exclusiva da Junta de Recursos, não comportando recurso à instância superior, as seguintes decisões colegiadas (Portaria MPS n. 548/2011, art. 18):

a) fundamentada exclusivamente em matéria médica, quando os laudos ou pareceres emitidos pela Assessoria Técnico-Médica da Junta de Recursos e pelos Médicos Peritos do INSS apresentarem resultados convergentes; e

b) proferida sobre reajustamento de benefício em manutenção, em consonância com os índices estabelecidos em lei, exceto quando a diferença na Renda Mensal Atual — RMA decorrer de alteração da Renda Mensal Inicial — RMI.

Obs.: O acréscimo de uma Junta de Recursos se deu com a publicação do Decreto n. 5.254, de 27.10.2004 — DOU de 28.10.2004, o qual altera a redação do inciso I do § 1º do art. 303 do Regulamento da Previdência Social (Decreto n. 3.048/99). Até então o CRPS era composto apenas por 28 Juntas de Recursos.

II — 4 Câmaras de Julgamento, com sede em Brasília, com a competência para julgar, em *segunda instância*, os recursos interpostos contra as decisões proferidas pelas Juntas de Recursos que infringirem lei, regulamento, enunciado ou ato normativo ministerial. O INSS poderá recorrer das decisões das Juntas somente nas seguintes hipóteses:

a) quando violarem disposição de lei, de decreto ou de portaria ministerial;

b) quando divergirem de súmula ou de parecer do Advogado Geral da União, editado na forma da Lei Complementar n. 73/93;

c) quando divergirem de pareceres da Consultoria Jurídica do MPS ou da Procuradoria Federal Especializada — INSS, aprovados pelo Procurador-Chefe;

d) quando divergirem de enunciados editados pelo Conselho Pleno do CRPS;

e) quando tiverem sido fundamentadas em laudos ou pareceres médicos divergentes emitidos pela Assessoria Técnico-Médica da Junta de Recursos e pelos Médicos peritos do INSS; e

f) quando contiverem vício insanável, considerado como tal as ocorrências elencadas no § 1º do art. 60, da Portaria MPS n. 548/2011.

III — Conselho Pleno, com a competência para uniformizar a jurisprudência administrativa previdenciária mediante enunciados, podendo ter outras competências definidas no Regimento Interno do Conselho de Recursos da Previdência Social (Portaria MPS n. 548/2011), que sem seu art. 15 traz a seguinte redação:

"**Art. 15.** Compete ao Conselho Pleno:

I — uniformizar, em tese, a jurisprudência administrativa previdenciária, mediante emissão de enunciados;

II — uniformizar, no caso concreto, as divergências jurisprudenciais entre as Juntas de Recursos nas matérias de sua alçada ou entre as Câmaras de julgamento em sede de recurso especial, mediante a emissão de resolução; e

III — deliberar acerca da perda de mandato de Conselheiros, nos casos em que o Presidente do CRPS entender necessário submeter a decisão ao colegiado."

Obs.: No art. 2º, parágrafo único, do Regimento Interno do CRPS há previsão de que o CRPS será assistido por assessoria Técnico-Médica Especializada.

Preside o Conselho um representante do Governo, com notório conhecimento da legislação previdenciária, nomeado pelo Ministro de Estado da Previdência Social, cabendo-lhe dirigir os serviços administrativos do órgão.

As Juntas e as Câmaras, presididas por representante do Governo, são compostas por quatro membros, denominados conselheiros, os quais são nomeados pelo Ministro de Estado da Previdência Social, sendo dois representantes do Governo, um das empresas e um dos trabalhadores.

O mandato dos membros do Conselho de Recursos da Previdência Social é de dois anos, permitida a recondução, atendidas as seguintes condições (Decreto n. 3.048/99, art. 303, § 5º):

a) os representantes do Governo são escolhidos entre servidores federais, preferencialmente do Ministério da Previdência Social ou do INSS, com curso superior em nível de graduação concluído e notório conhecimento da legislação previdenciária, que prestarão serviços exclusivos ao Conselho de Recursos da Previdência Social, sem prejuízo dos direitos e vantagens do respectivo cargo de origem;

b) os representantes classistas, que deverão ter nível superior (exceto os representantes dos trabalhadores rurais, que deverão ter nível médio), são escolhidos dentre os indicados, em lista tríplice, pelas entidades de classe ou sindicais das respectivas jurisdições, e manterão a condição de segurados do Regime Geral de Previdência Social; e

c) o afastamento do representante dos trabalhadores da empresa empregadora não constitui motivo para alteração ou rescisão contratual.

Fundamentação: Decreto n. 7.078/2010, art. 14; Decreto n. 3.048/99, art. 303 e 304; Portaria MPS n. 548/2011, art. 2 a 18

c) Conselho Nacional de Previdência Complementar

Ao Conselho Nacional de Previdência Complementar compete deliberar, coordenar, controlar e avaliar a execução da política de previdência complementar das entidades fechadas de previdência privada, e, em especial, exercer as competências estabelecidas no art. 74 da Lei Complementar n. 109/2001 e também no art. 13 e seguintes da Lei n. 12.154/2009.

2. INSTITUTO NACIONAL DO SEGURO SOCIAL — INSS

O Instituto Nacional do Seguro Social — INSS, autarquia federal com sede em Brasília e vinculada ao Ministério da Previdência Social, foi instituído com fundamento no art. 14 da Lei n. 8.029, de 12.04.1990 (resultado da fusão do Instituto de Administração da Previdência e Assistência Social — IAPAS, com o Instituto Nacional de Previdência Social — INPS), consistindo sua finalidade em:

• Promover a arrecadação, a fiscalização e a cobrança das contribuições sociais destinadas ao financiamento da Previdência Social, na forma da legislação em vigor; e

• Promover o reconhecimento, pela Previdência Social, de direito ao recebimento de benefícios por ela administrados, assegurando agilidade, comodidade aos seus usuários e ampliação do controle social.

No entanto, em 5.10.2004 foi publicada no Diário Oficial da União a Medida Provisória n. 222, de 4.10.2004, autorizando o Poder Executivo a criar a Secretaria da Receita Previdenciária, no âmbito do Ministério da Previdência Social, dentre outras medidas. Com a criação da referida Secretaria, todas as atribuições referentes à arrecadação das receitas previdenciárias (incluindo fiscalização e cobrança) deixaram de ser da competência do INSS, que até então, e desde sua criação em 1990, acumulava as funções de arrecadação e distribuição de benefícios, como visto acima.

A MP n. 222/2004 transferiu, assim, da estrutura do INSS para a estrutura do Ministério da Previdência Social (MPS) todos os órgãos e unidades técnicas e administrativas que se encontravam vinculados à Diretoria da Receita Previdenciária e à Coordenação-Geral de Recuperação de Créditos, ou que estavam exercendo atividades relacionadas com a área de competência das referidas Diretoria e Coordenação-Geral, inclusive no âmbito de suas unidades descentralizadas.

Em face desta modificação, o INSS passou a ter como finalidade apenas a promoção do reconhecimento, pela Previdência Social, de direito ao recebimento de benefícios por ela administrados, assegurando agilidade, comodidade aos seus usuários e ampliação do controle social, ficando revogado o Decreto n. 4.688/2003 que até então regulamentava sua estrutura organizacional. Atualmente a estrutura regimental e o quadro demonstrativo dos cargos em comissão do INSS se encontram dispostos no Decreto n. 7.556, de 24.8.2011 (DOU de 25.8.2011).

A Secretaria da Receita Previdenciária, por sua vez, acabou sendo extinta pela Lei n. 11.457/2007 que, unificando esta Secretaria à da Receita Federal, criou a Secretaria da Receita Federal do Brasil.

2.1. Estrutura Organizacional

Como mencionado, a estrutura organizacional do Instituto Nacional do Seguro Social — INSS se encontra aprovada pelo Decreto n. 7.556/2011 e também na Portaria MPS n.. 296, de 9.11.2009 — DOU de 10.11.2009, sendo composta pelos seguintes órgãos:

I — órgãos de assistência direta e imediata ao Presidente:

a) Gabinete;

b) Assessoria de Comunicação Social;

c) Coordenação-Geral de Planejamento e Gestão Estratégica; e

d) Coordenação-Geral de Tecnologia da Informação; e

e) Centro de Formação e Aperfeiçoamento do INSS.

II — órgãos seccionais:

a) Procuradoria Federal Especializada:

b) Corregedoria-Geral;

c) Auditoria-Geral;

d) Diretoria de Orçamento, Finanças e Logística; e

e) Diretoria de Gestão de Pessoas;

III — órgãos específicos singulares:

a) Diretoria de Benefícios;

b) Diretoria de Saúde do Trabalhador; e

c) Diretoria de Atendimento;

IV — unidades e órgãos descentralizados:

a) Superintendências-Regionais;

b) Gerências-Executivas;

c) Agências da Previdência Social;

d) Procuradorias-Regionais;

e) Procuradorias-Seccionais;

f) Auditorias-Regionais; e

g) Corregedorias Regionais.

2.1.1. Direção e Nomeação

O INSS é dirigido por um Presidente e cinco diretores, nomeados pelo Presidente da República. O Procurador-Chefe é nomeado pelo Presidente da República, precedido da anuência do Advogado-Geral da União.

A nomeação do Auditor-Geral e do Corregedor-Geral será precedida da anuência do Ministro-Chefe da Controladoria-Geral da União.

Cabe ao Presidente indicar e nomear o Chefe de Gabinete, os Coordenadores Gerais, os Assessores e os Superintendentes Regionais. Já os Gerentes-Executivos são escolhidos, exclusivamente, em lista quíntupla composta a partir de processo de seleção interna, que priorize o mérito profissional, na forma e condições definidas em portaria ministerial, promovido mediante adesão espontânea dos servidores ocupantes de cargos efetivos pertencentes ao quadro de pessoal do INSS.

Os cargos em comissão, as funções comissionadas e as funções gratificadas integrantes das Superintendências-Regionais, das Gerências-Executivas e das Agências da Previdência Social, fixas e móveis, serão providos, exclusivamente, por servidores ocupantes de cargos efetivos pertencentes ao quadro de pessoal do INSS ou do Ministério da Previdência Social.

2.1.2. Competência dos Órgãos

As competências detalhadas de cada órgão que integra a estrutura do INSS encontram-se dispostas no Decreto n. 7.556/2011 e também na Portaria MPS n. 296/2009, cujo Anexo contém o Regimento Interno do INSS.

PARTE II

CONTRIBUINTES E BENEFICIÁRIOS

Capítulo V

Contribuintes Obrigatórios e Facultativos — Filiação e Inscrição

1. CONTRIBUINTES OBRIGATÓRIOS

1.1. Pessoas Físicas

O Regime Geral de Previdência Social tem por segurados obrigatórios todas as pessoas físicas que exercem atividade remunerada, sejam estes trabalhadores empregados ou não.

Na condição de segurados, estes indivíduos devem contribuir obrigatoriamente para o Sistema de Seguridade Social, podendo ser classificados em: empregados, empregados domésticos, contribuintes individuais, trabalhadores avulsos e segurados especiais.

1.1.1. Empregados

São considerados "segurados empregados" para o Regime Geral de Previdência Social, e, nesta qualidade, contribuintes obrigatórios para o sistema:

I. Atividade exercida no Brasil:

a) aquele que presta serviço de natureza urbana ou rural a empresa, em caráter não eventual, sob sua subordinação e mediante remuneração, inclusive como diretor empregado[1];

Obs. 1: Também se enquadra como contribuinte obrigatório na condição de "segurado empregado" o trabalhador rural por pequeno prazo, contratado por produtor rural pessoa física proprietário ou não, que explore diretamente atividade agroeconômica, para o exercício de atividades de natureza temporária por prazo não superior a 2 (dois) meses dentro do período de 1 (um) ano, nos termos do art. 14-A da Lei n. 5.889/73.

Obs. 3: O trabalhador volante, que presta serviço a agenciador de mão de obra constituído como pessoa jurídica, também é segurado empregado do RGPS, observado que, na hipótese do agenciador não ser pessoa jurídica constituída, este também será considerado empregado do tomador de serviços.

Obs. 4: Também se enquadra como segurado empregado o trabalhador rural contratado por pequeno prazo por algum produtor rural pessoa física, conforme art. 14-A da Lei n. 5.889/73, acrescentado pela Lei n. 11.718/2008.

b) aquele que, contratado por empresa de trabalho temporário, por prazo não superior a três meses, prorrogável, presta serviço para atender à necessidade transitória de substituição de pessoal regular e permanente ou a acréscimo extraordinário de serviço de outras empresas, na forma da Lei n. 6.019/74;

Obs.: O trabalhador temporário, no período compreendido entre 11.6.1973 a 12.3.1974 (véspera da publicação do Decreto n. 73.841/74, que regulamentou a Lei n. 6.019/74) era enquadrado como trabalhador autônomo, ficando a empresa tomadora de serviço excepcionalmente responsável pelo recolhimento das contribuições previdenciárias.

c) aquele que presta serviço no Brasil a missão diplomática ou a repartição consular de carreira estrangeira e a órgãos a elas subordinados, ou a membros dessas missões e repartições,

---

(1) Este conceito, constante da alínea "a" do inciso I do art. 12 da Lei n. 8.212/91 se assemelha ao conceito de empregado trazido pelo art. 3º da Consolidação das Leis do Trabalho.

excluídos o não-brasileiro sem residência permanente no Brasil e o brasileiro amparado pela legislação previdenciária do país da respectiva missão diplomática ou repartição consular;

d) o bolsista e o estagiário que prestam serviços à empresa, em desacordo com a Lei n. 11.788/2008, e o atleta não-profissional em formação contratado, em desacordo com a Lei n. 9.615/98;

e) o servidor civil titular de cargo efetivo ou o militar da União, dos Estados, do Distrito Federal ou dos municípios, bem como o das respectivas autarquias e fundações de direito público, desde que, nessa qualidade, não esteja amparado por regime próprio de previdência social;

f) o servidor da União, Estado, Distrito Federal ou Município, incluídas suas autarquias e fundações, ocupante de emprego público;

g) o escrevente e o auxiliar contratados por titular de serviços notariais e de registro a partir de 21.11.94, bem como aquele de investidura estatutária ou de regime especial que optou pelo regime da legislação trabalhista, em conformidade com a Lei n. 8.935/94;

h) o escrevente e o auxiliar contratados até 20.11.1994 por titular de serviços notariais e de registro, sem relação de emprego com o Estado;

i) o empregado de organismo oficial internacional ou estrangeiro em funcionamento no Brasil, salvo quando coberto por regime próprio de previdência social, a partir de 1º.3.2000, em decorrência da Lei n. 9.876/99[2];

Obs.: Até 28.11.1999 o empregado de que trata a letra "i", *supra*, era considerado equiparado ao trabalhador autônomo. E no período compreendido entre 29.11.1999 e 28.2.2000, contribuinte individual.

j) o servidor da União (incluídas suas autarquias e fundações de direito público) ocupante, exclusivamente, de cargo em comissão declarado em lei de livre nomeação e exoneração:

• Até 07/93, quando não amparado por regime próprio de previdência social, nessa condição;

• A partir de 08/93, em decorrência da Lei n. 8.647/93.

Obs.: Esta vinculação do servidor público ocupante de cargo em comissão ao Regime Geral de Previdência Social — RGPS — se encontra expressamente prevista também no § 13 do art. 40 da Constituição Federal/88.

k) o servidor da União (incluídas suas autarquias e fundações de direito público), ocupante de emprego público e, a partir de 10.12.1993, em decorrência da Lei n. 8.745/93, o contratado por tempo determinado para atender a necessidade temporária de excepcional interesse público, nos termos do inciso IX do art. 37 da CF/88;

Obs.: Até 9.12.1993 o servidor contratado pela União (incluídas suas autarquias e fundações) por tempo determinado, para atender a necessidade temporária nos termos do inciso IX do art. 37 da CF/88 era considerado como trabalhador autônomo.

l) o servidor dos Estados, do Distrito Federal ou dos Municípios, incluídas suas autarquias e fundações de direito público, assim considerado o ocupante, exclusivamente, de cargo em comissão declarado em lei de livre nomeação e exoneração; o ocupante de emprego público; o contratado por tempo determinado para atender a necessidade temporária de excepcional interesse público e, finalmente, o servidor estável não titular de cargo efetivo, por força do art. 19 do Ato das Disposições Constitucionais Transitórias:

• Até 15.12.1998, desde que não amparado por regime próprio de previdência social, nessa condição;

• A partir de 16.12.1998, por força da Emenda Constitucional n. 20/98.

---

(2) Entende-se por regime próprio de previdência social, para fins do enquadramento de que trata a letra "i", *supra*, aquele garantido pelo organismo oficial internacional ou estrangeiro, independentemente de quais sejam os benefícios assegurados pelo organismo

Obs.: É também considerado como "segurado empregado" o ocupante de cargo de Ministro de Estado, de Secretário Estadual, Distrital ou Municipal, sem vínculo efetivo com a União, Estados, Distrito Federal e Municípios, suas autarquias, ainda que em regime especial, e fundações.

m) o detentor de mandato eletivo federal, em decorrência da Lei n. 9.506/97 (desde que não vinculado a Regime Próprio de Previdência Social), a partir de 1º.2.1999[3];

n) o detentor de mandato eletivo estadual ou municipal, em decorrência da Lei n. 9.506/97 (desde que não vinculado a Regime Próprio de Previdência Social), a partir de 1º.2.1998;

Obs. 1: A partir de 16.12.1998, o vereador que exercer, concomitantemente, mandato eletivo e cargo efetivo, deverá filiar-se ao RGPS pelo exercício do mandato eletivo e ao regime próprio de previdência social pelo exercício do cargo efetivo ou ao RGPS por ambas as atividades na hipótese do município a que esteja vinculado não possuir regime próprio de previdência social.

Obs. 2: Ver nota de rodapé referente à alínea "m".

o) a partir de março/2000, o ocupante de cargo de Ministro de Estado, de Secretário Estadual, Distrital ou Municipal, desde que não amparado por regime próprio de previdência social pelo exercício de cargo efetivo do qual se tenha afastado para assumir essa função, em decorrência da Lei n. 9.876/99;

p) o contratado por titular de serventia da Justiça, sob o regime da legislação trabalhista, e qualquer pessoa que, habitualmente, lhe presta serviços remunerados, sob sua dependência, sem relação de emprego com o Estado, a partir de 1º.1.1967;

q) o médico-residente ou o residente em área profissional da saúde que prestam serviços em desacordo, respectivamente, com a Lei n. 6.932/81, na redação dada pela Lei n. 10.405/2002, ou com a Lei n. 11.129/2005[4];

r) o médico ou o profissional da saúde, plantonista, independentemente da área de atuação, do local de permanência ou da forma de remuneração;

s) o diretor empregado de empresa urbana ou rural que, participando ou não do risco econômico do empreendimento, seja contratado ou promovido para cargo de direção de sociedade anônima, mantendo as características inerentes à relação de emprego;

t) o treinador profissional de futebol, independente de acordos firmados, nos termos da Lei n. 8.650/93;

---

(3) A previsão legal de enquadramento dos detentores de mandato eletivo consta do artigo 12 da Lei n. 8.212/91, alíneas "h" e "j", sendo que a alínea "h" foi acrescentada pela Lei n. 9.506/97, que extinguiu o IPC, antigo Instituto de Previdência dos Congressistas. Referida lei foi objeto de ação de inconstitucionalidade, já que o STF mantinha entendimento de que quem tem mandato eletivo se inclui, em sentido amplo, como servidor e não como trabalhador (ADI 455-7, julgamento em 23.5.1991 e ADI 512-0, julgamento em 3.3.1999). A alínea "h" acabou suspensa pela Resolução n. 26, de 21.6.2005 (DOU de 22.6.2005), do Senado Federal, em virtude da declaração de inconstitucionalidade em decisão definitiva do STF, nos autos do Recurso Extraordinário n. 351.717-1/PR (Relator Ministro Carlos Velloso, julgamento em 8.10.2003 — DJ de 21.11.2003). A Lei n. 9.506/97 foi declarada inconstitucional, não podendo criar novo segurado obrigatório (já que o inciso II do art. 195 mencionava apenas o trabalhador) e não podendo instituir nova fonte de custeio sobre subsídio de agente político, porque para tanto precisava ser lei complementar, e não ordinária. Com a publicação da EC n. 20/98, o inciso II do art. 195 foi alterado e passou a dispor que a Seguridade Social é custeada por trabalhadores e demais segurados da previdência social. O art. 40 também foi alterado, determinando que servidores ocupantes de cargo temporário devem se filiar ao RGPS. Com este novo amparo constitucional, foi publicada a Lei n. 10.887/2004 acrescentando a alínea "j" ao art. 12 da Lei n. 8.212/91 (idêntica redação da alínea "h"), que não foi objeto de ação de inconstitucionalidade. A Secretaria da Receita Previdenciária publicou, em 18.9.2006, a Instrução Normativa n. 15, determinando a possibilidade de restituição das contribuições efetuadas até a data de 18.9.2004 (dia anterior à vigência das contribuições instituídas pela Lei n. 10.887/2004). As contribuições efetuadas a contar de 19.9.2004 permanecem válidas, com fundamento na alínea "j" do art. 12 da Lei n. 8.212/91. Atualmente disciplinam sobre o tema a IN SRF n. 971/2009 e a IN INSS/PRES 45/2010.

(4) Residência médica, conforme disposto na Lei n. 6.932/81, com a redação da Lei n. 10.405/2002, é a modalidade de ensino de pós-graduação, destinada a médicos, sob a forma de cursos de especialização, caracterizada por treinamento em serviço, funcionando sob a responsabilidade de instituições de saúde, universitárias ou não, sob a orientação de profissionais médicos.

u) o trabalhador aprendiz, com idade de 14 a 24 anos, ressalvado o portador de deficiência (ao qual não se aplica o limite de idade), sujeito à formação técnico-profissional metódica, sob a orientação de entidade qualificada, nos termos das Leis ns. 10.097/2000 e 11.180/2005 e dos arts. 428 a 433 da CLT;[5]

v) o empregado de conselho, de ordem ou de autarquia de fiscalização no exercício de atividade profissional, a contar de 1º.4.1968, data em que entrou em vigor a Lei n. 5.410;

w) o trabalhador contratado no exterior para trabalhar no Brasil em empresa constituída e funcionando em território nacional segundo as leis brasileiras, ainda que com salário estipulado em moeda estrangeira, salvo se amparado pela previdência social de seu país de origem, observado o disposto nos acordos internacionais porventura existentes;

x) o auxiliar local de nacionalidade brasileira, a partir de 10.12.1993, desde que, em razão de proibição legal, não possa filiar-se ao sistema previdenciário local, conforme disposto no art. 57 da Lei n. 11.440/2006;[6]

Obs.: Os auxiliares locais de nacionalidade brasileira terão sua situação previdenciária, relativa aos fatos geradores ocorridos até 31.12.1993, regularizada no RGPS, mediante indenização das contribuições patronais e dos segurados, na forma da Lei n. 9.528/97, e Portarias Interministeriais.

y) o servidor admitido até 5.10.1988, que não tenha cumprido, naquela data, o tempo previsto para aquisição da estabilidade no serviço público:

• mesmo que a natureza das atribuições dos cargos ou funções ocupados seja permanente e esteja submetido a regime estatutário, desde que não amparado por regime previdenciário próprio;

• quando a natureza das atribuições dos cargos ou funções ocupados seja temporária ou precária;

z) o Agente Comunitário de Saúde[7] com vínculo direto com o poder público local:

• até 15.12.1998, desde que não amparado por RPPS;

• a partir de 16.12.1998, por força da Emenda Constitucional n. 20/98

Obs.: O vínculo previdenciário do Agente Comunitário de Saúde contratado por intermédio de entidades civis de interesse público dar-se-á com essas entidades, na condição de segurado empregado do RGPS.

II. Atividade exercida no exterior

a) o brasileiro ou estrangeiro domiciliado e contratado no Brasil para trabalhar como empregado no exterior, em sucursal ou agência de empresa constituída sob as leis brasileiras e que tenha sede e administração no País;

b) o brasileiro ou estrangeiro domiciliado e contratado no Brasil para trabalhar como empregado em empresa domiciliada no exterior com maioria do capital votante pertencente à empresa constituída sob as leis brasileiras, que tenha sede e administração no país e cujo controle efetivo esteja em caráter permanente sob a titularidade direta ou indireta de pessoas físicas domiciliadas e residentes no país ou de entidade de direito público interno;

---

(5) A contratação como aprendiz, nos termos da Lei n. 10.097/2000, poderá ser efetivada pela empresa onde se realizará a aprendizagem ou pelas entidades sem fins lucrativos, que têm por objetivo a assistência ao adolescente e a educação profissional, caso em que não gera vínculo de emprego com a empresa tomadora dos serviços.
(6) Auxiliar local, nos termos do art. 56 da Lei n. 11.440/2006, é o brasileiro ou o estrangeiro contratado pela União, para trabalhar nas repartições governamentais brasileiras, no exterior, prestando serviços ou desempenhando atividades de apoio que exijam familiaridade com as condições de vida, com os usos ou com os costumes do país onde esteja sediada a repartição.
(7) Agente Comunitário de Saúde, nos termos da Lei n. 11.350/2006, é a pessoa recrutada pelo gestor local do Sistema Único de Saúde (SUS), por intermédio de processo seletivo, para atuar, mediante remuneração, em programas de prevenção e promoção de saúde desenvolvidas em conformidade com as diretrizes do SUS, sob supervisão do órgão gestor deste.

c) o brasileiro civil que trabalha para a União no exterior, em organismos oficiais internacionais dos quais o Brasil seja membro efetivo, ainda que lá domiciliado e contratado, salvo se amparado por regime próprio de previdência social;

Obs.: Entende-se por regime próprio de previdência social aquele garantido pelo organismo oficial internacional ou estrangeiro, independentemente de quais sejam os benefícios assegurados pelo organismo.

d) o brasileiro civil que presta serviços à União no exterior, em repartições governamentais brasileiras, lá domiciliado e contratado, inclusive o auxiliar local de que tratam os arts. 56 e 57 da Lei n. 11.440/2006, este desde que, em razão de proibição legal, não possa filiar-se ao sistema previdenciário local;

Obs.: A contar de 10.12.1993 o auxiliar local de nacionalidade brasileira se encontra filiado ao RGPS por força do art. 67 da Lei n. 7.501/86, na redação dada pelo art. 13 da Lei n. 8.745/93, desde que, em razão de proibição legal, não possa filiar-se ao sistema previdenciário do local do domicílio. Também disciplinam sobre o tema as Portarias Interministeriais n. 452, de 25 de agosto de 1995; n. 32, de 10 de junho de 1998; n. 2.640, de 13 de agosto de 1998; n. 774, de 4 de dezembro de 1998, e Portaria Conjunta n. 4, de 29 de julho de 1999.

e) o brasileiro civil que trabalha no exterior para organismo oficial internacional do qual o Brasil é membro efetivo, ainda que lá domiciliado e contratado, salvo quando coberto por regime próprio de previdência social.

Obs.: Entende-se por regime próprio de previdência social aquele garantido pelo organismo oficial internacional ou estrangeiro, independente de quais sejam os benefícios assegurados pelo organismo.

Não obstante às hipóteses trazidas pela legislação previdenciária (*a* a *e*, *supra*), compreendo que, por analogia à Lei n. 11.962/2009 e em razão do cancelamento da Súmula 207 do TST, qualquer trabalhador, residente no exterior, que preste serviços a empresa brasileira e que receba remuneração por estes serviços (por depósito, entrega, remessa etc.), será considerado contribuinte obrigatório do Regime Geral de Previdência Social. Explico.

A Lei n. 7.064/82, que dispõe sobre a situação de trabalhadores contratados ou transferidos para prestar serviços no exterior, determinava em seu art. 1º sua aplicação apenas para empresas de engenharia. Em 6.7.2009, contudo, foi publicada a Lei n. 11.962 alterando a redação desse dispositivo e determinando a aplicação da Lei n. 7.064 indeterminadamente, a todas as empresas. E os arts. 3º e 11 deste diploma determinam adoção da legislação previdenciária brasileira, com exceção apenas das contribuições destinadas a Terceiros (Salário-Educação, SESI, SENAI, SESC, SENAC e INCRA). Confira-se:

"**Art. 3º** A empresa responsável pelo contrato de trabalho do empregado transferido assegurar-lhe-á, independentemente da observância da legislação do local da execução dos serviços:

(...)

Parágrafo único. Respeitadas as disposições especiais desta Lei, aplicar-se-á a legislação brasileira sobre Previdência Social, Fundo de Garantia por Tempo de Serviço — FGTS e Programa de Integração Social — PIS/PASEP."

"**Art. 11.** Durante a prestação de serviços no exterior não serão devidas, em relação aos empregados transferidos, as contribuições referentes a: Salário-Educação, Serviço Social da Indústria, Serviço Social do Comércio, Serviço Nacional de Aprendizagem Comercial, Serviço Nacional de Aprendizagem Industrial e Instituto Nacional de Colonização e de Reforma Agrária."

Com essa alteração, a Súmula TST n. 207 acabou sendo cancelada (pela Resolução 181/2012) e sua redação assim determinava:

"**CONFLITOS DE LEIS TRABALHISTAS NO ESPAÇO. PRINCÍPIO DA *LEX LOCI EXECUTIONIS*.** A relação jurídica trabalhista é regida pelas leis vigentes no país da prestação de serviço e não por aquelas do local da contratação."

Podemos compreender, portanto, que os dispositivos da Lei n. 7.064/82 são agora aplicáveis a todos os trabalhadores que prestam serviços no exterior a empresas brasileiras, inclusive seu art. 3º, que determina expressamente a adoção da legislação previdenciária. São, portanto, segurados obrigatórios e, nesta modalidade, contribuintes do sistema, seja na condição de empregados ou contribuintes individuais.

III. Observações Gerais

1) O servidor civil ocupante de cargo efetivo e o militar não serão considerados segurados obrigatórios do RGPS se estiverem amparados por regime próprio de Previdência Social. No entanto, caso venham a exercer, concomitantemente, uma ou mais atividades abrangidas pelo RGPS, então se tornarão segurados obrigatórios em relação a essas atividades.

2) Na hipótese de o servidor público, vinculado a regime próprio de previdência social exercer, concomitantemente, o mandato eletivo no cargo de vereador, será obrigatoriamente filiado ao RGPS em razão do cargo eletivo, devendo contribuir para o RGPS sobre a remuneração recebida pelo exercício do mandato eletivo e para o RPPS sobre a remuneração recebida pelo exercício do cargo efetivo (IN SRF 03/2005, art. 6º, §2º).

3) Quanto à filiação do servidor civil ou militar cedido ou requisitado para órgão ou entidade, deverá ser observado o seguinte (Instrução Normativa SRF n. 971/2009, art. 6º, §3º):

• até 15.12.1998, contribuía para o RGPS caso não fosse amparado por RPPS no órgão cessionário ou requisitante, relativamente à remuneração recebida neste órgão ou entidade;

• a partir de 16.12.1998, em decorrência da Emenda Constitucional n. 20/98, até 28.11.1999, contribuía para o RGPS relativamente à remuneração recebida da entidade ou do órgão para o qual foi cedido ou requisitado, ressalvado o disposto no § 12 do art. 6º da referida IN;

• a partir de 29.11.1999, em decorrência da Lei n. 9.876/99, até 27.8.2000, permanece vinculado ao regime de origem, para o qual são devidas suas contribuições, desde que o regime previdenciário do órgão cessionário ou requisitante não permita sua filiação na condição de servidor cedido; e

• a partir de 28.08.2000, em decorrência da Medida Provisória n. 2.043-21, de 25 de agosto de 2000, que acrescentou o art. 1º-A à Lei n. 9.717/98, permanece vinculado ao regime de origem.

4) O servidor cedido ou requisitado para outro órgão público integrante da mesma esfera de governo, amparado por RPPS, permanecerá vinculado a esse regime — IN SRF n. 971/2009, art. 6º, § 12º.

5) O servidor público da União, dos estados, do Distrito Federal, dos municípios, inclusive suas autarquias e fundações de direito público, amparado por regime próprio de previdência social, quando requisitado pela Justiça Eleitoral, permanecerá vinculado ao regime de origem, por força do art. 9º da Lei n. 6.999, de 7 de junho de 1982 — IN SRF n. 971/2009, art. 6º, § 4º.

6) O estagiário, assim caracterizado o estudante que desenvolve ato educativo escolar supervisionado, desenvolvido no ambiente de trabalho, com vista à sua preparação para o trabalho produtivo, conforme definido na Lei n. 11.788/2008, será segurado obrigatório do RGPS na condição de empregado quando não observado qualquer dos requisitos da legislação pertinente, em especial:

• matrícula e frequência regular do educando em curso de educação superior, de educação profissional, de ensino médio, da educação especial e nos anos finais do ensino fundamental, na modalidade profissional da educação de jovens e adultos e atestados pela instituição de ensino;

• celebração de termo de compromisso entre o educando, a parte concedente do estágio e a instituição de ensino e cumprimento de todas as obrigações nele contidas;

• compatibilidade entre as atividades desenvolvidas no estágio e aquelas previstas no termo de compromisso;

• acompanhamento efetivo pelo professor orientador da instituição de ensino e por supervisor da parte concedente, comprovado por vistos nos relatórios das atividades exigidos do educando e por menção de aprovação final.

7) O atleta não-profissional em formação não será considerado contribuinte obrigatório do RGPS, quando forem atendidas cumulativamente as seguintes condições previstas na Lei n. 9.615/98, quais sejam:

• possuir idade entre 14 (quatorze) e 20 (vinte) anos;

• ser contratado por entidade de prática desportiva formadora;

• somente receber auxílio financeiro, se for o caso, sob a forma de bolsa de aprendizagem, nos termos da Lei n. 9.615/98 (Lei Pelé), com a redação dada pela Lei n. 10.672/2003.

8) Enquadra-se como "segurado empregado" o assalariado rural safrista, de acordo com os art. 14, 19 e 20 da Lei n. 5.889/73, observado que para aqueles segurados que prestam serviço a empresas agroindustriais e agropecuárias, a caracterização, se urbana ou rural, dar-se-á pela natureza da atividade exercida, conforme definido no Parecer CJ n. 2.522, de 9 de agosto de 2001, caracterizando, desta forma, a sua condição em relação aos benefícios previdenciários — IN INSS/PRES n. 45/2010, art. 3º, V.

Fundamentação: Lei n. 8.212/91, art. 12, inciso I e art. 13; Lei n. 8.213/91, art. 11, inciso I e § 5º, e 12; Decreto n. 3.048/99, art. 9º, inciso I, 10, 12, § 6º e 191; Instrução Normativa SRF n. 971/2009, art. 6º; Instrução Normativa INSS/PRES n. 45/2010, art. 3º.

1.1.2. Empregados Domésticos

Os empregados domésticos, assim considerados pela legislação previdenciária como *"aqueles que prestam serviços de natureza contínua, mediante remuneração, a pessoa ou família, no âmbito residencial desta, em atividade sem fins lucrativos"*, também têm por obrigatoriedade a participação como segurados da Previdência Social e a respectiva contribuição para o Sistema de Seguridade Social.

Do conceito trazido pelo legislador verificamos, portanto, a necessidade da existência de quatro requisitos básicos para a caracterização do vínculo empregatício doméstico, quais sejam:

1 — A natureza do serviço a ser prestado deverá ser contínua, ou seja, não poderá ser um trabalho eventual, episódico, existente apenas em determinado momento ou acontecimento. Haverá que ser, ao contrário, sucessivo, incessante, de existência perene, de forma que se considere ininterrupto, como acontece na manutenção da ordem e limpeza de determinada residência. Observe-se que, neste exemplo, o serviço a ser executado, por sua natureza, não se caracteriza finito, pois que sua necessidade existirá continuamente.

Há que ser observado, ainda, que a atividade intermitente, ou seja, que apresenta interrupções temporais, não descaracteriza, por si só, a prestação do serviço doméstico. As peculiaridades de usos e costumes no meio familiar permitem, atualmente, diferenciar o trabalho autônomo de uma diarista com o de uma doméstica com atividade intermitente, que presta serviços de natureza empregatícia, ainda que assim não o faça durante todos os dias da semana.

2 — O trabalhador deverá ser, necessariamente, pessoa física, cujo labor será retribuído por remuneração. Não se admite, portanto, nesta relação de emprego, a prestação do serviço por pessoa jurídica ou o trabalho voluntário, gratuito por sua natureza espontânea.

3 — O serviço deverá ser prestado à pessoa física ou à família, não existindo, em qualquer hipótese, a prestação de serviço doméstico a pessoas jurídicas.

4 — O trabalho a ser executado deverá se limitar ao âmbito residencial do empregador, sempre sem finalidade lucrativa. O empregador jamais poderá, portanto, utilizar-se do trabalho desenvolvido por seu empregado para obter qualquer forma de lucro, sob pena de restar descaracterizado o trabalho doméstico.

A contribuição obrigatória para a Previdência Social existe desde a competência abril de 1973, em razão da entrada em vigor do Decreto n. 71.885, de 9.3.1973, o qual regulamentou a Lei n. 5.859/72.

Fundamentação: Lei n. 8.212/91, art. 12, inciso II; Lei n. 8.213/91, art. 12, inciso II; Decreto n. 3.048/99, art. 9º, inciso II.

1.1.3. Contribuintes Individuais

Denominados como "empresários e autônomos" anteriormente à publicação da Lei n. 9.876, de 26.11.1999, são hoje considerados contribuintes individuais da Seguridade Social e, na sequência, segurados obrigatórios do Regime Geral de Previdência Social os seguintes trabalhadores:

a) quem presta serviço de natureza urbana ou rural, em caráter eventual a uma ou mais empresas, fazendas, sítios, chácaras ou a um contribuinte individual, em um mesmo período ou em períodos diferentes, sem relação de emprego (trabalhador autônomo);

Obs. 1: Também se enquadra como contribuinte individual o diarista, assim entendido a pessoa física que, por conta própria, presta serviços de natureza não contínua à pessoa ou à família no âmbito residencial destas, em atividade sem fins lucrativos

Obs. 2: O correspondente internacional autônomo, assim entendido o trabalhador de qualquer nacionalidade que presta serviços no exterior, sem relação de emprego, a diversas empresas, não poderá ser considerado segurado obrigatório da Previdência Social brasileira, ainda que uma das tomadoras do serviço seja sediada no Brasil, considerando que a mencionada Previdência Social aplica-se aos trabalhadores que prestam serviços autônomos dentro dos limites do território nacional — IN INSS/PRES n. 45/2010, art. 6º, § 2º.

b) desde que receba remuneração[8], aquele que exerce, por conta própria, atividade econômica de natureza urbana, com fins lucrativos ou não (trabalhador empresário), bem como também as seguintes pessoas físicas:

• o titular de firma individual urbana ou rural, considerado empresário individual pelo art. 931 do Código Civil;

• todos os sócios nas sociedades em nome coletivo;

• o sócio administrador, o sócio cotista e o administrador não empregado na sociedade limitada, urbana ou rural, conforme definido na Lei n. 10.406/2002 (Código Civil);

• o membro de conselho de administração na sociedade anônima ou o diretor não empregado que, participando ou não do risco econômico do empreendimento, seja eleito por assembleia geral dos acionistas para cargo de direção de sociedade anônima, desde que não mantidas as características inerentes à relação de emprego; e

• o membro de conselho fiscal de sociedade por ações ou entidade de qualquer natureza;

c) a pessoa física, proprietária ou não, que explora atividade agropecuária (agrícola, pastoril ou hortifrutigranjeira), ou atividade pesqueira e extrativista, a qualquer título, em caráter permanente ou temporário, nas seguintes condições:

• para o período de 1º.1.1976 (data da vigência da Lei n. 6.260/75) até 22.6.2008 (véspera da publicação da Lei n. 11.718/2008), diretamente ou por intermédio de terceiros e com o

---

(8) Não há qualquer legislação obrigando o sócio do empreendimento a ter retirada pró-labore. Não havendo remuneração *(pro labore)* em razão dos serviços prestados, a pessoa física não será considerada como contribuinte obrigatória e poderá, se desejar, recolher para a Previdência Social na condição de segurada facultativa.

auxílio de empregado, utilizado a qualquer título, ainda que de forma não contínua, independentemente do tamanho do módulo fiscal[9]; e

• a partir de 23.6.2008 (data da publicação da Lei n. 11.718/2008), na atividade agropecuária em área, contínua ou descontínua, superior a quatro módulos fiscais. Quando a área for igual ou inferior a quatro fiscais, ou quando se tratar de atividade pesqueira ou extrativista, somente quando a pessoa física utilizar do auxílio de empregados (em desacordo com o § 8º do art. 12 da Lei n, 8.212/91), ou quando se valer do intermédio de prepostos[10].

d) a pessoa física, proprietária ou não, que explora atividade de extração mineral — garimpo —, em caráter permanente ou temporário, diretamente ou por intermédio de prepostos[8], com ou sem o auxílio de empregados, utilizados a qualquer título, ainda que de forma não contínua;

e) o ministro de confissão religiosa e o membro de instituto de vida consagrada, de congregação ou de ordem religiosa, quando mantidos pela entidade a que pertençam[11], salvo se obrigatoriamente filiados à Previdência Social em razão de outra atividade ou a outro regime previdenciário militar ou civil, ainda que na condição de inativos, a partir de 9.10.1979, data de publicação da Lei n. 6.696.[12]

Obs. 1: Com o advento da Lei n. 10.403, de 8.1.2002, o ministro de confissão religiosa e o membro de instituto de vida consagrada, de congregação ou de ordem religiosa, passaram a ser segurados obrigatórios do RGPS, independentemente de outra filiação ao próprio RGPS ou a outro regime previdenciário.

Obs. 2: Para melhor elucidação do tema, confiram-se os conceitos trazidos pela IN INSS n. 20/2007, art. 5º, inciso V (revogada pela IN INSS/PRES n. 45/2010, que não manteve estes conceitos):

• **Instituição de confissão religiosa:** aquela caracterizada por uma comunidade de pessoas unidas no corpo de doutrina, obrigadas a cumprir um conjunto de normas expressas de conduta, para consigo mesmas e para com os outros, exercidas na forma de cultos, traduzidas em ritos, práticas e deveres para com o Ser Superior.

• **Instituto de vida consagrada:** sociedade aprovada por legítima autoridade religiosa, na qual seus membros emitem votos públicos ou assumem vínculos estáveis para servir à confissão religiosa adotada, além do compromisso comunitário, independentemente de convivência sob o mesmo teto.

• **Ordem religiosa:** sociedade aprovada por legítima autoridade religiosa, na qual os membros emitem votos públicos determinados, perpétuos ou temporários, passíveis de renovação e assumem o compromisso comunitário regulamentar de convivência sob o mesmo teto.

• **Ministros de confissão religiosa:** aqueles que consagram sua vida a serviço de Deus e do próximo, com ou sem ordenação, dedicando-se ao anúncio de suas respectivas doutrinas e crenças, à celebração dos cultos próprios, à organização das comunidades e à promoção de observância das normas estabelecidas, desde que devidamente aprovados para o exercício de suas funções pela autoridade religiosa competente.

• **Membros do instituto de vida religiosa:** aqueles que emitem voto determinado ou seu equivalente, devidamente aprovado pela autoridade religiosa competente.

• **Membros de ordem ou congregação religiosa:** aqueles que emitem ou nelas professam os votos adotados.

• **Ex-membros:** todos quantos se desligaram das entidades, por ter expirado o tempo da emissão de seus votos temporários ou por dispensa de seus votos, quando concedida pela autoridade religiosa competente ou, ainda, por quaisquer outros motivos.

---

(9) Confira-se a redação da Súmula 30 da TNU, publicada em fev./2006: "Tratando-se de demanda previdenciária, o fato de o imóvel ser superior ao módulo rural não afasta, por si só, a qualificação de seu proprietário como segurado especial, desde que comprovada, nos autos, a sua exploração em regime de economia familiar."

(10) Entende-se que a pessoa física, proprietária ou não, explora atividade através de prepostos quando, na condição de parceiro outorgante, desenvolve atividade agropecuária, pesqueira ou de extração de minerais por intermédio de parceiros ou meeiros. Havendo exploração de atividade agropecuária ou pesqueira por intermédio de prepostos, com ou sem o auxílio de empregados, será o cidadão considerado "contribuinte individual" do RGPS, exceto se ele se enquadrar como segurado especial.

(11) Caso os valores recebidos por esses segurados independam da natureza e da quantidade de trabalho executado não lhes será atribuído o caráter de remuneração, devendo o ministro de confissão religiosa e assemelhados contribuir na qualidade de segurados facultativos.

(12) Consideram-se como início da atividade dos religiosos o ato de emissão de votos temporários ou perpétuos ou compromissos equivalentes, que os habilitem ao exercício estável da atividade religiosa a que se consagraram.

f) o brasileiro civil que trabalha no exterior para organismo oficial internacional do qual o Brasil é membro efetivo, ainda que lá domiciliado e contratado, salvo quando coberto por regime próprio de previdência social;[13]

Obs.: Consideram-se igualmente "contribuintes individuais" o brasileiro civil que trabalha em organismo oficial internacional ou estrangeiro em funcionamento no Brasil (a partir de 1º.03.2000, em decorrência da Lei n. 9.876/99) e também o brasileiro que trabalha para órgão ou entidade da Administração Pública sob intermediação de organismo oficial internacional ou estrangeiro em funcionamento no Brasil, desde que não existentes os pressupostos que os caracterizem como segurados empregados.

g) o pescador que trabalha em regime de parceria, de meação ou de arrendamento, em embarcação com mais de 6 (seis) toneladas de arqueação bruta, na exclusiva condição de parceiro outorgante;

Obs.: Também se enquadra como contribuinte individual o marisqueiro que, sem utilizar embarcação pesqueira, exerce atividade de captura ou de extração de elementos animais ou vegetais que tenham na água seu meio normal ou mais frequente de vida, na beira do mar, no rio ou na lagoa, com auxílio de empregado em número que exceda à razão de cento e vinte pessoas/dia dentro do ano civil.

h) cada um dos condôminos de propriedade rural que explora a terra com cooperação de empregados ou não, havendo delimitação formal da área definida superior a quatro módulos fiscais, sendo que, não havendo delimitação de áreas, todos os condôminos assumirão a condição de contribuinte individual, salvo prova em contrário;

i) o associado eleito para cargo de direção em cooperativa, associação ou entidade de qualquer natureza ou finalidade, bem como o síndico ou administrador eleito para exercer atividade de direção condominial, desde que recebam remuneração pelo exercício do cargo (ainda que de forma indireta como, por exemplo, isenção da taxa de condomínio), a partir de 6.3.1997, data da publicação do Decreto n. 2.172;

Obs.: Até a data de 5.3.1997 o síndico de condomínio ou o administrador eleito para exercer atividade de administração condominial, mesmo quando remunerado, não eram segurados obrigatórios do RGPS. Poderiam, no entanto, e se assim desejassem, se filiar facultativamente ao sistema.

j) o trabalhador associado à cooperativa de trabalho que, nessa condição, presta serviços a empresas ou a pessoas físicas, mediante remuneração ajustada ao trabalho executado;

k) o trabalhador associado à cooperativa de produção que, nessa condição, presta serviços à cooperativa, mediante remuneração ajustada ao trabalho executado

l) o notário ou tabelião e o oficial de registros ou registrador, titular de cartório, que detêm a delegação do exercício da atividade notarial e de registro, não remunerados pelos cofres públicos, admitidos a partir 21.11.1994, data da publicação da Lei n. 8.935/94;

Obs. 1: É também contribuinte individual o notário, o tabelião, o oficial de registro ou registrador, nomeados até 20.11.1994, que detêm a delegação do exercício da atividade notarial e de registro, desde que não remunerados pelos cofres públicos;

Obs. 2: Também se enquadra como contribuinte individual o notário, o tabelião, o oficial de registro ou registrador, nomeados até 20.11.1994, que detêm a delegação do exercício da atividade notarial e de registro, mesmo que amparados por RPPS, conforme o disposto no art. 51 da Lei n. 8.935/94, a partir de 16.12.1998, por força da Emenda Constitucional n. 20, de 1998;

m) o aposentado de qualquer regime previdenciário nomeado magistrado classista temporário da Justiça do Trabalho[14], na forma dos incisos II do § 1º do art. 111, ou III do art. 115, ou do parágrafo único do art. 116 da Constituição Federal, ou nomeado magistrado da Justiça Eleitoral, na forma dos incisos II do art. 119, ou III do § 1º do art. 120 da Constituição Federal;

---

(13) Entende-se por regime próprio de previdência social aquele garantido pelo organismo oficial internacional ou estrangeiro, independente de quais sejam os benefícios assegurados pelo organismo.
(14) A Emenda Constitucional n. 24, de 09.12.1999, extinguiu a categoria de magistrado classista temporário da Justiça do Trabalho, assegurando, entretanto, o cumprimento dos mandatos dos então atuais magistrados.

n) o administrador, exceto o servidor público vinculado a RPPS, nomeado pelo poder público para o exercício do cargo de administração em fundação pública de direito privado;

o) o síndico da massa falida, o administrador judicial (definido pela Lei n. 11.101/2005), o comissário de concordata e o incorporador (Lei n. 4.591/64, art. 29), quando remunerados;

p) o médico-residente ou o residente em área profissional da saúde[15], contratados, respectivamente, na forma da Lei n. 6.932/81 (com a redação dada pela Lei n. 10.405/2002) e da Lei n. 11.129/2005;

q) o árbitro de jogos desportivos e seus auxiliares que atuem em conformidade com a Lei n. 9.615/98, a partir de 25.3.1998;

r) o condutor autônomo de veículo rodoviário, assim considerado aquele que exerce atividade profissional sem vínculo empregatício, quando proprietário, coproprietário ou promitente comprador de um só veículo;

Obs.: Também é considerado contribuinte individual aquele que exerce atividade de auxiliar de condutor autônomo de veículo rodoviário, em automóvel cedido em regime de colaboração, nos termos da Lei n. 6.094/74;

s) a pessoa física contratada para prestação de serviço em campanhas eleitorais por partido político ou por candidato a cargo eletivo, em face do art. 100 da Lei n. 9.504/97 que determinar entre as partes inexistência de vínculo empregatício;

Obs. 1: Também se classificam como "contribuintes individuais" as pessoas físicas contratadas por comitê financeiro de partido político ou por candidato a cargo eletivo, para prestação de serviço nas campanhas eleitorais, igualmente em face do que dispõe o art. 100 da Lei n. 9.504, de 30.9.1997, *in verbis*: *"Art. 100 — A contratação de pessoal para prestação de serviços nas campanhas eleitorais não gera vínculo empregatício com o candidato ou partido contratantes."* A Instrução Normativa SRP n. 16/2006 disciplina o recolhimento devido para a Previdência social por estes contribuintes.

Obs. 2: Para efeito de recolhimento de contribuições previdenciárias e informação dos fatos geradores em GFIP/GRF, os candidatos a cargos eletivos e os comitês financeiros de partidos políticos equiparam-se a empresa, nos termos do parágrafo único do art. 15 da Lei n. 8.212/91.

t) até a data de 28.12.2009, o cidadão recolhido à prisão sob regime fechado ou semiaberto, que, nesta condição, preste serviço remunerado, dentro ou fora da unidade penal, a uma ou mais empresas, com ou sem intermediação da organização carcerária ou entidade afim, ou que exerce atividade artesanal por conta própria;

Obs.: A contar de 29.12.2009, com a publicação do Decreto n. 7.054/2009, este segurado passou a ser considerado como "facultativo", ainda que receba remuneração pela prestação de serviços.

u) o interventor, o liquidante, o administrador especial e o diretor fiscal de instituição financeira de que trata o § 6º do art. 201 do Decreto n. 3.048/99[16];

v) o membro do conselho tutelar de que trata o art. 132 da Lei n. 8.069/90, quando remunerado;

w) o Microempreendedor Individual — MEI, de que tratam os art. 18-A e 18-C da Lei Complementar n. 123/2006, que opte pelo recolhimento dos impostos e contribuições abrangidos pelo Simples Nacional em valores fixos mensais, observado:

- que é considerado MEI o empresário individual a que se refere o art. 966 da Lei n. 10.406/2002 (Código Civil), que tenha auferido receita bruta, no ano-calendário anterior,

---

(15) Nos termos do art. 4º da Lei n. 6.932/81, com redação dada pela Lei n. 12.514/2011, a médica residente tem direito à licença-maternidade de 120 dias, que pode ser prorrogada por até 60 dias, quando requerido pela interessada.

(16) As instituições financeiras a que se refere o Decreto n. 3.048/99, em seu art. 201, § 6º, são: banco comercial, banco de investimento, banco de desenvolvimento, caixa econômica, sociedade de crédito, financiamento e investimento, sociedade de crédito imobiliário, inclusive associação de poupança e empréstimo, sociedade corretora, distribuidora de títulos e valores mobiliários, inclusive bolsa de mercadorias e de valores, empresa de arrendamento mercantil, cooperativa de crédito, empresa de seguros privados e de capitalização, agente autônomo de seguros privados e de crédito e entidade de previdência privada, aberta e fechada.

de até R$ 60.000,00 (sessenta mil reais), optante pelo Simples Nacional e que não esteja impedido de optar pela sistemática de recolhimento mencionada neste inciso; e

• que conforme o disposto no art. 18-A, e seus parágrafos, da Lei Complementar n. 123/2006, poderá se enquadrar como MEI o empresário individual que possua um único empregado que receba exclusivamente um salário mínimo ou o piso salarial da categoria profissional;

x) aquele que, pessoalmente, por conta própria e a seu risco, exerce pequena atividade comercial em via pública ou de porta em porta, como comerciante ambulante, nos termos da Lei n. 6.586/78;

Obs.: Também se considera contribuinte individual aquele que, na condição de pequeno feirante, compra para revenda produtos hortifrutigranjeiros ou assemelhados;

y) a pessoa física que habitualmente edifica obra de construção civil com fins lucrativos; e

z) o bolsista da Fundação Habitacional do Exército contratado em conformidade com a Lei n. 6.855/80.

Obs.: Confira-se a redação do art. 22 da Lei n. 6.855/80: "Art. 22 — A Fundação Habitacional do Exército — FHE, mediante concessão de Bolsa de Complementação Educacional ou Bolsa de Iniciação Profissional, conforme o caso, poderá utilizar-se, sem vínculo empregatício, pelo tempo necessário ao término do respectivo curso, ou pelo prazo máximo de 2 (dois) anos, contados da data de sua conclusão, de serviços de estudante-estagiário, de nível universitário, ou de recém-diplomados, de mesmo nível. Parágrafo único. Os bolsistas de que trata este artigo são contribuintes obrigatórios da Previdência Social."

Note-se que o fato gerador da contribuição obrigatória é a percepção de alguma remuneração pelo trabalho prestado. Assim, no mês que o contribuinte individual não auferir valores, não será obrigado a contribuir para os cofres previdenciários. Poderá, contudo, e se assim desejar, efetuar o pagamento na condição de contribuinte facultativo.

Fundamentação: Lei n. 8.212/91, art. 12, inciso V; Lei n. 8.213/91, art. 11, inciso V; Decreto n. 3.048/99, art. 9º, inciso V e §§ 9º e 15º; Instrução Normativa INSS/PRES n. 45/2010, art. 6º; Instrução Normativa SRF n. 971/2009, art. 9º.

1.1.4. Trabalhadores Avulsos

Considera-se trabalhador avulso todo aquele que, sindicalizado ou não, presta serviço de natureza urbana ou rural, a diversas empresas, sem vínculo empregatício, com a intermediação obrigatória do órgão gestor de mão de obra (nos termos da Lei n. 8.630/93 até 4.6.2013 e da Lei n. 12.815 a contar de 5.6.2013), ou do sindicato da categoria, assim considerados:

a) o trabalhador que exerce atividade portuária de capatazia, estiva, conferência e conserto de carga, vigilância de embarcação e bloco;

b) o trabalhador de estiva de mercadorias de qualquer natureza, inclusive carvão e minério;

c) o trabalhador em alvarenga (embarcação para carga e descarga de navios);

d) o amarrador de embarcação;

e) o ensacador de café, cacau, sal e similares;

f) o trabalhador na indústria de extração de sal;

g) o carregador de bagagem em porto;

h) o prático de barra em porto;

i) o guindasteiro; e

j) o classificador, o movimentador e o empacotador de mercadorias em portos.

Para melhor compreensão do disposto na letra "a", acima, confiram-se os conceitos trazidos pelo § 7º do art. 9º do Decreto n. 3.048/99:

- **capatazia**: a atividade de movimentação de mercadorias nas instalações de uso público, compreendendo o recebimento, conferência, transporte interno, abertura de volumes para conferência aduaneira, manipulação, arrumação e entrega, bem como o carregamento e descarga de embarcação, quando efetuados por aparelhamento portuário;

- **estiva**: a atividade de movimentação de mercadorias nos conveses ou nos porões das embarcações principais ou auxiliares, incluindo transbordo, arrumação, peação e despeação, bem como o carregamento e a descarga das mesmas, quando realizados com equipamentos de bordo;

- **conferência de carga**: a contagem de volumes, anotações de suas características, procedência ou destino, verificação do estado das mercadorias, assistência à pesagem, conferência do manifesto e demais serviços correlatos, nas operações de carregamento e descarga de embarcações;

- **conserto de carga**: o reparo e a restauração das embalagens de mercadoria, nas operações de carregamento e descarga de embarcações, reembalagem, marcação, remarcação, carimbagem, etiquetagem, abertura de volumes para vistoria e posterior recomposição;

- **vigilância de embarcações**: a atividade de fiscalização da entrada e saída de pessoas a bordo das embarcações atracadas ou fundeadas ao largo, bem como da movimentação de mercadorias nos portalós, rampas, porões, conveses, plataformas e em outros locais de embarcação; e

- **bloco**: a atividade de limpeza e conservação de embarcações mercantes e de seus tanques, incluindo batimento de ferrugem, pintura, reparo de pequena monta e serviços correlatos.

Note-se, portanto, existir o trabalhador avulso não-portuário, assim considerado aquele que presta serviços de carga e descarga de mercadorias de qualquer natureza (inclusive carvão e minério), o trabalhador em alvarenga (embarcação para carga e descarga de navios), o amarrador de embarcação, o ensacador de café, cacau, sal e similares, aquele que trabalha na indústria de extração de sal, o carregador de bagagem em porto, o prático de barra em porto, o guindasteiro, o classificador, o movimentador e o empacotador de mercadorias em portos.

Já o trabalhador avulso portuário pode ser considerado como aquele que presta serviços de capatazia, estiva, conferência de carga, conserto de carga, bloco e vigilância de embarcações na área dos portos organizados e de instalações portuárias de uso privativo, com intermediação obrigatória do Órgão Gestor de Mão de Obra (OGMO), podendo ser:

- segurado trabalhador avulso quando, sem vínculo empregatício, devidamente registrado ou cadastrado no OGMO, em conformidade com a Lei n. 8.630/93, presta serviços a diversos operadores portuários;

- segurado empregado quando, registrado no OGMO, contratado com vínculo empregatício e a prazo indeterminado, na forma do parágrafo único do art. 26 da Lei n. 8.630/93, é cedido a operador portuário.

Órgão Gestor de Mão de Obra — OGMO — é a entidade civil de utilidade pública, sem fins lucrativos, constituída pelos operadores portuários em conformidade com a Lei n. 8.630/93, e cuja finalidade é administrar o fornecimento de mão de obra do trabalhador avulso portuário.

Operador portuário é a pessoa jurídica, pré-qualificada junto à administração do porto, de acordo com as normas expedidas pelo Conselho de Autoridade Portuária, para a execução da movimentação e armazenagem de mercadorias na área do porto organizado.

São os conceitos trazidos pela Lei n. 12.815/2013, art. 2º:

I — porto organizado: bem público construído e aparelhado para atender a necessidades de navegação, de movimentação de passageiros ou de movimentação e armazenagem de mercadorias, e cujo tráfego e operações portuárias estejam sob jurisdição de autoridade portuária;

II — área do porto organizado: área delimitada por ato do Poder Executivo que compreende as instalações portuárias e a infraestrutura de proteção e de acesso ao porto organizado;

III — instalação portuária: instalação localizada dentro ou fora da área do porto organizado e utilizada em movimentação de passageiros, em movimentação ou armazenagem de mercadorias, destinadas ou provenientes de transporte aquaviário;

IV — terminal de uso privado: instalação portuária explorada mediante autorização e localizada fora da área do porto organizado;

V — estação de transbordo de cargas: instalação portuária explorada mediante autorização, localizada fora da área do porto organizado e utilizada exclusivamente para operação de transbordo de mercadorias em embarcações de navegação interior ou cabotagem;

VI — instalação portuária pública de pequeno porte: instalação portuária explorada mediante autorização, localizada fora do porto organizado e utilizada em movimentação de passageiros ou mercadorias em embarcações de navegação interior;

VII — instalação portuária de turismo: instalação portuária explorada mediante arrendamento ou autorização e utilizada em embarque, desembarque e trânsito de passageiros, tripulantes e bagagens, e de insumos para o provimento e abastecimento de embarcações de turismo;

IX — concessão: cessão onerosa do porto organizado, com vistas à administração e à exploração de sua infraestrutura por prazo determinado;

X — delegação: transferência, mediante convênio, da administração e da exploração do porto organizado para Municípios ou Estados, ou a consórcio público, nos termos da Lei n. 9.277, de 10 de maio de 1996;

XI — arrendamento: cessão onerosa de área e infraestrutura públicas localizadas dentro do porto organizado, para exploração por prazo determinado;

XII — autorização: outorga de direito à exploração de instalação portuária localizada fora da área do porto organizado e formalizada mediante contrato de adesão; e

XIII — operador portuário: pessoa jurídica pré-qualificada para exercer as atividades de movimentação de passageiros ou movimentação e armazenagem de mercadorias, destinadas ou provenientes de transporte aquaviário, dentro da área do porto organizado.

Confiram-se ainda, outros conceitos trazidos pela Instrução Normativa SRF n. 971/2009, art. 263:

• **administração do porto organizado**: aquela exercida diretamente pela União ou entidade concessionária, com o objetivo de coordenar, regular ou fiscalizar todas as atividades que envolvam tanto a navegação como as operações portuárias;

• **armador:** a pessoa física ou jurídica, proprietária de embarcação, que pode explorá-la comercialmente ou afretá-la a terceiros (afretador);

• **trabalho marítimo**: as atividades exercidas pelos trabalhadores em embarcação, devidamente registrados como empregados dos armadores ou dos afretadores das embarcações, os quais estão sujeitos às normas internacionais previstas na regulamentação da marinha mercante;

• **atividade de praticagem**: o conjunto de atividades profissionais de assessoria ao comandante da embarcação, realizadas com o propósito de garantir segurança da navegação ao longo de trechos da costa, das barras, dos portos, dos canais, dos lagos ou dos rios, onde ocorram peculiaridades locais ou regionais que dificultem a livre e segura movimentação das embarcações;

- **terminal ou armazém retroportuário**: o armazém ou o pátio localizado fora da área do porto organizado, utilizado para armazenagem das cargas a serem embarcadas ou que já foram liberadas dos navios e encontram-se à disposição de seus proprietários;

- **cooperativa de trabalhadores avulsos portuários**: aquela constituída por trabalhadores avulsos registrados no OGMO, estabelecida como operadora portuária para exploração de instalação portuária, dentro ou fora dos limites da área do porto organizado;

- **montante de mão de obra (MMO)**: a remuneração paga, devida ou creditada ao trabalhador avulso portuário em retribuição pelos serviços executados, compreendendo o valor da produção ou da diária e o valor correspondente ao repouso semanal remunerado, sobre o qual serão calculados os valores de férias e décimo-terceiro salário, nos percentuais de 11,12% e de 8,34%, respectivamente.

Enquadramento Previdenciário — Histórico

É interessante observarmos, no entanto, que estes segurados, até a data de 10.6.1973 (véspera do início da vigência da Lei n. 5.890), foram classificados em categoria própria, ou seja, na categoria de trabalhadores avulsos, como ocorre na legislação atual.

No período de 11.6.1973 (data de publicação da Lei n. 5.890) a 28.1.1979 (véspera da publicação dos Decretos ns. 83.080 e 83.081), no entanto, integraram o rol da categoria de autônomos, sendo mantidos os sistemas de contribuição e arrecadação vigentes naquela oportunidade, mas ressaltando-se que, excepcionalmente, as contribuições eram de responsabilidade dos tomadores de serviço.

A contar de 29.1.1979, esses segurados retornaram à categoria de trabalhadores avulsos, enquadramento vigente até os dias atuais.

Fundamentação: Lei n. 8.212/91, art. 12, inciso VI; Lei n. 8.213/91, art. 11, inciso VI; Lei n. 12.815/2013; Decreto n. 3.048/99, art. 9º, inciso VI e § 7º; Instrução Normativa INSS/PRES n. 45/2010, art. 4º; Instrução Normativa SRF n. 971/2009, arts. 7º e 263.

1.1.5. Segurados Especiais

Os segurados especiais, como o diz a própria nomenclatura, possuem tratamento especial na legislação previdenciária, tanto com relação às contribuições como em matéria de benefícios.

São considerados "segurados obrigatórios" do RGPS e se enquadram nessa categoria as pessoas físicas residentes no imóvel rural (ou em aglomerado urbano ou rural próximo) que, individualmente ou em regime de economia familiar, ainda que com o auxílio eventual de terceiros, exerçam a atividade rural, na condição de:

I — produtor, seja proprietário, usufrutuário, possuidor, assentado, parcciro ou meeiro outorgados, comodatário ou arrendatário rurais, que explore atividade:

- agropecuária em área contínua ou não de até 4 (quatro) módulos fiscais[17]; e

- de seringueiro ou extrativista vegetal na coleta e extração, de modo sustentável, de recursos naturais renováveis, e faça dessas atividades o principal meio de vida;

II — pescador artesanal ou a este assemelhado, que faça da pesca profissão habitual ou principal meio de vida; e

---

(17) A limitação de área de até 4 módulos fiscais aplica-se somente para períodos de trabalho a partir de 23.6.2008, data da publicação da Lei n. 11.718/2008.

III — cônjuge ou companheiro, bem como filho maior de dezesseis anos de idade (ou a este equiparado) do segurado de que tratam os incisos I e II *supra* que, comprovadamente, tenham participação ativa nas atividades rurais do grupo familiar.[18]

Obs.: Considera-se que o segurado especial reside em aglomerado urbano ou rural próximo ao imóvel rural onde desenvolve a atividade quando resida no mesmo município de situação do imóvel onde desenvolve a atividade rural, ou em município contíguo ao em que desenvolve a atividade rural.

Enquadra-se também como segurado especial o índio reconhecido pela Fundação Nacional do Índio — FUNAI, inclusive o artesão que utilize matéria-prima proveniente de extrativismo vegetal, desde que atendidos os demais requisitos necessários ao enquadramento nesta condição, independentemente do local onde resida ou exerça suas atividades, sendo irrelevante a definição de indígena aldeado, indígena não-aldeado, índio em vias de integração, índio isolado ou índio integrado, desde que exerça a atividade rural em regime de economia familiar e faça dessas atividades o principal meio de vida e de sustento.

Não se considera segurado especial:

• os filhos maiores de 16 (dezesseis) anos, cujo pai e mãe perderam a condição de segurados especiais, por motivo do exercício de outra atividade remunerada, salvo se comprovarem o exercício da atividade rural individualmente; e

• o arrendador de imóvel rural.

Para melhor compreensão da matéria, a legislação previdenciária traz os seguintes conceitos (IN INSS/PRES n. 45/2010, art. 7º, § 1º):

• **Regime de economia familiar:** entende-se como regime de economia familiar a atividade em que o trabalho dos membros da família[19] é indispensável à própria subsistência e ao desenvolvimento socioeconômico do núcleo familiar e é exercido em condições de mútua dependência e colaboração, sem a utilização de empregados permanentes, independentemente do valor auferido pelo segurado especial com a comercialização da sua produção, quando houver[20];

• **Auxílio eventual de terceiros:** o que é exercido ocasionalmente, em condições de mútua colaboração, não existindo subordinação nem remuneração;

• **Produtor:** aquele que, proprietário ou não, desenvolve atividade agrícola, pastoril ou hortifrutigranjeira, por conta própria, individualmente ou em regime de economia familiar;

• **Parceiro:** aquele que tem contrato escrito de parceria com o proprietário da terra ou detentor da posse e desenvolve atividade agrícola, pastoril ou hortifrutigranjeira, partilhando lucros ou prejuízos;

• **Meeiro:** aquele que tem contrato escrito com o proprietário da terra ou detentor da posse e da mesma forma exerce atividade agrícola, pastoril ou hortifrutigranjeira, partilhando rendimentos ou custos;

• **Arrendatário:** aquele que, comprovadamente, utiliza a terra, mediante pagamento de aluguel, em espécie ou *in natura*, ao proprietário do imóvel rural, para desenvolver atividade agrícola,

---

(18) Confira-se a redação do Enunciado CRPS n. 22: "Considera-se segurada especial a mulher que, além das tarefas domésticas, exerce atividades rurais com o grupo familiar respectivo, aproveitando-se-lhe as provas materiais apresentadas em nome de seu cônjuge ou companheiro, corroboradas por meio de pesquisa, entrevista ou Justificação Administrativa."
(19) Não integram o grupo familiar do segurado especial os filhos e as filhas casados, os genros e as noras, os sogros e as sogras, os tios e as tias, os sobrinhos e as sobrinhas, os primos e as primas, os netos e as netas e os afins.
(20) Conforme o Parecer CONJUR-MPS/CGU/AGU n. 70/2011, a Portaria MPS n. 513/2010 e a Lei n. 8.213/1991 devem ser interpretadas de forma a abranger a união estável entre pessoas do mesmo sexo, devendo a comprovação do vínculo entre os companheiros(as) efetivar-se segundo as mesmas regras e com as mesmas consequências da união heteroafetiva, seja para caracterização do companheiro como dependente do segurado provedor, seja para fins de caracterização do grupo familiar do segurado especial.

pastoril ou hortifrutigranjeira, individualmente ou em regime de economia familiar, sem utilização de mão de obra assalariada de qualquer espécie;

• **Comodatário:** aquele que, por meio de contrato escrito, explora a terra pertencente a outra pessoa, por empréstimo gratuito, por tempo determinado ou não, para desenvolver atividade agrícola, pastoril ou hortifrutigranjeira;

• **Condômino:** aquele que explora imóvel rural, com delimitação de área ou não, sendo a propriedade um bem comum, pertencente a várias pessoas;

• **Usufrutuário:** aquele que, não sendo proprietário de imóvel rural, tem direito à posse, ao uso, à administração ou à percepção dos frutos, podendo usufruir o bem em pessoa ou mediante contrato de arrendamento, comodato, parceria ou meação;

• **Possuidor:** aquele que exerce sobre o imóvel rural algum dos poderes inerentes à propriedade, utilizando e usufruindo da terra como se proprietário fosse;

• **Pescador artesanal:** aquele que, individualmente ou em regime de economia familiar, faz da pesca sua profissão habitual ou meio principal de vida[21], desde que não utilize embarcação; ou utilize embarcação de arqueação bruta igual ou menor que seis, ainda que com auxílio de parceiro; ou, na condição exclusiva de parceiro outorgado, utilize embarcação de arqueação bruta igual ou menor que dez, observado que:

a) entende-se por arqueação bruta a expressão da capacidade total da embarcação constante da respectiva certificação fornecida pelo órgão competente; e

b) os órgãos competentes para certificar a capacidade total da embarcação são: a capitania dos portos, a delegacia ou a agência fluvial ou marítima, sendo que, na impossibilidade de obtenção da informação por parte desses órgãos, será solicitada ao segurado a apresentação da documentação da embarcação fornecida pelo estaleiro naval ou construtor da respectiva embarcação;

• **Marisqueiro:** aquele que, sem utilizar embarcação pesqueira, exerce atividade de captura ou de extração de elementos animais ou vegetais que tenham na água seu meio normal ou mais frequente de vida, na beira do mar, no rio ou na lagoa.[22]

Note-se que até a data de 22.6.2008, o segurado especial não podia ter qualquer empregado ou trabalhador autônomo a seu serviço, mesmo que por pequeno período, sob pena de perder a condição de "segurado especial" e passar a se enquadrar, perante a Previdência Social, como "contribuinte individual". Com a publicação e vigência da Lei n. 11.718/2008 (DOU de 23.6.2008), permitiu-se ao segurado especial ou grupo familiar a utilização de empregados ou autônomos, em épocas de safra, à razão de no máximo 120 (cento e vinte) pessoas por dia dentro do ano civil, em períodos corridos ou intercalados ou, ainda, por tempo equivalente em horas de trabalho, à razão de 8 (oito) horas/dia e 44 (quarenta e quatro) horas/semana, não sendo computado nesse prazo o período de afastamento em decorrência da percepção de auxílio-doença e entendendo-se por época de safra o período compreendido entre o preparo do solo e a colheita.

Também é importante observar que o segurado especial (ou membro do grupo familiar) não pode ter outra fonte de renda, exceto se decorrente de:

a) benefício de pensão por morte, auxílio-acidente ou auxílio-reclusão, cujo valor não supere o do menor benefício de prestação continuada da Previdência Social, considerado o valor de cada benefício, quando receber mais de um ou benefícios concedidos aos segurados qualificados como segurado especial;

---

(21) Consideram-se assemelhados a pescador artesanal, dentre outros, o mariscador, o caranguejeiro, o eviscerador (limpador de pescado), o observador de cardumes, o pescador de tartarugas e o catador de algas.
(22) A contar de 1º.4.1993 o garimpeiro passou à categoria de equiparado à autônomo (atual contribuinte individual). Ver também sobre o tema a Lei n. 8.398, de 7.1.1992, que alterou a redação do inciso VII do art. 12 da Lei n. 8.212/91.

b) benefício previdenciário pela participação em plano de previdência complementar;

c) exercício de atividade remunerada (urbana ou rural) em período não superior a cento e vinte dias, corridos ou intercalados, no ano civil;[23]

d) exercício de mandato eletivo de dirigente sindical de organização da categoria de trabalhadores rurais;

e) exercício de mandato de vereador do município onde desenvolve a atividade rural, ou de dirigente de cooperativa rural constituída exclusivamente por segurados especiais;

f) parceria ou meação outorgada por meio de contrato escrito de parceria, meação ou comodato, de até cinquenta por cento de imóvel rural cuja área total, contínua ou descontínua, não seja superior a quatro módulos fiscais, desde que outorgante e outorgado continuem a exercer a respectiva atividade, individualmente ou em regime de economia familiar;

g) atividade artesanal desenvolvida com matéria-prima produzida pelo respectivo grupo familiar, independentemente da renda mensal obtida, podendo ser utilizada matéria-prima de outra origem, desde que, neste caso, a renda mensal obtida na atividade não exceda ao do menor benefício de prestação continuada da Previdência Social;

h) atividade artística, desde que em valor mensal inferior ao menor benefício de prestação continuada da Previdência Social; e

i) rendimentos provenientes de aplicações financeiras.

Não descaracteriza a condição de segurado especial, portanto:

• a outorga, por meio de contrato escrito de parceria, meação ou comodato, de até 50% (cinquenta por cento) de imóvel rural cuja área total, contínua ou descontínua, não seja superior a quatro módulos fiscais, desde que outorgante e outorgado continuem a exercer a respectiva atividade, individualmente ou em regime de economia familiar;

• a exploração da atividade turística da propriedade rural, inclusive com hospedagem, por não mais de cento e vinte dias ao ano;

• a participação em plano de previdência complementar instituído por entidade classista a que seja associado, em razão da condição de trabalhador rural ou de produtor rural em regime de economia familiar;

• a participação como beneficiário ou integrante de grupo familiar que tem algum componente que seja beneficiário de programa assistencial oficial de governo;

• a utilização pelo próprio grupo familiar de processo de beneficiamento ou industrialização artesanal[24], na exploração da atividade;

• a associação em cooperativa agropecuária; e

• a incidência do Imposto Sobre Produtos Industrializados — IPI sobre o produto das atividades desenvolvidas nos termos do § 14 do art. 12 da Lei n. 8.212/91.

Há, ainda, que se considerar o seguinte:

• A situação de estar o cônjuge ou o companheiro em lugar incerto e não sabido, decorrente do abandono do lar, não prejudica a condição de segurado especial do cônjuge ou do companheiro que permaneceu exercendo a atividade, individualmente ou em regime de economia familiar;

---

(23) O segurado deverá efetuar suas contribuições previdenciárias em relação ao exercício das atividades desenvolvidas.
(24) Considera-se processo de beneficiamento ou industrialização artesanal aquele realizado diretamente pelo próprio produtor rural pessoa física, desde que não esteja sujeito à incidência do Imposto Sobre Produtos Industrializados — IPI. São assim compreendidos, entre outros, os processos de lavagem, limpeza, descaroçamento, pilagem, descascamento, lenhamento, pasteurização, resfriamento, secagem, socagem, fermentação, embalagem, cristalização, fundição, carvoejamento, cozimento, destilação, moagem e torrefação, bem como os subprodutos e os resíduos obtidos por meio desses processos.

- O falecimento de um ou ambos os cônjuges não retira a condição de segurado especial do filho maior de dezesseis anos, desde que permaneça exercendo atividade, individualmente ou em regime de economia familiar;

- A nomenclatura dada ao segurado especial nas diferentes regiões do país é irrelevante para a concessão de benefícios rurais, cabendo a efetiva comprovação da atividade rural exercida, seja individualmente ou em regime de economia familiar;

- Considera-se segurada especial a mulher que, além das tarefas domésticas, exerce atividades rurais com o grupo familiar respectivo ou individualmente;

- O fato de um dos membros do grupo familiar desenvolver atividade urbana não retira dos demais membros a condição de segurados especiais.[25]

Por fim, determina a legislação que o segurado especial fica excluído dessa categoria:

I — a contar do primeiro dia do mês em que:

a) deixar de satisfazer as condições estabelecidas para manter-se nessa categoria, sem prejuízo do disposto no art. 15 da Lei n. 8.213/91 (prazos de manutenção da qualidade de segurado), ou exceder qualquer dos limites estabelecidos para outorga;

b) enquadrar-se em qualquer outra categoria de segurado obrigatório do RGPS, ressalvadas as hipóteses permitidas para outra fonte de renda (inclusive do § 14 do art. 12 da Lei n. 8.212/91) e sem prejuízo do art. 15 da Lei n. 8.213/91 (prazos de manutenção da qualidade de segurado);

c) tornar-se segurado obrigatório de outro regime previdenciário; e

d) participar de sociedade empresária, de sociedade simples, como empresário individual ou como titular de empresa individual de responsabilidade limitada em desacordo com as limitações impostas pelo § 14 do art. 12 da Lei n. 8.212/91.[26]

II — a contar do primeiro dia do mês subsequente ao da ocorrência, quando o grupo familiar a que pertence exceder o limite de:

a) utilização de trabalhadores;

b) dias em atividade remunerada; e

c) dias de hospedagem; e

III — a partir da data do pagamento do benefício de pensão por morte, auxílio-acidente ou auxílio-reclusão, quando o valor deste for superior ao do menor benefício de prestação continuada da Previdência Social.

O segurado especial terá direito à obtenção das prestações de aposentadoria por idade, aposentadoria por invalidez, auxílio-doença, auxílio- acidente, pensão por morte, auxílio-reclusão e salário-maternidade.

Fundamentação: Lei n. 8.212/91, art. 12, inciso VII e §§ 1º e 7 a 13; Lei n. 8.213/91, art. 11, inciso VII e §§ 1º e 7 a 11; Decreto n. 3.048/99, art. 9º, inciso VII e §§ 5º, 6º, 8º, 14 e 17 a 25 e art. 200, § 5º; Instrução Normativa INSS/PRES n. 45/2010, art. 7º; Instrução Normativa SRF n. 971/2009, art. 10.

---

(25) Confira-se a redação da Súmula 41 da TNU: "A circunstância de um dos integrantes do núcleo familiar desempenhar atividade urbana não implica, por si só, a descaracterização do trabalhador rural como segurado especial, condição que deve ser analisada no caso concreto."

(26) A participação do segurado especial em sociedade empresária, em sociedade simples, como empresário individual ou como titular de empresa individual de responsabilidade limitada de objeto ou âmbito agrícola, agroindustrial ou agroturístico, considerada microempresa nos termos da Lei Complementar n. 123/2006, não o exclui de tal categoria previdenciária, desde que, mantido o exercício da sua atividade rural, a pessoa jurídica componha-se apenas de segurados de igual natureza e sedie-se no mesmo município ou em município limítrofe àquele em que eles desenvolvam suas atividades — § 14 do art.12 da Lei n. 8.212/91.

1.1.6. Observações Gerais

A legislação previdenciária vigente traz ainda alguns esclarecimentos importantes sobre os contribuintes obrigatórios, quais sejam:

1 — O aposentado pelo RGPS que estiver exercendo ou que voltar a exercer atividade abrangida por este regime é segurado obrigatório em relação a essa atividade, ficando sujeito normalmente às contribuições previdenciárias;

2 — Considera-se diretor empregado aquele que, participando ou não do risco econômico do empreendimento, seja contratado ou promovido para cargo de direção das sociedades anônimas, mantendo as características inerentes à relação de emprego;

3 — Considera-se diretor não empregado aquele que, participando ou não do risco econômico do empreendimento, seja eleito, por assembleia geral dos acionistas, para cargo de direção das sociedades anônimas, não mantendo as características inerentes à relação de emprego;

4 — Serviço prestado em caráter não eventual é todo aquele relacionado direta ou indiretamente com as atividades normais da empresa;

5 — O dirigente sindical mantém, durante o exercício do mandato eletivo, o mesmo enquadramento do RGPS de antes da investidura, a partir de 11.11.1997 (data de publicação da MP n. 1.596-14, convertida na Lei n. 9.528/97);

6 — No período de 24.3.1997 (data de publicação da Orientação Normativa MPAS/SPS n. 8) a 10.11.1997 (véspera de publicação da MP n. 1.596-14) o dirigente sindical manteve, durante o seu mandato, a seguinte vinculação ao RGPS — Instrução Normativa INSS n. 20/2007, art. 8º:

• a mesma de antes da investidura, se não remunerado pelo sindicato; e

• a equiparada à do autônomo, atualmente denominado contribuinte individual, se remunerado somente pelo sindicato;

7 — O magistrado da Justiça Eleitoral (nomeado na forma do inciso II do art. 119 ou III do § 1º do art. 120 da CF/88) mantém o mesmo enquadramento no RGPS de antes da investidura no cargo;

8 — O estrangeiro não domiciliado no Brasil e contratado para prestar serviços eventuais, mediante remuneração, não é segurado obrigatório do RGPS, salvo se existir acordo internacional com o seu país de origem;

9 — O segurado eleito para cargo de direção de conselho, de ordem ou de autarquia de fiscalização do exercício de atividade profissional, mesmo que pertencente à categoria de segurado empregado, durante o período de seu mandato, no tocante à remuneração recebida em razão do cargo, será considerado contribuinte individual, incidindo as contribuições previdenciárias sobre a remuneração a ele paga ou creditada pelo órgão representativo de classe;

10 — O exercício de atividade prestado de forma gratuita ou voluntária não gera filiação obrigatória junto à Previdência Social;

11 — Aquele que exerce, concomitantemente, mais de uma atividade remunerada sujeita ao regime Geral de Previdência Social — RGPS é obrigatoriamente filiado em relação a cada uma dessas atividades. Também aquele vinculado a um Regime Próprio de Previdência Social que vir a exercer, concomitantemente, um atividade vinculada ao Regime Geral (RGPS) estará obrigado a contribuir para os dois sistemas, proporcionalmente à remuneração percebida em cada uma das atividades;

12 — O servidor civil amparado por RPPS ou o militar, cedido para outro órgão ou entidade, deverá observar que:

• até 15.12.1998, véspera da publicação da EC n. 20/98, até 28.11.1999, filiava-se ao RGPS, caso não admitida a sua filiação na condição de servidor público no regime previdenciário do requisitante e houvesse remuneração pela entidade ou órgão para o qual foi cedido;

• a partir de 16.12.1998, data da publicação da EC n. 20/98, até 28.11.1999, véspera da publicação da Lei n. 9.876/99, filiava-se ao RGPS se houvesse remuneração da entidade ou do órgão para o qual foi cedido; e

• a partir de 29.11.1999, data da publicação da Lei n. 9.876/99, permanece vinculado ao regime de origem, desde que o regime previdenciário do órgão requisitante não permita sua filiação.

Fundamentação: Lei n. 8.212/91, art. 12, §§ 2º, 4º e 5º; Lei n. 8.213/91, art. 11; Decreto n. 3.048/99, art. 9º §§ 1º a 4º; Instrução Normativa INSS n. 20/2007, art. 8º; Instrução Normativa INSS/PRES n. 45/2010, art. 8º.

1.2. Empresa e Empregador Doméstico

Considera-se empresa a firma individual ou sociedade que assume o risco de atividade econômica urbana ou rural, com fins lucrativos ou não, bem como os órgãos e entidades da administração pública direta, indireta e fundacional.[27]

Equipara-se a empresa, para efeito de contribuição previdenciária:

a) o contribuinte individual, em relação a segurado que lhe presta serviço;

b) a cooperativa, a associação ou a entidade de qualquer natureza ou finalidade, inclusive o condomínio;

c) a missão diplomática e a repartição consular de carreiras estrangeiras;

d) o operador portuário e o Órgão Gestor de Mão de Obra de que trata a Lei n. 8.630/93; e

e) o proprietário do imóvel, o incorporador ou o dono de obra de construção civil, quando pessoa física, em relação a segurado que lhe presta serviço.

Note-se, portanto, que, para fins previdenciários, o autônomo que possui um empregado se equipara a uma empresa e como ela deve contribuir aos cofres da Seguridade Social e cumprir com suas obrigações acessórias. Assim, um dentista que possui uma secretária ou mesmo uma confeiteira que possui uma única auxiliar se equipara a uma empresa multinacional, com milhares de trabalhadores, possuindo ambos a obrigação de contribuir na alíquota de 20% para o custeio da Seguridade, contribuir para o financiamento dos benefícios por incapacidade (RAT — Risco Ambiental do Trabalho) e até mesmo para Terceiros (SESC, SENAC, Salário-Educação etc.), além de manterem folha de pagamento, arquivo das Guias de Pagamento (GPS) e outras obrigações acessórias constantes da Lei n. 8.212/91.

A Instrução Normativa SRF n. 971/2009, em seu art. 3º, traz, ainda, os seguintes conceitos:

• **Empresa de trabalho temporário:** é a pessoa jurídica urbana, cuja atividade consiste em colocar à disposição de outras empresas, temporariamente, trabalhadores qualificados, por ela remunerados e assistidos, ficando obrigada a registrar a condição de temporário na Carteira de Trabalho e Previdência Social (CTPS) do trabalhador, conforme dispõe a Lei n. 6.019/74.

• **Instituição financeira:** é a pessoa jurídica pública, ou privada, que tenha como atividade principal ou acessória a intermediação ou a aplicação de recursos financeiros próprios ou de

---

(27) Administração Pública é a administração direta ou indireta da União, dos Estados, do Distrito Federal ou dos Municípios, a abranger, inclusive, as entidades com personalidade jurídica de direito privado sob o controle do poder público e as fundações por ele mantidas

terceiros, em moeda nacional ou estrangeira, autorizada pelo Banco Central do Brasil, ou por Decreto do Poder Executivo, a funcionar no território nacional.

• **Agroindústria:** é a pessoa jurídica cuja atividade econômica seja a industrialização de produção própria ou de produção própria e adquirida de terceiros.

Já por empregador doméstico entende-se a pessoa, família ou entidade familiar que admite a seu serviço, sem finalidade lucrativa, um empregado doméstico.

Fundamentação: Lei n. 8.212/91, art. 15; Lei n. 8.213/91, art. 14; Decreto n. 3.048/99, art. 12; Instrução Normativa SRF n. 971/2009, art. 2º e 3º.

2. CONTRIBUINTES FACULTATIVOS

As pessoas físicas que não exercem atividade remunerada poderão se filiar facultativamente ao Regime Geral de Previdência Social e, nesta condição, passarem a contribuintes do sistema da Seguridade Social.

A inscrição como facultativo permite ao segurado computar o tempo para fins de obtenção de benefício previdenciário de aposentadoria (por idade ou por tempo de contribuição) além de protegê-lo nas contingências de incapacidade (auxílio-doença e aposentadoria por invalidez) e maternidade. Também os dependentes de um segurado facultativo encontram-se protegidos, sendo amparados no caso de óbito ou reclusão do segurado contribuinte.

No entanto, e conforme mencionado, somente aqueles que não se encontram obrigados a contribuir para o sistema é que podem se inscrever como facultativos, ou seja, somente aqueles que não estão recebendo remuneração de qualquer forma ou espécie. Podem ser citados como exemplo de segurado facultativo, dentre outros:

a) a dona de casa;

b) o síndico de condomínio, quando não remunerado;

c) o estudante;

d) o brasileiro que acompanha cônjuge que presta serviço no exterior;

e) aquele que deixou de ser segurado obrigatório da previdência social;

f) o membro de conselho tutelar de que trata o art. 132 da Lei n. 8.069/90, quando não esteja vinculado a qualquer regime de previdência social;

g) o bolsista e o estagiário (inclusive de advocacia) que prestem serviços à empresa de acordo com a Lei n. 6.494/77;

h) o bolsista que se dedique em tempo integral a pesquisa, curso de especialização, pós-graduação, mestrado ou doutorado, no Brasil ou no exterior, desde que não esteja vinculado a qualquer regime de previdência social;

i) o presidiário que não exerce atividade remunerada nem esteja vinculado a qualquer regime de previdência social;

j) a contar de 29.12.2009 (data de publicação do Decreto n. 7.054/2009), o segurado recolhido à prisão sob regime fechado ou semiaberto, que, nesta condição, preste serviço, dentro ou fora da unidade penal, a uma ou mais empresas, com ou sem intermediação da organização carcerária ou entidade afim, ou que exerce atividade artesanal por conta própria;

k) o brasileiro residente ou domiciliado no exterior, salvo se filiado a regime previdenciário de país com o qual o Brasil mantenha acordo internacional;

l) o beneficiário de auxílio-acidente ou de auxílio suplementar, desde que simultaneamente não esteja exercendo atividade que o filie obrigatoriamente ao RGPS;

m) o ex-empregador rural não sujeito a outro regime de Previdência Social que continue a recolher, sem interrupção, suas contribuições anuais.

Obs.: O exercente de mandato eletivo, no período de 1º.2.1998 a 18.9.2004, poderá optar pela filiação na qualidade de segurado facultativo, desde que não tenha exercido outra atividade que o filiasse ao RGPS ou a RPPS.

Não é permitida a filiação ao RGPS (desde 16.12.1998, data de publicação da EC n. 20/98), na qualidade de segurado facultativo, de pessoa participante de regime próprio de previdência social (RPPS), salvo na hipótese de afastamento sem vencimento e desde que não permitida, nesta condição, contribuição ao respectivo regime próprio. E a partir de 15.5.2003, data da publicação da Lei n. 10.667/2003, encontra-se vedada a filiação ao RGPS como facultativo, do servidor público efetivo civil da União, suas autarquias ou fundações, participantes de RPPS, inclusive na hipótese de afastamento sem vencimentos.

Sobre o tema, confira-se, inclusive, a redação do Enunciado CRPS n. 6:

"**Enunciado 6** — O ingresso do segurado em regime próprio de previdência pelo mesmo emprego, importa a sua exclusão automática da Previdência Social para o qual não pode contribuir como facultativo."

Outro aspecto importante a ser observado refere-se ao início das contribuições. A filiação da qualidade de segurado facultativo, e consequente contribuição previdenciária, como observado, representa ato volitivo e, sendo assim, não é permitido o recolhimento de contribuições relativas a competências anteriores à data da inscrição. Por data de inscrição considera-se a do primeiro recolhimento da contribuição devida, sem atraso.

Após a inscrição (pagamento da primeira mensalidade, repita-se), o segurado facultativo poderá atrasar o pagamento de suas contribuições e regularizá-las posteriormente (com juros e multa), mas apenas enquanto não ocorrer a perda da qualidade de segurado (prazo de 6 meses, conforme art. 15 da Lei n. 8.213/91).

Por fim, é importante destacarmos os art. 34 e 36 da Instrução Normativa INSS/PRES n. 45/2010. O art. 34 proíbe a filiação como segurado facultativo no mesmo mês em que cessar o exercício da atividade sujeita à filiação obrigatória ou no mesmo mês em que cessar o pagamento de algum benefício previdenciário. Se, por exemplo, um trabalhador é demitido no dia 10 de maio, encontra-se proibido de iniciar suas contribuições como facultativo no mesmo mês de maio, conforme a Instrução Normativa. Não há maiores consequências com esta proibição, senão a perda dos dias restantes de maio para fins de tempo de serviço e consequente obtenção da aposentadoria por tempo de contribuição.

Já o art. 36 determina que o servidor público aposentado, qualquer que seja o regime de Previdência Social a que esteja vinculado, não poderá se inscrever no RGPS como segurado facultativo. Aqui, sim, há relevantes prejuízos aos servidores públicos que, durante a atividade pública, exerceram concomitantemente alguma atividade na iniciativa privada por determinado período (magistério, por exemplo) e, por tal razão, foram obrigados a filiar-se ao RGPS, com contribuições regulares. Ao completarem o tempo e demais requisitos para a aposentadoria pública, certamente solicitarão seu benefício junto ao RPPS a que estiverem filiados e, após, ficarão impedidos de se filiarem como facultativos no RGPS para completarem os requisitos a aposentadoria também neste regime. Para não perderem todo o período de filiação ao RGPS necessitarão retornar ao exercício de alguma atividade na iniciativa privada, para que se filiem como segurados obrigatórios, e não como facultativos.

Referidos dispositivos (art. 34 e 36 da IN) trazem proibições e restrições de direito que não constam em qualquer outro diploma legal. São, assim, restrições impostas arbitrariamente pelo Poder Executivo e, por tal razão, entendo serem inconstitucionais, já qualquer norma proibitiva ou restritiva de direitos deve constar expressamente de lei (CF/88, art. 5º, II).

Fundamentação: CF/88, art. 201, § 5º; Lei n. 8.212/91, art. 14; Lei n. 8.213/91, art. 13; Decreto n. 3.048/99, art. 11; Instrução Normativa INSS/PRES n. 45/2010, art. 34 a 36.

3. FILIAÇÃO E INSCRIÇÃO

3.1. Filiação

Filiação é o vínculo que se estabelece entre os contribuintes e a Previdência Social, do qual decorrem direitos e obrigações.

Como a legislação pátria determina que o exercício de atividade remunerada sujeita a filiação obrigatória ao RGPS, a filiação para os trabalhadores é, pois, automática, não existindo qualquer ato formal para sua efetivação. Com o início da atividade remunerada inicia-se, consequentemente, a filiação ao Regime Geral de Previdência Social. Em se tratando de segurados facultativos, no entanto, a filiação necessita de inscrição no Sistema e do pagamento da primeira contribuição sem atraso, momento em que a Previdência Social terá conhecimento de que aquela pessoa optou, voluntariamente, por participar do seguro social.

Obs.: A filiação do trabalhador rural contratado por produtor rural pessoa física por prazo de até dois meses dentro do período de um ano, para o exercício de atividades de natureza temporária (conforme art. 14-A da Lei n. 5.889/73), decorre automaticamente de sua inclusão na GFIP, mediante identificação específica.

Podemos dizer, portanto, que o instituto da filiação é apenas conceitual, não existindo ato formal para que o cidadão se vincule ao sistema. O ato formal para os trabalhadores é justamente o exercício da atividade remunerada; e para os contribuintes facultativos, a respectiva inscrição ao regime previdenciário.

Apesar de ser apenas um conceito, é importante que o segurado conheça as regras de filiação porque, uma vez filiado ao sistema, é possível obter do mesmo algum tipo de proteção, ainda que se faça necessário o recolhimento de contribuições não efetuadas em época própria. São as regras principais as seguintes:

1) Caso o trabalhador exerça mais de uma atividade profissional, com enquadramento distinto perante a Previdência Social, será considerado filiado em cada uma delas, obrigatoriamente. A Previdência Social possui cinco classes de contribuintes: segurado empregado; empregado doméstico; contribuinte individual; trabalhador avulso e segurado especial. Caso um trabalhador exerça atividade com vínculo empregatício (segurado empregado) e, concomitantemente, alguma atividade autônoma (contribuinte individual), será considerado filiado em cada uma dessas atividades, devendo contribuir em relação a cada uma delas, até atingir o limite máximo de salário de contribuição (Lei n. 8.212/91, art. 12, § 2º);

2) O segurado especial se encontra obrigado a contribuir para os cofres previdenciários somente quando comercializar sua produção rural (se comercializar) e, nesta condição, terá direito a perceber benefícios no valor de um salário mínimo. No entanto, caso tenha interesse, pode se filiar ao sistema na condição de segurado facultativo, recolhendo mensalmente suas contribuições com base de cálculo superior ao valor do salário mínimo, justamente para obter benefícios com valores superiores ao salário mínimo (Lei n. 8.212/91, art. 25, § 1º);

3) Não há limite máximo de idade para a filiação no sistema, sendo possível o início das contribuições a qualquer tempo (Instrução Normativa INSS/PRES n. 45/2010, art. 30, parágrafo único);

4) As empregadas domésticas passaram a ser obrigatoriamente filiadas à Previdência Social a contar de 9.4.1973, data da vigência do Decreto n. 71.885/73. Isto porque a Lei n. 5.859/72, ao dispor sobre o trabalho do empregado doméstico, determinou sua qualidade de segurado obrigatório da Previdência Social, mas condicionando sua eficácia à edição de uma norma regulamentadora (art. 7º da Lei n. 5.859/72). O Regulamento — Decreto n. 71.885 — somente foi publicado em 9.3.1973 e como a vigência da Lei seria somente após 30 dias da publicação

do Decreto, a filiação obrigatória passou a valer somente a contar de 9.4.1973. Anteriormente a essa data, os domésticos deveriam se inscrever e contribuir como facultativos, se assim tivessem interesse, não havendo qualquer obrigação por parte dos empregadores quanto a essa contribuição. No entanto, caso a mesma não tenha sido efetuada naquela época, é possível o reconhecimento do tempo de serviço e a regularização das contribuições conforme permissão constante do art. 55, § 1º, da Lei n. 8.213/91.

3.1.1. Idade mínima para filiação dos segurados obrigatórios

A idade mínima para filiação ao RGPS, dos segurados obrigatórios, acompanha a idade mínima permitida para o início das atividades remuneradas, disposta em nossa Constituição Federal e suas alterações. Temos, portanto, o seguinte histórico:

• Até 14.3.1967: 14 anos;

• CF de 1967 (de 15.3.1967 a 4.10.1988): 12 anos;

• CF de 1988 (de 5.10.1988 a 15.12.1998): 14 anos para trabalhadores em geral e 12 anos para aprendizes;

• EC 20/98 (de 16.12.1998 em diante): 16 anos para trabalhadores em geral e 14 anos para aprendizes.

3.1.2. Idade mínima para filiação dos segurados facultativos

O Decreto n. 3.048/99 (art. 11), a Instrução Normativa INSS/PRES n. 45/2010 (art. 9º) e também a Instrução Normativa SRF n. 971/2009 (art. 5º) fixam a idade para contribuição facultativa em 16 anos, a mesma utilizada pela Constituição Federal para o ingresso no mercado de trabalho (art. 7º, inciso XXXIII). Já a Lei n. 8.212/91 (art. 14) e a Lei n. 8.213/91 (art. 13) fixam a idade mínima de 14 anos, sendo esta a idade que deve prevalecer em razão de que o segurado facultativo assim o é justamente por não exercer atividade remunerada e, desta forma, não há razão para a aplicação da idade fixada na Carta Constitucional. O Decreto 3.048/99 e as Instruções Normativas, quanto ao tópico, acabam por extrapolar sua função regulamentar e, por tal razão, sendo suas disposições nulas de pleno direito.

De toda forma, dificilmente teremos a referida discussão posta em prática. Antes da entrada em vigor da Lei n. 9.876/99 era viável a inscrição como segurado facultativo aos 14 anos de idade, posto que aos 30 anos (mulheres) ou 35 anos de serviço (homens) era possível a obtenção do benefício de aposentadoria integral, com percepção de 100% da média dos últimos salários de contribuição. Se um homem iniciasse, portanto, suas contribuições aos 14 anos e não as interrompesse ao longo dos próximos 35 anos, poderia se aposentar integralmente na idade de 49 anos, sem qualquer prejuízo em sua renda mensal.

Atualmente, em razão das regras impostas pela Lei n. 9.876 (novembro/99), a aposentadoria integral permanece válida aos 30 ou 35 anos de contribuição (mulheres e homens, respectivamente), mas a idade interferirá substancialmente no cálculo do benefício por meio do "fator previdenciário". Uma pessoa que está se aposentando aos 49 anos de idade, por exemplo, possui por sobrevida o tempo de 30,0 anos (conforme Tábua de Mortalidade divulgada pelo IBGE, ano 2011) e, mesmo contando com 35 anos de contribuição, terá um "fator previdenciário" de 0,5780, o qual deverá obrigatoriamente ser multiplicado pela média dos salários de contribuição. Assim, apenas por contar com 49 anos de idade no momento da aposentadoria este segurado terá uma perda de 43% em seu benefício de aposentadoria. Por tal razão, quanto mais tarde uma pessoa iniciar suas contribuições para o sistema melhor será o valor de seu benefício futuro, não havendo mais qualquer razão ou incentivo para que alguém se inscreva, como facultativo, aos 14 ou 16 anos de idade.

3.1.3. Formas de comprovação da filiação

Como a filiação é, em geral, determinada pelo exercício da atividade profissional, a mesma poderá ser comprovada mediante documentação contemporânea que demonstre exatamente a atividade remunerada que foi desenvolvida pelo trabalhador.

A Carteira de Trabalho e Previdência Social é um importante documento para a comprovação da filiação, quando se tratar de trabalhadores empregados, pois nela é feito o registro do vínculo empregatício e demais condições contratuais.

Para os contribuintes individuais, qualquer documento contemporâneo à prestação dos serviços poderá ser utilizada como prova como, por exemplo, contratos, notas fiscais, recibos, declarações de imposto de renda e outros.

Os contribuintes facultativos, no entanto, por não exercerem atividade remunerada não terão qualquer documento nesse sentido, servindo para comprovar a filiação a guia GPS devidamente paga, referente à primeira contribuição em dia, sem atraso.

3.1.4. Cadastro Nacional de Informações Sociais — CNIS

Desde 31.12.2008, data de publicação do Decreto n. 6.722/2008, os dados constantes no Cadastro Nacional de Informações Sociais — CNIS — passaram a valer, a qualquer tempo, como prova de filiação à Previdência Social, além de servirem, igualmente, para comprovar tempo de contribuição e salários de contribuição. Assim determina, inclusive, o art. 19 do Decreto n. 3.048/99, Regulamento da Previdência Social.

O CNIS é, portanto, uma base de dados nacional que contém informações sobre os trabalhadores (contribuintes obrigatórios) e os contribuintes facultativos, além de possuir também informações sobre os empregadores. Em sua estrutura há cinco bases de dados (Anuário Estatístico 2011, folha 588):

a) Cadastro de trabalhadores;

b) Cadastro de empregadores;

c) Cadastro de vínculos empregatícios;

d) Remunerações do trabalhador empregado e recolhimentos do contribuinte individual; e

e) Agregados de vínculos empregatícios e remunerações por estabelecimento empregador.

Para alimentar esses dados, o Ministério da Previdência Social utiliza informações de diversos instrumentos, tais como: Programa de Integração Social — PIS; Programa de Formação do Patrimônio do Servidor Público — PASEP; Relação Anual de Informações Sociais — RAIS; Cadastro Geral de Empregados e Desempregados — CAGED; Guia da Previdência Social — GPS e Guia de Recolhimento do Fundo de Garantia do Tempo de Serviço e Informações à Previdência Social — GFIP, dentre outros.

A fonte de informações mais relevante é o formulário GFIP, implantado em 1999, e que é entregue mensalmente por todos os empregadores, a exceção apenas dos empregadores domésticos, em que o envio da GFIP é facultativo. Neste formulário, os empregadores informam todos os fatos geradores das contribuições previdenciárias, individualizando as informações sobre vínculos e remunerações com base no número de PIS ou no número de inscrição do trabalhador junto à Previdência Social.

3.1.4.1. Retificação de dados

Como pode haver divergência de dados ou informações incorretas neste Cadastro, o Decreto permite que o segurado solicite, a qualquer momento, a inclusão, exclusão ou retificação de qualquer informação constante do CNIS, mediante a apresentação de documento comprobatório dos dados divergentes, e independentemente do requerimento de benefício.

A Lei n. 8.213/91, em seu art. 29-A, inclusive, determina que o INSS possui prazo de 180 (cento e oitenta dias) para a entrega do CNIS ao segurado e especifica a possibilidade de retificação de dados, a pedido do interessado.

Para as retificações, o segurado deverá apresentar a documentação dos documentos que servem de prova à solicitação efetuada. O INSS, contudo, poderá solicitar outros documentos ou outras formas de comprovação, para que valide os dados pretendidos pelo segurado.

Dados cadastrais e remunerações:

Para atualização de dados cadastrais (IN INSS/PRES n.45/2010, art. 48, I), o INSS exige a seguinte documentação:

• atualização de nome, nome da mãe, data de nascimento e sexo: o documento legal de identificação;

• atualização de endereço: mero ato declaratório do segurado; e

• atualização de identificador do trabalhador/segurado: o comprovante de inscrição do NIT Previdência ou número do PIS/PASEP/SUS ou outro NIS;

Para atualização de remunerações (IN INSS/PRES n.45/2010, art. 48, II), será exigido:

a) do segurado empregado:

• ficha financeira;

• contracheque ou recibo de pagamento contemporâneos ao período que se pretende comprovar; ou

• declaração fornecida pela empresa com a informação dos salários de contribuição, devidamente assinada e identificada por seu responsável, acompanhada do original ou cópia autenticada da Ficha de Registro de Empregados ou do Livro de Registro de Empregados ou da Carteira Profissional — CP ou da Carteira de Trabalho e Previdência Social — CTPS, onde conste o referido registro do trabalhador; e

b) do trabalhador avulso: Relação dos Salários de Contribuição — RSC emitida pelo sindicato ou órgão gestor de mão de obra;

Segurado empregado — vínculos empregatícios:

Para atualização do vínculo do empregado (IN INSS/PRES n.45/2010, art. 48, III), deverá o trabalhador apresentar um dos seguintes documentos:

• CP ou CTPS;

• declaração fornecida pela empresa, devidamente assinada e identificada por seu responsável, acompanhada do original ou cópia autenticada da Ficha de Registro de Empregados ou do Livro de Registro de Empregados, onde conste o referido registro do trabalhador;

• contrato individual de trabalho;

• acordo coletivo de trabalho, desde que caracterize o trabalhador como signatário e comprove seu registro na respectiva Delegacia Regional do Trabalho — DRT;

• termo de rescisão contratual ou comprovante de recebimento do Fundo de Garantia de Tempo de Serviço — FGTS;

• recibos de pagamento contemporâneos ao fato alegado, com a necessária identificação do empregador e do empregado; ou

• cópia autenticada do cartão, livro ou folha de ponto ou ainda outros documentos que poderão vir a comprovar o exercício de atividade junto à empresa.

Sobre a validade das anotações da CTPS confira-se a redação da Súmula 75 da TNU:

"**Súmula 75** — A Carteira de Trabalho e Previdência Social (CTPS) em relação à qual não se aponta defeito formal que lhe comprometa a fidedignidade goza de presunção relativa de veracidade, formando prova suficiente de tempo de serviço para fins previdenciários, ainda que a anotação de vínculo de emprego não conste no Cadastro Nacional de Informações Sociais (CNIS)."

No caso de trabalhador rural, além dos documentos acima, poderá ser aceita declaração do empregador, comprovada mediante apresentação dos documentos originais que serviram de base para sua emissão, confirmando, assim, o vínculo empregatício, a qual deverá constar:

- a qualificação do declarante, inclusive os respectivos números do CPF e do CEI, ou, quando for o caso, do CNPJ;

- identificação e endereço completo do imóvel rural onde os serviços foram prestados, a que título detinha a sua posse;

- identificação do trabalhador e indicação das parcelas salariais pagas, bem como das datas de início e término da prestação de serviços; e

- informação sobre a existência de registro em livros, folhas de salários ou qualquer outro documento que comprove o vínculo.

Obs.: A comprovação da atividade rural para os segurados empregados para fins de aposentadoria por idade de que trata o art. 143 da Lei n. 8.213/91, até 31.12.2010, além dos documentos listados acima, desde que baseada em início de prova material, poderá ser feita por meio de declaração fundamentada de sindicato que represente os trabalhadores rurais ou por duas declarações de autoridades, na forma do inciso II do art. 115 ou do art. 129, respectivamente (todos da Instrução Normativa INSS/PRES n. 45/2010), homologadas pelo INSS.

Trabalhador avulso:

Para atualização de informações e vínculos do trabalhador avulso (IN INSS/PRES n.45/2010, art. 48, III), deverá o interessado apresentar o certificado do sindicato ou do órgão gestor de mão de obra competente, acompanhado de documentos contemporâneos nos quais conste a duração do trabalho e a condição em que foi prestado, referentes ao período certificado. Não sendo possível a apresentação destes documentos contemporâneos, o INSS deverá emitir uma Pesquisa Externa.

Será contado apenas o período em que, efetivamente, o segurado trabalhador avulso tenha exercido atividade, computando-se como mês integral aquele que constar da documentação contemporânea ou comprovado por diligência prévia, excluídos aqueles em que, embora o segurado estivesse à disposição do sindicato, não tenha havido exercício de atividade

Obs.: Para comprovação da remuneração poderá ser aceita a Relação dos Salários de Contribuição — RSC acompanhada de documentos contemporâneos e, na ausência destes, por meio de realização de Pesquisa Externa.

Empregado doméstico:

Para atualização da atividade e dos recolhimentos do empregado doméstico (IN INSS/PRES n.45/2010, art. 48, IV), o INSS exige a apresentação dos comprovantes ou guias de recolhimentos, bem como a comprovação dos períodos de atividade (inclusive para fins de filiação), por meio de um dos seguintes documentos:

- registro contemporâneo com as anotações regulares em CP ou em CTPS;

- recibos de pagamento emitidos em época própria; ou

- informações constantes do CNIS cuja fonte seja GFIP contemporânea.

Quando o segurado empregado doméstico desejar comprovar o exercício da atividade e não apresentar comprovante dos recolhimentos, mas apenas a CP ou a CTPS, devidamente assinada, será verificado o efetivo exercício da atividade. Na inexistência de registro na CP ou na CTPS e se os documentos apresentados forem insuficientes para comprovar o exercício da atividade do segurado empregado doméstico no período pretendido, porém constituírem início de prova material, poderá ser providenciada a abertura de uma Justificação Administrativa.

Será tomada declaração do empregador doméstico, além de outras medidas pertinentes, quando ocorrer contrato de trabalho de empregado doméstico que ensejar dúvidas em que forem verificadas uma ou mais das seguintes situações:

• rasuras nas datas de admissão ou demissão de contrato de trabalho;

• contrato de trabalho doméstico, entre ou após contrato de trabalho em outras profissões, cujas funções sejam totalmente discrepantes;

• contrato onde se perceba que a intenção foi apenas para garantir a qualidade de segurado, inclusive para percepção de salário-maternidade;

• contrato em que não se pode atestar a contemporaneidade das datas de admissão ou demissão; ou

• contrato de trabalho doméstico em que o valor correspondente ao seu último salário de contribuição tenha sido discrepante em relação aos meses imediatamente anteriores, de forma que se perceba que a intenção foi garantir à segurada o recebimento de valores elevados durante a percepção do salário-maternidade.

É importante ressaltarmos que o § 4º do art. 83 da IN INSS/PRES n. 45/2010 garante validade plena para as anotações constantes da CTPS. Determina o referido parágrafo que as anotações da carteira somente poderão ser desconsideradas pelo INSS mediante despacho fundamentado, que demonstre a sua inconsistência, hipótese em que caberá, inclusive, encaminhamento do processo administrativo para apuração de irregularidades.

Contribuinte individual:

A comprovação do exercício de atividade do segurado contribuinte individual (IN INSS/PRES n.45/2010, art. 48, IV), varia conforme a atividade exercida pelo trabalhador, da seguinte forma (art. 84):

"I — para os sócios nas sociedades em nome coletivo, de capital e indústria, para os sócios-gerentes e para o sócio--cotista que recebam remuneração decorrente de seu trabalho na sociedade por cota de responsabilidade limitada, mediante apresentação de contratos sociais, alterações contratuais ou documento equivalente emitido por órgãos oficiais, tais como: junta comercial, secretaria municipal, estadual ou federal da Fazenda ou, na falta desses documentos, certidões de breve relato que comprovem a condição do requerente na empresa, bem como quando for o caso, dos respectivos distratos, devidamente registrados, ou certidão de baixa do cartório de registro público do comércio ou da junta comercial, na hipótese de extinção da firma, acompanhados dos respectivos comprovantes de recolhimento das contribuições;

II — para o diretor não-empregado e o membro do conselho de administração na sociedade anônima, mediante apresentação de atas da assembleia geral da constituição de sociedades anônimas e nomeação da diretoria e conselhos, publicadas no DOU ou em Diário Oficial do Estado em que a sociedade tiver sede, bem como da alteração ou liquidação da sociedade, acompanhados dos respectivos comprovantes de recolhimento das contribuições;

III — para o titular de firma individual, mediante apresentação de registro de firma e baixa, quando for o caso, e os comprovantes de recolhimento de contribuições;

IV — para o associado eleito para cargo de direção em cooperativa, associação ou entidade de qualquer natureza ou finalidade, bem como para o síndico ou administrador eleito para exercer atividade de direção condominial, desde que recebam remuneração, mediante apresentação de estatuto e ata de eleição ou nomeação no período de vigência dos cargos da diretoria, registrada em cartório de títulos e documentos;

V — para o contribuinte individual que presta serviços por conta própria a pessoas físicas, a outro contribuinte individual equiparado a empresa, a produtor rural pessoa física, a missão diplomática ou a repartição consular de carreira estrangeira; para o contribuinte individual brasileiro civil que trabalha no exterior para organismo oficial internacional do qual o Brasil é membro efetivo; para o contribuinte individual que presta serviços a entidade beneficente de assistência social isenta das contribuições sociais; e para o que está obrigado a complementar a contribuição incidente sobre a diferença entre o limite mínimo do salário de contribuição e a remuneração total por ele recebida ou a ele creditada (em relação apenas a este complemento), a apresentação das guias ou os carnês de recolhimento;

VI — para o contribuinte individual empresário, de setembro de 1960, publicação da Lei n. 3.807/60, a 28.11.1999, véspera da publicação da Lei n. 9.876/99, deverá comprovar a retirada *pro-labore* ou o exercício da atividade na empresa;

VII — para o contribuinte individual (empresário), deverá comprovar a remuneração decorrente de seu trabalho. Não comprovando tal remuneração, mas com contribuição vertida à Previdência Social, deverá ser verificado se os recolhimentos foram efetuados em época própria que, se positivo, serão convalidados para a categoria de facultativo, se expressamente autorizada a convalidação pelo segurado; e

VIII — a partir de abril de 2003, conforme os arts. 4º, 5º e 15 da Lei n. 10.666/2003, para o contribuinte individual prestador de serviço à empresa contratante e para o assim associado à cooperativa, deverá apresentar os comprovantes de pagamento do serviço a ele fornecidos, onde conste a identificação completa da empresa, inclusive com o número do CNPJ, o valor da remuneração paga, o desconto da contribuição efetuado e o número de inscrição do segurado no RGPS; até março de 2003, se este contribuinte individual tiver se beneficiado do disposto nos §§ 4º e 5º do art. 30 da Lei n. 8.212/91, deverá apresentar, além da guia ou carnê, o recibo fornecido pela empresa."

Para fins de cômputo do período de atividade do contribuinte individual, enquanto titular de firma individual ou coletiva, devem ser observadas as datas em que foi lavrado o contrato ou a data de início de atividade prevista em cláusulas do contrato.

Em qualquer hipótese, contudo, se o interesse do trabalhador for a concessão de um benefício, será exigido do contribuinte individual, a qualquer tempo, o recolhimento das correspondentes contribuições, com ressalva apenas para a prestação de serviços a pessoas jurídicas a contar de 04/2003, já que, nesta hipótese, a contribuição passou a ser retida pela tomadora dos serviços. Aplicam-se, nesse caso, as disposições do § 5º do art. 33 da Lei n. 8.212/91, que assegura a presunção do recolhimento das contribuições devidas. Por analogia, confira-se a redação do Enunciado 18 do CRPS:

"**Enunciado 18** — Não se indefere benefício sob fundamento de falta de recolhimento de contribuição previdenciária quando esta obrigação for devida pelo empregador."

Os trabalhadores rurais denominados volantes, eventuais ou temporários, caracterizados como contribuintes individuais, deverão apresentar o NIT, ou o número do PIS/PASEP e os comprovantes de contribuição, a partir de novembro de 1991 (vigência do Decreto n. 357/91), inclusive, quando forem requeridos benefícios, exceto a aposentadoria por idade.

A comprovação da atividade rural para o contribuinte individual autônomo (que presta serviços a um ou mais contratantes, sem vínculo empregatício), para fins de aposentadoria por idade prevista no art. 143 da Lei n. 8.213/91, até 31.12.2010, poderá ser feita por meio de declaração fundamentada de sindicato que represente os trabalhadores rurais ou por duas declarações de autoridade, na forma do inciso II do art. 115 ou do art. 129 da IN INSS/PRES n. 45/2010, respectivamente, homologadas pelo INSS.

Em se tratando de ex-empregador rural (atual contribuinte individual), a comprovação do exercício da atividade deverá ser feita por um dos seguintes documentos (IN INSS/PRES n. 45/2010, art. 88):

"I — antiga carteira de empregador rural, com os registros referentes à inscrição no ex-INPS;

II — comprovante de inscrição na Previdência Social (Ficha de Inscrição de Empregador Rural e Dependentes — FIERD ou CEI);

III — cédula "G" da Declaração do Imposto de Renda Pessoa Física — IRPF;

IV — Declaração de Produção — DP, Declaração Anual para Cadastro de Imóvel Rural (autenticada pelo INCRA) ou qualquer outro documento que comprove a produção;

V — livro de registro de empregados rurais;

VI — declaração de firma individual rural; ou

VII — qualquer outro documento que possa levar à convicção do fato a comprovar."

No entanto, determina o mesmo dispositivo da Instrução Normativa que o tempo de serviço comprovado com os documentos acima somente será computado se forem apresentados os recolhimentos das contribuições devidas, da seguinte forma:

"I — até 31.12.1975, véspera da vigência da Lei n. 6.260/75, desde que indenizado na forma do art. 122 do Decreto n. 3.048/99;

II — no período de 1º.1.1976 (data da vigência da Lei n. 6.260/75), até 31.10.1991, por comprovante de contribuição anual; e

III — a partir de 1º.11.1991 (conforme Decreto n. 356/91), por comprovante de contribuição mensal."

Segurado Facultativo:

O segurado facultativo, por não exercer atividade remunerada, não terá qualquer documento para comprovar sua condição perante a Previdência Social, senão as próprias guias de pagamento, devidamente recolhidas.

3.1.4.2. Informações Extemporâneas

Qualquer informação extemporânea inserida no CNIS, independentemente de ser inédita ou retificadora de dado anteriormente informado, somente será aceita se corroborada por documentos que comprovem a sua regularidade.

Nos termos do art. 48 da IN INSS/PRES n. 45/2010, considera-se extemporânea a inserção de dados:

"I — decorrentes de documento apresentado após o transcurso de cento e vinte dias do prazo estabelecido pela legislação relativo a:

a) data do início do vínculo; e

b) remuneração do contribuinte individual informado em GFIP a partir de abril de 2003;

II — relativos às remunerações, sempre que decorrentes de documento apresentado:

a) após o último dia do quinto mês subsequente ao mês da data de prestação de serviço pelo segurado, quando se tratar de dados informados por meio da GFIP; e

b) após o último dia do exercício seguinte a que se referem as informações, quando se tratar de dados informados por meio da Relação Anual de Informações Sociais — RAIS; e

III — relativos às contribuições, sempre que o recolhimento tiver sido feito sem observância do estabelecido em lei."

A extemporaneidade de que trata o inciso I, *supra*, será relevada após um ano da data do documento que tiver gerado a informação, desde que, cumulativamente:

• o atraso na apresentação do documento não tenha excedido o prazo de que trata a alínea "a", inciso II, *supra*; e

• o segurado não tenha se valido da alteração para obter benefício cuja carência mínima seja de até doze contribuições mensais.

3.1.4.3. Reconhecimento das contribuições existentes até fevereiro/94

É importantíssimo destacarmos a previsão constante do art. 69 da IN INSS/PRES n. 45/2010, sobre o reconhecimento das contribuições existentes no CNIS, independentemente da apresentação de qualquer documento comprobatório, no período compreendido entre 04/1973 e 02/1994.

Uma vez lançadas no CNIS, deverá o INSS aceitar e validar tais contribuições, mesmo que o segurado não possua qualquer documento comprobatório de seu efetivo recolhimento ou da efetiva prestação dos serviços.

Confira-se:

"**Art. 69.** Mediante o disposto no art. 29-A da Lei n. 8.213, de 1991 e no art. 19, 19-A e 19-B do RPS e manifestação da Consultoria Jurídica do Ministério da Previdência Social — MPS por meio do Parecer/Conjur/MPS n. 57, de 5 de fevereiro de 2009, serão consideradas quitadas em tempo hábil as contribuições previdenciárias devidas pelos contribuintes individuais, contribuintes em dobro, facultativos, equiparados a autônomos, empresários e empregados domésticos, relativas ao período compreendido entre abril de 1973 e fevereiro de 1994, quitadas até essa data, dispensando-se a exigência da respectiva comprovação por parte do contribuinte quando estas constarem do CNIS."

3.1.4.4. Formulário e procedimentos necessários

Para solicitar a emissão do CNIS ou qualquer acerto de dados cadastrais e de atividades, ou mesmo para alteração, inclusão, exclusão e validação de vínculos, remunerações e contribuições, e transferência de recolhimentos, deverá o interessado primeiramente, agendar o serviço de "atualização cadastral" na página eletrônica do Ministério da Previdência Social (<www.previdencia.gov.br>) ou pelo telefone 135.

Se o interesse for pela emissão dos documentos do CNIS, deve o interessado optar pelo serviço de cadastro de senha (CADSENHA). Na data e hora agendados, deverá comparecer munido de seus documentos pessoais, oportunidade em que cadastrará uma senha de 4 dígitos para acesso as informações disponibilizadas na internet. Na mesma oportunidade, deve solicitar ao servidor público atendente a emissão dos cadastros do CNIS que forem de seu interesse.

A senha cadastrada permitirá acesso ao "extrato de informações previdenciárias", onde constam os vínculos empregatícios e os valores mensais de remuneração, disponibilizado na internet, no endereço: <http://www1.dataprev.gov.br/conweb/sp2cgi.exe?sp2application=conweb>.

Caso o interesse seja a retificação dos dados cadastrais, o serviço a ser agendado será o "acerto de dados cadastrais", e caso seja a retificação de vínculos e remunerações, deverá solicitar por esta opção, seja no agendamento pela internet ou pelo fone 135. Em qualquer dessas hipóteses, no entanto, deverá comparecer no dia e hora designados levando, além dos documentos necessários às regularizações pretendidas, também um formulário denominado "Requerimento de atualização do CNIS", que se encontra no Anexo XXIII da IN INSS/PRES n. 45/2010 e que está disponível para preenchimento e impressão na página eletrônica do Ministério da Previdência Social, no seguinte endereço: <http://www.mps.gov.br/conteudoDinamico.php?id=898>.

Segue modelo, para visualização:

INSTRUÇÃO NORMATIVA N. 45 INSS/PRES, DE 6 DE AGOSTO DE 2010			
PROTOCOLO (USO INSS)			
REQUERIMENTO DE ATUALIZAÇÃO DO CNIS — RAC			
1 — INFORMAÇÕES BÁSICAS			
Nome:		Data de Nascimento:	
Nome da mãe:		Telefone:	
Endereço:		CEP:	
NIT (PIS/PASEP/CI/SUS):		CPF:	
N. Carteira de Identidade:	Data de Emissão:	Órgão Expedidor:	
N. Carteira de Trabalho:	Série:	Data de Emissão:	

2 — TIPO DE ATUALIZAÇÃO	
( ) Inclusão de vínculo ( ) Alteração de vínculo ( ) Exclusão de vínculo ( ) Inclusão de remuneração ( ) Alteração de remuneração ( ) Exclusão de remuneração	( ) Acerto de dados cadastrais ( ) Acerto de dados de atividade ( ) Inclusão de recolhimento ( ) Alteração de recolhimento ( ) Transferência de recolhimento ( ) Exclusão de recolhimento
3 — DOCUMENTOS APRESENTADOS	
( ) Declaração fornecida pela empresa, em papel timbrado, devidamente assinada e identificada por seu responsável, acompanhada da Ficha de Registro de Empregados ou do Livro de Registro de Empregados, onde conste o referido registro do trabalhador. ( ) Relação Anual de Informações Sociais — RAIS, ou Relação de Empregados — RE, ou Fundo de Garantia do Tempo de Serviço — FGTS, original ou cópia autenticada, com o respectivo comprovante de entrega ao órgão competente (RAIS — Banco do Brasil, Caixa Econômica Federal ou Ministério do Trabalho e Emprego — MTE. FGTS — Caixa Econômica Federal). ( ) Original ou cópia autenticada da GFIP com o respectivo comprovante de entrega. ( ) Contracheque ou recibo de pagamento contemporâneos aos fatos que se pretende comprovar. ( ) Termo de rescisão contratual ou comprovante de recebimento do FGTS. ( ) Certificado de sindicato ou órgão gestor de mão de obra que agrupa trabalhadores avulsos. ( ) Outros documentos que possam comprovar a real prestação de serviço/exercício de atividade. ( ) Guias de recolhimentos de contribuição de contribuinte individual. ( ) Comprovante de inscrição de contribuinte individual. ( ) Documentos pessoais (identidade, CPF, título de eleitor, certidão de nascimento ou casamento, CTPS). **( ) Outros documentos.** **Especificar:**_____	
Local e data:	Assinatura:

3.2. Inscrição

3.2.1. Inscrição de Pessoas Físicas

Por inscrição de segurado considera-se, para os efeitos da Previdência Social, o ato pelo qual o segurado é cadastrado no Regime Geral de Previdência Social — RGPS, para que possa ser identificado perante o INSS como um participante do sistema de proteção. O ato de cadastramento possui formas específicas e diferenciadas para cada tipo de contribuinte, conforme segue:

I — Empregado e trabalhador avulso: o cadastramento é feito pelo preenchimento dos documentos que os habilitem ao exercício da atividade, formalizado pelo contrato de trabalho, no caso de empregado, e pelo cadastramento e registro no sindicato ou órgão gestor de mão de obra, no caso de trabalhador avulso. A inscrição destes segurados deverá ser procedida diretamente na empresa, sindicato ou órgão gestor de mão de obra, não sendo necessário o comparecimento do trabalhador ao Posto de Atendimento do INSS. Iniciadas as atividades profissionais, o empregado e o trabalhador avulso estão automaticamente inscritos no Regime Geral de Previdência Social, cabendo somente aos tomadores de serviço a informação dos dados no formulário GFIP.

II — Empregado doméstico: pela apresentação de documento que comprove a existência de contrato de trabalho, sendo necessário obter, junto ao INSS, um número de cadastro antes do início das contribuições. Caso o doméstico já possua inscrição no PIS, este número poderá ser utilizado também para fins previdenciários e, caso não possua, poderá obter um número de identificação junto ao INSS (NIT — Numero de Identificação do Trabalhador), pessoalmente ou pela Internet.

O trabalhador doméstico será considerado inscrito a partir da primeira contribuição efetuada sem atraso porque, como seu empregador não está obrigado à apresentação do formulário GFIP, não tem outra forma da Previdência Social tomar conhecimento de sua existência senão pelo início dos recolhimentos.

III — *Contribuinte individual:* pela apresentação de documento que caracterize a sua condição ou o exercício de atividade profissional, liberal ou não. Da mesma forma que ocorre com o trabalhador doméstico, é necessário obter o número de cadastro junto ao INSS, caso o trabalhador não possua o número de PIS.

IV — *Segurado especial:* pela apresentação de documento que comprove o exercício de atividade rural, sendo feita a inscrição de forma a vinculá-lo ao seu respectivo grupo familiar. Além das informações pessoais, a inscrição deverá conter as seguintes identificações:

a) da forma do exercício da atividade, se individual ou em regime de economia familiar;

b) da condição no grupo familiar, se titular ou componente;

c) do tipo de ocupação do titular de acordo com tabela do Código Brasileiro de Ocupações — CBO;

d) da forma de ocupação do titular vinculando-o à propriedade ou à embarcação em que trabalhe; e

e) da propriedade em que desenvolve a atividade e a que título, se nela reside ou o Município onde reside e, quando for o caso, a identificação e inscrição da pessoa responsável pelo grupo familiar.

O segurado especial integrante de grupo familiar que não seja proprietário do imóvel rural ou da embarcação em que desenvolve sua atividade deve informar, no ato da inscrição, conforme o caso, o nome e o CPF do parceiro ou meeiro outorgante, arrendador, comodante ou assemelhado.

Para a manutenção do cadastro o segurado especial ou a entidade representativa poderá declarar anualmente o exercício da atividade rural, por meio de aplicativo próprio disponibilizado no sítio da Previdência Social, em <www.previdencia.gov.br>.

Para aquele que já possui cadastro no CNIS, o próprio segurado ou a entidade representativa poderá efetuar a complementação ou manutenção dos dados cadastrais, a fim de caracterizá-lo como Segurado Especial.

V — *Facultativo:* pela apresentação de documento de identidade e declaração expressa de que não exerce atividade que o enquadre na categoria de segurado obrigatório. O contribuinte facultativo será considerado inscrito a partir da primeira contribuição efetuada sem atraso, sendo importante destacar, contudo, que nos termos do art. 47 da Instrução Normativa INSS n. 20/2007, se a primeira contribuição do facultativo for recolhida extemporaneamente, será a mesma convalidada para a competência relativa ao mês da efetivação do pagamento. Confira-se:

"**Art. 47.** Se a primeira contribuição do segurado facultativo for recolhida fora do prazo, observado o disposto no art. 43 desta Instrução Normativa, será convalidada para a competência relativa ao mês da efetivação do pagamento."

Referida IN foi expressamente revogada pela IN INSS/PRES n. 45/2010, que não manteve a redação deste artigo. No entanto, o instituto da convalidação está presente em seu art. 84, inciso VII, podendo o princípio permanecer sendo aplicado aos segurados facultativos, de forma a impedir o enriquecimento ilícito da Previdência Social.

3.2.1.1. Orientações gerais

A inscrição do empregado doméstico, contribuinte individual, facultativo e segurado especial será efetuada uma única vez, diretamente no INSS ou através do recolhimento da primeira contribuição efetuada em época própria através do número de identificação do trabalhador no PIS/PASEP.

O empregado doméstico, o contribuinte individual e o segurado facultativo poderão igualmente se inscrever através da internet (<www.previdencia.gov.br>), pela central de atendimento eletrônico 135 ou pessoalmente nas Agências da Previdência Social — APS. Efetivada a inscrição, receberá o segurado um comprovante, com a finalidade de consolidar as informações do cidadão, orientá-lo quanto a seus direitos, deveres e sobre o cadastramento de senha para autoatendimento.

Conforme observado, a inscrição objetiva a identificação dos contribuintes perante o sistema previdenciário, o que ocorre através de um número identificador. Para os segurados (pessoas físicas) este número será o NIT — Número de Identificação do Trabalhador, que deverá ser utilizado para o recolhimento das contribuições, ainda que os segurados exerçam, concomitantemente, mais de uma atividade remunerada.

Quando da contratação de contribuintes individuais, por empresas ou entidades a ela equiparadas (inclusive cooperativas), estas deverão exigir dos profissionais o número de inscrição junto ao INSS e, caso não o tenham, devem providenciar a inscrição dos mesmos no sistema, o que poderá ser efetuado por meio de Internet, na página da Previdência Social.

Os números de cadastro e as contribuições efetuadas ficarão armazenadas no CNIS — Cadastro Nacional de Informações Sociais, valendo as informações ali contidas para efeitos de filiação, relação de emprego, tempo de serviço e contribuição e até mesmo para comprovar o valor utilizado como base de cálculo das contribuições.

Ressalte-se, ainda, que a inscrição poderá ser efetuada com base nas informações prestadas pelos segurados, para identificação e classificação de sua categoria, sem necessidade de comprovação documental neste ato, podendo o INSS solicitar esta comprovação somente quando do requerimento de algum benefício.

Na impossibilidade de a inscrição ser efetuada pelo próprio segurado, é possível sua efetivação por terceiros, não necessitando de instrumento de procuração.

Sendo a inscrição formalizada em categoria diferente daquela em que deveria ocorrer (trabalhador doméstico que se inscreve como contribuinte individual, por exemplo), o segurado deverá procurar qualquer Agência de Atendimento da Previdência Social e alterá-la para a categoria correta, convalidando-se as contribuições já pagas.

3.2.1.2. Inscrição post mortem

A inscrição *post mortem* não é aceita pela Previdência Social, exceto para o segurado especial. Esta proibição está contida, de forma indireta, no Decreto n. 3.048/99 (art. 18, § 5º) e de forma expressa nas Instruções Normativas expedidas pela administração. A legislação ordinária, contudo, nada disciplina sobre o tema, razão pela qual é possível a discussão judicial do direito, com base no inciso II do art. 5º da Carta Constitucional, que positiva a regra de que as normas proibitivas de direito devem constar expressamente em lei.

Sobre a inscrição *post mortem* do segurado especial, confira-se a redação do art. 42 da Instrução Normativa INSS n. 45/2010:

"**Art. 42.** Presentes os pressupostos da filiação, admite-se a inscrição *post mortem* do segurado especial, obedecidas as condições para sua caracterização.

§ 1º A inscrição *post mortem* será solicitada por meio de requerimento pelo dependente ou representante legal, sendo atribuído o NIT Previdência somente após comprovação da atividade alegada.

§ 2º Não serão consideradas a inscrição *post mortem* e as contribuições vertidas após a extemporânea inscrição para efeito de manutenção da qualidade de segurado, salvo na hipótese de inscrição no PIS, autorizada e incluída pela CEF.

§ 3º Na situação prevista no § 1º deste artigo, quando não comprovada a condição de segurado especial, poderá ser atribuído NIT junto à Previdência na qualidade de "não filiado", para fins de requerimento de pensão por morte pelos seus dependentes."

Sobre o tema confira-se, ainda, a redação da Súmula 52 da TNU:

"**Súmula 52** — Para fins de concessão de pensão por morte, é incabível a regularização do recolhimento de contribuições de segurado contribuinte individual posteriormente a seu óbito, exceto quando as contribuições devam ser arrecadadas por empresa tomadora de serviços."

3.2.1.3. Exercício de mais de uma atividade remunerada

Da mesma forma que ocorre com a filiação, todo aquele que exercer, concomitantemente, mais de uma atividade remunerada sujeita ao Regime Geral de Previdência Social será obrigatoriamente inscrito em relação a cada uma delas.

Isto não significa, no entanto, que o trabalhador deva possuir mais de um número de inscrição no sistema. Tal prática, inclusive, sequer é recomendada, porque costuma gerar problema quando da concessão de benefícios, porque o trabalhador não costuma anotar todos os seus números e o servidor público nem sempre é diligente o suficiente para localizá-los.

O que identifica o contribuinte é seu número de inscrição, mas o que identifica a modalidade (empregado, doméstico, avulso, contribuinte individual, segurado especial ou facultativo) é a forma de recolhimento e as informações na guia correspondente (GFIP e GPS). Assim, é possível o recolhimento em duas ou mais modalidades, mas com um único número de inscrição, que geralmente é o número do PIS. Não havendo PIS, o Número de Identificação do Trabalhador — NIT.

3.2.1.4. Baixa da Inscrição

Os contribuintes, com exceção apenas dos empregados e dos trabalhadores avulsos, devem formalizar a baixa de suas inscrições quando paralisarem as atividades profissionais desenvolvidas e, no caso do segurado facultativo, quando não mais houver interesse em permanecer com os recolhimentos.

A formalização dessa baixa deve ser efetuada junto ao INSS mediante declaração e apresentação de documentos que comprovem o encerramento das atividades, sob pena de permanecer aberto o cadastro efetuado anteriormente e, nessa condição, em débito o contribuinte.

Caso a baixa da inscrição não seja formalizada, o INSS poderá solicitar, quando do requerimento de algum benefício pelo segurado, provas de que não houve o exercício da atividade remunerada nos períodos em que não foram efetuadas as respectivas contribuições ao sistema. Nestes termos confira-se, inclusive, o Enunciado n. 27 do CRPS:

"**Enunciado 27:** Cabe ao contribuinte individual comprovar a interrupção ou o encerramento da atividade pela qual vinha contribuindo, sob pena de ser considerado em débito no período sem contribuição. A concessão de benefícios previdenciários, requeridos pelo contribuinte individual em débito, é condicionada ao recolhimento prévio das contribuições em atraso, ressalvada a alteração introduzida pelo Dec. n. 4.729/2003, no art. 26, § 4º e no art. 216, I, «a», do Dec. n. 3.048/99, que, a partir da competência Abril/2003, torna presumido o recolhimento das contribuições descontadas dos contribuintes individuais pela empresa contratante de seus serviços.» Res. CRPS 4, de 19.10.2006 (D.O. 25.10.2006)."

3.2.2. Inscrição de Pessoas Jurídicas e Equiparadas — Matrícula

Para os contribuintes pessoa jurídica (ou equiparados) a identificação se dará através do CNPJ — Cadastro Nacional de Pessoa Jurídica (situação das empresas) ou do CEI — Cadastro Específico do INSS (situação das equiparadas às empresas ou entidades desobrigadas de inscrição no CNPJ). A identificação pelo CNPJ ou CEI denomina-se "matrícula".

Em se tratando de pessoas jurídicas que possuem inscrição no CNPJ não há necessidade de qualquer procedimento perante o INSS, pois a inscrição é efetuada simultaneamente nos dois órgãos.

Havendo dispensa de inscrição no CNPJ ou em se tratando de obra de construção civil, é necessário que o responsável proceda à matrícula no CEI — Cadastro Específico do INSS, no prazo de 30 dias contados do início das atividades. As pessoas jurídicas (ou equiparadas) com inscrição no CEI devem providenciar a baixa dessa matrícula quando do encerramento das atividades.

Obs.: A matrícula atribuída pela Secretaria da Receita Federal do Brasil ao produtor rural pessoa física ou segurado especial é o documento de inscrição do contribuinte, em substituição à inscrição no Cadastro Nacional de Pessoa Jurídica — CNPJ, a ser apresentado em suas relações com o Poder Público, inclusive para licenciamento sanitário de produtos de origem animal ou vegetal submetidos a processos de beneficiamento ou industrialização artesanal, com as instituições financeiras, para fins de contratação de operações de crédito, e com os adquirentes de sua produção ou fornecedores de sementes, insumos, ferramentas e demais implementos agrícolas. Referidas disposições constam do § 5º do art. 49 da Lei n. 8.212/91 e não se aplicam ao licenciamento sanitário de produtos sujeitos à incidência de Imposto sobre Produtos Industrializados ou ao contribuinte cuja inscrição no Cadastro Nacional de Pessoa Jurídica — CNPJ seja obrigatória.

São responsáveis pela matrícula CEI (IN SRF n. 971/2009, art. 18):

• o equiparado à empresa isenta de registro no CNPJ;

• o proprietário do imóvel, o dono da obra ou o incorporador de construção civil, pessoa física ou pessoa jurídica;

• a empresa construtora, quando contratada para execução de obra por empreitada total;

• a empresa líder do consórcio, no caso de contrato para execução de obra de construção civil mediante empreitada total celebrado em nome das empresas consorciadas;

• o produtor rural contribuinte individual e o segurado especial;

• o titular de cartório, sendo a matrícula emitida no nome do titular, ainda que a respectiva serventia seja registrada no CNPJ;

• a pessoa física não-produtor rural que adquire produção rural para venda, no varejo, a consumidor pessoa física;

• o consórcio, no caso de contrato para execução de obra de construção civil mediante empreitada total celebrado em seu nome.

Obs.: Também o empregador doméstico optante pelo pagamento do Fundo de Garantia do Tempo de Serviço (FGTS) deverá providenciar sua matrícula no CEI.

Para fins de controle por parte da Previdência Social, o § 4º do art. 49 da Lei n. 8.212/91 determina que o Departamento Nacional de Registro do Comércio — DNRC, por intermédio das Juntas Comerciais, bem como os Cartórios de Registro Civil de Pessoas Jurídicas, prestarão, obrigatoriamente, à Secretaria da Receita Federal do Brasil todas as informações referentes aos atos constitutivos e alterações posteriores relativos a empresas e entidades neles registradas.

Assim, independentemente do ato dos empregadores, o INSS procederá a matrícula nas seguintes situações:

• de ofício, quando ocorrer a omissão; e

• de obra de construção civil, mediante comunicação obrigatória do responsável por sua execução, no prazo de até 30 dias.

O profissional liberal responsável por mais de um estabelecimento deverá cadastrar uma matrícula CEI para cada estabelecimento em que tenha segurados empregados a seu serviço.

As regras referentes à matrícula das obras de construção civil estão dispostas no art. 24 e seguintes da Instrução Normativa SRF n. 971/2009, cabendo salientar que estão dispensados de matrícula:

• os serviços de construção civil, os quais se encontram destacados no Anexo VII da referida Instrução Normativa, independentemente da forma de contratação.

• a construção, sem mão de obra remunerada, de imóvel pertencente a pessoa física que não possua outro imóvel e que a mesma seja residencial e unifamiliar, com área total não superior a 70 m², destinada a uso próprio e do tipo econômico ou popular.

• a reforma de pequeno valor, assim considerada aquela onde não há alteração da área construída e onde o custo estimado total, incluindo material e mão de obra, não ultrapasse o valor de 20 vezes o limite máximo do salário de contribuição vigente na data de início da obra.

As regras específicas para a matrícula de estabelecimentos rurais de produtores rurais pessoa física encontram-se nos arts. 32 a 36 da IN SRF n. 971/2009 e as regras específicas para segurados especiais nos artigos subsequentes (37 a 39).

A ausência do cadastramento por empresas que não possuem CNPJ implicará no pagamento de multa, prevista no art. 92 da Lei n. 8.212/91 e no art. 283, I, b, do Decreto n. 3.048/99. Atualmente, referida multa encontra-se fixada em R$ 1.812,87, conforme Portaria Interministerial MPS/MF n. 19/2014.

3.2.3. Inscrição de pessoa não filiada ao sistema

Não obstante a omissão da legislação a respeito do tema, o art. 43 da Instrução Normativa INSS/PRES n. 45/2010 determina que todas as pessoas que solicitarem qualquer serviço do INSS devem estar inscritas, mesmo que seja na condição de procuradores ou representantes legais de determinado segurado.

Caso não possua número de PIS, deverá ser cadastrado um Número de Identificação do Trabalhador — NIT, seja pela internet ou pelo telefone 135.

Confira-se a redação do dispositivo:

"**Art. 43.** O Não Filiado é todo aquele que não possui forma de filiação definida no art. 39, mas se relaciona com a Previdência Social na condição de dependente, representante legal, procurador, titular, bem como o titular ou componente de grupo familiar em requerimentos dos benefícios de prestação continuada da Lei Orgânica de Assistência Social — LOAS.

§ 1º O Não Filiado, quando da solicitação de algum serviço da Previdência Social, deverá ser identificado no CNIS e caso não possua número de identificação, o cadastramento deverá ser efetuado em NIT Previdência por meio da Central de Atendimento 135 ou nas APS.

§ 2º Não será observada idade mínima para o cadastramento do não filiado.

§ 3º Após a efetivação do cadastramento no CNIS, será emitido e fornecido ao não filiado o respectivo comprovante, com a finalidade de consolidar as informações do cidadão."

Novamente, a Instrução Normativa faz exigências (restritivas ao atendimento) sem que a lei assim o fizesse, em contrariedade expressa às disposições constitucionais (CF/88, art. 5º, II). Seria cabível, portanto, ação judicial a respeito, mas a solução mais rápida, nesse caso, é submeter-se às exigências administrativas e providenciar o cadastro do NIT (ou fornecer o número do PIS) sempre que for solicitado algum serviço ou atendimento pelo INSS.

Fundamentação: Constituição Federal/88, art. 7º, inciso XXXIII; Lei n. 8.212/91, arts. 12, § 2º e 49; Lei n. 8.213/91, art. 11, § 2º e 17, §§ 3º a 6º e Decreto n. 3.048/99, art. 18 a 21, 192 e 256, além de outros citados no texto.

4. RECONHECIMENTO DO TEMPO DE FILIAÇÃO

4.1. Conceito

Reconhecimento de filiação é o direito que assiste o segurado em ter reconhecido, em qualquer época, o tempo de exercício de atividade anteriormente abrangida pela previdência social.

O pedido de reconhecimento do exercício de atividade para retroação da Data de Início de Contribuição (DIC) dar-se-á mediante a formalização de processo administrativo devidamente protocolizado e encaminhado ao Serviço/Seção/Setor de Benefício da APS.

Assim, poderá ser objeto de contagem do tempo de contribuição para o RGPS:

I — o período em que o exercício da atividade não exigia filiação obrigatória à Previdência Social, desde que efetivado pelo segurado o recolhimento das contribuições correspondentes;

II — o período em que o exercício de atividade exigia filiação obrigatória à Previdência Social como segurado contribuinte individual, desde que efetivado o recolhimento das contribuições devidas, no caso de retroação da data de início das contribuições.

Note-se, assim, ser vedado o reconhecimento de tempo de filiação para o segurado facultativo, cuja filiação ao RGPS representa ato volitivo. A este segurado, portanto, não é permitido retroagir e tampouco indenizar contribuições relativas a competências anteriores à data de sua inscrição.

Também é importante registrarmos que o contribuinte individual que prestou serviços a pessoas jurídicas a contar de 04/2003 pode ter deferido o pedido de reconhecimento da filiação comprovando apenas a efetiva prestação dos serviços remunerados, não podendo o INSS exigir qualquer prova do recolhimento das contribuições. Isto porque desde 04/2003 a empresa tomadora dos serviços deve descontar dos contribuintes individuais a contribuição previdenciária, repassando-as aos cofres previdenciários juntamente com as outras contribuições a seu cargo. A obrigação de contribuir é do contribuinte individual, mas a responsabilidade pelo efetivo recolhimento é da empresa tomadora dos serviços. Aplica-se, neste caso, a regra de presunção disposta no § 5º do art. 33 da Lei n. 8.212/91. Por analogia, confira-se a redação do Enunciado 18 do CRPS:

> "**Enunciado 18** — Não se indefere benefício sob fundamento de falta de recolhimento de contribuição previdenciária quando esta obrigação for devida pelo empregador."

A IN INSS/PRES n. 45/2010 dispõe nesse sentido, mas exige do contribuinte individual que o mesmo tenha sido informado em GFIP. Confira-se:

> "**Art. 59.** Deferido o pedido de reconhecimento da filiação, somente será considerado, para fins de concessão de benefício, o período em que for comprovado o exercício da atividade remunerada quando houver o efetivo recolhimento das contribuições, na forma do art. 61.
>
> Parágrafo único. O contribuinte individual informado em GFIP a partir da competência abril de 2003, poderá ter deferido o pedido de reconhecimento da filiação mediante comprovação do exercício da atividade remunerada, independentemente do efetivo recolhimento das contribuições."

No entanto, tal exigência não merece acolhimento porque a GFIP deve ser preenchida e enviada pela empresa tomadora dos serviços, e não pelo trabalhador. Não há como exigir do trabalhador referido documento, já que a empresa não se encontra obrigada a lhe entregar cópia ou comprovante de envio.

Compreendo que a comprovação deve ser apenas em relação à prestação dos serviços, por qualquer documento idôneo e por testemunhas, em processo de justificação administrativa. Não pode o INSS exigir do contribuinte individual a prova do recolhimento ou o formulário GFIP, sendo tais documentos mantidos pelas empresas, não pelos trabalhadores.

Ressalva-se, apenas, o contribuinte individual empresário, que administra o empreendimento. Para que o mesmo não se beneficie de sua própria torpeza, já que este figura como sócio-gerente ou administrador, sendo proprietário da empresa, dele poderá ser exigido o formulário GFIP e a efetiva prova do recolhimento das contribuições.

Obs.: Para fins de contagem recíproca, poderá ser certificado para a administração pública o tempo de contribuição do RGPS correspondente ao período em que o exercício de atividade exigia ou não a filiação obrigatória à Previdência Social, desde que efetivada pelo segurado a indenização das contribuições correspondentes. Sobre o tema, ver Parte V, Capítulo XLIII, desta obra.

4.2. Retroação da data do início das contribuições

Caso o segurado contribuinte individual manifeste interesse em recolher contribuições relativas a período anterior à sua inscrição, a retroação da Data do Início das Contribuições — DIC será autorizada, desde que comprovado o exercício de atividade remunerada no respectivo período, na forma disposta no art. 60 da Instrução Normativa INSS/PRES n. 45/2010:

"I — para o motorista: mediante carteira de habilitação, certificado de propriedade ou copropriedade de veículo, certificado de promitente comprador, contrato de arrendamento ou cessão de automóvel para, no máximo, dois profissionais sem vínculo empregatício, certidão do Departamento de Trânsito — DETRAN ou quaisquer documentos contemporâneos que comprovem o exercício da atividade;

II — para os profissionais liberais com formação universitária: mediante inscrição no respectivo conselho de classe e documentos que comprovem o efetivo exercício da atividade; e

III — para os autônomos em geral: comprovante do exercício da atividade ou inscrição na prefeitura e respectivos recibos de pagamentos do Imposto Sobre Serviço — ISS, em época própria ou declaração de imposto de renda, entre outros."

Se o documento apresentado pelo segurado não atender os requisitos acima, a prova exigida poderá ser complementada por outros documentos que levem à convicção do fato a comprovar, inclusive mediante Justificação Administrativa — JA.

4.3. Solicitação administrativa — INSS

O art. 62 da Instrução Normativa INSS/PRES n. 45/2010 determina expressamente que caberá ao INSS promover o reconhecimento de filiação, bem como proceder ao cálculo para apuração da contribuição previdenciária devida e as demais orientações pertinentes ao recolhimento do débito ou indenização, cabendo à Receita Federal somente a cobrança das contribuições, nos termos da Lei n. 11.457/2007, art. 2º.

Esta também é a disposição constante no art. 356 do Decreto n. 3.048/99, conforme podemos observar:

"**Art. 356.** Nos casos de indenização na forma do art. 122 e da retroação da data do início das contribuições, conforme o disposto no art. 124, após a homologação do processo pelo setor de benefícios do Instituto Nacional do Seguro Social, este deverá ser encaminhado ao setor de arrecadação e fiscalização, para levantamento e cobrança do débito."

Quando não existir dúvida sobre o exercício da atividade remunerada e caso se trate de cálculo posterior à inscrição do segurado (após o pagamento da primeira contribuição, em dia) e no período imprescrito (últimos 5 anos), não há necessidade de solicitação administrativa, podendo o cálculo ser efetuado pelo próprio interessado, bem como o preenchimento e emissão das guias correspondentes.

4.4. Pagamento das contribuições ou indenização — Cálculo

Reconhecido o exercício de atividade pelo INSS, o processo deverá ser encaminhado para cálculo e cobrança das contribuições sociais previdenciárias devidas (ou indenização do período). Sobre o tema trata, inclusive, os §§ 9º a 13 do art. 216 do Decreto n. 3.048/99, Regulamento da Previdência Social.

Caso o período a ser reconhecido esteja dentro dos últimos 5 (cinco) anos, não terá ocorrido a decadência e o cálculo obedecerá às regras existentes para débitos em atraso, aplicadas para as empresas em geral (art. 216 do Decreto n. 3.048/99, §§ 7º a 14). Também seguem o cálculo disposto na legislação de regência:

• as contribuições em atraso de segurado empregado doméstico e facultativo; e

• diferenças apuradas de contribuinte individual quando provenientes de recolhimentos a menor.

Tendo ocorrido a decadência quinquenal (mais de 5 anos), será devida uma indenização para a Previdência Social, que corresponderá a 20% do seguinte cálculo (IN INSS/PRES n. 45/2010, art. 61):

I — para fins de contagem no próprio RGPS: da média aritmética simples dos maiores salários de contribuição, correspondentes a 80% de todo o período contributivo constante no CNIS decorrido desde a competência 07/94, ainda que não recolhidas as contribuições correspondentes, corrigidos mês a mês pelos mesmos índices utilizados para a obtenção do salário de benefício na forma do RPS, observados os limites mínimo e máximo do salário de contribuição (R$ 724,00 e R$ 4.390,24, respectivamente[28]).

Obs. 1: As contribuições "ainda que não recolhidas" referem-se àquelas devidas pelas empresas e equiparadas, em relação aos empregados e contribuintes individuais que lhe prestem serviço, empregadores domésticos e órgãos gestores de mão de obra e que devem integrar o período básico de cálculo — PBC.

Obs. 2: Não existindo salário de contribuição em todo o período básico de cálculo (07/94 em diante), a base de incidência deverá ser equivalente ao salário mínimo, vigente na data do pedido. O salário de benefício de qualquer prestação previdenciária (auxílio-doença, aposentadorias etc.) não poderá ser considerado como salário de contribuição, exceto o salário-maternidade.

Obs. 3: Ficam sujeitos à indenização prevista no inciso I, *supra*, os períodos de contrato de trabalho de empregados domésticos anteriores a 7.4.1973, data de publicação do Decreto n. 71.885/73, em que a filiação à Previdência Social não era obrigatória.

II — para fins da contagem recíproca: da remuneração da data do requerimento sobre a qual incidem as contribuições para RPPS a que estiver filiado o interessado, observados os limites mínimo e máximo do salário de contribuição (R$ 724,00 e R$ 4.390,24, respectivamente), sendo que na hipótese do requerente ser filiado também ao RPS, seu salário de contribuição nesse regime não será considerado para fins de indenização.

Sobre os valores apurados acima incidirão juros moratórios de cinco décimos por cento (0,5%) ao mês, capitalizados anualmente, limitados ao percentual máximo de 50% (cinquenta por cento). A Lei n. 8.212/91, no § 2º do art. 45-A, ainda determina incidência de multa de 10% (dez por cento).

Sobre a incidência dos juros e multa, contudo, duas considerações são de importante destaque:

1ª) A cobrança de juros e multa surgiu apenas com a edição da Medida Provisória n. 1.523/96 (posteriormente convertida na Lei n. 9.528/97), a qual acrescentou o § 4º ao art. 45 da Lei n. 8.212/91. Desta forma, não há que se pretender a cobrança de juros ou multa para períodos anteriores à publicação da referida MP, ou seja, anteriores a 14.10.1996.

2ª) Sobre a incidência de multa, por se tratar de contribuição voluntária, feita pelo próprio trabalhador sem que qualquer procedimento administrativo de cobrança tenha sido instaurado, compreendo não ser esta cabível, em face da caracterização da denúncia espontânea, disposta no art. 138 do CTN. Confira-se:

"**Art. 138.** A responsabilidade é excluída pela denúncia espontânea da infração, acompanhada, se for o caso, do pagamento do tributo devido e dos juros de mora, ou do depósito da importância arbitrada pela autoridade administrativa, quando o montante do tributo dependa de apuração.

Parágrafo único. Não se considera espontânea a denúncia apresentada após o início de qualquer procedimento administrativo ou medida de fiscalização, relacionados com a infração."

Excluída a responsabilidade, exclui-se consequentemente a multa moratória, sendo possível apenas a cobrança da indenização e dos juros moratórios, a partir de 15.10.1996. É importante,

---

(28) Valores divulgados pela Portaria Interministerial MPS/MF n. 19 (DOU de 13.01.2014).

contudo, ressaltarmos que a simples confissão de dívida perante o INSS ou a Receita Federal, acompanhada ou não do pedido de parcelamento, não caracteriza a denúncia espontânea. É necessário que o trabalhador tenha efetuado o pagamento integral do montante devido e que, no momento de solicitação desta autorização, informe expressamente tratar-se de denúncia espontânea.

4.5. Parcelamento

O valor a ser indenizado poderá ser objeto de parcelamento mediante solicitação do segurado, a ser requerido junto à Receita Federal, sendo aplicada a legislação pertinente (art. 244 do Decreto n. 3.048/99). Em regra, são permitidas 4 (quatro) parcelas para cada competência em atraso, obedecido o máximo de 60 (sessenta) meses sucessivos.

É importante ressaltarmos, contudo, que havendo o parcelamento, o período de trabalho correspondente somente poderá ser utilizado para fins de benefício, seja no próprio Regime Geral ou em Certidão de Tempo de Contribuição para averbação em Regime Próprio, após a comprovação da quitação de todos os valores devidos, ou seja, o pagamento de todas as parcelas ajustadas. Confira-se, nestes termos, a redação do art. 448 da Instrução Normativa INSS/PRES n. 45/2010:

> "**Art. 448.** Tratando-se de débito objeto de parcelamento, o período de trabalho correspondente a este somente será utilizado para fins de benefício e CTC no RGPS, após a comprovação da quitação de todos os valores devidos."

Confira-se, também, a redação do § 1º do art. 128 do Decreto n. 3.048/99:

> "**Art.128.** A certidão de tempo de contribuição anterior ou posterior à filiação obrigatória à previdência social somente será expedida mediante a observância do disposto nos arts. 122 e 124.
>
> § 1º A certidão de tempo de contribuição, para fins de averbação do tempo em outros regimes de previdência, somente será expedida pelo Instituto Nacional do Seguro Social após a comprovação da quitação de todos os valores devidos, inclusive de eventuais parcelamentos de débito.
>
> (...)"

Dispõe ainda o Decreto n. 3.048/99, no § 2º do art. 122, que para fins de concessão dos benefícios de aposentadoria por invalidez, aposentadoria por idade, aposentadoria por tempo de contribuição, aposentadoria especial, auxílio-doença e auxílio-acidente não será admitido o parcelamento de débito.

4.6. Tempo de serviço prestado pelo trabalhador rural anteriormente a novembro/91

Para fins de concessão dos benefícios mantidos pelo Regime Geral de Previdência Social, o tempo de serviço prestado pelo trabalhador rural anteriormente à competência novembro/91 sempre será reconhecido, desde que devidamente comprovado, e independentemente de indenização.

Não obstante, para fins de contagem recíproca em Regime Próprio, o tempo de serviço somente será reconhecido mediante indenização.

4.7. Desistência do reconhecimento de filiação ao RGPS

O requerente, seja ele segurado do RGPS ou servidor público, poderá, a qualquer tempo, desistir do reconhecimento de filiação obrigatória ou não à Previdência Social, no todo ou em parte, relativo ao período alcançado pela decadência, desde que as contribuições não tenham sido quitadas, sendo vedada a restituição.

Fundamentação: Lei n. 8.212/91, art. 45-A; Lei n. 8.213/91, art. 55, §1º; Decreto n. 3.048/99, art. 121 a 124 e 356; Instrução Normativa INSS/PRES n. 45/2010, art. 58 a 70;

Capítulo VI

Beneficiários do RGPS — Segurados e Dependentes

1. SEGURADOS OBRIGATÓRIOS E FACULTATIVOS

São beneficiários do Regime Geral de Previdência Social os contribuintes obrigatórios e facultativos, pessoas físicas, os quais recebem a denominação de "segurados", bem como seus dependentes.

Assim, todos os cidadãos, trabalhadores ou não, que contribuem para o Sistema de Seguridade Social, são participantes deste sistema de seguro social e, consequentemente, encontram-se protegidos, segurados pela Previdência Social, recebendo a denominação de beneficiários.

Fundamentação: Lei n. 8.213/91, art. 10; Decreto n. 3.048/99, art. 8º.

2. DEPENDENTES

Em determinadas circunstâncias (falecimento, reclusão do titular ou inclusão no serviço de reabilitação profissional), os dependentes do segurado obrigatório ou facultativo têm garantida a assistência da Previdência Social, devendo comprovar esta condição (inscrição) quando do requerimento do benefício, desde 10.1.2002, data de publicação do Decreto n. 4.079/2002. Até 9.1.2002, era possível ao segurado apresentar ao INSS a documentação comprobatória e inscrever previamente seus dependentes, antes da ocorrência do óbito ou da reclusão.

Desde a vigência do Decreto n. 4.079/2002, contudo, tal procedimento não é mais permitido, devendo o próprio dependente providenciar sua inscrição no sistema, quando do requerimento do auxílio-reclusão, da pensão por morte ou do serviço de reabilitação profissional. São considerados dependentes (Lei n. 8.213/91, art. 16):

a) o cônjuge, a companheira, o companheiro e o filho não emancipado, de qualquer condição, menor de 21 (vinte e um) anos ou inválido ou que tenha deficiência intelectual ou mental que o torne absoluta ou relativamente incapaz, assim declarado judicialmente;

b) os pais; ou

c) o irmão não emancipado, de qualquer condição, menor de 21 (vinte e um) anos ou inválido ou que tenha deficiência intelectual ou mental que o torne absoluta ou relativamente incapaz, assim declarado judicialmente.

Obs.: A inclusão dos deficientes (absoluta ou relativamente incapazes) se deu apenas com a publicação da Lei n. 12.470, de 31.8.2011 — DOU de 1º.9.2011. Anteriormente, apenas os filhos e irmãos menores de 21 anos ou inválidos constavam da redação do art. 16 da Lei n. 8.213/91.

Os dependentes de uma mesma classe concorrem em igualdade de condições, de forma que a existência de dependentes de qualquer das classes exclui do direito às prestações os das classes seguintes. Assim, os pais de determinado segurado, ainda que comprovem a dependência econômica perante o INSS, somente poderão perceber o benefício de Pensão por Morte caso este segurado tenha falecido sem deixar cônjuge, companheira ou filhos menores de 21 anos (ou inválidos/deficientes). Já os irmãos do segurado somente serão considerados dependentes se inexistirem nesta condição quaisquer das pessoas listadas nas letras "a" e "b", *supra*.

Observe-se, ainda, que as pessoas descritas na letra "a" não necessitam comprovar dependência econômica (que é presumida), bastando comprovar a situação de parentesco. Já as pessoas descritas nas letras "b" e "c", quando do requerimento de qualquer benefício previdenciário, deverão comprovar documentalmente a existência de dependência econômica.

2.1. Cônjuges

A condição de cônjuge deve ser comprovada por certidão de casamento atualizada, lembrando-se que o cônjuge ou o companheiro do sexo masculino somente passou a ser dependente, em casos de requerimento de Pensão por Morte, para óbitos ocorridos a partir de 5.4.1991. Anteriormente a essa data, somente era devido o benefício caso fosse comprovada invalidez, conforme art. 12 do Decreto n. 83.080/79. Devem, no entanto, ser mantidos os benefícios concedidos com base na legislação anterior, que fixava o termo inicial de concessão em 6.10.1988, em obediência ao inciso XIII, art. 2º, da Lei n. 9.784/99. Nestes termos, inclusive, dispõe a Súmula 11 da TRU da 4ª Região:

> "**Súmula 11** — O marido ou companheiro de segurada falecida, não inválido, não faz jus à pensão por morte, caso o óbito tenha ocorrido antes de 5.4.1991, data do início dos efeitos da Lei n. 8.213/91."

Confira-se, também sobre o tema, a redação do Enunciado n. 26 do CRPS:

> "SEGURIDADE SOCIAL. PREVIDENCIÁRIO. PENSÃO POR MORTE. CÔNJUGE OU COMPANHEIRO DO SEXO MASCULINO. LEI N. 8.213/91, ART. 74. A concessão da pensão por morte ao cônjuge ou companheiro do sexo masculino, no período compreendido entre a promulgação da Constituição Federal de 1988 e o advento da Lei n. 8.213 de 1991, rege-se pelas normas do Dec. n. 83.080, de 24.1.79, seguido pela Consolidação das Leis da Previdência Social (CLPS) expedida pelo Dec. n. 89.312, de 23.1.84, que continuaram a viger até o advento da Lei n. 8.213/91, aplicando-se tanto ao trabalhador do regime previdenciário rural quanto ao segurado do regime urbano." Res. CRPS 3, de 29.8.2006 (D.O. 31.8.2006).

O cancelamento da inscrição do cônjuge ocorre quando da separação judicial ou divórcio (ou separação de fato, devidamente comprovada) sem direito a alimentos, certidão de anulação de casamento, certidão de óbito ou sentença judicial, transitada em julgado.

Fundamentação: Lei n. 8.213/91, art. 16, I, e 17; Decreto n. 3.048/99, art. 17 e 22; Instrução Normativa INSS/PRES n. 45/2010, art. 17, 24, 26, I, 44 e 321.

2.1.1. Ex-cônjuges

O ex-cônjuge que percebe pensão de alimentos na data do fato gerador do benefício (óbito ou reclusão do segurado titular) concorre em igualdade de condições com os dependentes preferenciais (cônjuge, companheiro(a) e filhos), assim determinando expressamente o art. 76, § 2º, da Lei n. 8.213/91. Confira-se:

> "**Art. 76.** A concessão da pensão por morte não será protelada pela falta de habilitação de outro possível dependente, e qualquer inscrição ou habilitação posterior que importe em exclusão ou inclusão de dependente só produzirá efeito a contar da data da inscrição ou habilitação.
>
> (...)
>
> § 2º O cônjuge divorciado ou separado judicialmente ou de fato que recebia pensão de alimentos concorrerá em igualdade de condições com os dependentes referidos no inciso I do art. 16 desta Lei.

Também o faz, indiretamente, também o § 2º do art. 17 da Lei n. 8.213/91, ao determinar que o cancelamento da inscrição do cônjuge ocorre quando da separação judicial ou divórcio, sem direito a alimentos. Confira-se:

> "**Art. 17.** O regulamento disciplinará a forma de inscrição do segurado e dos dependentes.
>
> (...)
>
> § 2º O cancelamento da inscrição do cônjuge se processa em face de separação judicial ou divórcio sem direito a alimentos, certidão de anulação de casamento, certidão de óbito ou sentença judicial, transitada em julgado."

Note-se, portanto, que o cônjuge divorciado ou separado (judicialmente ou de fato) que recebia Pensão de Alimentos na data do óbito ou da reclusão do segurado titular, concorrerá em iguais condições com os demais dependentes do segurado. O entendimento jurisprudencial dominante concede a condição de dependente até mesmo para os ex-cônjuges que renunciaram aos alimentos na época da separação, mas que posteriormente comprovam a necessidade econômica. Neste sentido confira-se, inclusive, a redação da Súmula 336 do STJ:

"**Súmula 336** — A mulher que renunciou aos alimentos na separação judicial tem direito à pensão previdenciária por morte do ex-marido, comprovada a necessidade econômica superveniente."

Pela redação dos dispositivos legais podemos observar que o legislador ordinário garantiu, inclusive, o mesmo percentual a ser recebido pelos demais dependentes, mesmo que o percentual recebido a título de pensão de alimentos seja a este inferior.

Assim, um segurado que faleceu deixando pensão por morte no valor de R$ 1.200,00, por exemplo, com uma ex-cônjuge (com alimentos fixados em 10% de sua aposentadoria) e uma companheira em união estável, proporcionará este benefício de pensão às duas mulheres, cada qual recebendo igual parte de 50%.

Referida partilha pode ser lícita, porque prevista legalmente no art. 76 da Lei de Benefícios, mas não é justa. Se 10% da aposentadoria eram suficientes à manutenção da dependência econômica da ex-cônjuge, não há razão alguma para que este percentual aumente a 50% quando de seu falecimento. Tal proceder gera, inclusive, enriquecimento com o óbito do segurado titular, não sendo esta a finalidade do benefício de pensão por morte e o que não se pode admitir.

O benefício de pensão por morte e o benefício de auxílio-reclusão objetivam proteger o dependente do segurado ante a falta do segurado titular, proteção esta garantida pela Constituição Federal, art. 201. A intenção maior do legislador constitucional foi, portanto, garantir à família as mesmas condições de vida, em seus aspectos econômicos, quando da falta de um de seus entes mantenedores.

Segundo tal objetivo, não há justificativa para que, com o falecimento do segurado, a primeira esposa (no exemplo citado) venha a obter aumento nos rendimentos de sua pensão, em detrimento da companheira atual, que passou a ter reduzida drasticamente (de 90% para 50%, no exemplo) o auxílio financeiro proporcionado pelo segurado titular.

A realidade social revela que a ausência do segurado implicaria em imposição de dificuldades à sua atual companheira, ao passo que aquela primeira ex-esposa já estava habituada ao recebimento da pensão de alimentos, naquele percentual definido no processo de divórcio, sendo que sua condição não viria a sofrer nenhum abalo com o falecimento de seu ex-cônjuge.

De fato, temos que o texto da Lei n. 8.213/91, em seu art. 77, aponta para o rateio da pensão por morte, na proporção de divisão exata entre as duas dependentes (o mesmo fazendo o art. 80, que trata do auxílio-reclusão), mas entendo que este rigor deve ser mitigado em face daquilo que se entende por mais lógico e racional. A questão deve ser levada à Justiça e esta deve interpretar a clareza do texto legal de forma relativa, não de forma superficial, mas considerando-se sua conexão com os elementos sociais que agem sobre o direito e, especialmente, sobre a finalidade almejada pelo legislador.

Se para o caso for aplicado rigorosamente o que aponta o já citado art. 77 da Lei n. 8.213/91 (rateio em partes iguais), ter-se-á um desvirtuamento daquilo que se pretende com tal benefício, pois não haverá o amparo pensado pelo legislador, que foi o de tentar garantir à família as mesmas condições econômicas suportadas pelo falecido. Analisando a concessão do benefício e seu rateio paritário na ótica da ex-esposa do segurado, que recebia apenas 10% a título de pensão de alimentos, poderemos ver com mais clareza um enriquecimento com o falecimento do segurado, já que automaticamente passará a receber 50% do benefício. Não haveria uma compensação pela perda da renda, mas sim uma melhoria substancial no padrão de vida, sendo que não é esta a pretensão original da Lei.

Entendo, pois, que o ex-cônjuge de integrar a relação de dependentes, mas percebendo do benefício a exata proporção fixada a título da pensão de alimentos, assim como ocorre na maioria dos regimes próprios de previdência Social.

Exemplificativamente, transcrevo a Lei Estadual n. 12.398/98 (Regime Próprio dos servidores do Estado do Paraná), que dispõe no § 11 do art. 60, de forma bem objetiva, que o ex-cônjuge fará jus ao recebimento de pensão na mesma medida que recebia a título de alimentos:

> "Art. 60. Caso não tenha havido contribuição pelo prazo estabelecido nos arts. 56, 57 e 59, os benefícios de que tratam, serão calculados de forma proporcional ao tempo de contribuição, ficando assegurado, no mínimo, um benefício igual a 60% (sessenta por cento) da última remuneração, vencimento ou proventos sobre a qual o segurado contribuía.
>
> ...
>
> § 11 — Se o ex-cônjuge ou ex-convivente do segurado, credor de alimentos, fará jus a percepção do benefício da pensão previdenciária, caso em que, este será <u>igual ao valor da pensão alimentícia</u> que receberia do servidor segurado.
>
> § 12 — No caso do parágrafo anterior, o valor do benefício destinado aos demais dependentes, será calculado mediante o abatimento do valor dos alimentos devidos ao ex-cônjuge ou ex-convivente, dividindo-se o valor remanescente com observância do que dispõem o *caput* e § 4 o deste artigo."

Idêntica previsão pode ser lida na Lei Municipal n. 863/2004, que rege o regime previdenciário dos servidores municipais de Curitiba — IPMC:

> "Art. 37. O valor mensal da pensão por morte será igual ao valor dos proventos do servidor falecido ou ao valor da remuneração a que teria direito o servidor em atividade na data de seu falecimento, considerando as verbas incorporáveis observado o disposto no § 2º, do Art. 21, deste regulamento, observados os critérios constitucionais pertinentes à matéria. **No caso de credor de alimentos, o valor da pensão por morte respeitará o montante anteriormente descontado do vencimento ou provento do servidor falecido.**"

Cumpre, ainda, destacar, que o rateio do benefício em quotas iguais ofende, também, a coisa julgada em vara de família, enquadrando-se, portanto, na proibição do art. 5º, inciso XXXVI, da Constituição Federal de 1988. Via de regra, o valor da pensão de alimentos leva em consideração as possibilidades de pagamento por parte do alimentante e as necessidades do alimentando. Quando fixado o percentual da pensão de alimentos, a Justiça assim decidiu porque entendeu que tal montante seria suficiente para suportar as necessidades da parte, não havendo justificativa plausível para que tal valor seja aumentado com a morte do alimentante, posto que as condições da alimentanda não são alteradas com o infortúnio daquele.

Não há que se falar, também, em igualdade ou isonomia entre as partes (ex-esposa e atual companheira), nem tampouco em justificar o rateio paritário na defesa desta suposta igualdade, pois diferentes são as condições das duas dependentes. Cabe ressaltar que assegurar a igualdade não significa atribuir tratamento igual a todas e quaisquer pessoas, mas, sim, conceder direitos em porções iguais a todos, conforme as necessidades individuais e peculiaridades do caso concreto. Ou seja, dar tratamento isonômico às partes significa "tratar igualmente os iguais e desigualmente os desiguais, na exata medida de suas desigualdades".

Assim sendo, o princípio da isonomia, previsto no art. 5º, *caput*, da Constituição Federal de 1988, representa o dever jurídico atribuído ao Estado e a todos os cidadãos de tratar igualmente os iguais e desigualmente os desiguais, o que, em outras palavras, corresponde à justa distribuição. No caso concreto, é devida a diferenciação, na medida em que o(a) ex-cônjuge e o(a) atual companheiro(a) encontram-se em desigualdade por determinação em sentença de alimentos e separação transitada em julgado.

Fundamentação: Lei n. 8.213/91, art. 16, I, e 17; Decreto n. 3.048/99, arts. 17, 22 e 111; Instrução Normativa INSS/PRES n. 45/2010, art. 17, 24, 26, I, 44 e 323.

2.2. Companheiros em união estável

Considera-se companheira ou companheiro a pessoa que mantenha união estável com o segurado ou segurada, sendo união estável aquela verificada entre o homem e a mulher como entidade familiar, quando forem solteiros, separados judicialmente, divorciados ou viúvos, ou tenham prole em comum, enquanto não se separarem — Lei n. 8.213/91, art. 16 c/c CF/88, art. 226, § 3º.

A perda da qualidade de dependente, nesse caso, somente ocorrerá com o óbito ou com a cessação da união estável, enquanto não for garantida a percepção de alimentos.

Diversos questionamentos existem sobre a possibilidade de um(a) segurado(a), casado(a), manter paralelamente ao casamento uma união estável com terceira pessoa e, nessa condição, após seu óbito, tanto o(a) cônjuge quanto o(a) companheiro(a) virem a receber o benefício de Pensão por Morte.

Quanto ao tópico, esclarece de forma definitiva o art. 1.723 do Código Civil, ao determinar expressamente que a união estável não se constituirá caso existam os impedimentos constantes do art. 1.521, dentre os quais se encontra a existência de casamento. Assim, e a não ser que exista a separação de fato ou judicial, um segurado casado não pode manter, concomitantemente, uma relação de união estável com outra pessoa, determinando o art. 1.727 do Código Civil que as relações não eventuais, nesse caso, são denominadas de "concubinato".

Não sendo possível a caracterização da "união estável", nos termos do Código Civil Brasileiro, não poderá o(a) companheiro(a) ser assim considerado para fins de caracterização como dependente na legislação previdenciária, sendo a relação existente a de concubinato adulterino, sem qualquer proteção em termos de benefício. Para garantir proteção a essas pessoas seria necessário alterar a legislação vigente, tarefa cabível ao Congresso Nacional e não ao Poder Judiciário. Contudo, a matéria tem sido discutida nos Tribunais Federais, com decisões favoráveis à existência simultânea do casamento e da união estável. O entendimento predominante, entretanto, é pela impossibilidade, conforme ilustram os seguintes julgados:

"CONSTITUCIONAL. PREVIDENCIARIO. PROCESSUAL CIVIL. PENSÃO POR MORTE. VIÚVA. MATRIMÔNIO NÃO DISSOLVIDO. INEXISTÊNCIA DE UNIÃO ESTÁVEL. CONCUBINATO. CANCELAMENTO DO RATEIO. RESTUIÇÃO DOS VALORES. CORREÇÃO MONETÁRIA. JUROS DA MORA. BENEFÍCIOS DA JUSTIÇA GRATUITA. DEFERIMENTO. 1. "Em razão do próprio regramento constitucional e infraconstitucional, a exigência para o reconhecimento da união estável é que ambos, o segurado e a companheira, sejam solteiros, separados de fato ou judicialmente, ou viúvos, que convivam como entidade familiar, ainda que não sob o mesmo teto, excluindo-se, assim, para fins de reconhecimento de união estável, as situações de concomitância, é dizer, de simultaneidade de relação marital" (REsp 674176/PE, Rel. Ministro Nilson Naves, Rel. p/ Acórdão Ministro Hamilton Carvalhido, sexta turma, julgado em 17.3.2009, DJe 31.8.2009). 2. O § 3º do art. 16 da Lei n. 8.213/91 oferece uma norma interpretativa, ao explicar que companheira ou companheiro é "a pessoa que, sem ser casada, mantém união estável como o segurado ou com a segurada, de acordo com o art. 226, § 3º, da Constituição Federal". 3. Na hipótese, restou incontroverso que o falecido manteve relacionamento concubinário com a demandada, tempo em que manteve intacto o relacionamento conjugal com sua esposa, sem nenhum indicativo de separação. Essa conclusão está autorizada pelo exame das declarações da própria ré e das testemunhas/Expedita Maria Veloso Monteiro, Rosaly de Souza e Maria das Graças Ventura. 4. Se havia dissídio quanto ao beneficiário dos valores, incumbiria à Autarquia promover o acautelamento dos valores, não o fazendo, incidiu no risco de pagá-los indevidamente. 5. Ao adotar como critério de concessão/pagamento o cadastro do INSS, a entidade de previdência complementar assume e encampa o risco de eventuais falhas e vícios cometidos pelo ente previdenciário oficial, inexistindo qualquer mecanismo ou regra que determine a transferência da responsabilidade. 6. A correção monetária deve ser calculada conforme parâmetros constantes do Manual de Cálculos da Justiça Federal (Lei n. 6.899/81 e Súmula 148 do STJ) e juros moratórios, a contar da citação à taxa de 1% ao mês até a entrada em vigor da Lei n. 11.960/09, a partir de quando deve ser observada a disciplina do novo diploma legal. 7. A parte gozará dos benefícios da assistência judiciária mediante simples afirmação na própria petição inicial de que não pode pagar a custas da demanda e os honorários advocatícios, sem prejuízo próprio ou de sua família. Precedentes. 8. Apelações da FORLUZ e do INSS desprovidas. Apelação da Ré MARIA DAS GRAÇAS VENTURA provida em parte para deferir os benefícios da justiça gratuita e suspender a cobrança das verbas de sucumbência por ela devidas, na forma dos arts. 11, § 2º, e 12 da Lei n. 1.060/50. Reexame necessário parcialmente provido para adequar a correção monetária e os juros da mora ao entendimento da Corte."
(TRF 1 — AC 19993800031493 — 1ª Turma Suplementar — Relator Juiz Federal Francisco Hélio Camelo Ferreira — DJF de 27.1.2012 p. 440)

"EMBARGOS INFRINGENTES. PREFACIAL DE LITISPENDÊNCIA. NÃO ACOLHIMENTO. CASAMENTO E UNIÃO ESTÁVEL. EQUIVALÊNCIA DE EFEITOS. IMPOSSIBILIDADE DE EXISTÊNCIA DE DUAS UNIÕES ESTÁVEIS. INEXISTÊNCIA DO DIREITO A COTA-PARTE DE PENSÃO. Não se verifica identidade de partes, causa de pedir e pedido entre a presente ação e a de n. 2004.70.00.006176-8, sendo que os limites da controvérsia direcionam-se no sentido de garantir à demandante apenas a possibilidade quanto à cota-parte do pensionamento, não prejudicando o direito da ré, já reconhecido em sentença transitada em julgado. Prefacial de litispendência não acolhida. A lei exige para o reconhecimento da união estável que ambos, o segurado e a companheira, sejam solteiros, separados de fato ou judicialmente, ou viúvos, que convivam como entidade familiar, ainda que não sob o mesmo teto, excluindo-se assim para fins de reconhecimento de união estável, as situações de concomitância, vale dizer, de simultaneidade de relação marital e de concubinato. Sendo equivalentes os efeitos entre casamento e união estável, não há de se admitir a possibilidade de coexistência de duas uniões estáveis. É firme a jurisprudência quanto ao reconhecimento à companheira de homem casado, mas separado de fato ou de direito, divorciado ou viúvo, o direito na participação nos benefícios previdenciários e patrimoniais decorrentes de seu falecimento, concorrendo com a esposa, ou até mesmo excluindo-a da participação, de sorte que a distinção entre concubinato e união estável hoje não oferece mais dúvida. Ausência de amparo na lei e na Constituição Federal para o reconhecimento do direito da autora à situação de dependência e, por conseguinte, à concessão de pensão por morte." (TRF 4ª Região — EINF 200570000133139 — 2ª Seção — Relator Valdemar Capeletti — D.E. de 4.3.2010)

"PENSÃO POR MORTE. COMPANHEIRA. UNIÃO ESTÁVEL. SEGURADO CASADO. IMPOSSIBILIDADE DE CONCESSÃO DO BENEFÍCIO. A despeito da existência de precedentes anteriores desta Corte em sentido contrário, consolidou-se no Supremo Tribunal Federal o entendimento de que no caso de concubinato "impuro" ou "adulterino", a companheira não tem direito à pensão por morte, pois a condição de dependente é reservada com exclusividade ao cônjuge." (TRF 4ª Região — AC 200770000100880 — Turma Suplementar — Relator Ricardo Teixeira do Valle Pereira — D.E. de 9.12.2009)

Confira-se, ainda, o entendimento do Superior Tribunal de Justiça e Supremo Tribunal Federal:

"COMPANHEIRA E CONCUBINA — DISTINÇÃO. Sendo o direito uma verdadeira ciência, impossível é confundir institutos, expressões e vocábulos, sob pena de prevalecer a babel. UNIÃO ESTÁVEL — PROTEÇÃO DO ESTADO. A proteção do Estado à união estável alcança apenas as situações legítimas e nestas não está incluído o concubinato. PENSÃO — SERVIDOR PÚBLICO — MULHER — CONCUBINA — DIREITO. A titularidade da pensão decorrente do falecimento de servidor público pressupõe vínculo agasalhado pelo ordenamento jurídico, mostrando-se impróprio o implemento de divisão a beneficiar, em detrimento da família, a concubina." (STF — RE 590779/ES — Relator Ministro Marco Aurélio — Julgamento em 10.2.2009 — 1ª Turma — DJ de 26.3.2009)

"Legalidade da decisão do Tribunal de Contas da União, que excluiu, do benefício de pensão, a companheira do servidor público falecido no estado de casado, de acordo com o disposto no § 3 do art. 5. da Lei n. 4.069-62. A essa orientação, não se opõe a norma do § 3 do art. 226 da Constituição de 1988, que, além de haver entrado em vigor após o óbito do instituidor, coloca, em plano inferior ao do casamento, a chamada união estável, tanto que deve a lei facilitar a conversão desta naquele. Prescrição ou preclusão do direito da viúva não configuradas. Preterição, também não caracterizada, da garantia constitucional da ampla defesa da impetrante. Mandado de segurança indeferido." (STF — MS 21449/SP — Relator: Ministro Octavio Gallotti — DJ de 17.11.1995 — p. 39206)

"RECURSO ESPECIAL. PREVIDENCIÁRIO. PENSÃO POR MORTE. RATEIO ENTRE VIÚVA E CONCUBINA. SIMULTANEIDADE DE RELAÇÃO MARITAL. UNIÃO ESTÁVEL NÃO CONFIGURADA. IMPOSSIBILIDADE. 1. Em razão do próprio regramento constitucional e infraconstitucional, a exigência para o reconhecimento da união estável é que ambos, o segurado e a companheira, sejam solteiros, separados de fato ou judicialmente, ou viúvos, que convivam como entidade familiar, ainda que não sob o mesmo teto, excluindo-se, assim, para fins de reconhecimento de união estável, as situações de concomitância, é dizer, de simultaneidade de relação marital. 2. É firme o constructo jurisprudencial na afirmação de que se reconhece à companheira de homem casado, mas separado de fato ou de direito, divorciado ou viúvo, o direito na participação nos benefícios previdenciários e patrimoniais decorrentes de seu falecimento, concorrendo com a esposa, ou até mesmo excluindo-a da participação, hipótese que não ocorre na espécie, de sorte que a distinção entre concubinato e união estável hoje não oferece mais dúvida. 3. Recurso especial conhecido e provido." (STJ — Processo n. 200400998572 — RESP 674176 — 6ª Turma — Relator Nilson Naves — DJE de 31.8.2009)

Por fim, cumpre-nos destacar a notícia veiculada pelo STF, Informativo 404, referente ao Recurso Extraordinário n. 397762/BA, de relatoria do Ministro Marco Aurélio, com julgamento em 4.10.2005:

"A Turma iniciou julgamento de recurso extraordinário interposto pelo Estado da Bahia contra acórdão do seu respectivo Tribunal de Justiça que, dando interpretação ao § 3º do art. 226 da CF, acolhera pedido formulado em apelação, reconhecendo o direito à recorrida do rateio, com a esposa legítima, da pensão por morte de seu ex-companheiro, considerada a estabilidade, publicidade e continuidade da união entre aquela e o falecido, da qual nasceram nove filhos. Sustenta o recorrente ofensa ao art. 226, § 3º, da CF, e à Lei n. 9.278/96, aludindo aos impedimentos dos art. 183 a 188, do CC. Alega que não se pode reconhecer a união estável, diante da circunstância de o falecido ter permanecido casado, vivendo com a esposa, até a morte; e que a união estável apenas ampara aqueles conviventes que se encontram livres de qualquer impedimento que torne inviável possível casamento. O Min. Marco Aurélio, relator, deu provimento ao recurso por entender que, embora não haja imposição da monogamia para ter-se configurada a união estável, no caso, esta não tem a proteção da ordem jurídica constitucional, haja vista que o art. 226 da CF tem como objetivo maior a proteção do casamento. Ressaltou que, apesar de o Código Civil versar a união estável como núcleo familiar, excepciona a proteção do Estado quando existente impedimento para o casamento relativamente aos integrantes da união, sendo que, se um deles é casado, esse estado civil apenas deixa de ser óbice quando verificada a separação de fato. Concluiu, dessa forma, estar-se diante de concubinato (CC, art. 1.727) e não de união estável. Após, o julgamento foi suspenso com o pedido de vista do Min. Carlos Britto."

Em decorrência do entendimento jurisprudencial sobre o tema, o próprio INSS reviu suas disposições internas, publicando em 2.5.2008 a Instrução Normativa INSS n. 27, que alterava o art. 269 da IN INSS n. 20/2007 (então vigente), adequando-o às disposições e proibições do Código Civil. Atualmente, disciplina sobre o tema o art. 18 da Instrução Normativa INSS/PRES n. 45/2010, com a seguinte redação:

"Art. 18. Considera-se por companheira ou companheiro a pessoa que mantém união estável com o segurado ou a segurada, sendo esta configurada na convivência pública, contínua e duradoura entre o homem e a mulher, estabelecida com intenção de constituição de família, observando que não constituirá união estável a relação entre:

(...)

VI — as pessoas casadas; e

(...)

Parágrafo único. Não se aplica a incidência do inciso VI do caput no caso de a pessoa casada se achar separada de fato, judicial ou extrajudicialmente."

2.2.1. União homoafetiva

Conforme observado, tanto a legislação previdenciária quanto a legislação civil (CC, art. 1.723) considera por união estável somente aquela verificada entre o homem e a mulher, estando, portanto, excluídos deste conceito estrito os homossexuais. No entanto, o Ministério Público Federal ingressou com a Ação Civil Pública n. 2000.71.00.009347-0, cuja decisão, da Terceira Vara Federal Previdenciária de Porto Alegre, da Seção Judiciária do Rio Grande do Sul, obrigou liminarmente à autarquia federal — INSS — a rever a condição de dependente dos indivíduos homossexuais, o que foi efetuado através da publicação da Instrução Normativa n. 25, de 7.6.2000.

Referida ação civil pública obteve sentença de procedência em 19.12.2001, com apelação por parte do INSS e consequente remessa ao TRF da 4ª Região em 17.6.2002. O acórdão, publicado em 10.8.2005, negou provimento à apelação, com a seguinte ementa:

"CONSTITUCIONAL. PREVIDENCIÁRIO. PROCESSO CIVIL. AÇÃO CIVIL PÚBLICA. CABIMENTO. MINISTÉRIO PÚBLICO. LEGITIMIDADE. ABRANGÊNCIA NACIONAL DA DECISÃO. HOMOSSEXUAIS. INSCRIÇÃO DE COMPANHEIROS COMO DEPENDENTES NO REGIME GERAL DE PREVIDÊNCIA SOCIAL. **1.** Possui legitimidade ativa o Ministério Público Federal em se tratando de ação civil pública que objetiva a proteção de interesses difusos e a defesa de direitos individuais homogêneos. **2.** Às ações coletivas não se nega a possibilidade de declaração de inconstitucionalidade *incidenter tantum*, de lei ou ato normativo federal ou local. **3.** A regra do art. 16 da Lei n. 7.347/85 deve ser interpretada em sintonia com os preceitos contidos na Lei n. 8.078/90 (Código de Defesa do Consumidor), entendendo-se que os limites da competência territorial do órgão prolator, de que fala o referido dispositivo, não são aqueles fixados na regra de organização judiciária, mas sim, aqueles previstos no art. 93 do CDC. **4.** Tratando-se de dano de âmbito nacional, a competência será do foro de qualquer das capitais ou do Distrito Federal, e a sentença produzirá os seus efeitos sobre toda a área prejudicada. **5.** O princípio da dignidade humana veicula parâmetros essenciais que devem ser necessariamente observados por todos os órgãos estatais em suas respectivas esferas de atuação, atuando como elemento estrutural dos próprios direitos fundamentais assegurados na Constituição. **6.** A exclusão dos benefícios previdenciários, em razão da orientação sexual, além de discriminatória, retira da proteção estatal pessoas que, por imperativo constitucional, deveriam encontrar-se por ela abrangidas. **7.** Ventilar-se a possibilidade de desrespeito ou prejuízo a alguém, em função de sua orientação sexual, seria dispensar tratamento indigno ao ser humano. Não se pode, simplesmente, ignorar a condição pessoal do indivíduo, legitimamente constitutiva de sua identidade pessoal (na qual, sem sombra de dúvida, se inclui a orientação sexual), como se tal aspecto não tivesse relação com a dignidade humana. **8.** As noções de casamento e amor vêm mudando ao longo da história ocidental, assumindo contornos e formas de manifestação e institucionalização plurívocos e multifacetados, que num movimento de transformação permanente colocam homens e mulheres em face de distintas possibilidades de materialização das trocas afetivas e sexuais. 9. A aceitação das uniões homossexuais é um fenômeno mundial — em alguns países de forma mais implícita — com o alargamento da compreensão do conceito de família dentro das regras já existentes; em outros de maneira explícita, com a modificação do ordenamento jurídico feita de modo a abarcar legalmente a união afetiva entre pessoas do mesmo sexo. 10. O Poder Judiciário não pode se fechar às transformações sociais, que, pela sua própria dinâmica, muitas vezes se antecipam às modificações legislativas. 11. Uma vez reconhecida, numa interpretação dos princípios norteadores da constituição pátria, a união entre homossexuais como possível de ser abarcada dentro do conceito de entidade familiar e afastados quaisquer impedimentos de natureza atuarial, deve a relação da Previdência para com os casais de mesmo sexo dar-se nos mesmos moldes das uniões estáveis entre heterossexuais, devendo ser exigido dos primeiros o mesmo que se exige dos segundos para fins de comprovação do vínculo afetivo e dependência econômica presumida entre os casais (art. 16, I, da Lei n. 8.213/91), quando do processamento dos pedidos de pensão por morte e auxílio-reclusão."

O INSS, inconformado, interpôs o Recurso Especial (REsp 814595/RS), mas posteriormente desistiu de seu prosseguimento, com homologação deste pedido pelo Ministro Og Fernandes, em 25.2.2011. Interpôs, igualmente, o Recurso Extraordinário (RE 638514), mas novamente com pedido de desistência efetuado em 24.5.2011, homologado pelo Ministro Celso de Mello em 10.6.2011.

Atualmente dispõe sobre a questão a Instrução Normativa INSS/PRES n. 45/2010, art. 25, a qual reconhece o direito desses companheiros desde 5.4.1991. Confira-se:

"Art. 25. Por força da decisão judicial proferida na Ação Civil Pública n. 2000.71.00.009347-0, o companheiro ou a companheira do mesmo sexo de segurado inscrito no RGPS integra o rol dos dependentes e, desde que comprovada a vida em comum, concorre, para fins de pensão por morte e de auxílio-reclusão, com os dependentes preferenciais de que trata o inciso I do art. 16 da Lei n. 8.213, de 1991, para óbito ou reclusão ocorridos a partir de 5 de abril de 1991, conforme o disposto no art. 145 do mesmo diploma legal, revogado pela MP n. 2.187-13, de 2001."

Note-se que a "união estável" entre pessoas do mesmo sexo não existe juridicamente, já que tanto a Lei n. 8.213/91 quanto o Código Civil impõem, para tal caracterização, a dualidade de sexos, mas pode restar caracterizada uma sociedade de fato entre os conviventes, a qual merece tratamento isonômico àquele dispensado às sociedades heterossexuais, obedecendo-se, assim, os princípios constitucionais que vedam distinções ou discriminações em razão da opção sexual. Há em diversos casos, de forma inegável, um caráter de entidade familiar, existindo, nos termos do art. 1.724 do Código Civil, os deveres de lealdade, assistência e respeito mútuo, além da convivência pública e duradoura.

Todos os companheiros ou companheiras que convivem em união homoafetiva e que tiveram seus benefícios de Auxílio-Reclusão ou Pensão por Morte indeferidos ou que não chegaram a solicitar os benefícios em razão do entendimento do INSS de que não seriam considerados como dependentes, poderão vir a dar entrada em seus requerimentos, a qualquer tempo, munidos de documentação que comprove a referida vida em comum.

2.2.2. Documentação comprobatória

O(a) companheiro(a) deverá comprovar a existência da união estável junto ao INSS quando do requerimento do benefício, servindo como prova, nos termos do art. 22, § 3º, do Decreto n. 3.048/99, os seguintes documentos:

a) certidão de nascimento de filho havido em comum;

b) certidão de casamento religioso;

c) declaração do imposto de renda do segurado, em que conste o interessado como seu dependente;

d) disposições testamentárias;

e) anotação constante na Carteira Profissional e/ou na Carteira de Trabalho e Previdência Social, feita pelo órgão competente (até 13.2.2006, véspera da publicação do Decreto n. 5.699/2006);

f) declaração especial feita perante tabelião;

g) prova de mesmo domicílio;

h) prova de encargos domésticos evidentes e existência de sociedade ou comunhão nos atos da vida civil;

i) procuração ou fiança reciprocamente outorgada;

j) conta bancária conjunta;

k) registro em associação de qualquer natureza, onde conste o interessado como dependente do segurado;

l) anotação constante de ficha ou livro de registro de empregados;

m) apólice de seguro da qual conste o segurado como instituidor do seguro e a pessoa interessada como sua beneficiária;

n) ficha de tratamento em instituição de assistência médica, da qual conste o segurado como responsável;

o) escritura de compra e venda de imóvel pelo segurado em nome de dependente;

p) declaração de não emancipação do dependente menor de vinte e um anos; ou

q) quaisquer outros que possam levar à convicção do fato a comprovar.

Nos termos do art. 46 da Instrução Normativa INSS/PRES n. 45/2010, os três documentos podem ser do mesmo tipo ou diferentes, desde que demonstrem a existência de vínculo ou dependência econômica, conforme o caso, entre o segurado e o dependente, na data do evento.

É possível, ainda, complementar a prova documental com a oitiva de testemunhas, as quais devem ser ouvidas no processo de Justificação Administrativa, o qual deve ser solicitado pelo dependente interessado junto ao INSS.

Cumpre alertarmos, contudo, que judicialmente é firme o entendimento de que a comprovação da união estável ou a comprovação da dependência econômica não exigem um início de prova material, se por outros meios for possível a comprovação do fato alegado. Neste sentido, confiram-se a Súmula 63 da TNU e a Súmula n. 8 da TRU da 4ª Região:

"**TNU, Súmula 63** — A comprovação de união estável para efeito de concessão de pensão por morte prescinde de início de prova material."

"**TRU 4, Súmula 08** — A falta de prova material, por si só, não é óbice ao reconhecimento da dependência econômica, quando por outros elementos o juiz possa aferi-la."

Fundamentação: Lei n. 8.213/91, art. 16, I e § 3º, e 17; Decreto n. 3.048/99, art. 16, 17 e 22; Instrução Normativa INSS/PRES n. 45/2010, art. 17, 25, 26, II e 44.

2.3. Filhos

São considerados dependentes os filhos menores de 21 anos de idade (ou inválidos), desde que não emancipados. A contar de 1º.9.2011, com a publicação da Lei n. 12.470/2011, também passaram à condição de dependentes os filhos que tenham deficiência intelectual ou mental, que o tornem absolutamente ou relativamente incapazes, assim declarado judicialmente.

Refere-se aqui o legislador aos filhos de qualquer condição, assim considerados aqueles havidos ou não da relação de casamento ou mesmo os filhos adotados, que possuem os mesmos direitos dos demais, proibidas quaisquer designações discriminatórias relativas à filiação, nos termos do § 6º do art. 227 da Constituição Federal.

Obs.: Somente será exigida a certidão judicial de adoção quando esta for anterior a 14.10.1990, data da vigência da Lei n. 8.069/90 (Estatuto da Criança e do Adolescente).

Cumpre ainda observar que o novo Código Civil (Lei n. 10.406/2002), em vigor desde 11.1.2003, em seu art. 5º, antecipou a maioridade para 18 anos, razão pela qual somente se encontram atualmente sujeitos ao instituto da "emancipação" os menores de 18 anos idade. Como o legislador previdenciário utiliza a expressão "filho não emancipado", entendemos tratar-se, automaticamente, de filhos menores de idade e, por conseguinte, nos termos do novo Código Civil, menores de 18 anos de idade. No entanto, esse não foi o entendimento da Previdência Social que, para satisfação dos beneficiários de todo o país, permanece considerando como dependente o menor de 21 anos de idade, até que legislação posterior modifique expressamente as determinações do art. 16 da Lei n. 8.213/91. Confira-se, nestes termos, a redação do art. 26 da Instrução Normativa INSS/PRES n. 45/2010:

"**Art. 26.** A perda da qualidade de dependente ocorrerá:

(...)

III — para o filho e o irmão, de qualquer condição, ao completarem vinte e um anos de idade, salvo se inválidos, desde que a invalidez tenha ocorrido antes:

a) de completarem vinte e um anos de idade;

(...)"

Destaque, igualmente, merece o art. 20 da Instrução Normativa INSS/PRES n. 45/2010, determinando como dependentes os filhos nascidos dentro dos 300 dias subsequentes à morte de um dos pais. *In verbis*:

"**Art. 20.** Os nascidos dentro dos trezentos dias subsequentes à dissolução da sociedade conjugal por morte são considerados filhos concebidos na constância do casamento, conforme inciso II do art. 1.597 do Código Civil."

Referido entendimento encontra-se de acordo com o art. 1.597 do Código Civil, que ainda traz as seguintes hipóteses:

"**Art. 1.597.** Presumem-se concebidos na constância do casamento os filhos:

I — nascidos cento e oitenta dias, pelo menos, depois de estabelecida a convivência conjugal;

II — nascidos nos trezentos dias subsequentes à dissolução da sociedade conjugal, por morte, separação judicial, nulidade e anulação do casamento;

III — havidos por fecundação artificial homóloga, mesmo que falecido o marido;

IV — havidos, a qualquer tempo, quando se tratar de embriões excedentários, decorrentes de concepção artificial homóloga;

V — havidos por inseminação artificial heteróloga, desde que tenha prévia autorização do marido."

2.3.1. Emancipação

O filho emancipado perderá a qualidade de dependente e, por consequência, também os direitos à percepção de qualquer benefício.

Detalhe de grande importância encontra-se no inciso V do art. 5º do Código Civil Brasileiro (Lei n. 10.406/2002), que prevê emancipação automática para menores entre 16 e 18 anos de idade que se encontrarem trabalhando com vínculo empregatício. Se o menor mantiver, portanto, relação de emprego, automaticamente estará emancipado, razão pela qual deixará de ser considerado como "dependente" para fins previdenciários.

A única forma de emancipação que não acarreta a qualificação como dependente é a colação de grau em ensino superior. Referida exceção constava expressamente do art. 17 do Decreto n. 3.048/99, que vigorou, contudo, somente até 18.8.2009. A contar de 19.8.2009, com a publicação do Decreto n. 6.939 alterando a redação do art. 17, o regulamento não traz qualquer exceção, mas o faz expressamente o art. 26 da Instrução Normativa INSS/PRES n. 45/2010:

"**Art. 26.** A perda da qualidade de dependente ocorrerá:

(...)

§ 2º É assegurada a qualidade de dependente perante a Previdência Social do filho e irmão inválido maior de vinte e um anos, que se emanciparem em decorrência, unicamente, de colação de grau científico em curso de ensino superior, assim como para o menor de vinte e um anos, durante o período de serviço militar, obrigatório ou não.

(...)"

Importa destacar, ainda, que a união estável entre os 16 e antes dos 18 anos não constitui causa de emancipação, existindo, nestes termos, o art. 23 da Instrução Normativa INSS/PRES n. 45/2010:

"**Art. 23.** A emancipação ocorrerá na forma do parágrafo único do art. 5º do Código Civil Brasileiro:

I — pela concessão dos pais, ou de um deles na falta do outro, mediante instrumento público, independente de homologação judicial ou por sentença de juiz, ouvido o tutor, se o menor tiver dezesseis anos completos;

II — pelo casamento;

III — pelo exercício de emprego público efetivo;

IV — pela colação de grau em ensino de curso superior; e

V — pelo estabelecimento civil ou comercial ou pela existência de relação de emprego, desde que, em função deles, o menor com dezesseis anos completos tenha economia própria.

Parágrafo único. A união estável do filho ou do irmão entre os dezesseis e antes dos dezoito anos de idade não constitui causa de emancipação."

2.3.2. Filhos Equiparados e Menores sob Guarda

Equiparam-se aos filhos, mediante declaração escrita do segurado e desde que comprovada a dependência econômica, o enteado e o menor que esteja sob sua tutela. O menor sob tutela, no entanto, somente poderá ser equiparado aos filhos do segurado mediante apresentação de termo de tutela e desde que não possua bens suficientes para o próprio sustento e educação.

Obs.: Considera-se como enteado o filho de um dos cônjuges ou companheiro(a), sendo indispensável, no entanto, a apresentação perante o INSS da Certidão de Casamento ou comprovação da união estável entre eles.

É necessário, portanto, que o interessado apresente a certidão judicial de tutela do menor e, em se tratando de enteado, a certidão de nascimento do dependente e a certidão de casamento do segurado ou provas da união estável entre o(a) segurado(a) e o(a) genitor(a) do enteado.

Já o menor sob guarda deixou de integrar a relação de dependentes para fins previdenciários, a contar de 14.10.1996 (data de publicação da Medida Provisória n. 1.523), inclusive aqueles que já se encontravam inscritos, salvo se o óbito do segurado ocorreu em data anterior, de forma que assegure o direito adquirido. Referida Medida Provisória foi, posteriormente, convertida na Lei n. 9.528/97 e esta é a regra disposta no art. 27 da Instrução Normativa INSS/PRES n. 45/2010.

A discussão reside apenas em relação às disposições do Estatuto da Criança e do Adolescente (Lei n. 8.069/90), que confere ao menor sob guarda a condição de dependente. Confira-se:

"**Art. 33.** A guarda obriga a prestação de assistência material, moral e educacional à criança ou adolescente, conferindo a seu detentor o direito de opor-se a terceiros, inclusive aos pais.

(...)

§ 3º a guarda confere à criança ou adolescente a condição de dependente, para todos os fins e efeitos de direito, inclusive previdenciários."

O STJ, no início das discussões sobre o tema, proferiu diversas decisões determinando a inclusão do menor sob guarda como dependente, em razão das disposições da Lei n. 8.069/90. Confira-se, ilustrativamente, a seguinte ementa:

"PROCESSUAL CIVIL E PREVIDENCIÁRIO. RECURSO ESPECIAL. AÇÃO RESCISÓRIA. ART. 485, V, DO CPC. VIOLAÇÃO A LITERAL DISPOSIÇÃO DE LEI. NÃO-OCORRÊNCIA. PENSÃO POR MORTE. MENOR SOB GUARDA. DEPENDENTE DO SEGURADO. EQUIPARAÇÃO A FILHO. LEGISLAÇÃO DE PROTEÇÃO AO MENOR E ADOLESCENTE. OBSERVÂNCIA. 1. Incabível ação rescisória quando inexistente ofensa a literal disposição de lei (art. 485, inciso V, do CPC). 2. A Lei n. 9.528/97, dando nova redação ao art. 16 da Lei de Benefícios da Previdência Social, suprimiu o menor sob guarda do rol de dependentes do segurado. 3. Ocorre que, a questão referente ao menor sob guarda deve ser analisada segundo as regras da legislação de proteção ao menor: a Constituição Federal — dever do poder público e da sociedade na proteção da criança e do adolescente (art. 227, *caput*, e § 3º, inciso II) e o Estatuto da Criança e do Adolescente — é conferido ao menor sob guarda a condição de dependente para todos os efeitos, inclusive previdenciários (art. 33, § 3º, Lei n. 8.069/90). Precedentes da Quinta Turma. 4. Recurso especial desprovido." (STJ — RESP 817978 — Processo n. 200600249868/RN — 5ª Turma — Decisão em 12.06.2006 — Relatora: Ministra Laurita Vaz — DJ de 1º.8.2006 — p. 537).

Diversas Ações Civis Públicas foram ajuizadas quanto ao tópico e, considerando-se as decisões judiciais obtidas (ações civis públicas ns. 1999.38.00.004900-0, da 29ª Vara Federal da Seção Judiciária de Minas Gerais; 97.0057902-6, da 1ª Vara Federal da Seção Judiciária de São Paulo; 98.0000595-1, da 1ª Vara Federal da Seção Judiciária de Sergipe e 1999.43.00.000326-2, da 1ª Vara Federal da Seção Judiciária de Tocantins, todas propostas pelo Ministério Público Federal), o Diretor-Presidente do INSS fez publicar no DOU de 15.4.2004 a Instrução Normativa n. 106, determinando que o INSS se abstivesse de indeferir os pedidos de inscrição, na condição de dependente, de crianças e adolescentes que, por determinação judicial, estejam sob a guarda de segurado do Regime Geral de Previdência Social, para os fins previstos na Lei n. 8.213/91 e no Regulamento da Previdência Social, aprovado pelo Decreto n. 3.048/99.

Note-se, no entanto, que a permissão para inscrição como dependentes de menores sob guarda (conforme IN n. 106/2004) se restringia aos Estados de Minas Gerais, São Paulo, Sergipe e Tocantins, onde ficaram suspensas a aplicação dos art. 15, 233, 271 e 290 da Instrução Normativa INSS/DC n. 95/2003, então vigente.

Com a decisão proferida na Ação Civil Pública n. 97.0057902-6, em trâmite na 7ª Vara Federal de São Paulo/SP, o INSS acabou por publicar a Instrução Normativa INSS n. 9, de 8.8.2006 (DOU de 10.8.2006) determinando, em âmbito na nacional, que o INSS se abstivesse de indeferir os pedidos de inscrição referidos. Referida Instrução Normativa determinou, ainda, que as decisões judiciais, proferidas nas Ações Civis Públicas n.s 1999.38.00.004900-0/ 29ª Vara Federal da Seção Judiciária de Minas Gerais e 1999.43.00.000326-2/1ª Vara Federal da Seção Judiciária de Tocantins, continuavam em vigor, de forma que as Agências da Previdência Social-APS, nesses Estados da Federação, deveriam continuar a cumprir as determinações judiciais delas decorrentes.

Os efeitos da decisão judicial obtida na ACP n. 97.0057902-6 foram extensivos a todo o território nacional e retroagiram a 8.6.2006, data do recebimento do ofício que ordenou o cumprimento da referida decisão, na Diretoria de Benefícios. O INSS, contudo, ingressou com recurso especial junto ao STJ (REsp 773.944).

A referida IN INSS n. 9/2006 ainda não foi revogada expressamente, mas seus efeitos perderam aplicabilidade a contar de 18.5.2009, data de publicação do acórdão do STJ (REsp 773.944/SP), que julgou procedente o pedido do INSS, não mais se aplicando o § 3º do art. 33 da Lei n. 8.069/90 ao menor sob guarda. Confira-se o teor da ementa:

"PREVIDENCIÁRIO. RECURSO ESPECIAL. PENSÃO POR MORTE. MENOR DESIGNADO. LEI N. 8.069/90 (ECA). NÃO-APLICAÇÃO. ENTENDIMENTO DA TERCEIRA SEÇÃO. LEI N. 9.528/97. INCIDÊNCIA. OBSERVÂNCIA DO PRINCÍPIO *TEMPUS REGIT ACTUM*. RESSALVA PESSOAL DO RELATOR. RECURSO PROVIDO. 1. A Terceira Seção deste Tribunal pacificou o entendimento no sentido de que, em se tratando de menor sob guarda designado como dependente de segurado abrangido pelo Regime Geral da Previdência Social, a ele não se aplicam as disposições previdenciárias do Estatuto da Criança e do Adolescente. Ressalva de ponto de vista pessoal do relator. 2. Recurso especial provido." (STJ, REsp 773.944, 5ª Turma, Relator Ministro Arnaldo Esteves Lima, DJE de 18.5.2009)

Desde então, o STJ vem mantendo firme entendimento de que a lei previdenciária é especial e, por tal razão, deve prevalecer sobre a o Estatuto da Criança e do Adolescente, conforme ilustra o seguinte julgado:

"PROCESSUAL CIVIL E PREVIDENCIÁRIO. AGRAVO REGIMENTAL NO RECURSO ESPECIAL. PENSÃO POR MORTE. ÓBITO DO INSTITUIDOR DA PENSÃO OCORRIDO APÓS ALTERAÇÃO LEGISLATIVA NO ART. 16 DA LEI N. 8.213/1991. MENOR SOB GUARDA EXCLUÍDO DO ROL DE DEPENDENTES PARA FINS PREVIDENCIÁRIOS. BENEFÍCIO INDEVIDO. SÚMULA 83/STJ. INCIDÊNCIA. AGRAVO REGIMENTAL DESPROVIDO. — Esta Corte Superior firmou compreensão de que, se o óbito do instituidor da pensão por morte ocorreu após a alteração legislativa promovida no art. 16 da Lei n. 8.213/1991 pela Lei n. 9.528/97 — hipótese dos autos —, tal benefício não é devido ao menor sob guarda. — Não há como afastar a aplicação da Súmula 83/STJ à espécie, pois a Corte a quo dirimiu a controvérsia em harmonia com a jurisprudência deste Tribunal Superior, que, em vários julgados, também já rechaçou a aplicabilidade do art. 33, § 3º, da Lei n. 8.069/1990, tendo em vista a natureza específica da norma previdenciária. Agravo regimental desprovido." (STJ — AgRg no REsp 1285355 / ES — 5ª Turma — Relatora Marilza Maynard — DJ de 4.3.2013)

A matéria, contudo, ainda não é pacífica, já que diversos Tribunais Regionais mantêm entendimento pela aplicação do referido Estatuto, em detrimento das disposições previdenciárias de exclusão. Confiram-se, ilustrativamente, as seguintes — e recentes — ementas:

"CONSTITUCIONAL E PREVIDENCIÁRIO — AÇÃO CIVIL PÚBLICA — DIREITOS INDIVIDUAIS HOMOGÊNEOS — MINISTÉRIO PÚBLICO — LEGITIMIDADE — MENORES SOB GUARDA — DIREITO À INSCRIÇÃO AO RGPS COMO DEPENDENTE DE SEUS SEGURADOS GUARDIÕES. 1. O Ministério Público tem legitimidade para propor ação civil pública que versa sobre interesses individuais homogêneos, no caso consubstanciados em interesses de crianças e adolescentes sob guarda judicial de serem inscritos como dependentes no Regime Geral da Previdência Social (nesse sentido: REsp 396.081/RS, Rel. Ministra MARIA THEREZA DE ASSIS MOURA, SEXTA TURMA, julgado em 02/09/2008, DJe 3.11.2008). 2. Não se busca pela presente ação civil pública a declaração de inconstitucionalidade *in abstrato* de preceito legal, o que seria inviável por meio da via eleita (nesse sentido: AC 200435000071500, DESEMBARGADORA FEDERAL NEUZA MARIA ALVES DA SILVA, TRF1 — SEGUNDA TURMA, 12.11.2010). 3. Embora a Lei n. 9.528/97 tenha excluído do texto da Lei n. 8.213/91, a admissibilidade expressa de os menores sob guarda serem equiparados aos filhos para efeitos de inscrição como dependentes junto ao RGPS, ela não teve o condão de revogar o disposto no § 3º do art. 33 do Estatuto da Criança e do Adolescente, que expressamente prevê que "a guarda confere à criança ou adolescente a condição de dependente, para todos os fins e efeitos de direito, inclusive previdenciários". 4. Correta, portanto, a sentença que condenou o INSS a atender aos pedidos de inscrição de crianças e adolescentes colocadas sob a guarda judicial, como dependentes de seus segurados guardiões, garantindo os direitos previdenciários decorrentes de tal condição. 5. Apelação do INSS e remessa oficial não providas." (TRF 1ª Região — Processo n. 199938000049000 — AC — 1ª Turma Suplementar — Relator Mark Yshida Brandão — DJF de 14.10.2011, p. 691)

"PREVIDENCIÁRIO. MENOR SOB GUARDA (§ 2º DO ART. 16 DA LEI N. 8.213/91, NA REDAÇÃO ORIGINAL). ÓBITO DA SEGURADA OCORRIDO NA VIGÊNCIA DA LEI N. 9.528/97, QUE EXCLUIU A PESSOA DO MENOR SOB GUARDA, POR DETERMINAÇÃO JUDICIAL, DO ROL DE DEPENDENTES DA PREVIDÊNCIA SOCIAL. INCONSTITUCIONALIDADE. SENTENÇA MANTIDA. (5) 1. O direito ao benefício previdenciário de pensão por morte só surge com o óbito do segurado, em cujo momento é que deverão ser analisadas as condições legais para a sua concessão, segundo a legislação vigente na época. 2. A justificação de dependência econômica proposta pela avó da impetrante foi homologada em 23.2.1995 (fl. 24) e o óbito desta ocorreu em 19.09.2004 (fl. 12), quando já em vigor a Lei n. 9.528/97, que excluiu do rol de dependentes de segurados da Previdência Social o menor sob guarda, dando nova redação ao art. 16 da Lei n. 8.213/91. 3. Em recente decisão a Eg. Corte Especial deste Tribunal, ao julgar a Arguição de Inconstitucionalidade na Remessa Oficial n. 1998.37.00.001311-0/MA, Relatora Desembargadora Federal Assusete Magalhães, acolheu o pleito de arguição de inconstitucionalidade quanto à supressão da expressão "menor sob guarda por decisão judicial" do art.16, § 2º, da Lei n. 8.213, na redação da Medida Provisória 1.523, de 11 de outubro de 1996, reeditada e convertida na Lei n. 9.528, de 1997. 4. Apelação e remessa oficial a que se nega provimento." (TRF 1ª Região — AC 200540000033319 — 1ª Turma — Relatora Ângela Catão — DJF de 12.4.2013)

"PREVIDENCIÁRIO. AGRAVO LEGAL. PENSÃO POR MORTE. NÃO PREENCHIDOS OS REQUISITOS LEGAIS. DECISÃO FUNDAMENTADA. I — (...). X — A guarda do autor foi conferida à *de cujus* em 6.6.2005, conforme certidão de fls. 12. XI — O § 2º do art. 16 da Lei n. 8.213/91, em sua redação original, equiparava a filho, nas condições do inciso I, mediante declaração do segurado, o menor que, por determinação judicial, estivesse sob guarda. XII — A Lei n. 9.528, de 10.12.1997, originada de Medida Provisória, diversas vezes reeditada, alterou a redação do art. 16, § 2º, para dispor que, apenas "o enteado e o menor tutelado equiparam-se a filho mediante declaração do segurado e desde que comprovada a dependência econômica na forma estabelecida no Regulamento". XIII — Em que pese a alteração legislativa, inexistem óbices substanciais à inclusão do menor sob guarda como dependente do guardião segurado, em face dos mandamentos constitucionais de proteção integral e prioritária à criança e ao adolescente, inclusive com a garantia de direitos previdenciários (art. 227, § 3º, II, da CF). Além disso, há de se prestigiar o acolhimento do menor, sob a forma de guarda, nos termos do art. 227, § 3º, VI, da Magna Carta. XIV — O Estatuto da Criança e do Adolescente, em seu art. 33, § 3º, dispõe que "a guarda confere à criança ou adolescente a condição de dependente, para todos os fins e efeitos de direito, inclusive previdenciários". XV — A similitude entre os institutos da tutela e da guarda, por se destinarem à proteção da criança ou adolescente que, por alguma das razões legais, não tem, em sua família originária, a garantia dos direitos à vida e desenvolvimento plenos. A finalidade protetiva permite incluir o menor sob guarda na expressão "menor tutelado" do § 2º do art. 16 da Lei n. 8.213/91. XVI — A possibilidade de inscrição do menor sob guarda, contudo, não afasta a necessária comprovação da dependência econômica, em relação ao segurado guardião, nas relações estabelecidas sob a égide da Medida Provisória n. 1.523, de 11.10.1996, e suas posteriores reedições, que culminaram na Lei n. 9.528/97. XVII — (...)." (TRF 3ª Região — AC 1453455 — 8ª Turma — Relatora Raquel Perrini — DJF de 28.6.2013)

"PREVIDENCIÁRIO. CONCESSÃO DE PENSÃO POR MORTE. MENOR SOB GUARDA (DE FATO). PRINCÍPIO CONSTITUCIONAL DE PROTEÇÃO ESPECIAL DA CRIANÇA E DO ADOLESCENTE (CONSTITUIÇÃO FEDERAL, ART. 227, CAPUT, E § 3º, INC. II). COMPROVAÇÃO DA DEPENDÊNCIA ECONÔMICA. 1. A guarda e a tutela estão intimamente relacionadas: a) ambas são modalidades, assim como a adoção, de colocação da criança e do adolescente em família substituta, nos termos do art. 28, caput, do ECA; b) a guarda pode ser deferida, liminarmente, em procedimentos de tutela e de adoção, embora a eles não se limite (art. 33, §§ 2º e 3º); c) o deferimento da tutela implica necessariamente o dever de guarda (art. 36, parágrafo único); d) ambas obrigam à prestação de assistência material, moral e educacional à criança ou adolescente, conferindo a seu detentor o direito de opor-se a terceiros, inclusive aos pais. 2. À luz do princípio constitucional de proteção especial da criança e do adolescente (Constituição Federal, art. 227, caput, e § 3.º, inc. II), o menor sob guarda pode ser considerado dependente previdenciário do segurado, nos termos do art. 33, § 3º, do Estatuto da Criança e do Adolescente, combinado com o art. 16, §2º, da Lei de Benefícios, desde que comprovada a dependência econômica, conforme dispõe a parte final deste último dispositivo. 3. A existência, in casu, de guarda de fato não deve ser empecilho para a caracterização da dependência previdenciária, uma vez que a guarda prevista no Estatuto da Criança e do Adolescente destina-se, justamente, a regularizar uma posse de fato (art. 33, §1º). Assim, comprovado que os avós efetivamente eram os responsáveis pela assistência material, moral e educacional do menor, justamente as obrigações exigidas do guardião judicial, devem ser aqueles equiparados a este, para fins previdenciários. Precedentes deste Tribunal." (TRF da 4ª Região — Processo n. 200872990009720 — EINF — 3ª Seção — Relator Celso Kipper — DJ de 14.12.2011)

Esta é, inclusive, a melhor e mais correta interpretação sobre o tema. A finalidade da Seguridade Social, onde se inclui a Previdência Social, é primordialmente a proteção aos cidadãos. O sistema foi criado para proteger e a Constituição Federal, em seu art. 227, caput, e § 3º, inciso II, determina especial proteção às crianças e aos adolescentes, inclusive na esfera previdenciária.

"**Art. 227.** É dever da família, da sociedade e do Estado assegurar à criança, ao adolescente e ao jovem, com absoluta prioridade, o direito à vida, à saúde, à alimentação, à educação, ao lazer, à profissionalização, à cultura, à dignidade, ao respeito, à liberdade e à convivência familiar e comunitária, além de colocá-los a salvo de toda forma de negligência, discriminação, exploração, violência, crueldade e opressão.

(...)

§ 3º — O direito a proteção especial abrangerá os seguintes aspectos:

(...)

II — Garantia de direitos previdenciários e trabalhistas;

(...)"

Assim, ainda que a Medida Provisória n. 1.523/96 (posteriormente convertida na Lei n. 9.528/97) tenha excluído da relação de dependentes da Lei n. 8.213/91 o menor sob guarda, as disposições constantes do art. 33 do Estatuto da Criança e do Adolescente prevalecem em pleno vigor, em absoluta consonância com as normas de proteção não somente objetivadas pelo sistema de Seguridade Social como, especialmente, com aquelas destinadas às crianças e adolescentes, dispostas no art. 227 da Carta Constitucional.

2.3.3. Filhos Inválidos ou Deficientes

O filho maior de 21 anos, inválido, somente será considerado como dependente se a invalidez (concluída mediante exame médico pericial do INSS) for anterior à data do óbito ou da reclusão do segurado.

Já o dependente que recebe benefício de Pensão por Morte na condição de menor e que, no período anterior à sua emancipação ou maioridade, torna-se inválido, terá direito à manutenção do benefício independentemente de a invalidez ter ocorrido antes ou após o óbito do segurado. Tal critério será igualmente aplicado àquele que possuía direito à Pensão por Morte na condição de menor e não a havia requerido antes de tornar-se inválido. Confira-se, nestes termos, a redação do art. 22 da Instrução Normativa INSS/PRES n. 45/2010:

"**Art. 22.** O filho ou o irmão inválido maior de vinte e um anos somente figurará como dependente do segurado se restar comprovado em exame médico-pericial, cumulativamente, que:

I — a incapacidade para o trabalho é total e permanente, ou seja, diagnóstico de invalidez;

II — a invalidez é anterior a eventual ocorrência de uma das hipóteses do inciso III do art. 26 ou à data em que completou vinte e um anos; e

III — a invalidez manteve-se de forma ininterrupta até o preenchimento de todos os requisitos de elegibilidade ao benefício."

Assim também determina o art. 115 do Decreto n. 3.048/99, ao tratar do benefício de Pensão por Morte, conforme podemos observar:

"**Art.115.** O dependente menor de idade que se invalidar antes de completar vinte e um anos deverá ser submetido a exame médico-pericial, não se extinguindo a respectiva cota se confirmada a invalidez."

A invalidez deverá ser comprovada, obrigatoriamente, pela perícia médica do INSS, devendo esse serviço ser agendado na data do requerimento do benefício. No dia e hora designados, deve o dependente comparecer levando consigo toda a documentação médica que possa comprovar a invalidez existente.

Também importa observar que, nos termos do art. 109 do Decreto n. 3.048/99, o pensionista inválido está obrigado, independentemente de sua idade e sob pena de suspensão do benefício, a submeter-se a exame médico a cargo da previdência social, processo de reabilitação profissional por ela prescrito e custeado e tratamento dispensado gratuitamente, exceto o cirúrgico e a transfusão de sangue, que são facultativos.

Por fim, cumpre-nos alertar para o fato de que a deficiência passou a constar da legislação apenas com a edição da Lei n. 12.470 (DOU de 1º.9.2011) e necessita ser grave o suficiente para tornar o filho absoluta ou relativamente incapaz, assim declarado judicialmente.

Fundamentação: Além dos dispositivos citados, Decreto n. 3.048/99, art. 108.

2.3.4. Filhos estudantes, maiores de 21 anos

Não há previsão legal para que os filhos, maiores de 21 anos e estudantes, permaneçam na condição de dependentes do segurado do Regime Geral de Previdência Social. Este é, inclusive, o entendimento pacificado em nossos Tribunais Federais, conforme ilustram os seguintes julgados:

"ADMINISTRATIVO. RECURSO ESPECIAL. PENSÃO POR MORTE. LIMITE DE IDADE. PRORROGAÇÃO. REQUISITOS NÃO PREENCHIDOS. AUSÊNCIA DE DIREITO ADQUIRIDO. RECURSO CONHECIDO E PROVIDO. 1. A Lei Federal n. 9.717, de 27.11.98, editada no âmbito da legislação concorrente, vedou à União, aos Estados, ao Distrito Federal e aos Municípios, nos seus regimes próprios de previdência, a concessão de benefícios distintos dos previstos no Regime Geral de Previdência Social. 2. Não há, no RGPS, previsão legal de extensão da pensão por morte até os 24 anos de idade para os estudantes universitários. 3. Se o dependente do segurado, ao tempo da edição da Lei n. 9.717/98, ainda não havia reunido todos os requisitos previstos em lei estadual para receber a pensão por morte até os 24 anos de idade, não possui direito adquirido ao benefício e a sua concessão fere o disposto na mencionada lei federal. Precedente do STJ. 4. Recurso especial conhecido e provido para denegar a segurança." (STJ — Processo n. 200600980072 — Resp846902 — 5ª Turma — Relator Arnaldo Esteves Lima — DJE de 20.10.2008)

"PROCESSO CIVIL E PREVIDENCIÁRIO. PENSÃO POR MORTE. SEGURADO. MAIORIDADE PREVIDENCIÁRIA. ART. 16, I, DA LEI N. 8.213/91. ESTUDANTE UNIVERSITÁRIO. PAGAMENTO ATÉ O IMPLEMENTO DA IDADE DE 24 (VINTE E QUATRO) ANOS. IMPOSSIBILIDADE. AGRAVO PROVIDO. 1. São beneficiários do RGPS, na condição de dependente do segurado, o cônjuge, a companheira, o companheiro e o filho não emancipado, de qualquer condição, menor de 21 (vinte e um) anos ou inválido (Art. 16, I, da Lei n. 8.213/91). 2. Não há previsão legal que justifique a extensão temporal ao recebimento da pensão até que o beneficiário complete 24 (vinte e quatro) anos, pois o aludido dispositivo não deixou margem para interpretação diversa, não sendo lícito, pois, criar exceções às normas legais por afronta ao tão conhecido princípio da legalidade. 3. No caso, é irrelevante a condição de estudante universitário do agravado, vez que esta situação não foi contemplada pelo RGPS ao prever os requisitos necessários à percepção do aludido benefício. 4. *Periculum in mora* caracterizado na espécie, eis que o *decisum* recorrido determinou o pagamento de valores da pensão que de há muito os tribunais pátrios vêm considerando indevidos. 5. Precedentes desta egrégia Corte. 6. Agravo de instrumento provido." (TRF 5ª Região — Processo n. 00003862512010405000 — AG 105066 — 2ª Turma — Relator Francisco Wildo — DJE de 13.5.2010)

Sobre o tema, confira-se, ainda, a Súmula 37, da Turma Nacional de Uniformização dos Juizados Especiais Federais e também a Súmula 74 do TRF da 4ª Região:

"**TNU, Súmula 37** — A pensão por morte, devida ao filho até os 21 anos de idade, não se prorroga pela pendência do curso universitário."

"**TRF 4, Súmula 74** — Extingue-se o direito à pensão previdenciária por morte do dependente que atinge 21 anos, ainda que estudante de curso superior."

Fundamentação: Lei n. 8.213/91, art. 16, I e § 2º, e 17; Decreto n. 3.048/99, art. 16, 17 e 22; Instrução Normativa INSS/PRES n. 45/2010, art. 17 a 23, 27 e 44.

2.4. Pais

Os pais somente poderão ser considerados como dependentes de um segurado, caso este não possua cônjuge, companheiro(a) em união estável ou filhos menores de 21 anos ou inválidos/deficientes e desde que consigam comprovar a existência de dependência econômica, sendo os documentos comprobatórios os mesmos relacionados para a comprovação da união estável, já detalhados no subitem 2.2.2 deste Capítulo.

A dependência econômica não necessita ser total ou exclusiva, mas precisa ser permanente para possibilitar a percepção do benefício. Além da prova documental nesse sentido, o interessado deverá levar, ainda, a certidão de nascimento do segurado e documentos de identidade (seu e do segurado). Confira-se, nestes termos, a redação da Súmula 11 da TRU da 3ª Região:

"**Súmula 11** — Em caso de morte de filho segurado, os pais têm direito à pensão por morte, se provada a dependência econômica, ainda que não seja exclusiva. (Origem Enunciado 14 do JEFSP)"

Também sobre o tema confira-se o Enunciado 13 do CRPS:

"**Enunciado 13** — A dependência econômica pode ser parcial, devendo, no entanto, representar um auxílio substancial, permanente e necessário, cuja falta acarretaria desequilíbrio dos meios de subsistência do dependente."

É possível complementar a prova documental com o depoimento de testemunhas, as quais devem ser ouvidas em processo de Justificação Administrativa, a ser requerido junto ao INSS pelo dependente interessado.

Fundamentação: Lei n. 8.213/91, art. 16, II e 17; Decreto n. 3.048/99, art. 16, 17 e 22; Instrução Normativa INSS/PRES n. 45/2010, art. 17.

2.5. Irmãos

O irmão não emancipado, de qualquer condição, menor de 21 anos ou inválido/deficiente podem vir a ser considerados como dependentes de um segurado, caso este não possua cônjuge, companheiro(a) em união estável, filhos menores de 21 anos (ou inválidos/deficientes) e nem tampouco pais que comprovem a dependência econômica.

São os irmãos, portanto, os últimos da relação de dependência, lembrando-se que devem comprovar, assim como os pais, a existência de dependência econômica permanente (ainda que parcial) para com o segurado do sistema.

Além dos documentos que comprovem a dependência econômica, o interessado deverá levar documentos de identidade e certidão de nascimento, conforme exigências do Decreto n. 3.048/99, art. 22, III.

Para os inválidos, será necessário comprovar tal condição junto à perícia médica do INSS (assim como ocorre com os filhos) e, para os deficientes (inseridos pela Lei n. Lei n. 12.470/2011), a declaração judicial de que a deficiência o torna absoluta ou relativamente incapaz.

2.6. Dependente Civilmente Incapaz

Em se tratando de dependente civilmente incapaz, o benefício devido deverá ser pago ao cônjuge, pai, mãe, tutor ou curador, admitindo-se, na falta desses e por período não superior a seis meses, o pagamento a herdeiro necessário, na forma da lei civil, mediante termo de compromisso firmado no ato do recebimento, na forma estabelecida no art. 406 da Instrução Normativa INSS/PRES n. 45/2010. Confira-se:

"**Art. 406.** O titular do benefício, civilmente incapaz, será representado pelo cônjuge, pai, mãe, tutor ou curador, admitindo-se, na sua falta e por período não superior a seis meses, o pagamento a herdeiro necessário, na forma da lei civil, mediante termo de compromisso firmado no ato do recebimento.

§ 1º O pagamento de benefícios aos herdeiros necessários, além do prazo previsto no *caput*, dependerá da comprovação do andamento do respectivo processo judicial de tutela ou curatela.

§ 2º Especificamente para fins de pagamento ao administrador provisório, são herdeiros necessários, na forma do art. 1.845 da Lei n. 10.406, de 2002, os descendentes (filho, neto, bisneto, dentre outros) e os ascendentes (pais, avós, dentre outros).

§ 3º Com exceção do tutor e curador, deverá sempre ser exigida declaração da pessoa que se apresenta no INSS para receber o benefício.

§ 4º O pagamento de atrasados, na hipótese do § 1º deste artigo, somente poderá ser realizado quando o requerente apresentar o termo de tutela ou curatela expedido pelo juízo responsável pelo processo de interdição.

§ 5º A tutela, a curatela e o termo de guarda serão sempre declarados por decisão judicial, servindo, como prova de nomeação do representante legal, o ofício encaminhado pelo Poder Judiciário à unidade do INSS.

§ 6º Tutela é a instituição estabelecida por lei para proteção dos menores, cujos pais faleceram, foram considerados ausentes ou decaíram do poder familiar.

§ 7º Curatela é o encargo conferido a uma pessoa para que, segundo limites legalmente estabelecidos, cuide dos interesses de alguém que não possa licitamente administrá-los, estando, assim, sujeitos à interdição, na forma do Código Civil.

§ 8º Aplica-se o disposto neste artigo aos casos de guarda legal de menor incapaz, concedidas no interesse destes.

§ 9º Não caberá ao INSS fazer exigência de interdição do beneficiário, seja ela total ou parcial, consistindo ônus do interessado ou do Ministério Público, conforme art. 1.768 do Código Civil.

§ 10º O dirigente de entidade de atendimento de que trata o art. 90 do Estatuto da Criança e do Adolescente — ECA, na qualidade de guardião da criança ou adolescente abrigado, será autorizado a receber o benefício devido ao menor sob sua guarda, mediante a apresentação dos seguintes documentos:

I — guia de acolhimento institucional familiar, devidamente preenchida e assinada pela autoridade judiciária conforme Anexo XVII;

II — comprovação da qualidade de dirigente da entidade;

III — documento de identificação pessoal, em que conste seu CPF; e

IV — declaração de permanência nos moldes do Anexo XVIII.

§ 11º A declaração de permanência, de que trata o inciso IV do § 10 deste artigo, deverá ser renovada pelo dirigente da entidade, a cada seis meses, para fins de manutenção do recebimento do benefício.

Vencido o prazo de seis meses, e não sendo apresentado o documento definitivo, expedido pela autoridade competente, deverá o recebedor do benefício providenciar declaração da referida autoridade constando o andamento do processo, para que permaneça recebendo o benefício do incapaz.

2.7. Dependente designado

Na redação original da Lei n. 8.213/91, o art. 16, inciso IV, trazia a possibilidade de o segurado designar alguém como dependente, desde que tal pessoa fosse menor de 21 anos ou maior de 60 anos, ou ainda na condição de invalidez.

Referida possibilidade foi, contudo, extinta com a Lei n. 9.032/95, vigente a contar de 29.4.1995. Assim, somente se o fato gerador do benefício (óbito ou reclusão do segurado) e a designação como dependente tenham, ambos, ocorrido até 28.4.1995, é que o dependente designado fará jus ao recebimento da prestação previdenciária.

Nesse sentido, inclusive, confira-se a Súmula n. 4, da Turma de Uniformização dos Juizados Especiais Federais (TNU):

"**Súmula 4** — Não há direito adquirido à condição de dependente de pessoa designada, quando o falecimento do segurado deu-se após o advento da Lei n. 9.032/95."

2.8. Perda da Qualidade de Dependente

A perda da qualidade de dependente ocorre:

I — para o cônjuge: pela separação judicial ou divórcio, desde que não recebam a prestação de alimentos (pensão alimentícia), pela anulação do casamento, pelo óbito ou por sentença judicial transitada em julgado;

II — para a companheira ou companheiro: pela cessação da união estável com o segurado ou segurada, enquanto não lhe for garantida a prestação de alimentos (pensão alimentícia), ou pelo óbito;

III — para o filho e o irmão, de qualquer condição: ao completarem vinte e um anos de idade, salvo se inválidos ou deficientes, ou pela emancipação, exceto, neste caso, se esta for decorrente de colação de grau científico em curso de ensino superior. Confira-se a redação do art. 26 da Instrução Normativa INSS/PRES n. 45/2010:

"**Art. 26.** A perda da qualidade de dependente ocorrerá:

(...)

III — para o filho e o irmão, de qualquer condição, ao completarem vinte e um anos de idade, salvo se inválidos, desde que a invalidez tenha ocorrido antes:

a) de completarem vinte e um anos de idade;

b) do casamento;

c) do início do exercício de emprego público efetivo;

d) da constituição de estabelecimento civil ou comercial ou da existência de relação de emprego, desde que, em função deles, o menor com dezesseis anos completos tenha economia própria; ou

e) da concessão de emancipação, pelos pais, ou de um deles na falta do outro, mediante instrumento público, independentemente de homologação judicial, ou por sentença do juiz, ouvido o tutor, se o menor tiver dezesseis anos completos;

(...)";

IV — para os dependentes em geral: pela cessação da invalidez ou pelo falecimento.

A Instrução Normativa INSS/PRES n. 45/2010 traz, ainda, no art. 26, inciso IV, determinação no sentido de que a adoção faz perder a qualidade de dependente do filho que recebe pensão por morte dos pais biológicos, não se aplicando tal critério apenas quando o cônjuge ou o companheiro adota o filho do outro. Confira-se:

"**Art. 26.** A perda da qualidade de dependente ocorrerá:

(...)

IV — pela adoção, para o filho adotado que receba pensão por morte dos pais biológicos, observando que a adoção produz efeitos a partir do trânsito em julgado da sentença que a concede, conforme inciso IV do art. 114 do RPS; e

(...)

§ 1º Não se aplica o disposto no inciso IV do *caput*, quando o cônjuge ou companheiro adota o filho do outro.

(...)"

Fundamentação: Lei n. 8.213/91, art. 17; Decreto n. 3.048/99, art. 17; Instrução Normativa INSS/PRES n. 45/2010, art. 26.

CAPÍTULO VII

Manutenção e Perda da Qualidade de Segurado

1. PERÍODOS DE GRAÇA

Enquanto contribuintes, o trabalhador e o facultativo permanecem na condição de segurados do INSS, o que lhes garante o direito ao recebimento de todos os benefícios que lhes sejam cabíveis, desde que cumpridos os demais requisitos exigidos à sua percepção.

> **Obs.:** Para os segurados empregados, empregados domésticos, trabalhadores avulsos e contribuintes individuais que prestam serviços para pessoas jurídicas (estes últimos, a contar de 04/2003), não é necessário comprovar o efetivo recolhimento das contribuições para comprovar a qualidade de segurado. Como há a retenção da contribuição pelo tomador dos serviços, a contribuição considera-se presumidamente recolhida (Lei n. 8.212/91, art. 33, § 5º), sendo possível comprovar, tão somente, a efetiva prestação dos serviços.

Existem, no entanto, determinadas situações em que, independente de contribuição previdenciária, permanecerá o trabalhador e o facultativo na condição de segurados, estando elas listadas no art. 15 da Lei n. 8.213/91. Estes períodos sem contribuição, mas com a manutenção da qualidade de segurado, são comumente denominados "períodos de graça", conservando o segurado todos os seus direitos perante a previdência social.

Assim, enquanto perdurar a qualidade de segurado, terá o cidadão direito de usufruir dos benefícios que lhe são assegurados, mediante o cumprimento dos demais requisitos que lhe forem exigidos. Tal período, contudo, justamente porque ausente de contribuição, não poderá ser computado como tempo de serviço ou como carência.

É importante destacarmos, ainda, que o segurado somente receberá o benefício a contar do requerimento, não fazendo jus às prestações anteriores, com exceção apenas para o direito dos menores, dos incapazes e dos ausentes.

1.1. Segurados em gozo de benefício

Determina o inciso I do art. 15 da Lei de Benefícios que mantém a qualidade de prazo, sem qualquer limite de prazo, aquele que se encontra recebendo benefício previdenciário. Confira-se:

> "**Art. 15.** Mantém a qualidade de segurado, independentemente de contribuições:
>
> I — sem limite de prazo, quem está em gozo de benefício;
>
> (...)
>
> § 3º durante os prazos deste artigo, o segurado conserva todos os seus direitos perante a previdência social.
>
> (...)"

Note-se que o legislador não exclui qualquer benefício, de forma que mesmo aqueles que se encontrem percebendo apenas auxílio-acidente usufruem da condição de segurados do sistema previdenciário, sem limite de prazo.

A questão que pode surgir refere-se ao encerramento deste eventual benefício. É certo que durante sua percepção, mantém o beneficiário a condição de segurado do Regime Geral de Previdência Social, mas e se estivermos falando de benefícios temporários, como o auxílio-doença? Tão logo ocorra seu cancelamento, perderá o cidadão a condição de segurado?

A Lei n. 8.213/91 é omissa sobre o tema, mas o Decreto n. 3.048/99 determina em seu art. 13, inciso II, que após a cessação de um benefício por incapacidade, o segurado mantém essa qualidade perante o sistema por um período de até 12 (doze) meses. E determina, no mesmo artigo, que este prazo pode ser prorrogado por mais 12 (doze) meses caso o segurado comprove desemprego involuntário ou caso tenha pago mais de 120 (cento e vinte) contribuições, sem perda da qualidade de segurado.

Vejamos:

"**Art. 13.** Mantém a qualidade de segurado, independentemente de contribuições:

(...)

II — até doze meses após a cessação de benefício por incapacidade ou após a cessação das contribuições, o segurado que deixar de exercer atividade remunerada abrangida pela previdência social ou estiver suspenso ou licenciado sem remuneração;

(...)

§ 1º O prazo do inciso II será prorrogado para até vinte e quatro meses, se o segurado já tiver pago mais de cento e vinte contribuições mensais sem interrupção que acarrete a perda da qualidade de segurado.

§ 2º O prazo do inciso II ou do § 1º será acrescido de doze meses para o segurado desempregado, desde que comprovada essa situação por registro no órgão próprio do Ministério do Trabalho e Emprego.

(...)"

O que faz o Regulamento da Previdência Social, portanto, é conferir a essa situação (encerramento de um benefício de incapacidade) os mesmos prazos de proteção que são atribuídos aos trabalhadores em geral, quando deixam de exercer atividade remunerada, tema que abordamos no subitem que segue.

1.2. Trabalhadores que deixam de exercer atividade remunerada

O inciso II do art. 15 da Lei n. 8.213/91 trata daqueles que exercem atividade remunerada (trabalhadores) e que, por qualquer razão, paralisam suas contribuições previdenciárias. Confira-se:

"**Art. 15.** Mantém a qualidade de segurado, independentemente de contribuições:

II — até 12 (doze) meses após a cessação das contribuições, o segurado que deixar de exercer atividade remunerada abrangida pela previdência social ou estiver suspenso ou licenciado sem remuneração;

(...)

§ 3º durante os prazos deste artigo, o segurado conserva todos os seus direitos perante a previdência social.

(...)"

Observe-se que o legislador não excepciona qualquer tipo de rescisão contratual ou qualquer razão determinante da paralisação das contribuições. O inciso deve ser aplicado indistintamente para todos os tipos de rescisão contratual existentes no Direito do Trabalho (inclusive justa causa ou términos de contrato a prazo), assim como também em todas as hipóteses de paralisação das atividades por profissionais domésticos, avulsos, autônomos ou empresários.

Em qualquer desses casos, o legislador concedeu um período de proteção gratuita de 12 (doze) meses, durante o qual o segurado conservará esta qualidade perante a previdência social. e a contagem desses 12 meses terá início a partir **do mês seguinte** ao do afastamento da atividade, conforme disposição expressa no § 6º do art. 10 da Instrução Normativa INSS/PRES n. 45/2010:

"**Art. 10.** Mantém a qualidade de segurado, independentemente de contribuição:

(...)

§ 6º O período de manutenção da qualidade de segurado é contado a partir do mês seguinte ao do afastamento da atividade ou da cessação de benefício por incapacidade.

(...)"

Já o encerramento encontra-se previsto no próprio art. 15 da Lei n. 8.213/91, em seu § 4º, que assim dispõe:

"**Art. 15.** Mantém a qualidade de segurado, independentemente de contribuições:

(...)

§ 4º A perda da qualidade de segurado ocorrerá no dia seguinte ao do término do prazo fixado no plano de custeio da seguridade social para recolhimento da contribuição referente ao mês imediatamente posterior ao do final dos prazos fixados neste artigo e seus parágrafos."

A redação é um pouco confusa, mas o que determinou o legislador foi que a perda da qualidade de segurado **não ocorrerá** no dia seguinte ao encerramento do prazo de 12 meses. No objetivo de proteger ainda mais o segurado, a Lei n. 8.213/91 entendeu que, ao final deste prazo (de 12 meses), a pessoa pode resolver permanecer vinculada ao sistema e iniciar suas contribuições no mês imediatamente posterior, seja como autônomo, empresário ou facultativo. Por isso, determinou que o encerramento da proteção ocorrerá somente no dia seguinte ao vencimento dessa possível contribuição.

Como atualmente as contribuições autônomas ou facultativas vencem no dia 15 do mês subsequente (Lei n. 8.212/91, art. 30, inciso II), a proteção gratuita se estende, em regra, até essa data.

Se tomarmos como exemplo um empregado com término de contrato a prazo na data de 3.11.2012, sua proteção gratuita (período de graça) terá início em 1º.12.2012 (primeiro dia do mês seguinte ao afastamento da atividade). O prazo de 12 meses se encerrará em 31.11.2013, mas sua qualidade de segurado se estenderá até 15.1.2014, dia em que vence a contribuição do mês subsequente ao encerramento do prazo (contribuição de dezembro/2013).

Observe-se, ainda, que caso no dia 15 não tenha expediente bancário (sábados, domingos ou feriados), a legislação de custeio possibilita o pagamento da contribuição no primeiro dia útil subsequente (Decreto n. 3.048/99, art. 216, II), sendo este o dia em que encerrará, por consequência, o prazo de manutenção da qualidade de segurado.

1.2.1. Pagamento de mais de 120 contribuições — acréscimo de 12 meses

O § 1º do art. 15 da Lei n. 8.213/91 estende por mais 12 (doze) meses o prazo de manutenção da qualidade de segurado, quando o segurado já tiver pago mais de 120 (cento e vinte) contribuições mensais sem perder esta condição. *In verbis*:

"**Art. 15.** Mantém a qualidade de segurado, independentemente de contribuições:

(...)

§ 1º o prazo do inciso II será prorrogado para até 24 (vinte e quatro) meses se o segurado já tiver pago mais de 120 (cento e vinte) contribuições mensais sem interrupção que acarrete a perda da qualidade de segurado.

(...)"

O segurado ganhará mais 12 meses de proteção gratuita, portanto, se já tiver contribuído por mais de 120 meses sem perder esta qualidade (de segurado). Trata-se de um bônus, em razão do longo tempo de contribuição anterior. O prazo de manutenção da proteção, que era de apenas 12 meses, passa automaticamente a ser de 24 meses, nos termos do § 1º, *supra*.

A discussão existente é se esse bônus será permanente ou não. Imagine um trabalhador que permaneceu empregado, com CTPS assinada, por 15 anos ininterruptos, quando solicita seu desligamento daquela empresa. Seu período de proteção será de 24 meses (12 normais + 12 decorrentes de ter pago mais de 120 contribuições). Durante esse prazo, o trabalhador consegue novo vínculo empregatício, onde permanece por apenas 2 anos, sendo demitido sem justa causa. Seu novo período de proteção será de apenas 12 meses (normais) ou terá novamente o bônus decorrente de ter, um dia, contribuído por mais de 120 meses? Não seria preciso ter permanecido no novo emprego por mais de 120 meses para adquirir novamente o bônus, já que aquele primeiro já havia sido utilizado?

Este tem sido o entendimento do INSS em algumas agências de atendimento. Não é um padrão e não há nada nesse sentido em suas Instruções Normativas, mas ocorre com certa frequência tal posicionamento, negando a qualidade de segurado a pessoas que estavam dentro do período de graça de 24 meses, se aplicado o bônus de forma permanente.

Ao analisarmos a redação do § 1º, determina o legislador que o prazo do inciso II será prorrogado para 24 meses quando o segurado houver contribuído *mais* de 120 meses, e não *a cada* 120 meses. Trata-se, pois, de uma prorrogação automática tão logo se complete 121 contribuições mensais para o sistema, uma única vez. A partir desse momento, esse segurado terá, sempre, seu período de proteção gratuita fixado em 24 meses, em vez dos 12 meses normais de que trata o inciso II. E este tem sido o entendimento mais prestigioso em nossa jurisprudência pátria, conforme ilustra a seguinte decisão judicial:

> "PREVIDENCIÁRIO. PROCESSUAL CIVIL. AGRAVO PREVISTO NO § 1º DO ART. 557 DO CPC. PENSÃO POR MORTE. RECOLHIMENTO DE MAIS DE 120 CONTRIBUIÇÕES MENSAIS. EXTENSÃO DO PERÍODO DE "GRAÇA". INCORPORAÇÃO AO PATRIMÔNIO JURÍDICO. QUALIDADE DE SEGURADO COMPROVADA. I — A qualidade de segurado do falecido restou configurada, uma vez que ele contava com mais de 120 contribuições à Previdência Social à época do óbito, consoante se verifica das anotações em CTPS, aplicando-se, portanto, o disposto no art. 15, inc. II, § 1º da Lei n. 8.213/91, haja vista que o tempo transcorrido entre o termo final de seu último vínculo empregatício (31.7.1996) e a data do óbito (7.2.1998) foi inferior a 24 meses. Dessa forma, constata-se que à época do falecimento, o Sr. João Gilberto Bernoldi encontrava-se albergado pelo período de "graça" previsto na legislação previdenciária. II — A extensão do período de "graça" acima reportada se incorpora ao patrimônio jurídico do segurado, de modo que ele poderia se valer de tal prerrogativa para situações futuras, mesmo que venha a perder a qualidade de segurado em algum momento. Assim, a perda da qualidade de segurado após setembro de 1983, termo final de seu penúltimo vínculo empregatício, não atinge o direito do falecido à prorrogação do período de "graça" pelo prazo de 12 meses, dado que não há previsão legal expressa nesse sentido, norma esta que seria necessária em se tratando de hipótese restritiva de direito. III — Agravo do réu desprovido (art. 557, §1º, do CPC)." (TRF 3ª Região — Processo n. 00050543520084036114 — AC 1501336 — 10ª Turma — Relator Sergio Nascimento — DJF de 6.4.2011)

1.2.2. Desemprego — acréscimo de 12 meses

Também é importante atentarmos ao § 2º do art. 15 da Lei n. 8.213/91, que igualmente estende o prazo de manutenção da qualidade de segurado por mais 12 meses, quando este comprovar situação de desemprego. Confira-se:

> "**Art. 15.** Mantém a qualidade de segurado, independentemente de contribuições:
>
> (...)
>
> § 2º Os prazos do inciso II ou do § 1º serão acrescidos de 12 (doze) meses para o segurado desempregado, desde que comprovada essa situação pelo registro no órgão próprio do ministério do trabalho e da previdência social.
>
> (...)"

Quanto à comprovação de desemprego, apesar do legislador ordinário ter mencionado sua comprovação por registro no órgão próprio do Ministério do Trabalho e Emprego (atual nomenclatura do Ministério do Trabalho e da Previdência Social), outras formas de comprovação são permitidas administrativamente, conforme informa o art. 10 da Instrução Normativa INSS/PRES n. 45/2010, §§ 3º a 5º. Confira-se:

"**Art. 10.** Mantém a qualidade de segurado, independentemente de contribuição:

(...)

§ 3º O segurado desempregado do RGPS terá o prazo do inciso II do *caput* ou do § 1º deste artigo acrescido de doze meses, desde que comprovada esta situação por registro no órgão próprio do Ministério do Trabalho e Emprego — MTE, podendo comprovar tal condição, dentre outras formas:

I — mediante declaração expedida pelas Superintendências Regionais do Trabalho e Emprego ou outro órgão do MTE;

II — comprovação do recebimento do seguro-desemprego; ou

III — inscrição cadastral no Sistema Nacional de Emprego — SINE, órgão responsável pela política de emprego nos Estados da federação.

§ 4º O registro no órgão próprio do MTE ou as anotações relativas ao seguro-desemprego deverão estar dentro do período de manutenção da qualidade de segurado de doze ou vinte e quatro meses que o segurado possuir.

§ 5º A manutenção da qualidade de segurado em razão da situação de desemprego dependerá da inexistência de outras informações do segurado que venham a descaracterizar tal condição.

(...)"

Também a Súmula 27, da Turma Nacional de Uniformização, autoriza a comprovação do desemprego por forma diversa, conforme segue:

"**Súmula 27** — A ausência de registro em órgão do Ministério do Trabalho não impede a comprovação do desemprego por outros meios admitidos em Direito."

Não obstante o entendimento administrativo e judicial de que o desemprego pode ser comprovado por outras formas que não apenas o cadastro no MTE, apenas a ausência de registro em CTPS não constitui prova plena desta situação, já que o trabalhador pode exercer atividade como autônomo ou empresário. Este o entendimento jurisprudencial sobre o tema, conforme ilustra a seguinte decisão:

"PREVIDENCIÁRIO. AGRAVO REGIMENTAL NO RECURSO ESPECIAL. MANUTENÇÃO DA QUALIDADE DE SEGURADO. ART. 15 DA LEI N. 8.213/91. CONDIÇÃO DE DESEMPREGADO. DISPENSA DO REGISTRO PERANTE O MINISTÉRIO DO TRABALHO E DA PREVIDÊNCIA SOCIAL QUANDO FOR COMPROVADA A SITUAÇÃO DE DESEMPREGO POR OUTRAS PROVAS CONSTANTES DOS AUTOS. PRINCÍPIO DO LIVRE CONVENCIMENTO MOTIVADO DO JUIZ. RECURSO DO INSS DESPROVIDO. 1. A Terceira Seção desta Corte, no julgamento do Incidente de Uniformização de Interpretação de Lei Federal (Pet 7.115/PR, DJe 6.4.2010) pacificou o entendimento de que o registro no Ministério do Trabalho não deve ser tido como o único meio de prova da condição de desempregado do segurado, especialmente considerando que, em âmbito judicial, prevalece o livre convencimento motivado do Juiz e não o sistema de tarifação legal de provas. Assim, o registro perante o Ministério do Trabalho e da Previdência Social poderá ser suprido quando for comprovada tal situação por outras provas constantes dos autos, inclusive a testemunhal. 2. A ausência de anotação laboral na CTPS do autor não é suficiente para comprovar a sua situação de desemprego, já que não afasta a possibilidade do exercício de atividade remunerada na informalidade. 3. Tendo o Tribunal *a quo* considerado mantida a condição de segurado do autor em face da situação de desemprego apenas com base no registro na CTPS da data de sua saída no emprego, bem como na ausência de registros posteriores, devem os autos retornar à origem para que seja oportunizada à parte a produção de prova da sua condição de desempregado. 4. Agravo Regimental do INSS desprovido." (STJ — Processo n. 200901165506 — AGA 1182277 — 5ª Turma — Relator Napoleão Nunes Maia Filho — DJE de 6.12.2010)

Note-se, por fim, que esta extensão de proteção por 12 meses pode ser utilizada independentemente ou conjuntamente com a proteção disposta no § 1º do art. 15, chegando ao total de 36 meses o prazo de manutenção da qualidade de segurado.

1.2.3. CLT, art. 476-A — suspensão contratual

Os trabalhadores com contrato suspenso nos termos do art. 476-A da CLT possuem estes mesmos prazos de proteção que constam do inciso II do art. 15 da Lei n. 8.213/91, por disposição expressa na Medida Provisória n. 1.709-4/98, reeditada até a Medida Provisória de n. 2.164-41/2001 e atualmente em vigor em razão do disposto no art. 2º da EC n. 32/2001.

1.2.4. Servidores públicos

Por fim, é importante registrar a previsão constante do § 4º do art. 13 do Decreto n. 3.048/99, determinando que os prazos do inciso II do art. 15 se aplicam também ao segurado que se desvincular de regime próprio de previdência social.

Como o Regulamento do RGPS não tem autonomia para constituir obrigações aos regimes próprios, o que está a determinar é que os servidores públicos que contribuem para regimes próprios, quando deles se desvincularem, estarão automaticamente protegidos pelo RGPS pelo período de 12 meses, podendo chegar a 24 ou 36 meses, conforme comprove mais de 120 contribuições para o RPPS e/ou situação de desemprego.

1.3. Segregação compulsória

Determina o inciso III do art. 15 da Lei de Benefícios um prazo de 12 (doze) meses para manutenção da qualidade de segurado, contados da cessação desta segregação, para aqueles se forem submetidos a tal situação em decorrência de enfermidade/doença.

Confira-se:

"**Art. 15.** Mantém a qualidade de segurado, independentemente de contribuições:

(...)

III — até 12 (doze) meses após cessar a segregação, o segurado acometido de doença de segregação compulsória;

(...)

§ 3º durante os prazos deste artigo, o segurado conserva todos os seus direitos perante a previdência social.

§ 4º a perda da qualidade de segurado ocorrerá no dia seguinte ao do término do prazo fixado no plano de custeio da seguridade social para recolhimento da contribuição referente ao mês imediatamente posterior ao do final dos prazos fixados neste artigo e seus parágrafos."

1.4. Segurado retido ou recluso

Determina o inciso IV do art. 15 da Lei de Benefícios um prazo também de 12 (doze) meses para manutenção da qualidade de segurado, para aqueles se forem retidos ou reclusos, contados após livramento.

Confira-se:

"**Art. 15.** Mantém a qualidade de segurado, independentemente de contribuições:

(...)

IV — até 12 (doze) meses após o livramento, o segurado retido ou recluso;

(...)

§ 3º durante os prazos deste artigo, o segurado conserva todos os seus direitos perante a previdência social.

§ 4º a perda da qualidade de segurado ocorrerá no dia seguinte ao do término do prazo fixado no plano de custeio da seguridade social para recolhimento da contribuição referente ao mês imediatamente posterior ao do final dos prazos fixados neste artigo e seus parágrafos."

Esclarece, pois, o legislador, que o prazo de 12 meses será contado a partir da soltura, ou seja, da data da efetiva colocação em liberdade.

A Instrução Normativa INSS/PRES n. 45/2010 especifica, ainda, que no caso de fuga da prisão, o prazo da manutenção da qualidade de segurado ficará reduzido proporcionalmente à duração da fuga, conforme segue:

"**Art. 12.** No caso de fuga do recolhido à prisão, será descontado do prazo de manutenção da qualidade de segurado a partir da data da fuga, o período de graça já usufruído anteriormente ao recolhimento."

O que não esclarece a legislação, nem tampouco o instrumento normativo, é a condição do segurado enquanto permanecer preso ou recluso. Note-se que o benefício de auxílio-reclusão não é pago a todo e qualquer dependente de segurado preso e que, mesmo sendo pago, o é ao dependente do segurado, de forma que não temos como aplicar o inciso I do art. 15 nessa situação.

Não obstante a omissão legislativa a respeito, compreendo que durante o prazo de reclusão, o segurado mantém sua qualidade de segurado perante o sistema, independentemente de sua família receber, ou não, o benefício de auxílio-reclusão. Isto porque não há razão alguma para o legislador proteger o período posterior à soltura (porque é difícil a colocação profissional) e não proteger o período de detenção (em que a colocação profissional é praticamente impossível).

1.5. Segurado incorporado às Forças Armadas

Determina o inciso V do art. 15 da Lei de Benefícios um prazo também de 3 (três) meses para manutenção da qualidade de segurado, para aqueles que forem incorporados às Forças Armadas (marinha, aeronáutica ou exército) para prestar o serviço militar.

Confira-se:

"**Art. 15.** Mantém a qualidade de segurado, independentemente de contribuições:

(...)

V — até 3 (três) meses após o licenciamento, o segurado incorporado às forças armadas para prestar serviço militar;

(...)

§ 3º durante os prazos deste artigo, o segurado conserva todos os seus direitos perante a previdência social.

§ 4º a perda da qualidade de segurado ocorrerá no dia seguinte ao do término do prazo fixado no plano de custeio da seguridade social para recolhimento da contribuição referente ao mês imediatamente posterior ao do final dos prazos fixados neste artigo e seus parágrafos."

1.6. Segurado facultativo

Por fim, o último inciso (VI) do art. 15 da Lei de Benefícios determina um prazo de 6 (seis) meses para manutenção da qualidade dos segurados facultativos, após a cessação das contribuições.

Confira-se:

"**Art. 15.** Mantém a qualidade de segurado, independentemente de contribuições:

(...)

VI — até 6 (seis) meses após a cessação das contribuições, o segurado facultativo.

(...)

§ 3º durante os prazos deste artigo, o segurado conserva todos os seus direitos perante a previdência social.

§ 4º a perda da qualidade de segurado ocorrerá no dia seguinte ao do término do prazo fixado no plano de custeio da seguridade social para recolhimento da contribuição referente ao mês imediatamente posterior ao do final dos prazos fixados neste artigo e seus parágrafos.

O art. da Instrução Normativa INSS/PRES n. 45/2010, nos §§ 8º a 10, traz algumas orientações importantes — e benéficas — para os segurados, quais sejam:

- Caso o segurado facultativo venha a receber um benefício por incapacidade, quando da cessação deste benefício terá um prazo de 12 (doze) meses para manutenção da qualidade de segurado.

• O segurado obrigatório que, durante o prazo de manutenção da sua qualidade de segurado (doze, vinte e quatro ou trinta e seis meses, conforme o caso), filiar-se ao RGPS como facultativo, ao deixar de contribuir nesta última, terá o direito de usufruir o período de graça de sua condição anterior (condição de segurado obrigatório, trabalhador).

• O segurado que se filiar no RGPS como facultativo durante o período de manutenção da qualidade de segurado decorrente de benefício por incapacidade ou auxílio-reclusão, ao deixar de contribuir novamente, terá o direito de usufruir o prazo de 12 (doze) meses para manutenção da qualidade de segurado, se este lhe for mais vantajoso.

1.7. Segurado especial

O legislador ordinário não menciona qualquer prazo para manutenção da qualidade dos segurados especiais perante o RGPS, mas assim o fez o § 11 do art. 10 da Instrução Normativa INSS/PRES n. 45/2010, conforme segue:

"Art. 10. Mantém a qualidade de segurado, independentemente de contribuição:

(...)

§ 11. Para o segurado especial que esteja contribuindo facultativamente ou não, observam-se as condições de perda e manutenção de qualidade de segurado a que se referem os incisos I a V do *caput* do art. 10."

Assim dispondo, o INSS concedeu ao segurado especial o mesmo tratamento conferido aos demais trabalhadores, garantindo-se a ele a manutenção da qualidade de segurado pelo período de 12 meses (com acréscimos em caso de desemprego ou contribuição por mais de 120 meses), além dos demais prazos do art. 15 da Lei n. 8.212/91 (segregação compulsória, reclusão ou forças armadas).

Não será aplicado o prazo de 6 (seis) meses, mesmo que o segurado especial esteja contribuindo na condição de segurado facultativo.

1.8. Percepção de benefício de incapacidade durante o período de graça

A Lei n. 8.213/91 não disciplina sobre qual prazo deverá ser aplicado para um segurado que, durante o período de graça, vem a receber um benefício de incapacidade (auxílio-doença, por exemplo).

Imagine um trabalhador com período de graça de 24 meses, em razão de ter comprovado situação de desemprego. Durante esse período é acometido de enfermidade, logo após o 3º mês de proteção gratuita, e assim permanece por 3 anos inteiros.

Durante a percepção do benefício de auxílio-doença, encontra-se mantida a qualidade de segurado, encontrando tal previsão expressa no inciso I do art. 15 da Lei n. 8.213/91. Mas, e após o cancelamento deste benefício? Haverá uma suspensão do prazo inicial de 24 meses e, como o segurado usufruiu de apenas 3 meses, terá direito a uma proteção por mais 21 meses, independentemente de contribuições para o sistema? Ou terá havido uma interrupção do prazo original, sendo concedido ao trabalhador novos 24 meses de período de graça? Ou, ainda, perderá totalmente e imediatamente a proteção gratuita, já que possuía apenas 24 meses e estes encontram-se esgotados na data do cancelamento do auxílio-doença?

O entendimento mais razoável seria pela suspensão do período de graça original e, no exemplo acima, o segurado teria ainda mais 21 meses de período de graça, já que usufruiu de 3 meses antes da concessão do auxílio-doença. Não há qualquer razão para que se reinicie o período completo após o benefício e nem tampouco para que o segurado perca automaticamente a proteção após o referido encerramento da prestação previdenciária. Contudo, há previsão mais benéfica ao segurado no art. 13 do Decreto n. 3.048/99, que em seu inciso II determina prazo de 12 meses de proteção gratuita quando da cessação de um benefício por incapacidade. E os §§ 1º e 2º, do mesmo dispositivo, especificam a prorrogação por mais 12 meses quando da comprovação de desemprego ou do pagamento de mais de 120 contribuições, sem qualquer ressalva quanto ao benefício de incapacidade. Confira-se:

> "Art. 13. Mantém a qualidade de segurado, independentemente de contribuições:
>
> (...)
>
> II — até doze meses após a cessação de benefício por incapacidade ou após a cessação das contribuições, o segurado que deixar de exercer atividade remunerada abrangida pela previdência social ou estiver suspenso ou licenciado sem remuneração;
>
> (...)
>
> § 1º O prazo do inciso II será prorrogado para até vinte e quatro meses, se o segurado já tiver pago mais de cento e vinte contribuições mensais sem interrupção que acarrete a perda da qualidade de segurado.
>
> § 2º O prazo do inciso II ou do § 1º será acrescido de doze meses para o segurado desempregado, desde que comprovada essa situação por registro no órgão próprio do Ministério do Trabalho e Emprego.
>
> (...)"

O Decreto, portanto, considera a interrupção do prazo original, renovando-se integralmente o prazo de 24 meses, após o cancelamento do benefício de auxílio-doença, no exemplo posto. Assim também o faz, ainda que não expressamente, o § 6º do art. 10 da Instrução Normativa INSS/PRES n. 45/2010, ao determinar que o período de manutenção da qualidade de segurado inicia-se no mês seguinte à cessação do benefício, conforme segue:

> "Art. 10. Mantém a qualidade de segurado, independentemente de contribuição:
>
> (...)
>
> § 6º O período de manutenção da qualidade de segurado é contado a partir do mês seguinte ao do afastamento da atividade ou da cessação de benefício por incapacidade.
>
> (...)"

1.9. Segurado que passa a contribuir como facultativo durante o período de graça, com nova interrupção das contribuições

Outro ponto não abordado pela Lei n. 8.213/91 refere-se ao segurado trabalhador que, durante seu período de graça, inicia recolhimentos na condição de segurado facultativo e que, por qualquer razão, interrompe novamente com estas contribuições mensais.

Tome por exemplo um trabalhador com período de graça de 36 meses (12 normais + 12 em razão de ter recolhido mais de 120 contribuições + 12 decorrentes de ter comprovado desemprego) que, pretendendo computar tempo de serviço, inicia logo no 6º mês de proteção gratuita, seus recolhimentos para o RGPS na condição de segurado facultativo. No entanto, após ter pago 4 prestações mensais, não tendo conseguido nova colocação no mercado de trabalho, vê-se obrigado a paralisar novamente estes recolhimentos. Qual será seu novo prazo de proteção gratuita? Terá direito a apenas 6 meses, prazo que se aplica aos facultativos? Ou terá direito ao restante dos 36 meses, já que deles usufruiu apenas 6? Ou, ainda, renova-se integralmente o prazo de 36 meses, de sua condição anterior?

Quem esclarece a situação, em favor do segurado, é a Instrução Normativa INSS/PRES n. 45/2010 que, no § 9º do art. 10, compreende pela renovação do prazo anteriormente aplicado (de 36 meses, no exemplo posto), conforme segue:

> "Art. 10. Mantém a qualidade de segurado, independentemente de contribuição:
>
> (...)
>
> § 9º O segurado obrigatório que, durante o prazo de manutenção da sua qualidade de segurado (doze, vinte e quatro ou trinta e seis meses, conforme o caso), filiar-se ao RGPS como facultativo, ao deixar de contribuir nesta última, terá o direito de usufruir o período de graça de sua condição anterior."

Note-se que o documento normativo não dispõe no sentido de continuar o prazo da condição anterior. Pelo contrário, determina que o segurado terá direito de usufruir o período de graça de sua condição anterior, com interpretação clara de uma renovação total do prazo de 36 meses, no exemplo posto.

Ainda que tal posicionamento seja o mais benéfico que podia existir para o segurado, não posso com ele concordar. O mais correto e justo seria, no exemplo trabalhado, uma suspensão do prazo original, em razão dos novos recolhimentos como facultativo, com a concessão do período restantes após a nova interrupção dos recolhimentos. No caso, um novo período de graça de 30 meses, já que 6 deles foram utilizados antes do início das novas contribuições.

Compreendo, ainda, que pode ser utilizado também o prazo de 6 meses do próprio segurado facultativo, caso este seja mais benéfico ao segurado. Será esta a situação, por exemplo, de um trabalhador com período de graça de apenas 12 meses, que inicia seus recolhimentos como facultativo no 8º mês de proteção gratuita, como facultativo. Ao paralisar novamente as contribuições, compreendo que poderá usufruir de 6 meses de período de graça, já que do período de sua condição anterior (que era de 12 meses) lhe restam apenas 4 meses de proteção.

Pelo entendimento da Instrução Normativa INSS/PRES n. 45/2010, no entanto, este trabalhador de nosso segundo exemplo terá direito a novos 12 meses de contribuição, com renovação total do prazo de sua condição anterior.

Referido posicionamento protege demasiadamente o trabalhador, podendo ocorrer situações em que o trabalhador, durante seu período de graça, inicia o recolhimento como facultativo e paga apenas uma prestação nessa modalidade, renovando integralmente sua condição anterior e podendo chegar, assim, a um período de graça de até 72 meses (36 originais + 36 da renovação).

1.10. Informações do CNIS

Como as informações dispostas no Cadastro Nacional de Informações Sociais — CNIS — serão consideradas para comprovação de filiação ao RGPS e relação de emprego, conforme art. 29-A da Lei n. 8.213/91, estas mesmas informações podem ser utilizadas para comprovar a condição de segurado perante o RGPS. Confira-se:

> "**Art. 29-A.** O INSS utilizará as informações constantes no Cadastro Nacional de Informações Sociais — CNIS sobre os vínculos e as remunerações dos segurados, para fins de cálculo do salário de benefício, comprovação de filiação ao Regime Geral de Previdência Social, tempo de contribuição e relação de emprego."

2. PERDA DA QUALIDADE DE SEGURADO

Conforme observado, a perda da qualidade de segurado ocorrerá no dia seguinte ao do vencimento da contribuição do contribuinte individual, relativa ao mês imediatamente posterior ao término dos prazos fixados pelo art. 15 da Lei n. 8.213/91.

Como o vencimento das contribuições do contribuinte individual ocorre no dia 15, a perda da qualidade de segurado ocorrerá no dia 16 (ou dia posterior, se no dia 15 não tiver expediente bancário) do segundo mês seguinte ao término dos prazos legais e importa em caducidade dos direitos inerentes a essa qualidade, não prejudicando, entretanto, o direito à aposentadoria para cuja concessão tenham sido preenchidos todos os requisitos, segundo a legislação em vigor à época em que estes requisitos foram atendidos (direito adquirido).

Obs. 1: No período de setembro/94 a 5.3.1997, a perda da qualidade de segurado ocorria no segundo dia útil posterior ao dia 02 (dois).

Obs. 2: No período de 6.3.1997 a 28.11.1999 (véspera da publicação da Lei n. 9.876), recaindo o dia 15 no sábado, domingo ou feriado, inclusive o municipal, o pagamento das contribuições deveria ser efetuado no dia útil anterior. A partir de 29.11.1999 (data da publicação da Lei n. 9.876), recaindo o dia 15 no sábado, domingo ou feriado federal, estadual e o municipal, o pagamento das contribuições deverá ser efetuado no dia útil imediatamente posterior.

Obs. 3: Se, por força de lei, ocorrer alteração nas datas de vencimento de recolhimentos, deverão ser obedecidos, para manutenção ou perda da qualidade de segurado, os prazos vigentes no dia do desligamento da atividade.

Confira-se, sobre o tema, a tabela constante da Instrução Normativa INSS n. 57/2001, art. 11, que não obstante esteja revogada, serve para visualização das datas ao longo das modificações legislativas:

Situação	Período de Graça	Até 24.7.1991 Decr. n. 83.080/79	25.7.1991 a 20.7.1992 Lei n. 8.213/91	21.7.1992 a 4.1.1993 Lei n. 8.444/92 e Decr. n. 612/92	5.1.1993 a 31.3.1993 Lei n. 8.444/2 e Decr. n. 612/92	1º.4.1993 a 14.9.1994 Lei n. 8.620/93 e Decr. n. 738/93	15.9.1994 a 5.3.1997 MP n. 598/94 e Reedições, Convertida na Lei n. 9.063/95	A partir de 6.3.1997 Decr. n. 2.172/97
Menos de 120 contribuições	12 meses após encerramento da atividade.	1º dia do 15º mês	6º dia útil do 14º mês	Empregado: 6º dia útil do 14º mês Contrib. Indiv. e Domést.: 16º dia útil do 14º mês	Empregado: 9º dia útil do 14º mês Contrib. Indiv. e Domést.: 16º dia útil do 14º mês	Empregado: dia 9 do 14º mês Contrib. Indiv. e Domést.: dia 16 do 14º mês	Empregado: dia 3 do 14º mês Contrib. Indiv. e Domést.: dia 16 do 14º mês	Dia 16 do 14º mês
Mais de 120 contribuições	24 meses após encerramento da atividade	1º dia do 27º mês	6º dia útil do 26º mês	Empregado: 6º dia útil do 26º mês Contrib. Indiv. e Domést.: 16º dia útil do 26º mês	Empregado: 9º dia útil do 26º mês Contrib. Indiv. e Domést.: 16º dia útil do 26º mês	Empregado: dia 9 do 26º mês Contrib. Indiv. e Domést.: dia 16 do 26º mês	Empregado: dia 3 do 26º mês Contrib. Indiv. e Domést.: 16º dia do 26º mês	Dia 16 do 26º mês
Em gozo de benefício	12 ou 24 meses* após a cessação do benefício	1º dia do 15º ou 27º mês	6º dia útil do 14º ou 26º mês	Empregado: 6º dia útil do 14º ou 26º mês Contrib. Indiv. e Domést.: 16º dia útil do 14º ou 26º mês	Empregado: 9º útil do 14º ou 26º mês Contrib. Indiv. e Domést.: 16º dia útil do 14º ou 26º mês	Empregado: dia 9 do 1º ou 26º mês Contrib. Indiv. e Domést.: dia 16 do 14º ou 26º mês	Empregado: dia 3 do 14º ou 26º mês Contrib. Indiv. e Domést.: dia 16 do 14º ou 26º mês	Dia 16 do 14º ou 26º mês
Recluso	12 meses após o livramento	1º dia do 15º mês	6º dia útil do 14º mês	Empregado: 6º dia útil do 14º mês Contrib. Indiv. e Domést.: 16º dia útil do 14º mês	Empregado: 9º dia útil do 14º mês Contrib. Indiv. e Domést.: 16º dia útil do 14º mês	Empregado: dia 9 do 1º mês Contrib. Indiv. e Domést.: dia 16 do 14º mês	Empregado: dia 3 do 14º mês Contrib. Indiv. e Domést.: dia 16 do 14º mês	Dia 16 do 14º mês
Contribuinte em dobro	12 meses após a interrupção das contribuições	1º dia do 13º mês	—	—	—	—	—	—
Facultativo (a partir da Lei n. 8.213, de 1991)	06 meses após a interrupção das contribuições	—	6º dia útil do 8º mês	16º dia útil do 8º mês	16º dia útil do 8º mês	Dia 16 do 8º mês	Dia 16 do 8º mês	Dia 16 do 8º mês
Segurado Especial	12 meses após o encerramento da atividade **	—	6º dia útil do 14º mês	16º dia útil do 14º mês	16º dia útil do 14º mês	Dia 16 do 14º mês	Dia 16 do 14º mês	Dia 16 do 14º mês
Serviço Militar	3 meses após o licenciamento	1º dia útil do 4º mês	1º dia útil do 4º mês	1º dia útil do 4º mês	1º dia útil do 4º mês	1º dia útil do 4º mês	1º dia útil do 4º mês	1º dia útil do 4º mês

Fundamentação: Lei n. 8.213/91, art. 15 e 102; Decreto n. 3048/99, arts. 13 a 15, 180 e 188-E; Medida Provisória n. 2164-41, de 24.08.2001, art. 11.

2.1. Benefícios previdenciários em que a perda da qualidade de segurado não será considerada

Com a publicação da Medida Provisória n. 83, de 12.12.2002 — DOU de 13.12.2002 (posteriormente convalidada na Lei n. 10.666/2003), a perda da qualidade de segurado não será considerada para a concessão das aposentadorias por tempo de contribuição (inclusive de professores) e especial, independentemente de possuir ou não o segurado direito adquirido ao benefício à época da perda desta qualidade.

Assim, exemplificativamente, um segurado empregado que tenha perdido o emprego após 29 anos de filiação e que permaneceu por quatro anos sem qualquer contribuição ao sistema (perdendo a qualidade de segurado) poderá regressar ao RGPS, contribuir por mais um ano (além do tempo extra do pedágio) e, contando com 53 anos, ingressar com o pedido de aposentadoria proporcional por tempo de contribuição. Anteriormente à MP 83/2002, isto não seria possível. Ocorreria a perda da qualidade de segurado, o novo ingresso seria considerado como nova filiação ao sistema e os segurados inscritos a contar de 16.12.1998 não possuem mais direito à aposentadoria proporcional, de forma que não seria possível a obtenção do benefício.

Na hipótese de aposentadoria por idade, também em face da Medida Provisória n. 83/2002, a perda da qualidade de segurado não será considerada para a concessão desse benefício, desde que o segurado conte com, no mínimo, o tempo de contribuição correspondente ao exigido para efeito de carência na data do requerimento do benefício. Como terá havido a perda da qualidade de segurado, discute-se atualmente qual seria esse número de contribuições: 180 ou um número reduzido, aplicando-se a tabela do art. 142 da Lei n. 8.213/91. O entendimento mais razoável, em face da omissão legal sobre o tema, é pela aplicação da tabela do art. 142 da Lei de Benefícios, já que a Lei n. 10.666/2003 determinou expressamente que a "perda da qualidade de segurado" não será considerada para fins de concessão do referido benefício, podendo-se interpretar que essa "não consideração" vale, inclusive, para fins de aplicação do referido artigo.

O cálculo das aposentadorias concedidas seguirá o critério previsto na legislação vigente à época do requerimento administrativo do benefício e, quando inexistirem salários de contribuição a contar de julho/94, as mesmas serão concedidas no valor mínimo do salário de benefício (salário mínimo).

Não será concedida pensão por morte aos dependentes do segurado que falecer após a perda desta qualidade, salvo se preenchidos os requisitos para obtenção de aposentadoria, conforme observado acima.

Fundamentação: Lei n. 10.666/2003, art. 3º; Decreto n. 3048/99, art. 188-E.

2.2. Contribuinte Individual (CI) — recolhimento em atraso

Como observado no item 1 deste Capítulo, o contribuinte individual mantém a qualidade de segurado por um período variável entre 12 e 36 meses (com acréscimo, sempre, de um mês e 15 dias), período em que poderá requerer administrativamente a proteção previdenciária.

Questionamento existe, contudo, quando o contribuinte individual permanece no exercício da atividade laborativa sem recolhimento da contribuição previdenciária (o que não é permitido pela legislação, mas é comum na prática cotidiana) e, uma vez passado o período de manutenção da qualidade de segurado (em relação a sua última contribuição) é acometido de enfermidade. Poderia este segurado comprovar o exercício da atividade e recolher em atraso essa contribuição, no intuito de fazer permanecer sua qualidade de segurado perante o sistema e, assim, fazer jus ao benefício previdenciário? Esta contribuição, paga em atraso, poderia ser considerada como carência?

Como a contribuição dos segurados empregados, trabalhadores avulsos, empregados domésticos e autônomos/empresários que prestam serviços à pessoa jurídica deve ser recolhida pelo empregador, pelo órgão gestor de mão de obra ou pelo contratante, é suficiente, para estes trabalhadores, comprovar a efetiva prestação dos serviços para comprovarem, também, a qualidade de segurado, com reconhecimento do período como tempo de contribuição e como carência.

O problema surge quando estamos a falar do autônomo que presta serviço à pessoa física, cuja obrigação e responsabilidade pelo recolhimento das contribuições é sua própria, sem qualquer sub-rogação.

Nestes casos, é importante registrarmos que a Lei n. 8.213/91, em seu art. 27, inciso II, determina expressamente que para cômputo da carência serão consideradas apenas as contribuições pagas a partir da primeira, sem atraso. Assim, se a primeira contribuição foi paga em dia, as contribuições posteriores, ainda que pagas em atraso, devem ser consideradas para fins de carência.

A legislação não especifica um período específico para o pagamento dessas contribuições em atraso, não havendo qualquer disposição no sentido de que deveriam ocorrer ainda dentro do período de manutenção da qualidade de segurado.

Assim, compreendo que o pagamento em atraso pode ocorrer a qualquer tempo, sendo todas as contribuições consideradas como carência, se existir um primeiro pagamento feito em dia.

Este, contudo, não é o posicionamento do INSS. Conforme orientações constantes do Parecer CONJUR/MPS n. 219/2011, as contribuições em atraso, efetuadas depois de já encerrada a condição de segurado, somente poderão ser computadas como tempo de contribuição, não servindo para o implemento da carência e nem tampouco para resgatar a condição de segurado do trabalhador. Confira-se:

"71. Diante das considerações acima deduzidas, levando-se em conta o teor do já citado PARECER/CONJUR/MPS/N. 616/2010, de 17/12/2010, bem como a linha de entendimento expressada pela PFE-INSS, no seu PARECER CGMBEN/DIVCONT N. 57/2010 (fls. 20-30), e pela SPS, na sua NOTA CGLN N. 33/2011 (fls. 62-64), são estabelecidas as seguintes conclusões:

a) Conquanto seja dito contribuinte obrigatório, é somente com o efetivo recolhimento da primeira contribuição em dia que o contribuinte individual passa a gozar da proteção previdenciária (LBPS, art. 27, II);

b) Perde a qualidade de segurado da Previdência Social o contribuinte individual que, embora em exercício de atividade remunerada, deixa de recolher suas respectivas contribuições por tempo superior ao "período de graça" (PBPS, art. 15, § 4º);

c) A perda da qualidade de segurado importará em caducidade dos direitos inerentes a essa qualidade, ressalvado o direito adquirido (PBPS, art. 102) e as hipóteses de benefícios programados, nos termos do art. 3º da Lei n. 10.666/2003.

d) O recolhimento retroativo, referente a período durante o qual o contribuinte individual esteve no exercício de atividade remunerada e não contribuiu, será computado apenas como tempo de contribuição, não o sendo para efeito de carência e nem para fins de manutenção da qualidade de segurado quando já tenha sido ultrapassado o "período de graça" (LBPS, art. 27, II c/c art. 15);

e) O primeiro recolhimento efetivado pelo contribuinte individual após ter perdido a qualidade de segurado, caracterizará o seu reingresso ao sistema previdenciário, não sendo computados para efeito de carência os recolhimentos intempestivos referentes a período anterior ao seu reingresso, sendo computados tão-somente como tempo de contribuição (PBPS, art. 24, parágrafo único);

(...)"

Sobre o tema confira-se, ainda, a redação da Súmula 52 da TNU:

"**Súmula 52** — Para fins de concessão de pensão por morte, é incabível a regularização do recolhimento de contribuições de segurado contribuinte individual posteriormente a seu óbito, exceto quando as contribuições devam ser arrecadadas por empresa tomadora de serviços."

Fundamentação: citada no texto.

PARTE III
CUSTEIO DA SEGURIDADE SOCIAL

Capítulo VIII

Sistema de Financiamento

Organizada pelo Poder Público, a Seguridade Social é financiada por toda a sociedade, de forma direta ou indireta, mediante recursos provenientes dos orçamentos da União, dos Estados, do Distrito Federal e dos Municípios, e de contribuições sociais obrigatórias às empresas e aos trabalhadores, conforme previsto no art. 195 da Constituição Federal.

Trata-se de um sistema contributivo, onde todos os cidadãos, por conviverem em sociedade, contribuem para o bem-estar social de todos, em regime de repartição simples. As contribuições são destinadas a um cofre único (e não a contas individualizadas por contribuinte), denominado capitalização, saindo desse caixa o pagamento dos benefícios concedidos e acarretando, automaticamente, duas consequências lógicas: a) uma solidariedade compulsória; e b) um pacto intergeracional.

O orçamento da Seguridade é, pois, autônomo, não constituindo parte integrante do Tesouro Nacional. O financiamento direto decorre das contribuições sociais, devidas pelos trabalhadores, empregadores e empresas, além de outras fontes de arrecadação, como a incidência sobre os concursos de prognósticos, por exemplo. O financiamento indireto, por sua vez, é realizado por meio de dotações orçamentárias fixadas no orçamento fiscal, de todos os entes federativos.

Confira-se, nestes termos, a redação do art. 195 da Carta Constitucional, incisos I a V:

"**Art. 195.** A seguridade social será financiada por toda a sociedade, de forma direta e indireta, nos termos da lei, mediante recursos provenientes dos orçamentos da união, dos estados, do distrito federal e dos municípios, e das seguintes contribuições sociais:

I — do empregador, da empresa e da entidade a ela equiparada na forma da lei, incidentes sobre:

a) a folha de salários e demais rendimentos do trabalho pagos ou creditados, a qualquer título, à pessoa física que lhe preste serviço, mesmo sem vínculo empregatício;

b) a receita ou o faturamento;

c) o lucro;

II — do trabalhador e dos demais segurados da previdência social, não incidindo contribuição sobre aposentadoria e pensão concedidas pelo regime geral de previdência social de que trata o art. 201;

III — sobre a receita de concursos de prognósticos;

IV — do importador de bens ou serviços do exterior, ou de quem a lei a ele equiparar;

(...)"

De forma um pouco mais detalhada, dispõe o art. 11 da Lei n. 8.212/91. Vejamos:

"**Art. 11.** No âmbito federal, o orçamento da Seguridade Social é composto das seguintes receitas:

I — receitas da União;

II — receitas das contribuições sociais;

III — receitas de outras fontes.

Parágrafo único. Constituem contribuições sociais:

a) as das empresas, incidentes sobre a remuneração paga ou creditada aos segurados a seu serviço;

b) as dos empregadores domésticos;

c) as dos trabalhadores, incidentes sobre o seu salário de contribuição;

d) as das empresas, incidentes sobre faturamento e lucro;

e) as incidentes sobre a receita de concursos de prognósticos."

A geração ativa sustenta, com suas contribuições, a geração beneficiária (em geral, doentes e idosos) e espera ser sustentada, no futuro, pelos trabalhadores ativos da época. Eis o pacto entre as gerações e a solidariedade imposta pelo sistema, já que o valor contribuído não pertence ao trabalhador contribuinte, mas sim ao próprio sistema de previdência, que o distribui em forma de benefício àqueles que dele necessitam.

Esse modelo de previdência requer a priorização das arrecadações, jamais sendo criado ou majorado um determinado benefício sem que antes seja constituída sua total fonte de custeio. Trata-se da precedência da fonte de custeio, positivada no § 5º do art. 195 da Carta Constitucional de 1988 que, em verdade, deveria ser preceito básico de qualquer orçamento, inclusive o familiar. A lógica é fácil: se a arrecadação atual está comprometida com os benefícios atuais (gasto atual), por óbvio que se a pretensão é aumentar a despesa, com o aumento dos benefícios ou a criação de novas proteções, deve-se, primeiro, arrumar dinheiro para esse gasto extra, com a criação de uma nova fonte de receita ou o aumento de determinada contribuição já existente.

No entanto, se por um lado não é possível criar ou aumentar benefícios sem a correspondente fonte de custeio, o inverso não é verdadeiro. A Constituição Federal, no próprio art. 195 (*caput* e §4º) permite a criação de novas receitas, sem que estas sejam vinculadas a novos benefícios ou majoração daqueles já existentes, apenas para a sustentabilidade do sistema, desde que observem as exigências do inciso I do art. 154 da Carta Magna, quais sejam:

- instituição mediante lei complementar;
- não cumulatividade;
- existência de fato gerador e base de cálculo próprios.

Fundamentação: Constituição Federal, art. 195; Lei n. 8.212/91, arts. 10 e 11; Decreto n. 3.048/99, art. 194.

Capítulo IX

Participação da União e Demais Entes da Federação

A União participa com grande percentual no custeio da Seguridade Social através do repasse de recursos de seu orçamento e dos orçamentos dos demais entes da Federação. Assim, a lei orçamentária anual deve compreender o orçamento da Seguridade Social, abrangendo todas as entidades e órgãos a ela vinculados, da administração direta ou indireta, bem como os fundos e fundações instituídos e mantidos pelo Poder Público (CF/88, art. 165, § 5º, III). Não se trata de uma contribuição social, mas sim de dotações orçamentárias que devem, obrigatoriamente, constar da Lei Orçamentária Anual.

À União compete também suprir eventuais insuficiências financeiras da Seguridade Social, quando decorrentes do pagamento de benefícios de prestação continuada da Previdência Social (Lei n. 8.212/91, art. 16).

O orçamento da Seguridade Social, em que pese a existência de recursos provenientes da União e demais entes de Federação, é totalmente independente do orçamento do Tesouro Nacional, de forma que as contribuições dispostas no art. 195 da Constituição Federal ingressam diretamente no orçamento da Seguridade Social, que as distribui entre os serviços e benefícios correspondentes. Note-se, contudo, que a Lei n. 8.212/91, em seus arts. 17 e 18, prevê a possibilidade de a União utilizar a própria contribuição destinada a Seguridade Social para pagar a parte que lhe cabe nesse financiamento e também para pagar as despesas com pessoal e administração do INSS. Confira-se:

> "Art. 17. Para pagamento dos encargos previdenciários da União, poderão contribuir os recursos da Seguridade Social referidos na alínea "d" do parágrafo único do art. 11 desta Lei, na forma da Lei Orçamentária anual, assegurada a destinação de recursos para as ações desta Lei de Saúde e Assistência Social.
>
> Art. 18. Os recursos da Seguridade Social referidos nas alíneas "a", "b", "c" e "d" do parágrafo único do art. 11 desta Lei poderão contribuir, a partir do exercício de 1992, para o financiamento das despesas com pessoal e administração geral apenas do Instituto Nacional do Seguro Social-INSS, do Instituto Nacional de Assistência Médica da Previdência Social-INAMPS, da Fundação Legião Brasileira de Assistência-LBA e da Fundação Centro Brasileira para Infância e Adolescência."

Parte do art. 18 perdeu aplicabilidade com a publicação e vigência da Emenda Constitucional n. 20/98 que, incluindo o inciso XI ao art. 167 da Constituição Federal, proibiu expressamente a utilização dos recursos das contribuições sociais devidas pelas empresas (incidentes sobre a folha de salários e demais rendimentos pagos a trabalhadores) e pelos trabalhadores em geral para despesas distintas do pagamento de benefícios. *In verbis*:

> "Art. 167. São vedados:
>
> (...)
>
> Xi — a utilização dos recursos provenientes das contribuições sociais de que trata o art. 195, I, a, e II, para a realização de despesas distintas do pagamento de benefícios do regime geral de previdência social de que trata o art. 201.
>
> (...)"

Em decorrência de tal proibição, apenas as contribuições incidentes sobre o faturamento e o lucro podem ser utilizadas pela União para a finalidade disposta no art. 18, cabendo-nos ainda ressaltar a existência da DRU — Desvinculação das Receitas da União, prevista no art. 76 do Ato das Disposições Constitucionais Transitórias da CF/88, cujo prazo foi prorrogado para 12/2015 pela Emenda Constitucional n. 68/2011. Confira-se:

"**Art. 76.** São desvinculados de órgão, fundo ou despesa, até 31 de dezembro de 2015, 20% (vinte por cento) da arrecadação da união de impostos, contribuições sociais e de intervenção no domínio econômico, já instituídos ou que vierem a ser criados até a referida data, seus adicionais e respectivos acréscimos legais.

§ 1º O disposto no *caput* não reduzirá a base de cálculo das transferências a estados, distrito federal e municípios, na forma do § 5º do art. 153, do inciso I do art. 157, dos incisos I e II do art. 158 e das alíneas *a*, *b* e *d* do inciso I e do inciso II do art. 159 da Constituição Federal, nem a base de cálculo das destinações a que se refere a alínea *c* do inciso I do art. 159 da constituição federal.

§ 2º Excetua-se da desvinculação de que trata o *caput* a arrecadação da contribuição social do salário-educação a que se refere o § 5º do art. 212 da Constituição Federal.

§ 3º Para efeito do cálculo dos recursos para manutenção e desenvolvimento do ensino de que trata o art. 212 da Constituição Federal, o percentual referido no *caput* será nulo."

Referido dispositivo permite à União desvincular 20% das receitas da Seguridade Social para pagamento de despesas diversas, não relacionadas à Seguridade Social.

De toda forma, a proposta de orçamento da Seguridade Social deve ser elaborada de forma integrada pelos órgãos responsáveis pela saúde, previdência social e assistência social, tendo em vista as metas e prioridades estabelecidas na lei de diretrizes orçamentárias, assegurada a cada área a gestão de seus recursos. As receitas dos Estados, do Distrito Federal e dos municípios deverão constar dos respectivos orçamentos, não integrando o orçamento da União.

Fundamentação: Lei n. 8.212/91, arts. 16 e 19; Decreto n. 3.048/99, art. 195 a 197.

Capítulo X
Contribuições Sociais

Instituídas com fundamento no art. 149 da Constituição Federal e, portanto, constantes do capítulo reservado ao Sistema Tributário Nacional, as contribuições sociais destinadas ao financiamento da Seguridade Social se encontram descritas nos incisos I a III do art. 195 deste mesmo estatuto legal.

Trata-se de contribuições obrigatórias, impostas pela União a empregadores, trabalhadores e empresas em geral, destinadas ao pagamento de benefícios e serviços voltados à proteção social. Por serem instituídas por lei, são devidas compulsoriamente. Em decorrência do enquadramento destas contribuições no art. 3º do Código Tributário Nacional, do regime jurídico a elas atribuído, e por estarem inseridas no capítulo destinado ao Sistema Tributário em nossa Constituição Federal (CF/88, art. 149), possuem natureza jurídica de tributo, sendo este o entendimento predominante na doutrina e já pacificado em nossos tribunais.

As normas gerais a serem observadas constam, portanto, do art. 149 da Constituição Federal, cabendo ressalva apenas quanto ao prazo de exigibilidade de 90 dias, constante do § 6º do art. 195 da Carta Constitucional. Às contribuições destinadas ao custeio da Seguridade Social não se aplica a regra de anterioridade do exercício financeiro, disposta no art. 150, III, "b", da Constituição.

As contribuições de obrigação das empresas e trabalhadores da iniciativa privada são de competência exclusiva da União. Os Estados, o Distrito Federal e os municípios somente podem instituir contribuições sociais se destinadas ao financiamento de sistemas de previdência e assistência social próprios de seus servidores.

As contribuições sociais de responsabilidade das empresas, em face de sua maior capacidade contributiva, somam vultoso percentual no custeio da Seguridade Social. Os empresários, regra geral, repassam tais encargos ao preço final do serviço ou produto oferecido ao consumidor, que, em grande verdade, é quem acaba contribuindo para o sistema.

Compõem, pois, o financiamento da Seguridade Social as seguintes contribuições sociais:

I — do empregador, da empresa e da entidade a ela equiparada na forma da lei, incidentes sobre:

a) a folha de salários e demais rendimentos do trabalho pagos ou creditados, a qualquer título, à pessoa física que lhe preste serviço, mesmo sem vínculo empregatício;

b) a receita ou o faturamento (Cofins)[1];

c) o lucro (CSLL)[2].

II — do trabalhador e dos demais segurados da previdência social, não incidindo contribuição sobre aposentadoria e pensão concedidas pelo regime geral de previdência social;

---

(1) A Cofins foi criada pela Lei Complementar n. 70/91, em substituição ao Finsocial (Decreto-lei n. 1.940/82). Diversas alterações legislativas ocorreram posteriormente, com destaque para as Leis ns. 9.718/98, 10.276/2001 e 10.8363/2003. Regra geral, a alíquota é de 7,6%.
(2) A CSLL foi instituída pela Lei n. 7.689/88, tendo sido diversas vezes alterada, com destaque para as Leis ns. 8.034/90, 8.212/91, 9.249/95, 10.276/2001 e 10.684/2003, Destaque também para a LC n. 70/91, a EC n. 10/96 e as Medidas Provisórias ns. 1.991/2000, 2.037/2000, 2.158-35/2001 e 2.202-02/2001. Regra geral, a alíquota é de 9%.

III — sobre a receita de concursos de prognósticos (montante de renda líquida proveniente de concursos de sorteios de números, loterias, apostas — inclusive reuniões hípicas, nos âmbitos federal, estadual, do Distrito Federal e municipal). A contribuição de que trata este item constitui-se de:

a) renda líquida dos concursos de prognósticos realizados pelos órgãos do Poder Público destinada à Seguridade Social de sua esfera de governo;

b) 5% sobre o movimento global de apostas no prado de corridas; e

c) 5% sobre o movimento global de sorteio de números ou de quaisquer modalidades de símbolos.

Obs. 1: Para melhor compreensão desta contribuição social entende-se como: a) renda líquida = o total da arrecadação, deduzidos os valores destinados ao pagamento de prêmios, de impostos e de despesas com administração; b) movimento global de apostas = total das importâncias relativas às várias modalidades de jogos, inclusive o de acumulada, apregoadas para o público no prado de corrida, subsede ou outra dependência da entidade; e c) movimento global de sorteio de números = o total da receita bruta, apurada com a venda de cartelas, cartões ou quaisquer outras modalidades, para sorteio realizado em qualquer condição — Art. 212 do Decreto n. 3.408/99.

Obs. 2: A Lei n. 11.345, de 14.9.2006 (DOU de 15.9.2006) autorizou o Poder Executivo Federal a instituir um concurso de prognóstico destinado ao desenvolvimento da prática desportiva, com a participação de entidades desportivas da modalidade de futebol, sendo 1% do total arrecadado destinado à Seguridade Social.

IV — das associações desportivas que mantêm equipe de futebol profissional, incidentes sobre a receita bruta decorrente dos espetáculos desportivos de que participem em todo território nacional em qualquer modalidade desportiva, inclusive jogos internacionais, e de qualquer forma de patrocínio, licenciamento de uso de marcas e símbolos, publicidade, propaganda e transmissão de espetáculos desportivos.

V — do importador de bens ou serviços do exterior, ou de quem a lei a ele equiparar.

Fundamentação: Constituição Federal, arts. 149 e 195; Lei n. 8.212/91, arts. 11, 23 e 26; Decreto n. 3.048/99, arts. 194 a 197.

1. CONTRIBUIÇÃO DOS SEGURADOS EMPREGADOS, EMPREGADOS DOMÉSTICOS E TRABALHADORES AVULSOS

1.1. Tabela de Salário de Contribuição e Procedimentos

A contribuição do empregado (inclusive doméstico) e do trabalhador avulso é calculada mediante a aplicação da correspondente alíquota (8%, 9% ou 11%), sobre o seu salário de contribuição mensal, de forma não cumulativa, observando-se a tabela vigente e respeitando-se o teto de contribuição.

Até dezembro de 2007, as alíquotas encontravam-se reduzidas para remunerações até três salários mínimos, em razão da CPMF (inciso II do art. 17 da Lei n. 9.311/96). A contar de janeiro de 2008, contudo, tendo em vista a extinção da referida contribuição, voltaram as alíquotas previdenciárias aos percentuais normais, sendo a tabela vigente a seguinte:

Tabela vigente para fatos geradores a contar de 1º.1.2014 (Portaria MPS/MF n. 19, de 10.1.2014 — DOU de 13.1.2014)	
Salário de Contribuição (R$)	Alíquota (%)
até 1.317,07	8,00
de .317,08 até 2.195,12	9,00
de 2.195,13 até 4.390,24	11,00

O empregador deve efetuar o desconto correspondente no salário do empregado, ainda que doméstico, devendo providenciar o recolhimento da contribuição em GPS, campo 06, aplicando-se tal critério também às microempresas.

Para o trabalhador rural contratado por produtor rural pessoa física para o exercício de atividades temporárias por prazo de até 2 meses (no período de um ano), conforme autorização do art. 14-A da Lei n. 5.889/73, a alíquota de contribuição será sempre de 8%, incidente sobre o total do salário de contribuição do trabalhador, conforme previsão expressa contida no parágrafo único do art. 198 do Decreto n. 3.048/99.

A tabela é periodicamente atualizada pelo Ministério da Previdência Social, determinando o § 1º do art. 20 da Lei n. 8.212/91 ser este reajuste devido na mesma época e com os mesmos índices daquele utilizado para o reajustamento dos benefícios previdenciários.

Observe-se que a contribuição é do trabalhador, mas a responsabilidade pelo efetivo recolhimento é de seu empregador ou tomador de serviços, que assume o encargo de descontar o respectivo valor da folha de salários e repassá-lo mensalmente aos cofres da Seguridade Social. Por esta razão, o desconto desta contribuição sempre se presumirá feito, oportuna e legalmente, pela empresa e pelo empregador doméstico, não lhes sendo lícito alegar qualquer omissão para se eximir do recolhimento. A empresa, o OGMO ou sindicato (no caso do trabalhador avulso) e o empregador doméstico, insista-se, se encontram diretamente responsáveis pela importância que deixarem de descontar ou que tiverem descontado em desacordo com a legislação previdenciária — Lei n. 8.212/91, art. 33, §5º, e Decreto n. 3.048/99, art. 216, § 5º.

Sobre o tema vale conferir, inclusive, a redação do Enunciado 18 do CRPS:

"**Enunciado 18** — Não se indefere benefício sob fundamento de falta de recolhimento de contribuição previdenciária quando esta obrigação for devida pelo empregador."

1.2. Fato Gerador e Base de Cálculo

O fato gerador da contribuição é o pagamento ou o crédito da remuneração do trabalhador (o que ocorrer primeiro), sendo este o mês de competência a ser aposto na Guia de Previdência Social — GPS, campo 04. Esta é a regra constante da alínea "a" do inciso I do art. 195 da Constituição Federal, conforme se observa, *in verbis*:

"**Art. 195.** A seguridade social será financiada por toda a sociedade, de forma direta e indireta, nos termos da lei, mediante recursos provenientes dos orçamentos da União, dos Estados, do Distrito Federal e dos Municípios, e das seguintes contribuições sociais:

I — do empregador, da empresa e da entidade a ela equiparada na forma da lei, incidentes sobre:

a) a folha de salários e demais rendimentos do trabalho **pagos ou creditados**, a qualquer título, à pessoa física que lhe preste serviço, mesmo sem vínculo empregatício;

(...)" (Destaque nosso)

No entanto, a Lei n. 8.212/91, em visível inconstitucionalidade, fez inserir em seu art. 22, inciso I, bem como também no art. 28, inciso I, um novo fato gerador para as contribuições previdenciárias, ao determinar a expressão "*rendimentos pagos, **devidos** ou creditados a qualquer título*". Pela legislação ordinária, portanto, caso determinada empresa pague o salário do mês de janeiro/2014 somente em março/2014, a competência a ser considerada para a contribuição previdenciária será janeiro/2014, mês em que foi devido o pagamento, e não o mês em que efetivamente o trabalhador recebeu a importância correspondente.

Tal discussão é de extrema importância em reclamatórias trabalhistas, em razão da cobrança de juros moratórios (pela taxa SELIC) pela Previdência Social, conforme abordado no subitem 1.2.2, Capítulo XI, Parte III, desta obra.

Também nos moldes da legislação ordinária, a incidência da contribuição sobre a remuneração das férias ocorrerá no mês a que elas se referirem, mesmo quando pagas antecipadamente na forma da legislação trabalhista (pagamento dois dias antes do gozo das férias — CLT, art. 145).

A base de cálculo, valor sobre o qual incidirá a alíquota devida, será o salário de contribuição, observados os limites mínimo e máximo fixados pelo Ministério da Previdência Social.

1.2.1. Salário de Contribuição

Entende-se por salário de contribuição, para os segurados empregados e trabalhadores avulsos, a remuneração auferida em uma ou mais empresas, assim entendida a totalidade dos rendimentos que lhe são pagos ou creditados a qualquer título, durante o mês, destinados a retribuir o trabalho, qualquer que seja a sua forma. Assim, as gorjetas, as horas extraordinárias, os adicionais, as comissões[3] e quaisquer outros ganhos habituais, ainda que sob a forma de utilidades (moradia, alimentação, etc.)[4], bem como os adiantamentos decorrentes de reajuste salarial deverão integrar a base de cálculo da contribuição previdenciária[5].

> **Obs.:** Considera-se salário de contribuição mensal do trabalhador avulso a remuneração resultante da soma do MMO (montante de mão de obra) e da parcela referente a férias, observados os limites mínimo e máximo divulgados pelo Ministério da Previdência Social. Para efeito de enquadramento na faixa salarial e da observância do limite máximo do salário de contribuição mensal, o sindicato da categoria ou o OGMO deverá fazer controle contínuo da remuneração do trabalhador avulso, de acordo com a prestação de serviços deste, por contratante. O OGMO deverá consolidar, por trabalhador, as folhas de pagamento de todos os operadores portuários relativas às operações concluídas no mês.

Integram ainda o salário de contribuição do segurado empregado e trabalhador avulso o salário maternidade, o terço constitucional de férias e o 13º salário, dentre outras parcelas de natureza salarial.

Para o trabalhador doméstico, o salário de contribuição será a remuneração registrada em sua Carteira de Trabalho e Previdência Social — CTPS, a qual deve corresponder ao valor efetivamente pago ao obreiro.

Em se tratando de dirigente sindical empregado, o salário de contribuição corresponderá à remuneração paga ou creditada pela respectiva entidade sindical, pela empresa ou até mesmo por ambas (se for este o caso). Sendo o dirigente sindical um trabalhador avulso, o salário de contribuição será a remuneração paga ou creditada pela entidade sindical.

Note-se, portanto, que o salário de contribuição corresponderá à remuneração do trabalhador, devendo ser observados os limites mínimo e máximo, fixados pelo Ministério da Previdência Social.

O limite mínimo corresponde ao piso salarial legal ou normativo da categoria; ou até mesmo ao piso estadual nos casos dos Estados que possuírem salário mínimo superior ao mínimo nacional (Lei Complementar n. 103/2000). Se inexistentes estes valores, então o limite mínimo será o valor do salário mínimo nacional, atualmente fixado em R$ 724,00. No entanto, como o salário de contribuição corresponde à remuneração do trabalhador, é possível que o limite mínimo seja inferior ao piso normativo ou ao salário mínimo legal, caso o segurado trabalhe período inferior a 220 horas mensais. Isso porque o salário mínimo e o piso legal ou normativo, em seu valor total, são fixados para uma jornada integral de 220 horas mensais. Quando o trabalhador cumpre jornada inferior (seja por

---

(3) Dispõe a Súmula 458 do STJ: "A contribuição previdenciária incide sobre a comissão paga ao corretor de seguros".
(4) Para a identificação dos ganhos habituais recebidos sob a forma de utilidades, deverão ser observados: a) os valores reais das utilidades recebidas; ou b) os valores resultantes da aplicação dos percentuais estabelecidos em lei em função do salário mínimo, aplicados sobre a remuneração paga caso não haja determinação dos valores reais.
(5) Confira-se a redação da Súmula 241, do STF: "A contribuição previdenciária incide sobre o abono incorporado ao salário".

contratação específica ou em razão de faltas injustificadas), é possível o ajuste salarial proporcional às horas trabalhadas e, assim, o salário de contribuição será inferior ao limite mínimo mensal. Trata-se do "critério da proporcionalidade", aplicado no direito previdenciário apenas para os segurados empregados, trabalhadores avulsos e empregados domésticos.

Exemplo:

• empregado contratado para trabalhar somente 110 horas mensais, com remuneração proporcional no valor de R$ 362,00

• base de cálculo da contribuição previdenciária = R$ 362,00

• alíquota = 8% (conforme tabela)

• valor da contribuição = R$ 28,96

Quando a admissão, a dispensa, o afastamento ou a falta do empregado (inclusive o doméstico) ocorrer no curso do mês, o salário de contribuição deverá ser proporcional ao número de dias efetivamente trabalhados, como, por exemplo:

• empregado que recebe R$ 8,00 por hora trabalhada para jornada de 220 horas mensais e que possui 24 horas de falta injustificada

• cálculo das faltas injustificadas = R$ 8,00 x 24 horas = R$ 192,00

• remuneração mensal = R$ 8,00 x 220 horas = R$ 1.760,00

• salário de contribuição (base de cálculo da contribuição previdenciária) = R$ 1.760,00 — R$ 192,00 = R$ 1.568,00

• alíquota = 9% (conforme tabela)

• valor da contribuição = R$ 141,12

O valor máximo do salário de contribuição foi definido pelo Ministério da Previdência Social na Emenda Constitucional n. 41/2003 (valor de R$ 2.400,00) e é periodicamente reajustado, determinando o § 5º do art. 28 da Lei n. 8.212/91 que este reajuste deve ocorrer na mesma data e com os mesmos índices usados para o reajustamento dos benefícios de prestação continuada da Previdência Social, como as aposentadorias e as pensões. Atualmente o limite máximo se encontra fixado em R$ 4.390,24, conforme Portaria MPS/MF n. 19/2014.

Mesmo que o somatório das parcelas de natureza salarial ultrapasse esse limite, a contribuição deverá incidir apenas sobre os R$ 4.390,24, sem incidência de contribuição previdenciária sobre o valor restante.

Exemplo:

• empregado contratado para trabalhar 220 horas mensais, com remuneração no valor de R$ 5.000,00

• base de cálculo da contribuição previdenciária = R$ 4.390,24 (teto máximo)

• alíquota = 11% (conforme tabela)

• valor da contribuição = R$ 482,92

Sendo o salário de contribuição o total da remuneração, conforme CF/88, art. 195 e Lei n. 8.212/91, somente devem integrar sua composição as parcelas de natureza remuneratória, ou seja, aquelas devidas a retribuir o trabalho prestado pelo empregado ou pelo trabalhador avulso, excluindo-se da base de cálculo das contribuições previdenciárias, portanto, as parcelas de natureza indenizatória, os benefícios previdenciários e as multas de qualquer espécie.

De toda forma, o § 9º do art. 28 da Lei n. 8.212/91 e também o § 9º do art. 214 do Decreto n. 3.048/99 trazem uma listagem enumerando que não integram o salário de contribuição as seguintes parcelas:

I — os benefícios da previdência social, nos termos e limites legais, ressalvado o salário maternidade;

II — a ajuda de custo e o adicional mensal recebidos pelo aeronauta, nos termos da Lei n. 5.929/73;

III — a parcela *in natura* recebida de acordo com programa de alimentação aprovado pelo Ministério do Trabalho e Emprego, nos termos da Lei n. 6.321/76 (Programa de Alimentação ao Trabalhador — PAT)[6];

IV — as importâncias recebidas a título de férias indenizadas e respectivo adicional constitucional, inclusive o valor correspondente à dobra da remuneração de férias de que trata o art. 137 da CLT;

V — as importâncias recebidas a título de:

a) indenização compensatória de quarenta por cento do montante depositado no Fundo de Garantia do Tempo de Serviço, como proteção à relação de emprego contra despedida arbitrária ou sem justa causa, conforme disposto no inciso I do art. 10 do Ato das Disposições Constitucionais Transitórias;

b) indenização por tempo de serviço, anterior a 5 de outubro de 1988, do empregado não optante pelo FGTS;

c) indenização por despedida sem justa causa do empregado nos contratos por prazo determinado, conforme estabelecido no art. 479 da CLT;

d) indenização do tempo de serviço do safrista, quando da expiração normal do contrato, conforme disposto no art. 14 da Lei n. 5.889/73;

e) incentivo à demissão;

f) indenização por dispensa sem justa causa no período de trinta dias que antecede a correção salarial a que se refere o art. 9º da Lei n. 7.238/84;

g) indenizações previstas nos arts. 496 e 497 da CLT;

h) abono de férias na forma dos arts. 143 e 144 da CLT;

i) ganhos eventuais e abonos expressamente desvinculados do salário por força de lei;

j) licença-prêmio indenizada; e

k) outras indenizações, desde que expressamente previstas em lei;

VI — a parcela recebida a título de vale-transporte, na forma da legislação própria[7];

VII — a ajuda de custo, em parcela única, recebida exclusivamente em decorrência de mudança de local de trabalho do empregado, na forma do art. 470 da CLT;

VIII — as diárias para viagens, desde que não excedam a cinquenta por cento da remuneração mensal do empregado;

---

(6) Confira-se a redação da Súmula 67 da TNU: O auxílio-alimentação recebido em pecúnia por segurado filiado ao Regime Geral da Previdência Social integra o salário de contribuição e sujeita-se à incidência de contribuição previdenciária.
(7) Confira-se a redação do Enunciado n. 60 da AGU: Não há incidência de contribuição previdenciária sobre o vale transporte pago em pecúnia, considerando o caráter indenizatório da verba.

IX — a importância recebida a título de bolsa de complementação educacional de estagiário, quando paga nos termos da Lei n. 6.494/77;

X — a participação do empregado nos lucros ou resultados da empresa, quando paga ou creditada de acordo com a Lei n. 10.101/2002;

XI — o abono do Programa de Integração Social / Programa de Assistência ao Servidor Público;

XII — os valores correspondentes a transporte, alimentação e habitação fornecidos pela empresa ao empregado contratado para trabalhar em localidade distante de sua residência, em canteiro de obras ou local que, por força da atividade, exija deslocamento e estada, observadas as normas de proteção estabelecidas pelo Ministério do Trabalho e Emprego;

XIII — a importância paga ao empregado a título de complementação ao valor do auxílio-doença desde que este direito seja extensivo à totalidade dos empregados da empresa;

XIV — as parcelas destinadas à assistência ao trabalhador da agroindústria canavieira de que trata o art. 36 da Lei n. 4.870/65;

XV — o valor das contribuições efetivamente pago pela pessoa jurídica relativo a programa de previdência complementar privada, aberta ou fechada, desde que disponível à totalidade de seus empregados e dirigentes, observados, no que couber, os arts. 9º e 468 da CLT;

XVI — o valor relativo à assistência prestada por serviço médico ou odontológico, próprio da empresa ou com ela conveniado, inclusive o reembolso de despesas com medicamentos, óculos, aparelhos ortopédicos, despesas médico-hospitalares e outras similares, desde que a cobertura abranja a totalidade dos empregados e dirigentes da empresa;

XVII — o valor correspondente a vestuários, equipamentos e outros acessórios fornecidos ao empregado e utilizados no local do trabalho para prestação dos respectivos serviços;

XVIII — o ressarcimento de despesas pelo uso de veículo do empregado, quando devidamente comprovadas;

XIX — a contar de 27.10.2011, em razão das alterações promovidas pela Lei n. 12.513/2011, o valor relativo a plano educacional, ou bolsa de estudo, que vise à educação básica de empregados e seus dependentes e, desde que vinculada às atividades desenvolvidas pela empresa, à educação profissional e tecnológica de empregados, nos termos da Lei n. 9.394, de 20 de dezembro de 1996, e:

a) não seja utilizado em substituição de parcela salarial; e

b) o valor mensal do plano educacional ou bolsa de estudo, considerado individualmente, não ultrapasse 5% (cinco por cento) da remuneração do segurado a que se destina ou o valor correspondente a uma vez e meia o valor do limite mínimo mensal do salário de contribuição, o que for maior[8];

XX — os valores recebidos em decorrência da cessão de direitos autorais;

XXI — o valor da multa paga ao empregado em decorrência da mora no pagamento das parcelas constantes do instrumento de rescisão do contrato de trabalho, conforme previsto no § 8º do art. 477 da CLT;

XXII — o reembolso creche pago em conformidade com a legislação trabalhista, observado o limite máximo de seis anos de idade da criança, quando devidamente comprovadas as despesas[9];

---

(8) Até 26.10.2011, não havia limite máximo para a concessão do plano educacional, sendo as condições para que não integrasse o conceito de salário de contribuição apenas as seguintes: a) que não fosse utilizado em substituição de parcela salarial; e b) que todos os empregados e dirigentes tivessem acesso ao mesmo plano.
(9) Confira-se a redação da Súmula 310 do STJ: "O Auxílio-creche não integra o salário de contribuição".

XXIII — o reembolso babá, limitado ao menor salário de contribuição mensal e condicionado à comprovação do registro na Carteira de Trabalho e Previdência Social da empregada, do pagamento da remuneração e do recolhimento da contribuição previdenciária, pago em conformidade com a legislação trabalhista, observado o limite máximo de seis anos de idade da criança;

XXIV — o valor das contribuições efetivamente pago pela pessoa jurídica, relativo a prêmio de seguro de vida em grupo, desde que prevista em acordo ou convenção coletiva de trabalho e disponível à totalidade de seus empregados e dirigentes, observados, no que couber, os arts. 9º e 468 da CLT; e

XXV — o valor correspondente ao vale-cultura, concedido nos termos da Lei n. 12.761/2012.

A Instrução Normativa SRF n. 971/2009 traz, ainda, algumas outras hipóteses de isenção que vale a pena destacarmos, estando elas descritas no art. 58, incisos XXV a XXIX. Vejamos:

"**Art. 58.** Não integram a base de cálculo para fins de incidência de contribuições:

(...)

XXV — o valor despendido por entidade religiosa ou instituição de ensino vocacional com ministro de confissão religiosa, membro de instituto de vida consagrada, de congregação ou de ordem religiosa em face do seu mister religioso ou para sua subsistência, desde que fornecido em condições que independam da natureza e da quantidade do trabalho executado;

XXVI — as importâncias referentes à bolsa de ensino, pesquisa e extensão pagas pelas instituições federais de ensino superior, de pesquisa científica e tecnológica e pelas fundações de apoio, nos termos da Lei n. 8.958, de 20 de dezembro de 1994, conforme art. 7º do Decreto n. 5.205, de 14 de setembro de 2004;

XXVII — a importância paga pela empresa a título de auxílio funeral ou assistência à família em razão do óbito do segurado;

XXVIII — as diárias para viagens, independentemente do valor, pagas aos servidores públicos federais ocupantes exclusivamente de cargo em comissão; e

XXIX — o ressarcimento de valores pagos a título de auxílio moradia aos servidores públicos federais ocupantes exclusivamente de cargo em comissão."

1.2.1.1. Salário maternidade

A Lei n. 8.212/91, no § 2º do art. 28, traz determinação expressa no sentido de que o salário maternidade é considerado salário de contribuição e, conforme meu entendimento, ferindo a alínea "a" do inciso I do art. 195 da Constituição Federal.

Pela regra constitucional, e também pela regra constante do inciso I do art. 28 da própria Lei n. 8.212/91, a contribuição previdenciária deve incidir exclusivamente sobre a remuneração devida ao trabalhador, ou seja, sobre os valores pagos em contraprestação ao trabalho prestado ou em contraprestação às condições em que é prestado. A base de cálculo é, portanto, a remuneração, conceito que não abrange o valor percebido a título de salário maternidade, já que não há prestação de serviços nos respectivo período.

O salário maternidade é um benefício previdenciário, assim como o é também o salário-família. A empresa entrega os valores às trabalhadoras, mas obtém o reembolso integral pela Previdência Social. Referidos benefícios não possuem natureza salarial, não integram a remuneração do trabalhador e, consequentemente, não devem servir de base para a incidência das contribuições previdenciárias, sendo inconstitucional a regra disposta no § 2º do art. 28 da Lei de Custeio. Para que fosse possível a pretendida incidência, seria necessária a previsão em lei complementar, obedecendo-se as disposições do art. 195 da Carta Magna, *status* não conferido à Lei n. 8.212/91.

O entendimento do Superior Tribunal de Justiça vinha sendo no sentido de que o salário maternidade possui natureza salarial e que, por tal razão, deveria integrar a base de cálculo das contribuições previdenciárias. Confira-se, ilustrativamente, o seguinte julgado:

"PROCESSUAL CIVIL. AGRAVO DE INSTRUMENTO. ART. 544 DO CPC. Salário maternidade. HORAS-EXTRAS, ADICIONAIS NOTURNO, DE INSALUBRIDADE E DE PERICULOSIDADE. NATUREZA JURÍDICA. VERBAS DE CARÁTER REMUNERATÓRIO. INCIDÊNCIA. ACÓRDÃO RECORRIDO QUE DECIDIU A CONTROVÉRSIA À LUZ DE INTERPRETAÇÃO CONSTITUCIONAL. 1. Fundando-se o Acórdão recorrido em interpretação de matéria eminentemente constitucional, descabe a esta Corte examinar a questão, porquanto reverter o julgado significaria usurpar competência que, por expressa determinação da Carta Maior, pertence ao Colendo STF, e a competência traçada para este Eg. STJ restringe-se unicamente à uniformização da legislação infraconstitucional. 2. Precedentes jurisprudenciais: REsp 980.203/RS, DJ 27.9.2007; AgRg no Ag 858.104/SC, DJ 21.6.2007; AgRg no REsp 889.078/PR, DJ 30.4.2007; REsp 771.658/PR, DJ 18.5.2006. 3. O salário maternidade possui natureza salarial e integra, consequentemente, a base de cálculo da contribuição previdenciária. 4. As verbas recebidas a título de horas extras, gratificação por liberalidade do empregador e adicionais de periculosidade, insalubridade e noturno possuem natureza remuneratória, sendo, portanto, passíveis de contribuição previdenciária. 5. Consequentemente, incólume resta o respeito ao Princípio da Legalidade, quanto à ocorrência da contribuição previdenciária sobre a retribuição percebida pelo servidor a título de adicionais de insalubridade e periculosidade. 6. Agravo regimental parcialmente provido, para correção de erro material, determinando a correção do erro material apontado, retirando a expressão "CASO DOS AUTOS" e o inteiro teor do parágrafo que se inicia por 'CONSEQUENTEMENTE'. (fl. 192/193)." (STJ — Processo n. 201001325648 — AGA 1330045 — 1ª Turma — Relator Luiz Fux — DJE de 25.11.2010)

Em decisão histórica ocorrida em 8.3.2013, no REsp 1.322.945/DF e de relatoria do Ministro Napoleão Nunes Maia Filho, o STJ alterou seu entendimento, manifestando sobre a não incidência de contribuição, justamente porque o salário maternidade não tem natureza remuneratória. Confira-se a ementa:

"RECURSO ESPECIAL. TRIBUTÁRIO. CONTRIBUIÇÃO PREVIDENCIÁRIA. Salário maternidade E FÉRIAS USUFRUÍDAS. AUSÊNCIA DE EFETIVA PRESTAÇÃO DE SERVIÇO PELO EMPREGADO. NATUREZA JURÍDICA DA VERBA QUE NÃO PODE SER ALTERADA POR PRECEITO NORMATIVO. AUSÊNCIA DE CARÁTER RETRIBUTIVO. AUSÊNCIA DE INCORPORAÇÃO AO SALÁRIO DO TRABALHADOR. NÃO INCIDÊNCIA DE CONTRIBUIÇÃO PREVIDENCIÁRIA. PARECER DO MPF PELO PARCIAL PROVIMENTO DO RECURSO. RECURSO ESPECIAL PROVIDO PARA AFASTAR A INCIDÊNCIA DE CONTRIBUIÇÃO PREVIDENCIÁRIA SOBRE O Salário maternidade E AS FÉRIAS USUFRUÍDAS.

1. Conforme iterativa jurisprudência das Cortes Superiores, considera-se ilegítima a incidência de Contribuição Previdenciária sobre verbas indenizatórias ou que não se incorporem à remuneração do Trabalhador.

2. O salário maternidade é um pagamento realizado no período em que a segurada encontra-se afastada do trabalho para a fruição de licença maternidade, possuindo clara natureza de benefício, a cargo e ônus da Previdência Social (arts. 71 e 72 da Lei n. 8.213/91), não se enquadrando, portanto, no conceito de remuneração de que trata o art. 22 da Lei n. 8.212/91.

3. Afirmar a legitimidade da cobrança da Contribuição Previdenciária sobre o salário maternidade seria um estímulo à combatida prática discriminatória, uma vez que a opção pela contratação de um Trabalhador masculino será sobremaneira mais barata do que a de uma Trabalhadora mulher.

4. A questão deve ser vista dentro da singularidade do trabalho feminino e da proteção da maternidade e do recém-nascido; assim, no caso, a relevância do benefício, na verdade, deve reforçar ainda mais a necessidade de sua exclusão da base de cálculo da Contribuição Previdenciária, não havendo razoabilidade para a exceção estabelecida no art. 28, § 9º, a da Lei n. 8.212/91.

5. O Pretório Excelso, quando do julgamento do AgRg no AI 727.958/MG, de relatoria do eminente Ministro EROS GRAU, DJe 27.2.2009, firmou o entendimento de que o terço constitucional de férias tem natureza indenizatória. O terço constitucional constitui verba acessória à remuneração de férias e também não se questiona que a prestação acessória segue a sorte das respectivas prestações principais. Assim, não se pode entender que seja *ilegítima* a cobrança de Contribuição Previdenciária sobre o terço constitucional, de caráter acessório, e *legítima* sobre a remuneração de férias, prestação principal, pervertendo a regra áurea acima apontada.

6. O preceito normativo não pode transmudar a natureza jurídica de uma verba. Tanto no salário maternidade quanto nas férias usufruídas, independentemente do título que lhes é conferido legalmente, não há efetiva prestação de serviço pelo Trabalhador, razão pela qual, não há como entender que o pagamento de tais parcelas possuem caráter retributivo. Consequentemente, também não é devida a Contribuição Previdenciária sobre férias usufruídas.

7. Da mesma forma que só se obtém o direito a um benefício previdenciário mediante a prévia contribuição, a contribuição também só se justifica ante a perspectiva da sua retribuição futura em forma de benefício (ADI-MC 2.010, Rel. Min. Celso de Mello); destarte, não há de incidir a Contribuição Previdenciária sobre tais verbas.

8. Parecer do MPF pelo parcial provimento do Recurso para afastar a incidência de Contribuição Previdenciária sobre o salário maternidade.

9. Recurso Especial provido para afastar a incidência de Contribuição Previdenciária sobre o salário maternidade e as férias usufruídas."

No processo em referência, contudo, foram opostos embargos de declaração pela Fazenda Nacional, com pedido de efeito modificativo e, posteriormente, pedido cautelar incidental para suspensão dos efeitos do acórdão proferido, sendo o pedido liminar acatado pelo relator, para suspensão até o julgamento definitivo dos embargos, os quais, até a presente data, ainda não foram julgados.

Confira-se, no entanto, a notícia divulgada no Valor Econômico em 24.10.2013:

> "O Superior Tribunal de Justiça (STJ) finalizou ontem a discussão sobre a incidência de 20% de contribuição previdenciária sobre cinco verbas trabalhistas. Todos os votos foram proferidos, mas o resultado não foi proclamado. Por ora, o placar mostra que apenas os salários maternidade e paternidade devem ser tributados. O julgamento é realizado por meio de recurso repetitivo.
>
> Depois do voto do ministro Napoleão Nunes Maia Filho, o único que faltava para finalizar o julgamento, o ministro Herman Benjamin pediu vista do processo por não entender porquê seu voto divergia do proferido pelo relator, ministro Mauro Campbell Marques. Depois de muitos debates e da intervenção do procurador da Fazenda Nacional para explicar o que os ministros haviam decidido, o julgamento foi suspenso. Não há data para a retomada.
>
> Iniciada em fevereiro, a análise sobre a incidência da contribuição ao Instituto Nacional do Seguro Social (INSS) sobre as verbas trabalhistas tem sido interrompida por diversos pedidos de vista.
>
> Apesar da nova suspensão, já se pode extrair uma decisão. Os seis ministros aptos a participar do julgamento já votaram. O ministro Herman Benjamin ainda poder mudar seu voto, proferido em junho. Mas advogados afirmam que a alteração não deverá impactar no resultado final. Isso porque Benjamin sinalizou que quer acompanhar o voto do relator, acompanhado pela maioria dos ministros.
>
> No entendimento da 1ª Seção do STJ, os salários maternidade e paternidade devem ser tributados. Por outro lado, os ministros afastaram a incidência da contribuição sobre o aviso-prévio indenizado, o terço constitucional de férias e o pagamento feito pela empresa nos 15 primeiros dias do auxílio-doença.
>
> Último a votar, o ministro Napoleão Nunes Maia Filho divergiu apenas sobre a incidência da contribuição sobre o salário-maternidade. Para ele, a tributação torna mais cara a contratação de mulheres, o que o STJ não poderia permitir. "Aceitar a tributação seria um estímulo a uma prática discriminatória", afirmou na sessão de ontem. "A verba tem caráter retributivo, visa proteger a maternidade e o recém-nascido."
>
> Os ministros Herman Benjamin e Benedito Gonçalves concordaram com o relator sobre todas as verbas, exceto sobre o terço de férias e o auxílio-doença. Para eles, haveria a tributação porque os pagamentos são remunerações, e não indenizações ao trabalhador. Na sessão de junho, o ministro Arnaldo Esteves Lima também havia seguido essa linha, mas voltou atrás na sessão de ontem. "Vou retificar meu voto para seguir a jurisprudência do STJ que não admite a incidência", disse.
>
> (...)"

Compreendo, contudo, que a matéria deve ser discutida também no Supremo Tribunal Federal, com alegação justamente da inconstitucionalidade da Lei n. 8.212/91, ao instituir a contribuição incidente sobre o salário maternidade, já que não observou as regras dispostas no § 4º do art. 195 da Carta Constitucional. O Supremo Tribunal, inclusive, já reconheceu a repercussão geral da matéria no RE n. 576.967, processo que está concluso com o relator (Ministro Joaquim Barbosa) desde 18.9.2009.

1.2.1.2. Décimo Terceiro Salário

Determina a Lei n. 8.212/91, art. 28, § 7º, integrar o salário de contribuição do segurado a gratificação natalina (13º salário), exceto para o cálculo de benefício, na forma a ser estabelecida em regulamento.

É a redação do dispositivo legal:

"**Art. 28.**

(...)

§ 7º O décimo-terceiro salário (gratificação natalina) integra o salário de contribuição, exceto para o cálculo de benefício, na forma estabelecida em regulamento.

(...)"

Deixando o legislador ordinário a critério do Poder Executivo a forma de integração do 13º no salário de contribuição, o regulamento — Decreto n. 3.048/99 — disciplina sobre a questão em seu art. 216, §§ 1º a 3º, determinando que:

a) a contribuição deverá incidir sobre o valor bruto do 13º salário, sendo devida quando do pagamento ou crédito da última parcela.

b) deverá ser calculada em separado e recolhida até o dia 20 do mês de dezembro, antecipando-se o vencimento para o dia útil imediatamente anterior se não houver expediente bancário no dia 20;

c) na hipótese de rescisão contratual, as contribuições devidas deverão ser recolhidas até o dia dois do mês subsequente à rescisão, computando-se em separado a parcela referente à gratificação natalina;

d) relativamente aos trabalhadores que percebam salário variável, o recolhimento da contribuição decorrente de eventual diferença da gratificação natalina (13º salário) deverá ser efetuado juntamente com a competência dezembro do mesmo ano — art. 216, § 25.

Assim, no mês de dezembro de cada ano, ou por ocasião da segunda parcela do 13º salário, e conforme determinações constantes do Decreto n. 3.048/99, deverá o empregador utilizar a tabela de salário de contribuição em separado para o cálculo da contribuição incidente sobre estes valores. Deverá, ainda, aplicar novamente a tabela para os vencimentos auferidos no mês de competência, podendo acontecer de um só trabalhador contribuir com duas vezes o teto máximo de contribuição.

Exemplo:

• remuneração mensal do trabalhador em dezembro/2013 = R$ 4.700,00

• valor bruto do 13º salário, pago em dezembro/2013 = R$ 4.700,00

• contribuição a ser descontada do trabalhador, incidente sobre seus rendimentos mensais = 11% de R$ 4.390,24 (teto máximo) = R$ 482,92

• contribuição a ser descontada do trabalhador, incidente sobre o 13º salário = 11% de R$ 4.390,24 (teto máximo) = R$ 482,92

Cumpre ainda observar que as contribuições incidem sobre o valor bruto da gratificação, sem a compensação dos adiantamentos pagos. Não incidem contribuições sobre a parcela do 13º salário correspondente ao período do aviso-prévio indenizado, pago ou creditado na rescisão contratual.

Deverá ser informado no documento de arrecadação (GPS) a competência treze (13) e o ano a que se referir o recolhimento, exceto no caso de 13º salário pago em rescisão contratual, cuja competência será a do mês em que ocorreu a resilição do contrato de trabalho.

Obs.: A Lei n. 11.324, de 19.7.2006 (DOU de 20.7.2006), acrescentou o § 6º ao art. 30 da Lei n. 8.212/91, autorizando o empregador doméstico a recolher a contribuição do segurado do segurado empregado a seu serviço e a parcela a seu cargo relativas à competência novembro até o dia 20 de dezembro, juntamente com a contribuição referente ao 13º salário, utilizando-se de um único documento de arrecadação.

Conforme disposições da Lei n. 8.212/91 e do Decreto n. 3.048/99, o montante de 13º salário pago pelo empregador à empregada afastada por licença-maternidade deverá sofrer a incidência da contribuição previdenciária adotando-se, para tanto, os procedimentos normais de arrecadação aplicados ao salário mensal. A contribuição previdenciária será então descontada pela empresa ou pelo empregador doméstico quando do pagamento da segunda parcela do 13º salário, ou na rescisão contratual, incidindo sobre o valor total do 13º salário recebido. Cabe, contudo, ressaltar a observação constante do subitem anterior sobre a inconstitucionalidade do procedimento (1.2.1.1, *supra*).

Discussão sobre a aplicação, em separado, da tabela previdenciária

A discussão doutrinária e judicial sobre a legalidade de aplicação, em separado, da tabela previdenciária sobre o 13º salário pauta-se no seguinte histórico legislativo:

I — A Lei n. 8.212/91, art. 28, § 7º, em sua redação original, determinava que o 13º salário integrava o salário de contribuição, atribuindo a forma ao regulamento (Decreto).

II — Publicado o Decreto (n. 612/91), este determinava que para o 13º salário a aplicação da tabela de salário de contribuição deveria se dar em separado, ou seja, não se poderia somar o 13º salário com a remuneração mensal.

III — Em 1993 foi publicada a Lei n. 8.620, a qual determinou o mesmo contido no Decreto n. 612/91, ou seja, aplicação da tabela em separado quando do cálculo do 13º salário.

IV — Em 1994 foi publicada a Lei n. 8.870, alterando a redação do § 7º do art. 28 da Lei n. 8.212/91, mas silenciando sobre a aplicação da tabela em separado.

Posto o histórico legislativo, esclarecemos: quando da publicação do Decreto n. 612/91, várias ações foram ajuizadas no sentido de o Decreto não possuir competência para determinar aplicação em separado da tabela de contribuição previdenciária, entendimento este, inclusive, adotado pelo STJ (RESP 637089, DJ de 3.6.2004, Relator José Delgado; RESP 357345, DJ de 12.5.2003, Relator Franciulli Netto). Ocorre que as decisões do STJ sobre o tema somente ganharam volume após 2000 (em face da demora do judiciário), o que levou alguns profissionais a interpretar que a ilegalidade estaria ainda em vigor.

Ajuizadas novas ações sobre o tema, o STJ decidiu que tal ilegalidade somente ocorreu antes da publicação da Lei n. 8.620/93, a qual teria posto fim à referida discussão já que determinou, expressamente, a incidência das contribuições de forma separada. No entanto, alguns doutrinadores entendem que como a Lei n. 8.870/94 tratou do assunto "13º salário" sem mencionar a aplicação da tabela em separado, a Lei n. 8.620/93 estaria derrogada. A discussão ainda persiste nos tribunais de todo o país, mas nosso posicionamento é no sentido de que a ilegalidade, considerando esta argumentação específica, somente persistiu até a publicação da Lei n. 8.620/93 e que a mesma se encontra ainda em vigor por tratar de matéria diversa, não abordada na Lei n. 8.870/94. Sobre o tema confira-se, ainda, a redação da Súmula 27 da TRU da 3ª Região:

"**Súmula 27** — Incide a contribuição previdenciária sobre o 13º salário nos termos do § 2º do art. 7º da Lei 8.620/93." (Origem Enunciado 33 do JEFSP)

Cumpre observar, no entanto, a existência de outra argumentação quanto ao procedimento adotado pelo Ministério da Previdência Social, a qual, em nosso entender, fundamenta a ilegalidade da tributação de forma separada: *o conceito de salário de contribuição*.

O § 7º do art. 28 da Lei n. 8.212/91 determina que o 13º integra o salário de contribuição, na forma estabelecida pelo regulamento. O mesmo instituto legal, no entanto, ao conceituar o *salário de contribuição* no próprio art. 28, inciso I (com redação dada pela Lei n. 9.528/97 e, portanto, posterior à Lei n. 8.620/93) assim o define como a totalidade dos rendimentos apurados no mês de competência. Vejamos:

"**Art. 28**. Entende-se por salário de contribuição:

I — para o empregado e trabalhador avulso: a remuneração auferida em uma ou mais empresas, assim entendida a *totalidade dos rendimentos pagos, devidos ou creditados a qualquer título, durante o mês*, destinados a retribuir o trabalho, qualquer que seja a sua forma, inclusive as gorjetas, os ganhos habituais sob a forma de utilidades e os adiantamentos decorrentes de reajuste salarial, quer pelos serviços efetivamente prestados, quer pelo tempo à disposição do empregador ou tomador de serviços nos termos da lei ou do contrato ou, ainda, de convenção ou acordo coletivo de trabalho ou sentença normativa;"

(Destaque nosso)

Assim, e tomando-se o conceito de salário de contribuição constante na Lei n. 8.212/91, não pode o Decreto (ato normativo hierarquicamente inferior à lei ordinária) contrariá-la, excedendo de sua competência regulamentar. Em consequência, o valor do 13º salário deve, pois, ser adicionado à remuneração devida na competência dezembro para então aplicar o empregador o percentual a título de contribuição previdenciária.

1.2.1.3. Aviso-prévio indenizado

A Lei n. 8.212/91, no art. 28, § 9º, alínea e, em sua redação original, trazia expressamente a previsão de que sobre o aviso-prévio indenizado não haveria incidência da contribuição previdenciária, justamente por se tratar de indenização, e não de parcela com natureza remuneratória.

No entanto, a Lei n. 9.528/97 (DOU de 11.12.1997), ao dar nova redação ao § 9º do art. 28, suprimiu a parcela de aviso-prévio indenizado, deixando a entender que, a partir de sua vigência, sofreria tal montante a incidência das contribuições.

Ocorre que precisamos, novamente, nos ater ao conceito de salário de contribuição, disposto no inciso I do referido dispositivo, o qual novamente transcrevemos:

"**Art. 28.** Entende-se por salário de contribuição:

I — para o empregado e trabalhador avulso: a remuneração auferida em uma ou mais empresas, assim entendida a *totalidade dos rendimentos pagos, devidos ou creditados a qualquer título, durante o mês*, destinados a retribuir o trabalho, qualquer que seja a sua forma, inclusive as gorjetas, os ganhos habituais sob a forma de utilidades e os adiantamentos decorrentes de reajuste salarial, quer pelos serviços efetivamente prestados, quer pelo tempo à disposição do empregador ou tomador de serviços nos termos da lei ou do contrato ou, ainda, de convenção ou acordo coletivo de trabalho ou sentença normativa;"

(Destaque nosso)

Também importa destacar a redação do inciso I, alínea a, do art. 195 da Constituição Federal de 1988, que assim dispõe:

"**Art. 195.** A seguridade social será financiada por toda a sociedade, de forma direta e indireta, nos termos da lei, mediante recursos provenientes dos orçamentos da união, dos estados, do distrito federal e dos municípios, e das seguintes contribuições sociais:

I — do empregador, da empresa e da entidade a ela equiparada na forma da lei, incidentes sobre:

a) a folha de salários e demais rendimentos do trabalho pagos ou creditados, a qualquer título, à pessoa física que lhe preste serviço, mesmo sem vínculo empregatício;

(...)"

Note-se que o legislador constitucional e também o legislador ordinário determinaram que as contribuições devem incidir sobre o total dos rendimentos do trabalho, pagos em decorrência da prestação dos serviços ao empregador.

No período destinado ao aviso-prévio indenizado não há, absolutamente, nenhuma prestação de serviços, razão pela qual tal parcela possui natureza indenizatória, não estando a remunerar nenhum trabalho prestado.

Por tal razão, a simples supressão ocasionada pela Lei n. 9.528/97 não é suficiente, de forma alguma, para fazer com que passasse a haver incidência de contribuição sobre tal parcela, sendo ilegal e inconstitucional a referida cobrança.

Este, inclusive, é o entendimento pacificado no Superior Tribunal de Justiça, conforme ilustra o seguinte julgado:

"TRIBUTÁRIO. PROCESSUAL CIVIL. AGRAVO REGIMENTAL NO AGRAVO EM RECURSO ESPECIAL. CONTRIBUIÇÃO PREVIDENCIÁRIA. NÃO INCIDÊNCIA. AGRAVO NÃO PROVIDO. 1. Não incide contribuição previdenciária sobre os primeiros 15 dias do pagamento de auxílio-doença e sobre o aviso-prévio, ainda que indenizado, por configurarem verbas indenizatórias. Precedentes do STJ. 2. Agravo regimental não provido." (STJ — AgRg no AREsp 231361/CE — 1ª Turma — Relator Ministro Arnaldo Esteves Lima — DJe de 4.2.2013)

1.2.1.4. Primeiros quinze dias de atestado médico

Determina o art. 60 da Lei n. 8.213/91 competir à empresa o pagamento da primeira quinzena de atestado médico, para segurados empregados. Referido pagamento, em regra, obtém a nomenclatura de "salário-enfermidade" e a Previdência Social cobra, sobre tal montante, a incidência das contribuições previdenciárias (da empresa e do trabalhador).

Utilizando-nos dos mesmos fundamentos do subitem anterior (CF/88, art. 195, I, a, e Lei n. 8.212/91, art. 28, I), novamente abordamos a questão da ausência de prestação de serviços durante o período de afastamento por doença e, consequentemente, a ausência de qualquer pagamento com natureza salarial.

Por tal razão, a cobrança de contribuição previdenciária sobre a primeira quinzena de afastamento por doença é ilegal e inconstitucional, sendo este o entendimento igualmente pacificado pelo STJ, conforme ilustram os seguintes julgados:

"TRIBUTÁRIO. PRESCRIÇÃO. TRIBUTO SUJEITO A LANÇAMENTO POR HOMOLOGAÇÃO. TESE DOS CINCO MAIS CINCO. PRECEDENTE DO RECURSO ESPECIAL REPETITIVO N. 1002932/SP. OBEDIÊNCIA AO ART. 97 DA CR/88. CONTRIBUIÇÃO PREVIDENCIÁRIA. BASE DE CÁLCULO. AUXÍLIO-DOENÇA. PRIMEIROS 15 DIAS DE AFASTAMENTO. ADICIONAL DE 1/3 DE FÉRIAS. NÃO INCIDÊNCIA. 1. Consolidado no âmbito desta Corte que nos casos de tributo sujeito a lançamento por homologação, a prescrição da pretensão relativa à sua restituição, em se tratando de pagamentos indevidos efetuados antes da entrada em vigor da Lei Complementar n. 118/05 (em 9.6.2005), somente ocorre após expirado o prazo de cinco anos, contados do fato gerador, acrescido de mais cinco anos, a partir da homologação tácita. 2. Precedente da Primeira Seção no REsp n. 1.002.932/SP, julgado pelo rito do art. 543-C do CPC, que atendeu ao disposto no art. 97 da Constituição da República, consignando expressamente a análise da inconstitucionalidade da Lei Complementar n. 118/05 pela Corte Especial (AI nos ERESP 644736/PE, Relator Ministro Teori Albino Zavascki, julgado em 6.6.2007). 3. Os valores pagos a título de auxílio-doença e de auxílio-acidente, nos primeiros quinze dias de afastamento, não têm natureza remuneratória e sim indenizatória, não sendo considerados contraprestação pelo serviço realizado pelo segurado. Não se enquadram, portanto, na hipótese de incidência prevista para a contribuição previdenciária. Precedentes. 4. Não incide contribuição previdenciária sobre o adicional de 1/3 relativo às férias (terço constitucional). Precedentes. 5. Recurso especial não provido." (STJ — Processo n. 2010001853176 — RESP 1217686 — 2ª Turma — Relator Mauro Campbell Marques — DJE de 3.2.2011)

"TRIBUTÁRIO. PROCESSUAL CIVIL. AGRAVO REGIMENTAL NO AGRAVO EM RECURSO ESPECIAL. CONTRIBUIÇÃO PREVIDENCIÁRIA. NÃO INCIDÊNCIA. AGRAVO NÃO PROVIDO. 1. Não incide contribuição previdenciária sobre os primeiros 15 dias do pagamento de auxílio-doença e sobre o aviso-prévio, ainda que indenizado, por configurarem verbas indenizatórias. Precedentes do STJ. 2. Agravo regimental não provido." (STJ — AgRg no AREsp 231361/CE — 1ª Turma — Relator Ministro Arnaldo Esteves Lima — DJe de 4.2.2013)

1.2.1.5. Adicional de 1/3 de férias

O inciso XVII, do art. 7º, da Constituição Federal determina que o pagamento de férias deve corresponder à remuneração integral do trabalhador, acrescidas de 1/3. Vejamos:

"**Art. 7º** São direitos dos trabalhadores urbanos e rurais, além de outros que visem à melhoria de sua condição social:

(...)

XVII — gozo de férias anuais remuneradas com, pelo menos, um terço a mais do que o salário normal;

(...)"

E o Decreto n. 3.048/99, no art. 214, § 4º, determina expressamente que tal parcela integra o conceito de salário de contribuição, sobre ela incidindo normalmente as contribuições previdenciárias.

A discussão sobre a incidência da contribuição sobre o 1/3 constitucional iniciou-se no âmbito dos regimes próprios de previdência social, já que tal montante não integra os proventos de aposentadoria dos servidores públicos. O adicional de 1/3 para os servidores públicos consta do § 3º do art. 39 da Constituição Federal.

Sobre o tema, o STJ mantinha firme entendimento no sentido de que a parcela possuía natureza remuneratória, já que era paga em decorrência do serviço prestado durante o período aquisitivo e que não havia previsão legal de isenção. Determinava, portanto, a incidência da contribuição previdenciária por parte dos servidores públicos.

Ocorre que o Supremo Tribunal Federal firmou entendimento diverso, no sentido de que tal parcela possui natureza indenizatória. Entende o Tribunal Superior que o adicional de 1/3 tem por finalidade garantir ao trabalhador um reforço financeiro durante o período de férias, a fim de que possa usufruir de forma plena o período de descanso remunerado. A partir dessa finalidade, concluiu tratar-se de parcela acessória, de natureza compensatória/indenizatória e que, por tal razão, não deveria ter incidência de contribuição previdenciária, ainda porque, nos termos do § 11 do art. 201 da Constituição Federal, os ganhos habituais do trabalhador devem ser incorporados para fins de contribuição e também para fins de benefício. Como o adicional de 1/3 não incorpora a o provento de aposentadoria do servidor, não deveria também incorporar a base de cálculo das contribuições previdenciárias (RE 345.458, 2ª Turma, Relatora Ellen Gracie).

Na sequência, o STJ mudou seu posicionamento sobre a matéria e passou a acompanhar o entendimento do STF, no sentido de que, mesmo para trabalhadores celetistas, vinculados a empresas privadas, o adicional de 1/3 de férias não deve sofrer incidência de contribuição previdenciária, possuindo natureza compensatória/indenizatória, e não natureza remuneratória.

Confira-se, ilustrativamente, a seguinte decisão:

"TRIBUTÁRIO. PRESCRIÇÃO. TRIBUTO SUJEITO A LANÇAMENTO POR HOMOLOGAÇÃO. TESE DOS CINCO MAIS CINCO. PRECEDENTE DO RECURSO ESPECIAL REPETITIVO N. 1002932/SP. OBEDIÊNCIA AO ART. 97 DA CR/88. CONTRIBUIÇÃO PREVIDENCIÁRIA. BASE DE CÁLCULO. AUXÍLIO-DOENÇA. PRIMEIROS 15 DIAS DE AFASTAMENTO. ADICIONAL DE 1/3 DE FÉRIAS. NÃO INCIDÊNCIA. 1. Consolidado no âmbito desta Corte que nos casos de tributo sujeito a lançamento por homologação, a prescrição da pretensão relativa à sua restituição, em se tratando de pagamentos indevidos efetuados antes da entrada em vigor da Lei Complementar n. 118/05 (em 9.6.2005), somente ocorre após expirado o prazo de cinco anos, contados do fato gerador, acrescido de mais cinco anos, a partir da homologação tácita. 2. (...). 4. Não incide contribuição previdenciária sobre o adicional de 1/3 relativo às férias (terço constitucional). Precedentes. 5. Recurso especial não provido." (STJ — Processo n. 2010001853176 — RESP 1217686 — 2ª Turma — Relator Mauro Campbell Marques — DJE de 3.2.2011)

Entendo que esta é a melhor interpretação sobre o tema, já que, de fato, a finalidade do adicional de férias (1/3) não é remunerar o trabalho prestado, mas sim garantir ao trabalhador um dinheiro a mais para poder usufruir no período de descanso, partindo-se da premissa que sua remuneração mensal já se encontra comprometida com os gastos habituais. Não havendo trabalho (ou condição de trabalho) a ser remunerado, não há que se falar em natureza remuneratória, afastando-se, consequentemente, a incidência da referida contribuição.

1.2.1.6. Férias usufruídas

Durante o período de férias o empregado também não presta serviços a seu empregador, razão pela qual não há como falarmos em contraprestação ou remuneração propriamente dita. No entanto, os tribunais pátrios sempre compreenderam pela natureza remuneratória e, consequentemente, pela incidência de contribuição previdenciária.

Em decisão histórica ocorrida em 8.3.2013, no REsp 1.322.945/DF e de relatoria do Ministro Napoleão Nunes Maia Filho, o STJ alterou seu entendimento, manifestando sobre a não incidência de contribuição, compreendendo não somente pela ausência de natureza remuneratória, mas também que o adicional de 1/3 de férias é parcela acessória das férias e que não havendo incidência de contribuição sobre o adicional, também não há que se falar no provento principal. Confira-se a ementa:

"RECURSO ESPECIAL. TRIBUTÁRIO. CONTRIBUIÇÃO PREVIDENCIÁRIA. Salário maternidade E FÉRIAS USU-FRUÍDAS. AUSÊNCIA DE EFETIVA PRESTAÇÃO DE SERVIÇO PELO EMPREGADO. NATUREZA JURÍDICA DA VERBA QUE NÃO PODE SER ALTERADA POR PRECEITO NORMATIVO. AUSÊNCIA DE CARÁTER RETRIBUTI-VO. AUSÊNCIA DE INCORPORAÇÃO AO SALÁRIO DO TRABALHADOR. NÃO INCIDÊNCIA DE CONTRIBUIÇÃO PREVIDENCIÁRIA. PARECER DO MPF PELO PARCIAL PROVIMENTO DO RECURSO. RECURSO ESPECIAL PROVIDO PARA AFASTAR A INCIDÊNCIA DE CONTRIBUIÇÃO PREVIDENCIÁRIA SOBRE O Salário maternidade E AS FÉRIAS USUFRUÍDAS.

1. Conforme iterativa jurisprudência das Cortes Superiores, considera-se ilegítima a incidência de Contribuição Previdenciária sobre verbas indenizatórias ou que não se incorporem à remuneração do Trabalhador.

2. O salário maternidade é um pagamento realizado no período em que a segurada encontra-se afastada do trabalho para a fruição de licença maternidade, possuindo clara natureza de benefício, a cargo e ônus da Previdência Social (arts. 71 e 72 da Lei n. 8.213/91), não se enquadrando, portanto, no conceito de remuneração de que trata o art. 22 da Lei n. 8.212/91.

3. Afirmar a legitimidade da cobrança da Contribuição Previdenciária sobre o salário maternidade seria um estímulo à combatida prática discriminatória, uma vez que a opção pela contratação de um Trabalhador masculino será sobremaneira mais barata do que a de uma Trabalhadora mulher.

4. A questão deve ser vista dentro da singularidade do trabalho feminino e da proteção da maternidade e do recém nascido; assim, no caso, a relevância do benefício, na verdade, deve reforçar ainda mais a necessidade de sua exclusão da base de cálculo da Contribuição Previdenciária, não havendo razoabilidade para a exceção estabelecida no art. 28, § 9º, a da Lei n. 8.212/91.

5. O Pretório Excelso, quando do julgamento do AgRg no AI 727.958/MG, de relatoria do eminente Ministro EROS GRAU, DJe 27.2.2009, firmou o entendimento de que o terço constitucional de férias tem natureza indenizatória. O terço constitucional constitui verba acessória à remuneração de férias e também não se questiona que a prestação acessória segue a sorte das respectivas prestações principais. Assim, não se pode entender que seja *ilegítima* a cobrança de Contribuição Previdenciária sobre o terço constitucional, de caráter acessório, e *legítima* sobre a remuneração de férias, prestação principal, pervertendo a regra áurea acima apontada.

6. O preceito normativo não pode transmudar a natureza jurídica de uma verba. Tanto no salário maternidade quanto nas férias usufruídas, independentemente do título que lhes é conferido legalmente, não há efetiva prestação de serviço pelo Trabalhador, razão pela qual, não há como entender que o pagamento de tais parcelas possuem caráter retributivo. Consequentemente, também não é devida a Contribuição Previdenciária sobre férias usufruídas.

7. Da mesma forma que só se obtém o direito a um benefício previdenciário mediante a prévia contribuição, a contribuição também só se justifica ante a perspectiva da sua retribuição futura em forma de benefício (ADI-MC 2.010, Rel. Min. Celso de Mello); dest'arte, não há de incidir a Contribuição Previdenciária sobre tais verbas.

8. Parecer do MPF pelo parcial provimento do Recurso para afastar a incidência de Contribuição Previdenciária sobre o salário maternidade.

9. Recurso Especial provido para afastar a incidência de Contribuição Previdenciária sobre o salário maternidade e as férias usufruídas."

No processo em referência, contudo, foram opostos embargos de declaração pela Fazenda Nacional, com pedido de efeito modificativo e, posteriormente, pedido cautelar incidental para suspensão dos efeitos do acórdão proferido, sendo o pedido liminar acatado pelo relator, para suspensão até o julgamento definitivo dos embargos, os quais, até a presente data, ainda não foram julgados. Não obstante, confira-se notícia recente sobre esse processo no subitem 1.2.1.1, supra.

1.2.1.7. Empregada Gestante — Indenização do Período de Estabilidade

À empregada gestante garante a Carta Constitucional, no Ato das Disposições Constitucionais Transitórias, art. 10, II, "b", estabilidade no empregado no período compreendido entre a ciência da gravidez e cinco meses após o parto.

Não há qualquer previsão legal possibilitando ao empregador converter a proteção ao emprego, garantida constitucionalmente, por indenização em dinheiro. Assim, prevê expressamente o Decreto n. 3.048/99, em seu art. 214, § 12, que caso a empresa opte por indenizar o período estável, o valor correspondente deverá integrar o salário de contribuição da trabalhadora e, assim, servir como base de cálculo das contribuições previdenciárias.

A indenização da estabilidade somente não integrará o salário de contribuição quando determinada pela Justiça do Trabalho (casos em que a reintegração não for aconselhável) ou quando da extinção da empresa empregadora, sem força maior.

1.3. Existência de Múltiplos Vínculos Empregatícios

O segurado empregado (inclusive doméstico) que mantiver dois ou mais vínculos empregatícios deverá informar a cada um de seus empregadores a existência dos demais, sendo essa comunicação indispensável para o controle da alíquota de contribuição e do limite máximo do salário de contribuição a ser observado. Confira-se, nestes termos, a redação do art. 64 da Instrução Normativa SRF n. 971/2009:

"**Art. 64.** O segurado empregado, inclusive o doméstico, que possuir mais de 1 (um) vínculo, deverá comunicar a todos os seus empregadores, mensalmente, a remuneração recebida até o limite máximo do salário de contribuição, envolvendo todos os vínculos, a fim de que o empregador possa apurar corretamente o salário de contribuição sobre o qual deverá incidir a contribuição social previdenciária do segurado, bem como a alíquota a ser aplicada.

§ 1º Para o cumprimento do disposto neste artigo, o segurado deverá apresentar os comprovantes de pagamento das remunerações como segurado empregado, inclusive o doméstico, relativos à competência anterior à da prestação de serviços, ou declaração, sob as penas da lei, de que é segurado empregado, inclusive o doméstico, consignando o valor sobre o qual é descontada a contribuição naquela atividade ou que a remuneração recebida atingiu o limite máximo do salário de contribuição, identificando o nome empresarial da empresa ou empresas, com o número do CNPJ, ou o empregador doméstico que efetuou ou efetuará o desconto sobre o valor por ele declarado.

§ 2º Quando o segurado empregado receber mensalmente remuneração igual ou superior ao limite máximo do salário de contribuição, a declaração prevista no § 1º poderá abranger várias competências dentro do exercício, devendo ser renovada, após o período indicado na referida declaração ou ao término do exercício em curso, ou ser cancelada, caso haja rescisão do contrato de trabalho, o que ocorrer primeiro.

§ 3º O segurado deverá manter sob sua guarda cópia da declaração referida no § 1º, juntamente com os comprovantes de pagamento, para fins de apresentação ao INSS ou à fiscalização da RFB, quando solicitado.

§ 4º Aplica-se, no que couber, as disposições deste artigo ao trabalhador avulso que, concomitantemente, exercer atividade de segurado empregado."

Para efeito de aplicação da alíquota de contribuição (tabela constante do subitem 1.1 deste Capítulo X), as remunerações percebidas em determinado mês, em todos os vínculos empregatícios, deverão ser somadas, respeitando-se sempre o teto máximo do salário de contribuição.

Exemplo:

- empresa A = remuneração de R$ 800,00
- empresa B = remuneração de R$ 700,00
- salário de contribuição = R$ 1.500,00
- alíquota de contribuição = 9%
- contribuição retida pela empresa A = R$ 800,00 x 9% = R$ 72,00
- contribuição retida pela empresa B = R$ 700,00 x 9% = R$ 63,00
- total de contribuição paga pelo empregado = R$ 135,00

Quando a remuneração global for superior ao limite máximo do salário de contribuição, o segurado poderá escolher qual das empresas terá preferência no desconto da contribuição previdenciária, devendo comunicar os demais empregadores sobre o desconto já sofrido para controle do limite máximo do salário de contribuição e cabendo ao empregador que se suceder proceder ao desconto sobre a parcela complementar, até o limite máximo mencionado. Os comprovantes dessa comunicação deverão ser mantidos e arquivados nas respectivas empresas pelo prazo de 10 anos.

Poderá, igualmente, ser a contribuição previdenciária calculada por todos os empregadores, proporcionalmente à remuneração paga. Assim:

— *na hipótese de a soma dos salários não ultrapassar o teto máximo do salário de contribuição*: aplicar o percentual devido para o total, em cada uma das empresas, sobre o valor que nela o empregado receber.

— *na hipótese de a soma dos salários ultrapassar o teto máximo do salário de contribuição*: proceder o cálculo proporcional, conforme o exemplo:

- empresa A = remuneração de R$ 1.800,00
- empresa B = remuneração de R$ 3.200,00
- Total: R$ 5.000,00

Cálculo empresa A

- Base de cálculo = R$ 1.800,00 x R$ 4.390,24 (teto) : 5.000,00 (soma) = R$ 1.580,48
- Contribuição previdenciária a ser descontada = R$ 1.580,48 x 11% (alíquota) = R$ 173,85

Cálculo empresa B

- Base de cálculo = R$ 3.200,00 x R$ 4.390,24 (teto) : R$ 5.000,00 (soma) = R$ 2.809,75
- Contribuição previdenciária a ser descontada = R$ 2.809,75 x 11% (alíquota) = R$ 309,07

Obs.: Note-se que se somarmos as duas contribuições que foram descontadas (R$ 173,85 + R$ 309,07) o resultado corresponderá exatamente a 11% do teto máximo do salário de contribuição, ou seja, 11% de R$ 4.390,24 = R$ 482,92.

Cada um dos empregadores deverá informar na GFIP a existência de múltiplos vínculos, adotando os procedimentos previstos no Manual da GFIP.

Fundamentação: Lei n. 8.212/91, arts. 20, 28 e 33; Decreto n. 3.048/99, art. 198, 214 e 216.

2. CONTRIBUIÇÃO DOS CONTRIBUINTES INDIVIDUAIS (AUTÔNOMO E EMPRESÁRIO)

Atualmente a contribuição previdenciária dos contribuintes individuais (anteriormente à Lei n. 9.876/99 subdivididos em autônomos e empresários) se encontra diferenciada em face de a prestação de serviços se dar para contratante pessoa jurídica ou pessoa física. Tal diferenciação reside basicamente em dois pontos: alíquota e responsabilidade pelo pagamento da contribuição.

2.1. Alíquota/Percentual de Contribuição e Fato Gerador

Os contribuintes individuais devem recolher suas contribuições em GPS — Guia da Previdência Social — na alíquota de 20% (vinte por cento), aplicada sobre o respectivo salário de contribuição, respeitados os limites mínimo e máximo estipulados pela Previdência Social.

Por salário de contribuição deve-se compreender a remuneração auferida em uma ou mais empresas ou pelo exercício de sua atividade por conta própria, durante o mês. Trata-se, pois, do somatório de toda a remuneração mensal do trabalhador, mas sempre com observância dos tetos estipulados pelo Ministério da Previdência Social (atualmente teto mínimo de R$ 724,00 e teto máximo de R$ 4.390,24).

O fato gerador da contribuição é, pois, o pagamento ou o crédito da remuneração e a base de cálculo o valor total recebido no mês/competência. A Lei n. 8.212/91 determina que o fato gerador é a prestação dos serviços, já que menciona como base de incidência o valor devido ao trabalhador, ainda que não efetivamente pago. No entanto, o procedimento fere as disposições constitucionais sobre o tema, conforme abordado no subitem 1.2 deste Capítulo X.

Para o segurado cooperado filiado a cooperativa de trabalho considera-se salário de contribuição o valor recebido ou creditado resultante da prestação de serviços a terceiro (pessoas físicas ou jurídicas), por intermédio da cooperativa. Em se tratando de cooperativa de produção, a remuneração do segurado corresponderá ao valor a ele pago ou creditado pela cooperativa, pelo resultado obtido na produção. Não havendo discriminação entre a remuneração decorrente do trabalho e a proveniente da distribuição das sobras líquidas apuradas no exercício, ou tratar-se de adiantamento de sobras que ainda não tenham sido apuradas por meio de demonstrativo de sobras líquidas do exercício e tenham sido distribuídas sem a sua prévia destinação por Assembleia Geral ou Ordinária (art. 44 da Lei n. 5.764/71), a base de cálculo da contribuição previdenciária dos segurados cooperados corresponderá ao valor total pago ou creditado, ainda que a título de antecipação de sobras. Também será considerado o valor total recebido quando a contabilidade for apresentada de forma deficiente (Instrução Normativa SRF n. 971/2009, arts. 213 a 215).

O salário de contribuição do síndico ou do administrador eleito para exercer atividade de administração condominial, isento de pagamento da taxa de condomínio, será o valor da referida taxa (remuneração indireta), observados os limites mínimo e máximo fixados pelo Ministério da Previdência Social.

O salário de contribuição do produtor rural pessoa física, enquadrado como contribuinte individual, corresponde ao valor por ele declarado em razão do exercício da atividade rural por conta própria, observados os limites mínimo e máximo do salário de contribuição.

2.2. Dedução Permitida — Contribuição Reduzida para Prestadores de Serviços a Pessoas Jurídicas que contribuem para a Previdência Social

Não obstante a legislação previdenciária vigente determinar a alíquota única de 20% para os contribuintes individuais em geral, quando a prestação dos serviços se der para pessoas jurídicas estes poderão se valer de uma dedução/desconto, sem qualquer prejuízo quando da obtenção de benefícios previdenciários.

Esta dedução foi instituída pela Lei n. 9.876/99, mas com vigência somente a contar de 1.3.2000, com as seguintes regras: o contribuinte individual que prestar serviços a uma ou mais empresas poderá deduzir, da sua contribuição mensal, 45% da contribuição da empresa (que é de 20% sobre a remuneração paga ao contribuinte individual) efetivamente recolhida ou declarada em GFIP, limitada a 9% do respectivo salário de contribuição.

Exemplo 1:

• contribuinte individual que presta serviços em três empresas durante o mês de janeiro/2013, recebendo R$ 240,00 da primeira (A), R$ 500,00 da segunda (B) e R$ 350,00 da terceira (C), auferindo, portanto, um total de R$ 1.090,00.

• o limite máximo do salário de contribuição é de R$ 4.390,24.

• contribuição previdenciária devida pelas empresas sobre a remuneração paga ao contribuinte individual: 20%.

   A = R$ 48,00

   B = R$ 100,00

   C = R$ 70,00

• valor da contribuição inicialmente devida pelo contribuinte individual = 20% de R$ 1.090,00 => R$ 218,00

• valor permitido para dedução pelo contribuinte individual referente ao percebido pelas empresas em que trabalhou (45% da contribuição das empresas):

A = R$ 21,60 (45% de R$ 48,00)

B = R$ 45,00 (45% de R$ 100,00)

C = R$ 31,50 (45% de R$ 70,00)

TOTAL = R$ 98,10

• como o limite permitido para dedução é de 9% do salário de contribuição (9% de R$ 1.090,00 = R$ 98,10) e a soma do valor deduzido de cada empresa totaliza os mesmos R$ 98,10, o contribuinte individual poderá diminuir de sua contribuição particular o menor dos valores obtidos (que no caso, são iguais), devendo recolher apenas R$ 119,90 (R$ 218,00 — R$ 98,10).

Exemplo 2:

• contribuinte individual que presta serviços em duas empresas durante o mês de janeiro/2013, recebendo R$ 2.800,00 da primeira (A) e R$ 2.200,00 da segunda (B), auferindo, portanto, um total de R$ 5.000,00

• o limite máximo do salário de contribuição é de R$ 4.390,24.

• contribuição previdenciária das empresas sobre a remuneração paga ao contribuinte individual: 20%

A = R$ 560,00

B = R$ 440,00

• valor da contribuição inicialmente devida pelo contribuinte individual = 20% de R$ 4.390,24 => R$ 878,04

• valor para dedução pelo contribuinte individual referente ao percebido pelas empresas em que trabalhou (45% da contribuição das empresas):

A = R$ 252,00 (45% de R$ 560,00)

B = R$ 198,00 (45% de R$ 440,00)

TOTAL = R$ 450,00

• Observe-se que 45% da contribuição das empresas resulta em R$ 450,00, mas este valor não poderá ser deduzido em sua totalidade por ultrapassar o limite permitido para dedução (9% do salário de contribuição de R$ 4.390,24) que é de R$ 395,12. O valor a ser recolhido, portanto, pelo contribuinte individual será de R$ 482,92 (R$ 878,04 - R$ 395,12).

No período compreendido entre 1.3.2000 e 31.3.2003 a responsabilidade pelo recolhimento das contribuições era do próprio contribuinte individual e a dedução a que se refere este subitem somente poderia ser efetuada mediante cópia da GFIP ou declaração fornecida pela empresa ao segurado, onde constasse, além de sua identificação completa (inclusive CNPJ), o nome e o número de inscrição do contribuinte individual, o valor da remuneração paga e o compromisso de que este valor seria incluído na GFIP com consequente recolhimento.

O contribuinte individual que não comprovar a regularidade da dedução mediante a documentação acima informada deverá se sujeitar à eventual glosa do valor indevidamente deduzido, devendo complementar as contribuições com os devidos acréscimos legais. Enquanto as contribuições não forem complementadas, o salário de contribuição será computado, para efeito de concessão de benefício previdenciário, proporcionalmente à contribuição efetivamente recolhida. Caso se apure salário de contribuição inferior ao salário mínimo em determinada competência, esta não será considerada como tempo de contribuição, até que se comprove a regularidade da redução de 45% ou até que seja recolhida a contribuição complementar (Decreto n. 3.048/99, art. 32, §§ 16 e 17).

A dedução que não tiver sido efetuada em época própria poderá ser feita por ocasião do recolhimento em atraso, incidindo acréscimos legais sobre o saldo a recolher após a dedução.

Com a dedução permitida somente para aqueles que prestam serviços à pessoa jurídica (inclusive empresários) os autônomos que trabalharem para pessoas físicas devem permanecer contribuindo com a alíquota de 20%, sem qualquer desconto. A explicação para o tratamento diferenciado reside na contribuição devida pelas empresas, também na alíquota básica de 20% (regra geral), quando remuneram os contribuintes individuais. Assim, anteriormente à Lei n. 9.876/99 a Previdência Social arrecadava 20% da empresa contratante e 20% do trabalhador que prestou os serviços. A sonegação era grande (tanto pelas empresas quanto pelos trabalhadores) e o desconto foi introduzido para tentar minimizá-la, não acarretando grandes prejuízos ao sistema, que continuava a garantir 31% de arrecadação (20% das empresas e 11% dos trabalhadores).

Por esta razão, somente possuem o desconto aqueles que prestam serviços a pessoas jurídicas que contribuem para a Previdência Social. Caso a empresa seja isenta das contribuições, não haverá a contribuição previdenciária patronal (de 20%) e, consequentemente, não haverá o desconto para o contribuinte individual.

A Instrução Normativa SRF n. 971/2009, no art. 65, esclarece no inciso II a questão, determinando aplicação da alíquota de 20% (sem o desconto) na seguintes situações:

"**Art. 65.** A contribuição social previdenciária do segurado contribuinte individual é:

(...)

II — para fatos geradores ocorridos a partir de 1º de abril de 2003, observado o limite máximo do salário de contribuição e o disposto no art. 66, de:

a) 20% (vinte por cento), incidente sobre:

1. a remuneração auferida em decorrência da prestação de serviços a pessoas físicas;

2. a remuneração que lhe for paga ou creditada, no decorrer do mês, pelos serviços prestados a entidade beneficente de assistência social isenta das contribuições sociais;

3. a retribuição do cooperado, quando prestar serviços a pessoas físicas e a entidade beneficente em gozo de isenção da cota patronal, por intermédio da cooperativa de trabalho;

(...)"

Também dispõe sobre o desconto o art. 30, §§ 4º e 5º, do Decreto n. 3.048/99.

A justificativa, no entanto, não afasta a inconstitucionalidade do procedimento, posto que fere, frontalmente, as disposições constantes do inciso V do art. 194 da Constituição Federal, o qual determina haver equidade na forma de participação no custeio. Se um eletricista cobra R$ 500,00 para um determinado serviço a ser realizado em uma empresa, paga atualmente contribuição de 11% sobre esse valor (R$ 55,00); já o eletricista que cobra os mesmos R$ 500,00 de uma pessoa física deve contribuir com 20% (R$ 100,00), estando sendo conferido tratamento diferenciado — e injusto — entre os iguais, o que não se pode admitir.

2.2.1. Responsabilidade pelo Recolhimento — Retenção pelo Tomador dos Serviços

A contar de 1º de abril de 2003, por força da Medida Provisória n. 83, arts. 4º e 5º, de 12.12.2002 (DOU de 13.12.2002), convertida na Lei n. 10.666, de 8.5.2003 (DOU de 9.5.2003), e atualmente regulamentada pela Instrução Normativa SRF n. 971/2009, art. 178, encontra-se a empresa obrigada a arrecadar a contribuição do segurado contribuinte individual (autônomos e empresários) a seu serviço, descontando-a da respectiva remuneração, e a recolher o valor arrecadado juntamente com a contribuição a seu cargo até o dia 20 (vinte) do mês seguinte ao da competência. Não havendo expediente bancário no dia 20, o recolhimento deverá ser antecipado para o primeiro dia útil anterior (IN SRF n. 971/2009, art. 80).

Note-se que o contribuinte individual que prestar serviços a pessoas físicas, a outro contribuinte individual equiparado a empresa, a missão diplomática ou a repartição consular de carreira estrangeira, deverá permanecer como responsável por sua contribuição individual. Já o prestador de serviços à pessoa jurídica (empresas e equiparadas), no entanto, terá o valor correspondente descontado / retido de sua remuneração mensal, encarregando-se o contratante do repasse deste montante à instituição bancária.

Em face da dedução prevista no § 4º do art. 30 da Lei n. 8.212/91 (subitem 2.2 deste Capítulo X), a retenção a ser efetuada pela empresa contratante deverá se dar no percentual de 11%, incidente sobre o total da remuneração paga ou creditada, a qualquer título, no decorrer do mês, ao segurado contribuinte individual, observado o limite máximo do salário de contribuição.

Exemplo:

• remuneração do trabalhador autônomo = R$ 1.000,00

• retenção previdenciária = R$ 110,00 (11% de R$ 1.000,00)

• valor a ser efetivamente pago pela empresa ao trabalhador = R$ 890,00 (R$ 1.000,00 - R$ 110,00)

Quando o total da remuneração mensal, recebida pelo contribuinte individual por serviços prestados a uma ou mais empresas, for inferior ao limite mínimo do salário de contribuição (inferior ao salário mínimo vigente), o segurado deverá recolher diretamente a complementação da contribuição incidente sobre a diferença entre o limite mínimo do salário de contribuição e a remuneração total recebida, aplicando sobre a parcela complementar a alíquota de 20%. O vencimento da contribuição incidente sobre esta parcela complementar se dará no dia 15 do mês subsequente à respectiva competência, prorrogando-se o vencimento para o dia útil subsequente quando não houver expediente bancário no dia 15.

Exemplo:

• remuneração do trabalhador autônomo = R$ 80,00

• retenção pela empresa contratante = R$ 8,80 (11%)

• valor efetivamente pago pela empresa ao trabalhador = R$ 71,20

• base de cálculo mínima para a contribuição previdenciária = R$ 678,00 (salário mínimo)

• valor a ser arrecadado pelo próprio trabalhador, em GPS, de forma a complementar o valor já descontado e recolhido pela empresa contratante = 20% de R$ 598,00 (R$ 724,00 - R$ 80,00) = R$ 128,80

Algumas observações, no entanto, se fazem necessárias, a saber:

1) A contribuição a ser descontada do contribuinte individual contratado por entidade beneficente de assistência social isenta das contribuições sociais patronais corresponde a 20% da remuneração a ele paga ou creditada, observado o limite máximo do salário de contribuição. Note-se que nesta hipótese a alíquota de retenção é 20% justamente por não ser cabível a dedução de 11% sobre o salário de contribuição, já que não há a contribuição devida pela empresa contratante.

2) O contribuinte individual equiparado à empresa, o produtor rural pessoa física, a missão diplomática e a repartição consular de carreira estrangeira não se encontram obrigados a proceder a retenção previdenciária dos contribuintes individuais que lhes prestarem serviços (§3º do art. 4º da Lei n. 10.666/2003). Não obstante, estes contribuintes individuais permanecem autorizados a proceder a dedução, em sua contribuição mensal, dos 45% da contribuição patronal do contratante efetivamente declarada, limitada a 9% do respectivo salário de contribuição. Para efeito dessa dedução, considera-se contribuição declarada a informação prestada na GFIP, ou declaração fornecida pela empresa ao segurado, onde conste, além de sua identificação completa, inclusive com o número no CNPJ, o nome e o número de inscrição do contribuinte individual, o valor da remuneração paga e o compromisso de que este valor será incluído na GFIP e efetuado o recolhimento da correspondente contribuição.

3) O contribuinte individual que presta serviço à empresa optante pelo SIMPLES possui direito a usufruir do desconto, devendo a contratante reter apenas 11% de sua remuneração a título de contribuição previdenciária, ainda que a empresa, por ser participante do SIMPLES, não tenha que contribuir com a parte patronal de 20% (Instrução Normativa SRF n. 971/2009, art. 69).

4) A retenção previdenciária não se aplica à contratação de brasileiro civil que trabalha no exterior para organismo oficial internacional do qual o Brasil é membro efetivo, cabendo ao contribuinte individual prestador de serviços recolher, por si próprio, a contribuição de 20% incidente sobre a remuneração que lhe foi paga ou creditada — IN SRF n. 971/2009, art. 78, § 1º, I.

5) A retenção previdenciária também não se aplica à contratação de serviços executados por intermédio do Microempreendedor Individual (MEI) que for contratado na forma do art. 18-B da Lei Complementar n. 123/2006 — IN SRF n. 971/2009, art. 78, § 1º, II.

2.2.1.1. Cooperativas de Trabalho

Aplica-se esta obrigatoriedade de retenção à cooperativa de trabalho em relação à contribuição previdenciária devida pelo seu cooperado contribuinte individual, devendo os 11% incidirem sobre a quota a ele distribuída relativa à prestação de serviço (Decreto n. 3.048/99, art. 30, § 5º).

Assim, a cooperativa de trabalho se encontra obrigada a arrecadar a contribuição previdenciária devida por seus cooperados contribuintes individuais, mediante desconto na remuneração a eles repassada ou creditada relativa aos serviços prestados por seu intermédio, observado o seguinte (Decreto n. 3.048/99, art. 216, § 31):

a) 11% do valor da remuneração creditada ou repassada ao cooperado, quando se referir a serviços prestados a empresas ou a cooperativas de produção;

b) 20% do valor da remuneração creditada ou repassada ao cooperado, quando se referir a serviços prestados a pessoas físicas ou a entidades beneficentes de assistência social que forem isentas das contribuições patronais.

O vencimento das contribuições se dará no dia 20 do mês subsequente à respectiva competência, antecipando-se o vencimento para o dia útil anterior quando não houver expediente bancário no dia 20 (Lei n. 10.666/2003, art. 4º, § 1º). O código de pagamento a ser utilizado em GPS será o 2127.

2.2.1.2. Observância do Limite Máximo de Contribuição

Três situações distintas podem ocorrer que implicam na observância do teto máximo de contribuição pelas empresas contratantes e pelo próprio trabalhador, quais sejam:

a) Contribuinte individual que presta serviços a mais de uma empresa

O contribuinte individual que prestar serviços a mais de uma empresa, quando o total das remunerações recebidas no mês atingir o limite máximo do salário de contribuição, deverá informar o fato à empresa na qual sua remuneração atingir o limite e às que se sucederem, mediante a apresentação:

I — dos comprovantes de pagamento, ou

II — de declaração por ele emitida, sob as penas da lei, consignando o valor sobre o qual já sofreu desconto naquele mês ou identificando a empresa que efetuará, naquela competência, desconto sobre o valor máximo do salário de contribuição.

Optando pela declaração pessoal (sem apresentar comprovantes de pagamento), o contribuinte individual é responsável pela complementação da contribuição até o limite máximo, na hipótese de, por qualquer razão, deixar de receber remuneração ou receber remuneração inferior à indicada na declaração.

A contribuição complementar será de 11% sobre a diferença entre o salário de contribuição efetivamente declarado em GFIP (somadas todas as fontes pagadoras no mês) e o salário de contribuição sobre o qual o segurado sofreu desconto; e de 20% sobre a diferença entre o valor por ele declarado e não informado em GFIP, se houver, observado, em qualquer caso, o limite máximo do salário de contribuição.

Cópia da declaração emitida deverá ser mantida sob sua guarda, pelo período de dez anos, juntamente com os comprovantes de pagamento, para fins de apresentação à Previdência Social quando solicitado, devendo também a empresa contratante, e por igual prazo, manter arquivada tal declaração.

    b) Contribuinte individual que presta serviço à empresa e, concomitantemente, exerce atividade como empregado, doméstico ou avulso

O salário de contribuição referente a atividade de empregado, inclusive o doméstico ou trabalhador avulso, será a remuneração efetivamente recebida nesta atividade, observado o limite máximo do salário de contribuição. A contribuição do segurado deverá ser calculada mediante aplicação da alíquota prevista para a correspondente faixa salarial.

O salário de contribuição referente a atividade de contribuinte individual, caso a soma da remuneração recebida nas duas atividades não ultrapasse o limite máximo do salário de contribuição, será a remuneração recebida nesta atividade; ou, caso ultrapasse o referido limite, a diferença entre a remuneração como segurado empregado, inclusive o doméstico ou trabalhador avulso e a remuneração como segurado contribuinte individual, respeitado o limite máximo do salário de contribuição.

Assim, para fins de apuração do salário de contribuição na atividade de contribuinte individual, o segurado deverá apresentar às empresas contratantes o recibo de pagamento de salário relativo à competência anterior à da prestação de serviços. Pode também o trabalhador optar por prestar declaração, sob as penas da lei, de que é segurado empregado ou trabalhador avulso, consignando o valor sobre o qual é descontada a contribuição naquela atividade ou declarando que a remuneração recebida naquela atividade atingiu o limite máximo do salário de contribuição e identificando a empresa ou o empregador doméstico que efetuou ou efetuará o desconto sobre o valor por ele declarado.

Na hipótese de ter ocorrido antes o desconto da contribuição como segurado contribuinte individual, o fato deverá ser comprovado, por declaração ou apresentação dos recibos de pagamento, junto à empresa em que estiver prestando serviços como segurado empregado ou trabalhador avulso, ou ao empregador doméstico, se for o caso.

    c) Contribuinte individual que concomitantemente presta serviços a pessoas jurídicas e pessoas físicas

O contribuinte individual que, no mesmo mês, prestar serviços a empresas e, concomitantemente, a pessoas físicas ou exercer atividade por conta própria deverá, para fins de observância do limite máximo de salário de contribuição, recolher a contribuição incidente sobre a remuneração recebida de pessoas físicas ou pelo exercício de atividade por conta própria somente se a remuneração recebida ou creditada das empresas não atingir o referido limite.

2.2.1.3. Obrigações

A empresa que remunerar contribuinte individual deverá fornecer a este um comprovante de pagamento pelo serviço prestado consignando, além dos valores da remuneração e do desconto feito a título de contribuição previdenciária, a sua identificação completa, inclusive com o número no Cadastro Nacional de Pessoa Jurídica (CNPJ) e o número de inscrição do contribuinte individual no Instituto Nacional do Seguro Social — INSS. Este comprovante deverá ser mantido à disposição da fiscalização durante 10 anos, em conformidade com o § 5º do art. 225 do RPS.

Não sendo os cooperados e/ou os contribuintes individuais inscritos no INSS, a cooperativa ou a empresa deverá efetuar a respectiva inscrição, sendo a mesma possível inclusive pela internet (<www.mps.gov.br ou www.previdencia.gov.br>).

2.2.1.4. Observações Gerais

1) Conforme proibição constante do art. 7º da Lei n. 10.666/2003, não poderão ser objeto de parcelamento as contribuições descontadas dos contribuintes individuais aqui referidas, assim como aquelas descritas no § 1º do art. 244 do RPS (Decreto n. 3.048/99).

2) O contribuinte individual que não comprovar a regularidade da dedução terá glosado o valor indevidamente deduzido, devendo complementar as contribuições com os devidos acréscimos legais, se houver.

3) A retenção previdenciária do contribuinte individual deverá ser observada também pelas empresas optantes pelo SIMPLES.

4) A retenção se aplica ao aposentado por qualquer regime previdenciário que retornar à atividade como segurado contribuinte individual, ao síndico de condomínio isento do pagamento da taxa condominial e ao ministro de confissão religiosa ou membro de instituto de vida consagrada, de congregação ou de ordem religiosa, desde que a remuneração paga ou creditada pela entidade religiosa ou pela instituição de ensino vocacional dependa da natureza e da quantidade do trabalho executado (IN SRF n. 971/2009, art. 70).

O desconto da contribuição previdenciária incidirá sobre o valor correspondente à taxa do condomínio, quando se tratar de síndico isento, cujo valor é considerado como remuneração (indireta), cabendo ao próprio síndico reembolsar ao condomínio o valor correspondente ao desconto.

Caso o valor recebido pelo ministro de confissão religiosa ou membro de instituto de vida consagrada, de congregação ou de ordem religiosa em face do seu mister religioso ou para sua subsistência independa da natureza e da quantidade do trabalho executado, caberá ao próprio contribuinte individual o recolhimento da sua contribuição que corresponderá a 20% sobre o valor por ele declarado, observados os limites mínimo e máximo de salário de contribuição (contribuinte facultativo) — Lei n. 8.212/91, art. 22, § 13 e IN SRF n. 971/2009, art. 65, § 4º.

5) Na hipótese de o contribuinte individual solicitar restituição em razão de contribuição descontada sobre remuneração superior ao limite máximo do salário de contribuição, deverá apresentar à Previdência Social:

• requerimento relacionando, mês a mês, as empresas para as quais prestou serviço, as remunerações recebidas, os respectivos valores descontados e, quando for o caso, os valores recolhidos na sua inscrição de contribuinte individual; e

• originais e cópias dos comprovantes de pagamentos.

Quando o segurado contribuinte individual exercer, concomitantemente, atividade como segurado empregado, além dos documentos acima relacionados, deverá apresentar:

• original e cópia do recibo de pagamento de salário referente a cada vínculo empregatício, relativo a cada competência em que é pleiteada a restituição;

• original e cópia das folhas da Carteira de Trabalho e Previdência Social (CTPS) ou outro documento que comprove o vínculo empregatício, onde conste a identificação do empregado e do empregador;

• declaração firmada pelo empregador, com firma reconhecida em cartório, de que descontou, recolheu e não devolveu a contribuição objeto da restituição, não compensou a importância nem pleiteou a sua restituição junto à Previdência Social.

6) São excluídos da obrigação de arrecadar a contribuição do contribuinte individual que lhe preste serviço o produtor rural pessoa física, a missão diplomática, a repartição consular e o contribuinte individual. Nestas hipóteses, caberá ao próprio trabalhador o recolhimento de suas contribuições, sendo a alíquota aplicável de 20% — Decreto n. 3.048/99, art. 216, §§ 32 e 33.

2.3. Contribuição Previdenciária do Transportador Autônomo

Para o condutor autônomo de veículo rodoviário (inclusive o taxista) e para o auxiliar de condutor, em automóvel cedido em regime de colaboração, o salário de contribuição a ser considerado para apuração da contribuição previdenciária corresponde, desde 9.7.2001 (Portaria n. 1.135, de 5.4.2001), a 20% do rendimento bruto auferido pelo frete[10], carreto ou transporte de passageiros, não se admitindo a dedução de valores relativos a gastos com combustível e manutenção do veículo, ainda que figure discriminada no documento parcela a este título. Atualmente, disciplinam sobre o tema a IN SRF n. 971/2009, art. 55, § 2º e também o Decreto n. 3.048/99, art. 201, § 4º.

Obs.: Anteriormente a 9.7.2001, aplicava-se alíquota de 11,71% para os serviços de transporte e a alíquota de 12% para os serviços de operação de máquinas, conforme disposições constantes do art. 267 do Decreto n. 3.048/99.

Este tratamento diferenciado se estende igualmente ao operador de máquinas e ao cooperado filiado a cooperativa de transportadores autônomos.

Exemplo:

• Serviço de frete prestado em 2.1.2014

• Valor bruto cobrado: R$ 1.000,00

• Salário de contribuição: R$ 1.000,00 x 20% = R$ 200,00

• Contribuição previdenciária: R$ 200,00 x 20% = R$ 40,00

Entendo ter entrado em vigor a nova base de cálculo para verificação da remuneração dos transportadores autônomos trazida pela Portaria n. 1.135 (publicada em 9.4.2001) somente em 9.7.2001, em respeito às determinações do art. 195, § 6º da Constituição Federal de 1988. No caso em tela, a Portaria n. 1.135 não instituiu propriamente uma nova contribuição social, mas alterou significativamente a base de cálculo da contribuição previdenciária dos contribuintes individuais inscritos no sistema a partir de 29.11.1999 (anteriormente 11,71%). Em razão desta modificação, o novo percentual de base de cálculo somente pode ser exigido depois de decorridos 90 dias de sua publicação.

Há ainda que se atentar para a natureza tributária das contribuições previdenciárias e para a redação constante do *caput* e do § 4º do art. 195 da Carta Constitucional, que determinam caber à lei (lei complementar, em verdade) a instituição ou a alteração de contribuições já existentes. A Portaria n. 1.135/2001, portanto, violou o princípio da legalidade ao alterar a alíquota de 11,71% para 20%, implicando aumento indireto da contribuição previdenciária.

Sobre estes temas (vigência e inconstitucionalidade) a Confederação Nacional do Transporte (CNT) ingressou com Mandado de Segurança contra a Portaria n. 1.135/2001, sendo que o STJ concedeu apenas parcialmente a ordem, de forma a excluir a cobrança do aumento no período de 90 dias seguintes ao da publicação da Portaria.

A CNT, então, ingressou com recurso ordinário (RMS 25476), solicitando ao STF que reconhecesse a ilegalidade e a inconstitucionalidade do ato do Ministro da Previdência, em razão do aumento da base de cálculo ter ocorrido por meio de Portaria. No julgamento ocorrido em 22.5.2013,

---

(10) Conforme disposições do § 3º do art. 55 da Instrução Normativa SRF n. 971/2009, não integra o valor do frete a parcela correspondente ao Vale-Pedágio, desde que seu valor seja destacado em campo específico no documento comprobatório do transporte, nos termos do art. 2º da Lei n. 10.209/2001.

o Plenário do STF, por maioria de votos, deu provimento ao recurso ordinário (RMS). Com esta decisão, volta a prevalecer a alíquota de 11,71%, anteriormente fixada.

2.3.1. Contribuição para o SEST e o SENAT

Além da contribuição individual para a Previdência Social, o condutor autônomo de veículo rodoviário (inclusive o taxista), o auxiliar de condutor autônomo, bem como o cooperado filiado a cooperativa de transportadores autônomos, estão sujeitos ao pagamento da contribuição para o Serviço Social do Transporte (SEST) e para o Serviço Nacional de Aprendizagem do Transporte (SENAT), prevista no art. 7º da Lei n. 8.706/93. Atualmente, disciplina sobre o tema a IN SRF n. 971/2009, art. 65, § 5º.

Os percentuais devidos são 1,5% para o SEST e 1,0% para o SENAT, incidentes sobre o salário de contribuição do transportador, correspondente a 20% sobre o rendimento bruto auferido pelo frete ou carreto (Decreto n. 1.007/93).

Sendo o serviço prestado a pessoas físicas, a outro contribuinte individual equiparado a empresa, a missão diplomática ou a repartição consular de carreira estrangeira, caberá ao próprio contribuinte individual recolher as contribuições para o SEST e o SENAT, juntamente com sua contribuição previdenciária.

Sendo o serviço prestado a pessoa jurídica ou cooperativa de trabalho, a contribuição para o SEST e o SENAT será descontada do trabalhador e recolhida à Previdência Social pelo tomador dos serviços, em GPS (§ 3º do art. 2º do Decreto n. 1.007/93).

2.4. Ministros de Confissão Religiosa e Assemelhados

Não se considera remuneração direta ou indireta os valores despendidos pelas entidades religiosas e instituições de ensino vocacional com ministro de confissão religiosa, membros do instituto de vida consagrada, de congregação ou de ordem religiosa em face do seu mister religioso ou para sua subsistência, desde que fornecidos em condições que independam da natureza e da quantidade do trabalho executado — Decreto n. 3.048/99, art. 214, § 16.

Nesta hipótese, portanto, esses cidadãos poderão se filiar ao sistema na qualidade de facultativos, sendo o salário de contribuição (base de cálculo da contribuição previdenciária) o valor por eles declarado, observados os limites mínimo e máximo fixados pelo Ministério da Previdência Social.

2.5. Procedimento de Contribuição Adotado entre 29.11.1999 e 31.3.2003

Anteriormente à publicação da Medida Provisória n. 83, de 12.12.2002 (DOU de 13.12.2002), convertida na Lei n. 10.666, de 8.5.2003 (DOU de 9.5.2003), as normas a serem observadas para a contribuição previdenciária dos contribuintes individuais deveria observar a data de inscrição dos mesmos no sistema previdenciário (RGPS), da seguinte forma.

2.5.1. Inscrição a partir de 29.11.1999

Os segurados contribuintes individuais e facultativos, se inscritos no regime previdenciário a partir de 29.11.1999 (data da publicação da Lei n. 9.876), deveriam recolher suas contribuições em GPS — Guia da Previdência Social, na alíquota de 20%, aplicada sobre o respectivo salário de contribuição, respeitados os limites mínimo e máximo estipulados pela Previdência Social. Sendo o serviço prestado a pessoa jurídica, o trabalhador poderia usufruir o desconto trazido pela Lei n. 9.876/99.

O salário de contribuição do contribuinte individual correspondia ao total de remuneração mensal auferida, sempre se observando os tetos mínimo e máximo estipulados.

Para o contribuinte facultativo, o salário de contribuição correspondia ao valor por ele declarado, sendo livre a progressão ou regressão no decorrer dos meses, desde que igualmente observados os limites mínimo e máximo vigentes.

2.5.2. Inscrição até 28.11.1999 — Tabela de Salário-Base

Os contribuintes individuais que tivessem se filiado ao RGPS até 28.11.1999 (dia anterior à data de publicação da Lei n. 9.876), deveriam recolher suas contribuições obedecendo à tabela de salário-base divulgada pelo órgão previdenciário[11].

Observe-se, entretanto, que o número mínimo de meses de permanência em cada classe da escala estava sendo reduzido, gradativamente (a partir de 12/1999), em doze meses a cada ano, até a extinção da referida escala (o que ocorreu, de forma antecipada, em 1º de abril de 2003 em face do art. 9º da Medida Provisória n. 83, de 12.12.2002 — DOU de 13.12.2002, convertida na Lei n. 10.666, de 8.5.2003 — DOU de 9.5.2003). E quando ocorria a extinção de uma determinada classe, a classe subsequente era considerada inicial, cujo salário-base de contribuição variava entre o valor mínimo e o da nova classe inicial.

Algumas observações quanto à tabela de salário-base merecem ser destacadas e, atualmente, constam da IN SRF n. 971/2009, arts. 59 e 60. Confira-se:

1 — O enquadramento, regra geral, se dava sempre na classe 1, inicial. No entanto, os segurados empregados, os empregados domésticos e os trabalhadores avulsos, então contribuintes através da aplicação da tabela de salário de contribuição em seus ordenados mensais, que passassem a exercer exclusivamente atividade sujeita à tabela de salário-base (contribuinte individual), poderiam efetuar uma média aritmética simples dos seus últimos seis salários de contribuição, atualizados monetariamente, para que fossem enquadrados inicialmente na escala de salário-base em qualquer classe, até a equivalente ao resultado obtido na média efetuada.

2 — A ascensão para uma classe superior requeria, obrigatoriamente, o cumprimento do número mínimo de meses de permanência indicados na tabela. Assim, por exemplo, um contribuinte que estivesse na classe 8 somente poderia progredir na tabela (aumentar o valor de sua contribuição previdenciária) para a classe 9 (sempre para a classe imediatamente superior) se tivesse permanecido durante 12 meses contribuindo naquele valor. Esta permanência mínima possuía o nome de "interstício". Era necessário, também, que se encontrasse o segurado em dia com suas contribuições previdenciárias.

3 — O segurado não estava obrigado à progressão na escala de salário-base. Cumprido o interstício, poderia, se assim desejasse, permanecer na classe em que se encontrava, mas em nenhuma hipótese isso ensejaria acesso a outra classe que não a imediatamente superior, quando desejasse progredir na escala, desde que a opção fosse feita até o vencimento da respectiva contribuição mensal.

4 — Dentro do período de débito era vedada a progressão ou a regressão de classe na escala transitória de salários-base.

5 — Não era admitido o pagamento antecipado de contribuições para suprir interstício entre as classes, como, da mesma forma, o pagamento de contribuições com atraso igual ou superior ao número de meses do interstício da classe em que se encontrava o segurado não gerava acesso a outra classe, senão àquela em que se encontrava antes da inadimplência.

---

(11) Até a publicação da Lei n. 7.787/89 a classe 10 correspondia a 20 salários mínimos. Sobre o tema, confira-se a redação da Súmula 50 do TRF da 4ª Região: "Não há direito adquirido à contribuição previdenciária sobre o teto máximo de 20 salários mínimos após a entrada em vigor da Lei n. 7.787/89".

6 — A regressão para classe inferior era livremente permitida, desde que o contribuinte não se encontrasse em situação de débito com a Previdência Social. Um contribuinte, por exemplo, que estivesse contribuindo na classe 10 e que, por qualquer motivo, desejasse regredir para a classe inicial poderia fazê-lo a qualquer tempo. Entretanto, somente poderia voltar a contribuir novamente sobre a classe 10 se, antes da regressão, tivesse percorrido todos os interstícios anteriores, sob pena de estar obrigado a cumpri-los para que fosse possível a progressão pretendida.

7 — O segurado que exercesse simultaneamente duas ou mais atividades sujeitas ao salário-base (ex.: empresário e, ao mesmo tempo, autônomo), deveria contribuir para o sistema de Seguridade Social em relação a apenas uma das atividades. Assim, não havia que se falar em dois enquadramentos distintos na escala de salário-base, devendo o segurado contribuir somente em relação à atividade mais antiga.

8 — A escala de salários-base, utilizada para a definição do salário de contribuição do segurado filiado até 28.11.1999, na condição de empresário, autônomo ou a ele equiparado ou facultativo, teve seus interstícios reduzidos, gradativamente, a partir da competência 12/1999 até a sua extinção em 1.4.2003.

2.6. Exercício de atividades simultâneas

Anteriormente à vigência da Lei n. 9.876/99, os segurados empregados, os empregados domésticos e os trabalhadores avulsos, então contribuintes através da aplicação da tabela de salário de contribuição em seus ordenados mensais, que passassem a exercer, simultaneamente, atividade sujeita à tabela de salário-base (contribuinte individual), deveriam enquadrar-se na classe inicial, sendo permitido o fracionamento do salário-base (base de cálculo da contribuição previdenciária) para que não fosse ultrapassado o teto máximo de contribuição estipulado pela Previdência Social (Decreto n. 3.048/99, art. 215, § 4º, revogado pelo Decreto n. 3.265, de 29.11.1999).

O segurado se obrigava, portanto, a duas contribuições, sendo uma na condição de empregado ou trabalhador avulso e outra na condição de autônomo ou empresário. Como o somatório das contribuições poderia ultrapassar o teto máximo estipulado, permitia-se o fracionamento do salário-base para a contribuição efetuada com base na tabela escalonada (tabela de classes; salário-base).

Neste mesmo raciocínio, o segurado empregado (inclusive doméstico) ou trabalhador avulso que possuía remuneração em valor que atingia o limite máximo do salário de contribuição estipulado na tabela previdenciária estava dispensado da contribuição na condição de autônomo ou empresário (Decreto n. 3.048/99, art. 215, § 5º, revogado pelo Decreto n. 3.265, de 29.11.1999).

Atualmente, os segurados também devem contribuir em relação às duas ou mais atividades exercidas. Como empregados ou trabalhadores avulsos, portanto, sofrerão normalmente o desconto previdenciário conforme a tabela de salário de contribuição. Como contribuintes individuais, será utilizada a alíquota de 20% (ou 11% caso seja o serviço prestado à pessoa jurídica) a ser aplicada sobre o valor do total percebido mensalmente, podendo o valor da base de cálculo ser reduzido para que não seja ultrapassado o teto máximo do salário de contribuição.

2.7. Contribuinte Individual que opta pela exclusão do direito à Aposentadoria por Tempo de Contribuição

Com a publicação da Lei Complementar n. 123, de 14.12.2006 (DOU 15.12.2006) nova modalidade contributiva foi instituída, em seu art. 80, para aqueles que optarem pela exclusão do direito ao benefício de aposentadoria por tempo de contribuição. Como esta modalidade de benefício traz prejuízos aos cofres previdenciários (o trabalhador se aposenta cedo e permanece recebendo o benefício por muitos anos), o legislador criou uma contribuição com alíquota mais baixa para os que optarem em não ter essa aposentadoria, procedimento disponível a contar de abril/2007. Regulamentou a matéria o Decreto n. 3.048/99, art. 199-A, com redação incluída pelo Decreto n. 6.042/2007.

Esta opção pode ser efetuada pelos contribuintes individuais que trabalhem por conta própria, sem relação de emprego com empresa ou equiparado e também pelos segurados facultativos. Note-se, contudo, que somente os contribuintes individuais que não prestam serviços a empresas (ou equiparadas) podem utilizar da opção em comento.

Utilizando código próprio para sua identificação (1163 para recolhimento mensal ou 1180 para recolhimento trimestral), o contribuinte aplicará alíquota de 11% sobre o valor correspondente ao limite mínimo mensal do salário de contribuição (salário mínimo, atualmente fixado em R$ 724,00), recolhendo a importância aos cofres previdenciários até o dia 15 do mês subsequente. Tais contribuições propiciarão todos os benefícios oferecidos aos demais contribuintes individuais e segurados facultativos, com exceção, tão somente, da aposentadoria por tempo de contribuição.

No entanto, se posteriormente o contribuinte se arrepender da opção feita e desejar obter o benefício de aposentadoria por tempo de contribuição, poderá recolher, com juros e multa, a diferença percentual de 9% aos cofres previdenciários. Este recolhimento complementar também será necessário caso o segurado opte pela contagem recíproca do tempo de contribuição, para fins de se aposentar em regime próprio de Previdência Social, na condição de servidor público ou militar.

Cumpre observar, também, os acréscimos feitos ao art. 199-A do Decreto n. 3.048/99 pelo Decreto n. 8.145/2013, que regulamentou as aposentadorias por tempo de contribuição e idade devida aos segurados portadores de deficiência. Confira-se:

"Art. 199-A – (...)

(...)

§ 1º O segurado, inclusive aquele com deficiência, que tenha contribuído na forma do **caput** e pretenda contar o tempo de contribuição correspondente, para fins de obtenção da aposentadoria por tempo de contribuição ou de contagem recíproca do tempo de contribuição, deverá complementar a contribuição mensal.

§ 2º A complementação de que trata o § 1º dar-se-á mediante o recolhimento sobre o valor correspondente ao limite mínimo mensal do salário-de-contribuição em vigor na competência a ser complementada da diferença entre o percentual pago e o de vinte por cento, acrescido dos juros moratórios de que trata o § 3º do art. 5º da Lei n. 9.430, de 27 de dezembro de 1996.

§ 3º A contribuição complementar a que se refere os §§ 1º e 2º será exigida a qualquer tempo, sob pena do indeferimento ou cancelamento do benefício."

2.8. Prestação de Serviços Eventuais a Órgãos da Administração Pública e Fundações — Comprovação do Recolhimento como Contribuinte Individual

Conforme disposições constantes do art. 216-A do Decreto n. 3.048/99, os órgãos da administração pública direta, indireta e fundações públicas da União, bem como as demais entidades integrantes do Sistema Integrado de Administração Financeira do Governo Federal, ao contratarem pessoa física para prestação de serviços eventuais, sem vínculo empregatício, inclusive como integrante de grupo-tarefa, deverão obter dela a respectiva inscrição no Instituto Nacional do Seguro Social, como contribuinte individual, ou providenciá-la em nome dela, caso não seja inscrita, e proceder ao desconto e recolhimento da respectiva contribuição, na forma do subitem 2.2.1, *retro*.

Tal exigência será necessária mesmo que o contratado exerça concomitantemente uma ou mais atividades abrangidas pelo Regime Geral de Previdência Social ou por qualquer outro regime de previdência social, ou ainda se for aposentado por qualquer regime previdenciário.

O contratado que já estiver contribuindo para o Regime Geral de Previdência Social na condição de empregado ou trabalhador avulso sobre o limite máximo do salário de contribuição deverá comprovar esse fato e, se a sua contribuição nessa condição for inferior ao limite máximo, a contribuição como contribuinte individual deverá ser complementar, respeitando, no conjunto, aquele limite.

2.9. Microempreendedor Individual — MEI

A Lei Complementar n. 123/2006, em seus arts. 18-A a 18-C, criou a figura do Microempreendedor Individual — MEI, atualmente regulamentado pela Resolução MF/CGSN n. 58/2009, sendo considerado nessa modalidade o empresário que atenda, cumulativamente, as seguintes condições:

I — tenha auferido receita bruta acumulada no ano-calendário anterior de até R$ 60.000,00 (sessenta mil reais);

II — seja optante pelo Simples Nacional;

III — exerça tão-somente atividades constantes do Anexo Único da Resolução 58/2009;

IV — possua um único estabelecimento;

V — não participe de outra empresa como titular, sócio ou administrador;

VI — não contrate mais de um empregado, devendo este receber exclusivamente 1 (um) salário mínimo ou o piso salarial da categoria profissional, se existente.

Referido trabalhador possui tratamento diferenciado em termos de contribuição previdenciária, sendo seu recolhimento o seguinte (IN SRF n. 971/2009, art. 65, §§ 11 e 12):

a) até abril/2011: 11% (onze por cento), incidente sobre um salário mínimo;

b) a contar de maio/2011: 5% (cinco por cento), incidente sobre um salário mínimo;

Referida contribuição, no entanto, não dá direito a este segurado de receber o benefício de aposentadoria por tempo de contribuição nem tampouco de utilizar suas contribuições feitas no RGPS para fins de contagem recíproca em algum regime próprio. Para usufruir de tais direitos, o segurado deverá complementar a contribuição mensal mediante recolhimento de mais 9% (nove por cento), acrescido dos juros moratórios. Confira-se, nestes termos, a redação do § 3º do art. 21 da Lei n. 8.212/91 (com redação dada pela Lei n. 11.941/2009):

> "**Art. 21.** A alíquota de contribuição dos segurados contribuinte individual e facultativo será de vinte por cento sobre o respectivo salário de contribuição.
>
> (...)
>
> § 3º O segurado que tenha contribuído na forma do § 2º deste artigo e pretenda contar o tempo de contribuição correspondente para fins de obtenção da aposentadoria por tempo de contribuição ou da contagem recíproca do tempo de contribuição a que se refere o art. 94 da Lei n. 8.213, de 24 de julho de 1991, deverá complementar a contribuição mensal mediante o recolhimento de mais 9% (nove por cento), acrescido dos juros moratórios de que trata o § 3º do art. 61 da Lei n. 9.430, de 27 de dezembro de 1996.
>
> (...)"

Também é importante observar que caso o MEI possua o empregado que a legislação lhe permite, deverá reter e recolher a contribuição previdenciária deste trabalhador, bem como prestar informações à Previdência Social e à CEF no formulário GFIP/SEFIP. Sua contribuição previdenciária patronal (por ser equiparado à pessoa jurídica, conforme art. 15 da Lei n. 8.212/91), no entanto, será de apenas 3% (três por cento), incidente sobre a remuneração do trabalhador a seu serviço. Confira-se, nestes termos, a redação do art. 202 da IN SRF n. 971/2009:

> "**Art. 202.** O MEI que contratar um único empregado que receba exclusivamente 1 (um) salário mínimo ou o piso salarial da categoria profissional, na forma do art. 18-C da Lei Complementar n. 123, de 14 de dezembro de 2006:
>
> I — está sujeito ao recolhimento da contribuição previdenciária patronal calculada à alíquota de 3% (três por cento) sobre a remuneração do empregado;
>
> II — deverá reter e recolher a contribuição previdenciária devida pelo segurado empregado a seu serviço, na forma da lei; e
>
> III — fica obrigado a prestar informações relativas ao segurado empregado a seu serviço, na forma estabelecida pelo CGSN."

Fundamentação: Lei n. 8.212/91, arts. 21 e 28 (inclusive redação original); Decreto n. 3.048/99, arts. 32, 199, 199-A, 214, 215, 216-A e 225, além dos citados no texto.

3. CONTRIBUIÇÃO DOS SEGURADOS FACULTATIVOS

Os contribuintes facultativos devem recolher aos cofres previdenciários o correspondente a 20% de qualquer valor por eles escolhido, desde que observados os limites mínimo (R$ 724,00) e máximo (R$ 4.390,24) estipulados pelo Ministério da Previdência Social.[12]

São livres, portanto, a progressão e a regressão mensal nos valores utilizados como base de cálculo da contribuição previdenciária, sendo o próprio segurado o responsável pelo recolhimento de sua contribuição.

O segurado especial (Parte II, Capítulo V, subitem 1.1.5), além da contribuição incidente sobre a comercialização de sua produção rural, poderá usar da faculdade de contribuir como "segurado facultativo", sobre o valor por ele escolhido e declarado, sem perder a qualidade de segurado especial perante o Regime Geral de Previdência Social — RGPS.

Cumpre observar, ainda, que nos termos da Lei Complementar n. 123, de 14.12.2006 (DOU de 15.12.2006), que acrescentou ao art. 21 da Lei n. 8.212/91 os §§ 2º e 3º, a alíquota devida pelo contribuinte facultativo que optar pela exclusão do direito ao benefício de Aposentadoria por Tempo de Contribuição será de 11%, incidente sobre o valor correspondente ao limite mínimo mensal do salário de contribuição (salário mínimo). Nesta hipótese, deverá utilizar código próprio para sua identificação (1473 para recolhimento mensal ou 1490 para recolhimento trimestral), o contribuinte aplicará alíquota de 11% sobre o valor correspondente ao limite mínimo mensal do salário de contribuição (salário mínimo, atualmente fixado em R$ 724,00).

No entanto, se posteriormente o contribuinte se arrepender da opção feita e desejar obter o benefício de aposentadoria por tempo de contribuição, poderá recolher, com juros, a diferença percentual de 9% aos cofres previdenciários. Este recolhimento complementar também será necessário caso o segurado opte pela contagem recíproca do tempo de contribuição, para fins de se aposentar em Regime Próprio de Previdência Social, na condição de servidor público ou militar.

As contribuições devem ser recolhidas na rede bancária até o dia 15 do mês subsequente, sendo possível a prorrogação para o dia útil subsequente caso não tenha expediente bancário no dia 15.

3.1. Atividade doméstica, na própria residência

A contar de 1.5.2011, o segurado facultativo que exerça atividade doméstica em sua própria residência (donas de casa, por exemplo), sem renda própria e desde que pertença a família de baixa renda, poderá contribuir para a Previdência Social com uma alíquota de apenas 5%, incidente sobre um salário mínimo.

Considera-se de baixa renda a família que esteja inscrita no Cadastro Único para Programas Sociais do Governo Federal — CadÚnico, cuja renda mensal seja de até 2 (dois) salários mínimos.

Fundamentação: Lei n. 8.212/91, arts. 21 e 28; Decreto n. 3.048/99, arts. 199 e 214.

4. CONTRIBUIÇÃO DE EMPREGADORES OU EMPREGADOS APOSENTADOS

No período de 16.4.1994 a 27.7.1995, por força do disposto no art. 24 da Lei n. 8.870, de 15.4.1994, encontrou-se o aposentado por idade ou por tempo de serviço (que voltou ou permaneceu em atividade) isento de contribuições previdenciárias, verificando-se, tão somente, a incidência devida pela empresa.

Entretanto, a partir da competência agosto/95, em razão da Lei n. 9.032, de 28.4.1995, o aposentado que viesse a exercer atividade remunerada passou a estar novamente obrigado a efetuar

---

[12] Valores divulgados pela Portaria Interministerial MPS/MF n. 19 (DOU de 13.01.2014).

contribuições previdenciárias para fins de custeio da Seguridade Social (o que ainda se encontra em vigor), aplicando-se normalmente as tabela de salário de contribuição e salário-base. Assim, a contribuição previdenciária do aposentado que exercer atividade remunerada com vínculo empregatício ou como trabalhador avulso deverá ser calculada normalmente, observando-se a tabela de salário de contribuição divulgada pelo Ministério da Previdência e Assistência Social, já abordada neste mesmo Capítulo X, subitem 1.1.

O aposentado que exercer atividade remunerada na condição de contribuinte individual obedecerá às regras de contribuição conforme a data de filiação ao Regime Geral de Previdência Social, constantes deste Capítulo X, item 2.

Obs.: Não obstante a extinção do pecúlio, os valores recolhidos pelo aposentado até a data de início de vigência da Lei n. 8.870, de 15.4.1994 (DOU de 16.4.1994) serão "restituídos" ao segurado, em pagamento único, quando do afastamento da atividade que atualmente exercer, conforme assim determina o parágrafo único do art. 24 deste mesmo instituto legal.

5. CONTRIBUIÇÃO DOS EMPREGADORES DOMÉSTICOS

A contribuição do empregador doméstico corresponde ao percentual de 12% (doze por cento), incidente sobre o salário de contribuição do empregado a seu serviço. Como o legislador foi expresso em determinar a aplicação da alíquota devida sobre o *salário de contribuição*, deverá o empregador contribuinte observar o teto máximo existente na tabela, atualmente estipulado em R$ 4.390,24.

Recebendo o empregado doméstico quantia superior ao teto de incidência, a contribuição se limitará à aplicação do percentual de 12% sobre este limite.

Exemplo A:

• Empregado doméstico com remuneração mensal de R$ 4.600,00

• Contribuição devida pelo empregador: R$ 526,82 (12% sobre R$ 4.390,24)

Exemplo B:

• Empregado doméstico com remuneração mensal de R$ 1.200,00

• Contribuição devida pelo empregador: R$ 144,00 (12% sobre R$ 1.200,00)

Durante o período de afastamento da empregada doméstica por licença-maternidade, caberá ao empregador recolher apenas a contribuição previdenciária a seu cargo (12% do salário de contribuição).

Importa, ainda, registrar, que o parágrafo único do art. 24 da Lei n. 8.212/91 proíbe expressamente a contratação de microempreendedor individual — MEI, caso estejam presentes os requisitos da relação de emprego doméstico (pessoalidade, subordinação, habitualidade na prestação dos serviços e dependência econômica).

Fundamentação: Lei n. 8.212/91, art. 24, Decreto n. 3.048/99, art. 211 e art. 216, inciso XIII.

6. CONTRIBUIÇÃO DAS EMPRESAS

As empresas contribuem aos cofres da Seguridade Social através de diversas contribuições sociais instituídas para essa finalidade, incidentes sobre o lucro, faturamento, folha de pagamento e demais rendimentos pagos a profissionais que lhe tenham prestado serviços, ainda que sem vínculo empregatício. As contribuições incidentes sobre o lucro e o faturamento, já mencionadas no texto introdutório ao Capítulo X desta Parte III, são arrecadadas e fiscalizadas pela Receita Federal do Brasil, constituindo matéria afeta ao Direito Tributário.

Assim, compete-nos, neste estudo sobre Direito Previdenciário, abordar de forma detalhada somente as contribuições incidentes sobre toda e qualquer forma de prestação de serviço, também arrecadadas e fiscalizadas pela Receita Federal do Brasil, lembrando-se que as microempresas e as empresas de pequeno porte, optantes pelo SIMPLES, possuem contribuição diferenciada e não observam as normas aqui demonstradas.

6.1. Contribuições Incidentes sobre a Remuneração dos Segurados Empregados

6.1.1. Contribuição Destinada à Seguridade Social

A contribuição a cargo da empresa destinada ao financiamento da Seguridade Social é de 20% sobre o total das remunerações pagas ou creditadas a qualquer título, durante o mês, aos segurados empregados e trabalhadores avulsos que lhe prestem serviços. Assim, sobre o somatório das remunerações devidas (e não salários básicos contratuais) deverá a empresa aplicar o percentual de 20%, a título de contribuição aos cofres da Seguridade Social, sem a observância de qualquer limite máximo ou mínimo.

Considera-se por remuneração as importâncias destinadas a retribuir o trabalho, qualquer que seja a sua forma, inclusive as gorjetas, os ganhos habituais sob a forma de utilidades e os adiantamentos decorrentes de reajuste salarial, quer pelos serviços efetivamente prestados, quer pelo tempo à disposição do empregador ou tomador de serviços, nos termos da lei ou do contrato ou, ainda, de convenção ou acordo coletivo de trabalho ou sentença normativa. Sobre as parcelas integrantes e não integrantes do salário de contribuição, ver a Parte III, Capítulo X, subitem 1.2.1.

Em se tratando de banco comercial, banco de investimento, banco de desenvolvimento, caixa econômica, sociedade de crédito, financiamento e investimento, sociedade de crédito imobiliário, inclusive associação de poupança e empréstimo, sociedade corretora, distribuidora de títulos e valores mobiliários, inclusive bolsa de mercadorias e de valores, empresa de arrendamento mercantil, cooperativa de crédito, empresa de seguros privados e de capitalização, agente autônomo de seguros privados e de créditos e entidade de previdência privada, aberta e fechada, a contribuição terá um acréscimo de 2,5%, perfazendo um total, portanto, de 22,5%.

Fundamentação: Lei n. 8.212/91, art. 22, I; Decreto n. 3.048/99, art. 201, I e § 1º.

6.1.2. Contribuição Destinada ao Financiamento da Aposentadoria Especial e de Benefícios por Incapacidade — Seguro de Acidente do Trabalho (SAT)

6.1.2.1. Breve Histórico

A proteção contra acidentes de trabalho constou inicialmente do art. 121 da Constituição da República dos Estados Unidos do Brasil de 1934 (16.7.1934), que continha a seguinte determinação:

"**Art. 121.** A lei promoverá o amparo da produção e estabelecerá as condições do trabalho, na cidade e nos campos, tendo em vista a proteção social do trabalhador e os interesses econômicos do país.

§ 1º — a legislação do trabalho observará os seguintes preceitos, além de outros que colimem melhorar as condições do trabalhador:

(...)

h) assistência médica e sanitária ao trabalhador e à gestante, assegurando a esta descanso antes e depois do parto, sem prejuízo do salário e do emprego, e instituição de previdência, mediante contribuição igual da união, do empregador e do empregado, a favor da velhice, da invalidez, da maternidade e nos casos de acidentes de trabalho ou de morte;

(...)"

A Constituição de 1937 manteve a proteção, determinando à legislação do trabalho a instituição de um seguro para os casos de acidente. Confira-se:

"Art 137. A legislação do trabalho observará, além de outros, os seguintes preceitos:

(...)

m) a instituição de seguros de velhice, de invalidez, de vida e para os casos de acidentes do trabalho;

(...)"

A Consolidação das Leis do Trabalho — CLT — publicada em agosto de 1943 pelo Decreto--Lei n. 5.452, contudo, não dispôs sobre o referido seguro, mas a Constituição Federal de 1946 tornou a disciplinar sobre o tema, em seu art. 157, determinando ser obrigação do empregador sua instituição:

"Art. 157. A legislação do trabalho e a da previdência social obedecerão nos seguintes preceitos, além de outros que visem a melhoria da condição dos trabalhadores:

(...)

XVII — obrigatoriedade da instituição do seguro pelo empregador contra os acidentes do trabalho.

(...)"

A Lei Orgânica da Previdência Social (LOPS, Lei n. 3.807/1960) dispôs apenas que garantiria as prestações acidentárias a seus segurados quando o seguro estivesse a seu cargo (art. 22). A Constituição Federal de 1967 repetiu a obrigatoriedade no art. 158 e somente em 1976 é que a matéria passou a constar da legislação previdenciária.

Criado, pois, pela Lei n. 6.367 (DOU de 21.10.1976), o seguro obrigatório contra acidentes do trabalho possuía percentuais predefinidos, atribuindo o legislador competência ao Ministério da Previdência e Assistência Social para revisão a cada três anos, conforme experiência de risco verificada no mesmo período. Confira-se a redação do art. 15 daquele diploma legal:

"Art. 15. O custeio dos encargos decorrentes desta lei será atendido pelas atuais contribuições previdenciárias a cargo da união, da empresa e do segurado, com um acréscimo, a cargo exclusivo da empresa, das seguintes percentagens do valor da folha de salário de contribuição dos segurados de que trata o art. 1º:

I — 0,4% (quatro décimos por cento) para a empresa em cuja atividade o risco de acidente do trabalho seja considerado leve;

II — 1,2% (um e dois décimos por cento) para a empresa em cuja atividade esse risco seja considerado médio;

III — 2,5% (dois e meio por cento) para a empresa em cuja atividade esse risco seja considerado grave.

§ 1º — O acréscimo de que trata este artigo será recolhido juntamente com as demais contribuições arrecadadas pelo INPS.

§ 2º — O ministério da previdência e assistência social (MPAS) classificará os três graus de risco em tabela própria organizada de acordo com a atual experiência de risco, na qual as empresas serão automaticamente enquadradas, segundo a natureza da respectiva atividade.

§ 3º — A tabela será revista trienalmente pelo ministério da previdência e assistência social, de acordo com a experiência de risco verificada no período.

§ 4º — O enquadramento individual na tabela, de iniciativa da empresa, poderá ser revisto pelo INPS, a qualquer tempo."

A regulamentação da Lei n. 6.367/76 ocorreu em dezembro do mesmo ano, pelo Decreto n. 79.037. Seu Anexo I trazia uma relação de doenças profissionais ou do trabalho (com listagem dos agentes patogênicos) e seu Anexo IV a relação das atividades econômicas e seus graus de risco. As empresas com grau 1 (risco leve) iriam pagar taxa de 0,4%; as empresas com grau 2 (risco médio) taxa de 1,2% e as empresas com grau 3 (risco grave) a taxa máxima de 2,5%.

Note-se que nos termos do art. 15, *supra*, o enquadramento deveria ocorrer pela atividade da empresa, conforme classificação definida, na época, pelo Ministério da Previdência e Assistência Social. A base de cálculo, definida no *caput* do dispositivo, era o valor da folha de salário de contribuição.

Na sequência, o Decreto n. 77.077 (DOU de 2.2.1976) expediu a primeira Consolidação das Leis da Previdência Social e disciplinou sobre o seguro de acidentes de trabalho no Título V. O art. 178 deste regulamento é que disciplinava sobre o custeio do SAT, ratificando as disposições da Lei n. 6.367/76.

Os benefícios acidentários eram administrados e pagos pelo Instituto Nacional de Previdência Social — INPS. Também competia ao INPS a administração financeira. Posteriormente, com a edição da Lei n. 6.439/77 e respectiva criação do SINPAS (Sistema Nacional de Previdência e Assistência Social) a administração financeira passou a cargo do IAPAS (Instituto de Administração Financeira da Previdência e Assistência Social) ficando apenas os benefícios com o INPS.

Em janeiro de 1979 foi publicado o Regulamento do Custeio da Previdência Social (Decreto n. 83.081), sendo os arts. 38 a 40 a disciplinarem sobre o seguro de acidentes do trabalho. Confiram-se:

"**Art. 38.** O custeio das prestações por acidentes do trabalho na previdência social urbana é atendido pelas contribuições do art. 33 e por uma contribuição adicional, a cargo exclusivo da empresa (art. 31), correspondente às percentagens a seguir indicadas da folha de salários de contribuição dos segurados empregados, exceto os domésticos, dos trabalhadores avulsos e temporários e dos presidiários que exercem trabalho remunerado:

I — 0,4% (quatro décimos por cento) para a empresa em cuja atividade o risco de acidente do trabalho seja considerado leve;

II — 1,2% (um e dois décimos por cento) para a empresa em cuja atividade esse risco seja considerado médio;

III — 2,5% (dois e cinco décimos por cento) para a empresa em cuja atividade esse risco seja considerado grave.

§ 1º — Os três graus de risco de que trata este artigo são os constantes da tabela que constitui o Anexo I.

§ 2º — A tabela do Anexo I será revista trienalmente pelo MPAS, a contar de 1º de janeiro de 1977, data do início da vigência do Decreto n. 79.037, de 24 dezembro de 1976, de acordo com a experiência verificada no período.

§ 3º — O enquadramento da empresa na tabela do Anexo I é de sua iniciativa e pode ser revisto pelo IAPAS a qualquer tempo.

Art. 39. A contribuição para o custeio das prestações por acidentes do trabalho deve ser recolhida juntamente com as demais contribuições previdenciárias e nos mesmos prazos.

Parágrafo único. O recolhimento a menor, ainda que por erro no enquadramento de que trata o § 3º do art. 38, sujeitará a empresa às cominações legais.

Art. 40. Para os efeitos do art. 38, a empresa se enquadrará na tabela do Anexo I em relação a cada estabelecimento como tal caracterizado pelo Cadastro Geral de Contribuintes — CGC do Ministério da Fazenda.

§ 1º — Quando a empresa ou o estabelecimento com CGC próprio, que a ela se equipara, exercer mais de uma atividade, o enquadramento se fará em função da atividade preponderante.

§ 2º — Para os efeitos do § 1º, considera-se atividade preponderante a que ocupa o maior número de segurados."

Referido regulamento trouxe importante alteração, disciplinando que o enquadramento (agora nos termos do Anexo I do Regulamento de Custeio) deveria ocorrer em relação a cada estabelecimento da empresa e, nas ocasiões em que o estabelecimento exercesse mais de uma atividade, que deveria ser utilizada a atividade preponderante (aquela com maior número de segurados).

No Diário Oficial da União de 24.1.1984 foi publicado o Decreto n. 89.312, trazendo uma nova edição da Consolidação das Leis da Previdência Social. A cobertura previdenciária para os acidentes de trabalho constaram do Título V (art. 160 e seguintes) e o custeio destas prestações permaneceu sem alterações, disciplinado no art. 173 do regulamento.

Em janeiro/85, o Regulamento do Custeio (constante do Decreto n. 83.081/79) foi alterado pelo Decreto n. 90.817/85, sem nenhuma alteração relevante.

A Carta Constitucional de 1988 dispôs sobre o seguro contra acidentes do trabalho em seu art. 7º, inciso XXVIII, a ser pago pelos empregadores e que beneficiaria todo e qualquer empregado, nos seguintes termos:

"**Art. 7º** São direitos dos trabalhadores urbanos e rurais, além de outros que visem à melhoria de sua condição social:

(...)

XXVIII — seguro contra acidentes de trabalho, a cargo do empregador, sem excluir a indenização a que está obrigado, quando incorrer em dolo ou culpa;

(...)"

Na sequência, foi publicada, em 1989, a Lei n. 7.787 (DOU de 30.7.1989), trazendo alterações na legislação de custeio da Previdência Social e instituindo uma alíquota fixa de 2% (dois por cento) para todas as empresas, com um adicional (variável entre 0,9 e 1,8%) para aquelas cujos índices de acidentalidade fossem superiores aos índices da média do respectivo setor. Confiram-se os dispositivos pertinentes:

"**Art. 3º** A contribuição das empresas em geral e das entidades ou órgãos a ela equiparados, destinada à Previdência Social, incidente sobre a folha de salários, será:

(...)

II — de 2% (dois por cento) o total das remunerações pagas ou creditadas, no decorrer do mês, aos segurados empregados e avulsos, para o financiamento da complementação das prestações por acidente do trabalho.

(...).

Art. 4º A empresa cujo índice de acidente de trabalho seja superior à média do respectivo setor, sujeitar-se-á a uma contribuição adicional de 0,9% (zero vírgula nove por cento) a 1,8% (um vírgula oito por cento), para financiamento do respectivo seguro.

§ 1º — Os índices de que trata este artigo serão apurados em relação ao trimestre anterior.

§ 2º — Incidirão sobre o total das remunerações pagas ou creditadas as seguintes alíquotas:

Alíquota (%)	Excesso do índice da empresa em relação ao índice médio do setor
0,9	até 10%
1,2	de mais de 10% a 20%
1,8	mais de 20%

(...)"

Note-se que pelo novo diploma legal não somente as alíquotas do seguro estavam alteradas, mas também a base de cálculo para sua incidência. Em vigor desde 1.9.1989 (art. 21), a nova base passou a ser o total da "folha de salários".

Em 1990 a Lei n. 8.029 providenciou a fusão do INPS e do IAPAS, criando então o Instituto Nacional do Seguro Social — INSS —, que passou a acumular a função de ambos os institutos (concessão e manutenção de benefícios previdenciários e arrecadação e fiscalização das contribuições).

Em 1991 a Lei n. 8.212/91 (Lei de Custeio do Regime Geral de Previdência Social) passou a disciplinar sobre o tema, fixando alíquotas variáveis entre 1% e 3%, conforme os riscos previamente determinados às categorias preponderantes das empresas. Era a redação original do art. 22, inciso II, a seguinte:

"**Art. 22.** A contribuição a cargo da empresa, destinada à Seguridade Social, além do disposto no art. 23, é de:

(...)

II — para o financiamento da complementação das prestações por acidente de trabalho, os seguintes percentuais, incidentes sobre o total das remunerações pagas ou creditadas, no decorrer do mês, aos segurados empregados e trabalhadores avulsos:

a) 1% (um por cento) para as empresas em cuja atividade preponderante o risco de acidentes de trabalho seja considerado leve;

b) 2% (dois por cento) para as empresas em cuja atividade preponderante esse risco seja considerado médio;

c) 3% (três por cento) para as empresas em cuja atividade preponderante esse risco seja considerado grave.

(...)

§ 3º — O Ministério do Trabalho e da Previdência Social poderá alterar, com base nas estatísticas de acidentes de trabalho, apuradas em inspeção, o enquadramento de empresas para efeito da contribuição a que se refere o inciso II deste artigo, a fim de estimular investimentos em prevenção de acidentes.

O legislador, aqui, optou por acabar com a alíquota única de 2%, bem como com o adicional relativo ao desempenho de cada empresa, comparado com o desempenho do setor. Fixou três alíquotas (1%, 2% ou 3%), distribuídas conforme o risco de acidentalidade (leve, médio ou grave), sendo este apurado na atividade preponderante desenvolvida pela empresa. Referidos percentuais, nos termos do inciso II, se destinavam a custear a complementação das prestações pagas, pela Previdência Social, aos segurados que sofreram acidentes do trabalho, ou seja: auxílio-doença acidentário, aposentadoria por invalidez acidentária, auxílio-acidente e pensão por morte acidentária.

A base de cálculo tornou a sofrer alteração e, a partir do novo diploma, não mais seria o total da folha de salários, mas sim o total das remunerações pagas a empregados e avulsos.

Coube ao Decreto n. 612/92 (vigência em 21.7.1992) a regulamentação do art. 22, o que fez nos arts. 26 e 27, a seguir transcritos:

"**Art. 26.** A contribuição da empresa, destinada ao financiamento da complementação das prestações por acidente do trabalho, corresponde à aplicação dos seguintes percentuais incidentes sobre o total da remuneração paga ou creditada a qualquer título, no decorrer do mês, aos segurados empregados, trabalhadores avulsos e médicos-residentes:

I — 1% (um por cento) para a empresa em cuja atividade preponderante o risco de acidente do trabalho seja considerado leve;

II — 2% (dois por cento) para a empresa em cuja atividade preponderante o risco de acidente do trabalho seja considerado médio;

III — 3% (três por cento) para a empresa em cuja atividade preponderante o risco de acidente do trabalho seja considerado grave.

§ 1º — Considera-se preponderante a atividade econômica que ocupa, em cada estabelecimento da empresa, o maior número de segurados empregados, trabalhadores avulsos e médicos-residentes.

§ 2º — Considera-se estabelecimento da empresa a dependência, matriz ou filial, que possui número de CGC próprio, bem como a obra de construção civil executada sob sua responsabilidade.

§ 3º — As atividades econômicas preponderantes dos estabelecimentos da empresa e os respectivos riscos de acidentes de trabalho compõem a Relação de Atividades Preponderantes e correspondentes Graus de Risco — Seguro de Acidentes de Trabalho — SAT, anexa a este regulamento.

§ 4º — O enquadramento dos estabelecimentos nos correspondentes graus de risco é de responsabilidade da empresa, observadas as atividades econômicas preponderantes de cada um deles, e será feito mensalmente, cabendo ao INSS rever o enquadramento a qualquer tempo.

§ 5º — Verificado erro no auto-enquadramento, o INSS adotará as medidas necessárias à sua correção, orientando o responsável pela empresa em caso de recolhimento indevido e procedendo à notificação dos valores devidos.

§ 6º — Para efeito de determinação da atividade econômica preponderante do estabelecimento, prevista no § 1º, serão computados os empregados, trabalhadores avulsos e médicos-residentes que exerçam suas atividades profissionais efetivamente no estabelecimento.

§ 7º — Não sendo exercida atividade econômica no estabelecimento, o enquadramento será feito com base na atividade econômica preponderante da empresa, adotando-se, neste caso, o mesmo critério fixado no § 1º.

"**Art. 27.** O MPS deverá revisar, trienalmente, com base em estatísticas de acidentes do trabalho e em relatórios de inspeção, o enquadramento das empresas de que trata o art. 26, visando estimular investimentos em prevenção de acidentes do trabalho.

Parágrafo único. O MPS e o MTA adotarão, imediatamente, por intermédio de comissão constituída no âmbito da Secretaria Nacional de Previdência Social — SNPS e da Secretaria Nacional do Trabalho — SNT, as providências necessárias à implementação de sistema de controle e acompanhamento de acidentes do trabalho, a partir da comunicação prevista no art. 142 do Regulamento dos Benefícios da Previdência Social — RBPS."

A partir da publicação e vigência do novo Regulamento, diversas Ordens de Serviço ou Orientações Normativas, da Diretoria de Arrecadação e Fiscalização do INSS, foram publicadas posteriormente, sempre com alterações nas classificações e enquadramentos. Foram elas: OS INSS/DARF n. 51, de 6.10.1992; OS INSS/DARF n. 57, de 20.11.1992; OS INSS/DAF n. 74, de 26.4.1993; OS INSS/DAF n. 83, de 13.8.1993; OS INSS/DAF n. 87, de 20.8.1993; OS INSS/DAF n. 100, de 6.12.1993; ON MPS/SPS n. 02, de 11.8.1994; OS INSS/DAF n. 118, de 8.11.1994; OS INSS/DAF n. 135, de 16.11.1995; OS INSS/DAF n. 159, de 2.5.1997.

O Decreto n. 2.173, publicado em 6.3.1997, revogou o Decreto n. 612/92 e passou a determinar, em seu art. 26, que atividade preponderante seria aquela que ocupasse, na empresa, o maior número de segurados empregados, trabalhadores avulsos ou médicos residentes. O enquadramento do risco (leve, médio ou grave) deixava de ser por estabelecimento e passava a ser por empresa. Outra novidade do novo Regulamento de Custeio foi a inserção do art. 27, trazendo a possibilidade de redução de até 50% nas alíquotas fixadas (1%, 2% ou 3%), como forma de incentivar o investimento em segurança do trabalho. Confira-se:

> "**Art. 27.** O Ministério da Previdência e Assistência Social — MPAS poderá autorizar a empresa a reduzir em até cinquenta por cento as alíquotas da contribuição a que se refere o artigo anterior, a fim de estimular investimentos destinados a diminuir os riscos ambientais do trabalho.
>
> § 1º — A redução da alíquota de que trata este artigo estará condicionada à melhoria das condições do trabalho, obtida através de investimentos em prevenção e em sistemas gerenciais de risco que impactem positivamente na redução dos agravos à saúde no trabalho, à inexistência de débitos em relação às contribuições devidas ao Instituto Nacional do Seguro Social-INSS e aos demais requisitos estabelecidos pelo Ministério da Previdência e Assistência Social — MPAS.
>
> § 2º — O Instituto Nacional do Seguro Social-INSS, com base principalmente na comunicação prevista no art. 134 do Regulamento dos Benefícios da Previdência Social — RBPS, implementará sistema de controle e acompanhamento de acidentes do trabalho.
>
> § 3º — Verificado o descumprimento por parte da empresa dos requisitos fixados pelo Ministério da Previdência e Assistência Social — MPAS, para fim de redução das alíquotas de que trata o artigo anterior, o Instituto Nacional do Seguro Social — INSS procederá à notificação dos valores devidos."

Referido dispositivo, contudo, não chegou a ser utilizado porque o Ministério da Previdência Social não estabeleceu os outros requisitos de que tratava o § 1º.

A Lei n. 9.528/97 (DOU de 11.12.1997) trouxe alterações ao inciso II do art. 22 da Lei de Custeio e a contribuição patronal passou a financiar não apenas a complementação dos benefícios acidentários, mas sim sua totalidade, conforme podemos observar, *in verbis*:

> "**Art. 22.** A contribuição a cargo da empresa, destinada à Seguridade Social, além do disposto no art. 23, é de:
>
> (...)
>
> II — para o financiamento dos benefícios concedidos em razão do grau de incidência de incapacidade laborativa decorrente dos riscos ambientais do trabalho, conforme dispuser o regulamento, nos seguintes percentuais, sobre o total das remunerações pagas ou creditadas, no decorrer do mês, aos segurados empregados e trabalhadores avulsos:
>
> a) 1% (um por cento) para as empresas em cuja atividade preponderante o risco de acidentes do trabalho seja considerado leve;
>
> b) 2% (dois por cento) para as empresas em cuja atividade preponderante esse risco seja considerado médio;
>
> c) 3% (três por cento) para as empresas em cuja atividade preponderante esse risco seja considerado grave.
>
> (...)
>
> § 3º — O Ministério do Trabalho e da Previdência Social poderá alterar, com base nas estatísticas de acidentes do trabalho, apuradas em inspeção, o enquadramento de empresas para efeito da contribuição a que se refere o inciso II deste artigo, a fim de estimular investimentos em prevenção de acidentes."

Em 20.7.1998 o Conselho Nacional de Previdência Social publicou no Diário Oficial da União a Resolução n. 1.101, aprovando uma sistemática para elaboração dos Indicadores de Acidente de Trabalho, a qual foi denominada de "Metodologia para Avaliação e Controle dos Acidentes de Trabalho". Referido normativo é fruto do estudo de Josefa Barros Cardoso Ávila e de Márcia Caldas de Castro, publicado com o título *Metodologia para cálculo de indicadores de acidente do trabalho e critérios para avaliação do enquadramento dos ramos de atividade econômica por grau de risco*, Versão institucional, Brasília: MPAS, 1998.

A Resolução trouxe ainda os seguintes comandos:

"(...)

II — Determinar que a DATAPREV apresente todos os dados disponíveis sobre Acidente do Trabalho referentes aos cadastros da Comunicação de Acidente de Trabalho — CAT, do Sistema Único de Benefícios — SUB e da Guia de Recolhimento da Previdência Social — GRPS, referentes a cada ano, em sua totalidade, até o 3º bimestre do ano subsequente, bem como os dados relativos a Relação Anual de Informações Sociais — RAIS, repassados pelo SERPRO.

III — Recomendar a publicação anual, no Diário Oficial da União, dos resultados aferidos em decorrência da aplicação dos referidos indicadores.

IV — Recomendar ainda a instituição de grupos de trabalho técnico destinados a propor a reformulação do modelo de Comunicação de Acidente do Trabalho — CAT e do respectivo fluxo de processamento, bem como a desenvolver indicadores de avaliação prévia dos riscos de trabalho por unidade produtiva."

A metodologia criada trazia os indicadores de frequência, gravidade e custo, sendo similar à primeira metodologia criada para o Fator Acidentário de Prevenção — FAP — aprovada anos depois pela Resolução CNPS n. 1.236/2004.

A primeira publicação do *ranking* ocorreu no Diário Oficial da União de 9.3.1999, trazendo o resultado da aplicação do método para os anos de 1996 e 1997. Os resultados de 1998 e 1999 não chegaram a ser calculados por esse método, porque havia falhas na metodologia que deveriam ser aprimoradas e a mesma passava por revisão.

Em dezembro de 1998, novas e importantes alterações foram trazidas pela Lei n. 9.732 (DOU de 14.12.1998). A Lei n. 8.213/91 — que dispõe sobre os benefícios pagos pelo Regime Geral de Previdência Social — teve alteração em seu art. 57, tendo nele sido incluídos os §§ 6º a 8º, determinando que o benefício de Aposentadoria Especial (concedido aos trabalhadores expostos aos agentes nocivos insalubres ou periculosos) passava a ser financiado pelos empregadores, com adicionais impostos às alíquotas de 1%, 2% ou 3% dispostas no art. 22 da Lei n. 8.212/91. Confira-se:

"**Art. 2º** Os arts. 57 e 58 da **Lei n. 8.213, de 24 de julho de 1991**, passam a vigorar com as seguintes alterações:

"*Art. 57.*

(...)

*§ 6º O benefício previsto neste artigo será financiado com os recursos provenientes da contribuição de que trata o inciso II do art. 22 da **Lei n. 8.212, de 24 de julho de 1991**, cujas alíquotas serão acrescidas de doze, nove ou seis pontos percentuais, conforme a atividade exercida pelo segurado a serviço da empresa permita a concessão de aposentadoria especial após quinze, vinte ou vinte ou vinte e cinco anos de contribuição, respectivamente.*

§ 7º O acréscimo de que trata o parágrafo anterior incide exclusivamente sobre a remuneração do segurado sujeito às condições especiais referidas no caput.

§ 8º Aplica-se o disposto no art. 46 ao segurado aposentado nos termos deste artigo que continuar no exercício de atividade ou operação que o sujeite aos agentes nocivos constantes da relação referida no art. 58 desta Lei." (NR)

Consequentemente, também o art. 22, inciso II, da Lei n. 8.212/91 foi alterado pela Lei n. 9.732/98, o qual passou à seguinte redação:

"**Art. 22.**

(...)

II — para o financiamento do benefício previsto nos arts. 57 e 58 da Lei n. 8.213, de 24 de julho de 1991, e daqueles concedidos em razão do grau de incidência de incapacidade laborativa decorrente dos riscos ambientais do trabalho, sobre o total das remunerações pagas ou creditadas, no decorrer do mês, aos segurados empregados e trabalhadores avulsos:

a) 1% (um por cento) para as empresas em cuja atividade preponderante o risco de acidentes do trabalho seja considerado leve;

b) 2% (dois por cento) para as empresas em cuja atividade preponderante esse risco seja considerado médio;

c) 3% (três por cento) para as empresas em cuja atividade preponderante esse risco seja considerado grave.

(...)

§ 3º O Ministério do Trabalho e da Previdência Social poderá alterar, com base nas estatísticas de acidentes do trabalho, apuradas em inspeção, o enquadramento de empresas para efeito da contribuição a que se refere o inciso II deste artigo, a fim de estimular investimentos em prevenção de acidentes."

Note-se, pois, que as alíquotas de 1%, 2% ou 3% permaneceram vigentes, destinadas a custear os benefícios pagos pelo Regime Geral de Previdência Social (RGPS) decorrentes de acidentes do trabalho. Já os adicionais de 6%, 9% ou 12% foram criados pela Lei n. 9.732/98 para financiar os benefícios de Aposentadoria Especial, todos incidentes sobre o total bruto da remuneração, ou seja, sobre a folha de pagamento. A alíquota básica (1%, 2% ou 3%, conforme o grau de risco da atividade preponderante incide sobre o total geral de remuneração. Já os acréscimos da aposentadoria especial (6%, 9% ou 12%, conforme agente nocivo e tempo de aposentadoria) incidem somente sobre o total da folha referente aos empregados expostos aos riscos que possibilitam a percepção do referido benefício.

Não houve nenhuma alteração posterior, sendo essa a redação atualmente vigente do inciso II do art. 22 (e § 3º).

Um novo Regulamento da Previdência Social (disciplinando sobre benefícios e contribuições em única norma) foi publicado no Diário Oficial da União em 7.5.1999 (e republicado em 12.5.1999), constante do Decreto n. 3.048.

A relação de atividades preponderantes e os correspondentes graus de risco foram inseridos no Anexo V e coube ao art. 202 disciplinar sobre o SAT, mantendo a expressão "risco ambiental do trabalho" e também o enquadramento por empresa (e não por estabelecimento). Pequenas adaptações foram introduzidas quando a Secretaria da Receita Previdenciária passou a assumir o controle da arrecadação e fiscalização das contribuições previdenciárias, fato ocorrido em 14.1.2005, quando da publicação da Lei n. 11.098.

Em 2000, dois anos após a aprovação e publicação da Resolução CNPS 1.101/98, as servidoras Josefa Barros Cardoso Ávila e de Márcia Caldas de Castro aprimoraram a metodologia inicialmente criada e em abril/2002 redigiram, juntamente com André Luiz Valente Mayrink o *Ranking das Atividades Econômicas Segundo a Frequência, Gravidade e Custo dos Acidentes do Trabalho*[13].

Há também, de 2002, uma publicação institucional deste trabalho de revisão, de autoria destes três servidores, intitulado "*Metodologia para cálculo de indicadores de acidentes do trabalho e critérios para avaliação, controle e reenquadramento dos ramos de atividade econômica segundo o grau de risco*. Brasília: MPAS, 2002.

Destaque-se que, nessas publicações, há menção expressa de que os acidentes a serem considerados na metodologia precisam trazer algum afastamento das atividades profissionais ou alguma redução na capacidade laborativa. Confira-se[14]:

---

(13) Documento disponível em: <http://www.segurancaetrabalho.com.br/download/indicadores-de-acidentes-marciacastro.doc>. Consulta em: 29.6.2012.
(14) Ranking das Atividades Econômicas Segundo a Frequência, Gravidade e Custo dos Acidentes do Trabalho. Brasília, MPAS, abril/2002, página 6. Documento disponível em: <http://www.segurancaetrabalho.com.br/download/indicadores-de-acidentes-marciacastro.doc>. Consulta em: 29.6.2012.

"Há diversos indicadores que podem ser construídos visando medir o risco no trabalho. A OIT utiliza três indicadores para medir e comparar a periculosidade entre diferentes setores de atividade econômica de um país (ILO, 1971): o índice de frequência, o índice de gravidade e a taxa de incidência.

Já a NBR n. 14.280/99, sugere a construção dos seguintes indicadores: taxas de frequência (total, com perda de tempo e sem perda de tempo de atividade), taxa de gravidade e medidas de avaliação da gravidade (número médio de dias perdidos em consequência de incapacidade temporária total, número médio de dias perdidos em consequência de incapacidade permanente, e tempo médio computado). Vários estudos elaborados por especialistas sugerem, ainda, a adoção de um indicador que permita avaliar o custo social dos acidentes do trabalho.

É importante ressaltar que a recomendação internacional é que, no cálculo dos indicadores, devem ser incluídos os acidentados cuja ausência da atividade laborativa tenha sido igual ou superior a uma jornada normal, além daqueles que exercem algum tipo de trabalho temporário ou informal, situação em que o acidentado não se ausenta formalmente do trabalho, porém fica impedido de executar sua atividade habitual."

No subitem 3.1 do documento, o *ranking* traz a fórmula adotada para cálculo do índice de frequência, e faz novamente referência à utilização tão somente dos acidentes que geraram benefícios previdenciários. O estudo destaca, inclusive, que utilizar toda a acidentalidade registrada pelas Comunicações de Acidente de Trabalho (CATs) acabaria por penalizar as empresas que informam corretamente os sinistros, mesmo que não tenham causado qualquer ônus para o sistema. Confira-se[15]:

"**3.1. Índice de Frequência (I_f)**

O Índice de Frequência (I_f) mede o número de acidentes que geraram algum tipo de benefício, ocorridos para cada 1.000.000 de homens-horas trabalhadas, podendo ser escrito como

$$I_f = \frac{\text{Número total de acidentes de trabalho que geraram benefício}}{\text{HHT}} * 1.000.000$$

onde HHT representa o número total de homens-horas trabalhadas, sendo calculado pelo somatório das horas de trabalho de cada pessoa exposta ao risco de se acidentar, aproximado pelo produto entre o número de trabalhadores, jornada de trabalho diária, e número de dias trabalhados no período em estudo, ou seja

*Número de trabalhadores * 8 horas/dia * Número de dias trabalhados no período considerado.*

O número de trabalhadores é obtido a partir do número médio de vínculos no ano. Desta forma, pessoas que mantiveram o vínculo empregatício ao longo dos 12 meses do ano, contribuem com uma unidade na média, enquanto que aquelas que trabalharam apenas uma quantidade *y* de meses, contribuem com *y*/12 unidades na média, garantindo a correta mensuração de exposição ao risco. A informação de número de dias trabalhados no período considerado deve ser estimada. Foi utilizada uma média de 22 dias úteis como estimativa de dias trabalhados por mês. Como o período de análise considerado é anual, o total de dias trabalhados adotado foi de 264, ou seja, 12 meses no ano * 22 dias por mês = 264 dias.

O numerador do índice inclui apenas os acidentes do trabalho que geraram algum tipo de benefício previdenciário (aposentadoria por invalidez, auxílio-doença, auxílio-acidente

---

(15) Ranking das Atividades Econômicas Segundo a Freqüência, Gravidade e Custo dos Acidentes do Trabalho. Brasília, MPAS, abril/2002, páginas 6 e 7. Documento disponível em: <http://www.segurancaetrabalho.com.br/download/indicadores-de-acidentes-marciacastro.doc>. Consulta em: 28.6.2012.

e pensão por morte), a fim de não penalizar as empresas com boa declaração de sinistralidades, e favorecer aquelas que só declaram os acidentes mais graves (os quais, obrigatoriamente, envolvem a necessidade de registro oficial). Se o numerador considerasse todos os acidentes registrados, empresas com grande número de notificações apresentariam resultados mais elevados, ainda que não causassem ônus para o sistema previdenciário."

No índice de gravidade, utiliza-se o número de dias de afastamento e, quando da ocorrência de óbito ou invalidez permanente (cujos benefícios são pagos até o óbito do beneficiário, em regra) convencionou-se a utilização de 6000 dias, conforme recomendação constante na NBR 14.280/99 e cujo critério é adotado pela maioria dos países. Para a incapacidade parcial permanente (situações que geram o pagamento do benefício de auxílio-acidente) foi fixada a média de 2.500 dias.

O índice de custo levou em consideração o valor gasto pela Previdência Social e o total pago pela empresa a título do seguro contra acidentes do trabalho (SAT).

Dos três índices calculados (frequência, gravidade e custo) parte-se para o cálculo do índice único. Na primeira metodologia (Resolução CNPS 1.101/98) adotou-se o critério de média simples e, nesta revisão, a sugestão era a adoção de pesos distintos para os índices, cálculo do percentil e fixação de critérios para desempate.

O documento informa, na página 12, que a nova metodologia foi utilizada para calcular o ranking de 1997, 1998 e 1999. O ano de 1997 já havia sido calculado na metodologia anterior (Resolução CNPS 1.101/98), mas foi novamente calculado com base na nova regra. Ao que parece, contudo, não houve alteração da Resolução CNPS n. 1.101/98.

O raciocínio utilizado, as fórmulas adotadas e a metodologia sugerida são similares àqueles adotados para o cálculo do FAP, em vigor desde janeiro/2010. No entanto, aqui se pretendia somente instituir um método eficaz para que o Ministério da Previdência Social pudesse distribuir, corretamente, as alíquotas de 1%, 2% ou 3% conforme os graus de risco leve, médio ou grave. No cálculo do FAP, entretanto, cuja metodologia inicial consta da Resolução CNPS n. 1.236/2004 e a metodologia final (em vigor) se encontra na Resolução n. 1.308/2009, grandes distorções foram inseridas (como a utilização de ocorrências sem afastamento, por exemplo), além estarmos tratando de reduzir ou aumentar um tributo, onde princípios constitucionais e disposições legais precisavam, mas não foram observados.

6.1.2.2. Percentuais Básicos

Atualmente, a contribuição obrigatória a todas as empresas e destinada ao financiamento da aposentadoria especial e dos benefícios concedidos em razão do grau de incidência de incapacidade laborativa decorrente dos riscos ambientais do trabalho corresponde à aplicação dos seguintes percentuais:

a) 1% (um por cento) para a empresa em cuja atividade preponderante o risco de acidente do trabalho seja considerado leve;

b) 2% (dois por cento) para a empresa em cuja atividade preponderante o risco de acidente do trabalho seja considerado médio; ou

c) 3% (três por cento) para a empresa em cuja atividade preponderante o risco de acidente do trabalho seja considerado grave.

Referidas alíquotas incidem sobre o total da remuneração paga ou creditada a qualquer título, no decorrer do mês, ao segurado empregado e ao trabalhador avulso.

Obs. 1: O contribuinte individual pessoa física, proprietária ou não, que explora atividade agropecuária ou pesqueira, diretamente ou por intermédio de prepostos e com auxílio de empregados, ainda que de forma não contínua, não se encontra obrigado ao pagamento destas alíquotas (Decreto n. 3.048/99, art. 202, § 7º).

Obs. 2: O produtor rural pessoa jurídica que se dedicar à produção rural e que contribua aos cofres da previdência na alíquota de 2,5% sobre o total da receita bruta proveniente da comercialização da produção rural deverá contribuir para o financiamento dos benefícios por incapacidade no percentual de 0,1% (incidentes sobre a receita bruta proveniente da comercialização da produção) — Decreto n. 3.048/99, art. 202, § 8º.

O enquadramento é de responsabilidade da própria empresa (ou entidade equiparada), devendo ser revisto mensalmente. Uma vez conhecida a atividade preponderante, deverá o empregador utilizar da "Relação de Atividades Preponderantes e Correspondentes Graus de Risco" (conforme a Classificação Nacional de Atividades Econômicas — CNAE), anexa ao Decreto n. 3.048/99 (Anexo V).

Obs.: Com a revogação do § 9º do art. 202 do Regulamento da Previdência Social (aprovado pelo Decreto n. 3.048/99) pelo art. 4º do Decreto n. 3.265/99, a microempresa e a empresa de pequeno porte não optantes pelo SIMPLES não mais se beneficiam da contribuição correspondente ao percentual mínimo (1%) para o financiamento das aposentadorias especiais (antigo SAT), ficando sujeitas, portanto, às alíquotas normais de 1%, 2% ou 3%, conforme o enquadramento. Havendo agente nocivo que propicie ao empregado o benefício de aposentadoria especial, deverá ser observada a majoração de alíquota (Lei n. 9.732/98 — ver subitem 6.1.2.4 deste Capítulo). Observe-se que, tendo havido aumento de contribuição em razão deste reenquadramento, o mês de vigência a ser considerado deverá ser março/2000 (Decreto n. 3.265/99, art. 3º).

É necessário, portanto, que o empregador verifique corretamente qual, dentre as atividades exercidas, pode ser classificada por preponderante.

Até a competência junho/1997, considerava-se preponderante a atividade econômica que ocupava, em cada estabelecimento da empresa, o maior número de segurados empregados, trabalhadores avulsos e médicos-residentes, considerando-se estabelecimento da empresa a dependência, matriz ou filial, que possuía número de CGC próprio, bem como a obra de construção civil executada sob sua responsabilidade.

A partir da competência julho/1997, a atividade econômica preponderante da empresa, para fins de enquadramento na alíquota de grau de risco destinada a arrecadar recursos para custear o financiamento dos benefícios concedidos em razão de maior incidência de incapacidade laborativa decorrente de riscos ambientais do trabalho, é aquela que ocupa, na empresa, o maior número de segurados empregados e trabalhadores avulsos, observando-se que (Instrução Normativa SRF n. 971/2009, art. 72, § 1º, II):

a) sendo apurado no estabelecimento, na empresa ou no órgão do poder público, o mesmo número de segurados empregados e trabalhadores avulsos em atividades econômicas distintas, considerar-se-á como preponderante aquela que corresponder ao maior grau de risco;

b) não serão considerados os segurados empregados que prestam serviços em atividades-meio, para a apuração do grau de risco, assim entendidas aquelas que auxiliam ou complementam indistintamente as diversas atividades econômicas da empresa, tais como serviços de administração geral, recepção, faturamento, cobrança, contabilidade, vigilância, dentre outros.

Deverá o empregador, portanto, obedecer às seguintes disposições (IN SRF n. 971/2009, art. 72, § 1º, I):

I — Empresa com estabelecimento e atividade únicos: a empresa com estabelecimento único e uma única atividade deverá se enquadrar na respectiva atividade.

II — Empresa com estabelecimento único e mais de uma atividade econômica: a empresa com estabelecimento único e mais de uma atividade econômica deverá simular o enquadramento em cada uma delas, prevalecendo como preponderante aquela que tiver o maior número de segurados empregados e trabalhadores avulsos.

Obs.: Para fins de enquadramento não deverão ser considerados os empregados que prestam serviços em atividades-meio, assim entendidas aquelas atividades que auxiliam ou complementam indistintamente as diversas atividades econômicas da empresa, como, por exemplo: administração geral, recepção, faturamento, cobrança etc.

Exemplo:

• Empresa com estabelecimento único (CNPJ único)

• Atividades: A, B, C

Atividade A = 50 empregados

Atividade B = 30 empregados

Atividade C = 60 empregados

• Atividade Preponderante: atividade "C" porque possui 60 empregados.

III — Empresa com mais de um estabelecimento e diversas atividades econômicas: a empresa com mais de um estabelecimento e diversas atividades econômicas deverá somar o número de segurados alocados na mesma atividade em toda a empresa, prevalecendo como preponderante a atividade que ocupe o maior número de segurados empregados e trabalhadores avulsos, considerados todos os estabelecimentos (exceto obras de construção civil).

Exemplo:

• Empresa com mais de um estabelecimento: matriz e filiais (mesmo CNPJ raiz)

• Estabelecimentos: 01, 02, 03

• Estabelecimento 01:

   Atividade A = 10 empregados

   Atividade B = 15 empregados

   Atividade C = 20 empregados

• Estabelecimento 02:

   Atividade A = 25 empregados

   Atividade B = 05 empregados

   Atividade C = 15 empregados

• Estabelecimento 03:

   Atividade A = 10 empregados

   Atividade B = 20 empregados

   Atividade C = 15 empregados

• Atividade preponderante na empresa: atividade "c", com 50 empregados.

IV — A obra de construção civil edificada por empresa cujo objeto social não seja construção ou prestação de serviços na área de construção civil será enquadrada no código CNAE e grau de risco próprios da construção civil, e não da atividade econômica desenvolvida pela empresa. Assim, os trabalhadores alocados na obra não serão considerados para fins de verificação da atividade preponderante da empresa.

V — Órgãos da administração pública direta: os órgãos da administração pública direta, tais como Prefeituras, Câmaras, Assembleias Legislativas, Secretarias e Tribunais, identificados com inscrição no CNPJ, enquadrar-se-ão na respectiva atividade. Na hipótese de um órgão da administração pública direta com inscrição própria no CNPJ ter a ele vinculados órgãos sem inscrição no CNPJ, deverá ser aplicado o procedimento constante no item III, *supra*.

VI — Empresa de Trabalho Temporário: a empresa de trabalho temporário deverá se enquadrar na atividade com a descrição "7820-5/00 — Locação de Mão de Obra Temporária".

Uma vez identificada a atividade preponderante da empresa e, consequentemente, localizado o CNAE (Classificação Nacional de Atividade Econômica) dessa atividade, deverá o empregador utilizar da tabela constante do Anexo V do Decreto n. 3.048/99 — "Relação de Atividades Preponderantes e Correspondentes Graus de Risco", a qual se encontra disposta no item 1 da Parte VII desta obra.

Sobre o tema confira-se, ainda, a redação da Súmula 351 do STJ:

"**Súmula 351** — A alíquota de contribuição para o Seguro de Acidente do Trabalho (SAT) é aferida pelo grau de risco desenvolvido em cada empresa, individualizada pelo seu CNPJ, ou pelo grau de risco da atividade preponderante quando houver apenas um registro."

A empresa deverá informar mensalmente, por meio da Guia de Recolhimento do Fundo de Garantia do Tempo de Serviço e Informações à Previdência Social — GFIP, a alíquota correspondente ao seu grau de risco, a respectiva atividade preponderante e a atividade do estabelecimento. É muito importante que essas informações sejam prestadas corretamente, porque delas o Ministério da Previdência Social se utilizará para o cálculo do FAP.

Fundamentação: Lei n. 8.212, de 24.07.1991, art. 22; Decreto n. 3.048/99, arts. 201 e 202; Lei n. 9.732, de 11.12.1998; Instrução Normativa SRF n. 971/2009.

6.1.2.3. Flexibilização em razão dos acidentes de trabalho — Fator Acidentário de Prevenção (FAP)

Em dezembro de 2002 foi publicada a Medida Provisória n. 83, assinada pelo então Presidente da República Fernando Henrique Cardoso, cujo art. 10 trouxe uma possibilidade de flexibilização nas alíquotas de SAT/RAT pagas pelas empresas para financiar os benefícios acidentários.

Com o novo dispositivo, as alíquotas básicas do seguro (de 1%, 2% ou 3%) poderiam vir a ser reduzidas em até 50% ou aumentadas em até 100%, conforme o desempenho da empresa perante suas concorrentes (empresas de mesma atividade econômica), em relação aos acidentes de trabalho.

A Medida Provisória delegou ao Conselho Nacional de Previdência Social a tarefa de elaborar a metodologia de cálculo, impondo, contudo, a utilização de três coordenadas: frequência, gravidade e custo dos acidentes. Em maio do ano seguinte (2003), já no governo de Luiz Inácio Lula da Silva, referida Medida Provisória foi convertida na Lei n.. 10.666, mantendo na totalidade a redação da MP 83/2002, sendo ela a seguinte:

Lei n. 10.666, de 8.5.2003

DOU de 9.5.2003

"**Art. 10.** A alíquota de contribuição de um, dois ou três por cento, destinada ao financiamento do benefício de aposentadoria especial ou daqueles concedidos em razão do grau de incidência de incapacidade laborativa decorrente dos riscos ambientais do trabalho, poderá ser reduzida, em até cinquenta por cento, ou aumentada, em até cem por cento, conforme dispuser o regulamento, em razão do desempenho da empresa em relação à respectiva atividade econômica, apurado em conformidade com os resultados obtidos a partir dos índices de frequência, gravidade e custo, calculados segundo metodologia aprovada pelo conselho nacional de previdência social."

O texto legal não trouxe qualquer metodologia de cálculo e nem tampouco trouxe acréscimos ou reduções para o tributo. Determinou apenas que a alíquota básica paga pela empresa (1%, 2% ou 3%) poderia ser reduzida ou majorada pelo Poder Executivo, já que conferiu poderes ao Conselho Nacional de Previdência Social para a fixação da regra de cálculo. No entanto, do art. 10 podemos extrair cinco importantes diretrizes, quais sejam:

a) o tributo a ser flexibilizado é a alíquota SAT (1%, 2% ou 3%), que se encontra disposta no art. 22 da Lei n. 8.212/91;

b) conforme redação do art. 22 da Lei de Custeio ou mesmo do art. 10 da Lei n. 10.666/2003, a alíquota SAT se destina a financiar benefícios concedidos pelo INSS que decorrem de acidentes ocorridos no ambiente de trabalho, tanto que nos dois diplomas legais é utilizada a expressão "riscos ambientais do trabalho". A idéia do novo diploma legal, portanto, é incentivar as empresas a investirem na redução de acidentes e, por óbvio, acidentes que ocorrem no ambiente em que o trabalho é executado;

c) O desconto pode ser de até 50%, o que significa que uma empresa com índice zero de acidentalidade (zero em frequência, zero em gravidade e zero em custo) terá os 50% máximos de redução;

d) Também terá direito ao desconto máximo a empresa que, comparada com suas concorrentes (empresas de mesma atividade econômica) tiver o menor número de acidentalidade (frequência, gravidade e custo), assim como a que tiver o pior número terá o acréscimo máximo de 100%;

e) A lei não excepcionou qualquer empresa ou qualquer atividade econômica. Todas que contribuírem com as alíquotas SAT/RAT (1%, 2% ou 3%) estão sujeitas à flexibilização;

f) Será necessário comparar as coordenadas de acidentalidade (frequência, gravidade e custo) de todas as empresas de uma mesma atividade econômica, para que, ao final, se possa especificar aquelas que terão direito ao desconto e aquelas que sofrerão o acréscimo.

O fato da Lei n. 10.666/2003 não especificar o cálculo do flexibilizador, nem tampouco trazer qualquer elemento para que o contribuinte possa ter noção do quanto irá pagar a título do tributo SAT, acaba ferindo o princípio da estrita legalidade tributária, na sua acepção de reserva absoluta de lei. Nesse sentido decidiu, inclusive, o Juiz Leandro Paulsen, da 2ª Vara Federal Tributária de Porto Alegre, na ação ordinária de n. 5018632-94.2011.404.7100/RS.

Em abril/2004 o Conselho Nacional de Previdência Social publicou a Resolução n. 1.236 (cópia da dissertação de mestrado do servidor público Paulo Rogério Albuquerque de Oliveira, assessor da Secretaria de Previdência Social, naquela época), aprovando a proposta metodológica para a flexibilização das alíquotas SAT/RAT e denominando de FAP — Fator Acidentário de Prevenção seu resultado final, o qual deveria corresponder a um multiplicador variável entre 0,5 e 2,0.

Além de elaborar as fórmulas necessárias ao cálculo do referido Fator, a Resolução ainda sugeriu que os acidentes de trabalho não mais fossem caracterizados pelo INSS por meio das CATs — Comunicações de Acidente do Trabalho, mas sim com a utilização de uma tabela de CID x CNAE (Código Internacional de Doenças x Classificação Nacional de Atividade Econômica), a ser criada com base em estudos epidemiológicos, com argumento de que havia uma subnotificação dos acidentes por parte das empresas e não sendo a CAT, por tal razão, um documento confiável. Sugeriu, por fim, também uma revisão no enquadramento das alíquotas básicas (de 1%, 2% ou 3%), previsto no Anexo V do Decreto n. 3.048/99 — Regulamento da Previdência Social.

Posteriormente, no Diário Oficial da União de 21.2.2006, foi publicada nova Resolução do CNPS, de n. 1.269, alterando pequenas partes do Anexo disponibilizado na Resolução anterior, como resultado dos estudos efetuados desde então.

Atendendo à sugestão das Resoluções CNPS n. 1.236/2004 e n. 1.269/2006, foi publicada em 27.12.2006 a Lei n. 11.430, acrescentando à Lei n. 8.213/91 (Lei de Benefícios) o art. 21-A, restando criado o nexo técnico epidemiológico, caracterizado presumidamente pelo departamento de perícia médica do INSS. Sobre o tema, ver Parte IV, Capítulo XXIX, subitem 2.2.

Como a matéria necessitava de regulamentação (FAP e também NTEP) foi publicado, em 13.2.2007 (com retificação em 23.2.2007), o Decreto n. 6.042, trazendo alterações ao Decreto n. 3.048/99, atual Regulamento da Previdência Social. Nele, o Poder Executivo trouxe as seguintes providências:

a) regulamentação do FAP: o Decreto n. 3.048/99 passou a conter a flexibilização criada pela Lei n. 10.666/2003 e regulada pelas Resoluções CNPS n. 1.236/2004 e n. 1.269/2006, disciplinando sobre o tema o art. 202-A;

b) regulamentação da nova caracterização dos acidentes pelo INSS (NTEP): o art. 337 do Decreto n. 3.048/99 passou a disciplinar a nova forma de caracterização dos acidentes de trabalho a vigorar a partir de 1.4.2007, por presunção e com adoção da tabela que relaciona o CID (diagnóstico da doença) com o código CNAE (atividade econômica da empresa):

c) criação da lista do NTEP (em vigor a contar de 1.4.2007) e reenquadramento das alíquotas básicas de SAT/RAT: O anexo II do Decreto n. 3.048/99 passou a trazer a lista do nexo técnico epidemiológico (ao final da Lista B, já existente) e o anexo V trouxe um reenquadramento das alíquotas básicas (1%, 2% ou 3%).

d) fixação de prazo para divulgação de dados e apuração do FAP: informação de que a avaliação de desempenho das empresas seria divulgada até 31.12.2006 e que o rol de ocorrências seria divulgado até 31.5.2007, sendo possível sua impugnação no prazo de 30 dias (art. 4º).

Quanto ao Fator Acidentário de Prevenção — FAP, em 1.6.2007 foi publicada a Portaria MPS n. 232, disponibilizando as ocorrências de acidente de trabalho às empresas (período de 05/2004 a 12/2006). Nova divulgação ocorreu em 07/2007 (Portaria MPS n. 269/2007) e ainda uma terceira em 12/2007 (Portaria MPS n. 457/2007), sempre com alterações nos dados divulgados. Ocorrências eram incluídas ou retiradas, gerando total insegurança às empresas. Nessas oportunidades foram identificadas várias ilegalidades nos dados divulgados pelo Ministério da Previdência Social como, por exemplo, a inclusão de acidentes de trajeto, de doenças previdenciárias (não acidentárias), de pessoas já falecidas anteriormente a 2004, de pessoas que nunca se afastaram das atividades profissionais, além de acidentes lançados em duplicidade ou triplicidade. Em razão de tantos absurdos, foram impetrados diversos Mandados de Segurança contra o Ministro da Previdência Social e outras tantas ações ordinárias, questionando os números considerados para o cálculo do FAP.

Como a Previdência Social não conseguiu efetuar todos os cálculos e disponibilizar todos os dados para as empresas em tempo hábil, o FAP não pôde ser aplicado em janeiro 2007, como anteriormente previsto.

Por tal razão, foi publicado primeiramente o Decreto n. 6.257/2007 determinando a divulgação dos dados em setembro/2008 (com eficácia em janeiro/2009) e, posteriormente, o Decreto n. 6.577 (DOU de 26.9.2008) determinando a divulgação dos dados em setembro/2009 e, consequentemente, eficácia do FAP já a contar de janeiro/2010.

Reconhecendo que a fórmula de cálculo e os dados utilizados para o FAP, criados pelas Resoluções CNPS 1.236/2004 e 1.269/2006 não estavam corretos, foram publicadas duas novas Resoluções do Conselho Nacional de Previdência Social — CNPS em 2009, alterando completamente o período de apuração das ocorrências e também as fórmulas de cálculo do FAP. Tratam-se das Resoluções n. 1.308 (DOU de 5.6.2009) e n. 1.309 (DOU de 7.7.2009), cujas regras vigoram desde 2010.

Em face às alterações trazidas na regra de cálculo do FAP pelas Resoluções CNPS n. 1.308 e n. 1.309/2009, o Decreto n. 3.048/99 precisava ser adaptado e, para isso, foi publicado no dia 10/09/2009 o Decreto n. 6.957, trazendo alterações ao art. 202-A. Referido regulamento conferiu competência à Junta de Recursos e ao Conselho de Recursos da Previdência Social para as impugnações ou contestações do FAP e trouxe três outras alterações de destaque:

a) Acréscimo da Lista C ao Anexo II do Decreto n. 3.048/99, colocando nela a lista de nexos epidemiológicos (anteriormente constavam ao final da Lista B);

b) Determinação de que, para o ano de 2010, o Fator Acidentário de Prevenção — FAP — seria aplicado, no que exceder a um inteiro, com redução de 25%, consistindo dessa forma num multiplicador variável num intervalo contínuo de um inteiro a um inteiro e setenta e cinco centésimos; e

c) O aproveitamento da oportunidade de se publicar um Decreto e reenquadrar, novamente, as alíquotas básicas de SAT/RAT das empresas. Mais de um milhão de empresas pagavam 1% a esse título e foram reenquadradas para 3% com o novo Decreto. Sobre o tema, ver esta mesma Parte III, Capítulo X, subitem 6.1.2.5.

Por fim, no Diário Oficial da União de 14.6.2010, o Conselho Nacional de Previdência Social publicou a Resolução MPS/CNPS n. 1.316 alterando a metodologia de cálculo do FAP a contar de janeiro/2011. Dentre as alterações, destacamos:

- mudança no critério de cálculo para desempate de empresas com mesmo coeficiente (frequência, gravidade e custo);

- reconhecimento de que empresas com acidentalidade zerada devem ter 50% de desconto;

- reconhecimento de que as empresas que não possuem acidentalidade zerada, mas que também não possuem o pior número do grupo, devem ter posição mais favorável no número de ordem;

- reconhecimento de que CATs de reabertura não devem ser computadas na frequência, porque implicam em duplicidade de informações.

Conforme observado anteriormente, as fórmulas de cálculo para o Fator Acidentário de Prevenção — FAP — constam das Resoluções CNPS n. 1.308 e n. 1.309/2009, sendo o resultado da última fórmula (IC = índice composto) o exato valor do FAP, que deve ser multiplicado pela alíquota básica de 1%, 2% ou 3%.

Com as novidades do Decreto n. 6.957/2009, a empresa precisa verificar se teve reenquadramento de alíquota básica e, sobre a nova alíquota, multiplicar o resultado do FAP. O FAP, contudo, para o ano de 2010, está com desconto de 25% sobre o que excedera a 1,0, chegando ao máximo de 1,75 (e não de 2,0 como prevê a Lei n. 10.666/2003, em seu art. 10).

Para localizar se houve reenquadramento em sua alíquota básica a empresa precisa, de posse de seu código CNAE (da atividade preponderante) verificar a tabela constante do Anexo V do Decreto n. 3.048/99, com redação dada pelo Decreto n. 6.957/2009. Já o valor do multiplicador FAP é divulgado às empresas na página eletrônica do Ministério da Previdência Social, no seguinte endereço: <http://www.mps.gov.br/conteudoDinamico.php?id=1236>.

Para o FAP que vigorou em 2010, o período de apuração dos dados (para o cálculo) foi de 04/2007 a 12/2008. Para os anos subsequentes, o período de apuração será sempre dos últimos dois anos, ou seja:

- FAP para 2010: 04/2007 a 12/2008

- FAP para 2011: 01/2008 a 12/2009

- FAP para 2012: 01/2009 a 12/2010

- FAP para 2013: 01/2010 a 12/2011

- sucessivamente

A meu ver, as regras de cálculo do FAP são absolutamente inconstitucionais, violando não somente o princípio da legalidade estrita (conforme anteriormente abordado), mas também a isonomia (CF/88, art. 5º, *caput*, e art. 150, II), a irretroatividade (art. 150, III, *a*), o não confisco (art. 150, IV c/c CTN, art. 3º) e o devido processo legal, a ampla defesa e o contraditório (art. 5º, LV c/c Lei n. 9.784/99), além da violação ao dever de publicidade (art. 37)[16].

---

(16) Sobre as inconstitucionalidades do FAP, ver a obra de minha coautoria com Melissa Folmann, intitulada "Fator Acidentário de Prevenção (FAP) — Inconstitucionalidades, Ilegalidades e Irregularidades", publicada pela Editora Juruá, 2010.

6.1.2.3.1. Cálculo do FAP

Como abordado anteriormente, as regras de cálculo do FAP constam das Resoluções CNPS n. 1.308 e n. 1.309, ambas de 2009. Disposições sobre o FAP vigente em 2013 (divulgado em 2012) podem ser conferidas também na Portaria MPS/MF n. 424/2012. Detalhamos, aqui, as regras pertinentes e apontamos algumas de suas ilegalidades e irregularidades.

1º) Coeficiente de Frequência: O cálculo inicia-se com o Coeficiente de Frequência. O Ministério da Previdência Social verificará quantas ocorrências acidentárias a empresa possui no período de apuração, considerando-se, para esse fim, todas as CAT's (mesmo que não tenham sido emitidas pela empresa ou mesmo que não tenham gerado afastamento) e todas as doenças caracterizadas como acidentárias por meio dos nexos utilizados pelo INSS (NTEP, nexo individual ou nexo profissional).

Note-se que a Comunicação de Acidente de Trabalho — CAT, que havia sido rechaçada pela Resolução CNPS n. 1.236/2004 e também pela Resolução CNPS n. 1.269/2006 (para criação da tabela CID x CNAE e consequente caracterização presumida dos acidentes de trabalho) foi agora ressuscitada e passa a fazer parte do cálculo do Coeficiente de Frequência, mesmo tendo sido emitida pelo próprio trabalhador, por seu sindicato profissional ou qualquer terceiro autorizado pela Lei n. 8.213/91.

Para se chegar ao Coeficiente de Frequência — CF, o total dessas ocorrências é dividido pelo número médio de vínculos empregatícios, com utilização da seguinte fórmula:

$$CF = \frac{(n.\ acidentes + benefícios\ sem\ CAT)}{n.\ médio\ de\ vínculos} \times 1000$$

Onde:

• n. acidentes = número de CATs que foram entregues ao INSS, qualquer que seja o emitente;

• Benefícios sem CAT = acidentes caracterizados sem a entrega de CAT, por meio dos nexos utilizados pela perícia (nexo técnico epidemiológico, nexo individual ou nexo profissional, conforme IN INSS 31/2008);

• n. médio de vínculos = número médio de vínculos empregatícios, obtido por meio das informações do formulário GFIP/SEFIP, entregues mensalmente pela empresa.

A empresa deve conferir individualmente os dados lançados, existindo diversas ilegalidades e irregularidades no lançamento dos mesmos. Destaco, dentre outros:

• Inserção de CATs que não geraram concessão de benefício acidentário e que, por isso, não chegaram a ser analisadas pela perícia médica do INSS, não havendo caracterização administrativa do acidente de trabalho;

• Inserção de CATs emitidas pelo próprio trabalhador, pelo sindicato ou outro, sem que cópia do documento fosse enviada à empresa para defesa ou contraditório;

• Inserção de CATs e nexos em duplicidade, sendo uma ocorrência lançada mais de uma vez;

• Inserção de CAT de trabalhador que não pertence ao quadro de empregados da empresa;

• Inserção de CAT ou nexo de trabalhador já demitido;

• Inserção de CATs que se referem a acidente de trajeto, não relacionados ao ambiente de trabalho;

• Inserção de nexos para os quais a empresa não foi intimada a participar do processo administrativo; e

• Inserção de um número médio de vínculos inferior à realidade da empresa.

2º) Coeficiente de Gravidade. O segundo passo para o cálculo refere-se ao coeficiente de gravidade. Para esse cálculo o Ministério da Previdência Social utilizará alguns indicadores de gravidade que se encontram fixados na Resolução CNPS 1.308, quais sejam: cada auxílio-doença acidentário valerá 0,10 pontos; cada aposentadoria por invalidez valerá 0,30 pontos; cada pensão por morte 0,50 pontos e cada auxílio-acidente 0,10 pontos. Os benefícios, depois de pontuados, deverão ser divididos pelo número médio de vínculos empregatícios:

$$CG = \frac{[(B91 \times 0,1) + (B92 \times 0,3) + (B93 \times 0,5) + (B94 \times 0,1)]}{n.\ vínculos\ médio} \times 1000$$

Onde:

• B91 = código utilizado pelo INSS para benefícios de auxílio-doença acidentário, pagos para incapacidades temporárias;

• B92 = código utilizado pelo INSS para benefícios de aposentadoria por invalidez acidentária, pagos para incapacidades definitivas;

• B93 = código utilizado pelo INSS para benefícios de pensão por morte acidentária, pagos aos dependentes do trabalhador, em caso de óbito;

• B94 = código utilizado pelo INSS para benefícios de auxílio-acidente, pagos quando o trabalhador acidentado, após a alta médica, fica com sequela que reduz sua capacidade laborativa;

• N. médio de vínculos = número médio de vínculos empregatícios, obtido por meio das informações do formulário GFIP/SEFIP, entregues mensalmente pela empresa.

3º) Coeficiente de Custo. Nesse cálculo, o Ministério da Previdência Social utiliza o valor total que foi gasto pela Previdência Social com os benefícios e dividindo-o pela massa salarial constante do extrato do FAP. Assim:

$$CC = \frac{valor\ pago\ pelo\ INSS}{valor\ total\ de\ remuneração\ paga\ aos\ segurados} \times 1000$$

Onde:

• Valor pago pelo INSS = valor total pago pelo INSS aos empregados da empresa, em razão dos benefícios acidentários por eles recebidos (auxílio-doença, aposentadoria por invalidez, pensão por morte e auxílio-acidente);

• Para calcular o custo de um benefício de auxílio-doença, a Previdência Social tomará o exato valor gasto com aquele benefício em razão do tempo de afastamento (meses e fração de mês);

• Para calcular o custo de uma aposentadoria por invalidez, um auxílio-acidente ou uma pensão por morte, a Previdência Social fará uma projeção da expectativa de sobrevida a partir da tábua completa de mortalidade construída pela Fundação Instituto Brasileiro de Geografia e Estatística — IBGE, para toda a população brasileira, considerando-se a média nacional única para ambos os sexos.

• Valor total de remuneração paga aos segurados = soma mensal (incluindo o 13º salário) das remunerações pagas a todos os trabalhadores, no período de apuração.

Aqui também a empresa deve conferir individualmente os dados lançados, existindo irregularidades no lançamento dos mesmos. Destaco, dentre outros:

• Lançamento de valores pagos pelo INSS superiores àqueles que foram, efetivamente, pagos a título do benefício para os segurados (principalmente no FAP de 2010); e

• Lançamento de um total de remuneração (massa salarial) inferior à realidade da empresa.

4º) Nordem. Calculados os 3 coeficientes de todas as empresas de uma mesma atividade econômica (subclasse CNAE) — frequência, gravidade e custo — os números serão comparados e colocados em ordem crescente. Serão 3 filas, sendo uma para a frequência, outra para a gravidade e a outra para o custo. Conforme os resultados dos coeficientes, encontramos a posição de cada empresa nessa fila, ou seja, seu número de ordem (nordem).

A quantidade de empresas de uma mesma subclasse CNAE é informada no Extrato do FAP, sem divulgação, contudo, de sua denominação social ou localidade. Não é possível conferir esse dado e há fortes indícios de irregularidade, ao compararmos Extratos FAP de mais de uma empresa de mesma atividade econômica.

5º) Percentis de Frequência, Gravidade e Custo. De posse do número de ordem que lhe foi atribuído (que não consta do Extrato, mas que é possível de ser identificado com conhecimentos básicos de matemática) é preciso calcular os percentis respectivos, utilizando-se a seguinte fórmula:

$$\text{Percentil} = 100 \times \frac{(n.\ \text{ordem} - 1)}{(n - 1)}$$

Onde:

• n. ordem = posição que a empresa ocupou na fila dos coeficientes de frequência, gravidade e custo;

• n = total de empresas que existem no Brasil com aquela mesma subclasse de atividade econômica (subclasse CNAE).

A Previdência Social calcula os três percentis de cada uma das empresas brasileiras (percentil de frequência, percentil de gravidade e percentil de custo) e divulga estes resultados no Extrato do FAP, na parte inferior do documento, lado direito.

No entanto, apenas a Previdência Social pode conferir este cálculo porque as empresas não têm dados suficientes para verificar se os números de ordem (nordem) que lhes foram atribuídos estão corretos (seus lugares nas filas). Para essa conferência, precisariam conhecer os dados de suas concorrentes, os quais não são disponibilizados pela Previdência Social.

6º) Índice Composto. Uma vez conhecidos os percentis de frequência, gravidade e custo, calcula-se o Índice Composto, que gera o valor do FAP. Foi atribuída pontuação para cada percentil, de forma que a frequência vale 0,35; a gravidade vale 0,50 e o custo vale 0,15. Confira:

IC = [(0,50 x percentil de gravidade) + (0,35 x percentil de frequência) + (0,15 x percentil de custo)] x 0,02

Nos termos das Resoluções CNPS n. 1.308 e n. 1.309, o resultado desse cálculo é, exatamente, o valor do FAP, que deve ser multiplicado pela alíquota básica do SAT/RAT das empresas (1%, 2% ou 3%) a cada ano.

No entanto, caso o FAP seja inferior a 1,0 (resultando uma bonificação) a empresa somente poderá aplicá-lo se tiver uma taxa de rotatividade de empregados inferior a 75%. Outra trava para a bonificação é a ocorrência de morte ou invalidez permanente, exceto se a empresa comprovar investimentos em recursos materiais humanos e tecnológicos em melhoria na segurança do trabalho, com o acompanhamento dos sindicatos dos trabalhadores e dos empregadores.

Referidas travas não constam de qualquer lei ordinária, mas sim das Resoluções Administrativas CNPS 1.308 e 1.309/2009. Ferem, portanto, o art. 5º da Carta Constitucional, já que qualquer norma proibitiva ou restritiva de direitos deve estar expressa em lei (e não em Resolução Administrativa).

Outra ilegalidade decorre de uma fórmula matemática extra, que não consta da Lei n. 10.666/2003, do Decreto n. 3.048/99 ou mesmo das Resoluções do CNPS sobre o FAP, e que é aplicada pelo Ministério da Previdência Social quando o FAP resulta quantia inferior a 1,0 (bonificação para as empresas). É ela a seguinte:

$$FAP = [\ 0,5 + (0,5 \times IC)\ ]$$

A explicação para a adoção desta regra adicional consta apenas da Resolução CNPS n. 1.316, de 31.5.2010 (DOU de 14.6.2010), que trouxe alterações na metodologia de cálculo instituída pela Resolução CNPS n. 1.308/09, e que foram utilizadas a partir do FAP 2011. Segue a explicação, constante da nova metodologia:

"A aplicação da fórmula do IC resulta em valores entre 0 e 2, então a faixa de bonificação (bonus = IC < 1,0) deve ser ajustada para que o FAP esteja contido em intervalo compreendido entre 0,5 e 1,0. Este ajuste é possível mediante a aplicação da fórmula para interpolação:

$FAP = 0,5 + 0,5 \times IC$"

Apesar de constar apenas da Resolução publicada em junho/2010 a fórmula de ajuste foi utilizada no cálculo do FAP 2010, cujas regras constam das Resoluções CNPS n. 1.308 e n. 1.309, ambas de 2009.

Importa mencionarmos, também, que a Resolução CNPS n. 1.316/2010 determina, expressamente, que a contar do FAP 2011 as empresas com acidentalidade zerada terão direito ao desconto de 50% (FAP de 0,5000) e que a regra de ajuste (interpolação) não será utilizada. Confira-se:

"Regra — Quando a empresa não apresentar, no período-base de cálculo do FAP, registro de acidente ou doença do trabalho, benefício acidentário concedido sem CAT vinculada e qualquer benefício acidentário concedido (B91, B92, B93 e B94) com DDB no Período base de cálculo, seus índices de frequência, gravidade e custo serão nulos e assim o FAP será igual a 0,5000, por definição.

(...)

Para IC < 1,0 (bonus) — como o FAP incide sobre a alíquota de contribuição de um, dois ou três por cento, destinada ao financiamento do benefício de aposentadoria especial ou daqueles concedidos em razão do grau de incidência de incapacidade laborativa decorrente dos riscos ambientais do trabalho, reduzindo-a em até cinquenta por cento, ou aumentando-a, em até cem por cento, ou seja, o FAP deve variar entre 0,5 e 2,0 (estabelecido na Lei n. 10.666, de 8 de maio de 2003). A aplicação da fórmula do IC resulta em valores entre 0 e 2, então a faixa de bonificação (bonus = IC < 1,0) deve ser ajustada para que o FAP esteja contido em intervalo compreendido entre 0,5 e 1,0. Este ajuste é possível mediante a aplicação da fórmula para interpolação:

$FAP = 0,5 + 0,5 \times IC$

(...)

A partir do processamento do FAP 2010, vigência 2011, não será aplicada a regra de interpolação para IC < 1,0 (bonus)."

Na verdade, a não aplicação da regra de ajuste (interpolação) foi aplicada retroativamente, a contar de setembro/2010, em razão das disposições da Resolução CNPS n. 1.316/2010.

Caso o resultado do FAP seja superior a 1,0, deverá ser aplicado o desconto de 25% na parte excedente, conforme previsão do Decreto n. 6.957/2009. Esse desconto foi instituído para o ano de 2010 e mantido, até o momento, também para os anos de 2011 e 2012.

6.1.2.3.2. Recurso administrativo

Nos termos do art. 202-B do Decreto n. 3.048/99, o FAP poderá ser contestado perante o Departamento de Políticas de Saúde e Segurança Ocupacional, no prazo de 30 (trinta) dias da sua divulgação oficial. Referida contestação, contudo, deverá versar exclusivamente sobre razões relativas a divergências quanto aos elementos de cálculo.

A partir do FAP divulgado em 2010, para vigência em 2011, este recurso deve ser encaminhado obrigatoriamente na forma eletrônica, por intermédio de formulário que será disponibilizado na rede mundial de computadores nos sítios do Ministério da Previdência Social — MPS e da Receita Federal do Brasil — RFB.

Da decisão proferida pelo Departamento, caberá recurso para a Secretaria de Políticas de Previdência Social, também no prazo de 30 (trinta) dias, contados de sua intimação. A Secretaria examinará a matéria em caráter terminativo.

Enquanto perdurar o processo administrativo, garante-se o efeito suspensivo do FAP. Assim, a empresa pode optar por não aplicá-lo à alíquota SAT, enquanto discute os elementos de cálculo administrativamente. Recebida a decisão da Secretaria de Políticas de Previdência Social (última instância) e sendo esta de indeferimento, a empresa deverá efetuar o pagamento das diferenças devidas no prazo de até 30 (trinta) dias, sob pena de incidência de multa e juros moratórios.

Fundamentação: Lei n. 8.212/91, art. 22, regulamentada pelo Decreto n. 3.048/99, art. 201; Lei n. 10.666/2006, art. 10; Lei n. 11.430/2006; Decreto n. 6.042/2007; Decreto n. 3.048/99, art. 202-A, Portaria MPS/MF n. 584/2012 e Resoluções citadas no texto.

6.1.2.4. Acréscimo para Empresas cuja Atividade Permita a Concessão de Aposentadoria Especial

É importante ao empregador observar que para o financiamento dos benefícios de aposentadoria especial as alíquotas básicas do SAT/RAT (1%, 2% ou 3%) serão acrescidas de doze, nove ou seis pontos percentuais, conforme a atividade (exercida pelo segurado, a serviço da empresa) permita a concessão desse benefício após quinze, vinte ou vinte e cinco anos de contribuição, respectivamente.

Esta alteração, acrescendo as alíquotas, teve origem através da Lei n. 9.732, de 11.12.98 (DOU de 14.12.98), com vigência a partir da competência abril/99. Determinou-se por este instituto legal que o acréscimo seria então exigido de forma progressiva, a partir das seguintes datas:

a) 1º de abril de 1999 = 4%, 3% ou 2%;

b) 1º de setembro de 1999 = 8%, 6% ou 4%;

c) 1º de março de 2000 = 12%, 9% ou 6%.

Assim, os acréscimos passaram a ser exigidos da seguinte forma:

Portanto, a contar de 1.3.2000, as alíquotas básicas, já com o acréscimo instituído, totalizam os seguintes percentuais:

Ap. Especial permitida pela atividade nociva / Período	1.4.1999 a 31.8.1999	1.9.1999 a 29.2.2000	1.3.2000 em diante
	% de Acréscimo		
15 anos	4%	8%	12%
20 anos	3%	6%	9%
25 anos	2%	4%	6%

Grau de Risco Leve (1%)	
7%	Para atividade com aposentadoria especial em 25 anos — (1% + 6%).
10%	Para atividade com aposentadoria especial em 20 anos — (1% + 9%).
13%	Para atividade com aposentadoria especial em 15 anos — (1% + 12%).
Grau de Risco Médio (2%)	
8%	Para atividade com aposentadoria especial em 25 anos — (2% + 6%).
11%	Para atividade com aposentadoria especial em 20 anos — (2% + 9%).
14%	Para atividade com aposentadoria especial em 15 anos — (2% + 12%).
Grau de Risco Grave (3%)	
9%	Para atividade com aposentadoria especial em 25 anos — (3% + 6%).
12%	Para atividade com aposentadoria especial em 20 anos — (3% + 9%).
15%	Para atividade com aposentadoria especial em 15 anos — (3% + 12%).

O acréscimo deverá incidir exclusivamente sobre o total das remunerações pagas ou creditadas, no decorrer do mês, aos segurados empregados e trabalhadores avulsos sujeitos a condições especiais.

Com relação aos demais empregados da empresa que não estiverem expostos a agente nocivo e, consequentemente, não fizerem jus à aposentadoria especial, não haverá qualquer acréscimo na alíquota destinada ao financiamento dos benefícios por incapacidade (SAT/RAT), devendo o empregador aplicar sobre o total das remunerações a alíquota normal (1%, 2% ou 3%, conforme enquadramento).

É importante destacarmos, por fim, que o art. 72, § 4º, da Instrução Normativa SRF n. 971/2009, determina que estes acréscimos são devidos também em relação ao trabalhador aposentado de qualquer regime que retornar à atividade abrangida pelo RGPS e que enseje a aposentadoria especial, mesmo que ele não vá receber tal benefício, em razão da proibição da acumulação de benefícios (Lei n. 8.213/91, art. 124).

Fundamentação: Lei n. 9.732, de 11.12.1998; Lei n. 8.212/91, art. 22; Decreto n. 3.048/99, art. 202; Instrução Normativa SRF n. 971/2009, art. 72.

6.1.2.4.1. Cooperativas de Produção e Empresas Contratantes de Serviços de Cooperativas de Trabalho

Conforme determinou a Medida Provisória n. 83, de 12.12.2002 (DOU de 13.12.2002), convertida na Lei n. 10.666, de 8.5.2003 (DOU de 9.5.2003), as disposições legais sobre aposentadoria especial do segurado filiado ao Regime Geral de Previdência Social — RGPS também devem ser aplicadas ao cooperado filiado à cooperativa de trabalho e de produção que trabalha sujeito a condições especiais que prejudiquem a sua saúde ou a sua integridade física.

Obs.: A Medida Provisória n. 83/2002 foi regulamentada pela Instrução Normativa n. 87, de 27.3.2003 — DOU de 28.3.2003, revogada pela Instrução Normativa n. 89, de 11.6.2003 — DOU de 13.06.2003, também revogada pela Instrução Normativa n. 100, de 18.12.2003 — DOU de 24.12.2003. Esta Instrução foi revogada pela IN SRP 03/2005, igualmente revogada. Atualmente disciplina sobre o tema a Instrução Normativa SRF n. 971/2009.

Cooperativas de Produção

Será devida pela cooperativa de produção a contribuição adicional de 12 (doze), 09 (nove) ou 06 (seis) pontos percentuais, incidente sobre a remuneração paga, devida ou creditada ao cooperado filiado, quando o exercício de atividade na cooperativa o sujeite a condições especiais que prejudiquem a sua saúde ou a sua integridade física e permita a concessão de aposentadoria especial após 15 (quinze), 20 (vinte) ou 25 (vinte e cinco) anos de contribuição.

Como o segurado cooperado, em relação à cooperativa para a qual presta serviços e para fins previdenciários, não é considerado "empregado" e sim "contribuinte individual", a cooperativa de produção, ao repassar a remuneração devida a este cooperado já se encontrava obrigada a contribuir com 20% aos cofres previdenciários, alíquota esta incidente exatamente sobre o valor total da remuneração distribuída. Isenção deste encargo existe somente para a cooperativa de trabalho, posto que é a empresa contratante dos serviços que assume tal obrigação tributária.

Assim, com o acréscimo instituído pela Medida Provisória n. 83, de 12.12.2002 (DOU de 13.12.2002), convertida na Lei n. 10.666, de 8. 5.2003 (DOU de 9. 5.2003), a cooperativa de produção deverá contribuir nos seguintes percentuais, caso o cooperado exerça atividade sujeito a riscos que propiciem aposentadoria especial:

I — atividade exercida pelo cooperado que permita a concessão de aposentadoria especial após 15 anos de contribuição = 32% (20% originais + 12% de acréscimo);

II — atividade exercida pelo cooperado que permita a concessão de aposentadoria especial após 20 anos de contribuição = 29% (20% originais + 9% de acréscimo);

III — atividade exercida pelo cooperado que permita a concessão de aposentadoria especial após 25 anos de contribuição = 26% (20% originais + 6% de acréscimo).

Obs.: A contribuição adicional deverá incidir somente sobre o valor da remuneração dos cooperados cuja exposição a agentes nocivos permita a concessão de aposentadoria especial.

A cooperativa de produção, cuja atividade exponha os trabalhadores a agentes nocivos de forma que possibilite a concessão de aposentadoria especial, deverá elaborar o formulário PPP — Perfil Profissiográfico Previdenciário — dos seus segurados empregados e dos seus cooperados, conforme previsto nos §§ 2º e 6º do art. 68 do Regulamento da Previdência Social (RPS), aprovado pelo Decreto n. 3.048, de 6 de maio de 1999. Deverá, igualmente, informar na GFIP a ocorrência da exposição a agentes nocivos dos cooperados a elas filiados.

Empresa Tomadora de Serviços de Cooperativa de Trabalho

Será devida pela empresa tomadora de serviço a contribuição adicional de 09 (nove), 07 (sete) ou 05 (cinco) pontos percentuais, incidente sobre o valor bruto da nota fiscal, fatura ou recibo de prestação de serviço de cooperados intermediados por cooperativa de trabalho, quando o exercício de atividade na empresa tomadora os sujeite a condições especiais que prejudiquem a sua saúde ou a sua integridade física e permita a concessão de aposentadoria especial após 15 (quinze), 20 (vinte) ou 25 (vinte e cinco) anos de contribuição, respectivamente.

A tomadora dos serviços, pessoa jurídica, já se encontrava obrigada a contribuir com 15%, incidente sobre a nota fiscal, recibo ou fatura apresentada pela cooperativa, sendo admitido deduzir da base de cálculo os valores referentes a equipamentos e materiais utilizados nesta prestação de serviços — Lei n. 9.876/99, art. 1º. Com esta majoração trazida pela MP n. 83/2002, convertida na Lei n. 10.666, de 8.5.2003 (DOU de 9.5.2003), e com vigência a contar de 04/2003, passa a empresa contratante a efetuar a seguinte contribuição previdenciária, caso existam agentes nocivos que propiciem aposentadoria especial:

I — atividade exercida pelo cooperado que permita a concessão de aposentadoria especial após 15 anos de contribuição = 24% (15% originais + 9% de acréscimo).

II — atividade exercida pelo cooperado que permita a concessão de aposentadoria especial após 20 anos de contribuição = 22% (15% originais + 7% de acréscimo).

III — atividade exercida pelo cooperado que permita a concessão de aposentadoria especial após 25 anos de contribuição = 20% (15% originais + 5% de acréscimo).

Observe-se, no entanto, que a contribuição adicional deverá incidir somente sobre o valor dos serviços prestados pelos cooperados cuja exposição a agentes nocivos permita a concessão de aposentadoria especial.

Cabe à empresa contratante informar mensalmente à cooperativa de trabalho a relação dos cooperados a seu serviço que exercem atividades em condições especiais prejudiciais à saúde ou à integridade física, identificando o tipo de aposentadoria especial que a atividade permita. Com base nesta relação, a cooperativa de trabalho, por sua vez, deverá emitir nota fiscal ou fatura de prestação de serviços específica para os serviços prestados pelos cooperados cuja exposição a agentes nocivos permita a concessão de aposentadoria especial ou mesmo discriminar o valor dos serviços referentes a estes cooperados, na hipótese de emitir nota fiscal ou fatura única.

Na ausência da relação a que se refere o parágrafo anterior (de obrigação da empresa contratante), para a apuração da base de cálculo sob a qual incidirá a alíquota adicional, o valor total do serviço prestado por cooperados deverá ser rateado proporcionalmente ao número de trabalhadores envolvidos e ao de trabalhadores não envolvidos com as atividades exercidas em condições especiais prejudiciais à saúde ou à integridade física, caso esses números tenham sido informados em contrato.

Constando em contrato a previsão para utilização de cooperados na execução de atividades em condições especiais prejudiciais à saúde ou à integridade física, sem a discriminação do número de trabalhadores utilizados nestas atividades, deverá ser aplicada a alíquota adicional de 5% (totalizando a contribuição em 20%, portanto) sobre o total da nota fiscal ou da fatura de prestação de serviços, cabendo à contratante o ônus da prova em contrário. Mesmo procedimento deverá ser também adotado caso a contratante desenvolva atividades em condições especiais sem a previsão, no contrato, da utilização dos cooperados no exercício dessas atividades.

As cooperativas de trabalho deverão prestar a informação, em GFIP, da ocorrência de exposição a agentes nocivos dos cooperados a elas filiados.

Fundamentação: Lei n. 10.666/2003, art. 1º; Decreto n. 3.048/99, art. 202, §§ 10 a 12 Instrução Normativa SRF n. 971/2009, art. 72, § 2º, 222 e 223.

6.1.2.5. Reenquadramento das alíquotas básicas

Conforme já abordado anteriormente, cabe ao Ministério da Previdência Social a distribuição das alíquotas básicas do SAT/RAT (1%, 2% ou 3%), sendo possível o reenquadramento conforme permissão disposta no § 3º do art. 22 da Lei n. 8.212/91. Confira-se:

"**Art. 22.** A contribuição a cargo da empresa, destinada à Seguridade Social, além do disposto no art. 23, é de

(...)

§ 3º O Ministério do Trabalho e da Previdência Social poderá alterar, com base nas estatísticas de acidentes do trabalho, apuradas em inspeção, o enquadramento de empresas para efeito da contribuição a que se refere o inciso II deste artigo, a fim de estimular investimentos em prevenção de acidentes.

(...)"

A competência atribuída pelo legislador ordinário ao Poder Executivo (Ministério da Previdência Social) já foi discutida judicialmente no RE 343446. Em 10.3.1999 uma empresa ingressou com ação declaratória contra o Instituto Nacional do Seguro Social solicitando que fosse declarada a inconstitucionalidade do art. 3º da Lei n. 7.787/89 (ação ordinária n. 99.01.01001-2). Com a sentença de improcedência (09/1999), a empresa interpôs recurso de apelação (AC n. 2000.04.01.060070-0), que teve como relatora a Desembargadora Federal Ellen Gracie Northfleet, da 1ª Turma do TRF da 4ª Região.

A Turma negou provimento à apelação e o acórdão foi proferido no DJU de 26.7.2000. Interpostos embargos de declaração pela empresa, estes tiveram provimento negado em 09/2000 (acórdão publicado em 18.10.2000). Novos embargos de declaração foram interpostos, aos quais a Turma deu provimento para fins de prequestionamento (DJU de 17.1.2001). Em fevereiro de 2001 a empresa protocolou o Recurso Extraordinário, o qual chegou ao STF em 25.4.2002, tendo sido distribuído ao Ministro Carlos Velloso (RE 343446). Na sessão de 20.3.2003 o Tribunal, por unanimidade, não conheceu do recurso interposto, sendo a ementa a que segue:

"EMENTA CONSTITUCIONAL. TRIBUTÁRIO. CONTRIBUIÇÃO: SEGURO DE ACIDENTE DO TRABALHO — SAT. Lei n. 7.787/89, arts. 3º e 4º; Lei n. 8.212/91, art. 22, II, redação da Lei n. 9.732/98. Decretos n. 612/92, n. 2.173/97 e n. 3.048/99. C.F., art. 195, § 4º; art. 154, II; art. 5º, II; art. 150, I.

I — Contribuição para o custeio do Seguro de Acidente do Trabalho — SAT: Lei n. 7.787/89, art. 3º, II; Lei n. 8.212/91, art. 22, II: alegação no sentido de que são ofensivos ao art. 195, § 4º, c/c art. 154, I, da Constituição Federal: improcedência. Desnecessidade de observância da técnica da competência residual da União, C.F., art. 154, I. Desnecessidade de lei complementar para a instituição da contribuição para o SAT.

II — O art. 3º, II, da Lei n. 7.787/89, não é ofensivo ao princípio da igualdade, por isso que o art. 4º da mencionada Lei n. 7.787/89 cuidou de tratar desigualmente aos desiguais.

III — As Leis n. 7.787/89, art. 3º, II, e n. 8.212/91, art. 22, II, definem, satisfatoriamente, todos os elementos capazes de fazer nascer a obrigação tributária válida. O fato de a lei deixar para o regulamento a complementação dos conceitos de 'atividade preponderante' e 'grau de risco leve, médio e grave', não implica ofensa ao princípio da legalidade genérica, C.F., art. 5º, II, e da legalidade tributária, C.F., art. 150, I.

IV — Se o regulamento vai além do conteúdo da lei, a questão não é de inconstitucionalidade, mas de ilegalidade, matéria que não integra o contencioso constitucional.

V — Recurso extraordinário não conhecido."

Nessa ação judicial, questionou a empresa ofensa ao § 4º do art. 195 da Constituição Federal c/c art. 154, I (necessidade de lei complementar para instituição de novas fontes de custeio destinadas à Seguridade Social). Houve também alegação sobre o art. 150, I (princípio da legalidade tributária), já que coube aos Decretos n. 612/92 e n. 2.173/97 a definição do conceito de "atividade preponderante". Por fim, questionou-se a isonomia (CF, art. 5º, *caput* e art. 150, II), em razão da alíquota única de 2% a todas as empresas.

O que decidiu o Superior Tribunal Federal, no caso em comento, foi que o Seguro de Acidente do Trabalho não era uma "nova contribuição" e que não cabia ao caso a competência residual da União e nem tampouco a necessidade de Lei Complementar (inciso I da ementa). Entendeu que a Lei (tanto a n. 7.787/89 quanto a n. 8.212/91, também objeto da ação proposta) trazia expressamente todos os elementos necessários a uma obrigação tributária válida e que a delegação de poder ao Decreto regulamentador para definir o conceito de "atividade preponderante" e também distribuir os graus de risco não ofendia o princípio da legalidade genérica ou da legalidade tributária.

O STF não analisou, no processo em destaque, os critérios (ou ausência deles) para a distribuição das alíquotas e nem tampouco se as Leis que disciplinavam o assunto (n. 7.787/89 e n. 8.212/91) estavam sendo cumpridas, mas sim a possibilidade do Poder Executivo conceituar em Decreto a expressão "atividade preponderante" e distribuir as alíquotas que se encontravam previamente dispostas na lei ordinária.

Assim, é certo que o Ministério da Previdência Social pode redistribuir as alíquotas e que tem competência para tanto. Ocorre, contudo, que não pode o Ministro proceder a este reenquadramento sempre que quiser, independentemente de qualquer estatística ou inspeção porque, agindo dessa forma, fere expressamente as regras do § 3º o art. 22 da Lei n. 8.212/91.

No entanto, foi o que ocorreu com o reenquadramento promovido pelo Decreto n. 6.957/2009, quando mais de 80% das atividades econômicas tiveram suas alíquotas básicas de SAT alteradas, sem qualquer fundamento estatístico por inspeção. Num afã de minimizar as perdas de arrecadação decorrentes do FAP (que iria entrar em vigor em 2010 e que, mesmo com todas as ilegalidades e irregularidades praticadas, trouxe redução do encargo para diversas empresas), optou o Ministério da Previdência Social por colocar quase todas as atividades econômicas do país na alíquota máxima de 3%, o que fez pelo Decreto n. 6.957 (setembro/2009) ferindo gravemente a legislação vigente.

Confira-se, para melhor visualização do resultado do reenquadramento efetuado em setembro/2009, o gráfico elaborado pela Confederação Nacional da Indústria, constante do seguinte slide[17]:

CNI — Seguro de Acidente de Trabalho

Governo reclassificou os graus de risco que definem o enquadramento nas alíquotas do SAT de 1301 subclasses (atividade econômica).

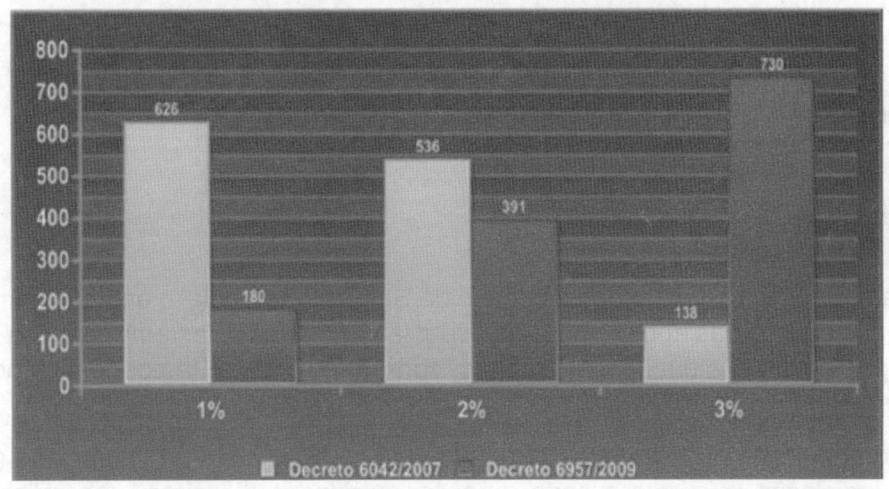

Alíquota	Decreto 6042/2007	Decreto 6957/2009
1%	626	180
2%	536	391
3%	138	730

Podemos observar que 626 subclasses CNAE (mais de 1.976.000 empresas) contribuíam com a alíquota mínima de 1% (um por cento). Com o reenquadramento feito pelo Decreto n. 6.957/2009 passaram a apenas 180 subclasses (pouco mais de 279.000 empresas). Na alíquota básica de 2% (dois por cento) encontravam-se 536 subclasses de CNAE e atualmente encontram-se apenas 391 subclasses. Por fim, e mais importante, na alíquota máxima de 3% (três por cento) encontravam-se 138 subclasses de CNAE (pouco mais de 395.000 empresas) e, com o reenquadramento, passaram a 730 subclasses, ou seja, mais de 1.464.000 empresas.

Compreendo, pois, que o referido reenquadramento é absolutamente ilegal, não tendo obedecido o Ministério da Previdência Social as regras do § 3º do art. 22, cabendo ação judicial por parte das empresas prejudicadas.

6.1.2.6. Revisão individual — Decreto n. 3.048/99, art. 203

Há, ainda, que se atentar para as disposições do art. 203 do Decreto n. 3.048/99 que, atendendo a permissão disposta no § 3º do art. 22 da Lei n. 8.213/91, permite que cada empresa, individualmente, solicite revisão de sua alíquota básica de SAT, comprovando investimento na prevenção de acidente e melhoria de resultados. Confira-se:

---

(17) Slide disponível em: <http://www.sindusconsp.com.br/downloads/imprensa/2009/cni.pdf>. Consulta em: 28.6.2012.

"Art. 203. A fim de estimular investimentos destinados a diminuir os riscos ambientais no trabalho, o Ministério da Previdência e Assistência Social poderá alterar o enquadramento de empresa que demonstre a melhoria das condições do trabalho, com redução dos agravos à saúde do trabalhador, obtida através de investimentos em prevenção e em sistemas gerenciais de risco.

§ 1º A alteração do enquadramento estará condicionada à inexistência de débitos em relação às contribuições devidas ao Instituto Nacional do Seguro Social e aos demais requisitos estabelecidos pelo Ministério da Previdência e Assistência Social.

§ 2º O Instituto Nacional do Seguro Social, com base principalmente na comunicação prevista no art. 336, implementará sistema de controle e acompanhamento de acidentes do trabalho.

§ 3º Verificado o descumprimento por parte da empresa dos requisitos fixados pelo Ministério da Previdência e Assistência Social, para fins de enquadramento de que trata o artigo anterior, o Instituto Nacional do Seguro Social procederá à notificação dos valores devidos."

Administrativamente, não há nenhum procedimento formalizado a respeito. O tema tem sido tratado, atualmente, na esfera judicial (Justiça Federal), com êxito nas ações por parte das empresas que, por meio de prova pericial e documental, conseguem comprovar que se encaixam no grau inferior àquele atribuido pelo Ministério da Previdência Social.

6.1.3. Contribuição para Terceiros

6.1.3.1. Enquadramento e Contribuição

Além da contribuição destinada ao custeio da Seguridade Social e ao financiamento dos benefícios por incapacidade e das aposentadorias especiais (SAT/RAT), as empresas se encontram ainda obrigadas a contribuir para entidades terceiras, conforme a atividade econômica por elas desenvolvidas (comércio, indústria etc.).

Estas contribuições não se encontram previstas na legislação previdenciária (Lei n. 8.212/91), mas sim na legislação referente a cada uma das entidades terceiras, que atribui competência à Previdência Social para arrecadar, juntamente com as contribuições previdenciárias devidas pelo empregador, as contribuições a elas pertencentes. E justamente por não se classificarem como contribuições previdenciárias ou contribuições destinadas à Seguridade Social, a Justiça do Trabalho não tem competência para executá-las, quando das reclamatórias trabalhistas. Neste sentido, inclusive, dispõe o Enunciado n. 64 da AGU:

"**Enunciado 64:** As contribuições sociais destinadas às entidades de serviço social e formação profissional não são executadas pela Justiça do Trabalho."

A Previdência Social, portanto, tem como atribuição fiscalizar e arrecadar as contribuições destinadas a "Terceiros", repassando-as mensalmente às entidades competentes, recebendo, por esse trabalho, 3,5% do montante bruto arrecadado, que são repassados à Seguridade Social (Decreto n. 3.048/99, art. 213, II c/c art. 274). Atualmente, as atribuições de arrecadação e fiscalização competem à Receita Federal do Brasil (IN SRF n. 971/2009, art. 109).

As contribuições destinadas a estas entidades e fundos incidem sobre a mesma base de cálculo utilizada para o cálculo das contribuições devidas à Previdência Social, sendo devidas (Instrução Normativa SRF n. 971/2009, art. 109):

a) pela empresa ou equiparada em relação a segurados empregados e trabalhadores avulsos que lhe prestam serviços;

b) pelo transportador autônomo de veículo rodoviário, em relação à parcela do frete que corresponde à sua remuneração, observando que:

- O cálculo desta contribuição não observará o limite máximo do salário de contribuição;

- A contribuição será recolhida pelo próprio contribuinte individual diretamente ao SEST/SENAT, quando se tratar de serviços prestados a pessoas físicas, ainda que equiparadas à empresa;

- A contribuição deverá ser descontada e recolhida pelo contratante de serviços, quando se tratar de empresa ou equiparado à empresa pessoa jurídica.

- A contribuição deverá ser descontada e recolhida pela cooperativa, quando se tratar de cooperado filiado a cooperativa de transportadores autônomos.

c) pelo segurado especial, pelo produtor rural, pessoa física e jurídica, em relação à comercialização da sua produção rural e pela agroindústria em relação à comercialização da sua produção.

Obs.: As contribuições destinadas ao Salário-Educação — SE; Serviço Social da Indústria — SESI; Serviço Nacional de Aprendizagem Industrial — SENAI; Serviço Social do Comércio — SESC; Serviço Nacional de Aprendizagem Comercial — SENAC; Serviço Brasileiro de Apoio às Micro e Pequenas Empresas — SEBRAE e INCRA não incidem sobre a remuneração paga, devida ou creditada ao brasileiro contratado no Brasil ou transferido por empresa prestadora de serviços de engenharia, para prestar serviços no exterior, inclusive nas atividades de consultoria, projetos e obras, montagem, gerenciamento e congêneres, conforme disposto no art. 11 da Lei n. 7.064, de 1982 — Instrução Normativa SRF n. 971/2009, art. 109-A.

Cabe à própria pessoa jurídica classificar sua atividade e verificar seu código FPAS, sem prejuízo da atuação, de ofício, pela Receita Federal. Na hipótese de reclassificação de ofício, a Receita constituirá o crédito tributário, se existente a respectiva obrigação, e comunicará ao sujeito passivo e às entidades e fundos interessados as alterações realizadas. Em caso de discordância, o sujeito passivo poderá, em 30 (trinta) dias, impugnar o ato de reclassificação da atividade ou o lançamento dele decorrente, observado, quanto a este, o rito estabelecido pelo Decreto n. 70.235/72 — IN SRF n. 971/2009, art. 109-B.

As entidades e os fundos para os quais o sujeito passivo deverá contribuir são definidos em função de sua atividade econômica. Assim, para conhecimento do percentual devido e para quais entidades deve contribuir, é necessário prévio enquadramento na tabela FPAS, para que o estabelecimento tenha conhecimento de seu código.

De posse do código FPAS (ver tabela constante do item 2 da Parte VII desta obra), deverá o empregador consultar a tabela de Terceiros (tabela 3 da Parte VII desta obra), atentando-se para a existência de convênio firmado diretamente com a entidade. Cumpre observar, ainda, as seguintes regras trazidas pela IN SRF n. 971/2009, art. 109-C:

a) a classificação será feita de acordo com o Quadro de Atividades e Profissões a que se refere o art. 577 do Decreto-Lei n. 5.452, de 1943 (CLT), ressalvado o disposto nos arts. 109-D e 109-E e as atividades em relação às quais a lei estabeleça forma diversa de contribuição;

b) a atividade declarada como principal no CNPJ deverá corresponder à classificação feita na forma da alínea "a", *supra*, prevalecendo esta em caso de divergência;

c) na hipótese de a pessoa jurídica desenvolver mais de uma atividade, prevalecerá, para fins de classificação, a atividade preponderante, assim considerada a que representa o objeto social da empresa, ou a unidade de produto, para a qual convergem as demais em regime de conexão funcional (CLT, art. 581, § 2º);

d) se nenhuma das atividades desenvolvidas pela pessoa jurídica se caracterizar como preponderante, aplica-se a cada atividade o respectivo código FPAS, na forma da alínea "a".

Para o enquadramento, verificar ainda as regras dos arts. 109-C a 111-M da Instrução Normativa SRF n. 971/2009.

São consideradas "Terceiras" as seguintes entidades:

I — as entidades privadas de serviço social e de formação profissional a que se refere o art. 240 da CF/88[18], criadas por lei federal e vinculadas ao sistema sindical;

II — o Fundo Aeroviário, instituído pelo Decreto-Lei n. 270/67;

III — o Fundo de Desenvolvimento do Ensino Profissional Marítimo, instituído pelo Decreto-Lei n. 828/69;

IV — o Instituto Nacional de Colonização e Reforma Agrária (INCRA), criado pelo Decreto-Lei n. 1.110/70;

V — o Fundo Nacional de Desenvolvimento da Educação (FNDE), gestor da contribuição social do salário-educação, instituída pela Lei n. 9.424/96.

Sobre o tema vale conferir, ainda, as redações das Súmulas 24 e 25, ambas publicadas em 2002 pelo TRF da 2ª Região:

"**Súmula 24** — A contribuição do salário-educação é constitucional, posto que foi expressamente recepcionada pela Constituição Federal de 1988, através do art. 212, § 5º, não cabendo, portanto, a sua compensação."

"**Súmula 25** — Nas ações que versem sobre a inexigibilidade do salário-educação, devem figurar no pólo passivo da relação processual, na qualidade de litisconsortes passivos necessários, o Instituto Nacional do Seguro Social (INSS) e o Fundo Nacional de Desenvolvimento da Educação (FNDE)."

Fundamentação: Decreto n. 3.048/99, art. 213, II, e art. 274; Instrução Normativa SRF n. 971/2009, arts. 109 e seguintes.

6.1.3.2. Instituições desobrigadas da contribuição a terceiros

Não estão sujeitos à contribuição para terceiros (IN SRF n. 971/2009, art. 109-A):

a) órgãos e entidades do Poder Público, inclusive agências reguladoras de atividade econômica;

b) organismos internacionais, missões diplomáticas, repartições consulares e entidades congêneres;

c) Conselho Federal da Ordem dos Advogados do Brasil e Seccionais da OAB;

d) Conselhos de profissões regulamentadas;

e) instituições públicas de ensino de qualquer grau;

f) serventias notariais e de registro, exceto quanto à contribuição social do salário-educação;

g) as entidades privadas de serviço social e de formação profissional a que se refere o art. 240 da CF/88, criadas por lei federal e vinculadas ao sistema sindical, constituídas sob a forma de serviço social autônomo, exceto quanto à contribuição social do salário-educação e à contribuição devida ao INCRA.

h) entidades beneficentes de assistência social certificadas na forma da Lei n. 12.101/2009, e que cumpram os requisitos legais.

Obs.: Sobre a remuneração paga por empresa brasileira de navegação a tripulantes de embarcação inscrita no Registro Especial Brasileiro (REB), não incide a contribuição destinada ao Fundo de Desenvolvimento do Ensino Profissional Marítimo (§ 8º do art. 11 da Lei n. 9.432/97). Nesta hipótese, a empresa de navegação deverá apresentar GFIP específica para os trabalhadores (tripulantes) da embarcação inscrita no REB, na qual informará código FPAS 523 e o código de terceiros 0003 e, para as demais embarcações, apresentará GFIP com código FPAS 540 e o código de terceiros 0131.

---

[18] São elas: SENAI — Serviço Nacional de Aprendizagem Industrial; SESI — Serviço Social da Indústria; SENAC — Serviço Nacional de Aprendizagem Comercial; SESC — Serviço Social do Comércio; SEBRAE — Serviço Brasileiro de Apoio às Micro e Pequenas Empresas; DPC — Diretoria de Portos e Costas do Ministério da Marinha; SENAR — Serviço Nacional de Aprendizagem Rural; SEST — Serviço Social do Transporte; SENAT — Serviço Nacional de Aprendizagem do Transporte; SESCOOP — Serviço Nacional de Aprendizagem do Cooperativismo.

6.1.3.3. Contribuição Adicional ao SENAI

As empresas sujeitas ao recolhimento da Contribuição Geral, cujo total de empregados, lotados em diferentes estabelecimentos ou dependências (filiais, escritórios, depósitos etc.), qualquer que seja sua localização, seja superior a 500 (número global), deverão efetuar o recolhimento da Contribuição Adicional ao SENAI.

A base de cálculo da referida contribuição será o montante da remuneração paga aos empregados de todos os estabelecimentos aos quais se refere o recolhimento, sobre a qual incidirá 0,2%, obtendo-se assim o valor correspondente a 20% de 1% da contribuição devida ao SENAI.

O recolhimento é efetuado mensalmente, até o último dia útil do mês subsequente ao do fato gerador, através de guia própria — "Guia de Recolhimento da Contribuição Adicional", no Banco do Brasil, preferencialmente, ou Departamentos Regionais do SENAI ou Departamento Nacional.

Fundamentação: Decreto-Lei n. 4.048/42, art. 6º; Decreto-Lei n. 6.246/44, art. 1º.

6.2. Contribuição sobre os Pagamentos Efetuados a Contribuintes Individuais (Autônomos e Empresários)

6.2.1. Histórico

A original contribuição previdenciária, instituída em 1991, pela Lei n. 8.212, no percentual de 20% sobre a folha de salários, na parte que incide sobre a remuneração paga a administradores e autônomos, foi julgada inconstitucional pelo Supremo Tribunal Federal, posto que a Constituição Federal/88, em sua redação original, art. 195, determinava incidir a contribuição social devida pelos empregadores somente sobre a folha de salários, faturamento e lucro. Como a remuneração devida a prestadores sem vínculo empregatício não se enquadra no conceito técnico de "salários", não poderiam ser exigidos (ADIn n. 1.102-2 — DJU — Diário da Justiça da União de 16.10.95)[19].

Confira-se a redação da Súmula 44 do TRF da 4ª Região:

"**Súmula 44** — É inconstitucional a contribuição previdenciária sobre o *pro labore* dos administradores, autônomos e avulsos, prevista nas Leis n. 7.787/89 e n. 8.212/91."

Com a Resolução n. 14/95 do Senado Federal ficou suspensa a referida cobrança em todo o país, colocando fim à referida exação. Todos os contribuintes foram, portanto, beneficiados, não sendo mais devida a contribuição referida, em face do disposto no art. 52, X, da CF/88.

Entretanto, o art. 195, § 4º, da Constituição Federal de 1988 permite (e permitia em sua redação original) a criação de novas fontes de custeio da Seguridade Social, desde que criada por lei complementar e que as exações instituídas não sejam cumulativas, nem tenham fato gerador ou base de cálculo idêntica à de outras cobradas. Confira-se:

"**Art. 195.** A seguridade social será financiada por toda a sociedade, de forma direta e indireta, nos termos da lei, mediante recursos provenientes dos orçamentos da União, dos Estados, do Distrito Federal e dos Municípios, e das seguintes contribuições sociais:

(...)

§ 4º A lei poderá instituir outras fontes destinadas a garantir a manutenção ou expansão da seguridade social, obedecido o disposto no art. 154, I.

(...)"

---

(19) Sobre o tema chegou a ser publicada em 2005 a Súmula n. 34, do TRF da 2ª Região. Confira-se: "A contribuição previdenciária sobre a remuneração paga aos administradores, autônomos e avulsos, tendo sido declarada inconstitucional, pode ser compensada com contribuições da mesma espécie, desnecessária a comprovação de inexistência de repercussão ou repasse, dada à sua natureza de tributo direto".

É a redação do inciso I do citado art. 154:

"**Art. 154.** A União poderá instituir:

I — mediante lei complementar, impostos não previstos no art. anterior, desde que sejam não-cumulativos e não tenham fato gerador ou base de cálculo próprios dos discriminados nesta Constituição;

(...)"

Com base nesses dispositivos constitucionais, foi criada a Lei Complementar n. 84, de 18.1.1996, que estabeleceu ser devida a Contribuição Social, a cargo das empresas e pessoas jurídicas, inclusive cooperativas, no valor de 15% (quinze por cento) do total das remunerações ou retribuições por elas pagas ou creditadas, a qualquer título, no decorrer do mês, inclusive sobre os ganhos habituais sob a forma de utilidades, pelos serviços que lhe são prestados sem vínculo empregatício, por:

a) segurado empresário;

b) segurado autônomo e equiparado;

c) segurado trabalhador avulso;

d) demais pessoas físicas que não se enquadrem na categoria de segurado obrigatório, como, entre outros, o síndico de condomínio, o síndico de falência, o comissário de concordata e membros de conselhos tutelares.

A Lei Complementar n. 84 entrou em vigor na data de sua publicação, mas produziu efeitos somente a partir de 1º de maio de 1996, respeitando-se o período de 90 dias preconizado no § 6º do art. 195 da própria Constituição Federal. Esta Lei Complementar vigorou somente até 29.2.2000 (ano bissexto), em razão da Lei n. 9.876, publicada no Diário Oficial da União de 29.11.1999.

A Lei n. 9.876 alterou dispositivos das Leis n. 8.212/91 e n. 8.213/91 e revogou expressamente a Lei Complementar 84/96, que trazia a contribuição das empresas (15%, regra geral) sobre pagamentos efetuados a autônomos e empresários. Questiona-se, contudo, se uma lei ordinária (Lei n. 9.876) pode, de fato, revogar uma lei complementar (LC 84).

Ao modificar a redação do art. 22 da Lei n. 8.212/91, a Lei n. 9.876 acabou instituindo a contribuição pelas empresas, no percentual de 20%, o qual deve incidir sobre o total das remunerações pagas ou creditadas a qualquer título, no decorrer do mês, aos segurados contribuintes individuais que lhes prestem serviços. Em se tratando de bancos comerciais, bancos de investimentos, bancos de desenvolvimento, caixas econômicas, sociedades de crédito, financiamento e investimento, sociedades de crédito imobiliário, sociedades corretoras, distribuidoras de títulos e valores mobiliários, empresas de arrendamento mercantil, cooperativas de crédito, empresas de seguros privados e de capitalização, agentes autônomos de seguros privados e de crédito e entidades de previdência privada abertas e fechadas, além da contribuição de 20%, é devido ainda o adicional de 2,5%, perfazendo, um total de 22,5%.

Obs.: Estas novas contribuições trazidas pela Lei n. 9.876/99, obedecendo à CF/88, art. 195, § 6º, foram devidas apenas a partir da competência março/2000, ou seja, a partir do primeiro dia do mês seguinte ao nonagésimo dia da publicação desta lei. Por expressa determinação no art. 8º da Lei n. 9.876/99 foram mantidos até essa data (1º.03.2000) os procedimentos e percentuais de recolhimento praticados na forma da legislação anterior, ou seja, da Lei Complementar n. 84/96.

Sobre o tema, confira-se, ainda, a redação da Súmula 10 do TRF da 5ª Região:

"**Súmula 10** — A contribuição previdenciária incide sobre a parte da folha de pagamentos da empresa aos seus administradores, sócios-gerentes e autônomos."

6.2.2. Alíquota e Base de Cálculo

A contribuição a cargo da empresa, e entidades equiparadas, destinada à Seguridade Social e incidente sobre o total das remunerações ou retribuições pagas ou creditadas no decorrer do mês ao segurado contribuinte individual (autônomos e empresários) é de 20% (vinte por cento), sem a observância de qualquer limite mínimo ou máximo.

Obs.: No caso de banco comercial, banco de investimento, banco de desenvolvimento, caixa econômica, sociedade de crédito, financiamento e investimento, sociedade de crédito imobiliário, inclusive associação de poupança e empréstimo, sociedade corretora, distribuidora de títulos e valores mobiliários, inclusive bolsa de mercadorias e de valores, empresa de arrendamento mercantil, cooperativa de crédito, empresa de seguros privados e de capitalização, agente autônomo de seguros privados e de crédito e entidade de previdência privada, aberta e fechada, a contribuição devida será no percentual de 22,5% (vinte e dois e meio por cento).

São consideradas como "remuneração" as importâncias auferidas em uma ou mais empresas, assim entendida a totalidade dos rendimentos pagos ou creditados a qualquer título, durante o mês, destinados a retribuir o trabalho, qualquer que seja a sua forma, inclusive os ganhos habituais sob a forma de utilidades, excetuado o lucro distribuído ao segurado empresário e as parcelas constantes do § 9º do art. 214 do Decreto n. 3.048/99.

Integra igualmente a remuneração, para fins desta contribuição previdenciária, a bolsa de estudos paga ou creditada ao médico residente, este filiado ao RGPS na condição de contribuinte individual (Lei n. 6.932/81, art. 4º).

Não havendo comprovação dos valores pagos ou creditados aos contribuintes individuais empresários, diretores não empregados de sociedades anônimas e associado eleito para direção de cooperativa ou associação (alíneas "e" a "i" do inciso V do art. 9º do Decreto n. 3.048/99), em face de recusa ou sonegação de qualquer documento ou informação, ou sua apresentação deficiente, a contribuição da empresa referente a esses segurados será de vinte por cento sobre:

- o salário de contribuição do segurado nessa condição;
- a maior remuneração paga a empregados da empresa; ou
- o salário mínimo, caso não ocorra nenhuma das hipóteses anteriores.

No caso de Sociedade Simples de prestação de serviços relativos ao exercício de profissões legalmente regulamentadas, a contribuição da empresa em relação aos sócios contribuintes individuais terá como base de cálculo (IN SRF n. 971/2009, art. 57, §§ 5º e 6º):

I — a remuneração paga ou creditada aos sócios em decorrência de seu trabalho, de acordo com a escrituração contábil da empresa;

II — os valores totais pagos ou creditados aos sócios, ainda que a título de antecipação de lucro da pessoa jurídica, quando não houver discriminação entre a remuneração decorrente do trabalho e a proveniente do capital social, ou tratar-se de adiantamento de resultado ainda não apurado por meio de demonstração de resultado do exercício ou quando a contabilidade for apresentada de forma deficiente. Nessa hipótese, o valor a ser distribuído a título de antecipação de lucro poderá ser previamente apurado mediante a elaboração de balancetes contábeis mensais, devendo, nesta hipótese, ser observado que, se a demonstração de resultado final do exercício evidenciar uma apuração de lucro inferior ao montante distribuído, a diferença será considerada remuneração aos sócios.

Fundamentação: Lei n. 8.212/91, art. 22, III e Decreto n. 3.048/99, art. 201, II; Instrução Normativa SRF n. 971/2009, art. 57, §§ 5º e 6º.

6.2.3. Contratação de Serviços de Transporte — Peculiaridade

O Decreto n. 3.048/99 — Regulamento da Previdência Social —, na redação original de seu art. 201, § 4º, determinava que a remuneração paga ou creditada a transportador autônomo pelo frete, carreto ou transporte de passageiros realizado por conta própria, para fins de aplicação do percentual de contribuição previdenciária devido pela empresa contratante deveria corresponder ao valor resultante da aplicação de um dos percentuais estabelecidos pelo Ministério da Previdência e Assistência Social sobre o valor bruto do frete, carreto ou transporte de passageiros, para determinação do valor mínimo da remuneração.

Os transportadores autônomos aos quais se refere a regra do § 4º do art. 201 são aqueles mencionados no mesmo instituto legal, art. 9º, § 15, I e II, a saber:

a) o condutor autônomo de veículo rodoviário, assim considerado aquele que exerce atividade profissional sem vínculo empregatício, quando proprietário, co-proprietário ou promitente comprador de um só veículo;

b) aquele que exerce atividade de auxiliar de condutor autônomo de veículo rodoviário, em automóvel cedido em regime de colaboração, nos termos da Lei n. 6.094, de 30 de agosto de 1974.

A determinação legal de que a remuneração do transportador autônomo não corresponde ao valor integral bruto, e sim a um percentual a ser estipulado pelo Ministério da Previdência e Assistência Social encontra fundamento no art. 195 da Constituição Federal/88, que determina ser fonte de recursos para a seguridade social (e aí compreendida a Previdência Social) a contribuição social do empregador incidente sobre rendimentos do trabalho pagos ou creditados, a qualquer título, à pessoa física que lhe preste serviço, na condição de autônomo. Ora, é de se conhecer que no valor bruto cobrado pelo transportador se encontra embutida despesa diversa, não relacionada propriamente com o serviço prestado, mas sim com despesas de combustível, manutenção e desgaste do veículo etc.

Enquanto não se manifestou o Ministério da Previdência e Assistência Social sobre este percentual a ser aplicado sobre o valor bruto do frete, carreto ou transporte de passageiros, aplicou-se o percentual de 11,71%, constante do art. 267 do Decreto n. 3.048/99.

Até 8.7.2001, portanto, a remuneração paga ou creditada a transportador autônomo pelo frete, carreto ou transporte de passageiros realizado por conta própria não era o valor bruto efetivamente pago pela empresa contratante, mas sim o valor correspondente ao resultado da aplicação de 11,71% (onze inteiros e setenta e um centésimos por cento) sobre o valor bruto do frete, carreto ou transporte de passageiros. Esta base de cálculo também teve aplicação em relação às quantias distribuídas, pagas ou creditadas pelas cooperativas de trabalho aos seus cooperados que exerçam tais atividades.

Exemplo:

• valor cobrado pelo frete = R$ 1.000,00

• base de cálculo para a contribuição da empresa contratante = R$ 1.000,00 x 11,71% = R$ 117,10

• contribuição devida pela contratante = R$ 117,10 x 20% = R$ 23,42

No caso de serviço prestado por trabalhador autônomo, com a utilização de colheitadeira, a base de cálculo para aplicação da alíquota de contribuição previdenciária correspondia a 12% (doze por cento) da totalidade do valor contratado — Circular 01-600.0 n. 55, de 23.08.96, da Diretoria de Arrecadação e Fiscalização do INSS.

Em 9.4.2001, no entanto, foi publicada no Diário Oficial da União a Portaria n. 1.135, do Ministro de Estado da Previdência e Assistência Social determinando que o percentual a ser aplicado sobre o rendimento bruto dos transportadores autônomos (e auxiliares) para verificação de sua remuneração passaria a ser de 20% (vinte por cento). Entendemos que este novo percentual somente entrou em vigor a partir de 09.07.2001, em respeito ao que determina o art. 195, § 6º da Constituição Federal de 1988, *in verbis*:

"**Art. 195.** A seguridade social será financiada por toda a sociedade, de forma direta e indireta, nos termos da lei, mediante recursos provenientes dos orçamentos da União, dos Estados, do Distrito Federal e dos Municípios, e das seguintes contribuições sociais:

(...)

§ 6º As contribuições sociais de que trata este artigo só poderão ser exigidas após decorridos noventa dias da data da publicação da lei que as houver instituído ou modificado, não se lhes aplicando o disposto no art. 150, III, "b".

(...)"

No caso em tela, a Portaria n. 1.135 não instituiu nova contribuição social, mas alterou significativamente a base de cálculo da contribuição previdenciária das empresas contratantes de serviço autônomo de transporte (anteriormente 11,71%). Assim, a empresa contratante de serviços de frete, carreto ou transporte de passageiros por intermédio de profissional autônomo tem por contribuição previdenciária obrigatória percentual de 20% (percentual aplicado sobre valores pagos a profissionais autônomos), incidente sobre a remuneração paga pela prestação dos serviços. Esta é, inclusive, a atual redação do § 4º do Decreto n. 3.048/99.

Desta forma, para que seja obtido o valor da remuneração (base de cálculo da contribuição previdenciária), a contratante deverá aplicar o percentual de 20% (antes 11,71%) sobre o rendimento bruto apresentado em nota fiscal.

Exemplo:

• Prestação dos serviços: 01/2013

• Valor bruto do frete: R$ 5.000,00

• Mês do pagamento: 01/2013

• Contribuição previdenciária da contratante:

R$ 5.000,00 x 20% = R$ 1.000,00 (valor da remuneração — base de cálculo)

R$ 1.000,00 x 20% (percentual de contribuição) = **R$ 200,00**

Há ainda que se atentar, contudo, para a natureza tributária das contribuições previdenciárias e para a redação constante do *caput* e do § 4º do art. 195 da Carta Constitucional, que determinam caber à lei (lei complementar, em verdade) a instituição ou a alteração de contribuições já existentes. Compreendo, assim, que a Portaria n. 1.135/2001 violou o princípio da legalidade ao alterar a alíquota de 11,71% para 20%, implicando aumento indireto da contribuição previdenciária.

Sobre a vigência, a legalidade e a constitucionalidade da Portaria n. 1.135/2001, ver orientações dispostas nesta Parte III, Capítulo X, subitem 2.3.

6.2.4. Observações Importantes

Com a expressa revogação da Lei Complementar n. 84/96 pela Lei n. 9.876/99 algumas modificações importantes se verificam na legislação previdenciária com relação à contribuição das empresas e entidades equiparadas quando da remuneração a contribuintes individuais a seu serviço. São elas:

I — Produtores rurais pessoa física

Compreendo que o produtor rural pessoa física, que se encontrava obrigado à contribuição de 15% sobre os serviços que lhe fossem prestados por trabalhador autônomo ou equiparado, o trabalhador avulso e as demais pessoas físicas sem vínculo empregatício (Lei Complementar n. 84/96) não deverão contribuir com os 20% trazidos por esta nova legislação (Lei n. 9.876/99).

Com a revogação da LC n. 84/96, a fundamentação que legitima a contribuição previdenciária em 20% é simplesmente a Lei n. 8.212/91, em seu art. 22 (alterado pela Lei n. 9.876/99), o qual determina como contribuinte as empresas e equiparadas, não mencionando a figura do produtor rural pessoa física. Em decorrência, o Decreto n. 3.452/2000 revogou o inciso V do art. 216 do Decreto n. 3.048/99, que mencionava a obrigatoriedade do recolhimento dos 15% previstos na LC n. 84/96 para os produtores rurais pessoa física.

Este, contudo, não tem sido o entendimento da Previdência Social. Dispõe a Instrução Normativa SRF n. 971/2009 (art. 177) ser obrigatória a contribuição de 20% quando da contratação de contribuintes individuais e também a contribuição de 15% sobre o valor da nota fiscal, quando da contratação de cooperativas. Note-se, inclusive, que o sistema (GFIP/SEFIP) calcula as contribuições e emite a guia já com os valores apurados, também procedendo à retenção de 11% do contribuinte individual que prestou os serviços, em total afronta às disposições do art. 4º da Lei n. 10.666/2003.

O posicionamento da Previdência Social aponta como fundamento a nova redação do art. 25 da Lei n. 8.212/91, determinada pela Lei n. 10.256/2001. Pela nova redação do dispositivo, as contribuições do produtor rural incidentes sobre a comercialização dos produtos substitui, tão somente, a contribuição de 20% incidente sobre a folha (inciso I do art. 22) e a contribuição destinada ao Risco Ambiental do Trabalho (inciso II do art. 22). Desta forma, e em face do produtor rural se equiparar à empresa quando contrata algum prestador de serviços (art. 15), estaria obrigado a contribuir com os 20% incidentes sobre a remuneração dos contribuintes individuais que contratar (inciso III do art. 22) e também com os 15% quando da contratação de cooperativas de trabalho (inciso IV do art. 22).

A interpretação dada pela Previdência Social é, de fato, coerente, se tomarmos a legislação previdenciária como documento único e interpretando todos os artigos de forma conjunta (art. 15, art. 22 e art. 25). No entanto, é conveniente lembrar que a contribuição devida pelas empresas se encontra disposta no Capítulo IV da Lei n. 8.212/91 e a contribuição do produtor rural pessoa física no Capítulo VI do mesmo diploma legal, o que pode ser interpretado como um tratamento excepcional conferido aos produtores rurais. Note-se, ainda, que o art. 25 não faz nenhuma menção aos incisos III e IV do art. 22 da Lei n. 8.212/91.

De toda forma, como os produtores rurais são obrigados a informar as contratações no sistema SEFIP e como o sistema calcula a contribuição de 20% (inciso III da Lei n. 8.212/91) a questão somente poderá ser resolvida na via judicial, em ação proposta contra a Previdência Social. Em que pese vasta pesquisa jurisprudencial, não foram localizadas ementas sobre o tópico.

II — Cooperativas de trabalho

As cooperativas de trabalho não se encontram sujeitas à contribuição de 20% sobre as importâncias por elas pagas, distribuídas ou creditadas aos respectivos cooperados, a título de remuneração ou retribuição que, por seu intermédio, tenham prestado a empresas — Decreto n. 3.048/99, art. 201, § 19.

III — Entidades religiosas e instituições de ensino vocacional

Não se considera como remuneração direta ou indireta, para fins previdenciários, os valores despendidos pelas entidades religiosas e instituições de ensino vocacional como ministros de confissão religiosa, membros de instituto de vida consagrada, de congregação ou de ordem religiosa em face do seu mister religioso ou para sua subsistência, desde que fornecidos em condições que independam da natureza e da quantidade do trabalho executado. Lei n. 8.212/91, art. 22, § 13, acrescentado pela Lei n. 10.170, de 29.12.2000 — DOU de 30.12.2000.

6.2.5. Responsabilidade quanto ao Recolhimento Devido pelos Contribuintes Individuais Prestadores de Serviço

A contar de 1º de abril de 2003, por força da Medida Provisória n. 83, arts. 4º e 5º, de 12.12.2002 (DOU de 13.12.2002), convertida na Lei n. 10.666, de 8.5.2003 (DOU de 9.5.2003), se encontra a empresa obrigada a arrecadar a contribuição do segurado contribuinte individual (autônomos e empresários) a seu serviço, descontando-a da respectiva remuneração, e a recolher o valor arrecadado juntamente com a contribuição a seu cargo até o dia 20 (vinte) do mês seguinte ao da competência.

A empresa deve, ainda, fornecer ao trabalhador um comprovante do pagamento do serviço prestado consignando, além dos valores da remuneração e do desconto feito, o número da inscrição do segurado no Instituto Nacional do Seguro Social.

Sobre o tema, confira-se neste Capítulo X o subitem 2.2.1.

6.3 Contribuição sobre Serviços Prestados por Cooperativas

A Lei n. 9.876 (art. 1º), publicada no Diário Oficial da União de 29.11.1999, ao alterar a Lei n. 8.212/91, acrescentou ao art. 22 o inciso IV trazendo uma nova contribuição previdenciária, de cunho obrigatório, às empresas contratantes de serviços através de Cooperativas de Trabalho.

Pela nova legislação, desde a competência março/2000 as empresas se encontram obrigadas à contribuição previdenciária quando da contratação de serviços por intermédio de cooperativas de trabalho, prestados por cooperados, na alíquota de 15% (quinze por cento) sobre o valor bruto da nota fiscal ou fatura de prestação de serviços, sendo admitido deduzir da base de cálculo os valores referentes a equipamentos e materiais utilizados nesta prestação de serviços (Decreto n. 3.048/99, art. 219, §§ 7º e 8º).

Assim, na prestação de serviços de cooperados por intermédio de cooperativa de trabalho, havendo o fornecimento de material ou a utilização de equipamentos, próprios ou de terceiros (exceto equipamentos manuais), fica facultado à cooperativa de trabalho discriminar na nota fiscal ou na fatura emitida para a empresa contratante o valor correspondente a material ou a equipamentos, que será excluído da base de cálculo da contribuição, desde que contratualmente previsto e devidamente comprovado o custo de aquisição dos materiais e de locação de equipamentos de terceiros, se for o caso — Instrução Normativa SRF n. 971/2009, art. 217.

Obs.: A eventual aceitação, por parte da cooperativa de trabalho, de sociedade de pessoas (sociedade civil) como "cooperado" não acarreta redução da base de cálculo da contribuição a cargo da empresa contratante.

A meu ver, a Lei n. 9.876/99, quanto ao tópico é inconstitucional, já que instituiu nova contribuição previdenciária (novo fato gerador e nova base de cálculo), não observando o art. 154, I da Carta Constitucional (e § 4º do art. 195). Também é inconstitucional porque faz incidir contribuição previdenciária sobre valores que não se referem à remuneração, ferindo, assim, as regras do inciso I do art. 195.

Fundamentação: Lei n. 8.212/91, art. 22, IV; Decreto n. 3.048/99, art. 201, III; Instrução Normativa SRF n. 971/2009, art. 217.

6.3.1. Cooperativa de Serviços Médicos

Considerando que as faturas emitidas pelas cooperativas médicas, relativas a contratos de prestação de assistência à saúde, englobam além dos valores referentes a serviços médicos prestados por cooperados, valores que não configuram fato gerador da contribuição previdenciária, tais como serviços hospitalares, exames complementares e transportes especiais, foi publicada no

Diário Oficial da União de 23.03.2000 a Orientação Normativa n. 20, do Secretário de Previdência Social, trazendo procedimento específico quando da contratação, pelas empresas, desta espécie de cooperativa.

Atualmente tais disposições especiais se encontram relacionadas na Instrução Normativa SRF n. 971/2009, arts. 219 a 221, de forma que são as peculiaridades da cobertura do contrato que definem a base de cálculo da contribuição devida. Confira-se:

I — nos contratos coletivos para pagamento por valor predeterminado, quando os serviços prestados pelos cooperados ou por demais pessoas físicas ou jurídicas ou quando os materiais fornecidos não estiverem discriminados na nota fiscal ou fatura, a base de cálculo não poderá ser:

a) inferior a trinta por cento do valor bruto da nota fiscal ou da fatura, quando se referir a contrato de grande risco ou de risco global, sendo este o que assegura atendimento completo, em consultório ou em hospital, inclusive exames complementares ou transporte especial;

b) inferior a sessenta por cento do valor bruto da nota fiscal ou da fatura, quando se referir a contrato de pequeno risco, sendo este o que assegura apenas atendimento em consultório, consultas ou pequenas intervenções, cujos exames complementares possam ser realizados sem hospitalização.

II — nos contratos coletivos por custo operacional, celebrados com empresa, onde a cooperativa médica e a contratante estipulam, de comum acordo, uma tabela de serviços e honorários, cujo pagamento é feito após o atendimento, a base de cálculo da contribuição social previdenciária será o valor dos serviços efetivamente realizados pelos cooperados. Se houver parcela adicional ao custo dos serviços contratados por conta do custeio administrativo da cooperativa, esse valor também integrará a base de cálculo da contribuição social previdenciária.

III — Na celebração de contrato coletivo de plano de saúde da cooperativa médica com empresa, em que o pagamento do valor predeterminado seja rateado entre a contratante e seus beneficiários, deverá ser observado que:

a) se a fatura for única e se a empresa for a responsável perante a cooperativa pelo pagamento, a base de cálculo da contribuição será o valor bruto da fatura ou a parte correspondente aos serviços prestados pelos cooperados, quando efetuadas as deduções permitidas;

b) se houver uma fatura específica para a empresa e faturas individuais para os beneficiários do plano de saúde, cada qual se responsabilizando pelo pagamento da respectiva fatura, somente a fatura emitida contra a empresa constituirá base de cálculo da contribuição.

Há que se atentar, contudo, para as disposições da Lei n. 12.690/2012 (DOU de 20.7.2012), cujo art. 1º exclui do conceito de cooperativa de trabalho as cooperativas médicas. Confira-se:

"Art. 1º A Cooperativa de Trabalho é regulada por esta Lei e, no que com ela não colidir, pelas Leis ns. 5.764, de 16 de dezembro de 1971, e 10.406, de 10 de janeiro de 2002 — Código Civil.

Parágrafo único. Estão excluídas do âmbito desta Lei:

I — as cooperativas de assistência à saúde na forma da legislação de saúde suplementar;

II — as cooperativas que atuam no setor de transporte regulamentado pelo poder público e que detenham, por si ou por seus sócios, a qualquer título, os meios de trabalho;

III — as cooperativas de profissionais liberais cujos sócios exerçam as atividades em seus próprios estabelecimentos; e

IV — as cooperativas de médicos cujos honorários sejam pagos por procedimento."

É possível depreendermos, portanto, que a contar de 20.7.2012 as cooperativas médicas não mais podem ser conceituadas como cooperativas de trabalho, razão pela qual não mais poderá incidir a contribuição previdenciária sobre a nota fiscal.

No entanto, até a presente data nenhuma orientação a respeito foi dada pela Receita Federal ou pelo Ministério da Previdência Social, permanecendo a cobrança destas contribuições na esfera administrativa.

6.3.2. Cooperativa de Serviços Odontológicos

Esta modalidade de cooperativa foi também contemplada na Orientação Normativa n. 20, sendo o procedimento a ser observado pelas empresas contratantes atualmente constante da Instrução Normativa SRF n. 971/2009, art. 220.

Na atividade odontológica, a base de cálculo da contribuição social previdenciária de quinze por cento devida pela empresa contratante de serviços de cooperados intermediados por cooperativa de trabalho não será inferior a sessenta por cento do valor bruto da nota fiscal, fatura ou recibo de prestação de serviços, caso os serviços prestados pelos cooperados, os prestados por demais pessoas físicas ou jurídicas e os materiais fornecidos não estejam discriminados na respectiva nota fiscal, fatura ou recibo de prestação de serviços.

Na celebração de contrato coletivo de plano de saúde da cooperativa odontológica com empresa, em que o pagamento do valor predeterminado seja rateado entre a contratante e seus beneficiários, deverá ser observado o procedimento constante do tópico III, subitem 6.3.1, *supra*.

6.3.3. Cooperativa de Serviços na Atividade de Transporte

A Portaria n. 1.135, de 5.4.2001, do Ministro de Estado da Previdência e Assistência Social, publicada no Diário Oficial da União de 09.04.2001, determina que a contribuição previdenciária a cargo da empresa, quando da contratação de serviços de transporte rodoviário por intermédio de cooperativa de trabalho é de 15% (quinze por cento), incidentes sobre a parcela correspondente ao valor dos serviços que serão prestados pelos cooperados, valor este que não poderá ser inferior a 20% do valor bruto da nota fiscal ou fatura.

Na hipótese, portanto, de conter a nota fiscal apresentada discriminação referente ao valor cobrado pelo serviço de transporte (frete, carreto ou transporte de passageiros) a empresa contratante deverá fazer incidir os 15% (percentual de contribuição previdenciária para contratos com cooperativa de trabalho) somente sobre o valor do serviço prestado pelo cooperado. Esta base de cálculo, no entanto (que é o valor considerado como remuneração do condutor), não poderá ser inferior a 20% do valor bruto da Nota Fiscal ou Fatura apresentada pela cooperativa.

Exemplo I:

• valor bruto da nota fiscal = R$ 1.000,00

• valor discriminado como de prestação de serviço = R$ 400,00

• valor da contribuição previdenciária a ser recolhida pela empresa = 15% de R$ 400,00 = R$ 60,00

Exemplo II:

• valor bruto da nota fiscal = R$ 1.000,00

• valor discriminado como de prestação de serviço = R$ 100,00

• valor da contribuição previdenciária a ser recolhida pela empresa = 15% sobre 20% do valor bruto da nota fiscal = 15% de R$ 200,00 = R$ 30,00

Obs.: Entendemos que o percentual trazido pela Portaria n. 1.135, do Ministro de Estado da Previdência e Assistência Social, passou a vigorar somente a partir de 9.7.2001 (noventa dias a contar de sua publicação — art. 195, § 6º da CF/88) e que o mesmo é inconstitucional por não ter sido instituído por lei, contrariando, dessa forma, as disposições do art. 195 da CF/88, *caput* e §4º. Sobre a vigência e a inconstitucionalidade, ver orientações desta Parte III, Capítulo X, subitem 2.3

Fundamentação: Decreto n. 3.048/99, art. 201, § 20.

6.3.4. Sujeição a Agentes Nocivos no Desenvolver do Trabalho Contratado — Acréscimo na Contribuição Previdenciária — Vigência desde 1.4.2003

Com a publicação da Medida Provisória n. 83, de 12.12.2002 (DOU de 13.12.2002), atualmente Lei n. 10.666/2003, as empresas contratantes de serviços através de cooperativas de trabalho deverão atentar à existência ou não de agentes nocivos no local da prestação dos respectivos serviços. Isto porque desde 1º de abril de 2003, se existentes agentes nocivos químicos, físicos ou biológicos que propiciem o direito à aposentadoria especial ao segurado, se encontra a empresa contratante obrigada a recolher, além dos 15%, uma contribuição adicional aos cofres previdenciários equivalente a 9%, 7% ou 5%, incidente sobre o valor bruto da nota fiscal ou fatura emitida pela cooperativa, conforme a atividade exercida pelo cooperado permita a concessão de aposentadoria especial após quinze, vinte ou vinte e cinco anos de contribuição, respectivamente.

Assim, temos os seguintes acréscimos:

I — atividade exercida pelo cooperado que permita a concessão de aposentadoria especial após 15 anos de contribuição = acréscimo de 9%, totalizando uma contribuição de 24% sobre o valor bruto da nota fiscal/fatura.

II — atividade exercida pelo cooperado que permita a concessão de aposentadoria especial após 20 anos de contribuição = acréscimo de 7%, totalizando uma contribuição de 22% sobre o valor bruto da nota fiscal/fatura.

III — atividade exercida pelo cooperado que permita a concessão de aposentadoria especial após 25 anos de contribuição = acréscimo de 5%, totalizando uma contribuição de 20% sobre o valor bruto da nota fiscal/fatura.

Lembramos que os agentes nocivos que propiciam o direito à aposentadoria especial, bem como o tempo de contribuição / serviço necessário à obtenção da mesma se encontram relacionados no Anexo IV do Decreto n. 3.048/99 (ver tabela 7.4, Parte VII, desta obra).

6.4. Contratação de Trabalhadores Avulsos — Contribuição Previdenciária

6.4.1. Trabalho Avulso Portuário

6.4.1.1. Obrigações do Órgão Gestor de Mão de Obra — OGMO

Em cada porto deverá ser implementado o Órgão Gestor de Mão de Obra (OGMO), ao qual caberá, quando da requisição de mão de obra de trabalhador avulso efetuada conforme as Leis n. 8.630/93 (regime jurídico da exploração dos portos organizados e das instalações portuárias) e n. 9.719/98 (normas e condições gerais de proteção ao trabalho portuário), as seguintes providências (Instrução Normativa SRF n. 971/2009, art. 264):

Obs.: O conceito de trabalhador avulso e outros indispensáveis à compreensão da matéria se encontram na Parte II desta obra, Capítulo V, subitem 1.1.4.

I — selecionar, registrar e cadastrar o trabalhador avulso portuário, mantendo com exclusividade o controle dos mesmos, ficando, desta maneira, formalizada a inscrição do segurado perante a Previdência Social;

II — elaborar listas de escalação diária dos trabalhadores avulsos portuários, por operador portuário e por navio, e mantê-las sob sua guarda para exibição à fiscalização da RFB, quando solicitadas, cabendo a ele, exclusivamente, a responsabilidade pela exatidão dos dados lançados nessas listas;

III — efetuar o pagamento da remuneração pelos serviços executados e das parcelas referentes ao décimo terceiro salário e às férias ao trabalhador avulso portuário;

IV — elaborar folha de pagamento, separadamente por navio[20];

V — encaminhar cópia da folha de pagamento dos trabalhadores avulsos portuários aos respectivos operadores portuários;

VI — pagar, mediante convênio com o INSS, o salário-família devido ao trabalhador avulso portuário;

VII — arrecadar as contribuições previdenciárias devidas pelos operadores portuários e pelos trabalhadores avulsos portuários, esta última mediante desconto em sua remuneração, repassando-as à Previdência Social, no prazo estabelecido na Lei n. 8.212/91;

Obs.: O OGMO se responsabiliza, igualmente, pela contribuição devida a terceiros.

VIII — prestar as informações para a Previdência Social em GFIP, relativas aos trabalhadores avulsos portuários, por operador portuário, informando o somatório do MMO com as férias e o décimo terceiro salário, bem como a contribuição descontada dos segurados sobre essas remunerações, devendo observar as instruções de preenchimento daquela guia, contidas no Manual da GFIP;

IX — enviar ao operador portuário cópia da GFIP, bem como das folhas de pagamento dos trabalhadores avulsos portuários;

X — comunicar ao INSS os acidentes de trabalho ocorridos com trabalhadores avulsos portuários;

XI — registrar mensalmente em títulos próprios de sua contabilidade, de forma discriminada em contas individualizadas, as rubricas integrantes e as não integrantes da base de cálculo para a Previdência Social, bem como as contribuições descontadas dos segurados trabalhadores avulsos portuários e os totais recolhidos, por operador portuário;

Obs.: O OGMO deverá manter registrada também a informação dos valores correspondentes às compensações de contribuições sociais previdenciárias realizadas, de forma discriminada, mensalmente e por operador portuário.

XII — exibir os livros Diário e Razão, quando exigidos pela fiscalização, com os registros devidamente escriturados após noventa dias contados da ocorrência dos fatos geradores das contribuições devidas, na forma prevista no § 13 do art. 225 do Decreto n. 3.048/99.

Observe-se, portanto, que o Órgão Gestor de Mão de Obra se equipara à empresa, ficando sujeito às obrigações aplicáveis às empresas em geral, inclusive em relação à remuneração paga ou creditada, no decorrer do mês, a segurados empregados e a contribuintes individuais por ele contratados.

---

(20) As folhas de pagamento dos trabalhadores portuários avulsos devem ser elaboradas por navio, com indicação do operador portuário e dos trabalhadores que participaram da operação e, especificamente, com relação a estes, devem informar: I — os respectivos números de registro ou cadastro no OGMO; II — o cargo, a função ou o serviço prestado; III — os turnos trabalhados; IV — as remunerações pagas, devidas ou creditadas a cada um dos trabalhadores, registrando o MMO, bem como as parcelas referentes ao décimo terceiro salário e às férias, com a correspondente totalização; e V — os valores das contribuições sociais previdenciárias retidas.

Relativamente ao pagamento da contribuição destinada ao financiamento dos benefícios por incapacidade decorrente dos riscos ambientais do trabalho (SAT/RAT) o OGMO será enquadrado no CNAE 9412-0/00 — atividades de organizações associativas profissionais.

Fundamentação: Decreto n. 3.048/99, art. 217; Instrução Normativa SRF n. 971/2009, art. 264.

6.4.1.2. Obrigações do Operador Portuário

Para fins da legislação previdenciária, o operador portuário responde perante (Instrução Normativa SRF n. 971/2009, art. 268):

a) o trabalhador avulso portuário: pela remuneração dos serviços prestados e pelos respectivos encargos;

b) os órgãos competentes: pelo recolhimento dos tributos incidentes sobre o trabalho avulso portuário.

Compete, pois, ao operador portuário o repasse ao OGMO do valor correspondente à remuneração devida ao trabalhador avulso portuário, bem como dos encargos sociais e previdenciários incidentes sobre essa remuneração, no prazo de 24 horas. Para isso, o operador portuário deverá exigir do OGMO a folha de pagamento das remunerações pagas ou creditadas a todos os segurados que estejam a seu serviço.

Obs. 1: O prazo de 24 horas pode ser alterado mediante convenção coletiva firmada entre entidades sindicais representativas dos trabalhadores e operadores portuários, observado o prazo legal para recolhimento dos encargos previdenciários.

Obs. 2: É vedada ao operador portuário a opção pelo SIMPLES, nos termos da Lei n. 9.317, de 1996.

A cooperativa de trabalhadores avulsos portuários deve ser pré-qualificada junto à administração do porto e sua atuação equipara-se à do operador portuário. O trabalhador, enquanto permanecer associado à cooperativa, deixará de concorrer à escala como avulso.

Por fim, e assim como acontece com o OGMO, o operador portuário deverá manter registrada a informação dos valores correspondentes às compensações de contribuições sociais previdenciárias realizadas, de forma discriminada mensalmente, e por Órgão Gestor de Mão de obra, quando for o caso.

Fundamentação: Decreto n. 3.048/99, art. 217; Instrução Normativa SRF n. 971/2009, arts. 268 a 271.

6.4.1.3. Contribuições Previdenciárias

As contribuições previdenciárias patronais, bem como a destinada a terceiros, incidentes sobre a remuneração paga, devida ou creditada ao trabalhador avulso portuário, são devidas pelo operador portuário. No entanto, a responsabilidade pelo seu recolhimento cabe ao Órgão Gestor de Mão de obra — OGMO.

As contribuições previdenciárias dos trabalhadores seguem as normas existentes para os trabalhadores empregados e o recolhimento das contribuições deverá seguir o seguinte procedimento:

I — No prazo de 24 horas após a realização do serviço, o operador portuário repassará ao OGMO:

a) os valores devidos pelos serviços executados;

b) as contribuições destinadas à Previdência Social e as destinadas a outras entidades e fundos, incidentes sobre a remuneração do trabalhador avulso portuário;

c) o valor relativo à remuneração de férias;

d) o valor do décimo terceiro salário.

II — No prazo de 48 horas após o término do serviço, o OGMO deve efetuar o pagamento da remuneração ao trabalhador avulso portuário, descontando desta a contribuição social previdenciária devida pelo segurado.

Obs.: Esses prazos (24 e 48 horas) podem ser alterados mediante convenção coletiva firmada entre entidades sindicais representativas dos trabalhadores e operadores portuários, observado o prazo legal para recolhimento dos encargos fiscais, trabalhistas e previdenciários.

O recolhimento das contribuições previdenciárias (e terceiros) devidas pelo operador portuário e também a contribuição do trabalhador avulso deverá ser efetuado em documento de arrecadação (GPS) identificado pelo CNPJ do OGMO.

O operador portuário é obrigado a arrecadar, mediante desconto, a contribuição devida por seus empregados, inclusive pelo trabalhador portuário com vínculo empregatício a prazo indeterminado, recolhendo-a juntamente com as contribuições a seu cargo, incidentes sobre a remuneração desses segurados.

Obs.: As normas aqui esclarecidas se aplicam também aos requisitantes de mão de obra de trabalhador avulso portuário junto ao OGMO que não sejam operadores portuários.

Fundamentação: Decreto n. 3.048/99, art. 217; Instrução Normativa SRF n. 971/2009, arts. 272 a 277.

6.4.2. Contratação de Trabalhador Avulso Não Portuário

A empresa contratante ou requisitante dos serviços de trabalhador avulso, cuja contratação de pessoal não for abrangida pelas Leis n. 8.630/93 e n. 9.719/98, é responsável pelo cumprimento de todas as obrigações previdenciárias (inclusive terceiros), inclusive pelo preenchimento e entrega da GFIP em relação aos segurados que lhe prestem serviços, observadas as normas fixadas pelo Instituto Nacional do Seguro Social.

Para possibilitar o recolhimento das contribuições, o sindicato que efetuar a intermediação da mão de obra de trabalhador avulso deverá elaborar as folhas de pagamento por contratante de serviços, registrando o Montante de Mão de obra (MMO), bem como as parcelas correspondentes a férias e décimo terceiro salário. O art. 278 da IN SR n. 971/2009 assim determina:

"**Art. 278.** O sindicato que efetuar a intermediação de mão de obra de trabalhador avulso é responsável pela elaboração das folhas de pagamento por contratante de serviços, contendo, além das informações previstas no inciso III do art. 47, as seguintes:

I — os respectivos números de registro ou cadastro no sindicato;

II — o cargo, a função ou o serviço prestado;

III — os turnos trabalhados;

IV — as remunerações pagas, devidas ou creditadas a cada um dos trabalhadores, registrando o MMO, bem como as parcelas referentes ao décimo terceiro salário e às férias, e a correspondente totalização; e

V — os valores das contribuições sociais previdenciárias retidas."

O salário-família devido ao trabalhador avulso será pago pelo sindicato de classe respectivo, mediante convênio, que se incumbirá também, como observado, de elaborar as folhas de pagamento correspondentes.

O sindicato de trabalhadores avulsos se equipara à empresa, ficando sujeito às normas de tributação e arrecadação aplicáveis às empresas em geral, em relação à remuneração paga, devida ou creditada, no decorrer do mês, a segurados empregados e contribuintes individuais por ele contratados, conforme o caso.

Fundamentação: Decreto n. 3.048/99, art. 218; Instrução Normativa SRF n. 971/2009, arts. 278 a 282.

6.5. Sucessão de Empresas

A empresa que resultar de fusão, transformação, incorporação ou cisão é responsável pelo pagamento das contribuições sociais previdenciárias e das contribuições destinadas às outras entidades ou fundos, devidas pelas empresas fusionadas, transformadas, incorporadas ou cindidas, até a data do ato da fusão, da transformação, da incorporação ou da cisão.

Cumpre ainda observar que a aquisição de estabelecimento comercial, industrial ou profissional e a continuação da exploração do negócio, mesmo que sob denominação social, firma ou nome individual diverso, acarretam a responsabilidade integral do sucessor pelas contribuições sociais devidas pelo sucedido. A responsabilidade será subsidiária, caso o sucedido inicie, dentro de seis meses, a contar da data da alienação, nova atividade, no mesmo ou em outro ramo de comércio, indústria ou profissão, ou, nesse período, a ela dê prosseguimento.

Fundamentação: Instrução Normativa SRF n. 971/2009, arts. 496 e 497.

6.6. RIO 2016 — Isenção

Nos termos da Lei n. 12.780 (DOU de 10.1.2013), que dispõe sobre medidas tributárias referentes à realização, no Brasil, dos Jogos Olímpicos e Paraolímpicos de 2016, o Comitê Organizador dos Jogos Olímpicos Rio 2016 — RIO 2016 — encontra-se isento das contribuições previdenciárias incidentes sobre remunerações pagas a quaisquer segurados (alínea a do parágrafo único do art. 11 da Lei n. 8.212/91), bem como do pagamento de contribuições a Terceiros (art. 3º da Lei n. 11.457/2007).

Trata o referido Comitê (Rio 2016) de pessoa jurídica sem fins lucrativos, domiciliada no Brasil, constituída com o objetivo de fomentar, desenvolver e viabilizar os requisitos previstos nas garantias firmadas pelo Município do Rio de Janeiro ao CIO, para a realização das Olimpíadas de 2016.

Note-se que a isenção concedida pela Lei n. 12.780/2013 refere-se tão somente à contribuição patronal incidente sobre a folha de pagamento (segurados empregados e contribuintes individuais) e à contribuição de Terceiros, não eximindo a referida instituição das demais obrigações da Lei n. 8.212/91, inclusive proceder a retenção da contribuição previdenciária dos trabalhadores que lhe prestarem serviços, ou mesmo efetuar a retenção de 11% sobre a NF emitida por empresas contratadas.

Por fim, cumpre observar que a isenção concedida refere-se, tão somente, aos fatos geradores ocorridos entre 1.1.2013 e 31.12.2017.

Fundamentação: Lei n. 12.780/2013, arts. 10 e 23.

7. CONTRIBUIÇÃO DAS SOCIEDADES COOPERATIVAS

As sociedades cooperativas constituem uma associação de pessoas, sem fins lucrativos e com os mesmos interesses, constituída para prestação de serviços a seus associados. Essa sociedade possui forma e natureza jurídica próprias, de natureza civil, com regulamento na Lei n. 5.764/71, mas, conforme disposição constante do art. 15 da Lei n. 8.212/91, se equiparam às empresas para toda e qualquer finalidade previdenciária.

Assim, mantendo a cooperativa empregados ou tomando serviço de profissionais autônomos, a contribuição previdenciária que lhe é devida iguala-se àquela devida pelas empresas em geral, a qual pode ser conferida no item 6 deste Capítulo.

Em relação à prestação de serviços pelos cooperados, estes considerados "contribuintes individuais" para fins previdenciários, será devida pela cooperativa a contribuição de 20%, incidentes sobre o valor bruto distribuído a cada associado. Pode-se dizer, portanto, que em relação aos seus sócios cooperados e aos trabalhadores contratados para lhe prestarem serviços, a cooperativa iguala-se às empresas em geral quanto às obrigações previdenciárias.

Exceção se aplica apenas às cooperativas de trabalho que não se encontram sujeitas à contribuição previdenciária de 20% incidentes sobre as importâncias por ela pagas, distribuídas ou creditadas aos respectivos cooperados, a título de remuneração ou retribuição pelos serviços que, por seu intermédio, tenham prestado a empresas. É que com a revogação da Lei Complementar n. 84/96 e a alteração introduzida no art. 22 da Lei n. 8.212/91, as cooperativas deixaram de ter a obrigação de recolher contribuição sobre os valores distribuídos aos cooperados em razão dos serviços por eles prestados por seu intermédio, já que o legislador transferiu essa obrigação às empresas, que têm de pagar 15% *"sobre o valor bruto da nota fiscal ou fatura de prestação de serviços, relativamente a serviços que lhe são prestados por cooperados por intermédio de cooperativas de trabalho"* (art. 22, IV, da Lei n. 8.212/91).

Lembramos, no entanto, que, na hipótese de determinada cooperativa contratar os serviços de uma cooperativa de trabalho, se encontrará obrigada à contribuição de 15% sobre o valor bruto da nota fiscal / fatura emitida, nos termos do inciso IV do art. 22 da Lei n. 8.212/91. Maiores detalhes sobre esta contribuição poderão ser conferidos no subitem 6.3 deste Capítulo.

7.1. Cooperativa de Trabalho — Responsabilidade no Pagamento da Contribuição Devida por seus Cooperados — Retenção

Utilizando-nos do conceito trazido pelo art. 209 da Instrução Normativa SRF n. 971/2009, *"cooperativa de trabalho, espécie de cooperativa também denominada cooperativa de mão de obra, é a sociedade formada por operários, artífices, ou pessoas da mesma profissão ou ofício ou de vários ofícios de uma mesma classe, que, na qualidade de associados, prestam serviços a terceiros por seu intermédio"*. Esta modalidade cooperativa, portanto, serve apenas como intermediadora na prestação de serviços de seus cooperados, não produzindo bens ou serviços próprios.

A contar de 1º de abril de 2003, por força da Medida Provisória n. 83, arts. 4º e 5º, de 12.12.2002 (DOU de 13.12.2002), convertida na Lei n. 10.666, de 8.5.2003 (DOU de 9.5.2003), se encontra a cooperativa de trabalho obrigada a arrecadar a contribuição do segurado contribuinte individual (cooperado) a seu serviço, descontando-a da quota a ele distribuída pela prestação dos serviços.

Assim, a cooperativa de trabalho se encontra obrigada a arrecadar a contribuição previdenciária devida por seus cooperados contribuintes individuais, mediante desconto na remuneração a eles repassada ou creditada relativa aos serviços prestados por seu intermédio, observado o seguinte:

a) 11% do valor da remuneração creditada ou repassada ao cooperado, quando se referir a serviços prestados a empresas;

b) 20% do valor da remuneração creditada ou repassada ao cooperado, quando se referir a serviços prestados a pessoas físicas ou a entidades beneficentes de assistência social que estejam isentas das contribuições patronais.

Confira-se, nestes termos, a redação do art. 216 da IN SRF n. 971/2009:

"**Art. 216.** As cooperativas de trabalho e de produção são equiparadas às empresas em geral, ficando sujeitas ao cumprimento das obrigações acessórias previstas no art. 47 e às obrigações principais previstas nos arts. 72 e 78, em relação:

I — à contratação de segurado empregado, trabalhador avulso ou contribuinte individual para lhes prestar serviços;

II — à remuneração paga ou creditada a cooperado pelos serviços prestados à própria cooperativa, inclusive aos cooperados eleitos para cargo de direção;

III — à arrecadação da contribuição individual de seus cooperados pelos serviços por elas intermediados e prestados a pessoas físicas, a pessoas jurídicas ou à elas prestados, no caso de cooperativas de trabalho, observado o disposto no inciso III do caput do art. 78 e os prazos de recolhimento previstos no art. 83;

IV — à arrecadação da contribuição individual de seus cooperados pelos serviços a elas prestados, no caso de cooperativas de produção, observado o disposto no inciso III do caput do art. 78;

V — à retenção decorrente da contratação de serviços mediante cessão de mão de obra ou empreitada, inclusive em regime de trabalho temporário, incidente sobre o valor bruto da nota fiscal, da fatura ou do recibo de prestação de serviços;

VI — à contribuição incidente sobre o valor bruto da nota fiscal, da fatura ou do recibo de prestação de serviços, quando contratarem serviços mediante intermediação de outra cooperativa de trabalho, ressalvado o disposto no § 4º.

§ 1º O disposto no inciso II do caput aplica-se à cooperativa de produção em relação à remuneração paga ou creditada aos cooperados envolvidos na produção dos bens ou serviços.

§ 2º A cooperativa de trabalho, na atividade de transporte, em relação à remuneração paga ou creditada a segurado contribuinte individual que lhe presta serviços e a cooperado pelos serviços prestados com sua intermediação, deve reter e recolher a contribuição do segurado transportador autônomo destinada ao Sest e ao Senat, observados os prazos previstos nos arts. 80 e 83.

§ 3º A cooperativa de trabalho deverá elaborar folhas de pagamento nominais mensais, separando as retribuições efetuadas a seus associados decorrentes de serviços prestados às pessoas jurídicas e as decorrentes de serviços prestados às pessoas físicas, bem como efetuar os respectivos lançamentos contábeis em contas próprias.

§ 4º O disposto no inciso VI do caput não se aplica à cooperativa de trabalho quando os serviços forem prestados à empresa contratante mediante intermediação de outra cooperativa, situação denominada como intercâmbio entre cooperativas, e deverá ser observado o que segue:

I — a cooperativa de origem, assim entendida aquela que mantém contrato com o tomador do serviço, deverá emitir a nota fiscal, a fatura ou o recibo de prestação de serviço à empresa contratante, incluindo os valores dos serviços prestados pelos seus cooperados e os daqueles prestados por cooperados de outras cooperativas;

II — o valor total dos serviços cobrados conforme inciso I constitui a base de cálculo da contribuição a cargo da empresa contratante;

III — os valores faturados pelas cooperativas de destino, cujos cooperados prestaram o serviço à cooperativa de origem, não constituem base de cálculo para as contribuições desta, uma vez que serão cobrados na forma do inciso II."

O vencimento das contribuições se dará no dia 20 do mês subsequente à respectiva competência, antecipando-se o vencimento para o dia útil anterior quando não houver expediente bancário no dia 20 (IN SRF n. 971/2009, art. 83). O código de pagamento a ser utilizado em GPS será o 2127.

7.2. Exercício de Atividade que Autoriza a Concessão de Aposentadoria Especial — Acréscimo nas Contribuições Previdenciárias

Com a publicação da Medida Provisória n. 83, de 12.12.2002 (DOU de 13.12.2002), atualmente Lei n. 10.666/2003, as disposições legais sobre aposentadoria especial do segurado filiado ao Regime Geral de Previdência Social aplicam-se, também, ao cooperado filiado à cooperativa de trabalho e de produção que trabalha sujeito a condições especiais que prejudiquem a sua saúde ou a sua integridade física.

E assim como acontece com as empresas em geral, que se encontram obrigadas a uma contribuição adicional quando seus empregados se encontram sujeitos a agentes nocivos, também as cooperativas de produção deverão pagar uma contribuição adicional de 12%, 9% ou 6%, incidentes sobre a remuneração paga, devida ou creditada ao cooperado filiado, na hipótese de exercício de atividade que autorize a concessão de aposentadoria especial após quinze, vinte ou vinte e cinco anos de contribuição, respectivamente, com vigência a contar de 1º de abril de 2003.

Assim, temos os seguintes acréscimos:

I — atividade exercida pelo cooperado que permita a concessão de aposentadoria especial após 15 anos de contribuição = acréscimo de 12%.

II — atividade exercida pelo cooperado que permita a concessão de aposentadoria especial após 20 anos de contribuição = acréscimo de 9%.

III — atividade exercida pelo cooperado que permita a concessão de aposentadoria especial após 25 anos de contribuição = acréscimo de 6%.

Lembramos que os agentes nocivos que propiciam o direito à aposentadoria especial, bem como o tempo de contribuição / serviço necessário à obtenção da mesma se encontram relacionados no Anexo IV do Decreto n. 3.048/99 (ver tabela constante do item 7.4, Parte VII, desta obra).

8. ASSOCIAÇÃO DESPORTIVA — EQUIPE DE FUTEBOL PROFISSIONAL — CONTRIBUIÇÃO PREVIDENCIÁRIA

A contribuição empresarial destinada à Seguridade Social da associação desportiva que mantém equipe de futebol profissional é diferente da contribuição devida pelas empresas em geral. Essas associações não recolhem os 20% incidentes sobre a folha de pagamento e nem tampouco as alíquotas do SAT/RAT (1%, 2% ou 3%). Em substituição, sua contribuição previdenciária corresponde a 5% (cinco por cento), incidente sobre a receita bruta decorrente:

I — para fatos geradores ocorridos no período de 1º de julho de 1993 a 11 de janeiro de 1997, 5% (cinco por cento) da receita bruta decorrente dos espetáculos desportivos de que participem em todo o território nacional em qualquer modalidade desportiva, inclusive jogos internacionais;

II — para fatos geradores ocorridos a partir de 12 de janeiro de 1997 até 24 de setembro de 1997:

a) 5% (cinco por cento) da receita bruta decorrente de espetáculos desportivos de que participem em todo o território nacional; e

b) 5% (cinco por cento) da receita bruta decorrente de qualquer forma de patrocínio, licenciamento de uso de marcas e símbolos, publicidade, propaganda e transmissão de espetáculos desportivos (Medida Provisória n. 1.523/96);

III — para fatos geradores ocorridos a partir de 25 de setembro de 1997:

a) 5% (cinco por cento) da receita bruta decorrente de espetáculos desportivos de que participem em todo o território nacional, em qualquer modalidade desportiva, inclusive jogos internacionais;

b) 5% (cinco por cento) da receita bruta decorrente de qualquer forma de patrocínio, licenciamento de uso de marcas e símbolos, publicidade, propaganda e transmissão de espetáculos desportivos.

A associação desportiva deverá informar a entidade promotora do espetáculo desportivo todas as receitas auferidas no evento, discriminando-as detalhadamente. A entidade promotora efetua, então, a retenção dos 5% e repassa tais valores aos cofres previdenciários, no prazo de até dois dias úteis após a realização do evento.

A entidade promotora do espetáculo (federação, confederação ou liga responsável pelo evento) é responsável pelo recolhimento das contribuições previdenciárias decorrentes da contratação de contribuintes individuais para prestação de serviços na realização do evento desportivo como, por exemplo, os árbitros e seus auxiliares, os delegados, os fiscais e a mão de obra utilizada para a realização de exame antidoping (IN SRF n. 971/2009, art. 251, IV).

Obs. 1: Nos períodos em que estiver desfiliada da Federação, a associação desportiva que mantém equipe de futebol profissional estará obrigada à contribuição empresarial na forma estabelecida para as empresas em geral. Nesta hipótese, a federação deverá comunicar o fato ao CAC ou à ARF jurisdicionante de sua sede, a qual, após providências e anotações cabíveis, deverá comunicar o fato à Delegacia ou Inspetoria da Receita Federal do Brasil jurisdicionante do clube de futebol profissional.

Obs. 2: As demais associações desportivas que não mantêm equipe de futebol profissional contribuirão na forma das empresas em geral.

Esta forma de recolhimento aplica-se à associação desportiva que mantenha equipe de futebol profissional e atividade econômica organizada para a produção e circulação de bens e serviços e que se organize regularmente, segundo um dos tipos regulados nos arts. 1.039 a 1.092 da Lei n. 10.406/2002 (Código Civil). Essas regras, contudo, a partir de 18.10.2007 (em decorrência do § 11-A do art. 22 da Lei n. 8.212/91) devem ser observadas apenas para as atividades diretamente relacionadas com a manutenção e administração da equipe de futebol profissional, não se estendendo às outras atividades econômicas exercidas pelas referidas sociedades empresariais beneficiárias.

A sociedade empresária regularmente organizada segundo um dos tipos regulados nos arts. 1.039 a 1.092 do Código Civil e mantenedora de equipe de futebol profissional que exercer também atividade econômica não diretamente ligada à manutenção e à administração da equipe de futebol deverá, a partir da competência 10/2007:

• elaborar folhas de pagamento distintas, uma que relacione os trabalhadores dedicados às atividades diretamente ligadas à manutenção e à administração da equipe de futebol e outra que relacione os trabalhadores dedicados às demais atividades econômicas;

• declarar, em documentos distintos, os fatos e informações relativos às atividades diretamente relacionadas à manutenção e à administração da equipe de futebol e os relativos às demais atividades econômicas.

Para melhor compreensão da matéria, confiram-se os conceitos trazidos pela Instrução Normativa SRF n. 971/2009, art. 248:

• *Clube de futebol profissional:* associação desportiva que mantém equipe de futebol profissional, que seja filiada à federação de futebol do respectivo Estado, ainda que mantenha outras modalidades desportivas, e que seja organizada na forma da Lei n. 9.615/98.

• *Entidade promotora:* a federação, a confederação ou a liga responsável pela organização do evento, assim entendido o jogo ou a partida, isoladamente considerado (Parecer CJ/MPS n. 3.425/2005).

• *Empresa ou entidade patrocinadora:* aquela que destinar recursos a associação desportiva que mantém equipe de futebol profissional a título de patrocínio, licenciamento de uso de marcas e símbolos, publicidade, propaganda e transmissão de espetáculos desportivos.

• *Receita bruta:* considera-se receita bruta:

I — a receita auferida, a qualquer título, nos espetáculos desportivos de qualquer modalidade, devendo constar em boletins financeiros emitidos pelas federações, confederações ou ligas, não sendo admitida qualquer dedução, compreendendo toda e qualquer receita auferida no espetáculo, tal como a venda de ingressos, recebimento de doações, sorteios, bingos, shows;

II — o valor recebido, a qualquer título, que possa caracterizar qualquer forma de patrocínio, licenciamento de uso de marcas e símbolos, publicidade, propaganda e transmissão de espetáculos desportivos.

Além destas contribuições previdenciárias, a associação desportiva que mantém clube de futebol profissional encontra-se obrigada a:

a) descontar e recolher a contribuição dos empregados, atletas ou não, bem como de trabalhadores avulsos que lhe prestarem serviços;

b) recolher a contribuição para terceiros (outras entidades e fundos), no percentual de 4,5%;

c) recolher a contribuição de 20%, incidente sobre o valor pago ou devido a contribuintes individuais que lhe prestarem serviços;

d) recolher a contribuição de 15%, incidente sobre o valor bruto da nota fiscal, fatura ou recibo de serviços prestados por cooperados, por intermédio de cooperativas de trabalho

Para facilitar a fiscalização destas contribuições, o Conselho Deliberativo do Instituto Nacional de Desenvolvimento do Desporto informará à Secretaria da Receita Federal do Brasil, com a antecedência necessária, a realização de todo espetáculo esportivo de que a associação desportiva participe no território nacional.

Confira-se, ainda, o teor do art. 256 da IN SRF n. 971/2009:

"**Art. 256.** As entidades promotoras de espetáculos desportivos deverão fornecer à RFB, com a necessária antecedência, o calendário dos eventos desportivos e ainda elaborar boletins financeiros numerados sequencialmente quando da realização dos espetáculos, onde constem, no mínimo, os seguintes dados:

I — número do boletim;

II — data da realização do evento;

III — nome dos clubes participantes;

IV — tipo ou espécie de competição, se oficial ou não;

V — categoria do evento (internacional, interestadual, estadual ou local);

VI — denominação da competição (Campeonato Brasileiro, Copa do Brasil, Campeonato Estadual, entre outras);

VII — local da realização do evento (cidade, estado e praça desportiva);

VIII — receita proveniente da venda de ingressos, com discriminação da espécie de ingressos (arquibancadas, geral, cadeiras, camarotes), número de ingressos colocados à venda, número de ingressos vendidos, número de ingressos devolvidos, preço e total arrecadado;

IX — discriminação de outros tipos de receita, tais como as provenientes de transmissão, propaganda, publicidade, sorteios, entre outras;

X — consignação do total geral das receitas auferidas;

XI — discriminação detalhada das despesas efetuadas com o espetáculo, contendo inclusive:

a) a remuneração dos árbitros e auxiliares de arbitragem e do quadro móvel (delegados, fiscais, bilheteiros, porteiros, maqueiros, seguranças, gandulas e outros);

b) a remuneração da mão de obra utilizada para a realização do exame antidoping (equipe de coleta);

c) o valor das contribuições previdenciárias incidentes sobre as remunerações referidas nas alíneas "a" e "b", nos termos do art. 22 da Lei n. 8.212, de 1991, observada a legislação de regência;

d) o discriminativo do valor a ser recolhido a título de parcelamento especial, com base na Lei n. 8.641, de 31 de março de 1993, com a assinatura dos responsáveis pelos clubes participantes e pela entidade promotora do espetáculo;

XII — total da receita destinada aos clubes participantes;

XIII — discriminativo do valor a ser recolhido por clube, a título de parcelamento;

XIV — assinatura dos responsáveis pelos clubes participantes e pela entidade promotora do espetáculo;

XV — a partir de 1º de abril de 2003, o valor do desconto da contribuição incidente sobre a remuneração paga aos contribuintes individuais contratados para a realização do evento.

Parágrafo único. O calendário dos eventos desportivos deverá ser protocolizado no CAC ou na ARF da jurisdição da sede darespectiva federação, confederação ou liga."

Fundamentação: Lei n. 8.212/91, art. 22, §§ 6º a 11; Lei n. 8.641/93, revogada pela Lei n. 9.528/97; Decreto n. 3.048/99, art. 205 e Instrução Normativa SRF n.. 971/2009, arts. 248 a 258.

9. CONTRIBUIÇÃO DOS PRODUTORES RURAIS

9.1. Definições e Conceitos

Para melhor compreensão da matéria, e antes de abordarmos as contribuições previdenciárias propriamente ditas, confiram-se os conceitos trazidos pela Instrução Normativa SRF n. 971/2009, art. 165:

a) Produtor Rural

Produtor rural é a pessoa física ou jurídica, proprietária ou não, que desenvolve, em área urbana ou rural, a atividade agropecuária, pesqueira ou silvicultural, bem como a extração de produtos primários, vegetais ou animais, em caráter permanente ou temporário, diretamente ou por intermédio de prepostos.

O produtor rural filia-se à Seguridade Social como Segurado Especial, Segurado Equiparado a Trabalhador Autônomo e Produtor Rural Pessoa Jurídica.

I — SEGURADO ESPECIAL: aquele que, na condição de proprietário, parceiro, meeiro, comodatário ou arrendatário, pescador artesanal ou a ele assemelhado, exerce a atividade individualmente ou em regime de economia familiar, ainda que com o auxílio eventual de terceiros, bem como seus respectivos cônjuges ou companheiros e filhos maiores de 16 (dezesseis) anos ou a eles equiparados, desde que trabalhem comprovadamente com o grupo familiar, nas seguintes condições:

• individualmente ou em regime de economia familiar, assim entendida a atividade em que o trabalho dos membros da família é indispensável à própria subsistência e é exercido em condições de mútua dependência e colaboração, sem utilização de empregados;

• com ou sem auxílio eventual de terceiros, assim entendido o que é prestado ocasionalmente em condições de mútua colaboração, não existindo subordinação nem remuneração.

Obs.: Sobre o conceito de segurado especial, ver a Parte II, Capítulo V, subitem 1.1.5 desta obra.

II — PRODUTOR RURAL PESSOA FÍSICA EQUIPARADA A TRABALHADOR AUTÔNOMO (CONTRIBUINTE INDIVIDUAL): é a pessoa física, proprietária ou não, que explora atividade agropecuária ou pesqueira, em caráter permanente ou temporário, diretamente ou por intermédio de prepostos e com auxílio de empregados, utilizados a qualquer título, ainda que de forma não contínua.

III — PRODUTOR RURAL PESSOA JURÍDICA: é o empregador rural que, constituído sob a forma de firma individual ou de empresário individual, assim considerado pelo art. 931 da Lei n. 10.406/2002 (Código Civil), ou sociedade empresária, tem como fim apenas a atividade de produção rural. Também se considera "produtor rural pessoa jurídica" a agroindústria que desenvolve as atividades de produção rural e de industrialização da produção rural própria ou da produção rural própria e da adquirida de terceiros.

b) Parceiro e parcerias rurais

Parceiro é aquele que, comprovadamente, tem contrato de parceria com o proprietário do imóvel ou embarcação e nele desenvolve atividade agropecuária ou pesqueira, partilhando os lucros conforme o ajustado em contrato.

Entende-se por parceria rural o contrato agrário pelo qual uma pessoa se obriga a ceder a outra, por tempo determinado ou não, o uso de imóvel rural, de parte ou de partes de imóvel rural, incluindo ou não benfeitorias e outros bens, ou de embarcação, com o objetivo de nele exercer atividade agropecuária ou pesqueira ou de lhe entregar animais para cria, recria, invernagem, engorda ou para extração de matéria-prima de origem animal ou vegetal, mediante partilha de risco, proveniente de caso fortuito ou de força maior, do empreendimento rural e dos frutos, dos produtos ou dos lucros havidos, nas proporções que estipularem.

Parceria de produção rural integrada é o contrato entre produtores rurais, pessoa física com pessoa jurídica ou pessoa jurídica com pessoa jurídica, objetivando a produção rural para fins de industrialização ou de comercialização, sendo o resultado partilhado nos termos contratuais.

c) Meeiro

Meeiro é aquele que, comprovadamente, tem contrato com o proprietário do imóvel ou de embarcação e nele desenvolve atividade agropecuária ou pesqueira, dividindo os rendimentos auferidos em partes iguais.

d) Arrendatário e arrendamento rural

Arrendatário é aquele que, comprovadamente, utiliza o imóvel ou embarcação, mediante retribuição acertada ou pagamento de aluguel ao arrendante, com o objetivo de nele desenvolver atividade agropecuária ou pesqueira.

Por arrendamento rural entende-se o contrato pelo qual uma pessoa se obriga a ceder a outra, por tempo determinado ou não, o uso e o gozo de imóvel rural, de parte ou de partes de imóvel rural, incluindo ou não outros bens e outras benfeitorias, ou embarcação, com o objetivo de nele exercer atividade de exploração agropecuária ou pesqueira mediante certa retribuição ou aluguel.

e) Comodatário e comodato rural

Comodatário é aquele que, comprovadamente, explora o imóvel rural ou embarcação pertencente a outra pessoa, por empréstimo gratuito, por tempo indeterminado ou não, com o objetivo de nele desenvolver atividade agropecuária ou pesqueira.

Por comodato rural entende-se o empréstimo gratuito de imóvel rural, de parte ou de partes de imóvel rural, incluindo ou não outros bens e outras benfeitorias, ou embarcação, com o objetivo de nele ser exercida atividade agropecuária ou pesqueira;

f) Produção rural, beneficiamento e industrialização rudimentar

Produção rural é todo o produto de origem animal ou vegetal em estado natural, ou submetido a processo de beneficiamento ou industrialização rudimentar, bem como os subprodutos e os resíduos obtidos através desses processos.

Beneficiamento é a primeira modificação ou o preparo dos produtos de origem animal ou vegetal, realizado diretamente pelo próprio produtor rural pessoa física e desde que não esteja sujeito à incidência do Imposto Sobre Produtos Industrializados (IPI), por processos simples ou sofisticados, para posterior venda ou industrialização, sem lhes retirar a característica original, assim compreendidos, dentre outros, os processos de lavagem, limpeza, descaroçamento, pilagem, descascamento, debulhação, secagem, socagem e lenhamento.

Já industrialização rudimentar é o processo de transformação do produto rural, realizado pelo produtor rural pessoa física ou pessoa jurídica, alterando-lhe as características originais, tais como a pasteurização, o resfriamento, a fermentação, a embalagem, o carvoejamento, o cozimento, a destilação, a moagem, a torrefação, a cristalização, a fundição, dentre outros similares.

Por subprodutos e resíduos compreende-se aqueles que, mediante processo de beneficiamento ou de industrialização rudimentar de produto rural original, surgem sob nova forma, tais como a casca, o farelo, a palha, o pelo e o caroço, dentre outros.

g) Adquirente, consumidor e consignatário

Adquirente é a pessoa física ou jurídica que adquire a produção rural para uso comercial, industrial ou para qualquer outra finalidade econômica.

Consumidor é a pessoa física ou jurídica que adquire a produção rural no varejo ou diretamente do produtor rural, para uso ou consumo próprio.

Consignatário é o comerciante a quem a produção rural é entregue para que seja comercializada, de acordo com as instruções do fornecedor.

h) Arrematante

Arrematante é a pessoa física ou jurídica que arremata ou que adquire produção rural em leilões ou praças.

i) Sub-rogado

Entende-se por sub-rogado a condição de que se reveste a empresa adquirente, consumidora ou consignatária, ou a cooperativa que, por expressa disposição de lei, torna-se diretamente responsável pelo recolhimento das contribuições devidas pelo produtor rural pessoa física e pelo segurado especial.

j) Cooperativa

Cooperativa de produção rural é a sociedade de produtores rurais pessoas físicas, ou de produtores rurais pessoas físicas e pessoas jurídicas que, organizada na forma da lei, constitui-se em pessoa jurídica com o objetivo de produzir e industrializar, ou de produzir e comercializar, ou de produzir, industrializar e comercializar a sua produção rural.

Por cooperativa de produtores rurais entende-se a sociedade organizada por produtores rurais pessoas físicas ou por produtores rurais pessoas físicas e pessoas jurídicas, com o objetivo de comercializar, ou de industrializar, ou de industrializar e comercializar a produção rural dos cooperados.

k) Consórcio Simplificado de Produtores Rurais

Por consórcio simplificado de produtores rurais entenda-se a união de produtores rurais pessoas físicas que, mediante documento registrado em cartório de títulos e documentos, outorga a um deles poderes para contratar, gerir e demitir trabalhador para a exclusiva prestação de serviços aos integrantes desse consórcio, observado que:

a) a formalização do consórcio ocorre por meio de documento registrado em cartório de títulos e documentos, que deverá conter a identificação de cada produtor rural pessoa física, seu endereço pessoal e o de sua propriedade rural, bem como o respectivo registro no Incra ou informações relativas à parceria, à meação, ao comodato ou ao arrendamento e a matrícula de cada um dos produtores rurais no CEI; e

b) o consórcio simplificado de produtores rurais equipara-se ao empregador rural pessoa física.

l) Atividade econômica autônoma

Atividade econômica autônoma é aquela que não constitui parte de atividade econômica mais abrangente ou fase de processo produtivo mais complexo, e que seja exercida mediante estrutura operacional definida, em um ou mais estabelecimentos.

m) Industrialização e Produtor Agroindustrial

Considera-se industrialização, para fins de enquadramento do produtor rural pessoa jurídica como agroindústria, a atividade de beneficiamento, quando constituir parte da atividade econômica principal ou fase do processo produtivo, e concorrer, nessa condição, em regime de conexão funcional, para a consecução do objeto da sociedade.

Por produtor agroindustrial compreenda-se o produtor rural pessoa jurídica que mantenha abatedouro de animais da produção própria ou da produção própria e da adquirida de terceiros.

Até 31.10.2001 enquadravam-se como agroindústrias, as indústrias com atividades relacionadas no art. 2º do Decreto-Lei n. 1.146/1970, com ou sem produção própria. São elas:

• Indústria de cana-de-açúcar;

• Indústria de laticínios;

• Indústria de beneficiamento de chá e de mate;

• Indústria da uva;

• Indústria de extração e beneficiamento de fibras vegetais e de descaroçamento de algodão;

• Indústria de beneficiamento de cereais;

• Indústria de beneficiamento de café;

• Indústria de extração de madeira para serraria, de resina, lenha e carvão vegetal;

• Matadouros ou abatedouros de animais de quaisquer espécies e charqueadas.

Fundamentação: Instrução Normativa SRF n. 971/2009, art. 165.

9.2. Contribuição sobre a Comercialização da Produção Rural

Os produtores rurais e as agroindústrias possuem um tratamento diferenciado em termos de contribuição previdenciária, não sendo o recolhimento efetuado nos mesmos moldes das empresas em geral.

Não há, para eles, a contribuição previdenciária de 20% incidente sobre a folha de pagamento e o SAT/RAT incide sobre a receita auferida com a comercialização dos produtos.

Assim, as contribuições incidentes sobre a receita bruta proveniente da comercialização da produção rural, industrializada ou não, substituem as contribuições a cargo das empresas em geral, previstas no art. 22 da Lei n. 8.212/91, sendo devidas por:

a) produtores rurais pessoa física e jurídica; e

b) agroindústrias, exceto a de piscicultura, carcinicultura, suinocultura e a de avicultura;

c) pelos integrantes do consórcio simplificado de produtores rurais, quando se utilizarem dos serviços de segurados empregados contratados pelo consórcio, exclusivamente, para a prestação de serviços a seus consorciados;

d) pelos cooperados filiados a cooperativa de produtores rurais, quando se utilizarem dos serviços de segurados empregados por ela contratados para realizarem, exclusivamente, a colheita da produção de seus cooperados

Conforme art. 175 da IN SRF n. 971/2009, referida substituição ocorrerá também em relação à remuneração dos segurados empregados:

• que prestam serviços em escritório mantido por produtor rural, pessoa física ou pessoa jurídica, exclusivamente para a administração da atividade rural;

• contratados pelo consórcio simplificado de produtores rurais para suas atividades administrativas.

Não se aplica a substituição nas seguintes hipóteses (IN SRF n. 971/2009, art. 175, § 2º):

I — às agroindústrias de piscicultura, de carcinicultura, de suinocultura e de avicultura, bem como às sociedades cooperativas, exceto no caso da letra *d, supra*;

II — às indústrias que, embora desenvolvam as atividades relacionadas no art. 2º do Decreto--Lei n. 1.146/70, não se enquadram como agroindústrias nos termos do art. 22-A da Lei n. 8.212/91, por não possuírem produção própria;

III — quando o produtor rural pessoa jurídica, além da atividade rural:

a) prestar serviços a terceiros em condições que não caracterize atividade econômica autônoma, exclusivamente em relação a remuneração dos segurados envolvidos na prestação dos serviços, excluída a receita proveniente destas operações da base de cálculo das contribuições referidas no *caput*;

b) exercer outra atividade econômica autônoma, seja comercial, industrial ou de serviços, em relação à remuneração de todos os empregados e trabalhadores avulsos;

IV — em relação à remuneração dos segurados envolvidos na prestação de serviços a terceiros pela agroindústria, independentemente de ficar a mesma caracterizada como atividade econômica autônoma, sendo, neste caso, excluída a receita proveniente destas operações da base de cálculo da contribuição sobre a receita bruta.

Nestes casos (I a IV, acima) a contribuição previdenciária deverá seguir as regras existentes para as empresas em geral, com aplicação da alíquota de 20% e SAT/RAT incidentes sobre a folha de pagamento.

Em relação à empresa que se dedique ao florestamento e reflorestamento como fonte de matéria-prima para industrialização própria, serão observados os seguintes procedimentos (IN SRF n. 971/2009, art. 175, §5º):

I — caberá a substituição, quando:

a) a atividade rural da empresa for exclusivamente de florestamento e reflorestamento e seja utilizado processo industrial que não modifique a natureza química da madeira nem a transforme em pasta celulósica;

b) o processo industrial utilizado implicar modificação da natureza química da madeira ou sua transformação em pasta celulósica e desde que concomitantemente com essa situação, a empresa:

• comercialize resíduos vegetais, sobras ou partes da produção cuja receita bruta decorrente da comercialização desses produtos represente mais de 1% (um por cento) da receita bruta proveniente da comercialização da sua produção;

• explore outra atividade rural;

II — não caberá a substituição quando:

a) relativamente à atividade rural, a empresa se dedica apenas ao florestamento e reflorestamento como fonte de matéria-prima para industrialização própria e utiliza processo industrial que modifique a natureza química da madeira ou a transforme em pasta celulósica; e

b) na hipótese de efetuar venda de resíduos vegetais, sobras ou partes da produção rural, a receita bruta dela decorrente represente menos de 1% (um por cento) da receita bruta proveniente da comercialização da sua produção.

Obs.: Entende-se que ocorre a modificação da natureza química da madeira quando, por processo químico, uma ou mais substâncias que a compõem se transformam em nova substância, tais como pasta celulósica, papel, álcool de madeira, ácidos, óleos que são utilizados como insumos energéticos em combustíveis industriais, produtos empregados na indústria farmacêutica, de cosméticos e alimentícia, e os produtos que resultam dos processos de carbonização, gaseificação ou hidrólise.

Cumpre esclarecer, ainda, que o FUNRURAL foi unificado ao INSS com as Leis ns. 8.212/91 e 8.213/91, regulamentadas posteriormente pelos Decretos ns. 2.172/97 e 2.173/97, revogados pelo

Decreto n. 3.048/99, atual regulamento da Previdência Social. Assim, a partir daquela data, o produtor não mais contribui para o FUNRURAL, e sim para a Previdência Social, uma vez que ocorreu a unificação.

9.2.1. Fato Gerador

O fato gerador das contribuições sociais ocorre na comercialização:

I — da produção rural do produtor rural pessoa física e do segurado especial realizada diretamente com:

a) adquirente domiciliado no exterior (exportação);

b) consumidor pessoa física, no varejo;

c) adquirente pessoa física, não-produtor rural, para venda no varejo a consumidor pessoa física;

d) outro produtor rural pessoa física;

e) outro segurado especial;

f) empresa adquirente, consumidora, consignatária ou com cooperativa;

II — da produção rural do produtor rural pessoa jurídica, exceto daquele que, além da atividade rural, exerce atividade econômica autônoma do ramo comercial, industrial ou de serviços;

III — da produção própria ou da adquirida de terceiros, industrializada ou não, pela agroindústria, exceto quanto às sociedades cooperativas e às agroindústrias de piscicultura, carcinicultura, suinocultura e a de avicultura, a partir de 1º de novembro de 2001.

Obs.: O recebimento de produção agropecuária oriunda de outro país, ainda que o remetente seja o próprio destinatário do produto, não configura fato gerador de contribuições sociais.

Também são considerados fatos geradores da contribuição previdenciária os seguintes eventos:

• a destinação, para fins diversos daqueles que asseguram a isenção, de produto originariamente adquirido com isenção, tais como o descarte, a industrialização, a revenda, dentre outros;

• a comercialização de produto rural vegetal ou animal originariamente isento de contribuição com adquirente que não tenha como objetivo econômico atividade condicionante da isenção;

• a dação em pagamento, a permuta, o ressarcimento, a indenização ou a compensação feita com produtos rurais pelo produtor rural com adquirente, consignatário, cooperativa ou consumidor;

• qualquer crédito ou pagamento efetuado pela cooperativa aos cooperados, representando complementação de preço do produto rural, incluindo-se, dentre outros, as sobras, os retornos, as bonificações e os incentivos próprios ou governamentais;

• o arremate de produção rural em leilões e praças, exceto se os produtos não integrarem a base de cálculo das contribuições.

Na parceria de produção rural integrada, o fato gerador, a base de cálculo das contribuições e as alíquotas serão determinadas em função da categoria de cada parceiro perante o RGPS no momento da destinação dos respectivos quinhões. A parte da produção que na partilha couber ao parceiro outorgante é considerada produção própria — IN SRF n. 971/2009, art. 168.

Nos contratos de compra e venda para entrega futura, que exigem cláusula suspensiva, o fato gerador de contribuições dar-se-á na data de emissão da respectiva nota fiscal, independentemente da realização de antecipações de pagamento — IN SRF n. 971/2009, art. 169.

9.2.2. Exportação de produtos

Não incidem as contribuições previdenciárias sobre as receitas decorrentes de exportação de produtos, cuja comercialização ocorra a partir de 12.12.2001 e desde que comercializada diretamente com adquirente domiciliado no exterior, por força do disposto no inciso I do § 2º do art. 149 da Constituição Federal, cuja redação sofreu alterações posteriores pela Emenda Constitucional n. 33/ 2001.

Obs.: Essa isenção não se estende à contribuição destinada ao Serviço Nacional de Aprendizagem Rural (SENAR), por se tratar de contribuição de interesse das categorias profissionais ou econômicas. A contribuição ao SENAR, portanto, será devida.

A receita decorrente de comercialização com empresa constituída e em funcionamento no Brasil é considerada receita proveniente do comércio interno e não de exportação, independentemente da destinação posterior que esta dará ao produto.

9.2.3. Base de Cálculo

A contribuição devida pelos produtores rurais deverá incidir sobre (IN 971/2009, arts. 171 e 172):

I — o valor da receita bruta[21] proveniente da comercialização da sua produção e dos subprodutos e resíduos, se houver;

Obs.: O produtor rural pessoa jurídica que produz ração exclusivamente para alimentação dos animais de sua própria produção, contribui com base na receita bruta da comercialização da produção, sendo que, se produzir ração também para fins comerciais, caracterizar- se-á como empresa agroindustrial — IN SRF n. 971/2009, art. 175, § 4º.

II — o valor do arremate da produção rural;

III — o preço de mercado da produção rural dada em pagamento, permuta, ressarcimento ou em compensação, entendendo-se por:

a) preço de mercado, a cotação do produto rural no dia e na localidade em que ocorrer o fato gerador;

b) preço a fixar, aquele que é definido posteriormente à comercialização da produção rural, sendo que a contribuição será devida nas competências e nas proporções dos pagamentos;

c) preço de pauta, o valor comercial mínimo fixado pela União, pelos Estados, pelo Distrito Federal ou pelos Municípios para fins tributários.

Obs.: Na hipótese da documentação não indicar o valor da produção dada em pagamento, em ressarcimento ou em compensação, tomar-se-á como base de cálculo das contribuições o valor da obrigação quitada.

Integra a "receita bruta" de que trata o item I, *supra*, além dos valores decorrentes da comercialização da produção relativa aos produtos, a receita proveniente:

• da comercialização da produção obtida em razão de contrato de parceria ou meação de parte do imóvel rural;

• da comercialização de artigos de artesanato rural;

• de serviços prestados, de equipamentos utilizados e de produtos comercializados no imóvel rural, desde que em atividades turística e de entretenimento desenvolvidas no próprio imóvel, inclusive hospedagem, alimentação, recepção, recreação e atividades pedagógicas, bem como taxa de visitação e serviços especiais;

---

(21) Considera-se receita bruta o valor recebido ou creditado ao produtor rural pela comercialização da sua produção rural com adquirente ou consumidor, pessoas físicas ou jurídicas, com cooperativa ou por meio de consignatário, podendo, ainda, ser resultante de permuta, compensação, dação em pagamento ou ressarcimento que represente valor, preço ou complemento de preço.

• do valor de mercado da produção rural dada em pagamento ou que tiver sido trocada por outra, qualquer que seja o motivo ou finalidade; e

• de atividade artística (que pode ser exercida pelo segurado especial, desde que em valor mensal inferior ao salário mínimo).

Para as agroindústrias, desde 1.11.2001, a base de cálculo das contribuições também é o valor da receita bruta proveniente da comercialização da produção própria ou adquirida de terceiros, industrializada ou não, e ainda que a agroindústria explore também outra atividade econômica autônoma (no mesmo ou em estabelecimento distinto). Exceção registra-se apenas para as agroindústrias de piscicultura, carcinicultura, suinocultura e avicultura, bem como para as sociedades cooperativas, que devem contribuir como as empresas em geral, cuja base de cálculo das contribuições é o total da folha de pagamento dos trabalhadores a seu serviço.

9.2.4. Percentuais, responsabilidade e prazo para o recolhimento

Sobre a comercialização da produção, observados os subitens anteriores, deverão ser aplicados os seguintes percentuais:

9.2.4.1. Produtor rural pessoa jurídica

Enquadrado no código FPAS 744, os percentuais de contribuição devidos pelo produtor rural pessoa jurídica foram e são os seguintes:

a) de 1.11.1991 a 31.7.1994: a contribuição incidia apenas sobre a folha de pagamento, como ocorre com as empresas em geral.

b) de 1.8.1994 a 31.12.2001: conforme redação original do art. 25 da Lei n. 8.870/94, os percentuais aplicados eram os seguintes:

• Previdência Social: 2,5%

• SAT/RAT: 0,1%

• SENAR: 0,1%

• Total: 2,7%

c) de 1.1.2002 em diante: conforme redação do art. 25 da Lei n. 8.870/94, com a redação que lhe foi conferida pela Lei n. 10.256/2001, são os percentuais vigentes os seguintes:

• Previdência Social: 2,5%

• SAT/RAT: 0,1%

• SENAR: 0,25%

• Total: 2,85%

Até 13.10.1996 a responsabilidade pelo recolhimento destas contribuições cabia à pessoa jurídica adquirente, inclusive para fins de consumo. A contar de 14.10.1996, contudo, a responsabilidade passou a ser do próprio produtor rural, quando comercializar sua produção, seja o adquirente pessoa física ou jurídica. O prazo para recolhimento é até o dia 20 do mês subsequente ao da comercialização da produção, antecipando-se para o dia útil imediatamente anterior caso não tenha expediente bancário nesta data.

Caso comercialize com pessoa jurídica ou cooperativa, esta empresa adquirente, consumidora ou consignatária ou a cooperativa, deverá exigir do produtor rural pessoa jurídica a comprovação de sua inscrição no CNPJ. A falta desta comprovação acarretará a presunção de que o produtor rural era, em verdade, pessoa física, hipótese em que caberia o instituto da sub-rogação.

9.2.4.2. Produtor rural pessoa física, equiparado a autônomo (contribuinte individual)

Enquadrado também no código FPAS 744, os percentuais de contribuição devidos pelo produtor rural pessoa física (equiparado a autônomo) foram e são os seguintes:

a) de 1.11.1991 a 31.3.1993: a contribuição incidia apenas sobre a folha de pagamento, como ocorre com as empresas em geral.

b) de 1.4.1993 a 11.1.1997: conforme art. 1º da Lei n. 8.540/92, os percentuais aplicados eram os seguintes:

- Previdência Social: 2,0%
- SAT/RAT: 0,1%
- SENAR: 0,1%
- Total: 2,2%

c) de 12.1.1997 a 10.12.1997: conforme redação do art. 25 da Lei n. 8.212/91, com redação dada pelo art. 1º da MP 1.523/96 (DOU de 14.10.1996) c/c art. 4º da MP 1596-14/97 (posteriormente convertida na Lei n. 9.528/97), os percentuais aplicados eram os seguintes:

- Previdência Social: 2,5%
- SAT/RAT: 0,1%
- SENAR: 0,1%
- Total: 2,7%

d) de 11.12.1997 a 31.12.2001: conforme redação do art. 25 da Lei n. 8.212/91 e Lei n. 9.528/97, os percentuais aplicados eram os seguintes:

- Previdência Social: 2,0%
- SAT/RAT: 0,1%
- SENAR: 0,1%
- Total: 2,2%

e) de 1.1.2002 em diante: conforme redação do art. 25 da Lei n. 8.212/91 e art. 6º da Lei n. 9.528/97, com redação dada pela Lei n. 10.256/2001, são os percentuais vigentes os seguintes:

- Previdência Social: 2,0%
- SAT/RAT: 0,1%
- SENAR: 0,2%
- Total: 2,3%

A responsabilidade pelo recolhimento destas contribuições cabe à empresa adquirente inclusive se agroindustrial, consumidora, consignatária ou cooperativa, que ficam sub-rogadas nas obrigações do produtor rural pessoa física. Assim, a empresa adquirente (ou cooperativa) deverá reter em NF a alíquota devida a título das contribuições, repassando tais valores aos cofres previdenciários até o dia 20 do mês subsequente ao da comercialização da produção, antecipando-se para o dia útil imediatamente anterior caso não tenha expediente bancário nesta data.

Obs.: Conforme disposição expressa no § 7º do art. 184 da IN SRF n. 971/2009, o desconto da contribuição legalmente autorizado sempre se presumirá feito, oportuna e regularmente, pela empresa adquirente, consumidora ou consignatária ou pela cooperativa, a isso obrigada, não lhe sendo lícito alegar qualquer omissão para se eximir do recolhimento, ficando ela diretamente responsável pela importância que eventualmente deixar de descontar ou que tiver descontado em desacordo com as normas vigentes.

Também os órgãos públicos da administração direta, das autarquias e das fundações de direito público ficam sub-rogados nas obrigações do produtor rural pessoa física, quando adquirirem a produção rural, ainda que para consumo, ou comercializarem a recebida em consignação, diretamente dessas pessoas ou por intermediário pessoa física.

A entidade beneficente de assistência social, ainda que isenta das contribuições patronais, na condição de adquirente, consumidora ou de consignatária, sub-roga-se nas obrigações do produtor rural pessoa física e do segurado especial.

A pessoa física adquirente, não produtora rural, fica na condição de sub-rogada no cumprimento das obrigações do produtor rural pessoa física e do segurado especial, quando adquirir produção para venda no varejo, a consumidor pessoa física.

Os próprios produtores somente serão responsáveis pelo recolhimento nas seguintes hipóteses:

a) quando comercializarem sua produção com adquirente domiciliado no exterior (exportação), observado o disposto no art. 170 da IN 971/2009;

b) quando comercializarem sua produção com consumidor pessoa física, no varejo;

c) quando comercializarem sua produção com outro produtor rural pessoa física (equiparado a autônomo ou segurado especial);

d) quando venderem a destinatário incerto ou quando não comprovarem, formalmente, o destino da produção.

Obs.: A comprovação do destino da produção deve ser feita pelo produtor rural pessoa física ou pelo segurado especial que comercialize com: I — pessoa jurídica, mediante a apresentação de via da nota fiscal de entrada emitida pelo adquirente ou de nota fiscal emitida pelo produtor rural ou pela repartição fazendária; II — outra pessoa física ou com outro segurado especial, mediante a apresentação de via da nota fiscal emitida pelo produtor rural ou pela repartição fazendária.

Também serão obrigados a recolher, diretamente, a contribuição incidente sobre a receita bruta proveniente:

• da comercialização de artigos de artesanato elaborados com matéria-prima produzida pelo respectivo grupo familiar;

• de comercialização de artesanato ou do exercício de atividade artística; e

• de serviços prestados, de equipamentos utilizados e de produtos comercializados no imóvel rural, desde que em atividades turística e de entretenimento desenvolvidas no próprio imóvel, inclusive hospedagem, alimentação, recepção, recreação e atividades pedagógicas, bem como taxa de visitação e serviços especiais.

9.2.4.3. Produtor rural pessoa física, segurado especial

Enquadrado também no código FPAS 744, os percentuais de contribuição devidos pelo produtor rural pessoa física (segurado especial) foram e são os seguintes:

a) de 1.11.1991 a 31.3.1993: conforme art. 25 da Lei n. 8.212/91, em sua redação original, o percentual aplicado era o seguinte:

- Previdência Social: 3,0%
- SAT/RAT: inexistente
- SENAR: inexistente
- Total: 3,0%

b) de 1.4.1993 a 30.6.1994: conforme art. 1º da Lei n. 8.540/92, os percentuais aplicados eram os seguintes:

- Previdência Social: 2,0%
- SAT/RAT: 0,1%
- SENAR: inexistente
- Total: 2,1%

c) de 1.7.1994 a 11.1.1997: conforme art. 2º da Lei n. 8.861/94, os percentuais aplicados eram os seguintes:

- Previdência Social: 2,2%
- SAT/RAT: 0,1%
- SENAR: inexistente
- Total: 2,3%

d) de 12.1.1997 a 10.12.1997: conforme redação do art. 25 da Lei n. 8.212/91, com redação dada pelo art. 1º da MP 1.523/96 (DOU de 14.10.1996) c/c art. 4º da MP 1596-14/97 (posteriormente convertida na Lei n. 9.528/97), os percentuais aplicados eram os seguintes:

- Previdência Social: 2,5%
- SAT/RAT: 0,1%
- SENAR: 0,1%
- Total: 2,7%

e) de 11.12.1997 a 31.12.2001: conforme redação do art. 25 da Lei n. 8.212/91 e Lei n. 9.528/97, os percentuais aplicados eram os seguintes:

- Previdência Social: 2,0%
- SAT/RAT: 0,1%
- SENAR: 0,1%
- Total: 2,2%

e) de 1.1.2002 em diante: conforme redação do art. 25 da Lei n. 8.212/91 e art. 6º da Lei n. 9.528/97, com redação dada pela Lei n. 10.256/2001, são os percentuais vigentes os seguintes:

- Previdência Social: 2,0%
- SAT/RAT: 0,1%
- SENAR: 0,2%
- Total: 2,3%

A responsabilidade pelo recolhimento destas contribuições cabe à empresa adquirente inclusive se agroindustrial, consumidora, consignatária ou cooperativa, que ficam sub-rogadas nas obrigações do produtor rural pessoa física. Assim, a empresa adquirente (ou cooperativa) deverão reter em NF a alíquota devida a título das contribuições, repassando tais valores aos cofres previdenciários até o dia 20 do mês subsequente ao da comercialização da produção, antecipando-se para o dia útil imediatamente anterior caso não tenha expediente bancário nesta data.

Obs.: Conforme disposição expressa no § 7º do art. 184 da IN SRF n. 971/2009, o desconto da contribuição legalmente autorizado sempre se presumirá feito, oportuna e regularmente, pela empresa adquirente, consumidora ou consignatária ou pela cooperativa, a isso obrigada, não lhe sendo lícito alegar qualquer omissão para se eximir do recolhimento, ficando ela diretamente responsável pela importância que eventualmente deixar de descontar ou que tiver descontado em desacordo com as normas vigentes.

Também os órgãos públicos da administração direta, das autarquias e das fundações de direito público ficam sub-rogados nas obrigações do produtor rural pessoa física, quando adquirirem a produção rural, ainda que para consumo, ou comercializarem a recebida em consignação, diretamente dessas pessoas ou por intermediário pessoa física.

A entidade beneficente de assistência social, ainda que isenta das contribuições patronais, na condição de adquirente, consumidora ou de consignatária, sub-roga-se nas obrigações do produtor rural pessoa física e do segurado especial.

A pessoa física adquirente, não produtora rural, fica na condição de sub-rogada no cumprimento das obrigações do produtor rural pessoa física e do segurado especial, quando adquirir produção para venda no varejo, a consumidor pessoa física.

Os próprios produtores somente serão responsáveis pelo recolhimento nas seguintes hipóteses:

a) quando comercializarem sua produção com adquirente domiciliado no exterior (exportação), observado o disposto no art. 170 da IN 971/2009;

b) quando comercializarem sua produção com consumidor pessoa física, no varejo;

c) quando comercializarem sua produção com outro produtor rural pessoa física (equiparado a autônomo ou segurado especial);

d) quando venderem a destinatário incerto ou quando não comprovarem, formalmente, o destino da produção.

Obs.: A comprovação do destino da produção deve ser feita pelo produtor rural pessoa física ou pelo segurado especial que comercialize com: I — pessoa jurídica, mediante a apresentação de via da nota fiscal de entrada emitida pelo adquirente ou de nota fiscal emitida pelo produtor rural ou pela repartição fazendária; II — outra pessoa física ou com outro segurado especial, mediante a apresentação de via da nota fiscal emitida pelo produtor rural ou pela repartição fazendária.

Também serão obrigados a recolher, diretamente, a contribuição incidente sobre a receita bruta proveniente:

- da comercialização de artigos de artesanato elaborados com matéria-prima produzida pelo respectivo grupo familiar;

- de comercialização de artesanato ou do exercício de atividade artística; e

- de serviços prestados, de equipamentos utilizados e de produtos comercializados no imóvel rural, desde que em atividades turística e de entretenimento desenvolvidas no próprio imóvel, inclusive hospedagem, alimentação, recepção, recreação e atividades pedagógicas, bem como taxa de visitação e serviços especiais.

Fundamentação: Lei n. 8.212/91, arts. 22-A e 25; Lei n. 8.870/94; Lei n. 10.256/2001; Decreto n. 3.048/99, art. 200 e Instrução Normativa SRF n. 971/2009, arts. 80, 165 a 176 e 184.

9.3. Recurso Extraordinário 363.852/MG — Inconstitucionalidade das contribuições

No Recurso Extraordinário (RE) n. 363.852/MG, uma empresa que adquire bovinos de produtores rurais questionou a inconstitucionalidade do art. 1º da Lei n. 8.540/92, que deu nova redação aos arts. 12, incisos V e VII, 25, incisos I e II, e 30, inciso IV todos da Lei n. 8.212/91, com a redação atualizada pela Lei n. 9.528/97. O STF julgou procedente o pedido, declarando a inconstitucionalidade pretendida, até que legislação nova, arrimada na Emenda Constitucional n. 20/98, venha a instituir a contribuição.

É a redação do art. 1º da Lei n. 8.540/92 a seguinte:

"**Art. 1º** A Leis n.s 8.212, de 24 de julho de 1991, passa a vigorar com alterações nos seguintes dispositivos:

Art. 12.

V — (...)

a) a pessoa física, proprietária ou não, que explora atividade agropecuária ou pesqueira, em caráter permanente ou temporário, diretamente ou por intermédio de prepostos e com auxílio de empregados, utilizados a qualquer título, ainda que de forma não contínua;

b) a pessoa física, proprietária ou não, que explora atividade de extração mineral — garimpo —, em caráter permanente ou temporário, diretamente ou por intermédio de prepostos e com auxílio de empregados, utilizados a qualquer título, ainda que de forma não contínua;

c) o ministro de confissão religiosa e o membro de instituto de vida consagrada e de congregação ou de ordem religiosa, este quando por ela mantido, salvo se filiado obrigatoriamente à Previdência Social em razão de outra atividade, ou a outro sistema previdenciário, militar ou civil, ainda que na condição de inativo;

d) o empregado de organismo oficial internacional ou estrangeiro em funcionamento no Brasil, salvo quando coberto por sistema próprio de previdência social;

e) o brasileiro civil que trabalha no exterior para organismo oficial internacional do qual o Brasil é membro efetivo, ainda que lá domiciliado e contratado, salvo quando coberto por sistema de previdência social do país do domicílio;

Art. 22. (...)

§ 5º O disposto neste artigo não se aplica à pessoa física de que trata a alínea "a" do inciso V do art. 12 desta Lei.

(...)

Art. 25. A contribuição da pessoa física e do segurado especial referidos, respectivamente, na alínea "a" do inciso V e no inciso VII do art. 12 desta Lei, destinada à Seguridade Social, é de:

I — dois por cento da receita bruta proveniente da comercialização da sua produção;

II — um décimo por cento da receita bruta proveniente da comercialização da sua produção para financiamento de complementação das prestações por acidente de trabalho.

§ 1º O segurado especial de que trata este artigo, além da contribuição obrigatória referida no "caput", poderá contribuir, facultativamente, na forma do art. 21 desta Lei.

§ 2º A pessoa física de que trata a alínea "a" do inciso V do art. 12, contribui, também, obrigatoriamente, na forma do art. 21 desta Lei.

§ 3º Integram a produção, para os efeitos deste artigo, os produtos de origem animal ou vegetal, em estado natural ou submetidos a processos de beneficiamento ou industrialização rudimentar, assim compreendidos, entre outros, os processos de lavagem, limpeza, descaroçamento, pilagem, descascamento, lenhamento, pasteurização, resfriamento, secagem, fermentação, embalagem, cristalização, fundição, carvoejamento, cozimento, destilação, moagem, torrefação, bem como os subprodutos e os resíduos obtidos através desses processos.

§ 4º Não integra a base de cálculo dessa contribuição a produção rural destinada ao plantio ou reflorescimento, nem sobre o produto animal destinado a reprodução ou criação pecuária ou granjeira e a utilização como cobaias para fins de pesquisas científicas, quando vendido pelo próprio produtor e quem a utilize diretamente com essas finalidades, e no caso de produto vegetal, por pessoa ou entidade que, registrada no Ministério da Agricultura, do Abastecimento e da Reforma Agrária, se dedique ao comércio de sementes e mudas no País.

§ 5º (VETADO)

Art. 30. (...)

IV — o adquirente, o consignatário ou a cooperativa ficam sub-rogados nas obrigações da pessoa física de que trata a alínea "a" do inciso V do art. 12 e do segurado especial pelo cumprimento das obrigações do art. 25 desta Lei, exceto no caso do inciso X deste artigo, na forma estabelecida em regulamento;

X — a pessoa física de que trata a alínea "a" do inciso V do art. 12 e o segurado especial são obrigados a recolher a contribuição de que trata o art. 25 desta Lei no prazo estabelecido no inciso III deste artigo, caso comercializem a sua produção no exterior ou, diretamente, no varejo, ao consumidor.

(...)."

Antes destas modificações, o art. 25 previa apenas o segurado especial como sujeito passivo da incidência das contribuições sobre a comercialização da produção rural. A contribuição devida pelos produtores rurais pessoas físicas tinha como base de cálculo a folha de salários, com alíquota de 20%, como ocorria com as empresas em geral.

Na referida ação, em resumo, o STF entendeu pela inconstitucionalidade do art. 1º da Lei n. 8.540/92, sendo os argumentos principais os seguintes (obtidas no voto condutor do acórdão, proferido pelo Ministro Marco Aurélio):

a) porque a nova contribuição não foi instituída por lei complementar, apesar de caracterizar-se como nova fonte de custeio da seguridade social;

b) porque a nova contribuição ofende a regra do art. 195, § 8º da carta magna quanto ao tratamento a ser dispensado ao segurado especial;

c) porque ofende o princípio da isonomia, pela instituição de desarrazoada distinção entre empregadores urbanos e rurais, e entre estes e os segurados especiais; e

d) porque a nova contribuição caracterizou *bis in idem* com relação à Cofins, cuja base de cálculo seria a mesma, sem autorização constitucional para isso.

Ocorre que, atualmente, o art. 25 encontra-se com redação dada pela Lei n. 10.256/2001, diploma que não foi abordado no julgamento do RE em comento. Confira-se a ementa, *in verbis*:

"(...). CONTRIBUIÇÃO SOCIAL — COMERCIALIZAÇÃO DE BOVINOS — PRODUTORES RURAIS PESSOAS NATURAIS — SUB-ROGAÇÃO — LEI n. 8.212/91 — ART. 195, INCISO I, DA CARTA FEDERAL — PERÍODO ANTERIOR À EMENDA CONSTITUCIONAL n. 20/98 — UNICIDADE DE INCIDÊNCIA — EXCEÇÕES — COFINS E CONTRIBUIÇÃO SOCIAL — PRECEDENTE — INEXISTÊNCIA DE LEI COMPLEMENTAR. Ante o texto constitucional, não subsiste a obrigação tributária sub-rogada do adquirente, presente a venda de bovinos por produtores rurais, pessoas naturais, prevista nos arts. 12, incisos V e VII, 25, incisos I e II, e 30, inciso IV, da Lei n. 8.212/91, com as redações decorrentes das Leis n. 8.540/92 e n. 9.528/97. Aplicação de leis no tempo — considerações." (STF — RE 363852/MG — Julgamento em 3.2.2010 — Tribunal Pleno — Relator Ministro Marco Aurélio — DJ de 22.4.2010).

O STF determinou, portanto, que a inconstitucionalidade se refere à Lei n. 8.540/92, e não a toda e qualquer legislação posterior que alterou a redação do art. 25 da Lei n. 8.212/91. Ocorre, pois, que a Emenda Constitucional 20/98 modificou a redação dos incisos I e II e também do § 8º do art. 195 da Constituição Federal e, posteriormente a ela, a Lei n. 10.256/2001 alterou novamente a redação do art. 25 da Lei n. 8.212/91, trazendo a redação atualmente vigente. Confira-se:

"**Art. 25.** A contribuição do empregador rural pessoa física, em substituição à contribuição de que tratam os incisos I e II do art. 22, e a do segurado especial, referidos, respectivamente, na alínea a do inciso V e no inciso VII do art. 12 desta Lei, destinada à seguridade social, é de: (redação dada pela lei n. 10.256, de 2001)

I — 2% da receita bruta proveniente da comercialização da sua produção; (Redação dada pela Lei n. 9.528, de 10.12.97)

II — 0,1% da receita bruta proveniente da comercialização da sua produção para financiamento das prestações por acidente do trabalho. (Redação dada pela Lei n. 9.528, de 10.12.97)

§ 1º O segurado especial de que trata este artigo, além da contribuição obrigatória referida no *caput*, poderá contribuir, facultativamente, na forma do art. 21 desta lei. (Redação dada pela Lei n. 8.540, de 22.12.92)

§ 2º A pessoa física de que trata a alínea "a" do inciso V do art. 12 contribui, também, obrigatoriamente, na forma do art. 21 desta lei. (Redação dada pela Lei n. 8.540, de 22.12.92)

§ 3º Integram a produção, para os efeitos deste artigo, os produtos de origem animal ou vegetal, em estado natural ou submetidos a processos de beneficiamento ou industrialização rudimentar, assim compreendidos, entre outros, os processos de lavagem, limpeza, descaroçamento, pilagem, descascamento, lenhamento, pasteurização, resfriamento, secagem, fermentação, embalagem, cristalização, fundição, carvoejamento, cozimento, destilação, moagem, torrefação, bem como os subprodutos e os resíduos obtidos através desses processos. (Parágrafo acrescentado pela lei n. 8.540, de 22.12.92)

§ 4º (revogado). (Redação dada pela Lei n. 11.718, de 2008)

§ 5º (Vetado na Lei n. 8.540, de 22.12.92)

§ 6º (Revogado pela Lei n. 10.256, de 2001)

§ 7º (Revogado pela Lei n. 10.256, de 2001)

§ 8º (Revogado pela Lei n. 10.256, de 2001)

§ 9º (Vetado) (incluído pela Lei n. 10.256, de 2001)

§ 10. Integra a receita bruta de que trata este artigo, além dos valores decorrentes da comercialização da produção relativa aos produtos a que se refere o § 3º deste artigo, a receita proveniente: (Incluído pela Lei n. 11.718, de 2008).

I — Da comercialização da produção obtida em razão de contrato de parceria ou meação de parte do imóvel rural; (Incluído pela Lei n. 11.718, de 2008)

II — Da comercialização de artigos de artesanato de que trata o inciso vii do § 10 do art. 12 desta lei; (Incluído pela Lei n. 11.718, de 2008)

III — De serviços prestados, de equipamentos utilizados e de produtos comercializados no imóvel rural, desde que em atividades turística e de entretenimento desenvolvidas no próprio imóvel, inclusive hospedagem, alimentação, recepção, recreação e atividades pedagógicas, bem como taxa de visitação e serviços especiais; (Incluído pela Lei n. 11.718, de 2008)

IV — Do valor de mercado da produção rural dada em pagamento ou que tiver sido trocada por outra, qualquer que seja o motivo ou finalidade; e (Incluído pela Lei n. 11.718, de 2008)

V — De atividade artística de que trata o inciso viii do § 10 do art. 12 desta lei. (Incluído pela Lei n. 11.718, de 2008)

§ 11. Considera-se processo de beneficiamento ou industrialização artesanal aquele realizado diretamente pelo próprio produtor rural pessoa física, desde que não esteja sujeito à incidência do imposto sobre produtos industrializados — IPI. (Incluído pela Lei n. 11.718, de 2008)"

Qualquer ação judicial fundamentada na redação do art. 25 com base na Lei n. 8.540/92 deverá enfrentar, portanto, a questão da prescrição, já que decorreram mais de 5 anos desde a modificação pela Lei n. 10.256/2001.

A possibilidade que surge é a discussão da matéria questionando-se a inconstitucionalidade também da Lei n. 10.256/2001, enfrentando, contudo, a alteração promovida no art. 195 da CF/88 pela EC 20/98.

9.4. Contribuição sobre a Folha de Pagamento

Como a contribuição destinada à Seguridade Social e a contribuição para o financiamento dos benefícios por incapacidade (SAT/RAT) devem ser calculadas sobre o valor da comercialização dos produtos, os produtores rurais estão obrigados à contribuição incidente sobre a folha de pagamento somente para financiamento de terceiros. Devem, igualmente, efetuar a retenção da contribuição devida por seus trabalhadores, repassando-as aos cofres previdenciários no prazo legal.

O art. 177 da IN SRF n. 971/2009 esclarece detalhadamente a obrigação, conforme segue:

"**Art. 177.** O produtor rural, inclusive a agroindústria, deverá recolher, além daquelas incidentes sobre a comercialização da produção rural, as contribuições:

I — descontadas dos segurados empregados e dos trabalhadores avulsos, incidentes sobre o total das remunerações pagas, devidas ou creditadas, a qualquer título, no decorrer do mês, e, a partir de 1º de abril de 2003, as descontadas dos contribuintes individuais, incidentes sobre o total das remunerações pagas ou creditadas, no decorrer do mês, observado o disposto no § 1º do art. 78;

II — a seu cargo, incidentes sobre o total das remunerações ou das retribuições pagas ou creditadas, a qualquer título, no decorrer do mês, aos segurados contribuintes individuais, para os fatos geradores ocorridos nos seguintes períodos:

a) de 1º de maio de 1996, vigência da Lei Complementar n. 84, de 18 de janeiro de 1996, até 29 de fevereiro de 2000, revogação da Lei Complementar n. 84, de 1996, pela Lei n. 9.876, de 1999;

b) a partir de 1º de março de 2000, início da vigência da Lei n. 9.876, de 1999, para as agroindústrias e, a partir de 1º de novembro de 2001, início da vigência da Lei n. 10.256, de 2001, para os produtores rurais;

III — incidentes sobre o valor bruto da nota fiscal ou da fatura de prestação de serviços de cooperados emitida por cooperativa de trabalho, a partir de 1º de março de 2000, início da vigência da Lei n. 9.876, de 1999, para as agroindústrias, e a partir de 1º de novembro de 2001, início da vigência da Lei n. 10.256, de 2001, para os produtores rurais;

IV — devidas a outras entidades ou fundos, incidentes sobre o total das remunerações pagas, devidas ou creditadas, a qualquer título, no decorrer do mês, aos segurados empregados e trabalhadores avulsos;

V — descontadas do transportador autônomo nos termos do inciso II do art. 111-I.

Parágrafo único. Nos casos em que não houver a substituição prevista no art. 175, o produtor rural pessoa jurídica e a agroindústria, em relação a remuneração paga, devida ou creditada aos segurados empregados e trabalhadores avulsos, contribuirão com as mesmas alíquotas e demais regras estabelecidas para as empresas em geral, nos termos desta Instrução Normativa."

Os percentuais relativos às contribuições para terceiros variam conforme o FPAS em que estiver enquadrado o produtor rural. São considerados "Terceiros", para os quais contribuem os produtores rurais, os seguintes órgãos:

a) FNDE — Fundo Nacional de Desenvolvimento da Educação;

b) INCRA — Instituto Nacional de Colonização e Reforma Agrária;

c) SENAR — Serviço Nacional de Aprendizagem Rural[22].

Em regra, temos as seguintes alíquotas, vigentes tanto para produtores rurais pessoas jurídicas, agroindústrias e produtores pessoas físicas:

• FNDE: 2,5%

• INCRA: 0,2%

• Total: 2,7%

O recolhimento destas contribuições deve ser efetuado até o dia 20 do mês subsequente, antecipando-se para o dia útil imediatamente anterior caso não tenha expediente bancário nesta data.

9.5. Contribuição sobre os Pagamentos Efetuados a Contribuintes Individuais

Conforme disposições constantes do art. 15 da Lei n. 8.212/91, o produtor rural pessoa jurídica e a agroindústria são considerados "empresa" para fins previdenciários. Assim, deverão contribuir, no percentual de 20%, incidente sobre o total das remunerações pagas ou creditadas, a qualquer título, no decorrer do mês, aos segurados contribuintes individuais que lhe prestem serviços. Informações detalhadas desta contribuição poderão ser verificadas no subitem 6.2 deste Capítulo.

---

(22) A contribuição destinada ao SENAR será recolhida juntamente com a contribuição devida sobre a receita bruta proveniente da comercialização de produtos.

As empresas rurais devem contribuir também, quando da contratação de serviços por intermédio de cooperativas de trabalho, prestados por cooperados, na alíquota de 15% (quinze por cento) sobre o valor bruto da nota fiscal ou fatura de prestação de serviços, sendo admitido deduzir da base de cálculo os valores referentes a equipamentos e materiais utilizados (Decreto n. 3.048/99, art. 219, §§ 7º e 8º).

Produtor Rural Pessoa Física

Compreendo que o produtor rural pessoa física, que até então se encontrava obrigado à contribuição de 15% sobre os serviços que lhe fossem prestados por trabalhador autônomo ou equiparado, trabalhador avulso e demais pessoas físicas sem vínculo empregatício (LC 84/96), não se encontra obrigado ao pagamento destes 20% trazidos pela Lei n. 9.876/99.

Com a revogação da LC 84/96, a fundamentação que legitima a contribuição previdenciária em 20% é simplesmente a Lei n. 8.212/91, em seu art. 22 (alterado pela Lei n. 9.876/99), o qual determina como contribuinte as empresas e equiparadas, não mencionando a figura do produtor rural pessoa física. Em decorrência, o Decreto n. 3.452/2000 revogou o inciso V do art. 216 do Decreto n. 3.048/99 que mencionava a obrigatoriedade do recolhimento dos 15% previstos na LC 84/96 para os produtores rurais pessoa física.

Este, contudo, não tem sido o entendimento da Previdência Social, que entende ser obrigatória a contribuição de 20% quando da contratação de contribuintes individuais e também a contribuição de 15% sobre o valor da nota fiscal, quando da contratação de cooperativas. Note-se, inclusive, que o sistema (SEFIP) calcula as contribuições e emite a guia já com os valores apurados, também procedendo à retenção de 11% do contribuinte individual que prestou os serviços, em total afronta às disposições do art. 4º da Lei n. 10.666/2003.

O posicionamento da Previdência Social aponta como fundamento a nova redação do art. 25 da Lei n. 8.212/91, determinada pela Lei n. 10.256/2001. Pela nova redação do dispositivo, as contribuições do produtor rural incidentes sobre a comercialização dos produtos substitui, tão somente, a contribuição de 20% incidente sobre a folha (inciso I do art. 22) e a contribuição destinada ao Risco Ambiental do Trabalho (inciso II do art. 22). Desta forma, e em face do produtor rural se equiparar à empresa quando contrata algum prestador de serviços (art. 15), estaria obrigado a contribuir com os 20% incidentes sobre a remuneração dos contribuintes individuais que contratar (inciso III do art. 22) e também com os 15% quando da contratação de cooperativas de trabalho (inciso IV do art. 22).

A interpretação dada pela Previdência Social é, de fato, coerente, se tomarmos a legislação previdenciária como documento único e interpretando todos os artigos de forma conjunta (art. 15, art. 22 e art. 25). No entanto, é conveniente lembrar que a contribuição devida pelas empresas se encontra disposta no Capítulo IV da Lei n. 8.212/91 e a contribuição do produtor rural pessoa física no Capítulo VI do mesmo diploma legal, o que pode ser interpretado como um tratamento excepcional conferido aos produtores rurais. Note-se, ainda, que o art. 25 não faz qualquer menção aos incisos III e IV do art. 22 da Lei n. 8.212/91.

De toda forma, como os produtores rurais são obrigados a informar as contratações no sistema SEFIP e como o sistema calcula a contribuição de 20% (inciso III da Lei n. 8.212/91) a questão somente poderá ser resolvida na via judicial, em ação proposta contra a Previdência Social. Em que pese vasta pesquisa jurisprudencial, não foram localizadas ementas sobre o tópico.

9.6. Recolhimento como Contribuinte Individual

É importante salientarmos que a contribuição devida pelos produtores rurais, pessoa física ou jurídica, incidentes sobre a comercialização rural, não substitui a contribuição obrigatória destes produtores como contribuintes individuais.

Como já observado anteriormente (Parte II, Capítulo V), os produtores rurais, tanto pessoa jurídica quanto física, por exercerem atividade remunerada, se encontram obrigatoriamente filiados ao Regime Geral de Previdência Social — RGPS, devendo contribuir mensalmente aos cofres da Seguridade Social.

O produtor rural "segurado especial", no entanto, não se encontra obrigado à contribuição individual, como pessoa física que exerce atividade remunerada. Desta forma, se assim o desejar, poderá contribuir também na condição de segurado facultativo, visando garantir benefícios previdenciários com valor superior a um salário mínimo.

9.7. Consórcio de Produtores Rurais

A Portaria n. 1.964, do Ministro de Estado do Trabalho e Emprego, publicada no DOU de 2.12.99, e posteriormente a Lei n. 10.256, de 9.7.2001, publicada no DOU de 10.7.2001, reconhecem a legalidade da contratação de trabalhadores (prestação de trabalho subordinado) por um "condomínio de empregadores rurais". Tal condomínio pode ser também denominado "pluralidade de empregadores", "registro de empregadores em nome coletivo de empregadores" e ainda "consórcio de empregadores rurais".

Considera-se, portanto, "consórcio de empregadores rurais" a união de produtores rurais, pessoas físicas, com a finalidade única de contratar empregadores rurais.

Trata-se, portanto, da união de dois ou mais produtores rurais, pessoas físicas, constituída assim em uma associação de pessoas denominada "consórcio", que poderá contratar trabalhadores rurais para prestarem serviços subordinados a todos os associados, sem que tais empregados mantenham vínculo empregatício diretamente com seus empregadores.

9.7.1. Constituição — Documentação Necessária

Para a constituição do "Consórcio de Empregadores Rurais", deverão ser providenciados os seguintes documentos:

I — Matrícula coletiva — CEI (Cadastro Específico do INSS) — deferida pelo Instituto Nacional do Seguro Social — INSS.

II — Pacto de solidariedade, devidamente registrado em cartório de títulos e documentos, conforme previsto no art. 896 do Código Civil, onde deverão constar os seguintes elementos:

a) a identificação de todos os consorciados (produtores rurais) — nome completo, CPF, documento de identidade e matrícula CEI individual;

b) o endereço pessoal e completo de todos os produtores consorciados bem como também o endereço das propriedades rurais onde os trabalhadores exercerão atividades; e

c) o respectivo registro no Instituto Nacional de Colonização e Reforma Agrária — INCRA ou informações relativas a parceria, arrendamento ou equivalente.

III — Documentos relativos à administração do Consórcio, inclusive de outorga de poderes pelos produtores a um deles ou a um gerente/administrador para contratar e gerir a mão de obra a ser utilizada nas propriedades integrantes do grupo.

IV — Livro, ficha ou sistema eletrônico de registro de empregados.

V — Demais documentos necessários à atuação fiscal.

9.7.2. Registro dos Empregados — Procedimentos — Responsabilidade Solidária

Os consorciados deverão escolher um produtor rural (participante do consórcio) ou um gerente/administrador para contratar e gerir a mão de obra a ser utilizada nas propriedades do grupo. Não obstante, devido ao pacto de solidariedade mencionado no subitem anterior, todos os produtores rurais consorciados se encontram solidariamente responsáveis pelas obrigações trabalhistas e previdenciárias decorrentes da contratação dos trabalhadores comuns.

O nome especificado na matrícula CEI é que deverá constar como empregador no registro do empregado, bem como em todos os documentos decorrentes do contrato único de prestação de trabalho entre cada trabalhador e os produtores rurais consorciados.

9.7.3. Contribuição Previdenciária

O consórcio simplificado de produtores rurais se equipara, para fins previdenciários, ao produtor rural pessoa física. Percentuais e demais orientações podem ser verificadas nos subitens antecedentes, deste item 9, deste Capítulo.

Os consorciados, como já mencionado, deverão outorgar a um produtor rural (também consorciado) poderes para contratar, gerir e demitir trabalhadores para prestação de serviços, desde que estes sejam prestados exclusivamente a seus integrantes.

O consórcio deverá ser matriculado no INSS (matrícula CEI) em nome do empregador a quem hajam sido outorgados os poderes, na forma do regulamento. Não obstante, os produtores rurais integrantes do consórcio serão responsáveis solidários em relação às obrigações previdenciárias.

Sobre a remuneração paga ou devida a estes trabalhadores rurais pelo consórcio de empregadores não será devida qualquer contribuição previdenciária. A Lei n. 10.256, de 9.7.2001, ao acrescentar à Lei n. 8.212/91 o art. 22 B, determinou que a contribuição previdenciária originariamente devida nos moldes dos incisos I e II do art. 22 se encontra substituída pela contribuição obrigatória sobre a comercialização da produção rural, devida pelos produtores consorciados.

Impende ao empregador observar, entretanto, que a contribuição previdenciária devida pelo trabalhador rural, a ser descontada e recolhida pelo consórcio, na qualidade de empregador, deverá permanecer em caráter obrigatório, sem a existência de qualquer isenção.

A ausência de contribuições de que trata a Lei n. 10.256/2001, portanto, diz respeito tão somente àquelas patronais, devidas pelos empregadores em geral, nos moldes do que determinam os incisos I e II do art. 22 da Lei n. 8.212/91 (20% destinados à Seguridade Social e SAT/RAT variável entre 1% e 3%).

Note-se, ainda, que a substituição trazida pela Lei n. 10.256 ocorre apenas quanto à remuneração de segurados empregado e trabalhador avulso contratados, exclusivamente, para a prestação de serviços a seus integrantes. A contratação pelo consórcio de outras categorias de segurados acarretará o recolhimento das contribuições incidentes sobre a folha de pagamento.

Fundamentação: Além daqueles citados no texto, Lei n. 8.212/91, art. 25-A e Decreto n. 3.048/99, arts. 200-A e 200-B.

9.8. Cooperativa de Produção Rural — Contratação de Pessoal para Colheita

Considera-se cooperativa de produção rural a sociedade de produtores rurais que, organizada na forma da lei, constitui-se em pessoa jurídica com o objetivo de industrializar ou de comercializar e industrializar a produção rural dos cooperados ou de terceiros.

A Lei n. 10.256, de 9.7.2001, publicada no Diário Oficial da União de 10.7.2001, ao acrescentar à Lei n. 8.870/94 o art. 25-A, estabeleceu nova modalidade de isenção de contribuição previdenciária para as cooperativas de produção rural, quando da contratação de pessoal exclusivamente para a colheita de produção de seus cooperados.

A contribuição previdenciária patronal, quando da contratação de trabalhadores para colheita, não será devida pela cooperativa, mas sim pelo produtor rural associado, beneficiado pelo serviço.

Surgem, portanto, duas situações específicas:

I — Cooperado produtor rural pessoa jurídica: a contribuição deverá ser recolhida conforme disposições contidas no art. 25 da Lei n. 8.870/94, ou seja, incidentes sobre a receita bruta proveniente da comercialização de sua produção rural, nos seguintes percentuais:

a) financiamento da seguridade social: 2,5%;

b) financiamento das prestações por acidente do trabalho: 0,1%;

c) contribuição destinada ao SENAR (anteriormente contribuição de 0,1%. Com a publicação da Lei n. 10.256/2001 a contribuição será devida na alíquota de 0,25%, incidente sobre a receita bruta proveniente da venda de mercadorias de produção própria).

II — Cooperado produtor rural pessoa física: a contribuição deverá ser recolhida conforme disposições contidas no art. 25 da Lei n. 8.212/91, ou seja, incidentes sobre a receita bruta proveniente da comercialização de sua produção rural, nos seguintes percentuais:

a) financiamento da seguridade social: 2,0%;

b) financiamento das prestações por acidente do trabalho: 0,1%;

c) contribuição destinada ao SENAR (anteriormente contribuição de 0,1%. Com a publicação da Lei n. 10.256/2001 a contribuição será devida na alíquota de 0,2%, incidente sobre a receita bruta proveniente da venda de mercadorias de produção própria).

Observe-se que como a contribuição previdenciária incidente sobre a comercialização da produção rural é de cunho obrigatório, independentemente da modalidade de mão de obra utilizada na colheita (empregados próprios ou terceirizados por cooperativa), o que acabou por determinar o novo instituto legal — Lei n. 10.256, de 9.7.2001 — foi a isenção absoluta de encargos previdenciários patronais, seja pela cooperativa empregadora ou pelos associados beneficiados pela prestação dos serviços, sobre a remuneração paga pelo trabalho de colheita desenvolvido.

Como a cooperativa de produção rural figura, nesta situação, como empregadora, os encargos decorrentes da contratação destes trabalhadores para colheita deverão ser apurados separadamente daqueles relativos aos seus empregados regulares (empregados administrativos da cooperativa). A discriminação deverá ser efetuada por cooperado beneficiado, hipótese em que deverão ser feitas folhas de pagamento distintas, observadas as normas específicas de elaboração de Guia de Recolhimento do Fundo de Garantia do Tempo de Serviço e Informações à Previdência Social — GFIP.

É importante observar, ainda, que a isenção instituída diz respeito somente às contribuições previdenciárias patronais, permanecendo a cooperativa diretamente responsável pelo recolhimento da contribuição previdenciária devida pelos empregados, a ser descontada em folha de pagamento (art. 20 da Lei n. 8.212/91). Também permanecem obrigatórias as contribuições destinadas a outras entidades e fundos, incidentes sobre o total das remunerações pagas, devidas ou creditadas, a qualquer título, no decorrer do mês, aos segurados empregados e trabalhadores avulsos.

A cooperativa de produtores rurais deverá elaborar folha de pagamento distinta para os segurados contratados nesta modalidade e apurar os encargos decorrentes desta contratação separadamente, por produtor rural a ela filiado, lançando os respectivos valores em títulos próprios de sua contabilidade.

Fundamentação: Além dos institutos citados no texto, Decreto n. 3.048/99, art. 201-C.

10. CONTRIBUIÇÃO DAS AGROINDÚSTRIAS

Para fins previdenciários considera-se agroindústria o produtor rural pessoa jurídica cuja atividade econômica seja a industrialização de produção própria e/ou adquirida de terceiros.

A contribuição previdenciária por ela devida sofre constantes alterações, ora devendo ser calculada de forma similar ao que aplicado às demais empresas (art. 22 da Lei n. 8.212/91), ora incidente sobre a comercialização da produção, como ocorre com os demais produtores rurais.

Assim, no período de 1.11.1991 a 31.7.1994, a contribuição incidia apenas sobre a folha de pagamento, como ocorre com as empresas em geral. A contar de 1.8.1994, seguem as orientações nos subitens abaixo.

10.1. Procedimentos adotados no período de 08/1994 a 10/2001

Com a publicação da Lei n. 8.870, de 15.04.1994, as pessoas jurídicas que se dedicavam à produção agroindustrial deveriam contribuir sobre o valor da produção agrícola própria, estimada, considerando seu preço de mercado, ou seja, o valor pelo qual o produto rural estava sendo comercializado.

Desta forma, deveriam as folhas de pagamento, bem como as guias para recolhimento previdenciário, ser efetuadas separadamente (área industrial e área rural).

Eram as alíquotas exigidas as seguintes:

• Previdência Social: 2,5%

• SAT/RAT: 0,1%

• SENAR: 0,1%

• Total: 2,7%

Entretanto, o § 2º do art. 25 da Lei n. 8.870/94, que criou a obrigatoriedade para as agroindústrias de contribuírem sobre a produção agrícola foi julgado inconstitucional através da ADIN n. 1.103-1/600, de 18.12.96.

O referido § 2º determinava, como visto, que as agroindústrias deveriam recolher 2,7% calculados sobre o valor estimado da produção agrícola própria, considerando seu preço de mercado, a título de contribuição previdenciária (como mencionado). Em contrapartida, na contribuição sobre a folha de pagamento referente ao setor agrícola, não estava obrigada a agroindústria ao recolhimento da contribuição patronal (20% — Empresa e 1%, 2% ou 3% referente ao SAT — Seguro de Acidente do Trabalho).

Assim, em decorrência da decisão proferida pelo STF na Ação Direta de Inconstitucionalidade n. 1.103-1/600, interposta pela Confederação Nacional da Indústria — CNI, a pessoa jurídica que se dedica à produção agroindustrial, relativamente aos empregados do setor agrícola, teve sua contribuição patronal destinada à previdência social restabelecida com base na folha de pagamento, em conformidade com o art. 22 da Lei n. 8.212/91, com efeitos retroativos à competência agosto/94, voltando, pois, a contribuir normalmente com os 20% devidos pelas empresas em geral, bem como também a taxa referente ao SAT, não estando mais obrigada à contribuição sobre a produção rural. Confira-se a ementa:

"AÇÃO DIRETA DE INCONSTITUCIONALIDADE. CONTRIBUIÇÃO DEVIDA À SEGURIDADE SOCIAL POR EMPREGADOR, PESSOA JURÍDICA, QUE SE DEDICA À PRODUÇÃO AGRO-INDUSTRIAL (§ 2º DO ART. 25 DA LEI N. 8.870, DE 15.4.94, QUE ALTEROU O ART. 22 DA LEI N. 8.212, DE 24.7.91): CRIAÇÃO DE CONTRIBUIÇÃO QUANTO À PARTE AGRÍCOLA DA EMPRESA, TENDO POR BASE DE CÁLCULO O VALOR ESTIMADO

DA PRODUÇÃO AGRÍCOLA PRÓPRIA, CONSIDERADO O SEU PREÇO DE MERCADO. DUPLA INCONSTITUCIONALIDADE (CF, art. 195, I E SEU § 4º) PRELIMINAR: PERTINÊNCIA TEMÁTICA. 1. Preliminar: ação direta conhecida em parte, quanto ao § 2º do art. 25 da Lei n. 8.870/94; não conhecida quanto ao caput do mesmo artigo, por falta de pertinência temática entre os objetivos da requerente e a matéria impugnada. 2. Mérito. O art. 195, I, da Constituição prevê a cobrança de contribuição social dos empregadores, incidentes sobre a folha de salários, o faturamento e o lucro; desta forma, quando o § 2º do art. 25 da Lei n. 8.870/94 cria contribuição social sobre o valor estimado da produção agrícola própria, considerado o seu preço de mercado, é ele inconstitucional porque usa uma base de cálculo não prevista na Lei Maior. 3. O § 4º do art. 195 da Constituição prevê que a lei complementar pode instituir outras fontes de receita para a seguridade social; desta forma, quando a Lei n. 8.870/94 serve-se de outras fontes, criando contribuição nova, além das expressamente previstas, é ela inconstitucional, porque é lei ordinária, insuscetível de veicular tal matéria. 4. Ação direta julgada procedente, por maioria, para declarar a inconstitucionalidade do § 2º da Lei n. 88.870/94." (STF — ADI 1103/DF — Julgamento em 18.12.1996 — Tribunal Pleno — Relator Ministro Néri da Silveira — DJ de 25.4.1997).

Podemos, portanto, relacionar como consequências desta decisão do STF:

a) a empresa, independentemente da quantidade de estabelecimentos e atividades desenvolvidas, constituía uma única entidade contribuinte e como tal deveria ser considerada;

b) a empresa que desenvolvia atividade de produção rural e industrializava a própria produção, ainda que apenas parte dela, era empresa agroindustrial, mesmo que também adquirisse produção de terceiros para a industrialização, devendo contribuir com base na folha de pagamento;

c) a empresa que apenas adquiria produção rural de terceiros para industrialização era considerada empresa industrial, devendo contribuir sobre a folha de pagamento, de acordo com o art. 22 da Lei n. 8.212/91;

d) a empresa que explorava, além da atividade de produção rural, outra atividade, quer seja comercial, industrial ou de serviços, independentemente de qual fosse a sua atividade preponderante, estava sujeita à contribuição patronal incidente sobre a folha de pagamento (art. 22 da Lei n. 8.212/91) e não da contribuição incidente sobre a produção rural;

e) a pessoa jurídica produtora rural que abatia a própria produção animal para comercialização era considerada empresa agroindustrial e como tal estava sujeita à contribuição incidente sobre a folha de pagamento, de conformidade com o art. 22 da Lei n. 8.212/91;

f) o produtor rural pessoa jurídica que produzia ração exclusivamente para alimentação dos animais de sua própria produção era considerado produtor rural e nessa condição deveria contribuir com base na receita bruta decorrente da comercialização. Na hipótese de produzir ração também para fins comerciais, se caracterizava como empresa agroindustrial e como tal se sujeitava à contribuição patronal incidente sobre a folha de pagamento;

g) o produtor rural pessoa física, ainda que transformasse o produto rural, alterando-lhe as características originais, deveria contribuir com base no valor de comercialização de sua produção rural, considerando-se as alterações produzidas como industrialização rudimentar;

h) com a decisão do STF na ADIn n. 1.103-1/600, de 18.12.96, passou a não mais existir a possibilidade de que uma mesma empresa tenha parte de sua contribuição patronal incidindo sobre folha de pagamento e parte sobre o valor da receita bruta decorrente da comercialização da respectiva produção rural.

Procedimentos de Ajuste

A empresa agroindustrial que, espontaneamente ou por força da decisão judicial, tenha recolhido a sua contribuição patronal com base no valor de mercado da produção própria industrializada a partir de 16.04.1994 (publicação da Lei n. 8.880/94), teve sua contribuição restabelecida sobre a folha de pagamento do setor agrícola desde a respectiva competência.

A contribuição patronal devida pela agroindústria com base na folha de pagamento do setor agrícola deveria, portanto, ser cotejada com a efetivamente recolhida, espontaneamente ou em decorrência de procedimentos administrativos da Previdência Social, de forma que se apure eventual diferença de contribuição a recolher ou a restituir no respectivo período.

10.2. Procedimentos adotados no período de 11/2001 a 08/2003 — Lei n. 10.256/2001

Com a publicação da Lei n. 10.256, de 9.7.2001 — DOU de 10.7.2001 —, a Lei n. 8.212/91 passou a contar com a existência do art. 22-A, que determina incidir a contribuição previdenciária das agroindústrias sobre o valor da receita bruta proveniente da comercialização da produção rural.

Este novo instituto legal, portanto, restabelece a situação anteriormente pretendida pela Lei n. 8.870/94, não sendo as agroindústrias obrigadas ao recolhimento de contribuições na forma dos incisos I e II do art. 22 da Lei n. 8.212/91 (20% destinados à Seguridade Social e RAT variável entre 1% e 3%).

Em obediência ao que determina a Constituição Federal em seu art. 195, § 6º, e ao próprio art. 5º da Lei n. 10.256/2001, esta nova modalidade contributiva para as agroindústrias somente entrou em vigor em 1.11.2001 (primeiro dia do mês subsequente ao nonagésimo dia de sua publicação). Assim, a contar da competência novembro/2001, encontram-se as agroindústrias obrigadas à contribuição previdenciária incidente sobre o valor da receita bruta proveniente da comercialização da produção rural, nos seguintes percentuais:

a) de 1º.11.2001 a 31.12.2001: conforme art. 22-A da Lei n. 8.212/91, acrescentado pela Lei n. 10.256/2001, foram os percentuais exigidos os seguintes:

- Previdência Social: 2,5%
- SAT/RAT: 0,1%
- SENAR: inexistente (exigível somente a contar de jan/2002, pelo princípio da anualidade)
- Total: 2,6%

b) de 1º.01.2002 a 31.08.2003: conforme art. 22-A da Lei n. 8.212/91, acrescentado pela Lei n. 10.256/2001, foram os percentuais exigidos os seguintes:

- Previdência Social: 2,5%
- SAT/RAT: 0,1%
- SENAR: 0,25%
- Total: 2,85%

Aplica-se esta modalidade de contribuição incidente sobre a comercialização ainda que a agroindústria explore, também, outra atividade econômica autônoma, no mesmo ou em estabelecimento distinto, hipótese em que a contribuição incidirá sobre o valor da receita bruta dela decorrente.

10.3. Procedimentos adotados a contar de 09/2003 — Lei n. 10.684/2003

Com as alterações promovidas pela Lei n. 10.684/2003, as agroindústrias passaram a contribuir, sobre a receita bruta de sua comercialização, as seguintes alíquotas:

- Previdência Social: 2,5%
- SAT/RAT: 0,1%
- SENAR: 0,25%
- Total: 2,85%

Obs.: A contribuição incidente sobre a comercialização não será aplicada às operações relativas à prestação de serviços a terceiros, cujas contribuições previdenciárias continuam sendo devidas na forma do art. 22 da Lei n. 8.212/91. Nesta hipótese, a receita bruta correspondente aos serviços prestados a terceiros deverá ser excluída da base de cálculo da contribuição incidente sobre a comercialização.

A contar de 1º.11.2001, a própria agroindústria é responsável pelo recolhimento das contribuições, quando comercializar a produção própria ou a produção própria e a adquirida de terceiros. O prazo para recolhimento é até o dia 20 do mês subsequente ao da comercialização da produção, antecipando-se para o dia útil imediatamente anterior caso não tenha expediente bancário nesta data.

10.4. Responsabilidade e prazo para o recolhimento

A contar de 1º.11.2001, a própria agroindústria é responsável pelo recolhimento das contribuições, quando comercializar a produção própria ou a produção própria e a adquirida de terceiros. O prazo para recolhimento é até o dia 20 do mês subsequente ao da comercialização da produção, antecipando-se para o dia útil imediatamente anterior caso não tenha expediente bancário nesta data.

10.5. Agroindústrias não abrangidas pela Lei n. 10.256/2001

Às sociedades cooperativas e agroindústrias de piscicultura (criação de peixes), carcinicultura (criação de crustáceos), suinocultura (criação de porcos) e avicultura (criação de aves) não será aplicada a modalidade contributiva instituída pela Lei n. 10.256/2001. Essas entidades deverão permanecer recolhendo suas contribuições conforme as disposições contidas no art. 22 da Lei n. 8.212/91.

Essa modalidade contributiva igualmente não se aplica à pessoa jurídica que, relativamente à atividade rural, se dedique apenas ao florestamento e reflorestamento como fonte de matéria-prima para industrialização própria mediante a utilização de processo industrial que modifique a natureza química da madeira ou a transforme em pasta celulósica. Essas entidades também deverão permanecer recolhendo suas contribuições conforme as disposições contidas no art. 22 da Lei n. 8.212/91, ainda que a pessoa jurídica comercialize resíduos vegetais ou sobras ou partes da produção, desde que a receita bruta decorrente dessa comercialização represente menos de 1% de sua receita bruta proveniente da comercialização da produção.

10.6. Prestação de Serviços a Terceiros

Também às operações relativas à prestação de serviços a terceiros não será aplicada a modalidade contributiva instituída pela Lei n. 10.256/2001. A receita bruta correspondente aos serviços prestados a terceiros, portanto, deverá ser excluída da base de cálculo da contribuição previdenciária — § 3º do art. 22-A da Lei n. 8.212/91.

Fundamentação: ADI n. 1.103-1/600, de 18.12.1996; Lei n. 8.212/91, art. 22-A, acrescentado pela Lei n. 10.256, de 9.7.2001 — DOU de 10. 7.2001; Decreto n. 3.048/99, arts. 201-A e 201-B.

11. CONTRIBUIÇÕES DEVIDAS PELAS EMPRESAS DE TI, TIC E OUTRAS ESPECIFICADAS NA LEGISLAÇÃO — PROGRAMA DE DESONERAÇÃO DA FOLHA DE PAGAMENTO

11.1. Período de 01.09.2009 a 30.11.2011 — Redução na contribuição previdenciária — Lei n. 11.774/2008

Publicada no Diário Oficial da União de 13.05.2008, a Medida Provisória n. 428, no art. 14, trouxe um desconto na contribuição previdenciária devida por empresas de Tecnologia da Informação — TI e empresas de Tecnologia da Informação e Comunicação — TIC.

Referida Medida Provisória foi convertida na Lei n. 11.774/2008 (DOU de 18.09.2008) e como a vigência dependia de um regulamento, foi publicado o Decreto n. 6.945/2009 (DOU de 24.08.2009), entrando em vigor as novas regras a contar de 01.09.2009.

Confira-se a redação do art. 14 da Lei n. 11.774/2008:

"**Art. 14.** As alíquotas de que tratam os incisos I e III do *caput* do art. 22 da Lei n. 8.212, de 24 de julho de 1991, em relação às empresas que prestam serviços de tecnologia da informação — TI e de tecnologia da informação e comunicação — TIC, ficam reduzidas pela subtração de 1/10 (um décimo) do percentual correspondente à razão entre a receita bruta de venda de serviços para o mercado externo e a receita bruta total de vendas de bens e serviços, após a exclusão dos impostos e contribuições incidentes sobre a venda, observado o disposto neste artigo.

§ 1º Para fins do disposto neste artigo, devem-se considerar as receitas auferidas nos 12 (doze) meses imediatamente anteriores a cada trimestre-calendário.

§ 2º A alíquota apurada na forma do *caput* e do § 1º deste artigo será aplicada uniformemente nos meses que compõem o trimestre-calendário.

§ 3º No caso de empresa em início de atividades ou sem receita de exportação até a data de publicação desta Lei, a apuração de que trata o § 1º deste artigo poderá ser realizada com base em período inferior a 12 (doze) meses, observado o mínimo de 3 (três) meses anteriores.

§ 4º Para efeito do caput deste artigo, consideram-se serviços de TI e TIC:

I — análise e desenvolvimento de sistemas;

II — programação;

III — processamento de dados e congêneres;

IV — elaboração de programas de computadores, inclusive de jogos eletrônicos;

V — licenciamento ou cessão de direito de uso de programas de computação;

VI — assessoria e consultoria em informática;

VII — suporte técnico em informática, inclusive instalação, configuração e manutenção de programas de computação e bancos de dados; e

VIII — planejamento, confecção, manutenção e atualização de páginas eletrônicas.

§ 5º O disposto neste artigo aplica-se também a empresas que prestam serviços de *call center* e que exercem atividades de concepção, desenvolvimento ou projeto de circuitos integrados. (Redação dada pela Medida Provisória n. 563, de 2012)

§ 6º As operações relativas a serviços não relacionados nos §§ 4º e 5º deste artigo não deverão ser computadas na receita bruta de venda de serviços para o mercado externo.

§ 7º No caso das empresas que prestam serviços referidos nos §§ 4º e 5º deste artigo, os valores das contribuições devidas a terceiros, assim entendidos outras entidades ou fundos, ficam reduzidos no percentual referido no *caput* deste artigo, observado o disposto nos §§ 1º e 3º deste artigo.

§ 8º O disposto no § 7º deste artigo não se aplica à contribuição destinada ao Fundo Nacional de Desenvolvimento da Educação — FNDE.

§ 9º Para fazer jus às reduções de que tratam o *caput* e o § 7º deste artigo, a empresa deverá:

I — implantar programa de prevenção de riscos ambientais e de doenças ocupacionais decorrentes da atividade profissional, conforme critérios estabelecidos pelo Ministério da Previdência Social; e

II — realizar contrapartidas em termos de capacitação de pessoal, investimentos em pesquisa, desenvolvimento e inovação tecnológica e certificação da qualidade.

§ 10. A União compensará o Fundo do Regime Geral de Previdência Social, de que trata o art. 68 da Lei Complementar n. 101, de 4 de maio de 2000, no valor correspondente à estimativa de renúncia previdenciária decorrente da desoneração de que trata este artigo, de forma a não afetar a apuração do resultado financeiro do Regime Geral de Previdência Social.

§ 11. O não cumprimento das exigências de que trata o § 9º deste artigo implica a perda do direito das reduções de que tratam o *caput* e o § 7º deste artigo ensejando o recolhimento da diferença de contribuições com os acréscimos legais cabíveis.

§ 12. O disposto neste artigo aplica-se pelo prazo de 5 (cinco) anos, contado a partir do 1º (primeiro) dia do mês seguinte ao da publicação do regulamento referido no § 13 deste artigo, podendo esse prazo ser renovado pelo Poder Executivo.

§ 13. O disposto neste artigo será regulamentado pelo Poder Executivo."

Por este dispositivo, a contribuição de 20% incidente sobre a folha de pagamento, a contribuição de 20% incidente sobre a remuneração paga a contribuintes individuais (autônomos e empresários), dispostas nos incisos I e III do art. 22 da Lei n. 8.212/91, e também a contribuição destinadas a outras entidades e fundos (Terceiros, exceto o FNDE, conforme §§ 7º e 8º), teriam uma redução correspondente a 1/10 do seguinte cálculo:

Receita bruta da venda de serviços para o exterior
Total da receita bruta de vendas de bens e serviços

Obs.: Considerar receitas auferidas nos 12 meses anteriores a cada trimestre calendário.

A matemática é simples: quanto maior a receita auferida com a exportação, maior o desconto na contribuição previdenciária. E a idéia era justamente fomentar a exportação nas áreas de tecnologia da informação e tecnologia da informação e comunicação, incluindo o Call Center (art. 14, § 5º).

O passo a passo para o cálculo encontra-se descrito no Decreto n. 6.945/2009, mas conforme o § 4º do art. 14 da Lei n. 11.774, foram beneficiadas apenas algumas empresas desses segmentos, sendo elas as seguintes:

• análise e desenvolvimento de sistemas;

• programação;

• processamento de dados e congêneres;

• elaboração de programas de computadores, inclusive de jogos eletrônicos;

• licenciamento ou cessão de direito de uso de programas de computação;

• assessoria e consultoria em informática;

• suporte técnico em informática, inclusive instalação, configuração e manutenção de programas de computação e bancos de dados;

• planejamento, confecção, manutenção e atualização de páginas eletrônicas;

• *call center*.

Obs.: As demais contribuições previdenciárias permaneceram devidas normalmente, inclusive a contribuição para o SAT/RAT, incidente sobre a folha de pagamento.

O plano inicial era a vigência deste desconto por 5 anos, contados de 1º.9.2009, como forma de incentivar a exportação dos serviços. No entanto, em 3.8.2011 foi publicada uma outra Medida Provisória, de n. 540, trazendo regras diferencladas e com vigência a contar de 1º.12.2011, conforme subitem que segue.

11.2. MP 540/2011 e Lei n. 12.546/2011 — Desoneração da folha de pagamento

A Medida Provisória n. 540 (DOU de 3.8.2011) instituiu o Plano Brasil Maior (PBM) e, posteriormente, foi convertida na Lei n. 12.546 (DOU de 15.12.2011) que, dentre outras disposições, determinou a substituição da contribuição patronal previdenciária de 20% (vinte por cento) pela contribuição previdenciária sobre a receita bruta (CPRB) auferida por determinados grupos de empresas, além de estender o prazo para a desoneração para dezembro de 2014. Seu regulamento ocorreu somente em outubro/2012, pelo Decreto n. 7.828.

Referidos diplomas, portanto, não mantiveram o desconto anteriormente disposto na Lei n. 11.774/2008. Ao contrário, retiraram a contribuição previdenciária incidente sobre a folha de pagamento, passando a mesma a incidir sobre a receita bruta, como ocorre com os clubes de futebol profissional e com os produtores rurais.

Tal substituição contemplou, inicialmente, apenas algumas empresas que prestam determinados serviços e/ou fabricam determinados produtos indicados na TIPI (Tabela de Incidência do Imposto sobre Produtos Industrializados). No entanto, após a publicação da Lei n. 12.546/2011, o Governo Federal publicou diversas Medidas Provisórias ampliando sua abrangência, com inclusão de novos setores. Também houve modificação quanto à alíquota incidente sobre a receita bruta.

Destacamos:

• MP 563 (DOU de 4.4.2012), convertida na Lei n. 12.715 (DOU de 18.9.2012): ampliou o rol de empresas contempladas com a desoneração e reduziu as alíquotas aplicáveis à receita bruta.

• MP 582 (DOU de 20.9.2012), convertida na Lei n. 12.794 (DOU de 3.4.2013): alterou a redação do inciso II do art. 9º e modificou o rol de empresas contempladas, com inclusões e exclusões.

• Decreto n. 7.828 (DOU de 16.10.2012): regulamentou a Lei n. 12.546/2011.

• MP 601 (DOU de 28.12.2012): incluiu novos setores abrangidos pela desoneração (incluindo construção civil e atividades de varejo), mas teve sua vigência cancelada em razão da inércia do Congresso Nacional. Sua vigência, portanto, limitou-se ao período de abril e maio/2013.

Faz-se necessário, portanto, trabalharmos historicamente o tema, pontuando a validade de cada regra no devido tempo e espaço, conforme segue:

11.2.1. Período de 1º.12.2011 a 31.7.2012 — MP n. 540/2011

Com vigência a contar de 01.12.2011 (e com previsão inicial para duração até 31.12.2014, se não fossem as inúmeras alterações posteriores), a contribuição de 20% incidente sobre a folha de pagamento (inciso I do art. 22 da Lei n. 8.212/91) e incidente sobre a remuneração dos contribuintes individuais (inciso III do art. 22 da Lei n. 8.212/91) foi substituída totalmente por uma contribuição incidente sobre a receita bruta auferida pelas empresas.

Inicialmente, foi fixada a alíquota de 2,5% para as empresas que prestam, exclusivamente, serviços de Tecnologia da Informação — TI — e serviços de Tecnologia da Informação e Comunicação — TIC, incluindo o Call Center. Referido percentual deveria incidir sobre a receita bruta, excluídas as vendas canceladas, os descontos incondicionais concedidos e também as receitas decorrentes de exportações.

Confira-se, nesse sentido, a redação do art. 7º da Lei n. 12.546/2011:

"**Art. 7º** Até 31 de dezembro de 2014, a contribuição devida pelas empresas que prestam exclusivamente os serviços de Tecnologia da Informação (TI) e de Tecnologia da Informação e Comunicação (TIC), referidos no § 4º do art. 14 da Lei n. 11.774, de 17 de setembro de 2008, incidirá sobre o valor da receita bruta, excluídas as vendas canceladas e os descontos incondicionais concedidos, em substituição às contribuições previstas nos incisos I e III do art. 22 da Lei n. 8.212, de 24 de julho de 1991, à alíquota de 2,5% (dois inteiros e cinco décimos por cento).

§ 1º Durante a vigência deste artigo, as empresas abrangidas pelo *caput* e pelos §§ 3º e 4º deste artigo não farão jus às reduções previstas no *caput* do art. 14 da Lei n. 11.774, de 2008.

§ 2º O disposto neste artigo não se aplica a empresas que exerçam exclusivamente as atividades de representante, distribuidor ou revendedor de programas de computador.

§ 3º No caso de empresas de TI e de TIC que se dediquem a outras atividades, além das previstas no *caput*, até 31 de dezembro de 2014, o cálculo da contribuição obedecerá:

I — ao disposto no *caput* quanto à parcela da receita bruta correspondente aos serviços relacionados no *caput*; e

II — ao disposto nos incisos I e III do art. 22 da Lei n. 8.212, de 1991, reduzindo-se o valor da contribuição a recolher ao percentual resultante da razão entre a receita bruta de atividades não relacionadas aos serviços de que trata o *caput* e a receita bruta total.

§ 4º O disposto neste artigo aplica-se também às empresas prestadoras dos serviços referidos no § 5º do art. 14 da Lei n. 11.774, de 2008.

§ 5º (VETADO)."

Outras empresas também foram beneficiadas, ligadas ao vestuário, baús, malas, maletas, artefatos e matérias têxteis, calçados e móveis, estando elas especificadas no art. 8º do mesmo diploma legal. Para estas, foi fixada alíquota de 1,5%, igualmente incidente sobre a receita bruta, com exclusão das vendas canceladas, descontos incondicionais e receitas decorrentes de exportações.

Confira-se:

"**Art. 8º** Até 31 de dezembro de 2014, contribuirão sobre o valor da receita bruta, excluídas as vendas canceladas e os descontos incondicionais concedidos, à alíquota de 1,5% (um inteiro e cinco décimos por cento), em substituição às contribuições previstas nos incisos I e III do art. 22 da Lei n. 8.212, de 1991, as empresas que fabriquem os produtos classificados na Tipi, aprovada pelo Decreto n. 6.006, de 2006:

I — nos códigos 3926.20.00, 40.15, 42.03, 43.03, 4818.50.00, 63.01 a 63.05, 6812.91.00, 9404.90.00 e nos capítulos 61 e 62;

II — nos códigos 4202.11.00, 4202.21.00, 4202.31.00, 4202.91.00, 4205.00.00, 6309.00, 64.01 a 64.06;

III — nos códigos 41.04, 41.05, 41.06, 41.07 e 41.14;

IV — nos códigos 8308.10.00, 8308.20.00, 9606.10.00, 9606.21.00 e 9606.22.00; e

V — no código 9506.62.00.

Parágrafo único. No caso de empresas que se dediquem a outras atividades, além das previstas no caput, o cálculo da contribuição obedecerá:

I — ao disposto no *caput* quanto à parcela da receita bruta correspondente aos produtos relacionados nos seus incisos I a V; e

II — ao disposto nos incisos I e III do art. 22 da Lei n. 8.212, de 1991, reduzindo-se o valor da contribuição a recolher ao percentual resultante da razão entre a receita bruta de atividades não relacionadas à fabricação dos produtos arrolados nos incisos I a V do caput e a receita bruta total."

Também merece destaque o art. 9º da Lei n. 12.546/2011, conforme segue:

"**Art. 9º** Para fins do disposto nos arts. 7º e 8º desta Lei:

I — a receita bruta deve ser considerada sem o ajuste de que trata o inciso VIII do art. 183 da Lei n. 6.404, de 15 de dezembro de 1976;

II — exclui-se da base de cálculo das contribuições a receita bruta de exportações;

III — a data de recolhimento das contribuições obedecerá ao disposto na alínea "b" do inciso I do art. 30 da Lei n. 8.212, de 1991;

IV — a União compensará o Fundo do Regime Geral de Previdência Social, de que trata o art. 68 da Lei Complementar n. 101, de 4 de maio de 2000, no valor correspondente à estimativa de renúncia previdenciária decorrente da desoneração, de forma a não afetar a apuração do resultado financeiro do Regime Geral de Previdência Social (RGPS); e

V — com relação às contribuições de que tratam os arts. 7º e 8º, as empresas continuam sujeitas ao cumprimento das demais obrigações previstas na legislação previdenciária."

As demais contribuições previdenciárias permaneceram devidas normalmente, inclusive a contribuição para o SAT/RAT, incidente sobre a folha de pagamento.

Para facilitar a identificação das empresas contempladas com a alíquota de 1,5%, ver tabela 13, subitem 13.1, Parte VII, desta obra.

11.2.2. Período de 1º.8.2012 a 31.12.2012 — MP 563/2012

Com a publicação da Medida Provisória n. 563, arts. 45 e 46 (DOU de 4.4.2012 e vigência em 1º.8.2012), novos segmentos empresariais foram contemplados com a substituição das contribuições previdenciárias, além de ser também promovida a redução das alíquotas aplicáveis sobre a receita bruta.

Decorrido o prazo de 60 dias sem apreciação pelo Congresso, foi publicado no DOU de 25.5.2012 o Ato n. 23, do Presidente da Mesa do Congresso Nacional, prorrogando a vigência da referida MP por mais 60 dias, em cumprimento ao § 7º do art. 62 da Constituição Federal.

Em 18.9.2012 foi publicada a Lei n. 12.715 (com retificação em 19.9.2012), conversão da MP 563, tratando do tema os arts. 55 e 56. Referido diploma legal inseriu algumas atividades na lista anteriormente existente e excluiu outras, de forma que as regras da MP 563/2012 vigoraram somente até 31.12.2012.

Para as empresas de Tecnologia da Informação (TI), Tecnologia da Informação e Comunicação (TIC) e *Call Center*, a alíquota passou a ser de 2,0% (era de 2,5% até 31.7.2012). Nesta alíquota de 2,0% foram também incluídas as empresas que exercem atividade de concepção, desenvolvimento ou projeto de circuitos integrados, bem como o setor hoteleiro. A base de cálculo permaneceu a receita bruta, excluídas as vendas canceladas, os descontos incondicionais concedidos e também as receitas provenientes de exportação.

Devem contribuir, pois, com a alíquota de 2,0% incidente sobre a receita bruta as seguintes atividades:

• análise e desenvolvimento de sistemas;

• programação;

• processamento de dados e congêneres;

• elaboração de programas de computadores, inclusive de jogos eletrônicos;

• licenciamento ou cessão de direito de uso de programas de computação;

• assessoria e consultoria em informática;

• suporte técnico em informática, inclusive instalação, configuração e manutenção de programas de computação e bancos de dados;

• planejamento, confecção, manutenção e atualização de páginas eletrônicas;

• *Call Center*;

• concepção, desenvolvimento ou projeto de circuitos integrados;

• setor hoteleiro (CNAE 5510-8/01).

Para as empresas contempladas no art. 8º da Lei n. 12.546/2011 (que se reporta à tabela TIPI, Decretos n. 6.006/2006 e n. 7.660/2011), a alíquota foi reduzida para 1,0% (era 1,5% até 31.07.2012) e diversas novas atividades foram incluídas nessa substituição. A base de cálculo permaneceu a receita bruta, excluídas as vendas canceladas, os descontos incondicionais concedidos e também as receitas provenientes de exportação.

O prazo para recolhimento das contribuições permanece o dia 20 do mês subsequente, devendo ser antecipado para o dia útil imediatamente anterior, caso não tenha expediente bancário nessa data.

Para facilitar a identificação das empresas contempladas com a alíquota de 1,0%, bem como para identificação dos segmentos que foram incluídos com a publicação da Medida Provisória n. 563/2012, ver tabela 13, subitem 13.2, Parte VII, desta obra.

Por fim, a MP n. 563/2012 alterou também a alíquota de contribuição previdenciária a ser retida pelas empresas contratantes dos serviços contemplados com o programa de desoneração. Em vez da retenção dos habituais 11% sobre a nota fiscal, a alíquota passou a apenas 3,5%.

11.2.3. Período de 01.01.2013 a 31.12.2014 — Leis n. 12.715/2012, n. 12.794/2013, n. 12.844/2013 e n. 12.873/2013

Conforme informado anteriormente, em 18.09.2012 foi publicada a Lei n. 12.715 (com retificação em 19.9.2012), conversão da MP 563, tratando do tema os arts. 55 e 56.

Para as empresas de Tecnologia da Informação (TI), Tecnologia da Informação e Comunicação (TIC) e *Call Center*, a alíquota se manteve em 2,0%. Contribuem nessa mesma alíquota de 2,0% as empresas do setor hoteleiro (CNAE 5510.-8/01) e as empresas de transporte rodoviário coletivo de passageiros, com itinerário fixo, municipal, intermunicipal em região metropolitana, intermunicipal, interestadual e internacional enquadradas nas classes 4921-3 e 4922-1 da CNAE 2.0.

A base de cálculo permaneceu a receita bruta, excluídas as vendas canceladas, os descontos incondicionais concedidos e também as receitas provenientes de exportação.

Devem contribuir, pois, com a alíquota de 2,0% incidente sobre a receita bruta as seguintes atividades:

• análise e desenvolvimento de sistemas;

• programação;

• processamento de dados e congêneres;

• elaboração de programas de computadores, inclusive de jogos eletrônicos;

• licenciamento ou cessão de direito de uso de programas de computação;

• assessoria e consultoria em informática;

• suporte técnico em informática, inclusive instalação, configuração e manutenção de programas de computação e bancos de dados;

• planejamento, confecção, manutenção e atualização de páginas eletrônicas;

• *Call Center*;

• concepção, desenvolvimento ou projeto de circuitos integrados;

• setor hoteleiro (CNAE 5510-8/01);

• Transporte rodoviário coletivo de passageiros (CNAE 4921-3 e 4922-1).

A Lei n. 12.844/2013 ainda acrescentou 4 incisos ao art. 7º da Lei n. 12.546/2011, contemplando as seguintes atividades no sistema de substituição tributária (alíquota de 2%):

"IV — as empresas do setor de construção civil, enquadradas nos grupos 412, 432, 433 e 439 da CNAE 2.0; (Vigência a contar de 1º.11.2013)

V — as empresas de transporte ferroviário de passageiros, enquadradas nas subclasses 4912-4/01 e 4912-4/02 da CNAE 2.0; (Vigência a contar de 1º.1.2014)

VI — as empresas de transporte metroferroviário de passageiros, enquadradas na subclasse 4912-4/03 da CNAE 2.0; (Vigência a contar de 1º.1.2014)

VII — as empresas de construção de obras de infraestrutura, enquadradas nos grupos 421, 422, 429 e 431 da CNAE 2.0. (Vigência a contar de 1º.1.2014)

Para as empresas contempladas no art. 8º da Lei n. 12.546/2011 (que se reporta à tabela TIPI, Decretos n. 6.006/2006 e n. 7.660/2011), a alíquota foi mantida em 1,0% e diversas novas atividades foram incluídas nessa substituição.

Primeiramente, a Lei n. 12.715 inseriu algumas atividades como, por exemplo:

I — de manutenção e reparação de aeronaves, motores, componentes e equipamentos correlatos;

II — de transporte aéreo de carga;

III — de transporte aéreo de passageiros regular;

IV — de transporte marítimo de carga na navegação de cabotagem;

V — de transporte marítimo de passageiros na navegação de cabotagem;

VI — de transporte marítimo de carga na navegação de longo curso;

VII — de transporte marítimo de passageiros na navegação de longo curso;

VIII — de transporte por navegação interior de carga;

IX — de transporte por navegação interior de passageiros em linhas regulares; e

X — de navegação de apoio marítimo e de apoio portuário.

Posteriormente, a Medida Provisória n. 582/2012 (DOU de 21. 9.2012, convertida na Lei n. 12.794/2013) trouxe inclusões e exclusões. E, no período exíguo de abril e maio/2013, vigorou a MP 601 (DOU de 28.12.2012), incluindo os setores de construção civil e varejista.

Em 4.4.2013 foi publicada a Medida Provisória n. 610, posteriormente convalidada na Lei n. 12.844, trazendo novas inclusões e exclusões a contar de 1º.1.2014, Confira-se a redação do art. 14 deste diploma legal:

"**Art. 14.** O Anexo Único da **Lei n. 12.546, de 14 de dezembro de 2011**, passa a ser denominado Anexo I e passa a vigorar:

I — acrescido dos produtos classificados nos códigos da Tabela de Incidência do Imposto sobre Produtos Industrializados — TIPI, aprovada pelo **Decreto n. 7.660, de 23 de dezembro de 2011**, constantes do **Anexo I** desta Lei;

II — (VETADO);

III — acrescido dos produtos classificados nos códigos 9404.10.00 e 9619.00.00 da Tipi;

IV — subtraído dos produtos classificados no Capítulo 93 e nos códigos 1301.90.90, 7310.21.90, 7323.99.00, 7507.20.00, 7612.10.00, 7612.90.11, 8309.10.00, 8526.10.00, 8526.92.00, 9023.00.00, 9603.10.00, 9603.29.00, 9603.30.00, 9603.40.10, 9603.40.90, 9603.50.00 e 9603.90.00 da **Tipi**;

V — subtraído dos produtos classificados nos códigos 7403.21.00, 7407.21.10, 7407.21.20, 7409.21.00, 7411.10.10, 7411.21.10 e 74.12 da Tipi.

VI — subtraído dos produtos classificados nos códigos 3006.30.11, 3006.30.19, 7207.11.10, 7208.52.00, 7208.54.00, 7214.10.90, 7214.99.10, 7228.30.00, 7228.50.00, 8471.30, 9022.14.13 e 9022.30.00 da Tipi.

§ 1º As empresas de que tratam o inciso I poderão antecipar para 4 de junho de 2013 sua inclusão na tributação substitutiva prevista no art. 8º da Lei n. 12.546, de 14 de dezembro de 2011.

§ 2º A antecipação de que trata o § 1º será exercida de forma irretratável mediante o recolhimento, até o prazo de vencimento, da contribuição substitutiva prevista no caput, relativa a junho de 2013.

§ 3º As empresas que fabricam os produtos relacionados no inciso V do caput poderão antecipar para 1º de abril de 2013 sua exclusão da tributação substitutiva prevista no **art. 8º da Lei n. 12.546, de 14 de dezembro de 2011**.

§ 4º A antecipação de que trata o § 3º será exercida de forma irretratável mediante o recolhimento, até o prazo de vencimento, da contribuição previdenciária prevista nos incisos I e III do *caput* do art. 22 da Lei n. 8.212, de 24 de julho de 1991, relativa a abril de 2013."

As dez atividades inseridas pela Lei n. 12.715 foram mantidas, com acréscimo dos seguintes incisos ao § 3º do art. 8º da Lei n. 12.546/2011:

XI — de manutenção e reparação de embarcações; (vigência em 1º.11.2013)

XII — de varejo que exercem as atividades listadas no Anexo II desta Lei; (vigência em 1º.11.2013)

XIII — que realizam operações de carga, descarga e armazenagem de contêineres em portos organizados, enquadradas nas classes 5212-5 e 5231-1 da CNAE 2.0; (vigência em 1º.1.2014)

XIV — de transporte rodoviário de cargas, enquadradas na classe 4930-2 da CNAE 2.0; (vigência em 1º.1.2014)

XV — de transporte ferroviário de cargas, enquadradas na classe 4911-6 da CNAE 2.0; e (vigência em 1º.1.2014)

XVI — jornalísticas e de radiodifusão sonora e de sons e imagens de que trata a Lei n. 10.610, de 20 de dezembro de 2002, enquadradas nas classes 1811-3, 5811-5, 5812-3, 5813-1, 5822-1, 5823-9, 6010-1, 6021-7 e 6319-4 da CNAE 2.0. (vigência em 1º.1.2014)

O Anexo II a que se refere o inciso XII traz as seguintes atividades (CNAE 2.0):

Lojas de departamentos ou magazines, enquadradas na Subclasse CNAE 4713-0/01
Comércio varejista de materiais de construção, enquadrado na Subclasse CNAE 4744-0/05
Comércio varejista de materiais de construção em geral, enquadrado na Subclasse CNAE 4744-0/99
Comércio varejista especializado de equipamentos e suprimentos de informática, enquadrado na Classe CNAE 4751-2
Comércio varejista especializado de equipamentos de telefonia e comunicação, enquadrado na Classe CNAE 4752-1
Comércio varejista especializado de eletrodomésticos e equipamentos de áudio e vídeo, enquadrado na Classe CNAE 4753-9
Comércio varejista de móveis, enquadrado na Subclasse CNAE 4754-7/01
Comércio varejista especializado de tecidos e artigos de cama, mesa e banho, enquadrado na Classe CNAE 4755-5
Comércio varejista de outros artigos de uso doméstico, enquadrado na Classe CNAE 4759-8
Comércio varejista de livros, jornais, revistas e papelaria, enquadrado na Classe CNAE 4761-0
Comércio varejista de discos, CDs, DVDs e fitas, enquadrado na Classe CNAE 4762-8
Comércio varejista de brinquedos e artigos recreativos, enquadrado na Subclasse CNAE 4763-6/01
Comércio varejista de artigos esportivos, enquadrado na Subclasse CNAE 4763-6/02
Comércio varejista de cosméticos, produtos de perfumaria e de higiene pessoal, enquadrado na Classe CNAE 4772-5
Comércio varejista de artigos do vestuário e acessórios, enquadrado na Classe CNAE 4781-4
Comércio varejista de calçados e artigos de viagem, enquadrado na Classe CNAE 4782-2
Comércio varejista de produtos saneantes domissanitários, enquadrado na Subclasse CNAE 4789-0/05
Comércio varejista de artigos fotográficos e para filmagem, enquadrado na Subclasse CNAE 4789-0/08

Também cumpre registrarmos que a Lei n. 12.873/2013 acrescentou ao art. 8º o § 11, com a seguinte redação:

"§ 11. O disposto no inciso XII do § 3º do *caput* deste artigo e no Anexo II desta Lei não se aplica:

I — às empresas de varejo dedicadas exclusivamente ao comércio fora de lojas físicas, realizado via internet, telefone, catálogo ou outro meio similar; e

II — às lojas ou rede de lojas com características similares a supermercados, que comercializam brinquedos, vestuário e outros produtos, além de produtos alimentícios cuja participação, no ano calendário anterior, seja superior a 10% (dez por cento) da receita total." (NR)

A base de cálculo permanece a receita bruta, excluídas as vendas canceladas, os descontos incondicionais concedidos e também as receitas provenientes de exportação.

O prazo para recolhimento das contribuições permanece o dia 20 do mês subsequente, devendo ser antecipado para o dia útil imediatamente anterior, caso não tenha expediente bancário nessa data. Mantida, também, a alíquota de 3,5% para retenção em NF, quando da contratação dos serviços das empresas contempladas com a desoneração.

Para facilitar a identificação das empresas contempladas com a alíquota de 1,0%, bem como para identificação dos segmentos que foram incluídos com a publicação da Lei n. 12.715/2012, das Medidas Provisórias n. 582/2012 e n. 601/2012 e da Lei n. 12.844/2013, ver tabela 13, subitem 13.3, Parte VII, desta obra.

11.3. Obrigatoriedade de aplicação

Como se trata de um programa de desoneração, muitas empresas questionam sua aplicabilidade, já que com novo procedimento (contribuição incidente sobre a receita bruta) passaram a pagar maior contribuição previdenciária.

No entanto, trata-se de desonerar a folha de pagamento, ou seja, de reduzir o custo de mão de obra e não propriamente de reduzir o montante pago a título de contribuição previdenciária. O Decreto n. 7.828/2012, inclusive, em seu art. 4º, refere a impositividade da norma, conforme segue:

"**Art. 4º** As contribuições de que tratam os arts 2º e 3º têm caráter impositivo aos contribuintes que exerçam as atividades neles mencionadas.

Parágrafo único. As empresas que se dedicam exclusivamente às atividades referidas nos arts. 2º e 3º, nos meses em que não auferirem receita, não recolherão as contribuições previstas nos incisos I e III do *caput* do art. 22 da Lei n. 8.212, de 1991."

É certo, portanto, que administrativamente não há escolha às empresas, sendo obrigatória a contribuição nesta nova modalidade. Qualquer procedimento diferenciado deve ser, portanto, buscado judicialmente.

Capítulo XI

Contribuições Decorrentes de Reclamatória Trabalhista e Acordos Extrajudiciais

1. ACORDOS E SENTENÇAS TRABALHISTAS

1.1. Considerações Iniciais sobre o Processo do Trabalho

Cumpre esclarecermos, primeiramente, que processo do trabalho é o método segundo o qual são conciliados e julgados dissídios individuais e coletivos entre empregados e empregadores, bem como as demais controvérsias oriundas das relações trabalhistas regidas pelo Direito do Trabalho.

O processo trabalhista se encerra, dentre outras hipóteses, por:

a) Conciliação entre as partes: nesta hipótese, o valor a ser pago é ajustado entre as partes mediante acordo que, depois de homologado pelo Juiz, constitui-se em decisão irrecorrível;

b) Sentença judicial transitada em julgado: é a decisão que põe fim à etapa litigiosa da fase de conhecimento, da qual não cabe mais recurso.

1.2. Contribuição Previdenciária

1.2.1. Procedimento

Com o advento da Emenda Constitucional n. 20/98, conferiu-se competência à Justiça do Trabalho para promover a execução de valores correspondentes às contribuições sociais previstas no art. 195, inciso I, alínea "a", e inciso II da Constituição Federal, decorrentes das sentenças que proferisse (art. 114, § 3º). Nova alteração ocorreu com a Emenda Constitucional n. 45/2004, passando o art. 114 da Carta Constitucional a ter a seguinte redação:

"**Art. 114.** Compete à Justiça do Trabalho processar e julgar:

I — as ações oriundas da relação de trabalho, abrangidos os entes de direito público externo e da administração pública direta e indireta da União, dos Estados, do Distrito Federal e dos Municípios;

II — as ações que envolvam exercício do direito de greve;

III — as ações sobre representação sindical, entre sindicatos, entre sindicatos e trabalhadores, e entre sindicatos e empregadores;

IV — os mandados de segurança, *habeas corpus* e *habeas data*, quando o ato questionado envolver matéria sujeita à sua jurisdição;

V — os conflitos de competência entre órgãos com jurisdição trabalhista, ressalvado o disposto no art. 102, I, "o";

VI — as ações de indenização por dano moral ou patrimonial, decorrentes da relação de trabalho;

VII — as ações relativas às penalidades administrativas impostas aos empregadores pelos órgãos de fiscalização das relações de trabalho;

VIII — a execução, de ofício, das contribuições sociais previstas no art. 195, I, "a", e II, e seus acréscimos legais, decorrentes das sentenças que proferir;

IX — outras controvérsias decorrentes da relação de trabalho, na forma da lei.

§ 1º Frustrada a negociação coletiva, as partes poderão eleger árbitros.

§ 2º Recusando-se qualquer das partes à negociação coletiva ou à arbitragem, é facultado às mesmas, de comum acordo, ajuizar dissídio coletivo de natureza econômica, podendo a Justiça do Trabalho decidir o conflito, respeitadas as disposições mínimas legais de proteção ao trabalho, bem como as convencionadas anteriormente.

§ 3º Em caso de greve em atividade essencial, com possibilidade de lesão do interesse público, o Ministério Público do Trabalho poderá ajuizar dissídio coletivo, competindo à Justiça do Trabalho decidir o conflito."

No âmbito infraconstitucional, a Lei n. 10.035, de 25.10.2000 (DOU de 26.10.2000), alterando a redação da CLT, estabeleceu os procedimentos, no âmbito da Justiça do Trabalho, a serem observados quanto à execução das contribuições previdenciárias devidas. Acrescentando o § 3º ao art. 832 do Estatuto Laboral (CLT), as decisões trabalhistas passaram a conter, obrigatoriamente, a natureza jurídica das parcelas constantes da condenação ou do acordo homologado, bem como o limite de responsabilidade de cada parte pelo recolhimento da respectiva contribuição devida à Seguridade Social.

E tal procedimento encontrou amparo, inclusive, na própria Lei n. 8.212, de 21.7.1991, que já disciplinava em seu art. 43:

"**Art. 43.** Nas ações trabalhistas de que resultar o pagamento de direitos sujeitos à incidência de contribuição previdenciária, o juiz, sob pena de responsabilidade, determinará o imediato recolhimento das importâncias devidas à Seguridade Social. *(Artigo com redação dada pela Lei n. 8.620, de 5.1.1993)*

Parágrafo único. Nas sentenças judiciais ou nos acordos homologados em que não figurarem, discriminadamente, as parcelas legais relativas à contribuição previdenciária, esta incidirá sobre o valor total apurado em liquidação de sentença ou sobre o valor do acordo homologado."

Assim, as sentenças condenatórias ou homologatórias devem discriminar as parcelas sujeitas à incidência de recolhimentos previdenciários, com determinação da Parte responsável pelo pagamento (CLT, art. 832, § 3º). A inexistência desta discriminação implica omissão, dando margem à apresentação de embargos de declaração por qualquer das partes (CLT, art. 897-A, *caput*, e CPC, art. 535). Em se tratando de homologação de acordo, deve igualmente a União ser intimada, oportunidade em que poderá impugnar a decisão mediante recurso ordinário, questionando os créditos previdenciários que lhe apontaram devidos (CLT, art. 832, § 4º).

Uma vez definidos os créditos devidos à Previdência Social, a parte a quem foi atribuída a responsabilidade pelo recolhimento deverá providenciar o respectivo pagamento. Não sendo os valores recolhidos aos cofres da Seguridade Social, a execução poderá ser promovida de ofício pelo juízo competente (CLT, parágrafo único do art. 876), inclusive sobre os salários pagos durante o período contratual reconhecido. Ressalte-se que poderão ser pagos os valores incontroversos, prosseguindo-se discussão apenas pela diferença (CLT, art. 878-A).

No entanto, cumpre observarmos que, nos termos da CF/88 (art. 114, VIII) a Justiça do Trabalho possui competência para executar as contribuições previdenciárias referidas no art. 195, inciso I, "a" e inciso II, decorrentes das sentenças por ela proferidas, ou seja, as contribuições previdenciárias incidentes sobre os valores pagos ou creditados ao trabalhador. Em uma sentença declaratória (reconhecimento de vínculo, por exemplo), onde não seja a empresa condenada ao pagamento ou ao crédito de qualquer valor, não haverá qualquer execução de contribuição previdenciária no âmbito da Justiça do Trabalho, sendo inconstitucional a disposição constante do art. 876 da CLT quanto ao tópico. A Receita Federal do Brasil poderá cobrar, sim, as contribuições previdenciárias que entende serem devidas em face do reconhecimento judicial do vínculo empregatício, mas deverá fazê-lo não na Justiça do Trabalho, mas sim na forma padrão, administrativa, de constituição dos créditos previdenciários.

No processo de execução das parcelas previdenciárias controvertidas, decorrentes de demandas trabalhistas e sendo ilíquida a sentença exequenda, a oportunidade para manifestação das partes é facultativa (art. 879, § 2º), mas a União deverá ser obrigatoriamente intimada (§ 3º). A ausência de manifestação pela União implicará preclusão, prevalecendo os cálculos elaborados.

Como ocorre com o exequente e o executado que podem, no prazo de 5 dias contados da garantia do juízo ou da penhora de bens pelo reclamado, respectivamente, impugnar ou embargar a execução ante a discordância com os valores homologados, também a União poderá impugnar a matéria, conforme preceitua o art. 884, § 4º da CLT. Da decisão tomada caberá agravo de petição (CLT, art. 897, alínea "a"), sendo que versando apenas sobre os valores de contribuição previdenciária processar-se-á em apartado. Exegese, § 8º do art. 884 da CLT.

Vale salientar que no momento da homologação do *quantum* devido, com expedição de mandado de citação ao executado, este obrigatoriamente deverá conter os valores devidos à Previdência Social (CLT, art. 880, *caput*), sendo que o pagamento do valor devido à autarquia federal deverá ser feito mediante guia própria, com indicação do número do processo, comprovando-se nos autos a quitação (CLT, art. 889-A, *caput*). Deferido pela Receita Federal do Brasil o parcelamento do débito previdenciário, a execução das contribuições devidas ficará suspensa, devendo ser a ocorrência informada nos autos, mediante juntada da cópia do termo de ajuste (art. 889-A, § 1º).

Note-se que o entendimento adotado pelo legislador para o recolhimento previdenciário da empresa em face de valores pagos em acordos ou sentenças judiciais, sendo estas importâncias base de cálculo para contribuição à Seguridade Social, não poderia ser diferente. Aplicar critério de recolhimento previdenciário distinto ao já estipulado aos empregadores durante a contratualidade seria permitir, ainda que de forma indireta, a sonegação previdenciária, pois evidente que, tendo o empresário privilégio no recolhimento na esfera judicial, somente o faria neste momento.

1.2.2. Incidência/Fato Gerador

O fato gerador da contribuição previdenciária é o pagamento de valores correspondentes a parcelas integrantes do salário de contribuição, à vista ou parcelado, resultante de sentença condenatória ou de conciliação homologada. Para fins previdenciários é indiferente se este pagamento é efetivado diretamente ao credor, se mediante depósito da condenação para extinção do processo ou se através de liberação de depósito judicial ao credor ou seu representante legal.

O fato gerador deverá ser verificado no processo findo (esgotadas todas as possibilidades recursais), observando inclusive as alterações posteriores à sentença de primeira instância (decisões e acórdãos), atendo-se, principalmente, ao memorial de cálculos homologados.

A Instrução Normativa SRF n. 971/2009, nos arts.100 e 102, contudo, determina a existência de crédito previdenciário mesmo nas ações declaratórias (sem condenação ao pagamento de remuneração). Confira-se, *in verbis*:

"**Art. 100.** Decorrem créditos previdenciários das decisões proferidas pelos Juízes e Tribunais do Trabalho que:

I — condenem o empregador ou tomador de serviços ao pagamento de remunerações devidas ao trabalhador, por direito decorrente dos serviços prestados ou de disposição especial de lei;

II — reconheçam a existência de vínculo empregatício entre as partes, declarando a prestação de serviços de natureza não eventual, pelo empregado ao empregador, sob a dependência deste e mediante remuneração devida, ainda que já paga à época, no todo ou em parte, e determinando o respectivo registro em CTPS;

III — homologuem acordo celebrado entre as partes antes do julgamento da reclamatória trabalhista, pelo qual fique convencionado o pagamento de parcelas com incidência de contribuições sociais para quitação dos pedidos que a originaram, ou o reconhecimento de vínculo empregatício em período determinado, com anotação do mesmo em CTPS;

IV — reconheçam a existência de remunerações pagas no curso da relação de trabalho, ainda que não determinem o registro em CTPS ou o lançamento em folha de pagamento."

"Art. 102. Serão adotadas como bases de cálculo:

I — quanto às remunerações objeto da condenação, os valores das parcelas remuneratórias consignados nos cálculos homologados de liquidação de sentença.

II — quanto às remunerações objeto de acordo:

a) os valores das parcelas discriminadas como remuneratórias em acordo homologado ou, inexistindo estes;

b) o valor total consignado nos cálculos ou estabelecido no acordo.

III — quanto ao vínculo empregatício reconhecido, obedecida a seguinte ordem:

a) os valores mensais de remuneração do segurado empregado, quando conhecidos;

b) os valores mensais de remuneração pagos contemporaneamente a outro empregado de categoria ou função equivalente ou semelhante;

c) o valor do piso salarial, legal ou normativo da respectiva categoria profissional, vigente à época;

d) quando inexistente qualquer outro critério, o valor do salário mínimo vigente à época.

(...)"

No entanto, nos termos do art. 195, inciso I, da Constituição Federal, a contribuição devida pela empresa incide sobre o valor efetivamente pago ou creditado ao trabalhador, e não sobre o valor que lhe seria devido, ainda que decorra tal direito de uma sentença trabalhista. O fato gerador da contribuição é o pagamento de alguma remuneração a um trabalhador e a base de cálculo o exato valor pago, não sendo possível, nos termos da Constituição Federal, existir a contribuição sobre um valor apenas "reconhecido" pela Justiça do Trabalho e que não foi efetivamente pago ao obreiro em face de um acordo posterior. Tampouco a possibilidade de cobrança, pela Justiça de Trabalho, de créditos decorrentes de uma ação meramente declaratória, já que o art. 114 da CF/88, no inciso VIII, fixa sua competência para execução apenas das contribuições decorrentes das sentenças que proferir.

A Lei n. 8.212/91, nos arts. 22, I e 28, I, menciona o "valor devido" como fato gerador e base de cálculo, mas compreendo ser inconstitucional quanto ao tópico em face da redação constante do § 4º do art. 195 que é, inclusive, taxativa. Sem dúvida alguma a legislação vigente é injusta para os cofres previdenciários, mas uma eventual alteração deveria constar de lei complementar ou emenda constitucional e não de lei ordinária.

Ainda que se entenda pela constitucionalidade da Lei n. 8.212/91 quanto ao tópico, é importante trabalharmos o conceito de que em qual momento um valor é "devido", havendo, na minha compreensão, três possíveis hipóteses:

1ª) caso se entenda que o valor era devido quando da efetiva prestação de serviços pelo trabalhador, é importante registrar que a Receita Federal possui prazo de 5 anos para constituição dos seus créditos, e outros 5 para cobrá-los efetivamente (depois de constituídos), sendo possível que já tenha ocorrido a prescrição ou a decadência, quando do final de um processo trabalhista;

2ª) caso se entenda que o valor é quando do trânsito em julgado da decisão, é necessário que a sentença seja líquida, de forma a possibilitar ao empregador o pagamento de suas contribuições, sem incidência de juros ou multa;

3ª) esta a melhor hipótese, no sentido de que o valor é devido ao trabalhador quando transitada em julgado a decisão sobre os cálculos de liquidação, momento em que o empregador poderá efetuar o pagamento de suas contribuições, sem incidência de juros ou multa.

Também nos termos da Instrução Normativa SRF n. 971/2009 (art. 102, III), se da decisão resultar reconhecimento de vínculo empregatício, serão exigidas as contribuições, tanto do empregador como do reclamante, para todo o período reconhecido, ainda que o pagamento das remunerações a ele correspondentes não tenha sido reclamado na ação. Nesta hipótese, tomar-se-á por base de incidência, na ordem:

a) o valor da remuneração mensal paga, quando conhecida;

b) o valor mensal da remuneração paga a outro empregado de categoria ou função equivalente ou semelhante;

c) o valor do piso salarial, legal ou normativo da respectiva categoria profissional, vigente à época;

d) se inexistente qualquer outro critério, o valor do salário mínimo à época vigente.

Tais disposições normativas, contudo, conflitam com as normas constitucionais sobre o tema, já que a decisão de reconhecimento de vínculo que não implicar em pagamento de remuneração não acarretará o fato gerador da contribuição previdenciária. Repita-se, pois, que a União poderá constituir e cobrar o crédito em entende devido em razão da sentença declaratória (se ainda não ocorrida a decadência ou a prescrição), mas não poderá fazê-lo no curso da ação trabalhista.

Por fim, na ocorrência de acordo celebrado após a decisão de mérito, devem as contribuições ser calculadas com base no valor do acordo, sendo esta a redação atual do § 5º do art. 43 da Lei n. 8.212/91, acrescentado pela MP n. 449/2008, posteriormente convertida na Lei n. 11.941/2009 (com alteração em sua redação). Confira-se:

> "Art. 43. Nas ações trabalhistas de que resultar o pagamento de direitos sujeitos à incidência de contribuição previdenciária, o juiz, sob pena de responsabilidade, determinará o imediato recolhimento das importâncias devidas à Seguridade Social.
>
> (...)
>
> § 5º Na hipótese de acordo celebrado após ter sido proferida decisão de mérito, a contribuição será calculada com base no valor do acordo.
>
> (...)"

A matéria ainda é bastante discutida em nossos tribunais. Em 19.10.2012 o TST divulgou em sua página eletrônica notícia sobre tal discussão (ocorrida durante o julgamento do processo TST--ArgInc- 95541-69.2005.5.03.0004), onde a empresa argumentava pela inconstitucionalidade da Lei n. 8.212/91. O TST entendeu pela constitucionalidade, mas interpretando que o tributo somente deve ser pago quando ocorrer o pagamento. Segue a íntegra da notícia divulgada à época:

> "Publicado em 19 de outubro de 2012, às 09h50
>
> TST — Tribunal debate cobrança de juros e valores devidos de contribuição previdenciária
>
> O Pleno do Tribunal Superior do Trabalho deu início nesta segunda-feira (15) ao julgamento de uma arguição de inconstitucionalidade na qual se discute o momento a partir do qual se inicia a contagem para eventual cobrança de juros e valores devidos a título de contribuição previdenciária em sentenças já liquidadas.
>
> O alvo da arguição é o art. 43, da Lei n. 8.212/91, alterado pela Lei n. 11.941/2009 que passou a considerar ocorrido o fato gerador das contribuições sociais na data da prestação de serviços.
>
> Ao analisar um recurso de revista impetrado pelo Banco Mercantil, a Sexta Turma determinou que a forma de cálculo da contribuição previdenciária deveria seguir regra que vigorava antes da alteração do art. 43, da Lei n. 8.212/91, conforme rege o art. 195, I, a, da Constituição. Ao entender pela inconstitucionalidade do dispositivo, suspendeu o julgamento e determinou a remessa dos autos ao Pleno do TST, nos termos do art. 97 da Constituição Federal e da Súmula Vinculante 10 do STF.
>
> A norma constitucional definiu o fato tributável, não cabe a lei infraconstitucional criar novo fato. Não resta dúvida que a lei infraconstitucional altera e amplia o fato tributável da contribuição social em flagrante confronto com o texto constitucional, fundamentaram os ministros que compõem a Sexta Turma ao arguir o incidente de inconstitucionalidade.
>
> A União, que atuou como parte interessada na ação, defende que o fato gerador se dá no momento da prestação do serviço. Já o relator do processo, ministro Aloysio Corrêa da Veiga, argumenta que o fato gerador deve ocorrer conforme o art. 195, I, a, da Constituição — a partir da folha de salários e demais rendimentos do trabalho pagos ou creditados.

Dessa forma, a União tem impugnado no Supremo Tribunal Federal (STF) reclamação contra as decisões do TST, pretendendo que os cálculos observem como fato gerador das contribuições o momento de sua incidência, ou seja, a data de prestação de serviços.

Quanto à cobrança de juros e multa, defende que o não pagamento das contribuições nos prazos previstos na legislação — até o dia 20 do mês seguinte àquele a que as contribuições se referirem, ou até o dia útil imediatamente anterior — acarretará na cobrança moratória. A União alega ainda que a regra se estende mesmo se o pagamento ocorrer na Justiça do Trabalho.

Se a sentença reconheceu que houve a prestação de serviço oneroso em um dado mês, sem que tenha havido o pagamento da contribuição previdenciária até o dia 20 do mês subsequente, resta caracterizado o não pagamento no prazo e assim se inicia a fluência de juros e multa, argumentou o advogado.

Voto do relator

É preciso extrair o fato gerador conceituado pela norma constitucional e se estabelecer a distinção de crédito e pagamento, como se crédito fosse o ato de ser credor e daí, decorreria da prestação de serviço, afirmou o relator ministro Aloysio Corrêa da Veiga. Complementou ainda que crédito, na interpretação do texto constitucional, equivale ao pagamento, por uma modalidade específica, natural, do termo creditar, cuja concepção remete tornar disponíveis os valores.

Com este entendimento, propôs o ministro que o fato gerador da contribuição previdenciária, cuja base de cálculo poderá remontar a prestação de serviços, não acarreta multa moratória retroativa a dada da base de cálculo da contribuição. Não se mostra razoável que haja exigibilidade da contribuição social antes do pagamento.

O ministro acredita que o fato tributário é o pagamento e a prestação de serviços a base de cálculo. Assim, propôs a rejeição do incidente de inconstitucionalidade para dar a correta interpretação aos termos do art. 43 da Lei n. 8.212/91, pela sua compatibilidade com o art. 195, I, a, da Constituição Federal, no sentido de que o fato gerador da contribuição previdenciária, em relação a execução de direito reconhecido judicialmente, é o valor em pecúnia objeto da declaração pelo juízo trabalhista.

Segundo o relator, a Sexta Turma já vem se posicionando neste sentido. Para retratar tal entendimento, sugeriu que o TST edite uma súmula sobre o assunto com o seguinte teor: O fato gerador da contribuição previdenciária, mesmo após a nova redação atribuída ao art. 43 da Lei n. 8.212/91 pela Lei n. 11.941/2009, rege-se pelo que dispõe o art. 195, I, a, da Constituição Federal limitando-se as sentenças condenatórias em pecúnia que proferir e aos valores, objeto de acordo homologado, que integrem o salário de contribuição.

Votos:

Durante a proclamação dos votos houve consonância pela constitucionalidade do art. 43 da Lei n. 8.212, mas divergência quanto a fundamentação do voto. A ministra Dora Maria Costa, pediu vista regimental do processo. A previsão é que o assunto volte a pauta do Tribunal Pleno em dezembro deste ano.

Processo TST-ArgInc- 95541-69.2005.5.03.0004

Fonte: Tribunal Superior do Trabalho"

1.2.3. Determinação do Salário de Contribuição

Integram o salário de contribuição:

a) as parcelas legais de incidência da contribuição previdenciária, discriminadas nos acordos homologados ou nas sentenças, atualizadas monetariamente até a data do efetivo pagamento;

b) o valor total do acordo homologado ou da sentença, quando não figurarem discriminadamente, a que título está sendo efetuado o pagamento, impossibilitando a identificação das parcelas legais de incidência de contribuição previdenciária.

Obs.: Não se considera como discriminação de parcelas legais de incidência de contribuição previdenciária a fixação de percentual a título de verbas remuneratórias e indenizatórias constantes dos acordos homologados;

c) os levantamentos judiciais de importâncias depositadas, ou pagamentos efetuados pela empresa, a título de adiantamento de ações trabalhistas em curso, na competência em que forem realizados.

Excluem-se do salário de contribuição os juros referentes à mora no pagamento dos direitos trabalhistas e as multas incluídas em acordo ou sentença.

Compreendo que os honorários pagos aos peritos judiciais não caracterizam fato gerador de contribuições previdenciárias, pois decorrem de serviços prestados à justiça, e não necessariamente às partes litigantes. Diferentemente ocorre quando da contração de assistentes técnicos para atuação no processo, hipótese em que estes devem figurar como contribuintes individuais, havendo a regular contribuição por parte da empresa contratante. Este, contudo, não é o entendimento da SRF, que no § 13 do art. 57 da IN 971/2009 determina integrar a base de cálculo das contribuições todo e qualquer honorário pago a assistentes técnicos e peritos. Confira-se:

> "**Art. 57.** As bases de cálculo das contribuições sociais previdenciárias da empresa e do equiparado são as seguintes:
>
> (...)
>
> § 13. Integram a base de cálculo da contribuição previdenciária do segurado e da empresa, os honorários contratuais:
>
> I — pagos a assistentes técnicos e peritos, nomeados pela justiça ou não, decorrentes de sua atuação em ações judiciais; e
>
> II — pagos a advogados, nomeados pela justiça ou não, decorrentes de sua atuação em ações judiciais.
>
> (...)"

Dispõe, ainda, o art. 106 do mesmo normativo o seguinte:

> "**Art. 106.** As contribuições sociais previdenciárias incidentes sobre a base de cálculo prevista no § 13 do art. 57 devem ser diretamente recolhidas pelo sujeito passivo, uma vez que não integram a cobrança de ofício realizada pela justiça trabalhista."

Os honorários advocatícios, decorrentes de sucumbência ou de penalidade, também não constituem fato gerador de contribuição por serem, igualmente, ônus processual. Nesse sentido concorda a IN SRF n. 971/2009, no art. 57, § 15. *In verbis*:

> "**Art. 57.** As bases de cálculo das contribuições sociais previdenciárias da empresa e do equiparado são as seguintes:
>
> (...)
>
> § 15. Não integram a base de cálculo da contribuição previdenciária da empresa os honorários de sucumbência pagos em razão de condenação judicial, integrando, contudo, a base de cálculo da contribuição do advogado contribuinte individual.
>
> (...)"

1.2.4. Contribuição a Cargo do Reclamante

As contribuições sociais a cargo do empregado/reclamante deverão ser apuradas da seguinte forma (Instrução Normativa SRF n. 971/2009, art. 102, § 3º):

a) as remunerações objeto da reclamatória trabalhista deverão ser somadas ao salário de contribuição recebido à época, em cada competência;

b) com base no total obtido, fixar-se-á a alíquota e calcular-se-á a contribuição incidente, respeitado o limite máximo do salário de contribuição vigente em cada competência abrangida;

c) a contribuição a cargo do segurado já retida anteriormente será deduzida do valor apurado na forma do disposto na letra "b", *supra*, desde que comprovado o seu recolhimento pelo empregador em cada competência abrangida.

> **Obs.:** Na competência em que ficar comprovado o desconto da contribuição a cargo do segurado empregado, sobre o limite máximo do salário de contribuição, deste não deverá ser descontada qualquer contribuição adicional incidente sobre a parcela mensal da sentença ou acordo.

1.2.5. Ausência de Vínculo Empregatício

Quando a reclamatória trabalhista resultar em acordo ou sentença em que não se reconheça qualquer vínculo empregatício entre as partes, e em se tratando de contratante pessoa jurídica, o valor total pago ao reclamante deverá ser considerado base de cálculo para a incidência das contribuições sociais:

a) devidas pela empresa (ou entidade equiparada) sobre as remunerações pagas ou creditadas ao contribuinte individual que tenha lhe prestado serviços;

b) devidas pelo próprio prestador de serviços (contribuinte individual).

Observe-se, no entanto, que conforme o disposto no art. 4º da Lei n. 10.666/2003, a empresa contratante deverá reter a contribuição devida pelo segurado contribuinte individual prestador do serviço e recolhê-la juntamente com a contribuição a seu cargo. Não se procedendo a retenção, o reclamado contratante dos serviços será o responsável pelo pagamento da referida contribuição aos cofres previdenciários.

1.2.6. Recolhimento das Contribuições — Procedimento

Nas ações trabalhistas em que resultar pagamento de remuneração ao empregado, o recolhimento de contribuição deve ser efetuado até o dia 20 do mês subsequente ao efetivo pagamento ou crédito dos valores, antecipando-se para o dia útil imediatamente anterior se o vencimento cair em dia em que não haja expediente bancário. Se o pagamento da sentença ou acordo for efetuado parceladamente, o prazo para o recolhimento será o dia 20 do mês subsequente a cada parcela, também sendo antecipado para o dia útil anterior se o vencimento cair em dia sem expediente bancário. O recolhimento das contribuições, se efetuado no prazo, não deverá conter juros ou multa.

Este é, inclusive, o procedimento que podemos depreender da Instrução Normativa SRF n. 971/2009 que, em seus arts. 103 e 105, não menciona o pagamento de juros ou multa. Confira-se:

> "Art. 103. Serão adotadas as competências dos meses em que foram prestados os serviços pelos quais a remuneração é devida, ou dos abrangidos pelo reconhecimento do vínculo empregatício, quando consignados nos cálculos de liquidação ou nos termos do acordo.
>
> § 1º Quando, nos cálculos de liquidação de sentença ou nos termos do acordo, a base de cálculo das contribuições sociais não estiver relacionada, mês a mês, ao período específico da prestação de serviços geradora daquela remuneração, as parcelas remuneratórias serão rateadas, dividindo-se seu valor pelo número de meses do período indicado na sentença ou no acordo, ou, na falta desta indicação, do período indicado pelo reclamante na inicial, respeitados os termos inicial e final do vínculo empregatício anotado em CTPS ou judicialmente reconhecido na reclamatória trabalhista.
>
> § 2º Se o rateio mencionado no § 1º envolver competências anteriores a janeiro de 1995, para a obtenção do valor originário relativo a cada competência, o valor da fração obtida com o rateio deve ser dividido por 0,9108 (nove mil cento e oito décimos de milésimos) — valor da Unidade Fiscal de Referência (Ufir), vigente em 1º de janeiro de 1997, a ser utilizado nos termos do art. 29 da Lei n. 10.522, de 19 de julho de 2002, dividindo-se em seguida o resultado dessa operação pelo Coeficiente em Ufir expresso na Tabela Prática Aplicada em Contribuições Previdenciárias elaborada pela RFB para aquela competência.
>
> § 3º Na hipótese de não reconhecimento de vínculo, e quando não fizer parte da sentença condenatória ou do acordo homologado a indicação do período em que foram prestados os serviços aos quais se refere o valor pactuado, será adotada a competência referente, respectivamente, à data da sentença ou da homologação do acordo, ou à data do pagamento, se este anteceder aquelas.
>
> "Art. 105. Os fatos geradores de contribuições sociais decorrentes de reclamatória trabalhista deverão ser informados em GFIP, conforme orientações do Manual da GFIP, e as correspondentes contribuições sociais deverão ser recolhidas em documento de arrecadação identificado com código de pagamento específico para esse fim.

§ 1º O recolhimento das contribuições sociais devidas deve ser efetuado no mesmo prazo em que devam ser pagos os créditos encontrados em liquidação de sentença ou em acordo homologado, sendo que nesse último caso o recolhimento será feito em tantas parcelas quantas as previstas no acordo, nas mesmas datas em que sejam exigíveis e proporcionalmente a cada uma delas.

§ 2º Caso a sentença condenatória ou o acordo homologado seja silente quanto ao prazo em que devam ser pagos os créditos neles previstos, o recolhimento das contribuições sociais devidas deverá ser efetuado até o dia 20 (vinte) do mês seguinte ao da liquidação da sentença ou da homologação do acordo ou de cada parcela prevista no acordo, ou no dia útil imediatamente anterior, caso não haja expediente bancário no dia 20 (vinte).

§ 3º Se o valor total das contribuições apuradas em reclamatória trabalhista for inferior ao mínimo estabelecido pela RFB para recolhimento em documento de arrecadação da Previdência Social, este deverá ser recolhido juntamente com as demais contribuições devidas pelo sujeito passivo no mês de competência, ou no mês em que o valor mínimo para recolhimento for alcançado, caso não tenha outros fatos geradores no mês de competência, sem prejuízo da conclusão do processo.

§ 4º No caso de reconhecimento judicial da prestação de serviços em condições que permitam a aposentadoria especial após 15 (quinze), 20 (vinte) ou 25 (vinte e cinco) anos de contribuição, será devida a contribuição adicional de que trata o § 6º do art. 57 da Lei n. 8.213, de 1991.

§ 5º Na hipótese de acordo celebrado após ter sido proferida decisão de mérito, a contribuição será calculada com base no valor do acordo."

A Lei n. 8.212/91, contudo, nos §§ 2º e 3º do art. 43 (acrescidos pela MP 449/2208, posteriormente convertida na Lei n. 11.941/2009), determina a incidência dos acréscimos legais moratórios, conforme segue:

"**Art. 43.** Nas ações trabalhistas de que resultar o pagamento de direitos sujeitos à incidência de contribuição previdenciária, o juiz, sob pena de responsabilidade, determinará o imediato recolhimento das importâncias devidas à Seguridade Social.

(...)

§ 2º Considera-se ocorrido o fato gerador das contribuições sociais na data da prestação do serviço.

§ 3º As contribuições sociais serão apuradas mês a mês, com referência ao período da prestação de serviços, mediante a aplicação de alíquotas, limites máximos do salário de contribuição e acréscimos legais moratórios vigentes relativamente a cada uma das competências abrangidas, devendo o recolhimento das importâncias devidas ser efetuado no mesmo prazo em que devam ser pagos os créditos encontrados em liquidação de sentença ou em acordo homologado, sendo que nesse último caso o recolhimento será feito em tantas parcelas quantas as previstas no acordo, nas mesmas datas em que sejam exigíveis e proporcionalmente a cada uma delas.

(...)"

Conforme já abordado no subitem 1.2.2, *supra*, compreendo ser o fato gerador da contribuição o pagamento ou o crédito da remuneração ao trabalhador, nos exatos termos do art. 195 da Constituição Federal e que Lei n. 8.212/91, ao fixar o vocábulo "devido" nos arts. 22, I e 28, I, acabou ferindo as regras dispostas no § 4º do art. 195 da Carta Magna, que exige lei complementar para a criação de novas contribuições previdenciárias.

Sendo exigível a contribuição somente quando do efetivo pagamento ou crédito da remuneração, não há que se pretender a cobrança de acréscimos moratórios como juros ou multa.

1.2.7. Contribuição destinada a outras entidades e fundos — Terceiros

Como a contribuição destinada a outras entidades e fundos (Terceiros) não é uma contribuição previdenciária prevista no art. 195 da Constituição Federal, não possui a Justiça do Trabalho competência para sua execução.

Assim, os percentuais destinados ao FNDE, INCRA, SESI, SENAI, SESC, SENAC, SEST, SENAT. SEBRAE e outros não devem ser executados na Justiça do Trabalho, cabendo à Receita Federal do Brasil constituir os créditos pertinentes em procedimento administrativo próprio. Assim determina, inclusive, o próprio art. 101 da Instrução Normativa SRF n. 971/2009. Confira-se:

"**Art. 101.** Compete à Justiça do Trabalho, nos termos do § 8º do art. 114 da Constituição Federal, promover de ofício a execução dos créditos das contribuições previdenciárias devidas em decorrência de decisões condenatórias ou homologatórias por ela proferidas, devendo a fiscalização apurar e lançar o débito verificado em ação fiscal, relativo às:

I — contribuições destinadas a outras entidades ou fundos, conforme disposto no art. 3º da Lei n. 11.457, de 2007, exceto aquelas executadas pelo Juiz do Trabalho;

II — contribuições incidentes sobre remunerações pagas durante o período trabalhado, com ou sem vínculo empregatício, quando, por qualquer motivo, não houver sido executada a cobrança pela Justiça do Trabalho.

Parágrafo único. O disposto no *caput* não implica dispensa do cumprimento, pelo sujeito passivo, das obrigações acessórias previstas na legislação previdenciária."

1.2.8. Percentuais aplicáveis

Os percentuais devidos pelas partes obedecem as regras normais vigentes, não havendo alíquotas diferenciadas em razão do crédito previdenciário decorrer de uma decisão judicial trabalhista.

A empresa deve, inclusive, observar a vigência do Fator Acidentário de Prevenção (FAP), a contar de 1º.1.2010, bem como os acréscimos existentes na alíquota básica do SAT/RAT em razão da exposição do trabalhador a agentes nocivos que permitam a concessão do benefício de aposentadoria especial.

Fundamentação: Lei n. 8.212/91, arts. 43; Decreto n. 3048/99, arts. 276 e 277; Ordem de Serviço Conjunta DAF/DSS/INSS n. 66/97 (atualmente revogada); Lei n. 10.035, de 25.10.2000 — DOU de 26.10.2000; Instrução Normativa SRF n. 971/2009, arts. 100 a 106.

2. CONTRIBUIÇÃO INCIDENTE SOBRE O ACORDO FIRMADO NAS COMISSÕES DE CONCILIAÇÃO PRÉVIA

2.1. Comissão de Conciliação Prévia — Conceito e Finalidade

Instituída pela Lei n. 9.958, de 12.1.2000 (DOU de 13.1.2000), é a comissão de conciliação prévia um grupo de pessoas, formado por representantes dos empregadores e representantes dos empregados (em igual número), com a atribuição de tentar conciliar conflitos individuais de trabalho, evitando assim o ingresso de reclamatória trabalhista na Justiça do Trabalho.

Aceita a conciliação, deverá ser lavrado um termo assinado pelo empregado, pelo empregador ou seu preposto e pelos membros da Comissão (devendo ser fornecidas cópias às partes), o qual terá força de título executivo extrajudicial, possuindo inclusive eficácia liberatória geral, exceto quanto às parcelas expressamente ressalvadas.

Observe-se, portanto, que as parcelas reclamadas pelo empregado e que forem objeto de acordo através da Comissão de Conciliação, o que constará do termo assinado entre as partes, não poderão ser postuladas futuramente em reclamatória trabalhista na Justiça do Trabalho, uma vez que tal termo se constitui, por si, título executivo.

2.2. Constituição — Empresa ou Sindicato

A comissão de conciliação prévia poderá ser constituída por grupos de empresas ou ter caráter intersindical. Assim, as empresas e os sindicatos podem instituir as referidas comissões, de composição paritária, com representantes dos empregados e dos empregadores, com a atribuição, como já observado, de tentar conciliar os conflitos individuais do trabalho.

A Comissão instituída no âmbito da empresa ou grupo de empresas destina-se a conciliar conflitos envolvendo os respectivos empregados e empregadores. A comissão instituída no âmbito do sindicato deverá ter sua constituição e normas de funcionamento definidas em convenção ou acordo coletivo. A Comissão conciliará exclusivamente conflitos que envolvam trabalhadores pertencentes à categoria profissional e à base territorial das entidades sindicais que as tiverem instituído.

2.3. Funcionamento das Comissões

Qualquer demanda de natureza trabalhista será submetida obrigatoriamente à Comissão se, na localidade da prestação de serviços, esta houver sido instituída no âmbito da empresa ou do sindicato da categoria. As Comissões de Conciliação Prévia têm prazo de dez dias para a realização da sessão de tentativa de conciliação a partir da provocação do interessado.

A demanda deverá ser formulada por escrito ou reduzida a termo por qualquer dos membros da Comissão, sendo entregue cópia datada e assinada pelo membro aos interessados.

Caso exista, na mesma localidade e para a mesma categoria, Comissão da empresa e Comissão sindical, o interessado (empregado reclamante) poderá optar por qualquer delas para submeter sua demanda, sendo competente aquela que primeiro conhecer do pedido.

Como já mencionado no subitem 2.1, *supra*, uma vez aceita a conciliação, deverá ser lavrado termo assinado pelo empregado, pelo empregador ou seu preposto e pelos membros da Comissão, fornecendo-se cópia às partes. O termo de conciliação é título executivo extrajudicial e terá eficácia liberatória geral, exceto quanto às parcelas expressamente ressalvadas. É competente para a execução de título executivo extrajudicial o juiz que teria competência para o processo de conhecimento relativo à matéria.

A conciliação deverá cingir-se a conciliar direitos ou parcelas controversas, não podendo ser objeto de transação o percentual devido a título de FGTS, inclusive a multa de 40% sobre todos os depósitos devidos durante a vigência do contrato de trabalho, nos termos da Lei n. 8.036/90.

Esgotado o prazo sem a realização da sessão, deverá ser fornecida, no último dia do prazo, a declaração da tentativa conciliatória frustrada com a descrição de seu objeto, firmada pelos membros da Comissão, que deverá ser juntada à eventual reclamação trabalhista. O prazo prescricional será suspenso a partir da provocação da Comissão de Conciliação Prévia, recomeçando a fluir, pelo que lhe resta, a partir da tentativa frustrada de conciliação ou do esgotamento do prazo de dez dias, mencionado neste subitem.

2.4. Contribuições Previdenciárias

Reportando-nos ao Plano de Custeio da Seguridade Social — Lei n. 8.212/91, arts. 22 e 30, I, constitui obrigação legal da empresa arrecadar as contribuições dos segurados empregados a seu serviço, bem como contribuir sobre o total das remunerações pagas, *devidas* ou creditadas a qualquer título aos empregados. Sobre a constitucionalidade e interpretação do vocábulo "*devidas*", ver subitem 1.2.2, *supra*.

Expressa a pretensão do demandante, é certo e indene de dúvidas, pelos fundamentos e razões já mencionados, que sobre as parcelas de natureza remuneratória, bem como sobre as indenizações não previstas em lei, haverá a obrigatoriedade da contribuição previdenciária pelas partes.

Na existência de acordo, portanto, deverá a ata conter discriminadamente as parcelas homologadas, especificando sua natureza e a responsabilidade da parte pelo recolhimento previdenciário. Igualmente deverá ser procedido o recolhimento das contribuições decorrentes do reconhecimento de vínculo empregatício. As contribuições deverão ser apuradas pelos mesmos critérios previstos para os acordos celebrados entre as partes em reclamatórias trabalhistas. Confira-se, nestes termos, a redação do art. 107 da IN SRF n. 971/2009:

> "**Art. 107.** Comissão de Conciliação Prévia é aquela instituída na forma da Lei n. 9.958, de 12 de janeiro de 2000, no âmbito da empresa ou do sindicato representativo da categoria, podendo ser constituída por grupos de empresas ou ter caráter intersindical, com o objetivo de promover a conciliação preventiva do ajuizamento de demandas de natureza trabalhista.
>
> § 1º Caso haja conciliação resultante da mediação pela Comissão de Conciliação Prévia, deverão ser recolhidas as contribuições incidentes sobre as remunerações cujo pagamento seja estipulado, bem como sobre os períodos de prestação de serviços em relação aos quais se reconheça o vínculo empregatício, observado o seguinte:
>
> I — as contribuições serão apuradas pelos mesmos critérios previstos para os acordos celebrados entre as partes em reclamatórias trabalhistas, bem como os fatos geradores que lhes deram causa deverão ser declarados em GFIP, conforme a Seção III deste Capítulo;
>
> II — o recolhimento será efetuado utilizando-se código de pagamento específico.
>
> § 2º Não sendo recolhidas espontaneamente as contribuições devidas, a RFB apurará e constituirá o crédito nas formas previstas no Capítulo I do Título VII."

Em virtude da ausência de previsão legal a respeito, no entanto, e diferentemente do que ocorre nos acordos judiciais, a Comissão de Conciliação Prévia não se encontra obrigada a notificar a União sobre as homologações efetuadas. Tampouco a União poderá discutir judicialmente, de imediato, o crédito que lhe foi conferido pela discriminação das partes.

A Receita Federal do Brasil, quando de visita fiscal ao estabelecimento empregador, poderá verificar as homologações passadas na Comissão de Conciliação Prévia e a respectiva contribuição previdenciária (Lei n. 8.212/91, art. 33). A ausência de pagamento ou a discriminação constante do acordo em discordância com a pretensão inicial do demandante ensejará constituição do crédito nas formas e documentos previstos na legislação previdenciária, quais sejam (Instrução Normativa SRF n. 971/2009, arts 107, § 2º c/c 456):

I — por meio de lançamento por homologação expressa ou tácita, quando o sujeito passivo antecipar o recolhimento da importância devida, nos termos da legislação aplicável.

II — por meio de confissão de dívida tributária, quando o sujeito passivo:

a) apresentar a GFIP e não efetuar o pagamento integral do valor confessado;

b) reconhecer espontaneamente a obrigação tributária.

III — de ofício, quando for constatada a falta de recolhimento de qualquer contribuição ou de outra importância devida nos termos da legislação aplicável, bem como quando houver o descumprimento de obrigação acessória.

Conclui-se, portanto, ser comum aos acordos judiciais e extrajudiciais a obrigatoriedade de contribuição previdenciária deles decorrentes, quando da existência de parcelas remuneratórias discriminadas pelas partes. Não obstante, a constituição do crédito previdenciário e sua cobrança seguem caminhos distintos. Na esfera judicial, âmbito trabalhista, a União se encontra legitimada, como terceiro interessado (defendendo os interesses da Previdência Social), a agir no processo, executando de imediato as parcelas previdenciárias competentes. Para tanto, cabe vista da homologação propugnada e prazo para manifestação e recursos, tanto em acordos quanto de sentenças condenatórias. Já no âmbito das Comissões de Conciliação Prévia, o crédito previdenciário somente poderá ser constituído administrativamente, por meio de procedimento fiscal e autônomo, independente do ente paritário conciliador, procedimento este que poderá ser contestado pelo sujeito passivo até a inscrição do débito em Dívida Ativa.

Fundamentação: Além dos fundamentos citados nos textos, Portaria MTE/GM n. 329, de 14.08.2002 — DOU de 15.08.2002 — e Instrução Normativa SRF n. 971/2009, art. 107.

Capítulo XII

Outras Receitas da Seguridade Social

Nos termos do art. 27 da Lei n. 8.212/91 e art. 213 do Decreto n. 3.048/99, constituem outras receitas da Seguridade Social:

a) as multas, a atualização monetária e os juros moratórios;

b) a remuneração recebida por serviços de arrecadação, fiscalização e cobrança prestados a terceiros.

Obs.: Enquadram-se nessa previsão as contribuições destinadas ao SESI, SENAI, SESC, SENAC, FNDE, etc., cuja arrecadação, fiscalização e cobrança compete à Receita Federal (juntamente com as contribuições previdenciárias), com pagamento à Seguridade Social equivalente a 3,5% da arrecadação, pela prestação desses serviços.

c) receitas provenientes de prestação de outros serviços e de fornecimento ou arrendamento de bens. Ex.: locação de imóveis;

d) as demais receitas patrimoniais, industriais e financeiras;

e) as doações, legados, subvenções e outras receitas eventuais;

f) 50% dos valores obtidos e aplicados na forma do parágrafo único do art. 243 da CF/88[23], repassados pelo INSS aos órgãos responsáveis pelas ações de proteção à saúde e a ser aplicada no tratamento e recuperação de viciados em entorpecentes e drogas afins;

g) 40% do resultado dos leilões e dos bens apreendidos pela Secretaria da Receita Federal;

h) 50% do valor total do prêmio repassado pelas companhias seguradoras que mantêm o seguro obrigatório de danos pessoais causados por veículos automotores será destinado ao SUS para o custeio da assistência médico-hospitalar dos segurados vitimados em acidentes de trânsito.

Obs.: O parágrafo único do art. 78 da Lei n. 9.503, de 23.9.1997 (Código de Trânsito Brasileiro), altera a destinação da receita proveniente do DPVAT, regulamentado pelo Decreto n. 2.867, de 28.12.1998, como segue: "**Art. 78** — (...) **Parágrafo único**. O percentual de dez por cento do total dos valores arrecadados, destinados à Previdência Social, do Prêmio do Seguro Obrigatório de Danos Pessoais causados por Veículos Automotores de Via Terrestre — DPVAT, de que trata a Lei n. 6.194, de 19 de dezembro de 1974, serão repassados mensalmente ao Coordenador do Sistema Nacional de Trânsito para aplicação exclusiva em programas de que trata este artigo".

Fundamentação: Lei n. 8.212/91, art. 27 e Decreto n. 3.048/99, art. 213.

---

(23) É a redação do art. 243 da CF/88 a seguinte:
Art. 243. As glebas de qualquer região do País onde forem localizadas culturas ilegais de plantas psicotrópicas serão imediatamente expropriadas e especificamente destinadas ao assentamento de colonos, para o cultivo de produtos alimentícios e medicamentosos, sem qualquer indenização ao proprietário e sem prejuízo de outras sanções previstas em lei.
Parágrafo único. Todo e qualquer bem de valor econômico apreendido em decorrência do tráfico ilícito de entorpecentes e drogas afins será confiscado e reverterá em benefício de instituições e pessoal especializados no tratamento e recuperação de viciados e no aparelhamento e custeio de atividades de fiscalização, controle, prevenção e repressão do crime de tráfico dessas substâncias."

Capítulo XIII

Isenção de Contribuições Previdenciárias — Entidades Beneficentes de Assistência Social

1. DIREITO

Disciplinava sobre a isenção das contribuições previdenciárias o art. 55 da Lei n. 8.212/91. Contudo, referido dispositivo foi revogado expressamente pela Lei n. 12.101/2009 (DOU de 30.11.2009), que passou a disciplinar sobre o tema, regulamentada pelo Decreto n. 7.237/2010.

Pela nova regra, a certificação das entidades beneficentes de assistência social e a isenção de contribuições para a Seguridade Social somente serão concedidas às pessoas jurídicas de direito privado, sem fins lucrativos, com a finalidade de prestação de serviços nas áreas de assistência social, saúde ou educação. Referidas entidades devem obedecer ao princípio da universalidade do atendimento (CF/88, art. 194, I), sendo expressamente proibido direcionar suas atividades apenas a seus associados ou categoria profissional.

Fundamentação: Lei n. 12.101/2009, arts. 1º e 2º; Decreto n. 7.237/2010, arts. 1º e 2º.

2. REQUISITOS PARA A CERTIFICAÇÃO

A certificação (ou sua renovação) será concedida à entidade beneficente que demonstre, no exercício fiscal anterior ao do requerimento, observado o período mínimo de 12 (doze) meses de constituição da entidade, o cumprimento da Lei n. 12.101/2009, de acordo com as respectivas áreas de atuação, e cumpra, cumulativamente, os seguintes requisitos:

a) seja constituída como pessoa jurídica de direito privado, sem fins lucrativos; e

b) preveja, em seus atos constitutivos, em caso de dissolução ou extinção, a destinação do eventual patrimônio remanescente a entidade sem fins lucrativos congêneres ou a entidades públicas.

É necessário, ainda, apresentar os seguintes documentos:

• comprovante de inscrição no Cadastro Nacional de Pessoa Jurídica — CNPJ;

• cópia da ata de eleição dos dirigentes e do instrumento comprobatório de representação legal, quando for o caso;

• cópia do ato constitutivo registrado, que demonstre o cumprimento dos requisitos previstos no art. 3º da Lei n. 12.101/2009; e

• relatório de atividades desempenhadas no exercício fiscal anterior ao requerimento, destacando informações sobre o público atendido e os recursos envolvidos.

Para ser certificada, portanto, a entidade precisa estar legalmente constituída e em funcionamento regular há, pelo menos, doze meses, imediatamente anteriores à apresentação do requerimento. Em caso de necessidade local atestada pelo gestor do respectivo sistema, este período mínimo poderá ser reduzido se a entidade for prestadora de serviços por meio de convênio ou instrumento congênere com o Sistema Único de Saúde — SUS ou com o Sistema Único de Assistência Social — SUAS.

As ações poderão ser executadas por meio de parcerias entre entidades privadas, sem fins lucrativos, que atuem nestas mesmas áreas, firmadas mediante ajustes ou instrumentos de colaboração, que prevejam a corresponsabilidade das partes na prestação dos serviços em conformidade com a Lei n. 12.101/2009 e disponham sobre:

I — a transferência de recursos, se for o caso;

II — as ações a serem executadas;

III — as responsabilidades e obrigações das partes;

IV — seus beneficiários; e

V — forma e assiduidade da prestação de contas.

Os recursos utilizados nos ajustes ou instrumentos de colaboração (parcerias) deverão ser individualizados e segregados nas demonstrações contábeis das entidades envolvidas, de acordo com as normas do Conselho Federal de Contabilidade para entidades sem fins lucrativos.

Também importa registrar que essas parcerias somente podem ser firmadas com entidades privadas sem fins lucrativos certificadas ou cadastradas junto ao Ministério de sua área de atuação, nos termos do art. 40 da Lei n. 12.101/2009, e de acordo com o procedimento estabelecido pelo referido Ministério.

Obs.: As parcerias não afastam as obrigações tributárias decorrentes das atividades desenvolvidas pelas entidades sem fins lucrativos não certificadas, nos termos da legislação vigente.

Por fim, a entidade certificada deverá atender às exigências legais durante todo o período de validade da certificação, sob pena de seu cancelamento a qualquer tempo.

Fundamentação: Lei n. 12.101/2009, art. 3; Decreto n. 7.237/2010, art. 3º.

2.1. Protocolo e análise

Os requerimentos de concessão da certificação e de renovação deverão ser protocolados junto aos Ministérios da Saúde, da Educação ou do Desenvolvimento Social e Combate à Fome, conforme a área de atuação da entidade, acompanhados dos documentos necessários à sua instrução, em formulários próprios de cada Ministério.

Uma vez protocolados, os requerimentos deverão ser analisados, de acordo com a ordem cronológica de seu protocolo, no prazo de até seis meses, salvo em caso de necessidade de diligência devidamente justificada.

Obs.: Os requerimentos com documentação incompleta poderão ser complementados em única diligência a ser realizada no prazo máximo de trinta dias contados da data da notificação da entidade interessada, desde que, em se tratando de renovação, a complementação ocorra, no máximo, dentro dos seis meses de prazo.

Na hipótese de renovação da certificação, os Ministérios deverão verificar se os requerimentos estão instruídos com os documentos necessários em prazo suficiente para permitir, quando for o caso, a sua complementação pela entidade requerente.

O requerimento de renovação da certificação deverá ser protocolado com antecedência mínima de 6 (seis) meses do termo final de sua validade.

A decisão sobre o requerimento de concessão da certificação ou de renovação deverá ser publicada no Diário Oficial da União e na página do Ministério responsável na rede mundial de computadores.

Fundamentação: Decreto n. 7.237/2010, art. 4º.

2.2. Validade

A certificação terá validade de três anos, contados a partir da publicação da decisão que deferir sua concessão, permitida sua renovação por iguais períodos.

Para os requerimentos de renovação, protocolados com antecedência mínima de 6 (seis) meses do termo final de sua validade, o efeito da decisão contará:

• do término da validade da certificação anterior, se a decisão for favorável ou se a decisão for desfavorável e proferida até o prazo de seis meses; e

• da data da publicação da decisão, se esta for desfavorável e proferida após o prazo de seis meses.

Para os requerimentos de renovação protocolados após o prazo de seis meses, o efeito da decisão contará:

• do término da validade da certificação anterior, se o julgamento ocorrer antes do seu vencimento; e

Obs.: Nesta hipótese, a entidade não usufruirá os efeitos da certificação no período compreendido entre o término da sua validade e a data de publicação da decisão, independentemente do seu resultado.

• da data da publicação da decisão, se esta for proferida após o vencimento da certificação.

O protocolo dos requerimentos de renovação servirá como prova da certificação até o julgamento do processo pelo Ministério competente, exceto nos casos em que os requerimentos de renovação tenham sido protocolados fora do prazo legal ou com certificação anterior tornada sem efeito, por qualquer motivo.

Fundamentação: Decreto n. 7.237/2010, art. 5º.

3. CERTIFICAÇÃO DAS ENTIDADES DE SAÚDE

Primeiramente, cumpre esclarecer que entidades beneficentes de assistência social na área de saúde são aquelas entidades que atuam diretamente na promoção, prevenção e atenção à saúde. Assim, a certificação dessa condição, bem como a renovação dos certificados, compete ao Ministério da Saúde.

O requerimento deve ser preenchido e protocolado em formulário próprio, acompanhado dos seguintes documentos (Decreto n. 7.237/2010, art. 18):

I — os documentos relacionados no item 2, deste Capítulo;

II — cópia da proposta de oferta da prestação de serviços ao SUS no percentual mínimo de 60% (sessenta por cento)[24], encaminhada pelo responsável legal da entidade ao gestor local do SUS, protocolada junto à Secretaria de Saúde respectiva;

III — cópia do convênio ou instrumento congênere firmado com o gestor local do SUS, tal como documento que comprove a existência da relação de prestação de serviços de saúde, desde que definido em portaria do Ministério da Saúde; e

IV — atestado fornecido pelo gestor local do SUS, resolução de comissão intergestores bipartite ou parecer da comissão de acompanhamento, observado o disposto em portaria do

---

[24] O atendimento deste percentual mínimo pode ser individualizado por estabelecimento ou pelo conjunto de estabelecimentos de saúde da pessoa jurídica, desde que não abranja outra entidade com personalidade jurídica própria que seja por ela mantida.

Ministério da Saúde, sobre o cumprimento das metas quantitativas e qualitativas de internação ou de atendimentos ambulatoriais estabelecidas em convênio ou instrumento congênere, consideradas as tendências positivas.

Para fins de certificação, os serviços de atendimento ambulatorial ou de internação prestados ao SUS, resultantes das parcerias firmadas, serão computados para a entidade à qual estiver vinculado o estabelecimento que efetivar o atendimento.

As entidades de saúde de reconhecida excelência que optarem por realizar projetos de apoio ao desenvolvimento institucional do SUS deverão apresentar, ainda, os seguintes documentos, além de outros que podem ser exigidos pelo Ministério da Saúde:

• portaria de habilitação para apresentação de projetos de apoio ao desenvolvimento institucional do SUS;

• cópia do ajuste ou convênio celebrado com o Ministério da Saúde e dos respectivos termos aditivos, se houver;

• demonstrações contábeis e financeiras submetidas a parecer conclusivo de auditor independente, legalmente habilitado no Conselho Regional de Contabilidade; e

• resumo da Guia de Recolhimento do Fundo de Garantia do Tempo de Serviço — FGTS e Informações à Previdência Social.

A entidade de saúde, além de manter o Cadastro Nacional de Estabelecimentos de Saúde — CNES — atualizado, deverá ainda informar, obrigatoriamente, ao Ministério da Saúde, os seguintes dados:

a) a totalidade das internações e atendimentos ambulatoriais realizados para os pacientes não usuários do SUS;

b) a totalidade das internações e atendimentos ambulatoriais realizados para os pacientes usuários do SUS; e

c) as alterações referentes aos registros no Cadastro Nacional de Estabelecimentos de Saúde — CNES.

Fundamentação: Lei n. 12.101/2009, arts. 4º e 5º; Decreto n. 7.237/2010, arts. 17 a 19.

3.1. Comprovação do atendimento mínimo de 60% pelo SUS

A entidade deverá comprovar a prestação anual de serviços ao SUS no percentual mínimo de 60% (sessenta por cento), por meio do somatório dos registros das internações e atendimentos ambulatoriais verificados no Sistema de Informação Ambulatorial, no Sistema de Informação Hospitalar e no de Comunicação de Internação Hospitalar.

Esse somatório de serviços será calculado pelo Ministério da Saúde a partir da valoração ponderada dos atendimentos ambulatoriais e de internações, considerando os seguintes critérios (Decreto n. 7.237/10, art. 19):

• a produção de internações será medida por paciente-dia;

• o paciente-dia de unidade de tratamento intensivo terá maior peso na valoração do que aquele atribuído ao paciente-dia de internação geral;

• a valoração dos atendimentos ambulatoriais corresponderá a uma fração do valor médio do paciente-dia obtido anualmente.

Para fins de ponderação, serão considerados somente os procedimentos ambulatoriais registrados pelas entidades de saúde no Sistema de Informação Ambulatorial no exercício anterior, os quais serão classificados de acordo com o nível de complexidade. O Ministério da Saúde, contudo, poderá estabelecer lista de atendimentos ambulatoriais que terão peso diferenciado na valoração ponderada, com base em informações sobre a demanda, a oferta e o acesso aos serviços de saúde obtidas junto ao SUS.

Obs.: Quando a disponibilidade de cobertura assistencial da população pela rede pública de determinada área for insuficiente, os gestores do SUS deverão observar, para a contratação de serviços privados, a preferência de participação das entidades beneficentes de saúde e das sem fins lucrativos.

Também importa mencionar que o atendimento mínimo de 60% de prestação de serviços ao SUS pode ser individualizado por estabelecimento ou pelo conjunto de estabelecimentos de saúde da pessoa jurídica, desde que não abranja outra entidade com personalidade jurídica própria que seja por ela mantida. É ainda possível a entidade de saúde incorporar, no limite de 10% dos seus serviços, aqueles prestados ao SUS em estabelecimento a ela vinculado.

Não havendo interesse de contratação pelo Gestor local do SUS dos serviços de saúde ofertados pela entidade no percentual mínimo de 60%, a entidade deverá comprovar a aplicação de percentual da sua receita (efetivamente recebida da prestação de serviços de saúde) em gratuidade na área da saúde, da seguinte forma

I — 20% (vinte por cento), se o percentual de atendimento ao SUS for inferior a 30% (trinta por cento);

II — 10% (dez por cento), se o percentual de atendimento ao SUS for igual ou superior a 30 (trinta) e inferior a 50% (cinquenta por cento); ou

III — 5% (cinco por cento), se o percentual de atendimento ao SUS for igual ou superior a 50% (cinquenta por cento) ou se completar o quantitativo das internações hospitalares e atendimentos ambulatoriais, com atendimentos gratuitos devidamente informados, não financiados pelo SUS ou por qualquer outra fonte.

Obs.: Em hipótese alguma será admitida como aplicação em gratuidade a eventual diferença entre os valores pagos pelo SUS e os preços praticados pela entidade ou pelo mercado.

Por fim, cumpre esclarecer que o art. 11 da Lei n. 12.101/2009 prevê a possibilidade de utilização de projetos de apoio ao desenvolvimento institucional do SUS, da forma que segue:

"**Art. 11.** A entidade de saúde de reconhecida excelência poderá, alternativamente, para dar cumprimento ao requisito previsto no art. 4º, realizar projetos de apoio ao desenvolvimento institucional do SUS, celebrando ajuste com a União, por intermédio do Ministério da Saúde, nas seguintes áreas de atuação:

I — estudos de avaliação e incorporação de tecnologias;

II — capacitação de recursos humanos;

III — pesquisas de interesse público em saúde; ou

IV — desenvolvimento de técnicas e operação de gestão em serviços de saúde.

§ 1º O Ministério da Saúde definirá os requisitos técnicos essenciais para o reconhecimento de excelência referente a cada uma das áreas de atuação previstas neste artigo.

§ 2º O recurso despendido pela entidade de saúde no projeto de apoio não poderá ser inferior ao valor da isenção das contribuições sociais usufruída.

§ 3º O projeto de apoio será aprovado pelo Ministério da Saúde, ouvidas as instâncias do SUS, segundo procedimento definido em ato do Ministro de Estado.

§ 4º As entidades de saúde que venham a se beneficiar da condição prevista neste artigo poderão complementar as atividades relativas aos projetos de apoio com a prestação de serviços ambulatoriais e hospitalares ao SUS não remunerados, mediante pacto com o gestor local do SUS, observadas as seguintes condições:

I — a complementação não poderá ultrapassar 30% (trinta por cento) do valor usufruído com a isenção das contribuições sociais;

II — a entidade de saúde deverá apresentar ao gestor local do SUS plano de trabalho com previsão de atendimento e detalhamento de custos, os quais não poderão exceder o valor por ela efetivamente despendido;

III — a comprovação dos custos a que se refere o inciso II poderá ser exigida a qualquer tempo, mediante apresentação dos documentos necessários; e

IV — as entidades conveniadas deverão informar a produção na forma estabelecida pelo Ministério da Saúde, com observação de não geração de créditos.

§ 5º A participação das entidades de saúde ou de educação em projetos de apoio previstos neste artigo não poderá ocorrer em prejuízo das atividades beneficentes prestadas ao SUS.

§ 6º O conteúdo e o valor das atividades desenvolvidas em cada projeto de apoio ao desenvolvimento institucional e de prestação de serviços ao SUS deverão ser objeto de relatórios anuais, encaminhados ao Ministério da Saúde para acompanhamento e fiscalização, sem prejuízo das atribuições dos órgãos de fiscalização tributária.

Fundamentação: Lei n. 12.101/2009, arts. 6º a 11; Decreto n. 7.237/2010, arts. 20 a 23.

4. CERTIFICAÇÃO DAS ENTIDADES DE EDUCAÇÃO

A concessão ou renovação do certificado das entidades beneficentes de assistência social da área de educação compete ao Ministério da Educação. Para tanto, a entidade deve aplicar anualmente em gratuidade, pelo menos 20% (vinte por cento) da receita anual efetivamente recebida nos termos da Lei n. 9.870/99.

Será necessário, portanto:

I — demonstrar a adequação das diretrizes e metas estabelecidas no Plano Nacional de Educação — PNE, por meio de plano de atendimento que demonstre a concessão de bolsas, ações assistenciais e programas de apoio aos alunos bolsistas, submetido à aprovação do Ministério da Educação;

Obs. 1: O plano de atendimento constitui-se na descrição das ações e medidas assistenciais desenvolvidas pela entidade, bem como no planejamento destas ações e medidas para todo o período de vigência da certificação a ser concedido ou renovado.

Obs. 2: Consideram-se ações assistenciais aquelas previstas na Lei n. 8.742/93.

II — atender a padrões mínimos de qualidade, aferidos pelos processos de avaliação conduzidos pelo Ministério da Educação; e

III — oferecer bolsas de estudo nas seguintes proporções:

a) no mínimo, uma bolsa de estudo integral para cada 9 (nove) alunos pagantes da educação básica;

b) bolsas parciais de 50% (cinquenta por cento), quando necessário para o alcance do número mínimo exigido.

As proporções de bolsa de estudo poderão ser cumpridas considerando-se diferentes etapas e modalidades da educação básica presencial.

A entidade poderá, também, contabilizar o montante destinado a ações assistenciais, bem como o ensino gratuito da educação básica em unidades específicas, programas de apoio a alunos bolsistas, tais como transporte, uniforme, material didático, além de outros, definidos em regulamento, até o montante de 25% (vinte e cinco por cento) da gratuidade prevista. Para alcançar esta condição, a entidade poderá observar a escala de adequação sucessiva, em conformidade com o exercício financeiro de vigência desta Lei:

- até 75% (setenta e cinco por cento) no primeiro ano;
- até 50% (cinquenta por cento) no segundo ano;
- 25% (vinte e cinco por cento) a partir do terceiro ano.

As entidades de educação que prestem serviços integralmente gratuitos, sem a cobrança de anuidades ou semestralidades, deverão adotar e observar os critérios de seleção e as proporções previstas, considerando-se o número total de alunos matriculados.

Para a entidade que, além de atuar na educação básica ou em área distinta da educação, também atue na educação superior, aplica-se o disposto no art. 10 da Lei n. 11.096/2005.

Observar, ainda, que os requerimentos de concessão ou de renovação de certificação de entidades de educação ou com atuação preponderante na área de educação deverão ser instruídos com os seguintes documentos:

I — da mantenedora:

a) aqueles previstos no item 2, deste Capítulo; e

b) demonstrações contábeis e financeiras devidamente auditadas por auditor independente, na forma da legislação tributária aplicável.

II — da instituição de educação:

a) o ato de credenciamento regularmente expedido pelo órgão normativo do sistema de ensino;

b) relação de bolsas de estudo e demais ações assistenciais e programas de apoio a alunos bolsistas, com identificação precisa dos beneficiários;

c) plano de atendimento, com indicação das bolsas de estudo e ações assistenciais e programas de apoio a alunos bolsistas, durante o período pretendido de vigência da certificação;

d) regimento ou estatuto; e

e) identificação dos integrantes do corpo dirigente, destacando a experiência acadêmica e administrativa de cada um.

O requerimento será analisado sob o aspecto contábil e financeiro e, em relação ao conteúdo do plano de atendimento, será verificado o cumprimento das metas do PNE, de acordo com as diretrizes e critérios de prioridade definidos pelo Ministério da Educação. O requerimento de renovação de certificação deverá ser acompanhado de relatório de atendimento às metas definidas no plano de atendimento precedente.

Por fim, e sem prejuízo do prazo de validade da certificação, a entidade deverá apresentar ao Ministério da Educação relatórios semestrais ou anuais, de acordo com a periodicidade de seu calendário escolar e acadêmico, informando sobre o preenchimento das bolsas de estudo.

4.1. Bolsas de estudo

As entidades de educação deverão selecionar os alunos a serem beneficiados pelas bolsas de estudo a partir do perfil socioeconômico e dos seguintes critérios:

a) proximidade da residência;

b) sorteio; e

c) outros critérios contidos no plano de atendimento da entidade.

Obs.: Compete à entidade de educação aferir as informações relativas ao perfil socioeconômico do candidato.

Na hipótese de adoção dos critérios previstos na letra c, supra, as entidades de educação deverão oferecer igualdade de condições para acesso e permanência aos alunos beneficiados pelas bolsas e demais ações assistenciais e programas de apoio a alunos bolsistas, condizentes com os adotados pela rede pública.

O Ministério da Educação poderá determinar a reformulação dos critérios de seleção de alunos beneficiados constantes do plano de atendimento da entidade, quando julgados incompatíveis com as finalidades da Lei n.12.101/2009, sob pena de indeferimento do requerimento de certificação ou renovação.

A bolsa de estudo deve se referir às semestralidades ou anuidades escolares, sendo vedada a cobrança de matrícula e de custeio de material didático. Observa, ainda, que:

• a bolsa de estudo integral será concedida a aluno cuja renda familiar mensal *per capita* não exceda o valor de 1 1/2 (um e meio) salário mínimo.

• a bolsa de estudo parcial será concedida a aluno cuja renda familiar mensal *per capita* não exceda o valor de 3 (três) salários mínimos.

Os alunos beneficiários das bolsas de estudo de que trata esta Lei ou seus pais ou responsáveis, quando for o caso, respondem legalmente pela veracidade e autenticidade das informações socioeconômicas por eles prestadas. As bolsas de estudo poderão ser canceladas a qualquer tempo, em caso de constatação de falsidade da informação prestada pelo bolsista ou seu responsável, ou de inidoneidade de documento apresentado, sem prejuízo das demais sanções cíveis e penais cabíveis.

É vedado qualquer discriminação ou diferença de tratamento entre alunos bolsistas e pagantes.

4.2. Renovação da certificação

No ato de renovação da certificação, as entidades de educação que não tenham aplicado em gratuidade o percentual mínimo de 20%, poderão compensar o percentual devido nos exercícios imediatamente subsequentes, com acréscimo de vinte por cento sobre o percentual a ser compensado. No entanto, tal possibilidade alcança somente as entidades que tenham aplicado pelo menos 17% em gratuidade em cada exercício financeiro a ser considerado.

A certificação será cancelada se o percentual de aplicação em gratuidade pela entidade certificada for inferior a 17% em cada exercício financeiro, resguardadas as demais hipóteses de cancelamento previstas na legislação de regência.

Fundamentação: Lei n. 12.101/2009, arts. 13 a 17; Decreto n. 7.237/2010, arts. 24 a 31.

5. CERTIFICAÇÃO DAS ENTIDADES DE ASSISTÊNCIA SOCIAL

A certificação ou sua renovação será concedida à entidade de assistência social que presta serviços ou realiza ações assistenciais, de forma gratuita, continuada e planejada, para os usuários e a quem deles necessitar, sem qualquer discriminação, observada a Lei n. 8.742/93. Compete, pois, ao Ministério do Desenvolvimento Social e Combate à Fome a concessão e a renovação destes certificados.

Por entidades de assistência social compreende-se aquelas que prestam, sem fins lucrativos, atendimento e assessoramento aos beneficiários, bem como as que atuam na defesa e garantia de seus direitos.

Confira-se, nestes termos, a redação do art. 33 do Decreto n. 7.237/2010:

"**Art. 33.** Para obter a certificação ou sua renovação, as entidades beneficentes de assistência social deverão demonstrar que realizam ações assistenciais, de forma gratuita, continuada e planejada, sem qualquer discriminação, nos termos da Lei n. 8.742, de 7 de dezembro de 1993.

§ 1º As entidades de que trata o caput devem ser, isolada ou cumulativamente:

I — de atendimento: aquelas que, de forma continuada, permanente e planejada, prestam serviços, executam programas ou projetos e concedem benefícios de proteção social básica ou especial, dirigidos às famílias e indivíduos em situações de vulnerabilidade ou risco social e pessoal;

II — de assessoramento: aquelas que, de forma continuada, permanente e planejada, prestam serviços e executam programas ou projetos voltados prioritariamente para o fortalecimento dos movimentos sociais e das organizações de usuários, formação e capacitação de lideranças, dirigidos ao público da política de assistência social; e

III — de defesa e garantia de direitos: aquelas que, de forma continuada, permanente e planejada, prestam serviços e executam programas ou projetos voltados prioritariamente para a defesa e efetivação dos direitos socioassistenciais, construção de novos direitos, promoção da cidadania, enfrentamento das desigualdades sociais, articulação com órgãos públicos de defesa de direitos, dirigidos ao público da política de assistência social.

§ 2º Para efeitos deste Decreto, constituem ações assistenciais a oferta de serviços, benefícios e a execução de programas ou projetos socioassistenciais previstos nos incisos do § 1º.

§ 3º Além dos requisitos previstos neste artigo, as entidades que prestam serviços de habilitação ou reabilitação a pessoas com deficiência e a promoção da sua integração à vida comunitária, e aquelas abrangidas pelo disposto no art. 35 da Lei n. 10.741, de 1º de outubro de 2003, para serem certificadas, deverão comprovar a oferta de, no mínimo, sessenta por cento de sua capacidade de atendimento ao SUAS.

§ 4º A capacidade de atendimento de que trata o § 3º será definida anualmente pela entidade, mediante aprovação do órgão gestor de assistência social municipal ou do Distrito Federal e comunicação aos respectivos Conselhos de Assistência Social.

§ 5º A capacidade de atendimento da entidade será aferida a partir do número de profissionais e instalações físicas disponíveis, de atendimentos e serviços prestados, entre outros critérios, na forma a ser definida pelo Ministério do Desenvolvimento Social e Combate à Fome.

Como visto, também as entidades que prestam serviços com objetivo de habilitação e reabilitação de pessoa com deficiência e de promoção da sua integração à vida comunitária e aquelas abrangidas pelo disposto no art. 35 da Lei n. 10.741/2003 poderão ser certificadas, desde que comprovem a oferta de, no mínimo, 60% (sessenta por cento) de sua capacidade de atendimento ao sistema de assistência social. Referida capacidade de atendimento será definida anualmente pela entidade, aprovada pelo órgão gestor de assistência social municipal ou distrital e comunicada ao Conselho Municipal de Assistência Social.

Constituem ainda requisitos para a certificação de uma entidade de assistência social:

I — estar inscrita no respectivo Conselho Municipal de Assistência Social ou no Conselho de Assistência Social do Distrito Federal, conforme o caso, nos termos do art. 9º da Lei n. 8.742/93; e

II — integrar o cadastro nacional de entidades e organizações de assistência social de que trata o inciso XI do art. 19 da Lei n. 8.742/93.

Quando a entidade de assistência social atuar em mais de um Município ou Estado ou em quaisquer destes e no Distrito Federal, deverá inscrever suas atividades no Conselho de Assistência Social do respectivo Município de atuação ou do Distrito Federal, mediante a apresentação de seu plano ou relatório de atividades e do comprovante de inscrição no Conselho de sua sede ou de onde desenvolva suas principais atividades. Quando não houver Conselho de Assistência Social no Município, as entidades de assistência social dever-se-ão inscrever nos respectivos Conselhos Estaduais.

O requerimento de concessão ou renovação de certificado de entidade beneficente que atue na área da assistência social deverá ser protocolado, em meio físico ou eletrônico, instruído com os seguintes documentos:

- aqueles previstos no item 2, deste Capítulo;
- comprovante da inscrição; e
- declaração do gestor local de que a entidade realiza ações de assistência social de forma gratuita.

Além desses documentos, as entidades de habilitação e reabilitação de pessoas deficientes deverão instruir o requerimento de certificação com declaração fornecida pelo órgão gestor de assistência social municipal ou do Distrito Federal que ateste a oferta de atendimento ao SUAS de acordo com o percentual exigido na legislação.

5.1. Vínculo com a rede socioassistencial privada no âmbito do SUAS

A comprovação do vínculo da entidade de assistência social à rede socioassistencial privada no âmbito do SUAS é condição suficiente para a concessão da certificação, no prazo e na forma a serem definidos em regulamento.

Confira-se, sobre o tema, o art. 36 do Decreto n. 7.237/2010:

"**Art. 36.** A comprovação do vínculo da entidade de assistência social à rede socioassistencial privada no âmbito do SUAS é condição suficiente para a obtenção da certificação, mediante requerimento da entidade.

§ 1º Além do disposto no art. 3º da Lei n. 12.101, de 2009, e no art. 34, para se vincular ao SUAS, a entidade de assistência social deverá, sem prejuízo de outros requisitos a serem fixados pelo Ministério de Desenvolvimento Social e Combate à Fome:

I — prestar serviços, projetos, programas ou benefícios gratuitos, continuados e planejados, sem qualquer discriminação;

II — quantificar e qualificar suas atividades de atendimento, assessoramento e defesa e garantia de direitos de acordo com a Política Nacional de Assistência Social;

III — demonstrar potencial para integrar-se à rede socioassistencial, ofertando o mínimo de sessenta por cento da sua capacidade ao SUAS; e

IV — disponibilizar serviços nos territórios de abrangência dos Centros de Referência da Assistência Social — CRAS e Centros de Referência Especializada da Assistência Social — CREAS, salvo no caso de inexistência dos referidos Centros.

§ 2º A oferta prevista no inciso III do § 1º será destinada ao atendimento da demanda encaminhada pelos CRAS e CREAS ou, na ausência destes, pelos órgãos gestores de assistência social municipais, estaduais ou do Distrito Federal, na forma a ser definida pelo Ministério do Desenvolvimento Social e Combate à Fome.

§ 3º As entidades previstas no § 2º do art. 18 da Lei n. 12.101, de 2009, serão vinculadas ao SUAS, desde que observado o disposto nos incisos II e IV do § 1º e no § 2º.

§ 4º Para ter direito à certificação, a entidade de assistência social deverá estar vinculada ao SUAS há, pelo menos, sessenta dias."

Fundamentação: Lei n. 12.101/2009, arts. 18 a 20; Decreto n. 7.237/2010, arts. 32 a 36.

6. ENTIDADE COM ATUAÇÃO EM MAIS DE UMA ÁREA

A entidade que atue em mais de uma das áreas deverá requerer a certificação e sua renovação no Ministério responsável pela sua área de atuação preponderante, sem prejuízo da comprovação dos requisitos exigidos para as demais áreas. Considera-se área de atuação preponderante aquela definida como atividade econômica principal da entidade no CNPJ.

A atividade econômica principal, constante do CNPJ, deverá corresponder ao principal objeto de atuação da entidade, verificado nas demonstrações contábeis e, caso necessário, nos seus atos constitutivos e relatório de atividades.

Constatada divergência entre a atividade econômica principal constante do CNPJ e o principal objeto de atuação da entidade, o requerimento será encaminhado ao Ministério responsável pela respectiva área para análise e julgamento, considerando-se válida a data do protocolo para fins de comprovação de sua tempestividade.

Caso a atividade econômica principal da entidade constante do CNPJ não seja compatível com nenhuma das áreas, a entidade deverá requerer a certificação ou sua renovação no Ministério responsável pela área de atuação preponderante demonstrada na sua escrituração contábil.

Cumpre observar, contudo, que as entidades que promovam habilitação ou reabilitação de deficientes serão certificadas pelo Ministério do Desenvolvimento Social e Combate à Fome, salvo quando atuarem exclusivamente nas áreas de saúde ou de educação.

Fundamentação: Lei n. 12.101/2009, art. 22; Decreto n. 7.237/2010, arts. 10 a 12.

7. RECURSOS ADMINISTRATIVOS

Da decisão que indeferir o requerimento de concessão ou de renovação da certificação, ou que determinar seu cancelamento, caberá recurso no prazo de 30 (trinta) dias, contados da data de sua publicação.

O recurso deverá ser dirigido à autoridade certificadora que, se não reconsiderar a decisão no prazo de dez dias, o encaminhará ao Ministro de Estado. Seu teor poderá abranger questões de legalidade e mérito.

Após o recebimento das razões de recurso pelo Ministro de Estado, abrir-se-á prazo de 15 (quinze) dias para manifestação, por meio eletrônico, da sociedade civil e, se for o caso, do Ministério responsável pela área de atuação não preponderante da entidade.

Fundamentação: Lei n. 12.101/2009, art. 26; Decreto n. 7.237/2010, art. 13.

8. REPRESENTAÇÃO

Caso seja verificada alguma prática de irregularidade pela entidade certificada, o Ministério responsável pela certificação deverá ser comunicado, por meio de representação, sendo competentes para o ato, sem prejuízo das atribuições do Ministério Público:

I — o gestor municipal ou estadual do SUS ou do SUAS, de acordo com a sua condição de gestão, bem como o gestor da educação municipal, distrital ou estadual;

II — a Secretaria da Receita Federal do Brasil;

Obs.: Dispõe sobre a representação promovida pela Secretaria da Receita Federal a IN SRF n. 971/2009, art. 230.

III — os conselhos de acompanhamento e controle social previstos na Lei n. 11.494/2007, e os Conselhos de Assistência Social e de Saúde; e

IV — o Tribunal de Contas da União.

A representação deverá ser realizada por meio eletrônico ou físico e deverá conter a qualificação do representante, a descrição dos fatos a serem apurados e, sempre que possível, a documentação pertinente e demais informações relevantes para o esclarecimento do pedido.

Com o recebimento da representação, caberá ao Ministério que concedeu a certificação:

• notificar a entidade, para apresentação da defesa no prazo de trinta dias;

• decidir sobre a representação, no prazo de trinta dias a contar da apresentação da defesa; e

• comunicar à Secretaria da Receita Federal do Brasil, no prazo de trinta dias, salvo se esta figurar como parte na representação.

Da decisão que julgar procedente a representação, cabe recurso por parte da entidade ao respectivo Ministro de Estado, no prazo de 30 (trinta) dias, contados de sua notificação. A decisão final sobre o recurso deverá ser prolatada em até 90 (noventa) dias, contados da data do seu recebimento pelo Ministro de Estado. O representante será informado sobre o resultado do julgamento da representação, mediante ofício da autoridade julgadora, acompanhado de cópia da decisão.

Se restar indeferido o recurso, ou uma vez decorrido o prazo para recurso sem qualquer manifestação da entidade, o Ministério responsável deverá cancelar a certificação e dará ciência do fato à Secretaria da Receita Federal do Brasil, em até 48 (quarenta e oito) horas após a publicação da sua decisão.

No entanto, se julgada improcedente a representação, será dada ciência à Secretaria da Receita Federal do Brasil, e o processo correspondente será arquivado.

Fundamentação: Lei n. 12.101/2009, art. 27; Decreto n. 7.237/2010, art. 16.

9. CANCELAMENTO DA CERTIFICAÇÃO

Cabe aos Ministérios (Saúde, Educação e Desenvolvimento Social e Combate à Fome) supervisionar as entidades beneficentes certificadas, zelando pelo cumprimento das condições que ensejaram a certificação. Para tanto, poderão solicitar a qualquer tempo a apresentação de documentos, realizar auditorias ou cumprir diligências.

Sem prejuízo da representação (item 8, *supra*), o Ministério responsável pode, de ofício, determinar a apuração de indícios de irregularidades no cumprimento da Lei n. 12.101/2009, ou de seu regulamento (Decreto n. 7.237/2010).

Constatado o descumprimento dos requisitos necessários à obtenção ou manutenção da certificação, o Ministério competente determinará seu cancelamento, a qualquer tempo. Confira-se, nestes termos, a redação do art. 15 do Decreto n. 7.237/2010:

> "**Art. 15.** A autoridade competente para a certificação determinará o seu cancelamento, a qualquer tempo, caso constate o descumprimento dos requisitos necessários à sua obtenção.
>
> § 1º A certificação será cancelada a partir da ocorrência do fato que ensejou o descumprimento dos requisitos necessários à sua concessão ou manutenção, após processo iniciado de ofício pelas autoridades referidas no caput ou por meio de representação, aplicado, em ambas as hipóteses, o procedimento previsto no art. 16.
>
> § 2º O Ministério responsável pela área de atuação não preponderante deverá supervisionar as entidades em sua respectiva área, devendo notificar a autoridade certificadora sobre o descumprimento dos requisitos necessários à manutenção da certificação, para que promova seu cancelamento, nos termos deste artigo."

Fundamentação: Decreto n. 7.237/2010, arts 14 e 15.

10. ISENÇÃO DAS CONTRIBUIÇÕES PREVIDENCIÁRIAS

10.1. Requisitos

A entidade beneficente certificada terá direito à isenção do pagamento das contribuições previdenciárias de que tratam os art. 22 e 23 da Lei n. 8.212/91, desde que atenda, cumulativamente, os seguintes requisitos:

I — não recebam seus diretores, conselheiros, sócios, instituidores ou benfeitores remuneração, vantagens ou benefícios, direta ou indiretamente, sob qualquer forma ou título, em razão das competências, funções ou atividades que lhes sejam atribuídas pelos respectivos atos constitutivos;

II — aplique suas rendas, seus recursos e eventual superávit integralmente no território nacional, na manutenção e no desenvolvimento de seus objetivos institucionais;

III — apresente certidão negativa ou positiva com efeitos de negativa de débitos relativos aos tributos administrados pela Secretaria da Receita Federal do Brasil e certificado de regularidade do FGTS;

IV — mantenha escrituração contábil regular, que registre receitas, despesas e aplicação de recursos em gratuidade de forma segregada, em consonância com as normas emanadas do Conselho Federal de Contabilidade;

V — não distribua resultados, dividendos, bonificações, participações ou parcelas do seu patrimônio, sob qualquer forma ou pretexto;

VI — mantenha em boa ordem, e à disposição da Secretaria da Receita Federal do Brasil, pelo prazo de dez anos, contados da data de emissão, os documentos que comprovem a origem e a aplicação de seus recursos e os relativos a atos ou operações que impliquem modificação da situação patrimonial;

VII — cumpra as obrigações acessórias estabelecidas pela legislação tributária; e

VIII — mantenha em boa ordem, e à disposição da Secretaria da Receita Federal do Brasil, as demonstrações contábeis e financeiras devidamente auditadas por auditor independente legalmente habilitado nos Conselhos Regionais de Contabilidade, quando a receita bruta anual auferida for superior ao limite máximo estabelecido pelo inciso II do art. 3º da Lei Complementar n. 123/2006.

Obs.: A isenção não se estende à entidade com personalidade jurídica própria constituída e mantida por entidade a quem o direito à isenção tenha sido reconhecido.

Cumpridos todos esses requisitos, a entidade estará isenta, portanto, das seguintes contribuições:

• 20% incidente sobre o total das remunerações pagas a segurados empregados ou trabalhadores avulsos (Lei n. 8.212/91, art. 22, I);

• Contribuição de 1%, 2% ou 3% destinados ao SAT/RAT (Lei n. 8.212/91, art. 22, II);

• 20% sobre o total das remunerações pagas ou creditadas a contribuintes individuais (autônomos, empresários, etc) que lhes prestem serviços (Lei n. 8.212/91, art. 22, III);

• 15% incidente sobre o valor bruto das notas fiscais decorrentes da contratação de cooperativas de trabalho (Lei n. 8.212/91, art. 22, IV);

• Contribuições provenientes do faturamento (COFINS) e do lucro (CSLL), destinadas a Seguridade Social (Lei n. 8.212/91, art. 23).

• Contribuições para outras entidades e fundos (Terceiros), conforme § 5º do art. 3º, da Lei n. 11.457/2007.

A isenção das contribuições sociais usufruída pela entidade é extensiva às suas dependências e estabelecimentos, e às obras de construção civil, quando por ela executadas e destinadas a uso próprio — IN SRF n. 971/2009, art. 228, § 1º.

A isenção não abrange, no entanto, empresa ou entidade com personalidade jurídica própria e mantida por entidade isenta nem entidade não-certificada que tenha celebrado contrato de parceria — IN SRF n. 971/2009, art. 228, § 2º.

As entidades isentas deverão manter, em local visível ao público, placa indicativa contendo informações sobre a sua condição de beneficente e sobre sua área de atuação.

Importa observar, por fim, que a isenção não dispensa o cumprimento de obrigações acessórias previstas na legislação tributária, obrigando-se a entidade, ainda, às seguintes atribuições (IN SRF n. 971/2009, art. 231):

a) reter o valor das contribuições dos segurados empregados e trabalhadores avulsos a seu serviço, mediante dedução da respectiva remuneração, e efetuar o recolhimento no prazo legal;

b) reter o valor da contribuição do segurado trabalhador autônomo (contribuinte individual) a seu serviço, correspondente a 20% (vinte por cento) de sua remuneração, mediante dedução desta, e efetuar o recolhimento no prazo legal;

c) reter o valor da contribuição do segurado transportador autônomo a seu serviço, assim considerado o taxista, o condutor autônomo de veículo rodoviário de carga ou passageiro, e recolher ao SEST e ao SENAT;

d) reter o valor da contribuição do produtor rural pessoa física e do segurado especial, do qual adquira produto rural, na condição de subrogada (Lei n. 8.212/91, art. 30, inciso IV), correspondente a 2% (dois por cento) para a Previdência Social, 0,1% (um décimo por cento) para SAT/RAT e 0,2% (dois décimos por cento) para o SENAR, incidentes sobre a receita bruta da comercialização, mediante dedução desta, e efetuar o recolhimento no prazo legal;

e) reter o valor da contribuição da empresa que lhe prestar serviços mediante cessão de mão de obra ou empreitada, correspondente a 11% (onze por cento) do valor bruto da nota fiscal, fatura ou recibo, e recolher o valor retido em nome da empresa contratada.

10.2. Reconhecimento, suspensão e cancelamento do direito à isenção

O direito à isenção das contribuições sociais poderá ser exercido pela entidade a contar da data da publicação da concessão de sua certificação, desde que preenchidos os requisitos legais.

Constatado o descumprimento pela entidade dos requisitos, a fiscalização da Secretaria da Receita Federal do Brasil deverá lavrar o auto de infração relativo ao período correspondente e relatará os fatos que demonstram o não atendimento de tais requisitos para o gozo da isenção. Durante esse período, a entidade não terá direito à isenção, e o lançamento correspondente terá como termo inicial a data de ocorrência da infração que lhe deu causa.

A entidade pode, contudo, impugnar no auto de infração no prazo de 30 (trinta) dias, contados de sua intimação. O julgamento do auto de infração e a cobrança do crédito tributário deverão seguir o rito estabelecimento pelo Decreto n. 70.235/72, que dispõe sobre o processo administrativo fiscal.

Constatada a qualquer tempo alguma irregularidade, considerar-se-á cancelada a certificação da entidade desde a data de lavratura da ocorrência da infração, sem prejuízo da exigibilidade do crédito tributário e das demais sanções previstas em lei.

Fundamentação: Lei n. 12.101/2009, art. 29 a 41 Decreto n. 7.237/2010, arts. 40 e 41.

Capítulo XIV

Retenção de 11% sobre o Valor da Prestação dos Serviços — Cessão de Mão de Obra e/ou Empreitada

1. OBRIGATORIEDADE

Em decorrência do disposto na Lei n. 9.711/98, a empresa contratante de serviços executados mediante cessão ou empreitada de mão de obra deve reter, desde fevereiro/99, 11% (onze por cento) do valor bruto da nota fiscal, fatura ou recibo de prestação de serviços e recolher a importância retida aos cofres da Seguridade Social, através da GPS, em nome da empresa contratada.

Obs.: Também os valores pagos a título de adiantamento devem integrar a base de cálculo da retenção por ocasião do faturamento dos serviços prestados.

Esta retenção de valores em nota fiscal, a ser efetuada pela tomadora dos serviços (empresa contratante), sempre se presumirá feita, oportuna e regularmente, não lhe sendo lícito alegar qualquer omissão para se eximir do recolhimento, ficando, inclusive, diretamente responsável pelas importâncias que deixar de descontar ou tiver descontado em desacordo com a legislação previdenciária.

O procedimento para retenção, bem como esclarecimentos adicionais sobre a matéria, foram inicialmente consignados pelo Ministério da Previdência e Assistência Social na Ordem de Serviço n. 203, da Diretoria de Arrecadação e Fiscalização do INSS (DOU de 02.02.1999).

Com a publicação do Decreto n. 3.048 em 07.05.99 e da Ordem de Serviço n. 209, da Diretoria de Arrecadação e Fiscalização do INSS, em 28.5.1999, sofreu a retenção previdenciária, trazida pela Lei n. 9.711/98, diversas modificações quanto aos procedimentos para enquadramento, arrecadação e compensação pelos contribuintes. A Ordem de Serviço n. 209 foi então revogada pela Instrução Normativa n. 71/2002, sendo esta revogada pela Instrução Normativa INSS/DC n. 100/2003. Esta última Instrução foi revogada pela Instrução Normativa SRP n. 3/2005, que por sua vez, foi revogada pela IN SRF n. 971/2009, hoje em vigor.

Atualmente, portanto, disciplinam sobre o tema o art. 31 da Lei n. 8.212/91, o art. 219 do Decreto n. 3.048/99 e os arts. 112 a 150 da Instrução Normativa SRF n. 971/2009.

2. ATIVIDADES SUJEITAS A RETENÇÃO

2.1. Atividades Sujeitas à Retenção Previdenciária

Entende-se por cessão de mão de obra a colocação à disposição da empresa contratante, em suas dependências ou nas de terceiros, de trabalhadores que realizem serviços contínuos, relacionados ou não com sua atividade-fim, quaisquer que sejam a natureza e a forma de contratação, inclusive por meio de trabalho temporário na forma da Lei n. 6.019/74.

Para melhor compreensão do conceito, a Instrução Normativa SRF n. 971/2009, em seu art. 115, traz os seguintes conceitos:

- *Dependências de terceiros*: aquelas indicadas pela empresa contratante, que não sejam as suas próprias e que não pertençam à empresa prestadora dos serviços.

- *Serviços contínuos*: aqueles que constituem necessidade permanente da contratante, que se repetem periódica ou sistematicamente, ligados ou não a sua atividade-fim, ainda que sua execução seja realizada de forma intermitente ou por diferentes trabalhadores.

- *Colocação à disposição da empresa contratante*: a cessão do trabalhador, em caráter não eventual, respeitados os limites do contrato.

Por empreitada, por sua vez, entende-se a execução, contratualmente estabelecida, de tarefa, de obra ou de serviço, por preço ajustado, com ou sem fornecimento de material ou uso de equipamentos, que podem ou não ser utilizados, realizada nas dependências da empresa contratante, nas de terceiros ou nas da empresa contratada, tendo como objeto um resultado pretendido — IN SRF n. 971/2009, art. 116.

O posicionamento inicial mantido pela Previdência Social, consubstanciado na Ordem de Serviço n. 203/99, era de que todas as empresas contratantes de quaisquer serviços executados mediante cessão de mão de obra de limpeza, conservação, zeladoria, vigilância e segurança se encontravam obrigadas à retenção.

No entanto, o Decreto n. 3.048/99 (em vigor desde 07.05.1999) trouxe uma relação exaustiva dos serviços sujeitos à retenção previdenciária, fazendo com que a Previdência Social mudasse seu entendimento e replicasse a referida listagem na Ordem de Serviço n. 209 (DOU de 28.05.1999). Tal relação, hoje, consta dos arts. 117 e 118 da Instrução Normativa SRF n. 971/2009.

2.1.1. Serviços contratados por cessão de mão de obra ou empreitada

Em se tratando de serviços contratados mediante cessão de mão de obra ou empreitada, estão sujeitos à retenção de 11% pela contratante os seguintes:

I — limpeza, conservação ou zeladoria, que se constituam em varrição, lavagem, enceramento ou em outros serviços destinados a manter a higiene, o asseio ou a conservação de praias, jardins, rodovias, monumentos, edificações, instalações, dependências, logradouros, vias públicas, pátios ou de áreas de uso comum;

II — vigilância ou segurança, que tenham por finalidade a garantia da integridade física de pessoas ou a preservação de bens patrimoniais;

Obs.: Os serviços de vigilância ou segurança prestados por meio de monitoramento eletrônico não estão sujeitos a retenção.

III — construção civil, que envolvam a construção, a demolição, a reforma ou o acréscimo de edificações ou de qualquer benfeitoria agregada ao solo ou ao subsolo ou obras complementares que se integrem a esse conjunto, tais como a reparação de jardins ou de passeios, a colocação de grades ou de instrumentos de recreação, de urbanização ou de sinalização de rodovias ou de vias públicas;

IV — natureza rural, que se constituam em desmatamento, lenhamento, aração ou gradeamento, capina, colocação ou reparação de cercas, irrigação, adubação, controle de pragas ou de ervas daninhas, plantio, colheita, lavagem, limpeza, manejo de animais, tosquia, inseminação, castração, marcação, ordenhamento e embalagem ou extração de produtos de origem animal ou vegetal;

V — digitação, que compreendam a inserção de dados em meio informatizado por operação de teclados ou de similares;

VI — preparação de dados para processamento, executados com vistas a viabilizar ou a facilitar o processamento de informações, tais como o escaneamento manual ou a leitura ótica.

2.1.2. Serviços contratados por cessão de mão de obra

Quando da contratação por cessão de mão de obra, além da listagem exposta no subitem 2.1.1, *supra*, também estarão sujeitos a retenção os seguintes serviços:

I — acabamento, que envolva a conclusão, o preparo final ou a incorporação das últimas partes ou dos componentes de produtos, para o fim de colocá-los em condição de uso;

II — embalagem, relacionado com o preparo de produtos ou de mercadorias visando à preservação ou à conservação de suas características para transporte ou guarda;

III — acondicionamento, compreendendo os serviços envolvidos no processo de colocação ordenada dos produtos quando do seu armazenamento ou transporte, a exemplo de sua colocação em paletes, empilhamento, amarração, dentre outros;

IV — cobrança, que objetive o recebimento de quaisquer valores devidos à empresa contratante, ainda que executados periodicamente;

V — coleta ou reciclagem de lixo ou de resíduos, que envolva a busca, o transporte, a separação, o tratamento ou a transformação de materiais inservíveis ou resultantes de processos produtivos, exceto quando realizados com a utilização de equipamentos tipo contêineres ou caçambas estacionárias;

VI — copa, que envolva a preparação, o manuseio e a distribuição de todo ou de qualquer produto alimentício;

VII — hotelaria, que concorra para o atendimento ao hóspede em hotel, pousada, paciente em hospital, clínica ou em outros estabelecimentos do gênero;

VIII — corte ou ligação de serviços públicos, que tenha como objetivo a interrupção ou a conexão do fornecimento de água, de esgoto, de energia elétrica, de gás ou de telecomunicações;

IX — distribuição, que se constitua em entrega, em locais predeterminados, ainda que em via pública, de bebidas, de alimentos, de discos, de panfletos, de periódicos, de jornais, de revistas ou de amostras, dentre outros produtos, mesmo que distribuídos no mesmo período a vários contratantes;

X — treinamento e ensino, assim considerados como o conjunto de serviços envolvidos na transmissão de conhecimentos para a instrução ou para a capacitação de pessoas;

XI — entrega de contas e de documentos, cuja finalidade seja fazer chegar ao destinatário documentos diversos tais como conta de água, conta de energia elétrica, conta de telefone, boleto de cobrança, cartão de crédito, mala direta ou similares;

XII — ligação de medidores, que objetive a instalação de equipamentos destinados a aferir o consumo ou a utilização de determinado produto ou serviço;

XIII — leitura de medidores, serviços excecutados, periodicamente, para a coleta das informações aferidas por meio desses equipamentos, tais como a velocidade (radar), o consumo de água, de gás ou de energia elétrica;

XIV — manutenção de instalações, de máquinas ou de equipamentos, quando indispensáveis ao seu funcionamento regular e permanente e desde que mantida equipe à disposição da contratante;

XV — montagens quem envolvam a reunião sistemática, conforme disposição predeterminada em processo industrial ou artesanal, das peças de um dispositivo, de um mecanismo ou de qualquer objeto, de modo que possa funcionar ou atingir o fim a que se destina;

XVI — operação de máquinas, de equipamentos e de veículos relacionados com a sua movimentação ou funcionamento, envolvendo serviços do tipo manobra de veículo, operação de guindaste, painel eletroeletrônico, trator, colheitadeira, moenda, empilhadeira ou caminhão fora de estrada;

XVII — operação de pedágio ou de terminal de transporte, que envolva a manutenção, a conservação, a limpeza ou o aparelhamento de terminal de passageiros terrestre, aéreo ou aquático, de rodovia, de via pública, e que envolvam serviços prestados diretamente aos usuários;

XVIII — operação de transporte de passageiros, inclusive nos casos de concessão ou de subconcessão, envolvendo o deslocamento de pessoas por meio terrestre, aquático ou aéreo;

Obs.: Até 9.6.2003 constava da listagem trazida pelo § 2º do Decreto n. 3.048/99 também a atividade de transporte de cargas, suprimida quando da alteração do inciso XIX pelo Decreto n. 4.729, publicado no DOU de 10.6.2003.

XIX — portaria, recepção ou ascensorista, serviços realizados com vistas ao ordenamento ou ao controle do trânsito de pessoas em locais de acesso público ou à distribuição de encomendas ou de documentos;

XX — recepção, triagem ou movimentação, atividades relacionadas ao recebimento, à contagem, à conferência, à seleção ou ao remanejamento de materiais;

XXI — promoção de vendas ou de eventos, cuja finalidade é colocar em evidência as qualidades de produtos ou a realização de shows, de feiras, de convenções, de rodeios, de festas ou de jogos;

XXII — secretaria e expediente, quando relacionados com o desempenho de rotinas administrativas;

XXIII — saúde, quando o serviço for prestado por empresas da área da saúde e direcionado ao atendimento de pacientes, tendo em vista avaliar, recuperar, manter ou melhorar o estado físico, mental ou emocional desses pacientes;

XXIV — telefonia ou de *telemarketing*, atividades que envolvam a operação de centrais ou de aparelhos telefônicos ou de teleatendimento.

3. RETENÇÃO E RECOLHIMENTO PELA CONTRATANTE DOS SERVIÇOS

3.1. Retenção

A empresa contratante deverá reter 11% (onze por cento) do valor bruto dos serviços contidos na nota fiscal, fatura ou recibo de prestação de serviços (ainda que a título de adiantamento) e recolher a importância retida em nome da empresa contratada até o dia 20 do mês subsequente ao da emissão da nota fiscal, fatura ou recibo.

Obs.: Referido desconto, por parte do responsável pelo recolhimento, sempre se presumirá feito, oportuna e regularmente, não lhe sendo lícito alegar qualquer omissão para se eximir da obrigação, permanecendo responsável pelo recolhimento das importâncias que deixar de descontar ou de reter — IN SRF n. 971/2009, art. 79.

3.2. Destaque e Compensação da Retenção pela Empresa Contratada

O valor retido deverá ser destacado na nota fiscal, fatura ou recibo de prestação de serviços, sendo compensado pelo respectivo estabelecimento da empresa contratada quando do recolhimento das contribuições destinadas à seguridade social devidas sobre a folha de pagamento dos segurados. A empresa prestadora dos serviços pode, também, optar pela restituição por qualquer de seus estabelecimentos (IN SRF n. 971/2009, art. 113).

Assim, quando da emissão da nota fiscal, fatura ou recibo, a contratada deverá destacar o valor da retenção, com o título de "Retenção para a Previdência Social".

O destaque do valor retido deverá ser demonstrado logo após a descrição dos serviços prestados, como parcela dedutível apenas para produzir efeito no ato da quitação da nota fiscal, fatura ou recibo. A circular INSS/DAF 01-600 n. 46/99 esclarece também a questão em seu item 16, dispondo que *"o valor do destaque da retenção efetuado na nota fiscal, fatura ou recibo não deverá ser deduzido do valor bruto do respectivo documento, devendo constar tal retenção apenas como simples destaque, a fim de que não se altere a base de cálculo de qualquer tributo que incida sobre o seu valor".*

A falta do destaque do valor da retenção constitui infração ao § 1º do art. 31 da Lei n. 8.212/91.

3.2.1. Subcontratação

Na hipótese de subcontratação, os valores retidos da subcontratada, e comprovadamente recolhidos pela contratada, poderão ser deduzidos do valor da retenção a ser efetuada pela contratante, desde que todos os documentos envolvidos se refiram à mesma competência e ao mesmo serviço. Para esse efeito, a contratada deverá destacar na nota fiscal, na fatura ou no recibo de prestação de serviços as retenções da seguinte forma (IN SRF n. 971/2009, art. 127):

I — retenção para a Previdência Social: informar o valor correspondente a 11% (onze por cento) do valor bruto dos serviços;

II — dedução de valores retidos de subcontratadas: informar o valor total correspondente aos valores retidos e recolhidos relativos aos serviços subcontratados;

III — valor retido para a Previdência Social: informar o valor correspondente à diferença entre a retenção, apurada na forma do inciso I, e a dedução efetuada conforme disposto no inciso II, que indicará o valor a ser efetivamente retido pela contratante.

A contratada, juntamente com a sua nota fiscal, fatura ou recibo de prestação de serviços, deverá encaminhar à contratante (exceto em relação aos serviços subcontratados em que tenha ocorrido a dispensa da retenção), cópia dos seguintes documentos:

• notas fiscais, faturas ou recibos de prestação de serviços das subcontratadas com o destaque da retenção;

• comprovantes de arrecadação dos valores retidos das subcontratadas;

• GFIPs, elaboradas pelas subcontratadas, onde conste no campo "CNPJ/CEI do tomador/obra" o CNPJ da contratada ou a matrícula CEI da obra e, no campo "Denominação social do tomador/ obra", a denominação social da empresa contratada.

3.3. Recolhimento do Valor Retido

A importância retida deverá ser recolhida pela empresa contratante até o dia 20 (vinte) do mês seguinte ao da emissão da nota fiscal, da fatura ou do recibo de prestação de serviços, antecipando-se este prazo para o primeiro dia útil anterior quando não houver expediente bancário neste dia, informando, no campo identificador do documento de arrecadação, o CNPJ do estabelecimento da empresa contratada ou a matrícula CEI da obra de construção civil, conforme o caso e, no campo nome ou denominação social, a denominação social desta, seguida da denominação social da empresa contratante.

O órgão ou a entidade integrante do Sistema Integrado de Administração Financeira (SIAFI) deverá recolher os valores retidos com base na nota fiscal, na fatura ou no recibo de prestação de serviços, respeitando como data limite de pagamento o dia 20 (vinte) do mês subsequente ao da emissão da nota fiscal, da fatura ou do recibo de prestação de serviços.

Quando para um mesmo estabelecimento da contratada forem emitidas mais de uma nota fiscal, fatura ou recibo de prestação de serviços, na mesma competência, a contratante deverá efetuar o recolhimento dos valores retidos num único documento de arrecadação.

A falta de recolhimento, no prazo legal, das importâncias retidas configura, em tese, crime contra a Previdência Social previsto no art. 168-A do Código Penal, introduzido pela Lei n. 9.983, de 14 de julho de 2000, ensejando a emissão de Representação Fiscal para Fins Penais (RFFP).

Por fim, cumpre destacarmos a previsão constante do art. 133 da IN SRF n. 971/2009, com o seguinte teor:

"**Art. 133.** A empresa contratada poderá consolidar, num único documento de arrecadação, por competência e por estabelecimento, as contribuições incidentes sobre a remuneração de todos os segurados envolvidos na prestação de serviços e dos segurados alocados no setor administrativo, bem como, se for o caso, a contribuição social previdenciária incidente sobre o valor pago a cooperativa de trabalho relativa à prestação de serviços de cooperados, compensando os valores retidos com as contribuições devidas à Previdência Social por qualquer de seus estabelecimentos."

4. DISPENSA DA RETENÇÃO

Nos termos do art. 120 da Instrução Normativa SRF n. 971/2009, a contratante estará dispensada de efetuar a retenção quando:

I — o valor correspondente a 11% (onze por cento) dos serviços contidos em cada nota fiscal, fatura ou recibo de prestação de serviços for inferior ao limite mínimo estabelecido pela RFB para recolhimento em documento de arrecadação (atualmente, R$ 10,00);

II — a contratada não possuir empregados, o serviço for prestado pessoalmente pelo titular ou sócio e o seu faturamento do mês anterior for igual ou inferior a 2 (duas) vezes o limite máximo do salário de contribuição, cumulativamente (atualmente, o limite máximo encontra-se fixado em R$ 4.390,24);

Obs.: Para comprovação destes requisitos a contratada deverá apresentar à tomadora declaração assinada por seu representante legal, sob as penas da lei, de que não possui empregados e o seu faturamento no mês anterior foi igual ou inferior a 2 (duas) vezes o limite máximo do salário de contribuição.

III — a contratação envolver somente serviços profissionais relativos ao exercício de profissão regulamentada por legislação federal, ou serviços de treinamento e ensino, desde que prestados pessoalmente pelos sócios, sem o concurso de empregados ou de outros contribuintes individuais.

Obs.: Para comprovação destes requisitos a contratada deverá apresentar à tomadora declaração assinada por seu representante legal, sob as penas da lei, de que o serviço foi prestado por sócio da empresa, no exercício de profissão regulamentada, ou, se for o caso, por profissional da área de treinamento e ensino, e sem o concurso de empregados ou contribuintes individuais, ou consignará o fato na nota fiscal, na fatura ou no recibo de prestação de serviços.

Observe-se, ainda, que para fins do item III, *supra*, são serviços profissionais regulamentados pela legislação federal, dentre outros, os prestados por administradores, advogados, aeronautas, aeroviários, agenciadores de propaganda, agrônomos, arquitetos, arquivistas, assistentes sociais, atuários, auxiliares de laboratório, bibliotecários, biólogos, biomédicos, cirurgiões dentistas, contabilistas, economistas domésticos, economistas, enfermeiros, engenheiros, estatísticos, farmacêuticos, fisioterapeutas, terapeutas ocupacionais, fonoaudiólogos, geógrafos, geólogos, guias de turismo, jornalistas profissionais, leiloeiros rurais, leiloeiros, massagistas, médicos, meteorologistas, nutricionistas, psicólogos, publicitários, químicos, radialistas, secretárias, taquígrafos, técnicos de arquivos, técnicos em biblioteconomia, técnicos em radiologia e tecnólogos.

5. EMPRESA OPTANTE PELO SIMPLES

A pessoa jurídica enquadrada na condição de microempresa e de empresa de pequeno porte que optar por se inscrever no Sistema Integrado de Pagamento de Impostos e Contribuições das Microempresas e das Empresas de Pequeno Porte — SIMPLES (aprovado pela Lei n. 9.317/96 e atualmente regulamentado pela Lei Complementar n. 123/2006) terá unificado, em único recolhimento, os seguintes impostos e contribuições (art. 13):

I — Imposto sobre a Renda da Pessoa Jurídica — IRPJ;

II — Imposto sobre Produtos Industrializados — IPI (exceto na importação de bens e serviços);

III — Contribuição Social sobre o Lucro Líquido — CSLL;

IV — Contribuição para o Financiamento da Seguridade Social — COFINS (exceto na importação de bens e serviços);

V — Contribuição para o PIS/PASEP (exceto na importação de bens e serviços);

VI — Contribuição para a Seguridade Social (apenas a contribuição patronal previdenciária), a cargo da pessoa jurídica, de que trata o art. 22 da Lei n. 8.212/91, exceto no caso das pessoas jurídicas que se dediquem às atividades de prestação de serviços previstas no § 5º C do art. 18 da Lei Complementar n. 123/2006;

VII — Imposto sobre Operações Relativas à Circulação de Mercadorias e Sobre Prestações de Serviços de Transporte Interestadual e Intermunicipal e de Comunicação — ICMS;

VIII — Imposto sobre Serviços de Qualquer Natureza — ISS.

Na vigência da Lei n. 9.317/96, seu art. 9º, XII, alínea f, vedava a opção por esse sistema de pagamento de tributos (SIMPLES) às pessoas jurídicas que realizem operações relativas a prestação de serviço de vigilância, limpeza, conservação e locação de mão de obra. No inciso XIII do mesmo artigo (9º), estendia a vedação às pessoas jurídicas que prestem serviços profissionais de corretor, representante comercial, despachante, ator, empresário, diretor ou produtor de espetáculos, cantor, músico, dançarino, médico, dentista, enfermeiro, veterinário, engenheiro, arquiteto, físico, químico, economista, contador, auditor, consultor, estatístico, administrador, programador, analista de sistema, advogado, psicólogo, professor, jornalista, publicitário, fisicultor, ou assemelhados, e de qualquer outra profissão cujo exercício dependa de habilitação profissional legalmente exigida.

Confira-se a redação do dispositivo:

"**Art. 9º** Não poderá optar pelo SIMPLES, a pessoa jurídica:

...

XII — que realize operações relativas a:

...

f) prestação de serviço vigilância, limpeza, conservação e locação de mão de obra;

...

XIII — que preste serviços profissionais de corretor, representante comercial, despachante, ator, empresário, diretor ou produtor de espetáculos, cantor, músico, dançarino, médico, dentista, enfermeiro, veterinário, engenheiro, arquiteto, físico, químico, economista, contador, auditor, consultor, estatístico, administrador, programador, analista de sistema, advogado, psicólogo, professor, jornalista, publicitário, fisicultor, ou assemelhados, e de qualquer outra profissão cujo exercício dependa de habilitação profissional legalmente exigida;

(...)"

Obs.: A Lei n. 10.034, de 24.10.2000 — DOU de 25.10.2000 — excetuou da restrição contida neste inciso XIII as pessoas jurídicas que se dediquem às atividades de creche e pré-escola e também os estabelecimentos de ensino fundamental.

Partindo desses dispositivos, a Secretaria da Receita Federal (a quem competiam as atividades de arrecadação, cobrança, fiscalização e tributação dos impostos e contribuições pagos em conformidade com o SIMPLES) adotou um critério próprio, nos limites dessa normatização, para a aceitação do enquadramento de empresas prestadoras de serviço em respectiva sistematização. Assim, ao receber as solicitações de enquadramento, aceitou-o daquelas empresas, ainda que prestadoras de serviço, que não estivessem enquadradas nos casos acima.

Ocorre que o INSS, nesse aspecto, não teve a mesma "boa vontade". Resolveu, de forma indiscriminada, não aceitar o recolhimento simplificado de qualquer empresa prestadora de serviço, não se limitando às vedações legais contidas nos incisos XII e XIII da Lei n. 9.317/96. Era o texto do item 50 da Ordem de Serviço n. 203, *in verbis*:

"**50**. A pessoa jurídica que se dedica à prestação de serviços mediante cessão de mão de obra ou mediante empreitada de mão de obra não pode optar pelo Sistema Integrado de Pagamento de Imposto e Contribuições das Micro Empresas e das Empresas de Pequeno Porte — SIMPLES, conforme vedação prevista na Lei n. 9.317/96."

Contudo, como já restou consignado, à SRF cabia a decisão pelo enquadramento ou não da microempresa ou empresa de pequeno porte em referido sistema simplificado. Ao INSS só restava aceitar a decisão tomada por aquele órgão. Tendo sido enquadrada pela Receita, era lícito à pessoa jurídica se utilizar desse sistema para o recolhimento de seus tributos ao Estado.

Conforme se verificou acima, a obrigação previdenciária da empresa enquadrada no SIMPLES limita-se ao repasse das contribuições descontadas dos trabalhadores empregados que lhe prestem serviços. Inexiste qualquer outra contribuição direta à Previdência Social a ser realizada em guia própria desse órgão, nos prazos estabelecidos pela lei previdenciária.

Diante desses fatos, é forçoso concluir que a empresa optante pelo SIMPLES, que teve deferido o respectivo enquadramento pela Secretaria da Receita Federal, independente da aceitação ou não do órgão previdenciário, restou dispensada de sofrer a retenção, uma vez tratar-se de exclusão de crédito tributário na forma do art. 175, I, do Código Tributário Nacional. A isenção prevista na Lei n. 9.317/96 exclui o crédito tributário e, não havendo crédito tributário, não há que se falar em antecipação das contribuições a ele relativas.

"**Art. 175.** Excluem o crédito tributário:

I — a isenção;

II — a anistia.

Parágrafo único. A exclusão do crédito tributário não dispensa o cumprimento das obrigações acessórias dependentes da obrigação principal cujo crédito seja excluído, ou dela consequente."

Entretanto, não era esse o entendimento adotado pelo órgão previdenciário. O INSS (órgão arrecadador das contribuições, na época) exigia a respectiva retenção e, depois de comprovada a regularidade do enquadramento no SIMPLES, à empresa nessa situação restaria a possibilidade de pedir a restituição dos valores antecipados.

Tal procedimento (adotado pelo INSS) caracteriza-se "exação", com evidente natureza, em meu entender, de empréstimo compulsório, o qual só poderia ser instituído mediante a edição de lei complementar, para o atendimento de despesas extraordinárias, decorrentes de calamidade pública, de guerra externa ou sua iminência e no caso de investimento público de caráter urgente e de relevante interesse nacional, observado, neste último caso, o princípio da anterioridade.

Com a edição do Decreto n. 3.048/99, um novo e muito importante dispositivo regulamentar foi trazido à baila, qual seja, o art. 216, *caput*:

"**Art. 216.** A arrecadação e o recolhimento das contribuições e de outras importâncias devidas à seguridade social, observado o que a respeito dispuserem o Instituto Nacional do Seguro Social e a Secretaria da Receita Federal, obedecem às seguintes normas gerais:

(...)"

O ato emanado do Poder Executivo colocou em pé de igualdade os atos emanados pelo INSS e os advindos da Receita Federal, afastando qualquer dúvida que pudesse pairar. Ao passo que até 6.5.1999, véspera da primeira publicação do Decreto n. 3.048/99, pouco restava ao INSS no que tange aos casos de enquadramento das empresas no SIMPLES, a partir da respectiva vigência, nada lhe sobrou senão praticar seus atos em harmonia com os da Receita Federal, a quem competia efetivamente resolver sobre essa questão. Não obstante, a Ordem de Serviço n. 209/99, em seu item 56, continuou por enquadrar indiscriminadamente empresas optantes pelo SIMPLES às disposições da Lei n. 9.711/98:

"**56** — A empresa optante pelo Sistema Integrado de Pagamento de Impostos e Contribuições das Microempresas e das Empresas de Pequeno Porte — SIMPLES está sujeita às disposições deste ato."

Ou seja, não obstante a Receita Federal aceitar o enquadramento destas empresas no SIMPLES, o INSS continuava a insistir no tratamento igualitário às demais empresas não optantes, exigindo uma retenção previdenciária indevida e de valor muito superior ao que efetivamente recolhido no imposto SIMPLES.

Tal sistema vigorou até a vigência da Instrução Normativa n. 08, de 21.01.2000 (DOU de 24.01.2000), que trouxe expressamente a dispensa desta retenção às empresas optantes pelo SIMPLES, conforme observamos do art. 1º daquele normativo:

"**Art. 1º** A retenção de 11% (onze por cento) sobre o valor bruto da nota fiscal ou fatura de prestação de serviços, executados mediante cessão de mão de obra ou empreitada de mão de obra na forma do disposto no art. 31 da Lei n. 8.212/91, com a nova redação dada pela Lei n. 9.711/98 e o Decreto n. 3.048/99, não será efetuada quando os serviços forem executados por empresas optantes pelo SIMPLES nos termos da Lei n. 9.317, de 05 de dezembro de 1996."

Então, a Ordem de Serviço n. 209, de 20.05.1999, foi revogada pela Instrução Normativa n. 71, de 10.05.2002 (DOU de 15.5.2002) que manteve, em seu art. 119, a dispensa das empresas optantes pelo SIMPLES à retenção previdenciária. Confira-se:

"**Art. 119.** As disposições desta SEÇÃO não se aplicam:

(...)

VII — à contratação de empresa, quando optante pelo Sistema Integrado de Pagamento de Impostos e Contribuições das Microempresas e Empresas de Pequeno Porte (SIMPLES);

(...)"

Contudo, este inciso VII da Instrução Normativa n. 71 foi revogado expressamente pelo art. 8º da Instrução Normativa n. 80, de 27.08.2002 (DOU de 28.8.2002), e a Instrução Normativa n. 08/2000 revogada pelo art. 331 da Instrução Normativa n. 70, de 10.5.2002 (DOU de 15.5.2002), voltando a retenção a ser procedida quando da prestação de serviços por empresas optantes pelo SIMPLES, em que pese considerarmos inconstitucional tal procedimento, como anteriormente demonstrado.

Posteriormente vigorou a Instrução Normativa INSS/DC n. 100/2003, cujo art. 151 insistia na retenção de empresas optantes pelo SIMPLES, apesar de ser este procedimento inconstitucional, repita-se.

Em dezembro de 2006 foi publicada a Lei Complementar n. 123, revogando a Lei n. 9.317/96 e disciplinando, em seu art. 17, inciso XII, que as empresas que realizem cessão ou locação de mão de obra não podem optar pelo SIMPLES, mas o § 1º desse mesmo dispositivo traz uma lista de exceções, permitindo a inscrição, por exemplo, de empresas que prestam serviços de vigilância, limpeza ou conservação.

A Instrução Normativa SRP n. 03/2005 era anterior à publicação da LC n. 123/2006, mas foi alterada pela Instrução Normativa SRP n. 20/2007 e permanecia com a redação original do art. 142, onde expressava a obrigatoriedade da retenção. Confira-se:

"Art. 142. A empresa optante pelo SIMPLES, que prestar serviços mediante cessão de mão de obra ou empreitada, está sujeita à retenção sobre o valor bruto da nota fiscal, da fatura ou do recibo de prestação de serviços emitido.

Parágrafo único. O disposto no caput não se aplica no período de 1º de janeiro de 2000 a 31 de agosto de 2002."

O atual documento normativo (IN SRF n. 971/2009) trata do tema nos arts. 114 e 191, determinando a não aplicação da retenção às empresas optantes pelo SIMPLES. Confiram-se:

"Art. 114. A empresa optante pelo SIMPLES, que prestou serviços mediante cessão de mão de obra ou empreitada, durante a vigência da Lei n. 9.317, de 5 de dezembro de 1996, está sujeita à retenção sobre o valor bruto da nota fiscal, da fatura ou do recibo de prestação de serviços emitido.

Parágrafo único. O disposto no caput não se aplica no período de 1º de janeiro de 2000 a 31 de agosto de 2002."

"Art. 191. As ME e EPP optantes pelo Simples Nacional que prestarem serviços mediante cessão de mão de obra ou empreitada não estão sujeitas à retenção referida no art. 31 da Lei n. 8.212, de 1991, sobre o valor bruto da nota fiscal, da fatura ou do recibo de prestação de serviços emitidos, excetuada:

I — a ME ou a EPP tributada na forma dos Anexos IV e V da Lei Complementar n. 123, de 14 de dezembro de 2006, para os fatos geradores ocorridos até 31 de dezembro de 2008; e

II — a ME ou a EPP tributada na forma do Anexo IV da Lei Complementar n. 123, de 14 de dezembro de 2006, para os fatos geradores ocorridos a partir de 1º de janeiro de 2009.

§ 1º A aplicação dos incisos I e II do caput se restringe às atividades elencadas nos §§ 2º e 3º do art. 219 do RPS, e, no que couberem, às disposições do Capítulo VIII do Título II desta Instrução Normativa.

§ 2º A ME ou a EPP que exerça atividades tributadas na forma do Anexo III, até 31 de dezembro de 2008, e tributadas na forma dos Anexos III e V, a partir de 1º de janeiro de 2009, todos da Lei Complementar n. 123, de 14 de dezembro de 2006, estará sujeita à exclusão do Simples Nacional na hipótese de prestação de serviços mediante cessão ou locação de mão de obra, em face do disposto no inciso XII do art. 17 e no § 5º-H do art. 18 da referida Lei Complementar."

Administrativamente, portanto, temos o seguinte histórico:

21.1.1998 a 23.1.2000 — o INSS exigiu que se procedesse a retenção de 11% das empresas prestadoras de serviço optantes pelo SIMPLES.

24.1.2000 a 27.8.2002 — as empresas prestadoras de serviço optantes pelo SIMPLES se encontravam dispensadas da retenção de 11% trazida pela Lei n. 9.711/98.

28.8.2002 a 16.11.2009 — com a revogação do inciso VII do art. 119 da IN 71/2002, não mais existe a dispensa de retenção para as empresas optantes pelo SIMPLES. Mesmo posicionamento foi mantido pelo art. 172 da Instrução Normativa SRP n. 03/2005.

A contar de 17.11.2009 — o entendimento da SRF é no sentido de não haver a retenção para empresas optantes pelo SIMPLES, conforme arts. 114 e 191 acima transcritos.

Sobre o tema, confira-se, também, a redação da Súmula 425 do STJ:

"Súmula 425. A retenção da contribuição para a seguridade social pelo tomador do serviço não se aplica às empresas optantes pelo Simples."

Cumpre observar, por fim, que caso a empresa optante pelo SIMPLES contrate serviços mediante cessão de mão de obra ou empreitada, estará obrigada a efetuar a retenção sobre o valor da nota emitida, conforme orientações do art. 148 da IN SRF n. 971/2009. *In verbis*:

"Art. 148. A entidade beneficente de assistência social em gozo de isenção, a empresa optante pelo SIMPLES ou pelo Simples Nacional, o sindicato da categoria de trabalhadores avulsos, o OGMO, o operador portuário e a cooperativa de trabalho, quando forem contratantes de serviços mediante cessão de mão de obra ou empreitada, estão obrigados a efetuar a retenção sobre o valor da nota fiscal, da fatura ou do recibo de prestação de serviços e ao recolhimento da importância retida em nome da empresa contratada, observadas as demais disposições previstas neste Capítulo."

6. APURAÇÃO DA BASE DE CÁLCULO DA RETENÇÃO — DEDUÇÕES PERMITIDAS

6.1. Materiais e Equipamentos Utilizados

A contratada que estiver obrigada contratualmente a fornecer material ou dispor de equipamentos próprios ou de terceiros indispensáveis à execução do serviço (exceto equipamentos manuais), cujos valores estejam estabelecidos também em contrato, poderá deduzi-los da base de cálculo da retenção previdenciária, desde que discriminados na nota fiscal, fatura ou recibo de prestação de serviços.

Obs.: Nos termos do art. 121 da Instrução Normativa SRF n. 971/2009, considera-se discriminação no contrato os valores nele consignados, relativos a material ou equipamentos, ou os previstos em planilha à parte, desde que esta seja parte integrante do contrato mediante cláusula nele expressa.

O valor do material fornecido ao contratante ou o de locação de equipamento de terceiros, utilizado na execução do serviço, não poderá ser superior ao valor de aquisição ou de locação para fins de apuração da base de cálculo da retenção. Compete à contratada a comprovação destes valores, mediante apresentação de documentos fiscais de aquisição do material ou contrato de locação de equipamento.

Quando o fornecimento de material ou a utilização de equipamento próprio ou de terceiros, exceto o manual, estiver previsto em contrato, mas sem discriminação de valores, a base de cálculo da retenção corresponderá, no mínimo, a:

a) 50% (cinquenta por cento) do valor bruto da nota fiscal, da fatura ou do recibo de prestação de serviços;

b) 30% (trinta por cento) do valor bruto da nota fiscal, da fatura ou do recibo de prestação de serviços para os serviços de transporte passageiros, cujas despesas de combustível e de manutenção dos veículos corram por conta da contratada;

c) 65% (sessenta e cinco por cento) quando se referir à limpeza hospitalar e 80% (oitenta por cento), quando se referir às demais limpezas, aplicados sobre o valor bruto da nota fiscal, fatura ou recibo de prestação de serviços.

Obs.: Nos termos do art. 122 da Instrução Normativa SRF n. 971/2009, é necessário que os valores estejam discriminados na nota fiscal, na fatura ou no recibo de prestação de serviços.

Se a utilização de equipamento for inerente à execução dos serviços contratados, mas não estiver prevista em contrato, independentemente da previsão contratual do fornecimento de equipamento, a base de cálculo da retenção corresponderá, no mínimo, para a prestação de serviços em geral, a 50% (cinquenta por cento) do valor bruto da nota fiscal, da fatura ou do recibo de prestação de serviços e, no caso da prestação de serviços na área da construção civil, aos percentuais abaixo relacionados:

a) 10% (dez por cento) para pavimentação asfáltica;

b) 15% (quinze por cento) para terraplenagem, aterro sanitário e dragagem;

c) 45% (quarenta e cinco) por cento para obras de arte (pontes ou viadutos);

d) 50% (cinquenta por cento) para drenagem; e

e) 35% (trinta e cinco por cento) para os demais serviços realizados com a utilização de equipamentos, exceto os manuais.

Obs.: Nos termos do art. 122 da Instrução Normativa SRF n. 971/2009, é necessário que os valores estejam discriminados na nota fiscal, na fatura ou no recibo de prestação de serviços.

Quando na mesma nota fiscal, fatura ou recibo de prestação de serviços constar a execução de mais de um dos serviços acima referidos, cujos valores não constem individualmente discriminados na nota fiscal, na fatura, ou no recibo, deverá ser aplicado o percentual correspondente a cada tipo de serviço conforme disposto em contrato, ou o percentual maior, se o contrato não permitir identificar o valor de cada serviço.

Não existindo previsão contratual de fornecimento de material ou utilização de equipamento, e o uso deste equipamento não for inerente ao serviço, mesmo havendo discriminação de valores na nota fiscal, na fatura ou no recibo de prestação de serviços, a base de cálculo da retenção será o valor bruto da nota fiscal, da fatura ou do recibo de prestação de serviços, exceto no caso do serviço de transporte de passageiros (base de cálculo de 30%).

Por fim, na falta de discriminação de valores na nota fiscal, na fatura ou no recibo de prestação de serviços, a base de cálculo da retenção será o seu valor bruto, ainda que exista previsão contratual para o fornecimento de material ou utilização de equipamento, com ou sem discriminação de valores em contrato.

6.2. Valores de Vale-Transporte e Vale-Refeição

Poderão ser deduzidos da base de cálculo da retenção os valores correspondentes ao custo de fornecimento, pela contratada, do vale-transporte e vale-refeição, em conformidade com a legislação própria, devendo tais parcelas ser discriminadas na nota fiscal, fatura ou recibo.

Observe-se ainda que, conforme entendimento previdenciário (Circular INSS/DAF 01-600.1 n. 46/99), o valor relativo ao custo do fornecimento de cesta básica também poderá ser excluído da base de cálculo da retenção nas mesmas condições, e obedecidos os mesmos requisitos para o vale-transporte e o vale-refeição.

6.3. Taxa de Administração ou Agenciamento

Conforme regramento constante da Instrução Normativa SRF n. 971/2009, art. 124, § 1º, o valor relativo à taxa de administração ou de agenciamento, ainda que figure discriminado na nota fiscal, na fatura ou no recibo de prestação de serviços, não poderá ser objeto de dedução da base de cálculo da retenção, inclusive no caso de serviços prestados por trabalhadores temporários.

Assim, na hipótese de a empresa contratada emitir duas notas fiscais, faturas ou recibos, relativos ao mesmo serviço, uma contendo o valor correspondente à taxa de administração ou de agenciamento e a outra o valor da remuneração dos trabalhadores utilizados na prestação do serviço, a retenção incidirá sobre o valor de cada uma dessas notas, faturas ou recibos.

7. CONSTRUÇÃO CIVIL

7.1. Retenção

Sujeita-se também à retenção de que trata este Capítulo (Instrução Normativa SRF n. 971/2009, art. 142):

a) a prestação de serviços mediante contrato de empreitada parcial, assim considerada aquela proveniente de contrato celebrado com empresa construtora ou prestadora de serviços na área de construção civil, para execução de parte da obra, com ou sem fornecimento de material;

b) a prestação de serviços mediante contrato de subempreitada, assim considerada aquela proveniente de contrato celebrado entre a empreiteira ou qualquer empresa subcontratada e outra empresa, para executar obra ou serviço de construção civil, no todo ou em parte, com ou sem fornecimento de material;

c) a prestação de serviços tais como os discriminados no Anexo VII da Instrução Normativa SRF n. 971/2009; e

d) a reforma de pequeno valor, assim considerada aquela de responsabilidade de pessoa jurídica, que possui escrituração contábil regular, em que não há alteração de área construída, cujo custo estimado total, incluindo material e mão de obra, não ultrapasse o valor de vinte vezes o limite máximo do salário de contribuição vigente na data de início da obra.

7.2. Serviços Isentos da Retenção Previdenciária

Não se aplica a retenção previdenciária, ficando dispensadas também da responsabilidade solidária prevista na Lei n. 8.212/91, art. 30, inciso VI, as contratações na construção civil relativas aos serviços exclusivos de (IN SRP n. 03/2005, art. 170):

a) administração, fiscalização, supervisão ou gerenciamento de obras;

b) assessoria ou consultoria técnicas;

c) controle de qualidade de materiais;

d) fornecimento de concreto usinado, de massa asfáltica ou de argamassa usinada ou preparada;

e) jateamento ou hidrojateamento;

f) perfuração de poço artesiano;

g) elaboração de projeto da construção civil;

h) ensaios geotécnicos de campo ou de laboratório (sondagens de solo, provas de carga, ensaios de resistência, amostragens, testes em laboratório de solos ou outros serviços afins);

i) serviços de topografia;

j) instalação de antena coletiva;

l) instalação de aparelhos de ar condicionado, de refrigeração, de ventilação, de aquecimento, de calefação ou de exaustão;

m) instalação de sistemas de ar condicionado, de refrigeração, de ventilação, de aquecimento, de calefação ou de exaustão, quando a venda for realizada com emissão apenas da nota fiscal de venda mercantil;

n) instalação de estruturas e esquadrias metálicas, de equipamento ou de material, quando for emitida apenas a nota fiscal de venda mercantil;

o) locação de caçamba;

p) locação de máquinas, de ferramentas, de equipamentos ou de outros utensílios sem fornecimento de mão de obra;

q) fundações especiais.

Obs.: Quando na prestação dos serviços relacionados nas letras "m" e "n", *supra*, houver emissão de nota fiscal, fatura ou recibo de prestação de serviços relativa à mão de obra utilizada na instalação do material ou do equipamento vendido, os valores desses serviços integrarão a base de cálculo da retenção.

Havendo, para a mesma obra, contratação de serviço isento da retenção (letras "a" a "q", *supra*) e, simultaneamente, o fornecimento de mão de obra para execução de outro serviço sujeito à retenção previdenciária, a retenção somente deverá ser aplicada a este serviço, desde que o valor de cada serviço esteja discriminado em contrato. Não havendo a discriminação, a retenção deverá ser aplicada a todos os serviços contratados.

7.3. Obra executada por empresas em consórcio

Aplicam-se as regras de retenção ao serviço ou obra de construção civil executado por empresas em consórcio constituído na forma dos arts. 278 e 279 da Lei n. 6.404/76, observados os seguintes procedimentos (IN SRF n. 971/2009, art. 112):

I — o contrato celebrado entre o dono do serviço ou da obra e o consórcio conterá as informações de que trata o art. 28 da referida Instrução Normativa;

II — o serviço ou a obra será executado por uma ou mais empresas integrantes do consórcio;

III — a empresa consorciada que executar o serviço ou a obra emitirá a nota fiscal, fatura ou recibo correspondente, na qual destacará o valor da retenção de que trata este artigo;

IV — o contratante do serviço ou da obra deve fazer a retenção e recolher o respectivo valor em nome e no CNPJ do emitente da nota fiscal, fatura ou recibo;

V — se a nota fiscal, fatura ou recibo for emitida pelo consórcio, poderá este informar a participação individualizada de cada consorciada que atuou na obra ou serviço e o valor da respectiva retenção, proporcionalmente à sua participação;

VI — na hipótese do inciso V, o contratante poderá recolher os valores retidos no CNPJ de cada consorciada, de acordo com as informações prestadas pelo consórcio;

VII — o valor recolhido na forma do inciso VI poderá ser compensado pela empresa consorciada com os valores das contribuições devidas à previdência social, vedada a compensação com as contribuições destinadas a outras entidades e fundos (terceiros), e o saldo remanescente, se houver, poderá ser compensado nas competências subsequentes ou ser objeto de pedido de restituição;

VIII — as informações sobre a mão de obra empregada no serviço ou na obra de construção civil executados em consórcio serão prestadas pelo contratante dos trabalhadores, em GFIP individualizada por tomador, com o CNPJ identificador do tomador do serviço ou a matrícula da obra, conforme o caso;

IX — se a retenção e o recolhimento forem feitos no CNPJ do consórcio, somente este poderá realizar a compensação ou apresentar pedido de restituição.

X — as empresas integrantes do consórcio não poderão fazer compensação ou pedir restituição de valores retidos e recolhidos em nome e no CNPJ do consórcio.

O valor da taxa de administração cobrada pelo consórcio não poderá ser deduzido da base de cálculo da retenção.

8. COOPERATIVAS DE TRABALHO

A partir de 30.11.1999, data da publicação no DOU do Decreto n. 3.265, não mais se aplica a retenção previdenciária quando da contratação de serviços por intermédio de cooperativa de trabalho. Entretanto, até esta data, as cooperativas se obrigavam normalmente ao sofrimento desta retenção por parte dos tomadores de seus serviços.

Assim, até 29.11.1999, inclusive, sendo a contratada uma cooperativa de trabalho, a base de cálculo da retenção não poderia ser inferior a 75% (setenta e cinco por cento) do valor bruto da nota fiscal, fatura ou recibo, sendo admitido até 25% (vinte e cinco por cento) como parcela não sujeita à retenção em face das peculiaridades deste tipo de sociedade.

Obs.: As cooperativas de trabalho também podiam deduzir da base de cálculo da retenção (75% do valor contido em nota fiscal) o valor correspondente a materiais e equipamentos utilizados e as despesas com os veículos.

9. OBRIGAÇÕES DA EMPRESA CONTRATADA

A empresa contratada deverá elaborar (art. 134 da Instrução Normativa SRF n. 971/2009):

I — folhas de pagamento distintas e o respectivo resumo geral, para cada estabelecimento ou obra de construção civil da empresa contratante, relacionando todos os segurados alocados na prestação de serviços;

II — GFIP com as informações relativas aos tomadores de serviços, para cada estabelecimento da empresa contratante ou cada obra de construção civil, utilizando os códigos de recolhimento próprios da atividade, conforme normas previstas no Manual da GFIP;

III — demonstrativo mensal por contratante e por contrato, assinado pelo seu representante legal, contendo:

a) a denominação social e o CNPJ da contratante ou a matrícula CEI da obra de construção civil;

b) o número e a data de emissão da nota fiscal, fatura ou recibo de prestação de serviços;

c) o valor bruto, o valor retido e o valor líquido recebido relativo à nota fiscal, fatura ou recibo de prestação de serviços;

d) a totalização dos valores e sua consolidação por obra de construção civil ou por estabelecimento da contratante, conforme o caso.

Referidas obrigações aplicam-se também à empresa prestadora de serviços por intermédio de consórcio, em relação à sua participação no empreendimento, e ao consórcio, conforme o caso, nos termos da Instrução Normativa RFB n. 1.199/ 2011, que dispõe sobre procedimentos fiscais dispensados aos consórcios, e observado o disposto neste Capítulo em relação à retenção e seu recolhimento.

A empresa contratada ficará dispensada de elaborar folha de pagamento e GFIP distintas por estabelecimento ou obra de construção civil em que realizar tarefa ou prestar serviços, quando, comprovadamente, utilizar os mesmos segurados para atender a várias empresas contratantes, alternadamente, no mesmo período, inviabilizando a individualização da remuneração desses segurados por tarefa ou por serviço contratado.

Obs.: Consideram-se serviços prestados alternadamente aqueles em que a tarefa ou o serviço contratado seja executado por trabalhador ou equipe de trabalho em vários estabelecimentos ou várias obras de uma mesma contratante ou de vários contratantes, por etapas, numa mesma competência, e que não envolvam os serviços que compõem o CUB, relacionados no Anexo VIII da Instrução Normativa SRF n. 971/2009.

A contratada legalmente obrigada a manter escrituração contábil formalizada, está obrigada a registrar, mensalmente, em contas individualizadas, todos os fatos geradores de contribuições sociais, inclusive a retenção sobre o valor da prestação de serviços.

O lançamento da retenção na escrituração contábil de que trata o parágrafo anterior deverá discriminar o valor bruto dos serviços, o valor da retenção e o valor líquido a receber. Na contabilidade em que houver lançamento pela soma total das notas fiscais, faturas ou recibos de prestação de serviços e pela soma total da retenção, por mês, por contratante, a empresa contratada deverá manter em registros auxiliares a discriminação desses valores, por contratante.

10. OBRIGAÇÕES DA EMPRESA CONTRATANTE

Cabe à contratante o cumprimento das seguintes obrigações (Instrução Normativa SRF n. 971/2009, arts. 138 a 141):

I — Manter em arquivo, por empresa contratada, em ordem cronológica, durante o prazo de dez anos, as notas fiscais, faturas ou recibos de prestação de serviços, as correspondentes GFIP e, se for o caso, as cópias dos seguintes documentos:

a) notas fiscais, faturas ou recibos de prestação de serviços das subcontratadas com o destaque da retenção;

b) comprovantes de arrecadação dos valores retidos das subcontratadas;

c) GFIP, elaboradas pelas subcontratadas, onde conste no campo "Inscrição Tomador CNPJ/CEI" o CNPJ da contratada ou a matrícula CEI da obra e, no campo "denominação social Tomador de Serviço/obra construção civil", a denominação social da empresa contratada.

II — Se obrigada a manter escrituração contábil formalizada, estará também obrigada a registrar, mensalmente, em contas individualizadas, todos os fatos geradores de contribuições sociais, inclusive a retenção sobre o valor dos serviços contratados. Este lançamento na escrituração contábil deverá discriminar o valor bruto dos serviços, o valor da retenção e o valor líquido a pagar.

Na contabilidade em que houver lançamento pela soma total das notas fiscais, faturas ou recibos de prestação de serviços e pela soma total da retenção, por mês, por contratada, a empresa contratante deverá manter em registros auxiliares a discriminação desses valores, individualizados por contratada.

III — Se legalmente dispensada da apresentação da escrituração contábil, a empresa contratante deverá elaborar demonstrativo mensal, assinado pelo seu representante legal, relativo a cada contrato, contendo as seguintes informações:

a) a denominação social e o CNPJ da contratada;

b) o número e a data da emissão da nota fiscal, fatura ou recibo de prestação de serviços;

c) o valor bruto, a retenção e o valor líquido pago relativo à nota fiscal, fatura ou recibo de prestação de serviços;

d) a totalização dos valores e sua consolidação por obra de construção civil e por estabelecimento da contratada, conforme o caso.

11. ACRÉSCIMO NO PERCENTUAL DE RETENÇÃO QUANDO DA EXPOSIÇÃO DOS TRABALHADORES A AGENTES NOCIVOS

Conforme disposições constantes da Medida Provisória n. 83, art. 6º, de 12.12.2002 — DOU de 13.12.2002 (convertida na Lei n. 10.666/2003), a contar de 1º de abril de 2003, o percentual de retenção do valor bruto da nota fiscal ou fatura de prestação de serviços relativa a serviços prestados mediante cessão de mão de obra, inclusive em regime de trabalho temporário, a cargo da empresa contratante, será acrescido de quatro, três ou dois pontos percentuais, relativamente aos serviços prestados pelo segurado empregado, cuja atividade permita a concessão de aposentadoria especial após quinze, vinte ou vinte e cinco anos de contribuição, respectivamente.

Assim, temos os seguintes acréscimos:

I — Exposição do prestador de serviços a agentes nocivos químicos, físicos ou biológicos que permitam a concessão de aposentadoria especial com 15 anos de contribuição = acréscimo de 4%, totalizando, portanto, 15% sobre o valor bruto da nota fiscal ou fatura apresentada.

II — Exposição do prestador de serviços a agentes nocivos químicos, físicos ou biológicos que permitam a concessão de aposentadoria especial com 20 anos de contribuição = acréscimo de 3%, totalizando, portanto, 14% sobre o valor bruto da nota fiscal ou fatura apresentada.

III — Exposição do prestador de serviços a agentes nocivos químicos, físicos ou biológicos que permitam a concessão de aposentadoria especial com 25 anos de contribuição = acréscimo de 2%, totalizando, portanto, 13% sobre o valor bruto da nota fiscal ou fatura apresentada.

Na hipótese desses acréscimos, a empresa contratada deverá emitir nota fiscal, fatura ou recibo de prestação de serviços específica para os serviços prestados em condições especiais pelos segurados empregados ou discriminar no documento (NF, fatura ou recibo) a remuneração desses segurados.

Havendo previsão contratual de utilização de trabalhadores na execução de atividades em condições especiais, e não havendo emissão de nota fiscal, fatura ou recibo de prestação de serviços específica ou discriminação do valor desses serviços na forma prevista no parágrafo anterior, a base de cálculo para incidência da alíquota adicional deverá ser proporcional ao número de trabalhadores envolvidos nas atividades exercidas em condições especiais, se houver a possibilidade de identificação dos trabalhadores envolvidos e dos não envolvidos com as atividades exercidas em condições especiais. Na impossibilidade de identificação do número de trabalhadores utilizados nas atividades exercidas em condições especiais, o acréscimo à retenção incidirá sobre o valor total dos serviços contido na nota fiscal, na fatura ou no recibo de prestação de serviços, no percentual correspondente à atividade especial.

Quando a empresa contratante desenvolver atividades em condições especiais e não houver previsão contratual da utilização ou não dos trabalhadores contratados nessas atividades, incidirá, sobre o valor total dos serviços contido na nota fiscal, na fatura ou no recibo de prestação de serviços, o percentual adicional de retenção correspondente às atividades em condições especiais desenvolvidas pela empresa ou, não sendo possível identificar as atividades, o percentual mínimo de 2% (dois por cento).

Por fim, as empresas, contratada e contratante, no que se refere às obrigações relacionadas aos agentes nocivos a que os trabalhadores estiverem expostos, devem observar as disposições legais referentes aos riscos ocupacionais no ambiente de trabalho, inclusive com emissão do PPP — Perfil Profissiográfico Previdenciário — pela contratada.

12. SERVIÇOS EM QUE NÃO SE APLICA O INSTITUTO DA RETENÇÃO

O instituto da retenção previdenciária não se aplica (Instrução Normativa SRF n. 971/2009, art. 149):

I — à contratação de serviços prestados por trabalhadores avulsos por intermédio de sindicato da categoria ou de órgão gestor de mão de obra (OGMO);

II — à empreitada total, quando a empresa construtora assume a responsabilidade direta e total por obra de construção civil ou repasse o contrato integralmente a outra construtora, aplicando-se, neste caso, o instituto da solidariedade;

III — à contratação de entidade beneficente de assistência social isenta de contribuições sociais;

IV — ao contribuinte individual equiparado à empresa e à pessoa física;

V — à contratação de serviços de transporte de cargas, desde 10.06.2003, data da publicação no Diário Oficial da União do Decreto n. 4.729/2003;

VI — à empreitada realizada nas dependências da contratada; e

VII — aos órgãos públicos da administração direta, autarquias e fundações de direito público quando contratantes de obra de construção civil, reforma ou acréscimo, por meio de empreitada total ou parcial, ressalvado o caso de contratarem serviços de construção civil mediante cessão de mão de obra ou empreitada, em que se obrigam a efetuar a retenção.

12.1. Isenção Decorrente de Decisão Judicial

Havendo decisão judicial que vede a aplicação da retenção previdenciária, deverá ser observado que (Instrução Normativa SRF n. 971/2009):

a) na hipótese de a decisão judicial se referir a empresa contratada mediante cessão de mão de obra ou empreitada, não sujeita à aplicação do instituto da responsabilidade solidária, as contribuições previdenciárias incidentes sobre a remuneração da mão de obra utilizada na prestação de serviços serão exigidas da contratada;

b) se a decisão judicial se referir a empresa contratada mediante empreitada total na construção civil, sendo a ação impetrada contra o uso, pela contratante, da faculdade prevista no art. 164 da Instrução Normativa SRF n. 971/2009, hipótese em que é configurada a previsão legal do instituto da responsabilidade solidária prevista no inciso VI do art. 30 da Lei n. 8.212, de 1991, a contratante deverá observar o disposto nos arts. 161 e 163 da IN 971/2009, no que couber, para fins de elisão da sua responsabilidade.

Na situação descrita na letra "a", *supra*, quando a contratada pertencer à circunscrição de outra DRP, deverá ser emitido subsídio fiscal para a DRP circunscricionante do estabelecimento centralizador da empresa contratada, ainda que a decisão judicial não determine que se aplique o instituto da responsabilidade solidária.

12.2. Isenção para o Comité International Olympique — CIO e empresas a ele vinculadas — Lei n. 12.780/2013

Nos termos da Lei n. 12.780 (DOU de 10.1.2013), que dispõe sobre medidas tributárias referentes à realização, no Brasil, dos Jogos Olímpicos e Paraolímpicos de 2016, o *Comitê International Olympique* — CIO e as empresas a ele vinculadas, sejam estas domiciliadas no exterior ou no Brasil, encontram-se desobrigadas de reter e recolher a contribuição previdenciária prevista no art. 31 da Lei n. 8.212/91 (11% sobre a NF), no período de 1º.1.2013 a 31.12.2017.

Fundamentação: Lei n. 12.780/2013, arts. 8º, 9º e 23.

13. IRREGULARIDADES E INCONSTITUCIONALIDADES EXISTENTES

Em estudo detalhado desta nova exação instituída pela Lei n. 9.711/98, observo algumas irregularidades que foram cometidas pelos legisladores, principalmente pelo previdenciário, quais sejam:

a) cometeu a Previdência Social desmarcado erro quando da publicação da OS n. 203/99 (com vigência de 2.2.1999 a 6.5.1999) ao enquadrar como empreitada atividades características de cessão de mão de obra, trazendo, consequentemente, tratamento diferenciado para atividades similares, gerando dúvidas e grande dificuldade de enquadramento por parte dos contribuintes;

b) outra irregularidade cometida pelo legislador previdenciário, esta mantida pela redação da OS n. 209/99, é a de exigir figurar como contratada susceptível da retenção instituída a cooperativa de serviços, comumente denominada cooperativa de trabalho. Esta exigência vigorou até a data de 29.11.1999. Em 30.11.1999, quando então publicado o Decreto n. 3.265, foi corrigida a situação ao se determinar que a retenção previdenciária não mais se aplicaria quando fosse o serviço prestado por cooperativas de trabalho. As cooperativas, dada sua natureza civil, não podem atuar como empresas prestadoras de serviços, agenciando e intermediando mão de obra. Sua prestação de serviços se faz sem finalidade lucrativa, através dos próprios associados cooperados e não dos empregados administrativos que possa vir a ter. Se a finalidade da retenção previdenciária é justamente eliminar a responsabilidade solidária da empresa contratante em relação aos segurados empregados colocados a seu serviço, e sendo o serviço prestado pelas cooperativas através de seus cooperados (autônomos perante a Previdência Social), a qual responsabilidade solidária pretendeu o legislador eliminar?

No que se refere à inconstitucionalidade presente nesta obrigação, tem-se que a Lei n. 9.711/98 ao alterar a redação do art. 31 da Lei n. 8.212/91 trazendo a obrigatoriedade da retenção previdenciária, determina ter a contribuição por fato gerador a folha de pagamento dos segurados a serviço da empresa prestadora dos serviços, o que contrariava a redação do art. 195 da CF/88 à época vigente, onde a contribuição previdenciária deveria ter por fato gerador a folha de salários (que envolve apenas a remuneração dos segurados empregados) e não a folha de pagamento, como o fez a lei ordinária.

Fundamentação: Lei n. 8.212/91, art. 31; Decreto n. 3.048/99, art. 219; Ordem de Serviço DAF/INSS n. 209/99 (atualmente revogada); Instrução Normativa SRF n. 971/2009, arts. 112 a 150

Capítulo XV

Responsabilidade Solidária

1. DISPOSIÇÕES GERAIS

A responsabilidade solidária existe quando, na mesma obrigação, concorre mais de um credor ou mais de um devedor.

São solidariamente obrigadas as pessoas que tenham interesse comum na situação que constitua o fato gerador da obrigação previdenciária principal e as expressamente designadas por lei como tal. E conforme disposições constantes do Código Civil (art. 265), a solidariedade não se presume, devendo resultar sempre de lei ou da vontade das partes.

A solidariedade referida não comporta benefício de ordem, ou seja, cada um possui o direito ou a obrigação à dívida toda (Código Civil, art. 264 e IN SRF n. 971/2009, art. 151). Confira-se sobre o tema, inclusive, a redação do Enunciado CRPS n. 30:

"**Enunciado 30:** SEGURIDADE SOCIAL. TRIBUTÁRIO. PRESTAÇÃO DE SERVIÇOS. RESPONSABILIDADE SOLIDÁRIA. Em se tratando de responsabilidade solidária o fisco previdenciário tem a prerrogativa de constituir os créditos no tomador de serviços mesmo que não haja apuração prévia no prestador de serviços." RES. CRPS 1, de 31.01.2007 (DO 05.02.2007).

2. CONTRIBUIÇÕES EXCLUÍDAS

Excluem-se da responsabilidade solidária (Instrução Normativa SRF n. 970/2009, art. 151, § 2º):

I — as contribuições sociais destinadas a outras entidades ou fundos;

II — as contribuições sociais previdenciárias decorrentes de serviços prestados mediante cessão de mão de obra ou empreitada sujeitos à retenção de que trata o art. 112 da referida Instrução Normativa;

III — no período 21.11.1986 a 28.4.1995, as contribuições sociais previdenciárias decorrentes de serviços prestados mediante cessão de mão de obra ou empreitada, a órgão público da administração direta, a autarquia, a fundação de direito público; e

IV — a partir de 21.11.1986, as contribuições sociais previdenciárias decorrentes da contratação, qualquer que seja a forma, de execução de obra de construção civil, reforma ou acréscimo, efetuadas por órgão público da administração direta, por autarquia e por fundação de direito público.

Não há responsabilidade solidária da Administração Pública em relação à multa moratória, à exceção das empresas públicas e das sociedades de economia mista que, em consonância com o disposto no § 2º do art. 173 da Constituição Federal, respondem inclusive pela multa moratória, ressalvado o disposto no item III, *supra*.

3. RESPONSÁVEIS SOLIDÁRIOS

São responsáveis solidários pelo cumprimento da obrigação previdenciária principal (IN SRF n. 971/2009, art. 152):

I — as empresas que integram grupo econômico de qualquer natureza, entre si, conforme previsto no inciso IX do art. 30 da Lei n. 8.212/91;

II — o operador portuário e o órgão gestor de mão de obra, entre si, relativamente à requisição de mão de obra de trabalhador avulso, ressalvada a cessão de portuários avulsos em caráter permanente, conforme disposto no art. 2º da Lei n. 9.719/98;

III — os produtores rurais, entre si, integrantes de consórcio simplificado de produtores rurais, conforme previsto no art. 25-A da Lei n. 8.212/91;

IV — a empresa tomadora de serviços com a empresa prestadora de serviços mediante cessão de mão de obra, inclusive em regime de trabalho temporário, conforme previsto no art. 31 da Lei n. 8.212/91 até a competência janeiro de 1999, observado, quanto a órgão público da administração direta, a autarquia e a fundação de direito público, o disposto na alínea "b" do inciso VII;

V — as pessoas que tenham interesse comum na situação que constitua o fato gerador da obrigação previdenciária principal, conforme dispõe o art. 124 do CTN.

Obs.: Aplica-se a solidariedade às empresas que se associam para a realização de empreendimento e que não atendam ao disposto nos arts. 278 e 279 da Lei n. 6.404/76.

VI — o órgão público da administração direta, a autarquia e a fundação de direito público:

a) no período anterior ao Decreto-lei n. 2.300, de 21.11.1986, quando contratar obra de construção civil, reforma ou acréscimo, bem como quando contratar serviços mediante cessão de mão de obra, inclusive em regime de trabalho temporário; e

b) no período de 29.4.1995 a 31.1.1999, quando contratar serviços mediante cessão de mão de obra, inclusive em regime de trabalho temporário.

VII — os titulares e os sócios, em qualquer tempo, e os administradores do período de ocorrência dos respectivos fatos geradores ou em períodos posteriores, de microempresas ou empresas de pequeno porte, baixadas sem o pagamento das respectivas contribuições previdenciárias, conforme previsto nos §§ 3º e 4º do art. 78 da Lei Complementar n. 123/2006.

VIII — as empresas integrantes de consórcio constituído nos termos dos arts. 278 e 279 da Lei n. 6.404/76, observado o art. 1º da Lei n. 12.402/2011, e a Instrução Normativa RFB n. 1.199/2011, que dispõe sobre procedimentos fiscais dispensados aos consórcios.

A solidariedade não se aplica aos trabalhadores portuários avulsos cedidos em caráter permanente, na forma estabelecida pela Lei n. 8.630/93.

Os titulares e os sócios, em qualquer tempo, e os administradores, do período de ocorrência dos respectivos fatos geradores ou de períodos posteriores, reputam-se solidariamente responsáveis pelas penalidades decorrentes da simples falta de recolhimento ou da prática, comprovada e apurada em processo administrativo ou judicial, de outras irregularidades cometidas pelos empresários, pelas microempresas, pelas empresas de pequeno porte ou por seus sócios ou administradores, nos termos do § 4º do art. 9º da Lei Complementar n. 123/2006.

Por fim, cumpre registrar que os administradores de autarquias e fundações criadas e mantidas pelo Poder Público, de empresas públicas e de sociedades de economia mista sujeitas ao controle da União, dos Estados, do Distrito Federal ou dos Municípios, que se encontrem em mora por mais de 30 (trinta) dias, quanto ao recolhimento das contribuições sociais previdenciárias, tornam-se solidariamente responsáveis pelo respectivo pagamento, ficando ainda sujeitos às proibições do art. 1º e às sanções dos arts. 4º e 7º do Decreto-Lei n. 368/68 (Lei n. 8.212/91, art. 42).

3.1. Construção Civil

Determina o inciso VI do art. 30 da Lei n. 8.212/91 que o proprietário, o incorporador, o dono da obra ou condômino da unidade imobiliária, qualquer que seja a forma de contratação da construção, reforma ou acréscimo, são solidários com o construtor, e este com a subempreiteira, pelo cumprimento das obrigações para com a Seguridade Social, não se aplicando, em qualquer hipótese, o benefício de ordem.

Assim, qualquer obrigação previdenciária que envolva os trabalhadores da construção civil poderá ser exigida tanto do proprietário, do incorporador, do dono da obra ou condômino da unidade imobiliária quanto do próprio construtor. O construtor, por sua vez, responderá solidariamente (portanto, sem benefício de ordem) com a subempreiteira.

Ressalva-se, no entanto, o direito regressivo contra o executor ou contratante da obra, bem como se admite a retenção de importância devida ao construtor para garantia do cumprimento das obrigações previdenciárias (retenção de 11% sobre o valor bruto da nota fiscal).

Obs.: Considera-se construtor a pessoa física ou jurídica que executa obra sob sua responsabilidade, no todo ou em parte.

Em face desta responsabilidade solidária, o executor da obra deverá elaborar, distintamente para cada estabelecimento ou obra de construção civil da empresa contratante, folha de pagamento, GFIP e GPS, cujas cópias deverão ser exigidas pela empresa contratante quando da quitação da nota fiscal ou fatura, juntamente com o comprovante de entrega daquela Guia. O contratante deverá exercer verdadeiro controle e fiscalização das obrigações previdenciárias, pois que qualquer irregularidade encontrada poderá ser dele exigida posteriormente.

Não será aplicado o instituto da responsabilidade solidária em apenas duas situações, quais sejam:

1) quando a empresa construtora assumir a responsabilidade direta e total pela obra ou quando repassar o contrato integralmente; e

2) em relação ao adquirente de prédio ou unidade imobiliária que realizar a operação com empresa de comercialização ou incorporador de imóveis, ficando estes solidariamente responsáveis com o construtor.

Obs.: Nenhuma contribuição à Seguridade Social será devida, e por conseguinte será inexistente a responsabilidade solidária, se a construção residencial unifamiliar, destinada ao uso próprio, de tipo econômico, for executada sem mão de obra assalariada — Lei n. 8.212/91, art. 30, inciso VIII.

A responsabilidade solidária será elidida:

I — pela comprovação do recolhimento das contribuições incidentes sobre a remuneração dos segurados, incluída em nota fiscal ou fatura correspondente aos serviços executados, quando corroborada por escrituração contábil; e

II — pela comprovação do recolhimento das contribuições incidentes sobre a remuneração dos segurados, aferidas indiretamente nos termos, forma e percentuais previstos pelo INSS;

III — pela comprovação do recolhimento da retenção de 11% sobre o valor bruto da nota fiscal, fatura ou recibo.

Fundamentação: Lei n. 8.212/91, art. 30, incisos VI e VII e art. 42; Decreto n. 3.048/99, arts. 220 e 221.

3.2. Cessão de Mão de Obra

É solidariamente responsável com as obrigações previdenciárias do prestador dos serviços o contratante de quaisquer serviços executados mediante cessão de mão de obra, inclusive em regime de trabalho temporário, nas seguintes atividades:

a) limpeza, conservação e zeladoria;

b) vigilância e segurança;

c) construção civil;

d) serviços rurais;

e) digitação e preparação de dados para processamento;

f) acabamento, embalagem e acondicionamento de produtos;

g) cobrança;

h) coleta e reciclagem de lixo e resíduos;

i) copa e hotelaria;

j) corte e ligação de serviços públicos;

k) distribuição;

l) treinamento e ensino;

m) entrega de contas e documentos;

n) ligação e leitura de medidores;

o) manutenção de instalações, de máquinas e de equipamentos;

p) montagem;

q) operação de máquinas, equipamentos e veículos;

r) operação de pedágio e de terminais de transporte;

s) operação de transporte de cargas e passageiros;

t) portaria, recepção e ascensorista;

u) recepção, triagem e movimentação de materiais;

v) promoção de vendas e eventos;

w) secretaria e expediente;

x) saúde; e

y) telefonia, inclusive "*telemarketing*".

Para elidir a solidariedade existente, deverá o contratante reter obrigatoriamente 11% (onze por cento) do valor bruto da nota fiscal, fatura ou recibo, encontrando-se a matéria abordada no Capítulo XIV desta Parte III.

Fundamentação: Lei n. 8.212/91, art. 31; Decreto n. 3.048/99, art. 219.

3.3. Grupo Econômico

As empresas que integram grupo econômico de qualquer natureza respondem entre si, solidariamente, pelas obrigações previdenciárias — Lei n. 8.212/91, art. 30, IX, e Decreto n. 3.048/99, art. 222.

3.4. Operador Portuário e Órgão Gestor de Mão de Obra

O operador portuário e o OGMO — Órgão Gestor de Mão de obra são solidariamente responsáveis pelo pagamento das contribuições previdenciárias e demais obrigações, inclusive acessórias, devidas à seguridade social, arrecadadas pelo INSS, relativamente à requisição de mão de obra de trabalhador avulso, vedada a invocação do benefício de ordem — Decreto n. 3.048/99, art. 223.

3.5. Administradores de Autarquias e Fundações Públicas, Empresas Públicas e Sociedades de Economia Mista

Os administradores de autarquias e fundações públicas, criadas ou mantidas pelo Poder Público, de empresas públicas e de sociedades de economia mista sujeitas ao controle da União, dos Estados, do Distrito Federal ou dos Municípios, que se encontrarem em mora por mais de trinta dias, no recolhimento das contribuições previdenciárias, tornam-se solidariamente responsáveis pelo respectivo pagamento — Decreto n. 3.048/99, art. 224.

3.6. Titulares de Firma Individual, Sócios de Empresa Ltda. e Acionistas

O titular da firma individual e os sócios das empresas por cotas de responsabilidade limitada respondem solidariamente, com seus bens pessoais, pelos débitos junto à Seguridade Social.

Os acionistas controladores, os administradores, os gerentes e os diretores respondem solidária e subsidiariamente, com seus bens pessoais, quanto ao inadimplemento das obrigações para com a Seguridade Social, por dolo ou culpa.

Fundamentação: Lei n. 8.620/93, art. 13; Decreto n. 3.048/99, art. 268.

3.7. Contratante ou Oficial que Lavra o Instrumento sem CND

O contratante ou oficial que lavrar ou registrar o instrumento sem exigir a Certidão Negativa de Débito será solidariamente responsável em relação às obrigações previdenciárias, sendo nulo o ato praticado para todos os efeitos — Lei n. 8.212/91, art. 48 e Decreto n. 3.048/99, art. 263.

Capítulo XVI

Arrecadação e Recolhimento das Contribuições

1. EMPRESAS

A empresa é obrigada a arrecadar a contribuição do segurado empregado e do trabalhador avulso a seu serviço, descontando-a da respectiva remuneração e recolhendo-a, juntamente com as contribuições a seu cargo, até o dia 20 (vinte) do mês subsequente. Não havendo expediente bancário no dia 20 (vinte) o vencimento das contribuições será antecipado para o primeiro dia útil anterior.

A contar de 1º de abril de 2003, por força da Medida Provisória n. 83, arts. 4º e 5º, de 12.12.2002 — DOU de 13.12.2002 (convertida na Lei n. 10.666/2003), se encontra a empresa também obrigada a arrecadar a contribuição do segurado contribuinte individual (autônomos e empresários) a seu serviço, descontando-a da respectiva remuneração, e a recolher o valor arrecadado juntamente com a contribuição a seu cargo também até o dia 20 (vinte) do mês seguinte ao da competência (sobre o tema ver Parte III, Capítulo X, subitem 2.2.1). Esta obrigatoriedade de retenção se aplicará, inclusive, à cooperativa de trabalho em relação à contribuição social devida pelo seu cooperado.

Referida obrigação persistirá também nos casos em que a empresa seja beneficiária da isenção das contribuições, por se enquadrar como entidade beneficente. Nesta hipótese, contudo, a contribuição retida deverá ser correspondente a 20% da remuneração paga ao trabalhador, observando-se o limite máximo do salário de contribuição (atualmente, R$ 4.390,24).

Obs 1.: Não sendo os cooperados e/ou os contribuintes individuais inscritos no INSS, a cooperativa ou a empresa deverão efetuar a respectiva inscrição.

Obs. 2: Esta retenção não se aplica quando há a contratação de um contribuinte individual por outro contribuinte individual equiparado à empresa. Também não será devida nas seguintes situações: a) quando a contratação ocorrer por produtor rural pessoa física; b) quando a contratação ocorrer por missão diplomática e repartição consultar de carreira estrangeira; c) quando houver contratação de brasileiro civil que trabalhe para a União no exterior, em organismo oficial internacional do qual o Brasil seja membro efetivo e; d) quando houver contratação de serviços executados por intermédio do Microempreendedor Individual (MEI), que for contratado na forma do art. 18-B da Lei Complementar n. 123/2006.

A empresa se obriga, ainda, a recolher as contribuições provenientes do faturamento e do lucro, na forma e prazos definidos pela legislação tributária federal vigente.

Há, ainda, a responsabilidade pelo recolhimento das contribuições devidas ao SEST ou SENAT (quando da contratação de transportadores autônomos), pela retenção da contribuição devida por produtores rurais pessoa física (quando adquirente de seus produtos), pela retenção de 11% sobre a NF emitida por empresas de cessão de mão de obra ou pelo patrocínio ou realização de jogos desportivos de futebol profissional. Confira-se, em resumo, o art. 78 da Instrução Normativa SRF n. 971/2009:

"**Art. 78.** A empresa é responsável:

(...)

IV — pela arrecadação, mediante desconto no respectivo salário de contribuição e pelo recolhimento da contribuição ao Sest e ao Senat, devida pelo segurado contribuinte individual transportador autônomo de veículo rodoviário (inclusive o taxista) que lhe presta serviços, prevista no § 5º do art. 65;

V — pela arrecadação, mediante desconto, e pelo recolhimento da contribuição do produtor rural pessoa física e do segurado especial incidente sobre a comercialização da produção, quando adquirir ou comercializar o produto rural recebido em consignação, independentemente dessas operações terem sido realizadas diretamente com o produtor ou com o intermediário pessoa física, observado o disposto no art. 184;

VI — pela retenção de 11% (onze por cento) sobre o valor bruto da nota fiscal, da fatura ou do recibo de prestação de serviços executados mediante cessão de mão de obra ou empreitada, inclusive em regime de trabalho temporário, e pelo recolhimento do valor retido em nome da empresa contratada, conforme disposto nos arts. 112 a 150;

VII — pela arrecadação, mediante desconto, e pelo recolhimento da contribuição incidente sobre a receita bruta decorrente de qualquer forma de patrocínio, de licenciamento de uso de marcas e símbolos, de publicidade, de propaganda e transmissão de espetáculos desportivos, devida pela associação desportiva que mantém equipe de futebol profissional, conforme disposto no inciso III do art. 251, observado, quando for o caso, o disposto no art. 252;

VIII — pela arrecadação, mediante desconto, e pelo recolhimento da contribuição incidente sobre a receita bruta da realização de evento desportivo, devida pela associação desportiva que mantém equipe de futebol profissional, quando se tratar de entidade promotora de espetáculo desportivo, conforme disposto no inciso I do art. 251, observado, quando for o caso, o disposto no art. 252."

Cumpre, por fim, observar que, conforme disposições constantes do § 5º do art. 33 da Lei n. 8.212/91, o desconto de contribuições e de consignações legalmente autorizadas (contribuição do segurado empregado, retenção do contribuinte individual etc.) sempre se presume feito oportuna e regularmente pela empresa a isso obrigada, não lhe sendo lícito alegar omissão para se eximir do recolhimento, ficando diretamente responsável pela importância que deixou de receber ou que arrecadou em desacordo com a legislação previdenciária.

Sobre o tema vale conferir, inclusive, a redação Enunciado 18 do CRPS:

"**Enunciado 18.** Não se indefere benefício sob fundamento de falta de recolhimento de contribuição previdenciária quando esta obrigação for devida pelo empregador."

1.1. Histórico da data de vencimento

A data de vencimento para a contribuição devida pelas empresas em geral sofreu três alterações ao longo dos últimos anos, sendo o histórico o seguinte:

I — para as competências anteriores a janeiro de 2007: até o dia 2 (dois) do mês seguinte ao da ocorrência do seu fato gerador;

Obs.: Na ausência de expediente bancário, o prazo era prorrogado para o primeiro dia útil subsequente.

II — para as competências de janeiro de 2007 a outubro de 2008: até o dia 10 (dez) do mês seguinte ao da ocorrência do seu fato gerador;

Obs.: Na ausência de expediente bancário, o prazo era prorrogado para o primeiro dia útil subsequente.

III — a partir da competência novembro de 2008 e até a presente data: até o dia 20 (vinte) do mês subsequente ao da competência.

Obs.: Na ausência de expediente bancário, o prazo deve ser antecipado para o primeiro dia útil imediatamente anterior.

Fundamentação: Lei n. 8.212/91, art. 30, I e art. 33, § 5º; Decreto n. 3.048/99, art. 216, I e § 4º; Instrução Normativa SRF n. 971/2009, art. 80.

2. CONTRIBUINTES INDIVIDUAIS E SEGURADOS FACULTATIVOS

Os segurados contribuinte individual e facultativo se encontram obrigados a recolher sua contribuição, por iniciativa própria, até o dia quinze do mês seguinte àquele a que as contribuições se referirem, prorrogando-se o vencimento para o dia útil subsequente quando não houver expediente bancário no dia quinze, facultada a opção pelo recolhimento trimestral.

No entanto, e como já observado, a contar de abril/2003, em face da Medida Provisória n. 83 (posteriormente Lei n. 10.666/2003), a empresa tomadora dos serviços é que deverá recolher a contribuição previdenciária do contribuinte individual a seu serviço. Assim, do valor bruto a ser entregue ao prestador dos serviços (empresário, autônomo ou equiparado), a empresa deverá descontar o valor da contribuição previdenciária, responsabilizando-se por este recolhimento junto à instituição bancária.

O contribuinte individual, inclusive cooperado de cooperativa de trabalho, que sofrer a retenção por ter prestado serviços à empresa ou cooperativa, respectivamente, se encontram obrigados, também a contar de 1º de abril de 2003, a complementar, diretamente, a contribuição até o valor mínimo mensal do salário de contribuição, quando as remunerações recebidas no mês, por serviços prestados a pessoas jurídicas, for inferior a este.

2.1. Recolhimento Trimestral

Os contribuintes individuais (empresários, autônomos e equiparados) e o segurado facultativo cujos salários de contribuição sejam iguais ao valor de um salário mínimo poderão optar pelo recolhimento trimestral das contribuições previdenciárias, independente de autorização do INSS.

Para o recolhimento trimestral, o contribuinte deverá respeitar o trimestre civil, registrando no campo "4 — Competência" da Guia da Previdência Social — GPS — o último mês do respectivo período, ou seja:

a) 1º trimestre = janeiro, fevereiro e março = indicar na GPS a competência 03 (março) e o ano a que se referir;

b) 2º trimestre = abril, maio e junho = indicar na GPS a competência 06 (junho) e o ano a que se referir;

c) 3º trimestre = julho, agosto e setembro = indicar na GPS a competência 09 (setembro) e ano a que se referir; e

d) 4º trimestre = outubro, novembro e dezembro = indicar na GPS a competência 12 (dezembro) e o ano a que se referir.

Obs.: O segurado que optar pelo recolhimento trimestral deverá registrar no campo "4 — competência" da GPS o último mês do trimestre a que se referir, independentemente de se tratar de 1 (uma), 2 (duas) ou 3 (três) competências.

O recolhimento das contribuições deverá ocorrer até o dia 15 do mês seguinte ao do término do respectivo trimestre civil. Não havendo expediente bancário no dia 15, o recolhimento deverá ser prorrogado para o primeiro dia útil imediatamente posterior.

Observe-se que a filiação dos segurados empresário, trabalhador autônomo ou a este equiparado, facultativo e empregado doméstico, no segundo ou terceiro mês do trimestre civil, não altera a data de vencimento da contribuição. Nesse caso, o recolhimento será efetuado respeitando-se a proporcionalidade dos valores devidos no trimestre.

Obs.: A opção pelo recolhimento trimestral iniciou-se a partir do 3º trimestre de 1998.

O segurado facultativo optante pelo recolhimento trimestral, em razão de sua filiação ao Regime Geral de Previdência Social somente ocorrer com o primeiro recolhimento em dia, poderá realizar o pagamento da primeira contribuição no mês seguinte à sua inscrição, considerando-se o mês de inscrição como competência mensal a ser registrado no campo próprio da GPS, complementando, posteriormente, se for o caso, o valor devido referente ao restante do trimestre, na data de vencimento estabelecida, registrando no "campo 04 — Competência" da GPS o último mês do trimestre.

Para regularização de contribuições em atraso, o contribuinte poderá optar pela realização dos recolhimentos por competência mensal ou trimestral, incidindo os juros a partir do dia 16 do vencimento do mês ou do trimestre. Para regularização de complementação de valor pago a menor, o contribuinte deverá fazer o recolhimento por competência mensal ou trimestral, conforme o caso.

Fundamentação: Lei n. 8.212/91, art. 30, II; Decreto n. 3.048/99, art. 216, §§ 15 e 17; Instrução Normativa SRF n. 971/2009, art. 397.

3. EMPREGADOR DOMÉSTICO

O empregador doméstico é obrigado a arrecadar a contribuição do segurado empregado doméstico a seu serviço e recolhê-la, assim como a parcela a seu cargo, até o dia 15 do mês seguinte àquele a que as contribuições se referirem, prorrogando-se o vencimento para o dia útil imediatamente posterior se não houver expediente bancário neste dia.

A contribuição incidente sobre o valor bruto da gratificação natalina — décimo terceiro — deverá ser calculada em separado e recolhida até o dia 20 do mês de dezembro, antecipando-se o vencimento para o dia útil imediatamente anterior se não houver expediente bancário nesta data, sendo devida quando do pagamento ou crédito da última parcela.

Obs.: Caso tenha interesse, o empregador doméstico pode recolher a competência novembro juntamente com o recolhimento relativo ao 13º salário, ou seja, até o dia 20 de dezembro de cada ano, utilizando-se de um único documento de arrecadação (guia GPS).

No caso de rescisão do contrato de trabalho, as contribuições devidas deverão ser recolhidas até o dia dois do mês subsequente à rescisão, computando-se em separado a parcela referente à gratificação natalina.

Obs.: Durante o período da licença-maternidade da empregada doméstica caberá ao empregador apenas o recolhimento da contribuição a seu cargo.

3.1. Recolhimento Trimestral

Esta faculdade, já observada no item 2 deste mesmo Capítulo, cabe também ao empregador doméstico, cujo empregado a seu serviço receba salário igual ou inferior ao valor do salário mínimo. Observe-se que a referida opção é de livre iniciativa do segurado e/ou empregador doméstico, independendo, assim, de autorização do INSS.

No entanto, este procedimento de recolhimento trimestral não se aplica à contribuição relativa à gratificação natalina (13º salário), do empregado doméstico, que deverá ser recolhida até o dia 20 de dezembro do ano a que se referir, registrando no "campo 04 — Competência" da GPS o mês 13 e o ano a que se referir.

Fundamentação: Lei n. 8.212/91, art. 30, V e § 6º; Decreto n. 3.048/99, art. 216, §§ 1º-A, 16 e 18; Instrução Normativa SRF n. 971/2009, art. 397.

4. PRODUTORES RURAIS

4.1. Contribuição decorrente da comercialização da produção rural

Os produtores rurais pessoa física e os segurados especiais se encontram obrigados a recolher a contribuição decorrente da comercialização da produção rural (art. 200 do Decreto n. 3.048/99) no dia 20 (vinte) do mês seguinte ao da operação de venda, caso comercializem a sua produção com adquirente domiciliado no exterior, diretamente a consumidor pessoa física (no varejo), a outro produtor rural pessoa física ou a outro segurado especial. O prazo para pagamento será antecipado o para o dia útil anterior quando não houver expediente bancário no dia 20 (vinte).

Caso a comercialização seja efetuada a uma pessoa jurídica ou a uma cooperativa, estes adquirentes ficam subrogados na responsabilidade pelo recolhimento, devendo reter a referida contribuição do produtor rural e repassá-la aos cofres previdenciários. Confiram-se, sobre o tema, os incisos III e IV do art. 30 da Lei n. 8.212/91:

"**Art. 30.** A arrecadação e o recolhimento das contribuições ou de outras importâncias devidas à Seguridade Social obedecem às seguintes normas:

(...)

III — a empresa adquirente, consumidora ou consignatária ou a cooperativa são obrigadas a recolher a contribuição de que trata o art. 25 até o dia 20 (vinte) do mês subsequente ao da operação de venda ou consignação da produção, independentemente de essas operações terem sido realizadas diretamente com o produtor ou com intermediário pessoa física, na forma estabelecida em regulamento;

IV — a empresa adquirente, consumidora ou consignatária ou a cooperativa ficam sub-rogadas nas obrigações da pessoa física de que trata a alínea "a" do inciso V do art. 12 e do segurado especial pelo cumprimento das obrigações do art. 25 desta Lei, independentemente de as operações de venda ou consignação terem sido realizadas diretamente com o produtor ou com intermediário pessoa física, exceto no caso do inciso X deste artigo, na forma estabelecida em regulamento;

(...)"

A pessoa física (não produtor rural) que adquire produção para venda, no varejo, a consumidor pessoa física é também obrigada a recolher a contribuição previdenciária decorrente desta comercialização, também no dia 20 (vinte) do mês subsequente ao da operação de venda.

Já o produtor rural pessoa jurídica, independente de quem adquire sua produção rural, será sempre o responsável pelo recolhimento de suas contribuições previdenciárias (não há subrogação), seguindo o mesmo prazo anteriormente mencionado, ou seja, até o dia 20 (vinte) do mês subsequente ao da operação de venda.

Observar, ainda, as seguintes diretrizes (Lei n. 8.212/91, art. 30, §§ 7º a 9º):

• A empresa ou cooperativa adquirente, consumidora ou consignatária da produção fica obrigada a fornecer ao segurado especial cópia do documento fiscal de entrada da mercadoria, para fins de comprovação da operação e da respectiva contribuição previdenciária.

• Quando o grupo familiar a que o segurado especial estiver vinculado não tiver obtido, no ano, por qualquer motivo, receita proveniente de comercialização de produção deverá comunicar a ocorrência à Previdência Social, na forma do regulamento.

• Quando o segurado especial tiver comercializado sua produção do ano anterior exclusivamente com empresa adquirente, consignatária ou cooperativa, tal fato deverá ser comunicado à Previdência Social pelo respectivo grupo familiar.

4.2. Contribuição decorrente de outras receitas

O produtor rural pessoa física e o segurado especial são obrigados a recolher, diretamente (sem a existência de subrogação), a contribuição incidente sobre a receita bruta proveniente:

a) da comercialização de artigos de artesanato elaborados com matéria-prima produzida pelo respectivo grupo familiar;

b) de comercialização de artesanato ou do exercício de atividade artística; e

c) de serviços prestados, de equipamentos utilizados e de produtos comercializados no imóvel rural, desde que em atividades turística e de entretenimento desenvolvidas no próprio imóvel, inclusive hospedagem, alimentação, recepção, recreação e atividades pedagógicas, bem como taxa de visitação e serviços especiais.

4.3. Contribuição decorrente da folha de pagamento

Havendo remuneração paga a segurados empregados, cabe ao produtor rural contratante (pessoa jurídica, pessoa física ou segurado especial) efetuar a retenção da contribuição previdenciária devida por estes trabalhadores, repassando-as aos cofres previdenciários até o dia 20 (vinte) do mês subsequente. Não havendo expediente bancário nesta data, antecipar o recolhimento para o primeiro dia útil anterior.

Fundamentação: Lei n. 8.212/91, art. 30, X a XIII; Decreto n. 3.048/99, art. 216, incisos III a VII.

4.4. Segurado Especial que contratar empregados (Lei n. 8.212/91, art. 12, § 8º)

As regras pertinentes ao recolhimento das contribuições devidas pelo segurado especial, em relação à mão de obra contratada nos termos do § 8º do art. 12 da Lei n. 8.212/91 (com vigência programada para 01/05/2014) constam do art. 32-C da Lei n. 8.212/91, cuja redação foi acrescentada pela Lei n. 12.873/2013. Confira-se:

"**Art. 32-C.** O segurado especial responsável pelo grupo familiar que contratar na forma do § 8º do art. 12 apresentará as informações relacionadas ao registro de trabalhadores, aos fatos geradores, à base de cálculo e aos valores das contribuições devidas à Previdência Social e ao Fundo de Garantia do Tempo de Serviço — FGTS e outras informações de interesse da Secretaria da Receita Federal do Brasil, do Ministério da Previdência Social, do Ministério do Trabalho e Emprego e do Conselho Curador do FGTS, por meio de sistema eletrônico com entrada única de dados, e efetuará os recolhimentos por meio de documento único de arrecadação.

§ 1º Os Ministros de Estado da Fazenda, da Previdência Social e do Trabalho e Emprego disporão, em ato conjunto, sobre a prestação das informações, a apuração, o recolhimento e a distribuição dos recursos recolhidos e sobre as informações geradas por meio do sistema eletrônico e da guia de recolhimento de que trata o *caput*.

§ 2º As informações prestadas no sistema eletrônico de que trata o *caput* têm caráter declaratório, constituem instrumento hábil e suficiente para a exigência dos tributos e encargos apurados e substituirão, na forma regulamentada pelo ato conjunto que prevê o § 1º, a obrigatoriedade de entrega de todas as informações, formulários e declarações a que está sujeito o grupo familiar, inclusive as relativas ao recolhimento do FGTS.

§ 3º O segurado especial de que trata o *caput* está obrigado a arrecadar as contribuições previstas nos incisos X, XII e XIII do *caput* do art. 30, os valores referentes ao FGTS e os encargos trabalhistas sob sua responsabilidade, até o dia 7 (sete) do mês seguinte ao da competência.

§ 4º Os recolhimentos devidos, nos termos do § 3º, deverão ser pagos por meio de documento único de arrecadação.

§ 5º Se não houver expediente bancário na data indicada no § 3º, o recolhimento deverá ser antecipado para o dia útil imediatamente anterior.

§ 6º Os valores não pagos até a data do vencimento sujeitar-se-ão à incidência de acréscimos e encargos legais na forma prevista na legislação do Imposto sobre a Renda e Proventos de Qualquer Natureza para as contribuições de caráter tributário, e conforme o art. 22 da Lei n. 8.036, de 11 de maio de 1990, para os depósitos do FGTS, inclusive no que se refere às multas por atraso.

§ 7º O recolhimento do valor do FGTS na forma deste artigo será creditado diretamente em conta vinculada do trabalhador, assegurada a transferência dos elementos identificadores do recolhimento ao agente operador do fundo.

§ 8º O ato de que trata o § 1º regulará a compensação e a restituição dos valores dos tributos e dos encargos trabalhistas recolhidos, no documento único de arrecadação, indevidamente ou em montante superior ao devido.

§ 9º A devolução de valores do FGTS, depositados na conta vinculada do trabalhador, será objeto de norma regulamentar do Conselho Curador e do Agente Operador do Fundo de Garantia do Tempo de Serviço.

§ 10. O produto da arrecadação de que trata o § 3º será centralizado na Caixa Econômica Federal.

§ 11. A Caixa Econômica Federal, com base nos elementos identificadores do recolhimento, disponíveis no sistema de que trata o *caput* deste artigo, transferirá para a Conta Única do Tesouro Nacional os valores arrecadados dos tributos e das contribuições previstas nos incisos X, XII e XIII do *caput* do art. 30.

§ 12. A impossibilidade de utilização do sistema eletrônico referido no *caput* será objeto de regulamento, a ser editado pelo Ministério da Fazenda e pelo Agente Operador do FGTS.

§ 13. A sistemática de entrega das informações e recolhimentos de que trata o *caput* poderá ser estendida pelas autoridades previstas no § 1º para o produtor rural pessoa física de que trata a alínea *a* do inciso V do *caput* do art. 12.

§ 14. Aplica-se às informações entregues na forma deste artigo o disposto no § 2º do art. 32 e no art. 32-A."

5. DIRIGENTE SINDICAL — CONTRIBUIÇÃO PREVIDENCIÁRIA — RESPONSABILIDADE PELO RECOLHIMENTO

A empresa que remunera empregado licenciado para exercer mandato de dirigente sindical é obrigada a recolher a contribuição deste, bem como as parcelas a seu cargo, na forma do disposto no item 1 deste Capítulo.

Cabendo a remuneração do dirigente sindical à entidade sindical esta será obrigada a recolher a contribuição deste, juntamente com as parcelas a seu cargo. A responsabilidade pelo recolhimento das contribuições também caberá à entidade sindical quando o dirigente sindical mantiver a qualidade de segurado contribuinte individual.

Fundamentação: Lei n. 8.212/91, art. 30, § 3º; Decreto n. 3.048/99, art. 216, incisos IX a XI.

6. GRATIFICAÇÃO NATALINA — 13º SALÁRIO

O vencimento do prazo de pagamento das contribuições sociais incidentes sobre o décimo terceiro salário, exceto no caso de rescisão, dar-se-á no dia vinte de dezembro, antecipando-se o prazo para o dia útil imediatamente anterior se não houver expediente bancário neste dia.

Havendo pagamento de remuneração variável em dezembro, o pagamento das contribuições referentes ao ajuste do valor do décimo terceiro salário deve ocorrer no documento de arrecadação da competência dezembro, considerando-se para apuração da alíquota da contribuição do segurado o valor total do décimo terceiro salário.

Na rescisão de contrato de trabalho, inclusive naquela ocorrida no mês de dezembro, em que haja pagamento de parcela de décimo terceiro salário, as contribuições devidas devem ser recolhidas até o dia 20 (vinte) do mês seguinte ao da rescisão, antecipando-se o vencimento para o dia útil anterior quando não houver expediente bancário no dia 20.

Fundamentação: Decreto n.. 3.408/99, art. 216.

7. CORREÇÃO SALARIAL RESULTANTE DE DOCUMENTO COLETIVO

Na hipótese de a convenção ou dissídio coletivo resultar correção salarial com pagamento retroativo, a contribuição previdenciária será recolhida aplicando-se o sistema de caixa, ou seja, considera-se como mês de competência aquele em que foi definido o reajuste e no qual o empregador tomou conhecimento do valor da correção salarial.

Em se tratando de dissídio coletivo, a competência será o mês da sentença.

Sobre o tema, confira-se a redação do art. 108 da Instrução Normativa SRF n. 971/2009:

"**Art. 108.** Sobre os valores pagos em razão de acordos, convenções e dissídios coletivos de trabalho, de que tratam os arts. 611 e 616 da CLT, quando implicarem reajuste salarial, incide a contribuição previdenciária e contribuições devidas a outras entidades ou fundos.

§ 1º Ficando estabelecido o pagamento de parcelas retroativas ao mês da data-base da respectiva categoria profissional, os fatos geradores das contribuições deverão:

I — ser informados na GFIP da competência da celebração da convenção, do acordo ou do trânsito em julgado da sentença que decidir o dissídio, em código de recolhimento específico, observadas as orientações do Manual da GFIP;

II — constar em folha de pagamento distinta, elaborada nos termos do inciso III do art. 47, na qual fique identificado o valor da diferença de remuneração de cada mês.

§ 2º As contribuições decorrentes dos fatos geradores referidos no § 1º deverão ser recolhidas até o dia 20 (vinte) do mês seguinte ao da competência da celebração da convenção, do acordo ou do trânsito em julgado da sentença que decidir o dissídio, ou no dia útil imediatamente anterior, caso não haja expediente bancário no dia 20 (vinte).

§ 3º O recolhimento de que trata o § 2º será efetuado utilizando-se código de pagamento específico.

§ 4º Observado o prazo a que se refere o § 2º, não incidirão juros ou multas moratórias sobre os valores das contribuições calculadas na forma desta Seção.

§ 5º A contribuição do segurado será calculada mês a mês, considerando-se os valores originalmente pagos em cada competência, observada a alíquota e o limite máximo do salário de contribuição.

§ 6º Não sendo recolhidas espontaneamente as contribuições devidas, a RFB apurará e constituirá o crédito nas formas previstas no Capítulo I do Título VII."

8. DOCUMENTO DE ARRECADAÇÃO — GPS

As contribuições arrecadadas pela Secretaria da Receita Federal do Brasil, destinadas à Previdência Social e a outras entidades ou fundos, com os quais não haja convênio para pagamento direto, deverão ser recolhidas por meio de documento de arrecadação da Previdência Social, em meio papel ou em meio eletrônico. Referido documento possui o nome de Guia da Previdência Social — GPS.

Obs.: As contribuições que forem objeto de lançamento de ofício, realizados a partir de 01.08.2009, deverão ser recolhidas por meio de Documento de Arrecadação de Receitas Federais (DARF), observado o disposto na IN SRF n. 81/96.

No documento de arrecadação deverão ser prestadas as seguintes informações:

I — identificação do sujeito passivo, pelo preenchimento do campo "identificador", no qual deverá ser informado o CNPJ ou o CEI para empresa ou equiparadas e o NIT, para segurados empregado doméstico, contribuinte individual, segurado especial ou facultativo;

II — código de pagamento, que identifica a natureza do pagamento que está sendo efetuado, cuja relação e respectivas descrições encontram-se na tabela 5, Parte VII, desta obra;

III — competência, com dois dígitos para o mês e quatro dígitos para o ano;

IV — valor do INSS, que corresponde ao valor total das contribuições devidas à Previdência Social a ser recolhido na competência, efetuando-se as compensações e as deduções admitidas pela legislação em vigor;

V — valor de outras entidades, que corresponde ao valor total das contribuições a serem recolhidas para outras entidades e fundos (Terceiros), com os quais a empresa não mantenha convênio, calculado mediante aplicação de alíquota definida em razão da atividade da empresa;

VI — atualização monetária, juros e multa, que correspondem ao somatório de atualização monetária, se houver, multa e juros de mora devidos em decorrência de recolhimento após o prazo de vencimento, calculados sobre o somatório dos valores mencionados nos itens IV e V, *supra*;

VII — total, que corresponde ao somatório das importâncias a serem recolhidas.

Deverá, obrigatoriamente, ser utilizado documento de arrecadação distinto, por:

a) estabelecimento da empresa identificado por CNPJ ou por matrícula CEI específica;

b) obra de construção civil identificada por matrícula CEI;

c) código que identifica a natureza do pagamento da empresa;

d) competência de recolhimento, ressalvado o recolhimento trimestral.

Procedimentos relativos à retificação de erros cometidos no preenchimento da GPS constam da Instrução Normativa RFB n. 1.265/2012 (DOU de 4.4.2012).

8.1. Valor Mínimo para Recolhimento

É vedado o recolhimento, em documento de arrecadação, de valor inferior a R$ 10,00 (dez reais). Se o valor a recolher na competência for inferior a esta quantia, este deverá ser adicionado ao devido na competência seguinte, e assim sucessivamente, até atingir o valor mínimo permitido para recolhimento, observado o seguinte:

a) ficam sujeitos a acréscimos legais os valores não recolhidos a partir da competência em que for alcançado o valor mínimo;

b) o valor acumulado deverá ser recolhido em documento de arrecadação com código de recolhimento da mesma natureza;

c) não havendo na competência em que foi atingido o valor mínimo outro recolhimento sob o mesmo código de pagamento, o valor acumulado poderá ser adicionado a recolhimento a ser efetuado em documento de arrecadação com código de pagamento diverso.

Não se aplica o disposto neste subitem aos órgãos e às entidades da Administração Pública quando o recolhimento for efetuado pelo Sistema Integrado de Administração Financeira do Governo Federal (SIAFI).

O valor devido decorrente de recolhimento efetuado a menor, cujo principal acrescido de juros e de multa de mora não atingir ao mínimo estabelecido, será adicionado ao valor devido na próxima competência.

Obs.: O valor mínimo de R$ 10,00 passou a vigorar em 12.01.2012, quando da publicação da IN SRF n. 1.238/2012, alterando a redação do art. 398 da IN 971/2009. Anteriormente, o valor praticado era de R$ 29,00, fixado pela Resolução INSS/DC n. 39/2000.

Fundamentação: Instrução Normativa SRF n. 971/2009, arts. 395 a 398 e Resolução INSS/DC n. 39/2000.

9. RECOLHIMENTO EM ATRASO

As contribuições sociais e outras importâncias arrecadadas pelo INSS (contribuição a terceiros, por exemplo) e não recolhidas até a data de seu vencimento ficam sujeitas a juros e multa de mora determinados conforme a legislação de regência, incidentes sobre o valor atualizado, se for o caso.

Obs.: Desde 04.12.2008, data de publicação e vigência da Medida Provisória n. 449/2008, posteriormente convertida na Lei n. 11.941/2009, aplicam-se quanto aos juros e a multa as regras dispostas no art. 61 da Lei n. 9.430/1996.

Note-se, contudo, que em se tratando de contribuição voluntária, feita pelo próprio trabalhador sem que qualquer procedimento administrativo de cobrança tenha sido instaurado, compreendo não cabível o pagamento de multa, em face da caracterização da denúncia espontânea, disposta no art. 138 do CTN. Confira-se:

"**Art. 138.** A responsabilidade é excluída pela denúncia espontânea da infração, acompanhada, se for o caso, do pagamento do tributo devido e dos juros de mora, ou do depósito da importância arbitrada pela autoridade administrativa, quando o montante do tributo dependa de apuração.

Parágrafo único. Não se considera espontânea a denúncia apresentada após o início de qualquer procedimento administrativo ou medida de fiscalização, relacionados com a infração."

Excluída a responsabilidade, exclui-se consequentemente a multa moratória, sendo possível apenas a cobrança da indenização e dos juros moratórios, a partir de 15.10.1996. É importante, contudo, ressaltarmos que a simples confissão de dívida perante o INSS ou a Receita Federal, acompanhada ou não do pedido de parcelamento, não caracteriza a denúncia espontânea. É necessário que o trabalhador tenha efetuado o pagamento integral do montante devido e que, no momento de solicitação desta autorização, informe expressamente tratar-se de denúncia espontânea.

Não sendo o caso de denúncia espontânea, para o recolhimento de contribuições previdenciárias em atraso, há que ser observado o seguinte:

a) o código do pagamento será o mesmo habitualmente utilizado pela empresa em seus recolhimentos mensais;

b) os índices a serem utilizados dependerão das parcelas que se encontram em atraso. Se houve, por exemplo, recolhimento parcial da Guia (GPS), há que se recolher em atraso apenas os índices correspondentes à parte em débito. Se não houve recolhimento parcial, os índices (percentuais) a serem utilizados serão os mesmos usados habitualmente pela empresa, de conformidade com o FPAS por esta utilizado;

c) para o recolhimento de contribuições previdenciárias em atraso, referentes a competências anteriores a dezembro/94, inclusive, há que se acrescentar ao valor originário correção monetária, multa e juros;

d) para o recolhimento de contribuições previdenciárias em atraso, referentes a competências posteriores a janeiro/95, inclusive, para pagamento a contar de 1º.4.1995, não mais há que se calcular a correção monetária, cabendo somente multa e juros de mora.

O INSS divulga mensalmente a Tabela Prática Aplicada em Contribuições Previdenciárias, para o cálculo dos acréscimos legais, elaborada de acordo com a legislação de regência e os coeficientes de atualização. O sujeito passivo poderá, assim, utilizar a Tabela Prática Aplicada em Contribuições Previdenciárias disponível na Internet no endereço <http://www.mps.gov.br/conteudoDinamico.php?id=434>, para efetuar o cálculo dos acréscimos legais e do montante consolidado a ser recolhido ao INSS.

9.1. Atualização Monetária

Entende-se por atualização monetária a diferença entre o valor atualizado e o valor originário das contribuições sociais, a qual deve retratar, no tempo, a desvalorização da moeda nacional.

Estão sujeitas a atualização monetária apenas as contribuições cujos fatos geradores ocorreram até 12/1994, sendo o valor atualizado obtido mediante a aplicação de um coeficiente, disponível na Tabela Prática Aplicada em Contribuições Previdenciárias, sobre o valor originário da contribuição ou outras importâncias não recolhidas até a data do vencimento, respeitada a legislação de regência.

Os indexadores da atualização monetária, respeitada a legislação de regência, são os seguintes:

I — até 1/1991: ORTN/OTN/BTNF;

II — de 2/1991 a 12/1991: sem atualização (extinção do BTN fiscal pelo art. 3º da Lei n. 8.177, de 1º de março de 1991);

III — de 1/1992 a 12/1994: UFIR (art. 54 da Lei n. 8.383, de 30 de dezembro 1991);

IV — de 1/1995 em diante:

a) para fatos geradores até 12/1994: UFIR, conversão para real com base no valor desta, fixado para o trimestre do pagamento (art. 5º da Lei n. 8.981/95);

b) para fatos geradores a partir de 01/1995: não há atualização monetária (art. 6º da Lei n. 8.981, de 1995).

9.2. Juros de Mora

Juros de Mora são acréscimos devidos no valor original, decorrente do não pagamento em dia das contribuições sociais e outras importâncias arrecadadas pelo INSS.

Os percentuais aplicados, ao mês ou fração, variam conforme a competência em atraso devida pelo contribuinte, sendo que:

I — para fatos geradores ocorridos até dezembro de 1994:

a) até 31.1.1991: um por cento, conforme o disposto no art. 161 da Lei n. 5.172, de 1966 (CTN) e art. 82 da Lei n. 3.807/60;

b) de 1º.2.1991 a 31.12.1991: Taxa Referencial (TR), conforme o disposto no art. 9º da Lei n. 8.177/91;

c) de 1º.1.1992 a 31.12.1994: um por cento conforme o disposto no art. 54 da Lei n. 8.383/91;

d) de 1º.1.1995 a 31.12.1996: um por cento conforme o disposto no § 5º do art. 84 da Lei n. 8.981/95;

e) de 1º.1.1997 a 3.12.2008: Taxa Referencial de Sistema Especial de Liquidação e de Custódia (SELIC) conforme o disposto no art. 30 da Lei n. 10.522/2002, resultado da conversão da MP n. 1.542/96, e reedições até a MP n. 2.176-79/2002, combinado com o art. 51 da Lei n. 8.212/91;

f) a partir de 4.12.2008: Taxa Referencial de Sistema Especial de Liquidação e de Custódia (SELIC), conforme o disposto no art. 61, § 3º, da Lei n. 9.430/96, c/c o art. 35 da Lei n. 8.212/91.

II — para fatos geradores ocorridos entre 1º.1.1995 e 3.12.2008 será aplicado um por cento no mês de vencimento, um por cento no mês de pagamento, e nos meses intermediários:

a) de 1º.1.1995 a 31.3.1995: variação da Taxa Média de Captação do Tesouro Nacional (TCTN) conforme o disposto no inciso I e § 4º do art. 84 da Lei n. 8.981/95 e art. 34 da Lei n. 8.212/91;

b) de 1º.4.1995 a 3.12.1008: variação da Taxa Referencial do Sistema Especial de Liquidação e de Custódia (SELIC), conforme o disposto no art. 13 da Lei n. 9.065/95 e art. 34 da Lei n. 8.212/91.

III — para fatos geradores ocorridos a partir de 4.12.2008 (data de publicação e vigência da MP 449/2008, posteriormente convertida na Lei n. 11.941/2009) será aplicada a variação da Selic a partir do 1º (primeiro) dia do mês subsequente ao vencimento do prazo até o mês anterior ao do pagamento e 1% (um por cento) no mês de pagamento, nos termos do § 3º do art. 61 da Lei n. 9.430/96 c/c art. 35 da Lei n. 8.212/91.

Obs.: Às contribuições sociais previdenciárias devidas pelo contribuinte individual que comprove a atividade com vistas à concessão do benefício, até março de 1995, aplica-se juros de mora de 0,5% (cinco décimos por cento) ao mês, capitalizados anualmente, limitados ao percentual máximo de 50% (cinquenta por cento).

Nos termos do § 1º do art. 494 da Instrução Normativa SRP n. 03/2005, a taxa de juros aplicada às contribuições sociais não recolhidas em época própria não poderia ser inferior a um por cento ao mês ou fração, aplicando-se a taxa de um por cento na competência em que o valor estipulado para a SELIC for inferior. Mesma redação constava do § 1º do art. 239 do Decreto n. 3.048/99.

No entanto, compreendo que tais disposições colidiam com aquelas constantes do art. 34 da Lei n. 8.212/91 e eram, portanto, ilegais, não tendo os instrumentos de regulamentação autonomia suficiente para determinar juros superiores àqueles fixados pela lei ordinária. Com a publicação do

Decreto n. 6.224/2007 o §1º do art. 239 foi revogado, mas a irregularidade permaneceu no período anterior a essa alteração. Na atual IN SRF 971/2009 não há disposição a respeito.

9.3. Multa

Considera-se multa a penalidade imposta ao contribuinte decorrente do não pagamento das contribuições sociais e outras importâncias até o vencimento.

A multa tem seu percentual variável em razão da competência que se encontra em atraso e de ter sido ou não o recolhimento espontâneo.

9.3.1. Procedimento aplicado até 3.12.2008

Até 3.12.2008, véspera da publicação da Medida Provisória n. 449 (posteriormente convertida na Lei n. 11.941/2009, a aplicação das multas seguia as seguintes regras:

a) Sendo o recolhimento espontâneo, ou seja, não havendo notificação de débito:

- competências até agosto/89 = 50%
- competências de setembro/89 até julho/91 = 10%
- competências de agosto/91 a novembro/91 = 40% = acima de 90 dias
- competências de dezembro/91 a março/97 = 10%
- competências de abril/97 a outubro/99:
    — 4% dentro do mês de vencimento da obrigação
    — 7% no mês seguinte
    — 10% a partir do segundo mês seguinte ao do vencimento da obrigação
- competências a partir de novembro/99:
    — 8% dentro do mês de vencimento da obrigação
    — 14% no mês seguinte
    — 20% a partir do segundo mês seguinte ao do vencimento da obrigação

b) Pagamento de créditos incluídos em notificação fiscal de lançamento, para competências a partir de novembro/99:

- 24% se o débito for pago em até 15 dias do recebimento da notificação;
- 30% se o débito for pago após o 15º dia do recebimento da notificação;
- 40% se o débito for pago após a apresentação de recurso, desde que antecedido de defesa, sendo ambos tempestivos, até 15 dias da ciência da decisão do CRPS (Conselho de Recursos da Previdência Social);
- 50% — se o débito for pago após o 15º dia da ciência da decisão do CRPS, enquanto não inscrito em Dívida Ativa.

c) Pagamento de créditos inscritos em Dívida Ativa:

- 60% — quando não tenha sido objeto de parcelamento;
- 70% — se houve parcelamento;

- 80% — após o ajuizamento da execução fiscal, mesmo que o devedor ainda não tenha sido citado, se o crédito não foi objeto de parcelamento;

- 100% — após o ajuizamento da execução fiscal, mesmo que o devedor ainda não tenha sido citado, se o crédito foi objeto de parcelamento.

É importante observar, no entanto, que para as competências a partir de novembro/99, tendo as contribuições sido declaradas na GFIP, ou quando se tratasse de empregador doméstico ou de empresa ou segurado dispensados de apresentar o citado documento, a multa de mora era reduzida em cinquenta por cento.

Também se faziam importantes as seguintes observações:

I — Caso fosse devida a correção monetária, os juros e a multa eram aplicáveis sobre o débito já corrigido.

II — As multas não se aplicavam: a) às pessoas jurídicas de direito público (União, Estado, Distrito Federal, Municípios, etc.); b) às massas falidas; c) às missões diplomáticas estrangeiras no Brasil e aos membros dessas missões.

III — Nas hipóteses de parcelamento ou reparcelamento, incidia um acréscimo de 20% (vinte por cento) sobre a multa de mora. Se houvesse pagamento antecipado à vista, no todo ou em parte, do saldo devedor, este acréscimo de 20% não incidia sobre a multa correspondente à parte do pagamento que se efetuasse. O valor do pagamento parcial antecipado, do saldo devedor de parcelamento ou do reparcelamento somente podia ser utilizado para quitação de parcelas na ordem inversa do vencimento, sem prejuízo da que for devida no mês de competência em curso e sobre a qual incidia sempre o acréscimo de 20%.

IV — Existe discussão judicial sobre a constitucionalidade (ou não) das multas em percentual superior a 24%.

9.3.2. Procedimento aplicado a contar de 4.12.2008

A contar da publicação da Medida Provisória n. 449, em 4.12.2008, posteriormente convertida na Lei n. 11.941/2009, a aplicação das multas segue o regramento disposto nos §§ 1º e 2º do art. 61 da Lei n. 9.430/96, que possui a seguinte redação:

"**Art. 61.** Os débitos para com a União, decorrentes de tributos e contribuições administrados pela Secretaria da Receita Federal, cujos fatos geradores ocorrerem a partir de 1º de janeiro de 1997, não pagos nos prazos previstos na legislação específica, serão acrescidos de multa de mora, calculada à taxa de trinta e três centésimos por cento, por dia de atraso.

§ 1º A multa de que trata este artigo será calculada a partir do primeiro dia subsequente ao do vencimento do prazo previsto para o pagamento do tributo ou da contribuição até o dia em que ocorrer o seu pagamento.

§ 2º O percentual de multa a ser aplicado fica limitado a vinte por cento.

§ 3º Sobre os débitos a que se refere este artigo incidirão juros de mora calculados à taxa a que se refere o § 3º do art. 5º, a partir do primeiro dia do mês subsequente ao vencimento do prazo até o mês anterior ao do pagamento e de um por cento no mês de pagamento."

Note-se, portanto, que sendo ou não as contribuições incluídas em Auto de Infração ou Notificação de Lançamento, e sejam ou não objeto de parcelamento, aplica-se único critério para imposição de multas, que correspondem a 0,33% por dia de atraso, limitado este percentual, contudo, a 20%. Observe-se, ainda, que a multa terá início no primeiro dia subsequente ao vencimento da contribuição, encerrando-se somente no dia em que ocorrer seu pagamento.

Duas outras observações são igualmente importantes:

a) não se aplica a multa de mora aos créditos de responsabilidade das massas falidas de que trata o art. 192 da Lei n. 11.101/2005, missões diplomáticas estrangeiras no Brasil e membros dessas missões quando assegurada a isenção em tratado, convenção ou outro acordo internacional de que o Estado estrangeiro ou organismo internacional e o Brasil sejam partes.

b) a interposição da ação judicial favorecida com a medida liminar interrompe a incidência da multa de mora, desde a concessão da medida judicial, até 30 (trinta) dias após a data da publicação da decisão judicial que considerar devido o tributo, conforme disposto no § 2º do art. 63 da Lei n. 9.430/96 — IN SRF n. 971/2009, art. 399.

Fundamentação: Lei n. 8.212/91, arts. 35 e 35-A; Lei n. 9.430/96, art. 61; Decreto n. 3.048/99, arts. 238 e 239; Instrução Normativa SRF n. 971/2009, arts. 395 a 403.

Capítulo XVIII

Parcelamento de Contribuições Previdenciárias

As contribuições devidas à Seguridade Social (inclusive destinadas a terceiros) e não recolhidas até seu vencimento, incluídas ou não em notificação de débito, poderão, a qualquer tempo, ser objeto de parcelamento.

Houve significativa alteração na legislação pertinente, a contar de 3.12.2008, com a publicação da Medida Provisória n. 449/2008 (posteriormente, Lei n. 11.941/2009) razão pela qual subdividimos este Capítulo em dois itens, a seguir expostos.

1. PROCEDIMENTOS VIGENTES ATÉ 3.12.2008

1.1. Admissão e restrições ao parcelamento

A legislação previdenciária permitia o parcelamento dos seguintes créditos (Instrução Normativa SRP n. 03/2005, art. 665):

I — contribuições devidas pela empresa ou entidade equiparada a empresa;

II — contribuições aferidas indiretamente, inclusive as apuradas mediante e Aviso de Regularização de Obra (ARO), relativos à obra de construção civil sob responsabilidade de pessoa física ou jurídica;

III — contribuições apuradas com base em decisões judiciais proferidas em processos de reclamatórias trabalhistas;

IV — contribuições não descontadas dos segurados empregados, após informação fiscal juntada ao processo;

V — contribuições descontadas dos segurados empregados, inclusive domésticos e trabalhadores avulsos, até a competência junho de 1991, inclusive;

VI — contribuições não descontadas dos segurados contribuintes individuais a serviço da empresa, na forma da Lei n. 10.666/2003, a partir de abril de 2003, após informação fiscal juntada ao processo;

VII — contribuições devidas por contribuinte individual, responsável pelo seu recolhimento;

VIII — contribuições incidentes sobre a comercialização de produtos rurais, descontadas do sujeito passivo, em razão da sub-rogação de que trata o inciso IV do art. 30 da Lei n. 8.212/91, até a competência junho de 1991, inclusive;

IX — contribuições incidentes sobre a comercialização de produtos rurais, apuradas com base na sub-rogação de que trata o inciso IV do art. 30 da Lei n. 8.212/91, a partir da competência julho de 1991, inclusive, bem como aquelas previstas no art. 25 da Lei n. 8.870/94, no período de agosto de 1994 a outubro de 1996, decorrentes de sub-rogação (comercialização de produtos rurais) nas obrigações de pessoas jurídicas, desde que comprovadamente não tenha havido o desconto e após informação fiscal juntada ao processo;

X — contribuições declaradas em GFIP;

XI — contribuições lançadas em Notificação Fiscal de Lançamento de Débito (NFLD), Notificação Para Pagamento (NPP), Lançamento de Débito Confessado (LDC), Lançamento de Débito Confessado em GFIP (LDCG) e valor de multas lançadas em Auto de Infração (AI);

XII — valores não retidos por empresas contratantes de serviços mediante cessão de mão de obra ou empreitada, de que trata o art. 31 da Lei n. 8.212/91;

XIII — créditos inscritos em Dívida Ativa não tributária, ajuizada ou não, não decorrente de fraude objeto de sentença transitada em julgado.

XIV — honorários advocatícios decorrentes de sucumbência.

Cumpre observar, no entanto, que não eram admitidos no parcelamento alguns créditos previdenciários, mais especificamente aqueles que envolviam algum tipo de retenção pelo contratante ou tomador dos serviços. Assim, não podiam ser objeto de parcelamento os créditos oriundos de (IN SRP n. 03/2005, art. 666):

a) contribuições descontadas dos segurados empregados, inclusive domésticos e trabalhadores avulsos, a partir da competência julho de 1991, inclusive;

b) contribuições descontadas do segurado contribuinte individual, na forma da Lei n. 10.666/2003, a partir de abril de 2003;

c) contribuições decorrentes da sub-rogação na comercialização de produtos rurais com produtores rurais pessoas jurídicas de que trata o inciso IV do art. 30 da Lei n. 8.212/91, a partir da competência julho de 1991, bem como aquelas previstas no art. 25 da Lei n. 8.870/94, no período de agosto de 1994 a outubro de 1996;

d) valores retidos por empresas contratantes de serviços mediante cessão de mão de obra ou empreitada, de que trata o art. 31 da Lei n. 8.212/91.

Obs. 1: A existência de créditos que não podiam ser parcelados (letras "a" a "d", *supra*) não impedia o parcelamento daqueles permitidos.

Obs. 2: Não era permitido o parcelamento de dívidas de empresa com falência decretada.

1.2. Órgãos Públicos

As dívidas dos estados, do Distrito Federal e dos municípios podiam ser parceladas, sendo que o pagamento das prestações dos parcelamentos deveria ser através da retenção nas quotas do Fundo de Participação dos Estados (FPE) ou do Fundo de Participação dos Municípios (FPM), sendo que o repasse à Previdência Social do valor correspondente a cada prestação mensal era efetuado por ocasião do vencimento desta. Quando o valor da quota do FPE/FPM não fosse suficiente para quitação da parcela, a diferença deveria ser descontada das quotas seguintes.

As dívidas das Câmaras Municipais, das Assembléias Legislativas e da Câmara Legislativa eram parceladas em nome do município, estado ou Distrito Federal a que estavam vinculadas, respectivamente, utilizando-se o CNPJ do município ou do estado, conforme o caso, ficando a cargo do Prefeito Municipal ou do Governador a assinatura dos documentos pertinentes.

O Distrito Federal e os municípios podiam assumir, facultando-se a sub-rogação do respectivo débito, exclusivamente para fins de parcelamento ou reparcelamento, as dívidas para com a Previdência Social de suas empresas públicas e sociedades de economia mista, independentemente de se tratarem de saldo de reparcelamento, mantendo-se os critérios de atualização e incidência de acréscimos legais aplicáveis a estas entidades.

1.3. Contribuinte individual

Nos termos da Instrução Normativa SRP n. 03/2005 (arts. 669 a 671), podiam ser parcelados os créditos da Previdência Social devidos por segurado contribuinte individual até a competência março de 1995, inclusive, decorrentes da comprovação do exercício de atividade remunerada, para fins de obtenção de benefício e de indenização para o período de filiação não-obrigatória e contagem recíproca. No entanto, e ainda nos termos da referida Instrução, as contribuições parceladas, referentes ao período básico de cálculo e ao período de carência, somente eram computadas para a obtenção do benefício após a quitação total do parcelamento, procedimento este, contudo, que não julgamos correto.

A partir de abril de 1995, para o parcelamento de contribuições sociais previdenciárias devidas por contribuinte individual, aplicavam-se os mesmos critérios estabelecidos para parcelamento de débitos de empresas em geral.

1.4. Formulação do pedido, instrução do processo e indeferimento

O pedido de parcelamento deveria ser formulado pelo contribuinte, em formulário próprio, e deveria ser instruído com os documentos previstos nos arts. 673 a 676 da Instrução Normativa SRP n. 03/2005.

O indeferimento ocorria somente nas seguintes hipóteses:

I — Quando não houvesse comprovação do pagamento antecipado da primeira prestação no prazo máximo de cinco dias contados do recebimento do respectivo documento de arrecadação, com exceção dos pedidos de parcelamento formulados por órgãos públicos;

II — Quando o TPDF (Termo de Parcelamento de Dívida Fiscal) ou o TPDA (Termo de Parcelamento de Dívida Ativa) não estivessem devidamente assinados.

O indeferimento do Pedido de Parcelamento era proferido em despacho fundamentado pela chefia da Unidade de Arrecadação e integrará o processo constituído pelo referido pedido.

1.5. Consolidações do parcelamento

1.5.1. Empresa e Contribuinte Individual a partir de Abril/95

Os créditos da Previdência Social relativos a competências até dezembro de 1994 deviam ser convertidos para o padrão monetário Real com base no valor da Unidade Fiscal de Referência (UFIR) em 1º de janeiro de 1997, fixado em 0,9108 (zero vírgula nove mil cento e oito), conforme disposto no art. 29 da Lei n. 10.522/2002.

A consolidação do parcelamento era efetuada conforme o disposto no Termo de Parcelamento de Dívida Fiscal (TPDF) e no Termo de Parcelamento de Dívida Ativa (TPDA), previstos nos anexos integrantes da Instrução Normativa SRP n. 03/2005. Na consolidação do parcelamento eram considerados, se houvesse, os valores de multas decorrentes da lavratura de Auto de Infração (AI) e valores lançados em Notificação Para Pagamento (NPP), observando-se o seguinte (Instrução Normativa SRP n. 03/2005, art., 680):

I — o valor da multa aplicada ou o valor da NPP era transformado em quantidade de UFIR, tomando-se por base o valor desta na data específica para o AI (Auto de Infração) com data de lavratura até dezembro de 1994, e convertido para o padrão monetário Real com base no valor da UFIR em 1º de janeiro de 1997, fixado em 0,9108 (zero vírgula nove mil cento e oito);

II — o valor da multa aplicada em AI ou o valor da NPP lavrada a partir de janeiro de 1995, fixado no padrão monetário Real, não sofria atualização monetária;

III — as datas específicas para o AI, referidas no item I, *supra*, eram as seguintes:

a) para AI julgado até 7 de julho de 1992, a data específica era o trigésimo primeiro dia da ciência da Decisão-Notificação de Procedência da Autuação;

b) para AI julgado de 8 de julho de 1992 até 16 de setembro de 1993, a data específica era a data de emissão da Decisão-Notificação de Procedência da Autuação;

c) para AI julgado a partir de 17 de setembro de 1993, a data específica era a do documento de origem.

1.5.2. Acréscimos Legais

Nos termos do art. 681 da Instrução Normativa SRP n. 03/2005, sobre os salários de contribuição do segurado contribuinte individual, até março de 1995, incidiam multa no percentual de dez por cento e juros moratórios de zero vírgula cinco por cento ao mês, contados da data do vencimento da competência até a data da consolidação do parcelamento.

O parcelamento era consolidado sem a cobrança de juros com base na TR ou na SELIC.

Sobre os valores parcelados ou reparcelados relativos a empresas, a equiparada, a empregador doméstico e a contribuinte individual a partir de abril de 1995, incidem acréscimos legais conforme os critérios para recolhimento em atraso.

O atraso no pagamento das prestações do parcelamento ocasionava:

I — cobrança de juros de mora de um por cento ao mês ou fração sobre o valor total da prestação, para parcelamento requerido até 1º de abril de 1997;

II — cobrança de juros com base na Taxa Referencial do Sistema Especial de Liquidação e de Custódia (SELIC) sobre a parcela básica, acumulados desde o mês do requerimento até o mês anterior ao do pagamento, para parcelamentos requeridos a partir de 2 de abril de 1997.

1.5.3. Prestações

O parcelamento era concedido em até quatro prestações mensais, iguais e sucessivas, por competência em atraso, desde que o total não exceda o limite máximo de sessenta prestações.

Exemplos:

— 10 competências em atraso = parcelamento em até 40 prestações mensais.

— 15 competências em atraso = parcelamento em até 60 prestações mensais.

— 20 competências em atraso = parcelamento em até 60 prestações mensais.

Para o crédito oriundo de Aviso de Regularização de Obra (ARO), pessoa física ou jurídica, o critério de "quatro por um" deveria observar as competências relativas ao período compreendido entre a data do início e a data do término da obra de construção civil, constantes da DRO (Declaração de Regularização de Obra) ou da DISO (Declaração e Informação sobre Obra) — Instrução Normativa SRP n. 03/2005, art. 685.

Para o crédito oriundo de acordo homologado em reclamatória trabalhista, desde que identificado o período objeto do acordo (período contestado e homologado), o critério de "quatro por um" observava o número de competências relativas ao período respectivo. Não havendo especificação do período a que se refere o acordo, era considerada uma competência, podendo, neste caso, o crédito ser parcelado em até quatro vezes, observado o limite mínimo do valor de cada prestação mensal — Instrução Normativa SRP n. 03/2005, art. 686.

O valor das prestações era obtido dividindo-se o montante consolidado, por rubrica, pela quantidade de prestações concedidas, observado o seguinte IN SRP n. 03/2005, art. 687):

I — o valor de cada prestação não podia ser inferior a R$ 200,00 (duzentos reais) e, caso o resultado da divisão fosse inferior a esse mínimo, reduzia-se uma a uma a quantidade de prestações até que o valor mínimo estabelecido fosse alcançado;

II — tratando-se de parcelamento contendo somente créditos oriundos de NPP ou AI lavrado contra pessoa jurídica, observava-se quanto às prestações, o valor mínimo de R$ 200,00 (duzentos reais) e o número máximo de sessenta parcelas, não se aplicando o critério de "quatro por um";

III — tratando-se de parcelamento contendo somente crédito oriundo de AI lavrado contra pessoa física, observava-se, quanto às prestações, o valor mínimo de R$ 50,00 (cinquenta reais) e o número máximo de sessenta parcelas, não se aplicando o critério de "quatro por um";

IV — para parcelamento referido no art. 707 da referida IN (microempresas, empresas de pequeno porte e titular ou sócios), o valor mínimo da prestação mensal era de R$ 50,00 (cinquenta reais), limitado a setenta e duas parcelas, não se aplicando o critério de "quatro por um";

V — para parcelamento de crédito relativo a contribuições devidas por contribuinte individual e empregador doméstico, o valor mínimo da prestação era de R$ 50,00 (cinquenta reais), obedecendo-se, para o número de prestações, ao critério de "quatro por um";

VI — no caso de parcelamento de crédito oriundo de ARO, relativo a regularização de obra de construção civil sob responsabilidade de pessoa física, o valor mínimo da prestação mensal era de R$ 50,00 (cinquenta reais), obedecendo-se ao critério de "quatro por um".

Para parcelamento ou reparcelamento de créditos inscritos em Dívida Ativa, aplicava-se o critério de "quatro por um" e valor mínimo de R$ 200,00 (duzentos reais), para pagamento em, no máximo, sessenta parcelas. Não se aplicava o critério de "quatro por um", e sim o de valor mínimo de R$ 200,00, para pagamento em, no máximo, sessenta parcelas, nos casos de créditos oriundos de IN SRP n. 03/2005, art. 688):

a) Auto de Infração (AI);

b) Notificação Para Pagamento (NPP);

c) contribuições aferidas indiretamente mediante ARO, no caso de execução de obra de construção civil sob responsabilidade de pessoa física ou jurídica.

Nos termos da Instrução Normativa SRP n. 03/2005, art. 689, sobre o valor total de cada prestação, por ocasião do pagamento, incidiam juros calculados da seguinte forma:

I — a partir do primeiro dia do mês do requerimento do parcelamento até o mês anterior ao do pagamento, equivalentes à Taxa Referencial do Sistema Especial de Liquidação e de Custódia — SELIC a que se refere o art. 13 da Lei n. 9.065, de 1995, para títulos federais, acumulada mensalmente;

II — um por cento relativamente ao mês de pagamento.

Para os parcelamentos requeridos até 1º de abril de 1997, no cálculo das parcelas, prevaleciam os critérios anteriores, ou seja, juros de um por cento ao mês sobre o principal da parcela, contados da data da consolidação até o vencimento.

1.6. Vencimento e forma de pagamento das prestações

Nos termos da Instrução Normativa SRP n. 03/2005, as prestações de parcelamentos firmados venciam no dia vinte de cada mês, sendo prorrogado o vencimento para o primeiro dia útil subsequente quando no dia vinte não havia expediente bancário.

Obs.: Não se aplicava esta data de vencimento aos órgãos públicos, tendo em vista a forma de pagamento das prestações mediante retenção do respectivo valor no repasse do Fundo de Participação dos Estados (FPE) e do Fundo de Participação dos Municípios (FPM), conforme o caso.

Não optando o contribuinte pelo pagamento das prestações através do sistema de débito em conta corrente bancária, eram as mesmas quitadas por documento de arrecadação, sendo, no caso, o valor da prestação acrescido do custo operacional de R$ 4,00 (quatro reais), para parcelamento concedido após 26 de março de 1999.

1.7. Reparcelamento

Podia ser feito reparcelamento, por uma única vez, para cada processo, porém sem inclusão de novos créditos ou de saldos de outros parcelamentos, exceto quando o reparcelamento envolvia créditos inscritos em Dívida Ativa. O reparcelamento podia ocorrer para parcelamentos em atraso ou não — Instrução Normativa SRP n. 03/2005, art. 698.

Os novos créditos podiam ser objeto de outro parcelamento, podendo ser concedidos tantos parcelamentos quantos fossem necessários, sem a necessidade de reparcelamento ou rescisão do(s) parcelamento(s) então existente(s).

Para determinação do número de parcelas no reparcelamento eram aplicados os mesmos critérios e limites utilizados para a concessão do parcelamento, observadas as características específicas de cada modalidade de parcelamento previstas pelo legislador. No entanto, o número de parcelas calculado para o parcelamento não era utilizado como parâmetro para determinação do número de parcelas do reparcelamento — Instrução Normativa SRP n. 03/2005, art. 699.

1.8. Rescisão do parcelamento ou do reparcelamento

Constituía motivo para rescisão do parcelamento ou do reparcelamento a falta de pagamento de qualquer prestação nos termos acordados, a insolvência ou falência do devedor e o descumprimento de qualquer outra cláusula do acordo de parcelamento ou de reparcelamento.

Fundamentação: Lei n. 8.212/91, art. 38; Decreto n. 3.048/99, arts. 240 a 244; Instrução Normativa SRP n. 03/2005, arts. 664 a 739.

2. PROCEDIMENTOS VIGENTES A CONTAR DE 04.12.2008

Com a publicação da Medida Provisória n. 449, de 3.12.2008 (publicada no Diário Oficial da União de 04.12.2008) novas regras foram instituídas para o parcelamento de débitos tributários, com revogação expressa, inclusive, do art. 38 da Lei n. 8.212/91.

Referida Medida Provisória foi convertida na Lei n. 11.941, de 27.5.2009 (DOU de 28.5.2009), que não ratificou todos os termos da MP 449, trazendo consideráveis alterações de conteúdo. Esta é a lei que se encontra atualmente em vigor, regulamentada pela Portaria Conjunta PGFN/RFB n. 15, de 15.12.2009 (DOU de 23.12.2009).

As regras atuais para o parcelamento, portanto, constam dos subitens que seguem.

2.1. Competência

Nos termos da Portaria Conjunta PGFN/RFB n. 11/2011 (DOU de 30.12.2011), encontra-se delegada à Secretaria da Receita Federal do Brasil (RFB) a competência para concessão e administração dos parcelamentos dos débitos inscritos em Dívida Ativa da União (DAU), relativos às contribuições sociais previstas nas alíneas "a", "b" e "c" do parágrafo único do art. 11 da Lei n. 8.212/91, às contribuições instituídas a título de substituição e às contribuições devidas a terceiros.

Também é de responsabilidade da Receita Federal do Brasil (RFB) a concessão e a administração do parcelamento, relativamente aos tributos por ela administrados, caso o requerimento tenha sido protocolado antes da data de inscrição do débito em Dívida Ativa da União (DAU), conforme art. 2º da Portaria Conjunta PGFN/RFB N. 15/2009. Confira-se, ainda, a redação do art. 3º do citado normativo:

> "Art. 3º É delegada a competência para concessão do parcelamento, nos termos do art. 14-F da Lei n. 10.522, de 19 de julho de 2002:
>
> I — pelo Secretário da Receita Federal do Brasil aos titulares das Delegacias da Receita Federal do Brasil (DRF), das Delegacias da Receita Federal de Administração Tributária (Derat), das Delegacias Especiais de Instituições Financeiras (Deinf), das Inspetorias da Receita Federal de Classe Especial (IRF-Classe Especial) e das Alfândegas, e, nos respectivos afastamentos, aos seus substitutos, na hipótese do inciso I do art. 2º;
>
> II — pelo Procurador-Geral da Fazenda Nacional aos Procuradores Regionais, Procuradores-Chefes e aos Procuradores Seccionais da Fazenda Nacional e, nos respectivos afastamentos, aos seus substitutos, na hipótese do inciso II do art. 2º.
>
> Parágrafo único. Nas hipóteses previstas neste artigo, fica permitida a subdelegação para a concessão do parcelamento, mediante portaria específica."

2.2. Parcelamento Ordinário

2.2.1. Débitos objeto de parcelamento

Os débitos de qualquer natureza para com a Fazenda Nacional, incluindo as contribuições previdenciárias e contribuições para outras entidades e fundos (terceiros) poderão ser parcelados em até 60 (sessenta) prestações mensais e sucessivas.

Somente serão parcelados débitos já vencidos na data do pedido de parcelamento, excetuadas as multas de ofício, que poderão ser parceladas antes da data de vencimento.

Em se tratando de débitos com exigibilidade suspensa na forma do art. 151 da Lei n. 5.172/66 — Código Tributário Nacional (CTN), o pedido de parcelamento condiciona-se à prévia renúncia ao direito em que se funda a ação ou o recurso administrativo.

A concessão do parcelamento implica suspensão:

I — do registro do devedor no Cadastro Informativo de Créditos não Quitados do Setor Público Federal (Cadin), quando se referir ao débito objeto do registro, nos termos do disposto no inciso II do art. 7º da Lei n. 10.522/2002; e

II — da execução fiscal.

Fundamentação: Portaria Conjunta PGFN/RFB n. 15/2009, arts. 1º e 4º.

2.2.2. Requerimento

O requerimento de parcelamento deverá ser apresentado, conforme o caso, perante a unidade:

I — da RFB com jurisdição sobre o domicílio tributário do devedor; ou

II — da PGFN responsável pela administração e cobrança do débito.

No âmbito da RFB, o parcelamento de débitos relativos ao Imposto sobre a Propriedade Territorial Rural (ITR) poderá ser formalizado pela unidade com jurisdição sobre o domicílio tributário do devedor ou pela unidade com jurisdição sobre o imóvel rural correspondente ao débito parcelado, a critério do contribuinte.

O requerimento do parcelamento deverá ser formalizado em modelo próprio, conforme os Anexos da Portaria Conjunta PGFN/RFB n. 15/2009, sendo distinto para cada inscrição, tributo ou outra exação qualquer, com a discriminação dos respectivos valores. O formulário deverá ser assinado pelo devedor ou por seu representante legal, sendo instruído com:

a) Documento de Arrecadação de Receitas Federais (Darf) ou Guia de Recolhimento da Previdência Social (GPS) que comprove o pagamento da 1ª (primeira) parcela, de acordo com o montante confessado e o prazo pretendido;

b) documento de constituição da pessoa jurídica ou equiparada, com as respectivas alterações que permitam identificar os responsáveis por sua gestão;

c) documento de identificação da pessoa física, ou, no caso de espólio, do inventariante; do titular de empresa individual, ou, em se tratando de sociedade, do representante legal indicado no ato constitutivo; ou ainda do procurador legalmente habilitado, se for o caso;

d) em se tratando de parcelamento solicitado no âmbito da RFB, Autorização para Débito em Conta de Prestações de Parcelamento, na forma do Anexo III da citada Portaria, em 2 (duas) vias, com os quadros I, III e IV preenchidos.

e) ato de nomeação ou de posse do representante, no caso de requerimento de parcelamento para Estados, Distrito Federal e Municípios;

f) Termo de Parcelamento de Débito, no caso de parcelamento para Estados, Distrito Federal e Municípios, na forma dos Anexos IV e IX da citada Portaria;

g) documentação relativa ao bem objeto da penhora nos autos judiciais, se já efetuada, ou relativa à garantia oferecida, quando exigida; e

h) na hipótese do § 4º do art. 1º da Portaria em referência, cópia da petição de renúncia, devidamente protocolada.

Para parcelamento das contribuições devidas por empregadores domésticos e por trabalhadores (alíneas "b" e "c" do parágrafo único do art. 11 da Lei n. 8.212/91), devidas por contribuinte individual, segurado especial ou empregador doméstico, serão ainda exigidos, no âmbito da RFB:

a) informação, quando da solicitação de parcelamento, do Número de Identificação do Trabalhador (NIT);

b) cópia da planilha Análise Contributiva, fornecida pelo Instituto Nacional do Seguro Social (INSS), se o parcelamento se referir a período alcançado pela decadência;

c) no caso do empregador doméstico, cópia do documento de identificação do empregado e do contrato de trabalho, extraídos da Carteira de Trabalho e Previdência Social (CTPS).

Para parcelamento de débitos relativos às contribuições decorrentes de reclamatória trabalhista serão ainda exigidos, no âmbito da RFB:

a) cópia da Petição Inicial;

b) cópia da Sentença ou homologação do acordo;

c) cópia da Planilha de débitos da Procuradoria-Geral Federal (PGF) ou Planilha do Sistema de Execução Fiscal Trabalhista (SEFT), com os valores das bases de cálculo;

d) cópia da Planilha de débitos da Procuradoria-Geral Federal (PGF) ou Planilha do Sistema de Execução Fiscal Trabalhista (SEFT), se houver, com os valores das bases de cálculo; e (Redação dada pela Portaria PGFN/RFB n. 1, de 10 de fevereiro de 2012); e

e) transmissão da Guia de Recolhimento do Fundo de Garantia do Tempo de Serviço e Informações à Previdência Social (GFIP), CÓDIGO 650, no caso de pessoa jurídica.

As contribuições sociais previdenciárias do segurado contribuinte individual ou do segurado especial que forem parceladas, referentes ao período básico do cálculo e ao período de carência, somente serão computadas para obtenção do benefício após a quitação total do parcelamento.

A verificação da exatidão dos valores objeto do parcelamento poderá ser realizada, a pedido ou de ofício, ainda que já concedido o parcelamento, para apurar o montante realmente devido e proceder às eventuais correções.

Fundamentação: Portaria Conjunta PGFN/RFB N. 15/2009, arts. 5º a 11.

2.2.3. Formalização e Deferimento

A formalização do parcelamento importa em adesão aos termos e às condições estabelecidos na legislação pertinente, sendo formalizado com o protocolo dos documentos exigíveis conforme o caso.

No caso de pedido de parcelamento pela Internet, a formalização se dará com a confirmação do pagamento da 1ª (primeira) parcela.

Considerar-se-ão automaticamente deferidos os pedidos de parcelamento que atendam aos requisitos da Portaria Conjunta PGFN/RFB n. 15/2009, após decorridos 90 (noventa) dias da data de seu protocolo sem manifestação da autoridade.

O pedido de parcelamento deferido importa na suspensão da exigibilidade do crédito.

Fundamentação: Portaria Conjunta PGFN/RFB N. 15/2009, arts. 12 a 14.

2.2.4. Indeferimento

Implicará o indeferimento do pedido:

I — a não apresentação de algum dos documentos exigidos pela legislação;

II — o não pagamento da 1ª (primeira) parcela;

III — a existência de vedação ao parcelamento; e

IV — o não cumprimento dos requisitos relativos à garantia ou aos bens oferecidos à penhora, quando exigidos.

O contribuinte deverá ser cientificado dos motivos do indeferimento do pedido de parcelamento, salvo na hipótese do parágrafo único do art. 35 da Portaria Conjunta PGFN/RFB n. 15/2009, que possui a seguinte redação:

> "**Parágrafo único.** Tratando-se de garantia real ou fidejussória, é condição do deferimento do parcelamento a constituição da garantia e a assinatura do termo de parcelamento no prazo de 15 (quinze) dias, contados da comunicação do despacho do Procurador."

Fundamentação: Portaria Conjunta PGFN/RFB N. 15/2009, art. 15.

2.2.5. Consolidação da dívida

Atendidos os requisitos para a concessão do parcelamento, será feita a consolidação da dívida, considerando-se como data de consolidação a data do pedido.

Compreende-se por dívida consolidada o somatório dos débitos a serem parcelados, acrescidos dos encargos e acréscimos legais ou contratuais, vencidos até a data do pedido do parcelamento.

No caso de parcelamento de débito inscrito em DAU, o devedor pagará as custas, emolumentos e demais encargos legais. A multa de mora será aplicada no valor máximo fixado pela legislação.

Serão aplicadas na consolidação as reduções das multas de lançamento de ofício previstas nos incisos II e IV do art. 6º da Lei n. 8.218/91, nos seguintes percentuais:

a) 40% (quarenta por cento) se o sujeito passivo requerer o parcelamento no prazo de 30 (trinta) dias, contado da data em que foi notificado do lançamento; ou

b) 20% (vinte por cento), se o sujeito passivo requerer o parcelamento no prazo de 30 (trinta) dias, contado da data em que foi notificado da decisão administrativa de primeira instância.

Na hipótese de indeferimento do pedido de parcelamento, não será reiniciado o prazo para obtenção dos benefícios previstos nas letras "a" e "b", *supra*.

Fundamentação: Portaria Conjunta PGFN/RFB N. 15/2009, arts. 16 e 17.

2.2.6. Valor das parcelas e pagamento

O valor de cada parcela será obtido mediante a divisão do valor da dívida consolidada pelo número de parcelas solicitadas, observados os limites mínimos de:

I — R$ 100,00 (cem reais), quando o devedor for pessoa física; e

II — R$ 500,00 (quinhentos reais), quando o devedor for pessoa jurídica.

No caso de débito relativo a obra de construção civil sob responsabilidade de pessoa física, o valor mínimo da prestação mensal será de R$ 100,00 (cem reais)

O valor de cada parcela, por ocasião do pagamento, será acrescido de juros equivalentes à taxa referencial do Sistema Especial de Liquidação e de Custódia (SELIC), acumulada mensalmente, calculados a partir do mês subsequente ao da consolidação até o mês anterior ao do pagamento, e de 1% (um por cento) relativamente ao mês em que o pagamento estiver sendo efetuado.

A partir da 2ª (segunda) parcela, as prestações vencerão no último dia útil de cada mês.

Enquanto não deferido o pedido de parcelamento, o devedor fica obrigado a recolher, a cada mês, como antecipação, valor correspondente a 1 (uma) parcela.

No âmbito da RFB, o pagamento das prestações será efetuado mediante débito automático em conta-corrente bancária. Para este fim, somente serão admitidas contas-correntes movimentadas em instituições financeiras credenciadas pela RFB para prestar serviços de arrecadação de parcelamento por meio de débito automático. Quando não houver suficiência financeira de saldo bancário na data do vencimento, as prestações deverão ser quitadas por meio de documento de arrecadação, com os devidos acréscimos legais.

Fundamentação: Portaria Conjunta PGFN/RFB N. 15/2009, arts. 18 a 22.

2.2.7. Pagamento das prestações devidas por Estados, DF e Municípios

No caso de parcelamento concedido a Estados, Distrito Federal e Municípios, deverá ser autorizada, pelo ente político, quando do requerimento do parcelamento, retenção nas cotas do Fundo de Participação dos Estados (FPE) ou do Fundo de Participação dos Municípios (FPM).

As regras constam dos arts. 23 e 24 da Portaria Conjunta PGFN n. 15/2009.

Fundamentação: Portaria Conjunta PGFN/RFB N. 15/2009, arts. 23 e 24.

2.2.8. Reparcelamento

Será admitido reparcelamento de débitos constantes de parcelamento em curso ou que tenha sido rescindido, podendo ser incluídos novos débitos.

Observado o limite estipulado no art. 18 da Portaria Conjunta PGFN/RFB n. 15/2009, a formalização de reparcelamento de débitos fica condicionada ao recolhimento da 1ª (primeira) parcela em valor correspondente a:

I — 10% (dez por cento) do total dos débitos consolidados; ou

II — 20% (vinte por cento) do total dos débitos consolidados, caso haja débito com histórico de reparcelamento anterior.

O histórico de parcelamento do débito será considerado separadamente no âmbito da RFB e da PGFN, o qual independe da modalidade de parcelamento em que o débito tenha sido anteriormente incluído.

A desistência de parcelamento cujos débitos foram objeto do benefício previsto no art. 17 da Portaria Conjunta PGFN/RFB n. 15/2009, com a finalidade de reparcelamento do saldo devedor, implica restabelecimento do montante da multa proporcionalmente ao valor da receita não satisfeita, e o benefício da redução será aplicado ao reparcelamento caso a negociação deste ocorrer dentro dos prazos previstos nos incisos I e II do art. 17 da referida Portaria.

Fundamentação: Portaria Conjunta PGFN/RFB N. 15/2009, art. 26.

2.2.9. Vedação e rescisão do parcelamento

Nos termos do art. 27 da Portaria Conjunta PGFN/RFB n. 16/20009, entre outras proibições, é vedada a concessão de parcelamentos relativos a tributos passíveis de retenção na fonte, de desconto de terceiros ou de sub-rogação.

Já a rescisão do parcelamento ocorrerá quando da falta de pagamento de:

I — 3 (três) parcelas, consecutivas ou não; ou

II — até 2 (duas) prestações, estando pagas todas as demais ou estando vencida a última prestação do parcelamento.

Obs.: É considerada inadimplida a parcela parcialmente paga.

Rescindido o parcelamento, apurar-se-á o saldo devedor, providenciando-se, conforme o caso, o encaminhamento do débito para inscrição em Dívida Ativa da União (DAU) ou o prosseguimento da cobrança.

A rescisão do parcelamento motivada pelo descumprimento das normas que o regulam implicará restabelecimento do montante das multas proporcionalmente ao valor da receita não satisfeita.

Fundamentação: Portaria Conjunta PGFN/RFB N. 15/2009, arts. 27 e 28.

2.3. Parcelamento Simplificado

Poderá ser concedido, de ofício ou a pedido, parcelamento simplificado para o pagamento dos débitos cujo valor seja igual ou inferior a R$ 500.000,00 (quinhentos mil reais).

A proposta de parcelamento efetuada de ofício pode ser realizada no momento da notificação da constituição ou da inscrição do débito, ou a qualquer momento pela unidade que administra a cobrança, inclusive por meio eletrônico.

A formalização do parcelamento simplificado proposto de ofício se dará com o pagamento da 1ª (primeira) parcela.

O pedido de parcelamento simplificado formalizado importa em adesão ao sistema legal de parcelamento de débitos para com a Fazenda Nacional.

Fundamentação: Portaria Conjunta PGFN/RFB N. 15/2009, arts. 29 a 32.

3. PARCELAMENTO ESPECIAL — LEI N. 12.810/2013

Nos termos da Lei n. 12.810 (DOU de 16.5.2013), os Estados, o Distrito Federal, os Municípios e as respectivas autarquias e fundações públicas, se tiverem débitos previdenciários (patronais, retidos dos trabalhadores ou decorrentes do não cumprimento de obrigações acessórias) vencidos até 28.2.2013, poderão optar pelo pagamento em até 240 parcelas, a serem retidas no respectivo Fundo de Participação dos Estados — FPE e Fundo de Participação dos Municípios — FPM e repassadas à União, ou em prestações equivalentes a 1% da média mensal de sua receita corrente líquida, o que for de menor prestação.

Os débitos parcelados terão redução de 100% das multas de mora ou de ofício, 50% de redução nos juros de mora e 100% de redução nos encargos legais, incluindo honorários advocatícios.

Fundamentação: Lei n. 12.810/2013.

4. PARCELAMENTO ESPECIAL — REFIS — LEI N. 12.865/2013

Frequentemente são abertos parcelamentos especiais, com possibilidade de quitação dos débitos em até 180 meses e redução de multa e juros. Denominado REFIS — Programa de Recuperação Fiscal, os prazos de opção e inscrição no programa são geralmente curtos e o contribuinte deve ficar atento à legislação, ou buscar informação junto à Receita Federal ou profissionais da área.

Recentemente, foi publicada a Lei n. 12.865 (DOU de 10.10.2013) abrindo o prazo para esse parcelamento especial até 31.12.2013. Confiram-se os termos do art. 17 do referido diploma legal:

"**Art. 17.** Fica reaberto, até 31 de dezembro de 2013, o prazo previsto no § 12 do art. 1º e no art. 7º da Lei n. 11.941, de 27 de maio de 2009, bem como o prazo previsto no § 18 do art. 65 da Lei n. 12.249, de 11 de junho de 2010, atendidas as condições estabelecidas neste artigo.

§ 1º A opção de pagamento ou parcelamento de que trata este artigo não se aplica aos débitos que já tenham sido parcelados nos termos dos arts. 1º a 13 da Lei n. 11.941, de 27 de maio de 2009, e nos termos do art. 65 da Lei n. 12.249, de 11 de junho de 2010.

§ 2º Enquanto não consolidada a dívida, o contribuinte deve calcular e recolher mensalmente parcela equivalente ao maior valor entre:

I — o montante dos débitos objeto do parcelamento dividido pelo número de prestações pretendidas; e

II — os valores constantes no § 6º do art. 1º ou no inciso I do § 1º do art. 3º da Lei n. 11.941, de 27 de maio de 2009, conforme o caso, ou os valores constantes do § 6º do art. 65 da Lei n. 12.249, de 11 de junho de 2010, quando aplicável esta Lei.

§ 3º Por ocasião da consolidação, será exigida a regularidade de todas as prestações devidas desde o mês de adesão até o mês anterior ao da conclusão da consolidação dos débitos parcelados pelo disposto neste artigo.

§ 4º Aplica-se a restrição prevista no § 32 do art. 65 da Lei n. 12.249, de 11 de junho de 2010, aos débitos para com a Anatel, que não terão o prazo reaberto nos moldes do *caput* deste artigo."

Fundamentação: Lei n. 12.865/2013, art. 17.

5. MORATÓRIA — LEI N. 12.873/2013 — ENTIDADES DE SAÚDE SEM FINS LUCRATIVOS

Disciplinado pelos arts. 23 a 43 da Lei n. 12.873, o Programa de Fortalecimento das Entidades Privadas Filantrópicas e das Entidades sem Fins Lucrativos que Atuam na Área da Saúde e que Participam de Forma Complementar do Sistema Único de Saúde — PROSUS —, prevê a concessão de moratória e remissão das dívidas vencidas no âmbito da Secretaria da Receita Federal do Brasil e da Procuradoria-Geral da Fazenda Nacional às entidades que se encontrem em grave situação econômico financeira.

Considera-se em grave situação econômico-financeira a entidade privada filantrópica ou a entidade sem fins lucrativos cuja razão entre (art. 26):

I — a dívida consolidada no âmbito da Procuradoria-Geral da Fazenda Nacional e da Secretaria da Receita Federal do Brasil, em 31.12.2013, e a receita bruta aferida no ano de 2013 seja igual ou superior a 15% (quinze por cento); ou

II — a dívida consolidada no âmbito da Procuradoria-Geral da Fazenda Nacional e da Secretaria da Receita Federal do Brasil, em 31.12.2013, adicionada à dívida existente para com as instituições financeiras, públicas ou privadas, também em 31.12.2013, e a receita bruta aferida no ano de 2013 seja igual ou superior a 30% (trinta por cento).

As regras, conforme mencionado, constam dos arts. 23 a 43 da Lei n. 12.873/2013, mas vale conferir as disposições do art. 37:

"**Art. 37.** Deferido o pedido de adesão ao Prosus, a entidade de saúde privada filantrópica e a entidade de saúde sem fins lucrativos poderão solicitar, na unidade da Secretaria da Receita Federal do Brasil ou da Procuradoria-Geral da Fazenda Nacional de seu domicílio tributário, pedido de moratória, até 90 (noventa) dias após o deferimento do pedido de adesão.

§ 1º A moratória será concedida pelo prazo de 180 (cento e oitenta) meses e terá por objetivo viabilizar a superação da situação transitória de crise econômico-financeira da entidade privada filantrópica ou da entidade sem fins lucrativos, a fim de permitir a manutenção de suas atividades.

§ 2º A moratória abrangerá o montante das dívidas vencidas no âmbito da Secretaria da Receita Federal do Brasil e da Procuradoria-Geral da Fazenda Nacional, até o mês anterior ao da publicação desta Lei, com respectivos acréscimos legais.

§ 3º Observado o disposto no § 2º, poderão ser incluídos na moratória os débitos que se encontrem em discussão na esfera administrativa ou judicial, estejam ou não submetidos à causa legal de suspensão de exigibilidade, desde que a entidade privada filantrópica ou a entidade sem fins lucrativos desista, de forma expressa e irrevogável, da impugnação, do recurso ou da ação judicial, e, cumulativamente, renuncie a quaisquer alegações de direito sobre as quais se fundem os processos administrativos ou judiciais.

§ 4º Na hipótese de haver dívidas não constituídas, a entidade de saúde privada filantrópica ou a entidade sem fins lucrativos poderão confessá-las perante a Secretaria da Receita Federal do Brasil.

§ 5º Será permitida a inclusão no pedido de moratória de débitos remanescentes de parcelamento ativo, desde que a entidade de saúde privada filantrópica e a entidade de saúde sem fins lucrativos apresentem pedido de desistência do parcelamento.

§ 6º A moratória alcança as dívidas tributárias e não tributárias das entidades de saúde privadas filantrópicas e das entidades de saúde sem fins lucrativos na condição de contribuinte ou responsável."

Fundamentação: Lei n. 12.873/2013, art. 23 a 43.

Capítulo XVIII

Empresas Optantes pelo Simples

1. SISTEMA INTEGRADO DE PAGAMENTO DE IMPOSTOS E CONTRIBUIÇÕES DAS MICROEMPRESAS E DAS EMPRESAS DE PEQUENO PORTE — SIMPLES

O Sistema Integrado de Pagamento de Impostos e Contribuições das Microempresas e das Empresas de Pequeno Porte — SIMPLES — está em vigor desde 1º de janeiro de 1997 e consiste no pagamento unificado dos seguintes impostos e contribuições: IRPJ, PIS, COFINS, CSLL, INSS Patronal e IPI (se for contribuinte do IPI). Atualmente disciplina sobre a matéria a Lei Complementar n. 123/2006, publicada no Diário Oficial da União em 15/12/2006.

A inscrição no SIMPLES dispensa a pessoa jurídica do pagamento das contribuições instituídas pela União, como as destinadas ao SESC, ao SESI, ao SENAI, ao SENAC, ao SEBRAE, e seus congêneres, bem como as relativas ao salário-educação (FNDE) e à Contribuição Sindical Patronal. O recolhimento da contribuição devida a Seguridade Social, por sua vez, não obedece as regras constantes da Lei n. 8.212/91 (e destacadas nesta obra), seguindo critério próprio, constante da Lei Complementar n. 123.

As contribuições devidas pelos trabalhadores empregados, contudo, seguem as regras normais, dispostas na Lei n. 8.212/91.

Confira-se, sobre o tema, o disposto no art. 190 da Instrução Normativa SRF n. 971/2009:

"**Art. 190.** As ME e EPP optantes pelo Simples Nacional são obrigadas a arrecadar e recolher, mediante desconto ou retenção, as contribuições devidas:

I — pelo segurado empregado, podendo deduzir, no ato do recolhimento, os valores pagos a título de salário-família e saláriomaternidade;

II — pelo contribuinte individual, a partir de abril de 2003, na forma dos arts. 65 a 70;

III — pelo segurado, destinadas ao Sest e ao Senat, no caso de contratação de contribuinte individual transportador rodoviário autônomo;

IV — pelo produtor rural pessoa física ou pelo segurado especial, incidentes sobre o valor bruto da comercialização de produto rural, na condição de sub-rogadas;

V — pela associação desportiva, incidente sobre a receita bruta decorrente do contrato de patrocínio, de licenciamento de uso de marcas e símbolos, de publicidade, de propaganda e de transmissão de espetáculos desportivos, quando forem as patrocinadoras; e

VI — pela empresa contratada, incidentes sobre o valor bruto da nota fiscal, da fatura ou do recibo de prestação de serviço mediante cessão de mão de obra ou empreitada, na forma dos arts. 112 e 145."

Capítulo XIX

Empresas em Débito — Proibições

Até 3.12.2008, disciplinava sobre o tema o art. 52 da Lei n. 8.212/91. Em 4.12.2008, contudo, foi publicada a Medida Provisória n. 449, posteriormente convertida na Lei n. 11.941/2009, alterando a redação do referido dispositivo, que passou ao seguinte teor:

"**Art. 52.** Às empresas, enquanto estiverem em débito não garantido com a União, aplica-se o disposto no art. 32 da Lei n. 4.357, de 16 de julho de 1964."

Ocorre que a redação do referido art. 32 (Lei n. 4.357/64) é praticamente a mesma que possuía o art. 52 da Lei de Custeio, não tendo havido alteração significativa em seu conteúdo.

A empresa que estiver em débito para com a Seguridade Social deve observar, portanto, as seguintes proibições:

a) não poderá distribuir qualquer bonificação a seus acionistas; e

b) não poderá dar ou atribuir participação de lucros a seus sócios ou quotistas, bem como a seus diretores e demais membros de órgãos dirigentes, fiscais ou consultivos;

Caso a empresa desobedeça a essas proibições, será imposta multa de 50% (cinquenta por cento) das quantias que tiverem sido pagas ou creditadas.

Observe-se, ainda, que a empresa que transgredir as normas constantes do Decreto n. 3.048/99 (Regulamento da Previdência Social), seja quanto à obrigação principal de contribuição quanto às obrigações acessórias, sujeitar-se-á às seguintes restrições:

• suspensão de empréstimos e financiamentos, por instituições financeiras oficiais;

• revisão de incentivo fiscal de tratamento tributário especial;

• inabilitação para licitar e contratar com qualquer órgão ou entidade da administração pública direta ou indireta federal, estadual, do Distrito Federal ou municipal;

• interdição para o exercício do comércio, se for sociedade mercantil ou comerciante individual;

• desqualificação para impetrar concordata; e

• cassação de autorização para funcionar no País, quando for o caso.

Fundamentação: Lei n. 8.212/91, art. 52; Decreto n. 3.048/99, arts. 279, 280 e 285.

Capítulo XX

Compensação, Restituição e Reembolso

1. COMPENSAÇÃO E RESTITUIÇÃO DE VALORES PAGOS INDEVIDAMENTE

As contribuições previdenciárias devidas pelas empresas (inclusive para Terceiros), pelos empregadores domésticos e pelos trabalhadores, quando pagas em valor maior que o devido, poderão ser restituídas ou compensadas.

Até 3.12.2008 disciplinava sobre o tema o art. 89 da Lei n. 8.212/91, os arts. 247 a 251 do Decreto n. 3.048/99 e os arts. 192 e seguintes da Instrução Normativa SRP n. 3/2005. Por estas normas, a compensação não poderia ser superior a 30% (trinta por cento) do valor das contribuições devidas à Previdência Social, em cada competência.

A contar de 4.12.2008, com a publicação da Medida Provisória n. 449, posteriormente convertida na Lei n. 11.941/2009, houve alteração na redação do art. 89 da Lei n. 8.212/91, com revogação de quase todos os seus parágrafos. Os arts. 247 a 251 do Decreto n. 3.048/99 não sofreram alterações e, atualmente, disciplina sobre o assunto a Lei n. 9.430/96 e a Instrução Normativa MF/RFB n. 1.300/2012.

Pelas novas regras, não há mais o limite de 30% para a compensação e todo o procedimento obedece às regras ditadas pela Secretaria da Receita Federal, conforme detalhado nos subitens seguintes.

Sobre a compensação e repetição de indébito em geral, confiram-se, ainda, a redação da Súmula 45 do TRF da 4ª Região, Súmula 35 da TNU e Súmula 21 da TRU da 3ª Região:

"**TRF 4 — Súmula 45 —** Descabe a concessão de liminar ou de antecipação de tutela para a compensação de tributos."

"**TNU — Súmula 35 —** A Taxa Selic, composta por juros de mora e correção monetária, incide nas repetições de indébito tributário."

"**TRU 3 — Súmula 21 —** As ações de repetição de indébito de contribuições previdenciárias têm natureza tributária e não previdenciária." (Origem Enunciado 26 do JEFSP)

1.1. Compensação

Recolhendo o contribuinte aos cofres previdenciários algum valor indevido (pagamento a maior, por exemplo), este poderá ser ressarcido ao sujeito passivo (contribuinte) através de dedução das contribuições devidas à Previdência Social, procedimento facultativo denominado de "compensação".

Assim, o contribuinte poderá escolher entre deduzir o valor recolhido indevidamente (inclusive atualização monetária, juros e multa) de suas contribuições mensais para a Previdência Social ou proceder a um pedido de restituição deste montante junto à Secretaria da Receita Federal do Brasil.

Quanto à compensação, dispõem sobre o tema os arts. 56 a 59 da Instrução Normativa MF/RFB n. 1/300/2012, conforme seguem:

"**Art. 56.** O sujeito passivo que apurar crédito relativo às contribuições previdenciárias previstas nas alíneas "a" a "d" do inciso I do parágrafo único do art. 1º, passível de restituição ou de reembolso, poderá utilizá-lo na compensação de contribuições previdenciárias correspondentes a períodos subsequentes.

§ 1º Para efetuar a compensação o sujeito passivo deverá estar em situação regular relativa aos créditos constituídos por meio de auto de infração ou notificação de lançamento, aos parcelados e aos débitos declarados, considerando todos os seus estabelecimentos e obras de construção civil, ressalvados os débitos cuja exigibilidade esteja suspensa.

§ 2º O crédito decorrente de pagamento ou de recolhimento indevido poderá ser utilizado entre os estabelecimentos da empresa, exceto obras de construção civil, para compensação com contribuições previdenciárias devidas.

§ 3º Caso haja pagamento indevido relativo a obra de construção civil encerrada ou sem atividade, a compensação poderá ser realizada pelo estabelecimento responsável pelo faturamento da obra.

§ 4º A compensação poderá ser realizada com as contribuições incidentes sobre o décimo terceiro salário.

§ 5º A empresa ou equiparada poderá efetuar a compensação de valor descontado indevidamente de sujeito passivo e efetivamente recolhido, desde que seja precedida do ressarcimento ao sujeito passivo.

§ 6º É vedada a compensação de contribuições previdenciárias com o valor recolhido indevidamente para o Simples Nacional, instituído pela Lei Complementar n. 123, de 2006, e o Sistema Integrado de Pagamento de Impostos e Contribuições das Microempresas e Empresas de Pequeno Porte (Simples), instituído pela Lei n. 9.317, de 5 de dezembro de 1996.

§ 7º A compensação deve ser informada em GFIP na competência de sua efetivação.

Art. 57. No caso de compensação indevida, o sujeito passivo deverá recolher o valor indevidamente compensado, acrescido de juros e multa de mora devidos.

Parágrafo único. Caso a compensação indevida decorra de informação incorreta em GFIP, deverá ser apresentada declaração retificadora.

Art. 58. Na hipótese de compensação indevida, quando se comprove falsidade da declaração apresentada pelo sujeito passivo, o contribuinte estará sujeito à multa isolada aplicada no percentual previsto no inciso I do caput do art. 44 da Lei n. 9.430, de 27 de dezembro de 1996, aplicado em dobro, e terá como base de cálculo o valor total do débito indevidamente compensado.

Art. 59. É vedada a compensação, pelo sujeito passivo, das contribuições destinadas a outras entidades ou fundos."

Importa, ainda, atentar para o fato de que a Lei n. 8.212/91 previa expressamente que a compensação somente poderia ser feita com contribuições que fossem da mesma espécie, ou seja, com a mesma destinação específica. Assim, uma contribuição recolhida a maior para o COFINS, por exemplo, jamais poderia ser compensada com as contribuições previdenciárias incidentes sobre a folha de pagamento, porque esta última é destinada exclusivamente à Previdência Social, e aquela não o é.

Com a publicação da MP n. 449/2008 (convertida na Lei n. 11.941/2009), foi retirada esta condição da Lei n. 8.212/91. Referida alteração trouxe a discussão se, a contar de 3.12.2008 (data da publicação da referida MP), poderiam quaisquer tributos administrados pela Receita Federal ser compensados com quaisquer outros tributos também por ela administrados, aplicando-se, então, as regras dispostas na Lei n. 9.430/96, art. 74 (redação dada pela Lei n. 10.637/2002).

Compreendo que, mesmo com a alteração promovida na Lei n. 8.212/91, permanece proibida a compensação de créditos com destinação distinta. Pela redação do § 1º do art. 66 da Lei n. 8.383/91 (ainda em vigor), a compensação somente pode ser efetuada entre contribuições da mesma espécie, assim compreendida aquela que atribui a mesma destinação para o produto arrecadado, além dos mesmos sujeitos ativo e passivo.

Além desta determinação constante do § 1º do art. 66 da Lei n. 8.383/91, cumpre ainda destacar a proibição disposta no inciso XI do art. 167 da Constituição Federal, incluído pela EC 20/98, *in verbis*:

"**Art. 167.** São vedados:

(...)

XI — a utilização dos recursos provenientes das contribuições sociais de que trata o art. 195, I, a, e II, para a realização de despesas distintas do pagamento de benefícios do regime geral de previdência social de que trata o art. 201.

(...)"

Entendo, portanto, que qualquer disposição no sentido de permitir a compensação de tributos de espécies distintas com a contribuição previdenciária seria, pois, inconstitucional, devendo prevalecer o entendimento de que permanecem os mesmos critérios anteriormente trazidos pela Lei n. 8.212/91 quanto ao tópico, sendo permitidas as compensações das contribuições previdenciárias somente com contribuições previdenciárias. Por tal razão, não pode haver compensação das contribuições previdenciárias com o valor devido a outras entidades e fundos (Terceiros), por exemplo.

Fundamentação: Lei n. 8.212/91, art. 89; Decreto n. 3.048/99, arts. 247 a 251; Instrução Normativa MF/RFB n. 1.300/2012.

1.1.1. Compensação de valores referentes à retenção de contribuições previdenciárias na cessão de mão de obra e na empreitada

A empresa prestadora de serviços que sofreu retenção no ato da quitação da nota fiscal, da fatura ou do recibo de prestação de serviços, poderá compensar o valor retido quando do recolhimento das contribuições previdenciárias, inclusive as devidas em decorrência do décimo terceiro salário, desde que a retenção esteja (IN MF/RFB n. 1.300/2012, art. 60):

I — declarada em GFIP na competência da emissão da nota fiscal, da fatura ou do recibo de prestação de serviços, pelo estabelecimento responsável pela cessão de mão de obra ou pela execução da empreitada total; e

II — destacada na nota fiscal, na fatura ou no recibo de prestação de serviços ou que a contratante tenha efetuado o recolhimento desse valor.

Registre-se, ainda, que a compensação da retenção somente poderá ser efetuada com as contribuições previdenciárias, não podendo absorver contribuições destinadas a outras entidades ou fundos, as quais deverão ser recolhidas integralmente pelo sujeito passivo.

Para fins de compensação da importância retida, será considerada como competência da retenção o mês da emissão da nota fiscal, da fatura ou do recibo de prestação de serviços. O saldo remanescente, se existir, poderá ser compensado nas competências subsequentes, até a liquidação do crédito, devendo ser declarada em GFIP na competência de sua efetivação. Se o contribuinte preferir, poderá solicitar a restituição destes valores.

Obs.: O saldo remanescente poderá ser compensado por qualquer outro estabelecimento da empresa cedente da mão de obra, inclusive nos casos de obra de construção civil mediante empreitada total, na mesma competência ou em competências subsequentes.

A compensação de valores eventualmente retidos sobre nota fiscal, fatura ou recibo de prestação de serviços emitido pelo consórcio, recolhidos em nome e no CNPJ das empresas consorciadas, poderá ser efetuada por estas empresas, proporcionalmente à participação de cada uma delas.

No caso de recolhimento efetuado em nome do consórcio, a compensação somente poderá ser efetuada pelas empresas consorciadas, respeitada a participação de cada uma, na forma do respectivo ato constitutivo, e somente depois de procedida a retificação da GPS.

Fundamentação: Instrução Normativa MF/RFB n. 1.300/2012, art. 60.

1.2. Restituição

Entende-se por "restituição" o procedimento administrativo pelo qual o contribuinte (sujeito passivo) é ressarcido pela Secretaria da Receita da Fazenda do Brasil de valores recolhidos indevidamente à Previdência Social ou a outras entidades e fundos.

Confira-se, nestes termos, a redação do art. 2º da IN MF/RFB n. 1.300/2012:

"**Art. 2º** Poderão ser restituídas pela RFB as quantias recolhidas a título de tributo sob sua administração, bem como outras receitas da União arrecadadas mediante Darf ou GPS, nas seguintes hipóteses:

I — cobrança ou pagamento espontâneo, indevido ou em valor maior que o devido;

II — erro na identificação do sujeito passivo, na determinação da alíquota aplicável, no cálculo do montante do débito ou na elaboração ou conferência de qualquer documento relativo ao pagamento; ou

III — reforma, anulação, revogação ou rescisão de decisão condenatória.

§ 1º Também poderão ser restituídas pela RFB, nas hipóteses mencionadas nos incisos I a III, as quantias recolhidas a título de multa e de juros moratórios previstos nas leis instituidoras de obrigações tributárias principais ou acessórias relativas aos tributos administrados pela RFB.

§ 2º A RFB promoverá a restituição de receitas arrecadadas mediante Darf e GPS que não estejam sob sua administração, desde que o direito creditório tenha sido previamente reconhecido pelo órgão ou entidade responsável pela administração da receita.

§ 3º Compete à RFB efetuar a restituição dos valores recolhidos para outras entidades ou fundos, exceto nos casos de arrecadação direta, realizada mediante convênio."

O pedido de restituição deverá ser efetuado pelo contribuinte mediante a utilização do programa Pedido de Restituição, Ressarcimento ou Reembolso e Declaração de Compensação (PER/DCOMP). Na impossibilidade de utilização do programa, o requerimento deverá ser formalizado por meio do formulário Pedido de Restituição ou Ressarcimento, constante do Anexo I da IN RFB n. 1.300/2012, ou mediante o formulário Pedido de Restituição de Valores Indevidos Relativos a Contribuição Previdenciária, constante do Anexo II, conforme o caso, aos quais deverão ser anexados documentos comprobatórios do direito creditório.

Os pedidos de restituição das pessoas jurídicas deverão ser formalizados pelo estabelecimento matriz.

A restituição das contribuições previdenciárias declaradas incorretamente fica condicionada à retificação da declaração, exceto quando o requerente for segurado ou terceiro não responsável por essa declaração.

Cumpre ainda observar que em se tratando de contribuição devida pelos próprios trabalhadores, produtores rurais e clubes de futebol profissional, onde há a retenção da contribuição pelo tomador dos serviços, adquirente dos produtos ou patrocinador dos eventos, estes poderão solicitar o pedido de restituição diretamente, desde que comprovem o desconto/retenção superior ao valor que era, efetivamente, devido. A empresa (ou equiparada) e o empregador doméstico poderão, também, solicitar a restituição, mas deverão comprovar o ressarcimento às pessoas físicas ou jurídicas que foram prejudicadas com a retenção a maior.

Fundamentação: Lei n. 8.212/91, art. 89; Decreto n. 3.048/99, arts. 247 a 254; Instrução Normativa MF/RFB n. 1.300/2012, arts. 2º, 3º e 7º.

1.2.1. Restituição de valores referentes à retenção de contribuições na cessão de mão de obra ou empreitada

Nos termos do art. 17 da IN MF/RFB n. 1.300/2012, a empresa prestadora de serviços que sofreu retenção de contribuições previdenciárias no ato da quitação da nota fiscal, da fatura ou do recibo de prestação de serviços, que não optar pela compensação dos valores retidos, na forma do art. 60, ou, se após a compensação, restar saldo em seu favor, poderá requerer a restituição do valor não compensado, desde que a retenção esteja destacada na nota fiscal, na fatura ou no recibo de prestação de serviços e declarada em Guia de Recolhimento do Fundo de Garantia do Tempo de Serviço e Informações à Previdência Social (GFIP).

> **Obs.:** Na falta de destaque do valor da retenção na nota fiscal, fatura ou recibo de prestação de serviços, a empresa contratada somente poderá receber a restituição pleiteada se comprovar o recolhimento do valor retido pela empresa contratante.

Na hipótese de a empresa contratante efetuar recolhimento de valor retido em duplicidade ou a maior, o pedido de restituição poderá ser apresentado pela empresa contratada ou pela empresa contratante.

Quando se tratar de pedido feito pela empresa contratante, esta deverá apresentar:

a) autorização expressa de responsável legal pela empresa contratada com poderes específicos para requerer e receber a restituição, em que conste a competência em que houve recolhimento em duplicidade ou de valor a maior;

b) declaração firmada pelo outorgante, sob as penas da lei, de que não compensou, nem foi restituído dos valores requeridos pela outorgada.

A restituição deverá ser requerida pelo sujeito passivo por meio do programa PER/DCOMP ou, na impossibilidade de sua utilização, mediante a apresentação do formulário Pedido de Restituição de Retenção Relativa a Contribuição Previdenciária constante do Anexo IV da IN MF/RFB n. 1.300/2012, ao qual deverão ser anexados documentos comprobatórios do direito creditório.

Fundamentação: Instrução Normativa MF/RFB n. 1.300/2012, arts. 17 a 19.

1.2.2. Penalidades no ressarcimento indeferido

A Lei n. 12.249/2010 (DOU de 14.06.2010) alterou a redação do art. 74 da Lei n. 9.430/96, acrescentando-lhe os §§ 15 e 16, com a seguinte redação:

> "**Art. 74.** O sujeito passivo que apurar crédito, inclusive os judiciais com trânsito em julgado, relativo a tributo ou contribuição administrado pela Secretaria da Receita Federal, passível de restituição ou de ressarcimento, poderá utilizá-lo na compensação de débitos próprios relativos a quaisquer tributos e contribuições administrados por aquele Órgão.
>
> (...)
>
> § 15. Será aplicada multa isolada de 50% (cinquenta por cento) sobre o valor do crédito objeto de pedido de ressarcimento indeferido ou indevido.
>
> § 16. O percentual da multa de que trata o § 15 será de 100% (cem por cento) na hipótese de ressarcimento obtido com falsidade no pedido apresentado pelo sujeito passivo.
>
> (...)"

Na sequência, a Instrução Normativa SRF n. 1.067/2010 acrescentou à IN RFB n. 900/2008 o art. 29-A, determinando aplicação de multa isolada de 50% (cinquenta por cento), incidente sobre o valor do crédito objeto de pedido de ressarcimento indeferido ou indevido, mediante lançamento de ofício. Determinou, ainda, que o referido percentual será de 100% (cem por cento) na hipótese de ressarcimento obtido com falsidade no pedido apresentado pelo sujeito passivo. Referidas disposições foram mantidas na IN MF/RFB n. 1.300/2012, no art. 36.

Note-se que para a aplicação da multa de 50% é suficiente o indeferimento do pedido pela Receita Federal, sem qualquer ato praticado de má-fé pelo contribuinte.

Entendo, contudo, que tal dispositivo, instituído pela Lei n. 12.249/2010 fere claramente o direito de petição, constante do inciso XXXIV do art. 5º da Constituição Federal. Isso porque a aplicação de multa de 50% ao simples indeferimento do pedido certamente inibirá o contribuinte de solicitar à Receita Federal os créditos que entende lhe serem devidos, por excesso na arrecadação das contribuições previdenciárias. Com receio de lhe ser aplicada a multa, muitas vezes o contribuinte deixará de solicitar eventual direito que entende lhe ser devido, havendo verdadeiro cerceamento ao direito de petição, procedimento que entendo ser inconstitucional.

Fundamentação: Lei n. 12.249/2010, art. 62; Instrução Normativa MF/RFB n. 1.300/2012, art. 36.

2. REEMBOLSO

Compreende-se por reembolso o procedimento pelo qual a Secretaria da Receita Federal do Brasil ressarce a empresa ou a equiparada de valores de quotas de salário-família e salário maternidade pagos a segurados a seu serviço, observado quanto ao salário maternidade o período anterior a 29 de novembro de 1999 e os benefícios requeridos a partir de 1º de setembro de 2003.

O reembolso poderá ser efetuado mediante dedução no ato do pagamento das contribuições devidas à Previdência Social, correspondentes ao mês de competência do pagamento do benefício ao segurado, devendo ser declarado em GFIP. É vedada, contudo, a dedução ou compensação do valor das quotas de salário-família ou de salário maternidade das contribuições arrecadadas pela RFB para outras entidades ou fundos (Terceiros).

Quando o valor a deduzir for superior às contribuições previdenciárias devidas no mês, o sujeito passivo poderá compensar o saldo a seu favor no recolhimento das contribuições dos meses subsequentes, ou requerer o reembolso. Quando o reembolso envolver valores não declarados ou declarados incorretamente, o deferimento do pedido ficará condicionado à apresentação ou retificação da declaração.

Caso o sujeito passivo efetue o recolhimento das contribuições previdenciárias sem a dedução do valor a reembolsar, essa importância poderá ser compensada ou ser objeto de restituição.

O reembolso deverá ser requerido por meio do programa PER/DCOMP ou, na impossibilidade de sua utilização, mediante a apresentação do formulário Pedido de Reembolso de Quotas de Salário-Família e Salário maternidade, conforme modelo constante do Anexo VI da IN MF/RFB n. 1.300/2012, ao qual deverão ser anexados documentos comprobatórios do direito creditório.

Fundamentação: Decreto n. 3.048/99, art. 255; Instrução Normativa MF/RFB n. 1.300/2012, arts. 37 a 40.

3. VALORAÇÃO DOS CRÉDITOS

O crédito passível de restituição ou reembolso será restituído, reembolsado ou compensado pelo contribuinte com o acréscimo de juros SELIC, acumulados mensalmente, e de juros de 1% (um por cento) no mês em que:

a) a quantia for disponibilizada ao sujeito passivo;

b) houver a entrega da Declaração de Compensação ou for efetivada a compensação na GFIP;

c) for considerada efetuada a compensação de ofício, conforme a data definida nos incisos I a IV do art. 65 da IN MF/RFB n. 1.300/2012.

No cálculo dos juros observar-se-á, como termo inicial da incidência, o mês subsequente ao do pagamento. Na hipótese de crédito referente à retenção na cessão de mão de obra e na empreitada, no segundo mês subsequente ao da emissão da nota fiscal, da fatura ou do recibo de prestação de serviços.

Na hipótese de reembolso, o segundo mês subsequente ao mês da competência cujo direito à percepção do salário família e/ou do salário maternidade tiver sido reconhecido pela empresa.

As quantias pagas indevidamente a título de multa de mora ou de ofício, inclusive multa isolada, e de juros moratórios decorrentes de obrigações tributárias relativas aos tributos administrados pela RFB também serão restituídas ou compensadas com o acréscimo dos juros compensatórios.

Fundamentação: Instrução Normativa MF/RFB n. 1.300/2012, art. 83.

4. PRAZO DE DECADÊNCIA

O direito de pleitear a restituição ou a compensação, ou mesmo de se beneficiar do reembolso, decai após 5 (cinco) anos, nos termos do art. 168 do Código Tributário Nacional — CTN, prazo este contado do pagamento indevido.

O termo inicial será postergado, contudo, quando se tratar de modificação, anulação ou revogação/rescisão da decisão condenatória, hipótese em que o prazo de 5 anos terá início na data em que se tornar definitiva a decisão administrativa ou na data em que transitar em julgado a decisão judicial que a tenha reformado, anulado, revogado ou rescindido.

5. COMPENSAÇÃO DE OFÍCIO, PELA RECEITA FEDERAL

Antes de proceder à restituição ou ressarcimento de algum tributo ao contribuinte, a Receita Federal deverá verificar eventual existência de débito, ainda que consolidado em qualquer modalidade de parcelamento, inclusive de débito já encaminhado para inscrição em Dívida Ativa, de natureza tributária ou não.

Obs. 1: Quando se tratar de pessoa jurídica, a verificação da existência de débito deverá ser efetuada em relação a todos os seus estabelecimentos, inclusive obras de construção civil.

Obs. 2: Não será efetuada a compensação de ofício aos casos de reembolso.

Existente o débito, o valor que seria restituído ou ressarcido ao contribuinte será utilizado para quitá-lo, mediante compensação, em procedimento de ofício. Antes, porém, será solicitado ao contribuinte que se manifeste sobre o procedimento, no prazo de 15 (quinze) dias, contados do recebimento de comunicação formal enviado pela Receita Federal. Não havendo manifestação, o silêncio será interpretado como concordância da compensação pretendida, hipótese em que será efetuada.

Discordando o contribuinte (sujeito passivo) da compensação de ofício, a Receita Federal não liberará os valores devidos a título da restituição ou ressarcimento, até que o débito seja liquidado.

Havendo a compensação de ofício, eventual crédito em favor do contribuinte será a ele restituído ou ressarcido.

Fundamentação: Instrução Normativa MF/RFB n. 1.300/2012, art. 61.

Capítulo XXI

Obrigações Acessórias

1. OBRIGAÇÕES ACESSÓRIAS DEVIDAS PELAS EMPRESAS E ENTIDADES A ELA EQUIPARADAS

A obrigação principal das empresas, bem como dos demais contribuintes da Seguridade Social, é recolher e arrecadar, no prazo legal, as contribuições sociais que lhe são devidas, matéria já analisada nos capítulos anteriores desta Parte III.

No entanto, a legislação previdenciária confere às empresas (e entidades equiparadas) e aos demais contribuintes (no que couber) algumas obrigações acessórias, quais sejam:

I — preparar folha de pagamento da remuneração paga, devida ou creditada a todos os segurados a seu serviço, devendo manter, em cada estabelecimento, uma via da respectiva folha e recibos de pagamentos. A folha deverá ser elaborada mensalmente, de forma coletiva por estabelecimento da empresa, por obra de construção civil e por tomador de serviços, com a correspondente totalização e resumo geral, nela constando:

a) de forma discriminada, o nome dos segurados, indicando cargo, função ou serviço prestado;

b) agrupados, por categoria, os segurados empregados, avulsos e contribuintes individuais;

c) de forma destacada o nome das seguradas em gozo de salário maternidade;

d) destacadas, as parcelas integrantes e não integrantes da remuneração e os descontos legais; e

e) a indicação do número de quotas de salário-família atribuídas a cada segurado empregado ou trabalhador avulso.

Obs. 1: A empresa deve manter, em cada estabelecimento e obra de construção civil executada sob sua responsabilidade, uma cópia da respectiva folha de pagamento.

Obs. 2: A empresa é obrigada a preparar folha de pagamento dos trabalhadores contratados com base na Lei n. 9.601/98 (contrato a prazo determinado), agrupando-os separadamente — Decreto n. 3.048/99, art. 273.

II — lançar mensalmente em títulos próprios de sua contabilidade, de forma discriminada, os fatos geradores de todas as contribuições, o montante das quantias descontadas, as contribuições da empresa e os totais recolhidos. Estes lançamentos, devidamente escriturados nos livros Diário e Razão, serão exigidos pela fiscalização após 90 dias contados da ocorrência dos fatos geradores das contribuições, devendo, obrigatoriamente:

a) atender ao princípio contábil do regime de competência; e

b) registrar, em contas individualizadas, todos os fatos geradores de contribuições previdenciárias de forma a identificar, clara e precisamente, as rubricas integrantes e não integrantes do salário de contribuição, bem como as contribuições descontadas do segurado, as da empresa e os totais recolhidos, por estabelecimento da empresa, por obra de construção civil e por tomador de serviços.

Obs. 1: São desobrigadas de apresentação de escrituração contábil: a) o pequeno comerciante (Decreto-lei n. 486/69); b) a pessoa jurídica tributada com base no lucro presumido, desde que mantenha a escrituração do Livro Caixa e Livro de Registro de Inventário; e c) a pessoa jurídica que optar pela inscrição no SIMPLES, desde que mantenha escrituração do Livro Caixa e Livro de Registro de Inventário.

Obs. 2: A IN SRF n. 971/2009 (art. 47, § 7º) determina que também está desobrigada de apresentar escrituração contábil as pessoas físicas equiparadas à empresa (contribuintes individuais) e o proprietário do imóvel, o incorporador ou o dono de obra de construção civil, quando pessoa física, em relação a segurado que lhe presta serviço.

III — prestar à Secretaria da Receita Federal do Brasil todas as informações cadastrais, financeiras e contábeis de interesse dos mesmos, na forma por eles estabelecida, bem como os esclarecimentos necessários à fiscalização;

Obs.: É também obrigação da empresa exibir à fiscalização da RFB, quando intimada para tal, todos os documentos e livros com as formalidades legais intrínsecas e extrínsecas, relacionados com as contribuições sociais. Estão obrigados, também, ao cumprimento desta obrigação o segurado do RGPS, o serventuário da justiça, o titular de serventia extrajudicial, o síndico de massa falida ou seu representante, o administrador judicial definido pela Lei n. 11.101/2005, o comissário e o liquidante de empresa em liquidação judicial ou extrajudicial, relativamente aos documentos e livros sob sua guarda ou de sua responsabilidade.

IV — informar mensalmente, à RFB e ao Conselho Curador do FGTS, em GFIP emitida por estabelecimento da empresa, com informações distintas por tomador de serviço e por obra de construção civil, os dados cadastrais, os fatos geradores, a base de cálculo e os valores devidos das contribuições sociais e outras informações de interesse da RFB e do INSS ou do Conselho Curador do FGTS, na forma estabelecida no Manual da GFIP;

Obs.: As informações prestadas na GFIP (que deverá ser entregue na rede bancária até o dia 07 do mês seguinte àquele a que se referirem as informações) servirão como base de cálculo das contribuições arrecadadas, comporão a base de dados para fins de cálculo e concessão dos benefícios previdenciários, bem como se constituirão em termo de confissão de dívida, na hipótese do não recolhimento.

V — encaminhar ao sindicato representativo da categoria profissional mais numerosa entre seus empregados, até o dia dez de cada mês, cópia da Guia da Previdência Social — GPS — relativamente à competência anterior. Observar, no entanto, as seguintes situações:

a) caso a empresa possua mais de um estabelecimento localizado em base geográfica diversa, a cópia da GPS será encaminhada ao sindicato representativo da categoria profissional mais numerosa entre os empregados de cada estabelecimento;

b) a empresa que recolher suas contribuições em mais de uma GPS encaminhará cópia de todas as guias;

c) a remessa poderá ser efetuada por qualquer meio que garanta a reprodução integral do documento, cabendo à empresa manter, em seus arquivos, prova do recebimento pelo sindicato; e

d) cabe à empresa a comprovação, perante a fiscalização do INSS, do cumprimento de sua obrigação frente ao sindicato.

Obs.: Fica dispensado do cumprimento desta obrigação o contribuinte individual, em relação a segurado que lhe presta serviço.

VI — afixar cópia da Guia da Previdência Social — GPS, relativamente à competência anterior, durante o período de um mês, no quadro de horário de que trata o art. 74 da Consolidação das Leis do Trabalho.

Obs.: Fica dispensado do cumprimento desta obrigação o contribuinte individual, em relação a segurado que lhe presta serviço.

VII — manter à disposição da fiscalização, durante 10 anos, os documentos comprobatórios do cumprimento de suas obrigações, observadas as normas estabelecidas pelos órgãos competentes. A comprovação dos pagamentos de benefícios reembolsados à empresa (salário-família, por exemplo) também deve ser mantida à disposição da fiscalização durante dez anos.

Obs.: Conforme disposições constantes da Medida Provisória n. 83, art. 8º, de 12.12.2002 — DOU de 13.12.2002 (convertida na Lei n. 10.666/2003), a empresa que utiliza sistema de processamento eletrônico de dados para o registro de negócios e atividades econômicas, escrituração de livros ou produção de documentos de natureza contábil, fiscal, trabalhista e previdenciária é obrigada a arquivar e conservar, devidamente certificados, os respectivos sistemas e arquivos, em meio digital ou assemelhado, durante dez anos, à disposição da fiscalização.

IX — elaborar o OGMO, em relação ao trabalhador portuário avulso, folha de pagamento por navio, mantendo-a disponível para uso da fiscalização do INSS, indicando o operador portuário e os trabalhadores que participaram da operação, detalhando, com relação aos últimos:

a) os correspondentes números de registro ou cadastro no Órgão Gestor de Mão de Obra;

b) o cargo, função ou serviço prestado;

c) os turnos em que trabalharam;

d) as remunerações pagas, devidas ou creditadas a cada um dos trabalhadores e a correspondente totalização; e

e) os valores das contribuições sociais previdenciárias retidas.

Obs. 1: O OGMO consolidará as folhas de pagamento relativas às operações concluídas no mês anterior por operador portuário e por trabalhador portuário avulso, indicando, com relação a estes, os respectivos números de registro ou cadastro, as datas dos turnos trabalhados, as importâncias pagas e os valores das contribuições previdenciárias retidas. Para efeito de observância do limite máximo da contribuição do segurado trabalhador avulso o Órgão Gestor de Mão de Obra deverá manter um resumo mensal e acumulado, por trabalhador portuário avulso, dos valores totais das férias, do décimo terceiro salário e das contribuições previdenciárias retidas.

Obs. 2: A preparação das folhas de pagamento dos trabalhadores avulsos não portuários é de responsabilidade do respectivo Sindicato dos Trabalhadores Avulsos, devendo ser elaboradas por tomador de serviço.

X — comunicar através da CAT os acidentes de trabalho à Previdência Social até o 1º dia útil seguinte ao da ocorrência e de imediato, à autoridade competente, no caso de morte;

XI — descontar da remuneração de seus segurados, quando solicitado pelo INSS, importância proveniente de dívida referente a pagamento indevido de benefício;

XII — elaborar e manter atualizado Laudo Técnico de Condições Ambientais do Trabalho (LTCAT) com referência aos agentes nocivos existentes no ambiente de trabalho de seus trabalhadores;

XIII — elaborar e manter atualizado Perfil Profissiográfico Previdenciário (PPP) abrangendo as atividades desenvolvidas por trabalhador exposto a agente nocivo existente no ambiente de trabalho e fornecer ao trabalhador, quando da rescisão do contrato de trabalho, cópia autêntica deste documento;

XIV — inscrever no INSS os cooperados (em se tratando de cooperativas) e contratados (em se tratando de empresas em geral) como "contribuintes individuais", se ainda não inscritos;

Obs.: A inscrição do segurado empregado é efetuada diretamente na empresa, mediante preenchimento dos documentos que o habilitem ao exercício da atividade, formalizado pelo contrato de trabalho, e a inscrição dos trabalhadores avulsos é efetuada diretamente no OGMO, no caso dos portuários, ou no sindicato de classe, nos demais casos, mediante cadastramento e registro do trabalhador, respectivamente, no OGMO ou sindicato.

XV — fornecer ao contribuinte individual que lhes presta serviços, comprovante do pagamento de remuneração, consignando a identificação completa da empresa, inclusive com o seu número no CNPJ, o número de inscrição do segurado no RGPS, o valor da remuneração paga, o desconto da contribuição efetuado e o compromisso de que a remuneração paga será informada na GFIP e a contribuição correspondente será recolhida;

XVI — matricular-se no INSS (matrícula CEI), dentro do prazo de trinta dias contados da data do início de suas atividades, quando não inscrita no Cadastro Nacional de Pessoa Jurídica (CNPJ);

XVII — matricular no INSS (matrícula CEI) obra de construção civil executada sob sua responsabilidade, dentro do prazo de trinta dias contados do início da execução;

XVIII — informar, anualmente, à Secretaria da Receita Federal do Brasil, na forma por ela estabelecida, o nome, o número de inscrição na previdência social e o endereço completo dos segurados contribuintes individuais que exercem pequena atividade comercial em via pública ou de porta em porta (comerciantes ambulantes), por ela utilizados no período, a qualquer título, para distribuição ou comercialização de seus produtos, sejam eles de fabricação própria ou de terceiros, sempre que se tratar de empresa que realize vendas diretas.

Com referência aos trabalhadores avulsos, cumpre ainda observar que a emissão e a entrega das GFIP referentes a trabalhadores avulsos são de inteira responsabilidade do OGMO, no caso dos avulsos portuários, e dos tomadores de serviço, nos demais casos, devendo ser emitidas por operador portuário ou por tomador de serviços, respectivamente.

Por fim, é importante registrar a publicação da Lei n. 12.692, no DOU de 25.07.2012, acrescentando ao art. 32 da Lei n. 8.212/91 mais uma obrigação acessória às empresas, de comunicar mensalmente aos seus empregados os valores recolhidos sobre o total de sua remuneração ao INSS, em documento que ainda será definido em regulamento.

Fundamentação: Lei n. 8.212/91, art. 32; Decreto n. 3.048/99, art. 225; Instrução Normativa SRF n. 971/2009, art. 47.

2. OBRIGAÇÕES ESPECÍFICAS

2.1. Órgão Gestor de Mão de Obra — OGMO

O OGMO está obrigado a elaborar listas de escalação diária dos trabalhadores avulsos portuários, por operador portuário e por navio, e mantê-las sob sua guarda para exibição à fiscalização do INSS, quando solicitadas, cabendo a ele, exclusivamente, a responsabilidade pela exatidão dos dados lançados nessas listas — Decreto n. 3.048/99, art. 225, §§ 19 e 20.

2.2. Municípios

Os Municípios, por intermédio do órgão competente, deverá fornecer ao Instituto Nacional do Seguro Social, para fins de fiscalização, mensalmente, relação de todos os alvarás para construção civil e documentos de habite-se concedidos, de acordo com critérios estabelecidos pelo referido Instituto. Esta relação deverá ser encaminhada ao INSS até o dia 10 do mês seguinte àquele a que se referirem os documentos — Decreto n. 3.048/99, art. 226.

2.3. Instituições Financeiras

As instituições financeiras, assim entendidas as pessoas jurídicas públicas ou privadas que tenham como atividade principal ou acessória a intermediação ou aplicação de recursos financeiros próprios ou de terceiros, em moeda nacional ou estrangeira, autorizadas pelo Banco Central do Brasil ou por decreto do Poder Executivo a funcionar no Território Nacional, se encontram obrigadas a verificar pela Internet a autenticidade da Certidão Negativa de Débito — CND apresentada pelas empresas com as quais tenham efetuado operações de crédito com recursos ali referidos, conforme especificação técnica a ser definida pelo INSS — Decreto n. 3.048/99, art. 227.

2.4. Cartórios de Registro Civil e Pessoas Naturais

Os titulares de cartório de registro civil e pessoas naturais se encontram obrigados a comunicar, até o dia dez de cada mês, na forma estabelecida pelo Instituto Nacional do Seguro Social, o registro dos óbitos ocorridos no mês imediatamente anterior, devendo da comunicação constar o nome, a filiação, a data e local de nascimento da pessoa falecida.

No caso de não haver sido registrado nenhum óbito, deverá o titular do cartório comunicar esse fato ao Instituto Nacional do Seguro Social, no prazo mencionado.

Fundamentação: Decreto n. 3.048/99, art. 228.

2.5. Apresentação de Dados em Meio Digital ou Assemelhado

Conforme disposições constantes da Lei n. 10.666/2003, a empresa que utiliza sistema de processamento eletrônico de dados para o registro de negócios e atividades econômicas ou financeiras, escrituração de livros ou produção de documentos de natureza contábil, fiscal, trabalhista e previdenciária está obrigada a arquivar e armazenar, devidamente certificados, os respectivos arquivos e sistemas, em meio digital ou assemelhado, durante dez anos, mantendo-os à disposição da fiscalização.

A escolha da forma ou processo de armazenamento dos arquivos e sistemas fica a critério da empresa. No entanto, quando intimadas pela fiscalização, deverá esta apresentar, no prazo estipulado no Termo de Intimação para Apresentação de Documentos (TIAD), a documentação técnica completa e atualizada dos sistemas e arquivos solicitados.

A empresa optante pelo Sistema Integrado de Pagamento de Impostos e Contribuições das Microempresas e Empresas de Pequeno Porte (SIMPLES) fica dispensada do cumprimento desta obrigação, desde que mantenha a documentação em meio papel.

A Portaria n. 58/2005, do Secretário da Receita Previdenciária (DOU de 31.01.2005), estabelece a forma de apresentação, a documentação de acompanhamento e as especificações técnicas dos arquivos digitais.

2.6. Cooperativas de Trabalho e de Produção

As cooperativas de trabalho e de produção se encontram sujeitas às mesmas obrigações previdenciárias das empresas em geral (item 1 deste Capítulo) em relação:

a) à remuneração paga, devida ou creditada, conforme o caso, no decorrer do mês, a segurados empregado, trabalhador avulso e contribuinte individual por ela contratados;

b) à remuneração paga ou creditada a cooperado pelos serviços prestados à própria cooperativa, inclusive aos cooperados eleitos para cargo de direção;

Obs.: O disposto neste item aplica-se à cooperativa de produção em relação à remuneração paga ou creditada aos cooperados envolvidos na produção dos bens ou serviços.

c) à arrecadação da contribuição individual de seus cooperados pelos serviços por ela intermediados e prestados a pessoas físicas, a pessoas jurídicas ou à própria cooperativa, no caso de cooperativa de trabalho;

d) à arrecadação da contribuição individual de seus cooperados pelos serviços a ela prestados, no caso de cooperativa de produção;

e) à retenção decorrente da contratação de serviços mediante cessão de mão de obra ou empreitada, inclusive em regime de trabalho temporário, incidente sobre o valor bruto da nota fiscal, da fatura ou do recibo de prestação de serviços;

f) à contribuição incidente sobre o valor bruto da nota fiscal, fatura ou recibo de prestação de serviços, quando contratar serviços mediante intermediação de outra cooperativa de trabalho;

g) à contribuição devida pela associação desportiva que mantém equipe de futebol profissional, incidente sobre a receita bruta repassada a ela a título de patrocínio, de licenciamento e uso de marcas e símbolos, de publicidade, de propaganda e transmissão de espetáculos desportivos;

h) à contribuição devida pelo produtor rural pessoa física ou pelo segurado especial, incidente sobre a comercialização do produto rural, na condição de sub-rogada;

Obs.: A empresa ou cooperativa adquirente, consumidora ou consignatária da produção fica obrigada a fornecer ao segurado especial cópia do documento fiscal de entrada da mercadoria, onde conste, além do registro da operação realizada, o valor da respectiva contribuição previdenciária.

i) à contribuição adicional para o custeio da aposentadoria especial, no caso de cooperativa de produção.

A cooperativa de trabalho, na atividade de transporte, em relação à remuneração paga ou creditada a segurado contribuinte individual que lhe presta serviços e a cooperado pelos serviços prestados com sua intermediação, deve reter e recolher a contribuição do segurado transportador autônomo destinada ao Serviço Social do Transporte (SEST) e ao Serviço Nacional de Aprendizagem do Transporte (SENAT).

Impende ainda observar que as cooperativas de trabalho e de produção são obrigadas a efetuar a inscrição no Instituto Nacional do Seguro Social (INSS) dos cooperados a elas filiados e dos contribuintes individuais contratados, se não inscritos.

2.7. Órgãos Públicos

Nos termos do art. 32-B da Lei n. 8.212/91 (acrescentado pela Lei n. 12.810/2013), os órgãos da administração direta, as autarquias, as fundações e as empresas públicas da União, dos Estados, do Distrito Federal e dos Municípios, cujas Normas Gerais de Direito Financeiro para elaboração e controle dos orçamentos estão definidas pela Lei n. 4.320/64, e pela Lei Complementar n. 101/2000, ficam obrigados, na forma estabelecida pela Secretaria da Receita Federal do Brasil do Ministério da Fazenda, a apresentar, até o dia 30 de abril do ano seguinte ao encerramento do exercício, os seguintes documentos:

I — a contabilidade entregue ao Tribunal de Controle Externo; e

II — a folha de pagamento.

Capítulo XXII

Arrecadação, Fiscalização e Cobrança das Contribuições

1. COMPETÊNCIA PARA ARRECADAR, FISCALIZAR E COBRAR AS CONTRIBUIÇÕES — SECRETARIA DA RECEITA FEDERAL DO BRASIL

Com a publicação da Lei n. 11.457, de 16.3.2007 (DOU de 19.3.2007), a Secretaria da Receita Federal passou a denominar-se Secretaria da Receita Federal do Brasil, sendo órgão da administração direta subordinado ao Ministro de Estado da Fazenda e a ela passaram as atribuições que, anteriormente, eram da Secretaria da Receita Previdenciária. Assim, além das competências atribuídas pela legislação vigente à Secretaria da Receita Federal, coube à Secretaria da Receita Federal do Brasil (RFB) planejar, executar, acompanhar e avaliar as atividades relativas à tributação, fiscalização, arrecadação, cobrança e recolhimento das contribuições sociais previdenciárias, previstas nas alíneas "a", "b" e "c" do parágrafo único do art. 11 da Lei n. 8.212/91, bem como das contribuições instituídas a título de substituição.

Os valores arrecadados pela RFB a título das contribuições sociais previdenciárias, no entanto, serão destinados, exclusivamente, ao pagamento dos benefícios do Regime Geral de Previdência Social e creditados diretamente ao Fundo do Regime Geral de Previdência Social, de que trata o art. 68 da Lei Complementar n. 101/2000.

Todas as obrigações, portanto, previstas na Lei n. 8.212/91 (Lei de Custeio da Seguridade Social), relativas às contribuições sociais mencionadas, passaram a ser cumpridas perante a Secretaria da Receita Federal do Brasil, ficando expressamente extinta a Secretaria da Receita Previdenciária.

Ao Instituto Nacional do Seguro Social (INSS) cabe apenas:

a) emitir certidão relativa a tempo de contribuição;

b) gerir o Fundo do Regime Geral de Previdência Social;

c) calcular o montante das contribuições e emitir o correspondente documento de arrecadação, com vistas no atendimento conclusivo para concessão ou revisão de benefício requerido.

Os Auditores Fiscais da Receita Federal do Brasil terão livre acesso a todas as dependências ou estabelecimentos da empresa, com vistas à verificação física dos segurados em serviço, para confronto com os registros e documentos da empresa, podendo requisitar e apreender livros, notas técnicas e demais documentos necessários ao perfeito desempenho de suas funções, caracterizando-se como embaraço à fiscalização qualquer dificuldade oposta à consecução do objetivo. A empresa, o servidor de órgãos públicos da administração direta e indireta, o segurado da Previdência Social, o serventuário da Justiça, o síndico ou seu representante, o comissário e o liquidante de empresa em liquidação judicial ou extrajudicial são obrigados a exibir todos os documentos e livros relacionados com as contribuições previdenciárias ou para terceiros.

Obs.: Na falta de prova regular e formalizada pelo sujeito passivo, o montante dos salários pagos pela execução de obra de construção civil pode ser obtido mediante cálculo da mão de obra empregada, proporcional à área construída, de acordo com critérios estabelecidos pela Secretaria da Receita Federal do Brasil, cabendo ao proprietário, dono da obra, condômino da unidade imobiliária ou empresa corresponsável o ônus da prova em contrário.

A Portaria MF/RFB n. 10.875/2007 (DOU de 24.8.2007) disciplina, atualmente, o processo administrativo fiscal decorrente de Notificação Fiscal de Lançamento de Débito (NFLD), Auto de Infração (AI) e, no que couber, de cancelamento de isenção, de pedido de isenção da cota patronal e reembolso ou restituição de pagamentos relativos às contribuições previdenciárias. Acesso em 11.7.2012, no endereço <http://www.receita.fazenda.gov.br/Legislacao/Portarias/2007/portrfb10875.htm>.

Fundamentação: Lei n. 8.212/91, art. 33; Lei n.. 11.457, de 16.3.2007 (DOU de 19.3.2007).

2. EXAME DA CONTABILIDADE

É prerrogativa do Ministério da Fazenda, através da Secretaria da Receita Federal do Brasil (RFB), o exame da contabilidade das empresas, obrigando-se seus titulares e/ou prepostos a prestarem todos os esclarecimentos e informações solicitados.

Repetimos, pois, que a empresa, o servidor de órgão público da administração direta e indireta, o segurado da previdência social, o serventuário da Justiça, o síndico ou seu representante legal, o comissário e o liquidante de empresa em liquidação judicial ou extrajudicial são obrigados a exibir todos os documentos e livros relacionados com as contribuições arrecadadas, ainda que destinadas a outras entidades e fundos (terceiros).

Ocorrendo recusa ou sonegação de qualquer documento ou informação, ou sua apresentação deficiente, a Secretaria da Receita Federal do Brasil pode, sem prejuízo da penalidade cabível nas esferas de sua competência, lançar de ofício importância que reputarem devida, cabendo à empresa, ao empregador doméstico ou ao segurado o ônus da prova em contrário. A autoridade policial, se necessário e mediante solicitação, deverá prestar à fiscalização o auxílio necessário ao regular desempenho da atividade.

Obs.: Considera-se deficiente o documento ou informação apresentada que não preencha as formalidades legais, bem como aquele que contenha informação diversa da realidade, ou, ainda, que omita informação verdadeira.

Constatando a fiscalização, no exame da escrituração contábil e de qualquer outro documento da empresa, que a contabilidade não registra o movimento real da remuneração dos segurados a seu serviço, da receita ou do faturamento e do lucro, esta será desconsiderada, sendo apuradas por aferição indireta as contribuições devidas, cabendo à empresa o ônus da prova em contrário[25].

Confira-se sobre o tema, por fim, a redação da Súmula 439 do STF:

"**Súmula 439.** Estão sujeitos à fiscalização tributária ou previdenciária quaisquer livros comerciais, limitado o exame aos pontos objeto da investigação."

Fundamentação: Lei n. 11.457, de 16.03.2007 (DOU de 19.03.2007); Lei n. 8.212/19, art. 33, §§ 3º e 6º; Decreto n. 3.048/99, arts. 231 a 237.

3. CONSTITUIÇÃO DOS CRÉDITOS

3.1. Formas de Constituição do Crédito

Nos termos da Lei n. 11.457/2007 (art. 25) o processo administrativo fiscal passou a ser regido pelo Decreto n. 70.235/72 e, nos termos da Lei n. 8.212/91 (art. 33, § 7º), o crédito tributário, no âmbito previdenciário, será constituído nas seguintes formas:

---

[25] Ainda que sua aprovação tenha ocorrido em 2006, vale conferir a redação do Enunciado CRPS n. 29: "Nos casos de levantamento por arbitramento, a existência do fundamento legal que ampara tal procedimento, seja no relatório Fundamentos Legais do Débito — FLD ou no Relatório Fiscal — REFISC garante o pleno exercício do contraditório e da ampla defesa, não gerando a nulidade do lançamento."

I — por meio de lançamento por homologação expressa ou tácita, quando o sujeito passivo antecipar o recolhimento da importância devida, nos termos da legislação aplicável;

II — por meio de confissão de dívida tributária, quando o sujeito passivo:

a) apresentar a GFIP e não efetuar o pagamento integral do valor confessado;

b) reconhecer espontaneamente a obrigação tributária;

III — de ofício, quando for constatada a falta de recolhimento de qualquer contribuição ou de outra importância devida nos termos da legislação aplicável, bem como quando houver o descumprimento de obrigação acessória.

Os documentos comprobatórios do cumprimento das obrigações devem ficar arquivados na empresa até que ocorra a prescrição relativa aos créditos decorrentes das operações a que se refiram.

Constatado pela Receita Federal recolhimento parcial de crédito constituído nas formas acima especificadas, inclusive de crédito objeto de contencioso administrativo sem o documento discriminativo do débito, deverá ser observada, na apropriação do pagamento, a seguinte ordem:

a) valores declarados em GFIP;

b) lançados com base na folha de pagamento e reconhecidos pelo sujeito passivo;

c) lançados com base na folha de pagamento, mas não reconhecidos pelo sujeito passivo;

d) lançados com base na contabilidade.

Se o valor parcial recolhido for igual ou superior às contribuições retidas ou descontadas de segurados, considerar-se-á cumprida a obrigação decorrente daquela responsabilidade. No entanto, se o valor parcial recolhido for inferior às contribuições retidas ou descontadas de segurados, a diferença constituirá débito decorrente daquela responsabilidade, sendo emitida a RFFP (Representação Fiscal para Fins Penais) pela configuração, em tese, do crime contra a Previdência Social previsto no art. 168-A do Código Penal (crime de apropriação indébita).

Fundamentação: Lei n. 8.212/91, art. 33, § 7º; Decreto n. 3.048/99, art. 245; Instrução Normativa SRF n. 971/2009, arts. 456 e 457.

3.2. Documentos de Constituição do Crédito

Nos termos do art. 460 da Instrução Normativa SRF n. 971/2009, são documentos de constituição do crédito tributário relativo às contribuições previdenciárias os seguintes:

I — Guia de Recolhimento do Fundo de Garantia do Tempo de Serviço e Informações à Previdência Social (GFIP): documento declaratório da obrigação, caracterizado como instrumento hábil e suficiente para a exigência do crédito tributário;

II — Lançamento do Débito Confessado (LDC): o documento por meio do qual o sujeito passivo confessa os débitos que verifica;

III — Auto de Infração (AI): é o documento constitutivo de crédito, inclusive relativo à multa aplicada em decorrência do descumprimento de obrigação acessória, lavrado por Auditor Fiscal da Rreceita Federal do Brasil e apurado mediante procedimento de fiscalização;

IV — Notificação de Lançamento (NL): o documento constitutivo de crédito expedido pelo órgão da Administração Tributária; e

V — Débito Confessado em GFIP (DCG): documento que registra o débito decorrente de divergência entre os valores recolhidos em documento de arrecadação previdenciária e os declarados em GFIP.

3.2.1. Guia de Recolhimento do Fundo de Garantia do Tempo de Serviço e Informações à Previdência Social — GFIP — Confissão de Dívida — Emissão de DCG

Documento declaratório da obrigação, caracteriza-se a GFIP como instrumento de confissão de dívida tributária. Assim, havendo divergência entre os valores declarados em GFIP e aqueles recolhidos em documentos de arrecadação previdenciária, o sistema informatizado da Receita Federal do Brasil registrará este débito em documento próprio denominado Débito Confessado em GFIP (DCG), o qual dará início à cobrança automática independente da instauração de procedimento fiscal ou notificação ao sujeito passivo.

Antes da emissão deste documento (DCG), no entanto, a receita federal do brasil pode, se assim desejar, intimar o sujeito passivo (contribuinte) para regularizar a situação. A intimação, neste caso, deve ser encaminhada ao sujeito passivo por via postal, com ou sem Aviso de Recebimento, ou por meio eletrônico, contendo o prazo para regularização, o endereço eletrônico para acesso aos relatórios com detalhamento dos valores apurados e obtenção de instruções para regularização da situação e o endereço da unidade da RFB onde o sujeito passivo poderá comparecer, caso manifeste interesse em obter informações adicionais. Caso as divergências não sejam regularizadas no prazo previsto, o DCG será emitido.

Note-se, no entanto, que se considera devidamente constituído o crédito tributário a partir do momento da declaração da obrigação tributária, mediante a entrega da GFIP, independentemente da emissão do Débito Confessado em GFIP (DCG).

Por fim, cumpre observar que o DCG dispensa o contencioso administrativo, sendo encaminhado à Procuradoria Geral da Fazenda Nacional, para fins de inscrição na Dívida Ativa e cobrança judicial, caso não seja regularizado no prazo nele previsto.

Fundamentação: Instrução Normativa SRF n. 971/2009, art. 461.

3.2.1.1. Alteração de informações prestadas em GFIP referentes a competências incluídas no DCG

A alteração nas informações prestadas em GFIP deverá ser formalizada mediante a apresentação de GFIP retificadora, elaborada com a observância das normas constantes do Manual da GFIP.

A GFIP retificadora que apresentar valor devido inferior ao anteriormente declarado, e que se referir a competências incluídas em DCG, somente será processada no caso de comprovação de erro no preenchimento da GFIP a ser retificada. Nessa hipótese, o contribuinte deverá solicitar o processamento da GFIP retificadora por meio de requerimento administrativo, que deverá fazer referência ao número de controle desta GFIP. Os novos valores confessados serão, então, confrontados com os recolhimentos feitos, podendo resultar, se for o caso, em retificação dos DCG.

A retificação não produzirá efeitos tributários quando tiver por objeto alterar os débitos em relação aos quais o sujeito passivo tenha sido intimado do início de procedimento fiscal, salvo no caso de ocorrência de recolhimento anterior ao início desse procedimento:

I — quando não houve entrega de GFIP, hipótese em que o sujeito passivo poderá apresentar GFIP, em atendimento a intimação fiscal e nos termos desta, para sanar erro de fato, sem prejuízo das penalidades cabíveis;

II — em valor superior ao declarado, hipótese em que o sujeito passivo poderá apresentar GFIP retificadora, em atendimento a intimação fiscal e nos termos desta, para sanar erro de fato, sem prejuízo das penalidades cabíveis.

Fundamentação: Instrução Normativa SRF n. 971/2009, art. 463.

3.2.2. Lançamento do Débito Confessado — LDC

O Lançamento do Débito Confessado (LDC) é o documento constitutivo de crédito relativo às contribuições devidas à Previdência Social e outras importâncias arrecadadas pela Secretaria da Receita Federal do Brasil, decorrente de confissão de dívida pelo sujeito passivo (contribuinte), não declarada em GFIP, sendo emitido somente quando o contribuinte comparecer na unidade da Receita de sua jurisdição para, espontaneamente, reconhecer contribuições devidas.

O LDC deverá ser assinado pelo representante legal, mandatário ou preposto do sujeito passivo (contribuinte).

Obs.: Em se tratando de serviços notariais e de registro, o LDC será lavrado em nome do titular do serviço ou do substituto designado pela autoridade competente para responder pelo expediente na hipótese de extinção da delegação, por meio de matrícula CEI atribuída de ofício pelo Auditor Fiscal.

Como se trata de confissão de dívida, não se aplica o contencioso administrativo. Assim, caso a obrigação tributária não seja quitada nem parcelada no prazo de 30 (trinta) dias, contados da assinatura do LDC, bem como no caso de rescisão de parcelamento, o processo administrativo será encaminhado à PGFN (Procuradoria Geral da Fazenda Nacional), para fins de inscrição do crédito tributário em dívida ativa e cobrança, juntamente com cópia da comunicação ao sujeito passivo sobre sua inclusão no Cadin.

Fundamentação: Instrução Normativa SRF n. 971/2009, arts. 464 a 466.

3.2.3. Auto de Infração ou Notificação de Lançamento pelo descumprimento de obrigação principal ou acessória

Será lavrado, pelo Auditor Fiscal que presidir e executar o procedimento fiscal, o Auto de Infração ou a Notificação de Lançamento para constituir o crédito relativo às contribuições previdenciárias.

Sobre o Auto de Infração, cabem as seguintes considerações:

I — O titular de serviço notarial e de registro é pessoalmente responsável pela infração a obrigação acessória prevista na legislação previdenciária, em nome do qual será lavrado o documento de constituição do crédito tributário, por meio de matrícula CEI atribuída de ofício.

II — O síndico ou o administrador judicial, o comissário ou o liquidante de empresa que esteja em falência, em recuperação judicial, em concordata ou em liquidação judicial ou extrajudicial, será autuado sempre que, relativamente aos documentos ou às informações que estejam sob a sua guarda, se recusar a apresentá-los, sonegá-los ou apresentá-los deficientemente, identificando-se o regime especial em que se encontra a empresa no relatório fiscal.

Obs.: As pessoas acima referidas serão responsabilizadas pelos atos infracionais praticados durante o período de administração da falência, da recuperação judicial, da concordata ou da liquidação.

III — O inventariante será autuado sempre que ocorrer a hipótese prevista no art. 470 da IN SRF n. 971/2009, bem como pelos atos infracionais praticados durante o período da administração do espólio em relação ao período de gestão do inventariante.

IV — Caso haja denúncia espontânea da infração, não cabe a lavratura de Auto de Infração para aplicação de penalidade pelo descumprimento de obrigação acessória. Considera-se denúncia espontânea o procedimento adotado pelo infrator que regularize a situação que tenha configurado a infração, antes do início de qualquer ação fiscal relacionada com a infração, dispensada a comunicação da correção da falta à Receita Federal do Brasil.

V — Nas situações abaixo, configura uma ocorrência:

   a) cada segurado não inscrito, independentemente da data de contratação do empregado ou do contribuinte individual;

b) cada PPP não emitido para trabalhador exposto aos agentes nocivos, ou não atualizado;

c) cada CND não exigida, nos casos previstos em lei;

d) cada obra de construção civil não matriculada no CEI no prazo estabelecido em lei.

Obs.: O termo "ocorrência", citado neste item V, significa infrações isoladas que, por economia processual, poderão integrar um único Auto de Infração ou Notificação de Lançamento.

VI — Nas situações abaixo, cada competência em que seja constatado o descumprimento da obrigação, independentemente do número de documentos não entregues na competência, é considerada como uma ocorrência:

a) GFIP ou GRFP não entregue na rede bancária, a partir da competência janeiro de 1999;

b) GFIP ou GRFP entregue com dados não correspondentes aos fatos geradores de todas as contribuições sociais.

Obs.: A GFIP deve ser considerada como um documento único, independentemente da quantidade de documentos entregues nos termos do Manual da GFIP, e ainda que se refiram a estabelecimentos distintos.

Fundamentação: Instrução Normativa SRF n. 971/2009, arts. 467 a 474.

4. MULTAS

Por infração a qualquer dispositivo da Lei n. 8.212/91 (exceto no que se refere a prazo de recolhimento de contribuições), da Lei n. 8.213/91 e da Lei n. 10.666/2003, para a qual não haja penalidade expressamente cominada, fica o responsável sujeito a multa variável, conforme a gravidade da infração, limitada a um valor mínimo (R$ 1.812,87) e um valor máximo (R$ 181.284,63) previstos no Regulamento da Previdência Social — Decreto n. 3.048/99 — e atualizados mediante Portaria Ministerial, aplicada da seguinte forma:

Obs.: Valores atualizados, a partir de 1º. 1.2014, pela Portaria MPS/MF n. 19/2014, art. 8º.

I — a partir de R$ 1.812,87 nas seguintes infrações:

a) deixar a empresa de preparar folha de pagamento das remunerações pagas, devidas ou creditadas a todos os segurados a seu serviço, de acordo com este Regulamento e com os demais padrões e normas estabelecidos pelo INSS;

b) deixar a empresa de se matricular no INSS, dentro de 30 dias contados da data do início de suas atividades, quando não sujeita a inscrição no CNPJ;

c) deixar a empresa de descontar da remuneração paga aos segurados a seu serviço importância proveniente de dívida ou responsabilidade por eles contraída junto à seguridade social, relativa a benefícios pagos indevidamente;

d) deixar a empresa de matricular no INSS obra de construção civil de sua propriedade ou executada sob sua responsabilidade no prazo de 30 dias do início das respectivas atividades;

e) deixar o Titular de Cartório de Registro Civil de Pessoas Naturais de comunicar ao INSS, até o dia 10 de cada mês, a ocorrência ou a não ocorrência de óbitos, no mês imediatamente anterior, bem como enviar informações inexatas;

f) deixar o dirigente dos órgãos municipais competentes de prestar ao INSS as informações concernentes aos alvarás, habite-se ou documento equivalente, relativos a construção civil; e

g) deixar a empresa de efetuar os descontos das contribuições devidas pelos segurados a seu serviço; e

h) deixar a empresa de elaborar e manter atualizado perfil profissiográfico abrangendo as atividades desenvolvidas pelo trabalhador e de fornecer a este, quando da rescisão do contrato de trabalho, cópia autêntica deste documento.

II — a partir de R$ 18.128,43 nas seguintes infrações:

a) deixar a empresa de lançar mensalmente, em títulos próprios de sua contabilidade, de forma discriminada, os fatos geradores de todas as contribuições, o montante das quantias descontadas, as contribuições da empresa e os totais recolhidos;

b) deixar a empresa de apresentar ao INSS e à SRF os documentos que contenham as informações cadastrais, financeiras e contábeis de interesse dos mesmos, na forma por eles estabelecida, ou os esclarecimentos necessários à fiscalização;

c) deixar o servidor, o serventuário da Justiça ou o titular de serventia extrajudicial de exigir documento comprobatório de inexistência de débito, quando da contratação com o poder público ou no recebimento de benefício ou de incentivo fiscal ou creditício;

d) deixar o servidor, o serventuário da Justiça ou o titular de serventia extrajudicial de exigir o documento comprobatório de inexistência de débito, quando da alienação ou oneração, a qualquer título, de bem imóvel ou direito a ele relativo;

e) deixar o servidor, o serventuário da Justiça ou o titular de serventia extrajudicial de exigir a apresentação do documento comprobatório de inexistência de débito na alienação ou oneração, a qualquer título, de bem móvel incorporado ao ativo permanente da empresa, de valor superior a R$ 45.320,71;

Obs.: Valor determinado pela Portaria MPS/MF n. 19/2014, art. 8º, VI.

f) deixar o servidor, o serventuário da Justiça ou o titular de serventia extrajudicial de exigir documento comprobatório de inexistência de débito no registro ou arquivamento, no órgão próprio, de ato relativo a baixa ou redução de capital de firma individual, redução de capital social, cisão total ou parcial, transformação ou extinção de entidade ou sociedade comercial ou civil e transferência de controle de cotas de sociedades de responsabilidade limitada;

g) deixar o servidor, o serventuário da Justiça ou o titular de serventia extrajudicial de exigir documento comprobatório de inexistência de débito do proprietário, pessoa física ou jurídica, de obra de construção civil, quando da averbação de obra no Registro de Imóveis;

h) deixar o servidor, o serventuário da Justiça ou o titular de serventia extrajudicial de exigir documento comprobatório de inexistência de débito do incorporador, quando da averbação de obra no Registro de Imóveis, independentemente do documento apresentado por ocasião da inscrição do memorial de incorporação;

i) deixar o dirigente da entidade da administração pública direta ou indireta de consignar as dotações necessárias ao pagamento das contribuições devidas à seguridade social, de modo que assegure a sua regular liquidação dentro do exercício;

j) deixar a empresa, o servidor de órgão público da administração direta e indireta, o segurado da previdência social, o serventuário da Justiça ou o titular de serventia extrajudicial, o síndico ou seu representante, o comissário ou o liquidante de empresa em liquidação judicial ou extrajudicial, de exibir os documentos e livros relacionados com as contribuições previstas neste Regulamento ou apresentá-los sem atender às formalidades legais exigidas ou contendo informação diversa da realidade ou, ainda, com omissão de informação verdadeira;

l) deixar a entidade promotora do espetáculo desportivo de efetuar o desconto da contribuição social incidente sobre a receita bruta dos espetáculos desportivos;

m) deixar a empresa ou entidade de reter e recolher a contribuição prevista no § 3º do art. 205 do Decreto n. 3.048/99 (5% sobre recursos repassados à entidade desportiva a título de patrocínio, licenciamento de uso de marcas e símbolos, publicidade, propaganda e transmissão de espetáculos);

n) deixar a empresa de manter laudo técnico atualizado com referência aos agentes nocivos existentes no ambiente de trabalho de seus trabalhadores ou emitir documento de comprovação de efetiva exposição em desacordo com o respectivo laudo.

Cumpre, ainda, observar que:

III — A falta de inscrição do segurado empregado sujeita o responsável à multa de R$ 1.812,87, por segurado não inscrito.

IV — As demais infrações a dispositivos da legislação, para as quais não haja penalidade expressamente cominada, sujeitam o infrator à multa de R$ 1.812,87.

V — A não apresentação da GFIP, independentemente do recolhimento da contribuição, sujeitará o infrator a pena administrativa correspondente à multa variável, conforme a gravidade da infração, aplicada da seguinte forma:

a) para GFIP não entregue relativa a fatos geradores ocorridos até 31.10.2008, bem como para GFIP entregue até 3.12.2008, a multa é limitada a um valor mínimo (R$ 1.812,87) e a um valor máximo (R$ 181.284,63), e o seu valor será:

• equivalente a um multiplicador sobre o valor mínimo, definido em função do número de segurados da empresa, pela não apresentação da GFIP, na redação do § 4º do art. 32 da Lei n. 8.212/91, dada pela Lei n. 9.528/97, antes da sua revogação pela Lei n. 11.941/2009, Assim:

Segurados	Multiplicador
0 a 5 segurados	½ valor mínimo
6 a 15 segurados	1 x o valor mínimo
16 a 50 segurados	2 x o valor mínimo
51 a 100 segurados	5 x o valor mínimo
101 a 500 segurados	10 x o valor mínimo
501 a 1000 segurados	20 x o valor mínimo
1001 a 5000 segurados	35 x o valor mínimo
acima de 5000 segurados	50 x o valor mínimo

Obs. 1: Esta multa sofrerá acréscimo de 5% (cinco por cento) por mês calendário ou fração, a partir do mês seguinte àquele em que a GFIP ou GRFP deveria ter sido entregue, até a data da lavratura do Auto de Infração ou até a data da entrega da GFIP, no caso previsto no inciso I do § 5º do art. 463 da IN SRF n. 971/2009.

Obs. 2: Para definição do multiplicador, serão considerados, por competência, todos os segurados a serviço da empresa, ou seja, todos os empregados, trabalhadores avulsos e contribuintes individuais verificados em procedimento fiscal, declarados ou não em GFIP.

• 100% (cem por cento) do valor das contribuições sociais previdenciárias devidas e não declaradas, conforme disposto no § 5º, limitada aos valores previstos no § 4º do art. 32, ambos da Lei n. 8.212/91, com a redação dada pela Lei n. 9.528/97, antes da sua revogação pela Lei n. 11.941/2009, por competência, em face da apresentação de GFIP ou

GRFP com dados não correspondentes a todos os fatos geradores, seja em relação às bases de cálculo, seja em relação às informações que alterem o valor das contribuições, seja em relação ao valor que seria devido se não houvesse isenção ou substituição;

Obs. 1: Serão considerados, por competência, todos os segurados a serviço da empresa, ou seja, todos os empregados, trabalhadores avulsos e contribuintes individuais verificados em procedimento fiscal, declarados ou não em GFIP.

Obs. 2: A contribuição não declarada corresponde à diferença entre o valor das contribuições sociais previdenciárias devidas e o valor das contribuições declaradas na GFIP, sendo que no cálculo do valor da multa a ser aplicada não serão consideradas as contribuições destinadas a outras entidades ou fundos.

- 5% (cinco por cento) do valor mínimo, por campo com informação inexata ou incompleta ou por campo com omissão de informação na GFIP ou GRFP, não relacionada com os fatos geradores das contribuições sociais previdenciárias, conforme disposto no § 6º, limitada aos valores previstos no § 4º, ambos do art. 32 da Lei n. 8.212/91, com a redação dada pela Lei n. 9.528/97, antes da sua revogação pela Lei n. 11.941/2009, por competência;

Obs. 1: Serão considerados, por competência, todos os segurados a serviço da empresa, ou seja, todos os empregados, trabalhadores avulsos e contribuintes individuais verificados em procedimento fiscal, declarados ou não em GFIP.

Obs. 2: Cada campo, por competência, considera-se uma ocorrência, independentemente do número de GFIP ou GRFP entregues nessa competência. O descumprimento das demais obrigações em relação à GFIP, previstas no Manual da GFIP, não será considerado por competência, configurando ato ou omissão contrária ao Manual como uma única infração.

b) para GFIP não entregue relativa a fatos geradores ocorridos a partir de 01.11.2008, bem como para GFIP entregue a partir de 04.12.2008, fica o responsável sujeito a multa variável aplicada da seguinte forma:

- R$ 20,00 (vinte reais) para cada grupo de até 10 (dez) informações incorretas ou omitidas; e

- 2% (dois por cento) ao mês-calendário ou fração, incidente sobre o montante das contribuições informadas, ainda que integralmente pagas, no caso de falta de entrega da declaração ou entrega após o prazo, limitada a 20% (vinte por cento), observado o disposto no § 7º.

Estas multas (letra b, *supra*) serão reduzidas à metade, quando a declaração for apresentada depois do prazo, mas antes de qualquer procedimento de ofício; ou a 75% (setenta e cinco por cento), se houver apresentação da declaração no prazo fixado em intimação.

Observe-se, ainda, que a multa mínima a ser aplicada será de R$ 200,00 (duzentos reais), tratando-se de omissão de declaração sem ocorrência de fatos geradores de contribuição previdenciária e de R$ 500,00 (quinhentos reais), nos demais casos.

VI — Conforme regras do art. 476-A da IN 971/2009, no caso de lançamento de ofício relativo a fatos geradores ocorridos:

a) até 30.11.2008, deverá ser aplicada a penalidade mais benéfica conforme disposto na alínea "c" do inciso II do art. 106 da Lei n. 5.172/66 (CTN), cuja análise será realizada pela comparação entre os seguintes valores:

- somatório das multas aplicadas por descumprimento de obrigação principal, nos moldes do art. 35 da Lei n. 8.212/91, em sua redação anterior à Lei n. 11.941/2009, e das aplicadas pelo descumprimento de obrigações acessórias, nos moldes dos §§ 4º, 5º e 6º do art. 32 da Lei n. 8.212/91, em sua redação anterior à Lei n. 11.941/2009; e

- multa aplicada de ofício nos termos do art. 35-A da Lei n. 8.212/91, acrescido pela Lei n. 11.941/2009.

b) a partir de 1º.12.2008, aplicam-se as multas previstas no art. 44 da Lei n. 9.430/96.

Obs. 1: Caso as multas previstas nos §§ 4º, 5º e 6º do art. 32 da Lei n. 8.212/91, em sua redação anterior à dada pela Lei n. 11.941/2009, tenham sido aplicadas isoladamente, sem a imposição de penalidade pecuniária pelo descumprimento de obrigação principal, deverão ser comparadas com as penalidades previstas no art. 32-A da Lei n. 8.212/91, com a redação dada pela Lei n. 11.941/2009.

Obs. 2: A comparação não será feita no caso de entrega de GFIP com atraso, por se tratar de conduta para a qual não havia antes penalidade prevista.

VII — Nos termos do art. 286 do Decreto n. 3.048/99, quando a empresa deixar de comunicar acidente do trabalho ao INSS no prazo legal estará sujeita à multa variável entre os limites mínimo (R$ 724,00) e máximo (R$ 4.390,24) do salário de contribuição, por acidente que tenha deixado de comunicar nesse prazo. Os sindicatos e entidades representativas de classe poderão acompanhar a cobrança das multas previstas para o descumprimento desta obrigatoriedade.

O valor será atribuído a cada acidente não comunicado, sendo que será elevado em duas vezes a cada reincidência.

A multa será aplicada no seu grau mínimo na ocorrência da primeira comunicação feita fora do prazo ou não comunicada.

Observe-se, no entanto, que a CAT entregue fora do prazo e anteriormente ao início de qualquer procedimento administrativo ou de medida de fiscalização caracteriza-se como denúncia espontânea, não cabendo a lavratura de Auto de Infração.

VIII — Deixando a empresa de enviar mensalmente cópia da GPS quitada ao sindicato da categoria e/ou deixando de afixá-la em quadro de avisos, será aplicada multa de R$ 238,50 a R$ 23.851,49 para cada competência em que tenha havido a irregularidade.

IX — Caso as instituições financeiras deixem de verificar (pela internet) a autenticidade da CND apresentada pelas empresas com as quais tenham efetuado operações de crédito, nos termos do art. 227 do Decreto n. 3.048/99, a multa será de R$ 53.003,29.

Caso deixem de exigir a CND (incisos V e VI do art. 257 do Decreto n. 3.048/99) a multa será de R$ 265.016,44.

Fundamentação: Além dos diplomas citados no texto, Lei n. 8.212/91, arts. 32, 32-A e 35-A; Decreto n. 3.048/99, arts. 284, 286 e 287; Instrução Normativa SRF n. 971/2009, arts. 475 a 481; Portaria MPS/MF n. 15/2013.

4.1. Circunstâncias Agravantes da Infração e Gradação das Multas

Constituem circunstâncias agravantes da infração, das quais dependerá a gradação da multa, ter o infrator:

a) tentado subornar servidor dos órgãos competentes: esta agravante eleva a multa em 3 (três) vezes.

b) agido com dolo, fraude ou má-fé: esta agravante eleva a multa em 3 (três) vezes.

c) desacatado, no ato da ação fiscal, o agente da fiscalização: esta agravante eleva a multa em 2 (duas) vezes.

d) obstado a ação da fiscalização: esta agravante eleva a multa em 2 (duas) vezes.

e) incorrido em reincidência: esta agravante eleva a multa em 3 (três) vezes, a cada reincidência específica e, em 2 (duas) vezes, a cada reincidência genérica.

Caracteriza reincidência a prática de nova infração a dispositivo da legislação por uma mesma pessoa ou por seu sucessor, dentro de cinco anos da data em que se tornar irrecorrível administrativamente a decisão condenatória, da data do pagamento ou da data em que se configurou a revelia, referentes à autuação anterior. Esta regra, contudo, não produz efeitos em relação à sucessão de pessoa física.

Reincidência específica é a prática de nova infração ao mesmo dispositivo legal e reincidência genérica, a prática de nova infração de natureza diversa.

Obs.: Nas infrações referidas nos incisos I, II e III do art. 284, no art. 285 e nos incisos I e II do parágrafo único do art. 287 do Decreto n. 3.048/99, a ocorrência de circunstância agravante não produz efeito para a gradação da multa.

Cumpre, ainda, observar que:

• a ausência de agravantes implica utilização dos valores mínimos estabelecidos, conforme o caso;

• cada reincidência das infrações referidas no art. 287 do Decreto n. 3.048/99, cometidas por OGMO, seja ela genérica ou específica, eleva a multa em 2 (duas) vezes;

• caso haja concorrência entre as agravantes previstas nas letras *"a"* a *"d"*, *supra*, prevalecerá aquela que mais eleva a multa;

• caso haja concorrência entre a agravante prevista na letra *"e"* e quaisquer das demais, ambas serão consideradas na aplicação da multa.

• A caracterização da reincidência sempre se dará em relação a procedimentos fiscais distintos.

• Será considerada apenas uma reincidência, quando em um procedimento fiscal anterior tenham sido lavrados mais de um Auto de Infração, independentemente de as decisões administrativas definitivas terem ocorrido em datas diferentes.

• Caso haja concorrência de reincidência genérica com reincidência específica, prevalecerá a específica.

Fundamentação: Decreto n. 3.048/99, art. 290; Instrução Normativa SRF n. 971/2009, arts. 482 e 483.

4.2. Fixação da Multa

A fixação da multa obedece os critérios dos arts. 484 e 485 da Instrução Normativa SRF n. 971/2009, quais sejam:

a) na ausência de agravantes, as multas serão aplicadas nos valores mínimos estabelecidos.

b) caso haja agravante, o valor da multa será obtido mediante a multiplicação do valor mínimo estabelecido pelos fatores de elevação previstos no subitem anterior.

c) a partir da 2ª (segunda) reincidência, o valor total da multa será obtido mediante a multiplicação do seu valor-base pelo produto dos fatores de elevação previstos.

d) quando a reincidência concorrer com qualquer outra agravante, aplicar-se-ão, distintamente, os respectivos fatores de elevação sobre o valor-base da multa, e os resultados serão somados para a obtenção do valor final da multa a ser aplicada.

e) se houver a materialização das infrações referidas nos arts. 473, 474 e no inciso I do § 8º do art. 476 da IN SRF n. 971/2009, a multa será calculada separadamente para cada ocorrência, devendo-se totalizar os valores obtidos em todas essas ocorrências para calcular o valor final da multa a ser aplicada.

f) Se houver a materialização das demais infrações não referidas nos arts. 473, 474 e no inciso I do § 8º do art. 476 da IN SRF n. 971/2009, a multa será fixada por Auto de Infração ou Notificação de Lançamento, independentemente do número de ocorrências.

Fundamentação: Instrução Normativa SRF n. 971/2009, arts. 484 e 485.

5. DECADÊNCIA E PRESCRIÇÃO

5.1. Decadência

Entende-se por "decadência" a perda de um direito, em razão do decurso de um lapso temporal. Em se tratando de matéria previdenciária, determinava a Lei n. 8.212/91, em seus arts. 45 e 46, que a decadência correspondia à inércia da Previdência Social em apurar e constituir seus créditos no prazo de dez anos, contados:

a) do primeiro dia do exercício seguinte àquele em que o crédito poderia ter sido constituído;

b) da data em que se tornar definitiva a decisão que anulou, por vício formal, a constituição de crédito anteriormente efetuado.

Exceção se aplicava, tão somente, quando da comprovação do exercício de atividade remunerada com vistas à concessão de benefícios, hipótese em que era exigido do contribuinte individual, a qualquer tempo, o recolhimento das correspondentes contribuições.

No entanto, o Supremo Tribunal Federal entendeu pela inconstitucionalidade destes dispositivos, editando a Súmula Vinculante 8, inclusive, nesse sentido (Súmula publicada em 20.6.2008). Confira-se:

> "**Súmula vinculante n. 8**. São inconstitucionais o parágrafo único do art. 5º do Decreto-Lei n. 1.569/1977 e os arts. 45 e 46 da Lei n. 8.212/1991, que tratam de prescrição e decadência de crédito tributário."

Dada, pois, a natureza tributária das contribuições previdenciárias, deve o prazo de decadência obedecer às disposições do Código Tributário Nacional, sendo de apenas 5 (cinco) anos (CTN, art. 173, *caput*).

Assim, os créditos não constituídos pela Fazenda Pública no prazo de até 5 (cinco) anos, não mais poderão ser exigidos do contribuinte, estando fulminados pelo instituto da decadência. O início deste prazo, contudo, deve obedecer às disposições do art. 150, § 4º do CTN, já que as contribuições previdenciárias submetem-se ao lançamento por homologação. Confira-se:

> "**Art. 150.** O lançamento por homologação, que ocorre quanto aos tributos cuja legislação atribua ao sujeito passivo o dever de antecipar o pagamento sem prévio exame da autoridade administrativa, opera-se pelo ato em que a referida autoridade, tomando conhecimento da atividade assim exercida pelo obrigado, expressamente a homologa.
>
> (...)
>
> § 4º Se a lei não fixar prazo a homologação, será ele de cinco anos, a contar da ocorrência do fato gerador; expirado esse prazo sem que a Fazenda Pública se tenha pronunciado, considera-se homologado o lançamento e definitivamente extinto o crédito, salvo se comprovada a ocorrência de dolo, fraude ou simulação."

Em regra, portanto, inicia-se o prazo na ocorrência do fato gerador da contribuição, salvo nos casos de comprovada má-fé do contribuinte ou quando da ocorrência de tributos lançados por declaração ou ofício, hipóteses em que deverá ser aplicada a regra do inciso I do art. 173 do CTN:

> "**Art. 173.** O direito de a Fazenda Pública constituir o crédito tributário extingue-se após 5 (cinco) anos, contados:
>
> I — do primeiro dia do exercício seguinte àquele em que o lançamento poderia ter sido efetuado;
>
> II — da data em que se tornar definitiva a decisão que houver anulado, por vício formal, o lançamento anteriormente efetuado.
>
> Parágrafo único. O direito a que se refere este artigo extingue-se definitivamente com o decurso do prazo nele previsto, contado da data em que tenha sido iniciada a constituição do crédito tributário pela notificação, ao sujeito passivo, de qualquer medida preparatória indispensável ao lançamento."

Para as contribuições devidas a outras entidades ou fundos (Terceiros) aplicam-se os mesmos prazos, condições e sanções, assim como os mesmos privilégios das contribuições sociais devidas à Previdência Social.

Por fim, cumpre ainda registrar que o contribuinte individual que pretender contar como tempo de contribuição um período de atividade remunerada em que não efetuou os recolhimentos na época própria (para fins de obter benefício no RGPS ou proceder à contagem recíproca em regime próprio) deverá indenizar a Previdência Social, não se aplicando, nesse caso, o instituto da decadência — Lei n. 8.212/91, art. 45-A.

Fundamentação: CF/88, art. 149 c/c art. 146, III; CTN, arts. 150 e 173; Lei n. 8.212/91, art. 45-A; Instrução Normativa SRF n. 971/2009, arts. 443 a 445.

5.2. Prescrição

A prescrição corresponde à perda do direito de ação por este não ter sido exercido dentro do prazo legal. Em matéria previdenciária corresponde a ausência de cobrança, pela Receita Federal do Brasil, dos créditos que foram constituídos, iniciando-se o prazo quando do término do trâmite administrativo para sua constituição.

Reconhecida a natureza tributária das contribuições previdenciárias (Súmula vinculante n. 08, do STF) e a inconstitucionalidade dos arts. 45 e 46 da Lei n. 8.212/91 que também traziam prazo de 10 anos para a prescrição, devem ser aplicadas as regras dispostas no art. 174 do Código Tributário Nacional, cujo prazo é de apenas 5 (cinco) anos. Confira-se:

> "Art. 174. A ação para a cobrança do crédito tributário prescreve em cinco anos, contados da data da sua constituição definitiva.
>
> Parágrafo único. A prescrição se interrompe:
>
> I — pelo despacho do juiz que ordenar a citação em execução fiscal;
>
> II — pelo protesto judicial;
>
> III — por qualquer ato judicial que constitua em mora o devedor;
>
> IV — por qualquer ato inequívoco ainda que extrajudicial, que importe em reconhecimento do débito pelo devedor."

Registre-se, ainda, que o art. 53 da Lei n. 11.941/2009 (antigo art. 48 da MP 448/2008) determina que a prescrição pode ser reconhecida de ofício pela autoridade administrativa, conforme segue:

> "Art. 53. A prescrição dos créditos tributários pode ser reconhecida de ofício pela autoridade administrativa.
>
> Parágrafo único. O reconhecimento de ofício a que se refere o caput deste artigo aplica-se inclusive às contribuições sociais previstas nas alíneas a, b e c do parágrafo único do art. 11 da Lei n. 8.212, de 24 de julho de 1991, às contribuições instituídas a título de substituição e às contribuições devidas a terceiros, assim entendidas outras entidades e fundos."

Fundamentação: CTN, art. 174; Lei n. 11.941/2009, art. 53.

6. PROVA DE INEXISTÊNCIA DE DÉBITO

6.1. Certidão Negativa de Débito — CND

O documento comprobatório da inexistência de débitos previdenciários denomina-se CND — Certidão Negativa de Débitos — e deve ser obtido junto à Secretaria da Receita Federal do Brasil, tendo prazo de validade por 180 (cento e oitenta) dias, contados de sua emissão.

> **Obs.:** A CND será emitida pelo sistema informatizado da RFB, ficando sua aceitação, quando apresentada em meio impresso, condicionada à verificação da autenticidade e da validade do documento no sítio da RFB na Internet, no endereço <http://www.receita.fazenda.gov.br>.

Caso haja créditos não vencidos, ou créditos em curso de cobrança executiva para os quais tenha sido efetivada a penhora regular e suficiente à sua cobertura, ou créditos cuja exigibilidade esteja suspensa, será expedida CPD-EN (Certidão Positiva de Débito, com Efeito de Negativa), com os mesmos efeitos da CND.

Nos termos do art. 47 da Lei n. 8.212/91, referido comprovante deverá ser obrigatoriamente exigido nas seguintes situações:

I — *da empresa:*

a) na licitação, na contratação com o poder público e no recebimento de benefícios ou incentivo fiscal ou creditício concedidos por ele;

b) na alienação ou oneração, a qualquer título, de bem imóvel ou direito a ele relativo;

c) na alienação ou oneração, a qualquer título, de bem móvel de valor superior a R$ 45.320,71, incorporado ao ativo permanente da empresa; e

Obs.: Valor atualizado, a partir de 1º.1/2013, pela Portaria MPS/MF n. 15/2013, art. 8º, inciso VI.

d) no registro ou arquivamento, no órgão próprio, de ato relativo à baixa ou redução de capital de firma individual ou de empresário individual, assim considerado pelo art. 931 da Lei n. 10.406, de 2002 (Código Civil), redução de capital social, cisão total ou parcial, transformação ou extinção de entidade ou sociedade empresária ou simples e transferência de controle de cotas de sociedade limitada;

Obs. 1: O documento comprobatório de inexistência de débito deve ser exigido da empresa em relação a todas as suas dependências, estabelecimentos e obras de construção civil executadas sob sua responsabilidade, independentemente do local onde se encontrem, ressalvado aos órgãos competentes o direito de cobrança de qualquer débito apurado posteriormente.

Obs. 2: De acordo com o art. 9º da Lei Complementar n. 123/2006, as microempresas e as empresas de pequeno porte estão dispensadas da exigência estabelecida na alínea "d". O §14 do art. 257 do Decreto n. 3.048/99 dispõe também que *"não é exigível da microempresa e empresa de pequeno porte o documento comprobatório de inexistência de débito, quando do arquivamento de seus atos constitutivos nas juntas comerciais, inclusive de suas alterações, salvo no caso de extinção de firma individual ou sociedade."*

II — do proprietário, pessoa física ou jurídica, de obra de construção civil: quando de sua averbação no Registro de Imóveis, salvo quando se tratar de construção residencial, unifamiliar, com área não superior a 70m2, destinada ao uso próprio, do tipo econômico e tiver sido executada sem utilização de mão de obra assalariada.

III — do incorporador: na ocasião da inscrição de memorial de incorporação no Registro de Imóveis

Obs.: O documento comprobatório de inexistência de débito, quando exigível do incorporador, independe daquele apresentado no Registro de Imóveis por ocasião da inscrição do memorial de incorporação.

IV — do produtor rural pessoa física e do segurado especial: quando da constituição de garantia para concessão de crédito rural e qualquer de suas modalidades, por instituição de créditos pública ou privada, desde que comercializem a sua produção com o adquirente domiciliado no exterior ou diretamente no varejo a consumidor pessoa física, a outro produtor rural pessoa física ou a outro segurado especial;

V — na contratação de operações de crédito com instituições financeiras, assim entendidas as pessoas jurídicas públicas ou privadas que tenham como atividade principal ou acessória a intermediação ou aplicação de recursos financeiros próprios ou de terceiros, em moeda nacional ou estrangeira, autorizadas pelo Banco Central do Brasil ou por decreto do Poder Executivo a funcionar no Território Nacional, que envolvam:

a) recursos públicos;

b) recursos do FGTS, do FAT e do FNDE; ou

c) recursos captados através de Caderneta de Poupança.

VI — na liberação de eventuais parcelas previstas nos contratos a que se refere o item V, *supra*.

O documento comprobatório de inexistência de débito poderá ser apresentado por cópia autenticada, dispensada a indicação de sua finalidade, exceto no caso de averbação de construção civil no Registro de Imóveis.

O condômino adquirente de unidades imobiliárias de obra de construção civil não incorporada na forma da Lei n. 4.591/64 poderá obter documento comprobatório de inexistência de débito, desde que comprove o pagamento das contribuições relativas à sua unidade, observadas as instruções dos órgãos competentes.

Cumpre ainda observar, nos termos do art. 406 da Instrução Normativa SRF n. 901/2009, as seguintes peculiaridades:

• O produtor rural pessoa física ou o segurado especial, que declarar, sob as penas da lei, que não tem trabalhadores a seu serviço e que não comercializa a própria produção rural, está dispensado da apresentação das certidões previstas nos itens I e IV a VI, *supra*.

• Nos processos licitatórios, a comprovação de regularidade fiscal das microempresas e empresas de pequeno porte somente será exigida para efeito de assinatura do contrato, nos termos do art. 42 da Lei Complementar n. 123/2006.

• Por ocasião de sua participação em certames licitatórios, as microempresas e empresas de pequeno porte deverão apresentar a certidão exigida para efeito de comprovação de regularidade em relação às contribuições arrecadadas pela SRP, mesmo que esta apresente alguma restrição, conforme disposto no caput do art. 43 da Lei Complementar n. 123/2006.

• O documento comprobatório de regularidade do contribuinte poderá ser exigido do construtor que, na condição de responsável solidário com o proprietário do imóvel, tenha executado a obra de construção civil, na forma do disposto na alínea "a" do inciso XXVII e no § 1º do art. 322 da IN SRF n. 971/2009.

• No caso de solicitação de CND para obra de construção civil executada com recursos do sistema financeiro, que atenda as condições previstas nas alíneas "a" a "d" do inciso I do art. 370 da IN SRF n. 971/2009, para fins de comprovação da execução da obra sem utilização de mão de obra remunerada e liberação da CND sem cobrança de contribuições previdenciárias, o responsável deverá apresentar o contrato de financiamento. Constando no contrato de financiamento verba destinada a pagamento de mão de obra, a CND será liberada após a regularização das contribuições apuradas mediante a aferição indireta, com emissão de ARO.

Fundamentação: Lei n. 8.212/91, art. 47; Decreto n. 3.048/99, art. 257; Instrução Normativa SRF; Instrução Normativa SRF n. 971/2009, arts. 405, 406, 408 e 409.

6.1.1. Atos que Independem de Apresentação de CND

Independe da apresentação de documento comprobatório de inexistência de débito:

I — a lavratura ou assinatura de instrumento, ato ou contrato que constitua retificação, ratificação ou efetivação de outro anterior para o qual já foi feita a prova;

II — a constituição de garantia para concessão de crédito rural, em qualquer de suas modalidades, por instituição de crédito pública ou privada ao produtor rural pessoa física e ao segurado especial, desde que estes não comercializem a sua produção com o adquirente domiciliado no exterior nem diretamente no varejo a consumidor pessoa física, a outro produtor rural pessoa física ou a outro segurado especial;

III — a averbação de imóvel, construído antes de 22.11.1966; e

IV — a transação imobiliária referida na alínea "b" do inciso I do art. 406, que envolva empresa que explore exclusivamente atividade de compra e venda de imóveis, locação, desmembramento ou loteamento de terrenos, incorporação imobiliária ou construção de imóveis destinados à venda, desde que o imóvel objeto da transação esteja contabilmente lançado no ativo circulante e não conste, nem tenha constado, do ativo permanente da empresa, fato que será relatado no registro da respectiva transação no cartório de Registro de Imóveis.

V — o registro ou arquivamento, na junta comercial, dos atos relativos a constituição, alteração e baixa de microempresas ou empresas de pequeno porte, em conformidade com o *caput* e o inciso II do § 1º do art. 9º da LC n. 123/2006;

VI — a baixa de firma individual ou de empresário individual, assim considerado pelo art. 931 do Código Civil, e de sociedade empresária e simples enquadradas como microempresa ou como empresa de pequeno porte que, durante 3 (três) anos, não tenham exercido atividade econômica de qualquer espécie, conforme art. 78 da LC n. 123/2006;

VII — a averbação no Registro de Imóveis de obra de construção civil residencial que seja, cumulativamente, unifamiliar, destinada a uso próprio, do tipo econômico, executada sem mão de obra remunerada e de área total não superior a 70m^2 (setenta metros quadrados) cujo proprietário ou dono da obra seja pessoa física, conforme disposto no inciso I do art. 370 da IN SRF n. 971/2009, exceto nas hipóteses dos §§ 5º e 6º do art. 406 do mesmo normativo;

VIII — os atos relativos à transferência de bens envolvendo a arrematação, a desapropriação de bens imóveis e móveis de qualquer valor, bem como nas ações de usucapião de bens móveis ou imóveis nos procedimentos de inventário e partilha decorrentes de sucessão *causa mortis*;

IX — a recuperação judicial, a partir da vigência da Lei n. 11.101/2005, no período compreendido entre o deferimento do processamento desta e a aprovação do plano de recuperação judicial, para que o devedor exerça suas atividades, exceto para a contratação com o Poder Público ou para recebimento de benefícios ou incentivos fiscais ou creditícios;

X — a alienação de imóvel integrante do patrimônio do grupo de consórcio pela administradora de consórcios de que trata o art. 5º da Lei n. 11.795/2008.

XI — o recebimento, pelos Municípios, de transferência de recursos destinados a ações de assistência social, educação e saúde, e a atendimentos em caso de calamidade pública.

A dispensa de CND ou de CPD-EN nas hipóteses previstas nos itens VI e VII não impede que, posteriormente, sejam lançadas ou cobradas as contribuições previdenciárias e as devidas a outras entidades ou fundos, aplicadas as penalidades decorrentes da falta de recolhimento ou da prática de outras irregularidades praticadas pelos empresários, pelas microempresas, pelas empresas de pequeno porte ou por seus sócios ou administradores, conforme § 3º do art. 78 da LC n. 123/2006, e observado o disposto no inciso IX do caput e no § 4º do art. 152, ou pelo responsável pela obra de construção civil.

Fundamentação: Lei n. 8.212/91, art. 47, § 6º; Decreto n. 3.048/99, art. 257, § 8º; Instrução Normativa SRF n. 971/2009, art. 407.

6.1.2. Expedição do Certificado

A CND e a CPD-EN poderão ser solicitadas por qualquer pessoa em qualquer unidade de atendimento da Receita Federal do Brasil ou pela Internet, no endereço <http://www.receita.fazenda.gov.br>.

O solicitante deverá fornecer o número de inscrição no CNPJ, no CEI ou o NIT, no caso de contribuintes individuais, e especificar a finalidade da certidão requerida.

Após a solicitação da certidão, o sistema informatizado da RFB verificará, mediante consulta aos dados de todos os estabelecimentos e obras de construção civil da empresa, se:

a) houve a entrega da GFIP;

b) há divergência entre os valores declarados na GFIP e os efetivamente recolhidos;

c) há débitos que impeçam a emissão da CND ou da CPD-EN.

Nos termos do art. 258 do Decreto n. 3.048/99, a certidão somente será emitida se:

a) o contribuinte esteja em dia com suas contribuições;

b) o débito esteja pendente de decisão em contencioso administrativo;

c) o débito seja pago;

d) o débito esteja garantido por depósito integral e atualizado em moeda corrente;

e) o pagamento do débito fique assegurado mediante oferecimento de garantia suficiente (hipoteca, fiança bancária, alienação fiduciária, penhora), em caso de parcelamento com confissão de dívida fiscal;

f) tenha sido efetivada penhora suficiente garantidora do débito em curso de cobrança judicial.

Obs.: Na licitação, na contratação com o poder público e no recebimento de benefícios ou incentivo fiscal ou creditício por ele concedido, em que não haja oneração de bem do patrimônio da empresa, não será exigida a garantia de débito parcelado.

Cumpre também observar que (IN SRF n. 971/2009, art. 411):

• As obras de construção civil encerradas, com CND ou com CPD-EN emitidas, não serão impeditivas à liberação da CND ou da CPD-EN para o estabelecimento a que estiverem vinculadas.

• A RFB poderá estabelecer critérios para a apuração eletrônica de diferenças entre o valor declarado em GFIP e o efetivamente recolhido em documento de arrecadação, para fins de emissão das certidões.

• Inexistindo restrições, a certidão será expedida eletronicamente pelo sistema informatizado da RFB, podendo o solicitante imprimi-la via Internet, independentemente de senha, ou requisitá-la em qualquer unidade de atendimento da RFB.

• Na hipótese de emissão de certidão para fins de registro ou arquivamento de baixa de firma individual ou extinção de sociedade empresária ou simples, a verificação eletrônica de que trata o caput abrangerá todo o período não decadencial.

• As obras de construção civil executadas por consórcio de empresas com CND ou com CPD-EN emitidas, nos termos do inciso II do art. 385 da IN SRF n. 971/2009, ainda que não encerradas no sistema, não serão impeditivas à liberação da CND ou da CPD-EN para as empresas consorciadas.

• Na hipótese de CND da matrícula de obra executada por empresas em consórcio, a verificação da regularidade fiscal de que trata o caput abrangerá todas as consorciadas ou o consórcio, na hipótese de este ser o responsável pela matrícula, sendo a certidão expedida eletronicamente pelo sistema informatizado da RFB, caso não constem restrições em nenhum dos CNPJ verificados, em relação à respectiva, responsabilidade perante o consórcio.

Constando restrições, o Relatório de Restrições será obtido no sítio da RFB na Internet, no endereço <http://www.receita.fazenda.gov.br>, mediante senha de autoatendimento ou entregue em qualquer unidade de atendimento da RFB ao representante legal da empresa, ao responsável pela obra de construção civil ou à pessoa expressamente autorizada.

O Relatório de Restrições indicará os motivos da não emissão imediata da certidão requerida e as restrições serão liberadas no Sistema Informatizado na Delegacia ou Inspetoria da Receita Federal da jurisdição do estabelecimento matriz do sujeito passivo, mediante apresentação da documentação probatória da situação regular da empresa.

As restrições deverão ser regularizadas no prazo máximo de 30 (trinta) dias do processamento do pedido de certidão, após o qual este será automaticamente indeferido pelo sistema informatizado da RFB. Caso haja restrições em decorrência de crédito inscrito em dívida ativa, deverá ser efetuada consulta prévia à Procuradoria-Geral da Fazenda Nacional (PGFN), quanto à situação desse crédito e quanto à existência ou não de impedimento à liberação da certidão.

Nas situações em que não for possível registrar no sistema informatizado a comprovação da regularização das pendências apontadas no Relatório de Restrições, deverá ser arquivado, pelo prazo de 1 (um) ano, o dossiê do pedido de certidão, que conterá o Relatório de Restrições e os demais documentos que subsidiaram a liberação da certidão.

No caso de obra realizada por empresas em consórcio, contratadas por empreitada total, as restrições serão liberadas no sistema informatizado na Delegacia ou Inspetoria da Receita Federal jurisdicionante do estabelecimento matriz da empresa líder ou do endereço do consórcio, mediante a apresentação da documentação probatória da regularidade da situação impeditiva da emissão da CND ou da CPD-EN da empresa líder, das demais empresas consorciadas ou do consórcio, conforme o caso.

Por fim, esclareça-se que a certidão deverá ser emitida no prazo de até 10 dias de seu requerimento e, uma vez emitida para empresa, cujo identificador seja o CNPJ, será válida para todos os seus estabelecimentos, matriz e filiais, exceto para as obras de construção civil, e será expedida exclusivamente com a identificação do CNPJ da matriz.

Fundamentação: Decreto n. 3.048/99, art. 258; Decreto n.. 6.106/2007; Instrução Normativa SRF n. 971/2009, arts. 410 a 414, 419, 420 e 442

6.2. Certidão Positiva de Débito com Efeitos de Negativa — CPD-EN

Na hipótese de existência de créditos não vencidos, ou créditos em curso de cobrança executiva para os quais tenha sido efetivada a penhora regular e suficiente à sua cobertura, ou créditos cuja exigibilidade esteja suspensa, será expedida a Certidão Positiva de Débito com Efeitos de Negativa — CPD-EN, com os mesmos efeitos da Certidão Negativa de Débito — CND.

As regras pertinentes à emissão desse documento constam da Instrução Normativa SRF n. 971/2009, art. 417, sendo as seguintes:

I — no âmbito do processo administrativo-fiscal:

a) se for solicitada dentro do prazo regulamentar de defesa ou, findo este prazo, se o débito estiver pendente de decisão administrativa em face de apresentação de defesa tempestiva;

b) se for solicitada dentro do prazo regulamentar para apresentação de recurso ou se o débito estiver pendente de julgamento por interposição de recurso tempestivo contra decisão proferida em decorrência de defesa;

II — garantido por depósito integral no valor do débito atualizado, em moeda corrente;

III — em relação ao qual tenha sido efetivada a penhora suficiente garantidora do débito em curso de execução fiscal;

IV — regularmente parcelado, desde que o sujeito passivo esteja adimplente com o pagamento das parcelas;

V — com exigibilidade suspensa por determinação judicial;

VI — ajuizado e com embargos opostos, quando o sujeito passivo for órgão da administração direta da União, dos Estados, do Distrito Federal, dos Municípios ou for autarquia ou fundação de direito público dessas entidades estatais.

No caso de defesa ou de recurso parcial, a parte do débito não contestada deverá estar quitada, parcelada ou garantida por depósito, na forma do inciso I do art. 260 do Decreto n. 3.048/99.

Na hipótese de obra realizada por empresas em consórcio, contratadas por empreitada total, ressalvado o disposto no art. 385 da IN SRF n. 971/2009, aplica-se o disposto neste artigo quando houver débito, relativo às obrigações assumidas em contrato, de qualquer das empresas consorciadas ou do consórcio, quando este for o responsável pela matrícula.

Fundamentação: Instrução Normativa n. 971/2009, art. 417.

6.3. Certidão Positiva de Débito — CPD

Será expedida Certidão Positiva de Débito — CPD, mediante solicitação do sujeito passivo (contribuinte), se constatadas as situações impeditivas à emissão de CND ou de CPD-EN e não regularizadas em trinta dias.

A CPD será emitida em uma única via e será identificada com o número do pedido a que corresponder, sendo ela entregue ao representante legal da empresa ou do consórcio de empresas ou às pessoas por eles autorizadas.

A CPD será emitida pela unidade da RFB jurisdicionante do estabelecimento matriz da empresa ou, na hipótese de consórcio de empresas, do estabelecimento matriz da empresa líder ou do endereço do consórcio.

Fundamentação: Instrução Normativa SRF n. 971/2009, arts. 421 e 422.

6.4. Declaração de Regularidade de Situação do Contribuinte Individual — DRS-CI

O Instituto Nacional do Seguro Social — INSS instituiu em 23.02.2001, através da Instrução Normativa n. 45 (DOU de 26.02.2001), e com vigência a partir de 1º de março de 2001, a Declaração de Regularidade de Situação do Contribuinte Individual — DRS-CI.

Referida Instrução Normativa encontra-se revogada e a IN SRF n. 971/2009 nada dispõe sobre o tema, já que a Portaria Conjunta INSS/RFB n. 6/2008 esclareceu que este documento deverá ser fornecido exclusivamente pelo INSS.

Apesar de extensa pesquisa, não localizei o atual normativo que disciplina sobre a matéria, mas a página eletrônica da Previdência Social (endereço <http://www5.dataprev.gov.br/DRSCI/faces/pages/comum/apresentacaoDRSCI.xhtml>) contém orientações a respeito, nos seguintes termos:

• É possível a impressão da Declaração de Regularidade de Situação do Contribuinte Individual pela própria página eletrônica, a qual certifica a regularidade de inscrição e recolhimento das contribuições do filiado da Previdência Social.

• A DRS-CI é expedida exclusivamente à pessoa física vinculada à Previdência Social na categoria de Contribuinte Individual — CI.

• Será considerado regular perante à Previdência Social, para fins de emissão da DRS-CI, o contribuinte individual que esteja com seus dados cadastrais atualizados, bem como a situação dos recolhimentos ou remunerações descritas a seguir:

a) inscrito há mais de 12 (doze) meses e, no mínimo, 8 (oito) competências nos últimos 12 (doze) meses.

b) inscrito há menos de 12 (doze) meses e no mínimo, dois terços das competências do período, arredondando, para maior, a fração igual ou superior a cinco décimos, desprezando a inferior.

c) inscrito recentemente, registro do primeiro recolhimento sem atraso.

d) sem contribuições nesta condição, que exerça concomitantemente atividade como empregado, empregado doméstico ou trabalhador avulso, com registro de remuneração igual ou acima do limite máximo do salário de contribuição na outra atividade, em número de competências igual ou superior ao mínimo exigido nas letras "a" a "c", supra.

e) prestador de serviço declarado em Guia de Recolhimento do Fundo de Garantia do Tempo de Serviço e Informações da Previdência Social — GFIP e que exerça concomitantemente atividade por conta própria, as contribuições pagas na mesma competência serão somadas.

f) em nenhuma hipótese será admitida contribuição inferior ao salário mínimo.

• Se o contribuinte individual estiver em gozo de benefício previdenciário, a DRS-CI será expedida, desde que haja compatibilidade entre o benefício e a atividade de Contribuinte Individual, como por exemplo, se o mesmo estiver em gozo de aposentadoria por tempo de contribuição ou por idade, dentre outros.

• Durante o gozo do salário maternidade ou auxílio-doença, previdenciário ou acidentário, o contribuinte individual não fará jus à emissão da DRS-CI. O período de benefício será considerado no cômputo das contribuições necessárias para a emissão da DRSCI após a data de cessação do benefício.

• Para a emissão da DRS-CI, após a Data de Cessação do Benefício do auxílio-doença, previdenciário ou acidentário, deverá ser verificada a existência de pelo menos um recolhimento, como Contribuinte Individual-CI. No caso de emissão da DRS-CI após o encerramento do salário maternidade não será exigido o recolhimento de uma contribuição em dia tendo em vista que nesse período são efetuados descontos para fins de custeio.

• A DRS-CI terá validade de 180 (cento e oitenta) dias, contados da data de sua emissão, ficando sua aceitação, quando apresentada em meio impresso, condicionada à verificação da autenticidade e da validade do documento na rede de comunicação da internet.

• Será permitida a emissão de uma nova DRS-CI, desde que decorridos 150 (cento e cinquenta) dias da emissão da anterior. Nesse caso, a DRS-CI anterior será automaticamente considerada inativa pelo sistema.

6.5. Certificado de Regularidade Previdenciária — CRP — Administração Pública

Instituído pelo Decreto n. 3.788, de 11.4.2001, e com exigência obrigatória a contar de 31.3.2002, o Certificado de Regularidade Previdenciária — CRP será fornecido pelo Ministério da Previdência e Assistência Social aos órgãos ou entidades da Administração Pública direta e indireta da União.

A finalidade do referido documento será atestar o cumprimento dos critérios e exigências estabelecidos na Lei n. 9.717/98, pelos regimes próprios de previdência social dos Estados, do Distrito Federal e dos Municípios, nos seguintes casos:

I — realização de transferências voluntárias de recursos pela União;

II — celebração de acordos, contratos, convênios ou ajustes, bem como recebimento de empréstimos, financiamentos, avais e subvenções em geral de órgãos ou entidades da Administração direta e indireta da União;

III — liberação de recursos de empréstimos e financiamentos por instituições financeiras federais; e

IV — pagamento dos valores devidos pelo Regime Geral de o Previdência Social — RGPS, em razão do disposto na Lei n. 9.796/99.

Normas sobre a emissão desse Certificado constam da Portaria MPS n. 204, de 10.07.2008, publicada no Diário Oficial da União em 11.07.2008.

Fundamentação: Decreto n. 3.788, de 11.04.2001; Portaria MPS n. 172, de 11.02.2005 (DOU de 14.02.2005); Portaria MPS n. 204/2008.

CAPÍTULO XXIII

Recursos Cabíveis das Decisões Administrativas

Com a publicação da Lei n. 11.457/2007 e a criação da Secretaria da Receita Federal do Brasil, houve unificação de procedimentos administrativos, razão pela qual, atualmente, disciplina sobre o contencioso administrativo fiscal a Portaria RFB n. 10.875/2007. Confira-se o art. 1º do referido normativo:

"Art. 1º O processo administrativo fiscal decorrente de Notificação Fiscal de Lançamento de Débito (NFLD), Auto de Infração e, no que couber, de cancelamento de isenção, de pedido de isenção da cota patronal, de reembolso ou de restituição de pagamentos relativos às contribuições de que tratam os arts. 2º e 3º da Lei n. 11.457, de 16 de março de 2007, observará o disposto nesta Portaria."

Referidas normas obedecem, ainda, ao Decreto n. 70.235/72 e à Lei n. 9.784/99, que regula o processo administrativo no âmbito da Administração Pública Federal.

1. INÍCIO DO CONTENCIOSO ADMINISTRATIVO FISCAL

O processo administrativo fiscal inicia-se:

I — com a impugnação tempestiva da Notificação Fiscal de Lançamento de Débito (NFLD) e do Auto de Infração;

II — com o recurso contra o cancelamento de isenção, o indeferimento de pedido de isenção, de restituição ou de reembolso na forma, respectivamente, do § 8º, IV, do art. 206, do § 5º do art. 208, do art. 254 e do § 3º do art. 255 do Regulamento da Previdência Social, aprovado pelo Decreto n. 3.048/99.

O preparo do processo compete à autoridade local da Receita Federal do Brasil e o julgamento compete:

a) em primeira instância, às Delegacias da Receita Federal do Brasil de Julgamento (DRJ), órgãos de deliberação interna e natureza colegiada da Secretaria da Receita Federal do Brasil (RFB);

b) em segunda instância, ao Segundo Conselho de Contribuintes do Ministério da Fazenda.

Fundamentação: Portaria RFB n. 10.875/2007, arts. 2º a 4º.

2. IMPUGNAÇÃO

A impugnação ou manifestação de inconformidade, formalizada por escrito e instruída com os documentos em que se fundamentar, será apresentada ao órgão preparador no prazo de 30 (trinta) dias, contados da data da ciência do procedimento a ser impugnado.

A impugnação e a manifestação de inconformidade:

a) deverão ser instruídas com a comprovação de legitimidade do representante legal ou de seu procurador;

b) poderão ser entregues diretamente ou remetidas por via postal à unidade da RFB de jurisdição do sujeito passivo, considerando-se tempestivas se postadas no prazo de 30 (trinta) dias.

Não sendo cumprida nem impugnada a exigência, a autoridade preparadora declarará a revelia, permanecendo o processo no órgão preparador, pelo prazo de 30 (trinta) dias, para cobrança amigável.

No caso de impugnação parcial, não cumprida a exigência relativa à parte não litigiosa do crédito tributário, o órgão preparador, antes da remessa dos autos a julgamento, providenciará a formação de autos apartados para a imediata cobrança da parte não contestada, consignando essa circunstância no processo original.

Esgotado o prazo de cobrança amigável sem que o crédito tenha sido pago ou parcelado, o órgão preparador encaminhará o processo para inscrição em Dívida Ativa da União (DAU).

A impugnação deverá mencionar:

• a autoridade julgadora a quem é dirigida;

• a qualificação do impugnante;

• os motivos de fato e de direito em que se fundamenta, os pontos de discordância e as razões e provas que possuir;

• as diligências ou perícias que o impugnante pretenda sejam efetuadas, expostos os motivos que as justifiquem, com a formulação de quesitos referentes aos exames desejados, bem como, no caso de perícia, o nome, o endereço e a qualificação profissional de seu perito; e

• se a matéria impugnada foi submetida à apreciação judicial, devendo ser juntada cópia da petição, bem como, se houver, prova da suspensão da exigibilidade do crédito nas hipóteses previstas no art. 151 da Lei n. 5.172/66 — Código Tributário Nacional (CTN).

Considerar-se-á não impugnada a matéria que não tenha sido expressamente contestada.

A prova documental deverá ser apresentada na impugnação, precluindo o direito de o impugnante fazê-lo em outro momento processual, a menos que: a) fique demonstrada a impossibilidade de sua apresentação oportuna, por motivo de força maior; b) refira-se a fato ou a direito superveniente; ou c) destine-se a contrapor fatos ou razões posteriormente trazidas aos autos.

Obs.: A juntada de documentos após a impugnação deverá ser requerida à autoridade julgadora, mediante petição em que se demonstre, com fundamentos, a ocorrência de uma das condições previstas no parágrafo acima.

Caso já tenha sido proferida a decisão, os documentos apresentados permanecerão nos autos para, se for interposto recurso voluntário, serem apreciados pela autoridade julgadora de segunda instância.

As provas documentais, quando em cópias, deverão ser autenticadas por servidor da RFB, mediante conferência com os originais, ou em cartório.

Constituem razões de não conhecimento da impugnação:

I — a ilegitimidade de parte;

II — a perda de objeto por renúncia ou desistência à utilização da via administrativa;

III — a impugnação apresentada em desconformidade com o inciso III do art. 7º.

A petição apresentada fora do prazo não caracteriza a impugnação, não instaura a fase litigiosa do procedimento, não suspende a exigibilidade do crédito tributário e não comporta julgamento de primeira instância, salvo se caracterizada ou suscitada a tempestividade como preliminar.

Fundamentação: Portaria RFB n. 10.875/2007, arts. 5º a 10.

3. JULGAMENTO DA IMPUGNAÇÃO

Os processos remetidos para apreciação da autoridade julgadora de primeira instância deverão ser qualificados e identificados, tendo prioridade no julgamento aqueles em que estiverem presentes as circunstâncias de crime contra a ordem tributária ou de elevado valor, este definido em ato do Ministro de Estado da Fazenda. Os processos serão julgados na ordem e nos prazos estabelecidos em ato do Secretário da Receita Federal do Brasil, observada a prioridade já referida.

Obs.: Na apreciação da prova, diligência ou perícia, a autoridade julgadora formará livremente sua convicção.

A autoridade julgadora poderá adotar laudos, pareceres, tabelas ou demais informações emanados de outros órgãos públicos, entidades de classe ou congêneres, nos aspectos técnicos de sua competência.

Na decisão em que for julgada questão preliminar, será também julgado o mérito, salvo quando incompatíveis, e dela constará o indeferimento fundamentado do pedido de diligência ou perícia, se for o caso.

A decisão deverá ser consubstanciada em Acórdão e conterá o relatório e o voto elaborados pelo julgador. A multa aplicada a maior em Auto de Infração será corrigida na própria decisão, com abertura de prazo para recurso ou pagamento com redução de vinte e cinco por cento.

Obs.: Da decisão não cabe pedido de reconsideração.

É vedado à autoridade julgadora afastar a aplicação, por inconstitucionalidade ou ilegalidade, de tratado, acordo internacional, lei, decreto ou ato normativo em vigor, ressalvados os casos em que:

I — tenha sido declarada a inconstitucionalidade da norma pelo Supremo Tribunal Federal (STF), em ação direta, após a publicação da decisão, ou pela via incidental, após a publicação da resolução do Senado Federal que suspender a sua execução;

II — haja decisão judicial, proferida em caso concreto, afastando a aplicação da norma, por ilegalidade ou inconstitucionalidade, cuja extensão dos efeitos jurídicos tenha sido autorizada pelo Presidente da República ou, nos termos do art. 4º do Decreto n. 2.346/97, pelo Secretário da Receita Federal do Brasil ou pelo Procurador-Geral da Fazenda Nacional.

Em qualquer fase do processo, o sujeito passivo poderá desistir da impugnação. A desistência será manifestada em petição ou termo nos autos do processo. O pedido de parcelamento, a confissão irretratável da dívida ou a extinção do crédito, por qualquer modalidade, importa em desistência da impugnação.

Por fim, a autoridade julgadora recorrerá de ofício nas hipóteses previstas no art. 366 do Decreto n. 3.048/99. O recurso de ofício será declarado na própria decisão. Não sendo interposto o devido recurso de ofício, o servidor que verificar o fato representará à autoridade julgadora, por intermédio do seu chefe imediato, para atender à formalidade.

Fundamentação: Portaria RFB n. 10.875/2007, arts. 12 a 20.

4. RECURSO VOLUNTÁRIO

Das decisões prolatadas caberá recurso voluntário, com efeito suspensivo, dirigido ao Segundo Conselho de Contribuintes. O prazo para interposição do recurso é de trinta dias, contados da ciência da decisão.

No caso de recurso parcial, não cumprida a exigência relativa à parte não litigiosa do crédito, o órgão preparador, antes da remessa dos autos a julgamento, providenciará a formação de autos apartados para a imediata cobrança da parte não contestada, consignando essa circunstância no processo original.

Obs.: Não cabe recurso da decisão que cancelar a isenção com fundamento nos incisos I, II e III do art. 206 do Decreto n. 3.048/99.

Decorrido o prazo sem que o recurso tenha sido interposto, será o sujeito passivo cientificado do trânsito em julgado administrativo e intimado a regularizar sua situação no prazo de trinta dias, contados da ciência da intimação. Esgotados os meios de cobrança amigável, o processo será encaminhado ao órgão competente para inscrição em DAU.

Em se tratando de NFLD ou Auto de Infração lavrado contra pessoa jurídica de direito privado ou sócio desta, o recurso somente terá seguimento se o recorrente o instruir com prova de depósito correspondente a trinta por cento da exigência fiscal definida na decisão. No caso de solidariedade, o depósito efetuado por um dos coobrigados aproveita aos demais.

Ao sujeito passivo será dada ciência do não seguimento do recurso apresentado desprovido do depósito de que trata o parágrafo anterior.

O sujeito passivo será cientificado da decisão do Segundo Conselho de Contribuintes e intimado, se for o caso, a cumpri-la, no prazo de trinta dias, contados da ciência da intimação. Não cumprida a exigência no prazo previsto no caput, o processo será encaminhado ao órgão competente para inscrição em Dívida Ativa da União.

Fundamentação: Portaria RFB n. 10.875/2007, arts. 21 a 25.

5. EFICÁCIA DAS DECISÕES

São definitivas as decisões:

I — de primeira instância:

a) depois de esgotado o prazo para recurso voluntário sem que este tenha sido interposto, hipótese em que o trânsito em julgado administrativo dar-se-á no primeiro dia útil seguinte ao término do prazo para apresentação de recurso voluntário;

b) na parte que não foi objeto de recurso voluntário e não estiver sujeita a recurso de ofício, hipótese em que o trânsito em julgado administrativo, relativamente à parte não recorrida, dar-se-á no primeiro dia útil seguinte ao término do prazo para apresentação de recurso voluntário;

c) quando não couber mais recurso, hipótese em que o trânsito em julgado ocorre com a ciência da decisão ao sujeito passivo;

II — de segunda instância de que não caiba recurso ou, se cabível, quando decorrido o prazo sem sua interposição;

III — da Câmara Superior de Recursos Fiscais.

Nos casos de interposição dos recursos previstos no art. 56 do Regimento Interno dos Conselhos de Contribuintes, aprovado pela Portaria MF n. 147, de 25 de junho de 2007, o trânsito em julgado da decisão somente ocorrerá após a ciência da nova decisão ao sujeito passivo.

Fundamentação: Portaria RFB n. 10.875/2007, art. 26.

6. CONSIDERAÇÕES GERAIS

6.1. Nulidades

Nos termos do art. 27 da Portaria RFB n. 10.875/2007, são nulos:

I — os atos e termos lavrados por pessoa incompetente;

II — os despachos e decisões proferidos por autoridade incompetente ou com preterição do direito de defesa.

A nulidade de qualquer ato só prejudica os posteriores que dele diretamente dependam ou sejam consequência.

Na declaração de nulidade, a autoridade especificará os atos alcançados e determinará as providências necessárias ao prosseguimento ou solução do processo.

Quando puder decidir o mérito a favor do sujeito passivo, a quem aproveitaria a declaração de nulidade, a autoridade julgadora não a pronunciará nem mandará repetir o ato ou suprir-lhe a falta.

As irregularidades, incorreções e omissões diferentes das referidas neste subitem não importarão em nulidade e serão sanadas quando resultarem em prejuízo para o sujeito passivo, salvo se este lhes houver dado causa ou quando não influírem na solução do litígio.

Fundamentação: Portaria RFB n. 10.875/2007, art. 27.

6.2. Intimações

Far-se-á a intimação:

I — pessoal, pelo autor do procedimento ou por agente do órgão preparador, na repartição ou fora dela, provada com a assinatura do sujeito passivo, seu mandatário ou preposto, ou, no caso de recusa, com declaração escrita de quem o intimar;

II — por via postal ou telegráfica, com prova de recebimento no domicílio tributário do sujeito passivo;

III — por meio eletrônico, com prova de recebimento, mediante:

a) envio ao domicílio tributário do sujeito passivo;

b) registro em meio magnético ou equivalente utilizado pelo sujeito passivo.

Quando resultar improfícuo um dos meios previstos no *caput*, a intimação poderá ser feita por edital publicado:

• no sítio da RFB na Internet;

• em dependência, franqueada ao público, da Unidade da RFB encarregada da intimação;

• uma única vez, em órgão da imprensa oficial local.

Considera-se feita a intimação:

I — na data da ciência do intimado ou da declaração de quem fizer a intimação, se pessoal;

II — no caso do inciso II do *caput*, na data do recebimento ou, se omitida, quinze dias após a data da expedição da intimação;

III — se por meio eletrônico, quinze dias contados da data registrada:

a) no comprovante de entrega no domicílio tributário do sujeito passivo; ou

b) no meio magnético ou equivalente utilizado pelo sujeito passivo;

IV — quinze dias após a publicação do edital, se este for o meio utilizado.

Obs. 1: Os meios de intimação previstos no *caput* não estão sujeitos a ordem de preferência.

Para fins de intimação, considera-se domicílio tributário do sujeito passivo o endereço postal por ele fornecido, para fins cadastrais, à RFB e à Caixa Postal a ele atribuída pela RFB e disponibilizada no Centro Virtual de Atendimento ao Contribuinte (e-CAC), no endereço <http://www.receita.fazenda.gov.br>, desde que o sujeito passivo expressamente o autorize.

Por fim, cumpre observar que no caso de solidariedade, o prazo será contado a partir da ciência da intimação do último coobrigado.

Fundamentação: Portaria RFB n. 10.875/2007, art. 29.

6.3. Contagem dos prazos

Os prazos serão contínuos e começarão a correr a partir da data da cientificação válida, excluindo-se da contagem o dia do início e incluindo-se o do vencimento.

Os prazos só se iniciam ou vencem em dia de expediente normal no órgão em que tramita o processo ou deva ser praticado o ato.

Considera-se prorrogado o prazo até o primeiro dia útil seguinte, se o vencimento cair em dia em que não houver expediente ou este for encerrado antes do horário normal.

Os atos do processo devem realizar-se em dias úteis, no horário normal de funcionamento da repartição em que tramitar o processo.

Fundamentação: Portaria RFB n. 10.875/2007, arts. 30 e 31.

6.4. Restituição de documentos e vistas do processo

Os documentos que instruem o processo poderão ser restituídos, em qualquer fase, a requerimento do sujeito passivo, desde que a medida não prejudique a instrução e deles fique cópia autenticada no processo, podendo ser retida a documentação original quando houver indício de fraude.

O sujeito passivo ou seu representante legal, devidamente identificado, tem direito à vista do processo e a obter cópias reprográficas dos dados e documentos que o integram, ressalvados os dados e documentos de terceiros protegidos por sigilo ou pelo direito à privacidade, à honra e à imagem. O procedimento deverá ser consignado nos autos com aposição da assinatura do interessado.

O processo administrativo será organizado em ordem cronológica e terá suas folhas numeradas e rubricadas.

Fundamentação: Portaria RFB n. 10.875/2007, arts. 32 a 34.

6.5. Ingresso de ação judicial

A propositura de ação judicial pelo sujeito passivo, por qualquer modalidade processual, antes ou posteriormente ao lançamento, com o mesmo objeto, importa em renúncia às instâncias administrativas ou desistência de eventual recurso interposto.

Quando diferentes os objetos do processo judicial e do processo administrativo, este terá prosseguimento normal no que se relaciona à matéria diferenciada.

Fundamentação: Portaria RFB n. 10.875/2007, art. 35.

Capítulo XXIV

Dívida Ativa — Inscrição e Execução Judicial

1. INSCRIÇÃO

Conforme redação constante do art. 201 do Código Tributário Nacional, *"constitui dívida ativa tributária a proveniente de crédito dessa natureza, regularmente inscrita na repartição administrativa competente, depois de esgotado o prazo fixado para o pagamento, pela lei ou por decisão final proferida em processo regular"*.

E assim determina o art. 202 do mesmo diploma legal:

"**Art. 202.** O termo de inscrição da dívida ativa, autenticado pela autoridade competente, indicará obrigatoriamente:

I — o nome do devedor, sendo o caso, dos co-responsáveis, bem como, sempre que possível, o domicílio ou a residência de um e de outros;

II — a quantia devida e a maneira de calcular os juros de mora acrescidos;

III — a origem e a natureza do crédito, mencionada especificamente a disposição da lei em que seja fundado;

IV — a data em que foi inscrita;

V — sendo caso, o número do processo administrativo de que se originar o crédito."

Considera-se por dívida ativa, portanto, o crédito previdenciário (contribuições, atualização monetária, juros, multa e multas administrativas decorrentes da inobservância da legislação), proveniente de fato jurídico gerador das obrigações legais, inscrito em livro próprio.

Assim, uma vez verificado e constituído o crédito previdenciário pelo Auditor Fiscal, o contribuinte tem por obrigação quitá-lo sob pena da inscrição do mesmo em livro próprio destinado à Dívida Ativa da União, procedendo-se, a partir de então, a execução judicial.

Fundamentação: Além dos institutos citados no texto, Lei n. 8.212/91, art. 39; Decreto n. 3.048/99, arts. 242 e 245.

2. EXECUÇÃO JUDICIAL

Inscrito o débito em Dívida Ativa, deve o contribuinte efetuar o recolhimento do valor devido, sob pena de ser executado judicialmente.

A ação de execução tem por objetivo obrigar o devedor ao pagamento de sua dívida, sendo regulamentada pela Lei n. 6.830/80. Também disciplinam sobre o tema os arts. 53, 54, 98 e 99 da Lei n. 8.212/91 e arts. 358 a 362 do Decreto n. 3.048/99.

Capítulo XXV

Crimes Previdenciários

1. LEI N. 9.983/2000 — ALTERAÇÃO DO CÓDIGO PENAL BRASILEIRO

A Lei n. 9.983, de 14.7.2000 (DOU de 17.7.2000 e vigência a contar de 15.10.2000), alterou o Código Penal Brasileiro, tipificando como crimes determinadas condutas frequentemente praticadas pelos contribuintes da Previdência Social, mais especificamente pelos empregadores. No jargão popular tais condutas ilícitas foram denominadas de "crimes previdenciários" e são eles:

1.1. Apropriação Indébita Previdenciária

Acrescentado ao Código Penal Brasileiro pela Lei n. 9.983/2000, o art. 168-A trata da apropriação indébita previdenciária, tipificando como crime procedimentos como deixar de recolher ao INSS as contribuições descontadas dos empregados e de prestadores de serviços autônomos.

Destaque se dá ao inciso II do § 1º, que determina tratar-se de apropriação indébita também a ausência de recolhimento das contribuições patronais caso tais valores tenham sido repassados ao custo do produto ou serviço oferecido pela empresa.

Confira-se a redação do citado artigo:

"**Art. 168-A.** Deixar de repassar à previdência social as contribuições recolhidas dos contribuintes, no prazo e forma legal ou convencional:

Pena — reclusão, de 2 (dois) a 5 (cinco) anos, e multa.

§ 1º Nas mesmas penas incorre quem deixar de:

I — recolher, no prazo legal, contribuição ou outra importância destinada à previdência social que tenha sido descontada de pagamento efetuado a segurados, a terceiros ou arrecadada do público;

II — recolher contribuições devidas à previdência social que tenham integrado despesas contábeis ou custos relativos à venda de produtos ou à prestação de serviços;

III — pagar benefício devido a segurado, quando as respectivas cotas ou valores já tiverem sido reembolsados à empresa pela previdência social.

(...)"

1.2. Sonegação de Contribuição Previdenciária

O art. 337-A, igualmente acrescentado ao Código Penal Brasileiro pela Lei n. 9.983/2000, trata da sonegação de contribuição previdenciária, tipificando como crime procedimentos como não apresentar mensalmente as informações da GFIP ou omitir receitas que sejam base de cálculo da contribuição previdenciária.

Confira-se:

"**Art. 337-A.** Suprimir ou reduzir contribuição social previdenciária e qualquer acessório, mediante as seguintes condutas:

I — omitir de folha de pagamento da empresa ou de documento de informações previsto pela legislação previdenciária segurados empregado, empresário, trabalhador avulso ou trabalhador autônomo ou a este equiparado que lhe prestem serviços;

II — deixar de lançar mensalmente nos títulos próprios da contabilidade da empresa as quantias descontadas dos segurados ou as devidas pelo empregador ou pelo tomador de serviços;

III — omitir, total ou parcialmente, receitas ou lucros auferidos, remunerações pagas ou creditadas e demais fatos geradores de contribuições sociais previdenciárias:

Pena — reclusão, de 2 (dois) a 5 (cinco) anos, e multa."

Sobre o tema confiram-se, ainda, a redação da Súmula 67 e da Súmula 65, ambas do TRF da 4ª Região:

"**Súmula 67.** A prova da materialidade nos crimes de omissão no recolhimento de contribuições previdenciárias pode ser feita pela autuação e notificação da fiscalização, sendo desnecessária a realização de perícia." DJU (Seção 2) de 3.10.2002, p. 499 com Rep. DJ (Seção 2) de 7.10.2002, p. 487

"**Súmula 65.** A pena decorrente do crime de omissão no recolhimento de contribuições previdenciárias não constitui prisão por dívida." DJU (Seção 2) de 3.10.2002, p. 499 com Rep. DJ (Seção 2) de 7.10.2002, p. 487

1.3. Falsificação de Documento Público

Ao art. 297 do Código Penal Brasileiro foi acrescentado o § 3º, determinando tratar-se de crime de falsificação de documento público, dentre outros, procedimentos como inserir em folha de pagamento ou GFIP pessoa que não seja segurado obrigatório ou ainda anotar em CTPS salário que não corresponde ao montante ajustado entre as partes (pagamento "por fora", por exemplo).

É a redação do parágrafo em comento:

"**Art. 297.** Falsificar, no todo ou em parte, documento público, ou alterar documento público verdadeiro:

Pena: reclusão, de dois a seis anos, e multa.

(...)

§ 3º Nas mesmas penas incorre quem insere ou faz inserir:

I — na folha de pagamento ou em documento de informações que seja destinado a fazer prova perante a previdência social, pessoa que não possua a qualidade de segurado obrigatório;

II — na Carteira de Trabalho e Previdência Social do empregado ou em documento que deva produzir efeito perante a previdência social, declaração falsa ou diversa da que deveria ter sido escrita;

III — em documento contábil ou em qualquer outro documento relacionado com as obrigações da empresa perante a previdência social, declaração falsa ou diversa da que deveria ter constado.

§ 4º Nas mesmas penas incorre quem omite, nos documentos mencionados no § 3º, nome do segurado e seus dados pessoais, a remuneração, a vigência do contrato de trabalho ou de prestação de serviços."

2. RESPONSABILIDADE

No Direito Penal Brasileiro o crime é cometido apenas por pessoa física. Assim, consideram-se pessoalmente responsáveis pelos crimes:

a) o titular de firma individual;

b) os sócios solidários;

c) os sócios-gerentes;

d) os diretores ou administradores;

e) o segurado que tenha obtido vantagem.

3. EXTINÇÃO DA PUNIBILIDADE

É extinta a punibilidade se o agente, espontaneamente, declara, confessa e efetua o pagamento das contribuições, importâncias ou valores e presta as informações devidas à previdência social, na forma definida em lei ou regulamento, antes do início da ação fiscal.

4. FACULDADE DO JUIZ EM NÃO APLICAR A PENA

É facultado ao juiz deixar de aplicar a pena ou aplicar somente a de multa se o agente for primário e de bons antecedentes, desde que:

I — tenha promovido, após o início da ação fiscal e antes de oferecida a denúncia, o pagamento da contribuição social previdenciária, inclusive acessórios; ou

II — o valor das contribuições devidas, inclusive acessórios, seja igual ou inferior àquele estabelecido pela previdência social, administrativamente, como sendo o mínimo para o ajuizamento de suas execuções fiscais.

Fundamentação: Lei n. 9.983, de 14.07.2000 — DOU de 17.7.2000.

PARTE IV

RISCOS OCUPACIONAIS E ACIDENTE DO TRABALHO

CAPÍTULO XXVI

Riscos Ocupacionais no Ambiente de Trabalho

1. CONCEITO

Considera-se risco ocupacional a probabilidade de ocorrência de um dano à saúde ou à integridade física do trabalhador em função da sua exposição a fatores de risco no ambiente de trabalho.

Conforme classificação do Ministério da Saúde (Organização Pan-Americana da Saúde/Brasil. Doenças relacionadas ao trabalho: Manual de Procedimentos para os Serviços de Saúde. Normas e Manuais Técnicos. Série A, n. 114. Brasília/DF — Brasil. 2001, 580 p.), esses fatores se subdividem em cinco grupos:

a) físicos: ruído, vibração, radiação ionizante e não-ionizante, temperaturas extremas (frio e calor), pressão atmosférica anormal, entre outros;

b) químicos: agentes e substâncias químicas, sob a forma líquida, gasosa ou de partículas e poeiras minerais e vegetais, comuns nos processos de trabalho;

c) biológicos: vírus, bactérias e parasitas;

d) ergonômicos e psicossociais: riscos que decorrem da organização e gestão do trabalho como mobiliários inadequados (que geram problemas de postura), más condições de iluminação ou ventilação, trabalho em turnos (alternando trabalho diurno e noturno), ritmo de trabalho excessivo, dentre outros. Em regra, referidos riscos encontram-se listados na Norma Regulamentadora n. 17 (NR 17), constante da Portaria MTb n. 3.214/78;

e) mecânicos e de acidentes: riscos ligados à proteção das máquinas utilizadas nas tarefas diárias, arranjo físico do local de trabalho, ordem e limpeza dos pátios e fábricas, sinalização, rotulagem de produtos, dentre outros. Tratam desses riscos as Normas Regulamentadoras n. 16, 18 e 29, todas dispostas na Portaria MTb n. 3.214/78.

Os riscos físicos, químicos e biológicos (letras 'a' a 'c', *supra*) são denominados de riscos ambientais e, em regra, encontram-se dispostos na Norma Regulamentadora n. 09 (NR 09), constante da Portaria MTb n. 3.214/78.

2. COBRANÇA DA ALÍQUOTA DE ACRÉSCIMO NA CONTRIBUIÇÃO DESTINADA AO FINANCIAMENTO DA APOSENTADORIA ESPECIAL E BENEFÍCIOS POR INCAPACIDADE

Conforme já observado na Parte III, Capítulo X, subitem 6.1.2.4 desta obra, as empresas que possuírem trabalhadores expostos a agentes nocivos devem recolher aos cofres previdenciários um acréscimo na alíquota destinada à cobertura dos benefícios por incapacidade (SAT/RAT).

Para efeito da cobrança destas alíquotas adicionais (previstas no § 6º do art. 57 da Lei n. 8.213/91) devem ser considerados apenas os fatores de risco ambientais, já conceituados nas letras "a" a "c" do subitem anterior, sendo verificado pela Fiscalização da Receita Federal do Brasil a regularidade e a conformidade das demonstrações ambientais e os controles internos da empresa relativos ao gerenciamento dos riscos ocupacionais (em especial o embasamento para a declaração de informações em GFIP).

Os objetivos dessa fiscalização são os seguintes (IN RFB n. 971/2009, art. 288):

• verificar a integridade das informações do banco de dados do CNIS, que é alimentado pelos fatos declarados em GFIP;

• verificar a regularidade do recolhimento da contribuição do SAT/RAT e também da contribuição adicional decorrente da exposição aos riscos;

• garantir o custeio dos benefícios devidos.

Fundamentação: Instrução Normativa RFB n. 971/2009, art. 288 e 289.

3. DEMONSTRAÇÃO DO GERENCIAMENTO DO AMBIENTE DE TRABALHO

A empresa deverá demonstrar, quando de eventual fiscalização pela Receita Federal do Brasil, que gerencia adequadamente o ambiente de trabalho, eliminando e controlando os agentes nocivos à saúde e à integridade física dos trabalhadores. Assim, a existência ou não de riscos ambientais que prejudiquem a saúde ou integridade física dos trabalhadores deverá ser comprovada mediante a apresentação das seguintes demonstrações ambientais, entre outras (Instrução Normativa RFB n. 971/2009, art. 291):

I — Programa de Prevenção de Riscos Ambientais (PPRA), que visa à preservação da saúde e da integridade dos trabalhadores, por meio da antecipação, do reconhecimento, da avaliação e do consequente controle da ocorrência de riscos ambientais, sendo sua abrangência e profundidade dependentes das características dos riscos e das necessidades de controle, devendo ser elaborado e implementado pela empresa, por estabelecimento, nos termos da NR-09 (Portaria MTb n. 3.214/78);

II — Programa de Gerenciamento de Riscos (PGR), que é obrigatório para as atividades relacionadas à mineração e substitui o PPRA para essas atividades, devendo ser elaborado e implementado pela empresa ou pelo permissionário de lavra garimpeira, nos termos da NR-22 (Portaria MTb n. 3.214/78);

III — Programa de Condições e Meio Ambiente de Trabalho na Indústria da Construção (PCMAT), que é obrigatório para estabelecimentos que desenvolvam atividades relacionadas à indústria da construção, identificados no grupo 45 da tabela de Códigos Nacionais de Atividades Econômicas (CNAE), com vinte trabalhadores ou mais por estabelecimento ou obra, e visa a implementar medidas de controle e sistemas preventivos de segurança nos processos, nas condições e no meio ambiente de trabalho, nos termos da NR-18, substituindo o PPRA quando contemplar todas as exigências contidas na NR-09, ambas constantes da Portaria MTb n. 3.214/78;

IV — Programa de Controle Médico de Saúde Ocupacional (PCMSO), que deverá ser elaborado e implementado pela empresa ou pelo estabelecimento, a partir do PPRA, PGR e PCMAT, com o caráter de promover a prevenção, o rastreamento e o diagnóstico precoce dos agravos à saúde relacionados ao trabalho, inclusive aqueles de natureza subclínica, além da constatação da existência de casos de doenças profissionais ou de danos irreversíveis à saúde dos trabalhadores, nos termos da NR-07 (Portaria MTb n. 3.214/78);

V — Laudo Técnico de Condições Ambientais do Trabalho (LTCAT), que é a declaração pericial emitida para evidenciação técnica das condições ambientais do trabalho;

VI — Perfil Profissiográfico Previdenciário (PPP), que é o documento histórico-laboral individual do trabalhador, segundo modelo instituído pelo INSS, que estabelece critérios a serem adotados pelas áreas da Receita Previdenciária e de Benefícios;

VII — Comunicação de Acidente do Trabalho (CAT), que é o documento que registra o acidente do trabalho, a ocorrência ou o agravamento de doença ocupacional, conforme previsto nos art. 19 a 23 da Lei n. 8.213, de 1991, e nas NR-7 e NR-15, ambas do MTE, sendo seu registro fundamental para a geração de análises estatísticas que determinam a morbidade e mortalidade nas empresas e para a adoção das medidas preventivas e repressivas cabíveis.

Cumpre observar que os documentos constantes dos tópicos II e III (PGR e PCMAT) deverão ter Anotação de Responsabilidade Técnica (ART), devidamente registrada no Conselho Regional de Engenharia, Arquitetura e Agronomia (CREA).

As entidades e órgãos da Administração Pública direta, as autarquias e as fundações de direito público, inclusive os órgãos dos Poderes Legislativo e Judiciário, que não possuam trabalhadores regidos pela Consolidação das Leis do Trabalho — CLT, aprovada pelo Decreto-Lei n. 5.452/43, estão desobrigados da apresentação dos documentos previstos nos incisos I a IV, *supra*, nos termos do subitem 1.1 da NR-1, do MTE.

Fundamentação: Instrução Normativa RFB n. 971/2009, art. 291.

3.1. Terceirização de serviços

A empresa contratante de serviços de terceiros intramuros[1] deverá informar à contratada os riscos ambientais relacionados à atividade que desempenha e auxiliá-la na elaboração e na implementação dos documentos a que estiver obrigada, dentre os previstos nos tópicos I a V do item anterior, os quais deverão guardar consistência com os seus respectivos documentos.

A empresa contratante é responsável:

I — por fornecer cópia dos documentos (itens I a III e item V do item anterior), que permitam à contratada prestar as informações a que esteja obrigada em relação aos riscos ambientais a que estejam expostos seus trabalhadores;

II — pelo cumprimento dos programas, exigindo dos trabalhadores contratados a fiel obediência às normas e diretrizes estabelecidas nos referidos programas;

III — pela implementação de medidas de controle ambiental, indicadas para os trabalhadores contratados, nos termos do subitem 7.1.3 da NR-7, do subitem 9.6.1 da NR-9, do subitem 18.3.1.1 da NR-18, dos subitens 22.3.4, alínea "c" e 22.3.5 da NR-22 do MTE.

Já a empresa contratada se responsabiliza pela elaboração do PPP (Perfil Profissiográfico Previdenciário) de cada trabalhador exposto a riscos ambientais, pelas informações na GFIP, relativas a exposição de riscos ambientais e pela implementação do PCMSO (NR 07).

Fundamentação: Instrução Normativa RFB n. 971/2009, art. 291.

4. REPRESENTAÇÕES E AÇÃO REGRESSIVA

Na existência de irregularidades ou não observação da legislação pelo empregador ou contratante dos serviços, poderão ser emitidas pela Fiscalização as seguintes representações:

---

(1) Entende-se por serviços de terceiros intramuros todas as atividades desenvolvidas em estabelecimento da contratante ou de terceiros por ela indicado, inclusive em obra de construção civil, por trabalhadores contratados mediante cessão de mão de obra, empreitada, trabalho temporário e por intermédio de cooperativa de trabalho.

a) Representação Administrativa (RA) ao Ministério Público do Trabalho (MPT) competente, e ao Serviço de Segurança e Saúde do Trabalho — SSST da Delegacia Regional do Trabalho — DRT do MTE, sempre que, em tese, ocorrer desrespeito às normas de segurança e saúde do trabalho que reduzem os riscos inerentes ao trabalho ou às normas previdenciárias relativas aos documentos LTCAT, CAT, PPP e GFIP, quando relacionadas ao gerenciamento dos riscos ocupacionais;

b) Representação Administrativa (RA) aos Conselhos Regionais das categorias profissionais, com cópia para o MPT competente, sempre que a confrontação da documentação apresentada com os ambientes de trabalho revelar indícios de irregularidades, fraudes ou imperícia dos profissionais legalmente habilitados responsáveis pelas demonstrações ambientais e demais documentos;

c) Representação Administrativa (RA) ao INSS, com cópia para o MPT competente, sempre que for constatado que a empresa não cumpriu qualquer das obrigações relativas ao acidente de trabalho, previstas nos art. 19 a 22 da Lei n. 8.213/91, ou as disposições previstas no art. 58 da Lei n. 8.213/91.

d) Representação Fiscal para Fins Penais (RFFP) ao Ministério Público Federal ou Estadual competente, sempre que as irregularidades ensejarem a ocorrência, em tese, de crime ou contravenção penal.

Obs.: As representações deverão ser comunicadas ao sindicato representativo da categoria do trabalhador.

Nos casos de negligência quanto às normas de segurança e saúde do trabalho, a União ajuizará ação regressiva contra os responsáveis, conforme previsto nos art. 120 da Lei n. 8.213/91, cujo objeto é o ressarcimento à Previdência Social do pagamento de benefícios por morte ou por incapacidade, permanente ou temporária. Confira-se o dispositivo pertinente:

"**Art. 120.** Nos casos de negligência quanto às normas padrão de segurança e higiene do trabalho indicados para a proteção individual e coletiva, a Previdência Social proporá ação regressiva contra os responsáveis."

Trata-se de ação judicial amparada na tese de responsabilidade civil por ato ilícito, objetivando reparação aos cofres públicos (Seguridade Social) quando da inobservância das normas de segurança, higiene e medicina do Trabalho. Referidas normas encontram-se dispostas nas Normas Regulamentadoras (NRs), constantes da Portaria MTb n. 3.214/78.

Sobre o tema, confiram-se os arts. 2º e 3º da Portaria Conjunta PGF/INSS n. 6/2013 (DOU de 1º.2.2013);

"**Art. 2º** Considera-se ação regressiva previdenciária para os efeitos desta portaria conjunta a ação que tenha por objeto o ressarcimento ao INSS de despesas previdenciárias determinadas pela ocorrência de atos ilícitos.

Art. 3º Consideram-se despesas previdenciárias ressarcíveis as relativas ao pagamento, pelo INSS, de pensão por morte e de benefícios por incapacidade, bem como aquelas decorrentes do custeio do programa de reabilitação profissional."

No mesmo normativo, há previsão do ingresso de ação regressiva também para crimes de trânsito ou ilícitos penais dolosos. Confira-se:

"**Art. 4º** Compreendem-se por atos ilícitos suscetíveis ao ajuizamento de ação regressiva os seguintes:

I — o descumprimento de normas de saúde e segurança do trabalho que resultar em acidente de trabalho;

II — o cometimento de crimes de trânsito na forma do Código de Trânsito Brasileiro;

III — o cometimento de ilícitos penais dolosos que resultarem em lesão corporal, morte ou perturbação funcional;

Parágrafo único. Consideram-se normas de saúde e segurança do trabalho, dentre outras, aquelas assim definidas na Consolidação das Leis do Trabalho, as normas regulamentadoras do Ministério do Trabalho e Emprego, normas de segurança afetas à atividade econômica, normas de segurança relativas à produção e utilização de máquinas, equipamentos e produtos, além de outras que forem determinadas por autoridades locais ou que decorrerem de acordos ou convenções coletivas de trabalho."

Fundamentação: Além da citada no texto, Lei n. 8.213/1991, art. 120; Portaria Conjunta PGF/INSS n. 6/2013.

4.1. Fundamentos equivocados e pressupostos necessários para a propositura da ação

É comum a União utilizar por fundamento, em suas ações regressivas, o art. 121 da Lei n. 8.213/91 e o inciso XXVIII do art. 7º da Constituição Federal. Confiram-se:

"**Lei n. 8.213/91, art. 121**. O pagamento, pela Previdência Social, das prestações por acidente do trabalho não exclui a responsabilidade civil da empresa ou de outrem."

"**CF/88, art. 7º** São direitos dos trabalhadores urbanos e rurais, além de outros que visem à melhoria de sua condição social:

(...)

XXVIII — seguro contra acidentes de trabalho, a cargo do empregador, sem excluir a indenização a que este está obrigado, quando incorrer em dolo ou culpa;

(...)"

Compreendo serem fundamentos equivocados pois tais dispositivos se referem ao direito de indenização garantido ao trabalhador em razão do acidente sofrido, e não a eventual indenização à Previdência Social.

O trabalhador vítima de um acidente de trabalho, além de receber os benefícios acidentários a que tiver direito (benefícios previdenciários) poderá também postular judicialmente, contra a empresa, uma indenização para reparar os danos sofridos (dano material, dano moral e dano estético). Referido direito em nada se relaciona com a ação regressiva proposta pela União em nome da Previdência Social, não servindo estes dispositivos como fundamento legal para sua propositura.

O fundamento, portanto, da ação regressiva reside tão somente no art. 120 da Lei n. 8.213/91, acima transcrito, que exige para sua propositura os seguintes pressupostos:

a) que um segurado tenha sofrido acidente do trabalho;

b) que a Previdência Social tenha pago algum benefício acidentário (auxílio-doença, aposentadoria por invalidez, auxílio-acidente ou pensão por morte) ou que tenha prestado o serviço de reabilitação profissional, para que esteja caracterizado o dano;

c) que exista culpa da empresa (empregadora ou não) na ocorrência do sinistro, por não ter observado as normas de segurança e saúde do trabalhador, seja por ação ou omissão.

A Portaria Conjunta PGF/INSS n. 6/2013 disciplina os critérios e procedimentos relativos ao ajuizamento dessas ações regressivas, trazendo esclarecimentos, inclusive, sobre o Procedimento de Instrução Prévia (PIP), que compreende o levantamento das informações, documentos previdenciários e constituição de prova da ocorrência dos ilícitos.

Fundamentação: Além da citada no texto, Lei n. 8.213/1991, art. 120; Portaria Conjunta PGF/INSS n. 6/2013.

4.2. Objetivos

Possui a ação regressiva dois objetivos distintos, sendo o objetivo imediato a recuperação dos gastos, pela Previdência Social, com as prestações sociais acidentárias (os benefícios pagos).

O objetivo mediato é criar uma consciência preventiva para evitar acidentes de trabalho, por meio do caráter pedagógico da pena. O intuito é, assim, ensinar as empresas que é melhor investir na prevenção dos acidentes do que pagar, posteriormente, a indenização devida na ação regressiva.

O cálculo é simples: a União verificará o valor do benefício pago e a expectativa de sobrevida (divulgada pelo IBGE) do beneficiário. Assim, por exemplo, se estivermos falando de uma aposentadoria por invalidez acidentária no valor mensal de R$ 2.200,00, concedida a um trabalhador com idade de 42 anos, teremos em 2013 o seguinte cálculo da indenização pretendida na regressiva:

- Valor mensal do benefício: R$ 2.200,00
- Valor gasto por ano, pelo INSS, considerando o abono anual (R$ 2.200,00 x 13): R$ 28.600,00
- Expectativa de sobrevida (IBGE, Tábua de 2011, vigente em 2013): 36,1 anos
- Indenização (R$ 28.600,00 x 36,1 anos): **R$ 1.032.460,00**

O ressarcimento visado, portanto, compreende não somente as prestações vencidas e já pagas, mas também aquelas vincendas, que serão devidas ao beneficiário.

A União, em regra, solicita judicialmente a garantia de tal montante, mediante constituição de capital capaz de suportar a cobrança de eventual não pagamento futuro. Em regra, solicitam tal garantia em moeda corrente, convertida em aplicação financeira no Banco do Brasil ou Caixa Econômica Federal.

Nestes termos dispõe os arts. 20 e 21 da Portaria Conjunta PGF/INSS n. 6/2013. Confiram-se:

"**Art. 20**. O pedido de reparação deve ser integral, compreendendo:

I — prestações vencidas, atualizadas mediante a utilização dos valores brutos das mensalidades, empregando-se a taxa do Sistema Especial de Liquidação e de Custódia — SELIC, pela variação a partir do mês do pagamento;

II — prestações vincendas a serem pagas mensalmente ou de forma integral.

III — verbas sucumbenciais.

Parágrafo único. No caso de pagamento de prestações vincendas, deverá ser requerida a garantia de caução real ou fidejussória.

Art. 21. O valor da causa deverá corresponder ao total das despesas realizadas até o ajuizamento e o correspondente a uma prestação anual, que compreende a 12 parcelas mensais e ao abono anual."

Fundamentação: Lei n. 8.213/1991, art. 120; Portaria Conjunta PGF/INSS n. 6/2013.

4.3. Inconstitucionalidades

Entendo pela inconstitucionalidade da ação regressiva, nos termos propostos no art. 120 da Lei n. 8.213/91, pelas razões que passo a expor.

As empresas se encontram obrigadas a contratar um seguro de acidentes de trabalho para seus empregados, conforme disposições do inciso XXVIII do art. 7º da Constituição Federal. Confira-se:

"**Art. 7º** São direitos dos trabalhadores urbanos e rurais, além de outros que visem à melhoria de sua condição social:

(...)

XXVIII — seguro contra acidentes de trabalho, a cargo do empregador, sem excluir a indenização a que este está obrigado, quando incorrer em dolo ou culpa;

(...)"

O art. 201, também da Carta Magna, em seu § 10, disciplina que este seguro de acidentes será disciplinado por lei, a ser atendido concorrentemente pelo Regime Geral de Previdência Social e pelo setor privado. Eis o teor do dispositivo:

"**Art. 201.** A previdência social será organizada sob a forma de regime geral, de caráter contributivo e de filiação obrigatória, observados critérios que preservem o equilíbrio financeiro e atuarial, e atenderá, nos termos da lei, a:

(...)

§ 10. Lei disciplinará a cobertura do risco de acidente do trabalho, a ser atendida concorrentemente pelo regime geral de previdência social e pelo setor privado.

(...)"

Referida regulamentação constou da Lei n. 8.212/91 que, em seu art. 22, inciso II, determinou o pagamento de 1%, 2% ou 3%, conforme grau de risco da atividade preponderante, para custeio dos benefícios acidentários. Confira-se:

"**Art. 22.** A contribuição a cargo da empresa, destinada à Seguridade Social, além do disposto no art. 23, é de:

(...)

II — para o financiamento do benefício previsto nos arts. 57 e 58 da Lei n. 8.213, de 24 de julho de 1991, e daqueles concedidos em razão do grau de incidência de incapacidade laborativa decorrente dos riscos ambientais do trabalho, sobre o total das remunerações pagas ou creditadas, no decorrer do mês, aos segurados empregados e trabalhadores avulsos:

a) 1% (um por cento) para as empresas em cuja atividade preponderante o risco de acidentes do trabalho seja considerado leve;

b) 2% (dois por cento) para as empresas em cuja atividade preponderante esse risco seja considerado médio;

c) 3% (três por cento) para as empresas em cuja atividade preponderante esse risco seja considerado grave.

(...)"

Trata-se, pois, de um contrato de seguro, onde a empresa contribuir com o prêmio (1%, 2% ou 3% incidentes sobre a folha de pagamento) e a seguradora (INSS) paga o benefício, se houver o infortúnio. Se não ocorrer o sinistro (acidente), lucro da seguradora. Se ocorrer, deverá pagar o benefício de direito ao segurado, não devendo cobrar um reforço ou reparação da empresa contratante.

Note-se que a Lei n. 8.212/91, ao dispor sobre o seguro de acidentes, determinou que as alíquotas de 1%, 2% o 3% seriam destinadas ao pagamento dos benefícios concedidos em razão da incapacidade laborativa decorrente dos riscos ambientais do trabalho, sem qualquer exceção. Referiu-se, pois, a todo e qualquer benefício acidentário concedido, não excepcionando aqueles decorrentes de culpa do empregador, por negligência.

A empresa paga o seguro justamente para que seu empregado esteja segurado contra acidentes de trabalho, qualquer que seja a razão de sua ocorrência. Caso entenda por culpa da empresa no sinistro, pode o trabalhador ingressar com ação reparatória, nos termos do inciso XXVIII do art. 7º da Constituição.

Também cumpre mencionarmos que cada acidente ocorrido interfere diretamente nas alíquotas do seguro, desde janeiro/2010, em razão do Fator Acidentário de Prevenção (FAP), instituído pela Lei n. 10.666/2003. Por tal dispositivo, regulamentado pela Resolução CNPS n. 1.308/2009, a alíquota do SAT (de 1%, 2% ou 3%) pode ser reduzida em até 50% ou aumentada em até 100%, em razão do desempenho de cada empresa (comparado com o desempenho das demais empresas de mesmo CNAE), considerando-se no cálculo a freqüência, a gravidade e o custo das ocorrências acidentárias.

A empresa paga, portanto, não somente o seguro mas também o acréscimo (que pode ser de até 100%) em razão dos acidentes ocorridos e deve, ainda, ressarcir integralmente o custo do benefício ao INSS? Trata-se não de um *bis in idem*, mas de um *tris in idem*, sendo uma mesma ocorrência geradora de 3 pagamentos distintos.

Se a empresa deve ressarcir integralmente todo o custo do INSS com um determinado benefício acidentário, referida ocorrência jamais deveria ser considerada para a distribuição das alíquotas básicas do seguro (1%, 2% ou 3%), bem como jamais incluída no cálculo do FAP, majorando o tributo da empresa ou impedindo-lhe eventual desconto.

O que faz a União, contudo, é utilizar a mesma ocorrência para os três pagamentos, sendo ela considerada na hora de distribuir as alíquotas básicas (conforme o número de acidentes da categoria econômica), sendo considerada no cálculo do FAP e sendo objeto da ação regressiva, com reparação integral do valor gasto pelo INSS, sem qualquer demonstração de prejuízo.

Veja que a existência do prejuízo (aos cofres públicos) é essencial à ação judicial de reparação fundada tese de responsabilidade civil por ato ilícito. Se não comprovado o prejuízo, afasta-se a natureza indenizatória da ação regressiva. E qualquer nova contribuição social pretendida pela União deve ser instituída, obrigatoriamente, por lei complementar, e não por lei ordinária (CF/88, art. 195, § 4º).

É preciso, pois, que a União comprove que a alíquota de seguro paga pela empresa, bem como o FAP a ela atribuído, são insuficientes para a cobertura dos benefícios acidentários por ela provocados, por negligência às normas de segurança. Se assim não for, entendo não poder ser atribuída a natureza indenizatória à ação regressiva, justamente porque não há prejuízo ou dano a ser reparado.

E, se afastada a natureza indenizatória deste montante, a que título é feito o pagamento determinado em eventual êxito na regressiva? Compreendo por sua natureza tributária, mas absolutamente inconstitucional, porque criado por lei ordinária (Lei n. 8.212/91, art. 120), em desrespeito ao § 4º do art. 195 da Constituição Federal.

Assim, não somente por constituir um *tris in idem*, mas também porque não é comprovado o dano ou prejuízo que possa fundamentar a reparação civil indenizatória, compreendo pela inconstitucionalidade do art. 120 da Lei n. 8.213/91.

Isso não significa, contudo, que a empresa deve escapar impune aos ilícitos por ela praticados. Compreendo que a União pode, com fundamento no § 3º do art. 22 da Lei n. 8.212/91 e art. 203 do Decreto n. 3.048/99, reenquadrar a alíquota básica do SAT da empresa para um percentual maior, se comprovada a prática de ilícito ou negligência na prevenção dos acidentes (sobre o tema, ver Parte III, Capítulo X, subitem, 6.1.2.6 desta obra). Também há possibilidade de cobrança de multa administrativa, aplicada pelo Ministério do Trabalho e Emprego, com fundamento no art. 201 da CLT. Por fim, cabe inclusive ação penal, com fundamento no art. 132 do Código Penal, dentre outras possibilidades de punição, conforme cada caso específico.

Este, contudo, não tem sido o entendimento em nossos Tribunais Regionais Federais. Entendem nossos desembargadores que o risco a ser repartido com a sociedade (princípio da Seguridade Social) não inclui os acidentes decorrentes de ato ilícito praticado pela empresa, conforme ilustram as seguintes decisões:

"(...)

3. A Constituição prevê, de fato, "seguro contra acidentes do trabalho, a cargo do empregador, sem excluir indenização a que este está obrigado, quando incorrer em dolo ou culpa" (art. 7º, XXVIII). Não está aí prevista ação regressiva com objetivo de ressarcimento à entidade securitária pelo que houver desembolsado em razão de acidente do trabalho ocorrido por culpa do empregador, mas não há impedimento a que tal ressarcimento seja instituído por lei. É o chamado "espaço de conformação" que se reserva à legislação ordinária (Cf., em situação semelhante, acórdão da Corte Especial no Incidente de Inconstitucionalidade n. 2000.38.00.034572-0/MG)." (TRF 1ª Região — AC 200401000003933 — 5ª Turma — DJ de 26.2.2010)

"É constitucional o art. 120 da Lei n. 8.213/91. (...) a constitucionalidade do referido artigo restou reconhecida por este TRF, no julgamento da Arguição de Inconstitucionalidade na AC n. 1998.04.01.023654-8, decidindo a Corte Especial pela inexistência de incompatibilidade entre os art. 120 da Lei n. 8.213/91 e 7º, XXVIII, da CF. 3. O fato de a empresa contribuir para o Seguro de Acidente do Trabalho — SAT não exclui sua responsabilidade nos casos de acidente de trabalho decorrentes de culpa sua, por inobservância das normas de segurança e higiene do trabalho." "TRF 4ª Região — AC 200871040030559 — 3ª Turma — DJ de 2.6.2010"

4.4. Possibilidade de acordo

Nos termos da Portaria AGU n. 6 (DOU de 7.1.2011), a Procuradoria Geral Federal tem autorização para propor acordo em ações cuja expectativa de recebimento seja de até R$ 1 milhão, sendo que para valores superiores a R$ 500.000,00 será necessária autorização do Ministro da Previdência Social.

O termo de acordo pode dispor sobre o ressarcimento dos valores e também sobre obrigações acessórias sobre segurança do trabalho. Havendo corresponsabilidade ou litisconsórcio passivo (mais de uma empresa no pólo passivo da demanda) há a necessidade da concordância e participação de todos os envolvidos.

Realizado o acordo, a empresa se vale de uma redução no montante cobrado, sendo os percentuais aplicados os seguintes para pagamento a vista:

• 20% nos acordos firmados até a contestação da demanda

• 15% nos acordos firmados até a publicação da sentença

• 10% nos acordos firmados até o julgamento pela segunda instância

É possível optar pelo pagamento a vista das parcelas vencidas e parcelar apenas as prestações vincendas. Nesta hipótese, o percentual de redução será aplicado apenas para o pagamento a vista das parcelas vencidas. O parcelamento deve seguir as regras da Lei n. 10.522/2002, art. 37-B, sendo de até 60 (sessenta) meses, com juros pelo SELIC.

4.5. Observações Gerais

Sobre a competência jurisdicional, o entendimento predominante em nossos tribunais é pela competência da Justiça Federal[2], já que a ação regressiva possui natureza indenizatória e já que é promovida pelo INSS, autarquia federal.

Em regra, a ação deve ser proposta na jurisdição do local do acidente, sendo o INSS (representado judicialmente pela Procuradoria Geral Federal, conforme Portaria PGF n. 262/2008) o autor da demanda (legitimidade ativa). A(s) empresa(s) responsável(eis) pelo descumprimento das normas de segurança figura(m) como ré(s) — legitimidade passiva.

Confira-se, nestes termos, também a redação da Portaria Conjunta PGF/INSS n. 6/2013, art. 16:

"**Art. 16.** A ação será ajuizada perante a Justiça Federal no foro do domicílio do réu.

§ 1º Quando o réu for pessoa jurídica e possuir estabelecimentos em lugares diferentes, o ajuizamento deverá ser realizado no foro do domicílio do estabelecimento onde tiver ocorrido o ato ilícito.

§ 2º Quando houver vários réus, será ajuizada a ação no foro do local do ilícito.

§ 3º Quando houver vários réus sem que nenhum deles tenha domicílio no local do ilícito, deverá será ajuizada a ação, preferencialmente, perante o foro daquele que tiver o domicílio mais próximo."

O prazo prescricional a ser observado deve ser o de 3 (três) anos, com fundamento no art. 206 do Código Civil, sendo importante observar que o direito de postular a reparação nasce, para o INSS, no momento em que efetua o pagamento do benefício acidentário (e não na data do acidente). Para fatos geradores anteriores a janeiro/2003 (vigência do novo Código Civil), entendo pela aplicação da regra de transição disposta no art. 2.028, qual seja: o prazo de prescrição será de 20 (vinte) anos somente se em 11.1.2003 já tiver decorrido mais de 10 (dez) anos do fato gerador.

Obs.: Há entendimento minoritário pelo prazo de prescrição de 5 (cinco) anos, disposto no Decreto n. 20.910/32.

Fundamentação: Além dos citados no teto, Lei n. 8.213/91, art. 120; Instrução Normativa RFB n. 971/2009, art. 290.

---

(2) Tramita no Congresso Nacional o Projeto de Lei do Senado n. 308/2012, de autoria do Senador Paulo Paim, fixando competência da Justiça do Trabalho para o julgamento das ações regressivas, tendo sido aprovado pela Comissão de Assuntos Sociais (CAS) em 06.03.2013. Atualmente, o projeto se encontra na Comissão de Constituição, Justiça e Cidadania (CCJ).

Capítulo XXVII

Perfil Profissiográfico Previdenciário — PPP

1. INSTITUIÇÃO

O benefício previdenciário de Aposentadoria Especial, uma vez cumprida a carência exigida, será devido ao segurado da Previdência Social que tenha trabalhado durante quinze, vinte, ou vinte e cinco anos, conforme o caso, sujeito a condições especiais que prejudiquem a saúde ou a integridade física.

Até a publicação da Lei n. 9.032, em 29.4.1995, era suficiente a apresentação ao INSS pelo segurado empregado de um documento preenchido pelo empregador (SB-40, posteriormente denominado DIRBEN-8030 ou DSS-8030), onde deveria constar informações resumidas do local de trabalho, agentes nocivos existentes, intermitência e eventual fornecimento de EPI. O laudo técnico pericial era exigido somente quando se tratasse do agente "ruído", em face da medição técnica que se faz necessária à identificação da nocividade.

A simples apresentação de documento fornecido pelos empregadores, no entanto, sem qualquer documento técnico que atestasse realmente a exposição a agentes nocivos, possibilitava inúmeras fraudes na aquisição da Aposentadoria Especial, razão pela qual em 29.4.1995 passou a vigorar a Lei n. 9.032 (alterando o art. 57 da Lei n. 8.213/91), determinando que *"a caracterização de atividade como especial depende de comprovação do tempo de trabalho permanente, não ocasional nem intermitente, durante quinze, vinte ou vinte e cinco anos em atividade com efetiva exposição a agentes nocivos químicos, físicos, biológicos ou associação de agentes prejudiciais à saúde ou à integridade física, observada a carência exigida"*.

Posteriormente editou-se a Medida Provisória n. 1.523, de 11.10.1996, criando efetivamente o PPP — Perfil Profissiográfico Previdenciário —, sendo então a mesma, após algumas reedições, convertida na Lei n. 9.528/97.

Atualmente disciplina sobre a matéria a Lei n. 9.732, de 11.12.1998, determinando que a "comprovação de exposição a agentes nocivos", de forma não ocasional nem intermitente, deverá ser efetuada mediante formulário, na forma estabelecida pelo Instituto Nacional do Seguro Social — INSS, emitido pela empresa ou seu preposto, com base em laudo técnico de condições ambientais do trabalho expedido por médico do trabalho ou engenheiro de segurança do trabalho nos termos da legislação trabalhista.

O formulário a que se refere o parágrafo anterior é justamente o Perfil Profissiográfico Previdenciário — PPP. No entanto, o Ministério da Previdência Social, através do INSS, somente determinou as especificações definitivas (modelo) desse formulário quando da publicação da Instrução Normativa n. 84, de 17.12.2002 (DOU de 23.12.2002). Tal instrumento normativo especificou que a exigência desse documento somente se daria a contar de 1º.7.2003 (art. 148), sendo posteriormente prorrogado o prazo para 1º.11.2003 através da IN n. 90, de 16.06.2003.

A Instrução Normativa INSS/DC n. 84 foi então revogada pela Instrução Normativa INSS/DC n. 95, e esta revogada pela Instrução Normativa INSS n. 20/2007, que disciplinava sobre o PPP no art. 176 e seguintes. No art. 178 da IN INSS n. 20/2007, há determinação de que sua exigência teria início somente a contar de janeiro/2004. Atualmente, tratam do assunto o art. 295 da IN RFB n. 971/2009 e também os arts. 271 e 272 da Instrução Normativa INSS n. 45/2010.

Até a data de 31.12.2003, portanto, a comprovação do exercício de atividade especial deverá se dar pelos formulários antigos: SB — 40; DISES BE 5235; DSS-8030; ou, finalmente, DIRBEN 8030.

Vale lembrar, por fim, que ainda que não possua o trabalhador direito ao benefício de Aposentadoria Especial, o tempo de serviço com exposição a agentes nocivos será contado com acréscimo para fins de Aposentadoria por Tempo de Contribuição, de forma que sempre se faça exigível a comprovação dessa exposição.

2. CONCEITO E FINALIDADE

O Perfil Profissiográfico Previdenciário — PPP é o documento histórico-laboral, individual do trabalhador que presta serviço à empresa, destinado a prestar informações ao INSS relativas a efetiva exposição a agentes nocivos que, entre outras informações, registra dados administrativos, atividades desenvolvidas, registros ambientais com base no LTCAT e resultados de monitorização biológica com base no PCMSO (NR-7) e PPRA (NR-9).

Este documento possui por finalidade comprovar, perante o INSS, o exercício de atividade especial, com exposição a agentes nocivos, de forma que permita ao segurado a obtenção do benefício de Aposentadoria Especial ou a contagem do tempo de serviço com o devido acréscimo, na hipótese do benefício de Aposentadoria por Tempo de Contribuição.

É interessante observarmos, ainda, que as informações constantes do PPP poderão servir como embasamento à eventual reclamatória trabalhista onde se pleiteie indenização por doença profissional ou doença do trabalho.

Conforme redação constante do art. 271 da Instrução Normativa INSS n. 45/2010, o PPP tem como finalidade:

a) comprovar as condições para habilitação de benefícios e serviços previdenciários, em especial, o benefício de Aposentadoria Especial;

b) prover o trabalhador de meios de prova produzidos pelo empregador perante a Previdência Social, a outros órgãos públicos e aos sindicatos, de forma que garanta todo direito decorrente da relação de trabalho, seja ele individual, ou difuso e coletivo;

c) prover a empresa de meios de prova produzidos em tempo real, de modo que organize e individualize as informações contidas em seus diversos setores ao longo dos anos, possibilitando que a empresa evite ações judiciais indevidas relativas a seus trabalhadores;

d) possibilitar aos administradores públicos e privados acesso a bases de informações fidedignas, como fonte primária de informação estatística, para desenvolvimento de vigilância sanitária e epidemiológica, bem como definição de políticas em saúde coletiva.

Fundamentação: Decreto n. 3.048/99, art. 68, § 8º.

3. EMPRESAS OBRIGADAS AO PREENCHIMENTO — RESPONSÁVEL PELA EMISSÃO

A princípio, e a contar de janeiro/2004, somente as empresas (ou entidades equiparadas) que possuem em seu quadro funcional trabalhadores expostos a agentes nocivos químicos, físicos, biológicos ou associação de agentes prejudiciais à saúde ou à integridade física, devem elaborar e manter atualizado o Perfil Profissiográfico Previdenciário — PPP, conforme o Anexo XV da Instrução Normativa INSS n. 45/2010.

O PPP deverá ser elaborado de forma individualizada para cada um dos trabalhadores que se encontrarem expostos aos agentes nocivos (empregados, trabalhadores avulsos e cooperados) para fins de concessão de Aposentadoria Especial, ainda que não se encontrem presentes os requisitos para a concessão desse benefício, seja pela eficácia dos Equipamentos de Proteção Individual (EPI) ou por não restar caracterizada a permanência da exposição, requisito constante na Lei n. 8.213/91.

Obs.: A exigência do PPP, em relação aos agentes químicos e ao agente físico ruído, fica condicionada ao alcance dos níveis de ação de que trata o subitem 9.3.6, da Norma Regulamentadora — NR n. 09, do Ministério do Trabalho e Emprego — MTE, e aos demais agentes, à simples presença no ambiente de trabalho.

Somente após a implantação do PPP em meio magnético pela Previdência Social é que este documento será exigido para todos os segurados, independentemente do ramo de atividade da empresa e da exposição a agentes nocivos, quando então deverá abranger, também, informações relativas aos fatores de riscos ergonômicos e mecânicos.

Como o formulário respalda ocorrências e movimentações em GFIP, deverá ser elaborado pela empresa empregadora (quando se tratar de empregado), pelo Órgão Gestor de Mão de obra (OGMO) no caso do Trabalhador Portuário Avulso e pelo respectivo sindicato da categoria quando se tratar de trabalhador avulso não portuário. Note-se, portanto, que o sindicato de categoria ou Órgão Gestor de Mão de obra estão autorizados a preencher o formulário somente para trabalhadores avulsos a eles vinculados.

Elaborado, portanto, com base no LTCAT e nos programas de prevenção (PPRA, PGR e PCMAT), devem assinar o PPP o representante legal da empresa ou seu preposto (este com poderes específicos outorgados por procuração), sempre indicando os responsáveis técnicos legalmente habilitados, por período, pelos registros ambientais e resultados de monitoração biológica. Confira-se, sobre o tema, a redação do § 12 do art. 272 da IN INSS 45/2010:

"§ 12 — O PPP deverá ser assinado por representante legal da empresa, com poderes específicos outorgados por procuração, contendo a indicação dos responsáveis técnicos legalmente habilitados, por período, pelos registros ambientais e resultados de monitoração biológica, observando que esta não necessita, obrigatoriamente, ser juntada ao processo, podendo ser suprida por apresentação de declaração da empresa informando que o responsável pela assinatura do PPP está autorizado a assinar o respectivo documento."

Há, também, que ser observada a Resolução Normativa n. 252, do Conselho Federal de Química (CFQ), de 19.4.2013 (DOU de 6.5.2013), determinando que Campo II do referido formulário, especificamente os itens 15 a 16.4, deve ser preenchido apenas por profissionais de Química, registrados no respectivo Conselho.

Quando o enquadramento dos períodos laborados (como atividade especial) for devido apenas por categoria profissional, na forma do Anexo II do RBPS, aprovado pelo Decreto n. 83.080/1979, e a partir do código 2.0.0 do quadro anexo ao Decreto n. 53.831/1964, e não se optando pela apresentação dos formulários previstos para reconhecimento de períodos laborados em condições especiais vigentes à época, o PPP deverá ser emitido, preenchendo-se todos os campos pertinentes, excetuados os referentes à exposição a agentes nocivos.

Fundamentação: Instrução Normativa INSS n. 45/2010, art. 272; Resolução CFQ n. 252/2013.

4. ATUALIZAÇÃO E MANUTENÇÃO DO PPP

O PPP deve ser mantido atualizado magneticamente ou por meio físico com a seguinte periodicidade:

a) anualmente, na mesma época em que se apresentar os resultados da análise global do desenvolvimento do PPRA, do PGR, do PCMAT e do PCMSO;

b) nos casos de alteração de *layout* da empresa com alterações de exposições de agentes nocivos mesmo que o código da GFIP/SEFIP não se altere.

Não obstante à possibilidade de sua manutenção por meio magnético, o PPP deverá ser emitido obrigatoriamente por meio físico (impresso) nas seguintes situações (Instrução Normativa INSS n. 45/2010, art. 272):

I — por ocasião da rescisão do contrato de trabalho[3] ou da desfiliação da cooperativa, sindicato ou OGMO, em duas vias, com fornecimento de uma das vias para o trabalhador, mediante recibo;

II — para fins de requerimento de reconhecimento de períodos laborados em condições especiais;

III — para fins de análise de benefícios por incapacidade, a partir de 1º de janeiro de 2004, quando solicitado pelo INSS;

IV — para simples conferência por parte do trabalhador, pelo menos uma vez ao ano, quando da avaliação global anual do Programa de Prevenção de Riscos Ambientais — PPRA, até que seja implantado o PPP em meio magnético pela Previdência Social;

V — quando solicitado pelas autoridades competentes.

5. FORNECIMENTO AO TRABALHADOR E PRAZO DE GUARDA DA DOCUMENTAÇÃO

A empresa (ou entidade equiparada) deverá fornecer ao trabalhador cópia autêntica de seu Perfil Profissiográfico Previdenciário — PPP quando da rescisão do contrato de trabalho[4] ou da desfiliação da cooperativa, sindicato ou Órgão Gestor de Mão de obra — OGMO, conforme o caso.

A comprovação da entrega do PPP poderá ser feita no próprio instrumento de rescisão ou de desfiliação, bem como em recibo à parte. Tanto o próprio Perfil (PPP) quanto a comprovação de entrega ao trabalhador deverão ser mantidos na empresa, à disposição da fiscalização, pelo período de vinte anos.

Fundamentação: Decreto n. 3.048/99, art. 68, § 6º; Instrução Normativa INSS n. 45/2010, art. 272.

6. DESCUMPRIMENTO DA LEGISLAÇÃO — PENALIDADE

A não manutenção de Perfil Profissiográfico Previdenciário atualizado ou o não fornecimento do mesmo ao empregado, por ocasião do encerramento do contrato de trabalho, enseja ao empregador aplicação de multa prevista na alínea "h", inciso I, art. 283 do Decreto n. 3.048/99, atualmente no valor de R$ 1.812,87.

A prestação de informações falsas no PPP constitui crime de falsidade ideológica, nos termos do art. 297 do Código Penal. Além disso, a empresa poderá ser autuada conforme previsão dos arts. 68, § 4º c/c inciso II do art. 283 do Decreto n. 3.048/99, com imposição de multa no valor de R$ 18.128,43.

Para verificar se o formulário foi preenchido corretamente, ou se o Laudo que lhe serviu de base encontra-se correto, o INSS poderá, se assim desejar, inspecionar o local de trabalho do segurado, no intuito de confirmar as informações contidas nesses documentos — Decreto n. 3.048/99, art. 68, § 5º.

Por fim, as informações constantes no PPP são de caráter privativo do trabalhador, constituindo crime nos termos da Lei n. 9.029, de 13 de abril de 1995, práticas discriminatórias decorrentes de sua exigibilidade por outrem, bem como de sua divulgação para terceiros, ressalvado quando exigida pelos órgãos públicos competentes.

Fundamentação: Decreto n. 3.048/99, art. 68; Instrução Normativa INSS n. 45/2010, art. 272; Portaria MPS/MF n. 15/2013, art. 8º.

---

(3) O § 8º do art. 68 do Decreto n. 3.048/99, com redação dada pelo Decreto n. 8.123/2013 (DOU de 17.10.2013) fixa o prazo de até trinta (30) dias para a empresa entregar ao trabalhador o formulário Perfil Profissiográfico, quando da ocorrência de rescisão contratual.

(4) O § 8º do art. 68 do Decreto n. 3.048/99, com redação dada pelo Decreto n. 8.123/2013 (DOU de 17.10.2013) fixa o prazo de até trinta (30) dias para a empresa entregar ao trabalhador o formulário Perfil Profissiográfico, quando da ocorrência de rescisão contratual.

Capítulo XXVIII

Evidências Técnicas das Condições Ambientais do Trabalho — LTCAT e Programas de Prevenção

Conforme permissão disposta no inciso V, do art. 291, da IN SRF n. 971/2009, as empresas obrigadas ao cumprimento das Normas Regulamentadoras do Ministério do Trabalho e Emprego, quais sejam, todas aquelas que possuírem empregados regidos pela CLT poderão manter, em substituição ao LTCAT — Laudo Técnico de Condições Ambientais do Trabalho, os programas de prevenção PPRA e PGR.

O PPRA — Programa de Prevenção de Riscos Ambientais consta da Norma Regulamentadora n. 09 e deve ser observado por todos os empregadores e instituições que admitam trabalhadores como empregados. O PGR — Programa de Gerenciamento de Riscos consta da Norma Regulamentadora n. 22 e é obrigatório para as atividades relacionadas à mineração, em substituição ao PPRA.

Estes documentos de evidenciação técnica das condições ambientais do trabalho devem ser atualizados pelo menos uma vez ao ano, quando da avaliação global, ou sempre que ocorrer qualquer alteração no ambiente de trabalho ou em sua organização[5].

Quando de sua elaboração, esses documentos devem considerar a classificação dos agentes nocivos e os limites de tolerância estabelecidos pela legislação trabalhista, bem como a metodologia e os procedimentos de avaliação estabelecidos pela Fundação Jorge Duprat Figueiredo de Segurança e Medicina do Trabalho — FUNDACENTRO (Decreto n. 3.048/99, art. 68, § 11).

A empresa que não mantiver essa documentação estará sujeita à multa prevista no inciso II do art. 283 do Decreto n. 3.048/99, atualmente fixada em R$ 18.128,63 — Decreto n. 3.048/99, art. 68.

Fundamentação: Decreto n. 3.048/99, art. 68; Instrução Normativa INSS n. 45/2010, art. 248 e 254.

1. LTCAT — LAUDO TÉCNICO DE CONDIÇÕES AMBIENTAIS DO TRABALHO

As empresas que não possuírem trabalhadores sob o regime celetista ou que não optarem pelos programas de prevenção (PPRA ou PGR, conforme o caso) deverão elaborar o LTCAT, respeitada a seguinte estrutura:

I — reconhecimento dos fatores de riscos ambientais;

II — estabelecimento de prioridades e metas de avaliação e controle;

III — avaliação dos riscos e da exposição dos trabalhadores;

IV — especificação e implantação de medidas de controle e avaliação de sua eficácia;

V — monitoramento da exposição aos riscos;

---

(5) São consideradas alterações no ambiente de trabalho ou em sua organização, entre outras, aquelas decorrentes de mudança de *layout*; substituição de máquinas ou de equipamentos; adoção ou alteração de tecnologia de proteção coletiva; alcance dos níveis de ação estabelecidos no subitem 9.3.6 da NR-09, aprovadas pela Portaria n. 3.214, de 1978, do MTE, se aplicável; extinção do pagamento do adicional de insalubridade.

VI — registro e divulgação dos dados;

VII — avaliação global do seu desenvolvimento, pelo menos uma vez ao ano ou sempre que ocorrer qualquer alteração no ambiente de trabalho ou em sua organização, contemplando a realização dos ajustes necessários e estabelecimento de novas metas e prioridades.

Para o reconhecimento dos fatores de riscos ambientais (tópico I, *supra*), deverão ser analisados no LTCAT os seguintes aspectos (IN INSS 45/2010, art. 247):

a) se individual ou coletivo;

b) identificação da empresa;

c) identificação do setor e da função;

d) descrição da atividade;

e) identificação de agente nocivo capaz de causar dano à saúde e integridade física, arrolado na Legislação Previdenciária;

f) localização das possíveis fontes geradoras;

g) via e periodicidade de exposição ao agente nocivo;

h) metodologia e procedimentos de avaliação do agente nocivo;

i) descrição das medidas de controle existentes;

j) conclusão do LTCAT;

k) assinatura do médico do trabalho ou engenheiro de segurança; e

l) data da realização da avaliação ambiental.

O LTCAT deverá ser assinado por engenheiro de segurança do trabalho, com o respectivo número da Anotação de Responsabilidade Técnica — ART junto ao Conselho Regional de Engenharia e Arquitetura — CREA ou por médico do trabalho, indicando os registros profissionais para ambos.

A empresa que não mantiver Laudo Técnico estará sujeita à multa prevista no inciso II do art. 283 do Decreto n. 3.048/99, atualmente fixada em R$ 18.128,43.

Fundamentação: Decreto n. 3.048/99, art. 68; Instrução Normativa INSS n. 45/2010, art. 247; Portaria Interministerial MPS/MF n. 19/2014.

1.1. Comprovação de Atividade Especial — Apresentação do LTCAT até 31.12.2003

Como se pode observar da Parte V desta obra, Capítulo XXXVIII, item 5, a contar da vigência da Medida Provisória 1.523/96 (14.10.1996), os segurados devem apresentar ao INSS, para comprovação de efetiva exposição a agentes nocivos e consequente consideração do tempo de serviço como "especial", o formulário emitido pela empresa, preenchido com base em um laudo técnico de condições ambientais do trabalho, elaborado por médico do trabalho ou engenheiro de segurança do trabalho. Para o agente nocivo "ruído" a apresentação do laudo se faz necessária inclusive para períodos anteriores a outubro/2006.

Note-se, portanto, que a substituição do referido laudo pelos programas ambientais (PPRA ou PGR, dentre outros) somente se deu a contar de 1º.01.2004, de forma que para períodos anteriores (até 31.12.2003) o segurado poderá permanecer a comprovar a exposição nociva pelo laudo técnico.

Poderão ser aceitos, em substituição ao LTCAT, ou ainda de forma complementar a este, os seguintes documentos IN INSS 45/2010, art. 256, § 1º):

I — laudos técnico-periciais emitidos por determinação da Justiça do Trabalho, em ações trabalhistas, acordos ou dissídios coletivos;

II — laudos emitidos pela Fundação Jorge Duprat Figueiredo de Segurança e Medicina do Trabalho (FUNDACENTRO);

III — laudos emitidos pelo MTE;

IV — laudos individuais acompanhados de:

a) autorização escrita da empresa para efetuar o levantamento, quando o responsável técnico não for seu empregado;

b) cópia do documento de habilitação profissional do engenheiro de segurança do trabalho ou médico do trabalho, indicando sua especialidade;

c) nome e identificação do acompanhante da empresa, quando o responsável técnico não for seu empregado;

d) data e local da realização da perícia;

V — os programas PPRA, PGR, PCMAT e PCMSO.

Não obstante, não serão aceitos pelo INSS os seguintes laudos (IN INSS n. 45/2010, art. 256, § 2º):

a) laudo elaborado por solicitação do próprio segurado, sem o atendimento das condições do inciso IV, *supra*;

b) laudo relativo à atividade diversa, salvo quando efetuada no mesmo setor;

c) laudo relativo a equipamento ou setor similar;

d) laudo realizado em localidade diversa daquela em que houve o exercício da atividade;

e) laudo de empresa diversa.

Confira-se, ainda, a redação dos incisos I a IV do referido art. 256:

"**Art. 256.** Para instrução do requerimento da aposentadoria especial, deverão ser apresentados os seguintes documentos:

I — para períodos laborados até 28 de abril de 1995, véspera da publicação da Lei n. 9.032, de 1995, será exigido do segurado o formulário de reconhecimento de períodos laborados em condições especiais e a CP ou a CTPS, bem como, para o agente físico ruído, LTCAT;

II — para períodos laborados entre 29 de abril de 1995, data da publicação da Lei n. 9.032, de 1995, a 13 de outubro de 1996, véspera da publicação da MP n. 1.523, de 1996, será exigido do segurado formulário de reconhecimento de períodos laborados em condições especiais, bem como, para o agente físico ruído, LTCAT ou demais demonstrações ambientais;

III — para períodos laborados entre 14 de outubro de 1996, data da publicação da MP n. 1.523, de 1996, a 31 de dezembro de 2003, data estabelecida pelo INSS em conformidade com o determinado pelo § 2º do art. 68 do RPS, será exigido do segurado formulário de reconhecimento de períodos laborados em condições especiais, bem como LTCAT, qualquer que seja o agente nocivo; e

IV — para períodos laborados a partir de 1º de janeiro de 2004, conforme estabelecido por meio da Instrução Normativa INSS/DC n. 99, de 5 de dezembro de 2003, em cumprimento ao § 2º do art. 68 do RPS, o único documento será o PPP.

(...)"

2. DOCUMENTOS NÃO CONTEMPORÂNEOS AO EXERCÍCIO DA ATIVIDADE PELO TRABALHADOR

Os documentos de evidenciação técnica das condições ambientais do trabalho (LTCAT, PPRA, PGR e PCMAT) emitidos em data anterior ou posterior ao exercício da atividade do segurado poderão ser aceitos para garantir direito relativo ao enquadramento de tempo especial, mas somente depois de avaliação por parte do INSS.

Fundamentação: Instrução Normativa INSS N. 45/2010, art. 254.

3. COOPERATIVAS DE TRABALHO E EMPRESAS DE LOCAÇÃO DE MÃO DE OBRA

As cooperativa de trabalho e as empresas de locação de mão de obra (por cessão ou empreitada) deverão solicitar às empresas contratantes o LTCAT ou os Programas de Prevenção existentes e, com base nesses documentos, preencher o formuário PPP, entregando-o ao trabalhador.

Quando o serviço for prestado em suas próprias unidades, o LTCAT ou os Programas de Prevenção deverão ser providenciados pela própria cooperativa ou empresa de prestação de serviços.

Fundamentação: Decreto n. 3.048/99, art. 68, §§ 9º e 10; Instrução Normativa INSS N. 45/2010, art. 254.

CAPÍTULO XXIX

Acidente do Trabalho

1. CONCEITO

Nos termos do art. 19 da Lei n. 8.213/91, acidente do trabalho é aquele que ocorre pelo exercício do trabalho a serviço da empresa ou pelo exercício do trabalho dos segurados especiais, provocando lesão corporal ou perturbação funcional que cause a morte ou a perda ou redução, permanente ou temporária, da capacidade para o trabalho. Observe-se, portanto, que para a caracterização do acidente, em termos previdenciários, é necessário o afastamento do trabalhador, ou seja, a interrupção das atividades profissionais, ainda que de forma temporária, ou a constatação de redução da capacidade laborativa, por profissional da área médica. As ocorrências que não gerarem afastamentos ou redução da capacidade não serão tipificadas como acidentes.

O art. 20 da Lei de Benefícios considera como acidente do trabalho também as seguintes entidades mórbidas:

I — doença profissional, assim entendida a produzida ou desencadeada pelo exercício do trabalho peculiar a determinada atividade e constante da relação elaborada pelo Ministério do Trabalho e da Previdência Social e constante no Anexo II do Decreto n. 3.048/99;

II — doença do trabalho, assim entendida a adquirida ou desencadeada em função de condições especiais em que o trabalho é realizado e com ele se relacione diretamente, constante da relação mencionada no item I, acima.

Obs.: Em caso excepcional, constatando-se que a doença não incluída na relação prevista nos itens I e II, acima, resultou das condições especiais em que o trabalho é executado e com ele se relaciona diretamente, a Previdência Social deve considerá-la acidente do trabalho.

Considera-se como o dia do acidente, no caso de doença profissional ou de doença do trabalho, a data de início da incapacidade (DII) de laboração para o exercício da atividade habitual ou o dia da segregação compulsória ou o dia em que for realizado o diagnóstico, valendo para esse efeito o que ocorrer primeiro — Lei n. 8.213/91, art. 23.

Não são consideradas como doença do trabalho a doença degenerativa, a inerente a grupo etário, a que não produza incapacidade laborativa e a doença endêmica adquirida por segurado habitante de região em que ela se desenvolva, salvo comprovação de que é resultante de exposição ou contato direto determinado pela natureza do trabalho.

Como observado, os acidentes do trabalho se classificam em dois tipos, quais sejam: a) acidentes típicos, que ocorrem pelo exercício do trabalho a serviço da empresa; e b) doenças ocupacionais, subdivididas estas em profissionais e do trabalho.

1.1. Acidentes por equiparação

Por equiparação, e nos termos do art. 21 da Lei n. 8.213/91, consideram-se também como acidente do trabalho:

I — o acidente ligado ao trabalho que, embora não tenha sido a causa única, haja contribuído diretamente para a morte do segurado, para redução ou perda da sua capacidade para o trabalho, ou produzido lesão que exija atenção médica para a sua recuperação;

II — o acidente sofrido pelo segurado no local e no horário do trabalho, em consequência de:

a) ato de agressão, sabotagem ou terrorismo praticado por terceiro ou companheiro de trabalho;

b) ofensa física intencional, inclusive de terceiro, por motivo de disputa relacionada ao trabalho;

c) ato de imprudência, de negligência ou de imperícia de terceiro ou de companheiro de trabalho;

d) ato de pessoa privada do uso da razão;

e) desabamento, inundação, incêndio e outros casos fortuitos ou decorrentes de força maior;

III — a doença proveniente de contaminação acidental do empregado no exercício de sua atividade;

IV — o acidente sofrido pelo segurado ainda que fora do local e horário de trabalho:

a) na execução de ordem ou na realização de serviço sob a autoridade da empresa;

b) na prestação espontânea de qualquer serviço à empresa, para lhe evitar prejuízo ou proporcionar proveito;

c) em viagem a serviço da empresa, inclusive para estudo, quando financiada por esta dentro de seus planos para melhor capacitação da mão de obra, independentemente do meio de locomoção utilizado, inclusive veículo de propriedade do segurado;

d) no percurso da residência para o local de trabalho ou deste para aquela, qualquer que seja o meio de locomoção, inclusive veículo de propriedade do segurado.

Algumas observações merecem destaque:

1) Nos períodos destinados a refeição ou descanso, ou por ocasião da satisfação de outras necessidades fisiológicas, no local do trabalho ou durante este, o empregado é considerado no exercício do trabalho.

2) Não se caracteriza como acidente de trabalho o acidente de trajeto sofrido pelo segurado que, por interesse pessoal, tiver interrompido ou alterado o percurso habitual.

3) Se o acidente do trabalhador avulso ocorrer no trajeto do órgão gestor de mão de obra ou sindicato para a residência, é indispensável para caracterização do acidente o registro de comparecimento ao órgão gestor de mão de obra ou ao sindicato.

4) Não é considerado agravamento ou complicação de acidente do trabalho a lesão que, resultante de acidente de outra origem, se associe ou se superponha às consequências do anterior.

2. CARACTERIZAÇÃO

Até a data de 31.3.2007, os acidentes do trabalho eram caracterizados tecnicamente pela perícia médica do INSS, à qual cabia o reconhecimento técnico do nexo causal entre:

a) o acidente e a lesão;

b) a doença e o trabalho; e

c) a *causa mortis* e o acidente.

Para esta caracterização técnica (nexo técnico) e conforme previsão constante do art. 337 do Decreto n. 3.048/99, o INSS poderia, se necessário, ouvir testemunhas, efetuar pesquisa ou realizar vistoria do local de trabalho, bem como solicitar o Perfil Profissiográfico Previdenciário (PPP) diretamente ao empregador, visando ao esclarecimento dos fatos e ao estabelecimento do nexo causal.

No entanto, diversas alterações ocorreram na legislação, quanto ao tópico, a contar de dezembro/2002 (Medida Provisória n. 83/2002, posteriormente convertida na Lei n. 10.666/2003). No intuito de melhorar a arrecadação do sistema, a Previdência Social alterou consideravelmente os procedimentos para caracterização do acidente de trabalho, especialmente quanto às doenças ocupacionais. O início das alterações data de dezembro de 2002, mas os efeitos práticos dependiam de leis e regulamentos, de forma que passaram a vigorar somente em 1.4.2007.

Por força da Lei n. 11.430/2006, regulamentada pelo Decreto n. 6.042/2007, a contar de 1.4.2007 o acidente do trabalho poderá ser caracterizado tecnicamente pela perícia médica do INSS, mediante a identificação do nexo entre o trabalho e o agravo, conforme detalhamento constante nos tópicos seguintes. Contudo, para uma melhor compreensão do tema e das alterações ocorridas em 2007, é necessário conhecer o procedimento anterior e analisar a evolução da legislação que trouxe as modificações, o que passamos a fazer.

2.1. Procedimento adotado até 31.3.2007 — Doença Ocupacional — Caracterização — Necessidade da Existência de Nexo Causal e do Reconhecimento do Nexo Técnico pelo INSS

Nos termos dos art. 19 e 20 da Lei n. 8.213/91, e como já observado, consideram-se acidente do trabalho a doença profissional e a doença do trabalho, desde que tenham produzido incapacidade laborativa (afastamento) ou redução dessa capacidade, ainda que temporária. Como no caso das doenças ocupacionais não existe uma data precisa a ser definida como aquela em que a doença se iniciou, definiu o legislador, no art. 23 da Lei de Benefícios, considerar-se como dia do acidente a data do início da incapacidade laborativa para o exercício da atividade habitual, o dia da segregação compulsória ou o dia em que for realizado o diagnóstico, valendo para esse efeito o que ocorrer primeiro. Confira-se:

"Art. 23. Considera-se como dia do acidente, no caso de doença profissional ou do trabalho, a data do início da incapacidade laborativa para o exercício da atividade habitual, ou o dia da segregação compulsória, ou o dia em que for realizado o diagnóstico, valendo para este efeito o que ocorrer primeiro."

Era, portanto, de suma importância o cuidado dos peritos da Previdência Social, bem como dos médicos de todo o país, em firmar diagnóstico correto quando se tratasse de doença ocupacional. Portanto, indispensável se fazia o reconhecimento técnico do nexo causal entre a enfermidade que acometia o segurado e o trabalho por ele desenvolvido, nos termos do que determinava, inclusive, o art. 337 do Decreto n. 3.048/99:

"Art. 337. O acidente de que trata o artigo anterior será caracterizado tecnicamente pela perícia médica do Instituto Nacional do Seguro Social, que fará o reconhecimento técnico do nexo causal entre:

I — o acidente e a lesão;

II — a doença e o trabalho; e

III — a causa mortis e o acidente.

§ 1º O setor de benefícios do Instituto Nacional do Seguro Social reconhecerá o direito do segurado à habilitação do benefício acidentário.

§ 2º Será considerado agravamento do acidente aquele sofrido pelo acidentado quando estiver sob a responsabilidade da reabilitação profissional." (Grifo nosso)

Note-se, portanto, que era necessária primeiramente a existência de um nexo causal, ou seja, algum vínculo entre os sintomas clínicos e o diagnóstico decorrente. Tratava-se, pois, da identificação da enfermidade existente, ou seja, do correto enquadramento da sintomatologia no diagnóstico firmado. Desta forma, o nexo causal poderia ser reconhecido por qualquer profissional da área médica, inclusive médicos assistentes e médicos do trabalho. Já o reconhecimento técnico de que esse nexo causal tinha relação com o trabalho competia somente ao médico perito do INSS, por investigação.

Impende observarmos que a LER (Lesão por esforço repetitivo) ou DORT (doença osteomuscular relacionada ao trabalho) não são necessariamente enfermidades, mas sim o reconhecimento de que a moléstia que acomete o trabalhador tem coligação ou origem na atividade profissional por ele desenvolvida. Não havia, pois, como reconhecer tal vinculação, exceto pela confissão do empregador por meio da emissão da CAT (ou de resposta positiva aos quesitos constantes da Carta de Infortunística), ou pela visita física pericial no ambiente de trabalho do segurado.

O diagnóstico de LER/DORT requer relatos bilaterais (empregador/empregado), posto basear-se, no vínculo empregatício existente, relação que não admite, *per si*, qualquer procedimento praticado unilateralmente, sem a participação ou concordância da parte contrária. No entanto, é fato que muitas empresas consideravam apenas suas próprias necessidades, ignorando os limites dos trabalhadores que se encontravam a seu serviço e, principalmente, recusando-se terminantemente ao reconhecimento de qualquer acidente do trabalho, inclusive doenças ocupacionais. Assim coloca, inclusive, a Instrução Normativa INSS/DC n. 98/2003, em seu item 3, ao considerar os aspectos epidemiológicos e legais das doenças ocupacionais. Por outro lado, também existem trabalhadores imbuídos de má-fé, com interesse em afastamento remunerado por meio da percepção de benefício previdenciário, bem como nas benesses indiretas de um diagnóstico de LER/DORT, como estabilidade provisória e indenizações por dano.

Há que se mencionar, ainda, o desconhecimento da legislação previdenciária por profissionais da área médica e pelo judiciário trabalhista, sendo comum (e relativamente fácil) a emissão de atestados médicos com diagnóstico LER sem qualquer verificação adequada de nexo causal e também a concessão de estabilidade provisória pela Justiça do Trabalho (1ª instância, principalmente) sem o cumprimento dos requisitos constantes do art. 118 da Lei n. 8.213/91.

Por tais razões, a Instrução Normativa INSS n. 98/2003, que determinava às empresas a emissão da CAT — Comunicação de Acidente do Trabalho simplesmente quando ocorresse a "suspeita" de LER/DORT, apenas com base em relatos e documentos unilaterais (história da moléstia, exame físico, questionamento sobre enfermidades diversas ou familiares, hábitos relevantes e até mesmo histórico ocupacional), feria frontalmente o princípio do contraditório e a ampla defesa, direitos também estendidos aos empregadores.

Os relatos e documentos unilaterais, portanto, considerados na IN n. 98/2003 para o diagnóstico de LER/DORT (extraídos de parte do fascículo 105, série A, *Normas e Manuais Técnicos do Ministério da Saúde*, 2001), deveriam servir como fundamento apenas para a verificação da enfermidade existente (nexo causal), ou seja, algum vínculo entre os sintomas clínicos e o diagnóstico decorrente. Trata-se, pois, da identificação da enfermidade existente, ou seja, do correto enquadramento da sintomatologia no diagnóstico firmado.

Existente o nexo causal (correto diagnóstico, repita-se), deveria ser verificada a existência ou não de nexo técnico com o trabalho, o que somente poderia ser efetuado por médico perito do INSS. Tratava-se, aqui, de relacionar a enfermidade diagnosticada (nexo causal) com a atividade profissional desenvolvida ou com o ambiente e agentes exteriores onde a mesma é exercida. Um diagnóstico de tendinite, por exemplo, em face dos sintomas apresentados pelo paciente, seria o nexo causal. Afirmar que essa tendinite era proveniente da atividade de digitação desenvolvida na empresa seria então o reconhecimento técnico desse nexo causal, identificando-o como doença profissional.

O diagnóstico da enfermidade (nexo causal) poderia ser emitido por qualquer profissional da área médica, mas o diagnóstico LER/DORT (nexo técnico) requeria o envolvimento de um médico perito do INSS, como assim dispõe o Decreto n. 3.048/99 em seu art. 337, retrotranscrito.

Competência exclusiva do perito previdenciário era, pois, o reconhecimento da doença ocupacional, o qual poderia ser efetuado mediante:

a) confissão do empregador por meio da emissão da CAT (ou resposta positiva aos quesitos constantes da Carta de Infortunística);

b) visita física pericial no ambiente de trabalho do segurado confirmando os relatos do trabalhador; e

c) análise do histórico médico ocupacional do segurado — PCMSO — com constatação de reais indícios de vinculação entre a moléstia e o labor desenvolvido.

O nexo técnico deveria levar em consideração a atividade efetivamente desenvolvida, o lapso temporal e a doença (enfermidade) constatada por profissional da área médica. Mas em seu reconhecimento o perito da Autarquia Federal deveria agir de forma imparcial, tomando informações apresentadas pelo segurado e por seu empregador, sendo muitas vezes necessária a inspeção física no local de trabalho, procedimento ignorado na redação da IN n. 98/2003, mas constante de outros institutos legais normativos. Vejamos:

Ordem de Serviço INSS/DSS n. 251, de 18.5.1993, subitem 1.1:

"**1.1.** Nos casos das doenças profissionais e as do trabalho, obrigatoriamente será realizada inspeção do local de trabalho para o estabelecimento do nexo."

Resolução n. 1.488, de 11.02.1998 (DOU de 6.3.1998 p. 150), do Conselho Federal de Medicina, art. 2º:

"**Art. 2º** Para o estabelecimento do nexo causal entre os transtornos de saúde e as atividades do trabalhador, além do exame clínico (físico e mental) e os exames complementares, quando necessários, deve o médico considerar:

I — a história clínica e ocupacional, decisiva em qualquer diagnóstico e/ou investigação de nexo causal;

II — *o estudo do local de trabalho;*

III — o estudo da organização do trabalho;

IV — os dados epidemiológicos;

V — a literatura atualizada;

VI — a ocorrência de quadro clínico ou subclínico em trabalhador exposto a condições agressivas;

VII — a identificação de riscos físicos, químicos, biológicos, mecânicos, estressantes e outros;

VIII — o depoimento e a experiência dos trabalhadores;

IX — os conhecimentos e as práticas de outras disciplinas e de seus profissionais, sejam ou não da área da saúde."
(Grifo nosso)

Assim, não tendo o profissional médico realizado profícua pesquisa no ambiente de trabalho do paciente ou em seu histórico médico existente no PCMSO (NR 07, da Portaria MTb n. 3.214/78), não poderia apor em atestado médico por diagnóstico a lesão ou doença ocupacional, mas tão-somente a enfermidade existente (tendinite, por exemplo).

O correto, portanto, seria o médico assistente do trabalhador (médico que acompanha e trata de seu problema de saúde) informar no atestado médico apenas o diagnóstico (código CID) da enfermidade, fazendo menção à sua origem ocupacional apenas se tivesse vistoriado e periciado o ambiente de trabalho. Este atestado seria então entregue ao perito do INSS, juntamente com a Comunicação de Acidente do Trabalho emitida pela empresa e, em sua recusa, pelo próprio trabalhador, sindicato, médico que prestou o atendimento na ocasião do acidente ou até mesmo por qualquer autoridade pública.

Nas situações em que a CAT não houvesse sido emitida pela empresa empregadora, o perito médico do INSS deveria investigar a existência de nexo causal e nexo técnico, sendo indispensável, nesses casos, sua visita ao ambiente de trabalho para verificação das reais condições de trabalho, sem acreditar, num primeiro momento, nas alegações do trabalhador ou mesmo nos argumentos de defesa apresentados pela empresa na Carta de Infortunística. Se existente o nexo técnico, deveria o perito reconhecer a doença ocupacional, sendo então concedido o benefício de auxílio-doença acidentário, espécie 91.

Infelizmente, esse não era o procedimento adotado pela perícia médica do INSS na maior parte das ocorrências. O perito médico da autarquia raramente efetuava visitas ao ambiente de trabalho para investigação de nexo e sua conclusão se limitava às rápidas conversas com o trabalhador (no momento da perícia) e das informações prestadas pela empresa na resposta à Carta de Infortunística.

A concessão irregular de um benefício acidentário trazia (e ainda traz) irreversíveis e graves implicações, quais sejam:

a) Fraude à Previdência Social

• Sendo o benefício por incapacidade decorrente de acidente do trabalho — Auxílio-Doença Acidentário —, não será exigido do segurado o cumprimento de carência (Lei n. 8.213/91, art. 26, II). Em se tratando de Auxílio-Doença, exige-se carência de 12 contribuições mensais (Lei n. 8.213/91, art. 25, I).

• A percepção do benefício de Auxílio-Doença Acidentário permite ao segurado, após sua cessação, o recebimento do benefício de Auxílio-Acidente, nos termos do art. 86 da Lei n. 8.213/91.

b) *Falsidade nos índices estatísticos e epidemiológicos*

• O elevado número de benefício por incapacidade concedido, com fundamento em CAT emitida pelo próprio segurado ou sindicato profissional sem o devido reconhecimento pericial do nexo técnico, implica um alto e inverídico índice de acidente do trabalho em nosso país, prejudicando a imagem do Brasil perante os mais diversos órgãos internacionais.

c) Consequências aos empregadores

• Depósito de FGTS durante todo o período de afastamento, conforme disposições da Lei n. 8.036/90, art. 15, § 5º.

• Direito à estabilidade provisória pelo período de 12 meses a contar da cessação do benefício. Exegese da Lei n. 8.213/91, art. 118.

• Pagamento de complemento salarial (salário-enfermidade) conforme cláusula constante na maioria dos acordos, convenções e dissídios coletivos.

• Possível ingresso de ação reparatória por dano em caso de sequela ou prejuízo decorrente da enfermidade.

d) Indução a erro da Justiça do Trabalho, com consequências aos empregadores

• De posse do documento de concessão de benefício acidentário, emitido pelo INSS, ingressa o segurado, quando já operada sua rescisão contratual, com reclamatória trabalhista pleiteando em liminar ou antecipação de tutela a nulidade da dispensa e consequente reintegração em face da estabilidade provisória prevista no art. 118 da Lei de Benefícios. A Justiça do Trabalho confere ao documento emitido pela Autarquia Federal veracidade absoluta e fé pública, sem conhecimento da parcialidade em que fora concedido o benefício e da ausência de reconhecimento de nexo técnico por perícia do INSS. A liminar ou antecipação de tutela é, portanto, na maioria das vezes, concedida, obrigando o empregador a reintegrar o trabalhador sem a devida caracterização do acidente, fato que geralmente é comprovado no decorrer do processo trabalhista mas sem eficácia prática em razão do decurso temporal dos processos.

2.2. Procedimento a contar de 1.4.2007 — Caracterização de Acidente do Trabalho — Nexo Técnico Epidemiológico — Lei n. 11.430/2006 e Decreto n. 6.042/2007

O novo procedimento adotado pelo Ministério da Previdência Social, em abril de 2007, para caracterização das doenças como acidente do trabalho, tem origem mais remota, precisamente na Medida Provisória n. 83/2002, assinada pelo então Presidente da época, Fernando Henrique Cardoso. Esta Medida acabou sendo convertida na Lei n. 10.666, em abril de 2003, cujo art. 10 traz a hipótese de flexibilização das alíquotas destinadas ao custeio dos benefícios por incapacidade (RAT/SAT), originariamente fixadas em 1%, 2% ou 3%, conforme atividade econômica desenvolvida pela empresa. Tais alíquotas poderiam vir a ser reduzidas em até 50% ou aumentadas em até 100%, nos termos do regulamento, sendo relevantes para esta flexibilização o desempenho da empresa com relação aos acidentes decorrentes dos riscos ambientais do trabalho, apurado em conformidade com os resultados obtidos a partir dos índices de frequência, gravidade e custo, calculados segundo metodologia aprovada pelo Conselho Nacional de Previdência Social.

Em outros termos, os acidentes ocorridos na empresa passariam a ser considerados para fins de reduzir ou aumentar o tributo pago para custear os afastamentos previdenciários, levando-se em consideração não somente o número de ocorrências (frequência), mas também sua gravidade e custo.

Ocorre que a Previdência Social entendeu que a CAT — Comunicação de Acidente do Trabalho não era um documento confiável para apuração do número de acidentes ocorridos nas empresas, já que estas, para não sofrerem as consequências de sua emissão, sonegavam a entrega do referido documento. Nos termos da Previdência, portanto, havia uma "subnotificação da CAT". Dessa forma, em 10.5.2004 o Conselho Nacional de Previdência Social publicou, no Diário Oficial da União, a Resolução n. 1.236, aprovando a proposta metodológica a que se referia à Lei n. 10.666, sugerindo o Código Internacional de Doenças (CID) como novo parâmetro para as contribuições, associado ao CNAE da empresa e aos benefícios concedidos em razão da incapacidade laborativa. Assim, e considerando-se dados do CNIS (Cadastro Nacional de Informações Sociais) e do SUB (Sistema Único de Benefícios), poderia o INSS calcular a gravidade, a frequência e o custo dos afastamentos acidentários. A Resolução CNPS n. 1.236/2004 sugeriu também a revisão do enquadramento da empresa, por código CNAE, para fins da contribuição originária de 1%, 2% ou 3%, previsto no Anexo V do Decreto n. 3.048/99. Por fim, denominou de Fator Acidentário Previdenciário (FAP) o resultado coordenado dos coeficientes de gravidade, frequência e custo, com variável de 0,5 a 2,0, o qual deveria ser multiplicado pela alíquota contributiva originária (1%, 2% ou 3%), cumprindo-se as determinações da Lei n. 10.666/2003 quanto ao tópico.

Efetuados os supostos estudos (relação CID/CNAE) sugeridos pela Resolução n. 1.236/2004, o Conselho Nacional de Previdência Social publicou, em 21.2.2006, nova Resolução administrativa (Resolução n. 1.269), reiterando a necessidade de vinculação entre o código CID e o CNAE das empresas, em face da "sonegação" da Comunicação de Acidente do Trabalho (CAT) e informando que, para o cálculo do FAP deveriam ser utilizadas as seguintes estruturas (item 7, *verbis*):

- **Período-Base (PB):** quantidade de ano-calendário que define o universo populacional de benefício e vínculo perante o SUB e CNIS.

- **Frequência:** dimensão probabilística do acidente, equivalente ao número de eventos previdenciários, em determinado tempo.

- **Gravidade:** dimensão social do acidente, equivalente à idade do benefício.

- **Custo:** dimensão moratória do acidente, equivalente ao desembolso previdenciário, expresso em unidade monetária (R$) pago ao trabalhador ou dependente pelo INSS.

- **Massa Salarial — MS (média anual):** soma, em reais, dos valores salariais informados pela empresa no CNIS, via SEFIP/GFIP.

- **Vínculos Empregatícios (média anual)**: soma do número de empregados com registro no CNIS informados pela empresa, via SEFIP/GFIP. É possível que um empregado tenha mais de um vínculo.

- **Data de Início do Benefício — DIB**: dd/mm/aaaa, a partir da qual se inicia o direito ao recebimento do benefício, em regra a partir de 15 dias da data do infortúnio ou diagnóstico médico.

- **Data da Cessação do Benefício — DCB**: dd/mm/aaaa, a partir da qual se encerra o direito ao recebimento do benefício, em regra a data da alta médica, ou da perícia médica do INSS tendente a confirmar a recuperação da capacidade laboral.

- **Idade**: subtração da DCB pela DIB, expressa em dias, para os benefícios B31, 32, 91, 92. Nesses casos, quando não houver DCB, considerar-se-á como benefício ativo, cuja DCB será a data da extração. Para as espécies B93 e B94, equivale ao número de dias que se espera de sobrevida para o trabalhador instituidor na DIB, cujo tempo de sobrevida é determinado a partir de tabelas atualizadas do IBGE, para ambos os sexos.

- **Massa de Salário de Benefício — SB (média anual)**: valor expresso em unidade monetária (R$), que serve de base aos percentuais que calcularão a Renda Mensal de Benefício — RMB.

Como a Lei n. 10.666/2003 nada mencionava em termos de reconhecimento de acidente e como as normas constantes das Resoluções não possuem eficácia, era necessária a publicação de uma lei sobre o tema, trazendo as alterações necessárias. Em 27.12.2006 foi então publicada a Lei n. 11.430, implementando o novo critério de reconhecimento de acidente de trabalho nos casos de doenças, acrescentando à Lei n. 8.213/91 o art. 21-A, com a seguinte redação:

> "**Art. 21-A.** A perícia médica do INSS considerará caracterizada a natureza acidentária da incapacidade quando constatar ocorrência de nexo técnico epidemiológico entre o trabalho e o agravo, decorrente da relação entre a atividade da empresa e a entidade mórbida motivadora da incapacidade elencada na Classificação Internacional de Doenças — CID, em conformidade com o que dispuser o regulamento.
>
> § 1º A perícia médica do INSS deixará de aplicar o disposto neste artigo quando demonstrada a inexistência do nexo de que trata o *caput* deste artigo.
>
> § 2º A empresa poderá requerer a não aplicação do nexo técnico epidemiológico, de cuja decisão caberá recurso com efeito suspensivo, da empresa ou do segurado, ao Conselho de Recursos da Previdência Social."

Como toda essa operacionalização para aumento (ou redução) da alíquota contributiva patronal, bem como também para o novo critério de enquadramento dos acidentes de trabalho, dependia de regulamentação (cf. art. 10 da Lei n. 10.666/2003 e art. 21-A da Lei n. 8.213/91), os textos permaneceram inertes até a data de 13.2.2007, data de publicação do Decreto presidencial n. 6.042 que, acrescentando o art. 202-A ao Regulamento da Previdência Social (Decreto n. 3.048/99) instituiu efetivamente o Fator Acidentário de Prevenção (FAP). Em alteração ao art. 337 do citado regulamento o novo Decreto alterou a caracterização administrativo-pericial do acidente do trabalho (nexo epidemiológico, por código CID/CNAE, presumido) e em alteração aos Anexos II e V, procedeu a revisão do enquadramento original das empresas nas alíquotas de 1%, 2% ou 3%.

> **Obs.:** As regras do FAP acabaram sendo modificadas posteriormente, e constam na Resolução CNPS n. 1.308/2009 e de outras Resoluções complementares. Sobre o tema, tratamos na Parte III, Capítulo X, subitem 6.1.2.3, desta obra.

Dessa forma, desde 1.4.2007, a perícia médica do INSS caracteriza o acidente de trabalho sempre que reconhece o nexo entre o trabalho e o agravo, por meio de aplicação do Anexo II do Decreto n. 3.028/99, que traz uma lista de atividades econômicas (códigos CNAE) relacionada com uma lista de enfermidades e doenças (código CID). Os peritos médicos não são obrigados a utilizar a caracterização presumida mas, se não o fizerem, deverão justificar as razões que os levaram à não aplicação das disposições contidas no Decreto. Confira-se a listagem de enfermidades ou agravos (relacionadas pelo CID) e as atividades profissionais a elas relacionadas para fins de nexo epidemiológico (Lista C do Anexo II ao Decreto n. 3.048/99, em vigor a contar de 04/2007), no item VII desta obra.

A empresa poderá questionar administrativamente a aplicação do nexo epidemiológico, por meio requerimento demonstrando a inexistência de nexo causal entre o trabalho e o agravo. Este requerimento poderá ser apresentado no prazo de 15 dias, contados da data para entrega do formulário GFIP que registre a movimentação do trabalhador, sob pena de não conhecimento da alegação em instância administrativa. Juntamente com o requerimento, a empresa formulará as alegações que entender necessárias e apresentará as provas que possuir (em duas vias) demonstrando a inexistência de nexo causal entre o trabalho e o agravo.

Obs.: Caso a empresa não tenha conhecimento do diagnóstico do agravo, em tempo hábil para o requerimento de desconsideração, o prazo de 15 dias terá início na data em que a perícia médica do INSS cientificá-la da decisão que considerou o nexo epidemiológico. Esta cientificação será disponibilizada para consulta pela empresa, por meio do endereço eletrônico www.previdencia.gov.br ou, subsidiariamente, pela Comunicação de Resultado do Requerimento (CRER), entregue ao trabalhador.

A documentação probatória poderá trazer, entre outros meios de prova, evidências técnicas circunstanciadas e tempestivas à exposição do segurado, podendo ser produzidas no âmbito de programas de gestão de risco, a cargo da empresa, que possuam responsável técnico legalmente habilitado. O INSS informará o segurado sobre a contestação da empresa para, querendo, retirar uma das vias e impugná-la (contrarrazões) no prazo de 15 dias, contados da ciência do requerimento. Com as contrarrazões, o segurado deverá formular as alegações que entender necessárias e deverá apresentar a documentação probatória, com objetivo de demonstrar a existência do nexo causal entre o trabalho e o agravo.

A análise do requerimento por parte da empresa, das contrarrazões oferecidas pelo segurado e do conjunto probatório será realizada pela perícia médica do INSS, cabendo ao setor administrativo da Agência da Previdência Social comunicar o resultado às partes envolvidas. Dessa decisão administrativa caberá recurso (pela empresa ou pelo segurado), com efeito suspensivo, ao Conselho de Recursos da Previdência Social, no prazo de 30 dias.

Obs. 1: O INSS procederá à marcação do benefício que estará sob efeito suspensivo, deixando para alterar a espécie após o julgamento do recurso pelo CRPS, quando for o caso. Não haverá prejuízo com relação ao pagamento mensal para o segurado, se este tiver preenchido os requisitos necessários à obtenção do benefício de auxílio-doença.

Obs. 2: Será considerada apenas a documentação probante que contiver a indicação, assinatura e número de registro, anotação técnica, ou equivalente, do responsável legalmente habilitado, para os respectivos períodos e escopos, perante o conselho de profissão.

Podemos observar que, *curiosamente*, o número de acidentes de trabalho ocorridos na empresa será determinante para reduzir (em até 50%) ou elevar (em até 100%) as contribuições destinadas ao RAT — Risco Ambiental do Trabalho — e que a caracterização dos acidentes por presunção faz crescer, enormemente, o número de acidentes ocorridos em uma empresa. É claro que estas podem apresentar defesa, para comprovar que a presunção não se aplica em seus estabelecimentos, mas o prazo exíguo de 15 dias e a dificuldade de obter ciência do enquadramento presumido efetuado pelo INSS dificultam a descaracterização.

Também merece registro o art. 7º da Instrução Normativa INSS n. 16/2007 que, fazendo cumprir as disposições dos arts. 120 e 121 da Lei n. 8.213/91, determina à perícia médica do INSS que oficie a Procuradoria Federal Especializada os indícios de culpa ou dolo por parte do empregador em relação aos benefícios por incapacidade concedidos, subsidiando-a com evidências e demais meios de prova colhidos, notadamente quanto ao não cumprimento das Normas Regulamentadoras sobre Segurança, Medicina e Higiene do Trabalho, para eventual ajuizamento de ação regressiva. Confira-se:

"**Art. 7º** A perícia médica do INSS, quando constatar indícios de culpa ou dolo por parte do empregador, em relação aos benefícios por incapacidade concedidos, deverá oficiar à Procuradoria Federal Especializada–INSS, subsidiando-a com evidências e demais meios de prova colhidos, notadamente quanto aos programas de gerenciamento de riscos ocupacionais, para as providências cabíveis, inclusive para ajuizamento de ação regressiva contra os responsáveis, conforme previsto nos arts. 120 e 121 da Lei n. 8.213, de 1991, de modo a possibilitar o ressarcimento à Previdência Social do pagamento de benefícios por morte ou por incapacidade, permanente ou temporária.

Parágrafo único. Quando a perícia médica do INSS, no exercício das atribuições que lhe confere a Lei n. 10.876, de 2 de junho de 2004, constatar desrespeito às normas de segurança e saúde do trabalhador, fraude ou simulação na emissão de documentos de interesse da Previdência Social por parte do empregador ou de seus prepostos, deverá produzir relatório circunstanciado da ocorrência e encaminhá-lo, junto com as evidências e demais meios de prova colhidos, à Procuradoria Federal Especializada — INSS para conhecimento e providências pertinentes, inclusive, quando cabíveis, representações ao Ministério Público e/ou a outros órgãos da Administração Pública encarregados da fiscalização ou controle da atividade."

2.2.1. Tipos de Nexos Acidentários

Tão logo entrou em vigor a nova forma de caracterização das doenças como acidentes de trabalho, por meio da aplicação do Nexo Técnico Epidemiológico (NTEP), os peritos do INSS passaram a aplicá-lo vigorosamente e as empresas demoraram um pouco para aprenderem a necessidade de contestação, nos casos em que não concordavam com o nexo aplicado.

Em meados de 2008, as contestações de nexo começaram a lotar os arquivos do INSS e os peritos não encontravam tempo para análise da documentação apresentada. Passaram a não enviar cópia ao segurado (que, por sua vez, não apresentava contrarrazões) e os processos ficaram totalmente paralisados. Ainda hoje há defesas que foram protocoladas em 2008 e que ainda não foram respondidas pela perícia médica.

Para *facilitar* o trabalho de caracterização, foi publicada a Instrução Normativa INSS n. 31/2008, *lembrando* aos peritos do INSS que não era apenas pelo NTEP que se podia caracterizar um acidente, mas também pelo nexo profissional e pelo nexo individual. Confiram-se os dispositivos pertinentes:

"**Art. 2º** A Perícia Médica do INSS caracterizará tecnicamente o acidente do trabalho mediante o reconhecimento do nexo entre o trabalho e o agravo.

Parágrafo único. Para os fins do disposto neste artigo, considera-se agravo: a lesão, a doença, o transtorno de saúde, o distúrbio, a disfunção ou a síndrome de evolução aguda, subaguda ou crônica, de natureza clínica ou subclínica, inclusive morte, independentemente do tempo de latência."

"**Art. 3º** O nexo técnico previdenciário poderá ser de natureza causal ou não, havendo três espécies:

I — nexo técnico profissional ou do trabalho, fundamentado nas associações entre patologias e exposições constantes das listas A e B do anexo II do Decreto n. 3.048, de 1999;

II — nexo técnico por doença equiparada a acidente de trabalho ou nexo técnico individual, decorrente de acidentes de trabalho típicos ou de trajeto, bem como de condições especiais em que o trabalho é realizado e com ele relacionado diretamente, nos termos do § 2º do art. 20 da Lei n. 8.213/91

III — nexo técnico epidemiológico previdenciário, aplicável quando houver significância estatística da associação entre o código da Classificação Internacional de Doenças-CID, e o da Classificação Nacional de Atividade Econômica-CNAE, na parte inserida pelo Decreto n. 6.042/07, na lista B do anexo II do Decreto n. 3.048, de 1999."

Nos termos do mesmo normativo, a empresa pode apresentar recurso administrativo nos casos de nexo profissional ou nexo individual, no prazo de 30 dias, destinado ao Conselho de Recursos da Previdência Social — CRPS. Em se tratando de NTEP, cabe apresentação de defesa administrativa, destinada ao setor de perícias do INSS (ainda em primeira instância), no prazo de 15 dias, como anteriormente detalhado.

Note-se, pois, que ao caracterizar o acidente por meio do nexo individual ou do nexo profissional, encerra-se o trabalho da perícia médica. Qualquer indignação ou discordância pela empresa somente poderá ser apresentada por meio de recurso ao CRPS, já em segunda instância.

Assim, a contar de setembro/2008, o número de acidentes caracterizados pelo NTEP reduziu drasticamente. Para não serem obrigados a analisar as defesas e eventuais contrarrazões, optam os peritos do INSS pela caracterização dos nexos individual e profissional, mesmo quando há relação entre o CNAE da atividade e a enfermidade do trabalhador.

Não haveria crítica ao sistema se a Lei n. 8.213/91 e a Lei n. 9.678/99 estivessem sendo observadas. Para caracterização dos nexos tratados na IN INSS 31/2008, há que se investigar tecnicamente a relação entre o nexo causal (diagnóstico) e o trabalho desenvolvido e, para isso, é obrigatória a participação da empresa como parte interessada no processo administrativo. É preciso que o perito do INSS ouça não somente a versão apresentada pelo trabalhador, mas que também escute a defesa da empresa e que, se for o caso, compareça pessoalmente ao local de trabalho do segurado para a investigação técnica. Precisa analisar documentos (PPRA, PCMSO etc.), precisa ouvir testemunhas e garantir a aplicação completa da legislação pertinente.

Nada disso acontece na prática, infelizmente. A perícia médica do INSS limita-se ao tempo exíguo de consulta ao segurado, sem um correto exame clínico, inclusive. Na maior parte das vezes, não há apresentação do prontuário clínico e nem exames contundentes para comprovação da enfermidade. Não há intimação à empresa para que participe do processo administrativo e não há solicitação de informações ou documentos. Não há a visita técnica e nem qualquer investigação do nexo, razão pela qual concluo pela nulidade absoluta de todos esses processos administrativos, já que não observam a legislação vigente.

3. CAT — COMUNICAÇÃO DE ACIDENTE DO TRABALHO

Nos termos do art. 22 da Lei n. 8.213/91, a empresa deverá comunicar o acidente do trabalho à Previdência Social até o primeiro dia útil seguinte ao da ocorrência e, em caso de morte, de imediato, à autoridade competente, sob pena de multa variável entre o limite mínimo e o limite máximo do salário de contribuição, sucessivamente aumentada nas reincidências, aplicada e cobrada pela Previdência Social. A multa, contudo, não será aplicada quando houver o enquadramento presumido do acidente de trabalho (NTEP), nos termos do art. 21-A da Lei n. 8.213/91.

Deverão ser comunicados os acidentes ocorridos com o segurado empregado (exceto o doméstico), o trabalhador avulso, o segurado especial e o médico-residente.

Serão ainda responsáveis pelo preenchimento e encaminhamento da CAT:

a) no caso do trabalhador avulso, a empresa tomadora de serviço e, na falta dela, o sindicato da categoria ou o Órgão Gestor de Mão de obra;

b) no caso de segurado desempregado, nas situações em que a doença profissional ou do trabalho manifestou-se ou foi diagnosticada após a demissão, a empresa ex-empregadora e, na falta dela, as seguintes autoridades públicas: magistrados em geral, membros do Ministério Público e dos Serviços Jurídicos da União e dos estados, comandantes de unidades militares do Exército, da Marinha, da Aeronáutica e das Forças Auxiliares (Corpo de Bombeiros e Polícia Militar), prefeitos, delegados de polícia, diretores de hospitais e de asilos oficiais e servidores da administração direta e indireta federal, estadual, do Distrito Federal ou municipal, quando investidos de função;

c) para o segurado especial, o próprio acidentado, seus dependentes, a entidade sindical da categoria, o médico assistente ou qualquer autoridade pública.

No caso do segurado empregado e trabalhador avulso exercerem atividades concomitantes e vierem a sofrer acidente de trajeto entre uma e outra empresa na qual trabalhe, será obrigatória a emissão da CAT pelas duas empresas (IN INSS 45/2010, art. 358, § 1º).

Na falta de comunicação por parte da empresa (no caso de segurado empregado), podem formalizá-la o próprio acidentado, seus dependentes, a entidade sindical competente, o médico que o assistiu ou qualquer autoridade pública, não prevalecendo nestes casos o prazo de apenas um dia útil. Nesta hipótese, a empresa permanecerá responsável pela falta de cumprimento da legislação. Caberá ao setor de benefícios do INSS comunicar a ocorrência ao setor de fiscalização, para a aplicação e cobrança da multa devida.

Através da Portaria do Ministro de Estado da Previdência e Assistência Social n. 5.817, de 6.10.1999 (DOU de 7.10.1999), foi aprovado o formulário "Comunicação de Acidente do Trabalho — CAT" atualmente em vigor. O formulário poderá ser substituído por impresso da própria empresa, desde que ela possua sistema de informação de pessoal, mediante processamento eletrônico, cabendo observar que o formulário substituído deverá ser emitido por computador e conter todas as informações exigidas pelo INSS.

Conforme orientações constantes no Manual de Instruções para Preenchimento da CAT (disponível na página eletrônica do Ministério da Previdência Social e elaborado em 1999), o formulário deverá ser emitido em seis vias, com a seguinte destinação:

- 1ª via: INSS
- 2ª via: segurado ou dependente
- 3ª via: sindicato dos trabalhadores
- 4ª via: empresa
- 5ª via: SUS — Sistema Único de Saúde
- 6ª via: Delegacia Regional do Trabalho

Já o art. 357 da Instrução Normativa INSS n. 45/2010 determina emissão em 4 vias, conforme segue:

"Art. 357. A CAT deverá ser preenchida com todos os dados informados nos seus respectivos campos, em quatro vias, com a seguinte destinação:

I — primeira via: ao INSS;

II — segunda via: ao segurado ou dependente;

III — terceira via: ao sindicato dos trabalhadores; e

IV — quarta via: à empresa.

(...)"

Recomenda-se, pois, a emissão da CAT em 4 vias (cumprindo-se a Instrução Normativa), competindo ao emitente do documento a responsabilidade pelo envio de vias dessa Comunicação às pessoas e às entidades acima indicadas.

O campo "Atestado Médico" do formulário CAT deverá ser preenchido pelo médico que assistiu o segurado, quer do serviço médico público ou privado, devendo desse campo constar assinatura, carimbo e CRM. Não atendidas estas disposições, este campo deverá ser preenchido, preferencialmente, pelo médico do trabalho da empresa, médico assistente ou médico responsável pelo PCMSO — Programa de Controle Médico e Saúde Ocupacional, com a devida descrição do atendimento realizado ao acidentado do trabalho, inclusive o diagnóstico com o Código Internacional de Doença (CID) e o período provável de tratamento, contendo assinatura, CRM, data e carimbo do profissional médico, seja particular, de convênio ou do SUS. Na hipótese de o médico de atendimento se recusar a preencher o campo "Atestado Médico" do formulário CAT, caberá ao INSS acionar o SUS conforme o art. 6º do inciso I da alínea "c" da Lei n. 8.080, de 19.9.1990, e a Portaria n. 119, de 9.9.1993, de modo que evite prejuízo ao segurado.

Obs.: Para fins de cadastramento da CAT, caso o campo atestado médico do formulário desta não esteja preenchido e assinado pelo médico assistente, deverá ser apresentado atestado médico original, desde que nele conste a devida descrição do atendimento realizado ao acidentado do trabalho, inclusive o diagnóstico com o CID, e o período provável para o tratamento, contendo assinatura, o número do Conselho Regional de Medicina, data e carimbo do profissional médico, seja particular, de convênio ou do SUS.

A CAT poderá ser registrada na Agência da Previdência Social ou pela internet, sendo suas modalidades as seguintes:

I — CAT inicial: acidente do trabalho típico, trajeto, doença profissional, do trabalho ou óbito imediato;

II — CAT de reabertura: afastamento por agravamento de lesão de acidente do trabalho ou de doença profissional ou do trabalho; ou

III — CAT de comunicação de óbito: falecimento decorrente de acidente ou doença profissional ou do trabalho, após o registro da CAT inicial.

Obs.: O óbito decorrente de acidente ou de doença profissional ou do trabalho, ocorrido após a emissão da CAT inicial ou CAT de reabertura, será comunicado ao INSS, por CAT de comunicação de óbito, constando a data do óbito e os dados relativos ao acidente inicial.

A CAT registrada por meio da Internet deverá ser impressa, constar assinatura e carimbo de identificação do emitente e médico assistente, a qual será apresentada pelo segurado ao médico perito do INSS por ocasião da avaliação médico-pericial.

Fundamentação: Além daqueles citados no texto, Instrução Normativa INSS/PRES n. 45/2010, art. 355 a 357.

3.1. CAT de reabertura de acidente do trabalho

Na CAT destinada à reabertura de acidente do trabalho deverão constar as mesmas informações da época do acidente, exceto quanto ao afastamento, último dia trabalhado, atestado médico e data da emissão, que serão relativos à data da reabertura.

Será considerado agravamento do acidente aquele sofrido pelo acidentado quando estiver sob a responsabilidade da reabilitação profissional.

Obs.: Não serão consideradas CAT de reabertura para as situações de simples assistência médica ou de afastamento com menos de quinze dias consecutivos.

Fundamentação: Instrução Normativa INSS/PRES n. 45/2010, art. 357.

3.2. Trabalhadores Aposentados

Em face de perceber o segurado algum benefício de Aposentadoria pelo Regime Geral de Previdência Social, e considerando a não-cumulação de benefícios pelo sistema, o trabalhador não poderá receber, conjuntamente à aposentadoria, o benefício de auxílio-doença.

Assim, as Comunicações de Acidentes de Trabalho relativas ao acidente do trabalho, ou à doença do trabalho, ou à doença profissional ocorridos com o aposentado que permaneceu na atividade como empregado, ou a ela retornou, deverão ser registradas e encerradas. O segurado aposentado será então cientificado do encerramento da CAT e orientado quando ao direito à Reabilitação Profissional.

Fundamentação: Instrução Normativa INSS/PRES n. 45/2010, art. 360.

3.3. Prazo para emissão e envio

A empresa deverá comunicar o acidente ocorrido com o segurado empregado e o trabalhador avulso até o primeiro dia útil seguinte ao da ocorrência e, em caso de morte, de imediato, à autoridade competente, sob pena de multa aplicada e cobrada na forma do art. 286 do RPS. Sobre o tema, ver Parte III, Capítulo XXII, item 4, desta obra.

Na falta de comunicação por parte da empresa, conforme visto, podem formalizá-la o próprio acidentado, seus dependentes, a entidade sindical competente, o médico que o assistiu ou qualquer autoridade pública. Nessa hipótese, não prevalece o prazo do primeiro dia útil e a empresa, que deixou de cumprir com a legislação, sofrerá a imposição da multa administrativa.

É importante observar, ainda, que a CAT entregue fora do prazo, mas anteriormente ao início de qualquer procedimento administrativo ou medida de fiscalização, exclui a multa.

Fundamentação: Instrução Normativa INSS/PRES n. 45/2010, art. 359.

4. ESTABILIDADE PROVISÓRIA DO ACIDENTADO

O segurado que sofreu acidente de trabalho tem garantida, pelo prazo mínimo de 12 meses, a manutenção do seu contrato de trabalho na empresa, após a cessação do auxílio-doença acidentário, independentemente da percepção de auxílio-acidente — Lei n. 8.213/91, art. 118.

5. LITÍGIOS E AÇÕES RELATIVOS AOS ACIDENTES DE TRABALHO

Os litígios e medidas cautelares relativos aos acidentes de trabalho (em face do INSS) serão apreciados:

a) na esfera administrativa, pelos órgãos da previdência social, segundo as regras e prazos aplicáveis às demais prestações, com prioridade para conclusão; e

b) na via judicial, pela Justiça dos Estados e do Distrito Federal, segundo o rito sumaríssimo, inclusive durante as férias forenses, mediante petição instruída pela prova de efetiva notificação do evento à previdência social, através da Comunicação de Acidente do Trabalho.

Sobre o tema confira-se, inclusive, a redação da Súmula 15 do STJ:

"**Súmula 15** — Compete à justiça estadual processar e julgar os litígios decorrentes de acidente do trabalho."

Também é este o entendimento da TRU da 3ª Região, conforme podemos observar da redação da Súmula 9:
"**Súmula 9** — A Justiça Federal é competente para apreciar pedido de concessão de auxílio-acidente decorrente de acidente não vinculado ao trabalho." (Origem Enunciado 11 do JEFSP)

O procedimento judicial de que trata a letra "b" é isento do pagamento de quaisquer custas e de verbas relativas à sucumbência.

As ações referentes às prestações decorrentes do acidente de trabalho prescrevem em cinco anos, observado o disposto no art. 347 do Decreto n. 3.048/99, contados da data:

a) do acidente, quando dele resultar a morte ou a incapacidade temporária, verificada esta em perícia médica a cargo da previdência social; ou

b) em que for reconhecida pela previdência social a incapacidade permanente ou o agravamento das sequelas do acidente.

Fundamentação: Lei n. 8.213/91, art. 104 e 129; Decreto n. 3.048/99, art. 344 e 345.

PARTE V
BENEFÍCIOS PREVIDENCIÁRIOS

Capítulo XXX

Espécies de Prestações

O Regime Geral de Previdência Social — RGPS, mediante contribuições daqueles que obrigatória ou facultativamente a ele se filiam (denominados "segurados"), observados critérios que preservem o equilíbrio financeiro e atuarial, garante a seus beneficiários os seguintes benefícios e serviços:

a) para o segurado:

- aposentadoria por invalidez;
- aposentadoria por idade;
- aposentadoria por tempo de contribuição;
- aposentadoria especial;
- auxílio-doença;
- salário família;
- salário maternidade;
- auxílio-acidente.

b) para o dependente do segurado:

- pensão por morte;
- auxílio-reclusão.

c) para o segurado e seu dependente:

- serviço social;
- serviço de reabilitação profissional.

O aposentado pelo Regime Geral de Previdência Social que permanecer em atividade sujeita a este Regime, ou a ele retornar, terá direito somente ao benefício de salário família e à reabilitação profissional, quando empregado. Não obstante a ausência de direito aos benefícios previdenciários, sua contribuição ao sistema permanece de cunho obrigatório.

Note-se, ainda, que cada um dos benefícios, e também o serviço de reabilitação profissional, possui requisitos para sua percepção, não sendo suficiente para obtê-los apenas a filiação e o pagamento das contribuições. O segurado ou o dependente, portanto, que pretender obter alguma prestação deverá não somente comprovar sua condição ao sistema (condição de segurado ou de dependente), mas também cumprir todas as demais exigências impostas pela legislação previdenciária, sendo a principal delas a *carência*, correspondente ao número mínimo de contribuições mensais necessárias para aquisição de aposentadorias ou benefícios por incapacidade.

Fundamentação: Lei n. 8.213/91, art. 18; Decreto n. 3.048/99, art. 25.

Capítulo XXXI

Carência

1. CONCEITO

Considera-se "carência", para fins previdenciários, o número mínimo de contribuições mensais efetuadas ao Regime Geral de Previdência Social — RGPS necessárias à aquisição do direito a benefício. Assim, se para a aquisição do benefício de auxílio-doença, por exemplo, é necessário um período de carência de 12 meses, significa que o segurado deverá comprovar junto ao INSS a arrecadação de 12 contribuições mensais.

Para o segurado especial, no entanto, considera-se "carência" o tempo mínimo de efetivo exercício de atividade rural, ainda que de forma descontínua. Nesta hipótese, e novamente nos reportando ao exemplo do benefício de auxílio-doença, o segurado especial deverá comprovar 12 meses de efetivo trabalho rural, sem necessidade de comprovar qualquer recolhimento ao sistema[1].

Note-se que a carência deve corresponder a um número de "contribuições mensais" expressão que possui significado diferente de "meses de contribuição". Um segurado empregado, por exemplo, que foi admitido em 28 de janeiro de determinado ano deverá receber, a título de salários referentes ao mês da contratação, o correspondente a quatro dias de prestação de serviços (28 a 31) e sobre tal montante haverá a contribuição ao Regime Geral de Previdência Social. Haverá, portanto, uma contribuição mensal em janeiro, ainda que o valor não corresponda ao mês integral. Tal fato é de extrema importância na hora de verificarmos se um determinado possui ou não direito à percepção do benefício por ele pretendido. Tome-se por exemplo a seguinte situação:

- Data de admissão como empregado: 28.1.2013
- Rescisão contratual: 10.5.2013
- Tempo de serviço: 03 meses e 13 dias
- Contribuições mensais: 05
- Data de admissão em novo emprego: 20.7.2013
- Rescisão contratual: 22.1.2014
- Tempo de serviço: 06 meses e 03 dias
- Contribuições mensais: 07
- Total de tempo de serviço: 09 meses e 16 dias
- Total de contribuições mensais: 12

Na hipótese demonstrada acima, o segurado teria apenas 09 meses e 16 dias de tempo de serviço, mas já contaria com 12 contribuições mensais para o sistema, suficientes, portanto, à obtenção de auxílio-doença ou aposentadoria por invalidez.

---

(1) Confira-se a redação da Súmula 54 da TNU: "Para a concessão de aposentadoria por idade de trabalhador rural, o tempo de exercício de atividade equivalente à carência deve ser aferido no período imediatamente anterior ao requerimento administrativo ou à data do implemento da idade mínima".

É importante esclarecer, ainda, que a carência exigida para a concessão dos benefícios previdenciários deverá ser sempre aquela prevista na legislação vigente à época da implementação das condições ou dos requisitos necessários para a concessão do benefício, mesmo que após essa data tenha havido alteração na legislação ou que o cidadão venha a perder a qualidade de segurado.

Fundamentação: Lei n. 8.213/91, art. 24; Decreto n. 3.048/99, art. 26.

2. INÍCIO E PERÍODOS COMPUTÁVEIS

Nos termos da Lei n. 8.213/91, art. 27, o período de carência será computado conforme a filiação, a inscrição ou o recolhimento da contribuição pelo segurado da Previdência Social, sendo contado:

a) para o segurado empregado e o trabalhador avulso, a partir da data de filiação ao Regime Geral de Previdência Social;

b) para o segurado empregado doméstico, contribuinte individual e contribuinte facultativo, a partir da data do efetivo recolhimento da primeira contribuição sem atraso.

c) para o segurado especial, a partir do efetivo exercício da atividade rural, mediante comprovação.

Obs.: Para os segurados optantes pelo recolhimento trimestral de suas contribuições, o período de carência é contado a partir do mês de inscrição do segurado, desde que efetuado o recolhimento da primeira contribuição no prazo correto de vencimento, sem atraso.

Como os valores retidos pelas empresas são considerados presumidamente recolhidos (Lei n. 8.212/91, art. 33), não cabe ao trabalhador empregado ou ao contribuinte individual que lhe presta serviços comprovar ao INSS o efetivo recolhimento de suas contribuições mensais. Por tal razão, os empregados se encontram protegidos pelo sistema a contar da data de registro em CTPS, sendo também a contar dessa data o início do período de carência. Os contribuintes individuais (autônomos e empresários) se encontram protegidos, a contar de 1.4.2003, desde a competência da efetiva prestação dos serviços (mediante comprovação documental), posto que a empresa se encontra obrigada a reter de sua remuneração mensal o valor da contribuição previdenciária (alíquota de 11% ou 20%, conforme o caso) e a repassar tais valores aos cofres previdenciários até o dia 20 (vinte) do mês subsequente.

Sobre o tema, confira-se, inclusive, a redação do Enunciado 18 do CRPS:

"**Enunciado 18** — Não se indefere benefício sob fundamento de falta de recolhimento de contribuição previdenciária quando esta obrigação for devida pelo empregador."

Já os contribuintes individuais que prestam serviços a pessoa física e aqueles facultativos precisam efetuar o primeiro pagamento de suas contribuições em dia para que sejam considerados como "segurados" do sistema e para que tenha início a contagem do prazo de carência.

O trabalhador doméstico, contudo, encontra-se em posição desprivilegiada no sistema, sem qualquer razão que possa justificar o tratamento diferenciado conferido pela Lei n. 8.213/91. Da mesma forma que ocorre com o segurado empregado e com o trabalhador avulso, não é o doméstico o responsável pela arrecadação de sua contribuição mensal. Seu empregador efetua o desconto no pagamento mensal e se responsabiliza pelo repasse aos cofres previdenciários até o dia 15 do mês subsequente, nos termos da Lei n. 8.212/91. Assim, não é justo o procedimento contido no inciso II do art. 27 da Lei n. 8.213/91 ao determinar que o início da proteção do trabalhador doméstico, bem como o início da contagem do prazo de carência, corresponde à data de pagamento da primeira prestação em dia, sem atraso. Tais disposições contrariam a igualdade de tratamento positivada no *caput* do art. 5º da Carta Constitucional, não havendo razão para conferir a esta classe de trabalhadores um critério prejudicial e diferenciado daquele conferido aos demais trabalhadores empregados.

A Instrução Normativa INSS/PRES n. 45/2010, no art. 142 (§§ 4º e 5º) traz algumas disposições mais benéficas ao trabalhador doméstico (em relação à previsão legal), no sentido de que a carência não será computada a partir do primeiro recolhimento sem atraso, mas sim a partir da filiação, nas seguintes hipóteses:

a) quando a filiação tiver sido comprovada em data anterior a 25.7.1991; e

b) para fins de concessão de benefício no valor de um salário mínimo (conforme art. 36 da Lei n. 8.213/91), independentemente da data da filiação.

Para efeito do disposto na letra b, *supra*, deverá restar comprovada a atividade como empregado doméstico no momento da implementação dos requisitos necessários à concessão do benefício requerido.

Eis a redação do art. 36 da Lei n. 8.213/91, citada pela Instrução Normativa:

"**Art. 36.** Para o segurado empregado doméstico que, tendo satisfeito as condições exigidas para a concessão do benefício requerido, não comprovar o efetivo recolhimento das contribuições devidas, será concedido o benefício de valor mínimo, devendo sua renda ser recalculada quando da apresentação da prova do recolhimento das contribuições."

Compreendo, contudo, que o tratamento conferido ao trabalhador doméstico deve ser o mesmo conferido ao segurado empregado e ao contribuinte individual que presta serviço a empresas, a contar de 1º.4.2003. Como há a retenção da contribuição previdenciária pelo tomador dos serviços, deve ser aplicado o § 5º do art. 33 da Lei n. 8.212/91, sendo presumido o recolhimento. Não cabe ao trabalhador comprovar o efetivo pagamento, mas sim a efetiva prestação dos serviços. Sendo possível comprovar o valor mensal recebido, este deverá ser o salário de contribuição considerado, observando-se apenas os limites mínimo e máximo fixados pela Previdência Social. Não havendo possibilidade de comprovação, deverá ser utilizado como salário de contribuição o piso salarial da categoria, se existente, ou o valor do salário mínimo aplicável.

Por analogia, confira-se a redação do Enunciado 18 do CRPS:

"**Enunciado 18** — Não se indefere benefício sob fundamento de falta de recolhimento de contribuição previdenciária quando esta obrigação for devida pelo empregador."

A Instrução Normativa INSS n. 45/2010 determina, ainda, em seu art. 47, que os vínculos e as contribuições existentes no formulário CNIS — Cadastro Nacional de informações Sociais são consideradas para fins de carência (tempo de contribuição). No entanto, não é raro encontrarmos situações práticas em que o trabalhador perdeu sua CTPS ou algum dos carnês de contribuição, mas que o vínculo ou o período contribuído esteja informado no respectivo Cadastro e, contudo, o INSS não o reconhece, impedindo o acesso do segurado ao benefício pretendido e sendo necessário o ingresso de ação judicial para a obtenção do referido direito.

Fundamentação: Lei n. 8.213/91, art. 27; Decreto n. 3.048/99, art. 28; Instrução Normativa INSS n. 45/2010, arts. 47 e 142.

2.1. Tempo de Serviço Público

Desde 6.5.1999, data da publicação da Lei n. 9.796, de 5.5.1999, regulamentada pelo Decreto n. 3.112/99, as contribuições vertidas a regime próprio de previdência social (regime de origem / servidores públicos ou militares) são consideradas para fins de carência para a concessão de quaisquer dos benefícios do RGPS, desde que o segurado não continue filiado ao regime de origem.

Até a vigência da Lei n. 10.666/2003, a condição para o cômputo do período de contribuição ao Regime Próprio como carência do Regime Geral de Previdência Social era apenas que o cidadão estivesse no período de "graça" constante do art. 15 da Lei n. 8.213/91, tema já abordado nesta obra, Parte II, Capítulo VII, item 1. Podemos dizer, portanto, que poderia ser computado para efeito de carência o período de exercício de atividade em que o segurado esteve vinculado a outro regime de previdência social, constante de Certidão de tempo de Contribuição emitida para fins de contagem recíproca, desde que o intervalo entre a data do afastamento do regime de origem e a data de ingresso ao RGPS não fosse superior a:

• 24 meses, quando o tempo de contribuição no regime próprio de previdência social for superior a 120 meses, ou

• 12 meses, quando o tempo de contribuição no regime próprio de previdência social for igual ou inferior a 120 meses.

Obs.: Estes prazos serão acrescidos de 12 meses para o servidor desempregado, desde que comprove essa situação por registro no órgão próprio do Ministério do Trabalho e Emprego.

A Lei n. 10.666/2003 (validação da MP 83/2002), contudo, extinguiu essa exigência para os benefícios de aposentadoria (idade, tempo de contribuição e especial), ao dispor, em seu art. 3º, que a perda da qualidade de segurado não mais poderia interferir na concessão desses benefícios. Assim, a regra constante no parágrafo anterior permanece válida para os demais benefícios concedidos pelo Regime Geral de Previdência Social, mas não para os benefícios de aposentadoria por idade, aposentadoria por tempo de contribuição e aposentadoria especial.

O aproveitamento das contribuições vertidas a Regime Próprio como carência do Regime Geral de Previdência Social se justifica em face da compensação financeira que existe entre os regimes previdenciários. Ainda neste raciocínio, o cidadão que se desvincular de um Regime Próprio de Previdência Social (servidores públicos ou militares) mantém a qualidade de segurado do Regime Geral de Previdência Social por um período de até doze meses, ainda que nunca tenha efetuado contribuições para este sistema. E este prazo pode ser prorrogado para até vinte e quatro meses caso o servidor (ou militar) tenha pago para o regime próprio mais de cento e vinte contribuições mensais.

Decorrido este prazo e não tendo havido contribuições para o Regime Geral de Previdência Social, perderá o cidadão a qualidade de segurado e o período de contribuições ao Regime Próprio não será computado para fins de carência, exceto na hipótese prevista no item 3 deste Capítulo.

No entanto, se no período "de graça" o cidadão iniciar suas contribuições ao RGPS, mantendo assim sua qualidade de segurado, o tempo de contribuições ao regime próprio será admitido pelo INSS tanto para fins de tempo de serviço quanto para carência.

Igualmente será admitido para fins de carência o tempo de serviço anterior à Lei n. 8.647, de 13.4.1993, quando se tratar de servidor público ocupante de cargo em comissão (sem vínculo efetivo com a União, autarquias e fundações públicas federais). As contribuições referentes a esse período, vertidas desde o início do vínculo do servidor com a administração pública ao Plano de Seguridade Social do Servidor Público (Lei n. 8.162/91, arts. 8º e 9º), serão então atualizadas monetariamente e repassadas de imediato ao INSS.

Confira-se, sobre o tema, a redação do art. 154 da Instrução Normativa INSS/PRES n. 45/2010:

"**Art. 154.** Considera-se para efeito de carência:

I — o tempo de contribuição para o Plano de Seguridade Social do Servidor Público anterior à Lei n. 8.647, de 1993, efetuado pelo servidor público ocupante de cargo em comissão sem vínculo efetivo com a União, Autarquias, ainda que em regime especial, e Fundações Públicas Federais;

(...)

IV — as contribuições vertidas para o RPPS certificadas na forma da contagem recíproca, desde que o segurado não tenha utilizado o período naquele regime, esteja inscrito no RGPS e não continue filiado ao regime de origem, observado o § 2º do art. 10;

V — o período na condição de anistiado político que, em virtude de motivação exclusivamente política, foi atingido por atos de exceção, institucional ou complementar ou abrangido pelo Decreto Legislativo n. 18, de 15 de dezembro de 1961, pelo Decreto-Lei n. 864, de 12 de setembro de 1969, ou que, em virtude de pressões ostensivas ou de expedientes oficiais sigilosos, tenha sido demitido ou compelido pelo afastamento de atividade remunerada, no período compreendido de 18 de setembro de 1946 a 5 de outubro de 1988, desde que detentor de ato declaratório que lhe reconhece essa condição;

(...)"

Fundamentação: Lei n. 10.666/2003; Decreto n. 3.048/99, arts. 26, §§ 2º e 5º, e 271; Instrução Normativa INSS n. 20/2007, art. 61 e Instrução Normativa INSS/PRES n. 45/2010, art. 154.

2.2. Atividade Desenvolvida como Trabalhador Rural

O tempo de atividade do trabalhador rural, anterior à competência novembro/91 (data em que passou a ser contribuinte obrigatório do RGPS), não será computado para fins de carência, sendo este o entendimento aplicado na esfera administrativa, conforme ilustra, inclusive, o Enunciado AGU n. 27:

"**Enunciado 27** — Para concessão de aposentadoria no RGPS, é permitido o cômputo do tempo de serviço rural exercido anteriormente à Lei n. 8.213, de 24 de julho de 1991, independente do recolhimento das contribuições sociais respectivas, exceto para efeito de carência."

Também dispõe no mesmo sentido a Súmula 24 da TNU. Confira-se:

"**Súmula 24** — O tempo de serviço do segurado trabalhador rural anterior ao advento da Lei n. 8.213/91, sem o recolhimento de contribuições previdenciárias, pode ser considerado para a concessão de benefício previdenciário do Regime Geral de Previdência Social (RGPS), exceto para efeito de carência, conforme a regra do art. 55, § 2º, da Lei n. 8.213/91."

Judicialmente, compreendo pela possibilidade de aplicação do inciso II do art. 55 da Lei n. 8.213/91 c/c o art. 4º da Emenda Constitucional n. 20/98 (*caput*). Isso porque o art. 4º da EC n. 20 é claro em determinar que o tempo de serviço será considerado como tempo de contribuição, até que uma lei discipline a matéria (o que não ocorreu até a presente data). Assim, é possível defender a tese de que a Emenda Constitucional concedeu a estes períodos o *status* de "tempo de contribuição" e, consequentemente, a inclusão destes no período de carência, já que não fez nenhuma ressalva a respeito.

Apesar de profícua pesquisa jurisprudencial, não localizei decisões favoráveis a respeito.

Fundamentação: Lei n. 8.213/91, art. 55, § 2º; Decreto n. 3.048/99, art. 26, § 3º; Instrução Normativa INSS n. 45/2010, art. 155, III.

2.3. Período de Licença-Maternidade

O período em que a segurada se encontrar afastada de suas atividades profissionais com percepção do benefício previdenciário de salário maternidade será considerado como carência em face de as contribuições previdenciárias permanecerem obrigatórias durante tal interregno.

Para a segurada especial que não contribuir facultativamente ao RGPS, o período de salário maternidade não será computado como carência em face da inexistência de contribuições durante o período.

Fundamentação: Instrução Normativa INSS n. 45/2010, art. 154, II.

2.4. Auxiliares Locais Brasileiros — Atividade no Exterior

O período de atividade dos auxiliares locais de nacionalidade brasileira no exterior, amparados pela Lei n. 8.745, de 1993, anteriormente a 1º de janeiro de 1994, e desde que sua situação previdenciária esteja regularizada junto ao Instituto Nacional do Seguro Social — INSS, será computado para fins de carência, conforme determina expressamente o § 2º do art. 28 do Regulamento da Previdência Social, Decreto n. 3.048/99.

2.5. Serviço Militar e Períodos de Incapacidade

O tempo de serviço militar não poderá ser considerado como carência justamente por não haver contribuição mensal para o sistema durante o referido interregno.

Administrativamente (junto ao INSS), o mesmo ocorre para os períodos em que o segurado estiver percebendo, do Regime Geral de Previdência Social, benefícios de auxílio-doença ou aposentadoria por invalidez.Ressalte-se, contudo, duas exceções, em respeito à legislação vigente naquela época, sendo considerado como períodos de carência os seguintes:

a) o tempo em que o segurado estava em gozo de auxílio-doença ou aposentadoria por invalidez, de natureza não acidentária, no período de 1º.6.1973 a 30.6.1975;

b) o tempo em que o segurado estava em gozo de auxílio-doença acidentário (espécie 91) ou de aposentadoria por invalidez acidentária (espécie 92), com data de início até 10.10.2001, véspera da publicação da Instrução Normativa INSS/DC n. 57.

O período de quinze dias que antecede a concessão dos benefícios de incapacidade, no caso de segurados empregados, cujo pagamento compete à empresa empregadora, *é considerado como carência*, nos termos do art. 154, III, da Instrução Normativa INSS n. 45/2010. Administrativamente, há a cobrança de contribuição previdenciária sobre tal quinzena, mas já é pacífico o entendimento jurisprudencial de sua inconstitucionalidade, já que o pagamento dos dias de afastamento não possui natureza salarial.

Judicialmente, discute-se o cômputo do período de percepção do auxílio-doença ou da aposentadoria por invalidez como carência, sendo possível obter êxito no pedido, conforme ilustra o seguinte julgado:

"PREVIDENCIÁRIO E PROCESSUAL CIVIL — AGRAVO INTERNO EM AGRAVO DE INSTRUMENTO — DECISÃO QUE DEFERIU O REQUERIMENTO DE ANTECIPAÇÃO DOS EFEITOS DA TUTELA –CONCESSÃO DE APOSENTADORIA POR IDADE — ANÁLISE DOS PRESSUPOSTOS ELENCADOS NO ART. 273 DO CPC — RECURSO DO INSS DESPROVIDO. I — (...); II — No tocante ao período de carência,observa-se através da CTPS e do extrato do CNIS, que a parte autora cumpriu com as 144 contribuições exigidas para o preenchimento do requisito. Ressalta-se que o período em que o Autor esteve em gozo do auxílio-doença não pode ser desprezado para o cômputo da carência; III — No que toca ao perigo de irreversibilidade do provimento antecipatório, tratando-se, como é o caso, de verba de caráter alimentar e de situação em que se vislumbra o risco para ambas as partes, a posição do magistrado, numa ponderação dos interesses envolvidos, deve ser a de priorizar a necessidade de manutenção de um indivíduo– prestigiando, assim, a dignidade da pessoa humana (art. 1º, inciso III, da CF) — em detrimento de eventual dano patrimonial que possa vir a ser causado ao ente público. Precedentes desta Corte; IV — Agravo interno desprovido." (TRF 2ª Região — Processo 201002010171023 — AG 194671 — Relator Desembargador Federal Aluisio Gonçalves de Castro Mendes — DJ de 1º.2.2011 p. 17)

A fundamentação utilizada pelosTribunais e Turmas, no entanto, não é pacífica. Ora entendem pelo cômputo do período de incapacidade porque este é considerado como tempo de serviço e contribuição (Lei n. 8.213/91, art. 55) e, dessa forma, consideram que pode integrar a carência desde que intercalado entre dois períodos de atividade; ora entendem por sua inclusão com fundamento tão somente na incapacidade laborativa e, consequentemente, incapacidade de verter contribuições ao sistema durante tal interregno.

Confira-se, ilustrativamente, a redação da Súmula 73 da Turma Nacional de Uniformização (TNU):

"**Súmula 73** — O tempo de gozo de auxílio-doença ou de aposentadoria por invalidez não decorrentes de acidente de trabalho só pode ser computado como tempo de contribuição ou para fins de carência quando intercalado entre períodos nos quais houve recolhimento de contribuições para a previdência social."

Também a Súmula 07 da Turma Regional de Uniformização (TRU) da 4ª Região:

"**Súmula 07** — Computa-se para efeito de carência o período em que o segurado usufruiu benefício previdenciário por incapacidade."

Há, ainda, corrente no sentido de que o auxílio-doença possui renda mensal de 91% do salário de benefício, sendo os 9% restantes justamente a contribuição para o sistema.

Perfilho-me ao entendimento que permite a aplicação do art. 55 da Lei n. 8.213/91, mas aliado às disposições da EC 20/98. O inciso II do art. 55 da Lei de Benefícios determina, de fato, que o período de percepção dos benefícios por incapacidade (auxílio-doença ou aposentadoria por invalidez) pode ser contado como tempo de serviço, desde que intercalado por dois períodos de atividade. O art. 4º da Emenda Constitucional n. 20/98 é claro em determinar que o tempo de serviço será considerado como tempo de contribuição, até que uma lei discipline a matéria (o que não ocorreu até a presente data). Assim, é possível defender a tese de que a Emenda Constitucional concedeu a estes períodos o *status* de "tempo de contribuição" e, consequentemente, a inclusão destes no período de carência, já que não fez qualquer ressalva a respeito.

A aplicação desse raciocínio também pode ser utilizada para o período de serviço militar.

Fundamentação: Instrução Normativa INSS n. 20/2007, arts. 61 e 64; Instrução Normativa INSS/PRES n. 45/2010, arts. 154, III e 155, II.

2.6. Comprovação das Contribuições Junto ao INSS

O segurado empregado e o trabalhador avulso, por não serem responsáveis pela arrecadação das contribuições a que se encontram obrigados, não necessitarão comprovar o efetivo recolhimento desses valores quando do requerimento de algum benefício, considerando-se presumida tal arrecadação.

A presunção do recolhimento também será aplicada ao contribuinte individual a contar da competência abril/2003, data em que as empresas contratantes passaram a proceder a retenção da contribuição previdenciária devida por esses segurados.

2.6.1. Empregados Domésticos

Determinavam os arts. 55 e 56 da Instrução Normativa INSS n. 20/2007 que os empregados domésticos filiados ao RGPS até 24.7.1991, inclusive, para que percebessem benefícios previdenciários que exigissem cumprimento de carência, deveriam comprovar o recolhimento das contribuições efetuadas até 30.6.1994. A contar de 1º.7.1994, conforme disposições do mesmo instituto legal, não havia necessidade de comprovação de recolhimento, valendo as informações existentes no CNIS — Cadastro Nacional de Informações Sociais.

Esta disposição normativa, no entanto, feria frontalmente o direito do segurado, contrariando dispositivo legal sobre a matéria (§ 5º do art. 33 da Lei n. 8.212/91) e sendo, desta forma, destituída de legalidade e eficácia. Isso porque, em que pese a contribuição previdenciária seja efetuada pelo empregado doméstico, a responsabilidade pelo efetivo recolhimento (ir à instituição bancária e pagar o montante devido) cabe ao seu empregador que, inclusive, já procede o desconto da contribuição no recibo de pagamento. Desta forma, não podia o INSS exigir do trabalhador a comprovação de ato de terceiro, como assim pretende a redação da referida Instrução Normativa. Como já mencionado anteriormente, tal procedimento fere também a isonomia de tratamento, constante do art. 5º da Constituição Federal.

Por analogia, confira-se a redação do Enunciado 18 do CRPS:

"**Enunciado 18** — Não se indefere benefício sob fundamento de falta de recolhimento de contribuição previdenciária quando esta obrigação for devida pelo empregador."

Ainda que não constem nos arquivos de informações do INSS recolhimentos previdenciários em nome do trabalhador doméstico, seja o período anterior ou não à publicação da Lei n. 8.212/91 (24.07.1991), o período do vínculo deverá obrigatoriamente ser considerado para fins de carência, sendo suficiente a apresentação, pelo trabalhador, do registro em CTPS ou outros documentos contemporâneos que possam comprovar a efetiva prestação dos serviços.

O que é lícito fazer o INSS, nestes casos, é considerar (nesses períodos onde não consta informação de recolhimento) como salário de contribuição o valor do saláriomínimo, cabendo ao trabalhador prova contrária e pedido posterior de revisão.

Felizmente, a IN 20/2007 foi revogada e a Instrução Normativa INSS/PRES determina nesse sentido, cabendo-nos transcrever o inciso VII e o parágrafo único do art. 154, como segue:

"Art. 154. Considera-se para efeito de carência:

VII — o tempo de atividade do empregado doméstico, observado o disposto no inciso II e § 4º do art. 143, independentemente da prova do recolhimento da contribuição previdenciária, desde a sua filiação como segurado obrigatório.

Parágrafo único. Para o empregado doméstico, a comprovação do efetivo recolhimento da primeira contribuição em dia será exigida apenas para a concessão de benefício em valor superior ao mínimo legal, na forma do art. 36 da Lei n. 8.213, de 1991."

Fundamentação: Decreto n. 3.048/99, art. 26, § 4º; Instrução Normativa INSS n. 20/2007, arts. 55 e 56; Instrução Normativa INSS/PRES n. 45/2010, art. 154, VII e parágrafo único.

2.6.2. Contribuintes individuais, facultativos e domésticos — período de 04/1973 a 02/1994

As contribuições vertidas pelos contribuintes individuaiscontribuintes em dobro, facultativos, equiparados a autônomos, empresários e empregados domésticos, relativas ao período de abril/1973 a fevereiro/1994, se constarem do CNIS (Cadastro Nacional de Informações Sociais, documento mantido pelo INSS), serão consideradas como carência, mesmo que nesse documento não conste a data do efetivo pagamento e mesmo que os trabalhadores não apresentem comprovação dessa quitação.

Fundamentação: Instrução Normativa INSS/PRES n. 45/2010, arts. 69 e 154, VI.

3. PERDA DA QUALIDADE DE SEGURADO — REQUISITOS PARA A CONTAGEM COMO CARÊNCIA DO TEMPO ANTERIORMENTE RECOLHIDO

Para os benefícios requeridos a partir de 25.7.1991 (vigência da Lei n. 8.213/91), quando ocorrer perda da qualidade de segurado, as contribuições anteriores a esta data somente poderão ser computadas para efeito de carência depois que o segurado contar, a partir da nova filiação à Previdência Social, com no mínimo 1/3 (um terço) do número de contribuições exigidas para a concessão do respectivo benefício. Sobre manutenção e perda da qualidade de segurado, ver Parte II, Capítulo VII, desta obra.

Exemplo: um trabalhador que tenha contribuído ao RGPS por exatos 13 anos e, após tal período, permanecer afastado do sistema de forma que perca a qualidade de segurado, somente poderá requerer o benefício de auxílio-doença, cuja carência é de 12 contribuições mensais, depois de novamente se filiar ao RGPS e contribuir por 4 meses (1/3 da carência necessária para o benefício desejado). Nesse caso, a incapacidade para as atividades habituais deverá ocorrer após o pagamento dessa 4ª contribuição, já que a Lei n. 8.213/91 veda expressamente o pagamento de auxílio-doença para incapacidade preexistente à condição de segurado ou ao cumprimento da carência.

Sobre o tema dispõe, ainda, a Súmula 31 da Turma Regional de Uniformização (TRU) da 3ª Região. Confira-se:

"**Súmula 31** — O recolhimento de 1/3 (um terço) do número de contribuições, relativo à carência do benefício pretendido, permite a contagem de todas as contribuições anteriores, ainda que correspondentes a períodos descontínuos." (Origem: Súmula 15, do JEFMS)

Cumpre observar, no entanto, que com a publicação da Medida Provisória n. 83, de 12.12.2002, DOU de 13.12.2002 (atualmente Lei n. 10.666/2003), a perda da qualidade de segurado não será considerada para a concessão das aposentadorias por tempo de contribuição (inclusive de professores) e especial, independente de possuir ou não o segurado direito adquirido ao benefício à época da perda desta qualidade.

Assim, exemplificativamente, um segurado empregado que tenha perdido o emprego após 29 anos de filiação e que permaneceu por quatro anos sem qualquer contribuição ao sistema (com perda da qualidade de segurado) poderá regressar ao RGPS, contribuir por mais um ano, além do tempo adicional do pedágio, e ingressar com o pedido de aposentadoria proporcional por tempo de contribuição. Anteriormente à MP n. 83/2002, Isso não seria possível. Ocorreria a perda da qualidade de segurado, o novo ingresso seria considerado como nova filiação ao sistema e como os segurados inscritos a contar de 16.12.1998 não possuem mais direito à aposentadoria proporcional, não seria possível a obtenção do benefício.

Na hipótese de aposentadoria por idade, também em face da Medida Provisória n. 83/2002, a perda da qualidade de segurado não será considerada para a concessão desse benefício, desde que o segurado conte com, no mínimo, o tempo de contribuição correspondente ao exigido para efeito de carência na data do requerimento do benefício.

Sobre o tema, confira-se a redação do art. 151 da Instrução Normativa INSS n. 45/2010:

"**Art. 151.** Para os benefícios requeridos a partir de 25 de julho de 1991, data da publicação da Lei n. 8.213, de 1991, quando ocorrer a perda da qualidade de segurado, qualquer que seja a época da inscrição ou da filiação do segurado na Previdência Social, as contribuições anteriores a essa data só poderão ser computadas para efeito de carência depois que o segurado contar, a partir da nova filiação ao RGPS, com, no mínimo, um terço do número de contribuições exigidas para a concessão do respectivo benefício, sendo que:

I — para o auxílio-doença e a aposentadoria por invalidez deverá possuir no mínimo quatro contribuições mensais sem perda da qualidade de segurado, que somadas às anteriores deverá totalizar doze contribuições;

II — para o salário maternidade, deverá possuir no mínimo três contribuições, sem perda da qualidade de segurado, que somadas as anteriores deverá totalizar dez contribuições; e

III — para as aposentadorias por idade, por tempo de contribuição, inclusive de professor e especial, a regra de um terço incide sobre a carência de cento e oitenta contribuições mensais, cuja observância encontra-se prejudicada para requerimentos protocolados a partir de 13 de dezembro de 2002, data da publicação da MP n. 83, de 12 de dezembro de 2002, conforme art. 15.

§ 1º No caso de aplicação da carência constante da tabela progressiva do art. 142 da Lei n.8.213, de 1991, deverá incidir sobre esta a regra de um terço do número de contribuições exigidas para o benefício requerido.

§ 2º O disposto no *caput* não se aplica aos trabalhadores rurais sem contribuição, observado o contido no § 1º do art. 143.

§ 3º Aplica-se o disposto neste artigo ao segurado oriundo de RPPS que se filiar ao RGPS após os prazos previstos no *caput* e no § 1º do art. 13 do RPS."

Fundamentação: Lei n. 8.213/91, art. 24; Decreto n. 3.048/99, art. 27-A.

4. PRESTAÇÕES/BENEFÍCIOS QUE INDEPENDEM DE CARÊNCIA

Independe de carência a concessão das seguintes prestações:

a) pensão por morte, auxílio-reclusão, salário família e auxílio-acidente de qualquer natureza;

b) salário maternidade, para as seguradas empregada, empregada doméstica e trabalhadora avulsa;

c) auxílio-doença e aposentadoria por invalidez nos casos de acidente de qualquer natureza ou causa, bem como nos casos de segurado que, após filiar-se ao RGPS, foi acometido de alguma das doenças ou afecções especificadas em lista elaborada pelos Ministérios da Saúde e da Previdência e Assistência Social a cada três anos, de acordo com os critérios de estigma, deformação, mutilação, deficiência ou outro fator que lhe confia especificidade e gravidade que mereçam tratamento particularizado;

d) aposentadoria por idade ou por invalidez, auxílio-doença, auxílio-reclusão ou pensão por morte aos segurados especiais, desde que comprovem o exercício de atividade rural no período imediatamente anterior ao requerimento do benefício, ainda que de forma descontínua, igual ao número de meses correspondente à carência do benefício requerido; e

e) serviço de reabilitação profissional.

Entende-se como acidente de qualquer natureza ou causa aquele de origem traumática e por exposição a agentes exógenos (físicos, químicos e biológicos), que acarrete lesão corporal ou perturbação funcional que cause a morte, a perda, ou a redução permanente ou temporária da capacidade laborativa — Decreto n. 3.048/99, art. 30, parágrafo único.

4.1. Doenças Graves

Com referência à lista mencionada na letra "c", *supra*, o Ministro de Estado da Previdência e Assistência Social, em conjunto com o Ministro de Estado da Saúde, publicaram no Diário Oficial da União de 24.8.2001 a *Portaria Interministerial n. 2.998*, determinando que são isentos de carência para a concessão de auxílio-doença ou de aposentadoria por invalidez os segurados acometidos das seguintes doenças ou afecções (incapacidade ocorrida após filiação ao RGPS):

I — tuberculose ativa;

II — hanseníase;

III — alienação mental;

IV — neoplasia maligna;

V — cegueira;

VI — paralisia irreversível e incapacitante;

VII — cardiopatia grave;

VIII — doença de Parkinson;

IX — espondiloartrose anquilosante;

X — nefropatia grave;

XI — estado avançado da doença de Paget (osteíte deformante);

XII — síndrome da deficiência imunológica adquirida — Aids;

XIII — contaminação por radiação, com base em conclusão da medicina especializada; e

XIV — hepatopatia grave.

Obs.: A relação destas enfermidades já constava do art. 186 do Decreto n. 3.048/99 (disposições transitórias), e também do art. 151 da Lei n. 8.213/91, com exceção da hepatopatia grave, doença que foi incluída por ocasião desta Portaria Interministerial. O art. 186 do Decreto regulamentador, entretanto, se encontra revogado pelo Decreto n. 4.079, de 9.1.2002 — DOU de 10.1.2002.

O Ministério da Previdência Social entende que a listagem acima é exaustiva, ou seja, que somente para essas enfermidades não será exigido o cumprimento da carência. Assim, exclui da referida benesse os portadores da Doença de Hallervorden-Spatz (CID G-23.0), do Mal de Huntington (CID G-10) e inúmeras outras enfermidades, tão graves quanto aquelas descritas acima (ou até mais graves!). A matéria é pouco discutida no Judiciário e são raros os julgados a respeito do tema, mas este também foi o entendimento do TRF da 4ª Região, em julgado de 2007. Confira-se:

> "(...) 3. A doença lúpus eritematoso sistêmico não se inclui no rol daquelas que dispensam a carência, ressaltando-se que **tal lista é exaustiva**, não admitindo interpretação extensiva. Da mesma forma, os critérios utilizados pelo Juízo a quo de gravidade e especificidade da moléstia não podem ser utilizados enquadrar enfermidade que não esteja expressamente prevista na lei. 4. Agravo improvido." (TRF 4ª Região — AG 200704000121790 — Turma Suplementar — Relator: Luís Alberto D'Azevedo Aurvalle — DJ de 24.8.2007)

Permito-me, contudo, discordar totalmente da referida decisão. O INSS, sim, está correto em indeferir o benefício porque adstrito ao princípio da legalidade, somente podendo fazer aquilo que expressamente lhe disser a Lei. E esta, infelizmente, faz referência a uma Portaria Ministerial (2.998/2001) que deveria ser atualizada a cada três anos (conforme art. 26 da Lei n. 8.213/91) e que, lamentavelmente, nunca o foi. Já o Poder Judiciário necessita trabalhar não somente nos exatos termos da Lei, mas também atendendo aos princípios constitucionais de proteção, dignidade, igualdade de direitos e isonomia de tratamento.

Não há qualquer justificativa fática ou legal para que se isente de carência um trabalhador portador de cardiopatia grave e não se faça exatamente o mesmo para os portadores de Huntington, enfermidade infinitamente pior que a primeira. Quem protege o menos grave deve proteger o mais grave ou aquilo que é tão grave quanto. Ademais, como já dito, o art. 26 da Lei n. 8.213/91 determina expressamente que a referida listagem deveria ser revista a cada três anos (o que nunca ocorreu) e também que dela poderiam participar outras doenças que, em razão dos critérios de estigma, deformação, mutilação, deficiência ou outro fator, lhe confira especificidade e gravidade que mereçam tratamento particularizado.

Por tais razões, mais justo e adequado entendimento é conferir caráter exemplificativo à referida listagem, sendo a benesse da isenção de carência estendida também a outras doenças graves, analisadas individualmente na esfera Judicial.

Fundamentação: Lei n. 8.213/91, arts. 26 e 151; Decreto n. 3.048/99, art. 30.

4.2. Atividade rural e urbana — períodos intercalados

Determina o art. 145 da Instrução Normativa INSS/PRES n. 45/2010 que, havendo exercício de atividade urbana entre períodos de atividade rural, com ou sem perda da qualidade de segurado, poderá ser concedido o benefício de aposentadoria por idade no valor do salário mínimo para o segurado especial ou para o trabalhador rural, desde que cumpra o número de meses de trabalho idêntico à carência relativa ao benefício, exclusivamente em atividade rural, observadas a idade mínima exigida.

Ocorre que a Lei n. 11.718/2008 alterou a redação do art. 48 da Lei n. 8.213/91, determinando que os períodos de atividade rural podem ser somados com os períodos de atividade urbana, para fins de carência, quando se tratar de trabalhador rural. Confira-se, nestes termos, os §§ 1º a 3º:

> "**Art. 48.** A aposentadoria por idade será devida ao segurado que, cumprida a carência exigida nesta Lei, completar 65 (sessenta e cinco) anos de idade, se homem, e 60 (sessenta), se mulher.
>
> § 1º Os limites fixados no *caput* são reduzidos para sessenta e cinquenta e cinco anos no caso de trabalhadores rurais, respectivamente homens e mulheres, referidos na alínea a do inciso I, na alínea g do inciso V e nos incisos VI e VII do art. 11.
>
> § 2º Para os efeitos do disposto no § 1º deste artigo, o trabalhador rural deve comprovar o efetivo exercício de atividade rural, ainda que de forma descontínua, no período imediatamente anterior ao requerimento do benefício, por

tempo igual ao número de meses de contribuição correspondente à carência do benefício pretendido, computado o período a que se referem os incisos III a VIII do § 9º do art. 11 desta Lei.

§ 3º Os trabalhadores rurais de que trata o § 1º deste artigo que não atendam ao disposto no § 2º deste artigo, mas que satisfaçam essa condição, se forem considerados períodos de contribuição sob outras categorias do segurado, farão jus ao benefício ao completarem 65 (sessenta e cinco) anos de idade, se homem, e 60 (sessenta) anos, se mulher."

Em se tratando de trabalhador rural, não há necessidade de que o cumprimento da carência ocorra somente com o tempo de trabalho rural, sendo possível computar também os períodos intercalados de atividade urbana, se existentes.

A dúvida que permanece refere-se ao trabalhador rural que, atualmente, não mais se encontra no campo, mas na cidade. Como a nova redação do art. 48, especificamente o § 3º, faz referência aos "trabalhadores rurais" o entendimento predominante na Justiça Federal tem sido no sentido de que para fazer jus ao referido parágrafo, eles precisam ser trabalhadores rurais atualmente. Há um prejuízo, portanto, para aqueles que foram trabalhadores rurais por anos a fio, mas que hoje não se encontram na área rural.

Confiram-se os exemplos:

Exemplo 1:

- 10 anos de lavoura + 5 anos de atividade urbana + 1 ano de lavoura (atual)

- É possível somar o tempo rural (11 anos totais) mais o tempo urbano (5 anos), totalizando 16 anos para fins de carência. Se a idade estiver implementada, será concedido o benefício.

Exemplo 2:

- 10 anos de lavoura + 5 anos de atividade urbana + 5 anos de lavoura + 6 meses na cidade, sem qualquer trabalho

- Mesmo havendo 15 anos de lavoura, não será possível computá-los como carência nem tampouco somá-los aos 5 anos de contribuições urbanas, apenas porque atualmente a residência do cidadão não é mais no campo, mas sim na cidade.

Não compartilho do posicionamento adotado pela Justiça Federal, em especial porque é expressamente vedado, pelo art. 194 da Constituição Federal, tratamento diferenciado a urbanos e rurais. Também em razão dos princípios de igualdade de direitos, dignidade e isonomia de tratamento.

Não há qualquer razão para que seja concedido o benefício ao trabalhador que atualmente reside no campo, sem concedê-lo para aquele que tenha sido trabalhador rural por diversos anos, mas que hoje reside na cidade. O local atual de sua residência não lhe retira a condição de trabalhador rural, nem tampouco pode servir de empecilho para a concessão do benefício. Entender de forma contrária é, inclusive, propiciar a fraude porque seria suficiente que o sujeito do exemplo 2, *supra*, voltasse a residir por poucos meses na área rural para fazer jus à aplicação do § 3º do art. 48, o que é absurdo.

5. PRESTAÇÕES / BENEFÍCIOS QUE DEPENDEM DE CARÊNCIA

A concessão dos benefícios previdenciários que não se encontram relacionados no item 4, *supra*, depende dos seguintes períodos de carência:

a) 12 contribuições mensais, nos casos de auxílio-doença e aposentadoria por invalidez;

b) 180 contribuições mensais, nos casos de aposentadoria por idade, tempo de contribuição e especial;

c) 10 contribuições mensais, no caso de salário maternidade para as seguradas contribuinte individual, especial e facultativa. Em caso de parto antecipado, o período de carência será reduzido em número de contribuições equivalente ao número de meses em que o parto foi antecipado.

A carência do salário maternidade para as seguradas contribuinte individual e facultativa é de dez contribuições mensais, ainda que os recolhimentos a serem considerados tenham sido vertidos em categorias diferenciadas (primeiro como empregada e, posteriormente, como autônoma, por exemplo) e desde que não tenha havido perda da qualidade de segurado. Havendo perda da qualidade de segurado, as contribuições anteriores a essa perda somente serão computadas para efeito de carência depois que a segurada contar, a partir da nova filiação ao RGPS, com, no mínimo, um terço do número de contribuições exigidas para o cumprimento da carência. Aplica-se também este critério à segurada de regime próprio de previdência social que se filiar ao RGPS após os prazos a que se referem o inciso II do *caput* e o parágrafo primeiro do art. 13 do Decreto n. 3.048/99.

Cumpre observar, ainda, que, para os segurados inscritos no Regime Geral de Previdência Social até 24.7.1991, a carência para a concessão dos benefícios de Aposentadoria por Idade, Aposentadoria por Tempo de Contribuição e Aposentadoria Especial deverá ser observada a partir da seguinte tabela, levando-se em conta o ano em que o segurado implementar todas as condições necessárias à obtenção do benefício (art. 142 da Lei n. 8.213/91):[2]

Ano da implementação das condições	Número de meses Exigidos
1991	60
1992	60
1993	66
1994	72
1995	78
1996	90
1997	96
1998	102
1999	108
2000	114
2001	120
2002	126
2003	132
2004	138
2005	144
2006	150
2007	156
2008	162
2009	168
2010	174
2011	180

Se uma pessoa do sexo feminino completou 60 anos em 2008, por exemplo, o número de contribuições mensais exigido como carência para obtenção da Aposentadoria por Idade será de 162. Caso em 12/2008 essa pessoa não tenha conseguido alcançar as 162 contribuições necessárias,

(2) Não se aplica esta tabela para os benefícios de aposentadoria por tempo de contribuição e por idade garantida aos segurados portadores de deficiência, de que trata a Lei Complementar 142/2013 e artigos 70-B e 70-C do Decreto n. 3.048/99.

compreendo que deverá observar o número de meses referentes ao ano seguinte (2009) e assim por diante, até conseguir chegar em um determinado ano onde conte, além da idade mínima, como o número de contribuições exigidas pela referida tabela.Isso porque o *caput* do art. 142 fala no implemento de "todas as condições" e não somente de uma delas.

Para a concessão do benefício de aposentadoria por idade, por exemplo, o legislador exige não somente a idade mínima, mas também o cumprimento da carência. São duas condições a serem implementadas em determinado ano, e não apenas a aquisição da idade.

Para alegria dos segurados e advogados de todo o país, este não é o entendimento de nossos Tribunais. A compreensão dominante posiciona-se no sentido de que é suficiente observar o ano de implemento da idade (no caso da aposentadoria por idade) ou do tempo de serviço/contribuição (no caso da aposentadoria por tempo de contribuição ou especial). Se o implemento da idade ocorreu em 2008, seguindo-se o mesmo exemplo acima mencionado, o número de contribuições exigido será 162, não havendo qualquer alteração posterior. O dia em que o segurado completar as 162 contribuições, mesmo que isso ocorra em 2020, poderá requerer administrativamente seu benefício, fazendo jus à aposentadoria por idade.

No mesmo sentido entende o INSS, conforme demonstra a redação do art. 147 da IN INSS n. 45/2010:

> "**Art. 147.** A carência a ser considerada para fins de concessão das aposentadorias por tempo de contribuição, inclusive de professor, especial e por idade, para os segurados inscritos no RGPS até 24 de julho de 1991, véspera da publicação da Lei n. 8.213, de 1991, bem como para os trabalhadores rurais amparados pela antiga Previdência Social Rural, ainda que haja reingresso posterior a esta data, será a da tabela do art. 142 do respectivo diploma legal, conforme Anexo XXVI, levando-se em conta o ano em que o segurado implementou todas as condições necessárias à obtenção do benefício.
>
> § 1º Tratando-se de aposentadoria por idade, o tempo de contribuição a ser exigido para efeito de carência é o do ano de aquisição das condições em respeito ao direito adquirido, não se obrigando que a carência seja o tempo de contribuição exigido na data do requerimento do benefício, salvo se coincidir com a data da implementação das condições.
>
> § 2º Observado o inciso IV do art. 155, o exercício de atividade rural anterior a novembro de 1991 será considerado para a utilização da tabela progressiva prevista no *caput*."

Também preleciona tal interpretação o Parecer CONJUR/MPS n. 38/0211, que apresenta a seguinte conclusão:

> "1) Para os segurados filiados ou abrangidos pelo RGPS com filiação até 24.7.1991 (inclusive), data do advento da Lei n. 8.213, de 1991, será observada a carência prevista na regra de transição entabulada no art. 142 da Lei n. 8.213, de 1991, fixada segundo o ano em que o segurado implementou a idade mínima de 60 ou 65 anos, se mulher ou homem, e não segundo a data do requerimento do benefício, ainda que a carência venha a ser integralizada em data posterior ao implemento do requisito etário;
>
> 2) Os requisitos para determinação da data de início do pagamento do benefício encontram-se disciplinados no art. 49 da Lei n. 8.213/1991, de maneira que o segurado empregado fará jus ao recebimento a contar do seu desligamento, se o benefício for requerido até essa data, ou até o prazo máximo de 90 (noventa) dias após e, nos demais casos, somente a partir da data do pedido do benefício."

E, ainda, a redação da Súmula 02 da Turma Regional de Uniformização (TRU) da 4ª Região, da Súmula 44 da Turma Nacional de Uniformização (TNU) e da Súmula 28 da TRU da 3ª Região.

> "**TRU 4 — Súmula 02 —** Para a concessão da aposentadoria por idade, não é necessário que os requisitos da idade e da carência sejam preenchidos simultaneamente."

> "**TNU — Súmula 44 —** Para efeito de aposentadoria urbana por idade, a tabela progressiva de carência prevista no art. 142 da Lei n. 8.213/91 deve ser aplicada em função do ano em que o segurado completa a idade mínima para concessão do benefício, ainda que o período de carência só seja preenchido posteriormente."

> "**TRU 3 — Súmula 28 —** Os requisitos para concessão do benefício de aposentadoria por idade não precisam ser cumpridos simultaneamente." (Origem: Súmula 05, do JEFMS)

Fundamentação: Lei n. 8.213/91, arts. 25 e 142; Decreto n. 3.048/99, arts. 29 e 182.

Capítulo XXXII

Salário de Benefício

1. CONCEITO

Salário de benefício é o resultado de um cálculo efetuado pelo Instituto Nacional do Seguro Social — INSS, o qual servirá como base de cálculo para a renda mensal dos seguintes benefícios de prestação continuada:

a) aposentadoria por idade;

b) aposentadoria por tempo de contribuição;

c) aposentadoria especial;

d) auxílio-doença, inclusive de acidente do trabalho;

e) auxílio-acidente de qualquer natureza;

f) aposentadoria por invalidez, inclusive de acidente do trabalho;

g) aposentadoria de ex-combatente;

h) aposentadoria por tempo de serviço de professor.

Obs.: As prestações previstas nas letras "g" e "h" são regidas por legislação especial.

Assim, somente não serão calculados com base no salário de benefício os benefícios de pensão por morte, auxílio-reclusão, salário família, salário maternidade e os seguintes benefícios regidos por legislação especial:

• pensão mensal vitalícia de seringueiros e respectivos dependentes;

• pensão especial devida às vítimas da Síndrome da Talidomida;

• benefício de prestação continuada de que trata a Lei n. 8.742/93 (Lei Orgânica da Assistência Social — LOAS); e

• pensão especial mensal aos dependentes das vítimas fatais de hemodiálise (acidentes ocorridos em Caruaru — PE), na forma da Lei n. 9.422/96.

Note-se, portanto, que o salário de benefício não corresponde necessariamente ao valor do benefício que será recebido pelo segurado, mas sim à base de cálculo do mesmo, variando sua forma de cálculo conforme a data de implementação dos requisitos necessários ao benefício pretendido (data de aquisição do direito).

Fundamentação: Lei n. 8.213/91, art. 28; Decreto n. 3.048/99, art. 31.

2. CÁLCULO

2.1. Segurados inscritos a contar de 29.11.1999

Para os segurados inscritos na Previdência Social, a contar de 29.11.1999 (data de publicação da Lei n. 9.876), inclusive, o salário de benefício consiste no seguinte cálculo:

• *Aposentadorias por idade e por tempo de contribuição:* média aritmética simples dos maiores salários de contribuição, corrigidos monetariamente, correspondentes a 80% de todo o período contributivo (todos os meses de contribuição ao sistema), multiplicando-se o resultado obtido pelo fator previdenciário.

• *Aposentadorias por invalidez, especial, auxílio-doença* e *auxílio-acidente*: média aritmética simples dos maiores salários de contribuição, corrigidos monetariamente, correspondentes a 80% de todo o período contributivo (todos os meses de contribuição ao sistema).

Cumpre observar, no entanto, que a multiplicação da média aritmética pelo fator previdenciário, quando se tratar do benefício de Aposentadoria por Idade, não é obrigatória e somente será utilizada se este critério de cálculo for mais vantajoso ao segurado.

Observe-se também que a média compreende apenas 80% do período contributivo, sendo que os 20% restantes poderão ser excluídos do cálculo. Por óbvio, serão excluídas justamente as menores contribuições efetuadas pelo segurado, de forma que beneficie positivamente o resultado do salário de benefício. As exclusões deverão ocorrer somente depois de atualizados os valores utilizados como salário de contribuição.

O valor recebido a título de 13º salário (gratificação natalina) não compõe esta média aritmética. Nesse sentido, confira-se, inclusive, a redação da Súmula 60 da TNU:

"**Súmula 60** — O décimo terceiro salário não integra o salário de contribuição para fins de cálculo do salário de benefício, independentemente da data da concessão do benefício previdenciário."

O limite máximo permitido para o salário de benefício é, atualmente, de R$ 4.390,24, mas é praticamente impossível que alguém consiga atingir tal montante, já que existe um prejuízo no índice de atualização monetária.

Determina o art. 14 da Emenda Constitucional n. 20/98 e também o art. 5º da Emenda Constitucional n. 41/2003 que o teto máximo dos benefícios deve ser atualizado (desde 12/1998) para manter seu valor real. Já o art. 201 da Constituição Federal determina que também os benefícios devem ser atualizados para manutenção de seu valor real, o mesmo devendo ocorrer com os salários de contribuição (§§ 3º e 4º). No entanto, o teto máximo dos benefícios acabou recebendo reajustes bem superiores àqueles repassados aos benefícios em manutenção e também aos índices de atualização monetária, sendo tais reajustes "extras" determinados por Portarias Ministeriais (Poder Executivo). Compreendo pela inconstitucionalidade desses aumentos, como já mencionado anteriormente nessa obra, Parte I, Capítulo I, subitem 3.2.4, mas infelizmente o Poder Judiciário não tem compartilhado do mesmo posicionamento, como também abordado.

O fato é que, mesmo contribuindo pelo teto máximo em todas as competências, e mesmo com exclusão dos 20% menores valores (que sempre é um procedimento benéfico ao cálculo, como mencionado) o resultado não atinge o teto atualmente vigente.

Confira-se, por exemplo, o cálculo de um segurado que sempre contribuiu pelo teto máximo desde janeiro/2000 e que pretende um benefício de incapacidade (auxílio-doença ou aposentadoria por invalidez) em junho/2013 (teto máximo em junho/2013 no valor de R$ 4.159,00):

Período	Sal. Cont.	A. Mon. (Pt MPS 301/2013)	SC Atualizado	N. Compet.	Alinhamento em ordem crescente e identificação dos 20% menores valores (32)	Média 80% período (129 maiores valores)
Jan./00	1.255,32	2,723925	3.419,40	1	2.619,88	
Fev./00	1.255,32	2,696421	3.384,87	2	2.630,62	
Mar./00	1.255,32	2,691308	3.378,45	3	2.674,29	
Abr./00	1.255,32	2,686472	3.372,38	4	2.716,81	
Mai./00	1.255,32	2,682984	3.368,00	5	2.775,77	
Jun./00	1.328,25	2,665128	3.539,96	6	2.850,71	
Jul./00	1.328,25	2,640570	3.507,34	7	3.017,19	
Ago./00	1.328,25	2,582212	3.429,82	8	3.104,87	
Set./00	1.328,25	2,536056	3.368,52	9	3.119,78	
Out./00	1.328,25	2,518677	3.345,43	10	3.133,51	
Nov./00	1.328,25	2,509393	3.333,10	11	3.144,22	

Período	Sal. Cont.	A. Mon. (Pt MPS 301/2013)	SC Atualizado	N. Compet.	Alinhamento em ordem crescente e identificação dos 20% menores valores (32)	Média 80% período (129 maiores valores)
Dez./00	1.328,25	2,499644	3.320,15	12	3.157,41	
Jan./01	1.328,25	2,480790	3.295,11	13	3.166,41	
Fev./01	1.328,25	2,468693	3.279,04	14	3.175,67	
Mar./01	1.328,25	2,460328	3.267,93	15	3.179,67	
Abr./01	1.328,25	2,440802	3.242,00	16	3.186,04	
Mai./01	1.328,25	2,413529	3.205,77	17	3.197,90	
Jun./01	1.430,00	2,402956	3.436,23	18	3.201,42	
Jul./01	1.430,00	2,368378	3.386,78	19	3.205,77	
Ago./01	1.430,00	2,330622	3.332,79	20	3.207,18	
Set./01	1.430,00	2,309833	3.303,06	21	3.213,28	
Out./01	1.430,00	2,301089	3.290,56	22	3.219,06	
Nov./01	1.430,00	2,268200	3.243,53	23	3.227,23	
Dez./01	1.430,00	2,251092	3.219,06	24	3.242,00	
Jan./02	1.430,00	2,247047	3.213,28	25	3.243,53	
Fev./02	1.430,00	2,242786	3.207,18	26	3.267,93	
Mar./02	1.430,00	2,238756	3.201,42	27	3.279,04	
Abr./02	1.430,00	2,236296	3.197,90	28	3.290,56	
Mai./02	1.430,00	2,220751	3.175,67	29	3.295,11	
Jun./02	1.561,56	2,196371	3.429,77	30	3.303,06	
Jul./02	1.561,56	2,158808	3.371,11	31	3.303,39	
Ago./02	1.561,56	2,115441	3.303,39	32	3.320,15	
Set./02	1.561,56	2,066668	3.227,23	33	3.332,79	3.332,79
Out./02	1.561,56	2,013511	3.144,22	34	3.333,10	3.333,10
Nov./02	1.561,56	1,932167	3.017,19	35	3.345,43	3.345,43
Dez./02	1.561,56	1,825555	2.850,71	36	3.368,00	3.368,00
Jan./03	1.561,56	1,777560	2.775,77	37	3.368,52	3.368,52
Fev./03	1.561,56	1,739807	2.716,81	38	3.371,11	3.371,11
Mar./03	1.561,56	1,712577	2.674,29	39	3.372,38	3.372,38
Abr./03	1.561,56	1,684612	2.630,62	40	3.378,45	3.378,45
Mai./03	1.561,56	1,677733	2.619,88	41	3.384,87	3.384,87
Jun./03	1.869,34	1,689050	3.157,41	42	3.386,78	3.386,78
Jul./03	1.869,34	1,700957	3.179,67	43	3.419,40	3.419,40
Ago./03	1.869,34	1,704366	3.186,04	44	3.429,77	3.429,77
Set./03	1.869,34	1,693864	3.166,41	45	3.429,82	3.429,82
Out./03	1.869,34	1,676263	3.133,51	46	3.436,23	3.436,23
Nov./03	1.869,34	1,668920	3.119,78	47	3.507,34	3.507,34
Dez./03	1.869,34	1,660947	3.104,87	48	3.539,96	3.539,96
Jan./04	2.400,00	1,651041	3.962,50	49	3.836,67	3.836,67
Fev./04	2.400,00	1,637937	3.931,05	50	3.864,67	3.864,67
Mar./04	2.400,00	1,631574	3.915,78	51	3.881,68	3.881,68
Abr./04	2.400,00	1,622327	3.893,58	52	3.893,58	3.893,58
Mai./04	2.508,72	1,615702	4.053,35	53	3.903,80	3.903,80
Jun./04	2.508,72	1,609265	4.037,20	54	3.909,25	3.909,25
Jul./04	2.508,72	1,601259	4.017,11	55	3.915,78	3.915,78
Ago./04	2.508,72	1,589655	3.988,00	56	3.920,59	3.920,59
Set./04	2.508,72	1,581746	3.968,16	57	3.928,40	3.928,40
Out./04	2.508,72	1,579062	3.961,42	58	3.931,05	3.931,05
Nov./04	2.508,72	1,576382	3.954,70	59	3.935,49	3.935,49
Dez./04	2.508,72	1,569476	3.937,38	60	3.937,38	3.937,38
Jan./05	2.508,72	1,556094	3.903,80	61	3.937,44	3.937,44
Fev./05	2.508,72	1,547274	3.881,68	62	3.938,42	3.938,42
Mar./05	2.508,72	1,540496	3.864,67	63	3.952,40	3.952,40
Abr./05	2.508,72	1,529332	3.836,67	64	3.954,70	3.954,70

Período	Sal. Cont.	A. Mon. (Pt MPS 301/2013)	SC Atualizado	N. Compet.	Alinhamento em ordem crescente e identificação dos 20% menores valores (32)	Média 80% período (129 maiores valores)
Mai./05	2.668,15	1,515540	4.043,69	65	3.955,16	3.955,16
Jun./05	2.668,15	1,505005	4.015,58	66	3.961,10	3.961,10
Jul./05	2.668,15	1,506663	4.020,00	67	3.961,42	3.961,42
Ago./05	2.668,15	1,506211	4.018,80	68	3.962,50	3.962,50
Set./05	2.668,15	1,506211	4.018,80	69	3.965,60	3.965,60
Out./05	2.668,15	1,503955	4.012,78	70	3.968,16	3.968,16
Nov./05	2.668,15	1,495282	3.989,64	71	3.968,21	3.968,21
Dez./05	2.668,15	1,487251	3.968,21	72	3.969,42	3.969,42
Jan./06	2.668,15	1,481326	3.952,40	73	3.986,62	3.986,62
Fev./06	2.668,15	1,475718	3.937,44	74	3.988,00	3.988,00
Mar./06	2.668,15	1,472332	3.928,40	75	3.989,64	3.989,64
Abr./06	2.801,56	1,468367	4.113,72	76	3.992,44	3.992,44
Mai./06	2.801,56	1,466607	4.108,79	77	4.000,35	4.000,35
Jun./06	2.801,56	1,464703	4.103,45	78	4.001,37	4.001,37
Jul./06	2.801,56	1,465729	4.106,33	79	4.004,06	4.004,06
Ago./06	2.801,82	1,464119	4.102,20	80	4.010,97	4.010,97
Set./06	2.801,82	1,464411	4.103,02	81	4.012,78	4.012,78
Out./06	2.801,82	1,462072	4.096,46	82	4.015,58	4.015,58
Nov./06	2.801,82	1,455812	4.078,92	83	4.017,11	4.017,11
Dez./06	2.801,82	1,449723	4.061,86	84	4.017,15	4.017,15
Jan./07	2.801,82	1,440790	4.036,84	85	4.017,39	4.017,39
Fev./07	2.801,82	1,433765	4.017,15	86	4.018,80	4.018,80
Mar./07	2.801,82	1,427768	4.000,35	87	4.018,80	4.018,80
Abr./07	2.894,28	1,421514	4.114,26	88	4.020,00	4.020,00
Mai./07	2.894,28	1,417827	4.103,59	89	4.020,60	4.020,60
Jun./07	2.894,28	1,414150	4.092,95	90	4.021,28	4.021,28
Jul./07	2.894,28	1,409780	4.080,30	91	4.028,77	4.028,77
Ago./07	2.894,28	1,405283	4.067,28	92	4.029,85	4.029,85
Set./07	2.894,28	1,397041	4.043,43	93	4.033,34	4.033,34
Out./07	2.894,28	1,393557	4.033,34	94	4.036,84	4.036,84
Nov./07	2.894,28	1,389389	4.021,28	95	4.037,20	4.037,20
Dez./07	2.894,28	1,383440	4.004,06	96	4.043,43	4.043,43
Jan./08	2.894,28	1,370149	3.965,60	97	4.043,69	4.043,69
Fev./08	2.894,28	1,360760	3.938,42	98	4.046,78	4.046,78
Mar./08	3.038,99	1,353856	4.114,35	99	4.048,09	4.048,09
Abr./08	3.038,99	1,346986	4.093,48	100	4.053,35	4.053,35
Mai./08	3.038,99	1,338420	4.067,45	101	4.059,34	4.059,34
Jun./08	3.038,99	1,325693	4.028,77	102	4.061,86	4.061,86
Jul./08	3.038,99	1,313738	3.992,44	103	4.064,12	4.064,12
Ago./08	3.038,99	1,306163	3.969,42	104	4.067,28	4.067,28
Set./08	3.038,99	1,303425	3.961,10	105	4.067,45	4.067,45
Out./08	3.038,99	1,301473	3.955,16	106	4.071,06	4.071,06
Nov./08	3.038,99	1,294998	3.935,49	107	4.078,92	4.078,92
Dez./08	3.038,99	1,290096	3.920,59	108	4.080,30	4.080,30
Jan./09	3.038,99	1,286365	3.909,25	109	4.082,48	4.082,48
Fev./09	3.218,90	1,278185	4.114,35	110	4.086,07	4.086,07
Mar./09	3.218,90	1,274235	4.101,63	111	4.089,79	4.089,79
Abr./09	3.218,90	1,271691	4.093,45	112	4.092,95	4.092,95
Mai./09	3.218,90	1,264735	4.071,06	113	4.093,45	4.093,45
Jun./09	3.218,90	1,257192	4.046,78	114	4.093,48	4.093,48
Jul./09	3.218,90	1,251934	4.029,85	115	4.095,54	4.095,54
Ago./09	3.218,90	1,249061	4.020,60	116	4.096,46	4.096,46
Set./09	3.218,90	1,248063	4.017,39	117	4.101,63	4.101,63

Período	Sal. Cont.	A. Mon. (Pt MPS 301/2013)	SC Atualizado	N. Compet.	Alinhamento em ordem crescente e identificação dos 20% menores valores (32)	Média 80% período (129 maiores valores)
Out./09	3.218,90	1,246069	4.010,97	118	4.102,20	4.102,20
Nov./09	3.218,90	1,243086	4.001,37	119	4.103,02	4.103,02
Dez./09	3.218,90	1,238503	3.986,62	120	4.103,45	4.103,45
Jan./10	3.467,40	1,235538	4.284,10	121	4.103,59	4.103,59
Fev./10	3.467,40	1,224760	4.246,73	122	4.106,33	4.106,33
Mar./10	3.467,40	1,216246	4.217,21	123	4.108,79	4.108,79
Abr./10	3.467,40	1,207672	4.187,48	124	4.113,72	4.113,72
Mai./10	3.467,40	1,198920	4.157,13	125	4.113,97	4.113,97
Jun./10	3.467,40	1,193787	4.139,34	126	4.114,26	4.114,26
Jul./10	3.467,40	1,195101	4.143,89	127	4.114,35	4.114,35
Ago./10	3.467,40	1,195938	4.146,80	128	4.114,35	4.114,35
Set./10	3.467,40	1,196776	4.149,70	129	4.115,08	4.115,08
Out./10	3.467,40	1,190348	4.127,41	130	4.127,41	4.127,41
Nov./10	3.467,40	1,179497	4.089,79	131	4.131,25	4.131,25
Dez./10	3.467,40	1,167472	4.048,09	132	4.131,25	4.131,25
Jan./11	3.691,74	1,160509	4.284,30	133	4.139,34	4.139,34
Fev./11	3.691,74	1,149702	4.244,40	134	4.140,34	4.140,34
Mar./11	3.691,74	1,143527	4.221,60	135	4.141,00	4.141,00
Abr./11	3.691,74	1,136029	4.193,92	136	4.143,89	4.143,89
Mai./11	3.691,74	1,127908	4.163,94	137	4.146,80	4.146,80
Jun./11	3.691,74	1,121515	4.140,34	138	4.149,70	4.149,70
Jul./11	3.691,74	1,119053	4.131,25	139	4.157,13	4.157,13
Ago./11	3.691,74	1,119053	4.131,25	140	4.159,64	4.159,64
Set./11	3.691,74	1,114373	4.113,97	141	4.163,94	4.163,94
Out./11	3.691,74	1,109381	4.095,54	142	4.173,56	4.173,56
Nov./11	3.691,74	1,105842	4.082,48	143	4.177,52	4.177,52
Dez./11	3.691,74	1,099574	4.059,34	144	4.187,48	4.187,48
Jan./12	3.916,20	1,093995	4.284,30	145	4.188,39	4.188,39
Fev./12	3.916,20	1,088444	4.262,56	146	4.193,92	4.193,92
Mar./12	3.916,20	1,084216	4.246,00	147	4.198,18	4.198,18
Abr./12	3.916,20	1,082267	4.238,38	148	4.211,42	4.211,42
Mai./12	3.916,20	1,075385	4.211,42	149	4.217,21	4.217,21
Jun./12	3.916,20	1,069503	4.188,39	150	4.221,60	4.221,60
Jul./12	3.916,20	1,066729	4.177,52	151	4.223,37	4.223,37
Ago./12	3.916,20	1,062162	4.159,64	152	4.238,38	4.238,38
Set./12	3.916,20	1,057404	4.141,00	153	4.244,40	4.244,40
Out./12	3.916,20	1,050784	4.115,08	154	4.245,33	4.245,33
Nov./12	3.916,20	1,043376	4.086,07	155	4.246,00	4.246,00
Dez./12	3.916,20	1,037772	4.064,12	156	4.246,73	4.246,73
Jan./13	4.159,00	1,030149	4.284,39	157	4.262,56	4.262,56
Fev./13	4.159,00	1,020758	4.245,33	158	4.284,10	4.284,10
Mar./13	4.159,00	1,015477	4.223,37	159	4.284,30	4.284,30
Abr./13	4.159,00	1,000421	4.198,18	160	4.284,30	4.284,30
Mai./13	4.159,00	1,003500	4.173,56	161	4.284,39	4.284,39
			Soma:	614.020,67	Soma:	514.351,21
	Média sem exclusão dos 20%			3.813,79	Média com exclusão dos 20%	3.987,22

Note-se que se não fosse permitida a exclusão dos 20% menores valores, o resultado do salário de benefício seria de R$ 3.813,79. Como a legislação permite tal exclusão, o montante chega ao máximo de R$ 3.987,22, valor inferior, portanto, ao teto de R$ 4.159,00, mesmo que as contribuições efetuadas, desde 01/2000, tenham sido pelo máximo permitido.

O prejuízo no índice de atualização monetária fica evidente, por exemplo, na competência 05/2003 da tabela *supra*, já que o teto daquela época era de R$ 1.561,56 e que, uma vez atualizado para 06/2013, seu valor não chega nem perto dos R$ 4.159,00 do teto vigente naquela competência. Muito pelo contrário, resulta apenas importância de R$ 2.619,88, com absoluto prejuízo ao segurado.

2.1.1. Falhas Contributivas no Período Básico de Cálculo

Como observado, o INSS tomará como período básico de cálculo todos os meses de contribuição do segurado, podendo-se excluir do montante total (100%) apenas os 20% piores valores.

Como a Lei n. 8.213/91 não menciona um divisor mínimo, a média aritmética deverá ser efetuada de forma simples, utilizando-se como divisor o exato número de meses de contribuição existentes e adotados na referida média aritmética.

2.1.2. Benefícios por incapacidade — concessão entre 30.11.1999 e 29.10.2009

Em 30.11.1999 foi publicado no Diário Oficial da União o Decreto n. 3.265, alterando a redação do § 2º do art. 32 do Decreto n. 3.048/99, conferindo-lhe a seguinte redação:

> "**Art. 32.** O salário de benefício consiste:
>
> (...)
>
> § 2º Nos casos de auxílio-doença e de aposentadoria por invalidez, contando o segurado com menos de cento e quarenta e quatro contribuições mensais no período contributivo, o salário de benefício corresponderá à soma dos salários de contribuição dividido pelo número de contribuições apurado.
>
> (...)"

Referida redação foi mantida quando da publicação do Decreto n. 5.545 (DOU de 23.9.2005), mas retirando-a do § 2º e colocando-a no § 20. Confira-se:

> "**Art. 32.** O salário de benefício consiste:
>
> (...)
>
> § 20 Nos casos de auxílio-doença e de aposentadoria por invalidez, contando o segurado com menos de cento e quarenta e quatro contribuições mensais no período contributivo, o salário de benefício corresponderá à soma dos salários de contribuição dividido pelo número de contribuições apurado."

Note-se que a Lei n. 9.876/99 determinou que, para esses benefícios (auxílio-doença e aposentadoria por invalidez) sempre se deveria proceder à exclusão dos 20% menores salários de contribuição. No entanto, como o INSS trabalha observando o Decreto e as Instruções Normativas (que emanam do Poder Executivo), a contar de 30.11.2009, os cálculos de auxílio-doença e de aposentadoria por invalidez para segurados com menos de 144 contribuições mensais (equivalente a 12 anos) deixaram de ter a exclusão dos 20% menores valores, em total prejuízo aos segurados.

Referida disposição contrariava frontalmente as disposições da Lei n. 9.876/99 e também da Lei n. 8.213/91, extrapolando o Decreto sua função regulamentar. Nesse sentido, confira-se, inclusive, a redação da Súmula 57 da TNU:

> "**Súmula 57** — O auxílio-doença e a aposentadoria por invalidez não precedida de auxílio-doença, quando concedidos na vigência da Lei n. 9.876/1999, devem ter o salário de benefício apurado com base na média aritmética simples dos maiores salários de contribuição correspondentes a 80% do período contributivo, independentemente da data de filiação do segurado ou do número de contribuições mensais no período contributivo."

Felizmente, em 19.8.2009, o § 20 foi revogado pelo Decreto n. 6.939, passando o INSS a aplicar a exclusão dos 20% em todas as hipóteses. Contudo, no período de 30.11.1999 a 29.10.2009 (data posterior, inclusive, à revogação do dispositivo), os benefícios foram calculados incorretamente.

2.1.2.1. Concessão no período de 17.4.2002 a 29.10.2009 — revisão administrativa automática

O procedimento ilegal praticado pelo INSS motivou a propositura da Ação Civil Pública n. 0002320-59.2012.4.03.6183/SP, na qual houve realização de acordo, resultando na publicação da Resolução INSS/PRES n. 268 (DOU de 25.1.2013), onde o INSS se comprometeu à revisão administrativa automática de todos os benefícios concedidos sem a exclusão dos 20% menores valores, no período de 17.4.2002 a 29.10.2009.

Confiram-se, nestes termos, a redação do art. 3º da referida Resolução:

"**Art. 3º** A revisão contempla os benefícios que possuem Data do Despacho — DDB, entre 17 de abril de 2002 e 29 de outubro de 2009, data em que foram implementadas as alterações sistêmicas com base na nova regra de cálculo.

§ 1º Não serão objeto da revisão os benefícios enquadrados em um dos seguintes critérios:

I — já revistos pelo mesmo objeto, ou seja, administrativa e judicialmente;

II — concedidos no período de vigência da Medida Provisória n. 242, entre 28 de março de 2005 e 3 de julho de 2005;

III — concedidos até o dia 17 de abril de 2002, quando foi operada a decadência, conforme art. 4º desta Resolução;

IV — concedidos dentro do período de seleção descrito no *caput*, porém precedidos de benefícios alcançados pela decadência; e

V — embora concedidos no período definido no Acordo Judicial firmado no âmbito da Ação Civil Pública n.0002320-59.2012.4.03.6183/SP, sejam precedidos de benefícios com Data de Início de Benefício — DIB, anterior a 29 de novembro de 1999.

§ 2º Não serão passíveis de revisão automática os benefícios que não contenham os dados básicos para o cálculo (contribuição registrada no PBC, coeficiente de cálculo, tempo de contribuição e Renda Mensal Inicial — RMI) ou quando estes apresentem inconsistências no Sistema Único de Benefícios — SUB."

Nos termos do acordo, o INSS ficou obrigado a expedir carta a todos os beneficiários com diferenças a receber, indicando a eles a nova renda mensal do benefício, bem como o valor das diferenças e a respectiva data em que seriam pagas.

Para o pagamento das diferenças, que ocorreu em parcela única, foi observada a prescrição quinquenal (cinco anos anteriores a 17.4.2012, data da citação do INSS na Ação Civil Pública, até 31.12.2012 para benefícios ativos ou até a cessação do benefício, para aqueles já encerrados). É a redação do art. 6º da Resolução INSS/PRES n. 268/2013:

"**Art. 6º** Observada a prescrição quinquenal, os pagamentos das diferenças serão efetivados em parcela única. As diferenças são devidas a contar de cinco anos anteriores à data da citação do INSS na Ação Civil Pública, até 31 de dezembro de 2012, para os benefícios ativos ou até a data de cessação do benefício.

§ 1º Terão prioridade no pagamento, nessa ordem, os benefícios ativos e os beneficiários mais idosos, identificados na data da citação e os benefícios com menores valores de diferenças, conforme Anexo I — Cronograma de Pagamento das Diferenças — Revisão do art. 29, inciso II da Lei n. 8.213/91.

§ 2º Será admitida a antecipação do pagamento para titulares de benefício acometidos de neoplasia maligna ou doença terminal ou que sejam portadores do vírus HIV ou cujos dependentes descritos nos incisos I a III do art. 16 da Lei n. 8.213/91 se encontrem em uma dessas situações, observando-se as diretrizes abaixo:

I — os benefícios concedidos em razão de neoplasia maligna ou HIV já foram identificados pelo INSS para fins de garantia da antecipação do cronograma, para março de 2013, sem necessidade de prévio requerimento do interessado; e

II — os casos que não forem previamente identificados dependerão de requerimento do interessado, na forma do Anexo II — Formulário de requerimento de antecipação de pagamento de valores atrasados — por enquadramento do titular do benefício, ou de dependente, em neoplasia maligna ou doença terminal, ou como portador do vírus HIV e serão encaminhados para avaliação médico-pericial para fins de enquadramento nos critérios descritos, com a utilização do formulário constante do Anexo III — Conclusão Médico Pericial.

§ 3º Em caso de óbito do titular do benefício antes da efetivação do pagamento das diferenças, o montante será pago aos dependentes habilitados à pensão ou, na ausência destes, aos herdeiros/sucessores mediante alvará judicial, não sendo devido reenquadramento no cronograma de pagamento em virtude de nova situação do benefício.

O cronograma de pagamento, constante do Anexo da citada Resolução, é o seguinte:

CRONOGRAMA DE PAGAMENTO — REVISÃO ART. 29, INCISO II DA LEI N. 8.213/91			
COMPETÊNCIA DE PAGAMENTO	SITUAÇÃO DO BENEFÍCIO EM 17.4.2012	FAIXA ETÁRIA	FAIXA ATRASADOS
03/2013	Ativo	A partir de 60 anos	Todas as faixas
05/2014	Ativo	De 46 a 59 anos	Até R$ 6.000,00
05/2015	Ativo	De 46 a 59 anos	De R$ 6.000,01 até R$ 19.000,00
05/2016	Ativo	De 46 a 59 anos	Acima de R$ 19.000,00
	Ativo	Até 45 anos	Até R$ 6.000,00
05/2017	Ativo	Até 45 anos	De R$ 6.000,01 a R$ 15.000,00
05/2018	Ativo	Até 45 anos	Acima de R$15.000,00
05/2019	Cessado ou Suspenso	A partir de 60 anos	Todas as faixas
05/2020	Cessado ou Suspenso	De 46 a 59 anos	Todas as faixas
05/2021	Cessado ou Suspenso	Até 45 anos	Até R$ 6.000,00
05/2022	Cessado ou Suspenso	Até 45 anos	Acima de R$ 6.000,00

Fundamentação: Lei n. 8.213/91, art. 29; Decreto n. 3.048/99, art. 32; Resolução INSS/PRES n. 268/2013.

2.2. Segurados Inscritos até 28.11.1999

Para o segurado filiado à Previdência Social até 28.11.1999 (véspera da publicação da Lei n. 9.876), inclusive o oriundo de Regime Próprio de Previdência Social, que vier a cumprir os requisitos necessários à concessão de benefício a partir de 29.11.1999, deverão ser adotados os seguintes procedimentos de cálculo para apuração do salário de benefício:

• *Aposentadorias por idade e por tempo de contribuição*: média aritmética simples dos maiores salários de contribuição, corrigidos monetariamente, correspondentes a 80% de todo o período contributivo existente desde a competência julho/94, multiplicando-se o resultado obtido pelo fator previdenciário.

• *Aposentadorias por invalidez, especial, auxílio-doença e auxílio-acidente*: média aritmética simples dos maiores salários de contribuição, corrigidos monetariamente, correspondentes a 80% de todo o período contributivo existente desde a competência julho/94.

O valor recebido a título de 13º salário (gratificação natalina) não compõe esta média aritmética. Nesse sentido, o confira-se, inclusive, a redação da Súmula 60 da TNU:

> "**Súmula 60** — O décimo terceiro salário não integra o salário de contribuição para fins de cálculo do salário de benefício, independentemente da data da concessão do benefício previdenciário."

Para os segurados contribuintes individuais e facultativos, o correto seria a autarquia federal considerar na base de cálculo do salário de benefício o valor da classe em que se encontrava o segurado desde julho/1994. No entanto, considerando o alto número de erros de recolhimento por parte dos contribuintes, em face da não observância do correto valor na escala de salário-base e do atraso que o correto enquadramento causava no cálculo administrativo dos benefícios, o Ministério da Previdência Social, através da Secretaria da Receita Previdenciária, publicou, em 24.12.2004, a Orientação Normativa n. 5, dispensando a realização de análise contributiva para a concessão de benefícios aos segurados contribuinte e facultativo, tomando como válidos os valores dos salários de contribuição sobre os quais foram efetuadas as contribuições, observados os limites mínimo e máximo mensais. Posteriormente, as disposições constaram do § 2º do art. 50 da Instrução Normativa INSS n. 20/2007 e, atualmente, se encontram no art. 194 da Instrução Normativa INSS/PRES n. 45/2010.

2.2.1. Falhas contributivas no período de julho/94 até o mês anterior ao requerimento do benefício — Procedimento de Cálculo

Em se tratando de aposentadoria por idade, aposentadoria por tempo de contribuição e aposentadoria especial, e havendo falhas contributivas no período básico de cálculo (PBC), o INSS entende que deverá ser observado o seguinte critério, conforme interpretação que confere ao art. 3º da Lei n. 9.876/99:

a) contando o segurado com menos de 60% de contribuições no período decorrido de julho/94 até a DIB — Data de Início do Benefício, o divisor a ser considerado no cálculo da média aritmética não poderá ser inferior a 60% desse mesmo período;

Exemplo:

- N. de competências existentes entre 07/94 e a DIB = 100
- N. de contribuições efetuadas pelo segurado = 50
- Divisor a ser considerado na média aritmética = 60

b) contando o segurado com 60% a 80% de contribuições no período decorrido de julho de 1994 até a DIB, aplicar-se-á a média aritmética simples.

Exemplo:

- N. de competências existentes entre 07/94 e a DIB = 100
- N. de contribuições efetuadas pelo segurado = 75
- Divisor a ser considerado na média aritmética = 75

Este divisor mínimo de 60% se encontra previsto no § 2º do art. 3º da Lei n. 9.876/99, mas refere-se, tão somente, aos segurados inscritos no RGPS até o dia anterior à data de sua publicação, ou seja, 28.11.1999. Mesma disposição se encontra disposta no art. 188-A do Decreto n. 3.048/99, igualmente se referindo apenas aos segurados inscritos no sistema até 28.11.1999.

É a redação constante do § 2º do art. 3º da Lei n. 9.876/99:

"**Art. 3º** Para o segurado filiado à Previdência Social até o dia anterior à data de publicação desta Lei, que vier a cumprir as condições exigidas para a concessão dos benefícios do Regime Geral de Previdência Social, no cálculo do salário de benefício será considerada a média aritmética simples dos maiores salários de contribuição, correspondentes a, no mínimo, oitenta por cento de todo o período contributivo decorrido desde a competência julho de 1994, observado o disposto nos incisos I e II do *caput* do art. 29 da Lei n. 8.213, de 1991, com a redação dada por esta Lei.

(...)

§ 2º No caso das aposentadorias de que tratam as alíneas "b", "c" e "d" do inciso I do art. 18, *o divisor considerado no cálculo da média* a que se refere o *caput* e o § 1º *não poderá ser inferior a sessenta por cento* do período decorrido da competência julho de 1994 até a data de início do benefício, *limitado a cem por cento de todo o período contributivo*." (Grifos nossos)

Note-se, no entanto, que a parte final do § 2º (supratranscrito) limita o divisor a ser considerado a 100% de todo o período contributivo.

Ora, o § 2º determina que o divisor mínimo deverá ser de 60% do período decorrido, mas limitado a 100% do período contributivo. O que significa isso?

A redação, de fato, é extremamente horrível, não deixando claro qual deve ser o divisor na fórmula matemática. É preciso, primeiro, conceituar as expressões "período decorrido" e "período contributivo", antes de tentarmos compreender o referido dispositivo.

Compreendo por "período decorrido" aquele que se passou desde 07/94, não importando se houve ou não contribuições pelo segurado. Se tomarmos, por exemplo, um benefício sendo requerido em agosto/2012, o período decorrido de julho/94 a julho/2012 (mês anterior ao requerimento) é de 217 meses.

Já por "período contributivo" compreendo aquele no qual o segurado verteu contribuições para o sistema ou comprovou efetiva prestação de serviços na condição de empregado, empregado doméstico, trabalhador avulso e contribuinte individual, este último a contar de 04/2003. Não faz parte do "período contributivo", portanto, os períodos em que o segurado não exerceu atividade remunerada e não contribuiu como facultativo para a Previdência Social.

É preciso, ainda, definir se este "período contributivo" se refere a toda vida laborativa do segurado (desde o início de suas atividades ou contribuições facultativas) ou se tem início em julho/94.

Se lermos isoladamente o § 2º, podemos compreender que se trata de "todo o período contributivo", ou seja, de toda a vida do segurado. Uma pessoa do sexo feminino, portanto, que está se aposentando aos 30 anos de serviço e que sempre trabalhou como segurada empregada, com CTPS assinada, possui 360 meses de período contributivo (equivalentes a 30 anos). Com essa interpretação, o divisor na média aritmética não poderá ser inferior a 60% dos meses existentes desde 07/94 (130,2, considerando-se o requerimento em agosto/2012), mas estará limitado a 360 meses. Não faz sentido nenhum!

Ainda que fôssemos utilizar o exemplo de uma aposentadoria por idade, com a carência mínima de 180 contribuições, este seria o todo do período contributivo. Nesta hipótese, o divisor mínimo não poderia ser inferior a 130,2 (considerando-se o requerimento em agosto/2012), mas limitado a 180? Como?

O limite de 60% do "período decorrido desde julho/94" somente chegará a ser superior a 180 em julho/2019. Confira-se:

- julho/1994 a julho/2012: 217 meses decorridos
- 60%: 130,2
- julho/94 a julho/2019: 301 meses decorridos
- 60%: 180,6

Referida interpretação, portanto, somente teria efeito a contar de julho/2019, para aposentadorias por idade com carência mínima de 180 contribuições. Ou seja, quase 20 anos após a publicação da Lei que institui a referida regra.

De toda forma, não entendo possível tomar o § 2º e interpretá-lo isoladamente, justamente por se tratar de um parágrafo, e não de um artigo. Pelas regras da hermenêutica, um parágrafo deve ser lido conjuntamente com o *caput* do dispositivo. Pode até contrariar o *caput*, mas deve ser lido conjuntamente com ele.

Nesse caso, o *caput* nos diz que a média aritmética será efetuada considerando-se, no mínimo, 80% de "todo o período contributivo desde a competência julho de 1994". E o § 2º, ao utilizar a expressão "todo o período contributivo", não fez qualquer ressalva de que poderiam ser utilizados períodos anteriores a 07/1994. Confira-se novamente a redação do dispositivo:

> "Art. 3º Para o segurado filiado à Previdência Social até o dia anterior à data de publicação desta Lei, que vier a cumprir as condições exigidas para a concessão dos benefícios do Regime Geral de Previdência Social, no cálculo do salário de benefício será considerada a média aritmética simples dos maiores salários de contribuição, correspondentes a, no mínimo, oitenta por cento de todo o período contributivo decorrido desde a competência julho de 1994, observado o disposto nos incisos I e II do *caput* do art. 29 da Lei n. 8.213, de 1991, com a redação dada por esta Lei.
>
> (...)
>
> § 2º No caso das aposentadorias de que tratam as alíneas "b", "c" e "d" do inciso I do art. 18, *o divisor considerado no cálculo da média* a que se refere o *caput* e o § 1º *não poderá ser inferior a sessenta por cento* do período decorrido da competência julho de 1994 até a data de início do benefício, *limitado a cem por cento de todo o período contributivo*."
> (Grifos nossos)

O legislador, se quisesse que o limite do divisor tomasse por base toda a história contributiva do segurado, mesmo com períodos anteriores a 07/94, teria que ter expressado tal vontade no dispositivo, o que não fez. Assim, a expressão disposta no final do § 2º se refere a "todo o período contributivo" existente a contar de julho/1994, conforme expresso no *caput*.

Minha interpretação sobre o artigo, portanto, é a seguinte:

1º) Para poder utilizar o cálculo da média que está no *caput*, com exclusão dos 20% menores salários de contribuição, o segurado deverá garantir um divisor correspondente a 60% do período decorrido desde 07/1994 até o mês anterior ao requerimento do benefício.

Exemplo:

- Requerimento do benefício em agosto/2012
- Período decorrido (07/1994 a 07/2012): 217 meses
- 60%: 130,2 meses
- O segurado somente poderá excluir os 20% menores salários de contribuição se tiver contribuído por mais de 130 meses no período de 07/1994 a 07/2012.
- Período contributivo (07/1994 a 07/2012): 200 meses
- Exclusão de 20% de 200: 40 meses
- Média aritmética (80% maiores): 160 meses
- Divisor: 160

2º) Caso o segurado conte com contribuições entre 60% e 80% do período decorrido desde julho/94, poderá excluir quantas competências forem possíveis, até garantir o divisor 60%. Isso porque o *caput* do art. 3º fala claramente em mínimo de 80%. Ora, se o mínimo a ser considerado na média é de 80% dos meses, pode ser utilizado 81% (exclusão de 19%), 82% (exclusão de 18%), 87% (exclusão de 13%), 90% (exclusão de 10%), 95% (exclusão de 5%) e até mesmo 99% (exclusão de 1%).

Exemplo:

- Requerimento do benefício em agosto/2012
- Período decorrido (07/1994 a 07/2012): 217 meses
- 60%: 130,2 meses
- 80%: 173,6 meses
- O segurado poderá excluir quantas competências lhe for possível, desde que garanta o mínimo de 130 meses.
- Período contributivo (07/1994 a 07/2012): 156 meses
- Exclusão de 16,66% de 156: 26 meses
- Média aritmética (83,34% maiores): 130 meses
- Divisor: 130

3º) Caso o segurado conte com contribuições inferiores a 60% do período decorrido desde julho/94, não poderá excluir qualquer contribuição e deverá fazer a média de 100% delas. No entanto, o divisor considerado na média encontra-se limitado ao total de contribuições existentes, conforme parte final do § 2º do art. 3º.

Exemplo:

- Requerimento do benefício em agosto/2012
- Período decorrido (07/1994 a 07/2012): 217 meses
- 60%: 130,2 meses
- 80%: 173,6 meses
- O segurado não poderá excluir qualquer competência. O divisor está limitado ao período contributivo

- Período contributivo (07/1994 a 07/2012): 90 meses
- Média aritmética (100%): 90 meses
- Divisor: 90

Interpretação diferente, mas também benéfica aos segurados, pode ser visualizada na decisão proferida pela Turma Recursal do Paraná, recurso cível n. 5025843-93.2011.404.7000/PR, de relatoria da Juíza Federal Flávia da Silva Xavier. Confira-se a ementa e o voto:

"**EMENTA:** RECURSO INOMINADO. DIREITO PREVIDENCIÁRIO. REVISÃO DA RENDA MENSAL INICIAL. APOSENTADORIA POR IDADE. REQUISITOS IMPLEMENTADOS APÓS O INÍCIO DE VIGÊNCIA DA LEI N. 9.876/99. REGRA DE TRANSIÇÃO. DIVISOR MÍNIMO. APLICAÇÃO DA REGRA DEFINITIVA. 1. Implementados os requisitos para obtenção de aposentadoria por idade após o início de vigência da Lei n. 9.876/99, o pedido inicial foi julgado improcedente, por entender que o cálculo efetuado pela autarquia previdenciária está correto ao usar como divisor o correspondente a 60% do período decorrido da competência de julho de 1994 até a data de início do benefício. 2. A regra de transição prevista na Lei n. 9.876/99, no entanto, não pode prevalecer nas situações em que o número de contribuições recolhidas no período básico de cálculo é inferior ao divisor mínimo. Nesses casos, em que a regra de transitória é prejudicial ao segurado, deve ser aplicada a regra definitiva, prevista no artigo 29, inciso I, da Lei n. 8.213/91, com a redação definida pela Lei n. 9.876/99. 3. Nesse exato sentido é a orientação jurisprudencial firmada ao interpretar a regra transitória prevista no artigo 9º, da Emenda Constitucional n. 20/98, que estabeleceu, além do tempo de contribuição, idade mínima e "pedágio", para obtenção de aposentadoria por tempo de contribuição integral, enquanto o texto permanente (art. 201, § 7º, inc. I, CF/88) exige tão somente tempo de contribuição. A solução definida pela jurisprudência determina a aplicação da regra definitiva, já que a regra de transição é prejudicial ao segurado, por exigir requisitos (idade mínima e "pedágio") não previstos no texto definitivo. 4. Recurso parcialmente provido, para determinar a aplicação da regra definitiva, prevista no artigo 29, inciso I, da Lei n. 8.213/91, com a redação estabelecida pela Lei n. 9.876/99, ressalvado que, se a RMI revisada for inferior àquela concedida pelo INSS, deverá ser mantido o valor original, nos termos do artigo 122, da Lei n. 8.213/991. (5025843-93.2011.404.7000, Terceira Turma Recursal do PR, Relatora Flavia da Silva Xavier, julgado em 06.11.2013)

VOTO

Trata-se de recurso da parte contra sentença que julgou improcedente o pedido de revisão da RMI do benefício de aposentadoria por idade (*NB 1310512547*), porquanto apurado nos termos da Lei n. 9.876/99 (evento 09).

Insurge o recorrente alegando, em síntese (evento 14), que o benefício foi concedido mediante aplicação de critérios equivocados, deduzindo que há erro por parte do INSS na apuração da RMI, porquanto em descompasso com o previsto no art. 29, inciso I, da Lei n. 8.213/91, considerando que o segurado é filiado antes da promulgação das regras de transição.

A sentença julgou improcedente o pedido revisional por entender que o cálculo efetuado pela autarquia previdenciária está correto ao usar como divisor o correspondente a 60% do período entre julho de 1994 e a DIB (17.08.2003) que, no caso, corresponde a 66 meses.

Observo que a controvérsia instalada gira em torno da correta interpretação das disposições constantes do art. 3º da Lei n. 9.876/99 que estabelece:

Art. 3º Para o segurado filiado à Previdência Social até o dia anterior à data de publicação desta Lei, que vier a cumprir as condições exigidas para a concessão dos benefícios do Regime Geral de Previdência Social, no cálculo do salário de benefício será considerada a média aritmética simples dos maiores salários de contribuição, correspondentes a, no mínimo, oitenta por cento de todo o período contributivo decorrido desde a competência julho de 1994, observado o disposto nos incisos I e II do caput do art. 29 da Lei n. 8.213, de 1991, com a redação dada por esta Lei.

§ 1º Quando se tratar de segurado especial, no cálculo do salário de benefício serão considerados um treze avos da média aritmética simples dos maiores valores sobre os quais incidiu a sua contribuição anual, correspondentes a, no mínimo, oitenta por cento de todo o período contributivo decorrido desde a competência julho de 1994, observado o disposto nos incisos I e II do § 6º do art. 29 da Lei n. 8.213, de 1991, com a redação dada por esta Lei.

§ 2º No caso das aposentadorias de que tratam as alíneas b, c e d do inciso I do art. 18, o divisor considerado no cálculo da média a que se refere o caput e o § 1º não poderá ser inferior a sessenta por cento do período decorrido da competência julho de 1994 até a data de início do benefício, limitado a cem por cento de todo o período contributivo.

A Lei n. 9.876/99 tratou, entre outros assuntos, sobre a alteração da forma de cálculo do salário de benefício, estendendo, como regra, *o período básico de cálculo a oitenta por cento de todo o período contributivo* do segurado e introduzindo o fator previdenciário, coeficiente calculado de acordo com a idade, a expectativa de sobrevida e o tempo de contribuição do segurado.

Tais alterações têm como principal justificativa a manutenção do equilíbrio atuarial dos cofres da Previdência, pois antes aquelas variáveis não eram consideradas no cálculo do benefício. Este era calculado apenas com base nos últimos salários de contribuição, até o máximo de trinta e seis, apurados em um período não superior a quarenta e oito meses, não importando o histórico de contribuições recolhidas pelo segurado durante sua vida laboral.

Assim, ainda que as alterações tenham preservado o equilíbrio financeiro da Previdência Social, trouxeram regras mais rígidas para o cálculo da renda mensal dos benefícios, sendo justificável o estabelecimento de normas de transição para aqueles que se filiaram ao Regime Geral da Previdência Social antes da vigência da lei. **Este é o propósito do artigo 3º e seus parágrafos: estabelecer regras de transição que garantam que os segurados não sejam atingidos de forma abrupta por normas mais rígidas de cálculo dos benefícios.**

A lógica da norma de transição é **minimizar os efeitos de novas regras mais rígidas para aqueles que já eram filiados ao sistema, mas ainda não haviam adquirido o direito de se aposentar pelas regras antes vigentes**, mais benéficas. Fica, então, estabelecida uma transição em que os segurados devem obedecer às regras transitórias, não tão benéficas quanto às anteriores nem tão rígidas quanto às novas. É essa premissa lógica que merece ser considerada para efeito de interpretação da regra estabelecida no art. 3º, da Lei n. 9.876/99.

No caso, a regra de transição estabelecida pela Lei 9.876/99 para o cálculo do salário de benefício estabelece que será calculado pela *média aritmética simples* dos maiores salários-de-contribuição do segurado, *correspondentes a, no mínimo, oitenta por cento do período contributivo* decorrido após julho/1994, multiplicada pelo fator previdenciário (art. 3º,*caput*). Contudo, o § 2.º estabelece um limite: veda que o divisor utilizado naquela média seja inferior a *sessenta por cento do número de meses* existente entre julho/1994 e a data de início do benefício. É justamente este divisor mínimo da regra de transição que está sendo discutido na hipótese dos autos.

No caso, o número de meses apurado entre julho/1994 e a data de início do benefício do autor (17.08.2003 — evento 1 / *CCON8*) é de 110 meses. Como o segurado tem apenas 29 salários de contribuição comprovadamente recolhidos após julho/1994, número inferior ao correspondente a 60% de 110 meses (no caso, 66 meses), a ele deve ser aplicada a regra do § 2º.

A interpretação literal desse dispositivo é condizente com a forma de cálculo adotada pelo INSS quando da concessão do benefício: o salário de benefício deve corresponder à soma dos salários de contribuição equivalentes a oitenta por cento do período contributivo decorrido após julho/1994, dividida pelo número correspondente a sessenta por cento do número de meses existentes entre julho/1994 e a data de início do benefício, multiplicada pelo fator previdenciário. No caso do autor, o INSS efetuou a soma dos 29 salários de contribuição, dividiu-os por 66 (60% de 110) e multiplicou o resultado pelo fator previdenciário.

Ocorre que, no meu sentir, essa regra de transição não pode prevalecer em situação como a dos autos, **em que o número de contribuições recolhidas no PBC é inferior ao divisor mínimo de 60%**. Isso porque conduz a situações absurdas.

A título de exemplo, por aplicação da Lei 10.666/2003, é possível que uma pessoa obtenha aposentadoria por idade, mesmo que não detenha qualidade de segurado. Assim, por exemplo, se o segurado possuir toda a carência e contribuições necessárias àquela aposentadoria antes de julho/1994 e apenas um único salário de contribuição posterior a essa data, poderá se aposentar após a vigência da Lei n. 9.876/99, ao completar a idade mínima, mesmo que não tenha qualidade de segurado. Supondo que a DIB fosse em janeiro/2000, o cálculo do salário de benefício corresponderia ao único salário de contribuição recolhido posteriormente a julho/1994, dividido por 39 (sessenta por cento de 66 meses — tempo decorrido entre julho/94 e a DIB), multiplicado pelo fator previdenciário, conduzindo a valor **muito inferior ao salário-mínimo, ainda que este único salário de contribuição (e todo seu histórico contributivo anterior a julho de 1994) seja equivalente ao teto ou próximo disso.** O benefício a ser concedido, então, desprezaria todo o histórico contributivo do segurado (o que contraria a finalidade da Lei n. 9.876/99) e seria equiparado ao salário mínimo por força de disposição constitucional.

De outro lado, entendo que a interpretação proposta pela parte autora, também contraria a lógica de uma regra de transição: a de ser norma intermediária entre a situação anterior benéfica e a posterior prejudicial ao segurado.

Alega a parte autora que, por aplicação do § 2º, quando o segurado não dispõe de salários de contribuição correspondentes a sessenta por cento do número de meses existente entre julho/1994 e a data de início do benefício, devem ser utilizados no cálculo do salário de benefício não apenas oitenta por cento deles, mas até cem por cento dos salários de contribuição existentes naquele período (29, em seu caso). Além disso, o divisor da média mencionada no *caput* do art. 3º da lei deve ser limitado sempre ao número de salários de contribuição que o segurado tenha naquele mesmo período, em respeito à expressão *"limitado a cem por cento de todo o período contributivo"* contida na parte final do § 2º.

Com base neste raciocínio, como somente possui 29 salários de contribuição comprovadamente recolhidos após julho/1994, o salário de benefício equivaleria à soma de cem por cento desses salários, dividida por 29 meses (número de contribuições que possui de julho/1994 até a DIB), multiplicada pelo fator previdenciário.

No entanto, a aplicação da referida interpretação pode conduzir a situações mais benéficas ao segurado do que a que existiria se fossem aplicadas as regras vigentes antes da Lei n. 9.876/99, razão pela qual não pode ser esta a interpretação conferida à norma de transição.

No mesmo exemplo da aposentadoria por idade citado alhures, o salário de benefício do segurado corresponderia ao único salário de contribuição existente após julho/1994, multiplicado pelo fator previdenciário. Se o segurado sempre houvesse contribuído pelo valor mínimo, mas tivesse recolhido o equivalente ao teto do salário de contribuição após julho/1994, seu salário de benefício ficaria muito próximo ao teto, excessivamente alto se comparado ao seu histórico contributivo.

Ou, ainda, poderia ocorrer uma situação mais prejudicial ao segurado se o salário de contribuição posterior a julho/1994 fosse de valor ínfimo, levando a salário de benefício também seria irrisório, não importando as contribuições anteriores àquele termo.

Isto é, na situação hipotética ora construída, a renda-mensal da aposentadoria seria definida com fulcro em um único salário de contribuição do segurado. Ambas situações contrariam a intenção do legislador, de vincular o valor da aposentadoria ao histórico de contribuições do segurado à Previdência.

Por isso, sem deslustro das opiniões em sentido contrário, entendo que as duas interpretações dadas ao art. 3º, § 2º, da Lei n. 9.876/99 não são compatíveis com a finalidade da regra de transição. Isto porque, a interpretação aplicada pelo INSS pode prejudicar excessivamente o segurado, colocando-o em situação mais prejudicial do que a estabelecida pela nova lei. Por outro lado, a interpretação defendida pela parte autora ora beneficia, ora prejudica o segurado, podendo ser mais benéfica que o regime anterior ou mais prejudicial do que o regime criado pela lei atual, tal qual exposto na exemplificação supra.

A resposta que reputo como correta para a solução dos casos em que a regra transitória é prejudicial ao segurado, *está na aplicação da regra definitiva.* **Isso porque a regra de transição não deve ser mais prejudicial do que aquela estabelecida pela nova lei.**

Nesse exato sentido é a orientação jurisprudencial firmada ao interpretar a regra transitória prevista no artigo 9º, da Emenda Constitucional n. 20/98, que estabeleceu, além do *tempo de contribuição, idade mínima* e *"pedágio"*, para obtenção de *aposentadoria por tempo de contribuição integral*, enquanto o texto permanente (art. 201, § 7º, inc. I, CF/88) exige tão somente*tempo de contribuição*. A solução definida pela jurisprudência determina a aplicação da *regra definitiva, já que a regra de transição é prejudicial ao segurado*, por exigir requisitos (*idade mínima* e *"pedágio"*) não previstos no texto definitivo:

PREVIDENCIÁRIO. RECURSO ESPECIAL. CONVERSÃO DE TEMPO ESPECIAL EM COMUM. TEMPO DE SERVIÇO POSTERIOR À EC 20/98 PARA APOSENTADORIA POR TEMPO DE SERVIÇO INTEGRAL. POSSIBILIDADE. REGRAS DE TRANSIÇÃO. INAPLICABILIDADE. RECURSO CONHECIDO E IMPROVIDO. 1. (...). 2. A Emenda Constitucional 20/98 extinguiu a aposentadoria proporcional por tempo de serviço. Assim, para fazer jus a esse benefício, necessário o preenchimento dos requisitos anteriormente à data de sua edição (15.12.98). 3. Com relação à aposentadoria integral, entretanto, na redação do Projeto de Emenda à Constituição, o inciso I do § 7º do art. 201 da CF/88 associava tempo mínimo de contribuição (35 anos para homem, e 30 anos para mulher) à idade mínima de 60 anos e 55 anos, respectivamente. **Como a exigência da idade mínima não foi aprovada pela Emenda 20/98, a regra de transição para a aposentadoria integral restou sem efeito, já que, no texto permanente (art. 201, § 7º, Inciso I), a aposentadoria integral será concedida levando-se em conta somente o tempo de serviço, sem exigência de idade ou "pedágio".** *4. Recurso especial conhecido e improvido. (STJ, REsp 797.209/MG, Rel. Ministro ARNALDO ESTEVES LIMA, QUINTA TURMA, julgado em 16.04.2009, DJe 18.05.2009 — destaquei).*

Portanto, a Lei n. 9.876/99 e a regra de transição do art. 3º, podem ser interpretadas nos termos seguintes:

a) **aplica-se a regra de transição do art. 3º**, se o número de salários de contribuição do segurado, correspondentes a oitenta por cento do período contributivo decorrido após julho/1994, for **superior a sessenta por cento do número de meses decorridos entre julho/1994 e a data de início do benefício**: o salário de benefício corresponderá à média aritmética simples dos maiores salários-de-contribuição existentes após julho/1994, multiplicada pelo fator previdenciário. No cálculo da média, devem ser utilizados mais de oitenta por cento dos salários de contribuição existentes nesse período, até cem por cento, de forma a atingir o divisor mínimo exigido pelo § 2º (60% do número de meses decorridos entre julho/1994 e a data de início do benefício);

b) se o número total (cem por cento) de salários de contribuição do segurado existentes após julho/1994 for **inferior a sessenta por cento do número de meses decorridos entre julho/1994 e a data de início do benefício**, o cálculo deve ser feito com aplicação da regra definitiva do art. 29 da Lei n. 8.213/91, com as alterações introduzidas pela Lei n. 9.876/99. Em suma: o salário de benefício corresponderá à média aritmética simples dos maiores salários de contribuição correspondentes a 80% de todo o período contributivo, **nos estritos termos da regra definitiva, sem o marco inicial do PBC fixado em julho de 1994.**

Não há nenhuma coerência na aplicação de uma regra transitória que seja mais prejudicial ao segurado que a própria regra definitiva. E a regra definitiva é a "verdadeira regra", enquanto a regra de transição somente se justifica para amenizar seus efeitos deletérios. Se a regra de transição é mais prejudicial que a definitiva, aplica-se esta última.

Penso que essa interpretação, além de se compatibilizar com os fins da norma e a lógica das regras de transição, evita situações de extremo prejuízo ou extremo benefício ao segurado.

Feito esse raciocínio, vejamos em que situação a parte autora se enquadra: conta com 29 salários de contribuição comprovadamente recolhidos após julho/1994; além disso, o período entre julho/1994 e DIB (17 de agosto de 2003) é de 110 meses. Considerando que o número de salários de contribuição que possui após julho/1994 é inferior a sessenta por cento do período de tempo decorrido entre julho/1994 e a DIB (66 meses), **aplico a regra definitiva, prevista no artigo 29, inciso I, da Lei n. 8.213/91, com redação definida pela Lei n. 9.876/99,**ou seja, o salário de benefício deve corresponder à média aritmética simples dos maiores salários-de-contribuição correspondentes a 80% de todo o período contributivo.

Portanto, tenho que o cálculo da RMI do benefício de aposentadoria do autor não foi corretamente realizado pelo INSS, merecendo parcial reforma a sentença de improcedência.

O INSS deverá elaborar novo cálculo da renda mensal inicial do benefício de aposentadoria por idade, conforme previsto no artigo 29, inciso I, da Lei n. 8.213/91, e pagar eventuais diferenças, desde a data de início do benefício (17.08.2003), corrigidos monetariamente pelos mesmos índices que reajustam os benefícios mantidos pelo RGPS (Lei n. 10.741/03, art. 31), e acrescidas de juros de mora de 1% ao mês a contar da citação (Súmula 75 do TRF4ª Região), observada a prescrição quinquenal.

É inaplicável a regra contida no art. 1º-F da Lei n. 9.494/97, com a redação dada pela Lei n. 11.960/2009, porque os índices de remuneração da poupança são imprestáveis para refletir a variação do poder aquisitivo da moeda. Opera-se o reconhecimento da inconstitucionalidade pelo controle difuso de constitucionalidade, com maior razão agora, com a orientação oferecida pelo STF, quando do julgamento das ADINs 4357 e 4425.

Por essa razão, os créditos previdenciários pagos judicialmente devem ser atualizados, desde quando se tornaram devidos, pelos mesmos índices utilizados para o reajustamento dos benefícios previdenciários, e acrescidos de juros de mora de 12% ao ano, a contar da citação. Em outras palavras, deve ser desconsiderada, *ex tunc*, a eficácia da sistemática de atualização monetária e remuneração pela mora oferecida pela Lei n. 11.960/2009.

De outro lado, *caso a renda mensal inicial do benefício da parte autora revisada seja inferior àquela concedida pelo INSS, deverá ser mantido o valor original, nos termos do artigo 122, da Lei n. 8.213/91.*

Sem honorários (Lei n. 9.099/95, art. 55, 2ª parte).

Ante o exposto, voto por DAR PARCIAL PROVIMENTO AO RECURSO.

**Flavia da Silva Xavier
Juíza Federal Relatora"**

Fundamentação: Além dos citados no texto, Lei n. 8.213/91, art. 29; Decreto n. 3.048/99, arts. 32 e 188-A.

2.3. Recebimento de benefícios por incapacidade durante o período básico de cálculo

Determina o § 5º do art. 29 da Lei n. 8.213/91 que, caso tenha o segurado recebido benefícios por incapacidade no período básico de cálculo do salário de benefício, sua duração deverá ser considerada como tempo de serviço, considerando-se como salário de contribuição, no respectivo período, justamente o valor do salário de benefício (não o valor do benefício, note-se) que serviu de base de cálculo da renda mensal, reajustado nas mesmas épocas e bases dos benefícios em geral, respeitado o limite mínimo de um salário mínimo.

Podemos citar como exemplo a concessão em janeiro/2012 de Aposentadoria por Idade de um segurado, que no período de janeiro/98 a dezembro/2000 permaneceu afastado de suas atividades profissionais percebendo Auxílio-Doença. Neste caso, e conforme disposições do citado § 5º, o INSS realizará o cálculo da média aritmética desde a competência julho/94 e até a competência dezembro/2011 (podendo-se excluir 20% das competências) e, no período de janeiro/98 a dezembro/2000, utilizará como salário de contribuição não o valor do benefício de Auxílio-Doença percebido pelo segurado, mas o valor do salário de benefício que lhe deu origem, devidamente atualizado.

Dúvidas existem, no entanto, sobre a aplicação desse critério quando da "conversão" do benefício de Auxílio-Doença em Aposentadoria por Invalidez, sendo ambos benefícios por incapacidade concedidos pelo Regime Geral de Previdência Social.

Note-se que quando da concessão do Auxílio-Doença (renda mensal equivalente a 91% do SB), a Autarquia Federal (INSS) realiza o cálculo do Salário de benefício (SB), tomando por base os salários de contribuição (remunerações do segurado, limitadas ao teto máximo) existentes. Caso o segurado permaneça recebendo este benefício por três anos, por exemplo, quando de sua "conversão" para Aposentadoria por Invalidez, tem o INSS simplesmente aumentado a renda mensal do benefício para 100%, procedimento que consta do § 7º do art. 36 do Decreto n. 3.048/99 e que, contudo, não julgamos correto. Confira-se:

"**Art. 36.** No cálculo do valor da renda mensal do benefício serão computados:

(...)

§ 7º A renda mensal inicial da aposentadoria por invalidez concedida por transformação de auxílio-doença será de cem por cento do salário de benefício que serviu de base para o cálculo da renda mensal inicial do auxílio doença, reajustado pelos mesmos índices de correção dos benefícios em geral.

Se fosse possível a transformação de um benefício em outro, como faz crer o Decreto n. 3.048/99 e o que nos levou a uma interpretação equivocada na primeira edição desta obra, seria certo aplicar critério diferenciado de cálculo e ignorar a regra constante do § 5º do art. 29 da Lei n. 8.213/91, posto que o referido dispositivo se refere ao cálculo quando da concessão de benefícios, e não da transformação entre um e outro.

No entanto, a Lei n. 8.213/91 em momento algum dispõe sobre a referida "transformação", sendo esta uma criação do Decreto n. 3.048/99 (art. 36, §7º) que, compreendo, extrapola sua função regulamentar sobre o tópico. O art. 43 da Lei n. 8.213/91 é claro em determinar que a aposentadoria por invalidez, quando precedida de auxílio-doença, inicia-se a partir do dia imediato ao da cessação daquele primeiro benefício. Confira-se:

"Art. 43. A aposentadoria por invalidez será devida a partir do dia imediato ao da cessação do auxílio-doença, ressalvado o disposto nos §§ 1º, 2º e 3º deste artigo."

Já o art. 62 da Lei de Benefícios menciona, também de forma clara, que o benefício de auxílio-doença será cessado quando for concedida ao segurado a aposentadoria por invalidez:

"Art. 62. O segurado em gozo de auxílio-doença, insusceptível de recuperação para sua atividade habitual, deverá submeter-se a processo de reabilitação profissional para o exercício de outra atividade. Não cessará o benefício até que seja dado como habilitado para o desempenho de nova atividade que lhe garanta a subsistência ou, quando considerado não-recuperável, for aposentado por invalidez.

É possível observarmos, portanto, que a lei fala em cessação do auxílio-doença, e não em transformação. O primeiro benefício é cessado e, posteriormente, no dia seguinte, concedido o benefício de aposentadoria por invalidez. Se é concedido um novo benefício, ainda que em sucessão ao primeiro, deve ser feito um novo cálculo, nos termos do art. 29 da Lei n. 8.213/91. E, neste novo cálculo, deverão ser incluídas as competências em que o segurado esteve afastado recebendo auxílio-doença, lançando-se no lugar das remunerações o valor do salário de benefício daquele auxílio-doença, atualizado e reajustado nas mesmas épocas e bases dos benefícios em geral.

A necessidade de um novo cálculo, específico para a aposentadoria por invalidez, se faz mais expressa na redação do § 2º do art. 44 da Lei n. 8.213/91. Confira-se:

"Art. 44. A aposentadoria por invalidez, inclusive a decorrente de acidente do trabalho, consistirá numa renda mensal correspondente a 100% (cem por cento) do salário de benefício, observado o disposto na Seção III, especialmente no art. 33 desta Lei.

(...)

§ 2º Quando o acidentado do trabalho estiver em gozo de auxílio-doença, o valor da aposentadoria por invalidez será igual ao do auxílio-doença se este, por força de reajustamento, for superior ao previsto neste artigo."

O *caput* fala em 100% do salário de benefício e o § 2º manda comparar dois cálculos distintos, pagando-se o melhor dos dois valores: a) o novo cálculo de salário de benefício, feito para a aposentadoria por invalidez; e b) o valor do auxílio-doença devidamente reajustado.

Note-se que se fosse para aplicarmos a regra disposta no Decreto n. 3.048/99 (art. 36, §7º) jamais o valor do auxílio-doença reajustado seria superior ao valor da aposentadoria por invalidez, não fazendo qualquer sentido as disposições do § 2º acima transcrito.

O Supremo Tribunal Federal, contudo, chegou a apreciar a matéria no RE 583834, proferindo decisão, com repercussão geral e de relatoria do Ministro Ayres Brito, em 21.09.2011 (publicada em 14.02.2012), com o seguinte teor:

"CONSTITUCIONAL. PREVIDENCIÁRIO. REGIME GERAL DA PREVIDÊNCIA SOCIAL. CARÁTER CONTRIBUTIVO. APOSENTADORIA POR INVALIDEZ. AUXÍLIO-DOENÇA. COMPETÊNCIA REGULAMENTAR. LIMITES.

1. O caráter contributivo do regime geral da previdência social (*caput* do art. 201 da CF) a princípio impede a contagem de tempo ficto de contribuição.

2. O § 5º do art. 29 da Lei n. 8.213/1991 (Lei de Benefícios da Previdência Social — LBPS) é exceção razoável à regra proibitiva de tempo de contribuição ficto com apoio no inciso II do art. 55 da mesma Lei. E é aplicável somente às situações em que a aposentadoria por invalidez seja precedida do recebimento de auxílio-doença durante período de afastamento intercalado com atividade laborativa, em que há recolhimento da contribuição previdenciária. Entendimento, esse, que não foi modificado pela Lei n. 9.876/99.

3. O § 7º do art. 36 do Decreto n. 3.048/1999 não ultrapassou os limites da competência regulamentar porque apenas explicitou a adequada interpretação do inciso II e do § 5º do art. 29 em combinação com o inciso II do art. 55 e com os arts. 44 e 61, todos da Lei n. 8.213/1991.

4. A extensão de efeitos financeiros de lei nova a benefício previdenciário anterior à respectiva vigência ofende tanto o inciso XXXVI do art. 5º quanto o § 5º do art. 195 da Constituição Federal. Precedentes: REs 416.827 e 415.454, ambos da relatoria do Ministro Gilmar Mendes.

5. Recurso extraordinário com repercussão geral a que se dá provimento."

Permito-me, no entanto, discordar completamente do posicionamento adotado pelo Supremo Tribunal. Ainda que o processo em epígrafe se refira à situação anterior à nova redação conferida pela Lei n. 9.876/99, o STF acabou expressando sua opinião sobre o tema, de forma genérica, contrariando as disposições legais sobre o assunto. Não estamos falando da contagem de tempo de serviço, mas sim do cálculo de benefícios.

É certo que para que o período de auxílio-doença seja computado como tempo de serviço ou tempo de contribuição, de forma a proporcionar ao segurado o benefício de aposentadoria por tempo de contribuição (CF, art. 201, § 7º), deve o mesmo estar entre dois períodos de atividade, conforme regras do art. 55, inciso II, da Lei n. 8.213/91:

"Art. 55. O tempo de serviço será comprovado na forma estabelecida no Regulamento, compreendendo, além do correspondente às atividades de qualquer das categorias de segurados de que trata o art. 11 desta Lei, mesmo que anterior à perda da qualidade de segurado:

(...)

II — o tempo intercalado em que esteve em gozo de auxílio-doença ou aposentadoria por invalidez;

(...)"

Também é certo que a legislação previdenciária não permite que este período (de auxílio-doença) seja computado como carência, caso não tenha havido contribuição facultativa durante sua duração. Sobre o tema, ver nesta Parte V, Capítulo XXXI, o subitem 2.5.

No entanto, não estamos tratando de tempo de serviço ou de carência, mas sim do cálculo do benefício de aposentadoria por invalidez, que deveria seguir as regras do art. 29 da Lei n. 8.213/91, já que esta não expressa qualquer exceção à inclusão do período de auxílio-doença. É, pois, a redação do § 5º do art. 29 da Lei n. 8.213/91:

"Art. 29. O salário de benefício consiste:

(...)

§ 5º Se, no período básico de cálculo, o segurado tiver recebido benefícios por incapacidade, sua duração será contada, considerando-se como salário de contribuição, no período, o salário de benefício que serviu de base para o cálculo da renda mensal, reajustado nas mesmas épocas e bases dos benefícios em geral, não podendo ser inferior ao valor de 1 (um) salário mínimo.

(...)"

Compreendo, portanto, que não tendo o § 5º excepcionado qualquer benefício, sua regra deve ser aplicada também para o benefício de aposentadoria por invalidez que for precedido de auxílio-doença, não servindo como fundamento contrário a tal interpretação o art. 55 da Lei de Benefícios, já que dispõe sobre tempo de serviço, matéria totalmente diversa a que ora se debate.

2.4. Direito Adquirido

2.4.1. Direito adquirido ao benefício anteriormente a 28.11.1999

Anteriormente à publicação e vigência da Lei n. 9.876/99, o cálculo do salário de benefício era efetuado também por média aritmética, mas somente dos 36 (trinta e seis) últimos salários de contribuição, devidamente atualizados. Para identificação destes 36 valores era possível buscá-los em um período de até 48 (quarenta e oito) meses, já que nem todos os segurados contribuem de forma ininterrupta para o sistema.

Obs.: Em se tratando do benefício de aposentadoria por tempo de serviço, caso o segurado contasse com menos de 24 contribuições no período de até 48 meses, o salário de benefício deveria corresponder a 1/24 avos da soma dos salários de contribuição existentes (Lei n. 8.213/91, art. 29, § 1º).

O resultado obtido na média aritmética era exatamente o valor do salário de benefício, não havendo aplicação do fator previdenciário já que, naquela época, sequer havia sido criado.

A Previdência Social, portanto, é obrigada a efetuar três cálculos distintos, garantindo ao segurado o pagamento daquele que lhe for mais benéfico. São eles:

a) Direito em 15.12.1998

Caso o segurado possua tempo de serviço suficiente para a aquisição da aposentadoria por tempo de serviço (integral ou proporcional) ou de qualquer outro benefício até 15.12.1998, o INSS deverá efetuar o cálculo da seguinte forma:

• Contar o tempo de serviço existente somente até 15.12.1998 (ou data de implementação dos requisitos, já que pode ser anterior a 15.12.1998), inclusive, caso se trate de aposentadoria por tempo de serviço. Em se tratando de outra espécie de prestação, verificar se em 15.12.1998 todos os requisitos já se encontravam cumpridos para sua obtenção.

Obs.: Não há pedágio (tempo adicional de contribuição) nem limite mínimo de idade para a aposentadoria proporcional, já que tais requisitos foram criados pela EC 20/98, com vigência a contar de 16.12.1998;

• Efetuar a média aritmética dos 36 últimos salários de contribuição, devidamente atualizados até 15.12.1998 (ou data de implementação dos requisitos), apurados num período de até 48 meses;

• O resultado da média aritmética será exatamente o valor do salário de benefício.

• Aplicar os reajustes anuais concedidos aos benefícios em manutenção, para identificar o valor que será praticado na data do requerimento administrativo.

É comum encontrarmos cálculos onde o INSS utilizou, na média aritmética, o índice de atualização da data do requerimento (e não de 12/98 ou data anterior à implementação dos requisitos). Tal procedimento é mais simples porque poupa a aplicação dos reajustes posteriores, para identificação do valor atualizado. No entanto, não compreendo ser a prática correta porque ao falarmos de "direito adquirido" precisamos nos reportar ao tempo em que foram implementados os requisitos necessários à aquisição da prestação previdenciária, não sendo possível utilizarmos índices de inflação posteriores. Exemplifico:

Exemplo 1, correto:

• Em 15.12.1998 o segurado (sexo masculino) já possuía 32 anos de serviço, suficientes para aposentadoria proporcional com renda mensal equivalente a 82% do salário de benefício.

• Requerimento ao INSS somente em agosto/2013, quando completou os 35 anos necessários para a aposentadoria integral.

• INSS calcula o direito à aposentadoria proporcional, com média dos últimos 36 salários de contribuição, utilizando a atualização monetária somente até 15.12.1998 (tabela divulgada na competência dezembro/98), encontrando o salário de benefício. Sobre tal montante, aplica os mesmos reajustes que foram concedidos aos segurados que receberam aposentadoria, encontrando o valor que seria praticado em agosto/2013.

• INSS calcula também o direito à aposentadoria integral, com média desde julho/94 e com aplicação do fator previdenciário. Na atualização monetária dos salários de contribuição, utiliza a tabela divulgada em agosto/2013.

• INSS compara os dois resultados obtidos (aposentadoria proporcional de 82% e aposentadoria integral de 100%) e paga ao segurado o mais benéfico dos benefícios.

Exemplo 2, incorreto:

• Em 15.12.1998,o segurado (sexo masculino) já possuía 32 anos de serviço, suficientes para aposentadoria proporcional com renda mensal equivalente a 82% do salário de benefício.

• Requerimento ao INSS somente em agosto/2013, quando completou os 35 anos necessários para a aposentadoria integral.

• INSS calcula o direito à aposentadoria proporcional, com média dos últimos 36 salários de contribuição, utilizando a atualização monetária de agosto/2013 (tabela divulgada na competência agosto/2013) encontrando o salário de benefício.

• INSS calcula também o direito à aposentadoria integral, com média desde julho/94 e com aplicação do fator previdenciário. Na atualização monetária dos salários de contribuição, utiliza a tabela divulgada em agosto/2013.

• INSS compara os dois resultados obtidos (aposentadoria proporcional de 82% e aposentadoria integral de 100%) e paga ao segurado o mais benéfico dos benefícios.

Sobre as aposentadorias com direito adquirido em 15.12.1998, confira-se, ainda, a redação da Súmula 49 do TRF da 4ª Região, publicada em junho/98:

"**Súmula 49** — O critério de cálculo da aposentadoria proporcional estabelecido no art. 53 da Lei n. 8.213/91 não ofende o texto constitucional." DJ (Seção 2) de 7.4.98, p. 381.

b) Direito em 28.11.1999

Caso o segurado possua tempo de serviço suficiente para a aquisição da aposentadoria por tempo de serviço (integral ou proporcional) ou de qualquer outro benefício até 28.11.1999, o INSS deverá efetuar o cálculo da seguinte forma:

• Contar o tempo de serviço existente somente até 28.11.1999, inclusive caso se trate de aposentadoria por tempo de serviço. Em se tratando de outra espécie de prestação, verificar se em 28.11.1999 todos os requisitos já se encontravam cumpridos para sua obtenção.

Obs.: Há pedágio (tempo adicional de contribuição) e limite mínimo de idade para a aposentadoria proporcional, já que tais requisitos foram criados pela EC 20/98, com vigência a contar de 16/12/1998.

• Efetuar a média aritmética dos 36 últimos salários de contribuição, devidamente atualizados, apurados num período de até 48 meses;

• O resultado da média aritmética será exatamente o valor do salário de benefício.

Sobre o índice de atualização monetária a ser utilizado, ver letra a, *supra*.

c) Direito a contar de 29.11.1999, na data do requerimento administrativo

Por fim, deverá o INSS verificar o direito na data em que o segurado está requerendo o benefício, utilizando o seguinte procedimento de cálculo:

• Contar o tempo de serviço existente até a DER (Data de Entrada do Requerimento), caso se trate de aposentadoria por tempo de serviço. Em se tratando de outra espécie de prestação, verificar se na DER todos os requisitos já se encontram cumpridos para sua obtenção.

Obs.: Há pedágio (tempo adicional de contribuição) e limite mínimo de idade para a aposentadoria proporcional, já que tais requisitos foram criados pela EC 20/98, com vigência a contar de 16.12.1998.

• Efetuar a média aritmética dos 80% maiores salários de contribuição, devidamente atualizados, apurados no período de 07/1994 ao mês anterior ao requerimento administrativo;

Obs.: É necessário prestar atenção no número de contribuições existentes, em razão do divisor 60% que precisa ser observado na média, conforme anteriormente abordado.

• O resultado da média aritmética deverá ser obrigatoriamente multiplicado pelo fator previdenciário, caso se trate de aposentadoria por tempo de contribuição. Em se tratando de aposentadoria por idade, a utilização do fator é opcional. Para os demais benefícios, o resultado da média será exatamente o valor do salário de benefício, sem aplicação do fator previdenciário.

2.4.2. Benefícios de incapacidade, decorrentes de acidente do trabalho ocorrido até 28.4.1995

Determinava o art. 28 da Lei n. 8.213/91 que, em se tratando de benefícios decorrentes de acidente do trabalho (auxílio-doença, aposentadoria por invalidez, auxílio-acidente ou pensão por morte), o salário de contribuição vigente na data do sinistro poderia ser utilizado no lugar do salário de benefício, se mais vantajoso ao beneficiário.[3]

O INSS era obrigado, portanto, a calcular o salário de benefício utilizando a média dos 36 últimos salários de contribuição, devidamente atualizados, apurados no período de até 48 meses. O resultado encontrado era, então, comparado com a última remuneração mensal do segurado acidentado (equivalente a seu último salário de contribuição) e utilizar como salário de benefício o maior dos dois valores encontrados.

Referidas disposições foram, contudo, expressamente revogadas pela Lei n. 9.032/95 (DOU de 29.4.1995), razão pela qual este direito se aplica somente quando o fato gerador do benefício, ou seja, o acidente de trabalho, tiver ocorrido até a data de 28.4.1995.

2.5. Benefícios de Aposentadoria (exceto Invalidez) — Perda da Qualidade de Segurado — Inexistência de Contribuições a Contar de Julho/94

Desde a publicação da Medida Provisória n. 83/2002, posteriormente convalidada na Lei n. 10.666/2003, os segurados não mais precisam manter essa condição (de segurados) para requerem junto ao INSS seus benefícios de aposentadoria por tempo de contribuição, aposentadoria por idade ou aposentadoria especial.

É possível, por exemplo, que uma senhora que esteja completando idade de 60 anos em 2013 vá ao INSS e solicite seu benefício de aposentadoria por idade, comprovando que no período de 01/1970 a 12/1985 trabalhou como segurada empregada, mesmo não tendo vertido uma única contribuição ao sistema posteriormente a essa data.

Como não há valores a serem utilizados na média (porque não existem contribuições no período decorrido desde 07/1994), a legislação determina o pagamento do benefício no valor do salário mínimo para estes beneficiários.

Os benefícios de aposentadoria (com exceção de invalidez), quando se tratar de segurados que tiverem perdido esta qualidade e que não possuírem contribuições a contar de julho/94, serão concedidos pelo INSS no valor correspondente ao salário mínimo.

Obs.: Caso o cidadão tenha efetuado contribuições ao Regime Geral de Previdência Social no período decorrido desde 07/1994, o critério de cálculo do salário de benefício deverá seguir os critérios dispostos no subitem 2.2, *supra*, sem a existência de qualquer divisor mínimo, em face da redação do § 2º do art. 3º da Lei n. 9.876/99, conforme minha interpretação.

Para o benefício de aposentadoria por invalidez exige-se a qualidade de segurado no momento do requerimento administrativo.

Fundamentação: Lei n. 10.666/2003, art. 3º, § 2º.

2.6. Segurados que recebem o benefício de auxílio-acidente — integração do valor no cálculo do salário de benefício

Até a data de 10.11.1997, o benefício de auxílio-acidente podia ser acumulado com o benefício de aposentadoria, sem qualquer vedação legal a respeito. No entanto, quando da publicação da Lei n. 9.528/97, em 11.11.1997, restou vedada tal percepção acumulada, sendo a redação do § 2º do art. 86, desde então, a seguinte:

---

(3) Confira-se, ainda, a redação da Súmula 159 do STJ, aprovada em 1996: "O benefício acidentário, no caso de contribuinte que perceba remuneração variável, deve ser calculado com base na média aritmética dos últimos doze meses de contribuição".

"**Art. 86.** O auxílio-acidente será concedido, como indenização, ao segurado quando, após consolidação das lesões decorrentes de acidente de qualquer natureza, resultarem seqüelas que impliquem redução da capacidade para o trabalho que habitualmente exercia.

(...)

§ 2º O auxílio-acidente será devido a partir do dia seguinte ao da cessação do auxílio-doença, independentemente de qualquer remuneração ou rendimento auferido pelo acidentado, vedada sua acumulação com qualquer aposentadoria.

(...)".

Note-se que a Lei n. 9.528/97 é fruto de conversão da Medida Provisória n. 1.523, posteriormente reeditada (por diversos meses) e transformada na Medida Provisória n. 1.596-14, de 10.11.1997. Nas medidas provisórias, contudo, não havia alteração na redação do § 2º, sendo a mesma inserida somente no texto da própria Lei n. 9.528/97.

Não obstante a proibição de acumulação dos benefícios a contar de 11.11.1997, os segurados não ficaram prejudicados completamente. Isso porque a mesma Lei n. 9.528/97 determinou que, a partir de sua vigência, o valor mensal do auxílio-acidente deverá integrar o salário de contribuição, para fins de cálculo do salário de benefício, limitado ao teto máximo de contribuição.

Para o segurado especial que não contribuir facultativamente para a Previdência Social, a renda mensal do auxílio-acidente, vigente na data de início da Aposentadoria, deverá ser somada ao valor da referida Aposentadoria, não se observando a limitação de um salário mínimo. Assim, o segurado receberá o valor do salário mínimo (que é o valor de sua aposentadoria, já que não contribui facultativamente ao sistema) adicionado do valor do auxílio-acidente.

Se dentro do Período Básico de Cálculo (PBC) o segurado tiver recebido auxílio-doença ou auxílio-doença acidentário concomitantemente com auxílio-acidente de outra origem, a renda mensal desse auxílio-acidente deverá ser somada, mês a mês, ao salário de benefício do auxílio-doença, observado o teto máximo, para que seja então apurado o salário de benefício a aposentadoria.

Sendo o auxílio-doença cancelado, com concessão ao segurado do benefício de aposentadoria por invalidez e estando o segurado percebendo auxílio-acidente de outra origem, o valor do auxílio-acidente deverá ser somado à Renda Mensal Inicial da aposentadoria por invalidez, observado o limite máximo do salário de contribuição.

É importante observar, entretanto, que, em todas as hipóteses acima relacionadas, o valor do auxílio-acidente integrará o cálculo do salário de benefício, mas somente sendo adicionado ao salário de contribuição ou à renda de algum outro benefício por incapacidade (auxílio-doença ou invalidez). Assim, caso inexista período de atividade laboral ou gozo de benefício por incapacidade, o valor do auxílio-acidente não suprirá ou substituirá a falta do salário de contribuição, não sendo, desta forma, considerado para o cálculo do salário de benefício.

Por fim, cumpre mencionar que, caso o fato gerador do auxílio-acidente e caso as condições para a aposentadoria estejam implementados até 10.11.1997, terá o segurado direito a acumular os dois benefícios. Neste caso, o salário de benefício do auxílio-acidente não será considerado como salário de contribuição. Confira-se, nestes termos, a redação do art. 164 da Instrução Normativa INSS n. 45/2010:

"**Art. 164.** O salário de benefício do auxílio-acidente em manutenção, cujas lesões tenham se consolidado até 10 de novembro de 1997, véspera da publicação da Medida Provisória n. 1.596-14, de 10 de novembro de 1997, convertida na Lei n. 9.528, de 10 de dezembro de 1997, não será considerado como salário de contribuição para a concessão de benefício de aposentadoria com Data Inicio Benefício, até aquela data, observada a permissão de acumulação, nos termos da Súmula n. 44, de 14 de setembro de 2009, da Advocacia-Geral da União, alterada pela Súmula n. 65, de 5 de julho de 2012."

2.6.1. Falecimento de segurado que percebe auxílio-acidente — incorporação do valor ao benefício de pensão por morte

A incorporação do valor referente ao auxílio-acidente ao benefício de pensão por morte dependerá da data do óbito e da legislação à época vigente. Vejamos:

I — Óbitos ocorridos até 28.4.1995

Para óbitos ocorridos até 28.4.1995, véspera da publicação da Lei n. 9.032, temos as seguintes regras:

a) se o segurado faleceu em decorrência do mesmo acidente que lhe proporcionou o benefício de auxílio-acidente, o valor deste não era somado ao valor da renda da pensão por morte;

b) se a causa morte do óbito do segurado for diversa da causa do acidente, a metade do valor da renda do auxílio-acidente era incorporada ao valor da renda da pensão por morte;

c) se a causa morte do óbito do segurado resultar de outro acidente, o valor da renda do auxílio-acidente era somado em seu valor integral ao valor da renda da pensão, não podendo a soma ultrapassar o limite máximo do salário de contribuição.

II — Óbitos ocorridos no período de 29.4.1995 a 10.11.1997

Para óbitos ocorridos entre 29.4.1995 e 10.11.1997, período de vigência da Lei n. 9.032/95, quanto aos §§ 4º e 5º do art. 86 da Lei n. 8.213/91, em qualquer que fosse a causa do óbito, o valor do auxílio-acidente não era incorporado ao valor da renda mensal do benefício de Pensão por Morte.

III — Óbitos ocorridos a contar de 11.11.1997

Para óbitos ocorridos a contar de 11.11.1997 (data de publicação da MP n. 1.596-14, convertida na Lei n. 9.528/97), adotar-se-ão as regras constantes do subitem 2.5, *supra*.

Fundamentação: Lei n. 8.213/91, art. 31; Decreto n. 3.048/99, art. 32, § 8º.

2.7. Utilização das Informações Constantes do CNIS

Com a publicação da Lei n. 10.403, em 9.1.2002, e sua entrada em vigor nesta mesma data, acrescentou-se à Lei n. 8.213/91 o art. 29-A, determinando que o INSS, para fins de cálculo do salário de benefício, deverá utilizar as informações constantes no Cadastro Nacional de Informações Sociais — CNIS sobre as remunerações dos segurados. Anteriormente, o segurado deveria apresentar a relação de todos os seus salários de contribuição a contar de julho/94 no momento do requerimento do benefício.

Observe-se que a obrigatoriedade de as empresas fornecerem a seus empregados a relação dos salários de contribuição permanece sem qualquer alteração. O segurado, se interessar (e recomendamos que o faça), poderá solicitar ao INSS as informações constantes do CNIS para conferência, possuindo a autarquia o prazo de 180 dias para o fornecimento das mesmas.

Não constando informações sobre contribuições ou remunerações no referido cadastro, mas existindo o vínculo empregatício, o INSS considerará nestes períodos o valor do salário mínimo para cálculo do salário de benefício, quando se tratar de aposentadoria. Para os demais benefícios previdenciários serão considerados somente os meses em que houver registro de remuneração ou contribuição ao sistema.

Na existência de incorreções, o segurado poderá, a qualquer momento, solicitar a retificação das informações e consequente revisão no cálculo do benefício, com a apresentação de documentos comprobatórios sobre o período divergente.

Fundamentação: Lei n. 8.213/91, art. 29-A; Decreto n. 3.048/99, art. 31, parágrafo único.

2.8. Limite de Valores

Os salários de contribuição utilizados no cálculo do valor dos benefícios previdenciários serão considerados sempre com observância dos limites mínimo (salário mínimo) e máximo vigentes nos meses a que se referirem. Justamente em face do cumprimento desses limites, também o valor do salário de benefício encontrado não poderá ser inferior ao de um salário mínimo nem superior ao limite máximo do salário de contribuição na data de início do benefício (atualmente R$ 4.390,24).

Na hipótese de a média aritmética resultar valor superior ao limite máximo do salário de contribuição vigente no mês de início do benefício, a diferença percentual entre esta média e o referido limite deverá ser incorporada ao valor do benefício juntamente com o primeiro reajuste do mesmo após a concessão. Deve ser observado, no entanto, que nenhum benefício assim reajustado poderá superar o limite máximo do salário de contribuição vigente na competência em que ocorrer o reajuste.

Fundamentação : Lei n. 8.213/91, arts. 29, § 2º e 135; Decreto n. 3.048/99, arts. 32, § 3º e 35, § 3º.

2.9. Acordos Internacionais

Em se tratando de segurado que tenha contribuído para a Previdência Social brasileira e também para um regime previdenciário de país estrangeiro, mas com o qual o Brasil mantenha acordo internacional, o cálculo do salário de benefício obedecerá aos seguintes critérios:

a) quando o segurado houver contribuído para a Previdência Social brasileira em número igual ou superior a 60% do número de meses decorridos desde a competência julho/94, aplicar-se-ão os critérios constantes do subitem 2.2. deste Capítulo;

b) quando o segurado não contar com o percentual mínimo de que trata a letra "a", *supra*, o salário de benefício deverá ser calculado com base no valor da média aritmética simples de todos os salários de contribuição correspondentes a todo o período contributivo desde julho/94, multiplicando-se o resultado obtido pelo fator previdenciário, com observação do disposto no § 2º do art. 188-A do Decreto n. 3.048/99; e

c) quando o segurado não possuir contribuições para a Previdência brasileira desde julho/1994, o salário de benefício deverá ser calculado com base na média aritmética simples de todo o período contributivo, multiplicado pelo fator previdenciário, e observando-se o disposto no § 2º do art. 188-A do Decreto n. 3.048/99.

Obs.: O tempo de contribuição a ser considerado na aplicação da fórmula do fator previdenciário será o somatório do tempo de contribuição para a previdência social brasileira e o tempo de contribuição para a previdência social do país acordante.

Fundamentação: Decreto n. 3.048/99, art. 32, §§ 18 e 19.

2.10. Segurado Especial

Conforme disposições que constavam do § 6º do art. 29 da Lei n. 8.213/91 (incisos I e II), o salário de benefício do segurado especial possuía regramento de cálculo diferenciado, da seguinte forma:

I — para os benefícios de aposentadoria por idade e aposentadoria por tempo de contribuição, o salário de benefício deveria consistir em um treze avos da média aritmética simples dos maiores valores sobre os quais incidiu a sua contribuição anual, correspondentes a oitenta por cento de todo o período contributivo, multiplicada pelo fator previdenciário;

II — para os benefícios aposentadoria por invalidez, aposentadoria especial e auxílio-acidente, em um treze avos da média aritmética simples dos maiores valores sobre os quais incidiu a sua contribuição anual, correspondentes a oitenta por cento de todo o período contributivo, sem o fator previdenciário.

No entanto, em razão da não aprovação do projeto de lei que prevê a contribuição anual para o segurado especial, estes incisos acabaram sendo revogados pela Lei n. 11.718/2008.

Para os segurados especiais, portanto, continuam sendo devidos os benefícios de aposentadoria por idade, aposentadoria por invalidez e auxílio-doença no valor equivalente ao salário mínimo.

2.11. Benefícios concedidos a contar de março de 1994 — IRSM

Para todos os benefícios previdenciários cujo cálculo do salário de benefício utilizou a competência fevereiro/1994 é devida uma revisão em face da não aplicação, pelo INSS, do IRSM de 39,67%. Lembre-se que àquela época o cálculo do salário de benefício era efetuado por meio da média aritmética simples dos últimos 36 (trinta e seis) salários de contribuição (conforme subitem 2.4, deste Capítulo). Para a verificação desses 36 últimos salários de contribuição, caso não fossem ininterruptos, poderia o INSS retroagir a 48 meses da data do requerimento administrativo.

Assim, para os benefícios concedidos com data de início a contar de março de 1994 e podendo abranger aqueles concedidos até fevereiro de 1998, conforme o caso (em face dos 48 meses de apuração dos 36 salários de contribuição), o INSS deveria ter corrigido o valor correspondente à competência fevereiro/94 com base no IRSM (39,67%), o que não fez. Confiram-se, nesse sentido, a redação da Súmula 19 da TNU, da Súmula 4 da TRU da 3ª Região, da Súmula 77 do TRF da 4ª Região e também da Súmula 19 do TRF da 3ª Região:

> "**TNU — Súmula 19** — Para o cálculo da renda mensal inicial do benefício previdenciário, deve ser considerada, na atualização dos salários de contribuição anteriores a março de 1994, a variação integral do IRSM de fevereiro de 1994, na ordem de 39,67% (art. 21, § 1º, da Lei n. 8.880/94)."

> "**TRU 3 — Súmula 4** — É devida a revisão da renda mensal inicial do benefício previdenciário cujo período básico de cálculo considerou o salário de contribuição de fevereiro de 1994, a ser corrigido pelo índice de 39,67% (trinta e nove vírgula sessenta e sete por cento), relativo ao IRSM daquela competência." (Origem Enunciado 04 do JEFSP)

> "**TRF 4 — Súmula 77** — O cálculo da renda mensal inicial de benefício previdenciário concedido a partir de março de 1994 inclui a variação integral do IRSM de fevereiro de 1994 (39,67%)." DJ (Seção 2) de 08-02-2006, p. 289-290.

> "**TRF 3ª Região — Súmula 19** — É aplicável a variação do Índice de Reajuste do Salário Mínimo, no percentual de 39,67%, na atualização dos salários de contribuição anteriores a março de 1994, a fim de apurar a renda mensal inicial do benefício previdenciário."

O incorreto procedimento da Autarquia Federal levou milhares de beneficiários aos Tribunais e, em face do êxito das ações, foi publicada a Medida Provisória n. 201, de 23.7.2004 (DOU de 26.7.2004), reconhecendo o direito dos segurados à revisão e propondo Acordo Administrativo para o feito. Aqueles que possuíam ação ajuizada podiam optar pela desistência da mesma e formalização do referido acordo, se mais vantajoso.

> **Obs.:** A Instrução Normativa INSS n. 120, de 6.6.2005 (DOU de 9.6.2005) disciplina sobre a revisão administrativa dos benefícios em razão do IRSM, bem como o pagamento dos atrasados.

Observe-se, no entanto, que não possuem direito à citada revisão os benefícios que tenham sido precedidos por outros cujas datas de início sejam anteriores a fevereiro de 1994, inclusive. Tal fato pode ocorrer com a Pensão por Morte e Aposentadoria por Invalidez, por exemplo.

2.12. Benefícios Concedidos entre 5.10.1988 e 5.4.1991 — Lei n. 8.213/91, art. 144

Anteriormente à Constituição Federal de 1988, encontrava-se em vigor a Lei n. 3.807/60 (Lei Orgânica da Previdência Social) e o Decreto n. 89.312/84 (Consolidação das Leis da Previdência Social), dentre inúmeros outros normativos previdenciários.

A regra de cálculo, conforme explica o art. 21 do Decreto n. 89.312/84, determinava a correção monetária somente dos salários de contribuição anteriores aos 12 últimos meses, conforme segue:

> "**Art. 21.** O benefício de prestação continuada, inclusive o regido por normas especiais, tem seu valor calculado com base no salário de benefício, assim entendido:
>
> I — para o auxílio-doença, a aposentadoria por invalidez, a pensão e o auxílio reclusão, 1/12 (um doze avos) da soma dos salários de contribuição dos meses imediatamente anteriores ao do afastamento da atividade, até o máximo de 12 (doze), apurados em período não superior a 18 (dezoito) meses;

II — para as demais espécies de aposentadoria e para o abono de permanência em serviço, 1/36 (um trinta e seis avos) da soma dos salários de contribuição dos meses imediatamente anteriores ao do afastamento da atividade ou da entrada do requerimento, até o máximo de 36 (trinta e seis), apurados em período não superior a 48 (quarenta e oito) meses.

§ 1º Nos casos do item II, os salários de contribuição anteriores aos 12 (doze) últimos meses são previamente corrigidos de acordo com índices estabelecidos pelo MPAS.

§ 2º Para o segurado empregador, o facultativo, o autônomo, o empregado doméstico ou o que está na situação do art. 9º, o período básico de cálculo termina no mês anterior ao da data da entrada do requerimento.

§ 3º Quando no período básico de cálculo o segurado recebeu benefício por incapacidade, sua duração é contada, considerando-se como salário de contribuição, no período, o salário de benefício que serviu de base para o cálculo da renda mensal.

§ 4º O salário de benefício não pode ser inferior ao salário-mínimo da localidade de trabalho do segurado nem superior ao maior valor-teto na data do início do benefício.

§ 5º Para o segurado aeronauta, definido no § 2º do art. 36, o limite inferior do § 4º é o maior salário-mínimo do país.

§ 6º Não é considerado para o cálculo do salário de benefício o aumento que excede a limite legal, inclusive o voluntariamente concedido nos 36 (trinta e seis) meses imediatamente anteriores ao início do benefício, salvo, quanto ao empregado, se resultante de promoção regulada por norma geral da empresa admitida pela legislação do trabalho, de sentença normativa ou de reajustamento salarial obtido pela categoria respectiva."

O art. 201 da Constituição Federal de 1988, no entanto, em seu § 3º, determinou expressamente que todos os salários de contribuição considerados no cálculo do benefício deveriam ser corrigidos monetariamente. Confira-se:

"**Art. 201.** Os planos de previdência social, mediante contribuição, atenderão, nos termos da lei, a:

(...)

§ 3º Todos os salários de contribuição considerados no cálculo de benefício serão corrigidos monetariamente.

(...)"

Era necessário, portanto, que a Lei ordinária se adaptasse ao texto constitucional, o que ocorreu somente com a publicação e vigência da Lei n. 8.213/91. No interregno entre a Constituição e o referido diploma legal, os segurados continuaram com seus benefícios calculados na forma prevista no Decreto n. 89.312/84, ou seja, com correção somente dos meses anteriores aos doze últimos.

Para corrigir o procedimento, o art. 144 da Lei n. 8.213/91 dispôs expressamente que todos os benefícios de prestação continuada concedidos pela Previdência Social no período de 5.10.1988 a 5.4.1991 deveriam ser novamente calculados e reajustados, obedecendo-se as regras do novo diploma. Confira-se:

"**Art. 144.** Até 1º de junho de 1992, todos os benefícios de prestação continuada concedidos pela Previdência Social, entre 5 de outubro de 1988 e 5 de abril de 1991, devem ter sua renda mensal inicial recalculada e reajustada, de acordo com as regras estabelecidas nesta Lei.

Parágrafo único. A renda mensal recalculada de acordo com o disposto no *caput* deste artigo substituirá para todos os efeitos a que prevalecia até então, não sendo devido, entretanto, o pagamento de quaisquer diferenças decorrentes da aplicação deste artigo referentes às competências de outubro de 1988 a maio de 1992."

O INSS tinha o prazo até 1º.6.1992 para recalcular todas as prestações continuadas, mas sem necessidade de pagar aos segurados quaisquer diferenças devidas entre 10/1988 e 05/1992.

Ocorre que a autarquia não conseguiu cumprir com o comando legal em tempo hábil e muitos benefícios somente foram revisados depois de 1º.6.1992. Obviamente que, nesse caso, o INSS deveria pagar em única parcela as diferenças retroativas a 06/1992, além de implantar o novo valor do benefício. Se estas diferenças não foram pagas, infelizmente não há mais o que ser feito, em razão do decurso de mais de 5 anos (prazo de prescrição). A respeito, confira-se a redação do Enunciado n. 33 do CRPS:

"**Enunciado 33** — SEGURIDADE social. Prazo prescricional. Prescrição. Ação revisional. Lei n. 8.213/1991, arts. 103, parágrafo único, 144 e 145. O prazo prescricional quinquenal, disposto no parágrafo único do art. 103 da Lei n. 8.213, de 1991, aplica-se às revisões previstas nos arts. 144 e 145 do mesmo diploma legal." Res. CRPS 1, de 27.6.2012 (DOU de 29.6.2012).

Aqueles que não tiveram seus benefícios recalculados devem, contudo, ingressar com a medida judicial cabível, salientando-se que deverão enfrentar, nesse processo, a questão da decadência prevista no art. 103 da Lei n. 8.213/91, além de observarem, obviamente, o prazo prescricional.

Importa registrar, por fim, que o art. 144 da Lei n. 8.213/91 acabou revogado pela Medida Provisória n. 2.187-13, de 24.08.2001, diploma ainda em vigor em face das disposições do art. 2º da Emenda Constitucional n. 32/2001. Referida revogação, contudo, não retira do INSS a obrigação de ter revisado os benefícios nos termos do art. 144, enquanto se encontrava vigente.

Fundamentação: citada no texto.

2.13. Benefícios concedidos entre 5.4.1991 e 25.7.1991 — Lei n. 8.213/91, art. 145

O art. 145 da Lei n. 8.213/91 determinou que seus efeitos deveriam retroagir a 01.04.1991, com pagamento das diferenças devidas nestes 4 meses (abril a julho). Confira-se:

> "**Art. 145.** Os efeitos desta Lei retroagirão a 5 de abril de 1991, devendo os benefícios de prestação continuada concedidos pela Previdência Social a partir de então, terem, no prazo máximo de 30 (trinta) dias, suas rendas mensais iniciais recalculadas e atualizadas de acordo com as regras estabelecidas nesta Lei.
>
> Parágrafo único. As rendas mensais resultantes da aplicação do disposto neste artigo substituirão, para todos os efeitos as que prevaleciam até então, devendo as diferenças de valor apuradas serem pagas, a partir do dia seguinte ao término do prazo estipulado no *caput* deste artigo, em até 24 (vinte e quatro) parcelas mensais consecutivas reajustadas nas mesmas épocas e na mesma proporção em que forem reajustados os benefícios de prestação continuada da Previdência Social."

Neste caso, o INSS tinha o prazo de 30 dias para recalcular todas as prestações continuadas, podendo pagar as diferenças retroativas em até 24 parcelas mensais.

Ocorre que a autarquia não conseguiu cumprir com o comando legal em tempo hábil e muitos benefícios somente foram revisados depois desse prazo de 30 dias. Obviamente que, nesse caso, o INSS deveria pagar em única parcela as diferenças retroativas a 25.7.1991, além de implantar o novo valor do benefício. Se estas diferenças não foram pagas, infelizmente não há mais o que ser feito, em razão do decurso de mais de 5 anos (prazo de prescrição). A respeito, confira-se a redação do Enunciado n. 33 do CRPS:

> "**Enunciado 33** — SEGURIDADE SOCIAL. PRAZO PRESCRICIONAL. PRESCRIÇÃO. AÇÃO REVISIONAL. LEI N. 8.213/1991, ARTS. 103, PARÁGRAFO ÚNICO, 144 E 145. O prazo prescricional quinquenal, disposto no parágrafo único do art. 103 da Lei n. 8.213, de 1991, aplica-se às revisões previstas nos arts. 144 e 145 do mesmo diploma legal." Res. CRPS 1, de 27.6.2012 (DOU de 29.6.2012).

Aqueles que não tiveram seus benefícios recalculados devem, contudo, ingressar com a medida judicial cabível, salientando-se que deverão enfrentar, nesse processo, a questão da decadência prevista no art. 103 da Lei n. 8.213/91, além de observarem, obviamente, o prazo prescricional.

Importa registrar, por fim, que o art. 145 da Lei n. 8.213/91 acabou revogado pela Medida Provisória n. 2.187-13, de 24.08.2001, diploma ainda em vigor em face das disposições do art. 2º da Emenda Constitucional n. 32/2001. Referida revogação, contudo, não retira do INSS a obrigação de ter revisado os benefícios nos termos do art. 145, enquanto se encontrava vigente.

Fundamentação: citada no texto.

3. FATOR PREVIDENCIÁRIO

Trata-se de uma fórmula matemática que leva em consideração a idade do segurado no momento da aposentadoria, sua expectativa de vida (divulgada pelo IBGE) e o tempo de contribuição existente para a Previdência Social, e cujo resultado deverá utilizado no cálculo do salário de benefício do benefício de aposentadoria por tempo de contribuição, como observado no item2 deste Capítulo XXXII.

É a fórmula a ser utilizada, constante do Anexo da Lei n. 8.213/91:

$$f = \frac{Tc \times a}{Es} \times \frac{[1 + (Id + Tc \times a)]}{100}$$

onde:

f = fator previdenciário;

Es = expectativa de sobrevida no momento da aposentadoria;

Tc = tempo de contribuição até o momento da aposentadoria;

Id = idade no momento da aposentadoria;

a = alíquota de contribuição correspondente a 0,31.

A expectativa de sobrevida do segurado (considerada na idade da aposentadoria) será obtida a partir da tábua completa de mortalidade, construída pela Fundação Instituto Brasileiro de Geografia e Estatística — IBGE, para toda a população brasileira, considerando-se a média nacional única para ambos os sexos.

Publicada a tábua de mortalidade (por meio de Resolução, geralmente no primeiro dia útil de dezembro de cada ano), os benefícios previdenciários requeridos a partir dessa data considerarão a nova expectativa de sobrevida. As tábuas utilizadas podem ser conferidas na Parte VII desta obra.

A alíquota (a) de 0,31 trata de simples convenção matemática. A justificativa encontrada, para atingir o resultado desejado, é que seria tal expressão numérica a soma da contribuição patronal incidente sobre a folha de pagamento (20%) e a alíquota máxima de contribuição dos segurados empregados (11%). Como nem sempre há a contribuição de 20% e como nem todos os segurados contribuem com a alíquota de 11%, a alíquota de 0,31 é mera convenção numérica.

Por fim, importa esclarecer que os cálculos deverão ser efetuados, preferencialmente, com a utilização de quatro casas decimais.

Obs.: Quando do benefício de aposentadoria por idade é garantida ao segurado a opção pela não aplicação do fator previdenciário. O INSS fará os dois cálculos, adotando-se, logicamente, o mais vantajoso para o segurado.

3.1. Idade

A idade do segurado, quando do requerimento do benefício de Aposentadoria, deverá ser transformada em dias, considerando-se o ano como de 365 dias. Obtido o número de dias correspondentes, o montante deverá ser novamente convertido em idade, com simples divisão por 365.

Tal critério permite maior justiça quando da elaboração do cálculo do fator previdenciário, cabendo-nos citar, por exemplo, a seguinte hipótese:

• segurado com 54 anos, 7 meses e 10 dias de idade

• 54 anos x 365 dias: 19.710 dias

• 7 meses x 30 dias: 210 dias

• 10 dias x 1 dia: 10 dias

- Total de dias (19.710 + 210 + 10): 19.930 dias
- Dias convertidos em ano (19.930 dias : 365): 54,6027 anos
- Idade em anos: 54,6027 anos

3.2. Tempo de Contribuição

Igualmente como ocorre com a idade, também o tempo de contribuição do segurado deverá ser convertido em dias e, posteriormente, reconvertido em tempo de contribuição. O ano deverá ser considerado como de 365 dias para este cálculo.

Assim, por exemplo:

- segurado com 35 anos, 6 meses e 25 dias de tempo de contribuição
- 35 anos x 365 dias: 12.775 dias
- 6 meses x 30 dias: 180 dias
- 25 dias x 1 dia: 25 dias
- Total de dias (12.775 + 180 + 25): 12.980 dias
- Dias convertidos em ano (12.980 dias : 365): 35,5616 anos
- Tempo em anos: 35,5616 anos

É importante observar, ainda, que, para efeito da aplicação do fator previdenciário, ao tempo de contribuição do segurado serão adicionados:

a) cinco anos, quando se tratar de mulher; ou

b) cinco ou dez anos, quando se tratar, respectivamente, de professor ou professora, que comprovem exclusivamente tempo de efetivo exercício das funções de magistério na educação infantil e no ensino fundamental e médio.

3.3. Implantação gradual até dezembro/2004

O resultado da fórmula do fator previdenciário somente teve eficácia total sessenta meses após a publicação da Lei n. 9.876/99, o que ocorreu somente em dezembro/2004. É a redação do art. 5º da Lei n. 9.876/99, *in verbis*:

> "Art. 5º Para a obtenção do salário de benefício, o fator previdenciário de que trata o art. 29 da Lei n. 8.213, de 1991, com a redação desta Lei, será aplicado de forma progressiva, incidindo sobre um sessenta avos da média aritmética de que trata o art. 3º desta Lei, por mês que se seguir a sua publicação, cumulativa e sucessivamente, até completar sessenta avos da referida média."

Assim, por decisão do Congresso Nacional, que entendeu conveniente uma implantação gradativa do fator previdenciário, subsistiu até 12/2004 uma implantação gradual e sucessiva de 1/60 (um sessenta avos) por mês do resultado obtido.

Para facilitar o cálculo o INSS desenvolveu, então, a seguinte fórmula matemática:

$$SB = x \left[\frac{f \cdot X \cdot M}{60} \right] + \left[\frac{M \cdot (60 - M)}{60} \right]$$

1ª Parcela: $\dfrac{f \cdot X \cdot M}{60}$

2ª Parcela: $\dfrac{M \cdot (60 - M)}{60}$

onde:

f = fator previdenciário;

X = número equivalente às competências transcorridas a partir do mês de novembro de 1999;

M = média aritmética simples dos salários de contribuição corrigidos mês a mês.

Assim, por exemplo, na hipótese de um fator previdenciário ser equivalente a 0,7000 e a média do salário de contribuição ser de R$ 1.000,00, com solicitação do benefício em dezembro/2003, o valor do benefício de Aposentadoria por Tempo de Contribuição será:

$$SB = \underbrace{0{,}7000 \cdot 49 \cdot 1000{,}00}_{\text{1ª Parcela}} + \underbrace{\frac{1000{,}00 \cdot (60-49)}{60}}_{\text{2ª Parcela}}$$

SB = 571,69 + 183,33

SB = 755,02

Somente para fins comparativos, se não houvesse implantação gradual do fator previdenciário, e se tomarmos os mesmos dados exemplificativos, teríamos como valor do benefício de Aposentadoria por Tempo de Contribuição:

SB = 1.000,00 x 0,7000

SB = R$ 700,00

Importa observar, por fim, que para os benefícios com início nos meses de novembro e dezembro de 1999, a fração referida na primeira parcela será considerada igual a um sessenta avos (1/60).

Fundamentação: Lei n. 8.213/91, art. 29, §§ 7º a 9º; Decreto n. 3.048/99, art. 32, §§ 11 a 14.

3.4. Inconstitucionalidade

Da fórmula de cálculo do fator previdenciário podemos observar que o legislador ordinário utilizou dois critérios distintos em único cálculo, quais sejam: idade (e consequente sobrevida) e tempo de contribuição.

Não se trata de afirmar que o legislador impôs idade mínima para a aposentadoria por tempo de contribuição, mas de exigir uma idade mínima, sim, para que esta aposentadoria corresponda ao valor integral. Isso porque, para que o benefício corresponda ao exato valor da média aritmética, era necessário, em 12/99, que o segurado tivesse 35 anos de contribuição e, simultaneamente, 59 anos de idade. Caso estivesse com idade inferior, o resultado do fator seria inferior ao algarismo "1", prejudicando, assim, o valor mensal do benefício previdenciário.

Ao considerar conjuntamente, em único cálculo, a idade, a sobrevida e o tempo de contribuição do segurado, o legislador adotou comando estranho ao disposto no § 7º do art. 201 da Carta Constitucional, com redação dada pela Emenda Constitucional n. 20/98. Tal dispositivo constitucional prevê APENAS DUAS modalidades de aposentação, que não se efetivam cumulativamente: aposentadoria por idade e aposentadoria por tempo de contribuição. Confira-se:

"**Art. 201.** A previdência social será organizada sob a forma de regime geral, de caráter contributivo e de filiação obrigatória, observados critérios que preservem o equilíbrio financeiro e atuarial, e atenderá, nos termos da lei, a:

(...)

§ 7º É assegurada aposentadoria no regime geral de previdência social, nos termos da lei, obedecidas as seguintes condições:

I — trinta e cinco anos de contribuição, se homem, e trinta anos de contribuição, se mulher;

II — sessenta e cinco anos de idade, se homem, e sessenta anos de idade, se mulher, reduzido em cinco anos o limite para os trabalhadores rurais de ambos os sexos e para os que exerçam suas atividades em regime de economia familiar, nestes incluídos o produtor rural, o garimpeiro e o pescador artesanal.

(...)"

Em face das disposições constitucionais, o legislador ordinário, ao fixar o critério de cálculo dos benefícios, não poderia considerar idade e tempo de contribuição em único cálculo, mas utilizar tais critérios de forma distinta, sem exigência cumulativa destas realidades.

Ao prever aposentadoria por idade, a Constituição Federal impôs o requisito idade aos segurados do sistema para a concessão do referido benefício e na aposentadoria integral por tempo de contribuição impôs tão somente o tempo de contribuição de 35 anos para homens e 30 anos para mulheres (sem o requisito idade).Exigir tais requisitos cumulativamente, ainda que no cálculo do benefício, é impor ao segurado que possui o tempo de contribuição já completo também o implemento da idade mínima, sob pena de, se não o fizer, ter seu benefício reduzido na renda mensal. Quanto mais novo o segurado no momento do requerimento do benefício, maior o prejuízo em sua renda mensal.

Cidadãos em situação idêntica quanto ao tempo de contribuição (35 anos para os homens e 30 para as mulheres) terão, assim, fatores previdenciários diferenciados, o que levará a rendas mensais também diferentes, posto que os requisitos idade e sobrevida são utilizados no cálculo da Aposentadoria por Tempo de Contribuição.

Note-se, ainda, que tal inconstitucionalidade não pode ser abonada com a suposta alegação de que os critérios adotados no § 7º do art. 29 da Lei n. 8.213/91 e a fórmula do fator previdenciário se justificam para preservar o "equilíbrio financeiro e atuarial" do sistema previdenciário, posto que a Constituição Federal, em seu art. 201, § 7º, não consigna, em momento nenhum, a utilização conjunta dos requisitos idade, sobrevida e tempo de contribuição. Ao contrário, fixa tais critérios para aposentadorias distintas, utilizados igualmente de forma distinta, sem concomitância. E dita, ainda, no § 1º, ser vedada a adoção de requisitos e critérios diferenciados quando da concessão dos benefícios de aposentadoria, *in verbis*:

"Art. 201. (...)

(...)

§ 1º É vedada a adoção de requisitos e critérios diferenciados para a concessão de aposentadoria aos beneficiários do regime geral de previdência social, ressalvados os casos de atividades exercidas sob condições especiais que prejudiquem a saúde ou a integridade física e quando se tratar de segurados portadores de deficiência, nos termos definidos em lei complementar.

(...)"

O que faz o § 6º do art. 29 da Lei n. 8.213/91 (em face da redação conferida pela Lei n. 9.876/99) é, no entanto, o contrário das disposições constitucionais sobre o tema, submetendo a concessão integral da aposentadoria por tempo de contribuição à satisfação de requisitos e critérios distintos, resultantes da combinação do elemento idade, da taxa de sobrevida e do tempo de contribuição.

Para melhor compreensão da situação posta, tomemos como exemplo um segurado que sempre contribuiu pelo teto máximo permitido no período básico de cálculo (julho/1994 a agosto/2006). A média aritmética deste segurado, já com a exclusão dos 20% menores valores (conforme art. 3º da Lei n. 9.876/99) resultou, portanto, na quantia de R$ 2.469,14 (dois mil, quatrocentos e sessenta e nove reais e quatorze centavos). Consideremos, na sequência, que este segurado, do sexo masculino, tenha completado os 35 anos de contribuição e possua idade de 55 anos (começou a trabalhar e contribuir para o sistema desde os 20 anos de idade). O cálculo do fator, portanto, foi o seguinte:

$$f = \frac{35 \cdot 0{,}31}{24{,}4} \cdot \left\{1 + \frac{[55 + (35 \cdot 0{,}31)]}{100}\right\}$$

$f = 0{,}4446 \cdot \{1 + 0{,}6585\}$

$f = 0{,}4446 \cdot 1{,}6585$

$f = 0{,}7373$

Assim, o benefício "integral" deste segurado correspondeu à quantia de R$ 1.820,49 (um mil, oitocentos e vinte reais e quarenta e nove centavos), resultado da multiplicação da média encontrada pelo fator previdenciário.

No entanto, um segundo exemplo demonstra a inconstitucionalidade da referida fórmula, inclusive no sentido da isonomia de tratamento entre os segurados que implementaram os mesmos requisitos à aposentadoria. Tomemos, agora, a mesma média aritmética pelo teto máximo (valor de R$ 2.469,14) e também *o mesmo tempo de 35 anos*, mas um segurado com idade de 65 anos, posto que começou a trabalhar e a contribuir para os cofres previdenciários somente aos 30 anos de idade. Para este segurado, o fator foi de:

$$f = \frac{35 \cdot 0,31}{17,3} \cdot \left\{1 + \frac{[65 + (35 \cdot 0,31)]}{100}\right\}$$

$$f = 0,6271 \cdot \{1 + 0,7585\}$$

$$f = 0,6271 \cdot 1,7585$$

$$f = 1,1027$$

Neste segundo exemplo, portanto, a aposentadoria integral do segurado correspondeu a R$ 2.722,85, resultado da multiplicação da média pelo correspondente fator previdenciário.

Note-se, no entanto, que ambos os segurados (exemplo 1 e exemplo 2) trabalharam o mesmo período — 35 anos — e contribuíram pelo mesmo período e pelos mesmos valores para os cofres previdenciários. Ambos teriam direito, conforme § 7º do art. 201 da Carta Constitucional, à obtenção da aposentadoria *integral*. Como dizer, portanto, que a aposentadoria integral foi concedida ao primeiro segurado, posto que o cálculo criado pela Lei n.9.876/99 utiliza a idade como requisito a esta integralidade?

O segurado que começou a trabalhar mais cedo (porque, naquela época, tal fato não era prejudicial à sua aposentadoria) ficou prejudicado em R$ 902,36 e contribuiu pelos mesmos valores e pelo mesmo período de tempo que o segurado que iniciou suas contribuições mais tarde, com idade mais avançada.

Não pode, pois, estar correto o argumento de que o fator não interfere no **requisito** da aposentadoria, determinando simplesmente a fórmula de cálculo atuarial, tendo sido esse, infelizmente, o argumento do Supremo Tribunal Federal ao decidir liminarmente na Ação Direta de Inconstitucionalidade n. 2.111. Ele interfere sim, colocando a idade como requisito "essencial" para obtenção do valor integral, o que fere as disposições constitucionais sobre o tema (a aposentadoria proporcional foi extinta pela EC 20/98, permanecendo somente o benefício integral).

Um cálculo realmente "atuarial" deveria levar em consideração o histórico contributivo de cada segurado, ou seja, o *quantum* conseguiu acumular com suas contribuições mensais para o sistema e sua real (ou melhor aproximada) expectativa de sobrevida, assim informando o tempo em que utilizará o benefício pago pelo Regime Previdenciário. Um cálculo verdadeiramente "atuarial" não utilizaria referencial constante em 0,31 nem tampouco teria que minimizar perdas, o que fez a Lei n. 9.876/99 ao adotar progressivamente o fator (razão de 1/60 ao mês) e também ao fazer acrescentar tempo de contribuição para mulheres e professores.

Por tais razões, entendo pela inconstitucionalidade do fator previdenciário, devendo ser o salário de benefício, para fins de Aposentadoria por Tempo de Contribuição, tão somente o resultado encontrado da média dos salários de contribuição. O fator previdenciário, instituído pela Lei n.9.876/99, fere as disposições constantes do § 7º do art. 201 da Constituição Federal de 1988, bem como também as disposições do § 1º, posto que institui critérios diferenciados para segurados em iguais condições. Fere, na sequência, também o princípio da isonomia, constante do art. 5º, *caput*, da Carta Constitucional.

4. VALORES CONSIDERADOS PARA APURAÇÃO DO SALÁRIO DE BENEFÍCIO

Serão utilizados no cálculo do salário de benefício (para cálculo da média aritmética) os valores considerados como salário de contribuição dos segurados, com exceção do décimo terceiro salário.

Prática não admitida em nosso ordenamento jurídico, no entanto, é a majoração do salário de contribuição de segurados empregados com finalidade única de aumentar o valor do benefício previdenciário a ser requerido, de forma que o INSS somente admitirá os seguintes aumentos:

a) aquele homologado pela Justiça do Trabalho;

b) aquele resultante de promoção regulada por normas gerais da empresa, admitida pela legislação do trabalho;

c) aquele resultante de sentença normativa ou de reajustamento salarial obtido pela categoria profissional respectiva.

Todos os salários de contribuição utilizados no cálculo do salário de benefício serão reajustados, mês a mês, de acordo com a variação integral do índice definido em lei para essa finalidade, referente ao período decorrido a partir da primeira competência do salário de contribuição que compõe o período básico de cálculo até o mês anterior ao do início do benefício, de modo que preserve os seus valores reais.[4] O Ministério da Previdência Social publica mensalmente uma Portaria com a divulgação dos coeficientes de atualização monetária a serem utilizados para esta finalidade, estando os índices também disponíveis na página eletrônica do referido Ministério, dentro do ícone "Legislação".

Conforme disposições constantes da Lei n. 10.887/2004 (art. 12), que acrescentou à Lei n. 8.213/91 o art. 29-B, os salários de contribuição considerados no cálculo do valor do benefício deverão ser corrigidos, mês a mês, de acordo com a variação integral do Índice Nacional de Preços ao Consumidor — INPC, calculado pela Fundação Instituto Brasileiro de Geografia e Estatística — IBGE.

Cumpre, ainda, observar as seguintes regras:

• Para o segurado empregado e o trabalhador avulso, deverão ser considerados os salários de contribuição referentes aos meses de contribuições devidas, ainda que não recolhidas pela empresa, sem prejuízo da respectiva cobrança e da aplicação das penalidades cabíveis.

• Se no período básico de cálculo o segurado tiver recebido benefício por incapacidade, considerar-se-á como salário de contribuição, no período, o salário de benefício que serviu de base para o cálculo da renda mensal, reajustado nas mesmas épocas e nas mesmas bases dos benefícios em geral, não podendo ser inferior ao salário mínimo nem superior ao limite máximo do salário de contribuição.

• Para o segurado empregado, o trabalhador avulso e o segurado especial, o valor mensal do auxílio-acidente deverá ser considerado como salário de contribuição para fins de concessão de qualquer aposentadoria, se simultaneamente a sua percepção o segurado recebeu remuneração ou benefício previdenciário de outra natureza.

• Não havendo carência para o benefício (pensão por morte, auxílio-reclusão, etc.) e não havendo salário de contribuição no período básico de cálculo, o segurado receberá o valor mínimo de benefício (exceto para salário família e auxílio-acidente).

• Para os segurados contribuinte individual e facultativo optantes pelo recolhimento trimestral, que tenha solicitado qualquer benefício previdenciário, o salário de benefício consistirá

---

(4) Confira-se a redação da Súmula 456 do STJ: "É incabível a correção monetária dos salários de contribuição considerados no cálculo do salário de benefício de auxílio-doença, aposentadoria por invalidez, pensão ou auxílio-reclusão concedidosantes da vigência da CF/1988."

na média aritmética simples de todos os salários de contribuição integrantes da contribuição trimestral, desde que efetivamente recolhidos.

• No cálculo do salário de benefício serão considerados os salários de contribuição vertidos para regime próprio de previdência social de segurado oriundo desse regime, após a sua filiação ao Regime Geral de Previdência Social.

No caso de segurado empregado ou de trabalhador avulso que tenha cumprido todas as condições para a concessão do benefício pleiteado, mas não possa comprovar o valor dos seus salários de contribuição no período básico de cálculo, considerar-se-á para o cálculo do benefício, no período sem comprovação do valor do salário de contribuição, o valor do salário mínimo, devendo essa renda ser recalculada quando da apresentação de prova dos salários de contribuição.

Para o segurado empregado doméstico que, mesmo tendo satisfeito as condições exigidas para a concessão do benefício requerido, não possa comprovar o efetivo recolhimento das contribuições devidas, será concedido o benefício de valor mínimo, devendo sua renda ser recalculada quando da apresentação da prova do recolhimento das contribuições.

Fundamentação: Lei n. 10.887/2004, art. 12; Lei n. 8.213/91, art. 29, §§ 3º a 5º e arts. 34 a 37; Decreto n. 3.048/99, art. 32, §§ 4º a 7º, 10, 15, art. 33 e arts. 36 e 37.

5. SEGURADOS COM ATIVIDADES CONCOMITANTES

Nos termos do art. 32 da Lei n. 8.213/91, o salário de benefício do segurado que contribui em razão de atividades concomitantes deverá ser calculado com base na soma dos salário de contribuição das atividades exercidas até a data do requerimento ou do óbito ou no período básico de cálculo, observando-se o seguinte:

I) Quando o segurado satisfizer, em relação a cada atividade, as condições para obtenção do benefício requerido, o INSS deverá somar os respectivos salários de contribuição (de todos os empregos ou atividades), observando-se o limite máximo em vigor.

II) Quando o segurado não satisfizer as condições exigidas em todas as atividades (múltipla atividade), o salário de benefício corresponderá à soma das seguintes parcelas:

a) o salário de benefício calculado com base nos salários de contribuição das atividades em que completou os requisitos para o benefício; e

b) um percentual da média do salário de contribuição de cada uma das demais atividades, equivalente à relação entre o número de meses completo de contribuição e os do período de carência do benefício requerido. O percentual encontrado não pode ser superior a 100% do limite máximo do salário de contribuição.

Exemplo:

• aposentadoria por idade com carência de 144 contribuições (implementação em 2005)

• empregado com apenas 60 contribuições na atividade "A"

• 60/144 – 0,41 (este é o fator percentual)

Em se tratando de benefício por tempo de contribuição, o percentual será resultante da relação entre os anos completos de atividade e o número de anos de contribuição considerado para a concessão do benefício.

Exemplo:

• aposentadoria por tempo de contribuição (homem = 35 anos)

• empregado com 5 anos na atividade "A"

• 5/35 = 0,14 (este é o fator percentual)

Não se trata de cálculo simples, mas, ao contrário, extremamente complexo. A regra se encontra prevista no art. 32 da Lei n. 8.213/91 e mantém sua redação original, ignorando as alterações promovidas no cálculo dos benefícios pela Lei n. 9.876/99, fato que dificulta ainda mais sua aplicação.

Para a atividade em que o segurado completou todos os requisitos (atividade como empregado, por exemplo) deve-se fazer o cálculo do salário de benefício, ou seja, o cálculo da média dos 80% maiores salários de contribuição multiplicado pelo fator previdenciário, nos termos da Lei n. 9.876/99.

Para a atividade em que o segurado não completou todos os requisitos (atividade autônoma, por exemplo) deve-se fazer a média simples dos salários de contribuição existentes no período básico de cálculo (julho/94 ao mês anterior ao requerimento), sobre a qual deverá ser aplicado o percentual demonstrado nos exemplos acima. A soma do primeiro cálculo (salário de benefício) com o segundo (média dos salários de contribuição x percentual) será o valor do salário de benefício a ser considerado para o benefício pretendido. Entendo, portanto, que na média da atividade para a qual o segurado não completou os requisitos não há que se utilizar o fator previdenciário, porque o art. 32 fala apenas em "média do salário de contribuição". Confira-se:

> "**Art. 32.** O salário de benefício do segurado que contribuir em razão de atividades concomitantes será calculado com base na soma dos salários de contribuição das atividades exercidas na data do requerimento ou do óbito, ou no período básico de cálculo, observado o disposto no art. 29 e as normas seguintes:
>
> I — quando o segurado satisfizer, em relação a cada atividade, as condições do benefício requerido, o salário de benefício será calculado com base na soma dos respectivos salários de contribuição;
>
> II — quando não se verificar a hipótese do inciso anterior, o salário de benefício corresponde à soma das seguintes parcelas:
>
> a) o salário de benefício calculado com base nos salários de contribuição das atividades em relação às quais são atendidas as condições do benefício requerido;
>
> b) um percentual da média do salário de contribuição de cada uma das demais atividades, equivalente à relação entre o número de meses completo de contribuição e os do período de carência do benefício requerido;
>
> III — quando se tratar de benefício por tempo de serviço, o percentual da alínea "b" do inciso II será o resultante da relação entre os anos completos de atividade e o número de anos de serviço considerado para a concessão do benefício.
>
> § 1º O disposto neste artigo não se aplica ao segurado que, em obediência ao limite máximo do salário de contribuição, contribuiu apenas por uma das atividades concomitantes.
>
> § 2º Não se aplica o disposto neste artigo ao segurado que tenha sofrido redução do salário de contribuição das atividades concomitantes em respeito ao limite máximo desse salário."

No entanto, surge uma situação não prevista no art. 32, em face de ter sido o cálculo dos benefícios alterado em 1999 pela Lei n. 9.876: e se o segurado não completou os requisitos necessários em nenhuma de suas atividades?

Pela aplicação literal do dispositivo, teríamos que fazer apenas duas médias dos salários de contribuição e multiplicá-las pelos respectivos percentuais, somando os dois resultados encontrados, tão somente. Não haveríamos que excluir os 20% menores valores, nem mesmo utilizarmos o fator previdenciário, regras que constam do salário de benefício previsto pela Lei n. 9.876/99 e que, nessa hipótese, conforme minha interpretação, não seriam adotadas.

Uma discussão interessante reside no que seriam as tais "atividades concomitantes". Compreendo tratar-se das categorias de contribuintes e beneficiários de que tratam as Leis ns. 8.212/91 e 8.213/91, quais sejam: segurado empregado, empregado doméstico, trabalhador avulso, contribuinte individual e segurado especial.

Assim, se um determinado sujeito exerce duas profissões como autônomo, mesmo que distintas uma da outra, terá seus salários de contribuição somados, não sendo utilizada a regra do art. 32 da Lei de Benefícios, por se tratar de única atividade (como contribuinte individual). O mesmo ocorrerá quando alguém possuir dois empregos registrados em CTPS, mesmo que para funções completamente diferentes uma da outra, porque a atividade será única, de segurado empregado.

Já um cidadão que possui registro em CTPS e, concomitantemente, exerce atividade autônoma ou empresária, estará exercendo duas atividades (segurado empregado e contribuinte individual) e, nesta hipótese, sofrerá a incidência do art. 32 da Lei n. 8.213/91.

Este parece ser, também, o entendimento da Instrução Normativa INSS n. 45/2010, já que no art. 156 fala das atividades diferenciadas conforme a categoria de filiação. Confira-se:

> "**Art. 156.** Ressalvado o disposto no art. 15, o período em que o segurado tenha exercido atividades na mesma categoria ou em categorias diferenciadas como empregado, trabalhador avulso, empregado doméstico e contribuinte individual, e não tenha ocorrido a perda da qualidade de segurado entre os períodos de atividade, será computado para fins de carência.
>
> Parágrafo único. Aplica-se, também, o disposto no *caput*, quando for comprovado o recolhimento de contribuição em todo o período, desde a filiação como empregado ou como trabalhador avulso, mesmo que na categoria subsequente, de contribuinte individual e de empregado doméstico, tenha efetuado recolhimentos em atraso, inclusive quando se tratar de retroação de DIC."

Cumpre, ainda, observar algumas normas constantes do art. 32 da Lei n. 8.213/91 e também do art. 34 do Decreto n. 3.048/99, quais sejam:

• Estes critérios de cálculo não serão aplicados ao segurado que, em obediência ao limite máximo do salário de contribuição, contribuiu apenas por uma das atividades concomitantes, bem como também não serão aplicados ao segurado que tenha sofrido redução dos salários de contribuição das atividades concomitantes em respeito ao limite desse salário.

• Quando o exercício de uma das atividades concomitantes se desdobrar por atividades sucessivas, o tempo a ser considerado para os efeitos deste artigo será a soma dos períodos de contribuição correspondentes.

• Na hipótese de o segurado se afastar de uma das atividades antes da data do requerimento ou do óbito, porém em data abrangida pelo período básico de cálculo do salário de benefício, o respectivo salário de contribuição será computado conforme as normas aqui dispostas.

O INSS trata do tema na Instrução Normativa INSS n. 45/2010, arts. 179 a 183, onde chega a classificar a atividade principal e a atividade secundária, para fins do cálculo.

Note-se, contudo, que para fins de contribuição, não há qualquer fracionamento ou percentual aplicável à basedecálculo. O cidadão contribui, obrigatoriamente, em todas as atividades que exercer, observando-se, tão somente, o limite máximo fixado pelo Ministério da Previdência Social. Na hora de receber o benefício, contudo, estas remunerações (que serviram de basedecálculo para as contribuições) não podem ser somadas, devendo obedecer ao regramento do art. 32 da Lei ordinária, ato que acaba reduzindo o valor devido a título do benefício. Por tal razão, tenho que o referido dispositivo é inconstitucional, ferindo as disposições do art. 194, inciso IV (irredutibilidade do valor dos benefícios) e também do § 11 do art. 201 da Constituição Federal (repercussão das contribuições no cálculo dos benefícios).

Fundamentação: Lei n. 8.213/91, art. 32; Decreto n. 3.048/99, art. 34; Instrução Normativa INSS n. 45/2010, arts. 179 a 183.

Capítulo XXXIII

Renda Mensal do Benefício

1. CONCEITO E PERCENTUAIS

Entende-se por renda mensal do benefício o exato valor da prestação previdenciária a que tem direito o segurado, ou seja, é o valor do benefício a ser percebido, o qual varia conforme a espécie de prestação e o tempo de contribuição efetivamente comprovado.

Assim, a renda mensal dos benefícios de prestação continuada deverá ser calculada aplicando-se sobre o salário de benefício os seguintes percentuais:

a) auxílio-doença ou auxílio-doença acidentário: 91% do salário de benefício;

b) aposentadoria por invalidez = 100% do salário de benefício;

c) aposentadoria por idade = 70% do salário de benefício, mais 1% deste por grupo de 12 contribuições mensais, até o máximo de 30%;

Obs.: Para efeito do percentual de acréscimo de que trata esta letra "c", assim considerado o relativo a cada grupo de 12 contribuições mensais, presumir-se-á efetivado o recolhimento correspondente, quando se tratar de segurado empregado ou trabalhador avulso.

d) aposentadoria por tempo de contribuição:

• para a mulher = 100% do salário de benefício aos 30 anos de contribuição;

• para o homem = 100% do salário de benefício aos 35 anos de contribuição; e

• 100% do salário de benefício para o professor aos 30 anos e para a professora aos 25 anos de contribuição e de efetivo exercício em função de magistério na educação infantil, no ensino fundamental ou no ensino médio;

e) aposentadoria especial = 100% do salário de benefício;

f) auxílio-acidente = 50% do salário de benefício.

O valor mensal da pensão por morte ou do auxílio-reclusão será de 100% do valor da aposentadoria que o segurado recebia ou daquela a que teria direito se estivesse aposentado por invalidez na data de seu falecimento. Se na data do óbito o segurado estiver recebendo aposentadoria e auxílio-acidente, o valor mensal da pensão por morte será calculado sem a incorporação do valor do auxílio-acidente.

Após a cessação do auxílio-doença decorrente de acidente de qualquer natureza ou causa, tendo o segurado retornado ou não ao trabalho, se houver agravamento ou sequela que resulte na reabertura do benefício, a renda mensal será igual a 91% do salário de benefício do auxílio-doença cessado, corrigido até o mês anterior ao da reabertura do benefício, pelos mesmos índices de correção dos benefícios em geral.

Nos termos do art. 38 do Decreto n. 3.048/99, para o cálculo do percentual devido a título de Aposentadoria por Idade, considera-se como contribuição mensal não somente os meses em que efetivamente houve o recolhimento aos cofres previdenciários, mas também os períodos considerados como tempo de serviço ou tempo de contribuição para fins de aposentadoria por tempo de contribuição, constantes do art. 55 da Lei n. 8.213/91 ou do art. 60 do Decreto n. 3.048/99.

Fundamentação: Lei n. 8.213/91, art. 33; Decreto n. 3.048/99, arts. 38 e 39.

1.1. Pensão por morte decorrente de acidente do trabalho

Para o benefício de Pensão por Morte decorrente de acidente do trabalho (acidentária), a renda mensal corresponderá ao seguinte percentual:

a) no período de 5.10.1998 a 28.4.1995 = 100% do salário de benefício ou do salário de contribuição vigente no dia do acidente (o que for mais vantajoso aos dependentes), que serviu de base para o cálculo do auxílio-doença acidentário, reajustado até a Data de Início de Benefício — DIB — da Pensão por Morte;

b) no período de 29.4.1995 a 28.6.1997 (Lei n. 9.032/95) = 100% do salário de benefício que serviu de base para o cálculo do auxílio-doença acidentário, reajustado até a Data de Início de Benefício — DIB — da Pensão por Morte;

c) a contar de 29.06.1997 (MP 1.523/97, convertida na Lei n. 9.528/97) = 100% do valor da renda mensal da aposentadoria por invalidez que o segurado recebia ou teria direito na data do óbito.

Obs.: Nos casos de concessão de pensão de benefícios precedidos que possuam complementação da renda mensal — Rede Ferroviária Federal S.A. — RFFSA, e Empresa Brasileira de Correios e Telégrafos — ECT, deverá ser verificado e informado somente o valor da parte previdenciária.

Fundamentação: Instrução Normativa INSS n. 45/2010, art. 187.

1.2. Salário maternidade

A renda mensal do benefício de Salário maternidade varia conforme a espécie de filiação da segurada ao Regime Geral de Previdência Social, de forma que:

I — Seguradas empregadas: renda mensal equivalente à remuneração devida no mês de seu afastamento (não sujeito ao limite máximo), tomando-se por base as informações constantes do Cadastro Nacional de Informações Sociais — CNIS, a partir de 1º.7.1994. Em se tratando de salário total ou parcialmente variável (comissões, por exemplo), a renda mensal será a resultante da média aritmética simples dos seus 6 últimos salários, apurada de acordo com a lei salarial ou dissídio coletivo da categoria profissional, excetuando-se o 13º salário, o adiantamento de férias e as rubricas isentas de contribuição previdenciária (§ 9º do art. 214 do Decreto n. 3.048/99).

II — Segurada trabalhadora avulsa: renda mensal correspondente ao valor de sua última remuneração integral, equivalente a um mês de trabalho, não sujeito ao limite máximo do salário de contribuição.

III — Segurada empregada doméstica: renda mensal correspondente ao valor do seu último salário de contribuição, sujeito ao limite máximo do salário de contribuição.

IV — Segurada contribuinte individual e facultativa: renda mensal equivalente à média aritmética dos doze últimos salários de contribuição, apurados em período não superior a quinze meses, sujeito ao limite máximo do salário de contribuição.

V — Segurada especial: renda mensal correspondente ao valor de um salário mínimo.

Ressalte-se que o Instituto Nacional do Seguro Social, através da *Instrução Normativa n. 73*, de 29.5.2002 (DOU de 31.5.2002), determinou o limite para o pagamento do salário maternidade, com fundamentação no art. 248 c/c art. 37, XI, da Constituição Federal/88, ao subsídio mensal, em espécie, dos Ministros do Supremo Tribunal Federal (atualmente na ordem de R$ 28.059,29). Tal documento normativo acabou sendo revogado, mas a mesma disposição consta, atualmente, do art. 86, §2º da IN SRF n. 971/2009. Compreendo, contudo, que tal disposição não somente carece de amparo legal como afronta o art. 7º, inciso XVIII, da própria Carta Constitucional, que expressamente assegura à gestante, sem prejuízo do emprego e da integralidade de seu salário, a licença-maternidade.

Fundamentação: Além da citada no texto, Lei n. 12.771/2012.

1.2.1. Empregos concomitantes ou exercício de atividades simultâneas

Na existência de empregos concomitantes ou de atividade simultânea na condição de segurada empregada e contribuinte individual, ela fará jus ao salário maternidade relativo a cada emprego ou atividade. Não obstante, caso inexistam contribuições na condição de contribuinte individual ou empregada doméstica, em respeito ao limite máximo do salário de contribuição como segurada empregada, o benefício será devido apenas nessa condição, no valor correspondente à remuneração integral dela (IN INSS 45/2010, art. 299).

Estando a segurada vinculada à Previdência Social na condição de empregada ou trabalhadora avulsa, com remuneração inferior ao limite máximo do salário de contribuição e, concomitantemente, exercer atividade que a vincule como contribuinte individual, terá direito ao salário maternidade na condição de segurada empregada ou trabalhadora avulsa com base na remuneração integral e, quanto ao benefício como segurada contribuinte individual, deverá ser observado:

a) se contribuiu há mais de 10 meses na condição de contribuinte individual, terá direito ao benefício, cujo valor corresponderá a um doze avos da soma dos últimos salários de contribuição, apurados em um período não superior a quinze meses, conforme o disposto no inciso III do art. 73 da Lei n. 8.213, de 1991, podendo, inclusive, ser inferior ao salário mínimo;

b) se verteu em contribuições em período inferior à carência exigida de 10 contribuições, não fará jus ao benefício na condição de segurada contribuinte individual.

Importa-nos destacar, contudo, a redação disposta nos §§ 2º e 3º do art. 299 da IN INSS 45/2010. Confira-se:

> "**Art. 299.** No caso de empregos concomitantes ou de atividade simultânea na condição de segurada empregada com contribuinte individual ou doméstica, a segurada fará jus ao salário maternidade relativo a cada emprego ou atividade.
>
> (...)
>
> § 2º Quando a segurada se desligar de apenas uma das atividades, o benefício será devido somente pela atividade que continuar exercendo, ainda que em prazo de manutenção da qualidade de segurada na atividade encerrada.
>
> § 3º Quando a segurada se desligar de todos os empregos ou atividades concomitantes e estiver em prazo de manutenção da qualidade de segurada, será devido o salário maternidade somente em relação à última atividade exercida."

O que determina a Instrução Normativa é que o INSS somente calculará o benefício em relação às duas atividades (quando concomitantes) na hipótese da segurada não se desligar de nenhuma delas, até a ocorrência do parto. Em caso de desligamento de uma das atividades, o benefício será calculado apenas em relação àquela que foi mantida e, em caso de desligamento de ambas as atividades, o benefício será calculado apenas com relação à última que foi exercida.

Ocorre que a Lei n. 8.213/91, art. 15, expressa a manutenção da qualidade de segurado para todos aqueles que deixam de exercer atividade remunerada por, no mínimo, 12 meses, com conservação de todos os direitos perante a Previdência Social. Assim, compreendo que o benefício deve ser calculado considerando-se todas as atividades exercidas, desde que, por óbvio, a criança nasça dentro do "período de graça" fixado no referido dispositivo, sendo absolutamente ilegal as disposições da Instrução Normativa.

1.2.2. Filiação como facultativa ou contribuinte individual após extinção de vínculo empregatício

Tendo a segurada se filiado ao RGPS como contribuinte individual ou segurada facultativa após a extinção do vínculo empregatício, e nesta nova filiação estiver contribuindo há menos de 10 meses (carência necessária), a renda mensal do benefício de salário maternidade deverá, nos termos da Instrução Normativa INSS n. 45/2010 (art. 197):

I — Considerar as contribuições como empregada, às quais se somarão às de contribuinte individual ou facultativo e, se completar a carência exigida, fará jus ao benefício, observado o disposto abaixo:

a) o salário de benefício consistirá em um doze avos da soma dos últimos salários de contribuição, apurados em um período não superior a quinze meses, conforme o disposto no inciso III do art. 73 da Lei n. 8.213, de 1991;

b) no cálculo, deverão ser incluídas as contribuições vertidas na condição de segurada empregada, limitado ao teto máximo de contribuição, no extinto vínculo;

c) na hipótese de a segurada contar com menos de dez contribuições, no período de quinze meses, a soma dos salários de contribuição apurada será dividida por doze;

d) se o valor apurado for inferior ao salário mínimo, o benefício será concedido com o valor mínimo.

II — Se, mesmo considerando a filiação do extinto vínculo, não satisfizer o período de carência exigido, não fará jus ao benefício.

Note-se, no entanto, que tais disposições constam apenas de normas infralegais, nenhuma limitação do direito existindo expressamente na Lei n. 8.213/91. Muito pelo contrário, o art. 15 da Lei de Benefícios determina que mantém a qualidade de segurado, pelo prazo de até 12 meses, aquele que perde o vínculo empregatício, independentemente de contribuições ao sistema (período de graça), neste interregno conservando todos os seus direitos perante a Previdência Social (§ 3º).

Assim, ainda que ocorra a rescisão contratual (perda do vínculo empregatício), fará jus a segurada ao benefício de salário maternidade se o parto (ou aborto) ocorrer nos doze meses posteriores, independente do recolhimento de contribuições ao sistema na condição de facultativa ou contribuinte individual. Em face do posicionamento da Autarquia Federal quanto ao tema (negativa do benefício), tal direito deve ser buscado na via judicial.

1.2.3. Alteração salarial — revisão do benefício

Ocorrendo alteração salarial enquanto estiver a segurada percebendo o benefício de salário maternidade, deverá ser ingressado junto ao INSS um pedido de revisão, observando-se que:

a) se o aumento salarial ocorreu desde a Data de Início do Benefício, será efetuada pelo INSS a revisão do benefício;

b) se o aumento salarial ocorreu após a Data de Início do Benefício, deverá ser efetuada não a revisão, mas sim a alteração por meio de Atualização Especial — AE (se o benefício ainda estiver ativo) ou por Pagamento Alternativo de Benefício — PAB, de resíduo (se o benefício estiver encerrado).

1.2.4. Segurada em Gozo de Auxílio-Doença

Estando a segurada em gozo de auxílio-doença quando do requerimento do salário maternidade, e considerando-se a impossibilidade de acumulação desses benefícios previdenciários, a renda mensal do salário maternidade corresponderá a:

I — para a segurada empregada com remuneração fixa, ao valor da remuneração que estaria recebendo, como se em atividade estivesse;

II — para a segurada empregada com remuneração variável, à média aritmética simples das seis últimas remunerações recebidas da empresa, anteriores ao auxílio-doença, devidamente corrigidas;

III — para a segurada trabalhadora avulsa, o valor da sua última remuneração integral equivalente a um mês de trabalho;

IV — para a segurada empregada doméstica, ao valor do seu último salário de contribuição;

V — para a segurada especial que não contribui facultativamente, ao valor do salário-mínimo; e

VI — para a segurada contribuinte individual, à média dos 12 últimos salários de contribuição apurados em período não superior a quinze meses, incluídos, se for o caso, o valor do Salário--Base — SB, do auxílio-doença, reajustado nas mesmas épocas e bases dos benefícios pagos pela Previdência Social.

Obs.: Nas situações previstas nos itens I e II, *supra*, se houve reajuste salarial da categoria após o afastamento do trabalho que resultou no auxílio-doença, caberá à segurada comprovar o novo valor da parcela fixa da respectiva remuneração ou o índice de reajuste, que deverá ser aplicado unicamente sobre a parcela fixa.

Fundamentação: Instrução Normativa INSS n. 45/2010, arts. 195 a 199.

1.2.5. Abono Anual

A segurada em gozo de salário maternidade possui direito à percepção do 13º salário (abono anual) referente ao período de afastamento, devendo ser pago diretamente pelo INSS ou pela empresa, caso se trate de segurada empregada.

1.3. Segurados Especiais

Os segurados especiais possuem direito a benefícios no valor de um salário mínimo ainda que não efetuem contribuições ao sistema previdenciário. Não obstante, caso seja de interesse a percepção de benefício em valor superior, deverá o segurado inscrever-se no Regime Geral de Previdência Social na qualidade de "facultativo", hipótese em que seu benefício deverá ser calculado como o dos demais contribuintes do sistema.

Assim, para os segurados especiais é garantida a concessão, alternativamente:

I — de aposentadoria por idade ou por invalidez, de auxílio-doença, de auxílio-reclusão ou de pensão por morte, no valor de um salário mínimo, desde que comprove o exercício de atividade rural, ainda que de forma descontínua, no período imediatamente anterior ao requerimento do benefício, igual ao número de meses correspondentes à carência do benefício requerido; ou

II — de todo e qualquer benefício previdenciário constante da Lei n. 8.213/91, observados os critérios e a forma de cálculo estabelecidos, desde que contribuam para o sistema previdenciário na qualidade de segurados facultativos.

Para a segurada especial se encontra garantida a concessão do benefício de salário maternidade, no valor de um salário mínimo, desde que comprove o exercício de atividade rural, ainda que de forma descontínua, nos 10 meses imediatamente anteriores ao do início do benefício.

Fundamentação: Lei n. 8.213/91, art. 25, III, e art. 39; Decreto n. 3.048/99, art. 36, § 6º, e art. 39, § 2º.

2. LIMITAÇÃO DE VALORES

A renda mensal do benefício de prestação continuada não poderá ter valor inferior ao do salário mínimo nacionalmente vigente (atualmente R$ 724,00) nem superior ao limite máximo do salário de contribuição (atualmente R$ 4.390,24), exceto quando de aposentadoria por invalidez que resulte em assistência permanente de outra pessoa (art. 45 da Lei n. 8.213/91).

Exceção se aplica apenas à renda mensal dos benefícios por totalização, concedidos com base em acordos internacionais de previdência social, à qual poderá ter valor inferior ao do salário mínimo.

Fundamentação: Lei n. 8.213/91, art. 33; Decreto n. 3.048/99, art. 35.

3. ARREDONDAMENTO DOS VALORES

O INSS obteve autorização pela Medida Provisória n. 2.187/13, de 24.8.2001, para arredondar, para a unidade de real imediatamente superior, os valores em centavos dos benefícios de prestação continuada pagos mensalmente a seus segurados.

Obs.: Referida Medida Provisória encontra-se ainda em vigor, em face das disposições da Emenda Constitucional n. 32/2001.

Os valores recebidos a maior pelo segurado serão descontados no pagamento da gratificação natalina ou no último benefício, na hipótese de sua cessação.

Fundamentação: Além do instituto legal citado no texto, Decreto n. 3.048/99, art. 154-A.

Capítulo XXXIV

Descontos Permitidos na Renda mensal dos Benefícios

1. DESCONTOS — PERMISSÃO LEGAL OU AUTORIZAÇÃO JUDICIAL

Em face ao princípio da irredutibilidade, aplicado à Seguridade Social, o benefício previdenciário somente poderá sofrer descontos previstos em lei ou autorizados judicialmente.

O benefício, portanto, seja ele concedido ao segurado ou ao seu dependente, não pode ser objeto de penhora, arresto ou sequestro, sendo nula de pleno direito sua venda ou cessão, total ou parcial, bem como também a constituição de qualquer ônus sobre ele ou a outorga de poderes irrevogáveis para seu recebimento.

Assim, ao INSS é lícito proceder somente aos seguintes descontos na renda mensal do benefício:

a) contribuições devidas pelo segurado à previdência social;

b) pagamentos de benefícios além do devido;

c) Imposto de Renda Retido na Fonte (IRRF);

d) alimentos decorrentes de sentença judicial;

e) mensalidades de associações e demais entidades de aposentados legalmente reconhecidas, desde que autorizadas por seus filiados. Este desconto ficará, entretanto, na dependência da conveniência administrativa do setor de benefícios do INSS; e

f) pagamento de empréstimos, financiamentos e operações de arrendamento mercantil, públicas e privadas, quando expressamente autorizado pelo beneficiário, até o limite de 30% do valor do benefício.

Com referência ao desconto do Imposto de Renda Retido na Fonte — IRRF, cumpre observar as seguintes disposições:

• Para cálculo do desconto deverão ser aplicadas a tabela e as disposições vigentes estabelecidas pela Receita Federal.

• Não haverá desconto de IRRF quando de pagamentos acumulados ou atrasados, de responsabilidade da Previdência Social, decorrentes de concessão, reativação ou revisão de benefícios previdenciários e assistenciais, seja na esfera administrativa ou judicial, cujas rendas mensais originárias sejam inferiores ao limite de isenção do tributo, sendo reconhecido por rubrica própria. A não incidência do IRRF obedece à decisão decorrente da Ação Civil Pública n. 1999.61.00.003710-0, movida pelo Ministério Público Federal e consta do Parecer PGFN/CRJ n. 287/2009, de 12.2.2009.[5]

• Encontram-se isentos do desconto de IRRF, em cumprimento à Lei n. 9.250/95, os benefícios de auxílio-doença (acidentário ou não), auxílio-acidente, aposentadoria por invalidez prove-

---

(5) Confira-se, sobre o tema, a redação da Súmula 13 da TRU da 4ª Região: "O imposto de renda incidente sobre as prestações previdenciárias pagas com atraso, de forma acumulada, deve ser aferido pelo regime de competência".

niente de acidente do trabalho e, finalmente, benefícios concedidos a portadores de moléstia profissional, tuberculose ativa, alienação mental, esclerose múltipla, neoplasia maligna, cegueira, hanseníase, paralisia irreversível e incapacitante, cardiopatia grave, doença de Parkinson, espondiloartrose anquilosante, nefropatia grave, estados avançados da doença de Paget (osteíte deformante), contaminação por radiação, Síndrome da Imunodeficiência Adquirida, Fibrose cística (mucoviscidose), hepatopatia grave e Síndrome de Talidomida.

É importante observar que, exceto quanto ao IRRF, o beneficiário deverá ser cientificado, por escrito, dos descontos que serão efetuados pelo INSS, devendo constar da comunicação a origem e o valor do débito.

A restituição de importância recebida indevidamente por beneficiário da previdência social, nos casos comprovados de dolo, fraude ou má-fé, deverá ser feita de uma só vez, atualizada nos moldes do art. 175 do Decreto n. 3.048/99, independentemente de outras penalidades legais.[6]

Caso o débito seja originário de erro da previdência social, o segurado, usufruindo benefício regularmente concedido, poderá devolver o valor de forma parcelada, atualizado nos moldes do art. 175 do Decreto n. 3.048/99, devendo cada parcela corresponder, no máximo, a 30% do valor do benefício em manutenção, e ser descontado em número de meses necessários à liquidação do débito.

A Resolução INSS/PRES n. 185/2012 disciplina sobre a possibilidade do desconto ser efetuado em percentual inferior a 30%, conforme segue:

"Art. 1º Ficam estabelecidos os parâmetros para realização de consignação em benefício, com base nos termos da Lei, e o preceito de fixar a consignação em um percentual de até 30% do valor da renda do benefício.

Art. 2º Excepcionalmente poderá ser consignado percentual menor que 30%, desde que observadas as seguintes situações:

I — para benefícios com renda mensal de até seis salários mínimos e idade do titular menor do que 21 (vinte e um) anos e a contar de 53 (cinquenta e três) anos, o percentual de desconto será de 20 % (vinte por cento);

II — para benefícios com renda mensal de até seis salários mínimos e idade do titular igual ou maior que 21 (vinte e um) anos e inferior a 53 (cinquenta e três) anos, o percentual de desconto será de 25 % (vinte e cinco por cento); e

III — para benefícios cuja renda mensal seja acima de seis salários mínimos, o percentual de desconto será de 30 % (trinta por cento), independente da idade do titular do benefício.

Se o débito for originário de erro da previdência social e o segurado não usufruir benefício, o valor deverá ser devolvido, com a correção de que trata o art. 175 do Decreto n. 3.048/99, da seguinte forma:

I — no caso de empregado, com a observância do disposto no art. 365 do Decreto n. 3.048/99; e

II — no caso dos demais beneficiários, será observado:

    a) se superior a cinco vezes o valor do benefício suspenso ou cessado, no prazo de 60 dias, contados da notificação para fazê-lo, sob pena de inscrição em Dívida Ativa; e

---

(6) Sobre a impossibilidade de cobrança por meio de execução fiscal, confira-se o seguinte julgado: "DIREITO PROCESSUAL CIVIL. EXECUÇÃO FISCAL. COBRANÇA DE VALORES RELATIVOS À CONCESSÃO FRAUDULENTA DE BENEFÍCIO PREVIDENCIÁRIO. IMPOSSIBILIDADE. O processo de execução fiscal não é o meio adequado para a cobrança judicial de dívida que tenha origem em fraude relacionada à concessão de benefício previdenciário. O valor referente ao benefício concedido de forma fraudulenta não tem natureza de crédito tributário e não permite sua inscrição na dívida ativa. O conceito de dívida ativa (tributária ou não tributária) envolve apenas os créditos certos e líquidos, conforme dispõem os arts. 2º e 3º da Lei n. 6.380/1980 e 39, § 2º, da Lei n. 4.320/1964. Ausente a liquidez e certeza em relação aos valores cobrados, impossível sua cobrança por meio de execução fiscal. Precedentes citados: AgRg no AREsp 171.560-MG, DJe 21.8.2012; AgRg no AREsp 16.682-RS, DJe 16.3.2012; AgRg no REsp 1.225.313-RS, DJe 18.4.2011." (AgRg no AREsp 188.047-AM, Rel. Min. Benedito Gonçalves, julgado em 4.10.2012)."

b) se inferior a cinco vezes o valor do benefício suspenso ou cessado, no prazo de 30 dias, contados da notificação para fazê-lo, sob pena de inscrição em Dívida Ativa.

No caso de revisão de benefícios em que resultar valor superior ao que vinha sendo pago, em razão de erro da previdência social, o valor resultante da diferença verificada entre o pago e o devido será objeto de atualização nos mesmos moldes do art. 175 do Decreto n. 3.048/99.

O beneficiário receberá, portanto, e mensalmente, um demonstrativo minucioso das importâncias pagas, onde restará discriminado o valor da mensalidade, as diferenças eventualmente pagas, o período a que se referem e os descontos efetuados.

Fundamentação: Lei n. 8.213/91, arts. 114 a 116; Lei n. 10.820/2003; Decreto n. 3.048/99, arts. 154 e 155; Instrução Normativa INSS n. 45/2010, art. 418.

2. PAGAMENTO DE EMPRÉSTIMOS, FINANCIAMENTOS E OPERAÇÕES DE ARRENDAMENTO MERCANTIL

Nos termos do art. 6º da Lei n. 10.820/2003 (com alterações pela Lei n. 10.953/2004), os titulares de benefícios de aposentadoria e pensão do Regime Geral de Previdência Social poderão autorizar o Instituto Nacional do Seguro Social — INSS a proceder aos descontos provenientes de empréstimos, financiamentos e operações de arrendamento mercantil (letra "f" *supra*), bem como autorizar, de forma irrevogável e irretratável, que a instituição financeira na qual recebam seus benefícios retenha, para fins de amortização, valores referentes ao pagamento mensal de empréstimos, financiamentos e operações de arrendamento mercantil por ela concedidos, quando previstos em contrato, nas condições estabelecidas em regulamento, observadas as normas editadas pelo INSS.

Tais descontos, no entanto, se encontram vinculados às seguintes condições:

a) autorização expressa do desconto (valor e número de parcelas) pelo titular do benefício previdenciário;

b) o empréstimo poderá ser concedido por qualquer instituição consignatária, independentemente de ser ou não responsável pelo pagamento de benefício. Caso não seja, o segurado deverá solicitar a alteração da instituição financeira pagadora antes da realização da operação financeira;

Obs.: É vedado ao titular do benefício que realizar operação financeira, por intermédio da instituição financeira responsável pelo pagamento do respectivo benefício, solicitar alteração dessa instituição financeira enquanto houver saldo devedor em amortização. Observe-se, ainda, que a operação financeira deve ser realizada pela própria instituição financeira ou pela sociedade de arrendamento mercantil a ela vinculada, permitida a cessão de créditos autorizada pela Resolução BACEN n. 2.836/2001.

c) a instituição financeira deve manter convênio com o INSS para finalidade específica dessas operações financeiras;

d) os beneficiários somente poderão realizar as operações financeiras se receberem o benefício previdenciário no Brasil;

e) o valor do desconto não deve exceder, no momento da contratação, a trinta por cento do valor disponível do benefício, excluindo Complemento Positivo — CP, Pagamento Alternativo de Benefício — PAB, e décimo terceiro salário, correspondente à última competência emitida, constante no Histórico de Créditos-HISCRE/Sistema de Benefícios-SISBEN/Internet.

Para efeito do disposto na letra "e", acima, entende-se por valor disponível do benefício aquele apurado após as deduções das seguintes consignações:

• pagamento de benefícios além do devido;

• imposto de renda;

- pensão alimentícia judicial;
- mensalidades de associações e demais entidades de aposentados legalmente reconhecidas;
- decisão judicial;

A instituição financeira concedente do empréstimo deverá conservar em seu poder, pelo prazo de cinco anos, a contar da data do término do empréstimo, a autorização firmada, por escrito ou por meio eletrônico, pelo titular do benefício, para o empréstimo, financiamento ou operação de arrendamento mercantil.

O titular de benefício poderá autorizar mais de um desconto em favor da mesma instituição consignatária, respeitados o limite consignável e a prevalência de retenção em favor dos contratos mais antigos.

2.1. Benefícios que não Podem Sofrer o Desconto

As consignações provenientes destas operações financeiras não se aplicam aos seguintes benefícios:

I — concedidos nas regras de acordos internacionais para segurados residentes no exterior;

II — pagos por intermédio da Empresa Brasileira de Correios e Telégrafos — ECT;

III — pagos a título de pensão alimentícia;

IV — assistenciais, inclusive os decorrentes de leis especiais;

V — recebidos por meio de representante legal do segurado: dependente, tutelado ou curatelado;

VI — pagos por intermédio da empresa convenente;

VII — pagos por intermédio de cooperativas de créditos que não possuam contratos para pagamento e arrecadação de benefícios.

2.2. Alteração de Instituição Financeira — Proibição

O segurado que autorizar os descontos em seu benefício previdenciário deverá mantê-lo na instituição financeira em que contratou a operação financeira e para a qual, inclusive, o INSS estará repassando os valores. A manutenção do benefício nesta instituição deverá permanecer enquanto houver parcelas em amortização, exceto por decisão do INSS, nas seguintes situações:

a) quando houver fusão/incorporação bancária, situação em que o benefício será transferido para a instituição financeira incorporadora;

b) mudança de domicílio, sem que no município de destino exista uma agência da matriz bancária;

c) encerramento de agência.

Em se tratando da hipótese consignada na letra "b", *supra*, às instituições financeiras, pagadoras de benefício, que optarem pela modalidade de retenção, será permitida a transferência do benefício para outro município, mantendo a mesma modalidade, desde que neste exista agência bancária da instituição financeira que realizou ou empréstimo, financiamento e operação de arrendamento mercantil. Caso não haja agência bancária da instituição financeira que realizou o empréstimo, financiamento e operação de arrendamento mercantil, será permitida a transferência do benefício para outro município, alterando a modalidade de retenção para consignação.

2.3. Responsabilidade do INSS

A responsabilidade do Instituto Nacional do Seguro Social (INSS) quanto a estes empréstimos e descontos se restringe a:

a) retenção dos valores autorizados pelo beneficiário e repasse à instituição consignatária nas operações de desconto, não cabendo à autarquia responsabilidade solidária pelos débitos contratados pelo segurado; e

b) manutenção dos pagamentos do titular do benefício na mesma instituição financeira enquanto houver saldo devedor nas operações em que for autorizada a retenção, não cabendo à autarquia responsabilidade solidária pelos débitos contratados pelo segurado.

Fundamentação: Lei n. 10.820/2003; Lei n. 10.953/2004; Lei n. 8.213/91, art. 115; Decreto n. 3.048/99, arts. 153 e 154;Decreto n. 5.180/2004; Instrução Normativa INSS n. 45/2010, art. 418.

3. DESCONTO EM FOLHA DE PAGAMENTO — SEGURADOS EMPREGADOS

Em se tratando de segurado empregado, que tenha recebido do INSS algum benefício indevido, deverá a empresa empregadora, mediante requisição do INSS, descontar da remuneração paga a seu serviço a importância proveniente de dívida ou de responsabilidade por ele contraída junto à Seguridade Social, relativa a benefícios pagos indevidamente.

Fundamentação: Lei n. 8.212/91, art. 91; Decreto n. 3.048/99, art. 365.

4. VALORES RECEBIDOS EM AÇÕES JUDICIAIS, DECORRENTES DE ANTECIPAÇÃO DE TUTELA OU LIMINAR

Quando o segurado ingressa com ação judicial pleiteando algum benefício previdenciário ou sua correção por qualquer ilegalidade ou irregularidade, é bastante comum seu advogado solicitar que tal direito seja antecipado, caso o juiz se convença do direito demonstrado e desde que comprovada a urgência em sua obtenção.

Assim, cumpridos os requisitos do art. 273 do Código de Processo Civil, não raro os juízes antecipam a tutela, determinando ao INSS que implante o benefício ou o corrija, antes mesmo do processo judicial chegar ao seu *término*.

Via de regra, há êxito nas referidas demandas judiciais e o valor recebido antecipadamente é abatido no acerto final de contas, em execução. No entanto, pode ser possível que, em instância posterior, o segurado venha a ser perdedor na referida ação judicial e, nestas hipóteses, teria recebido antecipadamente valores que, ao final da ação, se comprovou que não teria direito.

Quanto a esses valores, o entendimento doutrinário e jurisprudencial é dominante no sentido de que foram recebidos de boa fé pelos segurados, possuem natureza alimentar e somente foram pagos em decorrência de ordem judicial. Por tais razões, não necessitam ser restituídos aos cofres previdenciários.

Assim entende, inclusive, a própria Administração Pública, cabendo-nos ilustrar, por analogia, com a redação do Enunciado n. 34 da AGU, aprovado em 2008:

"**Enunciado 34** — "Não estão sujeitos à repetição os valores recebidos de boa-fé pelo servidor público, em decorrência de errônea ou inadequada interpretação da lei por parte da Administração Pública."

Também a Turma Nacional de Uniformização (TNU) entende pela irrepetibilidade, conforme dispõe a Súmula 51:

"**Súmula 51** — Os valores recebidos por força de antecipação dos efeitos de tutela, posteriormente revogada em demanda previdenciária, são irrepetíveis em razão da natureza alimentar e da boa-fé no seu recebimento."

O STF, nos recursos que pretendem a discussão do tema, refere não se tratar de matéria constitucional, razão pela qual não cabe sua apreciação (ARE 701874AgR / MG e AI 809279 AgR / MG), de forma que, até 18.7.2013, era pacífico o entendimento quanto ao tema.

No entanto, absoluta surpresa causou a decisão proferida pelo STJ (Primeira Seção), divulgada em 19.7.2013 determinando a devolução dos valores recebidos em decorrência de tutela antecipada posteriormente revogada (REsp.138.441-8, relatoria do Ministro Herman Benjamin). Confia-se a notícia, divulgada no site do próprio STJ (<http://www.stj.jus.br/portal_stj/publicacao/engine.wsp?tmp.area=398&tmp.texto=110488>):

"É dever do titular de direito patrimonial devolver valores recebidos por força de tutela antecipada posteriormente revogada. O entendimento foi da Primeira Seção do Superior Tribunal de Justiça (STJ), ao julgar o recurso do Instituto Nacional do Seguro Social (INSS) contra acórdão do Tribunal Regional Federal da 4ª Região (TRF4).

No caso julgado, um pai pleiteou pensão por morte do filho. Os pagamentos foram efetuados por força de decisão judicial que concedeu antecipação de tutela. Ao final do processo, ficou decidido que ele não tinha direito ao benefício e o INSS buscou a devolução dos valores pagos.

O TRF4 decidiu que os benefícios previdenciários, se percebidos de boa-fé, não estão sujeitos à devolução. Mas para o relator do recurso, ministro Herman Benjamin, a decisão que antecipa liminarmente a tutela não enseja a presunção, pelo segurado, de que os valores recebidos integram em definitivo o seu patrimônio. Tal garantia é dada pelo art. 273 do CPC.

Para ele, "não há legitimidade jurídica para que o segurado presuma o contrário, até porque invariavelmente está o jurisdicionado assistido por advogado e, ninguém se escusa de cumprir a lei, alegando que não a conhece".

A decisão da Seção foi por maioria de votos, pois há divergências jurisprudenciais na Corte sobre a obrigação da devolução desses benefícios de caráter alimentar, além de posições antagônicas aplicadas a servidores públicos e a segurados do Regime Geral de Previdência Social. Pra aprofundar o debate, o ministro Herman Benjamim apresentou diversos precedentes do próprio STJ nos dois sentidos.

Divergência no STJ

No Recurso Especial 674.181, da relatoria do ministro Gilson Dipp, a tese defendida foi a do não cabimento da devolução. "Uma vez reconhecia a natureza alimentar dos benefícios previdenciários, descabida é a restituição requerida pela autarquia, em razão do princípio da irrepetibilidade dos alimentos".

Na mesma linha do anterior, Benjamim mencionou o REsp 1.341.308, da relatoria do ministro Castro Meira. Para ele, "os valores recebidos pelos administrados em virtude de erro da Administração ou interpretação errônea da legislação não devem ser restituídos, porquanto, nesses casos, cria-se uma falsa expectativa nos servidores, que recebem os valores com a convicção de que são legais e definitivos, não configurando má-fé na incorporação desses valores".

No REsp 639.544, a relatora Alderita Ramos declarou que "a jurisprudência dessa Corte firmou orientação no sentido de que os valores indevidamente pagos por força de decisão judicial liminar posteriormente revogada são passíveis de devolução, sob pena de enriquecimento ilícito por parte dos servidores beneficiados".

Em outro precedente, o ministro Gilson Dipp entendeu que "é obrigatória a devolução por servidor público de vantagem patrimonial paga pelo erário, em face de cumprimento de decisão judicial precária, desde que observados os princípios do contraditório e da ampla defesa" (REsp 1.177.349).

No REsp 988.171, o ministro Napoleão Nunes Maia Filho elucidou a questão da seguinte forma: "embora possibilite a fruição imediata do direito material, a tutela não perde a sua característica de provimento provisório e precário, daí porque a sua futura revogação acarreta a restituição dos valores recebidos em decorrência dela".

Irrepetibilidade dos alimentos

De acordo com Benjamin, a teoria da irrepetibilidade dos alimentos não é suficiente para fundamentar a não devolução dos valores indevidamente recebidos. A fundamentação depende ainda da caracterização da boa-fé e do exame sobre a definitividade ou precariedade da decisão judicial.

"Não é suficiente, pois, que a verba seja alimentar, mas que o titular do direito o tenha recebido com boa-fé objetiva, que consiste na presunção da definitividade do pagamento", declarou Benjamin.

Precariedade

Benjamim também mencionou o REsp 1.263.480, da relatoria do ministro Humberto Martins. Para Martins, a boa-fé do servidor é a legítima confiança de que os valores recebidos são legais e integram em definitivo seu patrimônio. "É por esse motivo que, segundo esta Corte Superior, os valores recebidos indevidamente, em razão de erro cometido pela Administração Pública ou em decorrência de decisão judicial transitada em julgado e posteriormente reformada em ação rescisória, não devem ser restituídos ao erário", afirmou.

Martins observou que, diferente da situação anterior, o servidor deve restituir o erário quando os valores são pagos em consequência de decisão judicial de característica precária ou não definitiva. "Aqui não há presunção de definitividade e, se houve confiança neste sentido, esta não era legítima, ou seja, não era amparada pelo direito", ponderou.

Benjamin explicou que a decisão cassada nos casos de antecipação de tutela em ações revisionais ou concessórias previdenciárias é precária. Nas ações rescisórias, a decisão cassada é definitiva.

Critérios de ressarcimento

Ao decidir que os segurados devem devolver os valores recebidos em virtude de decisão precária, a Primeira Seção lembrou que o princípio da dignidade da pessoa humana tem o objetivo de garantir um contexto adequado à subsistência do indivíduo.

Para isso, de acordo com o colegiado, existem alguns dispositivos legais que demonstram o percentual da remuneração a ser comprometido, para não prejudicar o sustento do segurado.

Benjamim explica que os descontos sobre os benefícios previdenciários são estipulados pelo art. 115 da Lei n. 8.213/91, alterado pela Lei n. 10.820. De acordo com a lei, esses descontos se dão no limite de 30% sobre o benefício previdenciário.

O ministro observa que o percentual mínimo de desconto aplicável aos servidores públicos, contido no art. 46, parágrafo primeiro, da Lei n. 8.112/90 é de dez por cento. Assim, conforme o dispositivo, o valor de cada parcela para reposição do erário não poderá ser inferior ao correspondente a dez por cento da remuneração, provento, ou pensão.

Dessa forma, a Primeira Seção decidiu que, no processo de devolução dos valores recebidos pelo segurado por força de antecipação de tutela posteriormente revogada, o INSS poderá fazer o desconto em folha de até dez por cento da remuneração dos benefícios previdenciários recebidos pelo segurado, até a satisfação do crédito."

Permito-me discordar do entendimento da Primeira Seção, acima mencionado. O segurado, ao receber os valores, não cometeu qualquer ilícito que justificasse a devolução posterior dos numerários recebidos. Ao contrário, expôs o direito pretendido ao Poder Judiciário e dele recebeu autorização para percebê-los, de forma liminar e antecipada, antes mesmo de proferida a decisão definitiva sobre a matéria. A antecipação dos valores decorre unicamente da morosidade do próprio Judiciário, não havendo justificativa outra para a solicitação da proteção disposta no art. 273 do CPC.

Via de regra, são segurados idosos ou enfermos e, considerando-se que vivem unicamente do benefício previdenciário (também na regra geral), não tem como esperar o trâmite processual de 6 ou 7 anos para a satisfação do direito. Por isso, convencido o juiz da verossimilhança das alegações e da urgência na efetivação do direito, é concedida a antecipação da tutela.

Condenar o segurado a devolver à Previdência Social os valores recebidos de boa fé, por ordem judicial, e de natureza eminentemente alimentar é contrariar todo o posicionamento doutrinário e jurisprudencial sobre a matéria, ferindo preceitos básicos de direito e de moral, em clara e notória decisão política, com fito de atender os interesses do Poder Público.

Tenho por certo que essa decisão do STJ fará com que juízes de primeiro grau se sintam compelidos a deixar de conceder a tutela, ainda que evidente o direito postulado. E o segurado, detentor do direito, terá que aguardar o trânsito em julgado da decisão definitiva para então poder receber o que lhe caberia desde o requerimento efetuado ao INSS.

Sempre digo aos meus alunos e meus empregados que a "culpa" do segurado estar em situação de necessidade, antes d'ele chegar em nosso escritório, é do INSS (que agiu ilegalmente ou irregularmente) ou dele próprio, que ainda não havia procurado seus direitos. Ao nos contar os fatos e nos apresentar os documentos, passa a ser nossa. Cada dia que ele passa fome, a culpa é nossa. Contudo, quando propomos a ação judicial, a culpa passa a ser do juiz da causa, ou do relator em segunda e terceira instâncias. Convivam com ela!!

Capítulo XXXV

Requerimento e Pagamento do Benefício — Processo Administrativo

1. PROCESSO ADMINISTRATIVO

Nos termos do art. 563 da Instrução Normativa INSS n. 45/2010, considera-se processo administrativo previdenciário o conjunto de atos administrativos praticados através dos Canais de Atendimento da Previdência Social, iniciado em razão de requerimento formulado pelo interessado, de ofício pela Administração ou por terceiro legitimado, e concluído com a decisão definitiva no âmbito administrativo.

O processo administrativo previdenciário contemplará as fases inicial, instrutória, decisória, recursal e de cumprimento das decisões administrativas e, em todas elas, deverão ser observados os seguintes preceitos (IN INSS n. 45/2010, art. 564):

I — presunção de boa-fé dos atos praticados pelos interessados;

II — atuação conforme a lei e o Direito;

III — atendimento a fins de interesse geral, vedada a renúncia total ou parcial de poderes e competências, salvo autorização em lei;

IV — objetividade no atendimento do interesse público, vedada a promoção pessoal de agentes ou autoridades;

V — atuação segundo padrões éticos de probidade, decoro e boa-fé;

VI — condução do processo administrativo com a finalidade de resguardar os direitos subjetivos dos segurados, dependentes e demais interessados da Previdência Social, esclarecendo-se os requisitos necessários ao benefício ou serviço mais vantajoso;

VII — o dever de prestar ao interessado, em todas as fases do processo, os esclarecimentos necessários para o exercício dos seus direitos, tais como documentação indispensável ao requerimento administrativo, prazos para a prática de atos, abrangência e limite dos recursos, não sendo necessária, para tanto, a intermediação de terceiros;

VIII — publicidade dos atos praticados no curso do processo administrativo restrita aos interessados e seus representantes legais, resguardando-se o sigilo médico e dos dados pessoais, exceto se destinado a instruir processo judicial ou administrativo;

IX — adequação entre meios e fins, vedada a imposição de obrigações, restrições e sanções em medida superior àquelas estritamente necessárias ao atendimento do interesse público;

X — fundamentação das decisões administrativas, indicando os documentos e os elementos que levaram à concessão ou ao indeferimento do benefício ou serviço;

XI — identificação do servidor responsável pela prática de cada ato e a respectiva data;

XII — adoção de formas e vocabulário simples, suficientes para propiciar adequado grau de certeza, segurança e respeito aos direitos dos usuários da Previdência Social, evitando-se o uso de siglas ou palavras de uso interno da Administração que dificultem o entendimento pelo interessado;

XIII — compartilhamento de informações com órgãos públicos, na forma da lei.

XIV — garantia dos direitos à comunicação, à apresentação de alegações finais, à produção de provas e à interposição de recursos, nos processos de que possam resultar sanções e nas situações de litígio;

XV — proibição de cobrança de despesas processuais, ressalvadas as prevista em lei;

XVI — impulsão, de ofício, do processo administrativo, sem prejuízo da atuação dos interessados; e

XVII — interpretação da norma administrativa da forma que melhor garanta o atendimento do fim público a que se dirige, vedada aplicação retroativa de nova interpretação.

Referidas disposições constam também da Lei n. 9.784/99, que regulamenta os atos administrativos federais e à qual o INSS é obrigado a seguir, já que é uma autarquia pública federal.

É comum, contudo, encontrarmos processos administrativos que não seguiram referidos preceitos e, neste caso, as decisões ali contidas são nulas de pleno direito, já que não observaram a legislação vigente.

1.1. Interessados

São legitimados como interessados no processo administrativo os usuários da Previdência Social, podendo o requerimento do benefício ou serviço ser realizado:

I — pelo próprio segurado, dependente ou beneficiário;

II — por procurador legalmente constituído;

III — por representante legal, tutor, curador ou administrador provisório do interessado, quando for o caso; e

IV — pela empresa, o sindicato ou a entidade de aposentados devidamente legalizada, na forma do art. 117 da Lei n. 8.213/91.

No caso de auxílio-doença, a Previdência Social deve processar de ofício o benefício, quando tiver ciência da incapacidade do segurado, mesmo que este não o tenha requerido.

É facultado à empresa protocolizar requerimento de auxílio-doença ou documento dele originário de seu empregado ou contribuinte individual a ela vinculado ou a seu serviço, hipótese em que a empresa terá acesso às decisões administrativas a ele relativas.

Fundamentação: Instrução Normativa INSS n. 45/2010, arts. 565 e 566.

1.2. Impedimentos e Suspeição

Encontra-se impedido de atuar no processo administrativo o servidor:

I — que tenha participado ou venha a participar como interessado, perito, testemunha ou representante, ou se tais situações ocorrerem quanto ao cônjuge, companheiro ou parente e afins até o terceiro grau;

II — que esteja litigando judicial ou administrativamente com o interessado ou respectivo cônjuge ou companheiro; ou

III — cujo cônjuge, companheiro ou parente e afins até o terceiro grau tenha atuado como intermediário.

Entende-se por parentes em primeiro grau, os pais e os filhos; em segundo grau, os netos, os avós e os irmãos; em 3º grau, os bisavós, bisnetos e tios.

O servidor que incorrer em impedimento deve comunicar o fato à chefia imediata que, ao acolher as razões, designará outro servidor para atuar no processo. A omissão do dever de comunicar o impedimento será apurada em sede disciplinar.

Pode ser arguida perante a chefia imediata a suspeição de servidor que tenha amizade íntima ou inimizade notória com algum dos interessados ou com os respectivos cônjuges, companheiros, parentes e afins até o terceiro grau.

O prazo para recurso contra a decisão que não acolher a alegação de suspeição suscitada pelo interessado é de 10 (dez) dias, cabendo a apreciação e julgamento à chefia da Unidade de Atendimento.

Fundamentação: Instrução Normativa INSS n. 45/2010, arts. 567a 569.

1.3. Comunicação dos atos

As Unidades de Atendimento da Previdência Social onde tramita o processo administrativo deverão comunicar os interessados para o cumprimento de exigências ou ciência de decisão, sendo que tal comunicação deverá conter:

I — a identificação do interessado e, se for o caso, do terceiro interessado;

II — a finalidade da comunicação;

III — a data, hora e local em que deve comparecer, acompanhado ou não de testemunhas, se for o caso;

IV — se deve comparecer pessoalmente ou acompanhado de seu representante legal;

V — informação da continuidade do processo independentemente do comparecimento; e

VI — indicação dos fatos e fundamentos legais pertinentes.

A comunicação deverá ser realizada na primeira oportunidade, preferencialmente por ciência nos autos; na sua impossibilidade, far-se-á via postal com aviso de recebimento, telegrama ou outro meio que assegure a ciência do interessado, devendo a informação ficar registrada no processo administrativo, observando-se o disposto no art. 453 da IN INSS n. 45/2010 para as situações onde haja apuração de indícios de irregularidade, por força do § 2º do art. 11 da Lei n. 10.666/2003.

Presumem-se válidas as comunicações dirigidas ao endereço para correspondência declinado nos autos pelo interessado, cumprindo a este atualizar o respectivo endereço sempre que houver modificação temporária ou definitiva, iniciando a contagem do prazo da data da ciência.

As comunicações serão consideradas ineficazes quando feitas sem observância das prescrições legais, mas o comparecimento do interessado ou de seu representante legal supre sua falta ou irregularidade, iniciando neste momento a contagem do prazo.

Para complementar informações ou solicitar esclarecimentos, a comunicação entre o órgão ou entidade e o interessado poderá ser feita por qualquer meio, inclusive comunicação verbal, direta ou telefônica, correspondência, telegrama, fax ou correio eletrônico, registrando-se a circunstância no processo, caso necessário.

Todos os prazos previstos em relação aos pedidos de interesse dos segurados junto ao INSS começam a correr a partir da data da cientificação oficial, excluindo-se da contagem o dia do começo e incluindo-se o do vencimento, observando-se que:

a) considera-se prorrogado o prazo até o primeiro dia útil seguinte se o vencimento cair em dia em que não houver expediente ou este for encerrado antes da hora normal;

b) os prazos expressos em dias contam-se de modo contínuo;

c) os prazos fixados em meses ou anos contam-se de data a data e se, no mês do vencimento, não houver o equivalente àquele do início do prazo, tem-se como termo o último dia do mês.

Os interessados deverão ser intimados de prova ou diligência ordenada, com antecedência mínima de três dias úteis, mencionando-se data, hora e local de realização, conforme determinações do art. 41 da Lei n. 9.784/99.

Por fim, cumpre observar que o não atendimento da comunicação não importa o reconhecimento da verdade dos fatos de modo desfavorável à pretensão formulada pelo interessado.

Fundamentação: Instrução Normativa INSS n. 45/2010, arts. 570 a 571.

2. REQUERIMENTO DO BENEFÍCIO

O requerimento do benefício ou serviço poderá ser apresentado em qualquer Unidade de Atendimento da Previdência Social, independentemente do local de seu domicílio, exceto APS de Atendimento a Demandas Judiciais — APSADJ e Equipes de Atendimento a Demandas Judiciais — EADJ (Instrução Normativa INSS n. 45/2010, art. 575).

É conveniente informar que, conforme disposição expressa constante do art. 105 da Lei n. 8.213/91, "a apresentação de documentação incompleta não constitui motivo para recusa do requerimento de benefício".[7] Assim, caso o segurado compareça à Agência da Previdência Social — APS e, quando atendido, seja verificado pelo servidor que falta alguma documentação (qualquer que seja esse documento), o protocolo de requerimento deve ser aberto, como forma de garantir, inclusive, a data da solicitação administrativa do benefício. Para a documentação faltante, o servidor deverá emitir uma Carta de Exigência, solicitando o que entender necessário, sempre garantindo ao segurado um prazo mínimo de 30 dias para o cumprimento das solicitações. Confira-se, sobre o tema, as disposições do art. 576 da Instrução Normativa INSS n. 45/2010:

> "**Art. 576.** Conforme preceitua o art. 176 do RPS, a apresentação de documentação incompleta não constitui motivo para recusa do requerimento de benefício, ainda que, de plano, se possa constatar que o segurado não faz jus ao

---

(7) É interessante conferir a decisão proferida pela TNU no Processo 2009.72.55.008009-9 publicada no DOU de 23.04.2013 (Relatoria de Herculano Martins Nacif): REVISÃO JUDICIAL DE BENEFÍCIO PREVIDENCIÁRIO. TERMO INICIAL DOS EFEITOS FINANCEIROS. RETROAÇÃO À DATA DE INÍCIO DO BENEFÍCIO. IRRELEVÂNCIA DA INSUFICIÊNCIA DE DOCUMENTOS NO PROCESSO ADMINISTRATIVO. 1.(...). 2.Não é importante se o processo administrativo estava instruído com elementos de prova suficientes para o reconhecimento do fato constitutivo do direito. O que importa é saber se, no momento da concessão do benefício, todos os requisitos determinantes da revisão da renda mensal inicial estavam preenchidos. Em caso positivo, os efeitos financeiros da revisão da renda mensal inicial devem retroagir à data de início do benefício. 3.A sentença que reconhece direito à revisão judicial de benefício previdenciário, em regra, imbui-se de eficácia predominantemente declaratória (e não constitutiva), de forma que produz efeitos ex tunc, retroagindo no tempo. Os documentos necessários para comprovação dos fatos determinantes da revisão judicial não constituem requisitos do benefício em si mesmos, mas apenas instrumentos para demonstração do preenchimento dos requisitos. Por isso, ainda que a demonstração do fato constitutivo somente seja plenamente atingida na esfera judicial, a revisão do ato administrativo deve surtir efeitos financeiros retroativos ao momento do preenchimento dos requisitos, ainda que anteriores à ação judicial. 4."Segundo a teoria da norma, uma vez aperfeiçoados todos os critérios da hipótese de incidência previdenciária, desencadeia-se o juízo lógico que determina o dever jurídico do INSS conceder a prestação previdenciária. A questão da comprovação dos fatos que constituem o antecedente normativo constitui matéria estranha à disciplina da relação jurídica de benefícios e não inibem os efeitos imediatos da realização, no plano dos fatos, dos requisitos dispostos na hipótese normativa. (...) É inaceitável o sacrifício de parcela de direito fundamental de uma pessoa em razão de ela – que se presume desconhecedora do complexo arranjo normativo previdenciário – não ter conseguido reunir, no âmbito administrativo, a documentação necessária para a perfeita demonstração de seu direito." (TNU, PU 2004.71.95.020109-0, Relator Juiz Federal José Antonio Savaris, DJ 23.03.2010). 5.Aplicação da Súmula n. 33 da TNU: "Quando o segurado houver preenchido os requisitos legais para concessão da aposentadoria por tempo de serviço na data do requerimento administrativo, esta data será o termo inicial da concessão do benefício". Essa orientação a respeito da retroação dos efeitos financeiros deve se aplicar também na hipótese de revisão judicial de benefício concedido administrativamente. A TNU já decidiu que a"fixação da data de início do benefício – DIB (no caso de concessão de benefício) ou a majoração da renda mensal inicial – RMI (no caso de revisão de benefício) deve ser orientada pela identificação da data em que foram aperfeiçoados todos os pressupostos legais para a outorga da prestação previdenciária nos termos em que judicialmente reconhecida" (PU 2008.72.55.005720-6, Rel. Juiz Federal Ronivon de Aragão, DJ 29.04.2011). 6(...)."

benefício ou serviço que pretende requerer, sendo obrigatória a protocolização de todos os pedidos administrativos, cabendo, se for o caso, a emissão de carta de exigência ao requerente, na forma do art. 586.

§ 1º Caso o segurado ou representante legal solicite o protocolo somente com apresentação do documento de identificação, como CTPS ou Carteira de Identidade, deverá ser protocolizado o requerimento e emitida exigência imediatamente e de uma só vez ao interessado, solicitando os documentos necessários, dando-lhe prazo sempre de no mínimo trinta dias para apresentação, justificando-se exigência posterior apenas em caso de dúvida superveniente.

§ 2º Esgotado o prazo estabelecido no § 1º deste artigo, não sendo apresentados os documentos e não preenchidos os requisitos, o processo será decidido, observado o disposto neste Capítulo, devendo ser analisados todos os dados constantes dos sistemas informatizados do INSS, para somente depois haver análise de mérito quanto ao pedido de benefício.

§ 3º O pedido de benefício não poderá ter indeferimento de plano, sem emissão de carta de exigência, mesmo que assim requeira o interessado.

§ 4º Para o caso em que o requerente não atenda a exigência, deverá a APS registrar tal fato no processo, devidamente assinado pelo servidor, procedendo a análise do direito e o indeferimento pelos motivos cabíveis e existentes, oportunizando ao requerente a interposição de recurso, na forma do que dispõe o art. 305 do RPS."

Nos termos do art. 577 da IN 45/2010, quando necessário, na recepção do requerimento de atualização dos dados do CNIS, na habilitação ou na concessão de benefícios, os servidores atendentes do INSS devem extrair os dados constantes na Carteira Profissional ou na CTPS e nos carnês de contribuintes individuais, devidamente conferidos, evitando-se a retenção dos documentos originais dos segurados, sob pena de apuração de responsabilidade do servidor em caso de extravio. Observada a necessidade de retenção de documentos para subsidiar a análise e a conclusão do ato de deferimento ou de indeferimento do benefício, por um prazo não superior a cinco dias, deverá ser expedido, obrigatoriamente, o termo de retenção e de restituição, em duas vias, conforme dispuser orientação interna, sendo a primeira via do segurado e a segunda do INSS e, em caso da identificação de existência de irregularidades na CP ou na CTPS, proceder-se-á de acordo com o disposto no art. 282 do RPS, aprovado pelo Decreto n. 3.048/99, o qual possui a seguinte redação:

"**Art. 282.** A seguridade social, por meio de seus órgãos competentes, promoverá a apreensão de comprovantes de arrecadação e de pagamento de benefícios, bem como de quaisquer documentos pertinentes, inclusive contábeis, mediante lavratura do competente termo, com a finalidade de apurar administrativamente a ocorrência dos crimes previstos em lei.

Parágrafo único. O Instituto Nacional do Seguro Social e a Secretaria da Receita Federal estabelecerão normas específicas para:

I — apreensão de comprovantes e demais documentos;

II — apuração administrativa da ocorrência de crimes;

III — devolução de comprovantes e demais documentos;

IV — instrução do processo administrativo de apuração;

V — encaminhamento do resultado da apuração referida no inciso IV à autoridade competente; e

VI — acompanhamento de processo judicial."

A assistência de um profissional advogado ou qualquer outro profissional é facultativa e, se existente, será necessário um instrumento de mandato (procuração) contemporâneo, devendo o procurador apresentar junto ao INSS:

a) se profissional liberal (advogado): instrumento de procuração original; Carteira da OAB e CPF;

b) se outro procurador legalmente constituído, não enquadrado como profissional liberal: instrumento de procuração original; documento de identificação e CPF.

Saliente-se, por fim, que a existência de débito relativo a contribuições devidas pelo segurado à Previdência Social não constitui óbice, por si só, para a concessão de benefícios, quando preenchidos todos os requisitos legais para sua concessão, inclusive nas situações em que o período de débito compuser o Período Básico de Cálculo (PBC) do benefício. Não obstante, o débito será comunicado à Secretaria da Receita Federal do Brasil, para as providências necessárias. Sobre o assunto trata o art. 447 da Instrução Normativa INSS n. 45/2010. Confira-se:

"Art. 447. A existência de débito relativo a contribuições devidas pelo segurado à Previdência Social não é óbice, por si só, para a concessão de benefícios quando, excluído o período de débito, estiverem preenchidos todos os requisitos legais para a concessão do benefício requerido, inclusive nas situações em que o período em débito compuser o PBC.

§ 1º Na situação prevista no *caput* deste artigo, deverá, contudo, ser observado, obrigatoriamente, se o não cômputo do período de débito acarretará perda da qualidade de segurado e, consequentemente, reanálise de enquadramento e de progressões.

§ 2º A pedido do segurado, após a quitação do débito, caberá revisão do benefício."

Em se tratando de débito objeto de parcelamento, o período de trabalho correspondente a este somente será utilizado para fins de benefício e CTC no RGPS, após a comprovação da quitação de todos os valores devidos — IN INSS 45/2010, art. 448.

Fundamentação: Além dos instrumentos citados no texto, Decreto n. 3.048/99, art. 176.

2.1. Agendamento prévio

Atualmente, o INSS exige um agendamento prévio do benefício pretendido, designando dia e hora para a análise dos documentos pertinentes. Referido agendamento pode ser efetuado pela internet ou pelo telefone 135.

Em regra, a data de solicitação do agendamento é que deverá ser considerada como Data de Entrada do Requerimento (DER), ressalvadas as seguintes hipóteses (IN INSS n. 45/2010, art. 574):

I — caso não haja o comparecimento do interessado na data agendada para fins de protocolo do benefício, exceto nos casos fortuitos ou de força maior, devidamente comprovado;

II — nos casos de reagendamento por iniciativa do interessado, exceto se for antecipado o atendimento; e

III — incompatibilidade do benefício ou serviço agendado com aquele efetivamente devido, diante da situação verificada, hipótese na qual a DER será considerada como a data do atendimento.

Nas hipóteses em que o atendimento não for realizado por questões não atribuíveis ao interessado, permanecerá garantida a DER na data do agendamento.

No caso de falecimento do interessado, os dependentes ou herdeiros poderão formalizar o requerimento do benefício, mantida a DER na data do agendamento inicial, hipótese em que, obrigatoriamente, deverá ser comprovado o óbito e anexado o extrato do sistema de agendamento eletrônico no processo de benefício.

2.2. Formalização do processo

2.2.1. Documentos obrigatórios

O processo administrativo deverá ser formalizado, obrigatoriamente, com os seguintes documentos (IN INSS n. 45/2010, art. 578):

I — requerimento formalizado e assinado, com modelo próprio do INSS;

II — procuração ou documento que comprove a representação legal, se for o caso;

III — comprovante de agendamento, quando cabível;

IV — cópia do documento de identificação do requerente e do representante legal, quando houver divergência de dados cadastrais;

V — declaração de não-emancipação do dependente, se for o caso;

VI — extrato das informações extraídas de outros órgãos, obtidas por meio de convênios, que contribuam para a decisão administrativa;

VII — contagem do tempo de contribuição utilizado para decisão, informação sobre salários de contribuição e resumo de benefício, vedada a inclusão no processo de simulações, sem que esta hipótese esteja devidamente ressalvada; e

VIII — informações dos membros do grupo familiar, quando se tratar de processo relacionado a benefício assistencial de prestação continuada e nos requerimentos formulados por segurado especial.

Ao requerente analfabeto ou impossibilitado de assinar será permitida a aposição da impressão digital na presença de servidor do INSS, que o identificará, ou a assinatura a rogo na presença de duas pessoas, preferencialmente servidores, as quais deverão assinar com o rogado, se não for possível obter a impressão digital.

O segurado e o dependente, maiores de dezesseis anos de idade, poderão firmar requerimento de benefício, independentemente da presença dos pais ou do tutor.

2.2.2. Documentos originais ou cópias autenticadas

Os documentos destinados a comprovar os requisitos necessários à obtenção do benefício poderão ser apresentados nas vias originais ou por cópias autenticadas em cartório.

Apresentados os originais, o próprio servidor do INSS poderá autenticar as fotocópias que forem também apresentadas, devolvendo os originais ao segurado no momento do atendimento. Se necessário, o servidor poderá solicitar a retenção do original para verificação da contemporaneidade ou outras situações específicas.

É importante que o requerente leve consigo um documento de identificação original com foto, além dos documentos solicitados quando do requerimento, a fim de que se proceda à validação dos dados no momento da formalização do processo administrativo.

Verificada, a qualquer tempo, a falsificação de assinatura ou de autenticação de documento público ou particular, bem como qualquer outra conduta fraudulenta, a Unidade de Atendimento considerará não satisfeita a exigência documental respectiva, registrando a ocorrência no processo administrativo, e dará conhecimento imediato à chefia que, no prazo máximo de cinco dias, remeterá à autoridade competente para adoção das providências administrativas, civis e penais cabíveis.

Salvo imposição legal, o reconhecimento de firma somente será exigido quando houver dúvida de autenticidade.

Fundamentação: Instrução Normativa INSS n. 45/2010, arts. 579 e 580.

2.2.3. Documentos públicos

As certidões de nascimento, casamento e óbito devidamente expedidas por órgão competente e dentro dos requisitos legais, não poderão ser questionadas pelo servidor, sendo documentos dotados de fé pública, conforme o contido nos arts. 217 e 1.604 do Código Civil, cabendo ao INSS produzir prova em contrário, se comprovada a existência de erro ou falsidade do registro.

Obs.: O fato de constar na certidão de nascimento a mãe como declarante não é óbice para a concessão do benefício requerido, devendo ser observadas as demais condições.

Fundamentação: Instrução Normativa INSS n. 45/2010, art. 581.

2.2.4. Documentos em idioma estrangeiro

Os documentos expedidos em idioma estrangeiro devem ser acompanhados da respectiva tradução, efetuada por tradutor público juramentado.

Fundamentação: Instrução Normativa INSS n. 45/2010, art. 582.

2.2.5. Documentos microfilmados

Os documentos microfilmados provenientes de empresas privadas registradas na Secretaria Nacional de Justiça do Ministério da Justiça, apresentados em cópia perfeitamente legível e devidamente autenticada, fazem a mesma prova dos originais e deverão ser aceitos pelo INSS, sem a necessidade de diligência junto à empresa para verificar o filme e comprovar a sua autenticidade.

O documento microfilmado deverá estar autenticado por cartório que satisfaça os requisitos especificados nos arts. 14 e 15 do Decreto n. 1.799/96. O documento não autenticado não poderá ser aceito para a instrução de processos de benefícios, podendo, na impossibilidade de apresentação do documento original, ser confirmado por meio de Pesquisa Externa, observada a competência definida no § 7º do art. 62 do Decreto n. 3.048/99.

Fundamentação: Instrução Normativa INSS n. 45/2010, art. 583.

2.2.6. Documentos digitalizados

Observado o disposto no § 1º do art. 11 da Lei n. 11.419/2006, os documentos digitalizados e juntados aos processos de benefício pelos órgãos da Justiça e seus auxiliares, pelo Ministério Público e seus auxiliares, pelas procuradorias, pelas autoridades policiais, pelas repartições públicas em geral e por advogados públicos e privados têm a mesma força probante dos originais, ressalvada a alegação motivada e fundamentada de adulteração antes ou durante o processo de digitalização.

O servidor deverá identificar o profissional responsável pela apresentação da cópia, registrando no verso do documento o nome completo, o número do documento de identificação e o número da carteira da OAB, se for o caso, bem como, deverá colher a assinatura do responsável pela apresentação do documento.

Quando houver a apresentação de cópia de vários documentos digitalizados, o servidor poderá relacioná-los em folha única, identificando o responsável pela sua apresentação com a respectiva colheita da assinatura.

Fundamentação: Instrução Normativa INSS n. 45/2010, art. 584.

2.3. Comunicação ao terceiro interessado

Quando o deferimento do pedido gerar efeitos em relação a benefícios titularizados por terceiros, estes deverão ser comunicados.

Fundamentação: Instrução Normativa INSS n. 45/2010, art. 585.

3. FASE INSTRUTÓRIA

3.1. Carta de Exigências

Conforme já abordado anteriormente, caso o segurado não apresente toda a documentação indispensável ao processamento do benefício ou do serviço no ato do requerimento administrativo, o servidor deverá emitir uma carta de exigências, com prazo mínimo de 30 (trinta) dias para cumprimento, com o registro da exigência no sistema corporativo de benefícios.

Obs.: Referido prazo pode ser prorrogado, mediante pedido justificado do requerente. Nesta hipótese, poderá ser agendado novo atendimento, sendo imediatamente comunicado ao requerente a nova data e horário agendados.

Não atendida a exigência no prazo fixado, ou se o requerente não comparecer na data agendada, o fato será registrado no processo, não eximindo o servidor de proferir a decisão, após observados os procedimentos para instrução do processo de ofício.

Fundamentação: Instrução Normativa INSS n. 45/2010, art. 586.

3.2. Instrução do processo administrativo

Toda e qualquer atividade destinada a averiguar a comprovar os requisitos legais necessários para a concessão dos benefícios e serviços deve ser realizada mediante provocação, seja do requerente ou do servidor público responsável pela condução do processo administrativo.

No entanto, o não cumprimento de um dos requisitos legais não afasta o dever do servidor de instruir o processo quanto aos demais requisitos. Tal regra consta do art. 587 da IN INSS n. 45/2010 e, na prática, não costuma ser observada. Em diversos processos de concessão de aposentadoria por tempo de contribuição, por exemplo, há comprovação de tempo especial e tempo rural. O servidor do INSS simplesmente indefere os pedidos, sequer analisando a documentação apresentada ou diligenciando no sentido de obter nova documentação.

Importa observar que são admissíveis no processo administrativo todos os meios de prova que se destinem a esclarecer a existência do direito ao recebimento do benefício ou serviço, salvo se a lei exigir forma determinada. Os dados constantes no CNIS relativos a vínculos, remunerações e contribuições valem como prova de filiação à Previdência Social, relação de emprego, tempo de serviço ou de contribuição e salário de contribuição, salvo comprovação de erro ou fraude em sentido contrário — arts. 589 e 590.

Quando o requerente declarar que fatos e dados estão registrados em documentos existentes na própria Administração responsável pelo processo ou em outro órgão administrativo, caberá ao servidor responsável pela instrução proceder, de ofício, a obtenção dos documentos ou das respectivas cópias. As Unidades de Atendimento da Previdência Social não poderão exigir do requerente a apresentação de certidões ou outros documentos expedidos por outro órgão ou entidade do Poder Executivo Federal, devendo o servidor providenciá-los, nos termos do art. 3º do Decreto n. 6.932/2009 — art. 592.

Quando for necessária a prestação de informações ou a apresentação de documentos por terceiros, poderá ser expedida comunicação para esse fim, mencionando-se data, prazo, forma e condições de atendimento.Não sendo atendida a solicitação, o servidor deverá buscar as informações ou documentos solicitados por meio de Pesquisa Externa — art. 594.

Fundamentação: Instrução Normativa INSS n. 45/2010, arts. 587 a 594.

3.2.1. Dúvidas quanto ao conteúdo da CTPS ou outros documentos

Nos termos do art. 591 da Instrução Normativa INSS n. 45/2010, em caso de dúvida quanto à veracidade ou contemporaneidade dos registros constantes na CTPS, inclusive de empregado doméstico, e outros documentos apresentados pelo requerente, deve o servidor, obrigatoriamente, buscar a obtenção da confirmação de sua validade, utilizando as informações constantes em bancos de dados colocados à sua disposição ou mediante realização de Pesquisa Externa.

Fundamentação: Instrução Normativa INSS n. 45/2010, art. 591.

3.2.2. Requerimento de novo benefício pelo mesmo segurado

Determina o art. 593 da IN 45/2010 que, caso o segurado requeira novo benefício, poderá ser utilizada a documentação de processo anterior que tenha sido indeferido, cancelado ou cessado, ressalvados os benefícios processados em meio virtual, desde que complemente, se for o caso, a documentação necessária para o despacho conclusivo.

Quando for identificada a existência de processo de benefício indeferido da mesma espécie, e quando necessário, poderão ser solicitadas informações acerca dos elementos nele constantes e as razões do seu indeferimento, suprindo-se estas pela apresentação de cópia integral do processo anterior, a qual deverá ser juntada ao novo pedido.

No caso de extravio do processo anterior, a APS de origem deverá adotar os procedimentos que couber para a sua reconstituição.

Fundamentação: Instrução Normativa INSS n. 45/2010, art. 593.

4. JUSTIFICAÇÃO ADMINISTRATIVA

4.1. Conceito

Considera-se Justificação Administrativa o procedimento destinado a suprir a falta de documento ou a fazer prova de algum fato ou circunstância necessária para a obtenção do benefício por parte do requerente, ou satisfação de seu interesse junto ao INSS.

Via de regra, tal procedimento serve para possibilitar a comprovação de fatos para os quais o segurado não possui documentos ou não tem acesso a eles. O art. 596 também prevê, para tal finalidade, a realização de uma perícia social, nos termos do § 1º do art. 16 do Decreto n. 6.214/2007.

Obs.: A Justificação pode ser processada de forma autônoma, para efeito de inclusão ou retificação de vínculos no CNIS, mediante solicitação do interessado e sem qualquer ônus.

Fundamentação: Lei n. 8.213/91, art. 108; Decreto n. 3.048/99, art. 142; Instrução Normativa INSS n. 45/2010, art. 596.

4.2. Oportunização

Para oportunização da Justificação Administrativa (JA), o servidor do INSS deverá emitir uma carta de comunicação ao interessado, com prazo mínimo de 30 (trinta) dias para manifestação, com o registro da mesma no sistema corporativo de benefícios.

O pedido administrativo não poderá ser indeferido enquanto não estiverem definitivamente concluídos os procedimentos da JA.

Obs.: Não será admitida a JA quando o fato a comprovar exigir registro público de casamento, idade ou de óbito, ou de qualquer ato jurídico para o qual a lei prescreva forma especial.

Fundamentação: Instrução Normativa INSS n. 45/2010, arts. 596 e 597.

4.3. Início de prova documental

Quando o objetivo da Justificação Administrativa (ou Justificação Judicial) se referir à comprovação de tempo de contribuição, será necessário que esteja baseada em início de prova material, não sendo admitida prova apenas por testemunhas, salvo nos casos de força maior. Esta a regra contida, inclusive, no § 3º do art. 55 da Lei n. 8.213/91.

Esse é o entendimento também de nossos tribunais federais conforme ilustram as seguintes Súmulas:

"**TRF 1ª Região, Súmula 27** — Não é admissível prova exclusivamente testemunhal para reconhecimento de tempo de exercício de atividade urbana e rural (Lei 8.213/91, art.55,§ 3º)."

"**TRU 3ª Região**,"**Súmula 7** — A comprovação de tempo de serviço rural ou urbano depende de início de prova material da prestação de serviço, nos termos do art. 55, § 3º, da Lei n. 8.213/91." (Origem Enunciado 07 do JEFSP)

Caracteriza motivo de força maior ou caso fortuito a verificação de ocorrência notória, tais como incêndio, inundação ou desmoronamento, que tenha atingido a empresa na qual o segurado alegue ter trabalhado, devendo ser comprovada mediante registro da ocorrência policial feito em época própria ou apresentação de documentos contemporâneos dos fatos, e verificada a correlação entre a atividade da empresa e a profissão do segurado. Do registro da ocorrência policial ou da certidão do Corpo de Bombeiros ou da Defesa Civil, deverão constar, além da identificação da empresa atingida pelo sinistro, o endereço, os setores atingidos, a documentação destruída, os danos causados, assim como outras informações julgadas úteis.

Se a empresa não estiver mais em atividade, deverá o interessado juntar prova oficial de sua existência no período que pretende comprovar. Servem como provas de existência da empresa as certidões expedidas por Prefeitura, por Secretaria de Fazenda, por Junta Comercial, por Cartório de Registro Especial ou por Cartório de Registro Civil, nas quais constem nome, endereço e razão social do empregador e data de encerramento, de transferência ou de falência da empresa.

Ocorre que o Decreto n. 3.048/99 (art. 143) e a Instrução Normativa INSS n. 45/2010 (art. 598) exigem início de prova material também quando o objetivo da JA se referir a prova de dependência econômica, união estável, identidade ou relação de parentesco, com as seguintes regras:

a) A prova material somente terá validade para a pessoa referida no documento, não sendo permitida sua utilização por outras pessoas, salvo na hipótese de se tratar de segurado especial, prevista no § 2º do art. 600 da IN INSS 45/2010.

b) A prova de identidade visa ao esclarecimento completo de divergências existentes entre os documentos apresentados, exceto ao esclarecimento de qualquer documento reconhecido por lei como sendo de identificação pessoal, quanto a nomes e prenomes do segurado ou dependentes e, se necessário, quanto a outros dados relativos à identificação.

c) A prova de exclusão de dependentes destina-se a eliminar possível dependente em favor de outro, situado em ordem concorrente ou preferencial, por inexistir dependência econômica ou por falta de qualquer condição essencial ao primeiro dependente, observando-se que:

• cada pretendente ao benefício deverá ser cientificado, ainda na fase de processamento da JA, quanto à existência de outro possível dependente e ser, inclusive, orientado no sentido de requerer JA para a comprovação de dependência econômica, se for o caso;

• sempre que o dependente a excluir for menor, a JA somente poderá ser realizada se ele estiver devidamente representado ou assistido por seu tutor; e

• no caso da letra b, *supra*, em razão da concorrência de interesses, o representante legal não poderá ser pessoa que venha a ser beneficiada com a referida exclusão, hipótese em que não caberá o processamento de JA, devendo o interessado fazer a prova perante o juízo de direito competente.

d) A JA para provas subsidiárias de filiação, de maternidade, de paternidade ou de qualidade de irmão é sempre complementação de prova documental não suficiente, já exibida, mas que representa um conjunto de elementos de convicção.

Compreendo ser ilegal tal exigência (de início de prova material) já que a Lei n. 8.213/91 a impõe apenas quando se pretende comprovar tempo de contribuição. Norma restritiva de direito, como esta, somente deve prevalecer se prevista em lei (conforme CF/88), e não em regulamento ou documento normativo.

Fundamentação: Lei n. 8.213/91, art. 55, § 3º; Decreto n. 3.048/99, art. 143; Instrução Normativa INSS n. 45/2010, arts. 598 e 599.

4.3.1. Prova de exercício de atividade e tempo de contribuição

A prova de exercício de atividade poderá ser feita por documento contemporâneo que configure a verdade do fato alegado ou que possa levar à convicção do que se pretende comprovar, observando-se o seguinte (IN INSS n. 45/2010, art. 600):

I — se o segurado pretender comprovar o exercício de atividade na condição de empregado, a documentação apresentada deverá propiciar a convicção quanto ao alegado, constando a designação da atividade, bem como a da empresa em que deseja demonstrar ter trabalhado;

II — a JA deverá ser processada mediante a apresentação de início de prova material, devendo ser demonstrado um ou mais indícios como marco inicial e outro como marco final, bem como, se for o caso, outro para o período intermediário, a fim de comprovar a continuidade do exercício da atividade; e

III — a aceitação de um único documento está restrita à prova do ano a que ele se referir.

Para a comprovação de atividade rural em qualquer categoria, caso os documentos apresentados não sejam suficientes, por si só, para a prova pretendida, mas se constituam como início de prova material, a pedido do interessado, poderá ser processada JA, observando que:

• servem como prova material, dentre outros, no que couber, os documentos citados nos arts. 115 e 122;

• deverá ser observado o ano de expedição, de edição, de emissão ou de assentamento dos documentos referidos no inciso I deste artigo; e

• os documentos mencionados nos incisos I, III a VI, VIII e X do art. 115 da IN INSS n. 45/2010, quando em nome do próprio requerente dispensam a realização de Justificação Administrativa para contagem de tempo rural em benefício urbano e certidão de contagem recíproca.

Tratando-se de comprovação na categoria de segurado especial, o documento existente em nome de um dos componentes do grupo familiar poderá ser utilizado, como início de prova material, por qualquer dos integrantes deste grupo, assim entendidos os pais, os cônjuges, companheiros(as) e filhos(as) solteiros(as).

Para fins de comprovação de tempo de contribuição por processamento de JA, para empresa em atividade ou não, deverá o interessado juntar prova oficial de existência da empresa, no período que se pretende comprovar.Servem como provas de existência da empresa, dentre outros, as certidões expedidas por Prefeitura, por Secretaria de Fazenda, por Junta Comercial, por Cartório de Registro Especial ou por Cartório de Registro Civil, nas quais constem nome, endereço e razão social do empregador e data de encerramento, de transferência ou de falência da empresa.

Fundamentação: Instrução Normativa INSS n. 45/2010, art. 600.

4.3.2. Exame documentoscópico com parecer grafotécnico

Quando do requerimento de JA, o laudo de exame documentoscópico com parecer grafotécnico, se apresentado como início de prova material, somente será aceito se realizado por perito especializado em perícia grafotécnica e se ele for inscrito no órgão competente e se, concomitantemente, forem apresentados os documentos originais que serviram de base para a realização do exame.

Fundamentação: Instrução Normativa INSS n. 45/2010, art. 602.

4.3.3. Comprovação da exposição a agentes nocivos, para obtenção de tempo especial

O segurado poderá solicitar processamento de JA no caso de impossibilidade de apresentação de algum dos documentos obrigatórios mencionados no art. 256 da IN INSS n. 45/2010 (que se refere à documentação necessária à aposentadoria especial), observando que (art. 603):

I — tratando-se de empresa legalmente extinta, para fins de comprovação da atividade exercida em condições especiais, será dispensada a apresentação do formulário de reconhecimento de períodos alegados como especiais para fins de aposentadoria;

II — para períodos até 28 de abril de 1995, véspera da publicação da Lei n. 9.032, de 1995, a JA deverá ser instruída com base nas informações constantes da CP ou da CTPS em que conste a função exercida, verificada a correlação entre a atividade da empresa e a profissão do segurado, salvo nos casos de exposição a agentes nocivos passíveis de avaliação quantitativa; e

III — a partir de 29 de abril de 1995, data da publicação da Lei n. 9.032, de 1995, e em qualquer época, nos casos de exposição a agentes nocivos passíveis de avaliação quantitativa, a JA deverá ser instruída, obrigatoriamente, com laudo de avaliação ambiental, coletivo ou individual, nos termos dos §§ 1º e 2º do art. 256.

Fundamentação: Instrução Normativa INSS n. 45/2010, art. 603.

4.4. Processamento — Testemunhas

Para o processamento de justificação administrativa, o interessado deverá apresentar um requerimento ao INSS expondo, de forma clara e detalhada, os pontos que pretende justificar, indicando testemunhas idôneas (em número não inferior a três nem superior a seis), cujos depoimentos possam levar à convicção da veracidade do que se pretende comprovar.

As testemunhas, no dia e hora marcados, serão inquiridas (separadamente) a respeito dos pontos que forem objeto da justificação, indo o processo concluso, a seguir, à autoridade que houver designado o processante, a quem competirá homologar ou não a justificação realizada.

A JA será processada por servidor especialmente designado pelo gerente da APS ou chefe de benefícios desta, devendo a escolha recair em funcionários que possuam habilidade para a tomada de depoimentos e declarações e que tenham conhecimento da matéria objeto da JA.

Se o justificante estiver presente no ato da indagação da testemunha (o que não é obrigatório), poderá formular perguntas, as quais serão dirigidas ao processante, que as formulará à testemunha, podendo indeferir as que entender impertinentes, fazendo constar do termo a ocorrência.

Terminada a oitiva de cada depoente, o termo será lido em voz alta pelo processante ou pelo próprio depoente, sendo colhida a assinatura do depoente, a do justificante ou seu procurador, se presentes, e a do processante, que deverão, também, obrigatoriamente, rubricar todas as folhas de depoimento das testemunhas.

Obs.: Quando o depoente não for alfabetizado, deverá, em lugar da assinatura, apor a impressão digital, na presença de duas testemunhas.

Processada sem ônus para o interessado, a justificação administrativa será avaliada globalmente quanto à forma e ao mérito, valendo perante o INSS para os fins especificamente visados, caso considerada eficaz.

Aos autores de declarações falsas, prestadas em justificações processadas perante a Previdência Social, serão aplicadas as penas previstas no art. 299 do Código Penal.

Fundamentação: Decreto n. 3.048/99, arts. 145 e 148 a 150; Instrução Normativa INSS n. 45/2010, arts. 604 a 606 e 609.

4.4.1. Pessoas não admitidas como testemunhas

Não podem ser testemunhas (IN INSS n. 45/2010, art. 607):

I — o que, acometido por enfermidade ou por debilidade mental à época de ocorrência dos fatos, não podia discerni-los ou, ao tempo sobre o qual deve depor, não estiver habilitado a transmitir as percepções;

II — os menores de dezesseis anos;

III — o cego e o surdo, quando a ciência do fato depender dos sentidos que lhes faltam;

IV — o cônjuge, bem como o ascendente e o descendente em qualquer grau;

V — o colateral, até terceiro grau, assim como os irmãos e as irmãs, os tios e tias, os sobrinhos e sobrinhas, os cunhados e as cunhadas, as noras e os genros ou qualquer outro por consanguinidade ou por afinidade;

VI — o que é parte interessada; e

VII — o que intervém em nome de uma parte, como tutor na causa do menor.

Fundamentação: Decreto n. 3.048/99, art. 146; Instrução Normativa INSS n. 45/2010, art. 607.

4.4.2. Comprovação de tempo de serviço

Para comprovação de tempo de serviço, a testemunha deverá ser preferencialmente colega de trabalho da época em que o requerente exerceu a atividade alegada ou o ex–patrão.

Fundamentação: Instrução Normativa INSS n. 45/2010, art. 608.

4.4.3. Testemunha com residência em local diverso

Na hipótese de a testemunha residir em localidade distante ou em localidade de abrangência de outra APS, o processo deverá ser encaminhado para essa Agência, a fim de convocar a testemunha e realizar a oitiva, devendo ser observada a competência para efetuar o relatório, a conclusão e o julgamento.

A pedido do justificante, a oitiva da testemunha que residir em localidade pertencente à outra jurisdição, poderá ser feita na APS onde foi requerida a JA, salvo quando a autoridade competente julgar inconveniente, em razão do assunto que se pretende comprovar.

Fundamentação: Instrução Normativa INSS n. 45/2010, art. 610.

4.4.4. Termo de Assentada

Nos termos do art. 609 da IN 45/2010, por ocasião do processamento da JA, será lavrado o Termo de Assentada, que será único, consignando-se a presença ou ausência do justificante ou de seu procurador, para, posteriormente, o processante passar à inquirição das testemunhas, registrando a termo os depoimentos.

O processante poderá, a seu critério, tomar depoimento do justificante para esclarecimentos sobre os fatos colhidos no processamento da JA.

O requerimento apresentado pelo interessado, contendo de forma clara e minuciosa os pontos que pretende justificar, será lido em voz alta pelo processante, para que a testemunha ou o depoente se inteirem do conteúdo do processo.

Dos Termos de Depoimentos deverão constar, inicialmente, a qualificação da testemunha, consignando-se o nome completo, a nacionalidade, a naturalidade, o estado civil, a profissão, especificando o cargo ou a função, a idade e o endereço residencial, à vista do seu documento de identificação, que será mencionado.

Fundamentação: Instrução Normativa INSS n. 45/2010, art. 609.

4.4.5. Homologação — não *cabimento de recurso administrativo*

Quanto à forma, a homologação da Justificação Administrativa é de competência do servidor que a processou, devendo este fazer relatório sucinto dos fatos colhidos, mencionando sua impressão a respeito da idoneidade das testemunhas e opinando conclusivamente sobre a prova produzida, de forma a confirmar ou não os fatos alegados, não sendo de sua competência analisar o início de prova material apresentado. Na hipótese da testemunha residir em outra localidade é indispensável o relatório de todos os servidores processantes.

Quanto ao mérito, a homologação da JA caberá à autoridade que autorizou seu processamento. Caso essa autoridade seja do INSS (esfera administrativa), não caberá recurso da decisão que considerar eficaz ou ineficaz a Justificação (Decreto n. 3.048/99, art. 147).

Se, após homologada a JA, ficar evidenciado que a prestação de serviço deu-se sem relação de emprego, será feito o reconhecimento da filiação na categoria correspondente a uma das demais espécies de segurado, com obrigatoriedade do recolhimento das contribuições, quando for o caso.

Fundamentação: Decreto n. 3.048/99, art. 147; Instrução Normativa INSS n. 45/2010, arts. 611 a 613.

4.4.6. Homologação Judicial com Base em Prova Exclusivamente Testemunhal

A homologação da justificação judicial processada com base em prova exclusivamente testemunhal dispensa a justificação administrativa, se complementada com início razoável de prova material — Decreto n. 3.048/99, art. 144.

4.5. Termo Aditivo

Se, após a conclusão da JA, o segurado apresentar outros documentos contemporâneos aos fatos alegados que, somados aos já apresentados e ao exposto nos depoimentos, levem à convicção de que os fatos ocorreram em período mais extenso do que o já homologado, poderá ser efetuado termo aditivo, desde que autorizado por quem de competência — IN INSS n. 45/2010, art. 614.

Na hipótese de os documentos apresentados para a JA não forem aceitos por não se constituírem em início de prova material, deverá o segurado ser cientificado do fato, para que possa recorrer, se for de seu interesse — IN INSS n. 45/2010, art. 615.

No retorno dos processos em fase recursal, com decisão da Junta de Recursos ou da Câmara de Julgamento para o INSS processar JA, esta deverá ser entendida como diligência, procedendo-se da seguinte forma (art. 616):

I — independentemente de existir documentos como início de prova material, será cumprida a Diligência;

II — a homologação quanto ao mérito será de responsabilidade do gerente da APS ou o do chefe de benefício desta;

III — se o processante entender que não estão presentes os requisitos necessários para a homologação quanto à forma, poderá deixar de homologar a JA, consignando as razões através de relatório sucinto;

IV — caso a autoridade competente entenda que não cabe a homologação quanto ao mérito, por faltar algum requisito que impossibilite a análise, tal como início de prova material, processamento somente com depoimento de testemunhas, entre outros, poderá optar pela não homologação, justificando sua decisão por meio de relatório sucinto, porém fundamentado nos motivos que resultaram nessa decisão; e

V — não será considerada cumprida a diligência que versar sobre processamento de JA, se não houver manifestação quanto à homologação de forma e mérito, conforme os incisos anteriores.

Novo pedido de JA para prova de fato já alegado e não provado e a reinquirição das testemunhas não serão admitidos.

Fundamentação: Instrução Normativa INSS n. 45/2010, arts. 614 a 617.

5. PESQUISA EXTERNA

Nos termos do art. 618 da Instrução Normativa INSS n. 45/2010, entende-se por Pesquisa Externa, as atividades externas exercidas pelo servidor do INSS, previamente designado para atuar nas empresas, nos órgãos públicos ou em relação aos contribuintes em geral e beneficiários, que tem por objetivo:

I — a verificação da veracidade dos documentos apresentados pelos requerentes, bem como a busca pelos órgãos do INSS de informações úteis à apreciação do requerimento formulado à Administração;

II — a conferência e o incremento dos dados constantes dos sistemas, dos programas e dos cadastros informatizados;

III — a realização de visitas necessárias ao desempenho das atividades de Serviço Social, perícias médicas, de habilitação, de reabilitação profissional e o acompanhamento da execução dos contratos com as unidades pagadoras pelo Serviço de Acompanhamento ao Atendimento Bancário — SAAB, ou para a adoção de medidas, realizada por servidor previamente designado;

IV — o atendimento de programas revisionais de benefícios previdenciários e de benefícios assistenciais previstos em legislação; e

V — o atendimento das solicitações da PFE junto ao INSS e demais órgãos de execução da Procuradoria Geral Federal e do Poder Judiciário para coleta de informações úteis à defesa do INSS.

Na Pesquisa Externa poderão ser examinadas folhas de pagamento, livros ou fichas de registro de empregados e outros documentos ou elementos para os quais a lei não assegure sigilo, verificando-se, na oportunidade, a contemporaneidade dos documentos, bem como a ordem cronológica de emissão ou outros elementos que configurem a autenticidade (§1º).

Constatada, no ato da realização da Pesquisa Externa, a necessidade de verificação de livros ou de documentos contábeis e de outros elementos para os quais a lei assegure sigilo ou carecendo de procedimentos privativos da fiscalização previdenciária, a Pesquisa Externa será encerrada com o relato desse fato (§ 2º).

Somente deverão ser adotados os procedimentos de que trata este artigo, após ser verificada a impossibilidade do segurado ou dependente apresentar os documentos solicitados pelo INSS ou de se apresentar para a realização de perícia médica na unidade de atendimento do Instituto (§ 3º).

As empresas deverão colocar à disposição de servidor designado por dirigente do INSS as informações ou registros de que dispuserem, relativamente a segurado a seu serviço e previamente identificado, para fins de instrução ou revisão de processo de reconhecimento de direitos e outorga de benefícios do RGPS, nos termos do § 7º do art. 62 do Decreto n. 3.048/99.

Fundamentação: Instrução Normativa INSS n. 45/2010, arts. 618 e 619.

6. DECISÃO ADMINISTRATIVA

6.1. Análise e concessão do melhor benefício

Cabe ao INSS a análise dos direitos e a concessão do melhor benefício a que o segurado fizer jus, sendo dever do servidor público orientá-lo nesse sentido. Confira-se, nestes termos, o Enunciado n. 5 do CRPS:

> "**Enunciado 5** — Seguridade social. CRPS. Benefício previdenciário. Concessão do melhor que o segurado faz jus. Orientação do servidor. Necessidade. A Previdência Social deve conceder o melhor benefício a que o segurado fizer jus, cabendo ao servidor orientá-lo nesse sentido."

Se por ocasião do atendimento, sem prejuízo da formalização do processo administrativo, estiverem satisfeitos os requisitos legais, será imediatamente reconhecido o direito, comunicando ao requerente a decisão.Não evidenciada a existência imediata do direito, o processo administrativo terá seu curso normal, seguindo-se à fase de instrução probatória e decisão.

Quando o servidor responsável pela análise do processo verificar que o segurado ou dependente possui direito ao recebimento de benefício diverso ou mais vantajoso do que o requerido, deve comunicar o requerente para exercer a opção, no prazo de 30 (trinta) dias.A opção por benefício diverso ou mais vantajoso do que o requerido deverá ser registrada por termo assinado nos autos, hipótese em que será processado o novo benefício nos mesmos autos, garantido o pagamento desde o agendamento ou requerimento original. (IN INSS 45/2010, art. 627)

Fundamentação: Instrução Normativa INSS n. 45/2010, arts. 621, 622 e 627.

6.2. Reafirmação da DER

Conforme expresso no art. 623 da IN INSS n. 45/2010, se por ocasião do despacho, for verificado que na Data de Entrada do Requerimento (DER) o segurado não satisfazia as condições mínimas exigidas para a concessão do benefício pleiteado, mas que os completou em momento posterior ao pedido inicial, será dispensada nova habilitação, admitindo-se, apenas, a reafirmação da DER.

Referido procedimento se aplica, ainda, a todas as situações que resultem em um benefício mais vantajoso ao segurado, desde que haja sua manifestação escrita.

Fundamentação: Instrução Normativa INSS n. 45/2010, art. 623.

6.3. Decisão

O INSS tem o dever de, explicitamente, emitir decisão nos processos administrativos, bem como em qualquer solicitação ou reclamação em matéria de sua competência, sendo obrigatória a observância da Lei n. 9.784/99.

Nos termos do art. 624 da IN INSS n. 45/2010:

• A decisão administrativa, em qualquer hipótese, deverá conter despacho sucinto do objeto do requerimento administrativo, fundamentação com análise das provas constantes nos autos, bem como conclusão deferindo ou indeferindo o pedido formulado, sendo insuficiente a mera justificativa do indeferimento constante no sistema corporativo da Previdência Social.

• A motivação deve ser clara e coerente, indicando quais os requisitos legais que foram ou não atendidos, podendo fundamentar-se em decisões anteriores, bem como notas técnicas e pareceres do órgão consultivo competente, os quais serão parte integrante do ato decisório.

• Todos os requisitos legais necessários à análise do requerimento devem ser apreciados no momento da decisão, registrando-se no processo administrativo a avaliação individualizada de cada requisito legal.

• Concluída a instrução do processo administrativo, a unidade de atendimento do INSS tem o prazo de até 30 (trinta) dias para decidir, salvo prorrogação por igual período expressamente motivada. Considera-se concluída a instrução do processo administrativo quando estiverem cumpridas todas as exigências, se for o caso, e não houver mais diligências ou provas a serem produzidas.

O requerente será comunicado da decisão administrativa, da qual caberá recurso no prazo de 30 (trinta) dias.No caso de indeferimento, a comunicação ao requerente deverá conter o(s) motivo(s) e a fundamentação legal da decisão administrativa e do prazo para recurso — art. 625.

Fundamentação: Instrução Normativa INSS n. 45/2010, arts. 624 e 625.

6.4. Comunicação ao Empregador/Empresa

Dispõe o art. 626 da IN INSS n. 45/2020 que, em se tratando de segurado empregado, após a concessão de qualquer espécie de aposentadoria, o INSS cientificará o respectivo empregador sobre a DIB.

Na prática, contudo, tal procedimento não existe e a empresa não toma conhecimento do benefício de aposentadoria que é concedido a seus empregados, salvo aqueles decorrentes de acidente de trabalho (que são disponibilizados na página eletrônica da Previdência Social, com acesso mediante senha).

Fundamentação: Instrução Normativa INSS n. 45/2010, art. 626.

6.5. Aviso de Concessão e Memória de Cálculo

Sendo deferido o benefício previdenciário, o INSS se encontra obrigado a emitir e enviar ao beneficiário o Aviso de Concessão de Benefício, além da memória de cálculo do valor dos benefícios concedidos (Decreto n. 3.048/99, art. 172).

Atualmente estes documentos podem ser obtidos no site da Previdência Social (<www.mps.gov.br> ou <www.previdenciasocial.gov.br>), o que, no entanto, não desobriga o INSS de encaminhá-los aos beneficiários.

7. PAGAMENTO DO BENEFÍCIO

O primeiro pagamento de renda mensal do benefício deve ser efetuado pelo INSS até 45 (quarenta e cinco) dias após a data da apresentação, pelo segurado, da documentação necessária a sua concessão. Este prazo ficará prejudicado somente nos casos de justificação administrativa ou outras providências a cargo do segurado, que demandem a sua dilatação, iniciando-se essa contagem a partir da data da conclusão das mesmas.

Caso ocorra atraso no primeiro pagamento, os valores devem ser atualizados monetariamente pela Previdência Social. O índice a ser utilizado é o mesmo adotado para o reajustamento dos benefícios previdenciários (atualmente, INPC), apurado no período compreendido entre o mês em que deveria ter sido pago e o mês do efetivo pagamento. Confira-se, nestes termos, a redação do Enunciado n. 28 da AGU, aprovado em 2008:

> "**Enunciado 28** — O pagamento das parcelas atrasadas de benefício previdenciário deve ocorrer sempre com correção monetária, independentemente de ocorrência de mora e de quem lhe deu causa, vez que representa mera atualização da moeda."

Especificamente sobre o salário maternidade, confira-se a Súmula 45 da TNU:

> "**Súmula 45** — Incide correção monetária sobre o salário maternidade desde a época do parto, independentemente da data do requerimento administrativo."

Sobre o tema, veja também a Súmula 32 da TRU da 3ª Região, a Súmula 19 do TRF da 1ª Região e também a Súmula 8 do TRF da 3ª Região:

> "**TRU 3 — Súmula 32** — É devida a correção monetária nos pagamentos administrativos de valores em atraso desde a data do início do benefício e a partir do vencimento de cada parcela." (Origem: Súmula 01, do JEFAME)

> "**TRF 1 — Súmula 19** — O pagamento de benefícios previdenciários, vencimentos, salários, proventos, soldos e pensões, feito, administrativamente, com atraso, está sujeito a correção monetária desde o momento em que se tornou devido."

> "**TRF 3 — Súmula 8** — Em se tratando de matéria previdenciária, incide a correção monetária a partir do vencimento de cada prestação do benefício, procedendo-se à atualização em consonância com os índices legalmente estabelecidos, tendo em vista o período compreendido entre o mês em que deveria ter sido pago, e o mês do referido pagamento."

Até a competência março/2004 o INSS devia efetuar o pagamento mensal dos benefícios até o 10º dia útil do mês seguinte à competência. A partir de abril de 2004, os benefícios passaram a ser pagos do primeiro ao quinto dia útil do mês seguinte ao de sua competência, observada a distribuição proporcional do número de beneficiários por dia de pagamento.

Nos termos da Medida Provisória n. 404/2007 (DOU de 12.12.2007), posteriormente convalidada pela Lei n. 11.665/2008 (que deu redação ao art. 41-A da Lei n. 8.213/91), os benefícios com renda mensal superior a um salário mínimo devem ser pagos do 1º ao 5º dia útil do mês subsequente ao de sua competência, observada a distribuição proporcional do número de beneficiários por dia de pagamento. Já os benefícios com renda até um salário mínimo devem ser pagos no período compreendido entre o 5º dia útil que anteceder o final do mês de sua competência e o 5º dia útil do mês subsequente, também observando-se distribuição proporcional por dia de pagamento. Nos termos da referida MP, considera-se dia útil aquele de expediente bancário com horário normal de atendimento.

Obs.: Considera-se dia útil aquele de expediente bancário, com horário normal de atendimento.

Confira-se, ainda, a redação do art. 412 da Instrução Normativa INSS 45/2010:

> "**Art. 412.** O pagamento dos benefícios obedecerá aos seguintes critérios:
>
> I — com renda mensal superior a um salário mínimo, do primeiro ao quinto dia útil do mês subsequente ao de sua competência, observada a distribuição proporcional do número de beneficiários por dia de pagamento; e
>
> II — com renda mensal no valor de até um salário mínimo, serão pagos no período compreendido entre o quinto dia útil que anteceder o final do mês de sua competência e o quinto dia útil do mês subsequente, observada a distribuição proporcional dos beneficiários por dia de pagamento.
>
> § 1º Para os beneficiários que recebem dois ou mais benefícios vinculados ao mesmo NIT, deverá ser observado o seguinte:
>
> I — se cada um dos benefícios tiver a renda mensal no valor de até um salário mínimo, haverá antecipação de pagamento, conforme inciso II do *caput*; e
>
> II — se pelo menos um dos benefícios tiver a renda mensal no valor superior a um salário mínimo, o pagamento será efetuado nos cinco primeiros dias úteis do mês subsequente ao da competência.
>
> § 2º Para os efeitos deste artigo, considera-se dia útil aquele de expediente bancário com horário normal de atendimento.

§ 3º Os benefícios poderão ser pagos por meio de cartão magnético, ou mediante depósito em conta bancária (conta corrente ou poupança) em nome do beneficiário.

§ 4º O titular de benefício de aposentadoria, qualquer que seja a sua espécie, ou de pensão por morte, conforme o Decreto n. 5.180, de 13 de agosto de 2004, poderá autorizar, de forma irrevogável e irretratável, que a instituição financeira na qual receba seu benefício retenha valores referentes ao pagamento mensal de empréstimos, financiamentos e operações de arrendamento mercantil por elas concedido para fins de amortização.

§ 5º No caso de benefício pago por meio de conta bancária, tendo o INSS tomado conhecimento de fatos que levem à sua cessação com data retroativa, deverá a APS comunicar imediatamente à instituição financeira para bloqueio dos valores, proceder ao levantamento daqueles creditados após a data da efetiva cessação e emitir GPS ao órgão pagador, por meio de ofício."

Fundamentação: Lei n. 8.213/91, art.41-A, §§ 2º a 5º; Decreto n. 3.048/99, arts. 40, 174 e 175; Instrução Normativa INSS n. 45/2010, arts. 412 e 414.

7.1. Pagamento mediante depósito em conta-corrente

Os benefícios previdenciários podem ser pagos pelo INSS mediante depósito em conta corrente bancária em nome do beneficiário. Sendo os valores depositados e havendo ausência de movimentação dos mesmos pelo beneficiário por prazo superior a 60 (sessenta) dias, os valores dos benefícios remanescentes deverão ser estornados e creditados à Conta Única do Tesouro Nacional, com a identificação de sua origem.

Fundamentação: Lei n. 8.213/91, art. 113; Decreto n. 3.048/99, arts. 166.

7.2. Pagamento a terceiros — Possibilidade

Regra geral o benefício será pago diretamente ao beneficiário, sem qualquer intermediação, sendo importante frisar que o segurado e o dependente, com dezesseis anos completos, podem firmar recibo de benefício, independente da presença dos pais ou tutor.

O benefício previdenciário somente poderá ser pago a terceiros em casos de ausência, moléstia contagiosa ou impossibilidade de locomoção do segurado titular, hipóteses em que deverá ser apresentada procuração com poderes específicos, cujo mandato não terá prazo superior a 12 meses, podendo ser renovado ou revalidado pelos setores de benefícios do INSS.

Obs.: A impressão digital do beneficiário incapaz de assinar, aposta na presença de servidor da Previdência Social, vale como assinatura para quitação de pagamento de benefício.

Quando se tratar de moléstia contagiosa ou doença que impossibilite a locomoção, deverá ser feita comprovação mediante apresentação de atestado médico. Nos casos de impossibilidade de locomoção decorrente de privação da liberdade, a comprovação deverá ser feita mediante apresentação de atestado de recolhimento à prisão, emitido por autoridade competente.

Obs.: Nos termos do art. 403 da IN INSS n. 45/2010, o atestado de vida, o atestado médico ou a declaração de cárcere, terá prazo de validade de 30 (trinta) dias, a partir de sua expedição.

O procurador do beneficiário deverá firmar, ainda, e perante o INSS, um termo de responsabilidade mediante o qual se comprometa a comunicar ao Instituto qualquer evento que possa anular a procuração, principalmente o óbito do outorgante, sob pena de incorrer nas sanções criminais cabíveis.

O INSS apenas poderá se negar a aceitar procuração quando se manifestar indício de inidoneidade do documento ou do mandatário, sem prejuízo, no entanto, das providências que se fizerem necessárias.

O INSS poderá aceitar a constituição de procurador com mais de uma procuração, ou procurações coletivas, como, por exemplo, nas situações onde os representados pertençam a leprosários, sanatórios, asilos e outros estabelecimentos congêneres, bem como também quando de parentes de primeiro grau.

Fundamentação: Lei n. 8.213/91, arts. 109 e 111; Decreto n. 3.048/99, arts. 156, 157, 159, 163 e 164; Instrução Normativa INSS n. 45/2010, arts. 395, 400 e 409.

7.2.1. Impedimentos

Não poderão ser procuradores os servidores públicos civis ativos e os militares ativos (salvo se parentes até o segundo grau) e os incapazes para os atos da vida civil, ressalvado o disposto no art. 666 do Código Civil. Podem, entretanto, outorgar procuração as pessoas maiores ou emancipadas, no gozo dos direitos civis. É a redação do dispositivo citado:

"**Art. 666.** O maior de dezesseis e menor de dezoito anos não emancipado pode ser mandatário, mas o mandante não tem ação contra ele senão de conformidade com as regras gerais, aplicáveis às obrigações contraídas por menores."

Fundamentação: Decreto n. 3.048/99, art. 160.

7.2.2. Segurados ou Dependentes Civilmente Incapazes

O benefício devido ao segurado ou dependente civilmente incapaz será pago ao cônjuge, pai, mãe, tutor ou curador, admitindo-se, na sua falta e por período não superior a seis meses, o pagamento a herdeiro necessário, mediante termo de compromisso firmado no ato do recebimento. Esse prazo, contudo, pode ser prorrogado por iguais períodos, desde que comprovado o andamento regular do processo legal de tutela ou curatela.

A falta da apresentação do Termo de Tutela ou do Termo de Curatela, no entanto, não impede a concessão ou o pagamento de qualquer benefício do RGPS devido ao segurado ou ao dependente civilmente incapaz, desde que o administrador provisório comprove, por meio de protocolo, o pedido perante a Justiça. Nesta hipótese, deverá ser firmado pelo administrador provisório o Termo de Compromisso, impresso por sistema próprio, que será válido por seis meses, sujeito à prorrogação, desde que comprovado o andamento do respectivo processo judicial. Caso seja alegado que o beneficiário não possui condições de gerir o recebimento do benefício, o servidor do INSS deverá orientar no seguinte sentido (IN INSS n. 45/2010, art. 399, §1º):

I — a constituição de procurador conforme dispõe o art. 156 do RPS, na hipótese de o beneficiário possuir discernimento para a constituição de mandatário na forma dos incisos II e III do art. 3º e art. 654 do Código Civil; ou

II — na impossibilidade de constituição de procurador, a família deve ser orientada sobre a possibilidade de interdição parcial ou total do beneficiário, conforme o disposto nos arts. 1.767 e 1.772 do Código Civil.

Obs.: Para efeito de curatela, no caso de interdição do beneficiário, a autoridade judiciária pode louvar-se no laudo médico-pericial da Previdência Social.

O curador ou o tutor podem outorgar procuração a terceiros para o recebimento do benefício previdenciário, mas somente mediante instrumento público.

Confira-se, sobre o tema, o art. 406 da IN INSS 45/2010:

"**Art. 406.** O titular do benefício, civilmente incapaz, será representado pelo cônjuge, pai, mãe, tutor ou curador, admitindo-se, na sua falta e por período não superior a seis meses, o pagamento a herdeiro necessário, na forma da lei civil, mediante termo de compromisso firmado no ato do recebimento.

§ 1º O pagamento de benefícios aos herdeiros necessários, além do prazo previsto no *caput*, dependerá da comprovação do andamento do respectivo processo judicial de tutela ou curatela.

§ 2º Especificamente para fins de pagamento ao administrador provisório, são herdeiros necessários, na forma do art. 1.845 da Lei n. 10.406, de 2002, os descendentes (filho, neto, bisneto, dentre outros) e os ascendentes (pais, avós, dentre outros).

§ 3º Com exceção do tutor e curador, deverá sempre ser exigida declaração da pessoa que se apresenta no INSS para receber o benefício.

§ 4º O pagamento de atrasados, na hipótese do § 1º deste artigo, somente poderá ser realizado quando o requerente apresentar o termo de tutela ou curatela expedido pelo juízo responsável pelo processo de interdição.

§ 5º A tutela, a curatela e o termo de guarda serão sempre declarados por decisão judicial, servindo, como prova de nomeação do representante legal, o ofício encaminhado pelo Poder Judiciário à unidade do INSS.

§ 6º Tutela é a instituição estabelecida por lei para proteção dos menores, cujos pais faleceram, foram considerados ausentes ou decaíram do poder familiar.

§ 7º Curatela é o encargo conferido a uma pessoa para que, segundo limites legalmente estabelecidos, cuide dos interesses de alguém que não possa licitamente administrá-los, estando, assim, sujeitos à interdição, na forma do Código Civil.

§ 8º Aplica-se o disposto neste artigo aos casos de guarda legal de menor incapaz, concedidas no interesse destes.

§ 9º Não caberá ao INSS fazer exigência de interdição do beneficiário, seja ela total ou parcial, consistindo ônus do interessado ou do Ministério Público, conforme art, 1.768 do Código Civil.

§ 10. O dirigente de entidade de atendimento de que trata o art. 90 do Estatuto da Criança e do Adolescente — ECA, na qualidade de guardião da criança ou adolescente abrigado, será autorizado a receber o benefício devido ao menor sob sua guarda, mediante a apresentação dos seguintes documentos:

I — guia de acolhimento institucional familiar, devidamente preenchida e assinada pela autoridade judiciária conforme Anexo XVII;

II — comprovação da qualidade de dirigente da entidade;

III — documento de identificação pessoal, em que conste seu CPF; e

IV — declaração de permanência nos moldes do Anexo XVIII.

§ 11. A declaração de permanência de que trata o inciso IV do § 10 deste artigo, deverá ser renovada pelo dirigente da entidade, a cada seis meses, para fins de manutenção do recebimento do benefício."

Fundamentação: Lei n. 8.213/91, art. 110; Decreto n. 3.048/99, art. 162; Instrução Normativa INSS n. 45/2010, arts. 399, 406 e 407.

7.2.3. Valores não recebidos em vida pelo segurado

O valor não recebido em vida pelo segurado somente será pago aos seus dependentes habilitados à pensão por morte ou, na falta deles, aos seus sucessores na forma da lei civil, independente de inventário ou arrolamento. Havendo mais de um herdeiro, o pagamento poderá ser efetuado a apenas um deles, mediante declaração de anuência dos demais.

Inexistindo dependentes habilitados à pensão por morte, o pagamento será realizado mediante autorização judicial ou pela apresentação de partilha por escritura pública, observadas as alterações implementadas na Lei n. 5.869/73 e alterada pela Lei n. 11.441/2007.

Fundamentação: Lei n.8.213/91, art. 112; Decreto n. 3.048/99, art. 165; Instrução Normativa INSS n. 45/2010, art. 417.

7.2.4. Procuração

Procuração é o instrumento do mandato, ou seja, é o documento que autoriza alguém a praticar atos em nome de outra pessoa. A pessoa que emite a procuração é denominada outorgante e quem a recebe, outorgado. O documento pode ser particular ou público, sendo exigida a via original pelo INSS.

Obs.: No caso de outorgante ou outorgado nãoalfabetizados, o mandato deverá ser por instrumento público, atendendo ao interesse público e ao do beneficiário.

Todas as pessoas maiores de dezoito anos, e as emancipadas, no gozo dos direitos civis, são aptas para outorgar ou receber poderes, exceto os incapazes para os atos da vida civil. O menor entre 16 e 18 anos, não emancipado, não poderá emitir procuração, mas poderá figurar como outorgado.

Os servidores públicos civis e os militares, em atividade, somente poderão representar parentes até segundo grau, conforme o disposto nos arts. 1.591 a 1.594 do Código Civil, aprovado pela Lei n. 10.406/2002, observando-se que os pais e os filhos são parentes em 1º grau e que os netos, os avós e os irmãos, em 2º grau. Devem observar, ainda, que:

• em se tratando de parentes de 2º grau, a representação está limitada a um beneficiário;

• em se tratando de parentes de 1º grau, será permitida a representação múltipla.

Conforme disposições constantes da Instrução Normativa INSS n. 45/2010, o reconhecimento de firma somente será exigido quando houver dúvida de autenticidade do instrumento. Não obstante, é recomendável este procedimento para que seja evitado qualquer questionamento sobre a regularidade da representação.

Por fim, a procuração deverá ser elaborada com os mesmos requisitos constantes do formulário modelo fornecido pelo INSS (Anexo IV da Instrução Normativa INSS n. 45/2010), onde deverão constar os seguintes dados, tanto do outorgante quanto do outorgado:

a) nome completo;

b) nacionalidade;

c) estado civil;

d) número da identidade e nome do órgão emissor;

e) CPF;

f) profissão;

g) endereço completo, com nome da rua, da avenida ou da praça, com o número do apartamento ou da casa, com o nome da cidade e do estado e com o número do CEP;

h) indicação do objetivo específico da outorga, assim como a natureza, a designação e a extensão dos poderes conferidos;

i) indicação do período de ausência, com mês e ano, se for o caso de ausência, e indicação do nome do país de destino, se tratar de viagem ao exterior;

j) comprometimento do outorgado, mediante termo de responsabilidade devidamente firmado, em comunicar, no prazo de até trinta dias, sob pena de incursão nas sanções criminais cabíveis, ao INSS o óbito do outorgante ou qualquer outro evento que possa anular a procuração;

l) indicação de data, da Unidade da Federação e da cidade em que for passado.

A via original da procuração deverá ser entregue ao servidor do INSS, no início do atendimento, oportunidade em que será cadastrada no Sistema Informatizado de Controle de Procuradores e anexado ao processo administrativo, sendo acompanhada dos seguintes documentos:

• para o procurador advogado: carteira da OAB e CPF; e

• para os demais procuradores: documento de identificação e CPF.

Fundamentação: Instrução Normativa INSS n. 45/2010, arts. 392 a 401.

7.2.4.1. Substabelecimento

Nos termos do art. 396 da IN INSS 45/2010, é permitido o substabelecimento dos poderes referidos na procuração, a qualquer pessoa, advogado ou não, desde que o poder para substabelecer conste expressamente no instrumento de procuração originário.

Fundamentação: Instrução Normativa INSS n. 45/2010, art. 396.

7.2.4.2. Procuração firmada no exterior ou em idioma estrangeiro

As procurações firmadas no exterior somente terão efeito no INSS depois de autenticadas pelo Ministério de Relações Exteriores ou consulados. Única exceção se aplica aos instrumentos de mandato oriundos da França, em face da previsão constante no Acordo de Cooperação Judiciária em Matéria Civil, celebrado entre o Governo da República Federativa do Brasil e o Governo da República Francesa, em Paris, em 28.05.1996, promulgado por meio do Decreto n. 3.598/2000.

Já as procurações firmadas em idioma estrangeiro deverão ser acompanhadas da respectiva tradução, efetuada por tradutor público juramentado, após a legalização do documento original pela Autoridade Consular Brasileira. Exceção novamente apenas para as procurações oriundas da França, em face do Acordo de Cooperação acima mencionado.

Fundamentação: Instrução Normativa INSS n. 45/2010, art. 397.

7.2.4.3. Renovação

Disciplina o art. 402 da IN INSS n. 45/2010 que o instrumento de mandato, se particular, poderá ser renovado, e, se público, revalidado a cada doze meses, mediante identificação pessoal do outorgante, salvo quando estiver impossibilitado de comparecer, observando os seguintes procedimentos:

I — em se tratando de permanência temporária no exterior, o instrumento de mandato renovado ou revalidado deverá ser acompanhado de atestado de vida emitido por órgão ou entidade que possua fé pública;

II — em se tratando de moléstia contagiosa ou doença que impossibilite a locomoção, a apresentação do instrumento de mandato renovado ou revalidado deverá ser acompanhado de atestado médico; e

III — em se tratando de privação da liberdade o instrumento de mandato renovado ou revalidado deverá ser acompanhado de atestado do recolhimento à prisão, emitido por autoridade competente.

Fundamentação: Instrução Normativa INSS n. 45/2010, art. 402.

7.2.4.4. Perda de validade ou de eficácia

O instrumento de mandato perderá validade, efeito ou eficácia nos seguintes casos(IN INSS n. 45/2010, art. 404):

I — revogação ou renúncia;

II — morte ou interdição de uma das partes;

III — mudança de estado que inabilite o mandante a conferir poderes ou o mandatário a exercê-los; ou

IV — término do prazo ou conclusão do feito.

Entende-se por conclusão do feito quando exauridos os poderes outorgados pelo mandante ao mandatário, constantes no instrumento de mandato com poderes específicos.

Fundamentação: Instrução Normativa INSS n. 45/2010, art. 404.

7.3. Transferência do pagamento para outro órgão mantenedor

O titular do benefício previdenciário pode, se assim desejar, solicitar a transferência de seu pagamento para outro órgão mantenedor, bastando formalizar um pedido junto à Agência da Previdência Social — APS da nova localidade em que reside. Em casos de recebimento por terceiros, deverá ser apresentado novo instrumento de procuração, o qual deverá permanecer arquivado na nova unidade da Previdência Social.

Assim, é recomendável que o beneficiário, ao se mudar, procure imediatamente a Agência da Previdência Social mais próxima de sua nova residência para solicitar a transferência do benefício percebido. Ao procurar a agência o segurado deve ter em mãos o cartão para recebimento do benefício, documentos pessoais e comprovante de residência.

Sendo a mudança para outro logradouro da mesma cidade, o beneficiário deve atualizar apenas o endereço, procedimento este que poderá ser efetuado na própria agência da Previdência, pela Internet ou pelo telefone 135.

Fundamentação: Instrução Normativa INSS n. 45/2010, art. 410.

7.4. Antecipação de pagamento — impossibilidade

Regra geral, o pagamento dos benefícios de prestação continuada (aposentadorias, pensões, etc) não podem ser antecipados.

A única exceção admitida refere-se a estado de calamidade pública decorrente de desastres naturais, reconhecidos por ato do Governo Federal, hipótese em que o INSS poderá, nos termos de ato emitido pelo Ministro de Estado, antecipar o pagamento dos benefícios para os beneficiários domiciliados nos respectivos municípios.

Fundamentação: Instrução Normativa INSS n. 45/2010, art. 408

7.5. Liberação de valores em atraso — atualização monetária

Todo e qualquer pagamento de parcelas relativas a benefícios, efetuado em atraso, deve ser corrigido monetariamente desde o momento em que restou devido, pelo mesmo índice utilizado para os reajustamentos dos benefícios previdenciários em manutenção (INPC, atualmente), independentemente de ocorrência de mora ou de quem lhe deu causa.

O pagamento deverá compreender todo o período em atraso, desde o mês em que deveria ter sido paga a parcela até o mês do efetivo pagamento, observado o prazo de prescrição.Inexistindo pedido de revisão por parte do beneficiário, para a fixação da prescrição será observada a data em que a revisão foi comandada.

Observe-se, ainda, que (IN INSS n. 45/2010, art. 413):

• nos casos de revisão sem apresentação de novos elementos, a correção monetária incidirá sobre as parcelas em atraso não prescritas, desde a DIP;

• nas revisões com apresentação de novos elementos a correção monetária incidirá sobre as diferenças apuradas a partir da Data do Pedido da Revisão — DPR, data a partir da qual são devidas as diferenças decorrentes da revisão;

• para os casos de reativação, incidirá atualização monetária, competência por competência, levando em consideração a data em que o crédito deveria ter sido pago, pelos mesmos índices do inciso I deste artigo; e

• para os casos em que houver emissão de pagamento de competências não recebidas no prazo de validade, o pagamento deverá ser emitido com atualização monetária, a qual incidirá a partir da data em que o crédito deveria ter sido pago, pelos mesmos índices do inciso I deste artigo.

Quando a soma das parcelas em atraso ultrapassar o valor de 20 (vinte) vezes o limite máximo de salário de contribuição, o pagamento precisará ser autorizado expressamente pelo Gerente-Executivo do INSS, observada a análise da Divisão ou Serviço de Benefícios. Esses créditos deverão ser conferidos e revisados criteriosamente pelas Agências de Atendimento (APS) que, concluindo pela regularidade dos créditos, deverá instruir o processo com despacho fundamentado. Após, o processo será encaminhado à Chefia de Divisão ou Serviço de Benefícios, que emitirá um despacho conclusivo quanto à regularidade, para autorização do pagamento pelo Gerente-Executivo.

Nos termos do art. 416 da IN INSS n. 45/2010, as Divisões/Serviços de Benefícios, Serviços/Seções de Reconhecimento de Direitos, Serviços/Seções de Manutenção de Direitos e APS, deverão:

I — verificar o direito ao benefício, cotejando os dados existentes no sistema CNIS com as informações constantes no processo;

II — verificar a correta formalização e instrução, observada a ordem lógica e cronológica de juntada dos documentos;

III — conferir os procedimentos e as planilhas de cálculos com os valores devidos e recebidos;

IV — elaborar despacho historiando as ações no processo, bem como esclarecendo o motivo da fixação da DIP;

V — priorizar a reemissão do PAB, se for o caso, com a devida correção dos créditos até a data de sua efetiva liberação, para aqueles processos que contarem com fundamentação e conclusão definitiva; e

VI — quando se tratar de benefícios implantados em decorrência de decisão judicial, no que se refere à documentação necessária, deverá ser cumprido o disciplinado em ato normativo específico.

Quando se tratar de revisão de pensão ou aposentadoria precedida de outro benefício, o respectivo processo deverá ser apensado ao da pensão e/ou aposentadoria.Inexistindo o processo que precede a aposentadoria ou a pensão, e na impossibilidade de realizar a reconstituição, deverão ser juntadas a ficha de benefício em manutenção, quando houver, e anexadas as informações dos Sistemas Informatizados da Previdência Social e outros documentos que possam subsidiar a análise.

Fundamentação: Decreto n. 3.048/99, art. 178; Instrução Normativa INSS n. 45/2010, arts. 413 a 416.

8. VISTAS E RETIRADA DE PROCESSOS

Tanto o beneficiário quanto seu representante legalmente constituído possuem direito a obter vistas ao processo, no INSS e na presença de um servidor, mediante requerimento protocolado.

Igualmente é possível solicitar cópia do processo administrativo, cujo custo deverá ser pago pelo requerente. A IN INSS n. 45/2010, em seu art. 651, fala de depósito em conta vinculada à Unidade Gestora da Gerência-Executiva, mas, na prática, não funciona assim. O segurado agenda o servidor de fotocópia previamente (internet ou fone 135) e, no dia e hora designados, leva consigo um CD novo, que será entregue ao servidor do INSS. A cópia do processo lhe será entregue em outro CD, previamente gravado pela autarquia.

Poderá ser permitida a retirada dos autos das dependências do INSS com a finalidade de reproduzir os documentos do interesse do requerente, desde que acompanhado por servidor daquela autarquia, a quem caberá a responsabilidade pela integralidade do processo até seu retorno. Caso o procurador seja advogado, o acompanhamento do servidor poderá ser dispensado, exigindo-se, contudo, a retenção da carteira da OAB na unidade do INSS, até a devolução dos autos.

Obs.: Ao advogado regularmente inscrito na OAB, que comprove essa condição, poderá ter vista, para exame na repartição do INSS, de qualquer processo administrativo, observado o disposto no parágrafo único do art. 650 da IN INSS n. 45/2010.

Quando o advogado apresentar procuração outorgada pelo interessado, poderá ser lhe dada vista e carga dos autos pelo prazo de até 5 (cinco) dias, mediante requerimento e termo de responsabilidade onde conste o compromisso de devolução tempestiva. O requerimento de carga será decidido no prazo máximo improrrogável de quarenta e oito horas úteis, observando que (IN INSS n. 45/2010, art. 654):

a) se deferido o pedido, a carga ao advogado será feita imediatamente; ou

b) se indeferido, a autoridade administrativa deverá justificar o indeferimento.

A carga dos autos ou a fotocópia (por qualquer meio) deverá ser registrada pelo servidor no processo administrativo.

Fundamentação: Instrução Normativa INSS n. 45/2010, arts. 650 a 654.

8.1. Interposição de recurso ou oferecimento de contrarrazões

Quando tratar-se de notificação para interposição de recurso ou para oferecimento de contrarrazões, poderá ser dada vista e carga dos autos, ao advogado habilitado com procuração outorgada por interessado no processo, pelo respectivo prazo previsto para o recurso ou as contrarrazões, mediante termo de responsabilidade onde conste o compromisso de devolução tempestiva. A carga dos autos será atendida por simples manifestação do advogado habilitado por procuração, à vista da notificação — IN INSS n. 45/2010, art. 655.

8.2. Processo encerrado ou arquivado

Será permitida carga do processo, mesmo na hipótese de processo encerrado e arquivado, ao advogado que se apresente munido de (IN INSS n. 45/2010, art. 656):

a) nova procuração, com a outorga de poderes pelo interessado (outorgante) para o mesmo objeto da procuração anterior, no caso de mudança de procurador, entendendo-se, nesse caso, que o mandato posterior revogou o anterior, prevalecendo a nova procuração; e

b) substabelecimento da procuração já existente nos autos.

Quando da retirada do processo pelo advogado, também denominada carga, a unidade de atendimento da Previdência social deverá proceder da seguinte forma:

I — verificar se todas as folhas estão numeradas e rubricadas, anotando a existência de eventual emenda ou rasura;

II — anotar no termo de responsabilidade o número total de páginas constantes no original;

III — anotar, no livro de cargas, o número do benefício, o nome do segurado, a data de devolução do processo e a data da entrega com a aposição da assinatura do advogado; e

IV — apor, na última folha do processo, o carimbo de carga descrito no modelo constante do Anexo VII da IN INSS n. 45/2010, com o respectivo preenchimento dos campos previstos nele.

Quando da devolução do processo pelo advogado, adotar-se-á o seguinte procedimento:

I — registrar, no livro de carga, a data da devolução;

II — conferir todas as peças do original, para verificar:

a) a integral constituição dos autos, conforme a entrega, e se houve substituição ou extravio de peça processual; e

b) existência de emendas ou rasuras não constantes no ato da entrega, que, se verificadas, deverão constar do termo de ocorrência a ser incorporado ao processo; e

III — apor, na última folha do processo, o carimbo de devolução conforme o modelo constante do Anexo VII da IN INSS n. 45/2010.

Não sendo o processo devolvido pelo advogado no prazo estabelecido, deverá o fato ser comunicado à PFE junto ao INSS, para providências quanto à devolução, inclusive pedido judicial de busca e apreensão, se necessário, e comunicação, por ofício, à Seccional da OAB, para as medidas a seu cargo.

Fundamentação: Instrução Normativa INSS n. 45/2010, art. 656.

8.3. Retirada não permitida

De acordo com o contido no art. 7º da Lei n. 8.906/94 (Estatuto da Advocacia), não será permitida a retirada dos autos, nos seguintes casos:

I — quando existirem nos autos documentos originais de difícil restauração (Certidões, Carteiras Profissionais, Carteiras de Trabalho e Previdência Social, cadernetas de contribuição do ex-Instituto de Aposentadorias e Pensões, entre outros), documentos antigos de difícil restauração, processo com suspeita de irregularidades, processo em fase de recurso e contrarrazões do INSS, ou ocorrer circunstância relevante que justifique a permanência dos autos na repartição, reconhecida a permanência pela autoridade em despacho motivado, proferido de ofício, mediante representação ou a requerimento da parte interessada; ou

II — quando o advogado, ao descumprir prazo de entrega de autos, devolveu-lhes somente depois de intimado.

Fundamentação: Instrução Normativa INSS n. 45/2010, art. 657.

9. DESISTÊNCIA OU CANCELAMENTO DE UM BENEFÍCIO REQUERIDO

Pode ocorrer do segurado se arrepender do benefício solicitado, hipótese em que deverá solicitar seu cancelamento. Para tanto, é importante observar que o segurado somente será considerado como beneficiário (titular do benefício) quando efetuar o saque do valor depositado ou quando utilizar a Carta de Concessão para saque de PIS ou FGTS (no caso de aposentadorias). Enquanto não fizer um desses dois procedimentos, não será considerado beneficiário, ainda que o INSS tenha concedido o benefício solicitado.

Enquanto não for beneficiário, o segurado poderá solicitar o cancelamento do benefício por ele requerido, mediante o seguinte procedimento (IN INSS n. 45/2010, art. 659)

I — solicitação, por escrito, do cancelamento da aposentadoria, por parte do segurado;

II — bloqueio do crédito ou ressarcimento daqueles gerados até a efetivação do cancelamento da aposentaria, o que deverá ocorrer por meio de recolhimento de GPS;

III — comunicação formal da CEF, informando se houve o saque do FGTS ou PIS em nome do segurado; e

IV — para empresa convenente, o segurado deverá apresentar declaração da empresa informando o não recebimento do crédito, devendo o Serviço/Seção de Manutenção invalidar a competência junto ao Sistema de Invalidação de Crédito.

Obs.: O INSS, após o cancelamento do benefício, deverá emitir carta de comunicação para a empresa, acerca da referida situação.

Uma vez solicitado o cancelamento do benefício e adotados os procedimentos mencionados neste artigo, o benefício não poderá ser restabelecido, podendo, se requerido novo benefício pelo interessado, utilizar as peças do processo cancelado.

Caso o segurado já se encontre na condição de beneficiário (porque sacou os valores depositados ou porque utilizou a Carta de Concessão para saque de PIS ou FGTS) é igualmente possível o cancelamento/renúncia, mediante solicitação escrita ao INSS. Nesse caso, contudo, não será possível obter novo benefício na esfera administrativa. Confiram-se, nesses termos, os arts. 660 e 661 da IN INSS n. 45/2010:

"**Art. 660**. É vedada a transformação de aposentadoria por idade, tempo de contribuição e especial, em outra espécie, após o recebimento do primeiro pagamento do benefício ou do saque do respectivo FGTS ou do PIS."

"**Art. 661.** A partir de 7 de maio de 1999, data da publicação do RPS, não cabe mais encerramento de benefício e, por consequência, reabertura dos encerrados até 6 de maio de 1999, salvo se o beneficiário houver cumprido a exigência até essa última data."

Fundamentação: Instrução Normativa INSS n. 45/2010, arts. 659 a 661.

Capítulo XXXVI

Recursos Administrativos

1. CONSELHO DE RECURSOS DA PREVIDÊNCIA SOCIAL — CRPS

Conforme já mencionado no Capítulo IV, Parte I, subitem 1.3.3, desta obra, o Conselho de Recursos da Previdência Social é órgão de controle jurisdicional das decisões do INSS, nos processos de interesse dos beneficiários do Regime Geral de Previdência Social, nos processos referentes aos benefícios assistenciais de prestação continuada e nos processos de interesse dos contribuintes do Regime Geral de Previdência Social. A ele compete, portanto, a jurisdição administrativa e o controle das decisões do INSS.

Regulamentado pelo Decreto n. 3.048/99 (arts. 303 e 304) e com Regimento Interno constante da Portaria MPS n. 548, de 13.9.2011 (DOU de 14.9.2011) o Conselho de Recursos compreende os seguintes órgãos:

I — 29 Juntas de Recursos, com a competência de julgar, em *primeira instância*, os recursos interpostos contra as decisões prolatadas pelos órgãos regionais do INSS em matéria de interesse de seus beneficiários e contribuintes do RGPS e também nos processos referentes aos benefícios assistenciais de prestação continuada. Constituem alçada exclusiva da Junta de Recursos, não comportando recurso à instância superior, as seguintes decisões colegiadas (Portaria MPS n. 548/2011, art. 18):

a) fundamentada exclusivamente em matéria médica, quando os laudos ou pareceres emitidos pela Assessoria Técnico-Médica da Junta de Recursos e pelos Médicos Peritos do INSS apresentarem resultados convergentes; e

b) proferida sobre reajustamento de benefício em manutenção, em consonância com os índices estabelecidos em lei, exceto quando a diferença na Renda Mensal Atual — RMA decorrer de alteração da Renda Mensal Inicial — RMI.

Obs.: O acréscimo de uma Junta de Recursos se deu com a publicação do Decreto n. 5.254, de 27.10.2004 — DOU de 28.10.2004, o qual altera a redação do inciso I do § 1º do art. 303 do Regulamento da Previdência Social (Decreto n. 3.048/99). Até então o CRPS era composto apenas por 28 Juntas de Recursos.

II — 4 Câmaras de Julgamento, com sede em Brasília, com a competência para julgar, em *segunda instância*, os recursos interpostos contra as decisões proferidas pelas Juntas de Recursos que infringirem lei, regulamento, enunciado ou ato normativo ministerial. O INSS poderá recorrer das decisões das Juntas somente nas seguintes hipóteses:

a) quando violarem disposição de lei, de decreto ou de portaria ministerial;

b) quando divergirem de súmula ou de parecer do Advogado Geral da União, editado na forma da Lei Complementar n. 73/93;

c) quando divergirem de pareceres da Consultoria Jurídica do MPS ou da Procuradoria Federal Especializada — INSS, aprovados pelo Procurador-Chefe;

d) quando divergirem de enunciados editados pelo Conselho Pleno do CRPS;

e) quando tiverem sido fundamentadas em laudos ou pareceres médicos divergentes emitidos pela Assessoria Técnico-Médica da Junta de Recursos e pelos Médicos peritos do INSS; e

f) quando contiverem vício insanável, considerado como tal as ocorrências elencadas no § 1º do art. 60, da Portaria MPS n. 548/2011.

III — Conselho Pleno, com a competência para uniformizar a jurisprudência administrativa previdenciária mediante enunciados, podendo ter outras competências definidas no Regimento Interno do Conselho de Recursos da Previdência Social (Portaria MPS n. 548/2011), que sem seu art. 15 traz a seguinte redação:

"**Art. 15.** Compete ao Conselho Pleno:

I — uniformizar, em tese, a jurisprudência administrativa previdenciária, mediante emissão de enunciados;

II — uniformizar, no caso concreto, as divergências jurisprudenciais entre as Juntas de Recursos nas matérias de sua alçada ou entre as Câmaras de julgamento em sede de recurso especial, mediante a emissão de resolução; e

III — deliberar acerca da perda de mandato de Conselheiros, nos casos em que o Presidente do CRPS entender necessário submeter a decisão ao colegiado."

Obs.: No art. 2º, parágrafo único, do Regimento Interno do CRPS há previsão de que o CRPS será assistido por assessoria Técnico-Médica Especializada.

2. INTERPOSIÇÃO DE RECURSO

Quando o interessado não se conformar com a decisão proferida pelo órgão previdenciário, poderá interpor recurso ordinário às Juntas de Recursos do CRPS. Tem legitimidade para a interposição do recurso o titular do direito ou do interesse.

É importante registrarmos, contudo, que não é necessário o esgotamento da via administrativa para a propositura de ação judicial, ou seja, havendo uma primeira negativa por parte do INSS, o segurado prejudicado pode optar pela interposição do recurso administrativo ou pelo ingresso de ação judicial. Neste sentido confiram-se, inclusive, as Súmulas abaixo:

"**TRF 2ª Região — Súmula 44** — Para a propositura de ações de natureza previdenciária é desnecessário o exaurimento das vias administrativas."

"**TRF 3ª Região — Súmula 9** — Em matéria previdenciária, torna-se desnecessário o prévio exaurimento da via administrativa, como condição de ajuizamento da ação."

Optando pelo recurso administrativo, este deverá ser interposto, preferencialmente, perante o órgão do INSS que proferiu a decisão sobre o seu benefício e é este órgão que deverá proceder sua regular instrução. O interessado deverá expor em um requerimento todos os fundamentos do pedido de reexame, podendo juntar os documentos que julgar convenientes.

Da decisão proferida no julgamento do recurso ordinário (ressalvadas as matérias de alçada das Juntas de Recursos) pode o segurado, a empresa e até mesmo o órgão do INSS, quando não conformados, interpor recurso especial direcionado às Câmaras de Julgamento, órgãos de última instância recursal administrativa. A interposição tempestiva do recurso especial suspende os efeitos da decisão de primeira instância e devolve à instância superior o conhecimento integral da causa.

Constituem alçada exclusiva das Juntas de Recursos, não comportando recurso à instância superior, as seguintes decisões colegiadas:

a) fundamentada exclusivamente em matéria médica, quando os laudos ou pareceres emitidos pela Assessoria Técnico-Médica da Junta de Recursos e pelos Médicos Peritos do INSS apresentarem resultados convergentes; e

b) proferida sobre reajustamento de benefício em manutenção, em consonância com os índices estabelecidos em lei, exceto quando a diferença na Renda Mensal Atual — RMA decorrer de alteração da Renda Mensal Inicial — RMI;

Caso o recurso seja contra decisão do INSS, o processo deverá ser reanalisado pela referida autarquia, sendo que (IN INSS n. 45/2010, art. 631):

I — se a decisão questionada for mantida, o recurso deverá ser encaminhado à Junta de Recursos;

II — em caso de reforma total da decisão, deverá ser atendido o pedido formulado pelo recorrente e o recurso perderá o seu objeto; e

III — em caso de reforma parcial da decisão, o recurso deverá ter prosseguimento quanto à matéria controvertida.

Identificada a existência de outro benefício indeferido da mesma espécie, deverão ser analisadas as razões do seu indeferimento, e caso se trate do mesmo assunto, deverá ser juntada cópia integral ao processo quando do encaminhamento à Junta de Recursos.

Fundamentação: Lei n. 8.213/91, art. 126; Decreto n. 3.048/99, arts. 305 a 306; Instrução Normativa INSS n. 45/2010, arts. 628 a 632; Portaria MPS n. 548/2011, arts. 18 e 30.

2.1. Prazos

O prazo para a interposição de recurso, bem como para oferecimento de contrarrazões (por qualquer das partes) é de 30 (trinta) dias.

Para o segurado ou empresa, o prazo é contado a partir da data da intimação da decisão que será recorrida. Para o INSS, o prazo é contado a partir da data da protocolização do recurso ou da entrada do recurso pelo interessado ou representante legal na unidade do INSS que proferiu a decisão, devendo esta ocorrência ficar registrada nos autos, prevalecendo a data que ocorrer primeiro.

Confira-se, ainda, a redação do art. 26 da Portaria MPS n. 548/2011 (Regimento Interno do CRPS):

"**Art. 26.** Os prazos estabelecidos neste Regimento são contínuos e começam a correr a partir da data da ciência da parte, excluindo-se da contagem o dia do início e incluindo-se o do vencimento.

§ 1º O prazo só se inicia ou vence em dia de expediente normal no órgão em que tramita o recurso ou em que deva ser praticado o ato.

§ 2º Considera-se prorrogado o prazo até o primeiro dia útil seguinte se o vencimento ocorrer em dia em que não houver expediente ou em que este for encerrado antes do horário normal.

§ 3º Os prazos previstos neste Regimento são improrrogáveis, salvo em caso de exceção expressa."

Expirado o prazo de trinta dias da data em que foi interposto o recurso pelo segurado ou pela empresa, sem que haja contrarrazões, os autos serão imediatamente encaminhados para julgamento pelas Juntas de Recursos ou Câmara de Julgamento do CRPS, conforme o caso, sendo considerados como contrarrazões do INSS os motivos do indeferimento — IN INSS n. 45/2010, art. 634.

Quando solicitado pelas partes, o órgão julgador deverá informar o local, data e horário de julgamento, para fins de sustentação oral das razões do recurso. O INSS poderá ser representado, nas sessões das Câmaras de Julgamento, das Juntas de Recursos e do Conselho Pleno do CRPS, pela Procuradoria Federal Especializada junto ao INSS, sendo facultada a sustentação oral de suas razões, com auxílio de assistentes técnicos do INSS. Até o anúncio do início dos trabalhos de julgamento, a parte ou seu representante poderão formular pedido para realizar sustentação oral ou para apresentar alegações finais em forma de memoriais.

O recurso intempestivo do interessado não gera qualquer efeito, mas deve ser encaminhado ao respectivo órgão julgador com as devidas contrarrazões do INSS, onde deve estar apontada a ocorrência da intempestividade. Observe-se, ainda (art. 635):

• o não conhecimento do recurso pela intempestividade não impede a revisão de ofício pelo INSS quando verificada a incorreção da decisão administrativa.

• quando apresentadas as contrarrazões pelo interessado fora do prazo regulamentar, serão as mesmas remetidas ao local onde o processo se encontra para que seja feita a juntada.

• a intempestividade do recurso só poderá ser invocada se a ciência da decisão observar estritamente o contido no § 2º do art. 28 da Portaria MPS n. 323, de 27 de agosto de 2007, devendo tal ocorrência ficar devidamente registrada nos autos.

Por fim, cumpre observar que admitir ou não o recurso é prerrogativa do CRPS, sendo vedado a qualquer órgão do INSS recusar o seu recebimento ou sustar-lhe o andamento, exceto nas hipóteses expressamente disciplinadas no Regimento Interno no CRPS, atualmente regido pela Portaria MPS n. 548/2011.

Fundamentação: Instrução Normativa INSS n. 45/2010, arts. 633 a 635; Portaria MPS n. 548/2011, arts. 26, 32 e 33.

2.2. Intimações

Considera-se intimação o ato pelo qual se dá ciência a alguém de um ato, termo ou decisão do processo, com objetivo de que esse alguém faça ou deixe de fazer alguma coisa. Por tal razão, a intimação deve ser certa e segura, efetuada por ciência no processo, por via postal com aviso de recebimento (AR), por telegrama ou qualquer outro meio que assegure a regularidade da ciência do interessado ou seu representante legal, sem sujeição a ordem de preferência.

Não sendo possível a intimação por via postal (AR ou telegrama), a cientificação deverá ser efetuada por meio de edital.

Considera-se feita a intimação (Portaria MPS n. 548/2011, art. 27):

I — se pessoal, na data da ciência do interessado ou de seu representante legal ou, caso haja recusa ou impossibilidade de prestar a nota de ciente, a partir da data em que for dada a ciência, declarada nos autos pelo servidor que realizar a intimação;

II — se por via postal ou similar, na data do recebimento aposta no comprovante, ou da nota de ciente do responsável;

III — se por edital, quinze dias após sua publicação ou afixação.

Presumem-se válidas as intimações dirigidas ao endereço residencial ou profissional declinado nos autos pela parte, beneficiário ou representante, cumprindo aos interessados atualizar o respectivo endereço sempre que houver modificação temporária ou definitiva (§ 3º).

A intimação será nula quando realizada sem observância das prescrições legais, mas o comparecimento do interessado supre sua falta ou irregularidade (§ 4º).

Fundamentação: Lei n. 9.784/99; Portaria MPS n. 548/2011, art. 27.

2.3. Reconhecimento do direito pelo INSS

Enquanto não encerrado o prazo decadencial para revisão de direitos (10 anos, conforme art. 103-A da Lei n. 8.213/91), o INSS pode reconhecer expressamente o direito postulado pelo interessado, reformando sua decisão original. Nestes casos, deverá ser observado o seguinte procedimento (Portaria MPS n. 548/2011, art. 34):

I — quando o reconhecimento ocorrer na fase de instrução do recurso ordinário o INSS deixará de encaminhar o recurso ao órgão julgador competente;

II — quando o reconhecimento ocorrer após a chegada do recurso no CRPS, mas antes de qualquer decisão colegiada, o INSS deverá encaminhar os autos ao respectivo órgão julgador, devidamente instruído com a comprovação da reforma de sua decisão e do reconhecimento do direito do interessado, para fins de extinção do processo com resolução do mérito por reconhecimento do pedido.

III — quando o reconhecimento ocorrer após o julgamento da Junta de Recurso ou da Câmara de Julgamento, o INSS deverá encaminhar os autos ao órgão julgador que proferiu a última decisão, devidamente instruído com a comprovação da reforma de sua decisão e do reconhecimento do direito do interessado, para que, se for o caso, seja proferida nova decisão.

Na hipótese prevista no item II, *supra*, se da análise dos autos o órgão julgador constatar que não ocorreu o reconhecimento expresso do direito do interessado pelo INSS, o processo terá seguimento normal com o julgamento do recurso de acordo com o convencimento do colegiado.

Na hipótese de reforma parcial de decisão do INSS, o processo terá seguimento em relação à questão objeto da controvérsia remanescente.

Fundamentação: Portaria MPS n. 548/2011, art. 34.

2.4. Processamento do recurso

As regras pertinentes ao processamento do recurso constam dos arts. 37 a 40 da Portaria MPS n. 548/2011 (Regimento Interno do CRPS), os quais transcrevo, para conhecimento:

"**Art. 37.** Os processos submetidos a julgamento pelo CRPS serão numerados folha a folha, e as peças neles inseridas, a partir do recurso, devem ser digitadas, datadas e assinadas, recusadas as expressões injuriosas ou desrespeitosas, que poderão ser riscadas dos autos pelo Presidente da Câmara ou Junta.

§ 1º O interessado poderá juntar documentos, atestados, exames complementares e pareceres médicos, requerer diligências e perícias e aduzir alegações referentes à matéria objeto do processo até antes do início da sessão de julgamento, hipótese em que será conferido direito de vista à parte contrária para ciência e manifestação.

§ 2º Os requerimentos de provas serão objeto de apreciação por parte do Conselheiro relator, mediante referendo da composição de julgamento, cabendo sua recusa, em decisão fundamentada, quando se revelem impertinentes, desnecessárias ou protelatórias.

§ 3º É expressamente vedada a retirada dos autos da repartição pelas partes, sendo facultado ao recorrente ou seu representante, ou ainda ao terceiro que comprovar legítimo interesse no processo, a vista dos autos ou o fornecimento de cópias de peças processuais, salvo se o processo estiver com o relator, exigindo-se, para tanto, a apresentação de pedido por escrito assinado pelo requerente, o qual deverá ser anexado aos autos.

§ 4º Na hipótese do parágrafo anterior, caso não seja possível produzir cópias reprográficas na própria repartição, um funcionário da Secretaria, autorizado pela respectiva chefia, deverá acompanhar o interessado ao local onde as cópias serão extraídas.

§ 5º o Os documentos originais apresentados para instrução do processo, quando de natureza pessoal das partes, deverão ser restituídos e substituídos por cópias cuja autenticidade seja declarada pelo servidor processante, devendo ser retida a documentação original quando houver indício de fraude.

§ 6º As Carteiras de Trabalho e Previdência Social — CTPS e os Carnês de Contribuição serão extratados pelo servidor do INSS responsável pela instrução do processo, que fará anexar aos autos simulação autenticada do tempo de contribuição apurado, inclusive dos dados existentes no Cadastro Nacional de Informações Sociais — CNIS e das seguintes informações:

I — na hipótese de aposentadoria por tempo de contribuição ou de aposentadoria especial, o tempo total apurado até 15 de dezembro de 1998, até 28 de novembro de 1999 e até a data do requerimento, assim como o tempo adicional referente ao pedágio para aposentadoria proporcional sem direito adquirido antes da Emenda Constitucional n. 20, de 15 de dezembro de 1998 e o número de contribuições válidas para efeito de carência; e

II — para os demais casos, conforme as hipóteses, o número de contribuições válidas para efeito de carência, o tempo de contribuição até a data do requerimento para fins de aposentadoria por idade urbana sem considerar a perda da qualidade de segurado e o número de meses de atividade rural correspondente ao prazo de carência para os benefícios de trabalhadores rurais.

§ 7º Sob nenhum pretexto poderão ser retirados do processo os originais dos atos processuais nele exarados, podendo ser fornecida cópia autêntica ou certidão, para uso do interessado."

"Art. 38. Os recursos, após cadastrados, serão distribuídos por ordem cronológica de entrada nas Câmaras ou Juntas, aos conselheiros relatores.

§ 1º As Juntas de Recursos e as Câmaras de Julgamento priorizarão a análise e solução dos seguintes recursos:

I — que tenham como parte beneficiários com idade igual ou superior a sessenta anos; e

II — relativos às prestações de auxílio-doença, de aposentadoria por invalidez e do benefício assistencial de que trata o art. 20 da Lei n. 8.742, de 7 de dezembro de 1993.

§ 2º Os Presidentes das Câmaras de Julgamento e das Juntas de Recursos devem diligenciar no sentido de que haja eqüidade e proporcionalidade na distribuição dos processos aos Conselheiros em atividade, inclusive quanto à espécie do benefício em discussão e à complexidade da matéria objeto dos processos."

"Art. 39. Na distribuição deverá ser observada a ocorrência de conexão e continência de acordo com os seguintes critérios:

I — reputam-se conexos dois ou mais processos de recurso quando lhes for comum o objeto ou a causa de pedir; e

II — haverá continência quando existir identidade de partes e da causa de pedir, mas o objeto de um dos processos de recurso, por ser mais amplo, abrange o do outro.

§ 1º As partes somente poderão alegar a conexão ou a continência até a interposição do recurso ou o oferecimento de contra-razões.

§ 2º Os órgãos julgadores deverão determinar a reunião dos processos quando for comprovada tempestivamente a ocorrência de conexão ou continência e poderão determinar a juntada de cópias de outros processos para instrução do julgamento nas demais hipóteses em que houver ponto comum nas questões fáticas."

"Art. 40. As partes poderão oferecer exceção de impedimento de qualquer Conselheiro até o momento da apresentação de memoriais ou na sustentação oral.

§ 1º O Conselheiro estará impedido de participar do julgamento quando:

I — participou do julgamento em 1ª instância;

II — interveio como procurador da parte, como perito ou serviu como testemunha;

III — no processo estiver postulando, como procurador ou advogado da parte, o seu cônjuge ou companheiro ou companheira, ou qualquer parente seu, consangüíneo ou afim, em linha reta ou na linha colateral, até o segundo grau;

IV — seja cônjuge, companheiro ou companheira, parente, consangüíneo ou afim da parte interessada, em linha reta ou, na colateral, até o terceiro grau;

V — for amigo íntimo ou notório inimigo da parte interessada;

VI — tiver auferido vantagem ou proveito de qualquer natureza antes ou depois de iniciado o processo administrativo, em razão de aconselhamento acerca do objeto da causa; e

VII — tiver interesse, direta ou indiretamente, no julgamento do recurso em favor de uma das partes.

VIII — houver proferido a decisão indeferitória no âmbito do INSS.

§ 2º O impedimento será declarado pelo próprio Conselheiro ou suscitado por qualquer interessado, cabendo ao arguido pronunciar-se por escrito sobre a alegação que, se não for por ele reconhecida, será submetida à deliberação do Presidente do CRPS.

§ 3º O Conselheiro que deixar de declarar ou reconhecer seu impedimento, nas hipóteses previstas no § 1º deste artigo, e for considerado impedido por decisão do Presidente do CRPS, poderá ser enquadrado na prática de falta disciplinar grave, sujeitando-se à penalidade de perda do mandato, observado o disposto no art. 10 deste Regimento, sem prejuízo das demais cominações legais.

§ 4º Se o impedimento for do Presidente da Câmara ou da Junta, assumirá a presidência dos trabalhos o seu substituto.

§ 5º No caso de impedimento do Conselheiro relator, o processo será redistribuído a outro Conselheiro da mesma Câmara ou Junta."

Cumpre destacarmos, ainda, a existência do Provimento CRPS n. 220, de 19.7.2012 (DOU de 20.7.2012), que instituiu a distribuição eletrônica automática de processos no âmbito das Unidades Julgadoras integrantes da estrutura do Conselho de Recursos da Previdência Social-CRPS, recebidos no e-Recursos.

2.4.1. Conciliação

Com a publicação da Resolução Conjunta INSS/PFE/CRPS n. 1/2013 (DOU de 28.1.2013), passou a ser admitida a celebração de acordo ou transação administrativa pelo INSS no âmbito do Conselho de Recursos da Previdência Social — CRPS, respeitados os valores fixados pela lei.

O INSS será representado, nesta transação, pela Procuradoria Federal Especializada junto ao INSS (PFE/INSS), cabendo ao Procurador-Chefe regulamentar os critérios e parâmetros a serem observados.

Assim, depois de distribuídos ao Relator, os recursos interpostos que se adequarem às condições informadas pela PFE/INSS serão sobrestados por 10 (dez) dias para análise da viabilidade a celebração de acordo. Neste prazo, o INSS poderá (Resolução INSS/PFE/CRPS n. 1/2013, art. 4º):

a) oferecer proposta de conciliação;

b) solicitar a realização de atos de instrução necessários à celebração de acordo;

c) apresentar parecer contrário à realização do acordo.

Uma vez apresentada a proposta de conciliação, o interessado ou seu representante legal deverá ser intimado para, em 10 dias, apresentar resposta, sendo que seu silêncio será interpretado como recusa Resolução INSS/PFE/CRPS n. 1/2013, art. 5º.

Obs.: A aceitação da proposta de transação por interveniência de procurador, de advogado, ou de membro da defensoria pública, no caso de segurado assistido, exige os poderes específicos do artigo 38 do Código de Processo Civil.

Caso o interessado ou seu representante concordem com a proposta de transação apresentada pelo INSS, o acordo deverá ser encaminhado ao Conselheiro Relator para homologação, por decisão monocrática, que será considerada para fins de pagamento de gratificação de relatoria. Ao homologar o acordo, o Conselheiro-Relator relevará eventual intempestividade do recurso — Resolução INSS/PFE/CRPS n. 1/2013, art. 5º.

Nos casos em que o INSS entender pela necessidade de realização de ato de instrução, deverá indicar precisamente a prova que deseja produzir e, se for o caso, oferecer quesitação. Nesta hipótese, o processo deverá ser concluso ao Conselheiro-Relator, para fins de cumprimento do art. 37, §2º, do Regimento Interno do CRPS — Resolução INSS/PFE/CRPS n. 1/2013, art. 6º.

Obs.: Os recursos retomarão a tramitação regimental nos casos em que o Procurador Federal não apresente manifestação no prazo de 10 dias, ou apresente manifestação contrária à realização do acordo ou, ainda, quando o segurado, ou seu procurador ou defensor, não concordar com a proposta oferecida — Resolução INSS/PFE/CRPS n. 1/2013, art. 7º.

Homologada a conciliação, o INSS terá o prazo máximo de 30 (trinta) dias para juntar nos autos do processo a prova do cumprimento do acordo, independentemente de nova intimação. As decisões do CRPS que decorram da celebração de acordo administrativo deverão ser efetivadas pelas Agências da Previdência Social de Atendimento de Decisões Judiciais — APSDJ — Resolução INSS/PFE/CRPS n. 1/2013, arts. 8º e 9º.

Fundamentação: Resolução Conjunta INSS/PFE/CRPS n. 1/2013.

2.5. Julgamento

Cada sessão de julgamento deverá ser identificada por um número em ordem cronológica, renovados anualmente, e observará, para fins de deliberação, o quórum mínimo de três membros, sendo um de cada classe de representação.

Para cada sessão será elaborada pauta de julgamento, sendo os processos incluídos por solicitação do relator. Da pauta deverá constar a identificação dos processos a serem apreciados da seguinte forma (Portaria MPS n. 548/2011, art. 42):

I — identificação do órgão julgador;

II — dia e hora do início da sessão de julgamento;

III — nome do relator;

IV — nome das partes;

V — número de protocolo dos recursos; e

VI — número de benefício.

As pautas de julgamento das Câmaras de Julgamento e das Juntas de Recursos deverão ser afixadas nas dependências do órgão julgador, em local visível e de fácil acesso ao público, bem como divulgadas na página oficial do Ministério da Previdência Social na rede mundial de computadores — internet, com antecedência mínima de três dias úteis à sessão em que o processo deva ser julgado. Os Presidentes das Juntas de Recursos e Câmaras de Julgamento deverão encaminhar as pautas de julgamento referidas no *caput* à Divisão de Assuntos Administrativos do CRPS com antecedência mínima de cinco dias úteis ao da respectiva sessão, sob pena de incorrer em falta funcional.

A sessão que não se realizar em razão da falta de expediente normal na repartição poderá ser remanejada, por decisão do Presidente do órgão julgador, para o primeiro dia útil subsequente, no horário possível, independentemente de nova divulgação.

A cópia do inteiro teor das decisões proferidas pelos órgãos julgadores será disponibilizada na rede mundial de computadores — internet, nos prazos estabelecidos pelo Presidente do CRPS, acessando-se a página oficial do Ministério da Previdência Social, sem prejuízo da ciência do interessado por meio de intimação.

Na sessão, o órgão colegiado do CRPS deverá obedecer à seguinte ordem de trabalho (Portaria MPS n. 548/2011, art. 44):

I — abertura da sessão;

II — verificação de quórum;

III — leitura, discussão e aprovação da ata da sessão anterior;

IV — julgamento dos recursos; e

V — comunicações diversas.

Obs.: Os processos em que houver sustentação oral terão prioridade de julgamento, bem como aqueles em que a parte estiver presente.

Apregoado o processo, o Presidente do órgão julgador dará a palavra ao Conselheiro relator, que apresentará o seu relatório, após o que será facultada ao recorrente e ao recorrido, sucessivamente, a oportunidade de sustentar suas razões, pelo tempo de até quinze minutos para cada um, nessa ordem, prosseguindo-se o voto. Havendo alegação de incompetência do órgão julgador, conexão, continência ou impedimento, as questões preliminares serão resolvidas antes do julgamento do mérito, devendo constar do voto do Conselheiro relator.

O Presidente da Câmara ou Junta poderá, de ofício, ou por provocação de Conselheiro, das partes ou de seus respectivos representantes, desde que haja motivo justificado e relevante, determinar o adiamento do julgamento ou retirada do recurso de pauta.

A sessão de julgamento será pública, ressalvado à Câmara ou Junta o exame reservado de matéria protegida por sigilo, admitida a presença das partes e de seus procuradores. Não obstante, o Presidente da Câmara ou da Junta poderá advertir ou determinar que se retire do recinto quem, de qualquer modo, perturbar a ordem, bem como poderá interpelar o orador ou interromper a sua fala, quando usada de modo inconveniente.

Após o voto do relator, os demais Conselheiros poderão usar a palavra e debater sobre questões pertinentes ao processo, proferindo seus votos na seguinte ordem de votação (Portaria MPS n. 548/2011, art. 44):

I — representante do governo;

II — representante dos trabalhadores;

III — representante das empresas; e

IV — presidente da composição de julgamento.

O Conselheiro pode pedir vista dos autos antes de proferir seu voto, observada a ordem de votação.

Quando da retomada do julgamento após o pedido de vista, o processo voltará a ser apreciado pelos mesmos integrantes da composição julgadora original, salvo em caso de impossibilidade regulamentar de algum dos Conselheiros.

Tornar-se-á relator para o acórdão, o Conselheiro cujo voto divergente seja vencedor. Em caso de empate, o Presidente proferirá voto de desempate. É importante registrar, ainda, que exceto nas hipóteses expressamente admitidas na Portaria MPS n. 548/2011, os Conselheiros presentes à sessão de julgamento não poderão abster-se de votar. Caso haja reconhecimento de impedimento de Conselheiro durante os trabalhos da sessão, o julgamento do processo ficará sobrestado para convocação de Conselheiro suplente para dar continuidade. Registre-se, ainda, que o Conselheiro, inclusive o relator, poderá modificar seu voto antes da proclamação do resultado final do julgamento.

O relatório, os votos e a decisão final serão transcritos integralmente no processo e deles dar-se-á ciência às partes. Deverão constar dos autos o voto divergente vencido, bem como as declarações de voto.

Na ausência do relator, o processo a ele destinado passará à responsabilidade do suplente convocado. O suplente em exercício que iniciar o julgamento, mediante análise do mérito da controvérsia, fica vinculado ao processo até a sua conclusão final, exceto se, por qualquer motivo, for desligado da instância julgadora.

Realizado o julgamento pela Câmara ou Junta, o processo será devolvido ao órgão de origem, para ciência das partes e cumprimento do julgado.

Ao final da sessão, deverá ser lavrada ata sucinta, com o seguinte conteúdo (Portaria MPS n. 548/2011, art. 51):

I — número e natureza da sessão;

II — data, hora e local de abertura;

III — verificação de quórum e o nome dos ausentes, se houver;

IV — resultado de matéria administrativa;

V — remissão à pauta, indicando-se quantos processos foram julgados e os retirados de pauta, desde que haja motivo;

VI — os fatos ocorridos na sessão de julgamento, inclusive a presença das partes ou de seus representantes para fins de sustentar suas razões; e

VII — assinatura dos Conselheiros presentes.

Fundamentação: Portaria MPS n. 548/2011, arts. 41 a 51.

2.6. Decisões / Acórdãos

As decisões das composições julgadoras serão lavradas pelo relator do processo, redigidas na forma de acórdão, devendo ser expressas em linguagem discursiva, simples, precisa e objetiva, evitando-se o uso de expressões vagas, de códigos, de siglas e de referências a instruções internas que dificultem a compreensão do julgamento.

Deverão constar do acórdão (Portaria MPS n. 548/2011, art. 52):

I — dados identificadores do processo, incluindo nome do interessado ou beneficiário, número do processo ou do recurso, número e espécie do benefício;

II — relatório, que conterá a síntese do pedido, dos principais documentos, dos motivos do indeferimento, das razões do recurso e das principais ocorrências havidas no curso do processo;

III — ementa, na qual se exporá de forma resumida o assunto sob exame e o resultado do julgamento, com indicação da base legal que justifica a decisão;

IV — fundamentação, na qual serão avaliadas e resolvidas as questões de fato e de direito pertinentes à demanda, expondo-se as razões que formaram o convencimento do julgador, sendo vedada a exposição na forma de "considerandos";

V — conclusão, que conterá a decisão decorrente da convicção formada na fundamentação;

VI — julgamento, no qual constará a decisão final da composição julgadora, com o resultado da votação de seus membros; e

VII — os nomes dos Conselheiros participantes e a data de julgamento.

As decisões deverão guardar estrita simetria com o pedido formulado e os motivos do indeferimento, devendo se manifestar expressamente sobre cada uma das questões arguidas pelas partes. Referidas decisões podem ser de (Portaria MPS n. 548/2011, art. 53):

I — conversão em diligência;

II — não conhecimento;

III — conhecimento e não provimento;

IV — conhecimento e provimento parcial;

V — conhecimento e provimento;

VI — anulação; e

VII — extinção do processo com resolução do mérito por reconhecimento do pedido, nos termos do art. 34, II, do Regimento Interno.

A conversão em diligência não dependerá de lavratura de acórdão e se dará para complementação da instrução probatória, saneamento de falha processual, cumprimento de normas administrativas ou legislação pertinente à espécie e adotará preferencialmente a diligência prévia, sem que haja prejulgamento.

É de 30 (trinta) dias, prorrogáveis por mais trinta dias, o prazo para que o INSS restitua os autos ao órgão julgador com a diligência integralmente cumprida.O pedido de prorrogação de prazo, acompanhado de justificativa, deverá ser encaminhado via mensagem de correio eletrônico da previdência social ou por fax ao Presidente, do órgão julgador que na hipótese de deferimento estabelecerá o prazo final, sem prejuízo das providências cabíveis se houver descumprimento injustificado.

A diligência prévia deverá ser requisitada em forma simples e sucinta, pelo relator ou pelo Presidente da instância julgadora, antes da inclusão do processo em pauta.

A diligência a ser cumprida diretamente por entidade, órgão ou pessoa estranha ao âmbito de abrangência ou da fiscalização do Ministério da Previdência Social será solicitada pelo Presidente do CRPS ou, no âmbito de sua jurisdição, pelos Presidentes das Juntas de Recursos.

Em se tratando de matéria médica deverá ser ouvida a Assessoria Técnico-Médica Especializada, prestada por servidor lotado na instância julgadora que, na qualidade de perito do colegiado, se pronunciará, de forma fundamentada e conclusiva, no âmbito de sua competência, hipótese em que será utilizado encaminhamento interno por meio de despacho.

Nos casos em que a controvérsia for sobre o enquadramento de atividades exercidas sob condições especiais que prejudiquem a saúde ou a integridade física, o Conselheiro Relator, mediante despacho fundamentado, poderá submeter os autos à Assessoria Técnico-Médica, hipótese em que restringirá as consultas às situações de dúvidas concretas.

De acordo com os votos proferidos, as decisões serão tomadas por unanimidade, por maioria ou por desempate.

Constituem razões de não conhecimento do recurso (Portaria MPS n. 548/2011, art. 54):

I — a intempestividade;

II — a ilegitimidade ativa ou passiva de parte;

III — a renúncia à utilização da via administrativa para discussão da pretensão, decorrente da propositura de ação judicial;

IV — a desistência voluntária manifestada por escrito pelo interessado ou seu representante;

V — qualquer outro motivo que leve à perda do objeto do recurso; e

VI — a preclusão processual.

Por fim, as decisões deverão ser assinadas pelo Conselheiro relator e pelo Presidente do órgão julgador e receberão um número que lhes será atribuído, segundo a ordem cronológica de sua expedição, em série numérica, renovados anualmente.

Fundamentação: Portaria MPS n. 548/2011, arts. 52 a 55.

2.7. Cumprimento dos acórdãos

O INSS deve acatar a decisão do CRPS, sendo vedado escusar-se de cumprir qualquer diligência que lhe for solicitada, bem como de dar efetivo cumprimento às decisões definitivas daquele colegiado, reduzir ou ampliar o seu alcance ou executá-las de maneira que contrarie ou prejudique o seu evidente sentido.

O prazo para que o INSS cumpra as decisões do CRPS é de 30 (trinta) dias, contado a partir da data de recebimento do processo na origem, sob pena de responsabilização funcional do servidor que der causa ao retardamento. Excepcionalmente, a decisão da instância recursal poderá deixar de ser cumprida se, após o julgamento, for demonstrado pelo INSS ao interessado que foi deferido outro benefício mais vantajoso, desde que haja opção expressa do interessado.

Caso o INSS verifique uma possível existência de matéria controvertida (prevista no art. 309 do Decreto n. 3.048/99), deverá, nos termos do art. 637 da IN INSS n. 45/2010:

I — fazer um relatório circunstanciado da matéria, juntando cópias das decisões que comprovem a controvérsia entre o CRPS e o INSS;

II — no relatório deverá constar o entendimento do INSS devidamente fundamentado, demonstrando a divergência encontrada; e

III — após, encaminhar à Procuradoria local para providências a seu cargo.

Será considerada como matéria controvertida a divergência de interpretação de lei, decreto ou pareceres da Consultoria Jurídica do MPS, bem como do Advogado-Geral da União, entre órgãos ou entidades vinculadas ao MPS. O exame dessa matéria somente deverá ser evocado em tese de alta relevância, *in abstracto*, não sendo admitido para alterar decisões recursais em casos concretos já julgados em única ou última e definitiva instância.

O INSS poderá suscitar junto ao Conselho Pleno do CRPS a uniformização em tese da jurisprudência administrativa previdenciária, mediante a prévia apresentação de estudo fundamentado sobre a matéria a ser uniformizada, no qual deverá ser demonstrada a existência de relevante divergência jurisprudencial ou de jurisprudência convergente reiterada, nos termos do Regimento Interno do CRPS — IN INSS n. 45/2010, art. 638.

Quando a decisão da Câmara de Julgamento do CRPS, em matéria de direito, for divergente da proferida por outra unidade julgadora em sede de recurso especial, a parte interessada poderá requerer, no caso concreto, mediante encaminhamento do processo ao Presidente da Câmara de Julgamento, após indicação do acórdão divergente, proferidos nos últimos cinco anos, que a jurisprudência seja uniformizada pelo Conselho Pleno, nos termos do Regimento Interno do CRPS — art. 639.

Fundamentação: Instrução Normativa INSS n. 45/2010, arts. 636 a 639; Portaria MPS n. 548/2011, art. 56.

2.8. Reclamação

Caso o INSS não cumpra a decisão definitiva do órgão julgador do CRPS, no prazo de 30 (trinta) dias, é facultado à parte prejudicada formular uma reclamação, mediante requerimento instruído com cópia da decisão que foi descumprida e outros elementos necessários à compreensão do processo. Referida reclamação deve ser dirigida ao Presidente do CRPS e será processada pela Coordenação de Gestão Técnica.

Não obstante seja dirigida ao Presidente do CRPS, que fica em Brasília, a Reclamação poderá ser protocolada diretamente no INSS, ou diretamente nos órgãos que compõem a estrutura do CRPS, que a remeterão ao órgão responsável pelo seu processamento.

Recebida e autuada a reclamação na Coordenação de Gestão Técnica, esta expedirá, de imediato, ofício ou mensagem por meio eficaz de telecomunicação ou via eletrônica, com as devidas cautelas à autenticação da mensagem e do seu recebimento, ao órgão encarregado do cumprimento da decisão, para que informe sobre a situação processual, apresentando, se for o caso, os motivos do não cumprimento do julgado, no prazo improrrogável de 5 (cinco) dias. Encerrado este prazo, não havendo resposta ou sendo as justificativas consideradas improcedentes, será expedido ofício firmado pelo Presidente do CRPS à Diretoria de Benefícios do INSS para adoção das medidas cabíveis ao efetivo cumprimento da decisão e, se for o caso, instauração de procedimento administrativo para apuração de falta funcional do servidor responsável pelo retardamento.

A Coordenação de Gestão Técnica acompanhará os processos de reclamação até a solução final, mantendo registros em meio físico ou eletrônico de todas as ocorrências, devendo encaminhar relatório anual circunstanciado ao órgão competente de controle interno do Ministério da Previdência Social.

Fundamentação: Portaria MPS n. 548/2011, art. 57.

2.9. Incidentes processuais

A matéria definitivamente julgada pelo CRPS, não será objeto de novas discussões no mérito, por parte do INSS — IN INSS n. 45/2010, art. 640.

Não terá sequência eventual pedido de revisão, feita pelo segurado, de decisão definitiva de benefício confirmada por única ou última instância do CRPS.No caso de pedido de revisão de acórdão sem novos elementos, deverá o INSS, em despacho fundamentado, apontar o não cabimento por ter encerrado o trâmite do processo, remetendo os autos ao CRPS.Sendo o pedido de revisão de acórdão acompanhado de novos elementos, será considerado e processado como novo pedido de benefício — art. 641.

Fundamentação: Instrução Normativa INSS n. 45/2010, arts. 640 e 641.

2.10. Concessão de outro benefício durante o trâmite do recurso

Como os recursos podem demorar para serem analisados, pode ocorrer de o segurado, nesse meio tempo, solicitar e obter do INSS um outro benefício. Nesse caso, sendo julgado procedente o recurso, o segurado poderá optar, por escrito, pelo benefício que lhe for mais vantajoso, sendo que (IN INSS n. 45/2010, art. 642):

I — se, após a apresentação dos cálculos do benefício reconhecido em fase recursal, o segurado optar pelo benefício que estiver recebendo, deverá apresentar desistência do recurso por escrito, e após assinada, será juntada ao processo recursal e comunicado o fato à instância julgadora; e

II — se depois de efetuado demonstrativo dos cálculos do benefício reconhecido em fase recursal o segurado optar pelo recebimento deste, deverá a APS proceder aos acertos financeiros.

Fundamentação: Instrução Normativa INSS n. 45/2010, arts. 642 e 643.

2.11. Conclusão do processo administrativo

Nos termos do art. 649 da Instrução Normativa INSS n. 45/2010, conclui-se o processo administrativo com a decisão que não for mais passível de recurso.

Ressalva-se, contudo, o direito do requerente solicitar a revisão da decisão no prazo decadencial previsto na lei de benefícios (10 anos).

Fundamentação: Instrução Normativa INSS n. 45/2010, art. 649.

3. PROCEDIMENTOS APLICÁVEIS AOS ÓRGÃOS JULGADORES DO CRPS

3.1. Embargos de declaração

Caberão embargos de declaração quando houver no acórdão dos órgãos julgadores do CRPS alguma obscuridade, ambiguidade ou contradição entre a decisão e os seus fundamentos ou quando for omitido ponto sobre o qual deveriam pronunciar-se.

Os embargos de declaração deverão ser opostos pelas partes do processo, mediante petição fundamentada, dirigida ao Presidente do órgão julgador, no prazo de 30 (trinta) dias contados da ciência do acórdão.

A oposição dos embargos de declaração interromperá o prazo para cumprimento do acórdão, sendo restituído todo o prazo de 30 (trinta) dias após a sua solução, salvo na hipótese de embargos manifestamente protelatórios, ocasião em que a decisão deverá ser executada no prazo máximo de 5 (cinco) dias da ciência do setor responsável pelo cumprimento do acórdão, sob pena de responsabilização funcional do servidor que der causa ao retardamento.

Autuado o pedido, o processo será encaminhado ao presidente do órgão julgador, ao qual competirá fazer o juízo de admissibilidade dos embargos de declaração, podendo (Portaria MPS n. 548/2011, art. 58):

I — não conhecer dos embargos de declaração, por decisão monocrática irrecorrível, quando verificar que não foram demonstrados os pressupostos necessários; ou

II — encaminhar o processo à consideração do conselheiro relator ou de conselheiro designado, na impossibilidade de manifestação do relator, quando verificar presentes os pressupostos previstos no *caput*, para fins de apreciação dos embargos de declaração e dos respectivos fundamentos com a posterior submissão ao colegiado.

Nos Embargos de Declaração, via de regra, não há necessidade de se oportunizar a manifestação da parte contrária, salvo nos casos em que a pretensão do embargante, na integração do julgado, implicar na modificação da decisão final, hipótese em que, excepcionalmente, deverá ser oportunizado o oferecimento de contrarrazões ao embargado (§ 4º).

Não será processado o pedido de embargos de declaração de acórdão do CRPS que não se enquadre nos requisitos de admissibilidade previstos no *caput* e que esteja visando mera rediscussão de matéria já apreciada pelo órgão julgador (§ 5º).

Por fim, os embargos de declaração opostos tempestivamente interrompem o prazo para a interposição de recurso especial.

Fundamentação: Portaria MPS n. 548/2011, art. 58.

3.2. Erro material

Nos termos do art. 59 da Portaria MPS n. 548/2011, as inexatidões materiais constantes de decisões proferidas pelos órgãos julgadores do CRPS, decorrentes de erros de grafia, numéricos, de cálculos ou, ainda, de outros equívocos semelhantes, deverão ser saneadas pelo respectivo Presidente do órgão julgador ou pelo Presidente do CRPS, de ofício ou a requerimento das partes, a qualquer tempo.

Será rejeitado, de plano, por despacho irrecorrível das autoridades mencionadas, o requerimento que não demonstrar, com precisão, o equívoco.

Não serão considerados erros materiais para os fins deste artigo as interpretações jurídicas dos fatos relacionados nos autos, o acolhimento de opiniões técnicas de profissionais especializados ou o exercício de valoração de provas.

Fundamentação: Portaria MPS n. 548/2011, art. 59.

3.3. Revisão de ofício

Enquanto não ocorrer a decadência (prazo de 10 anos, conforme art. 103-A), as Câmaras de Julgamento e as Juntas de Recursos deverão rever suas próprias decisões, de ofício, nas seguintes hipóteses:

I — quando violarem literal disposição de lei ou decreto;

II — quando divergirem dos pareceres da Consultoria Jurídica do MPS, aprovados pelo Ministro de Estado da Previdência Social, bem como do Advogado-Geral da União, na forma da Lei Complementar n. 73/93;

III — quando divergirem de enunciado editado pelo Conselho Pleno; e

IV — quando for constatado vício insanável, assim considerado, entre outros:

a) o voto de Conselheiro impedido ou incompetente, bem como condenado, por sentença judicial transitada em julgado, por crime de prevaricação, concussão ou corrupção passiva diretamente relacionado à matéria objeto de julgamento do colegiado;

b) a fundamentação baseada em prova obtida por meios ilícitos ou cuja falsidade tenha sido apurada em processo judicial;

c) o julgamento de matéria diversa da contida nos autos;

d) a fundamentação de voto decisivo ou de acórdão incompatível com sua conclusão.

O Conselheiro relator ou, na sua falta, o designado para substituí-lo, deverá reduzir a termo as razões de seu convencimento e determinar a intimação das partes do processo, com cópia do termo lavrado, para que se manifestem no prazo sucessivo de trinta dias, antes de submeter o seu entendimento à apreciação da unidade julgadora.

A revisão de ofício terá andamento prioritário nos órgãos do CRPS.

Fundamentação: Portaria MPS n. 548/2011, art. 60.

3.4. Conflito de competência

Ocorre conflito de competência quando dois ou mais órgãos julgadores se declaram competentes para julgar o mesmo processo, ou quando nenhum deles assuma a competência.

Os conflitos de competência entre Juntas de Recursos serão dirimidos pelos Presidentes das Câmaras de Julgamento, segundo distribuição alternada, e nos demais casos, pelo Presidente do CRPS. Em qualquer hipótese o conflito será resolvido por decisão monocrática irrecorrível.

Fundamentação: Portaria MPS n. 548/2011, art. 61.

4. PROCEDIMENTOS APLICÁVEIS AO CONSELHO PLENO

4.1. Uniformização em tese da jurisprudência

A uniformização, em tese, da jurisprudência administrativa previdenciária poderá ser suscitada para encerrar divergência jurisprudencial administrativa ou para consolidar jurisprudência reiterada no âmbito do CRPS, mediante a edição de enunciados.

A uniformização em tese poderá ser provocada pelo Presidente do CRPS, pela Coordenação de Gestão Técnica, pela Divisão de Assuntos Jurídicos, pelos Presidentes das Câmaras de Julgamento ou, exclusivamente em matéria de alçada, por solicitação de Presidente de Juntas de Recursos ou pela Diretoria de Benefícios do INSS, por provocação dos Serviços ou Divisões de Benefícios das Gerências Executivas, mediante a prévia apresentação de estudo fundamentado sobre a matéria a ser uniformizada, no qual deverá ser demonstrada a existência de relevante divergência jurisprudencial ou de jurisprudência convergente reiterada.

A divergência ou convergência de entendimentos deverá ser demonstrada mediante a elaboração de estudo fundamentado com a indicação de decisórios divergentes ou convergentes, conforme o caso, proferidos nos últimos cinco anos, por outro órgão julgador, composiçao de julgamento, ou, ainda, por resolução do Conselho Pleno.Elaborado o estudo, a autoridade competente deverá encaminhar a proposta de uniformização em tese da jurisprudência previdenciária ao Presidente do CRPS que a distribuirá ao relator da matéria no Conselho Pleno.

A emissão de enunciados dependerá da aprovação da maioria absoluta dos membros do Conselho Pleno e vincula, quanto à interpretação do direito, todos os Conselheiros do CRPS. A interpretação dada pelo enunciado não se aplica aos casos definitivamente julgados no âmbito administrativo, não servindo como fundamento para a revisão destes.

O enunciado poderá ser revogado ou ter sua redação alterada, por maioria simples, mediante provocação das autoridades, sempre precedido de estudo fundamentado, nos casos em que esteja desatualizado em relação à legislação previdenciária ou quando sobrevier parecer normativo ministerial, aprovado pelo Ministro de Estado, nos termos da Lei Complementar n. 73/93, que lhe prejudique ou retire a validade ou eficácia.

Fundamentação: Portaria MPS n. 548/2011, arts. 62 e 63.

4.2. Pedido de uniformização da jurisprudência

Disciplina sobre o pedido de uniformização da jurisprudência o art. 64 da Portaria MPS n. 548/2011, o qual possui a seguinte redação:

"**Art. 64.** O Pedido de Uniformização de Jurisprudência poderá ser requerido em casos concretos, pelas partes do processo, dirigido ao Presidente do respectivo órgão julgador, nas seguintes hipóteses:

I — quando houver divergência na interpretação em matéria de direito entre acórdãos de Câmaras de Julgamento do CRPS, em sede de recurso especial, ou entre estes e resoluções do Conselho Pleno; ou

II — quando houver divergência na interpretação em matéria de direito entre acórdãos de Juntas de Recursos do CRPS, nas hipóteses de alçada exclusiva previstas no art. 18 deste Regimento, ou entre estes e Resoluções do Conselho Pleno.

§ 1º A divergência deverá ser demonstrada mediante a indicação do acórdão divergente, proferido nos últimos cinco anos, por outro órgão julgador, composiçao de julgamento, ou, ainda, por resolução do Conselho Pleno.

§ 2º É de trinta dias o prazo para o requerimento do Pedido de Uniformização de Jurisprudência e para o oferecimento de contrarazões, contados da data da ciência da decisão e da data da intimação do pedido, respectivamente.

§ 3º Reconhecida em sede cognição sumária a existência da divergência pelo Presidente do órgão julgador, o processo será encaminhado ao Presidente do Conselho Pleno para que o pedido seja distribuído ao relator da matéria.

§ 4º Do não recebimento do pedido de uniformização pela Presidência do órgão julgador, caberá recurso ao Presidente do CRPS, no prazo de trinta dias da ciência da decisão comprovada nos autos.

§ 5º O pedido de uniformização poderá ser formulado pela parte uma única vez, tratando-se do mesmo caso concreto ou da mesma matéria examinada em tese, à luz do mesmo acórdão ou resolução indicados como paradigma.

§ 6º O Conselho Pleno poderá pronunciar-se pelo não conhecimento do pedido de uniformização ou pelo seu conhecimento e seguintes conclusões:

I — edição de Enunciado, com força normativa vinculante, quando houver aprovação da maioria absoluta de seus membros;

II — edição de Resolução para o caso concreto, quando houver aprovação da maioria simples de seus membros;

§ 7º Proferido o julgamento, caso haja deliberação para edição de enunciado, o Conselheiro responsável pelo voto vencedor deverá redigir o projeto de enunciado, a ser aprovado na mesma sessão ou na sessão ordinária seguinte.

§ 8º O pronunciamento do Conselho Pleno, nos casos de uniformização de jurisprudência, poderá ser adiado, uma única vez, para a sessão seguinte a pedido de, no mínimo, três membros presentes.

§ 9º O pedido de adiamento na forma do parágrafo anterior não impedirá que votem os Conselheiros que se julguem habilitados a fazê-lo.

§ 10. Os Conselheiros que tenham participado do julgamento na Câmara do CRPS não estão impedidos de julgar o pedido de uniformização no Conselho Pleno.

§ 11. Aplica-se ao pedido de uniformização de jurisprudência, no que couber, o disposto no Capítulo VII deste Regimento."

Fundamentação: Portaria MPS n. 548/2011, art. 64.

4.3. Reclamação

Nos termos do art. 65 da Portaria MPS n. 548/2011, a reclamação ao Conselho Pleno poderá ocorrer, no caso concreto, por requerimento das partes do processo, dirigido ao Presidente do CRPS, somente quando os acórdãos das Juntas de Recursos do CRPS, em matéria de alçada, ou os acórdãos de Câmaras de Julgamento do CRPS, em sede de recurso especial, infringirem:

I — pareceres da Consultoria Jurídica do MPS, aprovados pelo Ministro de Estado da Previdência Social, bem como do Advogado-Geral da União, na forma da Lei Complementar n. 73/93;

II — enunciados editados pelo Conselho Pleno.

O prazo para o requerimento da Reclamação ao Conselho Pleno é de 30 (trinta) dias contados da data da ciência da decisão infringente e suspende o prazo para o seu cumprimento.

Caberá ao Presidente do CRPS fazer o juízo de admissibilidade da Reclamação ao Conselho Pleno verificando se estão presentes os pressupostos previstos, podendo:

a) indeferir por decisão monocrática irrecorrível, quando verificar que não foram demonstrados os pressupostos de admissibilidade previstos;

b) distribuir o processo ao Conselheiro relator da matéria no Conselho Pleno quando verificar presentes os pressupostos de admissibilidade previstos.

Os processos poderão ser preliminarmente submetidos pelo Presidente do CRPS ao órgão julgador que prolatou o acórdão infringente, para facultar-lhe a revisão de ofício nos termos do art. 60 do Regimento Interno do CRPS.

O resultado do julgamento da Reclamação pelo Conselho Pleno será objeto de notificação ao órgão julgador que prolatou o acórdão infringente.

Fundamentação: Portaria MPS n. 548/2011, art. 65.

4.4. Reuniões do Conselho

As reuniões do Conselho Pleno deverão ser abertas por seu Presidente, depois de verificada a presença de, no mínimo, metade mais um dos seus membros.

O Presidente do CRPS designará o relator nos procedimentos aplicáveis ao Conselho Pleno. Após a leitura do relatório e do voto do Conselheiro relator, será iniciado o processo de votação, no qual os conselheiros poderão:

I — acompanhar o relator;

II — divergir do relator; ou

III — pedir vista dos autos.

Encerrada a votação, o Presidente do Conselho Pleno proclamará a decisão.

O pedido de vista por um dos Conselheiros aproveita aos demais, que deverão apresentar seus votos, caso divirjam do relator, na sessão seguinte, sendo disponibilizadas cópias das principais peças dos autos aos Conselheiros que solicitarem.

O Presidente do CRPS proferirá seu voto nas reuniões do Conselho Pleno quando for necessário o desempate e quando for o propositor da uniformização em tese da jurisprudência.Quando a decisão do Conselho Pleno for editada em forma de Resolução para o caso concreto será exigida a maioria simples.

Fundamentação: Portaria MPS n. 548/2011, art. 66.

5. DISPOSIÇÕES GERAIS

5.1. Anulação do julgamento anterior

Quando as Câmaras de Julgamento entenderem pela necessidade de anulação do julgamento anterior, poderão devolver os autos à unidade de origem para reexame da matéria e nova decisão sobre o mérito da causa ou, atendendo ao princípio de economia processual, se não houver prejuízo para a instrução da matéria ou para a defesa das partes, poderão, elas próprias, pronunciar-se em caráter definitivo sobre o mérito da controvérsia no âmbito administrativo

Fundamentação: Portaria MPS n. 548/2011, art. 68.

5.2. Pareceres da Consultoria Jurídica do MPS

Os pareceres da Consultoria Jurídica do MPS, quando aprovados pelo Ministro de Estado, nos termos da Lei Complementar n. 73/93, vinculam os órgãos julgadores do CRPS, à tese jurídica que fixarem, sob pena de responsabilidade administrativa quando da sua não observância.

Fundamentação: Portaria MPS n. 548/2011, art. 69.

5.3. Tratado internacional ou legislação em vigor

É vedado aos órgãos julgadores do CRPS afastar a aplicação, por inconstitucionalidade ou ilegalidade, de tratado, acordo internacional, lei, decreto ou ato normativo ministerial em vigor, ressalvados os casos em que:

I — já tenha sido declarada a inconstitucionalidade da norma pelo Supremo Tribunal Federal, em ação direta, após a publicação da decisão, ou pela via incidental, após a publicação da resolução do Senado Federal que suspender a sua execução; e

II — haja decisão judicial, proferida em caso concreto, afastando a aplicação da norma, por ilegalidade ou inconstitucionalidade, cuja extensão dos efeitos jurídicos tenha sido autorizada pelo Presidente da República.

Fundamentação: Portaria MPS n. 548/2011, art. 70.

6. VALORES RECEBIDOS INDEVIDAMENTE — COBRANÇA ADMINISTRATIVA

Pode ocorrer de o segurado receber mensalmente o benefício em razão de ter obtido sucesso em seu recurso e, posteriormente, em razão de revisão de acórdão, ser este cancelado ou cessado. Nestes casos, determina o art. 647 da IN INSS n. 45/2010 que não será efetuada cobrança administrativa referente ao período em que o beneficiário recebeu os valores, exceto nas seguintes hipóteses:

a) se a decisão de revogação do acórdão de primeira instância se der em decorrência de fraude, dolo ou má-fé por parte do segurado, com conivência ou não do servidor; e

b) se, depois de notificado sobre a revogação da decisão de última e definitiva instância, o beneficiário continuar recebendo valores referentes ao benefício.

Fundamentação: Instrução Normativa INSS n. 45/2010, art. 647.

7. DESISTÊNCIA DO PROCESSO

Enquanto não decidido o processo de forma definitiva, o requerente poderá (mediante manifestação escrita) desistir do pedido anteriormente formulado. Caso existam vários interessados (na qualidade de dependente, por exemplo), a desistência ou renúncia atingirá apenas aquele que a tiver formulado, permanecendo o recurso quanto aos demais requerentes.

Caso a Administração Pública entenda que o interesse público exige a permanência do recurso (se encontrado algum erro na concessão do benefício, por exemplo, que somente foi visto na ocasião do recurso), a desistência do interessado não prejudicará o prosseguimento do processo.

Fundamentação: Instrução Normativa INSS n. 45/2010, art. 648.

7.1. Ingresso de ação judicial com idêntico objeto

A propositura de ação judicial que tenha por objeto idêntico pedido sobre o qual versa o processo administrativo importa renúncia ao direito de recorrer, na esfera administrativa. Caso já exista recurso interposto, o ingresso da ação acarreta, consequentemente, a desistência do processo administrativo.[8]

Não obstante, não caberá ao INSS deixar de receber o recurso ou sustar a tramitação dele, devendo o servidor registrar nos autos a existência da ação judicial, informando o número do respectivo processo e da vara perante a qual tramita, e dar prosseguimento normal ao processo, pois compete exclusivamente aos órgãos do CRPS admitir ou não o feito administrativo.

Na hipótese de o processo estar tramitando nos órgãos do CRPS, a Agência de Previdência Social, tomando conhecimento de ação judicial, deverá comunicar sua existência ao órgão julgador, onde se encontra o processo de recurso.

Fundamentação: Lei n. 8.213/91, art. 126, § 3º; Decreto n. 3.048/99, art. 307.

---

(8) Não é necessário esgotar a via administrativa para o ingresso da ação judicial. O STJ está para decidir, inclusive, no REsp 1369834/SP se sequer é necessário o requerimento administrativo para configurar o interesse de agir ou se o segurado pode solicitar a concessão do benefício diretamente à Justiça Federal.

Capítulo XXXVII

Reajuste

1. REAJUSTAMENTO — CRITÉRIOS

O reajuste dos benefícios mantidos pela Previdência Social tem por objetivo manter, em caráter permanente, o valor real da data de concessão, em face das perdas inflacionárias existentes.

A Constituição Federal disciplina sobre o reajustamento dos benefícios tanto no art. 194, inciso IV (princípio da irredutibilidade do valor dos benefícios), como também no art. 201, § 4º. No entanto, a Carta Constitucional remete os critérios de reajuste à lei ordinária, conforme podemos observar da redação do referido dispositivo:

> "**Art. 201.** A previdência social será organizada sob a forma de regime geral, de caráter contributivo e de filiação obrigatória, observados critérios que preservem o equilíbrio financeiro e atuarial, e atenderá, nos termos da lei, a:
>
> ...
>
> **§ 4º** É assegurado o reajustamento dos benefícios para preservar-lhes, em caráter permanente, o valor real, conforme critérios definidos em lei.
>
> ..."

É a Lei n. 8.213/91 que, por sua vez, garante o reajuste anual, de forma que preserve o valor real do benefício previdenciário através da aplicação de um percentual de correção com base na variação de preços de produtos necessários e relevantes, podendo ser utilizados índices divulgados pelo IBGE ou de instituição congênere de reconhecida notoriedade, como, por exemplo, a FGV — Fundação Getúlio Vargas.

É interessante verificarmos, ainda, que a Lei n. 8.213/91 delegava a escolha do índice de reajustamento ao Regulamento da Previdência Social, aprovado pelo Decreto n. 3.048/99. Confira-se a antiga redação do art. 41 daquele diploma legal:

> "**Art. 41.** Os valores dos benefícios em manutenção serão reajustados a partir de 2004, na mesma data de reajuste do salário mínimo, *pro rata*, de acordo com suas respectivas datas de início ou do seu último reajustamento, com base em percentual definido em regulamento, observados os seguintes critérios:
>
> I — preservação do valor real do benefício;
>
> II — (Inciso revogado pela Lei n. 8.542, de 23.12.1992).
>
> III — atualização anual;
>
> IV — variação de preços de produtos necessários e relevantes para a aferição da manutenção do valor de compra dos benefícios.
>
> (...)"

Note-se que o legislador não fixava o índice inflacionário a ser utilizado para o reajuste, podendo ser adotado qualquer dos percentuais calculados por entidades idôneas como, por exemplo, o IBGE ou a FGV. O Regulamento da Previdência Social transferia a responsabilidade pela fixação do indexador ao Poder Executivo, conforme podemos observar da redação original do § 1º do art. 40 do RPS:

> "**Art. 40.** É assegurado o reajustamento dos benefícios para preservar-lhes, em caráter permanente, o valor real da data de sua concessão.
>
> **§ 1º** Os valores dos benefícios em manutenção serão reajustados, de acordo com suas respectivas datas de início, com base em *percentual definido em decreto do Poder Executivo* para essa finalidade, desde a data de concessão do benefício ou do seu último reajustamento.
>
> ..." (Grifo nosso)

Com a publicação da Medida Provisória n. 316/2006, convertida posteriormente na Lei n. 11.430/2006, restou revogado o art. 41 da Lei n. 8.213/91 e criado o art. 41-A, o qual determina que o valor dos benefícios deve ser reajustado, anualmente, na mesma data do reajuste do salário mínimo, *pro rata*, conforme suas respectivas datas de início ou do último reajustamento, com base no INPC — Índice Nacional de Preços ao Consumidor, apurado e divulgado pelo IBGE. Alterações ocorreram também no Decreto n. 3.048/99 por meio do Decreto n. 6.042/2007. Confira-se o teor do *caput* do art. 41-A, atualmente vigente:

> "**Art. 41-A.** O valor dos benefícios em manutenção será reajustado, anualmente, na mesma data do reajuste do salário mínimo, pro rata, de acordo com suas respectivas datas de início ou do último reajustamento, com base no Índice Nacional de Preços ao Consumidor — INPC, apurado pela Fundação Instituto Brasileiro de Geografia e Estatística — IBGE.
>
> (...)"

No entanto, o fato de os benefícios serem reajustados na mesma data em que o salário mínimo, os índices não precisam ser equivalentes. Em verdade, já há algum tempo o percentual aplicado para a correção do salário mínimo vem sendo bem superior ao percentual aplicado para a correção dos benefícios previdenciários, gerando perda do poder de compra e, como a Constituição Federal proíbe expressamente a vinculação ao salário mínimo, não há judicialmente o que ser feito para reparar essa desigualdade.

O que acaba ocorrendo, de fato, é que como o valor mínimo dos benefícios previdenciários deve sempre corresponder ao valor do salário mínimo (atualmente R$ 724,00) e como o percentual de reajuste do salário mínimo tem sido superior àquele aplicado aos benefícios previdenciários que possuem valor superior, os segurados que sempre contribuíram com valores mínimos acabam recebendo reajuste superior àqueles que sempre contribuíram com valores superiores, de forma que desvaloriza, constante e sucessivamente, o valor real dos benefícios. Sobre o tema, ver comentários e tabelas na Parte I desta obra, Capítulo I, subitem 3.2.4.

Aplicado o reajuste, nenhum benefício poderá ser superior ao limite máximo do salário de contribuição (atualmente R$ 4.390,24), nem inferior ao valor de um salário mínimo (R$ 724,00). Exceção se aplica, tãosomente, ao auxílio-acidente, ao abono de permanência em serviço, ao auxílio suplementar, ao salário família e à parcela a cargo do RGPS dos benefícios por totalização (concedidos com base em acordos internacionais de previdência social), hipóteses em que poderá o valor mensal ser inferior ao do salário mínimo vigente.

Muitas discussões, ao longo do tempo, já foram travadas sobre os reajustes conferidos aos benefícios e, ainda que esta obra não faça referência a todas essas teses, cumpre-nos ao menos destacar as Súmulas a elas pertinentes, conforme segue:

> "**TNU — Súmula 21** — Não há direito adquirido a reajuste de benefícios previdenciários com base na variação do IPC (Índice de Preço ao Consumidor), de janeiro de 1989 (42,72%) e abril de 1990 (44,80%)."

> "**TNU — Súmula 13** — O reajuste concedido pelas Leis ns. 8.622/93 e 8.627/93 (28,86%) constituiu revisão geral dos vencimentos e, por isso, é devido também aos militares que não o receberam em sua integralidade, compensado o índice então concedido, sendo limite temporal desse reajuste o advento da MP n. 2.131 de 28.12.2000."

> "**TNU — Súmula 1** — A conversão dos benefícios previdenciários em URV, em março/94, obedece às disposições do art. 20, incisos I e II da Lei n. 8.880/94 (MP n. 434/94)."

> "**TRU 3 — Súmula 10** — Nos benefícios concedidos a partir de 1º.3.94, na hipótese do salário de benefício exceder ao limite previsto no art. 29, § 2º, da Lei n. 8.213/91, aplica-se o disposto no art. 21, § 3º, da Lei n. 8.880/94." (Origem Enunciado 12 do JEFSP)

> "**TRF 3 — Súmula 25** — Os benefícios previdenciários concedidos até a promulgação da Constituição Federal de 1988 serão reajustados pelo critério da primeira parte da Súmula n.260 do Tribunal Federal de Recursos até o dia 04 de abril de 1989."

> "**TRF 3 — Súmula 18** — O critério do art. 58 do ADCT é aplicável a partir de 5.4.1989 até a regulamentação da Lei de Benefícios pelo Decreto n. 357 de 9.12.91."

"**TRF 3 — Súmula 6** — O reajuste dos proventos resultantes de benefícios previdenciários deve obedecer às prescrições legais, afastadas as normas administrativas que disponham de maneira diversa."

"**TRF 4 — Súmula 51** — Não se aplicam os critérios da Súmula 260 do extinto Tribunal Federal de Recursos aos benefícios previdenciários concedidos após a Constituição Federal de 1988." DJ (Seção 2) de 7.4.98, p. 381.

"**TRF 4 — Súmula 48** — O abono previsto no art. 9º, § 6º, letra "b", da Lei n. 8178/91 está incluído no índice de 147,06%, referente ao reajuste dos benefícios previdenciários em 1º de setembro de 1991." DJ (Seção 2) de 7.4.98, p. 381.

"**TRF 4 — Súmula 36** — Inexiste direito adquirido a reajuste de benefícios previdenciários com base na variação do IPC — Índice de Preços ao Consumidor — de março e abril de 1990." DJ (Seção 2) de 15.1.96, p. 744.

"**TRF 4 — Súmula 15** — O reajuste dos benefícios de natureza previdenciária, na vigência do Decreto-Lei n. 2.351, de 7 de agosto de 1987, vinculava-se ao salário mínimo de referência e não ao piso nacional de salários." DJ (Seção II) de 14.10.93, p. 43516.

"**TRF 5 — Súmula 11** — Aplica-se ao reajuste de benefício previdenciário, em setembro de 1991, o percentual de 147,06%."

Fundamentação: Lei n. 8.213/91, art. 41-A; Decreto n. 3.048/99, arts. 40 a 42; Instrução Normativa INSS n. 45/2010, art. 200.

2. CÁLCULO DO SALÁRIO DE BENEFÍCIO — MÉDIA SUPERIOR AO LIMITE MÁXIMO DO SALÁRIO DE CONTRIBUIÇÃO

Para o cálculo do salário de benefício é efetuada média aritmética das contribuições existentes a contar da competência julho/94, e até o mês anterior ao requerimento do benefício previdenciário pelo segurado.

Caso a média apurada supere o valor do limite máximo do salário de contribuição vigente no mês de início do benefício (atualmente R$ 4.390,24) a diferença percentual entre a média e o referido limite deverá ser incorporada ao valor do benefício, juntamente com o primeiro reajuste após a concessão. No entanto, e ainda com a aplicação deste reajuste adicional, o valor do benefício não poderá superar o teto máximo do salário de contribuição vigente à época de sua concessão.

Exemplo:

• Benefício de Aposentadoria por Invalidez

• Limite máximo do salário de contribuição vigente em 06/2003 = R$ 1.869,34

• Média aritmética encontrada para o cálculo do SB = R$ 2.069,34

• Diferença percentual entre a média e o limite máximo = 10,69%

• Reajuste concedido aos benefícios em 05/2004 = 4,53%

• Reajuste adicional em face da superação da média = 10,69%

• Reajuste total a ser aplicado ao benefício = 15,22%

• Valor do benefício reajustado = R$ 2.384,29 (o teto máximo em 05/2004 é de R$ 2.508,72)

Sobre o tema confira-se, por fim, a redação da Súmula 36 do TRF da 1ª Região:

"**Súmula 36** — O inciso II do art. 41, da Lei n. 8.213/91, revogado pela Lei n. 8.542/92, era compatível com as normas constitucionais que asseguram o reajuste dos benefícios para preservação de seu valor real."

Fundamentação: Constituição Federal, arts. 194 e 201; Lei n. 8.213/91, art. 41; Decreto n. 3.048/99, arts. 40 a 42 e 181.

Capítulo XXXVIII

Prestações Previdenciárias

1. BENEFÍCIOS E SERVIÇOS

Como observado nesta Parte V, Capítulo XXX, o Regime Geral de Previdência Social — RGPS compreende a concessão de oito benefícios para seus segurados e dois benefícios para os dependentes, além do serviço de reabilitação profissional.

Para o segurado do sistema são, portanto, oferecidos três benefícios por incapacidade (aposentadoria por invalidez, auxílio-doença e auxílio-acidente), três aposentadorias (idade, tempo de contribuição e especial) e dois benefícios que protegem a entidade familiar (salário família e salário maternidade). Para os dependentes existem os benefícios de pensão por morte e auxílio-reclusão.

Além dos benefícios, a Previdência Social assegura aos seus participantes (e dependentes) dois serviços: serviço social e serviço de reabilitação profissional.

Há, por fim, alguns benefícios e auxílios especiais, dos quais tratamos no Capítulo XL desta obra.

Fundamentação: Lei n. 8.213/91, art. 18; Decreto n. 3.048/99, arts. 25 e 173.

2. APOSENTADORIA POR INVALIDEZ

2.1. Requisitos necessários à obtenção do benefício

O benefício de Aposentadoria por Invalidez será concedido ao segurado que, estando ou não em gozo de auxílio-doença, for considerado incapaz para o trabalho e insuscetível de reabilitação para o início de atividade que lhe garanta a subsistência, sendo-lhe pago enquanto permanecer nessa condição.

São beneficiários da Aposentadoria por Invalidez todos os segurados do RGPS, sendo que a concessão desse benefício dependerá, portanto, da verificação da condição de incapacidade, mediante exame-médico-pericial a cargo da previdência social, podendo o segurado, às suas expensas, fazer-se acompanhar de médico de sua confiança.

Em face do exposto podemos destacar como requisitos à concessão da Aposentadoria por Invalidez:

a) esteja o interessado na qualidade de "segurado" do Regime Geral de Previdência Social, ainda que dentro do "período de graça",[9] registrando-se que caso a ausência de contribuições tenha ocorrido em razão da própria enfermidade não será configurada a perda dessa qualidade;[10]

---

(9) Confira-se, sobre o tema, a redação da Súmula 18 da TRU da 3ª Região: "A qualidade de segurado, para fins de concessão de auxílio-doença e de aposentadoria por invalidez, deve ser verificada quando do início da incapacidade". (Origem Enunciado 23 do JEFSP)
(10) Confira-se a redação do Enunciado 26 da AGU: "para a concessão de benefício por incapacidade, não será considerada a perda da qualidade de segurado decorrente da própria moléstia incapacitante".

b) esteja o segurado incapaz para o exercício de toda e qualquer atividade profissional (qualquer atividade), seja esta incapacidade decorrente de doença ou acidente de qualquer espécie;[11]

c) seja a incapacidade insuscetível de reabilitação, de forma que, pela medicina atual, não seja visualizada a reabilitação para o trabalho anteriormente executado ou a adaptação para atividade diversa; e

d) cumprimento da carência.

Note-se que a percepção pregressa do benefício de auxílio-doença se faz dispensável, conforme disposições do art. 43 da Lei n. 8.213/91. Se o perito médico do INSS constatar, desde o primeiro momento, que se trata de incapacidade total e definitiva, será devido o benefício de aposentadoria por invalidez, não havendo necessidade de ser concedido, primeiramente, o auxílio-doença.

Na prática, o segurado precisa agendar uma data e hora para o atendimento, agendamento este feito pela *internet* ou pelo telefone 135. Será aberto um protocolo de benefício e agendará data e hora para a perícia médica, quando então o segurado será examinado, oportunidade em que deverá levar a documentação que comprove a enfermidade e a gravidade da incapacidade. O médico perito do INSS será o responsável por indicar se a incapacidade para o trabalho se mostra temporária ou definitiva; sendo temporária, será concedido o benefício de auxílio-doença e sendo definitiva, sem visualização de reabilitação ou habilitação para atividade diversa, deve ser concedido o benefício de Aposentadoria por Invalidez. Ocorre que raramente a legislação é cumprida, sendo regra a concessão do auxílio-doença mesmo em caso de grave enfermidade. Nesses casos, cabe ao segurado discutir administrativamente ou ingressar com ação judicial para garantia de seu direito.

É importante observar que a doença ou lesão de que o segurado já era portador ao filiar-se ao Regime Geral de Previdência Social não lhe conferirá direito à aposentadoria por invalidez, salvo quando a incapacidade sobrevier por motivo de progressão ou agravamento dessa doença ou lesão. Assim, o segurado pode até estar acometido da enfermidade na data de sua filiação (AIDS, por exemplo), mas não pode encontrar-se incapacitado para o exercício de atividade profissional. Para o direito à concessão da Aposentadoria por Invalidez, portanto, é necessário que o afastamento, ou seja, a incapacidade para o trabalho ou para as atividades habituais, seja posterior à data de filiação do segurado ao sistema previdenciário, ainda que o início da enfermidade seja anterior a essa data. Sobre o tema confira-se a redação da Súmula 53 da TNU:

"**Súmula 53** — Não há direito a auxílio-doença ou a aposentadoria por invalidez quando a incapacidade para o trabalho é preexistente ao reingresso do segurado no Regime Geral de Previdência Social."

A concessão da Aposentadoria por Invalidez em decorrência de doença mental se encontra condicionada à apresentação do termo de curatela, ainda que provisório.

Fundamentação: Lei n. 8.213/91, arts. 42 e 43; Decreto n. 3.048/99, arts. 43 e 44; Instrução Normativa INSS n. 45/2010, art. 201.

2.2. Carência

Sendo a concessão do benefício decorrente de acidente de qualquer natureza ou causa, ou ainda nos casos de segurado que, depois de filiar-se ao RGPS, foi acometido de alguma das doenças ou afecções especificadas em lista do Ministério da Previdência Social consideradas graves, não será necessário o cumprimento de carência. São as enfermidades relacionadas pelo referido Ministério, constantes da Portaria Interministerial MPAS/MS n. 2.998/2001:

---

(11) Confira-se a redação do Enunciado 8 do CRPS: "SEGURIDADE SOCIAL. CRPS. BENEFÍCIO. INCAPACIDADE ANTES DA PERDA DA QUALIDADE DE SEGURADO. FALTA DE CONTRIBUIÇÃO POSTERIOR NÃO PREJUDICA O DIREITO ÀS PRESTAÇÕES. Fixada a data do início da incapacidade antes da perda da qualidade de segurado, a falta de contribuição posterior não prejudica o seu direito às prestações previdenciárias".

a) tuberculose ativa;

b) hanseníase;

c) alienação mental;

d) neoplasia maligna;

e) cegueira;

f) paralisia irreversível e incapacitante;

g) cardiopatia grave;

h) doença de Parkinson;

i) espondiloartrose anquilosante;

j) nefropatia grave;

l) estado avançado da doença de Paget (osteíte deformante);

m) síndrome da deficiência imunológica adquirida — Aids;

n) contaminação por radiação, com base em conclusão da medicina especializada; e

o) hepatopatia grave.

Sendo o benefício decorrente de qualquer outra enfermidade, a carência a ser comprovada pelo segurado será de 12 contribuições mensais. O segurado especial deverá comprovar 12 meses de efetivo exercício na atividade rural, nesta condição.

Maiores informações sobre carência, ver Parte V, Capítulo XXXI, desta obra.

Fundamentação: Lei n. 8.213/91, arts. 25 e 26.

2.3. Renda mensal do benefício — início do pagamento

A aposentadoria por invalidez consiste numa renda mensal equivalente a 100% (cem por cento) do salário de benefício e será devida a contar do dia imediato ao da cessação do auxílio-doença, se o segurado tiver recebido primeiro este benefício.

Concluindo, entretanto, a perícia médica inicial pela existência de incapacidade total e definitiva para o trabalho ou para as atividades habituais, a aposentadoria por invalidez será devida:

a) ao segurado empregado a contar do décimo sexto dia do afastamento da atividade ou a partir da data da entrada do requerimento, se entre o afastamento e a entrada do requerimento decorrerem mais de 30 dias; e

b) ao segurado doméstico, contribuinte individual, trabalhador avulso, especial ou facultativo, a contar da data do início da incapacidade ou da data da entrada do requerimento, se entre essas datas decorrerem mais de 30 dias.

Durante os primeiros quinze dias de afastamento consecutivos da atividade por motivo de invalidez, caberá à empresa pagar ao segurado empregado o salário.

Sobre o cálculo do salário de benefício e suas discussões, ver nesta Parte V o Capítulo XXXII, subitem 2.3.

Fundamentação: Lei n. 8.213/91, arts. 43 e 44; Decreto n. 3.048/99, art. 44; Instrução Normativa INSS n. 45/2010, arts. 202 e 203.

2.3.1. Acréscimo de 25%

Desde a data de 5.4.1991, necessitando o segurado da assistência permanente de outra pessoa, em decorrência da enfermidade de que seja portador (ou acidente sofrido), a renda mensal do benefício de Aposentadoria por Invalidez será acrescida de 25% (vinte e cinco por cento). ODecreto n. 3.048/99 traz uma relação exemplificativa dassituações que ensejarão tal acréscimo em seu Anexo I, sendo elas:

a) cegueira total;

b) perda de nove dedos das mãos ou número superior a este;

c) paralisia dos dois membros superiores ou inferiores;

d) perda dos membros inferiores, acima dos pés, quando a prótese for impossível;

e) perda de uma das mãos e de dois pés, ainda que a prótese seja possível;

f) perda de um membro superior e outro inferior, quando a prótese for impossível;

g) alteração das faculdades mentais com grave perturbação da vida orgânica e social;

h) doença que exija permanência contínua no leito;

i) incapacidade permanente para as atividades da vida diária.

Note-se que o acréscimo de 25% será devido ainda que o valor da aposentadoria atinja o limite máximo legal, independentemente da data de início da aposentadoria.

Caso a necessidade de assistência ocorra juntamente com a invalidez, ou seja, possa ser comprovada na mesma perícia médica realizada para a concessão da aposentadoria, não será necessário requerer o acréscimo de 25%, já que mesmo é parcela acessória do benefício de aposentadoria por invalidez. Assim dispõe, inclusive, a Instrução Normativa INSS n. 45/2010, art. 204, § 1º. No entanto, se a necessidade de assistência de terceiros ocorreu após a concessão do benefício, em razão do agravamento da enfermidade ou lesão, deverá o segurado requerer expressamente o acréscimo de 25% junto ao INSS (mesmo Posto de Atendimento onde foi concedida a aposentadoria), submetendo-se, se for o caso, a nova perícia médica. Nessa hipótese, o pagamento será devido a contar do requerimento efetuado.

O acréscimo cessará com a morte do aposentado, não sendo incorporado ao valor da pensão por morte.

Fundamentação: Lei n. 8.213/91, art. 45; Decreto n. 3.048/99, art. 45; Instrução Normativa INSS n. 45/2010, art. 204.

2.4. Avaliações/Exames Médico-Periciais

O segurado aposentado por invalidez se encontra obrigado, a qualquer tempo e independentemente da sua idade, sob pena de suspensão do benefício, a submeter-se a exame médico a cargo da previdência social, processo de reabilitação profissional por ela prescrito e custeado e tratamento dispensado gratuitamente, exceto o cirúrgico e a transfusão de sangue, que são facultativos.

O aposentado por invalidez fica obrigado, ainda, e sob pena de sustação do pagamento do benefício, a submeter-se a exames médico-periciais realizados pelo INSS a cada dois anos (se for chamado), cuja finalidade é avaliar a persistência, atenuação ou o agravamento da incapacidade para o trabalho, alegada como causa de concessão do benefício.

Caso seja constatada a capacidade para o trabalho nessa perícia médica de revisão, o segurado ou seu representante legal deverá ser notificado por escrito para, se não concordar com a decisão, requerer novo exame médico-pericial no prazo de 30 (trinta) dias, que será realizado por profissional diferente daquele que efetuou o último exame. Nada sendo requerido nesse prazo, ou caso o novo exame médico constate pela recuperação da capacidade, o benefício de aposentadoria por invalidez será cessado, independentemente da interdição judicial — IN INSS n. 45/2010, art. 210.

Fundamentação: Lei n. 8.213/91, art. 101; Decreto n. 3.048/99, art. 46; Instrução Normativa INSS n. 45/2010, art. 210.

2.5. Recuperação da capacidade de trabalho — percepção de mensalidade de recuperação e cessação do benefício

O aposentado por invalidez que retornar voluntariamente à atividade terá sua aposentadoria automaticamente cessada, a partir da data do retorno. Nesta hipótese (retorno voluntário) não caberá reavaliação médico-pericial do segurado após o cancelamento de sua aposentadoria. Caso o segurado tenha percebido o benefício indevidamente, por encontrar-se apto ao exercício de atividade profissional, deverão ser devolvidos ao INSS os referidos valores.

Melhor procedimento a ser adotado é a solicitação ao INSS, pelo segurado, de realização de nova avaliação médico pericial porque, caso conclua o médico perito pela recuperação da capacidade laborativa, a aposentadoria será cancelada gradativamente, e não de forma automática como no parágrafo anterior.

Assim, quando o retorno às atividades não se der de forma voluntária, ou seja, quando a alta médica for concedida pela perícia-médica do INSS, o benefício de aposentadoria cessará aos poucos, percebendo o segurado uma "mensalidade de recuperação", com observância das seguintes regras:

I — quando a recuperação for total e ocorrer dentro de 5 (cinco) anos contados da data do início da aposentadoria por invalidez ou do auxílio-doença que a antecedeu sem interrupção, o benefício cessará:

a) de imediato, para o segurado empregado que tiver direito a retornar à função que desempenhava na empresa ao se aposentar, na forma da legislação trabalhista, valendo como documento, para tal fim, o certificado de capacidade fornecido pela previdência social; ou

b) após tantos meses quantos forem os anos de duração do auxílio-doença e da aposentadoria por invalidez, para os demais segurados; e

II — quando a recuperação for parcial ou ocorrer após o período previsto no item I, ou ainda quando o segurado for declarado apto para o exercício de trabalho diverso do qual habitualmente exercia, a aposentadoria será mantida, sem prejuízo da volta à atividade:

a) pelo seu valor integral, durante seis meses contados da data em que for verificada a recuperação da capacidade;

b) com redução de 50%, no período seguinte de seis meses; e

c) com redução de 75%, também por igual período de seis meses, ao término do qual cessará definitivamente.

O segurado que retornar à atividade poderá requerer, a qualquer tempo, novo benefício, tendo este processamento normal. No entanto, cumpre observar o seguinte:

• durante o período de percepção da Mensalidade de Recuperação integral (item I, "b" e item II, "a"), não caberá concessão de novo benefício;

• durante o período de percepção da Mensalidade de Recuperação reduzida (item II, "b" e "c"), poderá ser concedido novo benefício, devendo-se observar que a aposentadoria será:

a) restabelecida em seu valor integral se a Perícia Médica concluir pela existência de invalidez até o término da Mensalidade de Recuperação;

b) cessada, se o segurado requerer e tiver sido concedido novo benefício durante o período de recebimento da Mensalidade de Recuperação reduzida, sendo facultado ao segurado optar, em caráter irrevogável, entre o benefício e a renda de recuperação.

Note-se, ainda, que os períodos constantes dos itens I, "b", e II — períodos de percepção da Mensalidade de Recuperação — serão considerados como tempo de contribuição, desde que intercalados com períodos de atividade, uma vez que durante este período o segurado mantém sua condição de aposentado por invalidez.Também nestes períodos (percepção da Mensalidade de Recuperação) será permitido ao segurado o retorno ao trabalho, sem prejuízo do pagamento da referida mensalidade.

Fundamentação: Lei n. 8.213/91, arts. 46 e 47; Decreto n. 3.048/99, arts. 47 a 50; Instrução Normativa INSS n. 45/2010, arts. 205 a 209

3. APOSENTADORIA POR IDADE

3.1. Requisitos necessários à obtenção do benefício

O benefício de Aposentadoria por Idade será concedido ao segurado que, cumprida a carência exigida, completar 65 (sessenta e cinco) anos de idade, se homem, e 60 (sessenta), se mulher, reduzidos esses limites para 60 (sessenta) e 55 (cinquenta e cinco) anos de idade para os trabalhadores rurais, respectivamente homens e mulheres (empregado rural, autônomo rural, trabalhador avulso rural e segurado especial), bem como para os segurados garimpeiros que trabalhem, comprovadamente, em regime de economia familiar.

Note-se, portanto, serem apenas dois os requisitos necessários à obtenção desse benefício, quais sejam:

a) cumprimento da carência; e

b) implementação da idade mínima.

Trata-se de benefício, a princípio (esfera administrativa), irreversível e irrenunciável e, desta forma, é aconselhável ao segurado providenciar um estudo detalhado de sua situação previdenciária a fim de identificar o melhor benefício de aposentadoria a ser requerido.

O segurado somente poderá desistir do pedido de aposentadoria se manifestada essa intenção, com pedido expresso de arquivamento definitivo do pedido, anteriormente ao recebimento do primeiro pagamento do benefício e sem que tenha sacado os depósitos existentes na conta vinculada do RGPS com a Carta de Concessão do Benefício. Observe-se a redação do art. 181-B do Decreto n. 3.048/99:

"**Art. 181-B.** As aposentadorias por idade, tempo de contribuição e especial concedidas pela previdência social, na forma deste Regulamento, são irreversíveis e irrenunciáveis.

Parágrafo único. O segurado pode desistir do seu pedido de aposentadoria desde que manifeste esta intenção e requeira o arquivamento definitivo do pedido antes da ocorrência do primeiro de um dos seguintes atos:
I — recebimento do primeiro pagamento do benefício; ou

II — saque do respectivo Fundo de Garantia do Tempo de Serviço ou do Programa de Integração Social.

Sobre eventual troca de benefícios (desaposentação), ver nesta Parte V o Capítulo XL.

Fundamentação: Lei n. 8.213/91, art. 48; Decreto n. 3.048/99, art. 51; Instrução Normativa INSS n. 45/2010, arts. 213 e 214

3.1.1. Comprovação da Idade

A comprovação da implementação da idade pelo segurado deverá ser feita por qualquer documento oficial de identificação com foto, sendo ainda possível o feito pela apresentação de certidão de nascimento ou casamento.

Obs.: As certidões de nascimento, devidamente expedidas por órgão competente e dentro dos requisitos legais, não poderão ser questionadas, sendo documentos dotados de fé pública (Código Civil, arts. 217 e 1.064), cabendo ao INSS vindicar estado contrário ao que resulta do registro de nascimento, se comprovada a existência de erro ou falsidade do registro.

Fundamentação: Instrução Normativa INSS n. 45/2010, art. 218.

3.1.2. Aposentadoria Compulsória

A aposentadoria por idade pode ser requerida pela empresa, desde que o segurado tenha cumprido a carência, quando este completar 70 (setenta) anos de idade, se do sexo masculino, ou 65 (sessenta e cinco), se do sexo feminino, sendo compulsória.

Nesta hipótese, procederá o empregador à rescisão contratual do segurado, cuja data de desligamento corresponderá àquela imediatamente anterior à do início do benefício de aposentadoria.

Note-se, no entanto, que a oportunidade de a empresa requerer o benefício (porque não é obrigada a fazê-lo) ocorre quando do implemento da idade pelo trabalhador, bem como de já ter sido cumprida, pelo mesmo, a carência fixada pela Lei n. 8.213/91. Não exercendo a empresa o direito que lhe cabe, compreendo que não mais poderá fazê-lo em tempo posterior, sob pena de gerar total insegurança ao obreiro quanto à manutenção do vínculo e ferindo, assim, o princípio da continuidade da relação de emprego.

As verbas rescisórias devidas nesta modalidade de rescisão, todavia, suscitam verdadeira polêmica, existindo discussão doutrinária e jurisprudencial sobre ser ou não devida a multa de 40% do FGTS e o instituto do aviso-prévio. Entendo não haver razão para que a empresa requeira o benefício de seu empregado, de forma compulsória, se não houver incentivo financeiro na rescisão contratual operada, ou seja, se for para rescindir o contrato de trabalho sem justa causa, com pagamento de aviso-prévio e multa fundiária, qual a razão de providenciar a empresa a Aposentadoria Compulsória de seu trabalhador? Assim, compreendo não ser devida a multa de 40% e nem tampouco o aviso-prévio ao trabalhador, operando-se a rescisão por terminação de contrato em razão da aposentadoria, sem ônus para qualquer das partes contratantes, apesar de constar expressamente no art. 51 da Lei n. 8.213/91 ser garantida ao empregado a indenização trabalhista. Confira-se:

> **"Art. 51.** A aposentadoria por idade pode ser requerida pela empresa, desde que o segurado empregado tenha cumprido o período de carência e completado 70 (setenta) anos de idade, se do sexo masculino, ou 65 (sessenta e cinco) anos, se do sexo feminino, sendo compulsória, caso em que será garantida ao empregado a indenização prevista na legislação trabalhista, considerada como data da rescisão do contrato de trabalho a imediatamente anterior à do início da aposentadoria."

Esta "indenização trabalhista" se refere àquela existente antes da vigência da Constituição Federal de 1988, quando o FGTS não era obrigatório. Naquela época, os trabalhadores que completavam 10 (dez) anos de serviços para um mesmo empregador passavam a usufruir da estabilidade no emprego. Aqueles que eram dispensados antes de completar os 10 (dez) anos, não possuíam a estabilidade, mas tinham direito a uma indenização, equivalente a uma remuneração por ano ou fração igual ou superior a 6 (seis) meses de serviço.

A multa de 40%, prevista na Lei n. 8.036/90 (FGTS) não é propriamente uma indenização trabalhista e possui hipóteses específicas de pagamento, constantes desse diploma legal. A aposentadoria compulsória, note-se, não figura entre essas hipóteses.Já o aviso-prévio indenizado igualmente possui hipótese específica para pagamento, disposta no art. 487 da Consolidação das Leis do Trabalho, sem qualquer menção à rescisão por aposentadoria compulsória.

No entanto, como já dito anteriormente, a matéria não é pacífica entre os doutrinadores e, menos ainda, em nossos Tribunais. Aparentemente, predomina o entendimento de ser a extinção contratual automática, não se equivalendo à dispensa sem justa causa e com tratamento isonômico entre servidores públicos (celetistas) e trabalhadores da iniciativa privada. Confira-se, ilustrativamente, as seguintes decisões do TST:

"AGRAVO DE INSTRUMENTO. APOSENTADORIA COMPULSÓRIA. EMPREGADO PÚBLICO. REGIME JURÍDICO. EFEITOS. NÃO PROVIMENTO. Nos termos da jurisprudência iterativa desta Corte Superior o servidor público celetista admitido por entidade autárquica, como *in casu,* também deve subordinar-se aos princípios norteadores da administração pública, dentre os quais o inserido no art. 40, § 1º, inciso II, Constituição Federal, relativo à aposentadoria compulsória. Assim, a extinção do contrato de trabalho, em razão da aposentadoria compulsória não confere ao trabalhador o direito ao aviso-prévio e à multa alusiva ao FGTS. Precedentes."

(TST — AIRR 224100-38.2008.5.02.0078 — Julgamento em 23.5.2012 — Relator Ministro Guilherme Augusto Caputo Bastos — 2ª Turma — DEJT de 1º.6.2012.)

"EMPREGADO PÚBLICO. APOSENTADORIA COMPULSÓRIA. EFEITOS SOBRE O CONTRATO DE TRABALHO. PROVIMENTO. Ao interpretar o art. 40 da Constituição Federal e atuando em sua função uniformizadora de jurisprudência, esta Corte Superior pacificou o entendimento de que a previsão constitucional acerca da aposentadoria compulsória se aplica ao servidor público contratado sob o regime da CLT (empregado público). Pacífico, ainda, o entendimento de que tal modalidade de aposentadoria dos empregados públicos é causa de extinção do contrato de trabalho decorrente de lei, mais especificamente o art. 51da Lei n. 8.213/91, não se tratando, pois, de dispensa sem justa causa. Vale dizer, ao completar 70 anos de idade o empregado público será aposentado por força de lei, independente da sua vontade ou do empregador, não podendo ser transferida a este a responsabilidade pela ruptura do contrato de trabalho, razão pela qual não há falar em pagamento de verbas rescisória, *in casu,* o aviso-prévio e a multa de 40% do FGTS. Precedentes. Recurso de revista conhecido e provido. (TST-RR — 1599-41.2010.5.12.0041 — Julgamento em 11.4.2012 — Relator Ministro Guilherme Augusto Caputo Bastos — 2ª Turma — DEJT de 20.4.2012)

Fundamentação: Lei n. 8.213/91, art. 51; Decreto n. 3.048/99, art. 54; Instrução Normativa INSS n. 45/2010, art. 220.

3.2. *Carência*

A carência necessária à obtenção do benefício de Aposentadoria por Idade é de 180 contribuições mensais. No entanto, em se tratando de segurados inscritos no Regime Geral de Previdência Social — RGPS até a data de 24.7.1991, deverá ser observada a seguinte tabela:

Ano da implementação das condições	Número de meses Exigidos
1991	60
1992	60
1993	66
1994	72
1995	78
1996	90
1997	96
1998	102
1999	108
2000	114
2001	120

Ano da implementação das condições	Número de meses Exigidos
2002	126
2003	132
2004	138
2005	144
2006	150
2007	156
2008	162
2009	168
2010	174
2011	180

Conforme já mencionado na Parte V, Capítulo XXXI, desta obra, o entendimento que predomina em nossos Tribunais é no sentido de que não é necessário o cumprimento da idade e da carência simultaneamente, ou seja, se a idade foi implementada em 2002, por exemplo, é necessária a comprovação de 126 contribuições, ainda que o implemento desta condição ocorra em 2015, ou em momento posterior. Seja quando for, no momento em que este segurado completar as 126 contribuições poderá requerer administrativamente seu benefício, ficando a carência "congelada" no ano do implemento da idade. Nestes termos confira-se, inclusive, a redação da Súmula 44 da TNU:

"**Súmula 44** — Para efeito de aposentadoria urbana por idade, a tabela progressiva de carência prevista no art. 142 da Lei n. 8.213/91 deve ser aplicada em função do ano em que o segurado completa a idade mínima para concessão do benefício, ainda que o período de carência só seja preenchido posteriormente."

A comprovação do efetivo exercício de atividade rural será feita em relação aos meses imediatamente anteriores ao requerimento do benefício, mesmo que de forma descontínua, durante período igual ao da carência exigida para a concessão do benefício. Nestes termos confira-se a redação da Súmula 54 da TNU:

"**Súmula 54** — Para a concessão de aposentadoria por idade de trabalhador rural, o tempo de exercício de atividade equivalente à carência deve ser aferido no período imediatamente anterior ao requerimento administrativo ou à data do implemento da idade mínima."

Também importa registrarmos que eventual trabalho urbano desenvolvido pelo trabalhador rural não servirá para descaracterizar o cumprimento da carência em serviços rurais, cabendo ao INSS e ao Poder Judiciário, se for o caso, a análise de cada caso concreto. Nestes termos, inclusive, dispõe a Súmula 46 da TNU:

"**Súmula 46** — O exercício de atividade urbana intercalada não impede a concessão de benefício previdenciário de trabalhador rural, condição que deve ser analisada no caso concreto."

Por fim, cumpre-nos destacar que, conforme entendimento jurisprudencial dominante, a prova documental a ser apresentada pelo trabalhador rural para o cumprimento da carência não necessita abranger todo o período, sendo possível complementá-la com outros meios de prova, inclusive testemunhal. No entanto, esse início de prova documental é obrigatório, não sendo admitida prova exclusivamente testemunhal. Sobre o tema confira-se a redação da Súmula 14 da TNU, da Súmula 149 do STJ e também da Súmula 27 do TRF da 1ª Região:

"**TNU — Súmula 14** — Para a concessão de aposentadoria rural por idade, não se exige que o início de prova material corresponda a todo o período equivalente à carência do benefício."

"**STJ — Súmula 149** — A prova exclusivamente testemunhal não basta a comprovação da atividade rurícola, para efeito da obtenção de benefício previdenciário."

"**TRF 1 — Súmula 27** — Não é admissível prova exclusivamente testemunhal para reconhecimento de tempo de exercício de atividade urbana e rural (Lei n. 8.213/91, art.55,§ 3º)."

Maiores informações sobre carência, ver Parte V, Capítulo XXXI, desta obra, especialmente os subitens 4.2 e 5.

Fundamentação: Lei n. 8.213/91, arts. 25 e 26; Decreto n. 3.048/99, art. 51.

3.2.1. Perda da Qualidade de Segurado

Com a publicação da Medida Provisória n. 83/2002 (atualmente Lei n. 10.666/2003), a perda da qualidade de segurado não interferirá na concessão da Aposentadoria por Idade, desde que o segurado já tenha implementado a carência necessária.

Assim, desde que cumprida a carência exigida para este benefício, fica assegurado o direito a Aposentadoria por Idade ao segurado quando da implementação do quesito idade, independente da cessação das contribuições previdenciárias por longo período. Nestes termos confira-se, inclusive, a redação da Súmula 12 da TRU da 3ª Região:

> "**Súmula 12** — Para a concessão de aposentadoria por idade, desde que preenchidos os requisitos legais, é irrelevante o fato de o requerente, ao atingir a idade mínima, não mais ostentar a qualidade de segurado." (Origem Enunciado 16 do JEFSP)

Com referência à aposentadoria por idade do trabalhador rural (empregados, contribuintes individuais ou segurados especiais), não será considerada a perda da qualidade de seguradonos intervalos entre as atividades rurícolas, devendo, entretanto, estar o segurado exercendo a atividade rural ou em período de graça na Data de Entrada do Requerimento (DER) ou na data em que implementou todas as condições exigidas para o benefício — Instrução Normativa INSS n. 45/2010, art. 215.

> **Obs.:** Os trabalhadores rurais de que trata o *caput* enquadrados como empregado e contribuinte individual, poderão, até 31 de dezembro de 2010, requerer a aposentadoria por idade prevista no art. 143 da Lei n. 8.213, de 1991, no valor de um salário mínimo, observando que o enquadrado como segurado especial poderá requerer o respectivo benefício sem observância ao limite de data, conforme o inciso I do art. 39 da Lei n. 8.213, de 1991.

Confira-se, ainda, a redação do art. 216 do mesmo normativo:

> "**Art. 216.** Na hipótese do art. 215, será devido o benefício ao segurado empregado, contribuinte individual e segurado especial, ainda que a atividade exercida na DER seja de natureza urbana, desde que o segurado tenha preenchido todos os requisitos para a concessão do benefício rural previsto no inciso I do art. 39 e no art. 143 da Lei n. 8.213, de 1991 até a expiração do prazo para manutenção da qualidade, na atividade rural, previsto no art. 15 do mesmo diploma legal e não tenha adquirido a carência necessária na atividade urbana."

Sobre manutenção e perda da qualidade de segurado, ver Parte II, Capítulo VII, desta obra.

Fundamentação: Lei n. 10.666/2033, art. 3º; Instrução Normativa INSS n. 45/2010, art. 215.

3.3. Renda Mensal do Benefício

A aposentadoria por idade consiste numa renda mensal equivalente a 70% (setenta por cento) do salário de contribuição, mais 1% (um por cento) deste por grupo de 12 (doze) contribuições mensais, até o máximo de 30% (trinta por cento). Assim, o valor total da aposentadoria por idade não poderá ultrapassar 100% (cem por cento) do salário de benefício.

Considerando-se, portanto, um segurado inscrito no RGPS a contar de 25.7.1991, de forma que seja o período de carência correspondente a 180 contribuições mensais (15 anos), a renda mensal do benefício de Aposentadoria por Idade será equivalente a 85% do salário de benefício (70% + 15%). Caso este segurado comprove tempo de contribuição correspondente a 25 anos, a renda mensal da Aposentadoria por Idade será equivalente a 95% do salário de benefício (70% + 25%). Somente corresponderá a renda mensal à totalidade do salário de benefício (100%) se o segurado comprovar ao INSS tempo de contribuição de 30 anos.

Obs 1.: Garante-se ao segurado com direito à aposentadoria por idade a opção pela não aplicação do fator previdenciário no cálculo do salário de benefício, devendo o Instituto Nacional do Seguro Social, quando da concessão do benefício, proceder ao cálculo da renda mensal inicial com e sem o fator previdenciário, aplicando o critério mais vantajoso (Decreto n. 3.048/99, art. 181-A).

Obs 2.: Conforme disposições do art. 132 do Decreto n. 3.048/99, o tempo de contribuição na administração pública federal, estadual, do Distrito Federal ou municipalpoderá ser considerado para efeito de acréscimo no percentual da aposentadoria por idade (contagem recíproca).

Sobre o cálculo do salário de benefício ver Parte V, Capítulo XXXII desta obra. Maiores informações sobre o percentual de renda mensal podem ser verificadas na Parte V, Capítulo XXXIII.

Fundamentação: Lei n. 8.213/91, art. 50.

3.4. Data de Início do Benefício — DIB

A aposentadoria por idade será devida, regra geral, a contar da data de seu requerimento pelo segurado.No entanto, em se tratando de segurado empregado, inclusive doméstico, o INSS adotará as seguintes regras:

a) caso o segurado tenha se desligado do emprego e protocole o requerimento do benefício em até 90 dias, a Aposentadoria por Idade será devida a contar da data da rescisão contratual operada;

b) na ocorrência de desligamento do empregado mas com requerimento pelo segurado em prazo superior a 90 dias, o benefício será devido somente a contar da data do requerimento; e

c) caso não haja desligamento do emprego, permanecendo o segurado no exercício da atividade profissional após o requerimento do benefício, a Aposentadoria por Idade será devida também a contar da data de requerimento.

Em se tratando de segurado empregado, após a concessão da Aposentadoria por Idade, o INSS deverá cientificar o respectivo empregador sobre a DIB — Data de Início do Benefício. Na prática, contudo, tal procedimento não ocorre, não sendo a empresa informada da concessão do benefício.

Fundamentação: Lei n. 8.213/91, art. 49; Decreto n. 3.048/99, art. 52; Instrução Normativa INSS n. 45/2010, art. 219.

3.5. Transformação do Benefício

Até a data de 30.12.2008, a aposentadoria por idade podia ser decorrente da transformação de aposentadoria por invalidez ou auxílio-doença, desde que requerida pelo segurado, observando o cumprimento da carência exigida na data de início do benefício a ser transformado.

Assim, um segurado que estivesse percebendo do INSS benefício de aposentadoria por invalidez, por exemplo, poderia, se assim desejasse, transformar este benefício para Aposentadoria por Idade quando completasse a idade mínima exigida para sua concessão, bem como a implementação da carência. Note-se, no entanto, que somente era possível a transformação para Aposentadoria por Idade quando da percepção de Aposentadoria por Invalidez ou Auxílio-Doença, não existindo previsão legal para outros benefícios do sistema.

A contar de 31.12.2008, data de publicação e vigência do Decreto n. 6.722, o art. 55 do Decreto n. 3.048/99 que trazia tal possibilidade foi expressamente revogado, não sendo mais permitida a troca de espécie dos benefícios em referência.

Fundamentação: Decreto n. 3.048/99, art. 55; Instrução Normativa INSS n. 45/2010, art. 212.

3.6. Trabalhadores Rurais

3.6.1. Direitos existentes anteriormente à Lei n. 8.213/91

Publicada em 18.3.1963, a Lei n. 4.214 criou o Estatuto do Trabalhador Rural positivando conceitos, normas de proteção geral, direitos relacionados à segurança e higiene do trabalho, regramento contratual a ser observado, organização sindical e, dentre outras disposições, direitos de proteção social. O art. 158 daquele diploma legal criou o Fundo de Assistência e Previdência do Trabalhador Rural — FUNRURAL, a ser mantido pelos empregadores rurais com contribuições de 1% do valor dos produtos agro-pecuários colocados. A contribuição deveria ser repassada ao Instituto de Aposentadoria e Pensões dos Industriários — I.A.P.I., mediante guia própria, cabendo ao Instituto a prestação dos benefícios devidos aos trabalhadores rurais ou seus dependentes. Dentre os benefícios assegurados aos segurados, encontrava-se a aposentadoria por velhice (alínea c do art. 164).

Era necessário, contudo, que o Poder Executivo, por meio do Ministério do Trabalho e Previdência Social, regulamentasse as relações entre o I.A.P.I. e os segurados rurais, tendo a Lei n. 4.214/63 fixado prazo de 90 dias para o ato (art. 173). A concessão dos benefícios passaria a vigorar somente após o primeiro ano de arrecadações. Contrariando as expectativas em termos de data, no entanto, os direitos previdenciários dos trabalhadores rurais somente foram implementados, de fato, com a publicação da Lei Complementar n. 11, de 25.5.1971, a qual instituiu o Programa de Assistência ao Trabalhador Rural — PRORURAL, a ser cumprido pelo FUNRURAL, ao qual foi atribuída personalidade jurídica de natureza autárquica, com vinculação direta ao Ministério do Trabalho e Previdência Social.

Regulamentada pelo Decreto n. 69.919, de 11 de janeiro de 1972, somente a contar dessa data passou a ter vigência o referido Programa, que manteve o benefício de aposentadoria por velhice (inciso I do art. 2º da LC) e determinou como beneficiários os seguintes trabalhadores rurais: a) a pessoa física que presta serviços de natureza rural a empregador, mediante remuneração de qualquer espécie; b) o produtor, proprietário ou não, que sem empregado, trabalhe na atividade rural, individualmente ou em regime de economia familiar, assim entendido o trabalho dos membros da família indispensável à própria subsistência e exercido em condições de mutua dependência e colaboração.

A aposentadoria correspondia a uma prestação mensal equivalente a 50% do salário mínimo de maior valor no País, sendo devida ao trabalhador rural que tivesse completado 65 anos de idade e desde que fosse ele (ou ela) o chefe ou arrimo da sua unidade familiar, em razão de que o benefício não podia ser percebido por mais de um componente desta unidade. Para a percepção do benefício, havia necessidade de caracterizar a qualidade de trabalhador rural, a qual dependia da comprovação do exercício da atividade por 12 meses, ainda que descontínuos, nos 3 últimos anos anteriores à data do requerimento administrativo. Cumpre registrar, aqui, que a concessão da aposentadoria cabia à Representação Local do FUNRURAL, órgão de execução do Programa que podia abranger um único município ou mais, conforme a necessidade de atendimento.

O custeio do sistema era garantido apenas por contribuições patronais, devidas pelos produtores rurais sobre o valor comercial dos produtos, cuja alíquota foi alterada para 2% pela Lei Complementar n. 11/1971, e também pelas empresas em geral, com alíquota de 2,4%. Não havia contribuição por parte dos trabalhadores rurais, e nem tampouco contribuição devida, mensalmente, pelos próprios produtores. A arrecadação ocorria somente quando da comercialização da produção, de forma justa, visto que o trabalhador do campo recebe remuneração somente quando vende os produtos ali cultivados ou criados.

Posteriormente, a Lei Complementar n. 16, de 30.10.1973, alterou a regra anterior, sendo necessário que o trabalhador rural comprovasse a atividade não mais por 12 meses, mas por 3 anos, sendo estes anteriores ao requerimento do benefício, ainda que de forma descontínua (art. 5º). Em 1976 a previdência urbana passou a ser regulamentada pelo Decreto n. 77.077 (posteriormente revogado pelo Decreto n. 89.312/84), disciplinando sobre a previdência rural o Decreto n. 83.080/79.

Com a promulgação da Constituição Federal de 1988 e a instituição, no art. 194 (inciso II), do princípio constitucional de uniformidade e equivalência de benefícios e serviços da seguridade social às populações urbanas e rurais, os trabalhadores e empregadores rurícolas não poderiam mais obter tratamento diferenciado, sendo necessário instituir um sistema previdenciário único que abrangesse tanto os trabalhadores rurais quanto os urbanos. Em 24.7.1991, obedecendo-se ao comando constitucional, foram editadas as Leis ns. 8.212/91 e 8.213/91, abrangendo toda a categoria de trabalhadores rurais e extinguindo-se, por consequência, o regime instituído pela Lei Complementar n. 11/1971.

3.6.2. Da publicação das Leis ns. 8.212 e 8.213, de 1991

Como mencionado, a Lei n. 8.213/91 abrangeu trabalhadores urbanos e rurais, extinguindo expressamente o sistema previdenciário anteriormente existente para a referida categoria. Contudo, por força das disposições constantes do art. 59 do ADCT (CF/88) a Lei n. 8.213/91, quanto ao cálculo dos benefícios, foi aplicada retroativamente a 05 de abril de 1991. Neste sentido, inclusive, dispôs expressamente o art. 145 da Lei de Benefícios.

Dentre os segurados contemplados pelo novo regime se encontravam os trabalhadores rurais empregados, os autônomos, os avulsos e também aqueles que exercem a atividade rural individualmente ou em regime de economia familiar, denominados pela Lei n. 8.213/91 de segurados especiais.

O benefício de aposentadoria por velhice passou a ser denominado de aposentadoria por idade e se encontra previsto no art. 48 da Lei de Benefícios, sendo devida aos trabalhadores rurais do sexo masculino aos 60 anos de idade e, às trabalhadoras, aos 55 anos de idade, sendo o tratamento diferenciado (em relação aos trabalhadores urbanos) em razão das próprias condições do trabalho campesino, que não somente requer maior vigor físico do trabalhador como, em contrapartida, lhe causa o envelhecimento precoce.

Além do implemento da idade, há a exigência do cumprimento da carência, assim entendida como o número mínimo de contribuições mensais exigidas para a concessão do benefício e que, no caso da aposentadoria por idade, conforme inciso II do art. 25 da Lei n. 8.213/91, era de 180 contribuições. Para aqueles que já se encontravam filiados à Previdência Social anteriormente à edição da Lei n. 8.213/91, foi criada tabela mais benéfica, disposta no art. 142, em consideração à expectativa de direito daqueles que já eram contribuintes do antigo regime, posto que, nos termos da Lei n. 3.807/60 (Lei Orgânica da Previdência Social), a carência era de apenas 60 contribuições mensais.

No entanto, como poderia o legislador, em julho de 1991, exigir do trabalhador rural que o mesmo tivesse um mínimo de contribuições mensais para obter o benefício de aposentadoria se, antes dessa data, se encontrava o mesmo vinculado ao FUNRURAL, sem qualquer contribuiçãoao sistema?Por tal razão, o trabalhador rural obteve tratamento diferenciado daquele concedido aos trabalhadores urbanos, de modo que sua carência poderia ser comprovada não em contribuições mensais, mas sim em tempo de serviço rural, imediatamente anterior ao requerimento do benefício, mesmo que de forma descontínua, sendo possível comprová-lo por meio de qualquer documento contemporâneo aos fatos (bloco de notas ou certidão de casamento, por exemplo), nos termos do art. 106.

Com referência ao tempo de serviço rural a ser comprovado, o inciso II do art. 143 da Lei n. 8.213/91, em sua redação original, determinava apenas a quantia de 5 anos, mas desde que a implementação do direito se desse no prazo de 15 anos, contados de 25/07/199, sendo importante registrar que, nesta hipótese, o benefício concedido possui valor correspondente ao salário mínimo. Ou seja, até a data de 25 de julho de 2006 (prazo de 15 anos) os trabalhadores rurais poderiam requerer o benefício de aposentadoria por idade comprovando apenas o efetivo exercício da atividade rural pelo período de 5 anos, anteriores ao requerimento do benefício, percebendo do Regime Geral de Previdência Social um valor mensal equivalente ao salário mínimo.

O prazo de 15 anos fixado no art. 143 se justifica porque, paralelamente à Lei n. 8.213/91, foi também publicada, em 25 de julho de 1991, a Lei n. 8.212, instituindo o plano de custeio da Previdência Social que, obedecendo às disposições do art. 195 da Carta Constitucional, determinou que também os trabalhadores rurais deveriam contribuir obrigatoriamente para o custeio do sistema, sendo que os trabalhadores rurais que exercessem suas atividades em regime de economia familiar (denominados segurados especiais), sem empregados permanentes, deveriam contribuir mediante aplicação de uma alíquota sobre o resultado da comercialização da produção, e não sobre a remuneração auferida mensalmente (CF/88, art. 195, §8º).

Desta forma, a contar de 25.7.1991, todos os trabalhadores rurais passaram a ser contribuintes obrigatórios do sistema previdenciário, com regras contributivas variáveis conforme o enquadramento de empregado, autônomo, empresário, trabalhador avulso ou segurado especial. E assim sendo, se regularmente contribuintes desde julho de 1991, em julho de 2006 já contariam com 180 contribuições mensais para o Regime Geral e poderiam requerer o benefício de aposentadoria nas mesmas condições do trabalhador urbano, comprovando-se a carência não mais em tempo de serviço, mas em efetivas contribuições para o sistema.

Os segurados especiais, por sua vez, obtiveram tratamento ainda mais benéfico que os demais trabalhadores rurais, positivando-se no art. 39 da Lei n. 8.213/91 o direito de comprovarem a carência em tempo de serviço rural, sendo este equivalente ao número de meses correspondentes à carência do benefício requerido, independentemente do prazo de 15 anos fixado no art. 143 do mesmo diploma legal.

Em resumo, duas regras foram instituídas aos trabalhadores rurais, conforme seu enquadramento. Confira-se:

a) Trabalhadores empregados, autônomos e avulsos: era possível obter a aposentadoria por idade comprovando-se, além da idade mínima necessária (60 anos para homens e 55 para mulheres) apenas o tempo de 5 anos de atividade rural, desde que o requerimento do benefício ocorresse até a data de 25.7.2006 e cujo benefício corresponderia ao valor do salário mínimo. Após essa data, o trabalhador rural deveria comprovar a carência em número de contribuições mensais para o sistema, até mesmo porque já se encontrava obrigado a contribuir desde julho de 1991, e cujo número de meses deveria obedecer a tabela disposta no art. 142 da Lei n. 8.213. O valor do benefício passaria a ser calculado considerando-se as contribuições efetuadas, podendo superar o valor do salário mínimo.

b) Segurados especiais: era possível obter a aposentadoria por idade comprovando-se, além da idade mínima necessária (60 anos para homens e 55 para mulheres) apenas o tempo de 5 anos de atividade rural, desde que o requerimento do benefício ocorresse até a data de 25.7.2006. Após essa data, o segurado especial continuaria a comprovar a carência em tempo de serviço rural, mas obedecendo o número de meses fixados na tabela constante do art. 142 da Lei n. 8.213/91. Em qualquer hipótese, o valor do benefício seria sempre no valor do salário mínimo. Caso o segurado especial desejasse obter benefício de valor superior, deveria então iniciar suas contribuições mensais para o sistema na condição de segurado facultativo, além das contribuições devidas quando da comercialização de sua produção rural.

3.6.3. Das alterações trazidas pela Medida Provisória n. 598/94, posteriormente convertida na Lei n. 9.063/95

Com a publicação da Medida Provisória n. 598 (1º.9.1994), restou alterada a redação do art. 143 da Lei n. 8.213/91, cancelando-se a possibilidade de o trabalhador rural obter o benefício de aposentadoria por idade apenas com a comprovação de 5 anos de atividade rural, além do implemento da idade mínima necessária. Quando finalmente a referida Medida foi convertida na Lei n. 9.063/95 (DOU de 20.6.1995), o art. 143 passou a ter a seguinte redação:

> "**Art. 143.** O trabalhador rural ora enquadrado como segurado obrigatório no Regime Geral de Previdência Social, na forma da, alínea "a" do inciso I ou do inciso IV ou VII do art. 11 desta Lei, pode requerer aposentadoria por idade, no valor de 1 (um) salário mínimo, durante 15 (quinze) anos, contados a partir da data de vigência desta Lei, desde que comprove o exercício de atividade rural, ainda que descontínua, no período imediatamente anterior ao requerimento do benefício, em número de meses idêntico à carência do referido benefício."

Observe-se que não houve alteração sobre o cumprimento da carência em tempo de serviço rural (permitido até 25.7.2006), mas o tempo a ser comprovado não mais se limitava a 5 anos, devendo corresponder ao número de meses exigido para a carência, estando este tempo fixado na tabela constante do art. 142 da referida Lei n. 8.213/91.

O art. 142, por sua vez, sofreu alteração pela Lei n. 9.032/95, sendo o número de meses exigidos para a carência fixados conforme o ano de implementação das condições (e não mais do requerimento administrativo, como previsto na redação original e vigente até 28.4.1995). Confira-se a tabela em comento:

Ano de implementação das condições	Meses de Contribuição exigidos
1991	60 meses
1992	60 meses
1993	66 meses
1994	72 meses
1995	78 meses
1996	90 meses
1997	96 meses
1998	102 meses
1999	108 meses
2000	114 meses
2001	120 meses
2002	126 meses
2003	132 meses
2004	138 meses
2005	144 meses
2006	150 meses
2007	156 meses
2008	162 meses
2009	168 meses
2010	174 meses
2011	180 meses

Note-se, portanto, que se determinado trabalhador rural completasse a idade mínima no ano de 1997 e nesse exercício solicitasse o benefício de aposentadoria por idade, deveria comprovar documentalmente ao RGPS o tempo mínimo de 96 meses de atividade rural (8 anos), anteriores ao requerimento, mesmo que descontínuos. Se, entretanto, completasse a idade somente no ano de 2001, o número de meses de atividade rural a ser comprovado ao RGPS seria de 120, equivalentes a 10 anos. Em 2011 o número de contribuições mensais será 180, tanto para segurados inscritos na data da Lei n. 8.213/91 quanto para aqueles que somente passaram a pertencer ao sistema em data posterior.

Essa é a minha interpretação sobre as disposições legais, mas conforme abordado na Parte V, Capítulo XXXI desta obra, os Tribunais pátrios interpretam de forma mais favorável ao segurado, devendo ser observado o número de meses referentes ao implemento da idade, tão somente.

Os segurados especiais permaneceram com o tratamento diferenciado, sendo a eles possível comprovar a carência em tempo de atividade rural a qualquer tempo, conforme previsão constante do art. 39 da Lei n. 8.213/91, que permanecera inalterada.

Eram as regras, portanto, as seguintes:

a) Trabalhadores empregados, autônomos e avulsos: a aposentadoria por idade poderia ser obtida, até 25.7.2006, comprovando-se, além da idade mínima necessária (60 anos para homens e 55 para mulheres) um número de meses de atividade rural, ainda que descontínuos, correspondente ao número de meses de carência fixados na tabela do art. 142 da Lei n. 8.213/91. O valor do benefício corresponderia ao salário mínimo vigente na data do requerimento. Após 25.7.2006, o trabalhador rural deveria comprovar a carência em número de contribuições mensais para o sistema, até mesmo porque já se encontrava obrigado a contribuir desde julho de 1991, e cujo número de meses deveria obedecer a tabela disposta no art. 142 da Lei n. 8.213. O valor do benefício passaria a ser calculado considerando-se as contribuições efetuadas, podendo superar o valor do salário mínimo.

b) Segurados especiais: a aposentadoria por idade poderia ser obtida, até 25.7.2006, comprovando-se, além da idade mínima necessária (60 anos para homens e 55 para mulheres) um número de meses de atividade rural, ainda que descontínuos, correspondente ao número de meses de carência fixados na tabela do art. 142 da Lei n. 8.213/91. Após 25.7.2006, o segurado especial continuaria a comprovar a carência em tempo de serviço rural, sempre obedecendo o número de meses fixados na tabela do art. 142. Em qualquer hipótese, o valor do benefício seria no valor do salário mínimo. Caso o segurado especial desejasse obter benefício de valor superior, deveria então iniciar suas contribuições mensais para o sistema na condição de segurado facultativo, além das contribuições devidas quando da comercialização de sua produção rural.

3.6.4. Das alterações trazidas pela Medida Provisória n. 312/2006, posteriormente convertida na Lei n. 11.368/2006.

Com a publicação da Medida Provisória n. 312, em 20.7.2006, o prazo do art. 143 da Lei n. 8.213/91 foi prorrogado por mais dois anos, para os trabalhadores rurais empregados, Medida que acabou por ser convertida na Lei n. 11.368, publicada em 10.11.2006.

Os trabalhadores rurais, portanto, que mantivessem vínculo empregatício e se encontrassem na condição de empregados, poderiam solicitar o benefício de aposentadoria por idade comprovando-se apenas a idade e o tempo de serviço rural até 25 de julho de 2008. Após essa data, somente poderiam obter o benefício se comprovassem a carência em número de contribuições mensais, conforme tabela fixada no art. 142 da Lei n. 8.213/91.

Obs.: Em tentativa de beneficiar (com a prorrogação do prazo) também os trabalhadores rurais contribuintes individuais (autônomos), foi publicada em 23.8.2007 a Medida Provisória n. 385, mas a mesma acabou sendo revogada pela Medida Provisória n. 397 (DOU de 9.10.2007), cuja vigência foi prorrogada pelo período de 60 dias, a partir de 08 de dezembro de 2007, pelo Ato n. 71/2007 do Congresso Nacional, tendo em vista que sua votação não foi encerrada nas duas Casas do Congresso Nacional. Assim, até que o Congresso Nacional decidisse sobre a MP 397 (que revogou a extensão do prazo para os rurais autônomos), apenas os trabalhadores rurais empregados é que poderiam comprovar a carência em número de meses de atividade rural para a obtenção do benefício de aposentadoria, sendo os demais obrigados a comprová-la em número de contribuições mensais, desde 26.7.2006. A Medida Provisória n. 397/2007 acabou rejeitada pelo Ato Declaratório n. 1, de 13.3.2008.Também a Medida Provisória n. 384/2007 foi rejeitada, pelo Ato Declaratório n. 3/2008.

Tal fato não traria qualquer prejuízo ou implicação maior se os trabalhadores rurais estivessem, de fato, e em cumprimento às normas constantes no art. 195 da Carta Constitucional de 1988 e na Lei n. 8.212/91, contribuindo regularmente para a Previdência Social desde julho de 1991, de forma que já contariam, em 2006, com o número de contribuições necessários à obtenção do benefício de aposentadoria por idade, conforme tabela do art. 142. No entanto, o trabalhador autônomo rural, sem vínculo empregatício, muitas vezes por absoluta falta de condição financeira, não costuma manter regulares e mensais contribuições para o sistema previdenciário, de forma que ainda não conta com contribuições suficientes para a obtenção da aposentadoria.

3.6.5. Das alterações trazidas pela Medida Provisória n. 410/2007, posteriormente convertida na Lei n. 11.718/2008

Com a publicação da Medida Provisória n. 410 em 28.12.2007 (edição extra), o prazo do art. 143 da Lei n. 8.213/91 ficou prorrogado até o dia 31.12.2010, aplicando-se esta prorrogação também aos contribuintes individuais que prestam serviços de natureza rural. Referida Medida Provisória foi convertida na Lei n. 11.718, de 20.6.2008 (DOU de 23.6.2008), atualmente em vigor.

Para o trabalhador empregado rural a referida Medida Provisória trouxe ainda critérios diferenciados para o período posterior a 12/2010, dispondo da seguinte forma:

> "Art. 3º Na concessão de aposentadoria por idade do empregado rural, em valor equivalente ao salário mínimo, será contado para efeito de carência:
>
> I — até 31 de dezembro de 2010, o período comprovado de emprego, na forma do art. 143 da Lei n. 8.213, de 1991;
>
> II — de janeiro de 2011 a dezembro de 2015, cada mês comprovado de emprego será multiplicado por três dentro do respectivo ano civil; e
>
> III — de janeiro de 2016 a dezembro de 2020, cada mês comprovado de emprego será multiplicado por dois, limitado a doze meses dentro do respectivo ano civil.
>
> Parágrafo único. Aplica-se o disposto no *caput* e respectivo inciso I ao trabalhador rural enquadrado na categoria de segurado contribuinte individual, que comprovar a prestação de serviço de natureza rural, em caráter eventual, a uma ou mais empresas, sem relação de emprego."

Mesma redação foi mantida no art. 3º da Lei n. 11.718/2008, de forma que em resumo, são as regras atualmente vigentes as seguintes:

a) Trabalhadores rurais empregados: graças à Medida Provisória n. 410/2007 (e Lei n. 11.718/2008), podem obter o benefício de aposentadoria por idade comprovando, alem do implemento da idade mínima (60 anos para homens e 55 para mulheres), um tempo de serviço rural equivalente ao número de meses de carência constante da tabela do art. 142 da Lei n. 8.213/91, imediatamente anteriores ao requerimento do benefício, mesmo que descontínuos, sendo este direito garantido até a data de 31.12.2010. Nesta hipótese, o valor inicial do benefício serão salário mínimo vigente na data do requerimento administrativo. No período de 1º.1.2011 a 31.12.2015, cada mês comprovado de emprego será multiplicado por três, dentro do respectivo ano civil. No período de 1º.1.2016 a 31.12.2020 cada mês comprovado de emprego será multiplicado por dois, limitado a 12 meses dentro do respectivo ano civil.

A contar de 2011, caso o número de meses de serviço seja insuficiente para comprovar a carência constante da tabela do art. 142 da Lei n. 8.213/91, o segurado deverá completá-la com contribuições mensais, sob pena de não ter direito à obtenção do benefício. A comprovação das contribuições, contudo, se limitará em comprovar o vínculo empregatício, posto que o § 5º do art. 33 da Lei n. 8.212/91 determina que por serem as contribuições retidas mensalmente pelos empregadores, estas são consideradas presumidamente recolhidas. O benefício será calculado utilizando-se as mesmas regras adotadas para os trabalhadores urbanos, podendo superar o valor do salário mínimo.

Caso o trabalhador tenha iniciado sua atividade rural posteriormente à publicação da Lei n. 8.213/91, o número de meses de atividade rural a ser comprovado ou o número de contribuições mensais (carência) será de 180 meses, já que a tabela do art. 142 deve ser aplicada tão somente para aqueles que já exerciam atividade e já se encontravam protegidos pelos sistemas previdenciários da época, quando de sua publicação.

b) Trabalhadores rurais avulsos: considerando-se a perda da vigência do art. 143 e o fato de não terem sido abrangidos pela Medida Provisória n. 312/2006, convertida na Lei n. 11.368/2006 e nem tampouco pela Medida Provisória n. 410/2007, convertida na Lei n. 11.718/2008, podem obter o benefício de aposentadoria por idade comprovando, alem do implemento da idade mínima (60 anos para homens e 55 para mulheres), a carência em número de contribuições mensais, conforme tabela do art. 142:

Ano de implementação das condições	Meses de Contribuição exigidos
2006	150 meses
2007	156 meses
2008	162 meses
2009	168 meses
2010	174 meses
2011	180 meses

Como suas contribuições mensais são retidas pelo Sindicato e, assim, consideradas presumidamente recolhidas nos termos do § 5º do art. 33 da Lei n. 8.212/91, é suficiente ao trabalhador avulso comprovar o efetivo exercício da atividade no respectivo período. O benefício será calculado utilizando-se as mesmas regras adotadas para os trabalhadores urbanos, podendo superar o valor do salário mínimo.

Para aqueles que completaram a idade até 25 de julho de 2006 e conseguirem comprovar tempo de serviço rural correspondente ao número de meses da tabela do art. 142 (também até aquela data), garante-se o direito adquirido à aplicação das regras do art. 143 para obtenção do benefício de aposentadoria por idade, ainda que o requerimento ocorra em tempo posterior.

Caso o trabalhador tenha iniciado sua atividade rural posteriormente à publicação da Lei n. 8.213/91, o número de meses de atividade rural a ser comprovado ou o número de contribuições mensais (carência) será de 180 meses, já que a tabela do art. 142 deve ser aplicada tão somente para aqueles que já exercem atividade e já se encontravam protegidos pelos sistemas previdenciários da época, quando de sua publicação.

c) Trabalhadores rurais autônomos (contribuintes individuais): graças ao parágrafo único do art. 3º da Medida Provisória n. 410/2007 (e Lei n. 11.718/2008), podem obter o benefício de aposentadoria por idade comprovando, alem do implemento da idade mínima (60 anos para homens e 55 para mulheres), um tempo de serviço rural equivalente ao número de meses de carência constante da tabela do art. 142 da Lei n. 8.213/91, imediatamente anteriores ao requerimento do benefício, mesmo que descontínuos, sendo este direito garantido até a data de 31.12.2010, hipótese em que o valor inicial do benefício seráo salário mínimo vigente na data do requerimento administrativo.

A contar de 1º.01.2011 perderão o tratamento diferenciado e somente poderão obter o benefício por idade comprovando, além do implemento da idade mínima, a carência de 180 contribuições mensais.Suas contribuições mensais somente são consideradas presumidas a contar de abril de 2003 e desde que a prestação de serviços tenha se dado à pessoa jurídica, em razão de estar a empresa, desde aquela data, obrigada a reter a contribuição mensal de seus prestadores de serviço e repassá-la aos cofres previdenciários. Para o período anterior a abril de 2003 (e para todo o período para aqueles que prestam serviços à pessoa física), as contribuições devem ser comprovadas pela apresentação das guias de contribuição, devidamente quitadas. O benefício será calculado utilizando-se as mesmas regras adotadas para os trabalhadores urbanos, podendo superar o valor do salário mínimo.

d) Segurados especiais: estes trabalhadores possuem proteção extraordinária, positivada no art. 39 da Lei n. 8.213/91, de forma que não sofrem as consequências da perda da vigência do art. 143. Assim, não se encontram obrigados a recolher mensalmente suas contribuições previdenciárias (somente quando comercializam a produção rural) e podem obter o benefício de aposentadoria por idade comprovando, além do implemento da idade mínima necessária (60 anos para homens e 55 anos para mulheres), um número de meses de atividade rural equivalente ao número de meses exigidos como carência para os demais segurados.

Se o exercício da atividade iniciou-se antes da publicação da Lei n. 8.213/91, de forma a estarem protegidos pelo sistema de previdência vigente à época, podem aplicar o número de meses constante da tabela do art. 142. Caso tenham iniciado suas atividades posteriormente à publicação da Lei n. 8.213/91 (25.7.1991), devem comprovar 180 meses de atividade rural, anteriores ao requerimento do benefício (ou à implementação das condições), ainda que descontínuos.

Considerando-se a ausência de contribuição mensal regular para o sistema, o benefício corresponde ao valor do salário mínimo vigente na data do requerimento administrativo. Caso o segurado especial tenha interesse em receber valor superior a este limite mínimo, deve contribuir mensalmente na condição de segurado facultativo, hipótese em que o cálculo do benefício seguirá as mesmas regras adotadas aos demais trabalhadores rurais e urbanos.

Fundamentação: Além dos diplomas citados no texto, Lei n. 8.213/91, arts.142 e 143; Decreto n. 3.048/99, arts. 51, 183 e 183-A; Instrução Normativa INSS n. 45/2010, arts. 215 e 216.

3.6.6. Prova do Tempo de Serviço

O trabalhador rural poderá comprovar o tempo de serviço por meio de qualquer documento, contemporâneo ao efetivo trabalho, podendo ser apresentado ao INSS, por exemplo, documentos que comprovem a posse ou a propriedade da terra, pagamento de impostos rurais, documento de filiação ao sindicato rural, declaração emitida pelo sindicato rural, certidão de casamento informando a profissão de agricultor ou lavrador, certidão de nascimento dos filhos, dentre outros.

É aconselhável apresentar um documento para cada ano que se deseja comprovar e, caso inexistentes, é possível a abertura de Justificação Administrativa para oitiva de testemunhas. Sobre o tema confiram-se as seguintes Súmulas:

"**TNU — Súmula 14** — Para a concessão de aposentadoria rural por idade, não se exige que o início de prova material corresponda a todo o período equivalente à carência do benefício."

"**STJ — Súmula 149** — A prova exclusivamente testemunhal não basta a comprovação da atividade rurícola, para efeito da obtenção de benefício previdenciário."

"TRF 1 — Súmula 27 — Não é admissível prova exclusivamente testemunhal para reconhecimento de tempo de exercício de atividade urbana e rural (Lei n. 8.213/91, art. 55, § 3º)."

Como o trabalhador rural possui um tratamento diferenciado e mais benéfico do que aquele conferido aos trabalhadores urbanos, é necessário que o tempo de serviço rural comprovado seja imediatamente anterior ao requerimento do benefício, ou seja, somente terá o tratamento benéfico o efetivo trabalhador rural, e não aquele que abandonou o campo há anos e que se encontra residindo na cidade. O período comprovado, contudo, pode ser descontínuo, assim considerados os períodos intercalados de exercício de atividades rurais, ou urbana e rural, com ou sem a ocorrência da perda da qualidade de segurado. Não obstante, repita-se, deverá estar o segurado exercendo a atividade rural na data de entrada do requerimento ou na data em que implementou todas as condições exigidas para o benefício (idade e comprovação do tempo de serviço).

Cumpre ressaltar, ainda, a redação da Súmula n. 14, da Turma de Uniformização dos Juizados Especiais Federais, com a seguinte redação:

"**Súmula 14** — Para a concessão de aposentadoria rural por idade, não se exige que o início de prova material corresponda a todo o período equivalente 'a carência do benefício'."

4. APOSENTADORIA POR TEMPO DE CONTRIBUIÇÃO

4.1. Considerações Gerais

Consideradas as alterações trazidas pela Emenda Constitucional n. 20/98, o benefício previdenciário da Aposentadoria por Tempo de Contribuição tem suas regras definidas conforme a data de inscrição do segurado no sistema, respeitando-se, também, o princípio do direito adquirido.

Assim, se mais vantajoso ao segurado, fica a ele assegurado o direito à aposentadoria nas condições legalmente previstas na data do cumprimento de todos os requisitos necessários à sua obtenção, ainda que tenha esse segurado optado por permanecer em atividade (Lei n. 8.213/91, art. 122). Dispõe o Regulamento da Previdência Social (Decreto n. 3.048/99, art. 56, § 4º), inclusive, que o INSS calculará os dois benefícios (regra atual e regra aplicada quando da aquisição do direito) concedendo ao segurado o benefício mais vantajoso.

Administrativamente, é praxe o cálculo, pelo INSS, do tempo de serviço e renda mensal do benefício em 16.12.1998 (dia de vigência da EC n. 20/98), em 29.11.1999 (dia de vigência da Lei n. 9.876/99) e na data do requerimento efetuado pelo segurado (DER). Nada impede, contudo, que seja calculado o tempo de serviço/contribuição e a renda mensal em data diversa, no intuito de verificar a melhor opção de benefício para o segurado.

Quando da publicação da Emenda Constitucional n. 20/98, pretendia o Poder Executivo a extinção total desse benefício, já que o mesmo é financeiramente prejudicial ao sistema. Se considerarmos um trabalhador empregado com boa remuneração (teto), esse verterá mensalmente à Previdência Social contribuições no percentual de 31% (11% do empregado e 20% da empresa), pelo período de 35 anos (sexo masculino). Considerando-se que irá se aposentar com idade aproximada de 57 anos, fará usufruto do benefício pelo tempo de 23,6 anos (tábua de mortalidade 2010, divulgada pelo IBGE e vigente no ano de 2012). Ou seja, por 35 anos a Previdência Social recebeu 31% da remuneração e por 23,6 anos pagará a este segurado 100% do benefício. Não é preciso ser um *expert* em matemática para verificar que a conta não fecha (ainda que se trate de um regime de repartição), sendo esta modalidade de prestação inviável financeiramente.

A extinção do benefício, contudo, não ocorreu, recusando-se o Congresso Nacional a atender a perspectiva do Ministério da Previdência Social. A nova discussão pautava-se, então, em considerar apenas o tempo efetivo de contribuição, de forma a evitar-se no cômputo dos 35 ou 30 anos necessários os tempos fictos. A nova denominação do benefício foi aprovada pela EC n. 20, passando a denominar-se "aposentadoria por tempo de contribuição" (em lugar da "aposentadoria por tempo de serviço"), mas o art. 4º da EC dispôs que, até que uma nova lei disciplinasse sobre o tema, o tempo de serviço seria considerado como tempo de contribuição. Ou seja, alterou-se a nomenclatura, mas não a prática.

As únicas alterações obtidas pelo Executivo na referida Emenda Constitucional referem-se à aposentadoria proporcional e à aposentadoria destinada aos professores, conforme se verá nos subitens seguintes.

4.2. Aposentadoria integral

4.2.1. Requisitos necessários à obtenção do benefício — tempo de serviço e carência

Para obtenção do benefício integral os homens precisam comprovar 35 anos de serviço, e as mulheres, 30 anos. Não é exigido limite mínimo de idade e tampouco o cumprimento do pedágio (contribuição adicional, além do tempo mínimo).

Note-se que a Emenda Constitucional n. 20/98 trouxe essas regras de transição (idade e pedágio) para a obtenção da Aposentadoria Integral, mas em seu art. 9º, *caput*, determinou ser possível a opção pela regra nova (sem regra de transição) de forma que a regra transitória passou a ser utilizada somente para alguns professores, como veremos adiante.

Além do tempo de serviço (atualmente equiparado ao tempo de contribuição por força do art. 4º da EC 20/98) os segurados deverão comprovar o cumprimento da carência, ou seja, quecontribuíram ao sistema pelo número de meses exigido pela legislação, qual seja:

a) caso o segurado tenha iniciado suas contribuições à Previdência Social (inscrição no sistema) após 24.7.1991, a carência corresponderá a 180 meses;

b) caso o segurado tenha iniciado suas contribuições (inscrição) até a data de 24.7.1991, o número de meses de carência dependerá do ano em que o mesmo complete o tempo de serviço necessário (35 anos para os homens e 30 para as mulheres), devendo ser observada a seguinte tabela:

Ano da implementação das condições	Número de meses Exigidos
1991	60
1992	60
1993	66
1994	72
1995	78
1996	90
1997	96
1998	102
1999	108
2000	114
2001	120

Ano da implementação das condições	Número de meses Exigidos
2002	126
2003	132
2004	138
2005	144
2006	150
2007	156
2008	162
2009	168
2010	174
2011	180

4.2.1.1. Professores

Como os professores possuem tratamento especial perante a legislação previdenciária, especificamente quanto ao benefício de Aposentadoria por Tempo de Contribuição, muito já se discutiu sobre quais atividades se incluem no "tempo de magistério".

A Lei n. 9.394/96 (DOU de 23.12.1996), que estabelece as diretrizes e bases da educação nacional, silenciava-se sobre as funções consideradas como magistério e a Súmula 726, do Supremo Tribunal Federal, aprovada em 11/2003, encarrega-se de delimitar o tema:

> "**Súmula 726** — Para efeito de aposentadoria especial de professores, não se computa o tempo de serviço restado fora da sala de aula."

A matéria era amplamente discutida nos Tribunais Federais e o próprio STF, apesar da Súmula 726, já se manifestava no sentido enquadrar-se como magistério também a função de orientador educacional. Confira-se o seguinte julgado:

> "APOSENTADORIA — PROFESSORES — ORIENTADORA EDUCACIONAL — TEMPO DE SERVIÇO. O preceito constitucional regedor da aposentadoria dos professores contenta-se com o efetivo exercício em funções da magistério, não impondo como requisito atividade em sala de aula. Assim, descabe ter como infringido o preceito da alínea 'b' do inciso III do art. 40 da Constituição Federal no que, presente a qualificação de professora, reconheceu-se o direito à aposentadoria especial à prestadora de serviço há vinte e cinco anos nas funções de especialista em educação e orientadora educacional." (RE 196707/DF — Julgamento em 9.5.2000 — 2ª Turma — Relator: Ministro Marco Aurélio — DJ de 4.8.2000, p. 33)

A questão foi muito controvertida, pois, diretores e orientadores educacionais também pertencem, ainda que de forma indireta (em alguns casos) ao magistério. Para dirimir qualquer dúvida sobre o tema, foi publicada a Lei n. 11.301/2006 determinando que para os efeitos do disposto no § 5º do art. 40 e no § 8º do art. 201 da Constituição Federal, são consideradas funções de magistério aquelas exercidas, além da própria docência, também em cargos de direção de unidade escolar, coordenação e assessoramento pedagógico. Confira-se a redação do § 2º do art. 67 da Lei n. 9.394/96, conferida por esse novo ordenamento:

> "**Art. 67.** Os sistemas de ensino promoverão a valorização dos profissionais da educação, assegurando-lhes, inclusive nos termos dos estatutos e dos planos de carreira do magistério público:
>
> (...)
>
> § 2º Para os efeitos do disposto no § 5º do art. 40 e no § 8º do art. 201 da Constituição Federal, são consideradas funções de magistério as exercidas por professores e especialistas em educação no desempenho de atividades educativas, quando exercidas em estabelecimento de educação básica em seus diversos níveis e modalidades, incluídas, além do exercício da docência, as de direção de unidade escolar e as de coordenação e assessoramento pedagógico."

A nova redação foi objeto da ADI 3772/DF e a redação final da ementa (após embargos de declaração) entendeu pela constitucionalidade do dispositivo, retirando apenas o vocábulo "especialista". Confira-se:

> "EMENTA: AÇÃO DIRETA DE INCONSTITUCIONALIDADE MANEJADA CONTRA O ART. 1º DA LEI FEDERAL N. 11.301/2006, QUE ACRESCENTOU O § 2º AO ART. 67 DA LEI N. 9.394/1996. CARREIRA DE MAGISTÉRIO. APOSENTADORIA ESPECIAL PARA OS EXERCENTES DE FUNÇÕES DE DIREÇÃO, COORDENAÇÃO E ASSESSORAMENTO PEDAGÓGICO. ALEGADA OFENSA AOS ARTS. 40, § 5º, E 201, § 8º, DA CONSTITUIÇÃO FEDERAL. INOCORRÊNCIA. AÇÃO JULGADA PARCIALMENTE PROCEDENTE, COM INTERPRETAÇÃO CONFORME. I — A função de magistério não se circunscreve apenas ao trabalho em sala de aula, abrangendo também a preparação de aulas, a correção de provas, o atendimento aos pais e alunos, a coordenação e o assessoramento pedagógico e, ainda, a direção de unidade escolar. II — As funções de direção, coordenação e assessoramento pedagógico integram a carreira do magistério, desde que exercidos, em estabelecimentos de ensino básico, por professores de carreira, excluídos os especialistas em educação, fazendo jus aqueles que as desempenham ao regime especial de aposentadoria estabelecido nos arts. 40, § 5º, e 201, § 8º, da Constituição Federal. III — Ação direta julgada parcialmente procedente, com interpretação conforme, nos termos supra."

Restou pacificado, assim, o entendimento de que incluem-se na carreira de magistério não somente os professores de sala de aula, mas igualmente aqueles que se destinam ao trabalho de coordenação, assessoramento pedagógico e direção de unidade escolar.

Até 15.12.1998 era assegurada aos professores de qualquer nível (educação infantil e ensinos fundamental, médio e universitário) a aposentadoria integral por tempo de serviço (100% do salário de benefício) após 30 anos (homens) e 25 anos (mulheres) de tempo de serviço. Tal garantia encontrava previsão no art. 202, III, da Constituição Federal.

Com a publicação da Emenda Constitucional n. 20 (DOU de 16.12.1998) a aposentadoria dos professores passou a ser disciplinada pelo art. 201, § 8º da Carta Constitucional, excluindo do direito especial aqueles que trabalhavam com o ensino universitário. Confira-se a redação do dispositivo:

> "**Art. 201.** A previdência social será organizada sob a forma de regime geral, de caráter contributivo e de filiação obrigatória, observados critérios que preservem o equilíbrio financeiro e atuarial, e atenderá, nos termos da lei, a:
>
> ...
>
> § 7º É assegurada aposentadoria no regime geral de previdência social, nos termos da lei, obedecidas as seguintes condições:
>
> I — trinta e cinco anos de contribuição, se homem, e trinta anos de contribuição, se mulher;
>
> II — sessenta e cinco anos de idade, se homem, e sessenta anos de idade, se mulher, reduzido em cinco anos o limite para os trabalhadores rurais de ambos os sexos e para os que exerçam suas atividades em regime de economia familiar, nestes incluídos o produtor rural, o garimpeiro e o pescador artesanal.
>
> § 8º Os requisitos a que se refere o inciso I do parágrafo anterior serão reduzidos em cinco anos, para o professor que comprove exclusivamente tempo de efetivo exercício das funções de magistério na educação infantil e no ensino fundamental e médio.
>
> ..."

A contar de 16.12.1998, portanto, somente os professores que comprovarem exclusivamente tempo de magistério na educação infantil, no ensino fundamental ou no ensino médio podem obter o benefício integral de Aposentadoria por Tempo de Contribuição aos 30 anos de serviço, se homens, ou aos 25 anos de serviço, se mulheres.

Para os demais professores, devem ser observadas nas normas gerais de aposentadoria, aplicadas aos demais trabalhadores pertencentes ao Regime Geral de Previdência Social, com a ressalva de que, caso optem pela regra de transição contida no art. 9º da Emenda Constitucional n. 20/98, podem computar o tempo de magistério exercido até 15.12.1998 com o acréscimo de 17%, se homens, ou 20%, se mulheres. Confira-se:

> "**Art. 9º** é assegurado o direito à aposentadoria ao segurado que se tenha filiado ao regime geral de previdência social, até a data de publicação desta Emenda, quando, cumulativamente, atender aos seguintes requisitos:

I — contar com cinqüenta e três anos de idade, se homem, e quarenta e oito anos de idade, se mulher; e

II — contar tempo de contribuição igual, no mínimo, à soma de:

a) trinta e cinco anos, se homem, e trinta anos, se mulher; e

b) um período adicional de contribuição equivalente a vinte por cento do tempo que, na data da publicação desta Emenda, faltaria para atingir o limite de tempo constante da alínea anterior.

§ 1º O segurado de que trata este artigo, desde que atendido o disposto no inciso I do *caput*, e observado o disposto no art. 4º desta Emenda, pode aposentar-se com valores proporcionais ao tempo de contribuição, quando atendidas as seguintes condições:

I — contar tempo de contribuição igual, no mínimo, à soma de:

a) trinta anos, se homem, e vinte e cinco anos, se mulher; e

b) um período adicional de contribuição equivalente a quarenta por cento do tempo que, na data da publicação desta Emenda, faltaria para atingir o limite de tempo constante da alínea anterior;

II — o valor da aposentadoria proporcional será equivalente a setenta por cento do valor da aposentadoria a que se refere o *caput*, acrescido de cinco por cento por ano de contribuição que supere a soma a que se refere o inciso anterior, até o limite de cem por cento.

§ 2º — O professor que, até a data da publicação desta Emenda, tenha exercido atividade de magistério e que opte por aposentar-se na forma do disposto no «*caput*", terá o tempo de serviço exercido até a publicação desta Emenda contado com o acréscimo de dezessete por cento, se homem, e de vinte por cento, se mulher, desde que se aposente, exclusivamente, com tempo de efetivo exercício de atividade de magistério."

Note-se, portanto, que para o tempo de magistério exercido até 15.12.1998 ser computado com acréscimo (17% ou 20%) é necessário que o trabalhador opte por observar o limite mínimo de idade e também por contribuir com o tempo adicional (pedágio). Também deve aposentar-se computando apenas o tempo de efetivo magistério. Caso contrário, o tempo será computado sem qualquer acréscimo e o trabalhador deverá observar a regra normal de aposentadoria, qual seja: 30 anos de serviço/contribuição para as mulheres e 35 anos para os homens.

A Instrução Normativa INSS n. 45/2010 trata do tema nos arts. 227 a 233.

4.2.2. Renda Mensal

A renda mensal da Aposentadoria Integral corresponde a 100% do salário de benefício, ou seja:

1º) o INSS fará a média matemática de todos os salários que serviram de base de cálculo para a contribuição previdenciária (atualizados monetariamente), no período de julho de 1994 até o mês anterior ao requerimento do benefício (podendo ser excluídos 20% desses meses);

2º) o resultado da média será multiplicado pelo fator previdenciário (fórmula matemática que leva em consideração a idade no momento da aposentadoria e a expectativa de vida do segurado). Este fator faz reduzir consideravelmente a média encontrada quando o segurado possui menos de 60 anos de idade.

3º) deverão ser respeitados os tetos mínimo (R$ 724,00) e máximo (R$ 4.390,24) pagos pelo INSS.

Sobre as regras completas de cálculo, ver Parte V, Capítulo XXXII, desta obra.

4.3. Aposentadoria Proporcional

4.3.1. Requisitos Necessários à Obtenção do Benefício — Tempo de Serviço e Carência

Para os segurados que se inscreveram (ou vierem a se inscrever) junto à Previdência Social a contar de 16.12.1998, e, portanto, após a vigência da Emenda Constitucional n. 20/98, não existe mais a aposentadoria proporcional. Assim, podem optar pelo benefício proporcional somente os segurados inscritos no sistema até 15.12.1998 e desde que cumpridos os seguintes requisitos, cumulativamente:

- *Homens:* 30 anos de serviço; 53 anos de idade; comprovação da carência e cumprimento do "pedágio".

- *Mulheres:* 25 anos de serviço; 48 anos de idade; comprovação da carência e cumprimento do "pedágio".

Obs.: Ressalvado o direito adquirido, o segurado filiado ao RGPS até 15.12.1998 que perdeu essa qualidade e que venha a se filiar novamente ao regime a contar de 16.12.1998, terá direito à aposentadoria proporcional (IN INSS/DC n. 95/21003, art. 104).

O número de meses da carência segue as mesmas regras definidas para a Aposentadoria Integral e o "pedágio" corresponde a 40% do tempo que faltava, em 15.12.1998, para atingir o tempo de serviço previsto (30 anos, homens, e 25, mulheres).

Note-se, assim, que na verdade o segurado (sexo masculino, por exemplo) não se aposenta com 30 anos de serviço. Ele precisa ter como tempo de serviço também o período adicional, comumente denominado "pedágio". O cálculo é simples:

1º) o segurado deve verificar quanto tempo de serviço/contribuição possuía em 16.12.1998 (anos, meses e dias);

Exemplo:

- Segurado do sexo masculino com exatos 20 anos e 8 meses de tempo de serviço em 16.12.1998.

2º) obtido o resultado do item 1º, deverá verificar quanto tempo faltava àquela época (16.12.1998) para completar o tempo de serviço necessário à obtenção da aposentadoria proporcional (variável entre 25 e 34 anos, conforme se trate de segurado do sexo masculino ou feminino e também da percentagem pretendida como renda mensal);

Exemplo:

- Segurado do sexo masculino com exatos 20 anos e 8 meses de tempo de serviço em 16.12.1998.

- Verificação do pedágio para aposentadoria proporcional aos 30 anos de serviço = (30 anos)–(20 anos e 8 meses) = 9 anos e 4 meses (equivalente a 3.360 dias).

3º) do resultado obtido do cálculo constante no item 2º aplicar 40%, sendo o montante obtido (anos, meses e dias) o equivalente ao "pedágio" que deve ser cumprido pelo segurado.

Exemplo:

- Segurado do sexo masculino com exatos 20 anos e 8 meses de tempo de serviço em 16.12.1998.

- Pedágio para aposentadoria proporcional aos 30 anos de serviço = 3.360 dias x 40% = 1.344 dias (equivalente a 3 anos, 8 meses e 24 dias).

4º) este segurado precisa trabalhar 33 anos, 8 meses e 24 dias (30 anos + pedágio) para obter o benefício de aposentadoria proporcional, cuja renda mensal será equivalente a 70% do salário de benefício.

4.3.1.1. Direito Adquirido ao Benefício Até 15.12.1998

É importante observarmos que as regras de transição (idade mínima e cumprimento do "pedágio") existem apenas a contar da Emenda Constitucional n. 20/98.

Desta forma, para os segurados que em 15.12.1998 (dia anterior à sua publicação) já possuíam o direito adquirido ao benefício proporcional não será necessário observar tais requisitos, sendo suficiente a comprovação, perante o INSS, do tempo de serviço e do cumprimento da carência.

4.3.2. Renda Mensal

A renda mensal do benefício proporcional corresponde a 70% do salário de benefício mais 5% para cada ano de contribuição que ultrapassar os 30 anos de serviço (homens) ou 25 anos (mulheres). Assim:

	70%	75%	80%	85%	90%
MULHER (tempo de serviço)	25 anos	26 anos	27 anos	28 anos	29 anos
HOMEM (tempo de serviço)	30 anos	31 anos	32 anos	33 anos	34 anos

O INSS, portanto, e como ocorre na Aposentadoria Integral (subitem 4.2.2 *supra*), efetuará o cálculo da média dos salários de contribuição e multiplicará o resultado obtido pelo fator previdenciário, encontrando-se, assim, o salário de benefício. A renda mensal a ser recebida pelo segurado poderá variar entre 70% e 90% deste valor, conforme acima demonstrado.

4.3.2.1. Direito Adquirido ao Benefício

Para os segurados com direito adquirido ao benefício proporcional anteriormente à Emenda Constitucional n. 20/98 a renda mensal da aposentadoria corresponderá a 70% do salário de benefício mais 6% por ano trabalhado a partir dos 30 anos de serviço, caso se trate de segurado do sexo masculino, e 25 anos de serviço se se tratar de sexo feminino.

A contar da publicação da citada Emenda, o acréscimo passou a ser de apenas 5% para cada ano adicional de tempo de serviço/contribuição (EC n. 20/98, art. 9º, § 1º, II).

4.4. Início de Pagamento do Benefício

Para os segurados empregados, inclusive o doméstico, o benefício de Aposentadoria por Tempo de Contribuição (integral ou proporcional) será concedido:

a) a partir da data do desligamento do emprego, quando requerida até 90 dias depois dela; ou

b) a partir da data do requerimento, quando não houver desligamento do emprego ou quando for requerida após o prazo de 90 dias (letra "a").

Para os demais segurados o benefício será concedido a contar da data da entrada do requerimento administrativo junto ao INSS.

Confira-se, sobre o tema, a redação da Súmula 33 da TNU:

> "**Súmula 33** — Quando o segurado houver preenchido os requisitos legais para concessão da aposentadoria por tempo de serviço na data do requerimento administrativo, esta data será o termo inicial da concessão do benefício."

4.5. Contagem do Tempo de Serviço

O tempo de serviço deverá ser contado de data a data, desde o início até a data do requerimento ou do desligamento de atividade abrangida pela previdência social, descontados os períodos legalmente estabelecidos como de suspensão de contrato de trabalho, de interrupção de exercício e de desligamento da atividade.

Em se tratando de requerimento do benefício com base em direito adquirido anteriormente à Emenda Constitucional n. 20/98, o tempo de serviço deverá ser contado somente até a data de 15.12.1998 (dia anterior à sua vigência), ainda que o segurado tenha permanecido trabalhando, posteriormente, por algum tempo.

É importante esclarecer que todos os meses deverão ser considerados como de 30 dias, de forma que o período de um ano corresponderá, consequentemente, a 360 dias.

4.6. Tempo de Serviço e Tempo de Contribuição — Períodos Considerados

Atualmente o tempo de serviço é considerado como tempo de contribuição para fins previdenciários. Assim, e em que pese que a Emenda Constitucional n. 20/98 tenha modificado a denominação do benefício para Aposentadoria por Tempo de Contribuição (antes Aposentadoria por Tempo de Serviço), na prática a contagem do tempo necessário à obtenção do benefício permanece a mesma, sem modificações.

Confira-se, nesse sentido, as disposições constantes do art. 4º da Emenda Constitucional n. 20/98:

"**Art. 4º** Observado o disposto no art. 40, § 10, da Constituição Federal, o tempo de serviço considerado pela legislação vigente para efeito de aposentadoria, cumprido até que a lei discipline a matéria, será contado como tempo de contribuição."

São considerados como tempo de contribuição (leia-se também tempo de serviço), entre outros (Instrução Normativa INSS n. 45/2010, art. 78 e Decreto n. 3.048/99, arts. 60 e 61):

I — o de serviço militar obrigatório, o voluntário e o alternativo, que serão certificados na forma da lei, por autoridade competente, desde que não tenham sido computados para inatividade remunerada nas Forças Armadas ou para aposentadoria no serviço público, assim considerados:

a) obrigatório: aquele prestado pelos incorporados em organizações da ativa das Forças Armadas ou matriculados em órgãos de formação de reserva;

b) alternativo (também obrigatório): aquele considerado como o exercício de atividade de caráter administrativo, assistencial, filantrópico ou mesmo produtivo, em substituição às atividades de caráter essencialmente militares, prestado em organizações militares da ativa ou em órgãos de formação de reserva das Forças Armadas ou em órgãos subordinados aos ministérios civis, mediante convênios entre tais ministérios e o Ministério da Defesa; e

c) voluntário: aquele prestado pelos incorporados voluntariamente e pelos militares, após o período inicial, em organizações da ativa das Forças Armadas ou matriculados em órgãos de formação de reserva ou, ainda, em academias ou escolas de formação militar;

II — o de exercício de mandato classista da Justiça do Trabalho e o magistrado da Justiça Eleitoral junto a órgão de deliberação coletiva, desde que, nessa qualidade, haja contribuição, nos termos do art. 109 da IN 45/2010:

a) para a Previdência Social, decorrente de vinculação ao RGPS antes da investidura no mandato; ou

b) para o RPPS, decorrente de vinculação a esse regime antes da investidura no mandato;

III — o de serviço público federal exercido anteriormente à opção pelo regime da Consolidação das Leis do Trabalho — CLT;[12]

---

(12) Confira-se a redação da Súmula 69 da TNU: "O tempo de serviço prestado em empresa pública ou em sociedade de economia mista por servidor público federal somente pode ser contado para efeitos de aposentadoria e disponibilidade".

IV — o período em que a segurada esteve recebendo salário maternidade, observado o disposto no art. 310 da IN 45/2010;

V — o de tempo de serviço prestado à Justiça dos Estados, às serventias extrajudiciais e às escrivaninhas judiciais, desde que não tenha havido remuneração pelos cofres públicos e que a atividade não estivesse, à época, vinculada a RPPS, estando abrangidos:

a) os servidores de Justiça dos Estados, não remunerados pelos cofres públicos, que não estavam filiados a RPPS;

b) aquele contratado pelos titulares das Serventias de Justiça, sob o regime da CLT, para funções de natureza técnica ou especializada, ou ainda, qualquer pessoa que preste serviço sob a dependência dos titulares, mediante salário e sem qualquer relação de emprego com o Estado; e

c) os servidores que, na data da vigência da Lei n. 3.807, de 26 de agosto de 1960 — Lei Orgânica da Previdência Social — LOPS, já estivessem filiados ao RGPS, por força da legislação anterior, tendo assegurado o direito de continuarem filiados à Previdência Social Urbana;

VI — o em que o servidor ou empregado de fundação, empresa pública, sociedade de economia mista e suas respectivas subsidiárias, filiado ao RGPS, tenha sido colocado à disposição da Presidência da República;

VII — o de atividade como ministro de confissão religiosa, membro de instituto de vida consagrada, de congregação ou de ordem religiosa, mediante os correspondentes recolhimentos;

VIII — o de detentor de mandato eletivo federal, estadual, distrital ou municipal, observado o disposto no inciso XIII do art. 3º e arts. 94 a 104, desde que não vinculado a qualquer RPPS, por força da Lei n. 9.506, de 30 de outubro de 1997, ainda que aposentado;

IX — as contribuições recolhidas em época própria como contribuinte em dobro ou facultativo:

a) pelo detentor de mandato eletivo estadual, municipal ou distrital até janeiro de 1998, observado o disposto no inciso VIII deste artigo e o contido nos arts. 94 a 104 da In 45/2010;

b) pelo detentor de mandato eletivo federal até janeiro de 1999; e

c) na ausência de recolhimentos como contribuinte em dobro ou facultativo em épocas próprias para os períodos citados nas alíneas "a" e "b" deste inciso, as contribuições poderão ser efetuadas na forma de indenização, estabelecida no art. 122 do RPS;

X — o de atividade como pescador autônomo, inscrito na Previdência Social urbana até 5 de dezembro de 1972, véspera da publicação do Decreto n. 71.498, de 5 de dezembro de 1972, ou inscrito, por opção, a contar de 2 de setembro de 1985, com base na Lei n. 7.356, de 30 de agosto de 1985;

XI — o de atividade como garimpeiro autônomo, inscrito na Previdência Social urbana até 12 de janeiro de 1975, véspera da publicação do Decreto n. 75.208, de 10 de janeiro de 1975, bem como o período posterior a essa data em que o garimpeiro continuou a recolher nessa condição;

XII — o de atividade anterior à filiação obrigatória, desde que devidamente comprovada e indenizado na forma do art. 122 do RPS;

XIII — o de atividade do bolsista e o do estagiário que prestam serviços à empresa em desacordo com a Lei n. 11.788, de 2008;

XIV — o de atividade do estagiário de advocacia ou o do solicitador, desde que inscritos na Ordem dos Advogados do Brasil — OAB, como tal e que comprovem recolhimento das contribuições como facultativo em época própria;

XV — o de atividade do médico residente, nas seguintes condições:

a) anterior a 8 de julho de 1981, véspera da publicação da Lei n. 6.932, de 1981, desde que indenizado na forma do art. 122 do RPS; e

b) a partir de 9 de julho de 1981, data da publicação da Lei n. 6.932, de 1981, na categoria de contribuinte individual, ex-autônomo, desde que haja contribuição;

XVI — o das contribuições vertidas, em época própria, na condição de segurado facultativo, por servidor público civil ou militar da União, do Estado, do Distrito Federal ou do Município, bem como o das respectivas Autarquias e Fundações, sujeito a RPPS, inclusive aquele que sofreu alteração de regime jurídico, no período de 24 de julho de 1991, véspera da publicação da Lei n. 8.213, de 1991 a 5 de março de 1997, véspera da vigência do RBPS, aprovado pelo Decreto n. 2.172, de 1997;

XVII — o das contribuições vertidas, em época própria, na condição de segurado facultativo, por servidor público civil ou militar da União, do Estado, do Distrito Federal ou do Município, bem como o das respectivas Autarquias e Fundações, sujeito a RPPS, a partir de 16 de dezembro de 1998, data da publicação da Emenda Constitucional n. 20, de 1998, desde que afastado sem vencimento e não permitida, nesta condição, contribuição ao respectivo regime próprio, salvo na hipótese prevista no § 1º do art. 35;

XVIII — o período de benefício por incapacidade não decorrente de acidente do trabalho recebido entre períodos de atividade, ou seja, entre o afastamento e a volta ao trabalho, no mesmo ou em outro emprego ou atividade, sendo que as contribuições recolhidas para manutenção da qualidade de segurado, como contribuinte em dobro, até outubro de 1991 ou como facultativo, a partir de novembro de 1991, vigência do Decreto n. 356, de 7 de dezembro de 1991, devem suprir a volta ao trabalho para fins de caracterização de tempo intercalado;

XIX — o período de benefício por incapacidade por acidente do trabalho intercalado ou não com período de atividade ou contribuição na categoria de facultativo;

XX — o de tempo de serviço dos titulares de serviços notariais e de registros, ou seja, a dos tabeliães ou notários e oficiais de registros ou registradores sem RPPS, desde que haja o recolhimento das contribuições ou indenizações, observando que:

a) até 24 de julho de1991, véspera da publicação da Lei n. 8.213, de 1991, como segurado empregador; e

b) a partir de 25 de julho de 1991, data da publicação da Lei n. 8.213, de 1991, como segurado autônomo, denominado contribuinte individual a partir de 29 de novembro de 1999, data da publicação da Lei n. 9.876, de 1999;

XXI — o de tempo de serviço dos escreventes e dos auxiliares contratados por titulares de serviços notariais e de registros, quando não sujeitos ao RPPS, desde que comprovado o exercício da atividade, nesta condição;

XXII — o tempo de serviço público federal, estadual, do Distrito Federal ou municipal, inclusive o prestado a autarquia ou a sociedade de economia mista ou fundação instituída pelo Poder Público, devidamente certificado na forma da Lei n. 3.841, de 15 de dezembro de 1960, desde que a respectiva certidão tenha sido requerida na entidade para a qual o serviço foi prestado até 30 de dezembro de 1975, véspera do início da vigência da Lei n. 6.226, de 14 de junho de 1975, sendo considerado certificado o tempo de serviço quando a certidão tiver sido requerida:

a) até 15 de dezembro de 1962, nos termos da Lei n. 3.841, de 15 de dezembro de 1960, se a admissão no novo emprego, após a exoneração do serviço público, for até 14 de dezembro de 1960, véspera da publicação da Lei n. 3.841, de 15 de dezembro de 1960; e

b) até dois anos a contar da admissão no novo emprego, se esta tiver ocorrido a partir de 15 de dezembro de 1960, data da publicação da Lei n. 3.841, de 15 de dezembro de 1960, não podendo o requerimento ultrapassar a data de 30 de setembro de 1975, nos termos da Lei n. 6.226, de 14 de junho de 1975;

XXIII — o período de que trata o art. 206 da IN 45/2010 (mensalidades de recuperação, para os aposentados por invalidez), desde que intercalado entre períodos de atividade;

XXIV — as contribuições efetivadas por segurado facultativo, após o pagamento da primeira contribuição em época própria, desde que não tenha transcorrido o prazo previsto para a perda da qualidade de segurado, na forma do inciso VI do art. 13 do Regulamento da Previdência Social — RPS;

XXV — o tempo de serviço do segurado trabalhador rural anterior à competência novembro de 1991;

Obs. 1: Confira-se a redação da Súmula 24 da TNU: "O tempo de serviço do segurado trabalhador rural anterior ao advento da Lei n. 8.213/91, sem o recolhimento de contribuições previdenciárias, pode ser considerado para a concessão de benefício previdenciário do Regime Geral de Previdência Social (RGPS), exceto para efeito de carência, conforme a regra do art. 55, § 2º, da Lei n. 8.213/91."

Obs. 2: Súmula 5 da TNU: "A prestação de serviço rural por menor de 12 a 14 anos, até o advento da Lei n. 8.213, de 24 de julho de 1991, devidamente comprovada, pode ser reconhecida para fins previdenciários."

XXVI — o tempo de atividade patronal ou autônoma, exercida anteriormente à vigência da Lei n. 3.807, de 26 de agosto de 1960, desde que indenizado conforme o disposto no art. 122 do RPS;

XXVII — o tempo exercido na condição de aluno-aprendiz referente ao período de aprendizado profissional realizado em escola técnica, desde que comprovada a remuneração, mesmo que indireta, à conta do orçamento público e o vínculo empregatício.

Obs. 1: Confira-se a redação do Enunciado AGU n. 24: "É permitida a contagem, como tempo de contribuição, do tempo exercido na condição de aluno-aprendiz referente ao período de aprendizado profissional realizado em escolas técnicas, desde que comprovada a remuneração, mesmo que indireta, à conta do orçamento público e o vínculo empregatício."

Obs. 2: Súmula 18 da TNU: "Provado que o aluno aprendiz de Escola Técnica Federal recebia remuneração, mesmo que indireta, à conta do orçamento da União, o respectivo tempo de serviço pode ser computado para fins de aposentadoria previdenciária."

Obs. 3: Súmula 32 do TRF 2: "Conta-se como tempo de efetivo serviço, para fins previdenciários, o período de atividade como aluno-aprendiz em escola técnica, exercida sob a vigência do Decreto n. 4.073/42, desde que tenha havido retribuição pecuniária, admitindo-se como tal o recebimento de alimentação, vestuário, moradia, material escolar e parcela de renda auferida com a execução de encomendas para terceiros, à conta do orçamento da união, independente de descontos previdenciários."

O tempo de contribuição ao RGPS que constar da Certidão de Tempo de Contribuição — CTC na forma da contagem recíproca, mas que não tenha sido indicado para ser aproveitado em RPPS, poderá ser utilizado para fins de benefício junto ao INSS, mesmo que de forma concomitante com o de contribuição para RPPS, independentemente de existir ou não aposentadoria.

Não será computado como tempo de contribuição o já considerado para concessão de qualquer aposentadoria prevista no RGPS ou por outro regime de previdência social.

Importa observar, ainda, que o tempo de contribuição será considerado para cálculo do valor da renda mensal de qualquer benefício (Lei n. 8.213/91, art. 107) e que, nos termos do art. 29-A da Lei n. 8.213/91, as informações dispostas no CNIS podem servir como prova tanto do tempo de contribuição como da relação de emprego.

4.6.1. Trabalhador Rural — Segurado Especial

O segurado especial somente fará jus à aposentadoria por tempo de contribuição após o cumprimento da carência exigida para estes benefícios, não sendo considerado como período de carência o tempo de atividade rural não contributivo.

Assim, para que o segurado especial possa obter o benefício de Aposentadoria por Tempo de Contribuição, é necessário que seja filiado ao RGPS na qualidade de "segurado facultativo" e que tenha contribuído ao sistema pelo período estipulado em carência. Nestes termos confira-se, inclusive, a redação da Súmula 272 do STJ:

> "**Súmula 272** — O trabalhador rural, na condição de segurado especial, sujeito à contribuição obrigatória sobre a produção rural comercializada, somente faz jus à aposentadoria por tempo de serviço, se recolher contribuições facultativas."

Já o tempo de serviço rural na qualidade de segurado especial poderá ser computado, sempre, como tempo de serviço e contribuição para fins de aposentadoria, devendo sua comprovação ocorrer por meio de um dos seguintes documentos (IN INSS n. 45/2010, art. 115):

I — contrato de arrendamento, parceria ou comodato rural;

II — declaração fundamentada de sindicato que represente o trabalhador rural ou, quando for o caso, de sindicato ou colônia de pescadores, desde que homologada pelo INSS;[13]

Obs. 1: A segunda via desta declaração deverá ser mantida na própria entidade, com numeração sequencial em ordem crescente, à disposição do INSS e demais órgãos de fiscalização e controle.

Obs. 2: Sempre que a categoria de produtor informada nesta declaração for de parceiro, meeiro, arrendatário, comodatário, ou outra modalidade de outorgado, o documento deverá identificar e qualificar o outorgante.

Obs. 3: Na hipótese de inexistência de sindicato que represente o trabalhador rural, a declaração poderá ser suprida pela apresentação de duas declarações firmadas por autoridades administrativas ou judiciárias locais, desde que exerçam cargos ou funções de juízes federais ou estaduais ou do Distrito Federal, promotores de justiça, delegados de polícia, comandantes de unidades militares do Exército, Marinha, Aeronáutica ou de forças auxiliares, titulares de representação local do Ministério do Trabalho e Emprego e de diretores titulares de estabelecimentos públicos de ensino fundamental e médio. As autoridades mencionadas somente poderão fornecer declaração relativa a período anterior à data do início das suas funções na localidade se puderem fundamentá-la com documentos contemporâneos do fato declarado, que evidenciem plena convicção de sua veracidade.

III — comprovante de cadastro do Instituto Nacional de Colonização e Reforma Agrária — INCRA, através do Certificado de Cadastro de Imóvel Rural — CCIR ou qualquer outro documento emitido por esse órgão que indique ser o beneficiário proprietário de imóvel rural ou exercer atividade rural como usufrutuário, possuidor, assentado, parceiro ou meeiro outorgado, comodatário ou arrendatário rural;

IV — bloco de notas do produtor rural;

V — notas fiscais de entrada de mercadorias, de que trata o § 24 do art. 225 do Decreto n. 3.038/99, emitidas pela empresa adquirente da produção, com indicação do nome do segurado como vendedor;

---

(13) A declaração, além da identificação da entidade e do emitente da declaração, com indicação do respectivo mandato, deverá observar o seguinte: 1) deverá ser fornecida em duas vias, em papel timbrado da entidade, com numeração seqüencial controlada e ininterrupta; 2) deverá conter a identificação, a qualificação pessoal do beneficiário e a categoria de produtor a que pertença; 3) deverá consignar os documentos e informações que serviram de base para a sua emissão, bem como, se for o caso, a origem dos dados extraídos de registros existentes na própria entidade declarante ou em outro órgão, entidade ou empresa, desde que idôneos e acessíveis à previdência social; 4) não poderá conter informação referente a período anterior ao início da atividade da entidade declarante, salvo se baseada em documento que constitua prova material do exercício da atividade; e 5) deverá consignar dados relativos ao período e forma de exercício da atividade rural na forma estabelecida pelo INSS.

VI — documentos fiscais relativos à entrega de produção rural à cooperativa agrícola, entreposto de pescado ou outros, com indicação do segurado como vendedor ou consignante;

VII — comprovantes de recolhimento de contribuição à Previdência Social decorrentes da comercialização da produção;

VIII — cópia da declaração de imposto de renda, com indicação de renda proveniente da comercialização de produção rural;

IX — Documento de Informação e Atualização Cadastral do Imposto sobre a propriedade Territorial Rural (DIAC) e Documento de Informação e Apuração do Imposto sobre a propriedade Territorial Rural (DIAT) entregue à Receita Federal;

X — licença de ocupação ou permissão outorgada pelo INCRA; ou

XI — certidão fornecida pela FUNAI, certificando a condição do índio como trabalhador rural, observado o § 1º do art. 132 da IN INSS n. 45/2010.

Os documentos devem ser considerados para todos os membros do grupo familiar[14], para o período que se quer comprovar, mesmo que de forma descontínua, quando corroborados com outros que confirmem o vínculo familiar, sendo indispensável a entrevista e, se houver dúvidas, deverá ser realizada a entrevista com parceiros, confrontantes, empregados, vizinhos e outros, conforme o caso.

Obs. 1: Para aposentadoria por idade de que trata o inciso I do art. 39 da Lei n. 8.213/91, a ausência da documentação, em intervalos não superiores a três anos não prejudicará o reconhecimento do direito, independente de apresentação de declaração do sindicato dos trabalhadores rurais, de sindicato dos pescadores ou colônia de pescadores.

Obs. 2: No caso de benefícios de aposentadoria por invalidez, auxílio-doença, auxílio-acidente, pensão por morte, auxílio-reclusão e salário maternidade, o segurado especial poderá apresentar apenas um dos documentos acima relacionados, independente de apresentação de declaração do sindicato dos trabalhadores rurais, de sindicato dos pescadores ou colônia de pescadores, desde que comprove que a atividade rural vem sendo exercida nos últimos 12 (doze) meses, 10 (dez) meses ou no período que antecede a ocorrência do evento, conforme o benefício requerido.

Os documentos referidos nos incisos I, III a VI, e VIII a X, supra, ainda que em nome do cônjuge[15] ou, em caso de comprovação da união estável, do companheiro ou companheira, inclusive os homoafetivos, que tenha perdido a condição de segurado especial, poderão ser aceitos para os demais membros do grupo familiar na esfera administrativa, mas desde que corroborados com a declaração do sindicato que represente o trabalhador rural e confirmado o exercício da atividade rural e condição sob a qual foi desenvolvida, por meio de entrevista com o requerente, e se for o caso, com testemunhas[16], tais como vizinhos, confrontantes, entre outros.

Confiram-se, a respeito, a redação da Súmula 73 do TRF da 4ª Região e também da Súmula 9 da Turma Regional de Uniformização da 4ª Região:

---

(14) Confira-se a redação do Enunciado AGU n. 32, aprovado em 2008: "Para fins de concessão dos benefícios dispostos nos artigos 39, inciso I e seu parágrafo único, e 143 da Lei 8.213, de 24 de julho de 1991, serão considerados como início razoável de prova material documentos públicos e particulares dotados de fé pública, desde que não contenham rasuras ou retificações recentes, nos quais conste expressamente a qualificação do segurado, de seu cônjuge, enquanto casado, ou companheiro, enquanto durar a união estável, ou de seu ascendente, enquanto dependente deste, como rurícola, lavrador ou agricultor, salvo a existência de prova em contrário."
(15) Confira-se a redação da Súmula 6 da TNU: "A certidão de casamento ou outro documento idôneo que evidencie a condição de trabalhador rural do cônjuge constitui início razoável de prova material da atividade rurícola."
(16) Confira-se a redação da Súmula 27 do TRF 1: "Não é admissível prova exclusivamente testemunhal para reconhecimento de tempo de exercício de atividade urbana e rural (Lei n. 8.213/91, art. 55, § 3º)."

"**TRF 4 — Súmula 73** — Admitem-se como início de prova material do efetivo exercício de atividade rural, em regime de economia familiar, documentos de terceiros, membros do grupo parental."

"**TRU 4 — Súmula 09** — Admitem-se como início de prova material, documentos em nome de integrantes do grupo envolvido no regime de economia familiar rural."

Para fins de aferição da contemporaneidade[17], considerar-se-á datado o documento particular, tal como, contrato formal de arrendamento, de parceria ou de comodato rural, nos termos do art. 370 do Código de Processo Civil (IN INSS n. 45/2010, art. 115):

I — no dia em que foi registrado;

II — desde a morte de algum dos signatários;

III — a partir da impossibilidade física, que sobreveio a qualquer dos signatários;

IV — da sua apresentação em repartição pública ou em juízo; ou

V — do ato ou fato que estabeleça, de modo certo, a anterioridade da formação do documento.

Para fins de comprovação do exercício de atividade rural em regime de economia familiar, a apresentação dos documentos não dispensa a apreciação e confrontação dos mesmos com as informações constantes nos sistemas corporativos da Previdência Social e dos órgãos conveniados.

Nos termos do art. 122 da IN INSS n. 45/2010, considera-se início de prova material,[18] para fins de comprovação da atividade rural, entre outros, os seguintes documentos, desde que neles conste a profissão ou qualquer outro dado que evidencie o exercício da atividade rurícola e seja contemporâneo ao fato nele declarado:

I — certidão de casamento civil ou religioso;

II — certidão de nascimento ou de batismo dos filhos;

III — certidão de tutela ou de curatela;

IV — procuração;

V — título de eleitor ou ficha de cadastro eleitoral;

VI — certificado de alistamento ou de quitação com o serviço militar;

VII — comprovante de matrícula ou ficha de inscrição em escola, ata ou boletim escolar do trabalhador ou dos filhos;

VIII — ficha de associado em cooperativa;

IX — comprovante de participação como beneficiário, em programas governamentais para a área rural nos estados, no Distrito Federal ou nos Municípios;

X — comprovante de recebimento de assistência ou de acompanhamento de empresa de assistência técnica e extensão rural;

XI — escritura pública de imóvel;

XII — recibo de pagamento de contribuição federativa ou confederativa;

XIII — registro em processos administrativos ou judiciais, inclusive inquéritos, como testemunha, autor ou réu;

---

(17) Confira-se a redação da Súmula 34 da TNU: "Para fins de comprovação do tempo de labor rural, o início de prova material deve ser contemporâneo à época dos fatos a provar."
(18) Confira-se a redação da Súmula 7, da TRU 3: "Súmula 7 — A comprovação de tempo de serviço rural ou urbano depende de início de prova material da prestação de serviço, nos termos do art. 55, § 3º, da Lei n. 8.213/91." (Origem Enunciado 07 do JEFSP)

XIV — ficha ou registro em livros de casas de saúde, hospitais, postos de saúde ou do programa dos agentes comunitários de saúde;

XV — carteira de vacinação;

XVI — título de propriedade de imóvel rural;

XVII — recibo de compra de implementos ou de insumos agrícolas;

XVIII — comprovante de empréstimo bancário para fins de atividade rural;

XIX — ficha de inscrição ou registro sindical ou associativo junto ao sindicato de trabalhadores rurais, colônia ou associação de pescadores, produtores ou outras entidades congêneres;

XX — contribuição social ao sindicato de trabalhadores rurais, à colônia ou à associação de pescadores, produtores rurais ou a outras entidades congêneres;

XXI — publicação na imprensa ou em informativos de circulação pública;

XXII — registro em livros de entidades religiosas, quando da participação em batismo, crisma, casamento ou em outros sacramentos;

XXIII — registro em documentos de associações de produtores rurais, comunitárias, recreativas, desportivas ou religiosas;

XXIV — Declaração Anual de Produtor — DAP, firmada perante o INCRA;

XXV — título de aforamento;

XXVI — declaração de aptidão fornecida pelo Sindicato dos Trabalhadores Rurais para fins de obtenção de financiamento junto ao PRONAF;

XXVII — cópia de ficha de atendimento médico ou odontológico;

Não será exigido que os documentos acima sejam contemporâneos ao período de atividade rural que o segurado precisa comprovar, em número de meses equivalente ao da carência do benefício, para a concessão de benefícios no valor de salário mínimo, podendo servir como início de prova documento anterior a este período, na conformidade do Parecer CJ/MPS n. 3.136, de 23 de setembro de 2003.

Por fim, cumpre registrarmos que para o trabalhador rural boia fria a Justiça Federal tem admitido a prova exclusivamente testemunhal, conforme ilustra a redação da Súmula 14 da TRU da 4ª Região:

"**Súmula 14** — A falta de início de prova material não é impeditiva da valoração de outros meios de prova para o reconhecimento do labor rural por boia fria."

4.6.1.1. Filhos casados

A comprovação do exercício de atividade rural para os filhos casados e aqueles que mantêm união estável, inclusive os homoafetivos, que permanecerem no exercício desta atividade juntamente com seus pais, deverá ser feita por contrato de parceria, meação, comodato ou assemelhado, para regularização da situação daqueles e dos demais membros do novo grupo familiar, assegurando-se a condição de segurados especiais deste novo grupo — IN INSS n. 45/2010, art. 116.

4.6.1.2. Declaração de atividade rural emitida pelo sindicato

Poderá ser aceita a declaração de atividade rural emitida pelo sindicato dos produtores rurais ou sindicato patronal (inciso II do art. 115 da IN INSS 45/2010), para os segurados que exercem a atividade em regime de economia familiar enquadrados como empregadores rurais na forma das alíneas "a" e "b" do inciso II, do art. 1º do Decreto-Lei n. 1.166/71 — IN INSS n. 45/2010, art. 117.

4.6.1.3. Condôminos, parceiros e arrendatários

O enquadramento do condômino na condição de segurado especial independe da delimitação formal da área por este explorada, cabendo a comprovação do exercício da atividade, se individualmente ou em regime de economia familiar — IN INSS n. 45/2010, art. 118.

4.6.1.4. Óbito do proprietário rural — herdeiros

O enquadramento do herdeiro na condição de segurado especial, independe da realização da partilha dos bens, cabendo a comprovação do exercício da atividade, se individualmente ou em regime de economia familiar — IN INSS n. 45/2010, art. 119.

4.6.2. Professores

Para fins de aposentadoria por tempo de contribuição de professores, são contados como tempo de contribuição:

a) o de serviço público federal, estadual, do Distrito Federal ou municipal;

b) o de recebimento de benefício por incapacidade, entre períodos de atividade; e

c) o de benefício por incapacidade decorrente de acidente do trabalho, intercalado ou não.

Obs.: É vedada a conversão de tempo de serviço de magistério, exercido em qualquer época, em tempo de serviço comum.

A comprovação da condição de professor far-se-á mediante a apresentação (Decreto n. 3.048/99, art. 61, § 1º):

I — do respectivo diploma registrado nos órgãos competentes federais e estaduais, ou de qualquer outro documento que comprove a habilitação para o exercício do magistério, na forma de lei específica; e

II — dos registros em Carteira Profissional e/ou Carteira de Trabalho e Previdência Social complementados, quando for o caso, por declaração do estabelecimento de ensino onde foi exercida a atividade, sempre que necessária essa informação, para efeito e caracterização do efetivo exercício da função de magistério, nos termos do 2º do art. 56 do RPS.

4.6.3. Aluno Aprendiz

Regulamenta o tempo de serviço de aprendizado os arts. 92 e 93 da Instrução Normativa INSS n. 45/2010, com a seguinte redação:

"**Art. 92.** Os períodos de aprendizado profissional realizados até 16 de dezembro de 1998, data da vigência da Emenda Constitucional n. 20, de 1998, serão considerados como tempo de serviço/contribuição independentemente do momento em que o segurado venha a implementar os demais requisitos para a concessão de aposentadoria no RGPS, podendo ser contados:

I — os períodos de frequência às aulas dos aprendizes matriculados em escolas profissionais mantidas por empresas ferroviárias;

II — o tempo de aprendizado profissional realizado como aluno aprendiz, em escolas técnicas, com base no Decreto-Lei n. 4.073, de 30 de janeiro de 1942 (Lei Orgânica do Ensino Industrial), a saber:

a) período de frequência em escolas técnicas ou industriais mantidas por empresas de iniciativa privada, desde que reconhecidas e dirigidas a seus empregados aprendizes, bem como o realizado com base no Decreto n. 31.546, de 6 de outubro de 1952, em curso do Serviço Nacional da Indústria — SENAI, ou Serviço Nacional do Comércio — SENAC, ou instituições por eles reconhecidas, para formação profissional metódica de ofício ou ocupação do trabalhador menor; e

b) período de frequência em cursos de aprendizagem ministrados pelos empregadores a seus empregados, em escolas próprias para essa finalidade, ou em qualquer estabelecimento de ensino industrial;

III — os períodos de frequência em escolas industriais ou técnicas da rede federal de ensino, estadual, distrital e municipal, bem como em escolas equiparadas, ou seja, colégio ou escola agrícola, desde que tenha havido retribuição pecuniária à conta do Orçamento da União, ainda que fornecida de maneira indireta ao aluno; e

IV — os períodos citados nos incisos anteriores serão considerados, observando que:

a) o Decreto-Lei n. 4.073, de 30 de janeiro de 1942 (Lei Orgânica do Ensino Industrial, vigente no período compreendido entre 30 de janeiro de 1942 a 15 de fevereiro de 1959, reconhecia o aprendiz como empregado, bastando assim a comprovação do vínculo;

b) o tempo de aluno aprendiz desempenhado em qualquer época, ou seja, mesmo fora do período de vigência do Decreto-Lei n. 4.073, de 30 de janeiro de 1942 (Lei Orgânica do Ensino Industrial, somente poderá ser considerado como tempo de contribuição, desde que comprovada a remuneração e o vínculo empregatício, conforme Parecer MPAS/CJ n. 2.893, de 12 de novembro de 2002; e

c) considerar-se-á como vínculo e remuneração a comprovação de frequência e os valores recebidos a título de alimentação, fardamento, material escolar e parcela de renda auferida com a execução de encomendas para terceiros, entre outros."

"**Art. 93.** A comprovação do período de frequência em curso do aluno aprendiz a que se refere o art. 92, far-se-á:

I — dos aprendizes matriculados em escolas profissionais mantidas por empresas ferroviárias, por meio de certidão emitida pela empresa;

II — de frequência em escolas técnicas a que se refere o inciso II do art. 92, por certidão escolar, a qual deverá constar que:

a) o estabelecimento era reconhecido e mantido por empresa de iniciativa privada;

b) o curso foi efetivado sob seu patrocínio; ou

c) o curso de aprendizagem nos estabelecimentos oficiais ou congêneres foi ministrado mediante entendimentos com as entidades interessadas;

III — por CTC na forma da Lei n. 6.226, de 14 de junho de 1975, e do Decreto n. 85.850, de 30 de março de 1981, tratando-se de frequência:

a) em escolas industriais ou técnicas da rede federal, bem como em escolas equiparadas citadas no inciso III do art. 92; ou

b) em instituição estadual, distrital ou municipal cujo ente federativo tenha RPPS instituído; e

IV — por meio de certidão emitida pela instituição onde o ensino foi ministrado no caso de ente federativo sem RPPS, constando as seguintes informações:

a) a norma que autorizou o funcionamento da instituição;

b) o curso frequentado;

c) o dia, o mês e o ano do início e do fim do vínculo de aluno aprendiz; e

d) a forma de remuneração, ainda que indireta.

Parágrafo único. Para efeito do disposto na alínea "a" do inciso IV do *caput*, deverá restar comprovado que o funcionamento da instituição foi autorizado pelo Governo Federal, conforme art. 60 do Decreto-Lei n. 4.073, de 1942."

Confiram-se, ainda, as seguintes Súmulas a respeito do tema:

"**AGU, Enunciado 24** — "É permitida a contagem, como tempo de contribuição, do tempo exercido na condição de aluno-aprendiz referente ao período de aprendizado profissional realizado em escolas técnicas, desde que comprovada a remuneração, mesmo que indireta, à conta do orçamento público e o vínculo empregatício."

"**TNU, Súmula 18** — "Provado que o aluno aprendiz de Escola Técnica Federal recebia remuneração, mesmo que indireta, à conta do orçamento da União, o respectivo tempo de serviço pode ser computado para fins de aposentadoria previdenciária."

"**TRF 2ª Região — Súmula 32** — "Conta-se como tempo de efetivo serviço, para fins previdenciários, o período de atividade como aluno-aprendiz em escola técnica, exercida sob a vigência do Decreto n. 4.073/42, desde que tenha havido retribuição pecuniária, admitindo-se como tal o recebimento de alimentação, vestuário, moradia, material escolar e parcela de renda auferida com a execução de encomendas para terceiros, à conta do orçamento da união, independente de descontos previdenciários."

"**TRF 5ª Região — Súmula 18** — PREVIDENCIÁRIO. TEMPO DE SERVIÇO. MONITOR UNIVERSITÁRIO. CONTAGEM INDEVIDA. O tempo de treinamento do estudante como monitor universitário não é contado para fins previdenciários."

4.6.4. Trabalhadores avulsos

Nos termos dispostos pela IN INSS n. 45/2010 (arts. 81 e 82), o período de atividade do trabalhador avulso, sindicalizado ou não, somente será reconhecido pelo INSS desde que preste serviço de natureza urbana ou rural sem vínculo empregatício a diversas empresas, com a intermediação obrigatória do sindicato da categoria ou do órgão gestor de mão de obra.

Caso seja verificada a prestação de serviço alegado como de trabalhador avulso, sem a intermediação de sindicato de classe ou do órgão gestor de mão de obra, o INSS deverá analisar o caso enquadrando-o na categoria de empregado ou na de contribuinte individual, visto que a referida intermediação é imprescindível para configuração do enquadramento na categoria.

A comprovação do tempo de contribuição do segurado trabalhador avulso deve ser feita por meio do certificado do sindicato ou órgão gestor de mão de obra competente, acompanhado de documentos contemporâneos nos quais conste a duração do trabalho e a condição em que foi prestado, referentes ao período certificado. Não sendo possível apresentar documentos contemporâneos, deverá o INSS providenciar a realização de Pesquisa Externa, para averiguação.

Para comprovação da remuneração poderá ser aceita a Relação dos Salários de Contribuição — RSC acompanhada de documentos contemporâneos e, na ausência destes, por meio de realização de Pesquisa Externa.

Será contado apenas o período em que, efetivamente, o segurado trabalhador avulso tenha exercido atividade, computando-se como mês integral aquele que constar da documentação contemporânea ou comprovado por diligência prévia, excluídos aqueles em que, embora o segurado estivesse à disposição do sindicato, não tenha havido exercício de atividade.

4.6.5. Auxiliar local

Nos termos do art. 56 da Lei n. 11.440/2006, auxiliar local é o brasileiro ou o estrangeiro admitido para prestar serviços ou desempenhar atividades de apoio que exijam familiaridade com as condições de vida, os usos e os costumes do país onde esteja sediado o posto.

Para comprovação do exercício de atividade nesta condição, o interessado deverá apresentar a Declaração de Tempo de Contribuição Referente ao Auxiliar Local emitida pelo órgão contratante, conforme Anexo IX da Instrução Normativa INSS n. 45/2010.

As Missões Diplomáticas e as Repartições Consulares do Ministério das Relações Exteriores — postos, as Representações da Aeronáutica, as Representações da Marinha e as Representações do Exército — no exterior, deverão regularizar junto ao INSS a situação previdenciária dos auxiliares locais de nacionalidade brasileira que, em razão de proibição da legislação local, não possam ser filiados ao sistema previdenciário do país de domicílio.

Obs.: Salvo o disposto acima, as relações previdenciárias relativas aos auxiliares locais contratados a partir de 10 de dezembro de 1993, em conformidade com a Lei n. 8.745, de 1993, serão regidas pela legislação vigente nos países em que estiverem sediados os postos das Missões Diplomáticas e as Repartições Consulares do Ministério das Relações Exteriores, ou as Representações da Aeronáutica, Marinha ou Exército.

A regularização da situação dos auxiliares locais deverá ser efetivada mediante o recolhimento de contribuições relativas ao empregado e ao empregador, em conformidade com as Leis n. 8.212/91, n. 8.745/93 e n. 9.528/97, e com o disposto a seguir (IN INSS n. 45/2010, art. 106):

I — as importâncias relativas a competências até 31 de dezembro de 1993, por força da Lei n. 8.745, de 1993, serão tratadas como indenização, consideradas a partir da data de assinatura do contrato de trabalho ou da efetiva data de entrada em exercício, quando estas não coincidirem, sendo descontadas eventuais contribuições decorrentes de recolhimento prévio efetuado por iniciativa própria;

II — para apuração dos valores a serem indenizados, serão adotadas as alíquotas a que se referem os arts. 20 e 22 da Lei n. 8.212, de 1991, e o salário de contribuição vigente no mês da regularização, observadas as disposições do art. 28 do mesmo diploma legal; e

III — as importâncias devidas a partir da competência janeiro de 1994, vencidas ou vincendas, obedecerão aos critérios da Lei n. 8.212, de 1991, e alterações posteriores.

O pedido de regularização, referente ao registro/atualização no CNIS dos dados cadastrais, vínculos e remunerações do auxiliar local deverá ser feito pelas Missões Diplomáticas e Repartições Consulares do Ministério das Relações Exteriores — postos, pelas Representações da Aeronáutica, da Marinha e do Exército — no exterior, junto à Gerência-Executiva do INSS no Distrito Federal que fornecerá ou atualizará os dados do NIT (§ 3º).

Encerrado o contrato de trabalho com as Missões Diplomáticas e as Repartições Consulares do Ministério das Relações Exteriores — postos no exterior, com as Representações da Aeronáutica, com a Organização Mundial do Comércio — OMC e com as Representações do Exército Brasileiro — no exterior, o relacionamento do auxiliar local ou de seus dependentes com o INSS dar-se-á diretamente ou por intermédio de procurador constituído no Brasil (§ 4º).

Na hipótese do auxiliar local, não constituir procurador no Brasil, o seu relacionamento com a Previdência Social brasileira far-se-á por intermédio do órgão local responsável pela execução do Acordo Internacional de Previdência Social porventura existente ou na forma estabelecida pelo INSS (§ 5º).

Fundamentação: Instrução Normativa INSS n. 45/2010, arts. 105 e 106.

4.6.6. Servidores públicos

Nos termos dos arts. 107 e 108 da IN INSS n. 45/2010, a comprovação dos períodos de atividade no serviço público federal, estadual, distrital ou municipal, para fins de contagem de tempo de contribuição no RGPS, será feita mediante a apresentação de certidão na forma da Lei n. 6.226/75 (com as alterações da Lei n. 6.864/80 e da Lei n. 8.213/91), observado o disposto no art. 130 do Decreto n. 3.048/99.

Caso o servidor seja ocupante, exclusivamente, de cargo em comissão declarado em lei de livre nomeação e exoneração, a comprovação deverá ser efetuada pela apresentação de declaração, fornecida pelo órgão ou entidade, conforme o Anexo VIII da Instrução Normativa INSS n. 45/2010.

4.6.7. Magistrados

Os magistrados classistas temporários da Justiça do Trabalho (nomeados na forma do inciso II do § 1º do art. 111, na forma do inciso III do art. 115 e na forma do parágrafo único do art. 116, da

Constituição Federal, com redação anterior à Emenda Constitucional n. 24, de 9 de dezembro de 1999), e os magistrados da Justiça Eleitoral (nomeados na forma do inciso II do art. 119 e na forma do inciso III do art. 120, da Constituição Federal), serão aposentados, a partir de 14.10.1996 (data da publicação da MP n. 1.523/96, convertida na Lei n. 9.528/97), de acordo com as normas estabelecidas pela legislação do regime previdenciário a que estavam submetidos, antes da investidura, mantida a referida vinculação previdenciária durante o exercício do mandato.

Caso o segurado possua os requisitos mínimos para concessão de uma aposentadoria no RGPS, o mandato de juiz classista e o de magistrado da Justiça Eleitoral, exercidos a partir de 14.10.1996, serão considerados, para fins de tempo de contribuição, como segurados obrigatórios na categoria correspondente àquela em que estavam vinculados antes da investidura na magistratura, observado que permanece o entendimento de que (IN INSS n. 45/2010, art. 109):

I — a partir da Emenda Constitucional n. 24/99, publicada em 10.12.1999, que alterou os arts. 111, 112, 113, 115 e 116 da Constituição Federal a figura do juiz classista da Justiça do Trabalho foi extinta; e

II — a partir de 10.12.1999, não existe mais nomeação para juiz classista junto à Justiça do Trabalho, ficando resguardado o cumprimento dos mandatos em vigor e do tempo exercido até a extinção do mandato, mesmo sendo posterior à data da referida emenda.

O aposentado de qualquer regime previdenciário que exercer magistratura vincula-se, obrigatoriamente, ao RGPS, devendo contribuir a partir de 14.10.1996 (data da publicação da MP n. 1.523/96, convertida na Lei n. 9.528/97), na condição de contribuinte individual.

Para a comprovação da atividade de juiz classista e de magistrado da Justiça Eleitoral, será obrigatória a apresentação de CTC, nos termos da Lei da Contagem Recíproca e, para o seu cômputo, deverá ser observado o disposto inciso II do art. 78 e nos arts. 94 e 96 da Lei n. 8.213, de 1991.

Fundamentação: Instrução Normativa INSS n. 45/2010, art. 109.

4.6.8. Marítimos

Nos termos da Instrução Normativa INSS n. 45/2010, será computado como tempo de contribuição o tempo de serviço marítimo exercido até 16.12.1998 (vigência da Emenda Constitucional n. 20/98), em navios mercantes nacionais, independentemente do momento em que o segurado venha a implementar os demais requisitos para a concessão de aposentadoria no RGPS.

Obs.: O termo navio aplica-se a toda construção náutica destinada à navegação de longo curso, de grande ou pequena cabotagem, apropriada ao transporte marítimo ou fluvial de carga ou passageiro.

O marítimo embarcado terá que comprovar a data do embarque e desembarque, não tendo ligação com a atividade exercida, mas com o tipo de embarcação e o local de trabalho, cujo tempo será convertido, na razão de 255 dias de embarque para 360 dias de atividade comum, contados da data do embarque à de desembarque em navios mercantes nacionais, observando que:

I — o tempo de serviço em terra será computado como tempo comum; e

II — o período compreendido entre um desembarque e outro, somente será considerado se este tiver ocorrido por uma das causas abaixo:

a) acidente no trabalho ou moléstia adquirida em serviço;

b) moléstia não adquirida no serviço;

c) alteração nas condições de viagem contratada;

d) desarmamento da embarcação;

e) transferência para outra embarcação do mesmo armador;

f) disponibilidade remunerada ou férias; ou

g) emprego em terra com mesmo armador.

Não se aplica a conversão para período de atividade exercida em navegação de travessia, assim entendida a realizada como ligação entre dois portos de margem de rios, lagos, baias, angras, lagoas e enseadas ou ligação entre ilhas e essas margens.

A conversão do marítimo embarcado não está atrelada aos anexos dos Decretos n. 53.831/64 e n. 83.080/79, não sendo exigido o preenchimento do Perfil Profissiográfico Previdenciário — PPP.

Fundamentação: Instrução Normativa INSS n. 45/2010, arts. 110 a 113.

4.6.9. Garimpeiros

A comprovação do exercício de atividade de garimpeiro deverá ser efetuada pelos seguintes documentos:

I — Certificado de Matrícula expedido pela Receita Federal para períodos anteriores a fevereiro de 1990;

II — Certificado de Matrícula expedido pelos órgãos estaduais competentes para os períodos posteriores ao inciso I, supra, e

III — Certificado de Permissão de Lavra Garimpeira, emitido pelo Departamento Nacional da Produção Mineral — DNPM ou declaração emitida pelo sindicato que represente a categoria, para o período de 1º.2.1990 a 31.3.1993, véspera da publicação do Decreto n. 789/93.

Obs.: A partir de 8.1.1992, data da publicação da Lei n. 8.39/928/92, o garimpeiro passou à categoria de equiparado a autônomo, atual contribuinte individual, com ou sem auxílio de empregados.

Fundamentação: Instrução Normativa INSS n. 45/2010, art. 114.

4.6.10. Averbação de Tempo de Serviço

O tempo de serviço durante o qual o exercício da atividade não determinava filiação obrigatória ao anterior Regime de Previdência Social Urbana somente poderá ser averbado para fins de Aposentadoria mediante o recolhimento das contribuições correspondentes, conforme assim determina expressamente o § 1º do art. 55 da Lei n. 8.213/91.

Exceção se aplica, tão somente, ao tempo de serviço do segurado trabalhador rural, anterior à data de início de vigência da Lei n. 8.213/91, o qual deverá ser computado independentemente do recolhimento das contribuições a ele correspondentes. Não obstante, tal período somente será considerado como tempo de serviço; para que seja igualmente considerado como carência será necessário o recolhimento das contribuições correspondentes (Lei n. 8.213/91, art. 55, § 2º).

4.6.11. Tempo de Serviço/Contribuição Decorrente de Ação Trabalhista

Disciplina o INSS, através do art. 90 da Instrução Normativa INSS n. 45/2010, que no reconhecimento da filiação e na contagem do tempo de contribuição para os fins previstos no RGPS, decorrentes de ação trabalhista transitada em julgado, o processo deverá ser encaminhado para análise da Chefia de Benefícios da APS, devendo ser observado que:

I — o reconhecimento da filiação e a contagem de tempo de serviço/contribuição dependerá da existência de início de prova material, isto é, de documentos contemporâneos que possibilitem a comprovação dos fatos alegados, juntados ao processo judicial ou ao requerimento administrativo;

II — observado o inciso I deste artigo, os valores dos salários de contribuição constantes da ação trabalhista transitada em julgado, serão computados, independente de início de prova material, ainda que não tenha havido o recolhimento das contribuições devidas a Previdência Social, respeitados os limites máximo e mínimo de contribuição; e

III — tratando-se de ação trabalhista transitada em julgado envolvendo apenas a complementação de salários de contribuição de vínculo empregatício devidamente comprovado, não será exigido início de prova material, independente de existência de recolhimentos correspondentes.

A apresentação pelo segurado da decisão judicial e das provas que levaram a Justiça do Trabalho a reconhecer o tempo de contribuição ou homologar o acordo realizado, não exime o INSS de confrontar tais informações com aquelas existentes nos sistemas corporativos da Previdência Social e órgãos conveniados, para fins de validação do tempo de serviço (art. 90, § 1º).

O cálculo de recolhimento de contribuições devidas por empregador doméstico em razão de determinação judicial em reclamatória trabalhista não exime a obrigatoriedade do requerimento de inclusão de vínculo com vistas à atualização de informações no CNIS (art. 90, § 2º).

Quando a reclamatória trabalhista envolver reintegração, dispõe o art. 91 da IN INSS 45/2010 o seguinte:

"**Art. 91.** Na concessão ou revisão dos benefícios em que houver apresentação de processo de ação judicial de reintegração, deverá ser observado:

I — apresentação de cópia do processo de reintegração com trânsito em julgado ou certidão de inteiro teor emitida pelo órgão onde tramitou o processo judicial;

II — não será exigido início de prova material, considerando que existe anteriormente a prova de vinculação trabalhista; e

III — em caso de dúvida fundada, a chefia de benefícios da APS deverá emitir um relatório fundamentado e enviar o processo para a Procuradoria Federal Especializada — PFE local analisar, ficando pendente a decisão em relação ao cômputo do período."

Na prática, é comum o INSS indeferir qualquer solicitação efetuada com fundamento em sentença trabalhista, ainda que naquele processo judicial tenha havido ampla produção de prova, contestação e recursos. Nestes casos, recomenda-se o ingresso de ação judicial contra a referida autarquia, mas o processo trabalhista será considerado apenas como início de prova (e não como prova plena) e, ainda, desde que existam documentos contemporâneos aos fatos alegados.

Sobre o tema confira a redação do Enunciado 4 do CRPS:

"**Enunciado 4:** Seguridade social. Tempo de serviço. Ação judicial. Procedência com base na confissão ficta ou prova exclusivamente testemunhal. Inadmissibilidade. Dec. n. 611/92, arts. 60 e 61. Lei n. 8.213/91, art. 55, § 3º. Consoante inteligência do § 3º, do art. 55, da Lei n. 8.213/91, não será admitida como eficaz para comprovação de tempo de contribuição e para os fins previstos na legislação previdenciária, a ação reclamatória trabalhista em que a decisão não tenha sido fundamentada em início razoável de prova material contemporânea constante nos autos do processo."

Também a redação da Súmula 31 da TNU:

"**Súmula 31** — A anotação na CTPS decorrente de sentença trabalhista homologatória constitui início de prova material para fins previdenciários."

4.6.12. Aviso-prévio Indenizado

Como se trata de parcela indenizatória, sobre ela não deve incidir as contribuições previdenciárias, conforme já abordado na Parte III, Capítulo X, subitem 1.2.1.3 desta obra.

No entanto, como o § 1º do art. 487 da CLT determina expressamente que o aviso-prévio indenizado deve integrar o tempo de serviço do emprego, os Tribunais Regionais Federais vem mantendo interpretação de que tal integração deve ocorrer também para fins de aposentadoria, conforme ilustram as seguintes decisões:

> "PREVIDENCIÁRIO. AGRAVO LEGAL. DECISÃO MONOCRÁTICA. Aviso-prévio INDENIZADO. CONTAGEM NO TEMPO DE SERVIÇO. POSSIBILIDADE. DECISÃO MANTIDA. RECURSO IMPROVIDO. I — Agravo legal interposto da decisão monocrática que deu provimento ao recurso do autor para reformar a sentença e julgar procedente o pedido, condenando o INSS a computar como tempo de serviço o período de 1º.6.1970 a 7.11.1971, assim como, o interstício em que recebeu aviso-prévio indenizado e conceder o benefício de aposentadoria por tempo de serviço proporcional, a partir da data do requerimento administrativo. II — Sustenta o ente previdenciário que o aviso-prévio indenizado, consoante o art. 7º, inciso XXI, da Constituição Federal, é uma indenização de 30 (trinta) dias, no mínimo, paga pelo empregador quando este decide, unilateralmente, demitir o empregado sem justa causa e sem o cumprimento do aviso-prévio, não há prestação efetiva do serviço, sendo vedado a contagem de tempo fictício. Pede, em juízo de retratação, que a decisão proferida seja reavaliada, para dar provimento ao recurso e que, caso não seja esse o entendimento, requer que o presente agravo seja apresentado em mesa. III — Possibilidade do aviso-prévio indenizado integrar no cômputo do tempo de serviço, nos termos do art. 487, § 1º, da Consolidação das Leis do Trabalho. IV — (...). VII — Agravo improvido." (TRF 3ª Região — Processo n. 00131677120094036104 — AMS 326155 — 8ª Turma — Relator Desembargadora Federal Marianina Galante — DJ de 17.7.2012)

> "(...). 4. O § 1º do art. 487 da Consolidação das Leis do Trabalho assegura expressamente a integração do período de aviso-prévio indenizado ao tempo de serviço do empregado.(...)." (TRF 4ª Região — Processo n. 200370000303905 — AC — Turma Suplementar — Relator: Luís Alberto D'Azevedo Aurvalle — DJ de 18.7.2008).

> "(...). O § 1º do art. 487 da Consolidação das Leis do Trabalho assegura expressamente a integração do período de aviso-prévio indenizado ao tempo de serviço do empregado."(TRF 4ª Região, AC 2005.72.00.003742-8, Turma Suplementar, Relatora Luciane Amaral Corrêa Münch, DJ de 19.3.2007).

Administrativamente, há a cobrança da contribuição previdenciária e o INSS não computa tal período como tempo de serviço ou contribuição. Com referência à incidência do encargo, é possível o ajuizamento de ação para repetição do indébito, sendo pacífico o entendimento no STJ quanto à não incidência. Para a contagem do tempo na aposentadoria, também é recomendável o ingresso de ação judicial, com forte possibilidade de êxito.

4.7. Documentação Comprobatória do Tempo de Contribuição

A prova de tempo de serviço, considerado também tempo de contribuição, observadas, no que couber, as peculiaridades do trabalhador autônomo e do segurado facultativo, deverá ser efetuada mediante a apresentação ao INSS de documentos que comprovem o exercício de atividade nos períodos a serem contados, devendo esses documentos ser contemporâneos dos fatos a comprovar e mencionar as datas de início e término e, quando se tratar de trabalhador avulso, a duração no trabalho e a condição em que foi prestado (Decreto n. 3.048/99, art. 62).

As anotações em Carteira Profissional e/ou Carteira de Trabalho e Previdência Social relativas a férias, alterações de salários e outras que demonstrem a sequência do exercício da atividade podem suprir possível falha de registro de admissão ou dispensa (art. 62, §1º).

São, ainda, documentos que podem comprovar o tempo de serviço, dentre outros:

I — Trabalhadores em geral (Decreto 3.048/99, art. 62, § 2º, I):

a) o contrato individual de trabalho, a Carteira Profissional, a Carteira de Trabalho e Previdência Social[19], a carteira de férias, a carteira sanitária, a caderneta de matrícula e a

---

(19) Confira-se a redação da Súmula 75 da TNU, aprovada em 13.6.2013: "A Carteira de Trabalho e Previdência Social (CTPS) em relação à qual não se aponta defeito formal que lhe comprometa a fidedignidade goza de presunção relativa de veracidade, formando prova suficiente de tempo de serviço para fins previdenciários, ainda que a anotação de vínculo de emprego não conste no Cadastro Nacional de Informações Sociais (CNIS)."

caderneta de contribuições dos extintos institutos de aposentadoria e pensões, a caderneta de inscrição pessoal visada pela Capitania dos Portos, pela Superintendência do Desenvolvimento da Pesca, pelo Departamento Nacional de Obras Contra as Secas e declarações da Secretaria da Receita Federal do Brasil;

b) certidão de inscrição em órgão de fiscalização profissional, acompanhada do documento que prove o exercício da atividade;

c) contrato social e respectivo distrato, quando for o caso, ata de assembleia geral e registro de empresário; ou

d) certificado de sindicato ou órgão gestor de mão de obra que agrupa trabalhadores avulsos.

Confira-se, ainda, a redação do art. 75 da IN INSS 45/2010:

"**Art. 75.** As anotações em CP e/ou CTPS relativas a férias, alterações de salários e outras que demonstrem a sequência do exercício da atividade podem suprir possível falha de registro de admissão ou dispensa.

§ 1º No caso de omissão, emenda ou rasura em registro quanto ao início ou ao fim do período de trabalho, as anotações serão consideradas para a contagem do ano a que se referirem, observados, contudo, os registros de admissão e de saída nos empregos anteriores ou posteriores, conforme o caso.

§ 2º Para os casos em que a data da emissão da CP ou da CTPS for anterior à data fim do contrato de trabalho, o vínculo relativo a este período poderá ser computado, sem necessidade de quaisquer providências, salvo existência de dúvida fundada.

§ 3º Quando ocorrer contrato de trabalho, cuja data fim seja anterior à data da emissão da CP ou da CTPS, deverá ser exigida prévia comprovação da relação de trabalho, por ficha de registro de empregado, registros contábeis da empresa ou quaisquer documentos que levem à convicção do fato a se comprovar."

II — Exercício de atividade rural (Lei n. 8.213/91, art. 106 e Decreto 3.048/99, art. 62, § 2º, II)

Documentos mencionados no subitem 4.6.1, supra.

III — Atividade sujeita à filiação obrigatória exercida com idade inferior à legalmente permitida

Nos termos do art. 76 da Instrução Normativa INSS n. 45/2010, a atividade sujeita à filiação obrigatória exercida com idade inferior à legalmente permitida será considerada como tempo de contribuição, a contar de doze anos de idade, desde que comprovada mediante documento contemporâneo em nome do próprio segurado.

IV — Tempo reconhecido em ação judicial ou pelo CRPS

O tempo de serviço, inclusive o decorrente de conversão de atividade especial em comum, reconhecido em razão de decisão judicial transitada em julgado ou de decisão definitiva do Conselho de Recursos da Previdência Social — CRPS, será incluído no CNIS, devendo ser aceito independentemente de apresentação de novos documentos, salvo indício de fraude ou má-fé — IN INSS 45/2010, art. 77.

V — Regras gerais (Decreto n. 3.048/99, art. 62, §§ 3º a 7º e art. 63):

Na falta de documento contemporâneo podem ser aceitos declaração do empregador ou seu preposto, atestado de empresa ainda existente, certificado ou certidão de entidade oficial, desde que extraídos de registros efetivamente existentes e acessíveis à fiscalização do Instituto Nacional do Seguro Social. Não atendendo as exigências o documento apresentado pelo segurado, a prova exigida pode ser complementada por outros documentos que levem à convicção do fato a comprovar, inclusive mediante justificação administrativa.

As empresas encontram-se obrigadas a colocar à disposição de servidor designado por dirigente do INSS as informações ou registros de que dispuser, relativamente a segurado a seu serviço e previamente identificado, para fins de instrução ou revisão de processo de reconhecimento de direitos e outorga de benefícios do Regime Geral de Previdência Social.

A comprovação realizada mediante justificação administrativa ou judicial só produz efeito perante a previdência social quando baseada em início de prova material. A prova material somente terá validade para a pessoa referida no documento, não sendo permitida sua utilização por outras pessoas.

Não será admitida, administrativamente, prova exclusivamente testemunhal para efeito de comprovação de tempo de serviço ou de contribuição, salvo na ocorrência de motivo de força maior ou caso fortuito.

Obs.: Caracteriza motivo de força maior ou caso fortuito a verificação de ocorrência notória, tais como incêndio, inundação ou desmoronamento, que tenha atingido a empresa na qual o segurado alegue ter trabalhado, devendo ser comprovada mediante registro da ocorrência policial feito em época própria ou apresentação de documentos contemporâneos dos fatos, e verificada a correlação entre a atividade da empresa e a profissão do segurado.

Fundamentação: Constituição Federal, art. 201, §§ 7º e 8º; Emenda Constitucional n. 20/98, art. 9º; Lei n. 8.213/91, arts. 52 a 56 e 106; Decreto n. 3.048/98, arts. 56 a 63, 143, § 2º, 187 e 188; Instrução Normativa INSS n. 45/2010, art. 72 e seguintes e arts. 222 a 233.

5. APOSENTADORIA ESPECIAL

5.1. Requisitos Necessários à Obtenção do Benefício

O benefício de Aposentadoria Especial será devido ao segurado da Previdência Social que tenha trabalhado com exposição a agentes nocivos durante quinze, vinte ou vinte e cinco anos, conforme o caso, independentemente da idade em que se encontrar.

Sobre o tema, confira-se, inclusive, a redação da Súmula 33, do TRF da 1ª Região:

"**Súmula 33** — Aposentadoria especial decorrente do exercício de atividade perigosa, insalubre ou penosa não exige idade mínima do segurado."

Assim, é necessário que o trabalhador tenha sido exposto, durante o exercício profissional, a condições especiais que prejudiquem sua saúde ou sua integridade física, sendo exatamente esse "prejuízo", ou "risco de prejuízo" o motivo justificador de uma aposentadoria antecipada.

Importa destacar, ainda, que este benefício é custeado com as contribuições adicionais efetuadas pelos empregadores, ou seja, com os acréscimos de 6%, 9% ou 12% adicionais no seguro de acidentes de trabalho (SAT), dispostas no inciso II do art. 22 da Lei n. 8.212/91. Sobre o tema ver Parte III, Capítulo X, subitem 6.1.2.4, desta obra.

Fundamentação: Constituição Federal, art. 201, § 1º; Lei n. 8.213/91, art. 57, *caput* e §§ 6º e 7º; Decreto n. 3.048/99, art. 64.

5.1.1. Segurado Associado à Cooperativa de Produção ou Cooperativa de Trabalho (Cooperado)

Conforme determinações constantes da Medida Provisória n. 83/2002 (DOU de 13.12.2002), posteriormente convertida na Lei n. 10.666/2003 (art.1º), também os segurados filiados à cooperativa de trabalho e de produção, que trabalhem com exposição a agentes nocivos que prejudiquem sua saúde ou sua integridade física, possuem direito à obtenção da Aposentadoria Especial.

5.1.2. Trabalho em Condições Especiais

Até a data de 28.4.1995 era suficiente à obtenção do benefício de Aposentadoria Especial a apresentação, pelo segurado, de um formulário preenchido pelo empregador, com descrição da atividade exercida e relação dos agentes nocivos a que se encontrava exposto. Somente quando da exposição ao ruído é que se fazia necessária também a apresentação de um laudo técnico, elaborado por médico do trabalho ou engenheiro de segurança do trabalho.

Este formulário, preenchido pelo empregador, teve diversas denominações, a saber: SB-40; DISES BE 5235; DSS-8030 e DIRBEN-8030. Atualmente, a contar de 1º.1.2004, encontra-se o documento com o nome de "Perfil Profissiográfico Previdenciário".

No período compreendido entre 1964 e 1995 (vigência dos Decretos n. 53.831/64 e 83.080/79), inclusive, a exposição ao agente nocivo era presumida para algumas funções, como, por exemplo, médicos e motoristas de caminhão ou ônibus. Assim, bastava a comprovação do exercício de determinada função (relacionada nos Anexos dos Decretos), a qual se fazia por simples declaração do empregador (em um dos formulários citados acima) para a obtenção do benefício em comento.[20]

Sobre o tema disciplina o Enunciado 32 do Conselho de Recursos da Previdência Social (CRPS). Confira-se:

"**CRPS, Enunciado 32:** A atividade especial efetivamente desempenhada pelo(a) segurado(a), permite o enquadramento por categoria profissional nos Anexos aos Decretos n. 53.831/64 e n. 83.080/79, ainda que divergente do registro em Carteira de Trabalho da Previdência Social — CTPS — e/ou Ficha de Registro de Empregados, desde que comprovado o exercício nas mesmas condições de insalubridade, periculosidade ou penosidade."

Como esse procedimento possibilitava fraudes ao sistema previdenciário, já que a aposentadoria era concedida apenas com base em informações do empregador, em 29.4.1995 foi publicada a Lei n. 9.032, alterando a forma de obtenção da Aposentadoria Especial.

A nova regra passou a exigir a efetiva comprovação de exposição aos agentes nocivos de forma permanente (não ocasional e não interminente), mas como não havia qualquer menção à forma pela qual se devia comprovar a nocividade, permaneceu o entendimento de que a apresentação do formulário (SB-40; DISES BE 5235; DSS-8030 e DIRBEN-8030), devidamente assinado pelo empregador, era suficiente, ou qualquer outro tipo de prova idônea. Confiram-se as modificações ao art. 57 da Lei n. 8.213/91, trazidas pela Lei n. 9.032/95:

"**Art. 57.** A aposentadoria especial será devida, uma vez cumprida a carência exigida nesta lei, ao segurado que tiver trabalhado sujeito a condições especiais que prejudiquem a saúde ou a integridade física, durante 15 (quinze), 20 (vinte) ou 25 (vinte e cinco) anos, conforme dispuser a lei.

§ 1º A aposentadoria especial, observado o disposto no art. 33 desta lei, consistirá numa renda mensal equivalente a 100% (cem por cento) do salário de benefício.

....

§ 3º A concessão da aposentadoria especial dependerá de comprovação pelo segurado, perante o Instituto Nacional do Seguro Social (INSS), do tempo de trabalho permanente, não ocasional nem intermitente, em condições especiais que prejudiquem a saúde ou a integridade física, durante o período mínimo fixado.

§ 4º O segurado deverá comprovar, além do tempo de trabalho, exposição aos agentes nocivos químicos, físicos, biológicos ou associação de agentes prejudiciais à saúde ou à integridade física, pelo período equivalente ao exigido para a concessão do benefício.

§ 5º O tempo de trabalho exercido sob condições especiais que sejam ou venham a ser consideradas prejudiciais à saúde ou à integridade física será somado, após a respectiva conversão ao tempo de trabalho exercido em atividade comum, segundo critérios estabelecidos pelo Ministério da Previdência e Assistência Social, para efeito de concessão de qualquer benefício.

---

(20) Confira-se a redação do Enunciado 34 do CRPS: "SEGURIDADE SOCIAL. APOSENTADORIA ESPECIAL. TEMPO ESPECIAL. TRABALHADOR RURAL. LEI N. 8.213/1991. DEC. N. 53.831/1964. Para os efeitos de reconhecimento de tempo especial, o enquadramento do tempo de atividade do trabalhador rural, segurado empregado, sob o código 2.2.1 do Quadro anexo ao Decreto n. 53.831, de 25.3.1964, é possível quando o regime de vinculação for o da Previdência Social Urbana, e não o da Previdência Rural (PRORURAL), para os períodos anteriores à unificação de ambos os regimes pela Lei n. 8.213, de 1991, e aplica-se ao tempo de atividade rural exercido até 28.4.1995."

§ 6º É vedado ao segurado aposentado, nos termos deste artigo, continuar no exercício de atividade ou operações que o sujeitem aos agentes nocivos constantes da relação referida no art. 58 desta lei."

Por trabalho permanente entenda-se aquele exercido de forma não ocasional nem intermitente, no qual a exposição do empregado, do trabalhador avulso ou do cooperado ao agente nocivo seja indissociável da produção do bem ou da prestação do serviço — Decreto n. 3.048/99, art. 65, *caput*.[21]

"Art. 65. Considera-se tempo de trabalho permanente aquele que é exercido de forma não ocasional nem intermitente, no qual a exposição do empregado, do trabalhador avulso ou do cooperado ao agente nocivo seja indissociável da produção do bem ou da prestação do serviço.

Parágrafo único. Aplica-se o disposto no **caput** aos períodos de descanso determinados pela legislação trabalhista, inclusive férias, aos de afastamento decorrentes de gozo de benefícios de auxílio-doença ou aposentadoria por invalidez acidentários, bem como aos de percepção de salário maternidade, desde que, à data do afastamento, o segurado estivesse exposto aos fatores de risco de que trata o art. 68."

Desde 29.4.1995, portanto, é necessário comprovar a exposição permanente aos agentes nocivos, assim determinando, inclusive, a Súmula 49 da TNU:

"**Súmula 49** — Para reconhecimento de condição especial de trabalho antes de 29/4/1995, a exposição a agentes nocivos à saúde ou à integridade física não precisa ocorrer de forma permanente."

Já a necessidade de apresentação de formulários preenchidos com amparo em laudos técnicos surgiu somente com a edição da Medida Provisória n. 1.523/96, publicada no Diário Oficial da União de 14.10.1996. Esta Medida Provisória foi reeditada várias vezes, com alteração de numero em 11.11.1997, quando passou a ser a MP 1.596-14, esta última convertida na Lei n. 9.528/97. Nestes termos, confira-se, inclusive, a redação do Enunciado 20 do CRPS:

"**Enunciado 20:** Salvo em relação ao agente agressivo ruído, não será obrigatória a apresentação de laudo técnico pericial para períodos de atividades anteriores à edição da Medida Provisória n. 1.523-10, de 11.10.96, facultando-se ao segurado a comprovação de efetiva exposição a agentes agressivos à sua saúde ou integridade física mencionados nos formulários SB-40 ou DSS-8030, mediante o emprego de qualquer meio de prova em direito admitido."

Desde 14.10.1996, portanto, o art. 58 da Lei n. 8.213/91 passou a exigir o Laudo Técnico, elaborado por médico do trabalho ou engenheiro de segurança do trabalho, de forma que reste caracterizado um tempo de trabalho permanente, não ocasional nem intermitente, exercido em condições especiais que prejudiquem a saúde ou a integridade física, durante o período mínimo estipulado (15, 20 ou 25 anos, conforme o agente nocivo). Confira-se:

"**Art. 58.** A relação dos agentes nocivos químicos, físicos e biológicos ou associação de agentes prejudiciais à saúde ou à integridade física considerados para fins de concessão da aposentadoria especial de que trata o artigo anterior será definida pelo Poder Executivo.

§ 1º A comprovação da efetiva exposição do segurado aos agentes nocivos será feita mediante formulário, na forma estabelecida pelo Instituto Nacional do Seguro Social — INSS, emitido pela empresa ou seu preposto, com base em laudo técnico de condições ambientais do trabalho expedido por médico do trabalho ou engenheiro de segurança do trabalho.

§ 2º Do laudo técnico referido no parágrafo anterior deverão constar informação sobre a existência de tecnologia de proteção coletiva que diminua a intensidade do agente agressivo a limites de tolerância e recomendação sobre a sua adoção pelo estabelecimento respectivo.

§ 3º A empresa que não mantiver laudo técnico atualizado com referência aos agentes nocivos existentes no ambiente de trabalho de seus trabalhadores ou que emitir documento de comprovação de efetiva exposição em desacordo com o respectivo laudo estará sujeita à penalidade prevista no art. 133 desta Lei.

§ 4º A empresa deverá elaborar e manter atualizado perfil profissiográfico abrangendo as atividades desenvolvidas pelo trabalhador e fornecer a este, quando da rescisão do contrato de trabalho, cópia autêntica desse documento."

O laudo técnico, responsável pela verificação das condições de trabalho que possibilitam ou não o direito à Aposentadoria Especial, atualmente se encontra substituído pelas demonstrações ambientais constituídas nos seguintes documentos:

---

(21) Confira-se, sobre o trabalho intermitente, o posicionamento do TST, consubstanciado na Súmula 47: "O trabalho executado em condições insalubres, em caráter intermitente, não afasta, só por essa circunstância, o direito à percepção do respectivo adicional."

a) Programa de Prevenção de Riscos Ambientais — PPRA;

b) Programa de Gerenciamento de Riscos — PGR;

c) Programa de Condições e Meio Ambiente de Trabalho na Indústria da Construção — PCMAT;

d) Programa de Controle Médico de Saúde Ocupacional — PCMSO;

e) Laudo Técnico de Condições Ambientais do Trabalho — LTCAT;

f) Perfil Profissiográfico Previdenciário — PPP; e

g) Comunicação de Acidente do Trabalho — CAT.

Referido laudo (ou documento substitutivo) deverá conter informação sobre a existência de tecnologia de proteção coletiva, de medidas de caráter administrativo ou de organização do trabalho, ou de tecnologia de proteção individual, que elimine, minimize ou controle a exposição a agentes nocivos aos limites de tolerância, respeitado o estabelecido na legislação trabalhista — Decreto n. 3.048/99, art. 68, § 3º.

Judicialmente, é possível encontrarmos decisões que exigem a prova técnica (laudo) somente a contar da Lei n. 9.528/97 (DOU de 11.12.1997), desconsiderando-se a validade das Medidas Provisórias 1.523 (1 a 13) e 1.596-14. Ilustrativamente, confira-se a seguinte ementa:

"PREVIDENCIÁRIO. APOSENTADORIA ESPECIAL. CONVERSÃO DE TEMPO DE SERVIÇO ESPECIAL EM COMUM. AUSÊNCIA DE COMPROVAÇÃO DA EXPOSIÇÃO AOS AGENTES NOCIVOS. 1. O autor pretende ver reconhecido como especial o período de 19.9.1997 a 16.6.2004, exercido como operador de patrol em diversas empresas de construção civil. 2. Até o advento da Lei n. 9.032, de 28 de abril de 1995, é possível o reconhecimento do tempo de serviço especial de acordo com a categoria profissional do trabalhador. A partir dessa lei, passou-se a exigir a comprovação da efetiva exposição aos agentes nocivos — através dos formulários SB-40 e DSS-8030 — situação modificada com a Lei n. 9.528, de 10 de dezembro de 1997, que passou a exigir laudo técnico pericial. 3. Manutenção da sentença que se impõe, ante a ausência de prova material das condições especiais, quanto ao período supramencionado. 4. Improvimento da apelação." (TRF 5ª Região — Processo 200785000053349 — AC 496690 — Relator Desembargador Federal Frederico Pinto de Azevedo — 1ª Turma — DJ de 10.12.2010 p. 61)

Nos termos do art. 236 da Instrução Normativa INSS n. 45/2010, para a análise do tempo especial o INSS adotará os seguintes conceitos:

I — nocividade: situação combinada ou não de substâncias, energias e demais fatores de riscos reconhecidos, presentes no ambiente de trabalho, capazes de trazer ou ocasionar danos à saúde ou à integridade física do trabalhador; e

II — permanência: trabalho não ocasional nem intermitente, durante quinze, vinte ou vinte cinco anos, no qual a exposição do empregado, do trabalhador avulso ou do cooperado ao agente nocivo seja indissociável da produção do bem ou da prestação do serviço, em decorrência da subordinação jurídica a qual se submete.

E para apuração da nocividade, o INSS ainda considera-se a avaliação do agente nocivo é qualitativa[22] ou quantitativa, com os seguintes critérios:

a) agente nocivo apenas qualitativo: a nocividade é presumida e independente de mensuração, constatada pela simples presença do agente no ambiente de trabalho, conforme constante nos Anexos 6, 13, 13-A e 14 da Norma Regulamentadora n. 15 — NR-15 do MTE, e no Anexo IV do RPS, para os agentes iodo e níquel; ou

---

(22) Sobre a avaliação qualitativa confira-se, ainda, a redação do § 2º do art. 68 do Decreto n. 3.048/99: "§ 2º A avaliação qualitativa de riscos e agentes nocivos será comprovada mediante descrição: I — das circunstâncias de exposição ocupacional a determinado agente nocivo ou associação de agentes nocivos presentes no ambiente de trabalho durante toda a jornada; II — de todas as fontes e possibilidades de liberação dos agentes mencionados no inciso I; e III — dos meios de contato ou exposição dos trabalhadores, as vias de absorção, a intensidade da exposição, a frequência e a duração do contato."

b) agente nocivo quantitativo: a nocividade é considerada pela ultrapassagem dos limites de tolerância ou doses, dispostos nos Anexos 1, 2, 3, 5, 8, 11 e 12 da NR-15 do MTE, por meio da mensuração da intensidade ou da concentração, consideradas no tempo efetivo da exposição no ambiente de trabalho.

Obs.: Conforme o § 2º do art. 236 da Instrução Normativa INSS n. 45/2010, não quebra a permanência o exercício de função de supervisão, controle ou comando em geral ou outra atividade equivalente, desde que seja exclusivamente em ambientes de trabalho cuja nocividade tenha sido constatada.

Não obstante a imposição legal da existência do laudo técnico (a contar da MP 1.523/96) muitas empresas deixaram de cumprir tal obrigação, com evidente prejuízo ao trabalhador, já que não terá o documento para apresentá-lo ao INSS. Para que o segurado não fique totalmente prejudicado nessas situações, o entendimento predominante em nossos Tribunais é pela possibilidade de inspeção técnica (perícia) extemporânea, ou mesmo apresentação de laudo técnico realizado posteriormente à prestação de serviços, desde que as condições de trabalho tenham permanecido sem alterações. Confira-se, nesse sentido, a Súmula 68 da Turma Nacional de Uniformização:

"**Súmula 68** — O laudo pericial não contemporâneo ao período trabalhado é apto à comprovação da atividade especial do segurado."

Sobre o formulário Perfil Profissiográfico Previdenciário e sobre o Laudo Técnico (ou documento substitutivo), ver Parte IV, Capítulos XXVII e XXVIII, desta obra.

Fundamentação: Lei n. 8.213/91, art. 57, §§ 3º e 4º; Decreto n. 3.048/99, art. 64, §§ 1º e 2º e 68; Instrução Normativa INSS n. 45/2010, arts. 236, 254

5.1.2.1. Períodos de descanso ou em benefício por incapacidade

São considerados períodos de trabalho sob condições especiais, para fins de aposentadoria especial, os períodos de descanso determinados pela legislação trabalhista, inclusive férias, os de afastamento decorrentes de gozo de benefícios de auxílio-doença ou aposentadoria por invalidez acidentários, bem como os de recebimento de salário maternidade, desde que, à data do afastamento, o segurado estivesse exercendo atividade considerada especial.

Os períodos de afastamento decorrentes de gozo de benefício por incapacidade de espécie não acidentária não serão considerados como sendo de trabalho sob condições especiais, conforme entendimento do INSS que, a meu ver, não guarda qualquer fundamento lógico ou jurídico. Não é minimamente razoável considerar o período de férias ou maternidade como especiais e deixar de fazê-lo nos casos comuns de enfermidade (não acidentárias).

Compreendo, portanto, que se o trabalhador se encontrava exposto aos agentes nocivos antes do afastamento, todo o período de benefício por incapacidade deve ser considerado especial, independentemente de ser, ou não, decorrente de acidente de trabalho.

Fundamentação: Decreto n. 3.048/99, art. 65, parágrafo único e Instrução Normativa INSS n. 45/2010, art. 259.

5.1.2.2. Vínculos empregatícios simultâneos

O direito à aposentadoria especial não fica prejudicado na hipótese de exercício de atividade em mais de um vínculo, com tempo de trabalho concomitante (comum e especial), desde que constatada a nocividade do agente e a permanência em, pelo menos, um dos vínculos nos termos do art. 234 da IN INSS n. 45/2010

Fundamentação: Instrução Normativa INSS n. 45/2010, art. 260.

5.1.2.3. Funções de chefia ou de auxiliar

Observados os critérios para o enquadramento do tempo de serviço exercido em condições especiais, poderão ser considerados:

I — funções de chefe, de gerente, de supervisor ou outra atividade equivalente; e

II — os períodos em que o segurado exerceu as funções de servente, auxiliar ou ajudante, de qualquer das atividades constantes dos quadros anexos ao Decreto n. 53.831/64, e ao Decreto n. 83.080/79, até 28.4.1995, véspera da publicação da Lei n. 9.032/95, o enquadramento será possível desde que o trabalho, nessas funções, seja exercido nas mesmas condições e no mesmo ambiente em que trabalha o profissional abrangido por esses decretos.

Fundamentação: Instrução Normativa INSS n. 45/2010, art. 264.

5.1.2.4. Licença para cargo de administração ou representação sindical

O período em que o empregado esteve licenciado da atividade para exercer cargo de administração ou de representação sindical, exercido até 28 de abril de 1995, véspera da publicação da Lei n. 9.032/95, será computado como tempo de serviço especial pelo INSS, desde que, à data do afastamento, o segurado estivesse exercendo atividade considerada especial.

Fundamentação: Instrução Normativa INSS n. 45/2010, art. 266.

5.1.3. Condições Especiais que Possibilitam a Aposentadoria Especial — Agentes Nocivos

Nos termos do art. 235 da Instrução Normativa INSS n. 45/2010, são consideradas condições especiais que prejudicam a saúde ou a integridade física a exposição do trabalhador a agentes nocivos químicos, físicos ou biológicos (ou associação desses agentes), em concentração ou intensidade e tempo de exposição que ultrapasse os limites de tolerância ou que, dependendo do agente, torne a simples exposição em condição especial prejudicial à saúde.

Assim, todo agente que possa trazer ou ocasionar dano à saúde ou à integridade física do trabalhador no ambiente de trabalho, em função de sua natureza, concentração, intensidade e exposição, será considerado como "agente nocivo", capaz de possibilitar a concessão do benefício de Aposentadoria Especial. Como observado, poderá este agente ser físico (ruídos, vibrações, calor, pressões anormais, radiações ionizantes e não ionizantes, etc.), químico (névoas, neblinas, poeiras, fumos, gases, vapores de substâncias nocivas presentes no ambiente de trabalho, etc.) ou biológico (microorganismos como bactérias, fungos, parasitas, bacilos, vírus, etc.).[23]

Observe-se, ainda, que os agentes nocivos permissivos da concessão de Aposentadoria Especial sempre estiveram expressamente relacionados nos decretos regulamentadores da Previdência Social e que se deve respeitar, a qualquer tempo, o direito adquirido. Assim, qualquer que seja a data da entrada do requerimento do benefício, as atividades exercidas em condições especiais deverão ser analisadas conforme o Decreto que se encontrava em vigor na data da prestação dos serviços, da seguinte forma (tabela constante do Anexo XXVII da IN INSS N. 45/2010):

Período Trabalhado	Enquadramento
Até 28.4.1995	Quadro Anexo ao Decreto n. 53.831, de 1964. Anexos I e II do RBPS, aprovado pelo Decreto n. 83.080, de 1979.
	Formulário; CP/CTPS; LTCAT, obrigatoriamente para o agente físico ruído
De 29.4.1995 a 13.10.1996	Código 1.0.0 do Quadro Anexo ao Decreto n. 53.831, de 1964. Anexo I do RBPS, aprovado pelo Decreto n. 83.080, de 1979.
	Formulário; LTCAT ou demais Demonstrações Ambientais, obrigatoriamente para o agente físico ruído.

---

(23) O § 4º do art. 68 do Decreto n. 3.048/99, com redação dada pelo Decreto n. 8.123/2013 (DOU de 17.10.2013) determina que "a presença no ambiente de trabalho, com possibilidade de exposição a ser apurada na forma dos §§ 2º e 3º, de agentes nocivos reconhecidamente cancerígenos em humanos, listados pelo Ministério do Trabalho e Emprego, será suficiente para a comprovação de efetiva exposição do trabalhador."

Período Trabalhado	Enquadramento
De 14.10.1996 a 5.3.1997	Código 1.0.0 do Quadro Anexo ao Decreto n. 53.831, de 1964. Anexo I do RBPS, aprovado pelo Decreto n. 83.080, de 1979. Formulário; LTCAT ou demais Demonstrações Ambientais, para todos os agentes nocivos.
De 6.3.1997 a 31.12.1998	Anexo IV do RBPS, aprovado pelo Decreto n. 2.172, de 1997. Formulário; LTCAT ou demais Demonstrações Ambientais, para todos os agentes nocivos.
De 1º.1.1999 a 6.5.1999	Anexo IV do RBPS, aprovado pelo Decreto n. 2.172, de 1997. Formulário; LTCAT ou demais Demonstrações Ambientais, para todos os agentes nocivos, que deverão ser confrontados com as informações relativas ao CNIS para homologação da contagem do tempo de serviço especial, nos termos do art. 19 e § 2º do art. 68 do RPS, com redação dada pelo Decreto n. 4.079, de 2002.
De 7.5.1999 a 31.12.2003	Anexo IV do RPS, aprovado pelo Decreto n. 3.048, de 1999. Formulário; LTCAT ou demais Demonstrações Ambientais, para todos os agentes nocivos, que deverão ser confrontados com as informações relativas ao CNIS para homologação da contagem do tempo de serviço especial, nos termos do art. 19 e § 2º do art. 68 do RPS, com redação dada pelo Decreto n. 4.079, de 2002.
A partir de 1º.1.2004	Anexo IV do RPS, aprovado pelo Decreto n. 3.048, de 1999. Formulário, que deverá ser confrontado com as informações relativas ao CNIS para homologação da contagem do tempo de serviço especial, nos termos do art. 19 e § 2º do art. 68 do RPS, com redação dada pelo Decreto n. 4.079, de 2002.

Nesse sentido dispõe, inclusive, a Súmula 13 da Turma Regional de Uniformização da 3ª Região:

"**Súmula 13** — Em matéria de comprovação de tempo de serviço especial, aplica-se a legislação vigente à época da prestação de serviço." (Origem Enunciado 17 do JEFSP)

Ficam ressalvadas, ainda, além dos Anexos acima mencionados, as atividades e os agentes arrolados em outros atos administrativos, decretos ou leis previdenciárias que determinem o enquadramento como atividade especial para fins de concessão de aposentadoria especial.

Os agentes nocivos constantes dos Decretos em referência podem ser visualizados na Parte VII desta obra, item7. cabendo-nos, ainda, transcrever as seguintes Súmulas sobre o tema:

"**TNU, Súmula 70** — A atividade de tratorista pode ser equiparada à de motorista de caminhão para fins de reconhecimento de atividade especial mediante enquadramento por categoria profissional."

"**TNU, Súmula 26** — A atividade de vigilante enquadra-se como especial, equiparando-se à de guarda, elencada no item 2.5.7. do Anexo III do Decreto n. 53.831/64"

"**TRU 4 — Súmula 10** — É indispensável o porte de arma de fogo à equiparação da atividade de vigilante à de guarda, elencada no item 2.5.7 do anexo III do Decreto n. 53.831/64."

5.1.3.1. Procedimentos técnicos de levantamento ambiental

Os procedimentos técnicos de levantamento ambiental, ressalvada disposição em contrário, deverão considerar (IN INSS n. 45/2010, art. 218 e Decreto n. 3.048/99, art. 68, §§ 12 e 13):

I — a metodologia e os procedimentos de avaliação dos agentes nocivos estabelecidos pelas Normas de Higiene Ocupacional — NHO da FUNDACENTRO; e

II — os limites de tolerância estabelecidos pela NR-15 do MTE.

Para o agente químico benzeno, também deverão ser observados a metodologia e os procedimentos de avaliação, dispostos nas Instruções Normativas MTE/SSST n. 1 e 2, de 20 de dezembro de 1995.

Os atos normativos emanados do Ministério do Trabalho e Emprego são, portanto, válidos para comprovação dos limites de tolerância e nocividade, sendo tal competência reconhecida, inclusive, pelo próprio STF, conforme Súmula 194:

"Súmula 194 — É competente o Ministro do Trabalho para a especificação das atividades insalubres."

As metodologias e procedimentos de avaliação não contemplados pelas NHO da FUNDACENTRO deverão estar definidos por órgão nacional ou internacional competente e a empresa deverá indicar quais as metodologias e os procedimentos adotados nas demonstrações ambientais de que trata o § 1º do art. 254 da IN INSS n. 45/2010.

Será considerada a adoção de Equipamento de Proteção Coletiva — EPC, que elimine ou neutralize a nocividade, desde que asseguradas as condições de funcionamento do EPC ao longo do tempo, conforme especificação técnica do fabricante e respectivo plano de manutenção, estando essas devidamente registradas pela empresa.

Somente será considerada a adoção de Equipamento de Proteção Individual — EPI em demonstrações ambientais emitidas a partir de 3.12.1998, data da publicação da MP n. 1.729/98, convertida na Lei n. 9.732/98, e desde que comprovadamente elimine ou neutralize a nocividade e seja respeitado o disposto na NR-06 do MTE, havendo ainda necessidade de que seja assegurada e devidamente registrada pela empresa, no PPP, a observância:

I — da hierarquia estabelecida no item 9.3.5.4 da NR-09 do MTE, ou seja, medidas de proteção coletiva, medidas de caráter administrativo ou de organização do trabalho e utilização de EPI, nesta ordem, admitindo-se a utilização de EPI somente em situações de inviabilidade técnica, insuficiência ou interinidade à implementação do EPC ou, ainda, em caráter complementar ou emergencial;

II — das condições de funcionamento e do uso ininterrupto do EPI ao longo do tempo, conforme especificação técnica do fabricante, ajustada às condições de campo;

III — do prazo de validade, conforme Certificado de Aprovação do MTE;

IV — da periodicidade de troca definida pelos programas ambientais, comprovada mediante recibo assinado pelo usuário em época própria; e

V — da higienização.

Fundamentação: Instrução Normativa INSS n. 45/2010, art. 238.

5.1.3.2. Ruído

O limite de pressão sonora considerado nocivo à saúde nem sempre foi o mesmo. Ao longo do tempo, os Decretos que regulamentaram a matéria foram modificados, com alteração do limite em referência.

Administrativamente, o INSS adota o critério que consta do art. 239 da Instrução Normativa INSS n. 45/2010, sendo sua redação a seguinte:

"Art. 239. A exposição ocupacional a ruído dará ensejo à aposentadoria especial quando os níveis de pressão sonora estiverem acima de oitenta dB(A), noventa dB(A) ou oitenta e cinco dB(A), conforme o caso, observado o seguinte:

I — até 5 de março de 1997, véspera da publicação do Decreto n. 2.172, de 1997, será efetuado o enquadramento quando a exposição for superior a oitenta dB(A), devendo ser informados os valores medidos;

II — de 6 de março de 1997, data da publicação do Decreto n. 2.172, de 1997, até 10 de outubro de 2001, véspera da publicação da Instrução Normativa INSS/DC n. 57, de 10 de outubro de 2001, será efetuado o enquadramento quando a exposição for superior a noventa dB(A), devendo ser informados os valores medidos;

III — de 11 de outubro de 2001, data da publicação da Instrução Normativa n. 57, de 2001, até 18 de novembro de 2003, véspera da publicação do Decreto n. 4.882, de 18 de novembro de 2003, será efetuado o enquadramento quando a exposição for superior a noventa dB(A), devendo ser anexado o histograma ou memória de cálculos; e

IV — a partir de 19 de novembro de 2003, data da publicação do Decreto n. 4.882, de 18 de novembro de 2003, será efetuado o enquadramento quando o Nível de Exposição Normalizado — NEN se situar acima de oitenta e cinco dB(A) ou for ultrapassada a dose unitária, aplicando:

a) os limites de tolerância definidos no Quadro Anexo I da NR-15 do MTE; e

b) as metodologias e os procedimentos definidos nas NHO-01 da FUNDACENTRO."

Judicialmente, é possível discutir a aplicação do limite de 85 dB a contar de 6.3.1997, data de vigência do Decreto n. 2.172/97, aplicando-se retroativamente as disposições do Decreto n. 4.882/2003, já que mais benéfica ao segurado. Confira-se, ilustrativamente, trecho da seguinte decisão, proferida pelo TRF da 4ª Região:

"(...) Neste sentido é a orientação do E. STJ (AgRg no AG 624730/MG, Rel. Min. Paulo Medina, DJU 15.02.2005) — 'É possível reconhecer como especial o tempo de serviço exercido com exposição a ruído entre 80 e 90 decibéis até 5.3.1997, quando entrou em vigência o Decreto n. 2.172. (...).' — já se encontrando pacificada a questão respeitante ao período anterior a 5.3.1997 na Seção Previdenciária desta Corte (EIAC 2000.04.01.134834-3/RS, Rel. Desembargador Federal Paulo Afonso Brum Vaz, DJU, Seção 2, de 19.2.2003, p. 485) e também do INSS na esfera administrativa (Instrução Normativa INSS/DSS n. 57, de 2001 e posteriores), que são aplicáveis concomitantemente, para fins de enquadramento, os Decretos n. 53.831, de 1964 e 83.080, de 1979 até 5.3.1997, data imediatamente anterior à publicação do Decreto n. 2.172, de 1997. Desse modo, até então, é considerada nociva à saúde a atividade sujeita a ruídos superiores a 80 decibéis, conforme previsão mais benéfica do Decreto n. 53.831, de 1964.

No que tange ao período posterior, caso aplicados literalmente os Decretos vigentes, ter-se-ia a exigência de ruídos superiores a 90 decibéis até 18.11.2003 (Anexo IV dos Decretos ns. 2.172, de 1997 e 3.048, de 1999, este na redação original) e, somente então, de ruídos superiores a 85 decibéis, conforme a alteração trazida pelo Decreto n. 4.882, de 2003 ao Decreto n. 3.048, de 1999, que unificou a legislação trabalhista e previdenciária no tocante.

Todavia, considerando que esse novo critério de enquadramento da atividade especial veio a beneficiar os segurados expostos a ruídos no ambiente de trabalho, bem como tendo em vista o caráter social do direito previdenciário, é cabível a aplicação retroativa da disposição regulamentar mais benéfica, considerando-se especial a atividade quando sujeita a ruídos superiores a 85 decibéis desde 06.03.97, data da vigência do Decreto n. 2.172, de 1997.

Em resumo, é admitida como especial a atividade em que o segurado ficou exposto a ruídos superiores a 80 decibéis até 05-03-97 e, a partir de então, acima de 85 decibéis, desde que aferidos esses níveis de pressão sonora por meio de parecer técnico trazido aos autos, ou simplesmente referido no formulário padrão, sem impugnação do INSS. (...)" (TRF 4ª Região — Processo n. 200672070024257 — AC — 5ª Turma — Relator Desembargador Rômulo Pizzolatti — DJ de 8.3.2010)

Referido entendimento, associado à aplicação do princípio de proteção ao hipossuficiente, ainda é mantido no TRF da 4ª Região até a presente data, conforme ilustra o seguinte excerto:

"PREVIDENCIÁRIO. APOSENTADORIA ESPECIAL. ATIVIDADE ESPECIAL. AGENTE NOCIVO RUÍDO. EQUIPAMENTOS DE PROTEÇÃO INDIVIDUAL. CONVERSÃO DE TEMPO COMUM EM ESPECIAL. LEI N. 9.032/95. ANTECIPAÇÃO DE TUTELA. 1. O reconhecimento da especialidade e o enquadramento da atividade exercida sob condições nocivas são disciplinados pela lei em vigor à época em que efetivamente exercidos, passando a integrar, como direito adquirido, o patrimônio jurídico do trabalhador. 2. (...). 3. É admitida como especial a atividade em que o segurado ficou exposto a ruídos superiores a 80 decibéis até 5.3.1997, em que aplicáveis concomitantemente, para fins de enquadramento, os Decretos n. 53.831/64, 72.771/73 e 83.080/79, e, a partir da publicação do Decreto n. 2.172/97, é considerada especial a atividade em que o segurado ficou exposto à pressão sonora superior a 85 decibéis, tendo em vista que, se o Decreto n. 4.882, de 18.11.2003, reduziu, a partir dessa data, o nível de ruído de 90 dB(A) estipulado pelo Dec. n. 3.048/99, para 85 dB(A), deve-se aplicar aquela norma legal desde então. 4. Os equipamentos de proteção individual não são suficientes, por si só, para descaracterizar a especialidade da atividade desempenhada pelo segurado, devendo cada caso ser apreciado em suas particularidades. 5. (...). 6. Implementados mais de 25 anos de tempo de atividade sob condições nocivas e cumprida a carência mínima, é devida a concessão do benefício de aposentadoria especial, a contar da data do requerimento administrativo, nos termos do § 2º do art. 57 c/c art. 49, II, da Lei n. 8.213/91. 7. Preenchidos os requisitos exigidos pelo art. 273 do CPC — verossimilhança do direito alegado e fundado receio de dano irreparável —, é cabível a antecipação dos efeitos da tutela." (TRF 4ª Região — APELREEX 5002503-23.2011.404.7000 — 6ª Turma –Relator Celso Kipper — D.E. 17.10.2012)

Confira-se, também, no mesmo sentido, a redação da Súmula 32 da Turma Nacional de Uniformização da Jurisprudência dos Juizados Especiais, que vigorou até 08.10.2013:

"**Súmula 32** — O tempo de trabalho laborado com exposição a ruído é considerado especial, para fins de conversão em comum, nos seguintes níveis: superior a 80 decibéis, na vigência do Decreto n. 53.831/64 e, a contar de 5 de março de 1997, superior a 85 decibéis, por força da edição do Decreto n. 4.882, de 18 de novembro de 2003, quando a Administração Pública reconheceu e declarou a nocividade à saúde de tal índice de ruído."

Da Advocacia Geral da União confira-se a redação do Enunciado n. 29:

"**Enunciado 29** — Atendidas as demais condições legais, considera-se especial, no âmbito do RGPS, a atividade exercida com exposição a ruído superior a 80 decibéis até 5.3.97, superior a 90 decibéis desta data até 18.11.2003, e superior a 85 decibéis a partir de então."

A aplicação do limite de 85 dB a contar de 6.3.1997 pelo Poder Judiciário, contudo, não é pacífica. A maioria das decisões acaba seguindo cronologicamente os Decretos regulamentadores, com a mesma interpretação conferida pelo INSS, conforme podemos verificar na seguinte ementa:

"PREVIDENCIÁRIO. PROCESSUAL CIVIL. APOSENTADORIA POR TEMPO DE CONTRIBUIÇÃO. CONDIÇÕES ESPECIAIS. SALINEIRO. ESTIVADOR. AGENTES NOCIVOS. COMPROVAÇÃO PARCIAL. 1. (...). 5. Os níveis de pressão sonora permitidos pela legislação de regência foram alterados ao longo do tempo. São eles: 80 decibéis (Decreto n. 53.831/64); 90 decibéis, a partir de 6 de março de 1997 (Decreto n. 2.172/97) e 85 decibéis, a partir de 18.11.2003 (Decreto n. 4.882/03). Uma vez que o ruído sofrido não ultrapassou os limites legais de tolerância, considera-se como tempo de serviço comum o período de 6.3.1997 a 2.9.2009. 6. Considerando que não foram implementados os requisitos necessários à concessão do benefício, resta indeferida a aposentadoria por tempo de contribuição. 7. Parcial provimento da apelação do autor e desprovimento do reexame necessário e da apelação do réu." (TRF 5ª Região — Processo n. 00001879320114058100 — APELREEX 22043 — 1ª Turma — Relator Desembargador Federal Francisco Cavalcanti — DJ de 21.5.2012 p. 84)

Para a comprovação do limite nocivo, sempre foi necessária a prova técnica, mesmo antes das alterações trazidas pela Lei n. 9.032/95 MP 1.523/96 e Lei n. 9.528/97. Assim, é necessário que o trabalhador apresente ao INSS (ou judicialmente) o Laudo Técnico das Condições Ambientais do Trabalho (LTCAT), com identificação do limite de exposição e técnica de medição utilizada.

A existência de Equipamento Individual de Proteção (EPI) eficaz, que reduz a intensidade ou a concentração do ruído adequando-as aos limites de tolerância, faz com que o INSS negue a especialidade do período trabalhado. Desde 1998, por meio da Ordem de Serviço n. 600, o INSS mantém a mesma interpretação contida na CLT — Consolidação das Leis do Trabalho —, recusando-se a reconhecer a insalubridade se existe EPI eficaz.

Note-se que a Lei n. 8.213, vigente desde julho/91, nunca trouxe qualquer redação específica sobre a utilização de protetores auriculares ou mesmo sobre a concessão do benefício de aposentadoria especial independentemente da utilização efetiva dos EPI's. Confira-se a redação original do art. 58 do referido diploma legal:

"**Art. 58.** A relação de atividades profissionais prejudiciais à saúde ou à integridade física será objeto de lei específica.

§ 1º A comprovação da efetiva exposição do segurado aos agentes nocivos será feita mediante formulário, na forma estabelecida pelo Instituto Nacional do Seguro Social — INSS, emitido pela empresa ou seu preposto, com base em laudo técnico de condições ambientais do trabalho expedido por médico do trabalho ou engenheiro de segurança do trabalho.

§ 2º Do laudo técnico referido no parágrafo anterior deverão constar informação sobre a existência de tecnologia de proteção coletiva que diminua a intensidade do agente agressivo a limites de tolerância e recomendação sobre a sua adoção pelo estabelecimento respectivo."

Era, pois, exigido o preenchimento de formulário que, por sua vez, deveria ter amparo em laudo técnico (LTCAT). E, nesse laudo técnico deveria constar, obrigatoriamente, informação sobre a existência de **proteção coletiva**, mas não individual. O entendimento, na época, era de que o simples fornecimento de equipamento de proteção não retirava do trabalhador o direito à concessão do benefício de aposentadoria especial.

Confira-se, a respeito, a redação dos arts. 12.2.2 e 12.2.5, ambos da Ordem de Serviço n. 564, de 9.5.1997 (DOU de 16.5.1997):

"**12.2.2** — Do laudo técnico pericial deverão constar os seguintes elementos:

a) dados da empresa;

b) setor de trabalho, descrição dos locais e dos serviços realizados em cada setor;

c) condições ambientais do local de trabalho;

d) registro dos agentes nocivos, sua concentração, intensidade, tempo de exposição conforme limites previstos em normas de segurança e medicina do trabalho;

e) duração do trabalho que exponha o trabalhador aos agentes nocivos;

f) informação sobre a existência de tecnologia de proteção coletiva que diminua a intensidade do agente agressivo a limites de tolerância e recomendação de sua adoção pelo estabelecimento respectivo;

12.2.5 — O uso do Equipamento de Proteção Individual — EPI não descaracteriza o enquadramento da atividade sujeita a agentes agressivos nocivos à saúde ou à integridade física."

Em junho de 1998 a redação do art. 58 da Lei permanecia a mesma, mas a Ordem de Serviço 600 passou a uma interpretação mais completa sobre o tema. Era certo que o simples fornecimento do EPI não retiraria o direito ao benefício especial, mas a comprovação de que era eficaz, sim. Confira-se:

"2.2.8. A utilização de equipamento de proteção não descaracteriza o enquadramento da atividade.

2.2.8.1. Se do laudo técnico constar a informação de que o uso de equipamento, individual ou coletivo, elimina ou neutraliza a presença do agente nocivo, não caberá o enquadramento da atividade como especial."

Com a publicação da Medida Provisória n. 1.729 (DOU de 3.12.1998), posteriormente convertida na Lei n. 9.732/98 (DOU de 14.12.1998), a proteção individual (EPI) passou a contar do § 2º do art. 58 da Lei n. 8.213/91, sendo esta a redação atualmente vigente:

"Art. 58. (...)

§ 1º A comprovação da efetiva exposição do segurado aos agentes nocivos será feita mediante formulário, na forma estabelecida pelo Instituto Nacional do Seguro Social — INSS, emitido pela empresa ou seu preposto, com base em laudo técnico de condições ambientais do trabalho expedido por médico do trabalho ou engenheiro de segurança do trabalho nos termos da legislação trabalhista.

§ 2º Do laudo técnico referido no parágrafo anterior deverão constar informação sobre a existência de tecnologia de proteção coletiva ou individual que diminua a intensidade do agente agressivo a limites de tolerância e recomendação sobre a sua adoção pelo estabelecimento respectivo."

Ou seja, a obrigação de constar informação sobre EPI nos laudos técnicos passou a viger somente em 3.12.1998 (data da MP 1.729), mas o posicionamento do INSS, mesmo antes dessa data, já era no sentido de negar o benefício caso o documento tivesse tal informação, mencionando sobre sua eficácia.

Referido posicionamento (do INSS) foi mantido nos documentos normativos sequenciais. Ilustrativamente, confiram-se:

IN 84 (DOU de 23.12.2002)

Art. 158. A simples informação da existência de EPI ou de EPC, por si só, não descaracteriza o enquadramento da atividade. No caso de indicação de uso de EPI, deve ser analisada a efetiva utilização dos mesmos durante toda a jornada de trabalho, bem como, analisadas as condições de conservação, higienização periódica e substituições a tempos regulares, na dependência da vida útil dos mesmos, cabendo a empresa explicitar essas informações no LTCAT/PPP.

§ 1º Não caberá o enquadramento da atividade como especial se, independentemente da data de emissão, constar do Laudo Técnico que o uso do EPI ou de EPC atenua, reduz, neutraliza ou confere proteção eficaz ao trabalhador em relação a nocividade do agente, reduzindo seus efeitos a limites legais de tolerância;

§ 2º Não haverá reconhecimento de atividade especial nos períodos que houve a utilização de EPI, nas condições mencionadas no parágrafo anterior, ainda que a exigência de constar a informação sobre seu uso nos laudos técnicos tenha sido determinada a partir de 14 de dezembro de 1998, data da publicação da Lei n. 9.732, mesmo havendo a constatação de utilização em data anterior a essa.

In 95 — redação original (DOU de 14.10.2003)

Art. 158. A simples informação da existência de EPI ou de EPC, por si só, não descaracteriza o enquadramento da atividade. No caso de indicação de uso de EPI, deve ser analisada a efetiva utilização dos mesmos durante toda a jornada de trabalho, bem como analisadas as condições de conservação, higienização periódica e substituições nos tempos regulares, na dependência da sua vida útil, cabendo à empresa explicitar essas informações no LTCAT e no PPP.

In 95 — redação dada pela IN 99 (DOU de 10.12.2003)

Art. 158. É considerado período de trabalho sob condições especiais, para fins desta Subseção, os períodos de descanso determinados pela legislação trabalhista, inclusive férias, os de afastamento decorrentes de gozo de benefícios de auxílio-doença ou aposentadoria por invalidez acidentárias, bem como os de percepção de salário maternidade, desde que, à data do afastamento, o segurado estivesse exercendo atividade considerada especial.

§ 1º Não caberá o enquadramento da atividade como especial se, independentemente da data de emissão, constar do Laudo Técnico que o uso do EPI ou de EPC atenua, reduz, neutraliza ou confere proteção eficaz ao trabalhador em relação à nocividade do agente, reduzindo seus efeitos a limites legais de tolerância.

§ 2º Não haverá reconhecimento de atividade especial nos períodos que houve a utilização de EPI, nas condições mencionadas no parágrafo anterior, ainda que a exigência de constar a informação sobre seu uso nos laudos técnicos tenha sido determinada a partir de 14 de dezembro de 1998, data da publicação da Lei n. 9.732, mesmo havendo a constatação de utilização em data anterior a essa.

In 118 (18.4.2005)

Art. 180. A exposição ocupacional a ruído dará ensejo à aposentadoria especial quando os níveis de pressão sonora estiverem acima de oitenta dB (A), noventa dB (A) ou oitenta e cinco dB (A), conforme o caso, observado o seguinte:

I — até 5 de março de 1997, será efetuado o enquadramento quando a exposição for superior a oitenta dB(A), devendo ser anexado o histograma ou memória de cálculos;

II — a partir de 6 de março de 1997 e até 18 de novembro de 2003, será efetuado o enquadramento quando a exposição for superior a noventa dB(A), devendo ser anexado o histograma ou memória de cálculos;

III — a partir de 19 de novembro de 2003, será efetuado o enquadramento quando o NEN se situar acima de 85 (oitenta e cinco) dB (A) ou for ultrapassada a dose unitária, aplicando:

a) os limites de tolerância definidos no Quadro Anexo I da NR-15 do MTE;

b) as metodologias e os procedimentos definidos na NHO-01 da FUNDACENTRO, com as fórmulas ajustadas para incremento de duplicidade da dose igual a cinco.

IV — será considerada a adoção de Equipamento de Proteção Coletiva — EPC que elimine ou neutralize a nocividade, desde que asseguradas as condições de funcionamento do EPC ao longo do tempo, conforme especificação técnica do fabricante e respectivo plano de manutenção, estando essas devidamente registradas pela empresa;

V — será considerada a adoção de Equipamento de Proteção Individual — EPI que atenue a nocividade aos limites de tolerância, desde que respeitado o disposto na NR-06 do MTE e assegurada e devidamente registrada pela empresa a observância:

a) da hierarquia estabelecida no item 9.3.5.4 da NR-09 do MTE (medidas de proteção coletiva, medidas de caráter administrativo ou de organização do trabalho e utilização de EPI, nesta ordem, admitindo-se a utilização de EPI somente em situações de inviabilidade técnica, insuficiência ou interinidade à implementação do EPC ou, ainda, em caráter complementar ou emergencial);

b) das condições de funcionamento e do uso ininterrupto do EPI ao longo do tempo, conforme especificação técnica do fabricante, ajustada às condições de campo;

c) do prazo de validade, conforme Certificado de Aprovação do MTE;

d) da periodicidade de troca definida pelos programas ambientais, comprovada mediante recibo assinado pelo usuário em época própria;

e) da higienização.

O INSS, portanto, não reconhece a atividade como especial se no Laudo Técnico e/ou formulário PPP constar anotação de que há o fornecimento do EPI e de que este reduz a nocividade a limites toleráveis (ou o elimina). Atualmente, o tema consta do art. 238 da Instrução Normativa INSS n. 45/2010, sendo sua redação a seguinte:

"Art. 238. Os procedimentos técnicos de levantamento ambiental, ressalvada disposição em contrário, deverão considerar:

I — a metodologia e os procedimentos de avaliação dos agentes nocivos estabelecidos pelas Normas de Higiene Ocupacional — NHO da FUNDACENTRO; e

II — os limites de tolerância estabelecidos pela NR-15 do MTE.

§ 1º Para o agente químico benzeno, também deverão ser observados a metodologia e os procedimentos de avaliação, dispostos nas Instruções Normativas MTE/SSST n. 1 e 2, de 20 de dezembro de 1995.

§ 2º As metodologias e procedimentos de avaliação não contemplados pelas NHO da FUNDACENTRO deverão estar definidos por órgão nacional ou internacional competente e a empresa deverá indicar quais as metodologias e os procedimentos adotados nas demonstrações ambientais de que trata o § 1º do art. 254.

§ 3º Deverão ser consideradas as normas referenciadas nesta Subseção, vigentes à época da avaliação ambiental.

§ 4º As metodologias e os procedimentos de avaliação que foram alterados por esta Instrução Normativa somente serão exigidos para as avaliações realizadas a partir de 1º de janeiro de 2004, sendo facultado à empresa a sua utilização antes desta data.

§ 5º Será considerada a adoção de Equipamento de Proteção Coletiva — EPC, que elimine ou neutralize a nocividade, desde que asseguradas as condições de funcionamento do EPC ao longo do tempo, conforme especificação técnica do fabricante e respectivo plano de manutenção, estando essas devidamente registradas pela empresa.

§ 6º Somente será considerada a adoção de Equipamento de Proteção Individual — EPI em demonstrações ambientais emitidas a partir de 3 de dezembro de 1998, data da publicação da MP n. 1.729, de 2 de dezembro de 1998, convertida na Lei n. 9.732, de 11 de dezembro de 1998, e desde que comprovadamente elimine ou neutralize a nocividade e seja respeitado o disposto na NR-06 do MTE, havendo ainda necessidade de que seja assegurada e devidamente registrada pela empresa, no PPP, a observância:

I — da hierarquia estabelecida no item 9.3.5.4 da NR-09 do MTE, ou seja, medidas de proteção coletiva, medidas de caráter administrativo ou de organização do trabalho e utilização de EPI, nesta ordem, admitindo-se a utilização de EPI somente em situações de inviabilidade técnica, insuficiência ou interinidade à implementação do EPC ou, ainda, em caráter complementar ou emergencial;

II — das condições de funcionamento e do uso ininterrupto do EPI ao longo do tempo, conforme especificação técnica do fabricante, ajustada às condições de campo;

III — do prazo de validade, conforme Certificado de Aprovação do MTE;

IV — da periodicidade de troca definida pelos programas ambientais, comprovada mediante recibo assinado pelo usuário em época própria; e

V — da higienização."

Mesma regra deve ser observada quanto à nocividade para fins de pagamento da contribuição adicional de 6% ao SAT, criada pela MP 1.729, convertida na Lei n. 9.732/98. Ou seja, se há ruído no ambiente de trabalho, se há o fornecimento do EPI e se há comprovação de sua eficácia no LTCAT/PPRA, tais informações devem constar do formulário PPP e a empresa não necessita efetuar o pagamento da contribuição adicional de 6%, nem tampouco efetuar o pagamento do adicional de insalubridade (NR 15). O INSS, por consequência, e seguindo seu entendimento conforme a legislação vigente, negará o reconhecimento do tempo especial.

Na Justiça Federal, contudo, o entendimento é um pouco diferente. O entendimento predominante é de que o EPI protege o trabalhador, mas não afasta, necessariamente, a nocividade do ambiente de trabalho, quando se trata de ruído. Ou seja, não é porque a empresa fornece o EPI que, automaticamente, elimina-se o ambiente nocivo ou o risco ao trabalhador. Para que isso ocorra, é indispensável a comprovação de que o EPI era efetivamente (e corretamente) utilizado pelo obreiro e que esta utilização reduzia, de fato, o ruído existente, colocando-o em níveis seguros de exposição.

Assim, consolidou-se o posicionamento de que o fornecimento de EPI, no caso de ruído, não afasta o direito ao reconhecimento do tempo especial, existindo, nesse sentido, a Súmula 09 da Turma de Uniformização dos Juizados Especiais Federais. Confira-se:

"SÚMULA N. 9 — O uso de Equipamento de Proteção Individual (EPI), ainda que elimine a insalubridade, no caso de exposição a ruído, não descaracteriza o tempo de serviço especial prestado."

Cumpre transcrevemos, também, o Enunciado 21 do CRPS, conforme segue:

"Enunciado 21 — O simples fornecimento de equipamento de proteção individual de trabalho pelo empregador não exclui a hipótese de exposição do trabalhador aos agentes nocivos à saúde, devendo ser considerado todo o ambiente de trabalho."

E, por fim, o entendimento do TST sobre o tema, conforme Súmula 289:

"Súmula 289 — INSALUBRIDADE. ADICIONAL. FORNECIMENTO DO APARELHO DE PROTEÇÃO. EFEITO. O simples fornecimento do aparelho de proteção pelo empregador não o exime do pagamento do adicional de insalubridade. Cabe-lhe tomar as medidas que conduzam à diminuição ou eliminação da nocividade, entre as quais as relativas ao uso efetivo do equipamento pelo empregado."

Há também que se considerar que o ruído refere-se à propagação do som, de maneira não harmônica. Estamos a falar, portanto, não somente do "barulho" que pode propiciar perda auditiva em caso de ausência de protetores auriculares, mas também da vibração que atravessa o corpo humano, inclusive pela caixa craniana, com prejuízos não somente à audição em si, mas também ao sistema nervoso. Esta nocividade, por ora, nenhum EPI é capaz de afastar.

"Adicional de insalubridade. Ruído. A pesquisa científica tem demonstrado que o simples fornecimento de equipamento de proteção individual (protetores auriculares) não elimina a insalubridade provocada por ruídos, uma vez que a ação prejudicial se deve menos aos danos físicos causados no interior da cavidade auditiva e mais à repercussão das ondas emitidas sobre a malha nervosa que envolve a caixa craniana, com sérias repercussões sobre todo o sistema nervoso do trabalhador" (TRT 2ª Região — RO 029704739-20-Osasco-SP, 4ª Turma — Julgamento em 3.3.98 — Relatora Maria Aparecida Duenhas).

Recomendo, portanto, que a empresa preencha o formulário PPP com base nas avaliações existentes no LTCAT/PPRA. Se há o fornecimento do EPI e se sua eficácia é comprovada, deve apor tais informações no documento, informando o código GFIP 01 (se anteriormente havia exposição a agente nocivo) ou deixando-o em branco (nunca houve exposição). O código 04 somente deve ser informado se o EPI não é capaz de eliminar ou de reduzir a níveis de tolerância o agente nocivo.

Ao trabalhador, por sua vez, recomendo entregar este PPP no INSS (mesmo com código 01 ou campo em branco) e, com a negativa da autarquia, ingressar com ação judicial para o reconhecimento do direito, cujo ganho de causa é praticamente certo. Com o êxito da demanda, o INSS será condenado a pagar o benefício desde o requerimento administrativo efetuado pelo segurado.

Por fim, permito-me registrar que, não obstante a Súmula 09 da TNU se refira apenas ao ruído, tal entendimento deve ser aplicado a todos os agentes nocivos, não sendo razoável presumir pela inexistência de risco tão somente em face do fornecimento do equipamento.

5.1.3.3. Temperatura anormal

Nos termos do art. 240 da IN INSS 45/2010, a exposição ocupacional a temperaturas anormais, oriundas de fontes artificiais, dará direito à aposentadoria especial nas seguintes hipóteses:

I — até 5.3.1997 (véspera da publicação do Decreto n. 2.172/97), estiver acima de 28º Celsius, não sendo exigida a medição em índice de bulbo úmido termômetro de globo — IBUTG;

II — de 6.3.1997 (data da publicação do Decreto n. 2.172/97), até 18.11.2003 (véspera da publicação do Decreto n. 4.882/2003), estiver em conformidade com o Anexo 3 da NR-15 do MTE, Quadros 1, 2 e 3, atentando para as taxas de metabolismo por tipo de atividade e os limites de tolerância com descanso no próprio local de trabalho ou em ambiente mais ameno; e

III — a partir de 19.11.2003, data da publicação do Decreto n. 4.882/2003, para o agente físico calor, forem ultrapassados os limites de tolerância definidos no Anexo 3 da NR-15 do MTE, sendo avaliado segundo as metodologias e os procedimentos adotados pelas NHO-06 da FUNDACENTRO.

Obs.: Considerando o disposto no item 2 do Quadro I do Anexo 3 da NR-15 do Ministério do Trabalho e Emprego (MTE) e no art. 253 da CLT, os períodos de descanso são considerados tempo de serviço para todos os efeitos legais.

5.1.3.4. Radiação Ionizante

A exposição ocupacional a radiações ionizantes conferirá direito à aposentadoria especial quando forem ultrapassados os limites de tolerância estabelecidos no Anexo 5 da Norma Regulamentadora n. 15 do Ministério do Trabalho e Emprego.

Quando se tratar de exposição ao raio-X em serviços de radiologia, deverá ser obedecida a metodologia e os procedimentos de avaliação constantes na NHO-05 da FUNDACENTRO; para os demais casos, aqueles constantes na Resolução CNEN-NE-3.01.

Fundamentação: Instrução Normativa INSS n. 45/2010, art. 241.

5.1.3.5. Vibração

A exposição ocupacional a vibrações localizadas ou no corpo inteiro dará ensejo à aposentadoria especial quando forem ultrapassados os limites de tolerância definidos pela Organização

Internacional para Normalização — ISSO, em suas Normas ISSO n. 2.631 e ISSO/DIS n. 5.349, respeitando-se as metodologias e os procedimentos de avaliação que elas autorizam.

Fundamentação: Instrução Normativa INSS n. 45/2010, art. 242.

5.1.3.6. Agentes químicos e poeiras minerais

Nos termos do art. 243 da IN INSS n. 45/2010, a exposição ocupacional a agentes químicos e a poeiras minerais constantes do Anexo IV do RPS, dará ensejo à aposentadoria especial quando:

I — até 5.3.1997 (véspera da publicação do Decreto n. 2.172/97), analisar qualitativamente em conformidade com o código 1.0.0 do Anexo do Decreto n. 53.831/64 ou Código 1.0.0 do Anexo do Decreto n. 83.080/79, por presunção de exposição;

II — a partir de 6 de março de 1997, analisar em conformidade com o Anexo IV do RBPS, aprovado pelo Decreto n. 2.172/97, ou do RPS, aprovado pelo Decreto n. 3.048/99, dependendo do período, devendo ser avaliados conformes os Anexos 11, 12, 13 e 13-a da NR-15 do MTE; e

III — A partir de 19 de novembro de 2003, data da publicação do Decreto n. 4.882/2003, deverá ser avaliada segundo as metodologias e procedimentos adotados pelas NHO-02, NHO-03, NHO-04 e NHO-07 da FUNDACENTRO.

Confira-se, ainda, a Súmula 71 da TNU:

"**Súmula 71** — O mero contato do pedreiro com o cimento não caracteriza condição especial de trabalho para fins previdenciários."

Fundamentação: Instrução Normativa INSS n. 45/2010, art. 243.

5.1.3.7. Agentes biológicos

Sobre a exposição aos agentes nocivos biológicos dispõe o art. 244 da Instrução Normativa INSS n. 45/2010, com a seguinte redação:

"**Art. 244.** A exposição ocupacional a agentes nocivos de natureza biológica infectocontagiosa dará ensejo à aposentadoria especial:

I — até 5 de março de 1997, véspera da publicação do Decreto n. 2.172, de 1997, o enquadramento poderá ser caracterizado, para trabalhadores expostos ao contato com doentes ou materiais infecto-contagiantes, de assistência médica, odontológica, hospitalar ou outras atividades afins, independentemente da atividade ter sido exercida em estabelecimentos de saúde e de acordo com o código 1.0.0 dos anexos dos Decreto n. 53.831, de 1964 e Decreto n. 3.048, de 1999, considerando as atividades profissionais exemplificadas; e

II — a partir de 6 de março de 1997, data da publicação do Decreto n. 2.172, de 1997, tratando-se de estabelecimentos de saúde, somente serão enquadradas as atividades exercidas em contato com pacientes portadores de doenças infecto-contagiosas ou com manuseio de materiais contaminados, considerando unicamente as atividades relacionadas no Anexo IV do RPBS e RPS, aprovados pelos Decreto n. 2.172, de 1997 e Decreto n. 3.048, de 1999, respectivamente.

Parágrafo único. Tratando-se de estabelecimentos de saúde, a aposentadoria especial ficará restrita aos segurados que trabalhem de modo permanente com pacientes portadores de doenças infecto-contagiosas, segregados em áreas ou ambulatórios específicos, e aos que manuseiam exclusivamente materiais contaminados provenientes dessas áreas."

Fundamentação: Instrução Normativa INSS n. 45/2010, art. 244.

5.1.3.8. Pressão atmosférica anormal

A exposição ocupacional a pressão atmosférica anormal dará ensejo ao enquadramento nas atividades descritas conforme determinado no código 2.0.5 do Anexo IV do RPS, ou seja:

a) trabalhos em caixões ou câmaras hiperbáricas;

b) trabalhos em tubulões ou túneis sob ar comprimido;

c) operações de mergulho com o uso de escafandros ou outros equipamentos.

Fundamentação: Instrução Normativa INSS n. 45/2010, art. 245.

5.1.3.9. Agentes periculosos

Os agentes perigosos, que colocam em risco a vida do trabalhador (e não sua saúde) não mais se encontram listados como nocivos no Decreto que, atualmente, regulamenta sobre o tema (Decreto n. 3.048/99, Anexo IV). Por tal razão, é comum o indeferimento do pedido de aposentadoria especial por parte do INSS, cabendo ao trabalhador, nessa hipótese, ingressar com ação judicial para reconhecimento do direito.

O procedimento adotado pelo INSS, em indeferir os pedidos com argumento único de que não constam do Decreto regulamentador, acaba por ferir as disposições do § 1º do art. 201 da Constituição Federal e também do *caput* do art. 57 da Lei n. 8.213/91, que garantem tratamento diferenciado em termos de aposentadoria aos trabalhadores sujeitos a condições especiais que coloquem em risco sua integridade física.

Na Justiça Federal, portanto, é praticamente certo o êxito das demandas, desde que, obviamente, reste comprovada a exposição ao agente periculoso e, note-se, ainda que essa exposição não ocorra durante toda a jornada.

Isso porque os agentes nocivos prejudicam a saúde do trabalhador, em sua maioria, conforme a quantidade de tempo de efetiva exposição (análise quantitativa). Quanto maior o tempo exposto ao agente, maior a probabilidade de ser o obreiro acometido da enfermidade. Já os agentes periculosos colocam em risco a integridade física e a vida do trabalhador em um único segundo de exposição como ocorre, por exemplo, com a eletricidade em alta tensão ou com o contato com explosivos ou inflamáveis.

Com referência à eletricidade, é pacífico o entendimento em nossos Tribunais no sentido de que confere direito à aposentadoria especial uma exposição à eletricidade com intensidade superior a 250 volts e sem a necessidade da exposição permanente. Mesma interpretação pode ser conferida para material inflamável ou explosivo.

Confira-se:

"PREVIDENCIÁRIO. TEMPO LABORADO EM CONDIÇÕES ESPECIAIS. TENSÃO ELÉTRICA. LEGISLAÇÃO VIGENTE. APOSENTADORIA PROPORCIONAL ATÉ EC 20/98. JUROS. CORREÇÃO MONETÁRIA. HONORÁRIOS. 1. (...). 4. O agente nocivo eletricidade (acima de 250 volts) tem enquadramento no Decreto n. 53.831/64 até 05-03-97, sendo necessária a verificação da periculosidade no caso concreto, por meio de perícia, após a referida data. 5. O autor apresentou os Formulários de fls. 40/43 e 61/62 que atestam o exercício da atividade de técnico de equipamentos de telecomunicações, sendo ainda realizada perícia judicial, cujo laudo encontra-se acostado às fls. 104/117, que são suficientes à comprovação da exposição do obreiro à eletricidade de altas tensões, acima de 250 volts, e o risco de choque elétrico, o que lhe garante o direito à contagem dos interregnos deferidos como especiais. 6. Em se tratando de periculosidade por sujeição a altas tensões elétricas, não é necessário o requisito da permanência, já que o tempo de exposição não é um fator condicionante para que ocorra um acidente ou choque elétrico, tendo em vista a presença constante do risco potencial, não restando desnaturada a especialidade da atividade pelos intervalos sem perigo direto. 7. (...)." (TRF 1ª Região — AC 200238000079195 — 3ª Turma Suplementar — Relator Juiz Federal Miguel Ângelo de Alvarenga Lopes — DJ de 3.8.2012 p. 1071)

Já com relação à atividade exercida com porte de arma de fogo, sua nocividade estava prevista no código 2.5.7 do Anexo do Decreto n. 53.831/64. Nos Decretos subsequentes não mais constou a atividade no rol dos trabalhos nocivos, razão pela qual o INSS geralmente indefere tais pedidos de especialidade.

Judicialmente, é possível o êxito da ação, com fundamento no § 1º do art. 201 e no *caput* do art. 57 da Lei n. 8.213/91, mas com maior probabilidade de sucesso até 5.3.1997 (vigência do Decreto n.

2.172/97), já que o posicionamento jurisprudencial dominante tem sido no reconhecimento do direito até essa data. Confiram-se, ilustrativamente, as seguintes decisões:

> "PREVIDENCIÁRIO. PEDIDO DE UNIFORMIZAÇÃO. JURISPRUDÊCIA DOMINANTE DO STJ. VIGILANTE. CONVERSÃO TEMPO ESPECIAL EM COMUM. INCIDENTE CONHECIDO E PROVIDO. 1. É possível a conversão do tempo de serviço especial em comum do trabalho prestado em qualquer período, inclusive após 28 de maio de 1998. 2. No caso em concreto, o tempo de serviço trabalhado pelo autor como vigilante deve ser considerado como laborado em condições especiais, tendo em vista a demonstração da exposição habitual e permanente ao risco à integridade física e não havendo pretensão resistida neste ponto, deve ser acolhida a respectiva conversão em tempo comum, com a revisão do benefício, ressalvando a prescrição. 3. Incidente conhecido e provido." (TNU — Pedilef 200772510086653 — Relatora: Juíza FederalRosana Noya Alves WeibelKaufmann — Decisão em 16.11.2009, publicada no DJ de 26.1.2010)

> "PREVIDENCIÁRIO. APOSENTADORIA TEMPO DE SERVIÇO/CONTRIBUIÇÃO. ATIVIDADE ESPECIAL. VIGILANTE. ARMA DE FOGO. POSSIBILIDADE DE ENQUADRAMENTO. PERÍODO POSTERIOR À LEI N. 9.032/95. DECRETO N. 2.172/97. PRECEDENTE DA TNU. QUESTÃO DE ORDEM 20. PEDIDO DE UNIFORMIZAÇÃO CONHECIDO E PARCIALMENTE PROVIDO. 1. (...). 2. Pedido de Uniformização ao fundamento de que a atividade de vigilante desempenhada entre o período posterior à entrada em vigor da Lei n. 9.032, de 28.4.95, até a data da vigência do Decreto n. 2.172, de 5.3.97, é passível de ser reconhecida com base nos Decretos ns. 53.831/64 e 83.080/79, desde que demonstrado o uso de arma de fogo — tal como consta de formulário ambiental da empresa acostado aos autos. (...). 4. Conheço do presente Pedido de Uniformização com base, exclusivamente, no aresto paradigma da TNU (PEDILEF n. 2007.72.51.008665-3/SC) que, diferentemente do acórdão recorrido, ao restaurar os termos da sentença, reconheceu a especialidade da atividade de vigia/guarda, portando arma de fogo, até o período de 5.3.97. Os demais acórdãos são genéricos, a não se prestarem para a uniformização, pelo que os afasto. 5. Esta Turma Nacional tem posição consolidada no sentido de que os Decretos ns. 53.831/64 e 83.080/79 se aplicam, em que pese a Lei n. 9.032, de 28.4.95, até a entrada em vigor do Decreto n. 2.172, de 5.3.97, que efetivamente passou a regulamentar a referida lei. E mais: quanto ao vigilante, basta a demonstração de que porta arma de fogo neste período para o fim de caracterizar a periculosidade e, assim, a especialidade. 5.1. (...) 6. Em sendo assim é possível o enquadramento da atividade de vigilante aos termos do item 2.5.7. do Decreto n. 53.831/64 até a entrada em vigor do Decreto n. 2.172, de 5.3.97, desde que haja prova do uso de arma de fogo. 7. Pedido de Uniformização ao qual se dá PARCIAL PROVIMENTO para, nos termos da Questão de Ordem n. 20 desta Turma Nacional, ANULAR e DETERMINAR o retorno dos presentes autos à Turma Recursal de origem para que, com base na premissa jurídica fixada no item 6, profira novo julgamento." (TNU — Pedido 200972510009680 — Relator Juiz Federal Paulo Ricardo Arena Filho — DJ de 13.7.2012)

É conveniente ressaltarmos, ainda, que a atividade de vigilante equipara-se à atividade de guarda (constante do código 2.5.7 do Anexo do Decreto n. 53.831/64) desde que reste comprovado o porte de arma de fogo. Nesse sentido dispõe a Súmula 10 da TRU do TRF da 4ª Região e também a Súmula 26 da TNU. Confiram-se:

Súmula 10 da TRU da 4ª Região — É indispensável o porte de arma de fogo à equiparação da atividade de vigilante à de guarda, elencada no item 2.5.7 do anexo III do Decreto n. 53.831/64.

Súmula 26 — Turma Nacional de Uniformização dos Juizados Especiais Federais — A atividade de vigilante enquadra-se como especial, equiparando-se à de guarda, elencada no item 2.5.7. do Anexo III do Decreto n. 53.831/64.

Sobre o trabalho em postos de gasolina confiram-se a Súmula 212 do STF e a Súmula 39 do TST:

> "**STF, Súmula 212** — Tem direito ao adicional de serviço perigoso o empregado de posto de revenda de combustível líquido."

> "**TST, Súmula 39** — Os empregados que operam em bomba de gasolina têm direito ao adicional de periculosidade (Lei n. 2.573, de 15.8.1955)."

Por fim, cumpre registrarmos a publicação da Portaria MTE n. 1.885/2013 (DOU de 03.12.2013) aprovando o Anexo 3 da NR 16, considerando perigosas as atividades com exposição a roubos ou outras espécies de violência física nas atividades profissionais de segurança pessoal ou patrimonial, com direito à percepção do adicional de periculosidade. Compreendo que o reconhecimento do perigo por parte do Ministério do Trabalho e Emprego serve de fundamento para embasar um pedido de especialidade do período, também para fins previdenciários.

5.1.4. Contribuintes Individuais — Autônomos

A contar de 29.4.1995, considerando que o trabalhador autônomo presta serviço em caráter eventual e sem relação de emprego, ficou mais difícil o enquadramento de sua atividade como especial, uma vez que não existe forma de comprovar a exposição a agentes nocivos prejudiciais à saúde e à integridade física, de forma habitual e permanente, não ocasional nem intermitente, como assim passou a exigir a Lei n. 9.032.

Assim, na esfera administrativa (INSS), o benefício de Aposentadoria Especial somente será concedidoaos segurados empregados (exceto domésticos), aos trabalhadores avulsos e, a contar de 13.12.2002 (data de publicação da Medida Provisória n. 83, atualmente Lei n. 10.666/2003), também aos cooperados filiados à cooperativa de trabalho ou de produção.

Confira-se, sobre o tema, a redação do art. 257 da IN INSS n. 45/2010:

"**Art. 257.** A comprovação da atividade enquadrada como especial do segurado contribuinte individual para período até 28 de abril de 1995, data da publicação da Lei n. 9.032, de 1995, será feita mediante a apresentação de documentos que comprovem, ano a ano, a habitualidade e permanência na atividade exercida arrolada no Anexo II do Decreto n. 83.080, de 1979 e a partir do código 2.0.0 do Anexo III do Decreto n. 53.831, de 1964.

Parágrafo único. Não será exigido do segurado contribuinte individual para enquadramento da atividade considerada especial a apresentação do PPP."

Os contribuintes individuais que conseguirem comprovar o exercício da atividade nociva de forma habitual e permanente, por qualquer meio idôneo, deverão apresentar essas provas quando do requerimento administrativo do benefício e, posteriormente, como o tempo especial não será considerado pelo INSS (o que certamente irá acontecer), será necessário o ingresso de ação judicial para solicitação e comprovação do direito. Sobre o tema existe, inclusive, a Súmula 62 da Turma Nacional de Uniformização. Confira-se:

"**Súmula 62** — O segurado contribuinte individual pode obter reconhecimento de atividade especial para fins previdenciários, desde que consiga comprovar exposição a agentes nocivos à saúde ou à integridade física."

5.1.5. Posicionamento Inicial do INSS Quando da Publicação da Lei n. 9.032/95

Como observado nos subitens anteriores, a contar de 29.4.1995 deverá o segurado comprovar a efetiva exposição aos agentes nocivos. A contar da MP n. 1.523 (14.10.1996) o segurado precisa apresentar ao INSS um laudo técnico, elaborado por médico do trabalho ou engenheiro de segurança do trabalho, cuja finalidade é comprovar a presença de exposição a agentes nocivos que propiciem o direito à consideração do tempo de serviço como especial. Tal documento (hoje substituído pelos programas ambientais) possui ainda a finalidade de embasar o formulário preenchido pelo empregador, inicialmente denominado SB-40 e atualmente Perfil Profissiográfico Previdenciário. Somente para o agente nocivo ruído é que se exigia o laudo em qualquer época, ainda que tenha sido a prestação de serviços anterior à publicação da Lei n. 9.032/95.

No entanto, posicionou-se a autarquia federal (INSS) no sentido de que somente para os segurados que até a data de 28.4.1995 implementaram todas as condições para a obtenção do benefício da aposentadoria especial não seria necessária a apresentação de laudo técnico, exceto em se tratando de atividade exposta ao ruído, onde o mesmo se faria necessário. Para aqueles que adquirissem o direito ao referido benefício a contar de 29.4.1995 (data de publicação da Lei n. 9.032, que altera o art. 57 da Lei n. 8.213/91) seria necessária a apresentação do laudo técnico para todo o período, inclusive anterior a esta mesma data, ou seja, anterior a 29.4.1995.

Sendo tal entendimento totalmente inconstitucional, ferindo o direito adquirido, ingressou o Ministério Público Federal com a Ação Civil Pública n. 2000.71.00.030435-2, cuja decisão proferida pela Juíza Substituta da 4ª Vara Previdenciária de Porto Alegre-RS determinou ao INSS, em âmbito nacional, que:

"a) faça o processamento regular dos pedidos de aposentadoria ou outro benefício, bem como de conversão de tempo de serviço, dispensando os segurados da comprovação da efetiva exposição ao agente nocivo à saúde ou à integridade física, se ficar inequivocamente demonstrado o exercício até 28.4.98 de atividade descrita em regulamento ou lei como presumidamente nociva à saúde, independentemente da época em que foram preenchidos os requisitos para o benefício requerido; e

b) faça o processamento regular dos pedidos de aposentadoria ou outro benefício, bem como de conversão de tempo de serviço, dispensando os segurados de apresentação de laudo técnico em conjunto com o formulário preenchido pela empresa (SB 40 ou DSS 8030), devendo apresentar tão-somente o SB 40 ou DSS 8030 para comprovação da efetiva exposição ao agente nocivo à saúde ou à integridade física descrito em regulamento, salvo no caso de exposição a ruído, para as atividades prestadas até 28 de abril de 1995, independentemente da época em que foram preenchidos os requisitos para o benefício requerido. ..."

Assim, independentemente da época em que se implementaram todas as condições para a obtenção do benefício, os segurados que exerceram atividade até 28.4.1995 descrita em regulamento ou lei como nociva à saúde ou à integridade física não necessitarão comprovar esta exposição com laudo técnico ou formulário, sendo esta considerada presumidamente prejudicial para as atividades listadas nos Anexos dos Decretos ns. 53.831/64 e 83.080/79. Para as atividades não contempladas pelos Decretos igualmente não é necessária a apresentação de laudo técnico, bastando para a concessão do benefício o formulário DIRBEN-8030 (anteriormente SB-40 e DSS-8030) para a comprovação da efetiva exposição ao agente nocivo.

O laudo técnico somente pode ser exigido a contar da publicação da Medida Provisória 1.523/96, publicada no DOU de 14.10.1996, posteriormente convertida na Lei n. 9.528/97.

Quanto à Ação Civil Pública, cumpre-nos informar que o Superior Tribunal de Justiça decidiu não possuir o Ministério Público Federal legitimidade para ingressar com a referida medida (RE no RESP 531419, DJ de 03.02.2004 — Ministro Edson Vidigal).Não obstante,a Previdência Social manteve o novo procedimento, exigindo o laudo técnico somente para o ruído caso a prestação de serviços tenha ocorrido anteriormente à Lei n. 9.032/95.

5.1.6. Processo Administrativo

Quando do requerimento da aposentadoria, o segurado deverá apresentar ao INSS toda a documentação que dispuser comprovando a efetiva exposição aos agentes nocivos, cumprindo observar que:

a) Para o período trabalhado até 28.4.1995, se a atividade exercida encontrar-se relacionada nos Anexos dos Decretos ns. 53.831/64 e 83.080/79 como presumidamente nociva, é suficiente apresentar a Carteira de Trabalho com a denominação da função correspondente, ou qualquer outro documento que a informe. Caso a atividade exercida não esteja contemplada nos Decretos, será necessário apresentar o formulário emitido pelo empregador (SB-40, DSS-8030, DIRBEN 8030 ou PPP) informando as funções desenvolvidas e os agentes nocivos existentes. Não é necessário apresentar laudo técnico, exceto para o agente nocivo ruído.

b) Para a atividade nociva exercida entre 29.4.1995 a 12.10.1996 o trabalhador deverá apresentar o formulário preenchido pelo empregador (SB-40, DSS-8030, DIRBEN 8030 ou PPP) informando as funções desenvolvidas e os agentes nocivos existentes. Não é necessário apresentar laudo técnico, exceto para o agente nocivo ruído.

c) Para a atividade nociva exercida a contar de 13.10.1996 o trabalhador deverá apresentar o formulário preenchido pelo empregador (SB-40, DSS-8030, DIRBEN 8030 ou PPP) informando as funções desenvolvidas e os agentes nocivos existentes. Referido formulário precisa ter sido preenchido com base no Laudo Técnico elaborado por engenheiro de segurança ou médico do trabalho.

Confira-se, a respeito, a redação do art. 256 da Instrução Normativa INSS n. 45/2010:

"**Art. 256.** Para instrução do requerimento da aposentadoria especial, deverão ser apresentados os seguintes documentos:

I — para períodos laborados até 28 de abril de 1995, véspera da publicação da Lei n. 9.032, de 1995, será exigido do segurado o formulário de reconhecimento de períodos laborados em condições especiais e a CP ou a CTPS, bem como, para o agente físico ruído, LTCAT;

II — para períodos laborados entre 29 de abril de 1995, data da publicação da Lei n. 9.032, de 1995, a 13 de outubro de 1996, véspera da publicação da MP n. 1.523, de 1996, será exigido do segurado formulário de reconhecimento de períodos laborados em condições especiais, bem como, para o agente físico ruído, LTCAT ou demais demonstrações ambientais;

III — para períodos laborados entre 14 de outubro de 1996, data da publicação da MP n. 1.523, de 1996, a 31 de dezembro de 2003, data estabelecida pelo INSS em conformidade com o determinado pelo § 2º do art. 68 do RPS, será exigido do segurado formulário de reconhecimento de períodos laborados em condições especiais, bem como LTCAT, qualquer que seja o agente nocivo; e

IV — para períodos laborados a partir de 1º de janeiro de 2004, conforme estabelecido por meio da Instrução Normativa INSS/DC n. 99, de 5 de dezembro de 2003, em cumprimento ao § 2º do art. 68 do RPS, o único documento será o PPP.

§ 1º Observados os incisos I a IV do *caput*, e desde que contenham os elementos informativos básicos constitutivos do LTCAT poderão ser aceitos os seguintes documentos:

I — laudos técnico-periciais emitidos por determinação da Justiça do Trabalho, em ações trabalhistas, acordos ou dissídios coletivos;

II — laudos emitidos pela Fundação Jorge Duprat Figueiredo de Segurança e Medicina do Trabalho — FUNDACENTRO;

III — laudos emitidos por órgãos do MTE;

IV — laudos individuais acompanhados de:

a) autorização escrita da empresa para efetuar o levantamento, quando o responsável técnico não for seu empregado;

b) cópia do documento de habilitação profissional do engenheiro de segurança do trabalho ou médico do trabalho, indicando sua especialidade;

c) nome e identificação do acompanhante da empresa, quando o responsável técnico não for seu empregado; e

d) data e local da realização da perícia; e

V — os programas de prevenção de riscos ambientais, de gerenciamento de riscos, de condições e meio ambiente de trabalho na indústria da construção e controle médico de saúde ocupacional, de que trata o § 1º do art. 254.

§ 2º Para o disposto no § 1º deste artigo, não será aceito:

I — laudo elaborado por solicitação do próprio segurado, sem o atendimento das condições previstas no inciso IV do § 1º deste artigo;

II — laudo relativo à atividade diversa, salvo quando efetuada no mesmo setor;

III — laudo relativo a equipamento ou setor similar;

IV — laudo realizado em localidade diversa daquela em que houve o exercício da atividade; e

V — laudo de empresa diversa.

§ 3º A empresa e o segurado deverão apresentar os originais ou cópias autênticas dos documentos previstos nesta Subseção."

O agente administrativo que receber a documentação deverá encaminhá-la ao Perito Médico Previdenciário — PMP, que realizará análise médico-pericial dos benefícios de aposentadoria especial, elaborando relatório conclusivo no processo administrativo ou judicial que trata da concessão, revisão ou recurso dos referidos benefícios, inclusive para fins de custeio.

Sempre que necessário, esse perito poderá solicitar às empresas as demonstrações ambientais e outros documentos pertinentes, bem como inspecionar o ambiente de trabalho.

Obs. 1: O perito médico previdenciário não poderá realizar avaliação médico-pericial nem analisar qualquer das demonstrações ambientais, quando estas tiverem a sua participação (como contratado da empresa), nos termos do art. 120 do Código de Ética Médica e do art. 12 da Resolução CFM N. 1.488, de 11 de fevereiro de 1998.

Obs. 2: A Resolução INSS/PRES n. 196/2012 estabelece os procedimentos a serem adotados para essa avaliação médico-pericial, mas o texto integral não foi publicado no Diário Oficial da União, constando as disposições de um anexo, com acesso apenas para servidores do INSS.

Após a análise dos documentos, o perito médico previdenciário deverá preencher o campo "justificativas técnicas", constante do formulário disposto no Anexo XI da IN INSS n. 45/2010, onde colocará seu parecer a respeito da solicitação, de forma clara, objetiva e legível, bem como a fundamentação que justifique sua decisão.

Ao perito médico previdenciário cumpre, ainda, emitir os seguintes documentos (IN INSS n. 45/2010, art. 251)

I — Representação Administrativa — RA, ao Ministério Público do Trabalho — MPT competente e ao Serviço de Segurança e Saúde do Trabalho da Superintendência Regional do Trabalho do MTE, sempre que, em tese, ocorrer desrespeito às normas de segurança e saúde do trabalho que reduzem os riscos inerentes ao trabalho ou às normas previdenciárias relativas aos documentos LTCAT, CAT, PPP e GFIP, quando relacionadas ao gerenciamento dos riscos ocupacionais;

II — RA, aos conselhos regionais das categorias profissionais, com cópia para o MPT competente, sempre que a confrontação da documentação apresentada com os ambientes de trabalho revelar indícios de irregularidades, fraudes ou imperícia dos responsáveis técnicos pelas demonstrações ambientais de que trata o § 1º do art. 254 da IN INSS n. 45/2010;

III — Representação para Fins Penais — RFP, ao Ministério Público Federal ou Estadual competente, sempre que as irregularidades previstas nesta Subseção ensejarem a ocorrência, em tese, de crime ou contravenção penal;

IV — Informação Médico Pericial — IMP, à PFE junto ao INSS na Gerência-Executiva ou Superintendência Regional a que está vinculado o PMP, para fins de ajuizamento de ação regressiva contra os empregadores ou subempregadores, quando identificar indícios de dolo ou culpa destes, em relação aos acidentes ou às doenças ocupacionais, incluindo o gerenciamento ineficaz dos riscos ambientais, ergonômicos e mecânicos ou outras irregularidades afins.

As representações acima deverão ser remetidas por intermédio do Serviço/Seção de Saúde do Trabalhador da Gerência Executiva, que deverá enviar cópia da representação à unidade local da Secretaria da Receita Federal do Brasil e à Procuradoria Federal Especializada junto ao INSS, bem como remeter um comunicado, conforme modelo constante no Anexo XIX da IN INSS n. 45/2010, sobre sua emissão para o sindicato da categoria do trabalhador.

A PFE junto ao INSS deverá emitir um comunicado, Anexo XIX da IN INSS n. 45/2010, para o sindicato da categoria do trabalhador para as ações regressivas decorrentes da IMP, constante no item IV, supra.

A PFE junto ao INSS deverá auxiliar e orientar a elaboração das representações de que trata este artigo, sempre que solicitada.

Cumpre ainda observar que a Resolução INSS/PRES n. 196/2012 estabelece procedimentos a serem adotados para avaliação médico-pericial relacionados à aposentadoria especial, com excelente material sobre análises técnicas e agentes nocivos.

Fundamentação: Instrução Normativa INSS n. 45/2010, arts. 249 a 251 e 256.

5.1.6.1. Informações constantes do CNIS

As informações constantes no CNIS serão observadas para fins do reconhecimento do direito à aposentadoria especial, assegurando-se ao INSS a contraprova das informações ali dispostas no caso de dúvida justificada, hipótese em que poderá promover de ofício a alteração no CNIS, desde que comprovada mediante o devido processo legal.

As demonstrações ambientais, em especial o LTCAT, deverão embasar o preenchimento da GFIP e dos formulários legalmente previstos para reconhecimento de períodos alegados como especiais para fins de aposentadoria.

A empresa deverá apresentar, sempre que solicitadas pelo INSS, as demonstrações ambientais, para fins de verificação das informações.

Fundamentação: Instrução Normativa INSS n. 45/2010, art. 255.

5.1.6.2. Formulários

Consideram-se formulários legalmente previstos para reconhecimento de períodos alegados como especiais para fins de aposentadoria, os antigos formulários em suas diversas denominações, segundo seus períodos de vigência, observando-se, para tanto, a data de emissão do documento, sendo que, a partir de 1º de janeiro de 2004, o formulário a que se refere o § 1º do art. 58 da Lei n. 8.213, de 1991 passou a ser o PPP — Perfil Profissiográfico Previdenciário.

As denominações anteriores foram as seguintes: SB-40; DISES BE 5235; DSS-8030 e DIR-BEN-8030.

Para as atividades exercidas até 31.12.2003, serão aceitos os antigos formulários, desde que emitidos até essa data, observando as normas de regência vigentes nas respectivas datas de emissão.

Fundamentação: Instrução Normativa INSS n. 45/2010, art. 258.

5.2. Carência

Devidamente comprovada a exposição ao agente nocivo o INSS exigirá somente o cumprimento da carência, ou seja, do número mínimo de contribuições previdenciárias para a obtenção do benefício de aposentadoria, qual seja:

a) caso o segurado tenha iniciado suas contribuições à Previdência Social (inscrição no sistema) após 24.7.1991, a carência corresponderá a 180 meses;

b) caso o segurado tenha iniciado suas contribuições (inscrição) até a data de 24.7.1991, o número de meses de carência dependerá do ano em que o mesmo estará completando o tempo de serviço necessário (15, 20 ou 25 anos, conforme o agente nocivo), devendo ser observada a seguinte tabela:

Ano em que o segurado completou o tempo de serviço (35 ou 30 anos)	Meses de contribuição exigidos (carência)
1991	60 meses
1992	60 meses
1993	66 meses
1994	72 meses
1995	78 meses
1996	90 meses
1997	96 meses
1998	102 meses
1999	108 meses
2000	114 meses
2001	120 meses
2002	126 meses

Ano em que o segurado completou o tempo de serviço (35 ou 30 anos)	Meses de contribuição exigidos (carência)
2003	132 meses
2004	138 meses
2005	144 meses
2006	150 meses
2007	156 meses
2008	162 meses
2009	168 meses
2010	174 meses
2011	180 meses

Note-se que não há limite de idade nem o cumprimento do pedágio, requisitos existentes para a concessão da Aposentadoria Proporcional por Tempo de Contribuição, já abordada anteriormente.

5.3. Renda Mensal e Data de Início do Benefício

A renda mensal da Aposentadoria Especial corresponde a 100% do salário de benefício, ou seja (regra geral):

1º) o INSS fará a média matemática de todos os salários (com atualização monetária) que serviram de base de cálculo para a contribuição previdenciária, no período de julho de 1994 até o mês anterior ao requerimento do benefício (podendo ser excluídos 20% desses meses);

2º) Deverão ser respeitados os tetos mínimo (R$ 724,00) e máximo (R$ 4.390,24) pagos pelo INSS.

Obs.: Não há multiplicação do resultado obtido da média pelo fator previdenciário. Sobre o cálculo do salário de benefício ver Parte V, Capítulo XXXII desta obra

Com relação à data inicial do benefício, a aposentadoria especial será devida:

a) para o segurado empregado: a partir da data do desligamento do emprego, quando requerida até noventa dias depois dela ou a partir da data do requerimento, quando não houver desligamento do emprego ou quano for requerida após o prazo de noventa dias;

b) para os demais segurados, a partir da data da entrada do requerimento.

Fundamentação: Lei n. 8.213/91, art. 57, §§1º e 2º; Decreto n. 3.048/99, arts. 67 e 69.

5.4. Conversão do Tempo de Serviço

5.4.1. Atividades Especiais Diferentes

Quando do exercício sucessivo de duas ou mais atividades que dão direito à aposentadoria especial, sem completar o segurado em qualquer delas o tempo mínimo exigido para a obtenção do benefício, os respectivos períodos serão somados, após a conversão do tempo relativo às atividades não preponderantes, devendo ser utilizada a seguinte tabela de conversão:

Tempo de Atividade a ser Convertido	Para 15 anos	Para 20 anos	Para 25 anos
De 15 anos	1,00	1,33	1,67
De 20 anos	0,75	1,00	1,25
De 25 anos	0,60	0,80	1,00

Exemplo:

• Trabalho em mineração subterrânea (aposentadoria aos 15 anos de serviço) = 7 anos

• Trabalho com exposição a ruído superior a 90 dB (aposentadoria aos 25 anos de serviço) = 10 anos

• Tempo de serviço = 7 anos x 1,67 (coeficiente de conversão) + 10 anos = 21,69 anos

Note-se que a atividade cujo tempo de serviço será convertido será aquela "não preponderante", ou seja, a que apresenta um menor número de anos de serviço. Na hipótese de atividades concomitantes sob condições especiais, seja no mesmo ou em vínculo empregatício diverso, será considerada aquela que exigir o menor tempo para a aposentadoria especial.

Fundamentação: Decreto n. 3.048/99, art. 66 e Instrução Normativa INSS n. 45/2010, art. 269.

5.4.2. Conversão de Tempo Especial em Tempo Comum

É comum acontecer de o trabalhador deixar a atividade nociva para trabalhar em atividade comum, sem exposição a qualquer agente prejudicial à saúde ou integridade física. Nesta hipótese o tempo especial, com efetiva exposição a agente nocivo, se não for suficiente à obtenção de Aposentadoria Especial (15, 20 ou 25 anos de serviço, conforme o agente nocivo), será computado com um acréscimo e deverá ser somado ao tempo comum para fins de obtenção de aposentadoria. Neste caso, no entanto, o benefício a ser concedido será o de Aposentadoria por Tempo de Contribuição e não Aposentadoria Especial.

Para a conversão deverá ser utilizada a seguinte tabela:

Tempo de Atividade a ser Convertido	Mulheres (30 anos de serviço)	Homens (35 anos de serviço)
De 15 anos	2,00	2,33
De 20 anos	1,50	1,75
De 25 anos	1,20	1,40

Exemplo:

• Trabalho com exposição a ruído superior a 90 dB (aposentadoria aos 25 anos de serviço) = 10 anos

• Trabalho em atividade comum, sem agente nocivo = 8 anos

• Tempo de serviço (homens) = 10 anos x 1,40 (coeficiente de conversão) + 8 anos = 22 anos

• Tempo de serviço (mulheres) = 10 anos x 1,20 (coeficiente de conversão) + 8 anos = 20 anos

Estes fatores de conversão nem sempre foram os mesmos, tendo havido alteração na referida tabela com a evolução da legislação previdenciária. É pacífico, contudo, o entendimento jurisprudencial sobre a aplicação do fator vigente na data de concessão do benefício da aposentadoria (e não da data de prestação dos serviços), existindo sobre o tema, inclusive, a Súmula 55 da Turma Nacional de Uniformização dos Juizados Especiais Federais. *In verbis:*

"**Súmula 55** — A conversão do tempo de atividade especial em comum deve ocorrer com aplicação do fator multiplicativo em vigor na data da concessão da aposentadoria."

Repita-se, no entanto, que o benefício a ser requerido pelo segurado será o de Aposentadoria por Tempo de Contribuição, seguindo-se as regras contidas no item 4 deste Capítulo.

Também é importante registrarmos que o servidor público que era celetista e que trabalhou exposto a condições especiais possui direito de ter esse tempo especial convertido em tempo comum com o devido acréscimo (conforme tabela supra), para fins de contagem recíproca no regime próprio ao qual atualmente faz parte. Referido direito encontra-se reconhecido em nossos Tribunais, conforme ilustra a Súmula 66 da TNU:

"**Súmula 66** — O servidor público ex-celetista que trabalhava sob condições especiais antes de migrar para o regime estatutário tem direito adquirido à conversão do tempo de atividade especial em tempo comum com o devido acréscimo legal, para efeito de contagem recíproca no regime previdenciário próprio dos servidores públicos."

Fundamentação: Lei n. 8.213/91, art. 57, § 5º; Decreto n. 3.048/99, art. 70.

5.4.2.1. Posicionamento Inicial do INSS Quando da Publicação da Lei n. 9.032/95 e Posicionamento Atual do Poder Judiciário

Para compreendermos o posicionamento inicial do INSS sobre o tema é necessário abordarmos pequeno histórico da legislação, sendo importante ressaltar que até a data de 27.5.1998 era inexistente qualquer disposição legal que proibisse a conversão de tempo especial (com a devida majoração) em tempo comum.

Em 28.5.1998, no entanto, foi publicada no Diário Oficial da União a Medida Provisória n. 1.663-10, revogando o § 5º do art. 57 da Lei n. 8.213/91, que permitia a referida conversão. E desta forma, com a revogação expressa deste parágrafo, ficou então proibida qualquer conversão de tempo especial em tempo comum, inexistindo excepcionalidades.

Na reedição desta mesma Medida Provisória em 27.8.1998 (Medida Provisória n. 1.663-13) foi acrescentado ao seu texto o art. 28 (regulamentado pelo Decreto n. 2.782/98, art. 1º), onde se admitia a possibilidade da conversão de tempo especial em tempo comum até a data de 28.5.1998 caso o segurado tivesse completado, até aquela data, pelo menos 20% do tempo necessário para a obtenção da respectiva aposentadoria especial.

Deveria, portanto, ser observada a seguinte tabela de conversão e consequente quadro histórico:

TEMPO A CONVERTER	MULTIPLICADORES		TEMPO MÍNIMO EXIGIDO (20%)
	MULHER (PARA 30)	HOMEM (PARA 35)	
DE 15 ANOS	2,00	2,33	3 ANOS
DE 20 ANOS	1,50	1,75	4 ANOS
DE 25 ANOS	1,20	1,40	5 ANOS

Quadro histórico

Situação	Conversão
Direito adquirido até 28.4.1995	Cabia a conversão tanto para cessão de aposentadoria comum quanto especial.
Direito adquirido de 29.4.1995 até 28.5.1998	Não cabia a conversão de atividade comum para especial. Somente de especial para comum.
A partir de 29.5.1998	Permitia-se a conversão de atividade especial para comum, desde que o segurado tenha completado até 5.3.97, o tempo de serviço mínimo de 3, 4 ou 5 anos (20%) em atividade especial.

É de extrema importância ressaltar que a Medida Provisória em questão acabou sendo convertida na Lei n. 9.711, de 28.11.1998, que não manteve a revogação do § 5º do art. 57 da Lei n. 8.213/91, mas que recepcionou o art. 28, com a seguinte redação:

"Art. 28. O Poder Executivo estabelecerá critérios para a conversão do tempo de trabalho exercido até 28 de maio de 1998, sob condições especiais que sejam prejudiciais à saúde ou à integridade física, nos termos dos arts. 57 e 58 da Lei n. 8.213, de 1991, na redação dada pelas Leis ns. 9.032, de 28 de abril de 1995, e 9.528, de 10 de dezembro de 1997, e de seu regulamento, em tempo de trabalho exercido em atividade comum, desde que o segurado tenha implementado percentual de tempo necessário para a obtenção da respectiva aposentadoria especial conforme estabelecido em regulamento."

Com a inexistência da revogação expressa do § 5º do art. 57, o INSS entendeu por sua revogação tácita, em face da redação do art. 28 da Lei n. 9.711/98, supratranscrito. Neste posicionamento, permaneceu com o critério administrativo de somente admitir a conversão para tempo comum o tempo de trabalho especial exercido até 28.5.1998 e desde que completado o período mínimo de 20%.

Este entendimento adotado pelo INSS, e constante do Decreto n. 2.782/98 (exigir um período mínimo de trabalho especial — 20%, para que se possa converter o tempo especial em tempo comum), feria frontalmente a Carta Constitucional. Note-se que a Constituição Federal de 1988, em seu art. 201, § 1º (redação dada pela Emenda Constitucional n. 20/98), determina a existência de critérios diferenciados para a concessão de aposentadoria quando do exercício de atividades exercidas sob condições especiais que prejudiquem a saúde ou a integridade física. E, antes da Emenda Constitucional n. 20/98, também previa a Constituição Federal aposentadoria com menor tempo de serviço para atividades exercidas em condições especiais (art. 202, inciso II — redação original do Texto Constitucional).

Essa inconstitucionalidade foi manifestada, inclusive, na decisão proferida pela substituta da 4º Vara Previdenciária de Porto Alegre — RS, na Ação Civil Pública n. 2000.71.00.030435-2, movida pelo Ministério Público Federal, onde entende a douta Juíza, inclusive, que o § 5º do art. 57 da Lei n. 8.213/91 não se encontrava revogado tacitamente. Confira-se trecho do acórdão:

"Analisando-se pelo lado da legalidade, tem-se a vigência simultânea de duas normas contraditórias: uma que permite toda e qualquer conversão de tempo de serviço especial para comum (art. 57, § 5º, da Lei de Benefícios), em plena vigência, já que o legislador ordinário manifestamente manteve este dispositivo ao converter a Medida Provisória 1663; e outra que regulamenta a revogação de um dispositivo que não foi retirado do mundo jurídico (art. 28 da Lei 9.711/98). Tendo em vista que a Medida Provisória, quando expressamente não convertida em lei, não tem validade, adoto o entendimento de que o art. 28 da Lei 9.711/98 não pode ser considerado, porquanto baseado em conversão de MP que não ocorreu. De fato, o artigo em tela pressupunha a revogação do § 5º do art. 57 da Lei 8.213/91, feita por aquela MP 1.663. Contudo, ele não foi revogado quando da conversão, tendo o art. 28 da Lei 9.711/98 perdido seu sentido."

Tal decisão obrigou ao INSS rever seu posicionamento, o que foi efetivado através da Instrução Normativa n. 49, de 3.5.2001. A conversão de tempo em atividade especial em tempo comum passou então a ser novamente possível a qualquer tempo, inclusive posterior a 28.5.1998, e independente de tempo mínimo de exercício da atividade especial, anteriormente estipulado em 20%.

A referida Ação Civil Pública (2000.71.00.030435-2), acabou sendo submetida ao STJ (recurso especial), tendo este Tribunal Superior entendido que o Ministério Público Federal não possuía legitimidade para ingressar com a referida demanda (RE no RESP 531419 — DJ de 3.2.2004 — Ministro Edson Vidigal), conforme Certidão Narratória constante daqueles autos, com o seguinte teor (destaques constantes do texto original):

"CERTIFICO, a pedido da parte interessada, que tramitou perante o Juízo Substituto da 4ª Vara Federal Previdenciária de Porto Alegre, Seção Judiciária do Rio Grande do Sul, com posterior redistribuição do feito para esta 1ª Vara Federal Previdenciária a Ação Civil Pública em epígrafe, movida pelo Ministério Publico Federal contra o Instituto Nacional do Seguro Social — INSS, ajuizada em 26.9.2000, objetivando, em síntese: a) atacar a exigência de comprovação de tempo de trabalho permanente, não ocasional nem intermitente, exercido em efetiva exposição a agentes nocivos químicos, físicos, biológicos ou associação de agentes prejudiciais à saúde ou à integridade Física para as atividades insalubres desenvolvidas antes de 29.4.1995, data em que entrou em vigor a Lei n. 9.032/95; b) reconhecer que o fornecimento de equipamentos de proteção individual não elide a natureza insalubre da atividade, apesar de laudo técnico atestar a eliminação ou a neutralização do agente nocivo; c) garantir o direito do segurado que tenha tempo de serviço exercido, alternadamente, em atividade comum e em atividade profissional sob condições especiais que sejam ou venham a ser consideradas prejudiciais à saúde ou à integridade física de somar, após a respectiva conversão, e independentemente do período em que prestado o serviço, para efeito de qualquer benefício. Após a manifestação do réu, nos termos do art. 2º da Lei n. 8.437/92, foi deferida em parte a antecipação da tutela requerida na inicial, com abrangência nacional. Contra a decisão liminar, o INSS interpôs agravo de instrumento — n. 2000.04.01.139021-9 — e, citado, contestou a ação. Indeferido o pedido de suspensão da execução da liminar, em cumprimento a esta, o INSS editou a Instrução Normativa n. 42/2001, juntando cópia aos autos. O Ministério Público Federal interpôs dois agravos de instrumento (2001.04.01.007621-2 e 2001.04.01.010935-7) contra o deferimento parcial da antecipação de tutela. Entrementes, o E. TRF da 4ª Região negou provimento aos agravos interpostos pelo Ministério Público, bem como ao recurso interposto pelo INSS (2000.04.01.139021-9). Proferida sentença de parcial procedência, apelaram as partes. A Egrégia Quinta Turma conheceu em parte da apelação do Ministério Público Federal e negou-lhe provimento e deu parcial provimento à apelação do INSS e à remessa oficial para reduzir a multa cominatória, mantendo os demais termos da sentença apelanda. Interpostos recursos especial e extraordinário pelo INSS, ambos admitidos, foi julgado o Recurso Especial n. 531.419, dando provimento ao recurso para reconhecer a ausência de legitimidade do Ministério Público Federal para propor a ação. Inconformado, o MPF interpôs agravo regimental contra esta decisão, sendo-lhe negado provimento. O Ministério Público interpôs, então, recurso extraordinário, não admitido no STJ. Por fim, julgado prejudicado o Recurso Extraordinário interposto pela Autarquia, a decisão transitou em julgado no dia 30 de novembro de 2005. Do retorno dos autos da Superior Instância, foram as partes intimadas e, nada sendo requerido, o feito foi arquivado, com a respectiva baixa na distribuição. Nada mais. Porto Alegre, aos vinte e um dias de março do ano de dois mil e doze, na Secretaria da Primeira Vara Federal Previdenciária de Porto Alegre, Seção Judiciária do Rio Grande do Sul. DOU FÉ."

Não obstante o insucesso da referida demanda, o entendimento disposto na sentença monocrática acabou sendo o posicionamento que prevaleceu no Poder Judiciário, em inúmeras ações judiciais (individuais) que solicitavam o mesmo direito. De tal sorte, o INSS acabou por manter o posicionamento disposto na IN 49/2001 também no Decreto n. 3.048/99 (art. 70, com redação dada pelo Decreto n. 4.827/2003) e na IN 20/2007 (art. 172).

Atualmente, dispõe sobre a matéria, além do art. 70 do Decreto, também o art. 268 da Instrução Normativa INSS n. 45/2010, *in verbis*:

"**Art. 268.** O tempo de trabalho exercido sob condições especiais prejudiciais à saúde ou à integridade física do trabalhador, conforme a legislação vigente à época da prestação do serviço, será somado após a respectiva conversão ao tempo de trabalho exercido em atividade comum, qualquer que seja o período trabalhado, aplicando-se para efeito de concessão de qualquer benefício, a tabela de conversão constante no Anexo XXVIII.

A tabela do Anexo XXVIII é a seguinte:

Tempo de Atividade a ser Convertido	Para 15	Para 20	Para 25	Para 30	Para 35
De 15 anos	1,00	1,33	1,67	2,00	2,33
De 20 anos	0,75	1,00	1,25	1,50	1,75
De 25 anos	0,60	0,80	1,00	1,20	1,40

No entanto, e absurdamente, foi publicada no DJ de 24.5.2004 a Súmula n. 16 da Turma Nacional de Uniformização dos Juizados Especiais Federais com o seguinte teor:

"**Súmula 16** — A conversão em tempo de serviço comum, do período trabalhado em condições especiais, somente é possível relativamente à atividade exercida até 28 de maio de 1998 (art. 28 da Lei n. 9.711/98)."

Não somente a TNU, mas também as Turmas do Superior Tribunal de Justiça passaram a limitar a conversão do tempo especial em tempo comum à data de 28.5.1998, com fundamento na Medida Provisória n. 1.663-10 (que revogou o §5º do art. 57 da Lei n. 8.213/91), posteriormente convertida na Lei n. 9.7121/98 (que não manteve a revogação do citado dispositivo). Em razão da incoerência visível (e até porque a própria autarquia — INSS — não mais restringia o direito até 28.5.1998), diversos Tribunais Regionais e Turmas Recursais se posicionam de forma contrária ao entendimento do STJ, deixando de aplicar a Súmula 16 e permitindo a conversão do tempo especial em tempo comum mesmo após a data de 28.5.1998. Ilustrativamente, confiram-se os seguintes julgados/excertos da época:

"PREVIDENCIÁRIO. APOSENTADORIA POR TEMPO DE SERVIÇO. CONVERSÃO DE TEMPO ESPECIAL PARA COMUM. I — (...); **IV — Com a edição do Decreto n. 4.827, de 3.9.2003, que deu nova redação ao art. 70, do Regulamento da Previdência Social, aprovado pelo Decreto n. 3.048, de 6.5.1999, o Governo Federal tornou regulamentar a conversão de atividade exercida sob condições especiais, inclusive após 28.5.1998, atendendo ao disposto no art. 28 da Lei n. 9.711/98.** Assim, mostra-se cabível a conversão para tempo comum de todo o período trabalhado pelo Autor em condições especiais,ou seja, entre 16.10.1975 e 7.4.1998, data da entrada do requerimento (DER) de aposentadoria; V — (...); VIII — Não-provimento da apelação do INSS e da remessa necessária." (TRF 2ª Região — AC 383852 — Processo n. 200251015146644/RJ — 1ª Turma — Decisão em 8.8.2007 — Relatora: Juíza Márcia Helena Nunes — DJ de 20.9.2007 p. 147).

"PREVIDENCIÁRIO. APOSENTADORIA PROPORCIONAL. CONVERSÃO DE TEMPO ESPECIAL PARA TEMPO COMUM. –(...). — **Com a edição do Decreto n. 4.827, de 3.9.2003, que deu nova redação ao art. 70, do Regulamento da Previdência Social, aprovado pelo Decreto n. 3.048, de 6.5.1999, o governo federal tornou regulamentar a conversão de atividade exercida sob condições especiais, inclusive após 28.5.1998, atendendo o disposto no art. 28 da Lei n. 9.711/98.** — No caso, a exposição habitual e permanente a agentes nocivos e, por conseguinte, o direito à conversão de tempo de serviço comum em tempo de serviço especial, foram comprovados por formulário DSS-8030 emitido pela TELERJ S/A com base em laudo técnico elaborado por engenheiro do trabalho. — **Assim, cabível a conversão para tempo comum de todo o período trabalhado pelo Autor em condições especiais, inclusive aquele prestado após 28.5.1998**. — Recurso e remessa conhecidos e improvidos." (TRF 2ª Região — AC 274798 — Processo n. 200102010421439/RJ — 1ª Turma Especial — Decisão em 1º.2.2006 — Relator: Juiz Aluísio Gonçalves de Castro Mendes — DJU de 9.3.2006 p. 147)

"PREVIDENCIÁRIO. APOSENTADORIA. TEMPO DE SERVIÇO. TRABALHO EM CONDIÇÕES ESPECIAIS. CONVERSÃO. **I — A possibilidade de se converter o tempo trabalhado em condições especiais em comum para concessão de aposentadoria proporcional por tempo de serviço é prevista expressamente no § 5º do art. 57 da Lei n. 8.213/91, o qual encontra-se em pleno vigor, haja vista que sua retirada do mundo jurídico havia ocorrido mediante Medida Provisória não convertida em lei.** II –(...). VIII — Apelação do INSS e Remessa Oficial não providas." (TRF — 1ª Região — AC –200138030048657 -/MG — 2ª Turma — Data da Decisão em 17.12.2003 Relator: Jirair Aram Meguerian — DJ em 11.3.2004, p. 37)

"PREVIDENCIÁRIO. MANDADO DE SEGURANÇA. ADEQUAÇÃO DA VIA ELEITA. CONVERSÃO DE ATIVIDADE ESPECIAL EM COMUM. INAPLICABILIDADE DAS ORDENS DE SERVIÇO 600/98 E SEGUINTES. I – (...). **III — A disposição constante na Medida Provisória 1.663-10, que revogava expressamente o § 5º do art. 57 da Lei n. 8.213/91 não foi mantida quando da conversão em lei, continuando em vigor. IV — Inaplicáveis o art. 28 da Lei n. 9.711/98 e as Ordens de Serviço 600/98 e 612/98, que foram editadas com o intuito de disciplinar o seu comando normativo.** V — O próprio INSS na Instrução Normativa n. 42, de 22 de janeiro de 2001, revogou as Ordens de Serviços combatidas nos autos (art. 42) e readmitiu a pretendida conversão do tempo de serviço especial em tempo de serviço comum, conforme a legislação vigente à época, para efeito de concessão de benefícios previdenciários (art. 28). VI — Matéria preliminar rejeitada. No mérito, apelação e remessa oficial improvidas." (TRF 3ª Região — MAS Processo: 199961830005970/SP — data da Decisão em 14.10.2002 — Relator: Juiz Manoel Álvares — Data da Decisão em 14.10.2002 — Relator: Juiz Manoel Álvares — DJU em 17.1.2003)

Felizmente, a Turma Nacional de Uniformização reconheceu o erro e a absoluta falta de fundamentação legal da Súmula 16, cancelando-a em 27.3.2009 (DJ de 24.4.2009). Atualmente, dispõe sobre o tema a Súmula 50, com a seguinte redação:

"**Súmula 50** — É possível a conversão do tempo de serviço especial em comum do trabalho prestado em qualquer período."

No mesmo sentido é a redação da Súmula 15 da TRU da 4ª Região:

"**Súmula 15** — É possível a conversão em tempo de serviço comum do período trabalhado em condições especiais relativamente à atividade exercida após 28 de maio de 1998."

Também o Superior Tribunal de Justiça modificou seu entendimento, mantendo firme posicionamento sobre a possibilidade de conversão do tempo especial em tempo comum em qualquer tempo, mesmo após maio/98. Confira-se, ilustrativamente, o seguinte julgado:

"AGRAVO REGIMENTAL EM RECURSO ESPECIAL. PREVIDENCIÁRIO. TEMPO DE SERVIÇO ESPECIAL. CONVERSÃO. TEMPO DE SERVIÇO COMUM. FATOR. APLICAÇÃO. LIMITE TEMPORAL. INEXISTÊNCIA. I — "A partir de 3.9.2003, com a alteração dada pelo Decreto n. 4.827 ao Decreto n. 3.048, a Previdência Social, na via administrativa, passou a converter os períodos de tempo especial desenvolvidos em qualquer época pelas novas regras da tabela definida no art. 70, que, para o tempo de serviço especial correspondente a 25 anos, utiliza como fator de conversão, para homens, o multiplicador 1,40 (art. 173 da Instrução Normativa n. 20/2007)" (REsp 1.096.450/MG, 5ª Turma, Rel. Min. Jorge Mussi, DJe de 14.9.2009). II — "O Trabalhador que tenha exercido atividades em condições especiais, mesmo que posteriores a maio de 1998, tem direito adquirido, protegido constitucionalmente, à conversão do tempo de serviço, de forma majorada, para fins de aposentadoria comum" (REsp 956.110/SP, 5ª Turma, Rel. Min. Napoleão Nunes Maia Filho, DJ de 22.10.2007). Agravo regimental desprovido." (STJ — AgRg no REsp 1150069 / MG — 5ª Turma — Relator Ministro Feliz Fischer — Julgamento em 18.5.2010 — DJ de 7.6.2010)

5.4.3. Conversão de Tempo Comum em Tempo Especial — Possibilidade após 28.4.1995

Como já mencionado anteriormente, a Lei n. 9.032/95, ao alterar o art. 57 da Lei n. 8.213/91, determinou a concessão da aposentadoria especial, dentre outros requisitos, somente quando o exercício da atividade sujeita a condições especiais se desse de forma permanente, não ocasional nem intermitente.

Restaram alterados também os parágrafos de tal dispositivo. Na redação original, o § 3º determina que:

"Art. 57. A aposentadoria especial será devida, uma vez cumprida a carência exigida nesta lei, ao segurado que tiver trabalhado durante 15 (quinze), 20 (vinte) ou 25 (vinte e cinco) anos, conforme a atividade profissional, sujeito a condições especiais que prejudiquem a saúde ou a integridade física.

(...)

§ 3º O tempo de serviço exercido alternadamente em atividade comum e em atividade profissional sob condições especiais que sejam ou venham a ser consideradas prejudiciais à saúde ou à integridade física será somado, após a respectiva conversão, segundo critérios de equivalência estabelecidos pelo Ministério do Trabalho e da Previdência Social, para efeito de qualquer benefício.

(...)"

Com a alteração promovida pela Lei n. 9.032/95, a conversão passou a ser disciplinada no § 5º, com o seguinte teor:

"Art. 57. A aposentadoria especial será devida, uma vez cumprida a carência exigida nesta Lei, ao segurado que tiver trabalhado sujeito a condições especiais que prejudiquem a saúde ou a integridade física, durante 15 (quinze), 20 (vinte) ou 25 (vinte e cinco) anos, conforme dispuser a lei.

(...)

§ 5º O tempo de trabalho exercido sob condições especiais que sejam ou venham a ser consideradas prejudiciais à saúde ou à integridade física será somado, após a respectiva conversão ao tempo de trabalho exercido em atividade comum, segundo critérios estabelecidos pelo Ministério da Previdência e Assistência Social, para efeito de concessão de qualquer benefício.

(...)"

Como a nova redação passou a mencionar apenas a conversão do tempo especial em tempo comum, o INSS interpretou, inicialmente, que somente seria possível a conversão de um tempo comum (sem exposição a agente nocivo) em tempo especial se os segurados tivessem implementado todas as condições para a obtenção da aposentadoria até o dia anterior à vigência do referido ato legal (Lei n. 9.032/95) e, convicta de seu posicionamento, passou a autarquia a não mais admitir, a contar de 29.4.1995, a conversão de tempo especial em tempo comum, com a devida majoração, exceto se se tratasse de direito adquirido. Para o INSS, portanto, a obtenção do benefício de aposentadoria especial requeria necessariamente que todo o período trabalhado estivesse sujeito aos agentes nocivos.

Tal interpretação, no entanto, não encontra qualquer respaldo legal. A Lei n. 9.032/95, em momento algum, proibiu expressamente a conversão de atividade comum exercida até 28.4.1995 em atividade especial. E nos termos do art. 5º da Constituição Federal, qualquer norma proibitiva ou restritiva de direitos deve constar expressamente de lei, o que não ocorre no caso em tela.

Somando-se a ausência de proibição expressa, a proteção contida no § 1º do art. 201 da Constituição Federal e o princípio de vedação do retrocesso social, compreendo ser possível, antes e após a edição da Lei n. 9.032/95, a conversão do tempo comum em tempo especial, adotando-se para o feito a tabela que constava no art. 64 do Decreto n. 611/92. Confira-se:

Atividade a Converter	Multiplicadores				
	Para 15	Para 20	Para 25	Para 30 (Mulher)	Para 35 (Homem)
De 15 Anos	1,00	1,33	1,67	2,00	2,33
De 20 Anos	0,75	1,00	1,25	1,50	1,75
De 25 Anos	0,60	0,80	1,00	1,20	1,40
De 30 Anos (Mulher)	0,50	0,67	0,83	1,00	1,17
De 35 Anos (Homem)	0,43	0,57	0,71	0,86	1,00

"**Art. 64.** O tempo de serviço exercido alternadamente em atividade comum e atividade profissional sob condições especiais que sejam ou venham a ser consideradas prejudiciais à saúde ou à integridade física será somado, após a respectiva conversão, aplicada a tabela de conversão seguinte, para efeito de concessão de qualquer benefício:

Parágrafo Parágrafo único. Somente será devida aposentadoria especial, com a conversão prevista neste artigo, ao segurado que comprovar o exercício de atividade profissional em condições especiais, por, no mínimo, 36 (trinta e seis) meses."

A decisão proferida pela Juíza Substituta da 4ª Vara Previdenciária de Porto Alegre-RS, na Ação Civil Pública n. 2000.71.00.030435-2 também entendeu pela inconstitucionalidade e obrigou o INSS a rever seu entendimento inicial, o que foi efetivado através da Instrução Normativa n. 49, de 3.5.2001. Contudo, com a decisão do STJ no sentido de que o Ministério Público não possuía legitimidade para a referida ação judicial, o INSS alterou novamente seu posicionamento (IN INSS n. 20/2007, art. 172) e, atualmente, consta do art. 267 da Instrução Normativa INSS n. 45/2010 a seguinte redação:

"**Art. 267.** Somente será permitida a conversão de tempo especial em comum, sendo vedada a conversão de tempo comum em especial."

Como a regra de cálculo do salário de benefício foi alterada quando da publicação da Lei n. 9.876/99 (29.11.1999), permitir a conversão de um tempo comum em tempo especial, de forma que proporcione ao segurado a obtenção do benefício de Aposentadoria Especial, é conceder a ele uma regra de cálculo mais benéfica, sem a utilização do fator previdenciário. Assim, o que a Previdência Social permite é justamente o inverso, ou seja, a conversão do tempo especial em tempo comum, com o devido acréscimo, mas de forma que obtenha o segurado o benefício de Aposentadoria por Tempo de Contribuição, cujo cálculo utiliza, obrigatoriamente, o fator previdenciário.

A matéria, contudo, deverá ser decidida na esfera judicial. Apesar de extensa pesquisa, não localizei decisões dos Tribunais Superiores a respeito do tema. Da Turma Nacional de Uniformização (TNU) confira-se recente decisão, contrária aos interesses dos segurados:

"PREVIDENCIÁRIO. APOSENTADORIA ESPECIAL. CONVERSÃO DE TEMPO DE SERVIÇO COMUM EM ESPECIAL. IMPOSSIBILIDADE APÓS A EDIÇÃO DA LEI N. 9.032/95. AUSÊNCIA DE DIREITO ADQUIRIDO A REGIME JURÍDICO. 1. A conversão de tempo de serviço é questão concernente ao regime jurídico da aposentadoria a ser requerida. Deve ser aplicado o regime jurídico vigente no momento em que se completam os requisitos para se aposentar. Ou seja, se o segurado exerceu atividade comum até 28.4.1995, mas completou os requisitos para se aposentar depois dessa data, ele não pode mais converter o tempo de serviço comum anterior a 28.4.1995 em tempo especial, porque não existe direito adquirido a regime jurídico. Precedente da Turma Nacional de Uniformização: Processo n. 2007.70.95.01.6165-0, Relator Juiz José Eduardo do Nascimento, DJU 8.6.2012). 2. A Primeira Seção do STJ já decidiu, em recurso representativo de controvérsia, que "a lei vigente por ocasião da aposentadoria é a aplicável ao direito à conversão entre tempos de serviço especial e comum, independentemente do regime jurídico à época da prestação do serviço" (REsp 1.310.034, Rel. Min. Herman Benjamin, DJU 19.12.2012). 3. Uniformizado o entendimento de que o tempo de serviço comum exercido antes de 29/04/1995 não pode ser convertido em tempo de serviço especial para fins de concessão de aposentadoria cujos requisitos tenham sido completados após 29.4.1995. 4. Pedido improvido." (TNU — PEDILEF 200771540030222 — Decisão em 17.5.2013 – Relator Juiz Federal Gláucio Ferreira Maciel Gonçalves — DOU de 7.6.2013 p. 82/103)

5.5. Obtenção do Benefício — Proibição de Permanência na Atividade Nociva — Inconstitucionalidade

Uma vez obtida a Aposentadoria Especial (a partir de 29.4.1995), o segurado não mais poderá trabalhar com exposição a agentes nocivos, sob pena de cancelamento do benefício pelo INSS. Referida proibição consta expressamente da Lei n. 8.213/91 (§ 8º) e, conforme redação constante do art. 252 da Instrução Normativa INSSn. 45/2010, a cessação do benefício ocorrerá da seguinte forma:

"**Art. 252.** A aposentadoria especial requerida e concedida a partir de 29 de abril de 1995, data da publicação da Lei n. 9.032, de 1995, em virtude da exposição do trabalhador a agentes nocivos, será cessada pelo INSS, se o beneficiário permanecer ou retornar à atividade que enseje a concessão desse benefício, na mesma ou em outra empresa, qualquer que seja a forma de prestação de serviço ou categoria de segurado.

§ 1º A cessação do benefício de que trata o *caput* ocorrerá da seguinte forma:

I — a partir de 3 de dezembro de 1998, data da publicação da MP n. 1.729, de 1998, convertida na Lei n. 9.732, de 1998, para as aposentadorias concedidas no período anterior à edição do referido diploma legal; e

II — a partir da data do efetivo retorno ou da permanência, para as aposentadorias concedidas a partir de 3 de dezembro de 1998, data da publicação da MP n. 1.729, de 1998.

§ 2º A cessação do benefício deverá ser precedida de procedimento que garanta o contraditório e a ampla defesa do segurado."

Confira-se, ainda, a redação do parágrafo único do art. 69 do Decreto n. 3.048/99:

"Parágrafo único. O segurado que retornar ao exercício de atividade ou operação que o sujeite aos riscos e agentes nocivos constantes do Anexo IV, ou nele permanecer, na mesma ou em outra empresa, qualquer que seja a forma de prestação do serviço ou categoria de segurado, será imediatamente notificado da cessação do pagamento de sua aposentadoria especial, no prazo de sessenta dias contado da data de emissão da notificação, salvo comprovação, nesse prazo, de que o exercício dessa atividade ou operação foi encerrado".

Sendo o benefício cancelado, os valores indevidamente recebidos pelo segurado deverão ser devolvidos ao INSS, seja na forma de desconto de algum benefício de prestação continuada (art. 154 do Decreto n. 3.048/99) ou de remuneração percebida em face do vínculo empregatício mantido (art. 365 do Decreto n. 3.048/99).

Nos termos da Lei e conforme entendimento do INSS é permitidoo exercício de atividade em área comum, sem qualquer agente que prejudique a saúde ou a integridade física do trabalhador.

É importante destacarmos aqui que, não obstante a Lei n. 8.213/91 fale de cancelamento do benefício, este não pode ser aplicado à aposentadoria especial, já que o trabalhador cumpriu todos os requisitos à sua obtenção e, dessa forma, possui direito adquirido ao referido benefício. O que pode ocorrer, no caso em tela, é a suspensão do pagamento, enquanto o trabalhador estiver exercendo atividade de risco, com posterior reativação do benefício, quando da comprovação do desligamento.

Ocorre, contudo, que o Tribunal Regional Federal da 4ª Região, na arguição de inconstitucionalidade n. 5001401-77.2012.404.0000, relatoria de Ricardo Teixeira do Valle Pereira, compreendeu (por maioria) que o § 8º do art. 57 fere o inciso IV do art. 1º e também o *caput* do art. 6º da Constituição Federal, que assim dispõem:

"**Art. 1º** A República Federativa do Brasil, formada pela união indissolúvel dos Estados e Municípios e do Distrito Federal, constitui-se em Estado Democrático de Direito e tem como fundamentos:

(...)

IV — os valores sociais do trabalho e da livre iniciativa;

(...)"

"**Art. 6º** São direitos sociais a educação, a saúde, a alimentação, o trabalho, a moradia, o lazer, a segurança, a previdência social, a proteção à maternidade e à infância, a assistência aos desamparados, na forma desta Constituição.

Isso porque o § 1º do art. 201 da Constituição Federal garante tratamento diferenciado em termos de aposentadoria àqueles que estão expostos a riscos (de saúde ou integridade física), sem qualquer restrição. Conclui, assim, que *"a previdência é um direito social do trabalhador, e o trabalho e a livre iniciativa fundamentos da República, de forma que a restrição imposta pelo legislador está a afrontar a Constituição Federal."*

Reforça, ainda, tal entendimento as disposições do inciso XIII do art. 5º da Constituição, com o seguinte teor:

"**Art. 5º** Todos são iguais perante a lei, sem distinção de qualquer natureza, garantindo-se aos brasileiros e aos estrangeiros residentes no País a inviolabilidade do direito à vida, *à liberdade, à igualdade*, à segurança e à propriedade, nos termos seguintes:

(...)

XIII — *é livre o exercício de qualquer trabalho, ofício ou profissão, atendidas as qualificações profissionais que a lei estabelecer*;

(...)"

Conclui, portanto, o TRF 4, na Arguição de Inconstitucionalidade 5001401-77.2012.404.0000, que:

"A restrição à continuidade do desempenho da atividade por parte do trabalhador que obtém aposentadoria especial cerceia, sem que haja autorização constitucional para tanto (pois a constituição somente permite restrição relacionada à qualificação profissional), o desempenho de atividade profissional, e veda o acesso à previdência social ao segurado que implementou os requisitos estabelecidos na legislação de regência.

Note-se que a regra sequer tem caráter protetivo. Isso porque não veda o trabalho especial, ou mesmo sua continuidade, impedindo apenas o pagamento da aposentadoria. Não há impedimento, por exemplo, a que o segurado permaneça trabalhando em atividades que impliquem exposição a agentes nocivos sem requerer aposentadoria especial; ou que aguarde para se aposentar por tempo de contribuição, a fim de poder cumular o benefício com a remuneração da atividade, caso mantenha o vínculo. Como nada impede que se aposentando sem a consideração do tempo especial, peça, quando do afastamento definitivo do trabalho, a conversão da aposentadoria por tempo de contribuição em aposentadoria especial. O que se percebe é que a regra não protege o trabalhador, tendo, ao fim e ao cabo, mero caráter fiscal.

(...)

Inconstitucional, assim, a norma em exame, a qual, se adotada, pode implicar cerceamento ao desempenho de atividade, por exemplo, de profissionais de saúde (enfermeiros, técnicos em radiologia, médicos, dentistas, etc.), e trabalhadores especializados, seja de nível superior ou nível médio, de indústrias dos mais diversos ramos. Terão eles que escolher entre se aposentar ou deixar a atividade para a qual se prepararam, muitas vezes por longos anos ou, (burlando com facilidade a norma restritiva, mas perdendo a garantia que a lei e a Constituição asseguram), aguardar para requerer aposentadoria por tempo de contribuição sem se valer do tempo especial.

O fato é que, obtendo o segurado aposentadoria especial, algum trabalhador vai ter que continuar a exercer a atividade que até então ele vinha desempenhando. E a Constituição não veda que ele próprio, depois de aposentado, continue a desempenhar a atividade. Ao Estado incumbe exigir a adoção de medidas que eliminem a insalubridade, de modo que os riscos a que submetidos os segurados se tornem apenas potenciais, não podendo optar simplesmente pelo cerceamento do direito ao trabalho e à previdência social."

A redação da ementa ficou assim consignada:

"PREVIDENCIÁRIO. CONSTITUCIONAL. ARGUIÇÃO DE INCONSTUCIONALIDADE. § 8º DO ART. 57 DA LEI N. 8.213/91. APOSENTADORIA ESPECIAL. VEDAÇÃO DE PERCEPÇÃO POR TRABALHADOR QUE CONTINUA NA ATIVA, DESEMPENHANDO ATIVIDADE EM CONDIÇÕES ESPECIAIS. 1. Comprovado o exercício de atividade especial por mais de 25 anos, o segurado faz jus à concessão da aposentadoria especial, nos termos do art. 57 e § 1º da Lei n. 8.213, de 24.7.1991, observado, ainda, o disposto no art. 18, I, 'd' c/c 29, II, da LB, a contar da data do requerimento administrativo. 2. O § 8º do art. 57 da Lei n. 8.213/91 veda a percepção de aposentadoria especial por parte do trabalhador que continuar exercendo atividade especial. 3. A restrição à continuidade do desempenho da atividade por parte do trabalhador que obtém aposentadoria especial cerceia, sem que haja autorização constitucional para tanto (pois a constituição somente permite restrição relacionada à qualificação profissional), o desempenho de atividade profissional, e veda o acesso à previdência social ao segurado que implementou os requisitos estabelecidos na legislação de regência.3. A regra em questão não possui caráter protetivo, pois não veda o trabalho especial, ou mesmo sua continuidade, impedindo apenas o pagamento da aposentadoria. Nada obsta que o segurado permaneça trabalhando em atividades que impliquem exposição a agentes nocivos sem requerer aposentadoria especial; ou que aguarde para se aposentar por tempo de contribuição, a fim de poder cumular o benefício com a remuneração da atividade, caso mantenha o vínculo; como nada impede que se aposentando sem a consideração do tempo especial, peça, quando do afastamento definitivo do trabalho, a conversão da aposentadoria por tempo de contribuição em aposentadoria especial. A regra, portanto, não tem por escopo a proteção do trabalhador, ostentando mero caráter fiscal e cerceando de forma indevida o desempenho de atividade profissional. 4. A interpretação conforme a constituição não tem cabimento quando conduz a entendimento que contrarie sentido expresso da lei. 5. Reconhecimento da inconstitucionalidade do § 8º do art. 57 da Lei n. 8.213/91." (TRF 4ª Região — Arguição de Inconstitucionalidade n. 5001401.77.2012.404.0000 5ª Turma Julgamento em 24.5.2012 — Relator Desembargador Federal Ricardo Teixeira do Valle Pereira).

Permito-me, contudo, discordar do posicionamento do TRF da 4ª Região. De fato, o § 1º do art. 201 da Carta Constitucional não coloca restrições à aposentadoria especial, conforme podemos observar:

"**Art. 201.** A previdência social será organizada sob a forma de regime geral, de caráter contributivo e de filiação obrigatória, observados critérios que preservem o equilíbrio financeiro e atuarial, e atenderá, nos termos da lei, a:

(...)

§ 1º É vedada a adoção de requisitos e critérios diferenciados para a concessão de aposentadoria aos beneficiários do regime geral de previdência social, ressalvados os casos de atividades exercidas sob condições especiais que prejudiquem a saúde ou a integridade física e quando se tratar de segurados portadores de deficiência, nos termos definidos em lei complementar.

(...)"

No entanto, também não impede que sejam criadas tais restrições por meio de lei, já que determina apenas ser possível a adoção de critérios diferenciados para as atividades exercidas sob condições especiais (insalubres ou periculosas) sem mencionar, expressamente, que critérios seriam estes.

Compreendo que a restrição imposta no § 8º do art. 57 (suspensão do pagamento enquanto o trabalhador permanecer na atividade de risco) não fere o princípio da livre iniciativa, nem tampouco o do valor social do trabalho simplesmente porque não impede que o segurado permaneça trabalhando.

O que determina o dispositivo é que, para receber aposentadoria antes dos demais segurados (aposentadoria especial), é preciso se afastar da atividade nociva. Não seria razoável o sistema permitir a aposentadoria aos 15 anos de atividade para os mineiros de subsolo (enquanto os demais trabalhadores precisam completar 30 ou 35 anos, conforme o sexo) para que este trabalhador permaneça, após a concessão do benefício, no exercício da mesma atividade. Assim, o que impôs o legislador ordinário foi apenas o seguinte: para receber o benefício com apenas 15 anos de atividade, é preciso que se afaste da área nociva, sendo possível permanecer trabalhando, se quiser, mas em atividade que não o exponha a insalubridade ou periculosidade. Referida disposição, inclusive, cumpre com o *caput* do art. 201, preocupando-se com o equilíbrio financeiro do Regime Previdenciário.

Saliente-te, ainda, que de forma indireta, a restrição acaba incentivando o trabalhador a se afastar da área nociva, procurando um trabalho em local isento de riscos, para que possa acumular o benefício da aposentadoria com sua remuneração mensal.

Se assim não o faz, permanecendo na área de risco e postergando sua aposentadoria, é porque o valor da aposentadoria especial é inferior ao rendimento mensal percebido na ativa e, por sua opção, prefere permanecer exposto a riscos a afastar-se com rendimento menor. Parte do problema, aqui, encontra-se na forma de cálculo dos benefícios previdenciários, cujo resultado final acaba por não garantir o mesmo padrão de vida existente na ativa. Outra parte encontra-se na cultura do povo brasileiro, que ainda não se conscientizou sobre a necessidade de economizar dinheiro (quando possível, lógico), por qualquer forma que seja (previdência complementar, poupança, investimento em ações ou imóveis, etc.), para garantir uma aposentadoria melhor no futuro.

Fundamentação: Lei n. 8.213/91, arts. 57, § 8º; Decreto n. 3.048/99, art. 69, parágrafo único.

6. APOSENTADORIA DE SEGURADOS PORTADORES DE DEFICIÊNCIA

6.1. Portadores de deficiência — conceito

A Lei Complementar n. 142, publicada no Diário Oficial da União em 9.5.2013 e com vigência programada para 9.11.2013[24] (*vacatio legis* de 6 meses, conforme previsão do art. 11), instituiu critérios mais benéficos de aposentadoria para os segurados do Regime Geral de Previdência Social (RGPS) que sejam portadores de deficiência, atendendo ao comando constitucional de tratamento diferenciado disposto no § 1º do art. 201 da Constituição Federal.

Seu regulamento consta do Decreto n. 8.145/2013 (DOU de 03.12.2013), que altera o Decreto n. 3.048/99 (Regulamento da Previdência Social) e a redação conferida ao § 3º do art. 70-D é bastante similar àquela disposta no art. 2º da referida Lei Complementar faz referência à deficiência física, mental, intelectual ou sensorial, desde que acarretem impedimentos de longo prazo e que impeçam ao segurado de participar de forma plena e efetiva na sociedade, em igualdade de condições com as demais pessoas. Confira-se:

---

(24) Como o regulamento (Decreto n. 8.145/2013) foi publicado somente em 03.12.2013, essa foi a data em que a Lei Complementar efetivamente entrou em vigor, perante o INSS.

"**Art. 2º** Para o reconhecimento do direito à aposentadoria de que trata esta Lei Complementar, considera-se pessoa com deficiência aquela que tem impedimentos de longo prazo de natureza física, mental, intelectual ou sensorial, os quais, em interação com diversas barreiras, podem obstruir sua participação plena e efetiva na sociedade em igualdade de condições com as demais pessoas."

Referida proteção repete as disposições constantes do art. **1º da Convenção sobre os Direitos da Pessoa com Deficiência, assinada em 30.3.2007** (Convenção de Nova York), aprovada pelo Brasil pelo Decreto Legislativo n. 186/2008 e cujo texto consta, integralmente, do Decreto n. 6.949/2009. Por se tratar de convenção internacional sobre direitos humanos e por ter sido aprovada no Brasil conforme previsão do § 3º do art. 5º da CF/88, suas disposições tem força de emenda constitucional e seu art. 3º traz como princípios fundamentais o respeito pela diferença e a plena e efetiva participação e inclusão na sociedade. Confira-se:

"**Art. 3º Princípios gerais**

Os princípios da presente Convenção são:

a) O respeito pela dignidade inerente, a autonomia individual, inclusive a liberdade de fazer as próprias escolhas, e a independência das pessoas;

b) A não-discriminação;

c) A plena e efetiva participação e inclusão na sociedade;

d) O respeito pela diferença e pela aceitação das pessoas com deficiência como parte da diversidade humana e da humanidade;

e) A igualdade de oportunidades;

f) A acessibilidade;

g) A igualdade entre o homem e a mulher;

h) O respeito pelo desenvolvimento das capacidades das crianças com deficiência e pelo direito das crianças com deficiência de preservar sua identidade."

Sobre o conceito de deficiência, encontra-se também em vigor o Decreto n. 3.298/99, cujo art. 4º assim especifica:

"**I — Deficiência física:** alteração completa ou parcial de um ou mais segmentos do corpo humano, acarretando o comprometimento da função física, apresentando-se sob a forma de paraplegia, paraparesia, monoplegia, monoparesia, tetraplegia, tetraparesia, triplegia, triparesia, hemiplegia, hemiparesia, ostomia, amputação ou ausência de membro, paralisia cerebral, nanismo, membros com deformidade congênita ou adquirida, exceto as deformidades estéticas e as que não produzam dificuldades para o desempenho de funções.

II — Deficiência auditiva: perda bilateral, parcial ou total, de quarenta e um decibéis (dB) ou mais, aferida por audiograma nas freqüências de 500HZ, 1.000HZ, 2.000Hz e 3.000Hz.

III — Deficiência visual: cegueira, na qual a acuidade visual é igual ou menor que 0,05 no melhor olho, com a melhor correção óptica; a baixa visão, que significa acuidade visual entre 0,3 e 0,05 no melhor olho, com a melhor correção óptica; os casos nos quais a somatória da medida do campo visual em ambos os olhos for igual ou menor que 60°; ou a ocorrência simultânea de quaisquer das condições anteriores.

IV — Deficiência mental: funcionamento intelectual significativamente inferior à média, com manifestação antes dos dezoito anos e limitações associadas a duas ou mais áreas de habilidades adaptativas, tais como:

a) comunicação;

b) cuidado pessoal;

c) habilidades sociais;

d) utilização dos recursos da comunidade;

e) saúde e segurança;

f) habilidades acadêmicas;

g) lazer; e

h) trabalho;

V — Deficiência múltipla: associação de duas ou mais deficiências."

Acredito ser possível a utilização desses mesmos conceitos de deficiência física, mental (intelectual) e sensorial (auditiva e visual) para a caracterização do segurado deficiente, cuja avaliação (médica e funcional) deverá ocorrer pelo setor de perícias do INSS, nos termos dispostos pelo art. 70-D do Decreto n. 3.048/99 §§ 1º e 2º, conforme segue:

"**Art. 70-D.** Para efeito de concessão da aposentadoria da pessoa com deficiência, compete à perícia própria do INSS, nos termos de ato conjunto do Ministro de Estado Chefe da Secretaria de Direitos Humanos da Presidência da República, dos Ministros de Estado da Previdência Social, da Fazenda, do Planejamento, Orçamento e Gestão e do Advogado-Geral da União:

I — avaliar o segurado e fixar a data provável do início da deficiência e o seu grau; e

II — identificar a ocorrência de variação no grau de deficiência e indicar os respectivos períodos em cada grau.

§ 1º A comprovação da deficiência anterior à data da vigência da Lei Complementar n. 142, de 8 de maio de 2013, será instruída por documentos que subsidiem a avaliação médica e funcional, vedada a prova exclusivamente testemunhal.

§ 2º A avaliação da pessoa com deficiência será realizada para fazer prova dessa condição exclusivamente para fins previdenciários.

Sobre a perícia no INSS confira-se, ainda, a redação do art. 2º do Decreto n. 8.145/2013:

"**Art. 2º** A pessoa com deficiência poderá, a partir da entrada em vigor deste Decreto, solicitar o agendamento de avaliação médica e funcional, a ser realizada por perícia própria do INSS, para o reconhecimento do direito às aposentadorias por tempo de contribuição ou por idade nos termos da Lei Complementar n. 142, de 8 de maio de 2013.

§ 1º Até dois anos após a entrada em vigor deste Decreto será realizada a avaliação de que trata o **caput** para o segurado que requerer o benefício de aposentadoria e contar com os seguintes requisitos:

I — no mínimo vinte anos de contribuição, se mulher, e vinte e cinco, se homem; ou

II — no mínimo quinze anos de contribuição e cinquenta e cinco anos de idade, se mulher, e sessenta, se homem.

§ 2º Observada a capacidade da perícia própria do INSS, de acordo com a demanda local, poderá ser realizada a avaliação do segurado que não preencha os requisitos mencionados no § 1º."

E também a redação do art. 70-H do Decreto n. 3.048/99:

"**Art. 70-H.** A critério do INSS, o segurado com deficiência deverá, a qualquer tempo, submeter-se a perícia própria para avaliação ou reavaliação do grau de deficiência.

Parágrafo único. Após a concessão das aposentadorias na forma dos arts. 70-B e 70-C, será observado o disposto nos arts. 347 e 347-A."

Esclarecimento importante e que consta do Decreto n. 8.145/2013 refere que a condição de deficiente deve estar presente quando da entrada do requerimento do benefício junto ao INSS ou quando da implementação dos requisitos necessários à sua percepção (art. 70-A do Decreto n. 3.048/99).

Outra novidade trazida pelo Regulamento (Decreto n. 8.145/2013) foi a possibilidade de fazer incluir no CNIS as informações do segurado relativas aos períodos com deficiência (nova redação do art. 19, § 8º, do Decreto n. 3.048/99). Assim, entendo possível o requerimento da perícia médica e comprovação da qualidade de deficiente apenas para inserção dos dados no CNIS, independentemente do preenchimento dos requisitos à aposentadoria.

Fundamentação: Lei Complementar n. 142/2013, arts. 1º, 2º, 4º, 5º e 11; Decreto n. 8.145/2013.

6.2. Aposentadoria por tempo de contribuição

Com vigência a contar de 03.12.2013, é possível ao segurado portador de deficiência (de qualquer modalidade, inclusive ao segurado especial que contribua facultativamente ao sistema) aposentar-se por tempo de contribuição com tempo inferior àquele exigido para os demais segurados do sistema.

O tempo a ser comprovado dependerá do grau de deficiência a ser constatado pelo INSS, da seguinte forma:

Grau de deficiência	Tempo de contribuição	
	Homens	Mulheres
Leve	33 anos	28 anos
Moderada	29 anos	24 anos
Grave	25 anos	20 anos

Essa redução de tempo, para fins de obtenção da aposentadoria, não poderá ser acumulada (quando se tratar do mesmo período contributivo) com a redução assegurada aos casos de atividades exercidas sob condições especiais que prejudiquem a saúde ou a integridade física — LC n. 142/2013, art. 10. Tampouco se permite a conversão do tempo de deficiência em tempo comum (com acréscimo), como ocorre com o tempo especial de exposição a agentes periculosos e nocivos.

No entanto, é garantida a conversão do tempo especial em tempo comum com acréscimo, conforme redação conferida ao art. 70-F do Decreto n. 3.048/99. *In verbis:*

> "**Art. 70-F.** A redução do tempo de contribuição da pessoa com deficiência não poderá ser acumulada, no mesmo período contributivo, com a redução aplicada aos períodos de contribuição relativos a atividades exercidas sob condições especiais que prejudiquem a saúde ou a integridade física.
>
> § 1º É garantida a conversão do tempo de contribuição cumprido em condições especiais que prejudiquem a saúde ou a integridade física do segurado, inclusive da pessoa com deficiência, para fins da aposentadoria de que trata o art. 70-B, se resultar mais favorável ao segurado, conforme tabela abaixo:

	MULHER				
	MULTIPLICADORES				
TEMPO A CONVERTER	Para 15	Para 20	Para 24	Para 25	Para 28
De 15 anos	1,00	1,33	1,60	1,67	1,87
De 20 anos	0,75	1,00	1,20	1,25	1,40
De 24 anos	0,63	0,83	1,00	1,04	1,17
De 25 anos	0,60	0,80	0,96	1,00	1,12
De 28 anos	0,54	0,71	0,86	0,89	1,00

	HOMEM				
	MULTIPLICADORES				
TEMPO A CONVERTER	Para 15	Para 20	Para 25	Para 29	Para 33
De 15 anos	1,00	1,33	1,67	1,93	2,20
De 20 anos	0,75	1,00	1,25	1,45	1,65
De 25 anos	0,60	0,80	1,00	1,16	1,32
De 29 anos	0,52	0,69	0,86	1,00	1,14
De 33 anos	0,45	0,61	0,76	0,88	1,00

> § 2º É vedada a conversão do tempo de contribuição da pessoa com deficiência para fins de concessão da aposentadoria especial de que trata a Subseção IV da Seção VI do Capítulo II.
>
> § 3º Para fins da aposentadoria por idade da pessoa com deficiência é assegurada a conversão do período de exercício de atividade sujeita a condições especiais que prejudiquem a saúde ou a integridade física, cumprido na condição de pessoa com deficiência, exclusivamente para efeito de cálculo do valor da renda mensal, vedado o cômputo do tempo convertido para fins de carência."

Já o art. 70-E do Decreto n. 3.048/99 traz uma outra tabela de conversão, a ser utilizada para o segurado que, após a filiação ao RGPS, se torna uma pessoa com deficiência. Confira-se:

"Art. 70-E. Para o segurado que, após a filiação ao RGPS, tornar-se pessoa com deficiência, ou tiver seu grau alterado, os parâmetros mencionados nos incisos I, II e III do *caput* do art. 70-B serão proporcionalmente ajustados e os respectivos períodos serão somados após conversão, conforme as tabelas abaixo, considerando o grau de deficiência preponderante, observado o disposto no art. 70-A:

MULHER				
TEMPO A CONVERTER	MULTIPLICADORES			
	Para 20	Para 24	Para 28	Para 30
De 20 anos	1,00	1,20	1,40	1,50
De 24 anos	0,83	1,00	1,17	1,25
De 28 anos	0,71	0,86	1,00	1,07
De 30 anos	0,67	0,80	0,93	1,00

HOMEM				
TEMPO A CONVERTER	MULTIPLICADORES			
	Para 25	Para 29	Para 33	Para 35
De 25 anos	1,00	1,16	1,32	1,40
De 29 anos	0,86	1,00	1,14	1,21
De 33 anos	0,76	0,88	1,00	1,06
De 35 anos	0,71	0,83	0,94	1,00

§ 1º O grau de deficiência preponderante será aquele em que o segurado cumpriu maior tempo de contribuição, antes da conversão, e servirá como parâmetro para definir o tempo mínimo necessário para a aposentadoria por tempo de contribuição da pessoa com deficiência e para a conversão.

§ 2º Quando o segurado contribuiu alternadamente na condição de pessoa sem deficiência e com deficiência, os respectivos períodos poderão ser somados, após aplicação da conversão de que trata o *caput*.

O benefício deverá ser calculado conforme as regras gerais observadas para os demais benefícios do RGPS (art. 29 da Lei n. 8.213/91), mas com aplicação do fator previdenciário apenas se for vantajoso ao cálculo[25]. A renda mensal deverá corresponder a 100% do salário de benefício apurado.

Fundamentação: Lei Complementar n. 142/2013, arts. 3º, 8º, 9º e 10; Decreto n. 3.048/99, art. 70-B, com redação dada pelo Decreto n. 8.145/2013.

6.3. Aposentadoria por idade

Também vigência a contar de 03.12.2013, a aposentadoria por idade poderá ser concedida ao segurado portador de deficiência mediante o cumprimento dos seguintes requisitos:

a) Homens: 60 anos de idade + mínimo de 15 anos de contribuição + mínimo de 15 anos da existência da deficiência;

b) Mulheres: 55 anos de idade + mínimo de 15 anos de contribuição + mínimo de 15 anos da existência da deficiência

O benefício deverá ser calculado conforme as regras gerais observadas para os demais benefícios do RGPS (art. 29 da Lei n. 8.213/91), com aplicação do fator previdenciário apenas se for vantajoso ao cálculo.

---

(25) Confira-se, a respeito, a redação dos §§ 23 e 24 do art. 32 do Decreto 3.048/99, com redação conferida pelo Decreto n. 8.145/2013: " § 23. É garantida a aplicação do fator previdenciário no cálculo das aposentadorias por tempo de contribuição e por idade devidas ao segurado com deficiência, se resultar em renda mensal de valor mais elevado, devendo o INSS, quando da concessão do benefício, proceder ao cálculo da renda mensal inicial com e sem a aplicação do fator previdenciário. § 24. Para efeitos do disposto no § 23, na aplicação do fator previdenciário, será considerado o tempo de contribuição computado para fins de cálculo do salário de benefício."

A renda mensal deverá corresponder a 70% do salário de benefício apurado, acrescendo-se mais 1% para cada grupo de 12 contribuições mensais, até o máximo de 30%.

Fundamentação: Lei Complementar n. 142/2013, arts. 3º, 8º, 9º e 10; Decreto n. 3.048/99, art. 70-C, com redação dada pelo Decreto n. 8.145/2013.

6.4. Disposições Gerais

A Lei Complementar n. 142/2003 assegura, ainda, o direito à contagem recíproca do tempo de contribuição (em relação ao serviço prestado com vinculação a regime próprio), as demais normas relativas aos benefícios do RGPS e o direito do segurado optar, se lhe for mais vantajoso, por qualquer outra espécie de aposentadoria prevista na Lei n. 8.213/91.

As regras quando ao pagamento e recolhimento das contribuições previdenciárias seguem o regramento geral aplicado aos demais segurados do sistema, previstas na Lei n. 8.212/91.

Por fim, quanto à contagem de tempo de contribuição, não há previsão específica na LC n. 142/2013, limitando-se a informar que para comprovação do tempo de deficiência não será aceita prova exclusivamente testemunhal.

Confira-se, ainda, a redação do art. 7º:

"Art. 7º Se o segurado, após a filiação ao RGPS, tornar-se pessoa com deficiência, ou tiver seu grau de deficiência alterado, os parâmetros mencionados no art. 3º serão proporcionalmente ajustados, considerando-se o número de anos em que o segurado exerceu atividade laboral sem deficiência e com deficiência, observado o grau de deficiência correspondente, nos termos do regulamento a que se refere o parágrafo único do art. 3º desta Lei Complementar."

Fundamentação: Lei Complementar n. 142/2013, arts 6º, 7º e 9º; Decreto n. 3.048/99, arts. 70-G, 70-I e 125.

7. AUXÍLIO-DOENÇA

7.1. Requisitos necessários à obtenção do benefício

O benefício de Auxílio-Doença será devido ao segurado que ficar incapacitado para o seu trabalho ou para a sua atividade habitual por mais de quinze dias consecutivos, podendo ser decorrente de enfermidades, acidentes em geral ou de acidentes do trabalho, nesta última hipótese recebendo a denominação de auxílio-doença acidentário.

O nome a ele intitulado é tecnicamente incorreto porque, em verdade, não se paga benefício em razão da doença, mas sim em razão da incapacidade decorrente da doença ou do acidente. Um segurado pode encontrar-se portador do vírus HIV (enfermidade) e não conseguir o referido benefício, porque não se encontra incapacitado para as atividades habituais. O mesmo pode ocorrer com portadores de diabetes, problemas cardíacos ou outras doenças.

Note-se, ainda, que ao contrário do exigido para o benefício de Aposentadoria por Invalidez, o Auxílio-Doença não requer a incapacidade para toda e qualquer atividade, mas tão-somente para aquela habitualmente exercida pelo segurado. Não se exige, também, o requisito da insuscetibilidade de recuperação. Assim, um segurado que exerça, concomitantemente, duas ocupações profissionais (professor e redator, por exemplo) e que venha a necessitar de uma cirurgia nas cordas vocais, ficará incapacitado para o exercício da atividade de magistério, percebendo o benefício de auxílio-doença; mas não o estará para a atividade de redator, na qual permanecerá trabalhando normalmente.

Sobre o tema confira-se o subitem 7.5 deste Capítulo.

Fundamentação: Lei n. 8.213/91, art. 59; Decreto n. 3.048/99, art. 71; Instrução Normativa INSS n. 45/2010, art. 274.

7.1.1. Qualidade de Segurado

O primeiro requisito a ser observado é a qualidade de segurado, porque este benefício somente pode ser concedido aos segurados do Regime Geral de Previdência Social, sejam eles empregados, empregados domésticos, contribuintes individuais, trabalhadores avulsos, segurados especiais ou segurados facultativos.

É necessário, portanto, que o segurado empregado, o empregado doméstico, o trabalhador avulso e o contribuinte individual que presta serviços para pessoas jurídicas comprovem documentalmente a efetiva prestação dos serviços para, consequentemente, comprovarem a qualidade de segurado. Como a responsabilidade pelo recolhimento das contribuições caberá ao empregador ou empresa contratante, o INSS não pode exigir desses segurados a prova da efetiva contribuição (que é presumida, nos termos do art. 33 da Lei n. 8.212/91), mas tão somente prova da efetiva prestação dos serviços.[26] Também o segurado especial necessita comprovar apenas a efetiva prestação de serviços nessa condição.

Já o contribuinte individual que presta serviço à pessoa física e o segurado facultativo devem comprovar a primeira contribuição em dia (sem atraso).

Sobre o tema confira-se a redação da Súmula 18 da TRU da 3ª Região:

"**Súmula 18** — A qualidade de segurado, para fins de concessão de auxílio-doença e de aposentadoria por invalidez, deve ser verificada quando do início da incapacidade." (Origem Enunciado 23 do JEFSP)

Caso não estejam mais contribuindo para o sistema, por qualquer razão, precisam estar amparados pelo período de graça (prazo de manutenção da qualidade de segurado), conforme art. 15 da Lei n. 8.213/91. Sobre o tema, ver Parte II, Capítulo VII, desta obra.

Obs.: O auxílio-doença será devido durante o curso de reclamação trabalhista relacionada com a rescisão do contrato de trabalho, ou após a decisão final, desde que implementadas as condições mínimas para a concessão do benefício — Decreto n. 3.048/99, art. 72, § 3º.

Registre-se, por fim, que se a data de início da incapacidade for fixada enquanto o segurado ainda se encontrava nesta condição, deverá ser concedido o benefício, não sendo caracterizada a perda da qualidade de segurado a ausência de contribuições durante o período de enfermidade. Nesse sentido confira-se, inclusive, a redação do Enunciado CRPS n. 8:

"**Enunciado 8** — Fixada a data do início da incapacidade antes da perda da qualidade de segurado, a falta de contribuição posterior não prejudica o seu direito as prestações previdenciárias."

Também nesse mesmo entendimento, o Enunciado AGU n. 26:

"**Enunciado 26** — Para a concessão de benefício por incapacidade, não será considerada a perda da qualidade de segurado decorrente da própria moléstia incapacitante."

7.1.2. Incapacidade

Comprovada a qualidade de segurado será necessário comprovar também a existência de incapacidade para o exercício da atividade habitualmente desenvolvida, por meio de documentos médicos.[27]

É possível comprovar a incapacidade através de atestado médico, cópia do prontuário clínico, guias ou fichas de internamento, resultados de exames, receitas de medicamentos ou outros documentos aptos que indiquem a enfermidade e as consequências à saúde do paciente.

---

(26) Por analogia, confira-se a redação do Enunciado 18 do CRPS: "Não se indefere benefício sob fundamento de falta de recolhimento de contribuição previdenciária quando esta obrigação for devida pelo empregador."

(27) Confira-se a redação do Enunciado AGU n. 25: "Ementa: Será concedido auxílio-doença ao segurado considerado temporariamente incapaz para o trabalho ou sua atividade habitual, de forma total ou parcial, atendidos os demais requisitos legais, entendendo-se por incapacidade parcial aquela que permita sua reabilitação para outras atividades laborais."

A Resolução CFM n. 1.658/2002, inclusive, orienta o profissional médico à emissão do atestado necessário para a perícia médica, sendo a redação do art. 3º, parágrafo único, a seguinte:

"**Art. 3º** Na elaboração do atestado médico, o médico assistente observará os seguintes procedimentos:

(...)

Parágrafo único. Quando o atestado for solicitado pelo paciente ou seu representante legal para fins de *perícia médica* deverá observar:

I — o diagnóstico;

II — os resultados dos exames complementares;

III — a conduta terapêutica;

IV — o prognóstico;

V — as conseqüências à saúde do paciente;

VI — o provável tempo de repouso estimado necessário para a sua recuperação, que complementará o parecer fundamentado do médico perito, a quem cabe legalmente a decisão do benefício previdenciário, tais como: aposentadoria, invalidez definitiva, readaptação;

VII — registrar os dados de maneira legível;

VIII — identificar-se como emissor, mediante assinatura e carimbo ou número de registro no CRM."

Um dos itens de maior importância encontra-se descrito no inciso V, pois é justamente a informação das consequências à saúde do paciente que podem comprovar a existência da incapacidade. É, pois, altamente recomendável que o médico assistente coloque no atestado ou relatório médico a informação de qual é a doença que acomete o paciente, quais tratamentos foram tentados e qual o resultado desses tratamentos e também quais as restrições existentes em razão dessa enfermidade (não pode carregar peso, não pode subir escada, não pode... etc).

A documentação providenciada deverá ser levada ao INSS, sendo submetida ao crivo da perícia médica administrativa.

Judicialmente, é possível comprovar, além da incapacidade clínica, as condições pessoais e sociais do segurado, com vistas à obtenção do benefício de aposentadoria por invalidez. Neste sentido dispõe, inclusive, a Súmula 47 da TNU:

"**Súmula 47** — Uma vez reconhecida a incapacidade parcial para o trabalho, o juiz deve analisar as condições pessoais e sociais do segurado para a concessão de aposentadoria por invalidez."

7.1.2.1. Incapacidade preexistente

Determina a Lei de Benefícios (Lei n. 8.213/91, art. 59, parágrafo único) não ser devido o Auxílio-Doença ao segurado que se filiar ao Regime Geral de Previdência Social já portador de doença ou lesão invocada como causa para a concessão do benefício, salvo quando a incapacidade sobrevier por motivo de progressão ou agravamento dessa doença ou lesão.

Note-se, portanto, que o que importa ao legislador não é propriamente ser a doença preexistente à filiação ao RGPS, mas sim a incapacidade para o exercício da atividade habitual, o que será analisado na perícia médica realizada pelo INSS.

Assim, uma pessoa que possua o vírus HIV pode, perfeitamente, se filiar, trabalhar e contribuir mensalmente ao RGPS. E quando do agravamento da enfermidade, ou seja, quando da incapacidade temporária para o trabalho, terá direito ao recebimento do benefício de Auxílio-Doença. No entanto, uma pessoa igualmente portadora do vírus HIV, mas que já se encontre incapacitada e que, nesta condição, venha a iniciar suas contribuições ao sistema previdenciário, não terá direito à percepção desse benefício, justamente por ser a incapacidade preexistente à filiação como segurado.

Confira-se nesse sentido, inclusive, a redação da Súmula 53 da TNU:

"**Súmula 53** — Não há direito a auxílio-doença ou a aposentadoria por invalidez quando a incapacidade para o trabalho é preexistente ao reingresso do segurado no Regime Geral de Previdência Social."

A análise do direito ao Auxílio-Doença, após o parecer médico pericial, deverá levar em consideração as seguintes situações (IN INSS n. 45/2010, art. 279):

a) se a Data de Início da Doença (DID) e a Data de Início da Incapacidade (DII) forem fixadas anteriormente à primeira contribuição, não caberá a concessão do benefício;

b) se a Data de Início da Doença (DID) for fixada anterior ou posteriormente à primeira contribuição e a Data de Início da Incapacidade (DII) for fixada posteriormente à 12ª contribuição (carência necessária, quando existente), será devida a concessão do benefício, desde que atendidas as demais condições;

c) se a Data de Início da Doença (DID) for fixada anterior ou posteriormente à primeira contribuição e a Data de Início da Incapacidade (DII) for fixada anteriormente à 12ª contribuição (carência necessária, quando existente), não caberá a concessão do benefício.

Havendo a perda da qualidade de segurado e fixada a Data de Início da Incapacidade (DII) após ter cumprido 1/3 (um terço) da carência exigida, caberá a concessão do benefício se, somadas às anteriores, totalizarem, no mínimo, a carência definida para o benefício.

Fundamentação: Lei n. 8.213/91, art. 59; Decreto n. 3.048/99, art. 71; Instrução Normativa INSS n. 45/2010, arts. 274 e 279.

7.1.3. Carência

Além da incapacidade para o exercício da atividade habitualmente desenvolvida, o benefício de Auxílio-Doença requer o cumprimento de um período de carência correspondente a 12 (doze) contribuições mensais, que deve ser cumprido antes do início da referida incapacidade.

A carência somente não será exigida em se tratando de incapacidade decorrente de acidente (seja este do trabalho ou não) ou das seguintes enfermidades, constantes da Portaria Interministerial MPAS/MS n. 2.998/2001:

a) tuberculose ativa;

b) hanseníase;

c) alienação mental;

d) neoplasia maligna;

e) cegueira;

f) paralisia irreversível e incapacitante;

g) cardiopatia grave;

h) doença de Parkinson;

i) espondiloartrose anquilosante;

j) nefropatia grave;

l) estado avançado da doença de Paget (osteíte deformante);

m) síndrome da deficiência imunológica adquirida — Aids;

n) contaminação por radiação, com base em conclusão da medicina especializada; e

o) hepatopatia grave.

O segurado especial deverá comprovar 12 meses de efetivo exercício na atividade.

Sobre a interpretação que deve ser conferida a essa listagem, ver Parte V, Capítulo XXXI, subitem 4.1, desta obra.

7.2. Auxílio-Doença Acidentário

Como mencionado, caso seja o benefício decorrente de acidente do trabalho, receberá o mesmo a denominação administrativa de "Auxílio-Doença Acidentário".

Note-se, no entanto, que se trata de único benefício, Auxílio-Doença, com idênticos critérios de concessão e cálculo, sendo o vocábulo "acidentário" utilizado apenas para fins de verificação do direito à estabilidade provisória no emprego, garantida pelo art. 118 da Lei n. 8.213/91, e para cobrança do Fator Acidentário de Prevenção (FAP) e de ações regressivas.

Será devido o benefício de auxílio-doença decorrente de acidente do trabalho ao segurado empregado (exceto o doméstico), trabalhador avulso e segurado especial.

Sobre acidente do trabalho, inclusive estabilidade provisória, ver Parte IV desta obra, Capítulo XXIX.

7.3. Início do Benefício — Pagamento dos primeiros quinze dias de afastamento pelo empregador

Conforme art. 60 da Lei n. 8.213/91, o benefício de Auxílio-Doença será devido:

a) a contar do décimo sexto dia do afastamento da atividade para o segurado empregado, exceto o doméstico;

b) a contar da data do início da incapacidade, para os demais segurados; ou

c) a contar da data de entrada do requerimento, quando requerido após o trigésimo dia do afastamento da atividade, para todos os segurados.

Importa observar, portanto, que ao empregador celetista caberá o pagamento dos primeiros quinze dias de afastamento do trabalho.

Para os demais segurados (doméstico, avulso ou contribuinte individual), o benefício será devido a contar do primeiro dia do afastamento (primeiro dia de atestado médico) ou a contar da data do requerimento, caso seu requerimento seja protocolado após trinta dias do sinistro. É importante lembrar, contudo, que o auxílio-doença somente é pago para afastamentos superiores a 15 (quinze) dias, conforme art. 59 da Lei n. 8.213/91.

Uma empregada doméstica ou um contribuinte individual, por exemplo, que necessitarem se afastar das atividades pelo período de 10 (dez) dias, precisam ter reserva financeira suficiente para arcar com as despesas correspondentes ao prejuízo desses dias de labor, porque o INSS não pagará o benefício de auxílio-doença (que requer mais de 15 dias de atestado médico) e nem tampouco o contratante dos serviços o fará, por absoluta falta de previsão legal.

Obs.: Conforme art. 276 da Instrução Normativa INSS n. 45/2010, quando o segurado empregado entrar em gozo de férias, licença-prêmio ou qualquer outro tipo de licença remunerada, o prazo de espera para o requerimento do benefício será contado a partir do dia seguinte ao término das férias ou licença.

Cabe à empresa que dispuser de serviço médico próprio ou em convênio o exame médico e o abono das faltas correspondentes aos primeiros quinze dias de afastamento. E somente quando a incapacidade ultrapassar quinze dias consecutivos é que o segurado deverá ser encaminhado à perícia médica do Instituto Nacional do Seguro Social.

O Decreto n. 3.048/99 dispõe, expressamente em seu art. 76-A, que a empresa pode protocolar o requerimento de auxílio-doença de seu empregado ou de contribuinte individual a ela vinculado ou a seu serviço, hipótese em que terá acesso às decisões administrativas a ele relativas.

Em se tratando de acidente, quando o acidentado não se afastar do trabalho no dia do sinistro, os quinze dias de responsabilidade da empresa pela sua remuneração integral deverão ser contados a partir da data do afastamento das atividades profissionais — Decreto n, 3.048/99, art. 72, §1º.

Note-se, ainda, que (Decreto n. 3.048/99, art. 75):

• Se concedido novo benefício decorrente da mesma doença dentro de sessenta dias, contados da cessação do benefício anterior, a empresa fica desobrigada do pagamento relativo aos quinze primeiros dias de afastamento, prorrogando-se o benefício anterior e descontando-se os dias trabalhados, se for o caso;

Obs.: Para que seja prorrogado o benefício anterior é preciso que se trate de mesmo subgrupo de doença de acordo com o Código Internacional de Doenças — CID. Caso o subgrupo seja diferente, será concedido novo benefício — IN INSS n. 45/2010, art. 281, § 1º.

• Se o segurado empregado, por motivo de doença, afastar-se do trabalho durante quinze dias, retornando à atividade no décimo sexto dia, e se dela voltar a se afastar dentro de sessenta dias desse retorno, fará jus ao auxílio-doença a partir da data do novo afastamento; e

• A contar de 10.6.2003, data de publicação do Decreto n. 4.729, sendo afastamento inferior a quinze dias e retornando o segurado às atividades profissionais, caso volte a se afastar em decorrência da mesma enfermidade o benefício de Auxílio-Doença será devido a partir do dia seguinte ao que completar os quinze dias.

Quando a Previdência Social tiver ciência da incapacidade do segurado, sem que este tenha requerido auxílio-doença, o benefício deverá ser processado de ofício — Decreto 3.048/99, art. 76. Sobre o tema confira-se, ainda, a redação do Enunciado n. 28, do CRPS:

"**Enunciado 28** — Não se aplica o disposto no art. 76 do Regulamento da Previdência Social, aprovado pelo Decreto n. 3.048/99, para justificar a retroação do termo inicial do benefício auxílio doença requerido após o trigésimo dia do afastamento da atividade, nos casos em que a perícia médica do INSS fixar a data de início da incapacidade anterior à data de entrada do requerimento, tendo em vista que esta hipótese não implica em ciência pretérita da Previdência Social."

Determina, por fim, o legislador ordinário (art. 63 da Lei n. 8.213/91) que o segurado empregado em gozo de auxílio-doença deverá ser considerado pela empresa como licenciado, caracterizando-se, assim, a suspensão contratual. E, sendo a ele garantida contratualmente (ou por força de documento coletivo, acordo, convenção ou dissídio coletivos) licença remunerada, ficará a empresa obrigada a pagar ao segurado, durante o período de Auxílio-Doença, a eventual diferença entre o valor deste benefício e a importância garantida pela licença.

Fundamentação: Lei n. 8.213/91, arts. 60 e 63; Decreto n. 3.048/99, arts. 72, 75, 76-A e 80; Instrução Normativa INSS n. 45/2010, arts. 274, 276, 279 e 281.

7.4. Renda Mensal Inicial

A renda mensal do benefício de auxílio-doença corresponde a 91% (noventa e um por cento) do salário de benefício.

Assim, o INSS calculará a média aritmética simples dos maiores salários de contribuição, corrigidos monetariamente, correspondentes a 80% de todo o período contributivo (todos os meses de contribuição ao sistema), a contar de julho/94. Desse resultado, 91% corresponderão à renda mensal do benefício de Auxílio-Doença.

Sobre o cálculo do salário de benefício ver Parte V, Capítulo XXXII desta obra. Maiores informações sobre o percentual de renda mensal, Parte V. Capítulo XXXIII

Fundamentação: Lei n. 8.213/91, art. 61; Decreto n. 3.048/99, art. 72; Instrução Normativa INSS n. 45/2010, arts. 274, 276 e 279.

7.5. Exercício de Atividades Concomitantes

Como mencionado no subitem 6.1, *supra*, o Auxílio-Doença do segurado que exercer mais de uma atividade abrangida pela Previdência Social será devido mesmo no caso de incapacidade apenas para o exercício de uma delas. A perícia médica do INSS, no entanto, deverá ter conhecimento de todas as atividades do segurado.

Nesta hipótese, o auxílio-doença será concedido em relação à atividade para a qual o segurado estiver incapacitado, considerando-se para efeito de carência somente as contribuições relativas a essa atividade, situação em que o valor da renda mensal, inclusive, poderá resultar valor inferior ao do salário mínimo vigente se, somado às demais remunerações recebidas, resultar valor superior a este.

Se, no entanto, nas várias atividades o segurado exercer a mesma profissão, será exigido de imediato o afastamento de todas elas.

Caso venha a ser constatada, durante o recebimento do auxílio-doença, a incapacidade do segurado para cada uma das demais atividades, o valor do benefício deverá ser revisto com base nos respectivos salários de contribuição, observadas das datas de início do benefício mencionadas no subitem 6.3, *supra*.

Quando o segurado que exercer mais de uma atividade se incapacitar definitivamente para uma delas, deverá o auxílio-doença ser mantido indefinidamente, não cabendo sua transformação em aposentadoria por invalidez, enquanto essa incapacidade não se estender às demais atividades. Nessa situação, o segurado somente poderá se transferir das demais atividades que exerce após o conhecimento da reavaliação médico-pericial.

Fundamentação: Decreto n. 3.048/99, arts. 73 e 74.

7.6. Exames Médicos Obrigatórios e Processo de Reabilitação Profissional

O segurado em gozo de auxílio-doença se encontra obrigado, independente de sua idade e sob pena de suspensão do benefício, a submeter-se a exame médico a cargo da Previdência Social, processo de reabilitação profissional por ela prescrito e custeado e tratamento dispensado gratuitamente, exceto o cirúrgico e a transfusão de sangue, que são facultativos.

Uma vez suspenso, o benefício somente será restabelecido depois do momento em que deixar de existir o motivo que ocasionou sua suspensão e desde que persista a incapacidade. O benefício poderá ser reativado desde que se comprove documentalmente a ocorrência de fato imprevisível e inevitável — caso fortuito ou força maior — capaz de justificar o não comparecimento e restar comprovada a incapacidade desde a data da suspensão do benefício, observada a prescrição quinquenal.

Obs.: Para fins da suspensão, cessação ou restabelecimento do benefício, conforme o caso, o setor responsável pela Reabilitação Profissional comunicará ao setor de benefícios as datas da ocorrência da recusa ou do abandono do Programa de Reabilitação Profissional, bem como a data do retorno ao mesmo.

Sendo o segurado insuscetível de recuperação para sua atividade habitual, deverá o mesmo submeter-se a processo de reabilitação profissional para exercício de outra atividade, não cessando o benefício até que seja dado como habilitado para o desempenho de nova atividade que lhe garanta a subsistência ou, quando considerado não recuperável, venha a ser aposentado por invalidez.

Fundamentação: Lei n. 8.213/91, arts. 62 e 101; Decreto n. 3.048/99, arts. 77 e 79; Instrução Normativa INSS n. 45/2010, art. 286.

7.7. Concessão automática do benefício — Atestado Médico Eletrônico

Em diversos municípios do País o INSS enfrenta séria dificuldade com o agendamento das perícias iniciais, em decorrência do número reduzido de médicos peritos frente o aumento considerável dos requerimentos de auxílio-doença. Assim, não é raro a perícia médica inicial ser agendada para mais de 30 dias do requerimento feito pelo segurado, existindo situações em que esse período de espera chega a superar 60 dias.

O segurado é acometido de enfermidade ou sofre acidente que o impossibilita de trabalhar, requer o auxílio-doença junto ao INSS (agendamento pela página eletrônica ou pelo fone 135) e precisa aguardar longo período até a data do exame médico pericial. Nesse interregno, permanece sem possibilidade de trabalhar e sem qualquer rendimento que lhe possa garantir o sustento, muitas vezes em situação de miséria.

Obviamente que, na perícia do INSS, se constatada a incapacidade, será o benefício pago retroativamente ao requerimento feito pelo segurado. Mas e durante o período de espera? Como faz o segurado para sobreviver e pagar suas contas?

Assim ocorre em todo o País e ocorria, também, no Rio Grande do Sul, razão pela qual o Ministério Público Federal ingressou, em 27.6.2011, com a Ação Civil Pública (ACP) n. 5025299-96.2011.404.7100, postulando que, se a data da perícia fosse fixada com prazo superior a 30 dias do requerimento administrativo, ficasse o INSS obrigado a implantar automaticamente o benefício (desde que preenchida a condição de segurado e cumprida a carência), a contar do 31º dia do requeirmento, bem como que fosse tal prestação mantida até a data de afastamento indicada pelo médico assistente do segurado ou, pelo menos, até a data da perícia médica administrativa.

Na quarta audiência de conciliação, o INSS informou que estava providenciando um sistema de atestado médico eletrônico, etapa de um novo modelo de concessão automática de benefícios por incapacidade, solicitando prazo para implantação da nova sistemática.

Em 18.5.2012 foi, então, publicada a Resolução INSS/PRES n. 202, implantando o auxílio-doença previdenciário com base em Atestado Médico Eletrônico, em decorrência da ACP em comento. Em 22.3.2013 nova Resolução foi publicada no Diário Oficial da União (Resolução INSS/PRES n. 278), disciplinando tal procedimento para adoção em todo o Estado do Rio Grande do Sul, com vigência para requerimentos a contar de 8.1.2013.

A antecipação da tutela, negada em primeira instância, foi concedida pelo TRF da 4ª Região na sessão de julgamento ocorrida em 8.5.2013, cuja ementa possui o seguinte teor (relatoria do Desembargador Celso Kipper, AI n. 5013845-45.2012.404.0000/RS):

"CONSTITUCIONAL. PREVIDENCIÁRIO. PROCESSO CIVIL. AÇÃO CIVIL PÚBLICA PARA IMPLANTAÇÃO AUTOMÁTICA DE BENEFÍCIOS POR INCAPACIDADE QUANDO A DATA DESIGNADA PARA A PERÍCIA MÉDICA EXCEDER PRAZO RAZOÁVEL. ADEQUAÇÃO DA VIA ELEITA. LEGITIMIDADE ATIVA DA DEFENSORIA PÚBLICA DA UNIÃO. EXTENSÃO DOS EFEITOS DA DECISÃO PARA TODO O ESTADO DO RIO GRANDE DO SUL. POSSIBILIDADE. NECESSIDADE DE DESIGNAÇÃO DE PERÍCIA MÉDICA ADMINISTRATIVA NO PRAZO MÁXIMO DE 45 DIAS. PRINCÍPIOS CONSTITUCIONAIS DA EFICIÊNCIA, DA RAZOABILIDADE, DA DIGNIDADE DA PESSOA HUMANA E DE PROTEÇÃO DO SEGURADO NOS CASOS DE DOENÇA E INVALIDEZ. REGRA DO ART. 41-A, § 5º, DA LEI N. 8.213/1991. CONCESSÃO DE AUXÍLIO-DOENÇA NO PRAZO MÁXIMO DE 45 DIAS, INDEPENDENTEMENTE DA REALIZAÇÃO DA PERÍCIA, QUANDO ESTA FOR MARCADA PARA DATA POSTERIOR.

1 — A ação civil pública é via processual adequada para amparar os segurados da Previdência Social que, ao requererem a concessão de benefícios por incapacidade (auxílio-doença e aposentadoria por invalidez), não obtenham êxito em realizar a perícia médica administrativa em prazo razoável.

2 — A Defensoria Pública da União possui legitimidade para promover ação civil pública em defesa de direitos e interesses coletivos ou individuais homogêneos de segurados da Previdência Social, considerados, em sua grande maioria, hipossuficientes ou necessitados.

3 — Considerando que a demora na realização das perícias médicas administrativas é problema estrutural que atinge difusamente todo o Estado do Rio Grande do Sul, a limitação dos efeitos da ação à competência territorial do órgão prolator poderia levar à total ineficácia do provimento jurisdicional, motivo bastante para a extensão dos efeitos da decisão a todo aquele Estado.

4 — A concessão de auxílio-doença e de aposentadoria por invalidez consiste na concretização da efetiva proteção de um direito fundamental do trabalhador, que é o de se ver amparado em caso de doença ou invalidez, mediante a obtenção de benefício substitutivo da renda enquanto permanecer incapaz, conforme previsto pelo art. 201, inciso I, da Constituição Federal. Tal direito fundamental é corolário do princípio da dignidade da pessoa humana, um dos fundamentos do nosso Estado Democrático de Direito (Constituição Federal, art. 1º, inciso III).

5 — A marcação de perícias médicas em prazo longínquo, muitas vezes de, aproximadamente, três meses após o requerimento administrativo, é absolutamente indefensável e abusiva, não só porque deixa ao desamparo os segurados que, efetivamente, não possuem condições de trabalhar, mas também porque em muitos casos representa a negação mesma do direito fundamental ao benefício previdenciário por incapacidade laboral, na medida em que o segurado pode recuperar a capacidade para o trabalho no ínterim entre o requerimento e a realização da perícia, de forma que esta atestará já não a incapacidade, mas a presença de plenas condições de trabalho. Nesse sentido, a demora excessiva na realização da perícia médica mostra-se em desacordo com os princípios constitucionais mencionados, além de afrontar o princípio da razoabilidade.

6 — A Administração Pública rege-se por uma série de princípios, entre os quais o da eficiência (Constituição Federal, art. 37, *caput*), que é uma faceta de um princípio mais amplo, o da 'boa administração'. Doutrina de

CELSO ANTÔNIO BANDEIRA DE MELLO. A autarquia previdenciária, em obediência aos princípios da eficiência e da boa administração tem o dever de proporcionar ao segurado a possibilidade de realização da perícia médica em prazo razoável.

7 — Conquanto os dispositivos legais que tratam diretamente dos benefícios de aposentadoria por invalidez e auxílio-doença não determinem prazo para a realização da perícia médica, o § 5º do art. 41-A da Lei de Benefícios (Lei n. 8.213/1991), incluído pela Lei n. 11.665/2008, dispõe expressamente que o primeiro pagamento do benefício será efetuado até 45 dias após a data da apresentação, pelo segurado, da documentação necessária a sua concessão, disposição que claramente tem o escopo de imprimir celeridade ao procedimento administrativo, em observância à busca pela eficiência dos serviços prestados pelo INSS, até porque se trata de verba de caráter alimentar. No caso de benefício por incapacidade, o segurado logicamente deve ser considerado responsável apenas pelos documentos que estão em seu poder, não podendo ser prejudicado pela demora da Administração Pública em realizar o exame médico que tem por objetivo a comprovação da existência de incapacidade laboral. Em razão disso, o prazo de 45 dias pode ser entendido como limite máximo para a realização da perícia médica oficial.

8 — A rigor, nos casos de requerimento de benefícios por incapacidade, a lei não exige que o segurado apresente exames e atestados médicos referentes à sua doença e incapacidade; no entanto, para que o segurado seja beneficiário da implantação automática e provisória do benefício de auxílio-doença, antes de realizada a perícia médica, razoável a exigência, em atendimento à segurança do sistema previdenciário, de que apresente documentação médica que informe o motivo e o início da incapacidade.

9 — Parcial provimento ao agravo para determinar ao Instituto Previdenciário a concessão e implantação automática e provisória do benefício de auxílio-doença, independentemente de realização da perícia médica, no prazo máximo de 45 dias a contar do requerimento administrativo, inclusive com o pagamento dos atrasados entre a DER e a efetiva implantação, desde que preenchidos os requisitos da qualidade de segurado e carência mínima, quando necessária, e seja apresentada documentação médica informadora do motivo e do início da incapacidade."

Sentença de parcial procedência foi proferida pelo juiz Bruno Brum Ribas em 30.4.2013 (disponibilizada em 2.5.2013), com a seguinte condenação:

"Ante o exposto, JULGO PARCIALMENTE PROCEDENTE o pedido para:

a) determinar que o INSS implante automaticamente o benefício de auxílio-doença, a partir do 46º (quadragésimo sexto) dia da data do requerimento, quando nos requerimentos de benefício por incapacidade (excluídos os decorrentes de acidente do trabalho) a perícia médica for marcada para prazo superior a 45 (quarenta e cinco) dias da data do requerimento (caso atendidos os requisitos da qualidade de segurado e carência e desde que o segurado apresente documento médico — atestado ou laudo, que indique a data de início da incapacidade);

b) determinar que o INSS se abstenha de exigir a devolução de quaisquer valores recebidos em face da implantação automática do benefício de auxílio doença.

Esta decisão alcança os segurados residentes no Estado do Rio Grande do Sul, que requeiram benefício em todas as Agências da Previdência Social dessa área territorial.

Sem custas e honorários, em face da natureza da lide e pelo fato de ser patrocinada pela Defensoria Pública da União."

O INSS interpôs recurso de apelação, sendo os autos distribuídos em 9.7.2013 no TRF da 4ª Região, para relatoria do Desembargador Celso Kipper, sendo esta a última movimentação processual até o momento.

Ocorre que esta não era a única Ação Civil Pública proposta sobre o tema. Outras ações com objeto similar foram propostas em todo o país, cabendo-nos registrar as seguintes:

a) Na 19ª Vara Cível Federal de São Paulo foi proposta a ação civil pública n. 2009.61.00.026369-6 em 11.12.2009, com abrangência nacional, pleiteando provimento para determinar ao INSS a realização de perícia médica no prazo máximo de 15 dias a partir do agendamento, a contratação temporária de peritos médicos, enquanto perdurar a mora, além de outras medidas. A decisão liminar no aludido feito, proferida em 18.12.2009, apenas determinou ao INSS a contratação de peritos temporários para amenizar a demora nas perícias. Em 13.3.2012 foi proferida sentença sem resolução do mérito, com fundamento no CPC, art. 267, VI, não sendo apresentado, pelo Ministério Público Federal, recurso de apelação.

b) Na Vara Federal Previdenciária de Curitiba/PR foi ajuizada a ação civil pública n. 5000702-09.2010.404.7000 na data de 10.2.2010, pleiteando a condenação do INSS a 'realizar as perícias necessárias à concessão de benefícios previdenciários e assistenciais no prazo máximo de trinta dias a contar do requerimento, ou, caso o agendamento da perícia ultrapasse o mencionado prazo, a concessão provisória do benefício requerido; e, nos casos em que necessária a realização de perícia para autorizar a manutenção do benefício, seja determinada sua realização no prazo máximo de trinta dias anteriores à cessação do benefício ou a sua manutenção provisória'. Foi concedida antecipação parcial da tutela em 31.8.2010 para que o INSS apresentasse estratégias em 30 dias e, esgotado tal prazo, para que analisasse os pedidos de concessão em até 30 dias, sob pena de pagamento de multa diária, por segurado. No entanto, o prazo para apresentação das estratégias vem sendo prorrogado desde então, o que tornou ineficaz as disposições da tutela antecipada, quanto ao feito.

Na Vara Federal Previdenciária de Londrina/PR foi também ajuizada uma ação civil pública em 6.1.2011, de n. 5000042-75.2011.404.7001, solicitando que, nos pedidos iniciais de benefício por incapacidade laborativa em que a perícia for marcada para além do 16º dia a contar do seu agendamento, seja imediata e provisoriamente implantado o benefício até que efetivada a perícia e analisado o pedido de concessão, em regular processo administrativo, nos casos de auxílio-doença, benefício de prestação continuada da assistência social a pessoas com deficiência e pensão por morte para o dependente inválido. Foi deferida parcialmente liminar em 26.1.2011 e preferida sentença de parcial procedência em 9.5.2012, com a seguinte condenação:

"Ante o exposto, e do mais que dos autos consta, nos termos da fundamentação, com fulcro no art. 269, I do CPC, **JULGO PARCIALMENTE PROCEDENTE** o pedido para o fim de condenar o INSS, nos pedidos iniciais de benefício por incapacidade laborativa, desde que inexistam outros motivos, além da falta de perícia, a obstar tal concessão, a implantar provisoriamente os benefícios de (i) auxílio doença, (ii) prestação continuada de assistência a pessoas com deficiência e (iii) pensão por morte para o dependente inválido, em caso de não realização da perícia médica no prazo máximo de 30 dias a contar do agendamento, até que efetivada a perícia e analisado o pedido de concessão, em regular processo administrativo.

Nos termos da fundamentação, o prazo de 30 dias acima estabelecido entrará em vigor dentro de 06 meses contados a partir dessa sentença, mantendo-se até lá o prazo de 45 dias.

ANTECIPO OS EFEITOS DA SENTENÇA, com fundamento no art. 461, § 3º, do CPC c/c o art. 12, *caput*, da Lei n. 7.347/85, para o fim de determinar ao INSS que implante provisoriamente os benefícios de auxílio doença, de benefício de prestação continuada de assistência a pessoas com deficiência e de pensão por morte para o dependente inválido, em caso de não realização da perícia médica no prazo máximo de 45 dias a contar do agendamento e, **dentro de 06 meses a contar dessa sentença**, implante-os provisoriamente, caso a perícia médica não seja realizada no prazo máximo de 30 dias a contar do agendamento.

Com fundamento no art. 16 da Lei n. 7.347/85, os efeitos da decisão têm seus limites de eficácia adstritos à competência territorial do órgão prolator, ou seja, as Agências da Previdência Social localizadas na Subseção Judiciária de Londrina."

O INSS, inconformado, interpôs recurso de apelação, estando os autos no TRF da 4ª Região, sob relatoria do Desembargador Néfi Cordeiro. No entanto, em face da sentença de parcial procedência, o INSS acabou publicando, em 22.5.2013, a Resolução INSS/PRES n. 302, implantando a concessão automática do benefício de auxílio-doença também para o município de Londrina (e demais municípios de abrangência das APS da Subseção Judiciária de Londrina), para requerimentos efetivados a contar de 14.2.2013.

Fundamentação: Resolução INSS/PRES n. 202/2012; Resolução INSS/PRES n. 278/2013; Resolução INSS/PRES n. 302/2013.

7.7.1. Vigência — Estado do Rio Grande do Sul (ACP 5025299-96.2011.404.7100) e cidade de Londrina/PR (ACP5000042-75.2011.404.7001)

O requerimento do benefício por meio desse novo procedimento (Atestado Médico Eletrônico) não é obrigatório, mas sim um meio alternativo aos procedimentos regulares existentes e, por enquanto, encontra-se em vigor somente para:

a) a contar de 8.1.2013, para o Estado do Rio Grande do Sul, em decorrência da ACP n. 5025299-96.2011.404.7100; e

b) a contar de 14.2.2013, em decorrência da ACP n. 5000042-75.2011.404.7001, para cidade de Londrina/PR e também para os seguintes municípios (de abrangência das Agências da Previdência Social — APS Arapongas, Cornélio Procópio, Londrina-Centro, Londrina-Shangrilá, Rolândia e Cambe): Arapongas, Sabaudia, Abatia, Congonhinhas, Cornélio Procópio, Leópolis, Nova América da Colina, Nova Fátima, Rancho Alegre, Ribeirão do Pinhal, Santa Amélia, Santa Mariana, Santo Antonio do Paraíso, Sertaneja, Uraí, Alvorada do Sul, Assaí, Cambé, Ibiporã, Jataizinho, Londrina, Nova Santa Bárbara, Primeiro de Maio, Santa Cecília do Pavão, São Jerônimo da Serra, São Sebastião da Amoreira, Sertanópolis, Tamarana, Cafeara, Centenário do Sul, Florestópolis, Guaraci, Jaguapitã, Lupionópolis, Miraselva, Pitangueiras, Porecatu, Prado Ferreira, Rolândia e Bela Vista do Paraíso.

Fundamentação: Resolução INSS/PRES n. 202/2012; Resolução INSS/PRES n. 278/2013; Resolução INSS/PRES n. 302/2013, art. 3º.

7.7.2. Condições necessárias e procedimento adotado

As condições necessárias para sua utilização constam da Resolução INSS/PRES n. 202/2012, sendo as seguintes:

a) que o Atestado seja emitido pela Internet, no sítio do Ministério da Previdência Social — MPS, <www.previdencia.gov.br>, no link Agência Eletrônica do Segurado, pelo médico assistente do segurado e mediante certificação digital;

b) que seja validado, por meio de batimento *on-line* com o Banco de Dados do CFM, que o profissional médico está apto ao exercício legal da atividade;

c) que o afastamento do segurado seja de até sessenta dias; e

d) que seja observado o transcurso do prazo de 180 dias, contados da cessação do benefício anterior concedido nessa modalidade, para utilização de novo Atestado Médico Eletrônico.

O formulário Atestado Médico Eletrônico, por sua vez, deverá conter informações do paciente (nome, sexo, data de nascimento, NIT ou CPF), informações sobre o afastamento (data de início e período necessário para o repouso, CID-10 e demais considerações) e informações do médico emitente (nome, CRM e data de emissão), sendo o modelo instituído pela Resolução INSS n. 202 o que segue:

ATESTADO MÉDICO ELETRÔNICO PARA FINS DE BENEFÍCIO JUNTO AO INSS
(Ação Civil Pública n. 5025299-96.2011.404.7100/RS)
Número:
INFORMAÇÕES DO PACIENTE
Nome: Sexo:
Data de Nascimento: dd/mm/aaaa
CPF:NIT:
INFORMAÇÕES DO ATESTADO
O paciente necessita de xxxx dias de repouso a partir de dd/mm/aaaa
CID Principal:
Considerações:
Dr(a). [Nome do Médico]
CRM UF [n. CRM]
[Cidade], [Dia] de [Mês] de [Ano]

Transmitido o Atestado Médico Eletrônico, será emitido um Recibo para o segurado, cujo modelo consta também da Resolução INSS/PRES n. 202/2012. Confira-se:

RECIBO DE TRANSMISSÃO DO ATESTADO MÉDICO ELETRÔNICO PARA FINS DE BENEFÍCIO JUNTO AO INSS
Número:
NOME DO PACIENTE:
CPF/NIT:
Nome do Médico: Dr(a). [Nome do Médico]
CRM UF [n. CRM]
Data e hora da transmissão: dd/mm/aaaa — hh:mm:ss
Para requerer o benefício de auxílio-doença, ligue na Central de Atendimento — 135 ou acesse o site www.previdencia.gov.br/agenciaeletronicadosegurado e agende seu comparecimento na Agência da Previdência Social mais próxima.

Na sequência, o segurado deverá requerer normalmente o benefício de auxílio-doença pelo telefone 135, quando informará ao atendente sobre a transmissão do Atestado Médico Eletrônico. Caso a perícia médica possa ser agendada somente com prazo superior a 45 (quarenta e cinco) dias, será agendado um horário para atendimento administrativo do segurado, na agência (APS) de sua escolha.

Obs.: Se houver disponibilidade de agenda para que a perícia médica ocorra em prazo inferior a 45 dias, será agendada a perícia, não se aplicando a concessão automática do benefício.

Na data agendada para este atendimento, será firmado o requerimento administrativo contendo a declaração de residência, devendo o segurado apresentar ao INSS, obrigatoriamente, um documento médico contendo as seguintes informações (Resolução INSS/PRES n. 278/2013, art. 5º e Resolução INSS/PRES n. 302/2013, art. 5º):

"I — informações do paciente:

a) nome completo; e

b) Número de Identificação do Trabalhador (NIT) ou Número de Cadastro de Pessoa Física (CPF);

II — informações relativas ao afastamento do paciente:

a) data de início e período de repouso;

b) Classificação Internacional de Doenças (CID-10);

c) considerações que julgar pertinentes;

III — informações do médico:

a) nome completo;

b) número do Conselho Regional de Medicina (CRM); e

c) data de emissão do documento médico."

Tendo o segurado apresentado a documentação de forma correta e uma vez comprovada a qualidade de segurado e o cumprimento da carência necessária, será concedido o benefício de auxílio-doença, sendo considerada como data final do repouso (Data de Cessação do Benefício — DCB) aquela indicada no documento médico, observado o prazo máximo de 60 (sessenta) dias.

Caso o documento médico contenha prazo de repouso superior a 60 (sessenta) dias, o segurado poderá protocolar um Pedido de Prorrogação (PP) nos quinze dias que antecedem a DCB. Sendo indeferida a prorrogação, poderá protocolar um Pedido de Reconsideração (PR) até trinta dias contados do dia seguinte à DCB e, sendo mantido o indeferimento, ingressar com Recurso à Junta de Recursos do Conselho de Recursos da Previdência Social (JR/CRPS) no prazo de trinta dias contados da comunicação da conclusão contrária.

Note-se que a concessão do benefício, quando da transmissão do Atestado Médico Eletrônico, ocorrerá sem que seja realizada a perícia médica, sendo suficiente o comparecimento do segurado à Agência da Previdência Social apenas para apresentação do comprovante de residência e do documento médico.

O agendamento e o comparecimento em perícia médica somente será obrigatório nas seguintes hipóteses:

a) caso não seja atendido algum dos requisitos dispostos nas Resoluções administrativas em comento;

b) caso o documento médico apresentado não contenha as informações necessárias;

c) caso o requerente não possua a qualidade de segurado e/ou não tenha cumprido a carência de 12 contribuições mensais;

Em qualquer das hipóteses acima elencadas, ficará resguardada como Data de Início do Benefício (DIB) a data em que o segurado fez o requerimento administrativo pelo telefone 135 (Data de Entrada do Requerimento — DER).

Caso o segurado não compareça no dia e hora marcados para o atendimento administrativo, o agendamento será cancelado, não resguardando a data do requerimento para qualquer finalidade.

Fundamentação: Resolução INSS/PRES n. 202/2012; Resolução INSS/PRES n. 278/2013; Resolução INSS/PRES n. 302/2013.

7.7.3. Segurados empregados

No caso de segurado empregado, exceto o doméstico, além dos documentos já informados, deverá ser apresentada pelo segurado a declaração da empresa, devidamente assinada, atestando o último dia de trabalho.

Referida declaração pode ser encontrada na página eletrônica do Ministério da Previdência Social, no seguinte endereço: <http://www.mps.gov.br/forms/formularios/form019.html>.

Fundamentação: Resolução INSS/PRES n. 278/2013, art. 9º; Resolução INSS/PRES n. 302/2013, art. 9º.

7.7.4. Benefícios decorrentes de acidente de trabalho

Conforme previsão expressa no parágrafo único do art. 1º da Resolução INSS/PRES n. 278/2013, a concessão automática do benefício não se aplica aos benefícios decorrentes de acidente de trabalho.

Fundamentação: Resolução INSS/PRES n. 278/2013, art. 1º; Resolução INSS/PRES n. 302/2013, art. 1º.

7.8. Análise Médico-Pericial e Alta Programada

A análise médico-pericial, a ser efetuada por profissionais do INSS, deverá ser fundamentada a partir de dados clínicos objetivos, exames complementares, comprovantes de internação hospitalar, atestados de tratamento ambulatorial ou quaisquer outros elementos probatórios apresentados pelo segurado. Os critérios utilizados para a fixação da Data de Início da Doença (DID) e da Data de Início da Incapacidade (DII) deverão restar consignados no relatório de conclusão do exame, justamente para que se comprove o direito ou não à percepção do benefício.

Sendo necessário para o esclarecimento da enfermidade, a Perícia Médica do INSS poderá solicitar da empresa a apresentação do Perfil Profissiográfico Previdenciário — PPP, com o objetivo precípuo de fundamentar o reconhecimento técnico do nexo causal e para a avaliação de potencial laboratório, com vistas a um possível processo de Reabilitação Profissional.

Na análise clínica, o INSS pode estabelecer o prazo que entender suficiente para a recuperação da capacidade para o trabalho do segurado, sem necessidade de nova perícia. Trata-se do procedimento de alta programada, constante do § 1º do art. 78 do Decreto n. 3.048/99 e também do art. 277 da IN INSS n. 45/2010.

Referido procedimento foi criado para aliviar a agenda das perícias médicas, considerando-se o alto número de pessoas a serem atendidas e o baixo número de profissionais para o atendimento. Anteriormente à instituição da alta programada, todos os segurados com percepção de auxílio-doença eram obrigados a passar pela perícia médica do INSS para terem seus benefícios cessados, independentemente da enfermidade apresentada. Agora, a perícia já fixa um prazo estimado para a melhora, data em que, a princípio, o benefício será cancelado. Caso o segurado ainda não tenha recuperado sua capacidade laborativa no prazo fixado, poderá requerer ao INSS (pelo telefone 135 ou internet) a prorrogação de seu benefício, podendo tal solicitação ser efetuada no prazo de até 15 dias antes da data fixada para a alta.

Efetuado o pedido de prorrogação, será agendada nova perícia médica para avaliação do segurado, data em que deverá levar documentação comprobatória da permanência da incapacidade. Se comprovada, o INSS manterá o benefício por um novo prazo, com nova fixação de alta programa. Ao final desta (prazo de até 15 dias antes) o segurado poderá requerer nova prorrogação, com repetição do procedimento anteriormente citado. Para o mesmo benefício de auxílio-doença o segurado pode efetuar quantos pedidos de prorrogação forem necessários, ilimitadamente.

Caso na perícia de prorrogação o médico do INSS constate pela recuperação da capacidade laborativa (e, portanto, pelo cancelamento do benefício), o segurado poderá requerer novo exame médico-pericial (Pedido de Reconsideração), no prazo de até 30 (trinta) dias, que era realizado por profissional diferente daquele que efetuou o último exame até a data de 31.1.2013. Com as alterações efetuadas à IN INSS n. 45/2010 pela IN INSS n. 64/2013 (DOU de 1º.2.2013), este novo exame pericial poderá ser realizado por qualquer médico perito, inclusive pelo responsável pela avaliação anterior. Por óbvio que tal alteração normativa é prejudicial ao segurado pois, sendo o novo exame realizado pelo mesmo médico perito que concluiu pela inexistência de direito, maior a probabilidade de que mantenha sua opinião inicial.

Sendo novamente indeferida a manutenção do benefício, o segurado poderá ingressar com recurso administrativo à Junta de Recursos (JR/CRPS), no prazo de 30 (trinta) dias, hipótese em que dois médicos peritos o examinarão. Para cada benefício de auxílio-doença poderá ser interposto um único Pedido de Reconsideração.

Não seria ilegal ou inconstitucional o procedimento se:

a) o INSS não utilizasse a alta programada para toda e qualquer enfermidade; e

b) o INSS não encerrasse abruptamente o pagamento no dia fixado para a alta, independentemente do pedido de prorrogação efetuado pelo segurado.

A técnica adotada não é de todo ruim. Diversas enfermidades/incapacidades possuem duração estimada pela ciência médica como, por exemplo, uma fratura de braço ou perna. É razoável que a primeira perícia estipule prazo aproximado para a recuperação e, independentemente de nova perícia, cancele o pagamento do auxílio-doença naquela data, caso o segurado não comunique que, por qualquer eventualidade, ainda não se recuperou.

No entanto, o procedimento da alta programada não é utilizado apenas para estas incapacidades em que é possível estimar o tempo para recuperação, mas para todas as enfermidades, inclusive neoplasias e problemas mentais ou psicológicos. O segurado, em alguns casos, chega a ficar desesperado, achando que o benefício será encerrado e que não terá condições financeiras para sobreviver.

Também cumpre salientar, como informado na letra b, supra, que inicialmente o INSS adotou o procedimento de suspender o pagamento do benefício na data estimada, mesmo que o segurado tivesse protocolado pedido de prorrogação. Quando da perícia de avaliação, caso fosse constatada a permanência da incapacidade, pagava retroativamente o período de suspensão.

Ocorre que entre a data programada de alta e a nova perícia de prorrogação decorre prazo muitas vezes longo, de 30, 60 ou 90 dias, conforme a cidade de domicílio e a disponibilidade de agenda da perícia médica. Como sobreviver nesse período, sem o pagamento do benefício?

Por óbvio que tal procedimento confrontava a proteção disposta no art. 194 e no art. 201 da Constituição Federal, além de ferir também a regra contida na Lei n. 8.213/91. Diversas ações judiciais foram ajuizadas em todo o país e, em 27.9.2005 o Ministério Público Federal da Bahia ingressou com a Ação Civil Pública n. 2005.33.00.020219-8. Em 2006 foi concedida liminar determinando ao INSS que, havendo pedido de reconsideração ainda não apreciado, mantenha o pagamento do benefício até a realização do exame médico. Em 10/2001 foi proferida sentença, com o seguinte teor:

"Do exposto, extingo sem resolução do mérito os Processos de ns. 2009.33.00.013272-7, 2009.33.00.012076-7, 2009.33.00.012089-0, 2009.33.00.012729-7, 2009.72.00.002524-9 e 2009.33.00.012076-7 e julgo parcialmente procedente o pedido para determinar ao INSS que, no procedimento de concessão do benefício de auxílio-doença, inclusive aqueles decorrentes de acidente do trabalho, uma vez apresentado pelo segurado pedido de prorrogação, mantenha o pagamento do benefício até o julgamento do pedido após a realização de novo exame pericial. Com apoio no art. 269, I do CPC, extingo os demais processos com resolução do mérito. Dada a abrangência da ação, concedo prazo de trinta dias para cumprimento. Oficiem-se aos Juízes onde tramitam os processos listados no conflito de competência, a fim de solicitar o envio dos autos."

Em 22.11.2010 o processo chegou ao TRF da 1ª Região, estando sob a relatoria da Desembargadora Federal Neuza Maria Alves da Silva.

Em consequência desta ACP, o INSS publicou a Resolução INSS/PRES n. 97/2010, abstendo-se do procedimento de suspensão dos pagamentos. Confira-se:

"Art. 1º Estabelecer que no procedimento de concessão do benefício de auxílio-doença, inclusive aqueles decorrentes de acidente do trabalho, uma vez apresentado pelo segurado pedido de prorrogação, mantenha o pagamento do benefício até o julgamento do pedido após a realização de novo exame médico pericial.

Art. 2º O INSS e a DATAPREV adotarão medidas necessárias para o cumprimento desta resolução."

Fundamentação: Decreto n. 3.048/99, arts. 77 e 78; Instrução Normativa INSS n. 45/2010, arts. 277 e 278; Orientação Interna INSS n. 138/2006; Resolução INSS n. 97/2010.

7.8.1. Nova enfermidade antes do término do benefício

Pode ocorrer do segurado ter melhorado daquela enfermidade que ensejou a concessão do auxílio-doença, mas, antes de encerrado o benefício, ter sido acometido de nova doença ou acidente, que fez permanecer a incapacidade laborativa.

Até a data de 31.1.2013, o segurado deveria solicitar o Pedido de Prorrogação e, no exame médico pericial, sendo verificada a ocorrência de nova enfermidade ou acidente (código CID diverso), procedia-se o cancelamento do primeiro auxílio-doença, com início de outro, com nova numeração.

Com as alterações promovidas pela IN INSS n. 64/2013, não haverá mais o cancelamento do benefício anterior, mas sim sua prorrogação, mantendo-se a numeração anterior. Confira-se, nestes termos, a redação do art. 287-A da IN INSS n. 45/2010:

"**Art. 278-A.** Nos casos em que for constatada a incapacidade decorrente de doença diversa da geradora do benefício objeto do PR ou PP, com modificação do Código Internacional de Doenças — CID, da Data do Início da Doença — DID, e da Data do Início da Incapacidade — DII, justificando-se em campo próprio, a razão da mudança, deve-se observar:

I — se a DID e a DII forem menores ou iguais à DCB e desde que atendida a exigência de carência, o benefício será restabelecido;

II — se a DII for maior que a DCB e desde que atendida a exigência administrativa de carência, o PR ou PP será transformado em requerimento de novo benefício; e

III — se a DID e a DII forem maiores que a DCB e não atendido o requisito de carência, o PR ou PP será transformado em requerimento de novo benefício, o qual será indeferido por falta de período de carência."

Se estivermos tratando de auxílio-doença previdenciário, não relacionado ao trabalho, tal alteração de procedimento não traz consequência alguma ao segurado, que terá seu auxílio-doença mantido em razão da nova incapacidade, sendo para ele indiferente se houve, ou não, alteração de número.

No entanto, se o primeiro afastamento decorreu de acidente de trabalho e se a nova incapacidade não tiver qualquer relação com as atividades profissionais, o correto seria, sim, o cancelamento daquele benefício acidentário (B-91) e a concessão de novo benefício, previdenciário, B-31. Se assim não ocorrer, e se for mantido aquele primeiro benefício (B-91, acidentário), a empresa empregadora ficará extremamente prejudicada, já que tal ocorrência é utilizada no cálculo do FAP e já que o início da estabilidade é computado a contar da cessação do benefício acidentário,

Devem as empresas, portanto, ficar atentas a essa prorrogação de benefício com alteração de CID, impedindo o INSS de prática que possa lhe acarretar prejuízos.

Fundamentação: Instrução Normativa INSS n. 45/2010, art. 278-A.

7.8.2. Indeferimento do benefício na perícia inicial

No caso de indeferimento de perícia inicial (AX-1), por entender o médico do INSS que não existe incapacidade para as atividades habituais, poderá ser interposto recurso pelo interessado à Junta de Recursos — JR/CRPS, no prazo de até trinta dias, contados da comunicação da conclusão contrária.

Até a data de 31.1.2013 era permitida a interposição de Pedido de Reconsideração, hipótese em que a nova análise pericial deveria ser realizada por médico perito diverso daquele que examinou o interessado na primeira oportunidade. Com as alterações introduzidas pela IN INSS n. 64/2013 (DOU de 1º.2.2013), essa possibilidade deixou de existir, cabendo Pedido de Reconsideração somente para conclusões contrárias à manutenção do benefício emitidas em pedidos de prorrogação.

Sendo contrária a conclusão da perícia inicial, ao segurado cabem somente duas opções na esfera administrativa:

a) ingressar com recurso à Junta de Recursos (JR/CRPS) no prazo de até 30 dias; ou

b) ingressar com novo pedido de benefício, depois de passados 30 dias daquele primeiro exame pericial.

Fundamentação: Instrução Normativa INSS n. 45/2010, arts. 278-B e 281-A.

7.9. Segurada Gestante

Nos termos do art. 283 da Instrução Normativa INSS n. 45/2010, tratando-se de segurada gestante em gozo de auxílio-doença, inclusive o decorrente de acidente de trabalho, será adotado pelo INSS o seguinte procedimento:

I — concedido o auxílio-doença por causas associadas à gravidez, a perícia médica poderá, se for o caso, fixar a Data de Cessação do Benefício (DCB) de vinte e oito dias a um dia antes da data provável do parto, sendo que em caso de parto antecipado, será necessária a realização de revisão médica para a fixação da cessação do auxílio-doença na véspera da data do parto mediante apresentação da certidão de nascimento da criança; e

II — no caso de a gravidez não ser a geradora da incapacidade laborativa da segurada:

a) o benefício por incapacidade deverá ser suspenso administrativamente enquanto perdurar o salário maternidade, devendo ser restabelecido a contar do primeiro dia seguinte ao término do período de cento e vinte dias, caso a DCB por incapacidade tenha sido fixada em data posterior a este período, sem necessidade de nova habilitação;

b) se fixada a DCB por incapacidade durante a vigência do salário maternidade e ficar constatado, mediante avaliação da perícia médica do INSS, a pedido da segurada, que esta permanece incapacitada para o trabalho pela mesma doença que originou o auxílio-doença cessado, este será restabelecido, fixando-se novo limite; ou

c) se na avaliação da perícia médica do INSS, conforme alínea anterior, ficar constatada a incapacidade da segurada para o trabalho em razão de moléstia diversa do benefício de auxílio-doença cessado, deverá ser concedido novo benefício.

Fundamentação: Instrução Normativa INSS n. 45/2010, art. 283.

7.10. Cessação do Benefício

Somente poderá ocorrer a cessação do benefício de Auxílio-Doença nas seguintes situações:

a) caso o segurado recupere a capacidade para o trabalho; ou

b) caso não seja possível a reabilitação ou a recuperação da capacidade, hipótese em que será encerrado o auxílio-doença e concedida a aposentadoria por invalidez.

É importante atentarmos, contudo, que muitas vezes o segurado necessita permanecer trabalhando enquanto não tem seu benefício concedido pelo INSS, para que possa garantir, de alguma forma, seu sustento e de sua família. O exercício dessa atividade não prejudica a concessão do benefício, mas será necessário comprovar, por documentação médica, que o segurado se encontrava incapaz para o trabalho e que permaneceu no exercício da atividade contrariando as orientações médicas. Confira-se, nesse sentido, a redação da Súmula 72 da TNU:

> "Súmula 72 — É possível o recebimento de benefício por incapacidade durante período em que houve exercício de atividade remunerada quando comprovado que o segurado estava incapaz para as atividades habituais na época em que trabalhou."

Os benefícios concedidos por decisão judicial, inclusive os decorrentes de acidente do trabalho, em manutenção, deverão ser revistos semestralmente, contado este prazo da data de seu início ou da data de seu restabelecimento.

Fundamentação: Lei n. 8.213/91, arts. 59 e 62; Decreto n. 3.048/99, art. 78; Instrução Normativa INSSn. 45/2010, art. 285.

7.10.1. Novo requerimento de benefício por incapacidade

Até a data de 31.1.2013 a legislação nada determinava sobre o novo requerimento de benefício, não havendo prazo mínimo de espera pelo segurado para solicitar novo auxílio-doença, se assim o desejasse.

A contar de 1º.2.2013, contudo, com as alterações promovidas pela IN INSS n. 64/2013, somente poderá ser realizado novo requerimento de benefício por incapacidade após 30 (trinta) dias, contados:

a) da Data de Realização do Exame Inicial Anterior — DRE, se o indeferimento tiver ocorrido na perícia inicial;

b) da Data da Cessação do Benefício — DCB; ou

c) da Data da Cessação Administrativa — DCA.

Fundamentação: Instrução Normativa INSS n. 45/2010, art. 281-A.

8. AUXÍLIO-ACIDENTE

8.1. Requisitos necessários à obtenção do benefício

O benefício de Auxílio-Acidente constitui, em verdade, uma indenização paga ao segurado empregado (exceto doméstico), trabalhador avulso, segurado especial ou médico-residente, quando, após a consolidação das lesões decorrentes de acidente de qualquer natureza, resultar sequela definitiva que implique:

a) redução da capacidade para o trabalho que habitualmente exerciam e se enquadre nas situações discriminadas no Anexo III do Decreto n. 3.048/99 (ver a tabela 8 da Parte VII desta Obra);

b) redução da capacidade para o trabalho que habitualmente exerciam e exija maior esforço para o desempenho da mesma atividade que exerciam à época do acidente; ou

c) impossibilidade de desempenho da atividade que exerciam à época do acidente, porém permita o desempenho de outra, após processo de reabilitação profissional, nos casos indicados pela perícia médica do INSS.

Note-se, portanto, serem requisitos à obtenção desse benefício a condição de segurado; a percepção anterior de um benefício de auxílio-doença; a ocorrência de um acidente de qualquer natureza; e a alta médica (retorno ao trabalho) com a existência de sequelas que reduzam a capacidade laboral, conforme letras "a" a "c", *supra*.

A sequela estar diretamente ligada à atividade profissional desenvolvida é condição essencial à percepção do benefício, de forma que não dará ensejo ao seu recebimento o caso que apresente danos funcionais ou redução da capacidade funcional sem repercussão na capacidade laborativa ou ainda quando se tratar de mudança de função, mediante readaptação profissional promovida pela empresa, como medida preventiva, em decorrência de inadequação do local de trabalho.

Obs.: A perda da audição, em qualquer grau, somente proporcionará a concessão do auxílio-acidente, quando, além do reconhecimento do nexo de causa entre o trabalho e a doença, resultar, comprovadamente, na redução ou perda da capacidade para o trabalho que o segurado habitualmente exerça — Decreto n. 3.048/99, art. 104, § 5º.

Nos termos do § 5º do art. 312 da IN INSS n. 45/2010, o médico residente somente fará jus ao benefício se o acidente tiver ocorrido até 26.11.2001, data de publicação do Decreto n. 4.032/2001.

Fundamentação: Lei n. 8.213/91, art. 86, *caput*; Decreto n. 3.048/99, art. 104, *caput* e §§ 4º e 5º; Instrução Normativa INSS n. 45/2010, arts. 311 e 312.

8.2. Início do benefício

O Auxílio-Acidente será devido a contar do dia seguinte ao da cessação do auxílio-doença, independentemente de qualquer remuneração ou rendimento auferido pelo acidentado, vedada sua acumulação com qualquer aposentadoria desde 11.11.1997, data da publicação da Lei n. 9.528/97. Confira-se, a respeito, a redação do art. 317 da Instrução Normativa INSS n. 45/2010:

"Art. 317. Ressalvado o direito adquirido, na forma do inciso V do art. 421 não é permitido o recebimento conjunto de auxílio-acidente com aposentadoria, a partir de 11 de novembro de 1997, data da publicação da Lei n. 9.528, de 1997, devendo o auxílio-acidente ser cessado:

I — no dia anterior ao início da aposentadoria ocorrida a partir dessa data;

II — na data da emissão de CTC na forma da contagem recíproca; ou

III — na data do óbito, observado o disposto no art. 191."

Assim, o recebimento de salário ou concessão de outro benefício, exceto de aposentadoria, não prejudicará a continuidade do recebimento do auxílio-acidente. Se concedida alguma aposentadoria, o pagamento será cessado.

Fundamentação: Lei n. 8.213/91, art. 86, §§ 2º e 3º; Decreto n. 3.048/99, art. 104, *§§ 2º e 3º*.

8.3. Renda Mensal

Nos termos do art. 86, § 1º, da Lei n. 8.213/91 (com redação dada pela Lei n. 9.528/97) a renda mensal do auxílio-acidente deve corresponder a 50% (cinquenta por cento) do salário de benefício.

Obs.: A redação original deste § 1º era a seguinte: "**§ 1º O auxílio-acidente, mensal e vitalício, corresponderá, respectivamente às situações previstas nos** incisos I, II e III deste artigo, a 30% (trinta por cento), 40% (quarenta por cento) ou 60% (sessenta por cento) do salário de contribuição do segurado vigente no dia do acidente, não podendo ser inferior a esse percentual do seu salário de benefício".

Compreendo que o legislador está determinando a realização de um novo cálculo de salário de benefício, nos termos do art. 29 da Lei n. 8.213/91. No entanto, o § 1º do art. 104 do Decreto n. 3.048/99 manda aproveitar o salário de benefício já calculado para o auxílio-doença que deu origem ao auxílio-acidente, conforme segue:

> "Art. 104. (...)
>
> (...)
>
> § 1º O auxílio-acidente mensal corresponderá a cinqüenta por cento do salário de benefício que deu origem ao auxílio-doença do segurado, corrigido até o mês anterior ao do início do auxílio-acidente e será devido até a véspera de início de qualquer aposentadoria ou até a data do óbito do segurado.
>
> (...)"

Desta forma, o INSS adotará o seguinte procedimento de cálculo:

1º — verificará o resultado da média aritmética utilizada para o cálculo da renda mensal do auxílio-doença;

2º — atualizará monetariamente o valor encontrado no tópico anterior até o mês anterior ao do início do Auxílio-Acidente; e

3º — pagará, como renda mensal, o equivalente a 50% do resultado obtido no tópico 2º.

Como já exposto, entendo pela ilegalidade deste procedimento, não possuindo o Decreto competência para criar nova regra de cálculo, extrapolando sua função regulamentar. Assim, se o cálculo disposto na Lei n. 8.213/91 for mais benéfico ao segurado, é possível o ingresso de ação judicial a respeito.

Considerando a impossibilidade de recebimento de dois benefícios de Auxílio-Acidente, quando o segurado em gozo de auxílio-acidente fizer jus a um novo auxílio-acidente, em decorrência de outro acidente ou de doença, serão comparadas as rendas mensais dos dois benefícios e mantido o benefício mais vantajoso.

Fundamentação: Lei n. 8.213/91, art. 86, § 1º; Decreto n. 3.048/99, art. 104, § 1º; Instrução Normativa INSS n. 45/2010, art. 313.

8.4. Suspensão do benefício

No caso de reabertura de auxílio-doença por acidente de qualquer natureza que tenha dado origem a auxílio-acidente, este será suspenso até a cessação do auxílio-doença reaberto, quando então será reativado.

Fundamentação: Lei n. 8.213/91, art. 86; Decreto n. 3.048/99, art. 104, § 6º.

8.5. Cessação do Benefício

Até a data de 10.11.1997 o benefício de auxílio-acidente podia ser acumulado com o benefício de aposentadoria, sem qualquer vedação legal a respeito. No entanto, quando da publicação da Lei n. 9.528/97, em 11.11.1997, restou vedada tal percepção acumulada, sendo a redação do § 2º do art. 86, desde então, a seguinte:

> "Art. 86. O auxílio-acidente será concedido, como indenização, ao segurado quando, após consolidação das lesões decorrentes de acidente de qualquer natureza, resultarem seqüelas que impliquem redução da capacidade para o trabalho que habitualmente exercia.
>
> (...)
>
> § 2º O auxílio-acidente será devido a partir do dia seguinte ao da cessação do auxílio-doença, independentemente de qualquer remuneração ou rendimento auferido pelo acidentado, vedada sua acumulação com qualquer aposentadoria.
>
> (...)".

Note-se que a Lei n. 9.528/97 é fruto de conversão da Medida Provisória n. 1.523, posteriormente reeditada (por diversos meses) e transformada na Medida Provisória n. 1.596-14, de 10.11.1997.

Nas medidas provisórias, contudo, não havia alteração na redação do § 2º, sendo a mesma inserida somente no texto da própria Lei n. 9.528/97.

É certo, pois, que o benefício de auxílio-acidente será extinto quando da concessão de algum benefício de aposentadoria ou, em sua ausência, em caso de óbito do beneficiário.

Não obstante a proibição de acumulação dos benefícios a contar de 11.11.1997, os segurados não ficaram prejudicados completamente. Isto porque a mesma Lei n. 9.528/97 determinou que, a partir de sua vigência, o valor mensal do auxílio-acidente deverá integrar o salário de contribuição, para fins de cálculo do salário de benefício, limitado ao teto máximo de contribuição. Sobre esse cáclulo, ver nesta Parte V o Capítulo XXXII, subitem 2.6.

Por fim, cumpre mencionar que caso o fato gerador do auxílio-acidente e caso as condições para a aposentadoria estejam implementados até 10.11.1997, terá o segurado direito a acumular os dois benefícios. Neste caso, o salário de benefício do auxílio-acidente não será considerado como salário de contribuição. Confira-se, nestes termos, a redação do art. 164 da Instrução Normativa INSS n. 45/2010:

"**Art. 164.** O salário de benefício do auxílio-acidente em manutenção, cujas lesões tenham se consolidado até 10 de novembro de 1997, véspera da publicação da Medida Provisória n. 1.596-14, de 10 de novembro de 1997, convertida na Lei n. 9.528, de 10 de dezembro de 1997, não será considerado como salário de contribuição para a concessão de benefício de aposentadoria com Data Início Benefício, até aquela data, observada a permissão de acumulação, nos termos da Súmula n. 44, de 14 de setembro de 2009, da Advocacia-Geral da União, alterada pela Súmula n. 65, de 5 de julho de 2012."

Também no mesmo sentido a redação do Enunciado 44, alterado pelo Enunciado 65, da AGU:

"**Enunciado 44** — Para a acumulação do auxílio-acidente com proventos de aposentadoria, a lesão incapacitante e a concessão da aposentadoria devem ser anteriores as alterações inseridas no art. 86 § 2º, da Lei n. 8.213/91, pela Medida Provisória n. 1.596-14, convertida na Lei n. 9.528/97."

9. SALÁRIO FAMÍLIA

9.1. Beneficiários e Requisitos Necessários à Obtenção do Benefício

Possuem direito à percepção do benefício de salário família somente os segurados inscritos no RGPS na condição de empregado urbano ou rural (exceto o doméstico) e de trabalhador avulso, sendo ainda condições à sua percepção:

a) possuírem baixa renda;

b) possuírem filhos (legítimos, legitimados, ilegítimos e adotivos) ou equiparados com idade até 14 anos, ou inválidos de qualquer idade.

Equiparam-se aos filhos do segurado o enteado e o menor que esteja sob sua tutela, desde que não possua bens suficientes para o próprio sustento e educação.

O salário família é devido também aos segurados aposentados (Aposentadoria por Invalidez, Aposentadoria por Idade, Aposentadoria por Tempo de Contribuição e Aposentadoria Especial), hipótese em que as quotas serão pagas diretamente pelo INSS, juntamente com o benefício. Assim, na admissão de aposentados nestas condições, o empregador se desobriga do respectivo pagamento, isto é, não haverá duplo pagamento do salário família — Decreto n. 3.048/99, art. 82.

Obs.: O empregado rural somente passou a ter direto ao recebimento do salário família após a vigência da Lei n. 8.213, de 24.7.1991 — (Enunciado TST n. 344).

A invalidez do filho ou equiparado maior de quatorze anos de idade deverá ser verificada em exame médico-pericial a cargo da previdência social.

Fundamentação: Emenda Constitucional n. 20/98, art. 13; Lei n. 8.213/91, art. 65, *caput*; Decreto n. 3.048/99, arts. 81, 82 e 85.

9.1.1. Documentação Necessária

Para a percepção do benefício, deverá o trabalhador empregado apresentar à empresa, e o trabalhador avulso ao Órgão Gestor de Mão de Obra ou sindicato, conforme o caso, a seguinte documentação:

a) Carteira Profissional (CP) ou Carteira de Trabalho e Previdência Social (CTPS);

b) certidão de nascimento do filho (original e cópia);

c) caderneta de vacinação ou equivalente, quando dependente menor de sete anos, sendo obrigatória nos meses de novembro, contados a partir de 2000;

d) comprovação de invalidez, a cargo da Perícia Médica do INSS, quando dependente maior de quatorze anos;

e) comprovante de frequência à escola, quando dependente a partir de sete anos, nos meses de maio e novembro, contados a partir de 2000.

Obs.: A comprovação de frequência escolar será feita mediante apresentação de documento emitido pela escola, na forma de legislação própria, em nome do aluno, onde conste o registro de frequência regular ou de atestado do estabelecimento de ensino, comprovando a regularidade da matrícula e frequência escolar do aluno.

Não sendo apresentados o atestado de vacinação obrigatória e os comprovantes de frequência escolar nas competências informadas, o empregador, o Órgão Gestor de Mão de Obra e o sindicato suspenderão o pagamento do Salário família, sendo observado que (IN INSS n. 45/2010, art. 290, § 3º):

• não será devido o pagamento do benefício no período entre a suspensão da quota motivada pela falta de comprovação da frequência escolar e sua reativação, salvo se comprovada a frequência escolar no período;

• se após a suspensão do benefício, o segurado comprovar a vacinação do filho, ainda que fora do prazo, caberá o pagamento das quotas relativas ao período suspenso.

Quando o salário família for pago pela Previdência Social, no caso de empregado, não é obrigatória a apresentação da certidão de nascimento do filho ou documentação relativa ao equiparado, no ato do requerimento do benefício, uma vez que esta informação é de responsabilidade da empresa, órgão gestor de mão de obra ou sindicato de trabalhadores avulsos, no atestado de afastamento — IN INSS n. 45/2010, art. 290, § 4º.

Ficha de Salário família e Termo de Responsabilidade

Provada a filiação e, se for o caso, a invalidez, o empregador (ou OGMO ou sindicato, se trabalhador avulso) procederá ao lançamento dos dados extraídos dos respectivos documentos na Ficha de Salário família, devolvendo-os em seguida ao empregado. Observe-se que as cópias ou originais dos documentos apresentados deverão ser devolvidos ao empregado, sendo providenciadas pelo contratante cópias das certidões correspondentes, as quais devem ser conservadas por dez anos, juntamente com os comprovantes dos pagamentos, para exame pela fiscalização do INSS.

O segurado deverá assinar, ainda, um termo de responsabilidade, no qual se comprometa a comunicar à empresa ou ao órgão previdenciário qualquer circunstância que determine a perda do direito à percepção do benefício, ficando sujeito, em caso do não cumprimento, às sanções penais e trabalhistas. Assim, omitindo o empregado tal fato, estará sujeito às sanções cabíveis e à rescisão de seu contrato de trabalho pelo empregador, por justa causa, estando caracterizado o ato de improbidade — CLT, art. 482, "a".

A falta de comunicação oportuna de fato que implique cessação do salário família, bem como a prática, pelo empregado, de fraude de qualquer natureza para o seu recebimento, autoriza ainda a empresa, o Instituto Nacional do Seguro Social, o sindicato ou Órgão Gestor de Mão de Obra, conforme o caso, a descontar dos pagamentos de quotas devidas com relação a outros filhos ou, na falta delas, do próprio salário do empregado ou da renda mensal do seu benefício, o valor das quotas indevidamente recebidas, sem prejuízo das sanções penais cabíveis.

Obs.: O Termo de Responsabilidade, estando assinado pelo empregado, isenta a empresa de qualquer responsabilidade quanto às informações ali contidas.

Fundamentação: Lei n. 8.213/91, arts. 67 e 68, § 1º; Decreto n. 3.048/99, arts. 84, 89 e 90; Instrução Normativa INSS n. 45/2010, art. 290.

9.1.2. Menor Sob Guarda

A quota de salário família referente ao menor sob guarda somente será devida ao segurado com contrato de trabalho em vigor desde 13.10.1996, data da vigência da Medida Provisória n. 1.523, convertida na Lei n. 9.528/97, bem como ao trabalhador avulso que, na mesma data, detinha essa condição.

Fundamentação: Instrução Normativa INSS n. 45/2010, art. 291, II.

9.2. Valor da Quota e Forma de Pagamento

A renda máxima mensal do trabalhador, para que lhe seja possível a percepção do benefício, encontra-se atualmente fixada no valor de R$ 1.025,81 (um mil, vinte e cinco reais e oitenta e um centavos), conforme Portaria Interministerial MPS/MF n. 19/2014.

E por renda mensal devemos considerar o somatório de todas as parcelas de natureza remuneratória, tais como salário, comissões, horas extraordinárias, adicionais, gratificações e outros. Assim, deverá ser verificado o salário de contribuição do segurado (remuneração, limitada ao teto máximo de contribuição) e, se de valor mensal até R$ 1.025,81, fará jus o trabalhador ao recebimento do salário família. Repita-se que todas as importâncias que integram o salário de contribuição devem ser consideradas como partes integrantes da remuneração do mês, com exceção apenas do 13º salário e do adicional de férias previsto no inciso XVII do art. 7º da CF/88 (1/3 constitucional).

Outro aspecto importante a ser considerado é que o direito à quota do salário família é definido em razão da remuneração que seria devida ao empregado *no mês*, independente do número de dias efetivamente trabalhados. Assim, por exemplo, ainda que tenha um segurado empregado (que perceba somente salário fixo no valor de R$ 750,00 mensais) faltado ao serviço durante todos os dias do mês, injustificadamente, terá o mesmo direito à percepção dos valores a título de salário família. E exceção a essa regra se aplica somente quando da admissão ou demissão no curso do mês, hipóteses em que o salário família deverá ser pago de forma fracionada.

Note-se, ainda, que caso perceba o trabalhador parcelas variáveis como horas extras e/ou comissões, sua remuneração mensal não será a mesma em todos os meses, mas, ao contrário, variável. Neste caso, tal valor deverá ser observado mês a mês, sendo possível que em alguns deles o obreiro faça jus à percepção do salário família e, em outros, não.

Verificada então a remuneração do trabalhador (empregado ou avulso), e sendo de direito o pagamento do Salário família, a ele caberá uma quota para cada filho de até 14 anos, ou de qualquer idade se se tratar de filho inválido.

É a tabela vigente a contar de 1º.1.2014 (Portaria Interministerial MPS/MF n. 19/2014, art. 4º):

I — R$ 35,00 para o segurado com remuneração mensal até R$ 685,50;

II — R$ 24,66 para o segurado com remuneração mensal de R$ 682,51 a R$ 1.025,81.

Exemplos:

- 3 filhos menores de 14 anos e trabalhador com renda mensal de R$ 750,00 = Salário família no valor total de R$ 105,00

- 3 filhos menores de 14 anos e trabalhador com renda mensal de R$ 1.100,00 = Salário família no valor total de R$ 73,98

Obs.: Os valores são atualizados anualmente, pelos mesmos índices aplicados aos benefícios do Regime Geral de Previdência Social, sendo a tabela divulgada em Portaria Ministerial.

O pagamento a que fizer jus o empregado deverá ser efetuado pela própria empresa, mensalmente, junto com o respectivo salário mensal. O pagamento a que fizer jus o trabalhador avulso deverá ser efetuado pelo sindicato ou órgão gestor de mão de obra, mediante convênio.

Pode-se resumir, portanto, que o salário família será pago mensalmente da seguinte forma (Decreto n. 3.048/99, art. 82):

a) ao empregado, pela empresa, com o respectivo salário, e ao trabalhador avulso, pelo sindicato ou órgão gestor de mão de obra, mediante convênio;

b) ao empregado e trabalhador avulso aposentados por invalidez ou em gozo de auxílio-doença, pelo Instituto Nacional do Seguro Social, juntamente com o benefício;

c) ao trabalhador rural aposentado por idade aos sessenta anos, se do sexo masculino, ou cinquenta e cinco anos, se do sexo feminino, pelo Instituto Nacional do Seguro Social, juntamente com a aposentadoria; e

d) aos demais empregados e trabalhadores avulsos aposentados aos sessenta e cinco anos de idade, se do sexo masculino, ou sessenta anos, se do sexo feminino, pelo Instituto Nacional do Seguro Social, juntamente com a aposentadoria.

No caso da letra "a", acima, quando o salário do empregado não for mensal (pagamento quinzenal, por exemplo), o salário família deverá ser pago juntamente com o último pagamento relativo ao mês.

O empregado deve dar quitação à empresa, sindicato ou órgão gestor de mão de obra de cada recebimento mensal do salário família, na própria folha de pagamento ou por outra forma admitida, de modo que a quitação fique plena e claramente caracterizada.

Obs.: As cotas do salário família não serão incorporadas, para qualquer efeito, ao salário ou ao benefício.

Nas admissões e demissões, como já mencionado anteriormente, o pagamento deverá ser proporcional aos dias trabalhados no mês, a partir da data de admissão ou até a data do desligamento. Não é devido o pagamento do salário família em relação ao prazo do aviso-prévio indenizado.

Fundamentação: Lei n. 8.213/91, arts. 66, 68 e 70; Decreto n. 3.048/99, arts. 82, 83, 91 e 92; Instrução Normativa INSS n. 45/2010, art. 290.

9.2.1. Pai e Mãe Segurados Empregados ou Avulsos

Quando pai e mãe são segurados empregados e/ou trabalhadores avulsos, ambos possuem direito ao recebimento do salário família, ainda que trabalhem na mesma empresa (Decreto n. 3.048/99, art. 82, § 3º).

E, curiosamente, deverá ser observada a remuneração individual de cada um dos pais, para fins de verificação do direito ao benefício, ou seja, ainda que o somatório dos vencimentos ultrapasse o atual limite de R$ 1.028,81, se individualmente receberem os cônjuges montante inferior, ambos deverão receber o benefício.

Fundamentação: Decreto n. 3.048/99, arts. 82, §3º.

9.2.2. Vínculos Simultâneos

O empregado que trabalhar em duas ou mais empresas, simultaneamente, deverá receber as quotas do salário família a que fizer jus em cada uma destas empresas, uma vez que todas as empresas vinculadas ao Regime Geral da Previdência Social são obrigadas a pagar, mensalmente, o benefício aos seus empregados.

E, da mesma forma que ocorre no subitem anterior, deverá ser observada a remuneração paga em cada um dos vínculos, ainda que o somatório ultrapasse o limite fixado para obtenção do benefício.

9.2.3. Segurada em Gozo de Salário maternidade

O pagamento do salário família, ainda que a empregada esteja em gozo de salário maternidade, é de responsabilidade da empresa, condicionado à apresentação pela segurada empregada da documentação relacionada no subitem 8.1.1, *supra*.

O salário família correspondente ao mês de afastamento do trabalho será pago integralmente pela empresa, pelo sindicato ou órgão gestor de mão de obra, conforme o caso, e do mês da cessação de benefício pelo INSS, independentemente do número de dias trabalhados ou em benefício.

Fundamentação: Instrução Normativa INSS n. 45/2010, art. 289, III.

9.2.4. Segurados em Gozo de Auxílio-Doença

Em se tratando de segurados em gozo de auxílio-doença ou auxílio-doença acidentário, as quotas serão pagas pela Previdência Social. Para tanto, a empresa deverá solicitar ao Instituto o pagamento direto das quotas de Salário família, no próprio requerimento do auxílio-doença, em campo próprio, no verso do formulário.

Para evitar cálculo de valores fracionados, o salário família correspondente ao mês de afastamento será pago integralmente pela empresa, pelo sindicato ou órgão gestor de mão de obra, conforme o caso, e o do mês da cessação de benefício pelo Instituto Nacional do Seguro Social (Decreto n. 3.048/99, art. 86).

Fundamentação: Decreto n. 3.048/99, art. 86; Instrução Normativa INSS n. 45/2010, art. 289, II.

9.2.5. Divórcio, Separação Judicial ou de Fato e Abandono

Quando da ocorrência de divórcio, separação judicial ou de fato dos pais, ou em caso de abandono legalmente caracterizado ou perda de pátrio poder, o salário família poderá passar a ser pago diretamente àquele a cujo cargo ficar o sustento do menor ou a outra pessoa, se houver determinação judicial neste sentido — Decreto n. 3.048/99, art. 87.

Fundamentação: Decreto n. 3.048/99, art. 87.

9.3. Custeio e Reembolso pelo Contratante

Uma parte da importância mensalmente recolhida pela empresa a título de contribuição previdenciária (20% sobre a folha de pagamento) é destinada ao custeio do salário família. O percentual relativo a esse custeio deixou de ser específico a partir da competência setembro/89, uma vez que a taxa a que se sujeitam as empresas em geral (20%) engloba o custeio de vários benefícios — Decreto n. 53.153/63, arts. 19 e 20 e Lei n. 7.787/89.

Desta forma, tendo o empregador efetuado o pagamento das quotas de salário família aos segurados de direito, poderá ter reembolsado mensalmente este valor, devendo descontá-lo do montante devido a título de contribuição previdenciária (exceto se o pagamento for apenas da parte de segurados), através do próprio campo 6 da GPS — Decreto n. 3.048/99, art. 82, § 4º.

Poderá ser objeto de compensação ou restituição a contribuição recolhida a maior em decorrência da não dedução em época oportuna, de quotas de salário família, comprovadamente pagas aos empregados.

Fundamentação: Decreto n. 3.048/99, art. 82, §4º.

9.4. Cessação do Benefício

O direito ao salário família cessa automaticamente:

a) por morte do filho ou equiparado, a contar do mês seguinte ao do óbito;

b) quando o filho ou equiparado completar quatorze anos de idade, salvo se inválido, a contar do mês seguinte ao da data do aniversário;

c) pela recuperação da capacidade do filho ou equiparado inválido, a contar do mês seguinte ao da cessação da incapacidade;

d) pelo desemprego do segurado.

Fundamentação: Decreto n. 3.048/99, art. 88.

10. SALÁRIO MATERNIDADE

10.1. Conceito e requisitos para obtenção do direito

Salário maternidade é o benefício previdenciário pago às seguradas que se encontrem afastadas de sua atividade cotidiana por motivo de parto. Atualmente, além do parto, também a adoção ou a guarda judicial para fins de adoção constituem fato gerador deste benefício.

O Ministério da Previdência Social considera como "parto" o evento ocorrido a partir da 23ª semana (6º mês) de gestação, inclusive em caso de natimorto (IN INSS n. 45/2010, art. 294, § 3º). No entanto, e em verdade, somente o profissional médico possui competência e conhecimento para determinar a natureza do evento (parto ou aborto), haja vista a evolução da medicina e a ocorrência comum, inclusive, de crianças nascidas com vida provenientes de gestação inferior a seis meses.

Todas as seguradas (empregadas, domésticas, avulsas, contribuintes individuais, seguradas especiais e seguradas facultativas) possuem direito ao benefício. No entanto, a exigência de carência (número mínimo de contribuições mensais para se ter acesso ao benefício) aplica-se somente às contribuintes individuais e às seguradas facultativas.

A segurada empregada, a empregada doméstica e a trabalhadora avulsa têm direito à percepção deste benefício — salário maternidade —, independentemente do cumprimento de carência, ou seja, do número de contribuições pagas. Assim, ainda que tenham contribuído com um único mês, será assegurado a elas o direito à percepção do benefício previdenciário. Com a publicação da Lei n. 9.876, em 29.11.99, o direito ao benefício do salário maternidade foi estendido também às seguradas inscritas nas categorias de contribuinte individual e facultativa, mas condicionado a um período de carência de, no mínimo, dez contribuições mensais. Desta forma, temos que:

a) as seguradas empregada, empregada doméstica e trabalhadora avulsa têm direito ao benefício do salário maternidade independentemente de qualquer carência;

b) as seguradas contribuinte individual e facultativa passaram a ter o direito ao benefício do salário maternidade com a publicação da Lei n. 9.876, em 29.11.1999, sendo exigida, no entanto, uma carência de dez contribuições mensais, ainda que os recolhimentos a serem considerados tenham sido vertidos em categorias diferenciadas e desde que não tenha havido perda da qualidade de segurada. Em se tratando de parto antecipado, este período de carência será reduzido em número de contribuições equivalentes ao número de meses em que o parto foi antecipado. Exemplo: parto antecipado em 2 meses = carência de 8 contribuições.

Obs. 1: Havendo perda da qualidade de segurado, as contribuições anteriores a essa perda somente serão computadas, para efeito de carência, depois que a segurada contar, a partir da nova filiação ao RGPS, com, no mínimo, um terço do número de contribuições exigidas como carência para a espécie, ou seja, três contribuições que, somadas às anteriores, totalizem dez contribuições.

Obs. 2: As seguradas contribuinte individual e facultativa que possuíam a carência exigida, e cujos partos tenham ocorrido até o dia 30 de novembro de 1999, fizeram jus ao salário maternidade proporcionalmente aos dias que faltaram para completar cento e vinte dias de afastamento.

A Lei n. 8.861/94, art. 3º, estendeu à segurada especial a partir de 28.3.1994 o direito à percepção de salário maternidade (previsto no art. 71 da Lei n. 8.213/91), no valor de um salário-mínimo, desde que esta comprovasse o exercício da atividade rural nos últimos doze meses imediatamente anteriores à data do início do benefício, mesmo que de forma descontínua. A contar de 29.11.1999, com a publicação da Lei n. 9.876, o período de atividade rural a ser comprovado foi reduzido para dez meses.

Fundamentação: Lei n. 8.213/91, arts. 71 a 73; Decreto n. 3.048/99, arts. 93 a 103; Instrução Normativa INSS n. 45/2010, art. 297.

10.2. Duração — Início Determinado por Atestado Médico

O benefício tem duração de cento e vinte dias, sendo seu início determinado por atestado médico. O médico pode determinar como o primeiro dia da licença qualquer data, desde que esta esteja compreendida no período entre 28 dias antes do parto (data provável) e a data de ocorrência deste.

Anteriormente, e se o parto ocorresse sem acompanhamento médico, a legislação exigia ser o atestado médico fornecido pelos órgãos pertencentes ao Sistema Único de Saúde ou pela perícia médica do INSS. Quando a empresa dispusesse de serviço médico próprio ou credenciado, o atestado deveria ser fornecido por aquele serviço médico. Com a publicação do Decreto n. 3.668, de 23.11.2000, foi alterada a redação do art. 95 do Decreto n. 3.048/99, onde ficou determinado que:

I — compete à segurada-mãe juntar ao requerimento do salário maternidade o(s) atestado(s) médico(s) necessário(s). Não fez o legislador qualquer referência com relação ao profissional competente para emitir estes documentos, razão pela qual se depreende que os mesmos poderão ser fornecidos inclusive por médicos particulares;

II — sendo o benefício requerido após o parto, o documento comprobatório para sua concessão deverá ser a Certidão de Nascimento. Havendo dúvidas por parte da Previdência Social, a segurada deverá se submeter à avaliação pericial — perícia médica — junto ao Instituto Nacional do Seguro Social — INSS.[28]

Confira-se ainda, sobre o tema, a redação da Súmula 45 da TNU:

"**Súmula 45** — Incide correção monetária sobre o salário maternidade desde a época do parto, independentemente da data do requerimento administrativo."

No período compreendido por licença-maternidade é proibido o trabalho da mulher, quando segurada empregada, doméstica ou avulsa, permanecendo a mesma afastada de suas atividades laborais.

Fundamentação: Lei n. 8.213/91, art. 71; Decreto n. 3.048/99, arts. 93, 95 e 96; Instrução Normativa INSS n. 45/2010, art. 294.

---

(28) Havendo requerimento do benefício após o parto, e na existência de atestado médico que indique data de afastamento das atividades anteriormente à data de nascimento da criança (máximo 28 dias antes, como já observado), esta será a data considerada pelo INSS como de início do benefício.

10.2.1. Aborto não criminoso

Em caso de aborto não criminoso a segurada terá direito ao benefício do salário maternidade — e respectiva licença-maternidade — correspondente a duas semanas — Decreto n. 3.048/99, art. 93, § 5º.

O aborto não criminoso deveria ser comprovado, anteriormente, mediante atestado médico fornecido pelo SUS ou por serviço médico da empresa ou por ela credenciado. Com a publicação do Decreto n. 3.668, de 23.11.2000, retirou-se do citado § 5º do art. 93 esta exigência, podendo o sinistro ser comprovado por atestado médico, qualquer que seja sua origem emitente. Não obstante, o atestado deve obrigatoriamente conter o CID específico da ocorrência (IN INSS n. 45/2010, art. 294, § 4º).

Fundamentação: Decreto n. 3.048/99, art. 93, §5º; Instrução Normativa INSS n. 45/2010, art. 294, § 4º.

10.2.2. Parto Antecipado — Natimorto

A habilitação ao exercício do direito à licença-maternidade é a ocorrência do parto, seja este antecipado ou não e ainda que se trate de natimorto.

Desta forma, havendo parto, ainda que a criança nasça sem vida (natimorto), devidamente atestado por médico, faz jus a gestante ao descanso de cento e vinte dias e respectivos salários. A situação do natimorto deverá ser comprovada por atestado de óbito e não haverá necessidade da parturiente se submeter à avaliação médico-pericial no INSS.

Fundamentação: Decreto n. 3.048/99, art. 93, § 4º; Instrução Normativa INSS n. 45/2010, art. 294, § 5º.

10.2.3. Prorrogação

Em casos excepcionais, o período de repouso poderá ser aumentado por mais duas semanas, mediante atestado médico específico — Decreto n. 3.048/99, art. 93, § 3º, com redação dada pelo Decreto n. 3.668/2000.

O Atestado Médico original deve ser específico para o fim de prorrogação dos períodos de repouso anteriores ou posteriores ao parto, extensão esta que consiste em excepcionalidade, compreendendo as situações em que exista algum risco para a vida do feto ou criança ou da mãe, devendo o atestado médico ser apreciado pela Perícia Médica do INSS, exceto quando se tratar de segurada empregada, quando o benefício é pago diretamente pela empresa (IN INSS n. 45/2010, art. 294, § 6º).

Obs. 1: Para a segurada em prazo de manutenção da qualidade de segurado, fica assegurado o direito à prorrogação somente para repouso posterior ao parto — IN INSS n. 45/2010, art. 294, § 7º.

Obs. 2: Nos termos do art. 4 da Lei n. 6.932/81, com redação dada pela Lei n. 12.514/2011, a médica-residente poderá ter o período de licença-maternidade prorrogado por até 60 dias, mediante requerimento.

10.3. Adoção ou Guarda Provisória

O direito à licença-maternidade foi instituído às mães adotivas pela Lei n. 10.421, de 15.4.2002 (DOU de 16.4.2002), que acrescentou à Consolidação das Leis do Trabalho (CLT) o art. 392-A e à Lei n. 8.213/91 o art. 71-A.

Até a publicação da Lei n. 10.421/2002 existia divergência entre os doutrinadores acerca desse direito, não sendo, portanto, pacífica a questão. Defendia parte da doutrina que a habilitação ao exercício do direito à licença-maternidade era em virtude da efetiva ocorrência de parto, e, em não havendo parto, não seria devido o direito. Todavia, prevaleceu a tese de que o benefício deve proteger também a criança, tendo em vista os cuidados de que as mesmas necessitam, equiparando as mães adotivas às mães biológicas. A jurisprudência dominante já entendia no mesmo sentido.

Assim, ampliou o legislador também às mães adotivas, ou às que obtiverem a guarda judicial para fins de adoção de criança, o direito ao benefício da licença-maternidade, observando as seguintes proporcionalidades:

- no caso de adoção ou guarda judicial de criança de até 1 (um) ano de idade, o período de licença será de 120 (cento e vinte) dias;

- no caso de adoção ou guarda judicial de criança a partir de 1 (um) ano até 4 (quatro) anos de idade, o período de licença será de 60 (sessenta) dias; e

- no caso de adoção ou guarda judicial de criança a partir de 4 (quatro) anos até 8 (oito) anos de idade, o período de licença será de 30 (trinta) dias.

Obs.: Somente com a publicação da Medida Provisória n. 619 (DOU de 7.6.2013) é que o art. 71-A foi alterado, passando a conceder o salário maternidade com duração de 120 dias à segurada que adotar ou obtiver guarda judicial para fins de adoção, independentemente da idade da criança.

Compreendo, contudo, que o fracionamento da licença em razão da idade da criança adotada feriu não somente a Constituição Federal e o Estatuto da Criança e do Adolescente, como também qualquer lógica aplicada à extensão do benefício às mães adotantes.

A Carta Constitucional, no art. 227, institui como dever da família, da sociedade e do Estado salvar a criança e o adolescente de qualquer forma de discriminação e seu § 6º expressa claramente que os filhos legítimos ou adotivos deverão possuir os mesmos direitos e qualificações. O art. 3º da CF/88 também se manifesta contra a discriminação de direitos, sendo objetivo fundamental da República Federativa do Brasil a promoção do bem de todos, sem qualquer forma de preconceito ou discriminação. O mesmo ocorre com o *caput* do art. 5º.

A Lei n. 8.069/90 (Estatuto da Criança e do Adolescente)trata da adoção nos arts. 39 a 52-D. O art. 2º determina que a criança possui até 12 anos de idade (incompletos). Entre 12 e 18 anos, considera-se já adolescente. E o art. 5º do mesmo diploma legal expressa que nenhuma criança ou adolescente será objeto de qualquer forma de discriminação.

Ora, se criança é a pessoa com até 12 anos de idade e se não somente a lei ordinária (ECA) como também a Constituição da República vedam expressamente a discriminação, por qual razão a Lei n. 10.421/2002 fracionou o direito ao salário maternidade? E por qual razão não há qualquer direito para aqueles que adotam crianças com idade entre 8 e 12 anos?

Se pensarmos que o objetivo do legislador, em 2002, foi garantir às mães adotivas e às crianças um período de adaptação, o fracionamento encontra-se invertido. Adaptar-se a uma criança recém-nascida, para a mulher que já se encontrava preparada à adoção, não demanda o período de 120 dias. O mesmo se pode dizer do bebê, que sequer possui formação de memória. No entanto, adaptar-se a uma criança de 8 a 12 anos, com personalidade já formada e hábitos já adquiridos não é tarefa das mais fáceis e pode levar não somente 120 dias, mas toda uma vida. Também a criança, quando mais velha, possui dificuldade de adaptar-se à nova família, às novas regras e novos hábitos que lhe serão impostos.

Se a ideia era garantir os primeiros cuidados, novamente visualizo a inversão. Um recém-nascido demanda menos cuidados do que a criança com idade entre 1 e 2 anos e, esta, menos cuidados do que aquela com idade entre 3 e 5 anos, quando a mãe precisa manter-se permanentemente atenta a objetos, móveis, escadas, alimentos, tapetes e outros itens domésticos que podem propiciar acidentes.

Fracionar a duração da licença à idade da criança adotada significa proceder a discriminação na distribuição do direito, ferindo as disposições constitucionais e legais sobre o tema, além dos objetivos inerentes à sua concessão (adaptação e cuidados). Compreendo, pois, que a adoção de crianças em geral (0 a 12 anos incompletos) deve proporcionar à mãe adotiva a licença com duração de 120 dias, sem qualquer fracionamento.

Note-se, inclusive, que a Lei n. 12.010/2009 (em vigor desde 2.11.2009) alterou a redação do art. 392-A da CLT, acabando por garantir às empregadas uma licença de 120 dias nos casos de adoção de crianças, de qualquer idade.

A redação original do art. 392 trazia o mesmo fracionamento disposto no art. 71-A da Lei n. 8.213/91, senão vejamos:

Lei n. 8.213/91

"**Art. 71-A.** À segurada da Previdência Social que adotar ou obtiver guarda judicial para fins de adoção de criança é devido salário maternidade pelo período de 120 (cento e vinte) dias, se a criança tiver até 1(um) ano de idade, de 60 (sessenta) dias, se a criança tiver entre 1 (um) e 4 (quatro) anos de idade, e de 30 (trinta) dias, se a criança tiver de 4 (quatro) a 8 (oito) anos de idade."

CLT

"**Art. 392-A.** À empregada que adotar ou obtiver guarda judicial para fins de adoção de criança será concedida licença-maternidade nos termos do art. 392, observado o disposto no seu § 5º.

§ 1º No caso de adoção ou guarda judicial de criança até 1 (um) ano de idade, o período de licença será de 120 (cento e vinte) dias.

§ 2º No caso de adoção ou guarda judicial de criança a partir de 1 (um) ano até 4 (quatro) anos de idade, o período de licença será de 60 (sessenta) dias.

§ 3º No caso de adoção ou guarda judicial de criança a partir de 4 (quatro) anos até 8 (oito) anos de idade, o período de licença será de 30 (trinta) dias.

§ 4º A licença-maternidade só será concedida mediante apresentação do termo judicial de guarda à adotante ou guardiã."

Com a publicação da Lei n. 12.010/2009, os §§ 1º a 3º do art. 392-A foram expressamente revogados (art. 8º), passando o artigo à seguinte (e atual) redação:

"**Art. 392-A.** À empregada que adotar ou obtiver guarda judicial para fins de adoção de criança será concedida licença-maternidade nos termos do art. 392, observado o disposto no seu § 5º.

§ 1º Revogado

§ 2º Revogado

§ 3º Revogado

§ 4º A licença-maternidade só será concedida mediante apresentação do termo judicial de guarda à adotante ou guardiã."

Observe-se que o *caput* determina a concessão da licença-maternidade nos termos do art. 392 que, por sua vez, fixa o prazo de 120 dias.

Assim, para o Direito do Trabalho, é certo que a licença possui duração de 120 dias, tanto para casos de parto (filhos legítimos) quanto de adoção, independentemente da idade da criança adotada.

A questão, no entanto, é a seguinte: quem paga por esse período de afastamento, já que a redação do art. 71-A da Lei n. 8.213/91 não foi alterada?

É importante observarmos que os arts. 392 e 392-A da CLT não impõem à empresa empregadora qualquer ônus com referência ao período de maternidade, garantindo às trabalhadoras apenas o período de licença. O pagamento desse período cabe à Previdência Social, nos termos do art. 201 da Constituição Federal, ao qual denominamos "salário maternidade". E não poderia ser diferente, para não propiciar uma discriminação na contratação de mulheres em idade fértil. Nesse sentido, inclusive, confira-se a redação do art. 4º da Convenção OIT n. 103, item 8:

"**Art. 4º**

1. Quando uma mulher se ausentar de seu trabalho em virtude dos dispositivos do artigo três acima, ela tem direito a prestações em espécie e a assistência médica.

2. A percentagem das prestações em espécie será estipulada pela legislação nacional de maneira a serem suficientes para assegurar plenamente a subsistência da mulher e de seu filho em boas condições de higiene e segundo um padrão de vida apropriado.

3. A assistência médica abrangerá assistência pré-natal, assistência durante o parto e assistência após o parto prestadas por parteira diplomada ou por médico, e bem assim a hospitalização quando for necessária; a livre escolha do médico e a livre escolha entre um estabelecimento público ou privado serão respeitadas.

4. As prestações em espécie e a assistência médica serão concedidas quer nos moldes de um sistema de seguro obrigatório, quer mediante pagamentos efetuados por fundos públicos; em ambos os casos serão concedidos de pleno direito a todas as mulheres que preencham as condições estipuladas.

5. As mulheres que não podem pretender, de direito, a quaisquer prestações, receberão apropriadas prestações pagas dos fundos de assistência pública, sob ressalva das condições relativas aos meios de existência prescritas pela referida assistência.

6. Quando as prestações em espécie fornecidas nos moldes de um sistema de seguro social obrigatório são estipuladas com base nos proventos anteriores, elas não poderão ser inferiores a dois terços dos proventos anteriores tomados em consideração.

7. Toda contribuição devida nos moldes de um sistema de seguro social obrigatório que prevê a assistência à maternidade, e toda taxa calculada na base dos salários pagos, que seria cobrada tendo em vista fornecer tais prestações, devem ser pagos de acordo com o número de homens e mulheres empregados nas empresas em apreço, sem distinção de sexo, sejam pagas pelos empregadores ou, conjuntamente, pelos empregadores e empregados.

8. Em hipótese alguma, deve o empregador ser tido como pessoalmente responsável pelo custo das prestações devidas às mulheres que ele emprega."

Também não é razoável interpretar que o pagamento dos dias excedentes àqueles previstos no art. 71-A da Lei n. 8.213/91 caberia à empresa empregadora porque, nesse caso, as seguradas empregadas teriam maiores benefícios que aquelas de outras categorias como, por exemplo, as domésticas, as contribuintes individuais e as seguradas facultativas. É preciso atentar-se à igualdade de direitos e à isonomia de tratamento (princípios absolutos, que não admitem relativização), não sendo possível conceder às empregadas uma licença de 120 dias e às demais seguradas uma licença de 30 dias.

Compreendo, pois, que cabe à Previdência Social o pagamento dos 120 dias de licença nos casos de adoção, independentemente da idade da criança adotada, tendo a Lei n. 12.010/2009, ao revogar expressamente os §§ 1º a 3º do art. 392-A da CLT, acabando por derrogar o fracionamento disposto no art. 71-A da Lei n. 8.213/91, conforme previsão do art. 2º da Lei de Introdução ao Código Civil. Confira-se:

"**Art. 2º** Não se destinando à vigência temporária, a lei terá vigor até que outra a modifique ou revogue.

§ 1º A lei posterior revoga a anterior quando expressamente o declare, quando seja com ela incompatível ou quando regule inteiramente a matéria de que tratava a lei anterior.

§ 2º A lei nova, que estabeleça disposições gerais ou especiais a par das já existentes, não revoga nem modifica a lei anterior.

§ 3º Salvo disposição em contrário, a lei revogada não se restaura por ter a lei revogadora perdido a vigência."

Certamente que a questão não é simples e que, atualmente, a derrogação encontra-se em cheque em face das disposições do art. 9º da Lei Complementar n. 95/98 (com redação dada pela LC 107/2001), que possui o seguinte teor:

"**Art. 9º** A cláusula de revogação deverá enumerar, expressamente, as leis ou disposições legais revogadas."

Por este dispositivo, a revogação de determinada norma somente pode ocorrer expressamente, o que fez a Lei n. 12.010/2009 com os §§ do art. 392-A da CLT, mas nao com o art. 71-A da Lei n. 8.213/91, que trata do mesmo tema.

Continuo compreendendo pela possibilidade da derrogação e aplicação, consequentemente, do art. 2º da Lei de Introdução ao Código Civil, já que as Leis ns. 10.406/2002 e 12.376/2010 não alteraram suas disposições e, cronologicamente, são posteriores à Lei Complementar n. 107/2001.

A matéria precisará ser submetida à apreciação do Judiciário e, apesar de extensa pesquisa, não localizei julgados a respeito. O INSS, como já era previsto, permaneceu aplicando o fracionamento em face da idade da criança adotada, conforme disposições do art. 295 da Instrução Normativa INSS n. 45/2010.

Somente com a publicação da Medida Provisória n. 619 (DOU de 7.6.2013) é que o art. 71-A foi alterado, passando a conceder o salário maternidade com duração de 120 dias à segurada que adotar ou obtiver guarda judicial para fins de adoção, independentemente da idade da criança.

Devem ainda ser observados os seguintes critérios (IN INSS n. 45/2010, art. 295 e Decreto n. 3.048/99, art. 93-A):

a) o salário maternidade é devido à segurada independentemente de a mãe biológica ter recebido o mesmo benefício quando do nascimento da criança;

b) para a concessão do salário maternidade será indispensável que conste da nova certidão de nascimento da criança ou do termo de guarda, o nome da segurada adotante ou guardiã, bem como deste último, que trata-se de guarda para fins de adoção, não sendo devido o benefício se contiver no documento apenas o nome do cônjuge ou companheiro;

c) quando houver adoção ou guarda judicial para adoção de mais de uma criança, é devido um único salário maternidade relativo à criança de menor idade, observando que no caso de empregos concomitantes, a segurada fará jus ao salário maternidade relativo a cada emprego.

Fundamentação: Lei n. 8.213/91, art. 71-A; Decreto n. 3.048/99, art. 93-A; Instrução Normativa INSS n. 45/2010, art. 295.

10.4. Responsabilidade e procedimento para pagamento

Para afastamentos compreendidos entre 29.11.1999 e 31.8.2003, o pagamento do salário maternidade coube diretamente ao INSS, exceto se a empresa, sindicato ou entidade de aposentados mantivesse convênio com a Autarquia para tal finalidade.

No entanto, para requerimentos efetivados a partir de 1º.9.2003, o salário maternidade devido à segurada empregada, independentemente da data do afastamento ou do parto, deverá ser pago diretamente pela empresa, exceto no caso de adoção. Tal alteração quanto à responsabilidade desse pagamento se deu com a publicação da Lei n. 10.710, de 5.8.2003 (DOU de 6.8.2003), com efeitos a contar de 1º de setembro de 2003, sendo, portanto, as regras a serem observadas as seguintes:

a) o salário maternidade devido às mães adotivas será pago diretamente pela Previdência Social, mesmo em se tratando de seguradas empregadas;

b) cabe à empresa pagar o salário maternidade devido à respectiva empregada gestante, efetivando-se a compensação quando do recolhimento das contribuições incidentes sobre a folha de salários e demais rendimentos pagos ou creditados, a qualquer título, à pessoa física que lhe preste serviço. Os comprovantes de pagamento e atestados correspondentes deverão ser mantidos e arquivados por 10 anos, conforme regra disposta no § 2º do art. 72 da Lei n. 8.213/91. Pela redação do art. 93 da IN SRF n. 971/2009, o prazo de guarda da documentação é de apenas 5 anos;

Obs.: A empregada deve dar quitação à empresa dos recolhimentos mensais do salário maternidade na própria folha de pagamento ou por outra forma admitida, de modo que a quitação fique plena e claramente caracterizada — Decreto n. 3.048/99, art. 94, § 3º.

c) o salário maternidade devido à trabalhadora avulsa, empregada doméstica, segurada especial e contribuintes individuais será pago diretamente pela Previdência Social, podendo o requerimento ser formalizado pela Internet ou pelo telefone 135.

Fundamentação: Lei n. 8.213/91, art. 72; Decreto n. 3.048/99, arts. 93-A, § 6º e 94; Instrução Normativa INSS n. 45/2010, art. 303.

10.4.1. Seguradas desempregadas — período de graça

Situação ilegal, mas comum, refere-se às empregadas gestantes que são demitidas pelas empresas, ainda no período de gestação.

O art. 10 do Ato das Disposições Constitucionais Transitórias, em seu inciso II, alínea b, garante às empregadas gestantes estabilidade no emprego até o 5º mês após o parto, mas infelizmente é prática comum a rescisão arbitrária pelo empregador, em total inobservância da legislação vigente.

As mulheres que são vítimas dessa rescisão acabam ingressando com reclamatória trabalhista na Justiça do Trabalho que, seguramente, determinará a reintegração ao emprego ou, sucessivamente, o pagamento de uma indenização compensatória.

A questão que merece análise nesta obra é a competência para o pagamento do salário maternidade, já que desfeita a relação de emprego. É certo que enquanto permanece o vínculo empregatício, a responsabilidade pelo pagamento é da empresa empregadora, com posterior compensação em suas contribuições patronais, como já observado anteriormente. É a Previdência Social quem paga o benefício, mas por intermédio da empresa, que repassa os valores devidos às seguradas empregadas.

Com a extinção do vínculo, a segurada empregada permanece protegida pelo sistema por um período variável entre 12 e 36 meses (período de graça), conforme regras dispostas no art. 15 e considerações que constam na Parte II, Capítulo VII, desta obra. Assim, o salário maternidade deve ser pago, obrigatoriamente, pela Previdência Social, sendo o benefício requerido diretamente ao INSS, já que não pode ser repassado pela empresa, ante a ausência do vínculo empregatício.

Na prática, o INSS descumpre as disposições do art. 201 da CF/88 e do art. 15 da Lei n. 8.213/91, se recusando ao pagamento do benefício às seguradas dispensadas em estado de gravidez, conforme disposições do art. 296, § 1º da Instrução Normativa INSS n. 45/2010. Confira-se:

"**Art. 296.** O salário maternidade será devido à segurada desempregada (empregada, trabalhadora avulsa e doméstica), para a que cessou as contribuições (contribuinte individual ou facultativa) e segurada especial, observando que:

I — o nascimento da criança, inclusive em caso de natimorto, ou a guarda judicial para fins de adoção ou a adoção ou o aborto espontâneo, deverá ocorrer dentro do prazo de manutenção da qualidade de segurada previsto no art. 10; e

II — o documento comprobatório para o requerimento do benefício é a certidão de nascimento do filho, exceto nos casos de aborto espontâneo, quando deverá ser apresentado atestado médico, e no de adoção ou guarda para fins de adoção, casos em que serão observadas as regras do art. 295.

§ 1º Não caberá ao INSS a responsabilidade pelo pagamento de salário maternidade para a segurada empregada, nos casos de dispensa sem justa causa, quando esta se der durante a gestação.

§ 2º Para efeito do § 1º deste artigo, a requerente deverá assinar declaração específica com a finalidade de identificar a causa da extinção do contrato.

§ 3º Para efeito do disposto no *caput* o evento deverá ser igual ou posterior a 14 de junho de 2007, data da publicação do Decreto n. 6.122, de 2007."

No mesmo sentido dispõe o parágrafo único do art. 303 da IN INSS n. 45/2010:

"**Art. 303.** O salário maternidade será pago diretamente pelo INSS ou pela empresa contratante, devidamente legalizada, observando as seguintes situações:

Parágrafo único. O salário maternidade da segurada empregada será devido pela Previdência Social enquanto existir relação de emprego, observadas as regras quanto ao pagamento desse benefício pela empresa."

E também o art. 97 do Decreto n. 3.048/99:

"**Art. 97.** O salário maternidade da segurada empregada será devido pela previdência social enquanto existir relação de emprego, observadas as regras quanto ao pagamento desse benefício pela empresa.

Parágrafo único. Durante o período de graça a que se refere o art. 13, a segurada desempregada fará jus ao recebimento do salário maternidade nos casos de demissão antes da gravidez, ou, durante a gestação, nas hipóteses de dispensa por justa causa ou a pedido, situações em que o benefício será pago diretamente pela previdência social."

Referido procedimento (ilegal) é corroborado pelo Conselho de Recursos da Previdência Social (CRPS), que entende pelo pagamento na via previdenciária apenas se a gestante não recebeu indenização do período de estabilidade, conforme podemos depreender da redação do Enunciado n. 31, *in verbis*:

"**Enunciado 31** — Nos períodos de que trata o art. 15 da Lei n. 8.213/91, é devido o salário maternidade à segurada desempregada que não tenha recebido indenização por demissão sem justa causa durante a estabilidade gestacional, vedando-se, em qualquer caso, o pagamento em duplicidade."

Note-se que a redação do Enunciado 31 chega a mencionar situação não permitida na legislação trabalhista, qual seja, o pagamento de indenização para suprir o direito de estabilidade!! Não obstante, este é o posicionamento da Previdência Social, corroborado pelo CRPS (que julga os recursos dos segurados), de forma que a segurada prejudicada deverá ingressar com ação judicial contra o INSS, para obtenção do benefício.

10.4.2. Permanência das contribuições previdenciárias

Nos termos da legislação vigente, durante o período de percepção do benefício de salário maternidade, a segurada deverá permanecer recolhendo normalmente suas contribuições previdenciárias. Também os empregadores permanecem nesta obrigação, devendo, assim, continuar com o recolhimento da contribuição patronal.

Assim, a empresa deverá descontar da segurada empregada sua contribuição previdenciária (procedimento normalmente adotado), a qual será recolhida aos cofres previdenciários juntamente com as contribuições a seu cargo, quais sejam: a) a contribuição de vinte por cento sobre o valor do salário maternidade; b) a contribuição destinada ao financiamento dos benefícios de incapacidade e aposentadoria especial (antigo SAT); c) as contribuições devidas a terceiros.

Obs.: Sobre a constitucionalidade desse recolhimento, ver Parte III, Capítulo X, subitem 1.2.1.1 desta obra.

Quando o recebimento do salário maternidade corresponder à fração de mês, o desconto referente à contribuição da empregada, tanto no início quanto no término do benefício, será feito da seguinte forma (IN INSS n. 45/2010, art. 307, § 1º):

I — pela empresa, sobre a remuneração relativa aos dias trabalhados, aplicando-se a alíquota que corresponde à remuneração mensal integral, respeitado o limite máximo do salário de contribuição;

II — pelo INSS, sobre o salário maternidade relativo aos dias correspondentes, aplicando-se a alíquota devida sobre a remuneração mensal integral, observado o limite máximo do salário de contribuição.

Obs.: Quando o desconto na empresa ou no INSS atingir o limite máximo do salário de contribuição, não caberá mais nenhum desconto pela outra parte.

No período de salário maternidade da segurada empregada doméstica, caberá ao empregador recolher apenas a parcela da contribuição a seu cargo, sendo que a parcela devida pela empregada doméstica será descontada pelo INSS no benefício — IN INSS n. 45/2010, art. 308. A contribuição da segurada empregada doméstica referente aos meses do início e do término da licença-maternidade, proporcional aos dias efetivamente trabalhados, deverá ser descontada pelo empregador doméstico e a contribuição proporcional aos dias de licença será arrecadada pelo INSS mediante desconto no pagamento do benefício, observado o limite máximo do salário de contribuição.

Para as demais seguradas serão adotadas as seguintes alíquotas (IN INSS n. 45/2010, art. 306):

I — contribuinte individual e facultativa: vinte por cento ou se optantes na forma do Decreto n. 6.042, de 12 de fevereiro de 2007, onze por cento; e

II — para a segurada em prazo de manutenção da qualidade de segurada a contribuição devida será aquela correspondente à sua última categoria, conforme o valor do salário maternidade:

a) se contribuinte individual: vinte por cento ou onze por cento, conforme a última contribuição;

b) sendo empregada doméstica: percentual referente à empregada;

c) se facultativa: vinte por cento ou onze por cento, conforme a última contribuição; ou

d) como empregada: parte referente à empregada.

A contribuição devida pela contribuinte individual e facultativa, relativa à fração de mês, por motivo de início ou de término do salário maternidade, deverá ser efetuada pela própria segurada em valor mensal integral e a contribuição devida no curso do benefício será descontada pelo INSS do valor do benefício — IN INSS n. 45/2010, art. 309. Confiram-se, ainda, no mesmo sentido, as regras dispostas nos arts. 88 e 89 da IN SRF n. 971/2009:

"**Art. 88.** A contribuição da segurada contribuinte individual, referente aos meses do início e do término da licença-maternidade, deverá ser por ela recolhida, observado que:

I — a contribuição será calculada sobre o seu salário de contribuição integral, não sendo descontada qualquer parcela a este título pelo INSS;

II — o salário de contribuição integral corresponde à soma da remuneração auferida pela segurada no exercício de atividade por conta própria ou pelos serviços prestados a empresas, correspondente aos dias trabalhados, com a parcela recebida a título de salário maternidade, correspondente aos dias de licença, observados os limites mínimo e máximo do salário de contribuição e as alíquotas previstas no art. 65;

III — a contribuição referente à remuneração por serviços prestados a empresas será descontada pelas empresas contratantes dos serviços."

"**Art. 89.** A contribuição da segurada facultativa, referente aos meses do início e do término da licença-maternidade, deverá ser por ela recolhida, calculada sobre o seu salário de contribuição integral, correspondente ao último salário de contribuição sobre o qual foi recolhida contribuição à Previdência Social, não sendo descontada qualquer parcela a este título pelo INSS."

É importante observar, ainda, que o salário maternidade da contribuinte individual, facultativa e as em prazo de manutenção da qualidade de segurado em decorrência dessas atividades, concedido como contribuinte optante pelos onze por cento, na forma da Lei Complementar n. 123, de 2006, e do Decreto n. 6.042, de 2007, não poderá ser computado para fins de tempo de contribuição em aposentadoria por tempo de contribuição e CTC — IN INSS n. 45/2010, art. 310.

A contribuição da segurada empregada relativa ao salário maternidade pago em razão de adoção ou guarda judicial para fins de adoção, será arrecadada pelo próprio INSS, mediante desconto no pagamento do benefício, observado o limite máximo do salário de contribuição.

Fundamentação: Além dos fundamentos citados no texto, Instrução Normativa SRF n. 971/2009, arts. 85, 87 e 88.

10.4.3. Dedução do Valor Pago pela Empresa ou Entidade Equiparada

Como já observado, o salário maternidade da segurada empregada, em função da licença por parto ou aborto não criminoso, deve ser pago pela empresa ou equiparada. E tais valores (inclusive a parcela do 13º salário correspondente ao período da licença) poderão ser deduzidos quando do pagamento das contribuições previdenciárias devidas pela empresa, exceto daquelas destinadas a outras entidades e fundos (terceiros).

Para fins da dedução da parcela de 13º salário, é o procedimento a ser adotado (IN SRF n. 971/2009, art. 86, §1º):

I — a remuneração correspondente ao décimo terceiro salário deverá ser dividida por 30 (trinta);

II — o resultado da operação descrita no inciso I deverá ser dividido pelo número de meses considerados no cálculo da remuneração do décimo terceiro;

III — a parcela referente ao décimo terceiro salário proporcional ao período de licença-maternidade corresponde ao produto da multiplicação do resultado da operação descrita no inciso II pelo número de dias de gozo de licença-maternidade no ano.

Fundamentação: Instrução Normativa SRF n. 971/2009, art. 86.

10.5. Renda Mensal

Sobre o valor pago a título do benefício de salário maternidade (renda mensal), ver Parte V, Capítulo XXXIII, subitem 1.2 desta obra.

10.6. Acumulação de Benefícios Previdenciários — Proibição

Como o salário maternidade não pode ser acumulado com benefício por incapacidade, caso a segurada esteja em gozo de auxílio-doença (inclusive decorrente de acidente do trabalho), este será suspenso se vier a fazer jus ao benefício de salário maternidade.

E se, após a cessação do salário maternidade, for constatado que a segurada permanece incapacitada para o trabalho pela mesma doença que originou o auxílio-doença suspenso, o auxílio-doença será então restabelecido, fixando-se novo limite. Esta verificação de permanência de incapacidade, no entanto, deverá ser efetuada pela Perícia Médica do INSS. Sendo verificada enfermidade diversa daquela que motivou o auxílio-doença suspenso, será concedido novo benefício de auxílio-doença, sem restabelecimento do anterior.

O salário maternidade, contudo, pode ser concedido às seguradas aposentadas que permanecerem (ou retornarem) no exercício da atividade remunerada, conforme permissão expressa da In INSS 45/2010, art. 301.

10.7. Prescrição e Decadência

Não há, na legislação vigente, qualquer menção quanto ao prazo para requerimento do salário maternidade, o que nos leva à conclusão de que pode ser requerido a qualquer tempo pela segurada. No entanto, o art. 305 da Instrução Normativa INSS n. 45/2010 fixa o prazo de 5 anos, contados da data do parto, para o requerimento administrativo.

Trata-se de um prazo decadencial (que faz perecer o direito se não exercido em tempo) e compreendo não ter uma Instrução Normativa competência para fixá-lo, já que é ato do Poder Executivo, destinado apenas à regulamentação ou normatização de procedimentos. De toda forma, considerando-se a finalidade do benefício em comento (cuidados ao nascituro e recuperação do parto), o prazo de 5 anos fixado pela Instrução Normativa chega a ser, até mesmo, excessivo.

A revisão do valor concedido igualmente poderá ser pleiteada no prazo de cinco anos, contados do recebimento da primeira prestação do benefício, levando a segurada ao INSS documentos que comprovem os valores efetivamente recebidos por seus empregadores ou os valores recolhidos em GPS.

11. PENSÃO POR MORTE

11.1. Beneficiários e Requisitos Necessários à Obtenção do Benefício

Trata-se a Pensão por Morte de benefício previdenciário pago aos dependentes do segurado, por ocasião de seu falecimento. Assim, é suficiente à obtenção do benefício a comprovação das seguintes condições:

a) óbito de uma pessoa que seja segurada do Regime Geral de Previdência Social — RGPS; e

b) a existência de dependentes.

Cumpre observar, no entanto, que os dependentes de trabalhadores rurais somente terão direito ao benefício de pensão por morte quando o óbito tiver ocorrido a contar da vigência da Lei Complementar n. 11/71, nesse sentido dispondo, inclusive, a Súmula 613 do STF:

"**Súmula 613** — Os dependentes de trabalhador rural não têm direito à pensão previdenciária, se o óbito ocorreu anteriormente à vigência da Lei Complementar 11/1971."

Por fim, também é importante registrarmos que a legislação a ser aplicada ao benefício de pensão (cálculo, qualificação dos dependentes, etc) deve ser aquela vigente na data do óbito, sendo este o fato gerador da prestação previdenciária. Sobre o tema, confira-se a redação da Súmula 340 do STJ:

"**Súmula 340** — A lei aplicável à concessão de pensão previdenciária por morte é aquela vigente na data do óbito do segurado."

11.1.1. Condição de Segurada da Pessoa Falecida — Comprovação

Como observado, a Pensão por Morte é paga aos dependentes do segurado, ou seja, é necessária esta condição de "segurado" do sistema previdenciário no momento do óbito, ainda que tal condição se refira ao "período de graça", previsto no art. 15 da Lei n. 8.213/91 e já abordada nesta obra, Parte II, Capítulo VIII.

Na existência de vínculo empregatício é suficiente a comprovação do registro em CTPS para a caracterização da condição de "segurado", ainda que o empregador não esteja regular com suas contribuições previdenciárias.

Em se tratando de contribuintes individuais que estejam em débito para com a Previdência Social no momento do óbito, a concessão do benefício somente será devida se os dependentes conseguirem comprovar junto ao INSS a manutenção da qualidade de segurado da pessoa falecida. E esta manutenção da qualidade de seguradofar-se-á pela existência de pelo menos uma contribuição regular efetivada em data anterior ao óbito, desde que, entre a última contribuição paga e o óbito, não tenha transcorrido lapso temporal suficiente para a perda da qualidade de segurado (inciso II e § 2º do art. 15 da Lei n. 8.213/1991).

É muito comum, contudo, o falecimento de um trabalhador autônomo ou empresário que, não obstante o exercício regular das atividades profissionais, não se encontrava contribuindo para a Previdência Social por longo período. Há casos, inclusive, de pessoas que sequer efetuaram a inscrição junto à Previdência Social, exercendo as atividades profissionais e recebendo mensalmente suas remunerações, sem qualquer contribuição ao sistema. Por óbvio que estamos diante de uma ilegalidade, já que o pagamento da contribuição constitui obrigação legal a todos que exercem atividade remunerada. O não pagamento configura, inclusive, crime de sonegação de contribuições, tipificado no art. 337-A do Código Penal. Nessas hipóteses, a Instrução Normativa INSS n. 95/2003, em seu art. 274, trazia a possibilidade de regularização dessas contribuições pelos dependentes interessados em obter a Pensão por Morte. Confira-se:

"**Art. 274**. Caberá a concessão nas solicitações de pensão por morte em que haja débito decorrente do exercício de atividade do segurado contribuinte individual, desde que comprovada a manutenção da qualidade de segurado perante o RGPS.

§ 1º A verificação da manutenção da qualidade de segurado de que trata o *caput*, far-se-á, alternativamente, pela comprovação das seguintes condições:

I — pela existência de pelo menos uma contribuição regular efetivada em data anterior ao óbito, desde que entre a última contribuição paga e o óbito, não tenha transcorrido o lapso temporal a que se refere o inciso II e o § 2º do art. 15 da Lei n. 8.213/91;

II — na hipótese de o segurado não ter providenciado, em vida, inscrição da atividade de contribuinte individual que vinha exercendo, a verificação da manutenção da qualidade obedecerá, simultaneamente, os seguintes critérios:

a) já exista, nos moldes do art. 330 do RPS, filiação e inscrição anteriores junto à Previdência Social, seja como empregado, inclusive doméstico, trabalhador avulso, contribuinte individual ou facultativo;

b) haja regularização espontânea da inscrição e das contribuições decorrentes da comprovação da atividade de contribuinte individual, observado o disposto no § 3º do art. 55 da Lei n. 8.213/91;

c) não tenha decorrido o prazo de manutenção da qualidade de segurado entre as eventuais atividades mencionadas na alínea "a" e a atividade de contribuinte individual comprovada pelos dependentes, mencionada na alínea "b".

III — admitir-se-á ainda a regularização espontânea do débito por parte dos dependentes, nas seguintes hipóteses:

a) exista inscrição e contribuições regulares, efetivadas pelo segurado, com paralisação dos recolhimentos por período superior aos prazos estabelecidos para manutenção da qualidade de segurado;

b) exista apenas inscrição formalizada pelo segurado, sem o recolhimento da primeira contribuição.

§ 2º Cabe ao INSS, quando da solicitação do benefício, promover as orientações cabíveis aos dependentes, facultando-lhes o pagamento dos eventuais débitos deixados pelo segurado, alertando inclusive que o não pagamento do débito ensejará o indeferimento do pedido.

§ 3º Será devida a pensão por morte, mesmo que a regularização das contribuições de que tratam os incisos II e III deste artigo correspondam a períodos parciais ou intercalados, quando assegurarem por si só a manutenção da qualidade de segurado.

§ 4º Na hipótese de existência de débitos remanescentes, o processo deverá ser encaminhado para a Receita Previdenciária, para apuração dos valores devidos, devendo o valor apurado ser consignado no benefício, observando:

I — caberá o desconto do débito, na forma do inciso I do § 3º do art. 154 do RPS, no benefício requerido;

II — o débito a ser consignado no benefício corresponderá à cota parte dos dependentes relacionados na pensão;

III — o débito correspondente à cota parte dos demais herdeiros, se for o caso, deverá ser comunicado à Receita Previdenciária, para a respectiva cobrança.

§ 5º Para a situação prevista nos incisos II e III do § 1º do presente artigo, observar quanto ao efetivo exercício da atividade, o disposto no art. 44, bem como o § 5º do art. 459 desta Instrução Normativa.

§ 6º O recolhimento das contribuições obedecerá, além do que dispuser a lei sobre formas de cálculo, os critérios gerais estabelecidos para enquadramento inicial, progressão e regressão ou outros que envolvam o contribuinte individual.

§ 7º Em caso de regularização de débitos pelos dependentes, nos termos do inciso II do §1º deste artigo, a apuração do salário de contribuição obedecerá ao seguinte critério:

I — para o segurado que iniciou a atividade até 28 de novembro de 1999, será considerado como salário-base o salário-mínimo;

II — para o segurado que iniciou a atividade a partir de 29 de novembro de 1999, observar que:

a) na hipótese de tratar-se de contribuinte individual cuja ocupação seja como prestador de serviço ou empresário, aplicar o que dispuser a Lei n. 9.876/99 sobre o salário de contribuição, desde que comprovados nos termos do art. 214 do RPS ou *pró-labore*, conforme o caso, observado os limites mínimos e máximos de contribuição;

b) para os demais contribuintes individuais que exerciam atividade por conta própria, o salário de contribuição será o salário-mínimo.

Disposição similar constava da IN INSS n. 78/2002, art. 276, bem como da IN INSS n. 84/2002, art. 274.

A Instrução Normativa 95/2003 foi revogada pela IN INSS n. 118/2005, mas as mesmas disposições constaram do art. 282 do novo normativo. Posteriormente, passou a dispor sobre o tema o art. 282 da IN INSS n. 11/2006, vigente até 9.10.2007.

A contar de 10.10.2007, com a publicação da IN INSS n. 20 (revogando a IN INSS n. 11/2006), o art. 282 passou a determinar norma diversa, não mais se admitindo a regularização de débito pelos dependentes, quando ocorrida a perda da qualidade de segurado. Esta, inclusive, é a orientação atual da Previdência Social, conforme art. 328 da IN INSS n. 45/2010. Confira-se:

"**Art. 328.** Caberá a concessão nas solicitações de pensão por morte em que haja débito decorrente do exercício de atividade do segurado contribuinte individual, desde que comprovada a manutenção da qualidade de segurado perante o RGPS na data do óbito.

§ 1º A manutenção da qualidade de segurado de que trata o *caput* far-se-á mediante, pelo menos, uma contribuição vertida em vida até a data do óbito, desde que entre uma contribuição e outra ou entre a última contribuição recolhida pelo segurado em vida e o óbito deste, não tenha transcorrido o lapso temporal a que se refere o art. 10, observadas as demais condições exigidas para o benefício.

§ 2º Não será considerada a inscrição realizada após a morte do segurado pelos dependentes, bem como não serão consideradas as contribuições vertidas após a extemporânea inscrição para efeito de manutenção da qualidade de segurado.

§ 3º O recolhimento das contribuições obedecerá as regras de indenização constantes no art. 61."

Também dispõe atualmente sobre o assunto o art. 327 da IN INSS n. 45/2010, com a seguinte redação:

"Art. 327. Caberá a concessão de pensão aos dependentes mesmo que o óbito tenha ocorrido após a perda da qualidade de segurado, desde que:

I — o instituidor do benefício tenha implementado todos os requisitos para obtenção de uma aposentadoria até a data do óbito; e

II — fique reconhecido o direito, dentro do período de graça, à aposentadoria por invalidez, a qual deverá ser verificada por meio de parecer médico-pericial do INSS com base em atestados ou relatórios médicos, exames complementares, prontuários ou outros documentos equivalentes, referentes ao ex-segurado, que confirmem a existência de incapacidade permanente até a data do óbito.

§ 1º Para efeito do disposto no *caput*, os documentos do segurado instituidor serão avaliados dentro do processo de pensão por morte, sem resultar qualquer efeito financeiro em decorrência de tal comprovação.

§ 2º Para fins do disposto no inciso I do *caput* será observada a legislação da época em que o instituidor tenha implementado as condições necessárias para a aposentadoria."

Ocorre que, como mencionado anteriormente, a filiação e a contribuição previdenciária daqueles que exercem atividade remunerada é obrigatória, encontrando-se em situação irregular/ilegal aquele que não efetua regularmente os recolhimentos. Sendo, pois, obrigatória a contribuição, compreendo pela possibilidade de regularização dos débitos pelos dependentes, desde que seja possível comprovar documentalmente o exercício da atividade remunerada. Trata-se de regularizar situação ilegal e incorreta anteriormente existente, mas este não tem sido o entendimento de nossos tribunais federais. Confira-se, ilustrativamente, a decisão proferida pela TNU, no processo PEDILEF 200550500004280, em 26.11.2008:

"PREVIDENCIÁRIO. CONCESSÃO. PENSÃO POR MORTE. CONTRIBUINTE INDIVIDUAL. AUTÔNOMO. FALTA DA CONDIÇÃO DE SEGURADO. REGULARIZAÇÃO DAS CONTRIBUIÇÕES POSTERIOR AO ÓBITO. RECOLHIMENTO POST MORTEM. ABATIMENTO/COMPENSAÇÃO SOBRE OS PROVENTOS DA PRÓPRIA PENSÃO. IMPOSSIBILIDADE. 1. Enquanto, de acordo com o disposto no inciso II do art. 30 da Lei n. 8.212/91, a responsabilidade pelo pagamento das contribuições previdenciárias incumbia diretamente ao contribuinte individual autônomo, a filiação ao Regime Geral da Previdência Social — RGPS não decorria automaticamente do exercício de atividade remunerada, mas, sim, do exercício da atividade associado ao efetivo recolhimento das contribuições, sendo, por isso, incabível, para fins de obtenção de pensão por morte, a regularização contributiva posterior ao óbito, mediante o recolhimento *post mortem* das contribuições previdenciárias ou mediante o desconto/abatimento das contribuições pretéritas sobre os proventos da própria pensão. Precedentes. 2. Incidente de uniformização conhecido e provido."

Confira-se o mesmo entendimento na decisão proferida pelo TRF da 1ª Região, processo n. 200638140002309, em 9.12.2011 (relatoria da Desembargadora Ângela Catão):

"PREVIDENCIÁRIO E PROCESSUAL CIVIL. PENSÃO POR MORTE. RECOLHIMENTO DE CONTRIBUIÇÕES POST MORTEM. RESTITUIÇÃO DOS VALORES PAGOS INDEVIDAMENTE. POSSIBILIDADE. CORREÇÃO MONETÁRIA E JUROS DE MORA. 1. O INSS negou a concessão de pensão por morte à autora, em decorrência da perda da qualidade de segurado do instituidor, reconhecendo como inaceitáveis as contribuições vertidas após o óbito para fins de manutenção da qualidade de segurado. Tal entendimento restou corroborado pela sentença monocrática, contra a qual não houve recurso voluntário. 2. As contribuições recolhidas pela autora após o óbito de seu marido fazem surgir somente a possibilidade de restituição das quantias pagas, sob pena de enriquecimento indevido da parte ré, já que não é possível o deferimento de qualquer benefício previdenciário em decorrência dos valores indevidamente vertidos ao RGPS. 3. A correção monetária e os juros devem incidir na forma do Manual de Cálculos da Justiça Federal, aprovado pela Resolução/CJF 134, de 21.12.2010. Sentença reformada, no ponto. 4. Remessa oficial parcialmente provida."

Como mencionado anteriormente, este não é meu posicionamento sobre o tema. De toda forma, a matéria precisaria ser analisada, no mínimo, à luz da permissão disposta nas Instruções Normativas do próprio INSS que, no período de 18.7.2002 (início de vigência da IN INSS n. 78/2002) a 9.10.2007 (término da vigência da IN INSS n. 11/2006), permitia a regularização pelos dependentes, o que fez o TRF da 3ª Região, com decisão de procedência. Confira-se:

"PREVIDENCIÁRIO. PROCESSUAL CIVIL. AGRAVO. ART. 557, § 1º, DO CPC. PENSÃO POR MORTE. EXERCÍCIO DE ATIVIDADE REMUNERADA. COMPROVAÇÃO. CONTRIBUINTE INDIVIDUAL. PAGAMENTO DAS CONTRIBUIÇÕES PREVIDENCIÁRIAS PELOS DEPENDENTES. POSSIBILIDADE.

I — A regularização do débito por parte dos dependentes, prevista em ato normativo da própria autarquia previdenciária, em vigor à época do evento morte (art. 274 da Instrução Normativa INSS DC n. 95/2003), era admitida nas hipóteses em que o falecido possuísse inscrição e contribuições regulares, efetivadas por ele mesmo, ou pelo menos inscrição formalizada, mesmo sem o recolhimento da primeira contribuição. No caso vertente, embora o falecido não tivesse formalizado o seu reingresso ao sistema previdenciário (período de 1990 a 2005), houve a comprovação do exercício de atividade remunerada na condição de contribuinte individual, consoante salientado anteriormente, de modo que a qualidade de segurado restaria configurada desde que fosse saldado o débito resultante da incidência das contribuições previdenciária concernentes ao período laborado, a teor do art. 45, § 1º, da Lei n. 8.212/91, em vigor à época dos fatos.

II — Malgrado o reconhecimento do exercício de atividade remunerada pelo falecido até a data do óbito, remanesce a questão do débito em nome do de cujus, e considerando a impossibilidade de prolação de decisão judicial condicional, torna-se incabível a concessão do benefício de pensão por morte na seara judicial, competindo à autora regularizar a aludida situação na esfera administrativa.

III — No cálculo da indenização de contribuições previdenciárias para fins de contagem de tempo de serviço, devem ser levados em consideração os critérios legais existentes nos períodos sobre os quais se referem as exações.

IV — Agravo do réu desprovido (art. 557, § 1º, do CPC). (TRF 3ª Região — Ag. AC n. 0004894-54.2010.4.03.6109/SP — Relator:Desembargador Federal Sergio Nascimento. DEJF 22.08.2013, p. 1418)

11.1.2. Dependentes

Sobre os dependentes beneficiários da pensão por morte, ver Parte II, Capítulo VI, desta obra.

Havendo mais de um pensionista[29], o valor deverá ser rateado em partes iguais, conforme disposição expressa da Lei n. 8.213/91, art. 77. Cessando o direito de um beneficiário, sua quota-parte será revertida entre os demais, redistribuindo-se novamente a pensão entre os dependentes remanescentes.

Cumpre ainda observar que a concessão da pensão não pode ser protelada pela falta de habilitação de outro possível dependente, bem como para o fato de que qualquer habilitação posterior que importe em exclusão ou inclusão de dependente somente produzirá efeito a contar da data da habilitação — Lei n. 8.213/91, art. 76. As regras fixando as datas de requerimento e datas de início de pagamento (DER e DIP, respectivamente) constam do art. 319 da IN INSS n. 45/2010.

O cônjuge ausente, portanto, não exclui do direito à pensão por morte o companheiro ou a companheira, que somente fará jus ao benefício a partir da data de sua habilitação e mediante prova de dependência econômica — Lei n. 8.213/91, art. 76, § 1º.

11.2. Morte presumida

A pensão por morte poderá ser concedida, em caráter provisório, por morte presumida:

a) mediante sentença declaratória de ausência, expedida por autoridade judiciária, a contar da data de sua emissão; ou

b) em caso de desaparecimento do segurado por motivo de catástrofe, acidente ou desastre, a contar da data da ocorrência, mediante prova hábil.

Conforme o art. 329 da Instrução Normativa INSS n. 45/2010, servirão como prova hábil do desaparecimento, entre outras:

• Boletim do registro de ocorrência feito junto à autoridade policial;

• Prova documental de sua presença no local da ocorrência;

• Noticiário nos meios de comunicação.

---

(29) Confira-se a redação do Enunciado 26 do CRPS: "SEGURIDADE SOCIAL. PREVIDENCIÁRIO. PENSÃO POR MORTE. CÔNJUGE OU COMPANHEIRO DO SEXO MASCULINO. LEI N. 8.213/91, ART. 74. A concessão da pensão por morte ao cônjuge ou companheiro do sexo masculino, no período compreendido entre a promulgação da Constituição Federal de 1988 e o advento da Lei n. 8.213 de 1991, rege-se pelas normas do Dec. n. 83.080, de 24.1.79, seguido pela Consolidação das Leis da Previdência Social (CLPS) expedida pelo Dec. n. 89.312, de 23.1.84, que continuaram a viger até o advento da Lei n. 8.213/91, aplicando-se tanto ao trabalhador do regime previdenciário rural quanto ao segurado do regime urbano." Res. CRPS 3, de 29.8.2006 (D.O. 31.8.2006).

Se existir relação entre o acidente ou a ausência e o trabalho, caberá a apresentação da CAT, dos documentos relacionados neste artigo e dos documentos dos dependentes, sendo indispensável o parecer médico-pericial para caracterização do nexo técnico.

Importa esclarecer ainda que, administrativamente (IN INSS/DC n. 45/2010, art. 330), o INSS exigirá que a cada seis meses o recebedor do benefício apresente documento da autoridade competente, contendo informações sobre o andamento do processo (declaração de morte presumida), até que seja apresentada a Certidão de Óbito.

Verificado o reaparecimento do segurado, o pagamento da pensão cessa imediatamente, ficando os dependentes desobrigados da reposição dos valores recebidos, salvo má-fé.

Fundamentação: Lei n. 8.213/91, art. 78; Decreto n. 3.048/99, art. 112.

11.3. Início do benefício

O benefício será devido ao conjunto dos dependentes do segurado que falecer, aposentado ou não, a contar da data:

I — do óbito, quando requerida:

a) pelo dependente maior de dezesseis anos de idade, até trinta dias depois; e

b) pelo dependente menor até dezesseis anos de idade, até trinta dias após completar essa idade, devendo ser verificado pelo INSS se houve emancipação;

II — do requerimento, quando requerida após o prazo previsto na letra "a";

III — da decisão judicial, no caso de morte presumida; ou

IV — da data da ocorrência, no caso de catástrofe, acidente ou desastre, se requerida até trinta dias desta.

Obs.: Para óbitos ocorridos até 10.11.1997 (véspera da publicação da Lei n. 9.528/97), a pensão era devida a contar da data do óbito, não havendo o prazo de 30 dias atualmente existente. Dispõe expressamente sobre o tema o art. 318, inciso I, da IN INSS n. 45/2010.

Na hipótese do item II, a data de início do benefício será a data do óbito, aplicados os devidos reajustamentos até a data de início do pagamento, não sendo devida qualquer importância relativa a período anterior à data de entrada do requerimento, salvo na hipótese de haver dependente menor.

Importa observar, ainda, que na contagem dos trinta dias não é computado o próprio dia do óbito ou da ocorrência, conforme o caso (IN INSS n. 45/2010, art. 318, § 1º).

Na existência de dependente menor (letra "b", item I), será devida apenas sua cota-parte, desde que não se constitua habilitação de novo dependente a pensão anteriormente concedida. Em se tratando de habilitação de novo dependente, este fará jus a sua cota-parte a contar da data da habilitação e somente terá direito a parcelas antigas em relação ao período anterior à concessão do benefício.

Equiparam-se ao menor de dezesseis anos os incapazes de exercer pessoalmente os atos da vida civil na forma do art. 3º do Código Civil, assim declarados judicialmente. Os inválidos capazes equiparam-se aos maiores de dezesseis anos de idade.

Fundamentação: Lei n. 8.213/91, arts. 74 e 79; Decreto n. 3.048/99, art. 105.

11.4. Renda Mensal

O valor mensal da pensão por morte será de 100% (cem por cento) do valor da aposentadoria que o segurado recebia ou daquela a que teria direito se estivesse aposentado por invalidez na data de seu falecimento.

Na hipótese de, na data do óbito, estar o segurado recebendo aposentadoria e auxílio-acidente, este último não incorporará o valor mensal da pensão por morte.

Em se tratando do falecimento de segurado recluso (preso) que exercia atividade remunerada, o valor da pensão por morte será obtido mediante a realização de cálculo com base no novo tempo de contribuição e salários de contribuição correspondentes, neles incluídas as contribuições recolhidas enquanto recluso, facultada a opção, pelos dependentes, pela pensão com valor correspondente ao do benefício de Auxílio-Reclusão (Decreto n. 3.048/99, art. 106, parágrafo único).

Ainda sobre a renda mensal, ver Parte II, Capítulo XXXIII, desta obra.

Fundamentação: Lei n. 8.213/91, art. 75; Decreto n. 3.048/99, art. 106.

11.4.1. Pensão por Morte Concedida Anteriormente à Lei n. 9.032/95 — Elevação do Coeficiente de Cálculo — Direito

O benefício de pensão por morte nem sempre teve como valor de renda mensal o equivalente a 100% do salário de benefício, como mencionado no subitem 10.4, *supra*.

Quando da vigência do Decreto n. 89.312/84 (que regulamentava a LOPS — Lei Orgânica da Previdência Social, Lei n. 3.807/60), disciplinava o art. 48 sobre o cálculo da renda mensal inicial da pensão por morte o seguinte:

> "Art. 48. O valor da pensão devida ao conjunto dos dependentes é constituído de uma parcela familiar de 50% (cinqüenta por cento) do valor da aposentadoria que ele recebia ou a que teria direito se na data do seu falecimento estivesse aposentado, mais tantas parcelas de 10% (dez por cento) do valor da mesma aposentadoria quantos forem os seus dependentes, até o máximo de 5 (cinco)."

Não obstante, quando da publicação da Lei n. 8.213/91, nova forma de cálculo se impôs ao benefício de pensão por morte, conforme podemos observar da redação original do art. 75 desse instituto. Vejamos:

> "Art. 75. O valor mensal da pensão por morte será:
>
> a) constituído de uma parcela, relativa à família, de 80% (oitenta por cento) do valor da aposentadoria que o segurado recebia ou à que teria direito, se estivesse aposentado na data do seu falecimento, mais tantas parcelas de 10% (dez por cento) do valor da mesma aposentadoria quantos forem os seus dependentes, até o máximo de 2 (duas);
>
> b) 100% (cem por cento) do salário de benefício ou do salário de contribuição vigente no dia do acidente, o que for mais vantajoso, caso o falecimento seja conseqüência de acidente de trabalho."

Note-se, portanto, que já a contar da publicação da Lei n. 8.213/91 deveria o INSS promover a alteração de todos os benefícios de pensão por morte então concedidos, elevando-se o coeficiente conforme o número de dependentes existentes, o que não ocorreu administrativamente. E nova alteração na legislação previdenciária, especificamente quanto ao coeficiente de cálculo da renda mensal do benefício de pensão por morte, ocorreu com a publicação da Lei n. 9.032/95, que conferiu ao art. 75 da Lei n. 8.213/91 a seguinte redação:

> "Art. 75. O valor mensal da pensão por morte, inclusive a decorrente de acidente do trabalho, consistirá numa renda mensal correspondente a 100% (cem por cento) do salário de benefício, observado o disposto na Seção III, especialmente no art. 33 desta Lei."

A não-revisão de forma administrativa pela Autarquia Federal acarretou milhares de ações judiciais neste sentido, sendo, por fim, publicada a Súmula n. 15, da Turma de Uniformização dos Juizados Especiais federais, com a seguinte redação;

> "**Súmula 15** — O valor mensal da pensão por morte concedida antes da Lei n. 9.032, de 28 e abril de 1995, deve ser revisado de acordo com a nova redação dada ao art. 75 da Lei n. 8.213, de 24 de julho de 1991."

No entanto, em fevereiro de 2007 o STF, em decisão plenária, deu provimento aos Recursos Extraordinários 415454 e 416827, interpostos pelo INSS, decidindo que deve ser aplicada a lei vigente na data do óbito e que, por tal razão, as regras da Lei n. 9.032/95 (que fixou o percentual de 100%) somente devem ser aplicadas para óbitos ocorridos após sua publicação. A Súmula 15 da TNU foi cancelada em 26.3.2007 e o STJ acabou publicando a Súmula 340 em 13.8.2007, com o seguinte teor:

> "**Súmula 340** — A lei aplicável à concessão de pensão previdenciária por morte é aquela vigente na data do óbito do segurado."

11.5. Cessação do Benefício

O pagamento da cota individual da pensão por morte cessa:

a) pela morte do pensionista;

b) para o filho, a pessoa a ele equiparada ou o irmão, de ambos os sexos, pela emancipação ou ao completar 21 (vinte e um) anos de idade, salvo se for inválido ou com deficiência intelectual ou mental que o torne absoluta ou relativamente incapaz, assim declarado judicialmente;

c) para o pensionista inválido pela cessação da invalidez e para o pensionista com deficiência intelectual ou mental, pelo levantamento da interdição; e

d) pela adoção, para o filho adotado que receba pensão por morte dos pais biológicos, exceto na situação em que o cônjuge ou companheiro adota o filho do outro.

Obs.: Conforme previsão expressa no inciso II do art. 114 do Decreto n. 3.048/99, o menor de idade não perde a qualidade de dependente caso a emancipação decorra de colação de grau em curso de ensino superior.

A parte individual da pensão do dependente com deficiência intelectual ou mental que o torne absoluta ou relativamente incapaz, assim declarado judicialmente, que exerça atividade remunerada, será reduzida em 30% (trinta por cento), devendo ser integralmente restabelecida em face da extinção da relação de trabalho ou da atividade empreendedora. Referida regra consta do § 4º do art. 77 da Lei n. 8.213/91, inserido somente em 1º.9.2011, com a vigência da Lei n. 12.470.

Com a extinção da cota do último pensionista, a pensão por morte será encerrada.

O dependente menor de idade que se invalidar antes de completar vinte e um anos deverá ser submetido a exame médico pericial pelo INSS, não se extinguindo sua cota-parte com a maioridade se confirmada a invalidez.

O dependente que recebe pensão por morte na condição de menor que se invalidar antes de completar vinte e um anos ou de eventual causa de emancipação deverá ser submetido a exame médico-pericial pelo INSS, não se extinguindo a respectiva cota se confirmada a invalidez, independentemente da invalidez ter ocorrido antes ou após o óbito do segurado. Aplica-se essa mesma regra àquele que possuía direito à pensão por morte na condição de menor e não a havia requerido antes de tornar-se inválido IN INSS n. 45/2010, art. 325.

Fundamentação: Lei n. 8.213/91, art. 77; Decreto n. 3.048/99, art. 114; Instrução Normativa INSS n. 45/2010, art. 325.

12. AUXÍLIO-RECLUSÃO

12.1. Beneficiários e Requisitos Necessários à Obtenção do Benefício

O benefício de Auxílio-Reclusão é devido aos dependentes do segurado recolhido à prisão (ainda que não prolatada a sentença condenatória), desde que este não receba remuneração de empresa e não esteja em gozo de auxílio-doença, aposentadoria ou até mesmo o abono de permanência em serviço. A condição principal, portanto, é a qualidade de presidiário, sendo expressamente vedada a concessão deste benefício após a soltura do segurado.

Obs. 1: A comprovação de que o segurado privado de liberdade não recebe remuneração deverá ser feita por declaração da empresa a qual o segurado estiver vinculado.

Obs. 2: Equipara-se à condição de recolhido à prisão, a situação do maior de dezesseis e menor de dezoito anos de idade que se encontre internado em estabelecimento educacional ou congênere, sob custódia do Juizado da Infância e da Juventude.

A contar da publicação da Emenda Constitucional n. 20/98 (16.12.1998), acrescentou-se o requisito da "baixa renda", ou seja, os dependentes somente terão direito ao benefício de auxílio-reclusão se o último salário de contribuição do segurado (que foi preso) tiver sido igual ou inferior a, atualmente, R$ 1.025,81 (valor definido pela Portaria MPS n. 19/2014). Quando não houver salário de contribuição na data do efetivo recolhimento do segurado à prisão, o benefício de auxílio-reclusão somente será devido aos dependentes se comprovada, por estes, a manutenção da qualidade de segurado do presidiário.

Historicamente, temos os seguintes limites:

Período	Limite do Salário de Contribuição	Fundamento Legal
16.12.1998 a 31.5.1999	R$ 360,00	Portaria 4.883/1998
1º.6.1999 a 31.5.2000	R$ 376,60	Portaria 5.188/1999
1º.6.2000 a 31.5.2001	R$ 398,48	Portaria 6.211/2000
1º.6.2001 a 31.5.2002	R$ 429,00	Portaria 1.987/2001
1º.6.2002 a 31.5.2003	R$ 468,47	Portaria 525/2002
1º.6.2003 a 31.4.2004	R$ 560,81	Portaria 727/2003
1º.5.2004 a 30.4.2005	R$ 586,19	Portaria 479/2004
1º.5.2005 a 31.3.2006	R$ 623,44	Portaria 822/2005
1º.4.2006 a 31.3.2007	R$ 654,61	Portaria 119/2006
1º.4.2007 a 29.2.2008	R$ 676,27	Portaria 142/2007
1º.3.2008 a 31.1.2009	R$ 710,08	Portaria 77/2008
1º.2.2009 a 31.12.2009	R$ 752,12	Portaria 48/2009
1º.1.2010 31.12.2010	R$ 810,18	Portaria 333/2010
1º.1.2011 a 14.7.2011	R$ 862,11	Portaria 568/2010
15.7.2011 a 31.12.2011	R$ 862,60	Portaria 407/2011
1º.1.2012 a 31.12.2012	R$ 915,05	Portaria 02/2012
1º.1.2013	R$ 971,78	Portaria 15/2013
1º.1.2014 em diante	R$ 1.025,81	Portaria 19/2014

Obs. 1: A Portaria a ser utilizada será aquela vigente na data da cessação das contribuições ou do afastamento do trabalho — IN INSS n. 45/2010, art. 334.

Obs. 2: O segurado que recebe por comissão, sem remuneração fixa, terá considerado como salário de contribuição mensal o valor auferido no mês do efetivo recolhimento à prisão — IN INSS n. 45/2010, art. 334, § 6º.

Há discussão se a remuneração a ser observada se refere àquela percebida pelo segurado (antes da reclusão) ou àquela percebida pelos dependentes. A redação da EC 20/98 é, de fato, um pouco confusa, conforme segue:

"**Art. 13.** Até que a lei discipline o acesso ao salário família e auxílio-reclusão para os servidores, segurados e seus dependentes, esses benefícios serão concedidos apenas àqueles que tenham renda bruta mensal igual ou inferior a R$ 360,00 (trezentos e sessenta reais), que, até a publicação da lei, serão corrigidos pelos mesmos índices aplicados aos benefícios do regime geral de previdência social."

O salário família, como já visto anteriormente, é pago ao segurado. O auxílio-reclusão, por sua vez, aos dependentes. No momento em que a Emenda utiliza a expressão "concedidos àqueles que tenham renda bruta mensal", de fato reporta a renda dos dependentes, no caso do auxílio-reclusão. Esta foi, inclusive a interpretação dada pelo TRF da 4ª Região:

"**Súmula 05** — Para fins de concessão do auxílio-reclusão, o conceito de renda bruta mensal se refere à renda auferida pelos dependentes e não a do segurado recluso."

Administrativamente, o INSS não utiliza tal interpretação e não analisa a renda dos dependentes para a concessão do benefício. Analisa, tão somente, se o último salário de contribuição do segurado recluso resultou quantia inferior ao limite fixado para sua percepção, atualmente na ordem de R$ 1.025,81.

Não obstante a redação da Súmula do TRF da 4ª Região, a jurisprudência dominante concorda com a interpretação dada pelo INSS, conforme ilustram as seguintes decisões:

"PREVIDENCIÁRIO. AUXÍLIO-RECLUSÃO. QUALIDADE DE SEGURADO, DEPENDÊNCIA ECONÔMICA E RECOLHIMENTO À PRISÃO COMPROVADOS. LIMITAÇÃO IMPOSTA PELA EMENDA CONSTITUCIONAL N. 20/98. ANTECIPAÇÃO DE TUTELA. DEVOLUÇÃO DE VERBA DE NATUREZA ALIMENTAR. IRREPETIBILIDADE. BOA-FÉ. PRECEDENTES. APELAÇÃO E REMESSA OFICIAL PROVIDAS. SENTENÇA REFORMADA. (1) 1. A Emenda Constitucional 20/98 em seu art. 13 estabeleceu o requisito de renda bruta mensal igual ou inferior a R$ 360,00 (trezentos e sessenta reais) para o deferimento do benefício de auxílio-reclusão. 2. O auxílio-reclusão será devido, nas mesmas condições da pensão por morte, aos dependentes do segurado recolhido à prisão, que não receber remuneração da empresa nem estiver em gozo de auxílio-doença, de aposentadoria ou de abono de permanência em serviço (art. 80 da Lei n. 8.213/91). 3. Considerando que o último salário de contribuição do segurado recluso foi de R$ 3.000,00 (três mil reais), conforme documento acostado à fl. 09, não é devido à autora o vindicado benefício previdenciário. 4. Não é cabível a devolução de valores percebidos pela parte autora em decorrência da antecipação dos efeitos da tutela, considerando a natureza alimentar dos benefícios previdenciários. Precedentes desta Corte e do STJ. 5. Apelação e remessa oficial a que se dá provimento para julgar improcedente o pedido. Prejudicado o recurso adesivo da autora." (TRF 1ª Região — AC 200735000027051 — 1ª Turma — Relatora Desembargadora Federal Ângela Catão — DJF de 17.5.2013, p. 59)

"PREVIDENCIÁRIO. AGRAVO. AUXÍLIO-RECLUSÃO. SEGURADO DE BAIXA RENDA. NÃO COMPROVAÇÃO. IMPROCEDÊNCIA. I. O inciso IV do art. 201 da Constituição Federal restringiu a concessão do benefício de auxílio-reclusão aos dependentes dos segurados de baixa renda, e a EC n. 20/98, em seu art. 13, veio complementar a referida limitação, considerando segurados de baixa renda aqueles cuja renda bruta mensal seja igual ou inferior a R$ 360,00 (trezentos e sessenta reais), sendo este valor atualizado periodicamente. II. No presente caso, nota-se que, à época da reclusão do segurado, em 26.8.2011, o valor limite do salário de contribuição, atualizado pela Portaria MPS n. 407, de 14.7.2011, era de R$ 862,60 (oitocentos e sessenta e dois reais e sessenta centavos), e resta comprovado nos autos que o valor da sua remuneração, em julho de 2011, correspondia a R$ 1.275,14 (um mil, duzentos e setenta e cinco reais e catorze centavos), de modo que se pode observar que superava consideravelmente o limite estabelecido em lei, constituindo óbice à concessão do benefício pretendido. III. Agravo a que se nega provimento." (TRF 3ª Região — AC 1797213 — 10ª Turma — Relator Desembargador Federal Walter do Amaral — DJF de 15.5.2013)

Outra alteração importante ocorreu também pela Lei n. 10.666/2003 (originariamente Medida Provisória n. 83/2002), a qual determina, em seu art. 2º, que o fato de o segurado recluso exercer atividade remunerada (em cumprimento de pena em regime fechado ou semi-aberto) não implica na perda do direito ao recebimento do auxílio-reclusão para seus dependentes, desde que contribua na condição de contribuinte individual ou facultativo para o sistema previdenciário.

Não obstante as suas contribuições mensais para o RGPS, no entanto, o segurado recluso não terá direito aos benefícios de auxílio-doença ou aposentadoria, durante a percepção, pelos dependentes, do benefício de auxílio-reclusão. Permite-se a opção, entretanto, ao benefício mais vantajoso, desde que esta escolha tenha sido manifestada também pelos dependentes. Confira-se:

"Art. 2º O exercício de atividade remunerada do segurado recluso em cumprimento de pena em regime fechado ou semi-aberto que contribuir na condição de contribuinte individual ou facultativo não acarreta a perda do direito ao recebimento do auxílio-reclusão para seus dependentes.

§ 1º O segurado recluso não terá direito aos benefícios de auxílio-doença e de aposentadoria durante a percepção, pelos dependentes, do auxílio-reclusão, ainda que, nessa condição, contribua como contribuinte individual ou facultativo, permitida a opção, desde que manifestada, também, pelos dependentes, ao benefício mais vantajoso.

§ 2º Em caso de morte do segurado recluso que contribuir na forma do § 1º, o valor da pensão por morte devida a seus dependentes será obtido mediante a realização de cálculo, com base nos novos tempo de contribuição e salários de contribuição correspondentes, neles incluídas as contribuições recolhidas enquanto recluso, facultada a opção pelo valor do auxílio-reclusão."

Fundamentação: Lei n. 10.666/2003; Lei n. 8.213/91, art. 80; Decreto n. 3.048/99, arts. 116 e 119; Instrução Normativa INSS n. 45/2010, arts. 331 e 333.

12.1.1. Pena privativa de liberdade

Conforme mencionado anteriormente, a qualidade de presidiário do segurado é que determinará o direito ao benefício de auxílio-reclusão a seus dependentes. É, pois, necessária a pena privativa de liberdade, assim entendida aquela cumprida em regime fechado ou em regime semi-aberto, sendo possível adotarmos os conceitos dispostos no art. 332 da IN INSS n. 45/2010 para melhor compreensão do tema:

a) regime fechado aquele sujeito à execução da pena em estabelecimento de segurança máxima ou média; e

b) regime semi-aberto aquele sujeito à execução da pena em colônia agrícola, industrial ou estabelecimento similar.

Não cabe, de forma alguma, a concessão de auxílio-reclusão aos dependentes do segurado que esteja em livramento condicional ou que cumpra pena em regime aberto, assim entendido aquele cuja execução da pena seja em casa de albergado ou estabelecimento adequado.

Fundamentação: Decreto n. 3.048/99, art. 116, §5º; Instrução Normativa INSS n. 45/2010, art. 332.

12.1.2. Dependentes

Os mesmos dependentes que possuem direito ao benefício de pensão por morte também mantém essa qualidade para fins de auxílio-reclusão.

O tema foi tratado na Parte II, Capítulo VI, desta obra, mas são importantes as seguintes considerações específicas a este benefício, dispostas nos arts. 335 a 340 da IN INSS n. 45/2010:

> "**Art. 335.** Por força de decisão judicial, Ação Civil Pública n. 2000.71.00.009347-0, fica garantido o direito ao auxílio-reclusão ao companheiro ou companheira do mesmo sexo, para óbitos ocorridos a partir de 5 de abril de 1991, desde que atendidas todas as condições exigidas para o reconhecimento do direito a esse benefício, observando-se o disposto no art. 318.
>
> **Art. 336.** O filho nascido durante o recolhimento do segurado à prisão terá direito ao benefício de auxílio-reclusão a partir da data do seu nascimento.
>
> **Art. 337.** Se a realização do casamento ocorrer durante o recolhimento do segurado à prisão, o auxílio-reclusão não será devido, considerando a dependência superveniente ao fato gerador.
>
> **Art. 338.** A pessoa cuja designação como dependente do segurado tenha sido feita até 28 de abril de 1995, véspera da publicação da Lei n. 9.032, de 1995, fará jus ao auxílio-reclusão, se o recolhimento à prisão tiver ocorrido até aquela data, desde que atendidas todas as condições exigidas.
>
> **Art. 339.** Fica mantido o direito à percepção do auxílio-reclusão ao menor sob guarda, desde que a prisão tenha ocorrido até 13 de outubro de 1996, véspera da vigência da MP n. 1.523, de 1996, e reedições, convertida na Lei n. 9.528, de 1997, desde que atendidos todos os requisitos da legislação em vigor à época.
>
> **Art. 340.** A habilitação posterior de outro possível dependente que importe na exclusão ou inclusão de dependentes somente produzirá efeito a contar da data da habilitação, conforme disposto no art. 107 do RPS."

12.1.3. Perda da qualidade de segurado

Não será devida a concessão de auxílio-reclusão quando o recolhimento à prisão ocorrer após a perda da qualidade de segurado.

Se mediante auxílio-doença requerido de ofício, ficar constatado, por parecer médico-pericial, que a incapacidade ocorreu dentro do período de graça, caberá a concessão de auxílio-reclusão aos dependentes do segurado, mesmo que o recolhimento à prisão tenha ocorrido após a perda da qualidade de segurado. Nesta hipótese, será efetuada primeiramente a concessão do auxílio-doença para o segurado e, após sua cessação, terá início o auxílio-reclusão para os dependentes.

Fundamentação: Instrução Normativa INSS n. 45/2010, art. 341.

12.2. Requerimento — Formalização

O requerimento do benefício deverá ser formalizado pelos dependentes, sendo instruído, obrigatoriamente, com a certidão do efetivo recolhimento do segurado à prisão (firmada pela autoridade competente) e sendo obrigatória, para a manutenção do pagamento, a apresentação de declaração de permanência na condição de presidiário.

Assim, a privação da liberdade deverá ser comprovada por certidão da prisão preventiva ou da sentença condenatória ou atestado do recolhimento do segurado à prisão. Para o maior de dezesseis e menor de dezoito anos, serão exigidos certidão do despacho de internação e o atestado de seu efetivo recolhimento a órgão subordinado ao Juiz da Infância e da Juventude.

Também importa mencionar que trimestralmente o beneficiário deverá apresentar ao INSS um atestado (firmado pela autoridade competente) informando que o segurado permanece detido ou recluso.

Fundamentação: Lei n. 8.213,91, art. 80; Decreto n. 3.048/99, arts. 116 e 117; Instrução Normativa INSS n. 45/2010, art. 332, §§ 2º e 3º.

12.3. Aplicação Subsidiária das Normas Aplicáveis à Pensão por Morte

Conforme expressamente disposto no § 3º do art. 116 do Decreto n. 3.048/99, aplicam-se ao benefício de auxílio-reclusão as normas referentes à pensão por morte, benefício este já abordado neste Capítulo, item 10.

12.4. Data de Início do Benefício

A data de início do benefício será aquela fixada como a do efetivo recolhimento do segurado à prisão, desde que requerida pelos dependentes no prazo de trinta dias. Se o requerimento se der após trinta dias da data da prisão, o benefício será concedido a contar da data do próprio requerimento.

Os dependentes menores de dezesseis anos poderão requerer o benefício até trinta dias após completar essa idade, hipótese em que o mesmo será concedido com data retroativa ao efetivo recolhimento à prisão do segurado.

Fundamentação: Decreto n. 3.048/99, art. 116, § 4º; Instrução Normativa INSS n. 45/2010, art. 331, § 3º.

12.5. Duração e Manutenção dos Pagamentos

O auxílio-reclusão será devido apenas durante o período em que o segurado se encontrar recolhido à prisão, seja sob regime fechado ou semi-aberto.

E como mencionado anteriormente, o dependente (beneficiário) deverá apresentar ao INSS, trimestralmente, um atestado de que o segurado continua na condição de detido ou recluso, sendo tal documento firmado pela autoridade competente.

12.5.1. Suspensão do Benefício

O pagamento do auxílio-reclusão será suspenso nas seguintes hipóteses (IN INSS/DC n. 95/2003, art. 294):

a) no caso de fuga;

b) se o segurado, ainda que privado de liberdade, passar a receber auxílio-doença;

c) se o dependente deixar de apresentar atestado trimestral, firmado pela autoridade competente, para prova de que o segurado permanece recolhido à prisão;

d) quando o segurado deixar a prisão por livramento condicional, por cumprimento da pena em regime aberto ou por prisão albergue.

No caso de fuga (ou hipóteses da letra *d*, supra), o benefício será suspenso e, se houver recaptura do segurado (ou retorno ao regime fechado ou semi-aberto), será restabelecido a contar da data em que esta ocorrer, desde que esteja ainda mantida a qualidade de segurado.

Tendo havido exercício de atividade remunerada dentro do período de fuga, livramento condicional cumprimento de pena em regime aberto ou prisão albergue, este será considerado para a verificação da perda ou não da qualidade de segurado do presidiário recapturado.

Fundamentação: Decreto n. 3.048/99, art. 117; Instrução Normativa INSS n. 45/2010, art. 344.

12.6. Renda Mensal

O valor mensal do auxílio-reclusão será de 100% (cem por cento) do valor da aposentadoria que o segurado recebia ou daquela a que teria direito se estivesse aposentado por invalidez na data de seu recolhimento à prisão.

Sobre o tema, confiram-se as informações dispostas na Parte V, Capítulo XXXIII, desta obra.

12.7. Encerramento do Benefício

O auxílio-reclusão encerra-se nas seguintes hipóteses (IN INSS 45/2010, art. 343):

a) com a extinção da última cota individual, em face da perda da qualidade de dependente;

b) se o segurado, ainda que privado de sua liberdade ou recluso, passar a receber aposentadoria;

c) pelo óbito do segurado ou beneficiário;

d) na data da soltura;

e) pela ocorrência da perda da qualidade de dependente, para filhos ou irmãos;

f) em se tratando de dependente inválido, pela cessação da invalidez, verificada em exame médico pericial a cargo do INSS; e

g) pela adoção, para o filho adotado que receba auxílio-reclusão dos pais biológicos, exceto quando o cônjuge ou companheiro adota o filho do outro.

Falecendo o segurado detido ou recluso, o auxílio-reclusão que estiver sendo pago será automaticamente convertido em pensão por morte. Não havendo concessão de auxílio-reclusão, em razão de salário de contribuição superior ao limite legal, será devida pensão por morte aos dependentes se o óbito do segurado tiver ocorrido dentro do prazo para manutenção da qualidade de segurado.

Fundamentação: Além do citado no texto, Decreto n. 3.048/99, art. 118.

13. ABONO ANUAL

13.1. Direito e valor mensal

Abono anual é a gratificação natalina devida ao beneficiário (segurado ou dependente, conforme o caso) que, durante o ano, tenha recebido ou receba mensalmente benefício de prestação continuada, como auxílio-doença, auxílio-acidente, salário maternidade, qualquer modalidade de aposentadoria, pensão por morte e auxílio-reclusão.

Não há carência para o recebimento da parcela, cujo valor deverá ser calculado nos mesmos moldes que o 13º salário dos trabalhadores, no Direito do Trabalho. Assim, o valor base será a renda mensal do benefício percebido e o beneficiário fará jus a 1/12 (um doze avos) de abono anual para cada mês ou fração igual ou superior a 15 (quinze) dias de percepção de benefício.

13.2. Data de pagamento

O pagamento do abono anual será devido em dezembro de cada ano ou juntamente à última parcela do benefício previdenciário (mês da alta ou da cessação do benefício), caso este tenha sido encerrado antes da competência dezembro.

Desde o ano de 2008, contudo, este benefício vem sendo pago em duas parcelas, sendo a primeira equivalente a 50% do benefício correspondente ao mês de agosto, paga juntamente com o benefício desta competência. A segunda parcela, paga em dezembro, corresponderá à diferença entre o valor total do abono anual e o valor antecipado em agosto.

Fundamentação: Lei n. 8.213/91, art. 40; Decreto n. 3.048/99, art. 120; Decreto n. 6.525/2008; Decreto n. 7.782/2012; Instrução Normativa INSS n. 45/2010, art. 345 ; Decreto n. 8.064/2013.

14. HABILITAÇÃO E REABILITAÇÃO PROFISSIONAL

14.1. Objetivo

A assistência para (re)educação e (re)adaptação profissional, instituída sob a denominação genérica de habilitação e reabilitação profissional, visa proporcionar aos beneficiários do Regime Geral de Previdência Social, que se encontrem incapacitados parcial ou totalmente para o trabalho, os meios indicados para proporcionar o reingresso no mercado de trabalho e no contexto em que vivem.

Trata-se, pois, do único serviço oferecido pelo INSS, preferencialmente mediante a contratação de serviços especializados, o qual independe de carência e abrange como beneficiários tanto os segurados (inclusive aposentados) quanto seus dependentes, estes últimos, no entanto, conforme as possibilidades administrativas, técnicas e financeiras.

É de fundamental importância atentarmos para o fato de que cabe ao INSS a habilitação e a reabilitação dos segurados e dependentes, e não à empresa que eventualmente os empregue. É, pois, o INSS quem deve manter o programa, oferecer os treinamentos necessários e certificar a conclusão do programa, em caso de êxito.

Fundamentação: Lei n. 8.213/91, arts. 89, 90 e 92; Decreto n. 3.048/99, art. 136; Instrução Normativa INSS n. 45/2010, art. 387.

14.2. Encaminhamento — Prioridade

O atendimento pela Reabilitação Profissional é obrigatório para todos os segurados e, na medida das possibilidades administrativas, técnicas e financeiras, deve também ser estendido aos dependentes e aos portadores de deficiência.

As pessoas com deficiência (PcD) que não tiverem vínculo com a Previdência Social deverão ser atendidas mediante convênios de cooperação técnico-financeira firmados entre o INSS, por meio das Gerências-Executivas e as instituições e associações de assistência às PcD. Referido encaminhamento tempo por finalidade a avaliação do potencial laborativo e a homologação e certificação do processo de habilitação e reabilitação profissional realizado na comunidade. A capacitação e a qualificação profissional dessas pessoas deverão ser promovidas e custeadas pelas instituições/ entidades convenentes.

Conforme art. 386 da IN INSS n. 45/2010, é a ordem de prioridade para o encaminhamento ao Programa de Reabilitação a seguinte:

I — o segurado em gozo de auxílio-doença, acidentário ou previdenciário;

II — o segurado sem carência para a concessão de auxílio-doença previdenciário, portador de incapacidade;

III — o segurado em gozo de aposentadoria por invalidez;

IV — o segurado em gozo de aposentadoria especial, por tempo de contribuição ou idade que, em atividade laborativa, tenha reduzida sua capacidade funcional em decorrência de doença ou acidente de qualquer natureza ou causa;

V — o dependente pensionista inválido;

VI — o dependente maior de dezesseis anos, portador de deficiência; e

VII — as Pessoas com Deficiência — PcD, ainda que sem vínculo com a Previdência Social.

Fundamentação: Instrução Normativa INSS n. 45/2010, arts. 386 e 387; Decreto n. 3.048/99, art. 316.

14.3. Desenvolvimento do Processo — Funções Básicas

Nos termos do art. 388 da IN INSS n. 45/2010, o atendimento aos beneficiários passíveis de reabilitação profissional deverá ser descentralizado e funcionar preferencialmente nas Agências da Previdência Social (APS), conduzido por equipes técnicas constituídas por peritos médicos e por servidores de nível superior com atribuições de execução das funções básicas do processo de:

I — avaliação do potencial laborativo;

II — orientação e acompanhamento do programa profissional;

III — articulação com a comunidade, inclusive mediante celebração de convênio para reabilitação física, restrita a segurados que cumpriram os pressupostos de elegibilidade ao Programa de Reabilitação Profissional, com vistas ao reingresso no mercado de trabalho; e

IV — acompanhamento e pesquisa de fixação no mercado de trabalho.

A articulação com a comunidade cabe exatamente à Previdência Social, sempre com vistas ao levantamento da oferta do mercado de trabalho, ao direcionamento da programação profissional e à possibilidade de reingresso do reabilitando no mercado formal. E esta articulação poderá se dar de diversas formas, inclusive mediante a celebração de convênio para reabilitação física restrita a segurados que cumpriram os pressupostos de elegibilidade ao programa de reabilitação profissional. Não há qualquer previsão legal ou normativa, contudo, para que a Previdência Social obrigue às empresas tal colaboração.

Note-se, ainda, que a execução das funções básicas se dará, preferencialmente, mediante o trabalho de equipe multiprofissional especializada em medicina, serviço social, psicologia, sociologia, fisioterapia, terapia ocupacional e outras afins ao processo.

Para que a Previdência possa cumprir com tal obrigação, já que não possui estrutura suficiente para este serviço, é possível a elaboração de convênios de cooperação técnico-financeira no âmbito da Reabilitação Profissional, com entidades públicas ou privadas de comprovada idoneidade financeira e técnica, nas seguintes modalidades:

a) atendimento e/ou avaliação nas áreas de fisioterapia, terapia ocupacional, psicologia e fonoaudiologia;

b) atendimento, preparação e treinamento para uso de prótese;

c) melhoria da escolaridade, com alfabetização e elevação do grau de escolaridade;

d) avaliação e treinamento profissional;

e) capacitação e profissionalização com vistas ao reingresso no mercado de trabalho;

f) desenvolvimento de cursos profissionalizantes;

g) disponibilização de áreas e equipamentos para instituições/entidades/órgãos com atendimento prioritário à clientela da Reabilitação Profissional;

h) estágios curriculares e extracurriculares para alunos em graduação;

i) fiscalização do cumprimento da reserva de vagas;

j) homologação do processo de (re)habilitação de pessoas com deficiência não vinculadas ao Regime Geral de Previdência Social (RGPS); e

l) homologação de readaptação/reabilitação realizada por empresas dos segurados que se encontram incapazes para o trabalho.

A elaboração desses convênios e acordos de cooperação encontra fundamento não somente no art. 391 da IN INSS n. 45/2010, mas também no art. 317 do Decreto n. 3.048/99.

Fundamentação: Decreto n. 3.048/99, arts. 137 e 317; Instrução Normativa INSS n. 45/2010, arts. 388 e 391.

14.3.1. Exames e tratamento em localidade diversa do domicílio — pagamento de diária pelo INSS

Regra geral, e sempre que possível, os serviços deverão ser desenvolvidos na localidade do domicílio do beneficiário, sendo que somente quando de situações excepcionais é que este terá direito à reabilitação profissional em localidade diversa. E os encaminhamentos que motivem deslocamento de beneficiários à Reabilitação Profissional devem ser norteados pela verificação da menor distância da localidade de domicílio e reduzidos ao estritamente necessário, estando garantido o auxílio para Programa de Reabilitação Profissional fora do domicílio.

Este auxílio, em verdade, é o pagamento de uma diária ao segurado ou dependente, pelo INSS, pelo deslocamento, seja para exame médico-pericial ou mesmo para o processo de reabilitação, atualmente no valor de R$ 73,37 (sessenta e três reais e trinta e sete centavos), conforme Portaria MPS 19/2014, art. 8º.

Obs.: Não terão direito ao auxílio (diária) os encaminhamentos decorrentes de celebração de convênios ou de acordos de homologação de readaptação e de cooperação técnico-financeira. Igualmente não será devido o pagamento da diária quando o INSS promover a hospedagem do beneficiário mediante contratação de serviços de hotéis, pensões ou similares.

Caso o INSS entenda que o beneficiário necessita de acompanhante, a viagem deste poderá igualmente ser autorizada e custeada.

Fundamentação: Lei n. 8.213/91, art. 91; Decreto n. 3.048/99, art. 171.

14.3.2. Fornecimento de próteses e órteses e pagamento de demais despesas

Conforme disposições expressas no art. 89 da Lei n. 8.213/91, a reabilitação profissional compreende, além do tratamento por profissionais especializados:

a) o fornecimento de aparelho de prótese, órtese e instrumentos de auxílio para locomoção quando a perda ou redução da capacidade funcional puder ser atenuada por seu uso e dos equipamentos necessários à habilitação e reabilitação social e profissional;

b) a reparação ou a substituição dos aparelhos mencionados na letra "a", desgastados pelo uso normal ou por ocorrência estranha à vontade do beneficiário; e

c) o transporte do acidentado do trabalho, quando necessário.

O art. 389 da Instrução Normativa INSS n. 45/2010 é ainda mais específico, determinando que:

"**Art. 389.** Quando indispensáveis ao desenvolvimento do programa de Reabilitação Profissional, o INSS fornecerá aos beneficiários os seguintes recursos materiais:

I — órteses: que são aparelhos para correção ou complementação de funcionalidade;

II — próteses: que são aparelhos para substituição de membros ou parte destes;

III — auxílio-transporte urbano, intermunicipal e interestadual: que consiste no pagamento de despesas com o deslocamento do beneficiário de seu domicílio para atendimento na APS e para avaliações, cursos e/ou treinamentos em empresas e/ou instituições na comunidade;

IV — auxílio-alimentação: que consiste no pagamento de despesas referentes aos gastos com alimentação (almoço ou jantar) aos beneficiários em programa profissional com duração de oito horas;

V — diárias: que serão concedidas conforme o art. 171 do RPS;

VI — implemento profissional: que consiste no conjunto de materiais indispensáveis para o desenvolvimento da formação ou do treinamento profissional, compreendendo material didático, uniforme, instrumentos e equipamentos técnicos, inclusive os de proteção individual (EPI); e

VII — instrumento de trabalho: composto de um conjunto de materiais imprescindíveis ao exercício de uma atividade laborativa, de acordo com o Programa de Habilitação/Reabilitação Profissional desenvolvido.

§ 1º São considerados como equipamentos necessários à Habilitação e à Reabilitação Profissional, previstos no § 2º do art. 137 do RPS, desde que constatada a sua necessidade pela equipe de reabilitação, o implemento profissional e o instrumento de trabalho.

§ 2º Não terão direito à concessão dos recursos materiais de que trata o *caput* desse artigo os encaminhamentos decorrentes da celebração de convênios de cooperação técnico-financeira.

Na medida das possibilidades e recursos do INSS, tais serviços e custos serão oferecidos também aos dependentes dos segurados.No caso das pessoas portadoras de deficiência, a concessão dos recursos materiais acima mencionados ficará condicionada à celebração de convênio de cooperação técnico-financeira.

Cumpre ressaltar, ainda, que o INSS não reembolsará as despesas realizadas com a aquisição de órtese ou prótese e outros recursos materiais não prescritos ou não autorizados por suas unidades de reabilitação profissional.

Fundamentação: Lei n. 8.213/91, art. 89; Decreto n. 3.048/99, art. 137;Instrução Normativa INSS n. 45/2010, art. 389.

14.4. Programação profissional

Como já mencionado, a programação profissional constitui uma das funções básicas do processo de habilitação e de reabilitação profissional dos beneficiários.

Tal programação é desenvolvida mediante cursos e/ou treinamentos na comunidade, seja por meio de contratos, acordos ou convênios com instituições e empresas públicas e privadas.

Isto porque o art. 317 do Decreto n. 3.048/99 determina que nos casos de impossibilidade de instalação de órgão ou setor próprio competente do Instituto Nacional do Seguro Social, assim como de efetiva incapacidade física ou técnica de implementação das atividades e atendimento adequado à clientela da Previdência Social, as unidades executivas de reabilitação profissional poderão solicitar a celebração de convênios, contratos ou acordos com entidades públicas ou privadas de comprovada idoneidade financeira e técnica, ou seu credenciamento, para prestação de serviço, por delegação ou simples cooperação técnica, sob coordenação e supervisão dos órgãos competentes do INSS.

Ou seja, o INSS não manda a empresa reabilitar. Ele pode, se assim desejar, firmar convênio ou acordo para que a empresa participe desse programa, colaborando na reabilitação de pessoas incapacitadas para o trabalho. Não há obrigação legal por parte da empresa, ou seja, sua participação e colaboração dependerá unicamente de sua vontade, não havendo qualquer previsão punitiva para a recusa, mesmo se tratando de acidente de trabalho com seu empregado.

É importante esclarecer, ainda, que o treinamento do reabilitando, quando realizado em empresa, não estabelece qualquer vínculo empregatício ou funcional entre os mesmos, e tampouco entre os reabilitandos e o INSS, em que pese competir àqueles o acatamento e o cumprimento das normas estabelecidas nos contratos, acordos ou convênios, bem como se comportarem conforme o regulamento daquelas organizações (Decreto n. 3.048/99, art. 139).

Fundamentação: Decreto n. 3.048/99, art. 139.

14.4.1. Beneficiários empregados em empresas — possibilidade de convênio

O empregado cuja enfermidade que o incapacita para o trabalho seja decorrente de acidente do trabalho, de doença ocupacional ou de doença do trabalho, bem como aquele que esteja recebendo auxílio-doença, poderá ser encaminhado à Reabilitação Profissional, por convênio próprio e para readaptação de função, firmado entre a área competente do INSS e a empresa de origem do segurado, com vistas à Reabilitação Profissional, conforme já mencionado anteriormente.

Caso o empregado não esteja ainda em percepção de auxílio-doença, poderá vir a ser firmado convênio somente para a homologação da readaptação profissional desenvolvida ou promovida pela empresa.

Tais convênios e acordos possuem como objetivo a avaliação do processo de readaptação realizado pela empresa, em especial a compatibilidade entre a função proposta pelo empregador e o potencial de trabalho do empregado beneficiário do programa.

Concluída a avaliação de forma positiva, o INSS emitirá em favor do beneficiário o Certificado de Homologação de Readaptação ou de Habilitação Profissional.

14.4.2. Acidente sofrido pelo beneficiário

O acidente do trabalho sofrido pelo acidentado enquanto estiver sob a responsabilidade da reabilitação profissional será considerado como agravamento, cabendo à unidade de reabilitação profissional comunicar à perícia médica sua ocorrência.

Fundamentação: Decreto n. 3.048/99, arts. 138 e 337, § 2º.

14.5. Conclusão do processo

Concluído o processo de reabilitação profissional de forma positiva, o INSS emitirá um certificado individual para o beneficiário, indicando a função para a qual foi capacitado profissionalmente, sem prejuízo do exercício de qualquer outra para a qual se julgue capacitado ou venha posteriormente a se capacitar.

Cumpre salientar que se a pessoa portadora de deficiência encaminhada à Reabilitação Profissional tiver se submetido a um programa de qualificação na comunidade, deverá ser avaliada por equipe técnica de Reabilitação Profissional do INSS, para emissão de certificado.

Encerra-se, pois, o processo de Reabilitação ou Habilitação pela emissão do correspondente Certificado, não sendo obrigação da Previdência Social a manutenção do segurado no mesmo emprego ou a sua colocação em outro para o qual foi reabilitado. Cabe à Previdência Social, no entanto, a articulação com a comunidade, com vistas ao levantamento da oferta do mercado de trabalho, ao direcionamento da programação profissional e à possibilidade de reingresso do reabilitando no mercado formal. O acompanhamento e a pesquisa de fixação no mercado de trabalho é, inclusive, obrigatório para a Previdência Social.

Nos casos de solicitação de novo benefício por segurado que já tenha se submetido ao Programa de Reabilitação Profissional, o perito médico deverá rever o processo anteriormente desenvolvido, antes de indicar novo encaminhamento à Reabilitação Profissional — IN INSS n. 45/2010, art. 390.

Fundamentação: Lei n. 8.213/91, art. 92; Decreto n. 3.048/99, art. 140; Instrução Normativa INSS n. 45/2010, art. 390.

14.6. Responsabilidade das empresas — contratação obrigatória de beneficiários reabilitados ou pessoas portadoras de deficiência

Não obstante a empresa não tenha qualquer responsabilidade ou obrigação legal quanto à habilitação ou reabilitação profissional, a legislação vigente a obriga à contratação desses trabalhadores que passaram pelo programa mantido pela Previdência Social.

As empresas que possuírem cem ou mais empregados estão obrigadas a preencher de 2% a 5% de seus cargos com beneficiários reabilitados ou pessoas portadoras de deficiência, habilitadas, na seguinte proporção[30]:

a) empresas de 100 a 200 empregados — 2% dos cargos;

b) empresas de 201 a 500 empregados — 3% dos cargos;

c) empresas de 501 a 1.000 empregados — 4% dos cargos;

d) empresas com mais de 1.000 empregados — 5% dos cargos.

Obs. 1: As frações de unidade deverão dar lugar a um trabalhador — Instrução Normativa MTE/SIT n. 36/2003 e Instrução Normativa MTE/SIT n. 98/2012

Obs. 2: Para efeito de aferição dos percentuais, será considerado o número de empregados da totalidade dos estabelecimentos da empresa. Para as empresas que apresentem variações sazonais no quantitativo de empregados, a fiscalização do MTE poderá utilizar, para a composição da base de cálculo da cota a ser cumprida, a média aritmética da totalidade de empregados existentes ao final de cada um dos doze últimos meses — Instrução Normativa MTE/SIT n. 98/2012.

Esta obrigatoriedade consta do art. 93 da Lei n. 8.213/91, e aqui não se incluem os deficientes habilitados ou reabilitados que não o sejam através de processos desenvolvidos ou homologados pelo Instituto Nacional do Seguro Social — INSS, com exceção das pessoas portadoras de deficiência que, apesar de não terem se submetido a processo de habilitação ou reabilitação, se encontrem capacitadas para o exercício da função.

Para melhor esclarecer quais são os deficientes que podem ser computados nesta obrigatoriedade, temos os seguintes conceitos:

---

(30) A proporção de vagas exclui o segurado acidentado do trabalho, tendo em vista o estabelecido no art. 118 da Lei n. 8.213/91 (estabilidade provisória) — Ordem de Serviço Conjunta n. 90/98, do Diretor de Arrecadação e Fiscalização e do Diretor do Seguro Social do INSS.

I — Beneficiários Reabilitados — todos os segurados e dependentes vinculados ao Regime Geral de Previdência Social — RGPS, submetidos a processo de reabilitação profissional desenvolvido ou homologado pelo Instituto Nacional do Seguro Social — INSS.

II — Pessoa portadora de deficiência habilitada — aquela que concluir curso de educação profissional de nível básico, técnico ou tecnológico, ou curso superior, com certificação ou diplomação expedida por instituição pública ou privada, legalmente credenciada pelo Ministério da Educação ou órgão equivalente, ou aquela com certificação de conclusão de processo de habilitação ou reabilitação profissional fornecido pelo INSS.

Obs.: Considera-se, também, pessoa portadora de deficiência habilitada aquela que, não tendo se submetido a processo de habilitação ou reabilitação, esteja capacitada para o exercício da função.

A caracterização da condição de pessoa com deficiência dar-se-á com base no Decreto n. 3.298/1999, observados os dispositivos da Convenção sobre os Direitos da Pessoa com Deficiência.[31] Para comprovar que o trabalhador se encaixa nessa condição, a fiscalização exigirá da empresa a apresentação de laudo elaborado por profissional de saúde de nível superior, preferencialmente habilitado na área de deficiência relacionada ou em saúde do trabalho, que deve contemplar as seguintes informações e requisitos mínimos (IN MTE/SIT n. 98/2012, art. 8º):

a) identificação do trabalhador;

b) referência expressa quanto ao enquadramento nos critérios estabelecidos na legislação pertinente;

c) identificação do tipo de deficiência;

d) descrição detalhada das alterações físicas, sensoriais, intelectuais e mentais e as interferências funcionais delas decorrentes;

e) data, identificação, n. de inscrição no conselho regional de fiscalização da profissão correspondente e assinatura do profissional de saúde; e

f) concordância do trabalhador para divulgação do laudo à Auditoria-Fiscal do Trabalho e ciência de seu enquadramento na reserva legal.

Nas hipóteses de deficiência auditiva, visual, intelectual ou mental serão exigidos, respectivamente, exame audiológico — audiometria, exame oftalmológico — acuidade visual com correção e campo visual, se for o caso, e avaliação intelectual ou mental especializada.

A comprovação do enquadramento na condição de segurado reabilitado da Previdência Social deverá ser realizada com a apresentação do Certificado de Reabilitação Profissional emitido pelo Instituto Nacional de Seguridade Social — INSS.

Fundamentação: Lei n. 8.213/91, art. 93, § 1º; Decreto n. 3.048/99, art. 141; Instrução Normativa MTE/SIT n. 98/2012.

14.6.1. Órgãos públicos — inaplicabilidade

Não se aplica a proporcionalidade de contratação obrigatória de deficientes físicos aos órgãos públicos da União, Estados, Distrito Federal e Municípios, uma vez que o percentual de pessoas portadoras de deficiência que poderão participar de concurso público, observada a Constituição Federal, é matéria tratada em legislação própria.

---

(31) Sobre a contratação de deficientes, ver a obra *Manual Prático das Relações Trabalhistas*. 11. ed. São Paulo: LTr, Parte II, subitem 3.2, p. 238, de minha autoria.

14.6.2. Rescisão Contratual

A dispensa de empregado na condição aqui estabelecida, quando se tratar de contrato por tempo superior a noventa dias e a imotivada, no contrato por prazo indeterminado, somente poderá ocorrer após a contratação de substituto em condições semelhantes.

Assim, antes mesmo de dispensar um beneficiário reabilitado ou um portador de deficiência, a empresa deverá ter contratado um substituto em condições similares, sob pena de considerar-se nula de pleno direito a rescisão promovida, e consequente reintegração ao quadro funcional do empregado dispensado.

Fundamentação: Lei n. 8.213/91, art. 93, § 1º.

14.6.3. Fiscalização pelo Ministério da Previdência Social

Cabe ao Ministério da Previdência Social a sistemática de fiscalização, avaliação e controle das empresas, para o fiel cumprimento desta contratação de reabilitados ou deficientes habilitados, gerando estatísticas sobre o total de empregados e vagas preenchidas para acompanhamento por parte das unidades de reabilitação profissional e dos sindicatos e entidades representativas de categorias, quando solicitado.

Fundamentação: Lei n. 8.213/91, art. 93, § 2º.

14.6.4. Fiscalização pelo Ministério do Trabalho e Emprego

Não obstante às disposições do § 2º do art. 93 da Lei n. 8.213/91 determinando que a fiscalização das empresas quanto à contratação de reabilitados ou deficientes compete ao Ministério da Previdência Social, o Ministério do Trabalho e Emprego (MTE), mais especificamente a Secretaria de Inspeção do Trabalho (SIT), utilizando-se da competência prevista no inciso XIII do art. 14 do Anexo I do Decreto n. 5.063/2004 e em face do disposto no art. 36 do Decreto n. 3.298/1999, publicou, no DOU de 16.8.2012 a Instrução Normativa MTE/SIT n. 98.

Referido diploma normativo estabelece os procedimentos da fiscalização da inclusão de pessoas com deficiência e beneficiários da Previdência Social reabilitados no mercado de trabalho, com vistas a assegurar o exercício pleno e equânime do direito ao trabalho e a promoção do respeito à dignidade da pessoa humana, conforme estabelece a Convenção sobre os Direitos das Pessoas com Deficiência e seu Protocolo Facultativo, promulgados por meio do Decreto n. 6.949/2009.

Assim, a fiscalização das empresas caberá ao MTE, conforme podemos depreender da redação dos arts. 2º e 3º da IN 98/2012, conforme segue:

"**Art. 2º** As Superintendências Regionais do Trabalho e Emprego — SRTE, por meio da Auditoria Fiscal do Trabalho, devem realizar ações de fiscalização do cumprimento da reserva de cargos para pessoas com deficiência ou reabilitadas, na forma do art. 93 da Lei n. 8.213, de 24 de julho de 1991, observadas as diretrizes da Secretaria de Inspeção do Trabalho.

§ 1º A execução, coordenação, monitoramento e avaliação das ações fiscais serão realizados por meio do Projeto Estadual de Inclusão no Mercado de Trabalho de Pessoas com Deficiência ou Reabilitadas, observados o planejamento aprovado pelas chefias de fiscalização e as diretrizes da Secretaria de Inspeção do Trabalho.

§ 2º As coordenações nacional e estaduais do Projeto devem se articular com as entidades e instituições públicas e privadas atuantes na inclusão de pessoas com deficiência ou reabilitadas."

"**Art. 3º** A ação fiscal para a verificação do cumprimento da reserva legal de cargos competirá à SRTE em cuja circunscrição territorial estiver instalada a matriz da empresa, na modalidade direta ou indireta, abrangendo todos os estabelecimentos, inclusive aqueles situados em outras Unidades da Federação — UF.

§ 1º Constatado indício de descumprimento da reserva legal, a fiscalização poderá ser centralizada, excepcionalmente, por outra SRTE em cuja circunscrição exista estabelecimento da empresa.

§ 2º Para a centralização prevista no §1º, o Auditor Fiscal do Trabalho — AFT que constatou a situação deve solicitar, por meio do Sistema Federal de Inspeção do Trabalho — SFIT, autorização à Superintendência Regional do Trabalho e Emprego da localidade em que se encontra a matriz da empresa, e dar ciência do fato ao coordenador de projeto de sua SRTE.

§ 3º Autorizada a centralização, o AFT solicitante será responsável pela fiscalização da matriz e de todos os estabelecimentos da empresa, inclusive os localizados nas demais UF.

§ 4º Caso não seja autorizada a centralização, o AFT deve se abster de fiscalizar o cumprimento da reserva de cargos para pessoas com deficiência ou reabilitadas e encaminhar relatório circunstanciado à SRTE do estado em que se situa a matriz da empresa, na hipótese de ser constatada irregularidade grave na inclusão dos trabalhadores com deficiência ou reabilitadas."

Nas ações fiscais para aferição do cumprimento da reserva legal de cargos, o Auditor Fiscal do Trabalho deverá verificar se as dispensas dos empregados reabilitados ou com deficiência, ao final de contrato por prazo determinado superior a 90 dias, ou as dispensas imotivadas, nos contratos a prazo indeterminado, ocorreram mediante contratação prévia de substituto de condição semelhante, salvo quando a empresa mantiver atendido o cumprimento da reserva de cargos.

O Auditor também irá verificar, na Relação Anual de Informações Sociais — RAIS e no Cadastro Geral de Empregados e Desempregados — CAGED, a exatidão das informações prestadas referentes aos empregados com deficiência e reabilitados, inclusive quanto ao tipo de deficiência, e ainda a eventual condição de aprendiz e exigirá a regularização, caso identificado erro ou omissão quanto a essas informações.Na hipótese de o empregado adquirir a deficiência ou a condição de reabilitado no curso do contrato de trabalho, o AFT deve orientar o empregador para fazer constar essa informação na RAIS, a partir do ano da ocorrência, e no CAGED, no caso de transferência ou desligamento do empregado — Instrução Normativa MTE/SIT n. 98/2012, art. 10.

Especial atenção será dada á existência de práticas discriminatórias, disciplinando sobre o tema o art. 11 da mesma Instrução Normativa:

"Art. 11. No intuito de coibir práticas discriminatórias, o AFT deve verificar se está sendo garantido o direito ao trabalho das pessoas com deficiência ou reabilitadas, em condições de igualdade de oportunidades com as demais pessoas, com respeito a todas as questões relacionadas ao emprego, observando, dentre outros aspectos:

I — garantia de acesso às etapas de recrutamento, seleção, contratação e admissão, capacitação e ascensão profissional, sem ocorrência de exclusões de pessoas com base, a priori, na deficiência ou na condição de reabilitado;

II — distribuição, pela empresa, dos empregados com deficiência ou reabilitados nos diversos cargos, funções, postos de trabalho, setores e estabelecimentos, preferencialmente de forma proporcional, tendo

como parâmetro as reais potencialidades individuais e as habilidades requeridas para a atividade;

III — manutenção no emprego;

IV — jornada de trabalho não diferenciada, salvo exceção prevista no § 2º do art. 35 do Decreto 3.298, de 1999;

V — remuneração equitativa;

VI — acessibilidade ampla; e

VII — condições de saúde e segurança adaptadas às necessidades dos empregados."

Questões de ergonomia e acessibilidade igualmente serão verificadas, conforme segue:

"Art. 13. Caberá ao AFT verificar se no processo de inclusão da pessoa com deficiência ou reabilitada a empresa promoveu as modificações dos postos de trabalho, da organização do trabalho e as condições ambientais, em conformidade com as necessidades do trabalhador, com garantia desde a acessibilidade arquitetônica até adaptações específicas de mobiliários, máquinas e equipamentos, dispositivos de segurança, utilização de tecnologias assistivas, ajudas técnicas, facilitação de comunicação, apoios e capacitação específica, dentre outros, de modo a eliminar as barreiras porventura existentes.

Parágrafo único. O AFT deve verificar a adaptação das condições de trabalho às características psicofisiológicas dos trabalhadores, de modo a proporcionar o máximo de conforto, segurança e desempenho eficiente, conforme estabelece a Norma Regulamentadora 17 — Ergonomia."

Auto de Infração

Havendo lavratura de autos de infração por desrespeito às normas protetivas do trabalhodas pessoas com deficiência ou reabilitadas, o Auditor Fiscal do Trabalho deve (IN MTE/SIT n. 98/2012, art. 14):

I — consignar no histórico do auto de infração, na hipótese de não preenchimento integral da reserva legal prevista no *caput* do art. 93 da Lei n. 8213/91, o montante de pessoas com deficiência ou reabilitadas que deixaram de ser contratadas e o número de empregados que serviu de base para a aplicação do percentual legal;

II — consignar no histórico do auto de infração, na hipótese de dispensa de empregado com deficiência ou reabilitado sem a antecedente contratação de substituto de condição semelhante, por término de contrato por prazo determinado superior a noventa dias, ou por dispensa imotivada, relativamente a contrato por prazo indeterminado, os nomes daqueles empregados dispensados e o número total de trabalhadores da empresa fiscalizada;

III — fundamentar o auto de infração, na hipótese de caracterização de prática discriminatória, conforme o caso, no disposto no inciso IV do art. 3º e no inciso IV e *caput* do art. 5º da Constituição Federal; nos arts. 2 e 27 da Convenção sobre os Direitos da Pessoa com Deficiência; no art. 1º da Lei n. 9.029/2011; nos arts. 8º e 373-A da CLT, e demais normas aplicáveis.

Procedimento Especial

Caso o Auditor Fiscal constate motivos relevantes que impossibilitam ou dificultam o cumprimento da reserva de cargos, poderá instaurar o procedimento especial para ação fiscal, por empresa ou setor econômico, conforme previsão do art. 627-A da CLT e arts. 27 a 29 do Decreto n. 4.552/2002.

Referido procedimento poderá resultar na lavratura de um termo de compromisso, onde serão estipuladas as obrigações a serem assumidas pelas empresas contempladas. Confira-se, nestes termos, o art. 17 da IN MTE/SIT n. 98/2012:

"**Art. 17.** O procedimento especial para a ação fiscal poderá resultar na lavratura de termo de compromisso, no qual serão estipuladas as obrigações assumidas pelas empresas ou setores econômicos compromissados e os prazos para seu cumprimento.

§1º Nas reuniões concernentes ao processo de discussão e elaboração do termo de compromisso é permitida a participação de entidades e instituições atuantes na inclusão das pessoas com deficiência, bem como entidades representativas das categorias dos segmentos econômicos e profissionais.

§ 2º O termo de compromisso deve conter, no mínimo, as seguintes obrigações por parte dos compromissados:

I — proibição de discriminação baseada na deficiência, com respeito às questões relacionadas com as formas de emprego, de acordo com o especificado no art. 11;

II — identificação das barreiras porventura existentes e promoção da acessibilidade em suas diversas formas, respeitadas as necessidades de cada pessoa;

III — promoção de campanhas internas de valorização da diversidade humana e de combate à discriminação e ao assédio;

IV — promoção de qualificação profissional da pessoa com deficiência ou reabilitada, preferencialmente na modalidade de aprendizagem; e

V — impossibilidade de dispensa de trabalhador reabilitado ou com deficiência, sem a prévia contratação de substituto de condição semelhante, na hipótese de término de contrato por prazo determinado de mais de noventa dias, ou dispensa imotivada em contrato por prazo indeterminado.

§ 3º O prazo máximo do termo de compromisso será de doze meses, excetuado o caso em que o cumprimento da reserva legal esteja condicionado ao desenvolvimento de programas de aprendizagem profissional de pessoas com deficiência, nos termos do art. 429 da CLT, caso em que o prazo máximo será de vinte e quatro meses.

§ 4º Em caráter excepcional, e em face de projetos específicos de inclusão e qualificação profissional ou dificuldades comprovadamente justificadas, os prazos estipulados no § 3º poderão ser ampliados, com observância aos procedimentos estabelecidos pelas normas de regência.

§ 5º O termo de compromisso deve estabelecer metas e cronogramas para o cumprimento da reserva legal de forma gradativa, devendo a empresa, a cada etapa estipulada, apresentar variação positiva do percentual de preenchimento e, ao final do prazo, comprovar o cumprimento integral da reserva legal estipulada no art. 93 da Lei n. 8.213, de 1991, e dos demais compromissos assumidos.

§ 6º Durante o prazo fixado no termo de compromisso, devem ser feitas fiscalizações nas empresas, a fim de ser verificado o seu cumprimento, sem prejuízo da ação fiscal relativa a atributos não contemplados no referido termo.

§ 7º Frustrado o procedimento especial para a ação em face de não atendimento da convocação, recusa de firmar termo de compromisso, descumprimento de qualquer cláusula compromissada, devem ser lavrados, de imediato, os respectivos autos de infração, e poderá ser encaminhado relatório circunstanciado ao Ministério Público do Trabalho e demais órgãos competentes."

Concursos Públicos

Também nos entes da Administração Pública que contratem trabalhadores sob o regime celetista deverá haver a inspeção pelo Ministério do Trabalho e Emprego, no intuito de identificar o cumprimento da reserva de cargos prevista no art. 93 da Lei n. 8.213/91.

Neste caso, caberá ao Auditor Fiscal verificar a disponibilização, nos concursos públicos para contratação de empregados regidos pela CLT, do percentual mínimo de 5% das vagas de cada cargo para pessoas com deficiência, visando à necessária igualdade de oportunidades, de acordo com o art. 37 do Decreto n. 3298/99, elevando-se para o número inteiro subsequente caso a aplicação do percentual resulte número fracionado.

As pessoas com deficiência possuem direito de acesso a todos os cargos públicos, inclusive àqueles exercidos em condições de periculosidade, insalubridade, exposição a riscos e situações de emergência, ressalvados os expressamente afastados por lei federal que regule o exercício de profissão regulamentada, de acordo com o art. 40 do Decreto n. 3.298/99.

A avaliação da compatibilidade entre as atribuições do cargo e a deficiência do candidato deverá ser realizada por equipe multiprofissional, composta de três profissionais capacitados e atuantes nas áreas das deficiências em questão, sendo um deles médico, e três profissionais integrantes da carreira almejada pelo candidato, durante o estágio probatório, considerando as ajudas técnicas e demais adaptações necessárias ao posto de trabalho, de acordo com o art. 43 do Decreto n. 3.298/99.

Sobre o tema confira-se, ainda, a redação do art. 20 da IN MTE/SIT n. 98/2012:

"**Art. 20.** O AFT deve verificar se em todo o processo seletivo, na fase de contratação e no estágio probatório, estão sendo observadas, no mínimo, as seguintes disposições previstas no art. 39 do Decreto 3298, de 1999:

I — se consta do edital o número de vagas, o total correspondente à reserva destinada à pessoa com deficiência, discriminadas por cargo e localidade, assim como as atribuições e tarefas essenciais dos cargos;

II — se há previsão no edital de adaptação das provas, do curso de formação e do estágio probatório, conforme a necessidade do candidato, por exemplo: ledor, prova ampliada, material audiovisual adaptado, auxílio para transcrição de gabaritos, mobiliário adaptado, material em Braile, sintetizador de voz, sala de mais fácil acesso, intérprete de libras, tempo adicional e outros apoios;

III — se há previsão no edital de que o laudo comprobatório da deficiência possa utilizar parâmetros internacionalmente utilizados, não se restringindo aos da Classificação Internacional de Doenças — CID.

IV — se a publicação do resultado final do concurso será realizada em duas listas: a primeira, com a pontuação de todos os candidatos, inclusive aqueles com deficiência, e a segunda, somente com a pontuação destes últimos.

Parágrafo único. O AFT deve verificar os pareceres da equipe multiprofissional, emitidos em todas as etapas previstas, conforme previsto no art. 19 desta IN e observando as disposições do art. 43 do Decreto n. 3.298, de 1999 e demais diplomas legais aplicáveis."

Fundamentação: Instrução Normativa MTE/SIT n. 98/2012.

15. SERVIÇO SOCIAL

15.1. Conceito e objetivos

Nos termos do art. 88 da Lei n. 8.213/91, o serviço social constitui atividade auxiliar do seguro social e visa prestar ao beneficiário orientação e apoio no que concerne à solução dos problemas pessoais e familiares e à melhoria da sua interrelação com a Previdência Social, para a solução de questões referentes a benefícios, bem como, quando necessário, à obtenção de outros recursos sociais da comunidade.

A diretriz principal do Serviço Social, ainda nos termos do art. 88, é a participação dos beneficiários na implementação e no fortalecimento da política previdenciária, em articulação com as associações e entidades de classe, prestando assessoramento técnico aos Estados e Municípios na elaboração e implantação de suas propostas de trabalho.

Compete, pois, ao serviço social esclarecer junto aos beneficiários seus direitos sociais e os meios de exercê-los, estabelecendo conjuntamente com eles o processo de solução dos problemas que emergirem da sua relação com a Previdência Social, tanto no âmbito interno da instituição como na dinâmica da sociedade. Referidas atividades devem ser desenvolvidas pelos ocupantes do cargo efetivo de Assistente Social, bem como pelas unidades de exercício previstas na Portaria MPAS n. 2.721/2000 (Unidades Avançadas de Atendimento e Unidades de Referência de Reabilitação Profissional).

Neste sentido confira-se, inclusive, a redação do Enunciado 5 do CRPS:

"**Enunciado 5** — A Previdência Social deve conceder o melhor benefício a que o segurado fizer jus, cabendo ao servidor orientá-lo nesse sentido."

Fundamentação: Lei n. 8.213/91, art. 88; Decreto n. 3.048/99, art. 161; Instrução Normativa INSS n. 45/2010, arts. 383 e 385.

15.2. Desenvolvimento dos trabalhos

Para assegurar o efetivo atendimento dos usuários serão utilizadas intervenções técnicas, assistência de natureza jurídica, ajuda material, recursos sociais, intercâmbio com empresas e pesquisa social, inclusive mediante celebração de convênios, acordos ou contratos, priorizando-se, sempre, os segurados que estejam percebendo benefício por incapacidade temporária. Atenção especial será conferida, igualmente, aos aposentados e pensionistas.

Os recursos técnicos utilizados pelo Assistente Social são, entre outros, o parecer social, a pesquisa social, o cadastro das organizações da sociedade e a avaliação social da pessoa com deficiência aos requerentes do Benefício de Prestação Continuada — BPC/LOAS, estabelecida pelo Decreto 6.214/2007.

Conforme determinações constantes da IN/INSS n. 45/2010, o parecer social consiste no pronunciamento profissional do Assistente Social, com base no estudo de determinada situação, podendo ser emitido na fase de concessão, manutenção, recurso de benefícios ou para embasar decisão médico-pericial, por solicitação do setor respectivo ou por iniciativa do próprio Assistente Social, observado que:

a) a elaboração do parecer social pautar-se-á em estudo social, de caráter sigiloso, constante de prontuário do Serviço Social;

b) a escolha do instrumento a ser utilizado para elaboração do parecer (visitas, entrevistas colaterais ou outros) é de responsabilidade do Assistente Social;

c) o parecer social não se constituirá em instrumento de constatação de veracidade de provas ou das informações prestadas pelo usuário;

d) nas intercorrências sociais que interfiram na origem, na evolução e no agravamento de patologias, o parecer social objetivará subsidiar decisão médico-pericial;

e) deverá ser apresentado aos setores solicitantes por formulário específico denominado Parecer Social, cujo modelo consta do Anexo II da IN INSS n. 45/2010.

Já a pesquisa social, igualmente nos termos da IN/INSS n. 45/2010, constitui-se em recurso técnico fundamental para a realimentação do saber e do fazer profissional, voltado para a busca do conhecimento crítico e interpretativo da realidade, favorecendo a identificação e a melhor caracterização das demandas dirigidas ao INSS e do perfil socioeconômico cultural dos beneficiários, como recursos para a qualificação dos serviços prestados.

O Cadastro das Organizações da Sociedade constitui instrumento que facilita a necessária articulação para o desenvolvimento do trabalho social e atendimento aos usuários da Previdência Social. Para proceder à identificação dos recursos sociais, o Assistente Social utilizará a Ficha de Cadastramento — FC, cujo modelo consta do Anexo III da IN INSS n. 45/2010.

Por fim, a avaliação social, em conjunto com a avaliação médica da pessoa com deficiência, consiste num instrumento destinado à caracterização da deficiência e do grau de incapacidade, e considerará os fatores ambientais, sociais, pessoais, a limitação do desempenho de atividades e a restrição da participação social dos requerentes do Benefício de Prestação Continuada da pessoa portadora de deficiência.

Fundamentação: Lei n. 8.213/91, art. 88; Decreto n. 3.048/99, art. 161; Instrução Normativa INSS n. 45/2010, art. 385.

Capítulo XXXIX

Prestações Extintas

1. PECÚLIO

1.1. Conceito

O benefício do pecúlio, extinto da legislação previdenciária pela Lei n. 8.870, de 15.4.1994 (DOU de 16.4.1994), consiste na devolução ao segurado das contribuições previdenciárias efetuadas após a aposentadoria, quando este permanecia (ou permaneceu) trabalhando no período de 1º.1.1967 a 15.4.1994.

Também era devido o pecúlio (devolução das contribuições) àquele segurado que se incapacitasse para o trabalho antes de ter completado o período de carência. Referido direito constava do inciso I do art. 81 da Lei n. 8.213/91, revogado pela Lei n. 9.129/95.

Disciplinado, à época de sua vigência, pelos arts. 81 a 85 da Lei n. 8.213/91 (atualmente revogados), o direito somente permanece para aqueles que o têm adquirido, de forma que o segurado que hoje percebe aposentadoria por idade, tempo de contribuição ou aposentadoria especial, que permaneceu ou retornou à atividade profissional e que vinha contribuindo para os cofres previdenciários até a data de 15.4.1994 (dia anterior à publicação da Lei n. 8.870) receberá o pecúlio, em pagamento único, quando do desligamento da atividade que vinha exercendo.

São requisitos à percepção do benefício, portanto:

a) que o segurado tenha se aposentado (qualquer modalidade, exceto por invalidez) até a data de 15.4.1994;

b) que após a percepção do benefício de aposentadoria, tenha retornado ou permanecido no exercício de atividade remunerada e, portanto, permanecido com suas contribuições ao sistema, igualmente em período anterior à publicação da Lei n. 8.870/94;

c) que nos últimos 5 (cinco) anos, tenha se desligado da atividade profissional que exercia àquela época, de forma definitiva, sendo tal fato comprovado pela baixa em CTPS, baixa da inscrição no INSS, alteração no contrato social (ou distrato) ou qualquer outro documento comprobatório.

O Anexo XXXIII da Instrução Normativa INSS n. 45/2010 especifica, em tabela, quais as modalidades de aposentadoria que permitem o benefício do pecúlio, sendo elas as seguintes:

Código da Espécie	Modalidade da aposentadoria
07	Aposentadoria por idade do trabalhador rural
08	Aposentadoria por idade do empregador rural
41	Aposentadoria por idade
42	Aposentadoria por tempo de contribuição

Código da Espécie	Modalidade da aposentadoria
43	Aposentadoria do ex-combatente
44	Aposentadoria especial de aeronauta
45	Aposentadoria de jornalista
46	Aposentadoria especial
49	Aposentadoria ordinária
57	Aposentadoria por tempo de contribuição de professor
58	Aposentadoria excepcional de anistiado
72	Aposentadoria por tempo de serviço de ex-combatente marítimo

Em se tratando de trabalhador avulso, a comprovação do desligamento da atividade deverá ser efetuada por declaração firmada pelo respectivo sindicato de classe ou Órgão Gestor de Mão de Obra.

Na hipótese do exercício de mais de uma atividade ou de um emprego, o requerimento do pecúlio somente será possível após o afastamento de todas as atividades ou empregos, excluindo somente aqueles que tiveram início a contar de 16.4.1994.

Fundamentação: Lei n. 8.213/91, arts. 81 a 85; Decreto n. 3.048/99, art. 184; Instrução Normativa INSS n. 45/2010, art. 509.

1.2. Valor

O pecúlio consistirá em pagamento único de valor correspondente à soma das importâncias relativas às contribuições do segurado, remuneradas de acordo com o índice de remuneração básica dos depósitos de poupança com data de aniversário no dia primeiro. Este critério aplica-se a contar de 25.7.1991, data da vigência da Lei n. 8.213/91, observada, com relação às contribuições anteriores, a legislação vigente à época do seu recolhimento.

Importa observar, no entanto, que haverá a devolução dos valores contribuídos somente até 15.4.1994, véspera da vigência da Lei n. 8.870, devendo-se observar, como salário de contribuição, os valores históricos da moeda, conforme a seguinte tabela:

Período	Moeda
de fevereiro/67 a maio/70	Cruzeiro-novo (NCr$)
de junho/70 a fevereiro/86	Cruzeiro (Cr$)
de março/86 a janeiro/89	Cruzado (Cz$)
de fevereiro/89 a fevereiro/90	Cruzado-novo (NCz$)
de março/90 a julho/93	Cruzeiro (Cr$)
de agosto/93 a junho/94	Cruzeiro Real (CR$)
de julho/94 em diante	Real (R$)

As contribuições são, então, corrigidas individualmente, conforme a competência de recolhimento, sendo os índices de correção publicados mensalmente em Portarias Ministeriais (Ministério da Previdência Social).

Nos termos do art. 519 da IN INSS n. 45/2010, o valor total do pecúlio será corrigido monetariamente desde o momento em que restou devido, ainda que pago em atraso, independentemente de ocorrência de mora e de quem lhe deu causa, apurado no período compreendido entre o mês que deveria ter sido pago e o mês do efetivo pagamento.

Obs.: Para concessão de pecúlio a segurado em gozo de aposentadoria por idade rural, serão consideradas as contribuições vertidas após novembro/91, na condição de empregado ou de contribuinte individual, com devolução limitada até 15.4.1994, véspera da Lei n. 8.870/94 — IN INSS n. 45/2010, art. 509, § 3º.

A Instrução Normativa INSS n. 45/2010 traz, ainda, alguns esclarecimentos importantes nos arts. 513 a 515 que, em resumo, determinam que:

I — como o pecúlio se refere à devolução das contribuições, o segurado empregado e o trabalhador avulso precisam comprovar tais montantes, por meio de um documento intitulado Relação de Salário de Contribuição, ou qualquer documento similar elaborado por meio de sistema informatizado (fornecido pela empresa ou OGMO). No documento devem constar todas as informações necessárias, preenchidas e assinadas pela empresa (ou OGMO).

II — Quando as informações contidas no documento não forem coincidentes com aquelas constantes do CNIS — Cadastro Nacional de Informações Sociais — o INSS emitirá Pesquisa Externa, a ser realizada por servidor da área de benefícios. Permanecendo a divergência, o pecúlio será concedido com base no valor contido no documento emitido pela empresa ou OGMO.

III — Havendo período recolhido como contribuinte individual, o pecúlio somente será liberado após a comprovação dos respectivos recolhimentos, por meio de apresentação das guias ou carnês correspondentes. Havendo algum período de débito, será apurado o valor da dívida e será procedida a compensação entre o valor devido ao segurado e o valor do débito apurado pelo INSS.

Obs.: Com referência ao item III, compreendo que pode ser cobrada apenas a dívida referente aos últimos 5 anos (prazo prescricional), bem como que as informações constantes no CNIS (cadastro interno do INSS) servem para comprovação do pagamento.

Fundamentação: Lei n. 8.213/91, arts. 81 a 85; Decreto n. 3.048/99, art. 184; Instrução Normativa INSS n. 45/2010, arts. 509, 518 e 519.

1.3. Falecimento do segurado

Na hipótese de o segurado requerer o pecúlio e falecer sem o receber, tal benefício será devido aos dependentes habilitados à pensão ou, na falta deles, aos sucessores desses últimos, na forma da lei civil, independentemente de inventário ou de arrolamento, sendo a devolução limitada até 15.4.1994. Confira-se, sobre o tema, a redação do Enunciado 23 do CRPS:

"**Enunciado 23** — O pecúlio previsto no inciso II do art. 81 da Lei n. 8.213/91, em sua redação original que não foi pago em vida ao segurado aposentado que retornou à atividade quando dela se afastou, é devido aos seus dependentes ou sucessores, relativamente às contribuições vertidas até 14.04.94."

1.4. Prescrição para requerimento

Em se tratando de segurado ainda vivo, o direito ao pecúlio prescreverá no prazo de 5 (cinco) anos, contados da data do afastamento definitivo da atividade que exercia em 15.4.1994. Confira-se, a respeito, a redação da Súmula 2 da TRU da 3ª Região:

"**Súmula 2** — Na hipótese de direito adquirido ao pecúlio, o prazo prescricional começa a fluir a partir do afastamento do trabalho." (Origem Enunciado 02 do JEFSP)

Em se tratando de segurado já falecido, os dependentes poderão requerer o benefício igualmente no prazo de 5 (cinco) anos, contados do:

a) afastamento da atividade que o segurado vinha exercendo em 15.4.1994;

b) óbito, se o segurado faleceu em atividade que vinha exercendo em 15.4.1994.

Obs.: Não prescreve o direito ao recebimento do pecúlio para menores, incapazes e ausentes, na forma do Código Civil.

Fundamentação: Instrução Normativa INSS n. 45/2010, art. 512.

1.5. Invalidez ou morte decorrente de acidente do trabalho

Igualmente será devido o recebimento do benefício pecúlio, ao segurado ou a seus dependentes, quando se tratar de invalidez ou morte decorrente de acidente do trabalho, observando-se que:

I — o segurado aposentado por invalidez somente fará jus ao pecúlio se o início da aposentadoria tiver ocorrido até 20.11.1995 (véspera da publicação da Lei n. 9.129) e cujo valor corresponderá a 75% (setenta e cinco por cento) do limite máximo do salário de contribuição vigente na data do pagamento;

II — os dependentes do segurado falecido somente terão direito ao recebimento do pecúlio se o óbito tiver ocorrido igualmente até 20.11.1995 (véspera da publicação da Lei n. 9.129), cujo valor corresponderá a 150% (cento e cinquenta por cento) do limite máximo do salário de contribuição vigente na data do pagamento.

Fundamentação: Decreto n. 3.048/99, art. 184; Instrução Normativa INSS n. 45/2010, art. 510.

2. ABONO DE PERMANÊNCIA EM SERVIÇO

Benefício extinto da legislação previdenciária pela Lei n. 8.870, de 15.4.1994 (DOU de 16.04.1994), o Abono de Permanência em Serviço encontrava-se disciplinado no art. 87 da Lei n. 8.213/91, atualmente revogado.

Fazia jus ao mesmo o segurado que, tendo direito à aposentadoria por tempo de serviço, optava pelo prosseguimento na atividade profissional, postergando o requerimento de sua aposentação. O Abono de Permanência correspondia a 25% (vinte e cinco por cento) do valor da aposentadoria que seria devida ao segurado, para aqueles que a possuíam de forma integral (35 anos de serviço para homens e 30 para mulheres).

O Abono de Permanência em Serviço era devido a contar da data de entrada do requerimento, não havendo variação em seu valor mensal, exceto pelo reajuste concedido aos demais benefícios de prestação continuada, ainda que o segurado, no exercício da atividade profissional, aumentasse o valor de seu salário de contribuição.

Quando do requerimento da aposentadoria, cessava o recebimento do Abono de Permanência em Serviço, o qual, inclusive, não era incorporado em qualquer hipótese, aos benefícios de aposentadoria ou pensão por morte.

Fundamentação: Lei n. 8.213/91, art. 87, revogado pela Lei n. 8.870/94; Decreto n. 3.048/99, art. 41.

3. RENDA MENSAL VITALÍCIA

O benefício de Renda Mensal Vitalícia, no valor de um salário mínimo, era devido ao maior de 70 (setenta) anos de idade ou inválidos que não pudessem exercer atividade remunerada e desde que não auferissem qualquer rendimento superior ao valor da sua renda mensal, que não fossem mantidos por pessoa de quem dependessem obrigatoriamente e que não tivessem outro meio de prover o próprio sustento.

E eram ainda requisitos à obtenção desse benefício as seguintes condições:

a) tenha sido a pessoa filiada à Previdência Social, em qualquer época, no mínimo por 12 (doze) meses, consecutivos ou não;

b) tenha exercido atividade remunerada abrangida pelo Regime Geral de Previdência Social, embora sem filiação a este ou à antiga Previdência Social Urbana ou Rural, no mínimo por 5 (cinco) anos, consecutivos ou não; ou

c) se tenha filiado à antiga Previdência Social Urbana após completar 60 (sessenta) anos de idade, sem direito aos benefícios regulamentares.

O benefício era devido ao cidadão a contar da data da apresentação do requerimento e não poderia ser acumulado com qualquer espécie de benefício do Regime Geral de Previdência Social, ou da antiga Previdência Social Urbana ou Rural, ou ainda de qualquer outro regime.

Quando da publicação da Lei n. 8.742/93 (que organizou a assistência social), no entanto, e por disposição expressa constante do art. 40, foi este benefício extinto, passando a ser pago pela Assistência Social sem qualquer solução de continuidade. Atualmente, portanto, trata-se do benefício assistencial, o qual pode ser verificado nesta Parte, Capítulo XLI, item 9.

O requerimento da renda mensal vitalícia junto ao INSS pôde ser efetuado somente até 31.12.1995, por disposição constante da Medida Provisória n. 754/94, posteriormente convalidada na Lei n. 9.711/98. Na Lei n. 8.213/91 disciplinava sobre a matéria o art. 139, atualmente revogado pela Lei n. 9.528, de 10.12.1997.

Fundamentação: Lei n. 8.213/91, art. 139, revogado pela Lei n. 9.528/97.

4. AUXÍLIO-NATALIDADE

Devido à segurada gestante ou ao segurado pelo parto de sua esposa ou companheira não segurada, o benefício de Auxílio-Natalidade exigia como requisitos o cumprimento de carência de doze contribuições mensais (exceto segurados especiais) e a percepção, pelo(a) segurado(a), de baixa renda, cujo montante era definido pelo Ministério da Previdência e Assistência Social.

De valor mensal definido igualmente pelo MPAS, o auxílio-natalidade, independentemente de convênio, era pago pela empresa com mais de dez empregados, até 48 horas após a apresentação da certidão de nascimento da criança, sendo que o ressarcimento era efetuado por ocasião do recolhimento das contribuições previdenciárias, mediante compensação. O empregador deveria anotar na CTPS de seu empregado a concessão do benefício.

Os demais segurados, inclusive os empregados de empresa com menos de dez empregados, recebiam o benefício diretamente do INSS, mediante formulário próprio e cópia da certidão de nascimento, igualmente até 48 horas após a entrega dessa documentação.

Como a responsabilidade pelo pagamento deste benefício coube à Previdência Social somente até a entrada em vigor da lei que dispôs sobre os benefícios e serviços da Assistência Social, sua extinção se deu expressamente pelo art. 40 da Lei n. 8.742/93.

Na Lei n. 8.213/91, disciplinava sobre a matéria o art. 140, atualmente revogado pela Lei n. 9.528, de 10.12.1997.

Fundamentação: Lei n. 8.213/91, art. 140, revogado pela Lei n. 9.528/97.

5. AUXÍLIO-FUNERAL

O benefício de Auxílio-Funeral era pago pela própria Previdência Social ao dependente executor do funeral do segurado falecido, exigindo como requisito apenas a percepção de baixa renda, cujo montante era definido pelo Ministério da Previdência e Assistência Social.

De valor único definido igualmente pelo MPAS, manteve a Previdência este benefício somente até a implantação da Lei n. 8.742/93, que organizou os serviços e benefícios assistenciais.

Na Lei n. 8.213/91, disciplinava sobre a matéria o art. 141, atualmente revogado pela Lei n. 9.528, de 10.12.1997.

Fundamentação: Lei n. 8.213/91, art. 141, revogado pela Lei n. 9.528/97.

Capítulo XL

Benefícios de Legislação Especial

1. JORNALISTA PROFISSIONAL

1.1. Fundamentação Legal e Extinção

Extinta a contar de 14.10.1996, data de publicação da Medida Provisória n. 1.523, convertida posteriormente na Lei n. 9.528/97, a aposentadoria do jornalista profissional encontrava-se prevista na Lei n. 3.529, de 13.01.1959, restando o benefício garantido apenas àqueles que detêm direito adquirido.

Atualmente, disciplinam a matéria somente o art. 190 do Decreto n. 3.048/99 e a Instrução Normativa INSS n. 45/2010, arts. 488 a 494.

1.2. Direito

A aposentadoria por tempo de serviço do jornalista profissional será devida, conforme mencionado, somente nos casos de direito adquirido até 13.10.1996 (véspera da publicação da MP 1.523), tendo o profissional completado:

I — o mínimo de trinta anos de serviço em empresas jornalísticas, inclusive na condição de contribuinte individual (ex-autônomo);

II — o mínimo de 24 (vinte e quatro) contribuições mensais, sem interrupção que determine a perda da qualidade de segurado.

O art. 489 da IN INSS n. 45/2010 esclarece sobre a profissão do jornalista profissional, sendo sua redação a seguinte:

"Art. 489. Será considerado jornalista profissional aquele que, devidamente registrado no órgão regional do MTE, exerça função habitual e remunerada, em qualquer das seguintes atividades:

I — redação, condensação, titulação, interpretação, correção ou coordenação de matéria a ser divulgada, contenha ou não comentário;

II — comentário ou crônica, por meio de quaisquer veículos de comunicação;

III — entrevista, inquérito ou reportagem escrita ou falada;

IV — planejamento, organização, direção e eventual execução de serviços técnicos de jornalismo, como os de arquivo, ilustração ou distribuição gráfica de matéria a ser divulgada;

V — planejamento, organização e administração técnica de que trata o inciso I deste artigo;

VI — ensino de técnicas de jornalismo;

VII — coleta de notícias ou informações e respectivos preparos para divulgação;

VIII — revisão de originais de matéria jornalística, com vistas à correção redacional e à adequação da linguagem;

IX — organização e conservação de arquivo jornalístico e pesquisa dos respectivos dados para a elaboração de notícias;

X — execução de distribuição gráfica de texto, fotografia ou ilustração de cunho jornalístico, para fins de divulgação; e

XI — execução de desenhos artísticos ou técnicos de cunho jornalístico, para fins de divulgação.

Parágrafo único. Aos profissionais registrados exclusivamente para o exercício das funções relacionadas nos incisos VIII a XI deste artigo, é vedado o exercício das funções constantes dos incisos I a VII deste artigo."

Também merece destaque o art. 490, que esclarece sobre as funções desempenhadas por jornalistas empregados:

"**Art. 490.** As funções desempenhadas pelos jornalistas profissionais como empregados são assim classificadas:

I — redator: aquele que, além das comuns incumbências de redação, tem o encargo de redigir editoriais, crônicas ou comentários;

II — noticiarista: aquele que tem o encargo de redigir matérias de cunho informativo, desprovidas de apreciação ou comentários, preparando-as ou redigindo-as para divulgação;

III — repórter: aquele que cumpre a determinação de colher notícias ou informações, preparando ou redigindo matéria, para divulgação;

IV — repórter de setor: aquele que tem o encargo de colher notícias ou informações sobre assuntos predeterminados, preparando-as para divulgação;

V — rádio-repórter: aquele a quem cabe a difusão oral de acontecimento ou entrevista pelo rádio ou pela televisão, no instante ou no local em que ocorram, assim como o comentário ou crônica, pelos mesmos veículos;

VI — arquivista-pesquisador: aquele que tem a incumbência de organizar e conservar, cultural e tecnicamente, o arquivo redatorial, procedendo à pesquisa dos respectivos dados para a elaboração de notícias;

VII — revisor: aquele que tem o encargo de rever as provas gráficas de matéria jornalística;

VIII — ilustrador: aquele que tem a seu cargo criar ou executar desenhos artísticos ou técnicos de cunho jornalístico;

IX — repórter fotográfico: aquele a quem cabe registrar, fotograficamente, quaisquer fatos ou assuntos de interesse jornalístico;

X — repórter cinematográfico: aquele a quem cabe registrar, cinematograficamente, quaisquer fatos ou assuntos de interesse jornalístico; e

XI — diagramador: aquele a quem compete planejar e executar a distribuição gráfica de matérias, fotografias ou ilustrações de cunho jornalístico, para fins de publicação.

Parágrafo único. Também são privativas de jornalista as funções pertinentes às atividades descritas no art. 489: editor, secretário, subsecretário, chefe de reportagem e chefe de revisão."

Importa observar, por fim, que não serão computados como tempo de serviço os seguintes períodos:

a) de atividades que não se enquadrem nas condições acima destacadas;

b) em que o segurado tenha contribuído em dobro ou facultativamente, por não se tratar de prestação de efetivo trabalho nas condições específicas exigidas;

c) de serviço militar, uma vez que, para a aposentadoria de jornalista profissional, só devem ser considerados os períodos em que foi exercida a atividade profissional específica;

d) os períodos em que o segurado não exerceu a atividade devido ao trancamento de seu registro profissional no órgão regional do Ministério do Trabalho e Emprego — MTE.

Completados os requisitos, o cálculo do benefício obedecerá as mesmas regras estabelecidas para a aposentadoria por tempo de contribuição e a RMI corresponderá a 95% (noventa e cinco por cento) do salário de benefício.

Fundamentação: Decreto n. 3.048/99, art. 190; Instrução Normativa INSS n. 45/2010, arts. 488 a 494.

2. ATLETA PROFISSIONAL DE FUTEBOL

2.1. Fundamentação Legal e Extinção

Extinta a contar de 14.10.1996, data de publicação da Medida Provisória n. 1.523, convertida posteriormente na Lei n. 9.528/97, a aposentadoria do jornalista profissional encontrava-se prevista na Lei n. 5.939, de 19.11.1973, restando o benefício garantido apenas àqueles que detêm direito adquirido.

Atualmente, disciplinam a matéria somente o art. 190 do Decreto n. 3.048/99 e a Instrução Normativa INSS n. 45/2010, arts. 495 a 497.

2.2. Direito

A aposentadoria por tempo de serviço do atleta profissional de futebol, instituída pela Lei n. 5.939/73, será devida, conforme mencionado, somente nos casos de direito adquirido até 13.10.1996, ao profissional que tenha praticado, em qualquer época, essa modalidade de esporte, com vínculo empregatício e remuneração, em associação desportiva integrada ao sistema desportivo nacional.

A comprovação da condição de atleta profissional de futebol deverá ser efetuada ao INSS por meio da carteira de atleta ou CTPS do atleta profissional de futebol, contendo os seguintes dados:

a) identificação e qualificação do atleta;

b) denominação da associação empregadora e respectiva federação;

c) datas de início e término do contrato de trabalho;

d) número de registro no Conselho Superior de Desportos ou na Confederação ou no Conselho Regional de Desportos ou Federação;

e) remuneração e respectivas alterações.

Comprovada a condição de atleta de futebol, o profissional terá os benefícios previdenciários concedidos conforme as normas em vigor adotadas para os demais segurados do RGPS, ressalvado quanto ao cálculo da renda mensal, o qual observa as seguintes regras:

I — o cálculo dos benefícios de prestação continuada, requeridos a contar de 23.2.1976 (data de publicação do Decreto n. 77.210/76), obedecerá às normas estabelecidas para os segurados em geral, salvo nos casos que, em virtude do desempenho posterior de outra atividade de menor remuneração, resultar salário de benefício desvantajoso em relação ao período de atividade de jogador profissional de futebol;

II — na hipótese de ocorrer o disposto no item I, o salário de benefício, para cálculo da renda mensal, será obtido mediante as seguintes operações:

a) média aritmética dos salários de contribuição relativos ao período em que tenha exercido atividade de jogador profissional de futebol, após sua competente correção, com base nos fatores de correção dos salários de contribuição do segurado empregado que exerceu essa atividade e nos do segurado beneficiado pelos acordos internacionais, observando-se a DIB;

b) média aritmética dos salários de contribuição no período básico de cálculo do benefício pleiteado, segundo regra geral aplicada aos demais benefícios do RGPS;

c) média ponderada entre os montantes apurados nas alíneas anteriores, utilizando-se, como pesos, respectivamente, o número de meses de exercício da atividade de atleta profissional de futebol e o número de meses que constituir o período básico do benefício pleiteado;

d) ao salário de benefício obtido na forma da alínea anterior, será aplicado o percentual de cálculo, percentagem básica somada à percentagem de acréscimo, para apuração da renda mensal, conforme o disposto no RGPS.

Fundamentação: Decreto n. 3.048/99, art. 190; Instrução Normativa INSS n. 45/2010, arts. 495 a 497.

3. AERONAUTA

3.1. Fundamentação Legal e Extinção

Extinta a contar de 16.12.1998, data de publicação da Emenda Constitucional n. 20, a aposentadoria especial do aeronauta encontrava-se prevista na Lei n. 3.501, de 21.12.1958, restando o benefício garantido apenas àqueles que detêm direito adquirido.

Atualmente, disciplinam a matéria somente o art. 190, parágrafo único, do Decreto n. 3.048/99 e a Instrução Normativa INSS n. 45/2010, arts. 498 a 508.

3.2. Direito

Importa observar, primeiramente, que para fins previdenciários considera-se aeronauta somente o comandante, o mecânico de voo, o rádio-operador e o comissário, assim como também aquele que, habilitado pelo Ministério da Aeronáutica, exerça função remunerada a bordo de aeronave civil nacional.

As condições da concessão da aposentadoria especial serão comprovadas na forma das normas em vigor para os demais segurados, respeitada a idade mínima de 45 (quarenta e cinco) anos e o tempo de serviço de 25 (vinte e cinco) anos. A data do início da aposentadoria será fixada da mesma forma prevista para a aposentadoria por tempo de contribuição.

Serão computados como tempo de serviço os períodos de (IN INSS n. 45/2010, art. 501):

a) efetivo exercício em atividade de vôo prestados contínua ou descontinuamente;

b) percepção de auxílio-doença ou aposentadoria por invalidez, desde que concedidos como consequência da atividade de aeronauta intercalados entre períodos de atividade, sem que tenha havido perda da qualidade de segurado; e

c) percepção de auxílio-doença por acidente de trabalho ou moléstia profissional, decorrentes da atividade de aeronauta.

O número de horas de vôo deverá ser comprovado ao INSS por Certidão da Diretoria de Aviação Civil que discrimine, ano a ano, as horas de vôo, até 12.2.1967.

Fundamentação: Decreto n. 3.048/99, art. 190; Instrução Normativa INSS n. 45/2010, arts. 498 a 501, 503 e 504.

3.3. Períodos não computáveis como tempo de serviço

Não serão computados na contagem do tempo de serviço, para efeito da aposentadoria especial do aeronauta, os períodos de:

a) atividades estranhas ao serviço de voo, mesmo aquelas consideradas prejudiciais à saúde e à integridade física;

b) contribuição em dobro ou facultativa, por não se tratar de prestação de efetivo trabalho em atividade a bordo de aeronave;

c) atividade militar, uma vez que, para a aposentadoria especial de aeronauta, só deverá ser considerado o período de atividade profissional específica, conforme o disposto no art. 165 do Decreto n. 83.080, de 24 de janeiro de 1979.

Fundamentação: Instrução Normativa INSS n. 45/2010, art. 502.

3.4. Renda mensal do benefício

A renda mensal da aposentadoria corresponderá a tantos um trinta avos do salário de benefício quantos forem os anos de serviço, não podendo exceder a 95% (noventa e cinco por cento) desse salário, conforme o disposto no art. 168 do Decreto n. 83.080, de 24.1.1979.

A aposentadoria do aeronauta, concedida antes da vigência do Decreto-Lei n. 158/67, deverá ser reajustada sempre que houver alteração do salário mínimo, mantida a proporcionalidade em número de salários mínimos apurados na DIB do benefício, observado o limite de 17 (dezessete) salários mínimos.

O reajustamento dos benefícios com DIB, a contar de 13.02.1967, obedecerá aos índices da política salarial dos demais benefícios do RGPS.

Fundamentação: Instrução Normativa INSS n. 45/2010, arts. 505 e 506.

3.5. Perda do Direito

Perderá o direito à aposentadoria especial o aeronauta que, voluntariamente, tiver se afastado do voo por período superior a dois anos consecutivos.

Fundamentação: Instrução Normativa INSS n. 45/2010, art. 507.

4. ANISTIADO

Extinta a contar de 7.5.1999, data de publicação do Decreto n. 3.048/99 e nos termos da Lei n. 10.559/2002, não mais será concedida a aposentadoria excepcional de anistiado.

Não obstante, e a contar de 07.05.1999, o anistiado, com base na Lei n. 6.683/79, na Emenda Constitucional n. 26/85, e no art. 8º do ADCT da CF, que, em virtude de motivação exclusivamente política, foi atingido por atos de exceção, institucional ou complementar ou abrangido pelo Decreto Legislativo n. 18/61, pelo Decreto-Lei n. 864/69 ou que, em virtude de pressões ostensivas ou de expedientes oficiais sigilosos, tenha sido demitido ou compelido ao afastamento de atividade remunerada, no período de 18.9.1946 a 4.10.1988, terá direito aos benefícios do RGPS, sendo contado como tempo de contribuição o período de afastamento de atividade, vedada a adoção de requisitos diferenciados para a concessão de benefícios.

Confira-se a redação do art. 520 da IN INSS n. 45/2010.

"Art. 520. A partir de 1º de junho de 2001, o segurado anistiado que, em virtude de motivação exclusivamente política, foi atingido por atos de exceção, institucional ou complementar ou abrangido pelo Decreto Legislativo n° 18, de 15 de dezembro de 1961, pelo Decreto-Lei n. 864, de 12 de setembro de 1969, ou que, em virtude de pressões ostensivas ou expedientes oficiais sigilosos, tenha sido demitido ou compelido ao afastamento de atividade remunerada no período de 18 de setembro de 1946 a 5 de outubro de 1988, deverá requerer ao Ministério da Justiça o que de direito lhe couber, nos termos da Lei n. 10.559, de 13 de novembro de 2002, observado o contido nos demais artigos desta Subseção.

§ 1º O segurado terá direito à contagem de tempo do período de anistia, reconhecido pela Comissão de Anistia do Ministerio da Justiça, no âmbito do RGPS, vedada a adoção de requisitos diferenciados para a concessão de benefícios.

§ 2º A comprovação da condição de anistiado e do período de anistia, em que esteve compelido ao afastamento de suas atividades profissionais, em virtude de punição ou de fundada ameaça de punição, por razões exclusivamente políticas, será por meio da apresentação da portaria do Ministério da Justiça, publicada no DOU.

§ 3º O período de anistia, comprovado na forma do § 2º deste artigo, poderá ser utilizado para fins de contagem recíproca, desde que devidamente indenizado pelo trabalhador anistiado político, na forma dos §§ 13 e 14 do art. 216 do RPS e no § 1º do art. 61."

Note-se que, conforme mencionado, será considerado o tempo como de contribuição/serviço para fins dos benefícios mantidos e pagos pelo Regime Geral de Previdência Social, não mais sendo devida, a contar de 7.5.1999 (data da publicação do Decreto n. 3.048/99) e na forma da Lei n. 10.559/2002, a aposentadoria excepcional de anistiado.

O pagamento de aposentadoria ou pensão excepcional de anistiado (espécies 58 e 59) que vem sendo efetuado pelo INSS deverá ser mantido, sem solução de continuidade, até que seja substituído pela reparação econômica de prestação mensal, permanente e continuada, instituída pela Lei n. 10.559/2002, que regulamentou o art. 8º do ADCT — Ato das Disposições Constitucionais Transitórias — IN INSS n. 45/2010, art. 521.

Depois de concedida a reparação econômica será cessada a aposentadoria ou pensão excepcional de anistiado pelo INSS e, caso o segurado reúna as condições necessárias, poderá ser concedido benefício do RGPS, observado o prévio requerimento administrativo e computando-se para esse fim, os períodos amparados pela legislação previdenciária e também o período de anistia, em que o segurado este compelido ao afastamento de suas atividades profissionais em virtude de punição ou de fundada ameaça de punição, por razões exclusivamente políticas, reconhecido pela Comissão de Anistia do Ministério da Justiça, através de Portaria publicada no DOU.

Obs.: Não poderão ser computadas para a concessão de benefícios do RGPS, contudo, as contribuições que tenham sido devolvidas sob a forma de pecúlio.

Nos termos do art. 2º da Lei n. 10.559/2002, são declarados anistiados políticos aqueles que, no período de 18.9.1946 até 5.10.1988, por motivação exclusivamente política, foram

I — atingidos por atos institucionais ou complementares, ou de exceção na plena abrangência do termo;

II — punidos com transferência para localidade diversa daquela onde exerciam suas atividades profissionais, impondo-se mudanças de local de residência;

III — punidos com perda de comissões já incorporadas ao contrato de trabalho ou inerentes às suas carreiras administrativas;

IV — compelidos ao afastamento da atividade profissional remunerada, para acompanhar o cônjuge;

V — impedidos de exercer, na vida civil, atividade profissional específica em decorrência das Portarias Reservadas do Ministério da Aeronáutica n. S-50-GM5, de 19.6.1964, e n. S-285-GM5;

VI — punidos, demitidos ou compelidos ao afastamento das atividades remuneradas que exercem, bem como impedidos de exercer atividades profissionais em virtude de pressões ostensivas ou expedientes oficiais sigilosos, sendo trabalhadores do setor privado ou dirigentes e representantes sindicais, nos termos do § 2º do art. 8º do Ato das Disposições Constitucionais Transitórias;

VII — punidos com fundamento em atos de exceção, institucionais ou complementares, ou sofreram punição disciplinar, sendo estudantes;

VIII — abrangidos pelo Decreto Legislativo n. 18, de 15.12.1961, e pelo Decreto-Lei n. 864, de 12.9.1969;

IX — demitidos, sendo servidores públicos civis e empregados em todos os níveis de governo ou em suas fundações públicas, empresas públicas ou empresas mistas ou sob controle estatal, exceto nos Comandos militares no que se refere ao disposto no § 5º do art. 8º do Ato das Disposições Constitucionais Transitórias;

X — punidos com a cassação da aposentadoria ou disponibilidade;

XI — desligados, licenciados, expulsos ou de qualquer forma compelidos ao afastamento de suas atividades remuneradas, ainda que com fundamento na legislação comum, ou decorrentes de expedientes oficiais sigilosos.

XII — punidos com a transferência para a reserva remunerada, reformados, ou, já na condição de inativos, com perda de proventos, por atos de exceção, institucionais ou complementares, na plena abrangência do termo;

XIII — compelidos a exercer gratuitamente mandato eletivo de vereador, por força de atos institucionais;

XIV — punidos com a cassação de seus mandatos eletivos nos Poderes Legislativo ou Executivo, em todos os níveis de governo;

XV — na condição de servidores públicos civis ou empregados em todos os níveis de governo ou de suas fundações, empresas públicas ou de economia mista ou sob controle estatal, punidos ou demitidos por interrupção de atividades profissionais, em decorrência de decisão de trabalhadores;

XVI — sendo servidores públicos, punidos com demissão ou afastamento, e que não requereram retorno ou reversão à atividade, no prazo que transcorreu de 28.08.1979 a 26.12.1979, ou tiveram seu pedido indeferido, arquivado ou não conhecido e tampouco foram considerados aposentados, transferidos para a reserva ou reformados;

XVII — impedidos de tomar posse ou de entrar em exercício de cargo público, nos Poderes Judiciário, Legislativo ou Executivo, em todos os níveis, tendo sido válido o concurso.

O parágrafo segundo do citado artigo determina, ainda, que fica assegurado o direito de requerer a correspondente declaração aos sucessores ou dependentes daquele que seria beneficiário da condição de anistiado político.

Obs.: Será devida a pensão por morte aos dependentes do segurado detentor de aposentadoria excepcional de anistiado, concedida até 6.5.1999.

Fundamentação: Instrução Normativa INSS n. 45/2010, arts. 520 a 527.

5. FERROVIÁRIOS SERVIDORES PÚBLICOS E AUTÁRQUICOS CEDIDOS PELA UNIÃO À REDE FERROVIÁRIA FEDERAL S/A — SITUAÇÃO ESPECIAL

5.1. Ferroviários optantes — direito à complementação da aposentadoria

São considerados ferroviários optantes os servidores do extinto Departamento Nacional de Estradas de Ferro que, mediante opção, foram integrados nos quadros de pessoal da RFFSA — Rede Ferroviária Federal S/A — sob submissão da CLT (celetistas), mantida a filiação à Previdência Social Urbana.

Para estes profissionais, e para efeito de concessão dos benefícios requeridos a contar de 11.12.1974, deverão ser observadas as normas estabelecidas para os segurados em geral. No entanto, é devida uma complementação, na forma da Lei n. 8.186/91, às aposentadorias dos ferroviários (e respectivos dependentes), admitidos até 31.10.1969 na RFFSA ou nas respectivas estradas de ferro pertencentes a ela, nas unidades operacionais e nas subsidiárias a ela pertencentes, que detinham a condição de ferroviário na data imediatamente anterior à data do início da aposentadoria.

Obs.: Por força da Lei n. 10.478/2002, foi estendido, a partir de 1º de abril do 2002, aos ferroviários admitidos até 21.05.1991 pela RFFSA, o direito à complementação de aposentadoria na forma da Lei n. 8.186/91.

Essa complementação da aposentadoria corresponde à diferença entre o valor da aposentadoria paga pelo INSS e a remuneração do cargo correspondente ao do pessoal em atividade na RFSSA e suas subsidiárias, com a respectiva gratificação por tempo de serviço.

Em nenhuma hipótese, contudo, o benefício previdenciário complementado poderá ser pago cumulativamente com as pensões especiais previstas nas Leis ns. 3.738/60 e 6.782/80 ou quaisquer outros benefícios pagos pelo Tesouro Nacional, nos ermos do parágrafo único, art. 5º da Lei n. 8.186/91.

Cumpre, ainda, observar as disposições do art. 531 da IN INSS n. 45/2010:

"**Art. 531.** Os segurados que ao desvincularem da Rede Ferroviária Federal S.A — RFFSA, e reingressarem no RGPS como empregado de outra empresa, contribuinte individual ou facultativo, entre outros, tem direito à complementação da Lei n. 8.186, de 21 de maio de 1991 ou da Lei n. 10.478 de 28 de junho de 2002, desde que tenham implementado todas as condições exigidas à concessão do benefício na data do desligamento da RFFSA, conforme o disposto na Súmula do STF n. 359, de 13 de dezembro de 1963.

Parágrafo único. Em caso de pedido de revisão com base neste artigo e se comprovadas as condições na forma da legislação previdenciária, a revisão deve ser processada, desconsiderando-se as contribuições posteriores, com a devida alteração do Ramo de Atividade — RA / Forma de Filiação — FF no sistema, informando sobre a revisão, por meio de ofício, ao órgão responsável para as providências a seu cargo."

Fundamentação: Decreto n. 3.048/99, art. 185; Instrução Normativa INSS n. 45/2010, arts. 528, 529 e 531.

5.2. Ferroviários não optantes

Por ferroviários não optantes entendam-se aqueles já aposentados, que não puderam se valer do direito de opção; os servidores em atividade que não optaram pelo regime celetista e os servidores que se encontram em disponibilidade.

Para estes profissionais ferroviários servidores públicos ou autárquicos, que se aposentaram antes de 11.12.1974 (véspera da publicação da Lei n. 6.184/74) ou até 14.7.1975 (véspera da publicação da Lei n. 6.226/75), sem se valerem do direito de opção, será conservada a situação anterior a essa última data perante a Previdência Social, observadas, quanto aos benefícios devidos aos dependentes, as seguintes situações (IN INSS n. 45/2010, art. 530):

I — aposentado pela Previdência Social urbana que recebe complementação por conta do Tesouro Nacional:

a) ao valor mensal da complementação paga ao aposentado, excluído o salário família, será aplicado o mesmo coeficiente de cálculo utilizado na apuração da renda mensal da pensão; e

b) a parcela obtida de acordo com a alínea anterior será paga aos dependentes como complementação à conta da União;

II — aposentado pela Previdência Social urbana e pelo Tesouro Nacional:

a) será calculada a pensão previdenciária pelas normas estabelecidas para os segurados em geral, tendo por base a aposentadoria previdenciária;

b) em seguida ao disposto na alínea "a" deste inciso, será calculada a pensão estatutária, que corresponderá a cinquenta por cento do valor da aposentadoria estatutária, excluído o salário família, qualquer que seja o número de dependentes, sendo que o valor da aposentadoria estatutária será obtido por meio de informação contida no último contracheque do segurado ou de outro documento que comprove o valor dos proventos na data do óbito;

c) obtido o valor mensal da pensão estatutária, se ele for maior que o da previdenciária, a diferença será paga como complementação à conta da União; e

d) se o valor da pensão estatutária for igual ou inferior ao da previdenciária, prevalecerá esse último;

III — aposentado apenas pelo Tesouro Nacional (antigo regime especial):

a) será considerado como salário de contribuição para cálculo da Aposentadoria Base o valor mensal da aposentadoria estatutária paga pelo Tesouro Nacional nos trinta e seis últimos meses imediatamente anteriores ao óbito do segurado, observados os tetos em vigor; e

b) obtido o valor da Aposentadoria Base, o cálculo da pensão previdenciária obedecerá ao disposto nas normas para os demais benefícios; e

IV — aposentado apenas pela Previdência Social urbana: o cálculo da pensão obedecerá ao disposto nas normas em vigor à época do evento.

Fundamentação: Decreto n. 3.048/99, art. 185;Instrução Normativa INSS n. 45/2010, arts. 528 e 530.

5.3. Dupla Aposentadoria

Aos ferroviários servidores públicos ou autárquicos será permitida a percepção cumulativa de aposentadoria devida pela Previdência Social com os proventos de aposentadoria da União, na forma da Lei n. 2.752/56, e do Parecer L-211, de 19.10.1978, da Consultoria-Geral da República (dupla aposentadoria).

Assim, terão direito à percepção de dupla aposentadoria os servidores que pertenceram às seguintes Estradas de Ferro da União (IN INSS n. 45/2010, art. 532):

a) Estrada de Ferro Bahia-Minas;

b) Estrada de Ferro Bragança;

c) Estrada de Ferro Central do Piauí;

d) Estrada de Ferro Sampaio Corrêa;

e) Estrada de Ferro D. Teresa Cristina;

f) Estrada de Ferro Goiás;

g) Estrada de Ferro S. Luiz-Teresina;

h) Estrada de Ferro Rede de Viação Cearense;

i) Viação Férrea Federal Leste Brasileiro;

j) Estrada de Ferro Madeira-Mamoré;

l) Estrada de Ferro Tocantins;

m) Estrada de Ferro Mossoró-Souza;

n) Estrada de Ferro Central do Brasil, para aqueles que foram admitidos até 24.05.1941, data do Decreto-Lei n. 3.306, que transformou essa Ferrovia em Autarquia;

o) Estrada de Ferro Noroeste do Brasil, até o Decreto n. 4.176/42.

Fundamentação: Instrução Normativa INSS n. 45/2010, art. 532.

5.4. Ferroviários que deixaram de exercer o direito de opção pela CLT

Os ferroviários servidores públicos e autárquicos, em atividade ou em disponibilidade, que deixaram de exercer o direito de opção pelo regime da CLT, na forma permitida pela Lei n. 6.184/74, farão jus aos benefícios previdenciários, até que sejam redistribuídos para outros órgãos da administração pública ou que retornem à repartição de origem, desde que atendidos os demais requisitos regulamentares.

Para fins de instrução dos pedidos de benefícios, além dos documentos habitualmente exigidos, deverá o segurado apresentar declaração da RFFSA atestando não ter sido redistribuído para outro órgão da administração pública e que não retornou à repartição de origem, sem o que não será processado o pedido.

Fundamentação: Instrução Normativa INSS n. 45/2010, art. 534.

5.5. Salário família

Os ferroviários servidores públicos ou autárquicos que se aposentaram até de 14.7.1975 (véspera da publicação da Lei n. 6.226) e seus dependentes terão direito ao salário família estatutário, não fazendo jus ao salário família previdenciário. A concessão do salário família estatutário compete à RFFSA, cabendo ao INSS o seu pagamento, à conta da União, à vista dos elementos fornecidos pelas ferrovias.

Quando o ferroviário aposentado falecer recebendo salário família no Tesouro Nacional, o pagamento pelo INSS, à conta da União, dependerá de comunicação do Ministério da Fazenda, por meio de suas delegacias regionais.

Fundamentação: Instrução Normativa INSS n. 45/2010, art. 533.

6. EX-COMBATENTE

6.1. Conceito

Para fins previdenciários, e nos termos da Instrução Normativa INSS n. 45/2010 (art. 535), são considerados ex-combatentes os segurados enquadrados nas seguintes situações:

I — no Exército:

a) os que tenham integrado a Força Expedicionária Brasileira — FEB, servindo no teatro de operações de guerra da Itália, entre 1944 e 1945;

b) os que tenham participado efetivamente de missões de vigilância e segurança do litoral, como integrantes da guarnição de ilhas oceânicas ou de unidades que se deslocaram de suas sedes para o cumprimento daquelas missões.

II — na Aeronáutica:

a) os que tenham integrado a Força Aérea Brasileira — FAB, em serviço de comboios e patrulhamento durante a guerra no período de 1942 a 1945;

b) os que tenham sido tripulantes de aeronaves engajadas em missões de patrulha;

c) os pilotos civis que, no período compreendido entre 22.3.1941 e 8.5.1945, tenham comprovadamente participado, por solicitação de autoridade militar, de patrulhamento, busca, vigilância, localização de navios torpedeados e assistência aos náufragos.

III — na Marinha:

a) os que tenham participado de comboio de transporte de tropas ou de abastecimento ou de missões de patrulhamento;

b) os que tenham participado efetivamente de missões de vigilância e segurança do litoral, como integrantes de guarnições de ilhas oceânicas;

c) os que tenham sido tripulantes de navios de guerra ou de mercantes atacados por inimigos ou destruídos por acidente;

d) os que, como integrantes da Marinha Mercante Nacional, tenham participado pelo menos de duas viagens em zona de ataques submarinos, no período compreendido entre 22.3.1941 e 8.5.1945.

IV — em qualquer Ministério Militar: os que integraram tropas transportadas em navios escoltados por navios de guerra.

Obs.: Não é considerado ex-combatente, para efeito do amparo da Lei Especial, o brasileiro que tenha prestado serviço militar nas Forças Armadas Britânicas, durante a II Guerra Mundial.

A prova da condição de ex-combatente deve ser feita por Certidão fornecida pelos Ministérios Militares, conforme instruções dispostas no art. 537 da IN INSS n. 45/2010.

Fundamentação: Decreto n. 3.048/99, art. 189; Instrução Normativa INSS n. 45/2010, arts. 535 a 537.

6.2. Aposentadoria especial

A aposentadoria por tempo de contribuição é devida ao segurado ex-combatente que contar com 25 (vinte e cinco) anos de serviço efetivo, sendo a renda mensal inicial equivalente a 100% (cem por cento) do salário de benefício.

Obs.: Os benefícios de ex-combatentes podem ser acumulados com a pensão especial instituída pela Lei n. 8.059/90, na forma disposta no Parecer n. 175/CONJUR, de 2003, do Ministério da Defesa e na Nota CJ/MPS n. 483, de 2007. O posicionamento anterior era contrário a essa acumulação, conforme Parecer/CJ/MEx n. 2.098/94 e na Nota CJ/MPAS n. 764, de 28.11. 2001.

Não será computado em dobro o período de serviço militar que tenha garantido ao segurado a condição de ex-combatente, exceto o período de embarque em zona de risco agravado, conforme o Decreto-Lei n. 4.350/42, desde que certificado pelo Ministério da Marinha.

Fundamentação: Instrução Normativa INSS n. 45/2010, arts. 538 e 539.

6.3. Cálculo dos benefícios — interpretação do art. 53, V, do ADCT

Conforme disposições do art. 540 da IN INSS n. 45/2010, o cálculo do salário de benefício do auxílio-doença, das aposentadorias por invalidez, por idade ou por tempo de contribuição do ex--combatente, inclusive no caso de múltiplas atividades, observará as mesmas regras estabelecidas para o cálculo dos benefícios em geral, inclusive quanto à limitação que trata o art. 33 da Lei n. 8.213/91.

O valor da RMI dos benefícios de que trata o *caput* será igual a 100% (cem por cento) do salário de benefício.

Conforme definido no Parecer CJ/MPS n. 3.052, de 30 de abril de 2003, o termo "aposentadoria com proventos integrais" inserto no inciso V, art. 53 dos Atos das Disposições Constitucionais Transitórias da Constituição Federal de 1988, não assegura ao ex-combatente aposentadoria com valor equivalente à remuneração que este percebia na atividade e os proventos integrais que o mencionado preceito garante são os estabelecidos pela legislação previdenciária.

Fundamentação: Instrução Normativa INSS n. 45/2010, art. 540.

6.4. Benefícios concedidos com base na legislação anterior — reajuste

Com o advento do Decreto n. 2.172/97, os benefícios de ex-combatentes, aposentadoria e pensão por morte, concedidos com base nas Leis revogadas n.1.756, de 1952, e n. 4.297, de 1963, passam a ser reajustados pelos mesmos índices de reajustes aplicáveis aos Benefícios de Prestação Continuada da Previdência Social.

Com o advento da Lei n. 5.698, de 01.09.1971, e de acordo com o Parecer CJ/MPS n. 3.052, de 30.04.2003, os reajustes posteriores a setembro de 1971 não incidirão sobre a parcela excedente ao teto previdenciário.

Cumpre, por fim, observar que para os benefícios concedidos até 31.08.1971, com base nas leis revogadas a que se refere esse subitem, a partir de 16.12.1998 o pagamento mensal não poderá ser superior à remuneração do cargo de Ministro de Estado e, a contar de 31.12.2003, à remuneração de Ministro do STF.

Sobre o tema confiram-se, ainda, as seguintes Súmulas:

"**TRF 2 — Súmula 55** — A pensão de ex-combatente, por morte ocorrida na vigência das Leis 3.765/60 e 4.242/63, será devida às filhas, ainda que maiores e não inválidas, inclusive por reversão, em valor correspondente ao soldo de 2º sargento, vedada a percepção cumulativa com qualquer outra importância dos cofres públicos."

"**AGU — Enunciado 8** — O direito à pensão de ex-combatente é regido pelas normas legais em vigor à data do evento morte. Tratando-se de reversão do benefício à filha mulher, em razão do falecimento da própria mãe que a vinha recebendo, consideram-se não os preceitos em vigor quando do óbito desta última, mas do primeiro, ou seja, do ex-combatente."

"**AGU — Enunciado 7** — A aposentadoria de servidor público tem natureza de benefício previdenciário e pode ser recebida cumulativamente com a pensão especial prevista no art. 53, inciso II, do Ato das Disposições Constitucionais Transitórias, devida a ex-combatente (no caso de militar, desde que haja sido licenciado do serviço ativo e com isso retornado à vida civil definitivamente — art.1º da Lei n. 5.315, de 12.9.1967)".

Fundamentação: Instrução Normativa INSS n. 45/2010, art. 542.

7. PENSÃO ESPECIAL AOS DEFICIENTES FÍSICOS PORTADORES DA SÍNDROME DA TALIDOMIDA

7.1. Direito

Tem direito à pensão especial (benefício espécie 56) os deficientes portadores da Síndrome da Talidomida, nascidos a partir de 01.01.1957, data do início da comercialização da droga denominada Talidomida (Amida Nfálica do Ácido Glutâmico), inicialmente comercializada com os nomes comerciais de Sedin, Sedalis e Slip, de acordo com a Lei n. 7.070/82.

Obs.: Na decisão proferida nos autos da Ação Civil Pública n.97.0060590-6 da 7ª Vara Federal de São Paulo/SP, a União, por meio do Ministério da Saúde, foi condenada ao pagamento mensal de valor igual ao do que trata a Lei n. 7.070, de 1982, a título de indenização aos já beneficiados pela pensão especial nascidos entre 1º de janeiro de 1966 e 31 de dezembro de 1998, considerados de segunda geração de vítimas da droga.

O benefício será devido sempre que ficar constatado que a deformidade física for consequência do uso da Talidomida, independentemente da época de sua utilização.

A data do início da pensão especial será fixada na Data de Entrada do Requerimento administrativo junto ao INSS e a renda mensal inicial será calculada mediante a multiplicação do número total de pontos indicadores da natureza e do grau de dependência resultante da deformidade física, constante do processo de concessão, pelo valor fixado em portaria ministerial que trata dos reajustamentos dos benefícios pagos pela Previdência Social.

Obs.: Desde de março de 2005, por determinação do Ministério Público Federal, o INSS assumiu o pagamento da indenização devida aos beneficiários deste Instituto, que anteriormente era efetuado pelo Ministério da Saúde.

Sempre que houver reajustamento, o Sistema Único de Benefícios — SUB multiplicará o valor constante em Portaria Ministerial pelo número total de pontos de cada benefício, obtendo-se a renda mensal atualizada.

Atualmente, e conforme Portaria MPS/MF n. 19, de 10.1.2014 (DOU de 13.1.2014), este valor a ser multiplicado é de R$ 724,00 (setecentos e vinte e quatro reais).

O benefício é vitalício e intransferível, não gerando pensão a qualquer eventual dependente ou resíduo de pagamento a seus familiares.

Fundamentação: Lei n. 7.070/82; Instrução Normativa INSS n. 45/2010, arts. 543 a 545 e 546.

7.1.1. Adicional de 25%

O beneficiário da Pensão Especial Vitalícia da Síndrome da Talidomida, maior de 35 (trinta e cinco) anos, que necessite de assistência permanente de outra pessoa e que tenha recebido a pontuação superior ou igual a seis pontos, fará jus a um adicional de 25% (vinte e cinco por cento) sobre o valor desse benefício, conforme disposto no art. 13 da Medida Provisória n. 2.129-10, de 22.6.2001.

O beneficiário desta pensão especial fará jus a mais um adicional de 35% (trinta e cinco por cento) sobre o valor do benefício, desde que comprove pelo menos:

I — vinte e cinco anos, se homem, e vinte anos, se mulher, de contribuição para a Previdência Social; ou

II — cinquenta e cinco anos de idade, se homem, ou cinquenta anos de idade, se mulher, e contar pelo menos quinze anos de contribuição para a Previdência Social.

Fundamentação: Instrução Normativa INSS n. 45/2010, art. 545.

7.1.2. Acumulação com Outro Rendimento ou Indenização — Impossibilidade

A pensão especial não poderá ser acumulada com qualquer rendimento ou indenização por danos físicos, inclusive os dos benefícios assistenciais previstos na LOAS — Lei Orgânica de Assistência Social e na Renda Mensal Vitalícia que, a qualquer título, venha a ser pago pela União, dada a sua finalidade.

É importante esclarecer, pois, que caso o deficiente opte por receber a indenização por dano moral, prevista na Lei n. 12.190/2010 (no valor de R$ 50.000,00 por ponto indicador), estará renunciando ao benefício mensal, conforme regra do § 7º do art. 545 da IN INSS n. 45/2010.

A pensão especial, no entanto, poderá ser acumulada com outro benefício do Regime Geral de Previdência Social — RGPS ou ao qual, no futuro, o portador da Síndrome possa a vir filiar-se, ainda que a pontuação referente ao quesito trabalho seja igual a dois pontos totais.

O art. 547 da IN INSS n. 45/2010, inclusive, deixa claro ser este benefício de natureza indenizatória, não prejudicando eventuais benefícios de natureza previdenciária, e não podendo ser reduzido em razão de eventual aquisição de capacidade laborativa ou de redução de incapacidade para o trabalho, ocorridas após a sua concessão.

Fundamentação: Instrução Normativa INSS n. 45/2010, arts. 545 e 547.

7.2. Procedimento administrativo

Para a formalização do processo, deverão ser apresentados pelo pleiteante ao INSS, no ato do requerimento, os seguintes documentos:

I — fotografias, preferencialmente em fundo escuro, tamanho 12x9 cm, em traje de banho, com os braços separados e afastados do corpo, sendo uma de frente, uma de costas e outra(s) detalhando o(s) membro(s) afetado(s);

II — certidão de nascimento;

III — prova de identidade do pleiteante ou de seu representante legal; e

IV — quando possível, eventuais outros subsídios que comprovem o uso da Talidomida pela mãe do pleiteante, tais como:

a) receituários relacionados com o medicamento;

b) relatório médico; e

c) atestado médico de entidades relacionadas à patologia.

O processo original, com todas as peças, após a formalização, será encaminhado para a perícia médica da APS, para a realização de exame médico pericial e para solicitação de exames complementares, se necessário.

Com os procedimentos médico-periciais o processo será encaminhado ao Serviço/Seção de Saúde do Trabalhador da respectiva Gerência-Executiva, ao qual caberá a análise e conclusão do processo. Havendo necessidade, o deficiente será encaminhado a profissional especialista em genética, preferencialmente pertencente à universidade ou instituição de ensino de âmbito federal, credenciada pelo INSS ou, não dispondo de instituição federal credenciada, encaminhá-lo a uma universidade estadual ou municipal com sede na mesma localidade do respectivo Serviço/Seção, também credenciada pelo INSS, para a investigação genética.

O Serviço/Seção de Saúde do Trabalhador, após análise e conferência de toda a documentação, emitirá parecer conclusivo por meio do formulário "Parecer Especializado e Conclusão Técnica".

A Coordenação-Geral de Perícias Médicas — CGPM supervisionará a execução dos trabalhos de homologação e atuará, em caso de dúvida fundamentada por parte do Serviço/Seção de Saúde do Trabalhador, na emissão de parecer conclusivo.

A homologação técnica e a somatória da pontuação serão de competência do Serviço/Seção de Saúde do Trabalhador. A concessão ou o indeferimento administrativo do benefício caberá à APS onde foi habilitado o benefício.

Fundamentação: Instrução Normativa INSS n. 45/2010, arts. 548 e 549.

8. PENSÃO MENSAL VITALÍCIA DO SERINGUEIRO E SEUS DEPENDENTES

8.1. Requisitos necessários à obtenção da pensão mensal vitalícia

Para fazer jus à pensão mensal vitalícia, o requerente deverá comprovar os seguintes requisitos:

a) que não aufere rendimento, sob qualquer forma, igual ou superior a dois salários mínimos;

b) que não recebe qualquer espécie de benefício pago pela Previdência Social urbana ou rural;

c) que se encontra numa das seguintes situações:

• trabalhou como seringueiro recrutado nos termos do Decreto-Lei n. 5.813, de 14.9.1943, durante a Segunda Guerra Mundial, nos seringais da região amazônica, e foi amparado pelo Decreto-Lei n. 9.882, de 16.9.1946;

• trabalhou como seringueiro na Região Amazônica atendendo ao apelo do governo brasileiro, contribuindo para o esforço de guerra na produção da borracha, durante a Segunda Guerra Mundial.

O fato de residir o requerente em casa de outrem, parente ou não, ou de vivenciar a condição de internado ou recolhido em alguma instituição de caridade, não prejudica o direito à pensão mensal vitalícia.

Sobre a comprovação do tempo de serviço nessa atividade, confira-se a redação do art. 553 da IN INSS n. 45/2010:

"**Art. 553.** Para comprovação da efetiva prestação de serviços, serão aceitos como prova plena:

I — os documentos emitidos pela Comissão Administrativa de Encaminhamento de Trabalhadores para a Amazônia — CAETA, em que conste ter sido o interessado recrutado nos termos do Decreto-Lei n. 5.813, de 1943, para prestar serviços na região amazônica, em conformidade com o acordo celebrado entre a Comissão de Controle dos Acordos de Washington e a Rubber Development Corporation;

II — contrato de encaminhamento emitido pela CAETA;

III — caderneta do seringueiro, em que conste anotação de contrato de trabalho;

IV — contrato de trabalho para extração de borracha, em que conste o número da matrícula ou o do contrato de trabalho do seringueiro;

V — ficha de anotações do Serviço Especializado da Mobilização de Trabalhadores para a Amazônia — SEMTA ou da Superintendência de Abastecimento do Vale Amazônico — SAVA, em que conste o número da matrícula do seringueiro, bem como anotações de respectivas contas; e

VI — documento emitido pelo ex-Departamento de Imigração do Ministério do Trabalho, Indústria e Comércio ou pela Comissão de Controle dos Acordos de Washington, do então Ministério da Fazenda, que comprove ter sido o requerente amparado pelo programa de assistência imediata aos trabalhadores encaminhados para o Vale Amazônico, durante o período de intensificação da produção de borracha para o esforço de guerra.

Parágrafo único. Para fins do disposto neste artigo, será admitida a JA ou Judicial como um dos meios para provar que o seringueiro atendeu ao chamamento do governo brasileiro para trabalhar na região amazônica, desde que acompanhada de razoável início de prova material, conforme alterações introduzidas pela Lei n. 9.711, de 20 de novembro de 1998."

Fundamentação: Instrução Normativa INSS n. 45/2010, arts.550, 551 e 553.

8.2. Data de início e valor mensal

O início da pensão mensal vitalícia do seringueiro corresponderá à data do requerimento administrativo junto ao INSS e o valor mensal corresponderá a dois salários mínimos vigentes no País.

Fundamentação: Instrução Normativa INSS n. 45/2010, art. 554.

8.3. Falecimento do beneficiário

A pensão mensal vitalícia continuará sendo paga ao dependente do beneficiário, em caso de seu falecimento, no valor integral do benefício recebido, desde que comprove o estado de carência e não seja mantido por pessoa de quem dependa obrigatoriamente.

Fundamentação: Instrução Normativa INSS n. 45/2010, art. 555.

9. PENSÃO MENSAL VITALÍCIA DAS VÍTIMAS DE HEMODIÁLISE DE CARUARU/PE

9.1. Direito

É garantido o direito à Pensão Especial Mensal ao cônjuge, companheiro ou companheira, descendentes, ascendentes e colaterais até segundo grau, das vítimas fatais de hepatite tóxica, por contaminação em processo de hemodiálise realizada no Instituto de Doenças Renais, com sede na cidade de Caruaru, no Estado de Pernambuco, no período de 01.02.1996 a 31.03.1996, mediante evidências clínico-epidemiológicas determinadas pela autoridade competente, conforme o disposto na Lei n. 9.422/96.

Obs.: A despesa decorrente da concessão da pensão especial será atendida com recursos alocados ao orçamento do INSS pelo Tesouro Nacional.

Para fins de comprovação da *causa mortis*, deverá ser apresentado:

I — certidão de óbito com o indicativo da *causa mortis*; e

II — prontuário médico em que fique evidenciado que a contaminação em processo de hemodiálise no Instituto de Doenças Renais de Caruaru/PE, ocorreu no período de 1º de fevereiro de 1996 a 31 de março de 1996, independentemente da dato do óbito ter ocorrido após este período.

Fundamentação: Instrução Normativa INSS n. 45/2010, arts. 556 a 559.

9.2. Pagamento do benefício

A data de início da Pensão Especial Mensal será fixada na data do óbito e o valor corresponderá a um salário mínimo vigente no País, observada a prescrição quinquenal.

É importante esclarecer que aos beneficiários da Pensão Especial Mensal não será devido o pagamento do décimo terceiro salário, bem como que a pensão não se transmitirá aos sucessores, se extinguindo com a morte do último beneficiário.

Sobre a condição de beneficiário, confiram-se as disposições do art. 557 da IN INSS n. 45/2010:

"**Art. 557.** Consideram-se beneficiários da Pensão Especial Mensal:

I — o cônjuge, o companheiro ou companheira e o filho não emancipado, de qualquer condição, menor de vinte e um anos de idade ou inválido;

II — os pais;

III — o irmão não emancipado de qualquer condição, menor de vinte e um anos de idade ou inválido; e

IV — os avós e o neto não emancipado de qualquer condição, menor de vinte e um anos de idade ou inválido.

§ 1º Havendo mais de um pensionista habilitado ao recebimento da Pensão Especial Mensal, o valor do benefício será rateado entre todos em partes iguais, sendo revertida em favor dos demais a parte daquele cujo direito à pensão cessar.

§ 2º A existência de dependentes de uma mesma classe exclui os dependentes das classes seguintes, quanto ao direito às prestações."

É permitida a acumulação da Pensão Especial Mensal com qualquer outro benefício da Previdência Social ou de qualquer outro regime previdenciário, inclusive o Benefício Assistencial de que trata a Lei n. 8.742/93. O pagamento da Pensão Especial Mensal será suspenso, contudo, no caso de verificação de pagamento da indenização aos dependentes das vítimas pelos proprietários do Instituto de Doenças Renais.

Fundamentação: Instrução Normativa INSS n. 45/2010, arts. 560 a 562.

10. PENSÃO ESPECIAL ÀS VÍTIMAS DE HANSENÍASE

Nos termos da Lei n. 11.520/2007 (DOU de 19.9.2007), as pessoas atingidas pela hanseníase e que foram submetidas a isolamento e internação compulsórios em hospitais-colônia até 31.12.1986 possuem direito a uma indenização especial, personalíssima, não transmissível a dependentes ou herdeiros.

Quando da publicação da Lei n. 11.520/07 fixaram o valor do benefício em R$ 750,00, determinando o § 2º do art. 1º que o reajustamento deveria obedecer os mesmos critérios de reajuste dos benefícios previdenciários pagos pelo Regime Geral de Previdência Social.

Assim, temos o seguinte histórico de valores:

Competência	Fundamentação Legal	Reajuste	Valor do benefício (R$)
			750,00
mar/08	Portaria MPS/GM 77/2008	3,19%	773,93
fev/09	Portaria MPS/MF 48/2009	5,92%	819,74
jan/10	Lei n. 12.254/2010	7,72%	883,03
jan/11	Portaria MPS/MF 407/2011	6,47%	940,16
jan/12	Portaria MPS/MF 02/2012	6,08%	997,32
jan/13	Portaria MPS/MF 15/2013	6,20%	1.059,15
jan/14	Portaria MPS/MF 19/2014	5,56%	1.118,03

O requerimento do benefício deverá ser efetuado junto ao INSS, que processará e manterá o pagamento regular da pensão, sendo relevante mencionar que o recebimento dessa indenização especial não impede a obtenção e a fruição de qualquer outro benefício previdenciário.

No requerimento junto ao INSS, o interessado deverá apresentar um pedido de concessão da referida pensão, endereçado diretamente ao Secretário Especial dos Direitos Humanos da Presidência da República, a quem caberá decidir sobre o pedido. O modelo desse requerimento consta do Decreto n. 6.168/07, sendo o seguinte:

	PRESIDÊNCIA DA REPÚBLICA **SECRETARIA ESPECIAL DOS DIREITOS HUMANOS** Esplanada dos Ministérios - Bloco T - Sala 420 - Edifício Sede do Ministério da Justiça 70064-900 - Brasília - DF Fone: (61) 3429.3142 / 3454 - Fax (61) 3223.2260 **REQUERIMENTO DE PENSÃO ESPECIAL** Medida Provisória n. 373, de 24 de maio de 2007(*)

NOME DO REQUERENTE:			
ENDEREÇO:			
CEP:	CIDADE:	UF:	TELEFONE:
NOME COMPLETO DO PAI:			
NOME COMPLETO DO MÃE:			
DOCUMENTO DE IDENTIFICAÇÃO:	ÓRGÃO EXPEDIDOR:		CPF(**):
LOCAL DE NASCIMENTO:		DATA DE NASCIMENTO:	
PERÍODO DE ISOLAMENTO/INTERNAÇÃO COMPULSÓRIA:			
ENTIDADE (HOSPITAL-COLÔNIA) DE INTENAÇÃO:		N. DO PRONTUÁRIO/REGISTRO DE INTERNAÇÃO.	

Declaro não ser, até a presente data, beneficiário de indenização a cargo da União em decorrência do isolamento/internação compulsório em hospital-colônia por ser portador de hanseníase. Declaro, ainda, serem verdadeiras as informações acima expostas, que motivam a solicitação de concessão da pensão indenizatória prevista na Medida Provisória n. 373, de 2007.

_____ ____ de _____ de 2008 Local e data do requerimento	_____ Assinatura do Requerente ou Representante Legal

Preencher quando o requerente for o representante legal

MOTIVO DA REPRESENTAÇÃO LEGAL:			
NOME:			
ENDEREÇO:			
CEP:	CIDADE:	UF:	TELEFONE:
DOCUMENTO DE IDENTIFICAÇÃO:		ÓRGÃO EXPEDIDOR:	CPF:
CONDIÇÃO DO REPRESENTANTE LEGAL:			
( ) PAI ( ) MÃE ( ) CURADOR ( ) TUTOR ( ) PROCURADOR			
O requerente apresentou cópia de documento comprobatório de internação: ( ) sim ( ) não		O requerente indicou testemunha(s)? (***) ( ) sim ( ) não	
O requerente apresentou declaração de testemunha(s) informando sobre a internação? ( ) sim ( ) não			

(*) No momento de protocolização, o requerente deverá apresentar um dos seguintes documentos de identificação: carteira de identidade, certidão de nascimento, certidão de casamento, certificado de reservista ou carteira de trabalho e previdência social.

(**) Caso o requerente não possua CPF no momento da apresentação do requerimento, deverá providenciá-lo junto a Receita Federal para que possa ser cadastrado junto ao órgão pagador da pensão especial.

(***) Caso o requerente indique testemunha(s) a ser(em) ouvida(s) pela Comissão Interministerial de Avaliação, relacionar no verso deste formulário o nome de cada testemunha, endereço completo para correspondência e telefone para contato (com DDD), se houver.

Conjuntamente com o requerimento, conforme modelo acima, deverão ser apresentados todos os documentos e informações que comprovem os requisitos para a concessão da pensão especial que estiverem em posse do requerente. A documentação será encaminhada à Comissão Interministerial de Avaliação, que decidirá sobre a procedência do pedido.

Fundamentação: Lei n. 11.520/07; Decreto n. 6.168/07.

11. AUXÍLIO ESPECIAL MENSAL PARA JOGADORES DE FUTEBOL DA SELEÇÃO BRASILEIRA NAS COPAS MUNDIAIS DA FIFA NOS ANOS DE 1958, 1962 E 1970

No Diário Oficial da União de 6.6.2012 foi publicada a Lei n. 12.663, dispondo sobre as medidas relativas à Copa das Confederações FIFA 2013 e também sobre a Copa do Mundo FIFA 2014, já que o Brasil figura como sede de tais eventos.

Além de tratar de temas como exploração de direitos comerciais, venda de ingressos, vistos de entrada no país e muitos outros, destaque especial merece o Capítulo IX, intitulado "Disposições Permanentes", cujos arts. 37 a 47 instituíram um prêmio de R$ 100.000,00 (cem mil reais) e um auxílio especial mensal para os jogadores, titulares ou reservas das seleções brasileiras campeãs das copas mundiais masculinas da FIFA nos anos de 1958, 1962 e 1970.

Sobre o prêmio, todo o necessário à sua compreensão consta da própria Lei ordinária. Trata-se, como dito, do valor fixo de R$ 100.000,00, pago em parcela única pelo Ministério do Esporte e sem incidência de imposto de renda ou contribuição previdenciária. Referido valor deve ser pago ao jogador e, na hipótese de já ter ocorrido seu óbito, aos sucessores previstos na lei civil, indicados em alvará judicial expedido a requerimento dos interessados, independentemente de inventário ou arrolamento.

Já o auxílio especial deve ter suas despesas pagas à conta do Tesouro Nacional, mas inseridas na programação orçamentária do Ministério da Previdência Social(apesar de sua natureza eminentemente assistencial) e sendo atribuição do INSS a administração dos requerimentos e os pagamentos mensais. Ocorre que, com efeitos já a contar de janeiro/2013, o tema não é esgotado na Lei n. 12.663/2012 e nada consta a respeito na exposição de motivos[32]ou mesmo no Decreto regulamentador (Decreto n. 7.783/2012). Coube, portanto, a uma Portaria Interministerial (Portaria Interministerial MPS/ME n. 598/2012) a regulamentação da matéria, cujas regras são as seguintes:

11.1. Beneficiários e valor mensal

São beneficiários do auxílio especial os jogadores, titulares ou reservas das seleções brasileiras campeãs das copas mundiais masculinas da FIFA nos anos de 1958, 1962 e 1970 — Lei n. 12.663/2012, art. 37.

Referido dispositivo legal especifica que os jogadores beneficiários do auxílio devem ser apenas aqueles "sem recursos" ou com "recursos limitados". No entanto, não há qualquer conceito ou parâmetro a ser considerado para tal classificação, seja no próprio diploma legal ou em seu regulamento. No entanto, como o auxílio se limita ao valor máximo do salário de benefício do RGPS, somente terá direito a tal benefício aquele cuja renda mensal for inferior a R$ 4.390,24, em valores atualmente vigentes.

Coube ao Ministério dos Esportes fornecer ao INSS, até 31.12.2012, os nomes dos jogadores contemplados (nome completo, filiação e data de nascimento) e, caso algum deles já tenha falecido, o auxílio poderá ser pago à esposa (ou companheira) e aos filhos menores de 21 anos. Também poderá ser pago a filhos inválidos (de qualquer idade), desde que a invalidez seja anterior à data em que completaram 21 anos.

O valor do auxílio deverá corresponder à diferença entre o valor teto do salário de benefício (R$ 4.159,00, atualmente) e a renda mensal do jogador (se ainda vivo) ou de seus dependentes (se já houver falecido). Trata-se, pois, de um complemento à renda mensal do(s) beneficiário(s), com limite de R$ 4.390,24.

Para conhecer o valor da renda mensal do beneficiário, no entanto, o INSS utilizará 1/12 dos rendimentos declarados para o imposto de renda. Confira-se, nestes termos, a redação do art. 42 da Lei n. 12.663/2012:

> "**Art. 42.** O auxílio especial mensal será pago para completar a renda mensal do beneficiário até que seja atingido o valor máximo do salário de benefício do Regime Geral de Previdência Social.
>
> Parágrafo único. Para fins do disposto no *caput*, considera-se renda mensal 1/12 (um doze avos) do valor total de rendimentos tributáveis, sujeitos a tributação exclusiva ou definitiva, não tributáveis e isentos informados na respectiva Declaração de Ajuste Anual do Imposto sobre a Renda da Pessoa Física."

O INSS solicitará ao requerente, portanto, a declaração de ajuste-anual do imposto de renda, referente ao ano/exercício anterior ao efetivo requerimento do auxílio. Do total de rendimentos ali declarado (tributáveis ou não) calculará o correspondente a 1/12, para se chegar ao valor do rendimento mensal. Se o valor resultante for inferior a R$ 4.390,24, pagará a diferença devida, até atingir este limite.

Caso o jogador não esteja obrigado a apresentar a Declaração de Ajuste Anual do Imposto sobre a Renda da Pessoa Física, a renda mensal corresponderá ao valor de 1/12 (um doze avos) do rendimento anual decorrente de trabalho, ainda que informal, e/ou de benefício recebido do

---

(32) O texto da exposição de motivos pode ser visualizado no link: <http://www.planalto.gov.br/ccivil_03/Projetos/ExpMotiv/EMI/2011/15%20ME%20MRE%20MTE%20MJ%20MF%20MDIC%20MC%20MINC%20AGU%20MP.htm>.

RGPS ou de Regime Próprio de Previdência Social — RPPS, bem como de qualquer renda auferida, declarada em formulário próprio definido pelo INSS — Portaria MPS/ME n. 598/2012, art. 1º, § 3º.

Havendo mais de um beneficiário (esposa e filho, por exemplo), o valor do auxílio deverá ser dividido pelo número de beneficiários (efetivos ou apenas potenciais devido à renda), considerando-se a renda do núcleo familiar para cumprimento do limite de R$ 4.390,24. Cessando a quota-parte de algum dependente, esta não poderá ser revertida aos demais.

Confira-se, a respeito, a redação dos arts. 5º e 6º da Portaria MPS/ME n. 598/2012:

"**Art. 5º** No caso de falecimento do jogador, o auxílio especial mensal será pago à esposa ou companheira(o) e aos filhos menores de 21 (vinte um) anos de idade ou inválidos, desde que a invalidez, reconhecida pela perícia médica do INSS, seja anterior à data em que completaram 21 (vinte um) anos.

§ 1º Aplica-se o disposto no *caput* ao cônjuge divorciado, ou separado judicialmente ou de fato, ou à ex-companheira(o), que recebam pensão de alimentos, e ao equiparado a filho.

§ 2º Equiparam-se aos filhos nas condições do *caput*, comprovada a dependência econômica, o enteado e o menor que esteja sob sua tutela, mediante apresentação de termo, e desde que não possua bens suficientes para o próprio sustento e educação.

§ 3º Considera-se companheira ou companheiro a pessoa que mantenha união estável com o jogador.

§ 4º Para comprovação do vínculo referido no parágrafo anterior, conforme o caso, deverão ser apresentados, no mínimo, três dos seguintes documentos:

I — certidão de nascimento de filho havido em comum;

II — certidão de casamento religioso;

III — declaração do imposto de renda do jogador, em que conste o interessado como seu dependente;

IV — disposições testamentárias;

V — declaração especial feita perante tabelião;

VI — prova de mesmo domicílio;

VII — prova de encargos domésticos evidentes e existência de sociedade ou comunhão nos atos da vida civil;

VIII — procuração ou fiança reciprocamente outorgada;

IX — conta bancária conjunta;

X — registro em associação de qualquer natureza, onde conste

o interessado como dependente do jogador;

XI — anotação constante de ficha ou livro de registro de empregados;

XII — apólice de seguro da qual conste o jogador como instituidor do seguro e a pessoa interessada como sua beneficiária;

XIII — ficha de tratamento em instituição de assistência médica, da qual conste o jogador como responsável;

XIV — escritura de compra e venda de imóvel pelo jogador em nome de dependente; ou

XV — quaisquer outros que possam levar à convicção do fato a comprovar.

§ 5º Na impossibilidade de apresentação de três documentos para comprovação do vínculo de união estável ou dependência econômica poderá ser processada Justificação Administrativa, na forma disciplinada pelo INSS."

"**Art. 6º** Na hipótese da existência de apenas um beneficiário, o auxílio especial mensal corresponderá à diferença apurada entre a renda mensal do beneficiário e o valor máximo do salário de benefício do RGPS, podendo ter valor mensal inferior ao de um salário mínimo, observados os §§ 1º a 3º do art. 1º desta Portaria.

§ 1º Havendo mais de um beneficiário, o valor do auxílio especial mensal corresponderá a 100% (cem por cento) da diferença apurada entre a renda do núcleo familiar e o valor máximo do salário de benefício do RGPS e será rateado em cotas iguais entre todos os beneficiários, efetivos ou apenas potenciais devido à renda, observados os §§ 1º a 3º do art. 1º desta Portaria.

§ 2º Para fins do disposto no *caput*, considera-se:

I — membros do núcleo familiar, todos os dependentes, efetivos ou potenciais devido à renda, citados no art. 5º desta Portaria, independentemente de sua renda individual ou de coabitação no mesmo lar; e

II — renda do núcleo familiar, 1/12 (um doze avos) da soma dos rendimentos de todos os membros do núcleo familiar, observado o disposto nos §§ 1º a 3º do art. 1º desta Portaria.

§ 3º Não será revertida aos demais a cota do dependente cujo direito ao auxílio cessar, inclusive por renúncia do beneficiário.

§ 4º O auxílio de que trata este artigo somente será recalculado, quando da habilitação posterior que implique inclusão de beneficiário(s) e produzirá efeitos a partir da data do requerimento, considerando-se a renda do novo beneficiário.

§ 5º O requerimento do auxílio especial mensal será indeferido caso a soma da renda dos beneficiários que se habilitarem ao benefício seja igual ou superior ao limite máximo do salário de benefício do RGPS, sem prejuízo da apresentação de novo requerimento na hipótese de enquadramento da renda do núcleo familiar aos critérios dispostos nesta Portaria."

Fundamentação: Lei n. 12.663/2012, arts. 37 e 42 a 44; Portaria MPS/ME n. 598/2012, art. 1º.

11.2. Data de início do pagamento

A Lei n. 12.663/2012 passou a produzir efeitos a contar de janeiro/2013, mas o auxílio especial somente terá início quando do requerimento efetuado pelo jogador ou seus familiares.

Também importa registrar que, assim como ocorre com o benefício de pensão por morte mantido pelo RGPS, a concessão do auxílio especial também não será protelada pela falta de habilitação de outros possíveis dependentes.

Fundamentação: Lei n. 12.663/2012, art.45; Portaria MPS/ME n. 598/2012, arts. 7º e 8º.

11.3. Descontos permitidos

O auxílio especial mensal estará sujeito à incidência de Imposto sobre a Renda, mas não ao desconto de contribuição previdenciária.

Referido auxílio também não estará sujeito a consignações derivadas de empréstimos, financiamentos e operações de arrendamento mercantil contratados junto a instituições financeiras e sociedades de arrendamento mercantil na forma da Lei n. 10.820/2003.

Fundamentação: Lei n. 12.663/2012, art.46; Portaria MPS/ME n. 598/2012, art.2º.

11.4. Abono anual — 13º salário

A gratificação natalina (décimo terceiro salário ou abono anual) não será devida ao beneficiário do auxílio especial mensal.

Fundamentação: Portaria MPS/ME n. 598/2012, art. 3º.

11.5. Acumulação com outros benefícios de caráter assistencial

O auxílio especial não poderá ser acumulado com o benefício de prestação continuada (benefício assistencial) disciplinado pela Lei n. 8.742/1993, mas o beneficiário poderá optar por aquele que lhe for mais vantajoso financeiramente.

Caso o jogador receba outro benefício de caráter assistencial ou indenizatório, o INSS deverá verificar a legislação de cada benefício quanto à possibilidade ou não de acumulação com o auxílio especial.

Fundamentação: Portaria MPS/ME n. 598/2012, art. 4º.

11.6. Inconstitucionalidade

Entendo que não existe, absolutamente, qualquer razão que justifique a criação de tal benefício e, menos ainda, justificativa para que tais despesas constem do orçamento da Previdência Social.

Trata-se de auxílio de cunho assistencial, mas que não garante ao beneficiário condições mínimas de subsistência, assim como ocorre com o benefício assistencial de um salário mínimo previsto na Lei n. 8.742/93. Pelo contrário, garante ao beneficiário receber quantia significativa, muito superior àquela auferida por trabalhadores que, por toda sua vida, contribuíram pelo teto máximo ao RGPS.

Note-se que, atualmente (competência 01/2014), um trabalhador que tenha vertido contribuições pelo teto máximo por todo o período considerado no cálculo de seu benefício (07/94 em diante) terá como resultado da média aritmética o valor de R$ 3.976,01, que ainda precisará ser multiplicado pelo fator previdenciário caso se trate de aposentadoria por tempo de contribuição. Assim, se o sujeito contar com 35 anos de serviço e idade de 57 anos, terá um fator previdenciário de 0,7618 e receberá de aposentadoria o valor mensal de R$ 3.029,20, muito inferior ao teto de R$ 4.390,24 e sem direito à qualquer complemento em seu benefício, mesmo tendo trabalhado e contribuído para o sistema por toda sua vida.

Já o jogador de futebol que participou das copas de 1958, 1962 e 1970, ou seus dependentes (se já falecido) terão direito a receber o auxílio independentemente de terem contribuído para o RGPS ou para qualquer outro regime previdenciário. Por qual razão? Por que motivo devem os cidadãos trabalhadores, que pagam regularmente seus impostos e suas contribuições previdenciárias, sustentar estes jogadores ou suas famílias, garantindo-lhes renda inclusive superior a sua própria?

Se o jogador declara renda anual de R$ 24.000,00 em seu imposto de renda, o INSS tomará 1/12 desse montante para chegar à renda mensal (R$ 2.000,00) e, a partir daí, calcular o auxílio mensal. O benefício corresponderá, portanto, a R$ 2.390,24 mensais, o que fará com que a renda mensal total do beneficiário passe ao montante de R$ 4.390,24.

Não há explicação razoável que justifique tal tratamento diferenciado, mais benéfico àquele concedido a todos os trabalhadores brasileiros. Sequer houve justificativa para tal disparate na Exposição de Motivos do referido diploma legal, sendo claro, em minha opinião, que tal benesse acaba por ferir frontalmente as disposições da Constituição Federal, referentes à igualdade de direitos, isonomia de tratamento e até mesmo o valor social do trabalho. Fere, por fim, também as disposições do art. 194, II, que garante uniformidade e equivalência dos benefícios.

Em trâmite no STF existe a ADI 4976, proposta pelo Procurador-Geral da República e onde questiona a constitucionalidade do art. 47 da Lei n. 12.663/2012, além dos arts. 23, 37 e 53. No entanto, a ação limita-se à constitucionalidade das despesas com o auxílio especial correrem à conta do Tesouro Nacional, sem qualquer outra abordagem específica. Referida ADI ainda encontra-se em trâmite, sem qualquer pronunciamento por parte do STF, além de ter adotado a regra do art. 12 da Lei n. 9.868/99, solicitando informações e, após, manifestação da Advocacia Geral da União e da Procuradoria Geral da República.

Capítulo XLI

Acumulação de Benefícios

1. PROIBIÇÕES

Salvo no caso de direito adquirido, não é permitido o recebimento conjunto dos seguintes benefícios da previdência social, inclusive quando decorrentes de acidente do trabalho:

a) aposentadoria com auxílio-doença;

b) mais de uma aposentadoria;

c) aposentadoria com abono de permanência em serviço;

d) salário maternidade com auxílio-doença;

e) mais de um auxílio-acidente;

f) mais de uma pensão deixada por cônjuge;

g) mais de uma pensão deixada por companheiro ou companheira;

h) mais de uma pensão deixada por cônjuge e companheiro ou companheira;

i) auxílio-acidente com qualquer aposentadoria;

j) auxílio-acidente com auxílio-doença, quando decorrentes do mesmo acidente ou da mesma doença.

Nos casos das letras "f", "g" e "h" é facultado ao dependente optar pela pensão mais vantajosa. Observe-se, ainda, que a acumulação de pensão deixada por cônjuge e/ou companheiro era permitida até 28.4.1995, data anterior à publicação da Lei n. 9.032.

O art. 421 da IN INSS n. 45/2010 lista tais proibições com mais detalhes, conforme segue:

"**Art. 421.** Salvo no caso de direito adquirido, não é permitido o recebimento conjunto dos seguintes benefícios, inclusive quando decorrentes de acidentes do trabalho:

I — aposentadoria com auxílio-doença;

II — auxílio-acidente com auxílio-doença, do mesmo acidente ou da mesma doença que o gerou;

III — renda mensal vitalícia com qualquer outra espécie de benefício da Previdência Social;

IV — pensão mensal vitalícia de seringueiro (soldado da borracha), com qualquer outro benefício de prestação continuada mantida pela Previdência Social;

V — auxílio-acidente com aposentadoria, quando a consolidação das lesões decorrentes de acidentes de qualquer natureza ou o preenchimento dos requisitos da aposentadoria sejam posteriores às alterações inseridas no art. 86, § 2º, da Lei n. 8.213/91, pela Medida Provisória n. 1.596-14, convertida na Lei n. 9.528/97;

VI — mais de uma aposentadoria, exceto com DIB anterior a janeiro de 1967, de acordo com o Decreto-Lei n. 72, de 21 de novembro de 1966;

VII — aposentadoria com abono de permanência em serviço;

VIII — salário maternidade com auxílio-doença;

IX — mais de um auxílio-doença, inclusive acidentário;

X — mais de um auxílio-acidente;

XI — mais de uma pensão deixada por cônjuge ou companheiro, facultado o direito de opção pela mais vantajosa, exceto se o óbito tenha ocorrido até 28 de abril de 1995, véspera da publicação da Lei n. 9.032, de 1995, período em que era permitida a acumulação, observado o disposto no art. 326;

XII — pensão por morte deixada por cônjuge ou companheiro com auxílio-reclusão de cônjuge ou companheiro, para evento ocorrido a partir de 29 de abril de 1995, data da publicação da Lei n. 9.032, de 1995, facultado o direito de opção pelo mais vantajoso;

XIII — mais de um auxílio-reclusão de instituidor cônjuge ou companheiro, para evento ocorrido a partir de 29 de abril de 1995, data da publicação da Lei n. 9.032, de 1995, facultado o direito de opção pelo mais vantajoso;

XIV — auxílio-reclusão pago aos dependentes, com auxílio-doença, aposentadoria ou abono de permanência em serviço do segurado recluso;

XV — seguro-desemprego com qualquer benefício de prestação continuada da Previdência Social, exceto pensão por morte, auxílio-reclusão, auxílio-acidente, auxílio-suplementar e abono de permanência em serviço;

XVI — benefício assistencial com benefício da Previdência Social ou de qualquer outro regime previdenciário, exceto a Pensão Especial Mensal aos Dependentes das Vítimas da Hemodiálise em Caruaru prevista na Lei n. 9.422, de 24 de dezembro de 1996; e

XVII — auxílio-suplementar com aposentadoria ou auxílio-doença, observado quanto a este o ressalvado no disposto no § 3º deste artigo.

§ 1º A partir de 13 de dezembro de 2002, data da publicação da MP n. 83, de 2002, convalidada pela Lei n. 10.666, de 2003, o segurado recluso, que contribuir na forma do § 6º do art. 116 do RPS, não faz jus aos benefícios de auxílio--doença e de aposentadoria durante a percepção, pelos dependentes, do auxílio-reclusão, sendo permitida a opção, desde que manifestada, também, pelos dependentes, pelo benefício mais vantajoso.

§ 2º Salvo nos casos de aposentadoria por invalidez ou especial, observado quanto a esta, o disposto no parágrafo único do art. 69 do RPS, o retorno do aposentado à atividade não prejudica o recebimento de sua aposentadoria, que será mantida no seu valor integral.

§ 3º Se, em razão de qualquer outro acidente ou doença, o segurado fizer jus a auxílio-doença, o auxílio-suplementar será mantido, concomitantemente com o auxílio-doença e, quando da cessação deste será:

I — mantido, se não for concedido novo benefício; ou

II — cessado, se concedido auxílio-acidente ou aposentadoria.

§ 4º Nos casos de reabertura de auxílio-doença, pelo mesmo acidente ou doença que tenha dado origem ao auxílio--suplementar, este será suspenso até cessação do auxílio-doença, quando será:

I — restabelecido, se não for concedido novo benefício; ou

II — cessado, se concedida a aposentadoria.

§ 5º Pelo entendimento exarado no Parecer n. 175/CONJUR-2003, de 18 de setembro de 2003, do Ministério da Defesa, ratificado pela Nota CJ/MPS n. 483, de 18 de abril de 2007, os benefícios de ex-combatente podem ser acumulados com a pensão especial instituída pela Lei n. 8.059, de 4 de julho de 1990.

§ 6º Comprovada a acumulação indevida na hipótese estabelecida no inciso XV deste artigo, deverá o fato ser comunicado a órgão próprio do MTE, por ofício, informando o número do PIS do segurado.

§ 7º É permitida a acumulação dos benefícios previstos no RGPS com o benefício de que trata a Lei n. 7.070, de 20 de dezembro de 1982, concedido aos portadores da deficiência física conhecida como «Síndrome da Talidomida», observado o § 3º do art. 167 do RPS e art. 423.

§ 8º Será permitida ao menor sob guarda a acumulação de recebimento de pensão por morte em decorrência do falecimento dos pais biológicos com pensão por morte de um dos seus guardiões, somente quando esta última ocorrer por determinação judicial."

Sendo permitida a opção pelo benefício mais vantajoso, caberá ao servidor do INSS tal análise e esclarecimento ao beneficiário. Exegese do art. 425 da IN INSS n. 45/2010.

Cumpre-nos, ainda, destacar a existência das seguintes Súmulas:

"**TRF 4 — Súmula 72** — É possível cumular aposentadoria urbana e pensão rural." DJ (Seção 2) de 02.02.2006, p. 524

"**TNU — Súmula 36** — Não há vedação legal à cumulação da pensão por morte de trabalhador rural com o benefício da aposentadoria por invalidez, por apresentarem pressupostos fáticos e fatos geradores distintos.

Fundamentação: Lei n. 8.213/91, art. 124; Decreto n. 3.048/99, art. 167; Instrução Normativa INSS n. 45/2010, arts. 421 e 425.

1.1. Benefício Previdenciário e Seguro-Desemprego

É vedado o recebimento conjunto do seguro-desemprego com qualquer benefício de prestação continuada da previdência social, exceto pensão por morte, auxílio-reclusão, auxílio-acidente, auxílio-suplementar ou abono de permanência em serviço.

Fundamentação: Lei n. 8.213/91, art. 124; Decreto n. 3.048/99, art. 167, § 2º.

1.2. Benefício Previdenciário e Pensão Especial aos Deficientes Físicos Portadores da Síndrome da Talidomida

É permitida a acumulação dos benefícios previdenciários com o benefício de que trata a Lei n. 7.070, de 20.12.1982 (pensão especial aos deficientes físicos portadores da síndrome da talidomida), que não poderá ser reduzido em razão de eventual aquisição de capacidade laborativa ou de redução de incapacidade para o trabalho ocorrida após a sua concessão.

Considerando sua natureza indenizatória, no entanto, a Pensão Especial aos Deficientes Físicos da Síndrome da Talidomida é inacumulável com qualquer rendimento, indenização por danos físicos, benefícios assistenciais da LOAS — Lei Orgânica da Assistência Social ou com renda mensal vitalícia que, a qualquer título, venha a ser paga pela União.

Fundamentação: Decreto n. 3.048/99, art. 167, § 3º; Instrução Normativa INSS n. 45/2010, art. 423.

1.3. Auxílio-Reclusão — acumulação com auxílio-doença, aposentadoria ou salário maternidade

A contar de 13.12.2002, data da publicação da Medida Provisória n. 83 (convalidada pela Lei n. 10.666/2003), o segurado recluso, ainda que permaneça contribuindo para a Previdência Social em razão do exercício de atividade remunerada, não faz jus aos benefícios de auxílio-doença e de aposentadoria durante a percepção, pelos dependentes, do auxílio-reclusão.

Permite-se, contudo, a opção pelo benefício mais vantajoso, desde que manifestada também pelos dependentes.

Não há previsão legal para opção do benefício mais vantajoso quando se trata auxílio-reclusão e salário maternidade. No entanto, por analogia ao tratamento dado nos casos de auxílio-doença e aposentadoria, permite-se também nesta hipótese a opção em comento, assim concluindo também o Parecer CONJUR/MPS n. 411/2011. Confira-se:

"(...)

13. Ante o exposto, a despeito da inexistência de permissão legal de escolha pelo benefício mais vantajoso, observa-se que permanece a possibilidade de renúncia do auxílio-reclusão pelos dependentes, nos termos acima assinalados, para que a segurada reclusa requeira em seguida o recebimento do salário maternidade. De toda sorte, como acima explicitado, analisando as regras de cálculo de cada um dos benefícios, dificilmente essa opção pelo salário maternidade compensaria.

(...)"

Fundamentação: Decreto n. 3.048/99, art. 167, § 4º.

1.4. Acumulação indevida — Procedimento adotado pelo INSS

Comprovada a acumulação indevida, o INSS deverá manter o benefício concedido de forma regular, cessando ou suspendendo o pagamento dos demais, adotando-se as providências necessárias quanto à regularização e à cobrança dos valores recebidos indevidamente, observada a prescrição quinquenal.

As importâncias recebidas indevidamente por beneficiário, nos casos de dolo, má-fé ou erro da Previdência Social, deverão ser restituídas, observado o disposto nos §§ 2º e 3º do art. 154 do RPS, que possuem a seguinte redação:

"**Art.154.** O Instituto Nacional do Seguro Social pode descontar da renda mensal do benefício:

(...)

§ 2º A restituição de importância recebida indevidamente por beneficiário da previdência social, nos casos comprovados de dolo, fraude ou má-fé, deverá ser atualizada nos moldes do art. 175, e feita de uma só vez ou mediante acordo de parcelamento na forma do art. 244, independentemente de outras penalidades legais.

§ 3º Caso o débito seja originário de erro da previdência social, o segurado, usufruindo de benefício regularmente concedido, poderá devolver o valor de forma parcelada, atualizado nos moldes do art. 175, devendo cada parcela corresponder, no máximo, a trinta por cento do valor do benefício em manutenção, e ser descontado em número de meses necessários à liquidação do débito.

(...)"

Fundamentação: Instrução Normativa INSS n. 45/2010, art. 424.

2. SEGURADOS APOSENTADOS — ACUMULAÇÃO DE BENEFÍCIOS

Salvo nos casos de aposentadoria por invalidez, o retorno do aposentado à atividade não prejudica o recebimento de sua aposentadoria, que será mantida no seu valor integral. Lembre-se, no entanto, que o segurado que detém Aposentadoria Especial terá seu benefício cessado automaticamente caso permaneça no exercício de atividade ou operação que o sujeite a agentes nocivos, qualquer que seja a forma de prestação dos serviços ou categoria de segurado.

Se por um lado a permanência em atividade não prejudica a percepção do benefício, por outro as contribuições decorrentes do exercício dessa atividade não trarão ao aposentado qualquer proteção previdenciária, exceto a possibilidade de receber salário família ou salário maternidade ou, ainda, de ter acesso ao serviço de reabilitação profissional.

Fundamentação: Lei n. 8.213/91, art. 18, § 2º; Decreto n. 3.048/99, arts. 103, 168 e 173.

Capítulo XLII

Troca de Benefícios (Desaposentação)

Tema bastante discutido em nossos tribunais, a troca de um benefício por outro (apelidada desaposentação) tem suscitado grandes debates.

É certo que a legislação vigente proíbe a acumulação de benefícios, mas e a troca por uma prestação mais benéfica, com renúncia da primeira prestação, *é possível?*

A questão tem julgamentos favoráveis aos segurados pelo STJ, conforme ilustra recente decisão proferida pela 5ª Turma, de relatoria da Ministra Laurita Vaz:

> "PREVIDENCIÁRIO. PROCESSUAL CIVIL. RENÚNCIA AO BENEFÍCIO DEAPOSENTADORIA. POSSIBILIDADE. DIREITO PATRIMONIAL DISPONÍVEL.DEVOLUÇÃO DOS VALORES RECEBIDOS. DESNECESSIDADE. VIABILIDADE DECOBRANÇA DAS PARCELAS ATRASADAS. APRECIAÇÃO DE DISPOSITIVOSCONSTITUCIONAIS EM ÂMBITO ESPECIAL. INADMISSIBILIDADE. AGRAVOREGIMENTAL DESPROVIDO.
>
> 1. Permanece incólume o entendimento firmado no decisório agravado,no sentido de que, por se tratar de direito patrimonial disponível,o segurado pode renunciar à sua aposentadoria com o propósito de obter benefício mais vantajoso, no regime geral de previdência social ou em regime próprio de previdência, mediante a utilização de seu tempo de contribuição, sendo certo, ainda, que tal renúncia não implica a devolução dos valores percebidos. 2 Nessa linha, sendo possível a opção e desnecessária a devolução, resta legítimo, por extensão, o direito à execução dos valores entre a data de entrada do pedido de aposentadoria, cujo direito foi reconhecido judicialmente, e a data de início do segundo benefício, mais vantajoso, concedido na via administrativa. 3. A via especial, destinada à uniformização da interpretação do direito federal infraconstitucional, não se presta à análise de dispositivos da Constituição da República, ainda que para fins de prequestionamento. 4. Agravo regimental desprovido. (AgRg no REsp 1162432 / RS — Processo n. 2009/0204008-0 — 5ª Turma — Relatora Ministra Laurita Vaz — julgamento em 5.2.2013 — DJe de 15.2.2013)

Em procedimento de recursos repetitivos, o STJ manteve tal entendimento, conforme demonstra a seguinte ementa (REsp 1.334.488/SC, Primeira Seção, Ministro Herman Benjamin, DJe de 14.05.2013):

> "RECURSO ESPECIAL. MATÉRIA REPETITIVA. ART. 543-C DOCPC E RESOLUÇÃO STJ 8/2008. RECURSO REPRESENTATIVO DE CONTROVÉRSIA. DESAPOSENTAÇÃO E REAPOSENTAÇÃO. RENÚNCIA A APOSENTADORIA. CONCESSÃO DE NOVO E POSTERIOR JUBILAMENTO. DEVOLUÇÃO DE VALORES. DESNECESSIDADE.
>
> 1. Trata-se de Recursos Especiais com intuito, por parte do INSS, de declarar impossibilidade de renúncia a aposentadoria e, por parte do segurado, de dispensa de devolução de valores recebidos de aposentadoria a que pretende abdicar.
>
> 2. A pretensão do segurado consiste em renunciar à aposentadoria concedida para computar período contributivo utilizado, conjuntamente com os salários de contribuição da atividade em que permaneceu trabalhando, para a concessão de posterior e nova aposentação.
>
> 3. Os benefícios previdenciários são direitos patrimoniais disponíveis e, portanto, suscetíveis de desistência pelos seus titulares, prescindindo-se da devolução dos valores recebidos da aposentadoria a que o segurado deseja preterir para a concessão de novo e posterior jubilamento. Precedentes do STJ.
>
> 4. Ressalva do entendimento pessoal do Relator quanto à necessidade de devolução dos valores para a reaposentação, conforme votos vencidos proferidos no REsp 1.298.391/RS; nos Agravos Regimentais nos REsps 1.321.667/PR, 1.305.351/RS, 1.321.667/PR, 1.323.464/RS, 1.324.193/PR, 1.324.603/RS, 1.325.300/SC, 1.305.738/RS; e no AgRg no AREsp 103.509/PE.
>
> 5. No caso concreto, o Tribunal de origem reconheceu o direito à desaposentação, mas condicionou posterior aposentadoria ao ressarcimento dos valores recebidos do benefício anterior, razão por que deve ser afastada a imposição de devolução.
>
> 6. Recurso Especial do INSS não provido, e Recurso Especial do segurado provido. Acórdão submetido ao regime do art. 543-C do CPC e da Resolução 8/2008 do STJ."

O INSS, não satisfeito com as decisões em seu desfavor e compreendendo que a troca de benefícios fere dispositivos constitucionais, interpôs em diversos processos o Recurso Extraordinário. O STF reconheceu repercussão geral no RE 661256 RG/DF (Relator Ministro Ayres Britto, julgamento em 17.11.2011). Com a aposentadoria do relator (Ayres Britto) o processo encontra-se parado, sem qualquer previsão de julgamento.

1. DIREITO À RENÚNCIA AO BENEFÍCIO ATUALMENTE PERCEBIDO

Na Constituição Federal e na legislação ordinária atualmente em vigor não há, absolutamente, qualquer proibição a respeito. O Decreto n. 3.048/99, contudo, expressa a impossibilidade de renúncia após o recebimento da aposentadoria, conforme redação dos art. 181-B:

> "Art.181-B. As aposentadorias por idade, tempo de contribuição e especial concedidas pela previdência social, na forma deste Regulamento, são irreversíveis e irrenunciáveis.
>
> Parágrafo único. O segurado pode desistir do seu pedido de aposentadoria desde que manifeste esta intenção e requeira o arquivamento definitivo do pedido antes da ocorrência do primeiro de um dos seguintes atos:
>
> I — recebimento do primeiro pagamento do benefício; ou
>
> II — saque do respectivo Fundo de Garantia do Tempo de Serviço ou do Programa de Integração Social."

Ocorre que os decretos são atos emanados do Poder Executivo, sem qualquer força normativa. Sua função é tão somente regulamentar, não sendo possível trazer norma proibitiva de direitos, cuja reserva é apenas da lei (CF/88, art. 5º, II).

Não havendo expressa proibição legal quanto à renúncia, a aposentadoria constitui um direito patrimonial disponível, do qual pode dispôr o segurado a qualquer momento, mesmo após o recebimento de meses ou anos de benefício. O Decreto, no art. 181-B, acaba por extrapolar sua função regularmentar, o que não se pode admitir.

Administrativamente, o INSS nega o pedido de troca com argumentos do 181-B do Decreto, mas no Poder Judiciário, ainda que não pacificada totalmente a questão, as decisões tem sido favoráveis ao segurados nesse tópico, conforme ilustram os seguintes julgados:

> "PREVIDENCIÁRIO. APOSENTADORIA POR TEMPO CONTRIBUIÇÃO/SERVIÇO. RENÚNCIA. CONCESSÃO DE NOVO BENEFÍCIO. COMPUTO DE TEMPO DE SERVIÇO LABORADO APÓS A CONCESSÃO DO PRIMEIRO BENEFÍCIO. POSSIBILIDADE. TERMO INICIAL. CORREÇÃO MONETÁRIA. JUROS. HONORÁRIOS ADVOCATÍCIOS. CUSTAS. 1. É possível a renúncia à aposentadoria para fins de aproveitamento do tempo de contribuição e concessão de novo benefício, seja no mesmo regime ou em regime diverso, uma vez que a aposentadoria constitui direito patrimonial disponível. Precedentes do STJ e desta Corte (AGA 200901000657626, DESEMBARGADORA FEDERAL MONICA SIFUENTES, SEGUNDA TURMA, e-DJF1 DATA 9.9.2011, AGA 200901000670402, JUIZ MARCOS AUGUSTO DE SOUSA (CONV.), PRIMEIRA TURMA, e-DJF1 DATA: 13.7.2010 e AGA 200901000568455, JUIZ RODRIGO NAVARRO DE OLIVEIRA (CONV.), PRIMEIRA TURMA, e-DJF1 DATA 1º.6.2010). 2. O Superior Tribunal de Justiça, ao examinar o tema, firmou o entendimento de que a renúncia à aposentadoria, para fins de concessão de novo benefício, seja no mesmo regime ou em regime diverso, não implica em devolução dos valores percebidos, pois, enquanto esteve aposentado, o segurado fez jus aos seus proventos (RESP 1113682/SC, REL. MINISTRO NAPOLEÃO NUNES MAIA FILHO, REL. P/ ACÓRDÃO MINISTRO JORGE MUSSI, QUINTA TURMA, JULGADO EM 23.2.2010, DJE 26.4.2010 e AGRG NO RESP 1.107.638/PR, QUINTA TURMA, RELATORA MINISTRA LAURITA VAZ, DJE DE 25.5.2009). 3. Assim, é devida a concessão de novo benefício, cujo termo inicial deve ser fixado a partir do requerimento administrativo, e os critérios de cálculo devem observar a legislação vigente à data do novo benefício, compensadas as parcelas recebidas administrativamente, desde então, em decorrência da primeira aposentadoria. 4. (...)."(TRF 1ª Região — AC — 2ª Turma — Relator convocado Juiz Federal Cleberson José Rocha — DJF1 de 15.2.2013 p. 151)

> "DIREITO PREVIDENCIÁRIO E PROCESSUAL CIVIL. AGRAVOS LEGAIS. JULGAMENTO DE APELAÇÃO PELO ART. 557 DO CPC. POSSIBILIDADE. APOSENTADORIA. RENÚNCIA. POSSIBILIDADE. NOVO BENEFÍCIO. DEVOLUÇÃO DOS VALORES PERCEBIDOS, 1. (...). 2. Pedidos cumulados para condenar o réu a reconhecer a renúncia do autor ao benefício de aposentadoria de que é titular e, uma vez reconhecido tal direito, condená-lo a recalcular e implantar novo benefício, computando-se as contribuições vertidas após a jubilação. 3. É possível a renúncia ao benefício desde que acompanhada da devolução dos valores recebidos, com o fim de restabelecer as coisas in status quo ante, ou seja, com a anulação do proveito econômico é como se o benefício nunca tivesse existido. Precedentes desta Corte. 4. Sentença reformada, julgando procedente o primeiro pedido, para declarar o direito da parte autora a renunciar à aposentadoria de que é titular, e improcedente o pedido de cálculo e implantação de nova aposentadoria, eis que tal somente é possível mediante a devolução integral dos valores percebidos a título daquele benefício. 5. (...). 6. Recursos desprovidos."(TRF 3ª Região — AC 1656961 — Processo n. 201061140079616 — 10ª Turma — Relator Juiz Baptista Pereira — DJF3 de 13.10.2011 p. 2047)

> "PREVIDENCIÁRIO. DECADÊNCIA. DESAPOSENTAÇÃO. RENÚNCIA AO BENEFÍCIO PARA RECEBIMENTO DE NOVA APOSENTADORIA. POSSIBILIDADE. DIREITO DISPONÍVEL. ART. 181-B DO DECRETO N. 3.048/99. NORMA REGULAMENTADORA QUE OBSTACULIZA O DIREITO À DESAPOSENTAÇÃO. ART. 18, § 2º, DA LEI N. 8.213/91. EFEITOS EX NUNC DA RENÚNCIA. DESNECESSIDADE DE DEVOLUÇÃO DOS VALORES PERCEBIDOS A TÍTULO DO BENEFÍCIO ANTERIOR. AUSÊNCIA DE ENRIQUECIMENTO SEM CAUSA. VIABILIDADE

ATUARIAL. EFETIVIDADE SUBSTANTIVA DA TUTELA JURISDICIONAL. 1. (...). 2. Os benefícios previdenciários possuem natureza jurídica patrimonial. Assim sendo, nada obsta sua renúncia, pois se trata de direito disponível do segurado (precedentes deste Tribunal e do STJ). 3. A disponibilidade do direito prescinde da aceitação do INSS. O indeferimento, com fundamento no art. 181-B do Decreto n. 3.048/99, é ilegal por extrapolar os limites da regulamentação. 4. A admissão da possibilidade da desaposentação não pressupõe a inconstitucionalidade do § 2º do art. 18 da Lei n. 8.213/91. Este dispositivo disciplina sobre outras vedações, não incluída a desaposentação. A constitucionalidade do § 2º do art. 18 da Lei n. 8.213/91 não impede a renúncia do benefício, tampouco desaposentação, isto é, a renúncia para efeito de concessão de novo benefício no mesmo RGPS, ou em regime próprio, com utilização do tempo de serviço/contribuição que embasava o benefício originário. 5. O reconhecimento do direito à desaposentação mediante restituição dos valores percebidos a título do benefício pretérito mostra-se de difícil ou impraticável efetivação, esvaziando assim a própria tutela judicial conferida ao cidadão. 6. A tutela jurisdicional deve comportar a efetividade substantiva para que os resultados aferidos judicialmente tenham correspondência na aplicação concreta da vida, em especial quando versam sobre direitos sociais fundamentais e inerentes à seguridade social. 7. A efetivação do direito à renúncia impõe afastar eventual alegação de enriquecimento sem causa do segurado, uma vez que a percepção do benefício decorreu da implementação dos requisitos legais, incluídos nestes as devidas contribuições previdenciárias e atendimento do período de carência. De outra parte, o retorno à atividade laborativa ensejou novas contribuições à Previdência Social e, mesmo que não remetam ao direito de outro benefício de aposentação, pelo princípio da solidariedade, este também deve valer na busca de um melhor amparo previdenciário. 8. Do ponto de vista da viabilidade atuarial, a desaposentação é justificável, pois o segurado goza de benefício jubilado pelo atendimento das regras vigentes, presumindo-se que o sistema previdenciário somente fará o desembolso frente a este benefício pela contribuição no passado. Todavia, quando o beneficiário continua na ativa, gera novas contribuições, excedente à cotização atuarial, permitindo a utilização para obtenção do novo benefício, mesmo que nosso regime não seja da capitalização, mas pelos princípios da solidariedade e financiamento coletivo. 9. A renúncia ao benefício anterior tem efeitos ex nunc, não implicando na obrigação de devolver as parcelas recebidas porque fez jus como segurado. Assim, o segurado poderá contabilizar o tempo computado na concessão do benefício pretérito com o período das contribuições vertidas até o pedido de desaposentação. 10. Os valores da aposentadoria a que o segurado renunciou, recebidos após o termo inicial da nova aposentadoria, deverão ser com eles compensados em liquidação de sentença. 11. Diante da possibilidade de proceder-se à nova aposentação, independentemente do ressarcimento das parcelas já auferidas pelo benefício a ser renunciado, o termo a quo do novo benefício de ser a data do prévio requerimento administrativo ou, na ausência deste, a data do ajuizamento da ação." (TRF 4ª Região — AC 50095873020114047112 — 5ª Turma — Relator Rogério Favreto — D.E. de 14.2.2012)

Em sentido contrário, confiram-se os posicionamentos dos TRF da 2ª Região e da 5ª Região:

"PREVIDENCIÁRIO. EMBARGOS INFRINGENTES. DESAPOSENTAÇÃO. NÃO CABIMENTO. MUDANÇA DE ENTENDIMENTO. RECURSO PROVIDO. — Reanalisando os posicionamentos jurisprudenciais e doutrinários e melhor refletindo a respeito do instituto da desaposentação, passo a alinhar-me ao entendimento de que é cristalino o caráter irrenunciável e irreversível do ato de concessão do benefício de aposentadoria no âmbito do Regime Geral de Previdência Social — RGPS, evidenciando seus efeitos ofensivos à ordem constitucional vigente. — À luz dos arts. 11, § 3º e 18, § 2º, da Lei n. 8.213/91 e 3, I, 40, 194 e 195 da CRFB, verifica-se que o instituto da desaposentação possui vedação legal expressa que se compatibiliza com o caráter solidário do sistema previdenciário, não sendo, portanto, permitida a utilização das contribuições dos trabalhadores em gozo de aposentadoria para a obtenção de nova aposentadoria ou elevação da já auferida, sob pena de subversão para um sistema individualista/patrimonialista que não se compatibiliza com os fundamentos da Seguridade Social. Assim, o aposentado que retorna à atividade somente faz jus ao salário família e à reabilitação profissional, quando empregado (art. 18, § 2º, da Lei n. 8.213/91). — A aposentadoria é considerada um ato jurídico perfeito, cuja proteção mereceu respaldo constitucional (art. 5º, XXXVI, da CRFB), sendo uma garantia ao direito fundamental da segurança jurídica. Ato jurídico perfeito é aquele já concretizado segundo a lei vigente ao tempo em que se aperfeiçoou, pois já satisfez todos os requisitos para gerar a plenitude dos seus efeitos e a aposentadoria, como tal, deve ser respeitada pelos envolvidos na relação jurídica, estando ainda imune às alterações legislativas em virtude do já consagrado princípio *tempus regitactum*. Por derradeiro, não há que se falar em modificação unilateral, diga-se, renúncia unilateral a este ato jurídico, dependendo a desaposentação necessariamente de requerimento e concordância da Administração Pública (órgão pagador e gestor do benefício), sob o pálio da lei. — A aposentadoria é também considerada um ato administrativo, cujo desfazimento volitivo se dá por meio da anulação ou revogação, cujos pressupostos lhes são próprios e inaplicáveis à desaposentação (aplicável, por exemplo, nas hipóteses de erro ou fraude na concessão do benefício). E como qualquer outro ato administrativo, é regido pelo princípio da legalidade (art. 37, *caput*, da CRFB), que conduz toda a conduta dos agentes da Administração Pública, no sentido de que qualquer atividade administrativa deve ser autorizada por lei, sendo que não há lei permitindo a concessão da desaposentação. — Sob qualquer ótica, a renúncia ao benefício da aposentadoria não é juridicamente aceitável. A uma, sob pena de afrontar o princípio da segurança jurídica, consistente no respeito ao ato jurídico perfeito (art. 5º, XXXVI, da CRFB) e ao princípio da legalidade (art. 37, *caput*, da CRFB c/c art. 18, § 3º, da Lei n. 8.213/91). Isso sem falar no princípio constitucional da isonomia (art. 5º, *caput*, da CRFB), uma vez que a desaposentação confere tratamento mais benéfico ao segurado que se aposenta com proventos proporcionais e continua trabalhando para, posteriormente, obter nova aposentadoria em melhores condições, em detrimento daquele que continuou trabalhando até possuir um período contributivo maior para se aposentar com proventos integrais. — A duas, porque se extrai a natureza alimentar da aposentadoria, que lhe confere o caráter de irrenunciável. Assim como a pensão alimentícia, no âmbito do direito civil, é possível a renúncia às prestações mensais, mas não ao benefício em si, que é intocável, intangível. A aposentadoria não é um direito patrimonial e, portanto, disponível, possuindo, outrossim, um caráter institucional, isto é, os direitos e obrigações não decorrem de ato de vontade, porém da lei. — E a três porque a pretensão de desaposentação não é livre e desembaraçada, gerando ônus a pessoa jurídica de direito público diretamente envolvida na constituição do ato, no caso, ao INSS, sendo claro que o desfazimento da aposentadoria repercute em ônus no sistema previdenciário, uma vez que o mesmo período e salários de contribuição seriam somados duas vezes, com o objetivo de majorar a renda mensal da nova aposentadoria, o que repercute diretamente no equilíbrio financeiro e atuarial do sistema (art. 201, *caput*, da CRFB). — Ainda que se pretenda devolver os valores recebidos a título da aposentadoria que se pretende renunciar a desaposentação, mesmo assim, esbarra em obstáculos de ordem legal e constitucional. — *Mutatis mutandis*, no que se refere à desaposentação, aplicam-se os mesmos fundamentos citados pelo Supremo Tribunal Federal no julgamento do RE 416827 — que concluiu a respeito da impossibilidade de aplicação da Lei n. 9.032/95 em benefícios de pensão por morte concedidos em momento anterior à sua vigência. Assim, ainda que o segurado pretenda renunciar à aposentadoria anterior para fins de obter outra mais benéfica, ainda que se trate de benefício de caráter alimentar, deve prevalecer o respeito ao ato jurídico perfeito (art. 5, XXXVI, da CRFB) e ao princípio *tempus regitactum* e a preservação do equilíbrio financeiro e atuarial. — A 2ª Turma do Superior Tribunal de Justiça, através do julgamento do AgRg no RESP 1.298.511/RS, adotou o entendimento de que o prazo decadencial previsto no art. 103 da Lei n. 8.213/91 se aplica às demandas em que se pleiteia a desaposentação, (2ª Turma, AgRg no REsp 1305914 / SC, Rel. Min. Herman Benjamin, DJe 27.8.2012). A conclusão a que se chega é a de que não é possível a renúncia à aposentadoria, uma vez que é ínsito do ato de renúncia — ato de liberalidade — o seu exercício a qualquer momento. Caso fosse admissível a renúncia ao benefício de aposentadoria, igualmente seria possível a renúncia ao prazo decadencial fixado na lei, o que é terminantemente vedado pelo art. 201 do Código Civil. — Ressalva de entendimento anterior. — Recurso provido." (TRF 2ª Região — Processo n. 200951020027693 — EIAC 515001 — Relator Desembargador Federal Messod Azulay Neto — 1ª Seção Especializada — DJF de 8.1.2013).

"PREVIDENCIÁRIO. APOSENTADORIA POR IDADE. RENÚNCIA SEM DEVOLUÇÃO DOS VALORES PERCEBIDOS. VEDAÇÃO LEGAL. ART. 18, § 2º, DA LEI N. 8.213/91. APELAÇÃO DO PARTICULAR PROVIDA EM PARTE. 1. O art. 18 da Lei n. 8.213/91 sempre proibiu a concessão de qualquer outro benefício que não aqueles expressamente relacionados, a saber, salário família e reabilitação profissional, quando empregado. 2. ‹Pretender que seja aceita a possibilidade de se aposentar, continuar trabalhando (percebendo dupla remuneração — a previdenciária e a salarial) e, após atingido o tempo de contribuição integral, requerer novamente aposentadoria encontra óbice na razoabilidade jurídica, visto que a atitude reiterada dos segurados causaria espécie de insegurança e tumulto no sistema previdenciário.› (TRF5ª, AC n. 526928/SE, 2ª Turma, Rel. Des. Federal Francisco Barros Dias). Sentença reformada. Pedido inicial julgado improcedente. 3. Ainda que fosse possível a renúncia do benefício, o que não é o caso, ela somente seria válida se houvesse a devolução de todos os valores percebidos, sob pena de burla ao disposto no § 2º do art. 18 da Lei n. 8.213/91, sendo cabível a atualização dos valores devolvidos ao INSS a título de aposentadoria renunciada. 4. Sem condenação em custas e honorários advocatícios, tendo em vista o benefício da justiça gratuita. Apelação provida apenas neste ponto. 5. Precedentes desta egrégia Corte. 6. Apelação do particular provida em parte." (TRF 5ª Região — Processo n. 00005705920114058201 — AC 550313 — 2ª Turma — Relator Desembargador Federal Francisco Wildo — DJE de 6.12.2012 p. 345).

É possível notarmos que os entendimentos contrários pautam-se no art. 18 da Lei n. 8.213/91 e no conceito de ato jurídico perfeito.

Ocorre que o artigo em comento veda expressamente a acumulação de benefícios, não sendo esta, contudo, a pretensão dos segurados. O § 2º do art. 18 da Lei de Benefícios — Lei n. 8.213/91 — determina que *"o aposentado pelo RGPS que permanecer em atividade sujeita a esse Regime, ou a ele retornar, não fará jus a prestação alguma da Previdência Social em decorrência do exercício dessa atividade, exceto ao salário família e à reabilitação profissional"*.

Tal dispositivo, refira-se, trata das espécies de benefícios e serviços existentes no Regime Geral de Previdência Social (art. 18, *caput* e incisos), dispondo o § 2º que alguém já aposentado não poderia percebê-los, posto não ser possível a acumulação das prestações, nos termos do art. 124 do mesmo instituto legal. O § 2º faz ressalva, no entanto, ao benefício de salário família (que pode ser acumulado com a aposentadoria) e ao serviço de reabilitação profissional (igualmente acumulável).

Reitera-se, pois, não haver na legislação pátria norma que proíba ou restrinja o direito de renúncia ao benefício já percebido, e nem tampouco um novo requerimento de prestação mais benéfica. Apenas o art. 181-B do Decreto n. 3.048/99, extrapolando totalmente sua função regulamentar, dispõe em sentido proibitivo, no sentido de serem as aposentadorias irreversíveis e irrenunciáveis.

Tendo-se em mente o princípio maior da Seguridade Social, qual seja, a proteção de seus segurados, igualmente não cabe argumentar que a renúncia à aposentadoria concedida (desaposentação) fere o ato jurídico perfeito, contrariando o inciso XXXVI da Carta Constitucional. Isto porque a interpretação correta ao dispositivo é justamente em sentido contrário, para proteção do cidadão contra ato da Administração Pública.

Por fim, não cabe argumentar pelo desequilíbrio atuarial do sistema, posto que o segurado aposentado, ao permanecer vinculado ao sistema no exercício de atividade remunerada, permaneceu vertendo contribuições mensais regulares, com nova cotização ao caixa geral. Repita-se que não pretende o segurado, nessa modalidade de ação, acumular dois ou mais benefícios, mas simplesmente desistir, renunciar àquele primeiro benefício de Aposentadoria, que não mais atende suas necessidades de manutenção, e passar a receber espécie diversa, mais benéfica, tendo já preenchido todos os requisitos necessários à sua percepção.

2. CUMPRIMENTO DOS REQUISITOS NECESSÁRIOS À OBTENÇÃO DO NOVO BENEFÍCIO

Uma vez exercído o direito de renúncia ao primeiro benefício percebido, o segurado não mais será considerado aposentado aos olhos da legislação pátria. Assim, pode perfeitamente requerer novo benefício no RGPS, desde que cumpridos os requisitos necessários à sua percepção.

A qualidade de segurado, que não mais é exigida para a concessão das aposentadorias (cf. Lei 10.666/2003) permanece em razão do exercício da atividade remunerada (Lei n. 8.213/91, art. 11) e também em face da percepção do primeiro benefício de aposentadoria (Lei n. 8.213/91, art. 15, I).

Cabe ao segurado, comprovar, portanto, que preenche os demais requisitos necessários à obtenção do benefício ora pretendido, os quais variam conforme a modalidade escolhida.

Para a aposentadoria integral por tempo de contribuição são necessários:

• 35 anos de contribuição para segurados do sexo masculino

• 30 anos de contribuição para seguradas do sexo feminino

• Cumprimento da carência

Para a aposentadoria por idade, temos por requisitos:

• Idade mínima de 65 anos para segurados do sexo masculino

• Idade mínima de 60 anos para seguradas do sexo feminino

• Cumprimento da carência

As modalidades acima descritas são as mais comuns, mas é possível trocar o primeiro benefício por uma aposentadoria por invalidez, uma aposentadoria especial ou qualquer outra prestação mantida pelo RGPS. Cabe ao interessado analisar sua documentação e verificar o cumprimento dos requisitos necessários, exigidos pela legislação vigente.

Discussão ocorre, contudo, quando para o preenchimento dos requisitos é necessário utilizar ou computar o tempo anterior ao primeiro benefício de aposentadoria. A jurisprudência oscila sobre o tema, entendendo alguns Tribunais Regionais pela necessidade de devolução integral dos valores já recebidos, caso o segurado pretenda utilizar esse mesmo tempo no novo benefício. As decisões já transcritas neste Capítulo, no item 1, demonstram a divergência de entendimento sobre o tema.

Compreendemos não ser devida qualquer devolução de valores, ainda que todo o tempo utilizado na concessão do primeiro benefício venha a ser, também, utilizado na concessão da nova modalidade que se pretende. Isto porque, quando concedida a primeira aposentadoria, todos os requisitos necessários à sua percepção foram devidamente cumpridos, tendo sido processado administrativamente o benefício sem qualquer fraude ou irregularidade.

Possuía, pois, o segurado, direito ao benefício de Aposentadoria e, nesta condição, o exerceu e passou a perceber mensalmente a renda mensal daquela prestação. Sendo legítimo o direito e porque possui o benefício previdenciário natureza alimentar, não devem as parcelas recebidas serem devolvidas ou compensadas pelo Regime Geral de Previdência Social.

O segurado da Previdência Social somente precisa devolver os valores percebidos a título de benefício se os recebeu de forma irregular, situação que não se aplica à tese em comento. Confiram-se, neste sentido, a redação dos arts. 103-A *(caput)* e 115, II, da Lei n. 8.213/91:

> "Art. 103-A. O direito da Previdência Social de anular os atos administrativos de que decorram efeitos favoráveis para os seus beneficiários decai em dez anos, contados da data em que foram praticados, salvo comprovada má-fé.
>
> ..."
>
> "Art. 115. Podem ser descontados dos benefícios:
>
> ...
>
> II — pagamento de benefício além do devido;
>
> ..."

Observe-se que o segurado permaneceu no exercício da atividade remunerada após a percepção do benefício que lhe foi concedido, de forma que permaneceu, consequentemente, com suas contribuições previdenciárias para o RGPS. Tratou-se, pois, de uma nova cotização para o sistema, imprevista, que certamente pode ser utilizada para a obtenção do novo benefício, mesmo tratando-se de regime de repartição. Esta é a garantia prevista, inclusive de forma expressa, no § 11 do art. 201 da Carta Constitucional que transcrevo:

> "Art. 201. A previdência social será organizada sob a forma de regime geral, de caráter contributivo e de filiação obrigatória, observados critérios que preservem o equilíbrio financeiro e atuarial, e atenderá, nos termos da lei, a:
>
> (...)
>
> § 11. Os ganhos habituais do empregado, a qualquer título, serão incorporados ao salário para efeito de contribuição previdenciária e conseqüente repercussão em benefícios, nos casos e na forma da lei.
>
> (...)"

A Carta Constitucional de 1988 garante, portanto, e de forma expressa, a repercussão dos ganhos habituais do segurado nos benefícios previdenciários. A incorporação para fins de contribuição ocorreu de fato, já que o segurado permaneceu contribuindo aos cofres previdenciários, mensalmente, nos termos da Lei n. 8.212/91. No entanto, deixou o INSS de incorporar tais remunerações no benefício concedido, direito que se pretende por meio dessa ação judicial.

O efeito da renúncia deve ser, portanto, *ex nunc,* não gerando qualquer dever de devolução. Nos termos do REsp n. 692.628/DF (Relator Ministro Nilson Naves, DJ de 05.09.2005):

> "(...)
>
> 4. O ato de renunciar a aposentadoria tem efeito ex nunc e não gera o dever de devolver valores, pois, enquanto perdurou a aposentadoria pelo regime geral, os pagamentos, de natureza alimentar, eram indiscutivelmente devidos.
>
> (...)"

Referido entendimento vem sendo mantido pelo STJ, sendo possível ilustrar com os seguintes excertos:

> "PROCESSUAL CIVIL E PREVIDENCIÁRIO. AGRAVO REGIMENTAL NO RECURSOESPECIAL. PLEITO DE SOBRESTAMENTO DO FEITO, EM RAZÃO DE REPERCUSSÃO GERAL RECONHECIDA PELO STF. DESCABIMENTO. APRECIAÇÃO DE DISPOSITIVOS CONSTITUCIONAIS. INVIABILIDADE. OFENSA À CLÁUSULA DE RESERVA DE PLENÁRIO. INEXISTÊNCIA. RENÚNCIA A APOSENTADORIA. POSSIBILIDADE. DEVOLUÇÃO DE VALORES. DESNECESSIDADE. HONORÁRIOS ADVOCATÍCIOS. SÚMULA N. 111/STJ. INCIDÊNCIA. LEI N. 9.289/1996. AUTARQUIA. ISENÇÃO DE CUSTAS. PROCEDÊNCIA. AGRAVO REGIMENTAL PARCIALMENTE PROVIDO.(...) Conforme o entendimento firmado no âmbito da Terceira Seção desta Corte, é possível a renúncia à aposentadoria para a obtenção de novo benefício, sendo desnecessária a devolução dos valores percebidos na vigência do benefício renunciado. (...)" (STJ — AgRg no REsp 1243471 / SC — Processo 2011/0053583-6 — 5ª Turma — Relatora Marilza Maynard — desembargadora convocada do TJ/SE — Julgamento em 27.11.2012 — Dje de 6.12.2012)

"PREVIDENCIÁRIO. PROCESSUAL CIVIL. RENÚNCIA AO BENEFÍCIO DE APOSENTADORIA. POSSIBILIDADE. DIREITO PATRIMONIAL DISPONÍVEL. DEVOLUÇÃO DOS VALORES RECEBIDOS. DESNECESSIDADE. VIABILIDADE DE COBRANÇA DAS PARCELAS ATRASADAS. APRECIAÇÃO DE DISPOSITIVOS CONSTITUCIONAIS EM ÂMBITO ESPECIAL. INADMISSIBILIDADE. AGRAVO REGIMENTAL DESPROVIDO. 1. Permanece incólume o entendimento firmado no decisório agravado,no sentido de que, por se tratar de direito patrimonial disponível,o segurado pode renunciar à sua aposentadoria com o propósito de obter benefício mais vantajoso, no regime geral de previdência social ou em regime próprio de previdência, mediante a utilização de seu tempo de contribuição, sendo certo, ainda, que tal renúncia não implica a devolução dos valores percebidos. (...)" (STJ — AgRg no REsp 1162432 / RS — Processo 2009/0204008-0 — 5ª Turma — Relatora Ministra Laurita Vaz — Julgamento em 5.2.2013 — Dje de 15.2.2013)

3. CONCESSÃO DO BENEFÍCIO ADEQUADO À NECESSIDADE DO SEGURADO — PRINCÍPIO CONSTITUCIONAL

Além dos fundamentos já trabalhados nesse capítulo, destaca-se, ainda, o inciso III do parágrafo único do art. 194 da Carta Constitucional, que assim expressa:

"**Art. 194**. A seguridade social compreende um conjunto integrado de ações de iniciativa dos Poderes Públicos e da sociedade, destinadas a assegurar os direitos relativos à saúde, à previdência e à assistência social.

Parágrafo único. Compete ao Poder Público, nos termos da lei, organizar a seguridade social, com base nos seguintes objetivos:

(...)

III — seletividade e distributividade na prestação dos benefícios e serviços;

(...)"

Já o art. 201, *caput* e incisos I a V, dispõem no seguinte sentido de proteção:

"**Art. 201.** A previdência social será organizada sob a forma de regime geral, de caráter contributivo e de filiação obrigatória, observados critérios que preservem o equilíbrio financeiro e atuarial, e atenderá, nos termos da lei, a:

I — cobertura dos eventos de doença, invalidez, morte e idade avançada;

II — proteção à maternidade, especialmente à gestante;

III — proteção ao trabalhador em situação de desemprego involuntário;

IV — salário família e auxílio-reclusão para os dependentes dos segurados de baixa renda;

V — pensão por morte do segurado, homem ou mulher, ao cônjuge ou companheiro e dependentes, observado o disposto no § 2º.

(...)"

Analisando-se conjuntamente os dispositivos constitucionais, podemos depreender que o sistema de seguro social possui diversos benefícios e serviços (auxílio-doença, aposentadoria por invalidez, pensão por morte, aposentadorias, serviço de reabilitação, etc), os quais são distribuídos aos segurados conforme a qualidade de filiação e necessidade apresentada.

Desta forma, os segurados não possuem direito a perceber, conjuntamente, todos os benefícios e serviços oferecidos pelo sistema. O legislador escolhe as proteções que serão oferecidas (seletividade) e determina quais os segurados que terão direito às benesses (distributividade), num contexto de requisitos mínimos necessários à sua obtenção. Contudo, preenchidos os requisitos de dois ou mais benefícios, não cabe ao legislador ou operador administrativo (no caso, INSS, autarquia federal) impor-lhe determinada escolha, mas, ao contrário, possibilitar-lhe a percepção daquele financeiramente mais vantajoso. É possível verificarmos disposição expressa nesse sentido no § 3º do art. 56 do Decreto n. 3.048/99, senão vejamos:

"**Art. 56.** A aposentadoria por tempo de contribuição será devida ao segurado após trinta e cinco anos de contribuição, se homem, ou trinta anos, se mulher, observado o disposto no art. 199-A.

(...)

§ 3º Se mais vantajoso, fica assegurado o direito à aposentadoria, nas condições legalmente previstas na data do cumprimento de todos os requisitos previstos no *caput*, ao segurado que optou por permanecer em atividade.

§ 4º Para efeito do disposto no parágrafo anterior, o valor inicial da aposentadoria, apurado conforme o § 9º do art. 32, será comparado com o valor da aposentadoria calculada na forma da regra geral deste Regulamento, mantendo-se o mais vantajoso, considerando-se como data de início do benefício a data da entrada do requerimento."

O trabalhador, segurado do Regime Geral de Previdência Social possui, portanto, o direito de escolher o benefício previdenciário que melhor atende suas necessidades no momento, não sendo possível ao INSS, autarquia federal que administra a concessão e a manutenção dos benefícios previdenciários, restringir alguma escolha ou mesmo impedir-lhe de renunciar à escolha feita anteriormente.

Assim determinava também o Prejulgado n. 1 da Portaria MTPS n. 3.268/73 (DOU de 8.10.1973), que certamente não mais se encontra em vigor, mas que serve, indubitavelmente, de fundamento para o Direito Previdenciário brasileiro. Confira-se:

"Constituindo-se uma das finalidades primordiais da previdência social assegurar os meios indispensáveis de manutenção do segurado, nos casos legalmente previstos, deve resultar, sempre que ele venha a implementar as condições para adquirir o direito a um ou a outro benefício, na aplicação do dispositivo mais benéfico, e na obrigatoriedade de o Instituto segurador orientá-lo, nesse sentido."

Note-se, ainda, que na legislação constitucional vigente (CF/88 e Emendas Constitucionais posteriores) não existe qualquer dispositivo que proíba o segurado de renunciar ao benefício de aposentadoria anteriormente obtido.

Repita-se, ainda, que a legislação infraconstitucional (Leis complementares ou leis ordinárias) nada menciona sobre o tópico, sendo possível argumentarmos que, nos termos do art. 37 da Constituição Federal (princípio da legalidade), não havendo expressa vedação legal, permite-se, na sequência, a renúncia a um determinado benefício para obtenção de outro que melhor atenda as necessidades do segurado, desde que, por óbvio, cumpridos os requisitos impostos pela legislação.

A concessão do benefício depende, única e exclusivamente, do ato unilateral de vontade do segurado, de forma que também a renúncia à prestação percebida é ato unilateral volitivo, não cabendo à administração pública impor ao segurado a permanência do benefício.

Registre-se, pois, que ninguém deve permanecer aposentado contra seu próprio interesse e que ao apresentar sua renúncia, o segurado abdica tão somente dos valores a serem percebidos e não propriamente do tempo de serviço anteriormente reconhecido e já averbado pela administração pública, de forma a possibilitar, assim, um novo requerimento, futuro, de benefício mais benéfico, com fundamento na própria Constituição Federal.

4. NECESSIDADE DE PRÉVIO REQUERIMENTO ADMINISTRATIVO

O indeferimento do pedido por parte do INSS é certo, público e notório, fundamentando a autarquia sua negativa no art. 181-B do Decreto n. 3.048/99.

No entanto, para que o segurado não tenha sua ação judicial extinta por falta de interesse de agir, é recomendável o prévio requerimento administrativo, com pedido formal e expresso da troca de benefícios pretendida (desaposentação). Nesse sentido, confira-se o seguinte julgado:

"PROCESSO CIVIL. AGRAVO LEGAL. DESAPOSENTAÇÃO. COMPROVAÇÃO DE PRÉVIO REQUERIMENTO ADMINISTRATIVO. NECESSIDADE. — A ausência de prévio requerimento administrativo de benefícios outros que não o de aposentadoria por idade a trabalhador rural e benefício assistencial de prestação continuada afasta o interesse de agir. — Pleito de renúncia e concessão de benefício mais vantajosos. Necessidade de prévio requerimento administrativo. — Agravo legal a que se nega provimento." (TRF 3ª Região — Processo 201061050031552 — AC 1512748 — 8ª Turma — Relatora Juíza Márcia Hoffmann — DJF 3 de 31.3.2011 p. 1304)

5. DECADÊNCIA

Dispõe o art. 103 da Lei n. 8.213/91, *caput*, com redação dada pela Lei n. 10.839/2004, que o prazo para revisar o ato de concessão do benefício é de dez anos. Confira-se:

"**Art. 103.** É de dez anos o prazo de decadência de todo e qualquer direito ou ação do segurado ou beneficiário para a revisão do ato de concessão de benefício, a contar do dia primeiro do mês seguinte ao do recebimento da primeira prestação ou, quando for o caso, do dia em que tomar conhecimento da decisão indeferitória definitiva no âmbito administrativo.

(...)"

É certo, pois, que se o INSS comete algum equívoco na contagem de tempo, no reconhecimento de atividade especial ou mesmo no lançamento dos valores de salário de contribuição, deve o segurado solicitar a correção ou o direito que entende devido. Tratam-se, esses casos, de revisar o ato de concessão do benefício que fora concedido, aplicando-se a regra do art. 103 da Lei de Benefícios.

No caso da desaposentação, contudo, não se trata de revisar o benefício concedido. Não há qualquer irregularidade ou ilegalidade que se pretenda corrigir, mas sim o exercício do direito de renúncia, que não guarda qualquer relação com as disposições do art. 103, supra.

Este o entendimento da 6ª Turma do STJ, conforme podemos observar na seguinte decisão:

"AGRAVO REGIMENTAL NO RECURSO ESPECIAL. PREVIDENCIÁRIO. APOSENTADORIA. RENÚNCIA. DECADÊNCIA. INOCORRÊNCIA. REPERCUSSÃO GERAL. SOBRESTAMENTO DO FEITO. INAPLICABILIDADE. PRECEITO CONSTITUCIONAL. VIOLAÇÃO. EXAME. VIA ESPECIAL. IMPOSSIBILIDADE. 1. Não se verifica, no caso concreto, hipótese de incidência do disposto no art. 103 da Lei n. 8.213/91, na medida em que não se trata de pedido de revisão de benefício previdenciário, mas de renúncia daquele de que se é titular, com o objetivo de se alcançar novo benefício. 2. O reconhecimento de repercussão geral pelo Excelso Pretório, com fulcro no art. 543-B do CPC, não tem o condão de sobrestar o julgamento dos recursos especiais em tramitação no Superior Tribunal de Justiça. 3. Não é possível o sobrestamento, nesta instância, até o julgamento do recurso submetido ao rito do art. 543-C do CPC, uma vez que a referida norma dirige-se aos feitos a serem processados no Tribunal de origem. Precedentes. 4. O recurso especial, destinado à uniformização do direito federal, não se presta para análise de alegação de possível violação a dispositivos da Constituição da República, ainda que para fins de prequestionamento, sob pena de invasão da competência da Suprema Corte. 5. É também firme a compreensão segundo a qual, sendo a aposentadoria direito patrimonial disponível, é admitida a renúncia a tal benefício, não havendo impedimento para que o segurado — que continue a contribuir para o sistema — formule novo pedido de aposentação que lhe seja mais vantajoso. Precedentes. 6. Agravo regimental a que se nega provimento." (STJ — AgRg no REsp 1276603 / RS — processo 2011/0188125-2 — 6ª Turma — Relator Ministro Og Fernandes — Julgamento em 27.11.2012 — DJe de 04.12.2012)

Ocorre, contudo, que o Ministro Herman Benjamin, da 2ª Turma do STJ, não compartilha do mesmo posicionamento, compreendendo que o referido dispositivo legal, ao utilizar a expressão "qualquer direito de ação", acabou tendo um alcance mais amplo, atingindo não somente o próprio ato de concessão, mas também o direito de renúncia do benefício. Confira-se, ilustrativamente, a seguinte decisão (que se encontra, atualmente, pendente de decisão, já que foram opostos embargos infringentes):

"PREVIDENCIÁRIO. AGRAVO REGIMENTAL. DECADÊNCIA. ART. 103 DA LEI N. 8.213/1991. PEDIDO DE RENÚNCIA A BENEFÍCIO (DESAPOSENTAÇÃO). INCIDÊNCIA. REVISÃO DO ATO DE CONCESSÃO. APLICAÇÃO DA REDAÇÃO DADA PELA MP 1.523-9/1997 AOS BENEFÍCIOS ANTERIORES À PUBLICAÇÃO DESTA. DIREITO INTERTEMPORAL. MATÉRIA APRECIADA SOB O RITO DO ART. 543-C DO CPC. 1. Trata-se de pretensão recursal contra a aplicação do prazo decadencial do art. 103 da Lei n. 8.213/1991 à renúncia de aposentadoria (desaposentação). 2. Segundo o art. 103 em comento "é de dez anos o prazo de decadência de todo e qualquer direito ou ação do segurado ou beneficiário para a revisão do ato de concessão de benefício". 3. O comando legal estipula como suporte fático-jurídico de incidência do prazo decadencial todo e qualquer direito ou ação para a revisão do ato de concessão. 4. O alcance é amplo e não abrange apenas revisão de cálculo do benefício, mas atinge o próprio ato de concessão e, sob a imposição da expressão "qualquer direito", envolve o direito à renúncia do benefício. 5. Entendimento adotado por esta Segunda Turma nos AgRgs nos RESPs 1.298.511/RS e 1.305.914/SC (Rel. Ministro Herman Benjamin, Segunda Turma, Dje 27.8.2012). 6. "Incide o prazo de decadência do art. 103 da Lei n. 8.213/1991, instituído pela Medida Provisória n. 1.523-9/1997, convertida na Lei 9.528/1997, no direito de revisão dos benefícios concedidos ou indeferidos anteriormente a esse preceito normativo, com termo a quo a contar da sua vigência (28.6.1997)." (REsps 1.309.259/PR e 1.326.114/SC, Rel. Ministro Herman Benjamin, Primeira Seção, sessão de 28.11.2012, julgados sob o regime do art. 543-C do CPC e da Resolução STJ 8/2008). 7. Agravo Regimental não provido."(STJ — AgRg no REsp 1308683 / RS — Processo 2012/0054701-2 — 2ª Turma — Relator Ministro Hermann Benjamin — Julgamento em 6.12.2012 — DJ de 19.12.2012).

Permito-me discordar, totalmente, do entendimento adotado pela Segunda Turma do STJ, pois o art. 103 da Lei n. 8.213/91 não tratou de todo e qualquer direito relacionado aos benefícios, mas foi expresso em limitar a utilização do prazo (que denominou como sendo de decadência) nos casos de revisar o ato de concessão do benefício. Com as escusas da repetição, mas pela importância do tema, segue novamente a redação do artigo em comento (destaque nosso):

> "Art. 103. É de dez anos o prazo de decadência de **todo e qualquer direito ou ação do segurado ou beneficiário para a revisão do ato de concessão de benefício**, a contar do dia primeiro do mês seguinte ao do recebimento da primeira prestação ou, quando for o caso, do dia em que tomar conhecimento da decisão indeferitória definitiva no âmbito administrativo.
>
> (...)"

O interessante é que, ao tomarmos a íntegra da decisão citada acima, observamos que assim também compreende a Segunda Turma do STJ, conforme segue:

> "O **direito ao benefício** nasce com a implementação do respectivo suporte fático e se materializa com o ato de concessão. Nenhuma lei poderia desconstituir um benefício concedido sob a égide de lei anterior, o que é garantido pelo princípio constitucional do direito adquirido.
>
> Já o **direito de revisão dos benefícios** é a prerrogativa da Administração ou do segurado de provocar a modificação do ato de análise concessória. Esse direito não se confunde com o próprio direito ao benefício. Consiste na possibilidade de provocar revisão. É sobre o exercício desse direito que incide o prazo decadencial do art. 103 da Lei n. 8.213/1991. Uma vez não exercido no prazo, extingue-se o próprio direito de revisão."

Observe-se que, no voto, o relator expressa claramente que o art. 103 deve ser utilizado somente para revisão do benefício, ou seja, para provocar a modificação do ato de análise concessória. Contudo, decidiu compreender que renunciar ao benefício é também uma forma de revisar o ato de concessão, aplicando-se também o prazo de 10 anos, a contar de 28.6.1997 (publicação da MP 1.523-9/97), para as ações de desaposentação.

Caso se tratasse de revisão, como compreendeu a Segunda Turma do STJ, necessário seria manter-se o primeiro benefício concedido, apenas corrigindo-lhe eventual erro ou ilegalidade. Na desaposentação não se pretende essa correção, mas sim o cancelamento dessa primeira prestação, com concessão de novo benefício, calculado conforme o regramento atualmente vigente.

Tanto é assim que se discute, como visto, a necessidade de devolução das prestações já recebidas a título do primeiro benefício, já que pretende o segurado computar o tempo de serviço em uma nova prestação previdenciária.

O vocábulo revisão tem origem no latim (*revisio,* de *revisere*) com significado de rever, voltar a ver ou ver de novo. Conforme De Plácido e Silva em Vocabulário Jurídico. 10. ed. Rio de Janeiro: Forense, 1987, o termo revisão tem o seguinte significado:

> "(...) em sentido vulgar entende-se o exame, o estudo ou a análise acerca de alguma coisa, para que se corrijam ou se modifiquem os enganos ou erros, que nela se encontram. Em sentido jurídico a revisão possui análoga significação: é o exame ou o estudo de alguma coisa para expurgar dela o que não estiver de acordo ou em harmonia com o Direito ou a verdade.
>
> (...) Em relação às decisões, realiza o objetivo de alterar as que se tenham proferido contra disposição expressa de lei ou contra a jurisprudência firmada, para que se enquadrem na regra, que deveriam ter atendido (...)"

A ação de desaposentar, contudo, não envolve qualquer análise ou estudo do processo administrativo que gerou o benefício percebido pelo segurado. Sequer é necessário, em verdade, juntar cópia desse processo administrativo na exordial, já que não se pretende qualquer revisão de fatos ou normas aplicadas. Trata-se, puramente, de renúncia, desistência do benefício anteriormente concedido, em razão da política de reajuste seguida pelo sistema, que acaba por reduzir o valor real da prestação previdenciária.

Ademais, e conforme já abordado anteriormente, constitui a aposentadoria um direito patrimonial disponível, sendo possível a renúncia a qualquer tempo, e não apenas no exíguo prazo de 10 anos. Uma vez cancelado o primeiro benefício, não mais será o segurado considerado como aposentado, afastando-se, assim, a proibição disposta no art. 18, § 2º, da Lei n. 8.213/91. Poderá, então, solicitar novo benefício, calculado com base na legislação atual, com utilização de contribuições que foram vertidas após a concessão daquela primeira aposentadoria. Não há, absolutamente, nenhum interesse em rever o ato concessório da aposentadoria anteriormente concedida e nem tampouco a manutenção daquela prestação.

Também importa ressaltarmos que para haver o perecimento de um direito (decadência) é preciso, antes de tudo, que esse direito exista e que não tenha sido exercido pelo segurado. Na ação de desaposentaçãoo segurado pretende renunciar ao benefício atual, mas condicionada à concessão de novo benefício, calculado pelas regras atualmente vigentes. O direito a esse novo benefício não existia no momento de concessão do primeiro que lhe foi concedido, mas sim na data em que completados os requisitos para a nova prestação que foi solicitada ao INSS. Na data de sua primeira aposentadoria, o segurado sequer tinha conhecimento de que permaneceria no exercício da atividade remunerada e que seu benefício de aposentadoria teria reajustes inferiores àqueles aplicados ao salário mínimo ou ao teto máximo fixado para as contribuições, com evidente desvalorização.

Se estamos trocando uma aposentadoria integral por tempo de contribuição por uma aposentadoria por idade, podemos afirmar que o direito ao novo benefício nasce somente com o implemento da idade mínima, seja 65 anos para os homens ou 60 anos para as mulheres. Como entender, portanto, que esse novo requerimento (aposentadoria por idade) deveria ter sido efetuado no prazo de 10 anos, contados de 28.6.1997 ou da concessão do primeiro benefício (se posterior), se naquela época essa idade mínima não se encontrava implementada?

Resta claro, portanto, que o instituto da desaposentação não implica revisão do benefício anteriormente concedido, não sendo possível a aplicação do prazo do art. 103 da Lei n. 8.213/91. Felizmente, esse foi o entendimento da primeira seção do STJ, no julgamento do REsp 1348301/SC ocorrido em 27.11.2013, de relatoria do Ministro Arnaldo Esteves Lima (vencido o Ministro Herman Benjamin). Confira-se o acórdão pertinente:

"PREVIDENCIÁRIO. RECURSO ESPECIAL REPRESENTATIVO DE CONTROVÉRSIA. PROCESSO CIVIL. NEGATIVA DE PRESTAÇÃO JURISDICIONAL. INEXISTÊNCIA. RENÚNCIA À APOSENTADORIA. DECADÊNCIA PREVISTA NO ART. 103 DA LEI N. 8.213/91. INAPLICABILIDADE. INTERPRETAÇÃO RESTRITIVA. RECURSO IMPROVIDO.

1. Inexiste negativa de prestação jurisdicional quando o Tribunal de origem examina a questão supostamente omitida "de forma criteriosa e percuciente, não havendo falar em provimento jurisdicional faltoso, senão em provimento jurisdicional que desampara a pretensão da embargante" (REsp 1.124.595/RS, Rel. Min. ELIANA CALMON, Segunda Turma, DJe de 20.11.09).

2. A desaposentação indica o exercício do direito de renúncia ao benefício em manutenção a fim de desconstituir o ato original e, por conseguinte, obter uma nova aposentadoria, incrementada com as contribuições vertidas pelo segurado após o primeiro jubilamento.

3. A norma extraída do *caput* do art. 103 da Lei n. 8.213/91 não se aplica às causas que buscam o reconhecimento do direito de renúncia à aposentadoria, mas estabelece prazo decadencial para o segurado ou seu beneficiário postular a revisão do ato de concessão de benefício, o qual, se modificado, importará em pagamento retroativo, diferente do que se dá na desaposentação.

4. A interpretação a ser dada ao instituto da decadência previsto no art. 103, *caput*, da Lei n. 8.213/91 deve ser restritiva, haja vista que as hipóteses de decadência decorrem de lei ou de ato convencional, inexistentes na espécie.

5. A jurisprudência desta Corte acolheu a possibilidade de renúncia com base no entendimento do que os benefícios previdenciários são direitos patrimoniais disponíveis e, por isso, suscetíveis de desistência por seus titulares (REsp 1.334.488/SC, Rel. Min. HERMAN BENJAMIN, Primeira Seção, julgado proferido sob o rito do art. 543-C do CPC, DJe 14.5.13).

6. Sendo certo que o segurado pode dispor de seu benefício, e, ao fazê-lo encerra a aposentadoria que percebia, não há falar em afronta aos arts. 18, § 2º, e 103, *caput*, da Lei n. 8.213/91. E, devido à desconstituição da aposentadoria renunciada, tampouco se vislumbra qualquer violação ao comando da alínea "b" do inciso II do art. 130 do Decreto 3.048/99, que impede a expedição de certidão de tempo de contribuição quando este já tiver sido utilizado para efeito de concessão de benefício, em qualquer regime de previdência social.

7. Recurso especial improvido. Acórdão sujeito ao regime do art. 543-C do CPC e Resolução STJ n. 8/2008."

Capítulo XLIII

Contagem Recíproca de Tempo de Contribuição — Compensação entre o Regime Próprio e o Regime Geral de Previdência Social

1. CONTAGEM RECÍPROCA DE TEMPO DE CONTRIBUIÇÃO

A Previdência Social permite aos cidadãos a contagem de um tempo de serviço exercido como servidor público, com contribuições a um regime próprio de previdência, como tempo de contribuição a ser considerado no Regime Geral de Previdência Social — RGPS, e vice-versa.

Assim, caso um servidor público venha a ingressar no Regime Geral de Previdência Social, o tempo trabalhado naquele órgão poderá vir a ser considerado neste novo regime, como tempo de serviço e contribuição, para fins de obtenção de benefícios, em especial Aposentadoria por Tempo de Contribuição. E a recíproca é verdadeira, ou seja, também um segurado do RGPS que venha a ingressar no serviço público poderá ter seu tempo de trabalho na iniciativa privada considerado como tempo para o Regime Próprio de Previdência Social.

Referido direito consta do art. 94 da Lei n. 8.213/91, sendo regulamentado pelo art. 126 do Decreto n. 3.048/99, o qual assim dispõe:

"**Art. 126.** O segurado terá direito de computar, para fins de concessão dos benefícios do Regime Geral de Previdência Social, o tempo de contribuição na administração pública federal direta, autárquica e fundacional.

Parágrafo único. Poderá ser contado o tempo de contribuição na administração pública direta, autárquica e fundacional dos Estados, do Distrito Federal e dos Municípios, desde que estes assegurem aos seus servidores, mediante legislação própria, a contagem de tempo de contribuição em atividade vinculada ao Regime Geral de Previdência Social."

A essa possibilidade de consideração dos tempos de trabalho ou serviço com vinculação em distintos regimes previdenciários (próprio e geral) denominamos "contagem recíproca de tempo de contribuição", permitida justamente porque a Constituição Federal, no § 9º do art. 201, assim o permite expressamente, conforme podemos observar, *in verbis*:

"**Art. 201.** A previdência social será organizada sob a forma de regime geral, de caráter contributivo e de filiação obrigatória, observados critérios que preservem o equilíbrio financeiro e atuarial, e atenderá, nos termos da lei, a:

(...)

§ 9º Para efeito de aposentadoria, é assegurada a contagem recíproca do tempo de contribuição na administração pública e na atividade privada, rural e urbana, hipótese em que os diversos regimes de previdência social se compensarão financeiramente, segundo critérios estabelecidos em lei.

(...)"

Assim, e como mencionado, para efeito de contagem recíproca, assegura-se aos cidadãos o seguinte critério:

a) para fins dos benefícios previstos no Regime Geral de Previdência Social, o cômputo do tempo de contribuição na administração pública; e

b) para fins de emissão de certidão de tempo de contribuição, pelo INSS, para utilização no serviço público, o cômputo do tempo de contribuição na atividade privada, rural e urbana.

Note-se, ainda, que o tempo de contribuição certificado produz, no Instituto Nacional do Seguro Social e nos órgãos ou autarquias federais, estaduais, do Distrito Federal, ou municipais, todos os efeitos previstos na respectiva legislação pertinente.

Também importa observar que o segurado não precisa efetuar a contagem recíproca de todo o período. O tempo trabalhado a ele pertence e é possível utilizar no regime diverso quanto tempo julgar necessário. Desta forma, se um cidadão possui tempo de RGPS total de 30 anos, mas necessita averbar no Regime Próprio apenas 10 anos, assim poderá fazê-lo, deixando no RGPS os 20 anos restantes, para nova aposentadoria nesse regime.

Obs.: Nos termos do§ 12 do art. 130 do Decreto n. 3.048/99, é vedada a contagem de tempo de contribuição de atividade privada com a do serviço público ou de mais de uma atividade no serviço público, quando concomitantes, ressalvados os casos de acumulação de cargos ou empregos públicos admitidos pela Constituição.

Fundamentação: CF/88, art. 201, § 9º; Lei n. 8.213/91, art. 94; Decreto n. 3.048/99, arts. 125 e 126; Instrução Normativa INSS n. 45/2010, art. 361.

1.1. Da contagem do tempo de contribuição

O tempo de contribuição ou de serviço deverá ser contado conforme a legislação pertinente a cada um dos regimes previdenciários, observando-se, no entanto, algumas exigências e proibições constantes do art. 96 da Lei n. 8.213/91, quais sejam:

a) não será admitida a contagem em dobro ou em outras condições especiais;

b) é vedada a contagem de tempo de serviço público com o de atividade privada, quando concomitantes;

c) não será contado por um sistema o tempo de serviço já utilizado para concessão de aposentadoria pelo outro;

d) o tempo de serviço anterior ou posterior à obrigatoriedade de filiação à Previdência Social só será contado mediante indenização da contribuição correspondente ao período respectivo, com acréscimo de juros moratórios de zero vírgula cinco por cento ao mês, capitalizados anualmente, e multa de dez por cento.

Fundamentação: Lei n. 8.213/91, art. 96; Decreto n. 3.048/99, art. 127; Instrução Normativa INSS n. 45/2010, art. 363.

1.2. Consideração do tempo de atividade rural anterior a novembro/91 para contagem no regime próprio de Previdência Social — Indenização

O Decreto n. 3.048/99, em seu art. 127, inciso V, permite ainda a consideração como tempo de contribuição do tempo de serviço do segurado trabalhador rural anterior à competência novembro/91, desde que devidamente indenizado. Assim, com o pagamento da indenização respectiva, o segurado poderá averbar, no Regime Próprio onde se encontre vinculado, o tempo rural certificado pelo INSS.

Sobre a matéria confira-se a Súmula 17 da TRU da 3ª Região:

"**Súmula 17** — O reconhecimento de tempo de serviço rural anterior à Lei n. 8.213/91, como segurado empregado ou especial, somente pressupõe o recolhimento das respectivas contribuições, quando destinado à contagem recíproca junto a regime próprio de Previdência Social de servidor público." (Origem Enunciado 22 do JEFSP)

Também a Súmula 10 da TNU:

"**Súmula 10** — O tempo de serviço rural anterior à vigência da Lei n. 8.213/91 pode ser utilizado para fins de contagem recíproca, assim entendida aquela que soma tempo de atividade privada, rural ou urbana, ao de serviço público estatutário, desde que sejam recolhidas as respectivas contribuições previdenciárias."

A base de incidência para tal indenização será a remuneração do servidor público na data do requerimento, sobre a qual incidem as contribuições para o Regime Próprio de Previdência Social a que o mesmo se encontre filiado, observando-se, no entanto, os limites mínimo e máximo atualmente vigentes no Regime Geral de Previdência Social, quais sejam: R$ 724,00 (salário mínimo) e R$ 4.390,24 (teto máximo), respectivamente.

Assim, o Regime Próprio de Previdência Social somente considerará o tempo rural anterior a novembro/91 como tempo de serviço/contribuição se todas as competências pleiteadas pelo servidor forem devidamente indenizadas, sendo o cálculo mensal para indenização efetuado, como exposto, da seguinte forma:

a) aplicação da alíquota de 20% sobre a remuneração atual do servidor público, observados os limites mínimo e máximo do salário de contribuição do RGPS (R$ 724,00 e R$ 4.390,24 respectivamente);

b) aplicação de juros moratórios de 0,5% ao mês, capitalizados anualmente, e multa de 10% (§ 8º do art. 239 do Decreto n. 3.048/99).

Note-se que a Lei n. 8.213/91, em seu art. 96, determinava no inciso V a consideração do tempo de serviço rural anterior a novembro/91 sem qualquer pagamento de contribuições, vinculando tal contagem de tempo apenas ao cumprimento do período de carência. No entanto, tal dispositivo foi revogado pela Lei n. 9.528, de 10.12.1997.

As disposições sobre o tema se encontram, portanto, somente no decreto regulamentador e na Instrução Normativa INSS n. 45/2010 (art. 363), conforme exposto.

Fundamentação: Lei n. 8.213/91, art. 96; Decreto n. 3.048/99, arts. 127 e 128, § 3º; Instrução Normativa INSS n. 45/2010, art. 363.

1.3. Tempo superior àquele necessário para aposentadoria em decorrência da contagem recíproca — desconsideração

Como já observado, somente não serão computados os períodos de atividade concomitante e aqueles já considerados para fins de obtenção de aposentadoria no respectivo regime previdenciário.

Assim, é possível que, quando efetuada e considerada a contagem recíproca do tempo de serviço, ultrapasse sua soma o total de 30 anos para as seguradas do sexo feminino e o total de 35 anos para aqueles do sexo masculino, tempo suficiente à obtenção do benefício de Aposentadoria Integral pelo Regime Geral de Previdência Social.

Na ocorrência do fato, tal excesso não será considerado para qualquer efeito, não sendo devida, inclusive, qualquer devolução ao segurado de contribuições efetuadas ao sistema.

Caso o tempo excedente seja pertencente ao Regime Geral, será possível aproveitá-lo para futura aposentadoria nesse regime, desde que o segurado complete os requisitos mínimos necessários à sua concessão.

1.4. Serviço exercido no exterior — consideração

Conforme disposições constantes do § 2º do art. 125 do Decreto n. 3.048/99, a contagem recíproca de tempo de contribuição é admitida também no âmbito dos tratados, convenções ou acordos internacionais de previdência social.

Fundamentação: Decreto n. 3.048/99, art. 125; Instrução Normativa INSS n. 45/2010, art. 361.

1.5. Atividades sujeitas a condições especiais e tempos fictícios

Sendo exercida atividade sujeita a condição especial (atividade nociva, com insalubridade, por exemplo), discussão existe jurídica e doutrinariamente sobre a consideração ou não da conversão desta atividade com o devido acréscimo para posterior contagem recíproca em regime previdenciário diverso.

A Lei n. 8.213/91 trata do assunto em seu art. 96, quando determina que "não será admitida a contagem em dobro ou em outras condições especiais" para fins de contagem recíproca. O Decreto n. 3.048, seguindo mesma linha de raciocínio, detalha tal proibição no § 1º do art. 125, determinando expressamente ser vedada a conversão do tempo de serviço exercido em atividade sujeita a condições especiais (agentes nocivos) em tempo de contribuição comum, bem como a contagem de qualquer outro tempo de serviço fictício.

Obs.: Entende-se como tempo de contribuição fictício todo aquele considerado em lei anterior como tempo de serviço, público ou privado, computado para fins de concessão de aposentadoria sem que haja, por parte do servidor ou segurado, cumulativamente, a prestação de serviço e a correspondente contribuição social.

É fato, portanto, que o INSS adota posicionamento contrário à contagem do tempo especial e/ou fictício, o que podemos inferir também do Parecer n. 2.549/2001 da Consultoria Jurídica daquele instituto:

> "(...) as regras que autorizam a conversão do tempo de atividade especial em comum, no âmbito do Regime Geral de Previdência Social, aplicam-se tão-somente aos segurados que tiveram suas atividades reconhecidas como sujeitas a condições especiais, nos termos da legislação respectiva, e requeiram — junto a este sistema previdenciário — os benefícios de prestação continuada nele previstos.
>
> (...)"

Para o Regime Geral de Previdência Social, portanto, o tempo de serviço exercido na esfera pública deverá ser contado de forma simples para obtenção do benefício de aposentadoria, ainda que existente exposição a agentes nocivos (insalubridade) quando o trabalho na iniciativa privada.

Este entendimento encontra fundamentação ainda na Lei n. 6.226/75, que dispõe sobre a contagem recíproca de tempo de serviço público federal e de atividade privada, para efeito de aposentadoria, no art. 4º, inciso I. Confira-se:

> "**Art. 4º** Para efeitos desta Lei, o tempo de serviço ou de atividades, conforme o caso, será computado de acordo com a legislação pertinente, observadas as seguintes normas:
>
> I — Não será admitida a contagem de tempo de serviço em dobro ou em outras condições especiais;
>
> (...)"

Há doutrinadores, no entanto, que defendem o entendimento de que estas "condições especiais" não se referem ao exercício de atividade com exposição a agentes nocivos. Compreendo que tal entendimento até seria possível caso existisse por fundamentação somente a Lei n. 6.226/75, posto que a conversão da atividade nociva, com acréscimo, para a atividade comum somente foi instituída quando da publicação da Lei n. 6.887, de 1980.

No entanto, e como já mencionado, a Lei n. 8.213/91 trata especificamente do fato em seu art. 96, de forma que, ainda que injusto (posto que a exposição ao agente nocivo e consequente risco à saúde ou à vida se dá tanto ao servidor público quanto ao trabalhador da iniciativa privada), a legislação ordinária proíbe realmente, e expressamente, a referida conversão.

Administrativamente, portanto, o segurado terá uma certidão de tempo simples, sem qualquer conversão ou menção ao tempo especial.

No âmbito da Justiça Federal, até pouco tempo a jurisprudência concordava, em maioria, com o entendimento adotado pelo INSS e disposto na legislação de regência. Ilustrativamente, confiram-se algumas ementas:

"RECURSO ESPECIAL. PREVIDENCIÁRIO. TEMPO DE SERVIÇO. ATIVIDADE INSALUBRE. CONTAGEM ESPECIAL PARA FINS DE CONCESSÃO DE APOSENTADORIA NO SERVIÇO PÚBLICO. IMPOSSIBILIDADE. 1. O direito à contagem, conversão e averbação de tempo de serviço é de natureza subjetiva, enquanto relativo à realização de fato continuado, constitutivo de requisito à aquisição de direito subjetivo outro, estatutário ou previdenciário, não havendo razão legal ou doutrinária para identificar-lhe a norma legal de regência com aquela que esteja a viger somente ao tempo da produção do direito à aposentadoria de que é instrumental. 2. O tempo de serviço é regido sempre pela lei da época em que foi prestado. Dessa forma, em respeito ao direito adquirido, se o trabalhador laborou em condições adversas e a lei da época permitia a contagem de forma mais vantajosa, o tempo de serviço assim deve ser contado. 3. Para fins de contagem recíproca de tempo de serviço, isto é, aquela que soma o tempo de serviço de atividade privada, seja ela urbana ou rural, ao serviço público, não se admite a conversão do tempo de serviço especial em comum, por expressa proibição legal. Inteligência dos Decretos ns. 72.771, de 6 de setembro de 1973, 83.080, de 24 de janeiro de 1979 (art. 203, inciso I), 89.312, de 23 de janeiro de 1984 (art. 72, inciso I) e da Lei n. 8.213/91 (art. 96, inciso I). 4. Recurso conhecido." (STJ — RESP 448302 — Processo n. 200200827800/PR — 6ª Turma — Decisão em 11.02.2003 — Relator: Hamilton Carvalhido — DJ de 10.3.2003 p. 343)

"PREVIDENCIÁRIO. CONSTITUCIONAL. CONVERSÃO DE TEMPO DE SERVIÇO ESPECIAL EM COMUM. CONTAGEM RECÍPROCA. IMPOSSIBILIDADE. 1. Exigindo o § 2º, do art. 202, da Constituição Federal, que a contagem recíproca de tempo de serviço para aposentadoria seja feita segundo critérios estabelecidos em lei, a Lei n. 6.226/75, que os estabelece, foi recebida pelo atual sistema constitucional e vigorará até que outra, por vontade do legislador, substitua-a. 2. Para fins de contagem recíproca, não será admitido o cômputo do tempo em dobro ou em condições especiais (art. 4º, da Lei n. 6.226/75). Assim sendo, ao impetrante não faz jus o direito à averbação do período laborado em atividade de natureza especial (magistério), mediante critério especial de contagem do tempo de serviço, resultante da conversão de tempo de serviço exercido em condição especial em tempo de serviço comum, por intermédio de média ponderada. 3. Remessa oficial provida." (TRF — 1ª Região — REO 01000122766 — Processo n. 199901000122766/MG — 1ª Turma — Decisão em 25.9.2001 — Relator: Juiz Antônio Sávio de Oliveira Chaves — DJ de 5.11.2001 p. 771)

"PREVIDENCIÁRIO. CONTAGEM RECÍPROCA. SERVIDOR PÚBLICO. ATIVIDADES ESPECIAIS. CERTIDÃO. 1 — O apelante pretende a conversão de tempo de atividade pretensamente exercida em condições especiais para atividade comum, a fim de utilizar tal interregno em contagem recíproca de tempo de serviço, para postular benefício perante o Instituto de Previdência do Município de Jacareí. 2 — A aposentadoria especial, no sistema geral de Previdência ou "RGPS", nada mais é que uma aposentadoria por tempo de serviço abreviada. Assim, por ficção legal, aqueles expostos às condições de trabalho insalubres ou perigosas têm direito a uma aposentadoria por tempo inferior aos demais. A conversão de tempo de serviço, é na verdade, a expressão dessa redução do tempo necessário à aposentação, mas não representa, por evidente, o interstício efetivamente laborado. 3 — A conversão de tempo em condições especiais serve, unicamente, para a concessão de aposentadoria abreviada por tempo de serviço, dentro do RGPS. As próprias "condições especiais", são tipificadas e somente são válidas, dentro do RGPS. 4 — No caso, como já explicitado, a conversão de tempo de serviço pretendida apenas é feita dentro de parâmetros específicos e com finalidade própria do Regime Geral de Benefícios da Previdência Social. Não significa que o interessado tenha, realmente, trabalhado o interregno resultante da conversão. 5 — Não se demonstra, outrossim, que o sistema previdenciário a que pertence o impetrante tenha expressa previsão, adotando os critérios de conversão de tempo de serviço, utilizados pelo RGPS. 6 — Apelação desprovida." (TRF — 3ª Região — AC 662761 — Processo n. 200103990046440/SP — 1ª Turma — Decisão em 27.5.2002 — Relator: Juiz Santoro Facchini — DJU de 21.10.2002 p. 302)

Atualmente, as decisões são variáveis, existindo diversos julgados determinando a conversão do tempo especial em tempo simples, com o devido acréscimo, tudo certificado na Certidão de Tempo de Contribuição — CTC. Isto porque a legislação previdenciária a ser aplicada deve ser aquela vigente na época da prestação dos serviços. Assim, se ao tempo do trabalho prestado a legislação considerava aquela atividade nociva, e sendo o trabalhador regido pela CLT, deve seu tempo de serviço ser reconhecido como tempo especial, sendo convertido para tempo comum com o acréscimo que lhe é devido, já que tal direito, adquirido, integrou seu patrimônio jurídico. Confiram-se recentes decisões nesse sentido:

"ADMINISTRATIVO. SERVIDOR PÚBLICO. CONVERSÃO DE TEMPO ESPECIAL EM COMUM PRESTADO SOB O REGIME CELETISTA. ILEGITIMIDADE PASSIVA AD CAUSAM RECONHECIDA. DIREITO AO CÔMPUTO DO TEMPO PRESTADO NO REGIME ESTATUTÁRIO. DECRETOS NS. 53.831/64 E 83080/79. ADICIONAL DE INSALUBRIDADE. INDENIZAÇÃO. IMPOSSIBILIDADE. 1. O INSS é a parte legítima para figurar no pólo passivo da demanda ajuizada por servidor público ex-celetista visando o cômputo, como especial, de tempo de contribuição ao Regime Geral de Previdência para fins de obtenção de aposentadoria no regime próprio de previdência, mediante contagem recíproca. (AgRg no RMS 30.999/RJ, Rel. Ministra Maria Thereza de Assis Moura, Sexta Turma, julgado em 13.12.2011, DJe 19.12.2011) 2. O Plenário do STF, no julgamento do MI 721/DF, alterando sua posição definiu que, inexistindo legislação aplicável ao servidor público referente à aposentadoria especial ou mesmo à contagem do tempo de serviço especial,é de se aplicar a legislação previdenciária. 3. Na hipótese dos autos, considerando que a atividade foi reconhecida como insalubre pela administração, com o pagamento do respectivo adicional de forma contínua, os substituídos fazem jus à conversão do tempo especial para comum, a contar do início do pagamento do adicional de insalubridade até o início da aposentadoria. 4. Não merece acolhida a pretensão de obter indenização pela eventual prestação de serviços após o cumprimento do lapso temporal necessário à aposentadoria, uma vez que a aposentadoria é ato voluntário, a remuneração está sendo efetuada regularmente. Ademais, sequer está confirmado o preenchimento de todos os requisitos constitucionais, além da absoluta ausência de prova dos danos e nexo causal. Precedentes desta Corte AC 0006996-90.2003.4.01.3800/MG, Rel. Desembargador Federal Carlos Olavo, Primeira Turma,e-DJF1 p.364 de 30/03/2010." (TRF 1ª Região — Processo 200638080005917 — AC — 2ª Turma Suplementar — Relatora Juíza Federal Rosimayre Gonçalves de Carvalho — DJF 1 de 6.9.2012 p, 928)

"PREVIDENCIÁRIO. TEMPO ESPECIAL. DIREITO À CONVERSÃO PARA FINS DE CONTAGEM RECÍPROCA. SUCUMBÊNCIA RECÍPROCA. SENTENÇA MANTIDA. I — De acordo com os documentos acostados aos autos (fls. 15/18), a parte autora laborou exposta de modo habitual e permanente a agentes nocivos à saúde (vírus e bactérias) como enfermeira, fazendo assim jus ao cômputo dos respectivos períodos como tempo de serviço especial, eis que as atividades se enquadram nos Anexos dos Decretos ns. 53.831/64 e 83.080/79; II — O fato de a autora ser servidora pública estadual não afasta o seu direito de conversão para fins de contagem recíproca, tratando-se de direito adquirido, cujo exercício não pode ser impedido. Do contrário, estar-se-ia ofendendo o princípio da isonomia material. Precedentes do Eg. STF; III — Somente um dos pedidos foi julgado procedente, o do cômputo do tempo de serviço especial. A autora requereu ainda indenização compensatória, com pagamento das diferenças financeiras, acrescidas de juros e correção monetária, pedido este que não foi acolhido pelo Juízo *a quo*. Desse modo, a sucumbência recíproca deve ser mantida. IV– Remessa necessária e recursos desprovidos." (TRF 2ª Região — Processo 201050010003850 — APELRE 509728 — 1ª Turma Especializada — Relator Desembargador Federal Aluisio Gonçalves de Castro Mendes — DJF 2 de 8.4.2011 p. 211/212)

"PROCESSO CIVIL. MANDADO DE SEGURANÇA. CONTAGEM RECÍPROCA. CONVERSÃO. ATIVIDADE ESPECIAL. CERTIDÃO DE TEMPO DE SERVIÇO. 1. Nos termos do art. 4.º, inc. I, da Lei n. 6.226/75 e art. 96, inc. I, da Lei n. 8.213/91, é vedada a conversão do tempo de serviço especial em comum para fins de contagem recíproca de tempo de serviço, em que se soma o tempo de serviço de atividade privada, seja ela urbana ou rural, ao serviço público. Precedentes do STJ. 2. Todavia, reconhecido o caráter especial do período supramencionado, não há óbice a que a autora obtenha certidão de tempo de serviço com a respectiva conversão da atividade especial em comum, posto que já incorporado ao seu patrimônio jurídico. 3. A atividade desempenhada pela autora, anotada em carteira profissional, no período de 7.12.1974 a 1º.8.1991 (no ramo de enfermagem), está prevista no Anexo I do Decreto n. 83.080/79 (código 1.3.4) e Anexo II do Decreto n. 53.831/64 (código 2.1.3), e foi desenvolvida em ambiente hospitalar, estando a nocividade do trabalho prevista em lei, sendo desnecessária a sua confirmação por outros meios. De outra parte, apenas a entidade a qual incumba deferir o benefício é que pode se opor à sua concessão. Precedentes do STF e do STJ. 4. Remessa oficial e apelação não providas." (TRF 3ª Região — Processo 200361080012324 — AMS 259256 — Relator Juiz João Consolim — DJF 3 de 21.9.2011 p. 715)

"PREVIDENCIÁRIO. MAGISTÉRIO. CONTAGEM ESPECIAL DE TEMPO DE SERVIÇO CELETISTA. CONVERSÃO EM TEMPO COMUM. POSSIBILIDADE. MUDANÇA PARA O REGIME ESTATUTÁRIO. GARANTIA DE CONTAGEM RECÍPROCA DO TEMPO DE SERVIÇO. PRECEDENTES DO STF E STJ. — Há entendimento consolidado no STJ no sentido de que o servidor público que exerceu atividade penosa, insalubre ou perigosa, no regime celetista, possui o direito à contagem especial desse tempo de serviço, a despeito de posteriormente ter passado à condição de estatutário. Logo, a professora estatutária faz jus à averbação do tempo de serviço prestado em condições insalubres e penosas, quando celetista, com o acréscimo previsto na legislação vigente à época da prestação de serviço. — A demandante desenvolveu o magistério em escolas particulares, nos intervalos de 1º.3.1981 a 28.2.1986, 1º.3.1986 a 24.3.1992, 25.3.1992 a 31.3.1992 e de 1º.2.1993 a 15.9.1993, consoante anotações em sua CTPS, cuja categoria profissional encontra-se classificada no item 2.1.4 do Anexo II do Decreto n. 53.831/64, tendo adquirido o direito à contagem diferenciada deste tempo de serviço e a sua conversão em tempo comum, mediante a aplicação do fator 1,2 (um vírgula dois), por se tratar de mulher, para fins de aposentadoria. — Insubsistente o argumento de impossibilidade de emissão de certidão de tempo de contribuição para períodos já averbados por outro regime, visto que o pleito da postulante refere-se ao tempo em que laborou sob o regime celetista, em escolas particulares, conforme anotações em sua CTPS. — Também não se alegue impossibilidade de conversão de atividade de magistério para tempo comum, após a edição da EC n. 18/81, porquanto a atribuição de aposentadoria específica ao professor, com previsão e requisitos constitucionais diferenciados, constitui-se numa vantagem introduzida no ordenamento, que permaneceu na Carta Magna de 1988 (art. 40, § 5º, e art. 201, § 8º), não se vislumbrando, no tratamento constitucional a eles especificamente direcionado, normatividade capaz de suprimir a regulamentação infraconstitucional referente a tal categoria de profissionais. — A contagem recíproca é um direito assegurado na própria Constituição Federal (art. 201, § 9º), não devendo o acerto de conta entre os diversos sistemas de previdência social interferir na existência deste direito, sobretudo para fins de aposentadoria. — Assim, deve a autoridade impetrada fornecer à postulante certidão referente ao tempo de serviço prestado sob regime celetista, nos interregnos de 1º.3.1981 a 28.2.1986, 1º.3.1986 a 24.3.1992, 25.3.1992 a 31.3.1992 e 1º.2.1993 a 15.9.1993, com o adicional de 1,2 aos referidos períodos. — Apelação e remessa oficial improvidas."

(TRF 5ª Região — Processo 00003217420124058201 — APELREEX 24496 — 4ª Turma — Relator Desembargador Federal Edilson Nobre — DJE de 25.10.2012, p. 567)

Cumpre ainda observarmos que nem sempre o INSS interpretou o art. 96 da forma como atualmente interpreta, tendo emitido certidões no período de 14.5.1992 a 26.3.1997 com conversão de tempo especial em tempo comum, com acréscimo, enquanto vigente o Parecer MPS/CJ n. 27/92. Compreendo que essas certidões permanecem válidas, não obstante a alteração de interpretação e posicionamento por parte do Ministério da Previdência Social.

Atualmente, disciplina sobre essas certidões os arts. 376 e 377 da Instrução Normativa INSS n. 45/2010. Confiram-se:

> "Art. 376. No caso de emissão de CTC com conversão de tempo de serviço exercido em atividade sujeita a condições especiais, observar-se-á:
>
> I — as certidões emitidas no período de 14 de maio de 1992 a 26 de março de 1997, na vigência do Parecer CJ/MPS n. 27, de 18 de maio de 1992, com conversão de período de atividade especial, continuam válidas; e
>
> II — ressalvadas as hipóteses previstas nos §§ 1º e 2º deste artigo, não será emitida CTC com conversão de tempo de serviço exercido em atividade sujeita a condições especiais, nos termos dos arts. 66 e 70 do RPS, em tempo de contribuição comum, bem como a contagem de qualquer tempo de serviço fictício, conforme o Parecer CJ/MPAS n. 846, de 26 de março de 1997 e o art. 125 do RPS.
>
> § 1º Será permitida, por força do Parecer MPS/CJ n. 46, de 16 de maio de 2006, a emissão de CTC com conversão de período trabalhado exercido sob condições especiais no serviço público federal, referente ao contrato que teve o regime de previdência alterado de RGPS para RPPS, independentemente se na data da mudança de regime estava em atividade no serviço público, cabendo à linha de recursos humanos de cada órgão toda a operacionalização para a implementação do reconhecimento do tempo de serviço.
>
> § 2º Aplicam-se as orientações contidas no Parecer CJ/MPS n. 46, de 2006, extensivamente aos servidores públicos municipais, estaduais e distritais, considerando-se instituído o regime próprio destes servidores a partir da vigência da lei que institui o RPPS em cada ente federativo correspondente, cabendo a emissão da CTC ser realizada pelas APS.
>
> § 3º Excluindo-se a hipótese de atividade exercida em condições especiais previstas nos §§ 1º e 2º deste artigo, é vedada a contagem de tempo de contribuição fictício, entendendo-se como tal todo aquele considerado em lei anterior como tempo de serviço, público ou privado, computado para fins de concessão de aposentadoria sem que haja, por parte do servidor ou segurado, cumulativamente, a prestação de serviço e a correspondente contribuição social."
>
> "Art. 377. Observado o disposto no art. 376, quando for solicitada CTC com conversão do tempo de serviço prestado em condições perigosas ou insalubres, o servidor deverá providenciar a análise do mérito da atividade cujo reconhecimento é pretendido como atividade especial e deixar registrado no processo se o enquadramento seria devido ou não, ainda que a CTC não seja emitida com a conversão na forma do inciso I do art. 96 da Lei n. 8.213, de 1991."

Fundamentação: Citada no texto.

1.6. Tempo de contribuição ao RGPS após a concessão de aposentadoria

Como pode ser observado na Parte III, Capítulo X, item 4, desta obra, os segurados aposentados pelo RGPS que permanecem ou retornam à atividade remunerada devem permanecer contribuindo para o sistema previdenciário. E tal período de contribuição, como não foi considerado para a concessão do benefício de aposentadoria (posto que posterior a ela), poderá ser considerado para fins de contagem recíproca de tempo de serviço, caso o interessado esteja filiado a um Regime Próprio de Previdência Social. Tal permissão encontra-se, inclusive, expressamente prevista no § 3º do art. 125 do Decreto n. 3.048/99, Regulamento da Previdência Social.

Fundamentação: Citada no texto.

1.7. Contagem de tempo anterior ou posterior à filiação obrigatória à *Previdência Social*

O tempo anterior ou posterior à filiação obrigatória à Previdência Social poderá ser considerado para fins de contagem recíproca somente se indenizado.

Para cálculo desta indenização, a base de incidência das contribuições sociais previdenciárias será a remuneração do segurado na data da protocolização do requerimento, sobre a qual incidirão as contribuições para o regime próprio de previdência social a que estiver filiado, observados os limites mínimo e máximo do salário de contribuição (R$ 724,00 e R$ 4.390,24, respectivamente).

Será apurada a contribuição devida para fins de contagem recíproca aplicando-se a alíquota de 20% sobre o salário de contribuição, sobre a qual incidirão juros de mora de 0,5% por cento ao mês, capitalizados anualmente, e multa de mora de 10%. Tal procedimento de cálculo aplica-se, inclusive, para competências posteriores a abril de 1995.

Trata-se do "reconhecimento do tempo de filiação", tema que poderá ser observado na Parte II, Capítulo V, item 4, desta obra.

Fundamentação: Lei n. 8.213/91, art. 96, IV; Decreto n. 3.048/99, art. 127, IV.

1.8. Contagem do tempo de serviço exercido com vinculação ao regime próprio para fins da aposentadoria por idade

O tempo de contribuição na administração pública federal, estadual, do Distrito Federal ou municipal será considerado para efeito do percentual de acréscimo previsto para a composição da renda mensal da aposentadoria por idade a ser obtida no RGPS (inciso III do art. 39 do Decreto n. 3.048/99).

1.9. Tempo de contribuição ao RGPS não utilizado

O tempo de contribuição ao Regime Geral de Previdência Social, certificado pelo INSS em Certidão de Tempo de Contribuição, que não tiver sido aproveitado em Regime Próprio de Previdência Social poderá ser utilizado para fins de benefício junto ao INSS, mesmo que de forma concomitante com o de contribuição para regime próprio, independentemente de existir ou não aposentadoria.

Obs.: Entende-se por tempo a ser aproveitado o período de contribuição indicado pelo interessado para utilização junto ao órgão ao qual estiver vinculado, se possuir RPPS.

1.10. Período contribuído com opção de não se aposentar por tempo de contribuição

Conforme abordado na Parte III, Capítulo X, subitem 2.7, desta obra, o contribuinte individual que optar por não obter do RGPS o benefício de aposentadoria por tempo de contribuição pode, se assim desejar, contribuir com uma alíquota de apenas 11%, incidente sobre a base de cálculo de um salário mínimo.

No entanto, se posteriormente a esses recolhimentos resolver utilizar o tempo para fins de contagem em regime próprio (contagem recíproca) deverá complementar as contribuições com os 9% faltantes (porque a alíquota normal é de 20%), cujas diferenças sofrerão incidência de juros.

Fundamentação: Lei n. 8.213/91, art. 94, § 2º;Decreto n. 3.048/99, arts. 125, § 4º e 199-A, § 1º.

2. CONCESSÃO DOS BENEFÍCIOS — REGIME COMPETENTE

O benefício resultante de contagem recíproca de tempo de serviço deverá ser concedido e pago pelo sistema previdenciário a que o interessado estiver vinculado no momento do requerimento, sendo o mesmo calculado na forma da respectiva legislação.

Assim, se o interessado estiver vinculado ao Regime Geral de Previdência Social no momento do requerimento do benefício, este será o regime competente para calcular e conceder-lhe o benefício solicitado. Sendo o mesmo vinculado a um Regime Próprio de Previdência Social (como servidor público ou militar), a este regime caberá a concessão do benefício, conforme regras a ele aplicadas.

Fundamentação: Lei n. 8.213/91, art. 99; Decreto n. 3.048/99, art. 134.

3. DOCUMENTO NECESSÁRIO — CERTIDÃO DE TEMPO DE CONTRIBUIÇÃO

3.1. Expedição pelo INSS — tempo de serviço vinculado ao RGPS

O documento necessário à contagem recíproca do tempo de serviço para o Regime Próprio de Previdência Social é a Certidão de Tempo de Contribuição, a ser obtida junto ao INSS quando se tratar de tempo de serviço vinculado ao Regime Geral de Previdência Social.

O setor competente do Instituto Nacional do Seguro Social — INSS deverá, assim, promover o levantamento do tempo de filiação ao RGPS, considerando-se os assentamentos internos (Cadastro Nacional de Informações Sociais — CNIS) ou as anotações na Carteira de Trabalho ou na Carteira de Trabalho e Previdência Social do interessado, ou ainda de outros meios de prova admitidos em direito.

E a Certidão somente será expedida, por óbvio, se comprovada a quitação de todos os valores devidos, inclusive eventuais parcelamentos de débitos para com o INSS, não sendo necessário que o segurado se desvincule de suas atividades (vinculadas ao RGPS) para obtê-la.

Fundamentação: Decreto n. 3.048/99, arts. 128 e130; Instrução Normativa INSS n. 45/2010, art. 369.

3.1.1. Emissão da CTC, pelo INSS, para período de serviço público

O INSS somente emitirá a CTC para um período de serviço público na hipótese deste servidor ter estado vinculado ao RGPS, antes da criação do regime próprio e desde que este período já não tenha sido averbado automaticamente pelo respectivo órgão público.

Confira-se, nestes termos, da redação do art. 370 da Instrução Normativa INSS n. 45/2010:

"**Art. 370.** Será permitida a emissão de CTC, pelo INSS, para os períodos em que os servidores públicos da União, dos Estados, do Distrito Federal e dos Municípios estiveram vinculados ao RGPS, somente se, por ocasião de transformação para RPPS, esse tempo não tiver sido averbado automaticamente pelo respectivo órgão.

§ 1º O ente federativo deverá certificar todos os períodos vinculados ao RGPS, prestados pelo servidor ao próprio ente e que tenham sido averbados automaticamente, observado o disposto no § 2º do art. 10 do Decreto n. 3.112, de 6 de julho de 1999, mesmo que a emissão seja posterior ao início do benefício naquele órgão.

§ 2º O tempo de atividade autônoma com filiação à antiga Previdência Social Urbana, do atual RGPS, exercido de forma concomitante ao período de emprego público celetista, com filiação à mesma Previdência Social Urbana, objeto de averbação perante o Regime Jurídico Único — RJU, conforme determinação do art. 247 da Lei n. 8.112, de 11 de dezembro de 1990, somente poderá ser computado para efeito de aposentadoria uma única vez, independentemente do regime instituidor do benefício.

§ 3º Excepcionalmente, em relação às hipóteses constitucionais e legais de acumulação de atividades no serviço público e na iniciativa privada, quando uma das ocupações estiver enquadrada nos termos do art. 247 da Lei n. 8.112, de 1990, todavia, for verificada a subsistência dos diversos vínculos previdenciários até a época do requerimento do benefício, admite-se a possibilidade do trabalhador exercer a opção pelo regime previdenciário em que esse tempo será, uma única vez, utilizado para fins de aposentadoria, desde que estejam preenchidos todos os requisitos para a concessão do benefício de acordo com as regras do regime instituidor.

§ 4º Admite-se a utilização, no âmbito de um sistema de Previdência Social, do tempo de contribuição que ainda não tenha sido efetivamente aproveitado para obtenção de aposentadoria em outro, na conformidade do inciso III, art. 96 da Lei n. 8.213, de 1991.

§ 5º Observado o disposto no § 4º deste artigo, em hipótese alguma será emitida CTC para períodos de contribuição que tenham sido utilizados para a concessão de qualquer aposentadoria no RGPS."

Fundamentação: citada no texto.

3.2. Expedição pelo setor competente da administração federal estadual, do Distrito Federal ou Municipal — tempo de serviço vinculado a regime próprio

Também para o Regime Geral de Previdência Social, o documento necessário à contagem recíproca do tempo de serviço é a Certidão de Tempo de Contribuição, a ser expedida pelo setor competente da administração federal, estadual, do Distrito Federal e municipal, suas autarquias e fundações, relativamente ao tempo de contribuição para o respectivo regime próprio de previdência social.

Assim, o setor competente do órgão federal, estadual, do Distrito Federal ou municipal deverá promover o levantamento do tempo de contribuição para o respectivo regime próprio de previdência social considerando-se, para tal, os assentamentos funcionais existentes.

Fundamentação: Decreto n. 3.048/99, art. 130;

3.3. Conteúdo

A Certidão de Tempo de Contribuição, expedida tanto pelo INSS quanto pelo setor competente da administração pública, não poderá conter qualquer rasura, devendo constar, obrigatoriamente, as seguintes informações (§ 3º do art. 130 do Decreto n. 3.048/99):

a) órgão expedidor;

b) nome do servidor, seu número de matrícula, RG, CPF, sexo, data de nascimento, filiação, número do PIS ou PASEP, e, quando for o caso, cargo efetivo, lotação, data de admissão e data de exoneração ou demissão;

c) período de contribuição, de data a data, compreendido na certidão;

d) fonte de informação;

e) discriminação da frequência durante o período abrangido pela certidão, indicadas as várias alterações, tais como faltas, licenças, suspensões e outras ocorrências;

f) soma do tempo líquido;

g) declaração expressa do servidor responsável pela certidão, indicando o tempo líquido de efetiva contribuição em dias, ou anos, meses e dias;

h) assinatura do responsável pela certidão e do dirigente do órgão expedidor e, no caso de ser emitida por outro órgão da administração do ente federativo, homologação da unidade gestora do regime próprio de previdência social; e

i) indicação da lei que assegure, aos servidores do Estado, do Distrito Federal ou do Município, aposentadorias por invalidez, idade, tempo de contribuição e compulsória, e pensão por morte, com aproveitamento de tempo de contribuição prestado em atividade vinculada ao RGPS.

Obs.: Importante atentar-se ao fato de que a certidão só poderá ser fornecida para os períodos de efetiva contribuição para o Regime Geral de Previdência Social (exceto para segurado empregado e trabalhador avulso, cuja responsabilidade pelo recolhimento é do empregador ou tomador dos serviços), devendo ser excluídos aqueles para os quais não tenha havido contribuição, salvo se recolhida na forma dos §§ 7º a 14 do art. 216 do Decreto n. 3.048/99.

O formulário deve obedecer ao modelo disposto no Anexo XXX da Instrução Normativa INSS n. 45/2010, conforme art. 364 deste mesmo normativo.

A certidão de tempo de contribuição deverá ser expedida em duas vias, das quais a primeira será fornecida ao interessado, mediante recibo passado na segunda via, implicando sua concordância quanto ao tempo certificado (Decreto n. 3.048/99, art. 130, § 4º).

Quando solicitado pelo segurado que exerce cargos constitucionalmente acumuláveis (art. 37 da CF/88), é permitida a emissão de certidão única com destinação do tempo de contribuição para, no máximo, dois órgãos distintos. Nesta situação, a certidão de tempo de contribuição deverá ser expedida em três vias, das quais a primeira e a segunda serão fornecidas ao interessado, mediante recibo passado na terceira via, implicando sua concordância quanto ao tempo certificado (Decreto n. 3.048/99, art. 130, §§ 7º e 8º e IN INSS n. 45/2010, art. 368).

Poderá ser emitida, por solicitação do segurado, certidão de tempo de contribuição para período fracionado. Tratam-se de períodos de exercício de atividade com interrupções, hipótese em que a certidão conterá informação de todo o tempo de contribuição ao Regime Geral de Previdência Social e a indicação dos períodos a serem aproveitados no regime próprio de previdência social (Decreto n. 3.048/99, art. 130, §§ 10 e 11 e IN INSS n. 45/2010, art. 367).

Repita-se, por fim, pela importância do fato, que em hipótese alguma será expedida certidão de tempo de contribuição para período que já tiver sido utilizado para a concessão de aposentadoria, em qualquer regime de previdência social (Decreto n. 3.048/99, art. 130, § 13).

Obs.: A CTC relativa ao militar, tanto o integrante da Força Armada quanto o militar dos Estados e do Distrito Federal, por ter regras constitucionais previdenciárias diferenciadas do servidor titular de cargo efetivo, não se submete às normas definidas na Portaria MPS n. 154, de 15 de maio de 2008 e nem tampouco ao conteúdo desta obra.

Fundamentação: citada no texto e Instrução Normativa INSS n. 45/2010, art. 365.

3.3.1. Relação dos valores das remunerações

A certidão de tempo de contribuição deverá vir obrigatoriamente acompanhada de relação dos valores das remunerações, por competência, que serão utilizados para fins de cálculo dos proventos da aposentadoria.

O modelo desta relação se encontra no Anexo XXXI da Instrução Normativa INSS n. 45/2010 e a listagem deve compreender os totais de remuneração (base de cálculo das contribuições previdenciárias) desde julho de 1994.

Na prática, é comum encontrarmos relações onde o órgão público informou, em vez do valor das remunerações, o valor das contribuições que foram vertidas ao regime previdenciário. O INSS, por sua vez, acaba lançando esses valores como se remuneração fossem, reduzindo, obviamente, o valor do benefício que será pago ao segurado. É conveniente solicitar a correção do documento, portanto, antes de apresentá-lo ao INSS.

Fundamentação: Decreto n. 3.048/99, art. 130, § 14; Instrução Normativa INSS n. 45/2010, art. 364.

3.4. Segurado em gozo do benefício de auxílio-acidente

O segurado do RGPS em gozo do benefício de auxílio-acidente terá o benefício encerrado na data da emissão da Certidão de Tempo de Contribuição — art. 129 do Decreto n. 3.048/99.

O encerramento igualmente se aplicará aos benefícios de auxílio-suplementar ou abono de permanência em serviço, para os segurados que os percebem em decorrência de direito adquirido, já que ambos se tratam de benefícios extintos.

Fundamentação: citada no texto.

3.5. Revisão

Caberá revisão da certidão de tempo de contribuição, inclusive de ofício, quando for constatado algum erro material, praticado pelo órgão emissor.É, contudo, vedada à destinação da certidão a órgão diverso daquele a que se destinava originariamente, conforme disposições do Decreto n. 3.048/99, art. 130, § 16.

A certidão também poderá ser retificada a qualquer tempo, se não tiver sido utilizada para averbação em regime diverso ou, se utilizada, este tempo não tiver sido computado para a concessão da aposentadoria. Sobre o tema dispõem os arts. 380 a 382 da Instrução Normativa INSS n. 45/2010, com o seguinte teor:

"**Art. 380.** A CTC que não tiver sido utilizada para fins de averbação no RPPS ou, uma vez averbada, o tempo certificado, comprovadamente não tiver sido utilizado para obtenção de aposentadoria ou vantagem no RPPS, será revista, a qualquer tempo, a pedido do interessado, inclusive para incluir novos períodos ou para fracionamento, mediante a apresentação dos seguintes documentos:

I — solicitação do cancelamento da certidão emitida;

II — certidão original; e

III — declaração emitida pelo órgão de lotação do interessado, contendo informações sobre a utilização ou não dos períodos certificados pelo INSS, e para quais fins foram utilizados.

§ 1º Não serão consideradas como vantagens no RPPS as verbas de anuênio, quinquênio, abono de permanência em serviço ou outras espécies de remuneração, pagas pelo ente público, considerando que são parcelas de natureza remuneratória e que não interferem no cômputo do tempo de contribuição e nem alteram o período certificado.

§ 2º Em caso de impossibilidade de devolução pelo órgão de RPPS, caberá ao emissor encaminhar a nova CTC com ofício esclarecedor, cancelando os efeitos da anteriormente emitida.

§ 3º Os períodos de trabalho constantes na CTC, serão analisados de acordo com as regras vigentes, na data do pedido, para reformulação, manutenção ou exclusão, e consequente cobrança das contribuições devidas, se for o caso."

"**Art. 381.** Observado o disposto no § 3º do art. 380, para o requerimento da segunda via da CTC, deverá ser juntada ao processo, além de justificativa por parte do interessado, os documentos constantes nos incisos I e III do *caput* do respectivo artigo."

"**Art. 382.** Caberá revisão da CTC de ofício, observado o prazo decadencial, em caso de erro material e desde que tal revisão não importe em dar à certidão destinação diversa da que lhe foi dada originariamente, mediante informação do ente federativo quanto à possibilidade ou não da devolução da original, e na impossibilidade, será adotado o procedimento contido no § 2º do art. 380."

Fundamentação: citada no texto.

4. PROCEDIMENTOS OPERACIONAIS APÓS A CONCESSÃO DO BENEFÍCIO

Concedido o benefício, caberá ao INSS comunicar o fato ao órgão público emitente da certidão, para as anotações nos registros funcionais e/ou na segunda via da certidão de tempo de contribuição.

Ao órgão público caberá comunicar o fato ao INSS, para efetuar os registros cabíveis.

Fundamentação: Decreto n. 3.048/99, art. 131.

5. COMPENSAÇÃO FINANCEIRA ENTRE OS REGIMES PREVIDENCIÁRIOS

Conforme disposições constantes do § 9º do art. 201 da Constituição Federal é necessário que os diversos regimes de previdência social se compensem financeiramente para que seja possível a contagem recíproca do tempo de contribuição para fins de aposentadoria.

E esta compensação financeira, atualmente disciplinada pela Lei n. 9.796/99 (regulamentada pelo Decreto n. 3.112/99), será efetuada pelos demais sistemas ao sistema previdenciário a que o interessado estiver vinculado ao requerer o benefício, e somente em relação aos respectivos tempos de contribuição ou de serviço por eles certificados.

Administrativamente, a partir da Portaria MPAS n. 6.209, de 17.12.1999, o que for referente à compensação financeira passou a ser tratado como "Compensação Previdenciária", ou seja, o Ministério da Previdência Social denomina como "compensação previdenciária" o acerto de contas entre o RGPS e os Regimes Próprios de Previdência Social referente ao tempo de contribuição utilizado na concessão de benefício, mediante contagem recíproca na forma da Lei n. 6.226/75, e legislação subsequente.

Fundamentação: citada no texto; Portaria MPS/MF n. 410/2009.

Capítulo XLIV

Convênios, Contratos, Credenciamentos e Acordos

1. POSSIBILIDADE — PROPONENTES

A Previdência Social se encontra autorizada a firmar convênios para prestação de serviços referentes ao processamento de requerimento e/ou requerimento/pagamento de benefícios previdenciários, acidentários e salário maternidade em casos de adoção, para processamento de requerimento de CTC, para pagamento de salário família a trabalhador avulso ativo, para Inscrição de beneficiários e para Reabilitação Profissional, comas seguintes entidades/instituições (proponentes):

a) empresas;

b) sindicatos;

c) entidades de aposentados;

d) órgãos da administração pública direta, indireta, autárquica e fundacional do Distrito Federal, estados e municípios.

Confira-se, sobre o tema, a redação do art. 117 da Lei n. 8.213/91:

"**Art. 117.** A empresa, o sindicato ou a entidade de aposentados devidamente legalizada poderá, mediante convênio com a Previdência Social, encarregar-se, relativamente a seu empregado ou associado e respectivos dependentes, de:

I — processar requerimento de benefício, preparando-o e instruindo-o de maneira a ser despachado pela Previdência Social;

II — submeter o requerente a exame médico, inclusive complementar, encaminhando à Previdência Social o respectivo laudo, para efeito de homologação e posterior concessão de benefício que depender de avaliação de incapacidade;

III — pagar benefício.

Parágrafo único. O convênio poderá dispor sobre o reembolso das despesas da empresa, do sindicato ou da entidade de aposentados devidamente legalizada, correspondente aos serviços previstos nos incisos II e III, ajustado por valor global conforme o número de empregados ou de associados, mediante dedução do valor das contribuições previdenciárias a serem recolhidas pela empresa."

O Decreto n. 3.048/99 esclarece, ainda, que somente poderá optar pelo encargo de pagamento as entidades convenentes que fazem a complementação de benefícios, observada a conveniência administrativa do INSS (art. 311, parágrafo único). Nesta hipótese, a Gerência Executiva celebrante ficará responsável pela celebração, execução, monitoramento dos pagamentos efetuados e cobrança /análise da prestação de contas parcial e final de cada convenente (IN INSS n. 45/2010, art. 459, § 10).

Observe-se, no entanto, que somente poderão celebrar convênio os interessados que tenham organização administrativa, com disponibilidade de pessoal para a execução dos serviços que forem convencionados, em todas as localidades abrangidas, independentemente do número de empregados ou de associados, e que apresentem (IN INSS n. 45/2010, art. 459, § 3º):

"I — certidões de regularidade fornecidas pela SRFB, pela Procuradoria-Geral da Fazenda Nacional — PGFN, do Ministério da Fazenda, e pelos correspondentes órgãos estaduais e municipais;

II — Certidão Negativa de Débitos — CND atualizada, e, se for o caso, também a regularidade quanto ao pagamento das parcelas mensais relativas aos débitos renegociados;

III — apresentação de Certificado de Regularidade do FGTS, fornecido pela CEF, nos termos da Lei n. 8.036, de 11 de maio de 1990;

IV — comprovação de que não há qualquer pendência do proponente junto à União, por meio de consulta ao seu cadastro junto ao SICAF e ao CADIN, integrantes do Sistema Integrado de Administração Financeira do Governo Federal — SIAFI;

V — declaração expressa do proponente, sob as penas do art. 299 do Código Penal, de que não se encontra em mora e nem em débito junto a qualquer órgão ou entidade da Administração Pública Federal Direta e Indireta;

VI — comprovação da capacidade jurídica da pessoa que assinará o convênio por parte da empresa;

VII — ato constitutivo e últimas alterações; e

VIII — registro do CNPJ.

(...)

§ 6º Para a celebração dos convênios sem encargos de pagamentos somente deverão ser exigidos o constante dos incisos I, II, III, VI, VII e VIII, todos do § 3º deste artigo.

(...)"

As entidades acima relacionadas, denominadas proponentes, deverão celebrar convênio em cada Superintendência/Gerências-Executivas do INSS onde ele será executado, sendo que uma Gerência-Executiva poderá atender à demanda de outras localidades, desde que tais procedimentos sejam previamente acordados entre as Superintendências/Gerências envolvidas.

Aprovado e firmado o convênio, a entidade proponente passa a denominar-se "convenente", cumprindo-nos esclarecer que esta não receberá qualquer remuneração do INSS, tampouco dos beneficiários, pela execução dos serviços objeto do convênio. Trata-se, pois, de serviço prestado gratuitamente, com único objeto de colaborar com o INSS para a melhoria do atendimento.

Obs.: O pagamento das cotas de salário família ao trabalhador portuário avulso somente poderá ser efetivado mediante a celebração de convênio com os órgãos gestores de mão de obra e sindicatos.

Fundamentação: Lei n. 8.213/91, art. 117; Decreto n. 3.048/99, art. 311 e 313; Instrução Normativa INSS n. 45/2010, arts. 459, § 5º, 462 e 465.

1.1. Empresas com 4.000 ou Mais Empregados

A empresa ou o grupo de empresas que possuir um quadro de pessoal de quatro mil empregados (ou mais) poderá celebrar convênio com o INSS para a criação de unidade Prisma-Empresa via web, de processamento de requerimento de aposentadoria e pensão previdenciária e acidentária, desde que todas as condições para a celebração sejam atendidas e que a empresa ou o grupo disponha de espaço físico, de equipamentos e de recursos humanos para a implantação do empreendimento, além de que haja disponibilidade de pontos de acesso.

Fundamentação: Instrução Normativa INSS n. 45/2010, art. 459, § 4º.

2. ABRANGÊNCIA E ENCARGOS

A prestação de serviços aos beneficiários em regime de convênio poderá abranger a totalidade ou parte dos seguintes encargos (Instrução Normativa INSS n. 45/2010, art. 461):

"I — processamento de requerimento de benefícios previdenciários e acidentários devidos a empregados e associados, processamento de requerimento de pensão por morte e de auxílio-reclusão devidos aos dependentes dos empregados e dos associados da convenente;

II — pagamento de benefícios devidos aos empregados e a associados da convenente;

III — pagamento de pensão por morte e de auxílio-reclusão devidos aos dependentes dos empregados e dos associados da convenente;

IV — Reabilitação Profissional dos empregados e dos associados da convenente;

V — pedido de revisão dos benefícios requeridos pelos empregados e pelos associados da convenente;

VI — interposição de recursos a serem requeridos pelos empregados e pelos associados da convenente;

VII — inscrição de segurados no RGPS;

VIII — pagamento de cotas de salário família a trabalhador avulso ativo, sindicalizado ou não;

IX — formalização de processo de pedido de CTC, para fins de contagem recíproca em favor dos servidores da convenente;

X — processamento de requerimento/pagamento de salário maternidade em caso de adoção; e

XI — agendamento eletrônico do atendimento no Sistema de Agendamento Eletrônico — SAE a associados, no caso dos sindicatos ou entidade, ou empregados, na hipótese das empresas."

Também é possível ao INSS, em conjunto com o MPS, firmar convênio com órgãos federais, estaduais ou do Distrito Federal e dos Municípios, bem como com entidades de classe, com a finalidade de manter/implementar programa de cadastramento dos segurados especiais. Neste caso, o convênio precisa ser celebrado no âmbito da Direção Geral do INSS.

Igualmente permitido à Previdência Social firmar convênio para consignação e retenção de empréstimos e/ou financiamentos em benefícios previdenciários, em favor das instituições financeiras e desconto de mensalidades de entidades de classe, legalmente permitidos.

É importante destacarmos, contudo, que a realização de perícia médica, nos convênios para requerimento de benefícios por incapacidade, ficará a cargo do INSS.

Fundamentação: Instrução Normativa INSS n. 45/2010, arts. 459, § 8º, 460 e 461.

2.1. Quotas de salário família — afastamento por incapacidade

As cotas de salário família correspondentes ao mês do afastamento do trabalho devem ser pagas integralmente através dos sindicatos e órgãos gestores de mão de obra conveniados. As quotas do mês de cessação do benefício serão pagas, integralmente, pelo INSS, não importando o dia em que recaiam as referidas ocorrências — IN INSS n. 45/2010, art. 464.

2.2. Concessão e manutenção de benefícios pagos a beneficiários residentes no exterior

A concessão e manutenção de prestação devida a beneficiário residente no exterior devem ser efetuadas nos termos do acordo entre o Brasil e o país de residência do beneficiário ou, na sua falta, nos termos de instruções expedidas pelo Ministério da Previdência e Assistência Social — Decreto n. 3.048/99, art. 312.

2.3. Pedido de CTC para fins de contagem recíproca

Os órgãos da administração pública direta, autárquica e fundacional dos Estados, do Distrito Federal e dos Municípios poderão, mediante convênio com a previdência social, encarregar-se, relativamente aos seus funcionários, de formalizar processo de pedido de certidão de tempo de contribuição para fins de contagem recíproca, preparando-o e instruindo-o de forma a ser despachado pelo Instituto Nacional do Seguro Social — Decreto n. 3.048/99, art. 315.

3. VALIDADE

Os convênios com encargo de pagamento de benefícios terão validade máxima de cinco anos, a contar da data de sua publicação no DOU, devendo ser celebrado novo convênio ao final deste período. Os demais convênios, sem encargo de pagamento, poderão ter validade de cinco anos prorrogáveis por igual período, de acordo com o interesse das partes envolvidas.

Obs.: É expressamente proibida a celebração de convênios com prazo de vigência indeterminado.

A qualquer tempo poderá ser proposta a rescisão do referido convênio, seja pelo INSS ou pela convenente.

Fundamentação: Instrução Normativa INSS n. 45/2010, art. 463.

4. AUSÊNCIA DE VÍNCULO EMPREGATÍCIO

O art. 314 do Decreto n. 3.048/99 expressa, claramente, que a prestação de serviços da entidade que mantém convênio, contrato, credenciamento ou acordo com o Instituto Nacional do Seguro Social não cria qualquer vínculo empregatício entre este e o prestador de serviço.

Mesmas disposições constam da Instrução Normativa INSS n. 45/2010, art. 466.

Capítulo XLV

Decadência e Prescrição

1. DECADÊNCIA — *CAPUT* DO ART. 103 DA LEI N. 8.213/91

1.1. Histórico

Antes de adentrarmos no mérito das discussões existentes sobre o prazo de "decadência", é importante fixarmos que até a data de 27.6.1997 a legislação previdenciária não trazia qualquer previsão sobre o prazo para revisão dos benefícios previdenciários. Era a redação original do art. 103 da Lei n. 8.213/91 a seguinte:

> "Art. 103. Sem prejuízo do direito ao benefício, prescreve em 5 (cinco) anos o direito às prestações não pagas nem reclamadas na época própria, resguardados os direitos dos menores dependentes, dos incapazes ou dos ausentes."

Assim, o entendimento à época vigente era de que o segurado, verificando qualquer irregularidade no ato de concessão de seu benefício (ou indeferimento), poderia solicitar seu direito a qualquer tempo, tanto na esfera administrativa quanto judicial. Havendo êxito no pedido, o INSS procederia à correção solicita, mas pagaria eventuais diferenças devidas somente dos últimos 5 anos. Confira-se, nestes termos, a redação da Súmula 85 do STJ, publicada em 2.7.1993:

> "Súmula 85 — Nas relações jurídicas de trato sucessivo em que a fazenda pública figure como devedora, quando não tiver sido negado o próprio direito reclamado, a prescrição atinge apenas as prestações vencidas antes do quinquenio anterior a propositura da ação."

Em 28.06.1997 foi publicada a Medida Provisória n. 1.523-9 que, alterando a redação do art. 103 da Lei n. 8.213/91, passou a fixar um prazo de 10 anos para as revisões, denominando-o "prazo de decadência". Confira-se:

> "Art. 103. É de dez anos o prazo de decadência de todo e qualquer direito ou ação do segurado ou beneficiário para a revisão do ato de concessão de benefício, a contar do dia primeiro do mês seguinte ao do recebimento da primeira prestação ou, quando for o caso, do dia em que tomar conhecimento da decisão indeferitória definitiva no âmbito administrativo.
>
> Parágrafo único. Prescreve em cinco anos, a contar da data em que deveriam ter sido pagas, toda e qualquer ação para haver prestações vencidas ou quaisquer restituições ou diferenças devidas pela Previdência Social, salvo o direito dos menores, incapazes e ausentes, na forma do Código Civil.»

Referida Medida Provisória foi reeditada meses seguidos, até sua conversão na Lei n. 9.528/97 (DOU de 11.12.1997), a qual manteve a redação do art. 103 na forma proposta.

Em 23.10.1998 foi então publicada a Medida Provisória n. 1.663-15, alterando novamente a redação do art. 103 da Lei de Benefícios, reduzindo o prazo de revisão para 5 anos. *In verbis*:

> "Art. 103. É de cinco anos o prazo de decadência de todo e qualquer direito ou ação do segurado ou beneficiário para a revisão do ato de concessão de benefício, a contar do dia primeiro do mês seguinte ao do recebimento da primeira prestação ou, quando for o caso, do dia em que tomar conhecimento da decisão indeferitória definitiva no âmbito administrativo.
>
> Parágrafo único. Prescreve em cinco anos, a contar da data em que deveriam ter sido pagas, toda e qualquer ação para haver prestações vencidas ou quaisquer restituições ou diferenças devidas pela Previdência Social, salvo o direito dos menores, incapazes e ausentes, na forma do Código Civil."

Esta Medida Provisória (1.663-15) foi convertida na Lei n. 9.711 no mês seguinte (DOU de 21.11.1998), que manteve o prazo de 5 anos no art. 103. No entanto, há aqui um detalhe importante, que me passou desapercebido na edição anterior dessa obra: o art. 30 da Lei n. 9.711/98 convalida os atos praticados com base na MP 1.663-14, e não da MP 1.663-15, mas o art. 24 do mesmo diploma legal, ao alterar os artigos da Lei n. 8.213/91, coloca no art. 103 a mesma redação disposta na MP 1.663-15 (prazo de 5 anos para as revisões). Ora, a lei, ao convalidar os atos da MP 1.663-14, nos leva a concluir que a redução do prazo de revisão para 5 anos não pode ter início em 23.10.1998, mas sim em 21.11.1998, que é a data de publicação da própria Lei n. 9.711.

No entanto, exatos 5 anos depois, em 20.11.2003, o Governo Federal se rendeu às pressões políticas e populares (alguns aposentados faleceram em filas do INSS, tentando solicitar revisão de seus benefícios) e publicou a Medida Provisória n. 138, alterando novamente a redação do art. 103 da Lei de Benefícios e voltando a fixar o prazo de 10 anos para o ato revisional.

A Medida Provisória n. 138 foi convertida na Lei n. 10.839/2004 (DOU de 6.2.2004) e a redação por ela conferida ao art. 103 permanece até os dias atuais. Confira-se:

"Art. 103. É de dez anos o prazo de decadência de todo e qualquer direito ou ação do segurado ou beneficiário para a revisão do ato de concessão de benefício, a contar do dia primeiro do mês seguinte ao do recebimento da primeira prestação ou, quando for o caso, do dia em que tomar conhecimento da decisão indeferitória definitiva no âmbito administrativo.

Parágrafo único. Prescreve em cinco anos, a contar da data em que deveriam ter sido pagas, toda e qualquer ação para haver prestações vencidas ou quaisquer restituições ou diferenças devidas pela Previdência Social, salvo o direito dos menores, incapazes e ausentes, na forma do Código Civil."

Temos, portanto, e em resumo, o seguinte histórico:

• Até 27.6.1997: não havia prazo

• De 28.6.1997 a 20.11.1998 (MP 1.523-9 e Lei n. 9.528/97): prazo de 10 anos

• De 21.11.1998 a 19.11.2003 (MP 1.663-15 e Lei n. 9.711/98): prazo de 5 anos

• A contar de 20.11.2003 (MP 138/2003 e Lei n. 10.839/2004): prazo de 10 anos

Confira-se, por fim, a redação da Súmula 64 da TNU, aprovada em 08/2012:

"**Súmula 64** — O direito à revisão do ato de indeferimento de benefício previdenciário ou assistencial sujeita-se ao prazo decadencial de dez anos."

1.2. Natureza jurídica do prazo fixado no caput do art. 103 da Lei n. 8.213/91 — Prazo de prescrição, e não prazo de decadência

Não obstante o legislador tenha denominado o prazo como sendo de "decadência", entendo tratar-se, em verdade, de prazo de prescrição e esta diferença é extremamente relevante para analisarmos o direito dos segurados. Explico.

O vocábulo "decadência" tem origem no latim cadens, de cadere, que significa cair, perecer, cessar, deixar de existir, morrer. No âmbito jurídico, significa o perecimento (extinção) de um direito quando o interessado deixa de solicitá-lo no prazo fixado pelo legislador. Não há ato de terceiro, apenas a inércia do próprio titular do direito que, negligentemente, deixa de exercê-lo no prazo fixado para tal.

Podemos exemplificar com o benefício de auxílio-doença. A Lei n. 8.213/91, arts. 59 e seguintes, possibilita ao segurado do RGPS a percepção do benefício de auxílio-doença quando da existência de incapacidade laborativa. Referido benefício, contudo, deve ser requerido ao INSS durante a incapacidade. Se o trabalhador é acometido de enfermidade e se espera se curar totalmente para, depois, requerer o benefício junto ao INSS, não mais terá direito de recebê-lo, porque deixou de solicitar a referida prestação no prazo fixado pelo legislador. Note-se que o direito existia, mas pereceu em decorrência da inércia, ou seja, da falta de ação do segurado.

Para falarmos de decadência, portanto, é preciso que o segurado não tenha exercido o direito em si, já que esta se refere à inércia quanto ao exercício do próprio direito.Se o direito foi exercido pelo segurado e se o que se pretende é sua modificação ou correção, não estamos falando de decadência, mas sim de prescrição.

Parece confuso, mas não o é. Na esfera previdenciária, mais precisamente quanto à redação do art. 103, o direito refere-se ao benefício previdenciário, que é concedido mediante requerimento do segurado. Se existe um prazo ou um momento certo para o requerimento/solicitação desse benefício, estamos falando de prazo de decadência.

Além do exemplo acima citado (auxílio-doença) também podemos ilustrar com o salário maternidade. A Lei 8.213/91 não fixa o prazo para seu requerimento, mas o art. 305 da Instrução Normativa INSS n. 45/2010 fixa o prazo de 5 anos. Confira-se:

> "Art. 305. O salário maternidade poderá ser requerido no prazo de cinco anos, a contar da data do parto, observado o prazo decadencial conforme art. 441."

Sem adentrarmos no mérito de uma Instrução Normativa fixar um prazo que não consta da lei ordinária (extrapolando sua função regulamentar e normativa[33]) e, portanto, se considerarmos válido o prazo de 5 anos para o exercício do direito, podemos afirmar tratar-se de prazo decadencial. O direito ao salário maternidade existe para todas as seguradas, mas a segurada precisa solicitar/requerer este benefício em até 5 anos, contados da data do parto. Se não o fizer dentro desse prazo, não mais existirá o direito em si, tendo este perecido em razão da inércia da segurada.

Tendo o segurado exercido seu direito e requerido o benefício, o que quer que seja discutido depois ensejará o prazo de prescrição.Se o benefício foi, por exemplo, calculado com tempo a menor ou com valores equivocados, sua correção precisa ser solicitada ao INSS, mediante uma ação do segurado, seja esta ação exercida na esfera administrativa ou judicial. O prazo para o exercício dessa ação (protocolo de um recurso administrativo ou ingresso de uma ação judicial) refere-se, pois, a um prazo de prescrição, e não de decadência.

O objeto da decadência é o "exercício do próprio direito", enquanto que o objeto da prescrição é o "exercício de uma ação para defender um direito violado ou ameaçado".

De Plácido e Silva, in Vocabulário Jurídico[34], proficuamente esclarece a questão:

> "A prescrição, assim, pressupõe a existência de um direito, que, para ser garantido, procura a proteção judicial, enquanto não se extinga a ação, pelo decurso do prazo em que possa ser avocada.
>
> A decadência impede que o direito, potencialmente assegurado, se reafirme, pela falta do exercício, que se fazia necessário. E somente, quando o direito (faculdade de agir) está subordinado à condição do exercício, no prazo regulamentar, poder-se-á admitir a decadência, resultante da omissão do titular do direito, que não se encontra em plena efetividade.
>
> Na prescrição, o direito já é efetivo, não depende do exercício para integrar-se ao patrimônio do titular. O *direito de agir* para defendê-lo, se ameaçado ou violado, é que *prescreve*, desde que não tenha sido a ação intentada no prazo regulamentar, a contar da *data*, em que a ameaça ou a violação ocorreu.

---

(33) Sobre o tema ver, nesta obra, o subitem 9.7 do Capítulo XXXVIII, Parte V.
(34) SILVA, De Plácido e. Vocabulário Jurídico. 10ª edição, Volumes I e II (A-I). Rio de Janeiro, Forense, 1987,

Em síntese, pois, a decadência faz perecer o próprio direito não afirmado pelo exercício; a prescrição faz perecer a ação para defender o direito já firmado, em virtude de importunação alheia."

Se houve a concessão do benefício (que é o direito em si), o prazo para sua revisão ou modificação é um prazo de prescrição, e não um prazo de decadência, tendo o legislador ordinário se equivocado na redação do *caput* do art. 103. Transcrevo novamente o *caput* do dispositivo, para que bem se visualize ter o legislador utilizado a expressão "revisão do ato", ou seja, de um ato (direito) já existente:

"**Art. 103.** É de dez anos o prazo de decadência de todo e qualquer direito ou ação do segurado ou beneficiário para a revisão do ato de concessão de benefício, a contar do dia primeiro do mês seguinte ao do recebimento da primeira prestação ou, quando for o caso, do dia em que tomar conhecimento da decisão indeferitória definitiva no âmbito administrativo.

(...)"

O vocábulo "revisão", por si, já implica na modificação de algo existente, não havendo possibilidade de rever aquilo que não foi ainda praticado, analisado ou concedido.

Conclui-se, portanto, às ações administrativas ou judiciais que pretendem constituir um direito (ações constitutivas) se aplica o prazo de decadência e às ações condenatórias (que objetivam corrigir ou reparar um erro praticado) se aplica o prazo de prescrição. Nesse sentido confira-se, inclusive, as seguintes decisões:

"PREVIDENCIÁRIO. PROCESSUAL CIVIL. DECLARATÓRIA. RECONHECIMENTO DE TEMPO DE SERVIÇO URBANO. PRELIMINAR DE PRESCRIÇÃO AFASTADA. PROVA MATERIAL E PROVA TESTEMUNHAL IDÔNEAS. CUSTAS PROCESSUAIS. HONORÁRIOS ADVOCATÍCIOS. REMESSA OFICIAL DESPPROVIDA. 1. Em matéria de tempo de serviço, que pode ser conhecido judicialmente a qualquer tempo, é descabida a arguição de prescrição (TRF3, SEGUNDA TURMA, AC 200003990005973, DJU DATA: 23.3.2001 P. 289). É cediço que somente as ações condenatórias se sujeitam à prescrição, enquanto as ações constitutivas, à decadência. Não se enquadrando nem num nem noutro tipo, as ações declaratórias, cujo escopo é reconhecer a existência ou inexistência de relação jurídica (CPC, art. 4º,I), são por isso imprescritíveis. Afastada a prejudicial. (...)" (TRF 1ª Região — REO 200034000022298 — 3ª Turma Suplementar — DJF de 6.7.2011 p. 336)

"(...) TRIBUTÁRIO. CONTRIBUIÇÃO AO FUNRURAL. FILIAÇÃO À PREVIDÊNCIA PRIVADA E RURAL. MATÉRIA ATINGIDA PELA PRECLUSÃO CONSUMATIVA. NÃO CONHECIMENTO. PRESCRITIBILIDADE DAS AÇÕES DECLARATÓRIAS COM CONTEÚDO CONDENATÓRIO. RECURSO PROVIDO. 1. (...). 3. As ações que visam, tãosomente, declarar a existência ou a inexistência de uma relação jurídica, em princípio, não estão sujeitas à prescrição. 4. Não obstante, as ações que, a pretexto de denominarem-se declaratórias, possuem caráter condenatório, posto consubstanciarem efeitos patrimoniais concretos, como o direito à repetição, estão sujeitas à prescrição. 5. O prazo para ajuizar ação de repetição de indébito, em se tratando de tributo sujeito a homologação, é de cinco anos acrescido de mais um qüinquênio. 4. Recurso especial da autarquia (fls.756/772) parcialmente conhecido e, nesta parte, parcialmente provido, para reconhecer a prescrição da ação quanto aos créditos previdenciários cujos fatos geradores ocorreram em data anterior a 1983, porquanto a ação foi ajuizada em 1993." (STJ — Processo n. 199901008123 — RESP 237484 — 1ª Turma — DJ de 8.8.2005 p. 179)

A atecnia legislativa, contudo, não decorre simplesmente de erro na aplicação dos vocábulos, havendo explicações para ter o legislador utilizado o termo "decadência" na redação do art. 103.

Devemos lembrar, primeiramente, que a origem desta fixação de prazo para revisão encontra-se em Medida Provisória (MP 1.523-9) ato oriundo do Poder Executivo, na busca incansável de tentar reduzir despesas públicas. Para esse fim, instituir um prazo de decadência é sempre melhor do que instituir um prazo de prescrição, já que para o primeiro (decadência) não há suspensão ou interrupção e, consequentemente, os prazos de decadência tendem a se extinguir mais rapidamente que os prazos de prescrição.Também importa destacarmos que a decadência fulmina o próprio direito, trazendo maior segurança aos cofres previdenciários.

Compreendo, contudo, que o legislador não pode contrariar a ciência do direito ou a natureza das coisas. Houve, pois, falha na técnica legislativa (ainda que consciente, no meu ponto de vista), que merece ser corrigida pelo Poder Judiciário.

Ilustrativamente, confira-se a seguinte decisão do TRF da 4ª Região (excerto):

"PREVIDENCIÁRIO. AÇÃO CIVIL PÚBLICA. ADEQUAÇÃO DO USO. LEGITIMIDADE DO MINISTÉRIO PÚBLICO. DECADÊNCIA. INOCORRÊNCIA. SÚMULA 2/TRF-4ªR. MULTA POR DESCUMPRIMENTO. PECULIARIDADES DA ADMINISTRAÇÃO PÚBLICA. INFORMAÇÃO DA REVISÃO. JUÍZO DA EXECUÇÃO. EXECUÇÃO PROVISÓRIA. I. (...). 3. Segundo a doutrina, a decadência atinge os direitos potestativos, cujo objeto é a constituição, modificação ou extinção de uma relação jurídica, na qual o titular simplesmente exerce o direito, sem ação ou pretensão, e o sujeito passivo apenas se sujeita ao exercício do direito, sem poder violá-lo ou opor resistência. O art. 103, *caput*, ao sujeitar a prazo decadencial a revisão do ato de concessão do benefício — direito a uma prestação, e não direito potestativo —, não prima pelo rigor científico, criando dificuldade para sua aplicação; o que, na verdade, prevê é uma hipótese de prescrição. 4. Assentou-se a jurisprudência no sentido de que "Para o cálculo da aposentadoria por idade ou por tempo de serviço, no regime precedente à Lei n. 8.213, de 24 de julho de 1991, corrigem-se os salários de contribuição, anteriores aos doze últimos meses, pela variação nominal da ORTN/OTN."(Súmula 2/TRF-4ªR). 5(...). (TRF4, AC 1999.70.09.003820-2, Sexta Turma, Relator Luiz Carlos de Castro Lugon, DJ 20.6.2001)

Poder-se-ia, então, haver o seguinte questionamento: qual a diferença prática entre um e outro conceito, no caso específico dos benefícios previdenciários, se a lei fixou o prazo de 10 anos para o ato de revisão, ainda que seja ele de prescrição?

A diferença reside nos conceitos de "prescrição de fundo de direito" e "prescrição de parcelas de trato sucessivo", que tratamos no subitem seguinte.

1.2.1. Prescrição de fundo de direito e prescrição de trato sucessivo

Conforme observado no subitem anterior, a prescrição pressupõe a existência de um direito que foi violado, ameaçado ou importunado por terceiro. Trata-se, assim, da perda do direito de defender esse direito constituído anteriormente, em razão de não ter, o segurado, ingressado com a ação competente para sua defesa. Assim podemos depreender, inclusive, do art. 189 do Código Civil, o qual possui a seguinte redação:

"**Art. 189.** Violado o direito, nasce para o titular a pretensão, a qual se extingue, pela prescrição, nos prazos a que aludem os arts. 205 e 206."

A inércia do segurado, em se tratando de prescrição, não tem relação com o direito propriamente dito (porque foi exercido em tempo hábil), mas sim com a defesa desse direito, especificamente quanto à importunação, incorreção, lesão ou ameaça sofrida posteriormente.

Calcada na segurança jurídica, a prescrição é, em verdade, a perda do direito de corrigir o ato falho, ou fazer cessar a lesão ou ameaça sofrida, em decorrência da negligência de seu detentor, que poderia agir para defendê-lo, e assim não o fez no prazo fixado pelo legislador. Perde-se, pois, o direito de corrigir um direito material, em face da inércia de seu titular.

Por ser questão de ordem pública, deve ser expressamente regulada em lei, jamais sendo interpretada extensivamente ou por analogia. Seu prazo deve ser contado a partir do momento em que surge a ação, ou seja, que nasce a ação que se pretende corrigir, e seus requisitos essenciais no direito previdenciário (RGPS), no âmbito dos benefícios, são:

• a violação de um direito do segurado, pelo INSS, momento que nasce a pretensão;

• a inércia ou negligência do segurado para corrigir o ato;

• o decurso do tempo fixado na legislação (no caso, 10 anos); e

• a ausência de algum fato ou ato que a legislação atribua efeito impeditivo, suspensivo ou interruptivo do curso prescricional.

Corrigindo-se, pois, a redação do *caput* do art. 103 da Lei de benefícios e entendendo-se tratar de prazo de prescrição, é necessário diferenciarmos a prescrição do fundo de direito com a prescrição de trato sucessivo.

Entende-se por "fundo de direito" o direito em si, de forma que sua prescrição acarreta a ausência de qualquer direito posterior, que a ele se refira. A legislação previdenciária vigente não contempla qualquer benefício de prestação única, mas podemos exemplificar com o benefício de "auxílio-funeral", que vigorou até a publicação da Lei n. 8.742/93.

Determinava o art. 141 da Lei n.8.213/91, naquela época, que os segurados teriam direito ao benefício de auxílio-funeral, em parcela única, mediante comprovação de baixa renda. Se ainda vigorasse tal dispositivo, e se uma vez requerida pelo segurado tal proteção, tivesse o INSS indeferido administrativamente o direito postulado, teria o interessado prazo de 10 anos para a revisão desta decisão. Uma vez ultrapassado tal interregno, fulminado pela prescrição estaria o próprio direito, ante a inércia do segurado em defendê-lo em tempo hábil.

Seguindo-se o mesmo exemplo, podemos afirmar que uma vez falecido o parente do segurado, houve o direito subjetivo de requerer o benefício. Uma vez requerido, materializada estava a pretensão do segurado em recebê-lo. Tendo havido resistência pelo INSS quanto ao pagamento, ou tendo concedido o benefício, mas com valor incorreto, nascia para o segurado o direito de ação para correção do ilícito, a qual deveria ser exercida no prazo de 10 anos, sob pena de prescrição.

Ocorre que as prestações previdenciárias não são concedidas em parcela única, mas sim de forma continuada, mensalmente. Com a ressalva do salário maternidade (que possui duração de 120 dias, em regra) e do benefício de auxílio-doença (que possui duração equivalente à incapacidade), todos os outros benefícios concedidos são pagos continuamente (aposentadorias, auxílio-acidente, pensão por morte, etc.), em parcelas sucessivas e mensais.

O ponto que se discute, portanto, é o seguinte: uma vez indeferido o pedido pelo INSS (do próprio benefício, de algum tempo rural ou tempo especial, de algum valor de salário de contribuição ou de qualquer outro direito pertinente aos benefícios previdenciários) o prazo prescricional de 10 anos (*caput* do art. 103) fulminaria o próprio direito ou apenas as parcelas anteriores aos últimos 5 anos?

Aplica-se, nesses casos, a "prescrição do fundo de direito" ou apenas a "prescrição de trato sucessivo", garantindo-se ao segurado o direito (que nunca prescreve, nesses casos), mas limitando o pagamento de eventuais diferenças ao último quinquênio?

A aplicação de um ou de outro instituto dependerá, sempre, da análise do caso concreto, especificamente se houve, ou não, o deferimento do pedido, ainda que equivocadamente. Confira-se, novamente, a redação atualmente vigente do art. 103 da Lei n. 8.213/91:

> "**Art. 103.** É de dez anos o prazo de decadência de todo e qualquer direito ou ação do segurado ou beneficiário para a revisão do ato de concessão de benefício, a contar do dia primeiro do mês seguinte ao do recebimento da primeira prestação ou, quando for o caso, do dia em que tomar conhecimento da decisão indeferitória definitiva no âmbito administrativo.
>
> Parágrafo único. Prescreve em cinco anos, a contar da data em que deveriam ter sido pagas, toda e qualquer ação para haver prestações vencidas ou quaisquer restituições ou diferenças devidas pela Previdência Social, salvo o direito dos menores, incapazes e ausentes, na forma do Código Civil."

Da leitura atenta do dispositivo podemos observar que o *caput* faz referência a "todo e qualquer direito ou ação", referente ao ato de concessão do benefício. Como não se trata de decadência, conforme já exposto no subitem anterior, pretendeu o legislador fazer referência, em verdade, à prescrição do fundo de direito.

Assim, se o segurado (ou o dependente) ainda não exerceu seu direito, ou seja, não chegou a requerer administrativamente o benefício, a pensão, ou qualquer outra prestação para a qual cumpre os requisitos legais, poderá fazê-lo a qualquer tempo, já que não há, absolutamente, qualquer previsão legal sobre um prazo fixado para fazê-lo (prazo de decadência).

Se o beneficiário exerceu seu direito, requerendo a prestação ao INSS, e a teve indeferida, aplicar-se-á o prazo de 10 anos do *caput* do art. 103, tratando-se, neste caso, de "prescrição do fundo de direito", hipótese em que não poderá o segurado valer-se de ação administrativa ou judicial para a correção do erro ocorrido há mais de 10 anos. Isso não significa, contudo, que o segurado (ou o dependente) jamais poderá obter o benefício, se cumpridos os requisitos para sua concessão. Por óbvio que poderá solicitá-lo novamente ao INSS, já que inexiste legislação expressa sobre prazos de decadência em direito previdenciário. A consequência da "prescrição do fundo de direito", no caso, refere-se à possibilidade de corrigir erro anteriormente praticado, com percepção do benefício no quinquênio que antecede a propositura da ação. O direito ao recebimento das parcelas, no caso, terá início a contar do novo requerimento administrativo ou da propositura da ação judicial.

Confira-se, nestes termos, a seguinte decisão:

"(...) 1. O prazo de que trata o art. 103 da Lei n. 8.213/91, com as alterações introduzidas pela Lei n. 9.528/97 e pela legislação posterior, não tem aplicação retroativa.

2. Na relação jurídica continuativa, não tendo havido ato negativo concreto da administração, a pretensão revisional, dirigida à origem do direito e às condições em que reconhecido, não é alcançada pela decadência ou pela prescrição do fundo de direito, restando inexigíveis apenas as parcelas que se venceram há mais de 5 anos contados do ajuizamento da ação. Inteligência da súmula 85 do STJ.

3. Pedido de uniformização conhecido e provido, para, no caso concreto, superar-se a questão prejudicial, restituindo-se os autos à Turma Recursal de origem, viabilizando-se o exame do restante da matéria objeto do recurso inominado e evitando-se a supressão de instância, já que ao pedido de uniformização não se emprestam os mesmos efeitos do recurso ordinário." (TNU, IUJ 2002515100143635, DJ 14.6.04)"

Por outro lado, se concedido o benefício, mas com erro praticado pelo INSS (não reconheceu tempo rural ou tempo especial que foi solicitado, não calculou corretamente o tempo de serviço, concedeu benefício de espécie distinta daquela de direito do segurado, utilizou salários de contribuição inferiores àqueles efetivamente percebidos pelo segurado, e quaisquer outros equívocos ou ilegalidades praticadas no ato de concessão), compreendemos não ser possível a aplicação do *caput* do art. 103 por se tratar de benefício de prestação continuada, de trato sucessivo, onde a prescrição jamais poderá ser aplicada ao próprio direito, mas tão somente às parcelas do último quinquênio, já que o ato lesivo que foi praticado pela administração pública (erro, ilegalidade, etc.) permanece no tempo, causando prejuízos mensais ao segurado.

Como o segurado (ou o dependente) estará recebendo aquela prestação mensalmente, o erro praticado na data de sua concessão acaba se perpetuando, renovando-se em cada pagamento. O INSS não arquiva o processo administrativo (que permanece vigente) e nem tampouco os documentos a ele pertinentes, como o faz quando indefere uma solicitação. Pelo contrário, necessita mensalmente confirmar a existência daquele benefício e providenciar seu pagamento, sendo possível corrigir o erro anteriormente praticado. Todos os meses, seguidamente, o beneficiário receberá mensalmente um valor incorreto, que não corresponde ao direito que lhe é devido. Por tal razão, compreendemos que, mesmo após a nova redação dada ao art. 103 da Lei de Benefícios, permanece sendo aplicável a Súmula 85 do STJ, publicada em 1993. Confira-se:

"**Súmula 85** — Nas relações jurídicas de trato sucessivo em que a fazenda pública figure como devedora, quando não tiver sido negado o próprio direito reclamado, a prescrição atinge apenas as prestações vencidas antes do quinquênio anterior a propositura da ação."

O entendimento do Superior Tribunal de Justiça também se mantém nesse mesmo sentido, cabendo-nos ilustrar com as seguintes decisões:

"AGRAVO REGIMENTAL NO AGRAVO EM RECURSO ESPECIAL. REVISÃO DO ATO DEAPOSENTADORIA. SUPRESSÃO DE VANTAGEM. MANDADO DE SEGURANÇA. DECADÊNCIA. NÃO OCORRÊNCIA. RELAÇÃO DE TRATO SUCESSIVO. PRESCRIÇÃO. INCIDÊNCIA DA SÚMULA 85/STJ. 1. O agravante não trouxe argumentos novos capazes de infirmar os fundamentos que alicerçaram a decisão agravada, razão que enseja a negativa de provimento ao agravo regimental. 2. "Em se cuidando de ato omissivo continuado, que envolve obrigação de trato sucessivo, o prazo para o ajuizamento da ação mandamental renova-se mês a mês, não havendo falar em decadência do direito à impetração". Precedentes deste Superior Tribunal de Justiça. 3. A jurisprudência assente desta Corte é no sentido de que, não havendo a recusa expressa da Administração em revisar o valor dos proventos, a prescrição atinge apenas as prestações vencidas há mais de cinco do ajuizamento da ação que vindica a complementação de aposentadoria. 4. Agravo regimental não provido." (STJ — Processo 201202466592 — AGARESP 260393 — 2ª Turma — Relator Mauro Campbell Marques — DJ de 5.2.2013)

"PREVIDENCIÁRIO. PROCESSUAL CIVIL. REVISÃO DE BENEFÍCIOS. RENDA MENSAL INICIAL. ART. 103 DA LEI N. 8.213/91. ALTERAÇÃO LEGISLATIVA. PRAZO DECADENCIAL. APLICAÇÃO ÀS SITUAÇÕES JURÍDICAS CONSTITUÍDAS A PARTIR DA NOVA REDAÇÃO DADA PELA MEDIDA PROVISÓRIA N. 1.523/97.PRESCRIÇÃO DE TRATO SUCESSIVO. APLICAÇÃO DA SÚMULA N. 85 DO SUPERIOR TRIBUNAL DE JUSTIÇA. ACÓRDÃO RECORRIDO. FUNDAMENTOS EMINENTEMENTE CONSTITUCIONAIS. IMPOSSIBILIDADE DE DISCUSSÃO NA VIA ELEITA. APLICAÇÃO CONJUGADA DA LEI N. 6.950/81 COM O ART. 144 DA LEI N. 8.213/91. POSSIBILIDADE. PRECEDENTES. PRETENSÃO DE PREQUESTIONAR DISPOSITIVOS CONSTITUCIONAIS. IMPOSSIBILIDADE NA VIA ESPECIAL. AGRAVO REGIMENTAL DESPROVIDO. 1. (...). 2. A Medida Provisória n. 1.523, de 27 de junho de 1997, instituiu um prazo decadencial para o ato de revisão dos benefícios e, não prevendo a retroação de seus efeitos, somente deve atingir os benefícios previdenciários concedidos após o advento do aludido diploma legal. 3. Tratando-se de revisão de benefícios previdenciários, a prescrição atinge tão-somente as prestações vencidas no quinquênio anterior ao ajuizamento da ação, por caracterizar-se como relação jurídica de trato sucessivo, ou seja, renova-se periodicamente, mês a mês. 4. (...)". (STJ — Processo 201100149563 — AGRESP 1231826 — 5ª Turma — Relatora Ministra Laurita Vaz — DJE de 13.8.2012)

Também os Tribunais Regionais Federais mantém idêntica interpretação, conforme demonstram os seguintes julgados:

"PROCESSUAL CIVIL. EMBARGOS DE DECLARAÇÃO. OMISSÕES SANDAS EM RELAÇÃO AO QUESTIONAMENTO DO EMBARGANTE SEM ALTERAÇÃO NO RESULTADO DO JULGAMENTO. SERVIDOR. AVERBAÇÃO DE TEMPO ESPECIAL. COMPETÊNCIA DA JUSTIÇA FEDERAL. PRESCRIÇÃO. 1. A pretensão inicial visa ao reconhecimento de tempo especial de trabalho, à época celetista, para fins de aposentadoria estatutária. O autor não está pleiteando parcelas trabalhistas, mas sim contagem de tempo para fins de aposentadoria que será custeada pela União Federal, sobressaindo-se a competência da Justiça Federal. Ademais, a superveniência da Lei n. 8.112/90 estanca a competência da Justiça do Trabalho para dirimir questões afetas ao vínculo de emprego anteriormente mantido com a Administração, ainda que se cuide do reconhecimento de parcela de trato sucessivo, nascida desse contrato, dada a impossibilidade de a Justiça Especial vir a executar o adimplemento de obrigação que se torne devida já sob a égide do regime estatutário. 2. É imprescritível o direito ao reconhecimento de tempo de serviço para fins de aposentadoria. 3. Omissões do acórdão sanadas para tecer considerações, sem alteração no resultado do acórdão. 4. Embargos Declaratórios providos, sem alteração no resultado do julgado." (TRF 1ª Região — Processo 200141000037689 — EDAC — 3ª Turma Suplementar — Relator Juiz Federal Miguel Ângelo de Alvarenga Lopes — DJF 1 de 30.1.2013 p. 157)

"PROCESSUAL CIVIL E PREVIDENCIÁRIO. AGRAVO INTERNO. ABONO DE PERMANÊNCIA. APOSENTADORIA. REVISÃO RMI. APLICAÇÃO DA LEGISLAÇÃO VIGENTE À ÉPOCA DA REUNIÃO DOS REQUISITOS PARA A APOSENTAÇÃO. PRESCRIÇÃO QUINQUENAL. CORREÇÃO MONETÁRIA. JUROS DE MORA. INAPLICABILIDADE DO ART. 1º-F, DA LEI N. 9.494/97. I. O pagamento do abono de permanência em serviço feito pelo INSS importa em reconhecimento de que o segurado já reunia todos os requisitos para a inatividade, mas que tenha optado pelo prosseguimento da atividade laborativa. II. Consoante orientação contida na Súmula n. 359 da Suprema Corte, os segurados possuem o direito adquirido de aposentar-se segundo a legislação vigente ao tempo em que reunidos os requisitos necessários à percepção do benefício. III. *In casu*, considerando que o apelado adquiriu o direito à sua aposentadoria com 39 anos, 11 meses e 2 dias de tempo de serviço em 22.09.82, o valor de sua renda mensal inicial deve ser calculado nos termos da legislação vigente àquela época, qual seja: o Decreto n. 83.080/79, que estabelece em seu art. 41, IV, "b", o valor da aposentadoria em 83% do salário de benefício para o segurado do sexo masculino que a requerer após 30 anos de serviço. IV. As questões aventadas no Agravo Interno foram devidamente abordadas no r. decisum agravado V. Tratando-se de prestação de trato sucessivo, há de ser observada a orientação jurisprudencial do Egrégio Superior Tribunal de Justiça, cristalizada na Súmula 85, que dispõe que "Nas relações jurídicas de trato sucessivo em que a fazenda pública figure como devedora, quando não tiver sido negado o próprio direito reclamado, a prescrição atinge apenas as prestações vencidas antes do quinquênio anterior à propositura da ação". VI. (...) VII. Agravo Interno a que se dá parcial provimento." (TRF 2ª Região — Processo 200751018032880 — AC 419310 — 1ª Turma Especializada — Relator Desembargador Federal Marcello Ferreira de Souza Granado — DJF de 26.1.2011)

"PREVIDENCIÁRIO. REVISÃO. APOSENTADORIA POR TEMPO DE SERVIÇO REQUERIDA ANTES DO ADVENTO DA EC 20/98. DECADÊNCIA AFASTADA. PRESCRIÇÃO. CÔMPUTO DE TEMPO DE SERVIÇO ESPECIAL. REQUISITOS PREENCHIDOS. 1. Esta Corte vem afastando a incidência da decadência em relação aos benefícios concedidos anteriormente à lei que a instituiu, ao argumento de que, "uma vez que a alteração introduzida pela Lei n. 9.528/97, no art. 103 da Lei n. 8.213/91, criando hipótese de prazo decadencial ao direito de revisão do ato concessório do benefício, rege instituto de direito material, somente afeta as relações jurídicas constituídas a partir de sua vigência, não se aplicando a ato jurídico consumado segundo a lei vigente ao tempo da concessão do benefício" (AC n. 401058356-4/98/SC, 6ª Turma, Rel. Juiz Wellington Mendes de Almeida, DJ 11.11.1998, p. 698). 2. Em se tratando de benefício previdenciário de prestação continuada, a prescrição não atinge o fundo de direito, mas somente os créditos relativos às parcelas vencidas há mais de cinco (5) anos da data do ajuizamento da demanda, consoante a iterativa jurisprudência dos Tribunais. 3. A Lei n. 9.711/98 e o Regulamento Geral da Previdência Social aprovado pelo Decreto n. 3.048/99 resguardam o direito adquirido de os segurados terem convertido o tempo de serviço especial em comum, até 28.5.1998, observada, para fins de enquadramento, a legislação vigente à época da prestação do serviço. 4. Até 28.4.1995 é admissível o reconhecimento da especialidade por categoria profissional ou por sujeição a agentes nocivos, aceitando-se qualquer meio de prova (exceto para ruído); a partir de 29.4.1995 não mais é possível o enquadramento por categoria profissional, devendo existir comprovação da sujeição a agentes nocivos por qualquer meio de prova até 5.3.1997 e, a partir de então e até 28.5.1998, por meio de formulário embasado em laudo técnico, ou por meio de perícia técnica. 5. Comprovado o exercício das atividades especiais, com a devida conversão, tem a segurada direito à aposentadoria proporcional, com renda mensal equivalente a 94% do salário de benefício, desde a data do requerimento administrativo, formulado antes do advento da EC 20/98. 6. Hipótese em que o INSS deve revisar o benefício da autora, pagando-lhe as prestações em atraso, compensados os valores já adimplidos por força do deferimento da aposentadoria proporcional com RMI de 82% e respeitada a prescrição quinquenal." (TRF 4ª Região — APELREEX 200871080060563 — Turma Suplementar — relator Guilherme Pinho Machado — D.E. de 1.3.2010)

"PREVIDENCIÁRIO. APOSENTADORIA RURAL POR IDADE. TRABALHADORA RURAL. REQUERIMENTO ADMINISTRATIVO. INDEFERIMENTO. AÇÃO PROPOSTA APÓS O QUINQUENIO LEGAL. PRESCRIÇÃO DO FUNDO DE DIREITO. POSTERIOR PEDIDO JUDICIAL AUTÔNOMO. POSSIBILIDADE. INÍCIO DE PROVA MATERIAL. ROBORADO PELAS DEMAIS PROVAS PRODUZIDAS. ATIVIDADE RURAL COMPROVADA. CORREÇÃO MONETÁRIA E JUROS DE MORA FIXADOS EM 1% ATÉ A VIGÊNCIA DA LEI N. 11.960/09. HONORÁRIOS SUCUMBENCIAIS FIXADOS EM 10% SOBRE O VALOR DA CONDENAÇÃO. SÚMULA N. 111 DO STJ. CUMULAÇÃO. AMPARO SOCIAL. IMPOSSIBILIDADE. 1. Uma vez indeferido o pleito de concessão do benefício de aposentadoria rural por idade na via administrativa e proposta ação mais de cinco anos após negado, configurada a prescrição de fundo de direito. 2. Apesar da ocorrência da prescrição do fundo de direito, nada impede a realização de novo pleito perante o Poder Judiciário. Apenas, caso concedido o benefício, serão devidas as parcelas apenas a partir do ajuizamento da ação. 3. A «Aposentadoria por idade» dos trabalhadores rurais é devida desde que satisfeitos os seguintes requisitos: a) idade de 60 (sessenta) anos para o homem e de 55 (cinquenta e cinco) anos, para a mulher; b) comprovação do exercício de atividade rural, ainda que de forma descontínua, no período imediatamente anterior ao requerimento do benefício, em número de meses igual ao da carência do benefício. 4. (...). 9. Impossibilidade de cumulação do benefício assistencial, com a aposentação por idade — art. 20, parágrafo 4º, da Lei n. 8.742/93. Cancelamento do benefício assistencial, e implantação da aposentadoria por idade. Remessa Necessária provida, em parte." (TRF 5ª Região — Processo 00015033620124059999 — REO 539426 — 3ª Turma — relator Desembargador federal Geraldo Apoliano — DJE de 6.2.2013 p. 224)

1.2.2. Aplicação da Lei no Tempo — Vigência da nova redação do caput do art. 103

Ultrapassados os conceitos e diferenças entre decadência e prescrição, e delimitada a aplicação de cada instituto às situações previdenciárias que se apresentam em nosso cotidiano (não requerimento do benefício; requerimento do benefício com indeferimento pelo INSS; requerimento do benefício, com deferimento pelo INSS, mas com existência de erro), concluímos que a nova redação do *caput* do art. 103 refere-se, em verdade, a um prazo de "prescrição de fundo de direito", aplicável somente quando a decisão administrativa for de indeferimento ou quando não se tratar de pagamento de prestação continuada.

Caso contrário, o instituto cabível para cumprimento da segurança jurídica é a "prescrição de trato sucessivo", disposta no parágrafo único do mesmo dispositivo legal.

Resta-nos, portanto, a definição sobre a aplicação do prazo de 10 anos, especialmente sob o crivo do direito intertemporal, considerando-se as diversas alterações promovidas no *caput*, conforme abordado no subitem 1.1, supra. Repetimos, em apertada síntese, que:

• Até 27.6.1997: não havia prazo para revisão do ato de concessão

• De 28.6.1997 a 20.11.1998 (MP 1.523-9 e Lei n. 9.528/97): prazo de 10 anos

• De 21.11.1998 a 19.11.2003 (MP 1.663-15 e Lei n. 9.711/98): prazo de 5 anos

• A contar de 20.11.2003 (MP 138/2003 e Lei n. 10.839/2004): prazo de 10 anos

É certo que o instituto da prescrição guarda amparo na segurança jurídica, subprincípio do Estado de Direito, com a finalidade de não eternizar os conflitos, ao qual somos totalmente a favor. No entanto, é preciso analisarmos se os segurados que tiveram seus benefícios negados anteriormente à publicação da MP 1.523-9 também devem observar o prazo de 10 anos.

Inicialmente, cumpre destacarmos que uma coisa é certa: as disposições da Medida Provisória n. 1.523-9/97 não podem ser aplicadas para segurados que requereram seus benefícios antes de 27.6.1997, contando-se o prazo de 10 anos a contar da data do requerimento administrativo (ou DIB, para aqueles que insistirem tratar-se de prazo decadencial ou de prescrição do fundo de direito mesmo para benefícios concedidos). Com tal procedimento, todos os benefícios concedidos ou indeferidos até 06/1987 não mais seriam passíveis de revisão já em 27.6.1997, em verdadeira retroação da nova lei, em prejuízo de situações jurídicas já consolidadas, o que não é admitido em nosso ordenamento jurídico.

O que suscita discussão jurídica, portanto, é apenas se o prazo de 10 anos é (ou não) aplicável a esses segurados e, se o for, a contar de qual data (27.6.1997 ou 20.11.2003)?

Para elucidação da matéria, é imprescindível destacarmos, inicialmente, que em se tratando de aplicação das normas legais no tempo, dois são os princípios fundamentais adotados por nosso ordenamento jurídico:

a) o da irretroatividade (não retroatividade); e

b) o da imediata aplicação da lei nova.

O princípio da não retroatividade tem por objeto proteger situações jurídicas passadas, conferindo-lhes certeza, estabilidade e segurança, com fundamento no inciso XXXVI do art. 5º da Carta Constitucional:

> "**Art. 5º** Todos são iguais perante a lei, sem distinção de qualquer natureza, garantindo-se aos brasileiros e aos estrangeiros residentes no País a inviolabilidade do direito à vida, à liberdade, à igualdade, à segurança e à propriedade, nos termos seguintes:
>
> (...)
>
> XXXVI — a lei não prejudicará o direito adquirido, o ato jurídico perfeito e a coisa julgada;
>
> (...)"

O conceito das garantias previstas no texto constitucional, por sua vez, consta do Decreto-Lei n. 4.657/42 (Lei de Introdução do Código Civil), art. 6º, conforme segue:

> "**Art. 6º** A Lei em vigor terá efeito imediato e geral, respeitados o ato jurídico perfeito, o direito adquirido e a coisa julgada.
>
> § 1º Reputa-se ato jurídico perfeito o já consumado segundo a lei vigente ao tempo em que se efetuou.
>
> § 2º Consideram-se adquiridos assim os direitos que o seu titular, ou alguém por êle, possa exercer, como aquêles cujo começo do exercício tenha têrmo pré-fixo, ou condição pré-estabelecida inalterável, a arbítrio de outrem.
>
> § 3º Chama-se coisa julgada ou caso julgado a decisão judicial de que já não caiba recurso."

Assim, uma vez respeitados os princípios gerais e as regras dispostas na Lei de Introdução ao Código Civil (preservação do ato jurídico perfeito, direito adquirido e coisa julgada), é possível à lei prever sua retroatividade a situações específicas. Seu silêncio, contudo, remete à aplicação absoluta dos princípios gerais, sendo a irretroatividade a regra, e não a exceção.

O princípio da aplicação imediata, por sua vez, garante a imposição da nova lei a situações em curso ou a novas situações quando de sua entrada em vigor. É necessário distinguirmos, contudo, as normas processuais das normas de direito material.

Quando se trata de norma processual pura (versa apenas sobre questões processuais), é certo que esta entra terá aplicação imediata, tanto para os processos ainda em curso quanto para aqueles que ainda não se iniciaram. Algumas normas, contudo, são de direito material, mas possuem características de direito processual. Nestes casos, é preciso aplicar o princípio adotado no Direito Penal, onde a norma tem eficácia imediata nos processos em curso apenas se mais benéfica que a anterior.

Sendo a norma de direito material, seus efeitos devem ser aplicados somente às novas situações, exceto se houver previsão de retroatividade em seu texto, e desde que observadas as garantias constitucionais e legais do ato jurídico perfeito, direito adquirido e coisa julgada.

No caso em tela, estamos tratando de prazo para acesso a um recurso administrativo (pedido de revisão) ou do ingresso de ação judicial para correção do erro praticado pela Administração Pública, especificamente, pelo INSS, ou seja, de prazo prescricional. Trata-se de um instituto de direito material (direito de solicitar a correção do erro ou do ilícito praticado) que, se exercido na esfera judicial, dependerá de uma ação processual, analisada pelo Poder Judiciário (ação ordinária para reconhecimento de tempo especial ou tempo rural, por exemplo).

É preciso, assim, separarmos as três situações jurídicas que podem emergir do art. 103 da Lei n. 8.213/91:

a) atos de concessão (processos administrativos) promovidos e encerrados até 27.6.1997;

b) atos de concessão (processos administrativos) promovidos antes de 28.6.1997, mas encerrados somente após essa data; e

c) atos de concessão (processos administrativos) promovidos e encerrados após 27.6.1997.

Sendo a prescrição, como visto, norma de direito material, é certo que a lei nova somente pode ser aplicada para fatos geradores ocorridos a contar de sua vigência, ou seja, erros ou ilícitos promovidos pelo INSS (que se pretenda corrigir), ocorridos a contar de 28.6.1997.

Para processos administrativos encerrados até 27.6.1997 não há que se aplicar o prazo prescricional disposto no art. 103, já que a Medida Provisória 1.523-9 ou a legislação subsequente não trouxe expressamente qualquer regra de retroatividade. Também não há que se pretender a aplicação imediata da nova regra a contar de 28.6.1997, já que suas disposições são menos benéficas ao segurado do que as disposições previstas na legislação anterior.

Não se trata de não ser possível a aplicação da lei nova em razão de ato jurídico perfeito. Alguns doutrinadores compreendem que antes de 28.6.1997 (vigência da MP 1.523-9) o segurado possuía o direito subjetivo de pleitear a revisão do ato administrativo de concessão a qualquer tempo e que este direito subjetivo passou a integrar o ato jurídico perfeito e, assim, impossível de ser atingido pela lei nova. Não é este meu posicionamento.

Como vimos, o § 1º do art. 6º da LICC conceitua o ato jurídico perfeito aquele já consumado, ou seja, que se tornou apto a produzir seus efeitos na vigência da lei antiga. Trata-se, então, de um direito subjetivo já exercido que, assim, gerou uma situação jurídica consumada, como ocorre com o cumprimento da carência, a qualidade de segurado, a prestação de serviços especiais ou rurais, dentre outros componentes de um benefício previdenciário. Estes, sim, são direitos subjetivos já implementados e, nesta condição, integrantes do patrimônio jurídico do segurado.

Entendo que o direito de agir para defender um direito (subjetivo) violado ou não observado pelo INSS é também considerado um direito subjetivo, mas que não integrou a situação jurídica consumada no momento de concessão do benefício ou serviço postulado, já que ainda não foi exercido.

Se o direito subjetivo ainda não foi exercido e se há alterações a seu respeito em uma lei nova, enquadra-se como direito adquirido, porque era, ao tempo da lei antiga, exercitável e exigível por seu titular. Ocorre, contudo, que não havia norma legal disciplinando sobre a decadência ou a prescrição. Havia, ao contrário, um conjunto de regras e normas administrativas que, por serem silentes a respeito do prazo de revisão, acabavam por permiti-la a qualquer tempo. Trata-se, assim, do regime jurídico aplicável aos benefícios previdenciários e é sabida a inexistência de direito adquirido a regime jurídico, especificamente direito adquirido a ausência de normas legais.

Trata-se, em verdade, de não ser possível a retroação da lei nova em razão de nada dispor sobre a retroação e de não ser possível sua aplicação imediata para fatos geradores a ela anteriores porque a prescrição é um instituto de direito material e porque, assim o sendo, as disposições da lei nova somente lhe poderiam ser aplicáveis se mais benéficas para o segurado, o que não é o caso.

Concluímos, portanto, que o prazo de 10 anos, previsto no art. 103, somente pode atingir as relações jurídicas constituídas a contar de sua vigência, ou seja, 28.6.1997, já que o texto legal não trouxe expressamente qualquer critério de retroatividade e uma vez que a prescrição (e também a decadência) é instituto de direito material.

Este era o entendimento do STJ sobre a matéria, conforme podemos depreender do seguinte julgado (excerto):

"PREVIDENCIÁRIO. REVISÃO DE BENEFÍCIO. LEI N. 9.528/1997. BENEFÍCIO ANTERIORMENTE CONCEDIDO. DECADÊNCIA. NÃO CONFIGURAÇÃO. APURAÇÃO DO SALÁRIO DE BENEFÍCIO. APLICAÇÃO DOS ARTS. 21 E 23 DO DECRETO N. 89.312/1984. SISTEMA HÍBRIDO. NÃO ADMISSÃO. PERÍODO COMPREENDIDO ENTRE 5.10.1988 A 5.4.1991. APLICAÇÃO DO ART. 144 E PARÁGRAFO ÚNICO DA LEI N. 8.213/91. SUBSTITUIÇÃO DA RENDA MENSAL ANTERIOR. 1. O prazo decadencial previsto no *caput* do art. 103 da Lei de Benefícios, introduzido pela Medida Provisória n. 1.523-9, de 27.6.1997, convertida na Lei n. 9.528/1997, por se tratar de instituto de direito material, surte efeitos apenas sobre as relações jurídicas constituídas a partir de sua entrada em vigor. Precedentes. 2. A revisão de benefício concedido em 1991 para o fim de ter seu termo *a quo* alterado para 1989 deve observar a norma própria de cálculo na data da nova RMI, nos moldes da Consolidação das Leis da Previdência Social — CLPS, editada pelo Decreto n. 89.312, de 23.1.1984. 3. (...). 6. Agravo regimental improvido." (STJ — Processo n. 201002192623 — AGRESP 1223695 — 5ª Turma — Relator Ministro Jorge Mussi — DJE de 22.5.2012)

Na sessão de julgamento ocorrida em 14.3.2012, contudo, foi julgado o REsp 1303988/PE, alterando o STJ sua posição sobre o tema e passando a aplicar o prazo "decadencial" aos benefícios concedidos antes de 28.6.1997. Confira-se a ementa pertinente:

"PREVIDÊNCIA SOCIAL. REVISÃO DO ATO DE CONCESSÃO DE BENEFÍCIO PREVIDENCIÁRIO. DECADÊNCIA. PRAZO. ART. 103 DA LEI N. 8.213/91. BENEFÍCIOS ANTERIORES. DIREITO INTERTEMPORAL. 1. Até o advento da MP 1.523-9/1997 (convertida na Lei n. 9.528/97), não havia previsão normativa de prazo de decadência do direito ou da ação de revisão do ato concessivo de benefício previdenciário. Todavia, com a nova redação, dada pela referida Medida Provisória, ao art. 103 da Lei n. 8.213/91 (Lei de Benefícios da Previdência Social), ficou estabelecido que "É de dez anos o prazo de decadência de todo e qualquer direito ou ação do segurado ou beneficiário para a revisão do ato de concessão de benefício, a contar do dia primeiro do mês seguinte ao do recebimento da primeira prestação ou, quando for o caso, do dia em que tomar conhecimento da decisão indeferitória definitiva no âmbito administrativo". 2. Essa disposição normativa não pode ter eficácia retroativa para incidir sobre o tempo transcorrido antes de sua vigência. Assim, relativamente aos benefícios anteriormente concedidos, o termo inicial do prazo de decadência do direito ou da ação visando à sua revisão tem como termo inicial a data em que entrou em vigor a norma fixando o referido prazo decenal (28.6.1997). Precedentes da Corte Especial em situação análoga (*v. g.*: MS 9.112/DF Min. Eliana Calmon, DJ 1411.2005; MS 9.115, Min. César Rocha (DJ de 7.8.06, MS 11123, Min. Gilson Dipp, DJ de 5.2.07, MS 9092, Min. Paulo Gallotti, DJ de 6.9.06, MS (AgRg) 9034, Min. Félix Ficher, DL 28.8.06). 3. Recurso especial provido." (STJ — REsp 1.303.988/PE — Relator Ministro Teori Albino Zavascki — DJe de 21.3.2012).

Desde então, o STJ vem aplicando o novo posicionamento em suas decisões, conforme comprovam as seguintes ementas:

"PREVIDENCIÁRIO. REVISÃO DO ATO DE CONCESSÃO DE BENEFÍCIO PREVIDENCIÁRIO PELO SEGURADO. DECADÊNCIA. ART. 103 DA LEI N. 8.213/91, COM A REDAÇÃO DADA PELA MP 1.523-9/1997. APLICAÇÃO AOS BENEFÍCIOS CONCEDIDOS ANTERIORMENTE. TERMO INICIAL. ENTRADA EM VIGOR DA NOVA NORMA. DECADÊNCIA NÃO CARACTERIZADA. 1. A Primeira Seção do STJ, no julgamento do REsp 1.303.988/PE, de relatoria do Min. Teori Albino Zavascki, submetido ao rito dos recursos repetitivos, reconheceu que o prazo decadencial disposto na nova redação do art. 103, *caput*, da Lei n. 8.213/91, introduzido pela Medida Provisória n. 1.523-9, de 27.6.1997, não pode retroagir para incidir sobre o tempo transcorrido antes de sua vigência, mas ressaltou que sua eficácia realiza-se a partir da entrada em vigor da nova norma. 2. Hipótese em que não transcorrido o prazo decadencial entre a entrada em vigor da Medida Provisória n. 1.523-9/97 e a propositura da ação revisional. Agravo regimental improvido." (STJ — AgRg no REsp 1302371 / BA — 2ª Turma — Relator Ministro Humberto Martins — Julgamento em 5.3.2013 — DJe de 14.3.2013)

"PREVIDENCIÁRIO. AGRAVO REGIMENTAL NO AGRAVO EM RECURSO ESPECIAL. REVISÃO DE BENEFÍCIO. ART. 103 DA LEI N. 8.213/91. OBSERVÂNCIA DA DECADÊNCIA. POSSIBILIDADE. APLICAÇÃO A PARTIR DA VIGÊNCIA DA MP N. 1.523-9/97. INCIDÊNCIA SOBRE BENEFÍCIOS CONCEDIDOS ANTERIORMENTE À CRIAÇÃO DO PRAZO DECADENCIAL. DECISÃO CONFORME RESP 1.303.988/PE. ENTENDIMENTO RATIFICADO NO JULGAMENTO DO RESP 1.309.529/PR, SUBMETIDO À SISTEMÁTICA DO ART. 543-C DO CPC. 1. No julgamento do REsp 1.303.988/PE, a Primeira Seção desta Corte decidiu, de forma unânime, que o prazo decadencial para revisão de benefícios previdenciários, criado pela Medida Provisória n. 1.523-9/97, que alterou a redação do art. 103 da Lei n. 8.213/91, é aplicável aos benefícios que tenham sido concedidos anteriormente à sua edição. 2. O termo a quo do lapso temporal decadencial dos benefícios concedidos antes da inovação legislativa é a data de publicação de referida medida provisória, qual seja, 28 de junho de 1997. 3. Hipótese em que a ação de revisão do benefício foi ajuizada em 11 de dezembro de 2009, ou seja, mais de dez anos após o termo inicial da decadência. 4. Agravo regimental não provido." (STJ — AgRg no AREsp 172677 / PR — 1ª Turma — Relator Ministro Benedito Gonçalves — Julgamento em 26.2.2013 — DJe de 5.3.2013)

Alguns Tribunais Regionais Federais passaram, então, a acompanhar as decisões do STJ, conforme demonstramos:

"PREVIDENCIÁRIO. PROCESSUAL CIVIL. PRESCRIÇÃO. DECADENCIA. LEI N. 8.213/91 (ART. 41, II). REVOGAÇÃO: LEI N. 8.542/92. ÍNDICES ESPECÍFICOS SUBSEQUENTES: LEIS NS. 8.700/94 E 9.711/98 E REGULAMENTOS. PRESERVAÇÃO DO VALOR REAL. OBEDIÊNCIA. INPC. INAPLICABILIDADE EM PERÍODOS NÃO PREVISTOS LEGALMENTE. ATUALIZAÇÃO DOS SALÁRIOS DE CONTRIBUIÇÃO. LEI N. 8.880/94. NÃO INCIDÊNCIA DO IRSM DE FEV/94. 1. O prazo decadencial para revisão de cálculo da Renda Mensal Inicial só passou a vigorar a partir de 10 de dezembro de 1997, a partir da publicação da Lei n. 9.528/97, que alterou a redação do caput do art. 103 da Lei n. 8.213/91. O prazo para os benefícios concedidos anterior a ela começa a correr de sua publicação (Resp.1.303.988/PE; 1ª Seção). O ajuizamento da ação ocorreu em 20.11.2003, dentro do decênio da vigência dessa norma afasta a decadência. 2. (...). 3. A situação dos autos abrange relação de trato sucessivo, de forma que, subsistindo o próprio direito de fundo, a inércia da titular macula com a prescrição as prestações anteriores ao quinquênio que precede à propositura da ação. Nesse sentido, a Súmula n. 85 do STJ. 4. (...)". (TRF 1ª Região — Processo 200633110004454 — AC — 2ª Turma — Relator Juiz Federal Cleberson José Rocha — DJF 1 de 22.1.2013 p. 5)

"PREVIDENCIÁRIO. AGRAVO LEGAL (ART.557, § 1º, DO CPC). CORREÇÃO DO VINTE E QUATRO SALÁRIOS DE CONTRIBUIÇÃO. ORTN/OTN. INCLUSÃO. REVISÃO DO ATO CONCESSÓRIO DO BENEFÍCIO. DECADÊNCIA. ART. 103 DA LEI N. 8.213/91. BENEFÍCIO ANTERIOR AO ADVENTO DA MP 1.523-9/1997 (convertida na Lei n. 9.528/97). PRAZO DECENAL A PARTIR DE 28.6.1997. 1. (...). 2. O prazo decadencial estipulado no art. 103 da Lei n. 8.213/91, com a redação dada pela Medida Provisória n. 1.523-9, posteriormente convertida na Lei n. 9.528, de 10.12.1997, constitui um instituto de direito material, de forma não poder referida norma incidir sobre situações que foram constituídas anteriormente ao seu advento. Todavia, isso não quer dizer que o legislador esteja impedido de modificar o sistema normativo no que toca ao tempo futuro, considerando que não há direito adquirido à manutenção de regime jurídico. 3. No que toca aos benefícios concedidos anteriormente ao advento da referida Medida Provisória n. 1.523/97, o prazo decadencial para a revisão do ato concessório tem como termo inicial a data de sua vigência, no caso, 28.6.1997, e sua extinção em 28.6.2007. 4. Agravo legal do INSS provido." (TRF 3ª Região — Processo n. 00082840920074036183 — REO 1394839 — 10ª Turma — Relatora Desembargadora Federal Lucia Ursaia — DJF 3 de 12.12.2012)

Dos excertos, no entanto, observamos que nenhum deles tratou a matéria sob o ponto de vista de ser a prescrição um instituto de direito material, com aplicação da lei nova somente se mais benéfica ao detentor do direito. As análises, a princípio, partiram apenas dos argumentos de "ato jurídico perfeito" e de "direito adquirido" que, como já observado, não são pertinentes ao tema em comento.

A matéria teve sua repercussão geral reconhecida pelo STF, no RE 626489 RG/SE, sendo proferida a seguinte ementa (ainda não julgado o mérito):

"CONSTITUCIONAL. PREVIDENCIÁRIO. REVISÃO DE BENEFÍCIOS. FIXAÇÃO DE PRAZO DECADENCIAL. MEDIDA PROVISÓRIA 1.523, DE 27.6.1997. BENEFÍCIOS CONCEDIDOS ANTERIORMENTE À RESPECTIVA VIGÊNCIA. DIREITO ADQUIRIDO. SEGURANÇA JURÍDICA. PRESENÇA DA REPERCUSSÃO GERAL DA QUESTÃO CONSTITUCIONAL DISCUTIDA. Possui repercussão geral a questão constitucional alusiva à possibilidade de aplicação do prazo decadencial estabelecido pela Medida Provisória 1.523/1997 aos benefícios previdenciários concedidos antes da respectiva vigência." (STF — RE 626489 — Relator Ministro Ayres Britto — DJe de 2.5.2012

Assim, afastando-se a discussão sobre o equívoco do legislador quanto ao vocábulo "decadência" e afastando-se a questão da prescrição de trato sucessivo (abordadas nos subitens anteriores), compreendendo que o prazo de 10 anos somente poderia ser aplicável aos benefícios analisados pela

Previdência Social a contar de 28.6.1997, data de vigência da Medida Provisória n. 1.523-9, que instituiu o prazo de 10 anos para o ato de revisão. O termo inicial deve ser computado no dia 1º do mês subsequente ao recebimento da primeira prestação do benefício (e não da data do requerimento — DER —ou do início do benefício — DIB) ou, se for o caso, do dia em que o segurado recebeu a comunicação (tomou ciência) da decisão de indeferimento.

Um benefício concedido com erro de cálculo da RMI, portanto, cuja primeira parcela foi recebida em 10.4.1998 pôde ser revisto no período de 1º.5.1998 (primeiro dia do mês subsequente) a 1º.5.2008 (10 anos).

Para os benefícios indeferidos ou com recebimento da primeira parcela no período de 21.11.1998 a 19.11.2003 (época em que a legislação previu o prazo de 5 anos) compreendo pela extensão do prazo para 10 anos, em razão das modificações decorrentes da MP 138/2003 e, posteriormente, Lei n. 10.839/2004, mas computando-se o tempo já transcorrido na vigência da lei anterior, sendo este, inclusive, o entendimento jurisprudencial dominante. Confira-se, ilustrativamente, o seguinte julgado:

> "PREVIDENCIÁRIO. DECADÊNCIA. REVISÃO DE ATO DE CONCESSÃO DE BENEFÍCIO. DIREITO INTERTEMPORAL. CONFLITO DE LEIS NO TEMPO. SUCESSÃO DE NORMAS REDUZINDO E AUMENTANDO O PRAZO. BENEFÍCIO CONCEDIDO APÓS 28.6.1997. 1. A partir de 28.6.1997, começou a correr o prazo decadencial de dez anos para a revisão dos benefícios previdenciários. O prazo decadencial foi reduzido para cinco anos a partir de 21.11.1998 e tornou a ser aumentado para dez anos a partir de 20.11.2003. Quando sobreveio norma jurídica reduzindo para cinco anos o prazo decadencial em curso, prevaleceu a solução clássica de direito intertemporal concernente à retroatividade das leis sobre prazos prescricionais: se, para terminar o prazo antigo, falta tempo igual ou maior que o estabelecido pela lei nova, aplica-se esta, contando-se da data da sua vigência o novo prazo. Quando a lei tornou a aumentar o prazo de decadência para dez anos, a nova lei aplicou-se imediatamente, mas computando-se o lapso temporal já decorrido na vigência da norma revogada. 2. Para os benefícios concedidos até 27.6.1997, aplica-se o prazo de decadência de dez anos, contado a partir de 27.6.1997; para os benefícios concedidos a partir de 28.6.1997, ao final, sempre se aplica o prazo de decadência de dez anos, contado a partir a partir do dia primeiro do mês seguinte ao do recebimento da primeira prestação. 3. O Presidente da TNU poderá determinar que todos os processos que versarem sobre esta mesma questão de direito material sejam automaticamente devolvidos para as respectivas Turmas Recursais de origem, antes mesmo da distribuição do incidente de uniformização, para que confirmem ou adequem o acórdão recorrido. Aplicação do art. 7º,VII, "a", do regimento interno da TNU, com a alteração aprovada pelo Conselho da Justiça Federal em 24.10.2011. 4. Incidente parcialmente provido." (TNU — Pedido n. 201071560008762 — Relator Juiz Federal Rogério Moreira Alves — DJ de 31.8.2012)

Assim precisa ser, infelizmente para os segurados, em razão do princípio de isonomia e equidade. Entendimento diverso, de que o prazo teria início somente com a publicação da MP 138/2003 (em razão da revogação da lei anterior, com fundamento no § 1º, art. 2º, da LICC) faria com que as pessoas que tiveram suas primeiras prestações de benefícios pagas no período de 21.11.1998 a 19.11.2003 (ou respostas de indeferimento) usufruíssem prazo superior a 10 anos para revisão do ato administrativo, enquanto que aqueles que o tiveram a contar de 20.11.2003 ficariam apenas com os 10 anos fixados na MP 138/2003.

Repetimos, porém, que se não houve o requerimento administrativo, seja do benefício ou de algum direito subjetivo a ele pertinente, não há que se falar em decadência ou prescrição, já que a legislação previdenciária vigente contempla o prazo apenas para a "revisão do ato de concessão". Sobre o tema, confira-se o seguinte julgado:

> "PREVIDENCIÁRIO. EMBARGOS INFRINGENTES. DECADÊNCIA. 1. A Terceira Seção desta Corte, no julgamento dos Embargos Infringentes n. 0002211-73.2009.404.7201, realizado em 24.10.2011, assentou o entendimento de que o prazo decadencial de dez anos para a revisão do benefício, previsto no art. 103 da Lei n. 8.213/1991, não alcança questões que não foram resolvidas no ato administrativo que apreciou o pedido de concessão. Isso porque a função do prazo decadencial é limitar a possibilidade de controle da legalidade do ato administrativo, razão pela qual não pode atingir aquilo que sequer foi apreciado pela Administração. Em outras palavras, significa dizer que o segurado poderá, a qualquer tempo, sem observar o prazo decadencial previsto no art. 103 da Lei n. 8.213/1991, postular a revisão de seu benefício previdenciário, contanto que sua pretensão seja embasada em pedidos (de cômputo de tempo de serviço especial ou rural, por exemplo) não analisados pelo INSS no processo administrativo concessório. 2. Na hipótese em apreço, o tempo de serviço especial controvertido não foi analisado pelo INSS no processo de concessão do benefício, de forma que, nesse particular, não incide o prazo decadencial de dez anos previsto no art. 103 da Lei n. 8.213/1991." (TRF 4ª Região — EINF 200871080007925 — 3ª Seção — Relator Desembargador Celso Kipper — D.E. de 14.12.2011).

Há, contudo, entendimento diferenciado, no sentido de que com a sucessão de normas a respeito da prescrição/decadência (art. 103 da Lei n. 8.213/91), a posterior teria, sempre, revogado inteiramente a norma anterior, de forma que somente a contar da Lei n. 10.839 (DOU de 6.2.2004) é que teria início o prazo de 10 anos para revisão dos benefícios. Nesse sentido, confiram-se as seguintes decisões:

> "(...) A previsão sobre decadência está prevista no art. 103, da Lei n. 8.213/91; a parte inicial do artigo dispõe sobre perda do direito de pedir revisão do benefício e, a parte final dispõe sobre a perda do direito de requerer a concessão após o indeferimento definitivo no âmbito administrativo. A prescrição em matéria previdenciária diz respeito apenas às parcelas do quinquênio antecedente ao ajuizamento da ação. Quanto à decadência da revisão do benefício mister observar que nos termos da Lei n. 8.213/1991, art. 103, *caput*, modificado pela Lei n. 9.711/1998, seu prazo era de cinco anos. Na redação original da Lei n. 8.213/1991, este art. 103 nada previa sobre decadência. Entretanto, a partir da Lei n. 10.839/2004, resultado da conversão da Medida Provisória 138/2003, o prazo foi ampliado para dez anos. Assim, o prazo inicial desta decadência há que ser a promulgação da norma legal e não o início do pagamento do benefício do autor, considerando que, em períodos pretéritos, não havia previsão legal da decadência. Destarte, até 2014 não há que se falar em decadência na revisão de benefícios previdenciários. (...)". (TNU — PEDILEF 200361860010729 — Relator Juiz Federal Luciano de Souza Godoy — Decisão em 18.11.2004)"

> "(...)Nessa linha, teria caducado, ainda em outubro de 2003, o direito à revisão de todos os benefícios concedidos entre 27.6.97 e 21.10.98, bem como haveria decaído em outubro ou novembro de 2003 o direito à revisão daqueles benefícios concedidos entre 22.10.98 e 18.11.98. Todos os demais benefícios ou não estariam sujeitos à decadência, ou se sujeitariam ao prazo decenal.Por tal razão, tenho que, na situação concreta, o princípio da aplicação imediata deve ceder em prol de uma uniformidade de todos os prazos decadenciais no patamar fixado pelas Leis ns. 9.528/97 e 10.839/04. Isso por duas razões. Primeira, a restauração do prazo decenal pela Lei n. 0.839/04 evidencia a constatação, pelo legislador, de uma *falha legislativa*, consistente na estipulação de um prazo decenal demasiado restrito, sobretudo quando a grande maioria dos beneficiários do regime geral de previdência desconhece os seus direitos e não tem pleno acesso à tutela jurisdicional. Segunda, a aplicação de um prazo decadencial que vigeu por pouco mais do que a sua duração e se situou entre dois prazos que representam o seu dobro violaria flagrantemente a isonomia no trato dos beneficiários da previdência social, que deve ser resguardada em situações de tal caos legislativo.Nesta senda, é de se afastar a decadência do direito à revisão de todos os benefícios: a) com DIB anterior a 27 de junho de 1997; e b) objeto de ações ajuizadas antes de 27 de junho de 2007. Quanto aos demais benefícios, há de se analisar especificamente a ocorrência da decadência, com base no prazo decenal. (1ª Turma Recursal de Santa Catarina, Recurso Inominado 20077252003395-5, DJ 28.1.09)

1.2.3. Conclusões

Considerando-se todo o exposto nos subitens anteriores e, finalizando, podemos resumir da seguinte forma:

I — Benefícios ou direitos (tempo de serviço, correção de remuneração, etc.) ainda não requeridos administrativamente: não há, no ordenamento jurídico vigente, qualquer prazo de decadência para o requerimento dos direitos subjetivos, que podem, por tal razão, ser solicitados a qualquer tempo. O pagamento das diferenças ou parcelas devidas, contudo, ocorrerá somente a contar do requerimento administrativo efetuado.

Confira-se, nestes termos, a previsão dos §§ 2º a 4º do art. 347 do Decreto n. 3.048/99:

> "**Art. 347.** É de dez anos o prazo de decadência de todo e qualquer direito ou ação do segurado ou beneficiário para a revisão do ato de concessão de benefício, a contar do dia primeiro do mês seguinte ao do recebimento da primeira prestação ou, quando for o caso, do dia em que tomar conhecimento da decisão indeferitória definitiva no âmbito administrativo.
>
> (...)
>
> § 2º Não é considerado pedido de revisão de decisão indeferitória definitiva, mas de novo pedido de benefício, o que vier acompanhado de outros documentos além dos já existentes no processo.
>
> § 3º Não terá seqüência eventual pedido de revisão de decisão indeferitória definitiva de benefício confirmada pela última instância do Conselho de Recursos da Previdência Social, aplicando-se, no caso de apresentação de outros documentos, além dos já existentes no processo, o disposto no § 2º.
>
> § 4º No caso de revisão de benefício em manutenção com apresentação de novos elementos extemporaneamente ao ato concessório, os efeitos financeiros devem ser fixados na data do pedido de revisão."

II — Renúncia ao benefício atual: indispensável para o requerimento de novo benefício (desaposentação, ver Parte V, Capítulo XLII, desta obra), não se refere à revisão de ato de concessão, razão pela qual inexiste, em nosso ordenamento jurídico vigente, qualquer prazo fixado para o ato. Pode, assim, ser protocolada a qualquer tempo, mas com direitos computados somente a contar do requerimento administrativo.

III — Nomenclatura incorreta — art. 103 da Lei n. 8.213/91: por se tratar do direito de rever o ato de concessão, ou seja, de corrigir equivoco ou irregularidade praticada pela administração pública, não se refere o prazo do art. 103 à "decadência", mas sim à prescrição. E por fazer referência expressa a "todo e qualquer direito ou ação do segurado" está a se referir à prescrição do fundo de direito, praticamente inaplicável no direito previdenciário, já que nossos benefícios são, quase todos, de prestação mensal. Confira-se novamente o dispositivo, em sua redação atual:

"Art. 103. É de dez anos o prazo de decadência de todo e qualquer direito ou ação do segurado ou beneficiário para a revisão do ato de concessão de benefício, a contar do dia primeiro do mês seguinte ao do recebimento da primeira prestação ou, quando for o caso, do dia em que tomar conhecimento da decisão indeferitória definitiva no âmbito administrativo.

Parágrafo único. Prescreve em cinco anos, a contar da data em que deveriam ter sido pagas, toda e qualquer ação para haver prestações vencidas ou quaisquer restituições ou diferenças devidas pela Previdência Social, salvo o direito dos menores, incapazes e ausentes, na forma do Código Civil."

Sendo o benefício percebido de prestação continuada, o equívoco ou irregularidade se renova mensalmente, não estando encerrado o ato ou o processo administrativo. Há, pois, a perpetuação da irregularidade no tempo, de forma a não se aplicar, nestes casos, a prescrição do fundo de direito, mas sim a prescrição de trato sucessivo, onde são devidas apenas as diferenças dos últimos 5 anos, anteriores à propositura da ação.

Assim, o prazo de 10 anos (de prescrição) somente poderia ser aplicável àqueles benefícios ou pedidos que não se referem a um benefício mensal de prestação continuada, como é o caso, por exemplo, do benefício de salário maternidade.

O fato do legislador (que pouco entende da ciência do direito) ter utilizado um vocábulo incorreto (decadência, em vez de prescrição) não retira do Poder Judiciário e dos operadores do direito, em geral, o dever de interpretar a norma de forma correta, obedecendo-se aos princípios de direito e às normas basilares do direito intertemporal.

Apesar de profícua pesquisa na jurisprudência do STJ, tenho que a matéria, da forma posta, ainda não foi analisada por aquele Tribunal. Houve alteração do entendimento em março/2012, passando o STJ a interpretar pela aplicação da "decadência" a contar da MP n. 1.523-9, mas sem abordagem direta do equívoco da nomenclatura e da questão das prestações de trato sucessivo.

De toda forma, entendendo-se pela aplicação do dispositivo, compreendo que somente se encontra em vigor para os benefícios concedidos a contar de 28.6.1997, conforme itens IV a VI, abaixo.

IV — Benefícios cujo primeiro pagamento (ou indeferimento) ocorreu até 27.6.1997: por se tratar a prescrição (e também a decadência, para aqueles que não concordarem com o equívoco do legislador na utilização do vocábulo) de instituto de direito material, a lei nova somente poderia ser aplicável às decisões administrativas anteriores à sua vigência se fossem mais benéficas que a lei anterior, não sendo este o caso do art. 103 da Lei n. 8.213/91.

Assim, para os benefícios concedidos até 27.6.1997 compreendo não ser aplicável o prazo de 10 anos fixado no referido dispositivo, mas registro que o STJ, apesar de assim compreender até fevereiro/2012, alterou seu posicionamento em março daquele mesmo ano, passando a aplicar o prazo de "decadência" a contar de 28.6.1997.

A matéria encontra-se pendente de decisão pelo STF, que reconheceu sua repercussão geral no RE 626489 RG/SE, ainda sem decisão de mérito.

Administrativamente, o INSS compreende pela aplicação do prazo decadencial a contar de 1º.8.1997, conforme redação do inciso I do art. 441 da IN INSS n. 45/2010:

> "Art. 441. É de dez anos o prazo de decadência de todo e qualquer direito ou ação do segurado ou beneficiário para a revisão do ato de concessão de benefício, a contar do dia primeiro do mês seguinte ao do recebimento da primeira prestação ou, quando for o caso, do dia em que tomar conhecimento da decisão indeferitória definitiva, no âmbito administrativo, levando-se em consideração:
>
> I — para os benefícios em manutenção em 28 de junho de 1997, data da publicação da MP n. 1523-9, de 1997, a partir de 1º de agosto de 1997, não importando a data de sua concessão; e
>
> II — para os benefícios concedidos com DIB, a partir de 28 de junho de 1997, a partir do dia primeiro do mês seguinte ao do recebimento da primeira prestação.
>
> § 1º Em se tratando de pedido de revisão de benefícios com decisão indeferitória definitiva no âmbito administrativo, em que não houver a interposição de recurso, o prazo decadencial terá início no dia em que o requerente tomar conhecimento da referida decisão.
>
> § 2º As revisões determinadas em dispositivos legais, salvo se houver revogação expressa, ainda que decorridos mais de dez anos da data em que deveriam ter sido pagas, deverão ser processadas, observando-se a prescrição quinquenal.

IV — Benefícios cujo primeiro pagamento (ou indeferimento) ocorreu entre 28.6.1997 a 20.11.1998 (MP 1.523-9 e Lei n. 9.528/97): o prazo para revisão do ato de concessão é de 10 anos.

No entanto, existem entendimentos jurisprudenciais no sentido de que, com a sucessão das normas posteriores, alterando a redação do art. 103 da Lei n. 8.213/91, houve revogação total das normas anteriormente, iniciando-se o prazo de 10 anos somente a contar da última lei a respeito, de n. 10.839, publicada em 6.2.2004. Para essa corrente, o prazo seria encerrado somente em 6.2.2014.

V — Benefícios cujo primeiro pagamento (ou indeferimento) ocorreu entre 21.11.1998 a 19.11.2003 (MP 1.663-158 e Lei n. 9.711/98): o prazo inicial era de 5 anos, mas com a publicação da MP n. 138/2003, passou a ser de 10 anos, contando-se o período já transcorrido na vigência da norma anterior.

No entanto, existe entendimento no sentido de que, com a sucessão das normas posteriores, alterando a redação do art. 103 da Lei n. 8.213/91, houve revogação total das normas anteriormente, iniciando-se o prazo de 10 anos somente a contar da última lei a respeito, de n. 10.839, publicada em 6.2.2004. Para essa corrente, o prazo seria encerrado somente em 6.2.2014.

VI — Benefícios cujo primeiro pagamento (ou indeferimento) ocorreu a contar de 20.11.2003 (MP 138/2003 e Lei n. 10.839/2004): o prazo para revisão do ato de concessão é de 10 anos.

No entanto, existe entendimento no sentido de que o prazo tem início somente a contar da última lei a respeito, de n. 10.839, publicada em 6.2.2004. Para essa corrente, o prazo seria encerrado somente em 6.2.2014.

Fundamentação: além dos citados no texto, Decreto n. 3.048/99, art. 347.

1.3. Revisão da CTC

Nos termos do art. 445 da Instrução Normativa INSS n. 45/2010, não se aplica o prazo "decadencial" para revis*ão de CTC, conforme segue:*

> "Art. 445. A revisão para inclusão de novos períodos ou para fracionamento de períodos de trabalho não utilizados no órgão de destino da CTC poderá ser processada, a qualquer tempo, não se aplicando o prazo decadencial de que trata o art. 441."

2. REVISÃO POR PARTE DA PREVIDÊNCIA SOCIAL — ART. 103-A DA LEI N. 8.213/91

No item 1, *supra*, observamos que o segurado possui o direito de solicitar a revisão de seu benefício, caso entenda que a autarquia previdenciária (INSS) cometeu equívoco ou ato de ilegalidade.

Ocorre que também a Previdência Social, especificamente o INSS, possui o direito de rever seus próprios atos, corrigindo eventual irregularidade praticada pelo servidor público. Inicialmente, dispunha sobre o tema a Lei n. 6.309/75 que, em seu art. 7º, trazia o prazo de 5 anos para essa revisão. Confira-se:

"Art. 7º Os processos de interesse de beneficiários e demais contribuintes não poderão ser revistos após 5 (cinco) anos, contados de sua decisão final, ficando dispensada a conservação da documentação respectiva além desse prazo."

Referido ordenamento vigorou até 13.5.1992, já que no dia seguinte (14.5.1992) foi publicada no Diário Oficial da União a Lei n. 8.422, revogando expressamente a Lei n. 6.309/75 em seu art. 22. Como a Lei n. 8.422/92 não trouxe nenhum prazo para a revisão dos atos pela administração pública, firmou-se o entendimento (no STJ) que os atos poderiam ser revistos a qualquer tempo, posicionamento que perdurou até 31.1.1999. Isso porque, em 1º.2.1999 foi publicada no Diário Oficial da União a Lei n. 9.784 que, em seu art. 54, trazia novamente o prazo de 5 anos. Confiram-se os dispositivos pertinentes:

"Art. 53. A Administração deve anular seus próprios atos, quando eivados de vício de legalidade, e pode revogá-los por motivo de conveniência ou oportunidade, respeitados os direitos adquiridos."

Art. 54. O direito da Administração de anular os atos administrativos de que decorram efeitos favoráveis para os destinatários decai em cinco anos, contados da data em que foram praticados, salvo comprovada má-fé.

§ 1º No caso de efeitos patrimoniais contínuos, o prazo de decadência contar-se-á da percepção do primeiro pagamento.

§ 2º Considera-se exercício do direito de anular qualquer medida de autoridade administrativa que importe impugnação à validade do ato."

Antes, contudo, de decorridos os 5 anos previstos na Lei n. 9.784/99, a matéria passou a ser disciplinada pela própria Lei n. 8.213/91 que, por meio da Medida Provisória n. 138/2003 (DOU de 20.11.2003), teve acrescido o art. 103-A, aumentando o prazo para 10 anos. *In verbis*:

"Art. 103-A. O direito da Previdência Social de anular os atos administrativos de que decorram efeitos favoráveis para os seus beneficiários decai em dez anos, contados da data em que foram praticados, salvo comprovada má-fé.

§ 1º No caso de efeitos patrimoniais contínuos, o prazo decadencial contar-se-á da percepção do primeiro pagamento.

§ 2º Considera-se exercício do direito de anular qualquer medida de autoridade administrativa que importe impugnação à validade do ato."

A Medida Provisória 138/2003 foi convertida na Lei n. 10.839, publicada no Diário Oficial da União de 6.2.2004, que manteve a redação do art. 103-A na forma anteriormente proposta e sendo esta, portanto, a redação que atualmente permanece.

Em face das alterações legislativas, para os benefícios de prestação continuada (efeitos patrimoniais contínuos), podemos concluir da seguinte forma:

I — Benefícios com primeiro pagamento efetuado até 31.1.1999 (dia anterior à publicação da Lei n. 9.784): como não havia prazo fixado, o período de 10 anos começou a ser contado a partir de 1º.2.1999, data de publicação da Lei n. 9.784/99, tendo espirado em 1º.2.2009.

II — Benefícios com primeiro pagamento efetuado entre 1º.2.1999 e 19.11.2003 (vigência do art. 54 da Lei n. 9.784/99): o prazo de 5 anos, fixado pela Lei n. 9.784/99 foi alterado para

10 anos pela MP 138/2003, mas contando-se o período transcorrido na vigência da norma anterior. Ou seja, um benefício com pagamento inicial em 1º.3.1999 poderia ser revisto pelo INSS somente até 1º.3.2009. Os benefícios com início de pagamento em 19.11.2003 poderão ser revistos por 10 anos, cujo prazo encerra-se, portanto, em 19.11.2013.

III — Benefícios com primeiro pagamento efetuado a contar de 20.11.2003 (vigência da MP 138/2003 e Lei n. 10.839/2004): o prazo para o INSS revisar seus atos é de 10 anos.

Confira-se, nestes termos e ilustrativamente, o seguinte julgado:

"EMBARGOS INFRINGENTES. PREVIDENCIÁRIO. ADMINISTRATIVO. PROCESSUAL CIVIL. BENEFÍCIO PREVIDENCIÁRIO DE APOSENTADORIA POR TEMPO DE SERVIÇO. LIMITES À REVISÃO DE ATO CONCESSÓRIO POR PARTE DA ADMINISTRAÇÃO PÚBLICA. OCORRÊNCIA DE FRAUDE OU ILEGALIDADE. ÔNUS DE COMPROVAÇÃO DA AUTARQUIA FEDERAL. 1. Há e sempre houve limites para a Administração rever atos de que decorram efeitos favoráveis para o particular, em especial aqueles referentes à concessão de benefício previdenciário. 2. O cancelamento de benefício previdenciário pressupõe devido processo legal, ampla defesa e contraditório. 3. A Administração não pode cancelar um benefício previdenciário com base em simples reavaliação de processo administrativo perfeito e acabado. 4. A Lei n. 6.309/75 previa em seu art. 7º que os processos de interesse de beneficiários não poderiam ser revistos após 5 (cinco) anos, contados de sua decisão final, ficando dispensada a conservação da documentação respectiva além desse prazo. Assim, em se tratando de benefício deferido sob a égide da Lei n. 6.309/75, ou seja, até 14.5.92 (quando entrou em vigor a Lei n. 8.422, de 13.5.92, que em seu art. 22 revogou a Lei n. 6.309/75), caso decorrido o prazo de cinco anos, inviável a revisão da situação, ressalvadas as hipóteses de fraude, pois esta não se consolida com o tempo 5. Segundo o Superior Tribunal de Justiça, para os benefícios deferidos antes do advento da Lei n. 9.784/99 o prazo de decadência deve ser contado a partir da data de início de vigência do referido Diploma, ou seja, 1º.2.1999. Mesmo nestas situações, todavia, há necessidade de respeito ao princípio da segurança jurídica, à luz das circunstâncias do caso concreto. 6. Com o advento da Lei n. 9.784/99 (art. 54), foi instituído expressamente prazo decadencial de cinco anos para desfazimento de atos administrativos de que decorram efeitos favoráveis para os destinatários, incluídos os atos de concessão de benefício previdenciário. 7. A MP **138** (de 19.11.03, publicada no DOU de 20.11.03, quando entrou em vigor), instituiu o art. **103-A** da Lei n. 8.213/91, estabelecendo prazo decadencial de dez anos para a Previdência Social anular os atos administrativos de que decorram efeitos favoráveis para os seus beneficiários. 8. Como quando a Medida Provisória **138** entrou em vigor não haviam decorrido cinco anos a contar do advento da Lei n. 9.784/99, os prazos que tiveram início sob a égide desta Lei foram acrescidos, a partir de novembro de 2003, quando entrou em vigor a MP 138/03, de tanto tempo quanto necessário para atingir o total de dez anos. Assim, na prática todos os casos subsumidos inicialmente à regência da Lei n. 9.784/99, passaram a observar o prazo decadencial de dez, anos aproveitando-se, todavia, o tempo já decorrido sob a égide da norma revogada 9. O prazo decadencial somente será considerado interrompido pela Administração quando regularmente notificado o segurado de qualquer medida de autoridade administrativa para instaurar o procedimento tendente a cancelar o benefício. 10. Em toda situação na qual se aprecia ato de cancelamento de benefício previdenciário, (em especial para os benefícios deferidos entre a revogação da Lei n. 6.309/75 e o advento da Lei n. 9.784/99), há necessidade de análise do caso concreto, considerando-se, por exemplo, o tempo decorrido, as circunstâncias que deram causa à concessão do amparo, as condições sociais do interessado, sua idade, e a inexistência de má-fé, tudo à luz do princípio constitucional da segurança jurídica. 11. Nos processos de restabelecimento de benefício previdenciário compete ao INSS o ônus de provar a ocorrência de fraude ou ilegalidade no ato concessório, pois este se reveste de presunção de legitimidade." (TRF 4ª Região — EINF 200572010016574 — 3ª Seção — Relator Desembargador Ricardo Teixeira do Valle Pereira — D.E. de 13.1.2010)

Este, também, é o entendimento consignado na Instrução Normativa INSS n. 45/2010, conforme podemos observar do art. 442:

"**Art. 442.** O direito da Previdência Social de anular os atos administrativos de que decorram efeitos favoráveis para os seus beneficiários decai em dez anos, contados da data em que foram praticados, salvo comprovada má-fé.

§ 1º Para os benefícios concedidos antes do advento da Lei n. 9.784, de 29 de janeiro de 1999, ou seja, com data do despacho do benefício — DDB até 31 de janeiro de 1999, o início do prazo decadencial começa a correr a partir de 1º de fevereiro de 1999.

§ 2º Para os benefícios de prestação continuada, concedidos a partir de 1º de fevereiro de 1999, o prazo decadencial contar-se-á da data em que os atos foram praticados."

Também o posicionamento constante do Enunciado 19 do CRPS:

"**Enunciado 19** — Transcorrido mais de dez anos da data da concessão do benefício, não poderá haver sua suspensão ou cancelamento na hipótese de o interessado não mais possuir a documentação que instruiu o pedido, exceto em caso de fraude ou má-fé."

Ressalte-se, contudo, que se comprovada má-fé, o benefício poderá ser cancelado a qualquer tempo, subsistindo a obrigação do segurado de devolver as quantias pagas pelo INSS de uma só vez, devidamente corrigidas.

Fundamentação: citada no texto.

2.1. Irregularidades

O Ministério da Previdência Social — MPS, através de sua autarquia federal, INSS, mantém permanentemente um programa de revisão da concessão e da manutenção dos benefícios previdenciários, a fim de apurar irregularidades e falhas existentes. Para fins de cumprimento deste controle permanente, a Lei n. 10.887/2004 acrescentou ao art. 69 da Lei n. 8.212 o § 4º, determinando que o INSS procederá, no mínimo a cada 5 anos, ao recenseamento previdenciário, abrangendo todos os aposentados e pensionistas do regime geral de previdência social.

Obs.: O art. 179 do Decreto n. 3.048/99, em seu § 4º, determina que o recenseamento previdenciário relativo ao pagamento dos benefícios do Regime Geral de Previdência Social deverá ser realizado pelo menos uma vez a cada quatro anos.

Sendo verificado algum indício de irregularidade, seja na concessão ou na manutenção do benefício, a Previdência Social encaminhará ao segurado uma notificação do fato, para que este apresente defesa, provas ou documentos de que dispuser, no prazo de 10 dias. Este prazo era, originariamente, de 30 dias, mas foi alterado quando da publicação do Decreto n. 4.729, em 10.6.2003.

A notificação é efetuada via postal, com aviso de recebimento (AR) e, não comparecendo o beneficiário e tampouco apresentando argumentos de defesa, seu benefício será suspenso, também deste ato recebendo notificação.

Decorrido o prazo concedido por esta nova notificação para a apresentação de defesa, sem que tenha havido resposta, ou ainda caso seja considerada pela Previdência Social como insuficiente ou improcedente a defesa apresentada, o benefício será então cancelado definitivamente, dando-se conhecimento desta decisão ao beneficiário.

Sobre o tema confira-se, ainda, a redação da Súmula 46 do TRF da 2ª Região:

"**Súmula 46** — A suspeita de fraude na concessão do benefício previdenciário não autoriza, de imediato, a sua suspensão ou cancelamento, sendo indispensável a apuração dos fatos mediante processo administrativo regular, assegurados o contraditório e a ampla defesa."

Com referência aos benefícios de aposentadoria por invalidez, obrigam-se os beneficiários a comparecerem a perícia médica que for agendada, cabendo ao perito do INSS verificar se ainda permanece a incapacidade total — Lei n. 8.213/91, art. 70.

Também cabe ao INSS rever os benefícios (inclusive concedidos por acidente do trabalho), ainda que concedidos judicialmente, para avaliar a persistência, atenuação ou agravamento da incapacidade para o trabalho alegada como causa para a sua concessão — Lei n. 8.213/91, art. 71.

Confiram-se, ainda, as disposições dos arts. 73, 74 e 76 da Lei n. 8.212/91:

"**Art. 73.** O setor encarregado pela área de benefícios no âmbito do Instituto Nacional do Seguro Social — INSS deverá estabelecer indicadores qualitativos e quantitativos para acompanhamento e avaliação das concessões de benefícios realizadas pelos órgãos locais de atendimento.

Art. 74. Os postos de benefícios deverão adotar como prática o cruzamento das informações declaradas pelos segurados com os dados de cadastros de empresas e de contribuintes em geral quando da concessão de benefícios.

Art. 76. O Instituto Nacional do Seguro Social — INSS deverá proceder ao recadastramento de todos aqueles que, por intermédio de procuração, recebem benefícios da Previdência Social.

Parágrafo único. O documento de procuração deverá, a cada semestre, ser revalidado pelos órgãos de atendimento locais."

Fundamentação: Lei n. 8.212/91, arts. 69, 70, 73, 74 e 76; Lei n. 10.666/2003, art. 11; Decreto n. 3.048/99, arts. 179

2.1.1. Monitoramento Operacional de Benefícios pelo INSS

A Previdência Social não tem meios suficientes para conferir todos (100%) os benefícios que são concedidos aos segurados e, por tal razão, o controle dos atos operacionais (para prevenção de desvios de procedimentos normativos) e a verificação da regularidade dos atos praticados são feitos por amostragem, pela área de Benefícios no âmbito da Gerência-Executiva. À Auditoria Regional cabe verificar a qualidade desses controles.

Detectando algum indício de irregularidade na habilitação, concessão ou manutenção de benefícios, a Agência da Previdência Social (APS) deverá avocar o processo administrativo e revisar os procedimentos adotados. Havendo indício de envolvimento de servidor na irregularidade detectada ou de que a prática fraudulenta possa ter se repetido em mais benefícios (pelo mesmo modo de operação), a apuração deverá ser feita pela Equipe de Monitoramento Operacional de Benefícios da Gerência-Executiva.

Confira-se a redação do art. 451 da IN INSS n. 45/2010:

"Art. 451. A Equipe de Monitoramento Operacional de Benefícios da Gerência-Executiva, ao tomar conhecimento, por meio de relatório ou processo, de irregularidades detectadas pelas APS, deve:

I — determinar o universo que será objeto de avaliação;

II — definir, por amostragem, aqueles benefícios que serão revistos com o objetivo de verificar a regularidade dos atos praticados;

III — proceder às apurações, conforme as orientações previstas nesta Seção; e

IV — elaborar relatório conclusivo quanto às atividades desenvolvidas, encaminhando o original ao Gerente-Executivo, para que adote as demais providências a seu cargo, e cópias para a Auditoria Regional e para a Coordenação de Monitoramento Operacional de Benefícios."

Note-se, portanto, que inicialmente o processo administrativo passa por uma análise inicial, feita pela APS ou pela Equipe de Monitoramento. Após essa análise, constatando-se indício de irregularidade, deverá ser expedida uma notificação com a descrição da irregularidade detectada (devidamente fundamentada) e também, se for o caso, o montante dos valores passíveis de devolução, sendo oportunizado ao segurado ou beneficiário (ou terceiro interessado) o direito de apresentar, no prazo legal, sua defesa escrita, provas ou documentos que dispuser, além, obviamente, de ter vista do processo.

Esta notificação deverá ocorrer, obrigatoriamente, por via postal com Aviso de Recebimento — AR. O segurado ou beneficiário será considerado notificado mesmo que o AR não tenha sido recebido pessoalmente por ele, mas por terceiro (esposa, filho, parente, porteiro do prédio, etc.) em seu domicílio. Confira-se, a respeito, o art. 453 da IN INSS n. 45/2010:

"Art. 453. Após análise do processo no qual se constatou indício de irregularidade, será expedida notificação ao (s) interessado (s) com a descrição da irregularidade detectada, devidamente fundamentada, bem como o montante dos valores passíveis de devolução, oportunizando o direito de apresentar, no prazo legal, defesa escrita, provas ou documentos de que dispuser, bem como de ter vista do processo.

§ 1º A notificação a que se refere o *caput* deverá ser realizada por via postal com Aviso de Recebimento — AR, sendo o (s) interessado (s) considerado (s) notificado (s), mesmo que o AR não tenha sido recebido pessoalmente por ele, mas por terceiro (esposa, filho, parente, porteiro do prédio, dentre outros) em seu domicílio.

§ 2º O prazo para apresentação de defesa, recursos, atender convocações e outros será contado a partir do primeiro dia após a data do recebimento da correspondência contida no AR previsto no § 1º deste artigo e, vencendo-se em sábado, domingo ou feriado, prorroga-se para o primeiro dia útil seguinte.

§ 3º Para os segurados indígenas que estiverem representados pela Funai, a notificação mencionada no § 1º deste artigo, deverá ser endereçada diretamente ao respectivo Órgão Regional daquela instituição.

§ 4º O interessado que não receber a notificação ou ocorrendo a devolução da notificação com AR, estando o mesmo em local incerto e não sabido, será providenciada, de imediato, a publicação da notificação em edital, conforme o disposto no art. 26 da Lei n. 9.784, de 1999.

§ 5º A notificação de que trata o § 4º deste artigo poderá ser coletiva e deverá trazer referência sumária do assunto, que será divulgado na imprensa do município ou, na hipótese de inexistência desse veículo de comunicação na localidade, na imprensa do estado, em jornal de maior circulação na área de domicilio do interessado.

§ 6º Decorrido o prazo de quinze dias após a publicação ou afixação do edital, será considerada como efetuada a notificação.

§ 7º O prazo para apresentação de defesa, recursos, atender convocações e outros será contado a partir do primeiro dia útil após o prazo de quinze dias da data da publicação ou afixação do edital, vencendo-se em sábado, domingo ou feriado, prorroga-se para o primeiro dia útil seguinte.

§ 8º As comprovações de notificações por meio de Aviso de Recebimento — AR, e de Edital deverão, obrigatoriamente, ser juntados ao processo, com a finalidade de se evitar alegação de nulidade no procedimento.

§ 9º Na impossibilidade de notificação do beneficiário e na falta de atendimento à convocação, por edital, o pagamento do benefício será suspenso até o comparecimento do beneficiário e regularização dos dados cadastrais.

§ 10. Ainda que em fase de apuração do processo, o (s) interessado (s) que manifestar (em) o desejo de ressarcir as importâncias recebidas indevidamente poderão fazê-lo por meio de guia específica.

§ 11. A defesa apresentada no prazo estabelecido deverá ser apreciada quanto ao mérito, podendo ser considerada procedente no todo ou em parte ou improcedente."

Finalizados os procedimentos descritos no art. 453, *supra*, a Agência da Previdência Social (APS) deverá elaborar um relatório contendo as irregularidades detectadas, encaminhando-o à Equipe de Monitoramento Operacional de Benefícios da Gerência-Executiva (§ 2º do art. 450 da IN INSS n. 45/2010).

Caso a defesa apresentada pelo interessado seja considerada insuficiente para modificar a conclusão anterior (decisão de irregularidade), ou na hipótese de não ser apresentada qualquer defesa, em se tratando de benefício deverá ser providenciada a imediata suspensão ou revisão do benefício, conforme o caso, com emissão de ofício ao interessado no qual conterá, inclusive, o montante dos valores que foram recebidos indevidamente. Dessa decisão cabe recurso para a Junta de Recursos.

Concluídas as apurações, se houver indício de fraude, o processo original em que foi constatada a irregularidade será encaminhado à Procuradoria Federal Especializada junto ao INSS -PFE-INSS, para análise e, se for o caso, elaboração de notícia crime. E caso haja indício de envolvimento de servidor, cópia do processo será encaminhada à Corregedoria para as providências a seu cargo. A notícia crime deverá ser encaminhada pela PFE-INSS ao Ministério Público Federal, preferencialmente por meio digital e instruída com a cópia integral do processo de apuração da(s) irregularidade(s) — IN INSS n. 45/2010, art. 454.

Sendo caso de erro administrativo (sem fraude, dolo ou má-fé), a devolução dos valores recebidos indevidamente corresponderá apenas aos últimos 5 anos, contados da data de início do procedimento de apuração do erro que ensejou o pagamento indevido, sendo incluídos, ainda, os valores recebidos a partir desta data, que serão atualizados até a data de constituição do crédito. Sobre o tema dispõe o art. 456 da IN INSS n. 45/2010, conforme transcrevemos:

"**Art. 456.** Quando não se tratar de fraude, o levantamento dos valores recebidos indevidamente será efetuado retroagindo cinco anos, contados da data de início do procedimento de apuração, incluindo, ainda, os valores recebidos a partir dessa data, que serão atualizados até a data da constituição do crédito, na forma do art. 175 do RPS, aprovado pelo Decreto n. 3.048, de 6 de maio de 1999.

§ 1º Considera-se como data de início do procedimento de apuração, conforme o caso, a data do despacho que determina a instauração do processo ou a data do protocolo das peças de informação, da representação ou da denúncia.

§ 2º Na hipótese de interposição de recurso administrativo, o prazo prescricional fica suspenso até o julgamento do recurso.

§ 3º Nos casos de comprovada fraude, o levantamento dos valores abrangerá a integralidade dos valores pagos com base no ato administrativo anulado, não sujeito ao prazo decadencial decenal, previsto no art. 103-A da Lei n. 8.213, de 24 de julho de 1991, nem aos prazos prescricionais do *caput* e do § 2º deste artigo".

Caso a irregularidade tenha alguma relação com a condição de incapacidade do beneficiário, será observado o procedimento disposto no art. 457 da Instrução Normativa, que possui o seguinte teor:

"**Art. 457.** Na hipótese de avaliação médico-pericial de benefício por incapacidade, em decorrência do procedimento iniciado na forma desta Seção, a Gerência-Executiva, após prévia análise do processo concessório, convocará o segurado ou o beneficiário para realização de exame médico pericial e, após o comparecimento e realização do exame, a junta médica do INSS emitirá parecer conclusivo, que deverá ser subsidiado pela análise dos antecedentes médicos-periciais.

§ 1º O segurado ou beneficiário que, comprovadamente, receber a convocação por meio de AR, diretamente na APS, ou transcorrido o prazo legal da notificação por edital, e não comparecer para avaliação médico-pericial no prazo determinado, terá o seu benefício suspenso de imediato.

§ 2º No caso da junta médica do INSS concluir pela existência de capacidade laborativa, o benefício será suspenso, devendo ser observado o que dispõe os arts. 206 e 207 desta IN, quando se tratar de aposentadoria por invalidez, salvo quando a suspensão for originada por erro ou fraude.

§ 3º Nas situações mencionadas nos parágrafos 1º e 2º deste artigo, conforme o caso, a APS ou a equipe do Monitoramento Operacional da Gerência-Executiva ou, ainda, o grupo de trabalho designado para apurar indícios de irregularidades, notificará o beneficiário da suspensão do benefício por meio de ofício, concedendo-lhe o prazo regulamentar para vista do processo e para apresentação de recurso à Junta de Recursos.

Fundamentação: Instrução Normativa INSS n. 45/2010, arts. 449 a 458.

3. PRESCRIÇÃO — SUSPENSÃO E INTERRUPÇÃO DO PRAZO

Conforme já abordado no item 1 deste Capítulo, prescreve em cinco anos, a contar da data em que deveriam ter sido pagas, toda e qualquer ação para haver prestações vencidas ou quaisquer restituições ou diferenças devidas pela Previdência Social, salvo o direito dos menores, incapazes e ausentes, na forma do Código Civil. Esta é a redação, inclusive, o parágrafo único do art. 103 da Lei n. 8.213/91, conforme segue:

"**Art. 103.** É de dez anos o prazo de decadência de todo e qualquer direito ou ação do segurado ou beneficiário para a revisão do ato de concessão de benefício, a contar do dia primeiro do mês seguinte ao do recebimento da primeira prestação ou, quando for o caso, do dia em que tomar conhecimento da decisão indeferitória definitiva no âmbito administrativo.

Parágrafo único. Prescreve em cinco anos, a contar da data em que deveriam ter sido pagas, toda e qualquer ação para haver prestações vencidas ou quaisquer restituições ou diferenças devidas pela Previdência Social, salvo o direito dos menores, incapazes e ausentes, na forma do Código Civil."

Contra os absolutamente incapazes, nos termos do art. 3º do Código Civil (combinado com o inciso I do art. 198 do mesmo Código), não corre qualquer prazo de prescrição, sendo eles os seguintes:

a) os menores de 16 anos;

b) os que, por enfermidade ou deficiência mental, não tiverem o necessário discernimento para a prática desses atos; e

c) os que, mesmo por causa transitória, não puderem exprimir sua vontade.

Para os menores que completarem 16 anos de idade, a data de início da prescrição será o dia seguinte ao aniversário desta idade. No caso da pensão por morte, por exemplo, para que o menor tenha direito ao recebimento das prestações desde o falecimento de seu pai ou sua mãe, será necessário que providencie o requerimento do benefício junto ao INSS no prazo de 30 dias, contados do dia seguinte ao seu aniversário de 16 anos (independentemente da data do óbito).

Para o incapaz curatelado, a contagem do prazo prescricional terá início a partir da data de nomeação do curador.

Também não correrá a prescrição contra os ausentes do País em serviço público da União, Estados ou Municípios (Código Civil, art. 198, II).

Importa observar, ainda, que a prescrição somente pode ser interrompida uma única vez, nos termos do art. 202 do Código Civil, sendo causas de interrupção qualquer ato inequívoco (ainda que extrajudicial) que importe reconhecimento do direito pelo devedor, bem como a citação válida (CPC, art. 219). Uma vez interrompida, a prescrição recomeça a correr a contar da data do ato que a interrompeu ou do último ato ou termo do respectivo processo, mas pela metade do prazo (2 anos e 6 meses, no caso). Esta é a redação do art. 9º do Decreto n. 20.910/32, conforme segue:

"**Art. 9º** A prescrição interrompida recomeça a correr, pela metade do prazo, da data do ato que a interrompeu ou do último ato ou termo do respectivo processo."

Note-se, no entanto, que a soma dos dois períodos não pode ser inferior a 5 anos, conforme decisões do STF, consubstanciadas na Súmula 383. Confira-se:

"**Súmula 383** — A prescrição em favor da fazenda pública recomeça a correr, por dois anos e meio, a partir do ato interruptivo, mas não fica reduzida aquém de cinco anos, embora o titular do direito a interrompa durante a primeira metade do prazo."

Por fim, cumpre-nos mencionar que o requerimento administrativo não interrompe a prescrição, mas constitui causa suspensiva do prazo prescricional, conforme art. 4º do Decreto n. 20.910/32:

"**Art. 4º** Não corre a prescrição durante a demora que, no estudo, ao reconhecimento ou no pagamento da dívida, considerada líquida, tiverem as repartições ou funcionários encarregados de estudar e apurá-la.

Parágrafo único. A suspensão da prescrição, neste caso, verificar-se-á pela entrada do requerimento do titular do direito ou do credor nos livros ou protocolos das repartições públicas, com designação do dia, mês e ano."

Sobre o tema confiram-se, ainda, a redação da Súmula 74 da TNU e da Súmula 15 do TRF da 3ª Região:

"**TNU — Súmula 74** — O prazo de prescrição fica suspenso pela formulação de requerimento administrativo e volta a correr pelo saldo remanescente após a ciência da decisão administrativa final."

"**Súmula 15** — Em consonância com o art. 103, parágrafo único, da Lei n. 8.213/91, o juiz deverá, de ofício, reconhecer a prescrição qüinqüenal nas ações pertinentes às parcelas vencidas de benefícios previdenciários, inclusive em grau recursal." (Origem Enunciado 19 do JEFSP)

Fundamentação: Lei n. 8.213/91, arts. 103; Decreto n. 3.048/99, art. 347; Decreto n. 20.910/32; Instrução Normativa INSS n. 45/2010, art. 446.

PARTE VI

DISPOSIÇÕES GERAIS

Capítulo XLVI

Disposições Gerais sobre os Benefícios Previdenciários

1. EXAMES MÉDICOS PARA CONCESSÃO E MANUTENÇÃO DE BENEFÍCIOS

A redação original do art. 170 do Decreto 3.048/99 determinava que todos os exames médicos necessários à concessão ou manutenção dos benefícios previdenciários devem ser, preferencialmente, atribuídos a médicos especializados em perícia para verificação de incapacidade. Determinava, ainda, que quando realizados os exames por médicos credenciados ao INSS (que não pertencessem efetivamente ao quadro de pessoal da autarquia), seria garantida ao segurado a revisão dos mesmos por médico do Instituto Nacional do Seguro Social — INSS, cuja decisão prevaleceria sobre a anteriormente emitida.

Referido dispositivo foi alterado pelo Decreto n. 6.939/2009 (DOU de 19.8.2009), passando a dispor da seguinte forma:

"Art. 170. Compete privativamente aos servidores de que trata o art. 2º da Lei n. 10.876, de 2 de junho de 2004, a realização de exames médico-periciais para concessão e manutenção de benefícios e outras atividades médico-periciais inerentes ao regime de que trata este Regulamento, sem prejuízo do disposto no mencionado artigo.

Parágrafo único. Os servidores de que trata o *caput* poderão solicitar ao médico assistente do beneficiário que forneça informações sobre antecedentes médicos a este relativas, na forma a ser disciplinada pelo INSS, para fins do disposto nos § 2º do art. 43 e § 1º do art. 71 ou para subsidiar emissão de laudo médico pericial conclusivo."

Para compreensão do dispositivo em sua nova redação, mister se faz a transcrição do art. 2º da Lei por ele citada (10.876), conforme segue:

"Art. 2º Compete privativamente aos ocupantes do cargo de Perito Médico da Previdência Social e, supletivamente, aos ocupantes do cargo de Supervisor Médico-Pericial da carreira de que trata a Lei n. 9.620, de 2 de abril de 1998, no âmbito do Instituto Nacional do Seguro Social — INSS e do Ministério da Previdência Social — MPS, o exercício das atividades médico-periciais inerentes ao Regime Geral da Previdência Social de que tratam as Leis ns. 8.212, de 24 de julho de 1991, e 8.213, de 24 de julho de 1991, à Lei n. 8.742, de 7 de dezembro de 1993 — Lei Orgânica da Assistência Social, e à aplicação da Lei n. 8.112, de 11 de dezembro de 1990, e, em especial:

I — emissão de parecer conclusivo quanto à capacidade laboral para fins previdenciários;

II — inspeção de ambientes de trabalho para fins previdenciários;

III — caracterização da invalidez para benefícios previdenciários e assistenciais; e

IV — execução das demais atividades definidas em regulamento.

Parágrafo único. Os Peritos Médicos da Previdência Social poderão requisitar exames complementares e pareceres especializados a serem realizados por terceiros contratados ou conveniados pelo INSS, quando necessários ao desempenho de suas atividades."

A competência privativa é aquela que não é exclusiva e que, assim, pode ser delegada. Seria o mesmo de dizermos que compete, preferencialmente, ao perito médico a realização dos exames e, em sua falta, a legislação permite que os exames ocorram a cargo do supervisor médico-pericial, cargo hierarquicamente superior, que tem por atribuição precípua as atividades de gestão governamental, nos aspectos relativos ao gerenciamento, supervisão, controle, fiscalização e auditoria das atividades de perícia médica (Lei n. 9.620/98, art. 1º, I).

Do exposto podemos depreender, portanto, que os exame-médico periciais não podem mais ser realizados por profissionais estranhos ao quadro de servidores do INSS, como ocorreu anteriormente.

Fundamentação: Citada no texto.

2. CONTROLE DE ÓBITOS

Os Cartórios de Registro Civil de Pessoas Naturais se encontram obrigados a comunicar ao INSS, até o dia dez de cada competência (mês civil) todos os óbitos registrados no mês imediatamente anterior ou ainda a inexistência deles no mesmo período, devendo esta comunicação ser efetuada por meio de formulário próprio, denominado "Sistema Informatizado de Controle de Óbitos — SISOBI".

Devem constar da relação a ser enviada, além dos dados referentes à identificação do Cartório de Registro Civil, dados da pessoa falecida como filiação data e local de nascimento, e pelo menos uma das seguintes informações:

a) número de inscrição do PIS/PASEP;

b) número de inscrição no Instituto Nacional do Seguro Social — INSS, se contribuinte individual, ou número de benefício previdenciário — NB, se a pessoa falecida for titular de qualquer benefício pago pelo INSS;

c) número do CPF;

d) número de registro da Carteira de Identidade e respectivo órgão emissor;

e) número do título de eleitor;

f) número do registro de nascimento ou casamento, com informação do livro, da folha e do termo;

g) número e série da Carteira de Trabalho.

A responsabilidade pelas informações prestadas ao INSS são do titular do Cartório de Registro Civil de Pessoas Naturais e sua falta ou inexatidão sujeitará o responsável à multa prevista no art. 92 da Lei n. 8.212/91, atualmente no montante de R$ 1.812,87, conforme disposições da alínea "e", do inciso I, do art. 283, do Decreto n. 3.048/99.

De posse da relação enviada pelos cartórios, o INSS e a Empresa de Processamento de Dados da Previdência Social (DATAPREV) confrontarão a relação dos óbitos com os cadastros da previdência social, determinando o cancelamento dos pagamentos, a partir da data do falecimento dos beneficiários que forem identificados.

Fundamentação: Lei n. 8.212/91, art. 68 e 92; Decreto n. 3.048/99, art. 228, 283 e 367; Instrução Normativa INSS n. 45/2010, art. 431; Portaria MPS/MF n. 15/2013.

3. REALIZAÇÃO DE PESQUISAS EXTERNAS PELO INSS

O INSS se encontra autorizado a designar servidores para a realização de pesquisas externas necessárias à concessão, manutenção e revisão de benefícios, bem como ao desempenho das atividades de serviço social, perícias médicas, habilitação e reabilitação profissional e arrecadação, junto a beneficiários, empresas, órgãos públicos, entidades representativas de classe, cartórios e demais entidades e profissionais credenciados.

Os servidores designados a essas pesquisas receberão, a título de indenização, o valor correspondente a 1/11 (um onze avos) do valor mínimo do salário de contribuição do contribuinte individual, por deslocamento com pesquisa concluída.

Obs.: O valor mínimo do salário de contribuição do contribuinte individual é o salário mínimo, atualmente no importe de R$ 724,00

Fundamentação: Decreto n. 3.048/99, art. 357.

4. RECADASTRAMENTO DE SEGURADOS OU BENEFICIÁRIOS

O Ministério da Previdência Social se encontra autorizado a proceder ao recadastramento de seus beneficiários, no intuito de certificar-se da regularidade do pagamento dos benefícios. Assim dispõe, por exemplo, o art. 76 da Lei n. 8.212/91, quanto ao recebimento de benefícios por procuração.

Qualquer que seja o motivo do recadastramento, contudo, as disposições da Lei n. 11.720/2008 devem ser observadas, quais sejam:

a) O recadastramento jamais poderá ser precedido de prévio bloqueio de pagamento de benefícios;

b) Sempre será necessário, primeiramente, uma prévia notificação pública do recadastramento, com fixação de prazo para seu início e sua conclusão, nunca inferior a 90 dias;

c) Caso o segurado ou beneficiário tenha idade igual ou superior a 60 anos, deverá existir um agendamento de data, para que o cidadão não fique muito tempo aguardando em filas;

d) Caso o segurado ou beneficiário tenha idade igual ou superior a 80 anos ou, independentemente da idade, não tenha condições de se deslocar por questões médicas, o recadastramento deverá ser realizado em sua residência.

Fundamentação: Lei n. 11.720, de 20.6.2008 — DOU de 23.6.2008.

5. AÇÕES JUDICIAIS — REAJUSTE OU CONCESSÃO DE BENEFÍCIOS

5.1. Execução

5.1.1. Valores de Execução Não Superiores a R$ 43.440,00 — Pagamento em 60 Dias

Conforme disposições constantes do *caput* do art. 128 da Lei n. 8.213/91, as demandas judiciais que tiverem por objeto o reajuste ou a concessão de benefícios previdenciários e cujos valores de execução, por autor, se limitarem a sessenta salários mínimos (atualmente R$ 43.440,00), poderão, por opção de cada um dos exequentes, ser quitadas no prazo de até sessenta dias após a intimação do trânsito em julgado da decisão, sem necessidade da expedição de precatório.

Para que fosse evitada a utilização inadequada do dispositivo legal, o § 1º determinou expressamente ser vedado o fracionamento, repartição ou quebra do valor da execução, de modo que o pagamento se fizesse, em parte, em até sessenta dias e, em parte, mediante expedição de precatório.

Igualmente veda o legislador (§ 2º) a expedição de precatório complementar ou suplementar a sessenta salários mínimos (atualmente R$ 43.440,00, como mencionado).

Tais vedações legais constam, inclusive, do § 8º do art. 100 da Constituição Federal, redação acrescentada pela Emenda Constitucional n. 37/2002 e com nova numeração pela Emenda Constitucional n. 62/2009. Confira-se o dispositivo:

"Art. 100. (...)

(...)

§ 8º É vedada a expedição de precatórios complementares ou suplementares de valor pago, bem como o fracionamento, repartição ou quebra do valor da execução para fins de enquadramento de parcela do total ao que dispõe o § 3º deste artigo.

(...)"

O pagamento dos créditos, sem o precatório, implica quitação total do pedido constante da petição inicial e determina a extinção do processo judicial. Não obstante, é possível a interposição de embargos à execução por parte do INSS.

Fundamentação: Constituição Federal/88, art. 100; Lei n. 8.213/91, art. 128.

5.1.2. Valores de Execução Superiores a R$ 43.440,00 — Pagamento por Precatório

Caso o valor da execução, por autor, ultrapasse o limite de sessenta salários mínimos (R$ 40.680,00, em valores atuais), o pagamento deverá ser efetuado sempre por meio de precatório (§ 3º do art. 128 da Lei n. 8.213/91).

5.1.3. Renúncia pela Parte do Montante Excedente a R$ 43.440,00

O § 4º do art. 128 da Lei de Benefícios (8.213/91) faculta ao autor (parte exequente) a renúncia ao crédito no que exceder aos sessenta salários mínimos (R$ 43.440,00 em valores atuais), para que possa o mesmo optar pelo pagamento do saldo em até sessenta dias, sem a expedição de precatório.

Importa esclarecer, pela importância do fato, que a opção exercida pela parte exequente para receber seus créditos sem a expedição de precatório implica automaticamente na renúncia do restante dos créditos porventura existentes e que sejam oriundos o mesmo processo.

5.1.4. Prazo para Oposição de Embargos pelo INSS e Preferência dos Créditos Previdenciários

Na execução contra o INSS, o prazo para oposição de embargos (art. 730 do CPC) é de trinta dias, conforme redação dada ao art. 130 da Lei n. 8.213/91 pela Medida Provisória n. 1.523/96, posteriormente convalidada na Lei n. 9.528/97.

Caso o INSS não interponha os citados embargos, observam-se, então, as seguintes regras:

a) o juiz requisitará o pagamento por intermédio do presidente do tribunal competente (TRF, no caso); e

b) far-se-á o pagamento na ordem de apresentação do procatório e à conta do respectivo crédito.

Note-se, no entanto, que os créditos previdenciários, por sua natureza alimentar, gozam de preferência, desvinculados os precatórios da ordem cronológica dos créditos de natureza diversa, neste sentido dispondo expressamente, inclusive, a Súmula 144 do STJ.

"**Súmula 144** — Os créditos de natureza alimentícia gozam de preferência, desvinculados os precatórios da ordem cronológica dos creditos de natureza diversa."

Confira-se, ainda, a redação dos §§ 1º e 2º do art. 100 da Carta Constitucional de 1988, com redação dada pela Emenda Constitucional n. 62/2009. *In verbis*:

"Art. 100. (...)

(...)

§ 1º Os débitos de natureza alimentícia compreendem aqueles decorrentes de salários, vencimentos, proventos, pensões e suas complementações, benefícios previdenciários e indenizações por morte ou por invalidez, fundadas em responsabilidade civil, em virtude de sentença judicial transitada em julgado, e serão pagos com preferência sobre todos os demais débitos, exceto sobre aqueles referidos no § 2º deste artigo.

§ 2º Os débitos de natureza alimentícia cujos titulares tenham 60 (sessenta) anos de idade ou mais na data de expedição do precatório, ou sejam portadores de doença grave, definidos na forma da lei, serão pagos com preferência sobre todos os demais débitos, até o valor equivalente ao triplo do fixado em lei para os fins do disposto no § 3º deste artigo, admitido o fracionamento para essa finalidade, sendo que o restante será pago na ordem cronológica de apresentação do precatório.

(...)"

Fundamentação: Constituição Federal/88, art. 100; Lei n. 8.213/91, art. 130.

5.1.5. Precatórios — Inclusão Obrigatória no Orçamento das Entidades de Direito Público

Conforme disposições constantes do art. 100 da Constituição Federal (§ 5º), é obrigatória a inclusão, no orçamento das entidades de direito público, de verba necessária ao pagamento de seus débitos oriundos de sentenças transitadas em julgado, constantes de precatórios judiciários, apresentados até 1º de julho, fazendo-se o pagamento até o final do exercício seguinte, quando terão seus valores atualizados monetariamente.

Assim, caso seja o precatório apresentado até 1º.7.2013, por exemplo, o pagamento do mesmo deverá obrigatoriamente ser efetuado até 31.12.2014, sendo o valor, conforme mencionado, devidamente atualizado.

Observe-se, por fim, que conforme § 7º do mesmo dispositivo constitucional, incorre em crime de responsabilidade (além de responder perante o CNJ) o Presidente do Tribunal competente que, por ato comissivo ou omissivo, retardar ou tentar frustrar a liquidação regular de precatório.

Fundamentação: Constituição Federal/88, art. 100.

5.2. Desistência de Ações e/ou Recursos pelo INSS — Possibilidade

Versando a ação sobre matéria já objeto de declaração de inconstitucionalidade proferida pelo Supremo Tribunal Federal (STF), súmula ou jurisprudência consolidada do STF ou de outros tribunais superiores, poderá o Ministro da Previdência Social autorizar o INSS a formalizar a desistência ou abster-se de propor ações e recursos em processos judiciais.

É a redação do art. 131 da Lei n. 8.213/91:

"**Art. 131.** O Ministro da Previdência e Assistência Social poderá autorizar o INSS a formalizar a desistência ou abster-se de propor ações e recursos em processos judiciais sempre que a ação versar matéria sobre a qual haja declaração de inconstitucionalidade proferida pelo Supremo Tribunal Federal — STF, súmula ou jurisprudência consolidada do STF ou dos tribunais superiores.

Parágrafo único. O Ministro da Previdência e Assistência Social disciplinará as hipóteses em que a administração previdenciária federal, relativamente aos créditos previdenciários baseados em dispositivo declarado inconstitucional por decisão definitiva do Supremo Tribunal Federal, possa:

a) abster-se de constituí-los;

b) retificar o seu valor ou declará-los extintos, de ofício, quando houverem sido constituídos anteriormente, ainda que inscritos em dívida ativa;

c) formular desistência de ações de execução fiscal já ajuizadas, bem como deixar de interpor recursos de decisões judiciais."

A formalização de desistência ou transigência judiciais, por parte do Procurador da Previdência Social, será sempre precedida de anuência, por escrito, do Procurador-Geral do INSS ou do Presidente do INSS, quando os valores em litígio ultrapassarem os limites definidos, periodicamente, por resolução do Conselho Nacional de Previdência Social — CNPS. São as normas atualmente em vigor (Resolução MPS/CNPS n. 1.303, de 26.11.2008):

"Art. 1º Nas causas judiciais em que seja parte o Instituto Nacional do Seguro Social — INSS, compete ao Presidente da entidade, ouvido o Procurador-Chefe Nacional da Procuradoria Federal Especializada/ INSS, autorizar a desistência ou transigência quando os valores em litígio ultrapassarem a quantia de R$ 50.000,00 (cinquenta mil reais), por segurado individualmente considerado.

Parágrafo único. Para causas com valores em litígio iguais ou inferiores ao limite previsto no *caput*, a definição sobre a possibilidade de desistência ou transigência compete:

I — aos membros das carreiras jurídicas da Advocacia-Geral da União com atuação direta na defesa, até o montante equivalente a sessenta salários-mínimos; e

II — ao Chefe da unidade local da Procuradoria Federal Especializada/ INSS, nos demais casos previstos neste parágrafo."

Obs.: Os procedimentos para conciliação, transação e desistências judiciais nos Juizados Especiais Federais continuam a ser regidos pelas disposições que lhes são próprias, previstas na Lei n. 10.259/2001, Decreto n. 4.250/2002 e Portaria AGU n. 505/2002.

Fundamentação: Lei n. 8.213/91, art. 132; Decreto n. 3.048/99, art. 352 e 353; Resolução CNPS n. 1.303/2008.

5.3. INSS — Prerrogativas e Privilégios

O Instituto Nacional do Seguro Social, nas causas em que seja interessado na condição de autor, réu, assistente ou oponente, gozará das mesmas prerrogativas e privilégios assegurados à Fazenda Pública, inclusive quanto à inalienabilidade e impenhorabilidade de seus bens.

Assim, e dentre outros privilégios, o INSS é isento do pagamento de custas, traslados, preparos, certidões, registros, averbações e quaisquer outros emolumentos, nas causas em que seja interessado na condição de autor, réu, assistente ou oponente, inclusive nas ações de natureza trabalhista, acidentária e de benefício.

Obs.: Nas ações de acidentes do trabalho, o INSS antecipará os honorários periciais.

O art. 355, do Decreto n. 3.048/99, ainda determina que o INSS poderá requisitar a qualquer órgão ou entidade da administração direta ou indireta da União, Estados, DF ou Municípios, bem como das demais entidades sob seu controle, quaisquer elementos de fato ou de direito relativos às alegações e aos pedidos do autor de ação proposta contra a Previdência Social. Também poderá promover diligências para localização de devedores e apuração de bens penhoráveis, que deverão ser atendidas prioritariamente e sob regime de urgência.

Fundamentação: Decreto n. 3.048/99, art. 354 e 355.

6. INFRAÇÃO À LEI N. 8.213/91 — MULTA

A infração a qualquer dispositivo da Lei n. 8.213/91, para a qual não haja penalidade expressamente cominada, sujeita o responsável, conforme a gravidade da infração, a uma multa variável entre R$ 1.812,87 (um mil, oitocentos e doze reais e oitenta e sete centavos) e R$ 181.284,63 (cento e oitenta e um mil, duzentos e oitenta e quatro reais e sessenta e três centavos).

Fundamentação: Lei n. 8.213/91, art. 133 e Portaria MPS/MF n. 19/2014.

7. DOCUMENTOS DIGITALIZADOS

Nos termos da Lei n. 12.682/2012 (DOU de 10.7.2012), é permitida a elaboração e o arquivamento de documentos em meios eletromagnéticos, sejam estes públicos ou privados.

O processo de digitalização deverá ser realizado de forma a manter a integridade, a autenticidade e, se necessário, a confidencialidade do documento digital, com o emprego de certificado digital emitido no âmbito da Infraestrutura de Chaves Públicas Brasileira — ICP — Brasil. Os meios de armazenamento dos documentos digitais deverão protegê-los de acesso, uso, alteração, reprodução e destruição não autorizados — Lei n. 12.682/2012, art. 3º.

Confiram-se, ainda, os arts. 4º e 6º do referido diploma legal:

"**Art. 4º** As empresas privadas ou os órgãos da Administração Pública direta ou indireta que utilizarem procedimentos de armazenamento de documentos em meio eletrônico, óptico ou equivalente, deverão adotar sistema de indexação que possibilite a sua precisa localização, permitindo a posterior conferência da regularidade das etapas do processo adotado.

Art. 6º Os registros públicos originais, ainda que digitalizados, deverão ser preservados de acordo com o disposto na legislação pertinente."

Fundamentação: Lei n. 12.682/2012.

Capítulo XLVII

Disposições Gerais sobre Custeio

1. DEPÓSITOS JUDICIAIS E EXTRAJUDICIAIS ARRECADADOS PELO INSS

Os depósitos judiciais e extrajudiciais referentes a contribuições sociais e outras importâncias arrecadadas pelo Instituto Nacional do Seguro Social (INSS) deverão ser efetuados na Caixa Econômica Federal (CEF) mediante guia de recolhimento específica para essa finalidade, modelo este confeccionado e distribuído pela própria Caixa Econômica Federal.

Havendo mais de um interessado na ação, o depósito deverá ser efetuado, à ordem e disposição do Juízo, em nome de cada contribuinte, individualmente.

A guia de recolhimento deverá conter, além de outros elementos fixados em ato normativo da autoridade competente, os dados necessários à identificação do órgão judicial em que tramita a ação, para que este receba, da CEF, uma via da guia de recolhimento.

Fundamentação: Decreto n. 3.048/99, art. 369.

1.1. Procedimentos Devidos pela Caixa Econômica Federal (CEF)

A Caixa Econômica Federal (CEF) deverá tornar disponível para o INSS, por meio magnético, todos os dados referentes aos depósitos ali efetuados.

O valor dos depósitos recebidos será então creditado pela Caixa Econômica Federal à Subconta da Previdência Social da Conta Única do Tesouro Nacional junto ao Banco Central do Brasil, no mesmo prazo fixado para recolhimento das contribuições arrecadadas pelo INSS.

Somente mediante ordem da autoridade judicial ou, no caso de depósito extrajudicial, da autoridade administrativa competente, o valor do depósito, após o encerramento da lide ou do processo litigioso, será:

a) devolvido ao depositante pela Caixa Econômica Federal, no prazo máximo de vinte e quatro horas, quando a sentença ou decisão lhe for favorável ou na proporção em que o for, acrescido de juros equivalentes à taxa referencial do Sistema Especial de Liquidação e de Custódia (SELIC), para títulos federais, acumulada mensalmente, calculados a partir do mês subsequente ao da efetivação do depósito até o mês anterior ao de seu levantamento, e de juros de um por cento relativamente ao mês em que estiver sendo efetivada a devolução; ou

b) transformado em pagamento definitivo, proporcionalmente à exigência do correspondente crédito, quando se tratar de sentença ou decisão favorável ao INSS.

Na situação exposta na letra "a", *supra*, o valor dos depósitos devolvidos pela CEF será debitado à Subconta da Previdência Social da Conta Única do Tesouro Nacional junto ao Banco Central do Brasil, a título de restituição, no mesmo dia em que ocorrer a devolução. E o Banco Central do Brasil creditará, na conta de reserva bancária da Caixa Econômica Federal, no mesmo dia, os valores devolvidos.

Obs.: Os valores das devoluções, inclusive dos juros acrescidos, serão contabilizados como estorno da respectiva espécie de receita em que tiver sido contabilizado o depósito.

Na hipótese da letra "b", *supra* (transformação do depósito em pagamento definitivo), a Caixa Econômica Federal efetuará a baixa em seus controles e comunicará a ocorrência ao Instituto Nacional do Seguro Social.

Fundamentação: Decreto n. 3.048/99, art. 369 a 371.

1.2. Manutenção de Controle Permanente

A Caixa Econômica Federal deverá manter um controle dos valores depositados, devolvidos e transformados em pagamento definitivo, por contribuinte e por processo, devendo, relativamente aos valores depositados e respectivos acréscimos de juros, tornar disponível o acesso aos registros, emitir extratos mensais e remetê-los ao Instituto Nacional do Seguro Social (INSS).

Os extratos deverão conter, obrigatoriamente, dados que permitam identificar o depositante, o processo administrativo ou judicial, a movimentação dos depósitos durante o mês, além de outros elementos considerados indispensáveis.

Fundamentação: Decreto n. 3.048/99, art.371.

2. CONTRIBUIÇÕES DEVIDAS POR SEGURADO FALECIDO — PAGAMENTO

Não sendo tomada pelo inventariante a iniciativa do pagamento das contribuições previdenciárias devidas pelo segurado falecido, o INSS deverá requerer, no inventário ou arrolamento de bens por ele deixado, o pagamento da respectiva dívida.

Tendo sido já efetuada a partilha da herança sem a liquidação das contribuições devidas, responderão então os herdeiros, cada qual em proporção da parte que na herança lhe coube. Em relação aos herdeiros dependentes para fins previdenciários, o INSS poderá, inclusive, descontar a parcela respectiva do benefício mensal de pensão por morte a eles devido (parcelas de, no máximo, 30% do valor mensal do benefício, até a liquidação do débito).

Fundamentação: Decreto n. 3.048/99, art. 181-C.

3. ATUALIZAÇÃO DOS VALORES CONSTANTES DA LEI N. 8.212/91

Os valores expressos em moeda corrente constantes da Lei n. 8.212/91 serão reajustados nas mesmas épocas e com os mesmos índices utilizados para o reajustamento dos benefícios previdenciários de prestação continuada.

Fundamentação: Lei n. 8.212/91, art. 102; Decreto n. 3.048/99, art. 373.

4. DOCUMENTOS DIGITALIZADOS

Nos termos da Lei n. 12.682/2012 (DOU de 10.7.2012), é permitida a elaboração e o arquivamento de documentos em meios eletromagnéticos, sejam estes públicos ou privados.

O processo de digitalização deverá ser realizado de forma a manter a integridade, a autenticidade e, se necessário, a confidencialidade do documento digital, com o emprego de certificado digital emitido no âmbito da Infraestrutura de Chaves Públicas Brasileira — ICP – Brasil. Os meios de armazenamento dos documentos digitais deverão protegê-los de acesso, uso, alteração, reprodução e destruição não autorizados – Lei n. 12.682/2012, art. 3º.

Confiram-se, ainda, os art. 4º e 6º do referido diploma legal:

"**Art. 4º** As empresas privadas ou os órgãos da Administração Pública direta ou indireta que utilizarem procedimentos de armazenamento de documentos em meio eletrônico, óptico ou equivalente, deverão adotar sistema de indexação que possibilite a sua precisa localização, permitindo a posterior conferência da regularidade das etapas do processo adotado.

Art. 6º Os registros públicos originais, ainda que digitalizados, deverão ser preservados de acordo com o disposto na legislação pertinente."

Fundamentação: Lei n. 12.682/2012.

Capítulo XLVIII

Obrigações do INSS

O Instituto Nacional do Seguro Social — INSS se encontra obrigado às seguintes providências:

a) enviar às empresas e aos seus segurados, quando solicitado, extratos relativos ao recolhimento das suas contribuições;

b) c) emitir e enviar aos beneficiários o Aviso de Concessão de Benefício, além da memória de cálculo do valor dos benefícios concedidos;

c) reeditar versão atualizada, nos termos do Plano de Benefícios, da Carta dos Direitos dos Segurados;

d) divulgar, com a devida antecedência, através dos meios de comunicação, alterações porventura realizadas na forma de contribuição das empresas e segurados em geral;

e) descentralizar, progressivamente, o processamento eletrônico das informações, mediante extensão dos programas de informatização de postos de atendimento e de Regiões Fiscais;

f) garantir a integração dos sistemas de processamento eletrônico de informações e sua compatibilidade com o Cadastro Nacional de Informações Sociais; e

g) disponibilizar ao público, inclusive por meio de rede pública de transmissão de dados, informações atualizadas sobre as receitas e despesas do Regime Geral de Previdência Social, bem como os critérios e parâmetros adotados para garantir o equilíbrio financeiro e atuarial do regime.

Compete também ao referido Instituto realizar todos os atos necessários à verificação do atendimento das obrigações não tributárias impostas pela legislação, conforme disposição expressa do art. 125-A da Lei n. 8.213/91. Confira-se:

"**Art. 125-A.** Compete ao Instituto Nacional do Seguro Social — INSS realizar, por meio dos seus próprios agentes, quando designados, todos os atos e procedimentos necessários à verificação do atendimento das obrigações não tributárias impostas pela legislação previdenciária e à imposição da multa por seu eventual descumprimento. (artigo acrescentado pela Lei n. 11.941/2009)

§ 1º A empresa disponibilizará a servidor designado por dirigente do INSS os documentos necessários à comprovação de vínculo empregatício, de prestação de serviços e de remuneração relativos a trabalhador previamente identificado.

§ 2º Aplica-se ao disposto neste artigo, no que couber, o art. 126 desta Lei.

§ 3º O disposto neste artigo não abrange as competências atribuídas em caráter privativo aos ocupantes do cargo de Auditor-Fiscal da Receita Federal do Brasil, previstas no inciso I do *caput* do art. 6º da Lei n. 10.593, de 6 de dezembro de 2002."

Fundamentação: Lei n. 8.212/91, art. 80; Lei n. 8.213/91, art. 125-A; Decreto n. 3.048/99, art. 368.

PARTE VII

TABELAS AUXILIARES

Tabelas Auxiliares

1 — RELAÇÃO DE ATIVIDADES PREPONDERANTES E CORRESPONDENTES GRAUS DE RISCO PARA FINS DE ACIDENTE DO TRABALHO (ANEXO V DO DECRETO N. 3.048/99)

Obs.: Redação do Anexo V dada, a contar de 1º.6.2007, pelo Decreto n. 6.042/2007, e a contar de 10.9.2009 pelo Decreto n. 6.957/2009.

RELAÇÃO DE ATIVIDADES PREPONDERANTES E CORRESPONDENTES GRAUS DE RISCO (CONFORME A CLASSIFICAÇÃO NACIONAL DE ATIVIDADES ECONÔMICAS)

CNAE 7	Descrição	(%) Vigente entre 09/2007 e 12/2009	(%) Vigente a contar de 01/2010
0111-3/01	Cultivo de arroz	2%	3%
0111-3/02	Cultivo de milho	2%	3%
0111-3/03	Cultivo de trigo	2%	2%
0111-3/99	Cultivo de outros cereais não especificados anteriormente	2%	3%
0112-1/01	Cultivo de algodão herbáceo	2%	3%
0112-1/02	Cultivo de juta	2%	3%
0112-1/99	Cultivo de outras fibras de lavoura temporária não especificadas anteriormente	2%	3%
0113-0/00	Cultivo de cana-de-açúcar	2%	3%
0114-8/00	Cultivo de fumo	2%	3%
0115-6/00	Cultivo de soja	2%	3%
0116-4/01	Cultivo de amendoim	2%	2%
0116-4/02	Cultivo de girassol	2%	2%
0116-4/03	Cultivo de mamona	2%	3%
0116-4/99	Cultivo de outras oleaginosas de lavoura temporária não especificadas anteriormente	2%	3%
0119-9/01	Cultivo de abacaxi	2%	2%
0119-9/02	Cultivo de alho	2%	2%
0119-9/03	Cultivo de batata-inglesa	2%	3%
0119-9/04	Cultivo de cebola	2%	2%
0119-9/05	Cultivo de feijão	2%	3%
0119-9/06	Cultivo de mandioca	2%	3%
0119-9/07	Cultivo de melão	2%	3%
0119-9/08	Cultivo de melancia	2%	2%
0119-9/09	Cultivo de tomate rasteiro	2%	2%
0119-9/99	Cultivo de outras plantas de lavoura temporária não especificadas anteriormente	2%	2%
0121-1/01	Horticultura, exceto morango	1%	3%
0121-1/02	Cultivo de morango	1%	3%

CNAE 7	Descrição	(%) Vigente entre 09/2007 e 12/2009	(%) Vigente a contar de 01/2010
0122-9/00	Cultivo de flores e plantas ornamentais	1%	3%
0131-8/00	Cultivo de laranja	2%	3%
0132-6/00	Cultivo de uva	1%	3%
0133-4/01	Cultivo de açaí	1%	1%
0133-4/02	Cultivo de banana	1%	3%
0133-4/03	Cultivo de caju	1%	2%
0133-4/04	Cultivo de cítricos, exceto laranja	1%	3%
0133-4/05	Cultivo de coco-da-baía	1%	3%
0133-4/06	Cultivo de guaraná	1%	3%
0133-4/07	Cultivo de maçã	1%	3%
0133-4/08	Cultivo de mamão	1%	2%
0133-4/09	Cultivo de maracujá	1%	3%
0133-4/10	Cultivo de manga	1%	3%
0133-4/11	Cultivo de pêssego	1%	3%
0133-4/99	Cultivo de frutas de lavoura permanente não especificadas anteriormente	1%	3%
0134-2/00	Cultivo de café	1%	3%
0135-1/00	Cultivo de cacau	1%	3%
0139-3/01	Cultivo de chá-da-índia	1%	3%
0139-3/02	Cultivo de erva-mate	1%	3%
0139-3/03	Cultivo de pimenta-do-reino	1%	3%
0139-3/04	Cultivo de plantas para condimento, exceto pimenta-do-reino	1%	3%
0139-3/05	Cultivo de dendê	1%	3%
0139-3/06	Cultivo de seringueira	1%	3%
0139-3/99	Cultivo de outras plantas de lavoura permanente não especificadas anteriormente	1%	3%
0141-5/01	Produção de sementes certificadas, exceto de forrageiras para pasto	2%	3%
0141-5/02	Produção de sementes certificadas de forrageiras para formação de pasto	2%	3%
0142-3/00	Produção de mudas e outras formas de propagação vegetal, certificadas	2%	2%
0151-2/01	Criação de bovinos para corte	1%	3%
0151-2/02	Criação de bovinos para leite	1%	3%
0151-2/03	Criação de bovinos, exceto para corte e leite	1%	3%
0152-1/01	Criação de bufalinos	1%	3%
0152-1/02	Criação de equinos	1%	2%
0152-1/03	Criação de asininos e muares	1%	3%
0153-9/01	Criação de caprinos	1%	3%
0153-9/02	Criação de ovinos, inclusive para produção de lã	1%	3%
0154-7/00	Criação de suínos	1%	3%
0155-5/01	Criação de frangos para corte	1%	3%
0155-5/02	Produção de pintos de um dia	1%	3%
0155-5/03	Criação de outros galináceos, exceto para corte	1%	2%
0155-5/04	Criação de aves, exceto galináceos	1%	2%
0155-5/05	Produção de ovos	1%	3%

CNAE 7	Descrição	(%) Vigente entre 09/2007 e 12/2009	(%) Vigente a contar de 01/2010
0159-8/01	Apicultura	1%	2%
0159-8/02	Criação de animais de estimação	1%	3%
0159-8/03	Criação de *escargot*	1%	1%
0159-8/04	Criação de bicho-da-seda	1%	1%
0159-8/99	Criação de outros animais não especificados anteriormente	1%	2%
0161-0/01	Serviço de pulverização e controle de pragas agrícolas	1%	3%
0161-0/02	Serviço de poda de árvores para lavouras	1%	3%
0161-0/03	Serviço de preparação de terreno, cultivo e colheita	1%	3%
0161-0/99	Atividades de apoio à agricultura não especificadas anteriormente	1%	3%
0162-8/01	Serviço de inseminação artificial em animais	1%	2%
0162-8/02	Serviço de tosquiamento de ovinos	1%	3%
0162-8/03	Serviço de manejo de animais	1%	3%
0162-8/99	Atividades de apoio à pecuária não especificadas anteriormente	1%	3%
0163-6/00	Atividades de pós-colheita	1%	3%
0170-9/00	Caça e serviços relacionados	1%	1%
0210-1/01	Cultivo de eucalipto	2%	3%
0210-1/02	Cultivo de acácia-negra	2%	3%
0210-1/03	Cultivo de *pinus*	2%	3%
0210-1/04	Cultivo de teca	2%	3%
0210-1/05	Cultivo de espécies madeireiras, exceto eucalipto, acácia-negra, *pinus* e teca	2%	2%
0210-1/06	Cultivo de mudas em viveiros florestais	2%	3%
0210-1/07	Extração de madeira em florestas plantadas	2%	3%
0210-1/08	Produção de carvão vegetal — florestas plantadas	2%	3%
0210-1/09	Produção de casca de acácia-negra — florestas plantadas	2%	2%
0210-1/99	Produção de produtos não-madeireiros não especificados anteriormente em florestas plantadas	2%	3%
0220-9/01	Extração de madeira em florestas nativas	3%	3%
0220-9/02	Produção de carvão vegetal — florestas nativas	3%	2%
0220-9/03	Coleta de castanha-do-pará em florestas nativas	3%	3%
0220-9/04	Coleta de látex em florestas nativas	3%	1%
0220-9/05	Coleta de palmito em florestas nativas	3%	3%
0220-9/06	Conservação de florestas nativas	3%	3%
0220-9/99	Coleta de produtos não-madeireiros não especificados anteriormente em florestas nativas	3%	3%
0230-6/00	Atividades de apoio à produção florestal	2%	3%
0311-6/01	Pesca de peixes em água salgada	2%	3%
0311-6/02	Pesca de crustáceos e moluscos em água salgada	2%	3%
0311-6/03	Coleta de outros produtos marinhos	2%	3%
0311-6/04	Atividades de apoio à pesca em água salgada	2%	2%
0312-4/01	Pesca de peixes em água doce	2%	2%
0312-4/02	Pesca de crustáceos e moluscos em água doce	2%	1%
0312-4/03	Coleta de outros produtos aquáticos de água doce	2%	1%
0312-4/04	Atividades de apoio à pesca em água doce	2%	2%

CNAE 7	Descrição	(%) Vigente entre 09/2007 e 12/2009	(%) Vigente a contar de 01/2010
0321-3/01	Criação de peixes em água salgada e salobra	2%	2%
0321-3/02	Criação de camarões em água salgada e salobra	2%	2%
0321-3/03	Criação de ostras e mexilhões em água salgada e salobra	2%	3%
0321-3/04	Criação de peixes ornamentais em água salgada e salobra	2%	2%
0321-3/05	Atividades de apoio à aquicultura em água salgada e salobra	2%	2%
0321-3/99	Cultivos e semicultivos da aquicultura em água salgada e salobra não especificados anteriormente	2%	2%
0322-1/01	Criação de peixes em água doce	2%	3%
0322-1/02	Criação de camarões em água doce	2%	2%
0322-1/03	Criação de ostras e mexilhões em água doce	2%	2%
0322-1/04	Criação de peixes ornamentais em água doce	2%	2%
0322-1/05	Ranicultura	2%	3%
0322-1/06	Criação de jacaré	2%	3%
0322-1/07	Atividades de apoio à aquicultura em água doce	2%	2%
0322-1/99	Cultivos e semicultivos da aquicultura em água doce não especificados anteriormente	2%	3%
0500-3/01	Extração de carvão mineral	2%	3%
0500-3/02	Beneficiamento de carvão mineral	2%	3%
0600-0/01	Extração de petróleo e gás natural	2%	3%
0600-0/02	Extração e beneficiamento de xisto	2%	3%
0600-0/03	Extração e beneficiamento de areias betuminosas	2%	3%
0710-3/01	Extração de minério de ferro	2%	3%
0710-3/02	Pelotização, sinterização e outros beneficiamentos de minério de ferro	2%	3%
0721-9/01	Extração de minério de alumínio	2%	3%
0721-9/02	Beneficiamento de minério de alumínio	2%	3%
0722-7/01	Extração de minério de estanho	2%	3%
0722-7/02	Beneficiamento de minério de estanho	2%	3%
0723-5/01	Extração de minério de manganês	2%	3%
0723-5/02	Beneficiamento de minério de manganês	2%	3%
0724-3/01	Extração de minério de metais preciosos	2%	3%
0724-3/02	Beneficiamento de minério de metais preciosos	2%	3%
0725-1/00	Extração de minerais radioativos	2%	3%
0729-4/01	Extração de minérios de nióbio e titânio	2%	3%
0729-4/02	Extração de minério de tungstênio	2%	3%
0729-4/03	Extração de minério de níquel	2%	3%
0729-4/04	Extração de minérios de cobre, chumbo, zinco e outros minerais metálicos não-ferrosos não especificados anteriormente	2%	3%
0729-4/05	Beneficiamento de minérios de cobre, chumbo, zinco e outros minerais metálicos não-ferrosos não especificados anteriormente	2%	2%
0810-0/01	Extração de ardósia e beneficiamento associado	2%	3%
0810-0/02	Extração de granito e beneficiamento associado	2%	3%
0810-0/03	Extração de mármore e beneficiamento associado	2%	2%
0810-0/04	Extração de calcário e dolomita e beneficiamento associado	2%	3%
0810-0/05	Extração de gesso e caulim	2%	2%

CNAE 7	Descrição	(%) Vigente entre 09/2007 e 12/2009	(%) Vigente a contar de 01/2010
0810-0/06	Extração de areia, cascalho ou pedregulho e beneficiamento associado	2%	3%
0810-0/07	Extração de argila e beneficiamento associado	2%	3%
0810-0/08	Extração de saibro e beneficiamento associado	2%	3%
0810-0/09	Extração de basalto e beneficiamento associado	2%	3%
0810-0/10	Beneficiamento de gesso e caulim associado à extração	2%	1%
0810-0/99	Extração e britamento de pedras e outros materiais para construção e beneficiamento associado	2%	3%
0891-6/00	Extração de minerais para fabricação de adubos, fertilizantes e outros produtos químicos	2%	3%
0892-4/01	Extração de sal marinho	2%	3%
0892-4/02	Extração de sal-gema	2%	3%
0892-4/03	Refino e outros tratamentos do sal	2%	3%
0893-2/00	Extração de gemas (pedras preciosas e semipreciosas)	2%	3%
0899-1/01	Extração de grafita	2%	3%
0899-1/02	Extração de quartzo	2%	3%
0899-1/03	Extração de amianto	2%	3%
0899-1/99	Extração de outros minerais não-metálicos não especificados anteriormente	2%	3%
0910-6/00	Atividades de apoio à extração de petróleo e gás natural	2%	3%
0990-4/01	Atividades de apoio à extração de minério de ferro	2%	3%
0990-4/02	Atividades de apoio à extração de minerais metálicos não-ferrosos	2%	3%
0990-4/03	Atividades de apoio à extração de minerais não-metálicos	2%	3%
1011-2/01	Frigorífico — abate de bovinos	3%	3%
1011-2/02	Frigorífico — abate de equinos	3%	3%
1011-2/03	Frigorífico — abate de ovinos e caprinos	3%	3%
1011-2/04	Frigorífico — abate de bufalinos	3%	3%
1011-2/05	Matadouro — abate de reses sob contrato — exceto abate de suínos	3%	3%
1012-1/01	Abate de aves	3%	3%
1012-1/02	Abate de pequenos animais	3%	3%
1012-1/03	Frigorífico — abate de suínos	3%	3%
1012-1/04	Matadouro — abate de suínos sob contrato	3%	3%
1013-9/01	Fabricação de produtos de carne	3%	3%
1013-9/02	Preparação de subprodutos do abate	3%	3%
1020-1/01	Preservação de peixes, crustáceos e moluscos	2%	3%
1020-1/02	Fabricação de conservas de peixes, crustáceos e moluscos	2%	3%
1031-7/00	Fabricação de conservas de frutas	2%	3%
1032-5/01	Fabricação de conservas de palmito	2%	2%
1032-5/99	Fabricação de conservas de legumes e outros vegetais, exceto palmito	2%	3%
1033-3/01	Fabricação de sucos concentrados de frutas, hortaliças e legumes	2%	3%
1033-3/02	Fabricação de sucos de frutas, hortaliças e legumes, exceto concentrados	2%	3%
1041-4/00	Fabricação de óleos vegetais em bruto, exceto óleo de milho	2%	3%
1042-2/00	Fabricação de óleos vegetais refinados, exceto óleo de milho	2%	3%

CNAE 7	Descrição	(%) Vigente entre 09/2007 e 12/2009	(%) Vigente a contar de 01/2010
1043-1/00	Fabricação de margarina e outras gorduras vegetais e de óleos não-comestíveis de animais	2%	2%
1051-1/00	Preparação do leite	2%	3%
1052-0/00	Fabricação de laticínios	2%	3%
1053-8/00	Fabricação de sorvetes e outros gelados comestíveis	2%	2%
1061-9/01	Beneficiamento de arroz	2%	3%
1061-9/02	Fabricação de produtos do arroz	2%	3%
1062-7/00	Moagem de trigo e fabricação de derivados	2%	3%
1063-5/00	Fabricação de farinha de mandioca e derivados	2%	3%
1064-3/00	Fabricação de farinha de milho e derivados, exceto óleos de milho	2%	3%
1065-1/01	Fabricação de amidos e féculas de vegetais	2%	3%
1065-1/02	Fabricação de óleo de milho em bruto	2%	3%
1065-1/03	Fabricação de óleo de milho refinado	2%	3%
1066-0/00	Fabricação de alimentos para animais	2%	3%
1069-4/00	Moagem e fabricação de produtos de origem vegetal não especificados anteriormente	2%	3%
1071-6/00	Fabricação de açúcar em bruto	3%	3%
1072-4/01	Fabricação de açúcar de cana refinado	3%	3%
1072-4/02	Fabricação de açúcar de cereais (dextrose) e de beterraba	3%	3%
1081-3/01	Beneficiamento de café	2%	3%
1081-3/02	Torrefação e moagem de café	2%	3%
1082-1/00	Fabricação de produtos à base de café	2%	2%
1091-1/00	Fabricação de produtos de panificação	2%	3%
1092-9/00	Fabricação de biscoitos e bolachas	2%	3%
1093-7/01	Fabricação de produtos derivados do cacau e de chocolates	2%	3%
1093-7/02	Fabricação de frutas cristalizadas, balas e semelhantes	2%	3%
1094-5/00	Fabricação de massas alimentícias	2%	3%
1095-3/00	Fabricação de especiarias, molhos, temperos e condimentos	2%	3%
1096-1/00	Fabricação de alimentos e pratos prontos	2%	3%
1099-6/01	Fabricação de vinagres	2%	3%
1099-6/02	Fabricação de pós alimentícios	2%	2%
1099-6/03	Fabricação de fermentos e leveduras	2%	1%
1099-6/04	Fabricação de gelo comum	2%	3%
1099-6/05	Fabricação de produtos para infusão (chá, mate etc.)	2%	3%
1099-6/06	Fabricação de adoçantes naturais e artificiais	2%	3%
1099-6/99	Fabricação de outros produtos alimentícios não especificados anteriormente	2%	3%
1111-9/01	Fabricação de aguardente de cana-de-açúcar	2%	3%
1111-9/02	Fabricação de outras aguardentes e bebidas destiladas	2%	3%
1112-7/00	Fabricação de vinho	2%	3%
1113-5/01	Fabricação de malte, inclusive malte uísque	2%	3%
1113-5/02	Fabricação de cervejas e chopes	2%	3%
1121-6/00	Fabricação de águas envasadas	2%	3%
1122-4/01	Fabricação de refrigerantes	2%	3%

CNAE 7	Descrição	(%) Vigente entre 09/2007 e 12/2009	(%) Vigente a contar de 01/2010
1122-4/02	Fabricação de chá mate e outros chás prontos para consumo	2%	3%
1122-4/03	Fabricação de refrescos, xaropes e pós para refrescos, exceto refrescos de frutas	2%	3%
1122-4/99	Fabricação de outras bebidas não-alcoólicas não especificadas anteriormente	2%	3%
1210-7/00	Processamento industrial do fumo	3%	3%
1220-4/01	Fabricação de cigarros	3%	2%
1220-4/02	Fabricação de cigarrilhas e charutos	3%	3%
1220-4/03	Fabricação de filtros para cigarros	3%	3%
1220-4/99	Fabricação de outros produtos do fumo, exceto cigarros, cigarrilhas e charutos	3%	3%
1311-1/00	Preparação e fiação de fibras de algodão	2%	3%
1312-0/00	Preparação e fiação de fibras têxteis naturais, exceto algodão	2%	3%
1313-8/00	Fiação de fibras artificiais e sintéticas	2%	3%
1314-6/00	Fabricação de linhas para costurar e bordar	2%	3%
1321-9/00	Tecelagem de fios de algodão	2%	3%
1322-7/00	Tecelagem de fios de fibras têxteis naturais, exceto algodão	2%	3%
1323-5/00	Tecelagem de fios de fibras artificiais e sintéticas	2%	3%
1330-8/00	Fabricação de tecidos de malha	2%	3%
1340-5/01	Estamparia e texturização em fios, tecidos, artefatos têxteis e peças do vestuário	2%	3%
1340-5/02	Alvejamento, tingimento e torção em fios, tecidos, artefatos têxteis e peças do vestuário	2%	3%
1340-5/99	Outros serviços de acabamento em fios, tecidos, artefatos têxteis e peças do vestuário	2%	3%
1351-1/00	Fabricação de artefatos têxteis para uso doméstico	2%	3%
1352-9/00	Fabricação de artefatos de tapeçaria	2%	3%
1353-7/00	Fabricação de artefatos de cordoaria	2%	3%
1354-5/00	Fabricação de tecidos especiais, inclusive artefatos	2%	3%
1359-6/00	Fabricação de outros produtos têxteis não especificados anteriormente	2%	3%
1411-8/01	Confecção de roupas íntimas	2%	3%
1411-8/02	Facção de roupas íntimas	2%	1%
1412-6/01	Confecção de peças de vestuário, exceto roupas íntimas e as confeccionadas sob medida	2%	3%
1412-6/02	Confecção, sob medida, de peças do vestuário, exceto roupas íntimas	2%	2%
1412-6/03	Facção de peças do vestuário, exceto roupas íntimas	2%	3%
1413-4/01	Confecção de roupas profissionais, exceto sob medida	2%	2%
1413-4/02	Confecção, sob medida, de roupas profissionais	2%	2%
1413-4/03	Facção de roupas profissionais	2%	2%
1414-2/00	Fabricação de acessórios do vestuário, exceto para segurança e proteção	2%	3%
1421-5/00	Fabricação de meias	2%	3%
1422-3/00	Fabricação de artigos do vestuário, produzidos em malharias e tricotagens, exceto meias	2%	3%
1510-6/00	Curtimento e outras preparações de couro	3%	3%

CNAE 7	Descrição	(%) Vigente entre 09/2007 e 12/2009	(%) Vigente a contar de 01/2010
1521-1/00	Fabricação de artigos para viagem, bolsas e semelhantes de qualquer material	2%	2%
1529-7/00	Fabricação de artefatos de couro não especificados anteriormente	2%	3%
1531-9/01	Fabricação de calçados de couro	2%	2%
1531-9/02	Acabamento de calçados de couro sob contrato	2%	3%
1532-7/00	Fabricação de tênis de qualquer material	2%	2%
1533-5/00	Fabricação de calçados de material sintético	2%	2%
1539-4/00	Fabricação de calçados de materiais não especificados anteriormente	2%	3%
1540-8/00	Fabricação de partes para calçados, de qualquer material	2%	3%
1610-2/01	Serrarias com desdobramento de madeira	2%	3%
1610-2/02	Serrarias sem desdobramento de madeira	2%	3%
1621-8/00	Fabricação de madeira laminada e de chapas de madeira compensada, prensada e aglomerada	2%	3%
1622-6/01	Fabricação de casas de madeira pré-fabricadas	2%	3%
1622-6/02	Fabricação de esquadrias de madeira e de peças de madeira para instalações industriais e comerciais	2%	3%
1622-6/99	Fabricação de outros artigos de carpintaria para construção	2%	3%
1623-4/00	Fabricação de artefatos de tanoaria e de embalagens de madeira	2%	3%
1629-3/01	Fabricação de artefatos diversos de madeira, exceto móveis	2%	3%
1629-3/02	Fabricação de artefatos diversos de cortiça, bambu, palha, vime e outros materiais trançados, exceto móveis	2%	1%
1710-9/00	Fabricação de celulose e outras pastas para a fabricação de papel	2%	3%
1721-4/00	Fabricação de papel	2%	3%
1722-2/00	Fabricação de cartolina e papel-cartão	2%	3%
1731-1/00	Fabricação de embalagens de papel	3%	3%
1732-0/00	Fabricação de embalagens de cartolina e papel-cartão	3%	3%
1733-8/00	Fabricação de chapas e de embalagens de papelão ondulado	3%	3%
1741-9/01	Fabricação de formulários contínuos	2%	2%
1741-9/02	Fabricação de produtos de papel, cartolina, papel cartão e papelão ondulado para uso comercial e de escritório	2%	3%
1742-7/01	Fabricação de fraldas descartáveis	2%	3%
1742-7/02	Fabricação de absorventes higiênicos	2%	3%
1742-7/99	Fabricação de produtos de papel para uso doméstico e higiênico-sanitário não especificados anteriormente	2%	3%
1749-4/00	Fabricação de produtos de pastas celulósicas, papel, cartolina, papel-cartão e papelão ondulado não especificados anteriormente	2%	3%
1811-3/01	Impressão de jornais	2%	3%
1811-3/02	Impressão de livros, revistas e outras publicações periódicas	2%	3%
1812-1/00	Impressão de material de segurança	2%	2%
1813-0/01	Impressão de material para uso publicitário	2%	3%
1813-0/99	Impressão de material para outros usos	2%	2%
1821-1/00	Serviços de pré-impressão	1%	3%
1822-9/00	Serviços de acabamentos gráficos	1%	2%
1830-0/01	Reprodução de som em qualquer suporte	1%	2%
1830-0/02	Reprodução de vídeo em qualquer suporte	1%	2%

CNAE 7	Descrição	(%) Vigente entre 09/2007 e 12/2009	(%) Vigente a contar de 01/2010
1830-0/03	Reprodução de *software* em qualquer suporte	1%	1%
1910-1/00	Coquerias	2%	3%
1921-7/00	Fabricação de produtos do refino de petróleo	2%	3%
1922-5/01	Formulação de combustíveis	2%	3%
1922-5/02	Rerrefino de óleos lubrificantes	2%	3%
1922-5/99	Fabricação de outros produtos derivados do petróleo, exceto produtos do refino	2%	3%
1931-4/00	Fabricação de álcool	2%	3%
1932-2/00	Fabricação de biocombustíveis, exceto álcool	2%	3%
2011-8/00	Fabricação de cloro e álcalis	2%	2%
2012-6/00	Fabricação de intermediários para fertilizantes	2%	3%
2013-4/00	Fabricação de adubos e fertilizantes	2%	2%
2014-2/00	Fabricação de gases industriais	2%	2%
2019-3/01	Elaboração de combustíveis nucleares	2%	3%
2019-3/99	Fabricação de outros produtos químicos inorgânicos não especificados anteriormente	2%	2%
2021-5/00	Fabricação de produtos petroquímicos básicos	2%	3%
2022-3/00	Fabricação de intermediários para plastificantes, resinas e fibras	2%	3%
2029-1/00	Fabricação de produtos químicos orgânicos não especificados anteriormente	2%	2%
2031-2/00	Fabricação de resinas termoplásticas	2%	3%
2032-1/00	Fabricação de resinas termofixas	2%	2%
2033-9/00	Fabricação de elastômeros	2%	3%
2040-1/00	Fabricação de fibras artificiais e sintéticas	2%	3%
2051-7/00	Fabricação de defensivos agrícolas	2%	3%
2052-5/00	Fabricação de desinfetantes domissanitários	2%	2%
2061-4/00	Fabricação de sabões e detergentes sintéticos	2%	3%
2062-2/00	Fabricação de produtos de limpeza e polimento	2%	3%
2063-1/00	Fabricação de cosméticos, produtos de perfumaria e de higiene pessoal	2%	3%
2071-1/00	Fabricação de tintas, vernizes, esmaltes e lacas	2%	3%
2072-0/00	Fabricação de tintas de impressão	2%	3%
2073-8/00	Fabricação de impermeabilizantes, solventes e produtos afins	2%	3%
2091-6/00	Fabricação de adesivos e selantes	2%	3%
2092-4/01	Fabricação de pólvoras, explosivos e detonantes	2%	3%
2092-4/02	Fabricação de artigos pirotécnicos	2%	2%
2092-4/03	Fabricação de fósforos de segurança	2%	3%
2093-2/00	Fabricação de aditivos de uso industrial	2%	3%
2094-1/00	Fabricação de catalisadores	2%	1%
2099-1/01	Fabricação de chapas, filmes, papéis e outros materiais e produtos químicos para fotografia	2%	2%
2099-1/99	Fabricação de outros produtos químicos não especificados anteriormente	2%	3%
2110-6/00	Fabricação de produtos farmoquímicos	2%	3%
2121-1/01	Fabricação de medicamentos alopáticos para uso humano	2%	3%

CNAE 7	Descrição	(%) Vigente entre 09/2007 e 12/2009	(%) Vigente a contar de 01/2010
2121-1/02	Fabricação de medicamentos homeopáticos para uso humano	2%	2%
2121-1/03	Fabricação de medicamentos fitoterápicos para uso humano	2%	2%
2122-0/00	Fabricação de medicamentos para uso veterinário	2%	3%
2123-8/00	Fabricação de preparações farmacêuticas	2%	1%
2211-1/00	Fabricação de pneumáticos e de câmaras-de-ar	2%	3%
2212-9/00	Reforma de pneumáticos usados	2%	3%
2219-6/00	Fabricação de artefatos de borracha não especificados anteriormente	2%	3%
2221-8/00	Fabricação de laminados planos e tubulares de material plástico	2%	3%
2222-6/00	Fabricação de embalagens de material plástico	2%	3%
2223-4/00	Fabricação de tubos e acessórios de material plástico para uso na construção	2%	3%
2229-3/01	Fabricação de artefatos de material plástico para uso pessoal e doméstico	2%	3%
2229-3/02	Fabricação de artefatos de material plástico para usos industriais	2%	3%
2229-3/03	Fabricação de artefatos de material plástico para uso na construção, exceto tubos e acessórios	2%	3%
2229-3/99	Fabricação de artefatos de material plástico para outros usos não especificados anteriormente	2%	3%
2311-7/00	Fabricação de vidro plano e de segurança	1%	3%
2312-5/00	Fabricação de embalagens de vidro	1%	3%
2319-2/00	Fabricação de artigos de vidro	1%	3%
2320-6/00	Fabricação de cimento	3%	3%
2330-3/01	Fabricação de estruturas pré-moldadas de concreto armado, em série e sob encomenda	3%	3%
2330-3/02	Fabricação de artefatos de cimento para uso na construção	3%	3%
2330-3/03	Fabricação de artefatos de fibrocimento para uso na construção	3%	2%
2330-3/04	Fabricação de casas pré-moldadas de concreto	3%	3%
2330-3/05	Preparação de massa de concreto e argamassa para construção	3%	3%
2330-3/99	Fabricação de outros artefatos e produtos de concreto, cimento, fibrocimento, gesso e materiais semelhantes	3%	3%
2341-9/00	Fabricação de produtos cerâmicos refratários	3%	3%
2342-7/01	Fabricação de azulejos e pisos	3%	3%
2342-7/02	Fabricação de artefatos de cerâmica e barro cozido para uso na construção, exceto azulejos e pisos	3%	3%
2349-4/01	Fabricação de material sanitário de cerâmica	3%	3%
2349-4/99	Fabricação de produtos cerâmicos não-refratários não especificados anteriormente	3%	3%
2391-5/01	Britamento de pedras, exceto associado à extração	2%	3%
2391-5/02	Aparelhamento de pedras para construção, exceto associado à extração	2%	3%
2391-5/03	Aparelhamento de placas e execução de trabalhos em mármore, granito, ardósia e outras pedras	2%	3%
2392-3/00	Fabricação de cal e gesso	2%	3%
2399-1/01	Decoração, lapidação, gravação, vitrificação e outros trabalhos em cerâmica, louça, vidro e cristal	2%	3%
2399-1/99	Fabricação de outros produtos de minerais não-metálicos não especificados anteriormente	2%	3%

CNAE 7	Descrição	(%) Vigente entre 09/2007 e 12/2009	(%) Vigente a contar de 01/2010
2411-3/00	Produção de ferro-gusa	1%	3%
2412-1/00	Produção de ferroligas	1%	3%
2421-1/00	Produção de semiacabados de aço	3%	1%
2422-9/01	Produção de laminados planos de aço ao carbono, revestidos ou não	3%	3%
2422-9/02	Produção de laminados planos de aços especiais	3%	2%
2423-7/01	Produção de tubos de aço sem costura	3%	3%
2423-7/02	Produção de laminados longos de aço, exceto tubos	3%	2%
2424-5/01	Produção de arames de aço	3%	2%
2424-5/02	Produção de relaminados, trefilados e perfilados de aço, exceto arames	3%	3%
2431-8/00	Produção de tubos de aço com costura	2%	3%
2439-3/00	Produção de outros tubos de ferro e aço	2%	3%
2441-5/01	Produção de alumínio e suas ligas em formas primárias	2%	2%
2441-5/02	Produção de laminados de alumínio	2%	3%
2442-3/00	Metalurgia dos metais preciosos	2%	2%
2443-1/00	Metalurgia do cobre	2%	2%
2449-1/01	Produção de zinco em formas primárias	2%	3%
2449-1/02	Produção de laminados de zinco	2%	3%
2449-1/03	Produção de soldas e ânodos para galvanoplastia	2%	3%
2449-1/99	Metalurgia de outros metais não-ferrosos e suas ligas não especificados anteriormente	2%	3%
2451-2/00	Fundição de ferro e aço	2%	3%
2452-1/00	Fundição de metais não-ferrosos e suas ligas	2%	3%
2511-0/00	Fabricação de estruturas metálicas	2%	3%
2512-8/00	Fabricação de esquadrias de metal	2%	3%
2513-6/00	Fabricação de obras de caldeiraria pesada	2%	3%
2521-7/00	Fabricação de tanques, reservatórios metálicos e caldeiras para aquecimento central	2%	3%
2522-5/00	Fabricação de caldeiras geradoras de vapor, exceto para aquecimento central e para veículos	2%	3%
2531-4/01	Produção de forjados de aço	2%	3%
2531-4/02	Produção de forjados de metais não-ferrosos e suas ligas	2%	3%
2532-2/01	Produção de artefatos estampados de metal	2%	3%
2532-2/02	Metalurgia do pó	2%	3%
2539-0/00	Serviços de usinagem, solda, tratamento e revestimento em metais	2%	3%
2541-1/00	Fabricação de artigos de cutelaria	2%	3%
2542-0/00	Fabricação de artigos de serralheria, exceto esquadrias	2%	3%
2543-8/00	Fabricação de ferramentas	2%	3%
2550-1/01	Fabricação de equipamento bélico pesado, exceto veículos militares de combate	2%	3%
2550-1/02	Fabricação de armas de fogo e munições	2%	3%
2591-8/00	Fabricação de embalagens metálicas	2%	3%
2592-6/01	Fabricação de produtos de trefilados de metal padronizados	2%	3%
2592-6/02	Fabricação de produtos de trefilados de metal, exceto padronizados	2%	3%

CNAE 7	Descrição	(%) Vigente entre 09/2007 e 12/2009	(%) Vigente a contar de 01/2010
2593-4/00	Fabricação de artigos de metal para uso doméstico e pessoal	2%	3%
2599-3/01	Serviços de confecção de armações metálicas para a construção	2%	2%
2599-3/99	Fabricação de outros produtos de metal não especificados anteriormente	2%	3%
2610-8/00	Fabricação de componentes eletrônicos	1%	3%
2621-3/00	Fabricação de equipamentos de informática	1%	2%
2622-1/00	Fabricação de periféricos para equipamentos de informática	1%	2%
2631-1/00	Fabricação de equipamentos transmissores de comunicação, peças e acessórios	2%	3%
2632-9/00	Fabricação de aparelhos telefônicos e de outros equipamentos de comunicação, peças e acessórios	2%	3%
2640-0/00	Fabricação de aparelhos de recepção, reprodução, gravação e amplificação de áudio e vídeo	2%	3%
2651-5/00	Fabricação de aparelhos e equipamentos de medida, teste e controle	1%	2%
2652-3/00	Fabricação de cronômetros e relógios	1%	2%
2660-4/00	Fabricação de aparelhos eletromédicos e eletroterapêuticos e equipamentos de irradiação	1%	2%
2670-1/01	Fabricação de equipamentos e instrumentos ópticos, peças e acessórios	1%	2%
2670-1/02	Fabricação de aparelhos fotográficos e cinematográficos, peças e acessórios	1%	3%
2680-9/00	Fabricação de mídias virgens, magnéticas e ópticas	1%	3%
2710-4/01	Fabricação de geradores de corrente contínua e alternada, peças e acessórios	2%	3%
2710-4/02	Fabricação de transformadores, indutores, conversores, sincronizadores e semelhantes, peças e acessórios	2%	3%
2710-4/03	Fabricação de motores elétricos, peças e acessórios	2%	3%
2721-0/00	Fabricação de pilhas, baterias e acumuladores elétricos, exceto para veículos automotores	2%	3%
2722-8/01	Fabricação de baterias e acumuladores para veículos automotores	2%	3%
2722-8/02	Recondicionamento de baterias e acumuladores para veículos automotores	2%	3%
2731-7/00	Fabricação de aparelhos e equipamentos para distribuição e controle de energia elétrica	2%	3%
2732-5/00	Fabricação de material elétrico para instalações em circuito de consumo	2%	3%
2733-3/00	Fabricação de fios, cabos e condutores elétricos isolados	2%	3%
2740-6/01	Fabricação de lâmpadas	2%	3%
2740-6/02	Fabricação de luminárias e outros equipamentos de iluminação	2%	3%
2751-1/00	Fabricação de fogões, refrigeradores e máquinas de lavar e secar para uso doméstico, peças e acessórios	3%	3%
2759-7/01	Fabricação de aparelhos elétricos de uso pessoal, peças e acessórios	3%	3%
2759-7/99	Fabricação de outros aparelhos eletrodomésticos não especificados anteriormente, peças e acessórios	3%	3%
2790-2/01	Fabricação de eletrodos, contatos e outros artigos de carvão e grafita para uso elétrico, eletroímãs e isoladores	2%	3%
2790-2/02	Fabricação de equipamentos para sinalização e alarme	2%	3%

CNAE 7	Descrição	(%) Vigente entre 09/2007 e 12/2009	(%) Vigente a contar de 01/2010
2790-2/99	Fabricação de outros equipamentos e aparelhos elétricos não especificados anteriormente	2%	2%
2811-9/00	Fabricação de motores e turbinas, peças e acessórios, exceto para aviões e veículos rodoviários	2%	2%
2812-7/00	Fabricação de equipamentos hidráulicos e pneumáticos, peças e acessórios, exceto válvulas	2%	3%
2813-5/00	Fabricação de válvulas, registros e dispositivos semelhantes, peças e acessórios	2%	3%
2814-3/01	Fabricação de compressores para uso industrial, peças e acessórios	2%	3%
2814-3/02	Fabricação de compressores para uso não-industrial, peças e acessórios	2%	3%
2815-1/01	Fabricação de rolamentos para fins industriais	2%	2%
2815-1/02	Fabricação de equipamentos de transmissão para fins industriais, exceto rolamentos	2%	3%
2821-6/01	Fabricação de fornos industriais, aparelhos e equipamentos não-elétricos para instalações térmicas, peças e acessórios	2%	3%
2821-6/02	Fabricação de estufas e fornos elétricos para fins industriais, peças e acessórios	2%	3%
2822-4/01	Fabricação de máquinas, equipamentos e aparelhos para transporte e elevação de pessoas, peças e acessórios	2%	3%
2822-4/02	Fabricação de máquinas, equipamentos e aparelhos para transporte e elevação de cargas, peças e acessórios	2%	3%
2823-2/00	Fabricação de máquinas e aparelhos de refrigeração e ventilação para uso industrial e comercial, peças e acessórios	2%	3%
2824-1/01	Fabricação de aparelhos e equipamentos de ar condicionado para uso industrial	2%	2%
2824-1/02	Fabricação de aparelhos e equipamentos de ar condicionado para uso não-industrial	2%	2%
2825-9/00	Fabricação de máquinas e equipamentos para saneamento básico e ambiental, peças e acessórios	2%	2%
2829-1/01	Fabricação de máquinas de escrever, calcular e outros equipamentos não-eletrônicos para escritório, peças e acessórios	2%	2%
2829-1/99	Fabricação de outras máquinas e equipamentos de uso geral não especificados anteriormente, peças e acessórios	2%	3%
2831-3/00	Fabricação de tratores agrícolas, peças e acessórios	2%	3%
2832-1/00	Fabricação de equipamentos para irrigação agrícola, peças e acessórios	2%	3%
2833-0/00	Fabricação de máquinas e equipamentos para a agricultura e pecuária, peças e acessórios, exceto para irrigação	2%	3%
2840-2/00	Fabricação de máquinas-ferramenta, peças e acessórios	2%	3%
2851-8/00	Fabricação de máquinas e equipamentos para a prospecção e extração de petróleo, peças e acessórios	2%	3%
2852-6/00	Fabricação de outras máquinas e equipamentos para uso na extração mineral, peças e acessórios, exceto na extração de petróleo	2%	3%
2853-4/00	Fabricação de tratores, peças e acessórios, exceto agrícolas	2%	3%
2854-2/00	Fabricação de máquinas e equipamentos para terraplenagem, pavimentação e construção, peças e acessórios, exceto tratores	2%	3%
2861-5/00	Fabricação de máquinas para a indústria metalúrgica, peças e acessórios, exceto máquinas-ferramentas	2%	3%

CNAE 7	Descrição	(%) Vigente entre 09/2007 e 12/2009	(%) Vigente a contar de 01/2010
2862-3/00	Fabricação de máquinas e equipamentos para as indústrias de alimentos, bebidas e fumo, peças e acessórios	2%	3%
2863-1/00	Fabricação de máquinas e equipamentos para a indústria têxtil, peças e acessórios	2%	3%
2864-0/00	Fabricação de máquinas e equipamentos para as indústrias do vestuário, do couro e de calçados, peças e acessórios	2%	3%
2865-8/00	Fabricação de máquinas e equipamentos para as indústrias de celulose, papel e papelão e artefatos, peças e acessórios	2%	3%
2866-6/00	Fabricação de máquinas e equipamentos para a indústria do plástico, peças e acessórios	2%	3%
2869-1/00	Fabricação de máquinas e equipamentos para uso industrial específico não especificados anteriormente, peças e acessórios	2%	3%
2910-7/01	Fabricação de automóveis, camionetas e utilitários	2%	3%
2910-7/02	Fabricação de chassis com motor para automóveis, camionetas e utilitários	2%	3%
2910-7/03	Fabricação de motores para automóveis, camionetas e utilitários	2%	3%
2920-4/01	Fabricação de caminhões e ônibus	1%	3%
2920-4/02	Fabricação de motores para caminhões e ônibus	1%	2%
2930-1/01	Fabricação de cabines, carrocerias e reboques para caminhões	2%	3%
2930-1/02	Fabricação de carrocerias para ônibus	2%	3%
2930-1/03	Fabricação de cabines, carrocerias e reboques para outros veículos automotores, exceto caminhões e ônibus	2%	3%
2941-7/00	Fabricação de peças e acessórios para o sistema motor de veículos automotores	2%	3%
2942-5/00	Fabricação de peças e acessórios para os sistemas de marcha e transmissão de veículos automotores	2%	3%
2943-3/00	Fabricação de peças e acessórios para o sistema de freios de veículos automotores	2%	3%
2944-1/00	Fabricação de peças e acessórios para o sistema de direção e suspensão de veículos automotores	2%	3%
2945-0/00	Fabricação de material elétrico e eletrônico para veículos automotores, exceto baterias	2%	3%
2949-2/01	Fabricação de bancos e estofados para veículos automotores	2%	3%
2949-2/99	Fabricação de outras peças e acessórios para veículos automotores não especificadas anteriormente	2%	3%
2950-6/00	Recondicionamento e recuperação de motores para veículos automotores	2%	3%
3011-3/01	Construção de embarcações de grande porte	2%	3%
3011-3/02	Construção de embarcações para uso comercial e para usos especiais, exceto de grande porte	2%	3%
3012-1/00	Construção de embarcações para esporte e lazer	2%	3%
3031-8/00	Fabricação de locomotivas, vagões e outros materiais rodantes	1%	3%
3032-6/00	Fabricação de peças e acessórios para veículos ferroviários	1%	3%
3041-5/00	Fabricação de aeronaves	1%	2%
3042-3/00	Fabricação de turbinas, motores e outros componentes e peças para aeronaves	1%	2%
3050-4/00	Fabricação de veículos militares de combate	2%	2%
3091-1/00	Fabricação de motocicletas, peças e acessórios	1%	3%

CNAE 7	Descrição	(%) Vigente entre 09/2007 e 12/2009	(%) Vigente a contar de 01/2010
3092-0/00	Fabricação de bicicletas e triciclos não-motorizados, peças e acessórios	1%	3%
3099-7/00	Fabricação de equipamentos de transporte não especificados anteriormente	1%	3%
3101-2/00	Fabricação de móveis com predominância de madeira	2%	3%
3102-1/00	Fabricação de móveis com predominância de metal	2%	3%
3103-9/00	Fabricação de móveis de outros materiais, exceto madeira e metal	2%	3%
3104-7/00	Fabricação de colchões	2%	3%
3211-6/01	Lapidação de gemas	1%	2%
3211-6/02	Fabricação de artefatos de joalheria e ourivesaria	1%	2%
3211-6/03	Cunhagem de moedas e medalhas	1%	2%
3212-4/00	Fabricação de bijuterias e artefatos semelhantes	1%	3%
3220-5/00	Fabricação de instrumentos musicais, peças e acessórios	1%	3%
3230-2/00	Fabricação de artefatos para pesca e esporte	2%	3%
3240-0/01	Fabricação de jogos eletrônicos	1%	2%
3240-0/02	Fabricação de mesas de bilhar, de sinuca e acessórios não associada à locação	1%	2%
3240-0/03	Fabricação de mesas de bilhar, de sinuca e acessórios associada à locação	1%	2%
3240-0/99	Fabricação de outros brinquedos e jogos recreativos não especificados anteriormente	1%	3%
3250-7/01	Fabricação de instrumentos não-eletrônicos e utensílios para uso médico, cirúrgico, odontológico e de laboratório	2%	2%
3250-7/02	Fabricação de mobiliário para uso médico, cirúrgico, odontológico e de laboratório	2%	3%
3250-7/03	Fabricação de aparelhos e utensílios para correção de defeitos físicos e aparelhos ortopédicos em geral sob encomenda	2%	2%
3250-7/04	Fabricação de aparelhos e utensílios para correção de defeitos físicos e aparelhos ortopédicos em geral, exceto sob encomenda	2%	2%
3250-7/05	Fabricação de materiais para medicina e odontologia	2%	3%
3250-7/06	Serviços de prótese dentária	2%	2%
3250-7/07	Fabricação de artigos ópticos	2%	3%
3250-7/08	Fabricação de artefatos de tecido não tecido para uso odonto-médico-hospitalar	2%	2%
3291-4/00	Fabricação de escovas, pincéis e vassouras	1%	3%
3292-2/01	Fabricação de roupas de proteção e segurança e resistentes a fogo	1%	3%
3292-2/02	Fabricação de equipamentos e acessórios para segurança pessoal e profissional	1%	3%
3299-0/01	Fabricação de guarda-chuvas e similares	1%	2%
3299-0/02	Fabricação de canetas, lápis e outros artigos para escritório	1%	2%
3299-0/03	Fabricação de letras, letreiros e placas de qualquer material, exceto luminosos	1%	2%
3299-0/04	Fabricação de painéis e letreiros luminosos	1%	3%
3299-0/05	Fabricação de aviamentos para costura	1%	3%
3299-0/99	Fabricação de produtos diversos não especificados anteriormente	1%	3%
3311-2/00	Manutenção e reparação de tanques, reservatórios metálicos e caldeiras, exceto para veículos	1%	3%

CNAE 7	Descrição	(%) Vigente entre 09/2007 e 12/2009	(%) Vigente a contar de 01/2010
3312-1/01	Manutenção e reparação de equipamentos transmissores de comunicação	1%	2%
3312-1/02	Manutenção e reparação de aparelhos e instrumentos de medida, teste e controle	1%	2%
3312-1/03	Manutenção e reparação de aparelhos eletromédicos e eletroterapêuticos e equipamentos de irradiação	1%	1%
3312-1/04	Manutenção e reparação de equipamentos e instrumentos ópticos	1%	3%
3313-9/01	Manutenção e reparação de geradores, transformadores e motores elétricos	1%	3%
3313-9/02	Manutenção e reparação de baterias e acumuladores elétricos, exceto para veículos	1%	2%
3313-9/99	Manutenção e reparação de máquinas, aparelhos e materiais elétricos não especificados anteriormente	1%	3%
3314-7/01	Manutenção e reparação de máquinas motrizes não-elétricas	1%	1%
3314-7/02	Manutenção e reparação de equipamentos hidráulicos e pneumáticos, exceto válvulas	1%	3%
3314-7/03	Manutenção e reparação de válvulas industriais	1%	2%
3314-7/04	Manutenção e reparação de compressores	1%	3%
3314-7/05	Manutenção e reparação de equipamentos de transmissão para fins industriais	1%	2%
3314-7/06	Manutenção e reparação de máquinas, aparelhos e equipamentos para instalações térmicas	1%	3%
3314-7/07	Manutenção e reparação de máquinas e aparelhos de refrigeração e ventilação para uso industrial e comercial	1%	3%
3314-7/08	Manutenção e reparação de máquinas, equipamentos e aparelhos para transporte e elevação de cargas	1%	3%
3314-7/09	Manutenção e reparação de máquinas de escrever, calcular e de outros equipamentos não-eletrônicos para escritório	1%	3%
3314-7/10	Manutenção e reparação de máquinas e equipamentos para uso geral não especificados anteriormente	1%	3%
3314-7/11	Manutenção e reparação de máquinas e equipamentos para agricultura e pecuária	1%	3%
3314-7/12	Manutenção e reparação de tratores agrícolas	1%	3%
3314-7/13	Manutenção e reparação de máquinas-ferramenta	1%	3%
3314-7/14	Manutenção e reparação de máquinas e equipamentos para a prospecção e extração de petróleo	1%	3%
3314-7/15	Manutenção e reparação de máquinas e equipamentos para uso na extração mineral, exceto na extração de petróleo	1%	2%
3314-7/16	Manutenção e reparação de tratores, exceto agrícolas	1%	3%
3314-7/17	Manutenção e reparação de máquinas e equipamentos de terraplenagem, pavimentação e construção, exceto tratores	1%	3%
3314-7/18	Manutenção e reparação de máquinas para a indústria metalúrgica, exceto máquinas-ferramentas	1%	3%
3314-7/19	Manutenção e reparação de máquinas e equipamentos para as indústrias de alimentos, bebidas e fumo	1%	3%
3314-7/20	Manutenção e reparação de máquinas e equipamentos para a indústria têxtil, do vestuário, do couro e calçados	1%	2%
3314-7/21	Manutenção e reparação de máquinas e aparelhos para a indústria de celulose, papel e papelão e artefatos	1%	3%

CNAE 7	Descrição	(%) Vigente entre 09/2007 e 12/2009	(%) Vigente a contar de 01/2010
3314-7/22	Manutenção e reparação de máquinas e aparelhos para a indústria do plástico	1%	3%
3314-7/99	Manutenção e reparação de outras máquinas e equipamentos para usos industriais não especificados anteriormente	1%	3%
3315-5/00	Manutenção e reparação de veículos ferroviários	1%	3%
3316-3/01	Manutenção e reparação de aeronaves, exceto a manutenção na pista	1%	2%
3316-3/02	Manutenção de aeronaves na pista	1%	1%
3317-1/01	Manutenção e reparação de embarcações e estruturas flutuantes	1%	3%
3317-1/02	Manutenção e reparação de embarcações para esporte e lazer	1%	2%
3319-8/00	Manutenção e reparação de equipamentos e produtos não especificados anteriormente	1%	3%
3321-0/00	Instalação de máquinas e equipamentos industriais	2%	3%
3329-5/01	Serviços de montagem de móveis de qualquer material	2%	3%
3329-5/99	Instalação de outros equipamentos não especificados anteriormente	2%	3%
3511-5/00	Geração de energia elétrica	2%	3%
3512-3/00	Transmissão de energia elétrica	2%	3%
3513-1/00	Comércio atacadista de energia elétrica	2%	1%
3514-0/00	Distribuição de energia elétrica	2%	3%
3520-4/01	Produção de gás; processamento de gás natural	1%	2%
3520-4/02	Distribuição de combustíveis gasosos por redes urbanas	1%	2%
3530-1/00	Produção e distribuição de vapor, água quente e ar condicionado	1%	2%
3600-6/01	Captação, tratamento e distribuição de água	2%	3%
3600-6/02	Distribuição de água por caminhões	2%	2%
3701-1/00	Gestão de redes de esgoto	3%	3%
3702-9/00	Atividades relacionadas a esgoto, exceto a gestão de redes	3%	3%
3811-4/00	Coleta de resíduos não-perigosos	3%	3%
3812-2/00	Coleta de resíduos perigosos	3%	2%
3821-1/00	Tratamento e disposição de resíduos não-perigosos	3%	3%
3822-0/00	Tratamento e disposição de resíduos perigosos	3%	3%
3831-9/01	Recuperação de sucatas de alumínio	3%	3%
3831-9/99	Recuperação de materiais metálicos, exceto alumínio	3%	3%
3832-7/00	Recuperação de materiais plásticos	3%	3%
3839-4/01	Usinas de compostagem	3%	3%
3839-4/99	Recuperação de materiais não especificados anteriormente	3%	3%
3900-5/00	Descontaminação e outros serviços de gestão de resíduos	3%	2%
4110-7/00	Incorporação de empreendimentos imobiliários	2%	3%
4120-4/00	Construção de edifícios	3%	3%
4211-1/01	Construção de rodovias e ferrovias	2%	3%
4211-1/02	Pintura para sinalização em pistas rodoviárias e aeroportos	2%	3%
4212-0/00	Construção de obras de arte especiais	2%	3%
4213-8/00	Obras de urbanização — ruas, praças e calçadas	2%	3%
4221-9/01	Construção de barragens e represas para geração de energia elétrica	3%	3%
4221-9/02	Construção de estações e redes de distribuição de energia elétrica	3%	3%

CNAE 7	Descrição	(%) Vigente entre 09/2007 e 12/2009	(%) Vigente a contar de 01/2010
4221-9/03	Manutenção de redes de distribuição de energia elétrica	3%	3%
4221-9/04	Construção de estações e redes de telecomunicações	3%	3%
4221-9/05	Manutenção de estações e redes de telecomunicações	3%	3%
4222-7/01	Construção de redes de abastecimento de água, coleta de esgoto e construções correlatas, exceto obras de irrigação	3%	3%
4222-7/02	Obras de irrigação	3%	3%
4223-5/00	Construção de redes de transportes por dutos, exceto para água e esgoto	3%	3%
4291-0/00	Obras portuárias, marítimas e fluviais	3%	3%
4292-8/01	Montagem de estruturas metálicas	3%	3%
4292-8/02	Obras de montagem industrial	3%	3%
4299-5/01	Construção de instalações esportivas e recreativas	3%	3%
4299-5/99	Outras obras de engenharia civil não especificadas anteriormente	3%	3%
4311-8/01	Demolição de edifícios e outras estruturas	2%	3%
4311-8/02	Preparação de canteiro e limpeza de terreno	2%	3%
4312-6/00	Perfurações e sondagens	2%	3%
4313-4/00	Obras de terraplenagem	2%	3%
4319-3/00	Serviços de preparação do terreno não especificados anteriormente	2%	2%
4321-5/00	Instalação e manutenção elétrica	2%	3%
4322-3/01	Instalações hidráulicas, sanitárias e de gás	2%	3%
4322-3/02	Instalação e manutenção de sistemas centrais de ar condicionado, de ventilação e refrigeração	2%	3%
4322-3/03	Instalações de sistema de prevenção contra incêndio	2%	3%
4329-1/01	Instalação de painéis publicitários	2%	2%
4329-1/02	Instalação de equipamentos para orientação à navegação marítima fluvial e lacustre	2%	2%
4329-1/03	Instalação, manutenção e reparação de elevadores, escadas e esteiras rolantes, exceto de fabricação própria	2%	2%
4329-1/04	Montagem e instalação de sistemas e equipamentos de iluminação e sinalização em vias públicas, portos e aeroportos	2%	3%
4329-1/05	Tratamentos térmicos, acústicos ou de vibração	2%	3%
4329-1/99	Outras obras de instalações em construções não especificadas anteriormente	2%	3%
4330-4/01	Impermeabilização em obras de engenharia civil	2%	3%
4330-4/02	Instalação de portas, janelas, tetos, divisórias e armários embutidos de qualquer material	2%	3%
4330-4/03	Obras de acabamento em gesso e estuque	2%	3%
4330-4/04	Serviços de pintura de edifícios em geral	2%	3%
4330-4/05	Aplicação de revestimentos e de resinas em interiores e exteriores	2%	3%
4330-4/99	Outras obras de acabamento da construção	2%	3%
4391-6/00	Obras de fundações	3%	3%
4399-1/01	Administração de obras	3%	3%
4399-1/02	Montagem e desmontagem de andaimes e outras estruturas temporárias	3%	3%
4399-1/03	Obras de alvenaria	3%	3%

CNAE 7	Descrição	(%) Vigente entre 09/2007 e 12/2009	(%) Vigente a contar de 01/2010
4399-1/04	Serviços de operação e fornecimento de equipamentos para transporte e elevação de cargas e pessoas para uso em obras	3%	3%
4399-1/05	Perfuração e construção de poços de água	3%	3%
4399-1/99	Serviços especializados para construção não especificados anteriormente	3%	3%
4511-1/01	Comércio a varejo de automóveis, camionetas e utilitários novos	2%	2%
4511-1/02	Comércio a varejo de automóveis, camionetas e utilitários usados	2%	3%
4511-1/03	Comércio por atacado de automóveis, camionetas e utilitários novos e usados	2%	2%
4511-1/04	Comércio por atacado de caminhões novos e usados	2%	2%
4511-1/05	Comércio por atacado de reboques e semirreboques novos e usados	2%	3%
4511-1/06	Comércio por atacado de ônibus e micro-ônibus novos e usados	2%	1%
4512-9/01	Representantes comerciais e agentes do comércio de veículos automotores	2%	2%
4512-9/02	Comércio sob consignação de veículos automotores	2%	3%
4520-0/01	Serviços de manutenção e reparação mecânica de veículos automotores	2%	3%
4520-0/02	Serviços de lanternagem ou funilaria e pintura de veículos automotores	2%	3%
4520-0/03	Serviços de manutenção e reparação elétrica de veículos automotores	2%	3%
4520-0/04	Serviços de alinhamento e balanceamento de veículos automotores	2%	2%
4520-0/05	Serviços de lavagem, lubrificação e polimento de veículos automotores	2%	3%
4520-0/06	Serviços de borracharia para veículos automotores	2%	3%
4520-0/07	Serviços de instalação, manutenção e reparação de acessórios para veículos automotores	2%	3%
4530-7/01	Comércio por atacado de peças e acessórios novos para veículos automotores	2%	2%
4530-7/02	Comércio por atacado de pneumáticos e câmaras-de-ar	2%	2%
4530-7/03	Comércio a varejo de peças e acessórios novos para veículos automotores	2%	2%
4530-7/04	Comércio a varejo de peças e acessórios usados para veículos automotores	2%	2%
4530-7/05	Comércio a varejo de pneumáticos e câmaras-de-ar	2%	2%
4530-7/06	Representantes comerciais e agentes do comércio de peças e acessórios novos e usados para veículos automotores	2%	2%
4541-2/01	Comércio por atacado de motocicletas e motonetas	2%	2%
4541-2/02	Comércio por atacado de peças e acessórios para motocicletas e motonetas	2%	3%
4541-2/03	Comércio a varejo de motocicletas e motonetas novas	2%	3%
4541-2/04	Comércio a varejo de motocicletas e motonetas usadas	2%	3%
4541-2/05	Comércio a varejo de peças e acessórios para motocicletas e motonetas	2%	
4542-1/01	Representantes comerciais e agentes do comércio de motocicletas e motonetas, peças e acessórios	2%	1%
4542-1/02	Comércio sob consignação de motocicletas e motonetas	2%	2%
4543-9/00	Manutenção e reparação de motocicletas e motonetas	2%	2%

CNAE 7	Descrição	(%) Vigente entre 09/2007 e 12/2009	(%) Vigente a contar de 01/2010
4611-7/00	Representantes comerciais e agentes do comércio de matérias-primas agrícolas e animais vivos	2%	3%
4612-5/00	Representantes comerciais e agentes do comércio de combustíveis, minerais, produtos siderúrgicos e químicos	2%	2%
4613-3/00	Representantes comerciais e agentes do comércio de madeira, material de construção e ferragens	2%	3%
4614-1/00	Representantes comerciais e agentes do comércio de máquinas, equipamentos, embarcações e aeronaves	2%	2%
4615-0/00	Representantes comerciais e agentes do comércio de eletrodomésticos, móveis e artigos de uso doméstico	2%	2%
4616-8/00	Representantes comerciais e agentes do comércio de têxteis, vestuário, calçados e artigos de viagem	2%	1%
4617-6/00	Representantes comerciais e agentes do comércio de produtos alimentícios, bebidas e fumo	2%	3%
4618-4/01	Representantes comerciais e agentes do comércio de medicamentos, cosméticos e produtos de perfumaria	2%	2%
4618-4/02	Representantes comerciais e agentes do comércio de instrumentos e materiais odonto-médico-hospitalares	2%	2%
4618-4/03	Representantes comerciais e agentes do comércio de jornais, revistas e outras publicações	2%	3%
4618-4/99	Outros representantes comerciais e agentes do comércio especializado em produtos não especificados anteriormente	2%	2%
4619-2/00	Representantes comerciais e agentes do comércio de mercadorias em geral não especializado	2%	2%
4621-4/00	Comércio atacadista de café em grão	2%	3%
4622-2/00	Comércio atacadista de soja	2%	3%
4623-1/01	Comércio atacadista de animais vivos	2%	3%
4623-1/02	Comércio atacadista de couros, lãs, peles e outros subprodutos não-comestíveis de origem animal	2%	3%
4623-1/03	Comércio atacadista de algodão	2%	2%
4623-1/04	Comércio atacadista de fumo em folha não beneficiado	2%	3%
4623-1/05	Comércio atacadista de cacau	2%	2%
4623-1/06	Comércio atacadista de sementes, flores, plantas e gramas	2%	3%
4623-1/07	Comércio atacadista de sisal	2%	2%
4623-1/08	Comércio atacadista de matérias-primas agrícolas com atividade de fracionamento e acondicionamento associada	2%	3%
4623-1/09	Comércio atacadista de alimentos para animais	2%	3%
4623-1/99	Comércio atacadista de matérias-primas agrícolas não especificadas anteriormente	2%	3%
4631-1/00	Comércio atacadista de leite e laticínios	2%	3%
4632-0/01	Comércio atacadista de cereais e leguminosas beneficiados	2%	3%
4632-0/02	Comércio atacadista de farinhas, amidos e féculas	2%	3%
4632-0/03	Comércio atacadista de cereais e leguminosas beneficiados, farinhas, amidos e féculas, com atividade de fracionamento e acondicionamento associada	2%	3%
4633-8/01	Comércio atacadista de frutas, verduras, raízes, tubérculos, hortaliças e legumes frescos	2%	3%
4633-8/02	Comércio atacadista de aves vivas e ovos	2%	2%

CNAE 7	Descrição	(%) Vigente entre 09/2007 e 12/2009	(%) Vigente a contar de 01/2010
4633-8/03	Comércio atacadista de coelhos e outros pequenos animais vivos para alimentação	2%	2%
4634-6/01	Comércio atacadista de carnes bovinas e suínas e derivados	1%	3%
4634-6/02	Comércio atacadista de aves abatidas e derivados	1%	3%
4634-6/03	Comércio atacadista de pescados e frutos do mar	1%	3%
4634-6/99	Comércio atacadista de carnes e derivados de outros animais	1%	2%
4635-4/01	Comércio atacadista de água mineral	1%	3%
4635-4/02	Comércio atacadista de cerveja, chope e refrigerante	1%	3%
4635-4/03	Comércio atacadista de bebidas com atividade de fracionamento e acondicionamento associada	1%	3%
4635-4/99	Comércio atacadista de bebidas não especificadas anteriormente	1%	3%
4636-2/01	Comércio atacadista de fumo beneficiado	1%	3%
4636-2/02	Comércio atacadista de cigarros, cigarrilhas e charutos	1%	2%
4637-1/01	Comércio atacadista de café torrado, moído e solúvel	1%	3%
4637-1/02	Comércio atacadista de açúcar	1%	2%
4637-1/03	Comércio atacadista de óleos e gorduras	1%	2%
4637-1/04	Comércio atacadista de pães, bolos, biscoitos e similares	1%	2%
4637-1/05	Comércio atacadista de massas alimentícias	1%	3%
4637-1/06	Comércio atacadista de sorvetes	1%	2%
4637-1/07	Comércio atacadista de chocolates, confeitos, balas, bombons e semelhantes	1%	3%
4637-1/99	Comércio atacadista especializado em outros produtos alimentícios não especificados anteriormente	1%	3%
4639-7/01	Comércio atacadista de produtos alimentícios em geral	1%	3%
4639-7/02	Comércio atacadista de produtos alimentícios em geral, com atividade de fracionamento e acondicionamento associada	1%	3%
4641-9/01	Comércio atacadista de tecidos	1%	2%
4641-9/02	Comércio atacadista de artigos de cama, mesa e banho	1%	3%
4641-9/03	Comércio atacadista de artigos de armarinho	1%	3%
4642-7/01	Comércio atacadista de artigos do vestuário e acessórios, exceto profissionais e de segurança	1%	1%
4642-7/02	Comércio atacadista de roupas e acessórios para uso profissional e de segurança do trabalho	1%	2%
4643-5/01	Comércio atacadista de calçados	1%	2%
4643-5/02	Comércio atacadista de bolsas, malas e artigos de viagem	1%	1%
4644-3/01	Comércio atacadista de medicamentos e drogas de uso humano	1%	2%
4644-3/02	Comércio atacadista de medicamentos e drogas de uso veterinário	1%	2%
4645-1/01	Comércio atacadista de instrumentos e materiais para uso médico, cirúrgico, hospitalar e de laboratórios	1%	1%
4645-1/02	Comércio atacadista de próteses e artigos de ortopedia	1%	2%
4645-1/03	Comércio atacadista de produtos odontológicos	1%	2%
4646-0/01	Comércio atacadista de cosméticos e produtos de perfumaria	1%	2%
4646-0/02	Comércio atacadista de produtos de higiene pessoal	1%	2%
4647-8/01	Comércio atacadista de artigos de escritório e de papelaria	1%	2%
4647-8/02	Comércio atacadista de livros, jornais e outras publicações	1%	3%

CNAE 7	Descrição	(%) Vigente entre 09/2007 e 12/2009	(%) Vigente a contar de 01/2010
4649-4/01	Comércio atacadista de equipamentos elétricos de uso pessoal e doméstico	1%	2%
4649-4/02	Comércio atacadista de aparelhos eletrônicos de uso pessoal e doméstico	1%	3%
4649-4/03	Comércio atacadista de bicicletas, triciclos e outros veículos recreativos	1%	3%
4649-4/04	Comércio atacadista de móveis e artigos de colchoaria	1%	3%
4649-4/05	Comércio atacadista de artigos de tapeçaria; persianas e cortinas	1%	2%
4649-4/06	Comércio atacadista de lustres, luminárias e abajures	1%	2%
4649-4/07	Comércio atacadista de filmes, CDs, DVDs, fitas e discos	1%	1%
4649-4/08	Comércio atacadista de produtos de higiene, limpeza e conservação domiciliar	1%	3%
4649-4/09	Comércio atacadista de produtos de higiene, limpeza e conservação domiciliar, com atividade de fracionamento e acondicionamento associada	1%	2%
4649-4/10	Comércio atacadista de joias, relógios e bijuterias, inclusive pedras preciosas e semipreciosas lapidadas	1%	1%
4649-4/99	Comércio atacadista de outros equipamentos e artigos de uso pessoal e doméstico não especificados anteriormente	1%	2%
4651-6/01	Comércio atacadista de equipamentos de informática	1%	1%
4651-6/02	Comércio atacadista de suprimentos para informática	1%	1%
4652-4/00	Comércio atacadista de componentes eletrônicos e equipamentos de telefonia e comunicação	1%	1%
4661-3/00	Comércio atacadista de máquinas, aparelhos e equipamentos para uso agropecuário; partes e peças	1%	2%
4662-1/00	Comércio atacadista de máquinas, equipamentos para terraplenagem, mineração e construção; partes e peças	1%	3%
4663-0/00	Comércio atacadista de máquinas e equipamentos para uso industrial; partes e peças	1%	2%
4664-8/00	Comércio atacadista de máquinas, aparelhos e equipamentos para uso odonto-médico-hospitalar; partes e peças	1%	2%
4665-6/00	Comércio atacadista de máquinas e equipamentos para uso comercial; partes e peças	1%	2%
4669-9/01	Comércio atacadista de bombas e compressores; partes e peças	1%	2%
4669-9/99	Comércio atacadista de outras máquinas e equipamentos não especificados anteriormente; partes e peças	1%	2%
4671-1/00	Comércio atacadista de madeira e produtos derivados	1%	3%
4672-9/00	Comércio atacadista de ferragens e ferramentas	1%	3%
4673-7/00	Comércio atacadista de material elétrico	1%	2%
4674-5/00	Comércio atacadista de cimento	1%	2%
4679-6/01	Comércio atacadista de tintas, vernizes e similares	1%	2%
4679-6/02	Comércio atacadista de mármores e granitos	1%	3%
4679-6/03	Comércio atacadista de vidros, espelhos e vitrais	1%	3%
4679-6/04	Comércio atacadista especializado de materiais de construção não especificados anteriormente	1%	2%
4679-6/99	Comércio atacadista de materiais de construção em geral	1%	3%

CNAE 7	Descrição	(%) Vigente entre 09/2007 e 12/2009	(%) Vigente a contar de 01/2010
4681-8/01	Comércio atacadista de álcool carburante, *biodiesel*, gasolina e demais derivados de petróleo, exceto lubrificantes, não realizado por transportador retalhista (TRR)	1%	3%
4681-8/02	Comércio atacadista de combustíveis realizado por transportador retalhista (TRR)	1%	3%
4681-8/03	Comércio atacadista de combustíveis de origem vegetal, exceto álcool carburante	1%	3%
4681-8/04	Comércio atacadista de combustíveis de origem mineral em bruto	1%	2%
4681-8/05	Comércio atacadista de lubrificantes	1%	2%
4682-6/00	Comércio atacadista de gás liquefeito de petróleo (GLP)	1%	3%
4683-4/00	Comércio atacadista de defensivos agrícolas, adubos, fertilizantes e corretivos do solo	1%	2%
4684-2/01	Comércio atacadista de resinas e elastômeros	1%	2%
4684-2/02	Comércio atacadista de solventes	1%	3%
4684-2/99	Comércio atacadista de outros produtos químicos e petroquímicos não especificados anteriormente	1%	3%
4685-1/00	Comércio atacadista de produtos siderúrgicos e metalúrgicos, exceto para construção	1%	3%
4686-9/01	Comércio atacadista de papel e papelão em bruto	1%	2%
4686-9/02	Comércio atacadista de embalagens	1%	3%
4687-7/01	Comércio atacadista de resíduos de papel e papelão	1%	3%
4687-7/02	Comércio atacadista de resíduos e sucatas não-metálicos, exceto de papel e papelão	1%	3%
4687-7/03	Comércio atacadista de resíduos e sucatas metálicos	1%	3%
4689-3/01	Comércio atacadista de produtos da extração mineral, exceto combustíveis	1%	2%
4689-3/02	Comércio atacadista de fios e fibras beneficiados	1%	2%
4689-3/99	Comércio atacadista especializado em outros produtos intermediários não especificados anteriormente	1%	2%
4691-5/00	Comércio atacadista de mercadorias em geral, com predominância de produtos alimentícios	1%	2%
4692-3/00	Comércio atacadista de mercadorias em geral, com predominância de insumos agropecuários	1%	2%
4693-1/00	Comércio atacadista de mercadorias em geral, sem predominância de alimentos ou de insumos agropecuários	1%	2%
4711-3/01	Comércio varejista de mercadorias em geral, com predominância de produtos alimentícios — hipermercados	2%	3%
4711-3/02	Comércio varejista de mercadorias em geral, com predominância de produtos alimentícios — supermercados	2%	3%
4712-1/00	Comércio varejista de mercadorias em geral, com predominância de produtos alimentícios — minimercados, mercearias e armazéns	1%	2%
4713-0/01	Lojas de departamentos ou magazines	1%	3%
4713-0/02	Lojas de variedades, exceto lojas de departamentos ou magazines	1%	2%
4713-0/03	Lojas *duty free* de aeroportos internacionais	1%	2%
4721-1/01	Padaria e confeitaria com predominância de produção própria	1%	3%
4721-1/02	Padaria e confeitaria com predominância de revenda	1%	2%
4721-1/03	Comércio varejista de laticínios e frios	1%	2%
4721-1/04	Comércio varejista de doces, balas, bombons e semelhantes	1%	3%

CNAE 7	Descrição	(%) Vigente entre 09/2007 e 12/2009	(%) Vigente a contar de 01/2010
4722-9/01	Comércio varejista de carnes — açougues	1%	3%
4722-9/02	Peixaria	1%	2%
4723-7/00	Comércio varejista de bebidas	1%	3%
4724-5/00	Comércio varejista de hortifrutigranjeiros	1%	3%
4729-6/01	Tabacaria	1%	1%
4729-6/99	Comércio varejista de produtos alimentícios em geral ou especializado em produtos alimentícios não especificados anteriormente	1%	2%
4731-8/00	Comércio varejista de combustíveis para veículos automotores	1%	3%
4732-6/00	Comércio varejista de lubrificantes	1%	2%
4741-5/00	Comércio varejista de tintas e materiais para pintura	1%	2%
4742-3/00	Comércio varejista de material elétrico	1%	3%
4743-1/00	Comércio varejista de vidros	1%	3%
4744-0/01	Comércio varejista de ferragens e ferramentas	1%	3%
4744-0/02	Comércio varejista de madeira e artefatos	1%	3%
4744-0/03	Comércio varejista de materiais hidráulicos	1%	2%
4744-0/04	Comércio varejista de cal, areia, pedra britada, tijolos e telhas	1%	3%
4744-0/05	Comércio varejista de materiais de construção não especificados anteriormente	1%	3%
4744-0/99	Comércio varejista de materiais de construção em geral	1%	3%
4751-2/00	Comércio varejista especializado de equipamentos e suprimentos de informática	1%	2%
4752-1/00	Comércio varejista especializado de equipamentos de telefonia e comunicação	1%	2%
4753-9/00	Comércio varejista especializado de eletrodomésticos e equipamentos de áudio e vídeo	1%	2%
4754-7/01	Comércio varejista de móveis	1%	2%
4754-7/02	Comércio varejista de artigos de colchoaria	1%	2%
4754-7/03	Comércio varejista de artigos de iluminação	1%	2%
4755-5/01	Comércio varejista de tecidos	1%	2%
4755-5/02	Comercio varejista de artigos de armarinho	1%	2%
4755-5/03	Comercio varejista de artigos de cama, mesa e banho	1%	3%
4756-3/00	Comércio varejista especializado de instrumentos musicais e acessórios	1%	2%
4757-1/00	Comércio varejista especializado de peças e acessórios para aparelhos eletroeletrônicos para uso doméstico, exceto informática e comunicação	1%	2%
4759-8/01	Comércio varejista de artigos de tapeçaria, cortinas e persianas	1%	2%
4759-8/99	Comércio varejista de outros artigos de uso pessoal e doméstico não especificados anteriormente	1%	2%
4761-0/01	Comércio varejista de livros	1%	1%
4761-0/02	Comércio varejista de jornais e revistas	1%	1%
4761-0/03	Comércio varejista de artigos de papelaria	1%	2%
4762-8/00	Comércio varejista de discos, CDs, DVDs e fitas	1%	1%
4763-6/01	Comércio varejista de brinquedos e artigos recreativos	1%	2%
4763-6/02	Comércio varejista de artigos esportivos	1%	1%
4763-6/03	Comércio varejista de bicicletas e triciclos; peças e acessórios	1%	1%

CNAE 7	Descrição	(%) Vigente entre 09/2007 e 12/2009	(%) Vigente a contar de 01/2010
4763-6/04	Comércio varejista de artigos de caça, pesca e *camping*	1%	1%
4763-6/05	Comércio varejista de embarcações e outros veículos recreativos; peças e acessórios	1%	2%
4771-7/01	Comércio varejista de produtos farmacêuticos, sem manipulação de fórmulas	1%	2%
4771-7/02	Comércio varejista de produtos farmacêuticos, com manipulação de fórmulas	1%	2%
4771-7/03	Comércio varejista de produtos farmacêuticos homeopáticos	1%	1%
4771-7/04	Comércio varejista de medicamentos veterinários	1%	3%
4772-5/00	Comércio varejista de cosméticos, produtos de perfumaria e de higiene pessoal	1%	2%
4773-3/00	Comércio varejista de artigos médicos e ortopédicos	1%	1%
4774-1/00	Comércio varejista de artigos de óptica	1%	2%
4781-4/00	Comércio varejista de artigos do vestuário e acessórios	1%	2%
4782-2/01	Comércio varejista de calçados	1%	2%
4782-2/02	Comércio varejista de artigos de viagem	1%	1%
4783-1/01	Comércio varejista de artigos de joalheria	1%	1%
4783-1/02	Comércio varejista de artigos de relojoaria	1%	2%
4784-9/00	Comércio varejista de gás liquefeito de petróleo (GLP)	1%	3%
4785-7/01	Comércio varejista de antiguidades	1%	2%
4785-7/99	Comércio varejista de outros artigos usados	1%	3%
4789-0/01	Comércio varejista de suvenires, bijuterias e artesanatos	1%	2%
4789-0/02	Comércio varejista de plantas e flores naturais	1%	3%
4789-0/03	Comércio varejista de objetos de arte	1%	1%
4789-0/04	Comércio varejista de animais vivos e de artigos e alimentos para animais de estimação	1%	3%
4789-0/05	Comércio varejista de produtos saneantes domissanitários	1%	3%
4789-0/06	Comércio varejista de fogos de artifício e artigos pirotécnicos	1%	2%
4789-0/07	Comércio varejista de equipamentos para escritório	1%	2%
4789-0/08	Comércio varejista de artigos fotográficos e para filmagem	1%	1%
4789-0/09	Comércio varejista de armas e munições	1%	2%
4789-0/99	Comércio varejista de outros produtos não especificados anteriormente	1%	2%
4911-6/00	Transporte ferroviário de carga	1%	3%
4912-4/01	Transporte ferroviário de passageiros intermunicipal e interestadual	1%	3%
4912-4/02	Transporte ferroviário de passageiros municipal e em região metropolitana	1%	3%
4912-4/03	Transporte metroviário	1%	3%
4921-3/01	Transporte rodoviário coletivo de passageiros, com itinerário fixo, municipal	3%	3%
4921-3/02	Transporte rodoviário coletivo de passageiros, com itinerário fixo, intermunicipal em região metropolitana	3%	3%
4922-1/01	Transporte rodoviário coletivo de passageiros, com itinerário fixo, intermunicipal, exceto em região metropolitana	3%	3%
4922-1/02	Transporte rodoviário coletivo de passageiros, com itinerário fixo, interestadual	3%	3%

CNAE 7	Descrição	(%) Vigente entre 09/2007 e 12/2009	(%) Vigente a contar de 01/2010
4922-1/03	Transporte rodoviário coletivo de passageiros, com itinerário fixo, internacional	3%	3%
4923-0/01	Serviço de táxi	3%	3%
4923-0/02	Serviço de transporte de passageiros — locação de automóveis com motorista	3%	3%
4924-8/00	Transporte escolar	3%	3%
4929-9/01	Transporte rodoviário coletivo de passageiros, sob regime de fretamento, municipal	3%	3%
4929-9/02	Transporte rodoviário coletivo de passageiros, sob regime de fretamento, intermunicipal, interestadual e internacional	3%	3%
4929-9/03	Organização de excursões em veículos rodoviários próprios, municipal	3%	3%
4929-9/04	Organização de excursões em veículos rodoviários próprios, intermunicipal, interestadual e internacional	3%	3%
4929-9/99	Outros transportes rodoviários de passageiros não especificados anteriormente	3%	2%
4930-2/01	Transporte rodoviário de carga, exceto produtos perigosos e mudanças, municipal	3%	3%
4930-2/02	Transporte rodoviário de carga, exceto produtos perigosos e mudanças, intermunicipal, interestadual e internacional	3%	3%
4930-2/03	Transporte rodoviário de produtos perigosos	3%	3%
4930-2/04	Transporte rodoviário de mudanças	3%	3%
4940-0/00	Transporte dutoviário	1%	1%
4950-7/00	Trens turísticos, teleféricos e similares	1%	3%
5011-4/01	Transporte marítimo de cabotagem — Carga	1%	3%
5011-4/02	Transporte marítimo de cabotagem — passageiros	1%	2%
5012-2/01	Transporte marítimo de longo curso — Carga	1%	3%
5012-2/02	Transporte marítimo de longo curso — Passageiros	1%	2%
5021-1/01	Transporte por navegação interior de carga, municipal, exceto travessia	1%	3%
5021-1/02	Transporte por navegação interior de carga, intermunicipal, interestadual e internacional, exceto travessia	1%	3%
5022-0/01	Transporte por navegação interior de passageiros em linhas regulares, municipal, exceto travessia	1%	2%
5022-0/02	Transporte por navegação interior de passageiros em linhas regulares, intermunicipal, interestadual e internacional, exceto travessia	1%	2%
5030-1/01	Navegação de apoio marítimo	1%	3%
5030-1/02	Navegação de apoio portuário	1%	1%
5091-2/01	Transporte por navegação de travessia, municipal	2%	3%
5091-2/02	Transporte por navegação de travessia, intermunicipal	2%	3%
5099-8/01	Transporte aquaviário para passeios turísticos	2%	1%
5099-8/99	Outros transportes aquaviários não especificados anteriormente	2%	1%
5111-1/00	Transporte aéreo de passageiros regular	3%	3%
5112-9/01	Serviço de táxi aéreo e locação de aeronaves com tripulação	3%	3%
5112-9/99	Outros serviços de transporte aéreo de passageiros não-regular	3%	3%
5120-0/00	Transporte aéreo de carga	2%	2%
5130-7/00	Transporte espacial	1%	1%

CNAE 7	Descrição	(%) Vigente entre 09/2007 e 12/2009	(%) Vigente a contar de 01/2010
5211-7/01	Armazéns gerais — emissão de *warrant*	2%	3%
5211-7/02	Guarda-móveis	2%	2%
5211-7/99	Depósitos de mercadorias para terceiros, exceto armazéns gerais e guarda-móveis	2%	3%
5212-5/00	Carga e descarga	2%	3%
5221-4/00	Concessionárias de rodovias, pontes, túneis e serviços relacionados	1%	3%
5222-2/00	Terminais rodoviários e ferroviários	1%	3%
5223-1/00	Estacionamento de veículos	1%	3%
5229-0/01	Serviços de apoio ao transporte por táxi, inclusive centrais de chamada	1%	1%
5229-0/02	Serviços de reboque de veículos	1%	3%
5229-0/99	Outras atividades auxiliares dos transportes terrestres não especificadas anteriormente	1%	3%
5231-1/01	Administração da infraestrutura portuária	1%	2%
5231-1/02	Operações de terminais	1%	3%
5232-0/00	Atividades de agenciamento marítimo	1%	2%
5239-7/00	Atividades auxiliares dos transportes aquaviários não especificadas anteriormente	1%	3%
5240-1/01	Operação dos aeroportos e campos de aterrissagem	1%	2%
5240-1/99	Atividades auxiliares dos transportes aéreos, exceto operação dos aeroportos e campos de aterrissagem	1%	3%
5250-8/01	Comissaria de despachos	1%	1%
5250-8/02	Atividades de despachantes aduaneiros	1%	3%
5250-8/03	Agenciamento de cargas, exceto para o transporte marítimo	1%	3%
5250-8/04	Organização logística do transporte de carga	1%	3%
5250-8/05	Operador de transporte multimodal — OTM	1%	3%
5310-5/01	Atividades do Correio Nacional	3%	3%
5310-5/02	Atividades de franqueadas e permissionárias do Correio Nacional	3%	2%
5320-2/01	Serviços de malote não realizados pelo Correio Nacional	3%	3%
5320-2/02	Serviços de entrega rápida	3%	3%
5510-8/01	Hotéis	1%	2%
5510-8/02	Apart-hotéis	1%	2%
5510-8/03	Motéis	1%	2%
5590-6/01	Albergues, exceto assistenciais	1%	3%
5590-6/02	*Campings*	1%	1%
5590-6/03	Pensões (alojamento)	1%	2%
5590-6/99	Outros alojamentos não especificados anteriormente	1%	2%
5611-2/01	Restaurantes e similares	1%	2%
5611-2/02	Bares e outros estabelecimentos especializados em servir bebidas	1%	3%
5611-2/03	Lanchonetes, casas de chá, de sucos e similares	1%	3%
5612-1/00	Serviços ambulantes de alimentação	1%	3%
5620-1/01	Fornecimento de alimentos preparados preponderantemente para empresas	1%	3%
5620-1/02	Serviços de alimentação para eventos e recepções — bufê	1%	2%
5620-1/03	Cantinas — serviços de alimentação privativos	1%	3%

CNAE 7	Descrição	(%) Vigente entre 09/2007 e 12/2009	(%) Vigente a contar de 01/2010
5620-1/04	Fornecimento de alimentos preparados preponderantemente para consumo domiciliar	1%	3%
5811-5/00	Edição de livros	1%	2%
5812-3/00	Edição de jornais	1%	2%
5813-1/00	Edição de revistas	1%	3%
5819-1/00	Edição de cadastros, listas e de outros produtos gráficos	1%	2%
5821-2/00	Edição integrada à impressão de livros	1%	2%
5822-1/00	Edição integrada à impressão de jornais	1%	2%
5823-9/00	Edição integrada à impressão de revistas	1%	2%
5829-8/00	Edição integrada à impressão de cadastros, listas e de outros produtos gráficos	1%	2%
5911-1/01	Estúdios cinematográficos	1%	1%
5911-1/02	Produção de filmes para publicidade	1%	3%
5911-1/99	Atividades de produção cinematográfica, de vídeos e de programas de televisão não especificadas anteriormente	1%	1%
5912-0/01	Serviços de dublagem	1%	2%
5912-0/02	Serviços de mixagem sonora em produção audiovisual	1%	2%
5912-0/99	Atividades de pós-produção cinematográfica, de vídeos e de programas de televisão não especificadas anteriormente	1%	1%
5913-8/00	Distribuição cinematográfica, de vídeo e de programas de televisão	1%	1%
5914-6/00	Atividades de exibição cinematográfica	1%	3%
5920-1/00	Atividades de gravação de som e de edição de música	1%	2%
6010-1/00	Atividades de rádio	1%	1%
6021-7/00	Atividades de televisão aberta	3%	3%
6022-5/01	Programadoras	3%	3%
6022-5/02	Atividades relacionadas à televisão por assinatura, exceto programadoras	3%	3%
6110-8/01	Serviços de telefonia fixa comutada — STFC	2%	2%
6110-8/02	Serviços de redes de transportes de telecomunicações — SRTT	2%	2%
6110-8/03	Serviços de comunicação multimídia — SCM	2%	2%
6110-8/99	Serviços de telecomunicações por fio não especificados anteriormente	2%	3%
6120-5/01	Telefonia móvel celular	2%	2%
6120-5/02	Serviço móvel especializado — SME	2%	3%
6120-5/99	Serviços de telecomunicações sem fio não especificados anteriormente	2%	1%
6130-2/00	Telecomunicações por satélite	2%	1%
6141-8/00	Operadoras de televisão por assinatura por cabo	2%	3%
6142-6/00	Operadoras de televisão por assinatura por micro-ondas	2%	2%
6143-4/00	Operadoras de televisão por assinatura por satélite	2%	3%
6190-6/01	Provedores de acesso às redes de comunicações	2%	3%
6190-6/02	Provedores de voz sobre protocolo internet — Voip	2%	2%
6190-6/99	Outras atividades de telecomunicações não especificadas anteriormente	2%	2%
6201-5/00	Desenvolvimento de programas de computador sob encomenda	1%	1%

CNAE 7	Descrição	(%) Vigente entre 09/2007 e 12/2009	(%) Vigente a contar de 01/2010
6202-3/00	Desenvolvimento e licenciamento de programas de computador customizáveis	1%	2%
6203-1/00	Desenvolvimento e licenciamento de programas de computador não-customizáveis	1%	1%
6204-0/00	Consultoria em tecnologia da informação	1%	2%
6209-1/00	Suporte técnico, manutenção e outros serviços em tecnologia da informação	1%	2%
6311-9/00	Tratamento de dados, provedores de serviços de aplicação e serviços de hospedagem na internet	1%	2%
6319-4/00	Portais, provedores de conteúdo e outros serviços de informação na internet	1%	1%
6391-7/00	Agências de notícias	1%	2%
6399-2/00	Outras atividades de prestação de serviços de informação não especificadas anteriormente	1%	3%
6410-7/00	Banco Central	1%	1%
6421-2/00	Bancos comerciais	3%	2%
6422-1/00	Bancos múltiplos, com carteira comercial	3%	3%
6423-9/00	Caixas econômicas	3%	2%
6424-7/01	Bancos cooperativos	1%	1%
6424-7/02	Cooperativas centrais de crédito	1%	1%
6424-7/03	Cooperativas de crédito mútuo	1%	2%
6424-7/04	Cooperativas de crédito rural	1%	1%
6431-0/00	Bancos múltiplos, sem carteira comercial	3%	1%
6432-8/00	Bancos de investimento	1%	1%
6433-6/00	Bancos de desenvolvimento	1%	2%
6434-4/00	Agências de fomento	1%	1%
6435-2/01	Sociedades de crédito imobiliário	1%	1%
6435-2/02	Associações de poupança e empréstimo	1%	1%
6435-2/03	Companhias hipotecárias	1%	1%
6436-1/00	Sociedades de crédito, financiamento e investimento — financeiras	1%	1%
6437-9/00	Sociedades de crédito ao microempreendedor	1%	1%
6440-9/00	Arrendamento mercantil	1%	1%
6450-6/00	Sociedades de capitalização	1%	3%
6461-1/00	*Holdings* de instituições financeiras	1%	2%
6462-0/00	*Holdings* de instituições não-financeiras	1%	3%
6463-8/00	Outras sociedades de participação, exceto *holdings*	1%	2%
6470-1/01	Fundos de investimento, exceto previdenciários e imobiliários	1%	1%
6470-1/02	Fundos de investimento previdenciários	1%	1%
6470-1/03	Fundos de investimento imobiliários	1%	1%
6491-3/00	Sociedades de fomento mercantil — *factoring*	1%	1%
6492-1/00	Securitização de créditos	1%	3%
6493-0/00	Administração de consórcios para aquisição de bens e direitos	1%	2%
6499-9/01	Clubes de investimento	1%	1%
6499-9/02	Sociedades de investimento	1%	1%
6499-9/03	Fundo garantidor de crédito	1%	1%

CNAE 7	Descrição	(%) Vigente entre 09/2007 e 12/2009	(%) Vigente a contar de 01/2010
6499-9/04	Caixas de financiamento de corporações	1%	1%
6499-9/05	Concessão de crédito pelas Oscip	1%	1%
6499-9/99	Outras atividades de serviços financeiros não especificadas anteriormente	1%	1%
6511-1/01	Seguros de vida	1%	1%
6511-1/02	Planos de auxílio-funeral	1%	2%
6512-0/00	Seguros não-vida	1%	2%
6520-1/00	Seguros-saúde	2%	1%
6530-8/00	Resseguros	1%	2%
6541-3/00	Previdência complementar fechada	1%	1%
6542-1/00	Previdência complementar aberta	1%	1%
6550-2/00	Planos de saúde	2%	2%
6611-8/01	Bolsa de valores	1%	1%
6611-8/02	Bolsa de mercadorias	1%	1%
6611-8/03	Bolsa de mercadorias e futuros	1%	1%
6611-8/04	Administração de mercados de balcão organizados	1%	2%
6612-6/01	Corretoras de títulos e valores mobiliários	1%	1%
6612-6/02	Distribuidoras de títulos e valores mobiliários	1%	1%
6612-6/03	Corretoras de câmbio	1%	1%
6612-6/04	Corretoras de contratos de mercadorias	1%	1%
6612-6/05	Agentes de investimentos em aplicações financeiras	1%	2%
6613-4/00	Administração de cartões de crédito	1%	2%
6619-3/01	Serviços de liquidação e custódia	1%	1%
6619-3/02	Correspondentes de instituições financeiras	1%	2%
6619-3/03	Representações de bancos estrangeiros	1%	1%
6619-3/04	Caixas eletrônicos	1%	1%
6619-3/05	Operadoras de cartões de débito	1%	1%
6619-3/99	Outras atividades auxiliares dos serviços financeiros não especificadas anteriormente	1%	2%
6621-5/01	Peritos e avaliadores de seguros	1%	1%
6621-5/02	Auditoria e consultoria atuarial	1%	1%
6622-3/00	Corretores e agentes de seguros, de planos de previdência complementar e de saúde	1%	1%
6629-1/00	Atividades auxiliares dos seguros, da previdência complementar e dos planos de saúde não especificadas anteriormente	1%	2%
6630-4/00	Atividades de administração de fundos por contrato ou comissão	2%	2%
6810-2/01	Compra e venda de imóveis próprios	1%	3%
6810-2/02	Aluguel de imóveis próprios	1%	2%
6821-8/01	Corretagem na compra e venda e avaliação de imóveis	1%	2%
6821-8/02	Corretagem no aluguel de imóveis	1%	2%
6822-6/00	Gestão e administração da propriedade imobiliária	1%	2%
6911-7/01	Serviços advocatícios	1%	1%
6911-7/02	Atividades auxiliares da justiça	1%	1%
6911-7/03	Agente de propriedade industrial	1%	1%
6912-5/00	Cartórios	1%	1%

CNAE 7	Descrição	(%) Vigente entre 09/2007 e 12/2009	(%) Vigente a contar de 01/2010
6920-6/01	Atividades de contabilidade	1%	1%
6920-6/02	Atividades de consultoria e auditoria contábil e tributária	1%	2%
7020-4/00	Atividades de consultoria em gestão empresarial, exceto consultoria técnica específica	1%	2%
7111-1/00	Serviços de arquitetura	1%	3%
7112-0/00	Serviços de engenharia	1%	3%
7119-7/01	Serviços de cartografia, topografia e geodésia	1%	2%
7119-7/02	Atividades de estudos geológicos	1%	3%
7119-7/03	Serviços de desenho técnico relacionados à arquitetura e engenharia	1%	2%
7119-7/04	Serviços de perícia técnica relacionados à segurança do trabalho	1%	1%
7119-7/99	Atividades técnicas relacionadas à engenharia e arquitetura não especificadas anteriormente	1%	2%
7120-1/00	Testes e análises técnicas	3%	1%
7210-0/00	Pesquisa e desenvolvimento experimental em ciências físicas e naturais	1%	2%
7220-7/00	Pesquisa e desenvolvimento experimental em ciências sociais e humanas	1%	1%
7311-4/00	Agências de publicidade	1%	1%
7312-2/00	Agenciamento de espaços para publicidade, exceto em veículos de comunicação	1%	3%
7319-0/01	Criação de estandes para feiras e exposições	1%	2%
7319-0/02	Promoção de vendas	1%	3%
7319-0/03	*Marketing* direto	1%	3%
7319-0/04	Consultoria em publicidade	1%	2%
7319-0/99	Outras atividades de publicidade não especificadas anteriormente	1%	2%
7320-3/00	Pesquisas de mercado e de opinião pública	2%	3%
7410-2/01	*Design*	1%	3%
7410-2/02	Decoração de interiores	1%	3%
7420-0/01	Atividades de produção de fotografias, exceto aérea e submarina	1%	2%
7420-0/02	Atividades de produção de fotografias aéreas e submarinas	1%	2%
7420-0/03	Laboratórios fotográficos	1%	2%
7420-0/04	Filmagem de festas e eventos	1%	2%
7420-0/05	Serviços de microfilmagem	1%	3%
7490-1/01	Serviços de tradução, interpretação e similares	1%	3%
7490-1/02	Escafandria e mergulho	1%	3%
7490-1/03	Serviços de agronomia e de consultoria às atividades agrícolas e pecuárias	1%	3%
7490-1/04	Atividades de intermediação e agenciamento de serviços e negócios em geral, exceto imobiliários	1%	2%
7490-1/05	Agenciamento de profissionais para atividades esportivas, culturais e artísticas	1%	3%
7490-1/99	Outras atividades profissionais, científicas e técnicas não especificadas anteriormente	1%	2%
7500-1/00	Atividades veterinárias	1%	2%
7711-0/00	Locação de automóveis sem condutor	1%	2%
7719-5/01	Locação de embarcações sem tripulação, exceto para fins recreativos	1%	2%

CNAE 7	Descrição	(%) Vigente entre 09/2007 e 12/2009	(%) Vigente a contar de 01/2010
7719-5/02	Locação de aeronaves sem tripulação	1%	3%
7719-5/99	Locação de outros meios de transporte não especificados anteriormente, sem condutor	1%	3%
7721-7/00	Aluguel de equipamentos recreativos e esportivos	1%	2%
7722-5/00	Aluguel de fitas de vídeo, DVDs e similares	1%	3%
7723-3/00	Aluguel de objetos do vestuário, joias e acessórios	1%	2%
7729-2/01	Aluguel de aparelhos de jogos eletrônicos	1%	3%
7729-2/02	Aluguel de móveis, utensílios e aparelhos de uso doméstico e pessoal; instrumentos musicais	1%	3%
7729-2/03	Aluguel de material médico	1%	1%
7729-2/99	Aluguel de outros objetos pessoais e domésticos não especificados anteriormente	1%	3%
7731-4/00	Aluguel de máquinas e equipamentos agrícolas sem operador	1%	3%
7732-2/01	Aluguel de máquinas e equipamentos para construção sem operador, exceto andaimes	1%	3%
7732-2/02	Aluguel de andaimes	1%	3%
7733-1/00	Aluguel de máquinas e equipamentos para escritórios	1%	1%
7739-0/01	Aluguel de máquinas e equipamentos para extração de minérios e petróleo, sem operador	1%	1%
7739-0/02	Aluguel de equipamentos científicos, médicos e hospitalares, sem operador	1%	3%
7739-0/03	Aluguel de palcos, coberturas e outras estruturas de uso temporário, exceto andaimes	1%	3%
7739-0/99	Aluguel de outras máquinas e equipamentos comerciais e industriais não especificados anteriormente, sem operador	1%	3%
7740-3/00	Gestão de ativos intangíveis não-financeiros	1%	1%
7810-8/00	Seleção e agenciamento de mão de obra	2%	3%
7820-5/00	Locação de mão de obra temporária	2%	3%
7830-2/00	Fornecimento e gestão de recursos humanos para terceiros	2%	2%
7911-2/00	Agências de viagens	1%	1%
7912-1/00	Operadores turísticos	1%	1%
7990-2/00	Serviços de reservas e outros serviços de turismo não especificados anteriormente	1%	1%
8011-1/01	Atividades de vigilância e segurança privada	3%	3%
8011-1/02	Serviços de adestramento de cães de guarda	3%	2%
8012-9/00	Atividades de transporte de valores	3%	3%
8020-0/00	Atividades de monitoramento de sistemas de segurança	2%	3%
8030-7/00	Atividades de investigação particular	3%	2%
8111-7/00	Serviços combinados para apoio a edifícios, exceto condomínios prediais	3%	3%
8112-5/00	Condomínios prediais	3%	2%
8121-4/00	Limpeza em prédios e em domicílios	3%	3%
8122-2/00	Imunização e controle de pragas urbanas	3%	3%
8129-0/00	Atividades de limpeza não especificadas anteriormente	3%	3%
8130-3/00	Atividades paisagísticas	1%	3%
8211-3/00	Serviços combinados de escritório e apoio administrativo	1%	2%

CNAE 7	Descrição	(%) Vigente entre 09/2007 e 12/2009	(%) Vigente a contar de 01/2010
8219-9/01	Fotocópias	1%	1%
8219-9/99	Preparação de documentos e serviços especializados de apoio administrativo não especificados anteriormente	1%	3%
8220-2/00	Atividades de teleatendimento	3%	3%
8230-0/01	Serviços de organização de feiras, congressos, exposições e festas	1%	3%
8230-0/02	Casas de festas e eventos	1%	1%
8291-1/00	Atividades de cobranças e informações cadastrais	1%	2%
8292-0/00	Envasamento e empacotamento sob contrato	2%	3%
8299-7/01	Medição de consumo de energia elétrica, gás e água	1%	3%
8299-7/02	Emissão de vales-alimentação, vales-transporte e similares	1%	1%
8299-7/03	Serviços de gravação de carimbos, exceto confecção	1%	2%
8299-7/04	Leiloeiros independentes	1%	2%
8299-7/05	Serviços de levantamento de fundos sob contrato	1%	2%
8299-7/06	Casas lotéricas	1%	2%
8299-7/07	Salas de acesso à internet	1%	2%
8299-7/99	Outras atividades de serviços prestados principalmente às empresas não especificadas anteriormente	1%	2%
8411-6/00	Administração pública em geral	2%	2%
8412-4/00	Regulação das atividades de saúde, educação, serviços culturais e outros serviços sociais	2%	1%
8413-2/00	Regulação das atividades econômicas	2%	2%
8421-3/00	Relações exteriores	2%	1%
8422-1/00	Defesa	2%	1%
8423-0/00	Justiça	2%	1%
8424-8/00	Segurança e ordem pública	2%	2%
8425-6/00	Defesa Civil	2%	1%
8430-2/00	Seguridade social obrigatória	2%	1%
8511-2/00	Educação infantil — creche	1%	2%
8512-1/00	Educação infantil — pré-escola	1%	1%
8513-9/00	Ensino fundamental	1%	1%
8520-1/00	Ensino médio	1%	1%
8531-7/00	Educação superior — graduação	1%	1%
8532-5/00	Educação superior — graduação e pós-graduação	1%	1%
8533-3/00	Educação superior — pós-graduação e extensão	1%	1%
8541-4/00	Educação profissional de nível técnico	1%	1%
8542-2/00	Educação profissional de nível tecnológico	1%	2%
8550-3/01	Administração de caixas escolares	1%	1%
8550-3/02	Atividades de apoio à educação, exceto caixas escolares	1%	2%
8591-1/00	Ensino de esportes	1%	2%
8592-9/01	Ensino de dança	1%	1%
8592-9/02	Ensino de artes cênicas, exceto dança	1%	1%
8592-9/03	Ensino de música	1%	1%
8592-9/99	Ensino de arte e cultura não especificado anteriormente	1%	1%
8593-7/00	Ensino de idiomas	1%	1%

CNAE 7	Descrição	(%) Vigente entre 09/2007 e 12/2009	(%) Vigente a contar de 01/2010
8599-6/01	Formação de condutores	1%	1%
8599-6/02	Cursos de pilotagem	1%	3%
8599-6/03	Treinamento em informática	1%	1%
8599-6/04	Treinamento em desenvolvimento profissional e gerencial	1%	1%
8599-6/05	Cursos preparatórios para concursos	1%	1%
8599-6/99	Outras atividades de ensino não especificadas anteriormente	1%	2%
8610-1/01	Atividades de atendimento hospitalar, exceto pronto-socorro e unidades para atendimento a urgências	2%	2%
8610-1/02	Atividades de atendimento em pronto-socorro e unidades hospitalares para atendimento a urgências	2%	2%
8621-6/01	UTI móvel	2%	2%
8621-6/02	Serviços móveis de atendimento a urgências, exceto por UTI móvel	2%	2%
8622-4/00	Serviços de remoção de pacientes, exceto os serviços móveis de atendimento a urgências	2%	2%
8630-5/01	Atividade médica ambulatorial com recursos para realização de procedimentos cirúrgicos	2%	1%
8630-5/02	Atividade médica ambulatorial com recursos para realização de exames complementares	2%	2%
8630-5/03	Atividade médica ambulatorial restrita a consultas	2%	1%
8630-5/04	Atividade odontológica com recursos para realização de procedimentos cirúrgicos	2%	1%
8630-5/05	Atividade odontológica sem recursos para realização de procedimentos cirúrgicos	2%	1%
8630-5/06	Serviços de vacinação e imunização humana	2%	1%
8630-5/07	Atividades de reprodução humana assistida	2%	2%
8630-5/99	Atividades de atenção ambulatorial não especificadas anteriormente	2%	2%
8640-2/01	Laboratórios de anatomia patológica e citológica	1%	2%
8640-2/02	Laboratórios clínicos	1%	2%
8640-2/03	Serviços de diálise e nefrologia	1%	2%
8640-2/04	Serviços de tomografia	1%	1%
8640-2/05	Serviços de diagnóstico por imagem com uso de radiação ionizante, exceto tomografia	1%	2%
8640-2/06	Serviços de ressonância magnética	1%	2%
8640-2/07	Serviços de diagnóstico por imagem sem uso de radiação ionizante, exceto ressonância magnética	1%	1%
8640-2/08	Serviços de diagnóstico por registro gráfico — ECG, EEG e outros exames análogos	1%	3%
8640-2/09	Serviços de diagnóstico por métodos ópticos — endoscopia e outros exames análogos	1%	2%
8640-2/10	Serviços de quimioterapia	1%	2%
8640-2/11	Serviços de radioterapia	1%	2%
8640-2/12	Serviços de hemoterapia	1%	1%
8640-2/13	Serviços de litotripsia	1%	1%
8640-2/14	Serviços de bancos de células e tecidos humanos	1%	1%
8640-2/99	Atividades de serviços de complementação diagnóstica e terapêutica não especificadas anteriormente	1%	2%
8650-0/01	Atividades de enfermagem	1%	1%

CNAE 7	Descrição	(%) Vigente entre 09/2007 e 12/2009	(%) Vigente a contar de 01/2010
8650-0/02	Atividades de profissionais da nutrição	1%	3%
8650-0/03	Atividades de psicologia e psicanálise	1%	1%
8650-0/04	Atividades de fisioterapia	1%	1%
8650-0/05	Atividades de terapia ocupacional	1%	2%
8650-0/06	Atividades de fonoaudiologia	1%	1%
8650-0/07	Atividades de terapia de nutrição enteral e parenteral	1%	1%
8650-0/99	Atividades de profissionais da área de saúde não especificadas anteriormente	1%	2%
8660-7/00	Atividades de apoio à gestão de saúde	1%	2%
8690-9/01	Atividades de práticas integrativas e complementares em saúde humana	1%	2%
8690-9/02	Atividades de banco de leite humano	1%	1%
8690-9/99	Outras atividades de atenção à saúde humana não especificadas anteriormente	1%	2%
8711-5/01	Clínicas e residências geriátricas	1%	2%
8711-5/02	Instituições de longa permanência para idosos	1%	2%
8711-5/03	Atividades de assistência a deficientes físicos, imunodeprimidos e convalescentes	1%	1%
8711-5/04	Centros de apoio a pacientes com câncer e com Aids	1%	3%
8711-5/05	Condomínios residenciais para idosos e deficientes físicos	1%	2%
8712-3/00	Atividades de fornecimento de infraestrutura de apoio e assistência a paciente no domicílio	1%	2%
8720-4/01	Atividades de centros de assistência psicossocial	1%	1%
8720-4/99	Atividades de assistência psicossocial e à saúde a portadores de distúrbios psíquicos, deficiência mental e dependência química não especificadas anteriormente	1%	2%
8730-1/01	Orfanatos	1%	2%
8730-1/02	Albergues assistenciais	1%	2%
8730-1/99	Atividades de assistência social prestadas em residências coletivas e particulares não especificadas anteriormente	1%	2%
8800-6/00	Serviços de assistência social sem alojamento	1%	2%
9001-9/01	Produção teatral	3%	1%
9001-9/02	Produção musical	3%	2%
9001-9/03	Produção de espetáculos de dança	3%	2%
9001-9/04	Produção de espetáculos circenses, de marionetes e similares	3%	2%
9001-9/05	Produção de espetáculos de rodeios, vaquejadas e similares	3%	3%
9001-9/06	Atividades de sonorização e de iluminação	3%	1%
9001-9/99	Artes cênicas, espetáculos e atividades complementares não especificadas anteriormente	3%	3%
9002-7/01	Atividades de artistas plásticos, jornalistas independentes e escritores	3%	1%
9002-7/02	Restauração de obras-de-arte	3%	1%
9003-5/00	Gestão de espaços para artes cênicas, espetáculos e outras atividades artísticas	3%	3%
9101-5/00	Atividades de bibliotecas e arquivos	1%	2%
9102-3/01	Atividades de museus e de exploração de lugares e prédios históricos e atrações similares	1%	1%

CNAE 7	Descrição	(%) Vigente entre 09/2007 e 12/2009	(%) Vigente a contar de 01/2010
9102-3/02	Restauração e conservação de lugares e prédios históricos	1%	2%
9103-1/00	Atividades de jardins botânicos, zoológicos, parques nacionais, reservas ecológicas e áreas de proteção ambiental	1%	2%
9200-3/01	Casas de bingo	1%	1%
9200-3/02	Exploração de apostas em corridas de cavalos	1%	2%
9200-3/99	Exploração de jogos de azar e apostas não especificados anteriormente	1%	1%
9311-5/00	Gestão de instalações de esportes	1%	2%
9312-3/00	Clubes sociais, esportivos e similares	1%	2%
9313-1/00	Atividades de condicionamento físico	1%	1%
9319-1/01	Produção e promoção de eventos esportivos	1%	2%
9319-1/99	Outras atividades esportivas não especificadas anteriormente	1%	2%
9321-2/00	Parques de diversão e parques temáticos	1%	2%
9329-8/01	Discotecas, danceterias, salões de dança e similares	1%	1%
9329-8/02	Exploração de boliches	1%	3%
9329-8/03	Exploração de jogos de sinuca, bilhar e similares	1%	1%
9329-8/04	Exploração de jogos eletrônicos recreativos	1%	3%
9329-8/99	Outras atividades de recreação e lazer não especificadas anteriormente	1%	2%
9411-1/00	Atividades de organizações associativas patronais e empresariais	1%	3%
9412-0/00	Atividades de organizações associativas profissionais	1%	3%
9420-1/00	Atividades de organizações sindicais	3%	2%
9430-8/00	Atividades de associações de defesa de direitos sociais	1%	2%
9491-0/00	Atividades de organizações religiosas	1%	2%
9492-8/00	Atividades de organizações políticas	1%	1%
9493-6/00	Atividades de organizações associativas ligadas à cultura e à arte	1%	2%
9499-5/00	Atividades associativas não especificadas anteriormente	1%	2%
9511-8/00	Reparação e manutenção de computadores e de equipamentos periféricos	1%	3%
9512-6/00	Reparação e manutenção de equipamentos de comunicação	1%	2%
9521-5/00	Reparação e manutenção de equipamentos eletroeletrônicos de uso pessoal e doméstico	1%	3%
9529-1/01	Reparação de calçados, bolsas e artigos de viagem	1%	1%
9529-1/02	Chaveiros	1%	3%
9529-1/03	Reparação de relógios	1%	1%
9529-1/04	Reparação de bicicletas, triciclos e outros veículos não-motorizados	1%	3%
9529-1/05	Reparação de artigos do mobiliário	1%	2%
9529-1/06	Reparação de joias	1%	2%
9529-1/99	Reparação e manutenção de outros objetos e equipamentos pessoais e domésticos não especificados anteriormente	1%	3%
9601-7/01	Lavanderias	1%	3%
9601-7/02	Tinturarias	1%	3%
9601-7/03	Toalheiros	1%	3%
9602-5/01	Cabeleireiros	1%	2%
9602-5/02	Outras atividades de tratamento de beleza	1%	2%

CNAE 7	Descrição	(%) Vigente entre 09/2007 e 12/2009	(%) Vigente a contar de 01/2010
9603-3/01	Gestão e manutenção de cemitérios	1%	3%
9603-3/02	Serviços de cremação	1%	2%
9603-3/03	Serviços de sepultamento	1%	2%
9603-3/04	Serviços de funerárias	1%	2%
9603-3/05	Serviços de somatoconservação	1%	3%
9603-3/99	Atividades funerárias e serviços relacionados não especificados anteriormente	1%	3%
9609-2/01	Clínicas de estética e similares	1%	1%
9609-2/02	Agências matrimoniais	1%	3%
9609-2/03	Alojamento, higiene e embelezamento de animais	1%	2%
9609-2/04	Exploração de máquinas de serviços pessoais acionadas por moeda	1%	1%
9609-2/99	Outras atividades de serviços pessoais não especificadas anteriormente	1%	2%
9700-5/00	Serviços domésticos	-	2%
9900-8/00	Organismos internacionais e outras instituições extraterritoriais	1%	1%

2 — TABELA DE ENQUADRAMENTO NO CÓDIGO FPAS (ANEXO I DA INSTRUÇÃO NORMATIVA RFB N. 971/2009)

Obs.: Com alterações da IN RFB n. 1.027/2010

ANEXO I
CÓDIGOS DO FUNDO DE PREVIDÊNCIA E ASSISTÊNCIA SOCIAL (FPAS)

1 — NOTAS

Nota 1: O recolhimento das contribuições a que se referem os art. 2º e 3º da Lei n. 11.457, de 16 de março de 2007, será feito com base nas Tabelas 1 e 2, constantes deste Anexo, observadas as orientações contidas na Nota 2.

Nota 2: O recolhimento das contribuições referidas na Nota 1, decorrentes das atividades relacionadas nos itens I a XV do subtítulo 2.2, se dará com base nas orientações contidas nos respectivos itens (enquadramentos específicos), as quais se sobrepõem às indicações de enquadramento no Fundo de Previdência e Assistência Social (FPAS) atribuídas pelas Tabelas 1 e 2. Dessa forma, o contribuinte deverá, antes de buscar o enquadramento de sua atividade nas Tabelas 1 e 2, verificar se a mesma encontra-se relacionada entre os referidos itens I a XV e, em caso positivo, seguir a respectiva orientação.

Nota 3: Os serviços de *call center* não têm enquadramento específico. As contribuições decorrentes dessa atividade são recolhidas juntamente com as do estabelecimento ao qual estejam vinculadas, exceto se constituírem pessoa jurídica distinta (CNPJ), hipótese em que se classificarão como empresa de prestação de serviços (FPAS 515).

Nota 4: As lojas de fábrica, desde que comercializem exclusivamente produtos compreendidos no objeto social da unidade fabril a que estejam vinculadas, mantêm a mesma classificação desta para fins de recolhimento de contribuições sociais, independentemente do local em que estejam instaladas.

Nota 5: A pessoa jurídica que se dedique à fabricação de alimentos e pratos prontos (cozinha industrial) deve recolher as contribuições decorrentes de tal atividade de acordo com o FPAS 507, independentemente do local onde se dê a fabricação e a entrega do produto.

Nota 6: Os serviços de engenharia consultiva prestados no segmento da Indústria da Construção integram o Grupo 3 da Confederação Nacional da Indústria, portanto, as contribuições sociais **previdenciárias** decorrentes de tais atividades devem ser recolhidas de acordo com o FPAS 507 e código de terceiros 0079. Os serviços de engenharia consultiva prestados nas demais áreas integram o Grupo 3 — Agentes Autônomos do Comércio — da Confederação Nacional do Comércio, portanto, as contribuições sociais **previdenciárias** decorrentes de tais atividades devem ser recolhidas de acordo com o código FPAS 515, se pessoa jurídica, e 566, se pessoa física, observados os códigos de recolhimento para terceiros (outras entidades ou fundos) 0115 e 0099, respectivamente.

Nota 7: Os estúdios e laboratórios cinematográficos compõem o segmento da Indústria Cinematográfica (Grupo 16 da Confederação Nacional da Indústria). As contribuições sociais decorrentes de tais atividades devem ser recolhidas de acordo com o FPAS 507 e código de terceiros (outras entidades ou fundos) 0079.

Nota 8: O recolhimento da contribuição substitutiva na forma estabelecida pelo art. 22-A da Lei 8.212, de 1991, incluído pela Lei n. 10.256, de 9 de julho de 2001, será feito exclusivamente pela pessoa jurídica classificada como agroindústria, assim considerada a que tenha produção própria, total ou parcial, da matéria-prima empregada na atividade industrial.

Nota 9: Todo e qualquer estabelecimento que mantenha trabalhadores a seu serviço está obrigado a descontar e a recolher as contribuições devidas por estes, na qualidade de segurados da Previdência Social, incidentes sobre sua remuneração, observados os limites mínimo e máximo do salário de contribuição.

Nota 10: As sociedades cooperativas de crédito passam a contribuir para o Serviço Nacional de Aprendizagem do Cooperativismo (Sescoop), e deixam de contribuir com o adicional previsto no § 1º do art. 22 da Lei n. 8.212, de 24 de julho de 1991, conforme art. 10 da Lei n. 11.524, de 24 de setembro de 2007. Para isso, devem-se providenciar as alterações necessárias em sistemas e cadastros, alterando o código FPAS dessas cooperativas para o 787 (em substituição ao 736). O código de terceiros será o 4099 (Previdência Social: 20%; salário-educação: 2,5%; Incra: 0,2% e Sescoop: 2,5%).

Nota 11: As atividades de extração de minérios de ferro e de fabricação de produtos de refino do petróleo são consideradas, para fins de enquadramento no FPAS, principais em relação àquelas que convirjam, em regime de conexão funcional, para a consecução dos objetivos sociais das empresas que a elas se dedicam e que, portanto, são acessórias, assim consideradas as atividades de pesquisas, testes experimentais e desenvolvimento tecnológico. O enquadramento no FPAS, em tais casos, se faz com base na atividade principal, aplicando-se para esta e para as atividades acessórias o código **FPAS 507**, independentemente do porte do estabelecimento e do código CNAE da atividade.

Nota 12: A elaboração da GFIP/SEFIP relativa aos trabalhadores avulsos não portuários cabe ao tomador de serviços. Neste caso informará para o código CNAE e para a alíquota GILRAT os mesmos por ele utilizado. Já o enquadramento no FPAS não se dará em razão da atividade da empresa tomadora dos serviços, mas sim em função da vinculação do trabalhador avulso não portuário à indústria (código FPAS 507) ou ao comércio (código FPAS 515).

2. ATIVIDADES SUJEITAS A ENQUADRAMENTOS ESPECÍFICOS

2.1. Conceitos para enquadramento de atividades no código FPAS

Agroindústria. Para fins de recolhimento das contribuições sociais destinadas à seguridade social e a outras entidades e fundos, entende-se como agroindústria a pessoa jurídica cuja atividade econômica seja a industrialização de produção própria ou de produção própria e adquirida de terceiros. O que caracteriza a agroindústria é o fato de ela própria produzir, total ou parcialmente, a matéria-prima empregada no processo produtivo.

Indústria. Para fins de recolhimento das contribuições sociais destinadas à seguridade social e a outras entidades e fundos, entende-se como indústria (FPAS 507) o conjunto de atividades destinadas à transformação de matérias-primas em bens de produção ou de consumo, servindo-se de técnicas, instrumentos e maquinarias adequados a cada fim. Configura indústria, a empresa cuja atividade econômica do setor secundário engloba as atividades de produção e transformação por oposição ao primário (atividade agrícola) e ao terciário (prestação de serviços).

Indústria rudimentar. Para fins de recolhimento das contribuições sociais destinadas à seguridade social e a outras entidades e fundos, entende-se como indústria rudimentar (FPAS 531) o conjunto de atividades destinadas à produção de bens simples, para industrialização ou consumo, nos quais o processo produtivo é de baixa complexidade.

Incluem-se no conceito de indústria rudimentar atividades de extração de fibras e resinas, extração de madeira para serraria, lenha e carvão vegetal, bem como o beneficiamento e preparação da matéria-prima, tais como limpeza, descaroçamento, descascamento e outros tratamentos destinados a otimizar a utilidade do produto para consumo ou industrialização.

Indústrias relacionadas no art. 2º do Decreto-Lei n. 1.146, de 31 de dezembro de 1970.
A relação é exaustiva e se refere a indústrias rudimentares, as quais, por força do dispositivo, contribuem para o Incra e não para o Sesi e Senai. Tratando-se de pessoa jurídica classificada como indústria e que empregue no processo produtivo matéria-prima ou produto oriundo da indústria rudimentar a que se refere o art. 2º do Decreto-Lei n. 1.146, de 1970, serão devidas contribuições de acordo com o FPAS 507 e código de terceiros 0079. Tratando-se de agroindústria, haverá 2 (duas) bases de incidência, as quais devem ser declaradas de forma discriminada na GFIP:

a) valor bruto da comercialização da produção total do empreendimento, a fim de recolher as contribuições devidas à seguridade social e ao Senar (FPAS 744 atribuído pelo sistema), em substituição às previstas nos incisos I e II do art. 22 da Lei n. 8.212, de 1991; e

b) remuneração total de segurados (folha do pessoal rural e da indústria), a fim de recolher as contribuições devidas ao salário-educação e ao Incra (FPAS 825, código de terceiros 0003).

2.2. Relação de atividades sujeitas a enquadramentos específicos

I — Indústrias relacionadas no art. 2º do Decreto-lei n. 1.146, de 1970.

O dispositivo relaciona indústrias rudimentares destinadas à produção de bens simples, para industrialização ou consumo, para os quais se emprega processo produtivo de baixa complexidade. São devidas contribuições para a seguridade social e terceiros (outras entidades ou fundos), incidentes sobre a remuneração total de segurados. Código FPAS de enquadramento: 531. Alíquotas: 20% (vinte por cento) para a Previdência; 1% (um por cento), 2% (dois por cento) ou 3% (três por cento) para GILRAT; 2,5% (dois inteiros e cinco décimos por cento) para o FNDE (salário-educação) e 2,7% (dois inteiros e sete décimos por cento) para o Incra, conforme disposto no § 1º do art. 2º do Decreto-Lei n. 1.146, de 1970 (quadro 1).

Não se enquadram no FPAS 531 usinas, destilarias, indústrias de produtos especiais à base de leite, indústrias de chás sob qualquer modalidade, indústria de vinho e suco de uva, indústria de artefatos de madeira ou móveis, indústria de café e outras que empreguem técnicas com algum grau de sofisticação, ou mão de obra especializada ou que dependam de estrutura industrial complexa a configurar a etapa posterior à industrialização rudimentar, classificando-se, portanto, como indústria (FPAS 507).

QUADRO 1 — INDÚSTRIAS RUDIMENTARES — ART. 2º DO DECRETO-LEI N. 1.146, DE 1970 — CONTRIBUIÇÃO SOBRE A FOLHA

FPAS 531	
Alíquotas — contribuição sobre a remuneração de segurados:	Indústria de cana-de-açúcar.
	Indústria de laticínio.
	Indústria de beneficiamento de chá e mate.
Previdência Social:..............20%	Indústria da uva.
GILRAT:...................... variável	
Código terceiros:..............0003	Indústria de extração e beneficiamento de fibras vegetais e de descaroçamento de algodão.
Salário-educação:............ 2,5%	Indústria de beneficiamento de café e de cereais.
Incra:................................ 2,7%	Indústria de extração de madeira para serraria, lenha e carvão vegetal.
Total Terceiros: 5,2%	Indústria de extração de resina.
	Matadouro ou abatedouro e o setor de abate de animal de qualquer espécie, inclusive das agroindústrias de piscicultura, carcinicultura, suinocultura e avicultura, e charqueada.

II — Agroindústrias relacionadas no art. 2º do Decreto-lei n. 1.146, de 1970.

Entende-se por agroindústria o produtor rural pessoa jurídica cuja atividade econômica seja a industrialização de produção própria ou de produção própria e adquirida de terceiros. São devidas contribuições para a *seguridade social* e *terceiros* (outras entidades ou fundos), sendo estas incidentes sobre a remuneração total de segurados e aquelas sobre a receita bruta proveniente da comercialização da produção. FPAS de enquadramento: 825. Alíquotas:

a) contribuições sobre a comercialização da produção (substitutiva): Previdência 2,5% (dois inteiros e cinco décimos por cento), GILRAT 0,1% (um décimo por cento), Senar 0,25% (vinte e cinco décimos por cento); e

b) contribuições sobre a remuneração de trabalhadores: salário-educação 2,5% (dois inteiros e cinco décimos por cento), Incra 2,7% (dois inteiros e sete décimos por cento).

As contribuições incidentes sobre a receita bruta da comercialização da produção, instituídas pela Lei n. 10.256, de 2001, não substituem as devidas a terceiros (outras entidades ou fundos), que continuam a incidir sobre a folha de salários.

A agroindústria declarará em uma mesma GFIP (FPAS 825) os seguintes fatos geradores:

a) receita bruta oriunda da comercialização da produção, para recolhimento das contribuições devidas à seguridade social, Patronal: 2,5% (dois inteiros e cinco décimos por cento) e GILRAT: 0,1% (um décimo por cento) e ao SENAR 0,25% (vinte e cinco décimos por cento), cujas alíquotas são geradas automaticamente pelo sistema, de acordo com o FPAS 744; e

b) valor total da remuneração de empregados e demais segurados, para recolhimento das contribuições devidas ao FNDE (salário-educação 2,5% (dois inteiros e cinco décimos por cento)) e ao INCRA 2,7% (dois inteiros e sete décimos por cento), bem como a contribuição dos trabalhadores, a qual a empresa está obrigada a descontar e a recolher (quadros 2 e 3).

Não se enquadram no FPAS 825 agroindústrias que, embora empreguem no processo produtivo matéria-prima produzida por indústria relacionada no art. 2º do Decreto-Lei n. 1.146, de 1970, dependa de estrutura industrial mais complexa e de mão de obra especializada, enquadrando-se, portanto, no FPAS 833.

QUADRO 2 — AGROINDÚSTRIAS — ART. 2º DECRETO-LEI N. 1.146, DE 1970 —
CONTRIBUIÇÃO SOBRE A FOLHA

FPAS 825	
Alíquotas — contribuição sobre a remuneração de segurados (terceiros): Previdência Social:................ 0% GILRAT:................................ 0% Código terceiros:................0003 Salário-educação:............... 2,5% Incra:................................... 2,7% Total Terceiros:....................5,2%	Agroindústria cuja atividade esteja relacionada no *caput* do art. 2º do Decreto-Lei n. 1.146, de 1970, a partir da competência novembro/2001. Tomador de serviço de trabalhador avulso: contribuição sobre a remuneração de trabalhador avulso vinculado à agroindústria relacionada no *caput* do art. 2º do Decreto-Lei n. 1.146, de 1970. Exclui-se deste código a prestação de serviços a terceiros. A prestação de serviços a terceiros pela agroindústria está sujeita às contribuições a que se refere o art. 22 da Lei n. 8.212, de 1991 (sobre a remuneração de segurados).

QUADRO 3 — AGROINDÚSTRIAS — ART. 2º DECRETO LEI N. 1.146, DE 1970 — CONTRIBUIÇÃO SOBRE A RECEITA BRUTA PROVENIENTE DA COMERCIALIZAÇÃO DA PRODUÇÃO

FPAS 744	
Alíquotas — contribuição sobre a comercialização da produção rural — Pessoa jurídica, inclusive agroindústria. Previdência Social:................2,5% GILRAT:.............................. 0,1% SENAR:...............................0,25% Parágrafo único do art. 173 desta Instrução Normativa. Obs.: FPAS atribuído pelo sistema.	Agroindústria — contribuição sobre a receita bruta proveniente da comercialização da produção própria e adquirida de terceiros, industrializada ou não, a partir de novembro/2001. *Observações*: 1. excluem-se agroindústrias de piscicultura, carcinicultura, suinocultura e avicultura, inclusive sob a forma de cooperativa; 2. excluem-se agroindústrias de florestamento e reflorestamento, quando <u>não</u> aplicável a substituição a que se refere o art. 22-A da Lei n. 8.212, de 1991; 3. Exclui-se da receita bruta, para fins de cálculo da contribuição, a receita de prestação de serviços a terceiros, a qual está sujeita às contribuições a que se refere o art. 22 da Lei n. 8.212, de 1991 (sobre a remuneração de segurados); 4. Além das contribuições sobre a comercialização da produção rural (FPAS 744), agroindústrias enquadradas no FPAS 825 recolhem, sobre a folha de salários, contribuições devidas a terceiros (FNDE e INCRA), conforme inciso IV do art. 177 desta Instrução Normativa.

III — Cooperativa de produção rural que desenvolva atividade relacionada no art. 2º do Decreto-lei n. 1.146, de 1970.

A cooperativa é obrigada a prestar as seguintes informações:

a) **GFIP 1**: remuneração dos empregados regulares, para fins de recolhimento das contribuições devidas à seguridade social e a terceiros, de acordo com o FPAS 795 e código de terceiros 4099 (Previdência Social 20% (vinte por cento); GILRAT variável; Fnde 2,5% (dois inteiros e cinco décimos por cento); Incra 2,7% (dois inteiros e sete décimos por cento); Sescoop 2,5% (dois inteiros e cinco décimos por cento);

b) **GFIP 2**: relativas aos trabalhadores contratados exclusivamente para a colheita da produção de seus cooperados, a fim de recolher as contribuições deles descontadas e as incidentes sobre sua remuneração, devidas a terceiros, de acordo com o FPAS 604, código de terceiros 0003 (FNDE 2,5% (dois inteiros e cinco décimos por cento) e Incra 0,2% (dois décimos por cento). As destinadas à Previdência e ao GILRAT, incidentes sobre a remuneração desses trabalhadores, são substituídas pela incidente sobre a receita bruta proveniente da comercialização da produção, a cargo dos cooperados (quadros 4 e 5).

QUADRO 4 — COOPERATIVAS DE PRODUÇÃO RURAL — CONTRIBUIÇÃO SOBRE A FOLHA

FPAS 795	
Alíquotas — contribuição sobre a remuneração de segurados: Previdência Social:. 20% GILRAT:.......... variável Código terceiros:.... 4099 Salário-educação:... 2,5% Incra:..................... 2,7% Sescoop:................ 2,5% Total Terceiros: .....7,7% **GFIP 1**	Sociedade cooperativa que desenvolva atividade relacionada no art. 2º do Decreto-Lei n. 1.146, de 1970 — contribuições incidentes sobre a remuneração de segurados (empregados regulares da cooperativa) — *setores rural e industrial*.

QUADRO 5 — COOPERATIVAS DE PRODUÇÃO RURAL

FPAS 604	
Alíquotas — contribuição sobre a remuneração de segurados (terceiros): Previdência Social:.................0% GILRAT:................................0% Código terceiros:................0003 Salário-educação:................2,5% Incra:..................................0,2% Total terceiros:....................2,7% **GFIP 2**	*Contribuição sobre a remuneração de trabalhadores contratados exclusivamente para a colheita da produção de seus cooperados* (refere-se às contribuições descontadas desses trabalhadores e às devidas a terceiros, FNDE e Incra, as quais não são substituídas. Ver Nota 2 abaixo). Sociedade cooperativa de produtores rurais (exclusivamente em relação a consórcio simplificado de produtores rurais, para os empregados contratados para a colheita da produção de seus cooperados), a partir da competência novembro/2001; Tomador de serviço de trabalhador avulso — contribuição sobre a remuneração de trabalhador avulso vinculado à área rural. **Nota 1**: a cooperativa é obrigada a descontar e recolher as contribuições devidas pelos cooperados, incidentes sobre seu salário de contribuição. **Nota 2**: as contribuições a que se referem os incisos I e II do art. 22 da Lei n. 8.212, de 1991 (Previdência Social e GILRAT), incidentes sobre a remuneração dos trabalhadores contratados exclusivamente para a colheita da produção dos cooperados, são substituídas pelas incidentes sobre a comercialização da produção, a cargo dos cooperados.

IV — Agroindústrias de piscicultura, carcinicultura, suinocultura e avicultura, inclusive sob a forma de cooperativa, e cooperativas de crédito.

A empresa está obrigada a prestar informações, em GFIP distintas, relativas às atividades de criação (FPAS 787), abate (FPAS 531) e industrialização (FPAS 507). Os quadros 6, 7 e 8 a seguir mostram quais códigos FPAS e de terceiros devem ser informados em cada GFIP.

QUADRO 6 — REMUNERAÇÃO DA MÃO DE OBRA EMPREGADA NO SETOR RURAL (CRIAÇÃO)

FPAS 787	
Alíquotas — contribuição sobre a remuneração de segurados: Previdência Social:. 20% GILRAT:......... variável Código terceiros:... 0515 ou 4099 (se cooperativa) Salário-educação:.....2,5% Incra:.......................0,2% Senar/Sescoop:........2,5% Total Terceiros:.......5,2%	Setor rural da cooperativa que desenvolva atividade *não* relacionada no Decreto-Lei n. 1.146, de 1970. Setor rural das agroindústrias de piscicultura, carcinicultura, suinocultura e avicultura. Cooperativas de crédito de quaisquer modalidades. **Nota**: a cooperativa contribuirá com 2,5% (dois inteiros e cinco décimos por cento) para o Sescoop, e não contribuirá para o Senar.

QUADRO 7 — REMUNERAÇÃO DA MÃO DE OBRA EMPREGADA NO ABATE

FPAS 531	
Alíquotas — contribuição sobre a remuneração de segurados: Previdência Social: .... 20% GILRAT: .... variável Código terceiros: .... 0003 Salário-educação: .... 2,5% Incra: .... 2,7% Total Terceiros: 5,2%	Matadouro ou abatedouro e o setor de abate de animal de qualquer espécie, inclusive das agroindústrias de piscicultura, carcinicultura, suinocultura e avicultura, e charqueada.

QUADRO 8 — REMUNERAÇÃO DA MÃO DE OBRA EMPREGADA NO SETOR INDUSTRIAL

FPAS 507	
Alíquotas — contribuição sobre a remuneração de segurados: Previdência Social:. 20% GILRAT: .... variável Código terceiros:... 0079 ou 4163 (se cooperativa) Salário-educação:... 2,5% Incra: .... 0,2% Senai: .... 1,0% Sesi: .... 1,5% Sebrae: .... 0,60% Total Terceiros: 5,8%	Setor industrial da cooperativa que desenvolva atividade *não* relacionada no Decreto-Lei n. 1.146, de 1970. Setor industrial das agroindústrias de piscicultura, carcinicultura, suinocultura e avicultura. **Nota**: a cooperativa contribuirá com 2,5% (dois inteiros e cinco décimos por cento) para o Sescoop, e não contribuirá para o Senai e o Sesi.

V — Agroindústrias de florestamento e reflorestamento sujeitas à contribuição substitutiva instituída pela Lei n. 10.256, de 2001

A empresa deverá declarar os seguintes fatos geradores:

GFIP 1 — código **FPAS 604**:

a) receita bruta oriunda da comercialização da produção (de todo o empreendimento), a fim de recolher as contribuições devidas à seguridade social, Patronal: 2,5% (dois inteiros e cinco décimos por cento) e GILRAT: 0,1% (um décimo por cento) e ao SENAR: 0,25% (vinte e cinco décimos por cento), cujas alíquotas são geradas automaticamente pelo sistema, de acordo com o FPAS 744; e

b) valor total da remuneração de empregados e demais segurados do setor rural, a fim de recolher as contribuições devidas ao FNDE: 2,5% (dois inteiros e cinco décimos por cento) e ao INCRA: 0,2% (dois décimos por cento).

GFIP 2 — código **FPAS 833**: valor total da remuneração de empregados e demais segurados do setor industrial, a fim de recolher as contribuições devidas ao FNDE: 2,5% (dois inteiros e cinco décimos por cento), INCRA: 0,2% (dois décimos por cento), SENAI: 1,0% (um por cento), SESI: 1,5% (um inteiro e cinco décimos por cento) e SEBRAE: 0,6% (seis décimos por cento).

Sobre a remuneração dos trabalhadores, em ambas as atividades, são devidas, ainda, as contribuições dos trabalhadores, as quais devem ser descontadas e recolhidas pela empresa (quadros 9 e 11).

GFIP 1 (quadros 9 e 10):

QUADRO 9 — AGROINDÚSTRIA DE FLORESTAMENTO E REFLORESTAMENTO COM SUBSTITUIÇÃO — REMUNERAÇÃO DA MÃO DE OBRA EMPREGADA NO SETOR RURAL

FPAS 604	
Alíquotas — contribuição sobre a remuneração de segurados (terceiros): Previdência Social:..................0% GILRAT:................................0% Código terceiros:..................0003 Salário-educação:...............2,5% INCRA:...............................0,2% Total terceiros:....................2,7% §1º do art. 1º do Decreto n. 6.003, de 2006.	Contribuições sobre a remuneração de segurados: Setor rural da agroindústria de florestamento e reflorestamento, quando aplicável a substituição na forma do art. 22-A da Lei n. 8.212, de 1991; Sociedade cooperativa de produtores rurais (exclusivamente em relação aos trabalhadores contratados para a colheita da produção de seus cooperados), a partir da competência novembro/2001; Tomador de serviço de trabalhador avulso — contribuição sobre a remuneração de trabalhador avulso vinculado à área rural.

QUADRO 10 — AGROINDÚSTRIA DE FLORESTAMENTO E REFLORESTAMENTO COM SUBSTITUIÇÃO — CONTRIBUIÇÃO SOBRE A RECEITA BRUTA PROVENIENTE DA COMERCIALIZAÇÃO DA PRODUÇÃO

FPAS 744	
Alíquotas — contribuição sobre a comercialização da produção rural — Pessoa jurídica, inclusive agroindústria. Previdência Social:...............2,5% GILRAT:............................0,1% SENAR:...........................0,25% inciso II do art. 2º da Lei n. 2.613, de 1955. Parágrafo único do art. 173 desta Instrução Normativa. Obs.: FPAS atribuído pelo sistema.	Agroindústria — contribuição sobre a receita bruta proveniente da comercialização da produção própria e adquirida de terceiros, industrializada ou não, a partir de novembro/2001. Observações: 1. excluem-se agroindústrias de piscicultura, carcinicultura, suinocultura e avicultura, inclusive sob a forma de cooperativa; 2. excluem-se agroindústrias de florestamento e reflorestamento, quando _não_ aplicável a substituição a que se refere o art. 22-A da Lei n. 8.212, de 1991; 3. Exclui-se da receita bruta, para fins de cálculo da contribuição, a receita de prestação de serviços a terceiros, a qual está sujeita às contribuições a que se refere o art. 22 da Lei n. 8.212, de 1991 (sobre a remuneração de segurados).

GFIP 2 (quadro 11):

QUADRO 11 — AGROINDÚSTRIA DE FLORESTAMENTO E REFLORESTAMENTO COM SUBSTITUIÇÃO — REMUNERAÇÃO DA MÃO DE OBRA EMPREGADA NO SETOR INDUSTRIAL

FPAS 833	Contribuições sobre a remuneração de segurados:
Alíquotas — contribuição sobre a remuneração de segurados (terceiros): Previdência Social:..................0% GILRAT:...............................0% Código terceiros:... 0079 ou 4163 (se cooperativa) Salário-educação:................2,5% INCRA:..............................0,2% SENAI: ....1,0% SESI: ....1,5% SEBRAE:.......................... 0,6% Total Terceiros:................. 5,8%	Setor industrial da agroindústria não relacionado no caput do art. 2º do Decreto-Lei n. 1.146, de 1970, a partir da competência novembro/2001, exceto as agroindústrias de piscicultura, carcinicultura, suinocultura e avicultura, inclusive sob a forma de cooperativa. Setor industrial da agroindústria de florestamento e reflorestamento quando aplicável a substituição a que se refere o art. 22-A da Lei n. 8.212, de 1991. Tomador de serviço de trabalhador avulso: contribuição sobre a remuneração de trabalhador avulso vinculado à agroindústria *não* relacionada no *caput* do art. 2º do Decreto-Lei n. 1.146, 1970.

VI — Agroindústrias de florestamento e reflorestamento não sujeitas à contribuição substitutiva instituída pela Lei n. 10.256, de 2001

Haverá incidência de contribuições para a seguridade social e terceiros (outras entidades ou fundos) sobre o valor total da remuneração de segurados, que deverá ser declarada separadamente:

a) GFIP 1 — FPAS 787: valor total da remuneração de empregados e demais segurados do setor rural, sobre a qual incidirão contribuições para a Previdência Social 20% (vinte por cento), GILRAT variável, salário-educação 2,5% (dois inteiros e cinco décimos por cento), Incra 0,2% (dois décimos por cento) e Senar 2,5% (dois inteiros e cinco décimos por cento);

b) GFIP 2 — FPAS 507: valor total da remuneração de empregados e demais segurados do setor industrial, sobre a qual incidirão contribuições para a Previdência Social 20% (vinte por cento), GILRAT variável, salário-educação 2,5% (dois inteiros e cinco décimos por cento), Incra 0,2% (dois décimos por cento), Senai 1,0% (um por cento), Sesi 1,5% (um inteiro e cinco décimos por cento), e Sebrae 0,6% (seis décimos por cento). A empresa é obrigada a descontar e recolher as contribuições dos empregados, incidentes sobre seu salário de contribuição (quadros 12 e 13).

QUADRO 12 — REMUNERAÇÃO DA MÃO DE OBRA EMPREGADA NO SETOR RURAL — SEM SUBSTITUIÇÃO

FPAS 787	
Alíquotas — contribuição sobre a remuneração de segurados: Previdência Social:............. 20% GILRAT:...........................variável Código terceiros:.............0515 ou 4099 (se cooperativa) Salário-educação:............... 2,5% Incra:................................... 0,2% Senar:...................................2,5% Total Terceiros:................... 5,2% *Obs.* a cooperativa contribuirá com 2,5% (dois inteiros e cinco décimos por cento), para o Sescoop, e não contribuirá para o Senar.	Sindicato, Federação e Confederação patronal rural. Atividade cooperativista rural. Setor rural da cooperativa que desenvolva atividade *não* relacionada no Decreto-Lei n. 1.146, de 1970. Setor rural das agroindústrias de piscicultura, carcinicultura, suinocultura e avicultura. Setor rural da agroindústria de florestamento e reflorestamento, quando *não* aplicável a substituição a que se refere o art. 22-A da Lei n. 8.212, de 1991. Prestador de mão de obra rural legalmente constituído como pessoa jurídica, a partir da competência 08/1994. Produtor rural Pessoa Jurídica e agroindústria, exclusivamente em relação aos empregados envolvidos na prestação de serviços rurais ou agroindustriais, caracterizados ou não como atividade autônoma, a partir da competência novembro/2001. Setor rural da atividade desenvolvida pelo produtor Pessoa Jurídica excluído da substituição a que se refere o art. 22-A da Lei n. 8.212, de 1991, por ter atividade econômica autônoma (comercial, industrial ou de serviços).

QUADRO 13 — REMUNERAÇÃO DA MÃO DE OBRA DO SETOR INDUSTRIAL — SEM SUBSTITUIÇÃO

FPAS 507	
Alíquotas — contribuição sobre a remuneração de segurados: Previdência Social:............. 20% Código de terceiros.......0079 (ou 4163 se cooperativa). GLRAT:...........................variável Salário-educação:............... 2,5% Incra:................................... 0,2% Senai:..................................1,0% Sesi:....................................1,5% Sebrae:..............................0,60% Total Terceiros:................... 5,8%	*Contribuições sobre a remuneração de segurados:* Setor industrial da agroindústria de florestamento e reflorestamento quando não aplicável a substituição, na forma do art. 22-A da Lei n. 8.212, de 1991. **Nota**: a cooperativa contribuirá com 2,5% (dois inteiros e cinco décimos por cento), para o Sescoop, e não contribuirá para o Senai e o Sesi.

VII — Outras agroindústrias

Agroindústria que desenvolva atividade não relacionada nos itens II, IV, V e VI terá como **FPAS** de enquadramento o **604** (setor rural) e **833** (setor industrial).

A empresa está obrigada às seguintes declarações:

GFIP 1 — FPAS 604:

a) receita bruta oriunda da comercialização da produção (de todo o empreendimento), a fim de recolher as contribuições devidas à seguridade social, Patronal: 2,5% (dois inteiros e cinco décimos por cento), e GILRAT: 0,1% (um décimo por cento) e ao SENAR: 0,25% (vinte e cinco décimos por cento), cujas alíquotas são geradas automaticamente pelo sistema, de acordo com o FPAS 744; e

b) valor total da remuneração de empregados e demais segurados do setor rural, a fim de recolher as contribuições devidas ao FNDE: 2,5% (dois inteiros e cinco décimos por cento) e ao INCRA: 0,2% (dois décimos por cento).

GFIP 2 — FPAS 833: valor total da remuneração de empregados e demais segurados do setor industrial, a fim de recolher as contribuições devidas ao FNDE: 2,5% (dois inteiros e cinco décimos por cento), INCRA: 0,2% (dois décimos por cento), SENAI: 1,0% (um por cento), SESI: 1,5% (um inteiro e cinco décimos por cento) e SEBRAE: 0,6% (seis décimos por cento). São devidas, ainda, em ambas as atividades, as contribuições dos trabalhadores, as quais devem ser descontadas e recolhidas pelo empregador (quadros 14 e 16).

GFIP 1 (quadros 14 e 15):

QUADRO 14 — OUTRAS AGROINDÚSTRIAS — REMUNERAÇÃO DA MÃO DE OBRA EMPREGADA NO SETOR RURAL

FPAS 604	
Alíquotas — contribuição sobre a remuneração de segurados (terceiros): Previdência Social:....................0% GILRAT:................................... 0% Código terceiros:....................0003 Salário-educação: .... 2,5% INCRA:................................0,2% Total terceiros:......................2,7%	PRODUTOR RURAL, pessoa física e jurídica, inclusive na atividade de criação de pescado em cativeiro, em relação a todos os seus empregados, exceto o produtor rural pessoa jurídica que explore outra atividade econômica autônoma comercial, de serviços ou industrial. SETOR RURAL DA AGROINDÚSTRIA não relacionado no *caput* do art. 2º do Decreto-Lei n. 1.146, 1970, a partir da competência novembro/2001, exceto as agroindústrias (inclusive sob a forma de cooperativa) de piscicultura, carcinicultura, suinocultura e avicultura. SETOR RURAL DA AGROINDÚSTRIA de florestamento e reflorestamento, quando aplicável a substituição na forma do art. 22-A da Lei n. 8.212, de 1991. SOCIEDADE COOPERATIVA DE PRODUTORES RURAIS, exclusivamente em relação aos empregados contratados para a colheita da produção de seus cooperados (consórcio simplificado de produtores rurais), a partir da competência novembro/2001. TOMADOR DE SERVIÇO DE TRABALHADOR AVULSO — contribuição sobre a remuneração de trabalhador avulso vinculado à área rural.

QUADRO 15 — OUTRAS AGROINDÚSTRIAS — CONTRIBUIÇÃO SOBRE A RECEITA BRUTA PROVENIENTE DA COMERCIALIZAÇÃO DA PRODUÇÃO

FPAS 744	
Alíquotas — contribuição sobre a comercialização da produção rural — Pessoa jurídica, inclusive agroindústria. Previdência Social:..............2,5% GILRAT:...............................0,1% SENAR:.............................0,25% Parágrafo único do art. 173 desta Instrução Normativa. Obs.: FPAS atribuído pelo sistema.	Agroindústria — contribuição sobre a receita bruta proveniente da comercialização da produção própria e adquirida de terceiros, industrializada ou não, a partir de novembro/2001. *Observações*: 1. excluem-se agroindústrias de piscicultura, carcinicultura, suinocultura e avicultura, inclusive sob a forma de cooperativa; 2. excluem-se agroindústrias de florestamento e reflorestamento, quando *não* aplicável a substituição a que se refere o art. 22-A da Lei n. 8.212, de 1991. 3. Exclui-se da receita bruta, para fins de cálculo da contribuição, a receita de prestação de serviços a terceiros, a qual está sujeita às contribuições a que se refere o art. 22 da Lei n. 8.212, de 1991 (sobre a remuneração de segurados).

GFIP 2 (Quadro 16):

QUADRO 16 — OUTRAS AGROINDÚSTRIAS — REMUNERAÇÃO DA MÃO DE OBRA EMPREGADA NO SETOR INDUSTRIAL

FPAS 833	Contribuições sobre a remuneração de segurados:
Alíquotas — contribuição sobre a remuneração de segurados (terceiros): Previdência Social:..................0% GILRAT:...................................0% Código terceiros:... 0079 ou 4163 se cooperativa. Salário-educação:...............2,5% INCRA:..............................0,2% SENAI: ....1,0% SESI: ....1,5% SEBRAE:...........................0,6% Total Terceiros: 5,8%	Setor industrial da agroindústria não relacionado no caput do art. 2º do Decreto-Lei n. 1.146, de 1970, a partir da competência novembro/2001, exceto as agroindústrias de piscicultura, carcinicultura, suinocultura e avicultura, inclusive sob a forma de cooperativa. Setor industrial da agroindústria de florestamento e reflorestamento quando aplicável a substituição a que se refere o art. 22-A da Lei n. 8.212, de 1991. Tomador de serviço de trabalhador avulso: contribuição sobre a remuneração de trabalhador avulso vinculado à agroindústria _não_ relacionado no _caput_ do art. 2º do Decreto-Lei n. 1.146, de 1970.

VIII — Entidades beneficentes de assistência social com isenção

Entidades em gozo regular de isenção, concedida na forma do art. 55 da Lei n. 8.212, de 1991, enquadram-se no código FPAS 639, independentemente da atividade desenvolvida. Não há incidência de contribuições previdenciárias ou de terceiros (outras entidades ou fundos) a cargo da empresa. Subsiste, porém, a obrigação de descontar e recolher as contribuições dos empregados e demais segurados que lhe prestem serviços, incidentes sobre seu salário de contribuição, e outras que a lei lhe atribua responsabilidade pelo recolhimento (quadro 17).

QUADRO 17 — ENTIDADES BENEFICENTES DE ASSISTÊNCIA SOCIAL (COM ISENÇÃO)

FPAS 639	Entidades beneficentes de assistência social, com isenção concedida na forma do art. 55 da Lei n. 8.212, de 1991.
Previdência Social:...............0,0% GILRAT:..............................0,0% Código terceiros:.................0000	**Nota**: a entidade é obrigada a descontar e recolher as contribuições dos segurados empregados, incidentes sobre sua remuneração, bem como outras que a lei lhe atribua responsabilidade pelo recolhimento.

IX — Clubes de futebol profissional, associação desportiva que mantenha equipe de futebol profissional e sociedades empresárias regularmente organizadas segundo um dos tipos regulados nos art. 1.039 a 1.092 do Código Civil que mantenham equipe de futebol profissional.

Para esses, as contribuições a cargo da empresa, incidentes sobre a folha de salários (art. 22 da Lei n. 8.212, de 1991), são substituídas pela incidente sobre a receita bruta de espetáculos desportivos de que a associação participe em todo território nacional, em qualquer modalidade desportiva, inclusive jogos internacionais, e de qualquer forma de patrocínio, licenciamento de uso de marcas e símbolos, publicidade, propaganda e transmissão de espetáculos desportivos.

A responsabilidade pelas retenções e recolhimentos é da entidade promotora do espetáculo ou da empresa ou entidade que repassar recursos ao clube ou associação desportiva em decorrência do evento. A alíquota é de 5% (cinco por cento), e o prazo para recolhimento é de até 2 (dois) dias úteis após a realização do evento. As demais entidades desportivas (que não mantenham equipe de futebol profissional) continuam a recolher as contribuições devidas à seguridade social e a terceiros (outras entidades ou fundos) sobre a folha de salários.

FPAS de enquadramento: 647. O clube ou associação é obrigado a recolher as contribuições devidas a *terceiros* (outras entidades ou fundos), incidentes sobre a folha de salários de empregados, atletas ou não (as quais não são substituídas pela contribuição de 5% (cinco por cento) incidente sobre aqueles eventos, bem como a descontar e recolher as contribuições desses empregados, incidentes sobre seu salário de contribuição (quadros 18 e 19).

No caso das sociedades empresárias regularmente organizadas segundo um dos tipos regulados nos art. 1.039 a 1.092 do Código Civil que mantenham equipe de futebol profissional, a partir de 18 de outubro de 2007, a substituição aplica-se apenas às atividades diretamente relacionadas com a manutenção e a administração da equipe profissional de futebol. Para as outras atividades econômicas exercidas pelas sociedades aplicam-se as normas dirigidas às empresas em geral.

Diante disso, as sociedades empresárias que mantenham equipe de futebol profissional devem informar o código FPAS 647 apenas na GFIP relativa às atividades diretamente relacionadas com a manutenção e a administração da equipe profissional de futebol. Tais sociedades devem informar o FPAS próprio das demais atividades econômicas na GFIP relativa às atividades não diretamente relacionadas com a manutenção e a administração da equipe profissional de futebol.

QUADRO 18 — CLUBES DE FUTEBOL PROFISSIONAL, ASSOCIAÇÕES DESPORTIVAS QUE MANTENHAM EQUIPE DE FUTEBOL PROFISSIONAL DE E SOCIEDADES EMPRESÁRIAS REGULARMENTE ORGANIZADAS SEGUNDO UM DOS TIPOS REGULADOS NOS ART. 1.039 A 1.092 DO CÓDIGO CIVIL QUE MANTENHAM EQUIPE DE FUTEBOL PROFISSIONAL (CONTRIBUIÇÕES INCIDENTES SOBRE A FOLHA DE SALÁRIO)

FPAS 647	
Alíquotas — contribuição sobre a remuneração de segurados (terceiros): Previdência Social:..................0% GILRAT:...................................0% Código terceiros:................0099 Salário-educação:...............2,5% Incra:.................................0,2% Sesc: ....1,5% Sebrae:..............................0,3% Total Terceiros:...................4,5%	Clubes de futebol profissional, associações desportivas que mantenham equipe de futebol profissional e sociedades empresárias regularmente organizadas segundo um dos tipos regulados nos art. 1.039 a 1.092 do Código Civil que mantenham equipe de futebol profissional: contribuições incidentes sobre a folha de salários de empregados, atletas ou não, devidas a terceiros (outras entidades ou fundos). **Nota**: a empresa é obrigada a descontar e recolher a contribuição do empregado, atleta ou não, incidente sobre seu salário de contribuição.

QUADRO 19 — CLUBES DE FUTEBOL PROFISSIONAL E ASSOCIAÇÕES DESPORTIVAS QUE MANTENHAM EQUIPE DE FUTEBOL PROFISSIONAL (CONTRIBUIÇÕES INCIDENTES SOBRE A RECEITA BRUTA DE ESPETÁCULOS DESPORTIVOS)

FPAS 779	
Alíquotas — contribuição sobre a receita bruta de espetáculos desportivos: Previdência Social:..................5% GILRAT:...................................0% Obs. o FPAS 779 é atribuído pelo sistema.	Clubes de futebol profissional e associações desportivas que mantenham equipe de futebol profissional: contribuições incidentes sobre a receita bruta de espetáculos desportivos de que a associação participe em todo território nacional, em qualquer modalidade desportiva, inclusive jogos internacionais, e de qualquer forma de patrocínio, licenciamento de uso de marcas e símbolos, publicidade, propaganda e transmissão de espetáculos desportivos. **Nota 1**: cabe ao clube ou associação prestar as informações relativas ao evento (data de realização, local, valor da receita bruta). **Nota 2**: cabe à entidade promotora ou à empresa ou entidade que repassar recursos ao clube ou associação fazer as retenções e recolher o montante devido em até 2 (dois) dias úteis após a realização do evento.

X — Órgãos do poder público e equiparados (União, Estados e Municípios e respectivas autarquias e fundações públicas, OAB e conselhos de fiscalização de profissão regulamentada)

Contribuintes não sujeitos ao pagamento de contribuições a terceiros. FPAS 582, código de terceiros 0000. Alíquotas: Previdência Social: 20% (vinte por cento), GILRAT variável (quadro 20).

Enquadram-se no FPAS 582 as missões diplomáticas estrangeiras no Brasil e seus respectivos membros em relação aos quais não haja tratado, convenção ou outro acordo internacional garantindo isenção de multa moratória, de acordo com o § 9º do art. 239, do Decreto n. 3.048, de 1999, com a redação dada pelo Decreto n. 6.042, de 2007.

QUADRO 20 — (ÓRGÃOS DO PODER PÚBLICO E EQUIPARADOS)

FPAS 582	
Alíquotas — contribuição sobre a remuneração de segurados: Previdência Social:..................20% GILRAT:...........................variável Terceiros:............................0,0%	Órgãos do poder público e equiparados (União, Estados e Municípios e respectivas autarquias e fundações públicas, OAB e Conselhos de fiscalização de profissão regulamentada). Missões diplomáticas ou repartições consulares de carreira estrangeira e órgão a elas subordinados no Brasil, e seus respectivos membros, em relação aos quais não haja tratado, convenção ou outro acordo internacional garantindo isenção de multa moratória. Organismo oficial brasileiro e internacional do qual o Brasil seja membro efetivo e mantenha, no exterior, brasileiro civil que trabalhe para a União, ainda que lá domiciliado e contratado — (SEM ACORDO DE ISENÇÃO). Repartição diplomática brasileira sediada no exterior que contrata auxiliares locais (SEM ACORDO DE ISENÇÃO). **Nota**: contribuintes enquadrados neste FPAS estão sujeitos às disposições do art. 219 do Decreto n. 3.048, de 1999.

XI — Organismos internacionais e outras instituições extraterritoriais com acordo internacional de isenção (missões diplomáticas, repartições consulares ou diplomáticas nacionais ou internacionais).

Código FPAS criado em razão da edição do Decreto n. 6.042, de 2007, que deu nova redação ao § 9º do art. 239 do Decreto n. 3.048, de 1999, após o qual apenas as instituições extraterritoriais em relação às quais houver acordo internacional de isenção não se sujeitam ao pagamento de multa moratória, em caso de recolhimento em atraso.

QUADRO 21 — MISSÕES DIPLOMÁTICAS OU REPARTIÇÕES CONSULARES DE CARREIRA ESTRANGEIRA E ÓRGÃO A ELAS SUBORDINADOS NO BRASIL

FPAS 876 Alíquotas — contribuição sobre a remuneração de segurados: Previdência Social:...20% GILRAT:............variável Terceiros: ....0,0% Contribuição sobre a folha de salários.	Missões diplomáticas ou repartições consulares de carreira estrangeira e órgão a elas subordinados no Brasil, e seus respectivos membros, em relação aos quais haja tratado, convenção ou outro acordo internacional garantindo isenção de multa moratória. Organismo oficial brasileiro e internacional do qual o Brasil seja membro efetivo e mantenha, no exterior, brasileiro civil que trabalhe para a União, ainda que lá domiciliado e contratado — (COM ACORDO DE ISENÇÃO). Repartição diplomática brasileira sediada no exterior que contrata auxiliares locais (COM ACORDO DE ISENÇÃO).

XII — Produtores rurais pessoa física e jurídica

O produtor rural pessoa física ou jurídica está sujeito ao recolhimento da contribuição substitutiva imposta pela Lei n. 10.256, de 2001, incidente sobre a receita bruta proveniente da comercialização da produção rural, devida à Previdência Social, GILRAT e SENAR, bem como das contribuições devidas a terceiros, FNDE 2,5% (dois inteiros e cinco décimos por cento) e INCRA 0,2% (dois décimos por cento), incidentes sobre a folha de salários. Obriga-se também a descontar e a recolher as contribuições de empregados e demais segurados a seu serviço, incidentes sobre seu salário de contribuição.

O produtor rural pessoa física e jurídica declarará em uma mesma GFIP (FPAS 604) os seguintes fatos geradores:

FPAS 604, código de terceiros 0003 (quadro 22) — contribuições incidentes sobre a folha, salário-educação: 2,5% (dois inteiros e cinco décimos por cento) e INCRA: 0,2% (dois décimos por cento).

FPAS 744 — GPS gerada automaticamente pelo sistema, com base na declaração da receita bruta proveniente da comercialização da produção:

Alíquotas para Pessoa Física: contribuições sobre a comercialização da produção (substitutiva): Previdência 2,0% (dois por cento), GILRAT 0,1% (um décimo por cento), SENAR 0,2% (dois décimos por cento).

Alíquota para Pessoa Jurídica: contribuições sobre a comercialização da produção (substitutiva): Previdência 2,5% (dois inteiros e cinco décimos por cento), GILRAT 0,1% (um décimo por cento), SENAR 0,25% (vinte e cinco décimos por cento).

Não se enquadram no FPAS 604:

a) O produtor rural pessoa jurídica, exceto agroindústria, que, além da atividade rural, explore também outra atividade econômica autônoma, quer seja comercial, industrial ou de serviços, no mesmo ou em estabelecimento distinto, independentemente de qual seja a atividade preponderante, devendo contribuir de acordo com o art. 22 da Lei n. 8.212, de 1991, e informar na GFIP/SEFIP, em relação à atividade agrária, o FPAS 787 e, em relação a cada atividade econômica autônoma, o código FPAS correspondente;

b) À prestação de serviços a terceiros, hipótese em que as contribuições sociais previdenciárias incidem sobre a remuneração contida na folha de pagamento dos trabalhadores envolvidos na referida prestação de serviços. Neste caso, o produtor rural pessoa jurídica deve utilizar o FPAS 787 em GFIP/SEFIP com informações por tomador de serviço; e

c) Agroindústrias de piscicultura, carcinicultura, suinocultura e avicultura, inclusive sob a forma de cooperativa.

QUADRO 22 — PRODUTOR RURAL, PESSOA FÍSICA E JURÍDICA — CONTRIBUIÇÃO SOBRE A FOLHA

FPAS 604	
Alíquotas — contribuição sobre a remuneração de segurados (terceiros): Previdência Social:....0% GILRAT:................. 0% Código terceiros:... 0003 Salário-educação:. 2,5% INCRA:................ 0,2% Total terceiros:...... 2,7%	Produtor rural, pessoa física e jurídica, inclusive na atividade de criação de pescado em cativeiro, em relação a todos os seus empregados, exceto o produtor rural pessoa jurídica que explore outra atividade econômica autônoma comercial, industrial ou de serviços. Setor rural da agroindústria não relacionado no *caput* do art. 2º do Decreto-lei n. 1.146, de 1970, a partir da competência novembro/2001, exceto as agroindústrias (inclusive sob a forma de cooperativa) de piscicultura, carcinicultura, suinocultura e avicultura. Setor rural da agroindústria de florestamento e reflorestamento, quando aplicável a substituição na forma do art. 22-A da Lei n. 8.212, de 1991. Sociedade cooperativa de produtores rurais (exclusivamente em relação aos trabalhadores contratados para a colheita da produção de seus cooperados), a partir da competência novembro/2001. Tomador de serviço de trabalhador avulso — contribuição sobre a remuneração de trabalhador avulso vinculado à área rural. **Nota**: contribuições sobre a comercialização da produção rural — informar receita bruta nesta GFIP (Será gerado automaticamente pelo sistema o código FPAS 744).

QUADRO 23 — PRODUTOR RURAL, PESSOA FÍSICA E JURÍDICA — CONTRIBUIÇÃO SOBRE A RECEITA BRUTA PROVENIENTE DA COMERCIALIZAÇÃO DA PRODUÇÃO

FPAS 744	
Pessoa Física — alíquotas da contribuição sobre a comercialização da produção rural: Previdência Social:...............2,0% GILRAT:..............................0,1% SENAR:..............................0,2% *Pessoa jurídica — alíquotas da contribuição sobre a comercialização da produção rural:* Previdência Social:...............2,5% GILRAT:..............................0,1% SENAR:............................0,25% Obs.: FPAS atribuído pelo sistema.	Produtor rural pessoa física e jurídica — contribuição sobre a receita bruta proveniente da comercialização da produção rural. *Observações:* 1. Exclui-se da receita bruta, para fins de cálculo da contribuição, a receita de prestação de serviços a terceiros, a qual está sujeita às contribuições a que se refere o art. 22 da Lei n. 8.212, de 1991 (sobre a remuneração de segurados); e 2. O produtor rural pessoa jurídica que explora outra atividade econômica autônoma comercial, industrial ou de serviços, no mesmo ou em estabelecimento distinto, independentemente de qual seja a atividade preponderante, não se sujeita à substituição.

XIII — Tomador de serviços de transportador rodoviário autônomo

Além das contribuições devidas à Previdência e a terceiros (outras entidades ou fundos), de acordo com o FPAS de enquadramento, a empresa ou equiparado que contratar serviços de transportador rodoviário autônomo se obriga ao recolhimento da contribuição devida à Previdência Social, correspondente a 20% (vinte por cento) sobre sua remuneração, bem como a descontar e a recolher a contribuição do transportador autônomo para o Sest e o Senat, de acordo com o FPAS 620 (quadro 24).

QUADRO 24 — CONTRIBUIÇÕES INCIDENTES SOBRE A REMUNERAÇÃO

FPAS 620 Alíquotas — contribuição sobre a remuneração de segurados: Previdência Social:...20% GILRAT:...................0% Código terceiros:......3072 Sest:........................1,5% Senat:......................1,0% Total terceiros: 2,5%	*Contribuições incidentes sobre a remuneração de transportador rodoviário autônomo.* Tomador de serviço de transportador rodoviário autônomo (contribuição previdenciária a cargo da empresa tomadora e contribuição descontada do transportador autônomo para o Sest e o Senat). **Nota**: a contribuição devida à Previdência Social é paga pelo tomador e a devida a terceiros é paga pelo transportador autônomo.

XIV — Empresa de trabalho temporário

A empresa de trabalho temporário deverá informar, para fins de pagamento das contribuições previstas nos incisos I e II do art. 22 da Lei n. 8.212, de 1991, em GFIP distintas, as remunerações dos trabalhadores temporários, sobre as quais incidirão contribuições de acordo com o **FPAS 655** (Quadro 25), e do pessoal permanente, sobre as quais incidirão contribuições de acordo com o **FPAS 515** (Quadro 26).

QUADRO 25 — CONTRIBUIÇÕES INCIDENTES SOBRE A REMUNERAÇÃO DOS TRABALHADORES TEMPORÁRIOS

FPAS 655 Alíquotas — contribuição sobre a remuneração de segurados: Previdência Social:...............20% GILRAT:....................3% Código terceiros:.................0001 FNDE:...............................2,5%	*Contribuições incidentes sobre a remuneração de trabalhadores temporários.* Empresa de trabalho temporário (Lei n. 6.019, de 1974): **Notas:** 1. A empresa de trabalho temporário é obrigada a descontar e recolher a contribuição do trabalhador temporário, incidente sobre seu salário de contribuição. 2. Preencher GFIP separada para este FPAS. 3. CNAE 7820-5/00.

QUADRO 26 — CONTRIBUIÇÕES SOBRE A REMUNERAÇÃO DE EMPREGADOS PERMANENTES

FPAS 515	Contribuições sobre a remuneração de segurados (pessoal permanente):
Alíquotas — contribuição sobre a remuneração de segurados (pessoal permanente): Previdência Social:......20% Código terceiros.........0115. GILRAT:......................3% Salário-educação:...2,5% Incra:......................0,2% Senac:....................1,0% Sesc:.....................1,5% Sebrae:..................0,60% Total Terceiros:......5,8%	**Empresa de Trabalho Temporário (Lei n. 6.019, de 1974):** Notas: 1. Contribuições incidentes sobre o total de remunerações pagas ou creditadas a empregados e demais segurados permanentes (não-temporários). 2. Preencher GFIP separada para este FPAS. 3. CNAE 7820-5/00.

XV — Órgão gestor de mão de obra e tomador de serviços de trabalhadores avulsos portuários

QUADRO 27 — ÓRGÃO GESTOR DE MÃO DE OBRA (OGMO) — CONTRIBUIÇÕES INCIDENTES SOBRE A REMUNERAÇÃO DOS TRABALHADORES EMPREGADOS PERMANENTES E CONTRIBUINTES INDIVIDUAIS COM EXCEÇÃO AOS TRABALHADORES AVULSOS

FPAS 540	O OGMO é obrigado a descontar e recolher a contribuição dos segurados a seu serviço, incidente sobre seu salário de contribuição.
Alíquotas — contribuição sobre a remuneração de segurados: Previdência Social:...20% GILRAT:....................3% Código terceiros:....0131 FNDE:....................2,5% INCRA: ....0,2% DPC: ....2,5% Total terceiros: 5,2%	

QUADRO 28 — ÓRGÃO GESTOR DE MÃO DE OBRA (OGMO) — CONTRIBUIÇÕES INCIDENTES SOBRE A REMUNERAÇÃO DOS TRABALHADORES AVULSOS PORTUÁRIOS

FPAS 680	O OGMO é obrigado arrecadar as contribuições sociais devidas pelos operadores portuários e a contribuição social previdenciária devida pelo trabalhador avulso portuário, mediante desconto em sua remuneração, repassando-as à Previdência Social.
Alíquotas — contribuição sobre a remuneração de segurados: Previdência Social:............20% GILRAT:............variável Código terceiros:....0131 FNDE:....................2,5% INCRA: ....0,2% DPC: ....2,5% Total terceiros:.......5,2%	CNAE e GILRAT: dados do tomador de serviço (operador portuário ou titular de instalação de uso privativo). O trabalhador avulso com vínculo empregatício a prazo indeterminado, registrado no OGMO, cedido a operador portuário em caráter permanente, é considerado segurado empregado, devendo ser informado com a categoria 01 na GFIP/SEFIP do operador portuário.

QUADRO 29 — TOMADOR DE SERVIÇOS DOS TRABALHADORES AVULSOS PORTUÁRIOS (OPERADOR PORTUÁRIO) — CONTRIBUIÇÕES INCIDENTES SOBRE A REMUNERAÇÃO DOS TRABALHADORES EMPREGADOS PERMANENTES E CONTRIBUINTES INDIVIDUAIS COM EXCEÇÃO AOS TRABALHADORES AVULSOS

FPAS variável (Tabelas 1 e 2)	O Tomador de Serviços é obrigado a descontar e recolher a contribuição dos segurados a seu serviço, incidente sobre seu salário de contribuição.
Alíquotas — contribuição sobre a remuneração de segurados: Previdência Social:................20% GILRAT:..........................variável Código terceiros:............variável	Compete ao operador portuário o repasse ao OGMO do valor correspondente à remuneração devida ao trabalhador avulso portuário, bem como dos encargos sociais e previdenciários incidentes sobre essa remuneração. Ao OGMO compete apresentar à RFB as informações relativas aos trabalhadores avulsos portuários.

3. TABELA 1 (INDÚSTRIA, COMÉRCIO E PRESTAÇÃO DE SERVIÇOS)

Relaciona os códigos CNAE das atividades, os correspondentes códigos FPAS e os percentuais de contribuição para o financiamento de aposentadorias especiais e dos benefícios decorrentes dos riscos ambientais do trabalho, previstos no inciso II do art. 22 da Lei n. 8.212, de 1991.

Os códigos FPAS são listados em ordem numérica e se vinculam ao código CNAE da atividade à qual correspondem. Para fins do disposto nos §§ 1º e 2º do art. 109 desta Instrução Normativa deverá o sujeito passivo observar rigorosamente o código CNAE de sua atividade a fim de identificar o código FPAS atribuído pela Tabela 1. Se o código CNAE da atividade não for encontrado na Tabela 1 ou se a descrição da atividade a ele atribuída não corresponder ao objeto social do sujeito passivo, o enquadramento deverá ser feito de acordo com a Tabela 2.

A contribuição para o financiamento dos benefícios concedidos em razão do grau de incidência de incapacidade laborativa decorrente dos riscos ambientais do trabalho, prevista no inciso II do art. 22 da Lei n. 8.212, de 1991, será definida de acordo com o enquadramento, de responsabilidade da empresa, nos correspondentes graus de risco, devendo ser feito mensalmente, em conformidade com a sua atividade econômica preponderante, conforme a Relação de Atividades Preponderantes e Correspondentes Graus de Risco, elaborada com base na Classificação Nacional de Atividades Econômicas — CNAE, prevista no Anexo V do Regulamento da Previdência Social — RPS, obedecendo ao disposto no art. 72 desta Instrução Normativa.

Em virtude da alteração do Anexo V do RPS, promovida pelo Decreto n. 6.957, de 9 de setembro de 2009, a coluna que relaciona as alíquotas GILRAT foi dividida em duas para contemplar a alíquota referente a cada atividade por momento de ocorrência do fato gerador da contribuição.

O marco temporal estabelecido decorre do disposto no art. 4º do Decreto, que determina a produção dos efeitos do Anexo V a partir do primeiro dia do mês de janeiro de 2010, mantidas até essa data as contribuições devidas na forma da legislação precedente. Portanto, somente para os fatos geradores ocorridos a partir de 1º de janeiro de 2010 se aplicam as novas alíquotas GILRAT.

ANEXO I — TABELA 1				
CNAE	GILRAT		FPAS	Descrição da atividade
	FG até 31.12.09	FG a partir de 1º.1.10		
0500-3/01	2,00%	3,00%	507	Extração de carvão mineral
0500-3/02	2,00%	3,00%	507	Beneficiamento de carvão mineral
0600-0/01	2,00%	3,00%	507	Extração de petróleo e gás natural
0600-0/02	2,00%	3,00%	507	Extração e beneficiamento de xisto
0600-0/03	2,00%	3,00%	507	Extração e beneficiamento de areias betuminosas

ANEXO I — TABELA 1

CNAE	GILRAT		FPAS	Descrição da atividade
	FG até 31.12.09	FG a partir de 1º.1.10		
0710-3/01	2,00%	3,00%	507	Extração de minério de ferro
0710-3/02	2,00%	3,00%	507	Pelotização, sinterização e outros beneficiamentos de minério de ferro
0721-9/01	2,00%	3,00%	507	Extração de minério de alumínio
0721-9/02	2,00%	3,00%	507	Beneficiamento de minério de alumínio
0722-7/01	2,00%	3,00%	507	Extração de minério de estanho
0722-7/02	2,00%	3,00%	507	Beneficiamento de minério de estanho
0723-5/01	2,00%	3,00%	507	Extração de minério de manganês
0723-5/02	2,00%	3,00%	507	Beneficiamento de minério de manganês
0724-3/01	2,00%	3,00%	507	Extração de minério de metais preciosos
0724-3/02	2,00%	3,00%	507	Beneficiamento de minério de metais preciosos
0725-1/00	2,00%	3,00%	507	Extração de minerais radioativos
0729-4/01	2,00%	3,00%	507	Extração de minérios de nióbio e titânio
0729-4/02	2,00%	3,00%	507	Extração de minério de tungstênio
0729-4/03	2,00%	3,00%	507	Extração de minério de níquel
0729-4/04	2,00%	3,00%	507	Extração de minérios de cobre, chumbo, zinco e outros minerais metálicos não--ferrosos não especificados anteriormente
0729-4/05	2,00%	2,00%	507	Beneficiamento de minérios de cobre, chumbo, zinco e outros minerais metálicos não-ferrosos não especificados anteriormente
0810-0/01	2,00%	3,00%	507	Extração de ardósia e beneficiamento associado
0810-0/02	2,00%	3,00%	507	Extração de granito e beneficiamento associado
0810-0/03	2,00%	2,00%	507	Extração de mármore e beneficiamento associado
0810-0/04	2,00%	3,00%	507	Extração de calcário e dolomita e beneficiamento associado
0810-0/05	2,00%	2,00%	507	Extração de gesso e caulim
0810-0/06	2,00%	3,00%	507	Extração de areia, cascalho ou pedregulho e beneficiamento associado
0810-0/07	2,00%	3,00%	507	Extração de argila e beneficiamento associado
0810-0/08	2,00%	3,00%	507	Extração de saibro e beneficiamento associado
0810-0/09	2,00%	3,00%	507	Extração de basalto e beneficiamento associado
0810-0/10	2,00%	1,00%	507	Beneficiamento de gesso e caulim associado à extração
0810-0/99	2,00%	3,00%	507	Extração e britamento de pedras e outros materiais para construção e beneficiamento associado
0891-6/00	2,00%	3,00%	507	Extração de minerais para fabricação de adubos, fertilizantes e outros produtos químicos
0892-4/01	2,00%	3,00%	507	Extração de sal marinho
0892-4/02	2,00%	3,00%	507	Extração de sal-gema
0892-4/03	2,00%	3,00%	507	Refino e outros tratamentos do sal
0893-2/00	2,00%	3,00%	507	Extração de gemas (pedras preciosas e semipreciosas)
0899-1/01	2,00%	3,00%	507	Extração de grafita
0899-1/02	2,00%	3,00%	507	Extração de quartzo
0899-1/03	2,00%	3,00%	507	Extração de amianto
0899-1/99	2,00%	3,00%	507	Extração de outros minerais não-metálicos não especificados anteriormente
0910-6/00	2,00%	3,00%	507	Atividades de apoio à extração de petróleo e gás natural
0990-4/01	2,00%	3,00%	507	Atividades de apoio à extração de minério de ferro
0990-4/02	2,00%	3,00%	507	Atividades de apoio à extração de minerais metálicos não-ferrosos
0990-4/03	2,00%	3,00%	507	Atividades de apoio à extração de minerais não-metálicos
1011-2/01	3,00%	3,00%	507	Frigorífico — abate de bovinos (setor industrial)
1011-2/02	3,00%	3,00%	507	Frigorífico — abate de equinos (setor industrial)
1011-2/03	3,00%	3,00%	507	Frigorífico — abate de ovinos e caprinos (setor industrial)
1011-2/04	3,00%	3,00%	507	Frigorífico — abate de bufalinos (setor industrial)

ANEXO I — TABELA 1

CNAE	GILRAT FG até 31.12.09	GILRAT FG a partir de 1º.1.10	FPAS	Descrição da atividade
1012-1/01	3,00%	3,00%	507	Abate de aves (setor industrial)
1012-1/02	3,00%	3,00%	507	Abate de pequenos animais(setor industrial)
1012-1/03	3,00%	3,00%	507	Frigorífico — abate de suínos (setor industrial)
1013-9/01	3,00%	3,00%	507	Fabricação de produtos de carne
1013-9/02	3,00%	3,00%	507	Preparação de subprodutos do abate
1020-1/01	2,00%	3,00%	507	Preservação de peixes, crustáceos e moluscos
1020-1/02	2,00%	3,00%	507	Fabricação de conservas de peixes, crustáceos e moluscos
1031-7/00	2,00%	3,00%	507	Fabricação de conservas de frutas — indústria
1032-5/01	2,00%	2,00%	507	Fabricação de conservas de palmito — indústria
1032-5/99	2,00%	3,00%	507	Fabricação de conservas de legumes e outros vegetais — indústria
1033-3/01	2,00%	3,00%	507	Fabricação de sucos concentrados de frutas, hortaliças e legumes — indústria
1033-3/02	2,00%	3,00%	507	Fabricação de sucos de frutas, hortaliças e legumes — indústria
1041-4/00	2,00%	3,00%	507	Fabricação de óleos vegetais em bruto, exceto óleo de milho — indústria
1042-2/00	2,00%	3,00%	507	Fabricação de óleos vegetais refinados, exceto óleo de milho — indústria
1043-1/00	2,00%	2,00%	507	Fabricação de margarina e outras gorduras vegetais e de óleos não-comestíveis de animais — indústria
1053-8/00	2,00%	2,00%	507	Fabricação de sorvetes e outros gelados comestíveis
1061-9/02	2,00%	3,00%	507	Fabricação de produtos do arroz — indústria
1066-0/00	2,00%	3,00%	507	Fabricação de alimentos para animais
1091-1/00	2,00%	3,00%	507	Fabricação de produtos de panificação
1092-9/00	2,00%	3,00%	507	Fabricação de biscoitos e bolachas
1093-7/01	2,00%	3,00%	507	Fabricação de produtos derivados do cacau e de chocolates — indústria
1093-7/02	2,00%	3,00%	507	Fabricação de frutas cristalizadas, balas e semelhantes
1094-5/00	2,00%	3,00%	507	Fabricação de massas alimentícias
1095-3/00	2,00%	3,00%	507	Fabricação de especiarias, molhos, temperos e condimentos
1096-1/00	2,00%	3,00%	507	Fabricação de alimentos e pratos prontos
1099-6/01	2,00%	3,00%	507	Fabricação de vinagres
1099-6/02	2,00%	2,00%	507	Fabricação de pós alimentícios
1099-6/03	2,00%	1,00%	507	Fabricação de fermentos e leveduras
1099-6/04	2,00%	3,00%	507	Fabricação de gelo comum
1099-6/06	2,00%	3,00%	507	Fabricação de adoçantes naturais e artificiais
1099-6/99	2,00%	3,00%	507	Fabricação de outros produtos alimentícios não especificados anteriormente
1111-9/01	2,00%	3,00%	507	Fabricação de aguardente de cana-de-açúcar — indústria
1111-9/02	2,00%	3,00%	507	Fabricação de outras aguardentes e bebidas destiladas
1113-5/01	2,00%	3,00%	507	Fabricação de malte, inclusive malte uísque
1113-5/02	2,00%	3,00%	507	Fabricação de cervejas e chopes
1121-6/00	2,00%	3,00%	507	Fabricação de águas envasadas
1122-4/01	2,00%	3,00%	507	Fabricação de refrigerantes
1122-4/02	2,00%	3,00%	507	Fabricação de chá mate e outros chás prontos para consumo
1122-4/03	2,00%	3,00%	507	Fabricação de refrescos, xaropes e pós para refrescos, exceto refrescos de frutas
1122-4/99	2,00%	3,00%	507	Fabricação de outras bebidas não-alcoólicas não especificadas anteriormente
1210-7/00	3,00%	3,00%	507	Processamento industrial do fumo — indústria
1220-4/01	3,00%	2,00%	507	Fabricação de cigarros — indústria
1220-4/02	3,00%	3,00%	507	Fabricação de cigarrilhas e charutos — indústria
1220-4/03	3,00%	3,00%	507	Fabricação de filtros para cigarros — indústria
1313-8/00	2,00%	3,00%	507	Fiação de fibras artificiais e sintéticas
1314-6/00	2,00%	3,00%	507	Fabricação de linhas para costurar e bordar

ANEXO I — TABELA 1

CNAE	GILRAT FG até 31.12.09	GILRAT FG a partir de 1º.1.10	FPAS	Descrição da atividade
1321-9/00	2,00%	3,00%	507	Tecelagem de fios de algodão — indústria
1322-7/00	2,00%	3,00%	507	Tecelagem de fios de fibras têxteis naturais, exceto algodão — indústria
1323-5/00	2,00%	3,00%	507	Tecelagem de fios de fibras artificiais e sintéticas
1330-8/00	2,00%	3,00%	507	Fabricação de tecidos de malha
1340-5/01	2,00%	3,00%	507	Estamparia e texturização em fios, tecidos, artefatos têxteis e peças do vestuário
1340-5/02	2,00%	3,00%	507	Alvejamento, tingimento e torção em fios, tecidos, artefatos têxteis e peças do vestuário
1340-5/99	2,00%	3,00%	507	Outros serviços de acabamento em fios, tecidos, artefatos têxteis e peças do vestuário
1351-1/00	2,00%	3,00%	507	Fabricação de artefatos têxteis para uso doméstico
1352-9/00	2,00%	3,00%	507	Fabricação de artefatos de tapeçaria
1353-7/00	2,00%	3,00%	507	Fabricação de artefatos de cordoaria
1354-5/00	2,00%	3,00%	507	Fabricação de tecidos especiais, inclusive artefatos
1359-6/00	2,00%	3,00%	507	Fabricação de outros produtos têxteis não especificados anteriormente
1411-8/01	2,00%	3,00%	507	Confecção de roupas íntimas
1411-8/02	2,00%	1,00%	507	Facção de roupas íntimas
1412-6/01	2,00%	3,00%	507	Confecção de peças do vestuário, exceto roupas íntimas e as confeccionadas sob medida
1412-6/02	2,00%	2,00%	507	Confecção, sob medida, de peças do vestuário, exceto roupas íntimas
1412-6/03	2,00%	3,00%	507	Facção de peças do vestuário, exceto roupas íntimas
1413-4/01	2,00%	2,00%	507	Confecção de roupas profissionais, exceto sob medida
1413-4/02	2,00%	2,00%	507	Confecção, sob medida, de roupas profissionais
1413-4/03	2,00%	2,00%	507	Facção de roupas profissionais
1414-2/00	2,00%	3,00%	507	Fabricação de acessórios do vestuário, exceto para segurança e proteção
1421-5/00	2,00%	3,00%	507	Fabricação de meias
1422-3/00	2,00%	3,00%	507	Fabricação de artigos do vestuário, produzidos em malharias e tricotagens, exceto meias
1510-6/00	3,00%	3,00%	507	Curtimento e outras preparações de couro
1521-1/00	2,00%	2,00%	507	Fabricação de artigos para viagem, bolsas e semelhantes de qualquer material
1529-7/00	2,00%	3,00%	507	Fabricação de artefatos de couro não especificados anteriormente
1531-9/01	2,00%	2,00%	507	Fabricação de calçados de couro
1531-9/02	2,00%	3,00%	507	Acabamento de calçados de couro sob contrato
1532-7/00	2,00%	2,00%	507	Fabricação de tênis de qualquer material
1533-5/00	2,00%	2,00%	507	Fabricação de calçados de material sintético
1539-4/00	2,00%	3,00%	507	Fabricação de calçados de materiais não especificados anteriormente
1540-8/00	2,00%	3,00%	507	Fabricação de partes para calçados, de qualquer material
1610-2/01	2,00%	3,00%	507	Serrarias com desdobramento de madeira
1610-2/02	2,00%	3,00%	507	Serrarias sem desdobramento de madeira
1621-8/00	2,00%	3,00%	507	Fabricação de madeira laminada e de chapas de madeira compensada, prensada e aglomerada
1622-6/01	2,00%	3,00%	507	Fabricação de casas de madeira pré-fabricadas
1622-6/02	2,00%	3,00%	507	Fabricação de esquadrias de madeira e de peças de madeira para instalações industriais e comerciais
1622-6/99	2,00%	3,00%	507	Fabricação de outros artigos de carpintaria para construção
1623-4/00	2,00%	3,00%	507	Fabricação de artefatos de tanoaria e de embalagens de madeira
1629-3/01	2,00%	3,00%	507	Fabricação de artefatos diversos de madeira, exceto móveis
1629-3/02	2,00%	1,00%	507	Fabricação de artefatos diversos de cortiça, bambu, palha, vime e outros materiais trançados, exceto móveis
1710-9/00	2,00%	3,00%	507	Fabricação de celulose e outras pastas para a fabricação de papel
1721-4/00	2,00%	3,00%	507	Fabricação de papel

ANEXO I — TABELA 1

CNAE	GILRAT FG até 31.12.09	GILRAT FG a partir de 1º.1.10	FPAS	Descrição da atividade
1722-2/00	2,00%	3,00%	507	Fabricação de cartolina e papel-cartão
1731-1/00	3,00%	3,00%	507	Fabricação de embalagens de papel
1732-0/00	3,00%	3,00%	507	Fabricação de embalagens de cartolina e papel-cartão
1733-8/00	3,00%	3,00%	507	Fabricação de chapas e de embalagens de papelão ondulado
1741-9/01	2,00%	2,00%	507	Fabricação de formulários contínuos
1741-9/02	2,00%	3,00%	507	Fabricação de produtos de papel, cartolina, papel-cartão e papelão ondulado para uso comercial e de escritório, exceto formulário contínuo
1742-7/01	2,00%	3,00%	507	Fabricação de fraldas descartáveis
1742-7/02	2,00%	3,00%	507	Fabricação de absorventes higiênicos
1742-7/99	2,00%	3,00%	507	Fabricação de produtos de papel para uso doméstico e higiênico-sanitário não especificados anteriormente
1749-4/00	2,00%	3,00%	507	Fabricação de produtos de pastas celulósicas, papel, cartolina, papel-cartão e papelão ondulado não especificados anteriormente
1811-3/01	2,00%	3,00%	507	Impressão de jornais
1811-3/02	2,00%	3,00%	507	Impressão de livros, revistas e outras publicações periódicas
1812-1/00	2,00%	2,00%	507	Impressão de material de segurança
1813-0/01	2,00%	3,00%	507	Impressão de material para uso publicitário
1813-0/99	2,00%	2,00%	507	Impressão de material para outros usos
1821-1/00	1,00%	3,00%	507	Serviços de pré-impressão
1822-9/00	1,00%	2,00%	507	Serviços de acabamentos gráficos
1830-0/01	1,00%	2,00%	507	Reprodução de som em qualquer suporte
1830-0/02	1,00%	2,00%	507	Reprodução de vídeo em qualquer suporte
1830-0/03	1,00%	1,00%	507	Reprodução de software em qualquer suporte
1910-1/00	2,00%	3,00%	507	Coquerias
1921-7/00	2,00%	3,00%	507	Fabricação de produtos do refino de petróleo
1922-5/01	2,00%	3,00%	507	Formulação de combustíveis
1922-5/02	2,00%	3,00%	507	Rerrefino de óleos lubrificantes
1922-5/99	2,00%	3,00%	507	Fabricação de outros produtos derivados do petróleo, exceto produtos do refino
1931-4/00	2,00%	3,00%	507	Fabricação de álcool — indústria
1932-2/00	2,00%	3,00%	507	Fabricação de biocombustíveis, exceto álcool
2011-8/00	2,00%	2,00%	507	Fabricação de cloro e álcalis
2012-6/00	2,00%	3,00%	507	Fabricação de intermediários para fertilizantes
2013-4/00	2,00%	2,00%	507	Fabricação de adubos e fertilizantes
2014-2/00	2,00%	2,00%	507	Fabricação de gases industriais
2019-3/01	2,00%	3,00%	507	Elaboração de combustíveis nucleares
2019-3/99	2,00%	2,00%	507	Fabricação de outros produtos químicos inorgânicos não especificados anteriormente
2021-5/00	2,00%	3,00%	507	Fabricação de produtos petroquímicos básicos
2022-3/00	2,00%	3,00%	507	Fabricação de intermediários para plastificantes, resinas e fibras
2029-1/00	2,00%	2,00%	507	Fabricação de produtos químicos orgânicos não especificados anteriormente
2031-2/00	2,00%	3,00%	507	Fabricação de resinas termoplásticas
2032-1/00	2,00%	2,00%	507	Fabricação de resinas termofixas
2033-9/00	2,00%	3,00%	507	Fabricação de elastômeros
2040-1/00	2,00%	3,00%	507	Fabricação de fibras artificiais e sintéticas
2051-7/00	2,00%	3,00%	507	Fabricação de defensivos agrícolas
2052-5/00	2,00%	2,00%	507	Fabricação de desinfetantes domissanitários
2061-4/00	2,00%	3,00%	507	Fabricação de sabões e detergentes sintéticos
2062-2/00	2,00%	3,00%	507	Fabricação de produtos de limpeza e polimento

ANEXO I — TABELA 1

CNAE	GILRAT		FPAS	Descrição da atividade
	FG até 31.12.09	FG a partir de 1º.1.10		
2063-1/00	2,00%	3,00%	507	Fabricação de cosméticos, produtos de perfumaria e de higiene pessoal
2071-1/00	2,00%	3,00%	507	Fabricação de tintas, vernizes, esmaltes e lacas
2072-0/00	2,00%	3,00%	507	Fabricação de tintas de impressão
2073-8/00	2,00%	3,00%	507	Fabricação de impermeabilizantes, solventes e produtos afins
2091-6/00	2,00%	3,00%	507	Fabricação de adesivos e selantes
2092-4/01	2,00%	3,00%	507	Fabricação de pólvoras, explosivos e detonantes
2092-4/02	2,00%	2,00%	507	Fabricação de artigos pirotécnicos
2092-4/03	2,00%	3,00%	507	Fabricação de fósforos de segurança
2093-2/00	2,00%	3,00%	507	Fabricação de aditivos de uso industrial
2094-1/00	2,00%	1,00%	507	Fabricação de catalisadores
2099-1/01	2,00%	2,00%	507	Fabricação de chapas, filmes, papéis e outros materiais e produtos químicos para fotografia
2099-1/99	2,00%	3,00%	507	Fabricação de outros produtos químicos não especificados anteriormente
2110-6/00	2,00%	3,00%	507	Fabricação de produtos farmoquímicos
2121-1/01	2,00%	3,00%	507	Fabricação de medicamentos alopáticos para uso humano
2121-1/02	2,00%	2,00%	507	Fabricação de medicamentos homeopáticos para uso humano
2121-1/03	2,00%	2,00%	507	Fabricação de medicamentos fitoterápicos para uso humano — indústria
2122-0/00	2,00%	3,00%	507	Fabricação de medicamentos para uso veterinário
2123-8/00	2,00%	1,00%	507	Fabricação de preparações farmacêuticas
2211-1/00	2,00%	3,00%	507	Fabricação de pneumáticos e de câmaras-de-ar
2212-9/00	2,00%	3,00%	507	Reforma de pneumáticos usados
2219-6/00	2,00%	3,00%	507	Fabricação de artefatos de borracha não especificados anteriormente
2221-8/00	2,00%	3,00%	507	Fabricação de laminados planos e tubulares de material plástico
2222-6/00	2,00%	3,00%	507	Fabricação de embalagens de material plástico
2223-4/00	2,00%	3,00%	507	Fabricação de tubos e acessórios de material plástico para uso na construção
2229-3/01	2,00%	3,00%	507	Fabricação de artefatos de material plástico para uso pessoal e doméstico
2229-3/02	2,00%	3,00%	507	Fabricação de artefatos de material plástico para usos industriais
2229-3/03	2,00%	3,00%	507	Fabricação de artefatos de material plástico para uso na construção, exceto tubos e acessórios
2229-3/99	2,00%	3,00%	507	Fabricação de artefatos de material plástico para outros usos não especificados anteriormente
2311-7/00	1,00%	3,00%	507	Fabricação de vidro plano e de segurança
2312-5/00	1,00%	3,00%	507	Fabricação de embalagens de vidro
2319-2/00	1,00%	3,00%	507	Fabricação de artigos de vidro
2320-6/00	3,00%	3,00%	507	Fabricação de cimento
2330-3/01	3,00%	3,00%	507	Fabricação de estruturas pré-moldadas de concreto armado, em série e sob encomenda
2330-3/02	3,00%	3,00%	507	Fabricação de artefatos de cimento para uso na construção
2330 3/03	3,00%	2,00%	507	Fabricação de artefatos de fibrocimento para uso na construção
2330-3/04	3,00%	3,00%	507	Fabricação de casas pré-moldadas de concreto
2330-3/05	3,00%	3,00%	507	Preparação de massa de concreto e argamassa para construção
2330-3/99	3,00%	3,00%	507	Fabricação de outros artefatos e produtos de concreto, cimento, fibrocimento, gesso e materiais semelhantes
2341-9/00	3,00%	3,00%	507	Fabricação de produtos cerâmicos refratários
2342-7/01	3,00%	3,00%	507	Fabricação de azulejos e pisos
2342-7/02	3,00%	3,00%	507	Fabricação de artefatos de cerâmica e barro cozido para uso na construção, exceto azulejos e pisos
2349-4/01	3,00%	3,00%	507	Fabricação de material sanitário de cerâmica
2349-4/99	3,00%	3,00%	507	Fabricação de produtos cerâmicos não-refratários não especificados anteriormente

ANEXO I — TABELA 1				
CNAE	GILRAT		FPAS	Descrição da atividade
	FG até 31.12.09	FG a partir de 1º.1.10		
2391-5/01	2,00%	3,00%	507	Britamento de pedras, exceto associado à extração
2391-5/02	2,00%	3,00%	507	Aparelhamento de pedras para construção, exceto associado à extração
2391-5/03	2,00%	3,00%	507	Aparelhamento de placas e execução de trabalhos em mármore, granito, ardósia e outras pedras
2392-3/00	2,00%	3,00%	507	Fabricação de cal e gesso
2399-1/01	2,00%	3,00%	507	Decoração, lapidação, gravação, vitrificação e outros trabalhos em cerâmica, louça, vidro e cristal
2399-1/99	2,00%	3,00%	507	Fabricação de outros produtos de minerais não-metálicos não especificados anteriormente
2411-3/00	1,00%	3,00%	507	Produção de ferro-gusa
2412-1/00	1,00%	3,00%	507	Produção de ferroligas
2421-1/00	3,00%	1,00%	507	Produção de semiacabados de aço
2422-9/01	3,00%	3,00%	507	Produção de laminados planos de aço ao carbono, revestidos ou não
2422-9/02	3,00%	2,00%	507	Produção de laminados planos de aços especiais
2423-7/01	3,00%	3,00%	507	Produção de tubos de aço sem costura
2423-7/02	3,00%	2,00%	507	Produção de laminados longos de aço, exceto tubos
2424-5/01	3,00%	2,00%	507	Produção de arames de aço
2424-5/02	3,00%	3,00%	507	Produção de relaminados, trefilados e perfilados de aço, exceto arames
2431-8/00	2,00%	3,00%	507	Produção de tubos de aço com costura
2439-3/00	2,00%	3,00%	507	Produção de outros tubos de ferro e aço
2441-5/01	2,00%	2,00%	507	Produção de alumínio e suas ligas em formas primárias
2441-5/02	2,00%	3,00%	507	Produção de laminados de alumínio
2442-3/00	2,00%	2,00%	507	Metalurgia dos metais preciosos
2443-1/00	2,00%	2,00%	507	Metalurgia do cobre
2449-1/01	2,00%	3,00%	507	Produção de zinco em formas primárias
2449-1/02	2,00%	3,00%	507	Produção de laminados de zinco
2449-1/03	2,00%	3,00%	507	Produção de soldas e ânodos para galvanoplastia
2449-1/99	2,00%	3,00%	507	Metalurgia de outros metais não-ferrosos e suas ligas não especificados anteriormente
2451-2/00	2,00%	3,00%	507	Fundição de ferro e aço
2452-1/00	2,00%	3,00%	507	Fundição de metais não-ferrosos e suas ligas
2511-0/00	2,00%	3,00%	507	Fabricação de estruturas metálicas
2512-8/00	2,00%	3,00%	507	Fabricação de esquadrias de metal
2513-6/00	2,00%	3,00%	507	Fabricação de obras de caldeiraria pesada
2521-7/00	2,00%	3,00%	507	Fabricação de tanques, reservatórios metálicos e caldeiras para aquecimento central
2522-5/00	2,00%	3,00%	507	Fabricação de caldeiras geradoras de vapor, exceto para aquecimento central e para veículos
2531-4/01	2,00%	3,00%	507	Produção de forjados de aço
2531-4/02	2,00%	3,00%	507	Produção de forjados de metais não-ferrosos e suas ligas
2532-2/01	2,00%	3,00%	507	Produção de artefatos estampados de metal
2532-2/02	2,00%	3,00%	507	Metalurgia do pó
2539-0/00	2,00%	3,00%	507	Serviços de usinagem, solda, tratamento e revestimento em metais
2541-1/00	2,00%	3,00%	507	Fabricação de artigos de cutelaria
2542-0/00	2,00%	3,00%	507	Fabricação de artigos de serralheria, exceto esquadrias
2543-8/00	2,00%	3,00%	507	Fabricação de ferramentas
2550-1/01	2,00%	3,00%	507	Fabricação de equipamento bélico pesado, exceto veículos militares de combate
2550-1/02	2,00%	3,00%	507	Fabricação de armas de fogo e munições
2591-8/00	2,00%	3,00%	507	Fabricação de embalagens metálicas

ANEXO I — TABELA 1

CNAE	GILRAT		FPAS	Descrição da atividade
	FG até 31.12.09	FG a partir de 1º.1.10		
2592-6/01	2,00%	3,00%	507	Fabricação de produtos de trefilados de metal padronizados
2592-6/02	2,00%	3,00%	507	Fabricação de produtos de trefilados de metal, exceto padronizados
2593-4/00	2,00%	3,00%	507	Fabricação de artigos de metal para uso doméstico e pessoal
2599-3/01	2,00%	2,00%	507	Serviços de confecção de armações metálicas para a construção
2599-3/99	2,00%	3,00%	507	Fabricação de outros produtos de metal não especificados anteriormente
2610-8/00	1,00%	3,00%	507	Fabricação de componentes eletrônicos
2621-3/00	1,00%	2,00%	507	Fabricação de equipamentos de informática
2622-1/00	1,00%	2,00%	507	Fabricação de periféricos para equipamentos de informática
2631-1/00	2,00%	3,00%	507	Fabricação de equipamentos transmissores de comunicação, peças e acessórios
2632-9/00	2,00%	3,00%	507	Fabricação de aparelhos telefônicos e de outros equipamentos de comunicação, peças e acessórios
2640-0/00	2,00%	3,00%	507	Fabricação de aparelhos de recepção, reprodução, gravação e amplificação de áudio e vídeo
2651-5/00	1,00%	2,00%	507	Fabricação de aparelhos e equipamentos de medida, teste e controle
2652-3/00	1,00%	2,00%	507	Fabricação de cronômetros e relógios
2660-4/00	1,00%	2,00%	507	Fabricação de aparelhos eletromédicos e eletroterapêuticos e equipamentos de irradiação
2670-1/01	1,00%	2,00%	507	Fabricação de equipamentos e instrumentos ópticos, peças e acessórios
2670-1/02	1,00%	3,00%	507	Fabricação de aparelhos fotográficos e cinematográficos, peças e acessórios
2680-9/00	1,00%	3,00%	507	Fabricação de mídias virgens, magnéticas e ópticas
2710-4/01	2,00%	3,00%	507	Fabricação de geradores de corrente contínua e alternada, peças e acessórios
2710-4/02	2,00%	3,00%	507	Fabricação de transformadores, indutores, conversores, sincronizadores e semelhantes, peças e acessórios
2710-4/03	2,00%	3,00%	507	Fabricação de motores elétricos, peças e acessórios
2721-0/00	2,00%	3,00%	507	Fabricação de pilhas, baterias e acumuladores elétricos, exceto para veículos automotores
2722-8/01	2,00%	3,00%	507	Fabricação de baterias e acumuladores para veículos automotores
2722-8/02	2,00%	3,00%	507	Recondicionamento de baterias e acumuladores para veículos automotores
2731-7/00	2,00%	3,00%	507	Fabricação de aparelhos e equipamentos para distribuição e controle de energia elétrica
2732-5/00	2,00%	3,00%	507	Fabricação de material elétrico para instalações em circuito de consumo
2733-3/00	2,00%	3,00%	507	Fabricação de fios, cabos e condutores elétricos isolados
2740-6/01	2,00%	3,00%	507	Fabricação de lâmpadas
2740-6/02	2,00%	3,00%	507	Fabricação de luminárias e outros equipamentos de iluminação
2751-1/00	3,00%	3,00%	507	Fabricação de fogões, refrigeradores e máquinas de lavar e secar para uso doméstico, peças e acessórios
2759-7/01	3,00%	3,00%	507	Fabricação de aparelhos elétricos de uso pessoal, peças e acessórios
2759-7/99	3,00%	3,00%	507	Fabricação de outros aparelhos eletrodomésticos não especificados anteriormente, peças e acessórios
2790-2/01	2,00%	3,00%	507	Fabricação de eletrodos, contatos e outros artigos de carvão e grafita para uso elétrico, eletroímãs e isoladores
2790-2/02	2,00%	3,00%	507	Fabricação de equipamentos para sinalização e alarme
2790-2/99	2,00%	2,00%	507	Fabricação de outros equipamentos e aparelhos elétricos não especificados anteriormente
2811-9/00	2,00%	2,00%	507	Fabricação de motores e turbinas, peças e acessórios, exceto para aviões e veículos rodoviários
2812-7/00	2,00%	3,00%	507	Fabricação de equipamentos hidráulicos e pneumáticos, peças e acessórios, exceto válvulas
2813-5/00	2,00%	3,00%	507	Fabricação de válvulas, registros e dispositivos semelhantes, peças e acessórios
2814-3/01	2,00%	3,00%	507	Fabricação de compressores para uso industrial, peças e acessórios
2814-3/02	2,00%	3,00%	507	Fabricação de compressores para uso não-industrial, peças e acessórios

ANEXO I — TABELA 1				
CNAE	GILRAT		FPAS	Descrição da atividade
	FG até 31.12.09	FG a partir de 1º.1.10		
2815-1/01	2,00%	2,00%	507	Fabricação de rolamentos para fins industriais
2815-1/02	2,00%	3,00%	507	Fabricação de equipamentos de transmissão para fins industriais, exceto rolamentos
2821-6/01	2,00%	3,00%	507	Fabricação de fornos industriais, aparelhos e equipamentos não-elétricos para instalações térmicas, peças e acessórios
2821-6/02	2,00%	3,00%	507	Fabricação de estufas e fornos elétricos para fins industriais, peças e acessórios
2822-4/01	2,00%	3,00%	507	Fabricação de máquinas, equipamentos e aparelhos para transporte e elevação de pessoas, peças e acessórios
2822-4/02	2,00%	3,00%	507	Fabricação de máquinas, equipamentos e aparelhos para transporte e elevação de cargas, peças e acessórios
2823-2/00	2,00%	3,00%	507	Fabricação de máquinas e aparelhos de refrigeração e ventilação para uso industrial e comercial, peças e acessórios
2824-1/01	2,00%	2,00%	507	Fabricação de aparelhos e equipamentos de ar condicionado para uso industrial
2824-1/02	2,00%	2,00%	507	Fabricação de aparelhos e equipamentos de ar condicionado para uso não--industrial
2825-9/00	2,00%	2,00%	507	Fabricação de máquinas e equipamentos para saneamento básico e ambiental, peças e acessórios
2829-1/01	2,00%	2,00%	507	Fabricação de máquinas de escrever, calcular e outros equipamentos não-eletrônicos para escritório, peças e acessórios
2829-1/99	2,00%	3,00%	507	Fabricação de outras máquinas e equipamentos de uso geral não especificados anteriormente, peças e acessórios
2831-3/00	2,00%	3,00%	507	Fabricação de tratores agrícolas, peças e acessórios
2832-1/00	2,00%	3,00%	507	Fabricação de equipamentos para irrigação agrícola, peças e acessórios
2833-0/00	2,00%	3,00%	507	Fabricação de máquinas e equipamentos para a agricultura e pecuária, peças e acessórios, exceto para irrigação
2840-2/00	2,00%	3,00%	507	Fabricação de máquinas-ferramenta, peças e acessórios
2851-8/00	2,00%	3,00%	507	Fabricação de máquinas e equipamentos para a prospecção e extração de petróleo, peças e acessórios
2852-6/00	2,00%	3,00%	507	Fabricação de outras máquinas e equipamentos para uso na extração mineral, peças e acessórios, exceto na extração de petróleo
2853-4/00	2,00%	3,00%	507	Fabricação de tratores, peças e acessórios, exceto agrícolas
2854-2/00	2,00%	3,00%	507	Fabricação de máquinas e equipamentos para terraplenagem, pavimentação e construção, peças e acessórios, exceto tratores
2861-5/00	2,00%	3,00%	507	Fabricação de máquinas para a indústria metalúrgica, peças e acessórios, exceto máquinas-ferramentas
2862-3/00	2,00%	3,00%	507	Fabricação de máquinas e equipamentos para as indústrias de alimentos, bebidas e fumo, peças e acessórios
2863-1/00	2,00%	3,00%	507	Fabricação de máquinas e equipamentos para a indústria têxtil, peças e acessórios
2864-0/00	2,00%	3,00%	507	Fabricação de máquinas e equipamentos para as indústrias do vestuário, do couro e de calçados, peças e acessórios
2865-8/00	2,00%	3,00%	507	Fabricação de máquinas e equipamentos para as indústrias de celulose, papel e papelão e artefatos, peças e acessórios
2866-6/00	2,00%	3,00%	507	Fabricação de máquinas e equipamentos para a indústria do plástico, peças e acessórios
2869-1/00	2,00%	3,00%	507	Fabricação de máquinas e equipamentos para uso industrial específico não especificados anteriormente, peças e acessórios
2910-7/01	2,00%	3,00%	507	Fabricação de automóveis, camionetas e utilitários
2910-7/02	2,00%	3,00%	507	Fabricação de chassis com motor para automóveis, camionetas e utilitários
2910-7/03	2,00%	3,00%	507	Fabricação de motores para automóveis, camionetas e utilitários
2920-4/01	1,00%	3,00%	507	Fabricação de caminhões e ônibus
2920-4/02	1,00%	2,00%	507	Fabricação de motores para caminhões e ônibus
2930-1/01	2,00%	3,00%	507	Fabricação de cabines, carrocerias e reboques para caminhões
2930-1/02	2,00%	3,00%	507	Fabricação de carrocerias para ônibus

ANEXO I — TABELA 1

CNAE	GILRAT FG até 31.12.09	GILRAT FG a partir de 1º.1.10	FPAS	Descrição da atividade
2930-1/03	2,00%	3,00%	507	Fabricação de cabines, carrocerias e reboques para outros veículos automotores, exceto caminhões e ônibus
2941-7/00	2,00%	3,00%	507	Fabricação de peças e acessórios para o sistema motor de veículos automotores
2942-5/00	2,00%	3,00%	507	Fabricação de peças e acessórios para os sistemas de marcha e transmissão de veículos automotores
2943-3/00	2,00%	3,00%	507	Fabricação de peças e acessórios para o sistema de freios de veículos automotores
2944-1/00	2,00%	3,00%	507	Fabricação de peças e acessórios para o sistema de direção e suspensão de veículos automotores
2945-0/00	2,00%	3,00%	507	Fabricação de material elétrico e eletrônico para veículos automotores, exceto baterias
2949-2/01	2,00%	3,00%	507	Fabricação de bancos e estofados para veículos automotores
2949-2/99	2,00%	3,00%	507	Fabricação de outras peças e acessórios para veículos automotores não especificadas anteriormente
2950-6/00	2,00%	3,00%	507	Recondicionamento e recuperação de motores para veículos automotores
3011-3/01	2,00%	3,00%	507	Construção de embarcações de grande porte
3011-3/02	2,00%	3,00%	507	Construção de embarcações para uso comercial e para usos especiais, exceto de grande porte
3012-1/00	2,00%	3,00%	507	Construção de embarcações para esporte e lazer
3031-8/00	1,00%	3,00%	507	Fabricação de locomotivas, vagões e outros materiais rodantes
3032-6/00	1,00%	3,00%	507	Fabricação de peças e acessórios para veículos ferroviários
3050-4/00	2,00%	2,00%	507	Fabricação de veículos militares de combate
3091-1/00	1,00%	3,00%	507	Fabricação de motocicletas, peças e acessórios
3092-0/00	1,00%	3,00%	507	Fabricação de bicicletas e triciclos não-motorizados, peças e acessórios
3099-7/00	1,00%	3,00%	507	Fabricação de equipamentos de transporte não especificados anteriormente
3101-2/00	2,00%	3,00%	507	Fabricação de móveis com predominância de madeira
3102-1/00	2,00%	3,00%	507	Fabricação de móveis com predominância de metal
3103-9/00	2,00%	3,00%	507	Fabricação de móveis de outros materiais, exceto madeira e metal
3104-7/00	2,00%	3,00%	507	Fabricação de colchões
3211-6/01	1,00%	2,00%	507	Lapidação de gemas
3211-6/02	1,00%	2,00%	507	Fabricação de artefatos de joalheria e ourivesaria
3211-6/03	1,00%	2,00%	507	Cunhagem de moedas e medalhas
3212-4/00	1,00%	3,00%	507	Fabricação de bijuterias e artefatos semelhantes
3220-5/00	1,00%	3,00%	507	Fabricação de instrumentos musicais, peças e acessórios
3230-2/00	2,00%	3,00%	507	Fabricação de artefatos para pesca e esporte
3240-0/01	1,00%	2,00%	507	Fabricação de jogos eletrônicos
3240-0/02	1,00%	2,00%	507	Fabricação de mesas de bilhar, de sinuca e acessórios não associada à locação
3240-0/03	1,00%	2,00%	507	Fabricação de mesas de bilhar, de sinuca e acessórios associada à locação
3240-0/99	1,00%	3,00%	507	Fabricação de outros brinquedos e jogos recreativos não especificados anteriormente
3250-7/01	2,00%	2,00%	507	Fabricação de instrumentos não-eletrônicos e utensílios para uso médico, cirúrgico, odontológico e de laboratório
3250-7/02	2,00%	3,00%	507	Fabricação de mobiliário para uso médico, cirúrgico, odontológico e de laboratório
3250-7/03	2,00%	2,00%	507	Fabricação de aparelhos e utensílios para correção de defeitos físicos e aparelhos ortopédicos em geral sob encomenda
3250-7/04	2,00%	2,00%	507	Fabricação de aparelhos e utensílios para correção de defeitos físicos e aparelhos ortopédicos em geral, exceto sob encomenda
3250-7/05	2,00%	3,00%	507	Fabricação de materiais para medicina e odontologia
3250-7/07	2,00%	3,00%	507	Fabricação de artigos ópticos
3250-7/08	2,00%	2,00%	507	Fabricação de artefatos de tecido não tecido para uso odonto-médico-hospitalar

ANEXO I — TABELA 1					
CNAE	GILRAT		FPAS	Descrição da atividade
	FG até 31.12.09	FG a partir de 1º.1.10		
3291-4/00	1,00%	3,00%	507	Fabricação de escovas, pincéis e vassouras
3292-2/01	1,00%	3,00%	507	Fabricação de roupas de proteção e segurança e resistentes a fogo
3292-2/02	1,00%	3,00%	507	Fabricação de equipamentos e acessórios para segurança pessoal e profissional
3299-0/01	1,00%	2,00%	507	Fabricação de guarda-chuvas e similares
3299-0/02	1,00%	2,00%	507	Fabricação de canetas, lápis e outros artigos para escritório
3299-0/03	1,00%	2,00%	507	Fabricação de letras, letreiros e placas de qualquer material, exceto luminosos
3299-0/04	1,00%	3,00%	507	Fabricação de painéis e letreiros luminosos
3299-0/05	1,00%	3,00%	507	Fabricação de aviamentos para costura
3299-0/99	1,00%	3,00%	507	Fabricação de produtos diversos não especificados anteriormente
3311-2/00	1,00%	3,00%	507	Manutenção e reparação de tanques, reservatórios metálicos e caldeiras, exceto para veículos
3312-1/01	1,00%	2,00%	507	Manutenção e reparação de equipamentos transmissores de comunicação
3312-1/02	1,00%	2,00%	507	Manutenção e reparação de aparelhos e instrumentos de medida, teste e controle
3312-1/03	1,00%	1,00%	507	Manutenção e reparação de aparelhos eletromédicos e eletroterapêuticos e equipamentos de irradiação
3312-1/04	1,00%	3,00%	507	Manutenção e reparação de equipamentos e instrumentos ópticos
3313-9/01	1,00%	3,00%	507	Manutenção e reparação de geradores, transformadores e motores elétricos
3313-9/02	1,00%	2,00%	507	Manutenção e reparação de baterias e acumuladores elétricos, exceto para veículos
3313-9/99	1,00%	3,00%	507	Manutenção e reparação de máquinas, aparelhos e materiais elétricos não especificados anteriormente
3314-7/01	1,00%	1,00%	507	Manutenção e reparação de máquinas motrizes não-elétricas
3314-7/02	1,00%	3,00%	507	Manutenção e reparação de equipamentos hidráulicos e pneumáticos, exceto válvulas
3314-7/03	1,00%	2,00%	507	Manutenção e reparação de válvulas industriais
3314-7/04	1,00%	3,00%	507	Manutenção e reparação de compressores
3314-7/05	1,00%	2,00%	507	Manutenção e reparação de equipamentos de transmissão para fins industriais
3314-7/06	1,00%	3,00%	507	Manutenção e reparação de máquinas, aparelhos e equipamentos para instalações térmicas
3314-7/07	1,00%	3,00%	507	Manutenção e reparação de máquinas e aparelhos de refrigeração e ventilação para uso industrial e comercial
3314-7/08	1,00%	3,00%	507	Manutenção e reparação de máquinas, equipamentos e aparelhos para transporte e elevação de cargas
3314-7/09	1,00%	3,00%	507	Manutenção e reparação de máquinas de escrever, calcular e de outros equipamentos não-eletrônicos para escritório
3314-7/10	1,00%	3,00%	507	Manutenção e reparação de máquinas e equipamentos para uso geral não especificados anteriormente
3314-7/11	1,00%	3,00%	507	Manutenção e reparação de máquinas e equipamentos para agricultura e pecuária
3314-7/12	1,00%	3,00%	507	Manutenção e reparação de tratores agrícolas
3314-7/13	1,00%	3,00%	507	Manutenção e reparação de máquinas-ferramentas
3314-7/14	1,00%	3,00%	507	Manutenção e reparação de máquinas e equipamentos para a prospecção e extração de petróleo
3314-7/15	1,00%	2,00%	507	Manutenção e reparação de máquinas e equipamentos para uso na extração mineral, exceto na extração de petróleo
3314-7/16	1,00%	3,00%	507	Manutenção e reparação de tratores, exceto agrícolas
3314-7/17	1,00%	3,00%	507	Manutenção e reparação de máquinas e equipamentos de terraplenagem, pavimentação e construção, exceto tratores
3314-7/18	1,00%	3,00%	507	Manutenção e reparação de máquinas para a indústria metalúrgica, exceto máquinas-ferramentas
3314-7/19	1,00%	3,00%	507	Manutenção e reparação de máquinas e equipamentos para as indústrias de alimentos, bebidas e fumo

ANEXO I — TABELA 1

CNAE	GILRAT FG até 31.12.09	GILRAT FG a partir de 1º.1.10	FPAS	Descrição da atividade
3314-7/20	1,00%	2,00%	507	Manutenção e reparação de máquinas e equipamentos para a indústria têxtil, do vestuário, do couro e calçados
3314-7/21	1,00%	3,00%	507	Manutenção e reparação de máquinas e aparelhos para a indústria de celulose, papel e papelão e artefatos
3314-7/22	1,00%	3,00%	507	Manutenção e reparação de máquinas e aparelhos para a indústria do plástico
3314-7/99	1,00%	3,00%	507	Manutenção e reparação de outras máquinas e equipamentos para usos industriais não especificados anteriormente
3315-5/00	1,00%	3,00%	507	Manutenção e reparação de veículos ferroviários
3319-8/00	1,00%	2,00%	507	Manutenção e reparação de equipamentos e produtos não especificados anteriormente
3321-0/00	2,00%	3,00%	507	Instalação de máquinas e equipamentos industriais
3329-5/01	2,00%	3,00%	507	Serviços de montagem de móveis de qualquer material
3329-5/99	2,00%	3,00%	507	Instalação de outros equipamentos não especificados anteriormente
3511-5/00	2,00%	3,00%	507	Geração de energia elétrica
3512-3/00	2,00%	3,00%	507	Transmissão de energia elétrica
3513-1/00	2,00%	1,00%	507	Comércio atacadista de energia elétrica
3514-0/00	2,00%	3,00%	507	Distribuição de energia elétrica
3520-4/01	1,00%	2,00%	507	Produção de gás; processamento de gás natural
3530-1/00	1,00%	2,00%	507	Produção e distribuição de vapor, água quente e ar condicionado
3600-6/01	2,00%	3,00%	507	Captação, tratamento e distribuição de água
3701-1/00	3,00%	3,00%	507	Gestão de redes de esgoto
3821-1/00	3,00%	3,00%	507	Tratamento e disposição de resíduos não-perigosos
3822-0/00	3,00%	3,00%	507	Tratamento e disposição de resíduos perigosos
3831-9/01	3,00%	3,00%	507	Recuperação de sucatas de alumínio
3831-9/99	3,00%	3,00%	507	Recuperação de materiais metálicos, exceto alumínio
3832-7/00	3,00%	3,00%	507	Recuperação de materiais plásticos
3839-4/01	3,00%	3,00%	507	Usinas de compostagem
3839-4/99	3,00%	3,00%	507	Recuperação de materiais não especificados anteriormente
3900-5/00	3,00%	2,00%	507	Descontaminação e outros serviços de gestão de resíduos
4120-4/00	3,00%	3,00%	507	Construção de edifícios
4211-1/01	2,00%	3,00%	507	Construção de rodovias e ferrovias
4211-1/02	2,00%	3,00%	507	Pintura para sinalização em pistas rodoviárias e aeroportos
4212-0/00	2,00%	3,00%	507	Construção de obras-de-arte especiais
4213-8/00	2,00%	3,00%	507	Obras de urbanização — ruas, praças e calçadas
4221-9/01	3,00%	3,00%	507	Construção de barragens e represas para geração de energia elétrica
4221-9/02	3,00%	3,00%	507	Construção de estações e redes de distribuição de energia elétrica
4221-9/03	3,00%	3,00%	507	Manutenção de redes de distribuição de energia elétrica
4221-9/04	3,00%	3,00%	507	Construção de estações e redes de telecomunicações
4221-9/05	3,00%	3,00%	507	Manutenção de estações e redes de telecomunicações
4222-7/01	3,00%	3,00%	507	Construção de redes de abastecimento de água, coleta de esgoto e construções correlatas, exceto obras de irrigação
4222-7/02	3,00%	3,00%	507	Obras de irrigação
4223-5/00	3,00%	3,00%	507	Construção de redes de transportes por dutos, exceto para água e esgoto
4291-0/00	3,00%	3,00%	507	Obras portuárias, marítimas e fluviais
4292-8/01	3,00%	3,00%	507	Montagem de estruturas metálicas
4292-8/02	3,00%	3,00%	507	Obras de montagem industrial
4299-5/01	3,00%	3,00%	507	Construção de instalações esportivas e recreativas
4299-5/99	3,00%	3,00%	507	Outras obras de engenharia civil não especificadas anteriormente
4311-8/01	2,00%	3,00%	507	Demolição de edifícios e outras estruturas

ANEXO I — TABELA 1

CNAE	GILRAT		FPAS	Descrição da atividade
	FG até 31.12.09	FG a partir de 1º.1.10		
4311-8/02	2,00%	3,00%	507	Preparação de canteiro e limpeza de terreno
4312-6/00	2,00%	3,00%	507	Perfurações e sondagens
4313-4/00	2,00%	3,00%	507	Obras de terraplenagem
4319-3/00	2,00%	2,00%	507	Serviços de preparação do terreno não especificados anteriormente
4321-5/00	2,00%	3,00%	507	Instalação e manutenção elétrica
4322-3/01	2,00%	3,00%	507	Instalações hidráulicas, sanitárias e de gás
4322-3/02	2,00%	3,00%	507	Instalação e manutenção de sistemas centrais de ar condicionado, de ventilação e refrigeração
4322-3/03	2,00%	3,00%	507	Instalações de sistema de prevenção contra incêndio
4329-1/01	2,00%	2,00%	507	Instalação de painéis publicitários
4329-1/02	2,00%	2,00%	507	Instalação de equipamentos para orientação à navegação marítima, fluvial e lacustre
4329-1/03	2,00%	2,00%	507	Instalação, manutenção e reparação de elevadores, escadas e esteiras rolantes, exceto de fabricação própria
4329-1/04	2,00%	3,00%	507	Montagem e instalação de sistemas e equipamentos de iluminação e sinalização em vias públicas, portos e aeroportos
4329-1/05	2,00%	3,00%	507	Tratamentos térmicos, acústicos ou de vibração
4329-1/99	2,00%	3,00%	507	Outras obras de instalações em construções não especificadas anteriormente
4330-4/01	2,00%	3,00%	507	Impermeabilização em obras de engenharia civil
4330-4/02	2,00%	3,00%	507	Instalação de portas, janelas, tetos, divisórias e armários embutidos de qualquer material
4330-4/03	2,00%	3,00%	507	Obras de acabamento em gesso e estuque
4330-4/04	2,00%	3,00%	507	Serviços de pintura de edifícios em geral
4330-4/05	2,00%	3,00%	507	Aplicação de revestimentos e de resinas em interiores e exteriores
4330-4/99	2,00%	3,00%	507	Outras obras de acabamento da construção
4391-6/00	3,00%	3,00%	507	Obras de fundações
4399-1/01	3,00%	3,00%	507	Administração de obras
4399-1/02	3,00%	3,00%	507	Montagem e desmontagem de andaimes e outras estruturas temporárias
4399-1/03	3,00%	3,00%	507	Obras de alvenaria
4399-1/04	3,00%	3,00%	507	Serviços de operação e fornecimento de equipamentos para transporte e elevação de cargas e pessoas para uso em obras
4399-1/05	3,00%	3,00%	507	Perfuração e construção de poços de água
4399-1/99	3,00%	3,00%	507	Serviços especializados para construção não especificados anteriormente
4520-0/01	2,00%	3,00%	507	Serviços de manutenção e reparação mecânica de veículos automotores
4520-0/02	2,00%	3,00%	507	Serviços de lanternagem ou funilaria e pintura de veículos automotores
4520-0/03	2,00%	3,00%	507	Serviços de manutenção e reparação elétrica de veículos automotores
4520-0/04	2,00%	2,00%	507	Serviços de alinhamento e balanceamento de veículos automotores
4520-0/06	2,00%	3,00%	507	Serviços de borracharia para veículos automotores
4520-0/07	2,00%	3,00%	507	Serviços de instalação, manutenção e reparação de acessórios para veículos automotores
4543-9/00	2,00%	2,00%	507	Manutenção e reparação de motocicletas e motonetas
4721-1/01	1,00%	3,00%	507	Padaria e confeitaria com predominância de produção própria
4911-6/00	1,00%	3,00%	507	Transporte ferroviário de carga
4912-4/01	1,00%	3,00%	507	Transporte ferroviário de passageiros intermunicipal e interestadual
4912-4/02	1,00%	3,00%	507	Transporte ferroviário de passageiros municipal e em região metropolitana
4912-4/03	1,00%	3,00%	507	Transporte metroviário
4940-0/00	1,00%	1,00%	507	Transporte dutoviário
4950-7/00	1,00%	3,00%	507	Trens turísticos, teleféricos e similares
5221-4/00	1,00%	3,00%	507	Concessionárias de rodovias, pontes, túneis e serviços relacionados
5310-5/01	3,00%	3,00%	507	Atividades do Correio Nacional

ANEXO I — TABELA 1

CNAE	GILRAT FG até 31.12.09	GILRAT FG a partir de 1º.1.10	FPAS	Descrição da atividade
5310-5/02	3,00%	2,00%	507	Atividades de franqueadas e permissionárias do Correio Nacional
5620-1/01	1,00%	3,00%	507	Fornecimento de alimentos preparados preponderantemente para empresas
5911-1/01	1,00%	1,00%	507	Estúdios cinematográficos — Ind. Cinematográficas, inclusive laboratórios (art. 577 do Decreto-Lei n. 5.452, de 1943, gr.16 CNI)
6110-8/01	2,00%	2,00%	507	Serviços de telefonia fixa comutada — STFC
6110-8/02	2,00%	2,00%	507	Serviços de redes de transporte de telecomunicações — SRTT
6110-8/03	2,00%	2,00%	507	Serviços de comunicação multimídia — SCM
6110-8/99	2,00%	3,00%	507	Serviços de telecomunicações por fio não especificados anteriormente
6120-5/01	2,00%	2,00%	507	Telefonia móvel celular
6120-5/02	2,00%	3,00%	507	Serviço móvel especializado — SME
6120-5/99	2,00%	1,00%	507	Serviços de telecomunicações sem fio não especificados anteriormente
6130-2/00	2,00%	1,00%	507	Telecomunicações por satélite
6190-6/01	2,00%	3,00%	507	Provedores de acesso às redes de comunicações
6190-6/02	2,00%	2,00%	507	Provedores de voz sobre protocolo internet — VOIP
6190-6/99	2,00%	2,00%	507	Outras atividades de telecomunicações não especificadas anteriormente
6202-3/00	1,00%	2,00%	507	Desenvolvimento e licenciamento de programas de computador customizáveis
6203-1/00	1,00%	1,00%	507	Desenvolvimento e licenciamento de programas de computador não-customizáveis
7112-0/00	1,00%	3,00%	507	Serviços de engenharia, inclusive engenharia consultiva prestada na área da Indústria da Construção (art. 577 do Decreto-Lei n. 5.452, de 1943, gr. 3 CNI)
9102-3/02	1,00%	1,00%	507	Restauração e conservação de lugares e prédios históricos
3250-7/06	2,00%	2,00%	515	Serviços de prótese dentária — Pessoa Jurídica
3520-4/02	1,00%	2,00%	515	Distribuição de combustíveis gasosos por redes urbanas
3702-9/00	3,00%	3,00%	515	Atividades relacionadas a esgoto, exceto a gestão de redes
3811-4/00	3,00%	3,00%	515	Coleta de resíduos não-perigosos
3812-2/00	3,00%	2,00%	515	Coleta de resíduos perigosos
4110-7/00	2,00%	3,00%	515	Incorporação de empreendimentos imobiliários
4511-1/01	2,00%	2,00%	515	Comércio a varejo de automóveis, camionetas e utilitários novos
4511-1/02	2,00%	3,00%	515	Comércio a varejo de automóveis, camionetas e utilitários usados
4511-1/03	2,00%	2,00%	515	Comércio por atacado de automóveis, camionetas e utilitários novos e usados
4511-1/04	2,00%	2,00%	515	Comércio por atacado de caminhões novos e usados
4511-1/05	2,00%	3,00%	515	Comércio por atacado de reboques e semirreboques novos e usados
4511-1/06	2,00%	1,00%	515	Comércio por atacado de ônibus e micro-ônibus novos e usados
4512-9/01	2,00%	2,00%	515	Representantes comerciais e agentes do comércio de veículos automotores
4512-9/02	2,00%	3,00%	515	Comércio sob consignação de veículos automotores
4520-0/05	2,00%	3,00%	515	Serviços de lavagem, lubrificação e polimento de veículos automotores
4530-7/01	2,00%	2,00%	515	Comércio por atacado de peças e acessórios novos para veículos automotores
4530-7/02	2,00%	2,00%	515	Comércio por atacado de pneumáticos e câmaras-de-ar
4530-7/03	2,00%	2,00%	515	Comércio a varejo de peças e acessórios novos para veículos automotores
4530-7/04	2,00%	2,00%	515	Comércio a varejo de peças e acessórios usados para veículos automotores
4530-7/05	2,00%	2,00%	515	Comércio a varejo de pneumáticos e câmaras-de-ar
4530-7/06	2,00%	2,00%	515	Representantes comerciais e agentes do comércio de peças e acessórios novos e usados para veículos automotores
4541-2/01	2,00%	2,00%	515	Comércio por atacado de motocicletas e motonetas
4541-2/02	2,00%	3,00%	515	Comércio por atacado de peças e acessórios para motocicletas e motonetas
4541-2/03	2,00%	3,00%	515	Comércio a varejo de motocicletas e motonetas novas
4541-2/04	2,00%	3,00%	515	Comércio a varejo de motocicletas e motonetas usadas
4541-2/05	2,00%	3,00%	515	Comércio a varejo de peças e acessórios para motocicletas e motonetas

ANEXO I — TABELA 1

CNAE	GILRAT FG até 31.12.09	GILRAT FG a partir de 1º.1.10	FPAS	Descrição da atividade
4542-1/01	2,00%	1,00%	515	Representantes comerciais e agentes do comércio de motocicletas e motonetas, peças e acessórios
4542-1/02	2,00%	2,00%	515	Comércio sob consignação de motocicletas e motonetas
4611-7/00	2,00%	3,00%	515	Representantes comerciais e agentes do comércio de matérias-primas agrícolas e animais vivos
4612-5/00	2,00%	2,00%	515	Representantes comerciais e agentes do comércio de combustíveis, minerais, produtos siderúrgicos e químicos
4613-3/00	2,00%	3,00%	515	Representantes comerciais e agentes do comércio de madeira, material de construção e ferragens
4614-1/00	2,00%	2,00%	515	Representantes comerciais e agentes do comércio de máquinas, equipamentos, embarcações
4615-0/00	2,00%	2,00%	515	Representantes comerciais e agentes do comércio de eletrodomésticos, móveis e artigos de uso doméstico
4616-8/00	2,00%	1,00%	515	Representantes comerciais e agentes do comércio de têxteis, vestuário, calçados e artigos de viagem
4617-6/00	2,00%	3,00%	515	Representantes comerciais e agentes do comércio de produtos alimentícios, bebidas e fumo
4618-4/01	2,00%	2,00%	515	Representantes comerciais e agentes do comércio de medicamentos, cosméticos e produtos de perfumaria
4618-4/02	2,00%	2,00%	515	Representantes comerciais e agentes do comércio de instrumentos e materiais odonto-médico-hospitalares
4618-4/03	2,00%	3,00%	515	Representantes comerciais e agentes do comércio de jornais, revistas e outras publicações
4618-4/99	2,00%	2,00%	515	Outros representantes comerciais e agentes do comércio especializado em produtos não especificados anteriormente
4619-2/00	2,00%	2,00%	515	Representantes comerciais e agentes do comércio de mercadorias em geral não especializado
4621-4/00	2,00%	3,00%	515	Comércio atacadista de café em grão
4622-2/00	2,00%	3,00%	515	Comércio atacadista de soja
4623-1/01	2,00%	3,00%	515	Comércio atacadista de animais vivos
4623-1/02	2,00%	3,00%	515	Comércio atacadista de couros, lãs, peles e outros subprodutos não-comestíveis de origem animal
4623-1/03	2,00%	2,00%	515	Comércio atacadista de algodão
4623-1/04	2,00%	3,00%	515	Comércio atacadista de fumo em folha não beneficiado
4623-1/05	2,00%	2,00%	515	Comércio atacadista de cacau
4623-1/06	2,00%	3,00%	515	Comércio atacadista de sementes, flores, plantas e gramas
4623-1/07	2,00%	2,00%	515	Comércio atacadista de sisal
4623-1/08	2,00%	3,00%	515	Comércio atacadista de matérias-primas agrícolas com atividade de fracionamento e acondicionamento associada
4623-1/09	2,00%	3,00%	515	Comércio atacadista de alimentos para animais
4623-1/99	2,00%	3,00%	515	Comércio atacadista de matérias-primas agrícolas não especificadas anteriormente
4631-1/00	2,00%	3,00%	515	Comércio atacadista de leite e laticínios
4632-0/01	2,00%	3,00%	515	Comércio atacadista de cereais e leguminosas beneficiados
4632-0/02	2,00%	3,00%	515	Comércio atacadista de farinhas, amidos e féculas
4632-0/03	2,00%	3,00%	515	Comércio atacadista de cereais e leguminosas beneficiados, farinhas, amidos e féculas, com atividade de fracionamento e acondicionamento associada
4633-8/01	2,00%	3,00%	515	Comércio atacadista de frutas, verduras, raízes, tubérculos, hortaliças e legumes frescos
4633-8/02	2,00%	2,00%	515	Comércio atacadista de aves vivas e ovos
4633-8/03	2,00%	2,00%	515	Comércio atacadista de coelhos e outros pequenos animais vivos para alimentação
4634-6/01	1,00%	3,00%	515	Comércio atacadista de carnes bovinas e suínas e derivados
4634-6/02	1,00%	3,00%	515	Comércio atacadista de aves abatidas e derivados

ANEXO I — TABELA 1

CNAE	GILRAT FG até 31.12.09	GILRAT FG a partir de 1º.1.10	FPAS	Descrição da atividade
4634-6/03	1,00%	3,00%	515	Comércio atacadista de pescados e frutos do mar
4634-6/99	1,00%	2,00%	515	Comércio atacadista de carnes e derivados de outros animais
4635-4/01	1,00%	3,00%	515	Comércio atacadista de água mineral
4635-4/02	1,00%	3,00%	515	Comércio atacadista de cerveja, chope e refrigerante
4635-4/03	1,00%	3,00%	515	Comércio atacadista de bebidas com atividade de fracionamento e acondicionamento associada
4635-4/99	1,00%	3,00%	515	Comércio atacadista de bebidas não especificadas anteriormente
4636-2/01	1,00%	3,00%	515	Comércio atacadista de fumo beneficiado
4636-2/02	1,00%	2,00%	515	Comércio atacadista de cigarros, cigarrilhas e charutos
4637-1/01	1,00%	3,00%	515	Comércio atacadista de café torrado, moído e solúvel
4637-1/02	1,00%	2,00%	515	Comércio atacadista de açúcar
4637-1/03	1,00%	2,00%	515	Comércio atacadista de óleos e gorduras
4637-1/04	1,00%	2,00%	515	Comércio atacadista de pães, bolos, biscoitos e similares
4637-1/05	1,00%	3,00%	515	Comércio atacadista de massas alimentícias
4637-1/06	1,00%	2,00%	515	Comércio atacadista de sorvetes
4637-1/07	1,00%	3,00%	515	Comércio atacadista de chocolates, confeitos, balas, bombons e semelhantes
4637-1/99	1,00%	3,00%	515	Comércio atacadista especializado em outros produtos alimentícios não especificados anteriormente
4639-7/01	1,00%	3,00%	515	Comércio atacadista de produtos alimentícios em geral
4639-7/02	1,00%	3,00%	515	Comércio atacadista de produtos alimentícios em geral, com atividade de fracionamento e acondicionamento associada
4641-9/01	1,00%	2,00%	515	Comércio atacadista de tecidos
4641-9/02	1,00%	3,00%	515	Comércio atacadista de artigos de cama, mesa e banho
4641-9/03	1,00%	3,00%	515	Comércio atacadista de artigos de armarinho
4642-7/01	1,00%	1,00%	515	Comércio atacadista de artigos do vestuário e acessórios, exceto profissionais e de segurança
4642-7/02	1,00%	2,00%	515	Comércio atacadista de roupas e acessórios para uso profissional e de segurança do trabalho
4643-5/01	1,00%	2,00%	515	Comércio atacadista de calçados
4643-5/02	1,00%	1,00%	515	Comércio atacadista de bolsas, malas e artigos de viagem
4644-3/01	1,00%	2,00%	515	Comércio atacadista de medicamentos e drogas de uso humano
4644-3/02	1,00%	2,00%	515	Comércio atacadista de medicamentos e drogas de uso veterinário
4645-1/01	1,00%	1,00%	515	Comércio atacadista de instrumentos e materiais para uso médico, cirúrgico, hospitalar e de laboratórios
4645-1/02	1,00%	2,00%	515	Comércio atacadista de próteses e artigos de ortopedia
4645-1/03	1,00%	2,00%	515	Comércio atacadista de produtos odontológicos
4646-0/01	1,00%	2,00%	515	Comércio atacadista de cosméticos e produtos de perfumaria
4646-0/02	1,00%	2,00%	515	Comércio atacadista de produtos de higiene pessoal
4647-8/01	1,00%	2,00%	515	Comércio atacadista de artigos de escritório e de papelaria
4647-8/02	1,00%	3,00%	515	Comércio atacadista de livros, jornais e outras publicações
4649-4/01	1,00%	2,00%	515	Comércio atacadista de equipamentos elétricos de uso pessoal e doméstico
4649-4/02	1,00%	3,00%	515	Comércio atacadista de aparelhos eletrônicos de uso pessoal e doméstico
4649-4/03	1,00%	3,00%	515	Comércio atacadista de bicicletas, triciclos e outros veículos recreativos
4649-4/04	1,00%	3,00%	515	Comércio atacadista de móveis e artigos de colchoaria
4649-4/05	1,00%	2,00%	515	Comércio atacadista de artigos de tapeçaria; persianas e cortinas
4649-4/06	1,00%	2,00%	515	Comércio atacadista de lustres, luminárias e abajures
4649-4/07	1,00%	1,00%	515	Comércio atacadista de filmes, CDs, DVDs, fitas e discos
4649-4/08	1,00%	3,00%	515	Comércio atacadista de produtos de higiene, limpeza e conservação domiciliar
4649-4/09	1,00%	2,00%	515	Comércio atacadista de produtos de higiene, limpeza e conservação domiciliar, com atividade de fracionamento e acondicionamento associada

	ANEXO I — TABELA 1			
CNAE	GILRAT		FPAS	Descrição da atividade
	FG até 31.12.09	FG a partir de 1º.1.10		
4649-4/10	1,00%	1,00%	515	Comércio atacadista de joias, relógios e bijuterias, inclusive pedras preciosas e semipreciosas lapidadas
4649-4/99	1,00%	2,00%	515	Comércio atacadista de outros equipamentos e artigos de uso pessoal e doméstico não especificados anteriormente
4651-6/01	1,00%	1,00%	515	Comércio atacadista de equipamentos de informática
4651-6/02	1,00%	1,00%	515	Comércio atacadista de suprimentos para informática
4652-4/00	1,00%	1,00%	515	Comércio atacadista de componentes eletrônicos e equipamentos de telefonia e comunicação
4661-3/00	1,00%	2,00%	515	Comércio atacadista de máquinas, aparelhos e equipamentos para uso agropecuário; partes e peças
4662-1/00	1,00%	3,00%	515	Comércio atacadista de máquinas, equipamentos para terraplenagem, mineração e construção; partes e peças
4663-0/00	1,00%	2,00%	515	Comércio atacadista de máquinas e equipamentos para uso industrial; partes e peças
4664-8/00	1,00%	2,00%	515	Comércio atacadista de máquinas, aparelhos e equipamentos para uso odonto--médico-hospitalar; partes e peças
4665-6/00	1,00%	2,00%	515	Comércio atacadista de máquinas e equipamentos para uso comercial; partes e peças
4669-9/01	1,00%	2,00%	515	Comércio atacadista de bombas e compressores; partes e peças
4669-9/99	1,00%	2,00%	515	Comércio atacadista de outras máquinas e equipamentos não especificados anteriormente; partes e peças
4671-1/00	1,00%	3,00%	515	Comércio atacadista de madeira e produtos derivados
4672-9/00	1,00%	3,00%	515	Comércio atacadista de ferragens e ferramentas
4673-7/00	1,00%	2,00%	515	Comércio atacadista de material elétrico
4674-5/00	1,00%	2,00%	515	Comércio atacadista de cimento
4679-6/01	1,00%	2,00%	515	Comércio atacadista de tintas, vernizes e similares
4679-6/02	1,00%	3,00%	515	Comércio atacadista de mármores e granitos
4679-6/03	1,00%	3,00%	515	Comércio atacadista de vidros, espelhos e vitrais
4679-6/04	1,00%	2,00%	515	Comércio atacadista especializado de materiais de construção não especificados anteriormente
4679-6/99	1,00%	3,00%	515	Comércio atacadista de materiais de construção em geral
4681-8/01	1,00%	3,00%	515	Comércio atacadista de álcool carburante, *biodiesel*, gasolina e demais derivados de petróleo, exceto lubrificantes, não realizado por transportador retalhista (TRR), exceto pessoal de transporte
4681-8/02	1,00%	3,00%	515	Comércio atacadista de combustíveis realizado por transportador retalhista (TRR) exceto pessoal de transporte
4681-8/03	1,00%	3,00%	515	Comércio atacadista de combustíveis de origem vegetal, exceto álcool carburante exceto pessoal de transporte
4681-8/04	1,00%	2,00%	515	Comércio atacadista de combustíveis de origem mineral em bruto exceto pessoal de transporte
4681-8/05	1,00%	2,00%	515	Comércio atacadista de lubrificantes exceto pessoal de transporte
4682-0/00	1,00%	3,00%	515	Comércio atacadista de gás liquefeito de petróleo (GLP) exceto pessoal de transporte
4683-4/00	1,00%	2,00%	515	Comércio atacadista de defensivos agrícolas, adubos, fertilizantes e corretivos do solo
4684-2/01	1,00%	2,00%	515	Comércio atacadista de resinas e elastômeros
4684-2/02	1,00%	3,00%	515	Comércio atacadista de solventes
4684-2/99	1,00%	3,00%	515	Comércio atacadista de outros produtos químicos e petroquímicos não especificados anteriormente
4685-1/00	1,00%	3,00%	515	Comércio atacadista de produtos siderúrgicos e metalúrgicos, exceto para construção
4686-9/01	1,00%	2,00%	515	Comércio atacadista de papel e papelão em bruto
4686-9/02	1,00%	3,00%	515	Comércio atacadista de embalagens
4687-7/01	1,00%	3,00%	515	Comércio atacadista de resíduos de papel e papelão

ANEXO I — TABELA 1

CNAE	GILRAT FG até 31.12.09	GILRAT FG a partir de 1º.1.10	FPAS	Descrição da atividade
4687-7/02	1,00%	3,00%	515	Comércio atacadista de resíduos e sucatas não-metálicos, exceto de papel e papelão
4687-7/03	1,00%	3,00%	515	Comércio atacadista de resíduos e sucatas metálicos
4689-3/01	1,00%	2,00%	515	Comércio atacadista de produtos da extração mineral, exceto combustíveis
4689-3/02	1,00%	2,00%	515	Comércio atacadista de fios e fibras têxteis beneficiados
4689-3/99	1,00%	2,00%	515	Comércio atacadista especializado em outros produtos intermediários não especificados anteriormente
4691-5/00	1,00%	2,00%	515	Comércio atacadista de mercadorias em geral, com predominância de produtos alimentícios
4692-3/00	1,00%	2,00%	515	Comércio atacadista de mercadorias em geral, com predominância de insumos agropecuários
4693-1/00	1,00%	2,00%	515	Comércio atacadista de mercadorias em geral, sem predominância de alimentos ou de insumos agropecuários
4711-3/01	2,00%	3,00%	515	Comércio varejista de mercadorias em geral, com predominância de produtos alimentícios — hipermercados
4711-3/02	2,00%	3,00%	515	Comércio varejista de mercadorias em geral, com predominância de produtos alimentícios — supermercados
4712-1/00	1,00%	2,00%	515	Comércio varejista de mercadorias em geral, com predominância de produtos alimentícios — minimercados, mercearias e armazéns
4713-0/01	1,00%	3,00%	515	Lojas de departamentos ou magazines
4713-0/02	1,00%	2,00%	515	Lojas de variedades, exceto lojas de departamentos ou magazines
4713-0/03	1,00%	2,00%	515	Lojas duty free de aeroportos internacionais
4721-1/02	1,00%	2,00%	515	Padaria e confeitaria com predominância de revenda
4721-1/03	1,00%	2,00%	515	Comércio varejista de laticínios e frios
4721-1/04	1,00%	3,00%	515	Comércio varejista de doces, balas, bombons e semelhantes
4722-9/01	1,00%	3,00%	515	Comércio varejista de carnes — açougues
4722-9/02	1,00%	2,00%	515	Peixaria
4723-7/00	1,00%	3,00%	515	Comércio varejista de bebidas
4724-5/00	1,00%	3,00%	515	Comércio varejista de hortifrutigranjeiros
4729-6/01	1,00%	1,00%	515	Tabacaria
4729-6/99	1,00%	2,00%	515	Comércio varejista de produtos alimentícios em geral ou especializado em produtos alimentícios não especificados anteriormente
4731-8/00	1,00%	3,00%	515	Comércio varejista de combustíveis para veículos automotores
4732-6/00	1,00%	2,00%	515	Comércio varejista de lubrificantes
4741-5/00	1,00%	2,00%	515	Comércio varejista de tintas e materiais para pintura
4742-3/00	1,00%	3,00%	515	Comércio varejista de material elétrico
4743-1/00	1,00%	3,00%	515	Comércio varejista de vidros
4744-0/01	1,00%	3,00%	515	Comércio varejista de ferragens e ferramentas
4744-0/02	1,00%	3,00%	515	Comércio varejista de madeira e artefatos
4744-0/03	1,00%	2,00%	515	Comércio varejista de materiais hidráulicos
4744-0/04	1,00%	3,00%	515	Comércio varejista de cal, areia, pedra britada, tijolos e telhas
4744-0/05	1,00%	3,00%	515	Comércio varejista de materiais de construção não especificados anteriormente
4744-0/99	1,00%	3,00%	515	Comércio varejista de materiais de construção em geral
4751-2/00	1,00%	2,00%	515	Comércio varejista especializado de equipamentos e suprimentos de informática
4752-1/00	1,00%	2,00%	515	Comércio varejista especializado de equipamentos de telefonia e comunicação
4753-9/00	1,00%	2,00%	515	Comércio varejista especializado de eletrodomésticos e equipamentos de áudio e vídeo
4754-7/01	1,00%	2,00%	515	Comércio varejista de móveis
4754-7/02	1,00%	2,00%	515	Comércio varejista de artigos de colchoaria
4754-7/03	1,00%	2,00%	515	Comércio varejista de artigos de iluminação
4755-5/01	1,00%	2,00%	515	Comércio varejista de tecidos

ANEXO I — TABELA 1

CNAE	GILRAT FG até 31.12.09	GILRAT FG a partir de 1º.1.10	FPAS	Descrição da atividade
4755-5/02	1,00%	2,00%	515	Comercio varejista de artigos de armarinho
4755-5/03	1,00%	3,00%	515	Comercio varejista de artigos de cama, mesa e banho
4756-3/00	1,00%	2,00%	515	Comércio varejista especializado de instrumentos musicais e acessórios
4757-1/00	1,00%	2,00%	515	Comércio varejista especializado de peças e acessórios para aparelhos eletroeletrônicos para uso doméstico, exceto informática e comunicação
4759-8/01	1,00%	2,00%	515	Comércio varejista de artigos de tapeçaria, cortinas e persianas
4759-8/99	1,00%	2,00%	515	Comércio varejista de outros artigos de uso doméstico não especificados anteriormente
4761-0/01	1,00%	1,00%	515	Comércio varejista de livros
4761-0/02	1,00%	1,00%	515	Comércio varejista de jornais e revistas
4761-0/03	1,00%	2,00%	515	Comércio varejista de artigos de papelaria
4762-8/00	1,00%	1,00%	515	Comércio varejista de discos, CDs, DVDs e fitas
4763-6/01	1,00%	2,00%	515	Comércio varejista de brinquedos e artigos recreativos
4763-6/02	1,00%	1,00%	515	Comércio varejista de artigos esportivos
4763-6/03	1,00%	1,00%	515	Comércio varejista de bicicletas e triciclos; peças e acessórios
4763-6/04	1,00%	1,00%	515	Comércio varejista de artigos de caça, pesca e *camping*
4763-6/05	1,00%	2,00%	515	Comércio varejista de embarcações e outros veículos recreativos; peças e acessórios
4771-7/01	1,00%	2,00%	515	Comércio varejista de produtos farmacêuticos, sem manipulação de fórmulas
4771-7/02	1,00%	2,00%	515	Comércio varejista de produtos farmacêuticos, com manipulação de fórmulas
4771-7/03	1,00%	1,00%	515	Comércio varejista de produtos farmacêuticos homeopáticos
4771-7/04	1,00%	3,00%	515	Comércio varejista de medicamentos veterinários
4772-5/00	1,00%	2,00%	515	Comércio varejista de cosméticos, produtos de perfumaria e de higiene pessoal
4773-3/00	1,00%	1,00%	515	Comércio varejista de artigos médicos e ortopédicos
4774-1/00	1,00%	2,00%	515	Comércio varejista de artigos de óptica
4781-4/00	1,00%	2,00%	515	Comércio varejista de artigos do vestuário e acessórios
4782-2/01	1,00%	2,00%	515	Comércio varejista de calçados
4782-2/02	1,00%	1,00%	515	Comércio varejista de artigos de viagem
4783-1/01	1,00%	1,00%	515	Comércio varejista de artigos de joalheria
4783-1/02	1,00%	2,00%	515	Comércio varejista de artigos de relojoaria
4784-9/00	1,00%	3,00%	515	Comércio varejista de gás liquefeito de petróleo (GLP)
4785-7/01	1,00%	2,00%	515	Comércio varejista de antiguidades
4785-7/99	1,00%	3,00%	515	Comércio varejista de outros artigos usados
4789-0/01	1,00%	2,00%	515	Comércio varejista de suvenires, bijuterias e artesanatos
4789-0/02	1,00%	3,00%	515	Comércio varejista de plantas e flores naturais
4789-0/03	1,00%	1,00%	515	Comércio varejista de objetos de arte
4789-0/04	1,00%	3,00%	515	Comércio varejista de animais vivos e de artigos e alimentos para animais de estimação
4789-0/05	1,00%	3,00%	515	Comércio varejista de produtos saneantes domissanitários
4789-0/06	1,00%	2,00%	515	Comércio varejista de fogos de artifício e artigos pirotécnicos
4789-0/07	1,00%	2,00%	515	Comércio varejista de equipamentos para escritório
4789-0/08	1,00%	1,00%	515	Comércio varejista de artigos fotográficos e para filmagem
4789-0/09	1,00%	2,00%	515	Comércio varejista de armas e munições
4789-0/99	1,00%	2,00%	515	Comércio varejista de outros produtos não especificados anteriormente
5211-7/01	2,00%	3,00%	515	Armazéns gerais — emissão de *warrant*
5211-7/02	2,00%	2,00%	515	Guarda-móveis
5211-7/99	2,00%	3,00%	515	Depósitos de mercadorias para terceiros, exceto armazéns gerais e guarda-móveis
5222-2/00	1,00%	3,00%	515	Terminais rodoviários e ferroviários

ANEXO I — TABELA 1

CNAE	GILRAT		FPAS	Descrição da atividade
	FG até 31.12.09	FG a partir de 1º.1.10		
5223-1/00	1,00%	3,00%	515	Estacionamento de veículos
5229-0/01	1,00%	1,00%	515	Serviços de apoio ao transporte por táxi, inclusive centrais de chamada
5229-0/99	1,00%	3,00%	515	Outras atividades auxiliares dos transportes terrestres não especificadas anteriormente
5250-8/01	1,00%	1,00%	515	Comissaria de despachos
5250-8/02	1,00%	3,00%	515	Atividades de despachantes aduaneiros
5250-8/03	1,00%	3,00%	515	Agenciamento de cargas, exceto para o transporte marítimo
5250-8/04	1,00%	3,00%	515	Organização logística do transporte de carga
5250-8/05	1,00%	3,00%	515	Operador de transporte multimodal — OTM
5510-8/01	1,00%	2,00%	515	Hotéis
5510-8/02	1,00%	2,00%	515	Apart-hotéis
5510-8/03	1,00%	2,00%	515	Motéis
5590-6/01	1,00%	3,00%	515	Albergues, exceto assistenciais
5590-6/02	1,00%	1,00%	515	Campings
5590-6/03	1,00%	2,00%	515	Pensões (alojamento)
5590-6/99	1,00%	2,00%	515	Outros alojamentos não especificados anteriormente
5611-2/01	1,00%	2,00%	515	Restaurantes e similares
5611-2/02	1,00%	3,00%	515	Bares e outros estabelecimentos especializados em servir bebidas
5611-2/03	1,00%	3,00%	515	Lanchonetes, casas de chá, de sucos e similares
5612-1/00	1,00%	3,00%	515	Serviços ambulantes de alimentação
5620-1/02	1,00%	2,00%	515	Serviços de alimentação para eventos e recepções — bufê
5620-1/03	1,00%	3,00%	515	Cantinas — serviços de alimentação privativos
5620-1/04	1,00%	3,00%	515	Fornecimento de alimentos preparados preponderantemente para consumo domiciliar
6022-5/02	3,00%	3,00%	515	Atividades relacionadas à televisão por assinatura, exceto programadoras
6141-8/00	2,00%	3,00%	515	Operadoras de televisão por assinatura por cabo
6142-6/00	2,00%	2,00%	515	Operadoras de televisão por assinatura por micro-ondas
6143-4/00	2,00%	3,00%	515	Operadoras de televisão por assinatura por satélite
6201-5/00	1,00%	1,00%	515	Desenvolvimento de programas de computador sob encomenda
6204-0/00	1,00%	2,00%	515	Consultoria em tecnologia da informação
6209-1/00	1,00%	2,00%	515	Suporte técnico, manutenção e outros serviços em tecnologia da informação
6311-9/00	1,00%	2,00%	515	Tratamento de dados, provedores de serviços de aplicação e serviços de hospedagem na internet
6319-4/00	1,00%	1,00%	515	Portais, provedores de conteúdo e outros serviços de informação na internet
6399-2/00	1,00%	3,00%	515	Outras atividades de prestação de serviços de informação não especificadas anteriormente
6434-4/00	1,00%	1,00%	515	Agências de fomento
6461-1/00	1,00%	2,00%	515	Holdings de instituições financeiras
6462-0/00	1,00%	3,00%	515	Holdings de instituições não-financeiras
6463-8/00	1,00%	2,00%	515	Outras sociedades de participação, exceto holdings
6491-3/00	1,00%	1,00%	515	Sociedades de fomento mercantil — factoring
6493-0/00	1,00%	2,00%	515	Administração de consórcios para aquisição de bens e direitos
6550-2/00	2,00%	2,00%	515	Planos de saúde, exceto modalidade Seguro-saúde: 736
6613-4/00	1,00%	2,00%	515	Administração de cartões de crédito
6619-3/03	1,00%	1,00%	515	Representações de bancos estrangeiros
6619-3/05	1,00%	1,00%	515	Operadoras de cartões de débito
6619-3/99	1,00%	2,00%	515	Outras atividades auxiliares dos serviços financeiros não especificadas anteriormente
6621-5/01	1,00%	1,00%	515	Peritos e avaliadores de seguros — Pessoa Jurídica

ANEXO I — TABELA 1

CNAE	GILRAT FG até 31.12.09	GILRAT FG a partir de 1º.1.10	FPAS	Descrição da atividade
6621-5/02	1,00%	1,00%	515	Auditoria e consultoria atuarial — Pessoa Jurídica
6630-4/00	2,00%	2,00%	515	Atividades de administração de fundos por contrato ou comissão
6810-2/01	1,00%	3,00%	515	Compra e venda de imóveis próprios
6810-2/02	1,00%	2,00%	515	Aluguel de imóveis próprios
6821-8/01	1,00%	2,00%	515	Corretagem na compra e venda e avaliação de imóveis — Pessoa Jurídica
6821-8/02	1,00%	2,00%	515	Corretagem no aluguel de imóveis — Pessoa Jurídica
6822-6/00	1,00%	2,00%	515	Gestão e administração da propriedade imobiliária
6911-7/01	1,00%	1,00%	515	Serviços advocatícios — Pessoa Jurídica
6911-7/02	1,00%	1,00%	515	Atividades auxiliares da justiça
6911-7/03	1,00%	1,00%	515	Agente de propriedade industrial
6920-6/01	1,00%	1,00%	515	Atividades de contabilidade — Pessoa Jurídica
6920-6/02	1,00%	2,00%	515	Atividades de consultoria e auditoria contábil e tributária — Pessoa Jurídica
7020-4/00	1,00%	2,00%	515	Atividades de consultoria em gestão empresarial, exceto consultoria técnica específica — Pessoa Jurídica
7111-1/00	1,00%	3,00%	515	Serviços de arquitetura — Pessoa Jurídica
7112-0/00	1,00%	3,00%	515	Serviços de engenharia, (pessoa jurídica) inclusive engenharia consultiva, exceto aquela prestada na área da Indústria da Construção que é do FPAS 507
7119-7/01	1,00%	2,00%	515	Serviços de cartografia, topografia e geodésia — Pessoa Jurídica
7119-7/02	1,00%	3,00%	515	Atividades de estudos geológicos — Pessoa Jurídica
7119-7/03	1,00%	2,00%	515	Serviços de desenho técnico relacionados à arquitetura e engenharia — Pessoa Jurídica
7119-7/04	1,00%	1,00%	515	Serviços de perícia técnica relacionados à segurança do trabalho — Pessoa Jurídica
7119-7/99	1,00%	2,00%	515	Atividades técnicas relacionadas à engenharia e arquitetura não especificadas anteriormente — Pessoa Jurídica
7120-1/00	3,00%	1,00%	515	Testes e análises técnicas — Pessoa Jurídica
7210-0/00	1,00%	2,00%	515	Pesquisa e desenvolvimento experimental em ciências físicas e naturais — Pessoa Jurídica
7319-0/02	1,00%	3,00%	515	Promoção de vendas
7319-0/04	1,00%	2,00%	515	Consultoria em publicidade
7320-3/00	2,00%	3,00%	515	Pesquisas de mercado e de opinião pública
7420-0/05	1,00%	3,00%	515	Serviços de microfilmagem
7490-1/03	1,00%	3,00%	515	Serviços de agronomia e de consultoria às atividades agrícolas e pecuárias — Pessoa Jurídica
7490-1/04	1,00%	2,00%	515	Atividades de intermediação e agenciamento de serviços e negócios em geral, exceto imobiliários
7490-1/05	1,00%	3,00%	515	Agenciamento de profissionais para atividades esportivas, culturais e artísticas
7490-1/99	1,00%	2,00%	515	Outras atividades profissionais, científicas e técnicas não especificadas anteriormente
7500-1/00	1,00%	2,00%	515	Atividades veterinárias — Pessoa Jurídica
7719-5/01	1,00%	2,00%	515	Locação de embarcações sem tripulação, exceto para fins recreativos
7719-5/99	1,00%	3,00%	515	Locação de outros meios de transporte não especificados anteriormente, sem condutor
7721-7/00	1,00%	2,00%	515	Aluguel de equipamentos recreativos e esportivos
7722-5/00	1,00%	3,00%	515	Aluguel de fitas de vídeo, DVDs e similares
7723-3/00	1,00%	2,00%	515	Aluguel de objetos do vestuário, joias e acessórios
7729-2/01	1,00%	3,00%	515	Aluguel de aparelhos de jogos eletrônicos
7729-2/02	1,00%	3,00%	515	Aluguel de móveis, utensílios e aparelhos de uso doméstico e pessoal; instrumentos musicais
7729-2/03	1,00%	1,00%	515	Aluguel de material médico
7729-2/99	1,00%	3,00%	515	Aluguel de outros objetos pessoais e domésticos não especificados anteriormente
7731-4/00	1,00%	3,00%	515	Aluguel de máquinas e equipamentos agrícolas sem operador

ANEXO I — TABELA 1

CNAE	GILRAT FG até 31.12.09	GILRAT FG a partir de 1º.1.10	FPAS	Descrição da atividade
7732-2/01	1,00%	3,00%	515	Aluguel de máquinas e equipamentos para construção sem operador, exceto andaimes
7732-2/02	1,00%	3,00%	515	Aluguel de andaimes
7733-1/00	1,00%	1,00%	515	Aluguel de máquinas e equipamentos para escritório
7739-0/01	1,00%	1,00%	515	Aluguel de máquinas e equipamentos para extração de minérios e petróleo, sem operador
7739-0/02	1,00%	3,00%	515	Aluguel de equipamentos científicos, médicos e hospitalares, sem operador
7739-0/03	1,00%	3,00%	515	Aluguel de palcos, coberturas e outras estruturas de uso temporário, exceto andaimes
7739-0/99	1,00%	3,00%	515	Aluguel de outras máquinas e equipamentos comerciais e industriais não especificados anteriormente, sem operador
7740-3/00	1,00%	1,00%	515	Gestão de ativos intangíveis não-financeiros
7810-8/00	2,00%	3,00%	515	Seleção e agenciamento de mão de obra
7830-2/00	2,00%	2,00%	515	Fornecimento e gestão de recursos humanos para terceiros (Empresas em geral não ligadas a porto)
7911-2/00	1,00%	1,00%	515	Agências de viagens
7912-1/00	1,00%	1,00%	515	Operadores turísticos
7990-2/00	1,00%	1,00%	515	Serviços de reservas e outros serviços de turismo não especificados anteriormente
8011-1/01	3,00%	3,00%	515	Atividades de vigilância e segurança privada
8011-1/02	3,00%	2,00%	515	Serviços de adestramento de cães de guarda
8020-0/00	2,00%	3,00%	515	Atividades de monitoramento de sistemas de segurança
8030-7/00	3,00%	2,00%	515	Atividades de investigação particular
8111-7/00	3,00%	3,00%	515	Serviços combinados para apoio a edifícios, exceto condomínios prediais
8121-4/00	3,00%	3,00%	515	Limpeza em prédios e em domicílios
8122-2/00	3,00%	3,00%	515	Imunização e controle de pragas urbanas
8129-0/00	3,00%	3,00%	515	Atividades de limpeza não especificadas anteriormente
8130-3/00	1,00%	3,00%	515	Atividades paisagísticas
8211-3/00	1,00%	2,00%	515	Serviços combinados de escritório e apoio administrativo
8219-9/01	1,00%	1,00%	515	Fotocópias
8219-9/99	1,00%	3,00%	515	Preparação de documentos e serviços especializados de apoio administrativo não especificados anteriormente
8220-2/00	3,00%	3,00%	515	Atividades de teleatendimento
8230-0/01	1,00%	3,00%	515	Serviços de organização de feiras, congressos, exposições e festas
8230-0/02	1,00%	1,00%	515	Casas de festas e eventos
8291-1/00	1,00%	2,00%	515	Atividades de cobrança e informações cadastrais
8292-0/00	2,00%	3,00%	515	Envasamento e empacotamento sob contrato
8299-7/01	1,00%	3,00%	515	Medição de consumo de energia elétrica, gás e água
8299-7/02	1,00%	1,00%	515	Emissão de vales-alimentação, vales-transporte e similares
8299-7/03	1,00%	2,00%	515	Serviços de gravação de carimbos, exceto confecção
8299-7/04	1,00%	2,00%	515	Leiloeiros independentes
8299-7/05	1,00%	2,00%	515	Serviços de levantamento de fundos sob contrato
8299-7/06	1,00%	2,00%	515	Casas lotéricas
8299-7/07	1,00%	2,00%	515	Salas de acesso à internet
8299-7/99	1,00%	2,00%	515	Outras atividades de serviços prestados, principalmente às empresas não especificadas anteriormente
8423-0/00	2,00%	1,00%	515	Justiça (Terceirizações em presídios)
8591-1/00	1,00%	2,00%	515	Ensino de esportes
8592-9/01	1,00%	1,00%	515	Ensino de dança
8592-9/02	1,00%	1,00%	515	Ensino de artes cênicas, exceto dança

ANEXO I — TABELA 1				
CNAE	GILRAT		FPAS	Descrição da atividade
	FG até 31.12.09	FG a partir de 1º.1.10		
8592-9/03	1,00%	1,00%	515	Ensino de música
8592-9/99	1,00%	1,00%	515	Ensino de arte e cultura não especificado anteriormente
8593-7/00	1,00%	1,00%	515	Ensino de idiomas
8599-6/01	1,00%	1,00%	515	Formação de condutores
8599-6/02	1,00%	3,00%	515	Cursos de pilotagem
8599-6/03	1,00%	1,00%	515	Treinamento em informática
8599-6/04	1,00%	1,00%	515	Treinamento em desenvolvimento profissional e gerencial
8599-6/05	1,00%	1,00%	515	Cursos preparatórios para concursos
8599-6/99	1,00%	2,00%	515	Outras atividades de ensino não especificadas anteriormente
8610-1/01	2,00%	2,00%	515	Atividades de atendimento hospitalar, exceto pronto-socorro e unidades para atendimento a urgências
8610-1/02	2,00%	2,00%	515	Atividades de atendimento em pronto-socorro e unidades hospitalares para atendimento a urgências
8621-6/01	2,00%	2,00%	515	UTI móvel
8621-6/02	2,00%	2,00%	515	Serviços móveis de atendimento a urgências, exceto por UTI móvel
8630-5/01	2,00%	1,00%	515	Atividade médica ambulatorial com recursos para realização de procedimentos cirúrgicos
8630-5/02	2,00%	2,00%	515	Atividade médica ambulatorial com recursos para realização de exames complementares
8630-5/03	2,00%	1,00%	515	Atividade médica ambulatorial restrita a consultas — Pessoa Jurídica
8630-5/04	2,00%	1,00%	515	Atividade odontológica com recursos para realização de procedimentos cirúrgicos — Pessoa Jurídica
8630-5/05	2,00%	1,00%	515	Atividade odontológica sem recursos para realização de procedimentos cirúrgicos — Pessoa Jurídica
8630-5/06	2,00%	1,00%	515	Serviços de vacinação e imunização humana
8630-5/07	2,00%	2,00%	515	Atividades de reprodução humana assistida
8630-5/99	2,00%	2,00%	515	Atividades de atenção ambulatorial não especificadas anteriormente
8640-2/01	1,00%	2,00%	515	Laboratórios de anatomia patológica e citológica
8640-2/02	1,00%	2,00%	515	Laboratórios clínicos
8640-2/03	1,00%	2,00%	515	Serviços de diálise e nefrologia
8640-2/04	1,00%	1,00%	515	Serviços de tomografia
8640-2/05	1,00%	2,00%	515	Serviços de diagnóstico por imagem com uso de radiação ionizante, exceto tomografia
8640-2/06	1,00%	2,00%	515	Serviços de ressonância magnética
8640-2/07	1,00%	1,00%	515	Serviços de diagnóstico por imagem sem uso de radiação ionizante, exceto ressonância magnética
8640-2/08	1,00%	3,00%	515	Serviços de diagnóstico por registro gráfico — ECG, EEG e outros exames análogos
8640-2/09	1,00%	2,00%	515	Serviços de diagnóstico por métodos ópticos — endoscopia e outros exames análogos
8640-2/10	1,00%	2,00%	515	Serviços de quimioterapia
8640-2/11	1,00%	2,00%	515	Serviços de radioterapia
8640-2/12	1,00%	1,00%	515	Serviços de hemoterapia
8640-2/13	1,00%	1,00%	515	Serviços de litotripsia
8640-2/14	1,00%	1,00%	515	Serviços de bancos de células e tecidos humanos
8640-2/99	1,00%	2,00%	515	Atividades de serviços de complementação diagnóstica e terapêutica não especificadas anteriormente
8650-0/01	1,00%	1,00%	515	Atividades de enfermagem — Pessoa Jurídica
8650-0/02	1,00%	3,00%	515	Atividades de profissionais da nutrição — Pessoa Jurídica
8650-0/03	1,00%	1,00%	515	Atividades de psicologia e psicanálise — Pessoa Jurídica
8650-0/04	1,00%	1,00%	515	Atividades de fisioterapia — Pessoa Jurídica

ANEXO I — TABELA 1

CNAE	GILRAT FG até 31.12.09	GILRAT FG a partir de 1º.1.10	FPAS	Descrição da atividade
8650-0/05	1,00%	2,00%	515	Atividades de terapia ocupacional — Pessoa Jurídica
8650-0/06	1,00%	1,00%	515	Atividades de fonoaudiologia — Pessoa Jurídica
8650-0/07	1,00%	1,00%	515	Atividades de terapia de nutrição enteral e parenteral — Pessoa Jurídica
8650-0/99	1,00%	2,00%	515	Atividades de profissionais da área de saúde não especificadas anteriormente
8660-7/00	1,00%	2,00%	515	Atividades de apoio à gestão de saúde
8690-9/01	1,00%	2,00%	515	Atividades de práticas integrativas e complementares em saúde humana
8690-9/02	1,00%	1,00%	515	Atividades de bancos de leite humano
8690-9/99	1,00%	2,00%	515	Outras atividades de atenção à saúde humana não especificadas anteriormente
8711-5/01	1,00%	2,00%	515	Clínicas e residências geriátricas
8711-5/02	1,00%	2,00%	515	Instituições de longa permanência para idosos
8711-5/03	1,00%	1,00%	515	Atividades de assistência a deficientes físicos, imunodeprimidos e convalescentes
8711-5/04	1,00%	3,00%	515	Centros de apoio a pacientes com câncer e com AIDS
8712-3/00	1,00%	2,00%	515	Atividades de fornecimento de infraestrutura de apoio e assistência a paciente no domicílio
8720-4/01	1,00%	1,00%	515	Atividades de centros de assistência psicossocial
8720-4/99	1,00%	2,00%	515	Atividades de assistência psicossocial e à saúde a portadores de distúrbios psíquicos, deficiência mental e dependência química não especificadas anteriormente — Pessoa Jurídica
8730-1/01	1,00%	2,00%	515	Orfanatos
8730-1/02	1,00%	2,00%	515	Albergues assistenciais
8730-1/99	1,00%	2,00%	515	Atividades de assistência social prestadas em residências coletivas e particulares não especificadas anteriormente
8800-6/00	1,00%	2,00%	515	Serviços de assistência social sem alojamento
9001-9/06	3,00%	1,00%	515	Atividades de sonorização e de iluminação
9003-5/00	3,00%	3,00%	515	Gestão de espaços para artes cênicas, espetáculos e outras atividades artísticas
9200-3/01	1,00%	1,00%	515	Casas de bingo
9200-3/02	1,00%	2,00%	515	Exploração de apostas em corridas de cavalos
9200-3/99	1,00%	1,00%	515	Exploração de jogos de azar e apostas não especificados anteriormente
9311-5/00	1,00%	2,00%	515	Gestão de instalações de esportes
9319-1/01	1,00%	2,00%	515	Produção e promoção de eventos esportivos
9319-1/99	1,00%	2,00%	515	Outras atividades esportivas não especificadas anteriormente
9321-2/00	1,00%	2,00%	515	Parques de diversão e parques temáticos
9329-8/01	1,00%	1,00%	515	Discotecas, danceterias, salões de dança e similares
9329-8/02	1,00%	3,00%	515	Exploração de boliches
9329-8/03	1,00%	1,00%	515	Exploração de jogos de sinuca, bilhar e similares
9329-8/04	1,00%	3,00%	515	Exploração de jogos eletrônicos recreativos
9329-8/99	1,00%	2,00%	515	Outras atividades de recreação e lazer não especificadas anteriormente
9491-0/00	1,00%	2,00%	515	Atividades de organizações religiosas
9492-8/00	1,00%	1,00%	515	Atividades de organizações políticas
9511-8/00	1,00%	3,00%	515	Reparação e manutenção de computadores e de equipamentos periféricos
9512-6/00	1,00%	2,00%	515	Reparação e manutenção de equipamentos de comunicação
9521-5/00	1,00%	3,00%	515	Reparação e manutenção de equipamentos eletroeletrônicos de uso pessoal e doméstico
9529-1/01	1,00%	1,00%	515	Reparação de calçados, bolsas e artigos de viagem
9529-1/02	1,00%	3,00%	515	Chaveiros
9529-1/03	1,00%	1,00%	515	Reparação de relógios
9529-1/04	1,00%	3,00%	515	Reparação de bicicletas, triciclos e outros veículos não-motorizados
9529-1/05	1,00%	2,00%	515	Reparação de artigos do mobiliário

ANEXO I — TABELA 1

CNAE	GILRAT FG até 31.12.09	GILRAT FG a partir de 1º.1.10	FPAS	Descrição da atividade
9529-1/06	1,00%	2,00%	515	Reparação de joias
9529-1/99	1,00%	3,00%	515	Reparação e manutenção de outros objetos e equipamentos pessoais e domésticos não especificados anteriormente
9601-7/01	1,00%	3,00%	515	Lavanderias
9601-7/02	1,00%	3,00%	515	Tinturarias
9601-7/03	1,00%	3,00%	515	Toalheiros
9602-5/01	1,00%	2,00%	515	Cabeleireiros
9602-5/02	1,00%	2,00%	515	Outras atividades de tratamento de beleza
9603-3/01	1,00%	3,00%	515	Gestão e manutenção de cemitérios
9603-3/02	1,00%	2,00%	515	Serviços de cremação
9603-3/03	1,00%	2,00%	515	Serviços de sepultamento
9603-3/04	1,00%	2,00%	515	Serviços de funerárias
9603-3/05	1,00%	3,00%	515	Serviços de somatoconservação
9603-3/99	1,00%	3,00%	515	Atividades funerárias e serviços relacionados não especificados anteriormente
9609-2/01	1,00%	1,00%	515	Clínicas de estética e similares
9609-2/02	1,00%	3,00%	515	Agências matrimoniais
9609-2/03	1,00%	2,00%	515	Alojamento, higiene e embelezamento de animais
9609-2/04	1,00%	1,00%	515	Exploração de máquinas de serviços pessoais acionadas por moeda
9609-2/99	1,00%	2,00%	515	Outras atividades de serviços pessoais não especificadas anteriormente
9411-1/00	1,00%	3,00%	523	Atividades de organizações associativas patronais e empresariais (566 se vinculada ao ex-IAPC)
9412-0/00	1,00%	3,00%	523	Atividades de organizações associativas profissionais (566 se vinculada ao ex--IAPC)
9420-1/00	3,00%	2,00%	523	Atividades de organizações sindicais (566 se vinculada ao ex-IAPC e 787 no caso de sindicato patronal rural)
0210-1/07	2,00%	3,00%	531	Extração de madeira em florestas plantadas
0210-1/08	2,00%	3,00%	531	Produção de carvão vegetal — florestas plantadas
0220-9/01	3,00%	3,00%	531	Extração de madeira em florestas nativas
0220-9/02	3,00%	2,00%	531	Produção de carvão vegetal — florestas nativas
1011-2/01	3,00%	3,00%	531	Frigorífico — abate de bovinos (setor de abate)
1011-2/02	3,00%	3,00%	531	Frigorífico — abate de equinos (setor de abate)
1011-2/03	3,00%	3,00%	531	Frigorífico — abate de ovinos e caprinos (setor de abate)
1011-2/04	3,00%	3,00%	531	Frigorífico — abate de bufalinos (setor de abate)
1011-2/05	3,00%	3,00%	531	Matadouro — abate de reses sob contrato, exceto abate de suínos
1012-1/01	3,00%	3,00%	531	Abate de aves (setor de abate)
1012-1/02	3,00%	3,00%	531	Abate de pequenos animais (setor de abate)
1012-1/03	3,00%	3,00%	531	Frigorífico — abate de suínos (setor de abate)
1012-1/04	3,00%	3,00%	531	Matadouro — abate de suínos sob contrato
1051-1/00	2,00%	3,00%	531	Preparação do leite (825 se agroindústria)
1061-9/01	2,00%	3,00%	531	Beneficiamento de arroz (825 se agroindústria)
0311-6/01	2,00%	3,00%	540	Pesca de peixes em água salgada
3317-1/01	1,00%	3,00%	540	Manutenção e reparação de embarcações e estruturas flutuantes
3317-1/02	1,00%	2,00%	540	Manutenção e reparação de embarcações para esporte e lazer
5011-4/01	1,00%	3,00%	540	Transporte marítimo de cabotagem — Carga
5011-4/02	1,00%	2,00%	540	Transporte marítimo de cabotagem — Passageiros
5012-2/01	1,00%	3,00%	540	Transporte marítimo de longo curso — Carga
5012-2/02	1,00%	2,00%	540	Transporte marítimo de longo curso — Passageiros
5021-1/01	1,00%	3,00%	540	Transporte por navegação interior de carga, municipal, exceto travessia

ANEXO I — TABELA 1				
CNAE	GILRAT		FPAS	Descrição da atividade
	FG até 31.12.09	FG a partir de 1º.1.10		
5021-1/02	1,00%	3,00%	540	Transporte por navegação interior de carga, intermunicipal, interestadual e internacional, exceto travessia
5022-0/01	1,00%	2,00%	540	Transporte por navegação interior de passageiros em linhas regulares, municipal, exceto travessia
5022-0/02	1,00%	2,00%	540	Transporte por navegação interior de passageiros em linhas regulares, intermunicipal, interestadual e internacional, exceto travessia
5030-1/01	1,00%	3,00%	540	Navegação de apoio marítimo
5030-1/02	1,00%	1,00%	540	Navegação de apoio portuário
5091-2/01	2,00%	3,00%	540	Transporte por navegação de travessia, municipal
5091-2/02	2,00%	3,00%	540	Transporte por navegação de travessia, intermunicipal
5099-8/01	2,00%	1,00%	540	Transporte aquaviário para passeios turísticos
5099-8/99	2,00%	1,00%	540	Outros transportes aquaviários não especificados anteriormente
5231-1/01	1,00%	2,00%	540	Administração da infraestrutura portuária
5231-1/02	1,00%	3,00%	540	Operações de terminais
5232-0/00	1,00%	2,00%	540	Atividades de agenciamento marítimo
5239-7/00	1,00%	3,00%	540	Atividades auxiliares dos transportes aquaviários não especificadas anteriormente
7420-0/02	1,00%	2,00%	540	Atividades de produção de fotografias submarinas
7490-1/02	1,00%	3,00%	540	Escafandria e mergulho
9412-0/00	1,00%	3,00%	540	Atividades de organizações associativas profissionais (empregados permanentes do OGMO)
3041-5/00	1,00%	2,00%	558	Fabricação de aeronaves
3042-3/00	1,00%	2,00%	558	Fabricação de turbinas, motores e outros componentes e peças para aeronaves
3316-3/01	1,00%	2,00%	558	Manutenção e reparação de aeronaves, exceto a manutenção na pista
3316-3/02	1,00%	1,00%	558	Manutenção de aeronaves na pista
4614-1/00	2,00%	2,00%	558	Representantes comerciais e agentes do comércio de aeronaves
5111-1/00	3,00%	3,00%	558	Transporte aéreo de passageiros regular
5112-9/01	3,00%	3,00%	558	Serviço de táxi aéreo e locação de aeronaves com tripulação
5112-9/99	3,00%	3,00%	558	Outros serviços de transporte aéreo de passageiros não-regular
5120-0/00	2,00%	2,00%	558	Transporte aéreo de carga
5130-7/00	1,00%	1,00%	558	Transporte espacial
5240-1/01	1,00%	2,00%	558	Operação dos aeroportos e campos de aterrissagem
5240-1/99	1,00%	3,00%	558	Atividades auxiliares dos transportes aéreos, exceto operação dos aeroportos e campos de aterrissagem
7420-0/02	1,00%	2,00%	558	Atividades de produção de fotografias aéreas
7719-5/02	1,00%	3,00%	558	Locação de aeronaves sem tripulação
3250-7/06	2,00%	2,00%	566	Serviços de prótese dentária — Pessoa Física
5811-5/00	1,00%	2,00%	566	Edição de livros
5812-3/00	1,00%	2,00%	566	Edição de jornais
5813-1/00	1,00%	3,00%	566	Edição de revistas
5819-1/00	1,00%	2,00%	566	Edição de cadastros, listas e outros produtos gráficos
5829-8/00	1,00%	2,00%	566	Edição de cadastros, listas e outros produtos gráficos
5911-1/02	1,00%	3,00%	566	Produção de filmes para publicidade
5911-1/99	1,00%	1,00%	566	Atividades de produção cinematográfica, de vídeos e de programas de televisão não especificadas anteriormente
5912-0/01	1,00%	2,00%	566	Serviços de dublagem
5912-0/02	1,00%	2,00%	566	Serviços de mixagem sonora em produção audiovisual
5912-0/99	1,00%	1,00%	566	Atividades de pós-produção cinematográfica, de vídeos e de programas de televisão não especificadas anteriormente
5913-8/00	1,00%	1,00%	566	Distribuição cinematográfica, de vídeo e de programas de televisão
5914-6/00	1,00%	3,00%	566	Atividades de exibição cinematográfica
5920-1/00	1,00%	2,00%	566	Atividades de gravação de som e de edição de música
6010-1/00	1,00%	1,00%	566	Atividades de rádio

ANEXO I — TABELA 1				
CNAE	GILRAT		FPAS	Descrição da atividade
	FG até 31.12.09	FG a partir de 1º.1.10		
6021-7/00	3,00%	3,00%	566	Atividades de televisão aberta
6022-5/01	3,00%	3,00%	566	Programadoras
6391-7/00	1,00%	2,00%	566	Agências de notícias
6611-8/01	1,00%	1,00%	736	Bolsa de valores
6611-8/02	1,00%	1,00%	736	Bolsa de mercadorias
6611-8/03	1,00%	1,00%	736	Bolsa de mercadorias e futuros
6611-8/04	1,00%	2,00%	736	Administração de mercados de balcão organizados
6621-5/01	1,00%	1,00%	566	Peritos e avaliadores de seguros — Pessoa Física
6621-5/02	1,00%	1,00%	566	Auditoria e consultoria atuarial — Pessoa Física
6821-8/01	1,00%	2,00%	566	Corretagem na compra e venda e avaliação de imóveis — Pessoa Física
6821-8/02	1,00%	2,00%	566	Corretagem no aluguel de imóveis — Pessoa Física
6911-7/01	1,00%	1,00%	566	Serviços advocatícios — Pessoa Física
6920-6/01	1,00%	1,00%	566	Atividades de contabilidade — Pessoa Física
6920-6/02	1,00%	2,00%	566	Atividades de consultoria e auditoria contábil e tributária — Pessoa Física
7020-4/00	1,00%	2,00%	566	Atividades de consultoria em gestão empresarial, exceto consultoria técnica específica — Pessoa Física
7111-1/00	1,00%	3,00%	566	Serviços de arquitetura — Pessoa Física
7112-0/00	1,00%	3,00%	566	Serviços de engenharia, (pessoa física) inclusive engenharia consultiva, exceto aquela prestada na área da Indústria da Construção, que é do FPAS 507
7119-7/01	1,00%	2,00%	566	Serviços de cartografia, topografia e geodésia — Pessoa Física
7119-7/02	1,00%	3,00%	566	Atividades de estudos geológicos — Pessoa Física
7119-7/03	1,00%	2,00%	566	Serviços de desenho técnico relacionados à arquitetura e engenharia — Pessoa Física
7119-7/04	1,00%	1,00%	566	Serviços de perícia técnica relacionados à segurança do trabalho — Pessoa Física
7119-7/99	1,00%	2,00%	566	Atividades técnicas relacionadas à engenharia e arquitetura não especificadas anteriormente — Pessoa Física
7120-1/00	3,00%	1,00%	566	Testes e análises técnicas — Pessoa Física
7220-7/00	1,00%	1,00%	566	Pesquisa e desenvolvimento experimental em ciências sociais e humanas — Pessoa Física
7311-4/00	1,00%	1,00%	566	Agências de publicidade
7312-2/00	1,00%	3,00%	566	Agenciamento de espaços para publicidade, exceto em veículos de comunicação
7319-0/01	1,00%	2,00%	566	Criação de estandes para feiras e exposições
7319-0/03	1,00%	3,00%	566	Marketing direto
7319-0/99	1,00%	2,00%	566	Outras atividades de publicidade não especificadas anteriormente
7410-2/01	1,00%	3,00%	566	Design
7410-2/02	1,00%	3,00%	566	Decoração de interiores
7420-0/01	1,00%	2,00%	566	Atividades de produção de fotografias, exceto aérea e submarina
7420-0/03	1,00%	2,00%	566	Laboratórios fotográficos
7420-0/04	1,00%	2,00%	566	Filmagem de festas e eventos
7490-1/01	1,00%	3,00%	566	Serviços de tradução, interpretação e similares
7490-1/03	1,00%	3,00%	566	Serviços de agronomia e de consultoria às atividades agrícolas e pecuárias — Pessoa Física
7500-1/00	1,00%	2,00%	566	Atividades veterinárias — Pessoa Física
8112-5/00	3,00%	2,00%	566	Condomínios prediais
8511-2/00	1,00%	2,00%	566	Educação infantil — creche
8512-1/00	1,00%	1,00%	566	Educação infantil — pré-escola
8550-3/01	1,00%	1,00%	566	Administração de caixas escolares
8550-3/02	1,00%	2,00%	566	Atividades de apoio à educação, exceto caixas escolares
8630-5/03	2,00%	1,00%	566	Atividade médica ambulatorial restrita a consultas — Pessoa Física
8630-5/04	2,00%	1,00%	566	Atividade odontológica com recursos para realização de procedimentos cirúrgicos — Pessoa Física

ANEXO I — TABELA 1

CNAE	GILRAT FG até 31.12.09	GILRAT FG a partir de 1º.1.10	FPAS	Descrição da atividade
8630-5/05	2,00%	1,00%	566	Atividade odontológica sem recursos para realização de procedimentos cirúrgicos — Pessoa Física
8650-0/01	1,00%	1,00%	566	Atividades de enfermagem — Pessoa Física
8650-0/02	1,00%	3,00%	566	Atividades de profissionais da nutrição — Pessoa Física
8650-0/03	1,00%	1,00%	566	Atividades de psicologia e psicanálise — Pessoa Física
8650-0/04	1,00%	1,00%	566	Atividades de fisioterapia — Pessoa Física
8650-0/05	1,00%	2,00%	566	Atividades de terapia ocupacional — Pessoa Física
8650-0/06	1,00%	1,00%	566	Atividades de fonoaudiologia — Pessoa Física
8650-0/07	1,00%	1,00%	566	Atividades de terapia de nutrição enteral e parenteral — Pessoa Física
8711-5/05	1,00%	2,00%	566	Condomínios residenciais para idosos
8720-4/99	1,00%	2,00%	566	Atividades de assistência psicossocial e à saúde a portadores de distúrbios psíquicos, deficiência mental e dependência química não especificadas anteriormente — Pessoa Física
9001-9/01	3,00%	1,00%	566	Produção teatral
9001-9/02	3,00%	2,00%	566	Produção musical
9001-9/03	3,00%	2,00%	566	Produção de espetáculos de dança
9001-9/04	3,00%	1,00%	566	Produção de espetáculos circenses, de marionetes e similares
9001-9/05	3,00%	3,00%	566	Produção de espetáculos de rodeios, vaquejadas e similares
9001-9/99	3,00%	3,00%	566	Artes cênicas, espetáculos e atividades complementares não especificados anteriormente
9002-7/01	3,00%	1,00%	566	Atividades de artistas plásticos, jornalistas independentes e escritores
9002-7/02	3,00%	1,00%	566	Restauração de obras de arte
9101-5/00	1,00%	2,00%	566	Atividades de bibliotecas e arquivos
9102-3/01	1,00%	1,00%	566	Atividades de museus e de exploração de lugares e prédios históricos e atrações similares
9103-1/00	1,00%	2,00%	566	Atividades de jardins botânicos, zoológicos, parques nacionais, reservas ecológicas e áreas de proteção ambiental
9312-3/00	1,00%	2,00%	566	Clubes sociais, esportivos e similares (647- Futebol profissional)
9313-1/00	1,00%	1,00%	566	Atividades de condicionamento físico
9411-1/00	1,00%	3,00%	566	Atividades de organizações associativas patronais e empresariais (523 se não vinculada ao ex-IAPC)
9412-0/00	1,00%	3,00%	566	Atividades de organizações associativas profissionais (523 se não vinculada ao ex-IAPC)
9420-1/00	3,00%	2,00%	566	Atividades de organizações sindicais (523 se não vinculada ao ex-IAPC e 787 no caso de sindicato patronal rural)
9430-8/00	1,00%	2,00%	566	Atividades de associações de defesa de direitos sociais
9493-6/00	1,00%	2,00%	566	Atividades de organizações associativas ligadas à cultura e à arte
9499-5/00	1,00%	2,00%	566	Atividades associativas não especificadas anteriormente
8513-9/00	1,00%	1,00%	574	Ensino fundamental
8520-1/00	1,00%	1,00%	574	Ensino médio
8531-7/00	1,00%	1,00%	574	Educação superior — graduação
8532-5/00	1,00%	1,00%	574	Educação superior — graduação e pós-graduação
8533-3/00	1,00%	1,00%	574	Educação superior — pós-graduação e extensão
8541-4/00	1,00%	1,00%	574	Educação profissional de nível técnico
8542-2/00	1,00%	2,00%	574	Educação profissional de nível tecnológico
6410-7/00	1,00%	1,00%	582	Banco Central
8411-6/00	2,00%	2,00%	582	Administração Pública em geral
8412-4/00	2,00%	1,00%	582	Regulação das atividades de saúde, educação, serviços culturais e outros serviços sociais
8413-2/00	2,00%	2,00%	582	Regulação das atividades econômicas
8421-3/00	2,00%	1,00%	582	Relações exteriores
8422-1/00	2,00%	1,00%	582	Defesa

ANEXO I — TABELA 1

CNAE	GILRAT		FPAS	Descrição da atividade
	FG até 31.12.09	FG a partir de 1º.1.10		
8423-0/00	2,00%	1,00%	582	Justiça
8424-8/00	2,00%	2,00%	582	Segurança e ordem pública
8425-6/00	2,00%	1,00%	582	Defesa Civil
8430-2/00	2,00%	1,00%	582	Seguridade social obrigatória
9900-8/00	1,00%	1,00%	582	Organismos internacionais e outras instituições extraterritoriais sem acordo internacional de isenção (com acordo: FPAS 876)
6912-5/00	1,00%	1,00%	590	Cartórios
0111-3/01	2,00%	3,00%	604(*)	Cultivo de arroz
0111-3/02	2,00%	3,00%	604(*)	Cultivo de milho
0111-3/03	2,00%	2,00%	604(*)	Cultivo de trigo
0111-3/99	2,00%	3,00%	604(*)	Cultivo de outros cereais não especificados anteriormente
0112-1/01	2,00%	3,00%	604(*)	Cultivo de algodão herbáceo
0112-1/02	2,00%	3,00%	604(*)	Cultivo de juta
0112-1/99	2,00%	3,00%	604(*)	Cultivo de outras fibras de lavoura temporária não especificadas anteriormente
0113-0/00	2,00%	3,00%	604(*)	Cultivo de cana-de-açúcar
0114-8/00	2,00%	3,00%	604(*)	Cultivo de fumo
0115-6/00	2,00%	3,00%	604(*)	Cultivo de soja
0116-4/01	2,00%	2,00%	604(*)	Cultivo de amendoim
0116-4/02	2,00%	2,00%	604(*)	Cultivo de girassol
0116-4/03	2,00%	3,00%	604(*)	Cultivo de mamona
0116-4/99	2,00%	3,00%	604(*)	Cultivo de outras oleaginosas de lavoura temporária não especificadas anteriormente
0119-9/01	2,00%	2,00%	604(*)	Cultivo de abacaxi
0119-9/02	2,00%	3,00%	604(*)	Cultivo de alho
0119-9/03	2,00%	3,00%	604(*)	Cultivo de batata-inglesa
0119-9/04	2,00%	2,00%	604(*)	Cultivo de cebola
0119-9/05	2,00%	3,00%	604(*)	Cultivo de feijão
0119-9/06	2,00%	3,00%	604(*)	Cultivo de mandioca
0119-9/07	2,00%	3,00%	604(*)	Cultivo de melão
0119-9/08	2,00%	2,00%	604(*)	Cultivo de melancia
0119-9/09	2,00%	2,00%	604(*)	Cultivo de tomate rasteiro
0119-9/99	2,00%	2,00%	604(*)	Cultivo de outras plantas de lavoura temporária não especificadas anteriormente
0121-1/01	1,00%	3,00%	604(*)	Horticultura, exceto morango
0121-1/02	1,00%	3,00%	604(*)	Cultivo de morango
0122-9/00	1,00%	3,00%	604(*)	Cultivo de flores e plantas ornamentais
0131-8/00	2,00%	3,00%	604(*)	Cultivo de laranja
0132-6/00	1,00%	3,00%	604(*)	Cultivo de uva
0133-4/01	1,00%	1,00%	604(*)	Cultivo de açaí
0133-4/02	1,00%	3,00%	604(*)	Cultivo de banana
0133-4/03	1,00%	2,00%	604(*)	Cultivo de caju
0133-4/04	1,00%	3,00%	604(*)	Cultivo de cítricos, exceto laranja
0133-4/05	1,00%	3,00%	604(*)	Cultivo de coco-da-baía
0133-4/06	1,00%	3,00%	604(*)	Cultivo de guaraná
0133-4/07	1,00%	3,00%	604(*)	Cultivo de maçã
0133-4/08	1,00%	2,00%	604(*)	Cultivo de mamão
0133-4/09	1,00%	3,00%	604(*)	Cultivo de maracujá
0133-4/10	1,00%	3,00%	604(*)	Cultivo de manga
0133-4/11	1,00%	3,00%	604(*)	Cultivo de pêssego
0133-4/99	1,00%	3,00%	604(*)	Cultivo de frutas de lavoura permanente não especificadas anteriormente

ANEXO I — TABELA 1

CNAE	GILRAT FG até 31.12.09	GILRAT FG a partir de 1º.1.10	FPAS	Descrição da atividade
0134-2/00	1,00%	3,00%	604(*)	Cultivo de café
0135-1/00	1,00%	3,00%	604(*)	Cultivo de cacau
0139-3/01	1,00%	3,00%	604(*)	Cultivo de chá-da-índia
0139-3/02	1,00%	3,00%	604(*)	Cultivo de erva-mate
0139-3/03	1,00%	3,00%	604(*)	Cultivo de pimenta-do-reino
0139-3/04	1,00%	3,00%	604(*)	Cultivo de plantas para condimento, exceto pimenta-do-reino
0139-3/05	1,00%	3,00%	604(*)	Cultivo de dendê
0139-3/06	1,00%	3,00%	604(*)	Cultivo de seringueira
0139-3/99	1,00%	3,00%	604(*)	Cultivo de outras plantas de lavoura permanente não especificadas anteriormente
0141-5/01	2,00%	3,00%	604(*)	Produção de sementes certificadas, exceto de forrageiras para pasto
0141-5/02	2,00%	3,00%	604(*)	Produção de sementes certificadas de forrageiras para formação de pasto
0142-3/00	2,00%	2,00%	604(*)	Produção de mudas e outras formas de propagação vegetal, certificadas
0151-2/01	1,00%	3,00%	604(*)	Criação de bovinos para corte
0151-2/02	1,00%	3,00%	604(*)	Criação de bovinos para leite
0151-2/03	1,00%	3,00%	604(*)	Criação de bovinos, exceto para corte e leite
0152-1/01	1,00%	3,00%	604(*)	Criação de bufalinos
0152-1/02	1,00%	2,00%	604(*)	Criação de equinos
0152-1/03	1,00%	3,00%	604(*)	Criação de asininos e muares
0153-9/01	1,00%	3,00%	604(*)	Criação de caprinos
0153-9/02	1,00%	3,00%	604(*)	Criação de ovinos, inclusive para produção de lã
0154-7/00	1,00%	3,00%	604(*)	Criação de suínos
0155-5/01	1,00%	3,00%	604(*)	Criação de frangos para corte
0155-5/02	1,00%	3,00%	604(*)	Produção de pintos de um dia
0155-5/03	1,00%	2,00%	604(*)	Criação de outros galináceos, exceto para corte
0155-5/04	1,00%	2,00%	604(*)	Criação de aves, exceto galináceos
0155-5/05	1,00%	3,00%	604(*)	Produção de ovos
0159-8/01	1,00%	2,00%	604(*)	Apicultura
0159-8/02	1,00%	3,00%	604(*)	Criação de animais de estimação
0159-8/03	1,00%	1,00%	604(*)	Criação de *escargot*
0159-8/04	1,00%	1,00%	604(*)	Criação de bicho-da-seda
0159-8/99	1,00%	2,00%	604(*)	Criação de outros animais não especificados anteriormente
0170-9/00	1,00%	1,00%	604(*)	Caça e serviços relacionados
0210-1/01	2,00%	3,00%	604(*)	Cultivo de eucalipto
0210-1/02	2,00%	3,00%	604(*)	Cultivo de acácia-negra
0210-1/03	2,00%	3,00%	604(*)	Cultivo de *pinus*
0210-1/04	2,00%	3,00%	604(*)	Cultivo de teca
0210-1/05	2,00%	2,00%	604(*)	Cultivo de espécies madeireiras, exceto eucalipto, acácia-negra, *pinus* e teca
0210-1/06	2,00%	3,00%	604(*)	Cultivo de mudas em viveiros florestais
0210-1/09	2,00%	2,00%	604(*)	Produção de casca de acácia-negra — florestas plantadas
0210-1/99	2,00%	3,00%	604(*)	Produção de produtos não-madeireiros não especificados anteriormente em florestas plantadas
0220-9/03	3,00%	3,00%	604(*)	Coleta de castanha-do-pará em florestas nativas
0220-9/04	3,00%	1,00%	604(*)	Coleta de látex em florestas nativas
0220-9/05	3,00%	3,00%	604(*)	Coleta de palmito em florestas nativas
0220-9/06	3,00%	3,00%	604(*)	Conservação de florestas nativas
0220-9/99	3,00%	3,00%	604(*)	Coleta de produtos não-madeireiros não especificados anteriormente em florestas nativas
0311-6/02	2,00%	3,00%	604(*)	Pesca de crustáceos e moluscos em água salgada

ANEXO I — TABELA 1

CNAE	GILRAT FG até 31.12.09	GILRAT FG a partir de 1º.1.10	FPAS	Descrição da atividade
0311-6/03	2,00%	3,00%	604(*)	Coleta de outros produtos marinhos
0312-4/01	2,00%	2,00%	604(*)	Pesca de peixes em água doce
0312-4/02	2,00%	1,00%	604(*)	Pesca de crustáceos e moluscos em água doce
0312-4/03	2,00%	1,00%	604(*)	Coleta de outros produtos aquáticos de água doce
0321-3/01	2,00%	2,00%	604(*)	Criação de peixes em água salgada e salobra
0321-3/02	2,00%	2,00%	604(*)	Criação de camarões em água salgada e salobra
0321-3/03	2,00%	3,00%	604(*)	Criação de ostras e mexilhões em água salgada e salobra
0321-3/04	2,00%	2,00%	604(*)	Criação de peixes ornamentais em água salgada e salobra
0321-3/99	2,00%	2,00%	604(*)	Cultivos e semicultivos da aquicultura em água salgada e salobra não especificados anteriormente
0322-1/01	2,00%	3,00%	604(*)	Criação de peixes em água doce
0322-1/02	2,00%	2,00%	604(*)	Criação de camarões em água doce
0322-1/03	2,00%	2,00%	604(*)	Criação de ostras e mexilhões em água doce
0322-1/04	2,00%	2,00%	604(*)	Criação de peixes ornamentais em água doce
0322-1/05	2,00%	3,00%	604(*)	Ranicultura
0322-1/06	2,00%	3,00%	604(*)	Criação de jacaré
0322-1/99	2,00%	3,00%	604(*)	Cultivos e semicultivos da aquicultura em água doce não especificados anteriormente
3600-6/02	2,00%	2,00%	612	Distribuição de água por caminhões
4681-8/01	1,00%	3,00%	612	Pessoal de Transporte no Comércio atacadista de álcool carburante, *biodiesel*, gasolina e demais derivados de petróleo, exceto lubrificantes, não realizado por transportador retalhista (TRR)
4681-8/02	1,00%	3,00%	612	Pessoal de Transporte no Comércio atacadista de combustíveis realizado por transportador retalhista (TRR)
4681-8/03	1,00%	3,00%	612	Pessoal de Transporte no Comércio atacadista de combustíveis de origem vegetal, exceto álcool carburante
4681-8/04	1,00%	2,00%	612	Pessoal de Transporte no Comércio atacadista de combustíveis de origem mineral em bruto
4681-8/05	1,00%	2,00%	612	Pessoal de Transporte no Comércio atacadista de lubrificantes
4682-6/00	1,00%	3,00%	612	Pessoal de Transporte no Comércio atacadista de gás liquefeito de petróleo (GLP)
4921-3/01	3,00%	3,00%	612	Transporte rodoviário coletivo de passageiros, com itinerário fixo, municipal
4921-3/02	3,00%	3,00%	612	Transporte rodoviário coletivo de passageiros, com itinerário fixo, intermunicipal em região metropolitana
4922-1/01	3,00%	3,00%	612	Transporte rodoviário coletivo de passageiros, com itinerário fixo, intermunicipal, exceto em região metropolitana
4922-1/02	3,00%	3,00%	612	Transporte rodoviário coletivo de passageiros, com itinerário fixo, interestadual
4922-1/03	3,00%	3,00%	612	Transporte rodoviário coletivo de passageiros, com itinerário fixo, internacional
4923-0/01	3,00%	3,00%	612	Serviço de táxi
4923-0/02	3,00%	3,00%	612	Serviço de transporte de passageiros — locação de automóveis com motorista
4924-8/00	3,00%	3,00%	612	Transporte escolar
4929-9/01	3,00%	3,00%	612	Transporte rodoviário coletivo de passageiros, sob regime de fretamento, municipal
4929-9/02	3,00%	3,00%	612	Transporte rodoviário coletivo de passageiros, sob regime de fretamento, intermunicipal, interestadual e internacional
4929-9/03	3,00%	3,00%	612	Organização de excursões em veículos rodoviários próprios, municipal
4929-9/04	3,00%	3,00%	612	Organização de excursões em veículos rodoviários próprios, intermunicipal, interestadual e internacional
4929-9/99	3,00%	2,00%	612	Outros transportes rodoviários de passageiros não especificados anteriormente
4930-2/01	3,00%	3,00%	612	Transporte rodoviário de carga, exceto produtos perigosos e mudanças, municipal
4930-2/02	3,00%	3,00%	612	Transporte rodoviário de carga, exceto produtos perigosos e mudanças, intermunicipal, interestadual e internacional
4930-2/03	3,00%	3,00%	612	Transporte rodoviário de produtos perigosos
4930-2/04	3,00%	3,00%	612	Transporte rodoviário de mudanças
5212-5/00	2,00%	3,00%	612	Carga e descarga

ANEXO I — TABELA 1

CNAE	GILRAT FG até 31.12.09	GILRAT FG a partir de 1º.1.10	FPAS	Descrição da atividade
5229-0/02	1,00%	3,00%	612	Serviços de reboque de veículos
5320-2/01	3,00%	3,00%	612	Serviços de malote não realizados pelo Correio Nacional
5320-2/02	3,00%	3,00%	612	Serviços de entrega rápida
7711-0/00	1,00%	2,00%	612	Locação de automóveis sem condutor
8012-9/00	3,00%	3,00%	612	Atividades de transporte de valores
8622-4/00	2,00%	2,00%	612	Serviços de remoção de pacientes, exceto os serviços móveis de atendimento a urgências
9312-3/00	1,00%	2,00%	647	Clubes sociais, esportivos e similares (566 — sem futebol profissional)
7820-5/00	2,00%	3,00%	655	Locação de mão de obra temporária
6421-2/00	3,00%	2,00%	736	Bancos comerciais
6422-1/00	3,00%	3,00%	736	Bancos múltiplos, com carteira comercial
6423-9/00	3,00%	2,00%	736	Caixas econômicas
6424-7/01	1,00%	1,00%	736	Bancos cooperativos
6431-0/00	3,00%	1,00%	736	Bancos múltiplos, sem carteira comercial
6432-8/00	1,00%	1,00%	736	Bancos de investimento
6433-6/00	1,00%	2,00%	736	Bancos de desenvolvimento
6435-2/01	1,00%	1,00%	736	Sociedades de crédito imobiliário
6435-2/02	1,00%	1,00%	736	Associações de poupança e empréstimo
6435-2/03	1,00%	1,00%	736	Companhias hipotecárias
6436-1/00	1,00%	1,00%	736	Sociedades de crédito, financiamento e investimento — financeiras
6437-9/00	1,00%	1,00%	736	Sociedades de crédito ao microempreendedor
6440-9/00	1,00%	1,00%	736	Arrendamento mercantil
6450-6/00	1,00%	3,00%	736	Sociedades de capitalização
6470-1/01	1,00%	1,00%	736	Fundos de investimento, exceto previdenciários e imobiliários
6470-1/02	1,00%	1,00%	736	Fundos de investimento previdenciários
6470-1/03	1,00%	1,00%	736	Fundos de investimento imobiliários
6492-1/00	1,00%	3,00%	736	Securitização de créditos
6499-9/01	1,00%	1,00%	736	Clubes de investimento
6499-9/02	1,00%	1,00%	736	Sociedades de investimento
6499-9/03	1,00%	1,00%	736	Fundo garantidor de crédito
6499-9/04	1,00%	1,00%	736	Caixas de financiamento de corporações
6499-9/05	1,00%	1,00%	736	Concessão de crédito pelas OSCIP
6499-9/99	1,00%	1,00%	736	Outras atividades de serviços financeiros não especificadas anteriormente
6511-1/01	1,00%	1,00%	736	Seguros de vida
6511-1/02	1,00%	2,00%	736	Planos de auxílio-funeral
6512-0/00	1,00%	2,00%	736	Seguros não-vida
6520-1/00	2,00%	1,00%	736	Seguros-saúde
6530-8/00	1,00%	2,00%	736	Resseguros
6541-3/00	1,00%	1,00%	736	Previdência complementar fechada
6542-1/00	1,00%	1,00%	736	Previdência complementar aberta
6612-6/01	1,00%	1,00%	736	Corretoras de títulos e valores mobiliários
6612-6/02	1,00%	1,00%	736	Distribuidoras de títulos e valores mobiliários
6612-6/03	1,00%	1,00%	736	Corretoras de câmbio
6612-6/04	1,00%	1,00%	736	Corretoras de contratos de mercadorias
6612-6/05	1,00%	2,00%	736	Agentes de investimentos em aplicações financeiras
6619-3/01	1,00%	1,00%	736	Serviços de liquidação e custódia
6619-3/02	1,00%	2,00%	736	Correspondentes de instituições financeiras

ANEXO I — TABELA 1

CNAE	GILRAT		FPAS	Descrição da atividade
	FG até 31.12.09	FG a partir de 1º.1.10		
6619-3/04	1,00%	1,00%	736	Caixas eletrônicos
6622-3/00	1,00%	1,00%	736	Corretores e agentes de seguros, de planos de previdência complementar e de saúde
6629-1/00	1,00%	2,00%	736	Atividades auxiliares dos seguros, da previdência complementar e dos planos de saúde não especificadas anteriormente
0161-0/01	1,00%	3,00%	787	Serviço de pulverização e controle de pragas agrícolas
0161-0/02	1,00%	3,00%	787	Serviço de poda de árvores para lavouras
0161-0/03	1,00%	3,00%	787	Serviço de preparação de terreno, cultivo e colheita
0161-0/99	1,00%	3,00%	787	Atividades de apoio à agricultura não especificadas anteriormente
0162-8/01	1,00%	2,00%	787	Serviço de inseminação artificial em animais
0162-8/02	1,00%	3,00%	787	Serviço de tosquiamento de ovinos
0162-8/03	1,00%	3,00%	787	Serviço de manejo de animais
0162-8/99	1,00%	3,00%	787	Atividades de apoio à pecuária não especificadas anteriormente
0163-6/00	1,00%	3,00%	787	Atividades de pós-colheita
0230-6/00	2,00%	3,00%	787	Atividades de apoio à produção florestal
0311-6/04	2,00%	2,00%	787	Atividades de apoio à pesca em água salgada
0312-4/04	2,00%	2,00%	787	Atividades de apoio à pesca em água doce
0321-3/05	2,00%	2,00%	787	Atividades de apoio à aquicultura em água salgada e salobra
0322-1/07	2,00%	2,00%	787	Atividades de apoio à aquicultura em água doce
9420-1/00	3,00%	2,00%	787	Atividades de organizações sindicais — sindicato patronal rural
1031-7/00	2,00%	3,00%	833(*)	Fabricação de conservas de frutas — agroindústria
1032-5/01	2,00%	2,00%	833(*)	Fabricação de conservas de palmito — agroindústria
1032-5/99	2,00%	3,00%	833(*)	Fabricação de conservas de legumes e outros vegetais, exceto palmito — agroindústria
1033-3/01	2,00%	3,00%	833(*)	Fabricação de sucos concentrados de frutas, hortaliças e legumes — agroindústria
1033-3/02	2,00%	3,00%	833(*)	Fabricação de sucos de frutas, hortaliças e legumes, exceto concentrados — agroindústria
1041-4/00	2,00%	3,00%	833(*)	Fabricação de óleos vegetais em bruto, exceto óleo de milho — agroindústria
1042-2/00	2,00%	3,00%	833(*)	Fabricação de óleos vegetais refinados, exceto óleo de milho — agroindústria
1043-1/00	2,00%	2,00%	833(*)	Fabricação de margarina e outras gorduras vegetais e de óleos não-comestíveis de animais — agroindústria
1061-9/02	2,00%	3,00%	833(*)	Fabricação de produtos do arroz — agroindústria
1093-7/01	2,00%	3,00%	833(*)	Fabricação de produtos derivados do cacau e de chocolates — agroindústria
1093-7/02	2,00%	3,00%	833(*)	Fabricação de frutas cristalizadas, balas e semelhantes — agroindústria
1099-6/01	2,00%	3,00%	833(*)	Fabricação de vinagres — agroindústria
1111-9/01	2,00%	3,00%	833(*)	Fabricação de aguardente de cana-de-açúcar — agroindústria
1122-4/99	2,00%	3,00%	833(*)	Fabricação de outras bebidas não-alcoólicas não especificadas anteriormente — agroindústria
1210-7/00	3,00%	3,00%	833(*)	Processamento industrial do fumo — agroindústria
1220-4/01	3,00%	2,00%	833(*)	Fabricação de cigarros — agroindústria
1220-4/02	3,00%	3,00%	833(*)	Fabricação de cigarrilhas e charutos — agroindústria
1220-4/03	3,00%	3,00%	833(*)	Fabricação de filtros para cigarros — agroindústria
1321-9/00	2,00%	3,00%	833(*)	Tecelagem de fios de algodão — agroindústria
1322-7/00	2,00%	3,00%	833(*)	Tecelagem de fios de fibras têxteis naturais — agroindústria
1931-4/00	2,00%	3,00%	833(*)	Fabricação de álcool — agroindústria
1932-2/00	2,00%	3,00%	833(*)	Fabricação de biocombustíveis, exceto álcool — agroindústria
2121-1/03	2,00%	2,00%	833(*)	Fabricação de medicamentos fitoterápicos para uso humano — agroindústria
9700-5/00	0,00%	2,00%	868	Serviços domésticos
9900-8/00	1,00%	1,00%	876	Organismos internacionais e outras instituições extraterritoriais com acordo internacional de isenção (sem acordo: FPAS 582)

(*) Caso o contribuinte esteja sujeito à contribuição substitutiva na forma dos art. 22-A e 25 da Lei n. 8.212, de 1991, ou do art. 25 da Lei n. 8.870, de 1994, a alíquota GILRAT será substituída por 0,1% (um décimo por cento) incidente sobre a receita da comercialização da produção.

4. TABELA 2 (ATIVIDADES ESPECIAIS)

Para estas atividades não há, necessariamente, correspondência entre os códigos CNAE e FPAS. Os códigos FPAS de tais atividades foram atribuídos com base no Decreto-Lei n. 1.146, de 1970, e na Lei n. 10.256, de 2001, tendo em vista características especiais relacionadas à sua tributação e às circunstâncias sob as quais se desenvolvem.

O recolhimento de contribuições a terceiros será feito de acordo com o código FPAS atribuído à atividade, qualquer que seja a tabela de enquadramento. Tratando-se de pessoa jurídica que empregue no processo produtivo do bem ou serviço mais de uma atividade (exemplo: rural e industrial), será necessário discriminar separadamente, na GFIP, a remuneração de empregados e demais segurados de cada atividade, e recolher as contribuições decorrentes com base no respectivo código FPAS.

Em virtude da alteração do Anexo V do RPS, promovida pelo Decreto n. 6.957, de 9 de setembro de 2009, a coluna que relaciona as alíquotas GILRAT foi dividida em duas para contemplar a alíquota referente a cada atividade por momento de ocorrência do fato gerador da contribuição.

O marco temporal estabelecido decorre do disposto no art. 4º do Decreto, que determina a produção dos efeitos do Anexo V a partir do primeiro dia do mês de janeiro de 2010, mantidas até essa data as contribuições devidas na forma da legislação precedente. Portanto, somente para os fatos geradores ocorridos a partir de 1º de janeiro de 2010 se aplicam as novas alíquotas GILRAT.

ANEXO I — TABELA 2					
CNAE	GILRAT		FPAS	Descrição da atividade
	FG até 31.12.09	FG a partir de 1º.1.10		
1062-7/00	2,00%	3,00%	507	Fabricação de derivados do trigo — indústria
1063-5/00	2,00%	3,00%	507	Fabricação de farinha de mandioca e derivados — indústria
1064-3/00	2,00%	3,00%	507	Fabricação de farinha de milho e derivados — indústria
1065-1/01	2,00%	3,00%	507	Fabricação de amidos e féculas de vegetais — indústria
1065-1/02	2,00%	3,00%	507	Fabricação de óleo de milho (bruto) — indústria
1065-1/03	2,00%	3,00%	507	Fabricação de óleo de milho refinado — indústria
1069-4/00	2,00%	3,00%	507	Moagem e fabricação de outros produtos de origem vegetal — indústria
1071-6/00	3,00%	3,00%	507	Fabricação de açúcar — indústria
1072-4/02	3,00%	3,00%	507	Fabricação de açúcar de cereais (dextrose) e de beterraba — indústria
1081-3/02	2,00%	3,00%	507	Torrefação e moagem de café — indústria
1082-1/00	2,00%	2,00%	507	Fabricação de produtos a base de café
1099-6/01	2,00%	3,00%	507	Fabricação de vinagres — indústria
1099-6/05	2,00%	3,00%	507	Fabricação de produtos para infusão (chá, mate etc.)
1112-7/00	2,00%	3,00%	507	Fabricação de vinho — indústria
1220-4/99	3,00%	3,00%	507	Fabricação de outros produtos do fumo — indústria
1311-1/00	2,00%	3,00%	507	Fiação de fibras de algodão — indústria
1312-0/00	2,00%	3,00%	507	Fiação de fibras têxteis naturais — indústria
5821-2/00	1,00%	2,00%	507	Impressão de livros
5822-1/00	1,00%	2,00%	507	Impressão de jornais
5823-9/00	1,00%	2,00%	507	Impressão de revistas
5829-8/00	1,00%	2,00%	507	Impressão de cadastros, listas e outros produtos gráficos
1051-1/00	2,00%	3,00%	531	Preparação do leite — indústria rudimentar
1052-0/00	2,00%	3,00%	531	Fabricação de laticínios — indústria rudimentar
1061-9/01	2,00%	3,00%	531	Beneficiamento de arroz — indústria rudimentar
1062-7/00	2,00%	3,00%	531	Moagem de trigo — indústria rudimentar
1064-3/00	2,00%	3,00%	531	Beneficiamento do milho — indústria rudimentar

ANEXO I — TABELA 2				
CNAE	GILRAT		FPAS	Descrição da atividade
	FG até 31.12.09	FG a partir de 1º.1.10		
1072-4/01	3,00%	3,00%	531	Fabricação de açúcar de cana — indústria rudimentar
1081-3/01	2,00%	3,00%	531	Beneficiamento de café — indústria rudimentar
1099-6/05	2,00%	3,00%	531	Beneficiamento de chá, mate etc. — indústria rudimentar
1311-1/00	2,00%	3,00%	531	Preparação de fibras de algodão — indústria rudimentar
1312-0/00	2,00%	3,00%	531	Preparação de fibras têxteis naturais — indústria rudimentar
6424-7/02	1,00%	1,00%	787	Cooperativas centrais de crédito
6424-7/03	1,00%	2,00%	787	Cooperativas de crédito mútuo
6424-7/04	1,00%	1,00%	787	Cooperativas de crédito rural
1051-1/00	2,00%	3,00%	825(*)	Preparação do leite — agroindústria (rudimentar)
1052-0/00	2,00%	3,00%	825(*)	Fabricação de laticínios — agroindústria (rudimentar)
1061-9/01	2,00%	3,00%	825(*)	Beneficiamento de arroz — agroindústria (rudimentar)
1062-7/00	2,00%	3,00%	825(*)	Moagem de trigo — agroindústria (rudimentar)
1064-3/00	2,00%	3,00%	825(*)	Beneficiamento do milho — agroindústria (rudimentar)
1072-4/01	3,00%	3,00%	825(*)	Fabricação de açúcar de cana — agroindústria (rudimentar)
1081-3/01	2,00%	3,00%	825(*)	Beneficiamento de café — agroindústria (rudimentar)
1099-6/05	2,00%	3,00%	825(*)	Beneficiamento de chá, mate etc. — agroindústria (rudimentar)
1311-1/00	2,00%	3,00%	825(*)	Preparação de fibras de algodão — agroindústria (rudimentar)
1312-0/00	2,00%	3,00%	825(*)	Preparação de fibras têxteis naturais — agroindústria (rudimentar)
1062-7/00	2,00%	3,00%	833(*)	Fabricação de derivados do trigo — agroindústria
1063-5/00	2,00%	3,00%	833(*)	Fabricação de farinha de mandioca e derivados — agroindústria
1064-3/00	2,00%	3,00%	833(*)	Fabricação de farinha de milho e derivados — agroindústria
1065-1/01	2,00%	3,00%	833(*)	Fabricação de amidos e féculas de vegetais — agroindústria
1065-1/02	2,00%	3,00%	833(*)	Fabricação de óleo de milho (bruto) — agroindústria
1065-1/03	2,00%	3,00%	833(*)	Fabricação de óleo de milho refinado — agroindústria
1069-4/00	2,00%	3,00%	833(*)	Moagem e fabricação de outros produtos de origem vegetal — agroindústria
1071-6/00	3,00%	3,00%	833(*)	Fabricação de açúcar — agroindústria
1072-4/02	3,00%	3,00%	833(*)	Fabricação de açúcar de cereais (dextrose) e de beterraba — agroindústria
1081-3/02	2,00%	3,00%	833(*)	Torrefação e moagem de café — agroindústria
1099-6/01	2,00%	3,00%	833(*)	Fabricação de vinagres — agroindústria
1112-7/00	2,00%	3,00%	833(*)	Fabricação de vinho — agroindústria
1220-4/99	3,00%	3,00%	833(*)	Fabricação de outros produtos do fumo — agroindústria
1311-1/00	2,00%	3,00%	833(*)	Fiação de fibras de algodão — agroindústria
1312-0/00	2,00%	3,00%	833(*)	Fiação de fibras têxteis naturais — agroindústria

(*) Caso o contribuinte esteja sujeito à contribuição substitutiva na forma dos art. 22-A e 25 da Lei n. 8.212, de 1991, ou do art. 25 da Lei n. 8.870, de 1994, a alíquota GILRAT será substituída por 0,1% (um décimo por cento), incidente sobre a receita da comercialização da produção.

3 — TABELA DE ALÍQUOTAS PARA TERCEIROS (ANEXO II DA INSTRUÇÃO NORMATIVA RFB N.. 971/2009)

TABELA DE ALÍQUOTAS POR CÓDIGOS FPAS
(Anexo II da IN RFB 971/2009)

CÓDIGO DO FPAS	Prev. social	GILRAT	Sal. Educ. 0001	INCRA 0002	SENAI 0004	SESI 0008	SENAC 0016	SESC 0032	SEBRAE 0064	DPC 0128	Fundo aeroviário 0256	SENAR 0512	SEST 1024	SENAT 2048	SESCOOP 4096	TOTAL
507	---	---	2,5	0,2	1,0	1,5	---	---	0,6	---	---	---	---	---	---	5,8
507 Cooperativa	20	Variável	2,5	0,2	---	---	---	---	0,6	---	---	---	---	---	2,5	5,8
515	20	Variável	2,5	0,2	---	---	1,0	1,5	0,6	---	---	---	---	---	---	5,8
515 Cooperativa	20	Variável	2,5	0,2	---	---	---	---	0,6	---	---	---	---	---	2,5	5,8
523	20	Variável	2,5	2,7	---	---	---	---	---	---	---	---	---	---	---	2,7
531	20	Variável	2,5	0,2	---	---	---	---	---	2,5	---	---	---	---	---	5,2
540	20	Variável	2,5	0,2	---	---	---	---	---	2,5	---	---	---	---	---	5,2
558	20	Variável	2,5	0,2	---	---	---	---	---	---	2,5	---	---	---	---	5,2
566	20	Variável	2,5	0,2	---	---	---	1,5	0,3	---	---	---	---	---	---	4,5
566 Cooperativa	20	Variável	2,5	0,2	---	---	---	---	0,3	---	---	---	---	---	2,5	5,5
574	20	Variável	2,5	0,2	---	---	---	1,5	0,3	---	---	---	---	---	---	4,5
574 Cooperativa	20	Variável	2,5	0,2	---	---	---	---	0,3	---	---	---	---	---	2,5	5,5
582	20	Variável	2,5	---	---	---	---	---	---	---	---	---	---	---	---	---
590	20	Variável	2,5	0,2	---	---	---	---	---	---	---	---	---	---	---	2,5
604	---	---	2,5	0,2	---	---	---	---	---	---	---	---	---	---	---	2,7
612	20	Variável	2,5	0,2	---	---	---	---	0,6	---	---	---	1,5	1,0	---	5,8
612 Cooperativa	20	Variável	2,5	0,2	---	---	---	---	0,6	---	---	---	1,5	1,0	2,5	5,8
620	20	Variável	---	---	---	---	---	---	---	---	---	---	---	---	---	2,5
639	---	---	---	---	---	---	---	---	---	---	---	---	---	---	---	---
647	---	---	2,5	0,2	---	---	---	1,5	0,3	---	---	---	---	---	---	4,5
655	20	Variável	2,5	---	---	---	---	---	---	---	---	---	---	---	---	2,5
680	20	Variável	2,5	0,2	---	---	---	---	---	2,5	---	---	---	---	---	5,2
736	22,5	Variável	2,5	0,2	---	---	---	---	---	---	---	---	---	---	---	2,7
744 Seg. Especial	2,0	0,1	---	---	---	---	---	---	---	---	---	0,2	---	---	---	0,2
744 Pessoa Física	2,0	0,1	---	---	---	---	---	---	---	---	---	0,2	---	---	---	0,2
744 Pes. Jurídica	2,5	0,1	---	---	---	---	---	---	---	---	---	0,25	---	---	---	0,25
744 Agroind.	2,5	0,1	---	---	---	---	---	---	---	---	---	0,25	---	---	---	0,25
779	5,0	---	---	---	---	---	---	---	---	---	---	---	---	---	---	---
787	20	Variável	2,5	0,2	---	---	---	---	---	---	---	2,5	---	---	---	5,2
787 Cooperativa (1)	20	Variável	2,5	0,2	---	---	---	---	---	---	---	---	---	---	2,5	5,2
795 Cooperativa	20	Variável	2,5	2,7	---	---	---	---	---	---	---	---	---	---	2,5	7,7
825	---	---	2,5	2,7	---	---	---	---	---	---	---	---	---	---	---	5,2
833	---	---	2,5	0,2	1,0	1,5	---	---	0,6	---	---	---	---	---	---	5,8
876	20	Variável	---	---	---	---	---	---	---	---	---	---	---	---	---	---

Nota (1): Até 24/09/2007 as cooperativas de crédito enquadravam-se no código FPAS 736. (§ 11 do art. 72 da Instrução Normativa RFB n. 971 de 13 de novembro de 2009) e, a partir de 01.01.2008, por força do disposto no art. 10 da Lei n. 11.524, de 24 de setembro de 2007, e do princípio da anualidade, passaram a contribuir para o SESCOOP, em substituição à contribuição patronal adicional de 2,5%, com enquadramento no código FPAS 787 (§ 12 do art. 72 e § 2º do art. 109-F da Instrução Normativa RFB n. 971, de 2009). As demais cooperativas que desenvolvam atividades do código FPAS 736, sujeitam-se à contribuição patronal adicional devida à Seguridade Social de 2,5%, sem contribuição para o SESCOOP, por não estarem abrangidas pelo inciso I do caput e pelo § 2º do art. 10 da Medida Provisória n. 2.168-40, de 24 de agosto de 2001.

ANEXO II

CONTRIBUIÇÕES DEVIDAS PELA AGROINDÚSTRIA, PRODUTORES RURAIS (PESSOA JURÍDICA E FÍSICA), CONSÓRCIO DE PRODUTORES, GARIMPEIROS, EMPRESAS DE CAPTURA DE PESCADO
(Anexo IV da IN RFB 971/2009)

DISPOSITIVO IN 971	CONTRIBUINTE	BASE	FPAS	PREVIDÊNCIA SOCIAL			TERCEIROS							TOTAL
				Segurado	Empresa	GILRAT	FNDE 0001	INCRA 0002	SENAI 0004	SESI 0008	SEBRAE 0064	DPC 0128	SENAR 0512	SESCOOP 4096	
174	Agroindústria de piscicultura, carcinicultura, suinocultura ou avicultura.	Mão de obra setor criação	787	8% a 11%	20%	1% a 3%	2,5%	0,2%	-	-	-	-	2,5%	-	5,2%
		Mão de obra setor abate e industrialização	507	8% a 11%	20%	1% a 3%	2,5%	0,2%	1,0%	1,5%	0,6%	-	-	-	5,8%
175 § 5º II	Agroindústria de florestamento e reflorestamento não sujeita à contribuição substitutiva	Mão de obra setor rural	787	8% a 11%	20%	1% a 3%	2,5%	0,2%	-	-	-	-	2,5%	-	5,2%
		Mão de obra setor industrial	507	8% a 11%	20%	1% a 3%	2,5%	0,2%	1,0%	1,5%	0,6%	-	-	-	5,8%
		Receita bruta da produção	744	-	2,5%	0,1%	-	-	-	-	-	-	0,25%	-	0,25%
111-F, III	Agroindústria sujeita à contribuição substitutiva instituída pela Lei n. 10.256, de 2001, exceto a referida no inciso IV do art. 111 F.	Folha de salários do setor rural	604	8% a 11%	-	-	2,5%	0,2%	-	-	-	-	-	-	2,7%
		Folha de salários do setor industrial	833	8% a 11%	-	-	2,5%	0,2%	1,0%	1,5%	0,6%	-	-	-	5,8%
	Agroindústria sujeita à contribuição substitutiva instituída pela Lei n. 10.256, de 2001, que desenvolva atividade enumerada no art. 2º do Decreto-Lei n. 1.146, de 1970, nas condições do art. 111 F, § 1º, da IN RFB n. 971, e desde que não caracterizada a hipótese dos §§ 4º e 5º, do mesmo artigo.	Receita bruta da produção	744	-	2,5%	0,1%	-	-	-	-	-	-	0,25%	-	0,25%
111-F, IV		Folha de salários (rural e industrial)	825	-	-	-	2,5%	2,7%	-	-	-	-	-	-	5,2%
111-G § 1º	Pessoa jurídica que desenvolva, além da atividade rural, outra atividade econômica autônoma.	Total de remuneração de segurados (em todas as atividades)	787	8% a 11%	20%	1% a 3%	2,5%	0,2%	-	-	-	-	2,5%	-	5,2%

— 901 —

DISPOSITIVO IN 971	CONTRIBUINTE	BASE	FPAS	PREVIDÊNCIA SOCIAL			TERCEIROS								TOTAL
				Segurado	Empresa	GILRAT	FNDE 0001	INCRA 0002	SENAI 0004	SESI 0008	SEBRAE 0064	DPC 0128	SENAR 0512	SESCOOP 4096	
111-G §§ 2º e 3º	Pessoa jurídica, inclusive agroindústria, que além da atividade rural, presta serviços a terceiros (atividade não autônoma).	Remuneração de segurados (somente em relação a serviços prestados a terceiros)	787	8% a 11%	20%	1% a 3%	2,5%	0,2%	-	-	-	-	2,5%	-	5,2%
110-A e 111-G	Pessoa jurídica que se dedique apenas a atividade de produção rural.	Receita bruta da produção	744	-	2,5%	0,1%	-	-	-	-	-	-	0,25%	-	0,25%
110-A § 1º e 111-G	Pessoa jurídica que desenvolva atividade prevista no art. 2º do Decreto-lei n. 1.146/70, não exclusiva, com preponderância rural, não sujeita a substituição.	Remuneração de segurados	604	8% a 11%	-	-	2,5%	0,2%	-	-	-	-	-	-	2,7%
110-A § 1º e 111-G	Pessoa jurídica que desenvolva atividade prevista no art. 2º do Decreto-lei n. 1.146/70, não exclusiva, com preponderância rural, não sujeita a substituição.	Remuneração de segurados	531	8% a 11%	-	1% a 3%	2,5%	2,7%	-	-	-	-	-	-	5,2%
110-A § 4º e 111-G § 4º	Pessoa jurídica que desenvolva atividade prevista no art. 2º do Decreto-lei n. 1.146/70, não exclusiva, com preponderância da industrialização, não sujeita a substituição.	Remuneração de segurados	507	8% a 11%	20%	1% a 3%	2,5%	0,2%	1,0%	1,5%	0,6%	-	-	-	5,8%
165, I, a	Produtor rural pessoa física equiparado a autônomo (cont. individual), empregador.	Remuneração de segurados	604	8% a 11%	20%	-	2,5%	0,2%	-	-	-	-	-	-	2,7%
6º XXX e 10	Produtor rural pessoa física e segurado especial.	Receita bruta da comercialização da produção rural	744	-	2,0%	0,1%	-	-	-	-	-	-	0,2%	-	0,2%
165, XIX	Consórcio simplificado de produtores rurais.	Remuneração de segurados	604	8% a 11%	-	-	2,5%	0,2%	-	-	-	-	-	-	2,7%
186	Garimpeiro — empregador.	Remuneração de segurados	507	8% a 11%	20%	3%	2,5%	0,2%	1,0%	1,5%	0,6%	-	-	-	5,8%
9º	Empresa de captura de pescado.	Remuneração de segurados	540	8% a 11%	20%	3%	2,5%	0,2%	-	-	-	2,5%	-	-	5,2%

Notas:

1. AGROINDÚSTRIAS.

As agroindústrias, exceto as de que tratam os incisos I e II do art. 111-F desta Instrução Normativa, sujeitam-se à contribuição substitutiva instituída pela Lei n. 10.256, de 9 de julho de 2001.

1.1 Ressalvada a hipótese contida no item 1.2, a contribuição da agroindústria sujeita à contribuição substitutiva instituída pela Lei n. 10.256, de 2001, para a Previdência Social, Gilrat e Senar incide sobre a receita bruta proveniente da comercialização da produção (FPAS 744) e, para as demais entidades e fundos, incide sobre as folhas de salários dos setores rural (FPAS 604) e industrial (FPAS 833), que devem ser declaradas separadamente.

1.2 Tratando-se de agroindústria sujeita à contribuição substitutiva instituída pela Lei n. 10.256, de 2001, que desenvolva atividade enumerada no art. 2º do Decreto-Lei n. 1.146, de 31 de dezembro de 1970, nas condições do § 1º do art. 111 F, da Instrução Normativa RFB n. 971, de 13 de novembro de 2003, e desde que não caracterizada a hipótese dos §§ 4º e 5º, do mesmo artigo, as contribuições serão calculadas de acordo com os códigos FPAS 744 e 825.

2. COOPERATIVAS

2.1 Para fins de recolhimento das contribuições devidas à Previdência Social e a terceiros, a cooperativa de produção que atua nas atividades de que tratam os incisos I e II do art. 111-F e o art. 111-G informará o código de terceiros 4099, e a que atua nas demais atividades informará o código de terceiros 4163.

2.2 Sobre a remuneração de trabalhadores contratados exclusivamente para a colheita da produção dos cooperados, a cooperativa fica obrigada ao pagamento das contribuições devidas ao FNDE e ao Incra, calculadas mediante aplicação das alíquotas previstas no Anexo II a esta Instrução Normativa, de acordo com o código FPAS 604 e código terceiros 0003, bem como à retenção e ao recolhimento das contribuições devidas pelo segurado.

3. PRODUTOR RURAL PESSOA JURÍDICA

3.1 As contribuições devidas pela pessoa jurídica que tenha como fim apenas a atividade de produção rural incidem sobre a receita bruta da comercialização da produção rural, em substituição às instituídas pelos incisos I e II do art. 22 da Lei n. 8.212, de 24 de julho de 1991, e são calculadas de acordo com o código FPAS 744 (2,5% para Previdência Social; 0,1% para GILRAT e 0,25% para o Senar).

3.2 A substituição não se aplica às contribuições devidas ao FNDE e ao Incra, que continuam a incidir sobre a folha, de acordo com o código FPAS 604 e código de terceiros 0003 (2,5% salário-educação e 0,2% Incra).

3.3 Se a pessoa jurídica, exceto a agroindústria, explorar, além da atividade de produção rural, outra atividade econômica autônoma comercial, industrial ou de serviços, no mesmo estabelecimento ou em estabelecimento distinto, fica obrigada às seguintes contribuições, em relação a todas as atividades:

I — 20% (vinte por cento) sobre o total da remuneração paga, devida ou creditada a empregados e trabalhadores avulsos a seu serviço;

II — 20% (vinte por cento) sobre a remuneração de contribuintes individuais (trabalhadores autônomos) a seu serviço;

III — 15% (quinze por cento) sobre o valor bruto da nota fiscal ou fatura de prestação de serviços, relativamente a serviços que lhe são prestados por cooperados por intermédio de cooperativas de trabalho;

IV — contribuição destinada ao financiamento da aposentadoria especial e dos benefícios concedidos em razão do grau de incidência de incapacidade laborativa decorrente dos riscos ambientais do trabalho, incidente sobre a remuneração de empregados e trabalhadores avulsos (Decreto n. 3.048, de 1999, art. 202);

3.4 Aplica-se a substituição prevista no item 3.1 ainda que a pessoa jurídica tenha como atividade complementar a prestação de serviços a terceiros, sem constituir atividade econômica autônoma. Sobre essa atividade (serviços a terceiros) contribuirá para a Previdência Social e terceiros de acordo com o código FPAS 787 e o código de terceiros 0515.

3.5 A agroindústria de que tratam os incisos III e IV do art. 111-F estará sujeita à contribuição substitutiva instituída pela Lei n. 10.256, de 2001 ainda que explorar, além da atividade agroindustrial, outra atividade econômica, independentemente de ser autônoma ou não. Nessa hipótese a contribuição incidirá sobre a receita total (parágrafo único do art. 173).

3.6 Na hipótese de a agroindústria de que tratam os incisos I a IV do art. 111-F prestar serviços a terceiros, sobre essa atividade deverá contribuir na forma do art. 22 da Lei n. 8.212, de 1991, de acordo com o código FPAS 787 e código de terceiros 0515.

3.7 O código FPAS 787 não deve ser utilizado se houver preponderância da outra atividade econômica autônoma, na forma do inciso III do art. 109-C.

4. PRODUTOR RURAL PESSOA FÍSICA. Aplica-se ao produtor rural pessoa física as seguintes regras:

a) se qualificado como segurado especial (inciso VII do art. 12 daLei n. 8.212, de 1991), contribuirá sobre a comercialização da produção rural (2,0% para Previdência; 0,1% para GILRAT e 0,2% para Senar); não contribui sobre a remuneração dos trabalhadores que contratar (empregado ou contribuinte individual), mas é responsável pela retenção e recolhimento da contribuição destes (8%, 9% ou 11% do empregado e 20% do contribuinte individual).

b) se contribuinte individual, empregador rural (inciso V do art. 12 da Lei n. 8.212, de 1991), contribuirá sobre a comercialização da produção (2,0% para Previdência; 0,1% para GILRAT e 0,2% para Senar) em relação a empregados e trabalhadores avulsos; sobre a remuneração de outros contribuintes individuais ou cooperados (por intermédio de cooperativa de trabalho) que contratar, conforme os incisos III e IV do art. 22 da Lei n. 8.212, de 1991, e ainda sobre seu salário de contribuição (20%).

4 — CÓDIGOS DE PAGAMENTOS — PREENCHIMENTO DA GPS — GUIA DA PREVIDÊNCIA SOCIAL

RELAÇÃO DE CÓDIGOS DE PAGAMENTO
(http://www.mpas.gov.br/conteudoDinamico.php?id=84)

Código	Descrição
1007	Contribuinte Individual — Recolhimento Mensal — NIT/PIS/PASEP
1058	Contribuinte Individual — Recolhimento Mensal — NIT/PIS/PASEP — DAS/MEI (DARF)
1066	MEI — Contribuinte Individual — Recolhimento Mensal — CPF — DAS/MEI (DARF)
1104	Contribuinte Individual — Recolhimento Trimestral —NIT/PIS/PASEP
1120	Contribuinte Individual — Recolhimento Mensal — Com dedução de 45 % (Lei n. 9.876/99) — NIT/PIS/PASEP
1128	CI Optante LC 123 Trimestral Complementar
1147	Contribuinte Individual — Recolhimento Trimestral — Com dedução de 45 % (Lei n. 9.876/99) — NIT/PIS/PASEP
1163	Contribuinte Individual (autônomo que não presta serviço à empresa) Opção: Aposentadoria apenas por idade (art. 80 da LC 123 de 14/12/2006) — Recolhimento Mensal — NIT/PIS/PASEP
1180	Contribuinte Individual (autônomo que não presta serviço à empresa) — Opção: Aposentadoria apenas por idade (art. 80 da LC 123 de 14/12/2006) — Recolhimento Trimestral— NIT/PIS/PASEP
1201	GRC Trabalhador Pessoa Física (Contribuinte Individual, Facultativo, Empregado Doméstico, Segurado Especial) — DEBCAD (Preenchimento exclusivo pela Previdência Social)
1236	Contribuinte Individual Optante LC 123 Mensal Rural
1244	Contribuinte Individual Optante LC 123 Mensal Rural Complementação
1252	CI Optante LC 123 Trimestral Rural
1260	CI Optante LC 123 Trimestral Rural Complementar
1287	Contribuinte Individual Mensal — Rural
1295	Contribuinte Individual Optante LC 123 Mensal Complementação
1406	Facultativo Mensal -NIT/PIS/PASEP
1457	Facultativo Trimestral -NIT/PIS/PASEP
1473	Facultativo — Opção: Aposentadoria apenas por idade (art. 80 da LC 123 de 14/12/2006) — Recolhimento Mensal — NIT/PIS/PASEP
1490	Facultativo — Opção: Aposentadoria apenas por idade (art. 80 da LC 123 de 14/12/2006) — Recolhimento Trimestral — NIT/PIS/PASEP
1503	Segurado Especial Mensal -NIT/PIS/PASEP
1554	Segurado Especial Trimestral -NIT/PIS/PASEP
1600	Empregado Doméstico Mensal -NIT/PIS/PASEP
1619	Empregado Doméstico Patronal 12% Mensal Afastamento/ Salário-Maternidade
1651	Empregado Doméstico Trimestral -NIT/PIS/PASEP — (que recebe até um salário mínimo)
1678	Empregado Doméstico Patronal 12% Trimestral Afastamento/ Salário-Maternidade
1686	Facultativo — Optante LC 123/2006 — Recolhimento Mensal — Complementar
1694	Facultativo — Optante LC 123/2006 — Recolhimento Trimestral — Complementar
1708	Reclamatória Trabalhista — NIT/PIS/PASEP
1759	Acréscimos Legais de Contribuinte Individual, Doméstico, Facultativo e Segurado Especial — Lei n. 8212/91 — NIT/PIS/PASEP

Código	Descrição
1805	CI com direito a dedução mensal — Rural
1813	CI com direito a dedução Trimestral — Rural
1821	Facultativo / Exercente de Mandato Eletivo / Recolhimento Complementar
1830	Facultativo Baixa Renda — Recolhimento Mensal — Complemento 6% para Plano Simplificado da Previdência Social — PSPS — NIT/PIS/PASEP
1848	Facultativo Baixa Renda 6% — Recolhimento Trimestral — Complemento para Plano Simplificado da Previdência Social — PSPS
1910	MEI Complementação Mensal
1937	Facultativo Baixa Renda 5% — Recolhimento Trimestral
1929	Facultativo Baixa Renda — Recolhimento Mensal — NIT/PIS/PASEP
1945	Facultativo Baixa Renda — Recolhimento Mensal — Complemento 15% — NIT/PIS/PASEP
1953	Facultativo Baixa Renda 15% — Recolhimento Trimestral — Complementar
2003	Empresas Optantes pelo Simples CNPJ/MF
2011	Empresas Optantes pelo Simples — CNPJ — Recolhimento sobre aquisição de produto rural do Produtor Rural Pessoa Física
2020	Empresas Optantes pelo Simples — CNPJ — Recolhimento sobre contratação de Transportador Rodoviário Autônomo
2100	Empresas em Geral CNPJ/MF
2119	Empresas em Geral CNPJ/MF — Recolhimento exclusivo para Outras Entidades ou Fundos (SESC, SESI, SENAI, etc.)
2127	Cooperativa de trabalho — CNPJ — Contribuição descontada do cooperado — Lei 10.666/2003
2208	Empresas em Geral CEI
2305	Filantrópicas com Isenção — CNPJ
2321	Filantrópicas com Isenção — CEI
2402	Órgãos do Poder Público — CNPJ
2429	Órgãos do Poder Público — CEI
2437	Órgãos do Poder Público — CNPJ — Recolhimento sobre Aquisição de Produto Rural do Produtor Rural Pessoa Física.
2500	Receita Bruta de Espetáculos Desportivos — CNPJ
2607	Comercialização da Produção Rural — CNPJ
2631	Contribuição Retida sobre a NF/Fatura da Empresa Prestadora de Serviço — CNPJ
2640	Contribuição Retida sobre NF/Fatura da Prestadora de Serviço — CNPJ — Uso Exclusivo do Órgão do Poder Público — Administração Direta, Autarquia e Fundação Federal, Estadual, do Distrito Federal ou Municipal (contratante do serviço).
2658	Contribuição Retida sobre a NF/Fatura da Empresa Prestadora de Serviço — CEI
2682	Contribuição Retida sobre NF/Fatura da Prestadora de Serviço — CEI (Uso Exclusivo do Órgão do Poder Público — Administração Direta, Autarquia e Fundação Federal, Estadual, do Distrito Federal ou Municipal (contratante do serviço)).
2704	Comercialização da Produção Rural — CEI
2801	Reclamatória Trabalhista — CEI
2909	Reclamatória Trabalhista — CNPJ

5 — CONTRIBUIÇÃO DEVIDA PELO PRODUTOR RURAL A PARTIR DE 1º.11.1991, INCIDENTE SOBRE A COMERCIALIZAÇÃO DA PRODUÇÃO RURAL (ANEXO III DA INSTRUÇÃO NORMATIVA RFB 971/2009)

ANEXO III
CONTRIBUIÇÃO SOBRE A PRODUÇÃO RURAL A PARTIR DE 1º.11.1991

CONTRIBUINTE	FUNDAMENTAÇÃO	PERÍODO	ALÍQUOTAS				FPAS
			PREVIDÊNCIA	GILRAT	SENAR	TOTAL	
Produtor Rural Pessoa Jurídica (5)	Art. 25 da Lei n. 8.870, de 1994 (1) (2)	1º.8.94 a 31.12.01	2,5%	0,1%	0,1%	2,7%	744
	Art. 25 Lei n. 8.870, de 1994 com a redação dada pela Lei n. 10.256, de 2001	1º.1.02 a...	2,5%	0,1%	0,25%	2,85%	744
Produtor Rural Pessoa Física — Equiparado a Trabalhador Autônomo (contribuinte individual a partir de 29.11.1999)	Art. 1º da Lei n. 8.540, de 1992 (3)	1º.4.93 a 11.1.97	2,0%	0,1%	0,1%	2,2%	744
	Art. 25 da Lei n. 8.212, de 1991 e MP n. 1.523, de 1996 (4)	12.1.97 a 10.12.97	2,5%	0,1%	0,1%	2,7%	744
	Art. 25 da Lei n. 8.212, de 1991 e Lei n. 9.528, de 1997	11.12.97 a 31.12.01	2,0%	0,1%	0,1%	2,2%	744
	Art. 25 da Lei n. 8.212, de 1991, Art. 6º da Lei n. 9.528, de 1997 com a redação dada pela Lei n. 10.256/01	1º.1.02 a...	2,0%	0,1%	0,2%	2,3%	744
Produtor Rural Pessoa Física — Segurado Especial	Art. 25 da Lei n. 8.212, de 1991	1º.11.91 a 31.3.93	3,0%			3,0%	744
	Art. 1º da Lei n. 8.540, de 1992	1º.4.93 a 30.6.94	2,0%	0,1%		2,1%	744
	Art. 2º da Lei n. 8.861, de 1994	1º.7.94 a 11.1.97	2,2%	0,1%		2,3%	744
	Art. 25 da Lei n. 8.212, de 1991 e MP n. 1.523, de 1996 (4)	12.1.97 a 10.12.97	2,5%	0,1%	0,1%	2,7%	744
	Art. 25 da Lei n. 8.212, de 1991 e Lei n. 9.528, de 1997	11.12.97 a 31.12.01	2,0%	0,1%	0,1%	2,2%	744
	Art. 25 da Lei n. 8.212, de 1991, Art. 6º da Lei n. 9.528, de 1997 com a redação dada pela Lei n. 10.256, de 2001	1º.1.02 a...	2,0%	0,1%	0,2%	2,3%	744
Agroindústria (5)	Art. 22 A da Lei n. 8.212, de 1991 acrescentado pela Lei n. 10.256, de 2001 (6)	1º.11./01 a 31.12.01	2,5%	0,1%	-	2,6%	744
		1º.1.02 a 31.8.03	2,5%	0,1%	0,25%	2,85%	744
	Art. 22 A da Lei n. 8.212, de 1991 acrescentado pela Lei n. 10.256, de 2001, alterado pela Lei n. 10.684, de 2003 (7)	1º.9.03 a...	2,5%	0,1%	0,25%	2,85%	744

Notas:

(1) Excluídas as agroindústrias (Decisão do STF na ADIN 1.103-1/6000).

(2) De 1º.11.91 a 31.7.94, a contribuição do produtor rural pessoa jurídica era apenas sobre a folha de pagamento.

(3) De 1º.11.1991 a 31.3.1993, a contribuição do produtor rural pessoa física — equiparado a autônomo era apenas sobre a folha de pagamento.

(4) Art. 25 da Lei n. 8.212, de 1991 com a redação dada pelo art. 1º da Medida Provisória n. 1.523, de 1996, publicada no DOU de 14.10.1996, c/c art. 4º da Medida Provisória n. 1.596-14, de 10 de novembro de 1997, convertida na Lei n. 9.528, de 1997, com alteração para 2,0% (dois por cento) da alíquota do produtor rural pessoa física e do segurado especial.

(5) A prestação de serviços a terceiros pelas agroindústrias e pelos produtores rurais pessoas jurídicas está sujeita às contribuições sociais calculadas sobre a remuneração dos segurados, sendo que a receita bruta correspondente aos serviços prestados a terceiros é excluída da base de cálculo da contribuição sobre a comercialização da produção. Fica excluído da substituição, devendo contribuir sobre a remuneração dos segurados, o produtor rural pessoa jurídica que tem outra atividade econômica.

(6) O fato gerador das contribuições ocorre na comercialização da produção própria e da adquirida de terceiros, industrializada ou não, pela agroindústria, a partir de 1º de novembro de 2001; a contribuição para o Senar, todavia, em face do princípio da anualidade, é devida a partir de 1º de janeiro de 2002. Excluídas as agroindústrias, inclusive sob a forma de cooperativa, de piscicultura, carcinicultura, suinocultura e avicultura, que permanecem com a obrigação do recolhimento sobre a folha de pagamento, setor agrário e industrial (§ 4º, do art. 22-A, da Lei n. 8.212, de 1991, acrescentado pela Lei n. 10.256, de 2001).

(7) A Lei n. 10.684, de 2003, alterou o art. 22-A da Lei n. 8.212, de 1991, na redação da Lei n. 10.256, de 2001, para excluir, a partir de 1º de setembro de 2003, as pessoas jurídicas que se dediquem apenas ao florestamento e reflorestamento como fonte de matéria-prima para industrialização própria mediante a utilização de processo industrial que modifique a natureza química da madeira ou a transforme em pasta celulósica, ainda que comercialize resíduos vegetais ou sobras ou partes da produção rural (exceto se a receita bruta decorrente desta comercialização represente 1% (um por cento) ou mais de sua receita bruta proveniente da comercialização da produção).

6 – CONTRIBUIÇÃO DEVIDA PELA AGROINDÚSTRIA, PRODUTORES RURAIS (PESSOA FÍSICA E JURÍDICA), CONSÓRCIO DE PRODUTORES, GARIMPEIROS E EMPRESAS DE CAPTURA DE PESCADO (ANEXO IV DA INSTRUÇÃO NORMATIVA RFB 971/2009)

ANEXO II

CONTRIBUIÇÕES DEVIDAS PELA AGROINDÚSTRIA, PRODUTORES RURAIS (PESSOA JURÍDICA E FÍSICA), CONSÓRCIO DE PRODUTORES, GARIMPEIROS, EMPRESAS DE CAPTURA DE PESCADO (ANEXO IV DA IN RFB 971/2009)

DISPOSITIVO IN 971	CONTRIBUINTE	BASE	FPAS	PREVIDÊNCIA SOCIAL					TERCEIROS								TOTAL TERCEIROS
				Segurado	Empresa	GILRAT	FNDE 0001	INCRA 0002	SENAI 0004	SESI 0008	SEBRAE 0064	DPC 0128	SENAR 0512	SESCOOP 4096	
174	Agroindústria de piscicultura, carciniculura, suinocultura ou avicultura.	Mão de obra setor criação	787	8% a 11%	20%	1% a 3%	2,5%	0,2%	-	-	-	-	2,5%	-	5,2%
		Mão de obra setor abate e industrialização	507	8% a 11%	20%	1% a 3%	2,5%	0,2%	1,0%	1,5%	0,6%	-	-	-	5,8%
175 § 5º II	Agroindústria de florestamento e reflorestamento não sujeita à contribuição substitutiva	Mão de obra setor rural	787	8% a 11%	20%	1% a 3%	2,5%	0,2%	-	-	-	-	2,5%	-	5,2%
		Mão de obra setor industrial	507	8% a 11%	20%	1% a 3%	2,5%	0,2%	1,0%	1,5%	0,6%	-	-	-	5,8%
	Agroindústria sujeita à contribuição substitutiva instituída pela Lei n. 10.256, de 2001, exceto a referida no inciso IV do art. 111 F.	Receita bruta da produção	744	-	2,5%	0,1%	-	-	-	-	-	-	0,25%	-	0,25%
111-F, III		Folha de salários do setor rural	604	8% a 11%	-	-	2,5%	0,2%	-	-	-	-	-	-	2,7%
		Folha de salários do setor industrial	833	8% a 11%	-	-	2,5%	0,2%	1,0%	1,5%	0,6%	-	-	-	5,8%
	Agroindústria sujeita à contribuição substitutiva instituída pela Lei n. 10.256, de 2001, que desenvolva atividade enumerada no art. 2º do Decreto-Lei n. 1.146, de 1970, nas condições do art. 111 F, § 1º, da IN RFB n. 971, e desde que não caracterizada a hipótese dos §§ 4º e 5º, do mesmo artigo.	Receita bruta da produção	744	-	2,5%	0,1%	-	-	-	-	-	-	0,25%	-	0,25%
111-F, IV		Folha de salários (rural e industrial)	825	8% a 11%	-	-	2,5%	2,7%	-	-	-	-	-	-	5,2%
111-G § 1º	Pessoa jurídica que desenvolva, além da atividade rural, outra atividade econômica autônoma.	Total de remuneração de segurados (em todas as atividades)	787	8% a 11%	20%	1% a 3%	2,5%	0,2%	-	-	-	-	2,5%	-	5,2%
111-G §§ 2º e 3º	Pessoa jurídica, inclusive agroindústria, que além da atividade rural, presta serviços a terceiros (atividade não autônoma).	Remuneração de segurados (somente em relação a serviços prestados a terceiros)	787	8% a 11%	20%	1% a 3%	2,5%	0,2%	-	-	-	-	2,5%	-	5,2%
110-A e 111-G	Pessoa jurídica que se dedique apenas a atividade de produção rural.	Receita bruta da produção	744	-	2,5%	0,1%	-	-	-	-	-	-	0,25%	-	0,25%
		Remuneração de segurados	604	8% a 11%	-	-	2,5%	0,2%	-	-	-	-	-	-	2,7%

DISPOSITIVO IN 971	CONTRIBUINTE	BASE	FPAS	PREVIDÊNCIA SOCIAL			TERCEIROS								TOTAL TERCEIROS
				Segurado	Empresa	GILRAT	FNDE 0001	INCRA 0002	SENAI 0004	SESI 0008	SEBRAE 0064	DPC 0128	SENAR 0512	SESCOOP 4096	
110-A § 1º e 111-G	Pessoa jurídica que desenvolva atividade de prevista no art. 2º do Decreto-lei n. 1.146/70, não exclusiva, com preponderância rural, não sujeita a substituição.	Remuneração de segurados	531	8% a 11%	20%	1% a 3%	2,5%	2,7%	-	-	-	-	-	-	5,2%
110-A § 4º e 111-G § 4º	Pessoa jurídica que desenvolva atividade de prevista no art. 2º do Decreto-lei n. 1.146/70, não exclusiva, com preponderância da industrialização, não sujeita a substituição.	Remuneração de segurados	507	8% a 11%	20%	1% a 3%	2,5%	0,2%	1,0%	1,5%	0,6%	-	-	-	5,8%
165, I, a	Produtor rural pessoa física equiparado a autônomo (cont. individual), empregador.	Remuneração de segurados	604	8% a 11%	20%	-	2,5%	0,2%	-	-	-	-	-	-	2,7%
6º XXX e 10	Produtor rural pessoa física e segurado especial.	Receita bruta da comercialização da produção rural	744	-	2,0%	0,1%	-	-	-	-	-	-	0,2%	-	0,2%
165, XIX	Consórcio simplificado de produtores rurais.	Remuneração de segurados	604	8% a 11%	-	-	2,5%	0,2%	-	-	-	-	-	-	2,7%
186	Garimpeiro — empregador.	Remuneração de segurados	507	8% a 11%	20%	3%	2,5%	0,2%	1,0%	1,5%	0,6%	-	-	-	5,8%
9º	Empresa de captura de pescado.	Remuneração de segurados	540	8% a 11%	20%	3%	2,5%	0,2%	-	-	-	2,5%	-	-	5,2%

Notas:

1. AGROINDÚSTRIAS.

As agroindústrias, exceto as de que tratam os incisos I e II do art. 111-F desta Instrução Normativa, sujeitam-se à contribuição substitutiva instituída pela Lei n. 10.256, de 9 de julho de 2001.

1.1 Ressalvada a hipótese contida no item 1.2, a contribuição da agroindústria sujeita à contribuição substitutiva instituída pela Lei n. 10.256, de 2001, para a Previdência Social, Gilrat e Senar incide sobre a receita bruta proveniente da comercialização da produção (FPAS 744) e, para as demais entidades e fundos incide sobre as folhas de salários dos setores rural (FPAS 604) e industrial (FPAS 833), que devem ser declaradas separadamente.

1.2 Tratando-se de agroindústria sujeita à contribuição substitutiva enumerada no art. 2º do Decreto-Lei n. 1.146, de 31 de dezembro de 1970, nas condições do § 1º do art. 111 F , da Instrução Normativa RFB n. 971, de 13 de novembro de 2003, e desde que não caracterizada a hipótese dos §§ 4º e 5º, do mesmo artigo, as contribuições serão calculadas de acordo com os códigos FPAS 744 e 825.

2. COOPERATIVAS

2.1 Para fins de recolhimento das contribuições devidas à Previdência Social e a terceiros, a cooperativa de produção que atua nas atividades de que tratam os incisos I e II do art. 111-F e o art. 111-G informará o código de terceiros 4099, e a que atua nas demais atividades informará o código de terceiros 4163.

2.2 Sobre a remuneração de trabalhadores contratados exclusivamente para a colheita da produção dos cooperados, a cooperativa fica obrigada ao pagamento das contribuições devidas ao FNDE e ao Incra, calculadas mediante aplicação das alíquotas previstas no Anexo II a esta Instrução Normativa, de acordo com o código FPAS 604 e código terceiros 0003, bem como a retenção e o recolhimento das contribuições devidas pelo segurado.

3. PRODUTOR RURAL PESSOA JURÍDICA

3.1 As contribuições devidas pela pessoa jurídica que tenha como fim apenas a atividade de produção rural incidem sobre a receita bruta da comercialização da produção rural, em substituição às instituídas pelos incisos I e II do art. 22 da Lei n. 8.212, de 24 de julho de 1991, e são calculadas de acordo com o código FPAS 744 (2,5% para Previdência Social; 0,1% para GILRAT e 0,25% para o Senar).

3.2 A substituição não se aplica às contribuições devidas ao FNDE e ao Incra, que continuam a incidir sobre a folha, de acordo com o código FPAS 604 e código de terceiros 0003 (2,5% salário-educação e 0,2% Incra).

3.3 Se a pessoa jurídica, exceto a agroindústria, explorar, além da atividade de produção rural, outra atividade econômica autônoma comercial, industrial ou de serviços, no mesmo estabelecimento ou em estabelecimento distinto, fica obrigada às seguintes contribuições, em relação a todas as atividades

I — 20% (vinte por cento) sobre o total da remuneração paga, devida ou creditada a empregados e trabalhadores avulsos a seu serviço;

II — 20% (vinte por cento) sobre a remuneração de contribuintes individuais (trabalhadores autônomos) a seu serviço;

III — 15% (quinze por cento) sobre o valor bruto da nota fiscal ou fatura de prestação de serviços, relativamente a serviços que lhe são prestados por cooperados por intermédio de cooperativas de trabalho;

IV — contribuição destinada ao financiamento da aposentadoria especial e dos benefícios concedidos em razão do grau de incidência de incapacidade laborativa decorrente dos riscos ambientais do trabalho, incidente sobre a remuneração de empregados e trabalhadores avulsos (Decreto n. 3.048, de 1999, art. 202);

3.4 Aplica-se a substituição prevista no item 3.1 ainda que a pessoa jurídica tenha como atividade complementar a prestação de serviços a terceiros, sem constituir atividade econômica autônoma. Sobre essa atividade (serviços a terceiros) contribuirá para a Previdência Social e terceiros de acordo com o código FPAS 787 e o código de terceiros 0515.

3.5 A agroindústria de que tratam os incisos III e IV do art. 111-F estará sujeita à contribuição substitutiva instituída pela Lei n. 10.256, de 2001 ainda que explorar, além da atividade agroindustrial, outra atividade econômica, independentemente de ser autônoma ou não. Nessa hipótese, a contribuição incidirá sobre a receita total (parágrafo único do art. 173).

3.6 Na hipótese de a agroindústria de que tratam os incisos I a IV do art. 111-F prestar serviços a terceiros, sobre essa atividade deverá contribuir na forma do art. 22 da Lei n. 8.212, de 1991, de acordo com o código FPAS 787 e código de terceiros 0515.

3.7 O código FPAS 787 não deve ser utilizado se houver preponderância da outra atividade econômica autônoma, na forma do inciso III do art. 109-C.

4. PRODUTOR RURAL PESSOA FÍSICA. Aplica-se ao produtor rural pessoa física as seguintes regras:

a) se qualificado como segurado especial (inciso VII do art. 12 da Lei n. 8.212, de 1991), contribuirá sobre a comercialização da produção rural (2,0% para Previdência; 0,1% para GILRAT e 0,2% para Senar); não contribui sobre a remuneração dos trabalhadores que contratar (empregado ou contribuinte individual), mas é responsável pela retenção e recolhimento da contribuição destes (8%, 9% ou 11% do empregado e 20% do contribuinte individual);

b) se contribuinte individual, empregador rural (inciso V do art. 12 da Lei n. 8.212, de 1991), contribuirá sobre a comercialização da produção (2,0% para Previdência; 0,1% para GILRAT e 0,2% para Senar) em relação a empregados e trabalhadores avulsos; sobre a remuneração de outros contribuintes individuais ou cooperados (por intermédio de cooperativa de trabalho) que contratar, conforme os incisos III e IV do art. 22 da Lei n. 8.212, de 1991, e ainda sobre seu salário de contribuição (20%).

7 — CLASSIFICAÇÃO DOS AGENTES NOCIVOS — DIREITO À APOSENTADORIA ESPECIAL

7.1. Quadro Anexo ao Decreto n. 53.831/64

CÓDIGO	CAMPO DE APLICAÇÃO	SERVIÇOS E ATIVIDADES PROFISSIONAIS	CLASSIFICAÇÃO	TEMPO DE TRABALHO MÍNIMO	OBSERVAÇÕES
1.0.0	AGENTES				
1.1.0	FÍSICOS				
1.1.1	CALOR Operações em locais com temperatura excessivamente alta, capaz de ser nociva à saúde e proveniente de fontes artificiais.		Insalubre	25 anos	Jornada normal em locais com TE acima de 28º. Arts. 165, 187 e 234, da CLT. Portaria Ministerial n. 30 de 7.2.58 e 262, de 6.8.62.
1.1.2	FRIO Operações em locais com temperatura excessivamente baixa, capaz de ser nociva à saúde e proveniente de fontes artificiais.	Trabalhos na indústria do frio — operadores de câmaras frigoríficas e outros.	Insalubre	25 anos	Jornada normal em locais com temperatura inferior a 12º centígrados. Art. 165 e 187, da CLT e Portaria Ministerial n. 262, de 6.8.62.
1.1.3	UMIDADE Operações em locais com umidade excessiva, capaz de ser nociva à saúde e proveniente de fontes artificiais.	Trabalhos em contato direto e permanente com água — lavadores, tintureiros, operários nas salinas e outros.	Insalubre	25 anos	Jornada normal em locais com umidade excessiva. Art. 187 da CLT e Portaria Ministerial n. 262, de 6.8.62.
1.1.4	RADIAÇÃO Operações em locais com radiações capazes de serem nocivas à saúde — infravermelho, ultravioleta, raios X, rádio e substâncias radiativas.	Trabalhos expostos a radiações para fins industriais, diagnósticos e terapêuticos — Operadores de raio X, de rádio e substâncias radiativas, soldadores com arco elétrico e com oxiacetilênio, aeroviários de manutenção de aeronaves e motores, turbo-hélices e outros.	Insalubre	25 anos	Jornada normal ou especial fixada em lei — Lei n. 1.234 (*) de 14 de novembro de 1950; Lei n. 3.999 (*) de 15.12.61; Art. 187, da CLT; Decreto n. 1.232, de 22 de junho de 1962 e Portaria Ministerial n. 262, de 6 de agosto de 1962.
1.1.5	TREPIDAÇÃO Operações em trepidações capazes de serem nocivas à saúde.	Trepidações e vibrações industriais — Operadores de perfuratrizes e marteletes pneumáticos, e outros.	Insalubre	25 anos	Jornada normal com máquinas acionadas por ar comprimido e velocidade acima de 120 golpes por minutos. Art. 187 CLT. Portaria Ministerial n. 262, de 6.8.62.
1.1.6	RUÍDO Operações em locais com ruído excessivo capaz de ser nocivo à saúde.	Trepidações sujeitas aos efeitos de ruídos industriais excessivos — caldeireiros, operadores de máquinas pneumáticas, de motores, turbinas e outros.	Insalubre	25 anos	Jornada normal ou especial fixada em lei em locais com ruídos acima de 80 decibéis. Decreto n. 1.232, de 22 de junho de 1962. Portaria Ministerial n. 262, de 6.8.62 e Art. 187 da CLT.

CÓDIGO	CAMPO DE APLICAÇÃO	SERVIÇOS E ATIVIDADES PROFISSIONAIS	CLASSIFICAÇÃO	TEMPO DE TRABALHO MÍNIMO	OBSERVAÇÕES
1.1.7	PRESSÃO Operações em locais com pressão atmosférica anormal capaz de ser nociva à saúde.	Trabalhos em ambientes com alta ou baixa pressão — escafandristas, mergulhadores, operadores em caixões ou tubulações, pneumáticos e outros.	Insalubre	25 anos	Jornada normal ou especial fixada em lei — Arts. 187 e 219 CLT. Portaria Ministerial n. 73, de 2 de janeiro de 1960 e 262, de 6.8.62.
1.1.8	ELETRICIDADE Operações em locais com eletricidade em condições de perigo de vida.	Trabalhos permanentes em instalações ou equipamentos elétricos com riscos de acidentes — Eletricistas, cabistas, montadores e outros.	Perigoso	25 anos	Jornada normal ou especial fixada em lei em serviços expostos a tensão superior a 250 volts. Art. 187, 195 e 196 da CLT. Portaria Ministerial n. 34, de 8.4.54.
1.2.0	QUÍMICOS				
1.2.1	ARSÊNICO Operações com arsênico e seus compostos.	I — Extração.	Insalubre	20 anos	Jornada normal. Art. 187 CLT. Portaria Ministerial n. 262, de 6.8.62.
		II — Fabricação de seus compostos e derivados — Tintas, parasiticidas e inseticidas etc.	Insalubre	20 anos	
		III — Emprego de derivados arsenicais — Pintura, galvanotécnica, depilação, empalhamento etc.	Insalubre	25 anos	
1.2.2	BERÍLIO Operações com berílio e seus compostos.	Trabalhos permanentes expostos a poeiras e fumos — Fundição de ligas metálicas.	Insalubre	25 anos	Jornada normal. Art. 187 CLT. Portaria Ministerial n. 262, de 6.8.62.
1.2.3	CÁDMIO Operações com cádmio e seus compostos.	Trabalhos permanentes expostos a poeiras e fumos — Fundição de ligas metálicas.	Insalubre	25 anos	Jornada normal. Art. 187 CLT. Portaria Ministerial n. 262, de 6.8.62.
1.2.4	CHUMBO Operações com chumbo, seus sais e ligas.	I — Fundição, refino, moldagens, trefiliação e laminação.	Insalubre	20 anos	Jornada normal. Art. 187 CLT. Portaria Ministerial n. 262, de 6.8.62.
		II — Fabricação de artefatos e de produtos de chumbo — baterias, acumuladores, tintas etc.		25 anos	
		III — Limpeza, raspagens e demais trabalhos em tanques de gasolina contendo chumbo, tetraetil, polimento e acabamento de ligas de chumbo etc.		25 anos	
		IV — Soldagem e dessoldagem com ligas à base de chumbo, vulcanização da borracha, tinturaria, estamparia, pintura e outros.		25 anos	
1.2.5	CROMO Operações com cromo e seus sais.	Trabalhos permanentes expostos ao tóxico — Fabricação, tanagem de couros, cromagem eletrolítica de metais e outras.	Insalubre	25 anos	Jornada normal. Art. 187 CLT. Portaria Ministerial n. 262, de 6.8.62.

CÓDIGO	CAMPO DE APLICAÇÃO	SERVIÇOS E ATIVIDADES PROFISSIONAIS	CLASSIFICAÇÃO	TEMPO DE TRABALHO MÍNIMO	OBSERVAÇÕES
1.2.6	FÓSFORO Operações com fósforo e seus compostos.	I — Extração e depuração do fósforo branco e seus compostos.	Insalubre	20 anos	Jornada normal. Art. 187 CLT. Portaria Ministerial n. 262, de 6.8.62.
		II — Fabricação de produtos fosforados asfixiantes, tóxicos, incendiários ou explosivos.	Insalubre Perigoso		
		III — Emprego de líquidos, pastas, pós e gases à base de fósforo branco para destruição de ratos e parasitas.	Insalubre	25 anos	
1.2.7	MANGANÊS Operações com o manganês.	Trabalhos permanentes expostos a poeiras ou fumos do manganês e seus compostos (bióxido) — Metalurgia, cerâmica, indústria de vidros e outras.	Insalubre	25 anos	Jornada normal. Art. 187 CLT. Portaria Ministerial n. 262, de 6.8.62.
1.2.8	MERCÚRIO Operações com mercúrio, seus sais e amálgamas.	I — Extração e tratamento de amálgamas e compostos — Cloreto e fulminato de Hg.	Insalubre Perigoso	20 anos	Jornada normal. Art. 187 CLT. Portaria Ministerial n. 262, de 6.8.62.
		II — Emprego de amálgama e derivados, galvanoplastia, estanhagem e outros.	Insalubre	25 anos	
1.2.9	OUTROS TÓXICOS INORGÂNICOS Operações com outros tóxicos inorgânicos capazes de fazerem mal à saúde.	Trabalhos permanentes expostos às poeiras, gases, vapores, neblina e fumos de outros metais, metaloide halogenos e seus eletrólitos tóxicos — ácidos, base e sais — Relação das substâncias nocivas publicadas no Regulamento Tipo de Segurança da O.I.T.	Insalubre	25 anos	Jornada normal. Art. 187 CLT. Portaria Ministerial n. 262, de 6.8.62.
1.2.10	POEIRAS MINERAIS NOCIVAS Operações industriais com desprendimento de poeiras capazes de fazerem mal à saúde — sílica, carvão, cimento, asbesto e talco.	I — Trabalhos permanentes no subsolo em operações de corte, furação, desmonte e carregamento nas frentes de trabalho.	Insalubre Perigoso Penoso	15 anos	Jornada normal especial fixada em Lei. Art. 187 e 293 da Portaria Ministerial n. 262, de 5.1.60; 49 e 31, do 25.3.60; e 6.8.62.
		II — Trabalhos permanentes em locais de subsolo afastados das frentes de trabalho, galerias, rampas, poços, depósitos, etc.	Insalubre Penoso	20 anos	
		III — Trabalhos permanentes a céu aberto. Corte, furação, desmonte, carregamento, britagem, classificação, carga e descarga de silos, transportadores de correias e teleférreos, moagem, calcinação, ensacamento e outras.	Insalubre	25 anos	

CÓDIGO	CAMPO DE APLICAÇÃO	SERVIÇOS E ATIVIDADES PROFISSIONAIS	CLASSIFICAÇÃO	TEMPO DE TRABALHO MÍNIMO	OBSERVAÇÕES
1.2.11	TÓXICOS ORGÂNICOS Operações executadas com derivados tóxicos do carbono — Nomenclatura Internacional. I — Hidrocarbonetos (ano, eno, ino) II — Ácidos carboxílicos (oico) III — Alcoóis (ol) IV — Aldehydos (al) V — Cetona (ona) VI — Esteres (com sais em ato — ilia) VII — Éteres (óxidos — oxi) VIII — Amidas — amidos IX — Aminas — aminas X — Nitrilas e isonitrilas (nitrilas e carbilaminas) XI — Compostos organo — metálicos halogenados, metalódicos halogenados, metalóidicos e nitrados.	Trabalhos permanentes expostos às poeiras: gases, vapores, neblinas e fumos de derivados do carbono constantes da Relação Internacional das Substâncias Nocivas publicada no Regulamento Tipo de Segurança da O.I.T — Tais como: cloreto de metila, tetracloreto de carbono, tricoloroetileno, clorofórmio, bromureto de netila, nitrobenzeno, gasolina, alcoóis, acetona, acetatos, pentano, metano, hexano, sulfureto de carbono etc.	Insalubre	25 anos	Jornada normal. Art. 187 CLT. Portaria Ministerial n. 262, de 6.8.62.
1.3.0	BIOLÓGICOS				
1.3.1	CARBÚNCULO, BRUCELA MORNO E TÉTANO Operações industriais com animais ou produtos oriundos de animais infectados.	Trabalhos permanentes expostos ao contato direto com germes infecciosos — Assistência Veterinária, serviços em matadouros, cavalariças e outros.	Insalubre	25 anos	Jornada normal. Art. 187 CLT. Portaria Ministerial n. 262, de 6.8.62.
1.3.2	GERMES INFECCIOSOS OU PARASITÁRIOS HUMANOS — ANIMAIS Serviços de Assistência Médica, Odontológica e Hospitalar em que haja contato obrigatório com organismos doentes ou com materiais infectocontagiantes.	Trabalhos permanentes expostos ao contato com doentes ou materiais infectocontagiantes — assistência médico, odontológica, hospitalar e outras atividades afins.	Insalubre	25 anos	Jornada normal ou especial fixada em Lei. Lei n. 3.999, de 15.12.61. Art. 187 CLT. Portaria Ministerial n. 262, de 6.8.62.
2.0.0	OCUPAÇÕES				
2.1.0	LIBERAIS, TÉCNICOS, ASSEMELHADOS				
2.1.1	ENGENHARIA	Engenheiros de Construção Civil, de minas, de metalurgia, eletricistas.	Insalubre	25 anos	Jornada normal ou especial fixada em Lei. Decreto n. 46.131 (*), de 3.6.59.
2.1.2	QUÍMICA	Químicos, Toxicologistas, Podologistas.	Insalubre	25 anos	Jornada normal ou especial fixada em Lei. Decreto n. 48.285 (*), de 1960.

CÓDIGO	CAMPO DE APLICAÇÃO	SERVIÇOS E ATIVIDADES PROFISSIONAIS	CLASSIFICAÇÃO	TEMPO DE TRABALHO MÍNIMO	OBSERVAÇÕES
2.1.3	MEDICINA, ODONTOLOGIA, ENFERMAGEM	Médicos, Dentistas, Enfermeiros.	Insalubre	25 anos	Jornada normal ou especial fixada em Lei. Decreto n. 43.185 (*), de 6.2.58.
2.1.4	MAGISTÉRIO	Professores.	Penoso	25 anos	Jornada normal ou especial fixada em Lei Estadual, GB, 286; RJ, 1.870, de 25-4. Art. 318, da Consolidação das Leis do Trabalho.
2.2.0	AGRÍCOLAS, FLORESTAIS, AQUÁTICAS				
2.2.1	AGRICULTURA	Trabalhadores na agropecuária.	Insalubre	25 anos	Jornada normal.
2.2.2	CAÇA	Trabalhadores florestais, caçadores.	Perigoso	25 anos	Jornada normal.
2.2.3	PESCA	Pescadores	Perigoso	25 anos	Jornada normal.
2.3.0	PERFURAÇÃO, CONSTRUÇÃO CIVIL. ASSEMELHADOS				
2.3.1	ESCAVAÇÕES DE SUPERFÍCIE — POÇOS	Trabalhadores em túneis e galerias.	Insalubre Perigoso	20 anos	Jornada normal ou especial, fixada em Lei. Artigo 295. CLT
2.3.2	ESCAVAÇÕES DE SUBSOLO — TÚNEIS	Trabalhadores em escavações a céu aberto.	Insalubre	25 anos	Jornada normal.
2.3.3	EDIFÍCIOS, BARRAGENS, PONTES	Trabalhadores em edifícios, barragens, pontes, torres.	Perigoso	25 anos	Jornada normal.
2.4.0	TRANSPORTES E COMUNICAÇÕES				
2.4.1	TRANSPORTES AÉREO	Aeronautas, Aeroviários de serviços de pista e de oficinas, de manutenção, de conservação, de carga e descarga, de recepção e de despacho de aeronaves.	Perigoso	25 anos	Jornada normal ou especial, fixada em Lei. Lei n. 3.501, (*) de 21.12.58; Lei n. 2.573, (*) de 15.8.55; Decretos ns. 50.660 (*), de 26.6.61 e 1.232, de 22.6.62.
2.4.2	TRANSPORTES MARÍTIMO, FLUVIAL E LACUSTRE	Marítimos de convés de máquinas, de câmara e de saúde — Operários de construção e reparos navais.	Insalubre	25 anos	Jornada normal ou especial fixada em Lei. Art. 243 CLT. Decretos ns. 52.475 (*). de 13.9.63; 52.700 (*) de 18.10.63 e 53.514 (*), de 30.1.64.
2.4.3	TRANSPORTES FERROVIÁRIO	Maquinistas, guarda-freios, trabalhadores da via permanente.	Insalubre	25 anos	Jornada normal ou especial fixada em Lei. Art. 238, CLT.
2.4.4	TRANSPORTES RODOVIÁRIO	Motorneiros e condutores de bondes. Motoristas e cobradores de ônibus. Motoristas e ajudantes de caminhão.	Penoso	25 anos	Jornada normal.
2.4.5	TELEGRAFIA, TELEFONIA, RÁDIO COMUNICAÇÃO.	Telegrafista, telefonista, rádio operadores de telecomunicações.	Insalubre	25 anos	Jornada normal ou especial, fixada em Lei. Art. 227 da CLT. Portaria Ministerial n. 20, de 6.8.62.

CÓDIGO	CAMPO DE APLICAÇÃO	SERVIÇOS E ATIVIDADES PROFISSIONAIS	CLASSIFICAÇÃO	TEMPO DE TRABALHO MÍNIMO	OBSERVAÇÕES
2.5.0	ARTESANATO E OUTRAS OCUPAÇÕES QUALIFICADAS				
2.5.1	LAVANDERIA E TINTURARIA	Lavadores, passadores, calandristas, tintureiros.	Insalubre	25 anos	Jornada normal.
2.5.2	FUNDIÇÃO, COZIMENTO, LAMINAÇÃO, TREFILAÇÃO, MOLDAGEM	Trabalhadores nas indústrias metalúrgicas, de vidro, de cerâmica e de plásticos-fundidores, laminadores, moldadores, trefiladores, forjadores.	Insalubre	25 anos	Jornada normal.
2.5.3	SOLDAGEM, GALVANIZAÇÃO, CALDERARIA	Trabalhadores nas indústrias metalúrgicas, de vidro, de cerâmica e de plásticos — soldadores, galvanizadores, chapeadores, caldeireiros.	Insalubre	25 anos	Jornada normal.
2.5.4	PINTURA	Pintores de Pistola.	Insalubre	25 anos	Jornada normal.
2.5.5	COMPOSIÇÃO TIPOGRÁFICA E MECÂNICA, LINOTIPIA, ESTEREOTIPIA, ELETROTIPIA, LITOGRAFIA E OFF-SETT, FOTOGRAVURA, ROTOGRAVURA E GRAVURA, ENCADERNAÇÃO E IMPRESSÃO EM GERAL.	Trabalhadores permanentes nas indústrias poligráficas: linotipistas, monotipistas, tipográficas, impressores, margeadores, montadores, compositores, pautadores, gravadores, granitadores, galvanotipistas, frezadores, titulistas.	Insalubre	25 anos	Jornada normal.
2.5.6	ESTIVA E ARMAZENAMENTO.	Estivadores, Arrumadores, Trabalhadores de capatazia, Consertadores, Conferentes.	Perigoso	25 anos	Jornada normal ou especial, fixada em Lei. Art. 278, CLT; item VII quadro II, do Art. 65 do Decreto n. 48.959-A (*), de 29.9.60.
2.5.7	EXTINÇÃO DE FOGO, GUARDA.	Bombeiros, Investigadores, Guardas	Perigoso	25 anos	Jornada normal.

7.2. Anexos I e II do Decreto n. 83.080/79

ANEXO I

CLASSIFICAÇÃO DAS ATIVIDADES PROFISSIONAIS SEGUNDO OS AGENTES NOCIVOS

CÓDIGO	CAMPO DE APLICAÇÃO	ATIVIDADE PROFISSIONAL (TRABALHADORES OCUPADOS EM CARÁTER PERMANENTE)	TEMPO MÍNIMO DE TRABALHO
1.0.0	AGENTES NOCIVOS		
1.1.0	FÍSICOS		
1.1.1	CALOR	Indústria metalúrgica e mecânica (atividades discriminadas nos códigos 2.5.1 e 2.5.2 do Anexo II). Fabricação de vidros e cristais (atividades discriminadas no código 2.5.5 do Anexo II). Alimentação de caldeiras a vapor a carvão ou a lenha.	25 anos
1.1.2	FRIO	Câmaras frigoríficas e fabricação de gelo.	25 anos

CÓDIGO	CAMPO DE APLICAÇÃO	ATIVIDADE PROFISSIONAL (TRABALHADORES OCUPADOS EM CARÁTER PERMANENTE)	TEMPO MÍNIMO DE TRABALHO
1.1.3	RADIAÇÕES IONIZANTES	Extração de minerais radioativos (tratamento, purificação, isolamento e preparo para distribuição). Operações com reatores nucleares com fontes de nêutrons ou de outras radiações corpusculares. Trabalhos executados com exposições aos raios-X, rádio e substâncias radioativas para fins industriais, terapêuticos e diagnósticos. Fabricação de ampolas de raios-x e radioterapia (inspeção de qualidade). Fabricação e manipulação de produtos químicos e farmacêuticos radioativos (urânio, rádon, mesotório, tório x, césio 137 e outros). Fabricação e aplicação de produtos luminescentes radíferos. Pesquisas e estudos dos raios-x e substâncias radioativas em laboratórios.	25 anos
1.1.4	TREPIDAÇÃO	Trabalhos com perfuratrizes e marteletes pneumáticos.	25 anos
1.1.5	RUÍDO	Caldararia (atividades discriminadas no código 2.5.2 do Anexo II). Trabalhos em usinas geradoras de eletricidade (sala de turbinas e geradores). Trabalhos com exposição permanente a ruído acima de 90 dB. Operação com máquinas pneumáticas (atividades discriminadas entre as do código 2.5.3 do Anexo II). Trabalhos em cabines de prova de motores de avião.	25 anos
1.1.6	PRESSÃO ATMOSFÉRICA	Trabalhos em caixões ou câmaras pneumáticas subaquáticas e em tubulações pneumáticas. Operação com uso de escafandro. Operação de mergulho Trabalho sob ar comprimido em túneis pressurizados.	20 anos
1.2.0	QUÍMICOS		
1.2.1	ARSÊNICO	Metalurgia de minérios arsenicais. Extração de arsênico. Fabricação de compostos de arsênico. Fabricação de tintas à base de compostos de arsênico (atividades discriminadas no Código 2.5.6 do Anexo II). Fabricação e aplicação de produtos inseticidas, parasiticidas e raticidas à base de compostos de arsênico.	25 anos
1.2.2	BERÍLIO OU GLICÍNIO	Extração, trituração e tratamento de berílio: Fabricação de ligas de berílio e seus compostos. Fundição de ligas metálicas. Utilização do berílio ou seus compostos na fabricação de tubos fluorescentes, de ampolas de raios-x e de vidros especiais.	25 anos
1.2.3	CÁDMIO	Extração, tratamento e preparação de ligas de cádmio. Fundição de ligas metálicas. Fabricação de compostos de cádmio. Solda com cádmio. Utilização de cádmio em revestimentos metálicos.	25 anos
1.2.4	CHUMBO	Extração de chumbo. Fabricação e emprego de chumbo tetraetila ou tetramatila. Fabricação de objetos e artefatos de chumbo. Fabricação de acumuladores, pilhas e baterias elétricas contendo chumbo ou compostos de chumbo. Fabricação de tintas, esmaltes e vernizes à base de compostos de chumbo (atividades discriminadas no código 2.5.6 do Anexo II). Fundição e laminação de chumbo, zinco-velho, cobre e latão. Limpeza, raspagem e reparação de tanques de mistura e armazenamento de gasolina contendo chumbo tetraetila. Metalurgia e refinação de chumbo. Vulcanização de borracha pelo litargírio ou outros compostos de chumbo.	
1.2.5	CROMO	Fabricação de ácimo crômico, de cromatos e bicromatos.	25 anos
1.2.6	FÓSFORO	Extração e preparação de fósforo branco e seus compostos. Fabricação e aplicação de produtos fosforados e organofosforados, inseticidas, parasiticidas e raticidas. Fabricação de projéteis incendiários, explosivos e gases asfixiantes à base de fósforo branco.	25 anos
1.2.7	MANGANÊS	Extração, tratamento e trituração do minério por processos manuais ou semiautomáticos. Fabricação de compostos de manganês. Fabricação de pilhas secas contendo compostos de manganês. Fabricação de vidros especiais, indústrias de cerâmica e outras operações com exposição permanente a poeiras de pirolusita ou de outros compostos de manganês.	25 anos

CÓDIGO	CAMPO DE APLICAÇÃO	ATIVIDADE PROFISSIONAL (TRABALHADORES OCUPADOS EM CARÁTER PERMANENTE)	TEMPO MÍNIMO DE TRABALHO
1.2.8	MERCÚRIO	Extração e fabricação de compostos de mercúrio. Fabricação de espoletas com fulminato de mercúrio. Fabricação de tintas à base de composto de mercúrio. Fabricação de solda à base de mercúrio. Fabricação de aparelhos de mercúrio: Barômetro, manômetro, termômetro, interruptor, lâmpadas, válvulas eletrônicas, ampolas de raios-x e outros. Amalgamação de zinco para fabricação de eletródios, pilhas e acumuladores. Douração e estanhagem de espelhos à base de mercúrio. Empalhamento de animais com sais de mercúrio. Recuperação de mercúrio por destilação de resíduos industriais. Tratamento a quente das amálgamas de ouro e prata para recuperação desses metais preciosos. Secretagem de pelos, crinas e plumas, feltragem à base de compostos de mercúrio.	25 anos
1.2.9	OURO	Redução, separação e fundição do ouro	25 anos
1.2.10	HIDROCARBONETOS E OUTROS COMPOSTOS DE CARBONO	Fabricação de benzol, toluol, xilol (benzeno, tolueno e xileno). Fabricação e aplicação de inseticidas clorados derivados de hidrocarbonetos. Fabricação e aplicação de inseticidas e fungicidas derivados de ácido carbônico. Fabricação de derivados halogenados de hidrocarbonetos alifáticos: cloreto de metila, brometo de metila, clorofórmio, tetracloreto de carbono, dicloretano, tetracloretano, tricloretileno e bromofórmio. Fabricação e aplicação de inseticida à base de sulfeto de carbono. Fabricação de seda artificial (viscose) Fabricação de sulfeto de carbono. Fabricação de carbonilida. Fabricação de gás de iluminação. Fabricação de solventes para tintas, lacas e vernizes, contendo benzol, toluol e xilol.	25 anos
1.2.11	OUTROS TÓXICOS, ASSOCIAÇÃO DE AGENTES	Fabricação de flúor e ácido fluorídrico, cloro e ácido clorídrico e bromo e ácido bromídrico. Aplicação de revestimentos metálicos, eletroplastia, compreendendo: niquelagem, cromagem, douração, anodização de alumínio e outras operações assemelhadas (atividades discriminadas no código 2.5.4 do Anexo II). Pintura a pistola — associação de solventes e hidrocarbonados e partículas suspensas (atividades discriminadas entre as do código 2.5.3 do Anexo II). Trabalhos em galerias e tanques de esgoto (monóxido de carbono, gás metano, gás sulfídrico e outros). Solda elétrica e a oxiacetileno (fumos metálicos). Indústrias têxteis: alvejadores, tintureiros, lavadores e estampadores a mão.	25 anos
1.2.12	SÍLICA, SILICATOS, CARVÃO, CIMENTO E AMIANTO	Extração de minérios (atividades discriminadas nos códigos 2.3.1 a 2.3.5 do anexo II).	15, 20 ou 25 anos
		Extração de rochas amiantíferas (furação, corte, desmonte, trituração, peneiramento e manipulação). Extração, trituração e moagem de talco. Decapagem, limpeza de metais, foscamento de vidros com jatos de areia (atividades discriminadas entre as do código 2.5.3 do Anexo II). Fabricação de cimento Fabricação de guarnições para freios, materiais isolantes e produtos de fibrocimento. Fabricação de material refratário para fornos, chaminés e cadinhos, recuperação de resíduos. Fabricação de mós, rebolos, saponáceos, pós e pastas para polimento de metais. Moagem e manipulação de sílica na indústria de vidros, porcelana e outros produtos cerâmicos. Mistura, cardagem, fiação e tecelagem de amianto. Trabalho em pedreiras (atividades discriminadas no código 2.3.4 do anexo II).	25 anos
		Trabalho em construção de túneis (atividades discriminadas nos códigos 2.3.3 e 2.3.4 do Anexo II).	25 anos

CÓDIGO	CAMPO DE APLICAÇÃO	ATIVIDADE PROFISSIONAL (TRABALHADORES OCUPADOS EM CARÁTER PERMANENTE)	TEMPO MÍNIMO DE TRABALHO
1.3.0	BIOLÓGICOS		
1.3.1	CARBÚNCULO BRUCELA, MORMO, TUBERCULOSE E TÉTANO	Trabalhos permanentes em que haja contato com produtos de animais infectados. Trabalhos permanentes em que haja contados com carnes, vísceras, glândulas, sangue, ossos, pelos dejeções de animais infectados (atividades discriminadas entre as do código 2.1.3 do Anexo II: médicos, veterinários, enfermeiros e técnicos de laboratório).	25 anos
1.3.2	ANIMAIS DOENTES E MATERIAIS INFECTOCONTAGIANTES	Trabalhos permanentes expostos ao contato com animais doentes ou materiais infecto-contagiantes (atividades discriminadas entre as do código 2.1.3 do Anexo II: médicos, veterinários, enfermeiros e técnicos de laboratório).	
1.3.3	PREPARAÇÃO DE SOROS, VACINAS, E OUTROS PRODUTOS	Trabalhos permanentes em laboratórios com animais destinados ao preparo de soro, vacinas e outros produtos (atividades discriminadas entre as do código 2.1.3 do Anexo II: médicos-laboratoristas, técnicos de laboratórios, biologistas).	25 anos
1.3.4	DOENTES OU MATERIAIS INFECTOCONTAGIANTES	Trabalhos em que haja contato permanente com doentes ou materiais infectocontagiantes (atividades discriminadas entre as do código 2.1.3 do Anexo II: médicos-laboratoristas (patologistas), técnicos de laboratório, dentistas, enfermeiros).	25 anos
1.3.5	GERMES	Trabalhos nos gabinetes de autópsia, de anatomia e anátomo-histopatologia (atividades discriminadas entre as do código 2.1.3 do Anexo II: médicos-toxicologistas, técnicos de laboratório de anatomopatologia ou histopatologia, técnicos de laboratório de gabinetes de necropsia, técnicos de anatomia).	25 anos

ANEXO II

CLASSIFICAÇÃO DAS ATIVIDADES PROFISSIONAIS SEGUNDO OS GRUPOS PROFISSIONAIS

CÓDIGO	ATIVIDADE PROFISSIONAL	TEMPO MÍNIMO DE TRABALHO
2.0.0	GRUPOS PROFISSIONAIS	
2.1.0	PROFISSIONAIS LIBERAIS E TÉCNICOS	
2.1.1	ENGENHARIA Engenheiros-químicos. Engenheiros-metalúrgicos. Engenheiros de minas.	25 anos
2.1.2	QUÍMICA-RADIOATIVIDADE Químicos-industriais. Químicos-toxicologistas. Técnicos em laboratórios de análises. Técnicos em laboratórios químicos Técnicos em radioatividade.	25 anos
2.1.3	MEDICINA-ODONTOLOGIA-FARMÁCIA E BIOQUÍMICA-ENFERMAGEM-VETERINÁRIA Médicos (expostos aos agentes nocivos — Código 1.3.0 do Anexo I). Médicos-anatomopatologistas ou histopatologistas. Médicos-toxicologistas. Médicos-laboratoristas (patologistas). Médicos-radiologistas ou radioterapeutas. Técnicos de raio-x. Técnicos de laboratório de anatomopatologia ou histopatologia. Farmacêuticos-toxicologistas e bioquímicos. Técnicos de laboratório de gabinete de necropsia. Técnicos de anatomia. Dentistas (expostos aos agentes nocivos — código 1.3.0 do Anexo I). Enfermeiros (expostos aos agentes nocivos — código 1.3.0 do Anexo I). Médicos-veterinários (expostos aos agentes nocivos — código 1.3.0 do Anexo I).	25 anos

CÓDIGO	ATIVIDADE PROFISSIONAL	TEMPO MÍNIMO DE TRABALHO
2.2.0	PESCA	
2.2.1	PESCADORES	25 anos
2.3.0	EXTRAÇÃO DE MINÉRIOS	
2.3.1	MINEIROS DE SUBSOLO (Operações de corte, furação e desmonte e atividades de manobras nos pontos de transferências de cargas e viradores e outras atividades exercidas na frente de trabalho) Perfuradores de rochas, cortadores de rochas, carregadores, britadores, cavouqueiros e choqueiros.	15 anos
2.3.2	TRABALHADORES PERMANENTES EM LOCAIS DE SUBSOLO, AFASTADOS DAS FRENTES DE TRABALHO (GALERIAS, RAMPAS, POÇOS, DEPÓSITOS) Motoristas, carregadores, condutores de vagonetas, carregadores de explosivos, encarregados do fogo (*blasters*), eletricistas, engatores, bombeiros, madeireiros e outros profissionais com atribuições permanentes em minas de subsolo.	20 anos
2.3.3	MINEIROS DE SUPERFÍCIE Trabalhadores no exercício de atividades de extração em minas ou depósitos minerais na superfície. Perfuradores de rochas, cortadores de rochas, carregadores, operadores de escavadeiras, motoreiros, condutores de vagonetas, britadores, carregadores de explosivos, encarregados do fogo (*blasters*) e outros profissionais com atribuições permanentes de extração em minas ou depósitos minerais na superfície.	25 anos
2.3.4	TRABALHADORES EM PEDREIRAS, TÚNEIS, GALERIAS Perfuradores, covouqueiros, canteiros, encarregados do fogo (*blasters*) e operadores de pás mecânicas.	25 anos
2.3.5	TRABALHADORES EM EXTRAÇÃO DE PETRÓLEO Trabalhadores ocupados em caráter permanente na perfuração de poços petrolíferos e na extração de petróleo.	25 anos
2.4.0	TRANSPORTES	
2.4.1	TRANSPORTE FERROVIÁRIO Maquinista de máquinas acionadas a lenha ou a carvão. Foguista.	25 anos
2.4.2	TRANSPORTE URBANO E RODOVIÁRIO Motorista de ônibus e de caminhões de cargas (ocupados em caráter permanente).	25 anos
2.4.3	TRANSPORTE AÉREO Aeronautas	25 anos
2.4.4	TRANSPORTE MARÍTIMO Foguistas. Trabalhadores em casa de máquinas.	25 anos
2.4.5	TRANSPORTE MANUAL DE CARGA NA ÁREA PORTUÁRIA. Estivadores (trabalhadores ocupados em caráter permanente, em embarcações, no carregamento e descarregamento de carga.) Arrumadores e ensacadores. Operadores de carga e descarga nos portos.	25 anos
2.5.0	ARTÍFICES, TRABALHADORES OCUPADOS EM DIVERSOS PROCESSOS DE PRODUÇÃO E OUTROS	
2.5.1	INDÚSTRIAS METALÚRGICAS E MECÂNICAS (Aciarias, fundições de ferro e metais não ferrosos, laminações, forneiros, mãos de forno, reservas de forno, fundidores, soldadores, lingoteiros, tenazeiros, caçambeiros, amarradores, dobradores e desbastadores. Rebarbadores, esmerilhadores, marteleteiros de rebarbação. Operadores de tambores rotativos e outras máquinas de rebarbação. Operadores de máquinas para fabricação de tubos por centrifugação. Operadores de pontes rolantes ou de equipamentos para transporte de peças e caçambas com metal liquefeito, nos recintos de aciarias, fundições e laminações. Operadores nos fornos de recozimento ou de têmpera-recozedores, temperadores.	25 anos
2.5.2	FERRARIAS, ESTAMPARIAS DE METAL A QUENTE E CALDEIRARIA. Ferreiros, marteleiros, forjadores, estampadores, caldeireiros e prensadores. Operadores de forno de recozimento, de têmpera, de cementação, forneiros, recozedores, temperadores, cementadores. Operadores de pontes rolantes ou talha elétrica.	25 anos

CÓDIGO	ATIVIDADE PROFISSIONAL	TEMPO MÍNIMO DE TRABALHO
2.5.3	OERAÇÕES DIVERSAS Operadores de máquinas pneumáticas. Rebitadores com marteletes pneumáticos. Cortadores de chapa a oxiacetileno. Esmerilhadores. Soldadores (solda elétrica e a oxiacetileno). Operadores de jatos de areia com exposição direta à poeira. Pintores a pistola (com solventes hidrocarbonados e tintas tóxicas). Foguistas.	25 anos
2.5.4	APLICAÇÃO DE REVESTIMENTOS METÁLICOS E ELETROPLASTIA Galvanizadores, niqueladores, cromadores, cobreadores, estanhadores, douradores e profissionais em trabalhos de exposição permanente nos locais.	25 anos
2.5.5	FABRICAÇÃO DE VIDROS E CRISTAIS Vidreiros, operadores de forno, forneiros, sopradores de vidros e cristais. Operadores de máquinas de fabricação de vidro plano, sacadores de vidros e cristais, operadores de máquinas de soprar vidros e outros profissionais em trabalhos permanentes nos recintos de fabricação de vidros e cristais.	25 anos
2.5.6	FABRICAÇÃO DE TINTAS, ESMALTES E VERNIZES Trituradores, moedores, operadores de máquinas moedoras, misturadores, preparadores, envasilhadores e outros profissionais em trabalhos de exposição permanente nos recintos de fabricação.	25 anos
2.5.7	PREPARAÇÃO DE COUROS Caleadores de couros. Curtidores de couros. Trabalhadores em tanagem de couros.	25 anos
2.5.8	INDÚSTRIA GRÁFICA E EDITORIAL Monotipistas, linotipistas, fundidores de monotipo, fundidores de linotipo, fundidores de estereotipia, eletrotipistas, estereotipistas, galvanotipistas, titulistas, compositores, biqueiros, chapistas, tipógrafos, caixistas, distribuidores, paginadores, emendadores, impressores, minervistas, prelistas, ludistas, litógrafos e fotogravadores.	25 anos

7.3. Anexo IV do Decreto n. 2.172/97

ANEXO IV

CLASSIFICAÇÃO DOS AGENTES NOCIVOS

CÓDIGO	AGENTE NOCIVO	TEMPO DE EXPOSIÇÃO
1.0.0	AGENTES QUÍMICOS	
	O que determina o benefício é a presença do agente no processo produtivo e no meio ambiente de trabalho. As atividades listadas são exemplificavas nas quais pode haver a exposição.	
1.0.1	ARSÊNIO E SEUS COMPOSTOS	25 ANOS
	a) extração de arsênio e seus compostos tóxicos; b) metalurgia de minérios arsenicais; c) utilização de hidrogênio arseniado (arsina) em sínteses orgânicas e no processamento de componentes eletrônicos; d) fabricação e preparação de tintas e lacas; e) fabricação, preparação e aplicação de inseticidas, herbicidas, parasiticidas e raticidas com a utilização de compostos de arsênio;	

CÓDIGO	AGENTE NOCIVO	TEMPO DE EXPOSIÇÃO
	f) produção de vidros, ligas de chumbo e medicamentos com a utilização de compostos de arsênio; g) conservação e curtume de peles, tratamento e preservação da madeira com a utilização de compostos de arsênio.	
1.0.2	ASBESTOS	20 ANOS
	a) extração, processamento e manipulação de rochas amiantíferas; b) fabricação de guarnições para freios, embreagens e materiais isolantes contendo asbestos; c) fabricação de produtos de fibrocimento; d) mistura, cardagem, fiação e tecelagem de fibras de asbestos.	
1.0.3	BENZENO E SEUS COMPOSTOS TÓXICOS	25 ANOS
	a) produção e processamento de benzeno; b) utilização de benzeno como matéria prima em sínteses orgânicas e na produção de derivados; c) utilização de benzeno como insumo na extração de óleos vegetais e alcoóis; d) utilização de produtos que contenham benzeno, como colas, tintas, vernizes, produtos gráficos e solventes; e) produção e utilização de clorobenzenos e derivados; f) fabricação e vulcanização de artefatos de borracha; g) fabricação e recauchutagem de pneumáticos.	
1.0.4	BERÍLIO E SEUS COMPOSTOS TÓXICOS	25 ANOS
	a) extração, trituração e tratamento de berílio; b) fabricação de compostos e ligas de berílio; c) fabricação de tubos fluorescentes e de ampolas de raio-X; d) fabricação de queimadores e moderadores de reatores nucleares; e) fabricação de vidros e porcelanas para isolantes térmicos; f) utilização do berílio na indústria aeroespacial.	
1.0.5	BROMO E SEUS COMPOSTOS TÓXICOS	25 ANOS
	a) fabricação e emprego do bromo e do ácido brômico.	
1.0.6	CÁDMIO E SEUS COMPOSTOS TÓXICOS	25 ANOS
	a) extração, tratamento e preparação de ligas de cádmio; b) fabricação de compostos de cádmio; c) utilização de eletrodos de cádmio em soldas; d) utilização de cádmio no revestimento eletrolítico de metais; e) utilização de cádmio como pigmento e estabilizador na indústria do plástico; f) fabricação de eletrodos de baterias alcalinas de níquel-cádmio.	
1.0.7	CARVÃO MINERAL E SEUS DERIVADOS	25 ANOS
	a) extração, fabricação, beneficiamento e utilização de carvão mineral, piche, alcatrão, betume e breu; b) extração, produção e utilização de óleos minerais e parafinas; c) extração e utilização de antraceno e negro de fumo; d) produção de coque.	

CÓDIGO	AGENTE NOCIVO	TEMPO DE EXPOSIÇÃO
1.0.8	CHUMBO E SEUS COMPOSTOS TÓXICOS	25 ANOS
	a) extração e processamento de minério de chumbo;	
	b) metalurgia e fabricação de ligas e compostos de chumbo;	
	c) fabricação e reformas de acumuladores elétricos;	
	d) fabricação e emprego de chumbo-tetraetila e chumbo-tetrametila;	
	e) fabricação de tintas, esmaltes e vernizes à base de compostos de chumbo;	
	f) pintura com pistola empregando tintas com pigmentos de chumbo;	
	g) fabricação de objetos e artefatos de chumbo e suas ligas;	
	h) vulcanização da borracha pelo litargírio ou outros compostos de chumbo;	
	i) utilização de chumbo em processos de soldagem;	
	j) fabricação de vidro, cristal e esmalte vitrificado;	
	l) fabricação de pérolas artificiais;	
	m) fabricação e utilização de aditivos à base de chumbo para a indústria de plásticos.	
1.0.9	CLORO E SEUS COMPOSTOS TÓXICOS	25 ANOS
	a) fabricação e emprego de defensivos organoclorados;	
	b) fabricação e emprego de cloroetilaminas (mostardas nitrogenadas);	
	c) fabricação e manuseio de bifenis policlorados (PCB);	
	d) fabricação e emprego de cloreto de vinil como monômero na fabricação de policloreto de vinil (PVC) e outras resinas e como intermediário em produções químicas ou como solvente orgânico;	
	e) fabricação de policloroprene;	
	f) fabricação e emprego de clorofórmio (triclorometano) e de tetracloreto de carbono.	
1.0.10	CROMO E SEUS COMPOSTOS TÓXICOS	25 ANOS
	a) fabricação, emprego industrial, manipulação de cromo, ácido crômico, cromatos e bicromatos;	
	b) fabricação de ligas de ferro-cromo;	
	c) revestimento eletrolítico de metais e polimento de superfícies cromadas;	
	d) pintura com pistola utilizando tintas com pigmentos de cromo;	
	e) soldagem de aço inoxidável.	
1.0.11	DISSULFETO DE CARBONO	25 ANOS
	a) fabricação e utilização de dissulfeto de carbono;	
	b) fabricação de viscose e seda artificial (raiom) ;	
	c) fabricação e emprego de solventes, inseticidas e herbicidas contendo dissulfeto de carbono;	
	d) fabricação de vernizes, resinas, sais de amoníaco, de tetracloreto de carbono, de vidros ópticos e produtos têxteis com uso de dissulfeto de carbono.	
1.0.12	FÓSFORO E SEUS COMPOSTOS TÓXICOS	25 ANOS
	a) extração e preparação de fósforo branco e seus compostos;	
	b) fabricação e aplicação de produtos fosforados e organofosforados (sínteses orgânicas, fertilizantes e praguicidas);	
	c) fabricação de munições e armamentos explosivos.	

CÓDIGO	AGENTE NOCIVO	TEMPO DE EXPOSIÇÃO
1.0.13	IODO	25 ANOS
	a) fabricação e emprego industrial do iodo.	
1.0.14	MANGANÊS E SEUS COMPOSTOS	25 ANOS
	a) extração e beneficiamento de minérios de manganês; b) fabricação de ligas e compostos de manganês; c) fabricação de pilhas secas e acumuladores; d) preparação de permanganato de potássio e de corantes; e) fabricação de vidros especiais e cerâmicas; f) utilização de eletrodos contendo manganês; g) fabricação de tintas e fertilizantes.	
1.0.15	MERCÚRIO E SEUS COMPOSTOS	25 ANOS
	a) extração e utilização de mercúrio e fabricação de seus compostos; b) fabricação de espoletas com fulminato de mercúrio; c) fabricação de tintas com pigmento contendo mercúrio; d) fabricação e manutenção de aparelhos de medição e de laboratório; e) fabricação de lâmpadas, válvulas eletrônicas e ampolas de raio-X; f) fabricação de minuterias, acumuladores e retificadores de corrente; g) utilização como agente catalítico e de eletrólise; h) douração, prateamento, bronzeamento e estanhagem de espelhos e metais; i) curtimento e feltragem do couro e conservação da madeira; j) recuperação do mercúrio; l) amalgamação do zinco. m) tratamento a quente de amálgamas de metais;n) fabricação e aplicação de fungicidas.	
1.0.16	NÍQUEL E SEUS COMPOSTOS TÓXICOS	25 ANOS
	a) extração e beneficiamento do níquel; b) niquelagem de metais; c) fabricação de acumuladores de níquel-cádmio.	
1.0.17	PETRÓLEO, XISTO BETUMINOSO, GÁS NATURAL E SEUS DERIVADOS	25 ANOS
	a) extração, processamento, beneficiamento e atividades de manutenção realizadas em unidades de extração, plantas petrolíferas e petroquímicas. b) beneficiamento e aplicação de misturas asfálticas contendo hidrocarbonetos policíclicos.	
1.0.18	SÍLICA LIVRE	25 ANOS
	a) extração de minérios a céu aberto; b) beneficiamento e tratamento de produtos minerais geradores de poeiras contendo sílica livre cristalizada; c) tratamento, decapagem e limpeza de metais e fosqueamento de vidros com jatos de areia; d) fabricação, processamento, aplicação e recuperação de materiais refratários; e) fabricação de mós, rebolos e de pós e pastas para polimento; f) fabricação de vidros e cerâmicas; g) construção de túneis; h) desbaste e corte a seco de materiais contendo sílica.	

CÓDIGO	AGENTE NOCIVO	TEMPO DE EXPOSIÇÃO
1.0.19	OUTRAS SUBSTÂNCIAS QUÍMICAS	25 ANOS

GRUPO I — ESTIRENO; BUTADIENO-ESTIRENO; ACRILONITRILA; 1-3 BUTADIENO; CLOROPRENO; MERCAPTANOS, n-HEXANO, DIISOCIANATO DE TOLUENO (TDI); AMINAS AROMÁTICAS

a) fabricação e vulcanização de artefatos de borracha;

b) fabricação e recauchutagem de pneus.

GRUPO II — AMINAS AROMÁTICAS, AMINOBIFENILA, AURAMINA, AZATIOPRINA, BIS (CLORO METIL) ÉTER, 1-4 BUTANODIOL DIMETANOSULFONATO (MILERAN), CICLOFOSFAMIDA, CLOROAMBUCIL, DIETILESTILBESTROL, ACRONITRILA, NITRONAFTILAMINA 4-DIMETIL-AMINOAZOBENZENO, BENZOPIRENO, BETAPROPIOLACTONA, BISCLOROETILETER, BISCLOROMETIL CLOROMETILETER, DIANIZIDINA, DICLOROBENZIDINA, DIETILSULFATO, DIMETILSULFATO, ETILENOAMINA, ETILENOTIUREIA, FENACETINA, IODETO DE METILA, ETILNITROSURÉIAS, METILENO-ORTOCLOROANILINA (MOCA), NITROSAMINA, ORTOTOLUIDINA, OXIMETALONA, PROCARBAZINA, PROPANOSULTONA, 1-3-BUTADIENO, ÓXIDO DE ETILENO, ESTILBENZENO, DIISOCIANATO DE TOLUENO (TDI), CREOSOTO, 4-AMINODIFENIL, BENZIDINA, BETANAFTILAMINA, ESTIRENO, 1-CLORO-2, 4-NITRODIFENIL, 3-POXIPROPANO

a) manufatura de magenta (anilina e ortotoluidina);

b) fabricação de fibras sintéticas;

c) sínteses químicas;

d) fabricação da borracha e espumas;

e) fabricação de plásticos;

f) produção de medicamentos;

g) operações de preservação da madeira com creosoto;

h) esterilização de materiais cirúrgicos.

2.0.0	AGENTES FÍSICOS	

Exposição acima dos limites de tolerância especificados ou às atividades descritas.

2.0.1	RUÍDO	25 ANOS

a) exposição permanente a níveis de ruído acima de 90 decibéis.

2.0.2	VIBRAÇÕES	25 ANOS

a) trabalhos com perfuratrizes e marteletes pneumáticos.

2.0.3	RADIAÇÕES IONIZANTES	25 ANOS

a) extração e beneficiamento de minerais radioativos;

b) atividades em minerações com exposição ao radônio;

c) realização de manutenção e supervisão em unidades de extração, tratamento e beneficiamento de minerais radioativos com exposição às radiações ionizantes;

d) operações com reatores nucleares ou com fontes radioativas;

e) trabalhos realizados com exposição aos raios Alfa, Beta, Gama e X, aos nêutrons e às substâncias radioativas para fins industriais, terapêuticos e diagnósticos;

f) fabricação e manipulação de produtos radioativos;

g) pesquisas e estudos com radiações ionizantes em laboratórios.

CÓDIGO	AGENTE NOCIVO	TEMPO DE EXPOSIÇÃO
2.0.4	TEMPERATURAS ANORMAIS	25 ANOS
	a) trabalhos com exposição ao calor acima dos limites de tolerância estabelecidos na NR-15, da Portaria n. 3.214/78.	
2.0.5	PRESSÃO ATMOSFÉRICA ANORMAL	25 ANOS
	a) trabalhos em caixões ou câmaras hiperbáricas; b) trabalhos em tubulões ou túneis sob ar comprimido; c) operações de mergulho com o uso de escafandros ou outros equipamentos.	
3.0.0	BIOLÓGICOS	
	Exposição aos agentes citados unicamente nas atividades relacionadas.	
3.0.1	MICRO-ORGANISMOS E PARASITAS INFECCIOSOS VIVOS E SUAS TOXINAS	25 ANOS
	a) trabalhos em estabelecimentos de saúde em contato com pacientes portadores de doenças infectocontagiosas ou com manuseio de materiais contaminados; b) trabalhos com animais infectados para tratamento ou para o preparo de soro, vacinas e outros produtos; c) trabalhos em laboratórios de autópsia, de anatomia e anátomo-histologia; d) trabalho de exumação de corpos e manipulação de resíduos de animais deteriorados; e) trabalhos em galerias, fossas e tanques de esgoto; f) esvaziamento de biodigestores; g) coleta e industrialização do lixo.	
4.0.0	ASSOCIAÇÃO DE AGENTES	
	Exposição aos agentes combinados exclusivamente nas atividades especificadas.	
4.0.1	FÍSICOS, QUÍMICOS E BIOLÓGICOS	20 ANOS
	a) mineração subterrânea cujas atividades sejam exercidas afastadas das frentes de produção.	
4.0.2	FÍSICOS, QUÍMICOS E BIOLÓGICOS	15 ANOS
	a) trabalhos em atividades permanentes no subsolo de minerações subterrâneas em frente de produção.	

7.4. Anexo IV do Decreto n. 3.048/99

ANEXO IV

CÓDIGO	CLASSIFICAÇÃO DOS AGENTES NOCIVOS	TEMPO DE EXPOSIÇÃO
1.0.0	— AGENTES QUÍMICOS	
	O que determina o direito ao benefício é a exposição do trabalhador ao agente nocivo presente no ambiente de trabalho e no processo produtivo, em nível de concentração superior aos limites de tolerância estabelecidos.	
	O rol de agentes nocivos é exaustivo, enquanto que as atividades listadas, nas quais pode haver a exposição, é exemplificativa. *(Redação dada pelo Decreto n. 3.265, de 29.11.1999).*	

CÓDIGO	CLASSIFICAÇÃO DOS AGENTES NOCIVOS	TEMPO DE EXPOSIÇÃO
1.0.1	ARSÊNIO E SEUS COMPOSTOS	25 ANOS

a) extração de arsênio e seus compostos tóxicos;

b) metalurgia de minérios arsenicais;

c) utilização de hidrogênio arseniado (arsina) em sínteses orgânicas e no processamento de componentes eletrônicos;

d) fabricação e preparação de tintas e lacas;

e) fabricação, preparação e aplicação de inseticidas, herbicidas, parasiticidas e raticidas com a utilização de compostos de arsênio;

f) produção de vidros, ligas de chumbo e medicamentos com a utilização de compostos de arsênio;

g) conservação e curtume de peles, tratamento e preservação da madeira com a utilização de compostos de arsênio.

1.0.2	ASBESTOS	20 ANOS

a) extração, processamento e manipulação de rochas amiantíferas;

b) fabricação de guarnições para freios, embreagens e materiais isolantes contendo asbestos;

c) fabricação de produtos de fibrocimento;

d) mistura, cardagem, fiação e tecelagem de fibras de asbestos.

1.0.3	BENZENO E SEUS COMPOSTOS TÓXICOS	25 ANOS

a) produção e processamento de benzeno;

b) utilização de benzeno como matéria-prima em sínteses orgânicas e na produção de derivados;

c) utilização de benzeno como insumo na extração de óleos vegetais e alcoóis;

d) utilização de produtos que contenham benzeno, como colas, tintas, vernizes, produtos gráficos e solventes;

e) produção e utilização de clorobenzenos e derivados;

f) fabricação e vulcanização de artefatos de borracha;

g) fabricação e recauchutagem de pneumáticos.

1.0.4	BERÍLIO E SEUS COMPOSTOS TÓXICOS	25 ANOS

a) extração, trituração e tratamento de berílio;

b) fabricação de compostos e ligas de berílio;

c) fabricação de tubos fluorescentes e de ampolas de raio X;

d) fabricação de queimadores e moderadores de reatores nucleares;

e) fabricação de vidros e porcelanas para isolantes térmicos;

f) utilização do berílio na indústria aeroespacial.

1.0.5	BROMO E SEUS COMPOSTOS TÓXICOS	25 ANOS

a) fabricação e emprego do bromo e do ácido brômico.

1.0.6	CÁDMIO E SEUS COMPOSTOS TÓXICOS	25 ANOS

a) extração, tratamento e preparação de ligas de cádmio;

b) fabricação de compostos de cádmio;

c) utilização de eletrodos de cádmio em soldas;

d) utilização de cádmio no revestimento eletrolítico de metais;

e) utilização de cádmio como pigmento e estabilizador na indústria do plástico;

f) fabricação de eletrodos de baterias alcalinas de níquel-cádmio.

CÓDIGO	CLASSIFICAÇÃO DOS AGENTES NOCIVOS	TEMPO DE EXPOSIÇÃO
1.0.7 —	CARVÃO MINERAL E SEUS DERIVADOS	25 ANOS

a) extração, fabricação, beneficiamento e utilização de carvão mineral, piche, alcatrão, betume e breu;

b) extração, produção e utilização de óleos minerais e parafinas;

c) extração e utilização de antraceno e negro de fumo;

d) produção de coque.

1.0.8 —	CHUMBO E SEUS COMPOSTOS TÓXICOS	25 ANOS

a) extração e processamento de minério de chumbo;

b) metalurgia e fabricação de ligas e compostos de chumbo;

c) fabricação e reformas de acumuladores elétricos;

d) fabricação e emprego de chumbo-tetraetila e chumbo-tetrametila;

e) fabricação de tintas, esmaltes e vernizes à base de compostos de chumbo;

f) pintura com pistola empregando tintas com pigmentos de chumbo;

g) fabricação de objetos e artefatos de chumbo e suas ligas;

h) vulcanização da borracha pelo litargírio ou outros compostos de chumbo;

i) utilização de chumbo em processos de soldagem;

j) fabricação de vidro, cristal e esmalte vitrificado;

k) fabricação de pérolas artificiais;

l) fabricação e utilização de aditivos à base de chumbo para a indústria de plásticos.

1.0.9 —	CLORO E SEUS COMPOSTOS TÓXICOS	25 ANOS

a) fabricação e emprego de defensivos organoclorados;

b) fabricação e emprego de cloroetilaminas (mostardas nitrogenadas);

c) fabricação e manuseio de bifenis policlorados (PCB);

d) fabricação e emprego de cloreto de vinil como monômero na fabricação de policloreto de vinil (PVC) e outras resinas e como intermediário em produções químicas ou como solvente orgânico;

e) fabricação de policloroprene;

f) fabricação e emprego de clorofórmio (triclorometano) e de tetracloreto de carbono.

1.0.10 —	CROMO E SEUS COMPOSTOS TÓXICOS	25 ANOS

a) fabricação, emprego industrial, manipulação de cromo, ácido crômico, cromatos e bicromatos;

b) fabricação de ligas de ferro-cromo;

c) revestimento eletrolítico de metais e polimento de superfícies cromadas;

d) pintura com pistola utilizando tintas com pigmentos de cromo;

e) soldagem de aço inoxidável.

1.0.11 —	DISSULFETO DE CARBONO	25 ANOS

a) fabricação e utilização de dissulfeto de carbono;

b) fabricação de viscose e seda artificial (raiom);

c) fabricação e emprego de solventes, inseticidas e herbicidas contendo dissulfeto de carbono;

d) fabricação de vernizes, resinas, sais de amoníaco, de tetracloreto de carbono, de vidros óticos e produtos têxteis com uso de dissulfeto de carbono.

CÓDIGO	CLASSIFICAÇÃO DOS AGENTES NOCIVOS	TEMPO DE EXPOSIÇÃO
1.0.12 — FÓSFORO E SEUS COMPOSTOS TÓXICOS		25 ANOS

a) extração e preparação de fósforo branco e seus compostos;

b) fabricação e aplicação de produtos fosforados e organofosforados (sínteses orgânicas, fertilizantes e praguicidas);

c) fabricação de munições e armamentos explosivos.

1.0.13 — IODO	25 ANOS

a) fabricação e emprego industrial do iodo.

1.0.14 — MANGANÊS E SEUS COMPOSTOS	25 ANOS

a) extração e beneficiamento de minérios de manganês;

b) fabricação de ligas e compostos de manganês;

c) fabricação de pilhas secas e acumuladores;

d) preparação de permanganato de potássio e de corantes;

e) fabricação de vidros especiais e cerâmicas;

f) utilização de eletrodos contendo manganês;

g) fabricação de tintas e fertilizantes.

1.0.15 — MERCÚRIO E SEUS COMPOSTOS	25 ANOS

a) extração e utilização de mercúrio e fabricação de seus compostos;

b) fabricação de espoletas com fulminato de mercúrio;

c) fabricação de tintas com pigmento contendo mercúrio;

d) fabricação e manutenção de aparelhos de medição e de laboratório;

e) fabricação de lâmpadas, válvulas eletrônicas e ampolas de raio-X;

f) fabricação de minuterias, acumuladores e retificadores de corrente;

g) utilização como agente catalítico e de eletrólise;

h) douração, prateamento, bronzeamento e estanhagem de espelhos e metais;

i) curtimento e feltragem do couro e conservação da madeira;

j) recuperação do mercúrio;

k) amalgamação do zinco;

l) tratamento a quente de amálgamas de metais;

m) fabricação e aplicação de fungicidas.

1.0.16 — NÍQUEL E SEUS COMPOSTOS TÓXICOS	25 ANOS

a) extração e beneficiamento do níquel;

b) niquelagem de metais;

c) fabricação de acumuladores de níquel-cádmio.

1.0.17 — PETRÓLEO, XISTO BETUMINOSO, GÁS NATURAL E SEUS DERIVADOS	25 ANOS

a) extração, processamento, beneficiamento e atividades de manutenção realizadas em unidades de extração, plantas petrolíferas e petroquímicas;

b) beneficiamento e aplicação de misturas asfálticas contendo hidrocarbonetos policíclicos.

CÓDIGO	CLASSIFICAÇÃO DOS AGENTES NOCIVOS	TEMPO DE EXPOSIÇÃO
1.0.18 —	SÍLICA LIVRE	25 ANOS

a) extração de minérios a céu aberto;

b) beneficiamento e tratamento de produtos minerais geradores de poeiras contendo sílica livre cristalizada;

c) tratamento, decapagem e limpeza de metais e fosqueamento de vidros com jatos de areia;

d) fabricação, processamento, aplicação e recuperação de materiais refratários;

e) fabricação de mós, rebolos e de pós e pastas para polimento;

f) fabricação de vidros e cerâmicas;

g) construção de túneis;

h) desbaste e corte a seco de materiais contendo sílica.

1.0.19 —	OUTRAS SUBSTÂNCIAS QUÍMICAS	25 ANOS

GRUPO I — ESTIRENO; BUTADIENO-ESTIRENO; ACRILONITRILA; 1-3 BUTADIENO; CLOROPRENO; MERCAPTANOS, n-HEXANO, DIISOCIANATO DE TOLUENO (TDI); AMINAS AROMÁTICAS

a) fabricação e vulcanização de artefatos de borracha;

b) fabricação e recauchutagem de pneus.

GRUPO II — AMINAS AROMÁTICAS, AMINOBIFENILA, AURAMINA, AZATIOPRINA, BIS (CLORO METIL) ÉTER, 1-4 BUTANODIOL, DIMETANOSULFONATO (MILERAN), CICLO-FOSFAMIDA, CLOROAMBUCIL, DIETILESTIL-BESTROL, ACRONITRILA, NITRONAFTI-LAMINA 4-DIMETIL-AMINOAZOBENZENO, BENZOPIRENO, BETA-PROPIOLACTONA, BISCLOROETILETER, BISCLOROMETIL, CLOROMETILETER, DIANIZIDINA, DICLORO-BENZIDINA, DIETILSULFATO, DIMETILSULFATO, ETILENOAMINA, ETILENOTIUREIA, FENACETINA, IODETO DE METILA, ETILNITROSURÉIAS, METILENO-ORTOCLOROA-NILINA (MOCA), NITROSAMINA, ORTOTOLUIDINA, OXIME-TALONA, PROCARBAZINA, PROPANOSULTONA, 1-3-BUTADIENO, ÓXIDO DE ETILENO, ESTILBENZENO, DIISOCIA-NATO DE TOLUENO (TDI), CREOSOTO, 4-AMINODIFENIL, BENZIDINA, BETANAFTILA-MINA, ESTIRENO, 1-CLORO-2, 4 — NITRODIFENIL, 3-POXIPRO-PANO

a) manufatura de magenta (anilina e ortotoluidina);

b) fabricação de fibras sintéticas;

c) sínteses químicas;

d) fabricação da borracha e espumas;

e) fabricação de plásticos;

f) produção de medicamentos;

g) operações de preservação da madeira com creosoto;

h) esterilização de materiais cirúrgicos.

2.0.0 —	AGENTES FÍSICOS	

Exposição acima dos limites de tolerância especificados ou às atividades descritas.

2.0.1 —	RUÍDO	25 ANOS

a) exposição a Níveis de Exposição Normalizados (NEN) superiores a 85 dB(A). *(Alínea com redação dada pelo Decreto n. 4.882, de 18.11.2003 — DOU de 19.11.2003.*

Redação original:

a) exposição permanente a níveis de ruído acima de 90 decibéis.

CÓDIGO	CLASSIFICAÇÃO DOS AGENTES NOCIVOS	TEMPO DE EXPOSIÇÃO
2.0.2 — VIBRAÇÕES		25 ANOS

a) trabalhos com perfuratrizes e marteletes pneumáticos.

2.0.3 — RADIAÇÕES IONIZANTES	25 ANOS

a) extração e beneficiamento de minerais radioativos;

b) atividades em minerações com exposição ao radônio;

c) realização de manutenção e supervisão em unidades de extração, tratamento e beneficiamento de minerais radioativos com exposição às radiações ionizantes;

d) operações com reatores nucleares ou com fontes radioativas;

e) trabalhos realizados com exposição aos raios Alfa, Beta, Gama e X, aos nêutrons e às substâncias radioativas para fins industriais, terapêuticos e diagnósticos;

f) fabricação e manipulação de produtos radioativos;

g) pesquisas e estudos com radiações ionizantes em laboratórios.

2.0.4 — TEMPERATURAS ANORMAIS	25 ANOS

a) trabalhos com exposição ao calor acima dos limites de tolerância estabelecidos na NR-15, da Portaria n. 3.214/78.

2.0.5 — PRESSÃO ATMOSFÉRICA ANORMAL	25 ANOS

a) trabalhos em caixões ou câmaras hiperbáricas;

b) trabalhos em tubulões ou túneis sob ar comprimido;

c) operações de mergulho com o uso de escafandros ou outros equipamentos.

3.0.0 — BIOLÓGICOS

Exposição aos agentes citados unicamente nas atividades relacionadas.

3.0.1 — MICRO-ORGANISMOS E PARASITAS INFECTOCONTAGIO-SOS VIVOS E SUAS TOXINAS *(Item com redação dada pelo Decreto n. 4.882, de 18.11.2003 — DOU de 19.11.2003.*	25 ANOS

Redação original:

3.0.1 — MICRO-ORGANISMOS E PARASITAS INFECCIOSOS VIVOS E SUAS TOXINAS	25 ANOS

a) trabalhos em estabelecimentos de saúde em contato com pacientes portadores de doenças infectocontagiosas ou com manuseio de materiais contaminados;

b) trabalhos com animais infectados para tratamento ou para o preparo de soro, vacinas e outros produtos;

c) trabalhos em laboratórios de autópsia, de anatomia e anátomo-histologia;

d) trabalho de exumação de corpos e manipulação de resíduos de animais deteriorados;

e) trabalhos em galerias, fossas e tanques de esgoto;

f) esvaziamento de biodigestores;

g) coleta e industrialização do lixo.

CÓDIGO	CLASSIFICAÇÃO DOS AGENTES NOCIVOS	TEMPO DE EXPOSIÇÃO
4.0.0 — ASSOCIAÇÃO DE AGENTES		
	Nas associações de agentes que estejam acima do nível de tolerância, será considerado o enquadramento relativo ao que exigir menor tempo de exposição. *(Item com redação dada pelo Decreto n. 4.882, de 18.11.2003 — DOU de 19.11.2003.*	
Redação original:		
4.0.0 — ASSOCIAÇÃO DE AGENTES		
	Exposição aos agentes combinados exclusivamente nas atividades especificadas.	
4.0.1 — FÍSICOS, QUÍMICOS E BIOLÓGICOS		20 ANOS
	a) mineração subterrânea cujas atividades sejam exercidas afastadas das frentes de produção.	
4.0.2 — FÍSICOS, QUÍMICOS E BIOLÓGICOS		15 ANOS
	a) trabalhos em atividades permanentes no subsolo de minerações subterrâneas em frente de produção.	

8 — RELAÇÃO DAS SITUAÇÕES QUE POSSIBILITAM A CONCESSÃO DO BENEFÍCIO DE AUXÍLIO-ACIDENTE (ANEXO III DO DECRETO N. 3.048/99)

ANEXO III
RELAÇÃO DAS SITUAÇÕES QUE DÃO DIREITO AO AUXÍLIO-ACIDENTE

QUADRO N. 1
APARELHO VISUAL
Situações:
a) acuidade visual, após correção, igual ou inferior a 0,2 no olho acidentado;
b) acuidade visual, após correção, igual ou inferior a 0,5 em ambos os olhos, quando ambos tiverem sido acidentados;
c) acuidade visual, após correção, igual ou inferior a 0,5 no olho acidentado, quando a do outro olho for igual a 0,5 ou menos, após correção;
d) lesão da musculatura extrínseca do olho, acarretando paresia ou paralisia;
e) lesão bilateral das vias lacrimais, com ou sem fístulas, ou unilateral com fístula.
NOTAS:
I — A acuidade visual restante é avaliada pela escala de Wecker, em décimos, e após a correção por lentes.
II — A nubécula e o leucoma são analisados em função a redução da acuidade ou do prejuízo estético que acarretam, de acordo com os quadros respectivos.

QUADRO N. 2
APARELHO AUDITIVO
Trauma Acústico
a) perda da audição no ouvido acidentado;
b) redução da audição em grau médio ou superior em ambos os ouvidos, quando os dois tiverem sido acidentados;
c) redução da audição, em grau médio ou superior, no ouvido acidentado, quando a audição do outro estiver também reduzida em grau médio ou superior.

NOTAS:

I — A capacidade auditiva em cada ouvido é avaliada mediante audiometria apenas aérea, nas frequências de 500, 1.000, 2.000 e 3.000 Hertz.

II — A redução da audição, em cada ouvido, é avaliada pela média aritmética dos valores, em decibéis, encontrados nas frequências de 500, 1.000, 2.000 e 3.000 Hertz, segundo adaptação da classificação de Davis & Silvermann, 1970.

Audição normal — até vinte e cinco decibéis.

Redução em grau mínimo — vinte e seis a quarenta decibéis;

Redução em grau médio — quarenta e um a setenta decibéis;

Redução em grau máximo — setenta e um a noventa decibéis;

Perda de audição — mais de noventa decibéis.

QUADRO N. 3

APARELHO DA FONAÇÃO

Situação

Perturbação da palavra em grau médio ou máximo, desde que comprovada por métodos clínicos objetivos.

QUADRO N. 4

PREJUÍZO ESTÉTICO

Situações:

Prejuízo estético, em grau médio ou máximo, quando atingidos crânios, e/ou face, e/ou pescoço ou perda de dentes quando há também deformação da arcada dentária que impede o uso de prótese.

NOTAS:

I — Só é considerada como prejuízo estético a lesão que determina apreciável modificação estética do segmento corpóreo atingido, acarretando aspecto desagradável, tendo-se em conta sexo, idade e profissão do acidentado.

II — A perda anatômica de membro, a redução de movimentos articulares ou a alteração da capacidade funcional de membro não são considerados como prejuízo estético, podendo, porém, ser enquadradas, se for o caso, nos quadros respectivos.

QUADRO N. 5

PERDAS DE SEGMENTOS DE MEMBROS

Situações:

a) perda de segmento ao nível ou acima do carpo;

b) perda de segmento do primeiro quirodáctilo, desde que atingida a falange proximal; *(Alínea com redação dada pelo **Decreto n. 4.032**, de 26.11.2001 — DOU de 27.11.2001)*

c) perda de segmentos de dois quirodáctilos, desde que atingida a falange proximal em pelo menos um deles; *(Alínea com redação dada pelo **Decreto n. 4.032**, de 26.11.2001 — DOU de 27.11.2001)*

d) perda de segmento do segundo quirodáctilo, desde que atingida a falange proximal; *(Alínea com redação dada pelo **Decreto n. 4.032**, de 26.11.2001 — DOU de 27.11.2001)*

e) perda de segmento de três ou mais falanges, de três ou mais quirodáctilos;

f) perda de segmento ao nível ou acima do tarso;

g) perda de segmento do primeiro pododáctilo, desde que atingida a falange proximal; *(Alínea com redação dada pelo **Decreto n. 4.032**, de 26.11.2001 — DOU de 27.11.2001)*

h) perda de segmento de dois pododáctilos, desde que atingida a falange proximal em ambos; *(Alínea com redação dada pelo **Decreto n. 4.032**, de 26.11.2001 — DOU de 27.11.2001)*

i) perda de segmento de três ou mais falanges, de três ou mais pododáctilos.

Redação original:

b) perda de segmento do primeiro quirodáctilo, desde que atingida a falange distal;

c) perda de segmentos de dois quirodáctilos, desde que atingida a falange distal em pelo menos um deles;

d) perda de segmento do segundo quirodáctilo, desde que atingida a falange distal;

g) perda de segmento do primeiro pododáctilo, desde que atingida a falange distal;

h) perda de segmento de dois pododáctilos, desde que atingida a falange distal em ambos;

NOTA:

Para efeito de enquadramento, a perda parcial de parte óssea de um segmento equivale à perda do segmento. A perda parcial de partes moles sem perda de parte óssea do segmento não é considerada para efeito de enquadramento.

QUADRO N. 6
ALTERAÇÕES ARTICULARES **Situações:** a) redução em grau médio ou superior dos movimentos da mandíbula; b) redução em grau máximo dos movimentos do segmento cervical da coluna vertebral; c) redução em grau máximo dos movimentos do segmento lombo-sacro da coluna vertebral; d) redução em grau médio ou superior dos movimentos das articulações do ombro ou do cotovelo; e) redução em grau médio ou superior dos movimentos de pronação e/ou de supinação do antebraço; f) redução em grau máximo dos movimentos do primeiro e/ou do segundo quirodáctilo, desde que atingidas as articulações metacarpo-falangeana e falange-falangeana; g) redução em grau médio ou superior dos movimentos das articulações coxo-femural e/ou joelho, e/ou tíbio-társica.
NOTAS: I — Os graus de redução de movimentos articulares referidos neste quadro são avaliados de acordo com os seguintes critérios: Grau máximo: redução acima de dois terços da amplitude normal do movimento da articulação; Grau médio: redução de mais de um terço e até dois terços da amplitude normal do movimento da articulação; Grau mínimo: redução de até um terço da amplitude normal do movimento da articulação. II — A redução de movimentos do cotovelo, de pronação e supinação do antebraço, punho, joelho e tíbio-társica, secundária a uma fratura de osso longo do membro, consolidada em posição viciosa e com desvio de eixo, também é enquadrada dentro dos limites estabelecidos.

QUADRO N. 7
ENCURTAMENTO DE MEMBRO INFERIOR **Situações:** Encurtamento de mais de 4 cm (quatro centímetros).
NOTA: A preexistência de lesão de bacia deve ser considerada quando da avaliação do encurtamento.

QUADRO N. 8
REDUÇÃO DA FORÇA E/OU DA CAPACIDADE FUNCIONAL DOS MEMBROS **Situações:** a) redução da força e/ou da capacidade funcional da mão, do punho, do antebraço ou de todo o membro superior em grau sofrível ou inferior da classificação de desempenho muscular; b) redução da força e/ou da capacidade funcional do primeiro quirodáctilo em grau sofrível ou inferior; c) redução da força e/ou da capacidade funcional do pé, da perna ou de todo o membro inferior em grau sofrível ou inferior.
NOTAS: I — Esta classificação se aplica a situações decorrentes de comprometimento muscular ou neurológico. Não se aplica a alterações decorrentes de lesões articulares ou de perdas anatômicas constantes dos quadros próprios. II — Na avaliação de redução da força ou da capacidade funcional é utilizada a classificação da carta de desempenho muscular da *The National Foundation for Infantile Paralysis*, adotada pelas Sociedades Internacionais de Ortopedia e Traumatologia, e a seguir transcrita: Desempenho muscular Grau 5 — **Normal** — cem por cento — Amplitude completa de movimento contra a gravidade e contra grande resistência. Grau 4 — **Bom** — setenta e cinco por cento — Amplitude completa de movimento contra a gravidade e contra alguma resistência. Grau 3 — **Sofrível** — cinquenta por cento — Amplitude completa de movimento contra a gravidade sem opor resistência. Grau 2 — **Pobre** — vinte e cinco por cento — Amplitude completa de movimento quando eliminada a gravidade. Grau 1 — **Traços** — dez por cento — Evidência de leve contração. Nenhum movimento articular. Grau 0 (zero) — zero por cento — Nenhuma evidência de contração. Grau E ou EG — zero por cento — Espasmo ou espasmo grave. Grau C ou CG — Contratura ou contratura grave. III — O enquadramento dos casos de grau sofrível ou inferior abrange, na prática, os casos de redução em que há impossibilidade de movimento contra alguma força de resistência além da força de gravidade.

QUADRO N. 9
OUTROS APARELHOS E SISTEMAS **Situações:** a) segmentectomia pulmonar que acarrete redução em grau médio ou superior da capacidade funcional respiratória; devidamente correlacionada à sua atividade laborativa. b) perda do segmento do aparelho digestivo cuja localização ou extensão traz repercussões sobre a nutrição e o estado geral.
DOENÇAS PROFISSIONAIS E AS DO TRABALHO As doenças profissionais e as do trabalho que, após consolidações das lesões, resultem sequelas permanentes com redução da capacidade de trabalho, deverão ser enquadradas conforme o **art. 104 deste Regulamento**.

9 — TABELA DE SALÁRIO DE CONTRIBUIÇÃO — HISTÓRICO

Tabela vigente para fatos geradores a contar de 1º.1.2014
(Portaria n. 19, de 10.1.2014)

Salário de Contribuição (R$)	Alíquota para Fins de Recolhimento ao INSS (%)
até 1.317,07	8,00
de 1.317,08 até 2.195,12	9,00
de 2.195,13 até 4.390,24	11,00

Tabela vigente para fatos geradores a contar de 1º.1.2013
(Portaria n. 15, de 10.1.2013)

Salário de Contribuição (R$)	Alíquota para Fins de Recolhimento ao INSS (%)
até 1.247,70	8,00
de 1.247,71 até 2.079,50	9,00
de 2.079,51 até 4.159,00	11,00

Tabela vigente para fatos geradores a contar de 1º.1.2012
(Portaria n. 02, de 6.1.2012)

Salário de Contribuição (R$)	Alíquota para Fins de Recolhimento ao INSS (%)
até 1.174,86	8,00
de 1.174,87 até 1.958,10	9,00
de 1.958,11 até 3.916,20	11,00

Tabela vigente para fatos geradores a contar de 1º.7.2011
(Portaria n. 407, de 14.7.2011)

Salário de Contribuição (R$)	Alíquota para Fins de Recolhimento ao INSS (%)
até R$ 1.107,52	8,00
de 1.107,53 até 1.845,87	9,00
de 1.845,88 até 3.691,74	11,00

Tabela vigente para fatos geradores a contar de 1º.1.2011
(Portaria n. 568, de 31.12.2010)

Salário de Contribuição (R$)	Alíquota para Fins de Recolhimento ao INSS (%)
até R$ 1.106,90	8,00
de R$ 1.106,91 a R$ 1.844,83	9,00
de R$ 1.844,84 até R$ 3.689,66	11,00

Tabela vigente para fatos geradores a contar de 16.6.2010
(Portaria n. 408, de 17.8.2010)

Salário de Contribuição (R$)	Alíquota para Fins de Recolhimento ao INSS (%)
até R$ 1.040,22	8,00
de R$ 1.040,23 a R$ 1.733,70	9,00
de R$ 1.733,71 até R$ 3.467,40	11,00

Tabela vigente para fatos geradores a contar de 1º.1.2010
(Portaria n. 350, de 30.12.2009)

Salário de Contribuição (R$)	Alíquota para Fins de Recolhimento ao INSS (%)
até R$ 1.024,97	8,00
de R$ 1.024,98 a R$ 1.708,27	9,00
de R$ 1.708,28 até R$ 3.416,24	11,00

Tabela vigente para fatos geradores a contar de 1º.2.2009
(Portaria n. 48, de 12.2.2009)

Salário de Contribuição (R$)	Alíquota para Fins de Recolhimento ao INSS (%)
até R$ 965,67	8,00
de R$ 965,68 a R$ 1.609,45	9,00
de R$ 1.609,46 até R$ 3.218,90	11,00

Tabela vigente para fatos geradores a contar de 1º.3.2008
(Portaria n. 77, de 12.3.2008)

Salário de Contribuição (R$)	Alíquota para Fins de Recolhimento ao INSS (%)
até R$ 911,70	8,00
de R$ 911,71 a R$ 1.519,50	9,00
de R$ 1.519,51 até R$ 3.038,99	11,0

Tabela vigente para fatos geradores a contar de 1º.1.2008
(Portaria n. 501, de 28.12.2007 — DOU de 31.12.2007)

Salário de Contribuição (R$)	Alíquota para Fins de Recolhimento ao INSS (%)
até 868,29	8,00
de 868,30 até 1.447,14	9,00
de 1.447,15 até 2.894,28	11,00

Tabela Vigente para Fatos Geradores a Contar de 1º.4.2007
(Portaria n. 142, de 11.4.2007 — DOU de 12.4.2007)

Salário de Contribuição (R$)	Alíquota para Fins de Recolhimento ao INSS (%)
até 868,29	7,65*
de 868,30 até 1.140,00	8,65*
de 1.140,01 até 1.447,14	9,00
de 1.447,15 até 2.894,28	11,00

* A alíquota é reduzida apenas para salários e remunerações até três salários mínimos, em função do disposto no inciso II do **art. 17 da Lei n. 9.311**, de 1996.

Tabela Vigente no Período de 1º.8.2006 a 31.3.2007
(Portaria n. 342, de 16.8.2006 — DOU de 17.8.2006)

Salário de Contribuição (R$)	Alíquota para Fins de Recolhimento ao INSS (%)
até 840,55	7,65*
de 840,56 até 1.050,00	8,65*
de 1.050,01 até 1.400,91	9,00
de 1.400,92 até 2.801,82	11,00

* A alíquota é reduzida apenas para salários e remunerações até três salários mínimos, em função do disposto no inciso II do **art. 17 da Lei n. 9.311**, de 1996.

Tabela Vigente no Período de 1º.4.2006 a 31.7.2006
(Portaria n. 119, de 18.4.2006 — DOU de 19.4.2006)

Salário de Contribuição (R$)	Alíquota para Fins de Recolhimento ao INSS (%)
até 840,47	7,65*
de 840,48 até 1.050,00	8,65*
de 1.050,01 até 1.400,77	9,00
de 1.400,78 até 2.801,56	11,00

* A alíquota é reduzida apenas para salários e remunerações até três salários mínimos, em função do disposto no inciso II do **art. 17 da Lei n. 9.311**, de 1996.

Tabela Vigente no Período de 1º.5.2005 a 31.3.2006
(Portaria n. 822, de 11.5.2005 — DOU de 12.5.2005)

Salário de Contribuição (R$)	Alíquota para Fins de Recolhimento ao INSS (%)
até 800,45	7,65*
de 800,46 até 900,00	8,65*
de 900,01 até 1.334,07	9,00
de 1.334,08 até 2.668,15	11,00

* A alíquota é reduzida apenas para salários e remunerações até três salários mínimos, em função do disposto no inciso II do **art. 17 da Lei n. 9.311**, de 1996.

Tabela Vigente no Período de 1º.5.2004 a 30.4.2005
(Portaria n. 479, de 7.5.2004 — DOU de 10.5.2004)

Salário de Contribuição (R$)	Alíquota para Fins de Recolhimento ao INSS (%)
até 752,62	7,65*
de 752,63 até 780,00	8,65*
de 780,01 até 1.254,36	9,00
de 1.254,37 até 2.508,72	11,00

* A alíquota é reduzida apenas para salários e remunerações até três salários mínimos, em função do disposto no inciso II do **art. 17 da Lei n. 9.311**, de 1996.

Tabela Vigente no Período de 1º.1.2004 a 30.4.2004
(Portaria n. 12, de 6.1.2004 — DOU de 8.1.2004)

Salário de Contribuição (R$)	Alíquota para Fins de Recolhimento ao INSS (%)
até 720,00	7,65*
de 720,01 até 1.200,00	9,00
de 1.200,01 até 2.400,00	11,00

* A alíquota é reduzida apenas para salários e remunerações até três salários mínimos, em função do disposto no inciso II do **art. 17 da Lei n. 9.311**, de 1996.

Tabela Vigente no Período de 1º.6.2003 a 31.12.2003
(Portaria n. 727, de 30.5.2003 — DOU de 2.6.2003)

Salário de Contribuição (R$)	Alíquota para Fins de Recolhimento ao INSS (%)
até 560,81	7,65*
de 560,82 até 720,00	8,65*
de 720,01 até 934,67	9,00
de 934,68 até 1.869,34	11,00

* A alíquota é reduzida apenas para salários e remunerações até três salários mínimos, em função do disposto no inciso II do **art. 17 da Lei n. 9.311**, de 1996.

Tabela Vigente no Período de 1º.4.2003 a 31.5.2003
(Portaria n. 348, de 8.4.2003 — DOU de 10.4.2003)

Salário de Contribuição (R$)	Alíquota para Fins de Recolhimento ao INSS (%)
até 468,47	7,65*
de 468,48 até 720,00	8,65*
de 720,01 até 780,78	9,00
de 780,79 até 1.561,56	11,00

* A alíquota é reduzida apenas para salários e remunerações até três salários mínimos, em função do disposto no inciso II do **art. 17 da Lei n. 9.311**, de 1996.

Tabela Vigente no Período de 1º.6.2002 a 313.2003
(Portaria n. 525, de 29.5.2002 — DOU de 31.5.2002 e
Portaria n. 610, de 14.6.2002 — DOU de 18.6.2002)

Salário de Contribuição (R$)	Alíquota para Fins de Recolhimento ao INSS (%)
até 468,47	7,65*
de 468,48 até 600,00	8,65*
de 600,01 até 780,78	9,00
de 780,79 até 1.561,56	11,00

* A alíquota é reduzida apenas para salários e remunerações até três salários mínimos, em função do disposto no inciso II do **art. 17 da Lei n. 9.311**, de 1996.

Tabela Vigente no Período de 1º.4.2002 a 31.5.2002
(Portaria n. 288, de 28.3.2002 — DOU de 2.4.2002)

Salário de Contribuição (R$)	Alíquota para Fins de Recolhimento ao INSS (%)
até 429,00	7,65*
de 429,01 até 600,00	8,65*
de 600,01 até 715,00	9,00
de 715,01 até 1.430,00	11,00

* A alíquota é reduzida apenas para salários e remunerações até três salários mínimos, em função do disposto no inciso II do **art. 17 da Lei n. 9.311**, de 1996.

Tabela Vigente no Período de 1º.6.2001 a 31.3.2002
(Portaria n. 1.987, de 4.6.2001 — DOU de 5.6.2001)

Salário de Contribuição (R$)	Alíquota para Fins de Recolhimento ao INSS (%)
até 429,00	7,65*
de 429,01 até 540,00	8,65*
de 540,01 até 715,00	9,00
de 715,01 até 1.430,00	11,00

* A alíquota é reduzida apenas para salários e remunerações até três salários mínimos, em função do disposto no inciso II do **art. 17 da Lei n. 9.311**, de 1996.

Tabela Vigente no Período de 1º.4.2001 a 31.5.2001
(Portaria n. 908, de 30.3.2001 — DOU de 2.4.2001)

Salário de Contribuição (R$)	Alíquota para Fins de Recolhimento ao INSS (%)
até 398,48	7,65*
de 398,49 até 540,00	8,65*
de 540,01 até 664,13	9,00
de 664,14 até 1.328,25	11,00

* A alíquota é reduzida apenas para salários e remunerações até três salários mínimos, em função do disposto no inciso II do **art. 17 da Lei n. 9.311**, de 1996.

Tabela Vigente no Período de 18.3.2001 a 31.3.2001 (Portaria n. 845, de 15.3.2001 — DOU de 19.3.2001)	
Salário de Contribuição (R$)	Alíquota para Fins de Recolhimento ao INSS (%)
até 398,48	7,65*
de 398,49 até 453,00	8,65*
de 453,01 até 664,13	9,00
de 664,14 até 1.328,25	11,00

* A alíquota é reduzida apenas para salários e remunerações até três salários mínimos, em função do disposto no inciso II do **art. 17 da Lei n. 9.311**, de 1996.

Tabela Vigente no Período de 17.6.2000 a 17.3.2001 (Portaria n. 6.211, de 25.5.2000 — DOU de 26.5.2000)	
Salário de Contribuição (R$)	Alíquota para Fins de Recolhimento ao INSS (%)
até 398,48	7,72*
de 398,49 até 453,00	8,73*
de 453,01 até 664,13	9,00
de 664,14 até 1.328,25	11,00

* A alíquota é reduzida apenas para salários e remunerações até três salários mínimos, em função do disposto no inciso II do **art. 17 da Lei n. 9.311**, de 1996.

Tabela Vigente no Período de 1º.6.2000 a 16.6.2000 (Portaria n. 6.211, de 25.5.2000 — DOU de 26.5.2000)	
Salário de Contribuição (R$)	Alíquota para Fins de Recolhimento ao INSS (%)
até 398,48	7,65*
de 398,49 até 453,00	8,65*
de 453,01 até 664,13	9,00
de 664,14 até 1.328,25	11,00

* A alíquota é reduzida apenas para salários e remunerações até três salários mínimos, em função do disposto no inciso II do **art. 17 da Lei n. 9.311**, de 1996.

Tabela Vigente no Período de 1º.5.2000 a 31.5.2000 (Portaria n. 5.107, de 11.4.2000 — DOU de 12.4.2000)	
Salário de Contribuição (R$)	Alíquota para Fins de Recolhimento ao INSS (%)
até 376,60	7,65*
de 376,61 até 453,00	8,65*
de 453,01 até 627,66	9,00
de 627,67 até 1.255,32	11,00

* A alíquota é reduzida apenas para salários e remunerações até três salários mínimos, em função do disposto no inciso II do **art. 17 da Lei n. 9.311**, de 1996.

Tabela Vigente no Período de 1º.4.2000 a 30.4.2000 (Portaria n. 5.107, de 11.4.2000 — DOU de 12.4.2000)	
Salário de Contribuição (R$)	Alíquota para Fins de Recolhimento ao INSS (%)
até 376,60	7,65*
de 376,61 até 450,00	8,65*
de 450,01 até 627,66	9,00
de 627,67 até 1.255,32	11,00

* A alíquota é reduzida apenas para salários e remunerações até três salários mínimos, em função do disposto no inciso II do **art. 17 da Lei n. 9.311**, de 1996.

Tabela Vigente no Período de 17.6.1999 a 31.3.2000 (Portaria n. 5.326, de 16.6.1999 — DOU de 17.6.1999)	
Salário de Contribuição (R$)	Alíquota para Fins de Recolhimento ao INSS (%)
até 376,60	7,65*
de 376,61 até 408,00	8,65*
de 408,01 até 627,66	9,00
de 627,67 até 1.255,32	11,00

* A alíquota é reduzida apenas para salários e remunerações até três salários mínimos, em função do disposto no inciso II do **art. 17 da Lei n. 9.311**, de 1996.

Tabela Vigente no Período de 1º.6.1999 a 16.6.1999 (Portaria n. 5.188, de 6.5.1999 — DOU de 10.5.1999)	
Salário de Contribuição (R$)	Alíquota para Fins de Recolhimento ao INSS (%)
até 376,60	8,00
de 376,61 até 627,66	9,00
de 627,67 até 1.255,32	11,00

Tabela Vigente no Período de 1º.5.1999 a 31.5.1999 (Portaria n. 5.188, de 6.5.1999 — DOU de 10.5.1999)	
Salário de Contribuição (R$)	Alíquota para Fins de Recolhimento ao INSS (%)
até 360,00	8,00
de 360,01 até 600,00	9,00
de 600,01 até 1.200,00	11,00

Tabela Vigente no Período de 1º.1.1999 a 30.4.1999 (Portaria n. 4.946, de 6.1.1999 — DOU de 7.1.1999)	
Salário de Contribuição (R$)	Alíquota para Fins de Recolhimento ao INSS (%)
até 360,00	8,00
de 360,01 até 600,00	9,00
de 600,01 até 1.200,00	11,00

Tabela Vigente no Período de 16.12.1998 a 31.12.1998 (Portaria n. 4.883, de 16.12.1998 — DOU de 17.12.1998)	
Salário de Contribuição (R$)	Alíquota para Fins de Recolhimento ao INSS (%)
até 360,00	7,82*
de 360,01 até 390,00	8,82*
de 390,01 até 600,00	9,00
de 600,01 até 1.200,00	11,00

* A alíquota é reduzida apenas para salários e remunerações até três salários mínimos, em função do disposto no inciso II do **art. 17 da Lei n. 9.311**, de 1996.

Tabela Vigente no Período de 1º.6.1998 a 15.12.1998 (Portaria n. 4.479, de 4.6.1998 — DOU de 5.6.1998)	
Salário de Contribuição (R$)	Alíquota para Fins de Recolhimento ao INSS (%)
até 324,45	7,82*
de 324,46 até 390,00	8,82*
de 390,01 até 540,75	9,00
de 540,76 até 1.081,50	11,00

* A alíquota é reduzida apenas para salários e remunerações até três salários mínimos, em função do disposto no inciso II do **art. 17 da Lei n. 9.311**, de 1996.

Tabela Vigente no Período de 1º.5.1998 a 31.5.1998	
(Portaria n. 4.448, de 7.5.1998 — DOU de 8.5.1998)	
Salário de Contribuição (R$)	Alíquota para Fins de Recolhimento ao INSS (%)
até 309,56	7,82*
de 309,57 até 390,00	8,82*
de 390,01 até 515,93	9,00
de 515,94 até 1.031,87	11,00

* A alíquota é reduzida apenas para salários e remunerações até três salários mínimos, em função do disposto no inciso II do **art. 17 da Lei n. 9.311**, de 1996.

Tabela Vigente no Período de 1º.6.1997 a 30.4.1998	
(Portaria n. 3.964, de 5.6.1997 — DOU de 5.6.1997)	
Salário de Contribuição (R$)	Alíquota para Fins de Recolhimento ao INSS (%)
até 309,56	7,82*
de 309,57 até 360,00	8,82*
de 360,01 até 515,93	9,00
de 515,94 até 1.031,87	11,00

* A alíquota é reduzida apenas para salários e remunerações até três salários mínimos, em função do disposto no inciso II do **art. 17 da Lei n. 9.311**, de 1996.

Tabela Vigente no Período de 1º.5.1997 a 31.5.1997	
(Portaria n. 3.926, de 14.5.1997 — DOU de 15.5.1997)	
Salário de Contribuição (R$)	Alíquota para Fins de Recolhimento ao INSS (%)
até 287,27	7,82*
de 287,28 até 360,00	8,82*
de 360,01 até 478,78	9,00
de 478,79 até 957,56	11,00

* A alíquota é reduzida apenas para salários e remunerações até três salários mínimos, em função do disposto no inciso II do **art. 17 da Lei n. 9.311**, de 1996.

Tabela Vigente no Período de 23.1.1997 a 30.4.1997	
(Portaria Interministerial MF/MPAS n. 16, de 21.1.1997 — DOU de 22.1.1997)	
Salário de Contribuição (R$)	Alíquota para Fins de Recolhimento ao INSS (%)
até 287,27	7,82*
de 287,28 até 336,00	8,82*
de 336,01 até 478,78	9,00
de 478,79 até 957,56	11,00

* A alíquota é reduzida apenas para salários e remunerações até três salários mínimos, em função do disposto no inciso II do **art. 17 da Lei n. 9.311**, de 1996.

10 — TABELAS DE SALÁRIO-BASE — HISTÓRICO

Tabela Vigente para Fatos Geradores a Contar de 1º.12.2002 a 31.3.2003				
(Portaria n. 1.251, de 04.12.2002 — DOU de 5.12.2002)				
Classe	N. Mínimo de Meses de Permanência	Salário-Base (R$)	Alíquota (%)	Contribuição (R$)
1 a 8	12 meses	de R$ 200,00 a R$ 1.249,26	20 %	de R$ 40,00 a R$ 249,85
9	12 meses	R$ 1.405,40	20 %	R$ 281,08
10	-	R$ 1.561,56	20 %	R$ 312,31

Tabela Vigente para Fatos Geradores a Contar de 1º.6.2002
(Portaria n. 525, de 29.5.2002 — DOU de 31.5.2002)

Classe	N. Mínimo de Meses de Permanência	Salário-Base (R$)	Alíquota (%)	Contribuição (R$)
1 a 6	12 meses	de R$ 200,00 a R$ 936,94	20 %	de R$ 40,00 a R$ 187,39
7	12 meses	R$ 1.093,08	20 %	R$ 218,62
8	24 meses	R$ 1.249,26	20 %	R$ 249,85
9	24 meses	R$ 1.405,40	20 %	R$ 281,08
10	-	R$ 1.561,56	20 %	R$ 312,31

Tabela Vigente para Fatos Geradores a Contar de 1º.4.2002
(Portaria n. 288, de 28.3.2002 — DOU de 2.4.2002)

Classe	N. Mínimo de Meses de Permanência	Salário-Base (R$)	Alíquota (%)	Contribuição (R$)
1 a 6	12 meses	de R$ 200,00 a R$ 858,00	20 %	de R$ 40,00 a R$ 171,60
7	12 meses	R$ 1.000,99	20 %	R$ 200,20
8	24 meses	R$ 1.144,01	20 %	R$ 228,80
9	24 meses	R$ 1.287,00	20 %	R$ 257,40
10	-	R$ 1.430,00	20 %	R$ 286,00

Tabela Vigente para Fatos Geradores a Contar de 1º.12.2001
(Portaria n. 3.680, de 30.11.2001 — DOU de 21.11.2001)

Classe	N. Mínimo de Meses de Permanência	Salário-Base (R$)	Alíquota %	Contribuição (R$)
1 a 6	12 meses	de R$ 180,00 a R$ 858,00	20 %	de R$ 36,00 a R$ 171,60
7	12 meses	R$ 1.000,99	20 %	R$ 200,20
8	24 meses	R$ 1.144,01	20 %	R$ 228,80
9	24 meses	R$ 1.287,00	20 %	R$ 257,40
10	-	R$ 1.430,00	20 %	R$ 286,00

Tabela Vigente para Fatos Geradores a Contar de 1º.6.2001
(Portaria n. 1.987, de 4.6.2001 — DOU de 5.6.2001)

Classe	N. Mínimo de Meses de Permanência	Salário-Base (R$)	Alíquota (%)	Contribuição (R$)
1 a 5	12 meses	de R$ 180,00 a R$ 715,00	20 %	de R$ 36,00 a R$ 143,00
6	24 meses	R$ 858,00	20 %	R$ 171,60
7	24 meses	R$ 1.000,99	20 %	R$ 200,20
8	36 meses	R$ 1.144,01	20 %	R$ 228,80
9	36 meses	R$ 1.287,00	20 %	R$ 257,40
10	-	R$ 1.430,00	20 %	R$ 286,00

Tabela Vigente para Fatos Geradores a Contar de 1º.4.2001
(Portaria n. 908, de 30.3.2001 — DOU de 2.4.2001)

Classe	N. Mínimo de Meses de Permanência	Salário-Base (R$)	Alíquota (%)	Contribuição (R$)
1 a 5	12 meses	de R$ 180,00 a R$ 664,13	20 %	de R$ 36,00 a R$ 132,83
6	24 meses	R$ 796,95	20 %	R$ 159,39
7	24 meses	R$ 929,77	20 %	R$ 185,95
8	36 meses	R$ 1.062,61	20 %	R$ 212,52
9	36 meses	R$ 1.195,43	20 %	R$ 239,09
10	-	R$ 1.328,25	20 %	R$ 265,65

Tabela Vigente para Fatos Geradores a Contar de 1º.12.2000
(Portaria n. 8.680, de 13.11.2000 — DOU de 14.11.2000)

Classe	N. Mínimo de Meses de Permanência	Salário-Base (R$)	Alíquota (%)	Contribuição (R$)
1 a 5	12 meses	de R$ 151,00 a R$ 664,13	20 %	de R$ 30,20 a R$ 132,83
6	24 meses	R$ 796,95	20 %	R$ 159,39
7	24 meses	R$ 929,77	20 %	R$ 185,95
8	36 meses	R$ 1.062,61	20 %	R$ 212,52
9	36 meses	R$ 1.195,43	20 %	R$ 239,09
10	-	R$ 1.328,25	20 %	R$ 265,65

Tabela Vigente para Fatos Geradores a Contar de 1º.6.2000
(Portaria n. 6.211, de 25.5.2000 — DOU de 26.5.2000)

Classe	N. Mínimo de Meses de Permanência	Salário-Base (R$)	Alíquota (%)	Contribuição (R$)
De 1 a 3	12	De 151,00 a 398,48	20,00	De 30,20 a 79,70
4	12	531,30	20,00	106,26
5	24	664,13	20,00	132,83
6	36	796,95	20,00	159,39
7	36	929,77	20,00	185,95
8	48	1.062,61	20,00	212,52
9	48	1.195,43	20,00	239,09
10	-	1.328,25	20,00	265,65

Tabela Vigente para Fatos Geradores a Contar de 1º.4.2000
(Portaria n. 5.107, de 11.4.2000 — DOU de 12.4.2000)

Classe	N. Mínimo de Meses de Permanência	Salário-Base (R$)	Alíquota (%)	Contribuição (R$)
1 a 3	12	De 151,00 a 376,60	20	De 30,20 a 75,32
4	12	502,13	20	100,43
5	24	627,66	20	125,53
6	36	753,19	20	150,64
7	36	878,72	20	175,74

| Tabela Vigente para Fatos Geradores a Contar de 1º.4.2000 |||||
| (Portaria n. 5.107, de 11.4.2000 — DOU de 12.4.2000) |||||
Classe	N. Mínimo de Meses de Permanência	Salário-Base (R$)	Alíquota (%)	Contribuição (R$)
8	48	1.004,26	20	200,85
9	48	1.129,79	20	225,96
10	-	1.255,32	20	251,06

Nota: A partir de 1º.4.2003, em decorrência da Medida Provisória 83/2012 (DOU de 13.12.2003), foi extinta a tabela de escala transitória de salário-base, utilizada para fins de enquadramento e fixação do salário de contribuição dos contribuintes individual e facultativo, filiados ao Regime Geral de Previdência Social. Referida Medida Provisória acabou sendo convertida, em 05/2003, na Lei n. 10.666 (DOU de 9.5.2003)

11 — TABELAS DE REAJUSTES DOS BENEFÍCIOS

Vigência	Legislação	Início do Benefício	Reajuste dos Benefícios
01.01.2014	Portaria MPS/MF n. 19/2014	Dez/2013	0,72%
		Nov/2013	1,26%
		Out/2013	1,88%
		Set/2013	2,16%
		Ago/2013	2,32%
		Jul/2013	2,19%
		Jun/2013	2,47%
		Maio/2013	2,83%
		Abri/2013	3,44%
		Mar/2013	4,06%
		Fev/2013	4,60%
		Jan/2013	5,56%

Vigência	Legislação	Início do Benefício	Reajuste dos Benefícios
1º.1.2013	Portaria MPS/MF n. 15/2013	dez/2012	0,74%
		nov/2012	1,28%
		out/2012	2,00%
		set/2012	2,65%
		ago/2012	3,11%
		jul/2012	3,55%
		jun/2012	3,82%
		maio/2012	4,39%
		abri/2012	5,06%
		mar/2012	5,25%
		fev/2012	5,66%
		jan/2012	6,20%

Obs.: Primeiramente, o Governo Federal havia divulgado os reajustes na Portaria MPS/MF n. 11/2013, concedendo um percentual máximo de 6,15% aos benefícios em manutenção desde 01/2012. Em decorrência da pressão política sofrida, foi então publicada a Portaria MPS/MF n. 15/2013 revogando a anterior e concedendo reajuste maior, de 6,20%, conforme a tabela *supra*.

Vigência	Legislação	Início do Benefício	Reajuste dos Benefícios
1º.1.2012	Portaria MPS/MF n. 02/2012	dez/2011	0,51%
		nov/2011	1,08%
		out/2011	1,41%
		set/2011	1,86%
		ago/2011	2,29%
		jul/2011	2,29%
		jun/2011	2,52%
		maio/2011	3,10%
		abri/2011	3,84%
		mar/2011	4,53%
		fev/2011	5,09%
		jan/2011	6,08%

Vigência	Legislação	Início do Benefício	Reajuste dos Benefícios
1º.1.2011	Portaria MPS/MF n. 407/2011	dez/2010	0,60%
		nov/2010	1,64%
		out/2010	2,57%
		set/2010	3,13%
		ago/2010	3,05%
		jul/2010	2,98%
		jun/2010	2,87%
		maio/2010	3,31%
		abri/2010	4,06%
		mar/2010	4,80%
		fev/2010	5,54%
		jan/2010	6,47%

Obs.: Primeiramente, o Governo Federal havia divulgado os reajustes na Portaria MPS/MF n. 568/2010, concedendo um percentual máximo de 5,48% aos benefícios em manutenção desde 01/2010. Em decorrência da pressão política sofrida, foi então publicada a Portaria MPS/MF n. 407/2011 revogando a anterior e concedendo reajuste maior, de 6,47%, conforme a tabela *supra*.

Vigência	Legislação	Início do Benefício	Reajuste dos Benefícios
1º.1.2010	Lei n. 12.254/2010	dez/2009	4,38%
		nov/2009	4,77%
		out/2009	5,01%
		set/2009	5,18%
		ago/2009	5,26%
		jul/2009	5,51%
		jun/2009	5,95%
		maio/2009	6,58%
		abri/2009	7,17%
		mar/2009	7,39%
		fev/2009	7,72%

Obs.: Primeiramente, o Governo Federal havia divulgado os reajustes na Medida Provisória n. 475/2009, concedendo um percentual máximo de 6,14% aos benefícios em manutenção desde 02/2009. Em decorrência da pressão política sofrida, foi então publicada a Lei n. 12.254/2010 concedendo reajuste maior, de 7,72%, conforme a tabela *supra*.

Vigência	Legislação	Início do Benefício	Reajuste dos Benefícios
1º.2.2009	Portaria Interministerial MPS/GM n. 48/2009	jan/2009	0,64%
		dez/2008	0,93%
		nov/2008	1,32%
		out/2008	1,82%
		set/2008	1,97%
		ago/2008	2,19%
		jul/2008	2,78%
		jun/2008	3,72%
		maio/2008	4,71%
		abr/2008	5,38%
		mar/2008	5,92%

Vigência	Legislação	Início do Benefício	Reajuste dos Benefícios
1º.3.2008	Portaria Interministerial MPS/GM n. 77/2008	fev/2008	0,51%
		jan/2008	1,20%
		dez/2007	2,19%
		nov/2007	2,62%
		out/2007	2,93%
		set/2007	3,19%
		ago/2007	3,80%
		jul/2007	4,13%
		jun/2007	4,45%
		maio/2007	4,73%
		abr/2007	5,00%

Vigência	Legislação	Início do Benefício	Reajuste dos Benefícios
1º.4.2007	Portaria MPS/GM n. 142/2007	mar/2007	0,44%
		fev/2007	0,86%
		jan/2007	1,36%
		dez/2006	1,98%
		nov/2006	2,41%
		out/2006	2,85%
		set/2006	3,02%
		ago/2006	3,00%
		jul/2006	3,11%
		jun/2006	3,04%
		mai/2006	3,17%
		abr/2006	3,30%

Vigência	Legislação	Início do Benefício	Reajuste dos Benefícios
1º.8.2006	Portaria MPS/GM n. 342/2006	mar/2006*	2,017%
		fev/2006*	2,251%
		jan/2006*	2,640%
		dez/2005*	3,050%
		nov/2005*	3,607%
		out/2005*	4,208%
		set/2005*	4,364%
		ago/2005*	4,364%
		jul/2005*	4,395%
		jun/2005*	4,280%
		mai/2005*	5,010%

* Para os benefícios que tenham sofrido majoração devido à elevação do salário mínimo, na forma da *Portaria MPS/GM n. 119/2006*, o referido aumento deverá ser compensado quando da aplicação desta tabela — *2º do art. 1º do Decreto n. 5.872/2006.*

Vigência	Legislação	Início do Benefício	Reajuste dos Benefícios
1º.4.2006	Portaria MPS/GM n. 119/2006	mar/2006	2,007%
		fev/2006	2,241%
		jan/2006	2,630%
		dez/2005	3,040%
		nov/2005	3,597%
		out/2005	4,198%
		set/2005	4,354%
		ago/2005	4,354%
		jul/2005	4,385%
		jun/2005	4,270%
		mai/2005	5%

Vigência	Legislação	Início do Benefício	Reajuste dos Benefícios
1º.5.2005	Portaria MPS/GM n. 822/2005	abr/2005	0,670%
		mar/2005	1,405%
		fev/2005	1,851%
		jan/2005	2,432%
		dez/2004	3,313%
		nov/2004	3,767%
		out/2004	3,944%
		set/2004	4,120%
		ago/2004	4,641%
		jul/2004	5,405%
		jun/2004	5,932%
		maio/2004	6,355%

Vigência	Legislação	Início do Benefício	Reajuste dos Benefícios
1º.5.2004	Portaria MPAS/GM n. 479/2004	abr/2004	0,37%
		mar/2004	0,94%
		fev/2004	1,34%
		jan/2004	2,18%
		dez/2003	2,73%
		nov/2003	3,11%
		out/2003	3,51%
		set/2003	4,36%
		ago/2003	4,55%
		jul/2003	4,59%
		jun/2003	4,53%

Vigência	Legislação	Início do Benefício	Reajuste dos Benefícios
1º.6.2003	Portaria MPAS/GM n. 727/2003	mai/2003	0,38%
		abr/2003	1,17%
		mar/2003	3,16%
		fev/2003	4,67%
		jan/2003	7,25%
		dez/2002	10,15%
		nov/2002	13,88%
		out/2002	15,67%
		set/2002	16,63%
		ago/2002	17,63%
		jul/2002	18,98%
		jun/2002	19,71%

Vigência	Legislação	Início do Benefício	Reajuste dos Benefícios
1º.6.2002	Portaria MPAS/GM n. 525/2002	mai/2002	0,25%
		abr/2002	0,93%
		mar/2002	1,56%
		fev/2002	1,87%
		jan/2002	2,96%
		dez/2001	3,72%
		nov/2001	5,06%
		out/2001	6,05%
		set/2001	6,52%
		ago/2001	7,36%
		jul/2001	8,55%
		jun/2001	9,20%

Vigência	Legislação	Início do Benefício	Reajuste dos Benefícios
1º.6.2001	Portaria MPAS/GM n. 1.987/2001	mai/2001	0,50%
		abr/2001	1,34%
		mar/2001	1,83%
		fev/2001	2,33%
		jan/2001	3,12%
		dez/2000	3,68%
		nov/2000	3,99%
		out/2000	4,15%
		set/2000	4,60%
		ago/200	5,87%
		jul/2000	7,34%
		jun/2000	7,66%

Vigência	Legislação	Início do Benefício	Reajuste dos Benefícios
1º.6.2000	Portaria MPAS/GM n. 6.211/2000	mai/2000	0,47%
		abr/200	0,95%
		mar/2000	1,42%
		fev/2000	1,90%
		jan/2000	2,38%
		dez/1999	2,86%
		nov/1999	3,35%
		out/1999	3,84%
		set/1999	4,33%
		ago/1999	4,82%
		jul/1999	5,31%
		jun/1999	5,81%

Vigência	Legislação	Início do Benefício	Reajuste dos Benefícios
1º.5.1999	Portaria MPAS/GM n. 5.188/1999	mai/1999	0,38%
		abr/1999	0,75%
		mar/1999	1,13%
		fev/1999	1,51%
		jan/1999	1,90%
		dez/1998	2,28%
		nov/1998	2,66%
		out/1998	3,05%
		set/1998	3,44%
		ago/1998	3,83%
		jul/19998	4,22%
		jun/1998	4,61%

Vigência	Legislação	Início do Benefício	Reajuste dos Benefícios
1º.6.1998	Portaria MPAS/GM n. 4.478/1998	mai/1998	0,39%
		abr/1998	0,79%
		mar/1998	1,18%
		fev/1998	1,58%
		jan/1998	1,98%
		dez/1997	2,38%
		nov/1997	2,78%
		out/1997	3,18%
		set/1997	3,59%
		ago/1997	3,99%
		jul/1997	4,40%
		jun/1997	4,81%

Vigência	Legislação	Início do Benefício	Reajuste dos Benefícios
1º.6.1997	Portaria MPAS/GM n. 3.971/1997	mai/1997	0,58%
		abr/1997	1,16%
		mar/1997	1,74%
		fev/1997	2,33%
		jan/1997	2,92%
		dez/1996	3,51%
		nov/1996	4,11%
		out/1996	4,71%
		set/1996	5,31%
		ago/1996	5,92%
		jul/1996	6,53%
		jun/1996	7,14%
		mai/1996	7,76%

Vigência	Legislação	Início do Benefício	Reajuste dos Benefícios
1º.5.1996	Portaria MPAS/GM n. 3.253/1996	abr/1996	4,09%
		mar/1996	4,3157%
		fev/1996	5,1110%
		jan/1996	6,9967%
		dez/1995	7,2902%
		nov/1995	8,7141%
		out/1995	8,9603%
		set/1995	7,7824%
		ago/1995	9,1715%
		jul/1995	11,6149%
		jun/1995	14,5403%
		mai/1995	15%

Vigência	Legislação	Início do Benefício	Reajuste dos Benefícios
1º.5.1995	Portaria MPAS/GM n. 2.005/1995	abr/1995	12,3916%
		mar/1995	13,9764%
		fev/1995	15,1647%
		jan/1995	17,0270%
		dez/1994	19,5899%
		nov/1994	23,5004%
		out/1994	25,7975%
		set/1994	27,6970%
		ago/1994	34,6693%
		jul/1994	42,8572%

12 — TÁBUAS DE MORTALIDADE (PARA CÁLCULO DO FATOR PREVIDENCIÁRIO)

12.2. Tábua de Mortalidade 2012

TÁBUA DE MORTALIDADE 2012 (AMBOS OS SEXOS)
RESOLUÇÃO IBGE N. 13/2013 — DOU DE 2.12.2013

Utilizada para benefícios concedidos entre 2.12.2013 em diante

BRASIL: Tábua Completa de Mortalidade — Ambos os Sexos — 2012						
Idades Exatas (X)	Probabilidades de Morte entre Duas Idades Exatas Q (X, N) (Por Mil)	Óbitos D (X, N)	l (X)	L (X, N)	T(X)	Expectativa de Vida à Idade X E(X)
0	15,694	1569	100000	98583	7458083	74,6
1	0,983	97	98431	98382	7359500	74,8
2	0,629	62	98334	98303	7261118	73,8
3	0,477	47	98272	98249	7162815	72,9
4	0,390	38	98225	98206	7064567	71,9
5	0,334	33	98187	98170	6966361	71,0
6	0,295	29	98154	98140	6868190	70,0
7	0,270	26	98125	98112	6770051	69,0
8	0,254	25	98099	98086	6671939	68,0
9	0,248	24	98074	98062	6573852	67,0
10	0,252	25	98049	98037	6475791	66,0
11	0,266	26	98025	98012	6377754	65,1
12	0,305	30	97999	97984	6279742	64,1
13	0,367	36	97969	97951	6181758	63,1
14	0,508	50	97933	97908	6083808	62,1
15	0,803	79	97883	97844	5985900	61,2
16	0,998	98	97804	97756	5888056	60,2
17	1,173	115	97707	97649	5790301	59,3
18	1,309	128	97592	97528	5692651	58,3

BRASIL: Tábua Completa de Mortalidade — Ambos os Sexos — 2012						
Idades Exatas (X)	Probabilidades de Morte entre Duas Idades Exatas Q (X, N) (Por Mil)	Óbitos D (X, N)	l (X)	L (X, N)	T(X)	Expectativa de Vida à Idade X E(X)
19	1,414	138	97464	97395	5595123	57,4
20	1,518	148	97327	97253	5497728	56,5
21	1,621	158	97179	97100	5400475	55,6
22	1,693	164	97021	96939	5303375	54,7
23	1,727	167	96857	96773	5206436	53,8
24	1,733	168	96690	96606	5109662	52,8
25	1,726	167	96522	96439	5013056	51,9
26	1,722	166	96356	96273	4916618	51,0
27	1,731	166	96190	96106	4820345	50,1
28	1,759	169	96023	95939	4724239	49,2
29	1,804	173	95854	95768	4628300	48,3
30	1,856	178	95681	95592	4532532	47,4
31	1,908	182	95504	95412	4436940	46,5
32	1,964	187	95321	95228	4341527	45,5
33	2,023	192	95134	95038	4246300	44,6
34	2,088	198	94942	94842	4151262	43,7
35	2,164	205	94743	94641	4056419	42,8
36	2,254	213	94538	94432	3961779	41,9
37	2,359	223	94325	94214	3867347	41,0
38	2,483	234	94103	93986	3773133	40,1
39	2,626	247	93869	93746	3679147	39,2
40	2,786	261	93623	93492	3585401	38,3
41	2,964	277	93362	93223	3491909	37,4
42	3,167	295	93085	92938	3398685	36,5
43	3,399	315	92790	92633	3305747	35,6
44	3,658	338	92475	92306	3213115	34,7
45	3,942	363	92137	91955	3120809	33,9
46	4,247	390	91773	91578	3028854	33,0
47	4,576	418	91384	91175	2937276	32,1
48	4,928	448	90965	90741	2846101	31,3
49	5,305	480	90517	90277	2755360	30,4
50	5,712	514	90037	89780	2665083	29,6
51	6,147	550	89523	89248	2575303	28,8
52	6,610	588	88972	88678	2486055	27,9
53	7,100	628	88384	88071	2397377	27,1
54	7,622	669	87757	87422	2309307	26,3
55	8,189	713	87088	86731	2221884	25,5
56	8,798	760	86375	85995	2135153	24,7
57	9,437	808	85615	85211	2049158	23,9
58	10,101	857	84807	84378	1963947	23,2
59	10,806	907	83950	83497	1879569	22,4
60	11,564	960	83043	82563	1796072	21,6
61	12,403	1018	82083	81574	1713510	20,9
62	13,348	1082	81065	80524	1631936	20,1
63	14,422	1154	79983	79406	1551412	19,4
64	15,626	1232	78829	78213	1472007	18,7

\multicolumn{6}{c}{BRASIL: Tábua Completa de Mortalidade — Ambos os Sexos — 2012}
Idades Exatas (X)	Probabilidades de Morte entre Duas Idades Exatas Q (X, N) (Por Mil)	Óbitos D (X, N)	I (X)	L (X, N)	T(X)	Expectativa de Vida à Idade X E(X)
65	16,929	1314	77597	76940	1393793	18,0
66	18,340	1399	76284	75584	1316853	17,3
67	19,910	1491	74885	74139	1241269	16,6
68	21,666	1590	73394	72599	1167130	15,9
69	23,606	1695	71804	70956	1094531	15,2
70	25,692	1801	70109	69208	1023575	14,6
71	27,940	1909	68307	67353	954367	14,0
72	30,421	2020	66399	65389	887014	13,4
73	33,173	2136	64379	63311	821625	12,8
74	36,199	2253	62243	61117	758314	12,2
75	39,456	2367	59990	58807	697197	11,6
76	42,954	2475	57623	56386	638390	11,1
77	46,766	2579	55148	53859	582005	10,6
78	50,936	2678	52569	51230	528146	10,0
79	55,484	2768	49891	48507	476916	9,6
80 ou mais	1000,000	47123	47123	428409	428409	9,1

Fonte: IBGE, Diretoria de Pesquisas (DPE), Coordenação de População e Indicadores Sociais (COPIS).

Notas:

N = 1

Q(X, N) = Probabilidades de morte entre as idades exatas X e X+N.

I(X) = Número de sobreviventes à idade exata X.

D(X, N) = Número de óbitos ocorridos entre as idades X e X+N.

L(X, N) = Número de pessoas-anos vividos entre as idades X e X+N.

T(X) = Número de pessoas-anos vividos a partir da idade X.

E(X) = Expectativa de vida à idade X.

12.2. Tábua de Mortalidade 2011

TÁBUA DE MORTALIDADE 2011 (AMBOS OS SEXOS)
RESOLUÇÃO IBGE N. 08 DE 26.11.2012 — DOU DE 3.12.2012

Utilizada para benefícios concedidos entre 3.12.2012 a 30.11.2013

\multicolumn{6}{c}{BRASIL: Tábua Completa de Mortalidade — Ambos os Sexos — 2010}
Idades Exatas (X)	Probabilidades de Morte entre Duas Idades Exatas Q (X, N) (Por Mil)	Óbitos D (X, N)	I (X)	L (X, N)	T(X)	Expectativa de Vida à Idade X E(X)
0	21,638	2164	100000	98085	7348357	73,5
1	2,026	198	97836	97737	7250273	74,1
2	1,075	105	97638	97585	7152536	73,3
3	0,716	70	97533	97498	7054950	72,3
4	0,529	52	97463	97437	6957452	71,4
5	0,416	41	97412	97391	6860015	70,4

BRASIL: Tábua Completa de Mortalidade — Ambos os Sexos — 2010					
Idades Exatas (X)	Probabilidades de Morte entre Duas Idades Exatas Q (X, N) (Por Mil)	Óbitos D (X, N)	l (X)	L (X, N)	T(X)	Expectativa de Vida à Idade X E(X)
6	0,343	33	97371	97354	6762623	69,5
7	0,293	29	97338	97323	6665269	68,5
8	0,260	25	97309	97296	6567946	67,5
9	0,242	24	97284	97272	6470649	66,5
10	0,238	23	97260	97249	6373377	65,5
11	0,250	24	97237	97225	6276129	64,5
12	0,284	28	97213	97199	6178904	63,6
13	0,339	33	97185	97169	6081705	62,6
14	0,471	46	97152	97129	5984536	61,6
15	0,701	68	97106	97072	5887407	60,6
16	0,870	84	97038	96996	5790334	59,7
17	1,027	100	96954	96904	5693338	58,7
18	1,159	112	96854	96798	5596434	57,8
19	1,271	123	96742	96681	5499636	56,8
20	1,386	134	96619	96552	5402955	55,9
21	1,500	145	96485	96413	5306403	55,0
22	1,586	153	96341	96264	5209990	54,1
23	1,636	157	96188	96109	5113726	53,2
24	1,661	160	96030	95951	5017616	52,3
25	1,677	161	95871	95791	4921666	51,3
26	1,697	162	95710	95629	4825875	50,4
27	1,725	165	95548	95465	4730246	49,5
28	1,767	169	95383	95299	4634781	48,6
29	1,822	173	95214	95128	4539482	47,7
30	1,882	179	95041	94951	4444355	46,8
31	1,947	185	94862	94770	4349403	45,8
32	2,022	191	94677	94582	4254634	44,9
33	2,112	200	94486	94386	4160052	44,0
34	2,215	209	94286	94182	4065666	43,1
35	2,331	219	94077	93968	3971484	42,2
36	2,460	231	93858	93743	3877516	41,3
37	2,605	244	93627	93505	3783773	40,4
38	2,767	258	93383	93254	3690268	39,5
39	2,947	274	93125	92988	3597014	38,6
40	3,143	292	92851	92705	3504026	37,7
41	3,357	311	92559	92403	3411321	36,9
42	3,593	331	92248	92082	3318918	36,0
43	3,854	354	91917	91739	3226836	35,1
44	4,138	379	91562	91373	3135096	34,2
45	4,450	406	91184	90981	3043723	33,4
46	4,784	434	90778	90561	2952743	32,5
47	5,127	463	90344	90112	2862182	31,7

BRASIL: Tábua Completa de Mortalidade — Ambos os Sexos — 2010						
Idades Exatas (X)	Probabilidades de Morte entre Duas Idades Exatas Q (X, N) (Por Mil)	Óbitos D (X, N)	I (X)	L (X, N)	T(X)	Expectativa de Vida à Idade X E(X)
48	5,477	492	89880	89634	2772070	30,8
49	5,840	522	89388	89127	2682436	30,0
50	6,226	553	88866	88589	2593309	29,2
51	6,654	588	88313	88019	2504719	28,4
52	7,142	627	87725	87412	2416701	27,5
53	7,703	671	87099	86763	2329289	26,7
54	8,332	720	86428	86068	2242526	25,9
55	9,015	773	85708	85321	2156458	25,2
56	9,738	827	84935	84521	2071137	24,4
57	10,496	883	84108	83666	1986615	23,6
58	11,285	939	83225	82755	1902949	22,9
59	12,114	997	82286	81787	1820194	22,1
60	13,009	1057	81289	80760	1738406	21,4
61	13,982	1122	80232	79671	1657646	20,7
62	15,030	1189	79110	78515	1577975	19,9
63	16,160	1259	77921	77291	1499460	19,2
64	17,384	1333	76662	75995	1422169	18,6
65	18,684	1407	75329	74625	1346174	17,9
66	20,102	1486	73921	73178	1271548	17,2
67	21,726	1574	72435	71649	1198370	16,5
68	23,608	1673	70862	70025	1126721	15,9
69	25,729	1780	69189	68299	1056696	15,3
70	28,025	1889	67409	66464	988397	14,7
71	30,465	1996	65520	64522	921933	14,1
72	33,093	2102	63524	62472	857411	13,5
73	35,916	2206	61421	60318	794939	12,9
74	38,948	2306	59215	58062	734621	12,4
75	42,197	2401	56909	55708	676558	11,9
76	45,691	2490	54508	53262	620850	11,4
77	49,476	2574	52017	50730	567588	10,9
78	53,594	2650	49444	48119	516857	10,5
79	58,064	2717	46794	45435	468739	10,0
80 ou mais	1000,000	44077	44077	423303	423303	9,6
Fonte: IBGE, Diretoria de Pesquisas (DPE), Coordenação de População e Indicadores Sociais (COPIS).						

Notas:

N = 1

Q(X, N) = Probabilidades de morte entre as idades exatas X e X+N.

I(X) = Número de sobreviventes à idade exata X.

D(X, N) = Número de óbitos ocorridos entre as idades X e X+N.

L(X, N) = Número de pessoas-anos vividos entre as idades X e X+N.

T(X) = Número de pessoas-anos vividos a partir da idade X.

E(X) = Expectativa de vida à idade X.

12.3. Tábua de Mortalidade 2010

TÁBUA DE MORTALIDADE 2010 (AMBOS OS SEXOS)
RESOLUÇÃO IBGE N. 08, DE 26.11.2011 — DOU DE 1º.12.2011

Utilizada para benefícios concedidos entre 1º.12.2011 a 2.12.2012

BRASIL: Tábua Completa de Mortalidade — Ambos os Sexos — 2010						
Idades Exatas (X)	Probabilidades de Morte entre Duas Idades Exatas Q (X, N) (Por Mil)	Óbitos D (X, N)	I (X)	L (X, N)	T(X)	Expectativa de Vida à Idade X E(X)
0	21,638	2164	100000	98085	7348357	73,5
1	2,026	198	97836	97737	7250273	74,1
2	1,075	105	97638	97585	7152536	73,3
3	0,716	70	97533	97498	7054950	72,3
4	0,529	52	97463	97437	6957452	71,4
5	0,416	41	97412	97391	6860015	70,4
6	0,343	33	97371	97354	6762623	69,5
7	0,293	29	97338	97323	6665269	68,5
8	0,260	25	97309	97296	6567946	67,5
9	0,242	24	97284	97272	6470649	66,5
10	0,238	23	97260	97249	6373377	65,5
11	0,250	24	97237	97225	6276129	64,5
12	0,284	28	97213	97199	6178904	63,6
13	0,339	33	97185	97169	6081705	62,6
14	0,471	46	97152	97129	5984536	61,6
15	0,701	68	97106	97072	5887407	60,6
16	0,870	84	97038	96996	5790334	59,7
17	1,027	100	96954	96904	5693338	58,7
18	1,159	112	96854	96798	5596434	57,8
19	1,271	123	96742	96681	5499636	56,8
20	1,386	134	96619	96552	5402955	55,9
21	1,500	145	96485	96413	5306403	55,0
22	1,586	153	96341	96264	5209990	54,1
23	1,636	157	96188	96109	5113726	53,2
24	1,661	160	96030	95951	5017616	52,3
25	1,677	161	95871	95791	4921666	51,3
26	1,697	162	95710	95629	4825875	50,4
27	1,725	165	95548	95465	4730246	49,5
28	1,767	169	95383	95299	4634781	48,6
29	1,822	173	95214	95128	4539482	47,7
30	1,882	179	95041	94951	4444355	46,8
31	1,947	185	94862	94770	4349403	45,8
32	2,022	191	94677	94582	4254634	44,9
33	2,112	200	94486	94386	4160052	44,0
34	2,215	209	94286	94182	4065666	43,1
35	2,331	219	94077	93968	3971484	42,2
36	2,460	231	93858	93743	3877516	41,3
37	2,605	244	93627	93505	3783773	40,4

| BRASIL: Tábua Completa de Mortalidade — Ambos os Sexos — 2010 |||||||
Idades Exatas (X)	Probabilidades de Morte entre Duas Idades Exatas Q (X, N) (Por Mil)	Óbitos D (X, N)	l (X)	L (X, N)	T(X)	Expectativa de Vida à Idade X E(X)
38	2,767	258	93383	93254	3690268	39,5
39	2,947	274	93125	92988	3597014	38,6
40	3,143	292	92851	92705	3504026	37,7
41	3,357	311	92559	92403	3411321	36,9
42	3,593	331	92248	92082	3318918	36,0
43	3,854	354	91917	91739	3226836	35,1
44	4,138	379	91562	91373	3135096	34,2
45	4,450	406	91184	90981	3043723	33,4
46	4,784	434	90778	90561	2952743	32,5
47	5,127	463	90344	90112	2862182	31,7
48	5,477	492	89880	89634	2772070	30,8
49	5,840	522	89388	89127	2682436	30,0
50	6,226	553	88866	88589	2593309	29,2
51	6,654	588	88313	88019	2504719	28,4
52	7,142	627	87725	87412	2416701	27,5
53	7,703	671	87099	86763	2329289	26,7
54	8,332	720	86428	86068	2242526	25,9
55	9,015	773	85708	85321	2156458	25,2
56	9,738	827	84935	84521	2071137	24,4
57	10,496	883	84108	83666	1986615	23,6
58	11,285	939	83225	82755	1902949	22,9
59	12,114	997	82286	81787	1820194	22,1
60	13,009	1057	81289	80760	1738406	21,4
61	13,982	1122	80232	79671	1657646	20,7
62	15,030	1189	79110	78515	1577975	19,9
63	16,160	1259	77921	77291	1499460	19,2
64	17,384	1333	76662	75995	1422169	18,6
65	18,684	1407	75329	74625	1346174	17,9
66	20,102	1486	73921	73178	1271548	17,2
67	21,726	1574	72435	71649	1198370	16,5
68	23,608	1673	70862	70025	1126721	15,9
69	25,729	1780	69189	68299	1056696	15,3
70	28,025	1889	67409	66464	988397	14,7
71	30,465	1996	65520	64522	921933	14,1
72	33,093	2102	63524	62472	857411	13,5
73	35,916	2206	61421	60318	794939	12,9
74	38,948	2306	59215	58062	734621	12,4
75	42,197	2401	56909	55708	676558	11,9
76	45,691	2490	54508	53262	620850	11,4
77	49,476	2574	52017	50730	567588	10,9
78	53,594	2650	49444	48119	516857	10,5
79	58,064	2717	46794	45435	468739	10,0
80 ou mais	1000,000	44077	44077	423303	423303	9,6
Fonte: IBGE, Diretoria de Pesquisas (DPE), Coordenação de População e Indicadores Sociais (COPIS).						

Notas:

N = 1

Q(X, N) = Probabilidades de morte entre as idades exatas X e X+N.

I(X) = Número de sobreviventes à idade exata X.

D(X, N) = Número de óbitos ocorridos entre as idades X e X+N.

L(X, N) = Número de pessoas-anos vividos entre as idades X e X+N.

T(X) = Número de pessoas-anos vividos a partir da idade X.

E(X) = Expectativa de vida à idade X.

12.4. Tábua de Mortalidade 2009

TÁBUA DE MORTALIDADE 2009 (Ambos os Sexos)
Resolução IBGE n. 07, de 30.11.2010 — DOU de 1º.12.2010
Utilizada para benefícios concedidos entre 1º.12.2010 a 30.11.2011

Idades Exatas (X)	Probabilidades de Morte Entre Duas Idades Exatas Q (X, N) (Por Mil)	Óbitos D (X, N)	I (X)	L(X, N)	T (X)	Expectativa de Vida à Idade X E(X)
0	22,467	2247	100000	98017	7317212	73,2
1	2,152	210	97753	97648	7219195	73,9
2	1,132	110	97543	97488	7121546	73,0
3	0,750	73	97432	97396	7024059	72,1
4	0,552	54	97359	97333	6926663	71,1
5	0,432	42	97306	97285	6829330	70,2
6	0,354	34	97264	97246	6732046	69,2
7	0,302	29	97229	97214	6634799	68,2
8	0,268	26	97200	97187	6537585	67,3
9	0,248	24	97174	97162	6440398	66,3
10	0,244	24	97150	97138	6343236	65,3
11	0,256	25	97126	97114	6246098	64,3
12	0,292	28	97701	97087	6148985	63,3
13	0,350	34	37073	97056	6051898	62,3
14	0,489	47	37039	97015	5954842	61,4
15	0,719	70	96991	96956	5857827	60,4
16	0,891	86	96922	96878	5760871	59,4
17	1,051	102	96835	96784	5663993	58,5
18	1,188	115	96733	96676	5567208	57,6
19	1,304	126	96619	96556	5470532	56,6
20	1,423	137	96493	96424	5373977	55,7
21	1,541	149	96355	96281	5277553	54,8
22	1,631	157	96207	96128	5181272	53,9
23	1,685	162	96050	95969	5085144	52,9
24	1,712	164	95888	95806	4989175	52,0
25	1,729	166	95724	95641	4893369	51,1
26	1752	167	95558	95474	4797728	50,2
27	1,783	170	95391	95306	4702253	49,3
28	1,830	174	95221	95134	4606948	48,4
29	1,890	180	95046	94957	4511814	47,5
30	1,956	186	94867	94774	4416858	46,6
31	2,025	192	94681	94585	4322084	45,6
32	2,105	199	94489	94390	4227498	44,7

Idades Exatas (X)	Probabilidades de Morte Entre Duas Idades Exatas Q (X, N) (Por Mil)	Óbitos D (X, N)	l (X)	L(X, N)	T (X)	Expectativa de Vida à Idade X E(X)
33	2,195	207	94291	94187	4133108	43,8
34	2,298	216	94084	93976	4038921	42,9
35	2,412	226	93867	93754	3944945	42,0
36	2,541	238	93641	93522	3851191	41,1
37	2,687	251	93403	93278	3757669	40,2
38	2,851	266	93152	93019	3664392	39,3
39	3,035	282	92887	92746	3571372	38,4
40	3,235	300	92605	92455	3478627	37,6
41	3,453	319	92305	92146	3386172	36,7
42	3,693	340	91986	91816	3294026	35,8
43	3,957	363	91647	91465	3202210	34,9
44	4,243	387	91284	91090	3110744	34,1
45	4,558	414	90897	90690	3019654	33,2
46	4,894	443	90482	90261	2928964	32,4
47	5,242	472	90040	89804	2838704	31,5
48	5,597	501	89568	89371	2748900	30,7
49	5,967	531	89066	88801	2659583	29,9
50	6,359	563	88535	88253	2570782	29,0
51	6,794	598	87972	87673	2482529	28,2
52	7,289	637	87374	87056	2394856	27,4
53	7,858	682	86737	86396	2307801	26,6
54	8,495	731	86056	85690	2221404	25,8
55	9,186	784	85325	84933	2135714	25,0
56	9,918	838	84541	84122	2050781	24,3
57	10,686	894	83702	83255	1966660	23,5
58	11,487	951	82808	82332	1883405	22,7
59	12,329	1009	81857	81352	1801072	22,0
60	13,238	1070	80848	80312	1719720	21,3
61	14,226	1135	79777	79210	1639408	20,5
62	15,288	1202	78642	78041	1560198	19,8
63	16,431	1272	77440	76804	1482157	19,1
64	17,669	1346	76168	75495	1405353	18,5
65	18,981	1420	78822	74112	1329858	17,8
66	20,413	1498	73402	72653	1255746	17,1
67	22,051	1586	71903	71111	1183094	16,5
68	23,947	1684	70138	69476	1111983	15,8
69	26,083	1790	68634	67739	1042507	15,2
70	28,396	1898	66844	65895	974768	14,6
71	30,852	2004	64946	63944	908874	14,0
72	33,496	2108	62942	61888	844930	13,4
73	36,335	2210	60834	59728	783042	12,9
74	39,382	2309	58623	57469	723314	12,3
75	42,648	2402	56315	55114	665845	11,8
76	46,159	2489	53913	52669	610731	11,3
77	49,961	2569	51424	50140	558062	10,9
78	54,091	2643	48855	47534	507923	10,4
79	58,572	2707	46212	44859	460389	10,0
80 ou mais	1000,000	43506	43506	415530	415530	9,6

12.5. Tábua de Mortalidade 2008

TÁBUA DE MORTALIDADE 2008 (AMBOS OS SEXOS)
RESOLUÇÃO IBGE N. 9, DE 30.11.2009 — DOU DE 1º.12.2009

Utilizada para benefícios concedidos entre 1º.12.2009 a 30.11.2010

Idades Exatas (X)	Probabilidades de Morte Entre Duas Idades Exatas Q (X, N) (Por Mil)	Óbitos D(X, N)	I (X)	L(X,N)	T(X)	Expectativa de Vida à Idade X E(X)
0	23,295	2330	100000	97950	7286028	72,9
1	2,291	224	97670	97559	7188078	73,6
2	1,188	116	97447	97389	7090519	72,8
3	0,778	76	97331	97293	6993131	71,8
4	0,568	55	97255	97228	6895838	70,9
5	0,442	43	97200	97179	6798610	69,9
6	0,360	35	97157	97140	6701431	69,0
7	0,306	30	97122	97107	6604292	68,0
8	0,271	26	97092	97079	6507185	67,0
9	0,251	24	97066	97054	6410105	66,0
10	0,248	24	97042	97030	6313052	65,1
11	0,265	26	97018	97005	6216022	64,1
12	0,307	30	96992	96977	6119017	63,1
13	0,387	38	96962	96943	6022040	62,1
14	0,524	51	96925	96899	5925097	61,1
15	0,743	72	96874	96838	5828198	60,2
16	0,917	89	96802	96757	5731360	59,2
17	1,080	104	96713	96661	5634602	58,3
18	1,220	118	96609	96550	5537942	57,3
19	1,341	129	96491	96426	5441392	56,4
20	1,465	141	96361	96291	5344966	55,5
21	1,588	153	96220	96144	5248675	54,5
22	1,682	162	96067	95986	5152532	53,6
23	1,738	167	95906	95822	5056545	52,7
24	1,767	169	95739	95654	4960723	51,8
25	1,786	171	95570	95484	4865069	50,9
26	1,810	173	95399	95313	4769584	50,0
27	1,843	175	95226	95139	4674271	49,1
28	1,891	180	95051	94961	4579133	48,2
29	1,953	185	94871	94779	4484172	47,3
30	2,021	191	94686	94590	4389393	46,4
31	2,093	198	94495	94396	4294803	45,5
32	2,174	205	94297	94194	4200407	44,5
33	2,267	213	94092	93985	4106213	43,6
34	2,373	223	93878	93767	4012228	42,7
35	2,491	233	93656	93539	3918461	41,8
36	2,622	245	93422	93300	3824922	40,9
37	2,770	258	93177	93048	3731622	40,0
38	2,936	273	92919	92783	3638574	39,2
39	3,121	289	92646	92502	3545791	38,3
40	3,322	307	92357	92204	3453289	37,4
41	3,542	326	92050	91887	3361085	36,5
42	3,785	347	91724	91551	3269198	35,6

Idades Exatas (X)	Probabilidades de Morte Entre Duas Idades Exatas Q (X, N) (Por Mil)	Óbitos D(X, N)	I (X)	L(X,N)	T(X)	Expectativa de Vida à Idade X E(X)
43	4,054	370	91377	91192	3177647	34,8
44	4,348	396	91007	90809	3086455	33,9
45	4,671	423	90611	90399	2995646	33,1
46	5,016	452	90188	89962	2905246	32,2
47	5,371	482	89735	89494	2815285	31,4
48	5,731	511	89253	88998	2725790	30,5
49	6,105	542	88742	88471	2636793	29,7
50	6,501	573	88200	87913	2548322	28,9
51	6,940	608	87627	87323	2460408	28,1
52	7,441	647	87019	86695	2373085	27,3
53	8,016	692	86371	86025	2286390	26,5
54	8,661	742	85679	85308	2200365	25,7
55	9,361	795	84937	84539	2115058	24,9
56	10,102	850	84142	83717	2030518	24,1
57	10,879	906	83292	82839	1946802	23,4
58	11,689	963	82386	81904	1863963	22,6
59	12,542	1021	81422	80912	1782059	21,9
60	13,461	1082	80401	79860	1701147	21,2
61	14,460	1147	79319	78746	1621287	20,4
62	15,534	1214	78172	77565	1542542	19,7
63	16,693	1285	76958	76315	1464977	19,0
64	17,949	1358	75673	74994	1388661	18,4
65	19,281	1433	74315	73598	1313668	17,7
66	20,731	1511	72882	72126	1240069	17,0
67	22,386	1598	71371	70572	1167943	16,4
68	24,296	1695	69773	68926	1097371	15,7
69	26,443	1800	68078	67178	1028445	15,1
70	28,766	1907	66278	65325	961267	14,5
71	31,234	2011	64371	63366	895942	13,9
72	33,892	2114	62361	61304	832576	13,4
73	36,746	2214	60247	59140	771272	12,8
74	39,812	2310	58033	56878	712132	12,3
75	43,097	2401	55723	54522	655254	11,8
76	46,629	2486	53321	52078	600732	11,3
77	50,450	2565	50835	49553	548654	10,8
78	54,596	2635	48270	46953	499101	10,3
79	59,091	2697	45635	44287	452148	9,9
80 ou mais	1000,000	42938	42938	407861	407861	9,5

Fonte: IBGE, Diretoria de Pesquisas (DPE), Coordenação de População e Indicadores Sociais (COPIS).

Notas:

N = 1

Q(X, N) = Probabilidades de morte entre as idades exatas X e X+N.

I(X) = Número de sobreviventes à idade exata X.

D(X, N) = Número de óbitos ocorridos entre as idades X e X+N.

L(X, N) = Número de pessoas-anos vividos entre as idades X e X+N.

T(X) = Número de pessoas-anos vividos a partir da idade X.

E(X) = Expectativa de vida à idade X.

12.6. Tábua de Mortalidade 2007

TÁBUA DE MORTALIDADE 2007 (AMBOS OS SEXOS)
RESOLUÇÃO IBGE N. 10, DE 28.11.2008 — DOU DE 1º.12.2008

Utilizada para benefícios concedidos entre 1º.12.2008 a 30.11.2009

Idades Exatas (X)	Probabilidades de Morte Entre Duas Idades Exatas Q (X,N) (Por Mil)	Óbitos D(X,N)	l(X)	L(X,N)	T(X)	Expectativa de Vida à Idade X E(X)
0	24,036	2404	100000	97890	7257247	72,6
1	2,182	213	97596	97455	7159357	73,4
2	1,198	117	97313	97258	7061902	72,6
3	0,880	86	97203	97174	6964644	71,7
4	0,659	64	97145	97127	6867470	70,7
5	0,469	46	97109	97086	6770343	69,7
6	0,372	36	97063	97045	6673257	68,8
7	0,301	29	97027	97013	6576212	67,8
8	0,269	26	96998	96985	6479199	66,8
9	0,261	25	96972	96959	6382214	65,8
10	0,262	25	96947	96934	6285255	64,8
11	0,270	26	96921	96908	6188321	63,8
12	0,307	30	96895	96880	6091413	62,9
13	0,416	40	96865	96845	5994533	61,9
14	0,538	52	96825	96799	5897688	60,9
15	0,765	74	96773	96736	5800889	59,9
16	0,936	91	96699	96654	5704153	59,0
17	1,102	106	96608	96555	5607499	58,0
18	1,244	120	96502	96442	5510944	57,1
19	1,365	132	96382	96316	5414502	56,2
20	1,489	143	96250	96179	5318186	55,3
21	1,630	157	96107	96029	5222007	54,3
22	1,727	166	95950	95867	5125979	53,4
23	1,786	171	95785	95699	5030111	52,5
24	1,818	174	95613	95527	4934412	51,6
25	1,840	176	95440	95352	4838886	50,7
26	1,868	178	95264	95175	4743534	49,8
27	1,914	182	95086	94995	4648359	48,9
28	1,960	186	94904	94811	4553364	48,0
29	2,027	192	94718	94622	4458553	47,1
30	2,085	197	94526	94428	4363931	46,2
31	2,173	205	94329	94226	4269503	45,3
32	2,240	211	94124	94019	4175277	44,4
33	2,343	220	93913	93803	4081258	43,5
34	2,437	228	93693	93579	3987455	42,6
35	2,568	240	93465	93345	3893876	41,7
36	2,686	250	93225	93100	3800532	40,8
37	2,850	265	92974	92842	3707432	39,9
38	3,006	279	92709	92570	3614590	39,0
39	3,202	296	92431	92283	3522020	38,1
40	3,419	315	92135	91977	3429737	37,2
41	3,631	333	91820	91653	3337760	36,4
42	3,891	356	91486	91308	3246107	35,5

Idades Exatas (X)	Probabilidades de Morte Entre Duas Idades Exatas Q (X,N) (Por Mil)	Óbitos D(X,N)	I(X)	L(X,N)	T(X)	Expectativa de Vida à Idade X E(X)
43	4,154	379	91130	90941	3154799	34,6
44	4,463	405	90752	90549	3063858	33,8
45	4,778	432	90347	90131	2973308	32,9
46	5,127	461	89915	89685	2883177	32,1
47	5,486	491	89454	89209	2793493	31,2
48	5,848	520	88963	88703	2704284	30,4
49	6,241	552	88443	88167	2615581	29,6
50	6,633	583	87891	87600	2527414	28,8
51	7,064	617	87308	87000	2439814	27,9
52	7,570	656	86691	86363	2352815	27,1
53	8,156	702	86035	85684	2266452	26,3
54	8,813	752	85333	84957	2180767	25,6
55	9,528	806	84581	84178	2095810	24,8
56	10,283	861	83775	83345	2011632	24,0
57	11,073	918	82914	82455	1928287	23,3
58	11,892	975	81996	81508	1845833	22,5
59	12,750	1033	81021	80504	1764324	21,8
60	13,674	1094	79988	79441	1683820	21,1
61	14,678	1158	78894	78315	1604380	20,3
62	15,763	1225	77736	77123	1526065	19,6
63	16,938	1296	76510	75862	1448942	18,9
64	18,215	1370	75214	74529	1373079	18,3
65	19,569	1445	73844	73122	1298550	17,6
66	21,042	1523	72399	71638	1225428	16,9
67	22,715	1610	70876	70071	1153790	16,3
68	24,637	1707	69266	68413	1083719	15,6
69	26,793	1810	67559	66654	1015307	15,0
70	29,122	1915	65749	64792	948652	14,4
71	31,598	2017	63835	62826	883860	13,8
72	34,268	2118	61818	60758	821034	13,3
73	37,140	2217	59699	58591	760276	12,7
74	40,228	2312	57482	56326	701685	12,2
75	43,539	2402	55170	53969	645360	11,7
76	47,098	2485	52768	51525	591391	11,2
77	50,944	2562	50282	49002	539866	10,7
78	55,115	2630	47721	46406	490864	10,3
79	59,631	2689	45091	43751	444459	9,9
80 ou mais	1,000	42411	42411	400708	400708	9,4

Fonte: IBGE, Diretoria de Pesquisas (DPE), Coordenação de População e Indicadores Sociais (COPIS).

Notas:

N = 1

Q(X, N) = Probabilidades de morte entre as idades exatas X e X+N.

I(X) = Número de sobreviventes à idade exata X.

D(X, N) = Número de óbitos ocorridos entre as idades X e X+N.

L(X, N) = Número de pessoas-anos vividos entre as idades X e X+N.

T(X) = Número de pessoas-anos vividos a partir da idade X.

E(X) = Expectativa de vida à idade X.

12.7. Tábua de Mortalidade 2006

TÁBUA DE MORTALIDADE 2006 (AMBOS OS SEXOS)
RESOLUÇÃO IBGE N. 8, DE 30.11.2007 — DOU DE 3.12.2007

Utilizada para benefícios concedidos entre 3.12.2007 a 30.11.2008

Idades Exatas (X)	Probabilidades de Morte Entre Duas Idades Exatas Q (X,N) (Por Mil)	Óbitos D(X,N)	I(X)	L(X,N)	T(X)	Expectativa de Vida à Idade X E(X)
0	24,891	2489	100000	97821	7228448	72,3
1	2,292	224	97511	97363	7130626	73,1
2	1,255	122	97215	97157	7033264	72,3
3	0,922	90	97100	97069	6936106	71,4
4	0,699	68	97038	97019	6839037	70,5
5	0,479	46	97000	96977	6742018	69,5
6	0,385	37	96954	96935	6645041	68,5
7	0,314	30	96917	96901	6548105	67,6
8	0,281	27	96886	96873	6451204	66,6
9	0,273	26	96859	96846	6354331	65,6
10	0,275	27	96832	96819	6257486	64,6
11	0,283	27	96806	96792	6160667	63,6
12	0,314	30	96778	96763	6063874	62,7
13	0,430	42	96748	96727	5967111	61,7
14	0,557	54	96706	96679	5870384	60,7
15	0,781	75	96652	96615	5773705	59,7
16	0,963	93	96577	96531	5677090	58,8
17	1,133	109	96484	96429	5580559	57,8
18	1,278	123	96375	96313	5484130	56,9
19	1,403	135	96252	96184	5387817	56,0
20	1,530	147	96116	96043	5291633	55,1
21	1,657	159	95969	95890	5195590	54,1
22	1,756	168	95810	95726	5099700	53,2
23	1,817	174	95642	95555	5003974	52,3
24	1,852	177	95468	95380	4908418	51,4
25	1,877	179	95291	95202	4813039	50,5
26	1,907	181	95113	95022	4717836	49,6
27	1,945	185	94931	94839	4622814	48,7
28	1,998	189	94747	94652	4527976	47,8
29	2,065	195	94557	94460	4433324	46,9
30	2,139	202	94362	94261	4338864	46,0
31	2,219	209	94160	94056	4244603	45,1
32	2,305	217	93951	93843	4150547	44,2
33	2,400	225	93735	93622	4056704	43,3
34	2,492	233	93510	93393	3963082	42,4
35	2,616	244	93277	93155	3869689	41,5
36	2,752	256	93033	92905	3776534	40,6
37	2,899	269	92777	92642	3683629	39,7
38	3,081	285	92508	92365	3590987	38,8
39	3,275	302	92223	92072	3498622	37,9
40	3,481	320	91921	91761	3406550	37,1
41	3,730	342	91601	91430	3314790	36,2

Idades Exatas (X)	Probabilidades de Morte Entre Duas Idades Exatas Q (X,N) (Por Mil)	Óbitos D(X,N)	I(X)	L(X,N)	T(X)	Expectativa de Vida à Idade X E(X)
42	3,986	364	91259	91077	3223360	35,3
43	4,268	388	90895	90701	3132283	34,5
44	4,573	414	90507	90300	3041581	33,6
45	4,907	442	90094	89872	2951281	32,8
46	5,264	472	89651	89415	2861408	31,9
47	5,629	502	89180	88929	2771993	31,1
48	5,997	532	88678	88412	2683064	30,3
49	6,378	562	88146	87865	2594653	29,4
50	6,781	594	87584	87287	2506788	28,6
51	7,228	629	86990	86675	2419501	27,8
52	7,738	668	86361	86027	2332826	27,0
53	8,326	713	85693	85336	2246799	26,2
54	8,985	764	84979	84597	2161464	25,4
55	9,701	817	84216	83807	2076866	24,7
56	10,457	872	83399	82963	1993059	23,9
57	11,251	929	82527	82062	1910097	23,1
58	12,078	986	81598	81105	1828035	22,4
59	12,949	1044	80612	80090	1746929	21,7
60	13,887	1105	79569	79016	1666839	20,9
61	14,904	1169	78464	77879	1587823	20,2
62	15,997	1236	77294	76676	1509944	19,5
63	17,176	1306	76058	75405	1433268	18,8
64	18,452	1379	74751	74062	1357863	18,2
65	19,805	1453	73372	72645	1283802	17,5
66	21,276	1530	71919	71154	1211156	16,8
67	22,948	1615	70389	69581	1140002	16,2
68	24,870	1710	68773	67918	1070421	15,6
69	27,027	1813	67063	66157	1002503	14,9
70	29,359	1916	65251	64293	936346	14,4
71	31,839	2016	63335	62327	872054	13,8
72	34,509	2116	61318	60260	809727	13,2
73	37,378	2213	59202	58096	749467	12,7
74	40,462	2306	56989	55836	691371	12,1
75	43,769	2393	54684	53487	635534	11,6
76	47,327	2475	52290	51053	582048	11,1
77	51,179	2550	49815	48541	530995	10,7
78	55,366	2617	47266	45957	482454	10,2
79	59,910	2675	44649	43249	436497	9,8
80 ou mais	1,000	41982	41849	393248	393248	9,4

Fonte: IBGE, Diretoria de Pesquisas (DPE), Coordenação de População e Indicadores Sociais (COPIS).

Notas:

N = 1

Q(X, N) = Probabilidades de morte entre as idades exatas X e X+N.

I(X) = Número de sobreviventes à idade exata X.

D(X, N) = Número de óbitos ocorridos entre as idades X e X+N.

L(X, N) = Número de pessoas-anos vividos entre as idades X e X+N.

T(X) = Número de pessoas-anos vividos a partir da idade X.

E(X) = Expectativa de vida à idade X.

12.8. Tábua de Mortalidade 2005

TÁBUA DE MORTALIDADE 2005 (AMBOS OS SEXOS)
RESOLUÇÃO IBGE N. 4, DE 28.11.2006 — DOU DE 1º.12.2006

Utilizada para benefícios concedidos entre 1º.12.2006 a 2.12.2007

Idades Exatas (X)	Probabilidades de Morte Entre Duas Idades Exatas Q (X,N) (Por Mil)	Óbitos D(X,N)	l(X)	L(X,N)	T(X)	Expectativa de Vida à Idade X E(X)
0	25,769	2577	100000	97737	7194779	71,9
1	2,422	236	97423	97305	7097042	72,8
2	1,327	129	97187	97123	6999737	72,0
3	0,989	96	97058	97010	6902615	71,1
4	0,739	72	96962	96926	6805605	70,2
5	0,497	48	96890	96866	6708678	69,2
6	0,408	40	96842	96822	6611812	68,3
7	0,341	33	96803	96786	6514990	67,3
8	0,305	29	96770	96755	6418203	66,3
9	0,292	28	96740	96726	6321448	65,3
10	0,294	28	96712	96698	6224722	64,4
11	0,302	29	96684	96669	6128025	63,4
12	0,342	33	96654	96638	6031356	62,4
13	0,444	43	96621	96600	5934718	61,4
14	0,573	55	96578	96551	5838118	60,4
15	0,800	77	96523	96484	5741567	59,5
16	0,983	95	96446	96398	5645083	58,5
17	1,153	111	96351	96295	5548684	57,6
18	1,312	126	96240	96177	5452389	56,7
19	1,438	138	96114	96045	5356212	55,7
20	1,558	150	95975	95901	5260168	54,8
21	1,725	165	95826	95743	5164267	53,9
22	1,828	175	95661	95573	5068524	53,0
23	1,892	181	95486	95395	4972951	52,1
24	1,929	184	95305	95213	4877555	51,2
25	1,954	186	95121	95028	4782342	50,3
26	1,986	188	94935	94841	4687314	49,4
27	2,026	192	94747	94651	4592472	48,5
28	2,083	197	94555	94456	4497822	47,6
29	2,154	203	94358	94256	4403365	46,7
30	2,233	210	94155	94050	4309109	45,8
31	2,314	217	93944	93836	4215059	44,9
32	2,401	225	93727	93615	4121223	44,0
33	2,496	233	93502	93385	4027609	43,1
34	2,601	243	93269	93147	3934224	42,2
35	2,717	253	93026	92900	3841076	41,3
36	2,848	264	92773	92641	3748176	40,4
37	3,000	278	92509	92370	3655535	39,5
38	3,176	293	92232	92085	3563165	38,6
39	3,374	310	91939	91784	3471080	37,8
40	3,591	329	91628	91464	3379296	36,9
41	3,825	349	91299	91125	3287832	36,0
42	4,083	371	90950	90764	3196708	35,1

Idades Exatas (X)	Probabilidades de Morte Entre Duas Idades Exatas Q (X,N) (Por Mil)	Óbitos D(X,N)	I(X)	L(X,N)	T(X)	Expectativa de Vida à Idade X E(X)
43	4,367	396	90579	90381	3105943	34,3
44	4,675	422	90183	89972	3015562	33,4
45	5,014	450	89762	89537	2925590	32,6
46	5,375	480	89311	89071	2836053	31,8
47	5,745	510	88831	88576	2746982	30,9
48	6,117	540	88321	88051	2658406	30,1
49	6,503	571	87781	87495	2570355	29,3
50	6,910	603	87210	86909	2482859	28,5
51	7,362	638	86607	86289	2395950	27,7
52	7,880	677	85970	85631	2309662	26,9
53	8,480	723	85292	84931	2224031	26,1
54	9,153	774	84569	84182	2139100	25,3
55	9,884	828	83795	83381	2054918	24,5
56	10,657	884	82967	82525	1971537	23,8
57	11,466	941	82083	81612	1889012	23,0
58	12,306	998	81142	80642	1807400	22,3
59	13,187	1057	80143	79615	1726757	21,5
60	14,134	1118	79086	78527	1647143	20,8
61	15,163	1182	77968	77377	1568615	20,1
62	16,274	1250	76786	76161	1491238	19,4
63	17,480	1320	75537	74876	1415077	18,7
64	18,790	1395	74216	73519	1340200	18,1
65	20,182	1470	72822	72087	1266681	17,4
66	21,691	1548	71352	70578	1194594	16,7
67	23,395	1633	69804	68988	1124016	16,1
68	25,340	1727	68171	67307	1055029	15,5
69	27,514	1828	66444	65530	987721	14,9
70	29,859	1929	64616	63651	922192	14,3
71	32,354	2028	62686	61672	858541	13,7
72	35,048	2126	60658	59595	796868	13,1
73	37,955	2222	58532	57421	737273	12,6
74	41,086	2314	56311	55154	679852	12,1
75	44,447	2400	53997	52797	624698	11,6
76	48,057	2480	51597	50357	571901	11,1
77	51,953	2552	49117	47842	521544	10,6
78	56,167	2615	46566	45258	473702	10,2
79	60,723	2669	43950	42615	428444	9,7
80 ou mais	1,000	41280	41280	385829	385829	9,3

Fonte: IBGE, Diretoria de Pesquisas (DPE), Coordenação de População e Indicadores Sociais (COPIS).

Notas:

N = 1

Q(X, N) = Probabilidades de morte entre as idades exatas X e X+N.

I(X) = Número de sobreviventes à idade exata X.

D(X, N) = Número de óbitos ocorridos entre as idades X e X+N.

L(X, N) = Número de pessoas-anos vividos entre as idades X e X+N.

T(X) = Número de pessoas-anos vividos a partir da idade X.

E(X) = Expectativa de vida à idade X.

12.9. Tábua de Mortalidade 2004

TÁBUA DE MORTALIDADE 2004 (AMBOS OS SEXOS)
RESOLUÇÃO IBGE N. 6, DE 28.11.2005 — DOU DE 1º.12.2005

Utilizada para benefícios concedidos entre 1º.12.2005 a 30.11.2006

	BRASIL: Tábua Completa de Mortalidade — Ambos os sexos — 2004					
Idades Exatas (X)	Probabilidades de Morte entre Duas Idades Exatas Q (X, N) (Por Mil)	Óbitos D (X, N)	l (X)	L (X, N)	T(X)	Expectativa de Vida à Idade X E(X)
0	26,580	2658	100000	97672	7166419	71,7
1	2,567	250	97342	97217	7068747	72,6
2	1,382	134	97092	97025	6971530	71,8
3	1,039	101	96958	96908	6874505	70,9
4	0,754	73	96857	96821	6777597	70,0
5	0,504	49	96784	96760	6680776	69,0
6	0,415	40	96735	96715	6584016	68,1
7	0,346	33	96695	96678	6487301	67,1
8	0,309	30	96662	96647	6390623	66,1
9	0,297	29	96632	96618	6293976	65,1
10	0,299	29	96603	96589	6197358	64,2
11	0,307	30	96574	96560	6100769	63,2
12	0,349	34	96545	96528	6004210	62,2
13	0,453	44	96511	96489	5907682	61,2
14	0,589	57	96467	96439	5811193	60,2
15	0,821	79	96410	96371	5714754	59,3
16	1,003	97	96331	96283	5618383	58,3
17	1,181	114	96235	96178	5522100	57,4
18	1,334	128	96121	96057	5425922	56,4
19	1,461	140	95993	95923	5329865	55,5
20	1,595	153	95853	95776	5233942	54,6
21	1,727	165	95700	95617	5138166	53,7
22	1,835	175	95534	95447	5042549	52,8
23	1,899	181	95359	95269	4947102	51,9
24	1,954	186	95178	95085	4851834	51,0
25	2,015	191	94992	94896	4756749	50,1
26	2,050	194	94801	94704	4661852	49,2
27	2,093	198	94606	94507	4567149	48,3
28	2,153	203	94408	94307	4472641	47,4
29	2,226	210	94205	94100	4378335	46,5
30	2,307	217	93995	93887	4284234	45,6
31	2,389	224	93779	93667	4190347	44,7
32	2,479	232	93554	93439	4096681	43,8
33	2,575	240	93323	93202	4003242	42,9
34	2,681	250	93082	92957	3910040	42,0
35	2,797	260	92833	92703	3817083	41,1

BRASIL: Tábua Completa de Mortalidade — Ambos os sexos — 2004						
Idades Exatas (X)	Probabilidades de Morte entre Duas Idades Exatas Q (X, N) (Por Mil)	Óbitos D (X, N)	l (X)	L (X, N)	T(X)	Expectativa de Vida à Idade X E(X)
36	2,930	271	92573	92437	3724380	40,2
37	3,084	285	92302	92159	3631942	39,3
38	3,263	300	92017	91867	3539783	38,5
39	3,465	318	91717	91558	3447916	37,6
40	3,686	337	91399	91231	3356358	36,7
41	3,925	357	91062	90883	3265127	35,9
42	4,188	380	90705	90515	3174244	35,0
43	4,477	404	90325	90123	3083729	34,1
44	4,790	431	89921	89705	2993606	33,3
45	5,135	459	89490	89260	2903901	32,4
46	5,502	490	89030	88785	2814641	31,6
47	5,876	520	88540	88280	2725856	30,8
48	6,241	549	88020	87746	2637575	30,0
49	6,630	580	87471	87181	2549830	29,2
50	7,040	612	86891	86585	2462649	28,3
51	7,495	647	86279	85956	2376064	27,5
52	8,018	687	85633	85289	2290108	26,7
53	8,624	733	84946	84580	2204819	26,0
54	9,304	784	84213	83822	2120239	25,2
55	10,044	838	83430	83011	2036417	24,4
56	10,825	894	82592	82145	1953406	23,7
57	11,643	951	81698	81222	1871262	22,9
58	12,494	1009	80747	80242	1790039	22,2
59	13,388	1068	79738	79204	1709797	21,4
60	14,348	1129	78670	78106	1630593	20,7
61	15,390	1193	77541	76945	1552487	20,0
62	16,514	1261	76348	75718	1475542	19,3
63	17,732	1331	75087	74422	1399825	18,6
64	19,053	1405	73756	73053	1325403	18,0
65	20,455	1480	72351	71611	1252350	17,3
66	21,975	1557	70871	70092	1180739	16,7
67	23,691	1642	69313	68492	1110647	16,0
68	25,650	1736	67671	66803	1042155	15,4
69	27,839	1836	65935	65018	975352	14,8
70	30,200	1936	64100	63132	910334	14,2
71	32,713	2034	62164	61147	847202	13,6
72	35,424	2130	60130	59065	786055	13,1
73	38,347	2224	58000	56888	726990	12,5
74	41,496	2314	55776	54619	670101	12,0
75	44,875	2399	53462	52262	615482	11,5
76	48,506	2477	51063	49824	563220	11,0
77	52,422	2547	48586	47312	513396	10,6

BRASIL: Tábua Completa de Mortalidade — Ambos os sexos — 2004						
Idades Exatas (X)	Probabilidades de Morte entre Duas Idades Exatas Q (X, N) (Por Mil)	Óbitos D (X, N)	I (X)	L (X, N)	T(X)	Expectativa de Vida à Idade X E(X)
78	56,653	2608	46039	44735	466084	10,1
79	61,225	2659	43431	42101	421349	9,7
80 ou mais	1000,000	40771	40771	379248	379248	9,3
Fonte: IBGE, Diretoria de Pesquisas (DPE), Coordenação de População e Indicadores Sociais (COPIS).						

Notas:

N = 1

Q(X, N) = Probabilidades de morte entre as idades exatas X e X+N.

I(X) = Número de sobreviventes à idade exata X.

D(X, N) = Número de óbitos ocorridos entre as idades X e X+N.

L(X, N) = Número de pessoas-anos vividos entre as idades X e X+N.

T(X) = Número de pessoas-anos vividos a partir da idade X.

E(X) = Expectativa de vida à idade X.

13 — EMPRESAS CONTEMPLADAS COM O PROGRAMA DE DESONERAÇÃO DA FOLHA DE PAGAMENTO

13.1. Período de 01.12.2011 a 31.07.2012

DESONERAÇÃO DA FOLHA DE PAGAMENTO
Período de 1º.12.2011 a 31.7.2012
MP 540/2011, convertida na Lei n. 12.546/2011
Empresas dispensadas de contribuir com alíquota de 20% sobre a folha de pagamento
(incisos I e III do art. 22 da Lei n. 8.212/91)
Contribuição de 1,5% incidente sobre a receita bruta
(Parte III, Capítulo X, subitem 11.2 desta obra)

Capítulo 39	
Plásticos e suas obras	
NCM	DESCRIÇÃO
39.26	**Outras obras de plásticos e obras de outras matérias das posições 39.01 a 39.14.**
3926.20.00	— Vestuário e seus acessórios (incluindo as luvas, mitenes e semelhantes)
	Ex 01 — Cintos

Capítulo 40	
Borracha e suas Obras	
NCM	DESCRIÇÃO
40.15	**Vestuário e seus acessórios (incluindo as luvas, mitenes e semelhantes), de borracha vulcanizada não endurecida, para quaisquer usos.**
4015.1	— Luvas, mitenes e semelhantes:
4015.11.00	— Para cirurgia
4015.19.00	— Outras

	Ex 01 — De segurança e proteção
4015.90.00	— Outros
	Ex 01 — Vestuário de segurança e proteção, mesmo com seus acessórios

Capítulo 41
Peles, exceto as peles com pelo, e couros

NCM	DESCRIÇÃO
41.04	Couros e peles curtidos ou *crust*, de bovinos (incluindo os búfalos) ou de equídeos, depilados, mesmo divididos, mas não preparados de outro modo.
4104.1	— No estado úmido (incluindo *wet-blue*):
4104.11	— Plena flor, não divididos; divididos, com o lado flor
4104.11.1	Plena flor, não divididos
4104.11.11	Couros e peles inteiros, de bovinos (incluindo os búfalos), de superfície unitária não superior a 2,6 m², simplesmente curtidos ao cromo (*wet-blue*)
4104.11.12	Outros couros e peles inteiros, de bovinos (incluindo os búfalos), de superfície unitária não superior a 2,6 m²
4104.11.13	Outros couros e peles de bovinos (incluindo os búfalos), com pré-curtimenta vegetal
4104.11.14	Outros couros e peles de bovinos (incluindo os búfalos)
4104.11.19	Outros
4104.11.2	Divididos, com o lado flor
4104.11.21	Couros e peles inteiros, de bovinos (incluindo os búfalos), de superfície unitária não superior a 2,6 m², simplesmente curtidos ao cromo (*wet-blue*)
4104.11.22	Outros couros e peles inteiros, de bovinos (incluindo os búfalos), de superfície unitária não superior a 2,6 m²
4104.11.23	Outros couros e peles de bovinos (incluindo os búfalos), com pré-curtimenta vegetal
4104.11.24	Outros couros e peles de bovinos (incluindo os búfalos)
4104.11.29	Outros
4104.19	— Outros
4104.19.10	Couros e peles inteiros, de bovinos (incluindo os búfalos), de superfície unitária não superior a 2,6 m², simplesmente curtidos ao cromo (*wet-blue*)
4104.19.20	Outros couros e peles inteiros, de bovinos (incluindo os búfalos), de superfície unitária não superior a 2,6 m²
4104.19.30	Outros couros e peles de bovinos (incluindo os búfalos), com pré-curtimenta vegetal
4104.19.40	Outros couros e peles de bovinos (incluindo os búfalos)
4104.19.90	Outros
4104.4	— No estado seco (*crust*):
4104.41	— Plena flor, não divididos; divididos, com o lado flor
4104.41.10	Couros e peles inteiros, de bovinos (incluindo os búfalos), de superfície unitária não superior a 2,6 m²
4104.41.20	Outros couros e peles de bovinos (incluindo os búfalos), curtidos ao vegetal, para solas
4104.41.30	Outros couros e peles de bovinos (incluindo os búfalos)
4104.41.90	Outros
4104.49	— Outros
4104.49.10	Couros e peles inteiros, de bovinos (incluindo os búfalos), de superfície unitária não superior a 2,6 m²
4104.49.20	Outros couros e peles de bovinos (incluindo os búfalos)
4104.49.90	Outros
41.05	Peles curtidas ou *crust* de ovinos, depiladas, mesmo divididas, mas não preparadas de outro modo.
4105.10	— No estado úmido (incluindo *wet-blue*)
4105.10.10	Com pré-curtimenta vegetal
4105.10.2	Pré-curtidas de outro modo
4105.10.21	Ao cromo (*wet-blue*)
4105.10.29	Outras
4105.10.90	Outras
4105.30.00	— No estado seco (*crust*)
41.06	Couros e peles, depilados, de outros animais e peles de animais desprovidos de pelos, curtidos ou *crust*, mesmo divididos, mas não preparados de outro modo.
4106.2	— De caprinos:
4106.21	— No estado úmido (incluindo *wet-blue*)
4106.21.10	Com pré-curtimenta vegetal

4106.21.2	Pré-curtidos de outro modo
4106.21.21	Ao cromo (*wet-blue*)
4106.21.29	Outros
4106.21.90	Outros
4106.22.00	— No estado seco (*crust*)
4106.3	— De suínos:
4106.31	— No estado úmido (incluindo *wet-blue*)
4106.31.10	Simplesmente curtidos ao cromo (*wet-blue*)
4106.31.90	Outros
4106.32.00	— No estado seco (*crust*)
4106.40.00	— De répteis
4106.9	— Outros:
4106.91.00	— No estado úmido (incluindo *wet-blue*)
4106.92.00	— No estado seco (*crust*)
41.07	Couros preparados após curtimenta ou após secagem e couros e peles apergaminhados, de bovinos (incluindo os búfalos) ou de equídeos, depilados, mesmo divididos, exceto os da posição 41.14.
4107.1	— Couros e peles inteiros:
4107.11	— Plena flor, não divididos
4107.11.10	Couros e peles de bovinos (incluindo os búfalos), de superfície unitária não superior a 2,6 m²
4107.11.20	Outros couros e peles de bovinos (incluindo os búfalos)
4107.11.90	Outros
4107.12	— Divididos, com o lado flor
4107.12.10	Couros e peles de bovinos (incluindo os búfalos), de superfície unitária não superior a 2,6 m²
4107.12.20	Outros couros e peles de bovinos (incluindo os búfalos)
4107.12.90	Outros
4107.19	— Outros
4107.19.10	Couros e peles de bovinos (incluindo os búfalos), de superfície unitária não superior a 2,6 m²
4107.19.20	Outros couros e peles de bovinos (incluindo os búfalos)
4107.19.90	Outros
4107.9	— Outros, incluindo as tiras:
4107.91	— Plena flor, não divididos
4107.91.10	De bovinos (incluindo os búfalos)
4107.91.90	Outros
4107.92	— Divididos, com o lado flor
4107.92.10	De bovinos (incluindo os búfalos)
4107.92.90	Outros
4107.99	— Outros
4107.99.10	De bovinos (incluindo os búfalos)
4107.99.90	Outros
41.14	Couros e peles acamurçados (incluindo a camurça combinada); couros e peles envernizados ou revestidos; couros e peles metalizados.
4114.10.00	— Couros e peles acamurçados (incluindo a camurça combinada)
4114.20	— Couros e peles envernizados ou revestidos; couros e peles metalizados
4114.20.10	Envernizados ou revestidos
4114.20.20	Metalizados

Capítulo 42

Obras de couro; artigos de correeiro ou de seleiro; artigos de viagem, bolsas e artefatos semelhantes; obras de tripa

NCM	DESCRIÇÃO
42.02	Baús para viagem, malas e maletas, incluindo as de toucador e as maletas e pastas de documentos e para estudantes, os estojos para óculos, binóculos, câmeras fotográficas e de filmar, instrumentos musicais, armas e artefatos semelhantes; sacos de viagem,
4202.11.00	— Com a superfície exterior de couro natural ou reconstituído
4202.21.00	— Com a superfície exterior de couro natural ou reconstituído
4202.31.00	— Com a superfície exterior de couro natural ou reconstituído

NCM	DESCRIÇÃO
4202.91.00	— Com a superfície exterior de couro natural ou reconstituído
42.03	**Vestuário e seus acessórios, de couro natural ou reconstituído.**
4203.10.00	— Vestuário
4203.2	— Luvas, mitenes e semelhantes:
4203.21.00	— Especialmente concebidas para a prática de esportes
4203.29.00	— Outras
	Ex 01 — De proteção, para trabalho manual
4203.30.00	— Cintos, cinturões e bandoleiras ou talabartes
4203.40.00	— Outros acessórios de vestuário
4205.00.00	**Outras obras de couro natural ou reconstituído.**

Capítulo 43
Peles com pelo e suas obras; peles com pelo artificiais

NCM	DESCRIÇÃO
43.03	**Vestuário, seus acessórios e outros artefatos de peles com pelo.**
4303.10.00	— Vestuário e seus acessórios
	Ex 01 — De bovino, ovino, caprino, coelho ou de lebre
4303.90.00	— Outros
	Ex 01 — De bovino, ovino, caprino, coelho ou de lebre

Capítulo 48
Papel e cartão; obras de pasta de celulose, de papel ou de cartão

NCM	DESCRIÇÃO
48.18	Papel higiênico e papéis semelhantes, pasta (*ouate*) de celulose ou mantas de fibras de celulose, dos tipos utilizados para fins domésticos ou sanitários, em rolos de largura não superior a 36 cm, ou cortados em formas próprias; lenços, incluindo os de desmaquiar, toalhas de mão, toalhas, toalhas de mesa, guardanapos, lençóis e artigos semelhantes, de uso doméstico, de toucador, higiênicos ou hospitalares, vestuário e seus acessórios, de pasta de papel, papel, pasta (ouate) de celulose ou de mantas de fibras de celulose.
4818.50.00	— Vestuário e seus acessórios

Capítulo 61
Vestuário e seus acessórios, de malha

NCM	DESCRIÇÃO
61.01	**Sobretudos, japonas, gabões, capas, anoraques, casacos e semelhantes, de malha, de uso masculino, exceto os artefatos da posição 61.03.**
6101.20.00	— De algodão
6101.30.00	— De fibras sintéticas ou artificiais
6101.90	— De outras matérias têxteis
6101.90.10	De lã ou de pelos finos
6101.90.90	Outros
61.02	**Mantôs, capas, anoraques, casacos e semelhantes, de malha, de uso feminino, exceto os artefatos da posição 61.04.**
6102.10.00	— De lã ou de pelos finos
6102.20.00	— De algodão
6102.30.00	— De fibras sintéticas ou artificiais
6102.90.00	— De outras matérias têxteis
61.03	**Ternos, conjuntos, paletós, calças, jardineiras, bermudas e *shorts* (calções) (exceto de banho), de malha, de uso masculino.**
6103.10	— Ternos
6103.10.10	De lã ou de pelos finos
6103.10.20	De fibras sintéticas
6103.10.90	De outras matérias têxteis

6103.2	— Conjuntos:
6103.22.00	— De algodão
6103.23.00	— De fibras sintéticas
6103.29	— De outras matérias têxteis
6103.29.10	De lã ou de pelos finos
6103.29.90	Outros
6103.3	— Paletós:
6103.31.00	— De lã ou de pelos finos
6103.32.00	— De algodão
6103.33.00	— De fibras sintéticas
6103.39.00	— De outras matérias têxteis
6103.4	— Calças, jardineiras, bermudas e *shorts* (calções):
6103.41.00	— De lã ou de pelos finos
6103.42.00	— De algodão
6103.43.00	— De fibras sintéticas
6103.49.00	— De outras matérias têxteis
61.04	***Tailleurs*, conjuntos, *blazers*, vestidos, saias, saias-calças, calças, jardineiras, bermudas e *shorts* (calções) (exceto de banho), de malha, de uso feminino.**
6104.1	— *Tailleurs*:
6104.13.00	— De fibras sintéticas
6104.19	— De outras matérias têxteis
6104.19.10	De lã ou de pelos finos
6104.19.20	De algodão
6104.19.90	De outras matérias têxteis
6104.2	— Conjuntos:
6104.22.00	— De algodão
6104.23.00	— De fibras sintéticas
6104.29	— De outras matérias têxteis
6104.29.10	De lã ou de pelos finos
6104.29.90	Outros
6104.3	— *Blazers*:
6104.31.00	— De lã ou de pelos finos
6104.32.00	— De algodão
6104.33.00	— De fibras sintéticas
6104.39.00	— De outras matérias têxteis
6104.4	— Vestidos:
6104.41.00	— De lã ou de pelos finos
6104.42.00	— De algodão
6104.43.00	— De fibras sintéticas
6104.44.00	— De fibras artificiais
6104.49.00	— De outras matérias têxteis
6104.5	— Saias e saias-calças:
6104.51.00	— De lã ou de pelos finos
6104.52.00	— De algodão
6104.53.00	— De fibras sintéticas
6104.59.00	— De outras matérias têxteis
6104.6	— Calças, jardineiras, bermudas e *shorts* (calções):
6104.61.00	— De lã ou de pelos finos
6104.62.00	— De algodão
6104.63.00	— De fibras sintéticas
6104.69.00	— De outras matérias têxteis
61.05	**Camisas de malha, de uso masculino.**
6105.10.00	— De algodão
6105.20.00	— De fibras sintéticas ou artificiais
6105.90.00	— De outras matérias têxteis

61.06	**Camisas, blusas, blusas *chemisiers*, de malha, de uso feminino.**
6106.10.00	— De algodão
6106.20.00	— De fibras sintéticas ou artificiais
6106.90.00	— De outras matérias têxteis
61.07	**Cuecas, ceroulas, camisolões, pijamas, roupões de banho, *robes* e semelhantes, de malha, de uso masculino.**
6107.1	— Cuecas e ceroulas:
6107.11.00	— De algodão
6107.12.00	— De fibras sintéticas ou artificiais
6107.19.00	— De outras matérias têxteis
6107.2	— Camisolões e pijamas:
6107.21.00	— De algodão
6107.22.00	— De fibras sintéticas ou artificiais
6107.29.00	— De outras matérias têxteis
6107.9	— Outros:
6107.91.00	— De algodão
6107.99	— De outras matérias têxteis
6107.99.10	De fibras sintéticas ou artificiais
6107.99.90	Outros
61.08	**Combinações, anáguas, calcinhas, camisolas, pijamas, *déshabillés*, roupões de banho, penhoares e semelhantes, de malha, de uso feminino.**
6108.1	— Combinações e anáguas:
6108.11.00	— De fibras sintéticas ou artificiais
6108.19.00	— De outras matérias têxteis
6108.2	— Calcinhas:
6108.21.00	— De algodão
6108.22.00	— De fibras sintéticas ou artificiais
6108.29.00	— De outras matérias têxteis
6108.3	— Camisolas e pijamas:
6108.31.00	— De algodão
6108.32.00	— De fibras sintéticas ou artificiais
6108.39.00	— De outras matérias têxteis
6108.9	— Outros:
6108.91.00	— De algodão
6108.92.00	— De fibras sintéticas ou artificiais
6108.99.00	— De outras matérias têxteis
61.09	**Camisetas, incluindo as interiores, de malha.**
6109.10.00	— De algodão
6109.90.00	— De outras matérias têxteis
61.10	**Suéteres, pulôveres, cardigãs, coletes e artigos semelhantes, de malha.**
6110.1	— De lã ou de pelos finos:
6110.11.00	— De lã
6110.12.00	— De cabra de Caxemira
6110.19.00	— Outros
6110.20.00	— De algodão
6110.30.00	— De fibras sintéticas ou artificiais
6110.90.00	— De outras matérias têxteis
61.11	**Vestuário e seus acessórios, de malha, para bebês.**
6111.20.00	— De algodão
6111.30.00	— De fibras sintéticas
6111.90	— De outras matérias têxteis
6111.90.10	De lã ou de pelos finos
6111.90.90	Outros

61.12	**Abrigos para esporte, macacões e conjuntos de esqui, maiôs, biquínis, *shorts* (calções) e sungas de banho, de malha.**
6112.1	— Abrigos para esporte:
6112.11.00	— De algodão
6112.12.00	— De fibras sintéticas
6112.19.00	— De outras matérias têxteis
6112.20.00	— Macacões e conjuntos de esqui
6112.3	— Maiôs, *shorts* (calções) e sungas de banho, de uso masculino:
6112.31.00	— De fibras sintéticas
6112.39.00	— De outras matérias têxteis
6112.4	— Maiôs e biquínis de banho, de uso feminino:
6112.41.00	— De fibras sintéticas
6112.49.00	— De outras matérias têxteis
6113.00.00	**Vestuário confeccionado com tecidos de malha das posições 59.03, 59.06 ou 59.07.**
61.14	**Outro vestuário de malha.**
6114.20.00	— De algodão
6114.30.00	— De fibras sintéticas ou artificiais
6114.90	— De outras matérias têxteis
6114.90.10	De lã ou de pelos finos
6114.90.90	Outros
61.15	**Meias-calças, meias acima do joelho, meias até o joelho e artigos semelhantes, incluindo as meias-calças, meias acima do joelho e meias até o joelho, de compressão degressiva (as meias para varizes, por exemplo), de malha.**
6115.10	— Meias-calças, meias acima do joelho e meias até o joelho, de compressão degressiva (as meias para varizes, por exemplo)
6115.10.1	Meias-calças
6115.10.11	De fibras sintéticas, de título inferior a 67 decitex, por fio simples
6115.10.12	De fibras sintéticas, de título igual ou superior a 67 decitex, por fio simples
6115.10.13	De lã ou de pelos finos
6115.10.14	De algodão
6115.10.19	De outras matérias têxteis
6115.10.2	Meias acima do joelho e meias até o joelho, de uso feminino, de título inferior a 67 decitex por fio simples
6115.10.21	De fibras sintéticas ou artificiais
6115.10.22	De algodão
6115.10.29	De outras matérias têxteis
6115.10.9	Outras
6115.10.91	De lã ou de pelos finos
6115.10.92	De algodão
6115.10.93	De fibras sintéticas
6115.10.99	De outras matérias têxteis
6115.2	— Outras meias-calças:
6115.21.00	— De fibras sintéticas, de título inferior a 67 decitex, por fio simples
6115.22.00	— De fibras sintéticas, de título igual ou superior a 67 decitex, por fio simples
6115.29	— De outras matérias têxteis
6115.29.10	De lã ou de pelos finos
6115.29.20	De algodão
6115.29.90	Outras
6115.30	— Outras meias acima do joelho e meias até o joelho, de uso feminino, de título inferior a 67 decitex por fio simples
6115.30.10	De fibras sintéticas ou artificiais
6115.30.20	De algodão
6115.30.90	De outras matérias têxteis
6115.9	— Outros:
6115.94.00	— De lã ou de pelos finos

6115.95.00	— De algodão
6115.96.00	— De fibras sintéticas
6115.99.00	— De outras matérias têxteis
61.16	**Luvas, mitenes e semelhantes, de malha.**
6116.10.00	— Impregnadas, revestidas ou recobertas, de plásticos ou de borracha
6116.9	— Outras:
6116.91.00	— De lã ou de pelos finos
6116.92.00	— De algodão
6116.93.00	— De fibras sintéticas
6116.99.00	— De outras matérias têxteis
61.17	**Outros acessórios de vestuário, confeccionados, de malha; partes de vestuário ou de seus acessórios, de malha.**
6117.10.00	— Xales, echarpes, lenços de pescoço, cachenês, cachecóis, mantilhas, véus e semelhantes
6117.80	— Outros acessórios
6117.80.10	Gravatas, gravatas-borboletas e *plastrons*
6117.80.90	Outros
6117.90.00	— Partes

Capítulo 62
Vestuário e seus acessórios, exceto de malha

NCM	DESCRIÇÃO
62.01	**Sobretudos, japonas, gabões, capas, anoraques, casacos e semelhantes, de uso masculino, exceto os artefatos da posição 62.03.**
6201.1	— Sobretudos, impermeáveis, japonas, gabões, capas e semelhantes:
6201.11.00	— De lã ou de pelos finos
6201.12.00	— De algodão
6201.13.00	— De fibras sintéticas ou artificiais
6201.19.00	— De outras matérias têxteis
6201.9	— Outros:
6201.91.00	— De lã ou de pelos finos
6201.92.00	— De algodão
6201.93.00	— De fibras sintéticas ou artificiais
6201.99.00	— De outras matérias têxteis
62.02	**Mantôs, capas, anoraques, casacos e semelhantes, de uso feminino, exceto os artefatos da posição 62.04.**
6202.1	— Mantôs, impermeáveis, capas e semelhantes:
6202.11.00	— De lã ou de pelos finos
6202.12.00	— De algodão
6202.13.00	— De fibras sintéticas ou artificiais
6202.19.00	— De outras matérias têxteis
6202.9	— Outros:
6202.91.00	— De lã ou de pelos finos
6202.92.00	— De algodão
6202.93.00	— De fibras sintéticas ou artificiais
6202.99.00	— De outras matérias têxteis
62.03	**Ternos, conjuntos, paletós, calças, jardineiras, bermudas e *shorts* (calções) (exceto de banho), de uso masculino.**
6203.1	— Ternos:
6203.11.00	— De lã ou de pelos finos
6203.12.00	— De fibras sintéticas
6203.19.00	— De outras matérias têxteis
6203.2	— Conjuntos:
6203.22.00	— De algodão
6203.23.00	— De fibras sintéticas

6203.29	— De outras matérias têxteis
6203.29.10	De lã ou de pelos finos
6203.29.90	Outros
6203.3	— Paletós:
6203.31.00	— De lã ou de pelos finos
6203.32.00	— De algodão
6203.33.00	— De fibras sintéticas
6203.39.00	— De outras matérias têxteis
6203.4	— Calças, jardineiras, bermudas e *shorts* (calções):
6203.41.00	— De lã ou de pelos finos
6203.42.00	— De algodão
6203.43.00	— De fibras sintéticas
6203.49.00	— De outras matérias têxteis
62.04	**Tailleurs, conjuntos, *blazers*, vestidos, saias, saias-calças, calças, jardineiras, bermudas e *shorts* (calções) (exceto de banho), de uso feminino.**
6204.1	— *Tailleurs*:
6204.11.00	— De lã ou de pelos finos
6204.12.00	— De algodão
6204.13.00	— De fibras sintéticas
6204.19.00	— De outras matérias têxteis
6204.2	— Conjuntos:
6204.21.00	— De lã ou de pelos finos
6204.22.00	— De algodão
6204.23.00	— De fibras sintéticas
6204.29.00	— De outras matérias têxteis
6204.3	— *Blazers*:
6204.31.00	— De lã ou de pelos finos
6204.32.00	— De algodão
6204.33.00	— De fibras sintéticas
6204.39.00	— De outras matérias têxteis
6204.4	— Vestidos:
6204.41.00	— De lã ou de pelos finos
6204.42.00	— De algodão
6204.43.00	— De fibras sintéticas
6204.44.00	— De fibras artificiais
6204.49.00	— De outras matérias têxteis
6204.5	— Saias e saias-calças:
6204.51.00	— De lã ou de pelos finos
6204.52.00	— De algodão
6204.53.00	— De fibras sintéticas
6204.59.00	— De outras matérias têxteis
6204.6	— Calças, jardineiras, bermudas e *shorts* (calções):
6204.61.00	— De lã ou de pelos finos
6204.62.00	— De algodão
6204.63.00	— De fibras sintéticas
6204.69.00	— De outras matérias têxteis
62.05	**Camisas de uso masculino.**
6205.20.00	— De algodão
6205.30.00	— De fibras sintéticas ou artificiais
6205.90	— De outras matérias têxteis
6205.90.10	De lã ou de pelos finos
6205.90.90	Outras
62.06	**Camisas, blusas, blusas *chemisiers*, de uso feminino.**
6206.10.00	— De seda ou de desperdícios de seda

6206.20.00	— De lã ou de pelos finos
6206.30.00	— De algodão
6206.40.00	— De fibras sintéticas ou artificiais
6206.90.00	— De outras matérias têxteis
62.07	**Camisetas interiores, cuecas, ceroulas, camisolões, pijamas, roupões de banho, *robes* e semelhantes, de uso masculino.**
6207.1	— Cuecas e ceroulas:
6207.11.00	— De algodão
6207.19.00	— De outras matérias têxteis
6207.2	— Camisolões e pijamas:
6207.21.00	— De algodão
6207.22.00	— De fibras sintéticas ou artificiais
6207.29.00	— De outras matérias têxteis
6207.9	— Outros:
6207.91.00	— De algodão
6207.99	— De outras matérias têxteis
6207.99.10	De fibras sintéticas ou artificiais
6207.99.90	Outros
62.08	**Corpetes, combinações, anáguas, calcinhas, camisolas, pijamas, *déshabillés*, roupões de banho, penhoares e artefatos semelhantes, de uso feminino.**
6208.1	— Combinações e anáguas:
6208.11.00	— De fibras sintéticas ou artificiais
6208.19.00	— De outras matérias têxteis
6208.2	— Camisolas e pijamas:
6208.21.00	— De algodão
6208.22.00	— De fibras sintéticas ou artificiais
6208.29.00	— De outras matérias têxteis
6208.9	— Outros:
6208.91.00	— De algodão
6208.92.00	— De fibras sintéticas ou artificiais
6208.99.00	— De outras matérias têxteis
62.09	**Vestuário e seus acessórios, para bebês.**
6209.20.00	— De algodão
6209.30.00	— De fibras sintéticas
6209.90	— De outras matérias têxteis
6209.90.10	De lã ou de pelos finos
6209.90.90	Outras
62.10	**Vestuário confeccionado com as matérias das posições 56.02, 56.03, 59.03, 59.06 ou 59.07.**
6210.10.00	— Com as matérias das posições 56.02 ou 56.03
6210.20.00	— Outro vestuário, dos tipos abrangidos pelas subposições 6201.11 a 6201.19
6210.30.00	— Outro vestuário, dos tipos abrangidos pelas subposições 6202.11 a 6202.19
6210.40.00	— Outro vestuário de uso masculino
6210.50.00	— Outro vestuário de uso feminino
62.11	**Abrigos para esporte, macacões e conjuntos de esqui, maiôs, biquínis, *shorts* (calções) e sungas de banho; outro vestuário.**
6211.1	— Maiôs, biquínis, *shorts* (calções) e sungas de banho:
6211.11.00	— De uso masculino
6211.12.00	— De uso feminino
6211.20.00	— Macacões e conjuntos de esqui
6211.3	— Outro vestuário de uso masculino:
6211.32.00	— De algodão
6211.33.00	— De fibras sintéticas ou artificiais

6211.39	— De outras matérias têxteis
6211.39.10	De lã ou de pelos finos
6211.39.90	Outras
6211.4	— Outro vestuário de uso feminino:
6211.42.00	— De algodão
6211.43.00	— De fibras sintéticas ou artificiais
6211.49.00	— De outras matérias têxteis
62.12	**Sutiãs, cintas, espartilhos, suspensórios, ligas e artefatos semelhantes, e suas partes, mesmo de malha.**
6212.10.00	— Sutiãs e bustiês
6212.20.00	— Cintas e cintas-calças
6212.30.00	— Modeladores de torso inteiro
6212.90.00	— Outros
62.13	**Lenços de assoar e de bolso.**
6213.20.00	— De algodão
6213.90	— De outras matérias têxteis
6213.90.10	De seda ou de desperdícios de seda
6213.90.90	Outros
62.14	**Xales, echarpes, lenços de pescoço, cachenês, cachecóis, mantilhas, véus e artefatos semelhantes.**
6214.10.00	— De seda ou de desperdícios de seda
6214.20.00	— De lã ou de pelos finos
6214.30.00	— De fibras sintéticas
6214.40.00	— De fibras artificiais
6214.90	— De outras matérias têxteis
6214.90.10	De algodão
6214.90.90	Outros
62.15	**Gravatas, gravatas-borboletas e *plastrons*.**
6215.10.00	— De seda ou de desperdícios de seda
6215.20.00	— De fibras sintéticas ou artificiais
6215.90.00	— De outras matérias têxteis
6216.00.00	**Luvas, mitenes e semelhantes.**
62.17	**Outros acessórios confeccionados de vestuário; partes de vestuário ou dos seus acessórios, exceto as da posição 62.12.**
6217.10.00	— Acessórios
6217.90.00	— Partes

Capítulo 63
Outros artefatos têxteis confeccionados; sortidos; artefatos de matérias têxteis, calçados, chapéus e artefatos de uso semelhante, usados; trapos

NCM	DESCRIÇÃO
	I — OUTROS ARTEFATOS TÊXTEIS CONFECCIONADOS
63.01	**Cobertores e mantas.**
6301.10.00	— Cobertores e mantas, elétricos
6301.20.00	— Cobertores e mantas (exceto os elétricos), de lã ou de pelos finos
6301.30.00	— Cobertores e mantas (exceto os elétricos), de algodão
6301.40.00	— Cobertores e mantas (exceto os elétricos), de fibras sintéticas
6301.90.00	— Outros cobertores e mantas
63.02	**Roupas de cama, mesa, toucador ou cozinha.**
6302.10.00	— Roupas de cama, de malha
6302.2	— Outras roupas de cama, estampadas:
6302.21.00	— De algodão

6302.22.00	— De fibras sintéticas ou artificiais
6302.29.00	— De outras matérias têxteis
6302.3	— Outras roupas de cama:
6302.31.00	— De algodão
6302.32.00	— De fibras sintéticas ou artificiais
6302.39.00	— De outras matérias têxteis
6302.40.00	— Roupas de mesa, de malha
6302.5	— Outras roupas de mesa:
6302.51.00	— De algodão
6302.53.00	— De fibras sintéticas ou artificiais
6302.59	— De outras matérias têxteis
6302.59.10	De linho
6302.59.90	Outras
6302.60.00	— Roupas de toucador ou de cozinha, de tecidos atoalhados de algodão
6302.9	— Outras:
6302.91.00	— De algodão
6302.93.00	— De fibras sintéticas ou artificiais
6302.99	— De outras matérias têxteis
6302.99.10	De linho
6302.99.90	Outras
63.03	**Cortinados, cortinas, reposteiros e estores; sanefas.**
6303.1	— De malha:
6303.12.00	— De fibras sintéticas
6303.19	— De outras matérias têxteis
6303.19.10	De algodão
6303.19.90	Outros
6303.9	— Outros:
6303.91.00	— De algodão
6303.92.00	— De fibras sintéticas
6303.99.00	— De outras matérias têxteis
63.04	**Outros artefatos para guarnição de interiores, exceto da posição 94.04.**
6304.1	— Colchas:
6304.11.00	— De malha
6304.19	— Outras
6304.19.10	De algodão
6304.19.90	De outras matérias têxteis
6304.9	— Outros:
6304.91.00	— De malha
6304.92.00	— De algodão, exceto de malha
6304.93.00	— De fibras sintéticas, exceto de malha
6304.99.00	— De outras matérias têxteis, exceto de malha
63.05	**Sacos de quaisquer dimensões, para embalagem.**
6305.10.00	— De juta ou de outras fibras têxteis liberianas da posição 53.03
6305.20.00	— De algodão
6305.3	— De matérias têxteis sintéticas ou artificiais:
6305.32.00	— Recipientes flexíveis para produtos a granel
6305.33	— Outros, obtidos a partir de lâminas ou formas semelhantes de polietileno ou de polipropileno
6305.33.10	De malha
6305.33.90	Outros
6305.39.00	— Outros
6305.90.00	— De outras matérias têxteis
6309.00	**Artefatos de matérias têxteis, calçados, chapéus e artefatos de uso semelhante, usados.**
6309.00.10	Vestuário, seus acessórios, e suas partes
6309.00.90	Outros

Capítulo 64
Calçados, polainas e artefatos semelhantes; suas partes

NCM	DESCRIÇÃO
64.01	Calçados impermeáveis de sola exterior e parte superior de borracha ou plásticos, em que a parte superior não tenha sido reunida à sola exterior por costura ou por meio de rebites, pregos, parafusos, espigões ou dispositivos semelhantes, nem formada por d
6401.10.00	— Calçados com biqueira protetora de metal
6401.9	— Outros calçados:
6401.92.00	— — Cobrindo o tornozelo, mas não o joelho
6401.99	— — Outros
6401.99.10	Cobrindo o joelho
6401.99.90	Outros
64.02	Outros calçados com sola exterior e parte superior de borracha ou plásticos.
6402.1	— Calçados para esporte:
6402.12.00	— — Calçados para esqui e para surfe de neve
6402.19.00	— — Outros
6402.20.00	— Calçados com parte superior em tiras ou correias, fixados à sola por pregos, tachas, pinos e semelhantes
6402.9	— Outros calçados:
6402.91	— — Cobrindo o tornozelo
6402.91.10	Com biqueira protetora de metal
6402.91.90	Outros
6402.99	— — Outros
6402.99.10	Com biqueira protetora de metal
6402.99.90	Outros
64.03	Calçados com sola exterior de borracha, plásticos, couro natural ou reconstituído e parte superior de couro natural.
6403.1	— Calçados para esporte:
6403.12.00	— — Calçados para esqui e para surfe de neve
6403.19.00	— — Outros
6403.20.00	— Calçados com sola exterior de couro natural e parte superior constituída por tiras de couro natural passando pelo peito do pé e envolvendo o dedo grande
6403.40.00	— Outros calçados, com biqueira protetora de metal
6403.5	— Outros calçados, com sola exterior de couro natural:
6403.51	— — Cobrindo o tornozelo
6403.51.10	Com sola de madeira e desprovidos de palmilhas
6403.51.90	Outros
6403.59	— — Outros
6403.59.10	Com sola de madeira e desprovidos de palmilhas
6403.59.90	Outros
6403.9	— Outros calçados:
6403.91	— — Cobrindo o tornozelo
6403.91.10	Com sola de madeira e desprovidos de palmilhas
6403.91.90	Outros
6403.99	— — Outros
6403.99.10	Com sola de madeira e desprovidos de palmilhas
6403.99.90	Outros
64.04	Calçados com sola exterior de borracha, plásticos, couro natural ou reconstituído e parte superior de matérias têxteis.
6404.1	— Calçados com sola exterior de borracha ou de plásticos:
6404.11.00	— — Calçados para esporte; calçados para tênis, basquetebol, ginástica, treino e semelhantes
6404.19.00	— — Outros
6404.20.00	— Calçados com sola exterior de couro natural ou reconstituído
64.05	Outros calçados.
6405.10	— Com parte superior de couro natural ou reconstituído
6405.10.10	Com sola exterior de borracha ou plástico e parte superior de couro reconstituído

NCM	DESCRIÇÃO
6405.10.20	Com sola exterior de couro natural ou reconstituído e parte superior de couro reconstituído
6405.10.90	Outros
6405.20.00	— Com parte superior de matérias têxteis
6405.90.00	— Outros
64.06	**Partes de calçados (incluindo as partes superiores, mesmo fixadas a solas que não sejam as solas exteriores); palmilhas amovíveis, reforços interiores e artefatos semelhantes, amovíveis; polainas, perneiras e artefatos semelhantes, e suas partes.**
6406.10.00	— Partes superiores de calçados e seus componentes, exceto contrafortes e biqueiras rígidas
6406.20.00	— Solas exteriores e saltos, de borracha ou plásticos
6406.90	— Outros
6406.90.10	Solas exteriores e saltos, de couro natural ou reconstituído
6406.90.20	Palmilhas
6406.90.90	Outras

Capítulo 68
Obras de pedra, gesso, cimento, amianto, mica ou de matérias semelhantes

NCM	DESCRIÇÃO
68.12	**Amianto trabalhado, em fibras; misturas à base de amianto ou à base de amianto e carbonato de magnésio; obras destas misturas ou de amianto (por exemplo, fios, tecidos, vestuário, chapéus e artefatos de uso semelhante, calçados, juntas), mesmo armadas, exceto as das posições 68.11 ou 68.13.**
6812.91.00	— Vestuário, acessórios de vestuário, calçados e chapéus

Capítulo 83
Obras diversas de metais comuns

NCM	DESCRIÇÃO
83.08	**Fechos, armações com fecho, fivelas, fivelas-fecho, grampos, colchetes, ilhoses e artefatos semelhantes, de metais comuns, para vestuário, calçados, toldos, bolsas, artigos de viagem e para quaisquer outras confecções ou equipamentos; rebites tubulares ou**
8308.10.00	— Grampos, colchetes e ilhoses
8308.20.00	— Rebites tubulares ou de haste fendida

Capítulo 94
Móveis; mobiliário médico-cirúrgico; colchões, almofadas e semelhantes; aparelhos de iluminação não especificados nem compreendidos noutros capítulos; anúncios, cartazes ou tabuletas e placas indicadoras, luminosos e artigos semelhantes; construções pré-fabricadas

NCM	DESCRIÇÃO
94.04	**Suportes para camas (somiês); colchões, edredões, almofadas, pufes, travesseiros e artigos semelhantes, equipados com molas ou guarnecidos interiormente de quaisquer matérias, compreendendo esses artigos de borracha ou de plásticos, alveolares, mesmo reco**
9404.90.00	— Outros

Capítulo 95
Brinquedos, jogos, artigos para divertimento ou para esporte; suas partes e acessórios

NCM	DESCRIÇÃO
95.06	**Artigos e equipamentos para cultura física, ginástica, atletismo, outros esportes (incluindo o tênis de mesa), ou jogos ao ar livre, não especificados nem compreendidos noutras posições deste Capítulo; piscinas, incluindo as infantis.**
9506.6	— Bolas, exceto de golfe ou de tênis de mesa:
9506.62.00	— Infláveis

Capítulo 96
Obras diversas

NCM	DESCRIÇÃO
96.06	**Botões, incluindo os de pressão; formas e outras partes, de botões ou de botões de pressão; esboços de botões.**
9606.10.00	— Botões de pressão e suas partes
9606.2	— Botões:
9606.21.00	— De plásticos, não recobertos de matérias têxteis
9606.22.00	— De metais comuns, não recobertos de matérias têxteis

13.2. Período de 01.08.2012 a 17.09.2012

DESONERAÇÃO DA FOLHA DE PAGAMENTO
Período de 1º.8.2012 a 17.9.2012

MP 563/2012 — Decreto n. 7.828/2012

Empresas dispensadas de contribuir com alíquota de 20% sobre a folha de pagamento
(incisos I e III do art. 22 da Lei n. 8.212/91)

Contribuição de 1,0% incidente sobre a receita bruta
(Parte III, Capítulo X, subitem 11.2 desta obra)

NCM	NCM	NCM
3005.90.90	4016.93.00	4016.93.00
3815.12.10	4016.99.90	4016.99.90
3819.00.00	41.04	41.04
39.15	41.05	41.05
39.16	41.06	41.06
39.17	41.07	41.07
39.18	41.14	41.14
39.19	4202.11.00	4202.11.00
39.20	4202.12.20	4202.12.20
39.21	4202.21.00	4202.21.00
39.22	4202.22.20	4202.22.20
39.23	4202.31.00	4202.31.00
39.24	4202.32.00	4202.32.00
39.25	4202.91.00	4202.91.00
39.26	4202.92.00	4202.92.00
4009.11.00	42.03	42.03
4009.12.10	4205.00.00	4205.00.00
4009.12.90	43.03	43.03
4009.31.00	4421.90.00	4421.90.00
4009.32.10	4504.90.00	4504.90.00
4009.32.90	4818.50.00	4818.50.00
4009.42.10	5004.00.00	5004.00.00
4009.42.90	5005.00.00	5005.00.00
4010.31.00	5006.00.00	5006.00.00
4010.32.00	50.07	50.07
4010.33.00	5104.00.00	5104.00.00
4010.34.00	51.05	51.05
4010.35.00	51.06	51.06
4010.36.00	51.07	51.07
4010.39.00	51.08	51.08
40.15	51.09	51.09
4016.10.10	5110.00.00	5110.00.00
4016.91.00	51.11	51.11

NCM
51.12
5113.00
5203.00.00
52.04
52.05
52.06
52.07
52.08
52.09
52.10
52.11
52.12
53.06
53.07
53.08
53.09
53.10
5311.00.00
Capítulo 54
Capítulo 55
Capítulo 56
Capítulo 57
Capítulo 58
Capítulo 59
Capítulo 60
Capítulo 61
Capítulo 62
Capítulo 63
Capítulo 64
Capítulo 65 (exceto código 6506.10.00)
6807.90.00
6812.80.00
6812.90.10
6812.91.00
6812.99.10
6813.10.10
6813.10.90
6813.20.00
6813.81.10
6813.81.90
6813.89.10
6813.89.90
6813.90.10
6813.90.90
6909.19.30

NCM
7007.11.00
7007.21.00
7009.10.00
7303.00.00
7308.10.00
7308.20.00
7309.00.10
7309.00.90
7310.10.90
7310.29.10
7310.29.90
7311.00.00
7315.11.00
7315.12.10
7315.12.90
7315.19.00
7315.20.00
7315.81.00
7315.82.00
7315.89.00
7315.90.00
7316.00.00
7320.10.00
7320.20.10
7320.20.90
7320.90.00
7326.90.90
7419.99.90
7612.90.90
8205.40.00
8207.30.00
8301.20.00
8302.30.00
8308.10.00
8308.20.00
8310.00.00
8401.10.00
8401.20.00
8401.40.00
84.02
84.03
84.04
84.05
84.06
84.07

NCM
84.08
84.09 (exceto código 8409.10.00)
84.10
84.11
84.12
84.13
8414.10.00
8414.20.00
8414.30.11
8414.30.19
8414.30.91
8414.30.99
8414.40.10
8414.40.20
8414.40.90
8414.59.10
8414.59.90
8414.80.11
8414.80.12
8414.80.13
8414.80.19
8414.80.21
8414.80.22
8414.80.29
8414.80.31
8414.80.32
8414.80.33
8414.80.38
8414.80.39
8414.80.90
8414.90.10
8414.90.20
8414.90.31
8414.90.32
8414.90.33
8414.90.34
8414.90.39
8415.10.90
8415.20.10
8415.20.90
8415.81.10
8415.81.90
8415.82.10
8415.82.90

NCM
8415.83.00
8415.90.00
84.16
84.17
8418.50.10
8418.50.90
8418.61.00
8418.69.10
8418.69.20
8418.69.31
8418.69.32
8418.69.40
8418.69.91
8418.69.99
8418.99.00
84.19
84.20
8421.11.10
8421.11.90
8421.12.90
8421.19.10
8421.19.90
8421.21.00
8421.22.00
8421.23.00
8421.29.20
8421.29.30
8421.29.90
8421.31.00
8421.39.10
8421.39.20
8421.39.30
8421.39.90
8421.91.91
8421.91.99
8421.99.10
8421.99.20
8421.99.91
8421.99.99
84.22 (exceto código 8422.11.10)
84.23 (exceto código 8423.10.00)
84.24
84.25
84.26

NCM
84.27
84.28
84.29
84.30
84.31
84.32
84.33
84.34
84.35
84.36
84.37
84.38
84.39
84.40
84.41
84.42
8443.11.10
8443.11.90
8443.12.00
8443.13.10
8443.13.21
8443.13.29
8443.13.90
8443.14.00
8443.15.00
8443.16.00
8443.17.10
8443.17.90
8443.19.10
8443.19.90
8443.39.10
8443.39.21
8443.39.28
8443.39.29
8443.39.30
8443.39.90
8443.91.10
8443.91.91
8443.91.92
8443.91.99
84.44
84.45
84.46
84.47
84.48

NCM
84.49
84.50.20
84.51 (exceto código 8451.21.00)
84.52 (exceto códigos 8452.90.20 e 8452.10.00)
84.53
84.54
84.55
84.56
84.57
84.58
84.59
84.60
84.61
84.62
84.63
84.64
84.65
84.66
8467.11.10
8467.11.90
8467.19.00
8467.29.91
8467.29.93
8467.81.00
8467.89.00
8467.91.00
8467.92.00
8467.99.00
8468.10.00
8468.20.00
8468.80.10
8468.80.90
8468.90.10
8468.90.20
8468.90.90
8469.00.10
8470.90.10
8470.90.90
8471.80.00
8471.90.19
8471.90.90
8472.10.00
8472.30.90
8472.90.10

NCM
8472.90.29
8472.90.30
8472.90.40
8472.90.91
8472.90.99
8473.10.10
84.74
84.75
84.76
84.77
8478.10.10
8478.10.90
8478.90.00
84.79
84.80
8481.10.00
8481.20.10
8481.20.11
8481.20.19
8481.20.90
8481.30.00
8481.40.00
8481.80.21
8481.80.29
8481.80.39
8481.80.92
8481.80.93
8481.80.94
8481.80.95
8481.80.96
8481.80.97
8481.80.99
8481.90.90
8482.30.00
8482.50.90
8482.80.00
8482.91.20
8482.91.30
8482.91.90
8482.99.11
8482.99.19
84.83
8483.10.1
84.84
84.86

NCM
84.87
85.01
85.02
8503.00.10
8503.00.90
8504.21.00
8504.22.00
8504.23.00
8504.31.11
8504.31.19
8504.32.11
8504.32.19
8504.32.21
8504.33.00
8504.34.00
8504.40.22
8504.40.30
8504.40.50
8504.40.90
8505.19.10
8505.20.90
8505.90.10
8505.90.80
8505.90.90
8507.10.00
8507.10.10
8507.10.90
8507.20.10
8507.90.10
8507.20.90
8507.90.90
8508.60.00
8508.70.00
85.11 (exceto código 8511.50.90)
85.12 (exceto código 8512.10.00)
85.13
8514.10.10
8514.10.90
8514.20.11
8514.20.19
8514.20.20
8514.30.11
8514.30.19

NCM
8514.30.21
8514.30.29
8514.30.90
8514.40.00
8514.90.00
8515.11.00
8515.19.00
8515.21.00
8515.29.00
8515.31.10
8515.31.90
8515.39.00
8515.80.10
8515.80.90
8515.90.00
8516.10.00
8516.71.00
8516.79.20
8516.79.90
8516.80.10
8516.90.00
8517.18.91
8517.18.99
8517.61.30
8517.62.12
8517.62.21
8517.62.22
8517.62.23
8517.62.24
8517.62.29
8517.62.32
8517.62.39
8517.62.41
8517.62.48
8517.62.51
8517.62.54
8517.62.55
8517.62.59
8517.62.62
8517.62.72
8517.62.77
8517.62.78
8517.62.79
8517.62.94
8517.62.99

NCM
8517.69.00
8517.70.10
8518.21.00
8518.22.00
8518.29.90
8526.92.00
8527.21.10
8527.21.90
8527.29.00
8527.29.90
8528.71.11
8531.10.90
8532.10.00
8532.29.90
8535.21.00
8535.30.17
8535.30.18
8535.30.27
8535.30.28
8536.10.00
8536.20.00
8536.30.00
8536.41.00
8536.49.00
8536.50.90
8536.61.00
8536.69.10
8536.69.90
8536.90.10
8536.90.40
8536.90.90
8537.10.20

NCM
8537.10.90
8537.20.90
8538.10.00
8538.90.90
8539.29.10
8539.29.90
8540.89.90
85.41
8543.10.00
8543.20.00
8543.30.00
8543.70.13
8543.70.39
8543.70.40
8543.70.99
8543.90.90
8544.30.00
8544.42.00
85.46 (exceto código 8546.10.00)
85.47 (exceto código 8547.2010)
8548.90.90
8601.10.00
8607.19.19
8701.10.00
8701.30.00
8701.90.10
8701.90.90
87.02 (exceto código 8702.90.10)
8704.10.10
8704.10.90

NCM
8705.10.10
8705.10.90
8705.20.00
8705.30.00
8705.40.00
8705.90.10
8705.90.90
8706.00.20
87.07
8707.10.00
8707.90.10
8707.90.90
8708.10.00
8708.21.00
8708.29.11
8708.29.12
8708.29.13
8708.29.14
8708.29.19
8708.29.91
8708.29.92
8708.29.93
8708.29.94
8708.29.95
8708.29.96
8708.29.99
8708.30.11
8708.30.19
8708.30.90
8708.31.10
8708.31.90

13.3. Período de 1º.1.2013 a 31.5.2013

DESONERAÇÃO DA FOLHA DE PAGAMENTO
Período de 1º.1.2013 a 31.5.2013

Lei n. 12.715/2012 — MP 582/2012 — MP 601/2012

Empresas dispensadas de contribuir com alíquota de 20% sobre a folha de pagamento
(incisos I e III do art. 22 da Lei n. 8.212/91)

Contribuição de 1,0% incidente sobre a receita bruta
(Parte III, Capítulo X, subitem 11.2 desta obra)

Lei n. 12.715/2012	MP n. 582/2012	MP n. 601/2012
NCM	NCM	NCM
(VETADO)	02.07	39.23 (exceto 3923.30.00 Ex.01)
02.03	0210.99.00	4009.41.00
02.06	03.01	4811.49
02.09	03.02	4823.40.00
02.10.1	03.03	6810.19.00
05.04	03.04	6810.91.00
05.05	03.06	69.07
05.07	03.07	69.08
05.10	1211.90.90	7307.19.10
05.11	2106.90.30	7307.19.90
(VETADO)	2106.90.90	7307.23.00
(VETADO)	2202.90.00	7323.93.00
(VETADO)	2501.00.90	73.26
(VETADO)	2520.20.10	7403.21.00
(VETADO)	2520.20.90	7407.21.10
(VETADO)	2707.91.00	7407.21.20
Capítulo 16	30.01	7409.21.00
Capítulo 19	30.05	7411.10.10
(VETADO)	30.06	7411.21.10
(VETADO)	32.08	74.12
(VETADO)	32.09	7418.20.00
(VETADO)	32.14	76.15
2515.11.00	3303.00 20	8301.40.00
2515.12.10	33.04	8301.60.00
2516.11.00	33.05	8301.70.00
2516.12.00	33.06	8302.10.00
30.02	33.07	8302.41.00
30.03	34.01	8307.90.00
30.04	3407.00.10	8308.90.10
3005.90.90	3407.00.20	8308.90.90
3815.12.10	3407.00.90	8450.90.90
3819.00.00	3701.10.10	8471.60.80

Lei n. 12.715/2012	MP n. 582/2012	MP n. 601/2012
39.15	3701.10.21	8481.80.11
39.16	3701.10.29	8481.80.19
39.17	3702.10.10	8481.80.91
39.18	3702.10.20	8481.90.10
39.19	38.08	8482.10.90
39.20	3814.00	8482.20.10
39.21	3822.00.10	8482.20.90
39.22	3822.00.90	8482.40.00
39.23	3917.40.10	8482.50.10
39.24	3923.21.90	8482.91.19
39.25	3926.90.30	8482.99.10
39.26	3926.90.40	8504.40.40
4009.11.00	3926.90.50	8507.30.11
4009.12.10	4006.10.00	8507.30.19
4009.12.90	40.11	8507.30.90
4009.31.00	4012.90.90	8507.40.00
4009.32.10	40.13	8507.50.00
4009.32.90	4014.10.00	8507.60.00
4009.42.10	4014.90.10	8507.90.20
4009.42.90	4014.90.90	8526.91.00
4010.31.00	4015.11.00	8533.21.10
4010.32.00	4015.19.00	8533.21.90
4010.33.00	4415.20.00	8533.29.00
4010.34.00	4701.00.00	8533.31.10
4010.35.00	4702.00.00	8534.00.1
4010.36.00	4703	8534.00.20
4010.39.00	4704	8534.00.3
40.15	4705.00.00	8534.00.5
4016.10.10	4706	8544.20.00
4016.91.00	4801.00	8607.19.11
4016.93.00	4802	8607.29.00
4016.99.90	4803.00	9029.90.90
41.04	4804	9032.89.90
41.05	4805	Lojas de departamentos ou magazines, enquadradas na Subclasse CNAE 4713-0/01
41.06	4806	Comércio varejista de materiais de construção, enquadrado na Subclasse CNAE 4744-0/05
41.07	4808	Comércio varejista de materiais de construção em geral, enquadrado na Subclasse CNAE 4744-0/99
41.14	4809	Comércio varejista especializado de equipamentos e suprimentos de informática, enquadrado na Classe CNAE 4751-2
4202.11.00	4810	Comércio varejista especializado de equipamentos de telefonia e comunicação, enquadrado na Classe CNAE 4752-1
4202.12.20	4812.00.00	Comércio varejista especializado de eletrodomésticos e equipamentos de áudio e vídeo, enquadrado na Classe CNAE 4753-9
4202.21.00	4813	Comércio varejista de móveis, enquadrado na Subclasse CNAE 4754-7/01

Lei n. 12.715/2012	MP n. 582/2012	MP n. 601/2012
4202.22.20	4816	Comércio varejista especializado de tecidos e artigos de cama, mesa e banho, enquadrado na Classe CNAE 4755-5
4202.31.00	4818	Comércio varejista de outros artigos de uso doméstico, enquadrado na Classe CNAE 4759-8
4202.32.00	4819	Comércio varejista de livros, jornais, revistas e papelaria, enquadrado na Classe CNAE 4761-0
4202.91.00	5405.00.00	Comércio varejista de discos, CDs, DVDs e fitas, enquadrado na Classe CNAE 4762-8
4202.92.00	5604.90.10	Comércio varejista de brinquedos e artigos recreativos, enquadrado na Subclasse CNAE 4763-6/01
42.03	6115.96.00	Comércio varejista de artigos esportivos, enquadrado na Subclasse CNAE 4763-6/02
4205.00.00	6307.90.10	Comércio varejista de produtos farmacêuticos, sem manipulação de fórmulas, enquadrado na Subclasse CNAE 4771-7/01
43.03	6307.90.90	Comércio varejista de cosméticos, produtos de perfumaria e de higiene pessoal, enquadrado na Classe CNAE 4772-5
4421.90.00	6810.99.00	Comércio varejista de artigos do vestuário e acessórios, enquadrado na Classe CNAE 4781-4
4504.90.00	6901.00.00	Comércio varejista de calçados e artigos de viagem, enquadrado na Classe CNAE 4782-2
4818.50.00	69.02	Comércio varejista de produtos saneantes domissanitários, enquadrado na Subclasse CNAE 4789-0/05
5004.00.00	69.04	Comércio varejista de artigos fotográficos e para filmagem, enquadrado na Subclasse CNAE 4789-0/08
5005.00.00	69.05	
5006.00.00	6906.00.00	
50.07	6910.90.00	
5104.00.00	69.11	
51.05	6912.00.00	
51.06	69.13	
51.07	69.14	
51.08	7001.00.00	
51.09	70.02	
5110.00.00	70.03	
51.11	70.04	
51.12	70.05	
5113.00	7006.00.00	
5203.00.00	70.07	
52.04	7008.00.00	
52.05	70.09	
52.06	70.10	
52.07	70.11	
52.08	70.13	
52.09	7014.00.00	
52.10	70.15	
52.11	70.16	
52.12	70.17	
53.06	70.18	

Lei n. 12.715/2012	MP n. 582/2012	MP n. 601/2012
53.07	70.19	
53.08	7020.00	
53.09	7201.10.00	
53.10	7204.29.00	
5311.00.00	7207.11.10	
Capítulo 54	7208.52.00	
Capítulo 55	7208.54.00	
Capítulo 56	7214.10.90	
Capítulo 57	7214.99.10	
Capítulo 58	7228.30.00	
Capítulo 59	7228.50.00	
Capítulo 60	7302.40.00	
Capítulo 61	7306.50.00	
Capítulo 62	7307.21.00	
Capítulo 63	7307.22.00	
Capítulo 64	7307.91.00	
Capítulo 65 (exceto código 6506.10.00)	7307.93.00	
6801.00.00	7307.99.00	
6802.10.00	7308.90.10	
6802.21.00	7318.12.00	
6802.23.00	7318.14.00	
6802.29.00	7318.15.00	
6802.91.00	7318.16.00	
6802.92.00	7318.19.00	
6802.93.10	7318.21.00	
6802.93.90	7318.22.00	
6802.99.90	7318.23.00	
6803.00.00	7318.24.00	
6807.90.00	7318.29.00	
6812.80.00	7321.11.00	
6812.90.10	7325.10.00	
6812.91.00	7325.99.10	
6812.99.10	7326.19.00	
6813.10.10	7415.29.00	
6813.10.90	7415.39.00	
6813.20.00	7616.10.00	
6813.81.10	7616.99.00	
6813.81.90	8201.40.00	
6813.89.10	8203.20.10	
6813.89.90	8203.20.90	
6813.90.10	8203.40.00	
6813.90.90	8204.11.00	
6909.19.30	8204.12.00	
7007.11.00	8205.20.00	

Lei n. 12.715/2012	MP n. 582/2012	MP n. 601/2012
7007.21.00	8205.59.00	
7009.10.00	8205.70.00	
7303.00.00	82.12	
7308.10.00	8301.10.00	
7308.20.00	8418.10.00	
7309.00.10	8418.21.00	
7309.00.90	8418.30.00	
7310.10.90	8418.40.00	
7310.29.10	8419.19.90	
7310.29.90	8419.20.00	
7311.00.00	8419.89.19	
7315.11.00	8421.29.11	
7315.12.10	8421.29.19	
7315.12.90	8443.32.23	
7315.19.00	8450.11.00	
7315.20.00	8450.19.00	
7315.81.00	8450.20.90	
7315.82.00	8471.30	
7315.89.00	8473.30.49	
7315.90.00	8473.40.90	
7316.00.00	8480.10.00	
7320.10.00	8480.20.00	
7320.20.10	8480.30.00	
7320.20.90	8480.4	
7320.90.00	8480.50.00	
7326.90.90	8480.60.00	
7419.99.90	8480.7	
7612.90.90	8482.10.10	
8205.40.00	8482.99.90	
8207.30.00	8483.10.20	
8301.20.00	8483.10.90	
8302.30.00	8504.10.00	
8308.10.00	8504.40.10	
8308.20.00	8504.40.21	
8310.00.00	8504.40.29	
8401.10.00	8504.90.30	
8401.20.00	8504.90.40	
8401.40.00	8504.90.90	
84.02	8507.80.00	
84.03	8517.18.10	
84.04	8517.61.99	
84.05	8517.62.13	
84.06	8517.62.14	
84.07	8517.70.91	
84.08	8518.90.10	

Lei n. 12.715/2012	MP n. 582/2012	MP n. 601/2012
84.09 (exceto código 8409.10.00)	8525.50.19	
84.10	8525.60.90	
84.11	8529.10.11	
84.12	8529.10.19	
84.13	8529.10.90	
8414.10.00	8529.90.40	
8414.20.00	8530.10.90	
8414.30.11	8531.20.00	
8414.30.19	8531.80.00	
8414.30.91	8531.90.00	
8414.30.99	8532.22.00	
8414.40.10	8532.25.90	
8414.40.20	8533.40.12	
8414.40.90	8534.00.39	
8414.59.10	8535.29.00	
8414.59.90	8535.40.10	
8414.80.11	8538.90.10	
8414.80.12	8538.90.20	
8414.80.13	8543.70.92	
8414.80.19	8544.49.00	
8414.80.21	8602.10.00	
8414.80.22	8603.10.00	
8414.80.29	8604.00.90	
8414.80.31	8605.00.10	
8414.80.32	8606.10.00	
8414.80.33	8606.30.00	
8414.80.38	8606.91.00	
8414.80.39	8606.92.00	
8414.80.90	8606.99.00	
8414.90.10	8607.11.10	
8414.90.20	8607.19.90	
8414.90.31	8607.21.00	
8414.90.32	8607.30.00	
8414.90.33	8607.91.00	
8414.90.34	8607.99.00	
8414.90.39	8608.00.12	
8415.10.90	8712.00.10	
8415.20.10	8713.10.00	
8415.20.90	8713.90.00	
8415.81.10	87.14	
8415.81.90	8716.90.90	
8415.82.10	9001.30.00	
8415.82.90	9001.40.00	
8415.83.00	9001.50.00	
8415.90.00	9002.90.00	

Lei n. 12.715/2012	MP n. 582/2012	MP n. 601/2012
84.16	9003.11.00	
84.17	9003.19.10	
8418.50.10	9003.19.90	
8418.50.90	9003.90.10	
8418.61.00	9003.90.90	
8418.69.10	9004.10.00	
8418.69.20	9004.90.10	
8418.69.31	9004.90.20	
8418.69.32	9004.90.90	
8418.69.40	9011.20.10	
8418.69.91	9011.90.10	
8418.69.99	9018.11.00	
8418.99.00	9018.12.10	
84.19	9018.12.90	
84.20	9018.13.00	
8421.11.10	9018.14.10	
8421.11.90	9018.14.90	
8421.12.90	9018.19.10	
8421.19.10	9018.19.20	
8421.19.90	9018.19.80	
8421.21.00	9018.19.90	
8421.22.00	9018.20.10	
8421.23.00	9018.20.20	
8421.29.20	9018.20.90	
8421.29.30	9018.31.11	
8421.29.90	9018.31.19	
8421.31.00	9018.31.90	
8421.39.10	9018.32.11	
8421.39.20	9018.32.12	
8421.39.30	9018.32.19	
8421.39.90	9018.32.20	
8421.91.91	9018.39.10	
8421.91.99	9018.39.21	
8421.99.10	9018.39.22	
8421.99.20	9018.39.23	
8421.99.91	9018.39.24	
8421.99.99	9018.39.29	
84.22 (exceto código 8422.11.10)	9018.39.30	
84.23 (exceto código 8423.10.00)	9018.39.91	
84.24	9018.39.99	
84.25	9018.41.00	
84.26	9018.49.11	
84.27	9018.49.12	

Lei n. 12.715/2012	MP n. 582/2012	MP n. 601/2012
84.28	9018.49.19	
84.29	9018.49.20	
84.30	9018.49.40	
84.31	9018.49.91	
84.32	9018.49.99	
84.33	9018.50.10	
84.34	9018.50.90	
84.35	9018.90.10	
84.36	9018.90.21	
84.37	9018.90.29	
84.38	9018.90.31	
84.39	9018.90.39	
84.40	9018.90.40	
84.41	9018.90.50	
84.42	9018.90.92	
8443.11.10	9018.90.93	
8443.11.90	9018.90.94	
8443.12.00	9018.90.95	
8443.13.10	9018.90.96	
8443.13.21	9018.90.99	
8443.13.29	9019.20.10	
8443.13.90	9019.20.20	
8443.14.00	9019.20.30	
8443.15.00	9019.20.40	
8443.16.00	9019.20.90	
8443.17.10	9020.00.10	
8443.17.90	9020.00.90	
8443.19.10	9021.10.10	
8443.19.90	9021.10.20	
8443.39.10	9021.10.91	
8443.39.21	9021.10.99	
8443.39.28	9021.21.10	
8443.39.29	9021.21.90	
8443.39.30	9021.29.00	
8443.39.90	9021.31.10	
8443.91.10	9021.31.20	
8443.91.91	9021.31.90	
8443.91.92	9021.39.11	
8443.91.99	9021.39.19	
84.44	9021.39.20	
84.45	9021.39.30	
84.46	9021.39.40	
84.47	9021.39.80	
84.48	9021.39.91	
84.49	9021.39.99	

Lei n. 12.715/2012	MP n. 582/2012	MP n. 601/2012
84.50.20	9021.40.00	
84.51 (exceto código 8451.21.00)	9021.50.00	
84.52 (exceto códigos 8452.90.20 e 8452.10.00)	9021.90.11	
84.53	9021.90.19	
84.54	9021.90.81	
84.55	9021.90.82	
84.56	9021.90.89	
84.57	9021.90.91	
84.58	9021.90.92	
84.59	9021.90.99	
84.60	9022.12.00	
84.61	9022.13.11	
84.62	9022.13.19	
84.63	9022.13.90	
84.64	9022.14.11	
84.65	9022.14.12	
84.66	9022.14.13	
84.67.11.10	9022.14.19	
84.67.11.90	9022.14.90	
84.67.19.00	9022.21.10	
84.67.29.91	9022.21.20	
84.67.29.93	9022.21.90	
84.67.81.00	9022.29.90	
84.67.89.00	9022.30.00	
84.67.91.00	9022.90.11	
84.67.92.00	9022.90.12	
84.67.99.00	9022.90.19	
84.68.10.00	9022.90.80	
84.68.20.00	9022.90.90	
84.68.80.10	9025.11.10	
84.68.80.90	9027.80.99	
84.68.90.10	9402.10.00	
84.68.90.20	9402.90.10	
84.68.90.90	9402.90.20	
84.69.00.10	9402.90.90	
84.70.90.10	9406.00.99	
84.70.90.90	9603.21.00	
84.71.80.00	96.16	
84.71.90.19		
84.71.90.90		
84.72.10.00		
84.72.30.90		
84.72.90.10		

Lei n. 12.715/2012	MP n. 582/2012	MP n. 601/2012
84.72.90.29		
84.72.90.30		
84.72.90.40		
84.72.90.91		
84.72.90.99		
84.73.10.10		
84.73.30.99		
84.74		
84.75		
84.76		
84.77		
84.78.10.10		
84.78.10.90		
84.78.90.00		
84.79		
84.80		
8481.10.00		
8481.20.10		
8481.20.11		
8481.20.19		
8481.20.90		
8481.30.00		
8481.40.00		
8481.80.21		
8481.80.29		
8481.80.39		
8481.80.92		
8481.80.93		
8481.80.94		
8481.80.95		
8481.80.96		
8481.80.97		
8481.80.99		
8481.90.90		
8482.30.00		
8482.50.90		
8482.80.00		
8482.91.20		
8482.91.30		
8482.91.90		
8482.99.11		
8482.99.19		
84.83		
8483.10.1		
84.84		

Lei n. 12.715/2012	MP n. 582/2012	MP n. 601/2012
84.86		
84.87		
85.01		
85.02		
8503.00.10		
8503.00.90		
8504.21.00		
8504.22.00		
8504.23.00		
8504.31.11		
8504.31.19		
8504.32.11		
8504.32.19		
8504.32.21		
8504.33.00		
8504.34.00		
8504.40.22		
8504.40.30		
8504.40.50		
8504.40.90		
8504.90.10		
8505.19.10		
8505.20.90		
8505.90.10		
8505.90.80		
8505.90.90		
8507.10.00		
8507.10.10		
8507.10.90		
8507.20.10		
8507.90.10		
8507.20.90		
8507.90.90		
8508.60.00		
8500.70.00		
85.11 (exceto 8511.50.90)		
85.12 (exceto código 8512.10.00)		
85.13		
8514.10.10		
8514.10.90		
8514.20.11		
8514.20.19		
8514.20.20		

Lei n. 12.715/2012	MP n. 582/2012	MP n. 601/2012
8514.30.11		
8514.30.19		
8514.30.21		
8514.30.29		
8514.30.90		
8514.40.00		
8514.90.00		
8515.11.00		
8515.19.00		
8515.21.00		
8515.29.00		
8515.31.10		
8515.31.90		
8515.39.00		
8515.80.10		
8515.80.90		
8515.90.00		
8516.10.00		
8516.71.00		
8516.79.20		
8516.79.90		
8516.80.10		
8516.90.00		
8517.18.91		
8517.18.99		
8517.61.30		
8517.62.12		
8517.62.21		
8517.62.22		
8517.62.23		
8517.62.24		
8517.62.29		
8517.62.32		
8517.62.39		
8517.62.41		
8517.62.48		
8517.62.51		
8517.62.54		
8517.62.55		
8517.62.59		
8517.62.62		
8517.62.72		
8517.62.77		
8517.62.78		
8517.62.79		

Lei n. 12.715/2012	MP n. 582/2012	MP n. 601/2012
8517.62.94		
8517.62.99		
8517.69.00		
8517.70.10		
8518.21.00		
8518.22.00		
8518.29.90		
8518.90.90		
8522.90.20		
8526.92.00		
8527.21.10		
8527.21.90		
8527.29.00		
8527.29.90		
8528.71.11		
8531.10.90		
8532.10.00		
8532.29.90		
8535.21.00		
8535.30.17		
8535.30.18		
8535.30.27		
8535.30.28		
8536.10.00		
8536.20.00		
8536.30.00		
8536.41.00		
8536.49.00		
8536.50.90		
8536.61.00		
8536.69.10		
8536.69.90		
8536.90.10		
8536.90.40		
8536.90.90		
8537.10.20		
8537.10.90		
8537.20.90		
8538.10.00		
8538.90.90		
8539.29.10		
8539.29.90		
8540.89.90		
85.41		
8543.10.00		

Lei n. 12.715/2012	MP n. 582/2012	MP n. 601/2012
8543.20.00		
8543.30.00		
8543.70.13		
8543.70.39		
8543.70.40		
8543.70.99		
8543.90.90		
8544.30.00		
8544.42.00		
85.46 (exceto código 8546.10.00)		
85.47 (exceto código 8547.20.10)		
8548.90.90		
8601.10.00		
8607.19.19		
8701.10.00		
8701.30.00		
8701.90.10		
8701.90.90		
87.02 (exceto código 8702.90.10)		
8704.10.10		
8704.10.90		
8705.10.10		
8705.10.90		
8705.20.00		
8705.30.00		
8705.40.00		
8705.90.10		
8705.90.90		
8706.00.20		
87.07		
8707.10.00		
8707.90.10		
8707.90.90		
8708.10.00		
8708.21.00		
8708.29.11		
8708.29.12		
8708.29.13		
8708.29.14		
8708.29.19		
8708.29.91		
8708.29.92		
8708.29.93		

Lei n. 12.715/2012	MP n. 582/2012	MP n. 601/2012
8708.29.94		
8708.29.95		
8708.29.96		
8708.29.99		
8708.30.11		
8708.30.19		
8708.30.90		
8708.31.10		
8708.31.90		
8708.39.00		
8708.40.11		
8708.40.19		
8708.40.80		
8708.40.90		
8708.50.11		
8708.50.12		
8708.50.19		
8708.50.80		
8708.50.90		
8708.50.91		
8708.50.99		
8708.60.10		
8708.60.90		
8708.70.10		
8708.70.90		
8708.80.00		
8708.91.00		
8708.92.00		
8708.93.00		
8708.94.11		
8708.94.12		
8708.94.13		
8708.94.81		
8708.94.82		
8708.94.83		
8708.94.90		
8708.94.91		
8708.94.92		
8708.94.93		
8708.95.10		
8708.95.21		
8708.95.22		
8708.95.29		
8708.99.10		
8708.99.90		

Lei n. 12.715/2012	MP n. 582/2012	MP n. 601/2012
8709.11.00		
8709.19.00		
8709.90.00		
8710.00.00		
8714.10.00		
8714.19.00		
8714.94.90		
8714.99.90		
8716.20.00		
8716.31.00		
8716.39.00		
88.02		
88.03		
8804.00.00		
Capítulo 89		
9005.80.00		
9005.90.90		
9006.10.10		
9006.10.90		
9007.20.90		
9007.20.91		
9007.20.99		
9007.92.00		
9008.50.00		
9008.90.00		
9010.10.10		
9010.10.20		
9010.10.90		
9010.90.10		
9011.10.00		
9011.80.10		
9011.80.90		
9011.90.90		
9013.10.90		
9015.10.00		
9015.20.10		
9015.20.90		
9015.30.00		
9015.40.00		
9015.80.10		
9015.80.90		
9015.90.10		
9015.90.90		
9016.00.10		
9016.00.90		

Lei n. 12.715/2012	MP n. 582/2012	MP n. 601/2012
9017.10.10		
9017.10.90		
9017.30.10		
9017.30.20		
9017.30.90		
9017.90.10		
9017.90.90		
9018.90.91		
9019.10.00		
9022.19.10		
9022.19.91		
9022.19.99		
9022.29.10		
9022.29.90		
9024.10.10		
9024.10.20		
9024.10.90		
9024.80.11		
9024.80.19		
9024.80.21		
9024.80.29		
9024.80.90		
9024.90.00		
9025.11.90		
9025.19.10		
9025.19.90		
9025.80.00		
9025.90.10		
9025.90.90		
9026.10.19		
9026.10.21		
9026.10.29		
9026.20.10		
9026.20.90		
9026.80.00		
9026.90.10		
9026.90.20		
9026.90.90		
9027.10.00		
9027.20.11		
9027.20.12		
9027.20.19		
9027.20.21		
9027.20.29		
9027.30.11		

Lei n. 12.715/2012	MP n. 582/2012	MP n. 601/2012
9027.30.19		
9027.30.20		
9027.50.10		
9027.50.20		
9027.50.30		
9027.50.40		
9027.50.50		
9027.50.90		
9027.80.11		
9027.80.12		
9027.80.13		
9027.80.14		
9027.80.20		
9027.80.30		
9027.80.91		
9027.80.99		
9027.90.10		
9027.90.91		
9027.90.93		
9027.90.99		
9028.30.11		
9028.30.19		
9028.30.21		
9028.30.29		
9028.30.31		
9028.30.39		
9028.30.90		
9028.90.10		
9028.90.90		
9028.10.11		
9028.10.19		
9028.10.90		
9028.20.10		
9028.20.20		
9028.90.90		
9029.10.10		
9029.20.10		
9029.90.10		
9030.33.21		
9030.39.21		
9030.39.90		
9030.40.30		
9030.40.90		
9030.84.90		
9030.89.90		

Lei n. 12.715/2012	MP n. 582/2012	MP n. 601/2012
9030.90.90		
9031.10.00		
9031.20.10		
9031.20.90		
9031.41.00		
9031.49.10		
9031.49.20		
9031.49.90		
9031.80.11		
9031.80.12		
9031.80.20		
9031.80.30		
9031.80.40		
9031.80.50		
9031.80.60		
9031.80.91		
9031.80.99		
9031.90.10		
9031.90.90		
9032.10.10		
9032.10.90		
9032.20.00		
9032.81.00		
9032.89.11		
9032.89.2		
9032.89.8		
9032.90.10		
9032.90.99		
9033.00.00		
9104.00.00		
9107.00.10		
9109.10.00		
9401.20.00		
9401.30		
9401.40		
9401.5		
9401.6		
9401.7		
9401.80.00		
9401.90		
94.02		
94.03		
9404.2		
9404.90.00		
9405.10.93		

Lei n. 12.715/2012	MP n. 582/2012	MP n. 601/2012
9405.10.99		
9405.20.00		
9405.91.00		
9406.00.10		
9406.00.92		
9506.62.00		
9506.91.00		
96.06		
96.07		
9613.80.00		

13.4. Período de 1º.06.2013 a 31.12.2014

DESONERAÇÃO DA FOLHA DE PAGAMENTO

Período de 1º.6.2013 a 31.12.2014

Lei n. 12.715/2012 — Lei n. 12.794/2013

Empresas dispensadas de contribuir com alíquota de 20% sobre a folha de pagamento

(incisos I e III do art. 22 da Lei n. 8.212/91)

Contribuição de 1,0% incidente sobre a receita bruta

(Parte III, Capítulo X, subitem 11.2 desta obra)

Lei n. 12.715/2012	Lei n. 12.794/2013	Lei n. 12.844/2013
NCM	NCM	NCM
(VETADO)	02.07	39.23 (exceto 3923.30.00 Ex.01)
02.03	0210.99.00	4009.41.00
02.06	03.01	4811.49
02.09	03.02	4823.40.00
02.10.1	03.03	6810.19.00
05.04	03.04	6810.91.00
05.05	03.06	69.07
05.07	03.07	69.08
05.10	1211.90.90	7307.19.10
05.11	2106.90.30	7307.19.90
(VETADO)	2106.90.90	7307.23.00
(VETADO)	2202.90.00	7323.93.00
(VETADO)	2501.00.90	73.26
(VETADO)	2520.20.10	7403.21.00
(VETADO)	2520.20.90	7407.21.10
(VETADO)	2707.91.00	7407.21.20
Capítulo 16	30.01	7409.21.00
Capítulo 19	30.05	7411.10.10
(VETADO)	30.06 (EXCETO OS CÓDIGOS 3006.30.11 E 3006.30.19)	7411.21.10
(VETADO)	32.08	74.12

Lei n. 12.715/2012	Lei n. 12.794/2013	Lei n. 12.844/2013
(VETADO)	32.09	7418.20.00
(VETADO)	32.14	76.15
2515.11.00	3303.00.20	8301.40.00
2515.12.10	33.04	8301.60.00
2516.11.00	33.05	8301.70.00
2516.12.00	33.06	8302.10.00
30.02	33.07	8302.41.00
30.03	34.01	8307.90.00
30.04	3407.00.10	8308.90.10
3005.90.90	3407.00.20	8308.90.90
3815.12.10	3407.00.90	8450.90.90
3819.00.00	3701.10.10	8471.60.80
39.15	3701.10.21	8481.80.11
39.16	3701.10.29	8481.80.19
39.17	3702.10.10	8481.80.91
39.18	3702.10.20	8481.90.10
39.19	38.08	8482.10.90
39.20	3814.00	8482.20.10
39.21	3822.00.10	8482.20.90
39.22	3822.00.90	8482.40.00
39.23	3917.40.10	8482.50.10
39.24	3923.21.90	8482.91.19
39.25	3926.90.30	8482.99.10
39.26	3926.90.40	8504.40.40
4009.11.00	3926.90.50	8507.30.11
4009.12.10	4006.10.00	8507.30.19
4009.12.90	40.11	8507.30.90
4009.31.00	4012.90.90	8507.40.00
4009.32.10	40.13	8507.50.00
4009.32.90	4014.10.00	8507.60.00
4009.42.10	4014.90.10	8507.90.20
4009.42.90	4014.90.90	8526.91.00
4010.31.00	4015.11.00	8533.21.10
4010.32.00	4015.19.00	8533.21.90
4010.33.00	4415.20.00	8533.20.00
4010.34.00	4701.00.00	8533.31.10
4010.35.00	4702.00.00	8534.00.1
4010.36.00	4703	8534.00.20
4010.39.00	4704	8534.00.3
40.15	4705.00.00	8534.00.5
4016.10.10	4706	8544.20.00
4016.91.00	4801.00	8607.19.11
4016.93.00	4802	
4016.99.90	4803.00	
41.04	4804	

Lei n. 12.715/2012	Lei n. 12.794/2013	Lei n. 12.844/2013
41.05	4805	
41.06	4806	
41.07	4808	
41.14	4809	
4202.11.00	4810	
4202.12.20	4812.00.00	
4202.21.00	4813	
4202.22.20	4816	
4202.31.00	4818	
4202.32.00	4819	
4202.91.00	5405.00.00	
4202.92.00	5604.90.10	
42.03	6115.96.00	
4205.00.00	6307.90.10	
43.03	6307.90.90	
4421.90.00	6810.99.00	
4504.90.00	6901.00.00	
4818.50.00	69.02	
5004.00.00	69.04	
5005.00.00	69.05	
5006.00.00	6906.00.00	
50.07	6910.90.00	
5104.00.00	69.11	
51.05	6912.00.00	
51.06	69.13	
51.07	69.14	
51.08	7001.00.00	
51.09	70.02	
5110.00.00	70.03	
51.11	70.04	
51.12	70.05	
5113.00	7006.00.00	
5203.00.00	70.07	
52.04	7008.00.00	
52.05	70.09	
52.06	70.10	
52.07	70.11	
52.08	70.13	
52.09	7014.00.00	
52.10	70.15	
52.11	70.16	
52.12	70.17	
53.06	70.18	
53.07	70.19	
53.08	7020.00	

Lei n. 12.715/2012	Lei n. 12.794/2013	Lei n. 12.844/2013
53.09	7201.10.00	
53.10	7204.29.00	
5311.00.00	7302.40.00	
Capítulo 54	7306.50.00	
Capítulo 55	7307.21.00	
Capítulo 56	7307.22.00	
Capítulo 57	7307.91.00	
Capítulo 58	7307.93.00	
Capítulo 59	7307.99.00	
Capítulo 60	7308.90.10	
Capítulo 61	7318.12.00	
Capítulo 62	7318.14.00	
Capítulo 63	7318.15.00	
Capítulo 64	7318.16.00	
Capítulo 65 (exceto código 6506.10.00)	7318.19.00	
6801.00.00	7318.21.00	
6802.10.00	7318.22.00	
6802.21.00	7318.23.00	
6802.23.00	7318.24.00	
6802.29.00	7318.29.00	
6802.91.00	7321.11.00	
6802.92.00	7325.10.00	
6802.93.10	7325.99.10	
6802.93.90	7326.19.00	
6802.99.90	7415.29.00	
6803.00.00	7415.39.00	
6807.90.00	7616.10.00	
6812.80.00	7616.99.00	
6812.90.10	8201.40.00	
6812.91.00	8203.20.10	
6812.99.10	8203.20.90	
6813.10.10	8203.40.00	
6813.10.90	8204.11.00	
6813.20.00	8204.12.00	
6813.81.10	8205.20.00	
6813.81.90	8205.59.00	
6813.89.10	8205.70.00	
6813.89.90	82.12	
6813.90.10	8301.10.00	
6813.90.90	8418.10.00	
6909.19.30	8418.21.00	
7007.11.00	8418.30.00	
7007.21.00	8418.40.00	
7009.10.00	8419.19.90	

Lei n. 12.715/2012	Lei n. 12.794/2013	Lei n. 12.844/2013
7303.00.00	8419.20.00	
7308.10.00	8419.89.19	
7308.20.00	8421.29.11	
7309.00.10	8421.29.19	
7309.00.90	8443.32.23	
7310.10.90	8450.11.00	
7310.29.10	8450.19.00	
7310.29.90	8450.20.90	
7311.00.00	8473.30.49	
7315.11.00	8473.40.90	
7315.12.10	8480.10.00	
7315.12.90	8480.20.00	
7315.19.00	8480.30.00	
7315.20.00	8480.4	
7315.81.00	8480.50.00	
7315.82.00	8480.60.00	
7315.89.00	8480.7	
7315.90.00	8482.10.10	
7316.00.00	8482.99.90	
7320.10.00	8483.10.20	
7320.20.10	8483.10.90	
7320.20.90	8504.10.00	
7320.90.00	8504.40.10	
7326.90.90	8504.40.21	
7419.99.90	8504.40.29	
7612.90.90	8504.90.30	
8205.40.00	8504.90.40	
8207.30.00	8504.90.90	
8301.20.00	8507.80.00	
8302.30.00	8517.18.10	
8308.10.00	8517.61.99	
8308.20.00	8517.62.13	
8310.00.00	8517.62.14	
8401.10.00	8517.70.91	
8401.20.00	8518.90.10	
8401.40.00	8525.50.19	
84.02	8525.60.90	
84.03	8529.10.11	
84.04	8529.10.19	
84.05	8529.10.90	
84.06	8529.90.40	
84.07	8530.10.90	
84.08	8531.20.00	
84.09 (exceto código 8409.10.00)	8531.80.00	
84.10	8531.90.00	

Lei n. 12.715/2012	Lei n. 12.794/2013	Lei n. 12.844/2013
84.11	8532.22.00	
84.12	8532.25.90	
84.13	8533.40.12	
8414.10.00	8534.00.39	
8414.20.00	8535.29.00	
8414.30.11	8535.40.10	
8414.30.19	8538.90.10	
8414.30.91	8538.90.20	
8414.30.99	8543.70.92	
8414.40.10	8544.49.00	
8414.40.20	8602.10.00	
8414.40.90	8603.10.00	
8414.59.10	8604.00.90	
8414.59.90	8605.00.10	
8414.80.11	8606.10.00	
8414.80.12	8606.30.00	
8414.80.13	8606.91.00	
8414.80.19	8606.92.00	
8414.80.21	8606.99.00	
8414.80.22	8607.11.10	
8414.80.29	8607.19.90	
8414.80.31	8607.21.00	
8414.80.32	8607.30.00	
8414.80.33	8607.91.00	
8414.80.38	8607.99.00	
8414.80.39	8608.00.12	
8414.80.90	8712.00.10	
8414.90.10	8713.10.00	
8414.90.20	8713.90.00	
8414.90.31	87.14	
8414.90.32	8716.90.90	
8414.90.33	9001.30.00	
8414.90.34	9001.40.00	
8414.90.39	9001.50.00	
8415.10.90	9002.90.00	
8415.20.10	9003.11.00	
8415.20.90	9003.19.10	
8415.81.10	9003.19.90	
8415.81.90	9003.90.10	
8415.82.10	9003.90.90	
8415.82.90	9004.10.00	
8415.83.00	9004.90.10	
8415.90.00	9004.90.20	
84.16	9004.90.90	
84.17	9011.20.10	

Lei n. 12.715/2012	Lei n. 12.794/2013	Lei n. 12.844/2013
8418.50.10	9011.90.10	
8418.50.90	9018.11.00	
8418.61.00	9018.12.10	
8418.69.10	9018.12.90	
8418.69.20	9018.13.00	
8418.69.31	9018.14.10	
8418.69.32	9018.14.90	
8418.69.40	9018.19.10	
8418.69.91	9018.19.20	
8418.69.99	9018.19.80	
8418.99.00	9018.19.90	
84.19	9018.20.10	
84.20	9018.20.20	
8421.11.10	9018.20.90	
8421.11.90	9018.31.11	
8421.12.90	9018.31.19	
8421.19.10	9018.31.90	
8421.19.90	9018.32.11	
8421.21.00	9018.32.12	
8421.22.00	9018.32.19	
8421.23.00	9018.32.20	
8421.29.20	9018.39.10	
8421.29.30	9018.39.21	
8421.29.90	9018.39.22	
8421.31.00	9018.39.23	
8421.39.10	9018.39.24	
8421.39.20	9018.39.29	
8421.39.30	9018.39.30	
8421.39.90	9018.39.91	
8421.91.91	9018.39.99	
8421.91.99	9018.41.00	
8421.99.10	9018.49.11	
8421.99.20	9018.49.12	
8421.99.91	9018.49.19	
8421.99.99	9018.49.20	
84.22 (exceto código 8422.11.10)	9018.49.40	
84.23 (exceto código 8423.10.00)	9018.49.91	
84.24	9018.49.99	
84.25	9018.50.10	
84.26	9018.50.90	
84.27	9018.90.10	
84.28	9018.90.21	
84.29	9018.90.29	
84.30	9018.90.31	
84.31	9018.90.39	

Lei n. 12.715/2012	Lei n. 12.794/2013	Lei n. 12.844/2013
84.32	9018.90.40	
84.33	9018.90.50	
84.34	9018.90.92	
84.35	9018.90.93	
84.36	9018.90.94	
84.37	9018.90.95	
84.38	9018.90.96	
84.39	9018.90.99	
84.40	9019.20.10	
84.41	9019.20.20	
84.42	9019.20.30	
8443.11.10	9019.20.40	
8443.11.90	9019.20.90	
8443.12.00	9020.00.10	
8443.13.10	9020.00.90	
8443.13.21	9021.10.10	
8443.13.29	9021.10.20	
8443.13.90	9021.10.91	
8443.14.00	9021.10.99	
8443.15.00	9021.21.10	
8443.16.00	9021.21.90	
8443.17.10	9021.29.00	
8443.17.90	9021.31.10	
8443.19.10	9021.31.20	
8443.19.90	9021.31.90	
8443.39.10	9021.39.11	
8443.39.21	9021.39.19	
8443.39.28	9021.39.20	
8443.39.29	9021.39.30	
8443.39.30	9021.39.40	
8443.39.90	9021.39.80	
8443.91.10	9021.39.91	
8443.91.91	9021.39.99	
8443.91.92	9021.40.00	
8443.91.99	9021.50.00	
84.44	9021.90.11	
84.45	9021.90.19	
84.46	9021.90.81	
84.47	9021.90.82	
84.48	9021.90.89	
84.49	9021.90.91	
84.50.20	9021.90.92	
84.51 (exceto código 8451.21.00)	9021.90.99	
84.52 (exceto códigos 8452.90.20 e 8452.10.00)	9022.12.00	

Lei n. 12.715/2012	Lei n. 12.794/2013	Lei n. 12.844/2013
84.53	9022.13.11	
84.54	9022.13.19	
84.55	9022.13.90	
84.56	9022.14.11	
84.57	9022.14.12	
84.58	9022.14.19	
84.59	9022.14.90	
84.60	9022.21.10	
84.61	9022.21.20	
84.62	9022.21.90	
84.63	9022.29.90	
84.64	9022.90.11	
84.65	9022.90.12	
84.66	9022.90.19	
84.67.11.10	9022.90.80	
84.67.11.90	9022.90.90	
84.67.19.00	9025.11.10	
84.67.29.91	9027.80.99	
84.67.29.93	9402.10.00	
84.67.81.00	9402.90.10	
84.67.89.00	9402.90.20	
84.67.91.00	9402.90.90	
84.67.92.00	9406.00.99	
84.67.99.00	9603.21.00	
84.68.10.00	96.16	
84.68.20.00	02.07	
84.68.80.10	0210.99.00	
84.68.80.90	03.01	
84.68.90.10	03.02	
84.68.90.20	03.03	
84.68.90.90	03.04	
84.69.00.10	03.06	
84.70.90.10	03.07	
84.70.90.90	1211.90.90	
84.71.80.00	2106.90.30	
84.71.90.19	2106.90.90	
84.71.90.90	2202.90.00	
84.72.10.00	2501.00.90	
84.72.30.90	2520.20.10	
84.72.90.10	2520.20.90	
84.72.90.29	2707.91.00	
84.72.90.30	30.01	
84.72.90.40	30.05	
84.72.90.91	30.06 (EXCETO OS CÓDIGOS 3006.30.11 E 3006.30.19)	

Lei n. 12.715/2012	Lei n. 12.794/2013	Lei n. 12.844/2013
84.72.90.99	32.08	
84.73.10.10	32.09	
84.73.30.99	32.14	
84.74	3303.00.20	
84.75	33.04	
84.76	33.05	
84.77	33.06	
84.78.10.10	33.07	
84.78.10.90	34.01	
84.78.90.00	3407.00.10	
84.79	3407.00.20	
84.80	3407.00.90	
8481.10.00	3701.10.10	
8481.20.10	3701.10.21	
8481.20.11	3701.10.29	
8481.20.19	3702.10.10	
8481.20.90	3702.10.20	
8481.30.00	38.08	
8481.40.00	3814.00	
8481.80.21	3822.00.10	
8481.80.29	3822.00.90	
8481.80.39	3917.40.10	
8481.80.92	3923.21.90	
8481.80.93	3926.90.30	
8481.80.94	3926.90.40	
8481.80.95	3926.90.50	
8481.80.96	4006.10.00	
8481.80.97	40.11	
8481.80.99	4012.90.90	
8481.90.90	40.13	
8482.30.00	4014.10.00	
8482.50.90	4014.90.10	
8482.80.00	4014.90.90	
8482.91.20	4015.11.00	
8482.91.30	4015.19.00	
8482.91.90	4415.20.00	
8482.99.11	4701.00.00	
8482.99.19	4702.00.00	
84.83	4703	
8483.10.1	4704	
84.84	4705.00.00	
84.86	4706	
84.87	4801.00	
85.01	4802	
85.02		

Lei n. 12.715/2012	Lei n. 12.794/2013	Lei n. 12.844/2013
8503.00.10		
8503.00.90		
8504.21.00		
8504.22.00		
8504.23.00		
8504.31.11		
8504.31.19		
8504.32.11		
8504.32.19		
8504.32.21		
8504.33.00		
8504.34.00		
8504.40.22		
8504.40.30		
8504.40.50		
8504.40.90		
8504.90.10		
8505.19.10		
8505.20.90		
8505.90.10		
8505.90.80		
8505.90.90		
8507.10.00		
8507.10.10		
8507.10.90		
8507.20.10		
8507.90.10		
8507.20.90		
8507.90.90		
8508.60.00		
8508.70.00		
85.11 (exceto 8511.50.90)		
85.12 (exceto código 8512.10.00)		
85.13		
8514.10.10		
8514.10.90		
8514.20.11		
8514.20.19		
8514.20.20		
8514.30.11		
8514.30.19		

Lei n. 12.715/2012	Lei n. 12.794/2013	Lei n. 12.844/2013
8514.30.21		
8514.30.29		
8514.30.90		
8514.40.00		
8514.90.00		
8515.11.00		
8515.19.00		
8515.21.00		
8515.29.00		
8515.31.10		
8515.31.90		
8515.39.00		
8515.80.10		
8515.80.90		
8515.90.00		
8516.10.00		
8516.71.00		
8516.79.20		
8516.79.90		
8516.80.10		
8516.90.00		
8517.18.91		
8517.18.99		
8517.61.30		
8517.62.12		
8517.62.21		
8517.62.22		
8517.62.23		
8517.62.24		
8517.62.29		
8517.62.32		
8517.62.39		
8517.62.41		
8517.62.48		
8517.62.51		
8517.62.54		
8517.62.55		
8517.62.59		
8517.62.62		
8517.62.72		
8517.62.77		

Lei n. 12.715/2012	Lei n. 12.794/2013	Lei n. 12.844/2013
8517.62.78		
8517.62.79		
8517.62.94		
8517.62.99		
8517.69.00		
8517.70.10		
8518.21.00		
8518.22.00		
8518.29.90		
8518.90.90		
8522.90.20		
8526.92.00		
8527.21.10		
8527.21.90		
8527.29.00		
8527.29.90		
8528.71.11		
8531.10.90		
8532.10.00		
8532.29.90		
8535.21.00		
8535.30.17		
8535.30.18		
8535.30.27		
8535.30.28		
8536.10.00		
8536.20.00		
8536.30.00		
8536.41.00		
8536.49.00		
8536.50.90		
8536.61.00		
8536.69.10		
8536.69.90		
8536.90.10		
8536.90.40		
8536.90.90		
8537.10.20		
8537.10.90		
8537.20.90		
8538.10.00		

Lei n. 12.715/2012	Lei n. 12.794/2013	Lei n. 12.844/2013
8538.90.90		
8539.29.10		
8539.29.90		
8540.89.90		
85.41		
8543.10.00		
8543.20.00		
8543.30.00		
8543.70.13		
8543.70.39		
8543.70.40		
8543.70.99		
8543.90.90		
8544.30.00		
8544.42.00		
85.46 (exceto código 8546.10.00)		
85.47 (exceto código 8547.20.10)		
8548.90.90		
8601.10.00		
8607.19.19		
8701.10.00		
8701.30.00		
8701.90.10		
8701.90.90		
87.02 (exceto código 8702.90.10)		
8704.10.10		
8704.10.90		
8705.10.10		
8705.10.90		
8705.20.00		
8705.30.00		
8705.40.00		
8705.90.10		
8705.90.90		
8706.00.20		
87.07		
8707.10.00		
8707.90.10		
8707.90.90		
8708.10.00		
8708.21.00		

Lei n. 12.715/2012	Lei n. 12.794/2013	Lei n. 12.844/2013
8708.29.11		
8708.29.12		
8708.29.13		
8708.29.14		
8708.29.19		
8708.29.91		
8708.29.92		
8708.29.93		
8708.29.94		
8708.29.95		
8708.29.96		
8708.29.99		
8708.30.11		
8708.30.19		
8708.30.90		
8708.31.10		
8708.31.90		
8708.39.00		
8708.40.11		
8708.40.19		
8708.40.80		
8708.40.90		
8708.50.11		
8708.50.12		
8708.50.19		
8708.50.80		
8708.50.90		
8708.50.91		
8708.50.99		
8708.60.10		
8708.60.90		
8708.70.10		
8708.70.90		
8708.80.00		
8708.91.00		
8708.92.00		
8708.93.00		
8708.94.11		
8708.94.12		
8708.94.13		
8708.94.81		

Lei n. 12.715/2012	Lei n. 12.794/2013	Lei n. 12.844/2013
8708.94.82		
8708.94.83		
8708.94.90		
8708.94.91		
8708.94.92		
8708.94.93		
8708.95.10		
8708.95.21		
8708.95.22		
8708.95.29		
8708.99.10		
8708.99.90		
8709.11.00		
8709.19.00		
8709.90.00		
8710.00.00		
8714.10.00		
8714.19.00		
8714.94.90		
8714.99.90		
8716.20.00		
8716.31.00		
8716.39.00		
88.02		
88.03		
8804.00.00		
Capítulo 89		
9005.80.00		
9005.90.90		
9006.10.10		
9006.10.90		
9007.20.90		
9007.20.91		
9007.20.99		
9007.92.00		
9008.50.00		
9008.90.00		
9010.10.10		
9010.10.20		
9010.10.90		
9010.90.10		

Lei n. 12.715/2012	Lei n. 12.794/2013	Lei n. 12.844/2013
9011.10.00		
9011.80.10		
9011.80.90		
9011.90.90		
9013.10.90		
9015.10.00		
9015.20.10		
9015.20.90		
9015.30.00		
9015.40.00		
9015.80.10		
9015.80.90		
9015.90.10		
9015.90.90		
9016.00.10		
9016.00.90		
9017.10.10		
9017.10.90		
9017.30.10		
9017.30.20		
9017.30.90		
9017.90.10		
9017.90.90		
9018.90.91		
9019.10.00		
9022.19.10		
9022.19.91		
9022.19.99		
9022.29.10		
9022.29.90		
9024.10.10		
9024.10.20		
9024.10.90		
9024.80.11		
9024.80.19		
9024.80.21		
9024.80.29		
9024.80.90		
9024.90.00		
9025.11.90		
9025.19.10		

Lei n. 12.715/2012	Lei n. 12.794/2013	Lei n. 12.844/2013
9025.19.90		
9025.80.00		
9025.90.10		
9025.90.90		
9026.10.19		
9026.10.21		
9026.10.29		
9026.20.10		
9026.20.90		
9026.80.00		
9026.90.10		
9026.90.20		
9026.90.90		
9027.10.00		
9027.20.11		
9027.20.12		
9027.20.19		
9027.20.21		
9027.20.29		
9027.30.11		
9027.30.19		
9027.30.20		
9027.50.10		
9027.50.20		
9027.50.30		
9027.50.40		
9027.50.50		
9027.50.90		
9027.80.11		
9027.80.12		
9027.80.13		
9027.80.14		
9027.80.20		
9027.80.30		
9027.80.91		
9027.80.99		
9027.90.10		
9027.90.91		
9027.90.93		
9027.90.99		
9028.30.11		

Lei n. 12.715/2012	Lei n. 12.794/2013	Lei n. 12.844/2013
9028.30.19		
9028.30.21		
9028.30.29		
9028.30.31		
9028.30.39		
9028.30.90		
9028.90.10		
9028.90.90		
9028.10.11		
9028.10.19		
9028.10.90		
9028.20.10		
9028.20.20		
9028.90.90		
9029.10.10		
9029.20.10		
9029.90.10		
9030.33.21		
9030.39.21		
9030.39.90		
9030.40.30		
9030.40.90		
9030.84.90		
9030.89.90		
9030.90.90		
9031.10.00		
9031.20.10		
9031.20.90		
9031.41.00		
9031.49.10		
9031.49.20		
9031.49.90		
9031.80.11		
9031.80.12		
9031.80.20		
9031.80.30		
9031.80.40		
9031.80.50		
9031.80.60		
9031.80.91		
9031.80.99		

Lei n. 12.715/2012	Lei n. 12.794/2013	Lei n. 12.844/2013
9031.90.10		
9031.90.90		
9032.10.10		
9032.10.90		
9032.20.00		
9032.81.00		
9032.89.11		
9032.89.2		
9032.89.8		
9032.90.10		
9032.90.99		
9033.00.00		
9104.00.00		
9107.00.10		
9109.10.00		
9401.20.00		
9401.30		
9401.40		
9401.5		
9401.6		
9401.7		
9401.80.00		
9401.90		
94.02		
94.03		
9404.2		
9404.90.00		
9405.10.93		
9405.10.99		
9405.20.00		
9405.91.00		
9406.00.10		
9406.00.92		
9506.62.00		
9506.91.00		
96.06		
96.07		
9613.80.00		

Índice Alfabético Remissivo

A

Abono Anual — Parte V, Cap. XXXVIII, item 13
- Data de pagamento — Parte V, Cap. XXXVIII, subitem 13.2
- Direito e valor mensal — Parte V, Cap. XXXVIII, subitem 13.1

Abono de permanência em serviço — Parte V, Cap. XXXIX, item 2

Ação Regressiva — Parte IV, Cap. XXVI, item 4

Ações Judiciais — reajuste ou concessão de benefícios — Parte VI, Cap. XLVI, item 5
- Desistência pelo INSS — possibilidade — Parte VI, Cap. XLVI, subitem 5.2
- Execução — Parte VI, Cap. XLVI, subitem 5.1
- INSS — prerrogativas e privilégios — Parte VI, Cap. XLVI, subitem 5.3

Acidente do Trabalho — Parte IV, Cap. XXIX
- Acidentes por equiparação — Parte IV, Cap. XXIX, subitem 1.1
- Caracterização — Parte IV, Cap. XXIX, item 2
- CAT — Comunicação de Acidente do Trabalho — Parte IV, Cap. XXIX, item 3
- Conceito — Parte IV, Cap. XXIX, item 1
- Doença do trabalho — Parte IV, Cap. XXIX, item 1
- Doença profissional — Parte IV, Cap. XXIX, item 1
- Estabilidade provisória do acidentado — Parte IV, Cap. XXIX, item 4
- Litígios e ações — Parte IV, Cap. XXIX, item 5
- Nexo causal — Parte IV, Cap. XXIX, subitem 2.1
- Nexo Individual — NI — Parte IV, Cap. XXIX, subitem 2.2.1
- Nexo Profissional ou do Trabalho — NP — Parte IV, Cap. XXIX, subitem 2.2.1
- Nexo técnico — Parte IV, Cap. XXIX, subitem 2.1
- Nexo Técnico Epidemiológico — NTEP — Parte IV, Cap. XXIX, subitem 2.2
- Riscos no ambiente de trabalho — Parte IV, Cap. XXVI

Acordos Internacionais — Parte I, Cap. III, subitem 2.2
- Salário de Benefício — Parte V, Cap. XXXII, subitem 2.9

Acumulação de Benefícios — Parte V, Cap. XLI
- Aposentados — Parte V, Cap. XLI, item 2
- Proibições — Parte V, Cap. XLI, item 1

Adicional de 1/3 de férias — Parte III, Cap. X, subitem 1.2.1.5

Aeronauta	Parte V, Cap. XL, item 3
Agentes nocivos	Parte VII, item 7
Agroindústria	Parte III, Cap. X, item 10
• Contribuições	Parte III, Cap. X, item 10
Anistiado	Parte V, Cap. XL, item 4
Aposentadoria de segurados portadores de deficiência	Parte V, Cap. XXXVIII, item 6
• Aposentadoria por idade	Parte V, Cap. XXXVIII, subitem 6.3
• Aposentadoria por tempo de contribuição	Parte V, Cap. XXXVIII, subitem 6.2
• Disposições gerais	Parte V, Cap. XXXVIII, subitem 6.4
• Portadores de deficiência — conceito	Parte V, Cap. XXXVIII, subitem 6.1
Aposentadoria Especial	Parte V, Cap. XXXVIII, item 5
• Agentes nocivos	Parte V, Cap. XXXVIII, subitem 5.1.3
• Carência	Parte V, Cap. XXXVIII, subitem 5.2
• Contribuintes individuais	Parte V, Cap. XXXVIII, subitem 5.1.4
• Conversão do tempo de serviço	Parte V, Cap. XXXVIII, subitem 5.4
• Cooperado	Parte V, Cap. XXXVIII, subitem 5.1.1
• Data de início	Parte V, Cap. XXXVIII, subitem 5.3
• Financiamento pelas empresas	Parte III, Cap. X, subitem 6.1.2.4
• Obtenção e proibição de permanência na atividade nociva	Parte V, Cap. XXXVIII, subitem 5.5
• Processo administrativo	Parte V, Cap. XXXVIII, subitem 5.1.6
• Renda mensal	Parte V, Cap. XXXVIII, subitem 5.3
• Requisitos necessários à sua obtenção	Parte V, Cap. XXXVIII, subitem 5.1
• Trabalho em condições especiais	Parte V, Cap. XXXVIII, subitem 5.1.2
Aposentadoria por Idade	Parte V, Cap. XXXVIII, item 3
• Aposentadoria compulsória	Parte V, Cap. XXXVIII, subitem 3.1.1
• Carência	Parte V, Cap. XXXVIII, subitem 3.2
• Comprovação da idade	Parte V, Cap. XXXVIII, subitem 3.1.2
• Data de início	Parte V, Cap. XXXVIII, subitem 3.4
• Renda mensal	Parte V, Cap. XXXVIII, subitem 3.3
• Requisitos necessários à sua obtenção	Parte V, Cap. XXXVIII, subitem 3.1
• Trabalhadores rurais	Parte V, Cap. XXXVIII, subitem 3.6
• Transformação do benefício	Parte V, Cap. XXXVIII, subitem 3.5
Aposentadoria por Invalidez	Parte V, Cap. XXXVIII, item 2
• Acréscimo de 25% na renda mensal	Parte V, Cap. XXXVIII, subitem 2.3.1
• Carência	Parte V, Cap. XXXVIII, subitem 2.2
• Avaliações / exames médico-periciais	Parte V, Cap. XXXVIII, subitem 2.4
• Inclusão no cálculo do salário de benefício	Parte V, Cap. XXXII, subitem 2.3
• Mensalidade de recuperação	Parte V, Cap. XXXVIII, subitem 2.5
• Recuperação da capacidade de trabalho	Parte V, Cap. XXXVIII, subitem 2.5

- Renda mensal — Parte V, Cap. XXXVIII, subitem 2.3
- Requisitos necessários à sua obtenção — Parte V, Cap. XXXVIII, subitem 2.1

Aposentadoria por Tempo de Contribuição — Parte V, Cap. XXXVIII, item 4
- Aposentadoria Integral — Parte V, Cap. XXXVIII, subitem 4.2
- Aposentadoria Proporcional — Parte V, Cap. XXXVIII, subitem 4.3
- Considerações gerais — Parte V, Cap. XXXVIII, subitem 4.1
- Contagem de tempo de serviço — Parte V, Cap. XXXVIII, subitem 4.5
- Documentação comprobatória — Parte V, Cap. XXXVIII subitem 4.7
- Início de pagamento — Parte V, Cap. XXXVIII, subitem 4.4
- Opção pela exclusão do direito por contribuintes individuais — Parte III, Cap. X, subitem 2.7
- Professores — Parte V, Cap. XXXVIII, subitem 4.2.1.1
- Tempo de serviço e tempo de contribuição — Parte V, Cap. XXXVIII, subitem 4.6

Arrecadação e recolhimento das contribuições — Parte III, Cap. XVI
- Contribuintes individuais e segurados facultativos — Parte III, Cap. XVI, item 2
- Correção salarial resultante de documento coletivo — Parte III, Cap. XVI, item 7
- Dirigente sindical — Parte III, Cap. XVI, item 5
- Documento de arrecadação — Parte III, Cap. XVI, item 8
- Empregador doméstico — Parte III, Cap. XVI, item 3
- Empresas — Parte III, Cap. XVI, item 1
- Gratificação natalina — 13º salário — Parte III, Cap. XVI, item 6
- Produtores rurais — Parte III, Cap. XVI, item 4
- Recolhimento em atraso — Parte III, Cap. XVI, item 9

Assistência Social — Parte I, Cap. I, subitem 2.2
- Conceito e finalidade — Parte I, subitem 2.2
- Benefício assistencial ou benefício de prestação continuada — Parte I, subitem 2.2.1
- Diretrizes — Parte I, subitem 2.2.2

Associação Desportiva — Parte III, Cap. X, item 8

Atividades Concomitantes

não tem um tópico específico. Quando falamos do cálculo do salário de benefício está na Parte V, Cap. XXXII, item 5 e quando falamos do cálculo do aux doença está na parte V, Cap. XXXVIII, subitem 7.5

- Auxílio-Doença — Parte V, Cap. XXXVIII, subitem 7.5
- Salário de benefício (cálculo) — Parte V, Cap. XXXII, item 5

Atividades no Exterior — Parte I, Cap. III, subitem 2.1
- Carência (auxiliares locais brasileiros) — Parte V, Cap. XXXI, subitem 2.4
- Contagem recíproca — Parte V, Cap. XLIII, subitem 1.4

Atleta profissional de futebol — Parte V, Cap. XL, item 2

Atualização dos valores constantes da Lei n. 8.212/91 — Parte VI, Cap. XLVII, item 3

Auxílio-Acidente — Parte V, Cap. XXXVIII, item 8
- Início do benefício — Parte V, Cap. XXXVIII, subitem 8.2
- Renda mensal — Parte V, Cap. XXXVIII, subitem 8.3

- Requisitos necessários à sua obtenção — Parte V, Cap. XXXVIII, subitem 8.1
- Suspensão do benefício — Parte V, Cap. XXXVIII, subitem 8.4

Auxílio-Doença — Parte V, Cap. XXXVIII, item 7

- Alta programada — Parte V, Cap. XXXVIII, subitem 7.8
- Atestado médico eletrônico — Parte V, Cap. XXXVIII, subitem 7.7
- Atividades concomitantes — Parte V, Cap. XXXVIII, subitem 7.5
- Auxílio-doença acidentário — Parte V, Cap. XXXVIII, subitem 7.2
- Carência — Parte V, Cap. XXXVIII, subitem 7.1.3
- Cessação do benefício — Parte V, Cap. XXXVIII, subitem 7.10
- Concessão automática — Parte V, Cap. XXXVIII, subitem 7.7
- Exames médicos obrigatórios — Parte V, Cap. XXXVIII, subitem 7.6
- Incapacidade — Parte V, Cap. XXXVIII, subitem 7.1.2
- Inclusão no cálculo do salário de benefício — Parte V, Cap. XXXII, subitem 2.3
- Início do benefício — Parte V, Cap. XXXVIII, subitem 7.3
- Pagamentos dos primeiros 15 dias pela empresa — Parte V, Cap. XXXVIII, subitem 7.3
- Qualidade de segurado — Parte V, Cap. XXXVIII, subitem 7.1.1
- Reabilitação profissional — Parte V, Cap. XXXVIII, subitem 7.6
- Renda mensal — Parte V, Cap. XXXVIII, subitem 7.4
- Requisitos necessários a sua obtenção — Parte V, Cap. XXXVIII, subitem 7.1
- Segurada gestante — Parte V, Cap. XXXVIII, subitem 7.9

Auxílio especial para jogadores de futebol da seleção brasileira nas copas mundiais da FIFA nos anos de 1958, 1962 e 1970 — Parte V, Cap. XL, item 11

- Abono anual — 13º salário — Parte V, Cap. XL, subitem 11.4
- Acumulação com outros benefícios de caráter assistencial — Parte V, Cap. XL, subitem 11.5
- Beneficiários e valor mensal — Parte V, Cap. XL, subitem 11.1
- Data de início do pagamento — Parte V, Cap. XL, subitem 11.2
- Descontos permitidos — Parte V, Cap. XL, subitem 11.3
- Inconstitucionalidade — Parte V, Cap. XL, subitem 11.6

Auxílio-Reclusão — Parte V, Cap. XXXVIII, item 12

- Beneficiários — Parte V, Cap. XXXVIII, subitem 12.1
- Data de início — Parte V, Cap. XXXVIII, subitem 12.4
- Dependentes — Parte V, Cap. XXXVIII, subitem 12.1.2
- Duração — Parte V, Cap. XXXVIII, subitem 12.5
- Encerramento — Parte V, Cap. XXXVIII, subitem 12.7
- Manutenção dos pagamentos — Parte V, Cap. XXXVIII, subitem 12.5
- Pena privativa de liberdade — Parte V, Cap. XXXVIII, subitem 12.1.1
- Perda da qualidade de segurado — Parte V, Cap. XXXVIII, subitem 12.1.3
- Renda mensal — Parte V, Cap. XXXVIII, subitem 12.6

- Requerimento — Parte V, Cap. XXXVIII, subitem 12.2
- Requisitos necessários à sua obtenção — Parte V, Cap. XXXVIII, subitem 12.1
- Suspensão — Parte V, Cap. XXXVIII, subitem 12.5.1

Auxílio-Natalidade — Parte V, Cap. XXXIX, item 4

Auxílio-Funeral — Parte V, Cap. XXXIX, item 5

Aviso-prévio indenizado — Parte V, Cap. XXXVIII, subitem 4.6.12
- Incidência de contribuição — Parte III, Cap. X, subitem 1.2.1.3

Avulso
- Ver "Trabalhador Avulso"

B

Beneficiários — Parte II, Cap. VI

Benefício assistencial ou benefício de prestação continuada — Parte I, subitem 2.2.1
- Pessoa com deficiência — Parte I, subitem 2.2.1.1
- Idoso — Parte I, subitem 2.2.1.2
- Ausência de condições de prover o próprio sustento ou tê-lo provido por sua família — Parte I, subitem 2.2.1.3
- Documentação necessária — Parte I, subitem 2.2.1.4
- Concessão e manutenção do pagamento — Parte I, subitem 2.2.1.5
- Monitoramento e avaliação — Parte I, subitem 2.2.1.6
- Suspensão e cessação do benefício — Parte I, subitem 2.2.1.7

Benefícios Previdenciários — Parte V
- Abono Anual — Parte V, Cap. XXXVIII, item 13
- Aposentadoria de segurados portadores de deficiência — Parte V, Cap. XXXVIII, item 6
- Aposentadoria especial — Parte V, Cap. XXXVIII, item 5
- Aposentadoria por idade — Parte V, Cap. XXXVIII, item 3
- Aposentadoria por invalidez — Parte V, Cap. XXXVIII, item 2
- Aposentadoria por tempo de contribuição — Parte V, Cap. XXXVIII, item 4
- Atividades concomitantes — Parte V, Cap. XXXII, item 5
- Auxílio-acidente — Parte V, Cap. XXXVIII, item 8
- Auxílio-doença — Parte V, Cap. XXXVIII, item 7
- Auxílio-doença acidentário — Parte V, Cap. XXXVIII, subitem 7.2
- Auxílio-reclusão — Parte V, Cap. XXXVIII, item 12
- Benefícios de legislação especial — Parte V, Cap. XL
- Carência — Parte V, Cap. XXXI
- Descontos permitidos — Parte V, Cap. XXXIV

- Desistência — Parte V, Cap. XXXV, item 9
- Espécies de prestações — Parte V, Cap. XXX
- Fator previdenciário — Parte V, Cap. XXXII, item 3
- Justificação administrativa — Parte V, Cap. XXXV, item 4
- Pagamento — Parte V, Cap. XXXV, item 7
- Pensão por morte — Parte V, Cap. XXXVIII, item 11
- Prestações extintas — Parte V, Cap. XXXIX
- Prestações previdenciárias — Parte V, Cap. XXXVIII
- Processo administrativo — Parte V, Cap. XXXV, item 1
- Reabilitação profissional — Parte V, Cap. XXXVIII, item 14
- Reajuste — Parte V, Cap. XXXVII
- Recursos administrativos — Parte V, Cap. XXXVI
- Renda mensal — Parte V, Cap. XXXIII
- Requerimento — Parte V, Cap. XXXV
- Salário de benefício — Parte V, Cap. XXXII
- Salário-família — Parte V, Cap. XXXVIII, item 9
- Salário-maternidade — Parte V, Cap. XXXVIII, item 10
- Serviço social — Parte V, Cap. XXXVIII, item 15
- Valores recebidos indevidamente — Parte V, Cap. XXXVI, item 6

Beneficiários — Parte II, Cap. VI
- Dependentes — Parte II, Cap. VI, item 2
- Segurados obrigatórios e facultativos — Parte II, Cap. V

C

Cadastro Nacional de Informações Sociais — CNIS — Parte II, Cap. V, subitem 3.1.4
- Formulário e procedimentos necessários — Parte II, Cap. V, subitem 3.1.4.4
- Informações extemporâneas — Parte II, Cap. V, subitem 3.1.4.2
- Reconhecimento das contribuintes existentes até fev/94 — Parte II, Cap. V, subitem 3.1.4.3
- Retificação de dados — Parte II, Cap. V, subitem 3.1.4.1

Caráter democrático e descentralizado da administração — Parte I, subitem 3.2.7

Carência — Parte V, Cap. XXXI
- Atividades no Exterior — Parte V, Cap. XXXI, subitem 2.4
- Atividade rural — Parte V, Cap. XXXI, subitem 2.2
- Comprovação das contribuições junto ao INSS — Parte V, Cap. XXXI, subitem 2.6
- Conceito — Parte V, Cap. XXXI, item 1
- Contribuintes individuais, facultativos e domésticos — Parte V, Cap. XXXI, subitem 2.6.2
- Empregados domésticos — Parte V, Cap. XXXI, subitem 2.6.1

• Início e períodos computáveis	Parte V, Cap. XXXI, item 2
• Licença-maternidade	Parte V, Cap. XXXI, subitem 2.3
• Perda da qualidade de segurado	Parte V, Cap. XXXI, item 3
• Períodos de incapacidade	Parte V, Cap. XXXI, subitem 2.5
• Prestações que dependem de carência	Parte V, Cap. XXXI, item 5
• Prestações que independem de carência	Parte V, Cap. XXXI, item 4
• Serviço militar	Parte V, Cap. XXXI, subitem 2.5
• Tempo de serviço público	Parte V, Cap. XXXI, subitem 2.1
Caixa de Socorros (estradas de ferro)	Parte I, Cap. I, subitem 1.1
CAT — Comunicação de Acidente do Trabalho	Parte IV, Cap. XXIX, item 3
Certidão Negativa de Débito — CND	Parte III, Cap. XXII, subitem 6.1
Certidão Positiva de Débito — CPD	Parte III, Cap. XXII, subitem 6.3
Certidão Positiva de Débito com Efeitos de Negativa — CPD-EN	Parte III, Cap. XXII, subitem 6.2
Certidão de Tempo de Contribuição	Parte V, Cap. XLIII, item 3
Certificado de Regularidade Previdenciária — CRP	Parte III, Cap. XXII, subitem 6.5
Clube de Futebol Profissional	Parte III, Cap. X, item 8
Cobrança das contribuições	Parte III, Cap. XXII
COFINS	Parte III, Cap. X
Compensação de valores	Parte III, Cap. XX, subitem 1.1
Comissão de Conciliação Prévia	Parte III, Cap. XI, item 2
Companheiro(a) em união estável	Parte II, Cap. VI, subitem 2.2
• Documentação comprobatória	Parte II, Cap. VI, subitem 2.2.2
Comparação dos benefícios com o valor do teto máximo	Parte I, subitem 3.2.4
Comparação dos benefícios com o salário mínimo	Parte I, subitem 3.2.4
Comunicação de Acidente do Trabalho — CAT	Parte IV, Cap. XXIX, item 3
Concurso de prognóstico	Parte III, Cap. X
Condições Ambientais do Trabalho	Parte IV, Cap. XXVIII
• LTCAT — Laudo Técnico das Condições Ambientais do Trabalho	Parte IV, Cap. XXVIII, item 1
Consórcio de produtores rurais	Parte III, Cap. X, subitem 9.7
• Constituição — documentação necessária	Parte III, Cap. X, subitem 9.7.1
• Contribuição previdenciária	Parte III, Cap. X, subitem 9.7.3
• Registro dos empregados — responsabilidade	Parte III, Cap. X, subitem 9.7.2
Constituição Mexicana	Parte I, Cap. I, subitem 1.1
Constituição de Weimar	Parte I, Cap. I, subitem 1.1
Constituição dos créditos	Parte III, Cap. XXII, item 3
Consultoria Jurídica	Parte I, Cap. IV, subitem 1.2
Contabilidade	Parte III, Cap. XXII, item 2

Contagem Recíproca — Parte V, Cap. XLIII
- Certidão de tempo de contribuição — Parte V, Cap. XLIII, item 3
- Compensação financeira entre os regimes — Parte V, Cap. XLIII, item 5
- Concessão dos benefícios — regime competente — Parte V, Cap. XLIII, item 2
- Contagem recíproca de tempo de contribuição — Parte V, Cap. XLIII, item 1
- Documento necessário (CTC) — Parte V, Cap. XLIII, item 3
- Procedimentos operacionais após a concessão do benefício — Parte V, Cap. XLIII, item 4

Contribuições devidas por segurado falecido — pagamento — Parte VI, Cap. XLVII, item 2

Contribuições sociais — Parte III, Cap. X
- Ver "Custeio"

Contribuintes — Parte II, Cap. V, item 1

Contribuinte Facultativo — Parte II, Cap. V, item 2
- Atividade doméstica, na própria residência — Parte III, Cap. X, subitem 3.1
- Contribuição — Parte III, Cap. X, item 3

Contribuinte Individual — Parte II, Cap. V, subitem 1.1.3
- Aposentadoria especial — Parte V, Cap. XXXVIII, subitem 5.1.4
- Contribuição — Parte III, Cap. X, item 2
- Contribuição devida pela empresa contratante — Parte III, Cap. X, subitem 6.2
- Declaração de regularidade — Parte III, Cap. XXII, subitem 6.4
- Inscrição — Parte II, Cap. V, subitem 3.2.1
- Microempreendedor Individual — MEI — Parte III, Cap. X, subitem 2.9

Contribuinte Obrigatório — Parte II, Cap. V, item 1

Convênios — Parte V, Cap. XLIV

Cooperativas — Parte III, Cap. X, item 7
- Contribuição devida pelas cooperativas — Parte III, Cap. X, item 7
- Contribuição devida por empresas contratantes — Parte III, Cap. X, subitem 6.3
- Contribuição devida por empresas contratantes de cooperativas de trabalho — financiamento da aposentadoria especial — Parte III, Cap. X, subitem 6.1.2.4.1
- Cooperativas de produção — financiamento da aposentadoria especial — Parte III, Cap. X, subitem 6.1.2.4.1
- Cooperativas de serviços de transporte — Parte III, Cap. X, subitem 6.3.3
- Cooperativas de serviços médicos — Parte III, Cap. X, subitem 6.3.1
- Cooperativas de serviços odontológicos — Parte III, Cap. X, subitem 6.3.2

Crimes Previdenciários — Parte III, Cap. XXV
- Apropriação indébita — Parte III, Cap. XXV, subitem 1.1
- Extinção da punibilidade — Parte III, Cap. XXV, item 3
- Faculdade do juiz em não aplicar a pena — Parte III, Cap. XXV, item 4
- Falsificação de documento público — Parte III, Cap. XXV, subitem 1.3

- Responsabilidade — Parte III, Cap. XXV, item 2
- Sonegação de contribuição previdenciária — Parte III, Cap. XXV, subitem 1.2

CSLL — Parte III, Cap. X

CTPS

não tem um tópico específico. O único item é aquele já mencionado, quando há dúvidas sobre o conteúdo.

- Dúvidas quanto ao seu conteúdo — Parte V, Cap. XXXV, subitem 3.2.1

Custeio — Parte III

- Acordos e sentenças trabalhistas — Parte III, Cap. XI, item 1
- Arrecadação, fiscalização e cobrança das contribuições — Parte III, Cap. XXII
- Arrecadação e recolhimento das contribuições — Parte III, Cap. XVI
- Associação desportiva que mantém equipe de futebol profissional — Parte III, Cap. X, item 8
- Atividade simultânea — Parte III, Cap. X, subitem 2.6
- Atualização monetária — Parte III, Cap. XVI, subitem 9.1
- Certidão Negativa de Débito — CND — Parte III, Cap. XXII, subitem 6.1
- Certidão Positiva de Débito — CPD — Parte III, Cap. XXII, subitem 6.3
- Certidão Positiva de Débito com Efeitos de Negativa — CPD-EN — Parte III, Cap. XXII, subitem 6.2
- Certificado de regularidade previdenciária — CRP — Parte III, Cap. XXII, subitem 6.5
- Comissão de conciliação prévia (acordo) — Parte III, Cap. XI, item 2
- COFINS — Parte III, Cap. X
- Compensação de valores — Parte III, Cap. XX, subitem 1.1
- Concurso de prognóstico — Parte III, Cap. X
- Constituição dos créditos — Parte III, Cap. XXII, item 3
- Contribuição das agroindústrias — Parte III, Cap. X, item 10
- Contribuição das associações desportivas — Parte III, Cap. X, item 8
- Contribuição das empresas — Parte III, Cap. X, item 6
    - Acréscimo para empresas cuja atividade permita a concessão de aposentadoria especial — Parte III, Cap. X, subitem 6.1.2.4
        - Contratação de trabalhadores avulsos — Parte III, Cap. X, subitem 6.4
            - Trabalho avulso não portuário — Parte III, Cap. X, subitem 6.4.2
            - Trabalho avulso portuário — Parte III, Cap. X, subitem 6.4.1
        - Contribuição para terceiros — Parte III, Cap. X, subitem 6.1.3
            - Contribuição adicional ao SENAI — Parte III, Cap. X, subitem 6.1.3.3
            - Enquadramento e contribuição — Parte III, Cap. X, subitem 6.1.3.1
            - Instituições desobrigadas de contribuição — Parte III, Cap. X, subitem 6.1.3.2
            - Tabelas — Parte VII, itens 2 e 3
        - Contribuição sobre a remuneração dos segurados empregados — Parte III, Cap. X, subitem 6.1
            - SAT / RAT — Parte III, Cap. X, subitem 6.1.2
            - SAT/RAT — Tabela — Parte VII, item 1

— Seguridade social	Parte III, Cap. X, subitem 6.1.1
— Contribuição sobre pagamentos efetuados a contribuintes individuais	Parte III, Cap. X, subitem 6.2
— Alíquota e base de cálculo	Parte III, Cap. X, subitem 6.2.2
— Contratação de serviços de transporte	Parte III, Cap. X, subitem 6.2.3
— Histórico	Parte III, Cap. X, subitem 6.2.1
— Observações importantes	Parte III, Cap. X, subitem 6.2.4
— Responsabilidade quanto ao recolhimento devido pelos contribuintes individuais prestadores de serviço	Parte III, Cap. X, subitem 6.2.5
— Contribuição sobre serviços prestados por cooperativas	Parte III, Cap. X, subitem 6.3
— Serviços de transporte	Parte III, Cap. X, subitem 6.3.3
— Serviços médicos	Parte III, Cap. X, subitem 6.3.1
— Serviços odontológicos	Parte III, Cap. X, subitem 6.3.2
— Sujeição a agentes nocivos	Parte III, Cap. X, subitem 6.3.4
— Financiamento da aposentadoria especial e de benefícios por incapacidade	Parte III, Cap. X, subitem 6.1.2.4
— Financiamento da seguridade social	Parte III, Cap. X, subitem 6.1.1
— RIO 2016 — Isenção	Parte III, Cap. X, subitem 6.6
— Sucessão de empresas	Parte III, Cap. X, subitem 6.5
• Contribuição das sociedades cooperativas	Parte III, Cap. X, item 7
— Cooperativa de trabalho — retenção dos cooperados	Parte III, Cap. X, subitem 7.1
— Exercício de atividade especial	Parte III, Cap. X, subitem 7.2
• Contribuição de empregadores domésticos	Parte III, Cap. X, item 5
• Contribuição de empregadores ou empregados aposentados	Parte III, Cap. X, item 4
• Contribuição dos contribuintes individuais (autônomos e empresários)	Parte III, Cap. X, item 2
— Alíquota e fato gerador	Parte III, Cap. X, subitem 2.1
— Cooperativas de trabalho	Parte III, Cap. X, subitem 2.2.1.1
— Dedução permitida	Parte III, Cap. X, subitem 2.2
— Exclusão do direito à aposentadoria por tempo de contribuição	Parte III, Cap. X, subitem 2.7
— Exercício de atividades simultâneas	Parte III, Cap. X, subitem 2.6
— Microempreendedor individual — MEI	Parte III, Cap. X, subitem 2.9
— Ministros de confissão religiosa	Parte III, Cap. X, subitem 2.4
— Obrigações	Parte III, Cap. X, subitem 2.2.1.3
— Observações gerais	Parte III, Cap. X, subitem 2.2.1.4
— Observância do limite máximo de contribuição	Parte III, Cap. X, subitem 2.2.1.2
— Prestação de serviços eventuais a órgãos da administração pública	Parte III, Cap. X, subitem 2.8
— Procedimento adotado entre 29.11.1999 a 31.3.2003	Parte III, Cap. X, subitem 2.5

— Responsabilidade pelo recolhimento — retenção pelo tomador dos serviços	Parte III, Cap. X, subitem 2.2.1
— Transportador autônomo	Parte III, Cap. X, subitem 2.3
• Contribuição dos produtores rurais	Parte III, Cap. X, item 9
— Consórcio de produtores rurais	Parte III, Cap. X, subitem 9.7
— Contribuição sobre a comercialização da produção rural	Parte III, Cap. X, subitem 9.2
— Contribuição sobre a folha de pagamento	Parte III, Cap. X, subitem 9.4
— Contribuição sobre pagamento efetuado a contribuinte individual	Parte III, Cap. X, subitem 9.5
— Cooperativa de produção rural — contração de pessoal para colheita	Parte III, Cap. X, subitem 9.8
— Definições e conceitos	Parte III, Cap. X, subitem 9.1
— Recolhimento como contribuinte individual	Parte III, Cap. X, subitem 9.6
— Recurso extraordinário 363.852/MG — Inconstitucionalidade das contribuições	Parte III, Cap. X, subitem 9.3
— Tabela — Contribuição devida pela agroindústria, produtores rurais (pessoa física e jurídica), consórcio de produtores, garimpeiros e empresas de captura de pescado	Parte VII, item 6
— Tabela — contribuição sobre a comercialização da produção	Parte VII, item 5
• Contribuição dos segurados empregados, domésticos e trabalhadores avulsos	Parte III, Cap. X, item 1
— Adicional de 1/3 das férias	Parte III, Cap. X, subitem 1.2.1.5
— Aviso-prévio indenizado	Parte III, Cap. X, subitem 1.2.1.3
— Décimo-terceiro salário	Parte III, Cap. X, subitem 1.2.1.2
— Existência de múltiplos vínculos empregatícios	Parte III, Cap. X, subitem 1.3
— Férias usufruídas	Parte III, Cap. X, subitem 1.2.1.6
— Fato gerador e base de cálculo	Parte III, Cap. X, subitem 1.2
— Indenização do período de estabilidade para a gestante	Parte III, Cap. X, subitem 1.2.1.7
— Primeiros quinze dias de atestado médico	Parte III, Cap. X, subitem 1.2.1.4
— Responsabilidade pelo recolhimento	Parte III, Cap. X, subitem 1.1
— Salário de contribuição	Parte III, Cap. X, subitem 1.1 e subitem 1.2.1
— Salário-maternidade	Parte III, Cap. X, subitem 1.2.1.1
• Contribuição dos transportadores autônomos	Parte III, Cap. X, subitem 2.3
— SEST / SENAT	Parte III, Cap. X, subitem 2.3.1
• Contribuição dos segurados facultativos	Parte III, Cap. X, item 3
— atividade doméstica, na própria residência	Parte III, Cap. X, subitem 3.1
• Contribuições devidas pelas empresas de TI, TIC e outras — Programa de Desoneração da Folha de Pagamento	Parte III, Cap. X, item 11
• Contribuições sociais	Parte III, Cap. X

• Crimes previdenciários	Parte III, Cap. XXV
• CSLL	Parte III, Cap. X
• Decadência	Parte III, Cap. XXII, item 5
• Declaração de regularidade do contribuinte individual	Parte III, Cap. XXII, subitem 6.4
• Dívida ativa	Parte III, Cap. XXIV
• DRU — Desvinculação das Receitas da União	Parte III, Cap. IX
• Empresas em débito — proibições	Parte III, Cap. XIX
• Exame da contabilidade	Parte III, Cap. XXII, item 2
• Fiscalização e cobrança das contribuições	Parte III, Cap. XXII
• GPS	Parte III, Cap. CVI, item 8
• Inexistência de débito	Parte III, Cap. XXII, item 6
• Isenção das contribuições	Parte III, Cap. XIII
• Juros	Parte III, Cap. XVI, subitem 9.2
• Multas	Parte III, Cap. XVI, subitem 9.3 e Parte III, Cap. XXII, item 4
• Obrigações acessórias	Parte III, Cap. XXI
• Opção pelo SIMPLES	Parte III, Cap. XVIII
• Orçamento	Parte III, Cap. IX
• Outras receitas	Parte III, Cap. XII
• Pacto intergeracional	Parte III, Cap. VIII
• Parcelamento das contribuições	Parte III, Cap. XVII
• Participação da união e demais entes da federação	Parte III, Cap. IX
• Precedência da fonte de custeio	Parte III, Cap. VIII
• Prescrição	Parte III, Cap. XXII, subitem 5.2
• Prova de inexistência de débito	Parte III, Cap. XXII, item 6
• Reclamatórias trabalhistas	Parte III, Cap. XI
• Recolhimento em atraso	Parte III, Cap. XVI, item 9
— Atualização monetária	Parte III, Cap. XVI, subitem 9.1
— Juros	Parte III, Cap. XVI, subitem 9.2
— Multa	Parte III, Cap. XVI, subitem 9.3
• Recursos	Parte III, Cap. XXIII
• Reembolso de valores	Parte III, Cap. XX, subitem 1.3
• Retenção de 11% sobre prestação de serviços	Parte III, Cap. XIV
• Responsabilidade solidária	Parte III, Cap. XV
• Restituição de valores	Parte III, Cap. XX, subitem 1.2
• Sistema de financiamento	Parte III, Cap. VIII
• SIMPLES	Parte III, Cap. XVIII
• Solidariedade compulsória	Parte III, Cap. VIII

- Tabela de salário-base — Parte III, Cap. X, subitem 2.5.2
- Valoração dos créditos — Parte III, Cap. XX, subitem 1.4

D

DATAPREV — Parte I, Cap. IV, subitem 1.2

Decadência

não tem um tópico específico, porque está em benefícios e também no custeio. As remissões estão feitas nos tópicos destacados do título principal, como ocorre com as atividades concomitantes.

- Benefícios previdenciários — Parte V, Cap. XLV
- Contribuições previdenciárias — Parte III, Cap. XXII, item 5
- Desaposentação — Parte V, Cap. XLII, item 5

Décimo terceiro salário — Parte III, Cap. XVI, item 6

- Incidência de contribuição — Parte III, Cap. X, subitem 1.2.1.2

Decisão administrativa — Parte V, Cap. XXXV, item 6

- Análise e concessão do melhor benefício — Parte V, Cap. XXXV, subitem 6.1
- Aviso de concessão e memória de cálculo — Parte V, Cap. XXXV, subitem 6.5
- Comunicação ao empregador / empresa — Parte V, Cap. XXXV, subitem 6.4
- Decisão — Parte V, Cap. XXXV, subitem 6.4
- Reafirmação da DER — Parte V, Cap. XXXV, subitem 6.2

Declaração dos Direitos do Homem e do Cidadão — Parte I, Cap. I, item 1

Deficientes físicos portadores da Síndrome da Talidomida — Parte V, Cap. XL, item 7

Dependentes — Parte II, Cap. VI, item 2

- Auxílio-reclusão — Parte V, Cap. XXXVIII, item 12
- Companheiro(a) em união estável — Parte II, Cap. VI, subitem 2.2
- Condição de beneficiário do sistema — Parte II, Cap. VI, item 2
- Cônjuge — Parte II, Cap. VI, subitem 2.1
- Dependente civilmente incapaz — Parte II, Cap. VI, subitem 2.6
- Dependente designado — Parte II, Cap. VI, subitem 2.7
- Filhos — Parte II, Cap. VI, subitem 2.3
- Ex-cônjuge — Parte II, Cap. VI, subitem 2.1.1
- Inscrição — Parte II, Cap. V, subitem 3.2.3
- Irmãos — Parte II, Cap. VI, subitem 2.5
- Menor sob guarda — Parte II, Cap. VI, subitem 2.3.2
- Pais — Parte II, Cap. VI, subitem 2.4
- Perda da qualidade de dependente — Parte II, Cap. VI, subitem 2.8
- Pensão por morte — Parte V, Cap. XXXVIII, item 11
- União homoafetiva — Parte II, Cap. VI, subitem 2.2.1

Depósitos judiciais e extrajudiciais — Parte VI, Cap. XLVII, item 1

Desaposentação — Parte V, Cap. XLII

Descontos permitidos na renda mensal dos benefícios	Parte V, Cap. XXXIV
• Desconto em folha de pagamento para segurados empregados	Parte V, Cap. XXXIV, item 3
• Pagamento de empréstimos, financiamentos e operações de arrendamento mercantil	Parte V, Cap. XXXIV, item 2
• Permissão legal ou autorização judicial	Parte V, Cap. XXXIV, item 1
• Valores recebidos em ações judiciais, decorrentes de antecipação de tutela ou liminar	Parte V, Cap. XXXIV, item 4
Desistência ou cancelamento de um benefício requerido	Parte V, Cap. XXXV, item 9
Direito adquirido	Parte I, subitem 3.1.5
Disposições gerais sobre benefícios	Parte VI, Cap. XLVI
Disposições gerais sobre custeio	Parte VI, Cap. XLVII
Distributividade na prestação dos serviços	Parte I, subitem 3.2.3
Diversidade na base de financiamento	Parte I, subitem 3.2.6
Dívida Ativa	Parte III, Cap. XXIV
• Execução judicial	Parte III, Cap. XXIV, item 2
• Inscrição	Parte III, Cap. XXIV, item 1
Doença do trabalho	Parte IV, Cap. XXIX, item 1
Doença Profissional	Parte IV, Cap. XXIX, item 1
Documento de arrecadação	Parte III, Cap. XVI, item 8
Documentos	Parte V, Cap. XXXV, subitem 2.2.1
• Documentos digitalizados	Parte V, Cap. XXXV, subitem 2.2.6 e Parte VI, Cap. XLVI, item 7 e Parte VI, Cap. XLVII, item 4
• Documentos em idioma estrangeiro	Parte V, Cap. XXXV, subitem 2.2.4
• Documentos microfilmados	Parte V, Cap. XXXV, subitem 2.2.5
• Documentos originais ou cópias autenticadas	Parte V, Cap. XXXV, subitem 2.2.2
• Documentos públicos	Parte V, Cap. XXXV, subitem 2.2.3
Doméstico	ver "Empregado doméstico"

E

Economia familiar	Parte II, Cap. V, subitem 1.1.5
Eficácia das normas no espaço	Parte I, Cap. III, item 2
• Acordos Internacionais	Parte I, Cap. III, subitem 2.2
• Atividade exercida no exterior	Parte I, Cap. III, subitem 2.1
Eficácia das normas no tempo	Parte I, Cap. III, item 1
Empregado	Parte II, Cap. V, subitem 1.1.1
• Atividade exercida no Brasil	Parte II, Cap. V, subitem 1.1.1, I
• Atividade exercida no exterior	Parte II, Cap. V, subitem 1.1.1, II

• Contribuição	Parte III, Cap. X, item 1
• Inscrição	Parte II, Cap. V, subitem 3.2.1
• Responsabilidade pelo recolhimento	Parte III, Cap. X, subitem 1.1
Empregado Doméstico	Parte II, Cap. V, subitem 1.1.2
• Contribuição	Parte III, Cap. X, item 1
• Inscrição	Parte II, Cap. V, subitem 3.2.1
• Responsabilidade pelo recolhimento	Parte III, Cap. X, subitem 1.1
Empregador Doméstico	Parte II, Cap. V, subitem 1.2
• Contribuição	Parte III, Cap. X, item 5
Empregadores ou Empregados aposentados	Parte III, Cap. X, item 4
• Contribuição	Parte III, Cap. X, item 4
Empresa	Parte II, Cap. V, subitem 1.2
• Contribuição	Parte III, Cap. X, item 6
• Empresas em débito — proibições	Parte III, Cap. XIX
• Obrigações acessórias	Parte III, Cap. XXI, item 1
• Obrigações específicas	Parte III, Cap. XXI, item 2
• Opção pelo SIMPLES	Parte III, Cap. XVIII
• Sucessão	Parte III, Cap. X, subitem 6.5
Equidade na forma de participação no custeio	Parte I, subitem 3.2.5
Equivalência dos benefícios e serviços	Parte I, subitem 3.2.2
Estabilidade Provisória (acidente do trabalho)	Parte IV, Cap. XXIX, item 4
Evolução histórica	Parte I, Cap. I, subitem 1.1
Exame da contabilidade	Parte III, Cap. XXII, item 2
Exames médicos para concessão e manutenção de benefícios	Parte VI, Cap. XLVI, item 1
Ex-combatente	Parte V, Cap. XL, item 6

F

Facultativo	Parte II, Cap. V, item 2
• Inscrição	Parte II, Cap. V, subitem 3.2.1
Fator Acidentário de Prevenção — FAP	Parte III, Cap. X, subitem 6.1.2.3
• Cálculo	Parte III, Cap. X, subitem 6.1.2.3.1
• Recurso administrativo	Parte III, Cap. X, subitem 6.1.2.3.2
Fator Previdenciário	Parte V, Cap. XXXII, item 3
• Idade	Parte V, Cap. XXXII, subitem 3.1
• Implantação gradual até 12/2004	Parte V, Cap. XXXII, subitem 3.3
• Inconstitucionalidade	Parte V, Cap. XXXII, subitem 3.4
• Tempo de contribuição	Parte V, Cap. XXXII, subitem 3.2

Férias
- Incidência de contribuição — Parte III, Cap. X, subitem 1.2.1.6

Ferroviários — Parte V, Cap. XL, item 5

Filiação — Parte II, Cap. V, subitem 3.1
- Cadastro Nacional de Informações Sociais — CNIS — Parte II, Cap. V, subitem 3.1.4
- Formas de comprovação — Parte II, Cap. V, subitem 3.1.3
- Idade mínima para segurados obrigatórios — Parte II, Cap. V, subitem 3.1.1
- Idade mínima para segurados facultativos — Parte II, Cap. V, subitem 3.1.2
- Reconhecimento do tempo de filiação — Parte II, Cap. V, item 4

Filhos — Parte II, Cap. VI, subitem 2.3
- Emancipação — Parte II, Cap. VI, subitem 2.3.1
- Estudantes maiores de 21 anos — Parte II, Cap. VI, subitem 2.3.4
- Filhos equiparados e menores sob guarda — Parte II, Cap. VI, subitem 2.3.2
- Filhos inválidos ou deficientes — Parte II, Cap. VI, subitem 2.3.3

Fiscalização e cobrança das contribuições — Parte III, Cap. XXII

Fontes formais — Parte I, Cap. II

FPAS
não tem um tópico específico, porque está em benefícios e também no custeio. A remissão está feita no tópico destacado do título principal, como ocorre com as atividades concomitantes
- Enquadramento — Parte VII, item 2

G

GPS — Parte III, Cap. XVI, item 8
- Códigos de preenchimento para pagamento — Parte VII, item 4

Graus de risco para fins de acidente do trabalho (SAT/RAT) — Parte VII, item 1

H

Hanseníase — Parte V, Cap. XL, item 9

Histórico — Parte I, Cap. I, item 1

I

Igualdade ou isonomia de tratamento — Parte I, subitem 3.1.1.

Infração à Lei n. 8.213/91 — multa — Parte VI, Cap. XLVI, item 6

Inscrição — Parte II, Cap. V, subitem 3.2
- Baixa da inscrição — Parte II, Cap. V, subitem 3.2.1.4
- Exercício de mais de uma atividade remunerada — Parte II, Cap. V, subitem 3.2.1.3
- Inscrição de pessoa não filiada ao sistema — Parte II, Cap. V, subitem 3.2.3

• Pessoas físicas	Parte II, Cap. V, subitem 3.2.1
• Pessoas jurídicas e equiparadas	Parte II, Cap. V, subitem 3.2.2
• *Post mortem*	Parte II, Cap. V, subitem 3.2.1.2
Instituto de Aposentadoria e Pensões dos Bancários — IAPB	Parte I, Cap. I, subitem 1.1
Instituto de Aposentadoria e Pensões dos Comerciários — IAPC	Parte I, Cap. I, subitem 1.1
Instituto de Aposentadorias e Pensões dos Empregados em Transportes e Cargas — IAPETC	Parte I, Cap. I, subitem 1.1
Instituto de Aposentadorias e Pensões dos Industriários — IAPI	Parte I, Cap. I, subitem 1.1
Instituto de Aposentadoria e Pensões dos Marítimos — IAPM	Parte I, Cap. I, subitem 1.1
Instituto Nacional de Previdência Social — INPS	Parte I, Cap. I, subitem 1.1
Instituto Nacional do Seguro Social — INSS	Parte I, Cap. IV, item 2
• Criação, conceito e finalidade	Parte I, Cap. IV, item 2
• Direção e nomeação	Parte I, Cap. IV, subitem 2.1.1
• Estrutura organizacional	Parte I, Cap. IV, subitem 2.1
• Competência dos órgãos	Parte I, Cap. IV, subitem 2.1.2
Irmãos	Parte II, Cap. VI, subitem 2.5
Irredutibilidade do valor dos benefícios	Parte I, subitem 3.2.4
Isenção das contribuições previdenciárias	Parte III, Cap. XIII
• Cancelamento da certificação	Parte III, Cap. XIII, item 9
• Certificação das entidades de assistência social	Parte III, Cap. XIII, item 5
• Certificação das entidades de educação	Parte III, Cap. XIII, item 4
• Certificação das entidades de saúde	Parte III, Cap. XIII, item 3
• Direito	Parte III, Cap. XIII, item 1
• Entidade com atuação em mais de uma área	Parte III, Cap. XIII, item 6
• Isenção das contribuições — requisitos	Parte III, Cap. XIII, item 10
• Recursos administrativos	Parte III, Cap. XIII, item 7
• Representação	Parte III, Cap. XIII, item 8
• Requisitos para a certificação	Parte III, Cap. XIII, item 2
• RIO 2016	Parte III, Cap. X, subitem 6.6

J

Jogadores de futebol da seleção brasileira nas copas mundiais da FIFA nos anos de 1958, 1092 e 1970	Parte V, Cap. XL, item 11
Jornalista profissional	Parte V, Cap. XL, item 1
Justificação Administrativa	Parte V, Cap. XXXV, item 4
• Conceito	Parte V, Cap. XXXV, subitem 4.1
• Início de prova documental	Parte V, Cap. XXXV, subitem 4.3
• Oportunização	Parte V, Cap. XXXV, subitem 4.2

- Processamento — Parte V, Cap. XXXV, subitem 4.4
- Termo aditivo — Parte V, Cap. XXXV, subitem 4.5
- Testemunhas — Parte V, Cap. XXXV, subitem 4.4

L

Legalidade (princípio da) — Parte I, subitem 3.1.3
Lei Eloy Chaves — Parte I, Cap. I, subitem 1.1
Lei Orgânica da Previdência Social — LOPS — Parte I, Cap. I, subitem 1.1
Licença-Maternidade
- Ver "Salário-Maternidade"

M

Marco inicial da Previdência Social — Parte I, Cap. I, subitem 1.1
Manutenção da qualidade de segurado — Parte II, Cap. VII
- Períodos de graça — Parte II, Cap. VII, item 1

Menor sob Guarda — Parte II, Cap. VI, subitem 2.3.2
Microempreendedor Individual — MEI — Parte III, Cap. X, subitem 2.9
Ministério da Previdência e Assistência Social — MPAS — Parte I, Cap. I, subitem 1.1
Ministério da Previdência Social — MPS — Parte I, Cap. IV, item 1
- Competência — Parte I, Cap. IV, subitem 1.1
- Competência dos órgãos — Parte I, Cap. subitem 1.3
- Estrutura organizacional — Parte I, Cap. IV, subitem 1.2

Ministério do Trabalho, Indústria e Comércio — Parte I, Cap. I, subitem 1.1
Ministros de confissão religiosa — Parte III, Cap. X, subitem 2.4
Multas — Parte III, Cap. XXII, item 4
- Infrações à legislação de custeio — Parte III, Cap. XXI, item 4
- Recolhimento em atraso — Parte III, Cap. XVI, subitem 9.3

Múltiplos vínculos empregatícios — Parte III, Cap. X, subitem 1.3

N

New Deal — Parte I, Cap. I, subitem 1.1
Nexo causal — Parte IV, Cap. XXIX, subitem 2.1
Nexo Individual — NI — Parte IV, Cap. XXIX, subitem 2.2.1
Nexo Profissional ou do Trabalho — NP — Parte IV, Cap. XXIX, subitem 2.2.1
Nexo técnico — Parte IV, Cap. XXIX, subitem 2.1
Nexo Técnico Epidemiológico — NTEP — Parte IV, Cap. XXIX, subitem 2.2

O

Óbitos	Parte VI, Cap. XLVI, item 2
Obrigações Acessórias	Parte III, Cap. XXI
Obrigações do INSS	Parte VI, Cap. XLVIII
• Obrigações	Parte III, Cap. X, subitem 6.4.1.2
Orçamento diferenciado	Parte I, subitem 3.3.2 e Parte III, Cap. IX
Órgão Gestor de Mão de Obra — OGMO não tem um tópico específico. Acrescentar outro subitem intitulado "obrigações específicas", que estão na parte III, capítulo XXI, subitem 2.1	
• Obrigações	Parte III, Cap. X, subitem 6.4.1.1
Organização da Seguridade Social	Parte I, Cap. IV

P

Pacto intergeracional	Parte III, Cap. VIII
Pagamento do benefício	Parte V, Cap. XXXV, item 7
• Antecipação de pagamento — impossibilidade	Parte V, Cap. XXXV, subitem 7.4
• Liberação de valores em atraso — atualização monetária	Parte V, Cap. XXXV, subitem 7.5
• Pagamento a terceiros — possibilidade	Parte V, Cap. XXXV, subitem 7.2
• Pagamento mediante depósito em conta corrente	Parte V, Cap. XXXV, subitem 7.1
• Transferência do pagamento para outro órgão mantenedor	Parte V, Cap. XXXV, subitem 7.3
Pais	Parte II, Cap. VI, subitem 2.4
Parcelamento das contribuições previdenciárias	Parte III, Cap. XVII
• Parcelamento especial — Lei n. 12.810/2013	Parte III, Cap. XVII, item 3
• Procedimentos vigentes a contar de 4.12.2008	Parte III, Cap. XVII, item 2
• Procedimentos vigentes até 3.12.2008	Parte III, Cap. XVII, item 1
Pecúlio	Parte V, Cap. XXXIX, item 1
Pensão especial aos deficientes portadores da síndrome da talidomida	Parte V, Cap. XL, item 7
Pensão mensal às vítimas de hanseníase	Parte V, Cap. XL, item 10
Pensão mensal vitalícia das vítimas de hemodiálise de Caruaru/PE	Parte V, Cap. XL, item 9
Pensão mensal vitalícia do seringueiro e seus dependentes	Parte V, Cap. XL, item 8
Pensão por Morte	Parte V, Cap. XXXVIII, item 11
• Beneficiários	Parte V, Cap. XXXVIII, subitem 11.1
• Cessação	Parte V, Cap. XXXVIII, subitem 11.5
• Dependentes	Parte V, Cap. XXXVIII, subitem 11.1.2
• Início do benefício	Parte V, Cap. XXXVIII, subitem 11.3

- Morte presumida — Parte V, Cap. XXXVIII, subitem 11.2
- Renda mensal — Parte V, Cap. XXXVIII, subitem 11.4
- Requisitos necessários a sua obtenção — Parte V, Cap. XXXVIII, subitem 11.1

Perda da qualidade de segurado — Parte II, Cap. VII, item 2
- Benefícios em que a perda da qualidade de segurado não é considerada — Parte II, Cap. VII, subitem 2.1
- Contribuinte individual — recolhimento em atraso — Parte II, Cap. VII, subitem 2.2
- Períodos de graça — Parte II, Cap. VII, item 1

Perfil Profissiográfico Previdenciário — PPP — Parte IV, Cap. XXVII
- Atualização e manutenção — Parte IV, Cap. XXVII, item 4
- Conceito e finalidade — Parte IV, Cap. XXVII, item 2
- Descumprimento da legislação — penalidade — Parte IV, Cap. XXVII, item 6
- Empresas obrigadas ao preenchimento — Parte IV, Cap. XXVII, item 3
- Fornecimento ao trabalhador — Parte IV, Cap. XXVII, item 5
- Instituição — Parte IV, Cap. XXVII, item 1
- Prazo de guarda da documentação, pela empresa — Parte IV, Cap. XXVII, item 5
- Responsável pela emissão — Parte IV, Cap. XXVII, item 4

Período de Graça — Parte II, Cap. VII, item 1
- Acréscimos — Parte II, Cap. VII, subitens 1.2.1 e 1.2.2
- CLT, art. 476-A — suspensão contratual — Parte II, Cap. VII, subitem 1.2.3
- Desemprego — Parte II, Cap. VII, subitem 1.2.2
- Informações do CNIS — Parte II, Cap. VII, subitem 1.10
- Pagamento de mais de 120 contribuições — Parte II, Cap. VII, subitem 1.2.1
- Percepção de benefício de incapacidade durante o período de graça — Parte II, Cap. VII, subitem 1.8
- Segregação compulsória — Parte II, Cap. VII, subitem 1.3
- Segurado em gozo de benefício — Parte II, Cap. VII, subitem 1.1
- Segurado especial — Parte II, Cap. VII, subitem 1.7
- Segurado facultativo — Parte II, Cap. VII, subitem 1.6
- Segurado incorporado às forças armadas — Parte II, Cap. VII, subitem 1.5
- Segurado que passa a contribuir como facultativo durante o período de graça, com nova interrupção das contribuições — Parte II, Cap. VII, subitem 1.9
- Segurado retido ou recluso — Parte II, Cap. VII, subitem 1.4
- Servidor público — Parte II, Cap. VII, subitem 1.2.4
- Trabalhadores que deixam de exercer atividade remunerada — Parte II, Cap. VII, subitem 1.2

Pesquisa Externa — Parte V, Cap. XXXV, item 5 e Parte VI, Cap. XLVI, item 3

PGR — Programa de Gerenciamento de Riscos — Parte IV, Cap. XXVIII

Plano *Beveridge* — Parte I, Cap. I, subitem 1.1

Poor Relief Act	Parte I, Cap. I, subitem 1.1
PPP — Perfil Profissiográfico Previdenciário	Parte IV, Cap. XXVII
PPRA — Programa de Prevenção de Riscos Ambientais	Parte IV, Cap. XXVIII
Precedência da fonte de custeio	Parte I, subitem 3.3.3 e Parte III, Cap. VIII

Prescrição

não tem tópico específico. Acrescentar outro subitem intitulado "salário maternidade" que está na Parte V, capítulo XVIII, subitem 10.7 e ainda outro intitulado "requerimento do pecúlio" que está na Parte V, capítulo XXXIX, subitem 1.4

• Benefícios	Parte V, Cap. XLV, item 3
• Custeio	Parte III, Cap. XXII, subitem 5.2
Prestações extintas	Parte V, Cap. XXXIX
• Abono de permanência em serviço	Parte V, Cap. XXXIX, item 2
• Auxílio-funeral	Parte V, Cap. XXXIX, item 5
• Auxílio-natalidade	Parte V, Cap. XXXIX, item 4
• Pecúlio	Parte V, Cap. XXXIX, item 1
• Renda mensal vitalícia	Parte V, Cap. XXXIX, item 3
Prestações Previdenciárias (benefícios e serviços)	Parte V, Cap. XXXVIII
Previdência complementar	Parte I, subitem 2.3.2.3

Previdência Social

não tem um tópico específico. As remissões estão feitas nos tópicos destacados do título principal, como ocorre com as atividades concomitantes.

• Finalidade, princípios e diretrizes	Parte I, subitem 2.3.1
• Regime Geral de Previdência Social	Parte I, subitem 2.3.2.1
• Regimes previdenciários	Parte I, subitem 2.3.2
Princípios constitucionais	Parte I, item 3
• Princípios gerais	Parte I, subitem 3.1
• Princípios próprios da Seguridade Social — CF/88, art. 194	Parte I, subitem 3.2
• Princípios aplicados ao custeio previdenciário — CF/88, art. 195	Parte I, subitem 3.3
• Princípios previdenciários	Parte I, subitem 3.4
Processo administrativo	Parte V, Cap. XXXV
• Agendamento prévio	Parte V, Cap. XXXV, subitem 2.1
• Análise e concessão do melhor benefício	Parte V, Cap. XXXV, subitem 6.1
• Aviso de concessão e memória de cálculo	Parte V, Cap. XXXV, subitem 6.5
• Carta de exigência	Parte V, Cap. XXXV, subitem 3.1
• Comunicação ao terceiro interessado	Parte V, Cap. XXXV, subitem 2.3
• Decisão administrativa	Parte V, Cap. XXXV, item 6
• Desistência ou cancelamento de benefício requerido	Parte V, Cap. XXXV, item 9
• Fase instrutória	Parte V, Cap. XXXV, item 3
• Formalização do processo	Parte V, Cap. XXXV, subitem 2.2
• Instrução do processo administrativo	Parte V, Cap. XXXV, subitem 3.2
• Justificação administrativa	Parte V, Cap. XXXV, item 4
• Pagamento do benefício	Parte V, Cap. XXXV, item 7

- Pesquisa externa — Parte V, Cap. XXXV, item 5
- Processo administrativo — Parte V, Cap. XXXV, item 1
- Reafirmação da DER — Parte V, Cap. XXXV, subitem 6.2
- Requerimento do benefício — Parte V, Cap. XXXV, item 2
- Vistas e retirada de processos — Parte V, Cap. XXXV, item 8

Produtor Rural — Parte III, Cap. 10, item 9
- Contribuições — Parte III, Cap. X, item 9

Professor
- Aposentadoria por tempo de contribuição — Parte V, Cap. XXXVIII, subitem 4.2.1.1

Programa de Desoneração da Folha de Pagamento — Parte III, Cap. X, item 11

Programa de Gerenciamento de Riscos — PGR — Parte IV, Cap. XXVIII

Programa de Prevenção de Riscos Ambientais — PPRA — Parte IV, Cap. XXVIII

Proteção ao hipossuficiente — Parte I, subitem 3.1.4

Prova de Inexistência de Débito — Parte III, Cap. XXII, item 6

R

Reabilitação Profissional — Parte V, Cap. XXXVIII, item 14
- Conclusão do processo — Parte V, Cap. XXXVIII, subitem 14.5
- Desenvolvimento do processo — Parte V, Cap. XXXVIII, subitem 14.3
- Encaminhamento — Parte V, Cap. XXXVIII, subitem 14.2
- Objetivo — Parte V, Cap. XXXVIII, subitem 14.1
- Pagamento de despesas — Parte V, Cap. XXXVIII, subitem 14.3.2
- Pagamento de diária — Parte V, Cap. XXXVIII, subitem 14.3.1
- Prioridade — Parte V, Cap. XXXVIII, subitem 14.2
- Programação profissional — Parte V, Cap. XXXVIII, subitem 14.4
- Próteses e órteses — Parte V, Cap. XXXVIII, subitem 14.3.2
- Responsabilidade das empresas — Parte V, Cap. XXXVIII, subitem 14.6

Reajuste — Parte V, Cap. XXXVII
- Cálculo do salário de benefício — média superior ao limite máximo do salário de contribuição — Parte V, Cap. XXXVII, item 2
- Reajustamento — critérios — Parte V, Cap. XXXVII, item 1

Recadastramento de segurados e beneficiários — Parte VI, Cap. XLVI, item 4

Reclamatórias Trabalhistas — Parte III, Cap. XI
- Acordos e sentenças — Parte III, Cap. XI, item 1
- Contribuição incidente sobre o acordo firmado nas comissões de conciliação prévia — Parte III, Cap. XI, item 2

Recolhimento em atraso — Parte III, Cap. XVI, item 9

Reconhecimento do Tempo de filiação — Parte II, Cap. V, item 4
- Conceito — Parte II, Cap. V, subitem 4.1
- Desistência do reconhecimento de filiação ao RGPS — Parte II, Cap. V, subitem 4.7
- Pagamento das contribuições ou indenização — cálculo — Parte II, Cap. V, subitem 4.4
- Parcelamento — Parte II, Cap. V, subitem 4.5
- Retroação da data do início das contribuições — Parte II, Cap. V, subitem 4.2
- Solicitação administrativa — INSS — Parte II, Cap. V, subitem 4.3
- Tempo de serviço prestado pelo trabalhador rural anteriormente a novembro/91 — Parte II, Cap. V, subitem 4.6

Recursos Cabíveis das Decisões Administrativas referentes ao benefício — Parte V, Cap. XXXVI
- Conselho de Recursos da Previdência Social — CRPS — Parte V, Cap. XXXVI, item 1
- Desistência do processo — Parte V, Cap. XXXVI, item 7
- Disposições gerais — Parte V, Cap. XXXVI, item 5
- Interposição de recurso — Parte V, Cap. XXXVI, item 2
- Procedimentos aplicáveis ao Conselho Pleno — Parte V, Cap. XXXVI, item 4
- Procedimentos aplicáveis aos órgãos julgadores do CRPS — Parte V, Cap. XXXVI, item 3
- Valores recebidos indevidamente — cobrança administrativa — Parte V, Cap. XXXVI, item 6

Recursos Cabíveis das Decisões Administrativas referentes ao custeio — Parte III, Cap. XXIII
- Considerações gerais — Parte III, Cap. XXIII, item 6
- Eficácia das decisões — Parte III, Cap. XXIII, item 5
- Impugnação — Parte III, Cap. XXIII, item 2
- Início do contencioso administrativo fiscal — Parte III, Cap. XXIII, item 1
- Julgamento da impugnação — Parte III, Cap. XXIII, item 3
- Recurso voluntário — Parte III, Cap. XXIII, item 4

Reembolso de valores — Parte III, Cap. XX, item 2
Regime de economia familiar — Parte II, Cap. V, subitem 1.1.5
Regime de Previdência Complementar — Parte I, subitem 2.3.2.3
Regime Geral de Previdência Social — Parte I, subitem 2.3.2.1
Regimes Previdenciários — Parte I, subitem 2.3.2
Regime Próprio de Previdência Social dos Militares — Parte I, subitem 2.3.2.2
Regime Próprio de Previdência Social dos Servidores Públicos — Parte I, subitem 2.3.2.2
Renda Mensal — Parte V, Cap. XXXIII
- Arredondamento de valores — Parte V, Cap. XXXIII, item 4
- Conceito — Parte V, Cap. XXXIII, item 1
- Descontos permitidos — Parte V, Cap. XXXIV
- Limitação de valores — Parte V, Cap. XXXIII, item 2
- Pensão por morte decorrente de acidente do trabalho — Parte V, Cap. XXXIII, subitem 1.1

• Salário-maternidade	Parte V, Cap. XXXIII, subitem 1.2
— Empregos concomitantes	Parte V, Cap. XXXIII, subitem 1.2.1
— Alteração salarial	Parte V, Cap. XXXIII, subitem 1.2.3
— Segurada em gozo do auxílio-doença	Parte V, Cap. XXXIII, subitem 1.2.4
• Segurados Especiais	Parte V, Cap. XXXIII, subitem 1.3
Renda mensal vitalícia	Parte V, Cap. XXXIX, item 3
Requerimento do Benefício	Parte V, Cap. XXXV
• Agendamento prévio	Parte V, Cap. XXXV, subitem 2.1
• Análise e concessão do melhor benefício	Parte V, Cap. XXXV, subitem 6.1
• Aviso de concessão e memória de cálculo	Parte V, Cap. XXXV, subitem 6.5
• Carta de exigência	Parte V, Cap. XXXV, subitem 3.1
• Comunicação ao terceiro interessado	Parte V, Cap. XXXV, subitem 2.3
• Decisão administrativa	Parte V, Cap. XXXV, item 6
• Desistência ou cancelamento de benefício requerido	Parte V, Cap. XXXV, item 9
• Fase instrutória	Parte V, Cap. XXXV, item 3
• Formalização do processo	Parte V, Cap. XXXV, subitem 2.2
• Instrução do processo administrativo	Parte V, Cap. XXXV, subitem 3.2
• Justificação administrativa	Parte V, Cap. XXXV, item 4
• Pagamento do benefício	Parte V, Cap. XXXV, item 7
• Pesquisa externa	Parte V, Cap. XXXV, item 5
• Processo administrativo	Parte V, Cap. XXXV, item 1
• Reafirmação da DER	Parte V, Cap. XXXV, subitem 6.2
• Requerimento do benefício	Parte V, Cap. XXXV, item 2
• Vistas e retirada de processos	Parte V, Cap. XXXV, item 8
Responsabilidade solidária	Parte III, Cap. XV
• Contribuições excluídas	Parte III, Cap. XV, item 2
• Disposições gerais	Parte III, Cap. XV, item 1
• Responsáveis solidários	Parte III, Cap. XV, item 3
Restituição de valores	Parte III, Cap. XX, subitem 1.2
Retenção de 11% sobre Prestação de Serviços	Parte III, Cap. XIV
• Acréscimo no percentual de retenção quando da exposição a agentes nocivos	Parte III, Cap. XIV, item 11
• Apuração da base de cálculo da retenção — deduções permitidas	Parte III, Cap. XIV, item 6
• Atividades sujeitas à retenção	Parte III, Cap. XIV, item 2
• Construção civil	Parte III, Cap. XIV, item 7
• Cooperativas de trabalho	Parte III, Cap. XIV, item 8
• Dispensa da retenção	Parte III, Cap. XIV, item 4

• Empresa optante pelo SIMPLES	Parte III, Cap. XIV, item 5
• Irregularidades e inconstitucionalidades existentes	Parte III, Cap. XIV, item 13
• Obrigações da empresa contratada	Parte III, Cap. XIV, item 9
• Obrigações da empresa contratante	Parte III, Cap. XIV, item 10
• Obrigatoriedade	Parte III, Cap. XIV, item 1
• Retenção e recolhimento pela contratante dos serviços	Parte III, Cap. XIV, item 3
• Serviços em que não se aplica a retenção	Parte III, Cap. XIV, item 12
RIO 2016 — Isenção	Parte III, Cap. X, subitem 6.6
Riscos Ocupacionais	Parte IV, Cap. XXVI
• Acidente do trabalho	Parte IV, Cap. XXIX
• Alíquota de acréscimo devida pelas empresas	Parte IV, Cap. XXVI, item 2
• Conceito	Parte IV, Cap. XXVI, item 1
• Demonstração do gerenciamento do ambiente de trabalho	Parte IV, Cap. XXVI, item 3
• Evidências técnicas das condições ambientais do trabalho	Parte IV, Cap. XXVIII
• Laudo Técnico das Condições Ambientais do Trabalho — LTCAT	Parte IV, Cap. XXVIII, item 1
• Perfil Profissiográfico Previdenciário — PPP	Parte IV, Cap. XXVII
• Representações e ações regressivas	Parte IV, Cap. XXVI, item 4
• Terceirização de serviços	Parte IV, Cap. XXVI, subitem 3.1

S

Salário-Educação	Parte III, Cap. X, subitem 6.1.3
Salário de Benefício	Parte V, Cap. XXXII
• Acordos Internacionais	Parte V, Cap. XXXII, subitem 2.9
• Benefícios concedidos entre 5.10.1988 e 5.4.1991 — Lei n. 8.213/91, art. 144	Parte V, Cap. XXXII, subitem 2.12
• Benefícios concedidos entre 5.4.1991 e 25.7.1991 — Lei n. 8.213/91, art. 145	Parte V, Cap. XXXII, subitem 2.13
• Benefícios de aposentadoria (perda da qualidade de segurado)	Parte V, Cap. XXXII, subitem 2.5
• Benefícios decorrentes de acidente de trabalho, concedidos até 28.4.1995	Parte V, Cap. XXXII, subitem 2.4.2
• Cálculo	Parte V, Cap. XXXII. Item 2
• CNIS (utilização das informações)	Parte V, Cap. XXXII, subitem 2.7
• Conceito	Parte V, Cap. XXXII, item 1
• Direito adquirido	Parte V, Cap. XXXII, subitem 2.4
• Fator previdenciário	Parte V, Cap. XXXII, item 3
• Inclusão do benefício de auxílio-acidente no cálculo	Parte V, Cap. XXXII, subitem 2.6
• Inclusão dos benefícios de incapacidade no cálculo	Parte V, Cap. XXXII, subitem 2.3
• IRSM	Parte V, Cap. XXXII, subitem 2.11

- Limite de valores — Parte V, Cap. XXXII, subitem 2.8
- Segurado especial — Parte V, Cap. XXXII, subitem 2.10
- Segurados com atividades concomitantes — Parte V, Cap. XXXII, item 5
- Segurados inscritos a contar de 29.11.1999 — Parte V, Cap. XXXII, subitem 2.1
- Segurados inscritos até 28.11.1999 — Parte V, Cap. XXXII, subitem 2.2
- Valores considerados no cálculo — Parte V, Cap. XXXII, item 4

Salário enfermidade — Parte V, Cap. XXXVIII, subitem 7.3
- Incidência de contribuição — Parte III, Cap. X, subitem 1.2.1.4

Salário-Família — Parte V, Cap. XXXVIII, item 9
- Abandono do menor — Parte V, Cap. XXXVIII, subitem 9.2.5
- Beneficiários — Parte V, Cap. XXXVIII, subitem 9.1
- Cessação — Parte V, Cap. XXXVIII, subitem 9.4
- Custeio e reembolso pelo contratante — Parte V, Cap. XXXVIII, subitem 9.3
- Divórcio ou separação judicial — Parte V, Cap. XXXVIII, subitem 9.2.5
- Documentação necessária — Parte V, Cap. XXXVIII, subitem 9.1.1
- Forma de pagamento — Parte V, Cap. XXXVIII, subitem 9.2
- Menor sob guarda — Parte V, Cap. XXXVIII, subitem 9.1.2
- Requisitos
- Segurados em gozo de auxílio-doença — Parte V, Cap. XXXVIII, subitem 9.2.4
- Segurados em gozo de salário-maternidade — Parte V, Cap. XXXVIII, subitem 9.2.3
- Valor da quota — Parte V, Cap. XXXVIII, subitem 9.2
- Vínculos empregatícios simultâneos — Parte V, Cap. XXXVIII, subitem 9.2.2

Salário-Maternidade — Parte V, Cap. XXXVIII, item 10
- Aborto não criminoso — Parte V, Cap. XXXVIII, subitem 10.2.1
- Acumulação com outro benefício — Parte V, Cap. XXXVIII, subitem 10.6
- Adoção ou guarda provisória — Parte V, Cap. XXXVIII, subitem 10.3
- Conceito — Parte V, Cap. XXXVIII, subitem 10.1
- Decadência — Parte V, Cap. XXXVIII, subitem 10.7
- Duração — Parte V, Cap. XXXVIII, subitem 10.2
- Incidência de contribuição — Parte III, Cap. X, subitem 1.2.1.1
- Natimorto — Parte V, Cap. XXXVIII, subitem 10.2.2
- Pagamento — Parte V, Cap. XXXVIII, subitem 10.4
- Parto antecipado — Parte V, Cap. XXXVIII, subitem 10.2.2
- Prescrição — Parte V, Cap. XXXVIII, subitem 10.7
- Prorrogação — Parte V, Cap. XXXVIII, subitem 10.2.3
- Renda mensal — Parte V, Cap. XXXVIII, subitem 10.5
- Requisitos necessários à sua obtenção — Parte V, Cap. XXXVIII, subitem 10.1

SAT / RAT — Parte III, Cap. X, subitem 6.1.2
- Contribuição — Parte III, Cap. X, subitem 6.1.2
- Graus de risco — Parte VII, item 1

Saúde — Parte I, Cap. I, subitem 2.1
- Conceito e finalidade — Parte I, subitem 2.1
- Princípios e diretrizes — Parte I, subitem 2.1.1

SEBRAE — Parte III, Cap. X, subitem 6.1.3

Secretaria da Receita Federal do Brasil — Parte I, Cap. IV, item 2

Secretaria da Receita Previdenciária — Parte I, Cap. IV, item 2

Segurado

não tem um tópico específico. As remissões estão feitas nos tópicos destacados do título principal, como ocorre com as atividades concomitantes.

- Condição de beneficiário do sistema — Parte II, Cap. VI, tiem 1
- Manutenção da qualidade — Parte II, Cap. VII
- Perda da qualidade — Parte II, Cap. VII, item 2
- Períodos de graça — Parte II, Cap. VII, item 1

Segurado Especial — Parte II, Cap. V, subitem 1.1.5
- Contribuintes obrigatórios — Parte II, Cap. V, subitem 1.1.5
- Inscrição — Parte II, Cap. V, subitem 3.2.1

Segurado facultativo — Parte II, Cap. V, item 2 e Parte II, Cap. VI, item 1
- Contribuição — Parte III, Cap. X, item 3

Segurado Obrigatório — Part II, Cap. V, item 1 e Parte II, Cap. VI, item 1

Seguridade Social — Parte I, Cap. I, item 2
- Conceito — Parte I, Cap. I, item 2
- Custeio — Parte III
- Organização — Parte I, Cap. IV
- Sistema de financiamento — Parte III, Cap. VIII

Seguro de Acidente do Trabalho — SAT — Parte III, Cap. X, subitem 6.1.2
- Acréscimo para empresas cuja atividade permita a concessão de aposentadoria especial — Parte III, Cap. X, subitem 6.1.2.4
- Flexibilização em razão dos acidentes de trabalho — Fator Acidentário de Prevenção — FAP — Parte III, Cap. X, subitem 6.1.2.3
- Histórico — Parte III, Cap. X, subitem 6.1.2.1
- Percentuais básicos — Parte III, Cap. X, subitem 6.1.2.2
- Reenquadramento das alíquotas básicas — Parte III, Cap. X, subitem 6.1.2.5
- Revisão individual — Parte III, Cap. X, subitem 6.1.2.6

Seletividade na prestação dos serviços e benefícios — Parte I, subitem 3.2.3
- Contribuição devida por transportadores autônomos — Parte III, Cap. X, subitem 2.3.1

Seringueiro — Parte V, Cap. XL, item 7
- Contribuição devida por transportadores autônomos — Parte III, Cap. X, subitem 2.3.1

Serviço Social — Parte V, Cap. XXXVIII, item 15
- Conceito — Parte V, Cap. XXXVIII, subitem 15.1
- Desenvolvimento dos trabalhos — Parte V, Cap. XXXVIII, subitem 15.2
- Objetivos — Parte V, Cap. XXXVIII, subitem 15.1

SIMPLES — Parte III, Cap. XVIII

Sistema de financiamento — Parte III, Cap. VIII

Sociedades Cooperativas — Parte III, Cap. X, item 7

Solidariedade — Parte I, subitem 3.3.1

Sucessão de empresas — Parte III, Cap. X, subitem 6.5

T

Tabelas Auxiliares
- Classificação dos agentes nocivos (aposentadoria especial) — Parte VII, item 7
- Códigos de pagamentos da guia GPS — Parte VII, item 4
- Contribuição devida pela agroindústria, produtores rurais, consórcio de produtores, garimpeiros e empresas de captura de pescado — Parte VII, item 6
- Contribuição devida pelos produtores rurais, incidentes sobre a comercialização da produção — Parte VII, item 5
- Empresas contempladas com o programa de desoneração da folha de pagamento — Parte VII, item 13
- Tabela de alíquotas para terceiros — Parte VII, item 3
- Tabela para enquadramento no código FPAS — Parte VII, item 2
- Tabelas de salário-base — histórico — Parte VII, item 10
- Tabelas de salário de contribuição — histórico — Parte VII, item 9
- Tabelas de reajustes de benefício — Parte VII, item 11
- Tábuas de mortalidade (IBGE) — Parte VII, item 12
- Relação de atividades preponderantes e correspondentes graus de risco para fins de acidente de trabalho — Parte VII, item 1
- Relação das situações que possibilitam a concessão do benefício de auxílio-acidente — Parte VII, item 8

Tabela de salário de contribuição — Parte III, Cap. X, item 1

Talidomida — Parte V, Cap. XL, item 7

Terceiros — Parte III, Cap. X, subitem 6.1.3
- Tabela de alíquotas — Parte VII, item 3

Testemunhas — Parte V, Cap. XXXV, subitem 4.4
- Pessoas não admitidas como testemunhas — Parte V, Cap. XXXV, subitem 4.4.1
- Testemunha com residência em local diverso — Parte V, Cap. XXXV, subitem 4.4.3

Trabalhador Avulso — Parte II, Cap. V, subitem 1.1.4

- Contribuição — Parte III, Cap. X, item 1
- Contribuição devida pelo contratante — Parte III, Cap. X, subitem 6.4
- Contribuinte Obrigatório — Parte II, Cap. V, subitem 1.1.4
- Inscrição — Parte II, Cap. V, subitem 3.2.1
- Responsabilidade pelo recolhimento — Parte III, Cap. X, subitem 1.1

Transportador autônomo — Parte III, Cap. X, subitem 2.3
- Contribuição para o SEST e o SENAT — Parte III, Cap. X, subitem 2.3.1

Troca de benefícios (desaposentação) — Parte V, Cap. XLII

U

União homoafetiva — Parte II, Cap. VI, subitem 2.2.1
- Documentação comprobatória — Parte II, Cap. VI, subitem 2.2.2

Uniformidade e equivalência dos benefícios e serviços — Parte I, subitem 3.2.2

Universalidade da cobertura e do atendimento — Parte I, subitem 3.2.1

V

Vacatio legis — Parte I, subitem 3.3.4

Vedação ao retrocesso social — Parte I, subitem 3.1.2

Vistas e retiradas de processos — Parte V, Cap. XXXV, item 8

Vítimas de hanseníase — Parte V, Cap. XL, item 9

Vítimas de hemodiálise de Caruaru/PE — Parte V, Cap. XL, item 9

W

Welfare State — Parte I, Cap. I, subitem 1.1